中国改革开放新时期年鉴

1993年

中国民主法制出版社
2014·北京

图书在版编目（CIP）数据

中国改革开放新时期年鉴.1993年/王振川主编.—北京：中国民主法制出版社，2014.4

ISBN 978-7-5162-0515-0

Ⅰ.①中… Ⅱ.①王… Ⅲ.①改革开放—中国—1993—年鉴 Ⅳ.①D61-54

中国版本图书馆CIP数据核字（2014）第066696号

图书出品人：肖启明
图 书 策 划：刘海涛
责 任 编 辑：石 松 董 理

书 名/中国改革开放新时期年鉴（1993年）
作 者/王振川 主编

出 版·发 行/中国民主法制出版社
地 址/北京市丰台区玉林里7号（100069）
电 话/63055259（总编室） 63057714（发行部）
传 真/63055259
http: //www.npcpub.com
E-mail: mzfz@ npcpub.com
经 销/新华书店
开 本/16开 787毫米 ×1092毫米
印 张/65.375 字数/2300千字
版 本/2014年4月第1版 2014年4月第1次印刷
印 刷/涿州市星河印刷有限公司印刷

书 号/ISBN 978-7-5162-0515-0
定 价/800.00元

《中国改革开放新时期年鉴》编委会

日期索引

【三月】

【四月】

【七月】

【八月】

【九月】

【十月】

【十一月】

【十二月】

1月1日

全国政协举行新年茶话会

党和国家领导人江泽民、李鹏、万里、乔石、李瑞环、朱镕基、刘华清、胡锦涛出席茶话会。

茶话会由全国政协副主席方毅主持。

中共中央总书记江泽民在茶话会上发表讲话。

九三学社中央主席吴阶平代表各民主党派、无党派民主人士和全国工商联,也在茶话会上讲话。

出席茶话会的领导人还有:田纪云、李岚清、李铁映、杨白冰、陈希同、钱其琛、尉健行、温家宝、王汉斌、任建新、彭冲、阿沛·阿旺晋美、赛福鼎·艾则孜、严济慈、荣毅仁、倪志福、陈慕华、孙起孟、雷洁琼、洪学智、谷牧、周培源、王光英、马文瑞、钱伟长、胡绳、程思远、卢嘉锡、钱正英等。

各民主党派中央、全国工商联负责人孙越崎、贾亦斌、李沛瑶、彭清源、李赣骝、何鲁丽、沈求我、朱培康、陶大镛、罗涵先、丁石孙、吴修平、俞泽猷、万国权、冯梯云、黄大能、陈舜礼、葛志成、楚庄、叶至善、梅向明、陈难先、许嘉璐、陈益群、方荣欣、姚峻、章师明、田光涛、蒋正华、王宋大、王文元、陈明绍、洪绂曾、刘荣汉、苏子蘅、张克辉、陈仲颐、潘渊静、马仪、叶宝珊、孙孚凌、经叔平、黄凉尘、胡定一;全国政协秘书长宋德敏、全国人大常委会副秘书长曹志。

出席茶话会的还有在北京的全国人大、全国政协常委;在京部分政协委员和知名人士;各人民团体负责人;中央、国家机关和北京市负责人;国务院参事、中央文史馆馆员等400多人。各界人士欢聚一堂。

中共中央总书记江泽民在全国政协新年茶话会上发表讲话

同志们、朋友们:

今天,我们大家济济一堂,欢度新年。我代表中共中央、国务院、中央军委,向在座各位,向各民主党派和无党派爱国人士,表示衷心祝贺!向全国各族工人、农民、知识分子和干部,向解放军指战员、武警官兵,向台湾同胞、港澳同胞和海外侨胞,向帮助和关心我国建设的国际友人,致以亲切的问候!祝大家新年快乐!

过去的一年,是我们党和国家历史上非常重要的一年。以邓小平同志视察南方重要谈话和三月中共中央政治局全体会议为标志,我国改革开放和现代化建设事业进入新的阶段。中国共产党第十四次全国代表大会,明确要求用邓小平同志建设有中国特色社会主义理论武装全党,系统总结了十四年改革开放和现代化建设取得的基本经验和巨大成就,全面部署了九十年代的主要任务,明确确定了坚持党的基本路线一百年不动摇,明确确定了建立社会主义市场经济体制。所有这些,都极大地动员和鼓舞了全党和全国各族人民。我国政治稳定,社会稳定,出现了加快改革开放和现代化建设的好势头。以转换国有企业经营机制为重点,推进了价格改革、市场体系建设、住房制度和社会保障制度等方面的改革。对外开放以前所未有的势头向新的广度和深度发展。农业生产夺得又一个丰收年,工业生产速度加快、效益回升,第三产业加快发展,市场销售日趋旺盛,进出口贸易大幅度增长,人民生活进一步改善。我国对外合作和交往更加活跃,同世界各国关系进一步得到改善和发展。建设有中国特色社会主义事业充满生机与活力。

新的一年,全党和全国人民最重要的任务,是要积极、全面、正确地贯彻落实十四大精神,坚持解放思想,实事求是,大胆试验,及时总结,扎扎实实做好工作,夺取改革开放和现代化建设的新的更大成就。

我们要继续集中精力进行经济建设,狠抓优化结构、提高质量、增进效益,推动国民经济又好又快地发展。首先是加强农业和农村工作,切实保护农民利益,进一步调动农民生产积极性,全面发展农村经济。要加快基础设施和基础工业建设,抓好支柱产业和主导产品的开发。围绕第一产业、第二产业的发展和丰富人民生活,大力兴办第三产业。为了不断增进经济效益,必须进一步依靠科技进步、提高劳动者素质,努力加强管理、提高产品质量。要坚持从实际出发,紧紧地依靠人民群众,积极探索建立社会主义市场经济体制的具体路子。既要发挥市场在资源配置中的基础性作用,又要切实加强国家宏观调控,努力把我们经济工作的整体素质提高到一个新水平。

在加快改革开放和经济发展的过程中,要坚持"两手抓"的方针,真正实现两手都过得硬。在加强物质文明建设的同时,要大力加强社会主义精神文明建设,坚持在干部和群众中进行党的基本路线和爱国主义、集体主义、社会主义教育,树立正确的理想、信念、人生观和价值观。坚持综合治理,搞好社会治安,依法严厉打击各种刑事犯罪和严重经济犯罪活动,努力消除广大群众深恶痛绝的丑恶现象,保护人民利益,保障改革和建设顺利进行。

在新的一年中,我们要在改善和加强中国共产党的领导方面,取得新的进展。关键是深入开展邓小平同志建设有中国特色社会主义理论的学习、教育和宣传,进一步提高贯彻执行党的基本路线的自觉性和坚定性。要加强领导班子建设,大力培养和选拔优秀年轻干部,努力把各级领导班子建设成为忠诚于马克思主义、坚持走有中国特色社会主义道路的坚强领导集体。各级领导机关和领导干部要增强全心全意为人民服务的责任感，带头发扬党的优良传统和优良作风，坚决克服官僚主义和形式主义。要深入基层，深入群众，调查研究，及时解决改革开放和现代化建设中的新问题，认真总结群众实践中的新经验，改进工作方法，实行分类指导，提高领导水平。要把廉政建设和反腐败斗争作为一件大事，坚决持久地抓下去，努力取得明显成效。

今年将隆重召开第八届全国人民代表大会第一次会议和中国人民政治协商会议第八届全国委员会第一次会议，地方人大和政协换届工作也将陆续进行，这是我国政治生活中的大事。要继续抓紧做好准备工作，确保圆满完成换届任务。进一步完善人民代表大会制度和共产党领导的多党合作与政治协商制度，更好地发挥人民代表大会的立法、监督等职能，更好地发挥人民政协政治协商、民主监督的职能，有领导有步骤地推进行政管理体制和机构改革，这是深化我国政治体制改革和搞好社会主义民主政治建设的重要任务。无论在改革开放和经济建设还是政治建设中，我们党将一如既往地按照“长期共存，互相监督，肝胆相照，荣辱与共”的方针，加强同各民主党派和无党派爱国人士的亲密合作。古人云：“选贤与能，讲信修睦。”这是治国安邦的一条重要经验。只要我们任人唯贤，相互信赖，团结一致，群策群力，中国的事情就能够办得更好。

在新的一年开始的时候，我们倍加思念台湾同胞、港澳同胞和海外侨胞，思念一切在国外工作、学习和生活的同胞。一年来海峡两岸关系有新的发展，我们为此感到高兴。我们将坚持按照“和平统一、一国两制”的方针，推进祖国统一大业，坚决反对任何形式的“两个中国”、“一中一台”或“一国两府”，坚决反对任何旨在制造“台湾独立”的企图和行动，坚决维护国家主权和领土完整。我们认为只有双方进行接触商谈，才能加深相互了解，增进共识，推动两岸关系发展和祖国和平统一进程。我们一贯主张香港、澳门实现平稳过渡和保持长期稳定繁荣。最近以来港英当局蓄意制造的对抗局面，是我们和所有爱国同胞所不愿意看到的。希望港英当局恪守中英两国政府间的协议和有关法律，尽快回到正确轨道上来。

我们坚持奉行独立自主的和平外交政策，在和平共处五项原则基础上，同所有国家保持和发展友好合作关系。在国际交往中，我们决不强加于人，也绝不允许别国干涉我国的内政。我们坚决反对霸权主义和强权政治，继续为建立和平、稳定、公正、合理的国际新秩序，做出不懈的努力。

同志们，朋友们，纵观世界，风云变幻，几多沉浮；放眼祖国，群情振奋，欣欣向荣。“日出江花红胜火，春来江水绿如蓝”。让我们在十四大精神指引下，更加紧密地团结起来，坚定不移地走自己的路，夺取有中国特色社会主义事业的更大胜利。

谢谢大家。

九三学社中央主席吴阶平在全国政协新年茶话会上发表讲话

《人民日报》发表社论《团结奋进——1993年新年献词》

元旦来临，我们谨向全党全军全国各族人民恭贺新年，并向为社会主义现代化建设作出贡献的各行各业劳动者致以热烈的问候和诚挚的敬意！

1992年，是中国人民取得卓越成就的一年。去年的国民生产总值在中国历史上首次超过2万亿，比上年增长12%。工业生产增长较快，经济效益逐步回升，农业生产稳步发展，国内市场繁荣活跃，社会商品零售总额突破万亿大关。外贸进出口增长幅度也很大。城乡居民实际生活水平继续提高。我国经济再上新台阶有了一个很好的开端。

这一年年初，邓小平同志的重要谈话和中央政治局全体会议精神，在历史发展的关键时刻，从战略和理论高度，对中国社会主义如何发展，党如何沿着十一届三中全会指出的道路继续前进，作出明确而有力的回答。在邓小平同志谈话和中央政治局全体会议精神鼓舞下，全党和全国人民进一步解放思想，把握有利时机，加快改革开放和现代化建设步伐，新事物层出不穷，社会主义中国一派生机。

这一年，中国共产党举行了具有深远意义的第十四次全国代表大会。在这次大会上，确立了用邓小平同志建设有中国特色社会主义理论武装全党，表达了全党坚持党的基本路线100年不动摇的决心，提出了我国经济体制改革的目标是建立社会主义市场经济体制，选举产生了以江泽民同志为核心的新的党中央，全面安排了党在90年代的工作，为21世纪前期中国的历史发展作了最重要的思想理论准备和组织准备。

这一年，中国改革开放进入了一个新阶段。国有企业经营机制正在转换；政府机构改革、职能转变正在成为全民共识；各类市场的培育和发展进程加快。原有高度集中的经济体制已经发生多方面的深刻变化。社会主义制度的内在活力和人民群众身上蕴藏的智慧和力量像涌泉一样迸发出来。中国从南到北，从沿海到内地，多层次、多渠道、全方位地对外开放，一些处于封闭状态的沿边地区，迅速变成了对外开放的前沿。

这一年，国内政治安定，社会稳定，人们一心一意搞建设。国防、外交、政法、文教等战线和党的建设都围绕中心,弹奏出和谐的交响曲。国际上,我们同周边国家的关系处于历史最好时期,我国对外工作取得重大成就。在中国,1992 年确实是不平凡的一年。

中国人民以自己的成就而自豪。我们的眼光永远向着前方。

1993 年,我们要把党的十四大精神的学习、宣传和落实继续作为第一件大事来抓,把思想统一到十四大精神上来,用邓小平同志建设有中国特色社会主义的理论武装全党,坚持党的基本路线,真正使十四大精神变为广大干部和群众的自觉行动,变为全面推进建设有中国特色社会主义事业的强大动力。1993 年,我们将按照逐步建立社会主义市场经济体制的要求,更好地加快改革开放,并从严控制经济总量,加强宏观调控,积极推动经济朝着提高质量、优化结构、增进效益的方向较快发展。1993 年,我们将有计划有步骤地进行行政管理体制和机构改革,将要召开第八届全国人民代表大会第一次会议和第八届全国政治协商会议第一次会议,地方也将要召开新一届人民代表大会和政协会议,进一步推进政治体制改革和社会主义民主政治建设。1993 年,我们还要坚持两手抓,两手都要硬,按照"重在建设"的方针,继续推进社会主义精神文明各方面的建设工作,在全国人民特别是青少年中进一步加强党的基本路线教育和爱国主义、集体主义、社会主义教育,提倡树立正确的理想、信念、人生观、价值观,把精神文明建设进一步落实到城乡基层。

党的十四大刚刚开过,江泽民同志就指出:大政方针、目标任务都明确了,关键是狠抓落实,真抓实干。

真抓实干,就是全面落实党在 90 年代改革和建设的十大任务以及 1993 年的具体任务,各项工作有具体目标,有实施步骤,有组织保证,有督促检查,聚精会神地抓,抓出实际效果、实际效率、实际速度、实际质量,使真抓实干成为广泛的社会风尚和民族精神。

真抓实干要贯彻解放思想同实事求是相统一的精神,学会用辩证唯物主义和历史唯物主义的世界观、方法论去分析和解决问题。要看到我国当前经济形势很好,全国上下生机勃勃,同时要正视好形势下出作的一些必须解决的问题,扎扎实实地进行工作。要加快改革开放和经济建设步伐,只要是质量高、效益好、适应国内外市场需求变化的,就应当鼓励发展,同时要坚持从实际出发,注重量力而行,讲求实效。发展速度要建立在提高质量、优化结构、增进效益的基础上,防止争相攀比、盲目上新项目,防止发生经济过热现象,保证国民经济又好又快地向前发展,力争隔几年上一个新台阶,不断增强我国的经济实力和综合国力。这样才是真正积极地、正确地贯彻执行党的十四大和邓小平同志重要谈话的精神。

增强团结是我们夺取各项事业胜利的重要保证。我们要紧紧团结在以江泽民同志为核心的党中央周围,维护和加强全党的团结、全军的团结、全国各族人民的团结。团结就是力量,团结出凝聚力,出战斗力,出新的生产力。讲团结,首先是各级领导班子的团结。事实证明,哪里的领导班子团结得好,哪里就生气勃勃,能够集中精力搞好工作。坚持团结,顾全大局,是对各级领导干部的基本要求,是共产党人必须具备的政治品格。

90 年代是我国人民为进入新世纪打好基础的关键年代。国内条件具备,国际形势有利,我们千万不可放过这个难得的历史机遇。

解放思想,实事求是,团结奋进,真抓实干。这就是在新的一年到来之际,我们全党和全国各族人民的共同意志。

上海浦东新区中国共产党工作委员会和管理委员会正式成立

国务院正式批准设立厦门集美台商投资区

厦门岛外海沧、杏林、集美三地都成为台商投资区。

台商投资区包括集美区的集美、后溪两个镇,规划面积 78 平方公里。在集美台商投资区内的台商投资企业享受厦门经济特区优惠政策。侨乡集美对外开放以来,全区批准引进外资企业 77 家,已投产开业的有 39 家。

国家外汇管理局公布中国人民银行批准的《银行外汇业务管理规定》和《非银行金融机构外汇业务管理规定》

中国 1992 年地质找矿获重大进展

新发现或新证实为工业矿床的矿产地有 171 处,较重要的有河北迁安新房子卡林型金矿;云南麻栗坡县扬子乡铜矿,已初步探明铜矿储量 10 万吨;福建尤溪梅仙铅锌银矿,已探明铅锌储量 80 万吨、银 800 吨,成为福建省最大的有色金属矿床。

在油气方面,地矿部门在塔里木盆地西南部的麦盖提斜坡油气勘查的新发现实现了塔里木盆地油气勘查具有导向性的战略突破。海洋石油部门在渤海埕北低凸起构造预探井深 2280 米,获日产油 187 立方米。在渤海西部歧口凹陷构造完钻井深 3600 米,获日产油 1753 立方米、气 25.41 万立方米;在海南莺歌海构造预探井深 1641 米,获日产天然气 33.48 万立方米。

地质行业有 71 处勘查矿区取得重大进展,较重要的有:广西隆安凤凰山银矿、内蒙古包头哈达门沟金矿。此外,有 37 种矿产新增了探明储量,增长幅度较大的有天然气、铜、金、盐类矿产。

新华社主办的《新华每日电讯》在北京创刊

山东省邹平县苑城乡丁公村发现龙山文化刻字陶片

山东大学副校长齐幼梅日前在此间宣布，该校考古实习队于1992年初在山东省邹平县苑城乡丁公村发现了一件龙山文化刻字陶片。经国内考古与古文字专家鉴定确认，这是考古学上一个重大发现，它把我国有文字记载的历史提前800年左右。

在丁公村发现的龙山文化陶文，系刻在一件大平底盆底部残片的里面。陶片为泥质磨光灰陶，长460～770毫米、宽约320毫米、厚350毫米。陶片上现存文字计5行11个字，除右起第一行为3个字之外，其余4行每行均为2个字。综观这11个字，笔画比较流畅，个个独立成字，整体排列比较规则，刻字也有一定的章法，显然已经脱离了刻画符号和文字画的阶段。全文很可能是一个短句或辞章。

专家鉴定认为，其年代约在公元前2300年前左右。

1月2日

解放军总政治部民政部追认李彩云为革命烈士

蒙冤半个多世纪的红军高级将领、原金川省军区司令员兼省军区独立骑兵师师长李彩云，日前被解放军总政治部、民政部追认为革命烈士。

李彩云，1932年加入中国共产党，历任红五军团连长、营长、团长，屡立战功。长征途中，任大金省(川西地区)军区军事部长，后在四川甘孜地区接替董振堂兼职，任金川省(现川西地区)军区司令员兼省军区独立骑兵第一师师长，是我党在红军时期最早组建骑兵的高级指挥员之一。1936年10月红军三大主力在甘肃会宁地区会师以后，随四方面军一部西渡黄河，后任西路军骑兵师参谋长。在西路军失败后的1937年6月，被误杀在祁连山下，造成冤案。

国务委员宋健在第三次全国火炬计划工作会议上发表讲话

国务委员宋健在第三次全国火炬工作会议上说，要进一步解放思想，大胆试验，率先建立市场经济体制，积累经验，探索路子，真正将高新技术产业开发区建设成为深化改革的试验区。

宋健说，火炬计划是一面旗帜，是以市场为导向，引导科技进入世界经济的一项大政策。高新技术产业开发区这个基地的任务是培养和造就发展高新技术产业的、能在国内外市场上驰骋的主力军和野战军。所以，一开始就要充分注意与国内外市场接轨，特别是要加强与国外市场的联系。要为此创造良好环境条件，引导企业向技术水平高、规模大、效益好，并能沟通国际市场的方向发展，形成大批大企业和大企业集团。

宋健说，对高新技术企业要大胆进行股份制试点，吸收国外成功的做法，认真总结我们自己的经验教训，加快推广的步伐。我们要更多地关心民办高新技术企业成长，尽快地帮助它们妥善地理顺产权关系，引导它们走股份制的道路。此外，在分配制度、社会保障制度、企业内部管理等方面，都要有改革的精神，勇于突破，采取新的做法。同时，要大力发挥开发区的带动、辐射和影响作用，形成促进传统产业和地方经济迅速发展的大格局，这才是火炬计划的大目标。

宋健强调，实施火炬计划，建设高新技术产业开发区，最重要的是人才问题。科技人才是发展高新技术产业的关键。没有大批优秀人才的进入，高新技术产业的发展就没有希望。高新技术产业开发区要努力创造比经济特区、经济技术开发区更有吸引力的环境条件，吸引更多科技人员进来。要进一步建立、健全人才流动服务体系和相应的社会保障体系，建立、健全知识产权保护制度，保障实施火炬计划和进入开发区的科技人员的合法权益和地位。

这次会议的主要任务是审定《火炬计划十年发展纲要》，讨论《高新技术产业开发区管理办法》，并交流全国各地实施火炬计划的经验，部署今后两年的工作。

上海石洞口第二电厂建成投产

上海石洞口第二电厂第二台60万千瓦超临界发电机组，完成24小时满负荷试运行并正式移交生产。至此，这座中国首次应用超临界技术建造的大型火力发电厂已全面建成投产。总投资为30亿元。

中国红十字会总会中国老年基金会发起的"临终关怀在中国"暨中国老年基金会设立临终关怀基金募集部在北京成立

1月3日

国务院关于成立国务院三峡工程建设委员会的通知

各省、自治区、直辖市人民政府，国务院各部委、各直属机构：

为了确保三峡工程建设的顺利进行，国务院决定成立国务院三峡工程建设委员会(以下简称"委员会”)。现就有关问题通知如下：

一、委员会是三峡工程高层次的决策机构，由李鹏总理任主任，邹家华副总理、陈俊生国务委员及郭树言、肖秧、李伯宁同志任副主任委员，全国政协副主席钱正英担任顾问。委员会成员由国家计委、国务院经贸办、公安部、民政部、财政部、建设部、能源部、机电部、交通部、水利部、农业部、林业部、物资部、中国人民银行及国家土地管理局的负责同志组成。考虑到工作需要，请魏廷琤、陆佑楣同志任委员会成员。三峡工程建设和移民开发的日常工作由郭树言同志负责。

二、委员会下设办公室，具体负责三峡工程建设的日常工作。为了加强三峡工程建设中的移民工作，在委员会下设三峡工程移民开发局，负责三峡工程移民工作规划、计划的制订和监督实施。办公室和移民开发局均设在国家计委，编制和户头单列。移民开发局在国务院三峡地区经济开发办公室的基础上组建。

三、成立中国长江三峡工程开发总公司。这是一个自负盈亏、自主经营的经济实体，是三峡工程项目的业主，全面负责三峡工程建设和经营，调能源部副部长陆佑楣任总经理。

四、自本通知下发之日起，过去国务院有关三峡工程方面的非常设机构予以撤销。

国务院

1993年1月3日

国务院批转劳动部等部门关于制止小煤矿乱挖滥采确保煤矿安全生产的意见的通知

各省、自治区、直辖市人民政府，国务院各有关部门：

国务院同意劳动部、国务院经贸办、地矿部、能源部、农业部、统配煤矿总公司、全国总工会《关于制止小煤矿乱挖滥采确保煤矿安全生产的意见》，现转发给你们，请贯彻执行。

国务院

1993年1月3日

关于制止小煤矿乱挖滥采确保煤矿安全生产的意见

国务院：

近年来，各种形式的小煤矿发展很快，为促进地方经济发展和支援国民经济建设作出了重要贡献。但是，在其发展过程中也出现了一些问题，主要表现在一是安全状况很不好，事故严重；二是在国营煤矿井田范围内乱挖滥采，不惜破坏国家煤炭资源，甚至严重影响国营大矿安全生产。这些问题，在全国许多地方都存在，有的还非常严重。

今年1～9月，全国乡镇煤矿因工死亡人数达3854人，占全国煤矿事故死亡总数的65.5%，比去年同期上升了6.6%，特别是无证非法采煤的小煤矿事故更为突出，仅一次死亡三人以上的事故就发生60次，死亡408人。死亡人数比去年同期上升了226.4%。今年以来，全国煤矿几次最大的事故就发生在无证的乡镇煤矿。3月20日，山西省吕梁地区孝义市两个无证乡镇煤矿，争抢资源，井下贯通处发生煤尘爆炸，死亡65人；6月17日，湖南省怀化地区辰溪县方田乡一个无证煤矿，因瓦斯爆炸，死亡43人；9月6日，又是辰溪县方田乡的另一个无证小煤矿，井下透水，死亡33人；贵州省煤矿1～9月连续发生11次死亡十人以上的事故，其中六次发生在无证开采的乡镇煤矿，死亡103人。

据不完全统计，目前在全国103个统配矿务局(矿)井田范围内开采的小煤矿约有11200多处，其中有五千八百多处是无证非法开办的，这些小煤矿对国营大矿的安全生产影响十分严重。例如，乱挖滥采大矿各类保安煤柱的有1300多处，与国营大矿贯通的有2500多处，进入国营大矿采区的有600多处，已经造成透水事故387次，瓦斯爆炸25次，由此破坏生产矿井现有生产水平储量15亿吨，直接经济损失12亿元。江西省洛市矿务局龙溪矿四平方公里的井田范围内有97个小煤矿在乱挖滥采。由于这些小煤矿主要是开采国营矿工业广场和建筑物下的保护煤柱，致使地面许多建筑物受到破坏。今年，丰城市楼前乡一无证煤矿发生透水事故，殃及相毗邻的另一小煤矿和龙溪煤矿，两个小煤矿死亡19人，龙溪煤矿死亡7人，仅龙溪煤矿巷道被淹，经济损失就达1500多万元。

为整顿乡镇煤矿和取缔无证非法采煤，近年来，国务院先后发出了《国务院关于乡镇煤矿实行行业管理的通知》(国发〔1986〕105号)、《国务院批转国家经委、国家计委关于立即整顿国营煤矿井田内各种小井的意见的通知》(国发〔1988〕18号)、《国务院关于清理整顿个体采煤的通知》(国发〔1991〕37号)，各级政府和有关部门做了大量工作，对小煤矿进行了多次整顿，乱挖滥采现象有所减少，有的地区乡镇煤矿走上了合理布局、依法开采、安全生产的道路，但多数地区的状况没有根本改变，许多乡镇煤矿不具备起码的安全生产条件；无证煤矿在一些地区仍然大量存在；不依法开采、越层越界威胁国营大矿安全生产的问题相当严重。

这些问题的产生和存在，其根本原因就是有法不依、执法不严、违法不究。对于煤炭资源开采的管理和安全生产条件，《矿产资源法》、《矿山安全条例》以及行业主管部门和各省(区、市)均有明确规定，关键是这些规定没有得到有效的贯彻落实。有的地方对发展乡镇煤矿的指导思想不正确，尤其是有些县(区)、乡一级政府的领导，只考虑发展乡镇煤矿有利于增加财政收人、农民致富和安排农村剩余劳动力的一面，而不考虑乡镇煤矿违法开采，不安全生产、会破坏国家资源和危害人民生命财产的一面。有的地方置国家法令于不顾，管理失控，放任自流。从目前情况看，如不采取有力措施，这些问题有继续加剧的趋势，将会给人民生命财产和国家资源造成更大损失。为此，现提出以下意见：

一、各级政府和有关部门，对当前小煤矿存在的问题必须高度重视，并切实落实管理责任制度。要充分认识各自在发展和管理煤矿工作中应承担的责任，下决心依法严格管理，扶持和引导其走上健康发展的道路。要利用各种形式，广泛宣传国家有关法律法规，教育广大农村干部和农民，特别是县(市)、乡两级干部，认识到发展煤矿生产，必须合理规划，依法开采，安全生产，决不能盲目蛮干，不能无视国家法律和规定，从而增强广大干部和群众的法制观念，自觉遵守和维护国家法律和政府的规定。

二、各省、自治区、直辖市人民政府要对贯彻《矿产资源法》、《矿山安全条例》和国务院有关文件的情况进行认真检查，并结合贯彻《矿山安全法》，制定有力措施，对当地存在的问题限期予以解决。当前，要立即对在国营煤矿井田范围内的小矿进行清理，凡是危害国营煤矿安全生产无证开采的小矿要立即关闭，对已取得采矿许可证，但越层越界开采的小矿要责令退回本矿区范围内开采，以保证国营煤矿安全生产；对自身安全存在严重问题的乡镇煤矿以及其他小煤矿，也要立即关闭，避免发生重大恶性事故。

三、各级政府和有关部门要把对小煤矿的管理纳入法制轨道，这是解决小煤矿问题的根本途径。开办煤矿都要按照《矿产资源法》的规定进行审批，审批部门要认真履行职责，不符合规定的决不能批准；过去已经开办但不符合要求的要限期达到，对达不到要求的，坚决予以关闭；凡是不履行批准手续进行无证非法开采的煤矿要坚决取缔，造成严重后果的，要绳之以法，对负有责任的县、乡领导要坚决予以追究；对有证开采的小煤矿因不具备必要的安全生产条件而发生事故的，要追究批准办矿单位的责任。

四、清理小煤矿的工作关系群众的切身利益，涉及面广，政策性强，难度很大，各级政府要加强领导，严密组织；有关部门要各司其职，密切配合，确保清理整顿工作顺利进行。国营煤矿在保证企业正常生产的前提下，要支持并帮助地方发展经济，大小矿间的纠纷问题，要依靠地方政府做好工作。对一些好的经验，好的做法，要及时总结推广。

五、对其他小矿山的安全工作，也可按照本通知精神办理。

以上意见如无不妥，请批转各地区和有关部门贯彻执行。

国务院总理李鹏在广东考察工作

李鹏于 1 月 3 日至 7 日在中共中央政治局委员、广东省委书记谢非和广东省省长朱森林陪同下，重点考察广东省的基础设施建设和新技术产业，分别听取广东省以及深圳、珠海、中山、顺德、佛山等地领导人的汇报。

4 日上午，李鹏来到大亚湾核电站。李鹏对参加电站建设的中外工作人员说，大亚湾核电站是改革开放的产物，是迄今为止最大的中外合资项目，也是我国按照国际标准建设的大型核电站。中央对核电站的建设很重视。我们通过这个工程积累了设计、施工和管理经验，培养了人才。他说，1993 年是核电站建设的关键时期，希望 1 号机组能在今年内按期并网发电，投入商业运行。李鹏强调，建成这样一个大型核电站不容易，确保安全运行要求更高，一定要高标准，严要求，把它建设好，管理好。

下午，李鹏考察位于深圳东北部的盐田港建设工地。考察港口建设后，李鹏会见香港长江实业集团主席李嘉诚和九龙仓集团有限公司主席吴光正的代表李唯仁，就合作投资建设盐田港问题进行交谈，对他们愿意投资内地基础设施建设表示赞赏。李鹏指出，今后要更多地吸引外资投向基础设施建设，把利用外资工作提高到一个新水平。

李鹏还考察建设中的深圳妈湾发电厂、珠海高栏港、珠海飞机场和横琴大桥，以及佛山火车站等基础设施，珠海、中山、顺德、佛山等地的高新技术产业，参观深圳证券交易所。他说，现在我国改革开放和经济建设进入新的发展阶段，我们要进一步解放思想，实事求是，抓住有利时机，推进改革开放和现代化建设，同时要注意解决好发展过程中出现的新问题。现在百业待兴，要办的事很多，各方面都要很好地规划。基础设施是当前我国经济发展的突出制约因素，要改善投资结构，加强基础设施建设。要认真搞好宏观调控特别是信贷总量控制，实现社会总需求和总供给的基本平衡。各个地方也要有一个信贷总量的控制，基建规模要考虑资金的可能性，提高资金使用效益，保证整个国民经济向高效益、合理结构方向健康发展。李鹏还指出，在发展社会主义市场经济的条件下，市场需求对经济增长的约束作用增强，企业要转换经营机制，面向市场生产；经济发展规划不仅要考虑扩大生产能力，更要考虑市场需求。建立社会主义市场经济体制，要重视各类市场的培育，同时要加强和改进国家的宏观调控，更好地运用市场和计划两种手段。我们搞市场经济的经验还不多，在加强经济法制建设方面，希望广东省特别是经济特区走在前面，积累经验。

李鹏说，珠江三角洲人多地少，土地很珍贵，开发区建设要很好规划，真正办成高新技术园区，充分利用滩涂围海造田和坡岗地，注意少占或不占耕地。农业要保持粮食总产稳定增产的基础上，积极发展优质高效和创汇农业。

李鹏在考察中强调，进一步加快经济发展，必须大力发展教育，培养人才。不仅要培养科技人才，而且要培养律师、会计师、经济师等管理人才和企业家。他要求各级领导把眼光放远一些，下大力气抓好人才培养的工作。

随同李鹏考察的有国务院有关部门负责人何椿霖、黄镇东、姚振炎、王梦奎等。

国务院学位委员会发出关于部署增列博士生导师的通知

全国民政厅局长会议在济南召开

会议于1月3日至6日召开。

会议指出，1992年民政工作加快改革力度，事业获得加快发展：

——农村社会养老保险取得了突破性进展。全国开展农村社会养老保险的县市达700多个，入保农民2800万，投保金额8亿多元。目前这项工作已在全国推开，发展势头良好。

——基层民主政治建设健康发展。全国已有20个省级人大常委会制定了贯彻《村委会组织法》实施办法，4/5的村委会依法进行了换届选举，有25个省、自治区、直辖市确定了45个村民自治示范县(市)。

——双拥工作向更高层次发展，全国和省级命名的双拥模范城(县)达353个；60万退伍义务兵得到妥善安置；268万名两用人才在经济建设和改革开放中发挥了生力军作用。

——救灾工作扎实，保障了灾民生活，促进了农村社会的稳定。

新上任的国务院证券委副主任周道炯就进一步开放证券市场向《金融日报》记者发表讲话

中国乡镇企业产值突破万亿

1992年农民创造的1万多亿工业总产值，在全国社会总产值中的比重约占30%。在国家基本没有投资的情况下，乡镇企业已发展成为中国中小企业的主体。

中国首次直接复现一伏特电压基准

中国测试技术研究院和中国计量科学研究院的科技工作者，利用约瑟夫森效应及有关装置，在国内首次直接复现高准确度、高稳定性的1伏特电压基准。

美国恐龙协会确定最早的甲龙化石在中国新疆天山地区

海协会致函台湾海基会建议两岸及早商谈合作打击海上犯罪

海峡两岸关系协会日前就台湾"福溢财"号渔船"遭攻击"一事致函台湾海峡交流基金会，再次建议两会就合作打击台湾海峡海上犯罪，处理渔事纠纷等问题及早进行商谈。

国际奥林匹克委员会主席萨马兰奇为中国举办第2届国际体育摄影大赛发来贺电

1月4日

商业部发出关于搞好粮油收购的紧急通知

商业部日前发出紧急通知，要求各地商业、粮食部门认真贯彻中央六省农业、农村工作座谈会和全国农业工作电视电话会议精神，搞好粮油收购，安排好灾区生活。通知指出：

——抓紧完成粮食定购任务。各地要在当地政府领导下，进一步加强收购工作，认真分析进度慢的原因，针对存在的问题，及时采取有力措施，保证在春节前保质保量地完成任务。已经放开的地方，凡已同农民签订合同的，坚决按合同收购，并要积极收购议价粮，力争多收购一些。同时，要安排好春节城镇居民的粮食供应，特别要安排好对军队的粮食供应。

——积极收购议价粮油。各地在抓紧定购入库的同时，特别是在春节前，尽量多收购一些，满足农民售粮的要求。要组织多渠道收购，欢迎农民参加粮食流通。搞好专项储备粮收购。

——积极筹措收购资金。粮食部门要在当地政府领导下，与银行、财政等部门密切配合，使定购和议购粮油资金及时到位，并要用好收购资金，严禁挤占挪用。

——搞好各项服务，方便农民交售。在粮食收购入库中，要挖掘现有仓库潜力，妥善解决好仓容、场地，保证入库粮食安全存放。要继续坚持优质服务，严禁在收购中出现"人情粮"和压级压价等不正之风，尽量方便农民交售粮食。

——安排好灾区人民生活。一定要以对人民高度负责的精神，把灾区人民的生活安排好。要继续坚持救灾工作责任制，层层负责，绝不能发生缺粮断炊、大批逃荒等非正常情况。春节即将来临，各地政府要组织力量进行检查，对安排不落实的地方，要采取具体措施，在春节前，一定要把粮食供应证发到灾民手中。

《人民日报》发表社论《要十分重视粮食工作》

国务院总理李鹏就以色列驱逐巴勒斯坦人一事复信巴勒斯坦国总统阿拉法特

李鹏日前在复信中说："以色列驱逐被占领土的巴勒斯坦人，违背了国际法和联合国有关决议，加深了巴勒斯坦人民的苦难，加剧了该地区的紧张局势，为中东和平进程设置了新的障碍，遭到了国际社会的谴责。中国对此深为关注和忧虑，并在安理会投票赞成通过谴责以色列驱赶行动的799号决议。与此同时，我外交部发言人也发表谈话，指出以的行为违反国际法准则，要求以色列立即停止驱逐行动，让被驱逐的巴勒斯坦人返回家园。我们认为安理会有关决议应该认真执行，被驱逐者应尽快返回家园，我们将为此继续作出努力。"

国务院总理李鹏在深圳会见香港长江实业集团主席李嘉诚和九龙仓集团有限公司主席吴光正的代表李唯仁

中国空气动力研究达到国际先进水平

空气动力学的研究程度，决定着一个国家航空航天技术的发展水平。设在四川绵阳的中国空气动力研究与发展中心，目前业已建起的低速、跨超声速、超高速风洞群，从规模到试验研究能力均居亚洲第一。

中国空气动力研究起步于60年代初期。进入改革开放时期，中国空气动力研究与发展中心先后取得400余项重大科研成果。这些成果不但为我国成功发射36颗卫星提供了关键的技术保障，而且为我国航空航天技术走向世界发挥了重要作用；同时广泛应用于国民经济各个领域，使诸如六自由度喷漆机器人、高速列车、摩天建筑、大跨度桥梁、超微气流粉碎机以及医用冲击波冲碎机等方面的技术研究也取得突破性进展，许多项目达到国际水平。

辽宁农业科技工作者育成的大豆优良种质"5621"荣获国家发明奖

国内最大的一次性使用无菌注射器厂——上海注射器厂黄岩分厂在浙江黄岩市投产，可年产各种规格的一次性使用无菌注射器两亿支

厦门国际期货交易所开张并参与芝加哥纽约期货市场交易

中国政府向世界知识产权组织递交《保护录音制品制作者防止未经许可复制其录音制品公约》(简称录音制品公约)的加入书

外交部发言人表示中国欢迎美俄签署削减战略武器条约并希望两国尽早付诸实施

香港实业家邵逸夫再次向内地教育事业捐款1亿多港元

1月5日

首都军民集会纪念拥军优属与拥政爱民运动50周年

公安部等14个部委联合发出进一步加强居民身份证使用核查工作的通知

公安部、国家教委、民政部、司法部、劳动部、铁道部、交通部、邮电部、商业部、中国人民银行、中国民用航空局、国家旅游局、国家工商行政管理局、国家税务局等14个部委局日前联合发出通知，进一步加强居民身份证使用、核查工作，充分发挥居民身份证的社会效益，更好地适应改革开放形势的需要。

全国司法厅(局)长会议在北京召开

会议于1月5日至9日召开。司法部部长蔡诚1月7日在报告中提出，进一步解放思想，更新观念，紧紧围绕经济建设这个中心，加大司法行政工作的改革力度，为建立社会主义市场经济体制提供法律服务和法律保障。过去的一年，各级司法行政机关在邓小平南方谈话精神的指引下司法行政各项业务工作的改革取得了新的进展。在法律服务工作方面，"国办所"得到巩固和提高；合作制律师事务所扩大了试点和规模，新批准建立合作所120多家，使合作所的数量达200多家；批准了12家境外律师事务所在我国设立办事处的试点。公证工作开始进行公证处向事业单位过渡。乡镇法律服务工作在改革用人制度、财务管理制度和分配制度等方面进行了试验。在劳改、劳教工作方面，实行"三分"教育，进行监狱与企业相分离的试点，加快了转换劳改、劳教企业经营机制的步伐。

农业部党组召开会议并举行部务会议部署1993年工作

为贯彻落实6省农村工作座谈会和全国农业工作电视电话会议精神，日前农业部连续召开部党组会议和部务会议，作出具体部署。

刘中一部长强调重点抓好八个方面的工作：

第一，坚决把过重的农民负担减下来。按照国务院的要求，农业部已组成7个工作组于近日分赴部分省、区，了解各地贯彻落实的情况，配合各地和有关部门重点抓好一些典型案件的处理。

第二，切实抓好耕地管理工作。农业部已着手就各地贯彻《土地管理法》和国务院关于保护耕地两个《通知》的执行情况和有关部门一起组织一次全面的检查，并组织起草保护耕地（基本农田、菜地）的有关条例。

第三，配合有关部门研究提出调整农业经济政策的方案建议。要紧紧围绕着在社会主义市场经济条件下农业和农村经济稳步发展的需要，着重就改进粮食三挂钩办法，改革粮食补贴制度，建立粮食风险基金，要及时了解各地农产品收购和白条兑现的情况，配合有关部门做好工作。确保国务院关于春节前全部兑现白条子的指示真正落实。

第四，正确指导农业结构调整，确保今年农业再获丰收。

第五，大力抓好“菜篮子”工作，丰富市场，稳定价格。

第六，积极促进乡镇企业的发展。抓好国家支持中西部地区发展乡镇企业50亿元贷款的分配工作，并指导地方选准产业发展方向，积极组织乡镇企业“东西联合”，帮助中西部地区加快发展。

第七，继续推进“科技兴农”。

第八，抓好冬春生产，搞好备耕工作。

中共中央政治局候补委员温家宝到国家自然科学基金委员会考察工作

温家宝听取国家自然科学基金委员会主任张存浩、副主任胡兆森的汇报，并同著名科学家朱光亚、侯祥麟、师昌绪、王仁、赵玉芬、孙鸿烈、丁石孙、卢良恕、唐有祺等进行座谈。

温家宝说，进一步加强基础研究和应用基础研究，对于实现党的十四大提出的任务，实现第二步战略目标，把经济建设转到依靠科技进步和提高劳动者素质的轨道，具有十分重要的作用。当代世界范围蓬勃发展的新科技革命，使从基础研究到应用开发的周期大大缩短，甚至有的方面出现日渐交融的趋势。这种科学、技术与经济的发展日趋结合的趋势，使得基础科学已经成为社会经济进步的一个重要因素。

温家宝说，国家将进一步制定政策，保证“稳住一头，放开一片”。稳住一头第一要稳住人才，给从事基础研究的人员创造比较好的工作条件和生活条件；第二要有稳定的项目，使从事基础研究的各方面的科技人员都各得其所，各展所长；第三要有稳定的经费。只有做到这三点才能稳住基础研究这一头。同时，要放开应用开发这一片，鼓励科技人员投入经济建设的主战场，促进科学技术转化为生产力。要坚持经济建设必须依靠科学技术、科学技术工作必须面向经济建设的方针，进一步改革和完善科技开发和科技成果转化的管理体制和运行机制，特别是要解决好科技成果从应用开发到工业化生产过程中存在的一系列问题。

温家宝指出，基础科学研究，是科学技术应用开发的源泉和先导。从这个意义上说，基础性研究同科技开发应用有着密切的关系。基础科学不仅要研究自然界的基本规律，而且要解决科技应用开发和经济建设中的基础科学问题。

温家宝说，我国的自然科学基金制度是科技体制改革的产物，是科学民主管理办法在科技管理中的应用。要认真总结我国实行科学基金制度11年来特别是建立国家自然科学基金委员会7年来的经验，认真探索在社会主义市场经济体制下如何发展和完善基金制度，进一步优化基础研究力量的配置。

温家宝建议基金会今后在继续做好原有几个层次课题的评审资助外，要注意重点选择和资助一些具有战略意义的重大项目。要进一步发挥协作的优势，加强基础研究不同学科、不同层次之间的联系，加强基础研究同应用开发的联系，把基础研究的触角伸到应用开发中去。

国务院清产核资领导小组决定在行政事业单位开展财产清查

决定规定今年全年开展国家行政事业单位财产的清查登记工作。为此召开电话会议。清查范围是国家行政单位和全民所有制事业单位。行政事业单位分为四类：行政党团机关、事业单位、社会团体、附属营业单位。

中国人民银行及中国农业银行再次投放贷款保证1月15日前兑付农民“白条”

日前两行在北京邀集八个粮食主产省人行、农行行长就解决农副产品收购中的“白条”问题召开紧急会议。强调要用江泽民总书记、李鹏总理讲话统一思想认识，保证农民手中“白条”兑付任务的完成。

中央军委副主席刘华清上将在北京会见伊朗伊斯兰革命卫队总司令雷扎伊少将

外交部部长钱其琛离开北京前往阿曼、毛里塔尼亚、喀麦隆、加蓬、布隆迪和卢旺达6国访问临行前在机场同6国驻华使节谈话

钱其琛说，现在有人说，有一种倾向是忽视非洲，另一种倾向是想把自己的想法强加给非洲。我看这两种倾向都是不好的。对非洲应该关心，但是要尊重非洲国家和人民自己的选择。中国一贯重视同非洲国家的友好合作关系，尊重和支持非洲国家根据自己的国情来选择政治制度和发展道路。中国希望非洲国家在稳定中发展经济。在这次访问中我将带去这样的信息。

上述6国使节对钱其琛出访他们的国家表示热烈欢迎，并祝愿钱外长的访问取得圆满成功。他们感谢中国长期以来对他们国家的支持以及同他们国家的合作。

《宋庆龄选集》由宋庆龄基金会和人民出版社编辑出版发行

中国体操十佳评选揭晓

李小双、陆莉、李敬、李春阳、国林跃、李莉、杨波、李奕芳、李舸、李大双，成为中国体操界1990年后评选出的第二批“体操十佳运动员”。

美国《游泳世界》杂志评出四名1992年度世界最佳跳水运动员中国高敏、伏明霞、孙淑伟当选

海南破获特大贪污案

海口市人民检察院近日破获一起数额高达3794万元的特大贪污案，四名主犯全部落网。这一案件是新中国成立以来检察机关办理的最大一起贪污案。

海口市工商银行东风办事处会计组组长薛根和勾结海南益通实业贸易公司经理陈贻全、海南省远洋贸易公司经理熊道先和海南远洋贸易公司房地产部经理张德泉等人，利用自己一人掌握印章、密码、汇票之便，采取签发空头银行汇票的手段，从1992年1月至8月，私自将公款3794万元分别汇往广州、深圳、长春、包头、北京等十余个省市的有关银行解付，并将其中2594万元提走，据为己有。案发后，薛根和、熊道先、张德泉携款潜逃。

1992年10月19日，海口市检察院接到有关部门报案后，立即立案侦查。组织得力干警分赴省内外追捕人犯，扣押赃款赃物，调查取证，并在有关国家警方的配合下，三赴境外追捕逃犯，将熊道先、薛根和逮捕归案。到12月7日，该案在逃的其他主要案犯陈贻全、张德泉也已落网，并已追缴赃款赃物折合人民币2000余万元。

1月6日

中央党校举行毕业典礼

中共中央政治局常委、中央党校校长乔石在毕业典礼上讲话说，努力学习马克思主义基本原理，学习有中国特色的社会主义理论，学习党的十四大文件，对于我们搞好实际工作，有极其重要的指导意义。

今年冬季，中央党校有602名学员毕业。其中进修部411人，理论部191人。中央党校中直机关、国家机关、部队分校还有2018名学员也同期毕业。

乔石代表中共中央、中央党校校委会向毕业学员圆满完成学习任务并取得可喜成果表示祝贺。他说，同志们在繁忙的工作中抽出时间来党校学习，是很难得的。希望大家把在党校认真读书、学习、思考和研究问题的风气带回去，养成长期坚持认真读书学习的好习惯，密切结合工作实际，持之以恒，蔚然成风。

乔石说，目前，我们各方面的工作任务很繁重，有很多问题需要总结、研究、不断探索。他认为，建设有中国特色的社会主义不是一句空话，要经过多方面的努力探索，每走一步都有一个怎么正确前进的问题。如果不注意经常读书学习，就容易在忙忙碌碌中迷失方向。

乔石在讲话中还就当前形势发表了看法。他说，现在我国国内的形势是很好的，各项事业都在蓬勃发展。但作为领导干部，必须有清醒的头脑，要善于观察和及时解决前进中存在的问题。他在列举了目前值得注意的一些问题后说，中央现在提出防止经济过热现象是适时的、必要的。对目前存在的问题，只要引起重视，妥善采取宏观调控措施，是可以逐步改变的。只要这样，今年仍然可以保持较好的增长势头，避免可能发生的问题。

乔石在讲话中强调了做好党校工作的重要性。他说，越是改革开放，越是要加快社会主义现代化建设，越要重视办好党校，越要重视思想理论的指导作用。他说，党校要按照小平同志“学马列要精，要管用”的指示，搞好教学改革。他指出，教学改革关键是两条，一是要认真精简读书内容，二是要尽力解决理论联系实际的问题。

乔石同时强调，包括行政、后勤在内的党校其他工作也要改革，以更好地保证教学任务的完成。

毕业典礼由中央党校常务副校长薛驹主持。中共中央政治局委员、中纪委书记尉健行和中央有关部门负责人曾庆红、武连元、聂大江、郑科扬、苏星、邢贲思等出席毕业典礼。

首台超导单级电机在中国船舶总公司武汉第712研究所超导研究室试制成功

中国科学家利用返回式卫星做试验获得蓝藻新品系

中国科学家利用一颗返回式卫星将一个携带有数种藻类、微生物和轮虫的试验盒送入太空，获得了固氮能力提高的蓝藻新品系。

这是中国第14颗返回式卫星于1992年10月13日成功返地后，中国科学院水生生物研究所的研究人员对搭载在这颗卫星上的藻类空间试验盒进行分析研究后得出的结果。

中国自1988年以来三次送生物样品进入太空进行科学试验，比较、研究了15种微藻和2种大型藻在空间环境中的适应能力，研究分析了三种类型的搭载样品的性状分离，获得了固氮能力提高的蓝藻新品系，并成功地开展了二元生物生态的空间试验。

中医药行业推出发展第三产业方案

建立全社会、大市场、大服务体系为目标的中医药行业发展第三产业规划方案，决定把投资少、见效快、经济效益好、直接为生产和生活服务的经营型第三产业和基础性第三产业作为优先发展的重点。

中医药行业第三产业包括中医医疗保健服务业、中药商业和中医药科研、教育、学术经济技术交流与合作、出版及信息咨询等。

外交部部长钱其琛在马斯喀特同阿曼外交国务大臣阿拉维举行会谈阿曼苏丹卡布斯在马斯喀特会见外交部部长钱其琛

中国政府和莫桑比克政府在马普托签订关于中国派遣医疗队赴莫桑比克工作的议定书

新闻出版署发出《关于严格控制裸体摄影画册的通知》

《周恩来早期文集》由南开大学出版社出版

该《文集》是南开大学周恩来研究室编辑的1912.10～1924.5周恩来文稿。

人民日报出版社香港乐天发展有限公司台湾宜新文化事业有限公司在人民大会堂举行《中华古文明大图集》首发式及座谈会

《中华文化通志》开笔

中华炎黄文化研究会宣布10大部100卷组成的《通志》开始撰写，预计1996年由中共中央党校出版社出版。

1月7日

中共中央国务院中央军委批准总参谋部总政治部《关于加强民兵基层建设的意见》和《关于加强预备役部队基层建设的意见》

中共中央办公厅、国务院办公厅、中央军委办公厅在转发总参、总政的《意见》时强调，各级地方党委、政府要重视民兵、预备役部队基层建设，认真解决基层建设中的实际问题。要把民兵、预备役部队基层建设纳入农村以党支部为核心的村级组织配套建设之中，纳入企业管理计划，统筹安排。在经济、政治体制改革中，要保持属于国防体制组成部分的乡(镇)、街道、企事业单位人民武装部的稳定，保持民兵基层组织的健全和巩固，保证民兵、预备役部队基层建设各项任务的落实。各级军事部门要把民兵、预备役部队基层建设作为一项长期的任务，为地方党委、政府当好参谋，主动研究改革开放形势下出现的新情况、新问题，创造性地开展工作。

《关于加强民兵基层建设的意见》要求各地以《民兵工作条例》为依据，把民兵的基层建设成为组织健全、政治合格、训练有素、作风优良的战斗集体。要坚持党管武装，坚持质量建设，坚持劳武结合，坚持从实际出发，坚持依法开展民兵工作，保证民兵基层工作的落实。

《关于加强预备役部队基层建设的意见》强调，预备役部队的基层建设必须紧紧围绕建设一支有中国特色的预备役部队这个总目标进行，抓好组织落实，加强政治教育和经常性思想工作，抓好军事训练，重视基层预任军官队伍建设，严格连队行政管理，落实战备工作，组织预备役官兵积极参加“两个文明”建设。

中共中央政治局常委乔石在钓鱼台国宾馆会见由总书记塞尔焦·加拉维尼率领的意大利重建共产党代表团

国务院批准贵阳建国家级高新技术开发区

国务院新闻办公室主任曾建徽宣布国务院授权国务院新闻办公室负责国务院新闻发布

国办转发国家教委《关于进一步改革和发展成人高等教育的意见》

国务院办公厅在转发国家教委该《意见》的通知中明确指出，《意见》已经国务院同意，并要求各地及中央各部委贯彻执行。

国家教委在《意见》中指出，尽快提高千百万社会主义建设者的文化素质，培养掌握现代化科学技术和文化知识的劳动者，已成为我国生产力发展的关键环节。作为对在职、从业人员进行多种教育的成人高等教育，担负着直接有效地为社会主义建设服务，促进生产力发展的艰巨任务和重要责任。今后一个时期，成人高等教育改革和发展的总体目标是：

一、动员社会各方面的力量，兴办多种形式、多种规格、多种层次的成人高等教育，增加和拓宽社会成员接受高中后教育的机会和渠道，为国家经济建设和社会发展提供更加广泛的服务。

二、把高等层次岗位培训、大学后继续教育作为成人高等教育的重点，完善学历教育和高层次岗位培训两个体系；增加投入，建立起能够适应不断变化的经济、社会需要的新的办学机制。

三、建立分级管理、分级负责的管理体制，形成科学的管理调控制度。

《意见》强调，各类成人高等学校和办学机构要坚持社会主义办学方向；合理调整成人高等学校的设置和布局，强化学历教育质量控制机构，建立以行业为主的高等层次岗位培训和考核制度；加强成人高等教育管理体制改革的力度；加强成人高等教育的理论研究和对外交流与合作。

林业部就把林业推向市场提出六项措施

林业部最近提出六项措施：林业行政主管部门要做到宏观管好，微观放开。对企业的微观经营活动，要真正放开，不要干预；速生丰产用材林、经济林、竹林、商品薪炭林建设，要按市场需要发展，做到高产优质高效；改革造林资金的投入机制、运营机制和宏观调控机制；对采伐的森林资源实行有偿使用，全面推行林价制度；对林产工业包括林化工业，多种经营和林业机械，完全放开，推向市场；积极培育和发展木材和林产品市场，通过抓市场的大流通促进林业的大发展。

司法部部长蔡诚在全国司法厅(局)长会议上说争取到本世纪末中国律师从现有的5万名增加到10万名

据统计，1992年上半年全国律师共为13万个企事业单位、机关、团体和个人担任法律顾问，比1991年同期增加15.2%；办理经济法律事务25万件，为企业避免经济损失近30亿元。去年全国公证机关共办理企业承包、招标、投标、联营、资产经营、贷款等各类经济公证300多万件。据28个省、自治区、直辖市统计，乡镇法律服务机构共为101万家乡镇政府、企业担任法律顾问，调解纠纷130万件，协办公证544万件，代理民事诉讼20万件，办理非诉讼法律事务61万件。

国家体改委副主任洪虎就贯彻落实《全民所有制工业企业转换经营机制条例》发表谈话

洪虎说，国务院各有关部门和各省、自治区、直辖市人民政府应当加快制定《条例》的实施办法和配套规章的进程，以推动《条例》的顺利实施。

洪虎指出，制定《条例》的配套规章，有助于细化《条例》的有关条款，增强《条例》的可操作性。但由于一些规定涉及有关部门的配套改革，《条例》不宜制定过细，例如国家指令性计划管理办法、国有企业财务、会计、折旧制度、国有资产抵押管理办法、企业工资总额与经济效益挂钩办法等。

洪虎希望在制定实施办法和配套规章中应当注意四个问题：一是要以《条例》为依据，重点要放在对《条例》的落实上。二是应当重点落实企业经营权，而不应上收或截留企业经营权。同时，要强化企业自负盈亏的责任。三是细则主要由省、自治区、直辖市人民政府和国务院有关部门制定，不宜层层都搞。四是制定出的办法和规章应当严格按照程序，经有关部门协调、审核后再发布。

解放军总参谋部总政治部总后勤部联合发出关于表彰全军235个武器装备管理先进单位和个人的通报

西藏自治区政协六届一次会议选举帕巴拉·格列朗杰为区政协主席

1992年度全国十大科技成就发布暨表彰大会在人民大会堂举行

1992年度全国十大科技成就是：国防科技大学的YH－2巨型计算机；胜利油田钻井工艺研究院和上海交通大学的胜利二号极浅海步行坐底式钻井平台；中国科学院近代物理研究所的新核素202P1、185Hf和200Hg的首次合成；中国科学院高能物理研究所的τ轻子质量的精确测定结果；华北电力学院、清华大学的大型火电机组仿真技术；中国中医研究院中药研究所的“双氧青蒿素”及其片剂；浙江省农业科学研究院的大麦和性花叶病毒在禾谷多粘菌介体内的发现和增殖研究;长沙矿冶研究院、包头钢铁公司的白云鄂博大型多金属共生矿弱磁—强磁—浮选矿新技术;宝钢工程总指挥部的宝钢二号高炉工程;中国科学院应用数学所的斯坦纳比猜想的解决。

国务委员、国家科委主任宋健等为十大科技成就荣誉获得者颁奖。并向科学家、科技工作者表示敬意和慰问。本次评选活动,由国家科委、人民日报、光明日报、科技日报、中央电视台、中央人民广播电台联合主办。

宋健指出,20世纪各国的经济发展历程,以无可辩驳的事实说明,科学技术是第一生产力,是推动社会进步的巨大力量。科学技术要不断取得新的成就,创造新的成果,攀登新的高峰。与此同时,科技成果要尽快地向生产、向市场转移。我们要继续贯彻执行“面向”、“依靠”的战略方针,按照服务于经济和社会发展、发展高新技术及其产业、加强基础研究三个层次的战略部署,努力攀登科学高峰,创造出更多更高更新的科技新成就。

宋健说,90年代,我们最迫切的任务是在一些最重要的领域接近和赶上世界先进水平,提高全民族的科学技术水平,特别是要组织、动员成千上万科技工作者投身于发展社会主义市场经济的第一线,大力开拓和加强科技成果商品化、产业化、国际化的工作,建立和完善科技与经济有效结合的机制,彻底改变大批优秀科技成果积压与传统产业落后并存的局面。

宋健说,去年,我国的改革开放和经济建设进入了一个新的高速发展的阶段,进一步推动了科技事业的繁荣、兴旺。就像1992年十大科技成就那样,中国的科技成果很多具有世界水平,中国科技工作者的聪明、才智比起世界各国毫不逊色。

中宣部国家教委广播电影电视部全国总工会共青团中央全国妇联联合发出举办中国近现代史知识竞赛的通知

《周恩来永远活在世界人民心中》由陕西人民出版社出版

国务院台办负责人就大陆居民赴台进行交流活动发表谈话

台办负责人说:“近年来,随着海峡两岸关系的进一步发展,两岸各项交流日趋频繁,人员往来日益增多。两岸人民之间的交流活动,对促进两岸人民之间的相互了解、增进感情,扩大两岸各项交流与合作具有积极作用。我们愿意一如既往地推动两岸的交流活动。”

台办负责人说,大陆居民应邀赴台进行交流活动,有别于赴台奔丧和探亲。我们的现行做法是,台湾邀请者通过大陆被邀请人所在单位来进行邀请,并向大陆被邀请人所在单位提供台湾邀请者的简况以及邀请目的、日程安排等基本情况。大陆有关单位将根据项目情况、被邀请人意愿以及两岸交流的需要,决定是否接受邀请,并提出赴台人选、时间与台湾邀请者协商。台湾邀请者应提前办妥大陆应邀人员的入台手续,使应邀者有足够时间办理大陆方面的手续,以利如期应邀赴台。

台办负责人说,大陆居民接到台湾邀请者的邀请后,应按行政隶属关系向上级机构申报,经国务院台湾事务办公室核准后,持有效批件向户口所在地的公安机关出入境管理部门申请办理赴台手续。这位负责人说,大陆居民赴台有利于促进两岸同胞的了解和两岸关系的发展。大陆居民在台期间应尊重台湾当地的习俗和有关规定,并按期返回。这位负责人最后说,台湾邀请大陆居民赴台进行交流活动,应避开被邀请者感到为难的敏感问题,不应该有使被邀请者不能接受的名称和内容,更不应该对交流活动附加任何政治条件,或强迫大陆赴台人员做违反本人意愿的事,同时保证他们在台的安全和尊严,来去自由。

外交部发言人吴建民就法国正式批准售台湾战斗机等事答记者问

有记者问:据报道中国驻法国大使馆发言人称,法国政府已向中方证实法政府正式批准售台战斗机合同。你对此有何评论?

吴建民说,“中国政府已多次阐明坚决反对法国向台湾出售战斗机的严正立场。法国政府正式批准售台‘幻影’战斗机严重恶化了两国关系并对两国关系的基础造成严重损害,法方必须对由此产生的一切后果承担全部责任。”

当被问及英国外交大臣赫德3月份是否还将到中国来进行例行的磋商时,吴建民说,根据中英《关于香港新机场建设及有关问题的谅解备忘录》规定,两国外长每半年会晤一次。两国外长上次会晤是去年9月在纽约进行的,下次会晤应该是今年3月在北京举行。“这要看英国方面怎么做了。”

在记者问到美俄已签署第二阶段削减战略武器条约,中国认为何时是中方参加核裁军谈判的时机时,吴建民说,“我们对美俄两国签署第二阶段削减战略武器条约表示欢迎,并希望它们尽早付诸实施。但即使在履行了第二阶段削减战略武器条约后,美俄两国核武器的数量和质量仍将大大超过其他核国家。中国拥有少量的核武器完全是为了自卫。”他说,“我们历来主张全面禁止和彻底销毁核武器。为实现这一目标,拥有最大核武库的国家负有特殊责任和义务,应当继续率先大幅度裁减它们的核武器，停止试验、改进、生产和部署核武器，停止发展外空武器，并承诺无条件地不首先使用核武器，不对无核武器国家和无核区使用核武器。这将为所有核武器国家一道实现全面、彻底核裁军创造条件。”

中国化工进出口公司等 10 家企业向全国 2535 所县级图书馆赠书

为促进全国公共图书馆建设，弘扬民族文化，中国化工进出口总公司、武汉钢铁公司、香港乐天发展有限公司等十家企业，共捐款 150 万元，以向全国 2535 所县级公共图书馆捐赠《中华古文明大图集》一书。企业直接资助公共图书馆，这在新中国成立以来还是第一次。

1月8日

中共中央总书记江泽民在人民大会堂会见以霍英东为团长曾宪梓为副团长的香港中华总商会代表团

江泽民说：“我们是讲信用，重承诺，昭大信于天下的。我们对香港的平稳过渡和繁荣稳定抱有信心。”

江泽民在人民大会堂同香港中华总商会会长霍英东等人士进行了一个小时的交谈。中共中央政治局常委李瑞环陪同会见。

江泽民说，改革开放推进了我国经济的巨大发展，综合国力有了很大增强，人民生活水平显著提高，这是举世瞩目的。在这些成就当中，也有香港同胞的贡献。当然也应看到，祖国内地的政治稳定和经济发展，是保持香港繁荣稳定的重要保证。

江泽民接着说，邓小平同志创造性地提出的“一个国家，两种制度”的方针是解决香港、澳门问题和台湾问题的唯一正确方针，体现了中华民族和全体中国人民的根本利益。1984 年中英联合声明和 1990 年颁布的基本法是解决香港回归祖国问题的基础。我们希望港英政府回到联合声明和基本法的立场上。

江泽民希望香港工商界以及各界同胞为促进祖国的统一和民族的昌盛作出更大的贡献。

江泽民在会见开始时对客人们说：“新年开始，春节即将到来，你们是 1993 年来大陆的第一个香港工商界访问团。近几年来，香港中华总商会每次换届后，都组团来京访问，我们珍视朋友们的这种心愿和做法。”

霍英东说，听了总书记一席话，他很受鼓舞。香港的繁荣离不开大陆。他希望中华民族兴旺发达。

荣毅仁、王兆国、鲁平、万绍芬等会见时在座。

国务院总理李鹏在中南海会见以霍英东为团长曾宪梓为副团长的香港中华总商会代表团

李鹏表示，中国将继续按照中英联合声明等协议的原则办事，保证香港的平稳过渡。会见中，李鹏首先对香港中华总商会选出新的领导成员表示祝贺。成立于 1990 年的香港中华总商会是香港四大商会之一，在香港工商界中有重要的影响和实力。这是中华总商会新一届董事会就职后第一次组团访问内地。

应客人的要求，李鹏总理介绍了去年年初邓小平同志南方谈话和中共十四大召开后中国内地发展经济和改革开放的情况。他着重介绍了关于发展农业、基础设施、第三产业等方面的政策和措施。

李鹏就香港问题指出，中国政府是守信义的，将一如既往按照中英联合声明、香港基本法和其他有关协议的原则和规定办事；目的只有一个，就是为了保证香港的平稳过渡和政权的顺利交接，保持香港的长期繁荣和稳定。

国务院总理李鹏在中南海分别会见美国民主党参议员贝内特·约翰斯顿和李硕

李鹏说，中国和美国都是联合国安理会常任理事国，对维护世界和平和促进经济发展负有重要责任。中美两国人民有着传统的友谊，改善和发展中美关系不仅符合两国人民的根本利益，而且有利于世界的和平与稳定。中美两国没有理由不建立友好合作关系。

李鹏说，中国政府重视中美关系，并愿意同美方一起在中美三个联合公报原则的基础上，特别是在相互尊重、互不干涉内政原则的基础上，为中美关系的改善和发展共同作出努力。中国的这一基本立场是一贯的。“在美国共和党执政时是这样，在民主党执政时也是如此。”

李鹏还说，中美两国经济有着较强的互补性，双边经贸关系近年来获得了很大发展。他指出，中美相互给予最惠国待遇是两国经贸关系的基石，是两国之间一种对等、互惠的安排。中方愿意在平等互利的基础上继续发展同美国的经贸关系。他说，中美开展经贸合作的领域是十分广阔的，能源就是其中的一个重要方面。李鹏希望同为美国参议院能源委员会成员的约翰斯顿和李硕为扩大中美在能源和其他领域的互利合作作出努力。

全国政协视察工作成果斐然

全国政协委员开展政治协商、民主监督为重要内容的视察参观工作 5 年来取得很大成绩。据全国政协办公厅介绍，自 1988 年全国政协七届一次会议召开以来，全国政协共组织视察、参观团 55 个，参加视察、参观的七届全国政协委员共计 1998 人次。

全国政协副主席周培源、王光英、邓兆祥、程思远等,分别担任视察团的团长。视察、参观团的足迹遍及全国27个省、自治区、直辖市。

各年度的委员视察活动都紧密配合国家的中心工作,坚持以社会主义现代化建设和群众生活的重大问题为重点,围绕深化改革、扩大开放而进行;内容包括搞好国营大中型企业,环境治理,大型工程决策,农业和农村工作以及发展乡镇企业等,从而使视察、参观取得了较好的效果。

在各地视察、参观之后,委员们对改革开放和四化建设提出了许多积极建议和意见。5年来,委员们共写出视察报告43份,简报9份。报告和简报分别报送中共中央、国务院,向领导机关反映了大量新情况、新经验、新问题的信息。国家有关部门及地方党政部门对委员们所提意见、批评和建议十分重视,不少意见和建议被当地党政领导和国家有关部门采纳,发挥了政协委员知情出力、参政议政的职能。

全国政协委员去年到天津视察后,对如何更好地利用天津机场和天津港"以港养港"政策问题提出一些建议。国家计委对委员们的建议进行认真研究,决定今后逐步对首都机场繁忙的客运量进行合理分流,使天津机场更好地发挥作用;同时建议国务院批准延长"以港养港"政策的实施年限。

参加北京地区视察的委员了解到北京气象局更新设备资金不足的情况后,在同北京市领导座谈时,及时提出这一问题。参加座谈会的张百发副市长当场拍板,决定解决市气象局分析设备所需100万元经费问题。

台湾省出席第八届全国人民代表大会代表协商选举会议在人民大会堂召开

贵州省政协七届一次会议选举龙志毅为省政协主席

黑龙江省政协七届一次会议选举周文华为省政协主席

福建省政协七届一次会议选举游德馨为省政协主席

共青团中央关于纪念学雷锋题词30周年深入开展学雷锋活动的通知

今年3月5日,是毛泽东等老一辈革命家为雷锋同志题词30周年。30年来,共青团积极响应党的号召,带领亿万团员青年始终坚持学习、实践和弘扬雷锋精神,特别是改革开放14年来团的学雷锋活动蓬勃发展,涌现出了一大批具有时代特点的雷锋式的先进模范人物,为社会主义物质文明和精神文明建设做出了积极的贡献。在加快改革开放和现代化建设步伐,夺取有中国特色社会主义事业更大胜利的新形势下,各级团组织要带领团员青年进一步学习和弘扬雷锋精神,更加深入扎实地开展学雷锋活动,为我国90年代改革开放和经济建设迈上新台阶,做出新的贡献。

一、结合新形势,认真学习和宣传雷锋事迹。深入开展学雷锋活动,是新形势下贯彻党的十四大精神,"坚持两手抓、两手都要硬"方针的有效措施和具体体现,对于弘扬社会正气,传播文明新风,和谐人际关系,培养"四有"青年,促进改革开放和经济建设,具有重要作用。各级团组织要结合纪念学雷锋题词30周年,采取多种形式,宣传毛泽东等老一辈革命家和党中央领导同志的题词,宣传雷锋的光辉事迹,引导团员青年充分认识发展社会主义市场经济条件下学雷锋的重要意义,正确认识雷锋精神的实质,从而进一步增强学雷锋的自觉性和主动性,更加积极扎实地开展好学雷锋活动。

二、进一步深化"岗位学雷锋,行业树新风,社会送温暖"活动。各级团组织要按照党的十四大的要求,紧密围绕经济建设和改革开放,继续突出"学雷锋精神,做四有青年"的主题,把学雷锋活动同业务工作和行业风气建设结合起来,深入开展以"爱岗争优、岗上奉献、岗位成才"为主要内容的岗位学雷锋活动,争创青年文明岗位,争当行业先进标兵,树立良好的职业道德,促进本行业、本单位工作的发展。同时,要进一步搞好以"服务社会、树立新风"为主要内容的社会性学雷锋活动,普及和发展各种形式的青年学雷锋组织,扩大和完善各种共青团学雷锋责任区,建立行之有效的活动机制,使社会性学雷锋更为经常,更有实效,促进社会风气的转变,为经济建设和改革开放创造良好的社会环境。

三、认真研究探索社会主义市场经济条件下学雷锋的新思路、新途径。30年来,共青团组织富有创造性地开展了多种形式的学雷锋活动,积累了许多成功经验,为90年代深入学雷锋奠定了扎实的基础。各地要认真总结共青团30年学雷锋的基本实践和基本经验,特别是改革开放14年来学雷锋活动为经济建设、改革开放和青年成长服务的经验和做法,进一步研究探讨在发展社会主义市场经济条件下,群众性学雷锋活动的新思路、新方法和新途径,使雷锋精神在改革开放和现代化建设中更加发扬光大。

四、扎扎实实搞好学雷锋30周年纪念活动。今年3月,团中央将同中宣部、国务院办公厅、总政等单位联合召开纪念大会，表彰和宣传一批学雷锋先进集体和个人，举办《雷锋之歌》专题文艺晚会。各地团组织要从实际出发，开展纪念活动，如召开纪念会、座谈会，组织专题研讨、先进事迹报告，举办文艺演出、专题展览等，用丰富多彩的形式吸引和教育广大团员青年；要积极配合当地党委宣传部门，做好学雷锋先进典型的推荐和宣传工作，《中国青年报》、《中国青年杂志》和各地青年报刊应配合纪念活动，加强对学雷锋先进典型的宣传和报道，形成学雷锋、学先进的良好舆论氛围，促进学雷锋活动的深入开展。

内蒙古阿拉善右旗雅布赖山发现距今 3 万年的手形岩画

距今 3 万年左右的旧石器时代雅布赖山洞窟手形岩画，分布于内蒙古阿拉善右旗东北雅布赖山中。经过考古工作者勘察，查明有三个山洞的洞壁上留存着 39 个清晰的手印。手印岩画分红、黑两种，红多于黑，都属阴型手形，是原始人用手掌压于石面、以鸟骨或其他管状物将红色赭石粉向手掌吹喷制成。

据考古专家盖山林介绍，手形(手印)岩画是人类最初的美术作品，其作画方法除阴型手印外，还有阳型(把颜料涂在手上，印到石面上)。

手形岩画遍布全世界。欧洲西班牙、法国手印与动物形象共处的洞窟岩画，被公认是地球上现存资格最老的色彩图像艺术品。近十余年，中国内蒙古、新疆、宁夏、云南等地先后发现过手形岩画，其产生年代都晚于石器时代。

盖山林对记者说，以雅布赖山手形岩画与西欧洞窟手形画对比，在作画环境、处所、画面保存状况、作画颜料颜色，以至手形数量、手形、形状、排列，都惊人的一致，证明中外最古老的岩画在时代上是相近的。生活在东西两个半球的原始人，竟能超越万里关山，创作出如同孪生姐妹的艺术品，可称世界一大奇迹。

经过专家考察论证，雅布赖山洞窟手形岩画，无疑是旧石器时代晚期无名原始人的作品。过去人们一直认为中国最早的色彩图像艺术是彩陶(新石器时代，距今约六千余年)。如今，雅布赖红黑手形岩画脱颖而出，把中国美术史上推了两万年左右，从而证明中国美术有着更悠久的历史，中国拥有异常瑰丽珍奇的原始艺术遗产。

邓颖超生前 5638 本藏书转赠中国青年政治学院

根据邓颖超的生前遗愿，共青团中央将她的 5638 本个人藏书转赠给中国青年政治学院。

邓颖超生前留下遗嘱，她的个人藏书交给共青团中央，酌分给青少年集中的单位用。

北京申办第 27 届夏季奥运会报告寄往洛桑国际奥委会总部

中组部党建读物出版社在北京成立

中国最大孔子铜像在南京夫子庙落成

1 月 9 日

中共中央政治局常委刘华清在延安考察双拥工作并会见部队干部

1 月 9 日至 11 日，刘华清和邹家华、孙起孟、陈俊生、马文瑞等，参观延安王家坪、杨家岭、枣园等革命旧址，看望驻延安地区的解放军和武警指战员，走访了老红军、老八路和当地群众家庭。刘华清在参观枣园毛泽民旧居时说，毛泽东同志 50 年前就在这个窑洞里为中共中央写了《开展根据地减租、生产和拥政爱民运动》的指示。当年我们条件很差，小米加步枪，敌人是飞机加大炮，我们的人数也比敌人少，但是我们在中国共产党的领导下，靠人民的支持，靠坚强的军政军民团结，打败了敌人，开创了社会主义的千秋大业。

在杨家岭党的第七次代表大会旧址，刘华清对在场人员说，我们参观旧址，学习、重温党的历史，更加感到中国共产党是伟大的党，更加坚信中国共产党能领导全国军民建设有中国特色的社会主义。在毛泽东发表《在延安文艺座谈会上的讲话》的旧址，工作人员为客人跳起了“拥军秧歌”，刘华清等也兴高采烈地跳了起来。

在枣园村，刘华清会见了离休老红军张清义和当年枣园村的村长谢宏元等几位 50 年前双拥运动的参加者。

中央政法委员会书记任建新在全国司法厅(局)长会议闭幕会上发表讲话

任建新指出，强化法律工作的一个很重要的问题，就是完善服务网络，提高服务质量，切实加强管理。要不断拓宽法律服务领域，运用律师、公证、法律咨询等多种业务手段，积极为国有大中型企业转换经营机制，培育和完善市场体系，发展第三产业，扩大对外开放和深化农村经济体制改革服务。要进一步提高服务的层次和质量，注重服务的社会效果。要继续做好以宪法为核心、以专业法为重点的“二五”普法工作，开展专业法和有关改革开放的法律、法规的宣传学习，推进依法治理。

任建新要求司法行政机关要继续积极参与“打击、防范、教育、管理、建设、改造”等项任务。在党委和政府的领导下，与公安、检察、法院等有关部门密切配合，大力协作，齐抓共管，发挥骨干作用，做好各项社会治安综合治理工作。劳改、劳教机关要努力克服困难，坚持“改造第一、生产第二”和“教育、感化、挽救”的工作方针，落实各项监管措施，强化教育改造工作，提高改造质量。

青海省政协七届一次会议选举韩应选为省政协主席

国务院副总理田纪云要求林业总体推进加快发展

田纪云指出，我国已进入森林面积和蓄积量每年双增长的新阶段，森林覆盖率已达13.63%。他要求各地在提高质量、优化结构、增进效益的基础上，总体推进，加快发展，促使我国林业再上一个新台阶。

经国务院批准中国联合石油公司在北京正式成立

中国船级社质量认证公司成立

国家科学技术委员会举行第二批攀登计划首席科学家颁发聘书仪式

国务委员兼国家科委主任宋健向参加第二批攀登计划的首席科学家颁发聘书。

第二批攀登计划首席科学家是：吴文俊、苏肇冰、严东升、冯瑞、邹承鲁、涂光炽、侯洵、孙鸿烈、吴旻、桂林林、杨雄里、钱人元、李启斌、曲钦岳、陈霖、何振亚、戴汝为、楼南泉、史绍熙、徐光宪、倪嘉瓒、娄成后、吴德馨、李竞雄、程莘农、胡翔龙。他们的研究项目为机器证明及其应用、纳米材料学、脑功能及其细胞和分子基础、经络的研究等20项。

上海浦东发展银行开业

北京工艺进出口集团公司成立

毛里塔尼亚总统塔亚在努瓦克肖特的总统府接见外交部部长钱其琛

国家教委就大力发展职业技术教育召开电视会议

中央交响乐团首次在韩国访问演出

1992年全国冰雪十佳运动员评选揭晓颁奖大会在哈尔滨举行

叶乔波（速滑）、李琰（短道速滑）、陈露（花样滑冰）、郑春阳（短道速滑）、宋臣（速滑）、张志男（男子冰球）、郭宏（女子冰球）、刘奕飞（速滑）、宋爱芹（冬季两项）和宫桂萍（越野滑雪）等荣登十佳金榜。

国家中医药管理局公布首批15种中医急症中成药

这15种中成药品是：北京中医学院实验药厂生产的清开灵注射液；四川雅安制药厂生产的参附注射液；大连蛇岛制药厂生产的安脑丸；湖北咸宁制药厂生产的补心气口服液和滋心阴口服液；南京金陵制药厂生产的脉络宁注射液；天津第六制药厂生产的速效救心丸；上海中药厂生产的麝香保心丸；吉林敦化制药厂生产的瓜霜退热灵；中国中医研究院实验药厂、江苏南通中药厂生产的正柴胡饮冲剂；四川宜宾制药厂生产的穿琥宁注射液和生脉注射液；广州中药一厂生产的紫地宁血散；广东和平制药厂等生产的柴胡注射液；哈尔滨中药二厂生产的双黄连粉针剂。

1月10日

全国人大常委会委员长万里在人民大会堂会见白俄罗斯共和国最高苏维埃主席斯坦尼斯拉夫·舒什克维奇

延安举行纪念双拥运动50周年大会

纪念大会经党中央、国务院、中央军委批准，由全国双拥工作领导小组和民政部、总政治部联合召开。出席大会的有：中共中央政治局常委、中央军委副主席刘华清，中共中央政治局委员、国务院副总理邹家华，全国人大常委会副委员长孙起孟，国务委员、全国双拥领导小组组长陈俊生，全国政协副主席马文瑞；民政部部长崔乃夫、总政治部主任于永波等。

邹家华主持大会。刘华清代表党中央、国务院和中央军委讲话。

中共中央政治局常委刘华清在延安纪念双拥运动50周年大会上发表讲话

刘华清强调，要紧密围绕加快改革开放和现代化建设的任务和要求，深入开展双拥活动，努力把双拥工作提高到一个新水平。

刘华清指出，拥军优属、拥政爱民，是在中国共产党领导下，我国军民在长期革命和建设实践中形成并不断丰富、发展起来的优良传统，是人民军队的本色和人民共和国性质的生动体现，是我国革命和社会主义事业取得胜利的一个重要法宝。当前，全党全军和全国各族人民正在深入学习和认真贯彻党的十四大精神，全面推进改革开放和现代化建设。在这样重要的历史时期，广泛深入持久地开展拥政爱民、拥军优属活动，发展军政军民相互团结、相互支持的大好局面，具有特别重要的意义。最近，江泽民总书记再次强调，双拥工作很重要，一定要抓好。根据这一要求，各级党政军领导同志一定要充分认识双拥工作的战略意义，把它纳入经济、社会发展和部队建设的总体规划，以促进改革开放、发展社会生产力和提高部队战斗力为主要目标，常议常抓，并使其逐步走上制度化、社会化、经常化的轨道。

刘华清说，人民军队是社会主义现代化建设的一支重要力量。要自觉服从国家经济建设的大局，在完成战备训练任务的前提下，积极参加和支援国家重点工程建设、农田水利基本建设和社会公益事业建设，积极参与社会治安综合治理，奋勇参加抢险救灾，为保护国家财产和人民生命安全、为推进两个文明建设作出新的贡献。各级党委和政府要把支持军队的改革和建设作为义不容辞的责任，满腔热情地帮助驻军解决战备、执勤、教育训练、国防施工和科研等各方面的实际困难，扎扎实实做好复员退伍军人和军队部分干部转业、离退休干部的安置工作，认真解决好家属随迁、工作安排和子女上学的问题，做好烈军属和伤残军人的优抚工作，为加强军队质量建设、全面提高部队战斗力创造良好的条件。

刘华清称赞军民共建双拥模范城（县）活动是新时期双拥工作的一个创举，具有强大的生命力。他要求各地要继续大力开展这项活动，像爱护自己的眼睛一样，精心维护军政军民团结，共同谱写军民共建两个文明的新篇章。

全国双拥工作领导小组作出命名 56 个市（区）县获双拥模范城（县）称号决定

全国双拥工作领导小组决定以民政部、总政治部名义，授予下列市（区）全国双拥模范城荣誉称号：北京市海淀区，天津市和平区，河北省承德市、邯郸市，山西省太原市、忻州市，内蒙古自治区呼和浩特市、赤峰市，辽宁省辽阳市、阜新市、沈阳市，吉林省长春市、吉林市，黑龙江省哈尔滨市、鸡西市，上海市杨浦区，江苏省南京市，浙江省杭州市、义乌市，安徽省合肥市，福建省泉州市，江西省井冈山市，山东省青岛市、淄博市、莱芜市，河南省开封市、南阳市，湖北省钟祥市，湖南省衡阳市，广东省广州市、佛山市，广西壮族自治区贵港市、桂林市，海南省海口市，四川省雅安市，云南省昆明市，陕西省西安市，甘肃省兰州市，青海省西宁市，宁夏回族自治区青铜峡市，新疆维吾尔自治区喀什市。

授予下列县全国双拥模范县荣誉称号：江苏省海门县，安徽省祁门县，福建省莆田县，湖北省武昌县，湖南省绥宁县，广东省曲江县，海南省琼山县，四川省大邑县，贵州省福泉县，云南省建水县，西藏自治区堆龙德庆县，陕西省西乡县、户县，甘肃省华池县，新疆维吾尔自治区乌苏县。

中组部国务院经贸办人事部联合发出选拔培训好大中企业中青年干部的通知

中组部、国务院、经贸办、人事部最近联合发出通知，要求各地切实做好选送国有大中型企业优秀中青年干部参加岗位职资格培训工作。

通知说，近年来，国有大中型企业领导班子建设取得了很大成绩，但也有一些亟待解决的问题：一是相当数量的企业领导干部年龄偏大；二是企业总经济师、总会计师严重短缺，急需补充；三是随着社会主义市场经济体制的建立和企业经营机制的转换，对未来企业领导干部提出了更高的要求。

通知指出，为加快培养速度，各地可采取企业领导提名，组织人事部门考查的办法，从每个大中型企业推荐 2 至 5 名有培养前途的优秀中青年干部参加岗位任职资格培训。同时，要从经济建设和企业发展的长远需要出发，每年有计划地选送企业优秀青年干部和先进模范人物到高等院校，分别接受大专、本科、硕士研究生和第二学士学历教育，培养、储备一批跨世纪的中高级企业管理人才。

通知说，从 1993 年起，各地、各部门要选择 1 至 2 所院校分期分批举办大中型企业中青年管理干部岗位任职资格培训班，争取用 3 年时间将已推荐人员培训一遍。同时办好大专、本科、硕士研究生和第二学士学历班，每年有计划地选送一批符合条件、有培训前途的企业中青年干部，到国家教委指定的试点院校攻读工商管理硕士学位研究生。

青海省人大八届一次会议选举宦爵才郎为省人大常委会主任

国务院总理李鹏在全国经济体制改革工作会议闭幕会上发表讲话

国务院召开的为期六天的全国经济体制改革工作会议，主要议题是认真贯彻落实党的十四大精神，围绕建立社会主义市场经济体制，讨论和安排 1993 年的经济体制改革工作，总结交流各地加快改革开放经验，并就今后经济体制改革的总体设想交换意见。各省、自治区、直辖市和计划单列市以及中央一些部门的有关负责人出席了会议。

李鹏在闭幕会上就通过改革更好地促进经济发展等问题发表讲话。

李鹏说，去年以来，在邓小平同志视察南方重要谈话和党的十四大精神的鼓舞下，各地区、各部门进一步解放思想，真抓实干，全国改革、开放和发展的步伐明显加快，改革在许多领域取得了重要进展。总的说，当前经济和改革形势都是好的。同时，我们也要清醒地认识到，在加速经济发展和改革开放的进程中，也出现了一些值得重视的问题。主要原因是还没有建立起一套科学的、行之有效的宏观调控体系，国家与企业、中央与地方之间的基本经济关系尚未完全理顺，国民经济还没有形成良性循环的运行机制。要根本解决这些问题，必须按照建立社会主义市场经济体制的要求，加大改革力度，加快改革步伐，从体制和机制上寻找出路。只有这样，才能使经济能够在保持高效益下健康发展。改革是为了进一步解放和发展生产力，同时，改革也是经济发展的动力。

李鹏指出，各地区、各部门的同志要像重视加快经济发展和扩大对外开放一样，认真抓好各方面的改革，特别要积极探索如何建立适应社会主义市场经济发展的有效宏观调控手段，探索使企业既有激励又能约束的微观经济运行机制，进一步把改革推向前进。

在讲到转换国有企业经营机制，把企业推向市场问题时，李鹏说，各地、各部门要继续把贯彻落实《全民所有制工业企业转换经营机制条例》作为企业改革的中心任务来抓。企业经营机制的转换，企业自身要下功夫，外部条件特别是政府管理经济职能的转变必须配套进行。各级政府部门要进一步采取得力措施，按照《条例》规定放开企业手脚；同时，要建立严格的企业自负盈亏的责任和约束机制，特别是要建立起分配约束机制和投资约束机制，解决分配过多向个人倾斜问题，使投资规模适当，投资方向合理和取得较高的经济效益。要扩大“税利分流”试点面，争取经过一段时间的过渡，在“八五”期后，企业基本上实现“税利分流”，理顺国家与企业的分配关系，也为建立中央与地方之间的分税制奠定基础。

李鹏谈到市场培育和价格改革时说，14年来，我国在培育和发展各类市场方面取得了很大进展，但总的说市场体系仍不完善，保障市场正常运行的法规体系也很不健全。没有发达的商品市场和完善的要素市场，就不会有现代的市场经济。今后，要继续发展各类批发市场，形成多层次的市场网络，并探索期货交易所等新的市场组织形式；同时，要把市场建设的重点转向加快培育金融、劳动、技术、信息和房地产等要素市场上来。

当前在市场培育方面要注意按照市场经济的要求，发展统一开放的市场，进一步打破商业、物资、外贸的界限和各种形式的地区封锁、部门分割；抓紧制定市场法规，规范市场交易秩序。在考虑到国家、企业、个人三方面的承受能力和控制物价总水平的基础上，积极有步骤地推进价格改革，尽快建立起以市场为主的价格形成机制，保证市场配置资源基础性作用的有效发挥。在讲到金融体制改革时，李鹏说，加快金融体制改革，是建立社会主义市场经济体制最重要的任务之一。从总的方向来看，必须强化中央银行的宏观调控作用；从我国的实际情况出发，专业银行一段时期内要继续承担政策性业务和商业性业务双重职能，但要逐步把两种职能分离开来，减少政策性业务。

李鹏指出，建立包括养老、待业等在内的完善的社会保障体系，有利于企业经营机制转换，有利于社会稳定。从方向上看，社会保险行政管理机构要统一，实行政事分开的原则，政府的社会保障部门只管政策和法规；由专门的机构筹措和运用保险基金。保险基金的统筹权原则上应放到省或计划单列市。社会保险基金的筹措要由国家、企业和个人三方合理负担。在农村，养老保险主要以农民自主投保为主，不要搞强制性交纳保险金。待业保险制度要建立起来，以利于企业引进竞争机制，优化劳动组合。企业开办的服务公司等第三产业，要独立核算、自我发展、自负盈亏，逐步实现社会化。企业、机关、事业单位的一些福利待遇要逐步纳入工资的范畴。

李鹏说，中央和省级政府的机构改革，要按照中央的统一部署，有计划有步骤地实施。改革的原则是要转变职能，理顺关系，精简机构，提高效率。政府部门转为公司的，不再兼有行政职能；转行业管理的，不再直接管企业。地方机构的设置，在中央统一的政策原则下，实行分散决策。要大力精简人员，为推行公务员制度创造条件。机构改革是一项艰巨复杂的系统工程，要同经济体制和机制的转换相适应、相衔接，平稳过渡。不论哪一级的机构改革，都要做到人尽其才，充分发挥广大干部的积极性。

李鹏说，要进一步深化农村改革。中央和国务院要求各地认真重视农业和农村工作，切实解决农民负担过重的问题，稳住农业这个基础。通过完善家庭联产承包责任制等多种措施，逐步实现农业的高产优质高效。要建立起以稳定农业生产、保护农民利益为目的的农产品流通体制和宏观调控体系；要大力发展农村社会化服务体系；继续推进县级综合改革，促进城乡经济一体化，使农村市场经济的发展达到一个新水平。

李鹏还就搞好改革的总体规划和加强对改革的领导讲了话。

李鹏最后说，多年来，广大体改干部探索前人未有的事业，做了大量辛勤的工作，为改革大业作出了贡献。在新形势下，要在各级党委和政府领导下，把改革工作搞得更加扎实，更有成效。

国务院副总理朱镕基主持闭幕会并讲话。出席闭幕会的还有李贵鲜、李岚清、罗干等。

《出口商品管理暂行办法》经国务院批准从1993年起开始实施

毛里塔尼亚外交和合作部部长穆瓦纳在努瓦克肖特同外交部部长钱其琛会谈

国家教委人事部财政部就解决拖欠教师工资问题发出通知

国家教委、人事部、财政部近日发出紧急通知，要求各地政府和有关部门认真检查教师工资待遇落实情况，妥善解决拖欠教师工资问题。

通知说，1991年8月，人事部、财政部、国家教委曾联合发出《关于认真检查教师工资待遇有关政策的通知》，要求各地检查落实国家规定的各项教师工资政策，坚决杜绝拖欠教师工资现象。

通知指出，春节将至，各地政府要做一次认真检查，并迅速采取切实可行的措施，妥善解决拖欠问题。

通知强调，要切实保证教师工资按时发放，任何部门、单位、个人不能以任何理由滥用职权，擅自挪用或扣发教师工资，如有违犯，按违反财经纪律严肃查处，并追究有关人员和领导行政责任。

中共中央总书记江泽民为《纪念毛泽东同志诞辰100周年中国书画作品精选》题词

中宣部宣传局组织编写的《学习建设有中国特色社会主义理论》一书出版发行

冰心研究会在冰心故乡福州市成立巴金任会长

1月11日

中共中央总书记江泽民在人民大会堂召开的在京的老同志座谈会上发表讲话

中共中央总书记江泽民在人民大会堂召开的在京老同志座谈会上作关于当前形势和今年工作的讲话。

李鹏、乔石、李瑞环、朱镕基、胡锦涛等中央领导出席座谈会。

座谈会上，江泽民首先代表党中央向退出领导岗位的老同志们表示亲切的慰问和敬意，祝他们新春愉快，身体健康。

江泽民在讲话中谈了七个方面的问题：一、关于经济工作；二、关于改革问题；三、关于社会政治稳定和精神文明建设；四、关于军队建设；五、关于党的建设问题；六、关于台湾、香港问题；七、关于对外工作。

江泽民说，经济工作总的说来形势很好。在邓小平同志视察南方重要谈话和党的十四大精神鼓舞下，广大干部和群众积极性更加高涨，改革开放步伐明显加快，经济建设生机勃勃。去年国民生产总值增长12%，进入了比较高速发展的时期。我国经济上一个新台阶，有了良好的开端。他同时指出，在经济增长过程中，也出现了一些值得重视的问题。

江泽民强调，今年关键是要抓好关系全局的三个方面的工作：一是加强农业的基础地位，切实把农业放在各项经济工作的首位；二是千方百计搞好国有大中型企业，提高经济效益；三是加强宏观调控，保持国民经济重大比例关系的基本平衡，特别是管好信贷和货币两个闸门，严格控制货币发行量和信贷规模，有效地防止和克服盲目攀比速度、低水平重复建设的现象。

关于今年的改革，江泽民说去年我国改革加快了步伐，出现了全面推进、不断深入的好势头。今年要着重抓好四项工作：一、推进国有大中型企业的改革；二、加快价格改革，促进有利于市场体系培育的行业的发展，配套改革税收、财政、金融、外贸和计划体制，积极推进住房、土地使用制度和社会保障制度改革；三、研究和制定机构改革的总体方案，并着手组织实施；四、进一步扩大对外开放，积极利用外国资金、资源、技术和市场。

江泽民指出，去年，坚持“两手抓”的方针，围绕经济建设这个中心，继续依法打击各种犯罪活动，重点解决突出的治安问题，取得了一定成效。但从各地反映的情况看，社会治安工作必须继续抓紧，不能有丝毫松懈。要坚持“依法从重从快”的方针，坚决打击各种犯罪活动。关键是各级党委和政府要高度重视，切实加强领导。他认为，大力加强社会主义精神文明建设，是坚持“两手抓”的一个重要方面。要在全国人民、特别是青少年中，深入进行党的基本路线和爱国主义、集体主义、社会主义教育，要继承中华民族的传统美德，积极吸收人类的文明成果，树立正确的理想、信念、人生观、价值观，抵御资本主义和封建主义腐朽思想的侵蚀。

江泽民说，1992年对军队来说是非常重要的一年。军队各项工作在调整改革中继续前进，我军在现代化条件下的自卫能力有了新的提高。全军自觉服从和服务于国家经济建设大局，为国家安全、社会稳定、经济发展作出了新的贡献。新军委组成以来，遵循邓小平同志新时期军队建设的思想，对关系军队全局的一些重大问题作出了决策，进行了有效的工作。他指出，在新的形势下，还有许多问题需要认真研究和解决。江泽民希望全军共同努力，推进军队自身的改革和建设。

关于党的建设江泽民认为，应该说两句话：一句是，主流是好的，要增强信心；一句是，问题不少，不可掉以轻心。要遵循党的基本路线，坚持党要管党和从严治党，始终把加强和改进党的建设摆到重要议程，切实抓紧抓好，要在今年取得新的进步。第一，努力用邓小平同志建设有中国特色社会主义的理论武装全党。要在全党认真进行学习、教育和宣传，组织广大党员和干部深入学习十四大报告关于这一理论的新论述和新概括，特别是要全面准确地理解和把握解放思想、实事求是这个精髓。第二，进一步加强领导班子建设。第三，抓紧党风和廉政建设，坚决克服消极腐败现象。

在谈到台湾、香港问题时江泽民说，近年来，我们按照“和平统一、一国两制”的方针，积极开展工作，使大陆与港台关系取得了新的发展。他指出，目前，台湾、香港出现了一些新问题。不管出现什么情况，我们都要坚决维护国家主权和领土完整；要保证香港在1997年回归祖国，实现平稳过渡，保持香港的长期稳定繁荣。

江泽民在分析了去年国际形势的主要特点以后指出，一年来，在错综复杂、动荡多变的国际形势下，我国奉行独立自主的和平外交政策，在外交战线取得了新的重大成就。1993年国际形势将继续朝着多极化方向发展，国际环境仍将对我有利。我们要进一步发展外交工作的好局面，使对外工作更好地为国家的改革开放和经济建设服务。

江泽民在讲话中感谢老同志一年中对中央工作的支持。他说，老同志具有丰富的工作经验，希望今后继续对中央的工作给予支持和帮助，积极提出意见和建议，共同把党和国家的事情办得更好。

中共中央总书记江泽民在中南海会见白俄罗斯共和国最高苏维埃主席斯·斯·舒什克维奇

国务院总理李鹏在北京与白俄罗斯共和国最高苏维埃主席斯·斯·舒什克维奇举行会谈

李鹏说，苏联解体后，中白迅速建立了外交关系，中国政府十分重视这种关系，中方高度评价舒什克维奇主席和白俄罗斯政府对发展中白关系所持的积极态度。建交一年来，两国在各个领域的友好合作已取得了积极成果。“我们愿意本着积极和求实的精神，同白俄罗斯方面探讨新的合作形式，互通有无，平等互利，把经贸和科技领域的合作关系推向新的高度。”

李鹏说，国际形势发生了深刻变化，更加动荡不安，各种矛盾正在深入发展。和平与发展两大主题一个也没有解决，任务仍然极其艰巨。中国主张世界事务不能由几个大国主宰，大小国家一律平等，都有权参与国际事务。世界向多极化方向发展是必然趋势。中白两国在国际事务中有许多相同和相似的观点，希望加强合作。

在谈到中国国内情况时，李鹏总理着重介绍建设有中国特色社会主义理论的主要内容。

中国政府陪同团团长曾宪林，白俄罗斯最高苏维埃第一副主席库兹涅佐夫等会谈时在座。

中国和白俄罗斯两国在北京签订《中华人民共和国和白俄罗斯共和国联合声明》

应中华人民共和国主席杨尚昆的邀请，白俄罗斯共和国最高苏维埃主席斯·斯·舒什克维奇于1993年1月8日至12日对中华人民共和国进行了正式访问。

中共中央总书记江泽民、中华人民共和国主席杨尚昆、中华人民共和国国务院总理李鹏和全国人民代表大会常务委员会委员长万里分别同白俄罗斯共和国最高苏维埃主席斯·斯·舒什克维奇在友好、坦率、求实的气氛中进行了会见和会谈，讨论了双边关系的现状和前景以及其他共同关心的问题。

双方同意声明如下：

一、中白两国人民有着传统的友谊。中华人民共和国与白俄罗斯共和国之间的互利合作关系正在发展。中白两国作为友好国家，愿意根据联合国宪章，并在互相尊重主权和领土完整、互不侵犯、互不干涉内政、平等互利、和平共处等原则的基础上发展合作关系。两国主张只用和平手段解决有争议的问题。

二、中白两国领导人、议会、政府及各部门将就发展与加强双边合作定期进行政治磋商，并就共同感兴趣的问题交换意见。两国社会团体的代表也将经常保持接触。

三、双方将为进一步扩大与加深在政治、经济和文化及其他领域的长期互利合作关系作出必要的努力，并认真履行各自就此所承担的义务。

四、经济合作和贸易是两国相互关系的重要组成部分。双方签订相应的协定，采取适当的措施，确保互利的经贸关系的发展。为此，双方：

——在经贸合作方面相互提供最惠国待遇；

——根据各自现行法律在本国领土上协助对方有参加对外经济活动权利的实体开设代表机构，并促进其活动；

——发展投资方面的合作，在各自境内协助建立合资企业，并促进双方有参加对外经济活动权利的实体在第三国市场上进行合作；

——促进两国各地区、各企业之间建立直接接触，其中包括在平衡基础上发展商品交换。

五、双方将在文化、科学、教育、体育和旅游方面促进合作与交往；促进有关组织、团体及个人之间的直接接触。为此，双方将：

——鼓励学校、科研机构之间的合作，包括互派教师、科研工作者、大学生、研究生以及联合从事科研规划；

——在广播、电视和通讯社领域进行合作，相互促进报刊和音像资料的传播；

——发展在医疗、保健、卫生以及疾病防治等方面的合作。

六、中华人民共和国和白俄罗斯共和国将在环境保护和合理利用自然资源方面进行密切合作，并积极参与解决全球生态问题。白俄罗斯共和国对中国专家为将切尔诺贝利核电站事故后果减少到最低限度所做出的贡献表示感谢，并希望两国之间，包括通过联合国和其他国际组织的渠道在这一领域的合作将扩大和加深。

七、双方将在与违法行为，其中包括有组织的犯罪，恐怖活动，非法贩卖毒品、武器和文物，经济犯罪，走私活动，针对民航和航海的非法行为的斗争中进行合作并交流经验和情报。

八、白俄罗斯共和国承认中华人民共和国政府是代表全中国的唯一合法政府，台湾是中国领土不可分割的一部分，并确认不和台湾建立官方关系。中华人民共和国政府支持白俄罗斯共和国政府旨在维护民族独立、主权，通过谈判和平解决民族区域问题和发展经济所做的努力。

九、双方指出，两国在和平与发展、裁军和防止军备竞赛等问题上立场相近或吻合。两国将继续维护各地区及全世界的和平与稳定，并主张根据公认的国际法原则和准则建立公正的国际政治、经济秩序。

十、双方将扩大和加深在联合国范围内的合作。两国主张保证联合国宪章的宗旨和原则的有效实施，主张加强联合国在维护世界和平与安全，包括防止武装冲突方面的作用。

十一、双方指出，各国都有权根据自己的特点和利益选择社会制度、经济体制和发展道路。不论国家的大小和发展程度，这些方面的差异均不应妨碍各国之间的正常关系与合作。

中华人民共和国代表 杨　尚　昆

白俄罗斯共和国代表 斯·斯·舒什克维奇

1993年1月11日于北京

全国人大常委会委员长万里在北京会见以人民院议长希夫拉吉·维什瓦纳特·帕蒂尔率领的印度议会代表团

全国省市区纪委书记监察厅(局)长会议在北京召开

会议于1月11日至13日召开。

根据中共中央、国务院的决定，中央纪委、监察部从1993年开始合署办公，实行一套工作机构，履行党的纪律检查和行政监察两项职能的体制。

中共中央政治局委员、中央纪委书记兼监察部部长尉健行在会上说，中央决定中央纪委与监察部合署办公，是我国党政监督体制的一项重大改革，是适应加快现代化建设新形势，进一步加强党的纪律检查工作和强化行政监察机关职能，并使之形成合力的重大措施，以便能够更加集中力量加强党风廉政建设，反对腐败，保证经济建设的顺利进行。

中央纪委副书记侯宗宾主持了会议。

尉健行在讲话中指出合署办公的指导原则是：要有利于在党中央和各级党委的统一领导下，进一步加强党的纪律检查和行政监察两项职能；要有利于国务院和各级政府继续加强对行政监察工作的领导，使各级监察机关领导班子便于继续向政府负责；要有利于避免纪检、监察工作的重复交叉以及精简机构和人员。

他说，合署后的中纪委履行党的纪律检查和行政监察两项职能，对党中央全面负责。合署后的监察部，依照宪法规定仍然属于国务院序列，接受国务院领导。监察部部长、副部长的任免，仍按有关法定程序办理。地方各级监察机关在合署后，继续实行由所在地政府和上级纪检监察机关领导的双重领导体制，按照《中华人民共和国行政监察条例》规定的职责、权力和工作程序开展工作。

他指出，民主党派和无党派人士担任监察部和各级监察机关领导职务的制度继续坚持执行。省、地、县和中央国家机关的纪检、监察机关的合署工作将按照上述精神自上而下地逐步进行。

尉健行在谈到今年的工作时指出，各级纪检监察机关要把深入学习、全面贯彻党的十四大精神作为首要任务，同时要着重抓好对党的路线方针政策和国家法律法规贯彻落实情况的监督检查，重点围绕贯彻《全民所有制企业转换经营机制条例》及减轻农民负担的决策开展监督检查，严肃查处有令不行、有禁不止、弄虚作假、失职渎职、严重官僚主义、形式主义等造成重大损失的行为；深入进行反腐败斗争，着重查处领导机关、领导干部以及经济管理、执法监督部门及其工作人员的严重以权谋私、贪污受贿、腐化堕落等违法违纪案件;进一步加强党风廉政建设,从严治党,切实纠正不正之风;深化党风党纪和勤政廉政教育,不断提高广大党员特别是党员领导干部的党性党悟和纪律观念。

尉健行要求各级纪检监察机关以改革的精神加强业务和队伍建设,更好地发挥监督检查的职能作用,为维护政治稳定、促进改革开放和经济建设服务。

西藏自治区人大六届一次会议选举热地为区人大常委会主任江村罗布为区政府主席

青海省人大八届一次会议选举田成平为省长

山西省政协七届一次会议选举王茂林为省政协主席

香港200多名知名人士发表公开信批评港英政府在政制问题上背信弃诺

中共中央政治局常委李瑞环在钓鱼台国宾馆会见并宴请香港岁宝实业有限公司董事长杨祥波

国务院批复同意设立汕头经济特区保税区

中国华北东北华东华中西北5大电力集团在北京成立

新成立的五大电力集团是在原有的五大电网基础上成立的,在多年的统一规划、调度、运行中,已经形成了具有良好的整体经济效益的企业集团。这五大电力集团负责北京、天津、河北、山西、内蒙古、辽宁、吉林、黑龙江、上海、江苏、浙江、安徽、湖北、河南、湖南、江西、陕西、甘肃、青海、宁夏和新疆等21个省、自治区和直辖市的电力供应。其发电装机总量和年发电量分别为1.18亿千瓦和5057亿千瓦时,占全国装机和发电总量的70%以上,在我国电力工业中具有举足轻重的作用。

国务院总理李鹏出席成立大会并讲话。

李鹏说,企业集团是适应我国社会主义市场经济和社会化大生产的客观需要而出现的一种新型组织形式。五大电力集团的组建,既是电力管理体制的重要改革,也是经济体制改革的产物。多年来,电力系统按照"政企分开、省为实体、联合电网、统一调度、集资办电"的方针和"因地因网制宜"的原则进行的改革,为组建五大电力集团创造了条件,奠定了基础。正是改革使电力工业逐步走到集团化道路上来。实践证明,像电力这样关系到重大国计民生的行业,应当走集团化的路子。

李鹏指出,企业集团应有相当的独立性,但又接受政府的宏观调控。建立集团,这对于充分发挥国有大中型企业的主导作用,推动生产要素的合理运用,形成群体优势,增强国家宏观调控的有效性,具有重要作用。

他希望五大电力集团建立起适应社会主义市场经济需要的充分发挥各方面积极性的集团管理体制和运行机制,认真落实和运用好国家关于办好大型企业集团的各项政策,使集团优势更好地发挥出来,加快电力发展。各集团都要继续发挥各方面办电的积极性,逐步朝股份制发展,进一步确保各投资者的权益。要认真贯彻国务院颁布的《条例》,落实企业自主权,切实转换电力企业的经营机制。电力集团要实行政企分开。各集团内部要处理好集权、分权的关系。要继续发展大电网,管好大电网,发挥好大电网的效益,不断提高劳动生产率和经济效益。要继续坚持"人民电业为人民的宗旨",为经济建设,为千家万户提供优质服务。

李岚清、李贵鲜、陈希同、钱正英、罗干等中央领导出席成立大会。

喀麦隆总统保罗·比亚总理西蒙·阿希迪·阿希在雅温得分别接见外交部部长钱其琛

国防部外事局举办新春联欢会

首都纪念国际主义战士奥地利人罗生特诞辰90周年

中国科威特在科威特签署卫生合作协议

中国和白俄罗斯两国有关方面负责人在钓鱼台国宾馆签署六个文件

这六个文件是,《中华人民共和国和白俄罗斯共和国关于民事和刑事司法协助的条约》、《中华人民共和国和白俄罗斯共和国领事条约》、《中华人民共和国政府和白俄罗斯共和国政府关于鼓励和相互保护投资协定》、《中华人民共和国政府和白俄罗斯共和国政府关于互免公务旅行签证的协定》、《中华人民共和国政府和白俄罗斯共和国政府关于互免团体旅游签证的协定》、《中华人民共和国外交部和白俄罗斯共和国外交部磋商议定书》。

国家教委在北京召开教育工作电话会议

国务委员、国家教委主任李铁映主持会议。

李铁映说:"今后各级教育行政部门的任务,就是要真抓实干,狠抓落实,在组织实施方面下大功夫:必须进一步转变职能，改进领导方法，转变工作作风，坚决压缩会议，精简文件，少讲空话，多办实事。”“切实加强对教育形势的分析，重视调查研究，认真对待已经出现或可能出现的各种问题，及时提出对策，不断开创教育工作的新局面。”

1500余年前中国匈奴族创建的大夏国一批重要文物最近在内蒙古乌审旗境内发掘出土

国家新药研究与开发协调领导小组在北京成立

由国家科委、卫生部、国家医药局和中国科学院等9个部门联合组成的国家新药研究与开发协调领导小组在北京成立。

协调领导小组是在中美、中日签订了有关医药与专用化学品知识产权保护协议，我国新药研究与开发面临严峻挑战的形势下组建的。长期以来，我国新药研究与开发走着一条以仿制为主的路子。协调领导小组的成立，标志着我国开始实现医药与专用化学品由仿制向创制与仿制相结合的转轨。协调领导小组的主要任务是：负责制定新药研究与开发的重大方针、战略目标和宏观政策，审定新药研究与开发的重大项目，研究并提出与新药开发相关的重要法规等。

民政部批准成立中国保安协会

1月12日

党和国家领导人江泽民李鹏等到永定河工地参加劳动

江泽民、李鹏、乔石、李瑞环、朱镕基、刘华清、胡锦涛、丁关根、田纪云、李岚清、尉健行、温家宝、任建新、宋健等到三家店至卢沟桥闸的大堤，为大堤垫土。

永定河是北京市的最大一条河，也是全国四大重点防洪河流之一。三家店至卢沟桥河段，是北京市治理开发永定河的一期工程。

劳动结束后，李鹏代表党中央、国务院，代表江泽民同志和中央政治局常委，向参加永定河工地劳动的全体军民，表示亲切的慰问。他说，农业是国民经济的基础，是社会稳定的重要因素。水利是农业的命脉。中国是一个水、旱灾频繁发生的国家。新中国成立以来，虽然进行了大量的江河治理与农田水利基本建设工作，取得了显著的成绩，但是水、旱灾对农业、对城市仍然有很大的威胁。因此，我们一定要在党中央、各级党委和各级政府的领导下，依靠人民群众的力量，治水不止，尽力而为，把治理江河和农田水利基本建设工作坚持不懈开展下去。

国务院批转国家教委关于加快改革和积极发展普通高等教育意见的通知

各省、自治区、直辖市人民政府，国务院各部委、各直属机构：

国务院同意国家教委《关于加快改革和积极发展普通高等教育的意见》，现转发给你们，请认真贯彻执行。高等教育担负为社会主义事业培养建设者、接班人和发展科技、文化的重大任务，对解放和发展生产力起着很重要的促进作用。为了更好地适应我国社会主义现代化建设的需要，必须加快改革和积极发展普通高等教育。各级政府和国务院各部门，要高度重视和积极支持普通高等教育的改革和发展，加强对有关高等学校改革工作的领导，切实解决学校的实际困难和问题，使普通高等教育的改革和发展沿着党的十四大指引的方向胜利前进。

国务院

1993年1月12日

关于加快改革和积极发展普通高等教育的意见

九十年代是我国社会主义现代化建设的关键时期，抓住有利时机加快改革开放和现代化建设步伐，夺取有中国特色社会主义事业的更大胜利，这是摆在全党全国人民面前的战略任务。高等教育担负为社会主义事业培养建设者、接班人和发展科技、文化的重大任务，对解放和发展生产力起着重要的促进作用。高等教育战线的全体同志，要增强责任感和紧迫感，认真学习贯彻党的十四大精神和邓小平同志建设有中国特色社会主义的理论，解放思想，振奋精神，加快、加大高等教育改革的步伐和力度，努力开创高等教育改革和发展的新局面。

一、高等教育改革和发展的指导思想是，遵循党的十四大精神，以建设有中国特色社会主义的理论和“一个中心、两个基本点”的基本路线为指针，解放思想，为适应改革开放和现代化建设的需要，适应社会主义市场经济体制和政治、科技、文化体制改革的要求，加快高等教育改革开放的步伐，探索办好有中国特色的社会主义高等学校的新路子，在九十年代，使我国高等教育的发展在质量、数量、结构和效益等方面达到一个新的水平，并为下世纪的更大发展和提高打下坚实基础。高等教育的改革和发展，要有利于为以经济建设为中心的社会主义事业服务，促进经济和社会的全面发展；有利于调动学校的广大师生员工和社会各界的积极性；有利于全面贯彻党的教育方针，提高教育质量和办学效益，培养德智体全面发展的社会主义事业建设者和接班人。高等教育改革和发展的主要任务是：坚持社会主义办学方向，改革高等教育办学和管理体制，转变政府管理部门职能，扩大学校办学自主权，改革学校内部管理体制和运行机制，深化教育和教学改革，探索高等教育发展的新路子。通过改革达到：规模有较大发展，结构更加合理，质量上一个台阶，效益有明显提高，到本世纪末，初步建立起有中国特色的社会主义高等教育体系。

二、改革原有的由国家包办高等教育的单一体制和模式，探索适应社会主义市场经济体制、调动社会办学积极性、多种形式和途径发展高等教育的新路子。经过改革和试验，我国高等学校逐步形成国家投资为主，学生缴费和社会集资为辅；学生缴费和社会集资为主，国家资助为辅；民办自费；企业办学等多种办学的形式。高等教育的发展，要坚持走内涵发展为主的道路，首先使现有学校达到合理的办学规模，同时进一步发挥学校的办学潜力，提高整体效益。到2000年，规模效益应有明显提高，校均规模本科院校由现在的二千五百人提高到三千五百人左右，专科院校由一千人提高到二千人左右。积极鼓励和支持社会力量兴办民办高等学校，尽快制定民办普通高等学校有关条例，加强引导和管理。目前，确有必要新设置高等学校，要按照国务院发布的《普通高等学校设置暂行条例》(国发〔1986〕108号)，由国家教委高等学校设置评议委员会进行评议后，提交国家教委审批。国家教委和各地有关部门要加强对学历文凭的管理，以保证高等教育的规格和水平，不断提高教育质量。

三、高等教育的发展要充分发挥各地区的积极性，因地制宜，合理布局，优化结构。在国家统筹规划指导下，省、自治区、直辖市人民政府根据实际情况分别确定各自的发展目标和重点，并注意地区间的合作和互补。经济发展水平高的地区，要更多地增加对高等教育的投入，加快改革步伐和发展速度。对经济基础薄弱和教育规模偏小的地区，要积极创造条件，采取有力措施，使这些地区的高等教育有一个适当的发展速度，以适应当地经济发展的需要。对少数民族地区，国家和地方政府都要采取特殊政策和措施，积极扶持少数民族高等教育的发展。在层次上，大力发展专科教育，特别着重发展面向广大农村、中小企业、乡镇企业和第三产业的专科教育；努力扩大研究生的培养数量，实现高层次人才培养基本上立足于国内。在科类上，稳定基础学科的规模，适当发展新兴和边缘学科，重点发展应用学科。

四、发展高等教育必须把提高教育质量放在突出的地位。有条件的省、自治区、直辖市和国务院有关部门着重办好一两所代表本地区、本行业先进水平的高等学校和一批重点学科、专业。在此基础上，国家教委会同国务院有关综合部门有计划地选择其中一批代表国家水平的高等学校和学科、专业，列入国务院已原则批准的“211工程”计划(面向二十一世纪，在全国重点办好一百所大学)，分期滚动实施。对于列入“211工程”计划的高等学校和学科、专业，中央(包括各有关部门)和地方两级教育部门，要采取适当的特殊政策，进一步扩大这些学校的办学自主权。力争到二十一世纪初，我国有一批高等学校和学科、专业进入世界先进行列，在教育质量、科研水平和学校管理等方面能与国际著名大学相比拟。

五、进一步改革原有的国家集中计划和政府直接管理的办学体制，逐步建立和完善国家统筹规划和宏观管理、学校面向社会自主办学的新体制。高等教育办学体制的改革是要理顺政府、社会和学校三者之间的关系，按照政事分开的原则，使高等学校真正成为自主办学的法人实体，明确学校的权利和义务、利益和责任，进一步促进学校面向社会自主办学。国家要加强高等教育的立法工作，尽快制定高等教育法、高等学校组织法等。政府要转变职能，简政放权，由对学校的直接行政管理，转变为运用法律、经济、评估和信息服务以及必要的行政手段进行宏观管理。保证学校拥有充分的依法办学的自主权，在专业设置、招生、指导毕业生就业、教育教学、科学研究、筹措和使用经费、机构设置、人事安排、职称评定、工资分配、对外交流和学校管理等方面拥有有关法律、法规规定的权限。学校要善于行使属于自己的权力，承担好自己的责任，建立起主动适应国家经济建设和社会发展需要的自我激励、自我发展、自我约束的运行机制。社会各界要积极支持和直接参与高等学校的建设和人才培养、评估办学水平和教育质量，为学校提供生产实习和社会实践基地，公平、择优录用毕业生，逐步为学校提供社会化服务。

六、高等教育管理体制的改革方向是，逐步实行中央与省(自治区、直辖市)两级管理、两级负责为主的管理体制。国务院各部门重点管理好直接关系国家经济、社会发展全局并在高等教育中起示范作用的骨干学校和行业性强、地方不便管理的学校。在中央与地方的关系上，中央管理部门要简政放权，加强地方政府的管理职能，中央主要负责大政方针、宏观规划和监督检查，对地方所属高等学校的具体政策、制度、计划的制订和实施以及对学校的领导和管理，责任和权力均交给地方，进一步加强省、自治区、直辖市对设在本地区的国务院各部门所属高等学校的协调作用。在国家教委和国务院各主管部门的关系上，国家教委负责统筹规划、政策指导、组织协调、信息服务、监督检查，各部门所属学校的专业设置、招生计划、经费筹措、学生就业等管理的责任和权限逐步归国务院各主管部门。国务院有关部门要加强对本行业专门人才的需求预测，协助国家教委指导本行业培养全国专门人才的规划工作。随着国务院各部门职能的转变和直属企业的下放，对部门所属高等学校的办学体制和管理体制，要区别不同情况，采取继续由中央部门办、中央部门与地方政府联合办、下放给地方办、企业集团参与管理等办法，进行改革试点。下放给地方办的，要将学校的事业费和基建投资基数划拨给地方政府。这项改革涉及面广、难度大，要采取积极稳妥的步骤，先在若干部门试点，成熟一个改革一个。这是今后一段时间内的一项重要改革，要认真做好。

七、改革高等教育投资体制，逐步建立财政拨款为主、多渠道筹措经费的投资体制。中央和地方的有关部门都要按照“两个增长”的原则，增加对高等教育的拨款，满足高教事业发展的基本需要。学校也要改变单纯依靠财政拨款的观念，走多渠道筹措教育经费的路子。要研究制定社会、企业、个人和校办产业等多渠道为高等学校筹措办学经费的具体制度和办法。高等教育属于非义务教育，要改革学生上大学由国家“包”下来的制度。学生上大学原则上均应缴费，缴费标准要考虑到人民群众的承受能力，由学校报主管部门或省、自治区、直辖市人民政府确定。同时，国家、企事业单位、社会团体和学校均可设立奖学金，对品学兼优的学生给予奖励，对毕业后定向就业的学生予以资助；银行设立贷学金，学校积极开展勤工助学，对家庭经济有困难的学生提供帮助；对部分国家必须重点保证的、特殊的学校和专业，实行专项奖学金或提高奖学金的数额。这些改革，要与调动学生的学习主动性和积极性紧密联系起来，要与招生和毕业生就业制度改革配套进行。

八、进一步改革招生和毕业生就业制度。高等学校招生计划体制，实行国家任务计划和调节性计划相结合。国家任务计划是重点保证国家重点项目、国防建设、文化教育、基础学科和高技术研究，以及边远地区、某些艰苦行业所需专门人才。国家任务计划由学校主管部门报国家教委核定后下达。对国家任务计划人才的培养，学校主管部门要保证足够的事业费和基建经费。在保证完成国家任务计划的前提下，要逐步扩大调节性计划，逐步扩大招收自费生和委托培养生的比重，调节性计划由学校主管部门根据需要和实际办学条件确定。进一步改进招生和入学考试办法。坚持德智体全面考核、以文化考试为主、择优录取的原则。要在高中毕业省级会考的基础上，减少高考统一考试科目，录取时参考会考成绩。对在培养人才方面有特殊要求的学校或专业，经过批准可以按系统或地区，联合或单独组织招生考试，并按有关规章录取新生。为有利于高等学校按照各自的特色、风格和专业要求培养人才，把选拔新生的职权放给学校。要注意选拔农村、边远地区以及基层单位有一定实践经验的优秀人才入学。地方招生部门通过职能转变，负责有关报名、考试和录取的组织工作，为学校招生提供服务。建立和完善招生过程的监察制度。改革高等学校毕业生“包当干部”和由国家“统包统配”的就业制度。随着社会主义市场经济体制的建立和劳动人事制度的改革，在国家政策指导下，实行高等学校大多数毕业生自主择业的就业制度。近期内，国家任务计划招收的学生，原则上由国家负责安排就业，学校与用人单位“供需见面”落实毕业生就业方案，并积极推行毕业生与用人单位“双向选择”的办法。调节性计划中，委托和定向培养的学生按合同就业，自费生自主择业，有关部门要加强毕业生就业的指导和服务工作。

九、积极稳妥地推进高等学校内部管理体制改革。要逐步进行校内人事、分配、住房、医疗和退休养老保险制度以及后勤服务企业化、社会化等改革，理顺关系、转换机制、调整结构、精简机构、优化队伍、改善条件、提高待遇，调动广大教职工的积极性，增强学校内在的办学活力和主动适应国民经济和社会发展需要的能力，不断提高教育质量、科研水平和办学效益。进行校内管理体制改革，要在学校主管部门的领导下，取得学校所在省、自治区、直辖市人民政府的领导和支持，积极稳妥地进行。要从实际出发，积极试验，统筹兼顾，逐步展开。争取在最近几年内全国高等学校在实行内部管理体制的改革方面取得显著成绩。

十、继续加强和改进德育工作。要进一步加强和改进马克思主义理论教育和思想政治教育，用建设有中国特色社会主义的理论武装学生，加强党的基本路线教育及爱国主义、集体主义和社会主义的教育。要紧密联系我国社会主义建设实际，加强社会实践，使广大学生坚定建设有中国特色社会主义的信念，走与工农相结合的道路，逐步树立科学的世界观和为人民服务的人生观，增强抵御和平演变、抵御资本主义和封建主义腐朽思想侵蚀的能力，珍惜和维护安定团结的政治局面。要通过实践，不断探索和总结在改革开放条件下加强德育工作的经验，继续加强和改进思想政治工作体系，充实德育内容、改善德育工作的形式和方法，努力建设好一支以精干的专职人员为骨干、专兼职结合的思想政治工作队伍，进一步提倡教书育人、管理育人、服务育人，把建立优良的校风、学风，优化育人环境作为经常性工作落到实处。

十一、深化教学改革、提高教育质量，是高等教育改革的核心。要按照“面向现代化，面向世界，面向未来”的要求，全面贯彻执行党的教育方针，逐步建立与社会主义市场经济体制相适应、符合学生成长规律、具有竞争活力的教学制度，努力提高教育质量。要继续和发扬我国高等教育的优良传统，大胆吸收和借鉴当今世界先进的教育经验，进一步转变教育思想，更新教育观念。要继续拓宽专业面，加大教学内容和教学方法改革的力度，逐步建立和完善适应我国社会主义建设和现代科技、文化发展趋势的教学内容体系和课程结构，着重培养学生的素质和能力。要加强实验室建设，充实和更新教学仪器设备，大力推进现代化教育手段的应用。要进一步贯彻落实教育与生产劳动相结合的方针，采取多种形式，大力加强学校与科研部门、企业事业单位等的密切联系和合作，争取社会各方面更多地参与高等学校人才培养工作。进一步巩固和发展实习基地、三结合基地、厂校合作委员会、产学研联合体等，实行教学、科研、生产（社会实践）三结合，促使学校教育和教学过程与社会主义建设实际紧密结合。要逐步建立和完善与学校面向社会自主办学新体制相适应的教学管理制度和运行机制。要充分发挥各校优势，根据经济建设和社会发展的需要，规划专业设置、调整专业方向、制订教学计划和教学大纲、选编教材和组织实施教学。学校要引入竞争和激励机制，进一步完善学分制，实行合理淘汰和优秀生奖励制度等，经过改革试验，形成既有严格管理、又有利于调动教与学两方面积极性和主动性的教学管理制度；建立既符合教育规律又生动活泼的教学运行机制。教育行政管理部门要通过修订专业目录和专业设置条例，制定各科类、专业的基本培养规格和主要课程的教学基本要求，积极开展教学研究和教学评估，建立高等学校教学工作和人才质量评价体系，在用人单位设立人才质量测试点等，加强对教学工作的宏观管理和指导。

十二、改革研究生教育。要根据社会主义建设和学科发展的需要，加快研究生教育的发展，改善结构和布局，进一步明确不同类型研究生的培养目标和规格，在满足教学、科研岗位所需人才的同时，着重加强应用人才的培养，注意吸收在职人员接受研究生教育，在一些行业试行专业学位制度。要理顺研究生教育和学位授权体系的关系，加快下放硕士学位授权点和博士生指导教师审核权的试点工作，同时建立和完善质量监督、评价制度。改进研究生招生办法，进一步完善培养过程，继续进行和扩大研究生兼做助教（协助教学）、助研（协助科研）、助管（协助管理）的试点，改善研究生培养的物质条件，提高教育质量，在本世纪内力争有一批学校和重点学科的研究生教育进入世界先进水平。

十三、高等学校科学技术工作要认真贯彻国家的科技方针，坚持科技是第一生产力的思想，坚持面向经济建设，坚持同教学相结合，努力攀登科技高峰。充分调动科技队伍的积极性，在把主要力量投入为国民经济建设服务的同时，要保持一支精干队伍稳定持续地开展基础性研究，巩固并再建一批国家级重点实验室；在组织优势力量承担国家“攀登计划”、“八六三”高技术计划和科技攻关计划等重大任务的同时，引导广大科技人员走向社会，面向市场，积极开展经济和社会发展中急需的应用、开发研究。要大力加强科技成果推广应用工作，建设一批工程研究中心和中试基地，促进科技成果的商品化、产业化和国际化。哲学、社会科学研究要把社会主义建设和改革中急需解决的重大理论和实际问题作为主攻方向。要改革原有计划经济体制下形成的科技管理体制。科技机构要引入竞争机制，人员要合理分流、优化组合，不同类型的机构采取不同管理制度，实行开放、流动和定期评估。要加强多种形式的产、学、研合作，形成一批与产业界密切结合的人才培养与研究、开发基地。要建立合理的科技投入机制，在国家继续加强对科技投入的同时，积极开拓科技投资渠道，增加科技贷款和设立高新技术开发风险投资基金。

十四、积极发展以高新技术产业为主的校办产业。校办产业要有利于加强学校与社会的联系，促进教育和教学改革，有利于筹集教育资金，增强办学实力。要组织高校的科技力量，积极投身国民经济建设主战场，面向生产第一线进行研究开发，多渠道、多层次地转化科技成果，积极进入高新技术产业开发区，有计划、有重点、有选择、讲求实效地发展科技产业。因地因校制宜，利用学校的优势，积极发展经济、科技、文教的信息咨询和服务的第三产业。国家要增加用于支持校办产业发展的贷款规模，并在税率上予以优惠；尽快制定校办产业行政法规，使校办产业有法可依。学校要加强领导，采取人员分流、企业化管理等办法，努力在实践中探索适合本地区、本部门、本学校情况的发展校办产业的多种模式。

十五、加强教师队伍建设。九十年代，高等学校教师队伍进入新老交替的重要时期，学术带头人和骨干教师的培养、补充迫在眉睫。要采取各种有力措施，以加强培养中青年学术带头人为重点，优化教师队伍结构。要采取多种形式促进教师和社会的密切联系，聘请实际工作部门有较高水平的专家到校任教。要把师资队伍建设和学校整体改革有机地结合起来，把教师的工资、住房、医疗、退休等问题摆到改革的重要议事日程上。要下决心采取重大政策和措施，积极改善教师的工作、学习和生活条件，对有突出贡献的教师给予重奖，并形成规范化的奖励制度。国家建立与公务员工资制度脱钩的教育系统工资制度，制定高等学校教师的基本工资标准，学校主管部门和学校有权适当增加教师的地区或校内津贴，不同地区、不同学校的教师可以有不同的实际工资标准，克服平均主义和论资排辈的倾向，按贡献大小适当拉开档次。要进一步改革专业技术职务评聘工作，进一步下放教师任职资格评审权，并制定有关政策，体现正确的政策导向。要发挥国家、集体、个人三方面的积极性，加快教师住房建设，争取实现三年解困、五年改善的目标。

十六、进一步扩大对外开放，积极开展国际交流与合作，是我国高等教育事业发展的一项重要方针。要加强和重视对国外高等教育的研究，大胆吸收和借鉴人类文明发展的一切优秀成果和世界各国发展和管理高等教育的成功经验。要积极创造有利于国际合作与交流的条件与环境，进一步制定和完善有关政策，改进教育外事工作管理办法；要根据我国高等教育改革发展的需要，扩大和搞活国际教育、学术和科技交流合作；要改进派遣留学、进修人员和引进国外智力的工作；积极创造条件，适当扩大和加强接受来华留学生、选派出国任教教师、对外汉语教学以及在境外联合办学等工作；尽快制定境外机构和个人在华办学条例，欢迎和鼓励境外机构和个人，依照我国的法律和方针政策，来华捐资助学和联合办培训中心、研究中心和校内分院等。

十七、各级政府要加强对高等教育改革的领导。高等学校的重大改革方案的实施，必须经主管部门批准，有计划、有步骤地进行。改革要经过试点、总结经验后，逐步推广。对深化改革中遇到的各种问题，各级领导部门要积极加以引导和管理，帮助高等学校解决各种实际困难。

青年干部锻炼成长经验交流会在武汉闭幕

会议期间，中共中央政治局常委胡锦涛专程来会议听取发言并发表讲话。中组部部长吕枫在闭幕会上作总结讲话。

中共中央政治局常委胡锦涛在青年干部锻炼成长经验交流会上发表题为《全面落实十四大精神，加强和改进党的建设》的讲话

江泽民同志在党的十四大报告中指出："党的基本路线要毫不动摇地长期坚持下去，社会主义的改革开放和现代化建设要搞得更好更快，国家要长治久安和繁荣富强，关键在于我们党，在于坚持用邓小平同志建设有中国特色社会主义的理论武装全党。"这段话，透彻地讲明了新时期加强党的建设和党的领导的重要性，讲明了社会主义现代化建设同党的领导、党的建设的关系。这既是总结我们党的历史经验，特别是总结14年伟大实践得出的科学结论，也是从我们党在新时期面临的环境和肩负的伟大使命出发，对党的建设提出的根本要求。

一、完成十四大提出的改革和建设任务，关键是把党建设好。

建设有中国特色社会主义的根本任务，就是要在社会主义条件下，通过改革开放进一步解放和发展生产力，促进我国经济的全面繁荣和社会的全面进步。这个任务只能在中国共产党的领导下，团结全国各族人民共同奋斗才能完成。工人阶级是先进生产力的代表，中国共产党是工人阶级的先锋队。我们党一诞生，就把解放和发展社会生产力作为自己的根本任务，把在中国经过民主革命建立社会主义，最终实现共产主义作为自己的奋斗纲领。70多年来，我们党历经艰险，顽强奋斗，全部活动归根到底都是为了社会生产力的解放和发展。28年的民主革命，我们党领导人民，在半殖民地、半封建的社会条件下，通过武装斗争推翻阻碍生产力发展的旧制度，打碎剥削阶级的国家机器，极大地解放了社会生产力，开辟了中国历史的新纪元。新中国成立以后，建立了社会主义基本制度。这以后的几十年，我们党一直在曲折前进中探索如何进一步解放和发展社会主义社会的生产力。十一届三中全会以来，我们党坚定不移地把工作重点转到经济建设上来，实行改革开放政策，领导人民开始一场新的革命，终于找到了一条适合中国国情的正确道路，开创了社会主义现代化建设的新局面。我们党领导的这两次革命，历史条件、具体目标和途径、手段不同，根本目的都是为了解放和发展社会生产力。我们党为解放和发展中国社会生产力，为国家的独立、富强和人民的幸福，艰苦奋斗了70多年，取得了举世瞩目的成就；70多年的奋斗使党不断发展壮大，更加成熟坚强。历史证明，在中国人民解放和发展社会生产力、努力实现祖国繁荣昌盛的过程中，我们党始终站在最前列，始终处于核心领导地位，始终起着关键性的作用。

改革开放14年来，我国经济建设和各项事业的巨大成就，是在党的领导下取得的。在刚刚起步的时候，我们不但面临历史遗留的大量问题，而且在前进中经常出现新的矛盾，加上国际风云变幻的复杂情况，使党经受着严峻考验。在这种形势下，我们党在邓小平同志建设有中国特色社会主义理论的指导下，以极大的政治勇气和务实创新精神，提出和实行了正确的路线、方针、政策，果断排除了各种干扰，坚持以经济建设为中心，坚持四项基本原则，坚持改革开放，把建设有中国特色社会主义的事业不断推向前进。伟大的党领导了伟大的实践，伟大的实践锻炼了伟大的党。事实再一次说明，我们党不仅能够领导好革命，而且能够领导好改革和建设。

当然也必须看到，党在思想、政治、组织和作风建设上，还存在一些同新形势要求不相适应的问题。要更好地发挥党对社会主义现代化建设的领导作用，党的自身建设必须改进和加强，绝不能有丝毫削弱和放松。90年代繁重艰巨的改革和建设任务，要求我们党主动地适应形势和任务的变化，努力提高用建设有中国特色社会主义理论指导实践的能力；提高总揽全局、驾驭形势、正确处理国内外复杂矛盾的能力；提高领导经济建设、领导改革开放特别是领导建立和完善社会主义市场经济体制的能力；提高党的自身凝聚力、在群众中的吸引力、在改革和建设中的战斗力。

我们还要看到，深化改革、扩大开放，不仅对党的建设提出了更高要求，对党建工作提出了一些新的问题，而且也为进一步搞好党建工作，提供了新的机遇和条件，开辟了广阔的前景。马克思主义的唯物辩证法告诉我们，当客观事物发展向我们提出新问题时，也就为问题的解决准备着必要的条件。我们要善于抓住机遇，利用有利条件，在积极探索中找到解决问题的答案。过去14年，我们党的建设始终是在不断研究新情况、解决新问题的过程中前进的，党建工作的水平也是在这个过程中不断提高的。今后应当沿着这条路子继续走下去。只要我们勇于探索，善于总结经验，党建工作的路子就会越走越宽广，我们党就会建设得更好。

二、党的建设必须遵循党的基本路线，紧紧围绕经济建设这个中心来进行。

党的十四大根据新时期我们党所处的环境和肩负任务的变化，明确提出："我们一定要结合新的实际，遵循党的基本路线，坚持党要管党和从严治党，加强和改进党的建设，努力提高党的执政水平和领导水平，使我们这个久经考验的马克思主义的党，在建设有中国特色社会主义的伟大事业中更好地发挥领导核心作用。"这是新时期党的建设总的指导方针。

密切联系政治路线建设党，是党的建设的一条基本经验，也是党建工作的一个基本原则。新时期党的建设，最重要的是坚持在邓小平同志建设有中国特色社会主义理论指导下，遵循"一个中心、两个基本点"的基本路线来进行。抓住了这一条，就抓住了加强和改进党的建设的根本。

从过去14年的实践看，遵循党的基本路线建设党，必须牢牢把握以下三点：

一定要按照党的基本路线的要求建设党。这就要正确理解和全面把握"一个中心、两个基本点"之间辩证统一、相互依存的关系，不能有任何片面性。集中精力把经济搞上去，是关系到巩固和发展社会主义事业的重大政治问题，是全党的大局。坚持党的基本路线不动摇，关键是坚持以经济建设为中心不动摇。要把经济搞上去，必须坚持改革开放，进一步解放和发展生产力；要把经济建设和改革开放搞好，必须坚持四项基本原则，保证有一个长期稳定的政治环境，保证建设和改革沿着正确方向顺利前进。坚持按基本路线的要求建设党，就要使党的思想、组织、作风建设都符合并体现党的基本路线的要求，努力把党的各级组织建设成为全面贯彻党的基本路线的坚强核心。

一定要紧密联系贯彻执行党的基本路线的实践开展党建工作。新时期加强和改进党的建设的许多新问题，是在贯彻党的基本路线的实践中提出的，也只有在执行基本路线的实践中才能得到解决，并创造出新的经验。党在建设和改革中的战斗力，要在贯彻党的基本路线的实践中体现，也要在坚持基本路线的过程中提高。

一定要用贯彻执行党的基本路线的成效来考察党建工作。只有遵循党的基本路线，才能解放和发展社会主义社会的生产力，增强社会主义国家的综合国力，提高人民的生活水平，实现我们的奋斗目标。因此，归根到底，党的各方面工作要以"三个有利于"作为判断是非得失的标准，党建工作也应当以此为标准。当然，党的建设各方面的工作还要有一些具体要求，而这些具体要求，都应该符合和体现这个根本标准。

遵循党的基本路线，围绕经济建设这个中心开展党建工作，就要正确把握经济建设和党的建设的内在联系，做到围绕经济建设抓好党的建设，抓好党的建设推动经济建设。脱离经济建设这个中心，就党建抓党建不行，只抓经济工作，忽视和放松党的建设也不行。这两种倾向最终都会影响经济建设，也会削弱党的建设，都是不可取的。我们要坚持经济建设这个中心，按照党的建设的规律和特点，积极开展党建工作，从实际出发，不断积累围绕经济建设做好党建工作的新经验。

三、按照十四大的要求，改进和加强党的建设。

关于当前和今后一个时期党的建设，十四大报告中提出了五个方面的任务。全面完成这些任务，就可以使党的建设得到改进和加强。我们要把用建设有中国特色社会主义理论武装全党作为首要任务，切实抓好，以此来带动党的建设其他任务的贯彻落实。

第一，努力用邓小平同志建设有中国特色社会主义理论武装全党。

党的十四大报告，充分体现了邓小平同志去年初视察南方的重要谈话精神和他的一贯思想，系统阐述了邓小平同志建设有中国特色社会主义理论的主要内容，明确要求用这个理论武装全党，这对新时期整个党的工作和党的自身建设都具有极其重大的意义。建设有中国特色社会主义的理论，是马克思主义同中国实际相结合的最新成果，是当代中国的马克思主义，是指引我们实现新的历史任务的强大思想武器。坚持用这个理论教育党员和干部，是新时期党的思想建设的根本任务。实践证明，对这个理论学习、掌握的程度，决定着思想解放、观念转变、认识提高的程度。用这个理论武装全党，统一全党思想，提高贯彻执行党的基本路线的自觉性和坚定性，就是党的建设最重要的加强和改善。

建设有中国特色社会主义理论是一个完整的科学的思想体系。十四大对这一思想体系归纳了九个方面的内容，每个方面都很重要，应当组织党员、干部逐条深入学习，力求完整准确地理解。不但要领会基本观点和原则，而且要从中掌握正确的立场、观点、方法。

解放思想、实事求是是建设有中国特色社会主义理论的精髓。紧紧抓住精髓来学，才能真正学懂这个理论，掌握这个理论。在党的十四届一中全会上，江泽民同志强调指出："对于领导干部来说，要做好工作，学习和掌握唯物辩证法十分重要。"邓小平同志建设有中国特色社会主义理论，是把马克思主义的辩证唯物主义和历史唯物主义运用于中国改革和建设实践，并使其得到丰富和发展的典范。在这个理论体系中，关于实事求是，一切从实际出发，理论与实践相结合，用实践检验真理和发展真理的论述；关于社会主义的根本任务是解放和发展生产力，革命是解放生产力，改革也是解放生产力，以及判断各方面工作是非得失根本标准的论述；关于坚持"一个中心、两个基本点"的辩证统一，坚持两手抓、两手都要硬，以及在中国要警惕右，主要防止"左"的论述；关于正确认识和处理当代社会主义和资本主义之间的关系的论述；关于计划与市场、速度与效益、稳定与发展相互关系的论述，等等，无不闪耀着唯物辩证法的光辉。只有学习和掌握了邓小平同志运用马克思主义立场、观点、方法研究新情况、解决新问题的科学态度，坚持解放思想、实事求是的创造精神，我们执行党的基本路线和政策，推动经济建设和改革开放，才能防止和克服片面性、绝对化，把工作做得更好。

学习要坚持理论联系实际的原则。建设有中国特色社会主义理论，来源于实践，又指导实践。我们要把学习理论同贯彻落实党的路线、方针、政策结合起来，同总结实践经验结合起来，在实践中加深对理论的认识，为丰富和发展这个理论做出贡献。

用建设有中国特色社会主义理论武装全党，是一项长期任务，要坚持不懈地抓下去。各级党组织要根据不同对象、不同层次提出不同的要求，重点抓好县以上领导干部的学习。要注意讲求实效，不断把学习引向深入，切忌形式主义。

第二，进一步加强领导班子建设。

党的十四大要求，按照干部队伍革命化、年轻化、知识化、专业化的方针和德才兼备的原则，把各级领导班子建设成为忠诚于马克思主义、坚持走有中国特色社会主义道路的坚强领导集体。按照这个总的要求进一步建设好各级领导班子，是加强和改进党的组织建设的关键，是贯彻落实十四大精神、加快改革开放和现代化建设的重要组织保证。我们要抓住今年人大、政府、政协和部分党委换届的时机，把加强领导班子建设的工作向前推进一步。

建设好领导班子，最重要的是以党的基本路线为指导，正确执行干部队伍"四化"方针和德才兼备原则。对党的干部来说，看德才主要是看两条：一条是政治上的要求，就是要听党的话，是真正的共产党人，坚持党的基本路线，有坚定的社会主义、共产主义信念；一条是业务上的要求，就是要有能力，包括有知识，有实际工作经验，有组织领导才能。我们在任何时候都要坚持德才兼备的原则，不能重德轻才，也不能重才轻德。对不同层次、不同岗位的干部，德才的具体要求应当有所不同，对领导干部，特别是高级干部的要求应该高一些。按照邓小平同志的一贯思想和他在去年初视察南方的谈话精神，正确坚持德才兼备原则，把干部选好、用好，把领导班子配备好，要注意三个问题：一要联系执行党的基本路线的表现看干部的德才。这是一个非常重要的原则。正确贯彻执行党的基本路线，对干部既有德的要求，又有才的要求。我们看干部，既要看他对党的基本路线是不是坚决拥护，又要看他在本职工作中是不是有正确执行基本路线、不断开创新局面的能力。二要把实绩作为判断干部德才的客观依据。通过考察实绩看德才，这是实践第一的观点在干部工作中的具体运用。我们要大胆选用在改革开放和现代化建设中政绩突出的优秀干部。当然，看实绩要实事求是，防止片面性和简单化。三要走群众路线，对确属群众公认德才兼备、政绩突出的干部，要及时起用。

要积极选拔大批优秀年轻干部进领导班子，目前各级领导班子都程度不同地存在年轻干部偏少、年龄结构不合理的问题。中央对解决这个问题已经提出了明确具体的要求，各级党组织要立足当前，面向21世纪，以高度的责任心和紧迫感，把这个问题解决好。现在人才是有的，关键是要进一步解放思想，放开视野，拓宽渠道，不拘一格用人才。论资排辈、求全责备、迁就照顾等落后观念，导致压抑和埋没人才，要坚决破除。各级领导同志要树立埋没人才也是过的思想，带头做好发现、培养、选拔年轻干部的工作。对特别优秀的年轻干部，要敢于破格使用。对于基本素质好、实绩突出、有发展潜力的年轻干部，即使工作上有过某些失误，也要看主流、看本质，只要认识和改正了失误，就要敢于选用，让他们在适当的岗位上充分发挥作用。要把人才使用和人才培养结合起来，加快干部制度改革步伐，防止和抵制用人上的不正之风，为优秀人才脱颖而出创造条件。

要注重提高领导班子领导经济建设的能力。加快改革开放和发展经济，建立社会主义市场经济体制，对各级领导班子提出了更高的要求。各级领导班子要逐步形成合理的结构，提高领导改革和建设的整体水平。领导班子成员中熟悉经济工作偏少的，要充实适当人选，党政领导成员可以根据需要适当增加交叉任职。地方党委要善于协调人大、政府和政协等各方面的力量，充分发挥他们的作用，围绕推进改革和建设形成合力。所有领导成员，不论分管什么工作，都要了解、关心经济建设全局，学习经济知识，努力掌握经济建设的客观规律，围绕经济建设做好分管工作。要掌握“两手抓”的领导方法和领导艺术，做到两手都要硬。

要高度重视、切实抓好领导班子的思想作风建设。当前要着重解决好两个方面的问题：一是坚持和健全民主集中制，增强团结。党的团结是党的生命。领导班子的团结直接关系到一个地方和部门的稳定和发展。现在一些领导班子存在不团结、不协调问题，一个重要原因就是民主集中制执行得不够好。各级领导班子都要严格按照民主集中制办事，实行民主基础上的集中和集中指导下的民主相结合。凡属重大问题，坚持集体讨论决定，不能个人说了算。经过集体讨论决定的事，每个领导成员都必须坚决执行，不准各行其是。在党内生活中，要充分发扬民主，疏通和拓宽民主渠道，让大家畅所欲言，有话摆在桌面上讲，反对当面不说、背后乱说的自由主义。领导干部一定要胸襟开阔，认真听取各方面的意见，择善而从。要识大体，顾大局，讲原则，守纪律，维护团结，做到互相支持，互相尊重，互相谅解。今后，衡量和检查领导班子建设情况，一定要看是不是团结，是不是同心同德地做工作。对于那些长期闹不团结、经帮助教育仍不能改正的，要坚决调整。二是在党风和廉政建设上起表率作用，坚决克服消极腐败现象。党风和廉政建设方面存在的问题，群众意见不小，切不可以低估。各级领导班子一定要坚持从自身做起，下决心抓出成效。对于已经揭露出来的以权谋私、贪污受贿等问题，要坚决查处。廉政建设要靠教育，更要靠法制。要建立健全有效防范以权谋私的约束机制，已有的行之有效的制度要坚决执行。党委组织部门和纪律检查机关要密切配合，把纪律检查和对干部的考察使用结合起来。各级领导机关和领导干部，要坚决克服官僚主义和形式主义，坚持深入基层，深入群众，办实事，求实效，把党的根本宗旨和优良作风落实到行动中去。

第三，要重视和加强党的基层组织建设。

党的基层组织是党的全部工作和战斗力的基础。党的路线、方针、政策和各项任务，都要靠基层组织去落实和完成。我们必须坚持不懈地把企业、农村、机关、学校、科研院所、街道和其他基层单位党组织的建设切实抓紧抓好。现在，党的基层组织建设面临大量新情况、新问题，突出的是如何适应建立社会主义市场经济体制、更快更好地发展经济的要求，加强和改进各类经济组织中党的建设。为了解决这方面的问题，各地要加强调查研究，积极探索，大胆实践，总结经验。中央已有明确规定的，比如外商投资企业，有条件的要抓紧建立党组织，在中方人员中发挥好政治核心作用；对私营企业中的党员要加强教育管理等要求，必须认真落实。中央有了原则意见的，各地要从实际出发，制定具体的实施办法。一时不能形成全国统一规范的，要从“三个有利于”以及便于党组织发挥作用出发，大胆进行探索。

国有企业特别是大中型企业转换经营机制，增强活力，提高效益，在建立社会主义市场经济体制中发挥主导作用，是发展经济、深化改革，巩固社会主义制度和发挥社会主义优越性的关键。企业党组织要在实现这个任务中充分显示自己的战斗力。十四大重申：“全民所有制企业要充分发挥党组织的政治核心作用，坚持和完善厂长负责制，全心全意依靠工人阶级。”企业党组织和行政领导干部要把思想进一步统一到这三句话上来，同心协力，全面贯彻落实。全民所有制企业转换经营机制的改革，给企业党组织的建设注入了新的活力，同时也对企业党组织的设置、工作内容和工作方式、活动方式提出了新的要求。企业党组织作为企业的政治核心，一定要按照党章的规定，认真履行职责，围绕搞好生产经营发挥作用，把党的工作做到第一线去。要发动和组织党员积极投身于企业的改革，充分发挥先锋模范作用，并使他们在这个过程中得到锻炼提高。《企业法》以及党中央、国务院规定应当放给企业的权力，包括人事权，一定要下放给企业。在执行中涉及党组织自身建设和党的政治核心作用的发挥等问题，党委和党员行政领导干部要共同商量。看准了的就大胆地干，一时看不准的可以先试验。在企业机构改革中，要注意保留必要的党的工作机构和政工人员。

农村党组织建设的路子已经明确，并积累了一些经验。现在，要注意研究、解决建立农村社会主义市场经济体制、迅速发展乡镇企业和第三产业，给乡、村党组织建设提出的新问题。要继续抓好农村后进党支部的整顿、提高工作，特别是选配好党支部书记。

党的建设任务十分繁重艰巨，需要全党同志的共同努力，做党建工作的同志负有特别重要的责任。从事党建工作的队伍，总的看素质是好的。14 年来，大家为党的建设和党领导的事业辛勤工作，并在工作中努力提高自己，取得了很大成绩。我们应当进一步增强责任感，继续提高自身素质和工作水平。

要解放思想，勇于探索。当前，党的建设面临的新问题很多。这就要求我们创造性地运用马克思主义的建党思想，尤其要以邓小平同志建设有中国特色社会主义的理论为指导，解放思想，实事求是，不回避党建工作中遇到的难点、热点，勇于和善于根据新的情况进行新的探索，在实践中寻求正确的答案，逐步提高认识和解决各种复杂矛盾的能力。

要重视基层组织和党员群众的实践，及时总结新鲜经验。邓小平同志说："农村改革中的好多东西，都是基层创造出来，我们把它拿来加工提高作为全国的指导。"这是从群众中来到群众中去的工作方法，是辩证唯物主义的认识论与方法论的统一。我们党指导整个改革和建设用的是这个方法，做党建工作也应当学会这个方法。我们要以邓小平同志为榜样，尊重基层组织和党员群众在实践中的创造，用新的经验来解决新时期党的建设中的问题。

要努力学习我们所不熟悉的东西。现在需要学习的东西很多，尤其需要学习社会主义市场经济知识，研究社会主义市场经济条件下党的建设问题。做党建工作的同志如果不懂得经济知识，不熟悉经济，就不能适应工作的要求。还要大胆吸收和借鉴人类社会创造的一切文明成果，包括当今世界各国一切对我们有用的东西。我们要一边工作，一边学习，刻苦地学习，不停顿地学习，不断提高自己的工作水平。

要经常加强党性锻炼。做党建工作更应当讲党性，在任何情况下都要自觉地坚持党的基本路线，同党中央在政治上保持一致；都要坚持全心全意为人民服务的宗旨，发扬奉献精神。

从现在起到本世纪末的七八年，是我国改革开放和现代化建设的关键时期，也是党的建设的关键时期。我们要紧密团结在以江泽民同志为核心的党中央周围，更加振奋精神，努力工作，为贯彻落实十四大提出的任务，加强和改进党的建设，做出应有的贡献。

中共中央政治局候补委员温家宝在中直机关党的工作会议上发表讲话

中共中央政治局候补委员、书记处书记温家宝在中直机关党的工作会议上指出，中直机关党的工作，要继续贯彻落实党的十四大精神，以邓小平同志建设有中国特色社会主义的理论为指针，遵循党的基本路线，坚持党要管党和从严治党，进一步加强思想、组织和作风建设，努力提高党的战斗力和党员素质，保证机关各项任务的完成。

温家宝说，在过去的一年里，我们主要抓了两件大事：一是组织干部职工学习、贯彻邓小平同志视察南方重要谈话和中央政治局全体会议精神；二是传达、学习、贯彻十四大精神。这两次学习，使中直机关广大党员干部加深了对邓小平同志建设有中国特色社会主义理论的理解，增强了贯彻执行党的基本路线的自觉性和坚定性。

温家宝说，中直机关是党中央的工作部门，担负着党的组织、宣传、统战、群众等项工作任务，对宣传、落实好党的十四大精神负有重要责任。要加深对邓小平同志建设有中国特色社会主义理论的理解，进一步统一思想；要理论联系实际特别是机关工作实际，把解放思想和实事求是统一起来。

温家宝强调，中直机关必须牢固树立以经济建设为中心的思想，把自己的工作进一步转移到服从和服务于经济建设的轨道上来，围绕改革和建设的各项任务做好党的机关工作，包括：更好地宣传和动员群众，为经济建设提供正确的舆论导向；进一步加强党组织的建设，为经济建设选拔、培养更多的优秀人才；切实搞好党风建设和廉政建设；更好地调动各方面的积极性，为四化建设服务等等。

温家宝说，做好思想政治工作和群众工作，是机关党委的重要任务。在新形势下，思想政治工作的重点是增强党组织的凝聚力、战斗力。中直工委和各机关党委要加强调查分析，掌握党员、干部、群众的思想状况，有的放矢地做好思想政治工作。一是要加强形势教育，引导党员、干部讲理想、讲奉献、顾大局，增强事业心和责任感；二是要关心职工生活，切实为大家排忧解难；三是领导干部要以身作则。越是在任务重、要求高的情况下，各级领导干部越要严以律己，率先垂范，带头同各种不正之风作斗争；四是要注意发挥工、青、妇组织在思想政治工作中的积极作用，切实做好新形势下的思想政治工作，充分调动广大党员、干部的积极性和创造性。

温家宝强调，中直机关要切实转变作风，克服形式主义。他说，说实话，办实事，求实效，历来是我们党倡导的优良传统和作风。克服形式主义是一项长期的任务，必须从改革体制、健全制度、加强教育、严肃纪律和舆论监督等多方面进行努力，做扎实有效的工作。中直机关各单位，要认真听取基层和群众的意见，对实际存在的形式主义，要采取切实有效的措施加以纠正。要下狠心减少会议和文件。对群众反映强烈而又没有实际效果的活动，必须立即停止。对明令禁止、劳民伤财、造成严重影响的形式主义的做法，必须严肃查处。总之，中直机关在转变作风、扎实工作方面，一定要有一个新的气象。

温家宝最后说，在过去的一年里，中直机关从事党的工作的同志，勤勤恳恳，做了大量工作，付出了辛勤的劳动。各级领导要关心党务干部队伍建设，重视和支持机关党的工作。希望大家共同努力,把中直机关党的工作提高到一个新水平。

为期两天的中直机关党的工作会议,通过对一年来的工作总结,与会同志一致认为,在新形势下要进一步加强机关党的工作,把十四大提出的加强党的建设的各项任务落到实处。

参加第八届全国人大的13名台湾省代表全部选出

13名代表是:安徽省淮南市人民政府副市长王安生、七届全国人大民族委员会委员田富达、南京紫金山天文台研究员刘彩品、武汉市委统战部副部长江水生、暨南大学教授李辰、台盟福建省副主委杨玉辉、中科院化学所研究员吴国祯、全国台联会会长张克辉、海南省台联会副会长陈贵州、上海港务局副局长范增胜、七届全国人大常委会委员林丽韫、西北工业大学教授洪涛、台盟中央主席蔡子民。当选的13位代表全部具有大专以上文化程度,其中高山族代表1名,妇女2名。

福建省人大八届一次会议选举陈光毅为省人大常委会主任贾庆林为省长

广西壮族自治区政协七届一次会议选举陈辉光为区政协主席

中国银行1994年5月在香港发行钞票

港府行政局批准中国银行自1994年5月起在香港发行钞票。中国银行将于1994年发行面值60亿港元的钞票,约占流通钞票总值10%。

中国贸易中心在西班牙巴塞罗那自由贸易区开业

中国贸易中心由中国五金矿产品进出口总公司、中国机械进出口总公司、中国技术进出口总公司、山东省粮油食品进出口公司等12家国家和地方公司所组成。

加蓬总统哈吉·奥马尔·邦戈在总统府会见外交部部长钱其琛

加蓬外交部长帕斯卡莉娜·邦戈在利伯维尔同外交部部长钱其琛举行会谈

中国援建突尼斯第一座针灸治疗培训中心在突尼斯首都市郊马尔萨蒙古·萨利姆医院奠基

首都文化界在民族文化宫礼堂举行祝贺张君秋艺术生活60年大会

全国游泳跳水十佳表彰会在钓鱼台国宾馆举行

游泳选手:林莉、庄泳、杨文意、钱红、王晓红、乐靖宜、吕彬、沈坚强、楼霞、谢军;跳水选手:高敏、伏明霞、孙淑伟、谭良德、熊倪、朱金红、兰卫、王毅杰、余旧成和谭玉莲。

1月13日

中组部总政治部和中共北京市委在人民大会堂联合举办在京老同志迎春茶话会

中共中央政治局常委胡锦涛代表党中央讲话,向老同志致以节日问候和敬意。茶话会由尉健行主持。李岚清、陈希同、温家宝、任建新、严济慈、叶飞、洪学智、王光英、程思远等出席茶话会。出席茶话会的还有中央和国家机关、解放军、北京市退下来的在京老同志,以及老工人、老农民、老战士、老知识分子的代表和已故党和国家领导人的亲属,共2000多人。

中共中央政治局常委胡锦涛在中组部等举行的老同志迎春茶话会上发表讲话

同志们:

在新春佳节即将到来的时候,中央组织部、解放军总政治部和北京市委在这里举行在京老同志迎春茶话会,大家欢聚一堂,共贺新春。我代表党中央,向在座的各位老同志,向全国各条战线离退休的老同志拜个早年,向大家致以节日的问候和崇高的敬意!

1992年,是我们党领导全国各族人民在建设有中国特色社会主义道路上大步前进的一年。以去年初邓小平同志视察南方的重要谈话和中央政治局全体会议为标志,我国改革开放和现代化建设进入了蓬勃发展的新阶段。10月召开的党的十四大,系统总结了14年改革开放和现代化建设的伟大实践和基本经验,明确提出以邓小平同志建设有中国特色社会主义的理论武装全党,明确确定坚持党的基本路线一百年不动摇,明确确定建立社会主义市场经济体制的目标,全面部署了90年代的主要任务,极大地动员和鼓舞了全党和全国人民。在过去的一年里,广大干部群众思想更加解放,精神更加振奋,积极性更加高涨,改革开放的步伐明显加快,有力地推动了国民经济的迅速增长,各项事业都取得了重大成就。社会主义民主法制建设和精神文明建设取得了新的进展,党的建设和党的领导得到改善和加强。全国政治稳定,社会稳定。我们的国家生机勃勃,我们的事业欣欣向荣。当然,在大好形势下,我们也要看到前进中存在的问题和困难,保持清醒的头脑,通过扎实的工作认真加以解决。

在新的一年里,我们要在建设有中国特色社会主义理论指导下，积极、全面、正确地贯彻党的十四大精神，继续推进改革开放和现代化建设。我们要集中精力进行经济建设，积极探索建立社会主义市场经济体制的具体路子，狠抓优化结构、提高质量、增进效益，使国民经济既快又好地向前发展。在加强物质文明建设的同时，大力加强社会主义民主法制建设和精神文明建设，切实做到两手抓，两手都要硬。要遵循党的基本路线，坚持党要管党和从严治党，始终把加强和改进党的建设摆到重要议程，努力用邓小平同志建设有中国特色社会主义理论武装全党，并以此带动党的建设其他任务的贯彻落实。做好今年的工作，关键是要解放思想，实事求是，团结奋进，真抓实干。要坚定地相信群众，紧紧地依靠群众，努力把群众的积极性保护好、引导好、发挥好。

老同志是党和国家的宝贵财富。在创立和建设新中国的光辉历程中，我们的老同志前赴后继，流血牺牲，立下了不朽的功勋；在建设有中国特色社会主义的共同奋斗中，我们的老同志奋力开拓，无私奉献，又做出了卓越的贡献。对此，党和人民永远不会忘记。在长期的革命和建设实践中，老同志积累了丰富的经验。在老同志们身上，集中体现了党的优良传统和共产党人的高尚品质。我们在任何时候都要十分重视发挥老同志的作用，向老同志学习，接好老同志英勇革命斗争精神的班。年轻干部的健康成长，离不开老同志的帮助。希望老同志继续关心社会主义事业接班人的培养，启迪后俊，扶持新人，为造就更多德才兼备的优秀年轻干部做出贡献。各级党组织和政府要加强对老干部工作的领导。进一步发扬中华民族尊老爱老的传统美德，从政治上关心老同志，组织他们学习、参加有关会议和活动，及时向他们通报重要情况，认真听取他们的意见；在生活上尽可能为老同志办一些实事，帮助老同志解决一些实际困难，为他们“老有所养，老有所为，老有所学，老有所乐”创造条件。

同志们，猴年将要过去，鸡年即将来临。金鸡报晓，万象更新。让我们在江泽民同志为核心的党中央领导下，更加紧密地团结起来，进一步振奋精神，努力工作，夺取改革开放和现代化建设的新的更大胜利！

最后，祝大家春节愉快，身体健康，阖家欢乐！

国务院总理李鹏在中南海紫光阁会见由人民院议长希·维·帕蒂尔率领的印度议会代表团

中宣部国务院办公厅联合发出纪念老一辈革命家为雷锋题词 30 周年的通知

中宣部和国务院办公厅近日联合通知，号召各地开展纪念老一辈无产阶级革命家为雷锋题词 30 周年活动。

通知说，今年 3 月 5 日，是毛泽东等老一辈无产阶级革命家为雷锋同志题词 30 周年。几十年来，雷锋精神鼓舞和激励了亿万人民群众为社会主义建设事业勤奋工作，忘我奉献。学雷锋活动已经成为广大人民群众积极参与社会主义精神文明建设的一种自觉实践。为了在新的历史条件下进一步弘扬雷锋精神，各地应结合纪念老一辈无产阶级革命家为雷锋题词 30 周年，把群众性学雷锋活动更加扎实、有效地开展下去。

——围绕经济建设这个中心，进一步深化“岗位学雷锋、行业树新风”的活动主题，把活动重点放在立足本职工作，突出岗位奉献，加强职业道德建设，纠正行业不正之风上，特别是要抓好各种直接为群众服务和为生产经营服务的“窗口”行业的作风建设，从解决具体问题入手，在常年坚持、注重实效上下功夫。

——各地应在 3 月采取多种形式，集中开展一些纪念性活动，如召开纪念会、座谈会，组织专题研讨、先进事迹报告、举办文艺演出和专题展览等，用丰富多彩的形式吸引群众广泛参与。报刊、广播电台、电视台应配合纪念活动，加强对学雷锋先进事迹的宣传和报道，造成学雷锋、学先进的舆论氛围。

——认真总结经验，探索规律，巩固和发展学雷锋活动的成果。各地要结合开展纪念活动，认真总结 30 年来学雷锋活动的经验和规律，特别是改革开放以来，学雷锋活动为经济建设和改革开放服务的经验和做法，进一步研究探讨在发展社会主义市场经济条件下，群众性学雷锋活动的新思路和新方法，使雷锋精神更加发扬光大。

全国人大常委会委员长万里在北京接见台湾省出席第八届全国人大代表协商选举会议的台湾省籍代表

中宣部国家教委共青团中央联合发文表彰 1992 年暑期高校学生社会实践先进单位

中宣部、国家教委、共青团中央日前联合下发文件，授予山东、上海、辽宁、北京等 22 个省、自治区、市的社会实践领导小组“社会实践活动组织工作奖”，授予清华大学、北京大学等 296 个单位“社会实践活动先进单位”称号，对全国铁道、宁夏、云南等 3 个社会实践领导小组给予通报表扬。

澳门特别行政区基本法起草委员会第 9 次会议在北京举行

主任委员姬鹏飞，副主任委员胡绳、王汉斌、马万祺、雷洁琼、钱伟长、何厚铧、李后、郭东坡，秘书长鲁平等 40 名起草委员出席会议。

这次会议是起草委员会的最后一次会议。会议将把经过修改的《中华人民共和国澳门特别行政区基本法(草案)》、《澳门特别行政区区旗和区徽图案(草案)》以及为全国人民代表大会草拟的《全国人民代表大会关于澳门特别行政区第一届政府、立法会和司法机关产生办法的决定(草案)》和《澳门特别行政区基本法起草委员会关于设立全国人民代表大会常务委员会澳门特别行政区基本法委员会的建议》提交全国人大常委会,并建议其在审议后将之提请第八届全国人民代表大会第一次会议审议通过。

第四次世界妇女大会中国组委会就本次大会筹备工作发表谈话

中国组委会在发表谈话时说:"中国政府、中国人民以及中国各族各界妇女热烈欢迎并期待各国代表和妇女欢聚北京,交流经验,加强合作,为提高世界妇女的地位和作用,为实现平等、发展与和平的总目标做出积极贡献。"

组委会说,联合国妇女地位委员会第36届会议通过决议,接受中国政府的邀请,定于1995年9月4日至15日在北京召开第四次世界妇女大会。会议的目的是审查和评价1985年通过的《到2000年提高妇女地位内罗毕前瞻性战略》的执行情况,推动各国政府和国际社会作出新的政治承诺,实现内罗毕《战略》提出的提高妇女地位的各项目标。

组委会说,联合国自成立以来,一向把妇女问题作为关注的重点。继1975年"国际妇女年"后,发起了"联合国妇女十年"的活动,提出了行动计划,确定以平等、发展与和平为总目标。进而又先后在墨西哥城、哥本哈根和内罗毕召开过三次世界妇女大会。

组委会指出,首次在亚洲国家举办的第四次世界妇女大会又是在北京举行,这是件令人瞩目和高兴的大事。这次会议无疑对提高妇女地位,增进各国人民特别是妇女间的友好交往有着重大和长远的意义。

组委会强调,中国政府对联合国妇女事务一贯予以热情支持,并积极参与该领域的各项活动。

组委会说,举办如此规模的世界会议,在中国尚属首次,任务艰巨而繁重。为了协调有关方面共同做好大会的筹备工作,经国务院批准,第四次世界妇女大会中国组织委员会已于1992年8月28日成立。国务委员李铁映任主席,国务院秘书长罗干、外交部副部长刘华秋、北京市副市长何鲁丽、全国妇联副主席黄启璪为副主席。组委会由国务院26个有关部委、新闻单位、北京市政府和一些社会团体共30个单位组成。

组委会说,他们的任务是在国务院领导下负责组织和协调政府各有关部门做好妇女大会的各项筹备工作。

组委会说,联合国的有关筹备活动已启动。中国政府将认真履行东道国应承担的义务并愿在筹备第四次世界妇女大会的过程中同联合国和各在关机构密切合作,为会议的顺利召开作出一切必要的努力。

山西省人大八届一次会议选举卢功勋为省人大常委会主任胡富国为省长

浙江省政协七届一次会议选举刘枫为省政协主席

国家体改委对建立社会主义市场经济新体制提出6条新思路并确定今年8项体改意见

国家经济体制改革委员会最近提出,真正做好社会主义市场经济体制建设这篇文章,需要在科学总结国际国内实践经验的基础上,不断加深对社会主义市场经济的基本特征与要求的认识,正确地把握建立新体制的主要环节与基础工程。

国家体改委为此对如何建立社会主义市场经济新体制提出了六个方面的思路性意见:

——建立以公有制经济为主体,个体、私营和外资经济为补充,多种经济成分长期并存、共同发展,平等竞争的所有制结构。一方面进一步发展包括国有经济、集体经济和乡镇企业,以及公有资产占主体的股份制经济在内的公有制经济,尤其注重公有经济的运营效率与效益,及其他在基础产业和关系到国计民生的其他重要领域的控制与影响力。另一方面,在集中搞好公有制经济的同时,继续鼓励各种非公有制经济发展,进一步创造非公有制经济发展的良好环境,使公有制经济和非公有制经济能在大体相同的政策环境、法律环境、市场环境和社会环境下,平等竞争,共同发展。

——建立以政企分开、资产所有权与经营权分离为基础,企业作为独立的经济法人,自主经营、自负盈亏、自我发展、自我约束的现代企业制度。对公有制企业特别是国有企业的改革,要从一般的放权让利,转到以进一步理顺产权关系、转换企业经营机制为重点的现代企业制度的建设上来。通过强化产权关系及在此基础上的利益关系的约束,建立起企业乃至劳动者同资产间的直接联系。从现实情况出发,对那些需要继续实行承包经营责任制的企业,在完善上交利润承包办法的同时,要强化企业对公有资产保值增值的责任。根据条件,有部分国有企业可以进行股份制改组,分别改组成为有限责任公司、股份有限公司,并视不同情况采取国家控股和国家参股,以及公有法人持股等多种形式。有些国有企业也可实行公司化经营管理方式。通过各种形式的改组,使除少数特殊行业的国有企业外，所有其他公有制企业都进入市场，相互竞争，优胜劣汰。

——建立统一开放、平等竞争、规则健全、运转有序的市场体系和价格形成机制。配合价格改革和其他相关改革的推进，在继续发展商品市场，特别是生产资料市场的同时，积极培育和发展以资本、劳动、技术市场为重点的要素市场。调整有关的管理机构和组织体制，逐步形成一些新型的商业组织形式，如大型综合商场，期货市场等，以尽可能保证一些大宗商品的长期稳定供应渠道。通过调放结合、以放为主的方式，实现除极少数重要商品价格和劳务收费由国家管理外，其他商品价格和劳务收费完全放开，即由企业按照价值规律和市场供求关系来定价，其中一些商品最终还要同国际市场价格相对接。

——建立以实现宏观经济总量平衡和整体结构优化为主要任务，以经济政策和经济杠杆为主要调控手段的宏观间接管理体系；建立符合社会主义市场经济规律的结构合理、职责明确、精干高效的经济管理机构。要实现政府管理经济职能与方式的转变，最主要的是解决经济管理中长期存在政企不分、“两权”不分的问题。政府主要是通过制定国民经济长期发展战略和产业政策，运用财政、货币、收入政策和利率、汇率、税率、财政贴息等经济手段和相关的法律手段，搞好国民经济总量的综合平衡，引导生产力合理布局促进经济结构的优化，保证市场公平竞争，调节收入分配。

——建立企业和职工实行双向选择的竞争性开放性的劳动就业制度，以按劳分配为主体、多种分配方式并存的收入分配制度，以及健全统一的社会保障制度。应在劳动者可以自由流动的基础上，通过在劳动市场的竞争来确定和调节劳动者的收入和所得。在初次分配中要体现效率优先的原则，坚持多劳多得。通过社会扶助和政府对社会收入再分配的科学干预，体现公平原则，实现公平与效率、个人对利益的最大追求与全体人民共同富裕的有机统一。

——建立严谨、科学、统一和完备的经济法规体系和经济监督体系。将一些收效良好、成熟的改革措施，尽可能以法律的形式确定下来，逐步建立一套与社会主义市场经济相适应的经济法律和法规体系，包括使市场经济基本关系规范化的法律法规、使市场主体行为规范化的法律法规、使市场交易秩序规范化的法律法规等。

国家体改委提出今年改革的八项重点任务：

——狠抓《条例》的贯彻实施，全面落实企业的经营自主权。认真贯彻落实《全民所有制工业企业转换经营机制条例》仍然是今年改革的中心工作。要抓紧制定《条例》的具体实施办法和配套规章，争取今年初全部或大部分出台。要采取得力措施，逐项落实企业的经营自主权，重点是企业的人事管理、劳动用工、内部分配、机构设置、外贸进出口以及拒绝各种摊派的自主权。同时要继续深化企业内部改革，逐步建立新的劳动就业、干部聘任和收入分配制度。

——以转换企业经营机制为重点，搞好企业组织和经营形式的改革，加快新型企业制度的建设与企业结构的合理调整、进一步完善承包经营责任制，今年承包期满的企业，可根据具体情况继续实行承包制或其他经营形式，有条件的要积极推进税利分流，有的可以改组实行股份制；在理顺产权关系的基础上，有计划地进行企业股份制试点，股份制试点的重点是发展有限责任公司，有组织、有领导地推进法人持股的股份有限公司的组建，各地和各部门可在国家下达的规模内，各选择一两家经过批准的企业，进行向社会公开发行股票和异地上市交易的试点；进一步加快企业组织结构调整的步伐，鼓励企业间自主的经济联合，完善发展企业集团，推进各种形式的企业兼并，采取配套措施在企业依法破产方面取得新的进展；对部分国有小型工业、零售商业、饮食服务业企业进行改、租、卖，可以改为股份合作制企业，可以通过拍卖产权转为集体、合伙或私营企业。

——加快价格改革步伐，在进一步理顺比价关系，形成合理的价格机制方面取得显著进展。采取放调结合，以放为主的方式，调整部分能源、原材料和铁路货运的价格；逐步放开粮、油等主要农产品价格，择机放开粮食购销价格；工业消费品价格能放开的全部放开。在价格改革中对价格调整和放开的力度要充分考虑各方面的承受能力，避免因价格改革而引发新的通货膨胀。

——以抓好批发市场、生产资料市场和要素市场为重点，进一步建设和培育统一、开放的市场体系。各地要重点建立和完善农副产品批发市场；改革物资定货会制度，重点发展生产资料市场，发展远期合同和商品期货交易；积极培育并不断完善资本、技术、劳动、房地产等要素市场。在市场培育方面要注意搞统一开放的市场，坚决反对地区封锁和条块分割，不要搞成谁管谁得利的部门色彩很浓的市场。要完善市场法规，在促进经济关系市场化方面下功夫。

——进一步改革计划投资体制，探索适应社会主义市场经济要求的新的计划指导形式和投资方式。要继续减少国家下达的工业生产指令性计划的比重；对价格已经放开、供求基本平衡的重要生产资料和工业消费品，可以取消指令性计划；对有些商品可以试行以国家导向供需衔接的计划和国家订货取代指令性计划的方式。进一步改革投资体制，鼓励地方政府对非竞争性的基础产业和公用设施进行投资；对竞争性产业特别是加工工业的投资决策权，要直接交给企业；尽快建立规范化的、稳定的和良性循环的国家投资基金制度；全面推行项目业主责任制，逐步扩大股份投资方式试点。

——深化以试行“分税制”和推行增值税为重点的财政税收体制改革，逐步理顺中央和地方、国家与企业的收入分配关系。积极推行“税利分流、税后还贷”；完善复式预算管理制度；逐步取消政策性亏损补贴，相应建立有关专项调节基金。在税制改革方面，今年要在商品生产和流通领域全面推行统一税率、规范计征的增值税；归并个人所得税、个人收入调节税、城乡个体工商税。建立统一的个人所得税；有计划地降低关税税率总水平，以适应“入关”要求。

——大力推进金融体制改革，强化金融手段调节金融活动和经济活动的功能。中央银行应成为银行的银行，不再直接开办具体贷款业务。对专业银行和非银行金融机构实行间接管理；今年首先在交通银行试行资产负债比例管理试点，探索将专业银行有计划地改组为竞争性的商业银行的经验；专业银行要积极探索政策性与商业性贷款实行分账管理及机构相应分离的办法；要在继续发展同业拆借市场、外汇市场的同时，进一步放开证券市场，有计划地增加股票上市公司的数量。

——切实搞好社会保险制度的建设，全面推进住房制度和土地制度改革。社会保险制度改革以待业、养老保险为重点，推进养老费用的省级统筹进程，完善全民所有制企业职工待业保险实施办法，搞好工伤保险试点，积极推进医疗保险制度改革。要结合机构改革建立统一的社会保险管理体制，力争在打破条块分割，理顺管理体制方面取得有效进展。住房制度改革要以改革低租金制为核心，租、售、建并举。全国各地的房改今年都要起步。要采取有力措施，防止房地产交易过热冲击房改的现象。改革土地行政划拨办法，建立和完善土地使用权有偿有限期出让、转让、再转让制度，在宏观调控和法规监管方面采取措施制止低价批租、批而不用以及土地使用权转让收益流失等现象，实现良性循环。

塔里木盆地发现大油田

塔里木盆地腹地近日发现一个储量超过1亿吨的整装大型油田。这是迄今为止塔里木盆地油气勘探史上最重大的发现。

油田位于塔克拉玛干沙漠腹地的塔中4号背斜构造，共有三套油层，均属石炭系地层，油层总厚度为42米至98米。

国务院总理李鹏全国人大常委会委员长万里在北京分别会见俄罗斯最高苏维埃副主席尤里·米哈伊洛维奇·沃罗宁

国务院总理李鹏在北京会见缅甸离任驻中国大使吴丁昂吞

外交部部长钱其琛代表中国政府在巴黎签署《禁止化学武器公约》

《禁止化学武器公约》签约大会在巴黎联合国教科文组织总部召开，来自世界120多个国家的外长或政府代表出席。这是迄今为止世界上第一个多边裁军协议，涉及全面禁止发展、生产、储存和使用具有大规模杀伤力的化学武器。

中国国务委员兼外交部长钱其琛代表中国政府签署《禁止化学武器公约》，并向《公约》保存人、联合国秘书长加利递交中国政府的有关声明。声明说：

一、中国一贯主张全面禁止和彻底销毁一切化学武器及其生产设施。《公约》为实现这一目标奠定了国际法律基础，因此，中国支持《公约》的宗旨、目标和原则。

二、《公约》的宗旨、目标和原则应得到严格遵守。关于质疑核查的规定不得被滥用，不得损害缔约国与化学武器无关的国家安全利益。否则，势将影响对《公约》的普遍支持。

三、在外国遗留化学武器的国家须切实履行《公约》的有关规定，承担销毁这些化学武器的义务。

四、《公约》应确实发挥促进化工领域为和平目的的贸易、科技交流与合作的作用。任何与之不符的有关出口控制应予废除。

中国援柬综合考察组结束对柬埔寨的考察

根据中华人民共和国政府和柬埔寨全国最高委员会1992年9月29日签订的经济技术合作协定，中国政府向柬埔寨全国最高委员会提供价值1000万美元的成套项目，以用于柬埔寨的恢复和重建工作。综合考察组在考察期间，对柬埔寨的农业、教育、医疗卫生，以及中国过去援柬的部分项目进行了实地考察。

电影发行体制改革方案出台

长期以来中国电影业发行垄断，产销脱节，市场的需求不能完全反映到电影厂的创作生产中，电影厂的产品也不能以质论价，致使一些影片质量不高，离观众越来越远。去年电影市场大滑坡更尖锐地显露出旧体制的弊端。此次出台的方案，从制片、发行、放映的中间环节入手，将影片的发行权交给制片厂，使生产者的利益和由广大观众组成的电影市场联系起来。从今年起,电影制片厂可以向各省(市)电影公司和海外自主发行自己的影片。

东方歌舞团在东京举行访问日本首场演出

国务院环保委在北京召开第24次会议

会议审议《关于进一步加强环境保护执法检查,严厉打击违法活动的决议》。国务委员宋健提出,在当前和今后几年,环境保护工作重点是充分运用法律武器,强化监督执法,落实环保的各项方针、政策、法规和制度,检查其执行情况。要采取有力措施,干它两三年,扭转有法不依、执法不严、违法不究的状况,扫除捕杀和食用野生保护动物的愚昧落后现象。

宋健说,要有相应的配套措施,列出珍稀濒危野生动物的名录,吃什么犯法,什么不犯法,明令通告执行。对偷猎大熊猫等一类保护动物的违法行为,要严厉打击。要像打击国际贩毒一样,打击珍稀濒危野生动物的走私活动。不能因为走私进来的珍稀保护动物就可以放行。

宋健说,凡是违背《野生动物保护法》的商品的商标要进行清理。什么犀角、虎骨、羚羊角等,这些在国内外都造成了很不好的影响。对违法排污、造成严重污染和危害珍稀野生动物的要选择重点进行打击,造成强大的社会声势,使广大群众受到教育。

1月14日

浙江省八届人大一次会议选举李泽民为省人大常委会主任万学远为省长

甘肃省政协七届一次会议选举申效曾为省政协主席

湖南省政协七届一次会议再次选举刘正为省政协主席

公安部重申购买外国护照违法

公安机关最近发现有少数中国公民购买外国护照,以"外商"身份在国内投资办厂或从事其他活动,致使一些部门和企业上当受骗。对此,公安部出入境管理局负责人指出:中国政府不承认中国公民购买的外国护照;购买外国护照是违法行为。

国家计划委员会对国家投资计划作重大调整

据新的投资计划草案,农业投资将比去年增长32%。全国化肥生产量比上年增加1100万吨,农用塑料制品增产10万吨,加上进口部分,化肥、农药、农膜等农业生产资料的总量,可以满足农业发展的需要。

为了增加粮食主产区的农业基本建设投资和农业综合开发资金,加强生产和流通的基础设施建设,除原来用于建设商品粮基地县的投资9500万元不做调减外,还将从今年增加的农业投资中,再安排一部分用于建设商品粮基地县或粮食主产区的"三高"农业基地县。

调整后的投资计划草案,对于西部地区,除按国务院决定增加中西部乡镇企业贷款50亿元外,国家计委还将增加部分信贷规模,重点支持粮食产区发展农副产品加工业。此外,还将在今年增加的农业投资中,安排一部分资金支持养殖业的建设。

《黄河三角洲黄河口外向型资源开发区可行性研究报告》评审会在北京召开

在近日召开的对该《报告》评审会上有关专家对黄河口进一步开发给予充分肯定,并提出积极建议。

黄河三角洲是环渤海经济圈与黄河经济带的交汇点,也是连接东北经济区和中原经济区的桥梁和纽带,拥有异常丰富的自然资源。国家对这一地区的开发建设给予了关注和支持;山东省委、省政府也把黄河三角洲开发列为跨世纪的重点工程;位处黄河三角洲中心的东营市更是紧紧把握良机以资源开发为重点,大规模地推进黄河三角洲的开发。去年全市创汇达到8亿美元,外贸出口额增长幅度居山东省之首。

进一步大规模开发黄河口,包括实施总面积为3800平方公里的黄河口外向型资源开发区的建设。区内有投资5亿元,已具备一定规模的东城经济技术中心;有华北最大的储量为1.3亿立方米的大型人工水库;有海陆空立体交通运输网络;有已并网发电的120万千瓦火力电厂和150万吨的稠油处理厂,以及实现了国际国内直拨的7000门程控电话等。

全国土地复垦管理工作会议在北京召开

中国有组织的复垦工作起始于1988年国家发布《土地复垦规定》。此后,按照"谁破坏、谁复垦、谁受益"的原则,土地复垦从小到大、从易到难陆续展开。1991年,全国的土地复垦率已达到6%,但仍有3000多万亩废弃地等待复垦。

国家副主席王震致信中国奶牛协会祝贺中国奶牛协会成立10周年

**外交部发言人吴建民重申彭定康必须收回"政改

方案”

外交部发言人吴建民对港督彭定康将其“政改方案”交香港立法局审议一事发表评论。他重申，彭定康必须收回所谓“政改方案”，中方不会接受彭定康提出的所谓“政改方案”，也不会接受任何与基本法不衔接的“折中方案”。

中国和哈萨克斯坦在北京签订《中华人民共和国和哈萨克斯坦共和国关于民事和刑事司法协助的条约》

首都科技界举行迎新春茶话会

李瑞环、温家宝、严济慈、宋健、洪学智、谷牧、王光英、程思远、卢嘉锡、钱正英等参加茶话会。

中共中央政治局候补委员温家宝在首都科技界迎新春茶话会上发表讲话

同志们、朋友们：

今天，首都科技界在这里欢聚一堂，喜迎新春，我代表党中央、国务院向大家致以节日的祝贺和亲切的问候！

过去的一年里，我国的改革开放和社会主义现代化建设取得了辉煌的成就。这是全党和全国各族人民团结奋斗的结果，科技工作者为此付出了辛勤的劳动，做出了重要的贡献。我愿借此机会，向全国广大科技工作者表示衷心的感谢和崇高的敬意。

在新的一年里，我们要以邓小平同志建设有中国特色社会主义的理论为指导，毫不动摇地坚持党的基本路线，积极、全面、正确地贯彻落实党的十四大精神，加快改革开放和现代化建设步伐。在改革和建设中，科学技术进步具有重大意义。当前，发挥科学技术第一生产力的作用，关键是建立和完善科技与经济有效结合的机制，加速科技成果的商品化和向现实生产力的转化。我们要继续坚持经济建设必须依靠科学技术，科学技术工作必须面向经济建设的方针，深化科技体制改革，逐步建立与社会主义市场经济体制相适应的科技体制，进一步解放和发展第一生产力。要在开发研究、高新技术及其产业、基础性研究三个层次上取得新的进展。要加强农业科学技术的研究、实验、应用、推广工作，推动农业向高产、优质、高效方向发展；要大力推动工业的技术进步，运用高新技术改造传统产业，发展新兴产业，使我国经济在世界市场竞争中具有更大的活力；要运用科学技术的最新成果，搞好人口控制和环境、资源保护，积极推进文化、教育、卫生、体育等各项事业的全面发展。

科技工作者是先进生产力的开拓者。我国的科技队伍是一支以国家富强、民族兴盛为己任，富于创造才能和献身精神，敢闯难关、善打硬仗的队伍，几十年来为我国经济发展、社会进步和国防建设，创造了无数的感人业绩。在加快改革开放和经济建设的新时期，我国科技工作者要进一步发挥聪明才智和创造精神，在世界新科技革命的竞争中勇攀高峰。科技进步是全社会的事业，全社会都要关心和支持科技事业的发展，关心和爱护科技工作者。要努力创造更加有利于科技工作者施展才干的良好环境，进一步形成尊重知识、尊重人才、鼓励奉献的良好风尚。各级党委和政府，各个方面，要继续为科技人员多办实事，排忧解难，进一步改善他们的工作、学习和生活条件。要关心青年科技工作者的成长，尤其要重视培养跨世纪的学科带头人。我相信，我国广大科技工作者一定不会辜负以江泽民同志为核心的党中央和各族人民的殷切期望，必将在社会主义现代化建设中谱写出新的篇章。

最后，祝大家新春愉快，阖家幸福！

1月15日

《邓小平关于建设有中国特色社会主义的论述专题摘编》由中央文献出版社出版

为了配合广大党员和干部深入系统地学习党的十四大文件和建设有中国特色社会主义的理论，在邓小平同志视察南方发表重要谈话一周年之际，中共中央文献研究室编辑了《邓小平关于建设有中国特色社会主义的论述专题摘编》一书，由中央文献出版社出版。

本书选录了邓小平同志从1977年特别是1978年12月党的十一届三中全会起，到1992年2月他在武昌、深圳、珠海、上海等地发表谈话这段时间内，有关建设有中国特色社会主义的重要论述。

本书按照党的十四大报告对建设有中国特色社会主义理论概括的九个方面，分九个专题将邓小平同志的有关论述依时间顺序编排，比较系统地、集中地反映了他的每一个重要的思想和观点，为读者学习和掌握建设有中国特色社会主义的理论，提供了一个重要读本。全书约20万字。其中有一些论述是第一次公开发表。江泽民同志在党的十四大所作报告的第一部分“十四年伟大实践的基本总结”，作为序言刊在卷首。

邓小平同志建设有中国特色社会主义的理论，是党的十一届三中全会以来，在改革开放和现代化建设的实践中逐步形成的，是马克思列宁主义基本原理与当代中国实际和时代特征相结合的产物。这一理论阐明了在中国建设社会主义、巩固和发展社会主义的基本问题。继承和发了马列主义、毛泽东思想，是引导我国社会主义事业不断前进的指针。邓小平同志作为我国改革开放和现代化建设的总设计师，为这一理论的创立做出了历史性的重大贡献。

党的十四大提出，必须用邓小平同志建设有中国特色社会主义的理论武装全党，学习马列主义、毛泽东思想，中心内容是学习建设有中国特色社会主义的理论。本书的出版，对于全党学习理论，贯彻党的十四大精神，提高坚持党的基本路线的自觉性，将起到重要的作用。

中共中央总书记江泽民中共中央政治局常委李鹏政治局委员丁关根李铁映等在人民大会堂接见出席全国宣传部长座谈会的全体代表

中共中央总书记江泽民在全国宣传部长座谈会上发表题为《宣传思想战线是我们党的一条极其重要的战线》的讲话

这次全国宣传部长座谈会，把宣传贯彻党的十四大精神，宣传贯彻用邓小平同志建设有中国特色社会主义理论武装全党的任务作为主题，这是十分重要的。宣传思想工作抓住了这个主题，认真落实，必将为顺利实现党的十四大提出的各项任务，加快改革开放和现代化建设步伐，夺取有中国特色社会主义事业的更大胜利，提供有力的思想保证和理论保证。

一、关于当前形势

我国的改革开放和现代化建设已进入了新的发展阶段，全国经济、政治形势都很好，广大干部和群众精神振奋，到处充满生机与活力。去年国民生产总值突破二万亿，比上年增长12%。市场繁荣活跃，城乡人民生活继续改善。改革进一步深入，对外开放进一步扩大。利用外资大幅度增加，进出口贸易额显著增长。这些都是在小平同志视察南方重要谈话和十四大精神的鼓舞和指引下，在小平同志建设有中国特色社会主义理论的武装和指导下取得的，从而也更加坚定了广大干部和群众坚持党的"一个中心、两个基本点"的基本路线一百年不动摇的决心和信心。

在好的形势下，我们也要正视前进中出现的一些突出问题。我们分析形势，研究问题，部署工作，都要贯彻"一分为二"的辩证方法，这样才能使我们保持清醒的头脑，保持驾驭全局、开拓进取的主动权。我们的宣传工作也要始终贯彻唯物辩证法，坚持解放思想，实事求是，努力把群众的积极性引导好、保护好、发挥好，促进改革开放和经济建设又好又快地发展。

你们讲宣传思想工作也面临极好时机，这个估计我赞成。经过党的十四大，小平同志视察南方的重要谈话精神和建设有中国特色社会主义的理论更加深入人心，全党和全国各族人民在党的基本路线的基础上思想更加统一，推进改革开放和现代化建设的积极性、创造性更加高涨，新探索、新经验、新事物、新认识将会更加层出不穷。这对宣传思想工作来说，确实是一个好的时机。因此，你们也有一个抓住时机，扎扎实实地把工作推向前进的迫切任务。

二、关于宣传思想工作的地位和作用

宣传思想工作历来是党的工作的一个极其重要的组成部分，是一条重要的战线。革命战争年代如此，社会主义现代化建设时期也是如此。在加快改革开放步伐，建立社会主义市场经济体制的新形势下，宣传思想工作更具有新的特殊重要性。这条战线涉及各个领域，关系到建设有中国特色社会主义事业的全局。

改革是一场深刻的社会大变革。在这场大变革中，统一我们全党全国人民的思想理论武器，就是小平同志建设有中国特色社会主义的理论。宣传思想工作必须始终坚持以这个理论为指导，不断地为改革开放和现代化建设提供精神动力、智力支持、思想保证，创造良好的社会舆论和社会心理环境。要把这些工作当作大的建设事业来抓，当作系统工程来抓，使之由虚变实，由软变硬。

越是改革开放，越要动员和团结群众，越要重视宣传思想工作。宣传思想工作只能加强，不能削弱。宣传思想战线的同志要认清自己肩负的重任，增强光荣感、责任感和使命感，奋发进取，真抓实干，创造性地做好工作。

三、关于宣传思想工作的宗旨和几点希望

古人说："与民共其乐者，人必忧其忧。"意思就是与群众同甘共苦的人，一定会受到人民的支持和爱护。我们的干部包括宣传思想战线的干部，一定要与人民群众呼吸相通，血肉相连，休戚与共，诚心诚意做人民的公仆。

我们党是为广大人民群众谋利益的党。党的路线方针政策和一切言论行动，都要以符合最广大人民群众的最大利益为最高准则。我们所从事的一切事业，都是人民群众自己的事业。宣传工作的宗旨说到底就是要启发、引导人民群众认识自己的根本利益和长远利益，在党的领导下，团结起来，组织起来，为实现和发展自己的利益而奋斗。

宣传思想工作要坚持为人民服务、为社会主义服务的方向，团结一切可以团结的力量，调动一切积极因素，并且努力化消极因素为积极因素，使广大群众的聪明才智在建设有中国特色社会主义事业中最大限度地发挥出来。要认真研究在改革开放和发展社会主义市场经济的条件下，人民群众在精神文化需求方面发生的变化和发展趋势，努力创造更多更好的精神产品，不断满足人民群众日益增长的精神文化需求。运用日益发展的大众传媒和各种文化场所，开展健康有益、积极向上、生动活泼、为群众喜闻乐见的活动，吸引群众广泛参与，在参与中受教育，提高全民族的思想道德素质和科学文化素质，努力造就“有理想、有道德、有文化、有纪律”的一代新人。坚持想人民之所想，做人民之要做，宣传思想战线就能树立起为人民群众服务的良好形象。

这里，我想向宣传思想战线的同志们提几点希望。

一是要学习宣传贯彻党的十四大精神，坚持抓好小平同志建设有中国特色社会主义理论和党的基本路线的宣传教育，这是我们在新时期的宣传思想工作的根本任务和中心环节。各级宣传部门的同志，一定要采取有效措施，并不断总结经验，把这个最重要的宣传教育工作不断引向深入。在这个基础上，当前还应加强以下几方面的宣传教育。(1)加强爱国主义的宣传教育。最近中宣部已就此专门发出了通知。在我国，爱国主义、集体主义、社会主义教育，是三位一体、相互促进的。对全民族和全体人民来说，首先要抓好爱国主义教育。世界上任何国家任何制度下，都很重视对人民进行爱国主义的教育，在我们这样人口众多的社会主义国家里，更应如此。广泛开展中华民族的优秀传统文化教育和中国近代史、现代史教育，是进行爱国主义教育的重要一环。(2)加强正确的理想、信念、人生观、价值观的宣传教育。在实行改革开放和发展社会主义市场经济的新形势下，这方面的思想教育更加显得重要和迫切了，不但不能放松，而且必须大大加强。我们重视个人的利益，同时必须通过宣传教育，让群众尤其是青年懂得个人利益必须服从集体利益、国家利益的道理。自古以来，就有“淡泊明志”的警言，不能把个人利益、个人价值看得太重了，看得高于一切，共产党员和各级干部尤其要注意这一点，要经得起金钱、权力、美女的考验。如果一个民族、一个国家，人们只讲个人利益、个人奋斗，而不讲国家利益、社会贡献，那么这样的民族和国家就不能自立于世界民族之林。(3)加强马克思主义的唯物辩证法的宣传教育。解放思想、实事求是是我们党的思想路线，也是建设有中国特色社会主义理论的精髓。解放思想同实事求是本来是内在统一的，但我们有些同志往往自觉不自觉地把它们分割开来甚至对立起来，为什么？一个重要原因就是缺乏唯物辩证法的理论修养。我们工作中常常发生片面性、绝对化、“一刀切”、“一哄而起”等等，从方法论来说属于形而上学的东西，为什么？也是缺乏唯物辩证法的理论修养。所以我们在改革开放和现代化建设过程中，要坚持和加强唯物辩证法的宣传教育。(4)加强团结的宣传教育。我在十四届一中全会上讲话中说过这样几句话：团结就是力量，团结出凝聚力，出战斗力，出新的生产力，革命时期是这样，建设时期也是这样。这是长期实践经验的总结。要广泛加强民族团结、人民团结、党政军民团结、党同民主党派的团结、干群团结、领导班子团结的宣传教育。为什么要加强这方面的宣传教育，因为只有团结奋斗，我们的事业才能不断向前发展。在我们的实际生活中不团结的现象时有发生，有的领导班子就很不团结，长期闹内耗，严重影响改革和建设事业的发展。宣传思想战线的同志有责任讲清团结的道理和重要性，以利于克服不团结的现象。

二是宣传思想工作要保持鲜明性的特点。在建设有中国特色的社会主义过程中，我们应该提倡什么、发扬什么，应该反对什么、限制什么？不但我们宣传思想战线的同志和我们的各级领导干部，要遵循党的路线方针政策和小平同志的理论观点、战略思想，自己首先要认识得十分明确十分清楚，身体力行，言传身教，而且要通过各种形式的宣传教育，使广大群众也弄得很明确很清楚。在大的原则面前、是非面前，切不可含含糊糊。这也是我们党的宣传思想工作和整个领导工作的一个优良传统和重要经验。如果在原则、是非面前含含糊糊，就会使我们在工作中陷于不清醒的状态甚至迷失方向。比如说，对于黄色的东西和其他腐朽、丑恶的东西，我们党和政府历来是反对的。越是改革开放，越是发展社会主义市场经济，越要防止这些东西的蔓延。最近，有些地方、有些城市，黄色的东西又有所抬头，这必须引起重视。“扫黄”和“除六害”的宣传教育和实际工作必须继续抓紧，不能松懈。如果因为我们要搞社会主义市场经济，就以为凡是市场上出现和存在的东西都是合理的，想怎么干就怎么干，不受任何约束和限制，那是完全不对的，是一种误解。

三是宣传思想战线的同志要加强理论学习和业务学习。要坚持学习马克思主义的基本理论，重点是学好小平同志建设有中国特色的社会主义的理论。同时要努力学习现代化建设所需要的当代科学、技术、管理和文化知识，我们不能要求同志们在这方面学得很深很专，成为专门家，但一定要了解和懂得这些方面的基本知识，不然，要在改革开放和现代化建设中做好宣传教育工作是很困难的。

四是要大力加强和改进宣传思想工作。加强需要改进，在改进中实现加强。宣传思想工作是做人的工作，关键是要有吸引力和实效性。形式主义的宣传教育，尽管也费了力气，但收不到效果，达不到目的。经验说明，要做好宣传思想工作，在明确宗旨和把握正确方向的前提下，还需要深入了解人们的思想和心理，同时要讲究方式方法。在这些方面我们既要继承和发扬过去党的宣传思想工作好的传统好的经验，又要在新的实践中大胆探索新的途径、方法、手段，积累新的经验。希望大家共同努力，力求使我们的宣传思想工作创造出一个新的局面，提高到一个新的水平。

四、关于外宣工作

搞好对外宣传是我们党和国家的一项具有重要战略意义的工作。近年来随着改革开放的不断深入和扩大，对外宣传取得了很大的进展和成绩。

但是应该看到，我们在世界上的声音还比较弱小，我们的宣传手段也比较落后，宣传的办法也不多，直接影响着对外宣传的效果，这种状况应该努力加以改变。

为完成党的十四大提出的各项任务，从事外宣工作的部门必须进一步解放思想，振奋精神，根据各自的特点，积极改进和切实加强对外宣传工作，充分发挥外宣工作在改革开放和现代化建设中的作用。

五、关于加强党对宣传工作的领导

在加快经济建设和改革开放的过程中，各级党委务必十分重视宣传思想工作，务必加强对宣传思想工作的领导。

要把宣传思想工作摆到重要议事日程，经常研究分析社会思想的重大动向，确定一定时期宣传工作的重点，帮助宣传思想工作部门的同志打开思路，并且定期检查宣传思想工作的情况，发现问题，及时解决。国务院有关部门要按照中央文件的精神，落实文化经济政策。随着财政收入的增长，相应地增加投入，在财力上给予支持，为宣传思想工作和精神文明建设提供必需的物质保障。各级党委要切实抓好宣传队伍建设，要把坚决拥护和执行党的路线、方针、政策，在政治上同党中央保持一致，在工作中做出突出成绩的优秀中青年干部，选拔到各级宣传部门的领导岗位上来。

宣传思想战线的同志们责任重大，工作辛苦，多年来大家忠于职守，兢兢业业，勤奋努力，任劳任怨，为党和人民的事业做出了重要的贡献。中央信任这支队伍，很关心这支队伍。各级党委和政府都要认真关心他们，爱护他们，使他们更好地施展才干，为党的宣传思想工作，为建设有中国特色社会主义事业做出新的贡献。

澳门基本法草案在北京完成

体现"一个国家，两种制度"总方针和我国对澳门的基本方针政策的法律草案——《中华人民共和国澳门特别行政区基本法(草案)》在北京完成。基本法起草委员会主任委员姬鹏飞说："这是继香港基本法之后的又一部具有历史意义和国际意义的法律文件，它标志着中国人民为实现祖国统一，确保澳门长期稳定发展而采取的重大步骤。"

澳门基本法起草委员会第九次会议在北京闭幕，完成了预定的各项议程，对基本法草案进行了最后讨论、修改和完善，专题小组和委员一共提出了26个修改提案。经过无记名投标方式表决，有18个修改提案获得全体委员2/3以上多数通过。这次会议还评选出了澳门特别行政区区旗和区徽图案(草案)。会议决定，把修改后的《中华人民共和国澳门特别行政区基本法(草案)》和澳门特别行政区区旗区徽图案(草案)一并提请全国人大常委会审议，并建议全国人大常委会将其提请八届全国人大一次会议审议。

据介绍，1988年8月基本法起草委员会成立以来，在长达四年零五个月的时间里，先后举行了9次全体会议、70次专题小组会议、3次主任委员扩大会议、3次区旗区徽图案评选委员会会议，还先后就澳门基本法草案征求意见稿和澳门基本法草案两次在澳门和全国其他地区广泛征求意见。

姬鹏飞说："今年三月，第八届全国人民代表大会第一次会议就要召开，《中华人民共和国澳门特别行政区基本法》一经这次会议审议通过，我们就完成了全国人民代表大会包括澳门同胞在内的全国人民赋予的重托，完成了一项载入史册的大事。"姬鹏飞说："澳门基本法的通过，标志着澳门进入了过渡时期的新阶段。为了实现1999年的平稳过渡，保持和发展澳门的长期稳定繁荣，澳门的政治、经济、文化等社会生活各个方面的演进都需要同基本法的规定相衔接，这是澳门和内地共同的利益所在。"姬鹏飞说，一个新任务就是要使澳门基本法在澳门和全国其他地区家喻户晓，也就是使"一国两制"和中央对澳门的一系列方针政策深入人心。

湖南省人大八届一次会议选举刘夫生为省人大常委会主任陈邦柱为省长

广西壮族自治区人大八届一次会议上选举刘明祖为区人大常委会主任成克杰为区主席

贵州省人大八届一次会议上选举刘正威为省人大常委会主任陈士能为省长

中共中央直属机关工会联合会在北京成立

国务院证券委员会发言人就认真贯彻执行《国务院关于进一步加强证券市场宏观管理的通知》答记者问

国务院证券委员会发言人日前就认真贯彻执行《国务院关于进一步加强证券市场宏观管理的通知》回答了记者的提问。

问：《国务院关于进一步加强证券市场宏观管理的

通知》(以下简称《通知》)的主要意义有哪些方面?

答:《通知》是我国有关证券市场管理的第一个比较系统全面的文件。它认真总结了改革开放以来我国证券市场发展的经验教训,对我国证券市场发展的一系列基本问题作出了重要决定,是今后一个时期内我国证券市场发展的指导性文件。《通知》的颁布,标志着我国证券市场的管理进入了规范化的轨道,对于深化改革,保障证券市场健康发展,促进社会主义市场经济有着重要意义。第一,《通知》确立了近期我国证券管理体系的基本框架,基本理顺了我国证券管理体制,初步实现了证券业和证券市场的统一宏观管理和监管。第二,《通知》对证券发行程序和办法作了严格的规范,确定了法制建设在证券管理中的基础地位,把我国证券市场发展纳入了法制化、规范化的轨道。第三,《通知》在强调加强宏观管理,加强市场监管的同时,决定采取把公开发行股票试点扩大到全国、组织若干企业到海外发行和上市股票,进一步搞活债券市场、组织证券新品种试点等重大举措,将把我国证券市场的改革、开放和发展推向一个新的阶段。

问:《通知》确定的我国证券管理体系有哪些特点?

答:世界各国的证券管理体制因国情的不同而有所不同。我国证券管理体制既借鉴了世界各国的做法,又充分考虑了中国的国情。它有以下三个主要的特点。(一)在我国的证券管理体系中,政府主要是实行统一的宏观管理,不直接介入市场和过多干预。国务院证券委员会(证券委)作为国家对证券业和证券市场进行统一宏观管理的主管机关,主要抓法规建设,管方针政策和规划及年度计划,指导、协调和监督检查各地区、各部门有关证券市场的工作,具体监管职能授权有关部门行使。设立了实行事业单位管理的中国证券监督管理委员会(证监会),作为证券委的监管执行机构,相对独立地依法行使对证券市场的监管职能。(二)我国的证券管理体系十分重视发挥民间机构和证券行业自律性管理的作用。注册会计师及会计师协会、律师及律师事务所作为独立的法人组织,将依据国家的法律和规章,根据各自的职责,对证券市场实行社会监督。证券交易所和证券业协会是自律性管理组织,依据国家法律、规章和国际通行原则,对会员实行自律性管理和约束。(三)我国的证券管理将继续重视和发挥国务院有关部门和地方政府的作用。《通知》对此也作了明确的分工。总之,我国的证券管理体制是一个以证券委为主管机关的分层次的、各司其职、各负其责、协调配合的体系。

问:作为国家管理证券市场的最高主管机关,证券委近期的工作重点将放在哪些方面?

答:证券委将认真组织贯彻落实《通知》精神,近期重点抓好以下四项工作。一是组织有关方面的力量,抓紧证券法规建设,为证券市场的管理奠定基础。目前,《通知》所列举的有关法规的草拟工作正在紧张进行,有的近期内就能出台。此外,正在组织有关方面制定一些配套性法规也将在年内陆续出台。二是会同国家计委做好今年证券发行规模的综合平衡和分部门、分地区计划的下达,以利于各地做好股票、债券发行的前期工作。近期将陆续下达计划。三是根据《通知》确定的原则,制定一系列具体办法,把证券管理分工进一步规范化,使我国证券管理体系尽快投入正常有效的运作。四是组织做好证券新品种和人民币特种股票(B股)的试点以及组织国内企业到海外上市的工作,扎扎实实地推进我国证券市场的改革、发展和对外开放。

问:对证券发行规模实行总量控制有什么意义?

答:社会主义市场经济在发挥市场在资源的配置中基础作用的同时,也还要发挥计划的指导作用。我国的社会主义市场经济新体制还正在成长形成,市场尤其是证券市场的自我调节和约束机制和有关法律规章还不健全;我国的社会金融资产总量十分有限,对证券发行规模不加控制势必冲击全国信贷资金的平衡,影响国民经济健康发展。因此,目前仍然必须对证券发行规模实行总量控制。同时,这也是使证券市场发展的试验有组织、有步骤地进行,防止一哄而上,造成混乱的需要。

问:据反映,有的地方和企业认为《通知》规定的股票发行与上市程序过于复杂。请问为什么要作这样的规定?

答:世界各国对股票的公开发行与上市都有一套严密的规定。我国的股份制试点和股票市场仍处于试验阶段,许多要求公开发行股票的企业的财务制度还不健全,为了体现“公开、公正、公平”原则,确保股票发行上市质量,保护投资者的利益,对股票的发行与上市规定严格的程序是完全必要的。与我国的证券管理体系分工相适应,股票发行要经过必要的层次,但是各个层次的分工是明确的,不会造成相互扯皮。这也有利于有关权力机构之间的互相制约和监督,防止腐败现象。

问:据了解,最近一些中国企业打算在海外公开发行和上市股票,个别企业已在海外发行上市股票。请问证券委对此有何看法?

答:我国的证券市场发展一定要实行对外开放方针,逐步做到国际化,证券委正在有选择地组织若干企业到海外上市就是其中的措施之一。但是由于这是事关我国对外开放大局的事情,必须实行积极慎重、周密安排、严格控制的方针。在我国证券市场处于起步阶段,企业的财务会计与国外有很大差异,对国外证券市场很不熟悉的情况下，如果一哄而上，仓促到海外公开发行和上市股票极易出现问题。因此，《通知》规定，企业到海外公开发行股票和上市必须在证券委统一安排下进行，并经证券委审批，各地方、各部门不得自行其是。在此，我代表证券委郑重宣布：今后任何地方、部门和企业不得擅自组织和联系企业到海外发行和上市股票，否则证券委将严肃查处。同时，我们这样做也是为了保护投资者的利益，相信海外投资者和有关机构是能够理解和支持的。

第三届宋庆龄儿童文学奖在北京颁奖

获本届宋庆龄儿童文学奖一等奖的是曹文轩的《山羊不吃天堂草》。三个二等奖作品中，李潼的《少年噶玛兰》是第一部获得宋庆龄儿童文学奖的台湾作家作品。

由新闻出版署主持中国印刷科技研究所研制的"汉字库技术电子出版系统"通过鉴定

1月16日

党和国家领导人江泽民等在北京接见澳门基本法起草委员会委员

党和国家领导人江泽民、李鹏、万里、乔石、李瑞环、吴学谦等在人民大会堂接见澳门基本法起草委员会全体委员，祝贺澳门基本法草案顺利完成。

江泽民在接见时说："经过4年多的努力，澳门基本法草案已经完成，将来人大审议通过以后，它将成为我们国家又一个非常重要的法律。在这里，对澳门基本法草案起草过程中全体委员的辛勤劳动表示崇高的敬意！"

江泽民说："'一国两制'是小平同志提出的非常好的构想，对统一祖国，实行一国两制，不仅香港、澳门如此，对台湾也是这样。""这一点，实践之后我们现在都已经习惯，但在事前要突破这一点，很不容易。"

江泽民在讲话中指出："不久前召开的党的十四大对小平同志十一届三中全会以来的思想进行了概括，十四大以后的工作都以此为指导思想。"他说："1992年我们的经济形势是好的，这跟澳门、台湾以及海外华人的支持是分不开的。"

江泽民最后说："现在已是年根岁底，春节即将来临，我今天给大家拜个早年，衷心祝愿各位节日愉快，合家欢乐！"

澳门基本法起草委员会主任委员姬鹏飞，副主任委员胡绳、王汉斌、马万祺、何鸿燊、雷洁琼、钱伟长、何厚铧、李后、郭东坡，秘书长鲁平等参加接见。

全国宣传部长座谈会在北京闭幕

十四大后第一次全国宣传部长座谈会，于1月11日到16日召开。

贯彻十四大精神，用邓小平建设有中国特色社会主义理论指导宣传思想工作，以经济建设为中心，更好地为改革开放和现代化建设服务，推动宣传思想工作迈出新步伐，登上新台阶，做出新贡献。这是会议的主题。

会议认为，当前宣传思想工作面临着极好时机。现在党的理论路线、方针政策和目标任务进一步明确。全国政治稳定，社会稳定，经济发展。全党和全国人民精神振奋，思想解放，团结一心，建设有中国特色社会主义事业充满了生机和活力。这正是我们做好宣传思想工作的极好时机。在新的时代、新的任务面前，我们宣传思想工作要找准自己的位置，端正自己的指导思想，明确自己的工作方向，改革自己的工作体制，改进自己的工作作风，按照十四大强调指出的"重在建设"的方针，发挥和显示我们宣传思想工作在实现新时期党的新任务中的重要作用。

会议强调指出，宣传思想工作在新形势下具有特殊重要性。宣传思想工作是我们党的优势。宣传思想工作必须按照社会大变革、时代新要求，着眼于团结一切可以团结的力量，调动一切积极因素，化消极因素为积极因素，为改革开放和现代化建设提供精神动力、智力支持、思想保证和良好的舆论环境，振奋全国各族人民建设有中国特色社会主义的巨大热情。宣传思想工作在新形势下不是可有可无，而是大有可为；不是可以削弱，而是必须加强。全党同志特别是宣传思想战线的同志，要充分认识宣传思想工作的特殊重要性，看到宣传思想工作面临着极好时机，正视当前存在诸多问题和困难，增强责任感和使命感，坚定信心，克服畏难情绪，发扬创造精神，积极担负起党和人民赋予我们的重任。

会议明确要求着重做好9项工作：认真落实用邓小平建设有中国特色社会主义理论武装全党的任务；宣传思想工作要更好地为经济建设服务；切实加强党的基本路线教育和爱国主义、集体主义、社会主义教育，推动群众性的精神文明建设；加强舆情调研，充分发挥大众传媒特别是电视、报纸、电台的作用；进一步繁荣文化，继续抓好"扫黄"；大力加强对外宣传工作；积极推进宣传文化体制改革；建设一支政治强、业务精、作风正的宣传思想工作队伍；做好纪念毛泽东同志诞辰100周年的宣传工作。会议强调当前宣传工作主要是真抓实干，积极、全面、正确地宣传贯彻落实十四大精神，把握全局，实事求是，进一步搞好经济宣传，进一步重视和加强对农业的宣传，加强社会主义精神文明宣传，进一步加强对宣传思想单位的领导，加强廉政建设，纠正行业不正之风。

会议提出要建设一支政治强、业务精、作风正的宣传思想工作队伍。当前特别需要从根本上提高宣传思想各部门干部的政治素质。按照干部队伍“四化”方针和德才兼备的原则，把宣传思想战线各级领导班子建设好。增强宣传思想干部队伍的团结，提倡顾全大局，团结奋斗。各级宣传部领导班子要“约法三章”：发扬民主，真诚团结；认真负责，勤奋工作；严格纪律，尽职尽责。各级党委宣传部都要注意提高工作层次，加强机关建设。提倡“严、细、深、实”的作风：政治上要严肃，纪律上要严格，工作上要细致，作风上要深入，办事讲求实效，反对形式主义。加强机关党的建设和思想政治工作。

座谈会上，中共中央政治局委员、书记处书记、中央宣传部部长丁关根作总结讲话。

座谈会期间，中宣部常务副部长郑必坚也讲了话。出席全国对外宣传工作会议和新华通讯社国内工作会议的代表也参加了闭幕会议。

参加会议的还有中央宣传思想工作领导小组成员郑必坚、邵华泽、曾建徽、刘忠德、艾知生、郭超人、曾庆红、徐志坚、徐才厚等。

中宣部部长丁关根在全国宣传部长座谈会上发表题为《以建设有中国特色社会主义的理论为根本指针》的讲话

这次全国宣传部长座谈会，是党的十四大以后宣传思想战线的一次重要会议，党中央非常重视。泽民、李鹏和铁映同志与大家见面，泽民同志同大家亲切座谈，作了十分重要的讲话。泽民同志分析了当前的形势，强调了新形势下宣传思想工作的特殊重要性，对我们的工作提出了四点希望，要求各级党委高度重视宣传思想工作，他还对宣传工作队伍作了充分肯定。泽民同志的讲话，给了我们极大的鼓舞，为我们今后的工作进一步指明了方向。我们要认真学习和领会，并在工作中很好地贯彻落实。

这次会议集中讨论了 1993 年宣传工作。在同志们的共同努力下，会议开得很成功。通过学习和讨论，大家进一步认清了形势，统一了思想，明确了任务，交流了经验，拓宽了思路，坚定了信心。会议气氛热烈，思想活跃，和谐融洽，催人奋进，确实是一次团结、鼓劲、务实的会议。

特别需要提出的是，各地同志为开好会议做了认真的准备。大家以积极认真的态度，调查研究，深入思考，写出了 42 篇有情况、有分析、有见解的文章，约 30 万言。大家总结了许多很好的经验，提出了许多中肯的意见和建议。我读了大家的文章，很受启发，很有收益。

今年宣传思想工作总的要求是：在以江泽民同志为核心的党中央领导下，深入宣传贯彻党的十四大精神，以建设有中国特色社会主义的理论为根本指针，坚持党的“一个中心、两个基本点”的基本路线，认真执行中央关于宣传思想工作的方针、政策，解放思想，实事求是，团结奋进，真抓实干，更好地为加快改革开放和现代化建设步伐，夺取有中国特色社会主义事业的更大胜利服务。

根据泽民同志的重要讲话精神，结合今年工作和大家提出的一些问题，我讲一些看法和意见，主要是思想和观点，不是具体的工作部署。

一、极好时机

现在是做好宣传思想工作的极好时机，这是这次会议上大家一致的看法，得到了泽民同志的赞同。所以说是极好时机，最重要的一条是党的理论路线、大政方针、目标任务都进一步明确。去年邓小平同志视察南方发表了重要谈话。十四大系统总结了 14 年改革开放和现代化建设的基本经验，明确确定用邓小平同志建设有中国特色社会主义理论武装全党，明确确定坚持党的基本路线一百年不动摇，明确确定我国经济体制改革的目标是建立社会主义市场经济体制，制定了 90 年代改革和建设的主要任务。这就从根本上解决了这些年来经常困扰和束缚人们思想的一些重大认识问题，统一了全党的思想和行动。宣传思想战线方向更加明确，精神更加振奋。

同时，在这几年宣传思想工作实践中，积累了丰富经验，提出了一系列正确的方针、政策和原则。例如：坚持“为人民服务、为社会主义服务”的方向和“百花齐放、百家争鸣”的方针；坚持“团结、稳定、鼓劲”和“正面宣传为主”的方针；坚持“一手抓‘扫黄’、一手抓繁荣”；坚持把充分调动群众的积极性作为思想政治工作的出发点和着眼点，使之紧密结合经济工作和各项业务工作一道去做；强调改进外宣工作的方法，提高宣传效果，为我国的经济建设和改革开放创造良好的国际舆论环境，等等。这些为我们进一步做好宣传思想工作奠定了很好的基础。

我们说当前是极好的时机，并不是说没有困难和问题，但是从总体上讲，时机极好，时机难得。我们要按照泽民同志的要求，“抓住时机，扎扎实实地把工作推向前进”。

二、大有可为

宣传思想工作是我们党的一大政治优势。我们党从成立的时候起，就非常重视宣传工作。泽民同志强调指出，宣传思想工作是党的工作中的一个极其重要的组成部分，是一条重要的战线。革命战争年代如此，社会主义现代化建设时期也是如此。这条战线涉及各个领域，关系到建设有中国特色社会主义事业的全局。历史证明：我们事业的每一个胜利，都与党的艰苦细致、卓有成效的宣传思想工作密不可分。在加快改革开放和现代化建设的新形势下，宣传思想工作更具有特殊重要性。

党的十四大明确提出加快改革开放，建立社会主义市场经济体制。这场空前深刻的变革必将为社会进步包括宣传思想工作带来不可估量的积极影响，同时也会遇到许多新矛盾、新问题。人们的思想观念、生活方式将会发生很大变化。宣传文化工作部门的现行领导和管理体制也必须做相应的改革，以适应新形势的要求。这既增加了宣传思想工作的难度和复杂性，也为我们施展才华提供了用武之地。在新形势下宣传思想工作不是可有可无，而是大有可为。泽民同志说，越是改革开放，越要动员和团结群众，越要重视宣传思想工作。我们要通过宣传思想工作，团结一切可以团结的力量，调动一切积极因素，化消极因素为积极因素，动员和鼓舞全国人民为建设有中国特色社会主义事业努力奋斗。宣传思想战线的同志要认清自己肩负的重任，增强光荣感、责任感和使命感。“沧海横流，方显出英雄本色”。我们就是要有这么一股子气，这么一股子劲，努力工作，不辜负党和人民的期望。

三、根本指针

明确确定用邓小平同志建设有中国特色社会主义理论武装全党，这是党的十四大重大历史贡献。宣传思想战线以建设有中国特色社会主义的理论为根本指针，就是要坚持以这一理论来指导宣传思想战线的全部工作，坚持把用这一理论武装全党作为宣传思想战线最重要的任务。牢牢把握这一根本指针，就可以使我们的思想和行动与党中央保持一致，坚持正确的政治方向。

以建设有中国特色社会主义的理论为根本指针，必须全面贯彻执行党的基本路线，坚持以经济建设为中心，坚持四项基本原则，坚持改革开放。宣传思想工作要紧紧围绕经济建设这个中心，自觉服从和服务于这个中心。这样宣传思想工作才能有新的活力和凝聚力。宣传思想工作为经济建设这个中心服务，就是要运用多种手段和形式，集中做好经济建设和改革开放的宣传，把全党、全国人民的注意力更好地引导到集中精力搞好社会主义现代化建设上来。

四、重在建设

精神文明重在建设，是宣传思想工作的一个重要原则。物质文明和精神文明都搞好，才是有中国特色的社会主义。

坚持精神文明重在建设，就要以“建设”作为我们工作的出发点和落脚点。重在建设，最重要、最核心的就是要用邓小平同志建设有中国特色社会主义的理论武装全党。这是关系到坚持党的基本路线一百年不动摇的重大问题。

坚持精神文明重在建设，就是不用“搞运动”、“大批判”方法。小平同志提出“不搞争论”的原则，是为了使全党集中精力做好中心工作，避免因无谓的争论而浪费宝贵的时间，甚至危害党的团结和统一。这是一个很重要的战略思想。这样，我们才能抓住时机，同心协力，把改革和建设事业搞上去。

坚持精神文明重在建设，无论是理论建设、文化建设、思想建设、道德建设都要有目标，有规划，作为系统工程扎扎实实地去做，决不能停留在口头上、文件上、文章上。

坚持精神文明重在建设，就要继承和发扬人类文明的优秀成果。精神文明建设不能在封闭的状态下进行，只有在开放的条件下发展。我们要弘扬中华民族的优秀文化，还要敢于和善于吸收世界各国创造的一切文明成果。

坚持精神文明重在建设，要有利于为经济建设和改革开放提供强大的精神动力和智力支持，有利于满足人民群众日益增长的精神文化需要，有利于培养有理想、有道德、有文化、有纪律的社会主义新人。

五、群众观点

群众观点是马克思主义的基本观点。全心全意为人民服务，一切从人民的利益出发，是我们党的根本宗旨，也是宣传思想工作的根本宗旨。早在抗日战争时期，党就明确指出：“我党的宣传鼓动工作就是为着全民族与全国人民的利益而服务。因此，我党的宣传鼓动是能为群众所接受和拥护的。”历史上我们党所以能够战胜一切艰难险阻，夺取一个又一个胜利，一个根本原因，就是我们始终从人民群众的利益出发，向人民群众宣传党的路线、方针、政策，使人民群众认识到自身的利益，自觉地为之奋斗。事实说明，宣传思想工作只有坚持从人民的利益出发，满腔热情地为人民服务，才能在人民群众中树立良好的形象，成为党联系群众的桥梁和纽带，增强党和社会主义的凝聚力。

宣传思想工作更好地为群众服务，从思想观念到工作的具体内容和方式方法上都要切实改进。人民群众是我们的依靠对象和力量源泉。在思想观念上，我们必须牢固树立群众观点，坚持向党负责同向人民群众负责的一致性，增强服务意识，向群众学习，注意倾听群众的意见，反映群众的愿望、呼声和要求。要与人民群众呼吸相通，休戚与共。在宣传内容上，要面向群众，面向基层，面向实际，注意回答广大人民群众最关心的各种热点、难点和疑点问题。在宣传方式上，要讲究宣传艺术，改进宣传方法，注重宣传效果。要分层次，有针对性。多采取民主讨论、相互交流的方式，做到生动活泼，可信可亲，群众欢迎。

六、唯物辩证

唯物辩证法是马克思主义的世界观和方法论，是我们认识世界、改造世界的基本方法，也是做好宣传思想工作的基本方法。这里我想一是，解放思想、实事求是，按照实际情况制定宣传工作的方针政策。随着改革开放和现代化建设的不断深入发展，新事物、新情况、新问题层出不穷，这就要求我们的思想要适应发展变化的新形势，做到一切从实际出发。要警惕右，但主要是防止“左”。我们不能停留在对马克思主义的某些原则、某些本本教条式的理解上，或停留在对社会主义的一些不科学甚至扭曲的认识上，或停留在那些超越社会主义初级阶段的不正确的思想上。要在实践中不断深化对有中国特色社会主义的认识，把握其规律，使宣传思想工作更加符合实际，做得更有成效。

二是，坚持两点论，防止片面性，准确地把握宣传的“度”。在宣传中有许多关系需要很好地处理，最重要的是把握和宣传好党的基本路线“一个中心、两个基本点”之间的关系。还要在宣传中正确处理好物质文明建设和精神文明建设的关系，精神产品生产中社会效益与经济效益的关系，一手抓繁荣与一手抓“扫黄”的关系，经济工作中速度与效益的关系，发挥群众积极性和保护群众积极性的关系，等等。要防止片面性和绝对化，注意一种倾向掩盖另一种倾向。泽民同志指出，当前全国形势很好，在好形势下要正视前进中出现的一些突出问题，我们的宣传工作要始终贯彻唯物辩证法，引导好、保护好、发挥好群众的积极性，促进国民经济又好又快地发展。泽民同志还谈到，我们工作中常常发生片面性、绝对化、“一刀切”、“一哄而起”，从方法论来说就是形而上学。在工作中不善于掌握“度”，从一个极端跳到另一个极端，在两极之间跳来跳去，这是宣传工作大忌。当然，把握好宣传工作的“度”并不容易，这个“度”不是计算机能够计算出来的，需要我们很好地学习，在实践中很好地领会和把握，这样才能进行正确有效的宣传。

七、提高层次

宣传思想工作涉及各个领域，政治性、政策性、思想性、理论性很强。要做好这项工作，宣传思想部门特别是中央和省一级宣传部门必须提高工作层次和工作水平，要议大事，抓大事。大量日常工作需要很好的处理，但要把主要精力放在研究和解决宣传思想工作中带有战略性、方针性、理论性的问题上。要经常了解情况，研究动态，预测趋势，掌握政策，正确地引导舆论。要精简会议、精简文件、精简应酬。努力减少低水平的、一般化的、表面性的工作。切不可一年到头，忙忙碌碌，日计有余，岁计不足。

议大事，抓大事，必须加强宏观管理。在重大原则问题上一定要把住，在大的是非面前切不可含含糊糊。要注意从政治上观察和处理问题，提高政治敏锐性，保持清醒的头脑，切不可把政治性的工作当作事务性的工作处理。加强宣传思想工作的宏观管理、建立宏观管理机制，这是我们提高工作层次，取得工作主动的一个关键问题，今年要进行专题研究。

议大事，抓大事，必须十分重视信息工作和舆情工作，各地宣传部门和各新闻单位要建立责任制，各负其责。要建立和健全信息和舆情网络，及时了解社会各方面的意见、要求和愿望，了解宣传思想战线各个方面的动态。情况清楚了，才能够为正确决策、引导舆论提供依据。

议大事，抓大事，必须突出工作重点。没有重点就没有政策。宣传思想工作面很宽，头绪很多，我们在领导方法和工作方法上应该胸有全局，抓住重点，学会“弹钢琴”，做到“吃一块、夹一块、看一块”，推动整个工作有步骤、有秩序地进行。同时还要注意，在一个时期内重点不宜太多，有所不为才能有所为。

八、务求实效

经济工作讲究投入产出，讲究成本核算，宣传思想工作也要有效益观念。宣传思想工作的效益，主要是看能不能把党的路线、方针、政策变成群众的实际行动，能不能把广大群众建设社会主义的积极性充分调动起来。

我们做每一项工作，都应该务求实效。理论工作、文学艺术工作、新闻出版工作都要出成果、出作品、出人才。组织活动，召开会议，都要有明确的目的，取得切实的效果。调查研究，意在解决问题，了解情况是前提，解决问题是目的。要通过调查研究，提出解决问题的办法和建议。

务求实效，必须反对形式主义。小平同志对形式主义提出过严厉批评，我们要高度重视。应当看到，在宣传工作中，思想政治教育中，形式主义的东西还不少。形式主义脱离实际，脱离群众，危害极大。克服形式主义这个顽症，需要上下共同努力，首先从上头做起。小平同志指出：“领导者必须多干实事。那种只靠发指示、说空话的坏作风，一定要转变过来。”我们应当牢固树立为基层服务的思想，布置工作，下达任务，都要从实际出发，从解决问题出发，不要乱提口号，不搞花花哨哨的东西，不图形式，注重实效。宣传思想各部门要严格要求自己，不搞形式主义。同时注意严格把关，不给形式主义的东西提供表现的机会。今年我们工作的任务很重、也比较实。在用建设有中国特色社会主义理论武装全党上，要扎扎实实做好工作。还要在六个方面取得新的进展：一是队伍建设；二是爱国主义教育；三是搞好舆论引导，充分发挥电视、广播、党报特别是《人民日报》的作用；四是外宣工作；五是落实文化经济政策；六是扫黄。在宣传文化体制改革上要调查研究，积极试验，逐步推进。

九、总结经验

邓小平同志在去年年初视察南方的重要谈话中指出："每年领导层都要总结经验，对的就坚持，不对的赶快改，新问题出来抓紧解决。"善于总结经验，应当成为我们的一项基本功。工作中，有成功的，也有不太成功的；有成效显著、群众欢迎的，也有效果不明显、反映平淡的。成功的，通过总结找出经验；不太成功的，也应该通过总结找出教训。近年来，各地宣传部门在工作中创造了不少新鲜经验，应该组织力量研究、总结。

总结经验不能就事论事，而要就事论理。要善于微观中见宏观、个别中见一般。我们要重视从处理过的个别事情中，经过认真思考，触类旁通，提炼和制定普遍适用的原则和规则，使工作有章可循。领导干部思想要艰苦，要养成多动脑筋的习惯，经常主动想一些问题，给自己出一些题目。还要养成学习的习惯，珍惜时间，注意积累，积学以储宝，厚积而薄发。要从书本上学，也要从实践中学，长期坚持，必有成效。

十、增强团结

泽民同志一再强调团结出凝聚力，出战斗力，出新的生产力。整个宣传思想战线都要讲团结。

我们团结的基础是马克思列宁主义、毛泽东思想，是邓小平同志建设有中国特色社会主义的理论，是党的基本路线。要识大体，顾大局，以党的事业和人民的利益为重，不要纠缠历史旧账，不要搞无谓的争论。如果你攻我、我攻你，只能使亲者痛、仇者快。为了党的事业，为了共同的目标，个人恩怨弃之有何不可。在我们内部，要充分发扬民主，研究问题要提倡同志式的、友好的讨论，彼此互相信任、互相尊重、互相谅解、互相支持，求大同存小异。我们的目标就是要努力造成又有集中又有民主，又有纪律又有自由，又有统一意志又有个人心情舒畅、生动活泼，那样一种政治局面。

讲团结，一定要搞五湖四海。要团结和自己意见相同的人，还要善于团结与自己意见不同，甚至反对过自己而且已被实践证明错了的人。这样，才能实现最广泛的团结，最大限度地调动人们的积极性，团结一心干事业。

在团结问题上，领导班子要起表率作用，领导干部要以身作则，豁达大度，公正无私。要提倡领导干部主动联系各方面的人士，同作家、艺术家、记者、研究人员谈心，交朋友。

十一、队伍建设

做好宣传思想工作，必须有一支好的队伍。我们宣传思想工作干部队伍是好的，是有战斗力的。中央信任这支队伍，很关心这支队伍。应该看到，在进一步改革开放、发展社会主义市场经济的情况下，我们这支队伍的素质亟须提高。建设一支政治强、业务精、作风正的宣传队伍，要作为一项跨世纪的工程，认真抓好。

抓队伍建设，需要做的工作很多，首先要提高队伍的政治素质，要认真学习十四大精神，学习建设有中国特色社会主义的理论，增强贯彻执行党的基本路线的自觉性和坚定性，树立正确的理想、信念、人生观和价值观。要有计划地培训干部，抓紧制定规划，逐步使干部培训工作制度化。要组织宣传干部学习经济知识和科技知识，当前要特别提倡学习社会主义市场经济理论，了解经济形势和改革开放的新进展，增强广大宣传干部为经济建设和改革开放服务的本领。

要按照干部队伍"四化"方针和德才兼备的原则，把坚决拥护和执行党的路线、方针、政策并在工作中成绩突出，群众信任的中青年干部选拔到各级宣传思想工作部门的领导岗位上来。

宣传思想队伍要成为一支有纪律的队伍。要严守宣传纪律，严守党的机密。

十二、加强领导

泽民同志讲话中强调了党对宣传思想工作的领导，讲了两个"务必"：在加快经济建设和改革开放的过程中，各级党务必十分重视宣传思想工作，务必加强对宣传思想工作的领导。希望各级党委，按照泽民同志的讲话精神加强领导，把宣传思想工作提上重要议事日程，经常研究宣传思想战线的重大问题，听取他们的汇报，关心、支持他们的工作。泽民同志在讲话中还强调，要为宣传思想工作和精神文明建设提供必需的物质保障，在财力上给予支持，国务院有关部门要按照中央文件的精神，落实文化经济政策。

上级宣传部门要加强对下级宣传部门工作的指导。要多联系，多沟通。今后中宣部要注意及时向各地宣传部门传达中央的有关精神，通报有关重要情况，组织交流宣传思想工作的经验。

黑龙江省人大八届一次会议上选举孙维本为省人大常委会主任邵奇惠为省长

新疆维吾尔自治区政协七届一次会议选举贾那布尔为区政协主席

国务院副总理田纪云就农村改革和发展问题答

《中华英才》杂志记者问

《中华英才》刊登国务院副总理田纪云答该刊记者问，论述了我国农村改革和发展的一些问题。田纪云认为，一个历史性的转变阶段已经到来，从温饱向小康阶段的转变，要求农业和农村发展从以前满足数量为主，转向数量与质量并重；从适应市场为主，转向彻底的社会主义市场经济的轨道。

田纪云说，中国改革开放十多年以来，农村发生的变化最大、最快、最显著，实践证明，党和国家自十一届三中全会以来指导农村改革与发展的一系列基本政策是完全正确的。但是另一方面，一些制约农业和农村长期发展的不利因素也仍然存在，有些还是相当突出的。主要的有，人口增加和土地资源减少的矛盾；农民收入增长缓慢，城乡之间、地区之间收入差距有所拉大的问题；农村庞大的剩余劳动力的就业问题等等。解决这些问题的关键是，必须紧紧抓住发展农村生产力这一中心，稳定政策，深化改革。

田纪云说，要稳定党的一系列农村政策，必须做到三个坚定不移。第一，要坚定不移地稳定以家庭联产承包为主的生产责任制。第二，坚定不移地加强农村社会化服务体系建设，完善双层经营体制，逐步发展集体经济。第三，坚定不移地发展乡镇企业。同时，还要继续贯彻深化农村改革的政策措施，进一步健全农产品流通体系，加快市场建设步伐，大力发展农村第三产业等等。他强调，深化农村改革的各项政策措施，都要紧紧围绕促进农村生产力发展这一中心环节，而不能轻易地变动生产关系。特别是在涉及农村家庭联产承包制和双层经营体制这一基本经营制度问题上，更不能随意变动。决不可从主观愿望出发，作违背农民意愿的事。

田纪云还谈到，我国农村本世纪末要实现小康，必须“树两种观点，走两条道路，实现四个结合”。一是树立大农业的观点，走农林牧副渔全面发展的道路。二是树立商品经济的观点，走高产、优质、高效的路子。与此同时，要做到四个结合。第一，种养加相结合。第二，农工商相结合。要实现小康，实现现代化，农村二三产业要有一个大发展。第三，内外贸相结合。今后要用相当一部分农产品加工制品占领国际市场。第四，农科教结合。

国务院副总理邹家华在陕西考察

中共中央政治局委员、国务院副总理邹家华最近在陕西考察。邹家华在考察时强调，当前抓经济工作必须突出效益，评价经济发展是好是差，关键要看效益好不好，要看是不是良性循环，要看是不是有效益的速度，对此要引起大家的足够重视。

中国工商银行进入世界八强

中国工商银行到1992年末银行资产总额已超过14300亿元，人民币总资本金达到551亿元，分别比上年增长22%和12.7%，目前，工商银行在世界500家大银行中，总资本金已位居第8位。

全国银行分行长保险分公司总经理会议在北京闭幕

会议是12月至16日在北京举行的，会议的主要任务是深入学习和贯彻党的十四大精神，研究进一步深化金融改革开放和部署1993年的金融工作。

李鹏、朱镕基出席闭幕会议并讲话。

李鹏说，在新春佳节即将到来之际，我代表国务院向全国金融战线的全体职工及其家属致以节日的祝贺和亲切慰问。

李鹏说，去年是我国经济高速发展的一年，总供给和总需求仍保持基本平衡的总格局。但是在金融方面也出现了信贷规模较大、货币投放较多，生产资料价格上涨等新的情况。现在党中央明确提出，在大好形势下，要防止经济过热。对此我们一定要统一思想，提高认识，给予认真对待。目的是要保护和发扬广大群众的积极性，使国民经济在以较高的速度发展中，既有好的效益，又有比较合理的结构。在这方面，银行、金融界负有很重要的责任，希望银行充分发挥宏观调控作用，促进改革开放和国民经济的发展。

李鹏在谈到专业银行的性质和作用问题时说，在社会主义市场还不够发育、价格还没有理顺、一套完善的规章制度还没有建立起来的情况下，专业银行仍然是国家的宏观调控手段。因此专业银行仍要保持政策性与商业性的双重机制，但要逐渐减少政策性任务，逐步向商业银行过渡，各专业银行在实现国家宏观调控方面应继续发挥作用。

李鹏特别强调银行要把住两个总闸门：一个是贷款发放的闸门，包括各种债券、各类股票和国外的贷款。另一个是货币投放的闸门，总量一定要从严控制，不能突破。

李鹏在谈到前一段农村普遍存在的打白条问题时说，这个问题多年来困扰着我们，影响了政府与农民的关系，也影响了工农之间的关系。它反映了供销体制、收购机制等方面存在的问题。银行和粮食部门要认真研究，采取切实措施解决这个问题。要使收购资金形成一个比较好的良性循环，既能保护农民的利益，又能促进工业生产稳定发展。

李鹏说，金融界同志要看到，建设中国社会主义现代化事业是一个长期的过程，在工作中一定要坚持“两手抓”，一手抓改革开放，一手抓打击犯罪活动；要提倡

"两个文明"的建设,艰苦奋斗、自力更生的优良传统不能丢掉。他希望银行内部整顿工作要坚持下去,加强内部管理,彻底查处重大案件,在选择干部方面要坚持德才兼备,提高银行工作人员的政治素质和业务素质,真正继承和发扬人民银行的好传统。他要求进一步加大金融改革开放的力度,建立适应社会主义市场经济的金融体制;建立和完善以中央银行为领导、国有商业银行为主体、多种金融机构分工协作的金融组织体系;建立和发展公平、高效、开放、统一的全国金融市场体系;建立直接调控与间接调控相结合、逐步以间接调控为主的宏观调控体系;建立法律化、规范化、现代化的金融管理体系;进一步扩大金融对外开放,使金融业务逐步国际化。

朱镕基副总理在讲话中,首先肯定金融战线在去年国民经济高速发展中作出的重要贡献。他说,去年国民经济取得的成绩与金融工作者的努力是分不开的。

朱镕基在谈到银行今后的工作时指出,要严格进行总量控制,从严进行宏观调控。他说,金融是国民经济总量控制的最后一道关口,一开始就应该从严进行把关。银行不只是控制贷款规模,还要控制货币发行。固定资产投资规模一定要量力而行,认真考虑资金、外汇、原材料供应的可能。今年经济战线仍要继续执行限产压库促销、扭亏增盈等正确措施,凡是销售、运输不出去的产品就一定不要再生产。

朱镕基指出,要深化金融改革,建立银行风险机制。他说,专业银行是金融企业,应自主经营、自负盈亏,既要有激励机制,又要有承担风险的约束机制,不能把银行当作政府或部门的出纳和会计。

朱镕基还强调,要严格控制债券、证券的发行和新建金融机构。他说,发行股票要按照国家计划,有步骤地先试点,取得成功经验后再推广,要保护公众利益,千万不能一哄而起。股份制企业试点要按照国务院主管部门颁发的规范办法进行,不能"先推广、后规范"。

在全国银行分行行长、保险分公司总经理会议开始时,国务委员兼中国人民银行行长李贵鲜作了题为《加快金融改革开放步伐,建立适应社会主义市场经济的金融体制》的工作报告。

姚依林、邹家华、李贵鲜、李岚清和罗干等领导同志出席了闭幕会议。

布隆迪总统布约亚总理西博马纳在布琼布拉分别会见外交部部长钱其琛

国家教育委员会公布1993年全国普通高等学校招生统一考试范围

国家教委日前公布1993年全国普通高等学校招生统一考试范围。其中除化学、地理、历史、数学(理科)、英语、俄语、日语各科的考试范围仍按1986年国家教育委员会颁布的《全日制中学教学大纲》外,对其他各科均作了具体说明:语文科的考试范围以1990年国家教委颁发的《全日制中学语文教学大纲》(修订本)为依据;文科考生要考的数学科内容不包括"反三角函数和三角方程"、"不等式的性质和证明"及"参数方程和极坐标";物理科要求考查《全日制中学物理教学大纲》中的高中部分;生物科以《全日制中学生理卫生教学大纲》和《全日制中学生物教学大纲》为依据,而其中的植物学、动物学部分不作为考试内容。

国家教委还规定了1993年普校高考(含高中会考后的高考)政治科考试范围和内容比例:《全日制中学思想政治课教学大纲》(试用稿)高三年级教学内容,约占55%;《经济常识》,约占20%;《中华人民共和国宪法》第二章,约占10%;时事(1992年4月至1993年3月期间的国内外重大时事、中国共产党第十四次全国代表大会的有关内容),约占15%。

国家教育委员会还同时颁布经高中毕业会考、试行国家教委高考新科目组考试的方案。试行新科目组考试方案的省市有:北京、湖南、湖北、海南、云南、贵州。该方案中规定语文、数学、物理、化学、历史、英语、俄语、日语等各科的考试范围均以1990年国家教育委员会颁发的《全日制中学教学大纲》(修订本)为准。其中数学科中的"反三角函数和三角方程"、"参数方程和极坐标"等项内容对文科考生不作要求。普通高中毕业会考后的高考试卷满分为150分。

1992年度首届王丹萍科学奖在北京颁奖

王丹萍科学奖金由设在香港的王丹萍基金会独资设立,是一项面向国内中青年科研人员和工程技术人员的永久性奖金,每年评选一次,授奖名额暂定为每年五名。一九九二年度首届奖金金额为每人八万元人民币。

五位获奖者是:在超导领域中取得重大成就的中国科学院物理研究所研究员、国家超导实验室主任、中国科学院学部委员赵忠贤,在日地空间物理研究中取得重要成果的北京大学地球物理系教授涂传诒,在天体物理研究中提出重要统计理论的中国科学院南京紫金山天文台研究员、中国科学院学部委员熊大闰,在胰岛素结构研究中取得一系列国际先进水平成果的中国科学院生物物理所研究员、中国科学院学部委员梁栋材,在新一代稀土永磁材料研究中作出开创性工作的北京大学物理系教授杨应昌。

国务委员兼国家科委主任宋健、全国政协副主席卢嘉锡以及王丹萍先生的代表胡芳玉等出席颁奖仪式。

梅兰芳金奖大赛(旦角组)评选揭晓

8名优秀京剧演员获金奖,成为90年代“八大名旦”。她们是:刘长瑜、李维康、杨淑蕊、刘琪、孙毓敏、薛亚萍、方小亚、王继珠。

1月17日

甘肃省人大八届一次会议选举卢克俭为省人大常委会主任阎海旺为省长

农业部提出农民负担“十不准”

农业部根据国务院授权就农民负担提出“十个不准”:

不准把村提留、乡统筹费等集体资金平调、挪用到乡、村集体经济组织以外使用;不准强制农民以资带劳和平调以资带劳金;不准把向农民收费、罚款、集资等与各级干部利益挂钩;不准向农民摊派报刊、保险、有价证券和电影费等;不准搞向农民收费的达标升级评比活动;不准以服务为名强行向农民收费;不准在农民交售农副产品和发放预购定金时强制扣款,不得以任何理由预收提留、统筹款;不准把非法负担项目签订在农民的承包合同内;不准滥用司法手段强行向农民收款收物;不准对检举、揭发、控告和抵制向农民乱收费、乱集资、乱罚款和各种摊派的单位和人员打击报复。

外交部部长钱其琛在基加利同卢旺达外交与合作部长恩古林齐拉举行会谈

国家教育委员会举行留学回国人员新春联欢会

党和国家领导人江泽民、胡锦涛、李铁映、严济慈、雷洁琼等与来自全国各地的400多名留学回国人员代表出席联欢会。

张艺谋导演的影片《大红灯笼高高挂》获得纽约影评人协会颁发的最佳外语片奖

1月18日

纪念延安双拥活动50周年迎新春大型文艺晚会在北京中国剧院举行

江泽民、李鹏、万里、李瑞环、刘华清、胡锦涛等领导观看演出。

出席晚会的领导还有丁关根、李铁映、邹家华、温家宝、张震、任建新、秦基伟、陈俊生、王光英、迟浩田、张万年、于永波、傅全有等。

首都文艺界在北京举行迎春座谈会

首都文艺界及有关部委领导400余人举行迎春座谈会,丁关根、李铁映、程思远、王光英、刘忠德等出席。

中共中央政治局委员、中央宣传部部长丁关根代表党中央向全国文艺工作者拜年并发表讲话。

中共中央政治局委员丁关根在首都文艺界知名人士迎春座谈会上发表讲话

同志们、朋友们:

在春节即将来临之际,首都文艺界举行迎春座谈会,大家欢聚一堂,相互问候,畅叙友谊。借此机会,我代表党中央向到会的老中青作家、艺术家拜年,并通过你们向全国的文艺工作者拜年,向帮助和关心我国文艺事业的各界人士表示衷心的感谢,并致以节日的问候!

过去的一年,是我们党和国家历史上非常重要的一年。东方风来满眼春,以邓小平同志视察南方重要谈话和三月中共中央政治局全体会议为标志,我国改革开放和现代化建设事业进入一个新的阶段。党的十四大系统总结了十四年改革开放和现代化建设的伟大实践和基本经验,明确确定了用邓小平同志建设有中国特色社会主义的理论武装全党,明确确定了坚持党的基本路线一百年不动摇,明确确定了建立社会主义市场经济体制,全面部署了九十年代的主要任务,极大地动员和鼓舞了全党和全国各族人民。现在,我国政治稳定,社会稳定,改革开放和现代化建设形势喜人,有中国特色社会主义的伟大事业蒸蒸日上。

作家艺术家是人类灵魂的工程师。文艺工作在社会主义精神文明建设中有着不可替代的重要作用。过去的一年里,在小平同志南方谈话和十四大精神的指引下,经过广大文艺工作者的共同努力,我国的文艺事业欣欣向荣,文艺创作的题材、主题、形式、风格、流派丰富多样,文艺体制改革迈出了新的步子,文化市场十分活跃。当前蓬勃发展的形势,要求文艺工作者振奋精神,辛勤耕耘,把文艺进一步繁荣起来。

在新的一年里,我们要认真学习邓小平同志建设有中国特色社会主义的理论,全面贯彻党的“一个中心,两个基本点”的基本路线,坚持“为人民服务、为社会主义服务”的方向和“百花齐放、百家争鸣”的方针,全面落实十四大对文化艺术工作提出的要求。要进一步解放思想,积极推进文化体制改革,完善文化经济政策和文化法规,加强和改善对文化市场的管理。广大文艺工作者要积极深入实际,深入群众,深入生活,努力把握时代精神，弘扬中华民族的优秀文化，吸收、借鉴人类文明的优秀成果，大胆创新，精益求精，在满足人民群众多方面、多层次精神文化生活需求的同时，创作出更多地为广大群众喜闻乐见的、讴歌改革开放和现代化建设的具有艺术魅力的精神产品，使社会主义的文艺园地更加姹紫嫣红、绚丽多彩。

我国的文艺队伍是好的，是一支有着光荣传统和创造力的队伍。新的形势既为广大文艺工作者发挥自己的聪明才智提供了广阔天地，又向作家艺术家提出了更高的要求。希望广大文艺工作者努力提高思想政治水平和艺术修养，增强团结，真诚合作，相互切磋，共同提高，为社会主义文艺的繁荣做出更大贡献。

最后，衷心祝愿大家春节愉快，全家幸福，万事如意。

澳门基本法咨询委员会在澳门举行全体会议

咨委会副主任何厚铧、唐星樵分别在会上作 1992 年下半年咨委会工作总结和 1993 年工作建议报告。

会议一致通过将咨委会的工作重点由过去以咨询为主转到以宣传推介基本法为主。会议决定举办《基本法起草与咨询回顾图片展览》、基本法学术研讨会等活动，编辑出版反映基本法咨询活动的大型画册。全国人大颁布《澳门基本法》后，及时出版和向市民派发《澳门基本法》的中、葡文本。

按照咨委会的组织章程规定，澳门基本法咨委会将于全国人大颁布《澳门基本法》后一个月内解散。

中组部等 7 部委举办春节慰问演出

中共中央组织部、宣传部、统战部、国家人事部、国家科委、文化部、人民解放军总政治部下午举办春节慰问演出，慰问在京的 6000 多名在自然科学、社会科学和文化艺术方面做出突出贡献的专家学者。

吉林省人大八届一次会议选举何竹康为省人大常委会主任高严为省长

新疆维吾尔自治区人大八届一次会议选举阿木冬·尼牙孜为区人大常委会主任铁木尔·达瓦买提为区主席

政协全国妇联分别在北京以及上海广州举行纪念宋庆龄诞辰 100 周年活动

卢旺达总统哈比亚利马纳总理恩森吉亚雷耶在基加利分别会见外交部部长钱其琛

中国和印度在新德里签订《中华人民共和国政府和印度共和国政府关于开展地质矿产领域合作的谅解备忘录》

西安卫星测控中心对外开放

国家体委在北京召开第 25 届奥运会科研攻关与科技服务优秀科研组表彰大会

获一等奖的优秀科研组有 6 个，二等奖有 8 个，三等奖有 22 个。它们涉及体操、射击、游泳、竞走、乒乓球、速滑等项目以及运动生理、体育情报等方面。

西藏当雄发生 6.3 级地震

1 月 19 日

中共中央总书记江泽民国务院总理李鹏等会见爱泼斯坦、横川辰子等 20 多位在中国的外国老专家

中共中央政治局常委李瑞环邀请全国性宗教团体领导人到中南海参加迎春座谈会

国务委员陈俊生、中共中央统战部部长王兆国出席座谈会。中共中央政治局常委李瑞环在会上发表谈话。应邀参加座谈的有：中国佛教协会会长赵朴初、副会长帕巴拉·格列朗杰，中国基督教三自爱国运动委员会主席、中国基督教协会会长丁光训、副主席罗冠宗，中国天主教爱国会和中国天主教主教团主席宗怀德、副主席金鲁贤，中国道教协会会长傅元天、顾问黎遇航，中国伊斯兰教协会会长沈遐熙、副会长安士伟。参加座谈会的还有有关方面负责人蒋民宽、席德华、李德洙、张声作等。

中共中央政治局常委李瑞环在全国性宗教团体领导人迎春座谈会上发表谈话

前两年的春节，都是由江泽民总书记代表中共中央同宗教界的朋友们座谈。今年他委托我来同大家见面。我主要是想多听听大家的意见，以便于我们今后改进工作。

我同意刚才许多朋友的看法：当前我国宗教战线的形势是好的，宗教工作的成绩是显著的。在过去的一年中，各级党政组织和宗教部门认真贯彻党的宗教政策，各爱国宗教团体同党和政府真诚合作，使我国宗教工作在维护社会稳定和民族团结、推进祖国统一、促进经济建设方面，在尊重和保护公民宗教信仰自由权利、保护正常宗教活动和保护宗教界合法权益方面，都发挥了积极的作用。在这个过程中，在座的各位朋友，各爱国宗教团体的领导人，做了大量的工作，作出了重要的贡献。借此机会，我向你们表示诚挚的感谢！

宗教问题是一个重大的问题，也是一个复杂的问题。它涉及千百万群众的信仰，在许多地方与民族问题交织在一起，在一定条件下还受到某些国际因素的影响。处理好这个问题，对于维护广大信教群众的切身利益，对于保证国家的长治久安，对于巩固和提高我国的国际地位，都具有重要意义。各级党政组织，都必须重视宗教问题，把它提到重要议事日程上来，积极、慎重、细致、稳妥地把工作做好。

正确处理好宗教问题，最重要的是正确理解和全面贯彻党的宗教政策，在处理我们同宗教界朋友之间的关系时，坚持"政治上团结合作、信仰上互相尊重"的原则。建设有中国特色的社会主义，振兴中华，完成祖国统一，是我们与宗教界朋友们的共同目标和共同利益。这既是我们之间在政治上实现团结合作的基础，也是我们在信仰上互相理解、互相尊重的基础。实践证明，只有在政治上真诚团结合作，才能真正做到在信仰上互相尊重；而只有在信仰上互相尊重，才能有效巩固和加强政治上的团结合作。这两者相辅相成，缺一不可。只要我们坚定不移地执行这个原则，我们就一定能够团结宗教界爱国人士和广大信教群众，不断巩固和扩大新时期的爱国统一战线。

党的十四大以邓小平同志建设有中国特色的社会主义理论为指针，提出了加快改革开放和现代化建设的新任务，全国各族各界人民正为实现这一新任务辛勤劳动，奋发进取。我们愿和宗教界的朋友一起在新的形势下，新的一年里共同努力，做出新的成绩。

春节就要到了。我借此机会向大家拜个年，并代表党中央、国务院向全国宗教界人士和广大信教群众，致以节日的问候。祝大家春节愉快，万事如意！

中央国家机关工委召开第七次工作会议

中共中央国家机关工委最近召开第七次工作会议。会前，中共中央政治局常委、国务院总理李鹏听取了工委关于机关党的工作汇报，勉励中央国家机关各级党组织在经济建设和改革开放中充分发挥协助和监督作用。会上，国务院秘书长、中共中央国家机关工委书记罗干就认真贯彻党的十四大精神，在经济建设和机构改革中充分发挥党组织的作用发表讲话。

罗干说，全体党员、干部都要牢固地树立以经济建设为中心的思想，为促进国民经济既快又好地向前发展做贡献。中央国家机关担负着管理社会和管理经济的职能，对国民经济的发展，发挥着重要作用。因此，要进一步解放思想，按照建立社会主义市场经济体制的要求，加强对经济发展的宏观调控，积极培育和指导发展社会主义市场经济。要坚持一切从实际出发，在促进经济较快发展的同时，保持清醒的头脑，解决好经济工作中出现的一些苗头性问题。要一手抓好物质文明建设，一手抓好社会主义精神文明建设，做到"两手抓、两手都要硬"。各级党组织要紧密围绕本部门的经济和其他业务工作，确定机关党的工作内容和活动方式，动员和组织党员、干部立足本职，出色地完成各项工作任务。同时要加强对党员包括党员领导干部贯彻执行党和国家的方针、政策和重大决策情况及思想工作作风的监督，保证政令的畅通。

罗干强调，中央国家机关各级党组织要按照党的十四大修订的新党章的要求，正确认识和充分发挥机关党组织"协助"和"监督"的职能，坚持党要管党，从严治党的原则，进一步加强机关党的思想、政治、组织和作风建设，积极改进党的工作，提高党组织在改革开放、经济建设中的战斗力和党员的素质。在机构改革中，要按照精干、高效的原则，将机关党组织的机构设置与行政机构的调整统筹考虑，做到不论行政机构怎么变，都要建立健全党组织，党的工作只能加强不能削弱。

会议总结中央国家机关各级党组织去年贯彻邓小平同志视察南方重要谈话和党的十四大精神的工作情况，部署了1993年的工作。会议表彰奖励了工作实绩突出的一些部门机关党委和机关党委书记、副书记。中共中央国家机关工委委员和中央国家机关各部门机关党委书记100多人出席了会议。

国务院关于加强水土保持工作的通知

各省、自治区、直辖市人民政府，国务院各部委、各直属机构：

为了从根本上改善农业生产条件，促进国民经济的发展，发挥治理水土流失对于加快贫困山区脱贫致富、保护国土、改善生态环境等方面的作用，特就加强水土保持工作通知如下：

一、增强对九十年代治理水土流失的紧迫感，进一步加强领导。我国人口众多、水土资源相对匮乏，水土流失问题历来比较严重。目前，我国仅水力侵蚀未治理的面积就有一百七十多万平方公里，治理的任务十分繁重和艰巨。而且，随着人口的不断增加，经济的快速增长，水土流失和水土资源紧缺的形势将更加严峻。因此，各级人民政府和有关部门必须从战略的高度认识水土保持是山区发展的生命线，是国土整治、江河治理的根本，是国民经济和社会发展的基础，是我们必须长期坚持的一项基本国策，进一步增强对水土流失治理的紧迫感，把水土保持工作列入重要的议事日程，加快水土流失防治的速度。水土流失严重地区的人民政府，要建立每年向同级人民代表大会常委会及上级水行政主管部门报告水土保持工作的制度，并建立政府领导任期内的水土保持目标考核制，层层签订责任状。

二、认真贯彻执行《中华人民共和国水土保持法》，加强预防监督，建立和完善各项监督管理制度。各级水行政主管部门特别是水土流失严重地区要充实加强水土保持机构，切实负责地做好归口管理、综合治理、监督、监测和科研教育等工作。农业、林业、能源、交通等有关部门和大中型工矿企业要积极支持水行政主管部门的工作，并认真完成本行业、本单位应承担的防治任务。要建立水土保持方案报告制度，凡在山区、丘陵区、风沙区新上的生产建设和资源开发项目，都要有水行政主管部门水土保持机构审批的水土保持方案，各级计划部门在审批项目时要严格把关。要建立健全水土流失预防监督体系，监督人员在执法中必须持各级人民政府颁发的检查员证。同时，在水土保持经费中安排 20% 的资金用于预防、监督和管护。

三、多形式、多渠道增加投入，大力开展水土保持。水土流失的治理，要本着自力更生的精神，以地方投入、群众投劳为主，国家适当扶持。国家基建、财政和农业综合开发、以工代赈中分别用于黄河中游、长江中上游等全国水土保持重点防治区的资金，要继续安排，专款专用。对已经发挥效益的大中型水利、水电工程，要按照库区流域防治任务的需要，每年从收取的水费、电费中提取部分资金，由水库、电站掌握用于本库区及其上游的水土保持，由所在省水行政主管部门负责组织检查验收。对水土保持资金要依据受益快慢，逐步实行有偿扶持、滚动周转使用的办法，将回收的资金继续用于水土保持。此外，继续实行谁投资进行综合治理，新开发的土地归谁使用和经营的政策，调动各方面投入治理水土流失的积极性。对以户包为基础，集体、个人相结合的多种形式承包治理的荒山、荒沟、荒丘、荒滩的使用权，要长期稳定不变。

四、抓好重点，以点带面，全面推进。各地和有关部门都要在《全国水土保持规划纲要》的指导下，制定本地区、本行业的水土保持规划、计划，确定治理的重点，扎扎实实地开展水土保持工作。当前国家治理的重点是黄河中游和长江中上游，以及其他水土流失严重的地区。在继续花大力气抓好现有重点治理区的基础上，有计划地逐步扩大重点治理区。各地也要尽快明确自己的治理重点，积极创造条件开展重点治理，并以点带面，推动面上治理工作的开展。对重点流失区的治理以及生产建设和资源开发项目中的水土保持措施等，要建立责任制，把项目和资金落到实处。对一些工矿企业过去造成的水土流失，要作出治理规划，限期完成。

国务院

一九九三年一月十九日

中共中央政治局常委李瑞环朱镕基胡锦涛等在北京慰问工人、科技人员和工商业者

北京西客站工程开工

中国计量科学研究院热工处确立国家温度基本标准

中国计量科学研究院热工处科技人员研究并建立新的国家温度基本标准，为统一全国的测度量值，实施新的国际温标作出贡献。日前通过国内同行专家测试、鉴定的低温段为零下 272℃—0℃。

中华女子学院在北京朝阳区举行奠基典礼

全国"扫黄"工作电话会议在北京召开

会议对春节后在全国范围内再开展一次"扫黄"集中行动进行部署。

全国整顿清理书报刊和音像市场工作小组组长刘忠德在会上讲话，李铁映及中宣部、新闻出版署、文化部、广播影视部、公安部、国家工商局等有关部门负责人出席会议。

新闻出版署公安部联合发出关于淫秽录像带淫秽图片鉴定标准的通知

通知指出，淫秽录像带、淫秽图片的鉴定标准依照全国人大常委会《关于惩治走私、制作、贩卖、传播淫秽品的犯罪分子的决定》、国务院《关于严禁淫秽物品的规定》和新闻出版署发布的《关于认定淫秽及色情出版物的暂行规定》执行。

国家统计局等部委公布中国儿童基本情况抽样调查报告

国家统计局与卫生部、国家教委、民政部和全国妇联联合，于 1992 年 6 月 1 日至 30 日在全国 29 个省、自治区、直辖市中抽选 56 万多户 37 万多名合格妇女和 57 万个 0～14 岁儿童进行儿童基本情况抽样调查。

抽样调查表明

——婴儿死亡率和 5 岁以下儿童死亡率与发达国家的差距明显缩小。1991 年中国婴儿死亡率为 31.42‰、五岁以下儿童死亡率为 34.19‰，同期发达国家的平均水平分别是 13‰和 17‰。而 60 年代这两项指标的差距分别高达 97 个千分点和 160 个千分点。

——儿童计划免疫工作成效显著。1991 年中国

12—23个月的儿童全程免疫率为65.3%，卡介苗、白百破、小儿麻痹和麻疹等单项疫苗接种率均在80%左右。单项疫苗接种率已接近发达国家83%的平均水平。

——儿童营养状况明显改善。1991年中国婴儿低体重出生率为11.8%，比发展中国家低8个百分点；按年龄的体重计算，5岁以下男性和女性儿童中重度营养不良率分别是16.5%和17.3%，比发展中国家的平均水平低10个百分点左右。

——儿童基础教育发展状况令人鼓舞。1991年中国7—11岁儿童小学总入学率和净入学率分别是127%和85%，而同期发达国家的平均水平分别是103%和97.5%。

1月20日

首都各界4000余人在人民大会堂举行纪念宋庆龄诞辰100周年大会

中共中央总书记江泽民在纪念大会上发表讲话。

全国人大常委会委员长万里主持纪念大会。国务院总理李鹏，中共中央政治局常委李瑞环、胡锦涛出席大会。

参加纪念大会的还有：丁关根、温家宝、王汉斌、吴学谦、阿沛·阿旺晋美、赛福鼎·艾则孜、严济慈、荣毅仁、叶飞、倪志福、陈慕华、费孝通、孙起孟、雷洁琼、方毅、洪学智、谷牧、王光英、赵朴初、马文瑞、钱伟长、胡绳、程思远、钱正英。

中央有关部门及民主党派负责人曾庆红、曹志、席德华、黄华、宋德福、李沛瑶、方荣欣、王宋大、吴阶平、张克辉和海外客人孙治强、孙穗瑛等也出席大会。会前，江泽民等领导会见70余位宋庆龄的生前亲友和国际友人。

中共中央总书记江泽民在首都纪念宋庆龄诞辰100周年大会上发表讲话

女士们、先生们、朋友们、同志们：

今天，我们在这里集会，隆重纪念中华人民共和国的缔造者之一、中国各族人民包括台湾同胞港澳同胞和海外侨胞衷心敬爱的领导人、国家名誉主席宋庆龄同志诞辰100周年。

宋庆龄同志是爱国主义、民主主义、国际主义和共产主义的伟大战士，是杰出的国际社会活动家，是保卫世界和平事业久经考验的前驱，是中国共产党的优秀党员。她的名字不仅为海内外的华夏子孙所铭记，而且为众多的国际友人所景仰。她是我们中华民族的骄傲，是国之瑰宝。在这里，我谨代表中国共产党、中国政府和全国各族人民，向宋庆龄同志表示深切的怀念。

宋庆龄同志从青年时代起就追随伟大的革命先行者孙中山先生，致力于民主革命事业。在北伐战争、抗日战争和解放战争时期，她为中国民主革命事业的成功，为中国人民反侵略战争的胜利，为中华人民共和国的诞生，建立了不朽的功勋。新中国成立后，宋庆龄同志先后担任了中央人民政府副主席、全国政协副主席、国家副主席、全国人民代表大会常务委员会副委员长和国家名誉主席等领导职务，为建设社会主义中国、加强我国和世界各国人民之间的友谊，做出了重大贡献。宋庆龄同志的一生，是为国为民、为人类进步事业不停息地战斗奋进的一生，是不断追求、不断探索，不断认识新事物、接受新思想，紧随着时代脚步不断前进的一生。她为中国人民的革命和建设，为保卫世界和平，为人类进步事业所做出的杰出贡献和所建立的丰功伟绩，在历史上永放光芒。

宋庆龄同志一生最令人钦佩的伟大之处，是她始终对中国革命事业无限忠诚和对人民群众诚挚热爱。作为孙中山先生的学生、战友、同志和夫人，宋庆龄同志一直坚信中山先生的革命事业，忠贞不渝地与中山先生并肩走过了艰难困苦的十年。在中山先生遇险危难之时，她曾以“中国可以没有我，不可以没有你”的赤诚言行，掩护中山先生脱离险境，充分表现了她置个人安危于不顾、全心全意献身革命的坚强意志和卓越胆识。当孙中山先生这颗时代巨星在东方陨落后，宋庆龄同志牢记中山先生“和平、奋斗、救中国”的临终召唤，从悲痛中挺立起来，沉着坚毅地面对更加复杂、更加艰巨的斗争，全力以赴维护中山先生的革命旗帜和革命政策，成为中山先生革命路线和革命思想的忠诚的继承者和坚决的捍卫者。正如毛泽东同志1936年致宋庆龄同志的信中说的：“1927年后，真能继承孙中山先生革命救国之精神的，只有先生与我们的同志们。”这是十分中肯的评价。

在灾难深重的半殖民地半封建的旧中国，饱含着深厚爱国主义感情的宋庆龄同志，毅然选择了与人民站在一起、为人民谋求幸福的道路。她坚信工农阶级在打倒帝国主义、废除奴役中国人民的不平等条约和统一全中国的斗争中，是革命力量的基础，是建设自由新中国的柱石。在艰难困苦面前，她曾无畏地向世人宣告：在这条道路上我决不回头，我和我国亿万劳苦大众紧密团结在一起，他们必将战胜血腥的反动派。当晚年疾病缠身时，她在致埃德加·斯诺的信中，依然对历经的困苦无怨无悔。她告诉人们：“假如一切事情要再重复一次的话，我还是愿意同样地生活。因为落后的事物与意识并不会自行消失的，而必须要通过这样的尖锐斗争才能清除。”重温这段铿锵有力的话语，感人肺腑，催人奋进。我们应该从这位伟大女性献身革命的坚贞情操中受到教育和启迪，更加坚定不移地走建设有中国特色的社会主义道路。

宋庆龄同志基于对中山先生革命事业的信念，对中国共产党的信任，对祖国和人民的热爱，在新中国成立前后，她一直为如何建立一个富强的新中国在探索、在思考，时刻关注着国家的经济发展和人民的生活改善。50 年代初，她认真分析我国国情，提出中国“广大、分散、原始的”农业必须现代化，“半殖民地地位的”工业必须转变为独立自主、生产多样化、机械化的现代工业，“为数少得可怜的”技术人员必须增多。她的这些思想，是推进我国现代化建设的重要精神财富。

宋庆龄同志对祖国、对人民忠心耿耿，为社会主义建设不遗余力。她认为，在中国社会主义建设中，既要坚持独立自主，又要同国际进步力量进行合作。在热情赞誉中国人民为建设社会主义这一崭新制度取得举世公认的伟大成就的同时，她又十分清醒地告诫世人：我们继承的社会，在生活、工作方面相当落后，我们曾面临过、现在仍然还面临着巨大的物质和文化发展的问题，因此，要努力发展经济、教育和科学。她富有远见地指出，在社会主义建设中，我们要寻求同一切愿与我们互利合作的人们进行合作。这些思想，对于我们加快改革开放和经济建设，仍然有着重要的现实指导意义。

宋庆龄同志十分关心祖国新一代的成长。她说，“我的一生是同少年儿童工作联系在一起的。”她认为：教育儿童是一项不能等待的工作，我们留给孩子的财富，不仅有物质财富，最宝贵的东西乃是中华民族和中国革命的优秀传统。她为此倾注了一位慈爱祖母的毕生心血。她的最后一篇文章——《愿小树苗健康成长》，给孩子们留下这样的赠言：希望你们经得起任何暴风雨和病虫害的考验。愿你们成为栋梁之材，成长为社会主义现代化建设事业的坚强接班人，为创造更高的物质文明和精神文明做出超过前人的巨大贡献。她心中永远装着人民，装着祖国灿烂的明天。

宋庆龄同志一生都在为祖国的统一大业贡献力量。我们永远不会忘记她为促进国共两党的第一次和第二次合作所做的巨大努力。正是有了这样的合作，中国革命才得以向前推进，中华民族才赢得了抗日战争的伟大胜利。新中国成立以后，她殷切地盼望祖国早日实现和平统一。宋庆龄同志以她崇高的威望和特有的感召力，曾与许多海外同胞、海峡两岸同胞广泛联系，交换意见。1979 年国庆前夕，她在一篇文章中写道：“在举国欢庆祖国伟大节日的时刻，我不能不想念台湾的骨肉同胞。30 年了，台湾回归祖国、实现国家统一的大业还没有完成，哪一个中国人不应感到身有责任呢？”她十分真诚地呼吁：今天，不论是国内形势还是国际形势，都有利于我们完成这项伟大事业。我们殷切期望台湾同胞能同我们一起，共同努力，来进一步发展和壮大革命的爱国统一战线，为伟大的祖国早日实现统一、共同发展四个现代化的建国大业而做出应有的贡献。她的这些情真意切的言辞，充分表达了全中国人民统一祖国、振兴中华这一共同愿望。

宋庆龄同志具有伟大的胸怀，不仅非常关心祖国的和平与建设，而且也非常关心世界的和平与发展。她对世界和平抱有坚定的信心，认为在我们这个时代，各个民族，各个国家，各个地区都是相互依存的。只要联合起来了，人民就能扭转局势，走向和平。世界发展有赖于世界和平，而有了世界和平，就有可能使国家之间为了共同利益共同繁荣平等地进行合作，从而推进整个世界的发展。她为维护世界和平和发扬进步文化，争取社会进步和人类幸福，增进各国人民的了解和友好往来，进行了艰苦卓绝和富有成果的斗争，被国际上公认为 20 世纪最伟大的女性。宋庆龄同志作为中国人民的杰出代表，曾先后访问过苏联、印度、缅甸、巴基斯坦、印尼和斯里兰卡等国，多次参加国际性和平会议，在世界讲台上积极地发出和平与合作的倡议，引起世界各地强烈的反响与共鸣。宋庆龄同志为加强各国人民之间，特别是中国与其他国家人民之间的联系与合作，做了大量卓有成效的工作，世界各国人民将永远怀念她。

去年 10 月，中国共产党召开了第十四次全国代表大会，以邓小平同志建设有中国特色社会主义理论为指导，系统总结十一届三中全会以来 14 年的实践经验，提出了进一步加快改革开放和现代化建设步伐，夺取有中国特色社会主义事业的更大胜利的重大历史使命。今天，我们隆重纪念宋庆龄同志诞辰 100 周年，缅怀她的光辉思想和伟大业绩，就是要以她执著的爱国主义热忱、以她无私无畏地为中国的独立富强和人类进步事业不懈奋斗的精神为榜样，认真学习和贯彻落实十四大精神，进一步解放思想，实事求是，把握时机，真抓实干，大胆借鉴和吸收世界各国包括资本主义发达国家所创造的一切先进文明成果，为集中精力把经济建设搞上去，全面推进有中国特色社会主义事业，为祖国的和平统一，为维护世界和平和促进人类进步，做出更大的贡献。

中共中央在中南海召开党外人士迎春座谈会

江泽民、李鹏、李瑞环、朱镕基、刘华清、胡锦涛等中共中央领导和各民主党派、全国工商联负责人，无党派代表人士在中南海共迎新春。

中共中央总书记江泽民代表中共中央、国务院，向关心和支持中国共产党工作，与我们党同心协力、共同奋斗的各位同志、各位朋友拜年，向大家致以节日的问候，并向各民主党派、工商联的同志们和无党派人士，表示衷心的问候，祝愿大家在新的一年里，身体健康，家庭幸福，工作顺利。

江泽民说："近几年来，每年我们都召开党外人士迎春座谈会，一起辞旧迎新，就新的一年的工作沟通想法，交换意见，增进了解和友谊。最近，我在全国政协新年茶话会上，在老同志座谈会上，就1993年的工作讲了一些意见。今天，想听听党外朋友的意见和建议。"

民盟中央主席费孝通、全国工商联主席荣毅仁、民建中央主席孙起孟、九三学社中央主席吴阶平、致公党中央常务副主席杨纪珂、民进中央主席雷洁琼、全国工商联副主席王光英等，先后发言介绍了民主党派作为参政党，参政议政的体会，并对新的一年中共和国家的工作提出了意见和建议。他们认为，1992年是很不平凡的一年。在中国共产党领导下，全国各族人民在过去的一年中取得了经济、政治、文化各方面的巨大成就。他们对中共领导下的多党合作取得的成果感到满意，对过去的一年取得的成就表示祝贺。

大家在发言中还就在当前大好形势下，新的一年里如何更好地加强中国共产党领导的我党合作和政治协商制度；加快改革开放和经济发展；加快科技转化为生产力；高度重视和大力发展教育事业；积极开展扶贫工作；继续促进祖国统一大业等问题，提出了积极的意见和建议。

大家发言后，江泽民说，1992年是我们党和国家历史上非常重要的一年。年初邓小平同志视察南方发表了重要谈话，3月中共中央政治局举行全体会议为贯彻落实小平同志谈话精神作出了重要部署，这标志着我国改革开放和现代化建设进入了新的发展阶段。10月举行了中国共产党第十四次全国代表大会，明确确定以邓小平同志建设有中国特色社会主义的理论武装全党，明确确定"一个中心、两个基本点"的基本路线一百年不动摇，明确确定我国经济体制改革的目标是建立社会主义市场经济体制，从理论、路线、方针等方面，为加快改革开放和现代化建设步伐，夺取有中国特色社会主义事业的更大胜利，开辟了更加广阔的前景。

江泽民说，中共十四大后，我国八个民主党派相继召开了全国代表大会，贯彻中共十四大精神，以邓小平同志建设有中国特色社会主义的理论为指导，明确了今年工作的方针任务，选举了新的一届领导班子，通过了各自的新章程。各民主党派代表大会的圆满成功，对于更好地坚持和完善中国共产党领导的多党合作和政治协商制度，动员民主党派广大成员和所联系的群众发挥积极性创造性，共同致力于建设有中国特色的社会主义宏伟事业，将会起到有力的推动作用。

在介绍了1992年我国改革开放和社会主义现代化建设取得重大进展的情况后，江泽民指出，1993年是全国各族人民贯彻中共十四大精神的头一年。大政方针已定，关键在于落实，一定要把十四大提出的十项主要任务，一项一项地落到实处，做出成效。在推进社会主义现代化建设的进程中，新情况新问题层出不穷，需要我们群策群力地不断加以研究和解决，需要发挥各个方面的主动性创造性，集思广益，方能得到正确有效的解决。我们要抓住时机，加快发展，同时要保持清醒头脑，及时解决突出的矛盾和问题，努力把群众的积极性引导好、保护好、发挥好。

江泽民强调，巩固和发展爱国统一战线，是我国政治上的一大优势，也是建设有中国特色社会主义的一大法宝。在贯彻落实中共十四大精神中，爱国统一战线有着不可替代的重要作用，是大有可为的。我们要高举爱国主义和社会主义两面旗帜，在巩固工农联盟的基础上，发展最广泛的爱国统一战线。要一如既往地坚持"长期共存，互相监督，肝胆相照，荣辱与共"的方针，坚持和完善中国共产党领导的多党合作和政治协商制度，团结一切可以团结的力量，调动一切积极因素，共同致力于建设有中国特色社会主义的宏伟事业，近几年来，各民主党派、工商联和无党派的同志们，在积极发挥参政议政、民主监督作用的同时，还在经济、科技咨询、智力支边、扶贫、海外联络、牵线搭桥引进资金和技术等方面，做了大量有益的、卓有成效的工作，为推进我国的改革开放和现代化建设做出了重要贡献。我们衷心希望并充分相信，各民主党派、工商联、无党派的同志们，一定能够继续积极贯彻"一个中心、两个基本点"的基本路线，继承和发扬优良传统，不断加强自身建设，充分发挥人才荟萃、智力密集和海外联系广泛等优势，更好地履行参政议政和民主监督的职能，不断开拓工作的新境界，为加快改革和发展，为促进和平统一祖国的大业，建设富强、民主、文明的社会主义中国发挥更大作用，取得更大成绩。

江泽民说，第八届全国人大代表大会第一次会议和中国人民政治协商会议第八届第一次会议即将隆重召开，地方人大和政协换届工作也正在进行。这是今年我国人民政治生活中的一件大事。届时中共中央还要召开民主协商会，就国家领导人选、全国人大领导人选、国务院领导人选和全国政协领导人选，同各民主党派中央、全国工商联领导人、无党派代表人士进行协商。让我们共同努力，抓紧做好准备工作，确保开好两个大会，圆满完成换届任务。

应邀出席座谈会的各民主党派、全国工商联负责人和无党派代表人士还有：李沛瑶、钱伟长、赵朴初、方荣欣、严济慈、周培源、张克辉、孙孚凌、阿沛·阿旺晋美、帕巴拉·格列朗杰、程思远等。

中共中央政治局候补委员、书记处书记、中央办公厅主任温家宝，中央统战部部长王兆国等出席座谈会。

中共中央政法委要求各地做好春节期间安全保卫工作

中共中央政法委员会日前发出通知，要求各地重视春节期间安全保卫工作，认真检查落实有关措施，保证广大人民群众过一个平安、祥和、愉快的春节。

通知说，从现在到旧历正月十五过后，全国将有几亿人口集中大流动，返回家园欢度春节；广大城乡将要举办许多群众性的大型文化娱乐活动。这个时期如果稍有不慎，极易发生危害大、影响大的治安问题。各级党委和党委政法委员会要高度重视这个问题，反复检查各项安全保卫措施的落实情况。在当前大好形势下，尤其要防止和清除各级领导、广大干警和群众中可能产生的麻痹思想和侥幸心理，一项一项检查工作中可能存在的薄弱环节，层层建立责任制，消除一切隐患。

最高人民法院发出要求各级人民法院严厉打击“车匪路霸”犯罪活动的通知

最高人民法院近日发出通知，要求各级人民法院严厉打击“车匪路霸”犯罪活动，加强对这类犯罪的审判工作。

通知说，自去年10月份以来，严重危害铁路、公路交通运输和旅客人身、财产安全的“车匪路霸”犯罪活动又有所抬头。这类犯罪分子成帮结伙，手持凶器，在铁路、公路沿线和客车上抢劫、盗窃公私财物，甚至杀人越货，十分猖獗。这类犯罪活动，不仅严重影响交通运输的安全畅通，危及人民群众的生命财产安全，而且是对社会稳定、改革开放和经济建设的严重破坏，必须坚决给以严厉打击。

通知要求各级人民法院特别是铁路、公路沿线“车匪路霸”犯罪活动猖獗地区的人民法院、铁路运输法院，要密切配合公安、检察机关，积极组织并加强审判力量，依法严厉打击“车匪路霸”犯罪活动。在审理“车匪路霸”犯罪案件中，必须坚决贯彻执行依法从重从快的方针，加强打击力度。对于犯罪案件中集团犯罪的首犯、共同犯罪中的主犯以及累犯、惯犯，要坚决依法从重惩处。该重判的要重判，罪当处死的，要坚决判处死刑，决不能手软。对于初犯、偶犯、从犯，以及有自首、检举立功等情节的犯罪分子，仍应依法从轻或者减轻处罚。

通知要求在近期内结合本地区的具体情况，选择典型案件，通过公开审理，集中、公开宣判一批罪恶重大的“车匪路霸”犯罪分子。要充分利用新闻媒介，大造严厉打击的声势，广泛进行法制宣传，以威慑犯罪，教育群众，坚决与“车匪路霸”犯罪作斗争，检举揭发其犯罪活动。

国务院总理李鹏签署第108号令发布《中华人民共和国国家货币出入境管理办法》

现发布《中华人民共和国国家货币出入境管理办法》，自一九九三年三月一日起施行。

国务院总理 李 鹏

一九九三年一月二十日

中华人民共和国国家货币出入境管理办法(略)

国务院批准福建省进一步对外开放

将三明、南平、龙岩3市及宁德地区的福安市、福鼎县入沿海经济开放区；福州经济技术开发区由现有4平方公里延伸到10平方公里；并同意设立东山经济技术开发区。

中央军委领导刘华清张震张万年等慰问驻北京部队指战员

国务院宗教局建设部联合下发《关于城市建设中拆迁教堂、寺庙等房屋问题处理意见的通知》

国家科委主任宋健通过通信卫星慰问南极科考队员

开封特大文物被盗案首犯列农军、主犯文西山、刘进及运赃、窝赃犯杨长明等7人被依法逮捕

1月21日

中共中央总书记江泽民在钓鱼台国宾馆会见柬埔寨国家元首全国最高委员会主席诺罗敦·西哈努克亲王

外交部发言人吴建民就克林顿任美国总统会给中美关系带来什么影响等问题答记者问

吴建民说：“我们对克林顿先生就任美国总统表示祝贺。中国政府一贯重视中美关系，愿意在中美三个联合公报原则的基础上，和美国新政府共同为中美关系的改善和发展作出努力。”

吴建民就美国国务院的“人权报告”对中国的人权

问题提出指责发表评论时说,“美国国务院1月19日发表的所谓‘人权报告’,对中国的国内情况妄加评论,进行歪曲和攻击,是完全没有道理的。我们坚决反对任何以人权为借口干涉我国内政的行径。”

有记者问:“最近有一些报道称,中国计划购买航空母舰,扩建海军基地,中国不断加强军事力量可能会打破亚洲地区的军事平衡。你对此有何评论?”

吴建民说:“这些报道是没有根据的,目的是离间中国与邻国的友好关系。”这位发言人指出,中国是维护和平的重要力量,这是国际社会公认的。中国的国防预算是世界上最低的国家之一,只相当于美国军费的1/50。中国的防务力量完全是为了防御和自卫,不对任何国家构成威胁。任何挑拨中国同周边国家关系的企图都是徒劳的。

国务院副总理吴学谦通过中央人民广播电台及中央电视台发表谈话向台湾同胞拜年

1992年全国十大考古新发现

1. 江陵鸡公山旧石器时代遗址。
2. 兴隆洼原始聚落遗址。
3. 澧县城头山屈家岭文化城址。
4. 昆山赵陵山良渚文化遗址。
5. 曲沃北赵村晋侯墓地。
6. 丹江口水库楚国贵族墓。
7. 天长县视涧村三角圩汉墓群。
8. 江川县李家山墓地。
9. 阿鲁科尔沁旗朝克图山辽耶律羽之墓。
10. 洛阳中州路北宋衙署庭园遗址。

1月22日

邓小平在除夕之夜同上海各界人士共度新春佳节

中共中央政治局委员、上海市委书记吴邦国首先转达中共中央总书记江泽民向邓小平的电话问候。吴邦国接着说:“我代表上海1300万人民向小平同志拜年,祝小平同志春节好,健康长寿。”“小平同志对上海工作提出:‘一年变个样,三年大变样。’我们要认真学习小平同志建设有中国特色社会主义的理论和对上海工作的指示,坚定不移贯彻基本路线,加快上海发展,不辜负小平同志对上海的殷切期望。”

邓小平说:“我向大家拜年,祝你们春节快乐,并通过你们向全体上海人民,首先是上海工人阶级拜年。上海工人阶级长期以来一直是中国工人阶级的带头羊。”邓小平同志说:“希望你们不要丧失机遇。对于中国来说,大发展的机遇并不多。中国与世界各国不同,有着自己独特的机遇。比如,我们有几千万爱国同胞在海外,他们对祖国作出了很多贡献。”

邓小平说:“上海人民在1992年做出了别人不能做到的事情。当然,走一步,回头看一下是必要的。要注意稳妥,避免损失,特别要避免大的损失。有一点小的损失不要紧。回头总结经验,改正缺点就是了。你们上海去年努力了一年,今年再努力一年,乘风破浪,脚步扎实,克服困难,更上一层楼。”

邓小平说:“实践证明,以江泽民同志为核心的党中央领导集体工作做得是好的,是可以信任的。”

与邓小平共度佳节的有上海市市长黄菊,全国政协副主席苏步青,上海党政军负责人以及各界人士。

中共中央总书记国家主席江泽民等到北京房山区窦店村给农民拜年

国务院总理李鹏到铁道部北京城乡贸易中心和河北省三河县向广大职工和农民祝贺新春

中国邮票总公司发行首枚拜年封

1月23日

中共中央国务院在北京举行春节团拜会

中共中央总书记江泽民主持团拜会并讲话。

江泽民说,参加今天团拜会的有党和国家领导同志,中央党政军群各部门的负责同志,有为社会主义革命和建设做出贡献的离退休老同志,有各民主党派负责人和无党派爱国人士及少数民族代表,有帮助我国进行社会主义建设的外国专家,还有首都各界代表,共4000多人。大家欢聚一堂,同迎新春,共度佳节。

中共中央政治局常委、国务院总理李鹏在团拜会上讲话。

万里、李瑞环、刘华清、胡锦涛以及姚依林、宋平、薄一波等出席团拜会。

出席团拜会的领导还有丁关根、李岚清、李铁映、杨白冰、陈希同、钱其琛、尉健行、温家宝、王汉斌、任建新、张震、阿沛·阿旺晋美、赛福鼎·艾则孜、严济慈、荣毅仁、叶飞、倪志福、陈慕华、费孝通、孙起孟、雷洁琼、王丙乾、宋健、李贵鲜、陈俊生、刘复之、方毅、洪学智、谷牧、王光英、赵朴初、马文瑞、钱伟长、胡绳、程思远、钱正英等。

国务院总理李鹏在春节团拜会上发表讲话

同志们,朋友们!

金鸡报晓,一元复始。在这普天同庆的传统佳节,我代表党中央、国务院向出席今天团拜会的各位同志和朋友拜年,向全国各族工人、农民、知识分子、机关干部、人民解放军和武警部队指战员、公安干警以及各界爱国人士拜年!向台湾同胞、港澳同胞和海外侨胞拜年!向帮助我国建设的外国朋友致以亲切的问候!向各行各业节日期间坚守工作岗位的同志表示衷心感谢!

刚刚过去的1992年,在邓小平同志视察南方重要谈话和党的十四大精神指引下,举国上下开拓进取,锐意创新,各方面都取得重大成就,改革开放和现代化建设进入了蓬勃发展的新阶段。农业获得好收成,工业效益有所提高,整个国民经济迅速增长。改革步伐加快,企业活力增强,价格进一步放开,市场作用扩大。对外开放向广度和深度拓展,形成了沿海、沿江、沿边和省会城市全方位开放的新格局。对外贸易和利用外资有较大幅度增长。科技教育、文化卫生、新闻出版、广播影视以及社会治安的综合治理等方面都取得新的进步。体育事业成绩显著,在巴塞罗那奥运会上取得优异成绩。中国人民解放军的革命化、现代化、正规化建设取得新进展。我国社会政治稳定,经济加快发展,人民收入和生活水平进一步提高。经济发展过程中出现的某些困难和突出问题,已经引起重视,正在积极解决。过去的一年,是我国各族人民在党的领导下沿着建设有中国特色社会主义道路大步前进的一年。

同志们,朋友们!

今年是全面贯彻落实党的十四大精神的第一年。我们要在邓小平同志建设有中国特色社会主义理论和党的基本路线指导下,进一步解放思想,实事求是,抓住时机,积极推进改革开放和经济建设,促进各项社会事业全面发展。

要在优化结构和提高效益的基础上,继续保持经济较快增长。要切实加强农业的基础地位,争取有个好收成。要着重抓好交通运输、能源、重要原材料等基础设施和基础工业建设。固定资产投资要保持适度增长,正确引导投资方向,保证重点建设,提高投资效益。努力增加财政收入,严格控制财政支出。保持银行信贷和货币投放的合理规模,把握经济总量的基本平衡,在国家宏观调控下发挥市场对资源配置的基础作用。

要加快建立社会主义市场经济体制的改革步伐。以转换企业经营机制为重点,积极推进国有大中型企业的改革。大力发展和培育市场体系,配套进行计划、财政、金融、税收和外贸体制改革,逐步推进住房、城镇土地使用制度和社会保障制度改革。积极进行机构改革,转变政府的经济管理职能。进一步扩大对外开放,努力发展进出口贸易,积极利用国外资金、技术和市场。

要坚持"两手抓"的方针,加强社会主义精神文明建设。继续在全国人民特别是青少年中开展爱国主义、集体主义、社会主义教育,激发爱国主义热情,增强中华民族的凝聚力,提倡正确的理想、信念、人生观、价值观,坚定建设有中国特色社会主义的信念。大力加强法制建设,维护社会稳定,坚决打击严重刑事犯罪和经济犯罪活动。切实抓好勤政廉政建设,坚持反腐败斗争,纠正行业不正之风,保持良好的社会秩序和风尚。

同志们,朋友们!

在欢度新春佳节之际,我们倍加思念和关心台湾同胞和港澳同胞。维护国家主权和领土完整,按照"一国两制"的构想实现祖国和平统一,是我们坚定不移的方针。我们将继续推动海峡两岸的经济文化交流,促进直接"三通"。希望台湾当局顺应民心,以民族大义为重,与我们共同开创两岸关系的新局面,促进祖国统一早日完成。我们一贯主张并致力于保持香港和澳门的长期繁荣稳定。近来港英当局的做法,为香港的平稳过渡和继续繁荣制造障碍,是我们和香港同胞都不愿意看到的。我们希望英国政府以中英关系为重,改弦更张,回到正确的轨道上来,这才是唯一出路。

同志们,朋友们!

在过去的一年里,中国政府坚定不移地奉行独立自主的和平外交政策,在国际事务中发挥了自己应有的作用,为我国现代化建设争取了有利的外部环境。去年我国又和15个国家建立了外交关系,现在和我国建交的国家已经达到155个。我国的国际交往不断扩大,国际声望日益提高。在新的一年里,我们将一如既往,同世界各国政府和人民一道,为维护世界和平和促进发展,作出不懈的努力!

同志们,朋友们!

现在,我们的国家政通人和,百业俱兴。让我们在邓小平同志建设有中国特色社会主义理论的指引下,更加紧密地团结在以江泽民同志为核心的中国共产党中央委员会的周围,同心同德,团结奋斗,夺取社会主义现代化建设事业的新胜利!

国务院经贸办国家体改委和交通部联合签署《国有交通企业转换经营机制实施办法》

国务院经贸办、国家体改委和交通部近日联合签署出台《国有交通企业转换经营机制实施办法》。

办法在落实企业经营自主权、计划和市场调节范围等方面实现了新的突破,并要求 2/3 的交通企业要在 3 年内实现经营机制转换。

交通企业根据市场经济的需要,可以自行决定在本行业或跨行业调整生产经营范围,开展多种经营,打破行业界限,积极向房地产、信息、金融、旅游、租赁、物资、商业、饮食业等第三领域产业延伸。交通企业在核定的经营范围内及国际班轮航线、旅客运输航线上自主经营,并可自行决定买造、租进、租出船舶,开展运输业务。

交通部规定:只对国家下达的计划中属于煤、油、粮、盐、磷矿五种货类的指令性运输部分,作为国家计划。这些货类的非指令性计划部分和其他物资的运输以及全部外贸物资运输均由市场调节。

1 月 24 日

全国人大常委会委员长万里在北京会见蒙古大呼拉尔主席那楚克·巴嘎班迪

全国交通工作会议在北京召开

全国交通工作会议日前召开。

交通部决定加大对外开放的力度,扩大对外开放的领域:在有利于引进交通发展资金、先进技术装备和科学管理经验的条件下,鼓励中外合资或外商独资建设公路、大桥和隧道;允许外商独资建设货主专用码头和专用航道。

鼓励中外合资建设并经营公用码头泊位,允许合营企业经营货物装卸、堆存、拆装、包装及相关的国内公路、水路运输业务;允许中外合资租赁码头,中方合营者可以实物形式(包括水下基础设施)入股,经营码头装卸业务;允许外商投资开发成片土地时,在开发范围内建设和经营专用港区和码头。

经有关部门审批,对国内船公司目前无力开辟的航线或航班密度不够的航线,本着对等原则,可吸收外资班轮或侨资班轮挂靠我国港口,但不得经营沿海运输和内河运输;按照国际惯例,经批准,有步骤地允许外国船公司在我境内开办独资或合资船务企业,为其自有船舶办理揽货、签单、结汇、签订业务合同,从事国际运输经营活动。

1 月 25 日

爱泼斯坦撰写的宋庆龄传记《宋庆龄——二十世纪的伟大女性》出版

由著名国际友人爱泼斯坦撰写的《宋庆龄——二十世纪的伟大女性》一书,在国家名誉主席宋庆龄同志诞辰 100 周年前夕,由人民出版社出版中文版,新世界出版社出版英文版,在全国及全世界发行。

本书是作者爱泼斯坦先生受宋庆龄同志生前嘱托,历经 10 载完成的一部宋庆龄传记。书中全面记述了宋庆龄同志作为 20 世纪伟大女性的非凡经历及对中国革命和建设事业所作出的巨大贡献,充分展示了宋庆龄作为爱国主义、民主主义、国际主义和共产主义战士的伟大光荣的一生。

1 月 26 日

国税局副局长杨崇春就涉外税收问题答《人民日报》记者问

不久前国务院办公厅发布了《关于严格执行涉外税收法律、行政法规的通知》(以下简称《通知》),引起了国内外各界的关注。最近,记者为此采访了国税局副局长杨崇春同志。

记者:邓小平同志南巡发表重要谈话之后,全国各地都在研究如何进一步扩大改革开放。在这种形势下,国务院办公厅发布《通知》,是不是意味着涉外税收政策要“收”?

杨崇春:我国的涉外税收工作始终服务于国家对外开放,充分体现了国家对外开放的方针、政策。目前国家已经统一制定的各项涉外税收法律和行政法规,包括给予外商和外籍人员的各种税收优惠不仅没有收紧,而且根据国家进一步改革开放的精神,实施税收优惠政策的地区正在由沿海推向沿江、沿边和内地。

记者:那么,发布《通知》的目的是什么?

杨崇春:国务院办公厅发布《通知》,目的是为了纠正一些地方出现的超越权限,违反国家涉外税收法律、法规,自定涉外税收优惠政策的现象,以维护我国涉外税法的统一性和严肃性。1992 年以来,一些地区从地方利益出发,违反国家现行的涉外税收法律、法规,自定涉外税收优惠政策。有的自定各种形式的开发区;自定享受经济特区或经济技术开发区的税收优惠政策;有的将税法规定生产性外商投资企业享受的有关税收优惠待遇,扩大到适用所有的外商投资企业;有的自定企业投产 3 年甚至更长时间内免征工商统一税;有的提出对外籍人员免征个人所得税等等。这种做法损害了涉外税法规定的统一性和严肃性,造成思想混乱、政策混乱,使外商投资也没有安全感。如果任其发展,必须会影响我国进一步对外开放和经济发展的总体布局。

记者:为什么在税收优惠方面不可以来个“八仙过海”,而非要强调税法统一不可呢?

杨崇春:强调和维护涉外税收法律的统一性、严肃性和稳定性,在法律上取信于人是非常重要的。首先,我国现行的涉外税法是国家的最高权力机关——全国人民代表大会审议通过的,确立了我国涉外税收统一规范。在一个法治国家里,法律一经公布,一切国家机关、企业事业单位和全体公民都必须严格遵守。其次,哪些地区先对外开放,哪些地区后对外开放,实行什么政策,国家要根据国民经济发的总体布局统筹安排。我国的财力有限,如果没有轻重缓急,大家都齐头共进一起上就形不成合力,就会影响国民经济和对外开放的发展。再次,如果谁都可以改变国家统一制定的涉外税收法律、行政法规,自定政策,今天可以减税、免税,明天就可以增税、加税,外商会感到经济利益没有保证,更重要的是外商会对我国法律产生怀疑,进而影响我国改革开放的全局。涉外税收很大程度上是对在我国从事生产经营的外商征税。根据国际税收惯例,外商在我国缴纳的所得税,如果大于或等于在其本国应缴纳的所得税,回国后就可以不再缴税;如果少于在其本国应缴纳的所得税,就应补税。显然,涉外税收的征多征少,给外商多少优惠,在什么地方给予优惠,哪些项目给予优惠,不是简单的经济问题,而是关系到国家的经济利益,关系到独立自主行使对外征税权和税收管辖权的问题。

记者:国务院办公厅《通知》中说,我国涉外税中有不少优惠,您能否具体谈谈?

杨崇春:我国涉外税收制度的优惠主要表现在:1.对经济特区企业和经济技术开发区生产性外商投资企业以及合资经营的港口码头项目,企业所得税税率减为15%;对设在沿海经济开放区的生产性外商投资企业,所得税税减为24%。2.对经营期在10年以上的生产性外商投资企业,可以从获利年度起头两年免征所得税,第3年到第5年减半征税,对产品出口企业和先进技术企业还可以延长减税期限,对从事港口码头建设的中外合资经营企业,经营期在15年以上的,可以从获利年度起,头5年免征企业所得税,第6年到第10年减半征税。3.为了鼓励外商投资者用投资企业取得的利益再投资于我国境内,实行了再投资退税的政策。4.对外商提供资金、技术进行间接投资,也给予了税收优惠。5.为了贯彻国家进一步扩大对外开放的政策,1992年又批准部分省会(首府)城市、长江沿岸城市、边境城市,实行沿海开放城市的税收优惠。

记者:就税收而言,各地在进一步扩大对外开放中,应注意些什么问题?

杨崇春:各级政府和各部门在扩大对外开放、加快经济发展中,关键是要把现行规定的各项税收优惠政策落到实处,增强法制观念,严格执行国家涉外税收法律、行政法规,自觉维护我国涉外税法的统一性、严肃性,不得超越税法规定,自定优惠政策。

中国常驻联合国代表团向联合国秘书长加利转交由外交部部长钱其琛签署的加入《反对劫持人质国际公约》的通知书

国务委员李铁映出席足球改革座谈会

李铁映在广州二沙头训练基地会见在广东参加全国足球俱乐部锦标赛8支俱乐部队的领队教练,以及广东、广州体委的负责人,听取各队对足球改革的意见。

李铁映说,国家体委把足球作为整个体育改革的突破口,非常正确,我完全支持。你们搞俱乐部赛,把外国较为成熟的经验吸收过来。你们8个俱乐部可以试验先带个头,引进一两个外国球员,以加深对国外足球的理解。足球改革的目的,是把足球水平搞上去,最后能进入世界杯决赛圈,不能老在世界杯大门外。总的希望是足球改革要有新的发展。

1月27日

中组部在北京召开部分省区市领导班子换届选举工作座谈会会

中组部副部长张全景在部分省区市领导班子换届选举工作座谈会上发表《切实加强党的领导,保证领导班子换届选举顺利进行》的讲话

张全景说,换届选举是一项政治性、法律性、政策性很强的工作,要讲究领导艺术,注意工作方法,把主观愿望和客观效果统一起来,不要简单化和草率从事。一是要相信、依靠和尊重人大代表和政协委员。二是要及时掌握动向,有针对性地做工作。三是要善于运用法律手段做工作。四是换届选举的全过程都要充分发扬民主。五是加强上下联系,及时沟通情况。张全景说,换届选举工作的任务非常艰巨、繁重,但有利条件很多。希望各级党委和组织部门的同志再接再厉,切实把这项工作做好。

最高人民法院决定在开发区保税区设审判机构

农业部对农业政策和规范性文件进行清理

为贯彻《转换企业经营管理机制条例》、《农民承担费用和劳务管理条例》,以及国务院办公厅关于清理治理整顿期间所发文件的通知精神,农业部最近对农业政策和规范性文件进行清理。

农业部共清理农业政策、规范性文件474件。其中,继续有效的360件;需要修改的53件;应予废止的56件。农业部要求各地对明令废止的政策、规范性文件,立即停止执行。

北京大学教授涂传贻获得国际空间组织颁发的维克拉姆·萨拉伯伊奖

中国德国文物保护技术合作指导委员会在慕尼黑成立

根据中德科技合作联合委员会1992年12月所作的决定,中德文物保护技术合作指导委员会最近在慕尼黑成立。

中国演员在"世界明日杂技节"上获二金一银

武汉杂技团的9人《转碟》获金奖,齐齐哈尔市的周广智的《空中秋千》获银奖。在为少年儿童演员开设的"未来杂技节"中,福建省杂技团16岁的陈剑影和10岁的陈燕芸表演的"对手滚杯"获金奖。

云南省普洱凌晨发生6.3级地震

1月28日

新华社香港分社社长周南就彭定康所谓"政改方案"向香港《镜报》记者发表谈话

第187期《镜报》月刊,登载该刊记者1月中旬对新华社香港分社社长周南的专访文章。

周南说,彭定康先生下车伊始就采取突然袭击的方式,抛出所谓"政改方案",无端地挑起论战,使中英的合作关系发生逆转,的确出乎我们的意料之外。

周南说,为什么说由彭定康挑起的这场争论不是要不要民主,而是要不要守信义的争论呢?因为按照循序渐进的原则在香港逐步实行民主政制的安排,本来在基本法起草过程中同香港各界人士经过多次磋商已经达成了协议,并写入了基本法。而且这项安排也经中英两国政府交换信件而达成了谅解,是一个早已解决了的问题。联合声明签署和基本法公布时,英国政府都曾鼓掌欢迎,表示满意,怎么一下子态度就变了呢?英国对香港实行殖民统治150年,到今天还是总督专政独裁,哪里有什么民主?现在的安排是1991年直选议席由零一下子增加到18名,然后陆续增加,到2003年增加到30名,达到50%。在此以后如何增加,完全由港人自行决定。去年90高龄的英上院议员肖克罗斯勋爵来看我,我说按照已达成的协议,在短短的12年中,直选议席从零增加到半数,你说这个速度是快了还是慢了?他说:这当然是很快了,我们英国自己用了400多年的时间才完成议会民主进程,而且到现在还保留了由委任产生的上议院,说香港的民主进程还不够快,是荒谬的,不现实的。他后来在上议院作了一篇很客观的发言,可惜香港传媒很少刊载。

周南说,彭定康的方案违反了联合声明、基本法和中英协议,这是不争的事实。你们仔细看看公布的七封信就很清楚了。当时英国派遣柯利达爵士到北京谈判这一问题,他了解全过程,我也参加了会谈,是经过他同我们谈妥,才有信件的交换。柯利达已公开表态批评彭的方案。还有香港前总督麦里浩、卫奕信也都讲了话。李光耀先生指出这些人的讲话是最有说服力的。你们仔细看看,英国外交大臣在第一封信中就讲道"希望能就1997年以前及其后的政治体制的发展问题达成谅解",表示愿"与贵方通力合作,共同建立一个能确保衔接和顺利过渡的政治体制"。其后他在信件中又表示,英国政府"确认一项谅解"即直选议席1991年18席,1997年20席,1999年24席,2003年30席。并表示"原则同意"中方提出的选举委员会组成的成分和比例必须按照基本法附件一第二项确定的以四部分人组成的安排,承诺将这项安排推荐给香港立法局,这个选举委员会也可于1995年成立。不言而喻,英方同意按照"直通车"的设想,即1995年的直选议席应限制为20席,其他40席都应由间接选举产生,剩下需要联络小组磋商的细节问题,只不过是新增加九名功能团体应从哪几个界别产生,选区划分和选举方式如何确定,等等。白纸黑字写得清清楚楚,并没有什么"灰色地带"。但他们还狡辩说,两国外长交换的信件不是外交协议,"没有约束力",这简直是不顾起码的外交常识,完全不讲信义。

周南说,英方搞的这一手虽有彭定康个人的因素,但谁都看得出它也反映了英方对港政策的改变。许多港人都说他们不理解英国改变政策的"动机"究竟是什么。周南说,对"动机"有各种各样的解释,据说一种解释在英国内部流传很广,即他们做出了一种非常错误的估计,认为苏联解体后中国也将发生类似的变化,因此要准备在必要时推翻过去的中英协议,一方面在1997年后通过他们扶植的代理人变相延长英国的殖民统治,把香港搞成半独立的政治实体,并妄想进而影响中国的政局发展。人们还记得,在中英谈判之初,英方首先提出了所谓三个不平等条约有效论,接着又提出要以主权换治权,这些都被我们驳回了。其后又讲要在1997年后实行某种程度的"参与",实际上是要求变相的治权的延续。最后迫于形势不得不接受现实。如果上述流传的说法是准确的话,那就说明他们的这些痞疾原虫在新形势下又有死灰复燃之势,最近他们讲的对香港今后五十年也负有所谓"道义责任",明目张胆地要插手1997年后50年的香港事务,听起来不是多少有点耳熟吗?

周南接着谈到英国的政策变化是否还有国际因素和国际背景的问题,他认为不能排除这种可能性。他说，世界上总有一些势力不愿看到中国早日实现统一，不愿看到中国日益强大。所以看来香港最近发生的问题，并不是偶然的孤立事件，对此我们当然应该认真对待。

周南说，我认为从英国方面来讲，要处理好中英关系，处理好香港问题，必须对中国的国情和人民的感情有一个起码的清醒的认识。不久前，一位著名的英国电视制片人来港见我，他说要拍制一部大型电视片，全面反映香港回归中国的情况，准备1997年上映，希望我给他提点意见。我只讲了一点，指出：拍好这部片子，必须首先对中国近代史有个了解。要懂得中国近代史是从1840年的鸦片战争开始的，那也是中国沦为半殖民地的起点，是列强瓜分中国、在中国划分"势力范围"的起点，是中国人民受屈辱和损害的历史的起点。从那时起的一百多年来，中国有无数志士仁人，为了排除列强的欺压，实现国家的独立、统一和富强而前赴后继，不怕牺牲。轰轰烈烈的五四运动和一二九运动也都是以反对不平等条约和抵抗外来侵略为导火线的。中共老一辈领导人首先都是最彻底的爱国者，为寻找救国救民的道路而奔走献身。第一次国共合作实行北伐，口号就是"打倒列强除军阀"；第二次国共合作是为了抵抗日本侵略。实现国家的独立和统一，是中国人民长期为之流血牺牲的奋斗目标，这是海内外十多亿中国人民的共同的不可抗拒的强烈的民族感情。明乎此，才能理解为什么中国政府和人民那样珍视国家主权和领土完整。所以邓小平同志第一次同撒切尔夫人会谈时就直截了当地告诉她，"主权问题是不容谈判的"，"如果1997年不收回香港主权，中国人民不会答应，任何中国政府都得倒台下野。如果那样，我们就会成为历史的罪人，民族的罪人。"其后，小平同志又多次讲过，在涉及国家主权的问题上，"我们不会放过一分一毫，更不用说一寸。"周南说，我们不是清政府，不能当李鸿章。有人要中英各让一步，这不行。联合声明、基本法和中英已达成的协议必须严格执行，一个字也不能改。在这个大是大非的问题上，我们没有退让的余地。

周南说，我们和香港居民一样，都不愿看到未来四年香港在中英对抗中度过。大家都希望能够安居乐业，维持香港的稳定繁荣，实现平稳过渡。问题是人家要选择对抗，我们不得不作出坚定的回应。这叫做实逼处此，有什么办法呢？

周南指出，下一步怎么办，要看港英的态度。他们应该懂得，1997年后英国在港的利益存在于中英合作和基本法之中，而不在其外。如果他们要蛮干下去，对抗下去，不但要损害港人利益，也会损害英方利益。要恢复合作，那就要完全回到联合声明、基本法和双方协议的轨道上来。在彭定康方案的基础上修修补补，我们是决不会接受的。记得在中英谈判的后期，我曾对我的谈判对手说：我有一事不明，你们明明知道贵方提出的一些损害中国主权的所谓"建议"，是我们决不会接受的，为什么还要在谈判中提出来呢？对方的回答倒也坦率，他说："我们不试探一下，怎么知道你们不会接受呢？"如果这次他们提出的所谓"建议"也是想试探一下中国在原则问题上的坚定性的话，那么现在是到了他们应该清醒的时候了。至于如何下台阶，我相信英国人并不傻，只要他们有决心改弦更张，自然会自己找到下台阶的办法。

中国向埃塞俄比亚移交供水工程

中国援建的钻井和供水工程包括26眼深井、2座水厂和一个供水网。该工程位于埃塞俄比亚西南部的塞门奥莫和德布卜奥莫地区，可向2个城镇和16个农村地区约12万人提供饮用水。

1月29日

国务院在北京举行第121次常务会议

国务院总理李鹏主持会议。会议原则通过《中华人民共和国农业基本法(草案)》。会议决定，农业基本法(草案)经进一步修改后，提请全国人大常委会审议。

全国政协七届四十八次主席会议召开

会议决定七届常委会二十二次会议在2月16日召开。

《人民日报》发表评论员文章《促进经济又快又好地发展》

国务院副总理邹家华在江苏考察

邹家华于1月29日至2月4日在江苏省省长陈焕友等陪同下，到南通、苏州、无锡、南京、扬州等地，深入工厂车间、施工现场、码头调查研究，并同中共江苏省委书记沈达人等座谈。

邹家华指出，中央提出当前要十分重视农业，加强农业，增加农民收入，这就是从实际出发。农业问题关系农村经济的发展，也关系国家经济全局。他说，众所周知，我国最大的市场在农村，农民收入逐年增加，口袋里钱多了，这个大市场才会兴旺起来，才会对工业发展提出要求，工业、第三产业，乃至整个国民经济才能更快发展。我国人口众多，粮食问题是个大问题，农业这个基础任何时候也不能削弱。

邹家华强调说，企业就是要狠抓观念转变，狠抓转换经营机制。同时，要认真贯彻企业条例，加强经济立法，大力调整产品结构。他说，抱着一个产品吃一辈子的思想不行了，要经常不断地进行市场调查，根据市场要求开发产品。品种上去了，质量上去了，数量上去了，企业的效益也就上去了。

在中国华晶电子集团公司、梅山冶金公司、金陵石化、扬子石化等企业考察时，邹家华说："要充分发挥企业中科研机构的作用，鼓励专业技术人员发扬自力更生精神，大胆创造，大胆创新，对做出突出贡献者就是要奖励。"

随同考察的有国务院副秘书长王书明、国家计委副主任叶青、交通部部长黄镇东、中石化总经理盛华仁等。

北京首都钢铁公司等7家钢铁企业不再承担指令性计划任务

为推动钢铁工业更快走向市场，从1993年起，北京首都钢铁公司、湖南湘潭钢厂、甘肃酒泉钢厂、重庆钢铁公司、贵州水城钢厂、济南钢铁总厂和昆明钢厂7家钢铁企业将不承担指令性计划任务，产品自销。十大钢铁企业除首钢外的其余9家，指令性计划也大幅度减少。

国务院总理李鹏在钓鱼台国宾馆会见苏丹共和国外交部部长赛义德·阿里·艾哈迈德·萨赫卢勒

外交部部长钱其琛在钓鱼台国宾馆同苏丹外交部长赛义德·阿里·艾哈迈德·萨赫卢勒举行会谈

外交部发言人对德国政府作出不批准向台湾出售武器的决定表示欢迎

有记者问：据报道，德国政府1月28日决定不批准向台湾出售潜水艇和护卫舰，请问你对此有何评论？发言人说："我们欢迎德国政府作出的不批准向台湾出售武器的决定。"

中英联合联络小组中方发言人就港英政府关于大屿山干线的交通管制等事答记者问

中英联合联络小组中方代表处发言人就港英政府关于大屿山干线的交通管制和监督系统工程、西九龙快速公路以及中区及湾仔填海一期工程拨款事答新华社记者问时表示：

中方主张全面贯彻谅解备忘录的立场是一贯的，在中英双方未能就新机场总体财务安排达成协议前，中方反对英方就涉及新机场核心工程项目继续拨款等任何单方面兴建机场的行动。中方希望英方尽快回到谅解备忘录的基础上来，拿出诚意同中方磋商合作，以使新机场财务安排问题得以早日妥善解决。

国家教委发出《1993年工作要点》

《要点》提出，1993年教育战线的主要任务是：认真组织实施《中国教育改革和发展纲要》，检查落实1992年国家教委召开的一系列工作会议的精神，狠抓实干，加快各级各类教育事业的改革和发展，全面贯彻教育方针，全面提高教育质量；积极探索与研究新形势下教育的理论与实践，保持清醒头脑，及时处理好改革过程中出现的各种问题，使教育更好地适应加快改革开放和现代化建设的需要。强调各级教育行政部门必须进一步转变职能，改进领导方法，转变工作作风，加强并完善宏观管理。坚决精简会议和文件，少讲空话，多办实事，切实加强党风和廉政建设，努力提高工作效率和工作水平。《工作要点》对基础教育、高等教育、职业技术教育、成人教育、教育立法和教育管理、外事及留学生工作、教育科研、教育宣传等工作做出具体部署。

中共中央总书记江泽民给中共云南省委书记普朝柱打电话慰问普洱地震灾区人民

1月30日

国务院关于进一步加强烟草专卖管理的通知

中国人民银行行长李贵鲜要求严格进行金融宏观调控

李贵鲜对记者说，今年的银行货币信贷计划是依据国民经济增长的主要计划指标确定的，是能够积极支持经济又快又好发展和改革开放的合理资金需要的。今年要严格进行金融宏观调控，就是要严格按计划控制信贷规模和货币发行，不能突破，从年初开始，就要守住这道关口。

李贵鲜说，去年我国经济发展和改革开放的成绩令世人瞩目。但在大好形势下，也要保持清醒的头脑，注意解决经济高速发展中存在的问题，防止发生经济过热现象，力求国民经济在新的一年中又快又好地发展。李贵鲜说，党中央、国务院要求今年经济工作的重点放在优化结构、提高质量、增进效益、促进国民经济既快又好的发展上，并指示金融部门要严格进行金融宏观调控，特别要管好信贷和货币两道闸门。对此，人民银行提出了今年货币信贷工作的方针是：从严控制总量，优化结构，面向市场，转换机制，提高效益。

李贵鲜强调，今年各家各级银行要严格执行国家信贷计划，严格执行固定资产贷款计划，不得超规模发放贷款。同时他要求各级银行要大力组织存款，增加货币回笼，调整贷款结构，挖掘资金潜力。李贵鲜指出，今年新增贷款首先要用于农业生产发展的需要，各家银行用于收购农副产品的资金要在使用季节及时到位,对一些关系国计民生的重要产业、产品的生产和收购,各家银行必须要有相应的资金和贷款规模予以保证,并要增加对能源、交通、通讯和原材料等基础产业的信贷投入,支持第三产业、科技开发、乡镇企业发展和外贸进出口的合理资金需要,支持质量高、销路畅、产品好的产品生产。对产品积压、经营不善、亏损严重、低水平重复建设产品和项目,对盲目追求速度的生产,从信贷上就要管紧。

农业部确定乡镇企业县级分类名单

农业部根据各地发展情况,划分出乡镇企业发达、欠发达和不发达的县份名单。在全国2300多个县份中,乡镇企业发达县约占24%,欠发达县占29%,不发达县占46%。

公安部发出不许乱集资乱摊派乱收费乱罚款的通知

海关总署和公安部发出禁止仿真武器进出境的通知

国务院副总理朱镕基在中南海会见瑞典外交部秘书长尼尔松

老挝副总理兼外交部部长奔·西巴色在万象会见外交部部长钱其琛

国家核安全局与美国核管理委员会在上海续签核安全合作协议

中国第一艘新型导弹驱逐舰湛江舰形成作战能力

中国第一艘新型导弹驱逐舰湛江舰目前已形成作战能力。该舰是中国自行设计制造的水面战斗舰艇中装备先进、技术密集、现代化水平较高的导弹驱逐舰。它集中了国内造船、动力、电子、导弹、武备、通讯和导航等领域最新的科学技术成果。中央军委主席江泽民曾登舰考察,并题词鼓励。

澳门中华总商会会长马万祺向教师基金会捐款

山西晋墓考古获重大突破

北京大学考古系和山西考古所经过一年多的工作,在山西曲沃周代晋国墓地发掘出一批珍贵的晋侯自作铜器等珍贵文物,并确认天马曲村遗址为西周至东周初的一处晋国都邑。

位于晋南的天马——曲村遗址面积约8.75平方公里,遗迹、遗物保存完好。

去年春季以来,遗址连续遭到不法分子的盗掘。为了保护这批墓葬,考古工作者对此进行了抢救性发掘,清理发掘出7座分属不同时期的晋国大型墓葬,8座祭祀坑,并探出了两座大型附葬车马坑。

已发掘和探明的晋国大型墓葬分南北两排,坐北向南,基本上是两两相对,形制均为带一条斜坡墓道的甲字形土坑墓。

有关专家认为,通过此次发掘,对这处大型晋墓的布局有了基本了解,证实了天马——曲村为晋国一处重要都邑。它为研究周代诸侯墓葬制度及其演变规律,提供了十分重要的依据,具有较高的学术价值。

中国桥牌协会名誉主席万里在北京会见世界桥牌联合会副主席乔·达米尼亚

国务院总理李鹏给中共云南省委书记普朝柱打电话慰问云南普洱地震灾区人民

1月31日

老挝国家主席最高人民议会主席诺哈·冯沙万在万象和人民革命党主席政府总理坎代·西潘敦于总理府分别会见外交部部长钱其琛

中国和老挝在万象签订两个文件

这两个文件是:《中华人民共和国政府和老挝人民民主共和国政府关于鼓励和相互保护投资协定》、《中华人民共和国政府和老挝人民民主共和国政府关于两国边界的议定书》。

中国自己培养的首批39名工商管理硕士从中国人民大学毕业

河南平舆一农民负担过重自杀有关责任者受到严肃处理

辽宁境内早晨发生特大交通事故

7点24分,由内蒙古赤峰开往辽宁大连的77次特快列车行至高(台山)新(立屯)线一无人看守道口处,与一辆抢行通过道口的大客车相撞,造成65人死亡,29人受伤,其中重伤4人。

2月1日

经国务院批准的国家土地估价委员会在北京成立

北京市政协八届一次会议选举王大明为市政协主席

《人民日报》发表中央纪委副书记王德瑛的文章《党风廉政建设要适应社会主义市场经济要求》

国务院副总理朱镕基在中南海紫光阁会见由董事长爱扶林·洛希尔率领的英国洛希尔银行代表团

外交部部长钱其琛就加强中国同意大利经贸关系等问题接受意大利《时代报》记者的书面采访

钱其琛指出，“冷战”结束后，世界更加动荡不安，出现了一些新的矛盾和冲突。世界是多样化的，各国的历史和现状也千差万别，不可能有统一的模式。因此，我们主张建立一个顺乎民心的有利于和平与发展的国际政治、经济新秩序。其基础是互相尊重主权和领土完整，互不侵犯，互不干涉内政，平等互利，和平共处。

在回答中国同欧洲就维护世界和平、加强经贸往来方面的前景时，钱其琛说，中国和欧洲没有根本的利害冲突，在广泛的领域有着共同的利益。中国和欧洲在经济上有很强的互补性，经贸合作正出现持续增长的势头。双方都关心欧亚大陆的和平与稳定，对国际问题有许多相同或相近的看法。中国和欧洲在文化方面各有所长，发展文化交流对双方都是有益的。

当然，中国与欧洲有着不同的历史传统和文化背景，社会制度和经济发展水平也有差异，双方在一些问题上存在分歧，也是很自然的。双方完全可以通过平等、冷静的对话来增进相互了解，不应该让分歧影响双方关系的发展。

关于中国与欧洲和意大利经贸计划，钱其琛说，1992年中国的进出口总额已达到1656.3亿美元。西欧是我国第三大贸易伙伴，意大利是我国在西欧的第二大贸易伙伴。1991年和1992年我们已连续两年向西欧派出大型采购团。今后，我们愿意继续扩大从西欧国家的进口，也十分欢迎西欧国家的企业家来华投资，特别是在资本密集型和高新技术领域投资。意大利有大量中、小型企业，它们拥有适合同中国进行合作的先进技术和同中国合作的强烈愿望，希望在双方的共同努力下，中国同意大利的经济合作和贸易往来将会取得新的进展。

在谈到关于中国加入国际市场竞争问题时，钱其琛说，经过10多年的改革，我国外贸出口体制已基本符合国际贸易规范，进口体制的改革也取得了不少进展。今年我国已取消了进口商品调节税，又降低了225种进口商品关税，我们已公布从去年12月31日起再降低3771种商品的进口关税，这样关税总水平下调了7.3%。我们不但要向世界各国各地区扩大出口，而且还要从世界各国各地区扩大进口，出口的目的主要是进口。我国在关贸总协定缔约国地位恢复后，我们将既享受关贸总协定规定的权利，也将承担其规定的义务。

关于外国资本在中国工业领域的投资前景，钱其琛说，1992年是外商对华投资增长迅猛的一年，头11个月，我国新批准的外商投资项目达4万个，几乎相当于过去13年批准的4.2万个外商投资项目的总和。协议外资金额458.9亿美元，实际投入83.4亿美元。出现上述情况的根本原因是我国政治稳定，经济发展，改革开放的速度在加快，外商投资的硬软环境都在改善。我们抓紧了涉外经济立法工作，制定了一系列吸引外资的政策措施，以法律来保障外商投资的合法利益，我国现已制定了200多个涉外经济法规，同时我们还加速了基础设施的建设。外国资本在中国的投资前景很好。

此外，钱其琛还回答了记者提出的有关调整亚洲各国间关系的新准则、中东及其他一些地区如何摆脱军备竞赛、恐怖主义和化学武器威胁以及如何实现核裁军等问题。

中国代表沙祖康在亚太地区建立国家安全和国家间信任年会上提出5点主张

亚太地区建立国家安全和国家间信任年会是联合国裁军事务办公室通过亚洲和太平洋和平和裁军地区中心召开的。40多名来自亚太和其他地区的官员、学者和外交官出席会议。

为建立亚太安全机制，沙祖康在会上说，应遵守和平共处五项原则并提出5点主张：

1. 在国家关系中反对霸权主义、反对以大欺小、以强凌弱、以富压贫的霸权行径。所有亚太国家都不应在本地区或其他地区谋求霸权，不在国外设军事基地或驻军，不搞针对其他国家的军事集团或政治联盟。

2. 和平解决国际争端、解决各种历史遗留问题和今后可能产生问题。对于一些一时难以解决的领土、边界争端，可以先搁置起来，等条件成熟时再谈判解决。在争议解决之前，有关国家可以采取建立安全与信任措施，以便保持正常的国家关系和经济合作。

3. 亚太各国将军备保持在各国正当防卫所需的水平上，美俄两家在裁减核武库和常规武库时，应销毁其裁减下来的武器，不应转移到亚太地区。此外，美俄应着手削减在亚太地区庞大的海军力量。

4. 所有有核武器国家应承诺不首先使用核武器和不对无核国家及地区使用或威胁使用核武器，保证支持有关建立无核区和和平区的主张。

5. 各国应继续加强经贸合作，促进科技交流与合作，支持区域性经济组织，发达国家应扶助不发达国家。

吐鲁番发现摩尼古寺

北京大学考古系副教授晁华山在新疆吐鲁番发现数十座摩尼古寺，使世界宗教之一的摩尼教考古取得重大进展。

贝宁国家元首索格洛主持在科托努举行的中国—非洲农机中心开业仪式并发表讲话

中国首创一次性完成结肠癌根治术

北京友谊医院普外科副主任封光男和张仲良副主任医师首创对完全性肠梗阻一次性完成结肠癌根治术新疗法。

全国首届“李成智杯”少年儿童国际象棋冠军赛在四川涪陵开幕

云南楚雄彝族自治州的大姚县发生5.3级地震

2月2日

中共中央总书记江泽民为正在兴建的民兵武器装备陈列馆题写馆名

外交部部长钱其琛在缅甸西部额不里海滩与缅甸外长吴翁觉举行会谈

中国政府同马耳他政府在北京签署《关于避免双重征税和防止偷税漏税的协定及议定书》

《中国政府和朝鲜民主主义人民共和国政府1993年至1994年文化交流计划》在平壤签字

“全球环境与发展培训网”中国培训班在北京大学举行开学典礼

这是由美国洛克菲勒基金会资助、多国参加的一个国际性跨学科项目。

中国去年加入此国际性项目，并特设项目中国指导委员会，由国务委员、国家科委主任宋健任指导委员会主席，国家科委副主任邓楠任指导委员会执行主席，国家计委副主任刘江和国家环保局局长曲格平任指导委员会副主席。

国务院批准“八五”期间后三年国家自然科学基金经费每年增拨7000万元

经国务院批准，“八五”期间国家财政安排自然科学基金进一步增加到15亿元，达到“七五”期间5.8亿元的2.59倍。

北京西山还在上升对北京自然环境产生深刻影响

2月3日

中国共产党中央委员会发布谭绍文逝世讣告

中国共产党中央委员会沉痛宣告：中共中央政治局委员、中共天津市委书记谭绍文同志，因病医治无效，于1993年2月3日下午7时在天津逝世，终年63岁。

谭绍文，1929年7月4日出生于四川成都一个邮电小职员的家庭，自幼家境清贫，饱尝了旧社会的艰辛。1936年至1948年，先后在四川新津、成都的小学和中学读书。1948年至1952年相继在成都铭贤学院纺织工程系、西北工学院纺织工程系学习。1952年9月，大学毕业后，分配到天津国营第三棉纺织厂担任技术员。1953年至1958年，在天津纺织工业学校机织科任教师、副主任。1953年5月加入中国共产主义青年团。1955年5月加入中国共产党。1958年至1966年在河北纺织工学院任教务处副处长。1978年至1981年任副院长、党委副书记、院长。1981年8月至1982年5月，先后任天津市文教委员会副主任、党组副书记、主任。1982年5月任中共天津市委常委、秘书长。1983年3月至1989年9月任市委副书记。1988年5月任市政协主席。1989年9月，任中共天津市委书记、天津警备区党委第一书记。谭绍文是党的十二大、十四大代表。在党的十四大和十四届一中全会上，当选为中共中央委员，政治局委员。

海南省一届人大会议上选举阮崇武为省长杜青林为省人大常委会主任

海南省政协二届一次会议选举姚文绪为省政协主席

海关总署发布《中华人民共和国海关对进料加工保税集团管理办法》

渤海西部勘探发现中国海上最大油田储量达1.9亿吨

外交部副部长杨福昌在阿布扎比同阿拉伯联合酋长国外交部长努埃米举行会谈

中国第一个计算机教学动画演示系统在国防科技大学研制成功

中国成为世界古人类研究中心

近年来，随着中国古人类和旧石器时代考古不断取得成果，古人类研究已能建立起一个完整的演化系列。中国已成为世界上古人类和旧石器文化发源迁移和演化研究的中心。

《大红灯笼高高挂》在比利时荣获电影评论家协会大奖

国家教委发出通知表彰荣获1992年度校园学生学习和生活环境优秀奖的清华大学北京大学中国人民大学华东师范大学华中师范大学和重庆大学

2月4日

《人民日报》发表社论《坚持和健全民主集中制》

民主集中制是我们党的一项根本制度。我们党是根据自己的纲领和章程、按照民主集中制原则组织起来的统一整体。当前，必须结合新的历史时期的特点，重申坚持和健全民主集中制的必要性和重要性。江泽民同志在党的十四大报告中指出："现代化建设和改革开放是极其宏伟艰巨的事业。只有实行民主基础上的集中和集中指导下的民主相结合，才能充分发挥各级党组织和广大党员的积极性创造性，集中全党智慧，保证党的决策的正确和有效实施，增强党的纪律和战斗力，使我们的事业顺利前进。"十四大修改并通过的党章，也突出地强调了坚持和健全民主集中制，这充分反映了全党同志的共识。

民主集中制既是党的根本组织原则，也是群众路线在党的生活中的运用。坚持和健全民主集中制，才能真正调动起各级党组织和广大党员的积极性和创造精神，有效地保证全党上下一致，使党的决定得以顺利贯彻。我们的党是执政党，党在任何时候都应坚持把群众利益放在第一位，同群众同甘共苦，保持最密切的联系。我们的各级党组织应当珍惜和正确行使人民赋予的权力，充分发扬民主，疏通和开拓民主渠道，使党员的意见、建议、批评能够及时准确地反映上来。事关大政方针、重要决策，须经集体讨论，有的不仅要征求党内意见，还要征求党外群众意见，与各界人士商量，集思广益，以保证党的决定的正确性科学性。一旦作出了决定，就必须切实贯彻执行。个人有不同意见，允许保留，但必须服从和执行集体的决定。

现在有些地方，既有不利于民主、也有不利于集中的问题。所谓不利于集中，就是有令不行，有禁不止，政出多门，对中央的方针政策贯彻不力，办事议而不决；所谓不利于民主，既表现在对重大问题的决策上，集体讨论不够，听取基层和群众意见、听取专家意见不够，甚至个人说了算，又表现在贯彻上级方针政策时，忽视从实际出发、创造性地工作的自主性，甚至束缚下面的手脚。我们强调的集中，应当建立在民主、科学决策的基础上，充分发挥、保护下级组织和基层广大党员因地制宜、开拓进取的积极性；我们强调的民主，要以坚持邓小平同志建设有中国特色社会主义的理论和党的"一个中心、两个基本点"的基本路线为前提，不能违背中央的大政方针，不能搞"上有政策，下有对策"，或者是"各持一把号，各吹各的调"。

坚持和健全民主集中制，是关系党的根本利益、关系社会主义事业全局的大事。回顾党的历史，什么时候民主集中制加强了，团结增强了，党的事业就欣欣向荣；什么时候民主集中制被削弱被破坏了，党的事业就遭受挫折。在新的历史条件下，我们要把坚持和健全民主集中制作为党的建设的一项重要任务，认真抓好。各级党委要坚持和健全集体领导制度。要保持党内民主生活的正常化。要坚持党的纪律，坚持党员个人服从党的组织、少数服从多数、下级组织服从上级组织、全党各个组织和全体党员服从党的全国代表大会和中央委员会的组织原则。要教育党员认识改革越深入，开放越扩展，经济越搞活，越应当加强纪律性。要在党内努力造成又有集中又有民主，又有纪律又有自由，又有统一意志又有个人心情舒畅的生动活泼的政治局面。这样，我们的党就兴旺，我们的社会主义事业就兴旺。

认真并善于贯彻民主集中制，是对党的领导干部特别是主要领导干部的基本要求，也是对领导干部实施考核的主要内容之一。我们希望各级党员领导干部，都要牢记全心全意为人民服务的宗旨，以大局为重，以事业为重，不计较个人的利害得失；都要增强党性和纪律观念，自觉地维护党中央的权威，维护党规党纪。各级党组织和党的纪律检查机关都要维护党的民主集中制，经常督促检查民主集中制的执行情况。

党的十四大为我们制订了通往 21 世纪的伟大纲领。我们党面临的任务十分光荣而艰巨。保持全党的团结和统一,是聚精会神进行经济建设、坚持党的基本路线一百年不动摇、完成十四大确定的各项任务的基本前提。历史的经验证明,正确的政治路线是全党团结统一的基础,全党的团结和统一又是贯彻执行党的政治路线的保证。而要做到团结统一,必须坚持和健全民主集中制。全党上下紧密团结在以江泽民同志为核心的党中央周围,我们就一定能完成好十四大赋予的各项任务,把建设有中国特色的社会主义伟大事业胜利推向前进。

第四次世界妇女大会中国组织委员会在中南海召开工作会议

国务委员、第四次世界妇女大会中国组委会主席李铁映和副主席罗干听取五个职能委员会主任关于大会委员会、非政府组织论坛委员会、宣传动员委员会、行政财务委员会、安全委员会工作情况的汇报。

全国人大常委会副委员长、全国妇联主席陈慕华出席会议。

海南省人民代表大会常务委员会在海口挂牌

江西省政协七届一次会议选举刘方仁为省政协主席

国务院总理李鹏在中南海紫光阁会见巴布亚新几内亚外交部部长约翰·卡普廷

外交部部长钱其琛在北京同巴布亚新几内亚外交部部长约翰·卡普廷举行会谈

外交部发言人吴建民在记者招待会上说中国政府决不会坐视企图把台湾从祖国分离出去的行径

吴建民在回答有关最近台独势力在台湾又有所抬头的问题时表示:"任何企图把台湾从祖国分离出去的行径都是违背中华民族的根本利益的,必将遭到包括台湾同胞在内的全体中国人民的坚决反对和谴责,中国政府决不会坐视。"

外交部发言人吴建民就日本外相渡边要求美国给予中国最惠国待遇等事发表谈话

有记者问,日本外相渡边称他访美时将要求继续给予中国最惠国待遇。你对此有何评论?

吴建民说,"我们欢迎一切有助于维护和发展中美经贸关系的努力。中美相互给予最惠国待遇是一种平等互惠的安排,不仅有利于中美两国,也有利于本地区的经济合作和发展。"

有记者问:美国防部一份秘密报告称,中国、叙利亚和伊朗正在研制巡航导弹,并在某种程度上进行了合作。请证实并评论。

吴建民回答说,"没有这回事。"

联合国驻柬埔寨维和部队司令桑德森为赴柬中国工程兵官兵授联合国勋章

中央军委批准全军进行车辆清理整顿工作从 5 月 1 日开始启用"92 式"军车新号牌

全军 60 余万户参加房改

全军范围的住房制度改革从 1992 年 7 月 1 日开始,实行的是小步提租并辅之以建立公积金的模式。同时,允许在规定范围内买房和集资建房。房改工作虽然迈出的是第一步,但它动摇了住房供给制、福利制、包干制以及等级制等旧观念;住房是商品、多住多掏钱的新观念开始确立。

中国空军航空维修业走向国际市场

空军航空维修系统已与美国、法国、俄罗斯、巴基斯坦、香港等 30 多个国家和地区的航空部门建立了贸易往来。去年贸易额达 800 余万美元,创历史最高纪录。

中国科学院兰州冰川冻土研究所研究员秦大河发现东南极与西南极冰面雪层等有明显区别

秦大河披露其 1990 年横穿南极大陆时获得的研究成果,认为东南极和西南极在冰面状况、雪层剖面、氢同位素含量等方面有着明显的区别。

秦大河提供的照片表明,南极半岛一些海岸地区的冰面非常松软,而有些地区雪丘坚硬尖锐。他认为,这是由于热力条件的差异造成的。南极大陆特有的下降风则是大型雪丘形成的主要原因。

在同一温度条件下,西南极的氢同位素要比东南极高 40%,这说明西南极云团中稳定同位素的分馏过程主要是由凝结温度控制的。

秦大河还发现,不同的水汽来源对南极冰雪中过量氘有不可忽视的影响。

中国第一家股份制报纸——《四川体育报》在成都创刊

中国书刊发行业协会北京市书刊发行业协会 2 月

4 日至 6 日在北京联合举办首届发行协会图书交易会

侯宝林逝世

相声艺术大师、语言大师、七届全国人大代表、中国广播艺术团艺术指导、北京大学兼职教授侯宝林因病在北京逝世，终年 75 岁。

侯宝林创作和表演的《戏曲与方言》、《戏剧杂谈》、《夜行记》等数百个相声段子，为几代人所喜闻乐见。

2 月 5 日

北京市十届人大一次会议选举李其炎为市长张健民为市人大常委会主任

江西省八届人大一次会议选举吴官正为省长毛致用为省人大常委会主任

国家主席杨尚昆应邀出席广州市人民政府授予李嘉诚等 49 位华侨港澳同胞外国友人“广州市荣誉市民”称号大会

国务院证券委员会主任朱镕基在北京主持召开国务院证券委全体会议

会议讨论并原则通过《股票发行与交易管理规定(草案)》和《新股承销与认购实施办法》，将于近期颁布。

中国人民银行提出中西部乡镇企业贷款管理新要求

中国人民银行最近强调，为适应发展社会主义市场经济的要求，逐步建立起中西部地区乡镇企业贷款管理的安全保障和自我约束机制。

1. 要坚持独立行使贷款的自主决策权，讲究贷款项目经济效益，各级银行必须坚持贷款的自主决策权，发放贷款应考虑有关部门的意见和要求，但绝不能以部门代替银行决策。贷与不贷、贷多贷少应由经营行自主审查、自主决策、自主放款，以保障贷款的安全。

2. 要进一步完善贷款项目管理制度。一是建立贷款项目库制度；二是建立贷款审批制度；三是建立档案管理制度；四是建立项目总结报告制度。

3. 可根据不同情况选择不同的贷款方式。对一些信用好、效益高、风险小、额度少的企业发放贷款可实行信用放款方式，其他贷款一律实行担保抵押方式。发放担保抵押贷款，必须严格按照有关规定办理。

4. 建立贷款管理责任制，积极推行审贷分离的制度，把贷款的调查管理、审查核准、检查监测适当分解，落实职责。逐步建立起一套行之有效的适合中西部地区经济发展的乡镇企业贷款新的管理方式。

中国人民银行关于国家货币出入境限额的公告

根据中华人民共和国国务院第 108 号令，现就中华人民共和国国家货币出入境限额公告如下：

一、中国公民出入境、外国人入出境，每人每次携带的人民币限额为 6000 元。

二、在开放边民互市和小额贸易的地点，中国公民出入境和外国人入出境携带人民币的限额可根据实际情况由人民银行省级分行会同海关确定，报人民银行总行和海关总署批准后实施。

三、本规定自 1993 年 3 月 1 日起施行。

特此公告

行长 李贵鲜

1993 年 2 月 5 日

中国政府和博茨瓦纳政府在哈博罗内签署《关于中国派遣医疗队赴博茨瓦纳工作的议定书》

中共中央政治局常委乔石国务院副总理邹家华分别致电慰问南极考察队

《中国消耗臭氧层物质逐步淘汰国家方案》经国务院批准并送联合国有关会议讨论

国务院经贸办等公布沈阳三山精细化学厂生产的 QZ—A 型汽油增效剂等 4 种节能产品

首批公布 4 种节能产品是：沈阳三山精细化学厂生产的 QZ—A 型汽油增效剂、上海交通大学研制生产的 FSA—60 型汽油添加剂、成都超力通用化工研究所生产的 FZ—1 型节能减磨剂、北京市丰台区专利实验所生产的 QJ 系列汽油发动机曲轴箱通风节油阀。

新闻出版署署长宋木文就适应市场经济的发展逐步建立新的出版体制答记者问

新闻出版署署长宋木文就适应市场经济的发展逐步建立新的出版体制答记者问。

记者：在前不久召开的全国新闻出版局长会上，您提出要逐步建立适应社会主义市场经济体制的出版体制，这个新的出版体制是怎么提出的？

宋木文：建立适应社会主义市场经济体制的出版体制，不是随意、偶然提出的，从历史的发展和现实的要求两个方面来说，都是必然的，势在必行的。党的十一届三中全会以来的14年间，出版部门在改革开放的进程中，不断面临市场经济的发展带来的新情况、新问题，并且推动出版部门自身进行了一系列改革。比如，从理论上肯定出版物是一种商品；实践上，大多数出版单位实行事业单位企业化管理，出版单位由生产型向生产经营型转变；在发生环节上，进行了“三多一少”、“三放一联”改革措施，等等。市场经济的发展给出版部门注入了极大的活力，改革开放使我国出版事业焕发了生机，出版物总体质量超过了我国历史上任何一个时期。同时，也给我国出版事业带来另一方面的冲击，加之，相配套的管理措施一时难以跟上，消极面的东西也随之日渐突出，比如思想内容有问题的书刊不断出现，淫秽色情的出版物屡禁不止，买卖书号的现象不断发生。

出版物市场是整个社会主义大市场的一个组成部分，在社会主义市场经济的大潮中，出版部门不能置身事外，14年来，出版部门在不断改革中逐步适应并走向正在发展的市场经济，新旧体制的交替在出版行业实际上早已开始。同时还必须看到，新的出版体制的建立将是一个历史的发展过程，不可能在短期内完成。对于出版部门来说，这既是机遇，又是挑战，工作难度很大。因此，在具体制订和实施改革方案的过程中，一定要坚持两点论，既要解放思想，勇于探索，又要谨慎从事，不断总结经验，避免或减少失误。

记者：那么，建立新的出版体制包括什么内容和要达到什么目的？

宋木文：新的出版体制主要是通过改革，在逐步适应社会主义市场经济的发展中，建立有效的管理体制和良好的运行机制，也就是要通过政府管理机关转变职能和出版单位自主经营，最大限度地在精神和物质两个方面解放出版生产力，使出版单位在市场经济的大环境中，既能坚持社会主义方向，又能充满生机和活力，不断地发展壮大自己。

多出各种优秀的出版物，是出版工作永恒的主题。建立新体制的目的就是通过各种出版物更好地为经济建设和改革开放提供强大的精神动力、智力支持、思想保证和良好的舆论环境。在建立新体制的过程中，要切实把握好出版工作的社会主义方向，这主要是新的出版体制的建立，要符合社会主义精神文明建设的要求，把社会效益放在首位，正确处理社会效益和经济效益的关系，使两个效益统一起来。对市场经济既要适应它，又要驾驭它，才能掌握主动权，而关键又在于处理好两个效益的关系。还需强调指出，新的出版体制的建立，要同政治体制改革和民主法制建设的要求及进程相适应，要为巩固和发展团结稳定的政治局面服务，而不能造成任何干扰。

记者：在新的出版体制建立的过程中，大家最关心的问题便是如何进一步扩大出版单位的生产自主权，您对此怎么看？

宋木文：逐步扩大出版单位作为独立法人和经济实体的生产自主权，是建立新的出版体制的重要措施。因为不如此，最大限度地解放和发展出版生产力就会成为一句空话。出版单位的生产自主权包括：选题决定权、定价权、工资资金分配权、人事权、资金使用权等等。总的原则是这些权力应当有步骤地逐步下放，分别不同情况区别对待，做到积极稳妥。比如，图书定价权是应该下放，但中小学课本的定价关乎国家整个教育事业的大局，仍需按照国家的现行规定执行。再比如，图书选题应该由出版社自主决定，但涉及国家重大政治问题的选题，在论证和确定的时候，又必须非常严肃认真，并且执行国家的有关规定。出版单位扩大其生产自主权，涉及政府的许多部门，有些权力的下放和到位，受到整个改革进程的制约，需要有一个过程。

记者：选题自主权下放后，会不会带来专业分工出书限制的松动？

宋木文：出版社按专业分工出书的问题，前一段时间议论较多。应该看到，专业分工是在一定的历史条件下形成的，它对于调整图书结构，提高图书质量，有其重要的作用。有人提出分工应当是在竞争中自然形成，人为确定的分工，将难以适应市场的需要。这种看法不无道理，但从我国大多数出版社为部门所有而形成的历史来看，完全打破过去专业分工，目前还做不到。比较积极稳妥的办法是，在保证专业分工为主的前提下，各出版社可以根据市场需要及本身具备的编辑实力，出版与本专业相近、相关的图书。

记者：图书发行渠道不畅，严重地影响着出版事业的进一步繁荣和发展，需要进一步推动发行体制改革。您认为这个看法对吗？

宋木文：我同意这个看法。出版是基础，发行是关键。流通流通，一通百通。这些年来，每当图书订数萎缩或者库存积压，都极大地影响着出版事业的全局。解决发行环节的问题，要从出版到发行多方面进行综合治理。十一届三中全会以来，图书发行行业进行了一系列的改革，这就是我们常说的“三多一少”（即建立以国营书店为主体，多种经济成分、多条流通渠道、多种购销形式、少流转环节的图书发行体制）、“三放一联”（即放权给基层店、放开批发渠道、放开购销形式和发行折扣，发展横向联合）。这些改革已经取得了积极的成果，随着改革的进一步深入，出版部门更加迫切地认识到，不建立全国统一的、开发的图书市场，就难以解决不平等竞争、行业垄断和贸易壁垒等问题。为此，将要进一步放开图书批发渠道和批发折扣，进一步建立和完善图书批发市场；进一步扩大国营书店的经营范围；充分利用社会力量发展各类图书销售点。

记者：新闻出版单位的自主权扩大后，作为政府主管部门的新闻出版署将如何调整对新闻出版行业的管理职能？

宋木文：在研究建立新的出版体制时，必须十分明确，出版工作是我们党和国家的意识形态工作和文化事业的一个组织部分。出版业是一种产业，但它不同于一般产业，是生产精神产品的，出版物是一种商品，但它是有思想内容的，影响着人们的政治态度，理论观点和思想感情，影响着人们的精神世界，不能完全听任市场调节。建立新的出版体制不意味着党和国家对出版物思想内容的要求发生了根本性的变化，而是要通过新体制的建立使这些要求更好地体现出来，并且更广泛更有效地传播到广大群众中去，因此，无论政府管理机关还是出版单位，对国家、对社会所承担的责任都更重了。在改革的进程中，一方面，新闻出版单位的自主权扩大了，另一方面它们所承担的义务也增加了。权利和义务总是这样相辅相成的。新闻出版单位要履行自己所承担的义务，当然主要应依靠其自觉性和自我约束能力，但政府主管部门加强宏观管理，进行宏观调控也是必不可少的。政府的宏观管理，简而言之，一是服务，一是规范。要做好服务，就需要转变职能，切实改革那种领导机关不认真地为新闻出版单位服务，而让基层围绕着行政机关转的状况。政府主管部门逐步简政放权是服务，不断调整经济政策，使新闻出版单位有一个发展壮大的经济环境，也同样是服务；服务还包括提供信息、培训骨干、奖励表彰和组织协调等等。在这方面，各级新闻出版管理机关既有大量的工作需要改进，也有大量的工作需要加强。规范，就是要通过建立秩序和加强社会监督，规范新闻出版活动。制定和完善新闻出版法律、法规和规章，既是建立新的出版体制的迫切要求，又是建立新体制所必然具备的基本依据。因此，新闻出版法制建设，是我们当前的一项重要任务。此外，还要注意掌握新闻出版事业的发展规模，做到数量发展适当，保持比较合理的结构。加强社会监督是规范新闻出版活动的重要手段。新闻出版工作要适应市场经济的要求，但不能一切以市场为导向，那些思想内容有问题，淫秽、色情、格调低下的出版物，尽管还会长期拥有它的读者市场，出版部门却不能满足这种市场需求，要通过有效的行政管理和社会监督加以遏制。

中纪委发出湖北省原宜昌市借地市合并之机突击提干及滥发钱物的问题的通报

中共中央纪委就湖北省原宜昌市借地市合并突击提干滥发钱物问题发出通报。

1992年3月，根据中央的决定，原宜昌地区和原宜昌市合并，成立新的宜昌市。在中央决定宣布的前几天，原宜昌市委主要负责同志和一些部门的领导人置党纪于不顾，借机大批突击提干。原宜昌市委提拔县级干部113人，下属部门和单位提拔科级干部904人，共提拔干部1017人。在提拔干部中，有关部门不进行考察，不按照任免程序。有的当天报，当天批；有的甚至先任命，后补办手续。

在突击提干的同时，原宜昌市的许多单位还突击花钱、滥发钱物。在中央决定宣布前的一个多月里，原市直154个单位，突击花钱、滥发钱物达1483万元，有7个单位人均在1000元以上。有的多达2000余元。有的单位没有资金，竟变卖国家的固定资产，进行私分，有的甚至将党费买东西私分。

原宜昌地区也有少数单位借机突击提拔干部84人；有104个单位突击花钱、滥发钱物达679万元。个别严重的单位人均达3430元。

事情发生后，湖北省十分重视并采取了坚决果断的措施，责成省纪委、省委组织部和现宜昌市委进行了清理和纠正。对突击提拔的干部一律宣布无效；滥发的钱物一律收回；并对在这一事件中负有直接责任和领导责任的领导干部分别追究了纪律责任。

中央纪委的通报指出，机构改革、精兵简政是深化经济改革、建立市场经济体制和加快现代化建设的重要条件，是一项非常紧迫同时又十分艰巨复杂的任务，必须加强领导，统筹规划，精心组织，决不允许各行其是。宜昌地市合并中发生的突击提干和滥发钱物的问题，尽管是个别的，但性质恶劣，影响很坏，严重损害了党和政府的形象，干扰了改革开放和经济建设的顺利进行，教训是十分深刻的。

通报说，各级领导班子必须坚持党性原则；越是改革开放，越要加强纪律；必须牢固树立全局观念，反对和克服个人主义和本位主义。

中央纪委要求各级领导干部，特别是党员领导干部要从这一事件中吸取教训，在机构改革中一定要坚持党性，严守纪律，起到表率作用。对任何借机图谋私利的行为，一经发现要及时、坚决制止；对违反党纪、政纪、国法的当事人要进行严肃处理，以保证党的十四大提出的机构改革、精兵简政任务的顺利完成。

2月6日

党和国家领导人江泽民李鹏万里乔石李瑞环朱镕基刘华清胡锦涛等和首都100多位文艺工作者在中南海共度元宵佳节

中华全国铁路总工会在大罢工发祥地之一的北京二七机车工厂召开纪念大会

广东省政协七届一次会议选举郭荣昌为省政协主席

国民经济和社会发展总体研究协调小组工作进展顺利

经过一年多的努力，由国务院组织实施的我国国民经济和社会发展总体研究工作取得了初步成果。

为使国家宏观决策科学化，国务院于 1991 年 9 月 3 日成立了国民经济和社会发展总体研究协调小组，开展国民经济和社会发展的总体研究工作。

国务院国民经济和社会发展总体研究协调小组的职责是，提出国民经济和社会发展中涉及全局性的需要研究的重大课题；组织有关部门和研究单位开展课题研究；组织课题研究的可行性论证与主要成果评价，为国务院对重大问题进行决策提供咨询意见和具体方案；组织信息交流，协调解决有关单位在课题研究中遇到的问题。

1991 年底，国务院总体研究协调小组针对我国的社会经济形势，先行确定了 13 个重大的总体研究课题，并落实了以国务院综合部门为主的课题承接单位。在课题方案设计和课题研究过程中，得到了党中央、国务院领导同志以及有关部门的高度重视和有关方面的大力支持，使总体研究工作得以顺利进行。

按照总体研究协调小组的要求，各课题组在课题研究过程中体现了总体研究的特色：一、突出总体性。课题承接单位从国民经济和从社会发展全局出发开展研究工作，而不囿于本部门范围。在课题研究角度、政策配套和课题组织等方面贯彻了这一精神，取得了成效。二、注重实用性和可操作性。在课题研究的整个过程中，课题的研究是为政府决策提供咨询意见和具体方案，并非一般的学术和理论研究；强调了从实际出发，有鲜明的针对性。从已完成的研究成果看，各课题组都比较注重调查研究，及时地提出了一些较为可行的具体方案。三、定性研究与定量分析相结合。课题组把分析研究、政策模拟、方案比较建立在计算机应用的基础上，分别建立了若干个数学模型和数据库，为今后我国在总体研究和宏观决策中，实现定性与定量相结合，打下了一定基础。四、集思广益，积极发挥专家学者的作用。总体研究协调小组在审查各课题研究方案和验收鉴定最终成果时，先后邀请了数十位专家学者参加课题的讨论和审定工作，各课题组在研究工作中也邀请了一些专家学者进行课题研究工作，使课题研究能广泛吸收各方面意见，使科研成果更具有科学性和代表性。

目前，各课题的最终研究成果已基本完成，国务院总体研究小组正在陆续召开课题成果鉴定会议，审议和通过总体研究课题的最终成果。

金融改革力度加大国家专业银行将逐步向商业化银行转化

中国人民银行为了加大金融改革力度，建立适应社会主义市场经济的金融体制，推出以下主要改革措施：转换专业银行经营机制，特别是建立银行风险机制和约束机制，严格审查贷款项目，注意贷款风险，提高资金使用效益。进行贷款限额管理下的资产负债比例管理和资产风险管理试点。改进中央银行宏观调控手段，开办人民银行短期融资债券买卖业务。开始实施新的银行会计制度。开展外汇同业拆借业务，扩大外汇调剂市场范围和交易种类。选择几个有条件的大中城市，进行组建城市合作社的试点工作，组建几家专业性的保险公司。

国家科委主任宋健出席广东湛江市召开的科技兴农工作座谈会

国务院副总理朱镕基在中南海会见美国休斯公司董事长阿姆斯特朗

广电部文化部中国文联中国曲协等在北京联合召开中国相声艺术大师侯宝林从艺 65 周年研讨会

世界女子速滑全能锦标赛上叶乔波以 40 秒 41 夺得 500 米冠军

“天下第一大鼓”在太原问世

被誉为“天下第一”大鼓近日在太原问世。大鼓直径为 2.4 米，鼓面两端用各重 1000 余公斤的牛皮制成。

山西省祁县贾令镇塔寺村的渠毓治刘东存郭秀成等 6 位村民状告镇政府乱摊派

1991 年，这个村的人均收入为 692 元，按照国务院 1991 年 12 月 7 日发布的《农民承担费用和劳务管理条例》第 6 条规定，塔寺村农民 1992 年应交提留和乡统筹费人均不得超过 34.6 元。但镇政府却以教育基金、教育集资、电表上杆费等名目乱收费、乱摊派，实际收取农民人均百余元，为“条例”规定农民应交最高限额的 300%。渠毓治一家 8 口人，种植 18.6 亩土地，1992 年交纳各种费用高达 959.76 元，除去应交纳的农业税 115.85 元、村提留和乡统筹费用 276.80 元，全家在这一年共被乱摊乱收去 567.11 元，平均每人 70.88 元。

1992年11月1日，渠毓治、刘东存、郭秀成等6位村民与他们的委托代理人一同前往祁县法院，状告贾令镇政府乱收费、乱摊派的行为，但法院却找了一个国务院关于农民负担的“条例”上没有写明法院应受理这类案件的说法，拒绝立案，既不依照法律程序下达不立案裁定书，也不签注任何意见。祁县县法院还明确表示不向上级法院行文请示。11月6日，这6位农民的委托代理人持省高级人民法院告审庭公函，要求祁县法院履行法律程序，该法院仍不理睬。

山西省高级人民法院行政庭得悉情况后，致公函给祁县所属的晋中地区中级人民法院，要求督促祁县法院：走完法律程序。祁县法院仍是连基本的法律程序都不履行。

2月7日

全国妇联发出《关于纪念‘三八’国际劳动妇女节的通知》

通知说：

一、积极投身改革开放和现代化建设事业，推进社会生产力的发展。广大妇女要在改革开放和经济建设实践中实现社会价值，要在对发展社会生产力做出贡献的过程中提高妇女的社会地位。

二、充分发挥妇女的特殊优势，促进社会主义精神文明建设。广大妇女要充分发挥在家庭的优势，开展家庭文化建设活动，树立正确的理想、道德、信念、人生观、价值观，倡导健康科学的生活方式，优化社会细胞，进而促进全社会的文明进步。

三、继续发扬“四有”“四自”精神，增强适应社会主义市场经济的能力。妇女必须以“自尊、自信、自主、自强”的精神风貌，克服自卑依赖和封闭守旧思想；更新观念，树立与社会主义市场经济相适应的市场观念、效益观念、竞争观念，科技意识；提高素质，学文化、学技术、学科学、学经营、学管理、学习市场经济需要的各种本领。

四、努力学法、知法、守法，以法律武器维护自身权益。广大妇女要认真学习、大力贯彻《妇女权益保障法》和国家的各项法律、法规，严格遵纪守法，并学会运用法律武器维护自己在就业、教育、参政和婚姻家庭方面的权利。

通知说，各级妇联组织要全面贯彻落实十四大精神，以妇女工作的新局面、新成就，迎接中国妇女第七次全国代表大会和一九九五年世界妇女大会的召开。

国家主席杨尚昆根据全国人大常委会的决定任免驻外大使

一、免去过家鼎的中国驻葡萄牙共和国特命全权大使职务。

任命武韬为中国驻葡萄牙共和国特命全权大使。

二、免去完永祥的中国驻摩洛哥王国特命全权大使职务。

任命安国政为中国驻摩洛哥王国特命全权大使。

三、免去陈嵩禄的中国驻孟加拉人民共和国特命全权大使职务。

任命张序江为中国驻孟加拉人民共和国特命全权大使。

四、免去林蔼丽（女）的中国驻塞浦路斯共和国特命全权大使职务。

任命陈振友为中国驻塞浦路斯共和国特命全权大使。

五、免去王世杰的中国驻巴林国特命全权大使职务。

任命王小庄为中国驻巴林国特命全权大使。

六、免去顾懋萱（女）的中国驻阿尔巴尼亚共和国特命全权大使职务。

1992年中国接受留学生人数超过改革开放前30年总和

1992年中国有近200所大学接受来自126个国家的1.3万名留学生，超过改革开放前30年中国接受留学生的总和。

2月8日

七届全国人大5年立法80多件

七届全国人大及其常委会加快立法步伐，5年任期中共制定法律和有关法律问题的决定、补充规定80多件，占党的十一届三中全会以来立法总数约41%左右。

广东省八届人大第一次会议选举林若为省人大常委会主任朱森林为省长

安徽省政协七届一次会议选举史钧杰为省政协主席

中国日本合作发现三个大型稀有金属矿

中日合作历时6年，先后在广东湛江、东里工作区找到三处大型稀有金属矿床，钛铁、锆英石等5种矿物总量达579万吨，并对其中310万吨进行了开发环境预备调查；详查了内蒙古乌奴格吐山大型铜钼矿，提交铜金属储量56万吨，钼金属储量20万吨，为中国有色金属工业提供了重要的资源基地。

国务院经贸办批准广州铁路局改制为(集团)公司

国务院副总理朱镕基在中南海紫光阁会见美国共和党众议员比尔·阿切尔和南希·约翰逊

外交部部长钱其琛在钓鱼台国宾馆会见非洲国家驻中国使节

中国代表张义山在联合国人权会议上就西藏问题发言

张义山指出，这些人编造谎言，其目的是怂恿支持一小撮前农奴主在西藏复辟黑暗落后的农奴制，企图破坏中国的统一，把西藏从中国分裂出去。

张义山说，众所周知，西藏自公元13世纪就是中国领土不可分割的一部分，藏族同胞是中华民族大家庭的成员之一。西藏在1959年进行民主改革前实行的是比欧洲中世纪还要黑暗残暴的封建农奴制，95%的藏族同胞连生命都没有保障，更谈不上人权。他说，民主改革后，百万农奴成为国家和自己命运的主人，像中国其他民族一样，享有充分的公民政治权利和经济、社会、文化权利。这是历史的巨大进步。

张义山强调，少数非政府组织代表编造的谎言，抹杀不了西藏是中国领土不可分割的一部分的事实，也动摇不了包括藏族同胞在内的中国各族人民团结一致、维护国家统一和建设富强中国的决心。

东北亚环境合作会议在汉城开幕

来自中国、日本、俄罗斯、蒙古、东道国韩国和4个国际机构的代表出席。

中国代表团团长钟述孔在发言中重申中国关于环境与发展的一贯立场，并就东北亚环境合作的开展方式、合作领域、资金、技术等问题阐述中国的看法。

中央军委颁布“八五”期间立法规划

由中央军委颁发专门的立法规划，在人民解放军建设历史上是第一次。根据这个规划的要求，将起草制定一系列有关军队建设的法律、法规，其范围基本上包含国防和武装力量建设的所有重要领域。

国家科委农村司《中国科技信息》杂志社和中央人民广播电台农村部联合创建的全国农村科技经济信息协作网开始运行

1992年博士后科研成果显著

据对1992年一项596名期满出站的博士后的科研工作的调查，这些博士后共承担各类科研项目1423项，其中国家级项目566项，省部级重点项目273项。在已完成的910个项目中，经专家评议达到国际先进水平的有78项，达到国际水平的有365项。他们中有115人获各种奖励152项，获奖人数占出站人数的19.2%。期满出站的博士后人员大多被接受单位聘任高级专业技术职务。

国家教育委员会关于教育改革5个意见

这些意见是:《关于中央部委所属普通高等学校深化领导体制改革的若干意见》、《关于普通高等学校招生和毕业生就业制度改革的意见》、《关于普通高等学校内部管理体制改革的意见》、《关于进一步深化普通高等学校教学改革的意见》、《关于深化普通高等学校科技工作改革的若干意见》。

国家教委国务院学位委员会关于学位与研究生教育改革和发展的若干意见

2月9日

全国政协委员5年提出提案9627件

据全国政协提案委员会提供的材料，自1988年以来，七届全国政协委员共提出提案9627件，其中许多提案被中共中央、国务院和有关部委采纳。

全国人大重视法律实施监督5年间对17部法律进行执法检查

七届全国人大五年来，全国人大常委会和全国人大各专门委员会组成检查组，分别对森林法、土地管理法、义务教育法、水法、矿产资源法、残疾人保障法、归侨侨眷权益保障法、行政诉讼法、全民所有制工业企业法、民事诉讼法、未成年人保护法、外国人入境出境保护法、中国人出境入境管理法、海关法、民族区域自治法等15部法律，全国人大常委会关于社会治安综合治理的决定、关于沿长江四港口外轮开放的决定的实施情况进行了检查。在结束检查后，检查组都向全国人大常委会报告了检查结果；全国人大常委会的委员们对这些检查结果的汇报都进行了讨论。

四川省八届人大一次会议选举肖秧为省长杨析综为省人大常委会主任

安徽省八届人大一次会议选举孟富林为省人大常委会主任

四川省政协七届一次会议选举聂荣贵为省政协主席

中共中央总书记江泽民在中南海会见香港新世界发展有限公司董事长郑裕彤总经理郑家纯

国务院办公厅转发国务院清理三角债领导小组关于全国清理三角债工作情况报告的通知

各省、自治区、直辖市人民政府
国务院各部委、各直属机构：

国务院清理三角债领导小组《关于全国清理三角债工作情况的报告》已经国务院批准，现转发给你们，请贯彻执行。

国务院清理三角债领导小组及其办公室的任务已经完成，国务院同意予以撤销。

国务院办公厅
1993年2月9日

关于全国清理三角债工作情况的报告

国务院：

一九九一年上半年，全国企业间三角债达3000亿元以上，严重影响着国民经济的正常运行。因此，国务院决定把清理三角债作为搞好国有大中型企业和提高企业经济效益的突破口来抓。目前，原定清理三角债的任务已基本完成。现将有关情况报告如下。

一、两年来清理三角债工作的情况

1991年6月1日，李鹏总理主持国务院总理办公会议，研究组织清理三角债问题，并决定在东北地区进行试点。朱镕基副总理带领国务院有关部门负责同志到东北调查后，分析了三角债形成的原因和源头：一是由于建设项目超概算严重，当年投资计划安排不足和自筹资金不落实，造成严重的固定资产投资缺口，形成对生产部门货款和施工企业工程款的大量拖欠；二是企业亏损严重，挤占了企业自有资金和银行贷款，加剧了相互拖欠；三是企业产品不适销对路或根本无销路，产品积压，产成品资金上升，形成投入—产出—积压—拖欠—再投入—再产出—再积压—再拖欠的恶性循环。此外，商品交易秩序紊乱，结算纪律松弛，信用观念淡薄，也加剧了三角债。

经过试点，明确了清欠工作的指导思想，即立足于治本清源，从解决三角债源头入手，下大力气防止新的投资缺口、防止新的产成品积压、防止新的亏损，从而防止新的拖欠。经过两年的努力，全国共注入清欠资金555亿元（银行贷款520亿元，地方和企业自筹35亿元）。其中注入固定资产清欠资金427亿元，清理拖欠项目14121个（基建项目5420个，技改项目80701个），除少数不符合国家产业政策及贷款条件的项目外，全国基建、技改项目在1991年底以前形成的拖欠已基本清理完毕，共连环清理三角债1838亿元。在清理固定资产投资项目拖欠的过程中，与源头相关的机电、原材料等生产资料行业、建设安装施工企业，清理了流动资金拖欠1400多亿元。

对重点行业（产品）的拖欠也进行了清理。1991年对拖欠的煤炭、棉花和第一汽车制造厂货款进行了清理；1992年以宝钢为龙头进行流动资金清欠试点取得经验之后，又积极稳妥地在煤炭、电力、林业和有色金属四个行业清理了重点企业流动资金拖欠73亿元。为了缓解棉花收购资金紧张的问题，清理了棉花拖欠款28亿元。两年共重点组织流动资金清欠352亿元。

以上两项合计，共清理拖欠款2190亿元（1991年清理1360亿元，1992年清理830亿元），取得了注入一元资金清理四元拖欠的效果。通过清理三角债，明显地缓解了企业资金紧张的状况，加速了资金周转，提高了经济效益，使一大批能源、交通、原材料重点建设项目建成投产，一大批亏损企业转为盈利，增强了经营活力，对国民经济健康发展起到了重要作用。至此，全国清理三角债工作已基本完成。

二、清理三角债工作的主要经验

1992年3月，李鹏总理对全国清理三角债工作取得的成绩给予了很高的评价。他认为这次清理三角债工作指导思想明确，工作方法科学得当，基本上遏制住了前清后欠的势头，取得了很大的成绩。这有利于搞好国有大中型企业，有利于企业转换经营机制，有利于国民经济的正常运行。

清理三角债工作所以能取得这样的效果，主要是抓住了形成三角债的源头和清理的重点，采取的主要做法是：

（一）立足于治本清源。从清理固定资产投资项目拖欠这个源头入手，顺次解开债务链，同时在防止新欠上下功夫。实践证明，从固定资产投资拖欠项目入手进行清理，抓住了主要矛盾，方法得当，措施有力，做法是成功的。两年来，大部分清欠资金都回流到了机电、原材料等生产资料行业以及建筑安装行业的国有大中型企业。由于解开了债务链，及时收回了流动资金贷款，银行总的贷款规模没有大的增加。

（二）治理流动资金拖欠采取釜底抽薪的办法，实行限产压库促销和“压贷双挂钩”的政策。这是减少和防止流动资金拖欠的治本措施。1991年全国完成限产压库229亿元，安排了70亿元技改挂钩项目。1992年由于库存上升和信贷规模十分紧张的原因，从清欠贷款指标中拿出30亿元兑现了部分技改挂钩项目，收到了好的效果。为扭转企业亏损严重的局面，还采取了清仓查库等强有力的措施。全国清理产成品库存1303亿元，经审查，由于盘亏、报废、毁损、库存成本高于售价等原因，净损失320亿元，占清理库存的24.6%。对清仓查库损失的审定和处理，财政部、原国务院生产办公室和中国人民银行还专门制定了具体办法。

(三)各级领导高度重视,各有关部门步调一致,团结协作。国务院领导同志亲自组织制定了清理三角债的方针、政策。从固定资产投资项目拖欠入手进行连环清理,工作涉及面广,操作难度很大。但由于国务院各有关部门和各地人民政府主要负责同志加强领导,深入现场督促检查;各级计委、经委、银行、财政及清欠办等有关部门通力合作,全国几十万人的清欠队伍统一行动,艰苦努力,辛勤劳动,认真操作;各新闻单位加强宣传报道,保证了注入的银行信贷资金及时到位、启动运转顺畅和清欠工作的顺利进行。

(四)狠抓防欠措施的落实。为了防止新欠继续产生,国务院有关部门制定了清理三角债、限产压库促销、扭亏增盈、防止新的粮食财务亏损挂账等八个配套政策措施文件。1992 年全国清理三角债工作会议以后,国家计委、中国人民银行、国务院经贸办、国务院清理三角债领导小组分别发出《关于防止固定资产投资项目资金拖欠的通知》、《关于收回固定资产投资项目清欠贷款有关问题的通知》,并会同国家审计署两次发出通知,审计检查注入资金的项目是否又发生了新的拖欠。针对 1992 年上半年粮食财务亏损挂账和固定资产投资又出现新拖欠的情况,国务院清理三角债领导小组会同有关部门发出了《关于一九九二年上半年粮食财务挂账情况的通报》和《关于今年上半年固定资产投资新拖欠情况的通报》,国务院办公厅及时转发了这两个通报,对防止新拖欠的发生起到了积极作用。

三、关于防止新拖欠的意见

三角债是我国新旧经济体制转换过程中国民经济深层次矛盾的反映。货款拖欠是企业之间的经济行为,本应由企业依法解决,由国家投入信贷资金进行清理,实际上是将企业之间的债权债务关系转移到企业与银行之间,这只能是国家采取的一种非常措施。目前企业之间相互拖欠的问题仍还存在。这部分拖欠中,大部分是属于寄销、代销、赊销等约期付款的商业信用行为和超合同发货、滞销积压产品,有的甚至是单纯追求发展速度,又造成新的产品积压和拖欠。按照社会主义市场经济的要求,这些问题今后不能再靠国家注入信贷资金进行清理,而要靠转换企业经营机制来解决。1992 年以来,由于国民经济高速增长,固定资产投资增长过猛,带动银行货币投放和信贷规模增长较快,有些地区产成品积压和企业亏损额也在上升,有的地区又靠新的拖欠和施工企业垫资上项目,建设项目超概算和资金安排不到位的情况仍非常严重。据国家统计局统计,1992 年 1 至 11 月份,全国固定资产投资又形成新的拖欠 68 亿元(基本建设 49 亿元,技术改造 19 亿元;地方项目拖欠 47 亿元,中央项目 21 亿元)。为避免再度出现全国范围的三角债,必须认真贯彻落实防止新拖欠的各项措施。为此,特提出以下意见:

(一)搞建设要量力而行,不留资金缺口。要认真按照中共中央、国务院《关于加强对固定资产投资和信贷规模进行宏观调控的通知》(中发〔1992〕8 号)和中共中央办公厅、国务院办公厅《关于确保农副产品收购和严格控制新开工项目的紧急通知》的精神,严格控制固定资产投资规模,严禁挪用流动资金贷款搞固定资产投资。要加快投资体制的改革,做到项目投资决策和审批者的权力、责任相统一。从 1992 年开始,由于建设资金不落实而发生新拖欠的,要扣减有关省(区、市)和部门下一年度的基本建设、技术改造投资规模和银行贷款规模,并对拖欠严重的企业和上级主管单位有关负责人予以通报批评或行政处分。

(二)落实好清欠贷款回收计划。要按照中国人民银行等部门《关于收回固定资产投资项目清欠贷款有关问题的通知》的要求,抓好清欠贷款的回收,按贷款合同规定的还款计划认真执行。凡完不成年度还款计划的,不得安排新开工项目;银行有权根据清欠借款合同,于第二年从企业自有资金或项目投资中扣还。企业无力归还的,扣减企业所在省、自治区、直辖市和部门的固定资产投资计划指标。

(三)认真落实《全民所有制工业企业转换经营机制条例》。《条例》赋予了企业十四项经营自主权,各级人民政府要尽快转变职能,防止由于政府指挥失误或计划失当造成的产品积压和拖欠,特别是不能继续向企业压产值、压速度。企业要适应社会主义市场经济需要,在经营活动中自觉按市场经济的要求,规范自身的行为,严格按经济合同办事,自觉防止产生新的拖欠。

(四)加快企业补充自有流动资金和压缩三项资金占用。作为搞好国有大中型企业措施之一,1991 年国家选定了 1000 多户大中型骨干企业,在"八五"期间每年按企业销售收入的 1%提取补充流动资金。这项工作已经取得了一定成效,建议扩大到有承受能力的大中型企业。要继续压缩不合理的产成品资金占用,加快资金周转。对三项资金占用超过合理水平的企业,银行应当停止增加新贷款。

(五)采取有效措施解决粮食挂账问题。各地要按照国务院《关于解决财政欠拨、欠补、欠退和企业挂账问题的通知》(国发〔1992〕43 号)中提出的要求,采取有效措施解决粮食挂账问题。

(六)进一步加强法制管理。企业要增强自我保护意识,依法保护自己的合法权益。在执行经济合同中发生的经济纠纷，企业应向仲裁机关申请仲裁或向人民法院提出起诉，追究违约方的责任。企业对经确认无法收回的应收欠款，要按照财政部颁发的《企业财务通则》和《企业会计准则》的有关规定处理，避免长期挂账，消除潜在亏损。

（七）加强对固定资产投资项目的监督检查。今后凡是由国家拨款、国家银行贷款和由各级政府承担债务（或担保）的各类国外贷款的固定资产投资项目，在项目决策阶段或开工建设之前，均需由国家审计机关审计确认资金（特别是自筹资金）来源的合理性和可靠性。企业以留用资金和自筹资金从事生产性建设并自主立项的项目，由注册的会计师事务所和审计事务所确认资金来源的合理性和可靠性，并出具验资证明。未经验资的项目，有关部门不予办理开工手续，施工企业不得施工。

（八）加快银行结算制度的改革，以适应社会主义市场经济体制的要求。要引导商业信用，使企业之间的信用行为合同化、票据化。银行还要按照国务院《关于整顿商品交易秩序严格结算纪律的通知》（国发〔1991〕39号）精神，继续加强银行系统的结算纪律和对企业结算活动的监督。企业不得无理拒付应付货款，银行也不得袒护在本行开户企业的无理拒付行为，否则追究有关人员的责任。

以上意见如无不妥，请批转各地区、各有关部门贯彻执行。

国务院清理三角债领导小组

1992年12月28日

国家审计署发布施行《中外合资合作经营企业审计办法》

日前发布实施的《办法》主要内容包括：审计机关对国有资产占控股地位的合资企业的财产保值增值指标完成情况、资产负债和损益及其有关的经济活动进行审计监督；在审计过程中，有权检查合资、合作企业的凭证、账表、资料及有关文件，向有关单位和人员进行调查，取得有关资料和证明材料等。

中国国际工程咨询协会在北京成立

国务院总理李鹏在北京会见日本三菱商事公司总经理槙原稔

巴基斯坦国民议会议长古哈尔·阿尤布·汗和参议院主席瓦西姆·萨贾德在伊斯兰堡分别会见赛福鼎·艾则孜等

国家教委国务院贫困地区经济开发领导小组财政部发出《关于大力改革与发展贫困地区教育，促进经济开发，加快脱贫致富步伐的意见》

《意见》提出：

一、解放思想，转变观念，切实落实教育摆在优先发展的战略地位；走依靠科技进步和提高劳动者素质实现脱贫致富之路。

二、进行教育思想、体制、结构、内容、方法等方面的综合改革；坚持“三教统筹”，加强农科教结合，努力形成教育发展为当地经济和社会发展服务，为贫困地区人民脱贫致富、幸福文明服务，并形成互相促进、良性循环的机制。

三、坚持从国情和贫困地区的实际出发，教育重心放在中等及中等以下教育上；人才培养的重点放在初、中级技术人才和大面积提高劳动者素质上。

四、坚持自力更生与国家扶持相结合，国家办学与社会力量办学相结合，形成全社会办教育，多种体制、多种形式办教育的局面。到本世纪末的主要目标和任务是：力争基本扫除青壮年文盲：城镇和有条件的乡、村要基本普及九年义务教育，一般地区要普及小学阶段的义务教育；使所有技术性较强岗位的从业者都能受过必要的职业技术教育和培训；大多数贫困县建立起教育电视台或收转站，乡（镇）中学、中心小学、职业技术和文化技术学校普遍建立起放像点，逐步形成电教网络。《意见》还对增加教育投入、多渠道筹措教育经费，加强政府统筹和教师、干部的培养、培训，发达地区和大中院校对口扶贫等作出规定。

新闻出版署广电部文化部关于查处非法音像出版物的通知

一、非法音像出版物的范围

根据国务院《关于严厉打击非法出版活动的通知》（国发65号）和中共中央办公厅、国务院办公厅《关于整顿、清理书报刊和音像市场严厉打击犯罪活动的通知》（中办发〔1989〕13号）的规定，凡不是国家批准的音像出版单位出版的在社会上公开发行的录音带、录像带、唱片、激光唱片、激光视盘等音像制品都属于非法音像出版物，其范围是：

1. 盗用国家批准的音像出版单位的名称、版号制作的音像出版物；

2. 伪造根本不存在的音像出版单位的名称、版号制作的音像出版物；

3. 以盗版方式制作的假冒合法音像出版物的装帧纸、音像带芯和其他复制品；

4. 收买国家批准的音像出版单位的名称、版号制作的音像出版物；

5. 在社会上公开发行的未署出版单位名称和署非出版单位名称的音像出版物；

6. 使用被撤销或停办的音像出版单位的名称、版号制作的音像出版物；

7. 音像复制单位擅自加制的音像出版物；

8. 音像出版单位未经国家主管部门批准出版发行境外的音像出版物；

9. 走私入境的和盗制境外的音像出版物；

10. 由省级以上音像行政管理部门认定的其他非法音像出版物。

二、非法音像出版物的查处

凡属取缔范围内的非法音像出版物，县级以上音像行政管理部门可以先行采取责令停止制作、销售和查封、扣押、收缴等行政强制措施，制止其进一步扩散。县级以上查处机关尽快将非法音像出版物进行鉴定，并根据有关法规、规章的规定，对制作、贩卖非法音像出版物的单位和个人作出处理决定。

对非法音像出版物的鉴定有不同意见的，可报请上级音像行政管理部门作出鉴定。

非法音像出版物一律收缴销毁。对于制作、贩卖单位和个人，可视情节轻重，分别给予警告、罚款、没收非法所得、停业整顿、吊销许可证或其他行政处罚。已构成犯罪的，应依法移交公安、司法机关处理。

接本通知后，请各地将查处非法音像出版物工作的安排和进展情况及时报告新闻出版署，并将已经认定的非法音像出版物目录和样品同时上报，以便及时向全国通报查处。

国务院环保委通过关于加强环境执法检查打击违法活动的决议

最近召开的国务院环委会第二十四次会议讨论通过《关于加强环境执法检查、打击违法活动的决议》。

《决议》指出，我国环境保护事业走过了20年的历史。在各级政府的领导和重视下，经过努力，环境保护工作取得了很大进展，走出了一条有中国特色的环境保护道路。国家制定了一系列环境保护的方针、政策、法规、制度和与之相配套的实施措施。党的十四大把加强环境保护列为90年代改革和建设的十大主要任务之一，要求认真执行环境保护这一基本国策，对我国的环境保护工作提出了更高的要求。在当前和今后几年，环境保护的工作重点是充分运用法律武器，强化监督执法，落实既定的方针、政策、法规、规划、标准和制度，检查其执行情况，迅速扭转有法不依、执法不严、违法不究的现象，对违反环境保护法和野生动物保护法造成严重污染和生态破坏，危害珍稀、濒危野生动物的违法行为进行严肃处理对情节严重的，要严厉打击。

《中国工农红军第二方面军战史》由解放军出版社出版发行

人口问题座谈会在北京召开

中国1992年进出口总额跃居世界第11位

中国1992年进出口总额超过西班牙和韩国，在世界贸易大国的排名中，跃居第11位。

2月10日

中共中央就做好毛泽东诞辰100周年纪念活动发出通知

通知指出：毛泽东是伟大的马克思主义者，中国共产党、中国人民解放军、中华人民共和国的主要缔造者和领导人。毛泽东在中国各族人民中享有崇高的威望，在世界上也有巨大的影响。在他诞辰一百周年的时候，举行隆重的纪念活动，是全党和全国人民政治生活中的一件大事。这对于贯彻党的十四大精神，在全党和全国人民中加强马克思列宁主义、毛泽东思想的教育，加强爱国主义、集体主义，坚持党的“一个中心、两个基本点”的基本路线，推进我国的社会主义现代化建设，具有重大的意义。这次纪念活动的主题是，坚持和发展毛泽东思想，用邓小平建设有中国特色社会主义的理论指导各方面工作。

通知要求进行广泛深入的宣传教育。通过宣传教育，使全党、全军和全国各族人民充分认识毛泽东同志的历史地位和毛泽东思想的指导作用，充分认识邓小平同志继承和发展毛泽东思想的历史功绩和用建设有中国特色社会主义的理论指导各项工作的重大意义，推动广大干部和群众结合实际学习毛泽东同志的著作和邓小平同志的著作，深入领会毛泽东思想和邓小平建设有中国特色社会主义的理论。

中共中央政治局委员尉健行在学习中共十四大精神报告会上发表讲话

尉健行向在北京的党政机关领导干部介绍学习党的十四大精神的体会时说，在新的一年里，按照中央的部署，我们要在邓小平建设有中国特色社会主义理论和党的“一个中心、两国基本点”的基本路线指导下，积极、全面、正确地贯彻十四大精神，更好更快地推进改革开放和现代化建设，同时继续着力抓好党的建设。

尉健行的报告共分三个部分：一、联系14年的伟大实践正确认识我们伟大的党，认识党的建设的成就和进步，增强信心，进一步把党建设好；二、在建设有中国特色社会主义理论指导下，按照十四大确定的目标、方针和原则加强和改进党的建设；三、努力贯彻落实十四大确定的党的建设任务，把党建工作提高到一个新水平。

尉健行指出，过去的14年，伟大的中国共产党领导了建设和改革的伟大实践，伟大的实践锻炼了我们的党。党的思想、政治、组织、作风建设都取得了巨大进步，党变得更加成熟、更加坚强、更加朝气蓬勃、更加富有战斗力了。解放思想、实事求是的思想路线在全党得到恢复、坚持和发展，建设有中国特色社会主义理论的形成和在全党指导地位的确立，是党的思想理论建设最重大的进步；制定并坚持执行了一条建设有中国特色社会主义的正确路线，这是党的政治建设最重大的进步；提出和执行干部队伍"四化"方针，为党的基本路线的贯彻执行提供了坚实的组织保证，这是党的组织建设的一个重大进步；继承和发扬党的优良传统作风，高度重视科学决策和民主决策，在改革开放的环境中始终坚持抓党风和廉政建设，保持党同人民群众的密切联系，这是新时期党的作风建设的主要特点。

尉健行强调，90年代，是我国改革开放和现代化建设的关键时期，也是党的建设的关键时期。新的形势和任务，使党在前进中继续面临着严峻的考验，能不能在更高的水平上把党建设好，直接关系到社会主义制度的巩固，关系到社会主义现代化建设事业的成败。在新形势下加强和改进党的建设，必须按照十四大精神，坚持以邓小平同志建设有中国特色社会主义理论为指导，在工作中注意掌握好几个具有指导性、原则性的重要问题，即，要努力把党建设成为团结带领人民群众建设有中国特色社会主义的更加坚强的领导核心；要严格遵循党的基本路线建设党；要坚持党要管党和从严治党；在改革开放的整个过程中都要加强党风和廉政建设，坚持反腐败斗争；要结合新情况，研究新问题，创造新经验，不断加强和改进党的建设。

尉健行要求，努力完成十四大确定的党的建设任务，要抓住用邓小平同志建设有中国特色社会主义理论武装全党这个关键，带动其他各项任务的贯彻落实。他着重谈了关于认真学习建设有中国特色社会主义理论；关于加强领导班子建设和培养社会主义事业接班人；关于密切党同群众的联系，坚决克服消极腐败现象等问题。他指出，新时期加强党的建设、改善党的领导的大政方针和目标任务，十四大已经明确，中央对这方面的工作十分重视，并已在安排今年工作时作了部署。现在的关键在于进一步统一认识，真抓实干。加强和改进中直机关和国家机关党的建设，具有表率作用，对进一步建设好我们的党有着特殊重要的意义，我们要加倍努力，把党和国家首脑机关的党组织建设得更好。

报告会由中央宣传部、中直机关工委、解放军总政治部、中央国家机关工委、中共北京市委联合举办。解放军总政治部主任于永波主持。

全国检察机关第二次举报工作会议在深圳召开

全国98%的检察机关建立了3600多个举报机构。1988年以来，全国检察机关共受理举报线索140.6万多件，比开展举报前五年受理的检举控告总数增加了57.6%；在这些线索中，贪污、贿赂等经济犯罪线索占81.4%。与此同时，举报部门移送反贪部门的贪污、贿赂犯罪线索又占反贪部门受理案件总数的0.1%；其中，立案侦查万元以上大案4.1万多件，分别占大案、要案立案总数的71.3%和68.7%。

中国和平统一促进会第三届理事会在北京召开

会议于10日至12日举行，统促会会长钱伟长、卢嘉锡、王光英、程思远、吴国祯及130余位常务理事、理事参加会议。中共中央统战部部长、国务院台湾事务办公室主任王兆国，海峡两岸关系协会常务副会长唐树备等与会表示祝贺。

钱伟长在工作报告中说，统促会成立四年多来，与海内外四十五个党派、团体建立了联系。

会议决定增选万国权为会长，张克辉、金效琦、缪群为常务理事，安民、刘春槐、任秉欣、江树峰、宋文茂、李宝库、杨丽萍为理事。

国务院副总理朱镕基在北京会见以吴夏雄为团长的台湾建筑界大陆投资访问团

中国对外经贸市场多元化已同221个国家和地区建立经贸关系

中国政府和约旦政府在安曼达成互免签证协议

巴基斯坦总统伊沙克·汗在伊斯兰堡总统府会见全国人大常委会副委员长赛福鼎·艾则孜等

外交部部长钱其琛在北京应约会晤阿拉伯国家驻中国使节

中国在大动物实验中首次应用中药雷公藤制剂抑制器官移植中的异体排斥反应获得成功

2 月 11 日

中宣部发出把《邓小平关于建设有中国特色社会主义的论述专题摘编》作为必读书的通知

通知说，中共中央文献研究室为了配合广大党员和干部学习党的十四大文件和邓小平建设有中国特色社会主义的理论，编辑了《邓小平关于建设有中国特色社会主义的论述专题摘编》一书，已由中央文献出版社出版。

通知说，这本书按十四大报告归纳的建设有中国特色社会主义理论的九个方面的内容，用专题摘编的形式，比较系统和集中地反映了十一届三中全会以来邓小平同志关于建设有中国特色社会主义的主要思想和观点，这对我们深入学习、研究和掌握邓小平建设有中国特色社会主义的理论提供了更为便利的条件。

国务院总理李鹏在人民大会堂同西班牙首相费利佩·冈萨雷斯举行会谈

李鹏说："首相阁下 1985 年访华以来，两国关系顺利发展，对此我们感到满意。中西两国之间没有根本的利害冲突，在国际事务中有许多共同点。保持两国在政治、经济和科技等方面合作的势头，符合两国人民的利益。"

李鹏说："中国实行改革开放已经 14 年了，我们将继续推进改革开放的进程，使我国经济有更大的发展。在今后的岁月里，中国的对外经济合作必然不断扩大。目前中国同西方国家的经济合作形式主要有三种：一是使用外国提供的买方信贷，二是建立独资和合资企业，三是利用自有外汇购买我们所需要的商品。我们将进一步拓宽投资领域，不仅欢迎外商在基础产业投资，而且欢迎在双方感兴趣的其他领域投资，不仅欢迎在大型项目上合作，而且欢迎在中小型项目上合作，中国的市场将更加开放。"

李鹏说，中国同欧共体的关系曾一度出现波折，但经过双方的共同努力，现已有了明显的恢复和改善。中国重视同欧共体及其成员国发展友好合作关系，"中国同欧共体发展长期稳定的友好合作关系，不仅有利于双方，而且也有利于维护世界和平。"

钱其琛、杨泰芳和冈萨雷斯首相的主要陪同人员会谈时在座。

安徽省八届人大一次会议选举傅锡寿为省长

民主党派负责人参加重大国事活动

在由国务院总理李鹏举行的欢迎西班牙首相冈萨雷斯的欢迎仪式上，民盟中央主席费孝通、农工民主党中央副主席方荣欣作为民主党派负责人参加了欢迎仪式。

各民主党派负责人参加重大国事活动，是中国完善共产党领导的多党合作和政治协商制度所采取的一项新举措。自去年 7 月以来，参加重大国事活动的各民主党派负责人有民革中央主席李沛瑶、副主席彭清源，民盟中央主席费孝通、副主席冯之浚、丁石孙，民建中央主席孙起孟、副主席万国权，民进中央主席雷洁琼、副主席陈舜礼，致公党中央主席董寅初、副主席杨纪珂，九三学社中央副主席徐采栋、赵伟之，台盟中央主席蔡子民，无党派代表人士程思远等。他们参加的重大国事活动包括欢迎 12 个国家的首脑和一些政党领导人来访的仪式，以及中共中央和国家领导人与外宾的重要会见等。

在民主党派负责人参加的重大国事活动中，中共中央、全国人大和国务院的领导把民主党派负责人介绍给外国领导人。1992 年 7 月 11 日，中共中央总书记江泽民在会见布隆迪客人时，请民进中央主席雷洁琼向客人介绍中国八个民主党派的情况和发挥参政党作用的情况。

国务院办公厅转发国家计委《关于地方修建革命纪念馆所需建设资金问题请示的通知》

去年以来，不少地方向我委写报告，要求修建革命纪念馆，并要求国家安排投资，现将有关情况和我们的意见报告如下：

关于地方修建烈士陵园、纪念碑（塔）等设施投资问题，按有关文件精神和过去的做法，所需投资原则上由地方安排，国家不予补助。如 1985 年上海市要求修建龙华纪念馆，并要求国家补助投资时，中央办公厅、国务院办公厅曾在批复中指出："鉴于目前中央财政很紧，过去其他省市修建的烈士陵园、纪念馆等所需经费均由地方自行解决，因此，国家难以安排烈士陵园的建设投资。"1986 年我委在处理各地要求修建革命纪念馆的有关事宜时，曾给国务院写报告，建议烈士陵园、纪念碑（塔）等均不列入国家基本建设计划，当时国务院批转了这个报告。

根据上述情况及目前国家财力的状况，我们意见，今后凡地方要求修建的纪念馆等，所需投资由地方安排，国家不予补助投资。

全国农业厅（局）长会议在上海召开

农业部部长刘中一出席会议并发表讲话。刘中一要求，当前农业部门的主要任务是配合各级政府抓紧抓好春耕生产，确保今年粮棉生产的稳定增长。

国务院批转《国务院机电产品出口办公室关于进一步推动机电产品出口意见的通知》

中国质量管理和质量保证系列标准与国际接轨新标准今年起在全国实施

为掌握国际市场的“通行证”，国家技术监督局将质量管理和质量保证系列国家标准由过去的等效采用国际标准，改为等同采用，并于今年1月1日起在全国实施。

ISO 9000系列国际标准是由国际标准化组织于1987年3月正式发布的。在国际经济合作中，它被作为相互认可的技术基础。中国于1988年曾将这一标准等效采用为国家标准，编号为GB/T 10300。

浙江舟山岙山石油转运基地首次靠泊英国27万吨级“拉姆帕斯号”超级油轮

国务院总理李鹏在北京同西班牙首相费利佩·冈萨雷斯出席中西企业家合作委员会第二次会议闭幕式

李鹏说，冈萨雷斯首相此次访华正值中西建交20周年。我们高兴地看到，20年来，中西两国关系一直很好。近几年来，两国在政治、外交、经贸、科技等方面的交流与合作都有了新的进展。特别应该提到的是，两国贸易额持续增长，经济技术合作的领域不断扩大，合作方式增多。西班牙在华建立了不少合资企业，并取得了良好的经济效益，中国还从西班牙引进了程控电话、炼钢、化工、纺织等设备。

李鹏说，最近两国企业就投资总额为3.7亿美元的河南鸭河口电站项目达成了协议；在原有引进100万门程控电话的基础上又就引进新的程控电话项目达成了协议。这些项目既支持了中国的经济建设，也使更多的西班牙企业跻身于中国市场。另外，西班牙政府还将向中国提供一笔5.5亿美元的混合贷款，这种贷款是互利的，它将被用于购买西班牙的设备和技术。

国务院总理李鹏在人民大会堂就中西关系和中国与欧共体关系等问题接受西班牙埃菲社驻北京分社社长比拉尔·洛阿蒂的采访

李鹏表示，从总体来说，中国同欧洲国家之间没有根本的利害冲突。中国愿意发展同西欧国家的关系。可以说，在西欧各国中，西班牙是同中国关系最好的国家之一。中西关系不仅完全实现了正常化，而且不断得到巩固和发展。他表示相信，通过冈萨雷斯首相这次的访问，中西关系将进一步发展。

至于中西两国在哪个领域可能作出更多的努力来推动双边关系的发展，李鹏说：首先当然是经济领域，其次是文化、科技、教育和体育等其他领域。在发展旅游方面，中国也可以借鉴西班牙成功的经验。总之，中西进一步发展合作的前景是广阔的。

当被问到冈萨雷斯首相此次访华是否有助于中国同欧共体关系完全实现正常化时，李鹏说，“我们希望这次访问能起到这样的作用。”李鹏说，中国和欧共体国家的关系在经过一段曲折之后，现在都得到不同程度的恢复和改善。至于中国和某些欧共体国家关系中出现的一些新问题，这不是中国方面造成的。他指出，中国和西班牙之间良好的关系表明，社会制度、意识形态和文化传统不同的国家完全可以友好相处。

李鹏说，西班牙是本届联合国安理会非常任理事国，而中国是安理会常任理事国。两国可以在这个重要的国际组织中就许多国际问题进行磋商，开展合作，目的是为了维护世界的和平与安全。

李鹏指出，现在的世界并不太平；民族冲突、地区冲突和日益扩大的南北差距等种种问题困扰着国际社会。中国认为，人类社会的两大问题——和平与发展——均未得到解决。现在应该建立一种新的国际秩序；各国无论大小、贫富、强弱，应该完全平等。

李鹏说，中国是一个爱好和平的国家。同西班牙一样，中国致力于本国经济的发展。两国在许多国际问题上有着共同和相似的看法。“我们期待着今年在安理会上同西班牙和其他成员国进行广泛的合作，共同寻求解决世界上众多的棘手问题的办法。”李鹏指出，联合国安理会负有崇高的使命，应该为维护全球的安全与和平作出贡献，而不应为少数国家的利益服务，因为这是违背联合国的宗旨的。所以，除了常任理事国之外，非常任理事国也应同样发挥重要的作用。

国务院总理李鹏在中南海紫光阁会见美国罗克韦尔公司董事长唐纳德·比尔

外交部部长钱其琛在人民大会堂会见陪同冈萨雷斯首相来访的西班牙外交大臣哈维尔·索拉纳

巴勒斯坦总统阿拉法特在突尼斯会见外交部副部长杨福昌

中国和美国在北京签署《关于卫星技术安全的协议备忘录》

外交部发言人吴建民就有关中国意图使用缅甸勃生海军基地事发表谈话

在下午举行的记者招待会上有记者问：据报道，钱其琛外长访缅时答应增加对缅军事和财政援助，中国的意图是换取缅甸同意中国使用勃生海军基地，把影响扩大到印度洋。请问对此报道有何评论？

吴建民说，上述报道纯系捏造。钱其琛国务委员兼外长最近访问缅甸期间同缅领导人就加强双方经贸合作，特别是边境贸易、搞好两国边界联检、合作禁毒等问题交换了意见，双方根本未涉及军事援助和军事合作问题。

吴建民指出，有人散布所谓"中国威胁"，现在又炮制中国向印度洋扩大影响的奇谈怪论，目的是离间中国与周边国家的关系。但一切挑拨中国与其邻国关系的企图都是徒劳的。

日本外务省经济局关贸总协定事务高级助理石川正纪在北京与经贸部国际经贸关系司龙永图司长就恢复中国在关贸总协定缔约国地位问题进行双边磋商

日方谈判代表石川正纪向中国恢复关贸总协定地位谈判代表团秘书长、经贸部国际经贸关系司龙永图司长转交日外务大臣渡边美智雄给李岚清部长的复函，函中明确表示日方积极支持中国尽早复关的努力，高度评价十四大作出建立社会主义市场经济体制的决定，正式宣布日方将应中方的邀请，开始与中国进行关税及非关税措施的减让谈判。

中方对日方准备同我开始关税减让谈判表示欢迎和赞赏，表示这是日方为支持中国"复关"采取的一个重大的实际步骤。

石川最后确认，日方在信中表示准备与中国开始关税减让本身就表明日方将不会引用总协定第 35 条的互不适用条款，并明确指出日本在中国复关后将给予中国无条件最惠国待遇。

双方最后共同表示保持接触，积极准备，尽快开始谈判，以便促进中国早日复关。

中国向巴基斯坦出口日产 2000 吨水泥厂成套设备项目在北京举行签字仪式

2 月 12 日

中共中央总书记江泽民国务院副总理朱镕基在钓鱼台国宾馆分别会见西班牙首相费利佩·冈萨雷斯

中国和平统一促进会第三届理事会在北京闭幕

万国权被增选为会长。

执行会长钱伟长在讲话中表示，"一国两制，和平统一"的伟大构想是建设有中国特色社会主义理论的重要内容之一。希望各位理事继续努力，团结一切赞成和平统一的团体和人士，积极推动祖国和平统一大业。钱伟长说，当前，中国和平统一促进会要进一步发挥民间团体的作用，加强与岛内外各界的联系，大力宣传"一国两制"，促进双向交流，推动直接"三通"，为祖国统一大业早日实现继续努力。

这次会议还增选 3 位常务理事、7 位理事。

外交部部长钱其琛同阿尔巴尼亚外交部部长阿尔弗雷德·塞雷齐举行会谈

解放军总政治部发出《积极吸收地方留学回国人员到军队系统工作的通知》

经中央军委批准，总政治部发出《积极吸收地方留学回国人员到军队系统工作的通知》。通知说，接收地方留学回国人员的对象主要是热爱社会主义祖国，拥护党的基本路线，立志献身国防事业，在学术上能起带头作用的军队现代化建设特别急需的高科技人才或其他优秀拔尖人才。接收的人员按特招干部规定办理入伍手续，作为文职干部安排在专业技术岗位，优先评任专业技术职务，确定专业技术职务等级和文职级工资等级。

国家自然科学基金委设立的"优秀中青年人才专项基金"首次评审揭晓 14 位中青年学者获得资助

世界最大水利导流洞在四川贯通

导流洞位于四川雅砻江畔，全长 1088 米，最大开挖截面为 628 平方米，被水电专家称誉为"世界第一洞"。

民间筹资建湖北赤壁——乌林长江大桥

2 月 13 日

中共中央 国务院颁布《中国教育改革和发展纲要》

中国共产党第十四次全国代表大会在建设有中国特色社会主义理论的指导下，确定了 90 年代我国改革和建设的主要任务，明确提出"必须把教育摆在优先发展的战略地位，努力提高全民族的思想道德和科学文化水平，这是实现我国现代化的根本大计"。为了实现党的十四大所确定的战略任务，指导 90 年代乃至下世纪初教育的改革和发展，使教育更好地为社会主义现代化建设服务，特制定本纲要。

一、教育面临的形势和任务

(1)当前，我国改革开放和现代化建设事业进入了一个新阶段。建立社会主义市场经济体制，加快改革开放和现代化建设步伐，进一步解放和发展生产力，使国民经济整体素质和综合国力都迈上一个新台阶。这对教育工作既是难得的机遇，又提出了新的任务和要求。在新的形势下，教育工作的任务是：遵循党的十四大精神，以建设有中国特色的社会主义理论为指导，坚持党的基本路线，全面贯彻教育方针，面向现代化，面向世界，面向未来，加快教育的改革和发展，进一步提高劳动者素质，培养大批人才，建立适应社会主义市场经济体制和政治、科技体制改革需要的教育体制，更好地为社会主义现代化建设服务。

(2)新中国建立多年来，我国教育工作取得了显著成就。社会主义教育制度已经基本确立；教育事业有了很大发展，为社会主义建设培养了大批人才；形成了上千万人的教师队伍；办学的物质条件程度不同地有所改善。特别是党的十一届三中全会以来，教育改革逐步展开；九年义务教育开始有计划、分阶段地实施，全国已有91%人口的地区普及了小学教育；职业和技术教育得到相当程度的发展，中等职业技术学校招生和在校学生人数占高中阶段学生人数的比例，均已超过50%，改变了中等教育结构单一化的局面；高等教育发展较快，普通高等学校和成人高等学校在校学生已达到376万人，初步形成了多种层次、多种形式、学科门类基本齐全的体系；形式多样的成人教育和民族教育也得到很大发展；农村基础教育实行地方负责、分级管理的体制取得了明显效果，教育同科技、农业的统筹结合开始显示出生命力；涌现出一批尊师重教并取得较大成绩的地区、部门和单位。国际教育交流和合作也得到广泛开展。我国教育工作取得的成就，是坚持改革开放的结果，体现了社会主义制度的优越性，是我国教育进一步改革和发展的基础。

同时，必须看到，我国教育在总体上还比较落后，不能适应加快改革开放和现代化建设的需要。教育的战略地位在实际工作中还没有完全落实；教育投入不足，教师待遇偏低，办学条件较差；教育思想、教学内容和教学方法程度不同地脱离实际；学校思想政治工作还需要进一步加强和改进；教育体制和运行机制不适应日益深化的经济、政治、科技体制改革的需要。对教育工作中存在的这些问题，必须随着经济的发展和改革的深化，认真加以解决。

(3)四十多年来，我国教育经历了曲折的发展历程，为发展社会主义教育事业积累了宝贵经验，初步明确了建设有中国特色社会主义教育体系的主要原则：第一，教育是社会主义现代化建设的基础，必须坚持把教育摆在优先发展的战略地位。第二，必须坚持党对教育工作的领导，坚持教育的社会主义方向，培养德智体全面发展的建设者和接班人。第三，必须坚持教育为社会主义现代化建设服务，与生产劳动相结合，自觉地服从和服务于经济建设这个中心，促进社会的全面进步。第四，必须坚持教育的改革开放，努力改革教育体制、教育结构、教学内容和方法，大胆吸收和借鉴人类社会的一切文明成果，勇于创新，敢于试验，不断发展和完善社会主义教育制度。第五，必须全面贯彻党和国家的教育方针，遵循教育规律，全面提高教育质量和办学效益。第六，必须依靠广大教师，不断提高教师政治和业务素质，努力改善他们的工作、学习和生活条件。第七，必须充分发挥各级政府、社会各方面和人民群众的办学积极性，坚持以财政拨款为主、多渠道筹措教育经费。第八，必须从我国国情出发，根据统一性和多样性相结合的原则，实行多种形式办学，培养多种规格人才，走出符合我国和各地区实际的发展教育的路子。这些主要原则，需要在今后的实践中进一步丰富和发展。

(4)邓小平同志指出，实现四个现代化，科学技术是关键，基础在教育。为了完成党的十四大确定的九十年代的主要任务，必须把经济建设转到依靠科技进步和提高劳动者素质的轨道上来。我国企业经济效益低、产品缺乏竞争能力的状况之所以长期得不到改变，农业科学技术之所以得不到普遍推广，宝贵的资源和生态环境之所以不能得到充分利用和保护，人口增长之所以不能得到有效的控制，一些不良的社会风气之所以屡禁不止，原因固然很多，但一个重要的原因是劳动者素质低。发展教育事业，提高全民族的素质，把沉重的人口负担转化为人力资源优势，这是我国实现社会主义现代化的一条必由之路。

当今世界政治风云变幻，国际竞争日趋激烈，科学技术发展迅速。世界范围的经济竞争、综合国力竞争，实质上是科学技术的竞争和民族素质的竞争。从这个意义上说，谁掌握了面向21世纪的教育，谁就能在21世纪的国际竞争中处于战略主动地位。为此，必须高瞻远瞩，及早筹划我国教育事业的大计，迎接21世纪的挑战。

面对加快改革开放和现代化建设的新形势，各级政府、广大教育工作者和全社会，必须对教育的改革和发展具有紧迫感，真正树立社会主义建设必须依靠教育和“百年大计，教育为本”的思想，采取切实有力措施，落实教育的战略地位，加快教育的改革和发展，开创教育事业的新局面。

二、教育事业发展的目标、战略和指导方针

(5)根据我国社会主义现代化建设“三步走”的战略部署，到本世纪末，我国教育发展的总目标是：全民受教育水平有明显提高；城乡劳动者的职前、职后教育有较大发展；各类专门人才的拥有量基本满足现代化建设的需要；形成具有中国特色的、面向21世纪的社

会主义教育体系的基本框架。再经过几十年的努力，建立起比较成熟和完善的社会主义教育体系，实现教育的现代化。

90 年代，在保证必要的教育投入和办学条件的前提下，各级各类教育发展的具体目标是：

——全国基本普及九年义务教育（包括初中阶段的职业技术教育）；大城市市区和沿海经济发达地区积极普及高中阶段教育。大中城市基本满足幼儿接受教育的要求，广大农村积极发展学前一年教育。

——高中阶段职业技术学校在校学生人数有较大幅度的增加，未升学的初中和高中毕业生普遍接受不同年限的职业技术培训，使城乡新增劳动力上岗前都能得到必需的职业技术训练。

——高等学校培养的专门人才适应经济、科技和社会发展的需求，集中力量办好一批重点大学和重点学科，高层次专门人才的培养基本上立足于国内，教育质量、科学技术水平和办学效益有明显提高。

——全国基本扫除青壮年文盲，使青壮年中的文盲率降到 5%以下。通过岗位培训、继续教育和在职学历教育，提高广大从业人员的思想文化素质和职业技能。

各地区、各部门根据实际情况，制定本地区本行业的分阶段教育发展目标和任务。

(6)为了实现上述目标，应采取深化教育改革，坚持协调发展，增加教育投入，提高教师素质，提高教育质量，注重办学效益，实行分区规划，加强社会参与的战略。

——在教育事业发展上，不仅教育的规模要有较大发展，而且要把教育质量和办学效益提高到一个新的水平。

——在结构选择上，以九年义务教育为基础，大力加强基础教育，积极发展职业技术教育、成人教育和高等教育，把提高劳动者素质，培养初、中级人才摆到突出的位置。

——在地区发展格局上，从各地经济、文化发展不平衡的实际出发，因地制宜，分类指导。鼓励经济、文化发达地区率先达到中等发达国家 80 年代末的教育发展水平，积极支持贫困地区和民族地区发展教育。

(7)基础教育是提高民族素质的奠基工程，必须大力加强。各级政府要认真贯彻执行《中华人民共和国义务教育法》及其实施细则，以积极进取的精神，从本地区的实际出发，把普及九年义务教育的目标落到实处。要建立检查、监督和奖惩制度，确保义务教育法的贯彻执行。政府、社会、家长要认真履行自己的义务，保证适龄儿童入学，制止学生的辍学。对招用学龄儿童和少年就业的组织和个人，必须坚决依法制裁。

发展基础教育，必须继续改善办学条件，逐步实现标准化。中小学要由“应试教育”转向全面提高国民素质的轨道，面向全体学生，全面提高学生的思想道德、文化科学、劳动技能和身体心理素质，促进学生生动活泼地发展，办出各自的特色。普通高中的办学体制和办学模式要多样化。

(8)职业技术教育是现代教育的重要组成部分，是工业化和生产社会化、现代化的重要支柱。各级政府要高度重视，统筹规划，贯彻积极发展的方针，充分调动各部门、企事业单位和社会各界的积极性，形成全社会兴办多形式、多层次职业技术教育的局面。到本世纪末，中心城市的行业和每个县，都应当办好一两所示范性骨干学校或培训中心，同大量形式多样的短期培训相结合，形成职业技术教育的网络。

发展职业技术教育要与当地经济发展的需要相适应。基本普及九年义务教育的地区，应以发展初中后职业技术教育为重点；尚未普及九年义务教育的地区，对不能升入初中的小学毕业生应实行职业技术培训；各地要积极发展多样化的高中后教育，对未升入高等学校的普通高中毕业生进行职业技术培训。普通中学也要分别不同情况，适当开设职业技术教育课程。

各级各类职业技术学校都要主动适应当地建设和社会主义市场经济的需要。要在政府的指导下，提倡联合办学，走产教结合的路子，更多地利用贷款发展校办产业，增强学校自我发展的能力，逐步做到以厂（场）养校。

要认真实行“先培训，后就业”的制度。优先录用经过职业技术教育和培训的学生就业，专业性、技术性较强的岗位，应在获得岗位资格证书后上岗。对未经培训已就业的，要进行岗前培训。

(9)高等教育担负着培养高级专门人才、发展科学技术文化和促进现代化建设的重大任务。90 年代，高等教育要适应加快改革开放和现代化建设的需要，积极探索发展的新路子，使规模有较大发展，结构更加合理，质量和效益明显提高。

高等教育的发展，要坚持走内涵发展为主的道路，努力提高办学效益。要区别不同的地区、科类和学校，确定发展目标和重点。制订高等学校分类标准和相应的政策措施，使各种类型的学校合理分工，在各自的层次上办出特色。要大力加强和发展地区性的专科教育，特别注重发展面向广大农村、中小企业、乡镇企业和第三产业的专科教育，努力扩大研究生的培养数量。要基本稳定基础学科的规模，适当发展新兴和边缘学科，重点发展应用学科。为了迎接世界新技术革命的挑战，要集中中央和地方等各方面的力量办好 100 所左右重点大学和一批重点学科、专业，力争在下世纪初，有一批高等学校和学科、专业，在教育质量、科学研究和管理方面，达到世界较高水平。

高等学校科学技术工作要认真贯彻国家对科学技术工作的方针，坚持“科学技术是第一生产力”的思想，坚持面向经济建设，坚持同教学相结合。要根据不同条件，大力开展技术开发、推广应用和咨询服务，兴办科技产业，使科研成果尽快转化为现实生产力。要加强基础科学和应用科学的研究，组织精干力量承担国家科技攻关项目和发展高新技术任务。要有计划地建成一批国家重点实验室和工程研究中心，促进相关学科的科研水平进入世界先进行列。

哲学社会科学的教学与科学研究，必须以马克思主义和建设有中国特色社会主义的理论为指导，紧密联系实际，努力研究和解决社会主义现代化建设中的理论和实际问题，为繁荣哲学社会科学，建设有中国特色的社会主义作出贡献。

(10)成人教育是传统学校教育向终生教育发展的一种新型教育制度，对不断提高全民族素质，促进经济和社会发展具有重要作用。90年代，要适应经济建设、社会发展和从业人员的实际需要，积极发展。要本着学用结合、按需施教和注重实效的原则，把大力开展岗位培训和继续教育作为重点，重视从业人员的知识更新。国家建立和完善岗位培训制度、证书制度、资格考试和考核制度、继续教育制度。

大力发展农村成人教育，积极办好乡镇成人文化技术学校，全面提高农村从业人员的素质。抓紧扫除青壮年文盲，坚持标准，讲求实效，把文化教育和职业技术教育结合起来。各级政府要增加扫盲拨款，设立社会扫盲基金，并加强领导，把扫盲任务落实到乡、村。

成人学历教育要加强和普通学校的联系与合作，努力体现成人教育的特色，注重提高质量。不具备颁发学历文凭资格的各种成人教育机构，可以发给毕业生写实性学习证书；毕业生要取得国家承认的学历文凭，可以参加国家组织的文凭考试或自学考试。要完善和发展自学考试制度，鼓励自学成才。

(11)重视和扶持少数民族教育事业。中央和地方要逐步增加少数民族教育经费。对有特殊困难的少数民族地区，要采取倾斜政策和措施。在国家安排的少数民族地区各项补助费及其他扶贫资金中，要划出一定比例的经费用于发展民族教育。对志愿到边疆少数民族地区工作的大中专毕业生的待遇，各地要制定优惠政策。认真组织和落实内地省、市对民族地区教育的对口支援。各民族地区要积极探索适合当地实际的发展教育的路子。

(12)重视和支持残疾人教育事业。各级政府要把残疾人教育作为教育事业的组成部分，采取单独举办残疾人学校或普通学校招收残疾人入学等多种形式，发展残疾人教育事业。逐步增加特殊教育经费，并鼓励社会力量办学、捐资助学。要对残疾人学校及其校办产业给予扶持和优惠。

(13)积极发展广播电视教育和学校电化教学，推广运用现代化教学手段。要抓好教育卫星电视接收和播放网点的建设，到本世纪末，基本建成全国电教网络，覆盖大多数乡镇和边远地区。

(14)进一步扩大教育对外开放，加强国际教育交流与合作，大胆吸收和借鉴世界各国发展和管理教育的成功经验。出国留学人员是国家的宝贵财富，国家要给予重视和信任。根据“支持留学，鼓励回国，来去自由”的方针，继续扩大派遣留学生；认真贯彻国家关于在外留学人员的有关规定，支持留学人员在外学习研究，鼓励他们学成归来，或采用多种方式为祖国社会主义现代化建设作出贡献。改革来华留学生的招生和管理办法，加强我国高等学校同外国高等学校的交流与合作，开展与国外学校或专家联合培养人才、联合进行科学研究。大力加强对外汉语教学工作。

三、教育体制改革

(15)党的十四大确定我国经济体制改革的目标是建立社会主义市场经济体制。在90年代，随着经济体制、政治体制和科技体制改革的深化，教育体制改革要采取综合配套、分步推进的方针，加快步伐，改革包得过多、统得过死的体制，初步建立起与社会主义市场经济体制和政治体制、科技体制改革相适应的教育新体制。只有这样，才能增强主动适应经济和社会发展的活力，走出教育发展的新路子，为建立具有中国特色的社会主义教育体系奠定基础。教育体制改革要有利于坚持教育的社会主义方向，培养德智体全面发展的建设者和接班人；有利于调动各级政府、全社会和广大师生员工的积极性，提高教育质量、科研水平和办学效益；有利于促进教育更好地为社会主义现代化建设服务。

(16)改革办学体制。改变政府包揽办学的格局，逐步建立以政府办学为主体、社会各界共同办学的体制。在现阶段，基础教育应以地方政府办学为主；高等教育要逐步形成以中央、省(自治区、直辖市)两级政府办学为主、社会各界参与办学的新格局；职业技术教育和成人教育主要依靠行业、企业、事业单位办学和社会各方面联合办学。

国家对社会团体和公民个人依法办学，采取积极鼓励、大力支持、正确引导、加强管理的方针。国家欢迎港、澳、台同胞、海外侨胞和外国友好人士捐资助学。在国家有关法律和法规的范围内进行国际合作办学。举办具有颁发国家承认的学历文凭资格的各类学校，应按国家有关规定办理审批手续。

(17)深化中等以下教育体制改革,继续完善分级办学、分级管理的体制。

——中等及中等以下教育,由地方政府在中央大政方针的指导下,实行统筹和管理。国家颁发基本学制、课程设置和课程标准、学校人员编制标准、教师资格和教职工基本工资标准等规定,省、自治区、直辖市政府有权确定本地区的学制、年度招生规模,确定教学计划,选用教材和审定省编教材,确定教师职务限额和工资水平等。省以下各级政府的权限,由省、自治区、直辖市政府确定。

——积极推进农村教育、城市教育和企业教育综合改革,促进教育同经济、科技的密切结合。县、乡两级政府要把教育纳入当地经济、社会发展的整体规划,分级统筹管理基础教育、职业技术教育、成人教育,统筹规划经济、科技、教育的发展,促进"燎原计划"与"星火计划"、"丰收计划"的有机结合,落实科教兴农战略。要积极推进城市教育综合改革,探索城市教育管理的新体制。

——中等及中等以下各类学校实行校长负责制。校长要全面贯彻国家的教育方针和政策,依靠教职员工办好学校。

——支持和鼓励中小学同附近的企业事业单位、街道或村民委员会建立社区教育组织,吸引社会各界支持学校建设,参与学校管理,优化育人环境,探索出符合中小学特点的教育与社会结合的形式。

(18)深化高等教育体制改革。进行高等教育体制改革,主要是解决政府与高等学校、中央与地方、国家教委与中央各业务部门之间的关系,逐步建立政府宏观管理、学校面向社会自主办学的体制。

——在政府与学校的关系上,要按照政事分开的原则,通过立法,明确高等学校的权利和义务,使高等学校真正成为面向社会自主办学的法人实体。要在招生、专业调整、机构设置、干部任免、经费使用、职称评定、工资分配和国际合作交流等方面,分别不同情况,进一步扩大高等学校的办学自主权。学校要善于行使自己的权力,承担应负的责任,建立起主动适应经济建设和社会发展需要的自我发展、自我约束的运行机制。

政府要转变职能,由对学校的直接行政管理,转变为运用立法、拨款、规划、信息服务、政策指导和必要的行政手段,进行宏观管理。要重视和加强决策研究工作,建立有教育和社会各界专家参加的咨询、审议、评估等机构,对高等教育方针政策、发展战略和规划等提出咨询建议,形成民主的、科学的决策程序。

——在中央与地方的关系上,进一步确立中央与省(自治区、直辖市)分级管理、分级负责的教育管理体制。中央直接管理一部分关系国家经济、社会发展全局并在高等教育中起示范作用的骨干学校和少数行业性强、地方不便管理的学校。在中央大政方针和宏观规划指导下,对地方举办的高等教育的领导和管理,责任和权力都交给省(自治区、直辖市)。按照这个精神,中央要进一步简政放权,扩大省(自治区、直辖市)的教育决策权和包括对中央部门所属学校的统筹权。省(自治区、直辖市)在充分论证、严格审议程序,自行解决办学经费,以及统筹中央和地方所属高校毕业生就业去向的条件下,有权决定地方高等学校招生规模和专业设置。设置高等学校,由全国高等学校设置评议委员会评议,国家教委审批。

——在国家教委与中央业务部门的关系上,国家教委负责统筹规划、政策指导、组织协调、监督检查、提供服务。中央业务部门要加强对本行业的人才预测和规划,协助国家教委指导本行业的人才培养工作,负责管理其所属学校,包括在国家宏观指导下,决定所属学校的招生规模、专业设置、经费筹措、学生就业等。随着中央业务部门职能的转变和政企分开,中央业务部门所属学校要面向社会,其办学体制和管理体制分别不同情况,采取继续由中央部门办、中央部门和地方政府联合办、交给地方政府办、企业集团参与和管理等不同办法。目前先进行改革试点,逐步到位。

(19)改革高等学校的招生和毕业生就业制度。

——改变全部按国家统一计划招生的体制,实行国家任务计划和调节性计划相结合。在现阶段,国家仍要提出指导性的宏观调控的招生总量目标,并通过国家任务计划重点保证:国家重点建设项目、国防建设、文化教育、基础学科、边远地区和某些艰苦行业所需要的专门人才。在保证完成国家任务计划的前提下。逐步扩大招收委托培养和自费生的比重,这部分调节性计划由学校及其主管部门根据社会需求和办学条件确定。

——改革学生上大学由国家包下来的做法,逐步实行收费制度。高等教育是非义务教育,学生上大学原则上均应缴费。设立贷学金,对家庭经济有困难的学生提供帮助;国家、企事业单位、社会团体和学校均可设立奖学金,对品学兼优的学生和报考国家重点保证的、特殊的、条件艰苦的专业的学生给予奖励。

——改革高等学校毕业生"统包统分"和"包当干部"的就业制度,实行少数毕业生由国家安排就业,多数由学生"自主择业"的就业制度。近期内,国家任务计划招收的学生,原则上仍由国家负责在一定范围内安排就业,实行学校与用人单位"供需见面",落实毕业生就业方案,并逐步推行毕业生与用人单位"双向选择"的办法;委托和定向培养的学生按合同就业;自费生自主择业。随着社会主义市场经济体制的建立和劳动人事制度的改革，除对师范学科和某些艰苦行业、边远地区的毕业生，实行在一定范围内定向就业外，大部分毕业生实行在国家方针政策指导下，通过人才劳务市场，采取“自主择业”的就业办法。与此相配套，建立人才需求信息、就业咨询指导、职业介绍等社会中介组织，为毕业生就业提供服务。

(20)完善研究生培养和学位制度。通过试点，改进硕士学位授权点和博士生导师的审核办法，同时加强质量监督和评估制度。在培养教学、科研岗位所需人才的同时，大力培养经济建设和社会发展所需的应用性人才。鼓励有实践经验的优秀在职人员采用多种形式攻读硕士、博士学位。研究生学习期间，实行兼任教学、研究和管理等辅助工作的制度，其待遇视学校内部管理体制改革的进展、所兼工作的实绩，参照在职人员的水平，由学校确定。

(21)改革对高等学校的财政拨款机制，充分发挥拨款手段的宏观调控作用。对于不同层次和科类的学校，拨款标准和拨款方法应有所区别。改革按学生人数拨款的办法，逐步实行基金制。在国家和地方预算下达的教育经费之外，学校可依法筹集资金。

(22)参照高等学校招生、毕业生就业制度改革的精神，加快改革中专、技校招生、毕业生就业制度。根据国家有关政策，由地方人民政府或主管部门制定具体办法。通过联合办学和委托培养、自费等形式，使毕业生面向城乡多种所有制单位就业。中等专业教育和技工教育的重大方针政策，由国家制定，地方政府负责统筹规划和指导。

(23)积极推进以人事制度和分配制度改革为重点的学校内部管理体制改革。在合理定编的基础上，对教职工实行岗位责任制和聘任制，在分配上按照工作实绩拉开差距。改革的核心在于，运用正确的政策导向、思想教育和物质激励手段，打破平均主义，调动广大教职工积极性，转换学校内部运行机制，提高办学水平和效益。

学校的后勤工作，应通过改革逐步实现社会化。

(24)深化人事劳动制度改革，同教育体制改革相配套。

——建立和完善高等学校毕业生的考核录用制度。推行学历文凭、技术等级证书、岗位资格证书并重的制度，扭转升学、文凭、职称对于教育运行的片面导向作用。逐步建立职业岗位资格考核机构，实施各种岗位的资格考试和资格证书制度。

——改革高等学校职称评定和职务聘任制度。评定职称既要重视学术水平，又要重视有实用价值的研究成果和教学工作、技术推广应用的实绩。高等学校教师实行聘任制。中小学逐步实行教师资格制度和职务等级制度。

——运用劳动工资等政策杠杆，推动教育体制改革。大、中专学校毕业生的起点工资，用人部门可以按照实际水平和实际表现拉开档次。为鼓励各级各类学校毕业生到农村、边远地区、艰苦行业工作，各地要制定津贴和奖励政策。

(25)加快教育法制建设，建立和完善执法监督系统，逐步走上依法治教的轨道。制定教育法律、法规，要注意综合配套，逐步完善。要抓紧草拟基本的教育法律、法规和当前急需的教育法律、法规，争取到本世纪末，初步建立起教育法律、法规体系的框架。地方要从各自的实际出发，加快制定地方性的教育法规。

(26)加强教育改革和发展的理论研究和试验。各级政府和教育行政部门要把教育科学研究和教育管理信息工作摆到十分重要的地位。社会主义市场经济体制的建立，对教育的改革和发展提出了许多新的课题。教育理论工作者和实际工作者，要以马克思主义为指导，研究和回答建设有中国特色的社会主义教育体系的理论问题和实际问题。要积极开展教育决策咨询研究，密切教育科研同教育决策、教育实践的联系，发挥教育科研对教育改革和发展的促进作用。鼓励和支持学校、教师和教育研究工作者积极进行教育改革试验。

四、全面贯彻教育方针，全面提高教育质量

(27)教育改革和发展的根本目的是提高民族素质，多出人才，出好人才。各级各类学校要认真贯彻“教育必须为社会主义现代化建设服务，必须与生产劳动相结合，培养德、智、体全面发展的建设者和接班人”的方针，努力使教育质量在90年代上一个新台阶。

(28)用马列主义、毛泽东思想和建设有中国特色的社会主义理论教育学生，把坚定正确的政治方向摆在首位，培养有理想、有道德、有文化、有纪律的社会主义新人，是学校德育即思想政治和品德教育的根本任务。要进一步加强和改进德育工作，在实践中不断创造改革开放条件下学校德育工作的新经验，把德育工作提高到一个新水平。

对广大青少年要加强党的基本路线教育，爱国主义、集体主义和社会主义思想教育，近代史、现代史教育和国情教育，引导学生运用马克思主义的立场、观点、方法认识现实问题，走与工农结合、与实践结合的成长道路，促进学生逐步树立科学的世界观和为人民服务的人生观，增强学生抵制资产阶级自由化和一切剥削阶级腐朽思想的能力，坚定建设有中国特色的社会主义的信念。要重视对学生进行中国优秀文化传统教育。对中小学学生还要注重进行文明行为的养成教育。

要从各级各类学校的实际出发，分层次地确定德育工作的任务和要求，改进德育教材和德育方法，注重实效，使德育落到实处。

(29)重视和加强德育队伍的建设。加强德育工作是全体教师的共同职责。教师应当把德育贯穿和渗透到教育教学的全过程中，并以自己的楷模作用，促进学生的全面成长。

高等学校要建设好一支以精干的专职人员为骨干、专兼职结合的思想政治工作队伍。中小学要充分发挥思想品德课和思想政治课教师、班主任及共青团、少先队干部的作用。对从事思想政治工作的人员要进行培训，不断提高他们的思想政治素质和政策、业务水平，并采取实际措施解决他们的待遇问题。

(30)完善政策导向，加强学校管理。在招生、毕业生就业、评奖评优、教师职务评聘、工资晋级和出国留学等方面，坚持德才兼备的原则。教师从事德育工作和参加社会实践的成绩，应与其他工作成绩同等对待。

要严格执行校规、校纪，教育学生遵守行为规范，建设健康的、生动的校园文化，树立良好的校风、学风，使学校成为建设社会主义精神文明的重要阵地。

(31)进一步转变教育思想，改革教学内容和教学方法，克服学校教育不同程度存在的脱离经济建设和社会发展需要的现象。要按照现代科学技术文化发展的新成果和社会主义现代化建设的实际需要，更新教学内容，调整课程结构。加强基本知识、基础理论和基本技能的培养和训练，重视培养学生分析问题和解决问题的能力，注意发现和培养有特长的学生。中小学要切实采取措施减轻学生过重的课业负担。职业技术学校要注重职业道德和实际能力的培养。高等教育要进一步改变专业设置偏窄的状况，拓宽专业业务范围，加强实践环节的教学和训练，发展同社会实际工作部门的合作培养，促进教学、科研、生产三结合。

要逐步改革和完善升学和考试制度，稳步推进小学毕业生就近入学、初中毕业生升学考试、高中毕业会考和高考制度的改革。

(32)建立各级各类教育的质量标准和评估指标体系。各地教育部门要把检查评估学校教育质量作为一项经常性的任务。要加强督导队伍，完善督导制度，加强对中小学学校工作和教育质量的检查和指导。对职业技术教育和高等教育，要采取领导、专家和用人部门相结合的办法，通过多种形式进行质量评估和检查。各类学校都要重视了解用人单位对毕业生质量的评价。

(33)学校教材要反映中国和世界的优秀文明成果以及当代科学技术文化的最新发展。中小学教材要在统一基本要求的前提下实行多样化。提倡各地编写适应当地农村中小学需要的教材。职业技术学校要逐步形成配套的教材系列。高等学校教材要在积极扩大种类的同时，不断提高质量，加强理论与实际的联系，力求思想性与科学性的统一。

(34)进一步加强和改善学校体育卫生工作，动员社会各方面和家长关心学生的体质和健康。各级政府要积极创造条件，切实解决师资、经费、体育场地、设施问题，逐步做到按教学计划上好体育与健康教育课。

重视国防教育，增强国防观念。继续组织高等学校、中等专业学校和高级中学学生参加多种形式的军事训练。各级教育部门、军事部门和学校要统筹安排，认真组织实施。

(35)美育对于培养学生健康的审美观念和审美能力，陶冶高尚的道德情操，培养全面发展的人才，具有重要作用。要提高认识，发挥美育在教育教学中的作用，根据各级各类学校的不同情况，开展形式多样的美育活动。

(36)加强劳动观点和劳动技能的教育，是实现学校培养目标的重要途径和内容。各级各类学校都要把劳动教育列入教学计划，逐步做到制度化、系列化。社会各方面要积极为学校进行劳动教育提供场所和条件。

(37)全社会都要关心和保护青少年的健康成长，形成社会教育、家庭教育同学校教育密切结合的局面。家长应当对社会负责，对后代负责，讲究教育方法，培养子女具有良好的品德和行为习惯。新闻出版、广播影视、文化艺术等部门，要把提供有益于青少年身心发展的、丰富多彩的精神产品作为义不容辞的责任。在城镇建设中，要注意兴建科学馆、博物馆、图书馆、体育馆和青少年之家等设施。要制定和完善公共文化设施对学生开放和减免收费的制度。各级政府要认真贯彻《未成年人保护法》，采取严厉措施，查禁淫秽书刊、音像制品，打击教唆、残害青少年的犯罪活动，优化育人环境。

(38)坚持党对学校的领导，加强学校党的建设，是全面贯彻教育方针，加快教育改革和发展，全面提高教育质量的根本保证。学校党组织要认真贯彻党的十四大精神，用建设有中国特色的社会主义理论教育全体党员和师生员工，深入研究学校改革和发展中的重大问题，坚持改革的正确方向。要加强党的基层组织建设，发挥党员的先锋模范作用，密切党员和群众的联系，带动群众推进改革。实行党委领导下的校长负责制的高等学校，党委要对重大问题进行讨论并作出决定，同时保证行政领导人充分行使自己的职权。实行校长负责制的中小学和其他学校，党的组织发挥政治核心作用。

五、教师队伍建设

(39)振兴民族的希望在教育,振兴教育的希望在教师。建设一支具有良好政治业务素质、结构合理、相对稳定的教师队伍,是教育改革和发展的根本大计。要下决心,采取重大政策和措施,提高教师的社会地位,大力改善教师的工作、学习和生活条件,努力使教师成为最受人尊重的职业。

(40)教育的改革和发展对教师提出了新的更高的要求。教师是人类灵魂工程师,必须努力提高自己的思想政治素质和业务水平;热爱教育事业,教书育人,为人师表;精心组织教学,积极参加教育改革,不断提高教学质量。

(41)进一步加强师资培养培训工作。师范教育是培养中小学师资的工作母机,各级政府要努力增加投入,大力办好师范教育,鼓励优秀中学毕业生报考师范学校。进一步扩大师范院校定向招生的比例,建立师范毕业生服务期制度,保证毕业生到中小学任教。其他高等院校也要积极承担培养中小学和职业技术学校师资的任务。要制定教师培训计划,促进教师特别是中青年教师不断进修提高,使绝大多数中小学教师更好地胜任教育教学工作。到本世纪末,通过师资补充和在职培训,绝大多数中小学教师要达到国家规定的合格学历标准,小学和初中教师中具有专科和本科学历者的比重逐年提高。

高等学校师资培养培训工作要坚持立足国内、在职为主、加强实践、多种形式并举的原则。要充分发挥教学科研力量较强的高等学校在师资培训中的骨干作用。采取多种形式促进教师和社会的密切联系,聘请实际工作部门有较高水平的专家到校任教,加强高等学校之间教师的相互交流。要建立扶持和培养中青年骨干教师使中青年学术带头人脱颖而出的制度。

(42)改革教育系统工资制度,提高教师工资待遇,逐步使教师的工资水平与全民所有制企业同类人员大体持平。"八五"期间,教育系统平均工资要高于当地全民所有制职工平均水平,在国民经济12个行业中居中等偏上水平,其中高等学校平均工资高于全民所有制企业职工平均水平。

要建立符合教育特点的工资制度和正常的工资增长机制,切实保证教师的工资水平随国民收入的增长逐步提高。要贯彻按劳分配原则,克服平均主义、论资排辈的倾向,使贡献大的、教学质量高的教师有更高的工资收入。改革过于集中统一的工资管理体制,在国家宏观调控的前提下,使地方、部门和学校享有自主权。国家规定教育系统工资制度的基本原则和基本工资标准,由各省、自治区、直辖市政府和中央主管部门,在不低于基本工资标准的前提下确定具体工资标准,不搞全国"一刀切"。学校具有调整内部工资关系、增加工资和学校基金分配的自主权。

(43)精简机构和人员,提高办学效益。适应面向21世纪的需要,必须走建设一支人员精干、素质优良、待遇较高的师资队伍的路子。要制订合理的学校人员编制标准,严格考核,精减人员,提高每一教师负担的学生人数。对超编人员,各级人事、劳动、教育部门和学校,要在政府统筹下,通过多种就业渠道妥善安置,使其各得其所,发挥所长。

(44)在住房和其他社会福利方面实行优待教师的政策。各级政府要制订切实可行的计划,尽快使城市教职工家庭人均住房面积达到当地居民的平均水平。在住房制度改革中,要对教职工住房的建设、分配、销售或租赁,实行优先、优惠政策,逐步社会化。教职工住房建设的责任在地方政府和主管部门,基建投资实行多渠道筹集的办法。地方政府和主管部门要增加对教职工住房建设的投资。"八五"期间,力争使学校教职工住房条件有明显改善。

各地逐步建立医疗、退休保险等方面的教师保障制度。

(45)进一步改善民办教师工作。目前农村学校存在大量的民办教师,是历史形成的。各地要改进民办教师工资管理体制和统筹办法,增加民办教师补助费,改善民办教师待遇,逐步使民办教师与公办教师同工同酬。对离职民办教师,给予生活补助,有条件的地方要逐步建立民办教师保险福利基金。师范院校要定向招收部分民办教师入学深造。各地要根据当地的实际情况,每年划拨一定数量的劳动指标,从优秀民办教师中选招公办教师。通过多种途径,逐步减少民办教师的比重。

(46)各级政府和学校,对优秀教师和教育工作者,要进行精神和物质的奖励,对有突出贡献的教师要给予特殊津贴或奖励,并形成制度。提倡和鼓励各级政府、社会团体、企业和个人建立教师奖励基金。

六、教育经费

(47)改革和完善教育投资体制,增加教育经费。目前教育经费相当紧缺,不仅不能适应加快改革开放和现代化建设对人才的需求,而且也难以满足现有教育事业发展的基本需要。增加教育投资是落实教育战略地位的根本措施,各级政府、社会各方面和个人都要努力增加对教育的投入,确保教育事业优先发展。要逐步建立以国家财政拨款为主,辅之以征收用于教育的税费、收取非义务教育阶段学生学杂费、校办产业收入、社会捐资集资和设立教育基金等多种渠道筹措教育经费的体制。通过立法,保证教育经费的稳定来源和增长。

(48)筹措教育经费的主要措施：

——逐步提高国家财政性教育经费支出(包括：各级财政对教育的拨款，城乡教育费附加，企业用于举办中小学的经费，校办产业减免税部分)占国民生产总值的比例，本世纪末达到 4%。计划、财政、税务等部门要制定相应的政策措施，认真加以落实。

——各级政府必须认真贯彻《中共中央关于教育体制改革的决定》所规定的"中央和地方政府教育拨款的增长要高于财政经常性收入的增长，并使按在校学生人数平均的教育费用逐步增长"的原则，切实保证教师工资和生均公用经费逐年有所增长。要提高各级财政支出中教育经费所占的比例，"八五"期间逐步提高到全国平均不低于 15%。省(自治区、直辖市)本级财政、县(市)级财政支出中教育经费所占比例，由各省、自治区、直辖市政府确定。乡(镇)财政收入主要用于发展教育。

——进一步完善城乡教育费附加征收办法。凡缴纳产品税、增值税、营业税的单位和个人，按"三税"的 2% 到 3% 计征城市教育费附加；农村教育费附加征收办法和计征比例，由各省、自治区、直辖市政府制定。上述所征款主要用于普及九年义务教育。地方政府还可根据当地教育发展的实际需要、经济状况和群众承受能力，开征其他用于教育的附加费。

——提高非义务教育阶段学生学费标准，同时按不同情况确定义务教育阶段学校杂费收费标准。学费和杂费收取标准和办法，由省、自治区、直辖市政府和直接管理学校的中央业务部门考虑群众承受能力确定。要加强收费管理，严禁乱收费。要创造条件，鼓励和支持学生参加勤工俭学，对家庭确有困难的学生，可减免学杂费或提供贷学金。

——继续大力发展校办产业和社会服务，逐步建立支持教育改革和发展的服务体系，各级政府和有关部门要给予优惠政策。

——鼓励和提倡厂矿企业、事业单位、社会团体和个人根据自愿、量力原则捐资助学、集资办学，不计征税。欢迎港澳台同胞、海外侨胞、外籍团体和友好人士对教育提供资助和捐赠。各级政府要加强对集资工作的统筹管理。

——运用金融、信贷手段，融通教育资金，支持校办产业、高新科技企业以及勤工俭学的发展，开办教育储蓄和贷学金等业务。具体办法由国家教委会同有关部门制定。积极开展教师退休养老基金、医疗保险基金等项工作。

(49)重视解决各级各类学校，特别是中小学、职业技术学校仪器设备、教科书和图书资料短缺的问题，增加用于购置仪器设备和图书资料的资金。各级政府对教科书及教学用图书资料的出版发行和教学仪器设备的生产、供应，实行优先、优惠的政策。

继续加强学校危房改造工作，凡属危房不得使用，由当地政府负责限期解决。学校房屋倒塌造成师生伤亡事故的，要追究当地政府主要负责人的责任。坚决制止占用学校校舍和运动场地，保证学校教学活动正常进行。

(50)各级教育部门和学校必须努力提高教育经费的使用效益。要合理规划教育事业的规模，调整教育结构和布局，避免结构性浪费；要坚持艰苦奋斗、勤俭办学的方针，建立健全财务规章制度，加强财会队伍建设。各级财政和审计部门要加强财务监督和审计，共同把教育经费管好用好。

国务院总理李鹏与西班牙首相费利佩·冈萨雷斯出席两国经贸科技合作七个文件签字仪式

湖北省七届人大常委会三十二次会议决定贾志杰为副省长代理省长

国务院总理李鹏在钓鱼台国宾馆会见阿尔巴尼亚外长阿尔弗雷德·塞雷齐

党和国家领导人江泽民杨尚昆李鹏题词祝贺中国空间技术研究院成立 25 周年

该院 25 年来成功研制并提供 4 个系别 33 颗卫星，使中国逐步形成稳定应用卫星体系。

铁道部召开电话会议布置打击车匪路霸

面对日益严峻的铁路治安形势，铁道部准备采取更有成效的对策进行综合治理。

在铁路电话会议上，铁道部副部长石希玉说，当前铁路站车上的抢劫、伤害和盗窃犯罪相当突出，铁路各级领导必须引起高度重视，今年要把打击客车上的抢劫犯罪作为综合治理的突出重点，切实抓紧抓好综合治理，力争有突破性进展。

铁道部要求铁路政法机关严厉打击和从重从快惩处抢劫犯罪分子，对重点列车要增加警力，加大巡警巡逻密度。客车上要普遍开展治安联防活动，对于没有开展这项活动而发生严重治安问题的，要追究列车长和乘警的责任。

石希玉说，综合治理必须突出重点，要做好重点区段的整治工作。对全路确定的重点单位，要加强整顿。

中国第一支赴柬埔寨参加联合国维持和平行动的军事工程大队部分官兵离开柬埔寨回国

国家土地管理局颁布《土地估价师资格考试暂行办法》和印发《土地估价机构管理暂行规定》

全国政协副主席谷牧在新加坡发表题为《外国企业家到中国投资的新机遇》的演讲

中国政府和阿尔巴尼亚共和国政府在北京签署《贸易协定》《关于鼓励和相互保护投资协定》

民建中央建议发挥农业中专作用

在全国政协七届五次会议上，民建中央提出“建议充分发挥农业中专优势，参加社会化服务体系，为农村经济建设服务”的提案，受到有关部门的高度重视。

全国政协提案委员会专门就此建议召开协商落实座谈会，国家计委、国家科委、农业部等有关部门表示支持这一建议，将采取措施付之实施。国家教委在给民建中央的复函中表示要为加强农业中专，发挥其作用做好协调工作。国家计委决定拨出专款支持农业中专的发展。民建中央的建议强调农业中专对发展农村经济的重要作用，并指出这一作用现在尚未得到应有的发挥。建议提出了发挥农业中专优势的办法。

我国已展开保护濒危物种7大系列工程建设。中国第一所野生动物资源学院在东北林业大学成立

2月14日

中共中央向第七届全国人大常委会提出关于修改宪法部分内容的建议

第七届全国人民代表大会常务委员会：

根据我国改革开放和社会主义现代化建设事业进一步发展的实践，中国共产党中央委员会提出修改中华人民共和国宪法部分内容的建议：

一、宪法序言第七自然段后两句：“今后国家的根本任务是集中力量进行社会主义现代化建设。中国各族人民将继续在中国共产党领导下，在马克思列宁主义、毛泽东思想指引下，坚持人民民主专政，坚持社会主义道路，不断完善社会主义的各项制度，发展社会主义民主，健全社会主义法制，自力更生，艰苦奋斗，逐步实现工业、农业、国防和科学技术的现代化，把我国建设成为高度文明、高度民主的社会主义国家。”修改为：“我国正处于社会主义初级阶段。国家的根本任务是，根据建设有中国特色社会主义的理论，集中力量进行社会主义现代化建设。中国各族人民将继续在中国共产党领导下，在马克思列宁主义、毛泽东思想指引下，坚持人民民主专政，坚持社会主义道路，坚持改革开放，不断完善社会主义的各项制度，发展社会主义民主，健全社会主义法制，自力更生，艰苦奋斗，逐步实现工业、农业、国防和科学技术的现代化，把我国建设成为富强、民主、文明的社会主义国家。”

二、宪法第七条：“国营经济是社会主义全民所有制经济，是国民经济中的主导力量。国家保障国营经济的巩固和发展。”修改为：“国有经济，即社会主义全民所有制经济，是国民经济中的主导力量。国家保障国有经济的巩固和发展。”

三、宪法第八条第一款：“农村人民公社、农业生产合作社和其他生产、供销、信用、消费等各种形式的合作经济，是社会主义劳动群众集体所有制经济。参加农村集体经济组织的劳动者，有权在法律规定的范围内经营自留地、自留山、家庭副业和饲养自留畜。”修改为：“农村中的家庭联产承包为主的责任制和生产、供销、信用、消费等各种形式的合作经济，是社会主义劳动群众集体所有制经济。参加农村集体经济组织的劳动者，有权在法律规定的范围内经营自留地、自留山、家庭副业和饲养自留畜。”

四、宪法第十五条：“国家在社会主义公有制基础上实行计划经济。国家通过经济计划的综合平衡和市场调节的辅助作用，保证国民经济按比例地协调发展。”“禁止任何组织或者个人扰乱社会经济秩序，破坏国家经济计划。”修改为：“国家实行社会主义市场经济。”“国家加强经济立法，改善宏观调控，依法禁止任何组织或者个人扰乱社会经济秩序。”

五、宪法第十六条：“国营企业在服从国家的统一领导和全面完成国家计划的前提下，在法律规定的范围内，有经营管理的自主权。”“国营企业依照法律规定，通过职工代表大会和其他形式，实行民主管理。”修改为：“国有企业在法律规定的范围内有权自主经营。”“国有企业依照法律规定，通过职工代表大会和其他形式，实行民主管理。”

六、宪法第十七条：“集体经济组织在接受国家计划指导和遵守有关法律的前提下，有独立进行经济活动的自主权。”“集体经济组织依照法律规定实行民主管理，由它的全体劳动者选举和罢免管理人员，决定经营管理的重大问题。”修改为：“集体经济组织在遵守有关法律的前提下，有独立进行经济活动的自主权。”“集体经济组织依照法律规定实行民主管理。”

七、宪法第四十二条第三款：“劳动是一切有劳动能力的公民的光荣职责。国营企业和城乡集体经济组织的劳动者都应当以国家主人翁的态度对待自己的劳动。国家提倡社会主义劳动竞赛，奖励劳动模范和先进工作者。国家提倡公民从事义务劳动。”修改为：“劳动是一切有劳动能力的公民的光荣职责。国有企业和城乡集体经济组织的劳动者都应当以国家主人翁的态度对待自己的劳动。国家提倡社会主义劳动竞赛，奖励劳动模范和先进工作者。国家提倡公民从事义务劳动。”

八、宪法第九十八条：“省、直辖市、设区的市的人民代表大会每届任期五年。县、不设区的市、市辖区、乡、民族乡、镇的人民代表大会每届任期三年。”修改为：“省、直辖市、县、市、市辖区的人民代表大会每届任期五年。乡、民族乡、镇的人民代表大会每届任期三年。”

以上建议，请第七届全国人民代表大会常务委员会审议决定提请第八届全国人民代表大会第一次会议审议。

中国共产党中央委员会

1993 年 2 月 14 日

国务院发出《关于加快发展中西部地区乡镇企业的决定》

党的十一届三中全会以来，我国乡镇企业异军突起，为农村发展和国民经济增长作出了重大贡献，成为我国社会主义市场经济中生机勃勃的力量。但是，由于多种原因，乡镇企业发展的区域分布很不平衡，占全国人口约 2/3 的广大中西部地区只拥有全国乡镇企业产值的 1/3，已成为我国中西部与东部地区经济发展差距的重要原因。党的十四大指出：“继续大力发展乡镇企业，特别要扶持和加快中西部地区和少数民族地区乡镇企业的发展。”这对于逐步缩小东西部地区差距，振兴少数民族地区经济，改变贫穷落后面貌，巩固和发展团结稳定的大局，实现共同富裕，具有十分重要的经济意义和政治意义。为此，特决定如下：

一、提高认识，加强领导，把加快发展乡镇企业作为中西部地区经济工作的一个战略重点

我国中西部地区幅员广大，资源丰富，是少数民族主要聚居区。经过十多年的改革，中西部地区经济发展取得了重大成就，绝大多数农民温饱问题已基本解决，有条件集中精力大力发展乡镇企业。通过加快发展乡镇企业，促进中西部地区经济腾飞，较快地增加农民收入，实现农村小康和国民经济翻两番的战略目标；更有力地支持和建设农业，推动农业向高产、优质、高效发展，逐步实现农业现代化；大批转移农村剩余劳动力，加快农村工业化和城镇化进程；为进一步促进我国工业和整个经济的改革与发展，做出更大的贡献。

为此，必须把加快发展乡镇企业作为中西部地区整个经济工作的一个战略重点，提到各级政府重要工作日程上来。改变过去抓工业就是抓国有工业，抓农村经济就是抓农业的传统观念，正确认识乡镇企业与国有企业和农业相互促进、协调发展的关系。要求省、自治区在坚持以农业为基础的前提下，一手抓国有大中型企业，一手抓乡镇企业；地、县要一手抓农业，一手抓乡镇企业。今后，中西部地区县域第二、第三产业的发展，除国家统一规划开发的工程和项目外，要逐步转到以发展乡镇企业为主的轨道上来；从中央到地方的综合部门和有关业务部门，在为国有大中型企业服务的同时，要积极为发展乡镇企业服务。各级政府主要负责同志要加强领导，一年抓几次，及时解决乡镇企业发展中的重要问题。要选派和配备得力干部充实和加强各级乡镇企业管理机构。

二、实行适应中西部地区经济发展要求的产业政策

兴办乡镇企业要立足于开发利用当地资源。把资源优势转化为经济优势，是实现中西部地区经济迅速增长的重要途径。中央和各级地方政府的综合经济部门、有关业务部门，都要从中西部地区实际情况和加快经济发展的要求出发，因地制宜地执行国家的产业政策，创造有利于开发资源的条件和环境，促进乡镇企业发展。

中西部地区发展乡镇企业，要面向国内外市场需要，立足当地资源优势，除国家明文规定的外，适合发展什么就发展什么，不受限制；只要产品质量高，销路好，又有治理污染和保护资源、环境的可靠措施，项目规模大小不受限制，并免征固定资产投资方向调节税；在保证效益的前提下，发展速度能多快就多快，不受限制。但是，也不能不顾条件，层层硬性规定指标、摊派任务。

中西部大多数地区，应当在农林牧副渔全面发展的基础上，把积极兴办农副产品加工、储藏、保鲜、运销等企业放在重要地位。在有条件的地方，要发展附加值较高的外向型农产品加工企业。暂时没有条件办加工业的地方，要把运销业作为突破口来抓。

要充分利用山上山下、地上地下的丰富资源，在各级政府统一规划下，进行合理开发，发展矿业、建材、小水电和旅游等资源型产业。各有关部门要帮助进行技术论证，提出可行性方案，提供必要的服务。除国务院明文规定外，任何部门、单位增加收费种类和提高收费标准，都必须经省、自治区、直辖市人民政府批准。

要利用中西部地区劳动力多的优势，发展商业、服务业、手工业、建筑业、运输业、旅游业及其他劳动密集型产业，组织劳务输出，繁荣城乡经济。

三、提倡不同组织形式的乡镇企业共同发展

发展乡镇企业，要在继续坚持原来乡办、村办、户

办、联户办“四轮驱动”的基础上，再加上联营企业、中外合资企业等，实行“多轮驱动、多轨运行”。近几年来，我国农村涌现出一批不同类型的乡村股份制企业（包括股份合作制企业）。这种新型的企业组织形式，有利于筹集民间资金，明晰产权关系，实行政企分开，具有适应商品经济发展的许多好处，各地要认真总结试点经验，并积极推广。国家在农村投资开发的项目，凡是适合与地方联营的，可以与乡村集体股份相结合，建立联营企业，以减少国家在征地、招工等方面的投入，带动更多的农民脱贫致富。

中西部地区生产力发展水平还比较低，在乡镇企业的组织形式上，更需要放开手脚，实行“多种轮子一齐转，哪个转得快就让它转”。不同地区生产力水平不同，多种“轮子”不可能在每个地区都以同样的比重、同样的速度运转，要允许和支持适合当地生产力发展水平的“轮子”转得快些，不限制其发展速度。在那些贫困落后，集体经济薄弱，办乡、村集体企业缺乏条件的地区，可以放手发展个体、私营和股份合作制企业。不同所有制企业，都要进入市场，实行平等竞争。

建立健全对乡镇企业的法律保护制度。各级政法机关要保护乡镇企业及其经营者的合法经营活动和合法收入，严禁一切“吃大户”、乱摊派甚至敲诈勒索等不法行为。要纠正对个体与私营企业认识上的偏见和政策上的歧视，严禁对个体、私营企业的赎买行为。不得利用行政手段随意平调乡镇企业资产、改变隶属关系或变更企业性质。

四、鼓励和支持各类人才走上开发乡镇经济的主战场

乡镇企业的发展，人才是关键。各级政府要下决心，采取有力措施，为乡镇企业创造一个大胆使用人才、积极吸引人才、加速培养人才和坚决保护人才的环境与机制。

要破除“左”的思想束缚，大胆选拔和放手启用那些敢想敢干，善于经营，在实践中成长起来的各种农村能人。他们是农村发展社会主义市场经济的积极分子，要充分发挥他们的带头示范作用和骨干作用。鼓励他们以个体、私营、联户、承包、租赁、股份制等各种形式领办、创办乡镇企业。农村党员干部要带头兴办乡镇企业，勇于带领群众致富。

中西部地区要结合机构改革，鼓励一部分有才能、有志向从事经济工作的党政机关和事业单位的干部，走向发展乡镇企业的主战场。对离开党政机关到乡镇企业去的干部，在严格实行政企分开的原则下，允许各地采取一些过渡办法，积极创造与党政机关“脱钩”的条件。

乡镇企业是大中专毕业生最能大显身手的场所之一。国家教育部门要鼓励大中专毕业生到乡镇企业就职，对新分配的大中专毕业生，凡是到乡镇企业工作的，允许保留国家干部身份，行政关系保存在县乡镇企业主管部门或人才交流中心，免除见习期，其工资奖金在不低于国家规定标准的前提下，由企业自行确定。为了提高乡镇企业的整体素质，各有关大中专院校要为乡镇企业定向培养人才，并列入各级教育部门的计划；有条件的大专院校，要增设适用于乡镇企业的专业；通过职业中学、民间办学、短期培训等途径加强对农村现有知识青年的职业教育，不断扩大乡镇企业的人才后备资源。

要积极支持科研、事业单位工作人员、国有企业技术人员和职工，利用工余时间和节假日，为乡镇企业提供有偿服务。允许离退休人员接受乡镇企业的聘任，原有离退休待遇保持不变。

对在乡镇企业生产经营中做出突出贡献的科技人员、管理人员，实行收入上不封顶、依法纳税的政策。要严格区分依靠自己专业知识为乡镇企业提供服务所取得的收入与收受贿赂的界线。

五、走因地制宜、合理布局、集中连片发展的路子

中西部地区地域辽阔，交通不便，不少地方缺水缺电，发展乡镇工业不能“遍地开花”。要从当地的资源、人才、交通、能源、水源等综合条件出发，因地制宜，合理布局，建设乡镇工业小区，集中连片发展。这样，有利于扬长避短，选择最容易成功的地方重点突破；有利于节省资源，减少基础设施建设的投入；有利于加强宏观指导，避免重复建设；有利于带动农村小城镇建设。这是一条促进中西部地区经济、社会发展的路子。

集中连片发展，主要是依托现有小城镇和乡镇企业有一定基础的地方，相对集中发展；在沿边开放地区，边贸口岸，有水有电、处于交通沿线、有丰富资源可开发的地方，要重点发展；中小城市实行开放政策，要打破城乡分割格局，允许农村集体和个人进城办第二、第三产业。各级地方政府和有关部门要集中人力财力物力，在集中连片发展的地方搞好基础设施和政策环境建设。对适宜分散发展的手工业等，继续实行分散经营。

对集中连片发展乡镇企业实行鼓励政策。各地要采取优惠的措施，吸引农民自理口粮，自带资金，来兴办第二、第三产业；吸引条件较差的乡、村进行异地开发，到条件较好的地方创办乡镇企业；吸引东部地区企业家和国外投资者来办第二、第三产业。在小城镇和其他集中连片发展的地方，实行土地有偿使用和转让，合理收取费用，用于基础设施建设，以及为小城镇建设配套的文化、教育、卫生和其他社会公益

事业。

六、积极在中西部地区培育和发展市场体系

为了加快中西部地区乡镇企业发展，必须建立和发育市场体系，搞活商品流通，实现人才、技术、劳动力和资金等要素的有效配置。要改变乡镇企业千辛万苦地在社会上到处寻求原料、人才、技术、资金和销售对象的状况，逐步转向通过日益完善、公平竞争的市场使供需双方直接见面，去满足自己发展经济的需求，把资源配置和产品交换提高到新的水平。这对交通不便、信息不灵的中西部地区，具有更为迫切、更为重要的意义。今后各级政府要把市场建设作为发展第三产业的重点抓紧办好。各有关部门要把培育商品市场和生产要素市场作为发展乡镇企业和为其提供服务的一项重要任务，逐步建立规范的和公平的市场秩序，促进乡镇企业发展。

七、多渠道增加中西部地区乡镇企业的资金投入

资金短缺是制约中西部地区乡镇企业发展的重要因素。为此，国家要给予必要的支持，同时必须进一步放开搞活农村金融，逐步建立、完善农村资金市场，发展横向经济联合，培植企业投资能力，广辟资金渠道，加大资金投入。

从1993年起到2000年，除了用好现有乡镇企业贷款存量和每年正常新增贷款外，再由中国人民银行每年在国家信贷计划中单独安排50亿元贷款，支持发展中西部地区乡镇企业。这项贷款由中国农业银行经营发放，重点用于中西部地区乡镇企业集中连片发展的地方，按项目投放资金，实行资金与人才、技术、管理诸要素综合投入，保证效益。由中国农业银行和农业部共同拟定具体实施办法。各专业银行和有关金融机构，要把发展中西部乡镇企业作为资金投放的一个重点。农村信用社在支持农业稳定发展的基础上，积极增加乡镇企业信贷投放量。各级财政每年要安排一定资金支持发展乡镇企业。

开辟新的乡镇企业投资渠道。提倡各地建立乡镇企业发展基金。允许乡镇企业从销售收入中提取百分之一作为企业技改和新产品开发资金。鼓励农民以劳带资或以资带劳进厂、联户集股办厂。

八、抓住机遇，推进东西部横向经济联合和城乡联合

当前我国东部经济较发达地区乡镇企业已开始进入产业结构升级换代的阶段。要在现有基础上不断提高乡镇企业发展水平，注重调整结构，改进技术，提高产品质量、增加经济效益。努力向外向型、高科技发展，为中西部地区乡镇企业腾市场，转移劳动密集型产业，以东部的发展带动中西部发展，实现全国大发展。

要充分利用沿边、沿江地区及内陆省会城市对外开放的机遇，鼓励和支持沿海发达地区乡镇企业、大中城市和国有企业，按照互利互惠的原则，与中西部地区发展横向经济联合，开发资源，实行优势互补，共同发展。中西部地区要从当地经济发展的实际需要出发，采用多种形式，吸引东部地区前往投资，联合兴办乡镇企业。

凡是东部地区和大中城市到中西部地区投资兴办乡镇企业或乡镇联营企业的，都享受当地制定的优惠政策。同样，中西部地区到东部地区兴办或联办的乡镇企业，也享受东部地区的优惠政策。

鼓励城乡联合，提倡中西部地区国有大中型企业、三线军工企业，通过扩散零部件生产、原材料开发和加工等形式，与当地联办乡镇企业。凡是与乡镇企业联办的企业，可以实行乡镇企业经营机制，享受当地的优惠政策。

近几年来，东部地区和中西部地区之间的干部双向交流，对于推进经济发展与区域合作起到了很好的作用，应坚持下去并不断发展。

九、各有关部门通力合作，为促进中西部地区乡镇企业上新台阶做出贡献

加快中西部地区乡镇企业的发展，离不开各部门的大力支持。从中央到地方的各有关部门，都要把支持中西部地区乡镇企业的发展，作为贯彻落实党的十四大精神的实际行动。计划部门要把乡镇企业纳入国民经济发展规划，安排和落实在中西部地区的能源、交通、通信和资源开发的重要工程项目，为当地的经济发展创造良好的外部环境；工交和国防军工部门要鼓励大中型企业通过产品和技术扩散及原材料基地建设等方式，带动中西部地区乡镇企业的发展和技术进步，并把乡镇企业列入运输计划；商业、外贸部门要加快发育国内市场，对具备国家规定条件的外向型企业赋予进出口经营权；地矿、冶金部门要帮助乡镇企业兴办乡镇矿业和以矿产品为原料的加工业，提供技术和信息服务；财政、金融部门要在资金筹集、融通方面给予积极支持，帮助企业建立健全财务制度，培训财会管理人员，水利部门要帮助解决水土流失防治和乡镇企业供水问题，环保、国土等部门要帮助乡镇企业解决污染、节约用地等问题；税务部门要对中西部乡镇企业实行优惠的税收政策，"放水养鱼"，培育税源；工商部门要在企业登记方面提供方便，经营项目方面尽可能放活一些；政法、监察、审计部门要保护乡镇企业的合法经营，合法权益；教育、科技、人事部门要在人才培养、技术开发方面提供支持。

各有关部门都要根据以上原则要求，制订支持乡镇企业发展的政策措施，作为国务院决定的配套文件下达；同时，清理废除过去一切不利于乡镇企业发展的

条例、文件和规定，并公诸于众。各级政府要定期检查各有关部门的工作，组织交流经验，表彰为发展乡镇企业做出重要贡献的单位。

本文件的基本精神，也适用于东部经济欠发达的地区。

国务院

1993年2月14日

审计署审计长吕培俭就加快政府职能转变接受新华社记者采访

审计署审计长吕培俭日前在接受新华社记者采访时说，为了加快转变政府职能，审计署在《关于贯彻〈全民所有制工业企业转换经营机制条例〉审计实施办法》中提出，今后审计机关主要审计占有、使用国家资产较多的企业；上交国家税收、利润较多的企业；以及接受国家财政补贴较多的企业；其余大部分企业改为在审计事务所、会计事务所审签的基础上进行抽审。

吕培俭解释说，审计企业的主要内容是资产负债、损益是否真实，以及检查有关的内部管理制度和经济活动；凡属企业法定经营范围的问题，审计监督均不干预。不仅如此，审计机关还要通过审计监督维护企业的自主权，发现政府部门和单位无偿占有、挪用企业自主使用的资产，干预企业自主使用资产造成严重损失，以及侵犯企业合法经济权益等行为，将依法进行处理。

在回答记者提出的新的形势下如何开展审计监督这一问题时，吕培俭说，越是加快改革开放，越要加强审计监督。他说，随着社会主义市场经济的发展，反映在个人、单位和国家之间经济利益的矛盾更加突出，审计机关一方面要改进工作方式，取消不必要的检查；另一方面要增强宏观意识，围绕宏观经济中的突出问题开展审计和审计调查。他认为，当前审计机关要从三个方面加强审计监督：

一是审计各级地方政府、财政部门管理的国家资金，其中包括借用的外资；国家和地方金融机构管理的信贷资金、保险资金；少数关系国民经济全局和国家给予较多财政补贴企业的资产负债、损益；重点建设项目投资、农业、社会保障等专项资金。

二是审计地方政府财政决算的真实性、赤字情况，财政挂账的原因，以及财政信用资金的管理情况。

三是审计政府部门的财政财务收支，特别是那些有资金分配权、预算外收入、罚没收入的部门，要检查其有无利用职权挪用、挤占资金，挥霍浪费和摊派问题。

林业部就自然保护区开展旅游活动有关问题发出通知

林业部最近就自然保护区开展旅游活动有关问题发出通知。

《通知》规定开展旅游活动的区域统称为“自然保护区旅游小区”。旅游小区要选定在实验区内，事先要进行规划，确定范围、规模和经营方式及旅游景点和线路等。严禁在自然保护区核心区开展旅游活动。

在自然保护区内开展旅游活动，应以专业性旅游为主。着重组织开展科学普查、科技夏令营、度假休养等，有条件的可建立会议中心，接待一些中小型会议。对散客旅游要严加控制和管理。旅游小区的工程建设，一般不搞大宾馆、大饭店、大型游乐场等建筑，工程设施的建筑风格应体现乡风民俗。

国家级自然保护区划定旅游小区，需由省级林业主管部门报林业部批准，地方级自然保护区划定旅游小区需经省级林业主管部门批准报林业部备案。自然保护区旅游收入应主要用于自然保护区建设和保护事业。

农村储蓄存款逾5千亿元

到1993年1月底中国农业银行和农村信用社储蓄存款达到5068.23亿元，在各家专业银行中处于领先地位，储蓄存款占全国储蓄存款总额的41.19%。

最多的是广东省(760亿元)，其次是山东(464亿元)、河北省(412亿元)；超过亿元的县有400多个，2000万元以上的储蓄所800多个。

中国电话网容量达3千万门

目前，中国电话网容量已达3000万门，长途电话达到23.1万路，分别比14年前增长6.7倍和10.9倍。

国务院总理李鹏签署第109号令发布《中华人民共和国船舶和海上设施检验条例》

中国和以色列两国政府在耶路撒冷签署《科学技术合作协定》

外交部副部长杨福昌在阿尔及尔会见阿尔及利亚最高国务委员会委员、外交部长星扎·马利克

中国最大的现代化防水涂料生产线在河南洛阳防水涂料厂建成投产

首次国际期刊研讨会在以色列特拉维夫举行

会议由国际期刊联盟发起，以色列期刊协会主办，于2月14日至16日召开。中国代表张伯海参加会议并发言。

中国作家协会第二届全国优秀儿童文学奖在北京揭晓

历时八个月的评奖工作，经历了初选组筛选，评委会评议，最后以无记名投票的方式评出获奖作品共 29 部，获奖作者多数是正处于创作旺盛期的中年作家。

获奖作品如下：

小说

《今年你七岁》	刘健屏	中国少年儿童出版社
《一只猎雕的遭遇》	沈石溪	江苏少年儿童出版社
《雪国梦》	邱　勋	人民文学出版社
《走向审判庭》	李建树	中国少年儿童出版社
《下世纪的公民们》	罗辰生	人民文学出版社
《少女罗薇》	秦文君	少年儿童出版社
《山羊不吃天堂草》	曹文轩	江苏少年儿童出版社
《西部流浪记》	关登瀛	海燕出版社
《狼的故事》	金曾豪	希望出版社
《少女的红发卡》	程　玮	江苏少年儿童出版社
《校园喜剧》	韩辉光	湖北少年儿童出版社
《第三军团》	张之路	中国少年儿童出版社
《青春的荒原地》	常新港	新蕾出版社
《绿猫》	葛　冰	重庆出版社

童话

《小巴掌童话》	张秋生	少年儿童出版社
《扣子老三》	周　锐	湖南少年儿童出版社
《吃耳朵的妖精》	郑允钦	江西少年儿童出版社
《怪老头儿》	孙幼军	湖北少年儿童出版社
《毒蜘蛛之死》	冰　波	四川少年儿童出版社

散文、报告文学

《小鸟在歌唱》	吴　然	少年儿童出版社
《16 岁的思索》	孙云晓	少年儿童出版社
《孙悟空在我们村子里》	郭　风	福建少年儿童出版社
《星球的细语》	班　马	四川少年儿童出版社

诗歌

《我们这个年纪的梦》	徐　鲁	湖北少年儿童出版社
《在我和你之间》	金　波	中国少年儿童出版社
《绿蚂蚁》	刘丙钧	安徽少年儿童出版社

幼儿文学

《岩石上的小蝌蚪》	谢　华	少年儿童出版社
《快乐的小动物》	薛卫民	中国少年儿童出版社
《虎娃》	鲁　兵	少年儿童出版社

中国队在第十六届冬季大运会上获 6 枚金牌总成绩列第三名

冬运会在波兰南部扎科潘内山区举行。王秀兰在女子 500 米跑道速滑以 47 秒 78 夺冠。王锦芬在女子 7.5 公里冬季两项以 25 分 13 秒 1 夺冠。刘月明夺得男子单人花样冠军。王秀兰夺得女子 1000 米跑道速滑冠军。郑春阳夺得女子 3000 米跑道速滑冠军。李琰、王秀兰、张洁、郑春阳获女子 3000 米跑道接力赛冠军。

2 月 15 日

七届全国人大常委会第三十次会议开幕

全国人大常委会委员长万里主持会议。在全体会议上，委员们首先通过了关于召开第八届全国人民代表大会第一次会议的决定。会议决定将中共中央关于修改宪法部分内容的建议提请本次常委会会议审议。

全国人大法律委员会副主任委员项淳一、顾明、宋汝棼分别作关于中华人民共和国国家安全法草案、中华人民共和国商标法修正案草案、中华人民共和国产品质量法草案审议结果的报告。澳门特别行政区基本法起草委员会主任委员姬鹏飞作关于中华人民共和国澳门特别行政区基本法草案及有关文件的修改情况报告。全国人大常委会法制工作委员会副主任卞耀武、农业部部长刘中一分别作关于中华人民共和国公司法草案、中华人民共和国农业基本法草案的说明。

副委员长彭冲、阿沛·阿旺晋美、荣毅仁、严济慈、叶飞、廖汉生、倪志福、陈慕华、费孝通、孙起孟、雷洁琼、王汉斌出席会议。国务院副总理田纪云、最高人民法院院长任建新、最高人民检察院检察长刘复之列席会议。

七届全国人大常委会第三十次会议通过《关于召开第八届全国人民代表大会第一次会议的决定》

第七届全国人民代表大会常务委员会第三十次会议决定：中华人民共和国第八届全国人民代表大会第一次会议于 1993 年 3 月 15 日在北京召开。建议会议的主要议程是：听取和审议政府工作报告，审查和批准 1993 年国民经济和社会发展计划的报告、1993 年国家预算的报告；审议《中华人民共和国宪法修正案（草案）》、《中华人民共和国澳门特别行政区基本法（草案）》；听取和审议全国人民代表大会常务委员会工作报告、最高人民法院工作报告、最高人民检察院工作报告；选举第八届全国人民代表大会常务委员会委员长、副委员长、秘书长、委员，选举中华人民共和国主席、副主席，决定国务院总理的人选和国务院副总理、国务委员、各部部长、各委员会主任、审计长、秘书长的人选，选举中央军事委员会主席，决定中央军事委员会其他组成人员的人选，选举最高人民法院院长、最高人民检察院检察长，通过第八届全国人民代表大会各专门委员会的人选。

宋平2月到3月间在福建调查研究时就当前党建工作中的几个问题发表谈话

一、坚持抓基层打基础

加强党的领导，要坚持抓基层打基础，把党的路线方针政策真正落实到基层。基层组织建设好了，党的领导就更加坚强，政权就更加巩固。许多问题发生在基层，要把它解决在基层。党所以有力量，就在于党的路线、方针、政策代表人民群众的根本利益，在于党通过自己的基层组织与人民群众保持密切的联系，了解群众的实际，总结群众的经验，实现群众的利益，引导群众自己解放自己。各级干部不要浮在上面，要下基层，做群众工作，加强同群众的血肉联系，任何时候都不能脱离群众。

企业实行厂长负责制，要有党组织来保证，党组织在企业中的政治核心作用很重要。福州市有个外商主动向市委有关部门提出，希望在他们公司建立共产党的组织。因为他看到企业中党员干活好，带头遵守国家法律，在工人中影响大，都是希望工厂办好，不是和资方捣乱的。他认为党组织在企业中能起积极作用。我们企业的厂长们就更应该懂得这个道理。不要以为实行厂长负责制，党务、政工干部就没事干了。党务、政工干部对办好企业所起的作用是非常重要的，应该受到人们的理解、支持和尊重。

党务、政工干部也要懂生产经营和技术，支持行政负责人的正确决策，这样才能更好地开展工作。

很长一段时间以来，有一种舆论，宣传一个人救活一个企业。企业领导人对企业命运确实可以起很重要的作用。但是把"救活"一个企业这样的功劳全部归于一个领导人，这是不符合实际的。个人的作用毕竟是有限的。如果说领导人能够起好作用，那么还在于他能调动广大职工群众的积极性，集中群众的智慧，实现群众的利益。所谓"能人"，不是能在独断专行，而是能在依靠群众。把领导人或是"能人"从群众中孤立出来、对立起来，这不是马克思主义的观点。这样的宣传有百害而无一利。

在社会主义国家，人民群众是劳动者，同时又是国家的主人。在企业也是这样，职工是劳动者，又是企业的主人。当家做主的劳动者和被动的劳动者，他们的精神面貌和所发挥的作用是大不一样的。实行厂长负责制，对厂长本身素质的要求更高了，不仅要熟悉党和国家的政策法规，懂得生产经营，而且要善于走群众路线，善于向群众学习，会做职工的思想政治工作，能调动职工的积极性。全心全意依靠工人阶级，这是我们党的性质决定的，也是社会主义企业的本质要求。要办好企业，非走群众路线不可，不能把全心全意依靠工人阶级当作一句空话。既然要求厂长对企业的生产经营和改革、发展负责，理应保障他依法行使职权。但是，如果把厂长负责制理解为无论什么事都可以自己说了算，理解为削弱党组织的政治核心作用，不去调动广大职工的积极性，那对企业发展是很不利的。希望党的宣传部门、组织部门今后多宣传报道厂长、经理如何依靠集体力量，调动广大职工积极性办好企业的典型。

当前，搞好国有企业的改革，要贯彻党的十四大精神，全面落实《全民所有制工业企业转换经营机制条例》，加快经营机制转换，实现国有资产的保值增值，使企业进一步焕发出新的活力。同时，各方面配套措施也要跟上。譬如职工的社会保险，这项工作很重要，抓得越晚越被动。现在负责社会保险的有保险公司、劳动与民政部门等，这几家可以有个分工。各地经济发展水平不同，社会保障办法也不可能都一样。"三资"企业、私营企业也应有相应的办法，以保障劳动者的基本权益。

以公有制为主体，多种经济成分并存，是我国社会主义初级阶段的一个重要特征。按照市场经济的要求，国有企业、集体企业、"三资"企业、私营企业应在平等条件下竞争。现在国有企业负担重，在某些方面处于不利地位，这个问题需要在改革和发展过程中逐步解决。对"三资"不是简单的减税让利，更重要的是创造一个良好的投资环境，包括改善服务，提高办事效率等等。

不管是哪类企业的经营者，都要有竞争意识、风险意识，不能吃太平饭，否则就会在竞争中吃败仗。企业的竞争是多方面的，特别是技术、人才的竞争将越来越突出。要在市场竞争中赢得主动，就要舍得增加投入，进行技术改造，更新设备，还要想各种办法稳住人才，培养人才。这样，企业发展才能不断提高水平。

二、"三资"企业要建立党的组织

"三资"企业中的党建工作是基层党组织建设的一个重要方面，应当引起重视。搞好"三资"企业党的建设，目的是为了保证有效落实党的改革开放政策，既保护国家和职工的利益，又维护外方的合法权益，共同把企业办好。要理直气壮地去抓这项工作。"三资"企业与国有企业情况不同，对此要好好研究，形成一套符合"三资"企业实际的党的工作规范。对外方在生产经营管理中的好做法，我们要把它学过来；对他们的不合法行为，要及时向有关部门反映。当然，党组织工作要讲究方式方法。在"三资"企业中，发展党员要保证质量，不要只求数量。要对党员进行党的路线和方针政策教育，教育他们善于同外方合作共事，团结职工群众办好企业。总之，"三资"企业党建工作有很多问题需要研究，要认真总结经验，以便促进"三资"企业的健康发展。还要注意在“三资”企业中建立工会组织，团结教育职工，保护职工的合法权益。

三、企业党组织要重视研究企业的收入分配问题，正确处理国家、企业、劳动者三者利益的关系

企业收入的分配问题，涉及国家、企业、劳动者三者利益的关系，涉及广大职工群众的积极性和社会的稳定。企业党组织要关心这件事，注意调查研究，总结实践经验。工资要体现按劳分配原则，并与企业效益挂钩，这是搞好企业职工分配的总的原则。税利是企业效益的重要表现。企业的税利，往往受到多种因素的制约。有些企业利润减少，甚至出现亏损，但工人并没有少干活。这里有的是管理方面的问题，也有的是受市场、价格、赋税、利息等因素制约。所以，要细致地研究工资与效益如何挂钩的问题，逐步形成一套有效的调节机制。收入分配既不能搞平均主义，也不能过分悬殊。领导人和职工群众收入差距太大，不利于充分调动广大劳动者的积极性，不利于劳动生产率的提高。

现在职工基本工资占全部工资总额的比例在下降，很多企业单位附加收入超过一半以上，基本工资体现不了按劳分配的实际意义。这样对保障职工的基本生活，尤其是对保障离退休人员的收入不利。当然，这是全国性的问题，要统筹考虑解决。

四、先富带后富，把社会主义新农村建设好

社会主义的一个本质特征，就是让大家通过劳动都过上好日子，不搞两极分化，就是邓小平同志讲的共同富裕。现阶段由于各地的经济发展水平不同，会有差距，这是正常的。我们允许和鼓励一部分地区、一部分人率先勤劳致富，目标还是要逐步实现共同富裕。农村基层党组织要率领广大农民群众，为实现这个目标而努力。福州郊区一个富裕的镇与一个比较穷的乡结对子，在资金与技术上给予支持，先富带后富，体现了社会主义的优越性。帮助经济落后地区发展，要从当地实际出发，讲求实效，不能搞平调。

村镇建设要作为一个重要问题认真研究。农村建房要统一规划，要节约用地，不要随便乱建。

漳州农业开发坚持高起点、高水平，形成了规模效益。漳州农副产品很多，在蔬菜、水果的生产和保鲜、加工、销售上，形成一条龙，带动了农业和乡镇工业发展，广大农民也逐步富裕起来。这是发展农村商品经济的一条路子。凡是有条件的地方，要搞开发型、专业化农业，还要向外发展，搞联营合作。农村商品生产发展了，产前、产中、产后的服务要跟上。可以先从大宗的农副产品做起，建立社会化服务组织，组织加工、流通、销售，把农民一家一户不容易办的事情办好。要从实际出发，建立在农民群众自觉自愿的基础上。

中央提出农村社会主义思想教育着重抓好党的基本路线教育、发展农村经济、加强基层组织建设三项任务，都是团结带领农民群众奔小康的基础工作。现在福建农村社会主义思想教育已告一段落，但这三个方面的工作是长期的任务，应当坚持抓好。

五、任何时候都必须坚持两手抓

越是改革开放，经济越是发展，越要加强社会主义精神文明建设，加强党的思想政治工作。社会主义物质文明和精神文明建设是互为条件，互相促进的。物质文明的发展必然为精神文明建设创造良好的条件并提出更高的要求；精神文明建设搞好了，也必然对物质文明建设起重大的促进作用。人的素质提高了，精神面貌好了，就会促进经济发展和社会主义全面进步。战争年代解放区的条件非常艰苦，但革命歌声嘹亮，精神面貌很好，大家就是靠这么一股子劲，这么一种精神力量，克服了许多困难，取得了革命的胜利。精神文明建设是一项细致的工作和长期的任务，做好了有利于提高人们的思想道德水平和科学文化素质，所起的作用是长久的。

精神文明建设内容很丰富，包括思想建设、道德建设、教育科学文化建设、民主法制建设等许多方面。思想建设的一个重要问题，是要以马列主义、毛泽东思想和邓小平建设有中国特色社会主义理论为指导，教育和引导人们树立正确的世界观和人生观。前几年，邓小平同志讲最大的失误在教育，主要就是指思想政治教育方面的失误。现在有些人拜金主义严重，精神空虚，满脑子想的都是钱，为了钱不择手段，有了钱挥霍无度，这是一种腐朽现象，是不可取的。健康的精神支柱树立起来，思想境界高了，才知道人生的真正价值和生活的意义。有人认为在发展市场经济过程中，丑恶现象是不可避免的。其实，关键是看各级党、政组织是不是认真去抓，只要认真去抓，就有成效。

三明市坚持在党的领导下，通过群众自我管理，搞好精神文明建设，这是难能可贵的。现在，全国都在学习三明精神文明建设的经验。三明市要坚定不移地抓下去，争取越搞越好，要做到每年都有新发展。

还要重视社会主义民主与法制建设。坚持专门机关与群众相结合，狠狠打击各种犯罪活动，打击黑社会势力。社会治安搞好了，群众有了安全感，经济发展才能不受干扰，外商来投资就有一个稳定、安全的环境。通过各种方式组织群众参与社会管理和社会服务，有利于维护社会稳定，也有利于我们的政权建设。

中央社会治安综合治理委员会在海口召开部分省市自治区打拐禁娼工作会议

国务委员、中央社会治安综合治理委员会副主任

王芳在讲话中指出,坚持党的基本路线,必须坚持“两手抓”,坚持打击各种犯罪活动,扫除各种丑恶现象。拐卖妇女儿童和卖淫嫖娼,是危害社会十分严重的犯罪活动,是扫除社会丑恶现象的重点,因此,坚定不移地开展打拐禁娼斗争,是坚持党的基本路线,坚持四项基本原则的具体表现,是建设有中国特色的社会主义的必要措施。

王芳充分肯定近两年来各地开展打拐禁娼工作取得的成绩。1991年和1992年两年,全国共破获拐卖妇女儿童案件5万多起,抓获人贩子75000多名,解救被拐卖妇女儿童近44000名。与此同时,查处卖淫嫖娼案件22万多起,查获卖淫嫖娼人员44万人。全国拐卖人口案件已有较大幅度下降,一些重点地区卖淫嫖娼活动得到明显遏制,全国已有24个省市自治区建立了卖淫嫖娼人员收容教育所。王芳要求各级党委、政府及各有关部门,充分认识打拐禁娼斗争的长期性、复杂性,本着实事求是的精神,认真分析当前面临的问题,切实加强领导,狠抓综合治理,落实各项措施,树立长期作战思想,夺取打拐禁娼斗争的新胜利。

中共海南省委书记、省长阮崇武出席会议并讲话。公安部副部长白景富,全国妇联副主席、书记处第一书记黄启璪分别介绍公安机关和妇联组织参加打拐禁娼工作的情况。中央社会治安综合治理委员会委员兼办公室主任束怀德主持会议。

最高人民法院作出关于《行政诉讼法》施行前法律未规定由法院受理的案件应如何处理问题的批复

国务院印发《关于加快粮食流通体制改革的通知》

各省、自治区、直辖市人民政府,国务院各部委、各直属机构:

近几年来,我国粮食流通体制改革迈出了很大步伐,取得了明显成效,促进了粮食生产持续发展,保证了城乡人民生活和国民经济发展的需要。按照党的十四大提出的建立社会主义市场经济体制的总目标,必须稳定增产粮食,促进高产优质高效农业的发展,加快全国粮食市场体系建设。粮食流通体制改革要把握有利时机,在国家宏观调控下放开价格,放开经营,增强粮食企业活力,减轻国家财政负担,进一步向粮食商品化、经营市场化方向推进。为此,特作如下通知。

一、积极稳步地放开粮食价格和经营

粮食价格改革是粮食流通体制改革的核心。目前我国粮食市场发育程度还比较低,地区之间经济发展水平很不平衡。因此,粮食价格改革既要积极又要稳妥,总的原则是:统一政策,分散决策,分类指导,逐步推进。争取在两三年内全部放开粮食价格。各省、自治区、直辖市人民政府在放开粮食价格和经营之前,应研究制定具体实施方案,并报国务院及其有关部门备案。

粮食价格放开,要兼顾生产者、经营者和消费者的利益,注意保护粮食生产,稳定粮食市场。为此,需要采取以下措施:

(一)保留粮食定购数量,价格随行就市。

(二)继续实行和改进粮食定购“三挂钩”政策,将化肥、柴油由实物奖售改为平议差价补贴,付给出售定购粮食的农民。

(三)为防止“谷贱伤农”或粮价暴涨,保护生产者和消费者利益,各地在必要时应制定粮食收购的最低保护价或销售的最高限价,并相应承担财政责任。具体办法由国家物价局会同有关部门另行制定下达。

(四)销售价格放开后,要继续保留城镇定量人口的粮食供应关系,对城镇定量人口是否给予补偿,由地方政府自行确定。切实做好受灾地区、贫困地区和水库移民的粮食供应。

(五)要支持粮食主产区发展粮食生产,在政策上予以倾斜和扶持。

(六)省间、地区间粮食贸易,要产销见面签订供销合同并严格履行,或通过批发市场交易。大中城市要切实加强粮食储存、调运和供应工作。

为了支持粮价改革,中央财政对各省、自治区、直辖市的粮食补贴保留三年,逐年减少。每年减少的财政补贴,转作中央粮食风险基金,不准挪作他用。各省、自治区、直辖市减少的财政补贴,也要转作地方粮食风险基金。具体办法由财政部会同有关部门制定下达。

暂缓放开粮价的地方,继续执行现行粮食购销政策和国家规定的中等标准品购销价格,品种等级差价、进销差率改由地方政府或物价部门商粮食主管部门确定。

全面放开食油购销价格和经营。从1993年度(系指粮食年度,下同)起,除军供用油外,取消国家食油收购计划和食油定量供应政策,取消食油指令性调拨计划,产销由各省、自治区、直辖市根据当地实际情况自行安排。

二、继续实行粮食包干办法

现行国家对各省、自治区、直辖市粮食购销调拨包干办法到1992年度末(1993年3月底)结束。为了支持粮价改革,保证粮食计划管理体制向社会主义市场经济体制的顺利过渡,原包干指标原则上不作变动,继续延长执行到1995年度,中央财政拨付的粮食加价款、差价款补贴,与粮食包干方案脱钩。各省、自治区、直辖市人民政府要切实加强粮食管理，搞好本地区粮食数量、品种平衡，确保城乡市场粮食供应。今后除中央认定的特大自然灾害外，国务院不再核批粮食指标。

军供粮油和大豆暂按现行办法供应，计划一年一定。各级政府和粮食企业要从全局出发，在品种、质量、数量上保证供应。

要切实加强国家粮油库存的管理，确保账实相符，安全储存。一些行之有效的保管制度和办法要继续执行。国家专项储备粮、特种储备粮、国务院市场调节粮和国家储备食油，所有权属中央，未经国务院批准，任何地方和部门不准动用。为帮助地方尽快建立粮食储备，国家平价粮食周转库存下放地方管理，其中百分之六十转作地方储备，其余部分，地方可以周转使用。国家平价食油周转库存也要划一部分作地方储备。具体办法由商业部下达。

三、继续加强和完善国家对粮食的宏观调控

粮食是关系国计民生和社会安定的重要商品，在放开粮价、搞活经营的同时，必须进一步加强宏观调控，做到放得开，守得住。

(一)以国家储备为中心，中央和省、自治区、直辖市两级为主的多层次粮食储备体系，是加强宏观调控的重要物质基础。国家粮食储备在坚持适度规模、总量平衡的前提下，要优化品种结构和储存布局。要通过储备粮的吞吐，平衡供求，稳定市场，并积极探索搞活国内外经营，串换品种，保量增值的途径。

要抓紧建立地方粮油储备，以确保本地区粮油市场的基本稳定。地方粮食储备资金和费用补贴参考国家储备粮的办法，由同级政府确定。积极推行农村集体储粮和农户储粮，防备灾荒。

(二)加快以全国性大型批发市场为中心的三级粮油市场体系的建设。全国性大型粮食批发市场，在重点发展中远期合同交易的基础上，选择有条件的市场，研究探索分散价格风险的机制和办法，建立标准合约，逐步向期货贸易方向发展。区域性批发市场，要逐步办成该区域粮油流转中心和集散地。农村初级粮油市场，要以历史形成的集散地为中心，放手发展，做到产需直接见面，互通有无，批零兼营。要打破地区封锁和贸易壁垒，形成高效、畅通、灵活的全国粮油市场体系。

允许和支持多种经济成分、多流通渠道参与市场粮油经营。国有粮油企业要通过参与市场竞争，努力掌握粮食和食油的主要批发业务。符合条件的企业、单位、个人，经工商行政管理机关核准登记，领取营业执照后，可以从事粮食和食油批发、零售业务。坚决取缔无证经营。

(三)加快粮食收储、加工、销售服务体系建设，提高粮食企业的组织化和技术设施现代化程度，充分发挥国有粮食企业的整体优势和主渠道作用。要大力推进企业组织结构的调整，以现有服务体系为依托，以大型企业为骨干，积极组建粮食企业集团，建立起设施先进、功能完善的粮食流通服务体系。

(四)实行粮食进出口内外贸易结合，统一管理。国家对粮食的进出口实行总量控制。对小麦、大米、玉米、大豆等主要品种的进出口，根据国内余缺和国际市场情况，由国家粮食主管部门提出年度进出口总量计划，商经贸部后由国家计划部门综合平衡，报国务院批准实施。根据《中共中央、国务院关于加快发展第三产业的决定》(中发〔1992〕5号)精神和国务院有关规定，对出口实行计划配额管理的大米、玉米、大豆，可实行内外贸联合经营；其他非计划配额管理的粮油品种，也鼓励内外贸联合经营；可赋予有条件的大中型国有粮油企业一定的进出口权。凡取得进出口经营权的粮油企业，要积极参与国际市场，执行国家有关政策和计划，接受价格指导，并在获得配额和许可证方面享有与外贸企业同等的待遇。

(五)随着粮油价格和经营逐步放开，各级粮食行政管理部门要注意粮食总量和分品种、分地区综合平衡情况，努力使粮食的总供给与总需求大体适应。这是加强宏观指导的重要环节，绝不能放松。要制定年度粮油(包括议价粮油)购销指导性计划，指导粮油企业的经营活动。各级银行要合理安排国有粮食企业经营资金，建立良性的收购资金机制，以利于粮食生产、收购和市场的供应，具体办法由中国人民银行会同商业部等有关部门制定下达。

四、大力促进企业转换经营机制，进一步增强国有粮油企业的活力

转换企业经营机制，是粮食流通体制改革的中心环节。要继续推行和完善各种形式的经营承包责任制。大中型粮油企业要实行集体承包或全员承包，有条件的要积极进行股份制试点。小型企业可以灵活采用转、改、租等多种改革形式。企业内部要积极进行人事、用工、分配制度等方面的改革，克服平均主义、吃“大锅饭”等弊病，调动干部职工的积极性和主动性。承包过程中，要保障国家对企业财产的所有权，实现国有资产的保值和增值。基层粮管所(站)的隶属关系，仍由粮食部门统一管理。其资产属国家所有，禁止任何部门、单位平调和挪用。

在深化改革放开经营的过程中，各级政府和各有关部门要积极支持国有粮油企业转换经营机制，开展多种经营。(一)对放开粮价的地区，原来地方财政对粮油企业的亏损补贴和有关专项补贴，原则上三年内不取消。(二)价格放开后，粮食企业开展多种经营所

需资金，各级银行要继续支持，并与收购资金贷款分户管理。要在试点的基础上，积极推行粮油企业“内部结算中心”，做好系统内部的资金结算工作。(三)要多方筹集资金，加快国有粮油工商企业的技术改造和网点建设。除“八五”期间粮油加工企业继续享受国家有关减免税收等优惠政策外，各级政府可因地制宜地制定一些政策予以支持。(四)放开价格和经营的地区，国有粮油商业企业过去享受的减免税办法，在“八五”期间要继续执行。国有粮食企业新开办的多种经营，在开办初期确有困难的，可按税收管理体制的规定申请减税、免税优惠。(五)国家有关部门和各级人民政府对国有粮油企业现行的各项优惠政策不变。国有粮油企业要进一步加强企业管理，完善各项规章制度，堵塞各种漏洞，努力降低费用开支，挖掘潜力，扭亏增盈，提高经济效益。

五、绝不放松粮食工作

长期以来，国有粮食企业的广大干部职工在各级党委和人民政府的领导下，为安排好人民生活、保证国民经济发展做出了重大贡献。粮食是国民经济基础的基础，涉及面广，影响大。目前我国粮食总量并不宽裕，品种矛盾还相当突出。在粮食流通体制转换过程中，各级人民政府要切实加强领导，周密计划，精心组织，认真研究解决出现的问题。粮食服务体系不要打乱，粮食工作不能削弱。粮食行政管理机构要按照“小机构，大服务”的原则，精减人员，转变职能，把工作重点转向研究政策、制定规划、加强行业管理、搞好协调、监督和信息咨询服务。要抓紧粮食法规建设，使粮油经营逐步走上制度化、法制化的轨道。在多渠道、多种经济成分的竞争中，要加强和改进国有粮食企业的工作，继续保持和发挥主渠道作用。粮食行业的干部职工要继续发扬优良传统，积极发挥在调节市场、搞活流通等方面的主导作用。财政、银行、税务、工商、铁道、交通等有关部门要密切配合，积极给予帮助和支持，确保粮食流通体制改革的顺利进行。

国务院

1993年2月15日

国务院办公厅关于印发《全国土地利用总体规划纲要(草案)》的通知

各省、自治区、直辖市人民政府，国务院各部委、各直属机构：

国家土地管理局编制的《全国土地利用总体规划纲要(草案)》，已经国务院原则同意，现印发给你们。请结合实际情况，认真组织实施。

国务院

1993年2月21日

全国土地利用总体规划纲要(草案)

土地是人类赖以生存的宝贵自然资源，我国人多地少，十分珍惜和合理利用每寸土地，切实保护耕地，是我国的一项基本国策。为了加强国家对土地利用的宏观调控和计划管理，协调各部门的用地需求，充分、合理地利用我国有限的土地资源，保障国民经济持续、稳定、协调发展和人民生活水平不断提高，依据《中华人民共和国土地管理法》第十五条“各级人民政府编制土地利用总体规划”的规定和《中共中央、国务院关于加强土地管理、制止乱占耕地的通知》中关于“各地要尽快制订和完善土地利用总体规划”的要求，特编制《全国土地利用总体规划纲要(草案)》(以下简称《纲要》)。

《纲要》是一个从全国范围着眼的、长远的、宏观指导性的战略规划，它的主要任务是对土地利用现状和后备资源潜力进行综合分析研究，根据需要和可能提出今后一个时期内全国土地利用的目标和基本方针；在预测土地利用变化的基础上，提出各类用地的控制性指标；协调各部门的用地需求，提出对各省、自治区、直辖市土地利用方向和结构的指导性意见；提出实施规划的政策、措施和步骤。

《纲要》以国民经济和社会发展十年规划和第八个五年计划纲要为依据，以1985年为基期(重要数据用1990年数字校核)，2000年为规划期限，并展望到2020年和2050年。

《纲要》未包括台湾省和港澳地区。

一、土地资源利用现状

(一)土地资源利用概况

我国的土地总面积为960万平方公里(144亿亩)，绝大部分疆土是在北纬20度至50度之间。温带面积占45%，亚热带面积占26%，有2%的土地(海南岛)位于热带，只有1%的土地(黑龙江省漠河地区)位于寒温带，属于高原气候区的青藏高原约占26%。全国土地类型中，山地占33%，丘陵占10%，高原占26%，盆地占19%，平原占12%。

1985年全国土地利用概查汇总的土地总面积约为9486800平方公里(1423000万亩)。其利用状况是：

1. 耕地。面积为12518万公顷(187800万亩)，占土地总面积的13.2%。

2. 园地。面积为600万公顷(9000万亩)，占土地总面积的0.6%。

3. 林地。包括有林地、疏林地、未成林造林地、灌木林地、苗圃地和迹地，面积为19655万公顷(294800万亩)，占土地总面积的20.7%。其中有林地面积，根据林业部“六五”清查数为12268万公顷(184000万亩)，森林覆盖率为12.98%。

4. 牧草地(指已利用草地)。面积为26109万公顷

(391600 万亩),占土地总面积的 27.5%,其中绝大部分为天然草地。

5. 居民点及工矿用地。面积为 1987 万公顷(29800 万亩),占土地总面积的 2.1%。其中农村居民点面积为 1260 万公顷(18900 万亩),占居民点及工矿用地的 63%。

6. 交通用地。包括铁路、公路、港口、民用机场和农村道路用地,面积为 721 万公顷(10800 万亩),占土地总面积的 0.8%。

7. 水域。包括江河、湖泊、苇地、滩涂、沟渠、冰川、库塘等,面积为 3596 万公顷(53900 万亩),占土地总面积的 3.8%。

8. 未利用土地。面积为 29682 万公顷(445300 万亩),占土地总面积的 31.3%。其中沙漠、戈壁、石质山地、高寒荒漠等难利用土地约 17733 万公顷(266000 万亩),占土地总面积的 18.47%。

(二)土地资源利用特点

1. 土地资源的总量大,但人均占有量少。

我国土地总面积虽居世界第三位,但人均占有量仅 0.9 公顷(约 13.4 亩),只及世界人均 2.76 公顷(41.3 亩)的 1/3。已利用土地资源中耕地占世界耕地总面积的 9%,居第四位,但人均仅 0.12 公顷(1.8 亩),只及世界人均 0.29 公顷(4.4 亩)的 41%;有林地居世界第七位,但人均仅 0.12 公顷(1.8 亩),只及世界人均 0.84 公顷(12.6 亩)的 1/7;牧草地约居世界第四位,但人均仅 0.25 公顷(3.7 亩),只及世界人均 0.65 公顷(9.7 亩)的 1/3 强。以上情况说明,我国土地资源从总量上看属于世界前列,但从人均占有量来看,则远低于世界平均数,是土地资源相对贫乏的国家。

2. 山地高原多于平地,耕地后备资源不足。

我国的山地、高原和丘陵占土地总面积的 69%,平原和盆地占 31%。由于我国土地开发历史悠久,人口又多,容易开发的土地已经较少。初步调查目前可供开发的土地后备资源有 7600 万公顷(114000 万亩),其中可开垦成耕地的仅约 1388 万公顷(2 亿亩)。

3. 各类用地分布不平衡,土地利用地区差异大。

我国的耕地主要分布在东部和南部,如以四百毫米降水等值线为界,可划分为面积大体相等的东南季风区和西北内陆区,东南季风区集中了 90%以上的耕地。林地主要分布在东北部、南部和西南部,占全国土地面积 50%以上的农区和牧区,特别是西北和华北地区林地很少。80%以上的草地集中分布在西北干旱、半干旱地区和青藏高原。由于宜农土地资源分布不平衡和开发历史的差异,形成了东南季风区和西北内陆区在土地利用上的明显差别,东南区绝大部分土地已不同程度开发,生产水平高,但由于人口集中,经济发达,建设占地相应也多,人多地少的矛盾突出。西北区虽人少地广,但由于难利用土地面积大,开发困难,干旱高寒土地生产力低,也程度不同地存在着人多耕地少的矛盾。

4. 土地资源与水资源在地域分布上不协调。

长江流域及其以南地区,水量占全国总量的 80%以上,而耕地仅占全国总量的 36%,淮河流域及其以北地区,水量不到全国总量的 20%,而耕地却占全国总量的 64%,水、土资源分布不协调给土地利用尤其是农业生产带来不利的影响。

(三)土地利用存在的主要问题

我国的土地利用,经过长期发展和不断调整,其结构和布局,总的来说是合理的,但也存在一些问题,主要是:

1. 土地供需矛盾尖锐,人均耕地面积不断下降。

由于土地资源紧缺,各类用地均不能满足需要,建设与农业以及农、林、牧之间争地矛盾突出。随着经济发展和进一步改革开放,建设用地还要不断增加,每年尚需占用相当数量耕地,加之人口增长,人均耕地占有量不断减少。1995 年,我国人均耕地近 0.12 公顷(1.8 亩),比 1949 年人均 0.18 公顷(2.7 亩)减少了 0.06 公顷(0.9 亩)。特别是"六五"期间,每年平均净减耕地 700 万亩,同时每年净增人口约 1429 万人。耕地锐减和人口剧增使人均耕地占有量不断下降,直接制约了我国人民生活水平的提高和国民经济发展。

2. 土地利用尚不充分,生产力和利用率均较低。

从耕地利用状况看,中低产田占了 2/3,产量较高地区的耕地也还有相当的增产潜力。不少地方农作物布局不合理,没有实行区域化种植,生产潜力没有充分发挥;林地利用率也低,全国有林地面积只占林地面积的 62%,单位面积蓄积量和生长量都只及世界平均水平的 75%;已利用牧草地中,优质草地仅占 27%,单位面积畜产品产量只及美国的 1/3;建设用地的利用也不充分,如村庄占地,由于大部分是平房,人均占地要比城市高出一倍。国营工矿建设和生产造成的废弃地约有 200 万公顷(3000 万亩),已复垦利用的不到 2%。

3. 土地退化和损毁严重,质量不断下降。

建国初期全国水土流失面积约 150 万平方公里,40 年来初步治理了约 50 万平方公里,但同时由于乱伐森林、草原过载、盲目开垦等又造成新的水土流失,据遥感普查资料,目前流失面积约为 179 万平方公里。我国沙漠化土地面积 176000 平方公里,潜在沙化的面积 158000 平方公里,两者合计已达 334000 平方公里(5 亿亩)。目前约有 1/5 的耕地受到不同程度的环境污染。林地被侵占现象严重,1984 年至 1988 年间全国每年有 50 万公顷有林地被侵占,变为非林地,而 1989

年至1991年间达年均558000公顷，呈逐年上升的趋势。全国每年因灾损毁的耕地约133000公顷(200万亩)以上。不少地区由于投入不足，土壤肥力下降，影响了耕地质量。

4. 乱占滥用耕地，浪费土地的问题不断发生。

由于长期以来对土地缺乏宏观调控和计划管理，微观管理也不严格，造成建设和大农业内部结构调整过多占用耕地，使耕地面积急剧减少。有些企业、机关受土地无偿使用影响，占地过多，早征迟用，甚至征而不用，造成土地浪费。

在初步实行计划用地后，仍存在不按国家规定审批土地，计划管理不完善，以及缺乏总体规划、层层设开发区等问题，出现了新的浪费土地和乱占耕地现象。

二、土地资源的利用潜力

(四)土地后备资源利用前景

我国土地可开发后备资源已不多，但还有一定的潜力。在当前经济和技术条件下可开发利用的土地后备资源约7600万公顷(114000万亩)，约占全国土地总面积的8%。

1. 大片荒山荒地(每片50亩以上)约6220万公顷(93300万亩)，主要分布在西北、东北、华北和南方山地丘陵区，以新疆、内蒙古、黑龙江等省(区)为最多，四川、福建、贵州、甘肃、湖南、江西、河北等省次之。

2. 农村零星闲散废弃地约828万公顷(12400万亩)，分散在全国各省(区、市)。这类土地开发条件好、见效快，应作为近期小规模开发利用的重点。

3. 滩涂水面，包括江河、湖、塘、水库等的滩涂及海涂，共约285万公顷(4270万亩)，其中可开发利用的海涂约155万公顷(2332万亩)，以山东、江苏、浙江、辽宁、福建、广东等省较多。

4. 国营和乡镇工矿废弃地约260万公顷(3900万亩)，分布在全国各地，应根据《土地复垦规定》进行复垦。

对现有的土地后备资源应逐步开发利用。其中可开发的宜农地约占18%，宜林地约占35%，宜牧草地约占36%，其余11%左右可分别开发为园地、水产养殖地和建设用地。

(五)提高已利用土地的生产力和利用率

中低产田增产潜力很大，只要适当改善农业生产条件，生产率可得到大幅度提高。因此，治理改造中低产田是挖掘现有土地增产潜力的有效措施。

提高复种指数，充分利用南方冬闲田，增加播种面积，也是挖掘耕地潜力的重要措施。目前我国耕地复种指数为150%，到本世纪末如能提高到159%，则可增加播种面积1077万公顷(16000万亩)左右。

逐步调整农作物种植布局，根据气候、土壤等自然条件，实行区域化种植，最大限度地发挥耕地的生产潜力。

我国林地利用率低，蓄积量少，生长量小。在全国19700万公顷(294800万亩)林地中，有林地只有12300万公顷(184000万亩)，仅占62.4%，林地资源利用还有较大潜力。

牧草地的利用也不充分，草原建设速度慢，全国26100万公顷(391600万亩)已利用草地中，围栏草场仅占1.2%，人工和改良草场仅占1.8%，南方草山草坡目前利用率仅占20%左右。

建设用地也存在利用不充分的问题，如村庄占地，初步估算，把大部分平房按规划改建为二层楼房，约可节约出133万至200万公顷(2000至3000多万亩)土地，有条件的地方，把耕地中的村庄迁移到山坡上，也可腾出数千万亩好地；在部分机关、工厂和乡镇企业用地中，也有类似情况。

(六)我国土地的人口承载能力

有关部门对光、温、水、土进行综合分析的初步成果表明，在保证充分投入的条件下，考虑到耕地减少因素，我国粮食最大产量可达8000亿公斤，比目前粮食总产量4000亿公斤左右尚可增加约1倍。按人均粮食需求量500公斤计，可承载16亿人口。预测我国人口最高峰在2040年至2050年间，高峰人口为16亿人左右。

2000年，按当时可能达到的投入产出水平，我国粮食总产量可达到5000亿公斤左右，按人均粮食需求400公斤计，可承载人口125000万人，达到粮食基本自给。如人口超过125000万人，则需要少量进口粮食或降低人均占有量。

从分地区土地的人口承载能力看，按可能达到的投入产出水平，到本世纪末，北京、天津、上海、广东、贵州、云南、西藏、甘肃、青海等省(区、市)已经超载；河北、福建、山东、广西、四川、辽宁、浙江、陕西、山西等省(区)已经或接近满载；吉林、黑龙江、江苏、新疆、宁夏、安徽、江西、湖北、湖南、内蒙古、河南等省(区)尚有一定富余。

进入21世纪后，在挖掘了投入产出最大潜力的情况下，京、津、沪三市和青海省土地的人口承载能力仍为超载，西藏、贵州、广东、云南等省(区)接近临界，其余各省(区)有余或稍有余。

三、土地利用的目标和方针

(七)2000年土地利用目标

到本世纪末，我国国民经济将有较大发展，人民生活将达到小康水平，预计全国人口将达到或接近十三亿人，根据对土地利用变化的预测，全国土地利用的总目标是：

适应2000年国民经济和社会发展需要，实现粮食和其他主要农产品基本自给，耕地面积要确保12000万公顷(18亿亩)以上；为减轻自然灾害，改善生态环境，增加有林地面积，森林覆盖率要由目前的13%提高到17%；适当增加牧草地面积；保障各项建设的必要用地，首先是国家重点建设项目用地；扩大城乡居民点用地，增加交通和水利设施用地。1991年至2000年，建设占用耕地控制在200万公顷(3000万亩)左右。同时要积极开发未利用土地资源，大力改造中低产田，加强对水土流失的治理。适当调整全国土地利用结构和布局，提高土地利用的综合效益。

(八)21世纪土地利用展望

展望21世纪，我国的土地将得到更加充分和合理的利用。预计到2020年，全国人口将达15亿人，城镇化水平将接近50%，也就是说将有近一半人口居住在城镇。由于城镇、工矿、交通和水利设施的发展，建设用地将增加500万公顷(7500万亩)左右；耕地由于建设占用、因灾损毁和退耕还林、还牧等原因尚需净减约333万公顷(5000万亩)，人均耕地面积将下降为0.08公顷(1.2亩)左右；森林覆盖率将提高到24%左右，生态环境将有显著改善；草原建设取得成效，人工草场将达到1亿公顷(15亿亩)左右。

到2050年前后，我国的经济发展将达到中等发达国家水平，全国人口预计达到最高峰，接近16亿人，此后将趋于稳定或略有下降。耕地面积也将在1亿1300万公顷(17亿亩)左右稳定下来，人均耕地面积可保持在0.07公顷(1.05亩)，在单产提高的条件下，可以承载16亿人口。

(九)土地利用的方针

为实现上述目标，需要认真贯彻"十分珍惜和合理利用每寸土地，切实保护耕地"的基本国策，采取以下基本方针：

1. 切实保护耕地。农业特别是粮食生产，是国民经济持续、稳定、协调发展的基础。为此，要在努力提高农作物单产的同时，确保农业生产必需的耕地，特别是粮食作物用地。要严格执行年度土地利用计划，严格控制建设占用耕地，建立基本农田保护区，本规划中各省2000年耕地指标必须保证。目前调入粮食的各省(区、市)要尽量控制或减少调入量，粮食自给的要争取有所调出，调出粮食的要尽量增加调出量，力争多作贡献。严格控制大农业内部结构调整占用耕地。建设占用和因灾害损毁的耕地，要通过开发新的耕地予以弥补。

2. 保障必要的建设用地。为适应国民经济和社会发展需要，在节约用地的原则下，保障必要的、合理的建设用地，特别是农业建设和能源、交通、通信等基础设施及重要原材料工业建设用地。要依靠技术进步，挖掘现有潜力，尽量少占或不占用耕地。

3. 努力改善生态环境。制定和完善防治水土流失及其他整治土地的措施，减少自然灾害对土地造成的损毁；对部分不宜耕种的土地要逐步退耕。

4. 提高土地利用率和生产力。对农业用地要增加物质和科技投入，大力改造中低产田，提高单产；适当提高耕地的复种指数。要充分利用现有林地和草地。对城乡建设中土地利用不充分的也要采取措施，逐步提高其利用率。

5. 实行土地"开源"和"节流"并举。在节约利用土地的同时，为弥补各项建设占用和自然灾害损毁的土地，应有计划地开发土地后备资源和复垦废弃土地，土地的开发和复垦应贯彻宜农则农、宜林则林、宜牧则牧、宜渔则渔、宜建则建和有利生态环境的原则。特别是多开发一些宜农荒地，以弥补减少的耕地面积，增加粮、棉、油产量。

6. 统筹兼顾，量力而行，调整土地利用结构。根据我国土地资源情况和经济发展水平，兼顾经济、社会和生态效益，因地制宜、积极而有步骤地调整不合理的农业内部结构，调整农业用地和建设用地的结构和布局。调整结构应从整体效益出发，局部利益服从全局利益，当前利益和长远利益相结合。

四、土地利用的总体规划方案

(十)土地利用结构和布局的调整

根据2000年土地利用的目标和基本方针，在对各用地部门土地需求量进行综合平衡的基础上，对2000年我国土地利用结构和布局的调整提出如下方案：

1. 确保必要的耕地面积。为满足2000年粮食基本自给的需要，农业部门测算耕地面积必须保持11700万公顷到12800万公顷(176000万亩到192000万亩)。1985年全国有耕地12500万公顷(187800万亩)，对1986年至2000年各种用地进行综合平衡，建设占用耕地控制在300万公顷(4500万亩)，因灾损毁和必需的退耕还林、还牧以及大农业内部结构调整减少的耕地控制在600万公顷(9000万亩)左右，总共减少耕地900万公顷(13500万亩)左右；开发复垦增加耕地约600万公顷(9000万亩，其中新开发耕地6000万亩)，增减相抵，净减耕地300万公顷(4500万亩)。这样，2000年耕地面积将减为12200万公顷(183300万亩)。

1986年至1990年耕地净减约133万公顷(2000万亩)，其后10年应不超过1667000公顷(约2500万亩)。1986年至1990年各项建设占用耕地约93万公顷(1400万亩)，其后10年应控制在200万公顷(约3000万亩)左右。

耕地的占用和减少主要在各类城镇周围的平原和

沿海地区，大部分是好耕地，而开发补充的除部分零星闲散地和少量工矿废弃地外，大部分在边远地区和丘陵地区，布局的变化使耕地平均质量有所下降。因此，要增加对土地的投入，在扩大耕地的同时大力改造中低产田。

2. 园地有较大增加。由 1985 年的 600 万公顷(9000 万亩)增至 834 万公顷(12500 万亩)，占土地总面积的 0.9%。园地主要应在低山丘陵地带发展，一般不得占用平原耕地，有条件的地方，要把现有的平原果园往山坡迁移，改变“粮上山、果下川”的状况。

3. 林地有较大增加。由 1985 年的 19655 万公顷(294800 万亩)增至 22137 万公顷(332100 万亩)，占土地总面积的比重由 20.7%提高到 23.2%，除了必要的防护林带和农田防护林在平原发展外，应主要在山区和丘陵增加林地。东北、内蒙古、西南等国有林区已严重过伐，今后要搞好恢复并加速建设南方丘陵山区生长较快的用材林基地。

4. 牧草地略有增加。由 1985 年的 26109 万公顷(391600 万亩)增至 26224 万公顷(393400 万亩)，占土地总面积的 27.6%。今后主要应加强草原建设，增加人工草场，扩大对南方草山草坡的利用，以满足人民对畜产品的需要。

5. 居民点及工矿用地和交通设施用地有所增加。居民点及工矿用地增加 341 万公顷(5100 万亩)，由 1985 年的 1987 万公顷(29800 万亩)增至 2328 万公顷(34900 万亩)，占土地总面积的比重由 2.1%提高到 2.4%；交通设施用地增加 100 万公顷(1500 万亩)，由 1985 年的 721 万公顷(10800 万亩)增至 821 万公顷(12300 万亩)，占土地总面积的比重由 0.8%提高到 0.9%。适当提高城市人均用地面积，控制村镇用地的增长速度，确保交通、能源、原材料等重点建设项目用地需要。非农业建设占用耕地，平均每年不超过 167000 公顷(250 万亩)。为了适应沿海开放和经济发展的需要，新增建设用地相对集中在东部沿海地区，使该地区人多地少的矛盾进一步加剧。为此，要特别注意节约用地，不占、少占优质农田，严格控制大城市扩展。现有耕地中的村庄，过于分散的要适当集中，有条件迁至非耕地的，要逐步搬迁，腾出耕地。

6. 水域面积由于水利设施建设稍有增加。由 1985 年的 3596 万公顷(53900 万亩)增至 3673 万公顷(55100 万亩)，占土地总面积的 3.9%。水利设施建设共增加用地 993000 公顷(1490 万亩)，其中占用耕地 58 万公顷(877 万亩)。要增加水产养殖面积，提高水域利用率。

7. 由于农、林、牧及建设用地的发展，土地总利用面积增加，未利用土地面积由 1985 年的 29682 万公顷(445300 万亩)减少到 26633 万公顷(399400 万亩)左右，占土地总面积的比重由 31.3%下降为 28.1%。

(十一)土地利用分区

为了因地制宜地指导各地区合理确定土地利用的优先顺序，调整土地利用结构，挖掘土地潜力，充分发挥地区优势，根据土地利用的现状和规划，结合自然地理条件和社会经济发展状况，在保持县界完整的情况下，把全国划分为以下 11 个土地利用一级区和 37 个土地利用二级区。各区的主要特点和利用方向如下：

1. 沿海区。包括辽中南、京津唐、鲁东苏北沿海、沪宁、杭、浙闽沿海、珠江韩江三角洲、桂南雷州半岛、海南 8 个二级区，总面积 549000 平方公里，占全国土地总面积的 5.79%。

本区人口密集，港口城市集中，工业发达，土地开发程度高，人均耕地少，土地利用效益高，建设用地比例大，各业争地矛盾突出。在全国实行对外开放政策的地区中，五个经济特区和十四个沿海开放城市均位于本区。

随着改革开放的发展，今后要加强全面规划，在节约用地、少占耕地的原则下，保障建设用地和对外开放用地需求；切实保护耕地，重点发展城郊农业和创汇农业；开发海涂和荒滩荒地。

2. 松嫩三江平原区。包括松嫩平原、三江平原两个二级区，总面积 397100 平方公里，占全国土地总面积的 4.19%。

本区气候寒冷，地势平坦，水源丰富，有大片待垦宜农荒地，是全国主要商品粮、豆产区，石油、煤炭等矿产资源丰富，铁路交通发达，土地利用尚不充分。

今后用地方向以农为主，增加耕地投入，提高单产，大力开发以三江平原为主的宜农荒地。适当增加建设用地，保障能源基地建设用地，复垦工矿废弃地。

3. 兴安岭长白山区。包括大小兴安岭、长白山辽东丘陵两个二级区，总面积 182200 平方公里，占全国土地总面积的 5.08%。

本区以山地为主，气候湿润，水土条件优越，是全国主要用材林基地之一，目前存在着森林采育失调，林农争地和土地经营粗放等问题。

今后用地方向仍以林为主，建设永续利用的用材林基地，林、耕、园、草相结合，加强林地抚育更新，涵养水源，加强草地、耕地管理，提高土地利用效益。

4. 三北交界区。总面积 440700 平方公里，占全国土地总面积的 4.65%。

本区属半湿润向半干旱地带过渡区，农、牧、林交错分布，生态条件脆弱，存在农牧争地、草场退化问题。建设用地中以煤矿用地为主。

今后应注意保护生态环境，因地制宜发展农、牧、林业，适当退耕并建设三北防护林，稳定基本农田，加强草原建设，防止土地沙化和退化；调整建设用地，保障能源基地建设用地。

5. 黄淮海平原区。包括黄海平原、鲁中丘陵、黄淮平原三个二级区，总面积 348600 平方公里，占全国土地总面积的 3.67%。

本区是我国最大的平原区，人口密集，中小城市多，是全国主要商品粮、棉、油基地和能源、轻工业基地。人多地少，建设用地比例高，农业受旱、涝、盐碱影响，产量不稳，但潜力很大。

今后用地方向仍以农为主，是土地开发重点地区，改造中低产田和开荒相结合，建设农田防护林网，综合治理旱、涝、盐碱，加强基本农田保护，控制建设用地并提高其利用率。

6. 黄土高原区。包括晋豫、汾渭河谷、晋陕甘、甘青宁四个二级区，总面积 405700 平方公里，占全国土地总面积的 4.28%。

本区以黄土覆盖的山地、高原为主，半干旱气候，水土流失严重，以旱作农业为主，水力资源丰富，也是我国最大的煤炭基地。

今后应结合开发晋、陕、蒙煤炭基地，保障必要的建设用地，加强农田基本建设，加强三北防护林建设，综合治理水土流失，部分陡坡地要退耕还林、还牧，建设汾渭谷地商品粮、棉、油基地。

7. 江南丘陵区。总面积 634800 平方公里，占全国土地总面积的 6.69%。

本区以中低山为主，水热资源、生物资源、有色金属矿产资源丰富，经济较发达，也是我国重要产粮区。土地开发利用程度较高。

今后用地方向应以林为主，农、林、牧综合发展；保护耕地，建设速生丰产用材林基地、水果生产基地和有色金属矿产基地。

8. 南方山地区。包括秦巴山地、川鄂湘黔山地、黔桂高原山地、川滇山地、滇南五个二级区，总面积 998400 平方公里，占全国土地总面积的10.52%。

本区地形复杂，以高原、山地为主，林、草、耕地交错分布，水热条件优越，森林资源丰富，但水土流失严重，粮食产量、经济发展和土地开发利用水平较低。

今后用地方向应以林为主，建设以川西、秦岭为主的林业基地，保护耕地，提高单产，发展热带、亚热带作物，发展畜牧业，建设水电能源基地，加强自然保护区建设，发展旅游业。

9. 长江中游平原四川盆地区。包括长江中游平原和四川盆地两个二级区，总面积 344800 平方公里，占全国土地总面积的 63%。

本区开发较早，水、热资源丰富，人口密度大，长江沿岸城镇密集，工业集中，经济较发达，建设用地比例大，目前建设占用耕地矛盾突出；耕地以水田为主，农作物产量高，是我国重要的商品粮、棉、油基地和水产、经济作物基地；地势低洼、洪涝灾害较多。

今后用地方向仍以农为主，保护耕地和湖泊水面，加强水利建设，建设好商品粮、棉、油和水产、经济作物基地，发展林地，促进水土保持。适当控制建设用地，提高用地效率和长江水道的利用率。

10. 西北区。包括内蒙古、宁夏河套平原、河西走廊、北疆、南疆柴达木盆地五个二级区，总面积 2938700 平方公里，占全国土地总面积的 30.98%。

本区气候干旱，地广人稀，少数民族聚居，以绿洲农业和草原放牧为主，土地利用效益低，林地面积少。未利用土地面积大，干旱、沙化、盐渍化是本区土地利用的主要障碍，本区有较丰富的石油、煤炭等矿藏。

今后用地方向应以牧为主，农、牧并举，营造农田防护林，扩大水源涵养林，防治沙化、盐碱化，节约利用水资源，稳步开发宜农荒地，建设绿洲粮、棉、油、果基地和优良牧业基地，扩大自然保护区，保障石油、煤炭及盐业建设用地。

11. 青藏高原区。包括川滇藏、藏南、藏北、川青甘四个二级区，总面积 1946800 平方公里，占全国土地总面积的 20.52%。

本区为平均海拔 4500 米至 5500 米的高原，属高寒气候，光照充足、热量不足，大部分地区光、热、水配合不当，人烟稀少，交通不发达，天然牧场广阔，东南部天然森林多，土地开发程度及生产水平均较低。

今后用地方向应以牧为主，农、牧、林结合，保护森林，开发河谷地带耕地，合理利用天然草场，发展畜产品生产。

（十二）主要工程设施布局及用地规模

根据有关部门提供的资料，我国 1986 年至 2000 年安排的交通、水利和林业主要建设项目（其中部分项目已在 1990 年前完成，部分在 2000 年后继续完成）有：

1. 铁路。拟建新线 13000 公里，占地 138600 公顷（208 万亩）。其中：以山西为中心的能源基地运煤通路有大同至秦皇岛、集宁至通辽、大同至准格尔、神木至黄骅和侯马至月山等。南北通路有北京至九龙、合肥至九江等。沿海通路有金华至温州、广州至漳州、钦州至北海和三水至茂名等。东北通路有沈阳至秦皇岛、七台河至滴道等。西北通路有乌鲁木齐至阿拉山口、中卫至宝鸡、包头至西安和格尔木至库尔勒等。西南通路有南宁至昆明、成都至达县、石门至长沙等。

2. 公路、水运港口及民用机场。2000 年公路要发展到120万至140万公里,新增用地689000公顷(1033万亩);港口要达到1200个泊位,新增用地3万公顷(45万亩);同时要新建和扩建一批民航机场,新增用地13000公顷(20万亩)。通过加快综合运输体系的建设,提高以下八条大通道的运输能力:南北方向三条,它们是大连至哈尔滨、山海关至杭州、北京至广州;东西方向五条,它们是秦皇岛至大同、天津至太原、连云港至乌鲁木齐、上海至成都、广州至成都及昆明。

3. 重要水利工程。2000年前拟兴建三峡、小浪底、黑山峡、临淮岗、万家寨、碛口、紫坪铺、亭子口、江垭、峡江、百色、大藤峡、尼尔基、飞来峡、桃林口、大桥等水利枢纽及引黄入淀济京、引黄入卫、南水北调、引黄入晋、引江济淮、引松入辽等跨流域引水工程。水利工程新增用地总面积约为993000公顷(1490万亩)。

4. 防护林工程。为控制水土流失,改善生态环境,2000年前拟营造以下防护林工程:三北防护林工程,共造林1447万公顷(21705万亩),跨陕、甘、宁、青、新、晋、蒙、冀、京、辽、吉、黑12个省(区、市),其中防护林1007万公顷(15105万亩);长江中上游造林工程,跨川、滇、黔、湘、鄂、赣、陕、甘八省,共造林742万公顷(11183万亩),其中防护林390万公顷(5861万亩);沿海防护林工程,跨沿海10个省(市),共造林249万公顷(3737万亩),其中防护林166万公顷(2498万亩);太行山绿化造林工程,跨冀、晋、京、豫四省(市),共造林330万公顷(4950万亩),其中防护林174万公顷(2610万亩);平原农田防护林网,共造林324万公顷(4867万亩)。

(十三)土地开发和复垦

1. 根据“开源”和“节流”并举的方针,到本世纪末,新开发和复垦的耕地约600万公顷(9000万亩),其中新开发耕地应不少于400万公顷(6000万亩)。同时,改造中低产田应不少于3333万公顷(5亿亩)。

土地综合开发的重点地区是:(1)黄淮海平原;(2)三江平原;(3)松嫩平原;(4)长江中游平原;(5)四川盆地;(6)长江下游平原;(7)甘肃、内蒙古、宁夏灌区;(8)新疆灌区;(9)珠江中下游平原;(10)汾渭谷地。以上10片重点地区,2000年以前可开发耕地200万公顷(3000万亩),改造中低产田2000万公顷(3亿亩)。

2. 要认真贯彻《土地复垦规定》,大力组织复垦各类废弃土地。其中,工矿废弃土地,到2000年除新废弃的要及时复垦外,还要复垦老的废弃土地466600公顷(700万亩)左右;争取到2020年复垦1333300公顷(2000万亩)以上。

土地复垦的重点地区是:(1)以山西为中心的能源、重化工基地;(2)辽宁辽河油田及钢铁、煤炭基地;(3)山东、安徽、江苏、河南、陕西、内蒙古等煤炭基地;(4)唐山煤炭、钢铁、电力、建材基地;(5)黑龙江煤炭、采金和石油基地;(6)胶东黄金基地。

(十四)土地的整治和保护

1. 防治水土流失,保护和合理利用土地资源。要认真贯彻预防为主、治管结合的水土保持方针,首先要做好预防、保护和监督管理工作,并进行重点治理。2000年前每年整治水土流失面积力争不少于200万公顷(3000万亩)。

国家治理的重点地区是:(1)陕西无定河流域;(2)山西三川河流域;(3)内蒙古皇甫川流域;(4)甘肃定西县;(5)辽宁柳河流域;(6)山西、河北永定河上游地区;(7)长江葛洲坝库区;(8)赣江和抚河上游地区;(9)云南、四川金沙江中上游地区;(10)长江三峡水库库区;(11)贵州毕节地区;(12)嘉陵江中上游地区;(13)北京密云水库上游地区;以及珠江上游地区和晋、陕、蒙三角带地区等。与此同时,还要加强土地沙化和盐碱化的防治工作。

2. 为了切实保护耕地,各地要划定基本农田保护区,并具体落实到乡和村。尤其对高产优质农田、名特优产品基地、商品粮基地以及大中城市附近的菜田,应作为重点认真保护。

开展农田保护工作要因地制宜,注重实效。我国东部地区人多耕地少,中部地区是重要农业生产区,要全面开展划定基本农田保护区工作;西部地区良田较少,要有重点地把高产稳产农田保护起来。

3. 自然保护区是为了保护生态系统、濒临灭绝的物种、特殊的地质地貌和自然历史遗迹而划定的特殊地域。我国现有各类自然保护区六百多处,面积约占土地总面积的3%。长白山、鼎湖山、卧龙、梵净山、武夷山、锡林郭勒草原、博格达峰和神农架八处已加入国际生物圈自然保护网。争取到2000年使全国自然保护区面积达到土地总面积的6%。

风景名胜区也是保护自然环境和历史文化遗产的特殊地域,目前经国务院审定公布的国家重点风景名胜区共八十四处,省级风景名胜区共一百零九处,面积共约五万平方公里。各类自然保护区和风景名胜区的土地都不得任意破坏和占用。

五、关于《纲要》的实施

(十五)贯彻《纲要》的措施

本《纲要》经国务院批准后,各省、自治区、直辖市人民政府及各用地部门应按照《纲要》要求认真组织落实,并通过以下措施保证贯彻实施:

1. 加强用地计划管理工作。《纲要》是编制国家中期(五年)和年度土地利用计划的依据,《纲要》确定的各项控制性指标,要通过中期和年度计划逐年落实,同时要加强对土地利用计划执行情况的监督和检查。

2. 加强用地审批管理。《纲要》是制定用地指标、审批各项用地，特别是审批全国性和跨省(区、市)大型建设项目、调整农业内部结构以及审批土地开发和复垦计划的依据。

3. 加强土地出让、转让管理。《纲要》是指导各类土地开发区建设、编制供地计划、调控土地供求的依据，各地要根据《纲要》提出的要求和控制指标，加强对各类土地开发区尤其是成片土地出让的管理。

4. 编制地方各级土地利用总体规划。《纲要》也是编制地方各级土地利用总体规划，首先是省级规划的依据。《纲要》提出的目标、方针、主要设想和各项控制性指标，要通过各级地方规划分层次进行贯彻和落实。

5. 编制各项专业规划。编制基本农田保护区规划、菜田保护区规划、土地开发和复垦规划等，具体贯彻《纲要》确定的有关保护耕地、菜田和扩大耕地面积的目标和方针；制定自然保护区规划、风景名胜区规划、城市规划、村镇规划、各类土地开发区规划以及工业、交通、农、林、牧、水利等用地规划，均应符合本《纲要》的要求。

6. 贯彻和制定、完善各项有关用地的法律、法规和规章。对《纲要》确定的各类不同性质的用地，除按《中华人民共和国土地管理法》的要求管理外，还需通过其他相关的法律，如《中华人民共和国森林法》、《中华人民共和国草原法》、《中华人民共和国矿产资源法》、《中华人民共和国环境保护法》、《中华人民共和国城市规划法》、《中华人民共和国水法》、《中华人民共和国水土保持法》、《中华人民共和国铁路法》等的要求进行管理。对与之配套但目前尚未制定的其他法律、法规和规章，应尽快制定。

7. 进一步完善经济管理手段。要通过征收土地使用税、耕地占用税以及其他经济手段，调整各方面的用地需求，使之符合《纲要》的要求。最重要的是要积极推进土地使用制度改革，逐步扩大和全面实行土地资源的有偿使用制度，建立和完善市场调节机制，利用地价来调节土地利用，节约使用土地。

8. 加强宣传工作。广泛开展全民国土观念教育，增强土地意识，提高对土地利用总体规划重要性的认识。

(十六)《纲要》的修改

在实施《纲要》过程中，要加强对土地利用状况的动态监测，及时检查规划的执行情况，并根据实际需要和客观情况的变化对《纲要》进行修改，涉及重大原则性问题的变动，需按有关规定履行报批手续。

附表：全国土地利用现状与规划对照表(略)

国务院批准同意天津市放开粮食价格

商业部提出发展专业市场推动餐旅服务业上新台阶

国务院批准同意上海华联商厦(集团)公司与香港华润(集团)有限公司合资兴办商业零售企业

外交部部长钱其琛在钓鱼台国宾馆会见美国前国务卿亚历山大·黑格

中国驻韩国大使馆馆舍在汉城正式启用

《中国和阿尔及利亚两国政府经济和技术合作协定》在阿尔及尔签字

国家教委和北京市政府就学生课业负担过重问题共同邀请北京市部分中小学校长进行座谈

郑州商城考古发现商代蓄水设施遗迹

河南省考古工作者在郑州商城的考古发掘又有重要收获，发现一段商城外廓城墙，5 处宫殿建筑基址，以及商代石板砌筑而成的蓄水设施遗迹等，并发掘清理古墓葬 72 座，出土了一批文物，从而为进一步研究郑州商城的平面布局和文化分期乃至商代奴隶社会的历史、奴隶制国家的发展提供了新的线索。

郑州商城遗址发现于 1955 年，是一处早于安阳殷墟，距今约 3500 年的商代中期城址，面积约 25 平方公里。近年来，文物考古部门为配合郑州市的经济建设，在商城遗址的抢救性发掘方面做了大量工作。

1992年初，考古工作者发现并清理出郑州商城外廓城墙的面南拐弯处百余米范围。该段夯土墙地面上已无保存，地面以下保存完好，夯土顶部距地表约 1.1 米，城墙保存最宽处为 20.4 米，最厚处达 1.95 米。多为黄色细腻砂质土掺褐色黏土颗粒和料礓沫逐层夯打而成，出土有细碎的灰褐色绳纹陶片等。它的发现，为研究郑州商城的军事防御措施提供了十分重要的线索。

考古工作者发现的 5 处商代夯土建筑基址均位于郑州商城的宫殿区内。在郑州市东里路东段南侧发掘出夯土台基 3 处，发掘面积约 900 平方米。在一处夯基发现有排列有序的柱础坑 21 个，柱础坑中心相距约 2.3 米，坑平面形状多为圆角方形。坑内础石形状多不规则，系天然石块稍作加工而成，有的则直接将极不规则的石头充作柱石。有关专家指出，从层位关系和出土物看，其夯基的年代相当于二里岗上层时期。在发掘区内还发现商代水井 2 眼，其中一眼井平面形状近圆形，口径 1.2 米，井底距地表约 11.6 米，井内填土为深褐色五花土，包含物多为商代陶质生活用具残片，器类包括盆、罐、大口尊等。

在郑州市顺河路东段南侧，考古工作者发现一处商代石板砌筑而成的蓄水设施遗迹，长度100米左右，宽约20米，其断面呈倒梯形。从结构看，该水池底部和两侧护坡先用白料礓土夯实，然后再在底部铺一层石板。这一发现对研究古代城市供水、排水以及水利设施的布设有十分重要的意义。

发掘中，还发现并清理战国陶窑4座、汉代陶窑1座和汉墓43座、唐墓5座、宋墓20座，出土了一批文物，器类包括陶器、石器、骨器，以及战国陶文，汉至宋的陶壶、陶灶、铜镜、铜钱和铜车饰等。这些都为研究郑州地区的历史沿革、历代手工业的发展和丧葬制度的变化提供了重要的实物资料。

中国保护濒危物种七大系列工程展开

这个系列主要包括已经和即将开展的7大工程：保护大熊猫及其栖息地工程，保护拯救朱鹮工程，保护和发展扬子鳄工程，保护华南虎工程，拯救麋鹿、野马、高鼻羚羊工程，拯救海南坡鹿工程、拯救东北虎工程。

国际组织协同中国政府控制碘缺乏病

联合国开发计划署、联合国儿童基金会、世界卫生组织计划"为中国消除潜在性危害"。他们将投入300多万美元和中国政府协力，开展10个省区的碘缺乏病(简称IDD)的控制工作。

国务院总理李鹏打电话给中共河北省委书记省长程维高对在唐山东矿区林西百货大楼发生的特大火灾事故表示关注

2月16日

全国政协七届常委会第二十二次会议开幕

会议决定：中国人民政治协商会议第八届全国委员会第一次会议于3月14日在北京召开。

全国政协副主席方毅主持会议。

全国政协秘书长宋德敏就会议的议程作说明。他说，本届政协已经届满，3月中旬将召开政协八届一次会议。按照章程的规定，本届常委会要为换届工作做好各项准备。主要是：一，认真搞好本届工作总结，以便在八届一次大会上作七届的工作报告；二，认真搞好换届的人事安排，即协商决定政协八届全国委员会的参加单位、委员名额和人选，还要从委员会名单中协商提出八届一次大会的主席团和秘书长名单建议草案；三，由本届常委会作出关于召开八届一次大会的决定，并为八届一次大会提出议程和日程草案等等。

此外，本次常委会还要讨论《政府工作报告》(征求意见稿)，听取港澳地区全国政协委员视察团视察上海市、安徽省情况的报告(书面)，听取全国政协代表团访问印度尼西亚共和国、阿拉伯埃及共和国情况的报告(书面)。会议作出的决定建议全国政协八届一次会议的主要议程是：听取全国政协七届常委会工作报告；选举新的一届全国政协主席、副主席、秘书长、常务委员；列席八届全国人大一次会议。

中共中央统战部部长王兆国受中共中央的委托，作《关于第八届全国政协委员人选建议名单的说明》。

会议听取了卢之超副秘书长宣读的全国政协七届常委会工作报告(初稿)。

出席会议的全国政协副主席还有：洪学智、王光英、邓兆祥、赵朴初、马文瑞、王恩茂、钱伟长、胡绳、程思远、卢嘉锡、钱正英、苏步青、司马义·艾买提、丁光训、叶选平。

中央统战部部长王兆国在全国政协七届第二十二次常委会上受中共中央的委托作《关于第八届全国政协委员人选建议名单的说明》

王兆国说，名单共有2095人，其中中共党员831人，民主党派和其他方面党外人士1264人，符合党内外4∶6的原则规定。

王兆国说，建议名单大体反映了新时期统一战线的新形势、新特点。

——贯穿为经济建设、为改革开放服务的思想。这次对政协界别作了适当调整，增设了80余人的经济界人士。在建议名单中，注意充实了长期从事经济工作的领导干部、理论工作者和管理人员，注意把各界在经济建设、改革开放和科技事业方面有影响、有重要贡献的代表人士吸收到政协中来，还适当地安排了一些非公有制经济的代表人士。

——新老合作和交替有新的起色。在建议名单中，七届委员继续提名的1040名，占49.67%；新提名的1055名，占50.33%。委员人选的平均年龄61.65岁，比七届一次会议时下降4岁。

——委员人选有广泛的代表性。建议名单中省部级干部300余名；有各民主党派、工商联的各级领导骨干；有民族宗教界新老代表人物，少数民族委员人选241名，比七届一次会议增加19名。民族成分由46个增加到56个。我国各民族都有代表人士参加全国政协，这是人民政协历史上的一次突破；妇女委员人选283名。港澳同胞、台湾同胞和海外华侨中的知名人士有较大幅度的增加。

——委员人选的知识层次高。八届委员的安排更多更广泛地吸纳了掌握新科技的中青年杰出人才和活跃在生产第一线的业务骨干。建议名单中有大专以上学历的1321人,占总数的63.2%;有高级职称的1175人,占总数的56.1%。

七届全国人大常委会第三十次会议分组审议宪法修正案草案

七届全国政协14个专门委员会5年提出130件专题报告

《求是》杂志第4期发表中央政法委书记任建新文章《以十四大精神为指针加强和改革政法工作》

农业部部长刘中一在国务院新闻办公室举行的记者招待会上强调减轻农民负担保护农民积极性

记者问,近年来,中央三令五申要减轻农民负担,但在不少地方农民负担却日益严重,如何从根本上解决农民负担过重的问题?

刘中一回答:我国历年来对农业采取低税政策,国家规定农民负担控制在上年收入的5%以内,按这个规定,农民负担并不算重。农民负担重的原因主要是各方面各种名目的集资、摊派太多。尤其是边远地区和贫困地区,以及粮食集中产区,农民收入水平不同,负担过重的问题比较突出。去年下半年,中央和国务院采取措施,情况有所缓解。但要从根本上解决农民负担重的问题,一是要靠发展农村经济,发展乡镇企业和农产品深加工,增加农民收入;二是要走立法的路子,把农民负担纳入法制化的轨道。国务院已审定了《农业基本法》(草案),正提请全国人民代表大会审议。加强法制建设将有利于切实保障农民利益,保护农民的积极性;三是兴办各种事业,如果需要向农民集资,必须坚持量力而行和农民自愿的原则,不合规定的负担,农民可以拒绝。

有记者问,市场经济体制下,农业宏观调控的难度加大,如何做好农业的宏观调控,其难点在哪里?

刘中一回答:对农业和农村经济的宏观调控体系要采取积极措施予以建立和强化。其内容包括建立准确及时的信息网络;要建立国家和省市区的两级储备体系,逐步充实、完善以粮、棉为主的储备制度。通过储备吞吐,调剂市场余缺;三是进一步搞活流通体系,积极建立批发市场和期货市场,逐步使农产品进入市场形成价格的轨道;四是各地要发展农产品加工和转化体系,广开粮、棉等农产品的消费、增值渠道;五是要健全农业支持体系,加强农田水利等基本建设的投资,推广科技兴农,广泛建立粮棉商品基地。

有记者问,要保护农民种粮的积极性,需要采取哪些措施?

刘中一回答:对于农业生产,国家采取扶持政策。一是国家要重点扶持;二是加强科技投入,向农民提供优良品种,加强技术服务,培训技术人才;三是国家在粮食市场上要实行有效调控,利用储备制度保证农产品的合理价格,避免"谷贱伤农"。

全国人大常委会副委员长荣毅仁在北京会见美国前国务卿亚历山大·黑格

中国远洋运输集团在北京成立

中国在联合国经社理事会会议上当选为负责联合国环发大会后续工作的可持续发展委员会成员国

可持续发展委员会是根据本届联大会议的建议在经社理事会属下新设立的一个委员会,本月12日正式宣布成立。它的主要任务是监督实施联合国环发大会所制订的《21世纪行动议程》等计划。其工作涉及各国的环保和经济发展,各项活动将延续到下一世纪,影响十分深远。

该委员会由各大洲分别选出的53个国家组成,任期分别为1至3年。委员会将每年举行一次会议讨论与环发有关的问题。今年6月中旬将在纽约联合国总部召开第一次可持续发展委员会会议。

国际奥委会总干事弗朗索瓦·卡拉德致电北京奥申委说国际奥委会同意北京将《申办报告》发送给国际奥委会委员及有关的国际体育组织

2月17日

中办就印发《中央党建工作小组1993年工作要点》发出通知

工作要点指出,中央党建工作小组当前的主要工作,就是协调有关部门抓好十四大确定的党的建设任务的贯彻落实。要把用邓小平建设有中国特色社会主义理论武装全党作为首要任务,以此带动党的建设其他任务的完成。1993年工作任务有八个方面,共25条。八个方面是:(1)把用建设有中国特色社会主义理论武装全党作为新时期加强党的思想建设的根本任务,切实抓好。(2)研究、总结和推广地方党委以经济建设为中心,统揽建设和改革全局,提高领导水平的经验。(3)按照干部队伍"四化"方针和德才兼备原则,加强各级领导班子建设和选拔年轻干部的工作。(4)结合经济体制改革和机构改革，积极推进干部人事制度改革。(5)落实十四大关于坚持和民主集中制的要求，增强党的团结和统一。(6)按照一要坚决二要持久的方针继续加强党风和廉政建设，大力抓好反腐败斗争。(7)继续重视和切实加强基层党组织建设，使它们在改革和建设中更好地发挥政治核心作用和战斗堡垒作用。(8)推动以建设有中国特色社会主义理论为指导的党建理论研究工作。

国务院总理李鹏邀请各民主党派全国工商联负责人和无党派知名人士座谈听取他们对政府工作报告征求意见稿的修改意见

中共中央、国务院的一些重要文件在起草过程中，征求党外人士的意见，已经形成制度，成为政治协商、民主监督的一个重要内容。

座谈会开始时，李鹏向大家简要介绍了有关政府工作报告的指导思想，起草经过和基本框架。

李鹏说，即将召开的八届全国人大一次会议非常重要。因为这是一次换届的会议，所以，国务院的政府工作报告在内容上时间跨度比较大，既要总结过去五年，特别是1992年的工作，又要对今后五年的发展提出全面设想。他希望大家在发言中对报告提出意见和建议，使报告修改得更加完善。

在座谈会召开之前，各民主党派、全国工商联负责人和无党派知名人士，已分别就政府工作报告征求意见稿进行了认真的讨论。座谈会上，民革中央主席李沛瑶、台盟中央副主席张克辉、全国工商联主席荣毅仁、民盟中央主席费孝通、民建中央主席孙起孟、民进中央主席雷洁琼、农工民主党中央副主席方荣欣、致公党中央常务副主席杨纪珂、九三学社中央常务副主席徐采栋、全国工商联副主席王光英等，先后发言。他们在发言中认为，政府工作报告征求意见稿体现了小平视察南方的重要谈话和中共十四大精神。报告对过去五年的政府工作进行了实事求是的总结，肯定了成绩，指出了问题，总结了经验。在这个基础上，报告提出的今后五年的工作任务，也是切实可行的，各项指标既积极，又留有余地，经过努力是可以实现的。

发言中，大家还就经济体制改革、扩大开放、加强农业基础地位、扶贫工作、发展教育科技卫生事业、政府机构改革、民主与法制建设、计划生育、促进祖国统一等问题，以及有些文字表述，提出了修改意见。

出席座谈会的各民主党派、全国工商联负责人和无党派知名人士有：彭清源、钱伟长、高天、赵朴初、陈舜礼、卢嘉锡、孙孚凌、阿沛·阿旺晋美、程思远等。朱镕基、邹家华、钱其琛、罗干、李岚清、王兆国等领导出席座谈会。

中共中央政治局常委胡锦涛在北京会见由中央执委会总书记莱·米莱尔率领的波兰社会民主党代表团

外经贸部主持召开的驻外经济商务参赞工作会议在北京结束

国务院总理李鹏在会议闭幕前夕接见全体与会代表并在讲话中指出，随着我国经济的迅速发展和对外开放扩大，对外经贸要确立自己的奋斗目标，要逐步达到与我国国民生产总值在世界上所处地位相当的水平。

李鹏说，这些年我国对外经贸的发展，得益于改革开放。特别是外贸取消补贴、实行自负盈亏和打破垄断经营的体制的改革，促进了我国对外经济、贸易的迅速增长。去年，我国对外贸易在世界贸易中的位次，由1991年的第15位上升到第11位，这是一个了不起的成绩。其中也包含了广大驻外经济商务人员的心血。多年来，驻外经济商务人员为发展我国的对外贸易、发展同世界各国特别是同发展中国家的经济技术合作，做出了重要的贡献，我代表党中央和国务院向大家表示感谢和慰问。

中共中央政治局委员、对外经济贸易部部长李岚清主持会议。

中共中央政治局委员、国务委员兼外交部部长钱其琛参加会见并讲话。

财政部发出《关于1993年国库券的公告》

国务院总理李鹏在钓鱼台国宾馆会见美国前国务卿亚历山大·黑格

李鹏指出，中国经济建设步伐的加快，为发展中美经贸、科技等领域的合作创造了良好的机会。我们愿意同美国企业界在中国能源、交通、通信和其他经济领域开展合作。

李鹏说："最近，我们决定扩大包括塔里木油田在内的陆上石油对外合作，中方欢迎美国的石油公司参与风险勘探和合作开发。"

黑格说，在当今世界，由于亚太地区特别是中国的经济迅速发展，加上国际安全方面仍存在着不稳定因素，美中关系变得比以往任何时候都更重要了。美国各界越来越多的人士认为，中国是美国重要的贸易合作伙伴，保持和发展良好的双边关系，符合美中两国人民的根本利益，也有助于促进世界的和平、稳定与繁荣。

李鹏强调，中国是维护亚太地区和世界和平与稳定的重要力量。中国是一个发展中国家，实现四个现代化目标需要长期艰苦的努力。为此，从外部条件来讲,中国需要一个长期的和平国际环境。中国一贯坚持独立自主的和平外交政策,不对任何国家构成威胁。中国的国防力量完全是防御性的,人均军费开支是很低的,这是客观事实。现在国际上有些人散布什么"中国威胁"论,这是毫无根据的。关于所谓"中国威胁"的种种谣言和奇谈怪论,都不值得一驳。

国务院外办主任齐怀远、外交部副部长刘华秋等参加会见。

国务院总理李鹏在北京会见外国驻中国使节和石油公司代表

李鹏宣布,中国陆上石油对外合作,将由过去南方11省区扩大到21个省、自治区和直辖市。

李鹏表示,中国扩大陆上石油对外合作,将按照国际惯例开发、经营,采用国际通行的方式。在老油区,将与外方合作提高石油采收率;在新油区包括新疆塔里木盆地,将进行风险勘探,探明储量后进行合作开发。

中国石油天然气总公司总经理王涛就扩大陆上石油对外合作举行新闻发布会。他说,有关新开放地区的石油对外合作,分两轮进行招标。第一轮招标在今年3月进行,招标区域是新疆塔里木盆地的东南部地区,共5个区块。

全国人大常委会委员长万里在人民大会堂会见菲律宾外交部部长罗伯托·罗慕洛

中国日本在北京签署《关于修改中华人民共和国和日本国航空运输协定的议定书》

国家森林防火总指挥部发出《集中力量抓好春季森林防火工作的紧急通知》

内蒙古地区考古成果破解匈奴鲜卑等民族民族史难题

在内蒙古地区近20年间考古结果表明:匈奴人的发祥地,在内蒙古黄河后套和大青山(阴山)一带;鲜卑人的最早祖居在大兴安岭鄂伦春自治旗古称"大鲜卑山"地方,并由东北向西南迁徙,最后入居匈奴故地。

2月18日

《人民日报》发表社论《进一步提高党的领导水平》

党的十四大向全党明确地提出了提高领导水平这一重大的历史性课题。江泽民同志在报告中指出:"一定要结合新的实际,遵循党的基本路线,坚持党要管党和从严治党,加强和改进党的建设,努力提高党的执政水平和领导水平,使我们这个久经考验的马克思主义的党,在建设有中国特色社会主义的伟大事业中更好地发挥领导核心作用。"

中国共产党是中国工人阶级的先锋队,是用马克思列宁主义、毛泽东思想武装起来的党。十一届三中全会以来,我们党形成了建设有中国特色的社会主义理论,制定了正确的路线,依靠全党和全国各族人民的奋斗,开创了历史的新局面,赢得了广大人民群众的拥护。实践有力地证明,我们党是能够肩负起领导中国人民实现社会主义现代化的重任的。但是,也应该看到,当今世界和中国都在发生深刻的变化,我们党所处的环境和肩负的任务与以往相比有了很大不同。从国际环境看,第二次世界大战以来持续多年的两极对抗基本结束,以经济和科技实力为基础的国际竞争日趋激烈。如何加速我国社会主义现代化建设的进程,迅速提高经济的整体素质和综合国力,已成为十分紧迫的任务。从国内情况来看,随着现代化建设的发展、改革的深入和对外开放的扩大,我国的经济建设规模和经济生活的复杂程度,是建国以来从未有过的。党的十四大明确提出了建立社会主义市场经济体制的目标,同时确定了积极推进政治体制改革的方针。在这场新的伟大革命中,我国社会变革的深度与广度也是历史上少有的。在这种情况下,一方面我们要继承、发扬党的优良传统和优良作风,充分发挥中国共产党特有的优势,同时要适应新形势、新任务,有所创造,有所前进,把党的执政水平提到一个新高度。

提高党的领导水平,首先要用邓小平同志建设有中国特色社会主义的理论武装全党。一个处在执政地位的无产阶级政党,其政治上走向成熟的一个重要标志,就是要掌握和运用马克思主义理论,密切联系本国实际,制定和贯彻执行正确的路线、方针、政策。建设有中国特色社会主义的理论,是马克思列宁主义基本原理与当代中国实际和时代特征相结合的产物,是毛泽东思想的继承和发展,是当代中国的马克思主义。依据这一理论制定的党的"一个中心、两个基本点"的基本路线,是指引我国社会主义建设唯一正确的路线。加强对建设有中国特色社会主义理论的学习,增强贯彻执行党的基本路线的自觉性与坚定性,是至关紧要的。对这个理论的掌握与运用的程度,决定着我们党的整体素质和领导水平的高低。我们一定要把学习建设有中国特色社会主义的理论当成党的建设的头等大事来抓,长期坚持,抓出成效。如果我们党的一大批高级干部通过学习,系统地而不是零碎地、实际地而不是空洞地掌握这一理论,那就将使我们党的理论水平和领导水平大大提高一步。

提高党的领导水平的另一个重要内容，就是提高党对经济建设的领导能力。党领导经济建设，经历了一个从不够熟悉到比较熟悉，从不大重视到比较重视以至越来越重视的过程。经过14年的伟大实践，我们党对经济工作的领导水平比过去是大大提高了。但是，随着形势的变化和现代化建设的发展，各个地方、各个部门都越来越感受到知识、经验和人才不足的压力。面对突飞猛进的科学技术、不断发展的社会主义市场经济和日益扩大的对外开放，我们不懂的、不熟悉的东西太多了。这就要加强学习。不论什么人，不论从事什么工作，不加强学习，就跟不上时代的潮流，就难以肩负领导责任。共产党员不仅要成为坚持社会主义道路、艰苦奋斗、联系群众的模范，还要努力学习经济理论和经济管理知识，学习科学文化和各种专业知识，成为本职工作的行家里手。党必须在自己的干部队伍中有越来越多熟悉经济、精通业务的专家学者和管理人才，这样才能加强党对经济建设的领导，有效地把国家的现代化建设推向前进。

提出重大经济社会发展方略，是执政党对社会实施领导的重要途径和方式。领导水平的高低，直接表现为决策水平的高低。民主集中制是我们党的根本制度。坚持在民主基础上的集中和在集中指导下的民主相结合，坚持从群众中来到群众中去，才能保证决策的正确和执行决策的有效。党的领导机关和领导干部要加速建立一套民主的、科学的制度，认真听取党员和群众的意见，充分发挥各类专家和研究咨询机构的作用。科学的决策要建立在正确地了解国情、分析国情的基础上，这就需要大力加强调查研究工作。决策的完善和有效实施要靠在实践中深化我们对客观事物的认识，这同样需要大力加强调查研究工作。我们党历来有重视调查研究的好传统，为了适应改革开放和现代化建设的急速发展，现在亟须要大力提倡调查研究，并且把一些现代化的调查统计手段引入我们的调研工作，强化自然科学与社会科学中的一些相关学科在调研中的作用，用尽可能充分的调查资料保证调查研究结论的准确性、客观性，为科学决策提供可靠的依据。

加强党的自身建设、加强党同群众的联系，是提高党的领导水平，更好发挥党的领导核心作用的重要基础。近几年来，党中央为了加强党的建设，密切党同群众的联系，作了重要的决定，提出了明确要求，采取了许多重要措施，党的十四大又对此作了专门的阐述，现在的关键是要认真抓落实。抓党的建设要下真功夫，下苦功夫，研究新情况，解决新问题，把党的各级组织建设得更加团结坚强，更有战斗力，使我们党能够更加顺利地领导全国人民，把我们的祖国建设成为富强、民主、文明的社会主义现代化国家。

国务院批复同意进一步对外开放长江沿岸城市黄石市实行沿海开放城市的政策

中国国际石油化工联合公司在北京开业

中共中央总书记江泽民在中南海会见美国前国务卿亚历山大·黑格

江泽民说，最近一个时期美国各界人士纷纷要求维护和加强同中国的关系，国际社会也对中美关系的发展前景表示关注。这表明，中美关系不仅关系到两国人民的根本利益，而且也关系到世界的和平与稳定。

江泽民说，中美之间既存在着广泛的共同利益，也存在着一些分歧，这是客观事实。只要双方都能高瞻远瞩，求同存异，共同努力，就能扩大共同点，使中美关系继续得到改善和发展。

江泽民说，去年召开的中国共产党第十四次全国代表大会开得很成功。我们系统地总结了邓小平同志关于建设有中国特色的社会主义的理论，确定了建立社会主义市场经济体制的目标。下月我们将召开全国人大八届一次会议和全国政协八届一次会议。我们将进一步加强社会主义民主与法制建设。

江泽民指出，各国人民都有权根据本国的具体情况选择符合本国国情的社会制度和发展道路，这有利于世界的和平、稳定和繁荣。

外交部副部长刘华秋等会见时在座。

国务院总理李鹏在人民大会堂会见菲律宾外交部部长罗伯托·罗慕洛

李鹏说，同世界其他一些地区相比，亚洲形势相对稳定，经济保持发展的势头。现在，中国致力于自己的经济建设，希望亚洲其他国家也得到发展。维护本地区的和平与稳定，实行睦邻友好始终是中国外交政策的重要内容。中国真诚希望同包括菲律宾在内的东南亚所有国家保持和发展友好合作关系。

李鹏说，菲律宾赞赏中国的睦邻友好政策，菲律宾政府将一如既往，继续奉行“一个中国”的政策。

国务院总理李鹏在人民大会堂会见以董事局主席徐展堂为首的新中港集团有限公司董事

新中港集团有限公司是由内地、香港、台湾和新加坡共40多家实力雄厚的企业组成的大型跨国集团公司。公司成立大会在北京举行。

国务院港澳办主任鲁平，新华社香港分社社长周南等会见时在座。

中国银行同日本东京银行三菱银行等38家日本

银行组成的银团在东京签署总额为 3 亿美元的银团货款协议

外交部部长钱其琛在北京同菲律宾共和国外交部部长罗伯托·罗慕洛举行会谈

外交部发言人李建英就中国支持朝鲜半岛无核化等事答记者问

在回答记者问到中国在朝鲜半岛无核化问题上持何立场时，李建英重申，“我们希望朝鲜南北双方签署的《朝鲜半岛无核化共同宣言》的目标能早日实现。至于核核查问题，应由国际原子能机构与朝鲜方面协商解决。”

记者问：中英双方是否将就香港问题举行会谈？

李建英说，中国一贯主张，在香港过渡期后半段，中英双方根据《中英联合声明》和已达成的协议和谅解进行磋商合作，以实现香港的平稳过渡。

记者又问：中方对中英举行关于香港问题的会谈、恢复合作有何考虑？

李建英重申，要恢复中英双方的合作，英方就必须放弃港督彭定康的政制方案，回到中英联合声明、与基本法衔接的原则以及中英双方已经达成的谅解和协议的轨道上来。中方不会接受任何与中英联合声明和已达成的谅解和协议不符、与基本法不衔接的方案。

国防科工委在北京召开庆功会表彰和奖励一批在科学试验中做出突出贡献的科技功臣

1992 年，国防科工委硕果累累，先后获得部级以上科技进步奖 119 项，在试验工程技术和测试技术方面取得了新的重大突破。“银河—Ⅱ”10 亿次巨型计算机通过国家技术鉴定，填补了我国大型科学与工程计算及大规模数据处理并行计算机的空白。包括“澳星”和“瑞星”搭载的 5 颗卫星发射成功，以及对各类卫星的测控和在轨管理，实现了我国航天技术走向世界的辉煌跨越。

庆功会上宣读了国防科工委主任丁衡高、政委戴学江签署的命令：授予基本基地技术部七室“模范航天遥测室”荣誉称号；给某基地研究所图像诊断项目组记集体一等功；给某基地七室主任林小江记一等功；给某基地雷达测量站等 24 个单位和个人分别记集体和个人二等功。

会上还宣布对在国防科研试验中做出重大贡献的有功之臣予以重奖。“银河—Ⅱ”巨型计算机总设计师获特等奖金 5 万元，另外 8 名科技功臣名获重大科研试验一等奖金 1 万元。

中共中央政治局常委、中央军委副主席刘华清，中央军委副主席张震今天会见了国防科技有功人员，勉励他们再接再厉，勇攀科技高峰。

方正集团暨北大方正集团公司宣告成立

方正集团暨北大方正集团公司的成立，是中国新闻出版印刷界的一件大事。中国科技工作者自己开发的激光照排系统在短短几年中，使国内主要报刊和印刷厂丢掉铅字，采用激光排版系统，极大地改善了印刷业的工作环境和劳动强度。1986 年，北大靠 40 万元教学经费起家，开发和生产了王选教授发明的激光汉字排版系统，并于 1988 年推出新四型系统，将早年由国外进口的中文电子排版系统全部挤出中国市场。5 年来，北大方正已生产销售了 7000 多套激光汉字排版系统，销售额由 1988 年的 5000 多万元发展到 1992 年的 3.8 亿元。在新闻出版界及印刷厂、办公设备中占据主导地位。

北大方正还拥有彩色排版系统和远程通讯传真系统等国际一流的高新技术。自从 1992 年 1 月 21 日《澳门日报》采用北大方正彩色排版系统出版了第一张彩色中文报纸以来，《科技日报》、《人民日报》等几家大报均采用了北大方正的彩色排版系统。远程通讯传真系统改变了国外线性传真的方式，建立了计算机编码传真，比美国的高精度传真快 25 倍。

北京市万方数据公司在北京创建

北京市万方数据公司最近在北京创建。万方数据公司的前身是中国科技情报研究所技术经济数据部。他们在 1989 年初就联合几十家科技信息机构开发出“中国企业公司及产品数据库”，给用户回答中国市场上“谁生产什么，什么由谁生产”问题，架起了广大企业面向国内外市场、沟通产业信息的桥梁，成为宣传中国企业、让外界了解中国产品的窗口。

中宣部在北京举行《绘画本中国近代史》出版座谈会

中宣部、新闻出版署、全国总工会、共青团中央、全国妇联等单位的领导徐惟诚、翟泰丰、王强华等，以及首都有关专家、学者出席座谈会。浙江省出版总社副社长沈虎根到会汇报《绘画本中国近代史》出版经过。

第七届全运会五位女运动员破一项亚洲纪录

今天的女子 10 公里竞走比赛吸引了国内 53 名巾帼好手。辽宁名将王妍与 4 名后起之秀，自始至终互不相让，展开十分激烈的竞争。王妍靠着最后的冲刺才以 42 分 26 秒的成绩首先冲过终点线；她的队友高红苗和刘宏宇分别以 42 分 32 秒和 42 分 47 秒的成绩，获得第二名和第五名；山东的龙玉文以 42 分 44 秒列在第三位。

获前 5 名的选手都刷新了王妍去年 9 月创造的 42 分 50 秒的全国和亚洲纪录。

2 月 19 日

七届全国人大常委会第三十次会议举行全体会议

委员们分别听取国家体改委主任陈锦华就经济体制改革的情况向委员们作出汇报、代表资格审查委员会副主任孟连崑就第八届全国人大代表资格讲话。全体会议还分别审议关于国务院总理李鹏访问越南社会主义共和国的书面报告，外事委员会关于检查外国人入境出境管理法、中华人民共和国公民出境入境管理法和海关法执行情况的书面汇报和全国人大代表团出席“亚太议员论坛”成立大会的书面报告。

在七届全国人大常委会第三十次会议的全体会议上，全国人大民族委员会、内务司法委员会、教科文卫委员会的 4 位副主任委员分别向委员们作关于检查民族区域自治法、民事诉讼法、未成年人保护法和著作权法执行情况的汇报。

副委员长彭冲和费孝通分别主持全体会议，委员长万里，副委员长阿沛·阿旺晋美、赛福鼎·艾则孜、严济慈、荣毅仁、叶飞、廖汉生、倪志福、陈慕华、孙起孟、雷洁琼、王汉斌出席会议。国务委员李铁映、王丙乾，最高人民法院院长任建新，最高人民检察院检察长刘复之，列席会议。

第七届全国人大常委会代表资格审查委员会副主任委员孟连崑在七届全国人大常委会第三十次会议全体会议上就第八届全国人大代表资格发表讲话

孟连崑指出，第八届全国人民代表大会代表的选举符合法律规定，2977 名代表的代表资格全部有效。在选举中，政党、人民团体和代表 10 人以上联名推荐的代表候选人，由主席团提交全体代表酝酿、协商，根据较多数代表的意见，确定正式代表候选人，然后采取差额选举和无记名投票的办法，选出了第八届全国人民代表大会代表。

此次选出的第八届全国人大代表具有广泛的代表性，各方面的代表均占一定比例。工人农民占代表总数的 20.56%，知识分子占 21.80%，干部占 28.25%，民主党派和无党派爱国人士占19.21%，人民解放军占8.97%，归侨占1.21%，港澳地区的代表有较多的增加。代表中，中共党员占代表总数的68.39%，少数民族占14.75%，全国 55 个少数民族都有本民族的代表。妇女代表占21.01%。

全国政协七届常委会第二十二次会议闭幕

闭幕式由全国政协副主席叶选平主持。

会议先后通过八届全国政协参加单位、委员名额和人选名单；通过七届全国政协常委会工作报告并推举报告人建议人选，卢之超副秘书长就报告稿的修改情况作说明；通过七届全国政协提案委员会关于七届五次会议以来提案工作情况的报告；授权主席会议处理有关八届全国政协第一次会议准备工作中的遗留问题。这些问题包括提出八届一次大会主席团和秘书长建议名单等。

全国政协副主席方毅、洪学智、王光英、邓兆祥、赵朴初、马文瑞、王恩茂、钱伟长、胡绳、程思远、卢嘉锡、钱正英、苏步青、司马义·艾买提等，出席会议。

全国政协七届常委会第二十二次会议通过的八届全国政协各党派界别委员名额

中国共产党	91 人
中国国民党革命委员会	65 人
中国民主同盟	65 人
中国民主建国会	65 人
无党派民主人士	53 人
中国民主促进会	35 人
中国农工民主党	35 人
中国致公党	20 人
九三学社	35 人
台湾民主自治同盟	20 人
中国共产主义青年团	12 人
中华全国总工会	53 人
中华全国妇女联合会	72 人
中华全国青年联合会	16 人
中华全国工商业联合会	60 人
中国科学技术协会	44 人
中华全国台湾同胞联谊会	20 人
文化艺术界	145 人
科学技术界	186 人
社会科学界	45 人
经济界	82 人
农林界	69 人
教育界	116 人
体育界	21 人
医药卫生界	95 人
对外友好团体	24 人
社会救济福利团体	21 人
少数民族	100 人
中华全国归国华侨联合会	25 人
香港同胞	79 人

澳门同胞	19 人
宗教界	58 人
特别邀请人士	217 人

国务院举行第 123 次常务会议

国务院总理李鹏主持会议。会议审议并原则通过《电网调度管理条例(草案)》、《中华人民共和国无线电管理条例(草案)》和《核电厂核事故应急管理条例(草案)》。这三个条例在作必要修改后,将由国务院发布施行。

中宣部部长丁关根在北京出席《人民日报》国内记者工作会议上发表讲话

丁关根到《人民日报》社,看望参加《人民日报》国内记者工作会议的全体与会者,并就在新形势下如何办好《人民日报》、做好新闻宣传工作发表意见。

丁关根在会上指出,以建设有中国特色社会主义理论为根本指针,为人民服务、为社会主义服务,这是党对新闻宣传的根本要求,是新时期新闻宣传工作坚持党性原则、在政治上同党中央保持一致的集中体现,是做好新闻宣传工作最重要最核心的一条。新闻宣传工作要把宣传建设有中国特色社会主义理论作为最重要的任务。要坚持党的基本路线不动摇,服从和服务于经济建设这个中心。通过扎实有效的宣传,把全党和全国人民的注意力引导到搞好社会主义现代化建设上来,推动经济发展和社会全面进步。要充分发挥党和政府同人民群众联系的纽带和桥梁作用,满足人民群众多方面、多层次的信息需求。

丁关根强调,新闻宣传工作必须坚持团结、稳定、鼓劲,坚持正面宣传为主的方针。新闻宣传工作的根本目的是要团结一切可以团结的力量,调动一切积极因素,化消极因素为积极因素,最大限度地动员和鼓舞人民群众投身于社会主义现代化建设。按照邓小平同志提出的"三个有利于"的标准,一切鼓舞和启迪人们为国家富强、人民幸福和社会进步而奋斗的新闻舆论,都应当积极宣传报道。要努力创造有利于改革开放和现代化建设的团结、民主、和谐、融洽的社会舆论环境。要以对党、对人民高度负责的精神,做好新闻舆论监督工作。要重视读者来信,倾听群众呼声,反映群众意见。

丁关根强调,掌握唯物辩证法,防止片面性,是做好新闻工作必须坚持的一个重要原则。要坚持真实性。说真话,讲真理,反映客观事物的本来面目,这是新闻宣传的生命所在。要坚持两点论,用一分为二的观点观察事物,分析问题,这样我们才能比较好地把握宣传的"度",有效地克服绝对化、一刀切、"一哄而起"等片面性的问题。

丁关根指出,充分发挥大众传媒的作用,正确引导舆论,对于把人民群众的思想和行动引导到正确的方向至关重要。正确引导舆论,最根本最重要的是宣传好党的理论、路线、方针、政策,激发人民群众建设有中国特色社会主义的积极性和创造性,促进又有集中又有民主,又有纪律又有自由,又有统一意志又有个人心情舒畅、生动活泼政治局面的形成和发展。新闻宣传要有鲜明性,在党的领导、社会主义道路、改革开放、"两手抓"、民族团结、社会稳定、祖国统一等重大原则问题上,在坚持独立自主的和平外交政策、维护世界和平、反对霸权主义和强权政治等重大对外方针上,一定要旗帜鲜明。要紧密配合党和国家重大决策和改革措施的出台,做好舆论引导工作。对于社会上的"热点"问题,要善于引导,使人们有一个正确的态度。

丁关根说,面对加快改革开放,建立社会主义市场经济体制的新形势和人民群众对新闻宣传的新需求,要更加重视改进宣传方法,讲求宣传艺术,注重宣传效果,努力增强新闻宣传的吸引力和说服力。改进宣传方法和增强宣传效果,一个带根本性的问题是要树立群众观点,增强服务意识,真正面向群众,吸引群众参与。只有与群众保持密切联系,以平等的民主的态度对待群众,使人感到你的心是和他们相连的,才能赢得群众;只有真心实意为群众着想,多采用群众喜闻乐见的形式,使人感到可读、可信、可亲,才能富有魅力、富有成效。报纸、广播、电视、通讯社都要努力扩大信息量,增强时效性,扬自己之优势,取各家之精华,办出特色。彼此之间要团结协作,相映生辉。

丁关根指出,要积极推进新闻改革,促进新闻事业发展。新闻改革要遵照十四大精神,适应建立社会主义市场经济体制和两个文明建设的需要,按照新闻的规律和特点,充分发挥舆论引导和信息服务的功能,更好地为人民服务、为社会主义服务。改革要有利于加强和改善党对新闻工作的领导;有利于发挥新闻工作者的积极性和创造性,繁荣新闻事业;有利于推动新闻宣传更好地密切联系群众,反映实际;有利于促进社会主义物质文明和精神文明建设。要正确处理社会效益和经济效益的关系,坚持把社会效益放在首位,更好地把经济效益同社会效益统一起来。

丁关根说,做好新闻宣传工作要有责任制,要讲纪律。这与发挥新闻工作者的主动精神、创造精神是统一的,有助于更好地保证质量,减少差错,使新闻宣传事业健康发展。

丁关根指出,加强队伍建设,提高队伍素质,十分重要。提高新闻宣传队伍的素质,必须认真组织学习马克思列宁主义毛泽东思想,中心内容是学好邓小平同志建设有中国特色社会主义的理论。要牢记江泽民同志的要求,学习、学习、再学习,深入、深入、再深入。一切有志于在新闻工作上干一番事业的同志,应该走出去,沉下去,深入实际,深入生活,深入群众,从人民群众中、从现实生活中汲取智慧和营养。我们的新闻事业只有植根于人民群众的创造实践,才有勃勃生机。在新闻宣传队伍中,要大力倡导勤奋学习、勇于创造的作风,深入实际、联系群众的作风,自强不息、乐于奉献的作风,维护团结、顾全大局的作风,清正廉洁、遵守纪律的作风。大力提倡新闻职业道德。有了这样一支政治强、业务精、作风正的好队伍,就能更好地承担党和人民赋予我们的重任。

丁关根肯定了人民日报在宣传方面取得的成绩,希望大家在十四大精神指引下,解放思想,实事求是,团结奋进,真抓实干,使人民日报的工作在新的一年里有一个大的进展。他说,把人民日报办成在国内最有权威、在世界有重大影响的报纸,有一流的稿件、一流的编排、一流的装备、一流的队伍、一流的工作,这应当成为人民日报全体工作人员共同的奋斗目标。在我们的新闻队伍中还要出一批在国内外有影响的高水平的名记者、名编辑、名评论家。

会议由《人民日报》社社长、总编辑邵华泽主持。郑必坚、曾建徽、郭超人、徐惟诚以及首都新闻单位的负责人出席会议。

国家统计局公布《关于1992年国民经济和社会发展的统计公报》

1992年,全国各族人民认真贯彻邓小平同志视察南方的重要谈话和党的十四大精神,我国改革开放和现代化建设进入蓬勃发展的新阶段,各地区、各部门积极性空前高涨,改革开放的步伐全面加快,有力地推动了国民经济的高速增长,各方面都取得了重大成就,使我国经济在90年代再上新台阶有了一个良好的开端。初步统计,全年国内生产总值23938亿元,比上年增长12.8%;其中第三产业增加值6623亿元,增长9.2%,占国内生产总值的27.7%。经济运行中存在的主要问题是:固定资产投资规模偏大;货币投放增长过猛;交通运输更加紧张;城市物价和部分生产资料价格涨幅偏高。

一、农 业

农业生产持续发展。1992年,全国农村进一步完善家庭联产承包责任制,积极推进多种形式的农业社会化服务体系的建设和调整农业生产结构,大力开展农田水利建设,农业生产获得较好收成。全年农业增加值5808亿元,比上年增长3.7%,占国内生产总值的24.2%。

农作物结构有所调整,优质粮比重提高。主要农产品产量中,粮食总产量44258万吨,比上年增产740万吨,为历史上第二个高产年;棉花生产受干旱、虫害的严重影响,减产较多;油料产量基本持平;甘蔗、烤烟产量创新纪录;蔬菜、水果生产再获丰收。但农业生产资料价格上涨较快,农产品"卖难"问题比较突出,一些地方农业用地被占用过多,农业基础地位还比较脆弱。主要农产品产量如下:

	1992年	比上年增长%
粮 食	44258万吨	1.7
棉 花	452.8万吨	-20.2
油 料	1640万吨	0.1
其中:		
油菜籽	765.3万吨	2.9
甘 蔗	7252万吨	6.8
甜 菜	1501万吨	-7.9
黄红麻	61.9万吨	20.7
烤 烟	314.2万吨	17.8
蚕 茧	67.3万吨	15.2
茶 叶	55.9万吨	3.1
水 果	2400万吨	10.3

林业生产建设和绿化工作取得新的成绩。1992年,全国造林面积8897万亩,比上年增长6%。防护林体系建设取得新的进展,国家造林项目和速生丰产林建设深入展开,森林覆盖率继续上升。

畜牧业生产全面增长,主要畜产品产量和牲畜存栏头数如下:

	1992年	比上年增长%
猪牛羊肉	2933万吨	7.7
其中:		
牛羊肉	300万吨	10.3
牛 奶	501万吨	7.8
绵羊毛	24.7万吨	2.9
肉猪出栏数	3.48亿头	5.8
猪年末数	3.85亿头	4.2
羊年末数	2.06亿只	持平
大牲畜年末数	1.34亿头	1.7

渔业生产再创历史纪录。

全年水产品产量1546万吨,比上年增长14.5%;其中淡水产品产量增长12.1%,海水产品产量增长16.1%。

农业生产条件继续改善。1992年末全国拥有农业机械总动力3.02亿千瓦,比上年末增长2.6%;大中型拖拉机75.8万台,下降3.3%;小型和手扶拖拉机742.3万台,增长1.6%;载重汽车65.4万辆,增长6%;排灌动力机械7359万千瓦,增长1.3%;全年化肥施用量(折纯)2947万吨,增长5%;农村用电量1107亿千瓦小时,增长15%。农田水利建设得到加强,有效灌溉面积继续扩大。

农村经济持续全面发展。1992年,乡镇企业迅速发展。全年农村工业、建筑业、运输业和商业、饮食业等非农产业经济比上年增长36.9%，占农村经济的比重进一步上升。

二、工业和建筑业

1992年，全国积极贯彻《全民所有制工业企业转换经营机制条例》，工业改革向广度、深度发展，企业经营机制转换和结构调整步伐加快，市场机制作用增强，加上投资需求的迅速回升，有力地推动了工业生产的高速增长。全年完成工业增加值10116亿元，比上年增长20.8%，是改革开放以来增长幅度最高的一年，占国内生产总值的42.3%。集体、"三资"企业生产迅速发展。在全部工业中，集体所有制增长28.5%；中外合资、合作经营和外资企业增长48.8%；非国有工业增加值增量占全国新增工业增加值的61%。沿海地区生产增长明显快于内地。江苏、浙江、福建、山东、广东、广西、海南7个地区新增工业增加值约占全国新增工业增加值的60%。国有企业特别是大中型企业活力有所增强。全年国有工业增加值比上年增长14.4%；大中型工业增加值增长15.5%。

全年轻工业增加值5047亿元，比上年增长20.9%；重工业增加值5069亿元，增长20.7%。主要工业产品产量有不同程度增长。

主要工业产品产量如下：

	1992年	比上年增长%
化学纤维	208.3万吨	9.1
纱	490万吨	6.3
布	185亿米	1.8
机制纸及纸板	1590万吨	7.5
糖	815.5万吨	27.4
原盐	2813万吨	16.7
卷烟	3288万箱	1.9
合成洗涤剂	161.6万吨	10.6
彩色电视机	1314万部	9.1
家用洗衣机	712.7万台	3.7
家用电冰箱	475.3万台	1.1
能源生产总量（折标准燃料）	10.67亿吨	1.8
原煤	11.1亿吨	2.1
原油	1.42亿吨	0.5
发电量	7470亿千瓦小时	10.3
钢	8000万吨	12.7
钢材	6534万吨	15.9
十种有色金属	293万吨	13.1
水泥	3.04亿吨	20.3
木材	5580万立方米	—3.9
硫酸	1396万吨	4.7
纯碱	450.6万吨	14.5
化肥（折纯）	2099万吨	6.1
化学农药	28.4万吨	11.3
发电设备	1312万千瓦	12.7
金属切削机床	21.2万台	29.1
汽车	108.2万辆	51.5
拖拉机	6.3万台	19.2

工业经济效益扭转了前几年持续滑坡的趋势，逐步回升。1992年工业经济效益综合指数由上年的84提高到89。其中，工业产品销售率由95.3%提高到95.5%；资金利税率由9.7%上升为10.1%；成本利润率由4.1%上升为4.7%；流动资金周转次数由1.55次加快到1.62次；工业净产值率由26.9%上升为27%；全员劳动生产率（按净产值计算）提高19.5%。但整体经济效益水平依然较低，产成品资金占用较多，国有企业亏损面还比较大。

建筑业生产迅速发展。1992年随着固定资产投资的高速增长和建筑业改革的不断深化，建筑施工企业生产明显加快。全年完成建筑业增加值1392亿元，比上年增长18%。国有建筑施工企业经济效益全面回升，全员劳动生产率比上年提高20.4%；房屋建筑竣工面积为1亿平方米，增长2.5%。企业亏损面由上年的15.9%下降为13.9%；资金利税率由5.5%上升为6%。建筑产品质量也有所提高。

地质勘查成果显著。1992年地质勘查行业完成机械岩心钻探工作量851万米。新发展矿产地171处。有32个矿种新增探明储量，其中比上年增幅较大的有：天然气增长182%，铜矿增长199%。

三、固定资产投资

固定资产投资大幅度增长。全年全社会完成固定资产投资7582亿元（计划管理口径为7278亿元），比上年增长37.6%，是改革开放以来出现的第二个高峰。其中国有单位投资5106亿元，增长40.7%；集体所有制单位投资1233亿元，增长76.7%；居民个人投资1243亿元，增长5.1%。但新开工项目过多，在建规模偏大。全年国有单位基本建设和更新改造新开工5万元以上的建设项目8.9万个，比上年增加1.4万个；其中百万元以上项目1.2万个，增加1568个。全社会在建项目总规模27900亿元，增长49%，超过了年度投资完成额的增幅。

在国有单位投资中，基本建设投资2911亿元，比上年增长37.6%；更新改造投资1419亿元，增长38.6%；商品房建设投资485亿元，增长93.5%；其他投资291亿元，增长22.1%。从隶属关系看，中央项目完成投资1892亿元，比上年增长24.7%；地方项目完成投资3214亿元，增长52.2%。

国有单位投资中，第三产业投资所占比重由上年的33.6%上升为38.2%，其中运输邮电业投资比重由14.4%上升为16.4%。但第二产业中的能源工业投资比重由28.3%下降为24.9%；原材料工业投资比重由15.7%下降为14.9%。

重点建设取得新成绩。1992年全国建成投产的大中型基本建设项目115个,大中型项目单项工程120个;限额以上更新改造项目121个。建成投产的重大工程主要有:内蒙古霍林河露天煤矿新增年采煤能力700万吨、吉林白山水电站新增装机容量30万千瓦、上海石洞口二电厂新增装机容量60万千瓦、全长652公里的大同至秦皇岛铁路、全长2800公里的南部沿海光缆干线工程、年吞吐能力160万吨的宁波北仑港二期工程以及成都无缝钢管厂、河南中原制药厂等。

全国基本建设新增加的主要生产能力有:煤炭开采2065万吨、发电装机容量1223万千瓦、石油开采1513万吨、天然气开采15亿立方米(石油开采和天然气开采含更新改造和其他投资增加的能力)、铁矿开采125万吨、木材采运22亿立方米、水泥190万吨、新建铁路交付运营里程476公里、铁路复线交付运营里程323公里、电气化铁路939公里、沿海港口吞吐能力4526万吨、新建公路2376公里。

四、交通邮电

交通运输邮电生产保持全面增长。全年增加值为1402亿元,比上年增长9.1%。但交通运输不适应经济和社会发展需要的矛盾加剧。铁路运输更加紧张;公路运输因运价比例不合理及路况标准低,影响运输优势的发挥;水运技术状况差,运输能力不足,港口压船、压港现象加剧。

各种运输量完成情况如下:

	1992年	比上年增长%
货物周转量	29059亿吨公里	3.8
铁路	11620亿吨公里	5.9
公路	3500亿吨公里	2.0
水运	13300亿吨公里	2.5
空运	13.5亿吨公里	33.7
管道	625亿吨公里	0.6
旅客周转量	6759亿人公里	9.4
铁路	3150亿人公里	11.5
公路	3030亿人公里	5.5
水运	180亿人公里	2.0
空运	399亿人公里	32.5
沿海主要港口货物吞吐量	5.9亿吨	10.9

邮电通信事业加快发展。全年完成邮电业务总量比上年增长42%,其中特快专递、无线寻呼、移动电话等业务增长幅度在60%以上。长途电话、市内电话发展明显加快,进入长途电讯网的市、县已达到1400个,比上年增加330个;市内程控电话达900万门,增加332万门,占市内电话的比重由上年的55.2%提高到67.4%。近年来邮电通信事业虽然发展较快,但通信能力不足依然突出。

五、国内商业和市场物价

国内消费品市场销售平稳增长。1992年,流通领域改革进一步深化,消费品市场供应充裕,购销两旺。全年社会商品零售总额10894亿元,比上年增长15.7%(扣除价格因素实际增长9.8%)。消费品零售额9613亿元,增长16.6%;农业生产资料零售额1281亿元,增长9.5%。在消费品零售额中,城市5386亿元,比上年增长18.9%;农村4227亿元,增长13.8%。

各种经济类型的商品零售额全面增长。国有单位比上年增长17.6%,集体所有制单位增长8.6%,个体增长21.3%;农民对非农业居民的零售额增长17.4%。从各类消费品销量看,吃的商品稳定增长,其中粮食增长7.7%,食用植物油增长9.9%,猪肉增长2.3%;穿的商品中棉布、针织内衣裤下降一成左右,各种服装销量增长6.1%;耐用消费品除录音机、电风扇、黑白电视机减少外,其余均有不同程度增长。

生产资料市场购销两旺。1992年全国物资供销企业购进生产资料5514亿元,比上年增长39.7%;销售5891亿元,增长39.5%,扣除价格因素,实际增长23.5%。

价格改革迈出较大步伐。1992年,全国提高了粮食购销价格,出台了铁路货运、煤炭、天然气等基础产品和部分公用事业的价格改革项目,不少城市在给居民适当补贴的前提下,放开了肉禽蛋、蔬菜价格,提高了房租等服务项目价格,进一步扩大了市场调节比重,价格形成机制有了较明显的改善。生产资料销售总额中,市场调节部分已上升到70%以上;社会商品零售总额中,市场调节部分已上升到90%左右。市场物价总水平涨幅控制在宏观调控目标之内,但城市物价涨幅较大,特别是大中城市受粮食、房租、水电费、学杂费、理发等价格上涨幅度较大的影响,居民生活费用价格涨幅偏高。

1992年各类价格	比上年上涨幅度(%):
1. 居民生活费用价格	6.4
其中:城镇	8.6
35个大中城市	10.9
农村	4.7
2. 零售物价	5.4
其中:消费品	5.6
食品类	7.7
粮食	24.3
食用植物油	5.8
衣着类	2.8
日用品类	1.4
文化娱乐用品类	—4.3
书报杂志类	3.3
药及医疗用品类	9.1
建筑装潢材料类	6.5
燃料类	14.6
农业生产资料	3.7

3. 服务价格	13.4
其中:城镇	15.8
35 个大中城市	21.3
农村	11.6
4. 能源、原材料购进价格	11.0
5. 工业品出厂价格	6.8
6. 农副产品收购价格	3.4

六、对外经济

1992 年,我国对外开放的范围、领域明显扩大,全方位、大开放格局已初步形成,密切了我国同国际经济的联系,对外经济空前活跃。

进出口增长较快。据海关统计,1992 年出口总额 850 亿美元,比上年增长 18.2%;进口总额 806 亿美元,增长 26.4%。进出口结构进一步改善,工业制成品出口所占比重已上升到 80%;进口中,国内紧缺原材料及机械运输设备明显增加。在改革开放大潮的推动下,"三资"企业出口大幅度上升,全年出口额 174 亿美元,比上年增长 44.1%,占出口总额的比重由上年的 16.8%提高到 20.4%。

利用外资大幅度增长。1992 年新签利用外资协议金额 685 亿美元,比上年增长 2.5 倍;实际使用外资 188 亿美元,增长 62.7%。其中外商直接投资协议金额 575 亿美元,实际投资 111.6 亿美元,分别增长 3.8 倍和 1.6 倍。随着投资领域的拓宽和开放地区扩大,"三资"企业大量增加。到 1992 年末,在我国注册的"三资"企业已达 8.4 万个,比上年末增加 4.7 万个。

对外经济技术合作取得明显进展。1992 年对外承包工程和劳务合作新签合同金额 63 亿美元,比上年增长 75%;完成营业额 28 亿美元,增长 18.5%。

国际旅游业进一步兴旺。1992 年到我国旅游、访问以及从事各项活动的海外旅游者达 3811 万人次,比上年增长 14.3%;旅游外汇收入达 39.5 亿美元,比上年增长 38.7%。

七、科学、教育、文化和卫生、体育

随着科技体制改革深入开展,推动了科技与经济的日益密切结合,科技事业蓬勃发展,对经济高速增长和运行质量提高起了积极作用。1992 年,全国共取得省部级以上重大科技成果 3.1 万项;获国家奖励的成果 980 项,其中国家发明奖 170 项,国家科学技术进步奖 649 项,国家星火奖 161 项。受理国内外专利申请 6.7 万件,授权专利 3.1 万件,分别比上年增长 34%和 28%。国家重点实验室建设取得新进展,1992 年新建成 10 个重点实验室。到 1992 年末,我国批准设立的国家级高新技术产业开发区 52 个。

科技经费投入增多。1992 年,全国科技机构、高等院校和大中型工业企业等单位用于科技活动的经费支出为 421 亿元,比上年增长 3.2%。其中研究与发展经费支出 169 亿元,比上年增长 19%,相当于国内生产总值的 0.71%。科技队伍扩大。1992 年末国有企事业单位共有各类专业技术人员 2457 万人,比上年末增长 2.7%。全国县级以上国有独立研究开发机构 5487 个,高等院校办科研机构 2230 个,大中型工业企业办科研机构 8522 个;从事科技活动人员 232.4 万人,其中科学家和工程师 142.4 万人。

1992 年,全国共有产品质量监测机构 842 个,其中国家检测中心 227 个。全年制定、修订各类国家标准 1020 个。全国共建立了超短波天气警报服务系统发射台 1574 个。

技术市场进一步发展。全年全国共签订技术合同 23.6 万份,协议金额 150.8 亿元,分别比上年增长 13.8%和 59.1%。企业与高校、科研机构的结合增强。1992 年有 2.2 万个预算内国有工业企业与高校、科研机构进行了对口交流,共向企业转让了 8740 项科技成果,并设立了 4889 个联合研究开发项目。星火计划项目新增 7000 项,培训管理人员和技术人员 130 万人。

各类教育事业取得新的进展。普通高等教育加快发展。1992 年全国招收研究生 3.34 万人,比上年增加 3700 人;在学研究生 9.42 万人,增加 6100 人。普通高等学校招收本、专科学生 75.4 万人,增长 21.7%;在校学生 218.4 万人,增加 14 万人。中等职业技术教育不断发展。1992 年各类中等职业技术学校在校学生 685.4万人(含技工学校学生 158.2 万人),占高中阶段在校学生总数 1390 万人的 49.3%。普及义务教育稳步发展。1992 年全国初中在校学生 4122 万人,小学在校学生 1.22 亿人。7—11 周岁小学学龄儿童入学率达 97.95%;小学毕业生升学率由上年的 77.7%提高到 79.7%。"希望工程"初见成效,普通初中和小学学生辍学率分别为 5.8%和 2.2%。中、小学办学条件继续得到改善。

成人学历教育取得新成效,多种形式的技术培训蓬勃展开。1992 年成人高等学校招收本、专科学生 59.2 万人,在校学生 147.9 万人,与上年基本持平;成人中等专业学校在校学生 174.4 万人,比上年增加 6.1 万人;成人技术培训学校毕业学生 4959 万人次;成人中、小学在校学生 828.9 万人;全年共扫除文盲 523.3 万人。

文化事业持续发展。1992 年末全国共有艺术表演团体 2766 个,文化馆 2911 个,公共图书馆 2563 个,博物馆 1085 个,档案馆 3585 个,广播电台 812 座,中、短波广播发射台和转播台 714 座,电视台 591 座,1 千瓦以上电视发射台和转播台 1018 座,各类电影放映单位

13.4万个。1992年生产电影故事片170部，发行各种新片（长片）195部，有18部（次）影片在国际电影节上获奖。全国性和省级报纸全年出版192亿份，各类杂志出版23.8亿册，图书出版70.2亿册（张）。

卫生事业稳步发展。1992年末全国医院共有病床274.4万张，比上年末增长2.1%。专业卫生技术人员407.4万人，比上年增长2.2%；其中医生180.8万人（含中、西医师132.8万人），增长1.6%；护师、护士104万人，增长2.7%。

体育事业取得显著成就。在第25届巴塞罗那奥运会上，我国运动员共获得金牌16块、银牌22块、铜牌16块，金牌和奖牌总数在独联体、美、德之后居世界第4位，创造了历史新纪录。在第16届冬季奥运会上，我国运动员获得3块银牌，实现了奖牌“零的突破”。在1992年的重大国际比赛中，我国运动员共获得奖牌186块，67名运动员获得89个世界冠军，31人4队106次创造42项世界纪录，37人6队109次创造52项亚洲纪录，145人20队248次创造131项全国纪录。群众体育事业发展迅速，近78%的学校推行《国家体育锻炼标准》，88%的学生达到合格标准。

八、人口与人民生活

人口增长速度有所控制。根据1992年全国人口变动情况抽样调查，人口出生率18.24‰，死亡率6.64‰，自然增长率11.6‰。以此推算，1992年末全国总人口117171万人，比上年末增加1348万人。

居民收入增长较快。据抽样调查，1992年城镇居民人均生活费收入为1826元，比上年增长18.2%，扣除价格因素，实际增长8.8%。但国家机关工作人员和一部分生产经营不景气企业职工的收入增长相对较慢。全年农村居民人均纯收入784元，比上年增长10.6%，扣除价格因素，实际增长5.9%。但东、中、西部差异较大，一部分贫困地区居民生活水平还比较低。

劳动领域的各项改革取得新的成绩，劳动就业服务体系正逐步建立。1992年各级职业介绍所发展到1.3万个，全年城镇新安排就业700多万人，年末城镇待业率为2.3%。国家还为30多万待业职工提供了生活救济。劳动合同制有了较大进展，合同制职工达2500万人，占城镇全部职工的16%。养老保险社会统筹面继续扩大，全国已有8500多万职工和1700万离退休人员参加统筹，这项工作正向全社会范围扩展。年末全国职工人数为14790万人，比上年末增加282万人。城镇私营企业从业人员和个体劳动者830万人，增加70万人。

职工工资水平进一步提高。1992年全国职工工资总额3890亿元，比上年增长17%；职工平均工资2677元，增长14.4%，扣除价格因素，实际增长5.3%。

城乡储蓄继续增加。1992年末居民储蓄存款余额达11545亿元，比上年末增加2437亿元，增长26.8%；居民的金融投资意识增强，购买的股票、债券等各种有价证券也明显增加。

保险事业有较大发展。1992年各类财产险承保总额45607亿元，比上年增长44.7%。全国有70万户企业参加了企业财产保险，1.43亿户居民参加了家庭财产保险，有3.13亿人参加了人身保险。保险公司共处理国内财产险赔案2746万件，支付赔款111.9亿元，为2378万人支付人身保险赔款58.8亿元。

城乡居住条件进一步改善。1992年城镇新建住宅2亿平方米，农村新建住宅6.2亿平方米。

社会福利事业日益发展。1992年全国各类社会福利院床位达88.8万张，收养70.1万人。城乡各种社会救济对象得到国家救济的达3957万人次。全国已有25%的乡镇建立了农村社会保障网络，城镇社会服务网络也有较快发展，已建立起各种社区服务设施10.2万个。

环境保护事业加快发展。1992年末全国环境保护系统共有7.6万人，各级环境监测站2269个，国家级自然保护区77个，全年完成环境污染限期治理项目7655个，总投资19.1亿元。到1992年末，在全国386个城市中建成了2750个烟尘控制区，面积达10468平方公里，在284个城市中建成了1487个环境噪声达标区，面积达2723平方公里。

注：

（1）本公报各项统计数据未包括台湾省。

（2）公报中国内生产总值和各产业增加值指标按现价计算，增长速度按可比价格计算。

（3）国内生产总值和各产业增加值主要包括劳动者报酬、利润、税收和折旧等价值，不包括能源、原材料等各种中间消耗价值。国内生产总值与国民生产总值的差别主要是前者不包括国外净要素收入，后者则包括。

中共中央政治局常委朱镕基在山东农村考察

朱镕基于2月19日至21日在中共中央政治局委员、山东省委书记姜春云，省长赵志浩等陪同下，先后到山东济宁、济南、德州等市（地）考察棉花生产。他听取了省、地、县、乡的汇报，深入到重点产棉县的乡、村和农户进行了座谈，详细了解了去年棉花受灾的情况，特别就今年棉花种植的面积、良种、化肥、农药、资金等各项准备情况，与基层干部和棉农进行了广泛交谈。当他了解到山东省委、省政府认真贯彻江泽民关于农村工作的讲话精神和李鹏在国务院召开的农业工作电视电话会议上的工作部署，很重视棉花生产，各级干部和广大棉农为今年种好棉花作了大量工作，看到春棉已经开始灌水整地，棉农家中已经备好了良种、化肥，他高兴地说，这次下来看了以后，比较放心了，今年山东棉花生产是大有希望的。他每到一处都告诉棉农：你们放心种好棉花，不用害怕卖不掉，国家将会敞开收购，而且收购价不会低于去年。种棉花是一定会卖上好价钱的。

朱镕基指出，我们国家大、人口多，穿衣吃饭是首先要保证的大问题，去年北方棉花主产区遭受了几十年来罕见的旱灾、虫灾，广大棉区干部、群众为抗灾做出了巨大努力；但冀、鲁、豫等重灾区仍然减产一半左右，从全国来看，约减产 1/3，但是，国家有充足的棉花储备，今年的棉花需求是可以满足的，为了保证明年纺织工业及整个国民经济发展的需要，寄希望于今年按国家计划种足棉花、增产棉花。山东是产棉大省，要扎扎实实把棉花工作抓好。

朱镕基强调指出，争取今年棉花丰收，首先要落实好种植面积，这是保证增产的基础。纺织工业是我们国家的一大产业，也是出口创汇的支柱。无论怎样调整农业生产结构，棉田面积一定要保证。第二，要汲取去年虫害造成严重损失的教训，下决心抓好高效农药的研制开发和生产，确保防治病虫害的需要，解除棉农后顾之忧。第三，要认真落实中央和地方有关棉花的各项政策，把各种问题，包括资金不足的问题，切实解决好，调动广大棉农的种棉积极性。第四，要按照发展社会主义市场经济的要求，积极、稳妥地搞好棉花购销体制改革。

搞好棉花市场的试点。为了保证以上各项工作部署的落实，全国棉花工作会议将提前于 3 月上旬召开。

中共中央总书记江泽民在中南海会见美国旧金山市市长弗兰克·乔丹

中国与亚洲开发银行签订《补充贷款协定(上海杨浦大桥项目)》

国家科委在北京召开“863”计划专家表彰会

184 位做出突出贡献的“863”专家、11 个集体受到国家科委表彰。

国务委员兼国家科委主任宋健在会议上发表讲话，代表国务院向获奖单位、获奖专家致以崇高的敬意。有关方面负责人周光召、朱光亚、朱丽兰、惠永正、邓楠等出席了表彰会，并向获奖专家颁奖。

“863”计划实施 6 年来，生物、信息、自动化、能源、新材料五个领域，已取得研究成果 550 多项。其中，达到国际 80 年代中后期水平的有 300 多项，还有一些成果已达到国际先进水平。现在，直接参加“863”五个领域课题研究的科研人员已达 1.3 万人。

侯云德、顾健人、汪成为等 11 人获一等奖，奖金 2000 元。陈章良、陈肇雄等 57 人获二等奖，奖金 1000 元。郭三堆、刘宇明等 116 人获三等奖，奖金 500 元。

国家科委还向 13 位对“863”计划热情关心、指导、支持，为“863”计划的顺利实施作出特殊贡献的专家胡启恒、马俊如、张孝文、朱既明、施履吉、张龙翔、梁栋材、张效祥、林兰英、叶培大、范宏才、王洲、师昌绪颁发荣誉证书。

国务委员兼国家科委主任宋健在“863”计划专家表彰会上发表讲话

国家高技术研究发展计划(“八六三”计划)自 1986 年中央、国务院批准至今，已经正式实施了六年。今天，“八六三”计划已在国内外闻名，成了中国高科技的象征，中国高科技的一面旗帜。这个计划的执行提高了中国科技界在世界同行中的地位。六年来的事实证明，它是中国发展高新技术及其产业的一个十分重要的计划，它所取得的成绩，它对我国科学技术研究和高技术产业发展的带动辐射作用和业已产生的影响，令人鼓舞。我代表国务院和“八六三”计划协调指导小组，向在第一线艰苦奋斗、为执行“八六三”计划作出贡献的同志们表示衷心的感谢和崇高的敬意。向十三位获荣誉证书的科学家们致以衷心的感谢，感谢你们对于推动、策划和指导在第一线作战的中青年科学家所作的特殊贡献，你们是“八六三”计划的筹划者和教练。教练的作用很重要，希望各位老科学家做好中国的科学教练，把在第一线战斗着的中青年科学家们带出线，带到世界舞台上去，使我国的高新技术在世界上占有一席之地。

“八六三”计划取得的初步成绩，使我们的人民，我们科技界增长了信心，增强了斗志。几年来，我们创造了一套新的组织管理办法，即从定题目到实施请科学家来管，大的问题由党中央、国务院确定，既有民主，又有集中。总的来说，在科学管理工作中，体现了科学化、民主化精神，取得了一些经验。但我们只是迈出了第一步，不论从工作进程还是从时间上看还远远不到一半，大的战役，真正的高潮还在后面，重任还在后面。我们应该加油，特别是在 90 年代，要充分利用我国已经积累起来的力量和国家的重点支持，更加努力奋斗，攀登新的高峰，争取更大的成就。

世界高技术的发展日新月异。例如，十年前谁能想到计算机现在有这么大的应用范围，对社会生产和生活产生这么大的影响！根据国际科技发展态势和我国国情的需要，我们已经适时地将通信技术、植物基因图谱等相继列入“八六三”计划。我们还要不断注意国际上的发展，站在九十年代的起跑线上，总结我们的工作，明确我们的战略和努力方向，高举“八六三”这面旗帜，推动中国成为科技强国，为我们的经济和科学事业的进一步繁荣奠定新的基础。这是人们对“八六三”计划的希望。

高科技的发展，后浪推前浪，是没有尽头的“八五”期间应研究“九五”的目标，“九五”期间还要研究制定下世纪初的十年发展规划，例如叫“超级 863 计划”之类。

高技术发展中最关键和最宝贵的因素是人才，执行“八六三”计划，出人才同出成果同等重要。我们的专家委员会、专家组要更加重视培养年轻人才。在大力培养、造就国内中青年科学家的同时，要继续从国外吸引人才，对重点人才应给予创造特殊条件，请他们回来参加“八六三”的工作。陈章良同志的贡献，大家都已有目共睹，他回国后带起一批年轻人，在分子生物学领域里做了出色的工作。当年他回来时，北京大学为他的工作创造了较好的条件。国务院有关部门也都给予了热情的支持。如果没有这些帮助和支持，他的才能不可能得到这么好的发挥。我希望每个领域都要加强这方面的工作，选拔、邀请一些优秀人才回来，为发展祖国的高科技事业服务，努力为他们创造条件，提供人尽其才的机会。

我们还要注意加强关于高科技发展工作的公开报道，使全国人民和全国科技界了解“八六三”计划在做什么，取得了哪些新成就。比如 CIMS(计算机综合制造系统)，很需要有一篇文章讲一讲，世界上 CIMS 是什么样子，我们为什么要做，我们现在做到什么程度，独创在哪里，意义是什么。英国《NATURE》杂志办得好，每一期都有综合评论文章，深入浅出。陈难先教授用数论成功地解决了一个分子热力学的问题，马上引起《NATURE》反响，评论说“谁说数论不能应用，你看陈难先”。建议老一代科学家和“八六三”首席科学家们，各领域的学术领袖们，有贡献的科学家们，能注意写一些评论文章，适时鼓励中青年的成就，有肯定，有指点，有批评，最好。我建议每个专家组每年要出两篇评论文章，对同行，特别对青年人是指导，这对培养人才，开阔视野，激发创造精神都是十分重要的。毋庸讳言，与发达国家相比，我们在很多方面还有相当大的差距，所以我们应该跟踪国外高技术的发展趋向。但跟踪不等于单纯模仿，不能被动跟踪，跟踪的目的在于创新。应该鼓励在理论思维和科学实验方面走在时代的前面。据最近公布的几种最重要文献的统计，中国科学家正在大步走向国际舞台，在数、理、化、天、地、生各方面都出现了一批敢闯的中青年科学家。我们还要鼓励中青年科学家敢于在世界一流杂志上发表文章，参加重要的国际学术会议及其他国际科学活动，到世界舞台上去竞争。有些老一代科学家们倡议指点说：“中国青年科学家要有点狂想精神。”“八六三”和一些科学前沿上都需要有这种精神。

党的十四大确定了发展社会主义市场经济的战略，国家对科学技术提出了与社会主义市场机制接轨的更高要求。高技术研究开发的最终目的就是要为国民经济服务。我们必须大力发展高技术产业。我们花了七八年的时间进行科技体制改革，目的就是要把高科技产业化的路子走出来。高科技产业上去了，我们的国家才能强盛，并立于不败之地。因此，发展高技术要加强市场意识，探索新的机制、新的办法，创造新的经验，加强高技术研究开发与市场需求的结合，推动那些有市场价值的阶段成果及时实现商品化。不但要瞄准前沿，还要注意市场，开发市场并发掘潜在的市场，逐步扩大高技术出口，使出口产品构成向技术密集型逼近。我们要坚持“稳住一头，放开一片”的方针，坚持“发展高科技、实现产业化”的方针。

现在，世界上很多人评论说，90 年后中国将成为经济上的巨人。同时，中国也必须成为科学上的巨人。中国成为经济上的巨人时，也必须成为科学上的强者。当今正是中国发展经济、科技的最好时机，外不患强敌，内不愁匮乏。我们要充分利用这一千载难逢的机会把经济搞上去，把科技搞上去。40 年来，在老一辈革命家和科学家的领导指挥下，我们取得了伟大的科学成就，那只是新长征的第一步。90 年代和下世纪上半叶，中国必须成为世界科技大国，在基础性研究、高技术各领域逼近世界前沿，取得令人尊重的地位，这是科学界的光荣历史使命，是时代赋予中青年科学家的历史责任。我相信，“八六三”计划和以后可能出现的“超级八六三计划”之类将始终起到发展中国经济和科技事业的尖兵和旗手的作用。

中联部代表团团长官国英在南非约翰内斯堡举行的国际声援反种族隔离大会上转达中国共产党和中国人民的同情和支持

第二十五届亚洲举重锦标赛在伊朗大布里士市闭幕

中国运动员在参加的 9 个级别的比赛中，共获得 24 块金牌、两块银牌和一块铜牌，以 425 分的总成绩荣获团体总分第一名。

2 月 20 日

国务院总理李鹏在北京召开座谈会征求教育界人士对政府工作报告的修改意见

如何评价过去五年的教育工作，怎样规划今后五年的教育改革？国务院总理李鹏专门就政府工作报告如何表述这些问题，征求北京、天津教育界代表人士的意见。

在中南海国务院的一间会议室里，李鹏对应邀出席座谈会的教育界人士说，正在起草的政府工作报告征求意见稿，前几天曾征求过各民主党派、全国工商联负责人和无党派知名人士的意见，他们对其中关于教育工作的表述，已经提出了一些好的修改建议。今天再想听听教育界的同志对这部分内容的看法，请大家充分发表意见。

参加座谈的人士，分别来自北京大学、清华大学、人民大学、师范大学、航空航天大学、医科大学、农业大学、林业大学、南开大学、理工大学、北京第四中学、北京第一实验小学、天津第一中学、北京实用美术学校、北京昌平农业职业学校、北京市高教局等。

发言中，大家对政府工作报告征求意见稿有关教育方面的表述基本上表示赞同。同时，提出一些具体的修改意见。有人认为，作为政府工作报告，应对国家的教育方针有一个全面、准确的概括；有人提出，解决教育经费一方面要依靠国家，另一方面也要提倡多渠道进行筹集；一些人士建议，在办学模式上，应改变目前都由国家包下来的体制，鼓励社会各界共同办学；还有人希望报告增加有关重视基础教育的内容，强调提高全民族的文化素质要从小抓起。

对于大家发表的意见和建议，李鹏认为，是“富有启发性的”。他以此表示感谢，并表示：将根据这些意见对政府工作报告作进一步修改。

出席座谈会的领导有：李铁映、罗干、徐志坚、朱开轩等，教育界人士还有：丁石孙、石元春、沈国舫、欧学广、陈忠、陈大白等。

国务院印发《关于调整农林特产税税率的通知》

各省、自治区、直辖市人民政府，国务院各部委、各直属机构：

为了适应农村社会主义市场经济发展的需要，促进高产优质高效农业的全面协调发展，国务院决定，适当调整农林特产税税率。现就有关问题通知如下：

一、对大宗农林特产收入仍实行全国统一税率：海淡水养殖收入由 10%降为 8%，其中水珍品收入由 15%降为 8%；水果收入为 10%，其中柑橘、香蕉、荔枝、苹果收入由 15%降为 12%；果用瓜收入由 10%降为 8%；原木收入由 8%降为 7%，对国有林区的森工企业，凡有上交计划木材和利润任务的，仍暂缓征收。

其他由各省、自治区、直辖市人民政府规定的应税品种的税率，最低仍为 5%，最高由不超过 30%降为 20%。各地随同农林特产税征收的不超过应纳税额 10%的地方附加继续执行。

二、农林特产税征收的范围，仍按照《国务院关于对农林特产收入征收农业税的若干规定》(国发〔1983〕179 号)和《国务院关于进一步做好农林特产农业税征收工作的通知》(国发〔1989〕28 号)的规定执行，对列举的应税产品必须依法征税。各省、自治区、直辖市人民政府可结合当地实际情况，对征税品目作出具体规定。除此之外，不得任意扩大征收范围。

三、对新开发荒山、荒地、滩涂、水面从事农林特产生产的，一至三年内给予免税照顾；对农业科研单位和院校从事科学实验所取得的农林特产收入，经县级以上人民政府批准，给予免税；对农村特别是老、少、边、穷地区的贫困户，纳税确有困难的，适当给予减免税照顾。减免审批程序由省、自治区、直辖市人民政府具体规定。

四、征收农林特产税，必须严格按照国家有关规定执行。全国统一规定的征税产品目录、税率、减免事项，各地都要贯彻执行，以保持国家税收政策的统一。要做好农林特产税征收工作，调查核实税源，实行依率计征，不得平均摊派。农林特产税收入仍列入地方预算，在完成中央核定农业税征收任务的前提下，新增部分要用于发展农业。各级人民政府要加强领导，支持财政机关依法征税。要切实做好政策法规宣传，教育和督促纳税人自觉履行纳税义务，保证国家税收任务的完成。

国务院

1993 年 2 月 20 日

国务院印发《关于改进粮棉“三挂钩”兑现办法的通知》

各省、自治区、直辖市人民政府，国务院各部委、各直属机构：

为了进一步落实扶持粮棉生产的优惠政策，促进粮棉生产的稳定发展，国务院决定从 1993 年粮食、棉花生产年度起，改进粮棉“三挂钩”兑现办法。现将具体办法通知如下：

一、国家用于扶持粮棉生产的化肥、柴油，由按平价供应实物，改为以货币方式，在收购价格之外将平议价差以加价形式付给农民。

价外加价的范围，按国家定购粮食的品种、数量和实际收购棉花的数量掌握。

价外加价的标准，按现行国家规定的挂钩化肥和柴油数量，以目前的平议价差为计算依据。全国的平均标准是：每50公斤小麦、玉米各四元二角（中央财政负担二元八角五分，地方财政负担一元三角五分）；每50公斤大米五元二角（中央财政负担三元一角七分五厘，地方财政负担二元零二分五厘）；每50公斤大豆五元五角（中央财政负担三元四角七分五厘，地方财政负担二元零二分五厘）；每50公斤棉花十二元（中央财政负担）。地方根据财力可以适当提高加价标准，所增加的费用由地方财政负担。

粮食预购定金继续由粮食部门在与农民签订粮食收购合同时，按收购价的20%预付给农民。

二、改变粮棉“三挂钩”兑现办法后，原来中央按平价拨给各省、自治区、直辖市的粮棉挂钩化肥和柴油，数量继续保留，价格放开。中央财政用于以货币方式兑现“三挂钩”物资的资金，按原定购粮食、棉花的数量和标准由财政部拨给商业部，由商业部在收购前下拨到粮棉收购部门，连同地方财政加价部分在收购时如数兑现给农民。

“三挂钩”新的兑现办法各地都应认真执行。有特殊情况，确需继续兑现实物的，须报国务院批准。

三、按照规定，“三挂钩”物资由地方负担的部分，以及地方原来在国家规定之外增加的“三挂钩”化肥、柴油，也应改以货币方式付给农民，其平议价差继续由地方财政负担。各地必须积极筹措资金，保证及时拨付给收购部门，如数向农民兑现，不得以任何理由和方式截留。

各地人民政府要组织物价、财政、粮食、供销、农业等有关部门，抓紧研究制定改进“三挂钩”兑现方式的具体办法，并组织物价、工商行政管理、监察、审计等部门，监督检查改进“三挂钩”办法的落实情况，保证价外加价款在收购粮棉时如数付给农民。

国务院

1993年2月20日

国务院印发《关于加强农业生产资料价格管理以及对其主要品种实行最高限价的通知》

各省、自治区、直辖市人民政府，国务院各部委、各直属机构：

为了切实保护农民利益，调动农民生产积极性，促进农村社会主义市场经济的发展，应进一步加强对农业生产资料价格的管理并对农业生产资料的主要品种实行最高限价。现将有关事项通知如下：

一、各级人民政府要切实加强对农业生产资料价格的管理，计划内农业生产资料要严格执行国家定价。对已经下放或放开价格的农业生产资料，要结合当地情况，采取可行措施，抑制价格上涨过多。

二、各级人民政府要组织有关部门确保生产农业生产资料所需主要原材料、燃料和电力的供应。各地为支持农业生产资料的生产和经营，在价格、税收、贷款等方面采取的优惠措施不要取消，有条件的地方可考虑增加。

三、为了防止农业生产资料价格暴涨，对化肥、农药、农膜、农用柴油实行计划外最高限价。

各地实行最高限价的品种可以根据实际情况，适当增加，不得减少。限价水平，要本着保护农民利益、兼顾企业效益和考虑市场供求的精神，按照保本微利、因地制宜、适时调整的原则确定，第一步应按不高于目前市场价格掌握，第二步视生产成本和市场供求变动情况及时调整。最高限价要按价格管理权限，分级制定。

国家管理价格的大化肥企业生产的计划外化肥最高出厂限价，由国家物价局制定，计划外最高销售限价由地方政府制定。国家管理价格以外的所有化肥的计划外最高出厂、销售限价，由地方政府制定。中央、地方以及边贸计划外进口的化肥，其国内拨交价格原则上要执行最高出厂限价，中央部门进口的执行中央限价；地方部门进口的执行地方限价。执行限价确有困难的，按照物价管理权限，报同级物价管理部门另行核批。

农药、农膜的计划外最高出厂、销售限价以及农用柴油的计划外最高销售限价，由各地人民政府按照价格管理权限，根据本地区实际情况自行制定。

四、中央和地方主要农业生产资料最高限价一经发布，各部门、各单位必须认真贯彻执行。现行价格水平高于最高限价的，要降至限价以内；低于限价的，应维持现行价格水平不作变动。确需调整的，中央限价的由国家物价局核批，地方限价的由地方物价部门核批。

五、由于原材料、燃料及动力等涨价因素的影响，使农业生产资料生产成本上升，而最高限价又不能及时调整，生产企业因执行最高限价发生的亏损，按照企业隶属关系由财政部门通过减免税利或财政补贴等办法解决。

六、要加强对农业用电价格的管理，凡经过整顿，并已制定农业用电管理办法的地区，要总结经验，充实、完善管理办法；没有整顿也没有制定农业用电管理办法的地区，要结合整顿尽快制定管理办法。要坚决制止偷电漏电行为。各级物价部门要把农业用电价格执行情况作为物价检查的重点，纠正乱加价、乱摊派、乱收费的现象，提高电价透明度。

七、各地物价、工商行政管理部门要按照《国务院关于加强化肥、农药、农膜经营管理的通知》(国发〔1992〕60号)的规定,切实整顿农业生产资料流通秩序。对无照经营或越权经营者,坚决取缔并没收非法所得。对擅自提价、层层加价、不执行最高限价、倒买倒卖、牟取暴利、贩卖假冒伪劣农业生产资料的坑农行为,要严加查处。

八、安排好农业生产资料的生产和供应,稳定农业生产资料的价格,是调动农民生产积极性,促进农业发展的重要措施。这项工作涉及面广,政策性强,各级人民政府要加强领导,有关部门密切协作,切实搞好宣传,深入细致地做好工作。

以上规定,各地要尽快组织落实,三月底以前将落实情况报国务院,并抄送国家物价局。

国务院

1993年2月20日

国务院关于建立粮食收购保护价格制度的通知

各省、自治区、直辖市人民政府,国务院各部委、各直属机构:

为了保护农民种粮的积极性,促进粮食生产的稳定增长,国务院决定建立粮食收购保护价格制度。现将有关问题通知如下:

一、制定粮食收购保护价格的原则。粮食收购保护价格的制定要以补偿生产成本并有适当利润,有利于优化品种结构,并考虑国家财政承受能力为原则。随着国家财力的增强,要逐步提高保护价格水平,在条件具备时向支持性价格过渡。

二、制定执行粮食收购保护价格的范围。为了既保护农民利益,又不过多增加财政负担,保护价的实施范围限于原国家定购和专项储备的粮食。各地根据当地实际情况,可在此基础上适当增加执行保护价的粮食品种和数量,但不得调减。

三、制定粮食收购保护价格的权限和程序。粮食收购保护价格由国务院和省、自治区、直辖市人民政府制定。全国主要粮食品种的收购保护价格的基准价,由国务院制定下达。各省、自治区、直辖市人民政府根据当地情况,按不低于但可高于中央下达的基准价格水平,制定本地区的收购保护价格,向农民公布,并按保护价收购。

四、制定粮食收购保护价格的品种及标准。对粮食的主要品种实行收购保护价格制度,除早籼稻外,其他粮食品种的保护价格,按不低于国家合同定购价格制定。列入1993年粮食年度收购保护价格的品种及标准:每50公斤北方冬小麦(中等质量标准,下同)32.50元,南方冬小麦31元,关内玉米21元,关外玉米20元,大豆45元,早籼稻21元,中籼稻26元,晚籼稻28元,北方粳稻35元,南方粳稻31.5元。等级差价率按原规定执行。

五、建立粮食风险基金制度。为了保证落实粮食收购保护价格制度,国务院决定建立中央和省(区、市)两级粮食风险基金制度。在粮食市价低于保护价时,按保护价收购;在粮食市价上涨过多时,按较低价格出售。上述价差由风险基金补偿。风险基金的筹集、使用办法,由财政部会同国家计委、国家物价局等有关部门提出方案,报国务院批准后实施。

六、要切实执行粮食收购保护价格制度。未放开粮食收购价的地方,对原定购粮食要执行国家定价;对专项储备的粮食要执行国家规定的专储价格。已经宣布放开粮食收购价格、取消定购任务的地方,要采取经济合同的办法,按原定购粮食数量与农民签订购粮合同,这部分粮食在市价低于保护价时按保护价格收购。各级人民政府要组织有关部门认真落实粮食收购保护价格制度,严格按规定执行。物价、审计、工商行政管理等有关部门要加强对落实情况的监督检查,保证这项重大措施落在实处。

国务院

1993年2月20日

国务院京九铁路建设领导小组在北京宣布成立并举行首次会议

国务院副总理兼国务院京九铁路建设领导小组组长邹家华在会上说,加快京九铁路建设不只是铁道部"重中之重"的大事,也是关系沿线九省市政府以至地市县乡和村民众切身利益的事情。只要中央与地方、上上下下统一认识,动员起来,加紧工作,再加上实行"谁投资谁受益,谁投资多谁就受益多"合资建路的政策,有了困难协商解决,"三年铺通,一年配套"的目标就一定能够达到。国家计委副主任叶青、铁道部部长韩杼滨、原铁道部部长李森茂任副组长。叶青主持会议。

"下定决心,奋战三年,铺通全线"是这次会议的中心话题。会议着重研究"分段修建,分段通车,3年铺通,1年配套"的总体部署和加快建设的主要措施,京九铁路纵穿9省市,全长2500多公里,投资200多亿元;北起北京,南至深圳,1997年香港回归祖国后直通九龙。

外交部部长钱其琛在北京会见印度尼西亚外交部政治总司长维尔约诺

国家语委国家教委发出《关于普通中学普及普通话的通知》

国家教委办公厅发出《关于中小学收费工作中有关事项的通知》

中国少数民族体育协会在北京成立

2 月 21 日

上海市十届人大一次会议选举黄菊为市长叶公琦为市人大常委会主任

上海市政协八届一次会议选举陈铁迪为市政协主席

北京举行藏历水鸡新年茶话会

国务院经贸办对落实《全民所有制工业企业转换经营机制条例》提出明确要求

国务院经贸办最近要求各地区、各部门和企业真抓实干，大力推进《全民所有制工业企业转换经营机制条例》的贯彻落实，真正实现在今年年底前全国大部分企业按《条例》规定机制运行的目标。

国务院经贸办分析认为，当前贯彻落实《条例》、转换经营机制工作存在 5 个主要问题。一是政府部门机构尚未精简，职能转变滞后，影响《条例》的贯彻和实施办法、配套规章的制订。当前一些部门搞“翻牌”公司，成立“拉郎配”的集团公司，引起了企业不满。二是建立市场体系和社会保障制度进展不快，影响企业走向市场，影响企业自主权的落实。三是国务院所属各专业性总公司与所属企业、企业集团与紧密层企业，其经营自主权究竟落实到哪一层，现在尚未明确。四是有些地区对《条例》的组织实施工作不明确，职能交叉，对贯彻《条例》产生了不利影响。五是个别地区、部门和一些企业等待观望，工作进展缓慢。

为此，国务院经贸办要求：各地区的实施办法要求在 2 月份完成，部门的力争在 3 月份完成；继续做好现行法规、规章和行政性文件的清理工作；深入调查研究，分类指导，积极抓好贯彻《条例》的各类典型，带动面上工作；加强对贯彻落实《条例》的检查和执法工作。

应越南劳动者总联合会的邀请以全国总工会主席倪志福为团长的中国工会代表团离开北京赴越南进行访问

中国和伊朗在德黑兰签署在伊朗合作建造核电站的合同

中国选手在 1993 年世界杯短池赛上获得好成绩

在今年世界杯七站比赛中，林莉名列 100 米、200 米、400 米混合泳第一。黄晓敏名列 100 米、200 米蛙泳第一。楼云列女子 50 米蛙泳第一。刘碧纯以 33 分总积分名列女子 200 米仰泳第一。

全国政协常委黄埔军校同学会副会长纽约中国和平统一促进会总顾问宋希濂的追悼会和遗体告别仪式在纽约举行

2 月 22 日

七届全国人大常委会第三十次会议闭幕

会议通过将《中华人民共和国宪法修正案（草案）》。提请第八届全国人民代表大会第一次会议审议等决定，通过《中华人民共和国国家安全法》、修改商标法的决定、关于惩治假冒注册商标犯罪的补充规定、产品质量法等 4 个法律。

委员长万里主持会议。

本次常委会审议通过的还有将《中华人民共和国澳门特别行政区基本法（草案）》、《澳门特别行政区区旗图案（草案）》、《澳门特别行政区区徽图案（草案）》提请第八届全国人民代表大会第一次会议审议的决定和第七届全国人民代表大会常务委员会代表资格审查委员会关于第八届全国人民代表大会代表的代表资格的审查报告。

会议还通过免去阮崇武劳动部部长职务的决定和最高人民检察院检察员的任免名单、批准任命何访拨为北京市人民检察院检察长等 11 人的任命名单，以及任免驻外大使的名单。

副委员长彭冲、阿沛·阿旺晋美、赛福鼎·艾则孜、严济慈、荣毅仁、叶飞、陈慕华、费孝通、孙起孟、雷洁琼、王汉斌出席会议。国务委员李贵鲜、陈俊生，最高人民法院院长任建新，最高人民检察院检察长刘复之列席会议。

七届全国人大常委会发布公告

中华人民共和国第八届全国人民代表大会代表，按照《中华人民共和国全国人民代表大会和地方各级人民代表大会选举法》、《中国人民解放军选举全国人民代表大会和地方各级人民代表大会代表的办法》、《中华人民共和国第七届全国人民代表大会第五次会议关于第八届全国人民代表大会代表名额和选举问题的决定》和全国人民代表大会常务委员会批准的《第八届全国人民代表大会少数民族代表名额分配方案》、《台湾省出席第八届全国人民代表大会代表协商选举方案》,已经由各省、自治区、直辖市、中国人民解放军等选举单位分别选举产生。共选出第八届全国人民代表大会代表 2979 名,天津市选举的代表谭绍文、内蒙古自治区选举的代表杨秉祺在选出后逝世,实有代表 2977 名。全国人民代表大会常务委员会根据代表资格审查委员会提出的审查报告,确认 2977 名代表的代表资格全部有效。现将第八届全国人民代表大会代表名单予以公布。

全国人民代表大会常务委员会

1993 年 2 月 22 日

国务院总理李鹏邀请科技界代表人士在中南海座谈政府工作报告

座谈会上,李鹏简要介绍今年《政府工作报告》的几个特点:一是在内容上时间跨度比较大,既要总结过去五年,尤其是 1992 年的工作,又要全面部署今后五年的工作;二是体现以经济建设为中心,同时也要用适当篇幅阐述社会发展、精神文明建设和廉政建设等问题;三是科技进步和发展教育都很重要,这两个问题均需要分别予以阐述;四是文字上要力求简练。

李鹏说,科技是第一生产力。经济发展、精神文明建设都离不开科技进步。在《政府工作报告》中如何处理好这个问题,请大家充分发表意见。

座谈会中国科学院研究员王大珩、国家自然科学基金会顾问师昌绪、中国科学院副院长严义埙、中国预防医学科学院研究员朱既明、国防科工委系统所所长汪成为、冶金部钢铁研究院院长翁宇庆、北京理工大学教授吴锋、国家建材局人工晶体研究所所长夏侯谅等先后在会上发言。他们分别就科技体制改革、发展高新技术、提高全民科技意识、发展经济与科技进步的关系、培养人才等问题,发表了意见。

在发言中,大家充分肯定中国在发展科学技术方面所取得的成就,同时,也对《政府工作报告》征求意见稿中关于发展科学技术的内容提出一些修改意见。有的同志提出,报告应强调,尽快理顺科技体制,尽快制定科技进步法,发展科技也离不开法制。有的同志认为,发展科学技术要有战略思想,在高新技术领域,不仅要跟踪世界先进技术,而且要强调创新;一些同志指出,报告应强调提高全民的科技意识,这是我国加快发展科学技术的一个关键问题;一些同志还建议,国家应从资金、政策等方面进一步作出努力,继续改善知识分子的工作和生活条件。还有的同志强调,科技与教育是密不可分的,要大力发展科技,必须大力发展教育。

李鹏最后指出,大家发表的这些建设性意见都很好。他说,科学技术是第一生产力,也是综合国力的表现。在各级政府的工作中,要不断加深对科技工作重要性的认识,抓紧搞好科技体制改革、努力提高全民科技意识和改善知识分子工作与生活条件。在修改政府工作报告稿时,一定要认真研究这些问题。

出席座谈会的有关领导还有:宋健、罗干、袁木、王梦奎、徐志坚、李世忠等。

七届全国人大常委会第三十次会议通过全国人大常委会批准任命名单

一、批准任命何访拔为北京市人民检察院检察长。

二、批准任命左祥为山西省人民检察院检察长。

三、批准任命李向武为吉林省人民检察院检察长。

四、批准任命于万岭为黑龙江省人民检察院检察长。

五、批准任命葛圣平为浙江省人民检察院检察长。

六、批准任命刘生为安徽省人民检察院检察长。

七、批准任命郑义正为福建省人民检察院检察长。

八、批准任命阙贵善为江西省人民检察院检察长。

九、批准任命张树海为湖南省人民检察院检察长。

十、批准任命王骏为广东省人民检察院检察长。

十一、批准任命秦醒民为海南省人民检察院检察长。

十二、批准任命韦家能为广西壮族自治区人民检察院检察长。

十三、批准任命龚读伦为四川省人民检察院检察长。

十四、批准任命胡克惠(女)为贵州省人民检察院检察长。

十五、批准任命杨有才为西藏自治区人民检察院检察长。

十六、批准任命李德奎为甘肃省人民检察院检察长。

十七、批准任命张济民为青海省人民检察院检察长。

十八、批准任命米吉提·库尔班为新疆维吾尔自治区人民检察院检察长。

国家主席杨尚昆签署第 68 号令公布《中华人民共和国国家安全法》

《中华人民共和国国家安全法》已由中华人民共和国第七届全国人民代表大会常务委员会第三十次会议于 1993 年 2 月 22 日通过,现予公布,自公布之日起施行。

中华人民共和国主席 杨尚昆

1993 年 2 月 22 日

中华人民共和国国家安全法

第一章 总　则

第一条 为了维护国家安全，保卫中华人民共和国人民民主专政的政权和社会主义制度，保障改革开放和社会主义现代化建设的顺利进行，根据宪法，制定本法。

第二条 国家安全机关是本法规定的国家安全工作的主管机关。

国家安全机关和公安机关按照国家规定的职权划分，各司其职，密切配合，维护国家安全。

第三条 中华人民共和国公民有维护国家的安全、荣誉和利益的义务，不得有危害国家的安全、荣誉和利益的行为。

一切国家机关和武装力量、各政党和各社会团体及各企业事业组织，都有维护国家安全的义务。

国家安全机关在国家安全工作中必须依靠人民的支持，动员、组织人民防范、制止危害国家安全的行为。

第四条 任何组织和个人进行危害中华人民共和国国家安全的行为都必须受到法律追究。

本法所称危害国家安全的行为，是指境外机构、组织、个人实施或者指使、资助他人实施的，或者境内组织、个人与境外机构、组织、个人相勾结实施的下列危害中华人民共和国国家安全的行为：

(一)阴谋颠覆政府，分裂国家，推翻社会主义制度的；

(二)参加间谍组织或者接受间谍组织及其代理人的任务的；

(三)窃取、刺探、收买、非法提供国家秘密的；

(四)策动、勾引、收买国家工作人员叛变的；

(五)进行危害国家安全的其他破坏活动的。

第五条 国家对支持、协助国家安全工作的组织和个人给予保护，对维护国家安全有重大贡献的给予奖励。

第二章 国家安全机关在国家安全工作中的职权

第六条 国家安全机关在国家安全工作中依法行使侦查、拘留、预审和执行逮捕以及法律规定的其他职权。

第七条 国家安全机关的工作人员依法执行国家安全工作任务时，经出示相应证件，有权查验中国公民或者境外人员的身份证明；向有关组织和人员调查、询问有关情况。

第八条 国家安全机关的工作人员依法执行国家安全工作任务时，经出示相应证件，可以进入有关场所；根据国家有关规定，经过批准，出示相应证件，可以进入限制进入的有关地区、场所、单位；查看或者调阅有关的档案、资料、物品。

第九条 国家安全机关的工作人员在依法执行紧急任务的情况下，经出示相应证件，可以优先乘坐公共交通工具，遇交通阻碍时，优先通行。

国家安全机关为维护国家安全的需要，必要时，按照国家有关规定，可以优先使用机关、团体、企业事业组织和个人的交通工具、通信工具、场地和建筑物，用后应当及时归还，并支付适当费用；造成损失的，应当赔偿。

第十条 国家安全机关因侦察危害国家安全行为的需要，根据国家有关规定，经过严格的批准手续，可以采取技术侦察措施。

第十一条 国家安全机关为维护国家安全的需要，可以查验组织和个人的电子通信工具、器材等设备、设施。

第十二条 国家安全机关因国家安全工作的需要，根据国家有关规定，可以提请海关、边防等检查机关对有关人员和资料、器材免检。有关检查机关应当予以协助。

第十三条 国家安全机关及其工作人员在国家安全工作中，应当严格依法办事，不得超越职权、滥用职权，不得侵犯组织和个人的合法权益。

第十四条 国家安全机关工作人员依法执行职务受法律保护。

第三章 公民和组织维护国家安全的义务和权利

第十五条 机关、团体和其他组织应当对本单位的人员进行维护国家安全的教育，动员、组织本单位的人员防范、制止危害国家安全的行为。

第十六条 公民和组织应当为国家安全工作提供便利条件或者其他协助。

第十七条 公民发现危害国家安全的行为，应当直接或者通过所在组织及时向国家安全机关或者公安机关报告。

第十八条 在国家安全机关调查了解有关危害国家安全的情况、收集有关证据时，公民和有关组织应当如实提供，不得拒绝。

第十九条 任何公民和组织都应当保守所知悉的国家安全工作的国家秘密。

第二十条 任何个人和组织都不得非法持有属于国家秘密的文件、资料和其他物品。

第二十一条 任何个人和组织都不得非法持有、使用窃听、窃照等专用间谍器材。

第二十二条 任何公民和组织对国家安全机关及其工作人员超越职权、滥用职权和其他违法行为，都有权向上级国家安全机关或者有关部门检举、控告。上级国家安全机关或者有关部门应当及时查清事实，负责处理。

对协助国家安全机关工作或者依法检举、控告的公民和组织，任何人不得压制和打击报复。

第四章 法律责任

第二十三条 境外机构、组织、个人实施或者指使、资助他人实施，或者境内组织、个人与境外机构、组织、个人相勾结实施危害中华人民共和国国家安全的行为，构成犯罪的，依法追究刑事责任。

第二十四条 犯间谍罪自首或者有立功表现的，可以从轻、减轻或者免除处罚；有重大立功表现的，给予奖励。

第二十五条 在境外受胁迫或者受诱骗参加敌对组织，从事危害中华人民共和国国家安全的活动，及时向中华人民共和国驻外机构如实说明情况的，或者入境后直接或者通过所在组织及时向国家安全机关或者公安机关如实说明情况的，不予追究。

第二十六条 明知他人有间谍犯罪行为，在国家安全机关向其调查有关情况、收集有关证据时，拒绝提供的，由其所在单位或者上级主管部门予以行政处分，或者由国家安全机关处十五日以下拘留；情节严重的，比照刑法第一百六十二条的规定处罚。

第二十七条 以暴力、威胁方法阻碍国家安全机关依法执行国家安全工作任务的，依照刑法第一百五十七条的规定处罚。

故意阻碍国家安全机关依法执行国家安全工作任务，未使用暴力、威胁方法，造成严重后果的，比照刑法第一百五十七条的规定处罚；情节较轻的，由国家安全机关处十五日以下拘留。

第二十八条 故意或者过失泄露有关国家安全工作的国家秘密的，由国家安全机关处十五日以下拘留；构成犯罪的，依法追究刑事责任。

第二十九条 对非法持有属于国家秘密的文件、资料和其他物品的，以及非法持有、使用专用间谍器材的，国家安全机关可以依法对其人身、物品、住处和其他有关的地方进行搜查；对其非法持有的属于国家秘密的文件、资料和其他物品，以及非法持有、使用的专用间谍器材予以没收。

非法持有属于国家秘密的文件、资料和其他物品，构成泄露国家秘密罪的，依法追究刑事责任。

第三十条 境外人员违反本法的，可以限期离境或者驱逐出境。

第三十一条 当事人对拘留决定不服的，可以自接到处罚决定书之日起十五日内，向作出处罚决定的上一级机关申请复议；对复议决定不服的，可以自接到复议决定书之日起十五日内向人民法院提起诉讼。

第三十二条 国家安全机关工作人员玩忽职守、徇私舞弊，构成犯罪的，分别依照刑法第一百八十七条、第一百八十八条的规定处罚；非法拘禁、刑讯逼供，构成犯罪的，分别依照刑法第一百四十三条、第一百三十六条的规定处罚。

第五章 附 则

第三十三条 公安机关依照本法第二条第二款的规定，执行国家安全工作任务时，适用本法有关规定。

第三十四条 本法自公布之日起施行。

法律有关条文

一、刑法有关条款

第九十二条 阴谋颠覆政府、分裂国家的，处无期徒刑或者十年以上有期徒刑。

第九十三条 策动、勾引、收买国家工作人员、武装部队、人民警察、民兵投敌叛变的，处无期徒刑或者十年以上有期徒刑。

第九十七条 进行下列间谍或者资敌行为之一的，处十年以上有期徒刑或者无期徒刑；情节较轻的，处三年以上十年以下有期徒刑：

（一）为敌人窃取、刺探、提供情报的；

（二）供给敌人武器军火或者其他军用物资的；

（三）参加特务、间谍组织或者接受敌人派遣任务的。

第一百三十六条 严禁刑讯逼供。国家工作人员对人犯实行刑讯逼供的，处三年以下有期徒刑或者拘役。以肉刑致人伤残的，以伤害罪从重论处。

第一百四十三条 严禁非法拘禁他人，或者以其他方法非法剥夺他人人身自由。违者处三年以下有期徒刑、拘役或者剥夺政治权利。具有殴打、侮辱情节的，从重处罚。

犯前款罪，致人重伤的，处三年以上十年以下有期徒刑；致人死亡的，处七年以上有期徒刑。

第一百五十七条 以暴力、威胁方法阻碍国家工作人员依法执行职务的，或者拒不执行人民法院已经发生法律效力的判决、裁定的，处三年以下有期徒刑、拘役、罚金或者剥夺政治权利。

第一百六十二条 窝藏或者作假证明包庇反革命分子的，处三年以下有期徒刑、拘役或者管制；情节严重的，处三年以上十年以下有期徒刑。

窝藏或者作假证明包庇其他犯罪分子的，处二年以下有期徒刑、拘役或者管制；情节严重的，处二年以上七年以下有期徒刑。

犯前款罪，事前通谋的，以共同犯罪论处。

第一百八十六条 国家工作人员违反国家保密法规，泄露国家重要机密，情节严重的，处七年以下有期徒刑、拘役或者剥夺政治权利。

非国家工作人员犯前款罪的，依照前款的规定酌情处罚。

第一百八十七条 国家工作人员由于玩忽职守，致使公共财产、国家和人民利益遭受重大损失的，处五年以下有期徒刑或者拘役。

第一百八十八条 司法工作人员徇私舞弊，对明知是无罪的人而使他受追诉、对明知是有罪的人而故意包庇不使他受追诉，或者故意颠倒黑白做枉法裁判的，处五年以下有期徒刑、拘役或者剥夺政治权利；情节特别严重的，处五年以上有期徒刑。

二、全国人民代表大会常务委员会关于惩治泄露国家秘密犯罪的补充规定

第七届全国人民代表大会常务委员会第三次会议决定对刑法补充规定：为境外的机构、组织、人员窃取、刺探、收买、非法提供国家秘密的，处五年以上十年以下有期徒刑；情节较轻的，处五年以下有期徒刑、拘役或者剥夺政治权利；情节特别严重的，处十年以上有期徒刑、无期徒刑或者死刑，并处剥夺政治权利。

三、保守国家秘密法有关条款

第三十一条 违反本法规定，故意或者过失泄露国家秘密，情节严重的，依照刑法第一百八十六条的规定追究刑事责任。

违反本法规定，泄露国家秘密，不够刑事处罚的，可以酌情给予行政处分。

国家主席杨尚昆签署第69号令公布《全国人民代表大会常务委员会关于修改〈中华人民共和国商标法〉的决定》

《全国人民代表大会常务委员会关于修改〈中华人民共和国商标法〉的决定》已由中华人民共和国第七届全国人民代表大会常务委员会第三十次会议于一九九三年二月二十二日通过，现予公布，自一九九三年七月一日起施行。

中华人民共和国主席 杨尚昆

1993年2月22日

全国人民代表大会常务委员会关于修改《中华人民共和国商标法》的决定

第七届全国人民代表大会常务委员会第三十次会议审议了国务院关于《中华人民共和国商标法修正案(草案)》的议案，决定对《中华人民共和国商标法》作如下修改：

一、第四条修改为三款：

“企业、事业单位和个体工商业者，对其生产、制造、加工、拣选或者经销的商品，需要取得商标专用权的，应当向商标局申请商品商标注册。

“企业、事业单位和个体工商业者，对其提供的服务项目，需要取得商标专用权的，应当向商标局申请服务商标注册。

“本法有关商品商标的规定，适用于服务商标。”

二、第八条增加一款，作为第二款：“县级以上行政区划的地名或者公众知晓的外国地名，不得作为商标，但是，地名具有其他含义的除外；已经注册的使用地名的商标继续有效。”

三、第十二条修改为：“同一申请人在不同类别的商品上使用同一商标的，应当按商品分类表提出注册申请。”

四、第二十六条增加一款，作为第二款：“经许可使用他人注册商标的，必须在使用该注册商标的商品上标明被许可人的名称和商品产地。”

五、第二十七条第一款修改为两款：“已经注册的商标，违反本法第八条规定的，或者是以欺骗手段或者其他不正当手段取得注册的，由商标局撤销该注册商标；其他单位或者个人可以请求商标评审委员会裁定撤销该注册商标。

“除前款规定的情形外，对已经注册的商标有争议的，可以自该商标经核准注册之日起一年内，向商标评审委员会申请裁定。”

六、第二十九条修改为：“商标评审委员会做出维持或者撤销注册商标的终局裁定后，应当书面通知有关当事人。”

七、第三十八条增加一项作为第(2)项：“销售明知是假冒注册商标的商品的”。

第三十八条第(2)项修改为第(3)项：“伪造、擅自制造他人注册商标标识或者销售伪造、擅自制造的注册商标标识的”。

第三十八条第(3)项相应的作为第(4)项。

八、第三十九条第一款修改为：“有本法第三十八条所列侵犯注册商标专用权行为之一的，被侵权人可以向县级以上工商行政管理部门要求处理，有关工商行政管理部门有权责令侵权人立即停止侵权行为，赔偿被侵权人的损失，赔偿额为侵权人在侵权期间因侵权所获得的利润或者被侵权人在被侵权期间因被侵权所受到的损失。侵犯注册商标专用权，未构成犯罪的，工商行政管理部门可以处以罚款。当事人对工商行政管理部门责令停止侵权行为、罚款的处理决定不服的，可以在收到通知十五天内，向人民法院起诉；期满不起诉又不履行的，由有关工商行政管理部门申请人民法院强制执行。”

九、第四十条修改为三款：

“假冒他人注册商标，构成犯罪的，除赔偿被侵权人的损失外，依法追究刑事责任。

“伪造、擅自制造他人注册商标标识或者销售伪造、擅自制造的注册商标标识，构成犯罪的，除赔偿被

侵权人的损失外，依法追究刑事责任。

"销售明知是假冒注册商标的商品，构成犯罪的，除赔偿被侵权人的损失外，依法追究刑事责任。"

本决定自1993年7月1日起施行。

《中华人民共和国商标法》根据本决定作相应的修正，重新公布。

国家主席杨尚昆签署第70号令公布《全国人民代表大会常务委员会关于惩治假冒注册商标犯罪的补充规定》

《全国人民代表大会常务委员会关于惩治假冒注册商标犯罪的补充规定》已由中华人民共和国第七届全国人民代表大会常务委员会第三十次会议于1993年2月22日通过，现予公布，自1993年7月1日起施行。

中华人民共和国主席 杨尚昆

1993年2月22日

全国人大常委会关于惩治假冒注册商标犯罪的补充规定

为了惩治假冒注册商标的犯罪行为，对刑法作如下补充规定：

一、未经注册商标所有人许可，在同一种商品上使用与其注册商标相同的商标，违法所得数额较大或者有其他严重情节的，处三年以下有期徒刑或者拘役，可以并处或者单处罚金；违法所得数额巨大的，处三年以上七年以下有期徒刑，并处罚金。

销售明知是假冒注册商标的商品，违法所得数额较大的，处三年以下有期徒刑或者拘役，可以并处或者单处罚金；违法所得数额巨大的，处三年以上七年以下有期徒刑，并处罚金。

二、伪造、擅自制造他人注册商标标识或者销售伪造、擅自制造的注册商标标识，违法所得数额较大或者有其他严重情节的，依照第一条第一款的规定处罚。

三、企业事业单位犯前两条罪的，对单位判处罚金，并对直接负责的主管人员和其他直接责任人员依照前两条的规定追究刑事责任。

四、国家工作人员利用职务，对明知有本规定所列犯罪行为的企业事业单位或者个人故意包庇使其不受追诉的，比照刑法第一百八十八条的规定追究刑事责任。

对本规定所列的犯罪人员负有追究责任的国家工作人员，不履行法律所规定的追究职责的，依照刑法第一百八十七条或者比照刑法第一百八十八条的规定追究刑事责任。

五、本规定自1993年7月1日起施行。

国家主席杨尚昆签署第71号令公布《中华人民共和国产品质量法》

《中华人民共和国产品质量法》已由中华人民共和国第七届全国人民代表大会常务委员会第三十次会议于1993年2月22日通过，现予公布，自1993年9月1日起施行。

中华人民共和国主席 杨尚昆

1993年2月22日

中华人民共和国产品质量法

第一章 总 则

第一条 为了加强对产品质量的监督管理，明确产品质量责任，保护用户、消费者的合法权益，维护社会经济秩序，制定本法。

第二条 在中华人民共和国境内从事产品生产、销售活动，必须遵守本法。

本法所称产品是指经过加工、制作，用于销售的产品。

建设工程不适用本法规定。

第三条 生产者、销售者依照本法规定承担产品质量责任。

第四条 禁止伪造或者冒用认证标志、名优标志等质量标志；禁止伪造产品的产地，伪造或者冒用他人的厂名、厂址；禁止在生产、销售的产品中掺杂、掺假，以假充真、以次充好。

第五条 国家鼓励推行科学的质量管理方法，采用先进的科学技术，鼓励企业产品质量达到并且超过行业标准、国家标准和国际标准。对产品质量管理先进和产品质量达到国际先进水平、成绩显著的单位和个人，给予奖励。

第六条 国务院产品质量监督管理部门负责全国产品质量监督管理工作。国务院有关部门在各自的职责范围内负责产品质量监督管理工作。

县级以上地方人民政府管理产品质量监督工作的部门负责本行政区域内的产品质量监督管理工作。县级以上地方人民政府有关部门在各自的职责范围内负责产品质量监督管理工作。

第二章 产品质量的监督管理

第七条 产品质量应当检验合格，不得以不合格产品冒充合格产品。

第八条 可能危及人体健康和人身、财产安全的工业产品，必须符合保障人体健康，人身、财产安全的国家标准、行业标准；未制定国家标准、行业标准的，必须符合保障人体健康，人身、财产安全的要求。

第九条 国家根据国际通用的质量管理标准，推行企业质量体系认证制度。企业根据自愿原则可以向国务院产品质量监督管理部门或者国务院产品质量监督管理部门授权的部门认可的认证机构申请企业质量体系认证。经认证合格的，由认证机构颁发企业质量体系认证证书。

国家参照国际先进的产品标准和技术要求，推行产品质量认证制度。企业根据自愿原则可以向国务院产品质量监督管理部门或者国务院产品质量监督管理部门授权的部门认可的认证机构申请产品质量认证。经认证合格的，由认证机构颁发产品质量认证证书，准许企业在产品或者其包装上使用产品质量认证标志。

第十条 国家对产品质量实行以抽查为主要方式的监督检查制度，对可能危及人体健康和人身、财产安全的产品，影响国计民生的重要工业产品以及用户、消费者、有关组织反映有质量问题的产品进行抽查。监督抽查工作由国务院产品质量监督管理部门规划和组织。县级以上地方人民政府管理产品质量监督工作的部门在本行政区域内也可以组织监督抽查，但是要防止重复抽查。产品质量抽查的结果应当公布。法律对产品质量的监督检查另有规定的，依照有关法律的规定执行。

根据监督抽查的需要，可以对产品进行检验，但不得向企业收取检验费用。监督抽查所需检验费用按照国务院规定列支。

第十一条 产品质量检验机构必须具备相应的检测条件和能力，经省级以上人民政府产品质量监督管理部门或者其授权的部门考核合格后，方可承担产品质量检验工作。法律、行政法规对产品质量检验机构另有规定的，依照有关的法律、行政法规的规定执行。

第十二条 用户、消费者有权就产品质量问题，向产品的生产者、销售者查询；向产品质量监督管理部门、工商行政管理部门及有关部门申诉，有关部门应当负责处理。

第十三条 保护消费者权益的社会组织可以就消费者反映的产品质量问题建议有关部门负责处理，支持消费者对因产品质量造成的损害向人民法院起诉。

第三章 生产者、销售者的产品质量责任和义务

第一节 生产者的产品质量责任和义务

第十四条 生产者应当对其生产的产品质量负责。

产品质量应当符合下列要求：(一)不存在危及人身、财产安全的不合理的危险，有保障人体健康，人身、财产安全的国家标准、行业标准的，应当符合该标准；(二)具备产品应当具备的使用性能，但是，对产品存在使用性能的瑕疵作出说明的除外；(三)符合在产品或者其包装上注明采用的产品标准，符合以产品说明、实物样品等方式表明的质量状况。

第十五条 产品或者其包装上的标识应当符合下列要求：

(一)有产品质量检验合格证明；

(二)有中文标明的产品名称、生产厂厂名和厂址；

(三)根据产品的特点和使用要求，需要标明产品规格、等级、所含主要成分的名称和含量的，相应予以标明；

(四)限期使用的产品，标明生产日期和安全使用期或者失效日期；

(五)使用不当，容易造成产品本身损坏或者可能危及人身、财产安全的产品，有警示标志或者中文警示说明。

裸装的食品和其他根据产品的特点难以附加标识的裸装产品，可以不附加产品标识。

第十六条 剧毒、危险、易碎、储运中不能倒置以及有其他特殊要求的产品，其包装必须符合相应要求，有警示标志或者中文警示说明标明储运注意事项。

第十七条 生产者不得生产国家明令淘汰的产品。

第十八条 生产者不得伪造产地，不得伪造或者冒用他人的厂名、厂址。

第十九条 生产者不得伪造或者冒用认证标志、名优标志等质量标志。

第二十条 生产者生产产品，不得掺杂、掺假，不得以假充真、以次充好，不得以不合格产品冒充合格产品。

第二节 销售者的产品质量责任和义务

第二十一条 销售者应当执行进货检查验收制度，验明产品合格证明和其他标识。

第二十二条 销售者应当采取措施，保持销售产品的质量。

第二十三条 销售者不得销售失效、变质的产品。

第二十四条 销售者销售的产品的标识应当符合本法第十五条的规定。

第二十五条 销售者不得伪造产地，不得伪造或者冒用他人的厂名、厂址。

第二十六条 销售者不得伪造或者冒用认证标志、名优标志等质量标志。

第二十七条 销售者销售产品，不得掺杂、掺假，不得以假充真、以次充好，不得以不合格产品冒充合格产品。

第四章 损害赔偿

第二十八条 售出的产品有下列情形之一的，销售者应当负责修理、更换、退货；给购买产品的用户、消费者造成损失的，销售者应当赔偿损失：

(一)不具备产品应当具备的使用性能而事先未作说明的；

(二)不符合在产品或者其包装上注明采用的产品标准的；

（三）不符合以产品说明、实物样品等方式表明的质量状况的。

销售者依照前款规定负责修理、更换、退货、赔偿损失后，属于生产者的责任或者属于向销售者提供产品的其他销售者（以下简称供货者）的责任的，销售者有权向生产者、供货者追偿。

销售者未按照第一款规定给予修理、更换、退货或者赔偿损失的，由管理产品质量监督工作的部门或者工商行政管理部门责令改正。

生产者之间、销售者之间、生产者与销售者之间订立的产品购销、加工承揽合同有不同约定的，合同当事人按照合同约定执行。

第二十九条 因产品存在缺陷造成人身、缺陷产品以外的其他财产（以下简称他人财产）损害的，生产者应当承担赔偿责任。

生产者能够证明有下列情形之一的，不承担赔偿责任：

（一）未将产品投入流通的；

（二）产品投入流通时，引起损害的缺陷尚不存在的；

（三）将产品投入流通时的科学技术水平尚不能发现缺陷的存在的。

第三十条 由于销售者的过错使产品存在缺陷，造成人身、他人财产损害的，销售者应当承担赔偿责任。销售者不能指明缺陷产品的生产者也不能指明缺陷产品的供货者的，销售者应当承担赔偿责任。

第三十一条 因产品存在缺陷造成人身、他人财产损害的，受害人可以向产品的生产者要求赔偿，也可以向产品的销售者要求赔偿。属于产品的生产者的责任，产品的销售者赔偿的，产品的销售者有权向产品的生产者追偿。属于产品的销售者的责任，产品的生产者赔偿的，产品的生产者有权向产品的销售者追偿。

第三十二条 因产品存在缺陷造成受害人人身伤害的，侵害人应当赔偿医疗费、因误工减少的收入、残废者生活补助费等费用；造成受害人死亡的，并应当支付丧葬费、抚恤费、死者生前抚养的人必要的生活费等费用。

因产品存在缺陷造成受害人财产损失的，侵害人应当恢复原状或者折价赔偿。受害人因此遭受其他重大损失的，侵害人应当赔偿损失。

第三十三条 因产品存在缺陷造成损害要求赔偿的诉讼时效期间为二年，自当事人知道或者应当知道其权益受到损害时起计算。

因产品存在缺陷造成损害要求赔偿的请求权，在造成损害的缺陷产品交付最初用户、消费者满十年丧失；但是，尚未超过明示的安全使用期的除外。

第三十四条 本法所称缺陷，是指产品存在危及人身、他人财产安全的不合理的危险；产品有保障人体健康，人身、财产安全的国家标准、行业标准的，是指不符合该标准。

第三十五条 因产品质量发生民事纠纷时，当事人可以通过协商或者调解解决。当事人不愿通过协商、调解解决或者协商、调解不成的，可以根据当事人各方的协议向仲裁机构申请仲裁；当事人各方没有达成仲裁协议的，可以向人民法院起诉。

第三十六条 仲裁机构或者人民法院可以委托本法第十一条规定的产品质量检验机构，对有关产品质量进行检验。

第五章 罚　则

第三十七条 生产不符合保障人体健康，人身、财产安全的国家标准、行业标准的产品的，责令停止生产，没收违法生产的产品和违法所得，并处违法所得一倍以上五倍以下的罚款，可以吊销营业执照；构成犯罪的，依法追究刑事责任。

销售不符合保障人体健康，人身、财产安全的国家标准、行业标准的产品的，责令停止销售。销售明知是不符合保障人体健康，人身、财产安全的国家标准、行业标准的产品的，没收违法销售的产品和违法所得，并处违法所得一倍以上五倍以下的罚款，可以吊销营业执照；构成犯罪的，依法追究刑事责任。

第三十八条 生产者、销售者在产品中掺杂、掺假，以假充真，以次充好，或者以不合格产品冒充合格产品的，责令停止生产、销售，没收违法所得，并处违法所得一倍以上五倍以下的罚款，可以吊销营业执照；构成犯罪的，依法追究刑事责任。

第三十九条 生产国家明令淘汰的产品的，责令停止生产，没收违法生产的产品和违法所得，并处违法所得一倍以上五倍以下的罚款，可以吊销营业执照。

第四十条 销售失效、变质产品的，责令停止销售，没收违法销售的产品和违法所得，并处违法所得一倍以上五倍以下的罚款，可以吊销营业执照；构成犯罪的，依法追究刑事责任。

第四十一条 生产者、销售者伪造产品的产地的，伪造或者冒用他人的厂名、厂址的，伪造或者冒用认证标志、名优标志等质量标志的，责令公开更正，没收违法所得，可以并处罚款。

第四十二条 以行贿、受贿或者其他非法手段推销、采购本法第三十七条至第四十条所列产品，构成犯罪的，依法追究刑事责任。

第四十三条 产品标识不符合本法第十五条规定的，责令改正；有包装的产品标识不符合本法第十五条第（四）项、第（五）项规定，情节严重的，可以责令停止生产、销售,并可以处以违法所得百分之十五至百分之二十的罚款。

第四十四条 伪造检验数据或者伪造检验结论的,责令更正,可以处以所收检验费一倍以上三倍以下的罚款;情节严重的,吊销营业执照;构成犯罪的,对直接责任人员比照刑法第一百六十七条的规定追究刑事责任。

第四十五条 本法规定的吊销营业执照的行政处罚由工商行政管理部门决定,其他行政处罚由管理产品质量监督工作的部门或者工商行政管理部门按照国务院规定的职权范围决定。法律、行政法规对行使行政处罚权的机关另有规定的,依照有关法律、行政法规的规定执行。

第四十六条 当事人对行政处罚决定不服的,可以在接到处罚通知之日起十五日内向作出处罚决定的机关的上一级机关申请复议;当事人也可以在接到处罚通知之日起十五日内直接向人民法院起诉。

复议机关应当在接到复议申请之日起六十日内作出复议决定。当事人对复议决定不服的,可以在接到复议决定之日起十五日内向人民法院起诉。复议机关逾期不作出复议决定的,当事人可以在复议期满之日起十五日内向人民法院起诉。当事人逾期不申请复议也不向人民法院起诉、又不履行处罚决定的,作出处罚决定的机关可以申请人民法院强制执行。

第四十七条 从事产品质量监督管理的国家工作人员滥用职权、玩忽职守、徇私舞弊,构成犯罪的,依法追究刑事责任;不构成犯罪的,给予行政处分。

第四十八条 国家工作人员利用职务,对明知有违反本法规定构成犯罪的行为的企业事业单位或者个人故意包庇使其不受追诉的,依法追究刑事责任。

第四十九条 以暴力、威胁方法阻碍从事产品质量监督管理的国家工作人员依法执行职务的,依照刑法第一百五十七条的规定追究刑事责任;拒绝、阻碍从事产品质量监督管理的国家工作人员依法执行职务未使用暴力、威胁方法的,由公安机关依照治安管理处罚条例的规定处罚。

第六章 附 则

第五十条 军工产品质量监督管理办法,由国务院、中央军事委员会另行制定。

第五十一条 本法自1993年9月1日起施行。

刑法有关条款

第一百六十七条 伪造、变造或者盗窃、抢夺、毁灭国家机关、企业、事业单位、人民团体的公文、证件、印章的,处三年以下有期徒刑、拘役、管制或者剥夺政治权利;情节严重的,处三年以上十年以下有期徒刑。

第一百五十七条 以暴力、威胁方法阻碍国家工作人员依法执行职务的,或者拒不执行人民法院已经发生法律效力的判决、裁定的,处三年以下有期徒刑、拘役、罚金或者剥夺政治权利。

国家主席杨尚昆签署第72号令免去阮崇武的劳动部部长职务

七届人大积极开展国际交往已与120多个国家和地区的议会建立关系

中共中央国务院就批转中纪委监察部《关于中央纪委、监察部机关合署办公和机构设置有关问题的请示》的通知

通知指出:中央纪委、监察部合署办公,是在新形势下进一步加强党的纪律检查工作和强化行政监察机关职能的重大措施,有利于更加集中力量抓好党风、廉政建设,落实"两手抓,两手都要硬"的战略方针,有利于发挥党政监督机关的整体效能,避免工作上的交叉和重复,精简机构和人员,提高工作质量和效率。

中央纪委、监察部合署,实行一套工作机构、两个机关名称的体制。合署后的中央纪委履行党的纪律检查和政府行政监察两项职能,对党中央全面负责;监察部按照宪法规定仍属于国务院的序列,接受国务院的领导。地方各级监察机关与党的纪委合署后,实行由所在政府和上级纪检监察机关双重领导的体制,按照《中华人民共和国行政监察条例》规定的职责、权力和工作程序开展工作。各级党委、政府对合署后的纪检监察机关要进一步加强领导,并在工作条件方面给予支持,而不能有任何削弱。

在合署工作过程中,各级纪检、监察机关要注意稳定干部队伍,保留工作骨干,先合署,后定编,富余人员待定编后再妥善安排。对现职领导干部的安排,在坚持德才兼备标准的前提下,可适当放宽有关职数和任职年龄的规定。监察机关的党员领导干部一般要进入同级纪委常委会。任命民主党派和无党派人士担任监察机关领导职务的工作应继续进行。中央纪委、监察部合署后,要会同省级党委、政府,抓紧做好省级纪检、监察机关的合署工作,并有领导、有步骤、自上而下地抓好地(市)、县纪检、监察机关的合署工作。各地在制定合署方案时,要从实际出发,不搞"一刀切"。

外交部部长钱其琛在北京同塞拉利昂外交部部长穆罕默德·拉·卡马拉举行会谈

中国喀麦隆经济贸易和技术合作混合委员会第3次会议在北京开幕

中国科协四届三次全委会在北京举行

中国科协今年要做好学会改革、“金桥工程”实施和发展第三产业三件大事，全面加快科协系统的改革开放步伐。这是中国科协主席、著名科学家朱光亚在今天开幕的科协四届三次全委会上宣布的。

学会改革的目标是提高科协组织在促进科技进步和发展生产力中的影响力，增强对科技工作者和科技团体的凝聚力和服务能力，发展团体的经济实力，从而扭转长期以来形成的一些全国性协会依赖财政拨款、不讲经营管理等倾向，以适应社会主义市场经济新体制的需要。

“金桥工程”是科协系统发挥其学科齐全、人才荟萃、信息灵通、横向联系广的智力和网络优势，加速科技成果转化的一项大工程。计划动员各级科协组织，通过决策咨询、工程论证、技术开发与推广、技术引进与输出、联合攻关、技术服务等形式，在科研单位、高等院校与城乡企业之间，国内不同行业不同地区之间，我国与世界各国之间贺起成果转化与科技交流的金桥。

与上述两项工作紧密联系、互相渗透的是发展第三产业。通过大力发展第三产业，希望在促进我国科技进步、经济发展和社会发展的同时，增强科协组织的经济实力，从而保证科协组织能够随着改革的深入不断地自我发展和壮大。

会议于 22 日至 24 日举行。

中共中央政治局候补委员温家宝在中国科协四届三次全委会上讲话

温家宝要求各级科协组织通过改革，转变活动方式和工作方法，进一步增强活力，以适应社会主义市场经济体制的要求，更好地为经济建设和科技发展服务。

温家宝肯定中国科协一年来在服务经济建设、培养青年科技人才、开展国际学术交流和海峡两岸科技合作等方面所取得的成绩。同时要求科协在新的一年中，认真贯彻落实十四大精神，发挥科技群众团体优势，协调各方力量，组织尽可能多的科技人员投身经济建设主战场，更加自觉地为科技进步和经济建设服务。

温家宝说，各级科协组织要用邓小平建设有中国特色社会主义理论统一思想，指导工作，并且毫不动摇地长期坚持下去。在建立和完善社会主义市场经济体制的过程中，从中国科协的实际出发，积极探索，紧紧围绕经济建设这个中心，创造性地开展工作，努力推进科技进步，促进科技与经济的有效结合，加速科技成果的商品化和向现实生产力的转化。要加强党对科协工作的领导，密切同广大科技工作者的联系，进一步发挥他们的积极性、主动性和创造性。

在谈到当前科协的主要任务时，温家宝强调，各级科协组织要紧密围绕加强农业、搞好大中型企业、改善宏观调控等关系国民经济发展大局的关键环节开展活动。要广泛调动各方面的积极性帮助农民依靠科技发展高产优质高效农业，除发挥科研单位、大专院校和农业科技专业队伍作用外，还要充分发挥民间科技团体的作用，办好农村专业技术协会、研究会，使其成为农村科技的推广普及和农村专业化生产与产业结构调整的一支重要力量。要通过厂矿科协在科研单位、科技工作者和企业之间架起一座桥梁，促进企业、大专院校和科研单位之间的合作，开发和采用新技术新工艺，提高产品中的技术含量。继续开展讲理想、比贡献活动，发挥企业科技工作者的作用。要组织协调自然科学和社会科学研究机构，吸收各方专家，对经济建设和社会发展中的重大问题、重大建设项目、重大技术改造措施，进行综合研究、评估，提出咨询意见和政策建议。要组织协调各方力量，进一步重视和加强基础性研究，充分发挥全国性学会学科齐全、人才荟萃，跨学科、跨行业、跨部门的优势，加强课题之间、学科之间、基础性研究与应用开发研究之间的联系，积极开展学术研究和学术交流活动，促进各学科的发展，并力争在一些重要领域、战略性课题和关键性技术上有所突破。

温家宝还指出，科协作为党领导下的科技工作者自己的组织，要满腔热情地对待科技工作者，关心和爱护一切为社会主义建设事业真诚工作、精通和热爱本行业务的科学家，发现和培养青年科技人才，协助党和政府逐步改善科技工作者的工作和生活条件，多办实事，排忧解难，创造有利于他们发挥聪明才智的良好政策环境和社会气氛，以赢得广大科技工作者的信赖和支持，增强科协的凝聚力，使其成为真正的“科技工作者之家”。

在加快建设社会主义市场经济体制的新形势下，科协组织及其所属全国性学会如何深化改革？温家宝着重指出，科协机关要坚持面向基层、面向实际、面向科技工作者，精兵简政，提高工作效率，克服行政化倾向。各学会要加强同科研单位和高等院校的联系，通过开展各种学术活动，推动学科发展，同时要拓宽服务领域，促进科学、技术、经济的结合。科协领导干部要改进作风、真抓实干，以保证科协的各项任务落到实处。

陈嘉庚基金会第二届理事会在北京召开

由中国科学院牵头管理的陈嘉庚基金会第二届理事会成员中增加学部委员的比重，增补了一些重要科研单位和大学的优秀专家、学者和社会贤达。中国科学院院长、学部委员周光召任理事会会长。新加坡陈共存先生等专程来北京出席理事会会议。陈嘉庚国际学会秘书长潘国驹教授列席会议。

全国文化厅(局)长会议于22日至26日在北京召开

国务委员李铁映在全国文化厅(局)长会议上发表讲话

李铁映说,当前的首要任务是抓好思想建设,用小平同志建设有中国特色社会主义理论武装头脑。联系当前文化艺术工作面临的新形势、新情况、新问题,把学习小平同志理论、贯彻十四大精神与解决文化艺术工作中的实际问题紧密结合起来。

在充分肯定文化艺术工作取得的成绩之后,李铁映谈到,文化艺术工作当前在很多方面还不适应社会经济发展、不适应改革开放、不适应人民群众的新要求。具体表现为队伍小,节目、作品数量少、质量低,投入少、发展慢,文化市场发育还很不健全,法制建设还跟不上。他指出,文化艺术事业的繁荣和发展离不开社会经济发展的大环境,也必须服从和服务于经济建设这个中心。希望广大文艺工作者和各级党政领导同志眼界要宽阔,广泛借鉴、吸收国内外一切人类发展的先进成果。

李铁映说,当前的关键是要根据建立社会主义市场经济体制的要求,结合文化艺术自身的发展规律,加快改革开放步伐,加快文化艺术事业的发展,促进文化事业的更大繁荣。

李铁映在讲话中还谈到精神产品的生产必须坚持经济效益和社会效益的统一,把社会效益摆在第一位,必须坚持四项基本原则。文化艺术事业单位要根据政事分开的原则改革体制,转换机制,形成以国家办文化为主,社会各界共同办文化的新体制,积极探索多种办文化的模式;要研究文化艺术单位如何依靠扩大服务积累自身发展资金;要积极发展国内文化市场和开拓、扩大文化艺术的国际市场;要加强文化法规的建设,逐步转向以法管文,通过健全的文化法规体系,调节社会文化团体和个人的文化艺术行为。文化管理部门还要认真研究如何面向文化艺术的整条战线,搞好行业管理。

李铁映谈到文化艺术领域中存在不同的流派、风格和艺术见解是文化艺术繁荣、"百花齐放"的必然现象。同时,大家也要互相尊重、互相学习、共同提高。他还要求各级党委、政府,要加强和改善对文化艺术工作的领导,完善和落实文化经济政策,关心文化艺术队伍的建设和成长,帮助他们解决工作、生活中存在的实际困难,努力创造一种创作自由、心情舒畅、团结和谐的环境。

中国音乐著作权协会在北京成立

文化部代部长刘忠德在全国文化厅(局)长会议上发表讲话

这次会议的主要内容就是认真学习李铁映同志的重要讲话,讨论《文化部一九九三年工作要点》和占祥同志围绕《要点》所作的说明。我今天就有关的问题讲几点意见。

一、认真学习邓小平同志建设有中国特色社会主义理论,积极、全面、正确地贯彻十四大精神。

二、加快步伐,深入进行文化体制改革。

三、推进文化立法进程,完善文化经济政策。

四、坚持"二为"方向和"双百"方针,繁荣和发展社会主义文化艺术事业。

五、加强文化系统党的建设和队伍建设。

中国记协第四届第三次常务理事会在北京召开

《人民日报》社社长兼总编辑、中国记协副主席邵华泽主持会议。常务理事们讨论中国记协1993年的工作要点,强调抓好几项重要工作:倡导和组织新闻工作者学习邓小平建设有中国特色的社会主义理论;探讨社会主义市场经济条件下的新闻工作规律,积极、慎重推进新闻改革;做好"中国新闻奖"、"韬奋新闻奖"的评选工作;加强新形势下新闻队伍建设,结合当前实际贯彻新闻工作者职业道德准则;保护新闻工作者合法权益,反映他们的意见和要求;开展丰富多彩的联谊活动,为各类新闻工作人员服务。要加强同台湾、香港、澳门和国际新闻界的联系,拓宽交往与合作的领域,丰富活动的内容与形式。

会议增补部分常务理事。中国记协副主席李彦、郭超人、王立行、张琮、杨子才和中国记协书记处书记王哲人、唐非、李贤德、杨文计出席会议。

李尔重获屈原文艺创作奖

曾任中共河北省委书记兼省长的李尔重,自1983年回到湖北以来,"走下政坛步入文坛",潜心文学创作,辛勤笔耕十年,其鸿篇巨制《新战争与和平》获得湖北省第二届"屈原文艺创作特别奖"。

《新战争与和平》全书400多万字,是一部长篇历史小说。全书反映了从1931年九一八事变开始至1945年8月15日抗战胜利15年的抗战生活,从世界范围的角度,概括了二次大战的全过程,描绘中国抗战在世界战场上所起的巨大作用,并塑造了一系列性格鲜明的历史人物,洋溢着强烈的爱国主义和革命英雄主义精神。

国家主席杨尚昆国务院总理李鹏致函国际奥委会中国政府全力支持北京申办奥运会

国际奥委会最近审查通过北京2000年奥运会《申办报告》,其中包括国家主席杨尚昆和国务院总理李鹏致国际奥委会的函件。

中国大陆影片《香魂女》和台湾影片《喜宴》在第43届柏林国际电影节上共获金熊奖

2月23日

中央党校举行春季开学典礼

中共中央政治局常委、中央党校校长乔石出席开学典礼并讲话。

乔石强调,用建设有中国特色社会主义理论武装全党,是我们党贯穿于整个社会主义初级阶段、贯穿于我国改革开放和现代化建设全过程的一项根本任务,也是我们夺取社会主义现代化事业更大胜利的重要保证。

乔石说,这个学期是党的十四大召开后的第一个学期,同志们到党校来学习的主要任务,就是要用建设有中国特色社会主义的理论武装自己,增强贯彻执行党的基本路线的自觉性和坚定性。

乔石指出,过去十四年的实践证明,建设有中国特色社会主义的理论,是统一全党和全国人民的思想和行动、指导我们不断夺取胜利的思想理论武器。当前的形势发展也充分证明,能不能正确贯彻十四大的精神,把改革开放和社会主义现代化建设搞得更快一些,关键也在于我们党特别是各级领导干部能不能正确理解和掌握运用建设有中国特色社会主义的理论,把党的路线方针政策同本地区本部门的实际情况结合起来,创造性地开展工作。

在谈到国内形势时,乔石说,过去的一年,在小平视察南方重要谈话和十四大精神鼓舞、指导下,广大干部群众意气风发,团结奋进,我国的改革开放和现代化建设进入了新的发展阶段,各项事业都在蓬勃发展。

但也要清醒看到大好形势下出现的一些值得重视的问题,比如农业方面的"打白条"现象;农民负担过重;基建规模过大,造成部分发原材料价格上涨,能源、交通运输更加紧张等。乔石认为,能不能全面、准确掌握建设有中国特色社会主义理论和十四大精神,这是能不能做好工作、实现历史任务的关键。领导干部对这个理论掌握运用的程度,决定着我们党的整体素质和领导水平的高低。他要求领导干部在提高思想理论和领导水平上下功夫,全面、正确地学习和掌握建设有中国特色社会主义的理论,努力学会运用马克思主义的立场、观点、方法去分析和解决实践中的问题。

乔石指出,各级党委一定要把学习建设有中国特色诉理论作为党的建设的头等大事来抓,长期坚持下去,抓出成效。他说,随着改革开放和现代化建设的加快,新情况、新问题越来越多,就越要求我们重视理论的指导作用,越要求各级领导干部用创造性的马克思主义来武装我们的思想,提高政治素质和领导水平。

乔石说,为了比较系统地而不是零碎地、实际地而不是空洞地学习建设有中国特色社会主义的理论,我们要精选精读一部分与这个主题有关的马列原著、毛泽东和邓小平的论述以及党的十四大文件,重点是学习邓小平关于建设有中国特色社会主义理论的著作。他说,不仅要学习和掌握邓小平的战略思想和理论观点,更要学习他善于运用马克思主义立场、观点、方法研究新情况、解决新问题的科学态度和创造精神;学习他既能继承前人、又能突破陈规,摆脱那些过时的不切合实际的陈旧论述,善于集中人民群众在实践中创造的经验和集体智慧,继承和发展马克思主义。

中央党校共有在校学员1010人,新学员近500人,其中省部级干部进修班45人,地厅级干部进修班415人,理论部经济学师资班37人。此外,还有中直机关分校、国家机关分校、部队机关分部学员1810人。

中央党校常务副校长薛驹也在开学典礼上讲话。中央有关部门负责人吕枫、侯宗宾、郑必坚、徐瑞新、郑科扬、苏星、邢贲思等出席开学典礼。

中国社会科学院工作会议在北京召开

会议于23日至25日召开。中共中央宣传部部长丁关根在开幕式上讲话。社科院院长胡绳在会上作工作报告。

中宣部部长丁关根在中国社会科学院工作会议开幕式上发表讲话

丁关根在会上提出,当前哲学社会科学战线最根本、最主要的任务,就是学习、宣传、研究建设有中国特色社会主义的理论,用这一理论统一思想,指导社会科学的全部工作。

丁关根指出,理论联系实际是发展社会科学的根本方针,也是我们党一贯倡导的优良学风。建立社会主义市场经济体制,发展社会主义民主政治,建设社会主义精神文明,是空前的创举,有一系列重大课题需要我们精心研究,勇敢探索。理论由实践赋予活力。生气勃勃的创造性的改革和建设实践,为理论的发展提供了丰富的源泉。实践呼唤着哲学社会科学的大繁荣、大发展。实践激励着哲学社会科学工作者深入实际生活,面向经济建设、改革开放的主战场。社会科学工作者要运用马克思主义的世界观方法论,到生动的实践中去捕捉层出不穷的新情况、新问题、新矛盾,进行卓有成效的理论研究、应用研究和预测研究,总结新鲜经验,概括出有科学价值的新结论。他说,哲学社会科学工作者应该以高水平的研究成果,为这场伟大的实践提供精神动力和智力支持,为党和国家的有关重大决策提供切合实际的思路和建议。

丁关根说,中国社会科学院是我国社会科学研究人才集中的地方,是社会科学的一个研究中心。要充分调动各个学科、各个专业研究力量的积极性和创造性,使国内问题和国际问题的研究、现状和历史的研究,都富有成效地开展起来,获得全面发展。要做到既有主攻方向、又能实现社会科学诸学科的共同繁荣。

丁关根指出,为了促进我国社会科学的繁荣和发展,广大社会科学工作者必须坚持党的"一个中心、两个基本点"的基本路线,在思想上、政治上和党中央保持一致。必须坚持"为人民服务、为社会主义服务"的方向和"百花齐放、百家争鸣"的方针,保障学术自由,促进学术繁荣。必须坚持解放思想,实事求是,以实践作为检验真理的唯一标准。要大力提倡顾全大局、团结奋斗、积极向上、潜心研究、出好成果、多作贡献的风气,为社会科学研究创造和保持团结、民主、和谐、融洽的环境。

丁关根说,为了适应新的形势,担当起繁重的任务,一方面,党和国家应对社会科学战线给以更多的关心和支持,进一步改善科研人员的工作条件和生活条件;一方面,广大社会科学工作者要增进团结,齐心协力,振奋精神,真抓实干,不断提高科研成果的质量和水平,不断创造新的业绩。

全国干部理论教育讲师团会议在北京举行

第2届中国新闻奖第3届全国现场短新闻奖'92全国新闻学术年会获奖论文颁奖大会在北京举行

中国新闻奖包括报纸、通讯社、广播、电视14个项目,共有152件作品获奖。《人民日报》社论《实干兴邦》(执笔:李德民)、通讯《红场易旗纪实》(作者:周象光)、新闻漫画《返乡梦》(作者:朱根华)获本届新闻奖二等奖。《人民日报》另有两篇作品获三等奖。

全国现场短新闻奖共评选出153件获奖作品。《人民日报》文章《淮河儿女的心里话》(作者:张振国、王礼贶)获一等奖;《中国少年报40岁童颜可掬》(作者:王谨、杨振武)、《农民喜赶科技集》(作者:蒋建科)获二等奖。

'92全国新闻学术年会一共征集论文140多篇,评选出获奖论文44篇。《人民日报》选送的论文《做好党报理论宣传工作的几点认识》(作者:邵华泽)、《从"万里行"看批评报道的运用艺术》(作者:艾丰)获奖。

叶飞、程思远、卢嘉锡、王平、伍修权等和中国记协、首都新闻单位负责人邵华泽、李彦、郭超人、艾知生、杨子才等到会并向获奖者颁奖。

中共中央宣传部常务副部长徐惟诚在会上讲话。

国务院在北京召开首次全国粮食产销政策发布及定货会

会议的主要内容有两项:

一、通过组织粮食产区和销区直接定货,使产区在产前就能了解销区对粮食数量、品种、质量的需求,并与农民签定合同,使农民"一年早知道",主动安排生产确保国家和销区粮食的需要;

二、向全国各地发布1993年粮食的保护价、挂钩化肥和柴油的价外加价等各项粮食产销政策,以保护农民利益,调动农民生产积极性。

陈俊生代表国务院作题为《落实粮食产销政策推动粮食体制改革》的讲话,提出了八项推动粮食购销改革和促进粮食生产发展的经济政策。

第一,实行粮食分级管理,建立中央和省、自治区、直辖市两级调控体系。从本粮食年度起,由过去中央大包大揽向中央和省、区、市两级调控转变。国务院主要负责中央级储备粮和粮食进出口调剂,各省区市内地区之间粮食的年度平衡,由省区市自己负责解决;省际之间的调进调出,由中央计划调拨改为市场调节,各省区市通过产销直接定货或批发市场解决。

第二,签订购销合同,引导农民合理调整产品结构,做好粮食的产销衔接。现阶段,必须坚持购粮合同制。粮食放开的地方,对原来的国家定购粮食,暂时采取保量放价的方式,即维持定购数量,价格随行就市。已取消了定购的地方,粮食企业还应与农民签订购销经济合同。粮食调入地区,都要与粮食调出地区定货,调出区再与农民签订经济合同。今后的合同,都要明确粮食的需求量、品种和质量,并且在产前落实到户。

第三,建立粮食收购保护价制度,防止谷贱伤农。使农民在市价下跌过多时,仍能从国家的收购中收回成本和适当的利润。由于国家财力的限制,保护范围只能确定在定购粮和专项储备粮的界限内,其余部分仍随行就市。国家确定的保护价基本上以现行定购价为基准。同时建立粮食风险调节基金制度。

第四,改进粮棉挂钩化肥、柴油的兑换办法,从今年起,将粮食挂钩化肥、柴油和棉花挂钩化肥的平议差价折成现金,对合同定购的粮棉实行价外加价,将利益直接给农民。

第五，加强农业生产资料价格管理，对化肥、农药、农膜、农用柴油实行计划外最高限价，防止因价格上涨过多而损害农业生产。最高限价要以工业企业保本微利的原则确定。

第六，努力增加农业投资，大力扶持粮食主产区发展经济，国家计委、财政和农业等有关部门将在资金投入和其他方面，对粮食主产区实行重点倾斜。

第七，调整农林特产税率，促进高产优质高效农业全面协调发展。适当调低农林特产税的税率，使名义税率与实际负担渐趋一致。

第八，深化粮食流通体制改革，逐步实现粮食企业经营与粮食专项储备管理的分流。实现粮食商品化、经营市场化，粮食部门要转变职能；国家专储体系要与粮食经营体系逐步分开。专储制度要进一步完善。

这次会议是改革农业领导方式的尝试，它不是光讲农业重要，也不是单用行政手段要求粮田面积不能减少，而主要是用经济信息、经济政策和经济办法引导农民发展生产，把国家的宏观目标变为农民积极接受的自觉行动，这种探索意义深远。

国务院办公厅发出《关于严禁行政机关为经济活动提供担保的通知》

中共中央总书记江泽民在中南海会见美国电话电报公司副董事长兰德尔·托巴亚斯

中共中央总书记江泽民就中美关系中英关系和中国的统一问题在中南海接受《美国新闻与世界报道》总编辑莫蒂默·朱克曼的采访

在谈及1992年中美关系和中国对克林顿上台后中美关系的看法时，江泽民说，1992年，中美关系有进展。去年，双方先后就保护知识产权、禁止监狱劳动产品进出口贸易和市场准入签署了三个谅解备忘录；中国国务委员兼科委主任应邀访美，美国商务部长访华；双方召开了第七次中美商贸联委会会议。这些都有利于改善和发展中美关系。同时也出现了美国向台湾出售F—16飞机，违反“八·一七”公报的情况，这对中美关系是有损害的。

江泽民说，中美间既有共同利益，也有分歧。近年来，国际局势发生了深刻变化，客观现实仍需要中美之间加强和扩大互利合作。改善和发展中美关系对双方都很重要。这就要求两国领导人在处理两国关系时，一要有长远的眼光，需要看到，两国不论在双边关系方面，还是在共同关心的国际问题方面，都有着广泛而重大的共同利益；二要妥善处理分歧，求同存异，增加信任减少麻烦，不要让分歧来妨碍和损害两国正常关系的发展。中美间的三个联合公报是中美关系的基础，三个公报也是得到美国两党一致支持的。中国一贯重视中美关系，我们愿在三个公报的基础上，同克林顿总统领导的美国新政府一起为改善和发展两国关系作出努力。

最关心中国人权状况的是我们自己

在谈及中美关于人权问题上的分歧时，江泽民说，由于社会制度、经济发展水平、历史传统和文化背景的不同，中国同美国在人权观念上存在分歧是很自然的。世界上很难找到两个没有分歧的国家。最关心中国人权状况的是我们自己。中国有11亿多人口，解决他们的衣食住行、教育、就业、社会活动等任务是很艰巨的。我们在不断努力改善中国人民的生活，这不仅促进了中国的稳定，也有利于亚洲乃至世界的稳定。我国的宪法从根本方面保障了人民的各种权利。中国参加了一系列有关人权的国际公约，赞成国际间就人权问题进行平等对话。通过平等冷静的对话，可以增进相互了解，一时解决不了，也可以求同存异。中美双方在人权观念上有分歧，我们主张对话，反对施加压力，不赞成利用人权问题干涉别国内政。向中国施加压力是不可取的，也是无效的。

中美贸易潜力很大，
欢迎美国企业来华参加竞争

在谈及美国有人主张对延长中国最惠国待遇附加条件时，江泽民说，中美之间相互给予最惠国待遇，这是一种平等互惠的安排，不仅对中国有利，也对美国有利。对最惠国待遇附加条件是中国方面不能接受的，也不利于美国企业进入中国市场。克林顿政府正在着力解决美国国内经济问题。中美之间在经贸方面有互补性，进一步促进中美贸易的发展对双方都有好处。

在回答中国打算如何减少中国对美国贸易顺差的问题时，江泽民说，中美贸易统计不一致，差异较大。总的说还是要通过发展贸易逐步解决。自1981年以来，中美贸易一直呈上升趋势，而且潜力很大。如果美国能放弃对中国出口高技术产品的限制，美国对中国的出口将会有大幅度的增长。随着改革开放的深入发展，我国进出口贸易将进一步扩大，市场容量增加，欢迎世界各国包括美国的企业和商品进入中国市场参与竞争。

希望英方迅速回到
中英联合声明的轨道上来

在谈及中英双方关于香港问题上的分歧时，江泽民说，这个问题的实质是恪守国际信义，促使香港平稳过渡，保持长期稳定和繁荣。中英之间关于香港问题有一系列协议和谅解，按照这些文件办是不会出现问题的。我们希望英方能够迅速回到中英联合声明、与基本法相衔接的原则以及中英双方已达成的有关协议和谅解的轨道上来,从而为恢复双方的合作创造条件。

江泽民说,中国对香港实行"一国两制"的方针不会改变,包括外商在内的投资者在香港的利益1997年后将依法得到保护。香港必将更加繁荣,对此我们充满信心。

对祖国统一大业前景乐观

在谈及中国统一问题时,江泽民说,我们一直主张通过和谈实现中国统一,这符合全体中国人民的根本利益和共同意愿。为了早日结束海峡两岸分裂局面,两岸应尽早进行接触与谈判。只要坐下来谈,总能找到两岸都能接受的办法。我们对祖国统一大业的前景是乐观的。

他说,在实现祖国统一之前,我们主张按照相互理解、互补互利的原则,积极推动海峡两岸关系的不断发展,增进两岸经贸合作和各项交往,实现直接"三通"和双向交流,为实现国家和平统一积极创造条件。希望台湾当局顺应民心,和我们一道为发展两岸关系而努力。

江泽民说:我们主张用和平的方式尽早实现国家统一。我们不承诺不使用武力,绝不是针对台湾人民,主要是针对"台独"和外国干涉势力。这个主张,是和台湾人民的利益一致的。

他指出,近期来,台湾岛内"台独"活动又有所抬头,甚至国民党内也有某些人公开附和"一中一台"的主张。我们坚决反对任何形式的"两个中国"、"一中一台"或"一国两府",坚决反对任何旨在制造"台湾独立"的企图和行径。一旦出现"台湾独立"或外国势力分裂中国,我们绝不会坐视,必将采取断然措施,坚决捍卫国家主权和领土完整,维护包括2000万台湾同胞在内的整个中华民族的根本利益。

中国经济形势很好,发展健康

在回答中国的经济发展是否过热的问题时,江泽民说,改革,解放和发展了生产力。当前,中国经济形势是好的,发展是健康的。前进中也存在一些值得注意的问题。这些问题是,在计划经济体制向社会主义市场经济体制转换过程中由于新机制尚未完善所产生的一些现象,对于这些现象已经引起重视。我们认为只有坚持改革开放,才能解决前进中的问题,也只有不断解决这些问题,才能使我国经济更好更快地持续发展。

邓小平建设有中国特色社会主义的理论,是指导我们各项工作的根本指针

关于邓小平的重大贡献,江泽民说,邓小平是中国社会主义改革开放和现代化建设的总设计师,为建设有中国特色社会主义理论的创立做出了历史性的重大贡献,他在全国人民中间享有崇高的威望。虽然他现在不再担任党和国家的领导职务了,但他倡导的这一伟大理论,是指导我们各项工作的根本指针。中国共产党的第十四次全国代表大会明确确立了用邓小平建设有中国特色社会主义的理论武装全党。现在我们的任务就是积极、全面、正确地贯彻党的第十四次全国代表大会的精神,坚定不移地贯彻党的"一个中心,两个基本点"的基本路线,解放思想,实事求是,把社会主义现代化建设事业不断推向前进。

国家计委同美国电话电报公司在北京签署《长期全面合作谅解备忘录》

备忘录中涉及一种名为"5ESS"的先进程控交换机、微电子、网络管理技术等10多个领域里的合作。

全国人大常委会委员长万里在北京会见巴西伯南布哥州州长若阿金·弗朗西斯科

海南华凯实业股份有限公司法人股进入流通市场

2月24日

《周恩来政论选》由中央文献出版社和人民日报出版社联合出版

《周恩来政论选》是从他一生中发表的数百篇政论文章和讲演辞中选出的120篇,汇集成册。其中包括1921年至1924年旅欧期间为天津《益世报》写的欧洲通讯,抗日战争时期为重庆《新华日报》、延安《解放日报》和《群众》周刊撰写的数十篇社论、代论和政治论文,解放后发表的政治报告和文章以及在国际会议上所作的重要讲话等。全书分上下两册,共50余万字。

国务院经贸办和财政部联合发出《关于1993年进一步开展扭亏增盈工作的意见》

国务院经贸办和财政部日前发出《关于1993年进一步开展扭亏增盈工作的意见》。

《意见》要求各地区、各部门继续进一步做好扭亏增盈工作,实现全国预算内工业企业的经营性亏损面比1992年下降5个百分点,争取亏损额下降20%的扭亏目标。

《意见》要求各地区、各部门切实做好四项工作:

——继续实行主要领导负责制和扭亏目标责任制。在1992年工作的基础上,进一步加强组织领导,主要领导亲自负责,从组织上保证扭亏工作常抓不懈。对亏损企业进行分类排队,并制定相应的对策和措施,做到目标明确,责任到人,把扭亏任务落到实处。对亏损大户要继续实行领导定点包户，深入实际，解决问题。

——有条件的地区、部门要建立扭亏基金，扶持亏损企业扭亏为盈。从财政、银行、技改、科技和预算外等渠道多方筹集资金，作为扭亏基金，增强亏损企业的“造血”功能。

——切实抓好《全民所有制工业企业转换经营机制条例》的落实，增强企业的市场竞争意识。引导企业把扭亏增盈工作的重点放在深入挖掘企业内部潜力上，加强成本管理和定额管理，加速开发新产品和调整产品结构，以优质、适销的产品和完善的服务参与市场竞争。

——大力发展第三产业，搞好多种经营。鼓励经营好的企业兼并扭亏无望的企业，有条件的第三产业企业也可以兼并工业亏损企业；鼓励亏损企业大力发展第三产业，搞多种经营；鼓励企业的富余人员从事第三产业，减轻企业负担。

国务院经贸办、财政部的《意见》强调指出，扭亏增盈是关系到提高企业经济效益，增加国家财政收入的一项重要工作。根据党中央、国务院的要求，“八五”期间要把搞得好的国有企业由现在的1/3提高到2/3，力争用三年时间改变国有工业企业大面积亏损的局面，各地区、各部门要认真贯彻落实党的十四大精神，采取切实有效的措施，同心协力，真抓实干，促进国民经济在优化结构、提高效益的基础上持续发展。

财政部负责人就国债发行和国债市场发展等有关问题回答《人民日报》记者问

日前，就1993年国债发行和国债市场发展等有关问题，财政部有关方面负责人回答《人民日报》记者的提问。

问：今年发行的国债有哪几种？发行规模和发行条件如何？

答：经国务院批准，今年财政部计划发行370亿元人民币国债。其中，向金融机构发行70亿元5年期财政债券；向社会发行5年期国库券100亿元和3年期国库券200亿元。5年期国库券的年利率为11%，3年期国库券的年利率为10%。这些债券从3月1日起同时发行。

问：国库券与其他债券有何不同？

答：国库券与债券有很大区别，主要是：

第一，国库券是中央财政代表中央政府发行，债务资金由中央财政掌握使用，中央财政是国家公债的债务人；而其他债券都带有区域性和行业性。

第二，信誉度不同。国库券由国家财政作担保，偿还不成问题。因为国库券是国家财政部代表中央政府发行的，其担保资产的可靠程度是其他债券所不可比拟的。

第三，安全系数、风险大小不同。在西方国家的金融市场上，国债是老百姓最抢手的金融投资商品。随着我国改革开放的深化和社会主义市场经济体制的建立健全，国库券的这一优势会越来越突出。

第四，流通性不同。由于国债发行量大，可以在全国通兑，因而其流通性大于其他债券。

问：今年国债如何还本付息？

答：1993年到期国债的还本付息共245亿元，其中国库券212亿元，财政债券13亿元，保值公债20亿元，已列入国家预算。

今年国库券的到期兑付，继续由各级财政国债服务部、专业银行、邮政部门以及各信托投资公司、证券公司、城乡信用社多渠道办理。为方便职工领取到期本息，将委托有条件的企事业单位、机关团体办理集体兑付业务。

今年国库券的兑付期为当年的7月1日至9月30日，在兑付期内未办理兑付事宜的，过了兑付期仍可到各级财政部门办的国债服务部、证券公司及部分银行设置的常年兑付网点办理。

1993年到期可以偿还的国债有：(1)1990年向个人发行的3年期、年利率为14%的国库券。(2)1984年向个人发行的票面尾号5和6、年利率为8%的国库券。(3)向单位发行的在1993年到期的国债，全部予以偿还。其中包括1984年发行的年利率4%的国库券，1988年发行的5年期、年利率7.5%的财政债券。(4)另外，对1981年至1984年向单位发行的国库券，不论是今年到期，还是以前年度到期已推迟(或发转换债)偿还，以及以前年度应兑取，未及办理的，今年全部予以偿还。

问：报纸上有“金边债券”的说法，它的特定含义是什么？

答：“金边债券”，在我国是指财政部发行的国债券，因为它具有信誉度高、还本付息有保障、投资风险小等特性，故冠以“金边债券”之称。

国务院总理李鹏在中南海会见即将离任的加纳驻中国大使约·阿法里、哥伦比亚驻中国大使费·埃查瓦里亚以及新到任的克罗地亚驻中国大使安·科亚科维奇

国务院总理李鹏在中南海会见塞拉利昂外交部部长穆罕默德·拉·卡马拉

越南国会主席农德孟在河内会见全国总工会主席倪志福率领的中国工会高级代表团

中国和津巴布韦两国政府在哈拉雷签署《高等教育合作议定书》

中国科协第三届青年科技奖颁奖仪式下午在北京科学会堂举行

新闻出版署发出《关于在出版物上使用条码的通知》

中国第一位职业拳击经纪人李伟获得世界拳击组织经纪人证书

卫生部在北京召开加强医务人员职业道德教育电话会议

卫生部副部长孙隆椿报告几年来卫生系统的“纠风”工作取得相当成绩。对29个省、市、自治区的医疗机构行业作风状况抽样调查和同期同类对比表明，对医护人员服务态度的满意和较满意率，1991年为82%，1992年为83.14%；对技术水平的满意率，1991年为75.23%，1992年为79%；对医院医疗质量的信任度，1991年为90.84%，1992年为92.52%。对115所医院的不完全统计，1992年医务人员拒收患者钱物近1.9万次，人民币170多万元、美元2000元、港币2万多元，拒吃请近3.7万次。

孙隆椿也谈到当前一些部门和单位领导“自我感觉良好”，对行业不正之风的复杂性、反复性和它的内涵问题认识不清；对改革开放中出现的新情况新问题，缺乏新对策，从而造成近期来“看病送红包”现象又开始成为群众议论的热点。从调查中也反映出，医务人员收受患者钱物占调查对象的比例，1991年为0.85%，1992年为1.4%。其中，属于医务人员暗示索要的，1991年为0.05%，1992年为0.1%。尽管是少数，但他说：“这不仅严重玷污和损害了卫生队伍的形象，还在一定范围内影响了社会对卫生改革的正确评价和接受程度。”

2月25日

全国人大常委会委员长万里亲自过问信访工作强调认真督办

万里委员长非常重视人民来信来访工作。1988年换届后不久，万里就亲自过问信访工作，听取人大常委会办公厅关于如何加强信访工作的汇报，并就恢复人民来访接待室以及如何开展信访工作，作过多次重要指示。七届全国人大五年来，全国人大常委会信访部门共受理人民来信394036件次，接待人民来访67665人次，重点立案发函处理4494件，处理结案2452件。经过信访部门和各方面的工作，五年来，共纠正冤假错案793件，纠正违法违纪404件。

国务院批转国务院纠正行业不正之风办公室关于1993年纠正部门和行业不正之风工作要点报告的通知

各省、自治区、直辖市人民政府，国务院各部委、各直属机构：

国务院同意国务院纠正行业不正之风办公室《关于一九九三年纠正部门和行业不正之风工作要点的报告》，现转发给你们，请结合本地区、本部门的实际，认真贯彻执行。

纠正部门和行业不正之风，是反对腐败、加强廉政建设、保证改革开放和现代化建设顺利进行的一项重要措施，必须坚持不懈地长期抓下去，年复一年地抓出阶段性成果。特别在目前部门和行业不正之风还比较普遍，有些问题还比较严重，群众反映仍很强烈的情况下，纠风工作只能抓紧，不能放松。

纠正部门和行业不正之风能否真正取得实效，关键在领导。各级政府和国务院各部门要根据党的十四大精神和国务院的要求，从实际出发，制定本地区、本部门纠风工作的计划和措施。各级领导同志必须重视纠风工作，主要负责同志要亲自过问，并确定一位领导同志分管，扎扎实实地抓落实。工作中必须紧紧围绕经济建设这个中心，同时要注意研究解决新的情况和问题，总结经验，研究政策，探索遏制部门和行业不正之风的有效途径，取得新的成果，不断把这项工作引向深入。

国务院

1993年2月25日

关于1993年纠正部门和行业不正之风工作要点的报告

国务院：

坚决纠正利用职权谋取私利的部门和行业不正之风，是当前和今后一个时期反对腐败、加强党风和廉政建设，保证改革开放和现代化建设顺利进行的一项重要措施。党的十四大对纠风工作提出了新的更高的要求。在新的一年，我们要按照十四大精神和国务院的要求，把纠正部门和行业不正之风继续摆到重要位置上，坚持不懈地抓下去，下决心抓出更大的成效。现将一九九三年纠风工作要点报告如下：

一、正确评价前两年的纠风工作，认清当前面临的严峻形势

自1990年国务院“8·23”电话会议，李鹏总理动员部署在全国开展纠风工作以来，各地区、各部门把这项工作提上日程，集中抓了两年多时间，做了大量工作。部门和行业不正之风的势头在某些方面受到遏制，群众反映强烈的一些热点问题，有的已初步解决，有的已有所缓解，对密切党和政府同人民群众的联系，保障改革开放和经济建设的发展起了积极有效的作用。但是，必须清醒地看到，部门和行业不正之风还远未遏制住，有些问题仍相当严重，已解决的问题还有反复。同时，在新的形势下，又出现了许多新情况、新问题，进一步加大了纠风工作的难度。因此，我们对前两年纠风工作取得的成绩不能估计过高，对当前部门和行业不正之风的普遍性、严重性和反复性不能估计过低。这项工作稍有放松或停顿，几年来的努力就会前功尽弃，党和政府的声誉就会受到严重影响。

各级领导要用党的十四大精神统一思想，充分认识在整个改革开放过程中都要坚持反对腐败、加强廉政建设、纠正部门和行业不正之风的必要性和重要性，更加自觉地坚持两手抓，两手都要硬的方针，正确处理纠风工作与改革开放和经济建设的关系，坚决克服在纠风工作上存在的各种模糊甚至错误的观念，采取果断的有效的措施，进一步遏制部门和行业不正之风的势头。

二、继续刹风整纪，实行标本兼治，综合治理

纠正部门和行业不正之风，要坚决贯彻党的“一个中心、两个基本点”的基本路线，适应建立社会主义市场经济体制的要求，为改革开放和经济建设创造良好的环境。

继续贯彻一要坚决、二要持久和不断抓阶段性成果的方针，着眼于教育，立足于建设，实行标本兼治，综合治理。一方面通过纠正部门和行业不正之风，开展专项治理，查处违法违纪案件，继续不停顿地刹风整纪；另一方面，要在建设和治本上下功夫，在加强职业道德建设、提高职工素质、建立行为规范和监督制约机制上取得进展和突破。纠风工作的对象，在部门和行业中要继续以执法部门、监督部门、经济管理部门、公用事业单位为重点；在地方上要以大城市为重点。从全局看，搞好纠风工作的关键是各级领导机关和领导干部。担任部门、行业领导职务的同志和国家机关工作人员都要以身作则，遵纪守法，在纠风工作中起带头表率作用。

三、集中力量继续抓好专项治理

1993年，纠正部门和行业不正之风要着重抓好以下几个方面的专项治理：(1)继续下大力气纠正利用职权吃拿卡要、敲诈勒索、不给好处不办事、给了好处乱办事等带有普遍性的不正之风；(2)着重纠正一些国家机关工作人员利用职权索贿受贿、谋取私利、搞权钱交易的腐败行为；(3)重视纠正执法、监督、管理等部门和行业违背中央有关规定，对企业转换经营机制设置障碍、侵害企业利益以及侵害农民利益的不正之风问题；(4)重视解决在政府机构改革、转变职能中出现的利用行业垄断以权谋私的不正之风；(5)继续贯彻《中共中央办公厅、国务院办公厅关于认真检查对严禁用公款吃喝送礼等有关规定执行情况的通知》(中办发〔1991〕17号)，制止党政机关在公务活动中用公款大吃大喝，挥霍浪费的歪风；(6)对那些纠而复发甚至愈演愈烈的问题要反复抓，抓到底。

近两年，一些地区和部门抓了清理行业乱着装、整顿公路站卡、清收“三款”(逾期贷款、个人借的公款、拖欠承包款)、减轻农民负担以及以票以证以装电话谋私等专项治理，效果较好。今年，各地区、各部门要在做好巩固工作的同时，从实际出发，抓住那些阻碍改革开放和经济建设、严重侵害群众利益而又反映强烈的部门和行业不正之风问题，继续开展专项治理，以取得规模效益。除省、自治区、直辖市统一部署的外，市(地)可根据实际情况选择自己抓的治理项目。县一级要着重纠正那些加重农民负担的不正之风。一个地区、一个部门专项治理的问题不宜多，要选准题目，精心组织，治理一项，见效一项，巩固一项。

不正之风往往掩盖违法犯罪行为，而违法犯罪分子又往往利用不正之风。因此，在纠正部门和行业不正之风过程中要重视发现和查办违法违纪案件，特别是对情节严重、在群众中造成恶劣影响的案件，要严肃查处，并有选择地予以公开揭露。

四、着眼于教育和防范，加强部门和行业自身的基础建设

各地区、各部门要把加强思想教育、提高队伍素质作为防止和纠正部门和行业不正之风的基础环节来抓。在有针对性地搞好党的基本路线教育、宗旨教育、法纪教育的同时，要按不同部门和行业的特点有计划地对干部职工进行系统的职业道德教育，把经常性的教育同集中培训结合起来，把思想教育同加强队伍建设和业务建设结合起来。通过教育，使干部职工提高职业道德水准，增强职业责任感和纪律观念，树立敬业精神。各个部门和行业都要制定规划，确立各自的形象目标，逐步形成一套正规、科学、适合自身特点的职业道德行为规范。这项工作要在一些重要部门和行业先行试点，取得经验，分期分批地推开。

纠正部门和行业不正之风根本上要靠改革。各部门、各行业都要十分重视制度建设，使行政和行业行为纳入法制化、规范化的轨道。要以现行的法律、法规和政策为依据，结合业务工作，从改革入手，完善廉政勤政制度，首先在执法部门、公用事业单位和直接掌管人、财、物的岗位，建立起既能管得住又便于操作的有效防范以权谋私和不正之风的约束机制。要继续推行和完善“两公开一监督”、“一条龙服务”等办事制度。

制度重在执行。要采取有力措施，对规章制度的执行情况进行经常性地监督检查，坚决克服有章不循的现象。

五、进一步完善监督机制，加强对部门和行业的社会监督

要积极创造条件，采取多种形式，加强人民群众和社会各界对政府部门和各行业的监督。各部门和行业都要建立健全内部与外部、自上而下与自下而上相结合的监督机制，把监督检查的"关口"往前移，防微杜渐。要重视发挥传播媒介的作用，加强舆论监督。各级政府要定期或不定期地征求人大、政协对纠风工作的意见，主动接受监督，还可邀请有关方面的代表参加评议部门和行业风气的活动，检查指导纠风工作。国务院纠正行业不正之风办公室要经常分析纠风工作形势，每年要选点进行一两次民意测验，了解群众的反映和意见，对部门和行业风气的状况和纠风工作进行定性定量评估。各省、自治区、直辖市和一些重要部门、行业也应积极创造条件开展好这方面的工作。

六、积极探索新形势下纠正部门和行业不正之风的有效途径

继续坚持前几年在纠风工作中总结出来的自查自纠、集中整训、专项治理、民主评议、明察暗访和举报等行之有效的经验和做法，并在实践中不断发展和完善。要进一步解放思想，拓宽思路，不断总结实践经验，找出纠正部门和行业不正之风与深化改革、发展经济、加强业务建设、为群众办实事等有机结合的具体形式和办法，从体制、制度、管理和物质基础等方面探索有效防止和遏制不正之风的新途径。

加强调查研究，要侧重政策和工作研究。各级纠风办要根据工作需要，列出题目，组织有关部门和社会力量开展调查研究。当前，要着重研究部门和行业不正之风产生的深层原因及其对策；研究在深化改革开放，建立社会主义市场机制条件下出现的某些政策界限不清的新问题，提出政策建议；调查总结先进典型的好做法、好经验，为领导决策、指导工作提供依据。

七、切实加强对纠风工作的领导

各地区、各部门都要根据国务院关于纠风工作的要求，结合实际制定本地区、本部门一九九三年纠风要达到的具体目标和措施，扎扎实实地做好工作，真正做到能切实解决一两个突出问题。

纠正部门和行业不正之风要在各级党委和政府的统一领导下进行。主要领导同志要亲自过问，要确定一位领导同志主管，层层建立责任制，并把这项工作作为考核干部的一项重要内容。各级政府每年至少要研究一两次纠风工作，分析形势，制定对策，解决存在的问题，以推动这一工作。各部门要切实负起责任，首先做好自身的工作，并按照条块结合的原则，主动与地方协调配合，加强对所属单位和本行业纠风工作的领导和指导。

进一步加强宣传工作，使群众能不断听到纠风的声音，了解纠风的情况。要大力宣扬先进典型，表彰好人好事，倡导行业新风。要选择一批纠风工作成效明显、行业风气有较大转变的单位和行业进行系列报道，系统地介绍他们的做法和经验，有条件的地区和部门可召开廉政建设和纠风工作先进集体、先进个人表彰会议，以弘扬正气。各部门和行业都要领导和组织好廉政勤政、优质服务等群众性的争先创优活动，注意培养和树立群众信得过的先进单位和个人，以教育和激励干部职工奋发向上，自觉抵制和纠正各种消极腐败现象。

实行分类指导，加强督促检查，狠抓落实。各地区、各部门都要认真总结经验，制定切实的措施和办法，把一般号召和具体指导结合起来，把经常性的督促检查和定期考核结合起来。对取得明显成效的部门和单位，要及时给予通报表扬；对问题严重、纠正不力的，要追究领导责任，限期改正。要积极做好全国大城市纠风工作会议的筹备工作，在年内把这个会议开好，以推动纠风工作的深入开展。

为加强对纠风工作的检查指导，国务院继续保留国务院纠正行业不正之风办公室，由监察部承担这方面工作。各地区、各部门都要有专门机构抓纠风工作，配备相应的力量，并在机构改革中理顺纠风工作机构的体制和工作关系，创造必要的工作条件，使其真正担负起督促、检查、指导，汇总、分析、报告的职责，更好地发挥作用。

以上报告如无不妥，建议批转各地区、各部门贯彻执行。

国务院纠正行业不正之风办公室

1993年2月6日

中央宣传部新闻出版署联合发出《关于发表和出版有关党和国家主要领导人工作和生活情况作品的补充规定》

《规定》重申，凡发表和出版这类作品，其观点必须符合中共中央《关于若干历史问题的决议》、《关于建国以来党的若干历史问题的决议》，以及中央有关文件的精神；并特别强调，凡发表和出版这类作品，包括新闻、影视、图书、音像制品等，都要严格执行送审制度，涉及健在的领导人的作品，必须征得本人同意。

中宣部、新闻出版署责成各省、市、自治区及有关主管部门，对本地区、本单位于1990年5月以后发表

和出版的这类作品进行全面检查,未经审批的作品,立即停止发表和发行;已经出版的将视具体情况按有关规定给予处理。

国务院总理李鹏在北京同出席全国粮食产销政策发布及定货会代表座谈

国务委员陈俊生主持会议。

商业部副部长白美清和国家计委副主任刘江在会上先后汇报全国粮食产销政策发布及定货会议,以及代表们在这次会议上就有关粮食政策的讨论情况。吉林省副省长王国发、上海市副市长庄晓天、河南省副省长李成玉,先后在会上发言。

在听取汇报后李鹏发表讲话。

李鹏说,一是把省际之间的粮食调出调入,由中央计划调拨逐步转变到通过产区和销区直接见面、签订合同、保证需求,这是计划经济向社会主义市场经济过渡中在粮食方面的一项重要改革。

二是对农业领导方式上的一次革新。在年初就把国家和销区对粮食的需求数量、品种、质量和有关的各项政策告诉产区和粮农,签订产销合同,用经济信息、经济政策、经济办法领导农业,改变过去单一的行政手段,又不是撒手不管,而是按经济规律办事,可以说是在新的历史条件下的一大进步。

三是防止粮食生产滑坡,保持粮食稳定发展的治本措施。通过这次会议,使粮食产区和粮农得到市场需求信息,增强搞好粮食生产的信心,并在这个基础上,签订产销合同,以合同引导农民调整品种结构。

李鹏提出,要建立中央和省两级粮食调控体系。他说,粮食放开以后,加强国家的调控能力,确保粮食安全,是个大问题。我们国家大,人口多,情况千差万别,只有中央一级调控不行,还要加上省、自治区、直辖市这一层调控。这是事关国计民生、社会安定的大事。

李鹏强调,现阶段仍要坚持购粮合同制。他说,这是稳定市场,保证供应,保护农业生产与农民利益的重要手段。坚持购粮合同制,要认真落实三条优惠政策:一是随合同发放预购定金;二是兑现挂钩化肥、柴油的价外加价;三是保证收购。

李鹏说,一定要把粮食风险调节基金建立起来,这是实施粮食保护价制度的配套措施,没有这笔资金,保护价就是空的。这件事今年开始起步,以后逐步完善。按照建立中央和省(区、市)两级粮食调控体系的要求,粮食风险调节基金也分为中央和省两个层次。除此之外,搞点农业保险,使农民遭受的损失从保险公司那里得到一定的补偿。

李鹏指出,各有关部门要积极配合,保证订货合同的落实。销区履行定货合同所需要的贷款,金融部门要给予保证。铁道、交通部门一定要保证合同粮按期运输。粮食部门的队伍要稳定,要努力做好本职工作。

李鹏最后说,这次会议开得很好,会后要抓好贯彻和落实工作,争取对今年的农业生产起到导向作用。他强调,农业是国民经济的基础,粮食是基础的基础。这些都是老话,但有很深刻的道理,任何时候都不能忘记,不能丢掉,各级政府要真正把它作为头等大事抓紧抓好。

副总理朱镕基在会上讲话。邹家华、温家宝、罗干等领导出席座谈会。全国粮食产销政策发布及订货会于今天结束。

全国粮食产销政策及订货会在北京举行合同签约

全国粮食产销政策发布及订货会开始进行合同签约,29个省、直辖市、自治区的政府和粮食部门的负责人,于国家公证处公证员面前,第一次在省间粮食购销合同书上签字。180份合同,总计成交780万吨粮食、18.5万吨食油。随着一份份合同的签订,伴着一阵阵掌声,中国粮食购销史翻开了新的一页:中央不再靠计划调拨大包大揽,产区与销区直接见面,按市场调节,依照双方意愿,从供需品种、数量、质量到价格、交货时间地点,签订购销合同,以实现产销衔接。

中共中央政治局委员、国务院副总理邹家华,中共中央政治局候补委员、书记处书记温家宝,国务委员陈俊生,国务院副秘书长李昌安,农业部部长刘中一,国务院有关部门的负责人出席签字仪式。

商业部副部长、国家粮食储备局局长白美清主持签字仪式。

陈俊生对记者说,把传统的计划调拨改为产区销区直接见面订货,是粮食购销体制向市场经济过渡的一项重要改革,是一次新的尝试,也是在放开粮价和经营条件下,利用市场信息、经济手段加强宏观调控的重要措施。

来自粮食产区的负责人称,通过这种方式,产区可以在产前就了解销区的需求,并按照合同指导组织生产,便于农民按照市场需求调整农业产品和产业结构,粮食销路也做到心中有数。

来自销区的省份都反映,提前与产区订合同,使他们按照本地市场需求,找到并把握了粮源和供货情况,有了稳定粮食供给、保证本地市场需求和供需平衡、合理安排本地粮食品种结构的主动权。

在签字仪式后,铁道部副部长石希玉向与会者郑重表示,铁道部门困难再大,对这次会上签订的粮食购销合同,坚决保证如期运输。中国人民银行行长助理朱元粱也表示,银行将广筹资金并及时到位,保证合同兑现之需。

商业部副部长兼国家粮食储备局局长白美清说，根据省内和省际间的粮食需求及订货情况，各省、市、自治区要在今年春耕前与农民签订好定购合同，使农民“一年早知道”，以便及早安排生产。

白美清说，适时与农民签订粮食收购合同，既是保护农民种粮积极性，扶持粮食生产稳定发展的需要，又是整个粮食购销工作的基础。国务院已决定，要确保原有的粮食定购数量，并随合同发放预购定金，定购粮挂钩的化肥、柴油按平议差价折成现金，作为价外加价，直接付给出售合同定购粮的农民。他强调，在签订合同时要向农民宣布优惠政策，把粮食的需求数量、品种和质量等信息及时向农民发布，促使定购合同的落实和产销平衡。

白美清说，保留定购合同的地方，对原来出现地区之间不平衡的情况可作必要调整。取消定购的地方，要抓紧和农民签订经济合同，也可与村组签订合同，还要对提供商品粮多的种粮大户、专业户、农场等给予照顾，要保证收购数量分品种落实，尤其是优质品种一定要落实。

白美清说，要通过及时与农民签订合同，调动农民的生产积极性，促进春耕生产的蓬勃开展。

国务院批复同意恢复云南省天保金水河口岸对外开放

外交部部长钱其琛在北京会见喀麦隆对外关系部部长级代表弗朗西斯·昆恩

外交部部长钱其琛在北京会见挪威外交部国务秘书艾格兰

外交部发言人李建英在记者招待会上就台湾没有资格重返联合国事回答记者提问

有记者问发言人：“你对台湾民进党成立了促进台重返联合国的组织有何评论？”

李建英说：“世界上只有一个中国，台湾是中国的一部分，中华人民共和国政府是代表全中国的唯一合法政府。这得到了联合国及世界上绝大多数国家的承认。1971年联合国大会以压倒多数通过了第2758号决议，‘承认中华人民共和国是中国在联合国组织的唯一合法代表’，恢复了中国在联合国的合法席位。联合国是主权国家政府间的组织。台湾作为中国的一部分，没有资格‘重返联合国’”。这位发言人指出，台湾某些人想寻找借口“重返联合国”，实际上是搞“两个中国”、“一中一台”，这必将遭到包括台湾省人民在内的全中国人民的坚决反对。

在被问及对台湾当局推行“务实外交”、争取“双重承认”有何评论时，李建英说，台湾当局推行所谓的“务实外交”、企图搞“双重承认”，实质上是企图在国际上制造“两个中国”或“一中一台”，这有害于中国的统一大业，违背包括台湾同胞在内的全体中国人民的根本利益和愿望。我们当然是坚决反对的。

外交部发言人李建英就美国在人权问题上采取双重标准等事发表谈话

有记者问：“美国驻联合国大使23日向联合国提交了一份报告，指责中国等国家不尊重人权。你对此有何评论？”

李建英说：“据报道，美国在这份长达1200页的报告中，点了全世界几乎所有国家的名，唯独美国除外。人们不禁要问，难道美国就没有任何人权问题吗？这种做法，是美国在人权问题上采取双重标准的典型实例，也是美国利用人权问题在国家关系中推行霸权主义的表现。”

另有记者问：“据《华盛顿邮报》报道，中国在继续进行并在扩大细菌武器的生产，并继续向巴基斯坦提供生产核武器的设备。你对此有何评论？”

李建英说：“这一报道是毫无根据的。”

有记者问：中方是否不再坚持要彭定康放弃其“政制方案”？中英双方是否已开始就香港问题进行秘密接触？

发言人说：“我们已经多次重申，港督彭定康的‘政制方案’违背中英联合声明，违背政制发展与基本法相衔接的原则，违背中英已经达成的谅解和协议。要恢复中英双方的合作，英方必须放弃港督彭定康的‘政制方案’，回到中英联合声明、与基本法衔接的原则以及中英双方已经达成的谅解和协议的轨道上来。中方的这一立场没有改变。”

国家人事部解放军总政治部在北京召开模范军队转业干部座谈会

中国同俄罗斯联邦等4国在莫斯科进行边境裁军谈判

谈判于2月25日至3月15日举行。中国外交和军事专家代表团同哈萨克斯坦共和国、吉尔吉斯斯坦共和国、俄罗斯联邦、塔吉克斯坦共和国外交和军事专家联合代表团就中国与上述4国边境地区裁减军事力量和加强军事领域信任的问题在莫斯科举行了第9轮谈判。

中美两国合作进行的喜马拉雅和西藏高原深地震

反射剖面试验与综合研究获重大成果

国防科技大学研制的“银河智能工具计算机系统”在长沙通过鉴定

中共中央总书记江泽民题写书名的《中华魂丛书》由山东人民出版社出版

国家“八五”规划重点图书《邓小平教育思想研究》由浙江教育出版社出版

中国沿海防护林体系建成面积1亿多亩

作为中国5大生态工程之一的沿海防护林体系建设，目前以年均580万亩的造林速度推进，已建成1.3万公里海岸线基干林带，有林地面积达到1亿多亩。

2月26日

中共中央总书记江泽民在国务院侨务工作会议上发表题为《侨务工作要为改革开放和现代化建设事业作出更大贡献》的讲话

这次国务院侨务工作会议开得很及时，也开得很好。廖晖同志所作的工作报告我看过了，原则上我都赞成。中央对侨务工作很关心，也很重视。你们汇报当中所提出的一些政策性问题，主要请李鹏同志讲。我谈几点意见。

一、充分认识新时期侨务工作的重要作用

侨务工作，是我们党和国家的一项长期的重要的工作。在90年代的新时期，做好侨务工作，对于加快我国改革开放和现代化建设，增进同各国人民的友好交往，促进和平统一祖国，有着更加重要的作用。

今年春节期间，邓小平同志在上海的谈话中讲道："对中国来说，大发展的机遇并不多。中国与世界各国不同，有着自己独特的机遇。比如，我们有几千万爱国同胞在国外，他们对祖国作出了很大的贡献。"邓小平同志把发挥华侨华人的作用，作为我们国家一个独特的机遇，并且把它同我国大发展的机遇紧密联系起来。这对于全党同志在新形势下，加深对侨务工作重要性的认识，具有极其重要、深远的意义。

当然，邓小平同志讲话的精神，是把发挥华侨华人作用，作为独特的机遇之一。因为它不是唯一的，还有很多其他的机遇。就华侨华人的数量来讲，恐怕当今世界上还没有别的国家的侨民可以和我们相比。分布在世界各国的华侨华人，约有几千万。在国内的归侨、侨眷也有三千多万。这是我国特有的国情。几千万华侨华人拥有雄厚的资金，大批高科技人才，遍布世界的商业网络，已经成为当今国际经济社会中具有一定实力的比较活跃的力量。在邓小平同志去年视察南方重要谈话发表和我国进一步扩大对外开放的新形势下，华侨华人和港澳台同胞，是我国对外开放、发展对外经贸合作和科技交流活动中，最积极热情的一部分，而且对于促进和影响外国投资者到我国投资、进行经贸合作和科技交流，发挥了带头的作用和桥梁的作用。国外有些研究机构评论说，中国对外开放取得成功的一个重要因素，是在海外有华人社会和港澳台同胞经济力量的积极支持。这就是邓小平同志指出的我国独特的机遇之一。紧紧抓住这个机遇，大力加强同华侨华人的经贸合作和科技交流，并借助他们吸引更多的外商来华投资和开展多领域的合作交流，增进同各国人民的友好交往，应该成为我们国家扩大对外开放总体战略的一项十分重要的任务。

党的十四大确定要建立社会主义市场经济体制，这毫无疑问，我们要学习资本主义国家所有合乎市场经济客观规律的东西，但是不合乎中国社会主义国情的，我们不能学。特别是资本主义腐朽的东西，我们更不能学。我们要学那些普遍适用的真正合乎规律的东西，而不是学那些表面的形式的东西。比如说房地产、开发区、证券交易，我们目前都还只学到一些很浮表的东西。我们应该学习人家经过几十年摸索，比较成熟的合乎经济规律的经验和做法，这样我们就学好了。我听说许多华侨华人，对我们社会上现存的某些现象十分反感。比如“吃饭”，很多来华的华侨华人，对我们这种白天吃，晚上吃，早上还要共进早餐的吃饭方式深为厌恶。对于我们一些地方讲排场很看不惯。因为华侨华人在外面所以取得事业的成功，都经过相当长的岁月，历尽艰辛，除非是大的资本家传下来的财产。我们有不少华侨是赤手空拳出去的，是凭着一生的辛勤劳动才得以把财富积累起来的。所以，我们要多向华侨华人学习一些经商的经验，那些表面文章最好少做一点。再比如股票，我们真正的股份制还没有建立起来，类似西方的那种成本会计制度还没健全起来，就先忙着上市。没有立法，没有资格审查，你怎么上市？这里面问题太多了。

话题再回到侨务工作。党的十一届三中全会以来，党中央、国务院对侨务工作有许多很重要的决定。各级侨务部门在当地党委和政府的领导以及有关部门的支持配合下，取得了很大成绩。在加快改革开放和现代化建设的过程中，侨务工作担负着更加繁重和光荣的历史使命。党中央、国务院对侨务工作寄予殷切的期望。希望各级党委和政府，进一步提高认识，采取切实措施，加强对侨务工作的领导。各级侨务干部和有关部门的干部,要进一步增强责任感和紧迫感,解放思想,实事求是,积极开拓,把侨务工作提高到一个新的水平,为我国现代化建设事业作出更大贡献。

二、侨务部门要为引进华侨华人资金、技术、人才工作多作贡献

党的十四大明确指出,我们要在九十年代把建设有中国特色社会主义的伟大事业推向前进,最根本的是坚持党的基本路线,加快改革开放,集中精力把经济建设搞上去。这是新时期全党全国人民的主要任务,也是侨务工作的主要任务。

侨务工作要为改革开放和经济建设服务,重点要抓好引进华侨华人资金、技术和人才的工作。这是我们国家加快改革开放和经济建设的需要,也是侨务工作的优势所在。

侨务部门要发挥与华侨华人尤其是其中的重点人物有广泛联系的优势,积极发挥桥梁作用,促进华侨华人与国内在平等互利的基础上进行合作交流。这方面的工作是大有可为的。据了解,近几年来,各级侨务部门已经在这方面做了大量的工作。今后,应该围绕国家以及本地区对外开放的部署和经济建设的需要,加强工作的针对性和计划性,作出更大成效。

我赞成你们这次会议提出的,从全国范围来说,侨务部门要积极配合有关部门,通过重点做好华人大企业家、专业人才和行业公会的工作,以及采用以侨引外、侨外结合等多种方式,引进资金、技术、人才,办几件大事的想法。当然,像广东、福建这些侨乡,侨务部门可以做更多的事情。就全国而言,如果能够在为大中型企业技术改造、上海浦东开发、第三产业的发展以及三峡工程海外筹资等方面作出成效,就是很大的成绩。

这里着重说一下人才、智力引进问题。科学技术是第一生产力。振兴经济首先要振兴科技。目前在一些发达国家,科技进步在经济增长中所占的含量高达60%以上,大大超过了劳动力和资本投入增加所起的作用。一个国家的科学技术发展水平,对其综合国力强弱具有决定性的作用;而科学技术的进步,起决定作用的是人才。可以说,各国之间的经济竞争和科技竞争,说到底还是人才的竞争。在这场激烈的国际人才竞争当中,我国有自己特有的优势,这就是,在海外有数十万华侨华人科技专家、教授、工程师和企业管理人才,其中包括一批世界第一流的科学家,比如杨振宁、李政道、丁肇中这些诺贝尔奖获得者,台湾同胞中的李远哲,是搞分子动力学的化学家,也是诺贝尔奖获得者,另外还有搞宇航上天的王赣骏,等等。现在犹太人科学家,在世界上包括在美国,是相当有地位的,特别是在科学技术领域、医疗行业、高级知识阶层,他们这种人多得很。马克思是犹太人,伟大的自然科学家爱因斯坦也是犹太人。由此我也想到我们华人科学家,到20世纪末、21世纪初叶,很可能要占有世界科技界的很大分量。这点,很值得引以自豪。他们身为炎黄子孙,有强烈的民族自尊心和自豪感,很多人愿意为振兴中华贡献自己的知识和才能。邓小平同志曾经说过,华侨华人专家是活宝贝,是一支不可忽视的力量,我国经济建设需要一大批这样的人才。需要指出的是,现在许多部门和地方存在着重资金、轻人才的倾向。这一点必须引起我们的注意。就华侨华人来说,拥有的不仅是巨大的资金,还有相当的智力、人才。我希望侨务部门率先改变这种状况,把引进华侨华人人才的工作,摆到更加重要的位置上来。因为华人跟其他外国人还不一样,他们向往中国,即便他不回来,他心里始终眷恋着祖籍国的命运。这一点,是很值得我们骄傲的。所以,要根据国家经济、科技发展战略,会同有关部门制定引进人才、智力的规划,完善有关政策,采取切实的措施更充分地开发好这部分智力、人才资源。我相信,这项工作的深入开展,将会对我国的现代化建设起到不可估量的作用。

三、要大力改进和加强对华侨华人的宣传工作

对华侨华人的宣传工作,是党和国家对外宣传工作的重要组成部分。这是一项增进广大华侨华人对中国的了解和感情的工作,也是一项深层次的基础性的工作,具有深远的意义。

近年来,对华侨华人的宣传工作,取得了一定的成绩。但总的来说,这项工作做得还远远不够。我们必须采取切实措施,加以改进。

第一,要坚持从华侨华人的实际出发。华侨华人长期生活在与我不同的社会制度、不同国情的国家。对他们宣传中国改革开放和经济建设的成就,要真实、可信,多用事实说话,让读者自己下结论。绝不能搞那种说教式的宣传。就是在国内,你用说教式的宣传也不行。宣传内容要力求广泛,正如过去廖承志同志曾说的,要"纵横九百六,上下五千年",我看很有道理。你们在深圳华侨城办的"锦绣中华"、"民俗文化村"两个旅游景区,各方面的反映都不错,我也去看过,就是这个思想的具体体现。要寓宣传于生动的事实和富有人情味的思想感情的交流之中。真正做到有吸引力、感染力和说服力。

第二,要加强统筹协调。现在,不少部门和机构都在做华侨华人的宣传工作,表现出很高的积极性,应该鼓励和支持。但是,对华侨华人的宣传工作政策性很强,在海外开展这项工作的环境十分复杂,而我们的财力、人力、物力又很有限。为了做好这项工作,我的意见,要在中央思想宣传工作领导小组和中央对外宣传

小组的领导下,应更多地发挥国务院侨办对这项工作统筹协调的作用。

第三,要适当增加对华侨华人宣传工作的经费。这里要说明一个问题,我们现在搞社会主义市场经济,当然要讲赚钱,但不要在对外宣传上赚钱,因为一讲赚钱就不好办了。一些华侨华人直接向我提出,你叫我们尽义务搞宣传是可以的,但是你要全部让我贴钱去干,我不好办。什么地方不好赚钱,非得赚这个地方的钱?据说有一条理由,现在不是搞社会主义市场经济吗?我说搞社会主义市场经济也不要在这方面赚钱!我们外宣工作要做,总得花一些钱。本来拿片子宣扬我们国家的文化传统,想引起广大华侨华人对中国的怀恋,可片子的价钱卖得越来越高,这算什么?还有,本来想宣传我们国内的建设成就,使华侨华人增加对中国的向往,但又要卖大价钱,这怎么行?你们大家可以研究研究,有关部门要真正认识到,我们别的地方要尽可能地取得更多的赢利,但是在对外宣传方面不能这么干。我的意见是,资金问题要从多方面想办法,单单靠国家也有困难。当然,国家也要出一定的钱,要精打细算,一个钱能够发挥一个钱的作用。总之,在对外宣传工作中想办法赚钱,是不对的,这个路走不通。

第四,要充分发挥我们在中华文化和华文教育方面的优势。海外华侨华人社会,十分重视保持和发扬中华文化的优良传统,十分重视后代的华文教育。中华文化的根是在中国大陆。我接触过许多出生在海外的青年,他们土生土长在海外,没有看过长城。当他去看了长城,看了兵马俑后,脑子里的观念就有了变化,就更加对祖国怀有热爱之情。

我们应当充分利用中华文化传统的优势,来加强弘扬中华文化和华文教育工作。这是密切我与海外华侨华人联系扩大影响的重要途径。

四、开展侨务工作必须十分注意政策

侨务工作的对象是生活在海外的华侨和已经加入外国籍的华人,直接涉及我国与华侨华人所在国和地区的关系,具有很强的政策性。如果弄得不好,就会影响以致损害我国与有关国家和地区的关系。因此,我再次强调,开展侨务工作必须采取积极而又慎重的态度,十分注意政策,服从并服务于我国的对外政策。华人问题是一个尤其值得注意的问题。

为了改善我国与华侨华人所在国的关系,有利于华侨华人在当地的生存和发展,我国政府从五十年代起就严格区分华侨华人的国籍界限。30 多年来的实践证明,这一政策是十分必要和完全正确的。1989 年国务院侨务工作会议所确定的对外籍华人工作的基本方针,重申了这一政策,应该继续贯彻执行。尽管近年来我与东南亚国家的关系有了较大改善,但是,华人问题仍然是我国同一些国家,特别是东南亚国家关系中,长期存在的比较敏感的问题。我们必须保持冷静的头脑,坚定不移地贯彻不搞双重国籍的原则和既定的华人工作方针。

当然,严格掌握对华人的工作方针,决不等于不讲人情。在工作中,既要严格区别华人与华侨不同的国籍界限,又要注意以亲戚、亲情相待,不把他们等同于一般外国人,努力增进他们与我国的友好情谊和合作交流。

近来,我国公民非法移居海外的情况很严重,对内对外都产生了很不好的影响。中央对此很重视,也发过文件,但是现在成效还不很明显。各有关部门,各地党委、政府都要统一思想认识。浙江、福建、广东这一类的问题再更突出一点。这些省党、政一把手要亲自抓,采取切实有力的措施,务必在近期内抓出成效来。

五、加强侨务部门的建设,提高侨务干部的素质

随着改革开放的深入,各级侨办的任务将更加繁重。各级侨办不是要削弱而是需要适当加强的部门。各个地方要按照国务院对侨务工作机构设置所确定的原则,结合本地区实际情况设置相应的工作机构。

侨务工作的地位、作用、任务明确之后,干部就成为决定性的因素。由于侨务工作涉及面广、涉及的领域也比较多,接触的人有很多是知识层次高、学识渊博的专家和学者,工作对象情况复杂,政策性强而且纪律要求严格。因此,对侨务干部素质的要求是很高的。为了适应新时期侨务工作的需要,除了应当选拔一些有较高素质的干部到侨务部门工作外,还必须大力加强侨务干部队伍自身的建设。第一是思想理论建设。要认真学习马列主义、毛泽东思想和邓小平同志建设有中国特色的社会主义理论,并在侨务工作的实践中加以运用。第二是业务建设。侨务干部的知识面要广一些。要学习各种业务知识,特别是经济知识和法律知识,学习外语和方言。特别是对祖国的文化遗产要多加学习。我在与海外人士接触中感到,不管是港澳台同胞还是海外华侨华人,他们当中特别是年老一些的,对于祖国的传统文化兴趣浓厚,知识也比较丰富。我们在与他们交往中,如果自己知识不够,就会闹出笑话。总之,有许多文化遗产要了解、学习。第三是作风建设。要克服官僚主义和形式主义,破除衙门作风,保持清正廉洁,遵守外事纪律,提高机关办事效率和为侨胞服务的水平。这些问题,对于在华侨心目中树立中国的良好形象有直接影响。如果他们看到这个社会到处是腐败的,就很不好了,你就是再宣传,他也不信。所以,要身教重于言教。只有这样,我们的侨务干部才能够胜任新时期所赋予的光荣的历史使命。

国务院总理李鹏在国务院侨务工作会议上发表题为《关于侨务工作的几个政策问题》的讲话

第一,进一步发挥华侨华人、港澳台同胞在我国改革开放和现代化建设中的作用。

改革开放十几年来,华侨华人以及港澳台同胞,在引进外资到中国兴办“三资”企业方面发挥了很大作用。根据我们现在的统计,属于华侨华人以及港澳台同胞的资金,以及与他们有关系并通过他们的关系引进来的资金,约占我们引进外资总额的80%。在我们国家最困难的时期,比如说,1989年那场政治风波后,一些西方国家对我们制裁、封锁。但是,我们的华侨华人、港澳台同胞仍然热爱中国,继续对我们国家的建设提供大量支持。今后争取华侨华人、港澳台同胞对我们国家建设的支持,仍然应该是我们对外开放工作的一个重点。现在引进外资发生了一些变化。过去,外资的投向多半是劳动密集型产业、加工工业、纺织、玩具等,高档一点的是家用电器。现在,由于我们国家的形势很好,华侨华人和港澳台同胞的资金,已经开始投向我们的基础产业、基础设施,甚至有的投向高科技产业。我们要在这方面予以积极鼓励。另一方面,我们对外贸易要实行多元化战略,把产品推销出去,需要商业网络。在这方面,华侨华人也可以发挥很大的作用。但是,我认为这个作用发挥得不够,还大有可为。在科技方面,华侨华人特别是生活在经济发达国家的华侨华人,也包括一些留学生,他们中的一些人已经进入高科技领域。他们既可以用自身的知识为中国建设服务,同时也可以通过他们的关系,把一些高新技术带到中国来。对此,要十分注意按我们的政策办事。

第二,关于留学生的政策问题。

留学生的政策中央讲得很清楚。一条是欢迎他们学成回来,参加祖国的四化建设;一条是来去自由。留学生暂不回来是有种种原因的。比如说,国内还不具备他们所学学科的科研条件,或者已在国外就业了,或者还有其他一些私人事情,等等。由于这些原因暂时不回来的,我们要予以谅解,实行来去自由,欢迎他们回祖国看一看,进行学术交流。况且,从世界各国的经验来看,发展中国家派往国外的留学生,特别是去美国这样的移民国家,总是有一部分人要留在那个地方。这样,我们送出去的留学生,特别是到美国这样一些国家,就很可能会产生新一代的华侨或华人。这是个客观存在。那么,怎样来对待这个问题呢?我们应该把眼光放远一点,政策更宽一点。一方面不鼓励他们留在国外,欢迎他们回来。另一方面,如果已既成事实,由于种种原因留下了,希望他们能够在国外以各种不同的方式与我们保持联系,用他们的知识和社会关系,为建设有中国特色的社会主义服务,而不是采取一种歧视的政策。国家教委、各个使领馆的留学生管理部门,都应该热情对待这些暂时不回来的留学生,以及那些领了居住证或已加入外国国籍的新华侨或新华人。我们对他们要始终采取这种热情的政策。

第三,关于非法移民的问题。

非法移民不符合我们的政策。非法移民影响我们国家的声誉。这些非法移民有的可能在居留地得到安置,但大多数是非常苦的,甚至有人把命都赔上了。非法移民有的跑到美国,比较多的是到日本、西欧和澳大利亚,现在到俄罗斯的也不少。我驻匈牙利大使回来跟我讲,从各种途径跑到匈牙利的中国移民有不少,开始匈牙利政府很欢迎,现在非常不欢迎。因为我们出去的移民素质不高。还有,我国有些产品人家很缺乏,开始很欢迎,后来出现了不少假冒伪劣商品,极大地损害了中国的信誉。本来,苏联、东欧剧变以后,我们有一个很有利的条件,就是中苏人民之间的友谊,特别是和俄罗斯民族之间的友谊,是源远流长的。他们见到中国人就伸大拇指。中国的商品也是好得不得了,非常崇拜。现在假冒伪劣产品出去了,我们有些人素质又不高,在那个地方胡作非为。再加上现在俄罗斯人生活很困难。我们这些人拿去的是美元,一美元现在换六百卢布。独联体有些商品还是很便宜的,这样三倒两倒,这些中国人钱多了,与当地人的生活形成很大反差。所以,对去独联体、东欧这些国家的非法移民,也必须加强管理。最近,经贸部经过调查研究提出,商检机构对出口商品要严格进行商检。不然,我们将会失去俄罗斯市场、失去独联体这个大市场,也将影响中俄人民之间业已存在的友好关系。这个问题抓起来有一定难度。中国人多,都向往过更好的生活。有些华侨在外面确实也“发”了,对一些人有一定的诱惑力。但是,这个事情非抓不可。非法移民不符合我们的政策,弊大于利。我们希望,特别是非法移民问题比较多的省份,应该加强领导,认真把这件事管起来。

我们有些公民因私出国,领取了护照,办理了手续,这些都是合法的。我讲的是非法移民,搞假护照,然后偷渡。有的到那儿找不到职业,有的很侥幸在那里找到一点事情干,影响不好。各省千万不要认为非法移民是一种劳务输出,睁一只眼、闭一只眼,采取放任自流的态度。非法移民比较多的省市,要认真对待,要从顾全国家声誉这个大局出发,抓好这件事。

第四,关于华侨私房政策问题。

从总体上来说,过去按照中央确定的政策应该解决的问题,大部分已经得到落实。会不会还有遗留问题呢?我想是会有的。对于遗留问题,如果是属于政策范围之内的,我们当然应该予以解决。至于说对一些华侨华人重点人物、知名人士,需要特殊照顾的,可作为个别问题个别处理。但这不属于落实政策范围之内的事。要把这个政策界限分清楚。

第五,关于华侨捐赠问题。

华侨的捐赠,如果真正用于社会公益事业,国家现行政策是支持和鼓励的,有的免税、有的减税。这个政策还要继续执行下去。总的看,华侨华人、港澳台同胞的捐赠,效果是好的,发展也是健康的。因此,这个政策也将继续执行。但是必须说明,也确有一些不健康的现象,内外勾结,其目的不是举办什么公益事业,而是从中牟取暴利。对于这样的事情,要严格按有关法规加强管理。

第六,关于侨务工作的机构问题。

大家都知道,我们正在进行行政机构改革,准备推行公务员制度。要精简机构、转变职能、提高效率。党的十四大已作了明确规定,国务院也制定了方案,这次人大、政协、二中全会都要进行讨论。对于各省的机构设置也要有个总的方案。侨办作为国务院的一个办公室,方案里是保留了。这次机构改革有个原则,要给各省市比较大的自主权。当然,各个省市的情况不完全一样,应根据侨务工作量的多少来设置相应的机构。有些侨务工作任务很重的省市,如福建、广东、浙江、山东、广西、海南、上海,可能还有其他一些地方,应该和宁夏、青海这些侨务工作量少的地方有所区别。各个省都要有一个管理侨务工作的机构。有的边远地区,与华侨关系不是太大,侨务工作量少,可以与外办合署办公,也要有人管这个事。

华侨华人、港澳台同胞对祖国四化建设作出了很大贡献,这是从事侨务工作的同志们努力工作的结果。邓小平同志讲到机遇的时候,把华侨华人作为一个重要条件。希望这次侨务工作会议后,通过同志们的继续努力,把侨务工作做得更好,使华侨华人、港澳台同胞能够对四化建设发挥更大的作用。

全国干部理论教育讲师团会议在北京闭幕

中共中央宣传部常务副部长郑必坚在会议上说,要把用邓小平同志建设有中国特色社会主义理论武装全党特别是武装党的各级干部,提高到关系中国社会主义前途和命运的高度来加以认识。郑必坚说,要从研究理论、研究历史、研究现状、研究未来,以及认真总结本地本部门14年来实践经验这几个方面来加深对这个理论的认识。他说,组织和辅导在职干部学好建设有中国特色社会主义理论,是讲师团在新时期的根本任务。各级党的宣传部门要加强对讲师团工作的指导,重视讲师团的建设。

郑必坚说,讲师团重建10年来,在各级党委的领导下,在干部理论教育以及理论宣传和研究工作中发挥了重要作用,讲师团的整体素质好,是我党宣传思想战线上一支重要的方面军,应当在稳定、巩固的基础上发展、提高。他希望讲师团的同志加强学习与研究,进一步提高理论素质,深入实践,改进教学方法,并继续发扬忠诚于党的干部教育事业的精神。他希望各地宣传部更好地关心、支持这支队伍,为讲师团更好地发挥作用创造良好的环境和条件。

这次会议于23日开幕,历时4天。各省市自治区党委讲师团和中宣部理论局的负责人共60人参加会议。在会议开幕时,中宣部副部长聂大江、北京市委副书记李志讲话。

中国与亚洲开发银行签订《贷款协定(工业技术融资转贷项目)》

中共中央政治局常委胡锦涛等在中南海怀仁堂接见“中国青年科学奖”获得者和提名者

胡锦涛在讲话中代表党中央、国务院向获奖者表示祝贺并向我国老一辈科学家表示崇高的敬意。他说,青年一代脱颖而出,离不开老一辈的扶持和帮助。

胡锦涛称赞团中央、全国学联、中国青少年发展基金会主办的这次评选活动搞得好。他说,这项活动之所以有意义,首先就在于它向全社会宣传了邓小平同志的“科技是第一生产力”的思想,增强了全民族的科技意识,进一步在全社会形成尊重知识、尊重人才的好风气;同时也在青年科技人员中弘扬了锐意进取、勇于登攀、竭诚奉献的精神。他希望这项活动要坚持下去,并不断总结经验,常抓常新。

胡锦涛说,振兴经济首先要振兴科技。实现我国科技事业的进步和发展,需要新老科学家的通力合作,需要一代又一代科技英才的崛起、奋斗和拼搏。他希望全党、全社会都应该为广大青年科技人才的成长创造良好的环境和条件,希望广大青年科技工作者在科技登攀中取得更大的成绩。

受到接见的获奖者是,张泽、赵玉芬、卢炬甫、盛承发;提名奖获得者是,杨卫、周其凤、邓子新、曾烈光、陈玉祥。

中共中央政治局候补委员温家宝、国务委员宋健、全国政协副主席卢嘉锡等参加接见。

国务院印发《关于进一步加强造林绿化工作的通知》

各省、自治区、直辖市人民政府,国务院各部委、各直属机构:

改革开放以来,我国造林绿化和林业建设取得了很大成就。但是必须看到,我国的人均占有森林资源较少、城乡绿化水平较低,与国民经济发展和改善生态环境的需要不相适应，造林绿化的任务还十分艰巨。当前，在加快改革开放和经济发展的新形势下，必须进一步加强造林绿化工作，加快林业的发展。为此，特作如下通知：

一、充分认识加快造林绿化、发展林业的重要性和紧迫性

造林绿化、发展林业是整治国土、治理山河、维护和改善生态环境的一项重要措施，是功在当代、造福子孙的伟大事业。大力植树造林，发展林业，对于保障农牧业稳产高产，调整农村产业结构，加快山区脱贫致富和奔小康，改善对外开放的投资环境，促进国民经济发展和社会全面进步都具有十分重要的意义。在加快改革开放和经济发展的新形势下，要充分认识造林绿化、发展林业的重要地位和作用，把这一关系全局的事业，坚持不懈地抓紧抓好。真正做到国民经济上新台阶，造林绿化和林业建设也要相应上新台阶。各地要抓紧当前有利时机，加快造林绿化步伐，加速林业发展，全面落实并力争提前实现《1989—2000 年全国造林绿化规划纲要》确定的任务。

二、坚持全社会办林业、全民搞绿化，总体推进造林绿化工作

要深化改革，实行多林种、多树种、多形式、多层次推进造林绿化。要十分重视科学技术，提高造林绿化质量，优化林种、树种结构，注意乔、灌、草相结合。抓造林绿化工作要统筹安排，总体推进，做到“五个结合”。一是把全民义务植树、面上造林、部门造林和林业重点工程建设结合起来，各方面造林绿化一起抓；二是把农村造林和城镇造林绿化结合起来，城乡一起抓；三是把林业部门抓林业和各部门办林业结合起来，全社会一起抓；四是把造林绿化和保护管理结合起来，发展巩固一起抓；五是把造林绿化、发展林业和精神文明建设结合起来，两个文明建设一起抓。要通过推行城市和县级造林绿化综合达标制度，一个市一个市、一个县一个县地抓落实，真正做到全社会办林业，全民搞绿化，加快造林绿化步伐，提高造林绿化水平。

三、要切实抓好造林绿化重点工程建设

“三北”、长江中上游、沿海和平原农田四大防护林体系建设以及速生丰产用材林基地、全国治沙工程建设，是国家的林业重点建设工程。抓好这些重点工程建设，对于全面实施 2000 年全国造林绿化规划，搞好国土整治，改善我国生态环境，解决国民经济建设对木材和各种林产品的需要，具有举足轻重的作用，而且在国际上也将产生重要影响。要进一步加强组织领导，强化工程管理，落实各项措施，做到加快进度，保证质量，提高建设水平。要发挥重点工程建设的骨干、示范作用，推动整个造林绿化工作。

四、不断提高全民义务植树的水平，努力做到规范化、基地化、科学化和制度化

全民义务植树是动员广大人民群众发展造林绿化事业的长期战略措施，各地要认真贯彻全国绿化委员会《关于进一步加强全民义务植树工作的意见》，全面推行全民义务植树“四化”制度。一要从实际出发，制定义务植树规划和分年度实施计划，全面推行“义务植树登记卡”制度，按照谁造林、谁负责的原则，全面地负起责任，做到义务植树规范化；二要按单位建立固定的义务植树责任区，办义务植树基地，做到义务植树基地化；三要实行科学造林，科学管护，提高造林绿化效益，做到义务植树科学化；四要认真总结行之有效的经验和措施，形成完善的、配套的制度并严格执行，做到义务植树制度化。

五、进一步加快部门造林绿化步伐

部门造林绿化是全社会办林业、全民搞绿化的重要组成部分，也是发展造林绿化的重要力量。按照部门造林绿化分工负责制的要求，铁路、公路、水利、煤炭、轻工、冶金、有色金属、农垦、石油、民航、教育和部队、共青团、妇联等部门和系统，要认真贯彻落实全国绿化委员会《关于加强部门造林绿化的意见》，加强组织领导，制定规划，落实措施，全面完成各自负责的造林绿化任务。各部门所属单位的造林绿化要纳入所在地造林绿化规划，按当地要求完成任务。造林绿化工作要做到条块结合，充分发挥部门和地方的作用。各级绿化委员会和林业主管部门对部门造林绿化工作要加强检查指导和考核。

六、要进一步提高城市绿化水平

各地要认真贯彻执行国务院《城市绿化条例》，从实际出发，认真制定和实施本地区的城市绿化规划，搞好城市的绿化美化和园林建设。要重视城市大环境绿化，凡有条件的城市，都应当积极营造片林、建设环城绿化带和森林公园。要加快郊区荒山造林绿化，逐步形成郊区绿化，街道、广场等公共场所绿化和庭院、厂区、居民区绿化三个层次的点、线、面相结合的城市绿化体系，有条件的要努力建设“森林城”、“园林城”。

七、多渠道筹集资金，增加造林绿化投入

从我国实际情况出发，群众投工投劳是植树造林投入的主体，要坚持多渠道、多层次筹集资金，加快造林绿化步伐。各地要认真贯彻落实国务院《农民承担费用和劳务管理条例》的规定，坚持和完善农村植树造林劳动积累工、义务工制度。各级政府要积极支持，努力增加造林绿化投入。除了国家预算内投资和各种专项林业资金外，对国家安排的农业综合开发、以工代赈、扶贫开发、山区开发、支援不发达地区专项资金等

要安排一定比例用于林业建设。对企事业单位造林绿化经费，轻工、煤炭等部门提取造林育林费，以及对无故不履行植树义务收缴绿化费等，应继续按现有规定认真执行。要改革造林绿化资金投入机制，逐步实行征收生态效益补偿费制度。

八、加强领导，坚持和完善各级领导任期造林绿化目标责任制

实行各级领导任期造林绿化目标责任制，是搞好造林绿化工作的关键。各级政府要把造林绿化，发展林业的工作，真正摆上议事日程，高度重视，采取有力措施，坚持不懈地抓紧抓好。要继续推行发展造林绿化事业行之有效的经验和做法。坚持和完善各级领导任期造林绿化目标责任制，切实做到认真落实造林绿化规划和年度实施计划，层层签订责任状、落实责任制，领导干部带头办造林绿化点，及时研究解决造林绿化工作中存在的困难和问题，坚持检查、考核、通报和奖惩制度。对造林绿化工作完成情况要按期进行考核和奖惩。领导班子换届时，要对造林绿化目标责任制完成情况进行考核和评定，办好责任交接，认真续签责任状，保持工作的连续性。

九、坚持发展与保护并重，下大力量巩固造林绿化成果

目前，随意侵占和破坏林地、城市绿地及毁坏树木，对造林绿化成果维护不力、管理不善的问题相当严重。要把发展与保护放到同等重要的位置，做到一手抓造林绿化，加快发展速度；一手抓保护管理，巩固造林绿化成果。要切实抓好以法治林、以法治绿，运用法律的、经济的和必要的行政手段，实行综合治理。加强森林资源和林政管理，严格执行限额采伐制度，切实加强林地管理，认真做好森林防火和病虫害防治工作，坚决制止乱砍滥伐和随意侵占林地、绿地的行为。

十、切实发挥各级绿化委员会和林业主管部门的职能作用

各级政府在抓造林绿化工作中，要切实发挥各级绿化委员会和林业主管部门的职能作用。各级绿化委员会办公室和林业主管部门，要切实负起责任，认真履行职责，当好各级政府的参谋助手。同时要加强自身建设，进一步转变职能，转变作风，脚踏实地，真抓实干，该抓的要切实抓紧，该管的要坚持管好，以适应形势发展的要求。在造林绿化工作中，要认真做好宣传动员、统筹规划、组织协调、技术指导和检查监督等项工作，促进我国造林绿化事业和林业发展再上新台阶。

国务院

1993年2月26日

2月27日

总参谋部机关在北京召开学雷锋先进事迹报告会

台盟中央全国台联举行在北京台胞纪念台湾人民“二·二八”起义46周年大会

外经贸部部长李岚清在中国喀麦隆经贸合作委员会第三次会议开幕式上阐述中国援外工作新方针

李岚清说，今后我国对外援助，将主要集中在发展中国家当地需要、又有资源的生产性项目，使我国提供的经济援助和设备与发展当地的生产相结合，对当地民族工业的发展作出一点贡献。

李岚清说，这样做的好处是：第一，中国的援助性贷款可以作为受援方的投资，推动中国企业再增加一点投资，组成合资企业，总投资规模可以扩大；第二，在双方利益一致的基础上，可以进行长期技术、管理合作；第三，有些产品还可向附近第三国出口。

李岚清是在同来访的喀麦隆对外关系部部长级代表弗朗西斯·恩昆共同主持中喀经贸合作委员会第三次会议开幕式时说这番话的。

2月28日

劳动部等有关部门提出劳动制度综合配套改革的新提法

新提法是“一个中心、四个体系”，即以培育、发展劳务市场为中心，加强宏观调控、劳动就业服务、社会保险和立法监督4个体系。

外交部部长钱其琛在钓鱼台国宾馆同泰国外长巴颂·顺西里举行会谈

中央军委授予沈阳军区某炮兵团原参谋长苏宁“献身国防现代化的模范干部”荣誉称号

中华人民共和国中央军事委员会最近发布命令，授予沈阳军区某炮兵团原参谋长苏宁“献身国际现代化的模范干部”荣誉称号。

由中央军委主席江泽民签署的命令说，苏宁是山西省孝义县人，1953年出生，1969年入伍，1973年入党，入伍后历任班长、排长、连长、作训参谋、作训股长、营长等职，中校军衔。苏宁入伍22年，以对党对祖国对人民的无比忠诚，埋头苦干，在所工作过的岗位上，取得了出色成绩。当战士，他是训练尖子；当班长，他带领全班夺得全团训练比武第一名；当干部，被师树为

基层干部标兵、优秀指挥员。在走上团的领导岗位后，他严以律己，廉洁奉公，勤奋工作，率先垂范，带领部队从难、从严、从实战出发，苦练军事技术，掌握过硬本领。他时刻把祖国的安危挂在心上，目光盯着世界军事科学的发展进步，在做好本职工作的同时，潜心钻研军事理论，挤时间撰写了70篇学术论文，其中有的理论观点受到专家的高度评价。他像雷锋那样，努力学习马克思主义理论，争做有理想、有道德、有文化、有纪律的新人，关心群众疾苦，同战士情同手足，曾先后3次冒着生命危险保护战友，为群众和战友做了大量的好事。1991年4月21日，他组织部队进行手榴弹实弹投掷，在发生意外情况的危急时刻，舍生忘死，奋勇排险，为保护战友的生命安全身负重伤，经抢救无效，于1991年4月29日牺牲。

中央军委的命令说，苏宁是新的历史时期我军干部队伍中的一个德才兼备、忠于职守、献身国防的突出典型，全军广大干部战士要向他学习。学习他忠于党、忠于国家、忠于社会主义、忠于人民，全心全意为人民服务的崇高思想；学习他恪尽职守，刻苦钻研军事科学知识，勇于进取的工作精神；学习他继承和发扬我党我军优良传统，严以律己，艰苦奋斗的优良作风；学习他关心同志，爱护士兵，舍己救人的高尚风格。命令号召全军干部战士深入贯彻落实党的十四大精神和邓小平同志关于新时期军队建设的思想，为全面提高部队战斗力，加速我军革命化、现代化、正规化建设而努力奋斗！

中央军委授予南京军区某部八连“鼓浪屿好八连”荣誉称号

中华人民共和国中央军事委员会最近发布命令，授予南京军区某部八连“鼓浪屿好八连”荣誉称号。

由中央军委主席江泽民签署的命令说，南京军区某部八连1970年进驻厦门市鼓浪屿，由于纪律严明，作风优良，文明执勤，1982年3月被原福州军区授予“鼓浪屿好八连”荣誉称号。命名十多年来，该连从驻守特区、侨区和旅游区的实际出发，坚定不移地贯彻执行党的路线方针政策，努力适应改革开放的新形势和军队建设的要求，注重加强连队全面建设，不断提高连队战斗力。他们身居特区不图安逸，始终牢记我军的根本职能，坚持严格训练，严格管理，苦练精兵，年年军事考核总评成绩优秀，被师以上单位评为军事训练先进单位。近三年来，连队参加团以上比武41次，夺得了42个项目的第一名。他们大力弘扬雷锋精神，人人自觉学雷锋，为驻地群众和海内外游客做了大量的好事，为社会主义祖国和人民军队赢得了荣誉，先后6次被省、市评为建设社会主义精神文明先进单位。他们牢记我军全心全意为人民服务的宗旨，曾经24次奋勇抢险，救出30余名遇险群众和价值20多万元的物资。还先后投入一万多个劳动日，支援特区建设。他们严守海防，积极主动维护社会治安，协助公安机关抓获95名罪犯，为建设和保卫特区做出了突出贡献，受到广大人民群众的热情赞扬。

中央军委的命令指出，八连是我军在新的历史时期涌现出来的一个集体学雷锋的先进典型，全军部队都要学习他们坚定不移地贯彻执行党的基本路线，自觉服从经济建设大局，坚持四项基本原则，拥护和支持改革开放的高度政治觉悟；学习他们大力弘扬雷锋精神，坚持立足本职学雷锋，积极传播社会主义精神文明的崇高风尚；学习他们牢记我军根本职能，苦练过硬的军事本领，全面提高官兵素质，献身国防事业的高度责任感；学习他们以祖国的利益为重，为人民群众舍得一切，全心全意为人民服务的高贵品质。以八连为榜样，继承和发扬我党我军的优良传统，深入贯彻落实党的十四大精神，按照邓小平同志关于新时期军队建设的思想，努力做到政治合格、军事过硬、作风优良、纪律严明、保障有力，为全面提高部队战斗力，加速我军革命化、现代化、正规化建设而努力奋斗！

国家教委发出《加强中小学收费管理的通知》

国家教委办公厅日前发出通知，要求各地政府和有关机关部门加强对中小学收费工作的管理。

《通知》明确指出：各地要严格执行义务教育阶段一律免收学费、酌收杂费，非义务教育阶段根据人民群众承受能力收取学费和杂费的规定。设立收费项目和确定收费标准必须按照国家规定的审批权限和程序办理，学校不得自行其是。对家庭经济困难的学生，可减免其应缴的学费和杂费。杜绝出现因收费原因造成学生不能入学或辍学的现象。

《通知》要求切实控制代收费用，除学生课本、作业本统一办理代收费用外，应停办其他各种代收费项目。对在校就餐、住宿的学生可收取费用，但标准要合理，并加强管理。学校组织学生参加活动的收费，一要合理，二要自愿。学校不得对学生罚款。

《通知》强调，学校应停止为任何部门、单位代办经营性服务项目和推销报纸、杂志、图书资料及其他商品。学校的有偿服务项目，也不能对学生采取硬性摊派的做法。

《通知》说：社会集资办学是政府行为，学校不得向学生集资。任何部门不得向学校或通过学校向学生摊派费用。学校的收费项目和标准要向社会和家长公开，接受社会监督，并加强对所收费用的管理。

国家教委希望各地政府和教育等有关部门在加强收费工作管理的同时，要更加关心中小学的办学经费和教师待遇问题。采取切实措施帮助解决中小学校办学中的实际困难和问题，对挤占教育经费和拖欠教师工资等紧迫问题，尽快予以解决，以保护学校和教师办学的积极性，保证学校的正常教学秩序。各地教育行政部门要继续抓紧中小学收费情况的检查工作，并积极促进教育经费投入和教师待遇等政策的落实工作。

哈尔滨工业大学当选国际宇航大学永久分校

联合国教科文组织给湖南武陵源和四川九寨沟及黄龙3个风景区颁发世界自然遗产证书

第五届世界印刷会议在印度新德里举行

会议于2月28日至3月4日在新德里召开。中国代表团由王仿子等4人组成。中国有4件印刷展品获奖。

3月1日

全民教育国家级大会在北京开幕

大会是为总结和部署普及初等教育和扫除文盲的工作,配合9月召开的“国际全民教育大会”,由中国政府决定召开。

会议的主要议题是:总结回顾中国基础教育和扫盲教育的理论与实践,研讨、论证在本世纪末中国实现“两基两全”的战略和措施,加强并扩大中国同世界各国和各友好国际组织的教育交流与合作。

国务院总理李鹏在大会开幕式上致辞。

联合国儿童基金会执行主任格兰特和联合国教科文组织总干事马约尔讲话。

中共中央政治局委员、国务委员兼国家教委主任李铁映主持大会。国家教委副主任柳斌、王明达分别作《中国基础教育的现状和发展战略》、《中国扫盲教育的成就和展望》的报告。

大会提出中国教育改革和发展必须坚持的8项原则:

一、教育是现代化建设的基础,必须坚持把教育摆在优先发展的战略地位。

二、把握好办学方向,培养德、智、体全面发展的各类人才。

三、坚持教育为国家现代化建设服务,与生产劳动相结合,服从并服务于经济建设这个中心,促进社会的全面进步。

四、坚持教育的改革开放,大胆吸收和借鉴人类社会的一切文明成果,勇于创新,勇于试验,不断发展和完善教育制度。

五、全面贯彻国家的教育方针,遵循教育规律,全面提高教育质量和办学效益。

六、依靠广大教师,不断提高教师的素质,努力改善他们的工作、学习和生活条件。

七、充分发挥各级政府、社会各方面和人民群众的办学积极性,坚持以国家财政拨款为主,多渠道筹措教育经费。

八、实行多种形式办学,培养多种规格人才,走符合中国和各地区实际的发展教育的路子。

国务院总理李鹏在全民教育国家级大会开幕式上致辞

尊敬的总干事马约尔先生,

尊敬的执行主任格兰特先生,

女士们,先生们,同志们:

为总结和部署我国普及初等教育和扫除文盲的工作,配合今年9月即将召开的“国际全民教育大会”,中国政府决定召开这次国家级会议。我代表中国政府,并以我个人的名义,热烈欢迎马约尔总干事、格兰特执行主任和各国的朋友们光临这次会议并在我国进行参观考察。

发展教育事业是关系到国家富强、人类文明和社会进步的根本大计。基础教育是整个教育的奠基工程。中国政府历来十分重视发展教育事业。最近,我们党召开的十四大再次强调要把教育摆在优先发展的战略地位,制定了到2000年中国教育改革和发展的目标、方针和政策,指出“科技进步、经济繁荣和社会发展,从根本上说取决于提高劳动者的素质、培养大批人才”,重申要大力加强基础教育。建国40年特别是改革开放的14年来,在各级政府和全社会的共同努力下,我国各级各类教育都获得了不同程度的发展和提高,普及初等教育和扫除文盲取得重大进展。职业技术教育规模迅速扩大,成人教育和岗位培训得到前所未有的发展,高等教育已建立起层次、科类比较齐全的体系,培养了大批合格人才。

中国是世界上人口最多的国家,我们深知,在推进世界全民教育目标中我国承担着重大的责任,面临着巨大的挑战。

90年代的最后八年是实现我国经济和社会发展战略目标的关键时期,也是完成普及九年义务教育和扫盲任务的决定性阶段。要继续坚持并不断完善基础教育实行地方负责,分级管理的体制;要继续坚持并不断完善以国家拨款为主、多渠道筹措教育经费的投资体制;要继续坚持并不断完善各级教育督导制度;在农村各级政府特别是县、乡两级政府,要继续把发展教育同发展农村经济与推广科技成果结合起来,统筹安排;在教育内部,要把基础教育同职业教育与成人教育结合起来,统筹安排,使之相互促进,共同提高。

中国人口的80%在农村,普及九年义务教育和扫除文盲的重点和难点都在农村。我国农村地域辽阔,发展又很不平衡,要分区规划,分类指导。经济上比较富裕的地区要尽早普及九年义务教育,对比较困难的边远地区,中央和地方都要采取扶持政策和特殊措施,争取到本世纪末基本普及初等教育,基本扫除青壮年文盲。

民族振兴的希望在教育,教育振兴的希望在教师。造就一支质量合格、数量足够的师资队伍,是摆在各级政府面前的一项重大战略任务。要继续办好师范教育和从中央到地方的各级教师培训基地,采取有力措施,切实提高教师的待遇和地位,在全社会造成尊师重教的良好风尚,真正使“教师”成为人们羡慕的职业!

发展教育事业要继续坚持改革开放的方针，要借鉴和学习世界上一切有益的经验，争取一切可能的支持。十多年来，我国与联合国教科文组织、儿童基金会、开发计划署和世界银行等国际组织和许多国家进行了成功的合作，为促进我国教育事业的发展取得了良好的效果。在这里，我代表中国政府表示衷心的感谢！并真诚的希望这种交流与合作日益扩大和加强。

尊敬的女士们、先生们、同志们：

实现人人受到必要教育的宏伟目标，是一项功在当代、利在千秋的伟业。正在加快改革开放和现代化建设的中国政府和人民，将把握当前有利时机，积极发展教育事业，承担与我国发展水平相适应的国际责任和义务，并愿与国际组织和世界各国尤其是发展中国家一道，为实现世界全民教育的目标作出积极贡献。

谢谢诸位。

中共中央总书记江泽民题写片名的展示学雷锋成果的大型电视系列片《时代颂歌》摄制完成

国务院总理李鹏在中南海会见以李鹏飞为团长的香港政治团体“启联资源中心”访京团

据中国官员介绍，访京团成员向李鹏反映了他们对目前香港政制问题的意见，并希望中英双方举行会谈解决这一问题。

李鹏说：“会谈是可以的，但英方必须回到中英联合声明、与基本法衔接、中英两国政府以往达成的协议和谅解的基础上来。”客人们对此表示赞同。

国务院领导明确指出搞“翻牌”公司不是改革而是倒退

国务院领导同志最近针对伴随国家机关改革出现的一些“翻牌”公司等现象指出，搞“翻牌”公司，这不是改革，而是倒退，政府机关在机构改革中成立的公司，必须立即和原机关脱钩，成立企业集团必须坚持企业自愿参加。

民建中央致信中共中央正式提出在宪法中体现“中国共产党领导的多党合作和政治协商制度”的建议

信中说，民建中央本着“肝胆相照，荣辱与共”、“知无不言，言无不尽”和把政治协商和民主监督纳入法制轨道的精神，在此恳切陈词，希望中共中央在向全国人民代表大会正式提出修改宪法草案时，能考虑这个意见。中共中央接受了这一建议。此后不久，根据中国共产党和各民主党派的提议，八届全国人大一次会议通过的宪法修正草案中增加了“中国共产党领导的多党合作和政治协商制度将长期存在和发展”的内容。

党和国家领导人江泽民杨尚昆李鹏题词祝贺中共中央编译局建局 40 周年

国家主席杨尚昆国务院总理李鹏在北京分别会见泰国外交部部长巴颂·顺西里

国家主席杨尚昆在人民大会堂分别接受保加利亚新任驻中国大使斯托扬·加别洛夫日本新任驻中国大使国广道彦芬兰新任驻中国大使李斯泰递交的国书

海关总署署长钱冠林日前签署第 43 号海关总署令发布修订的《中华人民共和国禁止进出境物品表》和《中华人民共和国限制进出境物品表》

全国企业干部培训工作会议在长沙开幕

全国共有 2700 多名企业现职领导和 700 名后备干部参加了试点班的学习；以企业领导干部为主要对象、岗位培训为重点的培训工作也取得新的进展。

国务院经贸办副主任陈清泰指出，今年企业干部培训工作要紧紧围绕建立社会主义市场经济体制这个中心，以适应加快改革开放和现代化建设步伐、转变企业经营机制和转换政府职能的需要。培训的重点是以国有大中型企业领导干部及其后备人员为主，使企业干部培训工作更及时、直接、有效地为经济工作和企业工作服务。

陈清泰说：必须加强企业干部培训工作，积极推进培训工作的改革：充分发挥企业自主培训的积极主动性和创造性；加快政府培训主管部门的职能转变，把自己的主要精力和工作放在加强宏观指导和监督服务上来；改革培训内容，加强培训的针对性、实用性和时效性等。

广西开通首条防城港至越南的海防海上旅游航线

国务院总理李鹏在中南海会见坦桑尼亚副总理兼内政部部长姆雷玛

中美之间就中国恢复关贸总协定缔约国地位问题的磋商在中断四年之后在北京举行

中国和美国在华盛顿举行自然保护议定书第四次工作组会议

中国代表团团长金永健在联合国人权会议上就中国人权问题发表讲话

金永健指出，中华人民共和国的成立，结束了中国各族人民长期受侵略、被压迫的悲惨历史，亿万中国人的人权状况才得到了根本的改善，中国人民的人权和基本自由有了保障。

他说，中国的人权具有三个显著特点：一是广泛性。享受人权的主体不是少数人，不是某些特定阶层的一部分人，而是全体中国公民。公民所享受的人权的范围是广泛的，不仅包括公民的政治权利，而且包括经济、文化、社会等方面的权利。二是公平性。中国切实保障各项公民权利不受金钱和财产状况以及民族、种族、性别、职业、家庭出身、宗教信仰、教育程度、居住期限的限制，而为全社会的公民平等享有。三是真实性。国家为人权的实现从制度上、法律上、物质上给予保障。对少数民族，他们除享有宪法和法律规定的全部公民权利外，还依法享有少数民族特有的权利，如自治权。他说，中国公民在享受宪法和法律规定的权利的同时，也必须履行宪法和法律规定的义务。任何组织和个人都没有超越宪法和法律的特权。现在国际上有人把中国国内极少数人利用宗教进行违法犯罪活动而受到法律制裁说成是“压制宗教信仰自由”，甚至进一步把它渲染为威胁到少数民族的文化和宗教信仰特点等等，这完全是颠倒是非，混淆黑白。

金永健强调，中国历来赞赏和支持联合国普遍促进人权和基本自由的努力。

3月2日

中组部负责人就各地省委省政府领导换届问题接受新华社记者采访

中组部负责人日前接受记者采访时发表谈话。

负责人强调，党的领导干部正确对待个人的进退留转，听党的话，服从党的事业的需要，过去是，现在是，将来仍然是共产党员和革命干部对待个人去留应采取的正确态度。“能上”固然好，下来或是改做其他工作也是正常的。长期以来，在我们的干部队伍中，形成了正确对待个人的进退留转的良好风气，无论是机构改革、精兵简政，还是干部调整、班子换届，广大干部都能正确对待。但是，也有些同志对“进”高高兴兴，对“退”总觉得灰溜溜的，还有的同志从领导岗位转到其他部门或岗位，就认为是组织对自己的不信任。我们党历来主张，干部是人民的勤务员，只有分工不同，没有高低贵贱之分，干部的提拔晋升，是党和人民的信任，是自己肩负责任的加重，而不是高人一等；同样，岗位变动或到基层任职，也是组织安排，工作需要，绝非低人一等，对党和人民的事业仍有不可推卸的责任。当然，干部考虑个人的进退留转也是自然的，对组织的安排可以提出自己的意见，但组织一经作出决定，个人必须无条件服从。

负责人强调，正确对待进退留转，不能仅仅看成是干部本人的事，在这方面各级党组织负有重要责任。党委在按照德才兼备的原则公正评价干部、合理使用干部的同时，要加强对干部的思想教育，不仅使退下来或转换工作岗位的同志能够正确对待，而且使周围的同志都能正确对待，从而形成一种良好的社会环境，以利于干部正常的进退留转。

全国清产核资试点工作结束

清产核资一期试点工作结果显示，中国国有企业在经营管理中长期存在五大问题。

一、核算不够真实，资金损失和挂账情况严重。二、有的企业管理不善，资产闲置浪费情况突出。三、家底不清，账外资产比较普遍地存在。四、折旧补偿不足，企业更新缓慢，部分老企业生产装备技术水平严重落后。五、产权关系不清，存在着集体经济长期无偿使用国有资产和将其损失冲销国有资产的现象。

国家主席杨尚昆在人民大会堂分别接受印度新任驻中国大使钱德拉谢卡尔·达斯古普塔秘鲁新任驻中国大使加夫列尔·加西亚·派克和缅甸新任驻中国大使吴赛递交的国书

国家主席杨尚昆根据全国人大常委会的决定任免驻外大使

一、免去张青的中国驻新加坡共和国特命全权大使职务。

任命杨文昌为中国驻新加坡共和国特命全权大使。

二、免去施承训的中国驻博茨瓦纳共和国特命全权大使职务。

任命王义浩为中国驻博茨瓦纳共和国特命全权大使。

三、免去张德麟的中国驻蒙古国特命全权大使职务。

任命裴家义为中国驻蒙古国特命全权大使。

四、免去吴明廉的中国驻肯尼亚共和国特命全权大使职务。

任命陈平初为中国驻肯尼亚共和国特命全权大使。

五、免去谢汝茂的中国驻玻利维亚共和国特命全权大使职务。

任命汤铭新为中国驻玻利维亚共和国特命全权大使。

六、免去乔宗淮兼任的中国驻爱沙尼亚共和国特命全权大使职务。

任命孙大栋为中国驻爱沙尼亚共和国特命全权大使。

七、免去李钦平兼任的中国驻马绍尔群岛共和国特命全权大使职务。

任命周锦明为中国驻马绍尔群岛共和国特命全权大使。

八、免去万永祥的中国驻捷克和斯洛伐克联邦共和国特命全权大使职务。

九、任命齐国辅为中国驻捷克共和国特命全权大使。

十、任命唐湛清(女)为中国驻斯洛伐克共和国特命全权大使。

十一、任命夏树元为中国驻阿塞拜疆共和国特命全权大使。

十二、任命王凤祥为中国驻格鲁吉亚共和国特命全权大使。

十三、任命赵希迪为中国驻亚美尼亚共和国特命全权大使。

十四、任命谢锡勤为中国驻克罗地亚共和国特命全权大使。

十五、任命鲁培新为中国驻斯洛文尼亚共和国特命全权大使。

外交部部长钱其琛在墨西哥城同墨西哥外交部长索拉纳举行正式会谈

中国和墨西哥两国政府经贸混合委员会第8次会议和科技混合委员会第2次会议在墨西哥城开幕

国务委员兼外交部长钱其琛和墨西哥外交部长索拉纳共同主持开幕式并分别发表讲话。

钱其琛说,中墨建交以来,两国在各个领域的友好合作关系发展顺利,其中经济贸易往来和科学技术合作是两个重要领域。目前两国贸易额比刚建交时扩大了20倍,达到历史最高水平。科技和文化交流也发展喜人。两国之间的关系,特别是在经贸和科技领域,还有很大的发展潜力。

国家计算机集成制造系统(CIMS)实验工程在北京通过国家验收委员会验收

"863"计划自动化领域的重点项目——国家计算机集成制系统(CIMS)实验工程通过国家验收委员会验收。专家认为,这项工程与国际上80年代末所建成的几个先进的CIMS工程中心水平相当,达到了国际先进水平。该工程已成为中国CIMS总体集成技术的研究中心。

北京章光101集团公司在北京成立

国务院总理李鹏题词祝贺。该公司是全国民政福利企业中的第一家大型集团公司,下属企业50余家,龙头产品是赵章光发明的"章光101"毛发再生精系列产品。

3月3日

中组部中直机关工委国家机关工委国家教委共青团中央和北京市委在北京联合举办青年干部锻炼成长经验报告会

雷锋精神谱新歌展览在中国革命军事博物馆开幕

辽宁省政协七届一次会议选举孙奇为省政协主席

世界中小企业大会在北京开幕

世界中小企业大会首次在中国举行,农业部副部长陈耀邦在会上作题为《中国乡镇企业发展及前景》的演讲。

大会研讨世界范围内中小企业的发展现状,交流各国各地区中小企业的发展经验,探讨解决中小企业面临普遍问题的途径,加强国际间中小企业的经济和技术交流与合作。就中小企业在国民经济发展中的作用、存在的问题、人才培训、管理、国际间经济技术合作、拓展国际市场等28个题目进行研讨,并通过《北京宣言》。

国家主席杨尚昆向大会发来贺词。

全国人大常委会委员长万里出席开幕式并会见参加会议的中外代表。

大会指导委员会名誉主席由薄一波担任。世界中小企业协会主席柳琦也向大会致贺词。来自41个国家和地区的专家、学者、政府官员、中小企业代表及11个国际机构的代表共500余人参加开幕式。

财政部副部长项怀诚就农林特产税征收情况接受记者采访

国务院最近发出通知,决定适当调整农林特产税税率,记者为此走访财政部副部长项怀诚。

项怀诚说,农林特产税是农业税的一部分。自1983年国务院决定对农林特产收入征收农业税后,国务院对这一工作一直非常重视和关心。从近几年的征收情况看,农林特产税对农业生产的调节作用已开始发挥,它缓解了农林特产与粮食作物税收负担高低悬殊的矛盾;协调了农林牧副渔各业生产的全面发展;支援了农业综合开发建设。

项怀诚指出,目前我国的农林特产税存在许多问题,突出的是名义税率偏高,有些地区减免过多,实际税负在地区间不平衡,同一应税税目,有的地方征税,有的地方不征,而且计征的税率也不一致。

他说,当前农村正在发展社会主义市场经济,农业正向高产、优质、高效方向转变。但是放开农产品价格,放开农村经营,绝不是放任自流,撒手不管。我们在放开价格、放开农产品市场的同时,必须努力建立国家的宏观调控系统。国家要运用税收、信贷、财政等经济杠杆进行调控。这次适当调整农林特产税税率,就是要贯彻落实上述精神和要求。调整的原则是,农林特产税的税负应适当高于粮食作物,以利于合理调节农业内部比较利益,稳定粮食生产。适当降低农林特产主要品目的税率,以支持农业向高产优质高效方向转变。解决农林特产税名义税率高,执行税率不统一,地区之间不平衡的问题,使名义税率与实际负担率渐趋一致,以更好地执行税收政策。

项怀诚强调,农林特产税是在农村发展社会主义市场经济形势下,国家进行宏观调控的一项重要政策措施,应当切实加强征收管理,发挥其应有的调节作用。农林特产税的征收范围、税率、减免事项要统一按照国务院的有关文件规定执行。各省、自治区、直辖市要结合当地实际,对征收品目作出具体规定。除此之外,不要再扩大征收范围。同时,要认真核实税源,依率计征,不能搞平均摊派。

中国首家审计公司——中石化华夏审计公司在北京成立

中国美国关于中国"复关"问题磋商在北京结束

中美之间就中国恢复关贸总协定缔约国地位问题在北京的磋商结束之后,经贸部长李岚清会见美国贸易谈判助理代表纽柯克为首的美国政府关贸总协定事务磋商代表团。

据了解,双方决定将于3月15日在日内瓦举行的关贸总协定中国工作级会议期间继续磋商。

据介绍,这次磋商是中美近四年来就中国恢复关贸总协定缔约国地位进行的首次谈判。两天来的谈判是建设性的,中美双方就共同关心的问题进行了广泛、深入、具体的讨论,在许多具体的问题上达成了一致。虽然中美双方在一些问题上还有分歧,但双方均表示愿作出努力以缩小分歧,共同推进中国恢复关贸总协定缔约国地位的进程。

中国和喀麦隆在雅温得签订《中华人民共和国政府和喀麦隆共和国政府关于互设领事馆的换文》

墨西哥总统萨利纳斯在墨西哥城总统府会见外交部部长钱其琛

高等教育"211工程"开始实施

一项跨世纪的高等教育基础工程——"211工程",最近,经国务院批准开始实施。

"211工程"的主要任务是:经过10年或更长一些时间(预期在2010年前)的努力,重点建设100所左右的高等学校和一批重点学科点。力争在21世纪初,使中国高等教育总体水平有一个明显提高,在教育质量、科研水平和学校管理等方面能与国际著名大学并驾齐驱。

根据"211工程"的建设目标,国家首先鼓励有条件的国务院部委(总公司)和省(自治区、直辖市)政府、按照列入"211工程"重点建设的高等学校和重点学科点的条件,集中较大财力,重点建设代表本行业和本地区先进水平的一二所高等学校和一批重点学科点。国家将采用竞争机制,选择一部分整体条件较好、建设资金落实的高等学校,分批滚动列入国家的"211工程"计划。对批准列入"211工程"的高等学校和重点学科点,要采取进一步扩大办学自主权和更多的政策倾斜措施,增强自身发展的活力。对经过评估达不到建设要求的高等学校和重点学科点,要及时采取调整措施,直到取消进一步投资。

全国绿化委员会第12次全体会议在北京召开

国务院副总理、全国绿化委员会主任田纪云主持,会上中共中央、国务院授予福建省"全国荒山造林绿化先进省"称号,表彰福建省委、省政府带领全省人民艰苦奋斗,继广东省之后在全国第二个实现基本消灭宜林荒山。

3月4日

纪念毛泽东等老一辈革命家为雷锋同志题词30周年大会上午在人民大会堂举行

江泽民、刘华清、胡锦涛、丁关根、李铁映等中央领导会见受表彰的学雷锋活动先进集体、先进个人的代表。

国务院副秘书长徐志坚宣读中共中央宣传部、国务院办公厅、解放军总政治部、共青团中央《关于表彰学雷锋活动先进集体、先进个人的决定》,先进集体代表、济南军区长山守备师船运队专业军士王华堂和先进个人代表、哈尔滨铁路局哈尔滨站客运员朱莲香在会上发言。

中共中央政治局常委胡锦涛在大会上讲话。

大会由中央宣传部、国务院办公厅、国家教委、总政治部、团中央、北京市委市政府举办，中央国家机关各部门、解放军和武警驻北京单位、北京市以及各地代表出席会议。

中共中央政治局常委胡锦涛在纪念毛泽东等老一辈革命家为雷锋同志题词30周年大会上发表讲话

同志们：

今天，我们隆重集会，纪念毛泽东、周恩来、刘少奇、朱德、邓小平、陈云等老一辈无产阶级革命家为雷锋同志题词发表30周年。我代表中共中央和国务院，向大会表示热烈祝贺！向在学雷锋活动中涌现出来的先进集体和先进个人，表示亲切的慰问和崇高的敬意！

30年来，在题词精神的鼓舞下，一个由亿万人民群众自觉参加的学雷锋活动在中华大地上蓬勃发展，促进了整个社会道德风尚的提高。雷锋这个光辉的名字和他崇高的精神品格，在历史发展中始终焕发着光彩。人们越来越深刻地认识到雷锋精神的价值，更加珍惜这笔宝贵的精神财富，更加努力在实践中学习和发扬雷锋精神。

党的十一届三中全会以来，我们的国家在邓小平同志建设有中国特色社会主义理论指导下，坚持党的“一个中心，两个基本点”的基本路线，坚持“两个文明”一起抓的方针，改革开放和现代化建设事业蓬勃发展，为群众性的学雷锋活动注入了新的内容和活力。党的十三届四中全会以后，江泽民等党和国家领导人又发出了学习雷锋同志，弘扬雷锋精神的号召，使学雷锋活动更加深入发展。各地和各行业涌现出一大批锐意进取、艰苦创业、勤奋实干、竭诚奉献的先进群体和雷锋式的模范人物。今天大会表彰的先进集体和先进个人，就是其中的代表。他们用自己的模范行动，为建设有中国特色的社会主义大厦添砖加瓦，在新的历史条件下再现了雷锋精神的风采，展示了雷锋精神在中华沃土上的旺盛生命力。

一个只有22年短暂生命的普通共产党员，能够赢得亿万人民如此崇高和长久的敬意；一个普通的战士所表现的高贵品质，能够激励几代人的健康成长；一个群众性的活动，能够在几十年历史进程中延续不断，影响一个时代的社会风尚，这表明雷锋精神对于我们这个民族和社会过去具有、现在仍然具有重大价值和时代意义。

当前，全党全国人民都在认真贯彻落实十四大精神，为实现90年代改革和建设的宏伟目标而努力奋斗，全国各地到处充满着蓬勃生机。处在这样一个伟大的变革时代，面对这样艰巨的历史重任，我们更加需要艰苦创业、积极进取、自强不息、奋力拼搏的奉献精神，更加需要顾全大局、忠于职守、克己奉公、处处以国家和集体利益为重的主人翁态度，更加需要相互尊重、助人为乐、诚实守信、和谐融洽的良好社会风尚。而这些正是雷锋精神所具有的丰富内涵。发扬光大雷锋精神，仍然为我们这个时代进步所必需，仍然为我们改革开放和现代化建设事业发展所必需。

发扬光大雷锋精神，就要像雷锋那样把有限的生命投入到无限的为人民服务中去。历史在前进，社会在发展。虽然今天我们所处的改革开放时代与雷锋成长的五六十年代相比，已经发生了很大的变化，但是，我们几代人为之奋斗的共同理想和目标始终矢志不移。全心全意为人民服务，仍然是我们每一个共产党员所必须遵循的根本宗旨，仍然是我们这个社会所需要大力倡导的价值观念和道德风尚。发展社会主义市场经济，根本目的是要解放和发展社会主义社会的生产力，增强社会主义国家的综合国力，提高人民生活水平，消灭剥削，消除两极分化，最终达到共同富裕。这和为人民服务在根本上是一致的。社会主义市场经济越发育，就越要求我们牢固地树立为人民服务的思想，具有高尚的职业道德。社会主义社会是一个全面发展的社会，物质文明和精神文明都搞好，才是有中国特色的社会主义。广大人民群众在物质生活水平不断提高的同时，希望我们的社会风气越来越好，希望不正之风和腐败现象得到纠正，希望团结友爱、助人为乐、见义勇为在全社会蔚然成风。这就要求我们大力弘扬为人民服务的思想，进一步树立社会主义的价值观念和道德风尚。

发扬光大雷锋精神，就要像雷锋那样发扬爱国主义精神，树立集体主义思想，坚定社会主义信念。我们中华民族自古以来就有爱国主义的优良传统。这种传统美德在雷锋身上得到了充分的体现和全新的升华。他自觉把个人的前途命运与国家、民族，与社会主义的前途命运紧紧联系在一起，处处以国家、民族和集体利益为重，表现出主人翁的博大胸怀。爱国主义是历史的范畴，具有时代的特点。在新的历史时期，爱国主义是和建设有中国特色社会主义的伟大事业紧密相联的，发扬爱国主义精神就是要像雷锋那样树立正确的理想、信念、人生观和价值观，增强民族自尊、自信和自强精神，积极投身到建设有中国特色社会主义的实践中去，在各自的岗位上为改革开放和现代化建设作出积极贡献。提倡雷锋精神，并不否定个人利益，而是要求正确处理国家、集体和个人利益之间的关系，把个人利益的实现建立在维护国家、集体利益的基础上。

发扬光大雷锋精神，就要像雷锋那样艰苦奋斗，勤俭创业。加快改革开放和经济发展，目的是为了满足人民日益增长的物质文化需要。随着经济的发展和社会财富的增加，我国人民的物质文化生活水平有了明显的改善和提高。但应看到，我国的社会主义现代化建设，是在人口多、底子薄、基础差的条件下起步的，目前还处在社会主义初级阶段，需要有一个很长的艰苦奋斗过程，需要继续发扬勤俭建国、厉行节约的优良传统。我们要把生活水平的提高和生活条件的改善建立在发展生产的基础上，坚决反对那种大手大脚、铺张浪费、讲排场、摆阔气的不良风气，尤其要反对那种慷国家之慨，挥霍奢侈的腐败作风。即便是我们的经济发展了，国家富强了，人民富裕了，也仍然要保持和发扬艰苦奋斗的优良作风。

发扬光大雷锋精神，就要像雷锋那样发扬“钉子”精神，努力学习，刻苦钻研，用马克思主义理论和现代科学文化知识武装自己、提高自己、完善自己。当今国际竞争的实质是以经济和科技实力为基础的综合国力的较量。科技进步、经济繁荣和社会发展，从根本上说取决于劳动者素质的提高。必须清醒地看到，现代科学技术突飞猛进，社会主义市场经济不断发展，我们不懂得、不熟悉的东西很多，需要学习和掌握的东西很多。我们要认真学习邓小平同志建设有中国特色社会主义的理论，学习经济，学习现代科学文化，大胆吸收和借鉴世界各国包括资本主义发达国家的一切反映现代社会化生产规律的先进经营方式和管理方法，刻苦钻研本职业务，不断提高自身的素质，在现代化建设中发挥更大的作用。

发扬光大雷锋精神，就要像雷锋那样立足本职，忠于职守，在现代化建设事业中做一颗永不生锈的螺丝钉。雷锋无论在哪里，都能自觉服从社会主义建设事业的需要，在平凡的岗位上做出不平凡的成绩。在新的历史时期，改革开放为人才的健康成长和合理流动创造了良好环境，为个人施展才华和抱负提供了广阔天地。但是，一个人只有当他的个人选择和社会的需要、人民的需要相一致，在具体工作岗位上发挥积极作用时，他的才能和价值才能真正得到实现。因此，那种干一行、爱一行、专一行的精神，那种立足本职、忠于职守、勤勉敬业、精益求精的螺丝钉精神，仍然应当在全社会大力提倡和发扬。

雷锋精神作为中华民族传统美德与共产主义光辉思想相结合的时代精神，具有持久的生命力。我们今天开展学雷锋活动，要学习雷锋精神的本质，以培养有理想、有道德、有文化、有纪律的社会主义新人为目标，既发扬以往的好传统，又不囿于过去的一些具体做法。必须适应改革开放和现代化建设的需要，结合现实生活中出现的新情况、新问题，对活动的内容和方式等不断改进、创新和完善。要围绕经济建设这个中心，进一步深化“岗位学雷锋、行业树新风”的活动主题，在继续开展各种社会公益服务活动的同时，把群众学雷锋的积极性引导到立足本职工作，坚持岗位奉献上来。要强化职业道德建设，努力纠正行业不正之风，特别要抓好各种直接为群众服务、为生产经营服务行业的作风建设。要从解决现实问题入手，在坚持经常、注重实效上下功夫，使雷锋精神扎根于社会主义现代化建设的每一个平凡岗位上，渗透在人们为实现共同理想奋斗的具体实践中。

弘扬雷锋精神，应当从实际出发，把先进性和群众性结合起来，针对不同对象，提出不同要求，让每一个人都能在参与学雷锋活动中明确努力的方向。对广大共产党员，特别是党员领导干部，应当有比一般群众更高的要求。他们不仅应积极组织和带领群众开展学雷锋活动，而且要率先垂范，身体力行，努力发扬十四大所提倡的解放思想、改革创新的精神，尊重科学、真抓实干的精神，顾全大局、团结协作的精神，谦虚谨慎、崇尚先进的精神，艰苦奋斗、无私奉献的精神，把共产党人的先进性在社会主义物质文明和精神文明建设中充分发挥出来。共青团、少先队要把学雷锋活动贯穿到经常性工作中去，引导广大青少年坚持不懈地学，踏踏实实地做，使他们锻炼成长为合格的社会主义事业接班人。

要培育千千万万具有时代精神的学雷锋先进典型和模范人物，就要创造一种学习先进、弘扬正气、催人向上的舆论环境和激励机制。各级党委要积极培养、善于发现、大力表彰现实生活中涌现出来的先进典型，使先进者受到敬重，上进者得到激励，后进者受到鞭策，不断壮大先进分子的队伍。要使学雷锋、学先进制度化、经常化，成为绝大多数人的自觉行动和整个社会的风尚。

老一辈革命家谢觉哉说过：“雷锋同志是平凡的，任何人都可以学到；雷锋同志是伟大的，任何人都要努力才能学到。”每一个有志于为中华民族的振兴作出贡献的中国公民，都应当不负时代的重望，在学习雷锋的实践中谱写新的篇章，在建设有中国特色社会主义的伟大事业中创造新的成绩，做出更大的贡献！

全军学雷锋先进典型事迹报告会在北京举行

辽宁省八届人大一次会议选举全树仁为省人大常委会主任岳岐峰为省长

国务院总理李鹏在钓鱼台国宾馆会见以会长郑明训为首的香港总商会访京团

李鹏说，1997 年后，香港仍将保持国际贸易、金融、航运中心的地位。中国对香港实行的“一国两制”的方针不会改变，包括外商在内的投资者在香港的利益将依法得到保护。他说，香港作为中国同世界进行经济贸易交往的桥梁和转口地位不仅不会削弱，而且将会不断扩大。“我们有理由相信香港必将更加繁荣，对此我们充满信心。”

李鹏指出，中英两国政府应该进一步加强彼此的合作，确保平稳过渡，为香港政权的顺利交接做好各种准备。李鹏说，尽管港督提出的那个政改方案给中英合作带来了困难，但中方仍然从中英关系的大局出发，认为可以坐下来谈，但谈的基础必须是中英联合声明、与基本法相衔接以及两国政府业已达成的其他协议和谅解。

李鹏说，现在内地的经济发展不错，将继续保持好的势头；内地和香港的经济联系也越来越密切。内地和香港应互相支持、共同繁荣。

全国人大常委会委员长万里在人民大会堂会见由龙达章灿主席率领的蒙古大呼拉尔对外政策与安全常设委员会代表团

中国和墨西哥经济合作和贸易混合委员会第 8 次会议和科学技术合作混合委员会第 2 次会议结束并分别签署了会议纪要

中国和印度尼西亚在北京签订《中华人民共和国政府和印度尼西亚共和国政府关于简化签证手续的换文》

外交部发言人李建英就人权等问题答记者问

有记者问：美国国务卿克里斯托弗最近在贸易、西藏、人权等问题上指责中国，并称美继续给予中国最惠国待遇要视中国在上述问题上的进展而定。你对此有何评论？

李建英说：“中美相互给予最惠国待遇是中美经贸关系的基础，是中美之间一项对等、互惠的安排。无条件延长有利于两国经贸关系乃至整个中美关系的恢复和发展，符合两国人民的利益和愿望。”

李建英指出，对最惠国待遇附加任何条件都将有损于中美正常的经贸关系和整个中美关系，都是不明智的，也是中方所反对的。

李建英说：“我们反对任何利用最惠国待遇问题干涉中国内政的做法。对别国内部事务妄加评论是不符合相互尊重、互不干涉内政的国际关系准则的。”

有记者问发言人：有的西方国家在国际人权会议上对中国人权进行指责，中国在此问题上持何立场？

李建英说：“中国政府一贯重视人权问题，尊重和保护人民的基本权利与自由。我们一贯主张在相互尊重和平等的基础上，各国就人权问题进行讨论、交流与合作。”

他指出：“我们认为在人权问题上有相同和不同的看法是自然的，应该求同存异。我们反对把人权问题政治化，利用人权干涉别国内政，特别是动辄在联合国人权机构通过决议向别国施加政治压力。”

济南第二机床厂与美国 ISI 机器人公司合作生产压力机机器人协议在山东济南签字

中央军委副主席刘华清张震等在北京接见赴柬埔寨归国工程兵大队人员

全民教育国家级大会在郑州闭幕

闭幕式上，国家教委副主任、中国联合国教科文组织全国委员会主任滕藤等在会上发言。大会通过《中国全民教育行动纲领》。

全民教育国家级大会通过《中国全民教育行动纲领》

1990 年 3 月 5 日至 9 日，在泰国宗滴恩召开的世界全民教育大会通过的《世界全民教育宣言》和《满足基本学习需要的行动纲领》，提出了全民教育的目标，即“每一个人（无论是儿童、青年还是成人）都应能获益于旨在满足基本学习需要的受教育机会”。这个目标，也是中国当前和今后一个时期所追求的目标。

根据联合国教科文组织和联合国儿童基金会的倡议，中国全民教育国家级大会于 1993 年 3 月 1 日至 4 日在北京和河南召开。国务院总理李鹏出席会议并致开幕词，国务委员、国家教委主任李铁映主持开幕式，国家教委副主任柳斌、王明达分别作了关于基础教育和扫盲工作的主题报告。各省、自治区、直辖市和计划单列市教委、教育厅（局）负责人，国家教委有关司局负责人，以及特邀代表出席了会议。联合国教科文组织总干事马约尔先生、联合国儿童基金会执行主任格兰特先生出席会议并讲话。3 个国际组织的代表以及孟加拉、巴西、印度、尼日利亚、巴基斯坦等国的教育部长和部长代表也应邀来华出席了会议。

中国全民教育国家级大会回顾了中华人民共和国自 1949 年成立 43 年来，在基础教育和扫盲方面取得的巨大成就。1992 年小学在校生达 1.22 亿，比 1949 年增长 4 倍，中学在校生达 4770 万，增长 44.9 倍，扫盲累计人数达 1.75 亿。但是同时注意到我国目前仍有近 500 多万学龄儿童辍学和失学，仍有 1.8 亿文盲，其中还有 45 岁以下的青壮年文盲。这一状况同我国经济建设和社会发展对劳动者素质的要求很不适应，同建设具有现代化的、高度民主、高度文明的社会主义国家很不适应，同人民群众日益增长的文化教育要求很不适应。大会一致认为，教育对提高全民族的素质和实现国家现代化至关重要。2000年前，要在全国实现“基本普及九年义务教育，基本扫除青壮年文盲”的目标还相当艰巨。

要实现上述目标，必须动员各级政府、机构和全国人民共同努力奋斗。

为此，兹发布《中国全民教育行动纲领》如下：

一、全民教育目标

1. 到2000年，全国基本普及九年义务教育。

——初等教育阶段适龄儿童都能按时入学接受初等教育；

——在全国90%的人口地区和90%的适龄人口中普及初级中等教育；

——15周岁人口中文盲率控制在1%左右；

——大中城市基本满足幼儿接受教育要求，农村学前一年教育的幼儿入园率达60%；

——城市和发达农村地区大多数残疾儿童、少年都能入学，农村地区多数残疾儿童、少年都能入学接受教育；

——全国人均受教育年限达到7～8年。

2. 到2000年，全国基本扫除青壮年文盲。

——全国青壮年人口中的文盲率降到5%以下；

——全国人口中的文盲率降到10%以下；

——经济和教育较发达的地区要在1996年前后完成扫除青壮年文盲任务，大部分地区要在1998年前后完成扫除青壮年文盲任务；

——通过岗位培训、继续教育和在职学历教育，提高广大从业人员的科学文化和职业技能。

3. 全国贯彻中国政府的教育方针，全面提高教育质量。不仅使教育规模有较大发展，而且要把教育质量和办学效益提高到一个新的水平。

二、措施

1. 各级政府要加强对普及九年义务教育和扫盲教育的领导，从当地实际出发，制订规划，统筹实施。

2. 认真贯彻国家颁布的《义务教育法》和《扫除文盲工作条件》保证适龄儿童、少年入学，制止学生辍学；扫除青壮年文盲，杜绝产生新文盲。

3. 增加教育投入，多渠道筹措资金，保障实现九年义务教育和扫盲教育的条件。

4. 重视和扶持经济不发达地区和少数民族地区实现九年义务教育和扫盲教育。

5. 加强普及九年义务教育和扫盲教育质量的督导、检查和评估。

6. 建立普及九年义务教育和扫盲教育先进县(市、区)表彰奖励制度。

出席中国全民教育国家级大会的全体代表，重申受教育是每个公民的权利，决心竭尽全力，确保全民教育目标的实现。

与会代表决心根据各自的职责，共同合作，采取一切必要措施，以实现全民教育的目标。一致呼吁全国各级政府、机关团体和全体公民积极行动起来，投入这一伟大、紧迫而艰苦的事业，为振兴中华民族而努力奋斗！

3月5日

中宣部解放军总政治部共青团中央作出表彰一批学雷锋先进集体和个人的决定

中共中央宣传部、国务院办公厅、人民解放军总政治部、共青团中央近日作出决定，在纪念毛泽东等老一辈无产阶级革命家为雷锋同志题词30周年之际，对在学雷锋活动中做出突出成绩的共青团北京市宣武区委学雷锋综合包户服务队等101个先进集体和张丽丽等100个先进个人给予表彰。

海峡两岸关系协会第一届理事会第二次会议在北京举行

会议审议通过了常务副会长唐树备提出的《海协一九九二年会务报告》，通过了《海协一九九三年的工作要点》，增免了部分理事。会议认为，海协会今年将更加积极、主动地开展两岸民间交往与交流；进一步加强与海基会及台湾有关社会团体和各界人士的联系与合作；妥善处理好两岸同胞交往中产生的具体问题；积极促进海峡两岸事务性商谈的开展；并努力实现汪道涵会长与海基会董事长辜振甫的会晤。汪道涵会长主持会议并讲了话。中共中央台办、国务院台办主任王兆国到会，并就两岸关系和对台工作发表讲话。

《周恩来经济文选》及大型画册《周恩来》由中央文献出版社出版发行

世界中小企业大会在北京闭幕

大会通过《世界中小企业大会北京宣言 走向公元2000年——世界中小企业前景展望》。

宣言认为，当今世界政治经济形势的变化，将不可避免地对世界中小企业的生存和发展产生深远影响。机遇与挑战并存。世界各国一直将中小企业视为发展经济的重要领域。特别是由于在近年来席卷世界众多国家和地区的经济衰退中，中小企业表现出了具有比大企业更强的应变和承受能力，各国更加重视鼓励和扶植中小企业的发展。因此,中小企业面临的一些问题正引起国际范围内的广泛关注,中小企业也在不断地全球化。

宣言说,大会特别注意到,目前世界中小企业的发展主要集中在城市及其周边地区,而未来发展的关键在于工业化进程必须扩展到农村地区。鉴此,大会极有兴趣地注意到了中华人民共和国大规模建立和迅速发展乡镇企业的经验,并认为这种经验值得许多发展中国家借鉴。中国在实践中提出的“离土不离乡”、“进厂不进城”的方针,对饱尝盲目城市化之苦的国家,尤有特殊的参考价值。

国务院总理李鹏在北京会见联合国副秘书长冀朝铸及世界中小企业协会主席柳琦谆等

参加会见的还有斯里兰卡旅游及乡村工业发展部部长通达曼、刚果贸易部长波基拉、埃塞俄比亚工业部副部长依基布鲁等。

中国国际贸易促进委员会会长郑鸿业会见时在座。由贸促会和世界中小企业协会共同主办的世界中小企业大会通过了旨在促进世界中小企业发展的《北京宣言》。

外交部部长钱其琛与巴西外交部长卡尔多佐在巴西利亚会谈并签署两个协议

会谈后,两国外交部长签署两国政府《关于经济技术合作协定的补充协议》和《关于核准研制地球资源卫星补充议定书》。

巴西总统伊塔马尔·佛朗哥在巴西利亚总统府会见外交部部长钱其琛

中国地方志指导小组中国革命博物馆3月5日至11日在北京联合举办首届全国新编地方志成果展览

中国环境保护产业协会在北京成立

3月6日

中共中央在中南海怀仁堂就八届全国人大及八届全国政协的人事安排等问题举行民主协商会

各民主党派中央、全国工商联负责人,少数民族、宗教界代表人士,部分人民团体负责人出席会议。

民主协商会由中共中央总书记江泽民主持。中共中央政治局常委李鹏、乔石、李瑞环、朱镕基、刘华清、胡锦涛等参加会议。江泽民向与会人员通报了正在召开的中共十四届二中全会讨论审议《关于调整“八五”计划若干指标的建议》、《关于党政机构改革的方案》的主要内容。胡锦涛代表中共中央就拟向八届全国人大一次会议推荐的国家机构领导人员人选建议名单和拟向全国政协八届一次会议推荐的全国政协领导人员人选建议名单作说明。

到会的各民主党派、各界人士荣毅仁、费孝通、孙起孟、雷洁琼、王光英、钱伟长、卢嘉锡、李沛瑶、方荣欣、杨纪珂、吴阶平、蔡子民、陈慕华、倪志福等在会上先后发言。他们完全拥护中共中央关于调整“八五”计划若干指标的建议和机构改革的方案。

出席民主协商会的各民主党派中央、全国工商联、无党派代表人士和少数民族、宗教界人士还有:阿沛·阿旺晋美、严济慈、赵朴初、程思远、彭清源、高天、万国权、陈舜礼、徐采栋、张克辉;人民团体负责人宋德福等。中共中央政治局候补委员、书记处书记、中央办公厅主任温家宝,中共中央组织部部长吕枫、统战部部长王兆国等也参加了会议。

首都各界在人民大会堂集会纪念“三八”妇女节

国务委员第四次世界妇女大会中国组委会主席李铁映在纪念“三八”妇女节83周年大会上的讲话

同志们:

今天,我们在这里欢聚一堂,庆祝“三八”国际劳动妇女节。我代表中共中央、国务院,向出席会议的各位妇女代表,向辛勤劳动和工作在各条战线上的各族各界妇女,致以亲切的慰问和节日祝贺!向台湾、港澳女同胞和海外女侨胞,向世界各国妇女,致以良好的祝愿!向这次大会上将要受到表彰的妇女先进模范人物表示热烈的祝贺!

当前,我们党领导全国各族人民正在沿着建设有中国特色社会主义道路大踏步前进,政治、经济形势都很好。邓小平同志视察南方的重要谈话和党的十四大,极大动员和鼓舞了全党和全国人民,广大干部和群众的积极性更加高涨,改革开放步伐明显加快,国民经济以较高的速度增长,我国政治稳定,社会稳定,到处充满着生机和活力,改革开放和现代化建设进入了蓬勃发展的新阶段。我们要以邓小平同志建设有中国特色社会主义的理论和党的基本路线为指导,积极、全面、正确地贯彻十四大精神,解放思想,实事求是。团结奋进,真抓实干,推进改革开放和现代化建设。

改革开放以来,广大妇女进一步增强了主人翁责任感,开拓进取,锐意创新,在两个文明建设中做出了突出的贡献。亿万农村妇女开展的“学文化、学技术、比成绩、比贡献”活动和城镇妇女开展的“巾帼建功”活动,有力地推动了城乡经济和各项事业的发展。广大妇女在改革和建设的实践中经受了锻炼，增长了才干，精神面貌发生了可喜的变化，自身素质进一步提高，一大批妇女人才脱颖而出。中国妇女解放运动在现代化建设事业前进的过程中得到了长足的发展。

致力于改革开放和现代化建设事业，既是时代赋予中国妇女的历史使命，也是妇女解放运动自身发展的需要。改革开放和现代化建设代表着广大妇女的根本利益和妇女解放运动发展的方向，为广大妇女提供了发挥聪明才智、实现全面参与、全面发展的广阔舞台和良好时机，同时也提出了新的挑战。广大妇女要发挥历史的主动性和创造精神，积极投身改革开放和现代化建设的实践，为建立社会主义市场经济体制、全面完成党的十四大提出的各项任务做出自己应有的贡献。要进一步解放思想，实事求是，转变观念，积极支持改革，参与改革。继续发扬自尊、自信、自立、自强的精神，积极进取，大胆开拓，敢创新业，以自己的业绩和贡献，进一步赢得社会的尊重和支持。广大妇女还要适应形势的发展，努力加强学习，不仅要学政治，而且要学经济，学经营管理，学现代科学文化，特别要注重学习社会主义市场经济方面的有关知识，不断提高自身素质。要积极推进社会主义精神文明建设，大力开展移风易俗活动，同丑恶现象做坚决斗争。要倡导科学、健康、文明的生活方式，树立符合时代精神的社会主义新风尚，促进家风、民风和社会风气的进一步好转。要自觉地实行计划生育，积极开展优生、优育、优教活动，精心培养下一代。大陆妇女与台湾、港澳女同胞要携起手来，共同促进统一祖国和振兴中华的大业。

妇女是推动社会进步的伟大力量。为加强妇女儿童工作，国务院正式成立了妇女儿童工作协调委员会，各级政府要把妇女儿童工作纳入议事日程。妇联组织是党联系广大妇女的桥梁和纽带，是国家政权的重要社会支柱之一。各级党委和政府在各项工作中要重视发挥妇女作用，支持妇联的工作，为妇女平等、全面地参与政治、经济、文化创造条件，提供保证。要认真贯彻实施《中华人民共和国妇女权益保障法》，切实维护妇女的合法权益。要重视妇女干部的培养和选拔，积极为妇女干部的成长创造条件。社会各个方面都要关心妇女事业，积极推动妇女解放事业的发展。要不断消除各种歧视妇女的旧观念和现实生活中一些男女不平等现象，特别是在入学、升学、毕业分配、录用职工、分配住房和享受福利待遇等方面，要保障妇女享有与男子完全平等的权利。在全社会形成尊重妇女、关心妇女、保护妇女的良好风尚。

今年下半年将召开中国妇女第七次全国代表大会。1995年，第四次世界妇女大会将在我国举行。广大妇女要以新成绩新贡献迎接这两个大会的召开，以这两次大会为契机，进一步推动我国妇女事业的发展。

同志们，朋友们：我们的事业前景壮丽，中国妇女任重道远。让我们在邓小平同志建设有中国特色社会主义核心的党中央周围，同心同德，努力奋斗，同全国人民一道，夺取改革开放和现代化建设的更大胜利！

新华社香港分社副社长张浚生就香港政制问题发表谈话

新华社香港分社副社长张浚生日前在香港表示，为了保证香港的平稳过渡，香港有关九四及九五的选举及实施细则本来就应由中英双方进行磋商，而原来的磋商机制被英方单方面破坏了。现在英方表示愿意返回到磋商的轨道上来，中方是欢迎的。

张浚生说，中方的原则立场是很清楚的，而且磋商是中英之间的事。港英政府应该保证中英之间达成的协议能够得到贯彻执行，而不是让立法局来否定、推翻中英所达成的协议。

张浚生被问及中英之间是否会在短期内磋商香港政制问题时称，关于香港政制问题，中方已多次表明了立场和原则。为了香港九七年的平稳过渡，对九四、九五年选举的具体实施细节本来是需要经过中英双方磋商的，但磋商的机制被英方破坏了。这场公开的争论本来是不必要的，但英方单方面挑起了这场争论，耽搁了5个月的时间。

张浚生强调，中英恢复磋商的原则，只能是按照中英联合声明，与基本法相衔接及过去中英之间通过外交途径已达成的谅解与协议来进行。而且，根据联合声明，磋商只能是中英两国政府之间的磋商。中方表明的原则及立场是不可能改变的。

张浚生进一步指出，现在香港政府的正确名称是英国香港政府，或者是平常所说的港英当局。港督是英国皇室派驻香港实行殖民统治的一个官员，与未来的特区行政长官有本质的区别。

张浚生表示，港英政府应该保证贯彻执行中英之间达成的协议，而不是由立法局来否定、推翻中英之间的协议。

中英联合联络小组中方代表处发言人指出中方反对英方单方面拨款兴建新机场

就香港立法局财委会日前通过北大屿山干线东涌段拨款一事，发言人发表谈话指出，在中英双方未能就新机场总体财务安排达成协议前，中方反对英方就涉及新机场核心工程项目继续拨款等任何单方面兴建机场的行动。

中央军委副主席张震在福建考察部队工作

张震最近在福建陆海空军部队考察工作时强调，

部队要认真贯彻党的十四大精神和邓小平关于新时期军队建设的思想，以现代化训练为中心，抓好各项工作的落实。

国防科技成果技术开发中心在北京成立

中国长江航运集团在武汉成立

国际奥委会考察团抵达北京开始为期三天的正式考察活动

叶乔波在德国因策尔举行的世界杯速滑赛上获世界杯速滑赛500米冠军

人大代表周家良被非法拘禁案一审结束

1992年轰动全国的安徽省蚌埠市人大代表周家良被非法拘禁一案，3月6日由长春市中级人民法院结束一审。负有主要责任的刑警焦春生被判处有期徒刑一年。

周家良是安徽省怀远县梅桥粮油工业公司经理。1992年2月末，焦春生、王树海在主要事实不清的情况下，将周家良拘禁。焦、王明知周家良是人大代表，却无视有关法律规定，既不向上级汇报，也不与当地人大联系，就将周家良拘押回长春。

长春市中级法院经审理认定，焦春生、王树海二人的拘禁行为，系受刑警大队副大队长贺鸿才和八队副队长兰旭的指派，在事实不清、当事人身份不清的情况下签署拘押命令。更为严重的是，当市公安局得知周家良是人大代表，要求立即释放周家良时，焦春生等人以买不到车票为由将周家良继续羁押36小时，致使周家良被非法拘禁长达8天。

3月7日

中国共产党第十四届中央委员会第二次全体会议公报

中国共产党第十四届中央委员会第二次全体会议，于1993年3月5日至7日在北京举行。

出席这次全会的有，中央委员184人，中央候补委员125人。有关负责同志49人列席了会议。中央政治局主持会议，中央委员会总书记江泽民同志作了重要讲话。

全会审议通过了《关于调整“八五”计划若干指标的建议》；审议通过了《关于党政机构改革的方案》。

全会科学分析了我国当前的经济形势，强调指出，在当前和整个九十年代，抓住国内和国际的有利时机，加快改革开放和现代化建设步伐，这个指导思想要坚定不移。全会认为，“八五”计划若干指标的调整是必要的、符合实际的，调整后的指标经过全党和全国人民的共同努力是能够实现的。要继续保持经济发展的好势头，在提高质量、优化结构、增进效益的基础上求得较快的发展速度，促进社会全面进步。各地情况不同，在速度问题上不搞“一刀切”。在经济工作中，要更好地坚持解放思想、实事求是的思想路线，善于总结经验，及时发现和认真解决前进中的突出矛盾与问题，促进社会主义市场经济体制的建立，促进经济建设又快又好地发展。

全会认为，党政机构改革，是政治体制改革和社会主义政治建设的重要内容，也是深化经济体制改革、加快社会主义现代化建设步伐的重要条件，必须抓紧进行。机构改革应以适应社会主义市场经济发展的要求为目标，转变职能，理顺关系，精兵简政，提高效率。这项改革，直接关系着经济发展和社会稳定，要切实加强领导，统筹规划，精心组织，分步实施。

全会指出，为保证改革开放和经济建设的顺利进行，必须坚决维护安定团结的政治局面，加强新形势下的思想政治工作，加强廉政建设，大力改进领导方法和工作作风。

全会审议通过了中央政治局提出，经过与党内外协商形成的，拟向八届全国人大一次会议推荐的国家机构领导人员人选名单和拟向全国政协八届一次会议推荐的全国政协领导人员人选名单。全会决定，将上述两个名单分别向八届全国人大一次会议主席团和全国政协八届一次会议主席团推荐。

中共十四届二中全会通过《关于调整“八五”计划若干指标的建议》

中国共产党第十四次全国代表大会对九十年代加快我国改革开放和经济发展的目标、任务和重大方针政策作了明确规定，同时“建议国务院对‘八五’计划做出必要的调整，并着手研究制订‘九五’计划”。按照党的十四大的精神，国务院经过认真研究，对“八五”期间的经济增长速度、产业结构、利用外资、进出口贸易、投资规模等指标提出了调整意见。中央政治局经过讨论同意这些意见，建议按此调整“八五”计划。

一、抓住有利时机，加快经济发展

在邓小平同志去年视察南方的重要谈话和党的十四大精神的鼓舞下，我国的改革开放和现代化建设进入一个新的阶段。以转换企业经营机制为中心，各项改革都迈出大的步伐。对外开放形成全方位开放的新格局，进出口贸易空前活跃，利用外资大幅度增加。国民经济高速增长，第一、第二、第三产业全面发展。科技、教育以及各项社会事业也都取得明显成绩。这充分表明，邓小平同志提出的抓住有利时机，加快改革开放，加快经济发展，使国民经济登上新台阶的战略思想，是完全正确的。

从各方面的趋势看，“八五”后三年，国民经济的进一步发展有着许多有利条件。第一，广大干部群众思想进一步解放，改革开放的步伐加快。随着社会主义市场经济体制的逐步建立，市场在配置资源中的基础性作用将会更加有效地发挥，国民经济将焕发出更大的活力。第二，加强基础产业建设，加快支柱产业发展，将形成比较旺盛的投资需求；随着居民收入的增加，居民购买力将不断提高。这些会进一步拉动经济增长。第三，近几年农业连续获得好收成，基础工业的供给能力有所增强。特别是发电装机容量、钢产量增长较快，并且今后几年仍有可能继续较大幅度增加。今后几年城乡居民储蓄仍可能保持较大增长势头，这是加快经济增长的重要资金来源。第四，今后几年，亚太地区经济将继续保持较高的增长速度，发达国家和亚洲“四小龙”将加快产业结构调整的进程，我国在恢复关贸总协定缔约国地位以后对外开放度会进一步扩大，这将为我国更多地利用国际市场、资金、资源，提供良好的机遇。

“八五”后三年经济的发展也面临着一些问题和制约因素。一是当前固定资产投资增长较猛，银行贷款规模和货币发行增长过快，通货膨胀的潜在压力加大。这给后三年保持社会总需求与总供给平衡增加了难度。二是能源和一些主要原材料供应紧张，交通运输特别是铁路运输能力严重不足，仍将成为制约经济发展的“瓶颈”。三是在国际经济中，贸易保护主义倾向进一步加剧，美国等少数西方国家还会以某些借口对我实行贸易限制措施，恢复我关贸总协定缔约国地位也会对国内企业和市场造成一定压力。

根据上述发展趋势的分析，“八五”后三年，我们要进一步抓住有利时机，充分利用一切有利因素，巩固和发展已经出现的大好形势，继续在提高质量、优化结构、增进效益的基础上，实现较高的经济增长速度。同时，要全面考虑财力、物力的可能，保持需求与供给的大体平衡，防止经济过热，避免大的损失。

“八五”期间国民经济平均每年增长速度，原计划为6%。综合考虑各种因素，拟调整为8%～9%，保证实现十四大提出的目标。各地不搞一刀切，有条件的地方可以搞得快一些，但不要盲目攀比。

“八五”期间，第一产业平均每年增长速度由原定3.2%调整为3.5%（农业总产值平均每年增长4%）；第二产业平均每年增长速度由5.6%调整为10%左右（工业总产值平均每年增长14%）；第三产业平均每年增长速度由9%调整为10%以上。

当前，我国经济发展中的一个突出问题是产业结构不合理。这个问题不解决，资源就难以优化配置，国民经济也难以持续地以较高速度增长。“八五”后三年是一个关键时期，要把调整和优化产业结构放到突出地位，采取有力措施，加强调整的力度，打攻坚战。

二、加强农业，促进农村经济的全面发展

这几年农业生产能力有所提高。但是，农业的物质技术基础仍然比较薄弱，出现了一些值得注意的新情况、新问题。必须把农业放在首要地位，继续花大力量来抓。这是关系社会稳定和经济全局的大事，任何时候都不能放松。首先，要保证粮食以及棉花、油料的稳定增产；同时继续调整农业内部结构，按照市场的需求，积极发展其他经济作物，抓好“菜篮子”工程，发展林牧副渔各业，走高产、优质、高效的路子。节约使用各种农业资源，特别要保护耕地资源。加速科技成果的推广应用。发展乡镇企业，是繁荣农村经济，增加农民收入，提高农村购买力的重要途径。“八五”后三年要继续大力发展乡镇企业，特别要扶持和加快中西部地区和少数民族地区乡镇企业的发展。要把水利作为基础产业认真抓好，安排好关系到全国和各地经济发展和人民生活的各项水工程。

对“八五”主要农业指标拟作如下调整：

粮食产量，原计划按两丰两欠一平的年景安排，1995年产量达到4.55亿吨。现在看来，一方面每年要增加大量人口，工业发展对粮食的需求也在增加；另一方面市场需求发生了变化，对粮食的品种质量要求高了。因此，原计划确定的粮食产量指标拟不作调整，力争较大幅度地增加优质品种的产量。要努力加强粮食、棉花、油料的仓储设施建设，把这些重要农产品的生产、仓储、运输、市场、销售等各个环节通盘安排好。凡是有条件的地方，要尽可能做到当地粮食自给，或者做到本区内供需平衡。

棉花产量，原计划安排1995年达到475万吨。考虑到“八五”后三年国内市场和纺织品出口的需要，并考虑粮棉用地以及棉花与化纤产量的统筹安排，1995年的棉花产量拟调整为500万吨左右。

糖料、肉类、水产品的产量指标，都比原计划适当提高。

最近，中共中央、国务院对进一步加强农业作出了重要部署，提出了一系列政策措施。各级政府要切实加强对农业的领导和指导，把中央提出的政策措施落到实处。主要是：第一，深化粮食流通体制改革，改变现行的由国家统一调拨的办法，实行粮食产区和销区直接挂钩、集中定货，逐步形成协调产区、销区双方利益的新机制。第二，粮食价格放开以后，对粮食收购实行保护价，并对主要农业生产资料实行最高限价，以保护和调动农民种粮的积极性。第三，加强粮食主产区流通基础设施建设和生产基地建设，支持粮产区发展乡镇企业和粮食转化及农副产品加工，提高综合效益。第四，增加农业投入，加强农田水利建设，改善农业生产基本条件，提高农业生产综合能力。第五，积极发展农用工业，努力提高产品质量，降低生产成本，增加农业生产资料的供应。第六，坚决纠正乱摊派、乱收费、乱集资，切实减轻农民负担。

三、动员各方面的力量，加快交通运输的发展

长期以来，我国交通运输能力严重不足。随着国民经济增长速度加快，铁路运输的矛盾更加突出。1992 年国民生产总值增长 12.8%，铁路货运量只增长 3%。铁路运输全面紧张，京广、津浦等十几条铁路干线的 24 个限制口运力只能满足需要的 40%至 60%。沿海主要港口压船压港十分严重；公路等级低、路况差，运输能力不足；民航基础设施落后，供求矛盾十分突出。交通运输问题，已到了非下决心解决不可的时候了。

"八五"后三年，要把铁路建设做为重中之重，集中力量抓出成效。1995 年以前，采取措施，确保京九、宝中、兰新复线、南昆线的南宁到百色段等重要铁路干线建成；抓紧完成京广线武昌至广州段扩能改造工程、大秦线二期配套工程。同时，加快建设神朔到黄骅港新运煤通道，争取"九五"基本建成。上述计划完成后，津浦、沪宁、京广以及西北地区干线主要限制口的紧张状况可以有一定缓解。"八五"期间，全国铁路新线建成里程拟由原计划安排的 6100 公里增加到 6600 公里；新建复线由原计划的 3600 公里增加到 4100 公里；电气化铁路，实现原计划安排 5600 公里的指标。

在加快铁路建设的同时，要加强港口、公路、内河航运、民航、通信的建设。到 1995 年，沿海主要港口吞吐量，拟由原计划的 6.5 亿吨，调整为 7.2 亿吨。"八五"期间，新建高速公路和一二级汽车专用公路 5400 公里，新增公路建成里程 9 万公里。市话交换机五年净增容量 1800 万门，比原计划增加 800 万门。

实现上述计划，需要采取以下措施：

(1)实行"统筹规划，条块结合，分层负责，联合建设"的方针，大力提倡和鼓励中央、地方、企业联合建设交通设施。广东、山东等省市区的经验证明，只要领导重视，把各方面办交通的积极性充分调动起来，交通运输紧张状况会逐步得到改善。

(2)深化企业改革，适当扩大交通企业的自主权。铁路企业，要在坚持集中统一管理调度的前提下，以路局为单位逐步实现自主经营、自负盈亏，增强活力和自我发展能力。

(3)多渠道筹集资金，增加投入。目前铁路货运价格过低，适当提高运价，既有利于增强铁路自我发展能力，又有利于理顺铁路与水运、公路运输之间的比价关系。在充分考虑企业、个人承受能力的前提下，适当提高港口附加费、沿海和内河运价、民航国内和国际航线运价，作为这些行业的专项建设基金。上述各项专项基金，比照中央基本建设基金的办法管理。同时，扩大利用外资渠道，吸引外商合资或独资建设铁路、港口、公路、机场等设施。

(4)采取一些"短平快"措施，挖掘现有运输设施的潜力。一是增加铁路机车和飞机车船购置的银行贷款，缓解交通工具的不足。二是在铁路干线采取增开重载列车、优化列车运行图等措施，并在一些限制口路段进行股道延长、编组站扩能配套等工程，提高运输能力。三是采取措施促进铁路和公路在短途运输进行合理分流；通过增加重要干线大座位飞机和租用外国飞机等措施，扩大民航运输能力。

采取以上措施以后，"八五"后三年的运输仍然比较紧张，需要在年度计划中进一步采取挖潜措施。

四、加快能源和重要原材料的发展，扩大生产能力

能源紧张，是我国经济增长的另一个制约因素。"八五"期间，由于经济加快发展，能源需求量将有较大增加。必须开阔思路，坚持开发与节约并重的方针，从各方面采取积极措施，缓解能源紧张的矛盾。

煤炭工业，重点加快一批大型骨干煤矿的建设。要深化价格改革，把统配煤矿指令性煤炭价格，分三年全部转为市场价。继续鼓励地方煤矿的发展，扶持一批商品煤生产基地的改造和提高。着手改革煤炭调拨管理体制，逐步实行谁调入谁负担，调出煤给优惠的政策，进一步调动地方办煤的积极性。原煤产量，1995 年指标拟由原计划的 12.3 亿吨调整为 12.5 亿吨。

电力工业，要大力开发水电，重点加快一批在建的大型水电站的建设，为整个 90 年代水电装机有较大增加打好基础。进一步发展火电，在抓好现有坑口、路口、港口火电站建设的同时，在煤炭基地再建设一些大型骨干电厂，以输电方式代替输煤。同时适当发展核电。1995 年全国发电量指标拟由原计划的 8100 亿千瓦时调整为 9200 亿千瓦时，年均增长速度由原来的 5.6%提高到 8.2%。这样，"八五"期间新增发电装机需从原来的平均每年 900 万千瓦增加到 1280 万千瓦。要多渠道筹集资金，增加电站投入。在适当的时候，出台加收电力专项基金的措施。进一步调动地方办电的

积极性，并通过发行债券、股票等形式，吸引社会资金用于电站建设。还要采取借用国外贷款、中外合资和外商独资等多种形式，建设一批电站。

石油工业，东部地区要继续加强勘探开发，保证现有油田稳定增产；西部地区要加快勘探，增加探明储量。积极推进油气价格改革。扩大陆上石油与国外合作的区域，利用国外资金加快石油的勘探开发"八五"期间，由于探明储量不足和其他条件限制，1995年的原油产量拟维持原计划1.45亿吨的水平不变。"八五"后三年，原油的国内供需缺口比较大，拟通过多进口一些原油来弥补。特别是东南沿海等地区，要更多地利用国际市场，多进口一些原油，以更好地发挥炼油装置的能力和弥补能源的短缺。

钢铁工业，近几年生产增长速度加快，1992年钢产量达到8000万吨。1995年钢产量指标拟调整为8800万吨。重点放在提高产品质量、增产短缺品种上，力争使连铸比和板管材比有较大的提高。要解决好钢铁生产的矿石、燃料、运输等配套条件问题。

在加快能源、原材料开发的同时，要把节约放在重要地位。如果不把能源、原材料的高消耗降下来，国民经济就不可能持续以较高速度发展。各行各业都要加快技术进步，十分重视技术改造，同时强化管理，大力节油、节煤、节电、节材、节水。"八五"期间的节能率争取由原计划的1.8%提高到3.7%。

五、按照规模经济、合理布局和突出重点的原则，积极发展支柱产业

党的十四大提出，要把振兴机械电子、石油化工、汽车制造和建筑业放到重要战略地位，使它们成为我国国民经济的支柱产业。这是我国经济登上新台阶的一项重大决策。

我国机械电子、石油化工、汽车制造工业有了相当的基础，许多产品市场需求旺盛，有很大的发展潜力。目前，存在的主要问题是，在生产领域，专业化程度低，"大而全"、"小而全"，技术比较落后，产品开发能力弱；在建设领域，不少地方盲目布点，造成批量小、低水平重复。例如汽车工业，据不完全统计，目前又有8个省市在国家定点之外搞了17个轿车生产厂点；轻型车全国已有62个生产点，有些地方还在布新点。这种状况，不仅造成资金和资源的巨大浪费，而且产品竞争能力差，在恢复我关贸总协定缔约国地位之后将面临更加严峻的挑战。我们要有紧迫感，下决心改变这种状况。

在机械电子、石化、汽车工业的生产建设中，要加强统筹规划，坚持合理的经济规模，搞好合理布局。对那些生产批量大、技术起点高、产品质量好的企业，国家要采取增加投入，优先批准发行股票、债券，实行财税、信贷优惠政策和扩大企业自主权等办法，重点给予扶持；同时在合理协调各方面经济利益的基础上，促进部门和地方联合投资建设大型项目。对大量小企业，要运用市场机制和必要的行政手段，实行兼并和改组，使它们成为大企业的专业化配套厂或者关停和转产。

机械电子、石化、汽车工业技术密集程度高，需要的投资大。"八五"后三年这些行业的发展不可能全面铺开，必须突出重点。机械工业重点是加快交通、能源、原材料工业等成套技术装备的发展，特别是要加强基础机械和基础零部件的生产建设和改造，提高产品质量和技术水平。电子工业重点是加快集成电路、计算机、通讯设备以及新一代家用电器的开发。石油化工重点是发展深度加工和综合利用，加快乙烯，以及合成纤维、合成树脂、合成橡胶和基本有机原料的发展。汽车工业重点是加快国家定点的轿车、轻型车骨干企业的发展。建筑业要适应住宅、公用设施、工业等建设的要求，加快发展，并积极发展相关的建材工业。

与此同时，要改组改造轻纺工业，提高产品质量、档次，增加花色品种，提高创汇能力。目前，正在组织有关部门研究加快四大支柱产业发展的目标，重点和政策措施。在这个基础上，尽快制定振兴四大支柱产业的专项规划。

六、放宽政策，正确引导，促进第三产业的发展

发展第三产业，除了加快发展交通、通信等基础行业之外，重点是发展具有先导性的科技教育、信息咨询等行业，发展商业、金融、保险、旅游、居民服务等行业。"八五"后三年要把发展与培育市场有关的行业和为市场服务的行业作为第三产业的主攻方向。要把发展第三产业与转换企业经营机制结合起来，逐步把企业的服务设施分离出去，建立社会化综合服务体系和社会保障体系。

各地区、各部门要搞好第三产业发展规划，并加强政策引导，做到既积极发展，又量力而行，突出重点。要发挥多种经济成分的作用，依靠社会力量兴办第三产业。

七、充分发挥各地优势，促进地区经济合理布局和协调发展

我国地域辽阔，各地条件差异很大，经济发展不平衡。要在加强国家统一规划和政策指导下，使各地区因地制宜、合理分工、联合统筹、各展所长、优势互补、共同发展。东部沿海地区，要发挥资金、技术、人才和管理等方面的优势，多利用一些国外资金、资源和市场，大力发展外向型经济，发展附加值高、创汇高、技术含量高、能源和原材料消耗低的产业和产品，取得更大

的进展。中部和西部地区，资源丰富，沿边地区还有对外开放的地缘优势，国家要给予支持，加快他们的资源开发和优势产业发展。要根据自然地理特点和经济内在联系，突破行政区划界限，发展各具特色的区域经济，开展多领域、多层次、多形式的联合与协作，促进生产要素的优化组合。

继续贯彻执行扶持少数民族地区、贫困地区、革命老根据地和边疆地区发展的各项政策，特别要采取更加有力的措施，积极抓好扶贫开发，帮助贫困地区尽快脱贫致富。经济发达地区也要采取多种形式，带动和帮助后进地区加快经济发展，逐步实现共同富裕。

八、更大地发挥科技生产力的作用，加强人才的培养

发挥科技生产力的作用，关键是在进一步加强科学研究的基础上，大力推进科技成果商品化和科技发展产业化。要促使企业围绕提高经济效益，大力推广科技成果，采用先进技术，加快技术改造和设备更新；继续实施"星火计划"、"丰收计划"，促进农村科技进步。国家要抓好关键技术的攻关，抓好对行业有牵动作用、技术水平较高、经济和社会效益好的科技成果的推广应用。"八五"计划安排的36项关键技术攻关项目和一千五百项重大科技成果推广项目，要抓紧实施，加快进度。特别要加强高新技术的研究和开发，加快高技术产业化和面向国内、国际市场的进程。

认真贯彻《中国教育改革和发展纲要》。大力加强基础教育，积极发展职业技术教育、成人教育和高等教育。把培养初、中级人才，提高劳动者素质摆在突出位置。建立和完善职业技术教育体系。努力办好一批重点高等学校和重点学科。"八五"期间，要为到本世纪末全国基本普及九年制义务教育、基本扫除青壮年文盲奠定坚实基础。各级各类学校都要全面贯彻教育方针，全面提高教育质量。加快教育体制改革，优化教育结构。增加教育投入，改善办学条件。加强师资队伍建设，改善教师待遇。改变国家包办教育的做法，实行以财政拨款为主，多渠道筹措教育经费的体制，充分发挥各方面的办学积极性。

九、扩大利用外资规模，加快发展对外贸易

"八五"期间，要进一步扩大对外开放，继续发展和完善多层次、多渠道的开放格局，更加积极有效地利用国外资金、资源、技术和市场。

借用国外中长期贷款，"八五"计划原设想五年350亿美元。综合考虑加快经济发展的需要、国际市场筹资的可能和我国外汇支付能力，拟争取利用五百亿美元。按此计算，"八五"期间的外债还本付息额近五百亿美元。按贸易结汇加非贸易收汇计算，平均偿债率为16%，处于20%的警戒线以下。到1995年末，中长期外债余额约为700亿美元，加上短期外债，全部外债余额为800亿美元左右。1995年债务率为70%左右，低于国际公认的100%的警戒线。

外商直接投资，"八五"计划原设想五年吸收170亿美元。1992年外商来华投资十分踊跃，初步统计全年外商实际投资达120亿美元。根据实际情况的变化，拟将5年外商直接投资额调整为350亿美元以上。要按照国家产业政策，引导外商多兴办资本密集、技术密集型项目、高附加值产品出口项目以及基础设施和资源开发利用项目。

出口贸易额，考虑到近几年实际出口增长较快和今后几年出口继续增长的可能，拟按年均增长13%考虑，大体相当于80年代年均增长水平。在国际环境不发生大的变化的情况下，1995年出口额为1150亿美元(海关统计口径)。为了扩大外贸出口，要实行国际市场多元化的战略，在继续巩固和扩大欧美、日本等市场的同时，努力开拓其他国际市场。深化外贸体制改革，使更多具备条件的企业和企业集团拥有外贸自主权，实行多种多样的、更加灵活的经营方式。提高出口商品的质量和档次，进一步调整出口商品结构，努力扩大机电产品特别是成套设备的出口，增加高技术、高附加值产品的出口。要坚持和改进鼓励出口的政策体系，完善出口退税制度，进一步加强出口商品生产基地的建设，加强销售服务工作。

进口贸易额，按照进出口基本平衡，保持必要外汇储备的原则进行安排。要注意采取国际上通用的做法，加强政策引导，尽可能地使进口商品结构符合国内经济发展的需要，将外汇主要用于工农业生产建设需要的技术、设备和能源、原材料的进口。

十、合理确定和控制固定资产投资规模，加大投资结构调整的力度

加快国民经济发展，需要增加投入，扩大投资规模；同时，要充分考虑各方面的承受能力，把投资规模控制在合理的、适度的范围之内，防止投资需求膨胀。

"八五"期间，综合考虑加快经济发展对资金的需要和财力、物力的可能，投资率拟控制在30%之内。按此测算，"八五"全社会固定资产投资规模，按1990年价格计算为34000亿元(原计划为26000亿元)，如果考虑涨价因素则为45000亿元左右。其中：国有单位基本建设投资规模，按1990年不变价格计算为11400亿元(原计划为8400亿元)；技术改造投资规模为8000亿元(原计划为5500亿元)。"八五"后三年增加的投资，需要通过多种资金渠道加以筹集。

目前，固定资产投资铺开的摊子已经相当大，今后几年要从严控制新上项目，不要再多铺新摊子。对各

种投资的资金来源，包括新增贷款，回收再贷，各种债券、股票和其他形式的集资，都要进行管理和监督。对兴办各种开发区和房地产业，要加强引导和管理。“八五”后三年可能增加的投资，要主要用于在建项目中急需建设的项目，特别是要保证“八五”计划原安排的项目的需要。要加强现有企业的设备更新和改扩建，积极促进老工业基地的技术进步。

当前，固定资产投资中存在的主要问题，是投资结构不合理，大量的资金投向加工工业、房地产业和其他一般项目，重点建设的投资比重有所下降。“八五”后三年，从上到下都要把注意力放到大力调整投资结构上，把重点进一步倾斜到交通、通信、能源、水利的建设上来，集中必要的力量办成几件大事。要努力缩短建设周期，克服各种浪费现象，提高投资效益。

为了有效地控制固定资产投资规模，合理调整投资结构，必须深化投资体制改革，逐步建立新的投融资机制。要合理确定中央、地方、企业各类投资主体的决策权限和责任，实行谁投资谁决策、谁承担风险，权责利相结合。要采取联合投资、发行建设债券和股票等办法，吸引社会资金投入重点建设。

十一、合理调整信贷、财政收支总量和结构，有效地发挥财政、金融的调节作用

“八五”生产、建设、流通等方面的计划调整以后，银行信贷计划、财政收支计划也要作必要的调整，在年度计划中根据实际情况逐年加以安排。

“八五”后三年，要继续推进金融体制改革，培育和发展金融市场，逐步建立新的金融机制，积极运用再贷款、存款准备金、利率、汇率等经济手段调节金融活动。同时，仍要坚持和改进贷款限额管理的方式，并加强对贷款规模和货币发行量的监控，保持币值的基本稳定。根据经济增长和物价上涨的控制目标以及货币结算中出现的情况，合理确定新增贷款规模和货币发行量。预测“八五”后两年新增贷款规模和货币发行量，大体相当或略高于今年计划水平。要调整信贷结构，继续优先支持交通、能源、原材料等基础产业和国家重点建设，支持高科技产业和第三产业的发展。积极支持农村经济的发展，促进农业生产向高产、优质、高效转化。支持国有大中型企业转换经营机制，使企业面向市场，调整产品结构，加速资金周转。

加快财政改革和发展的步伐，逐步扭转国家财政困难的局面。“八五”后三年，要加快税利分流和分税制的试点，逐步理顺国家与企业、中央与地方的分配关系。要采取有力措施，进一步完善税制，加强税收征管工作，严肃财经法纪，把一切依法应当收上来的钱都收上来，使财政收入的增长随着经济的增长相应增加。这两年，经过深化企业改革，转换经营机制，企业经济效益差的状况有了一定改善。“八五”后三年，要继续把提高企业经济效益，扭转企业亏损当做一件大事来抓，努力使国有企业亏损面每年下降五个百分点，经营性亏损额每年减少15%～20%。同时，要逐步减少财政对企业的亏损补贴。要从严控制财政支出的增长，调整支出结构，压缩不合理开支，提高资金使用效益。特别要精简机构和人员，减少行政开支，控制社会集团购买力的增长。通过发展经济和改革分配体制，加强管理，逐步提高财政收入占国民生产总值的比重。“八五”后两年，财政赤字要控制在今年计划的水平上，力争有所缩小。

在抓好以上各方面发展的同时，要重视和加强国防现代化建设。继续坚持积极防御的战略方针，努力研制和发展现代化武器装备。国防工业要继续贯彻军民结合的方针，搞好保军转民工作。

大力加强社会主义精神文明建设，促进社会全面进步。继续抓紧抓好计划生育，控制人口增长，提高人口素质。积极防治污染，保护和提高环境质量。

实现上述调整计划，最根本的是要按照建立社会主义市场经济体制的要求，深化和加快经济体制改革，把改革与发展有机地结合起来。要大力促进国有大中型企业经营机制的转换，切实抓好《条例》的落实特别是企业自主权的落实，使企业逐步成为自主经营、自负盈亏、自我发展和自我约束的经济实体和市场竞争主体。要加快价格改革的步伐，逐步建立以市场形成价格为主的价格机制。要坚持政企分开，应该由企业决策的事情，要坚决地放给企业；应该而又有条件通过市场调节的事情，要交给市场，充分发挥市场的作用。国家要集中力量搞好宏观调控，重点是调控银行贷款和货币发行，调控国家财政收支，调控固定资产投资规模，并适时调整信贷、财政、投资结构，以保持经济总量的大体平衡和结构的大体协调，为市场的正常运行创造良好的环境。

在“八五”计划调整工作结束后，将立即着手研究制订“九五”计划和到2010年的远景发展目标。初步设想，大体的工作进度是：从现在开始到1994年春天，重点组织部门、地方和社会上的力量，研究经济发展和改革开放中的一些重大课题，提出“九五”计划和长远发展的基本思路；一九九四年春天以后拟定“九五”计划纲要和到2010年的发展目标；1995年春天提交人代会审议。

中共中央总书记江泽民在中共十四届二中全会上发表讲话

同志们：

这次全会，主要是为全国人大和全国政协换届做

准备。会议开得很好。总的精神，是在邓小平同志建设有中国特色社会主义理论和党的基本路线指引下，继续积极、全面、正确地贯彻落实十四大精神，抓住时机，深化改革，集中力量把经济搞上去。

这次全会，审议通过了调整“八五”计划若干指标的建议，审议通过了八届全国人大、全国政协的高层人事安排的建议，审议通过了党政机构改革的方案，同时还向全会报告了中共中央关于修改宪法部分内容的建议。这都是涉及全局性的大事，认真把这些事情做好了，对于加快改革开放和现代化建设步伐，夺取有中国特色的社会主义事业的更大胜利，具有重要意义。

去年以来，在邓小平同志视察南方重要谈话精神的指引和鼓舞下，全国形势发展很快很好。改革开放和现代化建设进入蓬勃发展的新阶段，国民经济高速增长，各地区、各部门、各方面的工作，都取得了重大成就，全国人民高兴，世界为之瞩目。今年的工作，中央已经发了一个要点，国务院开了计划会议、经济工作会议等会议，还发了几个重要文件，对改革和建设工作做了具体安排。这次全会之后，马上要召开全国人大、全国政协会议，还要对一些重大问题进行讨论并作出决定。我们希望，今年的经济工作和其他各项工作比去年做得更好。

下面，就当前工作中的几个问题讲些意见。

一、关于促进改革开放和经济建设又快又好地发展

在整个90年代，抓住国内和国际的有利时机，加快改革开放和现代化建设的步伐，这个指导思想要坚定不移，要深入贯彻到各方面工作中去。对于中国这样的大国来说，发展的机遇不是很多的。能不能抓住时机，做好深化改革的文章，促进国民经济隔几年上一个新台阶，是对我们各级领导干部的考验，也是对全党领导经济工作水平的检验。我们要继续保持经济发展的好势头，积极进取，扎实工作，讲求实效。重要的是，在优化结构、技术进步、改善管理、提高效益上下功夫，在这个基础上求得较快的发展速度。不同地区、不同产业条件不同，要坚持从实际出发，在速度问题上不搞一刀切，不要盲目攀比。所谓条件，就是要考虑宏观和微观的多种因素，例如市场供求、资源配置、资金筹措、人才培训以及采用先进技术和提高经济效益的措施等等。凡是条件具备的，要尽可能搞得快一些。条件不具备的，要积极创造条件，逐步加快发展。这次会议讨论了“八五”计划的调整，这种调整是积极的，也是留有余地的。以后还要研究制定“九五”计划和2010年的远景目标。精神都是抓住机遇，加快发展。

领导经济工作，一定要按经济规律办事。国民经济是一个有机的整体。积多年的经验，有些基本环节上不去，整个经济就上不去，经济结构不协调，速度也快不了。我们要善于抓重点，抓薄弱环节。这是领导艺术。当前经济发展中的薄弱环节，大家都认为，一个是农业后劲不足，一个是国有大中型企业活力不够，一个是基础产业和基础设施滞后，还有第三产业需要相应地加快发展。关于加强农业和农村工作问题，去年年底中央已经开了会，做出了部署。定下来的事，就要切切实实地去做，去落实，确保今年农业特别是粮食生产有个好收成。一些反复出现的问题，像打白条、乱摊派、农民负担过重，中央一再强调，一定要下决心解决，一抓到底，不能再出现了。这些都要从上面做起，从中央各部门和各省、区、市做起。应该指出，这样的问题不解决，就不可能取信于民，不可能进一步调动农民的积极性。对于新出现的问题，也要及时研究、及时解决。千万不要等到问题积累多了再来抓农业，那样损失就大了。认真搞好国有大中型企业，是关系巩固社会主义制度、发挥社会主义优越性的重大问题，也是关系国民经济全局的重大问题。基本的方针、条例、措施已经有了，关键也是抓好落实，及时总结经验，推动它们走入市场。在实行政企分开、向企业放权和试行股份制的同时，要加强国有资产的科学的宏观管理，确保国有资产的保值增值，确保公有制主体地位的巩固和发展。交通、能源、重要原材料等基础产业和基础设施，一直是制约国民经济发展的“瓶颈”，随着经济增长速度加快，这个问题更加突出了。中央和地方一定要集中必要的物力、财力，采取多种方式筹集资金，加快这方面的发展。基础不打扎实，整个国民经济是不可能上去的。去年以来，第三产业发展势头比较好。要继续发挥国家、集体、个人三方面的积极性，发挥多种经济成分的作用，加快发展步伐，逐步使第三产业在国民生产总值中的比重有所提高。

经济形势总的说来是很好的，发展是健康的。历史经验告诉我们，形势越好，越要保持清醒，兢兢业业地工作，同时要善于总结经验，及时发现和解决前进中出现的问题，避免出现损失特别是大的损失。中央提醒防止过热，是积极的，是为了把经济工作做得更好。同时，中央还提倡，为了搞好改革开放，发展社会主义市场经济，要大胆实践，不断创新。我们要集中力量把经济建设搞上去，必须满腔热情，千方百计，最大限度地把干部和群众的积极性调动起来。重要的是，要把各方面的积极性引导好、保护好、发挥好。总之，是要求大家在经济工作中更好地坚持解放思想、实事求是的思想路线，既要抓住有利时机、充分利用客观条件、发挥主观能动性，积极推进各方面的工作，又要注意不要做那些条件不具备、一时做不到的事情，不要做那些

超过市场需求的、盲目重复建设的事情,不要做那些今天勉强上去了、明天又坚持不下来的事情。经济发展速度总会有波动,但是要防止大的波折。必须把我们领导经济工作的水平、把国民经济的整体素质大大提高一步,这是经济建设上新台阶的基本要求。

加快经济发展,关键是继续深化改革、扩大开放,努力探索建立社会主义市场经济体制的具体路子。在这个过程中,既要充分发挥市场作用,又要改善和加强宏观调控。健全市场机制,需要大力培育和健全市场体系,健全市场管理的法律、规则。改革开放以来,我们在发展商品经济、培育市场、发挥市场作用方面,做了大量的工作,积累了很多好经验,要认真总结推广。同时还要大胆借鉴和吸收国外的好经验。发挥市场的积极作用,离不开国家的宏观调控。这不仅是我国,也是当今世界发达国家的经验所证明了的。国家有效的宏观调控,是建立和完善社会主义市场经济体制所必需的。要在充分发挥市场配置资源的基础性作用的同时,加强国家宏观调控,使国民经济更好地健康发展。企业是市场竞争的主体,要通过市场竞争得到发展,同时政府要给予积极的引导、管理、监督和服务,创造有利的宏观经济和社会环境。必须理解,建立社会主义市场经济体制,是一项巨大的社会系统工程,需要经过相当时期的努力。在这个过程中,我们要积极探索如何综合地、协同地运用经济手段、法律手段和必要的行政手段,建立起适应社会主义市场经济发展要求的新的宏观调控体系。在新的调控体系尚未确立以前,原有的一些办法和手段不可能一下子完全废止,但是必须意识到已经不能完全沿用,而要尽快寻找有效的过渡办法,既培育市场,又使物价不出现大的波动,尽量减少和避免体制转换中出现震荡和混乱。在这个问题上,中央各部门和各地方必须齐心协力,劲往一起使,共同为深化改革、建立和完善社会主义市场经济体制做出贡献。邓小平同志说,社会主义的一个优越性就是能集中力量办大事。我们在加强国家的宏观调控当中,要制定和执行正确的产业政策,集中必要的物力、财力,保证国家的重点建设。目前我们宏观调控的重点,是控制投资规模,管好信贷规模和货币发行量这两个闸门,调控国家财政收支,保持重大经济比例关系的基本平衡,按经济规律办事。从根本上解决这些问题,要靠深化改革。要进一步改革计划体制、财政体制、金融体制和投资体制,提高宏观调控的能力和水平,从体制上促使国民经济协调持续地发展。

二、关于积极稳妥地推进机构改革

进行党政机构改革,是政治体制改革和社会主义政治建设的重要内容,也是深化经济改革、建立社会主义市场经济体制的重要条件。这次机构改革和以往不同,就是把适应社会主义市场经济发展的要求,作为行政管理体制改革的目标,逐步向这个目标前进。

机构改革的指导思想是,按照政企职责分开和精简、统一、效能的原则,转变职能,理顺关系,精兵简政,提高效率。这次全会讨论的机构改革方案,对不同的行政管理层次提出了不同的改革要求。国务院的机构改革,重点在加强宏观调控和监督部门,强化社会管理职能部门,一部分专业经济部门转变为行业管理机构或经济实体。国务院的部委,撤了几个,又新设了几个;保留的和新设的,属于宏观调控和监督部门、社会管理职能部门、关系国家经济命脉的基础行业部门、新型技术行业部门。我国社会主义市场经济体制还在形成过程中,有些部门还不能取消,但要转变职能,大力精简内设机构和人员。国务院直属机构、办事机构和非常设机构,这次改革步子比较大。省、省辖市两级的机构改革,注重加强对本地区经济发展的协调和社会管理职能。县、乡两级的机构改革,则侧重加强服务体系的建设。方案本着因地制宜的原则,也允许各地从社会经济发展的实际出发,调整某些机构设置。建立社会主义市场经济体制需要有个过程,相应地机构改革也需要有个过程。这次国务院和省级机构改革带有过渡性,今后还要适应经济发展和社会主义市场经济体制的建立继续深化改革。县级改革已经有不少经验,深化改革条件比较成熟,步子可以更大一些。要切实实行政企职责分开。各级政府机关不能办企业,在机构改革中成立的公司,必须同原机关脱钩,不能搞“翻牌”公司。各级机构改革都要强调精兵简政。各级国家机关工作人员总数,要减少25%左右。这是从总体上说的。具体到各省、区、市,在中央核定的范围内,如果有条件多精简一点,由各地根据实际情况定。基层力量薄弱的,要注意充实基层。我们应该积极做好这次机构改革工作,通过机构改革,促进各方面改革的健康进行。

机构改革直接关系着经济的发展和社会的稳定,涉及许多干部职工的切身利益,万万不可掉以轻心。在实施过程中,要切实加强领导,统筹规划,精心组织,妥善安排。既要顾全大局,又要照顾各方面的承受能力;既要积极推进,又要维护正常的工作秩序,避免大的波动。国家机关工作人员,一般素质比较高。在机构改革中,要搞好人才分流,妥善安排离开政府机构的人员,使之各得其所、人尽其才,在新的岗位上为现代化建设继续贡献自己的聪明才智,成为发展生产力和为发展生产力服务的积极力量。

三、关于巩固和发展稳定的社会政治环境

当前全国安定团结,社会稳定,社会主义民主和法制建设正在向前推进,这为经济建设和改革开放的顺利进行提供了重要的政治保证。经济发展离不开社会政治稳定,而社会政治稳定最终又要靠经济建设的成果来保障。二者是相辅相成的。维护稳定的社会政治环境,保持良好的社会秩序,很重要的就是继续依法打击各种犯罪活动和敌对势力的破坏活动,坚决查禁广大群众深恶痛绝的社会丑恶现象,搞好综合治理,努力消除不安定的因素。现在有些地方社会治安状况不好,大案要案呈上升趋势。这要引起我们的高度重视。政法部门要加强队伍建设,提高政治业务素质。在同违法犯罪现象做斗争中,要坚持专门工作同群众路线相结合。

在加快经济建设和改革开放的新形势下,正确处理人民内部矛盾,调动一切积极因素,化消极因素为积极因素,是我们国家政治生活的主题,也是维护社会稳定的重要基础。各级领导干部,要结合新的实际,重温毛泽东同志《关于正确处理人民内部矛盾的问题》这篇文章,提高正确对待人民内部矛盾的政策观念和处理能力。现在,人民内部矛盾的内容和表现形式,比我们党提出这个问题的时候错综复杂得多了。应该理解,人民内部矛盾是在人民根本利益一致基础上的矛盾,处理得好,可以增强人民的团结,促进我们的事业兴旺发达;处理得不好,使矛盾激化,小事会变成大事,甚至酿成乱子,就会给我们的社会稳定和事业发展带来不应有的损害。历史经验还告诉我们,敌对势力往往利用我们在处理人民内部矛盾方面的失误,兴风作浪。在深化改革、扩大开放和建立社会主义市场经济体制的过程中,许多经济关系、利益关系需要调整,会产生不少新的矛盾。比如,局部利益与全局利益的矛盾,眼前利益与长远利益的矛盾,经济发展不平衡造成的矛盾,不同地区、不同部门、不同社会成员之间因收入分配方面的差别产生的矛盾,等等。全党应十分重视和认真研究新时期人民内部矛盾的问题,继承和发扬党的优良传统,用民主的方法、说服教育的方法,依据有关政策和法律规定,妥善处理人民内部矛盾,见微知著,把问题解决在萌芽状态,解决在基层,解决在当地,不能让事态扩大,更不要等事情闹大了再来解决。要防止用强迫命令等不正确的办法来处理人民内部矛盾,尤其要坚决防止用处理敌我矛盾的方法来处理人民内部矛盾,防止侵犯广大群众的合法权益。

四、关于加强新形势下的思想政治教育

在加快改革开放、发展社会主义市场经济的新形势下,新情况、新问题不断出现,给思想政治教育工作提出了新的更高的要求,各级党委务必十分重视。思想政治教育工作必须加强,决不能放松和削弱。最根本的是要认真宣传党的十四大精神,把全党和全国各族人民的思想统一到邓小平同志建设有中国特色社会主义的理论和党的基本路线上来。这是改革开放和现代化建设的强大精神动力和思想保证,也是创造良好社会舆论和社会心理环境的要求。要积极开展健康有益、生动活泼、丰富多彩的思想政治教育和文化活动,用高格调的精神产品去提高人们的境界,陶冶人们的情操。

各级党委、思想宣传教育战线的同志特别是党的高级干部,在建设有中国特色社会主义的过程中,根据党的路线、方针、政策和国家的法律、法规,在重大问题上应该旗帜鲜明,提倡什么、发扬什么,反对什么、限制什么,不能含含糊糊。在这方面,我们是有教训的。邓小平同志指出过,有一段时间,最大的失误是教育,主要是思想政治教育。我们要引以为鉴,务必不能重新发生这种问题。搞社会主义市场经济,有利于人们开阔眼界、活跃思想、增长才干、开拓创新。同时也应清醒地看到,市场活动中出现和存在的东西,并不都是积极的、健康的、合理的。对于错误的、丑恶的东西,必须予以抵制、批评和纠正,不能漠然视之,更不能任其泛滥,让它们去腐蚀人们的思想和灵魂。

在建设有中国特色社会主义理论和党的基本路线指引下,在党内和全国各族人民中,特别是在广大青少年中,要继续坚持广泛深入地进行爱国主义、集体主义、社会主义教育,广泛深入地进行中国近代史、现代史和中华民族优秀传统文化教育,提倡正确的理想、信念、人生观、价值观。这些思想观念,同进行现代化建设、发展社会主义市场经济是密切联系的,并且会提供重要的必不可少的精神动力和文化条件。这方面的教育搞得越好,越有助于人们增强民族自尊心、自信心和历史使命感、责任感,越有助于人们树立正确的人生观、价值观,越有助于人们抵制腐朽、丑恶东西的侵蚀。这是我们在社会主义精神文明建设中要锲而不舍地长期坚持的一项重要工作,目标是培养有理想、有道德、有文化、有纪律的一代新人。

我们搞社会主义市场经济,当然要讲效益、讲盈利,重视个人利益,但要防止拜金主义思想的滋长。我们建设的是有中国特色的社会主义,出发点和归宿是发展社会生产力,不断增强综合国力,不断提高人民生活水平,并且逐步实现全体人民的共同富裕。任何时候,都不能忘记这个大原则。个人利益要在国家、社会利益的发展中得到实现。个人利益的实现,不能损害国家、集体和他人的利益。必须严肃指出,我们的党和人民,决不允许那种损人利己、唯利是图、金钱至上、尔虞我诈等错误思想在社会生活中泛滥,决不允许给各种腐朽思想提供阵地。

在发展社会主义市场经济的整个过程中,要始终高度重视社会风气问题。应当警惕,如果社会风气败坏,不仅经济建设搞不上去,我们这个民族也不可能兴旺发达。邓小平同志在1986年就告诫全党同志:“经济建设这一手我们搞得相当有成绩,形势喜人,这是我们国家的成功。但风气如果坏下去,经济搞成功又有什么意义?会在另一方面变质,反过来影响整个经济变质,发展下去会形成贪污、盗窃、贿赂横行的世界。”现在社会上有很多不好的风气。比如利用公款大吃大喝、请客送礼,讲排场、摆阔气,铺张浪费、随意挥霍国家财产,甚至发生了向党政机关送礼券、送干股的现象,也有一些党政机关工作人员堕落到贪污受贿、徇私舞弊、不给好处不办事的地步。这种情况如果发展下去,不加制止,不得了。解决这些问题,要靠法制,靠建立起真正有法制的公平的市场竞争机制,也要靠加强思想政治教育工作。在造成和保持良好的社会风气中,党政机关、领导干部和广大党员必须起好的带头作用。要坚持不懈地加强勤政廉政建设。我们要发展社会主义市场经济,一定要保持党政机关的纯洁性。

总之,在新的形势下加强党的思想政治教育工作,是建设有中国特色社会主义理论和党的基本路线的要求,是改革开放和现代化建设的要求,目的是增强党和国家的凝聚力,增强干部队伍和群众队伍的凝聚力,更好地发展社会生产力,集中力量把国民经济搞上去。

五、关于加强和改善党的领导

加强和改善党的领导,始终是建设有中国特色社会主义的一个关键问题。十四大已经提出了基本的要求。有几个方面,这里再强调一下。

党的各级领导干部要带头学好建设有中国特色社会主义的理论,系统地掌握这一理论的基本内容,并带动全党提高理论水平,使思想认识在新的高度上统一起来。要以建设有中国特色社会主义理论为指导,认识、处理改革和建设中的新情况新问题,必须善于从全局观察问题,想大事、议大事,从而加强工作中的原则性、系统性、预见性和创造性。

当前,在经济、社会、政治以及在处理国际关系中,有很多涉及全局的大问题。对这些问题虽然我们可以说大体上胸中有数,但也还需要深入研究。有些问题如何解决,目前还看不太清楚,需要提上全党的日程,共同思考和研究。比如说,在发展社会主义市场经济的过程中怎样正确处理社会分配问题,就是一个很大的问题。鼓励一部分地区一部分人先富起来是完全正确的,采取这个重要政策的目的,是要通过他们带动其他地区其他人也富起来,最终实现共同富裕。地区之间发展差距要适度。如果长时期里,只是一部分地区一部分人富,大部分地区大部分人富不起来,那就不是社会主义了。先发展起来的,要帮助没有发展起来的也发展起来,互相支持,共同发展。这些问题,从现在起就要进行研究。又比如,培养和选拔接班人,是关系党和国家长治久安的重大战略问题,如何培养和选拔得好,还有许多具体环节需要进一步加强和改进。我们的目的,是要做到党政军一个层次一个层次都有可靠的接班人。能坚持党的基本路线,能因势利导、正确应付国际风云变幻的人多了,中国的社会主义现代化事业就大有希望了。总之,各级领导干部特别是高级干部,脑子里要经常带上几个大的问题,经常思考,经常同干部和群众一起研究,找出解决的方针、措施和办法,这样才能不断提高我们的领导水平,在工作中保持主动权。

党章明确规定,要坚持民主集中制,严格执行党的纪律,切实加强党的团结。这个问题我在一中全会讲过了。现在看,还需要继续强调,坚决贯彻。推动改革和建设更快更好地发展,既要充分发扬民主,发挥各级党组织和党员的积极性、主动性和创造性,又要维护中央的集中统一的领导,保证全党团结一致,保证国家政令畅通。邓小平同志反复强调:“要坚持和改善党的领导,必须严格地维护党的纪律,极大地加强纪律性。个人必须服从组织,少数必须服从多数,下级必须服从上级,全党必须服从中央。必须严格执行这几条。否则,形成不了一个战斗的集体,也就没有资格当先锋队。”越是改革开放,越是搞活经济,就越要加强纪律性和法制观念,越要防止和克服那种有令不行、有禁不止、各行其是、法纪松弛的现象。维护党的团结,关键是加强各级领导班子的团结,特别是党政军主要负责人的团结。在建设有中国特色社会主义理论和党的基本路线基础上的团结,是大道理、硬道理,是党的战斗力的基础。古人尚且懂得“有容乃大”的道理,作为党的领导干部特别是高级干部,更应自觉地把国家和人民的利益摆在第一位,更应胸怀博大,能团结有不同意见的同志一道工作。闹不团结,闹无原则纠纷,影响党的工作和人民的事业,不管你有多少个人的理由,都是不应该的。已经发生这种问题的地方,要认真改正,吸取教训。以后再发生这种问题而又不能自己解决的,首先要追究一二把手和当事人的责任。

在改进领导方法和工作作风上,首先要强调真抓实干,坚决克服官僚主义和形式主义,这就要求必须深入实际,多到基层去,多到群众中去,大兴调查研究之风,狠抓各项任务的落实。开会和讲话都要有针对性,反对搞浮夸、做表面文章,提倡恪尽职守的勤勉精神、务实精神。各级领导机关的主要领导干部,要亲自下去,同群众交谈,多看多听,体察群众的冷暖疾苦,了解群众的所思所想,解决群众的实际问题,总结群众的创造,注重解剖麻雀,加强分类指导。下基层,当然要跑工作搞得好的地方,总结和推广那里的经验,还应该多去困难比较大、经济比较落后、群众意见比较多的地方，帮助那里出主意，选用好干部，以利于尽快地把工作赶上来。领导机关、领导干部要健全民主生活，自觉接受组织和群众的监督，在加强勤政廉政建设、克服消极腐败现象方面起表率作用。

六、关于开好全国人大、全国政协会议

即将召开的八届全国人大一次会议和全国政协八届一次会议，是党的十四大之后召开的很重要的会议，是我国政治生活中的大事。全国各族人民对"两会"寄予厚望，国外也很关注。

"两会"议程很多，包括审议和讨论李鹏同志所作的政府工作报告和其他报告，还要审议和讨论宪法修正案草案。宪法修正案草案是根据我国改革开放和社会主义现代化建设事业进一步发展的需要提出的，它突出了建设有中国特色社会主义的理论和党的基本路线，把实行社会主义市场经济体制作为国家经济体制改革的目标模式确定下来。这次修改宪法，对于保证有中国特色社会主义事业的发展，具有重大而深远的意义。继制定香港基本法之后，"两会"将审议和讨论澳门基本法，这同样是一件大事。最近，港英当局背信弃义，在香港搞所谓"政制改革"方案，给香港的繁荣稳定和政权的顺利交接罩下了阴影。我们主张合作，但在原则问题上决不让步。我们将一如既往，坚定不移地按照"一国两制"的方针解决香港、澳门问题。现在各地和港澳联系很多，要注意这方面的动向，严格按中央的方针处理问题。"两会"将分别选举和决定新的一届国家机构的领导人、组成人员和全国政协的领导人。这是一个大格局，是关系全局的大事。实现这个大格局，必将为承前启后、继往开来，全面完成十四大确定的各项任务，提供组织保证。

在座的同志，是党政军和其他方面的负责人和骨干，都要积极认真地把这次全会的精神贯彻到实际工作中去，都要共同努力把八届全国人大和全国政协会议开好，开成民主、团结、求实、奋进的大会。

中科院推出90年代综合配套改革方案

在这次改革中，中科院科研结构的调整与人事、分配制度和机关管理、社会保障体系改革将配套进行。

国家计委最近批准由广东三星企业集团与海南汽车制造厂联手组建中国南方汽车工业有限公司重点发展轻型面包车

3月8日

国家主席杨尚昆在人民大会堂会见塔吉克斯坦共和国最高苏维埃主席埃莫马利·拉赫莫诺夫

国务院总理李鹏在人民大会堂同塔吉克斯坦共和国最高苏维埃主席埃莫马利·拉赫莫诺夫举行会谈

全国政协七届常委会第51次主席会议召开

全国政协副主席方毅主持会议。

根据政协第七届全国委员会常务委员会第二十二次会议的授权，会议审议通过政协第八届全国委员会第一次会议日程(草案)；政协第八届全国委员会第一次会议主席团和秘书长名单(草案)；政协第八届全国委员会第一次会议提案委员会主任、副主任、委员名单(草案)；政协第八届全国委员会第一次会议分组办法和小组召集人名单(草案)以及政协第八届全国委员会第一次会议列席名单(草案)。这些草案将提交政协第八届全国委员会第一次会议预备会议审议决定。

出席会议的全国政协副主席还有洪学智、谷牧、杨静仁、王光英、赵朴初、马文瑞、王恩茂、钱伟长、胡绳、程思远、卢嘉锡、钱正英、司马义·艾买提、叶选平。

国务院在北京召开全国棉花工作会议

国务院副总理朱镕基主持会议并讲话，国务委员陈俊生代表国务院在会上讲话。朱镕基分析当前的棉花生产形势，并就各项政策问题的重要性以及棉花流通体制改革问题作进一步阐述，要求各地方、各部门认真研究，保证落实。

国务院副总理吴学谦在北京会见台湾知名人士沈智慧女士

国务院批转国家体改委关于1993年经济体制改革要点的通知

各省、自治区、直辖市人民政府，国务院各部委、各直属机构：

国务院同意国家体改委《关于一九九三年经济体制改革要点》，现转发给你们，请根据本地区、本部门的实际情况，采取有力措施，认真贯彻实施。

国务院

1993年3月8日

国家经济体制改革委员会《关于一九九三年经济体制改革要点》

以邓小平同志视察南方重要谈话和党的十四大为标志，我国改革开放事业进入了一个新的历史阶段。1992年，全国改革开放的步伐明显加快，在企业转换经营机制、走向市场方面取得了明显成效；价格改革和市场培育取得了重要进展；宏观管理体制和社会保障制度的改革进一步深化；对外开放的深度和广度都有新的突破。

1993年，是按照党的十四大确立的建立社会主义市场经济体制的方向推进改革的第一年，我们要认真贯彻落实党的十四大精神，进一步解放思想，实事求是，转变观念，统一认识，用邓小平同志建设有中国特色社会主义的理论指导改革实践；要按照建立社会主义市场经济体制的目标，立足于加速结构调整、提高经济效益和解决经济体制中的深层次矛盾，在经济体制改革的一些重要领域取得实质性进展。1993年改革工作的主要任务是：继续贯彻落实《全民所有制工业企业转换经营机制条例》(以下简称《条例》)，以转换国有企业经营机制、转变政府经济管理职能为重点，围绕把企业推向市场这一中心环节，加快企业改革；以加快价格改革为契机，配套推进财税、金融和计划体制改革；大力发展市场体系，加快以改革进口管理体制为重点的外贸体制改革；全面推进社会保障制度和住房、土地使用制度改革；提高综合改革试点水平，切实做好新体制建设的基础性工作。

一、认真贯彻《条例》，加快转换国有企业经营机制

各地要把贯彻落实《条例》作为企业改革的中心工作来抓，严格按照中共中央、国务院的要求，抓紧制定具体实施办法，逐项落实企业的十四项经营自主权。企业要按照《条例》赋予的权力，主动进入国内、国际两个市场，积极参与竞争；要继续深化企业劳动、人事、分配三项制度改革，形成面向市场、富有效率和活力的机制；要运用《条例》提供的法律手段，维护自身的合法权益。

总结推广各地转换企业经营机制的有效方式和做法。对1993年承包期满的企业，要积极创造条件，实行“税利分流”，有条件的经过批准可以进行股份制试点，也可以在完善的基础上继续实行承包制或租赁制等多种经营形式。

对继续实行承包的企业，要坚持政企分开，在完善各类承包形式的同时，从价值形态上加强对国有企业资产经营的有效管理，使企业切实承担起国有资产保值、增殖的责任。

要认真贯彻新颁布的《企业财务通则》、《企业会计准则》和即将颁布的分行业的财务、会计制度，企业应据此制定新的企业财务、会计管理办法。试行企业财务报表委托注册会计师事务所或审计事务所审查和出具查账报告的制度。对仍在承包期中的企业，执行《企业财务通则》和《企业会计准则》后财务状况变化较大的，通过合同双方协商，可以调整承包合同的有关内容。

二、有领导、规范化地进行企业股份制试点

企业股份制试点要按照国务院的规定和国务院有关部门制定的规范意见和程序进行，在理顺产权关系的基础上，有计划地把一批国有企业改组为股份制企业。

要把股份制试点的重点放在组建有限责任公司上。有组织、有领导地推进法人持股的股份有限公司的组建工作。股份制企业内部职工持股要从严掌握，严格按照国家有关规定进行规范。严格执行《国务院关于进一步加强证券市场宏观管理的通知》的规定，各省、自治区、直辖市和计划单列市及国务院有关部门在国家下达的规模内，可选择一两家大型或重点企业，经过有关部门核准，进行向社会公开发行股票和异地上市交易的试点(广东、福建、海南三省经批准可以适当增加试点企业的数目)。国家体改委将会同有关部门，抓好上海石化总厂等九家大型企业进行股份制改组及向社会公开发行股票的试点，并做好在境外发行股票和上市交易的准备工作。

结合投资体制改革和贯彻《企业财务通则》的有关规定，进一步扩大企业清产核资的试点范围，通过界定产权，理顺企业的财产归属关系，核定企业的国有资本金，明确企业或控股公司作为法人实体和市场竞争主体应承担的资产责任，积极探索国有资产的有效实现形式。

进一步完善企业股份制的有关法规，各地要严格执行《股份制企业试点办法》和《股份有限公司规范意见》、《有限责任公司规范意见》。在总结经验的基础上，抓紧制定《公司法》和《国有资产法》。

三、积极调整企业组织结构，提高整体经济效益

进一步发展和完善企业集团及各种横向经济联合实体。强化企业集团成员间的资产联结纽带，发展集团核心企业向成员企业的参股、控股，加强集团内部管理体制建设。组建企业集团要坚持自愿、合理的原则，政府行业管理部门不得用行政办法上收企业，或把行政性机构翻牌为企业集团或公司。研究制定适应社会主义市场经济要求的发展企业集团的政策措施，尽快制定有关管理办法。

积极推进多种形式的企业兼并。把企业兼并和企业破产结合起来，减轻兼并企业的负担。企业兼并要充分发挥市场机制的作用，按市场规律办事，尊重企业的兼并、联营自主权。对国有小型工业、零售商业和饮食、服务业企业要继续进行改、租、卖。抓紧制定《股份合作制企业条例》，在规范现有股份合作制试点的基础上，有计划地推进城镇集体企业和乡镇企业实行股份合作制。国有小型企业可以进行股份合作制的试点，也可以采取长期租赁方式经营；对其中一部分产权，经批准可公开出售给境内外法人、自然人。各地可按照国家体改委等部门颁发的《关于出售国有小型企业产

权的暂行办法》，进行这项改革的试点。

对达到法定破产条件的企业，要下决心依法破产，并做好破产企业的债务清偿和人员安置工作。银行、劳动等有关部门要抓紧制定实施《破产法》的配套措施。

积极提倡和引导企业承包企业、企业租赁企业。鼓励经济特区、沿海开放地带的优势企业到内地承包、租赁企业；鼓励乡镇企业和城市企业互相承包、租赁；有条件的还可吸引外商承包、租赁国内企业。

有组织地试办企业产权交易市场，推动企业兼并、产权出售和收购以及闲置资产的流动，促进生产要素的优化配置。

四、切实转变政府经济管理职能，搞好机构改革

按照《条例》和中共中央、国务院《关于认真贯彻执行〈全民所有制工业企业转换经营机制条例〉的通知》要求，各级人民政府要切实转变经济管理职能，逐步取消政府专业经济部门与企业的行政隶属关系，不折不扣地把经营权还给企业。凡属可以通过市场或者该由企业解决的问题，要由市场或企业去解决。政府部门对企业的生产经营活动由直接管理逐步转向主要通过统筹规划、制定政策、组织协调、提供服务、强化审计和监督等手段进行间接调控。

按照社会主义市场经济的要求以及政企分开和精简、统一、效能的原则，根据中央的统一部署，搞好中央和省级政府机构改革。有领导地进行有利于理顺国有企业产权关系、实行政企分开的改革试验，有步骤地改革目前与高度集中的计划经济相联系和按产品分部门管理的臃肿、低效的经济管理机构。

县级机构改革，总的方向是走“小机构、大服务”的路子，转变职能，精简机构，强化服务，严格监督。各地要重视县级机构改革，积极扩大试点面，以此为突破口，推动各级机构改革。

在前几年试点的基础上，扩大国家公务员制度改革的试点范围。通过积极兴办第三产业和加强职业培训，解决行政机关分流人员的安置问题。

五、加快价格改革的步伐，逐步建立以市场价格为主的价格形成机制

在价格改革方面要抓紧有利时机理顺价格体系，建立以市场供求为主要导向的价格形成机制。

有计划地调整以煤炭、原油、电力、铁路货运为重点的能源、原材料和运输价格。在进一步理顺、放开钢材等重要生产资料价格的同时，继续减少国家管理生产资料价格的品种和数量，扩大市场调节的范围。

逐步放开粮、棉、油等农产品价格。按照统一政策、分散决策的原则，在做好充分准备的前提下，各省、自治区、直辖市可以择机放开粮油购销价格，实行市场调节，多渠道流通。为了支持农业生产的稳定发展，在农产品逐步实现市场调节的过程中，政府对粮、棉等主要农产品实行支持性价格等保护政策。将粮、棉收购与农用生产资料挂钩的实物方式改为货币方式，采用收购价格价外加价的办法，使农民真正得到实惠。

六、进一步改革流通体制，积极发展统一的市场体系

各地可根据实际需要和可能，继续建立和完善农副产品的初级市场和区域性批发市场，形成多层次的市场网络。切实解决粮食、棉花等卖难和流通不畅等问题。粮食价格放开的地区，各级财政减少的补贴，不能挪作他用，要采取建立粮食风险基金等办法继续用于农业；进一步完善粮食市场体系和多级储备制度，发挥国家宏观调控粮食生产的作用。对于粮食购销价格还不能放开的地区，必须采取措施，把粮食企业的政策性业务与经营性业务分开。认真贯彻落实《国务院批转国家体改委关于改革棉花流通体制意见的通知》，积极稳妥地搞好山东、河南、江苏三省棉花流通体制改革试点，为建立开放式的棉花流通体制摸索经验。

加快物资订货制度改革，完善和发展生产资料市场，按经济区域建立生产资料市场，完善和推广物资批发市场和交易所的试点经验。办好上海、深圳和郑州等地的商品交易所，开展商品远期合同签约并探索期货交易。为了保证期货交易所试验的成功，要先集中力量办好一两个交易所，同时要加强对期货市场试点工作的统一指导和监督管理，并抓紧制订有关配套法规。积极推广物资配送等现代流通方式，进行建立大型物资配送中心的试点，并给予一定的政策扶持。

在继续发展商品市场的基础上，要大力发展生产要素市场，把加快市场建设的重点放在金融、劳动、技术、产权市场等方面，与统一开放的市场体系相协调。

积极推进外贸体制改革。按照《条例》和已经公布及将要公布的企业经营外贸业务的标准和审批办法，进一步扩大生产企业、科研单位以及其他企业的外贸自主权，加快外贸企业经营机制的转换，推动外贸企业集团化、实业化和国际化经营。继续发展工贸、商贸等多种形式的联合，加强产销之间的联合，共同开拓国际市场。

适应重返关贸总协定的要求，有计划地降低进口商品关税税率；改革进出口商品的经营管理体制，适当放开进出口商品经营范围，大幅度减少许可证管理商品品种；完善配额许可证管理制度，改进出口配额分配办法，引进竞争机制，试行公开招标、转让等方式。进一步加强进出口商会组织，充分发挥商会在对外贸易中的协调作用。

适应建立社会主义市场经济体制的要求，在东

北、内蒙古国有林区，全面实行林价制度，推行林木生产商品化配套改革，抓好森林资源资产化管理改革试点。

采取有力措施，打破地区封锁、部门分割和市场垄断。完善市场法规，规范市场交易行为，抓紧研究制定《反不正当竞争法》、《对外贸易法》、《反倾销法》等确立市场经济运行规则的法律、法规。

七、改革计划、投资体制

适应社会主义市场经济体制的要求，计划部门的职能将从主要运用行政手段管理经济，偏重于定指标、分投资、批项目，转变为研究战略、制定规划、宏观调控、总量平衡、产业政策、培育市场、重点建设、协调服务，逐步实现从直接计划管理为主，向协调运用经济杠杆和经济政策进行间接管理为主转变。

简化生产、流通领域的计划指标管理，保留的少数重要指标，有的只列全国总量指标，不分解下达。进一步缩小指令性计划，对供求大体平衡、价格已经放开的重要生产资料，取消指令性分配计划，实行市场调节，国家保留优先订货权；对供求尚有较大矛盾，价格还不能完全放开的重要生产资料，也要减少指令性计划分配的数量，并扩大平价转计划内高价的比重；同时，要逐步以国家导向的产需衔接以及国家订货方式改造和取代指令性计划。各部门、各地区的指令性产品生产和调拨计划也要进一步减少，有条件放开的应尽量放开。同时，要加强预测性计划、指导性计划和政策性计划。

鼓励地方政府对非竞争性的基础产业和公用设施进行投资，扩大其投资审批权。竞争性产业，特别是加工工业的投资决策权应逐步直接交给企业，使企业在国家产业政策的引导下，真正成为投资主体。国有企业有权在执行国家法律和国务院有关规定的前提下，以留用资金、实物、工业产权和非专利技术等向各行业、各地区的企事业单位投资，有权购买和持有其他企业的股份。

扩大国家投资的筹资方式和渠道。尽快建立规范化的、稳定的和良性循环的国家投资基金制度。进一步完善中央基本建设基金制，国家财政“拨改贷”收回的本息不再列入经常性预算，纳入建设基金滚动增值。对国家重点建设项目，国家通过扩大控股、参股、贴息、合资、合作以及直接投资等办法进行投资，并通过发行债券、股票吸收一部分企业和社会的资金进行建设。新开工的大中型基本建设项目主要采取招标、投标办法，原则上都要推行项目业主责任制，逐步扩大股份投资方式试点。

八、深化财政体制改革，在税制改革方面迈出较大步伐

中央财政在去年试编复式预算的基础上，今年要进一步完善，并对经常性和建设性预算收支项目进行合理调整。省级财政也要试编复式预算。

进一步完善分税制试点办法。结合政府职能转变和税制改革，研究划分各级政府事权和按事权划分财政收支的方案，为建立规范的分税制财政体制作准备。

进一步规范国家与企业的分配关系。在承包到期的企业中积极推行“税利分流，税后还贷，税后分利”的改革。同时，根据《条例》的规定，结合统一所得税率，减轻企业税后负担，研究制定促进企业还贷机制转换的配套措施。

配合价格改革，进一步减少各级政府的财政补贴。

以大幅度调整或放开生产资料价格为契机，首先在工业生产环节，并择机在批发零售环节全面推行增值税，统一增值税扣税范围，简并税率档次，简化计征办法；同时，对产品税的征收范围和计征办法进行配套改革。

建立统一的内资企业所得税制，各类内资企业按计划逐步统一执行基本税率为百分之三十三的所得税税率；统一、规范企业所得税税前扣除项目和列支标准，保护税基不受侵蚀；分步取消从企业折旧中征集的两项基金；在取消税前还贷的基础上，分步取消对税后利润征集两项基金的办法。

合并现行的个人所得税、个人收入调节税和城乡个体工商户所得税，建立统一的个人所得税制。根据经济发展和居民收入增长的情况，参照国际惯例，有计划地扩大个人所得税征收范围。

扩大资源税的征收范围和项目；研究废止和取消某些不合理的税种。

抓紧起草《预算法》、《注册会计师法》、《企业所得税法》（或《企业所得税条例》），尽快修订《会计法》、《个人所得税法》等财政法规。

九、进一步推进金融体制改革

中央银行在改善贷款限额管理办法的同时，加强运用利率、准备金、再贷款、公开市场业务等经济手段，逐渐加大间接调控的分量，改善金融的宏观调控。首先在上海、广东、福建、海南、深圳五省市和交通银行系统进行贷款限额管理下的资产负债比例管理和资产风险管理的试点。开办中央银行短期融资券买卖业务，探索中央银行公开市场业务操作的办法。

各专业银行对政策性贷款与商业性贷款实行分账管理的试点，根据这两类业务的帐目、投向、数量、利息负担等制定相应的管理制度，贯彻实施《银行经营责任制暂行规定》，落实银行经营自主权，转换专业银行经营机制。研究成立国家长期投资银行的可行性，该银行主要从事政策性投资贷款业务。适当提高银行风险

基金比例，结合企业经营机制转换和少数企业的破产清算，健全常规的呆账核销制度，提高银行的资产质量。

按照《国务院关于进一步加强证券市场宏观管理的通知》的要求，在积极发展和规范银行同业拆借市场的同时，进一步开放证券市场，在国债发行中引进市场机制，开发投资基金证券、信托受益证券和国内外汇债券等新的债券品种。进一步搞活债券二级市场，创造条件允许单位持有的国债进入市场，推进金融债券的跨地区交易。有计划地增加股票上市公司的数量。完善管理法规和办法，使证券发行和交易市场健康发展。

积极发展外汇同业拆借业务，试办远期外汇交易，扩大外汇市场的调剂范围，逐步形成全国统一的外汇市场。

抓紧《股票发行和交易暂行规定》、《股票发行资格审查管理办法》、《证券经营机构管理办法》的制订，以及《证券法》、《银行法》、《保险法》等有关法规的起草工作。

十、加快劳动、工资制度和社会保障制度改革步伐

进一步改革劳动制度，大力培育发展劳务市场，完善劳动就业服务体系，充分发挥市场机制对劳动力合理配置的作用，逐步建立劳动就业竞争机制，实现企业自主用工和个人自由择业。扩大全员劳动合同制试点范围。更多地使用经济手段，调整就业结构。大力发展第三产业，拓宽吸收待业人员就业和企业富余人员再就业的渠道。统筹协调城乡劳动就业，引导农业剩余劳动力转移和合理流动。健全和完善就业训练和在职培训制度。

加强工资总量调控，强化企业自我约束机制。坚持工资总额增长不超过经济效益增长、平均工资增长不超过劳动生产率增长的原则，对不同企业实行不同的工资总量调控办法。完善工效挂钩办法，合理确定挂钩指标和浮动比例，在净化收入渠道，规范人工费用的基础上，扩大挂钩工资基数范围，真正贯彻工资随经济效益浮动原则，既挂盈也挂亏。落实企业内部分配自主权，实行以岗位技能工资制为主的各种分配制度和分配形式。逐步建立最低工资制度及调整办法。

进一步扩大养老保险实施范围，加快养老费用省级统筹步伐，积极改革基本养老金计发办法，继续推行职工个人交纳养老保险费的办法，提高社会化管理和服务水平。严格养老保险基金的管理、审计和监督。

完善全民所有制企业职工待业保险办法，扩大待业保险范围，改进待业保险金计发办法；加强对待业保险基金的管理监督。逐步建立包括全民、集体、私营以及外商投资企业中方职工在内的统一的待业保险制度；建立待业保险服务体系。推进工伤保险制度改革。

积极推进医疗保险制度改革。有条件的地区，要逐步建立社会医疗保险体制，保险基金实行国家、用人单位、个人三方共同筹集，扩大医疗保障覆盖面，提高社会化程度。扩大企业职工大病医疗费用社会统筹试点；进一步完善医疗费用与个人挂钩；逐步推广医疗费用由医疗与社会保险机构共同管理的办法。

结合机构改革建立统一的社会保障管理体制。社会保险实行政事分开，社会保险管理部门从宏观上进行政策、制度、标准管理；社会保险经办机构具体承办社会保险业务并承担资金保值、增殖责任。继续搞好改革开放试验区、经济特区和一些省市建立统一社会保障管理体制的试点。

抓紧起草或制定《劳动法》、《劳动保护法》、《最低工资条例》、《城镇职工养老保险条例》等法律、法规。

十一、全面推进住房制度和土地使用制度改革

认真贯彻落实国务院有关文件精神，以住房实物福利分配机制转向货币分配、商品交换机制为重点，积极推进租、售、建全面配套的住房制度改革。以改革低租金制为核心，适当加大租金调整幅度，坚持实行新房新租，出售公房必须经过房地产评估机构评估；坚持国家规定的按标准价购买公房、个人拥有部分产权的重要政策，制止违反市场机制的交易行为和低价福利性售房。

逐步建立适应新体制要求的住房资金管理运行体系，不断巩固和完善公积金制，规范住房资金管理机构的运作，普遍建立抵押贷款购房制度。

鼓励有条件的大中型企业加大房改力度，进行住房合股公司和一系列配套措施相结合的试点。

进一步深化土地使用制度改革，建立和完善与社会主义市场经济相适应的土地使用权出让、转让制度。严格用地审批制度，依照法定程序办事。对经营性用地，要尽快实行全部以出让方式提供，同时根据国家产业政策，对需要鼓励发展的产业在地价上给予优惠；对非经营性用地，仍按行政划拨的政策管理。继续清理土地市场。逐步推行农村宅基地有偿使用。推进乡镇企业用地使用制度改革。做好国有企业转换经营机制及股份制企业试点中土地资产的清理评估工作。

加强对土地市场的宏观调控。建设用地要实行由政府统一规划，统一征地，统一开发，统一出让，统一管理。运用财政、金融、税收、价格等手段调整土地供求关系，建立规范化的土地市场，防止地产交易过热。完善土地登记制度，建立和发展房地产评估体系、信息体系及各类中介服务机构。

加强资产管理和资源开发管理，严格制止乱占滥用耕地、林地，防止土地、森林资源的浪费。建立土地收益的合理分配机制，正确处理中央与地方、政府与企

业的收益分配关系，实现土地资产的保值、增殖，防止土地、森林等资源收益流失，增加国家财政收入。

完善有关法规，加强执法监督检查。研究起草《不动产法》、《房地产交易法》并制定相应的配套法规。

十二、健全和发展农村社会化服务体系，推进县级综合改革

发展农村社会化服务体系。发挥国家、集体、个人三方面的积极性，既要加强乡村集体经济组织内部的服务功能，又要鼓励兴办各类农民自办、联办，以及合作经济性质的服务性经济实体；结合县、乡政府职能转换和机构改革，推动国家农业经济技术部门为农业提供服务。各级人民政府要在资金、物资、税收方面，支持农村社会化服务体系的建设。

进一步落实现有农业法规，继续清理农民的各种不合理负担，严格禁止各项违反国家规定的不合理摊派。抓紧起草《农业技术推广法》、《农业基本法》、《农业投资法》等法规。

继续深化供销合作社改革。按照把供销社办成农民自己的合作商业组织的方向，进一步理顺供销社的组织体制和民办机制，健全和规范国家对供销社的各项扶持政策，使其在农村社会化服务体系中发挥重要作用。

县级综合改革要以促进县域经济全面协调发展、实现城乡一体化和建立适应农业发展需要的市场经济运行机制为目标，以改革县级综合经济管理体制为重点，进行综合配套改革。各地要积极扩大试点面，吸收和借鉴典型经验，因地制宜，分类指导，支持和鼓励各县主动灵活、自主选择改革方案和途径。

十三、继续推进科技体制与经济体制的配套改革

深化高新技术产业开发区管理体制改革。在北京、成都等城市的国家高新技术产业开发区进行股份制试点，探索新型管理模式。在开发区进行适应市场经济的收入分配制度试点，制定激励政策，吸引科技人才、企业家创办和联办高新技术企业。采取各种措施发展科技服务支撑体系。

推进科技系统人才的合理流动和结构调整，探索有条件的科技单位和院校的研究所实行企业化管理。选择一批研究院所进行向高新技术企业、企业集团整建制转变的试点。经批准后，试点单位可实行高新技术产业开发区的高新技术企业运行机制、经营方式及优惠政策，建立技工贸一体化体制。

为科技中介机构的建立创造有利条件，使科技转化为生产力的传递结构网络化、系统化，鼓励兴办行业技术开发中心、区域技术开发中心和科技咨询中心。在深圳等城市进行建立科技基金、风险投资公司的试点。

继续搞好城市的科技体制和经济体制配套改革的试点。

十四、积极进行综合改革试点

经济特区和广东、福建、江苏南部以及部分综合改革试点城市，要认真总结经验，深化城乡综合改革试点，按照社会主义市场经济的要求，大胆探索，率先建立新体制。

按照建立社会主义市场经济体制的目标和任务，国家体改委将在一九九二年试点的基础上，确定几个城市，共同制定以企业制度改革为重点，包括市场制度、政府机构和社会保障制度改革等内容的综合改革试点方案，为面上的改革提供经验。

研究内陆、边疆和民族自治地区加快改革开放的有关具体政策，通过在这类地区建立不同类型、各具特色的改革开放试点单位，探索积极推进内陆和少数民族地区改革的路子和办法。

十五、加强改革的规划、协调和领导

各地区、各部门要在抓紧制定、实施本年度改革要点的同时，按照党的十四大提出的建立社会主义市场经济的目标要求及改革的总体规划，根据本地区、本部门实际，研究制定建立社会主义市场经济体制的规划。

坚持配套改革，加强总体协调，防止政出多门。各有关部门要通力合作，相互支持。

加强对改革工作的领导。各地区、各部门主要负责同志要把主要精力放到推进改革上来。重大改革及地区性改革试验，要集体讨论，专人负责，及时检查指导。各级体改部门要积极主动开展工作，加强对改革政策和措施的研究制定，充分发挥体改部门的综合规划和协调作用，加强体改机构和队伍的建设。

国务院法制局在北京召开新闻发布会

国务院法制局局长杨景宇说，在过去5年间，国务院向全国人大常委会提交法律议案42件(其中已经全国人大或全国人大常委会通过37件)，制定行政法规192件，为改革开放和现代化建设的顺利进行进一步提供了法制保障。

国务院对法制建设高度重视，国务院常务会议有2/3的时间用来讨论法律草案和行政法规草案。

在加强立法工作的同时，国务院还重视完善行政机关内部监督制度并进一步加强行政执法工作，确立了行政复议和法规规章备案审查两项重要制度。5年来共收到国务院各部门和地方政府报送备案的规章约9300件。

国务院经贸办副主任陈清泰就《全民所有制工业企业转换经营机制条例》的实施回答新华社和《人民日

报》记者问

《全民所有制工业企业转换经营机制条例》颁布实施半年多了,全国上下正在形成落实《条例》,转换机制,走向市场的大气候,特别是党的十四大以后全国贯彻落实《条例》出现了新的突破。就此记者采访了国务院经贸办副主任陈清泰。

问:当前,全国贯彻落实《条例》有哪些新情况?

答:党的十四大以来的几个月,全国各地区、国务院有关部门贯彻落实《全民所有制工业企业转换经营机制条例》的工作进展较快。目前已进入了关键阶段。从我们掌握的情况看,主要有六个特点:

一是学习、宣传《条例》工作深入开展,已初步形成了热潮。主要有两个特点:一是绝大多数地区和部门都举办培训班、研讨班,把学习《条例》和学习十四大文件结合起来,把贯彻《条例》和建立社会主义市场经济结合起来,增强了贯彻《条例》的紧迫感;二是新闻媒介在有一定声势的动态报道基础上,普遍开辟专栏和专题,宣传典型事例,抓住带倾向性问题深入剖析,把贯彻《条例》引向深入。

二是制订《实施办法》和配套规章正在抓紧进行,并在某些方面有所突破。截至2月25日,全国各地区和国务院有关部门正式报送审核的《实施办法》和配套规章共48个,其中地方25个、主管部门10个(不含总公司),综合部门配套规章13个。有32个已经国家体改委、国务院经贸办、国务院法制局共同协调审核完毕。山东、云南、河北、青海、黑龙江、广西、江苏、北京等14个省区和商业、物资、交通、铁道四个部门的《实施办法》已正式颁布实施。

一些省市制订《实施办法》,除了把《条例》规定作了细化外,并对现行政策有所突破。主要是:在地方权限内,由地方财政支持,在不影响中央财政收入的前提下,搞"自费改革",增强企业发展后劲。放开企业经营范围,简化企业登记审批手续。扩大企业进出口权,推动企业进入国际市场。为企业调整组织结构规定优惠政策。试行多种资产经营形式,促进企业转换经营机制。一些省市还在其他方面有所突破和创新。如山东省规定企业交纳各种摊派费用要经职代会审议,为厂长抵制摊派提供手段。

三是一些部门和地区的政府职能开始转变。化工部对原有17项职能进行分解,确定了新的8项职能。缩小化工产品计划管理范围,将27个指令性计划品种减少为3个,指导性计划品种由500种(类)调整为295种(类);将国家管理的284个化工产品价格,绝大部分放开。石化总公司将机关由17个部门减为7个,人员由843人减为296人,初步达到精简、统一的要求。人事部已将企业专业技术职务聘用权全部下放给企业自主管理;并从1993年起不再下达企业干部计划。

省区市转变政府职能也有许多新的举措:江西省政府11个部门及有关地市政府与首批转换经营机制的6家试点企业就落实14项经营权签订了协议书,取消下达招工指标,将企业的经营决策、厂长(经理)任免中层管理人员、企业内部职称评定、打破干部工人界限等权力归还给企业。甘肃省将省管产品的定价权已全部放给企业,财政、劳动、人事、税务等部门都按《条例》规定提出了实施意见。

四是清理文件工作普遍展开。物价局、机电部、冶金部、纺织部、化工部、电子总公司清理文件工作已告一段落,废止了一批与《条例》相抵触的文件。其他部门清理文件工作也在认真进行。

各地区清理文件工作正在抓紧进行。天津市共清理2.7万份文件,有1000余份进行登记造册,其中10%废止,55%失效,35%需修改后继续执行。甘肃省清理规范性文件2677件,需废止的393件,占14.7%;需修改的113件,占4.2%。辽宁省清理文件1404份,其中废止84件,占8%。

五是企业14项自主权正在逐步落实。通过对11个省区市和13家重点联系企业落实14项自主权的逐项调查分析,大体有三种情况:

第一种有5项自主权多数企业已经或基本落实,即生产经营计划权、产品定价权、定品销售权、物资采购权、留用资金支配权。

第二种有5项自主权到位难度大,只有部分落实,即资产处置权、人事管理权、机构设置权、联营兼并权、工资奖金分配权。

第三种有4项自主权基本未落实,即投资决策权、进出口权、劳动用工权、拒绝摊派权。

六是转换经营机制的试点工作进一步开展。一些省市依据本地区和企业的不同情况,选择试点企业,使企业分期、分批实现转换机制的目标。山西省选了太原市和49户企业先行一步抓落实,各地市也选了50户企业作为试点;辽宁省抓了沈阳、大连、鞍山、锦州等市的政府转变职能试点。上海、山东等省市在总结试点成功经验的基础上,逐步在国有企业中推广。许多省区市把贯彻落实《条例》与深化企业资产经营形式改革相结合。如湖南省已有71户工业企业、8户大型商业企业实行投入产出总承包,1100多户小型国有企业引进"三资"企业和乡镇企业机制,3600多家国有商业企业实行"四放开",34500多个国有商业门店实行公有私营、租赁或拍卖,51户工业企业进行税利分流试点,45户企业进行股份制试点。一些省区市把贯彻落实《条例》与推进企业内部三项制度改革相结合,取得了较好的效果。

问：从您刚才谈到的情况看，在转变政府职能，落实企业自主权等方面还有一些不尽如人意的地方，那么，在当前贯彻落实《条例》工作中还存在哪些问题？

答：从我们了解的情况看，主要有：

第一，少数地区、部门和单位对贯彻《条例》重视不够，还没有真正把贯彻《条例》、转换企业经营机制当作中心工作来抓，这项最该热的工作还热得不够。

第二，政府部门职能转变滞后，机构尚未精简，仍是制约企业转换经营机制的重要因素。企业普遍要求加快政府转变职能的步伐，尽快落实企业权利。当前一些部门搞“翻牌”公司，成立“拉郎配”的集团公司，把过去下放给企业的权力又收上来，引起企业不满，严重影响了《条例》的贯彻。

第三，配套改革跟不上，影响企业走向市场；特别是社会保障体系建设、人事、劳动制度，金融体制改革滞后，影响企业机制的转换。

第四，全国性专业总公司与所属企业，一些企业集团与所属企业的经营自主权究竟落实到哪一层，尚未明确，需要进一步研究解决。

第五，个别地区、部门和一些企业在等待观望，工作进展缓慢。个别政府部门等待机构改革，没有把精力放在贯彻《条例》上。有些企业等待地区、部门拿出实施办法，推着自己走。甚至《条例》还没有贯彻，就喊14项自主权“不解渴”。这些都影响《条例》的贯彻。

问：看来，在贯彻落实《条例》中还存在许多难题，上述存在的问题，可能会影响《条例》在企业的真正落实。那么，针对上述问题，国务院经贸办将采取哪些措施加以解决？

答：1993年是贯彻实施《条例》的关键一年。要实现全国经济工作会议提出的年底前把《条例》规定的14项自主权在国有企业基本落实，争取大部分企业开始按《条例》规定的机制运行起来的目标，任务十分艰巨。我们要认真贯彻党的十四大精神，坚决、全面地贯彻《条例》，加快转换企业经营机制步伐，国务院经贸办将会同有关部门抓好以下几项工作。

第一，进一步创造贯彻《条例》的社会舆论环境。重点是促使各级主要领导进一步理解建立社会主义市场经济与搞好国有企业的关系，增强搞好国有企业的紧迫感，转变观念，集中精力，真抓实干，转变政府职能，为企业转换经营机制创造必要的外部条件。特别是八届全国人大一次会议召开前后，除报道各地区、各方面贯彻《条例》活动情况外，一是要宣传报道地区和部门领导集中精力抓贯彻《条例》，抓实施办法和配套规章到位的经验和做法；二是介绍一批有代表性的企业落实自主权，建立自我约束机制，转换经营机制的经验和做法；三是对严重违反《条例》，带有不良倾向性的典型事例进行新闻“曝光”、剖析，引导贯彻《条例》工作健康发展；四是组织有关部门、理论界和社会各方面对一些重要问题，如产权关系、完善企业经营形式、解决历史遗留问题等进行研讨，探讨贯彻《条例》的深层次问题，造成全社会都关心《条例》贯彻的舆论。

第二，配合体改委组织协调各地区、国务院有关部门抓紧制订《条例》的实施办法和配套规章。地区的实施办法在3月初完成，部门的力争在3月份完成，增加贯彻实施《条例》工作的操作性。

第三，继续做好现行法规、规章和行政性文件的清理工作。凡是与《条例》不一致甚至相抵触的，该修改的修改，该废止的废止。清理文件要与制定实施办法和配套规章同步进行，避免政策撞车。同时，还要抓紧催请有关部门拟订新的法律、法规。

第四，深入调查研究，分类指导，积极抓好贯彻《条例》的各类典型，带动面上工作。在前一段确定重点联系企业的基础上，注意发现勇于探索，积极试验的各类新典型和新经验。

第五，加强对贯彻落实《条例》的检查和执法监督工作。上半年我办拟会同有关部门组织若干检查组分赴各地，对各地区、各部门贯彻《条例》的情况进行一次检查，对贯彻《条例》好的地区和部门要给予表扬，对差的给予帮助，对违反《条例》截权不放的，要严肃处理。同时，要求各地执法机关设立群众举报电话，认真做好投诉接待工作。

第六，拟于今年7月份召开全国贯彻《条例》工作会议。总结《条例》颁布一年来贯彻实施情况，交流经验，研究解决贯彻实施中遇到的问题，提出下半年的工作意见。

贯彻实施《条例》，转换企业经营机制是涉及社会主义市场体制建设进程的大事，它涉及社会各个方面。转变政府职能是全面贯彻落实《条例》的重要前提；建立、发展市场体系和社会保障体系是企业转换经营机制必不可少的外部环境；全社会各界人士认真学法执法，是使《条例》各项规定落到实处的保证。希望大家都来关心、参与贯彻实施《条例》这件大事，齐心协力做好转换企业经营机制工作。

国务院总理李鹏在中南海紫光阁会见以埃里克松为团长的国际奥委会考察团全体成员

外交部部长钱其琛和乌拉圭外交部长阿夫雷乌在蒙得维的亚举行正式会谈

乌拉圭总统拉卡列在蒙得维的亚总统府会见外交

部部长钱其琛

国务院副总理吴学谦在钓鱼台国宾馆会见美国前国务卿乔治·舒尔茨

中央军委采取措施保障部队生活

在军费紧缺,物价变动的情况下,中央军委采取有力措施,保障部队生活。早在1985年邓小平就提出,在物价变动中,要保证部队生活水平不降低。1990年江泽民要求使部队能吃得饱,穿得暖,有营养。今年年初,中央军委在军费使用上明确提出了要保障干部战士生活的原则。1993年度新增加的有限军费,大部分用于弥补去年生活待遇方面因物价调整和改革项目出台,今年需继续进行的开支;用于今年的干部伙食补助、肉蛋菜价格补贴和提高义务兵津贴、伙食费等开支。

应台湾物理学家吴大猷教授的邀请第二批大陆科学家和他们的夫人11人离京赴台访问

这些科学家是:

中国科学院学部委员、中国科学技术大学校长谷超豪教授及夫人中国科学院学部委员、复旦大学胡和生教授;

中国科学院学部委员、第三世界科学院院士、中国科学院系统科学研究所名誉所长吴文俊研究员及夫人中国科学院数学研究所陈丕和高级馆员;

中国科学院学部委员、上海医科大学中山医院陈中伟教授;

中国科学院学部委员、北京农业大学校长石元春教授及夫人北京农业大学李韵珠研究员;

中国科学院学部委员、中国科学院副院长王佛松研究员及夫人中国科技促进经济发展基金会廖玉珍研究员;

第三世界科学院院士、中国科学院福建物质结构研究所副所长陈创天教授及夫人中国科学院福建物质结构研究所俞琳华高级工程师。

3月9日

七届全国人大常委会第三十一次会议开幕

全国人大常委会委员长万里主持会议。

会议主要议程有:审议八届全国人大一次会议议程草案、主席团和秘书长名单草案,决定提请八届全国人大一次会议预备会议审议和选举;审议七届全国人大常委会工作报告(稿),决定提请八届全国人大一次会议审议;审议七届全国人大常委会代表资格审查委员会关于补选的八届全国人大代表的代表资格的审查报告;决定列席八届全国人大一次会议人员名单;审议全国人大代表团访问巴基斯坦情况的书面报告。

出席会议的全国人大常委会副委员长有彭冲、阿沛·阿旺晋美、赛福鼎·艾则孜、严济慈、荣毅仁、叶飞、廖汉生、倪志福、陈慕华、费孝通、孙起孟、雷洁琼、王汉斌。

中共中央总书记江泽民在中南海会见塔吉克斯坦共和国最高苏维埃主席埃莫马利·拉赫莫诺夫

国家主席杨尚昆和塔吉克斯坦最高苏维埃主席埃莫马利·拉赫莫诺夫在钓鱼台国宾馆签署《关于中国和塔吉克斯坦相互关系基本原则的联合声明》并出席其他文件签字仪式

两位领导人出席签字仪式的四个双边合作文件是:两国政府关于互免公务旅行签证的协定、两国外交部合作议定书、两国政府关于鼓励和相互保护投资协定、关于中国向塔吉克斯坦提供商品的政府贷款协定。中塔双方还签署两国政府科技合作协定、广播电视合作协定、航空运输的纪要、旅游合作协定、卫生与医学科学合作协定以及中国政府向塔吉克斯坦赠送一批食品和童装的换文等文件。

关于中国和塔吉克斯坦相互关系基本原则的联合声明

应中华人民共和国主席杨尚昆的邀请,塔吉克斯坦共和国最高苏维埃主席埃·拉赫莫诺夫于1993年3月8日至11日对中华人民共和国进行了正式访问。

中共中央总书记江泽民、中华人民共和国主席杨尚昆和中华人民共和国国务院总理李鹏分别同埃·拉赫莫诺夫主席在友好求实的气氛中进行了会见和会谈。

访问过程中,塔吉克斯坦贵宾到南通、上海、乌鲁木齐进行了参观访问。在中塔首次高级会晤期间,双方对双边关系和共同关心的国际问题交换了意见。

双方声明如下:

一、双方认为,建立和进一步发展两国各个领域的合作关系符合两国人民的根本利益和愿望,有助于维护亚洲和世界的和平与稳定。

二、中华人民共和国和塔吉克斯坦共和国将在相互尊重主权和领土完整、互不侵犯、互不干涉内政、平等互利、和平共处原则的基础上发展睦邻友好和互利合作关系。

双方认为,国家不分大小、强弱、贫富,在国际社会中都享有平等的权利。各国有权根据自己的特点选择社会制度、意识形态、经济模式和发展道路。这方面的差异不应妨碍国与国之间正常关系的发展。

三、双方确认，应以和平方式解决两国间的一切问题，相互不以任何形式使用武力或以武力相威胁，双方不参加针对对方的任何敌对行动，任何一方均不允许第三国利用其领土损害另一方的国家主权和安全利益。

四、塔吉克斯坦共和国政府承认中华人民共和国政府是中国唯一合法的政府，台湾是中国领土不可分割的一部分。塔吉克斯坦共和国政府确认不和台湾建立任何形式的官方关系。

中华人民共和国政府支持塔吉克斯坦共和国政府为维护民族独立和主权、巩固本国和平和稳定所作的努力。

五、中华人民共和国和塔吉克斯坦共和国两国领导人认为，发展经济合作是两国关系的重要组成部分。双方将在平等互利的基础上巩固和加深两国的经济合作，并鼓励采用国际通用的新的各种合作形式。

六、双方将促进扩大两国在科技、教育、文化、新闻、卫生、旅游、体育等领域的相互合作。

七、双方将在各种级别上就双边合作及其他共同感兴趣的问题经常进行磋商。双方将采取必要措施扩大中央和地方国家机关及社会团体之间的交往。

八、双方确认将以有关目前两国边界的条约为基础，根据公认的国际法准则，本着平等协商、互谅互让的精神，继续讨论尚未解决的边界问题，以寻求双方都能接受的公平合理的解决办法。

九、双方将在同有组织的犯罪、国际恐怖活动、贩毒、走私和其他犯罪活动的斗争中进行协作。

十、双方重申忠实于联合国宪章的宗旨和原则，主张加强联合国的作用和威望，以有效地实施公认的国际法准则，维护世界和平与安全。

十一、两国在和平与发展、裁军、防止军备竞赛和反对在国际事务中推行任何霸权主义等当代基本问题上的立场相同或相近。两国将促进维护和保持亚太地区以及全世界的和平安全与稳定。

十二、中华人民共和国和塔吉克斯坦共和国领导人对中塔首次高级会晤的成果表示满意。中塔两国关系进入了一个崭新的阶段。双方对此给予高度评价，相信中塔两国关系的发展将有广阔的前景，并将为充分实现这一前景而努力。

中华人民共和国代表 杨 尚 昆
塔吉克斯坦共和国代表 埃·拉赫莫诺夫
1993 年 3 月 9 日于北京

监察部聘请第二批特邀监察员

15 名来自各民主党派、全国工商联、工青妇的专家学者，被监察部聘请为第二批特邀监察员，他们将同第一批特邀监察员中续聘的 13 名特邀监察员一道参与行政监察工作。

中共中央政治局委员、中纪委书记兼监察部部长尉健行出席聘请大会并讲话。

国务院副总理朱镕基为《中国名牌》杂志创刊号撰文强调质量工作应摆在经济工作的首要位置

商业部国家技术监督局在北京召开新闻发布会宣布大型商店实行质量先行负责

国办转发国务院特区办公室关于简化外商投资企业中方人员出国(境)审批手续规定的通知

各省、自治区、直辖市人民政府，国务院各部委、各直属机构：

国务院特区办公室《关于简化外商投资企业中方人员出国(境)审批手续的规定》已经国务院批准，现转发给你们，请认真贯彻执行。

本通知下发后，1987 年 5 月 6 日《国务院办公厅转发国务院特区办公室关于简化中外合资、合作经营企业中方人员多次出国批手续请示的通知》(国办发〔1987〕25 号)即停止执行。

国务院办公厅
1993 年 3 月 9 日

关于简化外商投资企业中方人员出国(境)审批手续的规定

为进一步改善外商投资企业的经营条件，使企业中方人员能够及时参与在境外开展的业务活动，需要适当简化其出国或赴港澳地区的审批手续，现作如下规定：

一、产品出口年创汇 100 万美元以上的，或经省级以上经贸部门依照有关规定确认为技术先进企业的中外合资经营企业、中外合作经营企业，可根据本企业的具体情况和实际需要，拟定一定数量需经常派遣出国或赴港澳地区从事经贸业务活动的中方人员(赴港澳地区限三名以内)，向所在省、自治区、直辖市人民政府经贸部门提出申请。省会(自治区首府)城市、计划单列市、沿海开放城市、长江沿岸开放城市、经济特区内的企业，可直接向所在市人民政府经贸部门提出申请。经政府经贸部门审查批准后，对这部分中方人员简化多次出国或赴港澳地区的审批手续。即第一次出国仍按现行规定办理审批手续，审批后一年内需要再次出国，由本企业中方负责人批准，直接到地方政府外事部门办理出国手续；第一次赴港澳地区由地方人民政府报国务院港澳办公室审批，审批后一年内需要再次赴港澳地区，按上述再次出国的规定办理。

二、外资企业根据业务需要，派遣其聘用的中国员工出国或赴港澳地区从事业务活动，在报经地方人民政府经贸部门或人民政府指定的机构审查后，可自行或委托有关单位向当地公安机关提供所需证明，申请办理出国或赴港澳地区手续。

经济特区外资企业根据业务需要，派遣其长期聘用的户口不在经济特区的中国员工临时出国从事业务活动，可由申请人持公安机关签发的暂住户口证明和企业法人代表签署的在经济特区长期工作的证明，向经济特区的市、县公安机关申办出国手续。因业务需要在外停留六个月以上的，以及因私人事务出国的，仍按规定到常住户口所在地的市、县公安机关申办出国手续。

三、经济特区外商投资企业中方人员因业务需要赴港澳地区，按外交部、公安部的有关规定办理出境审批手续。

四、外商投资企业中方人员因开展业务和进行技术、业务培训出国或赴港澳地区，所需费用均由企业自有外汇支付，不纳入国家下达的出国（境）用汇计划指标。

五、各地区及有关部门要加强对此项工作的领导，并根据本规定制定实施办法，尽快下发执行。各级审批机关和企业中方负责人要按照国家关于出国（境）人员管理的规定，认真进行审查，加强外事纪律教育；同时要在规定范围内尽量简化审批手续，为企业提供方便，搞好服务。

大型水利工程实行开放建设

国务院总理李鹏在北京会见美国前国务卿乔治·舒尔茨

中共中央政治局常委李瑞环在人民大会堂会见日本丰田通商株式会社会长江崎诚三

中葡联合联络小组在澳门举行第 16 次会议

会议于 3 月 9 日至 12 日举行。中方首席代表康冀民和葡方首席代表吉马良斯出席会议。

中国石化国际事业公司和美国石韦工程公司合作推广催化裂解技术协议签字仪式在北京举行

《解放军报》连续发表社论和评论员文章强调在新的历史时期要发扬邓小平倡导的五种革命精神

五种精神就是邓小平概括的“革命和拼命精神，严守纪律和自我牺牲精神，大公无私和先人后己精神，压倒一切敌人、压倒一切困难的精神，坚持革命乐观主义、排除万难去争取胜利的精神”。

解放军总政治部和国务院 8 个部局联合颁发军队干部复员安置新规定

人民解放军总政治部与国务院 8 个部局日前联合发出通知，对军队复员干部安置政策作出如下新的规定：

（一）自愿复员的干部，可回原籍县（市、区）或入伍时户口所在地，也可到配偶所在地；对确有实际困难需要到其他地区安置的，按照国家和当地政府接收军队转业干部的规定执行。自愿复员的干部除自愿回农村者外，均落非农业户口。

（二）国家机关和企事业单位，在社会上招聘工作人员时，应对具备条件的复员干部优先聘任和录用。对复员干部从事个体经营或开办私营企业的，应依法优先发给营业执照，在有限期内给予低息贷款；经税务部门批准，可适当减免营业税和所得税。

（三）复员干部就业后的待遇，按照“享受所在单位同工龄、同工种、同岗位人员待遇”的原则确定，复员干部的军龄应计算为本单位连续工作年限和投保年限。

（四）复员干部的住房，原则上由录用单位按照解决本单位职工的住房办法优先给予解决。

（五）复员干部配偶是正式职工的，可随同干部一起调动，当地政府应予分配工作；随军无工作的家属可随同前往，符合就业条件的，劳动部门应介绍就业。

通知还鼓励复员干部到边远艰苦地区、经济特区、开发区和重点建设工程、新建扩建单位工作，允许这些地区和单位跨地区录用复员干部。总政治部、总后勤部对军队干部复员费的标准也作了适当调整。

海峡两岸核能学术研讨会在北京举行

两岸核能学术研讨会日前在北京举行。来自台湾和大陆的 80 余位学者，就核电厂运营、核安全管制等进行 27 个专题报告。

国家教委在北京召开教育支援西藏工作会议

国务院、国家民委、国家教委、中共中央统战部，有关省、自治区、直辖市和国务院部委的领导参加会议。

国务委员兼国家教委主任李铁映、国家教委副主任王明达、西藏自治区人民政府副主席拉巴平措在会上讲话。

会议提出教育援藏的指导思想是:发展西藏教育,重点在西藏区内。首先要靠西藏发扬自力更生的精神,依靠当地人民群众的力量,根据西藏社会发展和经济建设的需要,因地制宜地采取符合实际的特殊政策和措施。同时,国家和内地各省、市、自治区应尽量大的努力帮助和支持西藏发展教育工作。从现在到本世纪末,西藏教育的重点是切实加强基础教育,调整优化教育结构,发展职业技术教育和成人教育,扩大大中专学校办学自主权,全面提高教育质量和办学效益,促进教育为经济建设服务。

会议提出,教育援藏工作必须从西藏的实际出发,培养适应当地经济、社会发展需要的人才;加强对教育援藏工作的领导、管理和协调;实行对口、定点、包干责任制;继续办好内地西藏班(校),大力帮助西藏培养教师和教育管理干部。经国家计委、财政部、国家教委决定,本年拿出4100万元专项经费,支持发展西藏教育。27个省、市人民政府和部委教育司负责人与西藏自治区政府代表共同签署《教育支援西藏协议书》,落实内地为西藏办班的任务。

会议于9日至11日在北京举行。

国家教委主任李铁映在教育支援西藏工作会议上发表讲话

同志们:

受国务院委托,国家教委召开的教育支援西藏工作会议今天开幕了。这次会议的主要任务是认真学习贯彻邓小平同志视察南方重要谈话和党的十四大精神,集中研究如何进一步搞好教育援藏工作,更多更好地为西藏培养人才。我代表党中央、国务院,对会议的召开表示热烈的祝贺!并借此机会,向多年来为发展西藏教育事业艰苦奋斗、辛勤工作的各族干部、群众、广大教师和教育工作者表示诚挚的问候和衷心的感谢!

党中央、国务院一直十分关心和重视西藏教育,采取了一系列措施支援西藏发展教育事业。西藏自治区党委和政府也做出了极大的努力。西藏教育事业发生了巨大的变化。现代学校教育从无到有,从小到大,基本建立起包括幼儿教育,小学教育、中学教育、中等专业技术教育、高等教育以及成人教育、电化教育等在内的,具有西藏地方特色和民族特点的教育体系。特别是1987年第二次援藏工作会议精神的贯彻和项目的落实,进一步推动了西藏教育事业的发展,到1992年底,西藏区内各级各类学校在校生数已经达到22.3万人,比1986年增长了45%;适龄儿童入学率达到60.4%,比1986年增加了20个百分点。25个省、市、自治区和国务院19个部、委、局举办的中学和中专西藏班(校)已有70多个,累计招收西藏学生逾万人。其中中专西藏班第一批600多名毕业生已返回西藏,走上了工作岗位,还有近300名高中毕业生进入了高等院校学习。西藏教育事业所取得的成就,是西藏和内地各族干部、群众、广大教育工作者团结一心,共同奋斗的结果,为西藏经济和社会的进一步发展奠定了基础。同时也要看到,由于历史和自然条件的原因,西藏教育基础仍很薄弱,与内地相比,还有较大差距,必须采取有力措施,加快改革和发展。

最近,西藏自治区提出,要坚持把教育摆在优先发展的战略地位,重点加强基础教育,优先办好师范教育,大力发展职业技术教育,积极发展成人教育和电化教育,巩固提高高等教育,使西藏教育的规模和效益再上一个新台阶。我们表示完全赞同。

邓小平同志多次指出,先发展起来的地区要带动后发展的地区,最终达到共同富裕。做好教育援藏工作,帮助西藏加快发展教育事业,体现了小平同志的这一思想。这也是220万西藏人民的共同心愿。内地支援西藏教育,办西藏班(校),是党中央国务院的一项重要决策,是支持西藏现代化建设富有成效的措施。因此,教育援藏工作要长期坚持,努力搞好,逐步扩大,并通过改革提高到一个新水平。

第一,教育援藏工作要实行对口、定点、包干责任制。今年,国家计委、财政部和国家教委决定拿出4100万元,进一步支持发展西藏教育。同需要比,这是不多、不够的。各省、市、自治区还应在财力、物力和其他方面继续给予支持。承担援藏任务的地区、单位要同受援地市建立长期对口协作关系,定点培养西藏学生,所需经费包干使用。对口、定点、包干责任制是8年来教育援藏工作经验的总结,实践证明是一条行之有效的措施。这次会上,对口单位要对教育援藏的任务、形式、经费、责任、义务等进行研究,签订协议。会后要抓好落实。

第二,继续办好内地西藏班(校)。各地要努力改善办学条件,增加办学点,不断提高教学水平。要逐步实行藏汉学生合校合班教学,促进各族学生广交朋友,相互学习,共同进步。藏族学生远离家乡和父母,生活、学习和语言都会遇到许多困难,要真心实意地关心、爱护他们,尊重他们的风俗习惯和民族传统,同时严格要求,加强管理,使他们愉快地学习、生活,尽快地成长起来。承担教育援藏任务的地区应重视培养西藏的教师和中小学校长,帮助他们提高思想政治水平和业务素质,逐步培养出一批西藏自己的教育专家。

第三,教育援藏工作必须从西藏的实际出发,培养适应当地经济、社会发展需要的人才。内地西藏班初中后和高中后的专业培养计划由西藏自治区政府制定，学校要积极配合，指导学生选学西藏建设急需的专业。同时支持和鼓励汉族学生学习藏语文，研究藏族历史、文学艺术、医学等，培养汉藏兼通的专门人才。

第四，加强对教育援藏工作的管理和协调。国家教委要搞好宏观指导，注重政策研究，制定有关规章制度。担负教育援藏任务的省、市、自治区教委要有一位副主任主管这项工作，国务院有关部委局也要有人负责。要及时研究新情况新问题，总结经验，搞好评估，表彰、奖励先进单位和先进个人。

同志们，西藏教育关系到西藏的未来。支援西藏发展教育事业，为西藏培养人才，是促进西藏经济发展和社会进步的关键。这是一项崇高的事业，是我们义不容辞的责任和义务。我们要在建设有中国特色社会主义理论和党的基本路线的指引下，真抓实干，开拓进取，为西藏教育事业的振兴作出更大的贡献！

国家教委主任李铁映在河北县(市)级职教中心考察强调要大力发展职业技术教育

3月10日

七届全国人大常委会第三十一次会议闭幕

会议审议通过将八届全国人大一次会议议程草案提请八届全国人大一次会议预备会议审议等议案。

会议还表决通过将八届全国人大一次会议主席团和秘书长名单草案提请八届全国人大一次会议预备会议选举；原则通过全国人大常委会工作报告(稿)，同时授权全国人大常委会秘书长会后根据委员们的意见作必要的修改，报请委员长会议审定后，提请八届全国人大一次会议审议；通过七届全国人大常委会代表资格审查委员会关于补选的八届全国人大代表的代表资格的审查报告；决定列席八届全国人大一次会议人员名单；通过批准任命名单。

全国人大常委会副委员长彭冲、阿沛·阿旺晋美、赛福鼎·艾则孜、严济慈、荣毅仁、叶飞、廖汉生、倪志福、陈慕华、费孝通、孙起孟、雷洁琼、王汉斌出席会议。

全国人大常委会批准任命名单

一、批准任命倪鸿福为上海市人民检察院检察长。

二、批准任命杨业勤为辽宁省人民检察院检察长。

全国人大常委会发布公告

内蒙古自治区补选王维珍为第八届全国人民代表大会代表。全国人民代表大会常务委员会同意代表资格审查委员会关于补选代表的代表资格的审查报告，确认补选的第八届全国人民代表大会代表王维珍的代表资格有效。

第八届全国人民代表大会现共有代表2978名。

特此公告

全国人民代表大会常务委员会

1993年3月10日

《人民日报》发表社论《抓住有利时机加快铁路建设》

本报2月22日以《中国铁路何日走出“瓶颈”》为开篇，开展“经济上台阶，交通怎么办”的系列报道，在社会各界引起普遍关注。这说明，交通运输紧张，特别是铁路运输紧张，不仅是制约国民经济发展的瓶颈，也是全国各族人民关注的热点之一。

铁路是国民经济的基础设施。许多经济发达国家在工业化初期都曾密集投资、优先建铁路，形成四通八达铁路网，促进国民经济发展。我国解放以后在铁路建设方面也作了很多努力，但由于种种原因，铁路发展仍然严重滞后，主要表现为“一少二紧三制约”，即铁路数量少，运输能力紧，成为国民经济发展的重要制约因素。

自去年邓小平同志视察南方发表重要谈话和党的十四大召开以来，我国改革开放和现代化建设事业进入了一个新的阶段。随着社会主义市场经济体制的建立，国民经济上新台阶，人民生活奔小康，本来就不适应的铁路运输，紧张状况进一步加剧。改变铁路发展严重滞后状况，使铁路由限制型转为适应型，已成为时代的需要，人民的企盼。

铁路发展严重滞后状况，党中央、国务院高度重视，明确提出对铁路建设要增强紧迫感、危机感和责任感。党的十四大把加快交通运输建设作为一项战略任务，摆在突出的重要位置。邓小平同志早在1975年就提出：“当前的薄弱环节是铁路。”1989年小平同志又强调：“多搞一点铁路、公路、航运，能办很多事情。”“宁肯欠债，也要加强。”去年，为庆祝成渝铁路通车40周年，江泽民总书记题词：“人民铁路人民建，人民铁路为人民。”李鹏总理题词：“四化建设，铁路先行。”

加快铁路建设和发展，决不是铁路部门一家的事，而是全党全国人民共同的任务。孙中山先生早在1912年为《铁路》杂志题词就写道：“夫铁路者，今日文明富国之利器也。古人有言，工欲善其事，必先利其器。予为转一语曰：民欲兴其国，必先修其路。”这些话至今仍不失为至理名言。今天，面对我国铁路严重滞后的局面，各地区、各部门，特别是各级负有领导责任的同志，都要关心加快铁路建设，满腔热情地支持铁路的建设与发展。要在全社会造成理解铁路、关心铁路、支持铁路的舆论环境。支持铁路实现历史性大发展，这是大局。决不允许任何人以任何借口，刁难、敲诈铁路，阻碍和破坏铁路的建设和发展。

诚然，我们还应清醒地看到，目前我国交通运输紧张，决不仅仅是铁路。公路、民航、水运和管道运输也都需要加快发展。只不过当前铁路运输紧张显得更加突出罢了。

加快铁路建设和发展，国家要采取更加有力的优惠政策。我们失去的时间太多了。“往者不可谏，来者犹可追。”眼前的时机不能再错过。在确立铁路战略产业地位的同时，还应当确定铁路的发展战略，对铁路进一步实行倾斜政策，即在财政、物资、税收、信贷、物价、征地拆迁等方面给予倾斜政策，推进铁路的历史性大发展。

加快铁路建设和发展，要大力贯彻“人民铁路人民建”的方针，要走改革之路，充分调动各方面建设和管理铁路的积极性。要改变国家独资修路的模式，发挥中央和地方两个积极性，发挥境内和境外两个积极性，大力提倡合资建路，合营铁路。合资建路要坚持“谁投资谁受益，多投资多受益”的原则。实践证明，地方铁路投资省、工期短、经营活、效益好。要广开渠道，大力兴办地方铁路。各级地方政府和广大人民群众要积极支持铁路建设，切实解决铁路建设中资金筹集、征地拆迁、物资供应、后勤保障等问题。

加快铁路建设和发展，铁路部门义不容辞地应担负起历史的重任。铁路职工要用自己的实际行动，向党向人民向历史交出一份出色的答卷。当前，在建设与运输的双重压力下，铁路部门一方面要搞好运输工作，精心调度，精心指挥，千方百计多运货，多过车，最大限度地挖潜扩能，满足眼前运输需求；另一方面要紧急动员起来，坚决打好“八五”后三年铁路建设这一硬仗。要迅速集结队伍，尽快形成会战态势，克服一切困难，按期保质拿下重点工程。与此同时，要把深化铁路改革作为推进铁路建设和铁路运输的强大动力。铁路运输企业要走向市场，以其自身效益的提高，来不断强化为全社会服务的功能。

令人欣喜的是，现在，实现铁路历史性大发展的曙光，已经展现在我们的面前。神州大地，热气腾腾。人民群众箪食壶浆，以迎铁路建设大军。铁路职工更是群情激昂，昼夜奋战在铁路建设的战场上。铁道部组织指挥的“强攻京九、兰新，速战侯月、宝中，再取华东、西南，配套完善大秦”前所未有的铁路建设大会战，已经展示出凌厉的攻势。我们相信，一个迟到的中国铁路建设高潮必将到来。

中央8家新闻单位记者团在人民大会堂举行南方万里纪行启程仪式

中共中央总书记江泽民在钓鱼台国宾馆会见美国前国务卿乔治·舒尔茨

国家主席杨尚昆根据全国人大常委会的决定任免驻外大使

一、免去张德维的中国驻越南社会主义共和国特命全权大使职务。

任命张青为中国驻越南社会主义共和国特命全权大使。

二、免去王嵎生的中国驻哥伦比亚共和国特命全权大使职务。

任命俞成仁为中国驻哥伦比亚共和国特命全权大使。

三、免去章德良的中国驻约旦哈希姆王国特命全权大使职务。

任命王世杰为中国驻约旦哈希姆王国特命全权大使。

阿根廷总统梅内姆在布宜诺斯艾利斯总统官邸会见外交部部长钱其琛

中国和阿根廷在布宜诺斯艾利斯签订《中华人民共和国政府和阿根廷共和国政府关于部分互免签证的协定》

外交部部长钱其琛在阿根廷国际关系委员会发表演讲阐述中国的外交政策

谈到中国与拉美国家的关系，钱其琛强调，在当前国际形势下，加强中拉之间的团结与合作显得尤为重要。并说，中国已同17个拉美国家建立了外交关系，同所有拉美国家和地区都有贸易往来。但从资源、产品、技术上各有优势这点来看，目前取得的进展还是不够的，还有进一步发展的潜力。

谈到中国的改革开放时，钱外长指出：中国改革开放的深入和经济发展的加快，将为同包括拉美国家在内的世界各国进行经济交流和发展贸易创造更多的机会。

中国和亚洲开发银行签订《中华人民共和国与亚洲开发银行贷款协定(青岛环境改善项目)》

联合国人权委员会第49届会议决定对美国等提出的“中国人权局势”决议草案不采取行动

农业部会同国务院有关部门联合召开电话会议部署当前畜禽防疫工作

会议要求各地采取得力措施，强化兽医防疫检疫工作，提高畜禽卫生水平。有关领导指出，各地要加强兽医卫生监督管理工作，促进和保障畜禽防疫各项措施的落实。特别是在市场经济日趋活跃、疫病传播机会增多的情况下，兽医防疫、检疫工作必须加强法制管理。要坚决贯彻落实国务院颁布的《家畜家禽防疫条例》、《兽医药管理条例》，以及农业部制定的配套规章。对于贩卖、收购、加工病害畜禽产品、制造兜售假劣兽药的不法分子，要坚决予以打击。在新形势下，越是搞活市场，就越要加强畜禽防疫检疫工作。

国务院环保委第 25 次会议在北京召开

会议原则通过《防治城市环境噪声污染技术政策》。技术政策分区域环境噪声污染防治、交通噪声污染控制、工业噪声污染控制和强化环境噪声污染科学管理 4 部分。与会委员认为，制订一个目标清楚、重点明确、从国情出发、标本兼治的技术政策很有必要，它将会在控制城市环境噪声污染、保障人们的安静舒适生活环境方面，发挥重要作用。

国务委员、国务院环委会主任宋健主持会议。会议还听取《1992 年全国环境保护工作总结》，审议了《1993 年全国环境保护工作要点》，听取了《"国务院环境保护委员会关于防治水污染技术政策的规定"执行情况的调查报告》等。

中国逐步淘汰消耗臭氧层物质的国家方案在蒙特利尔举行的联合国环境规划署多边基金执委会会议通过

1992 年全国十佳运动员评选揭晓

十佳运动员是：邓亚萍　林莉　高敏　张山　陈跃玲　庄泳　王义夫　叶乔波　陆莉　李小双。

浙江宁波北仑港发电厂发生重大爆炸事故

14 时 8 分，浙江省宁波北仑港发电厂一号机组锅炉局部发生重大爆炸事故，有 20 人死亡，另有 20 多人受伤，发电机组停机。北仑港发电厂一号机组是从国外引进的设备。

3 月 11 日

《人民日报》发表社论《抓住机遇，更快更好地发展》

党的十四届二中全会公报指出："在当前和整个 90 年代，抓住国内和国际的有利时机，加快改革开放和现代化建设步伐，这个指导思想要坚定不移。"二中全会的这一精神，从战略全局的高度，对于党的十四大提出的历史任务，对于党在 1993 年的工作，作了提纲挈领的概括，它对于我们认清当前形势、把握时代脉搏、掌握工作要领，具有极为重要的指导意义。

把握机遇，历来是战略家们关注的中心。历史上叱咤风云的政治家、事业家，都是很善于把握机遇的。建国以来 43 年的历史发展，也曾有过得时的经验和失时的教训，这是大家都清楚的。去年初，邓小平同志在深刻分析国内外形势的基础上指出，要"抓住时机，发展自己，关键是发展经济"，"发展才是硬道理"。今年春节，邓小平同志又指出："希望你们不要丧失机遇。对于中国来说，大发展的机遇并不多。"这是一个极为重要的提示。有没有强烈的机遇意识，能不能珍惜时机、把握时机，并把它变为自觉而得力的行动，是对一个领导干部政治素质、领导水平、工作能力的严重考验。

去年以来，在邓小平同志视察南方重要谈话和中央政治局全体会议精神的指引和鼓舞下，全国形势发展很快很好，改革开放和现代化建设进入蓬勃发展的新阶段，国民经济高速增长，各地区各部门的工作都取得了重大成就，全国人民高兴，世界为之瞩目。总的来说是好的，发展是健康的。在国民经济的高速发展中，也出现了一些新的矛盾和值得注意的苗头。历史经验告诉我们，形势越好，越要保持清醒的头脑。我们要善于总结经验，及时发现和解决前进过程中出现的问题，把群众中焕发出来的高度积极性引导好、保护好、发挥好，将国民经济的大发展引上更加健康发展的轨道。

要正确处理速度与效益的关系。速度与效益是辩证的统一。没有必要的速度，难以取得较高的效益；没有效益的速度，不是我们所需要的速度。国民经济的外延扩大必不可少，特别是西部地区乡镇企业严重滞后，更需发展，但把现有企业特别是国有大中型企业办好，提高其集约程度，则更应重视。国民经济的集约式经营，要求我们下功夫优化经济结构，推动科技进步，改善经营管理，提高产品和服务质量，节约能源，减少原材料消耗，取得最好的经济效益。这样的速度，是扎扎实实的速度，是国民经济整体素质提高的重要标志。

要正确处理主观发展愿望与客观物质条件的关系。国民经济是个整体，各个部分之间既相互促进，又相互制约。所谓条件，就是要考虑宏观和微观的多种因素，例如，产品有无市场、资源有无保证、资金是否落实、人才有无来源、技术条件是否具备等。在发展条件上，不同地区、不同产业情况不同，因此，一定要坚持从实际出发，在速度问题上不搞一刀切，不盲目攀比。凡是条件具备的，要尽可能搞得快一些；条件不具备的，要积极创造条件，逐步加快发展。

国民经济的总量平衡，在相当大的程度上是个结构问题。结构协调，发展速度就快；结构严重失衡，想快也快不了。当前我国结构方面的突出问题，一是农业后劲不足，农民购买力提高不快，各种负担过重，农民的生产积极性没有得到充分的发挥；二是基础产业和基础设施发展滞后，交通、能源、重要原材料一直是制约国民经济发展的“瓶颈”；三是第三产业在国民经济中的比重过低，不利于一、二产业的发展和社会的进步。各级领导干部都要善于抓重点、抓薄弱环节，把我们领导经济的水平大大提高一步。

总之，在经济工作中，我们要坚持解放思想、实事求是的思想路线，坚持马克思主义的唯物辩证法。既要看到经济发展出现某些不平衡，出现一些矛盾和问题毫不奇怪，经济发展的稳定协调是相对的，不是绝对的，又要正视矛盾，以积极态度解决矛盾，不使经济发展出现大的波折；既要积极进取，充分发挥主观能动性，又要头脑冷静，认真考虑客观可能性和科学性，不要做那些条件不具备，一时做不到的事情，不要做那些超过市场需求的重复建设的事情，不要做那些今天勉强上去了，明天又坚持不下来的事情。有了辩证的发展观，我们就可以游刃有余，从容应付各种复杂的局面。

去年我国大发展中出现的某些问题，实际上是经济生活中深层次矛盾的反映。无论是调整和优化产业结构，还是提高质量和效益，都离不开深化改革。因此，“八五”后三年，要把加快和深化改革放到突出地位，从建立社会主义市场经济体制中寻找出路。许多问题的解决，如果不从微观上建立符合市场要求的企业制度，不从宏观上进行计划、金融、财政、投资体制改革，是难以奏效的。中心的环节，是贯彻全民所有制工业企业转换经营机制条例，实行政企分开，理顺产权关系，按照市场需要改革企业制度。同时积极探索、综合运用各种经济手段、法律手段和必要的行政手段，建立适应社会主义市场经济要求的宏观调控体系。我们相信，全党上下认识一致，抓住机遇，扎实工作，我们的国民经济就一定能又快又好地向前发展。

国务院副总理吴学谦在中南海紫光阁会见台湾青年商会总会大陆访问团

国家税务局局长金鑫在北京召开的国家税务局局长咨询会议上发表讲话

金鑫说，中国税制改革的主要内容包括把现行国营、集体、私营三种企业所得税合并，建立统一的内资企业所得税制，基本税率定为33%的比例税率；建立增值税、产品税、营业税三税并立、双层次调节的新的流转税制格局；修订现行的个人所得税，实行不分纳税人国籍一律适用的统一的个人所得税法；同时，扩大资源税的征收范围和项目，改革城建税，研究开征土地增值税、证券交易税、社会保险税，并取消或合并若干种小税。在税收管理体制上也将作较大改革，地方税收入规模将扩大，并将按收入归属划分税收管理权限。

国务院总理李鹏在中南海会见英国上院议员斯特灵勋爵

外交部部长钱其琛在圣地亚哥同智利外交部部长席尔瓦举行正式会谈

外交部发言人吴建民就美国前国防部长温伯格所谓中国扩充军备的说法发表评论

有记者问：美国前国防部长温伯格在日本称，要用实力来对付中国扩充军备的做法。你对此有何评论？

吴建民说，中国的国防预算是世界上最低的国家之一，人均仅5美元，这是尽人皆知的事实。然而，有人却视而不见，一再散布“中国在扩充军备”，并鼓动要“用实力来对付”，实际上是唯恐亚洲不乱，挑拨亚洲国家之间的关系，企图破坏亚洲走向稳定与发展的总趋势。这种企图是不会得逞的。

3月12日

中共中央全国人大常委会国务院中央军委发布王震逝世讣告

中国共产党中央委员会、中华人民共和国全国人民代表大会常务委员会、中华人民共和国国务院、中央军事委员会沉痛宣告：伟大的无产阶级革命家、政治家、军事家，坚定的马克思主义者，党和国家的卓越领导人，中华人民共和国副主席王震同志，因病医治无效，于1993年3月12日15时34分在广州逝世，享年85岁。

王震同志的一生，是光辉的战斗的一生。他从青年时代起，就投身中国共产党领导的革命运动，参加长沙暴动后，任中共湘鄂赣边区特区区委书记，游击支队队长、政委，红军湘东独立一师党委书记，湘赣苏区红军独立一师政委，第八军代理政委，湘赣军区代理司令员，红六军团政委。他英勇作战，灵活指挥，为创建湘赣苏区进行了艰苦卓绝的斗争，是湘赣苏区创始人之一。在任弼时同志的领导下，他和萧克同志率红六军团与红二军团会合后，建立了湘鄂川黔苏区。1934年底，他作为二方面军的领导人之一，率部参加了举世闻名的二万五千里长征。在长征途中，他和贺龙等同志一起，坚决抵制了张国焘分裂红军、另立中央的阴谋活动。

抗日战争爆发后，王震同志任八路军一二〇师三五九旅旅长兼政委、延安地委书记、卫戍司令员，负责保卫党中央。1937 年 9 月，率部进入晋绥、晋西北抗日前线后，连克宁武等 7 座县城，为开创晋绥抗日根据地作出了贡献。在抗日战争极端困难的时刻，他响应毛主席的号召，带领三五九旅全体指战员，在南泥湾开展大生产运动，为全军和抗日根据地树立了"自己动手、丰衣足食"的光辉旗帜。

抗日战争后期，王震同志率三五九旅主力组成南下支队，挺进华南，在南下北返中，历尽艰险，行程 2 万余里，途经八省境地，历时两年，创造了中国革命战争史上的又一奇迹。

解放战争时期，王震同志任第一野战军第二纵队司令员兼政委。1947 年初，奉命西渡黄河，保卫延安，在青化砭、羊马河、蟠龙镇的战斗中三战三捷。他率部解放青海后，奉命进军新疆。为解放大西北作出了重大贡献。

中华人民共和国成立后，王震同志任中共中央新疆分局书记、新疆军区代司令员兼政委。他根据党中央的指示，屯垦戍边，为恢复和发展民族地区的经济、文化等各项事业，为加强新疆各族人民的团结，维护祖国统一，巩固西北边疆，建立了不可磨灭的功勋。他在任中国人民解放军副总参谋长、铁道兵司令员兼政委期间，以最快的速度，新建了黎湛、鹰厦两条铁路，为巩固国防、发展经济，做出了贡献。他担任农垦部部长期间，开创性地建立了西北、东北、华南、海南、云南等几大垦区，为我国农垦事业的发展，奠定了坚实的基础。

在"文化大革命"期间，王震同志同林彪、江青反革命集团进行了坚决的斗争，协助周恩来总理、李先念副总理抓经济工作，为稳定经济做了大量的工作。他坚决支持党中央对江青反革命集团采取的果断措施，为挽救党、挽救革命发挥了重要作用。

1975 年后，王震同志任国务院副总理，在党的十一届三中全会上当选为中央政治局委员。他坚决支持邓小平同志提出的以经济建设为中心、坚持四项基本原则、坚持改革开放的基本路线，为拨乱反正，调整国民经济，推动改革开放，建设有中国特色的社会主义事业，竭尽全力。他在担任中央党校校长期间，重视中高级干部的思想理论建设。他还为增进中日两国人民的友谊做出了突出的贡献。他当选为国家副主席后，开展了大量的国务活动和外事活动，受到各国朋友的赞誉。他积极支持和维护以江泽民同志为核心的党中央领导集体，在病重期间仍时刻关心着国家的改革和建设事业。他多次表示，对中国共产党的前途和社会主义、共产主义事业充满无限的信心。

王震同志还是中共七届中央候补委员，第八、九、十、十一、十二届中央委员，十二届中央政治局委员。他曾任中央军委常委，中央顾问委员会副主任。1955 年，他被授予中国人民解放军上将军衔。

北京上海广州武汉举行孙中山逝世 68 周年纪念活动

国务院批转国家计委《关于西北地区经济规划问题的报告》的通知

国务院原则同意国家计委《关于西北地区经济规划问题的报告》，现转发给你们，请结合本地区、本部门的实际情况贯彻落实。

国家计划委员会《关于西北地区经济规划问题的报告》

1992 年 8 月 23 日至 26 日，国家计委在乌鲁木齐市召开了西北地区（包括西藏自治区）经济规划座谈会，贯彻落实邓小平同志视察南方重要谈话和中央政治局全体会议精神，研究在改革开放新形势下，如何抓住有利时机，使西北地区经济更快、更好地上一个新台阶。现就西北地区经济规划中一些重大问题报告如下：

一、西北地区经济在全国经济发展中的地位和作用

西北地区和西藏自治区国土面积共 430 万平方公里，占全国国土总面积的 45%；人口 8200 多万，占全国总人口的 7.2%，少数民族人口占该区域人口的 20%。

西北地区处于东亚与中亚的结合部，通过陇海、兰新铁路可以沟通沿海和边境口岸，双向参与国际经济交流，具有良好的对外开放前景。同时，该地区自然资源丰富，开发潜力大，是我国重要的能源、原材料工业后备基地。经过几十年的建设，该地区基本形成了以能源、有色金属、石油化工、机械电子为主体的工业体系。旅游资源也很丰富。

充分发挥西北地区的优势，加快其资源开发和经济发展，对整个国民经济发展具有重要作用。一是可以为全国的经济发展提供资源保证；二是有利于增强我国的总体经济实力和在国际经济分工及竞争中的地位；三是对于我国建立多层次、全方位的对外开放格局，实施贸易多元化战略具有重要作用；四是对于改善我国地区经济发展不平衡的状况，进一步加强民族团结和国家安定，实现国民经济发展的第二步、第三步战略目标意义重大。

二、西北地区经济规划的基本思路和总体设想

西北地区经济规划的基本思路是：抓住当前有利

时机，加快改革开放步伐；以市场为纽带，以外贸为突破口，联合起来走“西口”（即西部口岸）；打通西北通道，进入中亚市场，逐步走向世界，以此带动资源开发、基础设施建设和第三产业的发展，实现整个区域的经济发展和繁荣。

西北地区经济规划的主要原则是：统筹规划，优势互补，互惠互利，有分有合，西出东联，面向中亚，扩大开放，发展市场，联合协作，共同发展。

90年代西北地区经济发展的目标是：国民生产总值平均每年增长9%左右，比80年代有所提高；经济结构趋于合理，第三产业得到较快发展，交通、通信紧张状况有较大改善，力争建成兰新复线等骨干铁路工程，公路里程达到18万公里；粮食总产量力争达到2500万吨，基本实现本区域自给，农村经济有较大发展，解决贫困地区人民的温饱问题；外向型经济得到较快发展，形成一批外向型和出口商品生产基地。

在确定经济发展速度时，既要解放思想，抓住有利时机加快经济发展，又要实事求是，从本地区的实际情况出发。核心问题是要注重实效，因地制宜，争取有效益的较快发展速度，不盲目攀比。

西北地区经济发展的最大制约因素是水资源和交通问题。为了使西北地区经济更快、更好地上一个新台阶，在经济发展的总体布局上，必须发挥西北地区的整体优势，统筹规划，突出重点，围绕制约西北地区经济发展的主要矛盾，确定发展战略，实行向基础产业和重点地区倾斜的政策，选择基础较好、交通方便的地区进行重点建设，带动周围地区的经济发展。规划设想是：

以水利建设为中心，对水资源进行统筹规划，合理解决工业、农业和城市用水问题。根据需要兴建用于城市供水的水库；完善和兴建必要的水利工程，为商品粮基地建设提供条件；在条件具备后考虑兴建一些重大的水利骨干工程，尽早进行黑山峡河段的开发，加快西线南水北调工程的前期工作。

加强交通、通信等基础设施建设，重点是铁路干线、公路干线、机场和通信枢纽的建设。铁路建设的方针是“扩大东路、打通南北、强干（线）增支（线）、逐步成网”；公路建设主要是贯通连云港至新疆边境的东西主干道，打通陕西、宁夏至长江沿岸的交通干道，加快进藏公路建设，形成四通八达的公路主骨架，适应全方位开放和资源开发由东部向西部转移的需要。

大力发展能源、原材料工业，重点是煤炭、原油、电力、有色金属、石油化工和盐化工等。煤炭开发在布局上要逐步西移，优先开发陕西的煤炭；进一步加快水电建设，并配套搞好高耗能工业的合理布局，同时加快火电和电网的建设；加强西部石油勘探，发展石油工业和石化工业。

以市场为导向，以提高经济效益为中心，加快对传统产业结构的调整和机电、轻纺工业产品结构的调整，优化生产要素组合，同时大力发展第三产业，进一步搞活商品流通，加快资金积累。

在地区开发上，要重点建设好“两带”和“四区”。

（一）亚欧大陆桥西北沿线经济带。

适应亚欧大陆桥货运量日趋增长的需要，积极建设大中城市集装箱营运设施，发展大宗货物的集疏、仓储等服务项目；抓紧完成北疆铁路西段的配套设施建设；努力提高阿拉山口站换装能力；加强铁路沿线基础设施建设，改善投资环境。

（二）西北边境开放经济带。

抓紧进行开放口岸和开放城市通往腹地的交通建设，提高现有公路等级，扩大口岸集疏能力；在边境口岸建立边境贸易市场；将伊宁、博乐、塔城建成各具特色的边境开放城市。

（三）以西安为中心的关中地区。

要集中力量改组、改造现有加工工业，积极发展国家急需的机电产品和创汇产品，努力将这一地区建成具有较高科技水平的综合经济区，成为西北地区实现工业化的技术装备基地。同时，大力发展乡镇企业，使农村经济有一个较大的发展。

（四）以兰州为中心的黄河干流沿岸地区。

重点发展能源、石油化工、盐化工、有色金属冶炼加工等工业，充分利用大中型企业的技术装备优势和科研力量，抓好新产品的开发，努力将该地区建成原材料、机电设备制造和轻纺工业协调发展的产业聚集区。同时，加强农业基础设施建设。

（五）以乌鲁木齐为中心的天山北坡地区。

充分利用现有基础，重点发展石油化工、轻纺和电力工业。注重引进资金和技术，改造传统产业，培育技术密集型产业，努力改善运输条件，大力发展第三产业，力争把该地区建成一个适应对外开放需要的综合性工业基地。

（六）以拉萨为中心的“一江两河”中部地区。

利用现有基础，重点搞好“一江两河”（雅鲁藏布江、拉萨河、年楚河）中部流域的开发，逐步将这一地区建设成为商品粮、副食品生产基地和轻纺、手工业生产基地，带动西藏自治区的经济发展。

三、关于西北地区经济发展政策

（一）国家制定了若干优惠政策，支持西北地区特别是少数民族地区的经济发展。西北各省（区）应从本地区的实际情况出发，首先把国家已经给予的各项政策落实好，使其发挥出应有的作用。

（二）允许西北各省（区）在全国各地边境口岸建立外贸代理机构，直接进行贸易，享受当地优惠政策。

（三）对西北地区的水利、铁路、公路、航空、通信等基础设施和能源、原材料等项目的建设，国家继续给以适当的倾斜。对中央确定的建设项目，地方配套资金的比例可低于东部地区同类项目的标准。对于地方用自筹资金建设的符合国家产业政策的固定资产投资项目，如资金等建设条件落实，可以纳入投资规模。在年度计划执行中，如需增加投资规模，只要资金来源确有保证，国家予以调整。对全民所有制企业自筹资金建设的生产性项目、城市公共设施和教育建设项目，其投资规模予以放开。

（四）利用国际金融组织低息贷款和国外政府贷款的项目，在同等条件下应优先考虑在西北地区安排；国家确定建设债券分配规模时，在额度上要适当照顾西北各省（区）；国家确定的各类扶贫开发资金，应适度向西北部贫困地区和少数民族地区倾斜，并随着国家财力的增强，适当增加扶贫资金投入，加大扶贫力度；增加西北地区地质勘探经费，加强地质勘探工作，为西北地区进行大规模资源开发做好准备。

（五）为促进边疆和少数民族地区的经济发展，要努力抓好黄河上游多民族地区重点建设区域的开发建设。

（六）对西北地区工业企业的统配产品，适当增加地方留成的比例；对少数民族地区的固定资产投资方向调节税实行优惠政策。

四、关于西北地区的开发建设项目

经与六省（区）和国务院有关部门协商，国家计委初步提出了“西北地区基本建设大中型项目计划”，其要点是：

“八五”期间，拟加快16个项目的建设进度，新增投资446000万元；拟新增加乌鲁瓦提水库、公伯峡水电站等17个建设项目，增加投资339000万元。以上共计增加投资785000万元。

其中，交通拟增加投资10亿元，占新增投资总额的13%，主要是集中力量解决铁路建设问题，即：以兰新复线和宝中线为主，建设好西北通道；争取开工建设西安至安康铁路，沟通西北地区与西南、中南地区的经济联系；在条件成熟时，考虑建设宝鸡至兰州复线（或宝鸡至兰州二期工程）和扩建南疆铁路，以使交通运输基本适应西北地区发展的需要。

水利拟增加投资25000万元，主要是加快甘肃“引大入秦”工程建设；新增宁夏沙坡头水利枢纽和新疆乌鲁瓦提水库项目；积极做好新疆伊犁河水利枢纽工程、青海“引大济黄”工程、黑山峡河段开发、甘肃疏勒河水利工程和陕西灌溉改造工程等的前期工作。

能源、原材料工业拟增加投资56亿元，约占新增投资的70%，主要是加快新疆三大油田的开发，建设黄陵矿区、宁夏大坝电厂、陕西渭河电厂以及甘肃金川镍基地等骨干项目。拟新增青海公伯峡水电站、甘肃靖远电厂和酒泉钢铁公司扩建等11个项目。对西北石油天然气的开发和利用，要处理好勘探和开发的关系，探明一定储量后，再考虑安排大的项目，在目前外运和加工条件尚不具备的情况下，适当推迟开发进度。

“九五”期间，西北地区基本建设投资仍将集中在水利、交通、能源和原材料四个行业，要重点抓好75个主要大中型项目的建设，其中包括黑山峡河段的开发，兰新复线和西安至安康铁路的建设，乌鲁木齐、兰州、银川等机场的扩建，陕西黄陵、彬长煤炭基地开发，宝鸡、平凉火电基地和公伯峡、拉西瓦水电站等项目建设。

以上意见如无不妥，请批转西北各省、区（包括西藏自治区）和国务院有关部门贯彻落实。

1993年2月11日

国务院批转国家计委关于《全国第三产业发展规划基本思路》的通知

各省、自治区、直辖市人民政府，国务院各部委、各直属机构：

国务院原则同意国家计委《全国第三产业发展规划基本思路》，现转发给你们，请参照这个思路，进一步做好本地区、本部门制定第三产业发展规划和有关政策的实施工作。

在党的十四大精神鼓舞和指导下，我国改革开放和现代化建设进入了蓬勃发展的新阶段，加快第三产业的发展，对于促进社会主义市场经济体制的建立和加快经济发展具有重要作用。各地区、各部门要从实际出发，按照规划的要求，选准重点和带头行业，既要积极发展，又要量力而行。

加快发展第三产业，要解放思想，勇于开拓，同时又要实事求是，真抓实干。要推动我国第三产业全面兴起，同时又要引导其健康发展。

正确的政策引导，是推动第三产业发展的重要环节。国家计委和有关部门要在这个思路基础上，进一步研究，提出具体实施的政策意见和办法，重要的政策和实施方案要报国务院批准后再下发执行。

国务院

1993年3月12日

全国第三产业发展规划基本思路

90年代是我国社会主义现代化建设进程中的关键

时期，国民经济和社会发展将提高到一个新的水平。第三产业的兴旺发达，是现代化经济的重要特征。加快发展第三产业，对于建立社会主义市场经济体制、优化经济结构、促使经济上新台阶，具有重大的战略意义。

从1985年起，国务院批准在全国进行国民生产总值和第三产业的统计。借鉴国际通用的三次产业分类方法并从我国国情出发，对国民经济按三次产业作如下划分：第一产业是农业；第二产业是工业和建筑业；第三产业是除上述第一、二产业以外的其他行业，包括流通领域、为生产和生活服务的领域、为提高科学文化水平和居民素质服务的领域、为社会公共需要服务的领域。第三产业内部又可区分为盈利性和非盈利性两种类型。

我国在建国以后的很长时期内，由于多种原因，第三产业没有得到应有的发展。改革开放以来，第三产业发展较快。80年代，第三产业平均每年增长10.9%，超过同期国民生产总值年均增长8.9%的速度。1991年，第三产业增加值占国民生产总值的27.2%，就业人数占社会劳动者总人数的18.9%。第三产业传统行业不断扩大，金融保险业、交通通信业、商业物资业的比重占整个第三产业的2/3；信息咨询业、旅游业等新兴行业也有较快发展。第三产业已经成为国民经济的一个重要产业。但从总体上看，我国第三产业发展水平仍然比较落后，在国民生产总值中所占的比重不仅大大低于经济发达国家，而且还低于发展中国家的平均水平。第三产业内部结构不尽合理，基本上以传统行业为主，新兴行业所占比重较小，即使是传统的第三产业，也不适应社会、经济发展的需要；直接为生产和科技发展服务的行业严重滞后；社会化服务体系和社会保障体系不健全；行业之间发展不协调。特别是市场体系发育程度低，结构不合理，法规不健全，基础设施建设也比较落后。第三产业在地区之间发展不平衡，经济欠发达的内陆地区落后于经济比较发达的沿海地区，农村明显落后于城市。在经营机制上，社会化、产业化、商品化程度低，福利化现象和机关、企事业单位封闭式自我服务的问题严重，财政负担沉重。在管理上，对第三产业缺乏统一的规划和明确有力的政策支持，限制较多，机制也没有理顺；统计薄弱，底数不清。上述这些问题，都影响了一、二、三产业的协调发展和社会再生产的顺畅运行，妨碍了经济效率和效益的提高，也束缚了第三产业自身的发展。

90年代，我国第三产业将进入一个新的发展时期。我国国民经济经过40多年，特别是改革开放以来十几年的发展，已经达到一定的规模和水平，同时，党的十四大确定的90年代改革和建设的任务，对加快第三产业发展也提出了新的要求。

——加快发展第三产业是加速经济发展、优化经济结构的战略措施，是国民经济上新台阶的一个决定性因素。第三产业的发展要以第一、第二产业的发展为基础，同时，也只有第三产业得到更快的发展，才能使产业结构逐步优化，促进社会再生产循环畅通。第三产业大多数行业耗能少、投入产出率高、发展潜力大。加快发展第三产业，可以降低经济发展的能源、运输、投资等需求弹性系数，从根本上改变经济增长的结构，实现少投入、高产出的增长；提高为第一、第二产业的服务能力和水平，进一步挖掘生产潜力，促进经济效益的提高。

——加快发展第三产业是建立社会主义市场经济体制的必要条件。社会主义市场经济要求充分发挥市场机制在资源配置中的基础性作用，第三产业中的许多行业都与市场体系的形成和发展紧密相关。因此，加快发展第三产业将为培育和发展市场体系、提供市场中介服务和保证市场正常运行创造条件，也将大大推动企业经营机制转换和分配制度、社会保障制度的改革以及政府职能的转变。

——加快发展第三产业是进一步扩大对外开放的客观要求。发展第三产业有利于改善投资环境，为扩大利用外资和对外经济技术合作提供更广泛、优质的交通、通信、投资、贸易、金融、咨询等方面的服务；有利于建立促进进出口贸易和企业国际化经营的符合国际惯例的经济贸易制度；有利于在国际服务贸易日益发展的情况下，不断增强第三产业直接参与国际竞争的能力。

——加快发展第三产业是推进我国经济和社会现代化的强大动力。第三产业的发展，标志着社会劳动分工和生产社会化水平的提高。尤其是科技、教育和信息业的发展，已成为现代化大生产取得高效率、高效益的必要条件。第三产业中以高新技术为依托的新兴行业的发展，将会给经济和社会发展带来质的飞跃。

——加快第三产业发展是扩大劳动就业和实现人民生活小康的重要途径。第三产业包含的行业多，劳动密集、技术密集、知识密集型行业并存，加快其发展，对拓宽就业门路、吸纳城镇新成长劳动力和机关、企事业单位富余人员的转移及农业劳动力向非农业转移具有重要作用。同时，发展第三产业对扩大居民消费领域，提高人民生活水平和质量，缩小城乡差别也具有积极作用。

我国社会主义现代化建设的快速发展和第三产业发展相对滞后的状况，提出了加快第三产业发展的客观要求；第一、第二产业的发展和国民经济总体实力的增强，以及改革开放和国际交流、合作的深入扩展，也为加快第三产业发展提供了现实的可能性。我们必须紧紧抓住这一历史机遇,加快改革开放步伐,促进第三产业的全面兴起和健康发展。

制定全国第三产业发展规划,是为了进一步明确第三产业在国民经济和社会发展中的重要地位,统筹协调三次产业以及第三产业内部各行业的发展,促进第三产业在九十年代得到较快的发展。本规划基本思路提出了第三产业发展的目标、方针、任务和主要政策措施,其中有些指标是预测性的,还需与“八五”计划的调整和“九五”计划的制订相衔接,各地区、各部门应按照规划基本思路的要求,结合实际情况具体组织实施。

一、九十年代全国第三产业发展的目标、重点和指导原则

(一)发展目标

第三产业发展的总目标是:

争取用十年左右或更长一些时间,逐步建立起适应社会主义市场经济体制的统一的市场体系、城乡社会化综合服务体系和社会保障体系。

——建立全国统一的开放的市场体系。继续大力发展商品市场特别是生产资料市场,积极培育和发展金融市场、技术市场、房地产市场、劳务市场、信息市场,实现各种生产要素交换的市场化;建设比较完备的流通基础设施,完善现代化的技术装备、信息系统和管理手段;合理发展适应各类市场活动的多种交易方式;打破地区封锁、部门分割、行业垄断,形成地方性市场、区域性市场和全国性市场分层发展、相互贯通、货畅其流的统一大市场;建立法律健全、规则统一、公平竞争的市场秩序;形成与国际市场接轨的开放的市场格局。

——建立比较健全的城乡社会化综合服务体系。发展交通、通信、市政公用、教育、卫生、文化、旅游、科技、信息、咨询和农村综合服务等开放型、多层次、多功能的社会服务业。形成比较健全的市场中介组织和服务体系。逐步实现大部分事业型单位转向经营型和企业化管理,形成自我发展的动力机制。改变目前企事业单位和机关团体封闭式自我服务的状况,逐步实现大部分生产服务、生活服务的社会化。

——建立新型的社会保障体系。基本建立国家、集体、个人三方合理负担的、覆盖全体职工的城市养老保险制度,待业保险制度,工伤保险制度,医疗保险制度,以及适合农村特点的农村各项社会保险制度。发展社会福利和社会救济事业。

90 年代,要在第一、第二产业发展的同时加快发展第三产业,第三产业的增长速度要高于第一、第二产业的增长速度,基本实现一、二、三产业的协调发展。第三产业增加值占国民生产总值的比重和就业人数占全社会劳动者总人数的比重,力争达到或接近发展中国家的平均水平。

——第三产业增长速度:90 年代年均增长 11%左右。

——第三产业增加值占国民生产总值的比重:2000 年达到 35%左右,比 1990 年提高七个百分点左右。

——第三产业就业人数占全社会劳动者总人数的比重:2000 年达到 28%左右,比 1990 年提高十个百分点左右。

(二)指导原则

加快发展第三产业应遵循以下指导原则:

——坚持依靠改革开放,加快发展第三产业。改革开放是第三产业发展的强大动力。要按照建立社会主义市场经济体制的要求,加快改革、扩大开放,从政策上、体制上、机制上为第三产业发展提供有利条件;在加强和改进国家宏观调控的同时,充分发挥市场机制的作用,使第三产业的发展充满生机和活力。

——坚持加快发展第三产业与调整和优化产业结构相适应。第三产业的发展速度要明显快于国民生产总值的增长速度。第三产业的发展要与第一、第二产业的发展统筹规划,做到需要与可能相结合,使一、二、三产业相互促进,协调发展。

——坚持不断改善第三产业结构和提高效益。按照提高国民经济现代化水平和整体素质的要求,合理确定第三产业发展的方向、目标和重点。坚持为生产服务与为生活服务相结合,城市服务体系与农村服务体系相结合,发展传统行业与发展新兴行业相结合,国内市场与国际市场相结合。在提高经济效益的同时,注重发展基础性、社会性、公益性强的行业,以最大限度地发挥国民经济的总体效益。

——坚持正确的政策引导。要从发展第三产业的实际出发,把制定相互配套的、有利于发展的、可操作的政策作为推动第三产业发展的关键环节。第三产业各行业,都应在国家支持下,根据不同情况,走依靠深化改革、放开搞活经营的发展路子。

——坚持调动各方面的积极性兴办第三产业,国家、集体和个人一齐上。遵循谁投资、谁所有、谁受益的原则,扩大投资渠道。对第三产业中国家鼓励发展的大多数行业,实行放开经营,依法监督的管理方式。

——坚持合理规划,突出重点,分类指导,全面发展。要把第三产业作为国民经济和社会发展的有机组成部分,进行统筹规划;区别轻重缓急,突出发展社会急需的行业。从各地区、各行业实际出发,发展各具特色的第三产业行业;在国家统筹规划下,对第三产业进行分类指导,形成全国性、区域性和地方性分层次发展的格局。

（三）发展重点

加快发展第三产业的重点是：

1. 投资少、收效快、效益好、就业容量大、与经济发展和人民生活关系密切的行业。

2. 与科技进步相关的新兴行业。

3. 农村的第三产业，主要是发展为农业产前、产中、产后服务的行业及为提高农民素质和生活质量服务的行业。

4. 对国民经济发展具有全局性、先导性影响的基础行业。

通过加快第三产业重点行业的发展，使第三产业在总体发展的同时，内部结构也有一个较大的改善。在进一步发展交通通信业、商业物资业、金融保险业，继续保持其占第三产业较大比重的同时，要加快房地产、科教文卫、旅游、信息、咨询等行业及公用事业的发展，增大它们在第三产业中的比重，对其中直接关系国民经济发展后劲的科技、教育事业和信息、咨询业，更要超前发展。

上述重点行业中，交通运输、邮电通信等行业是国民经济的基础产业，科学技术和教育等事业在国民经济中处于优先发展的战略地位。对这些行业，国家已经或正在制定专项发展规划，因此，在本规划基本思路中只作简要的阐述。

根据党的十四大提出的建立社会主义市场经济体制的要求，针对当前市场基础比较薄弱的状况，近期要把培育和发展各类市场，加强为市场服务的行业，作为第三产业发展的主攻方向，为市场经济运行创造基础条件和外部环境。

二、主要行业的发展目标和任务

商品流通业及商品市场

商品流通业包括国内贸易业（商业、物资业）、外贸业、仓储业和再生资源业，以及与此相适应的商品市场体系。商品流通业及商品市场是联结生产与消费的中间环节，是工农、城乡和地区之间经济联系的桥梁和纽带，加快它的发展对提高国民经济的总体效益具有重大作用。

发展目标是：从根本上扭转商品流通业的滞后状况，建立以市场机制为基础，具有比较先进的管理水平和较完善的基础设施，开放、高效、畅通、统一、可调控的商品流通体系，形成大市场、大流通的新格局。

以中心城市为依托，逐步建立起以全国性批发市场为龙头，区域性批发市场为骨干，辐射全国、交易集中、信息畅通、吞吐顺畅的具有现代化水平和调控能力的工业消费品、农副产品和生产资料批发市场网。近期内要有规划地重点建设和发展全国性及区域性的钢材、煤炭、有色金属、粮食、棉花、食油、肉、糖等重要生产资料市场和消费品市场。同时，根据不同商品特点，积极探索现货与期货相结合的交易形式，引进期货机制，完善现货批发，有步骤地推进期货市场的形成。

顺应人民生活水平提高和市场发展的要求，在商品主产地、集散地和消费地发展各种初级批发、贸易市场。建立适合不同层次消费需求，购买方便、遍布城乡、结构布局合理的零售网。逐步发展现代化购物中心、超级市场、连锁商店，努力推广现代零售经营方式。适当发展拍卖业、居间业、典当业。积极推行物资配送制，加强物资配送中心的建设和集装箱运输，在一些中心城市形成部分物资加工配送网络系统。加快仓储业改革步伐，实行仓储业经营企业化和仓储设施向社会开放，建立与生产和流通协调发展的具有专业化、社会化、现代化水平的储运体系。大力发展再生资源业，建立与生产、生活发展需要相适应的，具有现代先进水平的废旧物资回收、加工体系。

对关系国计民生的重要商品，国家通过建立储备制度和储备基金，掌握调控权。加强流通基础设施和信息网络的建设。在建设大型批发市场和大型流通企业的同时，发展采用现代通信和信息技术的信息网络，及时沟通国内外市场行情和有关经济信息。

大力发展对外贸易。加强出口商品生产基地和生产体系建设，完善鼓励出口政策。进一步加强境外贸易中心的建设，选择适当地区建立分拨中心和保税仓库，开展批发业务。加强促进外贸发展的信息、运输、金融、保险等方面的服务体系。加快进口管理体制和经营体制改革。积极发展工贸、农贸、技贸、商贸结合的集团化、实业化、国际化的外贸企业，逐步建立有利于调动地方、部门和企业积极性，适应国内外市场多元化要求，符合国际贸易规范的外贸新体制。

加快流通企业经营机制的转换，使企业真正成为自主经营、自负盈亏、自我发展的市场主体。加大改革力度，尽快取消经营性亏损补贴和减少政策性亏损补贴。打破行政性的经营分工限制，鼓励流通企业实行一业为主、多种经营和跨地区、跨行业、跨所有制、跨国联合经营；积极发展大型流通集团公司。建立健全市场竞争机制和交易规则。

金融业、保险业及金融市场

金融业、保险业是经营货币信用，为经济和社会发展提供保障的特殊行业。它的发展，对于稳定通货、有效地筹集和运用社会资金，保障人民生活，维护社会安定，推动国民经济的合理运行和稳定发展，具有重要作用。

发展目标是：进一步健全中央银行的宏观调控体系，建立和完善以中央银行为领导、国有商业银行为主体、各种金融机构分工协作、平等竞争的金融组织体系;建立和发展公平、高效、开放、统一的金融市场体系;建立直接调控与间接调控相结合,逐步实现以间接调控为主的宏观调控体系;建立现代化、法制化、规范化的金融管理体系。

发展金融业及金融市场,需要加快金融体制改革。(1)积极创造条件,把政策性和商业性信贷业务逐步分开,有计划、有步骤地转换国家专业银行和保险公司的经营机制,使其成为自主经营、自负盈亏、自求资金平衡、自担风险、自我约束、自我发展的商业性银行和保险公司。(2)在投资体制改革的基础上,建立国家政策性中长期投资金融机构,为国家重点建设提供长期稳定的资金来源。(3)因地制宜地发展区域性股份制银行,适当地引进外资银行和兴办中外合资的金融机构,有计划、有步骤地推动国内金融机构在境外设立分支机构。(4)规范化地引导和发展信托投资公司、金融租赁公司、证券公司和金融咨询、评估等机构,适当发展企业集团财务公司。(5)发展城市信用社、市联社和农村信用社、县联社,有条件的地方要逐步向更高级形式发展。(6)发展适应经济需要的新型金融企业和金融工具。

加快金融市场的发展,逐步建立和发展公平、高效、开放、统一的金融市场体系。在间接融资为主的条件下,有计划地发展直接融资。在基本形成全国性同业拆借市场、债券市场、外汇市场的同时,继续搞好股票市场试点。在现有跨地区资金融通和信息网络的基础上,建立几个全国性的跨地区、跨系统的金融市场和全国金融市场报价、交易、信息系统。加快信息传递和清算交割速度,逐步形成集中统一的证券市场。

加快保险业和保险市场的发展,发挥中国人民保险公司的主渠道作用,逐步发展专业性和地区性保险公司,实行政企分开、平等竞争和规范化经营,并积极扩大海外中资保险机构。不断开拓保险业务的新领域,发展国际保理业务,建立非国有企业中的雇主责任(工伤)保险制度。鼓励和扶持保险经纪公司、保险公估行等保险中介组织,逐步完善保险业的市场机制。

房地产业及房地产市场

房地产业是从事房屋资产和土地资产经营的行业。发展房地产业,对于合理配置房地产要素、增加国家资金积累具有重要意义。

发展目标是:逐步建立起比较完善的房地产市场体系、比较健全的房地产管理体系和比较合理的房地产收益分配体系,使之发展成为国民经济的一个重要产业。

房地产业的发展,要积极稳妥地进行。(1)进一步深化土地使用制度改革,近期内,除国家投资的机关、事业单位办公用房及住宅建设用地,公共设施、公用事业和国有企业等建设用地外,其他新增建设用地,要经政府批准,取得有偿有限期出让使用权后,才能开发使用,并要逐步扩大城镇土地有偿有限期使用的范围。(2)加快城镇住房商品化的改革,使住房的建设、分配、交换、消费进入良性循环。(3)建立和完善房地产市场。土地一级市场即土地使用权的出让,由县级以上人民政府代表国家依法行使出让权;土地使用权的出让,除国家另有专门规定外,均应采用拍卖、招标方式进行,尽量减少协议方式。土地二、三级市场即土地使用权出让后的房地产开发经营和交易,以及抵押、租赁等多种经营活动,在国家宏观管理下放开搞活,实行市场调节。(4)拓宽筹资、融资渠道,积极吸收社会资金,积极开办购房储蓄和购房贷款,促进房地产业的资金投入从以国家投资为主向以社会投资为主转变。(5)加快房地产企业经营机制的转换,实行政企分开,自主经营、自负盈亏。推行房地产综合开发,有计划地组建房地产开发经营企业集团。(6)加强政府对房地产业的管理和对房地产增值收益的调节与监督,规范国家、企业、个人在房地产经营中的收益分配关系。加强对土地开发利用和使用权出让的统一规划,严格执行用地计划,依法审批土地出让,尽可能少占耕地,节约用地。正确引导外商房地产投资方向。

劳动就业服务业及劳务市场

劳动就业服务业包括职业介绍、就业训练、待业保险和劳动就业服务企业等。它的发展,对于引导劳动力合理流动、促进劳动力优化配置和社会稳定具有积极作用。

发展目标是:建立和完善职业介绍、待业保险、就业训练和劳动就业服务企业相互联结、有机结合的劳动就业服务体系;形成在国家宏观计划和政策指导下,企业自主用人,个人竞争就业,城乡统筹协调,社会提供服务的具有中国特色的劳务市场。

改革统包统配制度,逐步实行统一的劳动合同制。赋予企业用人和工资分配的自主权,通过竞争就业和工资分配杠杆等促进劳动力优化配置。建立健全劳动争议仲裁制度,保护劳动者个人择业权和单位用人权。发展多种形式的职业介绍机构,初步形成覆盖城市并向乡镇延伸的职业介绍网络。巩固和扩大就业训练基地,大力发展定向培训和转业训练。扩大待业保险范围,合理运用待业保险金,促进待业职工的再就业。发展劳动就业服务企业,增强安置待业人员和企事业单位富余人员的能力。

科技事业及科技服务业

科学技术是第一生产力。发展科技事业和开拓科技服务业,对于加速科技成果转化,发挥科学技术生产力的作用,推动技术进步具有重要意义。

发展目标是：形成能够跟踪世界科学研究先进水平的基础研究、应用研究和较强的科技攻关能力，通过各种方式和途径广泛、迅速地将科技成果转化为现实生产力。到本世纪末，科技进步对经济增长的贡献率、科技成果的应用率、高新技术年产值、技术市场年交易额都要有较大的提高和增长。

科技工作要面向经济建设主战场。加强基础性研究，力争某些领域达到或接近国际先进水平。加强科技攻关和关键技术的研究开发，加快引进技术的消化吸收和国产化。积极发展高科技，推动高新技术商品化、产业化，并加快向传统产业扩散和渗透。通过深化改革，建立和完善科技与经济有效结合的机制，加速科技成果的商品化和向现实生产力转化。放开搞活技术开发机构，在三五年内分流出相当力量直接投入经济建设；加强第一、二产业中的科研机构建设；加强科研机构、高等院校与大型生产企业的联系，并促进二者相互结合。加强人才培养，努力造就一支具有国际竞争能力的优秀科技队伍。不断完善知识产权保护制度，为有效地保护知识产权和扩大技术产品进出口贸易提供法律保证。建立多种形式、多种所有制、多层次的技术开发经营服务体系；建立和完善技术市场体系及信息网络，尽快制定和完善相应的法律、法规、规章。

信息、咨询服务业和广告业

信息、咨询服务业和广告业是知识技术密集型产业，包括经济、社会、科技、地理等信息的采集和统计以及加工和提供，信息技术服务和广告服务，工程咨询、科技咨询、企业管理咨询、法律咨询、会计审计咨询和其他各项专业咨询。它的发展，对于提高决策和管理的科学化、民主化，促进社会主义市场经济的健康发展起着重要作用。

发展目标是：逐步建立起为宏观决策、企业生产经营和市场体系运行服务的信息、咨询综合服务体系，使信息、咨询服务业成为结构合理、手段先进、有一定规模的独立产业，基本满足社会经济发展对信息、咨询服务的需求。

建立连接地区和部门、市场和企业的信息及咨询网络，形成比较完整的预测分析和咨询体系。建立科学的信息交流制度，加快计算机联网服务，实现信息资源共享。在现有各政府部门的信息系统基础上，加快建设办公信息系统、管理信息系统、决策支持系统，为政府职能转变创造条件。建立与各类市场发展相一致、行业与区域相结合、全国与地区互补的市场信息网络和系统。挖掘现有人才潜力，大力发展软件业。发展面向社会和企业的信息技术服务业。

大力发展咨询服务业。工程咨询业要形成为经济建设和各类工程项目决策、建设提供全过程咨询的服务体系。科技咨询业要成为科技成果转化为商品的纽带。管理咨询业要对转换企业经营机制，推进企业管理现代化发挥更大的作用。会计审计咨询业、法律咨询业是建立社会主义市场经济体制所必需的市场中介服务行业，要大力加快发展，以适应伴随市场体系发展、企业经营机制转换和政府职能转变而涌现出的大量社会需求。

加快广告业的发展，逐步建立结构合理、门类齐全、媒介通畅、专业化水平较高和多层次、全方位的广告信息传播和市场营销服务体系。提高广告制作和经营水平，加强广告的监督管理。积极推进符合广告市场运行规律和国际惯例的广告经营代理体制。

发展信息、咨询服务业和广告业，要加快这些方面人才的培养。提倡和鼓励信息和咨询业跨地区、跨部门、跨国合作，向集团化和网络化方向发展。以现有的大型信息、咨询机构为基础，通过内引外联、兼并、购买等手段，创建一批骨干企业和企业集团。改革事业型的信息、咨询管理体制，实现经营企业化、服务社会化以及信息、咨询产品与服务商品化。在严格进行资格审查的条件下，积极开办会计师、审计、律师等事务所。

交通运输和邮电通信业

交通运输和邮电通信业是国民经济的重要基础产业，是社会再生产顺利运转的保证，在国民经济发展中处于先行地位。

发展目标是：到本世纪末，交通运输和邮电通信的综合服务能力有较大的增长，初步建立起协调配套的具有现代化技术水平的综合运输大通道系统。交通、通信紧张状况有较大缓解，制约国民经济发展的状况有明显改善。旅客运输服务质量和舒适程度提高到一个新水平。

交通、通信设施的建设，要贯彻“统筹规划、条块结合、分层负责、联合建设”的方针，发挥中央、地方和企业的积极性，多渠道筹集资金。引入企业竞争机制，推进企业股份制试点，在统一规范和标准的前提下，组建若干个大型企业集团，展开适度竞争。

市政公用事业

市政公用事业包括公共交通、市政工程、环境卫生、园林绿化和城市防洪等。发展市政公用事业，对于缓解交通紧张，改善城市投资环境和生活环境，推进城市化进程具有重要作用。

发展目标是：逐步建成与经济和社会发展相适应的布局得当、结构合理的城市干道网和比较完备的公共交通设施以及供排水、防洪、防汛等城市公用设施系统，特大城市要逐步建成快速轨道交通和快速路系统；大幅度提高污水和垃圾无害化处理能力，环境卫生、污染治理和园林绿化水平有较大提高，城市生态环境质量得到明显改善。

进一步完善城市建设体制，做到统一规划，合理布局，综合开发，配套建设。广开建设资金渠道，逐步实行财政补贴和市场补偿相结合的市政公用设施建设、维护资金筹措机制。对一部分可以放开的客运交通、垃圾清运处理等行业，有步骤地放开经营，采取国有、股份制、中外合资等多种形式，搞活市政公用事业的经营。完善市政公用事业管理。

居民服务业

居民服务业包括城乡饮食服务业和主要面向人民群众生活需要的各种服务业。它的发展，对于方便人民生活，提高人民生活质量，增进居民之间的交往与互助具有积极的作用。

发展目标是：逐步实现服务业的社会化、产业化，形成多种经济成分和多种经营方式并存、行业结构合理、服务门类齐全，服务技艺和服务水平都有较大提高的服务体系。到本世纪末，服务业产值和每千人拥有的服务网点有较大增长。

大力发展多种所有制形式的服务网点，拓宽服务项目，发展具有中国烹饪特色的风味特色店、快餐业和烹饮原料半成品加工、配餐等新兴服务项目。扶持和发展浴池、理发、修理、家庭服务、殡葬服务等传统服务项目，积极开拓房屋修缮、装饰和办公现代化服务及为企业生产经营的后勤服务等新兴服务领域，提高服务的社会化程度。发展以各种便民家庭服务、维修、医疗康复、文化娱乐、幼儿园、托儿所、养老院等为内容的，兼有社会福利性质的社区综合服务中心，拓宽服务面，开展对区内企事业单位和机关团体的社会化服务。在条件适宜的地区，建立和完善城市消费合作社。鼓励并支持发展各种专业化服务公司(站)，鼓励有条件的居民自办服务点。

旅游业

旅游业是产业关联度比较高的综合性的经济文化产业和创汇型产业。发展国内旅游业，对于改善人民生活质量，满足人民精神文化生活需求，引导消费，繁荣地方经济具有积极意义。发展国际旅游业，对于扩大对外开放，加强国际间的交往和了解，积累资金，增加外汇收入具有重要作用。

发展目标是：实行适度超前发展战略，力争在本世纪末跻身于世界旅游大国行列。大力开发旅游资源，形成一个比较发达的，包括饭店旅馆业、旅行社业、旅游交通业、旅游商品业、旅游饮食业、旅游娱乐业等的综合产业体系。

旅游资源的开发利用要坚持突出重点的原则，进一步加强旅游“国线”和“省线”的配套建设，做到开发和保护并举，经济效益、社会效益和环境效益的统一。巩固和发展已有的旅游风景区和项目，并不断推出有民族特色和地方特色的专项旅游项目，开发森林旅游资源。

选择若干个在国际上具有吸引力的旅游地区，试办旅游度假区。继续实行鼓励旅游企业和旅游商品创汇的政策，增强旅游业的创汇能力。经国家批准，在一些口岸城市和主要旅游城市试办外币商店和市内免税店。积极扩大旅游交通渠道，特别要大力发展航空运输。切实加强国际旅游市场的促销活动，简化有关人员的出国审批手续；在境外适当增设旅游办事处，利用各种传播媒介搞好市场营销；对外国来华旅游者简化出入境手续。深化旅游行业内部改革，加强管理，提高服务质量，树立良好信誉。

随着经济发展和人民生活水平的提高，国内旅游业有很大的潜力和需求，要按照“积极引导、因地制宜、稳步发展、协调管理”的方针，大力推进国内旅游业的发展。发展国内旅游业，要加强相关的交通等旅游基础设施建设，充分调动地方、企业、集体和个人的积极性，多渠道集资兴办。有关部门应加强协调配合，实行国际国内旅游并举，充分发挥国内旅游对国际旅游的先导、促进和补充作用。

农村社会化综合服务业及农村市场

农村社会化综合服务业，是指以农业社会化服务为主，为整个农村经济和农民生活提供全方位服务的综合性服务体系。它的发展，对提高农业生产的专业化、商品化、现代化和综合发展能力，促进乡镇企业发展，以及实现农村居民生活小康等都具有重要作用。

发展目标和任务是：在农村逐步建立起一个多行业、多层次、功能齐全、设施配套的农村社会化综合服务体系。(1)建立高效的农业社会化服务体系。各有关部门要围绕农业生产和农副产品加工、销售，提供高质量的产前、产中、产后的综合配套服务。(2)发展为乡镇工业和村镇建设服务的质量监测、污染治理、信息咨询、技术开发、物资供应、产品销售等服务。(3)发展对农村经济的全方位服务。开展林木良种和种苗、森林防火、病虫害防治等技术服务；开展农田水利、水土保持和水利技术、物资供应等服务以及流域开发综合服务；建立和完善农村减灾防灾体系、资源监测体系、经济信息和预警网络，搞好气象、灾害、疫情、病虫害等预测预报。(4)加强农村市场建设，支持和发展集市贸易、小商品市场、生产资料市场等各类市场；对已经发展起来的农村市场，要不断提高档次，加强管理。进一步改革农副产品流通体制，发展多渠道流通，恢复供销社的民办性质，充分发挥其服务功能。(5)加快发展农村金融、保险和教育、培训以及文化、卫生等事业。

农村社会化服务组织要从单纯服务型向经营服务

型转变,有条件的要积极向一体化、产业化、企业化方向发展。县乡两级要打破部门界限,将有关服务站、所、社逐步合并,建立和完善县级农业和乡镇企业综合服务中心,兴办乡级综合服务站。积极建立贸工农、产供销一体化的服务实体,实行企业化经营。鼓励乡镇企业拓宽发展领域,积极兴办第三产业。鼓励农户自办、联办服务组织,政府要积极支持和保护其合法权益。要鼓励科研、教育单位的科技人员到农村开展技术服务。加强农村小城镇建设,依托小城镇发展和完善社会化服务体系。

地质勘查业

地质勘查是资源开发、环境保护、生产建设及国民经济发展的必不可少的前期工作,包括基础地质调查、地质普查、详查、勘探等不同工作阶段。

发展目标和任务是:贯彻"保证基础地质、加强普查、择优详查、对口勘探"的方针。地质勘查的重点应放在能源矿产、紧缺的原材料矿种和缺水地区的地下水等方面,使各类资源的各级勘查储量尽可能有较大的增加,基本满足国民经济发展的需要。基础地质工作要加快五万分之一区域地质调查。围绕大江大河、交通干线、重要城市、骨干工程和重要经济区的开发和建设,开展水文、工程、环境地质勘查与评价,加强地质灾害的勘查、监测、预报和防治。

地质勘查业的发展,要靠深化地质勘查管理体制的改革,实行政企分离,引入市场机制。国家地质勘探费主要用于基础地质和普查找矿,并运用国家订货或招标、承包等方式,以保证提供足够的基础地质资料和可供选择进行详查的基地;详查和勘探,由矿产资源补偿费和成果使用者承担工作费用,以加强与生产建设的衔接,提高地质勘查的经济效益,促进地质勘查业的发展。

地质勘查队伍要发展多种经营,开拓生产、服务领域,进入市场,使地质勘查业发展成为多功能产业,逐步实现自身发展的良性循环。

环境保护业

环境保护包括自然环境和自然资源的保护及污染的防治,关系到人类自身的生存和经济的持续发展,是我国的一项基本国策。

发展目标是:到本世纪末,环境污染基本得到控制,重点城市的环境质量有所改善,自然生态恶化的趋势有所减缓,逐步使环境与经济及社会的发展相协调,为实现我国生态系统的良性循环,城乡环境清洁、优美、安静的远景目标打下基础。

突出城市环境综合整治,在抓好重点工业污染源治理的基础上,积极推行对污染的集中控制。大气污染防治要与节能紧密结合,发展集中供热,改造落后的燃煤方式和燃器具并与脱硫和除尘相结合,控制住烟尘排放,防治酸雨和二氧化硫污染。水污染防治要与节水和污水资源化紧密结合,加快城市污水处理厂的建设,控制有机污染物的排放,保护好饮用水水源。要结合对固体废弃物污染的控制大力发展综合利用,妥善处置与处理有害废弃物。要积极采用低噪高效设备,控制噪声振动污染,加强对车辆、建筑和生活产生噪声的管理。要努力增加植被,保护生态环境,积极开展对江河和水土流失的治理,防治各类自然和地质灾害。加强自然保护区的建设和管理,重点保护好濒临灭绝的珍稀物种。加强环境监测,建立定期和及时的环境公报、预警制度。

教育事业

发展教育事业,是提高全民族思想道德和科学文化水平,促进经济发展和社会进步,实现社会主义现代化的根本大计。

发展目标是:到本世纪末,全民教育水平有明显提高;劳动者的职前职后教育有较大发展;各类专门人才的拥有量与现代化建设的需要基本适应;初步形成面向21世纪的社会主义教育体系。

努力发展城乡学前教育。全国基本普及九年制义务教育,基本杜绝新文盲产生。大城市和发达地区努力普及高中阶段教育。将教育工作的重点放在提高劳动者素质和培养初、中级人才上。大力发展多种形式的中等职业技术教育,初中毕业生升入各类职业技术学校的人数超过升入普通高中的人数,使城乡新增劳动力接受必要的从业技术教育或培训。高等教育要调整好科类、专业和层次结构,大力提高教育质量、科研水平和办学效益;高层次专门人才的培养基本上立足于国内。积极发展成人教育,基本扫除青壮年文盲,通过成人学历教育、岗位培训和继续教育,提高社会广大从业人员的思想文化素质和职业技能,壮大适应生产发展和技术进步的专业技术人员队伍。当前,特别要加强对第三产业所需的各种类型、不同层次人才的培养。

建立以政府办学为主、同时鼓励社会各界共同办学的体制。社会力量办学应主要侧重学前教育、基础教育、职业技术教育和继续教育。加强地方政府管理教育的职能。赋予学校更多的办学自主权,引导其主动适应经济和社会发展的需要。改变招生计划全部由国家统一安排的办法,实行国家任务计划和委托培养、自费生计划相结合,同时,逐步改变毕业生由国家统一分配的做法。进一步加强师资培养、培训工作。改革和完善教育经费筹措制度,逐步建立以国家财政拨款为主,以征收教育税费、收取非义务教育阶段学生学杂费、校办产业收入、社会捐资集资和设立教育基金等为辅的多种渠道筹集教育经费的体制。

文化、体育事业

文化、广播影视、新闻出版、体育等各项事业，对于加强社会主义精神文明建设，提高中华民族的思想文化素质和身体素质，丰富群众的精神文化生活，开展对外交流和促进经济发展等具有特殊的作用。

发展目标是：各类文化和体育事业，要按照社会效益和经济效益并重的原则，不断提高文化艺术、娱乐、音像、电影、图书、报刊等文化产品的艺术水平和服务质量，努力提高广播电视覆盖率及其节目制作能力和质量，以适应群众不同层次的文化精神生活需要；逐步建立起布局合理、门类齐全、面向群众、满足需求的文化、体育服务体系。

将一部分有条件的文化、体育事业单位推向市场，提高其社会化程度。动员社会各方面集资建设广播电视转播台（站）和其他文化、体育设施，并通过深化内部改革、放开经营，向社会提供更多适应群众需求的有偿服务，逐步增强自我发展能力。有条件的竞技体育应逐步向实体化、职业化、商品化过渡。适当放宽对各类文化产品的审批权限。调整外销文物的出境限制，积极开展文物内销业务。

卫生事业、人口与计划生育事业

卫生事业、人口与计划生育事业是保障人民健康、控制人口数量、提高人口素质的重要事业。

卫生事业的发展目标和任务是：到本世纪末，建立基本适应国民经济发展和城乡居民多层次需求的卫生服务体系和卫生监督体系，使人人享有基本的医疗预防保健服务，在总体上达到与“小康”生活相适应的健康水平。全面实施农村初级卫生保健规划；加强农村基础卫生设施建设；强化卫生防疫、妇幼保健的各项服务功能和能力。改革医疗卫生管理体制和服务价格体系，扩大服务能力，鼓励社会办医。同时，卫生行政管理部门要严格实行对医疗卫生技术人员的资格审查和对医疗卫生机构服务质量的监督，加强卫生监督执法。加强传统医学的继承和发展工作。

人口与计划生育事业要逐步形成符合我国国情的、长期稳定的计划生育机制，使人口增长与经济发展相协调，与环境保护和资源利用相适应。要重点抓好农村的计划生育工作，建立健全基层计划生育服务网络，进一步搞好宣传和药具供应及技术培训等项工作。人口与计划生育工作要逐步由行政管理为主转为依法管理为主，并通过运用激励机制和提供优质服务，保证规划目标的实现。

社会保险业

社会保险是国家保证公民在伤残、年老、疾病及失业时能得到基本生活保障而建立的社会保障制度。社会保险业的发展，对于促进生产发展、保障人民生活和社会稳定具有重要意义。

发展目标是：到本世纪末，逐步建立起覆盖城镇全体职工，国家、集体、个人三方合理负担，国家法律规定的基本保险与商业性的补充保险相结合，包括养老保险、待业保险、工伤保险和医疗保险等的社会保险体系。积极稳妥地发展农村社会保险事业。

养老保险，要逐步建立起城镇职工基本养老保险、企业补充养老保险和职工个人储蓄性养老保险相结合的制度。农村养老保险，要在自愿的基础上，坚持个人负担为主，集体补助为辅，国家予以扶持的原则，实行社会保障和家庭养老相结合等多种形式。

待业保险，要不断扩大范围，完善制度。在对国有企业全体职工实行待业保险制度的基础上，将目前在部分职工中享受的待业保险，扩大到全体非自愿待业职工，并将这一制度推广到城镇集体和私营企业职工以及外商投资企业中方职工；实行待业救济和职业介绍、转业训练、生产自救等措施相结合，积极促进待业职工的再就业。

工伤保险，要进一步改革和完善制度，把工伤保险与事故预防及伤残职工的康复结合起来。

医疗保险，要改革现行公费医疗和劳保医疗制度，健全农村合作性质的健康保障制度，初步建立起适合我国国情的多形式、多层次的医疗保险体系，努力使大多数社会成员获得与社会经济发展相适应的基本医疗保障。

社会福利和社会救济业

社会福利和社会救济业是国家和社会为优抚对象、鳏寡孤独、残疾人、老年人提供各种生活服务和劳动场所而兴办的事业，是在公民生活发生严重困难时，由国家和社会提供物质帮助的社会保障制度。这项事业具有较强的福利性、服务性和政策性，关系到国防建设和社会稳定。

发展目标和任务是：坚持社会化的发展方向。逐步建立起以国家兴办为骨干，集体兴办为基础，个人兴办为辅助的覆盖面较广、设备较齐全、生活有保障并且高效、卫生的社会福利网。福利事业单位要在确保完成国家政策性任务的前提下，充分利用现有设施向社会开放，扩大服务面，开展有偿服务，增强自我发展能力。扩大社会福利企业安置残疾人就业的能力。发动社会力量多渠道筹集社会福利和社会救济资金。对社会救济对象采取救济与扶持相结合，有偿救济和无偿救济相结合的方式，使社会救济对象的基本生活得到可靠保障。同时，增强社会救济对象自身抵御各种灾害和摆脱贫困的能力。改革传统的农业救灾方法，确立国家、集体、个人共同集资，全体农民参加的救灾保险体制，逐步建立起社会化救灾保险服务体系。

三、加快第三产业发展的主要政策措施

加快发展第三产业，关键是进一步解放思想，大胆探索，深化改革，扩大开放。为实现上述第三产业发展的目标和任务，要按照社会主义市场经济的要求，摒弃不利于第三产业发展的观念和认识，改革阻碍第三产业发展的体制和政策，充分运用市场机制，采取切实有效的政策措施促进第三产业的发展。

(一)放手兴办第三产业

——第三产业的发展要充分发挥国家、集体和个人的积极性。除了对国民经济发展具有全局性、先导性影响的基础行业主要由国家兴办以外，其余大多数行业，要坚持谁投资、谁所有、谁受益的原则，依靠社会各方面的力量，进一步放手发展集体、个体、私营和其他经济成分的第三产业。

——鼓励国有企事业单位、社会团体、城乡集体经济、私营企业和个人以资金、房产、设备、技术、信息、劳务等形式投入第三产业。

——积极鼓励政府机构改革中分流出来的人员从事第三产业，特别是充实会计、审计、统计、律师和工商咨询、税务咨询等各类信息和咨询以及为市场服务的队伍。提倡党政机关富余人员，在与机关脱钩的前提下，兴办第三产业经济实体，从事经营活动。

——允许群众组织和社会团体开展以信息、咨询服务为主的经营活动，兴办第三产业经济实体。鼓励科研机构、大专院校兴办各种所有制和多种形式的科技服务实体，并逐步实行企业化经营。对文化、体育、医疗等社会事业，也要进一步搞活经营，提供适应不同层次需要的服务。

——除国家规定需要特许和专项审批的行业及产品外，企业可以突破行业界限，根据市场需要，自主选择经营范围和经营方式。

——鼓励工业企业根据实际情况，整体或部分地转为第三产业。鼓励第三产业企业运用经济手段兼并扭亏无望的工业企业。鼓励跨部门、跨行业、跨地区、跨所有制组建全国性和区域性第三产业企业集团，推进商工贸、产供销集团化经营。

——对铁路、公路干线，重要港口、机场以及邮电通信、教育科研、城市公用事业等基础和先行行业，在继续以国家经营为主的同时，也要打破行业垄断，引进市场竞争机制，在统一规划、统一管理下积极引导社会力量兴办。

(二)建立充满活力的第三产业自我发展机制

加大改革力度，按照政企分开、把企业推向市场的原则，以产业化、社会化为方向，逐步实现第三产业绝大多数单位由福利型、公益型和事业型向经营型转变。根据第三产业不同行业的特点，对盈利性单位和非盈利性单位实行不同的经营管理方式。

——商业、物资、仓储、外贸、房地产、旅游、居民服务等行业，要全面推向市场，实行企业化经营，独立核算、自主经营、自负盈亏、自我发展、自我约束，落实《全民所有制工业企业转换经营机制条例》规定的各项权利和义务。

——信息、咨询、地质勘查、测绘、环境保护、卫生、文化、体育、农业技术推广等行业，根据具体情况，分别实行全额预算、差额预算和自收自支管理，有条件的单位可实行企业化管理。同时，积极鼓励和支持有条件的单位，由全额向差额、由差额向自收自支、由自收自支向企业化管理过渡，逐步减少财政事业费支出。

——基础科研、基础教育等单位继续实行全额预算管理，但也要运用适应社会主义市场经济的管理机制。

——机关、团体和企事业单位的生活服务设施和交通运输工具等，在搞好对内服务的同时，应向社会开放，实行有偿服务，并可扩大服务领域和经营范围，逐步发展成为独立经营的实体。鼓励社会上的服务企业承揽机关和企事业单位的后勤服务和事务性工作。今后，新建的机关、团体和企事业单位，原则上不再办封闭式的自我服务体系。

——第三产业的小型国有企业，特别是商业、居民服务性行业中的小型国有企业，可以向集体、个人出租或出售。

(三)广开发展第三产业的资金来源和筹资渠道

——坚持多渠道、多层次、多形式增加兴办第三产业的资金投入，特别是动员和引导社会资金用于发展第三产业。

——各级政府要继续加强对交通、通信、科技、教育、文化、卫生、环保和市政公用等行业的投入，努力增加对全国性和区域性市场基础设施建设的投资。

——进一步放宽第三产业投资项目审批权。凡属地方自筹资金、自行平衡建设条件，兴办地方性公路、水运、桥梁、邮电通信、商业、仓储、市场基础设施、市政公用设施，以及科技、教育、文化、卫生、体育、环保及其他社会服务设施建设项目，不论规模大小，均由地方自行审批，在国家核定的固定资产投资总规模之内自行安排。

——扩大企业的投资决策权。第三产业企业均可在执行国家法律和有关规定的前提下，以留用资金、实物、工业产权和非专利技术等向各地区、各行业的企业、事业单位投资，可以购买和持有其他企业的股份。

——国家要安排部分投资作为发展第三产业的引导资金，运用参股等方式引导第三产业的投资方向。

地方和部门也应安排相应的资金。

——第三产业基础行业的投资要有相对稳定的资金来源，理顺资金渠道，根据不同行业的特点，对投资实行有偿使用的办法，形成第三产业自我积累、自我发展的机制。

——在国家政策引导和国家计划控制下，积极稳妥地利用发行债券、股票的方式筹集第三产业重点建设资金。

（四）进一步理顺和放开第三产业的价格

——除极少数关系国计民生、需要由国家定价的项目以外，放开第三产业大部分项目的价格和服务收费，实行市场调节。

——对重要的交通运输、邮电通信价格和收费，继续实行国家定价，部分价格和收费允许在规定幅度内由经营企业自主决定。逐步调整市政公用事业的收费标准，减少财政补贴。

——土地一级市场基准地价和部分国家职工住房价格由国家制定，其他房地产价格由市场调节。

——技术开发成果的价格由科研机构自行制定，或由科研机构与生产企业商定。信息、咨询等新兴行业服务收费，由经营单位与委托单位商定。

——商业和一般服务性行业的价格和收费标准基本放开，实行市场调节。

——医疗、教育实行财政支持和市场补偿相结合的发展机制，在保证基本医疗服务和基础教育的前提下，随着居民承受能力的提高，按照调放结合的原则改革收费制度。

（五）运用金融、税收、财政等经济手段扶持第三产业的发展

——银行要调整信贷结构，对第三产业发展所需资金给予积极支持。对从事第三产业的集体企业、私营企业、个体工商户，凡效益好、有偿还能力的，银行和信用社要尽快开办资产抵押贷款业务，发放小额固定资产贷款和简易设备维修贷款。

——房地产交易中的土地使用权有偿出让收入、城镇土地使用税、场地占用费以及拟开征的房地产增值税等，作为专项资金，用于城市建设、土地开发和农业发展。

——税收政策应对第三产业发展给予扶持，对国家政策鼓励发展的新开办企业给予适当的税收优惠。

——行政机关和国有企事业单位在明确资产所有权性质的前提下，可以用国有资产以有偿使用方式，包括参股、控股、租赁等方式扶持开办第三产业。新办第三产业经营初期确有困难的，扶持单位可在一定期限内酌情给予减免分红、租赁费、资产占用费等优惠，或将这些产权收益低息贷（借）给所办第三产业单位，分期偿还。

（六）简化第三产业企业开业审批手续

工商行政管理机关要针对第三产业的特点和实际需要，简化登记审查程序，提高办事效率。设立企业需要制定行业标准的，由各行业主管部门负责制定。现行的企业登记前置性审批，除对国家法律专门规定的、涉及国家垄断、社会安全、人民健康的行业，以及知识技术密集度较高的行业，需要进行严格的资格审查外，对其他行业要简化企业开业的审批手续。对企业经营过程中需要进行监督管理的，有关部门应依法履行经常性的监管职责。

（七）赋予第三产业企业单位和有条件的事业单位充分的用人自主权和分配自主权

——实行企业化经营、不需财政拨付经费的第三产业企事业单位，用人放开，自定编制。财政拨付部分经费的事业单位，可适当放宽编制。

——所有第三产业企事业单位，都应扩大招聘范围，逐步建立辞退、辞职制度，实行用人单位与就业职工双向选择。

——在第三产业从事专业技术工作的人员，按国家统一规定评定或通过国家统一考试取得专业技术职称，在被聘任职后，享受相应的工资待遇。

——第三产业国有企业的职工收入总额，按照国家规定与经济效益挂钩，企业在提取的工资总额内，有权自主决定分配。

——交通运输、邮电通信等行业的国有企业，实行企业利润和职工收入与资产保值增值、服务质量挂钩浮动。其他第三产业国有、集体企业，实行职工收入与经营状况、服务质量挂钩浮动。合作（含股份制）、私营、外商投资企业的收入分配办法，在国家法律规定的范围内，由企业自行决定。

（八）鼓励和支持工业企业发展第三产业

——鼓励工业企业，特别是大中型工业企业利用现有设施、资金和富余人员，开发和兴办各种科研、信息、咨询、仓储、运输、零售、修理、旅游、饮食等面向企业和社会服务的第三产业经济实体。

——工业企业兴办第三产业，可以从实际情况出发，采取承包制、租赁制、股份制等多种形式。新办的第三产业单位，应实行自主经营、自负盈亏，并创造条件成为独立的经济实体，享受《全民所有制工业企业转换经营机制条例》规定的减免税政策。

——工业企业因安置富余职工到单独核算的第三产业单位就业而减员的，原核定的工资总额不变。

（九）积极有序地发展各类商品交易市场

——遵循商品流通规律，根据不同商品的特点和市场需求，各级政府应在商品主产地、集散地或主要消

费地,通过积极的规划和引导,充分利用已有的设施和场地,发展各具特色的全国性、区域性、地方性各类市场。

——将市场建设列入国家和各级地方政府的经济发展规划。建立全国性市场应根据国家有关规划,经国务院授权的部门批准。尤其对于较高层次的期货市场,应在国家统一管理下,有步骤、有计划地发展。区域性市场应根据国家市场发展规划,由地方政府批准和联合兴办。地方性市场由地方政府自主决定建设。

——对于重要生产资料和粮食、棉花等关系国计民生的重要消费资料批发市场,应由计划部门组织协调,流通部门、生产部门与所在地方政府联合兴办,打破条块分割。同时,国家通过建立必要的储备,调节市场的供需状况和价格。

——各级政府应加强对市场建设和经营活动的管理、监督。加快市场法规的制定,建立必要的市场监督机构。坚持公开、公平、公正竞争的原则,防止垄断和变相垄断。建立健全商品交易标准规范体系,发展商品检验和公正计量。要实行市场监督者、市场的经营管理者、市场商品交易者三分开的原则,建立正常的市场秩序,实行高效的市场运作。

(十)积极利用外资发展第三产业

——要支持利用外资发展第三产业。利用国家统借贷款、外国政府贷款和国际金融组织贷款,要继续把交通、通信等基础设施作为投资重点,同时还要支持科技、教育、卫生、金融改革、住房制度改革、信息系统建设和环境保护等项目。可适当安排商业贷款用于效益好的旅游、房地产、商业饮食等行业的项目。

——适当扩展外商投资的第三产业领域。鼓励兴办中外合资、中外合作经营的高新技术开发、信息咨询和广告制作等项目。经国家批准,在一些城市和地区试办中外合资的零售商业、物资供销企业、旅游设施和度假区、会计师事务所、金融机构。吸收外商投资建设交通运输设施,在保留对等权利的前提下,允许外国航空公司在部分国际航线先单方面飞行。可在部分有条件的城市,利用外资试办语言、自然科学、经营管理、职业培训等教育项目。有规划、有控制地吸收外商投资开发房地产。

进一步改善投资环境,完善有关的法律、法规和规章,加强投资咨询,依法保护外商投资企业的合法经营权益,同时加强对外商投资的规划引导和监督管理,提高利用外资项目的效益。

(十一)扩大第三产业企业的国际化经营

——具备条件的商业、物资企业可以申请经营进出口业务,具备条件的外贸企业可以申请国内销售权,实现国内国际市场统筹经营。

——扩大有条件的第三产业企业直接对外经营的权限和范围,促进生产与市场的直接结合;鼓励信息、咨询、工程设计、广告等行业大力开拓对外业务。

——建立健全与扩大对外经营相适应的商情、销售、服务网络,增强市场开拓能力。

——对有进出口经营权的企业和有经常性对外业务的单位,有关涉外业务人员的出入境,实行一次性审批、一年内多次有效的办法。

(十二)加快第三产业的法制建设

——全面清理现行的法律、法规和规章,对不利于第三产业发展的,应区别情况进行修改或予以废止。经过实践证明可行的政策规定,要尽快形成正式法律或法规。要逐步制定和完善有关的法律、法规和规章。在全国性法律、法规未出台前,各地区人民政府和国务院有关部门可根据实际情况制定有关规章。

——各项法规应在行业标准、业务范围、价格收费、资产评估、产权管理、监督管理、奖励惩罚、职业道德及纠纷仲裁等方面,作出尽可能明确和全面合理的规定。

——要严格执法。企业要依法经营,经济监督部门要依法施政和依法监督。要强化工商管理、税务、审计、统计、监察、公安、卫生、环保、技术监督、国有资产管理等部门的执法、监督职能,提高执法人员的素质,适当增加这些方面的人员。

(十三)改革第三产业的计划、统计制度和方法

——各级计划部门要全面研究制定第三产业的发展规划、布局和政策,要组织有关部门研究制定市场体系建设等专项规划。改进投资项目分类办法,将国民经济计划中的生产性、非生产性建设的划分,改为按经营性、非经营性划分。

——统计工作要按照新的国民经济核算体系的要求,建立第三产业的统计标准和指标体系,搞好第三产业的统计,全面反映第三产业的增加值,正确评价各个地区经济、社会发展的实际水平。

海协会致函台海基会邀请海基会新任副董事长兼秘书长邱进益访问大陆

经贸部国家科委国防科工委和国家教委在北京联合召开大会授予100家科研院所科技产品对外经营权

国务院总理李鹏发来贺信。

中共中央政治局委员、经贸部部长李岚清在大会讲话中指出:今天的授权大会意义深远,100家科研院所不仅仅得到对外经营权,从此直接进入国际市场,把科研成果变成国家的财富,而且可以利用国际、国内两种资源、两个市场,吸收人类一切文明成果,进一步推

动科研事业的发展。

被授予对外经营权的100家科研院所都具有一定的出口创汇能力,并有较强实力和发展潜力。

智利总统艾尔文在圣地亚哥的总统府会见外交部部长钱其琛

国防部部长秦基伟在北京会见巴基斯坦陆军参谋长阿卜杜勒·瓦希德

外交部发言人就港英当局公布1994/95年选举安排立法草案一事发表谈话

发言人说,3月12日,港英当局正式公布了根据港督彭定康的宪制方案制订的1994/95年选举安排立法草案。这是英方蓄意违反中英联合声明、与基本法衔接的原则以及中英已经达成的有关协议和谅解所采取的又一严重步骤。中方对此感到震惊。

自去年10月7日港督彭定康在施政报告中提出政制方案以来,中方一再明确指出,英方在没有同中方磋商的情况下,单方面由港督公开提出对香港现行政治体制作出重大改变的方案,从内容到做法都严重违反了中英联合声明,违反了与基本法衔接的原则,违反了中英之间已经达成的有关协议和谅解,使中英双方磋商合作的基础受到严重损害。这个方案的要害不是要不要民主,而是守不守国际信义的问题。中方从维护香港繁荣稳定的大局出发,一直敦促英方放弃彭定康的方案,回到联合声明、基本法以及中英已达成的有关协议和谅解的轨道上来,恢复同中方的磋商与合作,以保证香港的平稳过渡和政权的顺利交接。香港各界人士在过去几个月里也纷纷发表声明或谈话,强烈批评港督的方案不顾衔接,不顾港人的意愿,在香港制造分裂和混乱,影响香港的稳定繁荣,要求港督收回他的方案,同中方恢复磋商合作。

在此形势下,英方于不久前向中方正式表示愿意通过外交渠道同中方就香港1994/95年选举问题进行会谈。中方对此作出了积极的响应。接着,双方开始就会谈的有关准备工作进行了磋商。中方为会谈能尽快开始作出了很大努力,建议由两国政府代表举行会谈,各自由若干名顾问或专家协助进行工作。而英方却一再提出无理要求,并以公布违反中英联合声明、违反与基本法衔接的原则、违反中英已达成的有关协议和谅解的政制法案为要挟,向中方施加压力。中方反复强调,贯彻执行中英联合声明,解决香港重大问题是中英两国政府之间的事。历次中英有关香港问题的谈判都是由中英两国政府代表进行的。在磋商过程中,我方已同意港府官员作为顾问或专家协助英国政府代表进行工作,表现了中方的诚意。中方还反复强调,如在双方达成协议之前就把港督的违反联合声明、违反与基本法衔接的原则、违反中英已达成的有关协议和谅解的所谓“政制方案”以法案形式公布并提交立法局讨论,只会为谈判设置障碍。中方的上述立场完全是合情合理的。

然而,英方却不顾中方的严正立场,为达到其不可告人的目的,竟然在双方会谈开始之前,就将港督违反中英联合声明、违反与基本法衔接的原则、违反中英已达成的有关协议和谅解的政制方案以立法形式公布,旨在提交立法局讨论,企图造成既成事实,迫使中方接受。这是中方坚决反对的,也是违背广大港人意愿的。中方必须严正指出,英方这种做法只能证明它不仅对会谈毫无诚意,而且在蓄意破坏会谈,致使会谈无法进行下去。由此而产生的一切严重后果只能由英方承担全部责任。

《人民日报》就联合国人权委员会通过动议决定不将美国等国所谓中国人权决议草案付诸表决发表评论员文章《借人权干涉别国内政不得人心》

中央军委副主席刘华清张震及60多位将军同北京市领导一起参加首都机场高速公路两旁的绿化义务劳动

国务院关于开展加强环境保护执法检查严厉打击违法活动的通知

各省、自治区、直辖市人民政府,国务院各部委、各直属机构:

环境保护是我国的一项基本国策。对此,国家相继制定了有关法律、法规和一系列方针、政策及与之相配套的实施措施,走出了一条具有中国特色的环境保护道路。党的十四大把加强环境保护列为90年代改革和建设的任务之一,对我国的环境保护工作提出了更高的要求。当前和今后几年,环境保护工作的重点是充分运用法律武器和宣传舆论工具,强化环境执法监督,采取切实有力措施,大张旗鼓地进行宣传和检查环境保护法律、法规的贯彻落实,严厉打击那些造成严重污染和破坏生态环境、影响极坏的违法行为。为此,特作如下通知:

一、各级人民政府要迅速行动起来,把环境保护法制建设列入政府工作的重要议事日程,制订全民守法教育和打击违法行为工作计划,主动征得同级人大、政协的支持和帮助,组织力量开展加强环境保护执法检查,严厉打击违法行为,并将检查情况向同级人大和上级人民政府报告。要将违法排污和非法经营珍稀、濒危野生动物作为检查重点,力争用二三年的时间扭转有法不依、执法不严、违法不究的局面。

二、在开展加强环境保护执法检查、严厉打击违法行为的活动中，各级人民政府要支持有关部门依法行使职权。对执法不力、工作懈怠的单位要给予严肃批评和必要整顿；对不执行环境影响评价或“三同时”（凡从事对环境有影响的建设项目都必须执行防治污染及其他公害的设施与主体工程同时设计、同时施工、同时投入使用）制度，不按规定缴纳排污费，擅自拆除或闲置污染防治设施，擅自向河道、湖泊、水库排污或扩大排污口；未取得野生动物驯养繁殖许可证而经营利用野生动物及其产品，违法狩猎、收购、加工、进出口野生动物，非法生产、加工、购买、使用、携带猎枪弹具，拒绝监督管理部门现场检查或弄虚作假等违法行为，必须依照有关法律、法规严肃处理。对玩忽职守、徇私舞弊、造成环境污染事故和乱捕滥杀、违法经营野生动物的单位和个人，必须依法严肃查处，情节严重构成犯罪的，司法机关要追究其刑事责任。禁止使用与野生动物保护法相违背的商标，严禁销售国家明令保护的野生动物。

三、各部门尤其是环保、林业、农业、水利、建设、工商、外贸、海关、商业、公安、司法和新闻宣传部门要积极协调配合，共同做好环境保护执法检查工作。执法部门要加强执法队伍的建设，切实担负起法律赋予的职责，有效行使法律赋予的权力，对重大的违法案件，要一查到底，公开处理。新闻宣传部门要充分运用舆论工具提高全民环境法制观念和环境意识，对那些严重违法的单位和个人，要公开揭露、点名批评。

四、加强环境保护执法检查、严厉打击违法活动的工作，由国务院环境保护委员会牵头（办事机构按职能分工，分别设在国家环保局和林业部），约请有关部门参加，及时协调工作中的有关问题。地方各级人民政府可根据本地实际，组织有关部门，按照职责分工，加强对环境保护和珍稀、濒危野生动物保护方面的检查。

国务院

1993 年 3 月 12 日

全国考古工作汇报会在琼海开幕

来自全国 30 个省、市、自治区的 100 余名文物考古工作者参加了会议。与会者们议论的一个主要话题就是：中国经济的高速起飞和中国考古学黄金时代的到来是同步进行的。为此，他们再次呼吁，建设部门在规划、设计、施工中要注意保护好地下文物。

安徽首次发现貌小棘隙吸虫人体感染

安徽省血吸虫病防治研究所最近发现貌小棘隙吸虫人体感染，使近百年来国内外关于该虫只有动物感染的报告成为历史。

3 月 13 日

中共中央总书记江泽民在第八届全国人大一次会议各省市自治区党员负责人会议上发表讲话

社会主义市场经济体制的建立和完善，必须要有法律作保障。法制是市场经济运行的依托。没有健全的社会主义法制，就没有社会主义市场经济的健康发展。经济的发展离不开法制，只有法制完备，社会和经济秩序井然，才能使经济发展快、效益好，在激烈的国际竞争中站得住脚。

全国人大及其常委会要把加强经济立法作为第一位的任务，放在最重要的位置，在本届任期内尽快出台一批重要的经济法律。国务院和省级人大及其常委会也要抓紧制定经济方面的行政法规和地方性法规。在本世纪内，努力把适应社会主义市场经济的法律体系初步建立起来。同时，还要对过去制定的已不适应深化改革开放的法律、法规，抓紧进行清理。立法工作要很好总结我们自己的经验，同时还要大胆借鉴国外的立法成果和经验。

全国人大常委会委员长万里在第八届全国人大一次会议各省市自治区党员负责人会议上发表题为《当前农村出现的问题要高度重视》讲话

刚才江泽民同志讲了话，希望大家按讲话精神开好这次人代会。开好人代会，关键在发扬民主，让代表们畅所欲言，充分讨论，做到集思广益。当前全国形势很好，但是问题也不少。我们既要把成绩讲够，又要把问题讲透。越是形势好成绩大，越应该重视解决存在的问题。近一个时期，我经常在考虑农村问题，总觉得当前农村中出现的一些严重问题，应当引起高度重视。比如：

一、在一个县或者几个乡范围内出现群众闹事的现象，农民砸乡政府，全国有好多起，有的还烧了车子，个别县出现全县反负担过重的群众请愿活动。我认为这是农民向我们发出警告，必须高度重视。群众闹事的原因是多方面的，直接的原因是负担过重，严重损害了农民的利益。有些地方巧立名目，不择手段，胡乱收费，横征暴敛，甚至到农民家牵牛赶猪，激起农民极大的不满，使干群关系非常紧张，矛盾十分尖锐，以致发展到闹事的程度。这不能怪农民，而应当从我们的政策上、工作上去找原因。这些问题尽管是小范围的，也应看作是危险的信号，及早采取明确的政策和可行的措施，妥善加以解决，否则个别的可能变成不是个别的，小范围可能变成大范围，到那时可就不好办了。

二、农业比较利益低，农民负担过重，特别是种粮种棉增产不增收，农民积极性受到严重挫伤。有些地方出现了土地撂荒的现象。工农业产品的“剪刀差”日趋扩大，现在已经大大超过党的十一届三中全会以前的比例，这是个大问题。国务院关于解决棉花问题的几条措施是好的，但是如果就事论事，不解决农民负担过重和“剪刀差”扩大的问题，不从根本上调动农民的积极性，那些措施也难以奏效。农村改革以后温饱问题已经基本上解决，尽管贫困地区还有数量不小的农民生活仍然相当困难，但从全国来看，广大农民的迫切要求，是在温饱的基础上继续向小康迈进。他们追求的主要目标是增加收入，进一步改善各方面的生活条件。近几年的民工潮，实际上就是这一趋势的反映。我们的农村政策必须适应这种历史性的变化，逐步满足农民的要求。今年的民工潮来得这么猛，这么早，这个问题很值得深思！

三、流通领域问题突出，“买难”、“卖难”仍然不时出现。一些地方农民卖东西，给打“白条子”，有的邮局汇来款农民拿不到钱，打“绿条子”，把钱弄到其他地方去了。这样的事，世界少有，在我国各个时代也没有听说过。这不是小事，地方有责任，上边也有责任。农产品价格不合理，而农业生产资料的价格却一再猛涨，使农民难于承受。假农药，假种子，假肥料，搞得这么严重，过去从来没有过的事也发生了。对这样的问题，要立法，依法从严处理。某些铁路线、公路线上，车匪路霸，肆意横行，扰乱经济发展和社会安定。一定要采取有力措施，加以解决。

四、乱搞开发区既破坏农业，又搞乱了城市建设。有些地方不管实际需要如何，有没有具体项目，就盲目圈地，低价把农民承包经营的耕地收回，一转手再用高价出售。有的占了地又搁置不用，城郊一些好菜地几乎给占完了。这样乱搞开发区，乱搞房地产，乱占土地，近一段时间发展成一股歪风，要赶紧刹车。应当强调，我国人多地少，耕地是最宝贵的资源，任何时候任何情况，都不允许浪费耕地。我看到一个材料，说全国开发区占了2000多万亩地，这是一个惊人的数字！

以上这些问题，互有联系，互相交错，都是农业问题、农村问题、农民问题。对这些问题重视不够，反映我们对自己的国情还缺乏深刻的认识。我们是世界上人口最多的国家，80％的人口在农村，如果农业出了问题，粮食出了问题，谁也帮不了我们。农民问题是我们国家的重大问题，这个问题处理不好，就谈不上国家的稳定与发展。如果侵犯了农民的权益，严重挫伤农民的积极性，就会影响党同农民的关系。我国的农村改革是成功的，农村经济的发展是令人鼓舞的。实行家庭联产承包责任制后，农民有了自主权，得到了实惠，积极性很高。农村发生了历史性的根本变化，推动了城市改革和整个国民经济的发展。这是世界公认的事实。因此，我们一定要十分重视农村工作、农民利益，保护农民的利益，保护农民的积极性。没有农民的积极性，一旦脱离农民，一旦农业滑坡，整个大好形势还有没有？我看已有了苗头，要出问题了。所以我觉得应该讲一讲，可能讲得重了些，我想讲得重些比讲得轻些好，我的目的是引起大家的高度重视。

我现在主要是讲问题，没有多作分析，没有提出解决的办法，请大家来讨论。我认为只要正视问题，就能解决问题，问题大也不怕，怕的是对存在的问题熟视无睹，甚至报喜不报忧，看见了还绕着问题走。这不是对党和人民负责的态度。人大是国家最高权力机关，人大代表受全国人民的重托，来这里开会，讨论国家大事。一定要以对人民高度负责的精神，居安思危，防微杜渐，重视研究和解决当前农村中出现的问题，加速改革开放，才能使国民经济包括农村经济在内，持续、稳定地向前发展，加速社会主义市场经济体制的建立，实现四个现代化的宏伟目标。

全国政协八届一次会议举行预备会议

八届全国政协委员共2093人，出席会议的委员共1791人。七届全国政协副主席叶选平主持会议。七届全国政协副主席方毅、洪学智、谷牧、帕巴拉·格列朗杰、王光英、邓兆祥、赵朴初、马文瑞、王恩茂、钱伟长、胡绳、程思远、钱正英、苏步青、司马义·艾买提、丁光训出席会议。

在进行正式仪式前，委员们全体起立，对国家副主席王震、七届全国政协主席李先念、六届全国政协主席邓颖超表示沉痛的悼念。

预备会的议程有两项：审议通过政协第八届全国委员会第一次会议主席团和秘书长名单；审议通过政协第八届全国委员会第一次会议议程、日程。

委员们以举手表决方式通过由315人组成的大会主席团和秘书长名单；审议通过了本次大会的议程和日程。会期14天。根据会议议程，政协第八届全国委员会第一次会议听取政协第七届全国委员会常务委员会的工作报告；列席八届全国人大一次会议，听取和讨论《政府工作报告》及其他报告；选举政协第八届全国委员会主席、副主席、秘书长和常务委员；审议通过政协第八届全国委员会第一次会议提案委员会关于八届一次会议提案审查情况的报告及其他各项决议。

全国政协八届一次会议预备会议通过全国政协八届一次会议主席团和秘书长名单

（共315人，按姓氏笔划排列）

丁石孙　丁光训　于洪亮　万国权　马大猷
马万祺　马品芳　马烈孙(回族)　王　惠
王之泰　王丹凤(女)　王文元　王光美(女)
王兆国　王扶之　王郁昭　王叔云　王厚德
王洪昌　王济夫　王恒丰　王神荫　王鸿祯
王照华　王锡爵　王黎之　毛增滇　方荣欣
孔令仁(女)　巴　岱(蒙古族)　巴　金
巴图巴根(蒙古族)　邓兆祥　石　泉
石邦定(苗族)　卢　强　卢邦正(彝族)　叶大年
叶至善　叶宝珊　叶选平　叶笃义　田一农
田光涛　田麦久　田昭武　白纪年
冯元蔚(彝族)　冯克熙　冯宏顺　冯理达(女)
冯梯云　宁光堃　召存信(傣族)　邢永宁
邢崇智　朱元成　朱光亚　朱作霖　华联奎
多杰才旦(藏族)　邬沧萍　庄世平　庄逢甘
刘　珩　刘　豹　刘广运　刘世增　刘汉桢
刘邦瑞　刘存智　刘延东(女)　刘亦铭　刘应明
刘炳森　刘海清　刘靖基　关　涛(女)　关世雄
江　平　江家福(壮族)　江景波　安士伟(回族)
安子介　孙延年　孙孚凌　孙敏初(哈尼族)
麦赐球　贡唐仓·丹贝旺旭(藏族)　芮杏文
严庆清　严克强(壮族)　严忠勤　苏　星
苏赫(蒙古族)　苏步青　李　刚　李　毅
李子奇　李世济(女)　李东海　李金培　李振声
李梦华　李鹿野　李瑞环　李蓼源　李默庵
李赣骝　杨　叚　杨　堤　杨永斌　杨光华
杨汝岱　杨纪珂　杨拯民　杨斯德
杨静仁(回族)　萧乾(蒙古族)　吴　京
吴文俊　吴式铎　吴廷栋(侗族)　吴克泰
吴希海　吴学谦　吴修平　吴祖强　吴蔚然
何东昌　何振梁　何鲁丽(女)　余国琮　谷超豪
邹承鲁　沃祖全　沈求我　沈祖伦
沈遐熙(回族)　宋志英　宋克湘(土家族)
宋鸿钊　宋德敏　启功(满族)　张权(女)
张　明　张　洽　张　竞　张存浩　张全景
张纪域(白族)　张志公　张伯权　张君秋
张宝顺　张春男　张素我(女)　张乾二　张敬礼
张媛贞(女,满族)　张新时　陆榕树(壮族)
阿沛·阿旺晋美(藏族)　陈仲颐　陈启智
陈明绍　陈秉权　陈学俊　陈荣悌　陈祖沛
陈家振　陈难先　陈培烈　陈彬藩　陈铭珊
陈灏珠　邵恒秋　拉敏·索朗伦珠(藏族)
松布(土族)　明　旸　罗冠宗　罗涵先　罗豪才
帕提曼·贾库林(女,哈萨克族)　岳书仓(满族)
金鉴(满族)　金开诚　金日光(朝鲜族)
金泰甲(朝鲜族)　金鲁贤　周与良(女)　周同善
周绍铮　周铁农　周培源　郑万通　郑守仪(女)
郑励志　宗怀德　房维中　经叔平
项朝宗(苗族)　赵朴初　赵先顺　赵伟之
赵庆夫　赵海峰　赵维臣(满族)　胡　绳
胡正名　胡如雷　胡峨亭　胡鸿烈　侯镜如
俞　雷　俞泽猷　施奠邦　姜笑琴(女)　姜培禄
姜夔生　洪学智　恰扎·强巴赤列(藏族)
贺敬之　秦文俊　袁　木　袁行霈　袁隆平
都本洁　聂卫平　贾亦斌　顾英奇　钱正英(女)
钱伟长　钱李仁　钱学森　钱景仁　徐四民
徐志纯　徐英锐　徐昭隆　徐展堂　徐崇华
徐惟诚　爱泼斯坦　高　天　高　狄　高占祥
高兴民　高振家　高景德　高镇宁　郭东坡
郭秀仪(女)　郭秀珍(女)　唐立民　唐有祺
唐树备　唐敖庆　唐翔千　浦　山　谈家桢
谈镐生　陶开裕　桑顶·多吉帕姆(女,藏族)
黄　昆　黄大能　黄甘英(女)　黄克立　黄启章
黄其兴　黄峻山　黄凉尘　梅养正
曹达诺夫·扎义尔(维吾尔族)　盘　俊(瑶族)
阎洪臣　梁步庭　梁尚立　梁黄胄
梁裕宁(女,壮族)　彭少逸　彭司勋(土家族)
葛志成　董幼娴(女)　董寅初　蒋正华　蒋民宽
蒋光化　蒋丽金(女)　韩　叙　韩生贵(回族)
韩美林　韩培信　程连昌　程志青(女)　傅元天
童　傅　曾近义　谢希德(女)　路　明　解　峰
嘉木样·洛桑久美·图丹却吉尼玛(藏族)
蔡文浩　管仲伟　廖延雄　廖灿辉　廖静文(女)
赛福鼎·艾则孜(维吾尔族)　黎遇航
翦天聪(维吾尔族)　潘蓓蕾(女,高山族)
霍英东　霍懋征(女)　戴树和　戴爱莲(女)
秘书长　宋德敏

全国政协八届一次会议主席团在北京举行第一次会议

会议审议通过由26人组成的主席团常务主席名单,李瑞环为主席团常务主席会议主持人。

在李瑞环主持下,会议审议通过政协第八届全国委员会第一次会议提案委员会主任、副主任、委员名单。周绍铮为提案委员会主任,张文寿、葛志成、周同善、吴修平、李毅、吴武封为副主任。

会议还审议通过了政协第八届全国委员会第一次会议分组办法和小组召集人名单以及大会副秘书长名单。

主席团会议后举行了第一次常务主席会议。会议审议通过了全国政协八届一次会议开幕大会主持人、各次大会执行主席及主持人名单以及列席人员名单。

全国政协八届第一次会议主席团一次会议通过政协八届一次会议主席团常务主席名单

李瑞环　叶选平　吴学谦　杨汝岱　王兆国
阿沛·阿旺晋美(藏族)
赛福鼎·艾则孜(维吾尔族)　洪学智
杨静仁(回族)　周培源　邓兆祥　赵朴初
巴　金　刘靖基　胡　绳　钱正英(女)　苏步青
侯镜如　丁光训　董寅初　孙孚凌　安子介
霍英东　马万祺

全国政协八届一次会议新闻发言人卢之超在人民大会堂举行新闻发布会

卢之超在新闻发布会开始时说，政协八届一次会议是人民政协历史上继往开来的一次重要会议。在这次会议上，委员们将就有关国计民生的重大问题畅抒己见，进行协商，并选举产生全国政协新的领导成员。现在政协八届一次会议的准备工作已经就绪。2093名八届全国政协委员中，已有1949名到大会秘书处报到。

*在回答记者提出的这次经济界委员有何特点，非公有制经济委员是如何产生的问题时。*卢之超说，本届政协增加了82名经济界委员，他们有长期从事经济工作和经济领导工作的专家、学者，也有来自非公有制企业的人士。他们是经由各党派、团体，特别是与经济联系密切的民建、工商联等反复协商产生的。

有记者问，大陆的经济学者对当前经济发展速度有不同看法，这次会议在这个问题上会有什么结论?

卢之超说，自从去年邓小平同志南巡谈话以来，中国改革开放的速度更快了，目前我们还要继续加快和深化改革。对于在前进中出现的问题，党和政府正在采取各种措施解决。经济界人士对这个问题有各种讨论是很正常的，这有利于协助政府作出决策，以促进经济的健康发展。

针对记者提出的八届全国政协委员中党和政府对台工作人员增加较多，这是否表明政协在对台工作上有更大的发言权时。

卢之超说，按照"一国两制"的方针实现祖国和平统一大业，这是90年代我们国家的三大任务之一。全国政协八届增加一些熟悉这方面工作的领导同志，对于促进祖国和平统一的工作是有好处的。

有记者问，新一届港澳地区全国人大代表和全国政协委员增加不少名额，这是否为九七年政权交接做准备?

卢之超说，新一届港澳地区全国政协委员增加了一些名额，主要是因为随着九七年和九九年的临近，港澳地区和内地的交往越来越多，相互间联系越来越密切，港澳同胞对国家大事也越来越关心，为了使港澳同胞的意见得到充分反映，进一步增加港澳同胞的参与程度，这一届政协适当增加一些委员名额。

在回答霍英东、马万祺为什么同时兼任人大代表和政协委员时。

卢之超说，人大代表是由地区选举产生的。霍英东、马万祺是由广东省选举产生的人大代表。政协委员是由各界协商、政协常委会通过决定的。像他们同时兼任代表和委员的情况内地也有，两者之间并无矛盾。

国家统计局发布关于各省自治区直辖市1992年人口主要数据公报

根据全国人口变动情况抽样调查，1992年全国人口出生率为18.24‰，自然增长率为11.60‰，出生人口为2119万，全年净增人口为1348万，与上年相比，全国少生了139万人，净增人口减少了142万人。各省、自治区、直辖市人口主要数据如下：

地区	出生率(‰)	死亡率(‰)	自增率(‰)	总人口(万人)
全　国	18.24	6.64	11.60	117171
北　京	9·22	6·11	3·11	1102
天　津	12.50	6.00	6.50	920
河　北	15.33	6.43	8.90	6275
山　西	19.59	6.94	12.65	2979
内蒙古	17.07	6.73	10.34	2207
辽　宁	12.57	6.11	6.46	4016
吉　林	15.74	6.57	9.17	2532
黑龙江	16.25	6.12	10.13	3608
上　海	7.28	6.74	0.54	1345
江　苏	15.71	6.76	8.95	6911
浙　江	14.72	6.57	8.15	4236
安　徽	18.76	6.14	12.62	5834
福　建	18.18	6.02	12.16	3116
江　西	19.53	7.07	12.46	3913
山　东	11.43	6.88	4.55	8610
河　南	18.13	6.99	11.14	8862
湖　北	19.05	6.87	12.17	5580
湖　南	16.70	7.30	9.40	6267
广　东	19.31	6.17	13.14	6525
广　西	20.19	7.28	12.91	4380
海　南	21.31	6.07	15.24	686
四　川	16.27	7.03	9.24	10998
贵　州	22.40	8.52	13.88	336
云　南	21.00	8.00	13.00	3832
西　藏	23.63	8.09	15.54	228
陕　西	18.85	6.57	12.28	3405
甘　肃	19.37	6.64	12.73	2314
青　海	22.54	8.14	14.40	461
宁　夏	20.11	5.36	14.75	487
新　疆	22.80	7.84	14.96	1581

注释：1. 全国数据根据抽样误差和调查误差进行了修正，分省数据未经修正。2. 全国数据为我国大陆30个省、自治区、直辖市和中国人民解放军现役军人的数据，不含台湾和港澳地区中国同胞。分省数据未含中国人民解放军现役军人。

国务院总理李鹏在钓鱼台国宾馆会见英荷壳牌集团董事长吉宁斯博士

国务院总理李鹏中央军委副主席刘华清在北京分别会见巴基斯坦陆军参谋长阿卜杜勒·瓦希德上将

国务院总理李鹏在北京会见5国新任驻中国大使

他们是:保加利亚大使斯特凡·加别洛夫、日本大使国广道彦、芬兰大使李斯蒙、印度大使钱德拉谢卡尔·达斯古普塔和缅甸大使吴昊赛。

国务院总理李鹏在中南海紫光阁会见利比亚对外联络和国际合作办公室秘书(外长)欧麦尔·蒙塔赛尔

中央军委副主席张震在人民大会堂会见蒙古人民军总参谋长拉希玛·嘎瓦

中国和阿塞拜疆在北京签订《中华人民共和国政府和阿塞拜疆共和国政府经济贸易协定》

中国和阿塞拜疆在北京签订《中华人民共和国对外经济贸易部和阿塞拜疆共和国对外经济联络部一九九三年贸易备忘录》

由经贸部副部长谷永江为团长的中国政府经贸代表团和由贸易旅游部长德·奥利维拉率领的葡萄牙政府代表团就中葡两国经贸合作问题在北京举行会谈

3月14日

八届全国人大一次会议举行预备会议

预备会上,到会的2802名代表选举了大会主席团和秘书长,通过了八届全国人大一次会议议程。

会议开始时,代表们全体起立、深深哀悼国家副主席王震的逝世。

根据全国人大组织法和全国人大议事规则的规定,每届全国人大一次会议的预备会议,由上届全国人大常委会主持。万里、彭冲、阿沛·阿旺晋美、严济慈、荣毅仁、叶飞、廖汉生、倪志福、陈慕华、费孝通、孙起孟、雷洁琼、王汉斌等七届全国人大常委会组成人员出席会议。

预备会议通过八届全国人大一次会议议程。

八届全国人大一次会议预备会议通过八届全国人大一次会议主席团和秘书长名单

主席团(176人,按姓名笔划排列)

丁关根　刀爱民(傣族)　于永波(满族)　于是之
马万祺　马思忠(回族)　王丙乾　王汉斌
王光英　王维山(蒙古族)　王朝文(苗族)
王　群　韦　钰(女,壮族)　毛冬声　毛致用
亢龙田　方惠坚　邓小平　甘苦(壮族)
艾斯海提·克里木拜(哈萨克族)
布　赫(蒙古族)　卢功勋　卢嘉锡　叶公琦
田纪云　田期玉　田富达(高山族)　史来贺
生钦·洛桑坚赞(藏族)　白清才　曲格平
朱世保　朱　良　朱镕基　乔　石
任现春(瑶族)　任建新　任继愈　全树仁
刘夫生　刘长瑜(女)　刘正威　刘华清　刘国光
关山月　江泽民　阮崇武　孙起孟　孙鸿烈
孙维本　苏晓云(土家族)　李先猷(哈尼族)
李　后　李克强　李岚清　李沛瑶　李泽民
李绍珍(女)　李　振　李铁映　李瑞环　李锡铭
李　鹏　李　灏　杨凤(纳西族)　杨文贵(黎族)
杨代蒂(女,彝族)　杨白冰　杨汝岱　杨纪珂
杨初桂(女、侗族)　杨析综　杨　明(白族)
杨衍银(女)　杨泰芳　吴仁宝　吴邦国　吴阶平
吴　振　何竹康　何　康　余秋里　邹家华
沈达人　迟浩田　张万年　张兴让　张克辉
张思卿　张彦宁　张健民(满族)　张绪武
张　震　陆文夫　陆载德
阿木冬·尼牙孜(维吾尔族)　陈光健　陈光毅
陈作霖　陈希同　陈章良　陈舜礼　陈慕华(女)
陈邃衡　林兰英(女)　林丽韫(女)　林　若
林英海　罗　干　罗尚才(布依族)
帕巴拉·格列朗杰(藏族)　周正庆　周　南
周　觉　周冠五　孟连崑　孟富林　赵东宛
赵梓森　赵富林　郝诒纯(女)　荣毅仁　胡锦涛
柳随年　姜春云　宦爵才郎(藏族)　费子文
费孝通　贺光辉　秦基伟　热地(藏族)　耿昭杰
贾志杰　顾金池　顾诵芬　顿珠多吉(藏族)
钱其琛　铁木尔·达瓦买提(维吾尔族)　倪志福
徐采栋　爱新觉罗·溥杰(满族)　高　潮
郭　志　唐佩珠(女,壮族)　陶大镛
曹龙浩(朝鲜族)　曹　志　常宗琳　章师明
章瑞英(女)　梁广大　尉健行　屠由瑞　彭士禄
彭清源　董建华　惠永正　程思远　傅全有
傅铁山　普朝柱　曾庆红　温家宝　谢军(女)
谢　非　谢铁骊　蓝丁寿(畲族)　雷洁琼(女)
蔡子民　廖　晖　滕昭蓉(女,苗族)　滕　藤
颜龙安　薛明伦　薛　驹　霍英东

秘书长　田纪云

八届全国人大一次会议举行第一次主席团会议

会议首先在七届全国人大常委会委员长万里主持下，推选乔石等九人任大会主席团常务主席。表决通过后，万里请乔石等常务主席继续主持会议。随后，主席团会议在乔石主持下，表决通过八届全国人大一次会议日程；通过大会执行主席分组名单；决定大会副秘书长；决定八届全国人大一次会议表决议案的办法；通过八届全国人大一次会议通过八届全国人大各专门委员会组成人员人选办法草案，提请大会通过；通过了八届全国人大法律委员会、财政经济委员会组成人员人选的提名，提请大会通过。

八届全国人大一次会议主席团第一次会议通过八届全国人大一次会议主席团常务主席名单

乔　石　胡锦涛　田纪云　王汉斌　倪志福

陈慕华（女）　费孝通　孙起孟　雷洁琼（女）

八届全国人大一次会议预备会议通过八届全国人大一次会议议程

一、听取和审议国务院总理李鹏关于政府工作的报告

二、听取和审议国务院副总理兼国家计划委员会主任邹家华关于 1992 年国民经济和社会发展计划执行情况与 1993 年计划草案的报告

审查和批准 1992 年国民经济和社会发展计划执行情况与 1993 年国民经济和社会发展计划

三、听取和审议财政部部长刘仲藜关于 1992 年国家预算执行情况和 1993 年国家预算草案的报告

审查和批准 1992 年国家预算执行情况和 1993 年国家预算

四、审议《中华人民共和国宪法修正案（草案）》

五、审议《中华人民共和国澳门特别行政区基本法（草案）》

六、听取和审议全国人大常委会副委员长彭冲关于全国人民代表大会常务委员会的工作报告

七、听取和审议最高人民法院院长任建新关于最高人民法院的工作报告

八、听取和审议最高人民检察院检察长刘复之关于最高人民检察院的工作报告

九、选举第八届全国人民代表大会常务委员会委员长、副委员长、秘书长、委员

十、选举中华人民共和国主席、副主席

十一、决定国务院总理的人选和国务院副总理、国务委员、各部部长、各委员会主任、审计长、秘书长的人选

十二、选举中央军事委员会主席

十三、决定中央军事委员会副主席、委员的人选

十四、选举最高人民法院院长、最高人民检察院检察长

十五、通过第八届全国人民代表大会各专门委员会主任委员、副主任委员、委员的人选

十六、其他

全国政协八届一次会议下午开幕

全国政协八届一次会议主席团常务主席会议主持人李瑞环受主席团委托主持开幕大会。

大会主席团常务主席叶选平、吴学谦、杨汝岱、王兆国、阿沛·阿旺晋美、赛福鼎·艾则孜、洪学智、杨静仁、邓兆祥、赵朴初、钱伟长、胡绳、钱正英、苏步青、丁光训、董寅初、孙孚凌、安子介、霍英东、马万祺和秘书长宋德敏在主席台就座。

江泽民、杨尚昆、李鹏、万里、乔石、朱镕基、刘华清、胡锦涛、姚依林、丁关根、田纪云、李岚清、李铁映、杨白冰、邹家华、钱其琛、尉健行、温家宝、王汉斌、张震、任建新等到会祝贺全国政协八届一次会议开幕，并在主席台上就座。

中国人民政治协商会议第八届全国委员会委员总数为 2093 人，已报到委员 1985 人，出席会议的委员 1911 人，符合法定人数。

政协第七届全国委员会副主席叶选平在大会上作了政协第七届全国委员会常务委员会工作报告。

政协第七届全国委员会提案委员会向大会提交了 5 年提案工作情况的书面报告。

出席政协开幕大会的还有：彭冲、严济慈、荣毅仁、叶飞、倪志福、陈慕华、费孝通、孙起孟、雷洁琼、秦基伟、王丙乾、宋健、王芳、李贵鲜、陈俊生、刘复之、方毅、谷牧、帕巴拉·格列朗杰、王光英、马文瑞、王恩茂、程思远、卢嘉锡、司马义·艾买提等。

全国政协副主席叶选平在全国政协八届一次会议上作《中国人民政治协商会议第七届全国委员会常务委员会工作报告》

各位委员：

我受政协第七届全国委员会常务委员会的委托，就七届常委会五年来的工作向大会作报告。

一

政协第七届全国委员会第一次会议以来的五年，是中国共产党领导全国各族人民沿着有中国特色的社会主义道路继续前进的五年。1988 年，在我国经济经过一个加速发展的飞跃时期，整个国民经济提高到一个新水平后，中共中央为解决前进中出现的一些问题，决定用一段时间治理经济环境、整顿经济秩序，以利于

更好地推进改革和建设。1989年春夏之交,国内发生了一场政治风波,接着,国际局势出现剧变和动荡。在国际国内的复杂艰难情况下,以江泽民同志为核心的中共中央,坚定不移地贯彻社会主义初级阶段的基本路线和中共十三大的正确决策,继续抓住经济建设这个中心,坚持四项基本原则,坚持改革开放,采取一系列重大措施,领导和团结全国各族人民,克服种种困难,经受住严峻的考验,实现了社会稳定、政治稳定和经济发展。1992年春,邓小平同志视察南方发表重要谈话,中共中央政治局举行全体会议,10月,中国共产党胜利召开第十四次全国代表大会,使全国各族人民受到极大的鼓舞。举国上下,以邓小平同志建设有中国特色社会主义理论为指导,进一步解放思想,振奋精神,抓住有利时机,加快改革开放和经济建设步伐,把我国社会主义现代化建设事业推进到一个新的发展阶段。在此期间,人民政协作为最广泛的爱国统一战线组织,在中国共产党领导下,在已故李先念主席主持下,团结各民主党派、人民团体、无党派民主人士和各族各界代表人士,始终不渝地贯彻执行"一个中心、两个基本点"的基本路线,认真落实《中共中央关于坚持和完善中国共产党领导的多党合作和政治协商制度的意见》,围绕国家的中心任务,以增进团结、发扬民主为主题,积极主动地履行政治协商、民主监督职能,使各项工作在五届、六届的基础上得到进一步发展,为维护国家的稳定,增进人民的团结,推动社会主义建设事业的发展,作出了积极的贡献。

七届常委会五年来着重抓了以下几方面的工作:

1. 巩固人民政协各参加单位和各方面代表人士在共同政治基础上的团结合作,努力维护改革开放和现代化建设所必需的安定团结局面。在国际国内形势发生重大变化、党和国家作出重大决策时,本会及时邀请有关负责同志和专家学者作形势任务报告,编印有关学习参考资料,组织各方面人士认真学习、座谈中共中央的方针政策,通过多种形式沟通思想,交换意见,正确认识形势和任务。在1989年春夏之交发生政治风波、反对动乱和平息北京发生的反革命暴乱的关键时刻,本会主要领导人多次同各民主党派领导人座谈,多次发表重要谈话;参加人民政协的各个方面通过多种形式的学习讨论,迅速在重大原则问题上形成共识,坚定了在中国共产党领导下建设有中国特色社会主义的信念,增强了爱国统一战线的凝聚力;参加政协的各民主党派、各方面人士为维护政局稳定和促进经济发展做了大量工作,发挥了很好的作用。本会还多次通过决议,组织和动员委员发挥各自的社会影响,运用各种方式,扩大团结面,努力促进全社会的安定团结。

围绕经济建设中心,以国计民生重大问题为重点,积极开展政治协商和民主监督。政协全体委员会议、常务委员会议和主席会议作为政治协商的主要形式和各民主党派、各方面人士参政议政的重要场所,在七届期间发挥了重要作用。五年来共举行全委会议5次,常委会议22次,常委专题座谈会7次,主席会议51次。除参与我国国民经济和社会发展十年规划和第八个五年计划纲要、每年的政府工作报告和国民经济与社会发展计划以及国家财政预算等重大事项的协商外,还围绕搞好国有大中型企业、加强农业与农村工作、兴建长江三峡水利枢纽以及香港特别行政区基本法、澳门特别行政区基本法草案等有关改革开放、经济建设与民主法制建设中的重大问题进行协商讨论。此外,对有关知识分子待遇、农村计划生育、国民收入的个人分配、农村卫生工作、音像制品的市场管理等人民群众普遍关心的重要问题,在有关专门委员会反复调查研究的基础上,提交常委会议、主席会议进行专题讨论。通过这些会议协商讨论后提出的建议和意见,不仅对中共中央、国务院的决策和推进有关部门的工作起到重要作用,而且对团结各方面人士同心同德地贯彻中央决策起了积极作用。同时,也进一步提高了政协在人民群众中的威信。

2. 发挥人民政协的优势,运用多种形式开展经常性工作,促进社会主义物质文明和精神文明建设的发展。人民政协中拥有政治、经济、科技、教育、文化等各个领域中高层次的专家、学者和各方面代表人士。七届一次会议以后,常委会将原有各工作组、委调整为提案、学习、文史资料、经济、教育文化、科学技术、医卫体、法制、民族、宗教、妇女青年、华侨、祖国统一联谊和外事14个专门委员会,组织委员开展经常性活动。各专门委员会围绕国家重大事务和群众普遍关心的重要问题,大力开展专题调查和专题研讨。五年来,共进行专题调查165项,专题研讨814次,提出专题报告和专题建议130件,有关情况简报700余件。其中,《关于发展农业的意见和建议》、《关于提高工业经济效益的意见和建议》、《依靠科技发展国民经济应作为一项基本国策》、《农村人口控制现状和我们的建议》、《关于高等院校教育投资、教师待遇问题的调查报告》、《关于大力加强国有经济实力问题的意见和建议》、《关于发展股份制经济的意见》、《加强农村卫生工作是实现小康战略目标的一项重要任务》、《关于进一步贯彻落实民族区域自治法的几点意见》、《关于贯彻落实归侨侨眷权益保护法的意见》、《关于加强法制建设、制定妇女权益保障法的建议》、《关于支持宗教活动正常开展和依法加强宗教事务管理的建议》、坚持反对腐败和加强廉政建设的意见等,都是抓住两个文明建设中的重要问题,在认真调查研究的基础上提出来的。这些建议和意见有相当一部分受到中共中央和国务院的重视，被有关部门吸收、采纳。有些涉及地方重要事务的建议，如关于辽宁阜新市资源和发展规划、陕西神木煤田开发、治理首都大气污染、开发鄂西贫困地区和治理淮河等意见和建议，得到当地领导机关的重视或采纳。七届常委会还进一步加强了提案工作，通过制定提案工作条例，从制度上予以规范。在提案的办理上，实行平时经常办理和大会期间当场办理相结合的方法，并对有些重点提案进行跟踪调查，促其落实。此外，还举办了表彰优秀提案和先进承办单位活动。这些措施进一步提高了委员提出提案和承办单位办案的积极性。五年间，共收到提案 9627 件，截至 1993 年 2 月 28 日，已办复 9608 件，办复率为 99.8%。提案中的许多重要建议和意见，被中共中央、国务院或有关部门采纳。本会还按照"小型、节约、专项、实效、联系群众"的原则，改进委员视察工作。共组织视察、参观团 55 个，参加的委员达 1998 人次，形成视察报告和情况简报 52 份。京外委员也普遍参加了就地视察。通过这些视察活动，委员们进一步了解了国情民意，提出不少切实可行的重要建议和意见。

3. 拓展同台港澳人士和海外侨胞的交往，祖国统一联谊工作有很大发展。七届常委会专门研究了祖国统一工作，加强了领导，充实了机构。按照"和平统一、一国两制"的方针，根据政协的特点和有利条件，以促进台湾海峡两岸直接"三通"和双向交流为重点，积极开展各种形式的联谊活动，努力推动两岸关系朝着有利于和平统一的方向发展。本会坚决反对任何形式的"两个中国"、"一中一台"或"一国两府"；坚决反对任何旨在制造台湾独立、分裂祖国的行径，并在宣传政策、消除误解、增进共识、广交朋友、牵线搭桥，以及开展调查研究、反映情况等方面，做了大量有成效的工作。对台湾同胞的联谊活动由间接接触发展为直接往来，由接待零星来访发展为邀请团组成批来访，接触范围不断扩大，包括了台湾岛内各方面、各阶层人士，活动的内容不断丰富，包括了政治、经济、文化教育等各个方面。对台联谊工作取得了明显进展。香港特别行政区基本法颁布以后，对港澳地区联谊工作也逐步加强，并出访香港和澳门，实地开展工作。港澳地区的政协委员为促进早日完成祖国和平统一，顺利实现 1997 年和 1999 年两个地区的回归，努力排除各种人为障碍，维护过渡时期的稳定繁荣，做了许多工作。本会还同殷切盼望祖国统一并为之奔走出力的海外侨胞加强了联系和交往。五年间共接待台湾和海外来访的团组 155 个、近 4400 人次，组织座谈、会见、参观等活动 2000 余场次。此外，还发挥桥梁纽带作用，积极推动引进台港澳地区资金，投入大陆现代化建设。

4. 适应国际形势变化，积极开展人民外交工作，为改革开放和现代化建设争取有利的国际环境。由于国际形势动荡，世界格局发生重大变化，本会根据国家的基本外交政策，及时调整了对外交往的工作方针。在同第三世界国家有关组织保持和发展友好关系的同时，加强同我国周边国家有关组织的友好往来，与西方国家有关组织的联系也有新的进展。五年来，同 16 个国家的有关组织新建了联系，应邀派出 23 个代表团出访 25 个国家，邀请并接待 26 个国家的 41 个代表团来访，同 50 多个国家的政治、经济、外交、军事、教育、科技等方面的要人和专家学者进行了 480 场会见和座谈。在此期间，针对美国国会等制造的所谓西藏问题、美国参众两院通过制裁中国的修正案以及美国和法国向台湾出售战斗机问题，本会常委会和外事委员会发表严正声明，对干涉我国内政的行径表示极大愤慨和强烈谴责，表明了我国各党派、人民团体和各族各界人士在重大原则问题上的坚定立场。外事委员会还积极拓展工作领域，组织涉外问题调查组，先后赴吉林、新疆等地开展调查研究，就有关外事、外贸、边防、海关和口岸建设等方面存在的问题，及时作了反映并提出相应的建议，得到有关部门的重视和采纳。

5. 逐步建立和完善工作制度，各项工作开始走上规范化、制度化轨道。随着我国社会主义民主政治建设的发展，七届常委会总结历史经验，肯定改革开放以来政协工作的新成果，把政协工作的制度建设作为大事来抓。在广泛征求意见的基础上，1989 年制定了《政协全国委员会关于政治协商、民主监督的暂行规定》，对政治协商和民主监督的目的、主要内容、主要形式和基本程序作出明确规定。此外，还陆续制定了常务委员会工作规则、专门委员会组织通则及各专门委员会工作简则、委员视察简则、提案工作条例、秘书长副秘书长工作规则、全国政协京外委员参加本会及地方政协有关活动的办法、加强与港澳委员联系的办法等工作制度，对各种会议的协商议事规则和具体工作程序予以明确和规范。这些制度的制定和实施，使政治协商、民主监督及其他各项工作开始走上规范化、制度化的轨道。

6. 密切同地方政协的联系，加强对地方政协的指导。十几年来，各级地方政协组织普遍恢复和发展，已达 2968 个。特别是近几年来，地方政协工作在当地中共党委领导下，开展得十分活跃，成为我国社会主义建设事业中一支重要力量。在工作发展的同时，地方政协普遍希望全国政协按照章程加强工作上的指导。对此，七届常委会的主要做法是：对于事关全局的重大问题及时作出决议，号召地方政协共同执行；邀请各省、自治区、直辖市和计划单列市政协负责同志列席历次常委会议，并就重要问题进行座谈讨论；本会各工作机构与地方政协工作机构加强联系与协作，召开政协系统文史工作会议、提案工作会议、后勤工作会议、信息工作会议、视察工作会议和有关华侨、民族、医卫等方面的工作座谈会，与地方政协共同研讨工作中的问题，并就有些专题进行联合调研；成立干部培训中心，有计划地开展了对地方政协干部的培训工作；本会主席、副主席、秘书长及专委会负责同志多次深入基层，就政协工作开展调查研究，同地方政协的同志互通情况，交换意见，研讨和指导工作。

7. 加强宣传报道工作，扩大人民政协的社会影响。本会成立了负责宣传工作的专门机构，加强了同各新闻单位的协作。各主要通讯社、报刊、电台、电视台对爱国统一战线和人民政协的宣传报道数量明显增多，质量有所提高。举办两届“宣传中国共产党领导的多党合作和政治协商制度好新闻”评选活动，3次邀请部分中央新闻单位对地方政协工作进行采访报道，广泛宣传了中国共产党领导的多党合作和政治协商制度，扩大了人民政协在国内外的影响。《人民政协报》立足统战、面向社会，宣传统战政策，报道政协活动，反映对重要社会问题进行协商监督的情况，发挥了积极的作用，并从1993年起由每周二期改为三期。文史资料工作适应新的形势，编印出版大量文史资料和有关书刊，为进行社会主义、爱国主义教育和历史研究提供了重要史料，并积极开拓同台港澳的文化交流渠道。

二

中国人民政治协商会议诞生以来，毛泽东、周恩来、邓小平、邓颖超、李先念等德高望重的老一辈无产阶级革命家相继担任主席。在他们的卓越领导下，人民政协走过了光辉的历程，积累了丰富的经验。历史证明，人民政协是中国共产党在领导中国革命和建设的过程中把马克思主义基本原理同我国具体实际相结合的产物，是中国共产党领导的实行多党合作和政治协商的重要组织形式，是具有中国特色社会主义民主政治的重要组成部分。它在国家政治生活和其他社会生活中具有不可替代的重要作用。不久前召开的中共十四大，确立了邓小平同志建设有中国特色社会主义理论的指导地位，提出进一步解放思想，把握有利时机，加快改革开放和现代化建设步伐，夺取有中国特色社会主义事业更大胜利的历史性任务，并提出要在政治体制改革中进一步完善共产党领导的多党合作与政治协商制度，巩固和发展新时期的爱国统一战线，充分发挥人民政协在政治协商和民主监督中的作用。这就为人民政协工作进一步指明了方向，也对人民政协的工作提出了更高的要求。五年来，七届政协的工作取得了很大的成绩，但还存在着某些不足和不适应的地方。我们必须继承和发扬人民政协的优良传统，在已有的基础上，加强建设，进一步做好工作。学习中共十四大精神，回顾人民政协的历史，总结七届常委会的工作，我们有以下几点体会：

1. 必须毫不动摇地全面贯彻以建设有中国特色社会主义理论为指导的基本路线，积极主动地围绕经济建设这个中心抓大事议大事。中国共产党提出的以经济建设为中心，坚持四项基本原则，坚持改革开放的基本路线，也是我国各民主党派、人民团体和各族各界人士共同遵循的基本路线。必须毫不动摇地长期坚持和全面贯彻执行这条基本路线。在新的历史时期，人民政协的根本任务就是调动一切积极因素，团结一切可以团结的力量，同心同德，群策群力，维护和发展安定团结的政治局面，为把我国建设成为现代化社会主义强国而奋斗。因此，人民政协要根据自身的特点，通过履行协商监督职能，积极主动地为社会主义建设和改革开放服务，为解放和发展生产力服务。要经常就经济建设和改革开放中的重大问题进行协商，及时反映各方面人士的意见和建议，协助决策机关做好宏观决策，并为保证这些决策的贯彻落实发挥民主监督作用。要积极支持和配合政府大胆试验，勇于探索，不断研究新问题，总结新经验，加快改革开放和经济建设。同时，要坚持“两手抓，两手都要硬”的方针，积极促进国家的民主法制建设和精神文明建设，组织推动爱国主义、集体主义、社会主义的学习和宣传教育，通过爱国统一战线的团结促进全国各族人民的大团结，把各方面的力量集中到实现社会主义现代化建设的共同目标、共同任务上来。在过去的五年中，虽然不同时间的工作各有不同的特点，七届常委会始终坚持基本路线，围绕经济建设中心抓大事议大事，发挥了自己应有的作用。实践证明，这种工作思路是正确的。中共十四大以后，我国经济体制改革和经济建设的目标更加明确，人民政协要把学习建设有中国特色的社会主义理论，贯彻中共十四大精神摆在各项工作的首位，积极围绕建立社会主义市场经济体制和实现现代化建设第二步战略目标中的重大问题参政议政，做出新的贡献。

2. 要充分发扬社会主义民主，切实履行政治协商、民主监督职能，努力完善共产党领导的多党合作和政治协商制度。我国政治体制改革的目标，是建设有中国特色的社会主义民主政治。政治体制改革的主要内容，是完善人民代表大会制度，完善共产党领导的多党合作和政治协商制度。人民政协作为共产党领导的进行多党合作和政治协商的政治组织，始终以政治协商、民主监督为主要职能。这种协商和监督，是人民政协各组成单位和各界代表人士所联系的广大人民群众当家作主、行使民主权利的重要体现，是统一战线内部沟通思想、加强团结、增进共识的基本方式，也是我国重大决策科学化、民主化的重要环节。它对发扬社会主义民主，建设我国社会主义民主政治，具有十分重要的意义。七届一次会议以来，常委会注意把民主协商的精神贯彻于政协的各项工作之中，积极创造条件，鼓励、支持各民主党派在政协的会议上以本党派名义进行发言，提出提案。在政协的各项活动中，努力创造民主、团结的环境，充分尊重和保护委员的各项民主权利，鼓励他们在共商国是、互相监督、发表政见的过程中各抒己见，畅所欲言。现在人民政协的协商监督开始走上经常化、制度化的轨道，但已有的制度需要进一步认真执行、贯彻落实；有些还不够完善，需要在实践中继续加以修订、充实；有些必要的制度还有待制定。随着我国经济建设和民主法制建设的发展，我们要在中共中央的领导下，更加充分地运用和发挥我国政治制度的优势，加强人民政协的制度化建设，使统一战线各方面在重大决策前的协商这一民主渠道更加畅通，使政协真正起到各党派、各人民团体、各族各界代表人士团结合作、参政议政重要场所的作用，为完善共产党领导的多党合作和政治协商制度，建设社会主义民主政治做出自己的努力。

3. 要进一步贯彻大团结、大统一的精神，增进统一战线的团结合作，共同致力于振兴中华、统一祖国的事业。建设现代化的社会主义强国，实现祖国的和平统一，这是前无古人的伟大事业。要完成这个伟大而艰巨的历史任务，就必须在建设有中国特色的社会主义这个共同目标之下，实行共产党领导的全国各民族、各党派、各阶层、各方面人民最广泛的团结。这是现阶段爱国统一战线的出发点，也是人民政协工作的出发点。人民政协要在爱国主义和社会主义两面旗帜下，把最大限度地团结各方面人士作为自己的一项重要任务，为实现社会最广泛的团结发挥自己特殊的作用。人民政协同我国其他具有统战性质的组织相比，突出地具有广泛性和党派性的特点，生动、具体地体现了大团结、大统一的精神。政协委员都有一定的代表性和社会影响，有着各自不同的经历和不同的社会背景，甚至不同的信仰。因此，政协中存在不同的声音和思想差异是正常的。特别是随着改革开放的深化，经济结构的变动，利益关系的调整，各种不同的利益、要求、意见和错综复杂的社会矛盾，必然反映到统一战线中来。这就更加需要加强统一战线内部的相互沟通和思想交流，需要人民政协加强化解矛盾、协调关系、反映意见、增加共识的工作，保持一种团结、民主、和谐的合作共事环境。参加人民政协的各民主党派，是中国共产党久经考验的友党，是建设有中国特色社会主义的可靠政治力量。人民政协要更好地依靠各民主党派开展各项活动和工作，尊重宪法和政协章程赋予民主党派的权利和职责。我国的爱国统一战线以工人阶级为领导，以工农联盟为主体。知识分子作为工人阶级中掌握科学文化知识较多的一部分，在我国社会主义现代化建设中有着特殊重要的作用。人民政协要依靠自己的特点和影响，最广泛地团结广大知识分子，充分发挥他们在现代化建设中的积极性和创造性。政协中汇集了少数民族、宗教、归国华侨以及台湾同胞、香港同胞、澳门同胞等各界代表人士，要通过他们密切联系他们所代表的各方面群众，进一步做好民族、宗教、华侨和与台港澳同胞联谊等方面的工作，促进民族团结和祖国统一。

各位委员：

政协第七届全国委员会胜利完成了自己的任务，这是参加人民政协的各党派、各团体、无党派民主人士和各族各界代表人士肝胆相照、荣辱与共、团结合作、共同努力的结果。

当前，我国经济迅速发展，综合国力显著增强，国内安定团结、长治久安的基础已经奠定。在新一届政协任期内，我国的国民经济和各项建设事业的发展将再上一个新台阶，香港将回归祖国。社会主义祖国繁荣昌盛和兴旺发达的前景，催人奋进。我们相信，在以江泽民同志为核心的中共中央领导下，政协第八届全国委员会一定能在建设有中国特色的社会主义事业中，作出新的更大的贡献。

全国政协七届提案委员会向全国政协八届一次会议提交关于5年提案工作情况的总结报告

报告说，七届政协期间，提案委员会共收到提案9627件，比六届政协期间的7661件多1966件，约增加25%，平均每年参加提出提案的委员有1460人，占委员总人数的71%。截至1993年2月28日，已办复提案9608件，占5年来提案总数的99.8%，有不少提案所提意见和建议受到有关部门的重视和采纳，取得较好的效果。

报告说，5年来，委员们在党的基本路线指引下，围绕经济建设这个中心提出提案，积极参政议政。很多提案受到党中央和国务院各有关部门的重视，不少意见和建议被采纳。

报告说，七届政协的提案工作在常委会的领导下，有了新的发展，主要表现在以下几个方面：坚持和贯彻党的基本路线，围绕经济建设和群众普遍关心的重要问题组织提案和推动办理；制订了《中国人民政治协商会议全国委员会提案工作条例》；加强了对地方政协的联系和指导；贯彻中共中央有关文件和全国政协提案工作条例的精神，积极组织党派团体提案；采取多形式、多渠道的工作方式，推动承办单位办理提案；引进激励机制，开展考核评比表彰活动，进一步推动提案工作的开展；加强了对提案和提案工作的宣传。

报告说，现在全国人民正在继续深入贯彻执行中共十四大和邓小平南巡重要谈话精神，提案工作应该适应新形势要求，努力开创新局面，为社会主义现代化建设作出新贡献，为此建议：

——坚定不移地贯彻党的基本路线，紧紧围绕经济建设这个中心组织提案，使提案更好地为深化改革、扩大开放和加速经济建设发挥积极作用。

——进一步落实中共中央文件的有关规定，密切与各民主党派的联系和合作，为民主党派提好提案创造条件。通过民主党派提案的办理和落实，促进多党合作。

——密切与国务院办公厅的联系和协作，研究政府职能转变后在提案交办工作中出现的新问题，改进工作方法，采取相应的措施，更好地发挥提案的作用。

《人民日报》发表社论《更高举起爱国统一战线的旗帜——祝贺全国政协八届一次会议开幕》

外经贸部部长李岚清在北京会见由贸易旅游部长德·奥利维拉率领的葡萄牙政府经贸代表团

3月15日

八届全国人大一次会议开幕

大会执行主席、主席团常务主席乔石、胡锦涛、田纪云、王汉斌、倪志福、陈慕华、费孝通、孙起孟、雷洁琼在主席台前排就座。乔石主持大会开幕式。

江泽民、杨尚昆、万里、李瑞环、朱镕基、刘华清等同志和大会主席团成员在主席台就座。

2898位代表听取李鹏总理代表国务院向大会作的政府工作报告。

在大会主席台上就座的还有：丁关根、李岚清、李铁映、杨白冰、吴邦国、邹家华、陈希同、姜春云、钱其琛、尉健行、谢非、温家宝、姚依林、吴学谦、任建新、张震、荣毅仁等。出席全国政协八届一次会议的委员，中央党政军领导机关负责人，各民主党派和群众团体负责人列席大会。各国驻华使节旁听大会。

国务院总理李鹏在八届全国人大一次会议上作《政府工作报告》

各位代表：

现在，我代表国务院向大会作政府工作报告，请予审议，并请全国政协各位委员和其他列席人员提出意见。

一、改革开放和现代化建设取得伟大成就的五年

从第七届全国人民代表大会第一次会议，到这次大会的召开，已经整整过去了五年。在这五年中，我国经济蓬勃发展，社会不断进步，综合国力进一步增强，各方面都取得了举世瞩目的重大成就。大量事实充分证明，过去的五年，是我国各族人民在中国共产党领导下沿着建设有中国特色的社会主义道路继续前进的五年，是巩固和发展党的十一届三中全会以来改革开放和现代化建设伟大成果的五年。

国民经济持续发展。1992年国民生产总值接近24000亿元，五年平均每年增长7.9%。农村经济全面发展，结构逐步调整。农业总产值平均每年增长7.9%，粮食生产摆脱了一度徘徊局面，连续四年获得丰收。粮食储备增加，增强了以丰补歉的能力。经济作物和农副产品全面增长。“菜篮子”工程的实施，保证了城市居民的副食供应。乡镇企业保持旺盛发展势头，五年间产值增长2倍，现已吸纳农村劳动力1亿多人，成为国民经济的一支重要力量。植树造林、水利和农田基本建设取得新进展。工业生产有较大增长。五年间，工业总产值平均每年增长15%。1992年同1987年相比，钢产量增长42%，达到8000万吨；原煤产量增长20%，达到11亿吨；发电装机增长46%，达到16500万千瓦；原油产量继续增长，达到1.42亿吨。农用工业产品持续增长。消费品工业产品更新换代加快，花色品种增多。交通运输和邮电通信有新的发展。铁路货运周转量增长23%，达到11620亿吨公里；沿海港口货物吞吐量增长59%，达到5.9亿吨；公路货运周转量增长36%，达到3617亿吨公里；城乡电话总容量增长1.1倍，达到2860万门。五年间，进出口总额增长1倍，1992年达到1656亿美元。外汇储备有一定增加。五年共利用外资609亿美元，相当于前九年总和的1.6倍。基本建设和技术改造取得新成就，五年全社会固定资产投资完成26000亿元。一批大型基础工业和基础设施重点项目相继建成，地质勘查取得新成果，为今后经济发展增添了后续力量。城市建设有新的进展，面貌发生很大变化。

社会主义精神文明建设和各项社会事业取得新进步。科学技术事业成绩显著，重大科技成果比上五年大幅度增加，某些领域达到或接近世界先进水平。正负电子对撞机投入使用，“银河—Ⅱ”巨型计算机研制成功，我国航天工业进入国际发射市场。创办一批国家级的高新技术产业开发区，科技成果商品化和产业化步伐加快。教育事业有较大发展，五年来国家财政和社会各方面对教育事业的投入达3200亿元，比上一个五年增加1710亿元。全国已有76%的县普及了小

学教育，多数城市普及了初中教育。高等教育有新的发展，五年共培养本科和专科毕业生 584 万人，研究生 17.2 万人。教育结构有重大调整，职业教育、成人教育迅速发展，中等职业技术学校在校学生已接近高中阶段学生人数的 50%。教育改革逐步深入，教育质量有所提高。计划生育成绩明显，出生率下降 5 个千分点，相当于五年少生 1500 万人左右。体育事业有新的发展，成功地举办了第十一届亚运会，在奥运会和重大国际比赛中取得优异成绩。文化艺术、新闻出版、广播影视、社会科学、医药卫生、环境保护等方面，都取得新的成绩。在进行物质文明和精神文明建设的同时，社会主义民主和法制建设也取得了新的进展。

改革开放迈出重要步伐。在农村，以家庭联产承包为主的责任制和统分结合的双层经营体制继续稳定和完善。在城市，为增强国有大中型企业活力，以转换企业经营机制和转变政府职能为重点，采取了新的改革措施。在巩固和发展公有制经济的同时，个体经济、私营经济、外资经济等多种经济成分进一步发展。宏观经济调控有所改善，市场机制的作用明显增强，消费品和生产资料市场扩大，金融、技术、劳务、信息和房地产等各类市场开始形成。价格改革迈出较大步伐，粮食实现了购销同价，部分地区价格已经放开；其他农副产品和工业消费品的价格，绝大部分已经放开；生产资料价格大部分也已放开，“双轨制”范围显著缩小。总起来说，目前由市场决定价格的比重，已经由五年前的 50%左右扩大到 80%左右。住房制度和社会保障制度的改革在较大范围内进入实施阶段。对外开放进一步扩大，初步形成沿海、沿江、沿边和内陆省会城市全方位开放的格局。经济特区、沿海开放城市和开放地区、经济技术开发区取得显著成绩，上海浦东开发开放步伐加快。外贸体制实行自负盈亏和打破垄断经营的改革，取消外贸出口补贴，对一批企业赋予进出口经营权，促进了对外贸易持续增长。

人民收入和生活水平进一步提高。1992 年同 1987 年相比，城镇居民人均生活费收入增加 910 元，达到 1826 元；农村居民人均纯收入增加 321 元，达到 784 元。城乡居民储蓄大幅度增加。城镇新建居民住宅 9.2 亿平方米，农村新建住房 36 亿平方米，居住条件逐步改善。市场繁荣活跃，商品琳琅满目，物价相对稳定，居民消费水平进一步提高。现在，我国蛋类、肉类、食用植物油的人均消费量已相当或接近世界平均水平，城镇电视机、电冰箱等耐用消费品的普及率达到中等收入国家水平。我国人口的平均期望寿命已经达到 70 岁左右，这是人民生活质量提高的综合反映。

这里要特别指出，刚刚过去的 1992 年，以邓小平同志重要谈话和中国共产党第十四次代表大会为标志，我国改革开放和现代化建设进入了蓬勃发展的新阶段。举国上下进一步解放思想，开拓创新，到处生机勃勃，开创了崭新的局面。广大干部群众精神更加振奋，改革开放步伐加快。转换国有企业经营机制取得新进展。价格改革有新的突破，市场作用进一步增强。其他方面的改革也有许多重要举措。对外开放的范围和领域显著扩大，新开放了 5 个沿江城市、18 个省会城市、13 个沿边城市，增加了 34 个开放口岸，形成了全方位开放的新格局。利用外资是改革开放以来最多的一年。国民经济实现了快速增长，国民生产总值比上年增长 12.8%。社会各项事业都有明显进步。特别是党的十四大确立了社会主义市场经济体制的改革目标，对于进一步深化改革、扩大开放和促进现代化建设，具有重大的理论和实践意义。过去的一年，是我们在社会主义现代化道路上大步前进的一年。

各位代表！五年来，我们完成了第七届全国人民代表大会所确定的任务。我们的一切成就，都是在中国共产党领导下，全国各族人民辛勤劳动、团结奋斗的结果。我代表国务院，向全国各族人民对政府工作的信任和支持表示衷心的感谢！

各位代表！过去五年所取得的成就是来之不易的。在国内 1989 年春夏之交出现动乱和北京发生反革命暴乱，国际局势急剧变化的复杂情况下，我们认真贯彻执行党的基本路线，坚持以经济建设为中心，坚持四项基本原则，坚持改革开放，认真进行治理整顿，克服种种困难，经受严峻考验，保持了社会政治稳定，促进了经济发展和社会进步。五年来的实践充分展示了我国社会制度旺盛的生命力，展示了中华民族强大的凝聚力。我们伟大的社会主义祖国将永远屹立在世界的东方。

在肯定成绩的同时，我们也清醒地看到，工作中还有缺点和失误，社会经济发展中还存在困难和问题。在生产、建设和流通领域，经济效益仍然不高。产业结构不合理的状况尚未改变，农业基础比较脆弱，基础设施、基础工业和第三产业发展滞后。分配关系还没有理顺，国家财政仍然比较困难。社会主义精神文明建设和法制建设还不适应改革开放和现代化建设的需要。政府机构中存在的官僚主义、形式主义和本位主义等脱离群众的不良作风，少数公职人员贪污受贿、徇私舞弊等腐败行为，损害了政府同人民群众的密切联系。我们一定要高度重视和认真解决这些问题。

各位代表！过去的五年，我们能够在国际国内复杂艰难的情况下取得新的成就，最根本的原因，就是坚持党的基本路线，走建设有中国特色的社会主义道路。

为了胜利完成各项任务，今后在工作中要继续注意把握好以下几点：

必须紧紧抓住经济建设这个中心。社会主义的根本任务是解放和发展生产力。过去的五年，党和国家在处理国内外一系列复杂问题时，始终坚持了经济建设这个中心。这是顺乎潮流，合乎国情，深得民心的。天下事错综复杂，风云变幻，遇到什么问题就解决什么问题，不能偏离经济建设这个中心，各项工作都要服从和服务于这个中心。这样，我们就能够最广泛地把全国各族人民和海外爱国同胞团结起来，实现国家富强和民族振兴。

必须坚持深化改革和扩大开放。改革开放是推进我国经济建设和各项事业发展的强大动力。五年来，社会经济发展取得的成就，治理整顿任务的完成，都是由于坚持了改革开放。只有坚定不移地深化改革和扩大开放，才能解决社会经济生活中的深层次矛盾，推动经济发展；同时，只有保持经济持续发展，才能保证改革开放继续深入进行。改革与发展都要审时度势，把握时机，因势利导，积极推进。

必须保持社会政治稳定的局面。社会政治稳定是保证改革开放和现代化建设顺利进行的基本前提。保持社会政治稳定，必须坚持四项基本原则，这关系到全国各族人民的根本利益。我们要十分珍视来之不易的安定团结的政治局面。实践证明，党的十一届三中全会以来的基本方针政策，是正确的，行之有效的，必须保持政策的连续性和稳定性，正确处理人民内部的各种矛盾和利益关系，才能保护广大干部群众的积极性，实现社会政治稳定。

必须坚持两手抓的战略方针。在整个社会主义现代化建设进程中，要始终坚持一手抓改革开放，一手抓打击犯罪；一手抓经济建设，一手抓民主法制；一手抓物质文明，一手抓精神文明，两只手都要硬，不可只重视一个方面而忽视另一个方面。精神文明既是有中国特色社会主义的重要内容，也是改革和建设顺利进行的重要保证。要采取切实措施，加强社会主义精神文明和民主法制建设，认真抓好惩治腐败和勤政廉政建设。

必须进一步解放思想和发扬务实作风。我们要坚持解放思想、实事求是的思想路线，开拓进取，锐意创新。既要敢想敢干，大胆试验，又要注意稳妥，每走一步，回头总结经验，对的就坚持，不对的就改正，不足的加以完善，以避免损失，特别要避免大的损失。现在大政方针已定，关键在于真抓实干，切不可丧失发展的机遇。要善于根据形势的变化，及时研究和解决前进中的问题，创造性地进行工作，不断开创各项事业的新局面。

二、争取国民经济再上一个新台阶

今后五年是实现我国现代化建设第二步战略目标的关键性五年。经济建设方面的基本任务是：全面贯彻党的十四大精神，抓住机遇，加快改革开放和现代化建设步伐，依靠优化结构、技术进步和改善管理，提高经济效益，努力保持社会供求总量基本平衡，使国民经济再上一个新的台阶。现在，国内发展条件具备，国际环境有利。根据新的形势，国务院对“八五”计划的国民经济和社会发展主要指标作了必要的调整，并将着手研究制定“九五”计划和到2010年的远景发展目标。关于“八五”计划指标的调整，已经印发给各位代表。按调整后的“八五”计划，国民经济增长速度由原定平均每年6%调高到8%至9%。就全国来说，保持这样的增长速度，在今后五年内，就能够实现原定2000年国民生产总值比1980年翻两番的宏伟目标。这对全国各族人民将是一个巨大的鼓舞。为此，在经济建设中我们要着重抓好以下工作：

加强农业的基础地位。农业是整个国民经济稳定和发展的基础，任何时候都要十分重视农业，下大力气全面繁荣农村经济。要调整农业生产结构，在保持产量稳定增长的基础上，积极发展高产优质高效农业。争取1997年粮食产量达到4.75亿吨，棉花、油料等作物和林牧副渔各业都有较大发展，农村其他产业的比重进一步提高。逐步增加农业投入，改善农业生产条件，加强农业基础设施建设。兴修农田水利，改造中、低产田，加强水土保持，建设草原，治理沙漠；发展农用工业，注重提高质量，降低成本；开展科教兴农，积极推广先进适用技术，发展生态农业；禁止乱占耕地，稳定粮、棉播种面积，大力推广良种，防治病虫害，提高单位面积产量。大力发展乡镇企业，特别要积极扶持中西部地区乡镇企业的发展。在合理规划指导下，逐步推进乡镇企业相对集中布局和加快小城镇建设。稳定农村经济政策，深化农村经济改革，促进农村市场经济发展。坚持和完善以家庭联产承包为主的责任制和统分结合的双层经营体制，积极发展多种形式的农村社会化服务体系，逐步壮大集体经济实力。进一步改革农产品流通体制，建立和完善农产品多级储备制度，对重要农产品实行保护价。现在农村经济形势是好的，但也存在不少不容忽视的问题，近年来工农业产品价格剪刀差有所扩大，农民收入增长不快，特别是相当普遍存在着不合理的收费、集资和摊派，农民负担过重，影响国家和农民的关系，必须引起各级政府高度重视，并采取切实有效的措施，认真加以解决，把农民负担严格限制在国家规定的范围内。

加快基础设施和基础工业建设。随着经济增长速度加快，基础设施尤其是交通运输已成为国民经济发展的主要制约因素。今后五年，要重点加快铁路建设，新建北京经九江至深圳、南宁至昆明、宝鸡至中卫等铁路干线，同时加强对现有铁路的挖潜和改造，提高限制口的通过能力。重点建设一批新港口，改造一批老港口，增加吞吐能力。加快高等级公路的建设，发展内河航运，增加远洋和沿海运输能力。进一步发展航空运输和制造业，加快机场现代化建设，开辟新的航线。加快邮电通信事业发展，加强邮政和城乡电话建设，采用卫星、光缆和程控等新技术，逐步建成四通八达、连接国内外的通讯网络。搞好淮河、太湖等大江大河大湖的综合治理，抓紧黄河小浪底水利枢纽和南水北调工程建设。三峡水利枢纽工程已经七届全国人大五次会议批准，要做好移民工作，积极创造条件，在适当时候开工。

加强能源建设，实行开发与节约并重的方针。煤炭工业，要改造东部老矿，积极开发和合理利用中西部资源，改造和提高地方矿和乡镇矿，1997 年原煤年产量达到 13 亿吨左右。大力发展电力工业，五年新增装机容量 6500 万千瓦。石油工业，要采取“稳定东部，发展西部”方针，并积极开发天然气和海上油气田。我国能源特别是石油供应紧张，一定要注意节约和提高使用效益。加强原材料工业建设，1997 年钢产量达到 9400 万吨，并努力提高质量，增加品种。要加强老工业基地和大中型企业的技术改造。轻工纺织和其他加工工业要积极提高档次和水平。振兴机械电子、石油化工、汽车制造和建筑业，使之成为国民经济的支柱产业。加强地质勘查工作，以适应国家建设的需要。

基础设施和基础工业建设需要大量资金，要通过改革形成新的投资机制，多渠道筹集。政府掌握的建设资金，主要用于重点建设。逐步理顺基础设施收费和基础工业产品价格，建立和完善专项建设基金制度。扩大市场融资，合理使用社会资金。拓宽开放领域，引导外资投向基础设施和基础工业。

积极发展第三产业。要使第三产业增长高于国民生产总值增长速度。在重点加强交通运输、邮电通信和科技教育的同时，积极发展商业、服务业、金融业、信息业、咨询业、旅游业，增加服务项目，拓宽服务领域。发挥多种经济成分的作用，依靠社会力量兴办第三产业。逐步使企事业单位和机关团体的服务设施社会化。现有公益型、福利型、事业型的第三产业单位，有条件的要逐步向经营型转变，实行自主经营，自负盈亏。

大力发展科学技术事业。要继续贯彻科学技术是第一生产力的指导思想，提高全民族的科技意识。经济建设必须依靠科学技术，科学技术工作必须面向经济建设。科技发展要面向经济建设主战场，把应用技术研究、发展高新技术、加强基础性研究三个方面结合起来，统筹规划，合理配置力量，为经济发展作出更大的贡献。科学技术的开发与应用，要重点解决发展高产优质高效农业，促进工业技术水平和产品质量提高，节能降耗和合理利用资源等经济建设中的迫切问题。高新技术研究，要跟踪世界科技革命进程，有重点地赶超世界先进水平，组织重大课题攻关，搞好引进技术的消化、吸收和创新，切实办好高新技术开发区，加快产业化步伐。把电子信息等高新技术放到重要位置，提高投资强度，努力在各个领域广泛推广应用。基础科学研究是科学技术发展的先导，关系科技进步和社会经济发展的未来，要给予特殊扶持，稳定队伍，重点抓好一批国家级的研究机构和实验室。继续深化科技体制改革，开拓技术市场，鼓励有条件的科研单位与企业联合、参加企业集团或转变为科技型企业。

开创教育事业的新局面。提高全民族素质是国家的根本大计。必须认真贯彻《中国教育改革和发展纲要》，把教育摆在优先发展的战略位置。要坚持“教育必须为社会主义现代化建设服务，必须与生产劳动相结合，培养德、智、体全面发展的建设者和接班人”的方针。教育要从小抓起。今后五年，各级政府都要采取切实措施，大力加强基础教育，在实行义务制教育、扫除青壮年文盲方面，取得明显进展。积极发展各具特色的职业教育和成人教育，使劳动者就业和上岗前受到合格的职业训练。高等教育要改革管理体制、教育结构、教学内容和教学方法，改革招生和毕业生就业制度，努力办好一批重点院校和学科。各级政府都要增加教育投入，多渠道筹集教育经费。积极探索建立以政府办学为主体、社会各界共同办学的新体制和多种办学模式。加强师资队伍建设，提高教师的政治素质和业务水平，提高教学质量和办学效益。

知识分子在现代化建设中具有特殊重要的作用。要在全社会进一步形成尊重知识、尊重人才的良好风尚，创造有利于充分发挥知识分子作用的社会环境。下决心采取重大政策和措施，积极改善知识分子的工作、学习和生活条件，解决知识分子收入偏低的问题。继续对有突出贡献的知识分子给予特殊津贴和奖励。改革人事管理制度，促进人才合理流动。加强知识产权保护，完善专利制度。鼓励知识分子面向实际，发扬奉献精神，在现代化建设事业中发挥自己的聪明才智。对出国留学人员实行支持留学、鼓励回国、来去自由的政策，欢迎他们采取多种方式参加祖国建设。

进一步扩大对外开放。要巩固和发展现已形成的全方位开放格局，进一步扩大对外开放领域。经济特区要在建立社会主义市场经济体制方面积累经验，发挥示范作用。经济技术开发区和高新技术产业开发区，要统筹规划，合理布局，有的要同老企业和老城市改造相结合，注重实效，不要盲目追求数量和滥占耕地。沿海开放城市和地区要重点发展外向型经济，增强参与国际竞争的能力。加快上海浦东以及广东、福建、海南、环渤海地区的开放开发。充分发挥沿江、沿边和内陆省会城市在对外开放中的作用，带动辐射地区的经济发展。

对外贸易要积极开拓国际市场，进一步提高出口商品质量和档次，调整出口商品结构，大力发展机电产品、成套设备和高科技商品出口，使进出口贸易进一步增长。继续深化外贸体制改革，建立符合我国国情和国际惯例的新型外贸体制。给予更多有条件的企业和科研单位外贸自主权。加快发展国际旅游业和对外工程承包。中国的关贸总协定缔约国地位必须得到恢复，把一个具有巨大市场潜力的大国排斥在这个国际经济组织之外，是不明智的。

要采取更加灵活的方式，拓宽利用外资的领域。继续改善投资环境，保障外商投资的合法权益。按照国家产业政策积极引导外商投资，促进产业结构优化和技术水平的提高。对外商投资企业进一步开放国内市场，同时依法加强税收管理。

在发展经济的基础上改善人民生活。今后五年，争取城镇居民人均生活费收入平均每年实际增长5%左右，农村居民人均纯收入平均每年实际增长4%至5%。城市要在提高衣、食质量的同时，注重解决住和行的问题，加强住宅和交通设施建设，使居住条件和交通状况有较大改善，增加家庭电话拥有量；农村在继续改善食、住条件的同时，着重提高穿和用的水平，提高家用电器普及率。实现共同富裕是社会主义制度的根本要求。要坚持允许一部分地区、一部分人通过辛勤劳动和合法经营先富起来的政策，继续克服平均主义，同时注意研究和采取具体政策措施，防止收入差距过分悬殊，带动和促进共同富裕。现在全国还有少部分地区温饱问题没有解决，解决这个问题是今后五年各级政府工作的一项重要任务。完成这项任务，首先要靠当地人民的艰苦努力。同时，国家要继续贯彻执行扶持少数民族地区、贫困地区、革命老根据地和边疆地区发展的各项政策，下大决心，采取强有力措施，增加投入，扩大以工代赈，组织人才交流、科技扶贫以及经济富裕地区对贫困地区的对口支援。我国是一个人口众多的发展中国家，只有发扬艰苦奋斗、勤俭建国、勤俭办一切事业的优良传统，经过几代人的埋头苦干，才能彻底改变经济落后面貌，使全国人民都过上富裕生活。

各位代表！1993年是全面贯彻落实党的十四大精神，巩固和发展大好形势，促进国民经济既快又好地向前发展的一年。目前经济发展和改革开放的形势都是令人鼓舞的。但是，我们也清醒地看到，在经济迅速增长中，还有一些薄弱环节和需要解决的问题，如固定资产投资增长较猛，投资结构不尽合理，交通运输、能源和部分原材料紧张，银行信贷和货币投放增长过快，通货膨胀的潜在压力加大。今年国民生产总值计划增长8%，是留有余地的。这个速度是就全国说的，不搞一刀切，有条件的地方可以而且应当搞得快一些。各个地区条件不一样，不要攀比速度，要把注意力放到提高经济效益上来。今年经济工作的重点是：加快建立社会主义市场经济体制的改革步伐，进一步扩大对外开放；保持农业生产稳定增长，力争有一个好收成；努力搞好国有大中型企业，加强交通运输建设，增加能源和重要原材料生产；努力保持经济总量基本平衡，实现速度和效益的统一。要深入持久地开展增产节约、增收节支活动。现在国家财政仍然比较困难，各级政府都要努力增加收入，严格控制支出，使赤字不突破预算。今年计划安排的信贷规模和货币投放量，都有适当增长，但仍难以满足各方面的要求，各个部门和地方办事都要量力而行，从经济发展的大局出发，支持和服从国家的宏观调控，及时发现和解决经济生活中出现的困难和问题，保证整个国民经济健康发展。要保持固定资产投资适度增长，正确引导投资方向，保证重点建设，控制新开工项目，提高投资效益。1993年改革开放和经济建设的任务是繁重的。今后五年经济建设的任务，除个别事项外，都是今年就要开始做的。我们要把广大干部群众的积极性引导好、保护好、发挥好，积极完成各项任务，为今后的发展创造更加有利的条件。

三、加快建立社会主义市场经济体制的改革步伐

我国经济体制改革的目标，是建立社会主义市场经济体制。在90年代初步建立起新的经济体制，今后五年是关键时期。从今年开始，就要力争在以下几个方面取得突破性的进展：

加快转换国有企业经营机制。坚持以公有制包括全民所有制和集体所有制为主体，个体经济、私营经济、外资经济为补充，多种经济成分长期共同发展。各种经济成分都要与社会主义市场经济发展相适应。国有企业的改革，关键是政企分开，理顺产权关系，使企业真正成为自主经营、自负盈亏、自我发展、自我约束的法人实体和市场竞争主体。要认真落实《全民所有制工业企业转换经营机制条例》。当前实行的经营承包责任制要进一步完善。股份制是适应市场经济发展的一种企业组织形式，要使之健康发展。鼓励发展企业集团，有条件的可以跨行业跨地区或跨国经营。为了改善管理和提高效益，有些小型国有企业可以通过招标、投标，出租、出售给集体或个人经营。要完善国

有资产管理制度，加强包括地产在内的资产评估，保证国有资产的保值增值，防止国有资产流失。全民所有制企业要充分发挥党组织的政治核心作用，坚持和完善厂长负责制，全心全意依靠工人阶级。

积极发展各类市场。要以建立健全市场法规，发展生产要素市场为重点，逐步建立比较完善的市场体系。继续发展各类商品市场，积极建立农产品和生产资料批发市场。在国家宏观调控下发展包括债券和股票在内的金融市场。发展劳务市场，促进劳动力资源的合理流动。发展技术市场，促进科技成果商品化和产业化。加快城镇土地使用制度改革，在各级政府统一管理下，建立规范化的房地产市场，克服目前房地产交易中的混乱现象。打破地区与部门的分割和封锁，促进商品合理流通。加强市场管理，维护市场秩序，打击制造和销售假冒伪劣商品的行为。加快社会公证机构建设，保护合法经营和公平竞争。

抓紧进行价格改革。在保持市场零售物价总水平基本稳定的前提下，继续扩大市场调节价格的范围，逐步理顺价格关系，建立健全以市场形成价格为主的价格机制和国家对市场物价的调控体系。逐步放开粮食购销价格，把国家补贴转为粮食风险调节基金，促进粮食生产稳定发展。生产资料“双轨制”价格逐步并轨，解决煤炭、电力、石油、铁路运输等基础产业价格偏低和企业政策性亏损问题，使企业增强自我发展能力。少数稀缺商品的价格和重要基础设施、公益事业的收费，还要由国家确定或批准，但要根据价值规律和供求关系及时进行调整。国家要通过建立价格调节基金、商品储备制度和其他经济手段，以及必要的法律手段和行政手段，对价格进行调控和监督。

进一步改革劳动工资制度。劳动就业制度改革，要在国家有关法律规范下，逐步实现企业自主用人，个人选择职业。国有企业要实行灵活的用工制度，推广合同用工制，逐步打破不同所有制企业职工的固定身份界限，促进劳动力资源合理配置。企业工资制度改革，要在总量控制和工效挂钩的前提下，实行符合企业特点的工资制度，体现按劳分配原则。政府机关实行公务员工资制度，执行国家统一工资标准。事业单位实行符合行业特点的工资制度，有条件实行自收自支、企业化管理的单位，可参照企业工资制度办理。结合价格、住房和医疗制度改革，把一部分福利性补贴纳入工资，实现收入货币化，增加收入的透明度。建立个人收入申报和银行账户制度，严格个人所得税征管，开征一些新税种，避免个人最终收入过分悬殊。

大力推进社会保障和城镇住房制度改革。要逐步形成适应我国现阶段生产力水平的社会保障体系。着重健全待业保险和工伤保险，提高养老保险和医疗保险的社会化程度，建立合理负担的社会保险统筹基金制度。加快住房制度改革步伐，逐步实现城镇住房商品化，推行国家、单位、个人合理负担的住房建设投资体制，加快城镇住房建设。

改善和加强宏观经济管理。这是建立社会主义市场经济体制的重要组成部分。国家计划是宏观调控的重要手段之一，但计划工作要继续进行改革，今后主要任务是制定和实施中长期发展规划和年度计划，搞好经济发展预测、总量调控和重大项目建设，促进经济结构优化，使国民经济以较快速度稳步协调发展。要保持投资的合理规模，优化投资结构，提高投资效益。加强对投资的宏观调控，改革投资体制，充分发挥信贷、利率等经济杠杆的调节作用，加强建设项目的可行性论证和科学决策，增强投资者对投资效益和资金回收的责任。

要进一步改革财政税收体制，完善复式预算制度，强化财政预算约束。理顺中央与地方、国家与企业的分配关系，改革方向是实行中央与地方的分税制和国有企业的利税分流。要不断总结经验，逐步扩大试点范围。税收是国家财政收入的主要来源，现在国家财源流失严重，要积极改革和健全税制，充实税收人员队伍，提高人员素质，切实加强税收征管，不得越权减免。

深化金融体制改革是建立市场经济体制的重要环节。中国人民银行的职责是调节货币供给和信贷资金总量，稳定币值，抑制通货膨胀。工商银行、农业银行、中国银行和建设银行等专业银行，现在还要保持政策性与商业性双重职能，但要逐步向商业银行过渡。要成立政策性银行，从事专项贷款业务，并适当增加一些商业银行。认真办好保险公司、信托公司、财务公司、证券公司、租赁公司等金融机构。按照国际惯例和通行规则，改革银行和其他金融机构的业务制度与结算制度。积极推广通过金融机构转账的结算办法，减少现金流通。

要综合运用各种经济手段，加强经济法制，并辅之以必要行政手段，发挥审计、监察、统计和工商行政管理等部门的作用，逐步形成比较完善的宏观调控体系。加强日常经济协调工作，保证国民经济的正常运转。

建立社会主义市场经济体制是一项开创性事业。尽管我们已经积累了一些宝贵经验，今后仍然需要在实践中探索前进。我们要以是否有利于发展社会主义社会的生产力，是否有利于增强社会主义国家的综合国力，是否有利于提高人民生活水平为标准，大胆实践，积极探索，努力完成今后五年深化改革的任务。

四、认真进行行政管理体制和政府机构改革

行政管理体制和机构改革，是建立社会主义市场经济体制和加快经济发展的重要条件，也是政治体制

改革的紧迫任务。当前的突出问题,是政企不分,关系不顺,机构臃肿,效率低下。要围绕转变政府职能这个中心环节,用三年时间基本完成各级政府机构改革的任务。

这次国务院的机构改革方案,是本着转变职能,理顺关系,精兵简政,提高效率的原则制定的,重点是加强宏观调控和监督部门,强化社会管理职能部门。一部分专业经济部门转变为行业管理机构或经济实体。我国市场经济体制尚在形成过程中,某些关系国计民生的基础行业部门还不能取消,但要大力精简内设机构,减少人员,不再直接管理企业。通过改革,国务院组成部门设置41个,国务院秘书长罗干将对此作专门说明,请各位代表审议。国务院直属机构和办事机构进行了较大幅度的精简,精简后为18个。国务院的部委和直属机构、办事机构共59个,比现有的86个减少27个。非常设机构由85个减为26个。各级国家机关工作人员总数减少幅度在25%左右。省和省以下的机构,由于各地经济发展水平、所管辖的人口和面积有很大差异,在设置上要区别对待,给地方一定的自主权。国家规定机构设置和人员编制限额,区别必设机构和因地制宜设置的机构,后一类不要求上下对口设置。地区机构改革要同调整行政区划相结合。各级派出机构要大力精简。地和地级市并存于一地的,原则上要合并。县级政府要按照"小机构,大服务"的方向,将大部分专业经济部门改为经济实体或服务实体。乡一级机构要结合加强基层政权建设和完善农村社会化服务体系进行精简,减少脱产人员。在机构改革中,要建立健全各级政府机关和工作人员责任制,确定各级行政机构的职能、编制和定员。在完成机构改革的地区和部门,实行国家公务员制度。事业单位要按照政事分开和社会化的原则进行改革。

要把精简机构同改善机关人员结构,提高人员素质结合起来。政府机关工作人员一般素质比较高,有一定管理经验和业务专长,在精简中要妥善安排,进行必要的培训,实现人才分流。有的可以到基层任职,充实工商管理、税务、政法等部门。有的可以到事业单位和实体性公司,但从事经营性活动的要与原单位脱钩,严禁以权经商、以权谋私。鼓励一部分人员走出机关,创办第三产业。认真清退临时人员和借调人员。严格执行离退休制度,切实从政治上生活上关心离退休人员。

国务院机构改革方案,在本次大会后要抓紧组织实施。地方各级政府机构改革方案,报上一级政府批准后组织实施。机构改革是一项艰巨复杂的任务,这次改革只是迈出了重要一步。县级机构改革已经进行多年,有比较成熟的经验,县域经济又基本上是市场调节的,改革步子可以更大一些。省级以上机构改革,经验还比较少,这次改革的措施有些是过渡性的,今后还要在不断总结经验的基础上,继续进行这方面的改革。

机构精简后,政府的责任不是减轻了,而是加重了。各级政府必须切实加强勤政廉政建设,政府工作人员都要认真学习,不断提高政策水平和业务能力。加强政务纪律和经济纪律,保证政令畅通,纠正有令不行、有禁不止的现象,使各项政策能够得到正确的贯彻落实。要进一步转变工作作风,体察民情,秉公办事,认真克服官僚主义和形式主义。在整个改革开放过程中,要坚决地把反腐败斗争作为大事来抓,重点查处领导机关、领导干部以及经济管理、执法监督部门工作人员的违法违纪问题,对贪污受贿、严重渎职等重大案件,不论涉及什么人,都要一查到底,依法惩治。要继续大力纠正部门和行业不正之风,查处那种利用职权索取钱财,不给好处不办事的腐败现象。反腐败斗争要立足于加强法制,同建立健全各方面的制度结合起来。所有政府工作人员都要全心全意为人民服务,廉洁自律,克己奉公,领导干部更要以身作则。要把勤政廉政作为考核干部的重要标准。在机构改革中,严禁突击提干和瓜分国家财产,违者严肃查处。

五、以经济建设为中心促进社会全面进步

在整个社会主义现代化建设进程中,政府工作要紧紧围绕经济建设这个中心,努力推进社会各项事业全面发展,实现社会全面进步。

切实加强社会主义精神文明建设。精神文明建设包括思想道德建设和科学文化建设两个方面,渗透在物质文明建设和社会生活的各个领域。市场经济的发展和对外开放的扩大,对精神文明建设提出了新的要求。要用建设有中国特色社会主义的理论武装广大干部和群众,把爱国主义、集体主义、社会主义思想教育同历史和国情教育结合起来,激发爱国主义热情,增强中华民族的凝聚力,坚定建设有中国特色社会主义的信念,增强民族自尊心、自信心和历史使命感、责任感,培育有理想、有道德、有文化、有纪律的社会主义新人。大力开展社会公德和职业道德教育,努力形成良好的社会风尚。鼓励公民做好本职工作,提高业务素质和工作质量。理论和文化工作要坚持为人民服务、为社会主义服务的方向,坚持"百花齐放、百家争鸣"的方针,继承和发扬中华民族优良的思想文化传统,积极汲取世界各国先进文明成果。繁荣哲学社会科学,加强马克思主义理论建设,重视中青年理论工作者的培养和提高,努力探索改革开放和现代化建设的重大理论和实践问题。进一步发展文学艺术、新闻出版、广播影视等文化事业,充分调动文化工作者的积极性和创造性,鼓励他们深入实际,反映时代精神,反映人民的意

愿和情感,为社会提供更多健康有益、生动活泼、丰富多彩的精神产品,以提高人们的境界,陶冶人们的情操。搞好文物保护,加强图书馆、文化馆、科技馆、博物馆、档案馆等设施建设,增加基层科学文化活动网点,活跃和引导城乡多种形式的群众性科普活动和文化娱乐活动。深化文化管理体制改革,鼓励社会办文化,培育和发展健康的文化市场;对需要扶持的文化艺术门类,国家要给予必要资助。制定文化发展政策,既要适应市场经济发展的要求,又要根据精神产品的特点注重社会效益,正确处理经济效益和社会效益的关系。

高度重视社会主义民主和法制建设。民主是社会主义的本质特征。要积极推进符合中国国情的民主政治建设,保障广大人民群众当家作主的权利。各级政府要自觉接受同级人民代表大会及其常委会的监督。进一步发挥人民政协以及各民主党派、人民团体在政治协商与民主监督中的作用。建立健全民主办事程序,重视决策研究和咨询工作,重大决策要广泛听取各方面意见,努力实现决策的民主化、科学化。开辟和疏通政府联系群众的渠道,重视群众来信来访,及时了解群众对政府工作的意见和要求,认真采纳群众的合理化建议。健全民主管理,切实发挥职工代表大会、居民委员会和村民委员会的作用,进一步活跃基层民主生活。

要加强法制建设,特别是健全经济立法,把成功的改革政策和经验制度化、法律化,以巩固改革成果,保障改革有秩序地进行。要尽快提出规范市场运行的法律草案,同时抓紧制定有关的行政法规,更好地运用法律手段调节经济关系。各级政府都要依法行政,严格依法办事。一切公职人员都要带头学法懂法,做执法守法的模范。继续在全体公民中深入开展民主和法制教育,增强法制观念,用法律规范社会行为。

搞好社会治安关系到广大群众的切身利益,也是改革开放和经济建设顺利进行的必要条件。几年来,在社会治安综合治理方面做了大量工作,是有成绩的,但一些地方治安状况仍然不好,个别地方甚至相当严重,重大刑事案件和社会丑恶现象还没有得到有效控制。要根据当前社会治安中的新特点,进一步搞好综合治理,强化人民民主专政职能,依法严厉打击各种刑事犯罪和严重经济犯罪活动。

坚决开展禁止卖淫嫖娼、制作贩卖传播淫秽物品、拐卖妇女儿童、私种吸食贩运毒品、聚众赌博和利用封建迷信骗财害人的斗争,净化社会环境。要从严治警,并发扬依靠群众搞好社会治安的好传统,实行专门机关同广大群众相结合,做到群防群治。

认真抓好计划生育和环境保护。当前是我国人口增长的一个高峰期,加之产业结构调整和市场经济发展使城乡流动人口大量增多,计划生育工作任务重,难度大。各级政府在集中力量抓经济建设的同时,绝不能放松计划生育工作。继续执行现行计划生育政策,着重抓好农村的计划生育。计划生育是涉及千家万户的群众性工作,必须依靠群众。既要切实加强领导,实行目标管理责任制,又要深入进行宣传教育,改进工作方法,提高技术服务水平,实行优生优育,五年平均人口自然增长率控制在13‰左右。关心妇女儿童工作和老龄工作,办好1995年在北京召开的第四次世界妇女大会。环境保护是全人类共同关心的问题。要坚持经济建设、城乡建设、环境建设同步规划、同步实施、同步发展的方针,实行城乡环境综合整治。进一步健全环境法制,加强环境监督和管理。积极防治工业污染,依法保护和合理利用土地、矿产、海洋、森林、草原、水等各种自然资源。加快植树造林步伐,保证造林质量,制止乱砍滥伐,提高森林覆盖率。认真做好防灾减灾工作。

努力发展卫生体育事业。加快卫生体制改革,建立城市新型的医疗保险制度,健全农村合作医疗制度,严格医药管理,加强劳动保护,重视对严重危害人民健康疾病的防治。关心和支持残疾人事业,努力改善残疾人的生活和工作状况。开展多种形式的城乡群众体育活动,提高竞技运动水平,增强全民族体质。中国政府支持北京市申办2000年奥运会,我们将为此做出一切努力。

积极推进国防现代化建设。过去五年,中国人民解放军革命化、现代化、正规化建设取得新进展。今后我们在集中精力进行经济建设的同时,要继续加强国防现代化建设。人民解放军要以邓小平同志关于新时期军队建设的思想为指导,按照"政治合格、军事过硬、作风优良、纪律严明、保障有力"的要求,努力搞好各项建设和改革,发扬我军优良传统,走有中国特色的精兵之路,坚持积极防御的战略方针,不断增强现代条件下的作战和防卫能力。军队要服从大局,积极参与国家经济建设,培养军地两用人才。支持国防科研和军工生产,实行军品民品生产结合,发挥军工企业在现代化建设中的作用。各级政府要大力支持军队工作,普遍进行国防教育,增强全民国防意识。做好民兵工作和预备役工作,加强国防后备力量。深入开展拥军优属、拥政爱民活动,巩固和发展军政军民团结。加强人民武装警察部队和公安、国家安全部门建设,维护国家安全和社会稳定。

不断发展全国各族人民的大团结。我国是统一的多民族国家。在新的历史条件下,巩固和发展全国各族人民的大团结,核心是加快少数民族地区的经济建设,促进各民族的共同繁荣。继续执行国家对少数民族和民族地区的优惠政策。增加对民族地区的投资，在安排重点项目时，把产业政策和地区合理布局结合起来，发挥民族地区的资源优势。加强经济发达地区对民族地区的对口支援。少数民族地区要加大改革开放力度，增强经济发展活力。认真贯彻民族区域自治法，保障民族自治区域的自治权利和民族平等权利。切实执行宗教政策，依法管理宗教事务。加强民族团结，维护祖国统一，是全国各族人民的共同利益和心愿，依靠各族人民的团结奋斗，就一定能够开创中华民族更加美好的未来。

六、积极推进祖国和平统一大业

实现祖国统一，是包括台湾同胞、港澳同胞和海外侨胞在内的全中国人民的共同心愿。我们要坚定不移地按照“和平统一、一国两制”的方针，争取早日实现祖国统一。

根据中英两国政府签订的《关于香港问题的联合声明》，1997年7月1日我国将恢复对香港行使主权。这是中国的神圣权力，绝不允许受到任何干扰和破坏。中英两国自1984年签署联合声明以来，在香港问题上的合作原本是良好的。但是，去年10月香港总督在英国政府支持下，不守信用，单方面提出对香港现行政治体制进行重大改变的方案。这种做法，违背中英联合声明的精神，违背英方关于使香港政制发展同《中华人民共和国香港特别行政区基本法》衔接的承诺，违背中英双方已经达成的有关谅解。香港基本法是充分发扬民主的产物。港英当局违背基本法的做法，其实质是为香港政权的顺利交接与平稳过渡制造混乱和障碍，而不是要不要民主的问题。我们一贯主张并积极致力于保持香港的长期繁荣和稳定。我们希望合作，不愿意对抗，但中国政府绝不会拿原则做交易。现在，英方又为合作制造了人为的障碍，由此而引起的严重后果，只能由英国政府负完全责任。

自1987年中葡两国政府签订《关于澳门问题的联合声明》以来，双方的合作关系一直是良好的。《中华人民共和国澳门特别行政区基本法》已经拟出草案，提请这次大会审议。我们相信，在中葡两国共同努力下，澳门政权的顺利交接与平稳过渡一定能够实现。

台湾是我国神圣领土不可分割的组成部分。实现祖国和平统一是海峡两岸人民的共同愿望。我们看到，经过海峡两岸的共同努力，两岸经济贸易和人员往来不断发展，民间团体的事务性接触也有所进展，双方应继续为推动两岸的经济和文化交流，促进直接通邮、通航、通商作出努力。我们主张双方尽早接触，就结束海峡两岸敌对状态、逐步实现和平统一进行谈判。希望台湾当局以民族大义为重，及早作出积极回应。我们更寄希望于台湾人民。近年来岛内外台独势力抬头，某些国际势力蓄意为中国和平统一制造障碍，这不能不引起中国政府和全中国人民的严重关注。我们坚决反对任何形式的“两个中国”、“一中一台”或“一国两府”，并将采取一切必要的断然措施，制止任何旨在制造台湾独立、分裂祖国的行动。

七、关于我国的外交工作

过去五年，中国政府坚定不移地奉行独立自主的和平外交政策，克服种种困难，经受了国际风云变幻的严峻考验，为我国的改革开放和现代化建设创造了有利的外部环境，为反对霸权主义和强权政治，维护世界和平，促进共同发展，作出了应有的贡献。

在和平共处五项原则的基础上建立和发展同世界各国的友好合作关系，是我国外交工作的基本方针。五年来，我国同30个国家建立或恢复了外交关系，同我国建交的国家总数现已达到155个。我国的国际交往越来越广泛，国际声望不断提高。我们的朋友遍天下。

积极发展同周边国家的睦邻友好关系，争取和平安宁的周边环境，是我国外交工作的重点。现在我国同周边国家的关系处于全方位的良好状态。中日关系健康稳定地向前发展。中朝之间的传统友谊继续巩固和加强。中韩建交为促进两国关系的全面发展奠定了基础。我国同印度尼西亚恢复了外交关系，同新加坡、文莱建交，与东盟国家的关系取得全面发展。中越关系实现了正常化。我国同巴基斯坦、孟加拉国等南亚国家的传统友谊得到加强。中印关系显著改善和发展。我国和俄罗斯建立了新的关系，两国关系存在着进一步发展的广阔前景。我国同新独立的原苏联各共和国建立了友好合作关系。我国同少数几个国家存在的边界问题，有的已经解决，有的正在谈判并获得了积极进展。在主权属我的南沙群岛问题上，我国提出“搁置争议，共同开发”的主张，并愿为南中国海地区的长期稳定与互利合作而努力。

我国同亚洲、非洲和拉丁美洲广大发展中国家在维护国家独立与主权、反对外来干涉、争取共同发展的斗争中，相互同情，相互支持，友好合作关系有新的发展。我国已正式成为不结盟运动的观察员，同七十七国集团的合作关系不断加强。不论国际形势如何变化，中国将一如既往地加强同广大发展中国家的友谊和合作。这是我国外交政策的一个基本点。

我国同一些西方国家的关系，在经历了一段曲折以后，也在逐渐恢复和改善，高层政治往来和磋商已经开始，经济贸易和科技领域的合作有新的进展。我们愿意在相互尊重、互不干涉内政、求同存异的基础上，继续同西方各国发展友好合作关系，寻求共同利益的汇合点。中国一贯重视中美关系，我们相信，只要美国政府遵循中美之间三个公报的原则,就能排除障碍,使两国关系继续得到改善和发展。

中国作为联合国安理会常任理事国,一贯遵循联合国宪章的宗旨和原则,为维护世界和平和稳定,推动政治解决地区冲突和国际争端,为促进世界裁军进程和各国的共同发展,作出了积极的努力。中国历来主张,地区冲突应该通过谈判解决,不赞成使用武力和外部武力干预。我国为达成全面政治解决柬埔寨问题的巴黎和平协定作出了自己的贡献,希望柬四方以本国人民利益为重,实现民族和解与国内和平。中国关心和支持中东问题的和平解决,将继续为推动中东和平进程作出努力。我们希望,前南斯拉夫以及其他地区的武装冲突,通过和平谈判得到公正解决。

我国一贯主张按照"公平、合理、全面、均衡"的原则,实现有效的裁减军备和军备控制,反对以军控和军售为手段干涉别国内政。我国去年正式加入《不扩散核武器条约》,今年签署了关于禁止化学武器的公约,受到国际社会的普遍好评。我们欢迎美俄两国达成第二阶段削减战略武器的协议,希望认真付诸实施。

我们一贯主张加强国际合作,推动经济发展和环境保护。我国已正式参加亚太经济合作会议,愿意在平等互利基础上进一步发展同亚太各国的经济合作。去年在巴西举行的联合国环境与发展大会上,我国提出关于环境保护与经济发展并重等主张,得到国际社会的广泛赞同,我们愿为此继续作出努力。

中国重视人权问题,并愿意与国际社会一道为实现联合国保护和促进人权与基本自由的宗旨而努力。人权的尊重和保护说到底是一国主权范围以内的事,我们坚决反对利用人权问题干涉别国内政。我们认为,只有尊重各国的政治、经济、社会制度和历史、宗教、文化特点,在相互理解、求同存异的基础上,就人权问题进行平等的讨论和合作,才能有效地促进整个人类人权和基本自由的普遍实现。

各位代表!苏联解体标志着两极格局的终结,世界正朝着多极化方向发展。在一个较长的时期内,新的世界大战有可能避免。但是,各种不稳定因素增加。一些国家和地区政治、经济、社会危机深重,民族分裂、武装冲突加剧。南北贫富差距进一步扩大。霸权主义和强权政治依然存在。发达国家之间以及它们同发展中国家之间的矛盾更加错综复杂。世界范围内的经济竞争日益激烈。天下并不太平,世界人民所渴望的和平与发展仍然面临着严峻挑战。

建立国际新秩序,是世界各国人民的强烈愿望。中国政府主张在和平共处五项原则的基础上,建立和平、稳定、公正、合理的国际新秩序。我们认为,国际关系应该民主化,国家不分大小、强弱、贫富,都是国际社会的平等成员,都有权参与国际事务的讨论和解决,不能以大欺小,以强凌弱,以富压贫。必须承认世界的多样化,各国都有权选择适合本国国情的社会制度、意识形态、经济模式和发展道路,别国不得干涉。国际争端必须坚持用和平方式解决,反对诉诸武力或以武力相威胁。必须改变现行的不公正不合理的经济秩序,而代之以建立在平等互利基础上的经济新秩序。中国人民愿同世界各国人民一道,为维护世界和平,促进人类进步事业,作出不懈的努力!

各位代表!我们正处在加快改革开放和现代化建设的关键时期。今后五年,我们要在过去十四年改革开放和现代化建设取得伟大成就的基础上,迈出建立社会主义市场经济体制的重大步伐,进一步拓展对外开放的广度和深度,提前实现翻两番的目标,使国民经济再上一个新台阶。现在,我们的国家政通人和,百业兴旺,现代化建设的美好前景正展现在各族人民的面前。让我们在邓小平同志建设有中国特色社会主义理论和党的十四大精神指引下,更加紧密地团结在以江泽民同志为核心的中国共产党中央委员会周围,同心同德,振奋精神,开拓前进,为夺取社会主义现代化建设事业的新胜利而努力奋斗!

《人民日报》发表社论《社会主义民主的新篇章——祝贺八届全国人大一次会议开幕》

八届全国人大一次会议通过八届全国人大各专门委员会组成人员人选办法

根据《中华人民共和国全国人民代表大会组织法》的规定,第八届全国人民代表大会各专门委员会的主任委员、副主任委员和委员的人选,由主席团在代表中提名,大会通过。本次会议通过第八届全国人民代表大会各专门委员会组成人员的人选,采用按表决器的方式,分别对每个专门委员会整个名单合并表决,由全体代表的过半数通过。如表决器在使用中临时发生故障,改用举手表决的方式。

根据大会期间审议法律案、审查国民经济和社会发展计划、审查国家预算的需要,本次会议在3月16日举行的第二次全体会议上,先通过第八届全国人民代表大会法律委员会和第八届全国人民代表大会财政经济委员会组成人员的人选,其他专门委员会组成人员的人选在本次会议的后期通过。

港澳地区全国人大代表就港督彭定康破坏中英会谈发表声明

我们港澳地区全国人大代表,强烈谴责港督彭定康一再践踏香港民意,破坏中英合作,破坏香港政权顺利交接和平稳过渡的严重举动；坚决支持李鹏总理在政府工作报告中所宣示的中国政府的正确坚定的原则立场；现在英方又为合作制造人为障碍，由此而引起的一切严重后果，只能由英国政府负完全责任。

我们深信，中国政府有决心有能力贯彻执行中英联合声明，保证基本法的实施。鉴于当前严峻的香港局势，我们建议中国政府采取一切必要应变措施，做好准备，以保证香港政权顺利交接和平稳过渡。我们呼吁香港同胞团结一致，排除障碍，为香港的繁荣稳定、顺利回归作出自己的贡献！

港澳地区全国人大代表

马万祺	王敏刚	韦基舜	李伟庭
李连生	李泽添	吴康民	何厚铧
何耀棣	汪明荃	陆达权	陆达兼
陈永棋	陈有庆	陈　纮	郑耀棠
赵汝能	柯正平	徐是雄	唐治安
唐星樵	黄光汉	黄建立	黄涤岩
梁爱诗	曾宪梓	曾德成	简福饴
蔡渭衡	廖瑶珠	薛凤旋	霍英东

1993 年 3 月 15 日

国务院副总理吴学谦在中南海紫光阁会见来自台湾的以杨汝舟为团长的孙文精神大同盟文化访问团

国家体改委国务院经贸办在天津召开市场建设座谈会

关贸总协定中国工作组会议在日内瓦举行集中讨论与中国恢复关贸总协定缔约国地位议定书有关的 6 个具体问题

3 月 16 日

八届全国人大第一次会议举行第二次大会

会议听取国务院关于 1992 年国民经济和社会发展情况与 1993 年计划草案的报告、关于 1992 年国家预算执行情况和 1993 年国家预算草案的报告、关于国务院机构改革方案的说明。

受国务院委托，国务院副总理兼国家计委主任邹家华、财政部部长刘仲藜、国务院秘书长罗干，到会分别作报告和说明。

国家计委主任邹家华在八届全国人大一次会议上作《关于 1992 年国民经济和社会发展情况与 1993 年计划草案的报告》

各位代表！

我受国务院委托，向大会报告 1992 年国民经济和社会发展情况与 1993 年计划草案，请予审议，并请全国政协各位委员和其他列席人员提出意见。

一、1992 年国民经济和社会发展的基本情况

1992 年，是我国各族人民在社会主义现代化道路上大步前进的一年。在邓小平同志年初重要谈话和党的十四大精神指引下，广大干部和群众进一步解放思想，振奋精神，团结奋斗，开拓前进，改革开放和现代化建设步伐明显加快，全国到处生机勃勃，各个方面都取得了令人鼓舞的重大成就，我国经济再上新台阶有了良好开端。

(一)按照发展社会主义市场经济的要求，经济体制改革和对外开放以前所未有的势头向新的广度和深度发展。农村改革进一步深化。在继续完善以家庭联产承包为主的责任制的同时，多种形式的农村社会化服务体系建设有了新发展。《全民所有制工业企业转换经营机制条例》的颁布和实施，有力地推动企业加快经营机制转换、走向市场。股份制和股票上市的试点积极进行。价格改革迈出较大步伐。国家先后调整了粮食购销价格，实现购销同价，一些地区已经放开了粮价。继续调整铁路货运、煤炭、原油的价格，较大范围地放开了生产资料的价格。各类市场发育进程加快。住房制度改革全面起步。社会保障制度改革逐步展开。计划、投资、财税、金融、商业、物资、外贸、劳动工资等方面的体制改革也取得了新进展。对外开放的地域和范围显著扩大，初步形成了多层次、多渠道、全方位开放的格局。

(二)国民经济高速增长，生产、建设、流通和对外经济全面发展。全年国民生产总值比上年增长 12.8%。其中，第一产业增长 3.7%；第二产业增长 20.5%；第三产业增长 9.2%。农业生产又夺得好收成。粮食产量达到 4425.8 亿公斤，棉花 452.8 万吨。林牧副渔业持续增长。乡镇企业继续保持旺盛发展势头，农村经济全面活跃。工业生产快速增长，效益稳步回升。发电量达到 7470 亿千瓦小时，比上年增长 13.3%；钢产量 8000 万吨，增长 12.7%；化肥产量(折纯)2099 万吨，增长 6.1%。工业资金利税率由 9.7% 提高到 10.1%；流动资金周转次数由 1.55 次加快到 1.62 次；按净产值计算的工业全员劳动生产率提高 19.5%。清理“三角债”和“限产压库促销”工作取得成效。交通运输努力挖掘潜力，支持了经济高速增长。地质勘查成果显著。全年全社会完成固定资产投资 7582 亿元(按新的统计、计划口径为 7278 亿元)，比上年增长 37.6%。其中，国有单位投资 5106 亿元，增长 40.7%；集体所有制单位投资 1233 亿元，增长 76.7%；居民个人投资 1243 亿元，增长 5.1%。一批重大建设

项目建成投产。新增发电装机容量 1223 万千瓦;铁路新线、复线和电气化里程增加 1738 公里;沿海港口吞吐能力增加 4526 万吨;新建公路 2376 公里。国内市场繁荣活跃。社会商品零售总额达到 10894 亿元,增长 15.7%,扣除价格因素,增长 9.8%。邮电通信、金融保险、旅游、房地产、信息咨询等第三产业都有较快发展。全社会零售物价总水平上涨 5.4%,在国家计划控制的目标之内。据海关统计,进出口总额达到 1656 亿美元,增长 22%。其中,出口增长 18.2%,进口增长 26.4%。利用外资大幅度增加。全年实际使用外资 188 亿美元,比上年增长 62.7%;其中外商直接投资 111.6 亿美元,增长 1.6 倍。随着对外开放的扩大,"三资"企业大量增加。

(三)科技、教育取得明显成绩,文化、卫生、体育等各项社会事业有较大发展。全年取得省部级以上重大科技成果 3.1 万项,获得国家奖励的成果 980 项。一批重大科技成果达到世界先进水平。科技经费投入增多。各类科技计划的实施取得明显进展。新建成 10 个国家重点实验室。科技成果商品化和向现实生产力转化的步伐加快,全国技术市场协议金额达到 150.8 亿元,比上年增长 59.1%。教育事业继续蓬勃发展。全年研究生招生 3.34 万人,比上年增加 3700 人;普通高等学校本、专科招生 75.4 万人,增长 21.7%。中等职业教育和普及义务教育又有新进展,成人教育和多种形式的技术培训广泛展开。文化、新闻、出版、广播、电影、电视有较大发展。卫生事业得到进一步加强。体育事业成绩显著,在第二十五届奥运会和第十六届冬季奥运会上取得可喜成果。计划生育工作取得新的成效,全年人口自然增长率降低到 11.6‰。环境保护事业有了较快发展。

(四)城乡居民收入增加较多,实际生活水平继续提高。据抽样调查,1992 年全国城镇居民人均生活费收入 1826 元,扣除价格因素,比上年增长 8.8%;农村居民人均纯收入 784 元,扣除价格因素,增长 5.9%,这是近几年增长较快的一年。但国家机关工作人员和一部分困难企业的职工收入增长较慢,一些贫困地区的农民生活水平还比较低。全年城镇新安排就业 700 多万人。年末城乡居民储蓄存款余额达 11545 亿元,比上年末增长 26.8%,购买的股票、债券等各种有价证券明显增加。城乡居民居住条件有所改善,全年城镇新建住宅 2 亿平方米,农村新建住宅 6.2 亿平方米。居民消费领域逐步拓宽,生活质量提高。

1992 年在大步前进中,也出现了一些值得重视的问题。固定资产投资增长较猛,投资结构不够合理;有些地方在发行股票债券、兴办开发区和发展房地产业中出现某些盲目现象;交通、能源和部分原材料供应紧张,城市物价和部分生产资料价格涨幅偏高;国家财政仍比较困难,银行信贷和货币投放增长过快,通货膨胀的潜在压力加大。农业生产中潜伏着一些不稳定因素,相当一部分地区农民种粮增产不增收,乱集资、乱摊派加重农民负担的情况相当突出。以上这些虽然是前进中的问题,但又都关系到经济全局,需要采取有力措施妥善解决。

二、1993 年经济走势的预测和宏观经济主要目标

全面估量宏观经济环境,正确预测经济走势特别是国内外市场供求变化,是在发展社会主义市场经济条件下制定国家计划的主要依据。总的看,1993 年国内市场需求特别是投资需求仍将相当旺盛,对经济增长将继续产生明显的拉动作用。去年新开工项目大量增加,在建总规模扩大,结转工程量增多;按照加快经济发展的要求,还需要加快一批基础产业项目建设进度和增加安排一些重大项目,这些必然增加对生产资料的需求并带动消费品需求的扩大。随着城乡居民货币收入增加,社会购买力会相应提高,也将推动消费需求增长。国外市场,虽然面临某些不利因素,但由于我国对外开放不断扩大,外向型经济迅速发展,增加出口仍有不少机遇和潜力。从供给支撑条件看,目前粮食、棉花等重要农产品库存比较充裕,煤炭、电力也有增产潜力,能够支持经济继续较快增长。但是,交通运输尤其是铁路运输的"瓶颈"制约将更为突出;原油和钢材、有色金属等重要原材料可动用的库存减少,供需缺口加大,增加进口又将受到外汇支付能力和进口成本上升的制约。综合分析需求和供给、国内和国际的各种条件,预测 1993 年我国经济仍可能以较快速度增长,但宏观经济环境将进一步趋紧,实现整个经济又快又好发展需要付出更大的努力。

1993 年国民经济和社会发展计划的指导思想是:全面贯彻党的十四大和邓小平同志重要谈话精神,遵循建设有中国特色社会主义的理论和党的基本路线,抓住机遇,加快改革开放和现代化建设步伐,严格进行宏观调控,努力保持社会供求总量基本平衡,着力提高质量、优化结构、增进效益,促进社会主义市场经济体制的建立,促进经济又快又好地发展。在制订和实施计划中,坚持以加快改革开放促进经济发展,坚持把经济增长建立在优化结构、提高质量和效益的基础上,坚持深入开展增产节约、增收节支活动,坚持促进经济由粗放经营向集约经营转变,坚持经济建设和社会事业协调发展。

1993 年国民经济和社会发展的主要目标是:

(1)国民生产总值增长 8%。其中,第三产业增长 9%或更高一些。农业总产值增长 4%,工业总产值增长 14%。这是全国的经济增长目标,是留有余地的,预

测在执行中可能超过。各地区条件和基础不一样，要根据实际情况合理确定各自的经济增长率，不要不顾条件相互攀比。

(2)全社会固定资产投资总规模(按新口径计算)8000亿元，投资率控制在30%以内。其中，国有单位投资5650亿元，集体所有制单位和个体投资2350亿元。着力调整投资结构，提高投资效益。

(3)银行新增贷款规模3800亿元，各种有价证券发行980亿元；财政赤字控制在205亿元。

(4)外贸进出口总额1850亿美元，增长11.7%；其中，出口总额增长11.8%，进口总额增长11.7%。保持国家必要的外汇储备。

(5)社会商品零售总额达到12500亿元，增长14.7%。

(6)在加快价格改革步伐的同时，把全社会零售物价总水平上涨幅度控制在6%左右。

(7)努力提高经济效益。每万元国民生产总值消耗能源降低3.4%，每万元国民生产总值耗电降低5%至10%；工业企业资金利税率提高到10.6%，流动资金周转天数缩短6天，全员劳动生产率提高6.5%，企业亏损面下降5个百分点，经营性亏损额降低15%至20%。

(8)全国人口自然增长率控制在13.88‰以内。

以上目标，既考虑了加快经济发展的要求，又考虑了不致使宏观经济环境绷得过紧，力求体现既积极进取，又注意综合平衡；既考虑当年，又瞻前顾后。各地区、各部门要从全局出发，支持和服从国家的宏观调控，认真解决经济发展中存在的困难和问题，避免大的损失，以利于抓住大发展的机遇，共同促进国民经济持续高效较快地发展。

三、1993年国民经济和社会发展的重点与主要任务

(一)继续把加强农业放在首位，积极促进农村经济全面发展。要按照发展大农业和全面繁荣农村经济的要求，推动农业朝着高产优质高效的方向转变。在努力保持粮食、棉花、油料等主要农产品稳定增产的同时，根据市场需求，合理调整农业生产结构，因地制宜地积极发展农、林、牧、副、渔各业。计划要求，粮食总产量达到4425亿公斤，棉花500万吨，油料1650万吨，肉类3500万吨，水产品1600万吨。继续大力发展乡镇企业和农村第三产业。

认真贯彻落实党中央、国务院最近关于加强农业的一系列政策和措施。继续深化农村改革，积极发展农村社会化服务体系，抓紧进行农产品价格和农村流通体制改革。进一步落实扶持粮、棉生产的优惠政策。将粮、棉收购与农用生产资料挂钩的实物方式改为货币方式，采用收购价格价外加价的办法，使农民真正得到实惠。建立粮、棉收购价格保护制度和中央、省区市两级价格风险基金制度。大力推广农业科技成果，扩大优质作物面积。多渠道发展粮食转化。采取多种措施认真扶持粮食主产区发展经济，增加收入。切实保护和充分利用现有农业用地，纠正和制止乱占滥用耕地与撂荒耕地。多方面、多渠道增加农业投入。中央今年继续增加农业基础设施、农产品商品基地、农业综合开发和科技、教育兴农，以及农用工业等方面的财政资金和信贷资金。进一步增加农业生产资料的生产和供应，并加强价格管理，对化肥、农药、农膜、农用柴油实行计划外最高限价。有关部门要加强合作，确保农产品收购资金的需要。完善重要农产品的多级储备制度，逐步健全生产、购销、仓储、运输“一条龙”体系。坚决制止各种违反法规的集资、收费和摊派，切实减轻农民负担，保护农民的经济利益和合法权益。继续把发展乡镇企业作为全面振兴农村经济的战略任务，积极促进东部地区乡镇企业提高素质和水平，特别要大力扶持中西部地区、少数民族地区加快乡镇企业的发展。

(二)突出抓好交通、通信、能源、水利、重要原材料等基础设施和基础工业建设，高质量、高效率地建设一批骨干工程。1993年固定资产投资计划的基本要求和重要特点，是更加突出加强基础设施和基础工业建设，努力缓解经济增长的“瓶颈”制约，增强发展后劲。国家投资的使用，首先安排铁路、公路、港口、民航、通信等建设，并安排好电力、煤炭、石油和钢铁、有色金属、石油化工等基础工业建设。在中央投资中，用于交通、通信、能源和原材料工业建设的占百分之七十点六，比上年计划提高5.9个百分点。各地方也要提高用于基础设施和基础工业的投资比重。

中央项目的安排大体情况是：交通、通信，重要铁路干线建设进度力争比“八五”计划原定目标提前一年左右，当年建成铁路新线117公里，复线659公里。加快建设一批高等级公路、重要港口、机场和通信干线。能源，加快建设一批大中型水火电站，加上地方项目，当年新增发电装机1145万千瓦；加强内蒙古、山西、东北、山东、安徽等地的大型煤矿建设，加上地方项目，当年新增原煤生产能力2269万吨；继续加强东部老油田的建设，加快西部新油田勘探开发，新增原油生产能力1550万吨(大体可以弥补油田当年自然衰减的生产能力)，天然气5亿立方米。水利，确保淮河、太湖治理工程按计划进度建设，继续加强黄河、长江中下游堤防等防洪设施建设，开工建设黄河小浪底等大型水利枢纽工程，加快长江三峡水利枢纽和南水北调工程的前期准备工作，抓好长江三峡工程的初步设计和移民安置。钢铁、有色金属、化工等重要原材料工业和机械电子、

石油化工、汽车制造等产业，也要加快一批重点项目建设。

加快基础设施和基础工业建设，关键是加大投资强度，落实资金来源。现在全社会的投资资金总量相当可观，问题是使用过于分散，搞了很多不必要的低水平重复建设。这个问题不解决，经济就难以持续快速发展，整个国民经济的素质和效益也难以显著提高。在这个事关现代化建设全局的问题上，各方面必须统一认识，采取有力措施。一是要切实按计划落实重点建设资金，并采取联合投资、参股投资等形式，引导社会资金用于交通、通信、能源、水利和重要原材料建设。二是继续调整和放开部分基础设施收费和基础工业产品价格，增强它们的自我发展能力，进一步落实和增加煤电油运专项建设基金。三是推广广东、山东等地大力兴办交通、通信和跨省联合办电的经验。适当下放基础设施、基础工业项目的投资审批权限和建设任务，充分发挥各方面的积极性。四是中央和地方都要严格控制一般项目的审批，以集中必要的财力物力保证重点建设。同时，努力提高投资效益。

解决基础设施和基础工业"瓶颈"制约的另一条重要出路，是进一步贯彻开发与节约并重的方针，大力推广节约能源、原材料的先进技术，带动技术开发和产品设计，促进管理水平的提高。要注重从节约中求效益、求速度。

加快现有企业技术改造，特别是积极抓好老工业基地和大型骨干企业的技术改造。要以提高产品质量、开发新产品、节能降耗、消化吸收引进技术和推广运用先进科技成果、防治污染为重点，增强企业技术开发能力和市场竞争力。

(三)加快第三产业的兴起，促进一、二、三产业协调发展。根据《中共中央、国务院关于加快发展第三产业的决定》和国务院召开的加快第三产业发展工作会议的部署，1993 年要在发展一、二产业的同时，大力兴办第三产业。除了大力发展交通、通信业外，重点是突出抓好各类市场的培育，努力促进商品流通业、金融保险业、信息咨询广告业、旅游业和居民服务业等行业的发展。要充分发挥国家、集体、个人兴办第三产业的积极性。继续放宽政策，以产业化、社会化为方向，推进第三产业中的绝大多数企业和单位由福利型、公益型、事业型向经营型转变，更好地发挥市场机制的作用。广开资金来源和筹资渠道，积极利用外资。加快第三产业特别是新兴行业所需专门人才的培养。完善计划、统计制度和方法，全面规划、统计、评价第三产业的发展。今年要在全国开展第三产业普查。发展第三产业，必须从市场需要和实际可能出发，讲求实效，不能去搞那些市场前景不明、没有效益的豪华建筑和设施。

(四)充分发挥各地优势，促进地区经济合理布局和协调发展。我国地域辽阔，各地条件差异很大，经济发展不平衡。要在加强国家统一规划和政策指导下，使各地区因地制宜、合理分工、各展所长、优势互补、共同发展。东部沿海地区，要发挥经济基础比较好，人才、技术和管理等方面有明显优势的特点，多利用一些国外资金、资源和市场，大力发展外向型经济，重点发展附加值高、创汇高、技术含量高、能源和原材料消耗低的产业和产品。中部和西部地区，要加快对内对外开放的步伐，充分利用资源丰富的优势，加强基础设施建设，努力发展优势产业和产品。要根据自然地理特点和经济内在联系，突破行政区划界限，发展各具特色的区域经济，开展多领域、多层次、多形式的联合与协作，促进生产要素的优化组合。

继续贯彻执行扶持民族地区、贫困地区、老根据地和边疆地区发展经济的各项政策，特别要采取更加有力的措施，积极抓好扶贫开发，帮助贫困地区尽快脱贫致富。今年国家在原有以工代赈的基础上，再增加安排一批粮食和工业品，用于扶持贫困地区改善生产和生活条件。经济发达地区也要采取技术转让、人才交流、资金和物资支持等多种方式，带动和帮助后进地区加快经济发展，逐步实现共同富裕。

(五)大力发展科学技术和教育事业，促进科技、教育与经济建设密切结合。科技工作要着重抓好以下几个方面。一是抓好 600—800 项对行业发展牵动作用大、技术水平高、社会经济效益好的科技成果转化，特别要加强微电子技术的开发应用。安排好一批工业性试验和工程研究中心项目建设。二是加大投入力度，继续抓好一批重大科技攻关项目，进一步实施"863 计划"、"攀登计划"、"火炬计划"、"星火计划"等各类科技计划。认真办好高新技术产业开发区，推进高新技术的商品化、产业化。三是加强科研基础设施建设，抓好数据库及信息工程、生态网络系统工程和一批国家重点实验室建设。四是深化科技体制改革，优化组织结构，合理分流人才，逐步完善科技与经济有效结合的机制。

坚持把教育摆在优先发展的战略地位。认真组织实施中共中央、国务院颁布的《中国教育改革与发展纲要》。进一步加强基础教育，大力抓好普及九年制义务教育和扫除青壮年文盲，积极发展中等职业教育、成人教育和高等教育，鼓励自学成才。地方、部门在完成国家任务和保证教学质量的前提下，可根据社会需要，在核定的学校近期规模内，确定委托培养和不包分配的大中专自费生数量。1993 年全国普通高等学校本、专科招生共 78.6 万人，中等专业学校招生 91 万人。各级政府要增加教育投入。根据财力的可能，重点建设一批高等学校和重点学科点。鼓励多渠道社会集资办学和民间办学，逐步改变国家对教育事业包得过多的做法。努力改善教师待遇和办学条件。继续改革教育体制、教学内容和教学方法，扩大学校办学自主权。各级各类学校都要全面贯彻党的教育方针，全面提高教育质量。

(六)进一步扩大对外开放，积极有效地利用国外资金、资源、技术和市场。巩固和发展全方位对外开放的格局。继续办好经济特区、开放城市和经济开放地区，大力发展外向型经济。加快上海浦东开发开放，带动长江三角洲和整个长江流域的经济发展与对外开放。加速广东、福建、海南、环渤海湾地区的开放和开发。继续扩大西北、西南、东北、中原等地区的对外开放。

进一步发展对外贸易。积极调整出口商品结构，认真贯彻以质取胜的方针，努力增加高附加值、高创汇率的产品出口。增加机电产品特别是成套设备的出口，大力提高轻纺工业出口商品的质量和档次。在国家保有必要外汇储备的条件下，适度增加进口。合理调整进口结构，更好地利用国外的先进技术和资源。进一步推进外贸市场多元化，在巩固和发展已有市场的同时，努力开拓新的国际市场。积极增加旅游、对外承包工程、劳务合作等非贸易外汇收入。继续深化外贸体制改革，尽快建立适应社会主义市场经济发展的、符合国际规则和惯例的外贸体制。

继续积极有效地利用国外资金。国家统借的国际金融组织和外国政府贷款，重点用于农业、水利、交通、通信、能源和环境保护等方面，更多地支持内地经济和社会的发展。地方、部门自借的国际商业性贷款，除保证国家重点建设外，主要用于现有企业技术改造和出口创汇项目。进一步改善投资环境，按照国家产业政策正确引导外资投向，促使利用外资同国内调整结构和加快老企业改造相结合，鼓励外资更多地投向高新技术领域和基础设施、基础工业。经济技术开发区和高新技术产业开发区的建设，要认真执行国务院的有关规定，统筹规划，合理布局，充分论证，切实办好。

(七)继续改善人民生活，促进各项社会事业进一步发展。在发展经济、提高效益的基础上，增加城乡居民的收入，特别要努力增加农民的收入。增加农民收入，提高农村购买力水平，是当前开拓更广阔的工业品市场，促进工业和农业协调发展的重要环节。要通过提高农业劳动生产率和土地产出率，因地制宜地发展养殖业和收益高的作物生产，积极发展以农产品为原料的加工工业，大力发展乡镇企业，使农民收入继续得到增加。企业要通过提高劳动生产率和经济效益，增加职工收入。适当增加机关和事业单位人员的工资。继续对有突出贡献的知识分子给予特殊津贴和奖励。通过推进住房制度改革和增加住宅建设，进一步改善城乡居民住房条件。继续广开就业门路，特别是大力发展第三产业，扩大劳动就业。

大力加强社会主义精神文明建设。继续发展新闻、出版、文物、广播、影视、文学艺术等各项文化事业。坚持为人民服务、为社会主义服务的方向，创造出更多更好的精神产品。巩固和发展农村三级医疗保健网，完善多种形式的医疗保健制度，努力改善农村卫生条件。增加医院病床6.1万张。提高对疾病的监测与防治能力，减少发病率。大力开展群众性体育活动，增强人民体质，提高竞技水平。

严格执行计划生育政策，控制计划外生育，加强对流动人口的计划生育管理。保护和合理利用自然资源，认真做好工业和城市的污染防治工作。

四、按照建立社会主义市场经济体制的要求，有重点和综合配套地加快改革

深化和加快经济体制改革，是全面完成今年国民经济和社会发展各项任务的内在要求，也是建立社会主义市场经济体制的迫切需要。必须把加快经济发展的着力点放在深化改革、转换经济机制上，用更多的精力把改革推向前进。1993年经济体制改革总的要求是：围绕建立社会主义市场经济体制的目标，立足于加快结构调整、提高经济效益和解决经济体制中的深层次矛盾，在体制转换的几个相互联系的重要环节上取得新进展。国务院对今年深化改革已作了具体部署，这里着重强调抓好以下几个方面。

(一)继续以转换国有企业经营机制为重点，深化企业改革。坚持政企分开、把企业推向市场的方向，使企业逐步成为自主经营、自负盈亏、自我发展、自我约束的法人实体和市场竞争主体。要积极探索对国有资产保值增值的有效形式，建立健全责任制。努力搞好国有大中型企业。继续深入贯彻《全民所有制工业企业转换经营机制条例》，并抓紧制定与之相配套的有关规章。在完善经营承包制、进一步推广税利分流制度改革的同时，有领导地、规范化地扩大股份制试点。提倡和鼓励有条件的企业联合、兼并，合理组建跨行业、跨地区以至跨国经营的企业集团。国有小型企业，有的可改组为股份合作制，有的可以出租或出售给集体或个人经营。在深化国有企业改革的同时，进一步发展集体经济、个体经济、私营经济和外资经济。坚持在公有制为主体的前提下，使多种经济成分长期共同发展。

(二)加快价格改革步伐，积极培育和发展市场体

系。按照建立起以市场形成价格为主的价格机制的要求，今年要在价格改革方面迈出较大的步伐。要采取调放结合、以放为主的办法，适当调整某些重要生产资料的价格，根据条件逐步放开粮、油等主要农产品价格，对那些该放开又有条件放开的商品价格和服务收费标准可适时放开。价格改革涉及到各方面利益关系和人民生活，要充分考虑今年的宏观经济环境和各方面的承受能力，在努力保持社会总供求基本平衡的前提下，统筹安排，精心组织，把握时机，保证价格改革措施顺利实施。

继续大力发展商品市场特别是重要农副产品批发市场和生产资料市场。重点抓好钢材、煤炭、有色金属、粮食、食油、肉、糖等重要商品市场建设，搞好棉花流通体制改革试点。加快物资订货会制度改革，发展生产资料市场新的组织形式。根据不同商品的特点，努力探索现货、期货市场等不同类型的交易方式。加大发展生产要素市场的力度，有步骤地抓好包括债券、股票等有价证券的金融市场，继续搞好深圳、上海股票交易所的试点。积极发展技术、劳务、信息和房地产等市场。进一步打破地区封锁、部门分割、行业垄断。大力发展各类市场中介组织。切实加强经济立法工作，抓紧制定和完善与建立社会主义市场经济体制密切相关的基本法律法规，逐步建立完整、统一、开放和有序竞争的大市场。严格查处和打击生产、销售假冒伪劣商品的行为，维护生产者和消费者的合法权益。

(三)深化劳动工资制度改革，加强社会保障制度建设。要根据国家有关法律法规，进一步落实企业用工自主权。配合企业用工和分配制度改革，相应改革劳动工资宏观管理。按照工资总额增长率低于经济增长率、职工平均工资增长低于劳动生产率增长的原则，对不同企业采取不同的工资总量调控办法。完善企业工效挂钩办法，合理确定挂钩指标和浮动比例，真正使工资随经济效益浮动，既挂盈也挂亏。落实企业内部分配自主权，国家相应建立最低工资制度和调控办法。

进一步扩大社会保险的范围，加快实现养老保险的省级统筹，积极推行职工个人交纳部分养老保险费的办法，并提高社会化管理和服务水平。完善国有企业职工待业保险办法，逐步建立包括国有、集体、私营以及外商投资企业中方职工在内的统一待业保险制度。积极推进工伤保险和医疗保险制度改革。严格各类保险基金的管理、监督和审计。继续搞好改革开放试验区、经济特区和一些省市建立统一社会保障管理体制的试点。

认真贯彻落实国务院有关文件精神，全面推进住房商品化和土地使用制度改革。

(四)加强和改善宏观调控，逐步建立科学的经济调控体系。这是建立社会主义市场经济体制的重要组成部分。在当前新旧体制转换时期和加快经济发展的情况下，更要十分注意搞好宏观调控。宏观调控的重要任务，是搞好综合平衡，保持经济总量的基本平衡和重大比例的大体协调，为市场正常运行创造良好的社会经济环境，促进经济健康发展。要积极探索和建立适应社会主义市场经济发展的新的宏观调控体系，加强各种调控手段的协调运用。国家计划是宏观调控的重要手段之一。要切实更新计划观念，改进计划方法，发挥国家计划的应有功能和作用，把计划和市场两种手段的长处更好结合起来。

继续深化计划体制和投资体制改革。1993 年，国家计委管理的指令性计划指标再减少 50％左右；工业生产指令性计划的比重，按产值计算由 1992 年的 12％左右减少到 7％左右。对价格已经放开、产需基本平衡的重要生产资料和消费品，如烧碱、纯碱、食用植物油、食糖等完全取消指令性计划。对关系国计民生、供求尚有一定矛盾、价格没有完全放开的重要生产资料，如原油、煤炭、钢材、有色金属等，进一步减少指令性计划分配的数量。逐步以国家导向供需衔接计划和国家订货取代生产、流通的指令性计划。在尽可能减少不必要的计划指标的同时，要加强预测性计划、指导性计划和政策性计划。计划部门要进一步转变职能，主要是研究战略、制定规划、宏观调控、总量平衡、产业政策、培育市场、重点建设、协调服务。努力改进计划方式，逐步做到主要运用经济政策、经济杠杆和经济法规进行间接调控。尽快制定今后时期的国家产业政策，为确定财政、金融、投资和利用外资等政策提供重要依据。抓紧制定振兴交通、能源和发展支柱产业的专项规划，更好地引导和促进整个经济健康成长。逐步建立合理有效的投融资机制，使各类投资主体做到责权利密切结合。健全规范的、稳定的和良性循环的基本建设基金制度。积极推行项目业主责任制。逐步扩大股份投资方式的试点。使用固定资产投资贷款，借贷双方都必须承担风险和责任。

继续深化财税体制改革。推进复式预算制度改革试点，强化国家预算约束。进一步搞好分税制的试点。积极推行税利分流，规范国家与企业的分配关系。改革和完善财税制度，健全新的财税法规，强化税收征管，加强审计监督，充分发挥财政、税收、审计在宏观调控中的重要作用。

进一步推进金融体制改革，强化金融手段的宏观调控功能。今年从严控制经济总量，关键是管好信贷和货币两个闸门；同时，要努力优化贷款结构。中央银行在继续实行并改进贷款规模控制的同时，加强运用利率、准备金、再贷款和公开市场业务等经济手段，逐步加大间接调控的分量。专业银行目前还要保持政策性与商业性双重职能，但要积极创造条件逐步向商业银行过渡。

建立健全信息咨询系统，为各级经济决策和市场运行提供信息咨询服务。加强对国民经济运行情况的监测、预测和分析，及时协调和解决经济运行中的突出矛盾和问题。继续抓好“限产压库促销”和企业扭亏增盈的工作。

各位代表！国务院在研究制定1993年计划草案的同时，按照党的十四大精神和当前经济发展的实际情况，对“八五”计划的主要指标进行了必要的调整。基本要求是，抓住大发展的有利时机，以深化改革、扩大开放为动力，在提高质量、优化结构、增进效益的基础上，实现较高的经济增长速度。“八五”期间，国民生产总值增长率由原计划的6%调整为8%至9%。坚持把加强农业放在首位，全面促进农村经济的发展和繁荣。动员各方面的力量，加快交通、通信的建设，特别是要把铁路建设作为重中之重，集中力量抓出成效。全国铁路新线建成里程，由原计划的6100公里增加到6600公里；新建复线由3600公里增加到4100公里。市话交换机净增容量由1000万门增加到1800万门。加快能源和重要原材料的开发。新增发电装机由平均每年900万千瓦增加到1280万千瓦，1995年钢产量由原计划7200万吨增加到8800万吨。加强资源节约工作，“八五”期间年平均节能率由原计划的1.8%提高到3.7%。按照规模经济、合理布局和突出重点的原则，加速机械电子、石油化工、汽车制造和建筑业等支柱产业的成长。放宽政策，正确引导，大力促进第三产业的兴起和发展。充分发挥科技的第一生产力作用，加强智力开发和人才培养。进一步扩大利用外资规模和对外经济技术交流。同时，相应调整固定资产投资规模和财政、信贷收支等。在加快改革开放和现代化建设进程的同时，要保持社会总供求的大体平衡，避免经济出现大的波动。

各位代表！1993年改革开放和经济社会发展的任务是繁重的。我们要充分利用各种有利条件和当前的良好机遇，积极克服各种不利条件和制约因素，奋力进取，开拓前进，兢兢业业，真抓实干。让我们在邓小平同志建设有中国特色社会主义的理论和党的十四大精神指引下，更加紧密地团结在以江泽民同志为核心的党中央周围，为更好地加快改革开放和现代化建设步伐，促进国民经济顺利迈上新台阶而努力奋斗！

财政部部长刘仲藜在八届全国人大一次会议上作《关于1992年国家预算执行情况和1993年国家预算草案的报告》

各位代表：

我受国务院委托，向大会提出1992年国家预算执行情况和1993年国家预算草案的报告，请予审议，并请全国政协各位委员和其他列席人员提出意见。

一、1992年国家预算执行情况

1992年，全国各族人民在邓小平同志重要谈话和党的十四大精神指导下，坚持党的一个中心、两个基本点的基本路线，解放思想，实事求是，团结奋进，真抓实干，改革开放不断向广度和深度发展，经济建设进入了蓬勃发展的新阶段，各方面都取得了令人鼓舞的重大成就。农业在连续几年丰收的基础上，又获得好收成；工业发展速度明显加快，经济效益有所回升；市场购销两旺，物价相对稳定；进出口贸易持续增长，利用外资显著增加；城乡居民生活水平继续提高。上述情况表明，我国经济迈上新台阶已经有了良好开端，总的经济形势是好的。

在此基础上，1992年国家财政总收入4188.97亿元，完成预算的107.1%；国家财政总支出4426.46亿元，完成预算的107.4%。收入和支出相抵，财政赤字237.49亿元，比预算扩大29.63亿元。其中，中央财政赤字206.39亿元，比预算略有减少；地方财政，年初中央代编的预算是平衡的，执行中出现赤字31.1亿元。这些数字，在国家决算审编后，还会有一些变化。1992年国家财政收支按复式预算汇总的完成情况是：

经常性预算收入3126.88亿元，完成预算的105.4%。主要收入项目的完成情况是：(一)各项税收3138.79亿元，完成预算的103.2%。(二)国家预算调节基金收入113.86亿元，完成预算的92.6%。(三)其他收入102.82亿元，完成预算的129.6%。(四)非生产性企业亏损补贴224.15亿元，比预算减少84.55亿元，已相应冲减收入。经常性预算支出2755.51亿元，完成预算的107%，占预算总支出的62.3%。主要支出项目的完成情况是：(一)非生产性基本建设支出171.33亿元，完成预算的110.4%。(二)事业发展和社会保障支出1071.01亿元，完成预算的105%。其中，农林水事业费121.57亿元，完成预算的98.5%；文教科学卫生事业费789.47亿元，完成预算的106.5%；抚恤和社会救济支出66.24亿元，完成预算的98.4%。(三)国家政权建设支出847.18亿元，完成预算的109.8%。其中，行政管理费430.55亿元，完成预算的117.5%；国防费377.8亿元，完成预算的102.1%。(四)价格补贴支出321.49亿元，完成预算的95.7%。(五)其他支出327.3亿元，完成预算的130.7%。经常性预算收入和支出相抵，结余371.37亿元，转入建设性预算。

建设性预算收入(不包括国内外债务收入，下同)766.01亿元，完成预算的102.2%。主要收入项目的完成情况是：(一)经常性预算结余转入371.37亿元。(二)专项建设性收入(包括能源交通重点建设资金收入和城市维护建设税等)477.47亿元，完成预算的100.8%。(三)企业收入64.12亿元，完成预算的113.1%。(四)调入资金74.64亿元，完成预算的266.6%。(五)生产性企业亏损补贴221.59亿元，比预算增加23.38亿元，已相应冲减收入。建设性预算支出1670.95亿元，完成预算的108.2%，占预算总支出的37.7%。主要支出项目的完成情况是：(一)生产性基本建设支出624.74亿元，完成预算的106.9%。(二)企业挖潜改造资金和新产品试制费229.55亿元，完成预算的127.7%。(三)增拨企业流动资金10.47亿元，完成预算的102.8%。(四)地质勘探费44.09亿元，完成预算的103.4%。(五)支援农业生产支出145.45亿元，完成预算的106.5%。(六)城市维护建设支出149.6亿元，完成预算的113.2%。(七)支援经济不发达地区发展资金20.36亿元，完成预算的111.9%。(八)国内外债务还本付息支出436.78亿元，完成预算的101.6%。建设性预算收入和支出相抵，差额904.94亿元。其中，通过举借国内债务弥补了455.29亿元，向国外借款弥补了212.16亿元，其余237.49亿元为财政硬赤字。其中，中央财政赤字206.39亿元，将通过向人民银行借款弥补；地方财政赤字31.1亿元，由地方通过决算清理自求平衡。

1992年国家预算执行情况基本上是好的，财政收入超额完成了预算任务，财政支出基本保证了改革开放、经济建设和各项事业发展的资金需要，这是各地区、各部门和全国各族人民共同努力的结果，各级财税部门也为此做了大量工作。

(一)大力支持经济发展。为了促进国民经济迈上新台阶，去年国务院在搞好国有大中型企业，转换企业经营机制，促进企业扭亏增盈等方面，采取了若干重大措施，特别是《全民所有制工业企业转换经营机制条例》的颁布实施，有力地推动了以搞好国有企业为中心的各项改革工作。各级财税部门积极贯彻落实中央和国务院确定的各项政策措施，进一步向国有企业下放财权财力，全年约增加企业财力155亿元，其中各级财政负担80多亿元。在财力安排上，各级财政坚持以经济建设为中心，努力增加重点建设投入，全年共安排基本建设支出796.07亿元，比上年增加56.32亿元；企业挖潜改造资金和新产品试制费229.55亿元，比上年增加48.74亿元。所有这些，对保证重点建设，增强企业活力，加速技术进步，促进生产增长和扭亏增盈，都起到了积极作用。与上年相比，预算内国有工业企业产值和销售收入增长较快，实现利润有所增加，企业亏损面减少4.2个百分点，亏损企业亏损额下降3.6%。同时，为了支持农业发展，促进粮食流通，逐步解决粮食亏损挂账问题，中央财政适当提高了国家专项储备粮和各地超定额储备粮的费用补贴标准，在一定程度上缓解了企业压力。

(二)积极组织财政收入。去年，各地区、各部门对组织收入工作十分重视，抓得很紧，全国财政收入比预算超过7.1%。各级财税部门一方面狠抓县乡财源建设，大力培养和开辟新兴财源；另一方面根据改革中财源和税源结构的变化，合理调配人员力量，在继续抓好国有企业税收征管工作的同时，加强了对三资企业、集体企业、乡镇企业、私营企业及个体工商业户的税收稽征工作，有针对性地改进征管办法，加强财政监察，减少收入流失。这一年，工商税收收入比上年增长12.6%，其中集体企业税收增长8.6%，乡镇企业税收增长16%，私营企业和个体工商业户税收增长16.9%。由于各方面的共同努力，1992年的国内财政收入比上年增长15.9%，扣除国内债务收入和调入资金后，增长10.3%。

(三)保障重点财政开支。去年，国民经济和各项事业全面发展，各方面都想增加一些投入，财政资金的供需矛盾突出。各级财政部门千方百计调度资金，优先保证农业、能源交通、科技教育等各项重点开支的适度增长，并通过清理整顿支出范围，改进财务管理等办法，努力控制和削减非重点开支，为加速改革与发展提供了财力保障。同上年实际开支相比，1992年支援农村生产支出和各项农业事业费增加23.47亿元，增长9.6%；教育事业费增加67.56亿元，增长17.7%；科学事业费增加7.63亿元，增长15.4%。加上预算内其他科目中用于这些方面的开支，去年国家财政对农业的投入为384.22亿元，对教育的投入为551.43亿元，对科学的投入为175.63亿元，都比上年有较多增加。

(四)财税改革步伐加快。按照建立社会主义市场经济体制的要求，去年的财税改革和法制建设迈出了较大步伐。国家预算、中央预算和部分省级预算已由单式预算改按复式预算编列；"分税制"财政体制开始在9个地区试点；"税利分流、税后还贷、税后分利"改革的试点工作取得新的进展，改革办法渐趋成熟和完善；《中华人民共和国税收征收管理法》已经全国人大常委会审定颁布。特别是去年12月初，国家正式颁布了《企业财务通则》和《企业会计准则》，这是我国财政管理工作与财务会计制度的重大改革，标志着我国的财务会计制度开始同国际接轨。

各位代表：去年的财政工作虽然取得了一些成绩，但问题也是不容忽视的。主要是财政支出增长过猛，收入增长满足不了支出增长的需要，国家财政仍然相当困难。不仅中央财政困难，地方财政也很困难，部分县的财政困难更大，有些地方甚至不能正常发放工资。财政支出增长过猛，原因是多方面的。除为支持改革开放、经济建设和事业发展，国家财政多付出一些财力外，一是在去年加速改革与发展的过程中，有些部门和地方想多办一些事情，多上一些项目，忽视了量力而行、量财办事；二是机构臃肿、人浮于事问题严重，加上国家在预算执行中出台增支政策的影响，人员开支负担过重；三是管理监督不严，铺张浪费严重。此外，一些地方擅自越权减免税收，承包流转税，造成收入流失，也是当前财政困难的一个重要原因。从我们自身工作看，现行的管理体制、管理制度和管理方法还有一些不能适应形势发展的地方，特别是在新旧体制转换时期，财税管理上的漏洞还比较多，宏观经济调控还有待进一步完善和加强。在这种情况下，去年有一部分省市出现了财政赤字，全国算总账，地方财政赤字31.1亿元。目前，各地正在抓紧进行决算清理工作，力争自求平衡。我们要针对财政管理中存在的问题，以改革的精神不断改进工作，为国家财政状况的好转做出不懈的努力。

二、1993年国家预算草案

1993年是认真贯彻党的十四大精神，促进改革开放和经济建设向前发展的一年。综合各种因素分析，今年国内市场投资与消费需求将继续旺盛，国民经济仍将以较快的速度增长，但财政困难仍然很大，资金供需矛盾突出。根据以上分析，1993年安排国家预算总的指导思想是：全面贯彻党的十四大精神，大力支持改革开放和经济建设，促进国有企业转换经营机制；积极培养和开辟财源，加强收入征管，确保财政收入稳定增长；增加农业、交通、能源、教育、科技投入，保证重点需要；坚持勤俭节约，反对铺张浪费，严格控制财政支出和赤字数额，为国民经济既快又好地发展创造条件。

按照上述指导思想，1993年国家财政总收入安排4522.37亿元，比上年执行数增长8%；财政总支出安排4727.37亿元，比上年执行数增长6.8%；收支相抵，赤字205亿元，比上年预计执行数减少32.49亿元。国家预算草案按复式预算编列的情况是：

经常性预算收入3414.89亿元，主要收入项目的安排情况是：(一)各项税收3462.4亿元。(二)国家预算调节基金收入118亿元。(三)其他收入95.29亿元。(四)非生产性企业亏损补贴220亿元，已相应冲减收入。经常性预算支出3007.52亿元，占预算总支出的63.6%。主要支出项目的安排情况是：(一)非生产性基本建设支出173.73亿元。(二)事业发展和社会保障支出1156.96亿元。其中，农林水事业费132.22亿元；文教、科学、卫生事业费852.3亿元；抚恤和社会救济支出69.34亿元。(三)国家政权建设支出912.8亿元。其中，行政管理费444.54亿元；国防费425亿元。(四)价格补贴支出372.54亿元。(五)其他支出345.49亿元。(六)中央和地方预备费28亿元。经常性预算收入和支出相抵，结余407.37亿元，转入建设性预算。

建设性预算收入875.85亿元，主要收入项目的安排情况是：(一)经常性预算结余转入407.37亿元。(二)专项建设性收入503.48亿元。其中，征集能源交通重点建设资金收入157亿元；城市维护建设税127亿元。(三)企业收入83.5亿元。(四)调入资金50亿元。(五)生产性企业亏损补贴168.5亿元，已相应冲减收入。建设性预算支出1719.85亿元，占预算总支出的36.4%。主要支出项目的安排情况是：(一)生产性基本建设支出711.69亿元。其中，国内基本建设支出442.69亿元；利用国外借款收入安排的基建拨款269亿元。(二)企业挖潜改造资金和新产品试制费248.47亿元。(三)增拨企业流动资金14亿元。(四)地质勘探费49.15亿元。(五)支援农业生产支出159.65亿元。其中，农业发展专项资金支出50.78亿元；支援农村生产支出108.87亿元。(六)城市维护建设支出156.1亿元。(七)支援经济不发达地区发展资金21.29亿元。(八)国内外债务还本付息支出349.5亿元。其中，国内债务还本付息支出266.5亿元；国外借款还本付息支出83亿元。建设性预算收入和支出相抵，差额为844亿元。这个差额将通过举借债务和借款弥补。其中，国内债务收入370亿元，国外借款收入269亿元，财政赤字205亿元。

在1993年国家预算草案中，中央财政收入安排2382.68亿元，比上年执行数增长6.8%；中央财政支出安排2587.68亿元，比上年执行数增长6.2%。收入和支出相抵，赤字205亿元。地方预算收入和支出各安排3297.31亿元，分别比上年执行数增长6.7%和5.6%，收支平衡。

中央预算按复式预算编列的情况是：

中央财政经常性预算收入1528.98亿元，主要收入项目的安排情况是：(一)各项税收938.94亿元。(二)国家预算调节基金收入80.5亿元。(三)其他收入8.27亿元。(四)地方上解中央收入574.27亿元。

中央财政经常性预算支出1427.35亿元，主要支出项目的安排情况是：(一)非生产性基本建设支出107.95亿元。(二)事业发展和社会保障支出147.93亿元。(三)国家政权建设支出503.65亿元。(四)价格补贴支出60.68亿元。(五)其他支出61.04亿元。(六)中央预备费13亿元。(七)中央补助地方经常性支出515.1亿元。中央财政经常性预算收入和支出相抵，结余101.63亿元，转入建设性预算。

中央财政建设性预算收入316.33亿元，主要收入项目的安排情况是：(一)经常性预算结余转入101.63亿元。(二)专项建设性收入257.6亿元。(三)企业收入44.4亿元。(四)生产性企业亏损补贴87.3亿元，已相应冲减收入。建设性预算支出1160.33亿元，主要支出项目的安排情况是：(一)生产性基本建设支出571.4亿元。(二)挖潜改造资金和新产品试制费97.64亿元。(三)增拨企业流动资金11.5亿元。(四)地质勘探费48.75亿元。(五)支援农业生产支出8亿元。(六)支援经济不发达地区发展资金3.9亿元。(七)国内外债务还本付息支出349.5亿元。(八)中央财政补助地方建设性支出68.25亿元。中央财政建设性预算收入和支出相抵，支出大于收入844亿元，这个差额将通过举借债务和借款弥补。其中，国内债务收入370亿元，国外借款收入269亿元，财政赤字205亿元，准备向人民银行借款解决。

三、1993年国家预算安排中的有关政策措施

1993年国家预算草案，是经过反复测算并采取一些增收节支措施后确定的，既考虑了经济快速增长增加收入的因素，也考虑了加快改革步伐、增加重点投入、改善职工生活等减收增支因素的影响，收入安排是积极的，支出也是按从严控制的原则确定的。为便于各位代表审议，现将国家预算草案编制中的有关政策措施作几点说明：

(一)关于增加农业投入，促进农业稳定发展问题。农业是国民经济的基础，也是国家财政支持的重点。今年国家预算安排的支援农村生产支出和各项农业事业费支出291.87亿元，比上年实际开支增长9.3%。如果加上预算内其他科目中用于农业的支出，国家财政的农业投入规模将达419.27亿元。同时，为了促进农村经济的商品化进程，保护农民利益，今年国家财政将采取三项支持农业发展的措施：一是从今年起，随着国家逐步放开粮食购销价格，中央财政分三年取消对地方的粮食加价款补贴，节省下来的钱，用于建立粮食风险基金，实行粮食收购保护价制度。二是改革粮棉“三挂钩”物资补贴办法，国家用于扶持粮棉生产的化肥、柴油，由按平价供应实物，改为以货币方式，在收购价格之外将化肥、柴油的平议价差以加价形式付给农民，使农民真正得到实惠。三是调整农林特产税税率，减轻农民负担。

(二)关于进一步搞好国有大中型企业问题。自中央提出搞好国有大中型企业的20条政策措施以来，国家财政相继出台了若干支持企业发展的措施，对推动企业技术进步和转换经营机制起到了积极作用。今年，在继续贯彻党中央、国务院确定的各项措施的同时，按照新颁布的《企业财务通则》的有关规定，国家财政又将拿出72亿元，进一步支持搞好国有大中型企业。一是免除企业折旧基金上交的能源交通重点建设资金和预算调节基金；二是企业技术开发费可按实际开支列入费用；三是提高企业折旧率，并对某些特别需要支持的行业实行加速折旧措施。以上措施是在国家财政十分困难的情况下实行的，各地区、各部门要认真组织好各项措施的到位，真正把企业增加的财力用到技术改造和技术进步上。

(三)关于提高商业零售环节营业税税率问题。为了缓解财政困难，筹集重点建设资金，国务院决定在今年适当时候，将商业零售环节的营业税税率，除平价粮食、食油等商品外，一律由现行的3%提高到5%。当前，国内市场旺销，出台这项措施不会对市场运行产生大的影响。

(四)关于增加科技、教育投入问题。重视科技、教育投入，是关系我国经济和社会发展的百年大计。今年，国家预算安排的教育事业费494.14亿元，科学事业费63.48亿元，分别比上年增长9.8%和10.8%，均高于经常性财政收入的增长幅度。加上预算内其他科目中用于教育、科技的开支，今年国家财政用于教育的投入为600.94亿元，用于科技的投入为196.13亿元。

(五)关于基本建设支出的安排问题。今年，国家预算内安排的基本建设支出共计885.42亿元，其中生产性基本建设支出711.69亿元，占80%，主要用于交通、能源、重要原材料等基础产业和瓶颈产业的建设，充分体现了重点倾斜的原则。即使如此，面对基础设施和基础工业建设的巨大资金需求，仅靠国家财政也是难以满足的，还需要通过其他资金渠道来解决。

(六)关于增加行政事业单位职工工资问题。为了加快行政事业单位的工资制度改革，适当解决机关事业单位职工收入水平偏低的问题，计划在今年下半年适当时候，结合政府机构改革和推行国家公务员制度，对行政事业单位职工工资进行一次结构性调整。这项措施，预算安排了40亿元，这在财政相当困难的情况下，是尽了很大努力的。

四、转变职能深化改革为完成1993年的国家预算而奋斗

完成今年国家预算任务，对保证社会总供给与总需求的基本平衡，促进国民经济发展和经济管理体制的转换至关重要。各地区、各部门的领导同志要进一步重视和支持财税、财务工作，帮助他们不断提高管理水平。各级财税部门也要切实转变职能、深化改革，努力增收节支，兢兢业业地做好各项工作。

（一）坚持以经济建设为中心，促进国民经济既快又好地发展。要特别重视农业发展问题，多渠道筹措支农资金，研究建立新型的农业资金积累投入机制，积极探索新体制下有效的支农资金管理方式，提高支农资金使用效果。要增加对农业基础设施的投入，支持农业结构的合理调整，促进农业不断向高产、优质、高效方向发展，积极支持农业社会化服务体系的建立。对经济落后地区，要重视农业基础条件的改善和农业技术的推广，帮助他们尽快脱贫致富。同时，要认真落实国家有关减轻企业和农民负担的各项措施，坚决制止乱收费、乱罚款和各种摊派。要按照《全民所有制工业企业转换经营机制条例》的要求，加快财税改革，加强宏观经济调控。当前要注意采取法律、经济和必要的行政手段，限制因政府行为和不规范的行政干预造成的盲目发展和重复建设，并在资金和政策上侧重向基础设施和“瓶颈”产业倾斜。要按照国家规定，大力支持第三产业的发展。要结合政府职能转变，促进信息产业、咨询产业和社会服务监督体系的发展，培植和开发新兴财源。

（二）狠抓企业扭亏增盈，提高经济效益。当前，经济效益问题仍然是我国经济运行中的一个突出问题。这当中，有价格改革没到位、经济结构不合理等外部原因，也有企业放松管理、不重视产品质量和新产品开发等自身经营的问题。各地区、各部门一定要高度重视经济效益问题，把提高经济效益当作经济工作的重点来抓。各级财政和国有资产管理部门要继续抓好清产核资的试点工作，下功夫帮助国有企业搞活资产经营，深化内部改革，转换经营机制，广泛开展增产节约，狠抓扭亏增盈，提高经济效益。今年，预算内工业企业亏损面要比上年下降5个百分点，经营性亏损额减少15%至20%，其他企业亏损也要相应压缩。今后除企业政策性亏损财政给予适当补贴外，对扭亏无望的经营性亏损企业，应坚决取消财政补贴。对产品符合国家产业政策、经营前景看好的亏损企业，要通过必要的扶持和加强管理等有效措施，促其扭亏为盈。

（三）适应收入结构变化，改进和加强税收征管工作。为了适应财源结构的变化，各级财税部门今年将组织力量，进行一次全面的财源和税源调查统计，以便为进一步研究调整税收政策和修订现行税制提供依据。《中华人民共和国税收征收管理法》的颁布，是我国税收管理工作进入法制化轨道的一项重要措施，各地区、各部门要认真组织好征管法的学习、宣传和实施工作。当前，税收征管工作中的突出问题是，有的地区擅自越权减免税收和承包流转税。各地要认真贯彻落实国务院有关加强税收管理的各项政策规定，切实加强税收征管，真正做到依法纳税，应收尽收，杜绝财政收入的流失。流转税是我国的主体税种，是国家财政收入的主要来源，必须加以保护，不准越权擅自减免，更不能承包，凡违犯国家规定的，必须坚决纠正并追回流失的收入。

（四）加强支出管理，严肃财经纪律，制止各种形式的铺张浪费。目前，在一些行政事业和企业单位中铺张浪费比较严重，不仅造成了资金的大量浪费，而且败坏党风和社会风气。要坚持勤俭建国的方针，反对铺张浪费，对情节严重的，要按照国家法规严肃处理。要强化预算约束，地方财政要坚持自求平衡，预算安排时不能留缺口。要严格预算调整的审批制度，各地区、各部门都不得随意开减收增支的口子。各级财政、审计部门要恪尽职守，加强监督检查工作，并要注意发挥社会监督机构的作用。要切实加强对行政经费的管理，结合职能转变和机构改革，努力压缩机构人员，精减会议和文件，坚持勤俭办事，节省财政开支。行政单位兴办经济实体，要严格执行国家规定，在经济上与机关脱钩，不能把经济实体办成为机关谋福利的“小金库”。要严格预算外资金的管理，提高资金使用效果，防止乱支乱用。要研究制定科学合理的支出定额。事业单位要改进经费管理，将财政拨款和单位创收纳入统一的收支计划。要按照一要管理，二要改进的原则，改进社会集团购买力的控制方式和手段，有重点地把应该控制的管住管好，防止集团消费增长过高的倾向。

（五）转变职能，稳步推进财税改革。根据党的十四大精神和形势发展的要求，财政部门职能转变的重点是：按照政企职责分开的原则，科学划分国家的社会管理职能和国有资产所有者职能；理顺分配关系，强化财政的宏观调控职能；逐步确立财税监督、国家审计监督和社会监督三者并立的经济监督格局。今年，财政改革的总体要求是立足完善、稳步推进。要按照市场经济条件下规范财政管理的要求，研究制订《编制国家复式预算实施办法》，对复式预算收支科目的划分，复式预算的编制、执行、调整和总会计核算等作出相应规定，使复式预算办法更趋规范。要按照国家的统一部署，认真抓好《企业财务通则》和《企业会计准则》的实

施工作。要继续扩大"税利分流、税后还贷、税后分利"的改革试点，这不仅有利于政府职能和企业经营机制的转变，而且通过这项改革，可以加快统一我国内资企业所得税制的步伐。"分税制"改革，重点是总结经验，完善办法，研究改进支出基数的核定办法，以便使改革方案更加科学、合理，为全面推开创造条件。

（六）加快法制建设，为市场经济体制的规范化运行创造条件。今年将拟定《预算法》和《注册会计师法》，并按照市场经济体制的要求修订《会计法》和《个人所得税法》，经国务院审定后，提交人大常委会审议。同时，要抓紧制订《国有资产管理暂行条例》和《内资企业所得税条例》等一系列法规。对现行的各种财税法规，要按照行政管理级次和权限，进行全面清理，凡属不符合新形势要求的，该修订的修订，该废止的废止，为规范市场经济体制运行创造条件。在建立社会主义市场经济体制的过程中，各级财税部门要积极探索和研究加强财政法制管理的新路子，大胆吸收和借鉴国外的先进经验，加强对财税法制的宣传，让各方面进一步了解和熟悉财税法规，增强依法办事的自觉性。要严格执行国家的财经法纪，牢固树立全局观念，坚持依法理财，依法治税，充分发挥财政的监督职能，主动配合有关部门，对违犯国家财税法规的重大案件进行认真查处，以确保国家利益不受侵犯。

各位代表：今年的财税任务十分艰巨，但是，在以江泽民总书记为核心的党中央的正确领导下，只要我们认真贯彻党的十四大精神，贯彻八届人大一次会议的各项决议，紧紧依靠各级党委和政府的领导，依靠社会各界对财政工作的理解和支持，齐心协力做好工作，今年的国家预算任务就一定能够圆满完成！

国务院秘书长罗干向八届全国人大一次会议作关于国务院机构改革方案的说明

罗干指出，这次机构改革和以往机构改革的不同，就是把适应社会主义市场经济发展的要求作为改革的目标，改革的重点是转变政府职能。

在受国务院委托作的说明中，罗干说，这个方案是在中共中央领导下，经过一年多时间的调查研究、反复酝酿后形成的，这次改革要按照政企职责分开和精简、统一、效能的原则，在转变职能，理顺关系，精兵简政，提高效率方面，取得明显进展。

罗干说，转变职能的根本途径是政企分开。要坚决把属于企业的权力放给企业，把应该由企业解决的问题，交由企业自己去解决。政府的行政管理职能，主要是统筹规划、掌握政策、信息引导、组织协调、提供服务和检查监督。要理顺中央和地方的关系，合理划分中央与地方的管理权限，充分发挥中央与地方两个积极性，使地方在中央方针政策的指导下，因地制宜地发展本地区经济和各项社会事业。要理顺国务院各部门之间的关系，合理划分职责权限，避免交叉重复，调整机构设置，精简各部门的内设机构和人员，提高行政效率。

罗干说，这次机构改革是全国性的，在中央一级改革后，地方各级政府也要随之进行改革。在整个政府机构改革中，国务院的机构改革是带头的，具有重要意义。按照改革方案，国务院原有 18 个专业经济部门，撤销 7 个，新组建 6 个，减少不多，主要是考虑到目前社会主义市场经济体制还在建立过程中，专业经济部门的改革还需要有个过程。这样做，有利于经济发展，也有利于机构改革的平稳过渡。不论保留或新设置的部门在这次机构改革中都要按照发展社会主义市场的要求，大力转变职能，简政放权，推动企业进入市场。同时，要大幅度精简内设机构和人员。关于国务院直属机构、办事机构，他提出经过改革和调整，国务院直属机构设 13 个，办事机构设 5 个，共设置 18 个，比现有 44 个减少 26 个。不再设置部委归口的国家局。

罗干说，按上述方案，国务院组成部门设置 41 个（含国务院办公厅），直属机构和办事机构 18 个，共设置 59 个，比现有 86 个减少 27 个。国务院的非常设机构也要进行大幅度的裁减，拟由现在的 85 个减少到 26 个。国务院直属机构、办事机构改革的方案，将由新组成的国务院审查批准后组织实施。国务院各部门无论是保留的，还是新设置的，都要严格定编定员。国务院机构定员共精简 20%左右。

罗干说，国务院的部委，撤了几个，又新设置几个。保留的和新设的，是属于宏观调控和监督部门，社会管理职能部门，以及关系国家经济命脉的基础行业部门和新型技术行业部门。现在，建立社会主义市场经济体制的改革还在进行过程中，行政管理体制改革也正在进行之中，相应地机构改革也需要有个过程，行政机构的设置难以一下子定型。今后，随着社会主义现代化建设的进展和社会主义市场经济体制的逐步建立，还要继续深入进行行政管理体制和机构改革。

罗干指出，机构改革是一项艰巨的任务，直接关系着经济发展和社会稳定，必须统筹规划，精心组织，分步实施。要同干部人事制度和工资制度改革结合起来，配套进行。要在各部门定职能、定机构、定编制之后，立即实行公务员制度，并进行工资制度改革。

国务院向八届全国人大一次会议提出关于国务院机构改革的方案

根据这一方案，国务院机构将作如下具体调整：

一、拟撤销的部 7 个：能源部、机械电子工业部、航空航天工业部、轻工业部、纺织工业部、商业部、物资部。

二、拟新组建的部、委6个：国家经济贸易委员会、电力工业部、煤炭工业部、机械工业部、电子工业部、国内贸易部。

三、拟更名的部1个：对外经济贸易部更名为对外贸易经济合作部。

四、拟保留的部、委、行、署34个。

五、改革后国务院组成部委41个：国务院办公厅、外交部、国防部、国家计划委员会、国家经济贸易委员会、国家经济体制改革委员会、国家教育委员会、国家科学技术委员会、国防科学技术工业委员会、国家民族事务委员会、公安部、国家安全部、监察部、民政部、司法部、财政部、人事部、劳动部、地质矿产部、建设部、电力工业部、煤炭工业部、机械工业部、电子工业部、冶金工业部、化学工业部、铁道部、交通部、邮电部、水利部、农业部、林业部、国内贸易部、对外贸易经济合作部、文化部、广播电影电视部、卫生部、国家体育运动委员会、国家计划生育委员会、中国人民银行、审计署。

经过改革和调整，国务院将设直属机构13个，办事机构5个，共设置18个，比现有44个减少26个。不再设置部委归口的国家局。

八届全国人大一次会议通过八届全国人大法律委员会主任委员副主任委员委员名单

主任委员　薛驹

副主任委员　项淳一　蔡诚　王叔文　厉以宁

委　　员　（略）

第八届全国人大一次会议通过八届全国人大财经委员会主任委员副主任委员委员名单

主任委员　柳随年

副主任委员　李　灏　黄毅诚　曾宪林　戴　杰　迟海滨　董辅礽　张绪武

委　　员　（略）

香港地区全国政协委员在北京就港督彭定康破坏中英会谈事发表声明

我们坚决支持李鹏总理在政府工作报告中所阐明的严正立场。彭定康给中英合作制造人为障碍而引起的一切严重后果，英国政府应负起全部的历史责任。如果英国政府继续执迷不悟，中国政府有责任做好各种准备，采取有力措施，贯彻“一国两制”，切实执行基本法，以保障香港市民的福祉。香港地区全国政协委员，就彭定康一再不顾信义，多方设置障碍，破坏香港繁荣稳定和顺利过渡，发表声明如下：

我们坚决支持李鹏总理在政府工作报告中所阐明的严正立场。彭定康在中英两国接近恢复谈判的时刻，突然将他的方案刊登宪报，破坏谈判基础，我们对此提出强烈的谴责。我们认为彭定康给中英合作制造人为障碍而引起的一切严重后果，英国政府应负起全部的历史责任。

我们与香港广大市民一样，盼望中英两国能就解决香港九四、九五的选举等问题进行谈判，并强烈认为英国政府应马上撤除障碍，重新回到中英联合声明、与基本法相衔接以及中英双方达成的有关谅解和协议的轨道上。

我们更呼吁香港广大市民保持冷静，团结一致，促使英国政府信守承诺，返回合作的道路。

如果英国政府继续执迷不悟，我们认为中国政府有责任做好各种准备，采取有力措施，贯彻“一国两制”，切实执行基本法，以保障香港市民的福祉。

在京香港地区全国政协委员

1993年3月16日

香港多个工会组织向港府递交抗议书

香港多个工会组织先后派代表到布政司署和总督府，抗议彭定康将其“三违反”的“政改方案”刊登宪报，破坏中英谈判。

中共中央政治局常委乔石在钓鱼台国宾馆会见德国联邦议院副议长赫尔穆特·贝克尔

中国人民银行行长李贵鲜在北京会见加拿大丰业银行董事长兼首席执行官赛得里克·里奇

美国日本等4家境外公司在上海浦东投资

四个合资项目是：美国福特汽车公司与上海延峰汽车内饰件厂合资生产汽车零部件。日本藤田株式会社与金桥出口加工区合资成片开发经营一平方公里土地。德国西门子公司与上海长江通讯设备（集团）公司等合资生产移动通信设备。香港汤臣附属奥泳公司与外高桥保税区合资开发经营集工业、仓储、贸易、房地产于一体的综合性用地。

3月17日

国务院总理李鹏在人民大会堂听取港澳全国人大代表全国政协委员意见

香港和澳门地区的全国人大代表、全国政协委员曾宪梓、徐四民、李伟庭、马万祺、梁钦荣、胡鸿烈、陶开裕、唐翔千、简福饴、廖瑶珠、贝聿嘉、朱莲芬、薛凤旋、谭惠珠、邹灿基、刘强、庄世平、安子介、黄克立等发了言。他们就政府工作报告中涉及的农业发展、经济的增长速度、财政收支、教育事业、税收、公务员制度、香港问题等提出许多建议和意见。

朱镕基、邹家华、李铁映、李岚清、钱其琛、李贵鲜、陈俊生、罗干等也一同听取代表和委员们的意见。

代表和委员们发言之后，李鹏总理讲话。

李鹏说，大家来自港澳地区，理所当然地关心香港问题，并发表自己的见解和看法。对大家的意见和建议我们是十分重视的。我想就政府工作报告中的有关问题解释一下，我们所说的不拿原则问题做交易，一个原则就是一九九七年香港必将回归祖国，中国必将恢复行使对香港的主权；一个原则是香港要实行“一国两制”，以保持香港的稳定和繁荣；另一个原则是，香港要平稳过渡，就需要中英双方进行合作。

李鹏说，我们不希望对抗，但现在的问题大家都已看得很清楚，本来谈判快要开始了，而英方又为谈判制造了新的障碍，这充分说明他们是没有诚意的。因此，由此而产生的一切严重后果都应由他们负责。现在的核心问题是港英当局不承认谈判是中英两个主权国家之间的事情。在目前的情况下，不是我们不愿意谈判，不是我们不愿意合作，而是英方蓄意破坏的问题。

李鹏说，当前国内外条件具备，经济有可能更快地发展，我们要抓住这个机遇，加快发展。他说，经济发展上不搞一刀切，具备条件的可以快一些，但这个速度应是有效益的速度。他表示，在经济生活中也存在一些问题，对此，我们应保持清醒的头脑，加以注意。

李鹏指出，中国现在与国际市场联系密切。怎样把中国经济发展与国际市场连接起来，是我们当前需要考虑的一个问题。他表示，要开拓更多的市场，使中国的国际贸易多元化。中国将以更加开放的政策与世界发生联系，要进一步密切内地与港澳在经济上的联系。

澳门地区全国政协委员在北京就港督彭定康破坏中英会谈发表声明

港督彭定康违背中英联合声明的精神，违背英方关于使香港政制发展同《中华人民共和国香港特别行政区基本法》衔接的承诺，违背中英双方已经达成的有关协议和谅解，提出政制改革方案，引起香港社会和经济动荡，受到中国政府和香港不少社会团体及各阶层人士的反对，在中英两国接近恢复谈判的时刻，彭定康又突然将他的政改方案刊登宪报，破坏谈判基础，将港人利益作赌注，我们对此表示强烈的谴责。我们坚决支持李鹏总理在政府工作报告中所阐明的严正立场，深信中国政府有决心、有能力保证香港基本法的贯彻执行。

我们认为彭定康在香港问题上制造人为障碍所引起的一切严重后果和历史责任，必须由英国政府全部承担。

我们强烈要求英国政府撤除障碍，信守中英联合声明，信守英方关于使香港政制发展同基本法衔接的承诺以及中英双方已经达成的有关协议和谅解。我们坚决和香港同胞团结一致，共同为香港的顺利回归和长期稳定繁荣而努力！

澳门地区全国政协委员

1993 年 3 月 17 日

国务院港澳办公室主任鲁平在国务院新闻办公室举办的中外记者招待会上就港英当局突然公布选举安排、破坏中英合作的基础问题阐述中国政府立场

有记者问，如果港督彭定康坚持“政改方案”，一意孤行，中国政府将采取什么措施？

鲁平回答说，中国政府一贯主张合作，不要对抗。但如果彭定康先生一意孤行，坚持和中国政府对抗的话，中国政府将不得不采取相应措施，按照香港基本法的规定筹组香港特别行政区第一届政府和立法会，也就是大家所说的“另起炉灶”。事实上，这个“炉灶”在香港基本法里已经设计好了。现在说“另起炉灶”，就是按照基本法的设计来砌一个新“炉灶”。这是因为彭定康先生所砌的“炉灶”与基本法不能衔接，到九七年后就不能用了。离九七年只有四年多时间了。从现在开始，我们就要抓紧做好各方面的准备工作。这就是我们要采取的相应措施。鲁平说，在“另起炉灶”的时候，中国政府会坚持贯彻“一国两制”的方针，全面执行基本法的有关规定，争取到九七年香港能实现平稳过渡，顺利交接，保持繁荣稳定。中国政府的这个一贯立场，任何时候都不会动摇。“另起炉灶”的目的，就是为了保持香港的长期繁荣稳定。

有记者问，据英方透露，彭定康突然公布选举安排，是因为中方不愿意定出一个确切的会谈日期。中英两国政府还有没有机会重开谈判，能不能谈一下谈判的过程？

鲁平说，英方的这一说法不确实。中国政府已经同意在有关谈判的问题已经解决的情况下，在 3 月份进行谈判，至于在哪一天还有待商定。所以，3 月 12 日彭定康突然在香港立法局发表声明，公布他的所谓“宪制方案”，我们一方面感到非常震惊，另一方面又在意料之中。感到震惊，是因为在 3 月 12 日前，双方关于谈判安排的分歧已逐步缩小，几乎已经达成协议，谈判眼看马上可以进行，但遗憾的是他于 3 月 12 日下午 3 时公布了方案。本来，这个问题双方还可以进一步探讨，有些分歧已经逐步缩小，经过双方磋商是不难解决的，所以，我们对彭定康为什么要匆匆忙忙在“宪报”上公布他的所谓方案感到不理解。但另一方面我们觉得又在意料之中，因为我们认为彭定康对中英两国谈判解决有关九四、九五选举问题的分歧本来就没有诚意。他的行动充分证明了我们的看法，那就是他在蓄意破坏谈判的基础，把谈判的门关得死死的。为什么这样说？一是因为中国政府的一贯立场是彭定康必须收回他的违反中英联合声明、违反基本法、违反中英两国达成的协议和谅解的“政改方案”。彭定康公布他的“方案”说明他还是顽固坚持他的“方案”，在这种情况下谈判就失去了基础；二是因为中英双方达成协议，关于这次谈判的内部磋商要严格保密，但彭定康在3月12日的声明中把谈判的过程特别是一些分歧全部公布，违反了中英双方关于保密的原则。这样，他把谈判的两重大门都关闭了，在这种情况下谈判是没法进行下去的。相信彭定康也知道破坏谈判会造成什么严重后果，因此，我们认为破坏这次谈判的责任完全在英方。正如李鹏总理在政府工作报告中指出的，英国政府要对由此而引起的一切严重后果负完全责任。

鲁平说，彭定康是完全置香港的利益于不顾。我初次和彭定康在北京见面，第一句话对他说的就是让我们两人坐下来谈，撇开其他因素特别是个人因素，真正为香港人考虑，为香港做点好事，为香港的繁荣稳定做些贡献，只有这样谈判才能成功。但不幸彭定康根本不考虑香港人的利益，不然就决不会有今天这样的行动，把谈判的门关上。我们对此十分遗憾。

有记者问，中国政府为九七年后香港特别行政区政府的筹备采取什么准备措施，中国会不会提前收回香港？

鲁平说，筹备特别行政区第一届政府的准备工作早就开始了，现在的问题是在英国政府不合作的情况下如何做好一切准备工作。我们会完全按照香港基本法的规定进行准备，包括第一届政府如何组成。准备工作是大量的，包括将来行政长官通过筹备委员会在当地如何产生，立法会在彭定康不愿意衔接的情况下势必按照基本法的规定产生。我们在进行诸如此类的准备中，首先要考虑怎样正确地贯彻“一国两制”的方针，充分听取香港各方面的意见，到九七年后按照基本法真正达到港人治港，高度自治。至于是否会提前收回香港，我们会严格按照《中英联合声明》来做。但是，《中英联合声明》是要双方共同遵守的，我们不希望看到英国政府有任何破坏联合声明的举动。至于中国政府，是要严格遵守联合声明的。

有记者问，港英当局提出“政改方案”是为了在香港发展民主，而中国政府认为这不是要不要民主的问题；中方对香港发展民主到底是什么态度？

鲁平说，我们一贯主张在香港发展民主。但由于香港100多年来在英国的统治下根本没有民主可言，因此我们主张香港的民主应该按循序渐进的原则逐步发展。基本法有明确规定，香港最后还是要达到立法机关的议员全部直选产生，行政长官最终也要普选产生。之所以强调循序渐进，就是说要一步步地发展，这主要是为了保持香港的稳定和繁荣。

鲁平说，基本法对前三届立法会直选议席作了明确规定，第一届是20人，第二届24人，第三届30人，这就占了总共60人的一半。至于第三届以后立法机关怎么组成，将来完全由香港自己决定，只要有2/3立法会议员通过，行政长官同意，报全国人大常委会备案就可以，不必要中央政府同意。将来香港如何发展民主，完全是香港自治权范围内的事，中央政府不会干涉。

有记者问：英方已经关闭了谈判的大门，是否中方也不希望恢复与英方的谈判了呢？是不是中方要在经济等问题上采取不合作的态度？

鲁平说：英方已经把谈判的两扇门都关闭了，中方不能破门而入。既然英方彻底破坏了双方谈判的基础，关上了谈判的大门，这个谈判当然也很难进行了。至于是不是在经济等方面进行合作，这个问题应该倒过来看，因为不是中方不要合作。中方一贯主张中英两国在各方面加强合作，以保证政权的顺利交接和平稳过渡，特别是到后期尤其要加强合作，中英联合声明需要双方严格遵守。现在，不是中方破坏合作，而是英方破坏合作，不是中方而是英方不愿意合作。最近彭定康的行为，把中英合作的基础彻底破坏了。在英方不合作的情况下怎样保持香港的繁荣稳定、平稳过渡，这是我们不得不考虑的问题。

有记者问及港府官员参加谈判和谈判的时间问题，说是中国政府在星期四（3月11日）还没有反对港府参加谈判，但到星期五却提出了这个问题，因此港府被迫决定公布“政改方案”。

鲁平回答说，关于香港政府官员参加谈判的问题，双方一开始磋商时就提出来，但在整个谈判磋商过程中都没有解决。中国政府并不是要排除香港政府官员参加谈判，但由于这次谈判是中英两个主权国家间的外交谈判，因此，我们提出双方只能有一个或两个代表。其实，这个主张不是中方先提出来的，早在朱镕基副总理到英国访问时，梅杰首相就主动提出愿意派一位特使到北京来谈判。后来我们接受了梅杰首相的建议，同意英方派一位特使到北京来，或者委派他们的大使为代表。中方也派两名代表，一名是外交部的作为正代表，一名是港澳办的作为副代表。所以，根本不存在什么谈判代表团的问题，而是代表与代表之间、特使与特使之间的外交谈判。至于其他人，我们建议可以作为顾问或专家协助特使或代表进行工作。到3月11日,我们为了打破僵局,提出中方可以考虑只派一个代表,其他人员包括港澳办的人员都作为专家或顾问,相应的希望英方也应该这样安排。英方当时认为这是中方采取的一个新措施,答应马上报告他们政府。但到了12日星期五上午,英方正式答复我们,还是坚持要有一个所谓的谈判团或者叫谈判小组,坚决不同意港府官员以顾问或专家的身份参加谈判。

鲁平说,关于谈判的时间问题,我们在3月11日特别提出,如果谈判代表的问题能解决,谈判可以安排在3月中旬或下旬举行,具体日期由双方再商定,英方当时也认为这是很好的建议。因此,3月12日前,我们对谈判还是乐观的,认为双方的分歧已经不大了,英方已经同意只派一名代表。但英方还是坚持其他人要作为他们所谓代表团的成员,我们认为这是说不通的,既然只有一个代表,就不存在一个代表团。怎么可能其他人又组成一个代表团呢?外交史上是没有这个先例的。但是,这个问题我觉得不是不能解决。但是不幸,到了3月12日上午10点半,英方来找我,说英国政府坚持香港政府的官员一定要以小组的成员来参加谈判,不同意以顾问身份来参加,而且说这是"最后的决定",不能改变。到了3月12日下午2点45分,我们接到了英国大使馆的电话,说香港政府已经决定,今天下午3点要在立法局发表一个声明,要公布彭定康的"政改方案"。事实的真相就是这样。

所以,我们为什么说感到惊讶!为什么我们说彭定康从一开始就对谈判没有诚意。他这样做,实际上是蓄意破坏,是对香港采取了极端不负责任的态度,是根本不考虑香港的利益。所以,我说彭定康先生将来在历史上要成为香港的千古罪人。

有记者提出,目前美国的克林顿政府正在制订新的对华政策,美国国会有些人认为,美国也应该推进解决香港问题的进程,并称香港问题应该与最惠国待遇问题联系起来。中国对此做什么样的反应。

鲁平说,我们认为,香港问题是中英两国政府之间的问题,任何第三国都无权插手,也不应该插手。如果第三国卷入这场争论的话,甚至于采取什么行动的话,只会使香港问题更复杂化。我们是不愿看到这种情况发生的。我们相信美国政府对香港问题会采取明智的态度。因为,美国毕竟在香港有大量的利益,据我所知,美国公司在香港的投资大概有70亿美元,所以保持香港的繁荣稳定,保持香港国际金融中心和国际贸易中心的地位,真正在九七年以后按照基本法的规定成为中华人民共和国的一个特别行政区,实行港人治港、高度自治,这是符合美国的利益的,所以我相信,美国政府对香港会采取明智的态度。

鲁平说,如果在最惠国待遇问题上,美国把香港问题联系起来的话,那么首当其冲的是香港,首先受害的是香港,其次对美国也没有好处。

中国天主教主教团在济南召开常委会第二次会议

会议制定《中国天主教主教团关于选圣主教的规定》。

中国代表王淑贤在联合国妇女地位委员会年会上发言

王淑贤在会上说,为了开好第四次世界妇女大会,中国政府已于1992年8月28日成立了以国务委员李铁映为主席的中国组织委员会,下设大会委员会、非政府组织论坛委员会、宣传动员委员会、行政财务委员会和安全保卫委员会,分工负责。为进一步调动全社会对妇女大会的支持和参与意识,宣传第四次世界妇女大会的目标和宗旨,最近一个时期,中国组织委员会开展了各种形式的宣传动员活动,一些报纸还开辟专栏,举办有关世界妇女大会的知识竞赛、编印《提高妇女地位内罗毕前瞻性战略》的通俗读本。组委会还准备印制纪念邮票、首日封以及制作纪念币等。

3月18日

八届全国人大会议主席团举行第二次会议

会议对中共中央向大会主席团提出的关于修改宪法部分内容的补充建议,提请全国人民代表大会表决。

会议由常务主席乔石主持。

中共中央关于修改宪法部分内容的补充建议主要内容有三条:

一、宪法序言第十自然段末尾增加:"中国共产党领导的多党合作和政治协商制度将长期存在和发展。"二、宪法第十五条原修改建议第二款中的"改善宏观调控",修改为"完善宏观调控"。这一款中的"依法禁止任何组织或者个人扰乱社会经济秩序",修改为"国家依法禁止任何组织或者个人扰乱社会经济秩序"。列为第三款。三、宪法第十七条原修改建议第二款的"集体经济组织依照法律规定实行民主管理",修改为:"集体经济组织实行民主管理,依照法律规定选举和罢免管理人员,决定经营管理的重大问题。"

中共中央关于修改宪法部分内容的建议的说明指出,1982年制定的宪法是一部好宪法,在国家的政治、经济和社会生活等方面发挥了重要作用。但是,随着我国改革开放和社会主义现代化建设事业的不断发展,宪法的有些规定已经同国家政治、经济和社会生活的现实情况不相适应,需要依照法定程序作必要的修改和补充。

说明指出，这次宪法修改，以党的十四大精神为指导，对涉及国家经济、政治、社会生活的重大问题的有关规定，必须进行修改的加以修改。修改中突出了建设有中国特色社会主义的理论和党的基本路线，并根据十多年来我国社会主义现代化建设和改革开放的新经验，着重对社会主义经济制度的有关规定作了修改和补充，使其更加符合现实情况和发展的需要。这次修改宪法不是作全面修改，可改可不改的不改，有些问题今后可以采取宪法解释的方式予以解决。宪法修改方式，继续沿用1988年的修正案方式，同时在出版的文本中按修正案把原文改过来。

会议还分别表决通过了将关于国务院机构改革方案的决定草案、会议选举和决定任命办法草案、关于澳门特别行政区基本法草案的审议程序和表决办法草案，提请大会通过。

外经贸部部长李岚清国家体改委主任陈锦华在八届全国人大一次会议记者招待会上答中外记者问

记者：中国恢复“关贸总协定”缔约国地位这一工作的进程如何？还有哪些障碍？

李岚清：从去年开始，我们恢复关贸总协定缔约国地位的谈判已经进入了议定书谈判的阶段了。目前，正在日内瓦继续进行磋商。6年多来，我们根据国际惯例和中国的国情，对贸易制度进行了重大改革。一、我们先后取消了出口的补贴和进口的调节税，大幅度地减少了配额和许可证管理的商品，取消了进出口指令性计划。两年之内我们还将取消2/3以上的进口许可证，其他非关税的措施也将大幅度减少。二、逐步地降低关税。三、我们还取消了全部进口替代的商品信贷，加快了汇率制度的改革。四、我们抓紧了外贸的立法，增强了外贸政策法规的透明度。我们已经公布了47个贸易规章制度的文件，同时废止了122种。目前80%以上商品的价格由市场来决定。这些都说明我们做了很多改革的工作。

恢复的进程现正在进行中，当然还要进行双边和多边的谈判。中国作为世界上一个重要的贸易国并具有重大贸易潜力，其缔约国地位必须得到恢复。这只是个时间问题。

记者：外面都传说人民币一直要贬值到1美元兑换10元人民币，这对于很多台湾商人来说，可能就不愿来大陆投资。不晓得您对这个问题怎么看？

李岚清：这是一种谣传。在保有必要的外汇储备的前提下，进出口平衡是发展中国对外贸易的一个基本原则。我们主张进出口平衡发展，不是采取压缩出口的消极做法来达到平衡，而是要在出口发展的基础上相应地增加进口，以达到进出口的平衡。中国正在深化改革，扩大开放，建立符合国际规范的对外贸易体制，包括改革汇率制度。中国汇率政策及其运作的目的是配合宏观经济平衡发展和物价、财政、金融的改革，支持国民经济发展，扩大进口。根本不存在通过操纵汇率来寻求国际竞争优势的问题。现在中国的外汇储备是正常的。我想，很大的贬值是不可能的。

去年以来，外商到中国来投资的势头是非常之猛的。去年一年来的数字等于前13年的总和，说明大家对我们的汇率政策还是充满信心的。

记者：去年《全民所有制工业企业转换经营机制条例》公布以来，这个本来应该热起来的问题没有热起来，有的地方阻力还比较大，能否谈谈其中的原因以及解决问题的办法。

陈锦华(国家体改委主任)：《条例》颁布以来，进展情况还是比较好的。现在全国30个省、市、自治区已经有28个制定了实施办法。但是为什么又说不理想呢？就是有些地方，有些单位、部门对《条例》规定的企业应该落实的14个方面的经营自主权还没有完完全全的到位。我们下一步打算，首先还是要强调学习、宣传和贯彻《条例》，提高大家的认识。第二，各个地方和部门要抓紧制定配套的有关规章、实施办法，保证企业自主权就位。第三，还要清理一下过去制定的一些规章。凡是妨碍落实企业自主权、妨碍企业走向市场的，都要加以清理，该废止的废止，该修改的修改。第四，还要加强督促检查。

记者：中英政治方面的争论，会不会影响到中英贸易关系？

李岚清：彭定康先生在英国政府的支持下，不守信用，单方面提出“政改”方案，是对中国神圣权力的干扰和破坏，是绝对不能允许的。我们一贯主张并积极致力于保持香港的长期繁荣和稳定。我们希望合作，不愿意对抗。但中国政府绝对不会拿原则做交易。彭定康制造人为的障碍，由此而产生的一切严重后果只能由英国政府负完全责任。我想，他如果再坚持下去，不可能不影响到中英的经贸关系。

记者：就中国恢复关贸总协定缔约国地位的谈判中，西方国家恳求中国针对这些西方国家制定一种安全保障的条款，对此您有什么看法？

李岚清：我们已经多次表示，愿意按照“关贸总协定”总的原则就关税问题进行谈判，使我们的税率符合发展中国家的水平。我认为再制定什么保障条款是没有必要的。我想都要求得一个权利和义务的平衡。权利大于义务或义务大于权利，一个缔约国是不会接受的。如果你们要求我们接受保障，你们是不是也愿意给我们以保障呢？

记者：中国人民都十分关注物价的调整，请问今年的价格改革中将采取哪些措施？

陈锦华：我们国家的价格改革是比较成功的，促进了经济发展和人民生活的改善。现在农产品国家定价的比重大概只占 15%，工业消费品国家定价只占 10%，生产资料国家定价只占 30%。今后我们还想有计划地调整能源、交通、原材料的价格。调价的力度和时机，要看各方面的承受能力。设想经过三五年，在这方面有突破性进展，基本上完成价格改革。

高校实施“八五”人文社会科研规划

高校“八五”人文社会科学研究规划日前开始实施。这是国家教委制定的第二个高校文科科研发展规划。该规划共有立项课题 1350 个，资助经费总额 1500 万元，需要投入研究力量 5400 余人。

高等学校的人文社会科学人才，人数近 14 万，科研机构达 211 个。“七五”期间，高校承担的各级各类课题共 2.6 万多项，完成的科研成果仅国家教委直属院校就达 7.0126 万项，还为党政部门和企事业单位提供调查咨询报告 2857 份，其中被采纳 1398 份。

高校“八五”人文社会科学研究规划，基础性研究课题 537 项，占 40%，应用性研究课题 813 项，占 60%，基本扭转了“七五”期间基础性研究比重过高的状况。规划中，无论是基础学科还是应用学科，大多数具有较强的时代感和现实性。高校“八五”规划中还鼓励教师探索具有科学价值的学术理论问题。据统计，在规划中学术探讨和争鸣的课题占总量的 28%。“八五”规划中还增列古文献学、宗教学、心理学、逻辑学、艺术学、国际问题、港澳台问题七个学科，以求社会科学诸学科的共同繁荣。

通过制定高校“八五”人文社会科学研究规划，国家教委组织一支年富力强、水平较高的科研队伍。“八五”规划项目总量的 36%由 45 岁以下的中青年教师承担，项目承担人的平均年龄为 52 岁，与“七五”规划相比下降 10 岁。

中国发现世界碲原生矿

地质矿产部正式向外界宣布，地质工作者经过大量难苦的工作，最近在四川省石棉县大渡河畔发现有一定规模和开采价值的碲原生矿。

专家们指出，这个矿的矿石含碲一般在 1%到 12%，个别高达 36.6%；含铋一般在 3%到 20%，个别达 40%以上，是世界上罕见的具有开采价值的碲矿床。

第七届全国运动会蹼泳预赛 3 天破 4 项世界纪录

第七届全运会蹼泳比赛三天来，河北赵晓莲，广东符晓云、刘秋荣和湖北程超分别打破 4 项世界纪录。

3 月 19 日

全国政协八届一次会议举行第二次大会

大会执行主席吴学谦、阿沛·阿旺晋美、洪学智。

中共中央政治局常委、国务院总理李鹏，中共中央政治局常委、国务院副总理朱镕基，中共中央政治局委员、书记处书记尉健行及国务院一些部门的负责人列席会议。

9 位委员就转换国有企业经营机制发言。

大会主席团常务主席叶选平、杨汝岱、王兆国、赛福鼎·艾则孜、赵朴初、钱伟长、胡绳、钱正英、苏步青、丁光训、董寅初、孙孚凌、安子介、马万祺，秘书长宋德敏出席会议。

中共中央总书记江泽民在中南海会见香港《明报》集团董事长查良镛

在谈及香港问题时，江泽民说，中国将信守中英联合声明，贯彻香港特别行政区基本法，全力维护香港的稳定繁荣和顺利过渡，保证“一国两制”在香港的实施。我们愿意同英方谈判，但是绝对不能拿原则做交易，谈判必须在联合声明、香港基本法和双方达成的谅解的基础上，由中英两国政府之间来进行，不能允许任何第三者插手。

中共中央政治局委员、书记处书记丁关根和鲁平、周南、曾建徽、张浚生等会见时在座。

中共中央政治局常委李瑞环在北京同港澳政协委员讨论香港问题

全国政协八届一次会议主席团常务会议主持人、中共中央政治局常委李瑞环先后到香港同胞、澳门同胞界政协委员讨论会场，同他们亲切会面并交谈。李瑞环谈到香港问题时强调指出，在涉及民族尊严和民族利益的原则问题上，我们决不让步。

《人民日报》就国务院领导同志最近明确指出搞翻牌公司“不是改革，而是倒退”发表评论员文章《要善于抓带倾向性的问题》

中办国办关于切实减轻农民负担的紧急通知

各省、自治区、直辖市党委和人民政府，各大军区党委，中央国家机关各部委，军委各总部、各军兵种党委，各人民团体：

去年 12 月，江泽民、李鹏同志分别在六省农业和农村工作座谈会、全国农业工作电视电话会上发表重要讲话以后,减轻农民负担问题引起了各级党政领导机关的重视,受到广大人民群众的热诚欢迎。广大干部和群众直接了解到党中央、国务院是反对增加农民负担的,政策觉悟得到了很大提高。有一些省(区)和部门行动迅速,采取了有力措施,在一定程度上遏制了农民负担不断增长的势头。但是,总的情况很不理想,相当多的地方和部门行动迟缓,有的至今对中央的指示置若罔闻,按兵不动;有的甚至采取暗中干预的做法进行抵制;有些已明令禁止或多次被批评的不合理负担,仍在推行。对此,农民意见很大。如果任其继续发展下去,不仅会直接影响农业生产的发展,而且将影响农村乃至整个社会的安定。因此,必须采取断然措施予以纠正。经党中央、国务院批准,特紧急通知如下:

一、自本通知下发之日起,农民除依法纳税和按国务院《农民承担费用和劳务管理条例》(以下简称《条例》)关于村提留和乡统筹费必须严格控制在上年农民人均纯收入百分之五以内的规定继续执行外,其他涉及要农民负担费用的各种摊派、集资、达标活动和行政事业性收费,以及在农村建立各种基金等,不论是哪一级政府或哪一个部门制定的文件或规定,一律先停止执行,然后进行清理。经过清理后,认为确实需要继续执行的,须经省以上人民政府农民负担监督管理部门审核后,按照《条例》规定的审批权限重新批准后执行;重要项目,要报国务院或省、自治区、直辖市人民政府批准。

二、农民负担重的问题,表现在农村,根子在上边各部门。涉及农民负担的摊派、集资、达标活动和行政事业性收费及罚款等方面的许多文件来自中央国家机关和省级国家机关。因此,清理文件必须从源头抓起,首先从中央国家机关抓起。党中央、国务院要求,中央国家机关各有关部门第一把手负责,立即行动起来,在六月底以前把涉及农民负担的文件清理完毕,作出表率。

三、各级党委、政府要把减轻农民负担问题作为一项紧急的政治任务,摆上重要议事日程。党政主要领导要亲自动手,深入问题较多的地方调查研究,采取得力措施,尽快把农民的过重负担减下来。同时,加强对本地区清理农民负担情况的监督检查。对行动迟缓者、清理不力者,要给予批评;经批评教育不改的,要给予党纪、政纪处分。要严肃查处因农民负担过重而引起的恶性案件,发现一件,查处一件,一件也不能放过。对造成恶性事件的当事人,要依法惩处;对酿成恶性事件的官僚主义者,要撤职查办;处理结果要广播登报,同群众见面,进行民主、法制的教育。

1993 年 3 月 19 日

3 月 20 日

国务院总理李鹏在钓鱼台国宾馆同瓦努阿图共和国总理马克西姆·卡洛特·科尔曼举行会谈

李鹏在会谈时重申中国在台湾问题上的原则立场,并对瓦努阿图政府和卡洛特·科尔曼本人在台湾问题上的立场表示赞赏。

科尔曼说,瓦努阿图政府坚持"一个中国"的政策,不会同台湾建立官方的或外交的关系。

八届全国人大一次会议举行第三次大会

会议审议中华人民共和国宪法修正案草案、听取关于中华人民共和国澳门特别行政区基本法草案及有关文件的说明、全国人大常委会副委员长兼秘书长彭冲作全国人民代表大会常务委员会工作报告、通过八届全国人大一次会议选举和决定任命办法、通过关于《中华人民共和国澳门特别行政区基本法(草案)》的审议程序和表决办法。

大会宣读全国人民代表大会常务委员会关于中华人民共和国宪法修正案草案、中共中央关于修改宪法部分内容的建议和补充建议。第七届全国人民代表大会常务委员会第三十次会议讨论了中国共产党中央委员会关于修改中华人民共和国宪法部分内容的建议,依照中华人民共和国宪法第六十四条的规定,提出中华人民共和国宪法部分内容的修正案草案,提请第八届全国人民代表大会第一次会议审议。经过各代表团审议后,将由大会主席团根据代表意见通过宪法修正案草案,最后提请大会表决。

澳门特别行政区基本法起草委员会主任委员姬鹏飞作关于《中华人民共和国澳门特别行政区基本法(草案)》和有关文件及起草工作的说明。

会议表决通过八届全国人大一次会议选举和决定任命办法。

会议还通过关于澳门特别行政区基本法草案的审议程序和表决办法。

大会由执行主席王汉斌主持,其他执行主席孙起孟、王群、叶公琦、白清才、李泽民、赵东宛、贾志杰在主席台前排就座。

澳门特别行政区基本法起草委员会主任委员姬鹏飞在八届全国人大一次会议上作澳门特别行政区基本法起草工作说明

姬鹏飞说,由内地和澳门的专家和各界代表组成的澳门特别行政区基本法起草委员会于 1988 年 9 月成立并正式开始工作。在四年多时间里,起草委员会先后举行了 9 次全体会议、70 次专题小组会议、3 次主任委员扩大会议、3 次区旗区徽图案评选委员会会议；还先后就基本法草案征求意见稿和基本法草案两次向澳门各界人士和内地各省、自治区、直辖市及中央各部门、各政党、各人民团体广泛征求意见。澳门各界人士组成的基本法咨询委员会通过多种渠道和生动活泼的形式开展对基本法的宣传和咨询工作，为起草委员会收集了大量有关基本法的意见和建议。

姬鹏飞在说明中简要介绍了澳门基本法起草工作的五个阶段：第一阶段，起草委员会专门成立了一个草拟结构的小组，用半年时间调查研究，听取澳门各界人士的意见，拟出了澳门基本法结构（草案）。第二阶段，根据澳门基本法结构（草案），成立了中央和澳门特别行政区的关系、居民的基本权利和义务、政治体制、经济、文化和社会事务五个专题小组，分别负责草拟澳门基本法有关章节的条文。第三阶段，拟出澳门基本法（草案）征求意见稿，由起草委员会第七次全体会议审议通过并公布，用四个月的时间广泛征询内地和澳门各界人士的意见。第四阶段，起草委员会第八次全体会议根据澳门和内地各界人士的意见和建议对澳门基本法（草案）征求意见稿作了 100 多处修改和补充，形成了澳门特别行政区基本法（草案）。会议还采用无记名投票方式对基本法草案及有关文件逐条逐件地进行了表决，所有条文和文件均获得全体委员 2/3 多数同意通过。七届全国人大常委会第二十五次会议决定公布基本法（草案）及有关文件，再次用四个月的时间在澳门和内地广泛征求意见。第五阶段，起草委员会各专题小组和起草委员根据澳门和内地各界人士的意见和建议，对基本法草案提出了 26 个修改提案，其中有 18 个修改提案在第九次全体会议上获得全体委员 2/3 以上多数赞成通过，并取代了原基本法草案的相应条文。至此，澳门特别行政区基本法（草案）及有关文件的起草工作全部完成。

全国人大常委会副委员长彭冲在八届全国人大一次会议上作《全国人民代表大会常务委员会工作报告》

各位代表：

我受七届全国人民代表大会常务委员会的委托，向大会报告本届常委会五年来的主要工作。

七届全国人大常委会任期的五年，是我国沿着有中国特色社会主义道路继续前进的五年。五年来，常委会坚持以邓小平同志建设有中国特色社会主义的理论和党的基本路线为指导，把保证和促进改革开放作为首要职责，把加强社会主义民主和法制建设作为根本任务，坚持和完善人民代表大会制度，认真履行宪法赋予的职责，在立法、监督和制度建设等方面，都取得了新的进展，保障和促进了社会主义现代化建设和改革开放的顺利进行。

一、增强立法工作计划性，加快立法步伐

适应改革开放和社会主义现代化建设事业的需要，七届全国人大常委会加强了立法工作的计划性。1988 年制定了五年立法规划。1991 年又修订了立法规划，确定了必须如期完成起草和抓紧调研论证的一批法律草案。常委会加强了对立法工作的领导和统一协调，先后召开了三次立法工作会议，督促检查法律草案的起草工作，对列入立法规划的法律草案的起草实行定任务、定班子、定时间的三落实措施；组织各方面力量参与法律的起草工作；借鉴国外的立法成果和立法经验。由于采取这些做法，加快了立法步伐。五年来，全国人大及其常委会通过了宪法修正案和 59 个法律，27 个关于法律问题的决定，共计 87 个。其中 62 个是由常委会通过的。这些法律的制定或修改，促进了社会主义各项事业的发展。

宪法是国家的根本大法，在国家生活中具有极其重要的作用。随着我国社会主义现代化建设和改革开放的不断发展，需要对宪法的有些规定进行必要的修改和补充。1988 年修改了宪法的个别条款，肯定了私营经济的地位，允许土地使用权依法转让，对我国改革开放和经济建设产生了积极的影响。今年全国人大常委会又经过认真审议，决定将修改宪法部分内容的草案提请本次大会审议。宪法修正案通过后，将对我国的建设有中国特色社会主义事业发挥重大作用。

常委会始终把制定有关经济建设和改革开放方面的法律作为立法工作的重点，制定了有关经济方面的法律 21 个。这些法律主要包括全民所有制工业企业法、中外合作经营企业法、外商投资企业和外国企业所得税法、海商法、税收征收管理法、产品质量法、铁路法等一些对经济建设和改革开放具有重大影响的法律。为了完善我国的民事诉讼制度，促进社会主义商品经济的发展，对民事诉讼法（试行）进行了补充和修改。根据经济发展和改革开放的新情况，对土地管理法、中外合资经营企业法、环境保护法、专利法、商标法等法律作了修改和完善。常委会还审议了公司法、农业基本法和科技进步法草案。常委会还通过和批准同外国缔结的公约、条约和协定 40 个，促进了对外开放和国际交流与合作。

常委会把制定保障公民权利方面的法律放在重要位置。制定了保护公民政治自由权利的集会游行示威法、工会法；制定了行政诉讼法，建立了保护公民和组织合法权益的行政诉讼制度；还制定了著作权法、妇女权益保障法、未成年人保护法、归侨侨眷权益保护法、残疾人保障法等。这些法律的制定，为实现宪法规定的公民权利提供了法律保障。

常委会作出了关于加强社会治安综合治理的决定,关于禁毒的决定,关于惩治走私、制作、贩卖、传播淫秽物品的犯罪分子的决定,关于严惩拐卖、绑架妇女、儿童的犯罪分子的决定,关于严禁卖淫嫖娼的决定,维护了社会治安秩序和社会的稳定。为了保卫人民民主专政的政权和社会主义制度,常委会还制定了国家安全法。

香港特别行政区基本法的制定和澳门特别行政区基本法草案提请本次大会审议,都具有重大意义。它体现了"一国两制"的伟大构想,有利于维护国家主权,保障香港、澳门的繁荣和稳定,符合包括港澳同胞在内的全国人民的根本利益。

二、开展对法律实施的检查,改进监督工作

近些年来,我国执法情况有了一定改善。但是,有法不依、执法不严,甚至以言代法、以权压法的情况,在一些地方和部门还相当严重,人民群众对此反映强烈。针对这种状况,常委会明确提出,要把法律制定后的监督检查放在与制定法律同等重要的地位。这是加强社会主义民主法制建设,促进依法治国的一项重要措施。五年来,常委会和专门委员会在地方人大配合下,先后对 31 个法律和 6 个决定的执行情况,组织了 53 次检查。从去年起,每次常委会会议都把检查法律实施情况的汇报列入议程,认真进行审议。对执法检查中发现的问题,督促有关部门加以解决。这项工作还有待进一步加强。

常委会作出了关于深入开展法制宣传教育的决议,听取了普法工作的汇报。围绕现行宪法颁布 10 周年开展了一系列纪念和宣传宪法的活动,增强了公民的宪法意识和依法办事的观念。还通过督促纠正一些违法案件,保障法律的遵守和执行。五年来,常委会工作机构研究答复了 520 件法律实施问题的询问。受理人民来信 39 万多件,接待人民来访 6 万余人次,督促纠正冤假错案 700 多件,处理群众揭发的违纪案件 400 多件。这些工作对于维护法制的尊严和统一,保障有关法律的正确实施,起到很好的作用。

三、加强制度建设,促进常委会工作规范化程序化

严格按照法律规定和程序办事,是人大工作的重要特点。没有一定的程序,民主就难以体现。重视民主程序的建设,是民主本身的要求,也是健全法制的需要。五年来,常委会主要建立了以下制度:

第一,对监督工作从程序上、制度上作出若干规定。主要是坚持每次常委会会议围绕经济建设和人民群众关心的热点问题,听取和审议国务院和最高人民法院、最高人民检察院的工作汇报,五年中共听取和审议了关于农业、教育、科技、对外经济贸易、社会治安、反腐败、抗洪救灾、发展第三产业和经济体制改革等方面的工作汇报 39 个。坚持每年第三季度听取国务院关于计划和预算执行情况的汇报。对审判、检察机关的监督,明确了可以采取听汇报、询问、质询直至组织特定问题调查等形式,但不直接处理具体案件,纠正错案由法院、检察院按法律程序去办,以保障两院更好地独立行使审判权、检察权。这些规定,使常委会的工作监督进一步规范化。

第二,完善代表工作制度。制定了代表法,对代表的地位、权利、义务作出具体规定。继续坚持全国人大常委会同地方人大常委会共同联系全国人大代表的制度。每次常委会会议邀请部分全国人大代表列席会议。还组织全国人大常委会委员和全国人大代表开展各种形式的视察,反映人民群众的意见和要求。

第三,审议和办理代表议案和建议的工作逐步制度化。全国人大议事规则对代表议案的提出和审议,以及对代表提出的建议、批评和意见的处理,作出了具体规定。七届全国人大一次会议以来,代表共提出议案 2226 件,其中 437 件交有关专门委员会审议,并提出了审议结果的报告业经常委会通过;其他 1789 件作为建议对待,连同代表提出的 17693 件建议、批评和意见,交有关部门办理,都已答复代表。为了提高办理质量和促进办理工作制度化,办公厅还多次召开办理代表建议工作座谈会。

第四,制定议事规则和各项工作规则。制定了全国人大议事规则,使全国人大行使职权的民主程序更加规范化。制定了委员长会议议事规则,对委员长会议讨论决定问题的程序,作出了明确规定。各专门委员会分别制定了工作规则或议事规则,对本委员会的职责、组织机构、会议制度、工作方式等,作了具体规定。制定了全国人大常委会秘书处工作规则和秘书长办公会议事规则。制定了全国人大常委会新闻发布工作规则,建立了新闻发布制度。还建立了常委会会议旁听制度。这些议事规则和工作规则的制定,有利于提高议事效率,完善职能。

常委会还加强了对人民代表大会制度的研究和宣传工作,增强广大干部和群众的人民代表大会制度意识。开展了评选好新闻的活动。召开了人民代表大会制度理论研究和宣传工作座谈会。创办了全国人大干部培训中心,初步建立起对人大干部培训的制度。今后培训的对象还可包括人大常委会任命的干部。

四、各专门委员会努力履行职责,做好各项工作

专门委员会是全国人大的常设工作机构,在全国人大闭会期间受全国人大常委会领导。本届人大设置七个专门委员会。常委会组成人员中有百分之七十四是专门委员会的成员。专门委员会的各项制度不断健

全，在研究、审议和拟订有关议案，搞好立法、监督和联系代表等方面，做了大量工作，发挥了重要作用。

专门委员会积极开展立法活动。有关专门委员会组织起草、修改了一些法律。各专门委员会加强了同法律起草部门的联系，经常听取法律草案的起草、修改情况的汇报。并采取专题调研、参与研究论证、召开座谈会等方式，了解情况，研究问题，做好审议的准备工作。专门委员会认真进行执法检查，听取国务院有关部门、最高人民法院、最高人民检察院的工作汇报，协助常委会依法行使监督权。专门委员会还加强同代表和地方人大有关委员会的联系，多次召开代表座谈会，就议案和其他方面的工作，听取代表的意见。

五、坚持依法办事，搞好换届选举

地方人大换届选举，是几亿群众参加的社会主义民主的生动实践，是实现人民当家作主权利的重要途径。五年中，全国进行了两次换届选举，常委会及其工作机构认真组织，妥善安排，提供指导和服务。常委会一再重申，在选举中，要充分发扬民主，严格依法办事，做过细工作。尤其是坚持依法差额选举和选民、代表联名提出候选人的制度；强调确定候选人必须走群众路线，充分酝酿协商；肯定并推广采取多种方式介绍候选人的做法和经验；强调尊重选民和代表的意志，一切依合法选举的结果为准。对违反选举民主原则和法定程序的行为，常委会坚决予以纠正。在全国人大常委会的直接干预下，先后纠正了数起违反选举法和地方组织法的事件，保证了换届选举工作的顺利进行。

六、积极开展外事活动，发展同外国议会的交往与合作关系

人大的外事工作是我国整个对外工作的重要组成部分。常委会坚持奉行独立自主的和平外交政策，以广交朋友、多做工作、增进相互了解和合作为宗旨，开展同外国议会的交往活动。五年来，全国人大常委会和专门委员会共派出67个代表团，出访了123个国家和国际议会组织，接待了148个国家和议会组织的204个议会代表团，出席了各国议会联盟的历届大会及其专门会议、亚洲议员人口与发展论坛第三次大会、亚太议员论坛会议等37次国际会议。迄今为止，全国人大与130多个国家的议会建立了联系，同27个国家建立了议会间的双边友好小组。全国人大常委会和有关专门委员会还就某些外国政府、议会和国际议会组织干涉我国内政的行为，进行了必要的交涉和斗争。常委会通过积极主动的外交活动，促进了国家关系的发展，在维护世界和平、发展我国同外国的经济、科技、文化、教育等领域的合作方面，发挥了积极作用。同时，我们也通过同外国议会的交往，学到一些有益的经验。

各位代表！

宪法规定，全国人民代表大会是最高国家权力机关，全国人大常委会是它的常设机关。经过七届全国人大常委全体组成人员的共同努力，常委会的工作取得了新的进展，完成了本届的历史使命。我们的工作距离宪法的要求和人民的期望，还有相当大的差距，还存在不少缺点和不足。主要是经济立法工作不适应形势发展的需要，纠正某些违宪、违法事件不力，同代表和地方人大常委会的联系还不够。这些都值得在今后重视和解决。

在去年年初邓小平同志视察南方重要谈话和党的十四大精神指导下，我国的经济建设和改革开放进入了一个蓬勃发展的新阶段。现在，全国人民正在抓住有利时机，加快改革开放和现代化建设，力争今后五年内，在建立社会主义市场经济体制方面迈出重大步伐，在对外开放方面进一步拓展广度和深度，使国民经济再上一个新的台阶，提前实现翻两番的目标。适应经济体制改革和经济发展的要求，必须积极推进政治体制改革，使社会主义民主和法制建设有一个较大的发展。加强社会主义民主和法制建设，是我们国家长期的根本方针；建立社会主义市场经济体制必须有比较完备的法制作保障。人大及其常委会在这方面肩负重大职责。现在规范市场经济主体行为、维护市场经济秩序和完善宏观调控的一些急需的法律还没有制定出来，因此加快立法刻不容缓。常委会还要加强对法律实施的检查监督，特别是宪法监督。要继续加强常委会的组织制度建设，加强专门委员会的建设，加强同代表和地方人大的联系，更好地发挥代表作用。五年来，地方人大的工作生气勃勃，取得了明显进展。常委会要吸取地方人大工作好的经验和做法，共同把人大工作推向前进。我们相信，八届全国人大常委会的工作将会做得更加出色，更富有成效，为加快改革开放和社会主义现代化建设事业做出新的更大贡献。

八届全国人大一次会议通过关于《中华人民共和国澳门特别行政区基本法(草案)》的审议程序和表决办法

根据《中华人民共和国宪法》，并根据《中华人民共和国全国人民代表大会议事规则》关于“全国人民代表大会决定成立的特定的法律起草委员会拟订并提出的法律案的审议程序和表决办法，另行规定”的规定，第八届全国人民代表大会第一次会议决定：

本次会议审议《中华人民共和国澳门特别行政区基本法(草案)》，由各代表团审议，并由法律委员会根据各代表团的审议意见进行统一审议，向主席团提出审议结果报告，主席团审议通过后，印发会议，并将草

案提请大会全体会议表决。

澳门特别行政区基本法(草案)整个草案一次表决,由全体代表的过半数通过。采用按表决器方式表决。如表决器在使用中临时发生故障,改用无记名投票方式表决。

八届全国人大一次会议通过选举和决定任命办法

根据《中华人民共和国宪法》和有关法律的规定,制定本次会议选举和决定任命办法如下:

一、第八届全国人民代表大会第一次会议,选举第八届全国人民代表大会常务委员会委员长、副委员长、秘书长、委员;选举中华人民共和国主席、副主席;决定国务院总理的人选;决定国务院副总理、国务委员、各部部长、各委员会主任、审计长、秘书长的人选;选举中央军事委员会主席;决定中央军事委员会副主席、委员的人选;选举最高人民法院院长和最高人民检察院检察长。

二、全国人民代表大会常务委员会委员长、副委员长、秘书长、委员的人选,中华人民共和国主席、副主席的人选,中央军事委员会主席的人选,最高人民法院院长和最高人民检察院检察长的人选,由主席团提名,经各代表团酝酿协商后,再由主席团根据多数代表的意见确定正式候选人名单。

国务院总理的人选由中华人民共和国主席提名;国务院副总理、国务委员、各部部长、各委员会主任、审计长、秘书长的人选由国务院总理提名;中央军事委员会副主席、委员的人选由中央军事委员会主席提名。

三、第八届全国人民代表大会常务委员会组成人员的名额与第七届相同,为155人。

委员长、副委员长、秘书长提名21人,实行等额选举。

委员实行差额选举,应选名额134人,提名141人,差额7人。

四、中华人民共和国主席、副主席,中央军事委员会主席,最高人民法院院长,最高人民检察院检察长,实行等额选举。

五、第八届全国人民代表大会第一次会议进行选举和决定任命,采用无记名投票方式。

六、选举全国人民代表大会常务委员会组成人员的选举票,分为“全国人民代表大会常务委员会委员长、副委员长、秘书长选举票”、“全国人民代表大会常务委员会委员选举票”两张。

七、本次会议进行选举和决定任命,共投票9张,分别在三次全体会议上进行。

第一次全体会议,选举全国人民代表大会常务委员会委员长、副委员长、秘书长和委员;选举中华人民共和国主席、副主席;选举中央军事委员会主席。

第二次全体会议,根据中华人民共和国主席的提名,决定国务院总理的人选;根据中央军事委员会主席的提名,决定中央军事委员会副主席、委员的人选;选举最高人民法院院长;选举最高人民检察院检察长。

第三次全体会议,根据国务院总理的提名,决定国务院副总理、国务委员、各部部长、各委员会主任、审计长、秘书长的人选。

八、在选举和决定任命时,收回的选举票或者表决票等于或者少于发出的选举票或者表决票,选举或者表决有效;多于发出的选举票或者表决票,选举或者表决无效,应重新进行选举或者表决。

每张选举票所选的人数,等于或者少于应选人数的为有效票,多于应选人数的为废票。

选举或者决定的人选得票数超过全体代表的半数,始得当选或者通过。

全国人民代表大会常务委员会委员长、副委员长、秘书长的选举,中华人民共和国主席、副主席的选举,中央军事委员会主席的选举,最高人民法院院长、最高人民检察院检察长的选举,如有的候选人得票数不超过全体代表的半数时,依法由主席团另提人选,进行选举。

全国人民代表大会常务委员会委员的选举,获得全体代表过半数选举票的候选人的人数超过应选委员的名额时,以得票多的当选;如遇票数相等不能确定当选人时,应当就票数相等的候选人重新投票,以得票多的当选。如获得全体代表过半数选举票的当选委员的人数少于应选委员的名额时,不足的名额由主席团在没有当选的得票数较多的候选人中另提候选人(差额数不低于缺额委员名额的5%),在第二天进行补选;如果获得全体代表过半数选举票的候选人的人数仍然少于应补选的委员的名额时,不足的名额留待第八届全国人民代表大会第二次会议补选。

表决国务院组成人员的人选和中央军事委员会副主席、委员的人选,如有的人选得票数不超过全体代表的半数时,依法另提人选,再进行投票表决;如得票数仍不超过全体代表的半数,则暂不决定任命,在大会结束以后,再依法另提人选,提请第八届全国人民代表大会第二次会议或者第八届全国人民代表大会常务委员会审议决定。

九、对选举票上的候选人,代表可以表示赞成、可以表示反对,也可以表示弃权。表示反对的,可以另选他人;表示弃权的,不能另选他人。

在等额选举时,每提一名另选人,必须否决(反对)一名候选人。另选人数少于或者等于否决(反对)的候选人数,选举票有效;否则,该选举票为废票。

在差额选举时，必须在候选人中否决(反对)够差额选举所规定的差额人数，选举票有效；否则，该选举票为废票。如另提人选，则每提一名另选人，必须在否决(反对)够差额选举所规定的差额人数以外，再否决(反对)一名候选人，选举票有效；否则，该选举票为废票。

对表决票上的人选，代表可以表示赞成、反对或者弃权，但不能另提人选。

十、本次会议的 6 张选举票和 3 张表决票采用电子计算机计票(《写票、投票注意事项》附后)。代表需严格按照规定的办法和注意事项写票和投票。如计票系统出现意外故障，投票继续进行，投票后，改由大会工作人员人工计票。

十一、选举票和表决票用汉文和蒙古、藏、维吾尔、哈萨克、朝鲜、彝、壮 7 种少数民族文字印制。选举全国人民代表大会常务委员会组成人员的选举票，决定国务院副总理、国务委员、各部部长、各委员会主任、审计长、秘书长人选的表决票，因票面的限制，只能印汉文，不能印 7 种少数民族文字，对常务委员会组成人员候选人姓名、国务院副总理和国务委员人选姓名、国务院各部委名称和人选姓名，另印少数民族文字对照表，与选举票或者表决票同时发给少数民族代表，以便对照写票。

十二、在选举或者决定任命时，设秘密写票处。

十三、大会设监票人 32 名(每个代表团推选一名)，其中总监票人 2 名；总监票人由主席团在监票人中指定。总监票人和监票人在主席团领导下，对发票、投票、计票工作进行监督。

计票工作人员由大会秘书处指定。

十四、会场共设投票箱 22 个，代表按座区分别到指定的票箱投票，不设流动票箱，不能委托投票。

十五、投票时，监票人首先在自己的座区投票，随后主席团成员和其他代表按座区依次投票。

十六、投票结束后，当场打开票箱取出选举票或者表决票，并由总监票人将电子计算机计算的实际投票张数报告大会执行主席，由大会执行主席宣布选举或者表决是否有效。

十七、计票完毕，总监票人向大会执行主席报告选举或者表决结果，由执行主席向大会宣布。

十八、本选举和决定任命办法，经第八届全国人民代表大会第一次会议全体会议通过施行。

纪检监察调研工作座谈会在南京召开

中央纪委副书记侯宗宾强调，“在加快改革开放和现代化建设的新形势下，合署办公后的纪检监察机关要做的工作很多，但必须把反腐败作为工作重点。反腐败就是对改革开放和经济建设最直接、最重要的支持和服务。纪检监察机关要理直气壮地反腐败。”

首届“安子介国际贸易研究奖”在北京举行

获奖的著作有两部:《国际贸易体制下的关贸总协定与中国》和《九十年代中国出口战略研究》，优秀论文 12 篇，荣获学科鼓励奖的学生和研究生共 20 名。

西藏拉孜西北发生 6.6 级地震

3 月 21 日

中共中央国务院在中南海召开计划生育工作座谈会

中共中央政治局常委江泽民、李鹏、乔石、李瑞环、朱镕基、刘华清、胡锦涛参加座谈会。

中共中央总书记江泽民说，去年是中国国民经济高速增长的一年，各地在加快改革开放和现代化建设步伐的同时，没有放松计划生育工作，继续加强了对计划生育工作的领导，严格实行人口与计划生育目标管理责任制，使计划生育工作保持了好的势头，成效比较显著。这个经验值得总结与发扬。同时必须清醒地看到，当前我国人口形势依然严峻。近两年虽然全国人口增长速度有所降低，但是人口基数很大，每年出生人口仍在两千万以上，每年净增人口 1300 多万至 1500 万。这样高的人口增长量，对于我们这样一个发展中国家来说，仍然是一个沉重的负担。随着我国经济社会的发展以及从温饱向小康水平的转变，由人口增长因素产生的社会需求将继续扩大，与社会总供给之间的矛盾仍将继续存在。

江泽民说，近两年我国人口出生率下降较快，原因是多方面的。现在出现的低生育水平还是不稳定的，全国计划生育工作发展还很不平衡。一部分地区出生率仍然较高，计划外生育仍然很多。还有一些省、自治区生育高峰期比全国滞后，对这些地区来说，今后的计划生育工作任务更加艰巨。在改革开放的新形势下，计划生育工作也遇到一些新的情况和问题，这些都需要我们认真解决。

江泽民说，在我国经济建设的战略目标中，不仅提出了总的国力要求，而且对人均水平也提出了相应的要求。控制人口增长，是实现我国第二步、第三步战略目标必不可少的重要条件。全国各地区、各单位都必须按照现行计划生育法规，认真完成人口计划。要始终注意把实行计划生育，控制人口增长，放在建设有中国特色社会主义事业的总体规划之中。既要坚决把经济搞上去，也要坚决把人口出生率降下来，控制在合适的范围内，这是时代赋予我们的历史使命。

江泽民说，这几年少数民族开展计划生育工作很有成绩。事实证明，少数民族实行计划生育，有利于摆脱贫困，有利于少数民族的全面发展。计划生育关系亿万群众的切身利益，必须积极、慎重、稳妥地对待，既要抓紧，又要抓好。

江泽民指出，计划生育工作的重点在农村，难点也在农村。计划生育工作要在关心和维护农民利益的基础上健康发展，不断抓出新的成效。

江泽民最后说，计划生育需要各级党政领导一把手亲自抓、负总责才能抓好。这是多年实践总结出来的一条最重要的经验，必须继续坚持下去。

国务院总理李鹏在会议上说，计划生育工作中多年形成的行之有效的基本经验，必须继续坚持并且不断加以完善。中央重申现行的计划生育政策不变，对人口实行目标控制不变，党政一把手负总责抓计划生育不变。

李鹏说，要把计划生育的重点继续放在广大农村。农村是整个社会稳定、发展的基础，农村人口占绝大多数。当前，许多地方农村计划生育的基础基层工作还很薄弱，不少地方村、组没有人经常抓这项工作，管理和服务都不适应工作需要，这种状况必须尽快改变。各级领导在抓农村经济发展的同时一定要把人口问题纳入进去。同时，要加强企业的计划生育工作，认真落实流动人口的计划生育管理。

李鹏说，现在有的地方计划生育工作中由于工作作风、工作方法上存在缺点和问题，出现了一些损害群众利益、损害党群、干群关系的现象。对此必须引起高度重视。我们推行计划生育是为了人民群众的长远利益和根本利益，在任何情况下都不能丢掉群众观点和群众路线。

李鹏提出，要更自觉地树立人口、经济、社会、资源、环境的整体观念，各有关部门和群众团体对计划生育工作要齐抓共管，对人口问题实行综合治理。加强计划生育机构和干部队伍的建设。在当前加快改革开放和经济建设的新形势下，计划生育工作只能抓紧，不能放松。要摸索出具有中国特色的计划生育工作的新路子。

国务院总理李鹏致电联合国反种族隔离特别委员会主席甘巴里向联合国反对种族隔离特别委员会表示声援和支持

中央民族学院藏学系在北京成立

中国物理学会"胡刚复 饶毓泰 叶企孙 吴有训物理奖"第三届授奖大会在北京举行

4个具有国际前沿水平的研究项目和9位物理学家获奖。王淦昌、王大珩、朱光亚、彭桓武、何泽慧、黄昆等著名科学家和100余位物理学学者出席。

中国科学院高能物理所的"北京谱仪数据获取和数据处理技术"获胡刚复物理奖，获奖者：王泰杰、李卫国、许榕生。北京大学的"光轴运铯束频率标准"获饶毓泰物理奖，获奖者：杨东海、王义遒。清华大学的"固体薄膜中离子束诱导非晶化和分形生长"获叶企孙物理奖，获奖者：柳百新。中国科学院高能物理所的"北京谱仪上τ轻质子的精确测量"获吴有训物理奖，获奖者：李金、漆纳丁、薛生田。

这4项物理奖是中国物理学会为纪念胡刚复、饶毓泰、叶企孙、吴有训对中国物理学事业的卓越贡献而设立的，每两年颁发一次。4项奖分别奖给在实验技术、光学、声学、原子和分子物理、凝聚态物理、原子核和粒子物理等专业领域做出突出贡献的物理学家。

本届物理奖每个获奖项目颁发奖状一份，奖金人民币5000元，每位获奖者分别发给纪念章一枚。

第七届全国运动会男子举重7人打破9项亚洲纪录

在54公斤级比赛中，刘寿斌以120公斤的成绩创造抓举新的亚洲纪录，朱少杰成功地举起146.5公斤的杠铃，打破了挺举亚洲纪录，杨斌则以262.5公斤的成绩打破总成绩亚洲纪录；在59公斤级比赛中，广东选手罗建明以130公斤的抓举成绩创造新的亚洲纪录，四川选手刘玉刚以162.5公斤的挺举成绩和287.5公斤的总成绩刷新这两个项目的亚洲纪录；64公斤级抓举和总成绩的两项亚洲纪录被殷伟刷新，成绩分别为140公斤和312.5公斤，湖南选手张友谊以175公斤的成绩创造该级别挺举新的亚洲纪录。

民政部有关负责人就海峡两岸婚姻证件互用问题答记者问

日前，记者就海峡两岸婚姻证件互用问题，走访民政部婚姻管理司负责人。

问：据了解，自去年1月以来，大陆的婚姻证件在台湾使用受阻。请介绍这方面的情况和原因。

答：我们已经注意到台湾有关方面自去年1月1日起开放少数台湾同胞在大陆的配偶赴台定居。但是，当两岸婚姻当事人持大陆婚姻登记机关颁发的婚姻证件赴台使用时，台湾有关方面却以未经海峡交流基金会"验证"为由，拒不采用，致使当事人的正当权益受到损害，不仅两岸人民对此不满，我们也不能理解，不能接受。海基会在无法进行"验证"的情况下，又将婚姻证件复印件寄到出证机关要求查证。迄今，各地婚姻管理机关已收到要求查证的复印件 1000 余份。在当事人要求了解事实真相时，台湾有关方面又制造舆论，将责任推卸给大陆的婚姻管理机关。这种不实事求是的做法，是不利两岸关系发展的。

问：为什么大陆婚姻管理部门不能同意台湾有关方面对大陆婚姻证件进行"验证"的要求？

答：海峡两岸同胞通婚，不是两个国家人民之间的婚姻关系。大陆婚姻管理机关代表政府颁发的婚姻证件，具有无可置疑的法律效力。其在台湾地区的使用，是不应当进行比照国家之间的"文书认证"的。在两岸尚未就婚姻证件使用取得共识之前，海基会单方实行"验证"，台湾有关方面并以此为由拒绝采用大陆婚姻证件，人为地为两岸亲人的团聚设置了障碍，这是不人道的。因此，我们不能同意台湾有关方面"验证"大陆婚姻证件的要求。

问：台湾有关方面出具的婚姻证件，来大陆使用的情况如何？

答：1979 年元旦全国人大常委会发表了《告台湾同胞书》，其中呼吁两岸同胞探亲访友、旅游交流。1987 年 11 月以来，两岸人民交往日益频繁，两岸人民之间的通婚也不断增多。为维护两岸人民尤其是台湾人民的正当权益，大陆民政部门对台湾有关部门出具的婚姻状况证明（或经过公证的户籍底册复印件）和婚姻证件不作任何验证，均视情采证，为台湾人民来大陆结婚及往来给予很大的方便和有效的权益保障。在大陆方面，对台湾同胞持有效的婚姻证件来大陆使用，不存在任何障碍，深得两岸同胞的称赞。这充分表明了大陆方面对保护台湾人民权益和对发展两岸关系的诚意。

问：对大陆婚姻证件在台使用受阻的问题，我们婚姻管理机关采取什么态度？

答：第一，我们在涉及两岸同胞往来的事务方面，一贯主张保障两岸同胞的正当权益，发展两岸关系。我们对两岸婚姻当事人因大陆婚姻证件使用遭到刁难，而不能赴台定居，深表同情。

第二，我们已向婚姻当事人表明，大陆婚姻管理机关代表政府颁发的婚姻证件，具有无可置疑的法律效力。台湾有关方面应视情采证。对个别证件有真伪质疑的，可由海峡两岸关系协会与台湾海基会进一步商谈，寻求解决问题的做法。

第三，造成台湾同胞的大陆配偶不能赴台定居的障碍完全来自台湾的有关方面。我们希望当事人正确了解产生这一问题的真实原因和人民政府从发展两岸关系大局出发而采取的适当措施。在此，希望台湾有关方面迅速采取措施，解决台胞在大陆的配偶赴台定居方面的困难。

问：请问今后你们打算如何解决这个问题？

答：为加强对海峡两岸通婚的管理。我们于 1990 年已使用全国统一的婚姻证件。这种统一的婚姻证件，辨别方便，不易伪造。如台湾有关方面掌握了婚姻证件辨别真伪的方法，就解决了婚姻证件真伪质疑的问题。

3 月 22 日

八届全国人大一次会议举行第四次大会

最高人民法院院长任建新在会上作最高人民法院工作报告。最高人民检察院检察长刘复之作最高人民检察院工作报告。

大会原则批准国务院机构改革方案。

大会由执行主席雷洁琼主持。其他执行主席倪志福、王朝文、卢功勋、刘正威、阮崇武、杨泰芳、沈达人、阿木冬·尼牙孜在主席台前排就座。

最高人民法院院长任建新在八届全国人大一次会议上作《最高人民法院工作报告》

各位代表：

在第七届全国人民代表大会期间，全国各级人民法院和军事、海事、铁路运输等专门法院认真贯彻执行党的"一个中心，两个基本点"的基本路线，忠实地执行宪法和法律，紧紧围绕经济建设这个中心，全面加强刑事、民事、经济、行政、海事等各项审判工作，进一步提高司法水平，对维护社会稳定，保护公民、法人的合法权益，促进改革开放和经济建设，发挥了积极的作用。现将五年来人民法院工作的主要情况和今后工作的意见报告如下，请予审议。

一、关于刑事审判工作

五年来，人民法院认真履行人民民主专政机关的职责，依法严厉打击严重危害社会治安和严重破坏经济秩序等各种犯罪活动。全国法院共受理一审刑事案件 2016357 件，其中 1992 年受理的 422991 件，平均每年上升 7.9%。五年共审结 2011671 件，判决发生法律效力的人犯 2438217 人，其中判处 5 年以上有期徒刑、无期徒刑和死刑（包括死缓）的，占判处人犯总数的 34.9%，判处五年以下有期徒刑、拘役和管制的占 63.3%，免予刑事处分的占 1.4%，宣告无罪的占 0.4%。

（一）严厉打击严重危害社会治安的犯罪活动，维护社会稳定

五年来，各级人民法院坚持依法从重从快的方针，严厉打击严重危害社会治安的犯罪活动，会同公安、检察等机关共同开展全国性的集中"严打"和各地区的专

项斗争，依法严惩杀人、抢劫、爆炸、强奸、流氓、“车匪路霸”和破坏交通、通讯、电力设备等犯罪分子，特别是带有黑社会性质的犯罪集团。依法审判了1989年春夏之交在北京发生的反革命暴乱和一些地方发生的政治动乱中的刑事犯罪案件。五年全国法院共审结一审严重危害社会治安的犯罪案件750744件，判决发生法律效力的人犯1107816人，其中1992年判处的244820人。

盗窃案件历年来居各类刑事案件数量之首。各级人民法院重视严厉打击盗窃犯罪活动，积极参加1991年9月中央社会治安综合治理委员会决定在全国范围内开展的为期3年的反盗窃斗争，依法从严惩处盗窃集团的首要分子、重大盗窃犯、惯犯、流窜犯，并注意对销赃犯的打击。5年全国法院共审结盗窃案件774528件，判处盗窃犯罪分子1142961人，其中1992年判处的206729人。

一个时期以来，强迫、容留妇女卖淫，拐卖妇女、儿童，走私、贩卖毒品，制作、传播淫秽物品，聚众赌博等犯罪活动相当严重。1989年11月，最高人民法院发出通知，要求各级人民法院把打击这几类犯罪活动作为刑事审判工作的一项重要任务。全国法院认真执行全国人大常委会《关于禁毒的决定》、《关于惩治走私、制作、贩卖、传播淫秽物品的犯罪分子的决定》、《关于严禁卖淫嫖娼的决定》、《关于严惩拐卖、绑架妇女、儿童的犯罪分子的决定》，5年共审结这几类犯罪案件69060件，判处犯罪分子101367人，其中1992年判处的24879人。鉴于云南边境地区毒品犯罪活动猖獗，为了及时严惩犯罪分子，最高人民法院于1991年6月依法授权云南省高级人民法院核准部分毒品犯罪死刑案件。在1991年和1992年的“国际禁毒日”前后，云南、贵州、广东、甘肃、广西等地法院分别召开公开宣判大会，依法从重判处了一批毒品犯罪分子，并当场销毁了一批毒品。

各级人民法院认真贯彻全国人大常委会《关于加强社会治安综合治理工作的决定》，采取多种形式，积极参与社会治安的综合治理。通过公开审判，开展法制宣传教育。针对办案中发现的有关单位在管理上存在的漏洞，提出司法建议。对未成年人犯罪贯彻教育、感化、挽救的方针，寓教于审，惩教结合。对罪行较轻的犯罪分子，在有条件的地方依法适当多判一些缓刑、管制，依靠群众进行改造。5年全国法院共判处缓刑、管制258285人。对劳改中确有悔改或者立功表现的犯罪分子，依法裁定减刑或者假释。5年全国法院共办理减刑案件932542件，假释案件104237件。

(二)深入开展打击严重经济犯罪的斗争，维护经济秩序

五年来，各级人民法院坚持依法从严惩处的方针，惩办了一批严重经济犯罪分子。全国法院共审结一审经济犯罪案件169777件，除正在上诉的、退回检察院补充侦查和撤诉的以外，判决发生法律效力的人犯148145人，其中1992年判处的33280人。5年为国家挽回直接经济损失28亿元。

为了促进廉政建设，人民法院坚持把惩治国家工作人员贪污、受贿等犯罪作为打击的重点，认真执行全国人大常委会《关于惩治贪污罪贿赂罪的补充规定》，5年共审结贪污、受贿案件101831件，除正在上诉的、退回检察院补充侦查和撤诉的以外，判决发生法律效力的人犯77547人。为了推动打击经济犯罪斗争的深入开展，1989年8月15日，最高人民法院、最高人民检察院联合发布了《关于贪污、受贿、投机倒把等犯罪分子必须在限期内自首坦白的通告》，各地人民法院及时宣判了一些宽严典型案件，促使一批经济犯罪分子投案自首，收到了较好的效果。

人民法院坚决执行全国人大常委会《关于惩治走私罪的补充规定》等法律，加强了对走私、诈骗、偷税抗税、伪造国家货币等严重扰乱经济秩序的犯罪活动的打击。近几年来，生产和经销假冒伪劣商品的违法犯罪活动十分猖獗。各级人民法院对生产和经销假冒伪劣商品的犯罪案件，及时依法严惩，该重判的坚决重判，并依法适用罚金、没收财产等刑罚，不使犯罪分子在经济上得到好处。

人民法院在审判工作中着重抓好大要案的审判。有些大要案涉及国家机关、企业事业单位领导干部犯罪，社会危害大。五年全国法院共判处贪污、贿赂犯罪数额在万元以上的25602人，其中10万元以上不满50万元的1003人，50万元以上不满100万元的54人，100万元以上的31人，犯罪数额最大的达313万元。在判处的贪污、贿赂案件中，有县(处)级以上干部638人，其中司(局)级干部38人，省(部)级干部4人。

人民法院在审理经济犯罪案件中，坚持“一要坚决、二要慎重、务必搞准”的原则，严格区分罪与非罪的界限。最高人民法院经过调查研究，针对企业管理人员和科技人员的经济犯罪案件，及时提出了区分罪与非罪的界限。对法律和政策规定不明确的，慎重处理；对大胆改革，工作有失误的，一般不以犯罪论处；对一贯表现好或者有突出贡献、认罪态度好的，依法从宽处理，需要判刑但生产经营和科研工作有特殊需要的，依法判处缓刑。

当前，打击经济犯罪中存在的“以罚代刑”问题仍未解决，一些依法应由法院判处的案件，没有依法移送或者起诉到法院，有关部门只作行政处罚或者经济处罚了事，致使一些犯罪分子没有受到应有的惩处。例

如,1992年全国法院受理走私案件只有297件,而仅据一个部门的统计,同年查获的依法应追究刑事责任的走私案件就有1456件。造成“以罚代刑”的主要原因,一是部门利益驱动,赃款赃物谁上缴谁受益;二是缺乏制约监督机制;三是制度不健全。我们希望采取有力措施,切实解决这一问题。

二、关于经济审判和海事审判工作

各级人民法院通过审判活动,调节经济关系,维护经济秩序,积极参与治理整顿,努力为搞好国有大中型企业和发展农村经济服务,为加快改革开放和经济建设服务。五年共受理一审经济纠纷案件3016608件,其中1992年受理的650601件,平均每年上升12.2%;共审结2996496件,结案诉讼标的总金额达1069.14亿元。

(一)加强对经济合同、金融、工业产权和技术合同纠纷等案件的审理,促进市场的发展。5年全国法院共审结购销合同纠纷案件909678件,其中1992年审结的214093件。人民法院妥善处理了因清理整顿公司遗留的和因市场销售情况或者价格变化引起的不履行合同、拖欠货款纠纷;严肃处理生产和销售假冒伪劣商品的违法行为,维护了市场秩序。

人民法院认真处理借款合同纠纷案件,积极参与清理“三角债”,五年共审结这类案件998552件,其中1992年审结的182980件。5年共为国家收回银行贷款200多亿元,有力地支持了金融部门回收贷款的工作。近年来,经济特区和沿海开放城市的法院,还审结了一批在深化改革、扩大开放中出现的股票、债券、票据和融资租赁纠纷等新类型案件,拓宽了经济审判的领域。

人民法院认真贯彻执行专利法、商标法和技术合同法,五年共审结专利、商标和技术合同纠纷案件6796件,其中1992年审结的1808件。人民法院重视对工业产权和技术权益的司法保护,对侵犯他人专利权、注册商标专用权的,依法予以制裁;妥善处理技术合同纠纷案件,促使科技成果的商品化和向现实生产力的转化。

(二)加强对企业承包、租赁和破产等案件的审理,促进企业经营机制的转换。人民法院在审判工作中,严格执行国家关于法人制度的规定,保护企业的经营自主权。1992年国务院发布《全民所有制工业企业转换经营机制条例》以后,企业承包、租赁经营合同纠纷和破产案件上升较快。仅1992年就审结企业承包、租赁合同纠纷8620件;审结破产案件265件,比上年上升365%。

(三)加强对农村经济纠纷案件的审理,促进农村经济的发展。五年全国法院共审结农村承包合同纠纷等案件176705件,其中1992年审结的51036件,平均每年上升20.7%。通过审理这类案件,稳定以家庭联产承包为主的责任制,促进统分结合的双层经营体制的不断完善。各级人民法院还及时审理涉及乡镇企业的经济纠纷案件,促进了乡镇企业的发展。

(四)加强执行工作。5年来,在各级党委的领导、人大的监督和政府的支持下,人民法院判决的执行工作得到了加强。1992年,最高人民法院在全国范围内对跨省、自治区、直辖市委托执行案件统一组织清理。五年全国法院共执行经济纠纷裁判1191152件,使大部分案件得到了执行。但是,“执行难”的问题仍然比较突出。其主要原因,一是一些企业严重亏损,无力还债;二是地方保护主义和部门保护主义干预,有关方面不配合人民法院执行;三是有些当事人法律意识淡薄,逃避履行义务;四是有少数案件判决不公正,无法执行。我们要求各级人民法院进一步加强执行工作,从全局出发,坚决抵制和克服地方保护主义和部门保护主义,维护法律的严肃性和国家法制的统一;秉公执法,保证裁判正确;充实力量,健全机构,提高执行工作水平。我们希望有关方面大力支持法院的执行工作。

五年来,海事审判工作有了较快的发展。我国是世界海运大国之一,90%以上的进出口货物要靠海运来完成。海事、海商案件日益增多,收案范围也不断扩大。五年全国共受理一审海事、海商案件4652件,平均每年上升36.7%,收案类型已达33种,诉讼当事人来自38个国家和地区,有些案件的双方当事人都是外国公民或者法人,也到我国海事法院诉讼。五年共审结4211件,其中1992年审结的1436件,结案诉讼标的金额12.38亿元。海事审判具有专业性强、涉外案件多、适用法律复杂的特点。各海事法院不断提高办案质量和效率,在国际上产生了良好的影响。为了便利诉讼,有的海事法院在辖域的重要港口城市设立了派出法庭。《中华人民共和国海商法》将于今年7月1日生效施行。各海事法院及其上诉审法院正在抓紧学习海商法,并积极做好施行的准备工作。海商法涉及许多国际公约、议定书、规则,施行海商法越来越要求司法的统一,因此,设立海事高级法院,统一受理二审海事、海商案件非常必要。我们正在就这个问题进行调查研究,待条件成熟时,提请全国人大常委会审议。

三、关于民事审判工作

民事权利是公民、法人的一项基本权利。随着经济的发展和法制的逐步完善,公民的法律意识不断增强,民事诉讼逐年上升。五年全国法院共受理一审民事案件8951833件,占全部收案总数的60%以上,1992年受理的1948786件,平均每年上升9.9%;共审结8936284件。民法通则和民事诉讼法以及著作权法等重要法律的施行，使民事审判工作不断向前发展。人民法院正确、及时地处理大量民事案件，依法保护公民、法人的民事权益，对维护社会安定，促进生产的发展和精神文明建设，起到了积极的作用。

(一)依法审理婚姻家庭案件和继承案件。婚姻家庭案件占全部民事案件的一半。近几年来，由于人们的婚姻家庭观念和财产关系的变化，离婚案件不仅数量增加，而且在离婚时解决财产分割、子女抚育、住房分配等问题的难度增大。五年全国法院共审结离婚案件 3950011 件，赡养和抚育案件 329761 件，继承案件 107109 件。

(二)积极审理债务、房地产、劳动纠纷等案件。随着改革开放的深入发展，民间经济往来日趋广泛，债务案件特别是借贷案件大幅度上升。五年全国法院共审结债务案件 2610150 件。审结房地产开发和其他房产案件 263609 件，劳动报酬、劳动争议案件 80732 件，促进了房地产和劳务市场的发展。

(三)依法审理著作权和名誉权等案件。五年全国法院共审结著作权、名誉权、名称权、姓名权、荣誉权等案件 11317 件。著作权是一项重要的知识产权，我国已加入伯尔尼公约等有关版权的国际公约，并与一些国家签订了保护著作权的双边协议，著作权的司法保护在我国越来越受到重视。

(四)妥善处理土地、山林、水利纠纷等案件。五年全国法院共审结这几类案件 166234 件。这些案件多发生在农村，涉及资源的合理使用，关系群众的生产生活，矛盾容易激化，引起群众性械斗。人民法院通过审理这些案件，及时化解矛盾，消除不安定因素，促进农业生产，维护农村社会稳定。

四、关于行政审判工作

行政审判工作的开展，是完善我国诉讼制度的重要标志，是社会主义法制建设的一件大事，也是社会主义民主政治建设的一个重要步骤。1989 年行政诉讼法的颁布，使行政审判工作进入了一个新阶段，行政诉讼涉及的领域不断扩大，行政诉讼案件上升很快。五年全国法院共受理一审行政案件 84305 件，平均每年上升 35.5%，案件涉及 30 多个行政部门。共审结 82129 件，其中维持行政机关决定的占 34.1%，撤销行政机关决定的占 17.5%，变更行政机关决定的占 3%，撤诉的占 35.4%，作其他处理的占 10%。此外，各级人民法院还办理了行政机关申请强制执行的案件 131328 件。

人民法院在行政审判工作中，既依法保护公民、法人和其他组织的合法权益，又维护和监督行政机关依法行使职权。五年中，主要抓了以下几个方面的工作：第一，通过对侵犯企业生产经营决策权、产品销售权、投资决策权等案件的审理，制止侵犯企业经营自主权的违法行政行为，促进国有企业特别是大中型企业经营机制的转换。第二，加强对土地、工商、税务、环保等案件的审理，制止乱设卡、乱罚款、乱摊派等违法行政行为，促进商品的生产和流通。第三，加强对治安、收容审查、劳动教养等案件的审理，依法保护公民的人身权利和其他合法权益。

五年来，人民法院的行政审判工作从无到有，开拓前进，初步打开了局面。但是，由于行政诉讼制度建立不久，有些公民和行政机关对行政审判的重要性认识不足，目前一些地方仍然存在公民、法人不敢告，行政机关不愿当被告的现象，人民法院也有畏难情绪。因此，进一步学习、宣传、贯彻行政诉讼法，仍然是今后一项十分重要的任务。我们要求各级人民法院要认真总结经验，敢于排除各种干扰，严格依法办案，以开创行政审判工作的新局面。

五、关于涉外和涉港澳、涉台案件的审判工作

各级人民法院十分重视涉外案件的审理，把它作为促进对外开放的一项重要工作来抓。五年全国法院共受理涉外案件 6186 件。人民法院审理民事和经济纠纷涉外案件，依照我国法律，并按照我国缔结或者参加的国际条约，参照国际惯例，运用冲突规范，解决好法律适用问题。坚持对中外当事人在适用法律上一律平等的原则，依法保护当事人的合法权益。在做好涉外案件审判工作的同时，我国法院积极开展同外国法院的司法协助活动。我国同 13 个国家签订了司法协助条约，其中同法国、波兰、蒙古、罗马尼亚签订的司法协助条约已生效执行，并于 1991 年 3 月加入了《关于向国外送达民事或商事司法文书和司法外文书公约》。截至 1992 年底，我国法院委托外国法院和接受外国法院委托代为送达司法文书共 188 件。

1987 年以来，内地与港澳之间的交往不断增多。人民法院受理的涉港澳案件也随之增长，五年共受理涉港澳案件 9264 件。广东省法院与港澳法院建立了联系。人民法院审理涉港澳民事和经济纠纷案件，严格依照我国法律的规定进行；根据民法通则的规定，可以适用香港、澳门法律的，在不违背我国社会公共利益的前提下，予以适用。

为有利于大陆与台湾地区关系的发展，人民法院积极、妥善处理涉台案件。五年全国法院共受理这类案件 1144 件。1988 年 8 月，最高人民法院依照法律，并充分考虑海峡两岸人民长期隔绝的历史事实，就审理婚姻、继承、房屋、债务等涉台民事案件如何适用法律问题作出了规定。1991 年 4 月，最高人民法院又宣布，台湾居民在台湾地区的民事行为和依据台湾地区

法规所取得的民事权利，如果不违反国家法律的基本原则，不损害社会公共利益，可以认可其事实效力。对台湾地区法院的民事判决，也将根据这一原则，分别不同情况，具体解决认可其效力的问题。同时提出，根据法律的有关规定，高级人民法院经最高人民法院同意可与台湾有关法院通过适当途径，妥善解决相互委托代为送达诉讼文书、调查取证和执行等问题。我希望，今后海峡两岸有关法院能就相互委托代为一定诉讼行为的途径和方式等问题，进行接触商谈，达成具体协议，以利于保护两岸当事人的合法权益。

六、关于审判监督和业务指导

各级人民法院为了保证办案质量，提高司法水平，加强了审判监督工作。五年全国法院共接待人民来访1476万人次，处理群众来信1058万件次，其中，申诉437万件人次。为了使申诉工作规范化，最高人民法院先后制定了处理刑事案件申诉和处理民事、经济纠纷案件申诉的规定。各级人民法院坚持"实事求是，有错必纠"的原则，对当事人提出的申诉和申请再审，认真审查处理，并对已生效的判决主动进行检查，发现原判确有错误的，依照审判监督程序予以纠正。五年来，全国法院还审理了检察机关按照审判监督程序提起抗诉的刑事、民事、经济案件981件，按照二审程序提起抗诉的刑事案件10939件，共计11920件。其中，抗诉有理，原判确有错误，依法改判的4312件；抗诉理由不能成立，原判正确，予以维持的4926件；检察机关撤回抗诉的1298件；作其他处理的1384件。

五年来，上级人民法院进一步加强了对下级人民法院审判工作的指导。全国人大及其常委会陆续制定了民法通则、行政诉讼法、民事诉讼法等一系列重要法律和刑法的一些补充规定。为了在审判工作中正确实施这些法律，最高人民法院在深入调查研究、总结审判经验的基础上，针对审判工作中遇到的新情况、新问题，就如何具体适用法律的问题，作出了有关刑事、民事、经济、行政、海事等方面的司法解释318件。例如，关于贯彻执行民法通则若干问题的意见、关于适用民事诉讼法若干问题的意见、关于贯彻执行行政诉讼法若干问题的意见，还会同最高人民检察院作出了关于执行惩治贪污罪贿赂罪的补充规定若干问题的解答，等等，并通过《最高人民法院公报》和其他新闻媒介向社会公布。这些司法解释，对审判工作的顺利开展起了重要的作用，并为立法工作提供了一些可资借鉴的经验。在作出新的司法解释的同时，对过去的司法解释进行清理，其中不适应改革开放和法制建设发展需要的，陆续加以修改或者废止。

七、关于法院的自身改革和建设

法院的自身改革和建设是人民法院做好审判工作的重要保证，也是我国社会主义民主和法制建设的一个重要组成部分。五年来，各级人民法院的自身改革和建设，取得了新的进展。

(一)完善法院体制，改进审判方式。一是根据进一步扩大开放和经济建设的需要，增设了厦门、海口、宁波3个海事法院，使海事法院由原来的6个增加到9个；在大连、烟台、青岛、广州、天津等地的经济技术开发区和保税区试设了法院或者派出法庭。二是健全审判机构，各级人民法院普遍设立了行政审判庭、执行庭，一些法院设立了房地产审判庭、涉外经济审判庭、少年法庭。三是依法加强调解工作，许多法院借鉴深圳市中级人民法院的经验，成立了"经济纠纷调解中心"，结案快，执行快，效果好。四是改进公开审判的方式。审理民事、经济纠纷案件，强调当事人的举证责任，强调庭审的调查、辩论和质证，以保护当事人的诉讼权利，提高办案的质量和效率。有些法院试行立案和审理分开的制度，强化法院内部的制约机制，以有利于解决"告状难"的问题。

(二)加强法院队伍建设。五年来，法院的队伍建设有了很大发展，素质有了明显提高。为了提高法院队伍的政治素质，各级人民法院加强了马列主义毛泽东思想和党的基本路线的学习，去年初以来，又着重学习了邓小平同志视察南方的重要谈话和党的十四大精神，进一步用邓小平同志建设有中国特色社会主义的理论武装头脑。各级人民法院坚持从严治院，健全廉政制度，强化监督机制，坚决抵制和纠正不正之风，开展每年一度的执法执纪大检查，大力表彰好人好事，严肃查处违法乱纪行为。五年来，在全国范围内表彰先进集体135个，先进个人105人，其中全国劳模32人；在省级范围内表彰先进集体936个，先进个人5029人。开除违法违纪干警138人(内有审判人员32人)，受刑事处分干警157人(内有审判人员44人)。

为了提高法院干部的业务素质，继创办全国法院干部业余法律大学之后，最高人民法院和国家教委联合成立了中国高级法官培训中心，实行了《法律(审判)专业证书》教育制度，有计划地开展了岗位培训、岗前培训。五年来共培养高级法官800余人，大专以上毕业生7万余人，还有4万余人在校学习。全国法院审判人员中，具有大专以上文化水平的，已由1987年的17.1%上升到66.6%。最高人民法院和新疆、西藏、宁夏、内蒙古等地法院举办了少数民族审判干部大专班或者短期培训班。全国有20个高级人民法院成立了法官培训中心。全国法院系统多形式、多层次的干部教育培训网络已初步形成。目前，我们正在积极筹建国家法官学院。

为了建立具有中国特色的社会主义法官制度，从

1987年起，我们就着手研究起草法官条例，并于1991年开始在上海、哈尔滨两市部分法院进行试点，积累经验。法官条例（草案）不久将提请全国人大常委会审议。

以上提到的问题，有些涉及人民法院组织法的修改。我们正在总结改革开放以来在法院组织、制度建设方面的新鲜经验，提出修改意见，尽快报请全国人大常委会审议。

（三）加强人民法庭和审判法庭建设。人民法庭是基层人民法院的派出机构，绝大部分设在农村，处在法院工作第一线，承担着全国80%左右民事案件、部分经济纠纷案件和刑事自诉案件的审判任务，还要处理简易纠纷、指导人民调解组织、宣传法制、参与社会治安综合治理。因此，加强人民法庭工作，是搞好法院工作的基础。五年来，各级人民法院面向基层、服务基层，从组织上、业务上和思想作风上大力加强人民法庭建设。到1992年底，全国共有人民法庭18000多个，比1987年增加近3000个，配备法庭干部7万余人。为了使人民法庭的工作和建设进一步制度化，最高人民法院正在起草《人民法庭组织条例（草案）》，不久将提请全国人大常委会审议。

五年来，在各级党委、人大和政府的支持下，全国法院的审判法庭有75%已经建成或者正在建设，人民法庭的办公用房有61%已经建成或者正在建设。但总的来说，人民法院的设施和装备还比较落后，经费紧缺，执法条件有待进一步改善。现在全国还有830个人民法院没有审判法庭，6800多个人民法庭没有办公用房，亟待解决。军事、海事、铁路运输等专门法院的审判法庭也需要抓紧建设。我们希望在“八五”期间，审判法庭和人民法庭办公用房能全部建成，经费紧缺、装备落后的问题也能得到适当解决。

各位代表：在七届全国人大期间，全国法院共受理各类一审、二审和再审案件1556万余件，审结1555万余件，平均每年分别上升6.8%和6.4%。其中，1992年受理336万件，审结337万件（含旧存）。人民法院的审判工作与改革开放和现代化建设同步发展，取得了很大成绩。同时，人民法院的工作还存在不少缺点，一是有些干警的思想还跟不上改革开放和经济建设发展的新形势，需要进一步解放思想、转变观念；二是对新情况、新问题缺乏深入的调查研究，工作指导不够及时、有力；三是有的案件办案质量不高，甚至办错案，有的办“关系案”、“人情案”；四是有的案件办得拖拉，处理不及时，有的案件该受理没有受理，群众反映“告状难”；五是少数干警缺乏为人民服务的思想，作风简单、粗暴，甚至违法乱纪。对这些缺点，我们要在今后的工作中认真克服。

八、关于今后人民法院的工作任务

今后五年是实现我国现代化建设第二步战略目标的关键时期，党的十四大又明确确定了建立社会主义市场经济体制的改革目标，这给人民法院的工作提出了新的更高的要求。随着改革开放和经济建设步伐的加快，以宪法为核心的适应社会主义市场经济发展的法律体系的建立，越来越多的社会关系需要运用法律手段来调节，人民法院的审判任务将更加繁重。今后一个时期，人民法院的主要任务是：认真贯彻党的十四大精神，坚定不移地执行党的“一个中心，两个基本点”的基本路线，坚持用邓小平同志建设有中国特色社会主义的理论指导工作，进一步解放思想，实事求是，继续全面加强刑事、民事、经济、行政、海事审判工作，深入开展严厉打击严重刑事犯罪和严重经济犯罪的斗争，充分运用法律手段调节经济关系，切实保护公民、法人的合法权益，维护和监督行政机关依法行政，为维护国家安全和社会稳定，为社会主义市场经济体制的建立，为加快改革开放和现代化建设，提供有力的法律保障和法律服务。

为了完成宪法和法律赋予人民法院的审判任务，总结过去五年的经验，各级人民法院在今后的工作中，要做到五个坚持：一是必须坚持审判工作为经济建设服务的指导思想。通过审判活动，促进社会主义市场经济体制的建立和完善，依法保护有利于解放和发展生产力的行为，限制不利于解放和发展生产力的行为，制裁那些破坏解放和发展生产力的行为。二是必须坚持“两手抓，两手都要硬”的方针。几年来，社会治安综合治理取得了成绩，但是，一些地方治安状况仍然不好，严重刑事犯罪案件继续上升，有的地方犯罪活动猖獗。因此，人民法院必须充分认识同刑事犯罪作斗争的长期性和复杂性，进一步强化人民民主专政的职能作用，继续坚决打击各种严重危害社会治安的犯罪活动，扫除社会丑恶现象；坚决严惩严重经济犯罪分子，深入开展反腐败斗争，为加快改革开放和现代化建设进一步创造良好的社会环境。三是必须坚持切实保护公民和法人的合法权益的原则。要依法制裁侵犯公民的民主权利和人身权利，侵犯公民、法人的财产权利的违法行为，以维护社会主义民主和法制，调动和保护广大群众参加现代化建设的积极性。四是必须坚持严肃执法。坚持在党的领导和人大的监督下依法独立进行审判，不断改进公开审判方式，坚决反对和抵制“以言代法”、“以权压法”。社会主义市场经济需要有完备的法制来规范和保障，从这个意义上说，社会主义市场经济就是法制经济。人民法院要坚决抵制和克服地方保护主义和部门保护主义，维护法律的尊严和国家法制的统一。五是必须坚持法院的自身改革和建设。增强改革意识，更新观念，认真总结我国改革开放以来的司法实践经验，加强对新情况、新问题的调查研究，大胆借鉴外国司法制度的有益经验，进一步发展和完善有中国特色的社会主义审判制度。

各位代表：各级人民法院将在邓小平同志建设有中国特色社会主义理论和党的十四大精神的指引下，在以江泽民同志为核心的党中央的领导下，振奋精神，努力奋斗，充分发挥审判职能作用，为加快改革开放和现代化建设作出新的贡献！

最高人民检察院检察长刘复之在八届全国人大一次会议上作《最高人民检察院工作报告》

各位代表：

第七届全国人民代表大会第一次会议以来，最高人民检察院领导地方各级人民检察院和专门人民检察院，贯彻执行党的“一个中心、两个基本点”的基本路线，遵循宪法和法律的规定，坚持为社会主义现代化建设服务的指导思想，开展了各项业务，检察工作在改革中前进，取得很大的进展。

五年来，检察机关突出地开展了惩治贪污贿赂犯罪和严厉打击严重刑事犯罪的斗争，加强了查办侵犯公民民主权利、渎职犯罪的工作，加强了各项业务建设与队伍建设，有步骤地对检察体制进行了改革。各级检察院在工作中强化了法律监督职能，对于维护国家稳定和社会安定，促进社会主义民主和法制建设，推动廉政建设，保障改革开放和经济建设的顺利进行起了积极作用。

现将主要情况报告如下，请予审议。

一、五年的主要工作情况

(一)深入开展惩治贪污贿赂犯罪斗争

这几年，全国检察机关突出地开展了惩治贪污贿赂犯罪的斗争，采取了一系列措施，加强对国家工作人员这种职务犯罪的法律监督。

——坚持把惩治贪污贿赂犯罪作为工作重点。从1988年第四季度开始，高检院把惩治贪污贿赂犯罪作为检察工作的重点，确定为打击经济犯罪的第一位工作，强调领导亲自动手，集中力量查办大案要案，从而开创了工作的新局面。据统计，1988年至1992年底，全国检察机关共立案侦查贪污贿赂案214318件，其中万元以上的大案49122件；向人民法院提起公诉95818人；追缴赃款赃物计人民币25.8亿元。

——贯彻“两高通告”。1989年8月15日，高检院会同高法院发布了《关于贪污、受贿、投机倒把等犯罪分子必须在限期内自首坦白的通告》。在《通告》规定的两个半月内，群众举报贪污贿赂等经济犯罪线索133765件，有36000多名贪污贿赂犯罪分子到检察机关投案自首。

——集中力量查办大案要案，依法妥善处理小案，严厉打击了严重的贪污贿赂犯罪分子。在侦破的万元以上大案中，10万元以上不满50万元的有1782件，50万元以上不满100万元的122件，100万元以上的81件。1992年海南省海口市工商银行会计薛根和与他人合伙贪污3000多万元，这是历年来最大的一起。1988年以来，共查办了犯有贪污受贿罪的县处级以上干部4629名，其中厅局级干部173名，省部级干部5名。查办大案要案的社会效果、经济效果和政治效果都很好。同时，对于犯罪情节轻微，本人自首、立功或有悔改表现、积极退赃的，依法从宽处理；对于危害不大、依法可以不追究刑事责任的，移送政纪、党纪部门处理。这样做，既严厉打击了严重的犯罪分子，又教育和挽救了有轻微违法犯罪行为的人。

——检察长带头办案，分级办理大案要案。从高检院到地方各级检察院实行检察长带头查办大案要案的制度。领导干部深入第一线，研究案情，指挥侦查、取证，解决困难，取得了主动权。在检察机关内部实行了分级负责办理大案要案的制度；中央国家机关的大案要案和涉及省部级以上干部的案件，由高检院为主查办；涉及司局级干部的案件，由省、自治区、直辖市检察院为主查办；涉及县处级干部的案件，由地、州、市级检察院为主查办。采取这些措施，加强了上级检察院对下级检察院的领导，有利于排除干扰，侦破案件，制服罪犯。

——开展举报工作。1988年3月，广东省深圳特区市检察院首创了贪污贿赂罪案举报中心，高检院迅速推广了这个好经验。全国已有3600多个检察院建立了举报机构，大张旗鼓地开展了举报工作。通过举报受理的贪污贿赂线索73万件次，已立案侦查15万多件；对不属于检察机关管辖的21万多件已移交有关部门办理。还查办了打击报复举报人案件2922件，查办利用举报诬告陷害他人案件328件，奖励举报有功人员6080名。在实践中，逐步建立起受理、初查、立案侦查、保护、奖励和信息反馈等一套制度，1991年5月高检院公布了《关于保护公民举报权利的规定》。举报线索已经成为侦查案件的主要来源。举报工作是检察机关专门工作与群众路线相结合的新形式，它推动反贪污贿赂犯罪斗争的顺利进行，并为其深入开展打下了坚实的群众基础。

——建立反贪污贿赂局。1989年夏，高检院肯定和推广了广东省检察院设立反贪污贿赂局的做法，得到党中央、全国人大常委会和国务院的支持。全国绝大多数省级检察院，部分市、县检察院，已先后在原经济检察机构的基础上组建了反贪污贿赂局。经过组织调整，充实办案力量，增添技术装备，强化集中统一指挥，加强了秘密调查工作，培养了反贪污贿赂犯罪的专门队伍，推进了反贪污贿赂侦查工作的规范化和现代化建设。经过几年的实践，侦查破案和预防犯罪的能力已有明显提高，初步形成了查办贪污贿赂罪案的侦查体制。在检察机关中建立反贪污贿赂局，有助于强化对国家工作人员中发生的贪污贿赂犯罪的法律监督，这是针对反贪污贿赂犯罪斗争的长期性、复杂性而采取的重要组织措施，也是实施法律监督的具体体现。

——实行内部双重制约制度。从 1989 年起，各级检察院对自侦案件实行了内部制约制度，把侦查、预审工作与审查逮捕、起诉工作分开，分别由反贪污贿赂局和刑事检察部门负责办理；对不服免诉的申诉，由上一级检察院的控告申诉部门复查处理。实行这个制度，有效地防止和减少了差错，出了差错也比较容易发现和纠正。

——加强宣传。充分运用广播、电视、报刊、录像等宣传媒介和展览会、新闻发布会等形式，向社会公布查办贪污贿赂罪案的情况，宣传国家的法律和党的政策。高检院和地方各级检察院共举办大中型惩治贪污贿赂犯罪展览 129 次，参观人数达 700 多万人次，提高了反贪污贿赂犯罪斗争的透明度，调动了人民群众参加反贪污贿赂犯罪的积极性。

——起草《惩治贪污贿赂法》。根据党中央和全国人大常委会的立法计划，最高人民检察院成立了《惩治贪污贿赂法》研究起草小组，经过两年多的调查、论证，已拟出草案。现在根据建立社会主义市场经济体制出现的新情况，正在进一步研究和修改中。

——打击偷税抗税和假冒商标等经济犯罪。检察机关和税务、工商等部门密切配合，加强了对偷税抗税、假冒商标、生产和销售伪劣商品等犯罪活动的打击，维护国家税收和工商管理秩序，保护消费者和企业的合法权益。五年共立案侦查偷税抗税罪案 38091 件，假冒商标罪案 5105 件，为国家挽回直接经济损失 7.7 亿元。

反贪污贿赂犯罪涉及经济生活的诸多方面。在办案中，各级检察院注意严格分清罪与非罪界限，不断提高为经济建设服务的自觉性。我们总结和推广了一些比较成熟的经验，这主要是：(1)区分贪污贿赂犯罪与正常交往应酬的界限，分清哪些是合法的，哪些是违纪违法的，哪些是犯罪的，对确有犯罪事实和确凿证据的犯罪分子坚决查办，决不手软，但在定性时不拔高，定罪时不凑数；(2)对违反国家规定收受各种名义"回扣"的行动，重点查办中饱私囊构成犯罪的和为获取"回扣"而采购、销售假冒、伪劣商品构成犯罪的；(3)对于重要岗位上的涉嫌人员，需要采取强制措施时，事先建议党委、政府适时进行人事调整，避免工作和生产经营活动脱节，同时，严格保守侦查秘密，防止侦查对象畏罪潜逃，并注意维护企业的声誉；(4)在侦查工作中，不轻易冻结企业的银行账户，在不影响侦查工作的前提下，允许受审查人员参加必要的生产、科研和业务活动；(5)凡是罪与非罪界限不清的、有争议的，不轻易采取法律强制措施，凡是拿不准的及时向上级检察院请示；(6)大力加强预防贪污贿赂犯罪的工作，针对发案单位暴露出来的漏洞主动提出《检察建议》，推动整改，促进会计、审计、监督、管理等规章制度的完善，健全防范机制。

(二)依法从重从快严厉打击严重的刑事犯罪活动，开展社会治安综合治理

严厉打击严重刑事犯罪活动是检察机关的又一个工作重点。在党和政府的统一领导下，各级检察院与公安、法院、司法行政等部门相互配合，有计划、有重点地开展"严打"斗争。1988 年至 1992 年底，全国检察机关共受理公安机关提请批准逮捕的人犯 2959565 名，经审查已批准逮捕 2568250 名；受理公安机关移送起诉的人犯 2904820 名，经审查已向人民法院提起公诉 2507247 名。在批捕、起诉工作中，各级检察院坚持基本事实清楚、基本证据确凿，不纠缠细枝末节的原则，依法从快批捕、起诉，防止贻误战机。

——重点打击暴力犯罪。检察机关始终把杀人、抢劫、爆炸、盗抢枪支、持枪作案、强奸、流氓滋扰等严重犯罪，以及各种带黑社会性质的犯罪集团和团伙列为打击的重点，共批捕这些严重犯罪分子 871922 名，批捕参与犯罪集团和犯罪团伙的犯罪分子 102083 名。检察机关积极参加了 1989 年春夏之交制止动乱和平息北京地区反革命暴乱的工作。

——积极参加反盗窃、"扫黄"、除"六害"等专项斗争。认真执行全国人大常委会《关于禁毒的决定》、《关于惩治走私、制作、贩卖、传播淫秽物品的犯罪分子的决定》、《关于严惩拐卖、绑架妇女、儿童的犯罪分子的决定》和《关于严禁卖淫嫖娼的决定》，严厉打击了这些败坏社会风气、危害社会安定、群众痛恨的犯罪分子。五年来，共批捕盗窃案犯 1256518 名，起诉 1228612 名；批捕走私、贩卖、运输、制造毒品，制作、贩卖、传播淫秽物品，引诱、容留、强迫妇女卖淫，拐卖绑架妇女儿童，赌博和利用封建迷信骗财害人等案犯 119181 名。

——加强国家安全检察工作。加强隐蔽敌情动态的研究，与公安、国家安全机关密切配合，运用法律武器，打击阴谋颠覆政府、危害国家安全的反革命活动，以及国外境外敌对势力的渗透、破坏、窃密等活动，维护国家安全和社会安定。

——依法对公安机关的侦查活动实施监督。五年

来，各级检察院在坚持依法从快批捕、从快起诉的同时，对没有逮捕必要或没有构成犯罪的 225625 人作出不批捕决定，对不应追究刑事责任的 15388 人作出不起诉决定；追捕漏网的犯罪分子 39029 名，追诉 20664 名；对公安机关侦查活动中发生的违法情况提出纠正意见 43817 件次；把提前介入公安、国家安全机关对重大、特大刑事案件的侦查、预审活动，作为加强侦查监督的一项重要措施，并逐步走向制度化，有效地加强了对侦查活动的监督。

——依法对人民法院的审判活动实施监督。通过多种形式培养优秀公诉人，提高出庭公诉水平。检察机关对提起公诉的案件，在人民法院开庭审判时，派员出庭支持公诉。对人民法院审判活动中发生的违法情况，提出纠正意见 12962 件次；对人民法院确有错误的判决、裁定提出抗诉 10280 件。

——认真落实社会治安综合治理。检察机关的主要措施是：结合办案进行法制宣传；对发案单位存在的隐患积极提出《检察建议》；对免诉人员进行教育、考察；建立综合治理联系点，了解社会动向；加强对未成年人犯罪的预防和教育、挽救工作；开展对诱发犯罪原因的社会调查和专题研究，提出预防对策。

（三）严肃查办侵犯公民民主权利和渎职犯罪案件

依照宪法和法律规定，依法查办侵犯公民民主权利、渎职犯罪是检察机关的一项重要任务。1988 年，高检院恢复了法纪检察厅，地方各级检察院也组建了法纪检察机构，使法纪检察工作逐年得到加强。五年来共查办“侵权”、渎职的重大案件 9060 件，特大案件 2482 件；查办县处级以上干部 614 名，为国家挽回直接经济损失 4 亿元。

各级检察院特别注意查办刑讯逼供、徇私舞弊、侵犯公民通信自由、诬告陷害、破坏选举等案件，依法保护公民的民主权利和人身权利。五年来，共立案侦查公安、司法人员刑讯逼供案 1687 件，徇私舞弊案 709 件。同时，还查办了公民之间因经济、婚姻、家庭、遗产等纠纷引起的非法拘禁案 15297 件。中国共产党和人民政府一贯重视保护公民的民主权利。我国宪法和法律规定公民享有充分的民主自由权利，并且受到法律的有效保护；对于侵犯人权的行为，一经发现检察机关都及时进行调查，构成犯罪的依法追究刑事责任。一些西方国家在“人权”问题上对我国的攻击是没有道理的，是毫无根据的。

各级检察院认真查办玩忽职守、重大责任事故犯罪案件，运用法律武器同严重官僚主义作斗争，维护了国家机关的正常活动和经济管理秩序。

（四）积极开展监所、军事、铁路运输、控告申诉、民事行政等检察工作

——加强了对人民法院刑事判决、裁定的执行情况及监管改造机关执法活动的监督。各级人民检察院向劳改劳教场所派出检察院 66 个，派驻检察室 711 个，在看守所派驻检察室 1993 个。这些检察机构与监管改造机关配合，坚决打击“牢头狱霸”，维护监管改造秩序，监督和促进对罪犯、劳教人员依法文明管理和改善监所条件，保护被监管人员的合法权益。

——各级军事检察院及时打击军内的犯罪活动，积极参加预防犯罪的综合治理工作，努力维护军人的合法权益，为加强人民军队建设作出了贡献。

——各级铁路运输检察院共批捕在列车上和车站、铁路沿线作案的犯罪分子 44733 名，起诉 46395 名，严厉打击了“车匪路霸”；同时查办了铁路系统的贪污贿赂罪案 3329 件，对维护铁路运输安全，促进路风的整顿起了积极作用。

——加强了控告申诉检察业务，认真处理控告申诉案件，接待来访 936021 人次；处理来信 3572654 件次；妥善处理了一批集体上访案件，化解了矛盾，减少了不安定因素。

——根据《民事诉讼法》和《行政诉讼法》的规定，各级检察机关本着“积极、认真、稳妥”的原则，大力培训干部，克服困难，初步开展了民事审判和行政诉讼的法律监督工作。

——重视现代科学技术手段在办案中的应用，已建立省、地、市和部分县检察技术点 1273 个，科研机构 20 个，拥有各类技术人员 5500 名。通过检验鉴定、现场勘验、文证审查等科技手段的运用，提高了办案的质量和效果。

——高检院单独发布司法解释文件 48 件，与高法院联合发布司法解释文件 65 件。各级检察长能够带头深入实际，调查研究，重视科学决策，严格依法办案。

——创办了《中国检察报》，成立了中国检察出版社和检察理论研究所，宣传党和国家的政策、法律，加强有中国特色社会主义检察制度的研究，推动了业务的开展。

——开展了同国外、境外检察、司法机关的友好交往，同一些国家建立了检察司法协助关系，开展了与港澳廉政机构的个案协查。

（五）依法建院，从严治检，加强队伍建设

我们坚持在广大干警中进行马克思列宁主义、毛泽东思想的基本理论教育，邓小平同志建设有中国特色社会主义的理论和党的基本路线的教育，去年又着重进行了加快改革开放、经济建设的步伐和建立社会主义市场经济体制的教育。我们还认真抓了法律责任、职业道德、检察纪律的教育，密切联系检察工作实际开展思想政治工作；加强领导班子建设，培养和选拔

优秀中青年干部进入领导班子；开展争先创优活动，宣传检察人员清正廉明、无私奉献的英雄模范事迹，在全国范围表彰了 401 个先进集体，612 名先进个人，有 15 名检察干警受到国家表彰，其中全国劳动模范 8 名。在省级范围表彰 2498 个先进集体和 7512 名先进个人。

1988 年冬，我们确定了从严治检的方针，提出建设一支立场坚定，依法办案，秉公执法，掌握政策，实事求是，联系群众，精通业务的检察官队伍的奋斗目标。1989 年颁布施行了“八要八不准”的《检察人员纪律》。每年开展一次执法执纪大检查。检察系统建立了纪检、监察机构，严肃查办了少数违法乱纪的干警。注意把好进人关，坚决清理调出不合格的检察人员，维护了队伍的纯洁。

高检院创建了中央检察官管理学院和中国高级检察官培训中心，已培训各级检察长和后备干部 3354 名；全国建立了 24 个检察官培训中心和 5 所检察干部学校，已培训各级干部 45000 名；有 10 万多名检察人员参加了电大、业大、函授和专业证书学习。到 1992 年底，具有大专以上文化程度的干部已占干部总数的百分之六十。从去年开始严格实行岗前培训制度，对 330 名新任省、市两级检察长进行上岗前的培训。

经过改革，县级检察院的机构设置有了新的进展。全国已在重点乡镇设置检察室 1020 个，设置税务检察室 2613 个。这些派出的基层检察室对加强检察机关与公安、法院配套办案，联系群众，反映信息，发挥了重要作用。高检院已着手修改《人民检察院组织法》，将尽快报送立法机关审议。

根据党中央的部署和全国人大常委会的立法计划，高检院已草拟出《检察官条例》，并已报请立法机关审议。

五年来，检察工作取得的所有成绩，都是贯彻党的基本路线，在党中央的正确领导下，在全国人大及其常委会的有力监督和国务院的关心、支持下取得的，是广大检察干警辛勤努力、发扬奉献精神的结果。

党的十一届三中全会以来，在党中央领导下，检察机关在恢复重建中进行了大量的富有成效的工作，为我们这一届工作的开展奠定了基础。这几年，检察工作在改革中开拓进取，有所创新，有所发展。检察机关的法律监督性质、任务和工作内容已为越来越多的干部、群众所认识和理解。具有中国特色的社会主义检察制度已初步形成。实践证明，在建设社会主义民主和法制的历史性任务中，人民检察机关的法律监督职能，对于维护国家法律的统一和正确实施，促进改革开放和社会主义现代化建设的顺利进行，保障国家安全和社会安定，具有不可替代的作用。检察机关和检察人员经受了国内外风浪的锻炼和考验。广大检察人员坚持四项基本原则，忠于事实真相，忠于宪法和法律，政治素质和业务素质不断提高，已经成为党和人民可以信赖的一支执法、护法队伍。

回顾我们五年的工作，也存在不少缺点和问题。这主要是：检察机关和检察人员的思想认识和工作方法，还不适应加快改革开放和现代化建设特别是建立社会主义市场经济体制提出的新要求；各地工作发展不平衡，条件相似的地方，工作开展差别较大；宪法和法律规定的检察机关上下级领导关系还没有充分地贯彻，尚需进一步规范化和制度化；少数地方存在执法不严、越权办案、用刑事手段插手经济纠纷等现象；个别领导人缺乏秉公执法的勇气，克服困难的劲头不足，遇到干扰，往往表现软弱。办案经费仍然比较困难，技术手段落后，交通工具、通讯设备量少质差。这些缺点有待在今后工作中加以克服，存在的问题和困难也需要逐步解决。

二、检察工作应该注意的问题

检察机关必须坚定不移地贯彻党的基本路线，紧紧围绕经济建设这个中心来开展工作。去年 5 月，我们召开了第九次全国检察会议，初步总结了为经济建设服务、建设有中国特色的社会主义检察制度的经验。根据去年 10 月党的第十四次全国代表大会对检察工作和法制建设提出的新要求，检察机关在今后工作中应该注意以下几点：

（一）坚持检察工作必须为经济建设服务的指导思想，坚定地贯彻“两手抓”的方针。我们把分清罪与非罪界限，坚决而准确地打击各种经济犯罪活动，作为检察机关对经济建设最重要、最直接的服务。要求做到打击不忘保护经营者的合法权益，办案不忘维护正常的经济秩序，使打击与服务辩证地结合起来。

（二）坚持依法独立行使检察权，不断强化法律监督职能。在办案中，严格遵循以事实为根据，以法律为准绳的原则，对于任何公民在适用法律上一律平等，不允许有任何特权；坚决抵制以言代法、以罚代刑和地方保护主义，保障国家法律的统一和正确实施，维护宪法和法律的尊严。

（三）坚持专门工作与群众路线相结合。依靠群众检举揭发犯罪，开展调查、侦查、取证等工作，召开有企业家、科技人员、党政干部等各界参加的各种座谈会，征求意见，请进来、走出去倾听人民群众的批评与建议，组织特约检察员参加检察活动，认真听取各民主党派和无党派民主人士的意见。在广泛的群众工作基础上，系统地进行调查、侦查、批捕、预审、起诉、监所检察、举报、接受控告申诉等专门业务建设，特别注重加强侦查工作建设，不断提高获取证据和破案的能力。

(四)坚持严厉打击严重经济犯罪,按照"一要坚决,二要慎重,务必搞准"的原则,打击犯罪这一手必须硬,不能软;但在定罪和定性时要求慎重,务必搞准。慎重和搞准才能保证坚决有力地打击犯罪。对于严重刑事犯罪分子及其他危害国家安全的分子,必须依法从重从快予以严厉打击,并积极开展社会治安综合治理。在打击各种犯罪中,既要警惕打击不力,又要防止简单粗糙。要注意分清两类不同性质的矛盾,防止用专政的方法处理人民内部矛盾,防止用刑事法律惩办的办法处理改革开放中出现的失误。

(五)坚持严格执法。正人必先正己。检察机关和检察人员必须做严格执行宪法、法律和政策的模范,自觉接受各级人民代表大会及其常委会的监督,接受群众监督。坚持有罪必办,有错必纠。

(六)坚持解放思想,实事求是。把严格依法办事与认真贯彻党和国家的政策紧密结合起来,研究新形势下出现的新情况、新问题,及时作出司法解释或提出立法建议。

(七)坚持和完善上级检察院依法领导下级检察院的体制。上级检察院在加强业务领导的同时,要在思想政治工作、机构设置、人员编制、干部培训、检察长任免、物质装备等方面,对下级检察院切实承担起领导责任,克服官僚主义和形式主义,使检察机关步调一致,力量集中,增强法律监督机关的整体功能。

(八)坚持不断加强思想政治工作,加强队伍建设。有计划地建设各类检察学校,通过学校培训干部,这是提高检察人员素质、提高战斗力的基本途径和战略任务。同时,要组织好经常的政治理论学习。要坚持进行反对资产阶级自由化的教育和斗争。加强思想建设、领导班子建设和廉政建设。各级检察院的领导要把思想政治工作当作做好工作和完成任务的重要保证来抓。

三、今后的任务

各位代表:

在 1992 年初邓小平同志视察南方的重要谈话和去年 3 月党中央政治局全体会议精神的指导和鼓舞下,我国的改革开放和社会主义现代化建设进入一个蓬勃发展的新阶段。具有伟大历史意义的党的十四大,为夺取有中国特色社会主义事业的更大胜利制定了宏伟的纲领。举国上下精神振奋、团结奋进。祖国大地生机勃勃,欣欣向荣。国家政治稳定,社会安宁。全国大多数地区的治安秩序是好的和比较好的,少数地方和方面刑事犯罪活动猖獗的状况,经过开展专项斗争和严厉打击已初步得到遏制,极少数治安秩序混乱的地方正在重点治理。廉政建设取得了成绩。国家工作人员大多数是廉洁奉公的,极少数违法乱纪、蜕化变质分子受到了严肃处理。但是,我们也要清醒地看到,由于国内因素和国际影响,阶级斗争还将在我们社会的一定范围内长期存在,在某种条件下还有可能激化。我们面对新的复杂的情况,要充分估计到同各种犯罪作斗争的长期性,在今后工作中要继续坚定不移地贯彻执行邓小平同志"两手抓"的方针。根据十四大的精神,坚决惩治经济犯罪活动,坚决打击敌对势力和各种刑事犯罪活动,严肃查办侵犯公民民主权利和渎职犯罪,保障改革开放和现代化建设的顺利进行。同时,在社会主义现代化建设过程中,和平演变与反和平演变的斗争将长期存在,我们也决不能放松警惕。

最高人民检察院将率领地方各级人民检察院、专门人民检察院和广大检察人员更加紧密地团结在以江泽民同志为核心的党中央周围,进一步解放思想,实事求是,在十四大精神指引下,强化法律监督职能,严格执法,抓紧自身改革和建设,做好各项工作,推进社会主义民主与法制建设,维护国家稳定和社会安定,为加快改革开放和社会主义现代化建设作出新的贡献!

全国政协八届一次会议主席团举行第二次会议

会议审议通过政协八届一次会议选举办法。选举办法规定大会选举采用无记名投票方式,主席、副主席、秘书长和常务委员采用等额选举的办法产生。大会设监票人三十四名,由每个参加单位(包括特别邀请人士)各推选一名,经大会主席团审议通过。设总监票人两名,由大会主席团在监票人中指定。大会选举采用电子计算机计票。如计算机计票系统出现意外故障,投票继续进行,改用计算机备用计票系统或人工计票。

会议审议政协第八届全国委员会主席、副主席、秘书长、常务委员候选人名单(草案),听取常务主席王兆国受中共中央委托就名单草案作的说明。

会议通过候选人名单草案,并把这个名单草案作为主席团提名,印发各小组酝酿讨论。

出席会议的大会主席团常务主席还有:叶选平、吴学谦、杨汝岱、赛福鼎·艾则孜、洪学智、邓兆祥、赵朴初、钱伟长、胡绳、钱正英、苏步青、丁光训、董寅初、孙孚凌、安子介、马万祺,秘书长宋德敏。

中央军委主席江泽民参加八届全国人大一次会议解放军代表团讨论并发表重要讲话

中共中央总书记、中央军委主席江泽民在参加解放军代表团讨论时强调,全军指战员要充分认清军队在加快改革开放现代化建设中的重大责任,和全国人民一道,团结一致、振奋精神、艰苦奋斗,夺取社会主义现代化建设的更大胜利。

当江泽民步入京西宾馆会议厅时，全体解放军代表报以热烈的掌声。江泽民请代表先发言。

邢世忠、张序三、谢光等代表就进一步搞好军队的建设和改革，加速国防现代化建设的进程发表意见。江泽民不时提问、作记录。

江泽民在认真听取代表们的发言后讲话。他说，在小平同志视察南方重要谈话和党的十四大精神的指引下，我国改革开放的步伐明显加快，现代化建设的各项事业蓬勃发展。从现在起到本世纪末，是我国建立社会主义市场经济体制和推进社会主义现代化建设的关键时期。我们要坚持解放思想，实事求是，抓住机遇，深化改革，加快发展，集中力量把国民经济搞上去。这是当前和今后我们在各项工作中必须遵循的重要指导思想，也是摆在全党全国人民面前的共同任务。

江泽民说，总的看来，目前的国际形势对我们是有利的。世界正朝着多极化方向发展，新的战略格局还在形成过程中。在今后一个较长时期内，我们可以在相对和平的国际环境中集中精力进行经济建设。但是，国际形势也有严峻的一面。强权政治、霸权主义仍然存在，局部战争、地区冲突从未停止。从我们国内来看，政治稳定，社会安定，经济迅速增长，形势是好的。随着改革的不断深化，许多经济关系和利益关系需要调整，也出现了不少新的矛盾和问题，有的还相当突出。尽管都是前进中的问题，但必须认真重视，不可掉以轻心。积极正确的解决这些问题，形势就会越来越好。所以可以用三句话来概括：形势很好，问题也有，前景光明。

江泽民强调说，加快改革，促进发展，必须有一个安全稳定的社会政治环境。而维护国家安全和社会稳定，人民军队有着举足轻重的作用。历史经验告诉我们，安全稳定的环境，离不开国防力量的加强。国防现代化是社会主义现代化建设的组成部分，是综合国力的重要体现。只有建设一支与我们国家地位相适应的强大军队，才能可靠地保卫国家安全，保证社会主义现代化建设的顺利进行。我们军队同志，一定要看到自己的历史责任，努力加强部队的全面建设，增强部队战斗力，更好地担负起维护祖国安全统一和社会稳定的神圣使命。

江泽民还强调说，要重视在全体人民中进行国防教育，增强国防意识。各级党委和政府，要发扬光荣传统，关心、支持军队的建设和改革，努力军队建设创造良好的条件。全党同志、全国人民，都要爱护我们的军队，维护军队的声誉。

江泽民说，这些年来，在党中央、中央军委的领导下，全军上下团结一心，扎实工作，在克服困难中前进，取得了很大成绩。特别是党的十四大以来，新的一届军委根据小平同志新时期军队建设的思想，从加强军队建设的全局出发，作出了一系列重大决策，军队建设又有了新的进步。当前，我军建设总的形势是好的，同时也面临不少困难和矛盾，其中突出的就是军费比较紧缺。解决这个问题，从根本上说，要靠国民经济更大的发展。我们军队的同志要自觉服从国家经济建设的大局，积极参加和动摇国家建设，为国家的繁荣富强作出自己的贡献。国家经济和科技实力增强了，军队的建设和发展就有了坚实的物质基础。我们要立足现有条件，积极主动地搞好军队的建设和改革。要发挥主观能动性，进一步调动广大官兵的积极性和创造性。

江泽民指出，军队的建设和改革，要与国家的建设和改革相适应。要按照党的十四大精神，认真贯彻小平同志关于新时期军队建设的思想，注重质量建设，走有中国特色的精兵之路，全面提高部队战斗力。要加强思想教育，严格纪律、严格管理，始终保持部队的高度稳定和集中统一。

在谈到军队要在精神文明上带好头时，江泽民说，有中国特色的社会主义的伟大事业，是社会主义物质文明和精神文明全面发展、共同进步的事业。在改革开放和现代化建设过程中，坚持"两手抓、两手都要硬"，是小平同志和党中央一直强调的一个基本指导方针。当前，经济建设的步伐在加快，社会主义精神文明建设的工作也必须抓紧。

江泽民指出，文艺工作在社会主义精神文明建设中，肩负着重要的任务和崇高的职责。我们的文艺创作，总的来说，是要促使人们振奋精神，鼓舞斗志，培养和陶冶人们的高尚情操，为国家的现代化建设做出贡献。当然，也要给人们在工作之余带来欢乐。希望军队的文艺工作者要通过自己的作品和演出，不断歌颂部队中的新人新事新气象，发扬军队的光荣传统，以激励广大干部战士。

江泽民强调，我军是在党领导下的人民军队，历来重视用先进的思想和精神贯注于部队之中，有一整套的优良传统，培养了一大批具有远大理想和奉献自己一切的英雄模范人物，为弘扬我们伟大的民族精神，为社会主义精神文明建设，做出了重要贡献。军队是一个高度集中统一的战斗集体，有严格的组织纪律，是全社会成员中比较先进的一部分。在新的历史条件下，我军应在精神文明建设方面更好地起带头作用，走在社会的前列。精神文明建设的内容很多，当前最重要的就是用建设有中国特色社会主义理论指导干部战士的思想和工作，大力发扬小平同志倡导的"革命和拼命精神，严守纪律和自我牺牲精神，大公无私和先人后已精神，压倒一切敌人、压倒一切困难的精神，坚持革命乐观主义、排除万难去争取胜利的精神"。这"五种革命精神”，集中体现了老红军的本色，集中体现了我党我军的优良传统，是社会主义精神文明的重要内容，是进行改革开放和现代化建设必不可少的精神支柱。实践说明，坚持用这“五种革命精神”把全军官兵武装起来，就能使大家努力探索和接受各种科学的新思想和新事物，自觉抵制歪风邪气的侵蚀和经受住各种复杂环境的经验，就能使大家坚持全心全意为人民服务的宗旨，保持革命军人艰苦奋斗、无私奉献的崇高品格。

江泽民最后强调说，伟大的事业需要坚强的团结。我们正在进行的改革开放和现代化建设和宏伟事业，需要把各个方面的积极性调动起来，需要全党、全军和全国各族人民同心同德、团结奋斗。在新的形势下，我们要进一步加强官兵团结、军政军民团结和各级领导班子的团结。官兵一致，体现了我军的宗旨和本质，是我们战胜困难、克敌制胜的传家宝。要很好地研究新形势下官兵关系出现的新情况，认真做好经常性的思想政治工作和管理工作，发扬尊干爱兵、官兵一致的优良传统，在官兵之间形成友爱互助、亲密无间的良好关系。各级领导班子的团结是部队团结的基础和保证，显得格外重要，一定要抓紧抓好。要十分珍惜军地之间同呼吸、共命运、心连心的亲密关系，巩固发展军政军民团结的大好局面。

解放军代表团团长刘华清主持全体会议，张震、秦基伟、迟浩田、张万年、于永波、傅全有等军队代表参加会议。

国家主席杨尚昆外交部部长钱其琛在北京分别会见瓦努阿图共和国总理卡洛特·科尔曼

《人民日报》发表社论《对农业的重视要落到实处》

在我国经济体制大变革时期，重视农业，重视和保护农民的利益，注意调动他们参与改革和发展生产的积极性，具有非常重要的意义。

对这一问题，党和国家的态度历来是十分明确的。最近国务院出台的有关粮棉产销的一系列重大政策，以及早些时候，中央针对农村突出矛盾所采取的若干重要举措，都体现了这一点。现在的问题是，要使中央重视农业的精神真正成为上上下下各级领导的共识，要把国家的各项稳农、促农的政策和措施，尽快落到实处。

这样提出问题，决不是无的放矢。近年来，在对待农业、农村和农民问题上，在保护农民利益、调动农民积极性等方面，确实屡屡出现中央精神、国家政策被“截流”的现象。具体表现为两种主要倾向。其一，随着温饱问题在我国的基本解决，一些同志误以为“农业已经过关”，虽然嘴上没说，但头脑中“以农业为基础”的观念已相当淡漠。有些地方的领导几乎把精力全部转向“短平快”产业，对农村出现的新情况、新问题，缺乏深入调查研究的兴趣，加强对农业的领导常常成为一句空话；有的人以部门利益为重，每到应该真正给农业增加一点投入时，就以各种借口推掉；一些地方财政紧张，工业等开发项目照样大上快上，有的地区欠农民打“白条”一亿多元不兑现，却耗巨资盖新楼，农业成了随意挤压的对象，以至许多本该划给农业的“基本口粮”都被挤占、挪用。其二，以为市场是万能的，认为既然以建立社会主义市场经济体制为改革目标，就可以一“推”了之。尽管广大农民面对陌生而又很不健全的市场感到茫然无措，可一些同志却以“充分尊重农民自主权”、“让他们自己学会游泳”为由，不给农民以必要的帮助和引导，任凭他们独自承担风险，蒙受不该承受的损失；有些与农沾边的部门，为了谋求部门利益，甚至打着为农服务的幌子干坑农、吃农的事情，侵害农民的合法利益。正是这种领导思想上对农业、对农民利益的忽视，致使打“白条”现象增多，几年不得解决；农民负担加重，屡禁不止；伤害农民的恶性事件时有发生，国家供给农民的粮棉“挂钩”平价化肥、柴油被截留倒卖等问题反复出现。这些都严重挫伤了农民的积极性，影响了干群关系，损害了党和政府的威信。这就是中央最近一系列加强农业重大措施出台的背景。

农业、农村和农民问题的重要性，还要经常讲。没有农业的稳定和发展，连吃饱穿暖都成问题，经济发展根本无从谈起。再深一步讲，没有9亿农民经济收入的稳步提高，工业就难以得到广阔的市场，国民经济运行的链条就会中断；没有广大农村经济的迅速发展，本世纪末实现小康的战略目标就会落空；没有农村的繁荣、稳定，就没有全社会的繁荣、稳定。我们伟大的改革事业，不正是从农村发端，从尊重农民经济利益、调动农民生产积极性开始的吗?！这极其可贵的第一步，使我国农民创造了农业发展史上最辉煌的一页，并为经济全面改革和发展奠定了坚实的物质基础。在我国改革与建设大步跨入新阶段之际，决不可忘记亿万农民兄弟的功劳，忽视他们的巨大作用。他们像牢固的基石一样，支撑着改革与建设的大厦。因此，对各级领导来说，重视农业，必须首先真正做到心中时时刻刻有农业，有农村，有农民。

在新形势下，重视和加强农业，还必须有新的思路。用一句话概括就是，以社会主义市场经济的观点看待、分析农村出现的新问题，靠深化改革来解决深层次的矛盾，按市场经济规律全面推进农村经济。具体地讲，可以分为三个层次。首先，从农业本身看，必须跳出单纯追求产量的圈子，引导农民走高产优质高效之路。要用价格和优惠政策体现市场需求、政府意图，扶持农民大力生产市场适销的农产品。其次，从农村经济整体看，必须把“农民增收”与“总量增产”放在同等重要位置，把农民收入增长幅度作为衡量经济发展健康与否的重要指标；尽可能加快农村二、三产业发展，为农民开辟更多就业、增收机会，以弥补种植业收入较低的不足，保护农民种田的积极性。只有加快劳动力向非农产业转移，农村产业结构才能日趋合理，农业劳动生产率才能不断提高，农业的稳定性也才能从根本上增强。第三个层次，也是最重要的层次，就是在社会主义市场经济的大框架下，摆正农村经济的位置，特别是要处理好工农业之间的关系，尽量避免出现新的不协调。在新旧体制交替时期，可以也必须市场、行政两种手段并用，防止轻农弃农倾向，制止以工挤农、挖农补工行为。由于自然气候条件的制约和生产技术水平的限制，无论在国内还是在国际市场竞争中，我国农业在许多方面都处于不利地位。在一定时期内，各级政府必须采取相应的政策、措施，为农业创造更为宽松的发展环境；出台的政策一定要兑现，许诺的优惠一定要不折不扣地给予农民。只有这样才能取信于民，农民改革、生产的积极性才会长盛不衰。

一年之计在于春。希望各级领导切莫辜负大好春光，更莫辜负亿万农民兄弟的殷切企盼，把“口号农业”变为“实干农业”。只要领导动了真格的，广大农民群众和农村基层干部必然会以更加高昂的热情和干劲，投入改革和生产，夺取今年的粮棉大丰收和农村经济的全面新增长。

以中国科学技术大学校长谷超豪教授为团长的第二批访台著名科学家经过在台湾9天半的访问后回到北京

国家税务局发出《关于进一步支持宣传文化事业的通知》

《通知》决定对出版事业给予税收上的支持，对出版物不再征收营业税，对部分书报刊免征增值税。从1993年5月1日起执行。

中国出版工作者协会中国美术出版研究会22日至25日在重庆联合举办首届全国美术图书交易会

3月23日

全国政协八届一次会议举行第三次全体会议

执行主席杨汝岱、邓兆祥、赵朴初、钱伟长主持大会。中共中央政治局委员、国务院副总理邹家华，中共中央政治局委员、国务委员陈希同和国务院一些部委的负责人列席会议。9位委员就有关国计民生的重大问题发表意见和建议。

施宁荪、吴京、李廷栋、马吉庆、马长庆、张宝顺委员分别就宏观调控、煤炭工业、保护利用矿产资源、振兴老工业基地、民族团结、优化青少年成长的社会环境等问题在大会发言。

全国政协八届一次会议主席团常务主席叶选平、吴学谦、阿沛·阿旺晋美、赛福鼎·艾则孜、洪学智、胡绳、钱正英、苏步青、丁光训、董寅初、孙孚凌、安子介、马万祺出席会议。

海协会负责人在北京发表期望早日实现“汪辜会晤”的谈话

就台湾有关方面3月18日关于“汪辜会晤”发表背景说明一事，本报记者日前采访了海峡关系协会负责人。这位负责人说，我们已经注意到了这份说明，对其愿意早日举行海协会会长汪道涵与台湾海基会辜振甫董事长会晤的态度，表示由衷赞赏。我们十分重视“汪辜会晤”，殷切期望这次会晤能为海峡两岸经济合作、海协会与海基会的联系与合作、两岸各项交往与交流产生积极的推动作用。

贫困山区发展问题国际讨论会在北京召开

国务委员、国务院贫困地区经济开发领导小组组长陈俊生在会上讲话说，中国山区面积约占国土面积的2/3，全国约1/3的人口、耕地和大部分森林、矿藏分布在山区。现在，中国的贫困人口主要分布在农村，而农村的贫困人口又主要集中在山区。中国的贫困问题，主要是贫困山区的问题。扶贫开发，在很大程度上是贫困山区的开发。他向与会者介绍了我国山区开发和扶贫的成就，并表示愿与国际社会合作，共同为发展山区经济、缓解贫困作出努力。

会议围绕贫困山区发展的一些关键性问题进行讨论并交流经验，旨在促进国际山地开发经验交流，探索山区开发新途径和新方法，为建立和发展扶贫工作的国际合作开辟渠道。

讨论会由国务院贫困地区经济开发办公室、中国科学院和国际山地综合发展中心共同举办。来自美国、英国、印度等十几个国家和国际组织的代表出席会议。

国家气象局首次发布《中国气候公报(1992年度)》

1992年度灾害属于中等年份，旱灾居各种气象灾害之首，热带风暴、冷(冻)害重于往年，重庆、遵义、赣州为全国酸雨出现频率最大的地区。

国家主席杨尚昆在人民大会堂分别接受乌克兰首任驻中国大使阿纳托利·德米特里耶维奇·普柳什科和马里新任驻中国大使卡富古纳·科奈递交的国书

国务院副总理朱镕基会见德国图林根州州长、阿登纳基金会主席恩哈特·福格尔

中国和瓦努阿图在北京就瓦努阿图总理卡洛特访问中国发表新闻公报

公报说,应国务院总理李鹏的邀请,马克西姆·卡洛特·科尔曼总理于3月16日至23日对中国进行工作访问。卡洛特总理一行访问了深圳、上海和北京。

在京期间,杨尚昆主席、李鹏总理和钱其琛国务委员兼外长分别会见了卡洛特总理。

公报说,两国领导人对中瓦建交11年来两国关系取得的进展表示满意。双方一致认为,中瓦两国在互相尊重主权和领土完整、互不侵犯、互不干涉内政、平等互利、和平共处等原则基础上,继续巩固和发展相互间友好合作关系,符合两国人民的利益和愿望,有助于维护亚太地区和世界的和平与稳定。双方表示要进一步为此作出努力。

公报说,双方领导人认为,经济技术和文化合作是两国相互关系的重要组成部分,双方将共同努力,争取在更多的领域里进行多种形式的合作。瓦方对两国建交以来中国向瓦努阿图提供的经济技术援助表示感谢。中方表示将继续力所能及地支持瓦努阿图政府为发展民族经济所做的努力。双方还探讨了在贸易和经济技术合作领域进行互利合作的方式和途径。

公报还说,中瓦双方20日在北京签订了中国向瓦努阿图赠送一批物资和派遣医疗小组的换文。另外,关于瓦方要求中方援建南太大学法律中心项目,中方请瓦方提供必要的技术资料供中方研究。

公报最后说,卡洛特总理邀请李鹏总理在方便的时候访问瓦努阿图。李鹏总理愉快地接受了邀请,具体访问时间通过外交途径另商。

外交部部长钱其琛在八届全国人大一次会议举行的记者招待会上就国际形势和中国对外政策等问题回答中外记者的提问

俄通社—塔斯社记者问:钱外长对俄罗斯最近局势的发展有何评价?

答:俄罗斯是中国的邻国,我们当然对那里最近的事态发展感到关切。中国的一贯政策是不干涉别国的内政,我们希望俄罗斯稳定,妥善地解决目前面临的问题。不管俄罗斯发生什么变化,中国愿意与俄罗斯在和平共处五项原则的基础上发展睦邻友好关系的政策不会改变。

中国国际广播电台记者问:李鹏总理在《政府工作报告》中说,中国将努力寻求同西方国家共同利益的汇合点。请问这些汇合点体现在哪些方面?中国将怎样来寻求这些汇合点?

答:我国与西方国家最重要的共同利益,是双方的经济合作和贸易关系。此外,在保持地区的和世界的和平与稳定方面,我们也可以进行合作。每个国家本身存在的问题不应成为发展相互关系的障碍。

台湾电视公司记者问:中国已同意北朝鲜和韩国加入联合国,请问中国大陆在什么情况下,能够同意让台湾加入联合国,让中国在联合国有两个席位?

答:我想不存在台湾重返联合国的问题。中华人民共和国成立以后,在长达20多年的时间里,台湾窃踞了我们在联合国的席位。1971年联合国大会通过决议驱逐了台湾当局,恢复了中华人民共和国在联合国合法席位。这和朝鲜民主主义人民共和国与大韩民国同时加入联合国的情况是完全不同的。

合众国际社记者问:上周中国的经贸部长说,香港的政制问题将威胁到中英的经济关系。中国是否想通过在经济上施压来解决政治问题?

答:情况完全不是那么回事。问题是由于彭定康先生单方面采取行动,在香港造成了一些混乱,使香港的稳定和繁荣受到了影响。我们不愿意中英关系,包括经贸关系在内,受到影响。李岚清部长所讲的意思是,如果港英当局一意孤行,这种状况继续发展下去,那么中英经贸关系会受到干扰、受到损失。发生这种情况的责任不在中方,也是我们所不愿看到的。

中央人民广播电台记者问:近来,"台独"势力在台湾有所发展,中国政府对此持何态度?此外,台湾当局主张"双重承认",你对此有何评论?

答:任何谋求台湾独立的活动,我们都是坚决反对的,我们的态度非常坚定。这符合包括台湾同胞在内的全中国人民的共同要求和根本利益。

中华人民共和国成立的时候,承认我们的国家不多。经过这几十年的发展,与中华人民共和国建交的国家已达155个。当年承认台湾当局的国家不少,而现在只剩二十几个。在亚洲,没有任何一个国家承认台湾;在欧洲,除了梵蒂冈没有任何国家承认台湾。只有在非洲和中美洲有些小国承认台湾,而没有任何双重承认的事例。在这种情况下,不可能有双重承认。现在没有,将来也不会有。

香港《南华早报》记者问:现在中英关系因香港政制问题受到严重影响。中英外长有无可能举行会晤来解决香港政制问题?

答:今年2月6日,赫德外交大臣在给我的信中提到，如果中英两国政府的谈判能够取得实质性的进展，他很愿意同我会晤。但是现在看来条件不成熟，因为到目前为止，谈判还没有开始。我在2月11日给赫德外交大臣的回信中指出，中英两国政府有责任来解决香港问题。双方谈判的基础是“中英联合声明、同基本法相衔接的原则以及中英已达成的有关协议和谅解”，“而不是在其他什么方案的基础上进行商谈”。我还强调，“贯彻执行联合声明、解决香港的重大问题，是中英两国政府之间的事，任何第三方都不能插手、干预。如果在中英双方达成协议之前，就把港督提出的所谓‘政制方案’，以法案形式提交立法局讨论，这对阁下提议的举行中英谈判显然是无益的，只会为本次谈判设置障碍。希望英方慎重考虑。”

《美国新闻与世界报道》周刊记者问：最近中国一位退休军人对我们讲，他希望美国从南朝鲜撤出全部驻军，同时他也希望美国重新考虑在日本的驻军问题，请问这位人士所讲的是否是中国的政策？中国是否希望美国军队从南朝鲜和日本撤出？

答：从原则上讲，中国不赞成任何国家在国外驻军。过去所遗留下来的问题，我们希望能够逐步地得到解决。至于美国从南朝鲜撤军问题，他们自己也曾进行过讨论。

意大利安莎社记者问：中国政府对俄罗斯国内可能发生的事情作什么样的估计？

答：那里的局势会如何发展，现在我看世界上很难有人能够作出准确的预测。

中国新闻社记者问：最近国外对中国的国防预算近几年连续增长评论较多。有的认为中国军事力量的迅速发展引起了邻国不安。请问您对此有何评论？另外，还有人说现在亚洲正出现新的军备竞赛，对这种说法，您又怎么看？

答：关于中国的军费，我想提供一点材料。中国军费在国民生产总值中的比例，1985年大约是2.2%，去年是1.6%，今年估计为1.5%。第二个材料，中国的军费按全国人口平均大概只有6美元左右，美国是1100美元，日本是300美元。今年中国军费的预算合73亿美元，美国是2743亿美元，日本377亿美元，英国、法国也都差不多。如果按每个军人人均费用算，中国是2291美元，是美国的1/68，日本的1/50，英国的1/54。还有物价因素，1980年中国的军费是180亿元人民币，1993年是425亿元人民币，军费上涨只有1.16倍，而物价上涨为1.3倍。我想，根据这些材料，你们完全可以作出判断，中国军费的水平是很低的，中国的军事力量完全是用于防御的。至于亚太地区，这是一个局势比较稳定、经济发展活力比较旺盛的地区，完全没有必要进行军备竞赛。然而确实看到这个地区的一些国家在增加军备，原因是冷战结束以后一些大国的军火工业没有市场，需要寻找新的销售市场，于是要制造一种舆论，比如说，“中国威胁论”、“要填补真空”、亚太地区出现紧张等，以便推销其军火。

日本广播协会记者问：上个月《人民日报》刊登了一篇综述，说英国在香港问题上制造麻烦，不是孤立的事件。您对此有什么看法？

答：我想这个问题确实值得注意。香港问题在1984年中英两国达成联合声明时已经解决了。在前九年的过渡时期里，中英双方的合作还是比较好的。到现在，还剩下4年的时间，港英当局突然采取一些行动，为中英合作设置了障碍。现在有人说香港已成为一个“政治城市”，“香港的政治要求比过去增加”，“政治团体比过去增加”，因此香港需要有一些改变。这些话给人一个印象，就是1984年中英联合声明似乎已经过时了。这就涉及一个很重大的问题，即要改变在香港问题上已经达成的国际协议，要增加一些新的内容，要制造一些新的麻烦。中国在这样的原则问题上是不会让步的。

《中国日报》记者问：3月21日法国举行第一轮大选，执政的社会党遭到惨败。去年法国政府批准对台出售幻影战斗机，中法关系明显恶化。大选后，将组成新的政府，这是否是中法关系改善的转机？

答：如果3月28日法国的第二轮选举继续是这样的情况，那么，法国势必会产生一个新政府。我们对法国新的政府寄予希望，希望它能够致力于改善和加强中法的关系，改变过去政府所制定的一些错误的对华政策。

韩国记者问：中国对北朝鲜退出《不扩散核武器条约》所造成的形势持何立场？如果问题提交安理会，对北朝鲜制裁，中国持何态度？现在是否仍然有可能通过和平谈判来解决这一问题？

答：近两年来，朝鲜半岛的形势向缓和的方向发展，受到国际社会的欢迎。两个朝鲜同时加入了联合国，北南双方的领导人多次会晤，并达成了一系列协议，包括“半岛无核化的宣言”。1992年1月，朝鲜和国际原子能机构签署了核查的协定，之后，国际原子能机构进行了6次特别视察。中国的立场很明确，不希望朝鲜半岛出现任何核武器。对于朝鲜和国际原子能机构之间出现的问题，我们主张通过耐心的协商来妥善解决。如果把问题提到安理会，将使问题复杂化。应该努力在国际原子能机构的范围内求得解决。我们反对采取制裁的做法。《不扩散核武器条约》只规定退约在宣布三个月后生效，并没有规定对退约的国家或者不参加条约的国家进行惩罚，国际上也没有过这样的先例。

新华社记者问：最近美国官员说美国对中国的最惠国待遇问题取决于中国在人权、贸易和武器扩散等方面所取得的进展。您对这种说法有什么评论？您如何看待中美关系的现状和前景？

答：中美两国相互给予最惠国待遇是一种对等、互惠的安排，是正常贸易的基础。对最惠国待遇附加政治条件是不可接受的。中美关系发展的曲折历程表明，对话是有益的，施压是徒劳的。中美之间存在着分歧是可以理解的，问题是要妥善处理。只要相互尊重、求同存异、增加信任、减少麻烦，一些分歧是可以解决的。中美建交正是在美国由民主党执政时期实现的，我们希望美国新政府能为改善中美关系做出自己的努力。

德国记者问：中国对德国希望成为联合国安理会常任理事国有什么看法？

答：德国无疑是一个非常重要的国家，是我们在欧洲的第一大贸易伙伴，两国经贸关系的发展出现了强劲的势头。不久，德国的经济部长将要到我国访问。对于德国愿意在促进世界和平和发展方面发挥更大的作用的愿望，上次德国外长金克尔来访时，我就表示中国对此是理解的。

记者招待会历时50分钟。300多名中外记者出席了记者招待会。

国家教委发出《关于普通中等专业学校专业设置管理的原则意见》

3月24日

八届全国人大一次会议主席团举行第三次会议

代表们同意全国人大常委会关于修改宪法修正案草案和中共中央关于修改宪法部分内容的补充建议。经过讨论，有2383名代表根据中共中央关于修改宪法部分内容的补充建议，提出对宪法修正案草案的补充修正案。主席团建议将全国人大常委会关于中华人民共和国宪法修正案草案和代表们提出的对宪法修正案草案的补充修正案合并为宪法修正案草案，请各代表团审议。

由于1988年4月12日七届全国人大一次会议通过宪法修正案第一条、第二条，所以这次提出的宪法修正案草案从第三条开始。会议表决通过将宪法修正案草案提交各代表团审议。

会议还表决通过关于政府工作报告的决议草案，提请各代表团审议；通过财经委员会主任委员柳随年作的关于1992年国民经济和社会发展情况与1993年计划草案的审查报告、关于1992年国家预算执行情况和1993年国家预算草案的审查报告，将这两个审查报告印发全体代表；通过关于1992年国民经济和社会发展情况与1993年计划的决议草案、关于1992年国家预算执行情况和1993年国家预算的决议草案，提请各代表团审议，最后提请大会表决。

广东省代表团向大会提出建议八届全国人大一次会议通过决议，成立香港特别行政区筹备委员会的预备工作委员会的议案。经主席团常务主席讨论，建议将这一议案列入大会议程。根据广东省代表团的这个议案，大会秘书处草拟决定草案，经主席团常务主席研究同意，提请主席团审议。会议分别表决通过广东省代表团的议案和大会秘书处草拟的决定草案，并将这两个文件印发各代表团审议。

会议还听取主席团常务主席胡锦涛作的关于中共中央推荐提出的八届全国人大常委会委员长、副委员长、秘书长、委员，国家主席、副主席，中央军事委员会主席，最高人民法院院长，最高人民检察院检察长候选人名单草案的说明。会议分别表决通过这5个名单草案，作为主席团提名，交各代表团酝酿协商。

全国政协八届一次会议举行第四次大会

11位委员就教育、科技、医药事业等问题发言。

执行主席胡绳、苏步青、董寅初主持大会。主席团常务主席李瑞环、叶选平、吴学谦、王兆国、阿沛·阿旺晋美、赛福鼎·艾则孜、洪学智、邓兆祥、赵朴初、钱伟长、钱正英、丁光训、孙孚凌、安子介在前排就座。中共中央政治局委员、国务委员李铁映、钱其琛及一些部委负责人列席会议。

刘永纲等6位委员联合发言，建议尽早制定出《医药专营条例》，使药品专营纳入法制轨道。

王福重、唐翔千、严忠勤(11位委员联合)、陆懋曾、马万祺、庄永竞委员分别就市场大潮中对大中学生的教育、提高经济效益、加快劳动法制定、政协工作、澳门基本法、东西部差距的问题进行发言。

全国政协八届一次会议主席团举行第三次会议

常务主席李瑞环主持会议。

会议审议通过八届全国政协主席、副主席、秘书长、常务委员候选人名单，并决定将这份候选人名单提交全体会议选举；审议通过监票人、总监票人名单，总监票人是武连元(回族)、高如曾(女)，监票人共34人；审议通过政协八届一次会议政治决议(草案)，并决定将这个决议(草案)提交全体会议审议通过；审议通过政协八届一次会议关于县级组织任期的决议(草案)，并将这个决议(草案)提交全体会议审议通过；审议通过政协八届一次会议提案委员会关于政协八届一次会议提案审查情况的报告(草案),并将这个报告(草案)提交全体会议审议通过。

常务主席叶选平就政协第八届全国委员会主席、副主席、秘书长和常务委员候选人名单作了说明。叶选平说,对主席团第二次会议通过的这个候选人名单草案,各小组进行了认真的讨论,委员们对名单人选普遍表示赞同,认为这个名单经过长期酝酿、多方面协商,比较全面地反映出了新时期爱国统一战线的需要。与此同时,委员们也提出了一些意见和建议。委员们的这些意见对人民政协今后更好地履行政治协商、民主监督的职能很有好处,根据实际情况,将留在本次大会之后研究处理。

出席会议的主席团常务主席还有:吴学谦、杨汝岱、王兆国、阿沛·阿旺晋美、赛福鼎·艾则孜、洪学智、邓兆祥、赵朴初、钱伟长、胡绳、钱正英、苏步青、丁光训、董寅初、孙孚凌、安子介、霍英东、马万祺。

人事部部长赵东宛在八届全国人大一次会议记者招待会上就机构改革等事答记者问

中央电视台记者:我国已进行过多次机构改革,请问这次机构改革同以往的有什么不同?另外,这次会议主要讨论了国务院机构改革问题,地方是否进行机构改革?

答:我们已经进行过两次机构改革,这次和80年代的机构改革有明显的不同。李鹏总理在政府工作报告中已经讲了,主要是围绕建立社会主义市场经济体制,按照政企职责分开和精简、统一、效能的原则,转变职能,理顺关系,精兵简政,提高效率。至于说到地方,也都要按这一原则逐步开展。

路透社记者:有关精简政府机构,减少政府工作人员,这次到底能不能做到?会不会出现政府工作人员简单地从一个组织调到另一个组织?另外,会不会有政府工作人员因此而失去工作?

答:第一,这次机构改革,就是要精兵简政,要减少一些政府工作人员,原因是政府机构人浮于事,不适应市场经济的需要。第二,我们已经做了周密的安排。引导一部分同志兴办第三产业;有一定经济条件的可以成建制地转为经济实体;一部分人去加强基层的工作,包括乡镇、企业;有一部分要进行培训;严格执行离退休制度。我们不会把那些被精简的同志推向社会的,我们会妥善安置的。

日本广播协会记者:中国有种"下海"现象,人事部会不会鼓励?中国要裁减数万名机关工作人员,会不会有阻力?

答:只要个人愿意,或组织有实力,"下海"是可以的,但要脱离政府机关。这是有明文规定的。李鹏总理报告中已讲到党政机关要精简25%。据我们了解,那些要离开的人已明确表示,离开后,或兴办第三产业,或办经济实体。我想机关干部大概都认识到要转变政府职能,去服务。当然有个别少数的地方有阻力,那是难免的事情。

人民日报记者:党的十四大提出要尽快推行公务员制度,请问这项工作现在进展如何?

答:十四大江总书记报告讲到要尽快推行公务员制度,我们大致做了以下几方面的工作:一是按十四大精神对公务员条例进行了修改和补充;二是拟定了实施方案和具体的工作计划;三是继续培训了干部;四是准备好了公务员的工资制度;五是各省、市、自治区都做好了准备工作。可以说,推行公务员制度,进展顺利,准备工作已经基本就绪,只等人大批准通过了。

广东人民广播电台记者:实行公务员制度后,工资收入调整幅度有多大?再有,如果大幅度地提高工资,国家财政能不能承受?

答:我们这次实行的公务员制度,将同时进行工资制度改革,这是大事。这次改革,要在制度上改,在现有基础上进行,机关是机关的工资制度,事业单位是事业单位的工资制度,企业是企业的工资制度,重点是前两个。这次工资增长的幅度可以说比过去都大。财政部长的报告中讲,要拿出40多个亿来解决机关和事业单位的工资改革问题。财政有困难,是前进中的困难,即使如此,我们还是要解决工资制度问题,这表明党和政府对干部、专业技术人员生活非常关心。

中国国际广播电台记者:听说我国要推出新的工资制度,请问具体内容是什么?能否解决机关事业单位人员工资偏低的问题?另外请您谈谈知识分子待遇偏低的问题如何解决?

答:我们在今年适当的时候要推出新的工资制度,机关要实行公务员制度,事业单位也要实行新的工资制度,内容包括:根据机关事业单位不同的特点实行不同的工资制度;机关、事业单位的工资水平要随国民经济的发展有所增长;建立起正常的晋级升级制度;根据生活费用指数来适当调整工资标准;改革现存的地区倾斜制度。在机关实行职务等级工资制,在事业单位实行专业技术岗位工资制,固定工资占70%,活工资占30%。这次工资制度改革,是要解决机关工作人员待遇偏低的问题。总的原则是要使机关事业单位工资水平与企业相应人员平均工资水平大体持平。今后,随着经济的发展,工资增长的步子还会大一些。对知识分子待遇低的问题,我们特别重视,这两年来采取了20来项措施,如建立各种津贴制度。我们特别注意到了知识分子工资问题,在政策上是倾斜的。当然，由于历史的原因，不可能一次解决彻底，但我们要逐步解决。

党和国家领导人乔石朱镕基刘华清胡锦涛邹家华李岚清温家宝等到中国国际贸易中心参观全国进出口商品质量展览会

国家教委发出《关于减轻义务教育阶段学生过重课业负担，全面提高教育质量的指示》

最高人民检察院作出对在查处段氏特大集团犯罪案件中做出贡献的营口市人民检察院给予集体通令嘉奖的决定

3 月 25 日

全国政协八届一次会议下午举行第五次大会

10 名委员先后发表意见。会议的执行主席是钱正英、丁光训、孙孚凌、安子介。列席大会的有中共中央政治局委员李岚清、国务委员宋健和国务院一些部委的负责人。

中共中央决定曾庆红任中共中央办公厅主任李淑铮任中联部部长

中共中央决定曾庆红任中共中央办公厅主任、中共中央直属机关工作委员会书记。李淑铮(女)任中共中央对外联络部部长。

中共中央政治局常委乔石在钓鱼台国宾馆会见由主席洛塔·毕斯基率领的德国民主社会主义党代表团

台湾“海基会”派员在北京同海协会磋商

台湾“海峡交流基金会”法律服务处处长许惠佑一行 6 人下午抵达北京，为海基会副董事长兼秘书长与海峡两岸关系协会负责人就海协会汪道涵会长与海基会董事长辜振甫的会晤进行预备性磋商一事，“协调相关事宜”，并就两岸公证书使用、挂号函件业务问题进行工作性商谈。

丁玲文学创作国际研讨会在湖南举行

会议于 25 日至 28 日召开。由中国文联、中国作协、中国社科院文学研究所、中国丁玲研究会等联合主办。

中日韩三国将联合建造东北亚天文台

天文台将在中国新疆沙漠地区的巴仑台和海拔 3000 多米的青海德令哈两个地区选择台址。

3 月 26 日

八届全国人大一次会议主席团举行第四次会议

主席团常务主席乔石主持会议。

由八届全国人大一次会议主席团第三次会议提名的各项候选人名单草案经各代表团酝酿协商后，大家表示赞同。有些代表对名单草案提出了一些建议和意见。主席团常务主席胡锦涛在今天的主席团会议上就此作了说明。会议表决通过了八届全国人大常委会委员长、副委员长、秘书长、委员，国家主席、副主席，中央军委主席，最高人民法院院长，最高人民检察院检察长候选人名单草案，提请大会选举。

各代表团共推选出监票人 32 名，经主席团常务主席研究，建议指定朱忠民、宋淑艾两位代表为总监票人。会议表决通过将这个名单草案印发全体代表，提请大会表决。

八届全国人大除设原有的七个专门委员会外，增设环境保护委员会。它的职责主要是，负责拟订并提出资源环境方面的法律草案和有关的其他议案，审议有关的议案，协助全国人大常委会进行资源环境方面的监督等。

会议表决通过由中共中央提出建议的八届全国人大民族委员会、内务司法委员会、教育科学文化卫生委员会、外事委员会、华侨委员会、环境保护委员会组成人员名单草案，作为主席团提名，交各代表团酝酿后提请大会通过。

全国政协八届一次会议举行第六次大会

会议选举中共中央政治局常委李瑞环为政协第八届全国委员会主席。

会议还选出政协第八届全国委员会 25 位副主席。他们是叶选平、吴学谦、杨汝岱、王兆国、阿沛·阿旺晋美、赛福鼎·艾则孜、洪学智、杨静仁、周培源、邓兆祥、赵朴初、巴金、刘靖基、钱学森、钱伟长、胡绳、钱正英、苏步青、侯镜如、丁光训、董寅初、孙孚凌、安子介、霍英东、马万祺。选举宋德敏为政协第八届全国委员会秘书长，并选出 288 名常务委员。

八届全国政协委员总数 2093 人，报到委员 2001 人，会议实际到会参加选举的委员 1865 人，超过全体委员总数的半数，符合法定人数。

大会的执行主席是王兆国、赛福鼎·艾则孜、霍英东、马万祺。

根据本次大会通过的选举办法，选举采用无记名投票方式。主席、副主席、秘书长和常务委员选举采用等额选举的办法产生。

准备工作结束后，大会执行主席宣布：根据本次会议选举办法的规定，委员有权对选票上的某位候选人表示赞成、不赞成或弃权，如不赞成某位候选人也可以另选他人。

国家教委主任李铁映在钓鱼台国宾馆会见并宴请港澳教育界第八届人大代表政协委员

国务院批准中信公司成片开发宁波大榭岛

最近国务院批准中信成片开发宁波大榭岛。

大榭岛位于宁波市北仑区，本岛面积30平方公里。大榭岛距宁波市区约40公里，西与北仑港隔海相望，水深30至45米。中信公司董事长荣毅仁曾于去年去大榭岛实地考察，并与宁波市人民政府签订成片开发建设协议书。中信公司计划用15年左右时间，边招商，边开发，边建设，把大榭岛建成一个具有世界一流水平的国际港口和外向型经济区。经济区以深水港口为中心，带动码头、仓储、运输、修造船舶业的发展，并大力发展高、新技术产业和房地产、金融、通讯、贸易、商业、旅游以及其他第三产业。大榭岛开发，有利于配合上海浦东开发，促进长江三角洲及沿江地区外向型经济发展。

国务院总理李鹏在中南海紫光阁会见由前总理差猜·春哈旺上将率领的泰中友协代表团

国务院总理李鹏外交部部长钱其琛在北京分别会见加拿大枢密院主席兼宪政事务部长查尔斯·约瑟夫·克拉克

中国日本两国政府在北京签署日本政府向中国提供总额为8400万日元的两项无偿文化援助的换文

中国和圭亚那在乔治敦签订《中华人民共和国政府和圭亚那合作共和国政府关于派遣中国医疗队赴圭亚那工作的议定书》

世界银行及其附属的国际开发协会在华盛顿宣布两机构已批准向中国提供3笔总额为7.8亿美元的贷款以支持中国的环保、铁路建设和市政建设项目

广州处决十名贩毒犯

3月27日

八届全国人大一次会议举行第五次大会

会议经过投票，选举江泽民为中华人民共和国主席、荣毅仁为副主席，乔石为第八届全国人民代表大会常务委员会委员长，江泽民为中华人民共和国中央军事委员会主席。

大会由执行主席胡锦涛主持。胡锦涛宣布：出席今天大会的代表2921名，符合法定人数。

田纪云、王汉斌、倪志福、陈慕华、费孝通、孙起孟、雷洁琼、秦基伟、李锡铭、王丙乾、帕巴拉·格列朗杰、王光英、程思远、卢嘉锡、布赫、铁木尔·达瓦买提、甘苦、李沛瑶、吴阶平，当选为八届全国人大常委会副委员长，曹志当选为八届全国人大常委会秘书长，134人当选为八届全国人大常委会委员。

八届全国人大一次会议主席团发布第1号公告

第八届全国人民代表大会常务委员会委员长、副委员长、秘书长和委员由第八届全国人民代表大会第一次会议于1993年3月27日选出：

委员长：乔石

副委员长：田纪云 王汉斌 倪志福 陈慕华(女) 费孝通 孙起孟 雷洁琼(女) 秦基伟 李锡铭 王丙乾 帕巴拉·格列朗杰(藏族) 王光英 程思远 卢嘉锡 布赫(蒙古族) 铁木尔·达瓦买提(维吾尔族) 甘苦(壮族) 李沛瑶 吴阶平

秘书长：曹志

委员：(按姓氏笔划排列)

于洪恩 万绍芬(女) 王永宁 王佛松 王宋大 王启东 王叔文 王晓光 王淑贤(女) 王越丰(黎族) 王朝文(苗族) 厉以宁 叶正大 叶叔华(女) 史来贺 生钦·洛桑坚赞(藏族) 白尚武 冯之浚(回族) 冯克煦 曲格平 朱良 朱启祯 伍精华(彝族) 任现春(瑶族) 刘国光 许勤 许嘉璐 孙廷芳 孙鸿烈 阳忠恕 阴法唐 玛依努尔·哈斯木(女，维吾尔族) 严义埙 李立功 李永泰(朝鲜族) 李伦 李旭阁 李克强 李学智 李桂英(女，彝族) 李绪鄂 李森茂 李登海 李灏 杨纪珂 杨初桂(女，侗族) 杨明(白族) 杨衍银(女) 杨泰芳 杨振亚 杨振怀 杨烈宇 杨竞衡 杨海波 来金烈 吴大琨 吴长淑(朝鲜族) 吴树青 邱晴(女) 何厚铧 何浣芬(女) 何康 佟志广 谷建芬(女) 汪愚 沈辛荪 迟海滨 张文华 张仲先 张寿 张克辉 张序三 张国祥 张明远 张挺 张彦宁 张绪武 陈光健 陈培民 陈舜礼 林兰英(女) 林丽韫(女) 林宗棠 罗尚才(布依族) 周占鳌 周南 周觉 孟连昆 项淳一 赵东宛 郝诒纯(女) 胡敏 柳随年 逄先知 姚峻 秦仲达 聂大江 莫文祥 夏家骏(土家族) 顾林昉 顾诵芬 钱易(女) 徐采栋

徐起超 徐静(女) 爱新觉罗·溥杰(满族) 陶大镛 陶爱英(壮族) 黄长溪 黄玉章 黄毅诚 戚元靖 崔乃夫 康振黄 章师明 章瑞英(女) 彭士禄 彭清源 董建华 董耐芳(女) 董辅礽 蒋顺学 傅铁山 曾宪林 谢铁骊 谢颂凯 楚庄 蔡子民 蔡诚 熊清泉 滕藤 潘季 薛驹 戴杰

现予公告。

中华人民共和国第八届全国人民代表大会第一次会议主席团

1993 年 3 月 27 日于北京

八届全国人大一次会议主席团发布第 2 号公告

第八届全国人民代表大会第一次会议于 1993 年 3 月 27 日选出：

中华人民共和国主席 江泽民

中华人民共和国副主席 荣毅仁

现予公告

中华人民共和国第八届全国人民代表大会第一次会议主席团

1993 年 3 月 27 日于北京

八届全国人大一次会议主席团发布第 3 号公告

第八届全国人民代表大会第一次会议于 1993 年 3 月 27 日选举江泽民为中华人民共和国中央军事委员会主席。

现予公告

中华人民共和国第八届全国人民代表大会第一次会议主席团

1993 年 3 月 27 日于北京

全国政协八届一次会议通过政治决议

中国人民政治协商会议第八届全国委员会第一次会议，赞同李鹏总理所作的政府工作报告，赞同对《中华人民共和国宪法》部分内容进行修改。会议认为，在过去五年中，我国各族人民在中国共产党领导下，沿着建设有中国特色的社会主义道路继续前进，各方面工作取得了举世瞩目的重大成就。今后五年，必须抓住有利时机，加快改革开放和现代化建设步伐，推进社会主义市场经济体制的建立，搞好行政管理体制和政府机构改革，加强农业和农村工作，加快转换国有企业经营机制，加强民主法制和精神文明建设，重视发展教育和科技，促进社会全面进步，争取提前实现国民生产总值翻两番的宏伟目标，使国民经济再上一个新台阶。

会议坚决支持我国政府关于香港问题的严正立场，强烈谴责港英当局在英国政府支持下背信弃义，为香港政权的顺利交接和平稳过渡设置障碍、制造混乱的行径。会议坚信，我国政府有决心有能力恢复对香港行使主权。会议高度评价提请八届全国人大一次会议审议的《中华人民共和国澳门特别行政区基本法(草案)》，认为它的通过和实施是实现澳门平稳过渡和长期稳定繁荣的根本保证。会议重申，台湾是我国神圣领土不可分割的组成部分。我们坚决反对任何旨在制造台湾独立、分裂祖国的企图和行径。我们希望台湾当局从两岸人民的根本利益出发，及早对实现祖国统一问题作出积极回应。我们更寄希望于台湾人民。会议坚信，按照"和平统一、一国两制"的方针，中华民族的祖国统一大业一定能够实现。

会议认为，政协第七届全国委员会的各项工作有了进一步发展，为维护国家稳定，增进各族各界人民团结，推动社会主义现代化建设事业作出了重要贡献。会议要求人民政协各参加单位、各级组织和全体委员，继续深入学习和贯彻中共十四大精神，以邓小平同志建设有中国特色社会主义理论和"一个中心、两个基本点"的基本路线为指导，积极支持和协助政府加快改革开放和经济建设，努力完成今后五年的各项任务；切实履行政治协商、民主监督职能，更好地发挥在多党合作和协商监督中的作用，推进社会主义民主政治建设；巩固和发展爱国统一战线，维护国家和社会的稳定；加强各级政协的自身建设，进一步发展政协工作的新局面。会议号召各党派、无党派人士、各人民团体、各族各界人士更紧密地团结在以江泽民同志为核心的中共中央周围，在振兴中华和统一祖国的伟大事业中作出新贡献。

全国政协八届一次会议通过关于修改《中国人民政治协商会议章程》第四章第四十一条政协组织任期的决议

中国人民政治协商会议第八届全国委员会第一次会议决定：将《中国人民政治协商会议章程》第四章第四十一条："中国人民政治协商会议的省、自治区、直辖市、自治州、设区的市的地方委员会每届任期五年。县、自治县、不设区的市和市辖区的地方委员会每届任期三年。"修改为："中国人民政治协商会议的省、自治区、直辖市、自治州、设区的市、县、自治县、不设区的市和市辖区的地方委员会每届任期五年。"

全国政协八届一次会议闭幕

新当选的全国政协主席李瑞环致闭幕词。

大会由全国政协副主席叶选平主持。李瑞环主席和副主席吴学谦、杨汝岱、王兆国、阿沛·阿旺晋美、赛福鼎·艾则孜、洪学智、杨静仁、邓兆祥、赵朴初、钱伟长、胡绳、钱正英、苏步青、丁光训、董寅初、孙孚凌、安子介、霍英东、马万祺，秘书长宋德敏，在主席台前排就座。

江泽民、杨尚昆、李鹏、万里、乔石、朱镕基、刘华清、胡锦涛、姚依林、丁关根、田纪云、李岚清、李铁映、杨白冰、吴邦国、邹家华、陈希同、姜春云、钱其琛、尉健行、谢非、温家宝、王汉斌、张震、任建新等，出席大会祝贺政协八届一次会议闭幕。

在大会主席台就座的还有严济慈、荣毅仁、叶飞、倪志福、陈慕华、费孝通、孙起孟、雷洁琼、秦基伟、王丙乾、宋健、王芳、李贵鲜、刘复之、方毅、谷牧、帕巴拉·格列朗杰、王光英、马文瑞、王恩茂、程思远、卢嘉锡、司马义·艾买提等。

八届全国政协主席李瑞环在全国政协八届一次会议闭幕会上发表讲话

各位委员、各位同志：

中国人民政治协商会议第八届全国委员会第一次会议已经圆满地完成预定任务，今天就要闭幕了。

这次大会是在全国各族人民认真学习和贯彻落实中共十四大精神，全面推进建设有中国特色社会主义事业的新形势下召开的。会议期间，两千位委员济济一堂，听取并讨论了全国政协七届常委会的工作报告，列席了八届全国人大一次会议，听取并讨论了李鹏总理所作的政府工作报告。委员们对加快改革开放和现代化建设步伐，加强精神文明建设和民主法制建设，以及开创政协工作新局面等问题，提出了许多宝贵的意见和建议，表现了对国家、对人民高度负责的精神，体现了中国共产党与各民主党派、无党派民主人士肝胆相照、荣辱与共的亲密关系。这次大会是一次民主的大会，团结的大会，继往开来的大会。

感谢委员们的信任，选举我们组成全国政协八届常委会。新一届常委会中有在政协工作多年的老同志，又有在各个领域具有广泛代表性的新同志。我们新一届常委一定不辜负大家的期望，相互学习，密切合作，共同把工作做好。

（一）

中国人民政治协商会议是我国最广泛的爱国统一战线组织，是中国共产党领导中国人民长期革命斗争的胜利成果，是具有中国特色社会主义政治体制的重要组成部分。

中国人民政治协商会议建立以来，中国共产党的杰出领导人毛泽东、周恩来、邓小平、邓颖超、李先念先后担任主席。在他们的卓越领导下，几十年来，人民政协为建立中华人民共和国，为推动社会主义革命和建设，为促进中华民族的大团结和国际友好交往，发挥了重要的作用。特别是中共十一届三中全会以来，在拨乱反正、巩固和发展安定团结的政治局面中，在推进改革开放和两个文明建设中，在促进祖国统一和维护世界和平的事业中，人民政协都做出了重大的贡献。中国共产党和各民主党派、无党派民主人士共同开创的人民政协事业，是我们的传家宝，我们一定要百倍地珍惜，很好地继承和发展。

人民政协是实现中国共产党领导的多党合作和政治协商这一基本政治制度的重要组织形式，在社会主义民主建设中发挥着积极作用。建设高度的社会主义民主，是历史发展的必然趋势，是人民群众的共同愿望，是中国共产党长期奋斗的目标之一。中共十四大报告指出："人民民主是社会主义的本质要求和内在属性。没有民主和法制就没有社会主义，就没有社会主义的现代化。"我国实行的人民代表大会制度和共产党领导的多党合作和政治协商制度，是符合我国国情的一种新型的民主制度。这种制度既不同于一些国家的议会制和多党制，也有别于一些国家的一党制。在这种制度下，人民在通过选举、表决行使民主权利的同时，还可以就重大问题进行充分协商；在实行法律监督的同时，还可以实行广泛的民主监督。人民政协所实行的民主协商方式，有助于充分吸纳各民主党派的意见，使共产党的领导作用和民主党派的参政议政作用同时得到发挥；有助于拓宽人民群众发表意见的渠道，做到既尊重多数人的共同意愿又照顾少数人的合理要求；有助于在团结稳定的前提下发扬民主，在发扬民主的过程中巩固和发展团结稳定的政治局面。这种民主协商方式，是我国民主政治建设的一大创造，也是我国社会主义民主制度的一大特色、一大优势。

政协八届全国委员会任期内的五年，是实现我国现代化建设第二步战略目标非常关键的时期。这五年里，在邓小平同志建设有中国特色社会主义理论和社会主义初级阶段基本路线的指引下，按照中共十四大的部署，要抓住有利时机，使国民经济再上一个新台阶；加快改革开放步伐，在建立社会主义市场经济体制方面取得新的突破；进一步加强社会主义民主法制和精神文明建设，促进社会全面进步；贯彻"一国两制"方针，推进祖国和平统一大业；积极发展对外友好关系，为国内建设创造良好的国际环境。新形势、新任务向人民政协提出了新的要求。人民政协肩负的任务不是减轻了而是加重了，发挥作用的天地不是缩小了而是扩大了。我们要充分认识人民政协在新时期的重要地位和作用，适应新形势，探索新路子，做出新贡献。

（二）

伟大的任务需要广泛的团结，广泛的团结创造伟大的业绩。只有不断巩固和扩大团结，才能维护稳定的社会局面，保持和谐的人际关系；才能充分利用时间进行建设，抓住机遇发展自己；才能挖掘蕴藏的潜力，充分发挥中国人民的聪明才智；才能振奋民族精神，凝聚海内外各方面的力量。团结是实现中共十四大提出的各项任务的基本保证，是战胜艰难险阻、经受风浪考验的力量源泉。新一届人民政协要高举大团结的旗帜，为调动一切积极因素，化消极因素为积极因素，团结一切可以团结的力量而尽心竭力。

当前，进一步巩固和发展中华民族的大团结，有着广泛的共同基础和诸多的有利条件。邓小平同志视察南方的重要谈话，描绘了加快我国现代化建设的宏伟蓝图，进一步指明了强国富民的正确道路。中共十四大确立了建设有中国特色社会主义理论的指导地位，作出了一系列重大决策，为我国今后的长期稳定发展提供了思想、政治、组织保证。统一祖国、振兴中华的伟大目标，表达了海内外中华儿女的共同心愿，创造了捐前嫌、解旧怨、弃小隙、全大局的良好条件。我国源远流长、博大精深的优秀传统文化，哺育着一代又一代中华儿女，具有强大的吸引力和凝聚力。我们中华民族是一个伟大的民族，我们的祖先在历史上曾经对人类做出过重要贡献，我们今天应当而且能够为了中华民族的伟大复兴而携起手来，继续创造出无愧于先人的辉煌业绩。

人民政协包括中国共产党、各民主党派、无党派民主人士、人民团体、少数民族、社会各界和台港澳同胞、海外侨胞等三十多个方面的代表，它本身就是中华民族大团结的象征。如何促进和实现中华民族的大团结，人民政协积累了宝贵的经验。一是坚持求同存异。同，是团结的基础，应当着眼同，重视同，在合作共事中发展同。在现阶段，求同，就是求建设有中国特色社会主义之大同，求统一祖国、振兴中华之大同。与此同时，应当正视异，承认异，允许存异。二是加强广泛联系。要通过各种形式，创造必要条件，使委员之间、委员与群众之间、海内外人士之间广泛接触，密切关系，增进友谊。三是经常交心通气。各党派、各界人士要经常交往，谈心交心。特别是对重大问题、重要举措，要及时互通情况，交流看法，以增进了解，加深理解，消除误解，取得共识。四是善于合作共事。各党派之间在工作中要平等相处，以诚相待，相互尊重，相互学习。对担任领导职务的民主党派和无党派民主人士，要予以充分信任和支持，使他们有职有权。总之，要通过卓有成效的工作，使全体社会主义劳动者、拥护社会主义的爱国者和拥护祖国统一的爱国者的最广泛的联盟不断巩固和发展。

（三）

政治协商和民主监督是人民政协的主要职能。政治协商，主要是指对国家的大政方针、政治生活中的重大事项、经济和社会发展中的重要问题，在决策之前进行协商。民主监督，主要是指对国家的宪法和法律法规实施情况、重大方针政策的贯彻执行情况、国家机关及其工作人员履行职责的情况，进行监督。实践证明，这种协商和监督，有利于广开言路、集思广益，实现决策的科学化、民主化；有利于发现问题、纠正失误，及时有效地改进工作；有利于求得共识、协调步伐，推动各项事业的健康发展。

几十年来，中国共产党和各民主党派、无党派民主人士对于如何搞好政治协商和民主监督，进行了多方面的探索，毛泽东、周恩来、邓小平等老一辈无产阶级革命家和以江泽民同志为核心的中共中央，对此有过系统的精辟论述。我们必须深刻理解，认真贯彻落实。

第一，要发扬国家主人翁精神。不论属于哪个党派哪个团体哪个界别，所有委员都要把国家和民族的利益放在首位，以实现四化、统一祖国、振兴中华为己任，在参政议政的过程中，对国家大事积极主动地发表意见，认真负责地提出各种建议和批评，勇于坚持真理，随时修正错误。

第二，要强调虚心听取意见。中国共产党处于执政的地位，要带头实行“长期共存、互相监督，肝胆相照、荣辱与共”的方针，主动自觉地请民主党派、无党派民主人士参与协商、监督。领导干部要听得进逆耳忠言，善于采纳各种有益的意见并切实付诸实施，让人们看得见实际效果，而绝不能叶公好龙，讳疾忌医，采取表面客气而实际敷衍的官僚主义态度。政协委员和政协机关中的共产党员，要做合作共事的模范、廉洁奉公的模范和发扬民主作风的模范。只有这样，政治协商和民主监督才能经常而不间断、广泛而不狭隘、切实而不表面地开展起来。

第三，要创造民主和谐的环境。人民政协中存在不同的意见是正常的，与其说应该允许，毋宁说应该欢迎。如果大家对任何问题的看法都一样，没有不同意见的比较，没有批评和反批评，政治协商和民主监督就失去了意义。在政协的各种会议上，要切实保障提出批评的自由和发表不同意见的自由，使各方面人士能够直言不讳地畅抒己见。要坚持不抓辫子、不扣帽子、不打棍子的“三不主义”，以利于形成和发展生动活泼的政治局面。

第四，要建立和完善规章制度。政协七届全国委员会制订的《关于政治协商、民主监督的暂行规定》，使政协工作向制度化、规范化迈出了重要一步，今后要继续朝这个方向努力。随着我国社会主义市场经济体制的建立，随着我国人民物质和文化生活水平的提高，随着我国同世界各国政治、经济、文化交往的增多，随着政协委员构成的变化，政治协商和民主监督的内容应不断丰富，制度应不断完善，各项活动也应更加富有成效。我们要继承和发扬优良传统，创造和总结新鲜经验，使政治协商和民主监督制度在新的历史条件下得到发展。

（四）

为了胜利完成时代赋予我们的光荣使命，开创人民政协工作的新局面，新一届政协必须努力搞好自身建设。要加强学习。政协组织要发扬自我教育的优良传统，推动委员在自觉自愿的基础上学习马列主义、毛泽东思想，学习时事政治和国家法律、政策，学习现代科学文化知识，当前特别要深入学习邓小平同志建设有中国特色社会主义的理论。要重视调查研究。努力创造条件，鼓励政协委员深入实际，深入群众，了解情况，并紧紧围绕经济建设这个中心，抓住群众普遍关心、人民政府亟待解决的问题，提出切实可行的意见和建议。要总结经验。在长期实践中，全国政协和各地政协在参政议政、发挥人才库智力库优势、开展海内外联谊活动等方面，积累了丰富的经验，应认真总结交流。要搞好机关工作。不断提高工作质量和效率，更好地为委员们服务，为政协工作服务。

各位委员、各位同志：中国共产党早就提出了“和平统一、一国两制”的方针。台湾是我国的神圣领土，实现祖国统一是海峡两岸人民的共同愿望。我们主张海峡两岸尽早就实现和平统一进行谈判。我们坚决反对任何形式的“两个中国”、“一中一台”，坚决反对任何旨在制造“台湾独立”的企图和行动。我们希望台湾当局以民族大义为重，顺应历史潮流，为完成祖国统一大业，早日作出明智抉择。1997年和1999年，香港、澳门将先后回归祖国。要确保香港、澳门实现平稳顺利过渡和回归后长期稳定繁荣。我们坚决反对一切违背中英联合声明、违背香港政制发展同《基本法》相衔接的承诺、违背中英双方已经达成的有关谅解的行为。我们希望一切热爱祖国、赞成祖国统一的中华儿女，为推进统一大业多做好事，多办实事，共同谱写中华民族光辉历史的新篇章。

让我们紧密地团结在以江泽民同志为核心的中共中央周围，在爱国主义、社会主义的伟大旗帜下，满怀信心地为完成新时期的历史任务而努力奋斗！

现在我宣布：中国人民政治协商会议第八届全国委员会第一次会议胜利闭幕！

国务院办公厅发布关于设立外币免税商店（场）有关问题的通知

中央军委副主席刘华清在全军计划生育工作会议上发表讲话

刘华清说，军委明确提出，军队的计划生育工作要走在全社会的前列，并已经写入军队建设“八五”规划。要实现这个总的目标，我们面临的任务十分艰巨，需要做大量艰苦细致的工作。实行计划生育，控制人口增长，是实现我国第二步、第三步战略目标必不可少的重要条件，直接关系到改革开放的顺利进行，关系到中华民族的盛衰和子孙后代的幸福，也关系到军队的建设和发展。各级领导和机关一定要从这个大局出发，充分认识做好军队计划生育工作的重大意义，以高度的政治责任感，坚持高标准，严要求，真抓实干，确保军队计划生育工作总体目标的实现，为全国人民作表率。

刘华清强调说，落实计划生育这项基本国策，关键在领导。要坚持军政一把手亲自抓、负总责。军委要求各单位各部队要把计划生育工作列入部队建设总体规划，切实摆到各级党委的议事日程，坚持勤抓常议。要重视搞好组织协调，把各方面的力量调动起来，各负其责，形成齐抓共管的局面。要把计划生育工作作为评价一个单位全面建设和领导干部政绩的重要内容。刘华清说，要重视研究计划生育工作的新情况、新问题，增强工作的预见性和主动性，要进一步提高计划生育工作队伍素质，不断改进工作方法，搞好宣传教育，落实政策制度，全面提高军队计划生育工作的整体水平。

张震、迟浩田、张万年、于永波、傅全有等领导同志以及军队出席八届人大一次会议的军以上干部和驻京各大单位有关负责同志出席会议。

中国女运动员在加拿大举行的1993年世界短道速度滑冰锦标赛上连破500米世界纪录并夺得冠军

在第二天的比赛中张艳梅以46秒09、王秀兰以46秒06破500米46秒72世界纪录。张艳梅在半决赛中以45秒60再破世界纪录，并在决赛中夺得冠军。

3月28日

八届全国人大一次会议举行第六次大会

大会由执行主席、全国人大常委会委员长乔石主持。乔石宣布：出席今天会议的代表2909人，符合法定人数。

乔石说，会议的议程是：根据国家主席的提名，决定国务院总理的人选；根据国家中央军委主席的提名，决定国家中央军委副主席、委员的人选；选举最高人民法院院长；选举最高人民检察院检察长。

最后，乔石宣布：

李鹏为中华人民共和国国务院总理；

刘华清、张震为中华人民共和国中央军事委员会副主席，迟浩田、张万年、于永波、傅全有为中华人民共和国中央军事委员会委员；

任建新当选为最高人民法院院长；

张思卿当选为最高人民检察院检察长。

八届全国人大一次会议主席团发布第 4 号公告

第八届全国人民代表大会第一次会议于 1993 年 3 月 28 日根据中华人民共和国主席江泽民的提名，决定李鹏为中华人民共和国国务院总理。

现予公告。

中华人民共和国第八届
全国人民代表大会
第一次会议主席团
1993 年 3 月 28 日于北京

八届全国人大一次会议主席团发布第 5 号公告

第八届全国人民代表大会第一次会议于 1993 年 3 月 28 日根据中华人民共和国中央军事委员会主席江泽民的提名，决定：

刘华清、张震为中华人民共和国中央军事委员会副主席。

迟浩田、张万年、于永波、傅全有为中华人民共和国中央军事委员会委员。

现予公告。

中华人民共和国第八届
全国人民代表大会
第一次会议主席团
1993 年 3 月 28 日于北京

八届全国人大一次会议主席团发布第 6 号公告

第八届全国人民代表大会第一次会议于 1993 年 3 月 28 日选举任建新为中华人民共和国最高人民法院院长。

现予公告。

中华人民共和国第八届
全国人民代表大会
第一次会议主席团
1993 年 3 月 28 日于北京

八届全国人大一次会议主席团发布第 7 号公告

第八届全国人民代表大会第一次会议于 1993 年 3 月 28 日选举张思卿为中华人民共和国最高人民检察院检察长。

现予公告。

中华人民共和国第八届
全国人民代表大会
第一次会议主席团
1993 年 3 月 28 日于北京

国家主席江泽民签署第 1 号令任命李鹏为中华人民共和国国务院总理

根据中华人民共和国第八届全国人民代表大会第一次会议的决定，任命李鹏为中华人民共和国国务院总理。

中华人民共和国主席 江泽民
1993 年 3 月 28 日

全国政协八届常委会举行第一次会议

全国政协副主席叶选平主持会议。

会议审议通过政协第八届全国委员会常务委员会关于设置专门委员会的决定。

会议还审议通过政协第八届全国委员会副秘书长名单。十四位副秘书长是：朱作霖、赵伟之、张治、卢之超、经叔平、范康、吴修平、陈进玉、李赣骝、朱元成、宋金升、罗豪才、陈益群、潘渊静。

全国政协秘书长宋德敏在会上就设置专门委员会和副秘书长名单的有关问题作说明。

全国政协主席李瑞环在会上讲话。

全国政协副主席吴学谦、杨汝岱、王兆国、阿沛·阿旺晋美、赛福鼎·艾则孜、洪学智、邓兆祥、赵朴初、钱伟长、胡绳、钱正英、苏步青、丁光训、董寅初、孙孚凌、安子介、霍英东、马万祺，出席会议。

全国政协八届常委会一次会议通过关于设置专门委员会的决定

根据中共十四大关于“完善共产党领导的多党合作与政治协商制度，巩固和发展新时期的爱国统一战线，充分发挥人民政协在政治协商和民主监督中的作用”的要求，依据《中国人民政治协商会议章程》第 38 条的规定，常务委员会决定：

一、设置以下 14 个委员会，作为组织委员进行经常活动的工作机构：

1. 提案委员会；2. 学习委员会；3. 文史资料委员会；4. 经济委员会；5. 教育文化委员会；6. 科学技术委员会；7. 医药卫生体育委员会；8. 法制委员会；9. 民族委员会；10. 宗教委员会；11. 妇女青年委员会；12. 华侨委员会；13. 祖国统一联谊委员会；14. 外事委员会。

二、各委员会在常委会和主席会议领导下进行工作，日常活动由秘书长协调。

三、授权主席会议筹组各委员会，提交常务委员会第二次会议审议通过。

3月29日

八届全国人大一次会议举行第七次大会

会议根据国务院总理李鹏的提名，决定新一届国务院组成人员；表决通过宪法修正案。

大会由执行主席田纪云主持。他宣布：2898名代表出席会议，符合法定人数。

会议宣读李鹏总理提名国务院副总理、国务委员、各部部长、各委员会主任、审计长、秘书长人选的信，宣读了宪法修正案草案。

根据表决结果，朱镕基、邹家华、钱其琛、李岚清为国务院副总理；李铁映、迟浩田、宋健、李贵鲜、陈俊生、司马义·艾买提、彭珮云、罗干为国务委员。

大会还宣布：会议通过中华人民共和国宪法修正案。

八届全国人大一次会议主席团发布第8号公告

中华人民共和国宪法修正案已由中华人民共和国第八届全国人民代表大会第一次会议于1993年3月29日通过，现予公布施行。

中华人民共和国第八届
全国人民代表大会
第一次会议主席团
1993年3月29日于北京

中华人民共和国宪法修正案

第三条 宪法序言第七自然段后两句："今后国家的根本任务是集中力量进行社会主义现代化建设。中国各族人民将继续在中国共产党领导下，在马克思列宁主义、毛泽东思想指引下，坚持人民民主专政，坚持社会主义道路，不断完善社会主义的各项制度，发展社会主义民主，健全社会主义法制，自力更生，艰苦奋斗，逐步实现工业、农业、国防和科学技术的现代化，把我国建设成为高度文明、高度民主的社会主义国家。"修改为："我国正处于社会主义初级阶段。国家的根本任务是，根据建设有中国特色社会主义的理论，集中力量进行社会主义现代化建设。中国各族人民将继续在中国共产党领导下，在马克思列宁主义、毛泽东思想指引下，坚持人民民主专政，坚持社会主义道路，坚持改革开放，不断完善社会主义的各项制度，发展社会主义民主，健全社会主义法制，自力更生，艰苦奋斗，逐步实现工业、农业、国防和科学技术的现代化，把我国建设成为富强、民主、文明的社会主义国家。"

第四条 宪法序言第十自然段末尾增加："中国共产党领导的多党合作和政治协商制度将长期存在和发展。"

第五条 宪法第七条："国营经济是社会主义全民所有制经济，是国民经济中的主导力量。国家保障国营经济的巩固和发展。"修改为："国有经济，即社会主义全民所有制经济，是国民经济中的主导力量。国家保障国有经济的巩固和发展。"

第六条 宪法第八条第一款："农村人民公社、农业生产合作社和其他生产、供销、信用、消费等各种形式的合作经济，是社会主义劳动群众集体所有制经济。参加农村集体经济组织的劳动者，有权在法律规定的范围内经营自留地、自留山、家庭副业和饲养自留畜。"修改为："农村中的家庭联产承包为主的责任制和生产、供销、信用、消费等各种形式的合作经济，是社会主义劳动群众集体所有制经济。参加农村集体经济组织的劳动者，有权在法律规定的范围内经营自留地、自留山、家庭副业和饲养自留畜。"

第七条 宪法第十五条："国家在社会主义公有制基础上实行计划经济。国家通过经济计划的综合平衡和市场调节的辅助作用，保证国民经济按比例地协调发展。""禁止任何组织或者个人扰乱社会经济秩序，破坏国家经济计划。"修改为："国家实行社会主义市场经济。""国家加强经济立法，完善宏观调控。""国家依法禁止任何组织或者个人扰乱社会经济秩序。"

第八条 宪法第十六条："国营企业在服从国家的统一领导和全面完成国家计划的前提下，在法律规定的范围内，有经营管理的自主权。""国营企业依照法律规定，通过职工代表大会和其他形式，实行民主管理。"修改为："国有企业在法律规定的范围内有权自主经营。""国有企业依照法律规定，通过职工代表大会和其他形式，实行民主管理。"

第九条 宪法第十七条："集体经济组织在接受国家计划指导和遵守有关法律的前提下，有独立进行经济活动的自主权。""集体经济组织依照法律规定实行民主管理，由它的全体劳动者选举和罢免管理人员，决定经营管理的重大问题。"修改为："集体经济组织在遵守有关法律的前提下，有独立进行经济活动的自主权。""集体经济组织实行民主管理，依照法律规定选举和罢免管理人员，决定经营管理的重大问题。"

第十条 宪法第四十二条第三款："劳动是一切有劳动能力的公民的光荣职责。国营企业和城乡集体经济组织的劳动者都应当以国家主人翁的态度对待自己的劳动。国家提倡社会主义劳动竞赛，奖励劳动模范和先进工作者。国家提倡公民从事义务劳动。"修改为："劳动是一切有劳动能力的公民的光荣职责。国有企业和城乡集体经济组织的劳动者都应当以国家主人翁的态度对待自己的劳动。国家提倡社会主义劳动竞赛，奖励劳动模范和先进工作者。国家提倡公民从事义务劳动。”

第十一条　宪法第九十八条：“省、直辖市、设区的市的人民代表大会每届任期五年。县、不设区的市、市辖区、乡、民族乡、镇的人民代表大会每届任期三年。”修改为：“省、直辖市、县、市、市辖区的人民代表大会每届任期五年。乡、民族乡、镇的人民代表大会每届任期三年。”

八届全国人大一次会议通过各专门委员会组成人员

八届全国人大民族委员会(25 人)

主任委员　王朝文(苗族)

副主任委员　李学智　伍精华(彝族)

宦爵才郎(藏族)　陶爱英(壮族)

爱新觉罗·溥杰(满族)

委　　员　(略)

八届全国人大内务司法委员会(19 人)

主任委员　孟连崑

副主任委员　顾林昉　张克辉

彭清源　朱　光

委　　员　(略)

八届全国人大教育科学文化卫生委员会(31 人)

主任委员　赵东宛

副主任委员　杨海波　李绪鄂　聂大江　郝诒纯(女)

委　　员　(略)

八届全国人大外事委员会(15 人)

主任委员　朱　良

副主任委员　朱启祯　周　觉　杨振亚

委　　员　(略)

八届全国人大华侨委员会(21 人)

主任委员　杨泰芳

副主任委员　万绍芬(女)　林丽韫(女)　刘振华

王宋大

委　　员　(略)

八届全国人大环境保护委员会(17 人)

主任委员　曲格平

副主任委员　戚元靖　林宗棠　杨纪珂　秦仲达

杨振怀

委　　员　(略)

国家主席江泽民签署第 2 号令任命国务院副总理国务委员国务院秘书长和各部委首长

根据中华人民共和国第八届全国人民代表大会第一次会议的决定：

任命朱镕基、邹家华、钱其琛、李岚清为国务院副总理；

任命李铁映、迟浩田、宋健、李贵鲜、陈俊生、司马义·艾买提(维吾尔族)、彭珮云(女)、罗干为国务委员；

任命

罗干为国务院秘书长(兼)

钱其琛为外交部部长(兼)

迟浩田为国防部部长(兼)

陈锦华为国家计划委员会主任

王忠禹为国家经济贸易委员会主任

李铁映为国家经济体制改革委员会主任(兼)

朱开轩为国家教育委员会主任

宋健为国家科学技术委员会主任(兼)

丁衡高为国防科学技术工业委员会主任

司马义·艾买提(维吾尔族)为国家民族事务委员会主任(兼)

陶驷驹为公安部部长

贾春旺为国家安全部部长

曹庆泽为监察部部长

多吉才让(藏族)为民政部部长

肖扬为司法部部长

刘仲藜为财政部部长

宋德福为人事部部长

李伯勇为劳动部部长

朱训为地质矿产部部长

侯捷为建设部部长

史大桢为电力工业部部长

王森浩为煤炭工业部部长

何光远为机械工业部部长

胡启立为电子工业部部长

刘淇为冶金工业部部长

顾秀莲(女)为化学工业部部长

韩杼滨为铁道部部长

黄镇东为交通部部长

吴基传为邮电部部长

钮茂生(满族)为水利部部长

刘江为农业部部长

徐有芳为林业部部长

张皓若为国内贸易部部长

吴仪(女)为对外贸易经济合作部部长

刘忠德为文化部部长

艾知生为广播电影电视部部长

陈敏章为卫生部部长

伍绍祖为国家体育运动委员会主任

彭珮云(女)为国家计划生育委员会主任(兼)

李贵鲜为中国人民银行行长(兼)

吕培俭为审计署审计长

中华人民共和国主席 江泽民

1993年3月29日

八届全国人大一次会议主席团举行第五次会议

会议由主席团常务主席乔石主持。

会议通过中华人民共和国宪法修正案草案,将草案印发各代表团,提请大会通过。

会议通过全国人大法律委员会主任委员薛驹作的关于澳门特别行政区基本法草案审议结果的报告。

会议还通过《中华人民共和国澳门特别行政区基本法(草案)》,包括三个附件和区旗图案、区徽图案草案;会议听取主席团常务主席王汉斌关于设立澳门特别行政区的决定草案和《关于中华人民共和国澳门特别行政区基本法的决定(草案)》的说明后,通过这两项草案;会议还通过关于澳门特别行政区第一届政府、立法会和司法机关产生办法的决定草案,关于批准澳门特别行政区基本法起草委员会,关于设立全国人民代表大会常务委员会澳门特别行政区基本法委员会的建议的决定草案,会议决定将以上几个草案提请大会表决。

关于七届全国人大常委会工作报告的决议草案,关于最高人民法院工作报告的决议草案,关于最高人民检察院工作报告的决议草案,也在会议上经表决通过。会议决定,会后将以上几个文件印发各代表团审议,提请大会表决。

会议通过八届全国人大一次会议副秘书长曹志在会上作的关于八届全国人大一次会议代表提出的议案和建议的处理意见的报告,将报告印发全体代表。

八届全国人大一次会议主席团第五次会议通过全国人大法律委员会主任委员薛驹向全国人大会议主席团报告澳门特别行政区基本法草案审议结果的报告

薛驹向八届全国人大一次会议主席团提出法律委员会关于中华人民共和国澳门特别行政区基本法草案审议结果的报告。

薛驹在报告中说,第八届全国人民代表大会第一次会议全体代表,从3月22日至24日,对中华人民共和国澳门特别行政区基本法草案进行了审议。代表们普遍认为,澳门特别行政区基本法是继香港特别行政区基本法之后我国又一部实施“一国两制”的重要法律,具有深远的历史意义和国际意义。收回澳门,恢复行使主权,实现祖国的统一,是我国人民长期的共同愿望,也是历史赋予我们的神圣使命。我国政府根据“一国两制”的总方针,妥善地解决了历史遗留下来的澳门问题,在中葡关于澳门问题的联合声明中具体阐明了对澳门的基本方针政策。澳门特别行政区基本法以法律的形式将“一国两制”的总方针和我国对澳门的基本方针政策规定下来,从而在法律上保证“一国两制”在澳门的实现。它对1999年我国恢复对澳门行使主权,保持澳门的稳定发展,具有十分重大的意义。

报告说,代表们认为,澳门特别行政区基本法草案规定澳门特别行政区是中华人民共和国不可分离的部分,是直辖于中央人民政府的地方行政区域;澳门特别行政区依法实行高度自治,享有行政管理权、立法权、独立的司法权和终审权;澳门特别行政区不实行社会主义制度和政策,保持原有的资本主义制度和生活方式,50年不变,以及其他有关规定,充分体现了“一国两制”的方针。澳门特别行政区基本法草案关于澳门居民的基本权利和义务、政治体制、经济、文化和社会事务等章节的规定,保障了澳门居民享有广泛的权利和自由,兼顾了社会各阶层的利益。所有这些规定,都是根据“一国两制”总方针和澳门的实际情况制订的,既有利于澳门的长期稳定与发展,又切实可行,因此充分体现了包括澳门同胞在内的全国人民的共同愿望和根本利益。代表们同意本次大会予以通过,并建议在澳门特别行政区基本法公布后,在澳门和全国其他地区开展广泛的宣传,使包括澳门同胞在内的全国人民,为保证基本法的顺利实施和澳门的长期繁荣稳定而共同努力。

报告中说,代表们认为,澳门特别行政区基本法草案是澳门特别行政区基本法起草委员会委员、澳门各界人士以及全国人民共同努力的成果,是集体智慧的结晶。起草委员会1988年9月成立以来,委员们本着爱祖国、爱澳门的精神,民主协商,求同存异,集思广益。在基本法起草过程中,充分发扬民主,起草委员会、全国人大常委会先后两次将草案全文公布,在澳门和全国其他地区广泛征求意见,对各种不同意见都认真讨论研究,吸收有益的意见和建议,修改和完善基本法草案的条文。草案的每一条条文、三个附件和《全国人民代表大会关于澳门特别行政区第一届政府、立法会和司法机关产生办法的决定(草案)》、《关于设立全国人民代表大会常务委员会澳门特别行政区基本法委员会的建议》两个文件,都是经过无记名投票表决的方式,以全体起草委员的2/3多数赞成获得通过,并通过区旗区徽图案。广大的澳门同胞和全国人民对基本法草案比较满意。代表们对起草委员会卓有成效地完成起草基本法的工作表示满意。代表们还对由澳门各界人士组成的澳门特别行政区基本法咨询委员会为配合基本法的起草进行了大量的收集和反映意见的工作,表示赞许。

报告说，根据全国人民代表大会议事规则和全国人民代表大会关于澳门特别行政区基本法草案审议程序和表决办法的决定，法律委员会于 3 月 25 日召开会议，根据各代表团的审议意见，对澳门特别行政区基本法草案进行了审议。法律委员会认为，我国宪法第三十一条规定，"国家在必要时得设立特别行政区。在特别行政区内实行的制度按照具体情况由全国人民代表大会以法律规定。"澳门特别行政区基本法是根据我国宪法、按照澳门的具体情况制定的，是符合宪法的。草案关于总则、中央和澳门特别行政区的关系、澳门特别行政区居民的基本权利和义务、政治体制、经济、文化和社会事务、对外关系、基本法的解释和修改等方面以及三个附件作出的规定，符合"一国两制"的总方针和我国政府对澳门的基本方针政策，符合澳门的实际情况和需要，有利澳门的稳定和发展，也是符合包括澳门同胞在内的全国人民的根本利益的。法律委员会同意《中华人民共和国澳门特别行政区基本法(草案)》，包括附件一：《澳门特别行政区行政长官的产生办法》，附件二：《澳门特别行政区立法会的产生办法》，附件三：《在澳门特别行政区实施的全国性法律》，以及澳门特别行政区区旗和区徽图案(草案)，建议主席团审议决定提请大会表决通过。

报告中说，法律委员会审议了澳门特别行政区基本法起草委员会代拟的《全国人民代表大会关于澳门特别行政区第一届政府、立法会和司法机关产生办法的决定(草案)》，认为这个决定草案体现了国家主权、平稳过渡的原则，是切实可行的。建议主席团决定提请大会表决通过。

薛驹的报告中说，法律委员会经过审议，同意澳门特别行政区基本法起草委员会关于设立全国人民代表大会常务委员会澳门特别行政区基本法委员会的建议，认为设立全国人大常委会澳门特别行政区基本法委员会，对保证澳门特别行政区基本法的顺利实施具有重要的意义，并起草了关于批准这个建议的决定草案，建议主席团审议决定提请大会审议。

国务院港澳办公室和新华社香港分社聘请第二批香港事务顾问

国务院港澳办公室和新华社香港分社最近决定共同聘请第二批香港事务顾问。

第二批港事顾问共 49 名，名单如下：

王英伟、伍淑清、阮北耀、李兆基、李明堃、李连生、李业广、李鹏飞、吴光正、吴家玮、吴清辉、邵善波、林百欣、马力、胡经昌、侯瑞培、夏利莱、倪少杰、陈文裘、陈永棋、陈桦硕、陈婉娴、陈耀华、梁定邦、梁爱诗、高锟、郭志权、郭炳湘、郭鹤年、黄良会、黄绍伦、黄景强、黄学海、曹光彪、张人龙、张佑启、张鑑泉、温嘉旋、曾钰成、杨耀忠、蒋震、郑裕彤、潘国濂、刘兆佳、刘汉铨、谢志伟、谢国民、钟逸杰、谭耀宗。

国务院总理李鹏在钓鱼台国宾馆会见德国联邦经济部长莱克斯洛特

全国人大常委会副委员长费孝通谈教育的两大问题

"两会"召开之际，全国人大常委会副委员长、社会学家费孝通就教育问题发表意见。

"教育方面主要有两个问题，一个是长远的，一个是紧迫的。"

关于第一个问题，他说，从总体特征上讲，中国要熟悉这个与人类命运息息相关的现代世界，就需有一套基本的思想准备，而这项准备必须从小学教育做起。这种教育不仅仅是识字，识字只是获取知识的工具。小学更需重视通过文字和其他工具为儿童提供现代社会所必须具备的基础知识，中小学教育主要是培养合格的公民，提高国民素质。"我希望办教育的人首先要在这个问题上多作思考，从长远目标上使教育和现实接上头。"

关于第二个问题，"改革开放一下子使工业和其他行业人才不足。高校培养的人才不适应社会实际的需要，这表明我们的高等教育也和社会需要脱节了。"他认为，过去从苏联学来的模式是和计划经济下的国营企业配套的；现在进入社会主义市场经济，教育体制不能不跟上改革的大方向。

国家不必把教育事业都包下来，要允许走多种办学的路子。要有针对性地加强成人教育、职业教育、奖励企业和地方主动开办短期、长期、专业和非专业的培训班，这些都是很好的应急办法。还要像企业吸引外资一样，吸收一些外来帮助。另外，还要充分利用现代化的大众传媒，把传媒倾斜到知识上来。

国家教委主任李铁映就当前中国教育有关问题答美国《新闻周刊》记者问

国务委员兼国家教委主任李铁映在人民大会堂会见美国《新闻周刊》驻北京记者弗兰克·吉布尼，并就中国高等教育面临的挑战、民办教育在中国教育中所起的作用、大学生军训等回答了记者提出的问题。

问：当今中国高等教育面临的最大挑战是什么？

答：中共十一届三中全会以来，中国的高等教育有了很大发展，培养了大批高级专门人才，出了许多高水平的科技成果，为现代化建设做出了巨大贡献。当前我国的高等教育面临着来自两个方面的挑战：一方面，世界经济、科技的迅速发展和综合国力的激烈竞争，迫切要求高等教育进行全面改革，加快发展；另一方面，我国已确定了现代化建设三步走的战略，要在本世纪末实现第二步战略目标，我国正在逐步建立社会主义市场经济体制和深化政治、科技体制改革，这些也都要求高等教育加快改革和发展，培养数量更多、素质更好的专门人才，提供更多更高水平的科研成果。实现这一任务，必须改革原来那种国家包办高等教育的模式，逐步建立与社会主义市场经济体制、政治体制和科技体制相适应的高等教育新体制；同时增加教育投入，加强师资队伍建设，改善高等教育的办学条件。我们提出了“211 工程”的设想，即面向 21 世纪，到 2000 年或者更长一些时间，建设 100 所左右达到国际先进水平的重点大学和一批重点学科。我们要解放思想，大胆实践，探索符合中国国情的发展高等教育的新路了。

问：某些大学（如中国人民大学）正调整其教学课程以适应中国变化着的形势，那些从前以马列思想为主要教学内容的也正在解散，为什么？

答：最近一个时期，我国高等学校的教学改革，尤其是文科专业结构的调整和课程设置、教学内容改革的步伐在加快。改革的目的，是要使文科教育更好地适应社会主义市场经济体制的需要，更好地服务于社会主义政治、经济、文化建设。

据我所知，中国人民大学有 14 个社会急需的新专业准备在今年秋季招生，另有 17 个专业今年暂停招生。在暂停招生的专业中，有些专业，如科学社会主义、国际共产主义运动专业，一直采取隔年招生的办法；另一些专业，主要是由于社会需求方面的原因今年暂时停招；还有一些专业，主要是由于社会需求方面的原因今年暂时停招；还有一些专业，如马克思主义原理、中国革命史等主要培养高校理论师资的专业，今后将主要培养研究生层次的人才。这些专业中，除价格学专业已经撤销，国民经济计划学专业改为国民经济管理专业以外，并没有撤销其他专业，更没有取消任何一个系的建制。在教学改革上，我们强调在建设有中国特色社会主义理论指导下，结合各专业特点，调整、充实教学内容，积极引导学生分析、研究改革开放中出现的新情况、新经验和新课题，这不是削弱马克思主义理论，而是使马克思主义理论教育与经济建设结合得更加紧密、更加贴近现实生活，更具时代感。

顺便说一句，前段时间，国内外有的新闻单位关于中国人民大学专业调整和教学改革的报道，是不够准确的。

问：私立学校在全国各地涌现，它们起到什么样的作用？大学生应当担负其所受教育的费用吗？

答：近几年来，中国除政府办学外，社会团体和公民个人举办的各级各类学校已有近万所，每年培养、培训学员数以百万计。这类学校在我国被称为“民办学校”，主要实施学前教育、基础教育、中等职业技术教育、高中阶段后的补充教育、高等学历教育与非学历教育等。民办学校是政府办学的重要补充，它的出现突破了过去政府单一办学的体制，调动了社会各界办学的积极性，为离退休知识分子和其他学有专长者提供了发挥余热的场所；适应了社会发展和人民群众日益增长的文化教育的需要，为公民提供了更多的可供选择的学习机会。中国政府鼓励社会团体和公民个人按照国家法律和教育方针办学，要求学校保证教育质量，为社会培养合格人才。

我国高等教育经费主要是国家财政拨款，即国民收入的再分配部分。过去，在单一的计划经济体制下，我国的高等教育是由国家包下来的。随着改革开放和教育事业的发展，这一办法已不能适应经济发展和社会各方面对接受高等教育的需求。同时，高等教育属于非义务教育阶段，实行收费也是符合国际惯例的。目前高等学校的收费标准大体只占高校学生实际培养费用的 5%左右。有的高校招收了一部分“自费生”（并不是完全意义的“自费”，因为这些学生只承担了国家和学校整个培养费用的一部分），收费标准也只占实际费用的 30%左右。国家要求各级政府主办的学校制定收费标准时，要充分考虑到大多数群众的经济收入水平和经济承受能力，同时建立健全与之相配套的奖学金、学生贷款、勤工俭学等政策和措施，以保证在校学生不因经济原因而影响学业。

民办高等学校（包括学历和非学历教育）多数属于社会集资或私人出资办学，实行收费也是合理的。一般学生在入学时要缴纳一定教育费用，其费用较政府主办的学校高。但因民办学校所办专业一般为社会急需或短缺专业，毕业生就业比较有保证，所以，民办高等学校的大学生一般愿意负担在学期间的费用。

问：学校军训的结局会怎样？它会继续进行或如某些学校已做的那样将其取消？

答：对大学生进行军政训练是我国高等学校教学计划的一项内容，我国《兵役法》对此也有明确的规定，目前全国有 300 多所大学由国家拨专款或由学校自筹经费开展这项工作。

中国对大学生进行军训的形式主要有校内军训，到部队或军事院校军训，到专门的军训基地军训三种。

大学生通过军训，思想素质、身体素质、军事技能以及独立生活能力等方面均有明显进步。这为他们今后的健康成长打下了良好基础。这项工作将长期进行下去，不存在取消的问题。

从 1989 年和 1990 年开始，北京大学、复旦大学新生分别到石家庄、信阳、大连、南昌四所陆军学院试行为期一年的军政训练。这是改革开放形势下高教改革的一种尝试，目的是探索重点综合大学和军队院校联合培养德智体全面发展的社会主义建设者和接班人。实践证明，这种尝试是必要的，成功的，应予充分肯定。

邓小平同志去年年初视察南方重要谈话和我党的十四大召开之后，我国改革开放和经济建设进入一个新的发展阶段，高教改革也加快了步伐。在新形势下，人们对为期一年的军政训练产生了一些新的看法，这是可以理解的。总的出发点都为了办好社会主义大学，把青年学生教育好。北大、复旦的领导从学校实际出发，对这项工作进行了总结，在充分肯定成绩的同时，感到一年军训时间过长，且军校对大学生驻校容纳量有限，恐难以在全国高校推广，建议对军训的时间和方法进行适当调整。

问：将 1993 年的大学毕业生同 1989 年的相比较，你如何评价？

答：改革开放以来，我国高等学校始终坚持用建设有中国特色社会主义理论和党的基本路线教育学生，引导他们德智体全面发展，培养社会主义建设者和接班人。我们的教育收到了良好的效果，我国大学生的总体素质是好的。

1993 年的大学毕业生是在 1989 年前后入学的。与 1989 年时比，这几年的社会环境和学校环境都有了较大的变化。随着我国改革开放和现代化建设的发展，加上教育改革的不断深入和社会各方面的大力支持，近两三年的大学毕业生无论在思想素质、文化知识水平，还是社会适应能力方面，都有了新的进步。广大青年学生拥护支持改革，积极投入改革与发展的实践，增强了对国情的了解，焕发了建设祖国、振兴中华的爱国主义热情，思考问题更全面更实际了，维护安定团结的自觉性增强了；他们在实践中看到现代化建设需要知识和人才，从而提高了学习自觉性，努力拓展知识面；他们的实干精神、进取精神、改革意识、竞争意识都有所增强。

问：几年前，教委规定，那些提出联合对中国政治和社会形势进行研究请求的外国学者，高等院校对此不予合作。为什么？这种禁令仍继续有效吗？

答：据我了解，国家教委没有作过这样的规定。事实上，国家教委与国外在社会科学领域里的合作研究从未中断过，特别是与美国的合作研究一直在正常进行。例如：国家教委与美国美中学术交流委员会(CSCPRC)自 1979 年以来，在社会科学领域进行了 200 多个研究项目的合作。1992—1993 学年，国家教委与 CSCPRC 在社会科学领域共有 15 个研究项目，其中有 DAVIDZWEIG(崔大伟)与南京大学合作进行的“中国张家港市经济发展模式”、LIDAJUNGHANS(杨丽达)与南京大学的“中国铁路与铁路工人”、MELANIEMANION(墨宁)与中国人民大学的“中国行政制度及组织”、SHIHHUNGSHAWNSHIEH(谢世宏)与厦门大学的“各级政府对经济发展的影响”等问题的研究。

北京大学与密执安大学之间有关社会科学的校际合作项目的问题，至今未解决，原因是北京大学在项目报批程序等方面还存在一些问题，现正在进一步寻求解决的办法。

问：在最近的几个月中，你在计划生育教育领域中很活跃，你能解释在其中的作用及影响如何？

答：我在国务院除分管教育、文化、卫生、体育工作外，还分管计划生育工作。计划生育是我国一项长期的基本国策，它是从中国的国情出发，从中国人民的切身利益出发，为了更快地发展社会主义社会的生产力，增强综合国力，提高人民的生活水平。为此，我们必须坚持现行的计划生育政策，把这项工作抓紧、做好。

我国自 80 年代初期就在中学进行人口教育试点工作。1992 年在义务教育课程计划中正式规定人口教育是中学阶段教育内容之一，主要包括：我国人口状况、形势和政策；人口与自然资源、环境以及经济社会发展的关系；人口科学和青春期生理、心理卫生保健以及生育与节育初步知识等，编写出版了供高初中学生使用的人口教育读本、师资培训教材和一批教学与参考资料。人口教育师资培训工作由各省教育学院和其他师范院校承担，个别学院还开办了人口教育大专、本科班。

近几年来，计划生育教育工作取得很大进展，其学历教育初具规模，招生人数逐年增加。目前计划生育方面的本、专科学校共有 3 所，中专学校约有 7 所，还有不少高等医科学院和地方卫生学校开设了计划生育专业。这些工作对计划生育系统队伍建设、后备人才培养起到了积极作用。

3月30日

国务院总理李鹏在钓鱼台国宾馆会见柬埔寨国家元首、全国最高委员会主席诺罗敦·西哈努克亲王和夫人

国务院批准万家寨引黄入晋工程

山西万家寨引黄工程已由国务院批准立项，5 月将正式开工。万家寨引黄工程位于晋西北的偏关县与内蒙古自治区准格尔旗交界的黄河北干流上，由万家寨水利枢纽和引黄入晋两部分组成。万家寨水利枢纽工程包括在黄河上修建一座90米高、库容量8.9亿立方米的混凝土重力坝，坝后建一座装机容量108万千瓦、年发电26.5亿千瓦的坝后电站。引黄入晋工程包括总干、南干和北干。南干全长97公里，向太原引水。北干170公里，主要向大同等地引水。工程总长310.5公里，其中隧洞220公里。整个工程由国家、山西和内蒙古共同投资建设，预算总投资为96.4亿元，1993年主体工程开工，1998年全部竣工。

国家主席江泽民根据全国人大常委会的决定任免驻外大使

一、免去李道豫的中国常驻联合国代表、特命全权大使职务。

任命李肇星为中国常驻联合国代表、特命全权大使。

二、免去朱启祯的中国驻美利坚合众国特命全权大使职务。

任命李道豫为中国驻美利坚合众国特命全权大使。

三、免去杜钟瀛兼任的中国驻基里巴斯共和国特命全权大使职务。

任命王少华为中国驻基里巴斯共和国特命全权大使。

国务院副总理朱镕基在中南海紫光阁会见以交通通讯大臣马茨·乌德尔为团长的瑞典交通运输与电信技术代表团

中国德国在北京签署总金额为12亿美元的9项经贸合作项目的合同及意向书

两国有关企业签订了中国从德国购买12架空中客车的订购合同和预定13架空中客车的意向书，还签订了有关冶金方面的三项合同。另外，中德双方还就南平铝厂轧机公司和西安啤酒罐装线两个项目签订了合作协议。

新任国务院副总理李岚清、德国驻华大使傅泰民出席签字仪式。

中国中小学幼儿教师奖励基金会在人民大会堂举行座谈会缅怀王震为中国教育事业做出的贡献

3月31日

八届全国人大一次会议闭幕

第八届全国人民代表大会第一次会议，在批准政府工作报告并完成其他各项议程后闭幕。

全国人大常委会委员长、副委员长、秘书长担任大会的执行主席，并在主席台前排就座。他们是：乔石、田纪云、王汉斌、倪志福、陈慕华、费孝通、孙起孟、雷洁琼、秦基伟、李锡铭、王丙乾、帕巴拉·格列朗杰、王光英、程思远、卢嘉锡、布赫、铁木尔·达瓦买提、李沛瑶、吴阶平、曹志。

闭幕会由大会执行主席乔石主持。国家主席江泽民在会上发表讲话。

杨尚昆、李鹏、万里、李瑞环、朱镕基、刘华清、胡锦涛、荣毅仁、姚依林等在主席台就座。

在为期17天的会议期间，代表们围绕国务院总理李鹏代表国务院作的政府工作报告等项议程进行审议。会议认为，报告对过去五年工作的总结是符合实际的；提出的今后五年任务经过努力是可以完成的；对"八五"计划的主要指标进行调整，把国民经济增长速度由原定平均每年6%调高到8%至9%，是适当的。代表们对上届国务院的工作表示满意。

会议通过关于政府工作报告的决议、关于1992年国民经济和社会发展情况与1993年计划的决议、关于1992年国家预算执行情况和1993年国家预算的决议。

提请这次大会表决的议案还有：中华人民共和国澳门特别行政区基本法，包括三个附件和区旗、区徽图案；关于设立澳门特别行政区的决定；关于中华人民共和国澳门特别行政区基本法的决定；关于澳门特别行政区第一届政府、立法会和司法机关产生办法的决定；关于批准澳门特别行政区基本法起草委员会关于设立全国人民代表大会常务委员会澳门特别行政区基本法委员会的建议的决定。会议经过逐项表决，通过这些议案。

这次大会期间，代表们还审议广东省代表团提出的建议成立香港特别行政区筹备委员会的预备工作委员会的议案。根据1990年4月4日七届全国人大三次会议通过的关于香港特别行政区第一届政府和立法会产生办法的决定中关于1996年内全国人大设立香港特别行政区筹备委员会的规定，考虑到1997年我国恢复对香港行使主权的时间日益临近，为了保证1997年的平稳过渡，有大量的准备工作需要进行，会议经过表决，通过关于授权全国人民代表大会常务委员会设立香港特别行政区筹备委员会的准备工作机构的决定，授权八届全国人大常委会设立香港特别行政区筹备委员会的准备工作机构，着手进行各项有关准备工作。

会议还表决通过关于全国人大常委会工作报告的决议、关于最高人民法院工作报告的决议和关于最高人民检察院工作报告的决议。

在表决通过各项决议、决定后，国家主席江泽民、八届全国人大常委会委员长乔石先后发表讲话。

在大会主席台就座的还有：丁关根、李岚清、李铁映、杨白冰、吴邦国、邹家华、陈希同、姜春云、钱其琛、尉健行、谢非、温家宝、任建新、张震、迟浩田、宋健、李贵鲜、陈俊生、司马义·艾买提、彭珮云、罗干、张思卿、叶选平、吴学谦、杨汝岱、王兆国、阿沛·阿旺晋美、赛福鼎·艾则孜、洪学智、钱伟长、钱正英、孙孚凌、霍英东、马万祺。

中央党政军领导机关负责人，各民主党派和群众团体负责人，列席大会。各国驻华使节旁听大会。

国家主席江泽民在八届全国人大一次会议闭幕会上发表讲话

各位代表：

这次大会选举我担任中华人民共和国主席，我衷心感谢各位代表和全国各族人民对我的信任。国家主席责任重大。我将忠诚地履行宪法赋予的职责，恪尽职守，勤勉工作，不辜负各位代表和全国人民的重托。

杨尚昆同志担任国家主席期间，坚定不移地坚持建设有中国特色社会主义的理论和党的基本路线，致力于国家的建设和改革，以其卓有成效的工作，赢得了全国人民的尊敬和国际上的赞誉。我们衷心地向杨尚昆同志表示感谢和敬意！

各位代表，从国际环境和国内条件来说，今后的五年，对于我们国家的繁荣昌盛和社会主义事业的兴旺发达，是很重要很宝贵的时期。胜利地完成本次大会确定的各项任务，我们就能在建立社会主义市场经济体制方面迈出重大步伐，就能提前实现国民生产总值翻两番的目标，就能在社会主义民主法制建设和精神文明建设方面取得重要进展，从而为我国以更加雄健的步伐进入 21 世纪，打下良好的基础。

十一届三中全会以来，以邓小平同志为核心的党中央领导集体，领导我国人民开创建设有中国特色社会主义的道路，使我们的国家进入蓬勃发展的新时期。我们要实现今后改革开放和现代化建设的繁重任务，最根本的，是要以邓小平同志建设有中国特色社会主义的理论和党的基本路线为指导，积极、全面、正确地贯彻落实党的十四大精神，抓住机遇，深化改革，加快发展，集中力量把经济建设搞上去，推动社会全面进步。

我们的社会主义现代化建设还处在艰巨的创业时期。伟大的创业实践，需要有伟大的创业精神来支持和鼓舞。解放思想、实事求是，积极探索、勇于创新，艰苦奋斗、知难而进，学习外国、自强不息，谦虚谨慎、不骄不躁，同心同德、顾全大局，勤俭节约、清正廉洁，励精图治、无私奉献，这些都应该成为新时期我们推进现代化建设，所要大加倡导和发扬的创业精神。这些精神的核心和精髓，就是小平同志所一再倡导和论述的解放思想，实事求是。各级国家机关和国家工作人员，要在这方面起好表率作用，当好人民的公仆。

"和平统一、一国两制"，是我们实现祖国统一大业的坚定方针。我们坚决反对任何形式的"两个中国"、"一中一台"或"一国两府"，坚决反对任何制造台湾独立的企图和行动，坚决维护国家主权和领土完整。我们将严格执行香港基本法和这次大会通过的澳门基本法，克服困难，排除阻力，努力实现香港、澳门平稳过渡和保持长期稳定繁荣。

我们始终不渝地奉行独立自主的和平外交政策，坚持在和平共处五项原则的基础上，同所有国家保持和发展友好合作关系。在国际交往中，我们绝不强加于人，也绝不允许别的国家干涉我国的内政。我们坚决反对霸权主义和强权政治，继续为建立和平、稳定、公正、合理的国际新秩序，做出不懈的努力。

勤劳、勇敢、智慧的中华民族，曾经对人类文明做出过巨大的贡献。我们要在爱国主义、社会主义的伟大旗帜下，更加紧密地团结起来，抓住有利时机，集中力量发展自己，到本世纪末，使我们的国民经济再上一个新台阶，使占世界人口 1/4 的中国人民生活水平进入小康。这是中国历史上的一个伟大壮举，也是 20 世纪人类进步的一个辉煌成果。只要我们坚定不移地沿着建设有中国特色社会主义的道路奋斗下去，更加美好的未来，必将属于历尽沧桑而自信自立自强的中国人民！

全国人大常委会委员长乔石在八届全国人大一次会议闭幕会上发表讲话

各位代表：

八届全国人大一次会议，在全体代表的共同努力下，完成了各项预定的任务，取得了圆满成功。

这次会议充分发扬民主，严格依法办事，大家畅所欲言，共商国是，是一次民主、团结、求实、奋进的盛会。代表们从全国各族人民的根本利益出发，以高度的主人翁责任感，认真履行宪法和法律赋予的职责，使会议通过的各项决议和决定，充分表达了全国各族人民的意志。会议审议批准的李鹏总理所作的《政府工作报告》，明确提出了今后五年我国改革和建设的任务。完成这些任务将使我国的国民经济迈上一个新的台阶。会议审议通过了宪法修正案，这是一件具有深远意义的大事。修改后的宪法将在建设有中国特色社会主义的伟大事业中发挥巨大的作用。会议审议通过了澳门特别行政区基本法，这符合全国各族人民包括澳门同胞的根本利益。它与香港特别行政区基本法一样，将载入我国的史册。会议审议通过的全国人大关于授权全国人大常委会设立香港特别行政区筹备委员会的准备工作机构的决定，有利于保证1997年香港政权的平稳过渡和我国恢复对香港行使主权。全体代表经过充分酝酿，反复协商，依法选举和决定了新的一届中央国家机构领导人员，为承前启后，继往开来，加快改革开放和现代化建设的步伐，提供了组织保证。这次会议必将进一步鼓舞全国各族人民，满怀信心地实现党的十四大和本次大会确定的各项任务。

大会选举我担任八届全国人大常委会委员长，并选出了副委员长、秘书长和委员。这是代表和全国各族人民对我们的信任，我们表示衷心的感谢。我们一定不辜负代表和全国各族人民的重托与期望，同全体代表一道，以对国家和人民高度负责的精神，严格依照宪法和法律的规定，竭尽全力把工作做好。

七届全国人大及其常委会在五年任期内，坚持以建设有中国特色社会主义的理论和党的基本路线为指导，认真行使宪法赋予的职权，把保证和促进改革开放作为首要职责，把加强社会主义民主和法制建设作为根本任务，在保障改革开放和社会主义现代化建设的顺利进行方面发挥了重要作用。万里同志在担任第七届全国人大常委会委员长期间，坚定不移地坚持建设有中国特色社会主义的理论和党的基本路线，辛勤工作，尽职尽责，为加快改革开放和推进社会主义民主法制建设，作出了重大贡献。请允许我代表八届全国人大，向万里同志致以崇高的敬意！向七届全国人大常委会各位副委员长和委员，向七届全国人大代表，表示由衷的敬意和感谢！

八届全国人大任期的五年，是我国建立社会主义市场经济体制、实现现代化建设第二步发展目标的关键时期。八届全国人大要在前几届人大工作的基础上，继续坚持以建设有中国特色社会主义的理论和党的基本路线为指导，围绕经济建设这个中心，全面履行宪法、法律赋予的职责，推进社会主义民主政治建设，巩固和发展安定团结的政治局面，保证和促进改革开放和社会主义现代化建设的顺利进行，动员全国各族人民为提前实现翻两番的战略目标，并为贯彻“和平统一、一国两制”的基本国策，积极推进祖国统一大业，做出新的更大的贡献。

加强社会主义民主和法制建设，是我国实现四个现代化的重要保证。没有民主和法制就没有社会主义，就没有社会主义现代化。邓小平同志早在1978年就说过，为了保障人民民主，必须加强法制。必须使民主制度化、法律化，使这种制度和法律不因领导人的改变而改变，不因领导人的看法和注意力的改变而改变。这是我们加强社会主义民主和法制建设一个极为重要的指导思想。从根本上说，社会主义为充分实现人民当家作主，把民主推向新的历史高度开辟了道路。根据我国的实际情况，这是个不断前进和发展的进程，同时也是我们面临的一项紧迫任务。我们必须为之作出坚持不懈的努力，要进一步扩大社会主义民主，健全社会主义法制。宪法规定，我们国家的一切权力属于人民。国家，由人民当家作主才能兴旺；国家机关，有人民支持才有力量。人民代表大会制度是人民当家作主的最好组织形式。八届全国人大要继续把加强社会主义民主和法制建设作为根本任务，努力使社会主义民主和法制建设有一个较大的发展。要坚持和完善人民代表大会制度，加强人大及其常委会的各项职能，使全国人大更好地履行最高国家权力机关的崇高职责。

建立社会主义市场经济体制，是加快我国经济发展的必由之路。社会主义市场经济体制的确立和完善，必须有完备的法律作保障。八届全国人大要围绕深化改革、扩大开放、建立社会主义市场经济体制，以改革的精神加快立法步伐，特别是要把经济立法放在最重要的位置。要尽快制定一批规范市场主体行为、维护市场经济秩序、完善宏观调控以及社会保障等方面的法律。对以往制定的某些不适应社会主义市场经济要求的法律，要及时修改或废止。要大胆借鉴外国特别是经济发达国家在立法方面的经验和成果，结合我国的实际，加以改造、吸收。要力争在本届全国人大任期内，初步形成社会主义市场经济法律体系，推动和保障社会主义市场经济的发展。与此同时，也要抓紧制定保障公民权利，惩治犯罪，维护社会治安，加强廉政建设以及促进科学、教育、文化发展和国防建设等方面的法律。

监督宪法、法律的实施和监督国务院、最高人民法院、最高人民检察院的工作，是宪法赋予全国人大及其常委会的重要职责。八届全国人大要强化对宪法和法律实施的监督，维护宪法的尊严和法制的统一；要下大力量纠正有法不依、执法不严、违法不究以至执法犯法、以言代法、以权压法的现象；要加强对行政、审判、检察机关的工作监督；要总结监督工作的经验，促进监督工作制度化、程序化。

加强全国人大自身的建设，是发挥最高国家权力机关作用的重要条件。人民赋予我们以重托。我们一定要切实地对人民负责，始终坚持实事求是的精神，不尚空谈，不搞形式主义，不做表面文章，脚踏实地的履行自己的职责；要密切与人民群众的联系，更好地代表人民的利益和意志，接受人民的监督；要加强常委会与代表的联系，积极为代表尽职尽责创造条件；要认真贯彻民主集中制原则，坚持依法行使职权；要加强专门委员会的建设，更好地发挥专门委员会的作用；要进一步搞好全国人大及其常委会的组织和制度建设，提高工作效率和决策水平。

全国人大及其常委会的外事工作是我国对外工作的组成部分。要积极开展与外国议会的交往，增进与外国议会和人民之间的了解和友谊，促进议会间和国家间友好合作关系的发展。

各位代表！我们的任务是光荣而艰巨的。只要我们万众一心，埋头苦干，我们的目的就一定能够实现。希望各位代表回到自己的工作岗位以后，积极宣传贯彻本次会议通过的各项决议和决定，努力完成历史赋予我们的神圣使命。让我们更加紧密地团结在以江泽民同志为核心的党中央周围，为夺取有中国特色社会主义事业的更大胜利而奋斗！

各位代表！本次会议的全部议程已经进行完毕。现在我宣布：第八届全国人民代表大会第一次会议胜利闭幕！

八届全国人大一次会议通过关于《政府工作报告》的决议

第八届全国人民代表大会第一次会议，审议了李鹏总理代表国务院所作的《政府工作报告》。会议认为，报告对过去五年工作的总结是符合实际的；提出的今后五年任务经过努力是可以完成的；对"八五"计划的主要指标进行调整，把国民经济增长速度由原定平均每年百分之六调高到百分之八至九，是适当的。会议决定批准这个报告。会议对上届国务院的工作表示满意。

会议强调，今后五年是我国实现现代化建设第二步战略目标的关键时期。国务院和地方各级人民政府，要全面地贯彻中国共产党第十四次全国代表大会的精神，抓住有利时机，加快改革开放和现代化建设的步伐。凡是条件具备的，要搞得快一些。条件不具备的，要积极创造条件加快发展。但要从实际出发，不要盲目攀比。要在优化结构、技术进步、改善管理、提高效益的基础上，实现较快的经济发展速度。要充分利用一切有利因素，调动广大人民群众的积极性，真抓实干，提前实现翻两番的宏伟目标，使国民经济再上一个新的台阶。

会议指出，我国经济体制改革的目标是建立社会主义市场经济体制。要深化经济体制改革，扩大对外开放，在建立社会主义市场经济体制方面迈出重大步伐。要以是否有利于发展社会主义社会的生产力，是否有利于增强社会主义国家的综合国力，是否有利于提高人民生活水平为标准，大胆实践，积极探索。要实行政企分开，加快国有企业经营机制的转换，积极培育和发展各类市场，健全以市场形成价格为主的价格机制。要充分发挥市场配置资源的基础作用，完善宏观经济管理，逐步建立适应社会主义市场经济发展要求的宏观调控体系。要善于运用法律手段调节经济关系，逐步把社会主义市场经济纳入法制的轨道。要按照建立社会主义市场经济体制的要求，认真进行行政管理体制和政府机构改革。要大胆借鉴和吸收外国特别是经济发达国家建立和发展市场经济的成果。要善于总结经验，及时发现和解决前进中出现的问题。要进一步扩大对外开放，坚定地毫不动摇地发展和完善多层次、全方位的开放格局。

会议强调，农业是关系社会稳定和经济全局的大事，任何时候都不能放松农业。要把农业放在经济工作的首要地位，加强对农业的领导和指导。要稳定国家在农村的基本政策，不断深化农村改革，坚定不移地坚持和完善以家庭联产承包为主的责任制和统分结合的双层经营体制，逐步壮大集体经济实力。要合理调整农业生产结构，在保持总产量稳定增长的基础上，积极发展高产优质高效农业。要增加农业投入，改善农业生产条件，加强农业基础设施建设。要大力发展乡镇企业，特别要注意扶持中西部和少数民族地区乡镇企业的发展。要高度重视并采取有效措施，认真解决工农业产品剪刀差拉大和农村中相当普遍存在的不合理的收费、集资、摊派和罚款等问题，切实减轻农民负担，保护农民利益，调动农民生产的积极性。

会议要求，各级政府要注意按客观经济规律办事，善于抓重点、抓薄弱环节，努力保持国民经济协调持续地发展。要集中必要的物力、财力，加快交通、邮电通信、能源、重要原材料等基础设施和基础工业建设。要继续把教育摆在优先发展的战略位置，努力开创教育事业的新局面。要认真贯彻科学技术是第一生产力的指导思想，大力发展科学技术事业。要发挥多种经济成分的作用，加快第三产业的发展。要在发展经济的基础上，逐步改善人民生活。

会议要求，要努力推进社会各项事业全面发展，实现社会全面进步。要坚持两手抓、两手都要硬的方针，加强社会主义精神文明建设和社会主义民主法制建设。要继续在全体公民中深入开展民主和法制教育，增强法制观念，依法打击各种犯罪活动，坚决查禁社会丑恶现象，进一步搞好社会治安综合治理，正确处理新时期的人民内部矛盾问题，巩固和发展安定团结的政治局面。要用建设有中国特色社会主义的理论武装广大干部和群众，加强爱国主义、集体主义、社会主义思想教育，增强中华民族的凝聚力，努力形成良好的社会风尚。要抓好计划生育和环境保护，合理利用自然资源。要在集中精力进行经济建设的同时，积极推进国防现代化建设。要认真实施民族区域自治法，促进各民族平等、团结和共同繁荣。要加强勤政廉政建设，坚持开展反腐败斗争，大力纠正部门和行业不正之风，改进工作作风，努力为人民服务。

会议指出，我们要坚定不移地执行“和平统一、一国两制”的方针，争取早日实现祖国统一。要保持香港和澳门的长期稳定繁荣，坚决反对港英当局对1997年我国恢复对香港行使主权制造障碍。坚决反对任何形式的“两个中国”、“一中一台”或“一国两府”，为和平统一创造条件。

会议指出，我们要一如既往地奉行独立自主的和平外交政策，在和平共处五项原则的基础上发展同世界各国的友好合作关系，反对霸权主义和强权政治，为维护世界和平和促进人类进步事业，继续做出应有的贡献。

会议号召：全国各族人民要紧密地团结在中国共产党的周围，在建设有中国特色社会主义理论和党的基本路线的指引下，振奋精神，万众一心，艰苦奋斗，开拓进取，夺取改革开放和现代化建设新的更大胜利！

八届全国人大一次会议通过关于授权全国人民代表大会常务委员会设立香港特别行政区筹备委员会的准备工作机构的决定

第八届全国人民代表大会第一次会议审议了广东省代表团提出的建议成立香港特别行政区筹备委员会的预备工作委员会的议案，根据1990年4月4日第七届全国人民代表大会第三次会议通过的《全国人民代表大会关于香港特别行政区第一届政府和立法会产生办法的决定》中关于1996年内全国人民代表大会设立香港特别行政区筹备委员会的规定，考虑到1997年我国恢复对香港行使主权的时间日益临近，为了保证1997年的平稳过渡，有大量的准备工作需要进行，决定：授权第八届全国人民代表大会常务委员会设立香港特别行政区筹备委员会的准备工作机构，着手进行各项有关准备工作。

八届全国人大一次会议通过关于1992年国民经济和社会发展情况与1993年国民经济和社会发展计划的决议

第八届全国人民代表大会第一次会议经过审议并根据全国人民代表大会财政经济委员会的审查报告，决定批准国务院提出的1993年国民经济和社会发展计划，批准国务院副总理兼国家计划委员会主任邹家华所作的《关于1992年国民经济和社会发展情况与1993年计划草案的报告》。

八届全国人大一次会议通过关于1992年国家预算执行情况和1993年国家预算的决议

第八届全国人民代表大会第一次会议经过审议并根据全国人民代表大会财政经济委员会的审查报告，决定批准国务院提出的1993年国家预算，批准财政部部长刘仲藜所作的《关于1992年国家预算执行情况和1993年国家预算草案的报告》。会议授权全国人民代表大会常务委员会审查和批准1992年国家决算。

八届全国人大一次会议通过关于第七届全国人民代表大会常务委员会工作报告的决议

第八届全国人民代表大会第一次会议批准彭冲副委员长代表第七届全国人民代表大会常务委员会所作的工作报告。

会议认为，第七届全国人民代表大会常务委员会在任期的五年中，以邓小平同志建设有中国特色社会主义的理论和党的基本路线为指导，把保证和促进改革开放作为首要职责，把加强社会主义民主和法制建设作为根本任务，认真履行宪法赋予的职责，做了卓有成效的工作，尤其在立法、监督和制度建设等方面取得了显著成绩。会议对第七届全国人民代表大会常务委员会的工作表示满意。

会议要求，第八届全国人民代表大会常务委员会要从今后五年国家的总形势总任务出发，继续坚持以建设有中国特色社会主义的理论和党的基本路线为指导，把加强社会主义民主和法制建设作为根本任务，认真履行宪法赋予的职责，进一步发挥最高国家权力机关常设机关的作用。要以改革的精神加快立法工作，特别是抓紧制定保障社会主义市场经济体制正常运转的法律；要健全监督机制，加强对宪法、法律实施的监督和工作监督；要密切同代表和人民群众的联系，进一步搞好常委会的组织制度建设，为坚持和完善人民代表大会制度，推进有中国特色的社会主义民主政治建设，保障和促进改革开放和社会主义现代化建设事业更快更好地发展，做出新的更大贡献。

八届全国人大一次会议通过任建新院长关于最高人民法院工作报告的决议

八届全国人大一次会议通过刘复之院长关于最高人民检察院工作报告的决议

八届全国人大一次会议通过关于设立中华人民共和国澳门特别行政区的决定

第八届全国人民代表大会第一次会议根据《中华

人民共和国宪法》第三十一条和第六十二条第十三项的规定，决定：

一、自 1999 年 12 月 20 日起设立澳门特别行政区。

二、澳门特别行政区的区域包括澳门半岛、凼仔岛和路环岛。澳门特别行政区的行政区域图由国务院另行公布。

八届全国人大一次会议通过关于澳门特别行政区第一届政府、立法会和司法机关产生办法的决定

一、澳门特别行政区第一届政府、立法会和司法机关根据体现国家主权、平稳过渡的原则产生。

二、全国人民代表大会设立澳门特别行政区筹备委员会，负责筹备成立澳门特别行政区的有关事宜，根据本决定规定第一届政府、立法会和司法机关的具体产生办法。筹备委员会由内地委员和不少于百分之五十的澳门委员组成，主任委员和委员由全国人民代表大会常务委员会委任。

三、澳门特别行政区筹备委员会负责筹组澳门特别行政区第一届政府推选委员会（以下简称推选委员会）。

推选委员会全部由澳门永久性居民组成，必须具有广泛代表性，成员包括澳门地区全国人民代表大会代表、澳门地区全国政协委员的代表、澳门特别行政区成立前曾在澳门行政、立法、咨询机构任职并有实际经验的人士和各阶层、界别中具有代表性的人士。

推选委员会由 200 人组成，其中：

工商、金融界 60 人

文化、教育、专业等界 50 人

劳工、社会服务、宗教等界 50 人

原政界人士、澳门地区全国人大代表、澳门地区全国政协委员的代表 40 人

四、推选委员会在当地通过协商或协商后提名选举的方式，产生第一任行政长官的人选，报中央人民政府任命。第一任行政长官的任期与正常任期相同。

五、第一届澳门特别行政区政府由澳门特别行政区行政长官依照澳门特别行政区基本法规定负责筹组。

六、澳门特别行政区第一届立法会由 23 人组成，其中直接选举产生议员 8 人，间接选举产生议员 8 人，行政长官委任议员 7 人。原澳门最后一届立法会的组成如符合本决定和澳门特别行政区基本法的有关规定，其中由选举产生的议员如拥护中华人民共和国澳门特别行政区基本法、愿意效忠中华人民共和国澳门特别行政区并符合澳门特别行政区基本法规定条件者，经澳门特别行政区筹备委员会确认，即可成为澳门特别行政区第一届立法会议员。如有议员缺额，由澳门特别行政区筹备委员会决定补充。

澳门特别行政区第一届立法会议员的任期至 2001 年 10 月 15 日。

七、澳门特别行政区法院由澳门特别行政区筹备委员会依照澳门特别行政区基本法负责筹组。

八届全国人大一次会议通过关于批准澳门特别行政区基本法起草委员会关于设立全国人民代表大会常务委员会澳门特别行政区基本法委员会的建议的决定

第八届全国人民代表大会第一次会议决定：

一、批准澳门特别行政区基本法起草委员会关于设立全国人民代表大会常务委员会澳门特别行政区基本法委员会的建议。

二、在《中华人民共和国澳门特别行政区基本法》实施时，设立全国人民代表大会常务委员会澳门特别行政区基本法委员会。

澳门特别行政区基本法起草委员会关于设立全国人民代表大会常务委员会澳门特别行政区基本法委员会的建议

一、名称：全国人民代表大会常务委员会澳门特别行政区基本法委员会。

二、隶属关系：是全国人民代表大会常务委员会下设的工作委员会。

三、任务：就有关澳门特别行政区基本法第十七条、第十八条、第一百四十三条、第一百四十四条实施中问题进行研究，并向全国人民代表大会常务委员会提供意见。

四、组成：成员十人，由全国人民代表大会常务委员会任命内地和澳门人士各五人组成，其中包括法律界人士，任期五年。澳门委员须由在外国无居留权的澳门特别行政区永久性居民中的中国公民担任，由澳门特别行政区行政长官、立法会主席和终审法院院长联合提名，报全国人民代表大会常务委员会任命。

国家主席江泽民签署第 3 号令公布《中华人民共和国澳门特别行政区基本法》

《中华人民共和国澳门特别行政区基本法》，包括附件一：《澳门特别行政区行政长官的产生办法》，附件二：《澳门特别行政区立法会的产生办法》，附件三：《在澳门特别行政区实施的全国性法律》，以及澳门特别行政区区旗、区徽图案，已由中华人民共和国第八届全国人民代表大会第一次会议于 1993 年 3 月 31 日通过，

现予公布，自 1999 年 12 月 20 日起实施。

中华人民共和国主席 江泽民

1993 年 3 月 31 日

中华人民共和国澳门特别行政区基本法

目　录

序言

澳门，包括澳门半岛、凼仔岛和路环岛，自古以来就是中国的领土，十六世纪中叶以后被葡萄牙逐步占领。一九八七年四月十三日，中葡两国政府签署了关于澳门问题的联合声明，确认中华人民共和国政府于一九九九年十二月二十日恢复对澳门行使主权，从而实现了长期以来中国人民收回澳门的共同愿望。

为了维护国家的统一和领土完整，有利于澳门的社会稳定和经济发展，考虑到澳门的历史和现实情况，国家决定，在对澳门恢复行使主权时，根据中华人民共和国宪法第三十一条的规定，设立澳门特别行政区，并按照“一个国家，两种制度”的方法，不在澳门实行社会主义的制度和政策。国家对澳门的基本方针政策，已由中国政府在中葡联合声明中予以阐明。

根据中华人民共和国宪法，全国人民代表大会特别定中华人民共和国澳门特别行政区基本法，规定澳门特别行政区实行的制度，以保障国家对澳门的基本方针政策的实施。

第一章　总　则

第一条　澳门特别行政区是中华人民共和国不可分离的部分。

第二条　中华人民共和国全国人民代表大会授权澳门特别行政区依照本法的规定实行高度自治，享有行政管理权、立法权，独立的司法权和终审权。

第三条　澳门特别行政区的行政机关和立法机关由澳门特别行政区永久性居民依照本法有关规定组成。

第四条　澳门特别行政区依法保障澳门特别行政区居民和其他人的权利和自由。

第五条　澳门特别行政区不实行社会主义的制度和政策，保持原有的资本主义制度和生活方式，五十年不变。

第六条　澳门特别行政区以法律保护私有财产权。

第七条　澳门特别行政区境内的土地和自然资源，除在澳门特别行政区成立前已依法确认的私有土地外，属于国家所有，由澳门特别行政区政府负责管理、使用、开发、出租或批给个人、法人使用或开发，其收入全部归澳门特别行政区政府支配。

第八条　澳门原有的法律、法令、行政法规和其他规范性文件，除同本法相抵触或经澳门特别行政区的立法机关或其他有关机关依照法定程序作出修改者外，予以保留。

第九条　澳门特别行政区的行政机关、立法机关和司法机关，除使用中文外，还可使用葡文，葡文也是正式语文。

第十条　澳门特别行政区除悬挂和使用中华人民共和国国旗和国徽外，还可悬挂和使用澳门特别行政区区旗和区徽。

澳门特别行政区的区旗是绘有五星、莲花、大桥、海水图案的绿色旗帜。

澳门特别行政区的区徽，中间是五星、莲花、大桥、海水，周围写有“中华人民共和国澳门特别行政区”和葡文“澳门”。

第十一条　根据中华人民共和国宪法第三十一条，澳门特别行政区的制度和政策，包括社会、经济制度，有关保障居民的基本权利和自由的制度，行政管理、立法和司法方面的制度，以及有关政策，均以本法的规定为依据。

澳门特别行政区的任何法律、法令、行政法规和其他规范性文件均不得同本法相抵触。

第二章　中央和澳门特别行政区的关系

第十二条　澳门特别行政区是中华人民共和国的一个享有高度自治权的地方行政区域，直辖于中央人民政府。

第十三条　中央人民政府负责管理与澳门特别行政区有关的外交事务。

中华人民共和国外交部在澳门设立机构处理外交

事务。

中央人民政府授权澳门特别行政区依照本法自行处理有关的对外事务。

第十四条 中央人民政府负责管理澳门特别行政区的防务。

澳门特别行政区政府负责维持澳门特别行政区的社会治安。

第十五条 中央人民政府依照本法有关规定任免澳门特别行政区行政长官、政府主要官员和检察长。

第十六条 澳门特别行政区享有行政管理权，依照本法有关规定自行处理澳门特别行政区的行政事务。

第十七条 澳门特别行政区享有立法权。

澳门特别行政区的立法机关制定的法律须报全国人民代表大会常务委员会备案。备案不影响该法律的生效。

全国人民代表大会常务委员会在征询其所属的澳门特别行政区基本法委员会的意见后，如认为澳门特别行政区立法机关制定的任何法律不符合本法关于中央管理的事务及中央和澳门特别行政区关系的条款，可将有关法律发回，但不作修改。经全国人民代表大会常务委员会发回的法律立即失效。该法律的失效，除澳门特别行政区的法律另有规定外，无溯及力。

第十八条 在澳门特别行政区实行的法律为本法以及本法第八条规定的澳门原有法律和澳门特别行政区立法机关制定的法律。

全国性法律除列于本法附件三者外，不在澳门特别行政区实施。凡列于本法附件三的法律，由澳门特别行政区在当地公布或立法实施。

全国人民代表大会常务委员会在征询其所属的澳门特别行政区基本法委员会和澳门特别行政区政府的意见后，可对列于本法附件三的法律作出增减。列入附件三的法律应限于有关国防、外交和其他依照本法规定不属于澳门特别行政区自治范围的法律。

在全国人民代表大会常务委员会决定宣布战争状态或因澳门特别行政区内发生澳门特别行政区政府不能控制的危及国家统一或安全的动乱而决定澳门特别行政区进入紧急状态时，中央人民政府可发布命令将有关全国性法律在澳门特别行政区实施。

第十九条 澳门特别行政区享有独立的司法权和终审权。

澳门特别行政区法院除继续保持澳门原有法律制度和原则对法院审判权所作的限制外，对澳门特别行政区所有的案件均有审判权。

澳门特别行政区法院对国防、外交等国家行为无管辖权。澳门特别行政区法院在审理案件中遇有涉及国防、外交等国家行为的事实问题，应取得行政长官就该等问题发出的证明文件，上述文件对法院有约束力。行政长官在发出证明文件前，须取得中央人民政府的证明书。

第二十条 澳门特别行政区可享有全国人民代表大会、全国人民代表大会常务委员会或中央人民政府授予的其他权力。

第二十一条 澳门特别行政区居民中的中国公民依法参与国家事务的管理。

根据全国人民代表大会确定的代表名额和代表产生办法，由澳门特别行政区居民中的中国公民在澳门选出澳门特别行政区的全国人民代表大会代表，参加最高国家权力机关的工作。

第二十二条 中央人民政府所属各部门、各省、自治区、直辖市均不得干预澳门特别行政区依照本法自行管理的事务。

中央各部门、各省、自治区、直辖市如需在澳门特别行政区设立机构，须征得澳门特别行政区政府同意并经中央人民政府批准。

中央各部门、各省、自治区、直辖市在澳门特别行政区设立的一切机构及其人员均须遵守澳门特别行政区的法律。

各省、自治区、直辖市的人进入澳门特别行政区须办理批准手续，其中进入澳门特别行政区定居的人数由中央人民政府主管部门征求澳门特别行政区政府的意见后确定。

澳门特别行政区可在北京设立办事机构。

第二十三条 澳门特别行政区应自行立法禁止任何叛国、分裂国家、煽动叛乱、颠覆中央人民政府及窃取国家机密的行为，禁止外国的政治性组织或团体在澳门特别行政区进行政治活动，禁止澳门特别行政区的政治性组织或团体与外国的政治性组织或团体建立联系。

第三章 居民的基本权利和义务

第二十四条 澳门特别行政区居民，简称澳门居民，包括永久性居民和非永久性居民。

澳门特别行政区永久性居民为：

（一）在澳门特别行政区成立以前或以后在澳门出生的中国公民及其在澳门以外所生的中国籍子女；

（二）在澳门特别行政区成立以前或以后在澳门通常居住连续七年以上的中国公民及在其成为永久性居民后在澳门以外所生的中国籍子女；

（三）在澳门特别行政区成立以前或以后在澳门出生并以澳门为永久居住地的葡萄牙人；

（四）在澳门特别行政区成立以前或以后在澳门通常居住连续七年以上并以澳门为永久居住地的葡萄牙人；

（五）在澳门特别行政区成立以前或以后在澳门通常居住连续七年以上并以澳门为永久居住地的其他人；

（六）第（五）项所列永久性居民在澳门特别行政区成立以前或以后在澳门出生的未满十八周岁的子女。

以上居民在澳门特别行政区享有居留权并有资格领取澳门特别行政区永久性居民身份证。

澳门特别行政区非永久性居民为：有资格依照澳门特别行政区法律领取澳门居民身份证，但没有居留权的人。

第二十五条 澳门居民在法律面前一律平等，不因国籍、血统、种族、性别、语言、宗教、政治或思想信仰、文化程度、经济状况或社会条件而受到歧视。

第二十六条 澳门特别行政区永久性居民依法享有选举权和被选举权。

第二十七条 澳门居民享有言论、新闻、出版的自由，结社、集会、游行、示威的自由，组织和参加工会、罢工的权利和自由。

第二十八条 澳门居民的人身自由不受侵犯。

澳门居民不受任意或非法的逮捕、拘留、监禁。对任意或非法的拘留、监禁，居民有权向法院申请颁发人身保护令。

禁止非法搜查居民的身体、剥夺或者限制居民的人身自由。

禁止对居民施行酷刑或予以非人道的对待。

第二十九条 澳门居民除其行为依照当时法律明文规定为犯罪和应受惩处外，不受刑罚处罚。

澳门居民在被指控犯罪时，享有尽早接受法院审判的权利，在法院判罪之前均假定无罪。

第三十条 澳门居民的人格尊严不受侵犯。禁止用任何方法对居民进行侮辱，诽谤和诬告陷害。

澳门居民享有个人的名誉权、私人生活和家庭生活的隐私权。

第三十一条 澳门居民的住宅和其他房屋不受侵犯。禁止任意或非法搜查、侵入居民的住宅和其他房屋。

第三十二条 澳门居民的通讯自由和通讯秘密受法律保护。除因公共安全和追查刑事犯罪的需要，由有关机关依照法律规定对通讯进行检查外，任何部门或个人不得以任何理由侵犯居民的通讯自由和通讯秘密。

第三十三条 澳门居民有在澳门特别行政区境内迁徙的自由，有移居其他国家和地区的自由。澳门居民有旅行和出入境的自由，有依照法律取得各种旅行证件的权利。有效旅行证件持有人，除非受到法律制止，可自由离开澳门特别行政区，无需特别批准。

第三十四条 澳门居民有信仰的自由。

澳门居民有宗教信仰的自由，有公开传教和举行、参加宗教活动的自由。

第三十五条 澳门居民有选择职业和工作的自由。

第三十六条 澳门居民有权诉诸法律，向法院提起诉讼，得到律师的帮助以保护自己的合法权益，以及获得司法补救。

澳门居民有权对行政部门和行政人员的行为向法院提起诉讼。

第三十七条 澳门居民有从事教育、学术研究、文学艺术创作和其他文化活动的自由。

第三十八条 澳门居民的婚姻自由、成立家庭和自愿生育的权利受法律保护。

妇女的合法权益受澳门特别行政区的保护。

未成年人、老年人和残疾人受澳门特别行政区的关怀和保护。

第三十九条 澳门居民有依法享受社会福利的权利。劳工的福利待遇和退休保障受法律保护。

第四十条《公民权利和政治权利国际公约》、《经济、社会与文化权利的国际公约》和国际劳工公约适用于澳门的有关规定继续有效，通过澳门特别行政区的法律予以实施。

澳门居民享有的权利和自由，除依法规定外不得限制，此种限制不得与本条第一款规定抵触。

第四十一条 澳门居民享有澳门特别行政区法律保障的其他权利和自由。

第四十二条 在澳门的葡萄牙后裔居民的利益依法受澳门特别行政区的保护，他们的习俗和文化传统应受尊重。

第四十三条 在澳门特别行政区境内的澳门居民以外的其他人，依法享有本章规定的澳门居民的权利和自由。

第四十四条 澳门居民和在澳门的其他人有遵守澳门特别行政区实行的法律的义务。

第四章 政治体制

第一节 行政长官

第四十五条 澳门特别行政区行政长官是澳门特别行政区的首长，代表澳门特别行政区。

澳门特别行政区行政长官依照本法规定对中央人民政府和澳门特别行政区负责。

第四十六条 澳门特别行政区行政长官由年满四十周岁，在澳门通常居住连续满二十年的澳门特别行政区永久性居民中的中国公民担任。

第四十七条 澳门特别行政区行政长官在当地通

过选举或协商产生，由中央人民政府任命。

行政长官的产生办法由附件一《澳门特别行政区行政长官的产生办法》规定。

第四十八条　澳门特别行政区行政长官任期五年，可连任一次。

第四十九条　澳门特别行政区行政长官在任职期内不得具有外国居留权，不得从事私人赢利活动。行政长官就任时应向澳门特别行政区终审法院院长申报财产，记录在案。

第五十条　澳门特别行政区行政长官行使下列职权：

（一）领导澳门特别行政区政府；

（二）负责执行本法和依照本法适用于澳门特别行政区的其他法律；

（三）签署立法会通过的法案，公布法律；

签署立法会通过的财政预算案，将财政预算、决算报中央人民政府备案；

（四）决定政府政策，发布行政命令；

（五）制定行政法规并颁布执行；

（六）提名并报请中央人民政府任命下列主要官员：各司司长、廉政专员、审计长、警察部门主要负责人和海关主要负责人；建议中央人民政府免除上述官员职务；

（七）委任部分立法会议员；

（八）任免行政会委员；

（九）依照法定程序任免各级法院院长和法官，任免检察官；

（十）依照法定程序提名并报请中央人民政府任命检察长，建议中央人民政府免除检察长的职务；

（十一）依照法定程序任免公职人员；

（十二）执行中央人民政府就本法规定的有关事务发出的指令；

（十三）代表澳门特别行政区政府处理中央授权的对外事务和其他事务；

（十四）批准向立法会提出有关财政收入或支出的动议；

（十五）根据国家和澳门特别行政区的安全或重大公共利益的需要，决定政府官员或其他负责政府公务的人员是否向立法会或其所属的委员会作证和提供证据；

（十六）依法颁授澳门特别行政区奖章和荣誉称号；

（十七）依法赦免或减轻刑事罪犯的刑罚；

（十八）处理请愿、申诉事项。

第五十一条　澳门特别行政区行政长官如认为立法会通过的法案不符合澳门特别行政区的整体利益，可在九十日内提出书面理由并将法案发回立法会重议。立法会如以不少于全体议员三分之二多数再次通过原案，行政长官必须在三十日内签署公布或依照本法第五十二条的规定处理。

第五十二条　澳门特别行政区行政长官遇有下列情况之一时，可解散立法会：

（一）行政长官拒绝签署立法会再次通过的法案；

（二）立法会拒绝通过政府提出的财政预算案或行政长官认为关系到澳门特别行政区整体利益的法案，经协商仍不能取得一致意见。

行政长官在解散立法会前，须征询行政会的意见，解散时应向公众说明理由。

行政长官在其一任任期内只能解散立法会一次。

第五十三条　澳门特别行政区行政长官在立法会未通过政府提出的财政预算案时，可按上一财政年度的开支标准批准临时短期拨款。

第五十四条　澳门特别行政区行政长官如有下列情况之一者必须辞职：

（一）因严重疾病或其他原因无力履行职务；

（二）因两次拒绝签署立法会通过的法案而解散立法会，重选的立法会仍以全体议员三分之二多数通过所争议的原案，而行政长官在三十日内拒绝签署；

（三）因立法会拒绝通过财政预算案或关系到澳门特别行政区整体利益的法案而解散立法会，重选的立法会仍拒绝通过所争议的原案。

第五十五条　澳门特别行政区行政长官短期不能履行职务时，由各司司长按各司的排列顺序临时代理其职务。各司的排列顺序由法律规定。

行政长官出缺时，应在一百二十日内依照本法第四十七条的规定产生新的行政长官。行政长官出缺期间的职务代理，依照本条第一款规定办理，并报中央人民政府批准。代理行政长官应遵守本法第四十九条的规定。

第五十六条　澳门特别行政区行政会是协助行政长官决策的机构。

第五十七条　澳门特别行政区行政会的委员由行政长官从政府主要官员、立法会议员和社会人士中委任，其任免由行政长官决定。行政会委员的任期不超过委任他的行政长官的任期，但在新的行政长官就任前，原行政会委员暂时留任。

澳门特别行政区行政会委员由澳门特别行政区永久性居民中的中国公民担任。

行政会委员的人数为七至十一人。行政长官认为必要时可邀请有关人士列席行政会会议。

第五十八条　澳门特别行政区行政会由行政长官

主持。行政会的会议每月至少举行一次。行政长官在作出重要决策、向立法会提交法案、制定行政法规和解散立法会前，须征询行政会的意见，但人事任免、纪律制裁和紧急情况下采取的措施除外。

行政长官如不采纳行政会多数委员的意见，应将具体理由记录在案。

第五十九条 澳门特别行政区设立廉政公署，独立工作。廉政专员对行政长官负责。

第六十条 澳门特别行政区设立审计署，独立工作。审计长对行政长官负责。

第二节 行政机关

第六十一条 澳门特别行政区政府是澳门特别行政区的行政机关。

第六十二条 澳门特别行政区政府的首长是澳门特别行政区行政长官。澳门特别行政区政府设司、局、厅、处。

第六十三条 澳门特别行政区政府的主要官员由在澳门通常居住连续满十五年的澳门特别行政区永久性居民中的中国公民担任。

澳门特别行政区主要官员就任时应向澳门特别行政区终审法院院长申报财产，记录在案。

第六十四条 澳门特别行政区政府行使下列职权：

（一）制定并执行政策；

（二）管理各项行政事务；

（三）办理本法规定的中央人民政府授权的对外事务；

（四）编制并提出财政预算、决算；

（五）提出法案、议案，草拟行政法规；

（六）委派官员列席立法会会议听取意见或代表政府发言。

第六十五条 澳门特别行政区政府必须遵守法律，对澳门特别行政区立法会负责：执行立法会通过并已生效的法律；定期向立法会作施政报告；答复立法会议员的质询。

第六十六条 澳门特别行政区行政机关可根据需要设立咨询组织。

第三节 立法机关

第六十七条 澳门特别行政区立法会是澳门特别行政区的立法机关。

第六十八条 澳门特别行政区立法会议员由澳门特别行政区永久性居民担任。

立法会多数议员由选举产生。

立法会的产生办法由附件二《澳门特别行政区立法会的产生办法》规定。

立法会议员就任时应依法申报经济状况。

第六十九条 澳门特别行政区立法会除第一届另有规定外，每届任期四年。

第七十条 澳门特别行政区立法会如经行政长官依照本法规定解散，须于九十日内依照本法第六十八条的规定重新产生。

第七十一条 澳门特别行政区立法会行使下列职权：

（一）依照本法规定和法定程序制定、修改、暂停实施和废除法律；

（二）审核、通过政府提出的财政预算案；审议政府提出的预算执行情况报告；

（三）根据政府提案决定税收，批准由政府承担的债务；

（四）听取行政长官的施政报告并进行辩论；

（五）就公共利益问题进行辩论；

（六）接受澳门居民申诉并作出处理；

（七）如立法会全体议员三分之一联合动议，指控行政长官有严重违法或渎职行为而不辞职，经立法会通过决议，可委托终审法院院长负责组成独立的调查委员会进行调查。调查委员会如认为有足够证据构成上述指控，立法会以全体议员三分之二多数通过，可提出弹劾案，报请中央人民政府决定；

（八）在行使上述各项职权时，如有需要，可传召和要求有关人士作证和提供证据。

第七十二条 澳门特别行政区立法会设主席、副主席各一人。主席、副主席由立法会议员互选产生。

澳门特别行政区立法会主席、副主席由在澳门通常居住连续满十五年的澳门特别行政区永久性居民中的中国公民担任。

第七十三条 澳门特别行政区立法会主席缺席时由副主席代理。

澳门特别行政区立法会主席或副主席出缺时，另行选举。

第七十四条 澳门特别行政区立法会主席行使下列职权：

（一）主持会议；

（二）决定议程，应行政长官的要求将政府提出的议案优先列入议程；

（三）决定开会日期；

（四）在休会期间可召开特别会议；

（五）召开紧急会议或应行政长官的要求召开紧急会议；

（六）立法会议事规则所规定的其他职权。

第七十五条 澳门特别行政区立法会议员依照本法规定和法定程序提出议案。凡不涉及公共收支、政治体制或政府运作的议案，可由立法会议员个别或联名提出。凡涉及政府政策的议案，在提出前必须得到行政长官的书面同意。

第七十六条 澳门特别行政区立法会议员有权依照法定程序对政府的工作提出质询。

第七十七条 澳门特别行政区立法会举行会议的法定人数为不少于全体议员的二分之一。除本法另有规定外,立法会的法案、议案由全体议员过半数通过。

立法会议事规则由立法会自行制定,但不得与本法相抵触。

第七十八条 澳门特别行政区立法会通过的法案,须经行政长官签署、公布,方能生效。

第七十九条 澳门特别行政区立法会议员在立法会会议上的发言和表决,不受法律追究。

第八十条 澳门特别行政区立法会议员非经立法会许可不受逮捕,但现行犯不在此限。

第八十一条 澳门特别行政区立法会议员如有下列情况之一,经立法会决定,即丧失其立法会议员的资格:

(一)因严重疾病或其他原因无力履行职务;

(二)担任法律规定不得兼任的职务;

(三)未得到立法会主席同意,连续五次或间断十五次缺席会议而无合理解释;

(四)违反立法会议员誓言;

(五)在澳门特别行政区区内或区外犯有刑事罪行,被判处监禁三十日以上。

第四节 司法机关

第八十二条 澳门特别行政区法院行使审判权。

第八十三条 澳门特别行政区法院独立进行审判,只服从法律,不受任何干涉。

第八十四条 澳门特别行政区设立初级法院、中级法院和终审法院。

澳门特别行政区终审权属于澳门特别行政区终审法院。

澳门特别行政区法院的组织、职权和运作由法律规定。

第八十五条 澳门特别行政区初级法院可根据需要设立若干专门法庭。

原刑事起诉法庭的制度继续保留。

第八十六条 澳门特别行政区设立行政法院。行政法院是管辖行政诉讼和税务诉讼的法院。不服行政法院裁决者,可向中级法院上诉。

第八十七条 澳门特别行政区各级法院的法官,根据当地法官、律师和知名人士组成的独立委员会的推荐,由行政长官任命。法官的选用以其专业资格为标准,符合标准的外籍法官也可聘用。

法官只有在无力履行其职责或行为与其所任职务不相称的情况下,行政长官才可根据终审法院院长任命的不少于三名当地法官组成的审议庭的建议,予以免职。

终审法院法官的免职由行政长官根据澳门特别行政区立法会议员组成的审议委员会的建议决定。

终审法院法官的任命和免职须报全国人民代表大会常务委员会备案。

第八十八条 澳门特别行政区各级法院的院长由行政长官从法官中选任。

终审法院院长由澳门特别行政区永久性居民中的中国公民担任。

终审法院院长的任命和免职须报全国人民代表大会常务委员会备案。

第八十九条 澳门特别行政区法官依法进行审判,不听从任何命令或指示,但本法第十九条第三款规定的情况除外。

法官履行审判职责的行为不受法律追究。

法官在任职期间,不得兼任其他公职或任何私人职务,也不得在政治性团体中担任任何职务。

第九十条 澳门特别行政区检察院独立行使法律赋予的检察职能,不受任何干涉。

澳门特别行政区检察长由澳门特别行政区永久性居民中的中国公民担任,由行政长官提名,报中央人民政府任命。

检察官经检察长提名,由行政长官任命。

检察院的组织、职权和运作由法律规定。

第九十一条 原在澳门实行的司法辅助人员的任免制度予以保留。

第九十二条 澳门特别行政区政府可参照原在澳门实行的办法,作出有关当地和外来的律师在澳门特别行政区执业的规定。

第九十三条 澳门特别行政区可与全国其他地区的司法机关通过协商依法进行司法方面的联系和相互提供协助。

第九十四条 在中央人民政府协助和授权下,澳门特别行政区可与外国就司法互助关系作出适当安排。

第五节 市政机构

第九十五条 澳门特别行政区可设立非政权性的市政机构。市政机构受政府委托为居民提供文化、康乐、环境卫生等方面的服务,并就有关上述事务向澳门特别行政区政府提供咨询意见。

第九十六条 市政机构的职权和组成由法律规定。

第六节 公务人员

第九十七条 澳门特别行政区的公务人员必须是澳门特别行政区永久性居民。本法第九十八条和九十九条规定的公务人员,以及澳门特别行政区聘用的某些专业技术人员和初级公务人员除外。

第九十八条 澳门特别行政区成立时，原在澳门任职的公务人员，包括警务人员和司法辅助人员，均可留用，继续工作，其薪金、津贴、福利待遇不低于原来的标准，原来享有的年资予以保留。

依照澳门原有法律享有退休金和赡养费待遇的留用公务人员，在澳门特别行政区成立后退休的，不论其所属国籍或居住地点，澳门特别行政区向他们或其家属支付不低于原来标准的应得的退休金和赡养费。

第九十九条 澳门特别行政区可任用原澳门公务人员中的或持有澳门特别行政区永久性居民身份证的葡籍和其他外籍人士担任各级公务人员，但本法另有规定者除外。

澳门特别行政区有关部门还可聘请葡籍和其他外籍人士担任顾问和专业技术职务。

上述人员只能以个人身份受聘，并对澳门特别行政区负责。

第一百条 公务人员应根据其本人的资格、经验和才能予以任用和提升。澳门原有关于公务人员的录用、纪律、提升和正常晋级制度基本不变，但得根据澳门社会的发展加以改进。

第七节 宣誓效忠

第一百零一条 澳门特别行政区行政长官、主要官员、行政会委员、立法会议员、法官和检察官，必须拥护中华人民共和国澳门特别行政区基本法，尽忠职守，廉洁奉公，效忠中华人民共和国澳门特别行政区，并依法宣誓。

第一百零二条 澳门特别行政区行政长官、主要官员、立法会主席、终审法院院长、检察长在就职时，除按本法第一百零一条的规定宣誓外，还必须宣誓效忠中华人民共和国。

第五章 经 济

第一百零三条 澳门特别行政区依法保护私人和法人财产的取得、使用、处置和继承的权利，以及依法征用私人和法人财产时被征用财产的所有人得到补偿的权利。

征用财产的补偿应相当于该财产当时的实际价值，可自由兑换，不得无故迟延支付。

企业所有权和外来投资均受法律保护。

第一百零四条 澳门特别行政区保持财政独立。

澳门特别行政区财政收入全部由澳门特别行政区自行支配，不上缴中央人民政府。

中央人民政府不在澳门特别行政区征税。

第一百零五条 澳门特别行政区的财政预算以量入为出为原则，力求收支平衡，避免赤字，并与本地生产总值的增长率相适应。

第一百零六条 澳门特别行政区实行独立的税收制度。

澳门特别行政区参照原在澳门实行的低税政策，自行立法规定税种、税率、税收宽免和其他税务事项。专营税制由法律另作规定。

第一百零七条 澳门特别行政区的货币金融制度由法律规定。

澳门特别行政区政府自行制定货币金融政策，保障金融市场和各种金融机构的经营自由，并依法进行管理和监督。

第一百零八条 澳门元为澳门特别行政区的法定货币，继续流通。

澳门货币发行权属于澳门特别行政区政府。澳门货币的发行须有百分之百的准备金。澳门货币的发行制度和准备金制度，由法律规定。

澳门特别行政区政府可授权指定银行行使或继续行使发行澳门货币的代理职能。

第一百零九条 澳门特别行政区不实行外汇管制政策。澳门元自由兑换。

澳门特别行政区的外汇储备由澳门特别行政区政府依法管理和支配。

澳门特别行政区政府保障资金的流动和进出自由。

第一百一十条 澳门特别行政区保持自由港地位，除法律另有规定外，不征收关税。

第一百一十一条 澳门特别行政区实行自由贸易政策，保障货物、无形财产和资本的流动自由。

第一百一十二条 澳门特别行政区为单独的关税地区。

澳门特别行政区可以“中国澳门”的名义参加《关税和贸易总协定》、关于国际纺织品贸易安排等有关国际组织和国际贸易协定，包括优惠贸易安排。

澳门特别行政区取得的和以前取得仍继续有效的出口配额、关税优惠和其他类似安排，全由澳门特别行政区享有。

第一百一十三条 澳门特别行政区根据当时的产地规则，可对产品签发产地来源证。

第一百一十四条 澳门特别行政区依法保护工商企业的自由经营，自行制定工商业的发展政策。

澳门特别行政区改善经济环境和提供法律保障，以促进工商业的发展，鼓励投资和技术进步，并开发新产业和新市场。

第一百一十五条 澳门特别行政区根据经济发展的情况，自行制定劳工政策，完善劳工法律。

澳门特别行政区设立由政府、雇主、团体、雇员团体的代表组成的咨询性的协调组织。

第一百一十六条 澳门特别行政区保持和完善原

在澳门实行的航运经营和管理体制，自行制定航运政策。

澳门特别行政区经中央人民政府授权可进行船舶登记，并依照澳门特别行政区的法律以“中国澳门”的名义颁发有关证件。

除外国军用船只进入澳门特别行政区须经中央人民政府特别许可外，其他船舶可依照澳门特别行政区的法律进出其港口。

澳门特别行政区的私营的航运及与航运有关的企业和码头可继续自由经营。

第一百一十七条 澳门特别行政区政府经中央人民政府具体授权可自行制定民用航空的各项管理制度。

第一百一十八条 澳门特别行政区根据本地整体利益自行制定旅游娱乐业的政策。

第一百一十九条 澳门特别行政区政府依法实行环境保护。

第一百二十条 澳门特别行政区依法承认和保护澳门特别行政区成立前已批出或决定的年期超过一九九九年十二月十九日的合法土地契约和与土地契约有关的一切权利。

澳门特别行政区成立后新批或续批土地，按照澳门特别行政区有关的土地法律及政策处理。

第六章 文化和社会事务

第一百二十一条 澳门特别行政区政府自行制定教育政策，包括教育体制和管理、教学语言、经费分配、考试制度、承认学历和学位等政策，推动教育的发展。

澳门特别行政区政府依法推行义务教育。

社会团体和私人可依法举办各种教育事业。

第一百二十二条 澳门原有各类学校均可继续开办。澳门特别行政区各类学校均有办学的自主性，依法享有教学自由和学术自由。

各类学校可以继续从澳门特别行政区以外招聘教职员和选用教材。学生享有选择院校和在澳门特别行政区以外求学的自由。

第一百二十三条 澳门特别行政区政府自行制定促进医疗卫生服务和发展中西医药的政策。社会团体和私人可依法提供各种医疗卫生服务。

第一百二十四条 澳门特别行政区政府自行制定科学技术政策，依法保护科学技术的研究成果、专利和发明创造。

澳门特别行政区政府自行确定适用于澳门的各类科学技术标准和规格。

第一百二十五条 澳门特别行政区政府自行制定文化政策，包括文学艺术、广播、电影、电视等政策。

澳门特别行政区政府依法保护作者的文学艺术及其他的创作成果和合法权益。

澳门特别行政区政府依法保护名胜、古迹和其他历史文物，并保护文物所有者的合法权益。

第一百二十六条 澳门特别行政区政府自行制定新闻、出版政策。

第一百二十七条 澳门特别行政区政府自行制定体育政策。民间体育团体可依法继续存在和发展。

第一百二十八条 澳门特别行政区政府根据宗教信仰自由的原则，不干预宗教组织的内部事务，不干预宗教组织和教徒同澳门以外地区的宗教组织和教徒保持及发展关系，不限制与澳门特别行政区法律没有抵触的宗教活动。

宗教组织可依法开办宗教院校和其他学校、医院和福利机构以及提供其他社会服务。宗教组织开办的学校可以继续提供宗教教育，包括开设宗教课程。

宗教组织依法享有财产的取得、使用、处置、继承以及接受捐献的权利。宗教组织在财产方面的原有权益依法受到保护。

第一百二十九条 澳门特别行政区政府自行确定专业制度，根据公平合理的原则，制定有关评审和颁授各种专业和执业资格的办法。

在澳门特别行政区成立以前已经取得专业资格和执业资格者，根据澳门特别行政区的有关规定可保留原有的资格。

澳门特别行政区政府根据有关规定承认在澳门特别行政区成立以前已被承认的专业和专业团体，并可根据社会发展需要，经咨询有关方面的意见，承认新的专业和专业团体。

第一百三十条 澳门特别行政区政府在原有社会福利制度的基础上，根据经济条件和社会需要自行制定有关社会福利的发展和改进的政策。

第一百三十一条 澳门特别行政区的社会服务团体，在不抵触法律的情况下，可以自行决定其服务方式。

第一百三十二条 澳门特别行政区政府根据需要和可能逐步改善原在澳门实行的对教育、科学、技术、文化、体育、康乐、医疗卫生、社会福利、社会工作等方面的民间组织的资助政策。

第一百三十三条 澳门特别行政区的教育、科学、技术、文化、新闻、出版、体育、康乐、专业、医疗卫生、劳工、妇女、青年、归侨、社会福利、社会工作等方面的民间团体和宗教组织同全国其他地区相应的团体和组织的关系，以互不隶属、互不干涉、互相尊重的原则为基础。

第一百三十四条 澳门特别行政区的教育、科学、技术、文化、新闻、出版、体育、康乐、专业、医疗卫生、劳工、妇女、青年、归侨、社会福利、社会工作等方面的民间团体和宗教组织可同世界各国、各地区及国际的有关团体和组织保持和发展关系，各该团体和组织可根据需要冠用"中国澳门"的名义，参与有关活动。

第七章 对外事务

第一百三十五条 澳门特别行政区政府的代表，可作为中华人民共和国政府代表团的成员，参加由中央人民政府进行的同澳门特别行政区直接有关的外交谈判。

第一百三十六条 澳门特别行政区可在经济、贸易、金融、航运、通讯、旅游、文化、科技、体育等适当领域以"中国澳门"的名义，单独地同世界各国、各地区及有关国际组织保持和发展关系，签订和履行有关协议。

第一百三十七条 对以国家为单位参加的、同澳门特别行政区有关的、适当领域的国际组织和国际会议，澳门特别行政区政府可派遣代表作为中华人民共和国代表团的成员或以中央人民政府和上述有关国际组织或国际会议允许的身份参加，并以"中国澳门"的名义发表意见。

澳门特别行政区可以"中国澳门"的名义参加不以国家为单位参加的国际组织和国际会议。

对中华人民共和国已参加而澳门也以某种形式参加的国际组织，中央人民政府将根据情况和澳门特别行政区的需要采取措施，使澳门特别行政区以适当形式继续保持在这些组织中的地位。

对中华人民共和国尚未参加而澳门已以某种形式参加的国际组织，中央人民政府将根据情况和需要使澳门特别行政区以适当形式继续参加这些组织。

第一百三十八条 中华人民共和国缔结的国际协议，中央人民政府可根据情况和澳门特别行政区的需要，在征询澳门特别行政区政府的意见后，决定是否适用于澳门特别行政区。

中华人民共和国尚未参加但已适用于澳门的国际协议仍可继续适用。中央人民政府根据情况和需要授权或协助澳门特别行政区政府作出适当安排，使其他与其有关的国际协议适用于澳门特别行政区。

第一百三十九条 中央人民政府授权澳门特别行政区政府依照法律给持有澳门特别行政区永久性居民身份证的中国公民签发中华人民共和国澳门特别行政区护照，给在澳门特别行政区的其他合法居留者签发中华人民共和国澳门特别行政区的其他旅行证件。上述护照和旅行证件，前往各国和各地区有效，并载明持有人有返回澳门特别行政区的权利。

对世界各国或各地区的人入境、逗留和离境，澳门特别行政区政府可实行出入境管制。

第一百四十条 中央人民政府协助或授权澳门特别行政区政府同有关国家和地区谈判和签订互免签证协议。

第一百四十一条 澳门特别行政区可根据需要在外国设立官方或半官方的经济和贸易机构，报中央人民政府备案。

第一百四十二条 外国在澳门特别行政区设立领事机构或其他官方、半官方机构，须经中央人民政府批准。

已同中华人民共和国建立正式外交关系的国家在澳门设立的领事机构和其他官方机构，可予保留。

尚未同中华人民共和国建立正式外交关系的国家在澳门设立的领事机构和其他官方机构，可根据情况予以保留或改为半官方机构。

尚未为中华人民共和国承认的国家，只能在澳门特别行政区设立民间机构。

第八章 本法的解释和修改

第一百四十三条 本法的解释权属于全国人民代表大会常务委员会。

全国人民代表大会常务委员会授权澳门特别行政区法院在审理案件时对本法关于澳门特别行政区自治范围内的条款自行解释。

澳门特别行政区法院在审理案件时对本法的其他条款也可解释。但如澳门特别行政区法院在审理案件时需要对本法关于中央人民政府管理的事务或中央和澳门特别行政区关系的条款进行解释，而该条款的解释又影响到案件的判决，在对该案件作出不可上诉的终局判决前，应由澳门特别行政区终审法院提请全国人民代表大会常务委员会对有关条款作出解释。如全国人民代表大会常务委员会作出解释，澳门特别行政区法院在引用该条款时，应以全国人民代表大会常务委员会的解释为准。但在此以前作出的判决不受影响。

全国人民代表大会常务委员会在对本法进行解释前，征询其所属的澳门特别行政区基本法委员会的意见。

第一百四十四条 本法的修改权属于全国人民代表大会。

本法的修改提案权属于全国人民代表大会常务委员会、国务院和澳门特别行政区。澳门特别行政区的修改议案，须经澳门特别行政区的全国人民代表大会代表三分之二多数、澳门特别行政区立法会全体议员三分之二多数和澳门特别行政区行政长官同意后，交由澳门特别行政区出席全国人民代表大会的代表团向全国人民代表大会提出。

本法的修改议案在列入全国人民代表大会的议程前，先由澳门特别行政区基本法委员会研究并提出意见。

本法的任何修改，均不得同中华人民共和国对澳门既定的基本方针政策相抵触。

第九章　附　则

第一百四十五条　澳门特别行政区成立时，澳门原有法律除由全国人民代表大会常务委员会宣布为同本法抵触者外，采用为澳门特别行政区法律，如以后发现有的法律与本法抵触，可依照本法规定和法定程序修改或停止生效。

根据澳门原有法律取得效力的文件、证件、契约及其所包含的权利和义务，在不抵触本法的前提下继续有效，受澳门特别行政区的承认和保护。

原澳门政府所签订的有效期超过一九九九年十二月十九日的契约、除中央人民政府授权的机构已公开宣布为不符合中葡联合声明关于过渡时期安排的规定，须经澳门特别行政区政府重新审查者外，继续有效。

附件一　澳门特别行政区行政长官的产生办法

一、行政长官由一个具有广泛代表性的选举委员会依照本法选出，由中央人民政府任命。

二、选举委员会委员共 300 人，由下列各界人士组成：

工商、金融界 100 人

文化、教育、专业等界 80 人

劳工、社会服务、宗教等界 80 人

立法会议员的代表、市政机构成员的

代表、澳门地区全国人大代表、澳门

地区全国政协委员的代表 40 人

选举委员会每届任期五年。

三、各个界别的划分，以及每个界别中何种组织可以产生选举委员会委员的名额，由澳门特别行政区根据民主、开放的原则制定选举法加以规定。

各界别法定团体根据选举法规定的分配名额和选举办法自行选出选举委员会委员。

选举委员会委员以个人身份投票。

四、不少于 50 名的选举委员会委员可联合提名行政长官候选人。每名委员只可提出一名候选人。

五、选举委员会根据提名的名单，经一人一票无记名投票选出行政长官候任人。具体选举办法由选举法规定。

六、第一任行政长官按照《全国人民代表大会关于澳门特别行政区第一届政府、立法会和司法机关产生办法的决定》产生。

七、二〇〇九年及以后行政长官的产生办法如需修改，须经立法会全体议员三分之二多数通过，行政长官同意，并报全国人民代表大会常务委员会批准。

附件二　澳门特别行政区立法会的产生办法

一、澳门特别行政区第一届立法会按照《全国人民代表大会关于澳门特别行政区第一届政府、立法会和司法机关产生办法的决定》产生。

第二届立法会由 27 人组成，其中：

直接选举的议员 10 人

间接选举的议员 10 人

委任的议员 7 人

第三届及以后各届立法会由 29 人组成，其中：

直接选举的委员 12 人

间接选举的议员 10 人

委任的议员 7 人

二、议员的具体选举办法，由澳门特别行政区政府提出并经立法会通过的选举法加以规定。

三、二〇〇九年及以后澳门特别行政区立法会的产生办法如需修改，须经立法会全体议员三分之二多通过，行政长官同意，并报全国人民代表大会常务委员会备案。

附件三　在澳门特别行政区实施的全国性法律

下列全国性法律，自一九九九年十二月二十日起由澳门特别行政区在当地公布或立法实施。

一、《关于中华人民共和国国都、纪年、国歌、国旗的决议》

二、《关于中华人民共和国国庆日的决议》

三、《中华人民共和国国籍法》

四、《中华人民共和国外交特权与豁免条例》

五、《中华人民共和国领事特权与豁免条例》

六、《中华人民共和国国旗法》

七、《中华人民共和国国徽法》

八、《中华人民共和国领海及毗连区法》

国务院总理李鹏副总理朱镕基等就中国的内外政策问题在八届全国人大一次会议新闻发布会上答记者问

八届全国人大一次会议新闻发言人周觉下午在人民大会堂举行新闻发布会，李鹏总理，朱镕基、邹家华、钱其琛、李岚清副总理应邀就我国的内外政策在会上回答了中外记者提出的问题。

李鹏总理在新闻发布会开始时首先讲话。他说，我们刚刚结束了八届全国人大一次会议和全国政协八届一次会议。这是两个重要的会议。在整个会议进程中，中外记者对会议进行了充分的报道。李鹏总理向中外记者表示感谢。

新华社记者问：在刚刚结束的八届全国人大一次会议上产生了国务院新的领导机构，请问在今后五年任期内，您和您的同事们最关注的问题是什么，主要要实现的目标是什么？

李鹏：这一届政府首要任务是发展经济。这次大会已批准把国民经济发展速度由原来的6%提高到8%到9%,这样经过全国人民的努力,我们就会在经济上再上一个新台阶,并在本届政府任期内完成翻两番的目标。但我们要求的速度是一种结构合理的、有效益的速度。我们已确立要以建立社会主义市场经济为我们的改革目标,在今后的五年里,在这一方面要迈出更大步伐。对外开放也要进一步扩大。我们要致力于改善人民生活,特别要关心那些现在还没有解决温饱的群众的生活。我说的提高人民生活水平,既包括物质生活,也包括精神文化生活。我们进行现代化建设,不仅需要一个稳定的国内环境,而且需要一个和平的国际环境,因此,我们将坚定不移地实行独立自主的和平外交政策,愿意在和平共处五项原则基础上,和世界一切国家发展友好合作关系。

台北中央社记者问:维持与周边国家和地区的和平友好关系,发展经济往来,是目前北京制定政策的主要方向。从这个角度出发,您如何看待即将举行的海峡两岸的辜汪会谈,会谈中会不会涉及有关政治性的议题,同时如何解释您在报告中所提到的在必要的时候采取断然措施。

李鹏:辜汪会谈是海峡两岸两个民间性组织的会谈。我希望会谈能取得成功,从而促进两岸经济方面的合作与交流。至于我在政府工作报告里面所谈到的对台湾采取必要的断然措施,当然是在一种很特殊的情况下。比如说台湾要搞台独或者社会秩序混乱,或者是受到外界的干涉等等。至于要采取什么样的断然措施,要视当时的具体情况而定。当然,我并不希望这种情况发生。顺便说一下,在我的报告里提到了我们愿意尽早地进行双方的接触。一些台湾的记者注意到原来我们是提两党之间的接触,现在提双方的接触,这中间是不是有什么特殊的新的含义。当然这有新的含义,就是除了两党之间的接触外,我们也欢迎一切反对台独、愿意和平统一的台湾的其他的政治力量进行接触。

华尔街日报记者问:中国长期以来一直认为它同朝鲜民主主义人民共和国之间的关系是唇齿相依的关系。现在我们看到朝鲜民主主义人民共和国同世界其他的地方发生了一些麻烦。北京时间今天晚上国际原子能机构将决定是否把朝鲜民主主义人民共和国拒绝接受核核查这件事提交给联合国。如果真的提交联合国安理会,中国是否会投票否决对朝鲜民主主义人民共和国的制裁?如果中国弃权,那么作为唯一同朝鲜民主主义人民共和国保持陆地边界的国家,会不会遵守制裁的决定?

李鹏:中国同朝鲜民主主义人民共和国之间保持着长期的友好合作关系。中国签署了不扩散核武器条约,我们当然要遵守这个条约。我们不鼓励也不支持核扩散。我们认为,在朝鲜,不论是北方还是南方,都不应该有核武器的存在,这样才有助于朝鲜半岛局势的稳定。朝鲜民主主义人民共和国是一个主权国家,国际社会也应听取他们的意见,在解决这个问题上应该有耐心。我认为,如果把这个问题提到安理会上去,不一定有助于这个问题的顺利解决。

香港电台记者问:刚刚结束的八届全国人大一次会议通过了广东代表团提出的有关香港问题的议案。请问这是不是显示中英共同合作使香港平稳过渡的希望已经很微小了?如果中英在政制上不能衔接的话,在其他方面包括经济方面是不是都没有可能合作?

李鹏:在不到半个小时以前人代会通过了这个决议。由于香港的主权回归中国的时间已经很临近了,有许多工作要提前做,所以通过了广东代表团的提议,授权全国人大常委会在必要的时候成立预备工作机构来进行筹备工作。我们的目的只有一个,就是为了实现平稳过渡,保持香港的稳定繁荣。中国并没有关上中英谈判的大门,这个门是英国方面关上的。我想只要英国政府采取主动态度,回到三原则的立场上,并且确认这是中国和英国两国政府之间的谈判,那么中国方面对这一谈判还是持积极态度的。我们并不希望对抗,而是希望中英合作来保持香港的平稳过渡。对中英谈判,英国方面已关上了第一扇大门,现在就看他是不是关上第二扇大门。中国有一句话:解铃还须系铃人。球现在在英国一边。

你刚才还有一个问题,就是目前中英之间的这种争议会不会影响中国和英国之间的经济贸易关系。就中国来说,我们非常重视和欧共体国家其中也包括英国发展贸易、经济、技术合作。昨天我们和德国的经济部长签订了9个合同,价值12亿美元,这说明同经济发展中的中国有着多大的合作潜力,中国有多大的市场。我想英国企业家对这个市场也是会感兴趣的。我们不希望中英经贸合作受到影响,中国和英国的一些合作项目将继续进行下去。但是,如果中英关系继续朝不好的方向发展下去,关系搞得很紧张,恐怕也不能说完全不会对经济的合作产生程度不同的影响。

中央电视台记者问:中国经济是否存在过热现象?把国民经济的发展速度从百分之六调高到百分之八到百分之九的根据是什么?

李鹏:把国民生产总值的增长从6%提高到8%到9%是有充分根据的。首先国际形势对中国有利,国内的条件也是具备的。我们这几年投入的固定资产将逐步发挥作用,现在所具备的生产能力,包括工业、农业所达到的水平也可以支持这样一个速度。当然，经济发展中也出现了一些需要注意的问题，比如我们的固定资产投资规模过大，结构上还不尽合理，企业的效益还不高，在金融方面货币发行量比较大，存在着潜在的通货膨胀压力。对这些存在的问题中国的领导人头脑是清醒的，我们将采取积极的措施加以解决，所以提出防止过热完全是一种积极的态度。而解决这些问题的办法也不会用过去计划经济时的老办法，而是应该用深化改革的办法，用建立社会主义市场经济机制来加以解决。中国当前总的经济形势可以说是好的，我们的主旋律是要加快经济建设，上一个新的台阶，但是对已经发生的问题我们将给予充分重视。

俄通社—塔斯社记者问：您如何评论中国和俄罗斯的关系？

李鹏：中国和俄罗斯是有 4000 多公里边界线的邻国，中国人民和俄罗斯人民有着传统的友谊，两国之间的经济有很大的互补性，我们愿意在和平共处五项原则的基础上与俄罗斯保持和发展睦邻友好关系。我们也注意到最近俄罗斯政坛上发生了一些问题，我们希望俄罗斯政局能够保持稳定，希望我们的关系进一步得到发展。但是中国绝不去干涉任何国家的内政。

新加坡《联合早报》记者问：现在越来越多的中国人不需要依附于党、政机关就可以自己生活，不吃皇粮下海了。在人大方面，总理自己也提到在这个民主集中制的机构里民主的成分在增加，集中的成分在减少。请问，新一届政府将怎样看待政府与群众的关系？在未来的 5 年内，中国政府与全国人大之间将如何调整行政与立法的关系？

李鹏：中国将成为一个富强、民主、文明的国家，这是我们修改后的宪法中确定的奋斗目标。在未来五年中，我们将进一步发扬民主，使人民有更多的参与，使我们的决策更加民主化和科学化，政府的行为将能得到人民群众的广泛监督。人大是中国国家最高权力机构，除了一年一度的人大会议以外，政府还接受人大经常性的监督。在未来的 5 年里，根据乔石委员长今天的讲话，人大将进一步在立法方面发挥重要作用。我们现在建立社会主义市场经济，就需要完善经济的立法。根据人大常委会的要求，将分各个专题向全国人民代表大会作出报告，接受人大代表对政府工作的监督、批评和建议。行政部门将根据宪法规定充分行使行政权力。可以说，我们同全国人大既是受监督的关系，也是合作的关系。说得完整一点，我们既是一种监督与被监督的关系，同时又是一种团结、合作、共事的关系。

人民日报记者问：现在我国的农业和农民情况怎么样？有消息说农村中广泛存在着向农民打白条、乱摊派等不合理现象，引起了农民的不满。请问为什么会出现这种现象，这种现象会不会蔓延下去？

李鹏：我请朱镕基副总理回答这个问题。

朱镕基：我们的国家和政府一贯重视农业问题，把农业看成是国民经济的基础。特别是从 1979 年实行改革开放政策以来，我们在农村首先实行了改革，使农业得到了很大的发展。即使是在 1991 年大灾之年，我国的农业仍然保持着连续多年的丰收。但是去年以来全国各地经济进入高速发展的时候，有一些地区忽视了农业的基础地位。比方说把本应用于农业的资金挪用于搞开发区和搞房地产等，因此一些地方出现了向农民打“白条子”的情况。同时在开发区的建设中还存在过多占用耕地的现象。对这些现象，我们党和政府的领导人早有发现。自去年以来，江泽民、李鹏等同志都召开会议，强调要把农业放在经济发展的首位，并且采取了一系列具体措施。这些措施主要有三个方面：一是要解决各地多占、滥占耕地的问题。国务院已经就此向各省市自治区提出了明确的政策，绝不允许再占用良田搞开发区或者搞其他项目。二是国务院今年下定决心不再向农民打“白条子”。现在农产品收购已经存在“剪刀差”，农民已经吃了亏了，连这点钱都不给他，是不能允许的。三是停止对农民的额外的摊派。现在各种名目的摊派，增加农民负担的现象是很严重的，我们已经决定对所有的摊派先停止后清理，然后再决定有的是不是需要恢复。我相信，这些措施下去以后，中国的农业一定会搞好，去年以来出现的一些问题是一定能够得到纠正的。

台湾联合报记者问：两岸和平统一需要一段时间。在这一段时间里，台湾进行国际活动受到了大陆方面的一些影响。从两岸关系发展的方向看，大陆是否会对台湾进行国际活动给予新的认识。另外，为了两岸结束敌对状态，您认为两岸是否有必要、有可能签署和平协议？

李鹏：我们对台湾实行“和平统一、一国两制”的方针。我们当然希望双方尽早进行接触，结束敌对状态。当然首先要接触起来，才谈得上达成某种一致或签订某种协议，这是第二步第三步的事情。我们不仅没有“封杀”台湾人民的生存权利，而且也没有这样的打算。都是中国同胞，我们希望台湾在经济上更加繁荣。凡是和中华人民共和国建立了外交关系的国家，我们都向他们表示，同台湾除了不能发生外交关系和官方往来外，都可以发展经济贸易关系。怎么能说“封杀”呢？应该说路子给得很宽。而且大陆现在的经济状况很好，有很好的投资环境。我们以优惠的政策欢迎台湾同胞的资本到大陆来发展“三资”企业，希望实现“三通”。

新闻发布会历时一小时零五分钟。近600名中外记者参加了新闻发布会。

全国人大常委会委员长乔石及副委员长等在人民大会堂会见港澳地区全国人大代表

全国人大常委会副委员长田纪云、王汉斌、倪志福、陈慕华、费孝通、孙起孟、雷洁琼、秦基伟、李锡铭、王丙乾、帕巴拉·格列朗杰、王光英、程思远、卢嘉锡、布赫、铁木尔·达瓦买提、李沛瑶、吴阶平和秘书长曹志参加会见。

解放军总政治部向全军各部队发出认真学习第八届全国人大第一次会议精神的通知

国家科委人才交流服务中心在北京成立

4月1日

中共中央总书记江泽民在中共中央经济情况通报会上发表题为《当前的经济工作》的讲话

正确把握形势，抓住机遇，扎实工作，保持国民经济又快又好地发展

当前，国内形势和国际环境为加快改革和发展提供了难得的机遇。经过14年的改革，我国的经济体制发生了深刻的变化，国民经济有了很大的发展，为今后加快发展奠定了良好的基础。去年小平同志视察南方重要谈话和十四大的召开，极大地调动了人民群众建设社会主义的积极性，改革和建设取得了新的成就。从国际上看，尽管遇到了一些这样那样的问题，但总的来说，仍然有利于我们加快改革开放和现代化建设的步伐。对于这样难得的历史机遇，我们大家的认识是一致的。正如小平同志今年春节在上海指出的："对于中国来说，大发展的机遇并不多。"我们在形势和机遇问题上，应当有这样的态度：要有时代的紧迫感，抓住机遇；要有历史的责任感，珍惜机遇；要有科学的态度，用好机遇。

抓住机遇，加快发展，必须从中国当前的实际情况出发，坚持做到解放思想和实事求是相统一。小平同志指出："走一步回头看一下是必要的，要注意稳妥，避免损失，特别要避免大的损失。"这就要求我们，不仅要有高度的热情，同时要有求实的精神。我们要注意认真总结历史的经验教训，特别是要注意汲取历史上造成几次较大经济波折的经验教训，善于掌握带有规律性的东西。力求在经济建设上，既保持一个较快的增长速度，又争取有一个较为合理的经济结构、产业结构、实现速度和效益的同步增长；既坚持微观放开搞活，又加强宏观调控，实现总量的基本平衡；既抓好沿海地区和重点行业的发展，又考虑到中西部地区和其他行业的发展。总之，就是要做到既加快发展，尽力而为，又从实际出发，量力而行。在发展速度上，中央一再强调，不搞一刀切。经济发展一定要从客观实际出发，有条件的能搞多快就搞多快，暂时没有条件加快发展的不要勉强。只要我们思想上认识到了，工作上努力了，就有可能及早解决经济发展中处于萌芽状态的问题。虽然小的波动不可避免，但大的起伏是可以避免的。中央提出防止经济过热，就是为了提醒大家注意稳妥，避免大的起伏，避免大的损失，把经济发展的好势头保持下去。这才是全面、正确、积极地贯彻小平同志几次重要谈话的应有态度。

认真抓好几项重点工作，为经济的持续发展创造良好条件

今年是很关键的一年。今年的工作做好了，不但可以继续保持改革开放和国民经济发展的好势头，而且可以为明年、后年的持续发展创造好的条件。党中央、国务院对今年的经济工作已作了全面安排，现就几项重点工作再强调一下。

第一，坚决认真地贯彻落实中央关于加强农业的政策措施，力争今年农业有个好收成。

农业是国民经济的基础，也是社会稳定的基础。这个"基础"的主体是农民。因此，发展农业就必须最大限度地把农民的积极性调动起来。十一届三中全会以来，我国农业所以能够发生巨大变化，靠的就是这一条。当前农业和农村工作总的形势是好的。党的十四大以来，不到半年时间，中央对农业和农村工作采取了一系列政策和措施。目的就是要切实加强对农业的领导，保护农民利益，进一步调动农民的积极性。现在的问题是，受到农民普遍欢迎的政策和措施，在不少地方和部门还没有完全落实。因此，必须再一次强调，在加快改革开放和经济发展的形势下，农业的基础地位不能削弱，要作为最根本的产业，优先安排发展。对农民的切身利益和生产积极性，不能损害、挫伤，一定要采取坚决措施，切实加以保护。当务之急，就是要调动广大农民的积极性，把春耕生产抓紧抓好，为夺取今年农业的好收成打好基础。各级党委和政府，要把最近中央关于加强农业的政策和措施认真落实到基层。一是要坚决停止超出国家规定以外的一切集资、摊派和收费。二是要把今年农业生产尤其是春耕生产所需的资金、物资及时供应到位，今年不准再出现打"白条"的问题。三是要珍惜和保护耕地，坚决制止乱占耕地和弃山撂荒的现象。四是要在调整农业结构的过程中，保证粮食、棉花、油料等大宗农作物生产的基本稳定，及早做好防治病虫害和抗御旱涝灾害的准备。五是中央有关部门和省区市的领导同志特别是主管农业的领导同志，要深入农村，调查研究，和农民共商发展农村经济的办法。

第二，加强宏观调控，实现经济总量基本平衡和结构趋向合理。

社会总需求与社会总供给的总量平衡和结构合理，是国民经济又快又好发展的必要条件，也是宏观调控的主要任务。从当前看，要采取有力措施，控制固定资产投资和消费基金的过快增长。今年除了计划内的重点建设项目外，要从严控制新开工项目。对在建项目要排一排队，根据财力、物力的可能，确保基础设施、基础产业和重点项目的建设，推进产业结构的调整。在市场体系发育不完备、企业经营机制尚未完全转换、企业集团成长不充分的情况下，市场对资源配置的基础性作用一时还难以完全奏效。因此，我们要在重视运用经济手段、法律手段的同时，适当运用行政手段。要集中财力、物力，保证关系国民经济发展全局的重大项目的建设，缓解"瓶颈"制约。目前，在投资审批权限下放，而投资主体的风险机制和责任机制又尚未健全，宏观调控力度不够的情况下，过去那种投资规模过大而结构又不合理的情况更容易出现。这就要求我们必须加强各级领导对投资决策的责任制。对消费基金增长过快、国民收入分配过多地向个人倾斜，以及社会分配不公的问题，必须引起重视。要严格税收征管，把该收的税坚决收上来，调节收入分配，缓解分配不公的矛盾。要严格控制集团消费的过快增长，继续提倡和发扬艰苦奋斗、勤俭建国的方针，反对讲排场、摆阔气、用公款请客送礼、大吃大喝的铺张浪费行为。

今年要保持好的发展势头，关键是控制好货币和信贷两个闸门，以保持经济全局的稳定。银行在这方面负有重要责任。要严格管理银行同业拆借，堵住绕过信贷规模扩大贷款、扩大固定资产投资的漏洞，把全社会的信用规模控制住。

第三，深化经济体制改革。

解决深层次经济问题的出路在于改革，在于建立社会主义市场经济体制。目前在投资、金融、财政、税收以及社会保险体制等方面还远远不能适应社会主义市场经济体制的要求，还存在不少问题。我们一定要抓住有利时机，积极推进改革，依靠改革促进国民经济又快又好地发展。

当前，要着重抓好这样几个方面。一是深化企业改革，转换经营机制，提高经济效益。要继续贯彻落实《全民所有制工业企业转换经营机制条例》。要探索国有资产管理和经营的有效形式，实现国有资产的保值、增值，有效地防止国有资产流失。二是改革投资体制，建立投资主体责权利相统一的自我约束机制和风险责任，按照产业政策调整投资结构，解决低水平重复建设，切实管住管好投资规模。三是改革金融体制。要确立强有力的中央银行调控体系。逐步建立健全适应社会主义市场经济体制的金融机构、金融工具、金融市场体系，形成金融机构的风险机制和自我约束机制。四是改革财税体制，理顺国家、集体、个人之间，以及中央与地方之间的分配关系，以利于调动各方面的积极性。同时，要抓紧社会保障体制的改革，以促进社会主义市场经济的发展。

加强和改进对经济工作的领导

我们现在正处在建立社会主义市场经济体制和实现第二步战略目标的关键时期，面临着许多新情况和新问题。我们肩负着重大的历史使命，要毫不动摇地坚持党的基本路线，坚持做到社会主义物质文明和精神文明建设一起抓，两手都要硬。经济建设是全党的中心工作，党的各项工作都要紧紧围绕这个中心，紧紧扭住经济建设毫不放松。我们要在实践中不断探索和总结领导经济工作的经验，切实加强和改进对经济工作的领导。

当前，在经济、社会、政治以及在处理国际关系中，有许多涉及全局的大问题。每个担负领导工作的同志，都要胸怀全局，自觉地把本地区、本部门的工作摆到全国的大局之中。在局部利益和整体利益不一致时，要服从大局，做好工作。要善于把中央精神同本地区、本部门的实际有机地结合起来，确定经济发展的思路和目标，以及为实现目标必须采取的重大措施。要注意把握经济运行的总体趋势，重在议大事、抓大事。要注重研究和解决经济运行中的突出矛盾和关系全局的重大问题。当前，应着重注意这样三个问题。一是在深化改革、扩大开放，加快经济发展的同时，必须加强廉政建设。对经济生活中发生的权钱交易、以权谋私的现象，必须采取有力措施加以制止。抓紧制定有关法律规章，建立有效的廉政监督机制。二是在允许一部分地区、一部分人先富起来的同时，如何解决东西部地区经济发展差距扩大和个人贫富悬殊的问题。正常的差距有利于激励竞争，调动积极性。但差距过大，长期得不到解决，就有可能影响经济、政治和社会的稳定。我们的政策是，承认发展中的不平衡性，不能鼓励懒汉思想，允许一部分地区、一部分人先富起来，但要加强政策调节，通过自身努力，实现共同富裕。三是在保持经济较高增长速度的同时，如何对待潜在通货膨胀压力加大的问题。我们必须处理好价格、汇率和利率的问题，保持币值的稳定，为改革开放和经济建设创造一个良好的经济环境。

八届全国人大常委会举行第一次会议

党和国家领导人江泽民杨尚昆李鹏万里乔石李瑞环朱镕基刘华清胡锦涛荣毅仁姚依林等上午在人民大会堂会见出席八届全国人大一次会议代表。

全国人大常委会委员长乔石主持会议并就新一届全国人大常委会工作发表讲话。

会议任命冯兰明为八届全国人大常委会副秘书长。

副委员长田纪云、王汉斌、倪志福、陈慕华、费孝通、孙起孟、雷洁琼、秦基伟、李锡铭、王丙乾、帕巴拉·格列朗杰、王光英、程思远、卢嘉锡、布赫、铁木尔·达瓦买提、李沛瑶、吴阶平和秘书长曹志出席会议。

全国人大常委会委员长乔石在八届全国人大常委会第一次会议上发表讲话

今天举行第八届全国人大常委会第一次会议。我们这个新的集体开始履行宪法赋予的职责。宪法规定全国人大常委会有21项职权，责任是重大的。在新的形势下，我们如何行使这些职权，做好人大工作，这是大家都在思考的问题。在这次大会上，不少代表对如何改进和加强人大工作提出了一些意见和建议，我们要很好研究。现在，我先谈一些初步想法，同各位商量。

本届常委会任期的5年，是实现我国现代化建设第二步战略目标的关键5年。在邓小平同志视察南方重要谈话和党的十四大精神指引下，我国改革开放和现代化建设事业，进入一个蓬勃发展的新阶段。全国上下正在抓住有利时机，加快改革开放的步伐，集中力量把经济建设搞上去，力争国民经济在讲求效益的前提下，有一个较高的增长速度，提前实现翻两番的目标。党的十四大提出，我国经济体制改革的目标是建立社会主义市场经济体制。这次大会通过的宪法修正案已把党的这一主张变为国家意志，以根本大法的形式确立下来。建立社会主义市场经济体制，涉及经济基础和上层建筑的许多领域，必须要有相应的社会主义民主和法制作保证。本届常委会要从国家这一总的形势和任务出发，坚持以邓小平同志建设有中国特色社会主义的理论和党的基本路线为指导，把加强社会主义民主和法制建设作为根本任务，保证党的基本路线的贯彻实施，保证党的十四大和八届全国人大一次会议提出的各项任务的完成，推进社会主义市场经济体制的建立和逐步完善。对于这个任务的重要性、紧迫性和繁重性，我们要有足够的认识和思想准备。目前，要从加快经济立法，健全监督机制，增强同代表和人民群众的联系，搞好自身建设等方面，努力发挥国家权力机关应有的作用。

一、加快经济立法

本届全国人大常委会要把加快经济立法作为第一位的任务，尽快制定一批有关社会主义市场经济方面的法律。

市场经济要求有健全的法制。它与高度集中的计划经济主要靠行政手段管理有根本的不同。现代国家经济发展的历史证明，没有完备的法律规范和保障，各种社会经济活动无所遵循，就必然出现混乱。我们要建立社会主义市场经济体制，并且要比资本主义条件下的市场经济运转得更好，那就更需要法律的引导、规范、保障和约束。在90年代，我们要初步建立起社会主义市场经济体制，就必须相应地逐步建立起社会主义市场经济的法律体系。现实生活已经给我们提出了这方面的迫切要求。目前全国登记注册的各类公司达48万多家，这是市场经济发展中的必然现象，总的说是正常的、健康的，但其中有不少是“翻牌”公司；经济发展带来了市场繁荣，但假冒伪劣商品屡禁不止；完善市场经济发展的宏观调控手段，还需要作艰巨的努力。这些问题的有效解决，在很大程度上有赖于法律的完备。抓紧制定和修改经济方面的法律，是发展社会主义市场经济的客观需要，是保护公平竞争、促进市场发育、建立市场经济秩序，完善宏观调控和保护公民权益的有力手段。它关系到改革开放的全局，关系到社会主义市场经济体制能否顺利地建立，从而直接影响着我国在九十年代能否把整个国民经济提高到一个新水平，能否加入国际竞争的行列。为此，本届常委会要在制定有关市场经济法律方面迈出较大的步伐，这是我们的首要职责。

制定社会主义市场经济方面的法律，对我们来说是一个新课题。首先，我们应当对社会主义市场经济法律体系，进行总体上、法理上的研究。适应社会主义市场经济发展的要求，究竟需要制定哪些法律？当前急需制定的又是哪些法律？要有通盘考虑，合理部署。要深入探讨我国市场经济发展的特点和规律。思想要解放，视野要开阔，观念要更新，要以积极的态度对待立法中遇到的问题和难点。我们制定的法律，要力求符合经济发展的客观要求，有利于进一步解放和发展生产力。由于认识有个过程，有的法律制定出来时，可能不那么完备，可随着实践的发展逐步完善。有的同志反映，对某些经济活动，先有个粗线条的法律来规范，比因缺乏必要的法律依据，以致搞乱了再来整顿，要较为有利。有的尚不具备条件制定全国性法律的，也可先搞行政法规和地方性法规。邓小平同志1978年就指出，立法的工作量很大，法律条文开始可以粗一点，逐步完善。有的法规地方可以先试搞，然后经过总结提高，制定全国通行的法律。修改补充法律，成熟一条就修改补充一条，不要等待“成套设备”。总之，有比没有好，快搞比慢搞好。这些意见，对于我们当前的立法工作，仍具有重要的现实指导意义。其次，起草法律，要从大局出发，从人民的根本利益着眼，避免从部门的利益出发。要加强对起草法律的统一协调工作，统筹兼顾，协调好上下左右的关系，使起草的法律体现市场经济公平、公正、公开、效率的原则，有利于形成全国统一的开放的市场体系。还要注意法律与法律之间的衔接，不能互相冲突，特别是不能同宪法和基本法律相冲突。第三，要进一步完善立法体制，加快法律的起草工作。常委会要加强立法的计划性和主动性，组织各方面的力量参加法律的起草工作。有些法律草案由国务院主管部门负责起草；有些涉及改革和建设全局的法律草案，可以由常委会或有关专门委员会牵头组织拟定；有些法律草案可以组织大专院校、科研单位的专家、学者起草。第四，要大胆吸收和借鉴国外立法经验。人类社会的一切文明成果，包括西方发达国家的立法经验，都要结合我国实际加以改造、吸收，为我所用。市场经济已经有几百年的发展历史，尽管在不同的社会制度下会有一些不同特点，但它运行的基本规律，如价值规律、供求规律是相同的，竞争机制、资源配置原则也是相同的。当今的世界经济已经发展到这样的阶段，它使一个国家统一和开放的市场体系，必然具有国际化的趋向。因此，在制定市场经济方面的法律时，必须借鉴国外经验，注意与国际上的有关法律和国际惯例相衔接，这样才有利于我国经济参与国际竞争，有利于吸引外商投资。

除了加快制定经济方面的法律外，还要抓紧制定推进民主政治建设和保障公民权利方面的法律，惩治各种犯罪活动、维护社会治安和加强廉政建设方面的法律，促进科学、教育、文化的发展和国防建设等方面的法律。同时，还要根据现代化建设和改革开放进一步发展的需要，及时对过去制定的一些不适应现实情况的法律进行修改。要总结换届选举的经验，对选举法和地方组织法作必要的修改，进一步完善选举制度。制定法律后，需要抓紧制定实施细则与之配套。常委会还要充分运用解释宪法和法律的职权，对一些法律问题作出解释和说明。

二、健全监督机制

本届常委会在抓紧立法的同时，还必须健全监督机制，做好监督工作。人大监督是整个国家监督体制的重要组成部分。它是代表国家和人民进行的具有最高法律效力的监督。加强这种监督，有利于正确决策，减少失误；有利于国家机构的合理、高效运转；有利于防止和消除腐败现象。在加快改革开放，实现由传统的高度集中的计划经济体制向社会主义市场经济体制转换的过程中，更需要发挥国家权力机关的监督作用。

常委会要重点抓好法律监督，保证宪法和法律的有效实施。首先，要把监督宪法实施的责任承担起来。要进一步制定和完善监督宪法实施的具体制度和程序，健全监督宪法实施的机构。对某些同宪法和法律相抵触的行政法规、地方性法规以及行政规章等，要分别交有关的专门委员会进行审查，提出纠正意见，报常委会决定。常委会要继续把法律实施情况的检查监督放在同立法同等重要位置，有计划有重点地开展执法检查，并把听取和审议执法检查情况的汇报列入常委会会议议程。这要作为一项重要制度坚持下去。对检查出来的问题，要督促有关部门抓紧解决，并将解决的情况向常委会作出汇报。为了加强对宪法和法律的宣传，促使对法律实施情况的检查监督取得更大成效，要充分发挥报刊、广播、电视等舆论手段的作用。对违宪违法的典型案件，可以组织调查，有的可以通过舆论工具公之于众。还要继续做好普法教育工作，进一步增强广大干部和群众依法办事的观念和能力，坚决同各种违法现象作斗争。

常委会的工作监督，主要是支持和督促政府认真执行国民经济和社会发展的十年规划和“八五”计划，落实党的十四大和八届全国人大一次会议确定的各项任务。要继续坚持每次常委会会议，围绕改革和建设的重大问题和人民群众关心的“热点”问题，听取和审议国务院、最高人民法院、最高人民检察院的工作汇报的制度；坚持每年第三季度听取国务院关于计划和预算执行情况的汇报的制度。小平同志指出，廉政建设要靠法制。常委会要督促国家审判机关、检察机关和行政监察部门严肃执法，不徇私情，不受任何干扰，认真查处大案要案，坚决惩治腐败，抓出成效，取信于民。常委会还要不断总结人大监督的经验，对监督的内容、形式和程序作出明确规定，使监督工作进一步规范化。

三、加强同代表和人民群众的联系

加强同代表和人民群众的联系，是国家权力机关保持旺盛生命力的源泉所在，是做好人大工作的基础。我们这个集体是受代表大会的委托，代表人民行使职权的，必须向代表大会负责，向人民负责，接受人大代表和广大群众的监督。人民的根本利益和共同意志，是我们各项工作的出发点和目的。常委会要进一步加强同代表和人民群众的联系，使制定的法律和作出的决议、决定，符合人民的愿望和要求，符合改革开放和社会主义现代化建设事业的实际。

全国人大代表近三千人，他们工作在各条战线、各个岗位，有丰富的实践经验，最了解群众的呼声和要求。常委会要继续坚持同省、自治区、直辖市人大常委会共同联系全国人大代表的做法，紧紧围绕常委会审议、决定的问题，做好联系工作。常委会会议召开前，应就会议的主要议题和内容，征求有关代表的意见，为会议审议做好准备。继续坚持每次常委会会议邀请部分代表列席的制度。常委会和专门委员会可以根据需要，召开各种类型的代表座谈会，直接听取代表的意见。要认真办理代表提出的议案和建议、批评、意见。常委会要努力为代表履行职务提供必要的条件。

常委会组成人员要坚持走群众路线，深入调查研究，充分反映人民群众的意见。视察是联系群众的重要方式。要进一步改进视察工作，有计划有重点地开展视察活动，针对现实生活中某些重大问题，提出视察报告。要重视人民群众的来信来访，进一步健全信访工作制度。要采取多种形式，密切同群众的联系，畅通民主渠道。

近 10 多年来，地方人大工作有很大进展，在坚持和完善人民代表大会制度方面作了可贵的探索，积累了一些经验。常委会要继续加强同地方人大的联系，学习、推广地方人大工作的一些好的经验，支持他们依法行使职权。要坚持每次常委会会议邀请省、自治区、直辖市人大常委会负责人列席的制度。还可根据需要，召开地方人大常委会负责人的座谈会，总结和交流人大工作的经验，共同把人大工作做好。

四、搞好自身建设

加强人大常委会自身建设，特别是组织制度建设，是做好人大工作的重要条件。我们这届常委会组成人员中，有 2/3 的同志是新当选的，这些同志有长期在政府机关或其他部门工作的经验。人大工作有自己的特点和规律，这就要求我们适应情况的变化，在工作习惯和工作方法上有所改变。要努力学习理论，学习法律。熟悉宪法和选举法、组织法、代表法、议事规则等法律，是我们每个同志必须具备的基本业务素质。相信大家会很快地适应新的情况，发挥各自的才能和智慧，在工作中做出贡献。

我们这个集体要认真实行民主集中制原则。人大工作的特点是集体行使职权，集体作出决定。在审议各项议案时，要充分发扬民主，畅所欲言，各抒己见，各种不同意见都可以发表，经过充分的讨论和交流，集中大家的智慧，努力做到决策民主化、科学化。在决定问题时，大家拥有的权力是完全平等的，必须严格遵循少数服从多数的原则。要特别注意按照民主的形式、民主的程序、民主的规则办事。经过前几届的努力，常委会在议事规则和决定问题的程序等方面，已经有了许多规定。我们要在这一基础上进一步充实、完善和修订，不断提高常委会的议事效率。

本届常委会大多数委员参加了专门委员会的工作。专门委员会是全国人大的常设工作机构，在大会闭会期间受全国人大常委会领导，大量的经常性工作要靠专门委员会去做，任务是繁重的。希望大家集中精力做好常委会和专门委员会的工作，其他社会活动应当尽量服从人大工作的需要。常委会和专门委员会的办事机构要与人大的工作任务相适应。应本着精简、高效的原则，建立一支精干的工作人员队伍，实行严格考核和工作责任制，不断提高这支队伍的素质，提高办事效率，更好地为人大及其常委会开展工作服务。人大机关是一个统一的整体，各部门、各单位要相互支持，密切配合。根据宪法规定，委员长会议负责处理常委会的重要日常工作。要通盘考虑，统筹安排，加强对机关各部门的集中统一领导。常委会秘书处在委员长领导下工作，是常委会的日常办事机构。要经常了解情况，研究问题，提出解决问题的方案；协调好各专门委员会、办公厅、法工委的工作。

这次会后，要抓紧做好以下几件事：第一，制定本届常委会任期五年的工作要点，提交下次常委会会议讨论。第二，制定五年立法规划，以及今明两年具体实施的计划。第三，对人大各种会议的议事规则和工作制度，要在总结经验的基础上进行修改，进一步完善。第四，外事工作也是常委会工作的重要组成部分，要统一安排，提出具体方案。第五，还要制定常委会组成人员守则，以便更好地履行职责。

同志们！人民代表大会制度是我国的根本政治制度。它是我们党长期进行人民政权建设的经验总结，是人民当家作主的最好组织形式。建国以来，特别是近十四年来的实践证明，人民代表大会制度体现了我们国家的性质，符合我国国情，既能保障全体人民统一行使国家权力，充分调动人民群众建设社会主义的积极性，又有利于国家政权机关互相配合、协调一致地工作。当然，这个制度还需要不断健全。我们要在前几届工作的基础上，进一步改进和加强人大工作，继续坚持和完善人民代表大会制度，推进社会主义民主政治建设。我们的目标是建设一个符合中国实际的民主的、法制健全的社会主义社会，我们要同心协力地为之奋斗。

《人民日报》发表社论《朝着既定目标团结奋进——祝贺八届全国人大一次会议、全国政协八届一次会议闭幕》

国务院发出关于国家行政机关和企业事业单位印章的规定

国办发出关于做好机构变动中工作衔接问题的通知

上海天津全面放开粮油购销价格

全国境外投资工作会议在青岛召开

中国对境外客商来投资和境外投资的外汇管理工作日臻完善。1992 年，境外客商实际投人资金 109 美元，比上年增加 1.6 倍，相当于前 13 年实际投入总和的 53.8%，超过 1992 年各种对外借款总额。

1992 年在众多境外投资中，港澳地区仍占榜首；台湾空前活跃，从原来的第四位跃居第二位；美国和日本角逐于第三四位之间；韩国后来居上，已跃居第五位。境外客商投资区域已从沿海扩展到内地，投资规模普遍增大，平均每个直接投资项目的协议境外投资金额约 113 万多美元，比 1991 年同期增长 23%以上。在新批准的项目中，有相当一部分是技术档次较高，对我国经济发展有较大作用的项目,有的还填补了大陆的空白。

我国境外投资事业也在稳步发展。据初步统计,截至1992年底,我国在境外直接投资的企业有2209家,投资总额为37.8亿美元(含境外方),投资地区主要分布在东南亚、北美、港澳等国家和地区。

近年来,我国各级管理部门对境外客商投资企业和境外投资的外汇管理做了大量工作。为了继续鼓励和支持境内外投资事业的发展,国家外汇管理局拟抓紧法规制度建设,逐步建立外商投资企业外汇登记制度和外汇年检制度,以及外汇平衡基金制度,在维持原有的一些优惠政策的同时,进一步放宽对外商投资企业的管理;同时要维护法规制度和合同的严肃性,对违反规定或不履行合同的行为,坚决依法查处。

国务院港澳办公室研究所主办的《今日港澳》杂志在北京创刊

国务院总理李鹏在北京会见美国美林集团董事长威廉·施莱尔

李鹏说,中美企业界之间一直保持着良好的关系,在不少领域开展了颇有成效的合作。美林集团是美国乃至国际上一家很有实力的证券公司。它为中国的金融、证券业的发展提供了不少有益的建议和帮助,我们对此表示赞赏。

李鹏说,随着社会主义市场经济体制的建立,中国的股票、证券等业务将逐步开展起来。我们将采取措施不断完善这方面的规章制度,培养更多的精通这方面业务的合格人才,股票、证券交易更加规范化。我们愿意同美林集团保持合作。

中国在第21届日内瓦国际发明展评获7项金奖8项镀金奖5项银奖2项铜奖

33个国家参加这次发明展。中国共有23个项目参赛,获金奖的是,上海魔力表业公司郦志隆的系列计时保健表,广西喷施宝有限公司王贞良的多功能营养叶面肥,天津天磁公司邢风翘的3228型矿泉磁水器,四川崇庆防水粉末厂李健华的高弹双层防水隔热液和柔性装饰膏,安徽农业大学钱浚的降解膜和哈尔滨福志研究所李宏运的系列净水器。

新闻出版署国家物价局就加强古旧书业工作恢复和建立古旧书业经营网点积极扶持古旧书业的发展联合提出具体要求和政策措施

新闻出版署颁布《图书征订代码》行业标准

4月2日

国家主席江泽民在北京会见香港事务顾问

江泽民在会见时说,不管出现任何情况,我们都要坚定不移地贯彻"一国两制"的伟大构想。

江泽民说,现在距离1997年香港回归祖国的时间只有四年零几个月。时间非常紧迫,要做的准备工作很多。这次全国人大会议已授权人大常委会设立香港特别行政区筹备委员会的准备工作机构,目的就是为了充分做好各项准备工作。希望港事顾问更多地为今后的准备工作出主意、想办法,提出好的建议和意见。群策群力,使香港实现平稳过渡,权力顺利交接,保证香港的稳定繁荣。

国务院总理李鹏和朱镕基、邹家华、钱其琛、李岚清等国家领导人参加会见。

国务院总理李鹏在人民大会堂设宴款待香港事务顾问

李鹏在宴会上即席发表讲话说,"今天我和朱镕基、邹家华、钱其琛和李岚清副总理同大家欢聚一堂。我们感到特别高兴的是,现在港事顾问的阵容更加壮大了。我衷心感谢在过去的一年里第一批港事顾问为香港繁荣和稳定作出积极的贡献,同时也向今天应聘的第二批港事顾问表示热烈祝贺。"

李鹏说,香港问题是大家共同关注的问题。在此我愿重申中国政府对香港的政策不会改变,将继续恪守中英联合声明和香港基本法,并将一如既往履行中英双方达成的有关过渡时期的其他谅解和协议。其目的只有一个,即保证香港的平稳过渡和政权的顺利交接,保持香港长期繁荣和稳定。

国务院港澳办和新华社香港分社在人民大会堂为第二批香港事务顾问举行聘书颁发仪式

第一批港事顾问参加仪式。

国务院港澳办公室主任鲁平在聘书颁发仪式上发表讲话说,从去年聘请第一批港事顾问一年来,顾问们本着积极负责的精神,通过各种方式和渠道,就香港过渡时期的一些重大问题向我们提出了大量有参考坐标的意见和建议,特别是在保证平稳过渡和维护繁荣稳定方面发挥了积极作用。实践证明,我们聘请港事顾问的做法是成功的,各位顾问也是尽责的。继第一批港事顾问后,这次又聘请49人,两批顾问共92人,从而使顾问的代表性更为广泛。今后我们还将视情况需要,继续聘请有关人士担任港事顾问。

八届全国人大一次会议和全国政协八届一次会议新闻报道总结座谈会在北京召开

全国人大常委会副委员长田纪云与首都部分新闻单位负责人座谈。

田纪云希望新闻宣传部门要加强对宪法、法律的宣传。这种宣传要有针对性，使它同人民群众关注的问题，以及他们的切身利益联系起来，只有这样，才能使宪法和法律为人民群众所真正掌握；要加强执法情况的宣传。对违宪违法的典型案件，经过调查核实，有的可以通过舆论工具公之于众；要改进会议的报道，加强经常性的报道和深度报道，使人大制度、民主法制的宣传更加深入、更加生动活泼，更为人民群众喜闻乐见；要建立常驻记者制度；要加强人大与新闻单位的联系，人大要为记者采访尽可能提供更多的线索和方便条件。

中共中央政法委发出《关于进一步做好清理调出不适合做政法工作人员工作的通知》

《通知》说，截止到1992年底，已审查确定需清理调出不适合做政法工作人员约17000名，现已调出近9000名。各级政法部门要从各自的实际出发，抓紧工作，力争1993年6月底前结束清调工作。

《通知》指出，各级政法委和政法各部门要把清调工作作为加强政法队伍建设的一项经常性工作来抓，对于不适合做政法工作的人员，发现一个及时清调一个。对今后3年内政法部门新增编的20万人，一定要坚持条件，严格把关，确保进人质量。

澳门基本法咨询委员会在澳门举行庆祝基本法诞生座谈会

国务院三峡工程建设委员会在中南海成立并举行第一次会议

国务院总理李鹏主持第一次会议。

国务院决定成立三峡工程建设委员会，李鹏任主任委员，副总理邹家华、国务委员陈俊生和郭树言、贾志杰、肖秧、李伯宁任副主任委员，全国政协副主席钱正英担任顾问，成员包括国务院有关部委的负责人。这个委员会是三峡工程高层次的决策机构，下设办公室，具体负责三峡工程建设的日常工作；设三峡工程移民开发局，负责三峡工程移民工作规划、计划的制订和监督实施。同时成立中国长江三峡工程开发总公司，这是一个自负盈亏、自主经营的经济实体，是三峡工程项目的业主，全面负责三峡工程建设和经营。

会议听取并讨论郭树言关于三峡工程建设准备工作情况的汇报和李伯宁关于三峡库区移民工作情况的汇报。去年三月七届全国人大五次会议通过《关于兴建长江三峡工程的决议》之后，国务院两次召开总理办公会研究三峡工程建设的有关问题，去年11月，李鹏率有关部门负责人自重庆沿江而下，实地考察，并在武汉主持了三峡工程建设工作会议，根据国务院的布置和安排，工程组织机构正在积极筹建，移民试点工作积累了经验，取得一定进展。

李鹏在会上强调指出，三峡工程是一项跨世纪的大工程，综合效益好，造福子孙后代。顺利建成这项工程，将向世界表明中国人民有志气、有能力搞好这一举世瞩目的建设项目。他指出，要让广大人民群众进一步了解兴建三峡工程的必要性和可行性，积极支持工程建设，这是工程成功的关键所在。

李鹏说，要认真贯彻落实全国人大《关于兴建长江三峡工程的决议》，当前的工作重点是做好各项准备工作，筹建机构，特别是抓紧初步设计及审查，要开拓筹资渠道，探索适合三峡建设的筹资方式，不仅要筹措好资金，而且要精打细算，管好用好资金。为了适应社会主义市场经济新体制，三峡工程建设要采取国际上通行的办法，实行工程项目业主负责制。

邹家华、陈俊生和工程建设委员会其他成员出席了会议。

国家主席江泽民在中南海会见美国美林集团董事长威廉·施莱尔

美林集团是在上海开办代表处的第一家来自美国华尔街的金融机构。江泽民希望美林集团与中国金融界在平等互利的基础上广泛开展合作，为中国的改革开放和经济建设提供建设性的意见和建议。

全国政协主席李瑞环在钓鱼台国宾馆会见印度尼西亚企业家林如光

中国代表团作为观察员首次出席联合国非政府组委会会议

中国美国在美国休斯敦签署关于能源开发7项合同

由中国石油天然气总公司总经理王涛率领的中国石油代表团在美国得克萨斯州休斯敦市与美国哈里伯顿公司等签订7项合同，寻求在更广泛的领域内开展中美企业间在能源开发方面的合作。

7项合同以石油、天然气勘探和开发所使用的测井仪、聚合物干粉、干粉注入设备、遥测地震仪、潜油电泵、计算机工作站和图形工作站为主要内容。

中国船舶工业公司712研究所等研制的首台300

千瓦超导单极电机通过国家科委鉴定达到国际水平

第3届北京国际博览会在北京中国国际展览中心开幕

来自23个国家和地区的3000余家厂商，参加两年一届的展览会。

4月3日

《人民日报》发表社论《结束过去开辟未来——祝贺〈中华人民共和国澳门特别行政区基本法〉公布》

在这万紫千红的春天，八届全国人大一次会议通过并公布了《中华人民共和国澳门特别行政区基本法》。这部法律是继香港基本法之后的又一部创造性杰作，它体现了“一个国家，两种制度”的总方针和我国对澳门的基本政策，为1999年的平稳过渡和澳门的长期稳定发展提供了法律保障，具有重大的现实意义和历史意义，它将以中国人民实现祖国统一的光辉一页而载入史册。

澳门自古以来就是中国的领土，从16世纪中叶以后，被葡萄牙逐步占领，已经400多年了。恢复澳门主权，维护祖国领土的完整，是中国人民长期以来的共同愿望，是百余年来中国民族民主大革命要实现的重要目标之一。1987年4月13日，中华人民共和国政府和葡萄牙共和国政府签署了关于澳门问题的联合声明，确认中华人民共和国于1999年12月20日对澳门恢复行使主权。这次全国人大通过并颁布基本法，以法律的形式昭告天下，使澳门的历史翻开了崭新的一页，这是中国人民包括澳门同胞长期奋斗的成果。在签署联合声明和制定基本法的过程中，葡萄牙政府给予了很好的合作，我们对此表示赞赏。

“一个国家，两种制度”，是个伟大的创造，是邓小平同志建设有中国特色社会主义理论的重要内容之一。邓小平同志在阐述关于“一个国家，两种制度”的构想时指出：“实现国家统一是民族的愿望，一百年不统一，一千年也要统一的。怎么解决这个问题，我看只有实行‘一个国家，两种制度’。”江泽民同志在党的十四大报告中指出：“在一个中国的前提下，国家的主体坚持社会主义制度，香港、澳门、台湾保持原有的资本主义制度长期不变，按照这个原则来推进祖国和平统一大业的完成。”澳门基本法就是根据这个总方针，从澳门的实际情况出发，广泛听取澳门和内地各界人士的意见而制定的。

“一国两制”的构想，既有高度的原则性，又有高度的灵活性。按照这一构想，澳门基本法既维护了国家领土主权的统一，又给予澳门特别行政区以高度自治的权利。“一个国家”，就是一个中华人民共和国，澳门是中国的领土。这是大前提，在国家主权问题上是丝毫不能含糊的。世界上只有一个中国，没有两个或几个中国，也不允许延续殖民统治。基本法总则第一条明确规定：“澳门特别行政区是中华人民共和国不可分离的部分。”基本法还规定，中央人民政府负责管理与澳门特别行政区有关的外交事务和防务，依照基本法有关规定任免澳门特别行政区行政长官、政府主要官员和检察长，澳门特别行政区立法机关制定的法律须报全国人大常委会备案，澳门基本法的修改权和解释权属于全国人大和全国人大常委会等。这些规定维护了国家的统一和领土完整，体现了国家主权。“两种制度”，就是澳门实行的制度与内地实行的社会主义制度可以有所不同。基本法总则第五条明确规定：“澳门特别行政区不实行社会主义的制度和政策，保持原有的资本主义制度和生活方式，五十年不变。”法律还规定，全国人民代表大会授权澳门特别行政区依照基本法实行高度自治，享有行政管理权、立法权、独立的司法权和终审权，澳门特别行政区的行政机关和立法机关由澳门特别行政区永久性居民依照基本法有关规定组成等。这些规定体现了“一国两制”和高度自治精神。事实已经证明并将继续证明，“一个国家，两种制度”符合中国统一大业的实际，是个既照顾历史又正视现实的开明政策、务实政策，是完全行得通的。

澳门基本法的通过，标志着澳门进入过渡时期的新阶段。基本法是澳门特别行政区的根本大法，是解决澳门问题的总章程，具有权威性和约束力。今后，澳门的政治、经济、文化等社会生活各个方面的演进都需要同基本法的规定相衔接，这样才能做到平稳过渡，顺利交接，这是包括澳门同胞在内的全国各族人民的共同利益所在。我们面临的一个新任务就是要很好地宣传澳门基本法和中央对澳门的一系列方针政策，无论是澳门，还是内地，都要严格依法办事，为贯彻执行和维护基本法做出贡献。

再过六年多的时间，中华人民共和国的国旗五星红旗和澳门特别行政区绘有五星、莲花、大桥、海水图案的绿色区旗，将在美丽的澳门高高升起。结束过去，开辟未来，是35万澳门同胞和全中国各族人民的光荣使命。让我们伸出双手，迎接这一光辉日子的到来。

全国党史工作部门负责人工作会议在北京开幕

会议于4月3日至6日举行。薄一波在会上讲话。会议讨论并落实中共中央党史研究室订出的社会主义时期党史资料征集、编纂的第一批选题。各省、自治区、直辖市党史部门的负责人参加会议。

薄一波在全国党史工作部门负责人工作会议上发表讲话

中央党史研究室的负责同志要我来跟大家见见面，我很高兴。本来不准备讲话，会议的主持人一定要我讲，那就讲点吧。

刚刚闭幕的八届全国人大一次会议和全国政协八届一次会议开得很成功，全党、全国人民都很高兴，国外的反映也很好。我感受比较深的有两点：一是，会议继续强调要抓住机遇，加快改革开放步伐，把经济工作以及各项工作搞上去。大家对小平同志提出的“抓住机遇”的认识更加深刻，信心和劲头更足了。为什么现在叫机遇？我看主要是两条：第一条，国际形势，一般说来，对我们有利。西方对我们的挑战仍然很厉害，但苏联解体、东欧剧变后，新的世界大战还打不起来，总的形势是和平与发展，是从冷战转到经济、贸易竞争。许多国家都看好了中国的大市场，认为中国经济的发展充满了活力，改革开放政策获得了巨大成功，已不可逆转。现在，我们又进一步提出搞社会主义市场经济，努力与国际市场“接轨”，对他们也是个机会，想和我们做生意。第二条，国内形势是稳定的。1989 年政治风波后，许多西方大国要“制裁”我们，但并没有压倒我们。国内的形势一天一天地好起来，总的是安定团结的。当然机遇的内涵还很多。比如，“我们有几千万爱国同胞在海外，他们对祖国作出了很多贡献”。发挥他们的作用，欢迎他们向国内投资，就是我们国家“独特的机遇”。在这里我要特别讲到，我们有老一辈的老领导，尤其是有邓小平同志健在。小平同志十分关心我们党和国家的大事，总是适时地提醒我们、指示我们怎样处理；在重大问题上，新的领导班子有疑难，也可以向他请教。他的意见，不仅受到党内的尊重，在国内外都有重大影响。

以小平同志去年年初视察南方的重要谈话为标志，我国的改革开放和现代化建设进入了新的阶段。党的十四大系统地总结了十一届三中全会以来 14 年实践的基本经验，更加深刻、更加全面地概括和阐述了建设有中国特色社会主义的理论、路线和一系列的方针政策，决定实行社会主义市场经济。八届人大一次会议把这些载入了宪法，用法律的形式肯定下来。大政方针已定，形势与任务都讲清楚了。我们的任务，就是要抓住现在这个有利的时机，按照“基本路线要管一百年，动摇不得”的战略部署，力争在“八五”期间、在 1997 年香港回归祖国前，使我国的国民经济再上一个台阶，使我们的各项工作再上一层楼。这就叫抓住了机遇。同志们！这个“机遇”并不是经常有的！我们一定要抓住这个机遇，解放思想、实事求是地把我们的经济搞上去。在这方面，犯些错误在所难免。犯些小错误不要紧，改正就是了，但一定要避免犯大错误。办法就是及时总结经验，及时改正。

二是，经过党的十四大和八届人大一次会议，我们已经顺利地实现了党和国家领导班子的新老交替。新老交替的问题，十二大就提出来了，并且有所行动，如成立顾问委员会，老同志退居二线等。经过十年的过渡，现在条件成熟了，才比较彻底地解决了这个问题。现在的领导班子是个有领导能力又比较年轻的班子，是团结的班子。党的政治路线确立之后，组织路线就成了决定因素。这是一次具有时代特征和历史意义的真正的新老交替。

有了这两条，我们国家的繁荣昌盛和长治久安就有了可靠的保证。

回顾前两年，苏联解体、东欧剧变，国际、国内、党内一些人怀疑马列主义还灵不灵。在这种形势下，我们党率领全国人民坚定不移地走有中国特色的社会主义道路，并且越走越宽广，中华大地生机勃勃，欣欣向荣，这很不简单！这使我想起了明末清初一位青年爱国志士夏完淳写的两句诗。尽管这位爱国志士所从事的事业没有成功，但他的坚定意志和必胜信心是可嘉的。为了说明当前的形势和便于记忆，在前面我又添了两句：

苏东易旗归内因，
马列真谛非烟云。
“万里飞腾仍有路，
莫愁四海正风尘。”

我们党史工作部门和党史工作者应该胸中有全局，跟上和认清当前的形势，进一步贯彻党的十四大精神，充分认识新形势下加强党史工作的重要性，有计划地、系统地开展社会主义时期党史资料的征集、编纂和研究工作，使党史工作更好地为建设有中国特色的社会主义事业服务。这是我想讲的第一点。

第二点，当前的好形势，来之不易。这是全党全国人民共同努力的结果。其中很重要的一点，就是得益于以小平同志为核心的党的第二代领导集体善于总结经验，勇于开辟未来。

十一届三中全会以来的正确路线，不是从天上掉下来的，是小平同志领导全党通过对建国后几十年正反两方面经验教训的深刻总结，大胆试验和探索，逐步提出和逐步完善的。当然，随着实践的发展，还会出现新问题，再经过实践获得新认识；对原有的认识，有些也还要补充、纠正。这是人们认识客观事物发展规律的必经过程。小平同志的历史功绩是多方面的。我觉得影响最大、意义最深远的是两条：一条是正确地评价和确立了毛主席和作为全党集体智慧结晶的毛泽东思想的历史地位。这是一个非常重大而又复杂、敏感的问题。如果我们不充分肯定毛主席的伟大历史功勋，就无法说明我们的党和人民，经过怎样的艰难险阻，终于在毛主席领导下取得新民主主义革命和社会主义革命辉煌胜利的历史进程，我们的党就站不住脚；如果不实事求是地指出和改正他老人家晚年所犯的错误，不果断地停止使用“以阶级斗争为纲”的口号，把工作重点转移到社会主义现代化建设上来，我们的事业也难以兴旺发达。在起草《关于建国以来党的若干历史问题的决议》的过程中，小平同志高瞻远瞩地指出：“对毛泽东同志的评价，对毛泽东思想的阐述，不是仅仅涉及毛泽东同志个人的问题，这同我们党、我们国家的整个历史是分不开的。要看到这个全局。……这不只是个理论问题，尤其是个政治问题，是国际国内的很大的政治问题。如果不写或写不好这个部分，整个决议都不如不做。”“我们现在讲拨乱反正，就是拨林彪、‘四人帮’破坏之乱，批评毛泽东同志晚年的错误，回到毛泽东思想的正确轨道上来。总之，不把毛泽东思想，即经过实践检验证明是正确的、应该作为我们今后工作指南的东西，写到决议里去，我们过去和今后进行的革命、建设的分量，它的历史意义，都要削弱。不写或不坚持毛泽东思想，我们要犯历史性的大错误。”“我们将肯定毛主席的功绩是第一位的，他的错误是第二位的。我们要实事求是地讲毛主席后期的错误。我们还要继续坚持毛泽东思想。毛泽东思想是毛主席一生中正确的部分。毛泽东思想不仅过去引导我们取得革命的胜利，现在和将来还应该是中国党和国家的宝贵财富。所以，我们不但要把毛主席的像永远挂在天安门前，作为我们国家的象征，要把毛主席作为我们党和国家的缔造者来纪念，而且还要坚持毛泽东思想。我们不会像赫鲁晓夫对待斯大林那样对待毛主席。”陈云同志说：“《决议》要按照小平同志的意见，确立毛泽东同志的历史地位，坚持和发展毛泽东思想。要达到这个目的，使大家通过阅读《决议》很清楚地认识这个问题，就需要写上党成立以来60年中间毛泽东同志的贡献，毛泽东思想的贡献。因此，建议增加回顾建国以前28年历史的段落。有了党的整个历史，解放前解放后的历史，把毛泽东同志在60年中间重要关头的作用写清楚，那么，毛泽东同志的功绩、贡献就会概括得更全面，确立毛泽东同志的历史地位，坚持和发展毛泽东思想，也就有了全面的根据；说毛泽东同志功绩是第一位的，错误是第二位的，说毛泽东思想指引我们取得了胜利，就更能说服人了。”这些话讲得多么中肯、多么深刻呀！党的十一届六中全会通过的《关于建国以来党的若干历史问题的决议》，在这个重大的问题上统一了全党的思想，意义是非常深远的。另一条是在实事求是地总结历史经验教训的过程中，根据新的实践经验，以巨大的理论勇气，提出了改革开放等一系列新的方针、政策，并升华到建设有中国特色社会主义的理论和党的基本路线。“一个中心、两个基本点”，的确来之不易！小平同志被公认为中国改革开放的总设计师，当之无愧。只有正确地总结过去，才能开辟未来。如果不是这样，像赫鲁晓夫、戈尔巴乔夫那样，从全盘否定斯大林，到搞什么所谓的“新思维”、“公开性”，全盘否定列宁和十月革命，把社会主义说得一无是处，那将会是一种什么局面?！只能是天下大乱，人民遭殃。

我讲上面这些，是想说明：第一，社会主义在我国虽然仍在实践中，但时间不算短了，如果从建国时算起，已有40多年的历史，而且正、反两方面的经验教训相当丰富了。在很长一段时间内，我们党史工作的重点放在了民主革命时期，这方面的工作基础已经比较坚实；而对社会主义时期党史资料的收集和研究，则相对做得不够。中央党史研究室主任提出要把党史工作的重点转到加强对社会主义时期党史的研究上来，我觉得这个意见很对，我很赞成。第二，做好研究工作的关键，是善于运用马克思列宁主义、毛泽东思想的立场、观点、方法，解放思想，实事求是，坚持实践是检验真理的唯一标准。而要做到这一点，很重要的是要掌握史料。我们是搞史学的，讲话要有依据，撰写历史要靠史实和材料说话。所以，收集史料，鉴别史料的价值，就成为研究工作的基础环节，需要扎扎实实地做好这个基础工作，没有捷径可走。这些年，我也想写点回顾历史的东西，深感单凭回忆还是很不够的，只有把个人的回忆和历史档案结合起来，才有真凭实据。评价历史人物也不能只凭局部的零星的材料，应该尽可能收集能找到的材料作全面的历史分析，才能作出准确的、经得起历史检验的结论。第三，许多有丰富实践经验的老同志，年纪都大了，加上“文革”十年的浩劫，损失了许多宝贵的资料。所以，对社会主义时期的史料，也有一个“抢救”的问题。我们要抓紧这方面的工作，不然损失就大了。由于干部队伍的新、老交替，大批年轻的同志对过去的历史虽然没有亲身经历，但正因为这样，却很可能看得更客观一些。因此，根据史实，写出一批真正有分量的科学著作，用以教育我们的干部和人民，是党史工作者义不容辞的光荣职责和有深远意义的大事，我们不应该辜负时代对我们的期望。

第三点，三年前党史小组曾提出，希望尽快拿出一部好的党史来。在胡绳同志主持下，经过许多同志的努力，《中国共产党的七十年》已经出版了，我们总算有了一本比较好的党史。但是，还有许多事情要做，社会主义时期的党史本子还没有弄出来；《七十年》也还需要提高和完善；国史也还要下大力气，这件事当代中国研究所和国史学会正在抓。作为一个老党员，我衷心希望能有更多的高质量的党史著作问世。这就涉及各级党委首先是省、市、自治区以上党委加强对同级党史工作部门的领导和党史队伍的建设问题。据说,党史部门的干部和各大系统的党史工作者有二三万人,这是一支宏大的队伍、好的队伍。要把工作重心切实转到有计划地组织开展建国后党史资料的征集、编纂和研究工作上来。要做好规划,组织力量,花大气力,才能搞出一些有分量的作品。一部好的作品胜过 100 部、1000 部粗制滥造的东西。工业产品要讲究质量,精神产品更要精益求精,质量第一。党史著作,影响大,要求高,更要强调科学性和严肃性。历史和事实,就是历史和事实。只有"求实"才能"存真"。有些有争论的重大问题,可以先把材料收集起来进行研究,或者先存入档案,不要着急,更不要未经批准就往外捅。一定要谨慎从事。

最后,再讲一个实际问题。这些年来,广大党史工作者的生活水平有所改善,但相对来说,许多同志并不富裕,生活比较清苦,仍能忘我工作,无私奉献,这种精神风貌是很难能可贵的。知识分子的待遇偏低问题,国家正在逐步解决。组织上要关心大家,同志们也还要忍耐一点。"风物长宜放眼量","后天下之乐而乐"嘛!我想,人总是要有一点精神的。广大的党史工作者是有理想,守纪律,识大体,顾大局的。我相信,随着经济的发展,他们的工作和生活条件也会逐步得到改善,同时,他们也一定会更加勤奋地工作,为党和国家作出更大的贡献。

全国人大常委会法工委中共中央宣传部中华全国总工会司法部在北京联合举行《工会法》颁布 1 周年纪念座谈会

中共中央政法委中组部中央编委办公室人事部财政部印发《关于给政法部门增加编制的通知》

《通知》指出,根据中央政治局全体会议决定,在"八五"期间给政法部门增加编制 20 万人。《通知》规定,增编 20 万人于 1993 年至 1995 年分 3 年实施完成,每年各增编 1/3。增编重点是充实政法各部门基层单位和个别薄弱环节,不包括中央一级政法各部门,省、自治区、直辖市一级政法各部门的领导机关原则上不增加编制。要清理临时人员,逐步冲销超编人员。

《通知》说,这次增编主要从政法专业学校和大专院校毕业生及部队转业军官中择优录用,也可以从党政机关及事业单位选调适合从事政法工作的人员。从部队转业军官中吸收做政法工作的人员,一律经过政法专业培训考察合格后方可调入上岗。除边远地区及条件艰苦的劳改劳教单位外,不从社会上直接招收工作人员。

国办转发国家体改委等部门关于立即制止发行内部职工股不规范做法意见的紧急通知

各省、自治区、直辖市人民政府,国务院各部委、各直属机构:

国家体改委、国家经贸委、国务院证券委《关于立即制止发行内部职工股不规范做法的意见》已经国务院同意,现转发给你们,请立即采取有力措施,认真贯彻执行。

国务院办公厅
1993 年 4 月 3 日

关于立即制止发行内部职工股不规范做法的意见

国务院:

当前,我国企业股份制试点工作,从总体上看,发展是比较健康的。但在试点中,由于一些地方没有严格按规范化要求办事,也出现了一些问题。主要是一些企业在进行内部职工持股的定向募集股份有限公司试点中,超范围、超比例发行内部职工股,有的以法人名义购买股份后分发给个人,有的在报纸上公开发布招股说明书在全国范围内招股。一些地方还出现了内部职工股权证的非法交易,造成"内部股公众化,法人股个人化"。这些不规范的做法,对股份制试点产生了不良影响,造成了不少社会问题,妨碍了试点工作的健康发展。

党中央、国务院对股份制试点工作非常重视,多次强调要抓紧制定和落实有关法规,严格按规范化的要求进行试点,使之有秩序地健康发展。去年五月,国家体改委、国家计委、财政部、中国人民银行、国务院生产办联合发出《股份制企业试点办法》,明确规定"不向社会公开发行股票的股份制企业内部职工持有的股份,采用记名股权证形式,不印制股票","内部职工持有的股权证,要严格限定在本股份制企业内部"。国家体改委发布的《股份有限公司规范意见》也指出,"本公司内部职工持有的股权证要严格限定在本公司内部,不得向公司以外的任何个人发行和转让","公司内部职工的股份,在公司配售后三年内不得转让"。去年八月,在部分省、市股票试点工作座谈会上,国务院又再次明确,股份制试点要严格按规范化要求办,不能乱来。根据这些要求,为了进一步加强对定向募集股份有限公司的规范化管理,制止内部职工股权证的非法交易,进一步引导内部职工持股试点的健康发展,特提出以下意见:

一、内部职工持股的定向募集股份有限公司,要继续按规范要求进行试点。为了进一步搞好试点工作,国家体改委将尽快下发《定向募集股份有限公司职工持股管理规定》(以下简称《规定》),各省、自治区、直辖市人民政府和国务院有关部门要按照《规定》的要求,对不规范的做法进行清理,在本地区和本部门清理工作结束以前,对新要求成立内部职工持股的定向募集股份有限公司要暂缓审批。

二、各地要严格执行《股份制企业试点办法》和《股份有限公司规范意见》的规定,定向募集股份有限公司内部职工持有的股份,采用记名股权证形式,不得印制股票。本公司内部职工持有的股权证要严格限定在本公司内部,不得向公司以外的任何个人发行和转让。公司内部职工的股份,在公司配售后三年内不得转让,三年后也只能在内部职工之间转让。定向募集股份有限公司经批准转为社会募集股份有限公司,原内部职工股份从配售之日起未满三年的,也不得上市交易。根据有关规定,未经国务院主管部门批准,定向募集股份有限公司不得擅自转为社会募集股份有限公司。

三、自本通知下发之日起,各地要立即采取措施,尽快将发放在个人手中的定向募集股份有限公司的内部职工股股权证,由公司委托国家认可的证券经营机构集中托管。未实行集中托管的定向募集股份有限公司,不得转为社会募集股份有限公司。

四、任何机关、团体、部队、企事业单位和个人不得利用职权索取和非法购买企业内部职工股,也不得以法人(含社团法人)名义购买法人股后分发给个人。

五、凡已经出现内部职工股权证非法交易的地方,当地人民政府要组织有关部门立即采取坚决而又稳妥的措施,加以制止和取缔。

六、对违反本通知和国家有关规定的定向募集股份有限公司,要进行严肃查处,今后一律不得转为社会募集股份有限公司。

以上意见如无不妥,请批转各地区、各部门贯彻执行。

国家主席江泽民副主席荣毅仁和国务院总理李鹏在人民大会堂会见各国驻中国外交使节

国务院总理李鹏在人民大会堂会见由美中关系全国委员会理事会主席、世界银行名誉行长小巴伯·科纳布尔率领的美国代表团

国务院副总理邹家华和国务委员李贵鲜在天津考察

邹家华和李贵鲜于4月3日至4日在天津考察重点工程项目时指出,支柱产业的建立和发展,关键在于形成批量和规模,而批量和规模的形成又取决于市场的需求、投入的可能及实际的效益,这也是一个从小到大,技术从相对先进到更加先进的过程。支柱产业一旦形成可以带动一系列相关产业,成为国民经济发展的龙头。

中国航天运载器达到国际先进水平

中国成功设计近程、中近程、中程、中远程和远程火箭,以及长征一号、二号、三号和长征二号捆绑式推力运载火箭。

中国首次在北京举办重点保护野生动物艺术作品展

4月4日

党和国家领导人江泽民等与首都军民义务植树

江泽民、李鹏、乔石、李瑞环、朱镕基、刘华清、胡锦涛、万里等来到京城北郊的朝阳区碧玉公园,同首都群众一起栽下84棵油松、白蜡和红花洋槐等。

参加植树的还有:丁关根、田纪云、李岚清、李铁映、杨白冰、陈希同、钱其琛、尉健行、温家宝、王汉斌、张震、任建新、迟浩田、宋健、陈俊生、司马义·艾买提、彭珮云、罗干等。

国务院发出关于禁止印制发售购买和使用各种代币购物券的通知

各省、自治区、直辖市人民政府,国务院各部委、各直属机构:

去年以来,一些大中城市的企事业单位和机关,违反党中央、国务院的有关规定,擅自印制、发售和使用各种代币购物券。这种做法,扰乱金融秩序,违反税收和财务管理制度,扩大消费基金支出,助长不正之风,必须立即加以制止。

关于禁止发放、使用代币购物券问题,国务院和有关部门早有规定:“凡属有发行变相货币的凭证者,银行有责任监督其立即停止使用,督促限期收回,并转请当地司法机关酌情处理,以维护国家货币的统一发行政策。”1991年,国务院办公厅曾发出关于禁止发放使用各种代币购物券的通知(国办发28号),明确规定“任何单位不准发放、使用各种代币购物券”,“对发放、使用购物券的单位要按财务、税收和金融管理的有关规定进行处理;对情节严重的,要依法追究有关人员的责任”。中央办公厅、国务院办公厅于1992年11月13日又发出紧急通知,要求“各地区、各部门、各单位不得以年终评比、奖励和其他任何借口、任何形式滥发奖金、补贴、津贴、购物券和实物”。

党中央和国务院及其有关部门对禁止发放、使用各种代币购物券问题虽曾三令五申，但目前仍有一些单位拒不执行。据反映，有的商店发售代币购物券高达亿元以上，用代币购物券购买商品的金额已占销售总额的1/3以上；有的代币购物券已从短期发放使用，发展为长期发放使用，从指定到一个商场购买商品，发展到可以到许多商场购买商品。购买代币购物券的单位，有国有企业、集体企业、中外合资企业、私营企业及个人，也有个别机关和事业单位。有些单位购买的代币购物券高达十几万元以上，有的地方已由企业行为发展成为社会现象。

发放、使用各种代币购物券，只是一时给部分商业企业带来一些效益，但对整个经济生活危害很大。一是扰乱金融秩序。各种代币购物券在市场上流通，实际上是一种变相货币，有些大中城市已出现了代币购物券的黑市交易，直接影响了人民币的信誉。二是给税收和财务管理带来了混乱。发代币购物券，违反发票管理的有关规定，逃避税款的征收；有的单位将购买代币购物券款项直接摊入成本或费用，违反了财务管理制度，扩大了消费基金支出。三是有的单位通过送代币购物券拉关系，助长了不正之风。

为了维护正常的金融秩序，促进社会主义市场经济的健康发展，必须采取有力措施，坚决制止任何单位印制、发售、购买和使用各种代币购物券。为此，特作通知如下：

一、各地区、各部门以及各单位要立即停止印制、发售和购买各种代币购物券。商业企业不准用发售代币购物券的方式扩大商品销售，各单位不准到商业企业购买代币购物券发给职工或送礼，个人不准收受代币购物券。

二、对已经发放、使用的各种代币购物券，限期在四月底以前使用，过期一律作废。在此期间，各有关地区的人民政府要组织力量，严厉打击和取缔各种代币购物券的黑市交易。

三、各级人民政府要立即对发售、购买各种代币购物券的单位进行一次检查。先由各单位自查，并向主管部门报告；然后由政府牵头，财政、税务、商业、审计、工商管理和银行等有关部门参加，组成联合检查组进行检查，并按有关规定予以处理。对在中央办公厅、国务院办公厅1992年11月13日发出紧急通知之后发售、购买、使用代币购物券而又隐瞒不报的单位，一律按发生额加倍罚款。

四、各地区、各有关部门对禁止发放、使用各种代币购物券的有关规定要进行广泛宣传，加强监督管理，并把发放、使用代币购物券作为今后财税大检查的一项内容。今后再有发售、购买代币购物券的情况，除对发售、购买、使用及印制单位进行处罚外，要依法追究有关单位领导和责任者的责任，并公开通报批评。

国务院

1993年4月4日

香港《基本法》推介联席会议制定工作计划

由28个社团联合成立的基本法推介联席会议提出的工作计划包括：寻求社会各界人士的支持捐助，以便推介工作得以顺利开展筹划于明年年初或之前在香港举办一个大型展览会和《基本法》研讨会，并安排地区性的中小型巡回展览；鼓励香港各团体及地区组织举行广泛普及和多元化的推介活动；促进香港有关学校推广《基本法》教材；编印有关《基本法》常识的传单及资料；在条件成熟时与传播界合作，组织地区间或校际的常识问答比赛和综合性活动；适当时候成立咨询中心，以应全港各阶层市民所需。

监察部发出关于各级监察机关协同农业主管部门开展执法监察减轻农民负担的通知

监察部日前发出通知中明确提出：

一、要监督检查行政机关及其工作人员是否牢固树立农业是国民经济基础的思想，重视和加强农村工作是否严格执行各项农业政策，组织安排农业生产是否深入调查研究，解决农业生产和发展中的问题是否认真贯彻落实《条例》精神，采取有力措施切实减轻农民负担。

二、要协助和督促有关部门对近年来所颁布的涉及农民负担的文件及收费项目进行清理。凡是与上述两个会议精神和国务院《条例》相抵触的文件，要坚决废止，对不符合《条例》规定的文件条款，要抓紧修改对未按法定审批程序所发的文件，或搭车向农民收费、罚款、集资的项目，要立即取消对尚未按《条例》规定制订规范性文件的，要督促有关部门建立健全。各单位要将清理文件、项目的主要情况，于今年9月底前报监察部。

三、各级监察机关在执法监察中，要把工作重点放在检查超额征收税费，巧立名目乱集资、乱摊派、乱罚款，挪用、平调提留、统筹费用，强迫农民出资搞各种达标升级活动，以及采用非法手段迫使农民交钱交物等农民反映强烈的问题上。

四、要认真受理农民对负担过重问题的投诉，严肃查处各种坑农伤农事件。对贪污、受贿、挪用、挥霍农副产品收购资金、农用生产资料资金和提留统筹款、税款及其他款物的违法违纪行为，要认真调查，并依据法律、法规和有关政策严肃处理。对在减轻农民负担问题上至今还顶住不办或横加干涉的单位和部门，要追究其领导责任；对因违反规定或采取非法手段向农民收取费用而引发的恶性事件，要严肃查处。

国务院批准设立武汉、芜湖、重庆、杭州、沈阳、长春、哈尔滨经济技术开发区

全国港澳经济研究会在北京举行年会

国务院港澳办公室原主任姬鹏飞到会致词说，港督彭定康的所作所为，破坏香港繁荣稳定，为1997年的政权交接和平稳过渡设置了严重障碍。在这种形势下举办这次年会，集中全国的专家学者研讨'如何保持香港经济繁荣稳定'这一主题，具有重要的现实意义。

研讨会名誉顾问、国务院港澳办主任鲁平发表讲话说，《香港特别行政区基本法》已经颁布三年，在刚刚结束的第八届全国人民代表大会第一次会议上又审议通过了《澳门特别行政区基本法》。这两部基本法的颁布，标志着香港、澳门过渡时期已进入一个新的阶段，我们的工作重点将从起草、制定这两部法典转向对港澳恢复行使主权的各项具体准备工作，以便实现政权的顺利交接。港督彭定康现在一意孤行、不顾香港的前途，不考虑港人的根本利益，顽固坚持他那个'三违反'的宪制方案，挑起中英对抗并使之不断升级。在这种情况下，中国政府将不得不采取相应的措施，按照基本法的规定，来筹组香港第一届特别行政区政府和立法会。我们相信，这是符合广大香港同胞根本利益的。

全国港澳经济研究会现有个人会员六百多人，团体会员31个。参加本届年会的有内地及港澳的130多名代表。在这次年会上，聘请安子介、霍英东、李嘉诚、马万祺、鲁平、周南、于光远等54位知名人士为名誉顾问，选出88人组成新一届理事会，推举国务院港澳办副主任王启人为会长。

《人民日报》就贯彻《全民所有制工业企业转换经营机制条例》发表评论员文章《不折不扣地贯彻落实〈条例〉》

中国和奥地利联邦政府在济南庆祝中国重型汽车集团公司成立10周年

4月5日

国务院总理李鹏在人民大会堂与奥地利共和国总理弗朗茨·弗拉尼茨基举行会谈

最高人民检察院发出《人民检察院复查刑事申诉案件规定》

国有资产管理局开始进行国有资产授权经营试点

首批试点单位为经国家批准55个企业集团中的7个，即：东风汽车集团、一汽集团、重型汽车集团、东方电气集团、天津渤海化工集团、中国五矿集团、中国纺织机械集团等。

国内第一家咨询服务公司——中实审计会计公司在北京开业

国家主席江泽民在中南海会见乌拉圭东岸共和国前总统胡利奥·玛丽亚·桑吉内蒂

国家主席江泽民在钓鱼台国宾馆会见瑞典金融企业家彼得·瓦伦堡博士

国务院总理李鹏在人民大会堂就中国改革开放问题接受奥地利记者采访

李鹏强调指出，改革开放是一条使中国走向繁荣富强之路，没有理由也没有任何力量能改变这条道路。

李鹏在谈到如何保证中国继续执行改革路线问题时说，我们党的十四大决定，改革的目标是实行社会主义市场经济。在不久前召开的八届全国人大一次会议上，近3000名人大代表投票通过了政府工作报告，这生动地表明中国人民走邓小平同志倡导的中国特色的社会主义道路、继续坚持改革开放的决心。

李鹏强调说，14年的改革开放使中国的经济有了很大的发展，人民的生活水平提高了，这项政策得到了人民的普遍拥护。这是一条使中国走向繁荣富强之路，没有理由也没有任何力量能改变这条道路。

李鹏希望奥地利的工商界大胆放心地来中国投资，中国将以一系列法规来保证他们的权益。

奥地利记者问：中国不同地区的经济发展有很大差异，这是否会对国家统一构成某种威胁？

李鹏指出，经济发展不平衡，这种现象不仅中国有，世界其他国家也普遍存在，不足为奇。能否消除这种差异要看政策。中国的政策是，允许一部分地区和一部分人先富起来，这些富裕地区有责任帮助经济较不发达地区，最终走上共同富裕的道路。中国为了消除东西部地区的差异，采取了一系列政策，并且取得了很好的效果。

李鹏说，中国是一个有悠久历史的统一国家，有强大的凝聚力，各族人民团结在爱国主义的旗帜下。中国经济的发展只会促使国家更加统一，各族人民更加团结，而不是相反。

李鹏在回答中国经济改革与政治改革的关系问题时说，经济改革和政治改革应当而且能够配套、同步进行。这次人代会修改后的宪法明确提出，中国将是一个富强、民主、文明的国家。我们将进一步发扬民主，健全法制，让人民更多地参与国家事务，使决策更加民主化、科学化。我们要更大限度地发挥人民代表大会制度和政治协商制度的作用。

李鹏说，中国有中国的国情，中国人民选择了自己的社会制度，也选择了自己的民主模式。世界是多样化的，有不同的民主形式或模式，不能要求中国人民接受他们不愿接受的模式。中国的实践证明，那种能够保持国家稳定、人民当家作主、经济发展和人民生活水平提高的民主就能得到人民的支持。

国务院总理李鹏在中南海紫光阁会见世界银行行长路易斯·普雷斯顿

国家副主席荣毅仁在人民大会堂与乌拉圭东岸共和国副总统兼国会主席阿吉雷举行会谈

中国和乌拉圭两国政府在北京签定贸易谅解备忘录和科学技术合作协定

中国同俄罗斯联邦哈萨克斯坦吉尔吉斯斯坦塔吉克斯坦政府代表团边界协定起草工作小组在北京举行第一次会议

国家科委提出科技改革与发展的总体部署

为认真贯彻党的十四大精神和全国人大八届一次会议精神，作为全国科技工作主管部门的国家科委提出，在市场经济下，科技界要建立适应和促进社会主义市场经济发展、符合科技自身发展规律的新的科技体制，这也是我国科技体制改革的远大目标。

国家科委认为，应力争在本世纪内，基本实现这一宏伟目标。

新的科技体制，是有利于发展经济、有利于发展科技第一生产力、促进科技与经济一体化的体制。在此体制下，科技资源的配置，应在国家的宏观调控下，以市场调节为基础来进行。与经济发展直接有关的技术开发活动，应以企业为主体，企业应成为科技进入、长入经济的主要载体。基础性、高技术等超前性的科研活动，社会公益型科研活动，应以政府支持为主，通过引入竞争机制来开展。事关国民经济发展、国家安全的全局性、关键性的科技攻关活动，由国家组织实施。建立和完善以技术市场为主体的全方位市场体系，建立市场管理、监督、服务体系。建立适应上述各项要求的宏观科技管理体系、科技法规体系等。

科研机构的改革，是下一步科技体制改革的重点之一。要按照"稳住一头、放开一片"的原则，通过市场牵引、政策导向并辅之以必要的行政措施，加快人才分流、结构调整的步伐。

建立健全技术市场、信息市场、人才市场体系，是社会主义市场经济的有机组成部分，也是建立新的科技体制的一项重要内容。要打破地区、部门壁垒，建立全国开放的大技术市场体制，并使它逐步与国际市场接轨。

建立适应市场经济发展和科技发展规律的公平、科学的竞争规则，是当前的一项紧迫任务。随着科技进步法的制订，还要抓紧制定一系列与之配套的法规。重点抓好有关保护知识产权法规的制定和完善工作。

建立适应社会主义市场经济发展和科技自身发展规律的宏观科技管理体系，是建立新的科技体制的重要组成部分。各级科技管理部门转变职能的重点，是改变计划经济体制下的传统管理方式，下放权力，减少对科研院所和科技企业的行政干预，从管理具体项目转变为加强宏观调控职能，强化间接管理和服务，提高工作效率。

国家科委认为，社会主义市场经济体制的建立，为科技进步创造了良好的环境，同时，也提出了更为繁重的任务。

要按照国民经济发展的新要求，进一步完善各项科技发展计划，并使它与市场经济接轨，适应经济和科技快速发展的要求。应瞄准 21 世纪我国经济发展的主导产业，制定有关政策措施，做好前期科技研究与开发工作。

选择一批对经济发展有重大影响的关键技术领域和带有综合性、普遍性的关键技术，组织力量重点攻克。

将自主研究开发与技术引进消化吸收结合起来，有效地参与企业的技术改造和基本建设工作。

根据发展高产、优质、高效农业的新要求，重点解决一批影响面大、效益高的关键技术难题，为增强农业后劲提供科技支持。要协同有关部门更好地实施星火计划，引导乡镇企业提高技术和管理水平。

加快高新技术产业的发展。作为火炬计划的基地的高新技术产业开发区，要建立全新的管理体制与经营方式。火炬计划要向大中企业延伸。

促进第三产业科技进步，推动与科技进步相关的新兴第三产业的发展。着手解决交通运输、商贸、流通、金融、房地产、仓储、旅游等第三产业的关键技术难题。大力发展信息、咨询、技术服务业。

加强软科学研究，引导和推动区域经济发展。抓好图们江、澜沧江流域的开发和开放前期研究工作，京津塘高速公路高新技术产业走廊建设的研究论证和协调服务工作。

加速科技成果的转化，提高先进技术成果应用的覆盖面和规模效益。通过技术市场和国家计划两个主要渠道搞好科技成果推广。

加强社会发展领域的科技工作，引导经济、社会协调发展。认真组织制定和实施《中国21世纪议程》，加强对各种社会发展事业的支持，全面推进社会发展综合实验区的工作。

紧密围绕我国科技和经济的发展，进一步扩大国际科技合作与交流。要坚持以我为主，按照平等互利、成果共享、保护知识产权、尊重国际惯例的原则，多层次、多渠道、多种形式地推进全方位的国际科技合作。科技合作与经贸合作要紧密结合，使科技合作成为经贸合作的先导。

全国总工会作出开展向李双良学习的决定

李双良同志是山西省太原钢铁公司渣场负责人。早在50年代就以工业炉爆破能手闻名全国冶金行业。1983年他退休以后，带领渣场职工以“愚公移山”的精神，把堆积了半个世纪的1000万立方米的一座渣山搬掉，外运废渣1949万吨，回收废钢83.76万吨，创造价值1.415亿元，使原来污染严重的渣山变成了美丽的花园，为消除太钢生产重大隐患，改善环境，造福后代，促进太钢生产发展，作出了积极的贡献。他那种公而忘私，艰苦创业的精神被人们誉为“双良精神”。他先后荣获山西省优秀共产党标兵、劳动模范、特等劳动模范和全国“五一劳动奖章”、全国劳动模范等光荣称号，联合国环境规划署把他列入“保护及改善环境卓越成果全球500佳名录”并授予“全球500佳金质奖章”。

海峡两岸长江三峡文物保护座谈会在北京召开

海内外炎黄子孙在陕西黄陵公祭黄帝陵

4月6日

国家主席江泽民国务院副总理朱镕基在钓鱼台国宾馆分别会见奥地利总理弗郎茨·弗拉尼茨基

《人民日报》就八届全国人大一次会议原则批准国务院的机构改革方案发表社论《积极稳妥地推进政府机构改革》

国家主席江泽民在中南海会见世界银行行长路易斯·普雷斯顿

国家主席江泽民在中南海会见乌拉圭东岸共和国副总统贡萨洛·阿吉雷·拉米雷斯

全国人大常委会委员长乔石在人民大会堂会见乌拉圭副总统兼国会主席贡萨洛·阿吉雷·拉米雷斯

中国国际交流协会代会长雷洁琼在北京会见委内瑞拉前总统拉斐尔·卡尔德拉

国务院副总理朱镕基在钓鱼台国宾馆会见瑞典金融企业家彼得·瓦伦堡博士

外交部部长钱其琛在北京同黎巴嫩外交和侨民事务部长法雷斯·布维兹举行会谈

从云南陇川县章凤至缅甸北部交通枢纽八莫的公路通车全长九十三公里

《八路军》史料丛书出版发行

国务院总理李鹏为民族出版社建社40周年题词

辽宁选手吕彬在上海举行的游泳锦标赛中以1分59秒87打破女子200米自由泳亚洲纪录

陈再道逝世

中国共产党优秀党员、久经考验的共产主义战士、无产阶级革命家军事家、原中共中央顾问委员会委员、中央军委顾问、政协第六届全国委员会副主席陈再道因病在北京逝世，终年84岁。

陈再道是湖北省麻城市人，1927年参加黄麻起义。曾任红四军一师排长、连长，红十一师营长、团长、师长，红四军副军长、军长，八路军一二九师三八六旅副旅长、独立旅旅长，东进纵队司令员，冀南军区司令员，晋冀鲁豫野战军冀南纵队司令员，中原野战军第二纵队司令员，河南军区司令员，人民解放军武装力量监察部副部长，武汉军区司令员，铁道兵司令员等职。1955年被授予上将军衔。荣获一级八一勋章、一级独立自由勋章、一级解放勋章。1988年获一级红星功勋荣誉章。被选为第一、二、三届国防委员会委员，中央军委委员，第五届全国人大常委会委员，中共十一届中央委员。

南方航空公司被劫3157航班飞机下午返回广州

飞机和机上人员已于下午安全返回广州，劫机犯被台湾警方扣留。公安部发言人说，两名劫机犯黄树刚、刘保才是负案在逃的刑事犯罪分子。

4月7日

《人民日报》发表社论《农业之急是落实政策》

改革开放以来,我国农业和农村经济飞跃发展,为促进改革开放和国民经济建设,促进社会稳定,为改善人民生活做出了重大贡献,充分发挥了基础作用。实现我国现代化建设的第二步战略目标,必须进一步加强农业的基础地位,促进农村经济上新台阶。巩固和发展农村的好形势,当务之急是认真落实党在农村的各项政策,切实保护和调动农民的生产积极性。

历史经验证明,农业形势一好,往往就容易对农业和农民的经济实力作出过高的不切实际的估计,甚至出现挤农业、挖农民的问题。目前的突出表现是:转移挪用农业资金,收购粮棉不付款,“打白条”相当普遍;不顾农民的承受能力,盲目上项目、铺摊子,乱集资、乱摊派,加重农民负担;不从实际出发,到处搞开发区,大量圈占耕地;不执行农用生产资料最高限价,随意涨价,伪劣产品充斥市场;一些地方办事不走群众路线,搞形式主义、强迫命令。这些问题已经损害了农民利益,挫伤了农民生产积极性,严重影响了干群关系和党群关系,如不坚决纠正,势必阻碍农业的持续稳定发展,削弱农业的基础地位,那样,我们抓住机遇,加快发展,促进国民经济又快又好地再上新台阶,就有落空的危险。

对农业和农村工作中出现的问题,党中央、国务院一经觉察,就抓住不放。去年12月下旬,江泽民总书记、李鹏总理分别召开了南方六省农业和农村工作座谈会、全国农业工作电视电话会议;今年新春伊始,国务院又相继召开了全国粮食产销政策发布及订货会、全国棉花工作会议;最近中央又发出减轻农民负担的紧急通知,为解决农业和农村的突出问题提出了明确的指导思想和一系列重大决策。主要是:以农业为基础永不动摇;坚决制止乱占和滥用耕地;一定要消灭“白条子”;农民负担控制在上年人均纯收入5%以内;粮棉挂钩化肥、柴油以价外加价的办法直接给农民;粮棉收购实行保护价;建立粮食风险调节基金;发放粮棉预购定金;对农业生产资料实行最高限价;降低农林特产税税率;重点扶持粮棉主产区发展生产,等等。这一系列重要举措,引起了各级党政领导的重视,受到广大农民群众的拥护。只要全国上下共同努力,逐条逐项不折不扣地认真落实,农业和农村工作中存在的一些突出问题是完全可以解决的。

当前的关键和当务之急,是各级党委和政府要真抓实干,在全面落实党中央、国务院提出的重大决策和各项措施上,下狠功夫、硬功夫、细功夫,而决不能停留在口头表态和一般号召上,不能东张西望,行动迟缓,更不能置若罔闻,我行我素。党中央和国务院决心已下,必须防止农业发生滑坡现象,必须维护农民利益和保护农民积极性,必须千方百计促进农业登上新台阶。这是关系到整个经济发展和社会安定的大局问题,任何地方、部门和单位都不得等闲视之。

为了抓好农村政策的落实工作,务必做到以下几点。第一,各级党委、政府和有关部门必须认真检查是不是把农业摆在了国民经济工作的首位?有没有挤农业的问题?第二,要采取多种形式大张旗鼓做好宣传工作,使党中央、国务院的政策家喻户晓,激发农民的生产积极性,加强群众监督。第三,组织各有关支农部门,分工负责,协作努力,为落实各项经济政策提供优良服务。第四,从中央国家机关到省(区)、市、县、乡政府,都要建立明确的责任制,要把落实政策的责任明确到部门和领导。同时,健全检查督促制度。当前,要抽调一批得力干部组织检查组,由主要领导同志率领,深入农村、深入农户,认真检查政策的落实情况。对做得好的要表彰;对贯彻不力、做表面文章、敷衍懈怠的,要进行批评教育,限期改正;对那些顶着不办的,要严肃处理。第五,要把是否认真落实党的政策,是否真正加强了农业和农村工作及其成效如何,作为考核各部门和各级干部政绩的重要标准。

春耕大忙已经开始。希望各级党委和政府抓紧时机,行动起来,把维护农民利益,进一步调动农民生产积极性,保持农业持续发展,保证今年农业丰收,作为贯彻党的十四大和八届全国人大一次会议精神的实际行动,认真做好,做出成效来。

台湾海峡交流基金会副董事长兼秘书长邱进益抵达北京

全国一线和二线地区高新科技项目发布和经济技术合作洽谈会在海口市举行

会议由国家计委、国务院三线办公室和海南省政府联合举办,目的是为了进一步加强三线企业、科研院所与沿海地区的交流合作,充分发挥地区之间优势互补的作用,促进高新科技成果向生产力转化,推动军民结合向深入发展。海南省副省长毛志君国务院三线办公室副主任周长庆和国家计委有关负责人在开幕式上讲了话,国务院三线办公室陈功文局长发布了高新科技项目信息。来自8省、区的85家三线企业、科研院所共带去200多项高新科技成果,这些成果受到沿海地区企业家的重视,双方进行了广泛的洽谈,并就一些项目的合作达成了初步协议。

由国内贸易部所属的4家贸易公司和全国19家粮油批发市场发起组织的全国粮油交易会在南京举行

国务院总理李鹏在中南海紫光阁会见德国邮电部部长沃尔夫岗·博契

国务院总理李鹏在中南海紫光阁会见美国参议院外交委员会东亚和太平洋事务小组委员会主席查尔斯·罗布参议员

国务院总理李鹏在中南海紫光阁会见黎巴嫩外交和侨务部部长法雷斯·布维兹

国务院总理李鹏在中南海紫光阁会见委内瑞拉前总统拉斐尔·卡尔德拉

中国奥地利两国在钓鱼台国宾馆签署关于奥地利政府向中国政府提供政府贷款的协定

奥方将向中方提供10亿奥地利先令(约8500万美元)的政府贷款,主要用于中国的能源和基础设施项目的建设。

此外,中奥双方还签署了两个文件。它们是:中国重型汽车集团公司与斯太尔卡车公司合作备忘录;中技公司天津第四造纸厂引进奥地利福伊特股份公司高级美术铜版纸生产线合同。

中英联合联络小组中方发言人指出中方反对港英单方面处理香港军事用地

发言人说,在添马舰兵营问题上,目前中英双方的磋商尚未能取得一致意见,驻港英军就单方面宣布搬迁海军基地,将威尔士亲王大厦以东的营区土地改变用途。这是中方坚决不能接受的。中方坚决反对英方这种未经磋商一致就单方面处理军事用地的错误做法。如果英方一意孤行,一切后果由英方负责。

"东方红三号"通信卫星及"风云二号"气象卫星进入定型研制阶段

中国新一代应用卫星,研制获重大进展,"东方红二号"通信卫星及"风云二号"气象卫星进入定型研究阶段。

贺慈红在上海全国游泳冠军赛上以1分01秒66的成绩打破女子100米仰泳亚洲纪录

4月8日

全国检察机关法纪检察工作会议在上海召开

会议指出:在社会主义市场经济体制的新形势下,深入反贪和坚持"严打"仍是检察工作的重点,法纪检察工作要进一步加强对侵权、渎职犯罪的法律监督。会议部署了今后法纪检察工作的任务。最高人民检察院检察长张思卿、副检察长梁国庆出席会议并讲话。

公安部部长陶驷驹向新闻界介绍中国社会治安情况

陶驷驹说,去年全国公安机关共查破各类案件360多万起,其中侦破刑事案件近108万起;经检察机关批准,依法逮捕各类人犯48万多名。

陶驷驹介绍说,全国公安机关去年还查破贩毒案件14000多起,缴获海洛因4489公斤;查破拐卖妇女儿童案件16000多起;查获卖淫嫖娼人员24万多起;收缴非法持有的各种枪支近20万支,其中军用枪支2291支。

国内治安状况比较突出的问题:盗窃案件数量仍然很大,约占全部刑事案件的70%以上;抢劫案件仍呈增多趋势,特别是在少数铁路、公路区段上发生的抢劫案件危害严重;贩毒、卖淫嫖娼、拐卖妇女儿童等社会丑恶现象虽经不断查禁打击,但仍然比较严重,全国已发现吸毒者25万多人。

一位外国记者问,据说有些中国警察曾参与或庇护某些卖淫嫖娼活动,你们将如何处理?陶驷驹回答说,卖淫嫖娼是一种社会丑恶现象,中国公安机关从来都是采取严厉措施予以取缔、打击。至于记者所提问题,不排除有个别警察与容留卖淫妇女的某些旅店业主勾结,但一旦发现,我们就严肃处理。事实上,我们每年都处理一批警察队伍中的败类。今后我们还将努力清除警察内部的腐败现象。

当回答记者有关毒品犯罪时,陶驷驹说,毒品犯罪是一个国际问题,由于国际毒品犯罪的刺激、诱导,大陆的过境贩毒也严重起来。在去年查获的4400多公斤海洛因中,云南查获的就有3900公斤。去年还破获几起境外犯罪分子利用我们对外开放和管理上的漏洞,在国内加工毒品"冰",并偷运到国外销售的案件。对这种新情况,中国警方将进一步加强与一些国家警方和国际组织之间的合作,严厉打击这种犯罪活动。

海协会在北京与台湾海基会举行第一次预备性

磋商

在长达两个半小时的预备性磋商中，双方就“汪辜会晤”参加人员，会晤时间及两会关心的其他问题交换意见。

外交部部长钱其琛在钓鱼台国宾馆会见以共和党参议员哈里·伍德亚德为团长的美国伊利诺伊州议员代表团

外交部部长钱其琛在钓鱼台国宾馆同卡塔尔国外交大臣哈马德·本·贾西姆·本·贾布尔·阿勒萨尼进行会谈

国务院副总理李岚清在北京会见秘鲁渔业部部长海梅·索贝罗·塔依拉

外交部发言人吴建民重申坚决反对香港问题国际化

吴建民就港督彭定康目前访问一些欧美国家以寻求对其政改方案的支持一事发表谈话说，“香港问题在1997年7月1日之前是中、英两国政府之间的事，自1997年7月1日起完全是中国的内政。把香港问题国际化无助于香港的繁荣和稳定，也是我们所坚决反对的。”

德国政府向农业部农药检定所无偿援助的中德农药检定项目在北京签字

项目为期8年，第一期援助额约合1500元人民币。它将加强中国农药检定管理，提高农药登记、质量控制、残留监测和应用技术的水平。

农业病虫抗药性国际研讨会在北京召开

由农业部组织的农业病虫抗药性监测治理国际研讨会日前在北京召开。来自国内外的100多名专家、学者参加。去年全国农业病虫抗药性治理面积达150多万亩。

世界上跨度最大的斜拉桥——上海杨浦大桥合龙其误差不超过0.3毫米

中国北极科学考察先遣小组启程赴北极开展先期考察及联络等工作

代国红在上海以1分09秒59打破女子100米蛙泳亚洲纪录

4月9日

最高人民法院发出关于及时审理因农民负担过重引起的案件的通知

全国地方各级人民法院：

1993年3月19日，中共中央办公厅、国务院办公厅发出了《关于切实减轻农民负担的紧急通知》，这对于推动农业生产的发展，促进农村乃至整个社会的安定，具有十分重要的意义。为了认真做好这项工作，各级人民法院要充分发挥审判职能作用，通过严肃执法，保证国家减轻农民负担工作的顺利进行。

一、组织法院干警认真学习《紧急通知》，提高认识，并根据《紧急通知》中关于“要严肃查处因农民负担过重而引起的恶性案件，发现一件，查处一件，一件也不能放过”的精神，积极支持、配合有关部门查处这类案件，对诉至法院的有关案件，要做到依法受理，及时审判，以切实保护农民的合法权益。

二、人民法庭是人民法院工作的前沿阵地，遍布广大农村，因任意加重农民负担引起的纠纷大量发生在基层，因此，人民法庭要积极主动地处理好这类案件，并加强与同级政府联系，采取有效措施，做好疏导工作，防止酿成恶性案件。

三、对于不服行政机关任意加重农民负担，非法要求农民承担费用或者劳务，而提起行政诉讼的案件，人民法院应当依法审理，对于不合理的决定应当依法予以撤销；因“乱摊派”给农民造成经济损失的，应当依法判决予以赔偿。

四、对贪污、挪用农副产品收购资金、农用生产资料资金和提留统筹款、税款及其他款物，构成犯罪的，应以贪污罪、挪用公款罪从严惩处。

对无视国家法律和有关政策规定，任意加重农民负担而引发恶性案件，致使公共财产、国家和人民利益遭受重大损失的有关责任人员，要依照刑法第一百八十七条规定，以玩忽职守罪追究刑事责任。

对检举、揭发、控告向农民乱收费、乱集资、乱罚款的人进行打击报复，构成犯罪的，要依照刑法第一百四十六条规定，以报复陷害罪追究刑事责任。

五、各级法院要及时选择一些典型案件，大张旗鼓地公开宣判，并通过新闻媒介进行宣传报道，扩大办案效果。

六、各高级法院对于审理上述案件，应加强监督指导，有关情况和问题，请及时报告我院。

中共中央政治局常委李瑞环在广西考察

李瑞环于4月9日至18日在中共广西壮族自治

区区委书记赵富林、自治区政府主席成克杰的陪同下，先后到北海、钦州、防城、桂林、百色、南宁等地，深入农村、工厂、港口、学校、科研院所、商店和边贸集镇考察。

李瑞环认为，广西经济建设“成绩显著，困难不少，潜力很大，势头很好”。

发展广西经济的一项战略性措施是加快环钦州湾地区的发展，包括北海、钦州、防城以及距钦州湾仅百余公里的自治区首府南宁。李瑞环说，这一区域面向东南亚，背靠大西南，有较好的港口条件和多种自然条件。抓住有利机遇，加快这一区域的发展，对于广西乃至整个大西南都具有特别重大的意义。

李瑞环说，近年来，广西扶贫开发取得了很大成绩。但是由于多种原因，贫困地区至今在整个自治区仍占有较大比重，还有数百万群众没有解决温饱问题。帮助贫困地区各族群众尽快摆脱贫困，走向富裕，是社会主义制度的应有之义，是我们共产党人应尽的责任。不仅广西人民要为此努力，全党全国人民都应给予积极支持。贫困地区一般都缺少较好的粮食种植条件，但是仍然有许多其他方面的资源。贫困地区要在认真总结成功经验的基础上，开阔思路，因地制宜，千方百计在利用水能、气候、矿藏、动植物种质、劳动力等资源上做文章。国家要从政策和资金、技术、人才、交通等方面予以支持。今后，利用贫困地区资源上新项目，都应与扶贫结合起来，赋予扶贫的意义。李瑞环在谈到社会主义民主政治建设时指出，人民政协是我国最广泛的爱国统一战线组织，是具有中国特色社会主义政治体制的重要组成部分。各级党委要充分认识和高度重视人民政协在新时期的重要地位和作用，切实帮助解决实际问题。各地人民政协要适应新的形势，把工作进一步活跃起来，为经济建设做出新贡献。

国务委员陈俊生听取国务院检查组分赴 14 个省自治区检查落实中央有关农业和农村政策情况的汇报

国务委员陈俊生在听取国务院检查组分赴 14 个省、自治区落实中央有关农业和农村政策情况。在听取汇报之后，国务委员陈俊生说，从总的情况看，党中央、国务院出台的一系列政策，充分反映了农民的意愿和要求，符合农村实际，受到广大农民的拥护。他们从中感到中央高度重视发展农业的决心，看到了发展农业的希望，生产积极性有了回升。但是应清醒地看到，对中央政策的贯彻落实，各地情况并不平衡：许多省份领导重视，态度坚决，措施得力，行动迅速，效果较好；有的省份措施不力，行动迟缓，做表面文章，敷衍应付；有的省份其做法甚至与中央政策相背。

陈俊生说，既然中央解决农业和农村突出问题的指导思想已十分明确，重大的政策已经出台，措施已经提出，责任已经分清，并受到农民的普遍欢迎。现在的关键问题，就是不折不扣地逐条逐项落实。他指出，在这个问题上，首先要加强政策落实的督办工作，需由中央各部门落实的，由国务院办公厅督办；需由省一级负责落实的，就要毫不犹豫地由省里落实。

现在各地反映最大的问题上，粮食预购定金和棉花扶持贷款资金不落实，农业资金“外流”。陈俊生强调说，必须重申，农业资金决不允许挪作他用。哪个地方，哪个部门有挪用情况，就要追究哪个地方、哪个部门领导人的责任，并严肃处理，决不姑息迁就。对已挪用的资金要限期追回。有的地方说没有钱，可是上基建项目、办开发区却搞得热火朝天，这种状况必须纠正。要千方百计保证农业资金，在这个问题上态度要十分坚决。鉴于前一时期农用生资价格上涨过猛的情况，各地要严格执行中央制定的生产资料最高限价政策，防止乱涨价。同时，那些原来低于限价水平的要继续保持原有水平，决不能以“限价”为名搞涨价。

陈俊生还指出，要注意有的地方可能出现的春荒，民政部门要注意掌握情况，提出措施，各省政府更要全权负起责任。

国家体改委副主任洪虎就定向募集股份有限公司内部职工持股问题答新华社记者问

日前，记者就定向募集股份有限公司内部职工持有股的试点工作采访国家体改委副主任洪虎。

问：什么是内部职工持股？我国企业实行内部职工持股的目的是什么？

答：在我国股份制试点企业中，有一种定向募集股份有限公司，这种股份有限公司不向社会公开发行股票，只对特定的法人和公司内部职工募集股份。所谓内部职工持股是指定向募集股份有限公司的内部职工作为投资者持有本公司发行的股份。企业实行内部职工持股，可以起到筹集资金的作用，但主要目的是为了提高职工对企业资产的关切度，调动职工的积极性和创造性，增强企业的凝聚力。

现在，有些企业单纯将内部职工持股作为筹集资金的手段，忽视了在转换企业经营机制上下功夫，这个问题应当引起各地的充分注意。

问：实行内部职工持股应遵循哪些原则？

答：一是要切实维护公有资产的完整性，不准把属于国家和集体的财产以股份的形式量化到个人头上；二是要坚持同股同利，不能把职工持股搞成福利股或奖励股，变相扩大消费基金；三是要按股份制规范化程序进行资产评估、产权界定和企业改制工作；四是要严格限定内部职工持股的范围，不得超范围发行。

问：内部职工持股的范围是什么？

答:定向募集股份有限公司向内部职工募集股份,只限于以下人员购买和持有:

(一)公司募集股份时,在公司工作并在劳动工资花名册上列名的正式职工;

(二)公司派往子公司、联营企业工作,但劳动人事关系仍在本公司的外派人员;

(三)公司的董事、监事;

(四)公司全资子公司的在册职工;

(五)公司及其全资子公司在册管理的离退休职工。

除上述人员外,其他任何人均不得购买和持有内部职工股。

问:为什么要下发《关于立即制止发行内部职工股不规范做法的意见》(以下简称《意见》)?

答:近年来,我国企业进行内部职工持股的定向募集股份有限公司的试点发展较快,取得了一定的成效和经验,但有些地方的某些做法偏离了规范化的要求,出现了一些问题。一是内部职工股的发行超出本公司的范围,流散到社会;二是内部职工股发行额过大,在公司总股本中所占的比例超过规定的界限;三是募股方式违反规定,有的以法人股名义购买股份后发给个人,有的在发售法人股时配售个人股,有的在报纸上发布招股书,在社会上公开募股;四是内部职工股权证非法交易,出现了内部职工股"黑市"。这些做法,在不同程度上违背了试点初衷,背离了试点的目的。下发《意见》就是要制止上述种种不规范做法,引导试点健康发展。

问:暂缓对定向募集股份有限公司的审批,是不是意味着要改变国家试行股份制的政策?

答:暂缓审批定向募集股份有限公司是制止出现新的不规范做法的应急措施,国家积极进行股份制试点的政策并没有改变,指导股份制试点的方针仍然是积极试点、严格规范、稳步推进、健康发展。《意见》明确规定了暂缓审批的期限是到本地区和本部门清理不规范做法工作结束之时。

问:如何加强对内部职工持股的管理?

答:首先,要严格限定内部职工持股的范围,对超范围发行的内部职工股,必须采取有力措施进行清理。

其次,公司向内部职工募集股份,应当印制股权证,不得印制股票。股权证不能交由内部职工个人持有,应由公司委托国家认可的证券经营机构集中托管。为表明内部职工持有本公司股份,可向持股者发放一张记名的股权证持有卡。

第三,内部职工持有的股份在公司配售后三年内不能转让,三年之后也只能在公司内部职工之间转让,不能在社会上转让。内部职工持股的定向募集公司转为社会募集公司时,股权证可转换成股票,但必须继续集中托管,超过原股权证三年限制转让期后方可上市交易。

第四,内部职工股的转让,必须按照规定的程序办理手续。转让的范围仅限于上面提到的可以持有企业内部职工股份的人员。不按规定程序,超范围转让的内部职工股不受法律保护。

问:怎样看待"法人股个人化"的问题?

答:必须强调,以法人名义购买的股权证,无论是有偿还是无偿,都不能再分配给个人。以法人名义购买的个人股在公司转为社会募集公司时不能转为个人股票,需按法人股的办法进行管理。

问:如何进一步完善内部职工持股的股份制试点?

答:搞好内部职工持股是今年股份制试点的一项重要工作,内部职工持股搞不好,将会影响整个股份制试点工作的顺利进行。各地应立即采取有力措施,认真贯彻执行国务院办公厅转发的《意见》。为使内部职工持股走向规范化,健康发展,国家体改委正在抓好两方面的工作,一是将尽快下发《定向募集股份有限公司内部职工持股管理规定》,各省、自治区、直辖市人民政府和国务院有关部门要按照这个规定的要求,对不规范的做法进行清理,在本地区和本部门清理工作结束以前,对新要求成立内部职工持股的定向募集股份有限公司要暂缓审批;二是研究制定对超范围发行的内部职工股进行清理的有关措施,并由各地体改部门抓紧组织实施。

国务院总理李鹏在中南海紫光阁会见美国前总统理查德·尼克松

李鹏在会见时说,20多年前,中美两国领导人从维护各自根本利益出发,毅然重新打开中美关系大门,表现出战略家的远见和勇气。当前世界正经历着深刻的变化,各种矛盾和冲突进一步发展,存在着许多不确定因素。面对21世纪的机遇和挑战,中美双方应从国际形势全局出发,处理好两国关系。李鹏还说,中美之间存在着广泛的共同利益,经济上互补性很强,合作的潜力很大。两国维护和发展正常关系,符合中美两国的共同利益,我们希望中美关系走上健康发展的道路。尼克松说,中国是维护国际稳定的重要力量,经济迅速增长。无论从政治上,还是从经济上讲,中美之间都应保持良好的建设性关系,这符合两国的根本利益。

国务院副总理钱其琛在钓鱼台国宾馆会见美国前总统理查德·尼克松

外交部部长钱其琛在钓鱼台国宾馆同赞比亚外交部部长弗农·姆旺加举行会谈

邮电部中国人民银行及有关专业银行在北京联合召开紧急解决邮政汇款兑付难电话会议

会议决定采取紧急措施，解决"绿条子"问题。

科学前沿论坛——香山科学会议自 1992 年 7 月至今已举行 4 次学术座谈会

中国科学院计算机所陈肇雄博士创立的智能机器翻译理论与技术跃居世界领先地位

中国与美国波音飞机公司签订新合同

由中国国家计委副主任甘子玉率领的中国汽车、飞机采购团与美国波音飞机公司签订了金额为 8 亿美元的合同，向这家世界最大的飞机制造商订购 20 架波音 737 客机和 1 架波音 757 客机。

中国迄今购买和租赁的波音飞机累计已达 215 架，总计价值在 100 亿美元以上。

4 月 10 日

国务院举行第一次全体会议

会议经过讨论，通过国务院直属机构、办事机构及其他机构设置，国务院总理、副总理、国务委员的工作分工，国务院工作规则和国务院组成人员内外事活动等有关制度。

国务院总理李鹏主持会议并讲话说，本届政府增加了新的力量，我们要认识到自己的使命和责任，在以江泽民同志为核心的党中央的领导下，齐心协力，争取比上一届政府工作做得更好，不辜负人民的期望。

李鹏说，八届全国人大一次会议已经批准了政府工作报告，批准了国民经济和社会发展计划、预决算的报告，原则通过了国务院机构改革方案，今后的关键就是狠抓落实，真抓实干，很好地完成全国人大提出的各项任务。

李鹏强调，我们这一届政府的首要任务是发展经济，促使国民经济更好更快地上一个新台阶。在本届政府任期内，要完成原定国民生产总值比 1980 年翻两番的宏伟目标。这里要强调的是，我们一定要有一个结构合理、质量高、效益好的发展速度。

李鹏提出，我们要在建立社会主义市场经济体制上迈出较大步伐。在发展物质文明的同时，抓好精神文明建设，使社会和经济协调发展，使人民群众的物质生活和文化生活都有进一步提高。

李鹏说，要顺利进行社会主义经济建设，我们不仅要有一个稳定的内部环境，也需要一个和平的外部环境。我们将在和平共处五项原则的基础上建立和发展同世界各国的友好合作关系。

李鹏还谈到了机构改革问题。他说，国务院各部委下一步要抓紧进行"三定"工作，即定职能，定机构，定编制，目的是转变职能，理顺关系，精简机构，下放权力，做到宏观管好，微观搞活，以适应建立社会主义市场经济体制的需要。

国务院副总理朱镕基、邹家华、钱其琛、李岚清，国务委员李铁映、迟浩田、李贵鲜、陈俊生、司马义·艾买提、彭珮云、罗干等国务院其他组成人员出席会议。国务委员宋健因出国访问未能出席会议。

海协会常务副会长唐树备就"汪辜会谈"预备性磋商举行新闻发布会

发布会宣布，经过为期 3 天的预备性磋商，海协与台湾海基会关于"汪辜会谈"达成了 8 点共识。

一、"汪辜会谈"性质：双方均认为是民间性的、经济性的、事务性的、功能性的会谈。

二、时间：正式会谈于本年 4 月 27 日至 4 月 28 日举行，必要时延长一天。

三、地点：新加坡。

四、参加会谈的人员：除汪辜两位先生外，两会随行人员各自不超过 10 人。

五、海协常务副会长唐树备与海基会副董事长邱进益于 4 月 23 日抵新加坡进行会商，为"汪辜会谈"做好准备。

六、正式会谈的议题有三大部分：第一部分，关于两会的会晤：第一，双方同意商谈两会联系与会谈的制度，并签署协议。至于相互给予出入境便利的问题，将进一步磋商。第二，确定今年两会事务性商谈议题：1. 违反有关规定进入对方地区之人员的遣返及相关问题。2. 有关共同打击海上走私、抢劫犯罪活动问题。3. 协商两岸海上渔事纠纷的处理。第二部分，关于两岸经济交流：第一，海协愿意协助有关部门积极促进台商在大陆投资正当权益的保障。海基会愿就台商在大陆投资及大陆经贸界人士访台协调有关机关予以积极促进。第二，两岸授权的民间团体，共同筹设民间性的两岸经济交流会议制度。第三，双方同意就共同开发能源、资源问题进行讨论，海协建议向台湾地区提供劳务，海基会允诺将转送主管机关考虑。第三部分，科技文教的交流：第一，两岸青少年的交流。第二，两岸科技交流。第三，两岸新闻界交流。

七、"汪辜会谈"期间正式签署《两岸公证书使用查证协议》、《两岸挂号函件查询、补偿事宜协议》。

八、以适当方式共同宣布"汪辜会谈"的成果。

海协会与海基会在钓鱼台国宾馆草签《两岸公证

书使用查证协议》和《两岸挂号函件查询、补偿事宜协议》

全国企业思想政治工作与企业文化研讨会在深圳举行

国家主席江泽民在钓鱼台国宾馆会见美国前总统理查德·尼克松

江泽民在会见时表示，中美两国应超越意识形态等方面的分歧，按照中美三个联合公报的原则，不断改善和发展两国关系。

国家主席江泽民在钓鱼台国宾馆会见越南前国防部部长武元甲和夫人

全国人大常委会委员长乔石在人民大会堂会见美国前总统理查德·尼克松

国务院总理李鹏在中南海紫光阁会见卡塔尔外交大臣哈马德

国务院总理李鹏在中南海紫光阁会见赞比亚外交部部长弗农·姆旺加

国务院总理李鹏在北京会见联合国第47届大会主席斯托扬·加内夫

李鹏说，联合国是最大的国际组织。中国作为联合国安理会常任理事国十分重视联合国在国际事务中的作用。中国主张根据国家不分大小都应一律平等的原则，联合国成员中的发展中国家，特别是那些弱小的国家的权益应该受到关注和尊重。

国家副主席荣毅仁在人民大会堂会见卡塔尔外交大臣哈马德

外交部部长钱其琛在钓鱼台国宾馆会见并宴请联合国第47届大会主席斯托扬·加内夫

中国石油代表团在美国得克萨斯州休斯敦市与美国哈里伯顿公司等签订两项合资协议和7项订货合同

吉林省农业科学院副院长大豆专家孙寰通过远缘杂交途径获得大豆细胞质

中国大豆低产问题研究取得决定性进展。吉林省农业科学院副院长、大豆专家孙寰带领的课题组，经过十年攻关，通过远缘杂交途径获得了大豆细胞质——核互作不育系。这标志着中国在大豆高产杂交品种培育研究上达到国际领先水平。

中国科学家在南京东郊汤山发现人类头骨化石

中国科学家首次在长江以南、南京东郊汤山的一个石灰岩溶洞里，发现一具保存较完整的早期人类头骨化石。

这具头骨化石前额低平、眉脊硕大粗壮，左眼眶完整，骨壁比现代人厚得多。与著名的北京猿人头骨化石有不少相似之处。专家初步推测，这具头骨化石的时代为距今10多万年以前的中更新世。在洞内发掘出的仅生存于中更新世的肿骨鹿化石，是确定这一时代的有力佐证。在该溶洞中采集到的动物化石还有熊、中国鬣狗、三门马、犀牛、肿骨鹿、葛氏斑鹿等15种。这是一个典型的北方型动物群，其中肿骨鹿和葛氏斑鹿化石以往尚未在长江以南见到过。

贺慈红在上海全国游泳锦标赛上以2分11秒22打破女子200米仰泳亚洲纪录

4月11日

共青团中央常委（扩大）会议在北京举行

会议于11日至12日举行。会议传达学习党中央领导关于召开团十三大和共青团工作的指示精神，认真讨论审议共青团十二届中央委员会向共青团第十三次全国代表大会的报告和《中国共产主义青年团章程（修正案）》。会议决定由团中央书记处在广泛征求意见的基础上对上述两个文件作进一步修改后提请团的第十三次全国代表大会审议，并委托李克强同志代表团十二届中央委员会向团十三大作报告。会议还讨论审议了共青团第十三次全国代表大会的主要议程，决定提请团的第十三次全国代表大会审议。会议于4月12日结束。

国务院发出关于坚决制止乱集资和加强债券发行管理的通知

各省、自治区、直辖市人民政府，国务院各部委、各直属机构：

去年以来，许多地区、部门以及企事业单位违反国家有关规定，擅自利用发行债券等各种方式进行集资，其特点是利率高、涉及面广、发行量大，问题相当严重。目前，这种乱集资的状况还有进一步扩大的趋势，如不及时加以制止，不仅扰乱金融秩序，而且还容易引发严重的社会问题。为了制止乱集资，加强对证券市场，特别是债券发行市场的管理，维护正常的金融秩序，保持社会稳定，促进国民经济既快又好地健康发展，现就有关问题通知如下：

一、各级人民政府和各有关部门必须立即采取有力措施，坚决制止各种违反国家有关规定的集资。任何地区、部门、企事业单位和个人，一律不得在国务院有关规定之外，以各种名义集资；对已搞的高利集资，要分别不同情况，予以妥善处理。

二、加强债券发行管理，严格控制各项债券的年度发行规模。国家下达的债券发行计划指标为年度债券发行的最高限额，各地区和有关部门必须严格执行，未经国家计委和国务院证券委同意，不得擅自突破规模，也不得随意调整计划内的各项指标。今后，企业内部债券合并到地方企业债券中进行统一管理，不再单设券种，并按实际发行额控制在年度计划指标内。企业短期融资券暂不纳入国内证券发行计划，其发行规模和管理办法，仍按人民银行的有关规定执行，期限严格按三、六、九个月掌握，所筹资金只能用于弥补企业临时性、季节性流动资金不足，不得用于企业的长期周转和固定资产投资。凡期限超过九个月的企业短期融资券，一律纳入地方企业债券发行计划。对今年新开工的项目，原则上今年不安排发行地方企业债券。对已试点发行的地方投资公司债券、住宅建设债券，严格限定在原试点地区、企业发行，不得扩大。

三、各地区和有关部门对债券发行的审批工作，必须按《国务院关于进一步加强证券市场宏观管理的通知》和有关规定执行。

(一)各地应尽快明确负责本地区债券发行审批的管理部门，并报国家计委和国务院证券委备案。各地区和有关部门必须按国家计划确定的债券券种进行审批，不得另行设立新的券种。地方人民政府不得发行或变相发行地方政府债券。

(二)企业发行债券要公布章程或办法，明确企业的经营状况、发债券的目的、还本付息方式和风险责任等，同时向主管部门报送有关材料。企业发行债券的总额不得大于该企业的自有资产净值。

企业为固定资产投资发行债券，必须纳入固定资产投资规模，其发行总额不得超过自筹投资和国家预算内投资之和；用于单个技改项目的，发行总额不得超过其投资总额的30%，用于基建项目的不得超过20%。

(三)要加强债券的信用评级工作，只有确实具有偿还能力的企业才能发债券。申请发行债券的公司、企业，必须由经有关部门确认的有资格的信用评级机构进行评级。发行债券数额超过一亿元以上的企业，要由全国性的信用评级机构予以评定。

四、严格执行国家规定的有关利率政策。公司、企业债券及其他任何形式集资的利率都不得高于同期国库券的利率。

五、要优先保证国库券和用于国家重点建设债券的发行。今年，在国库券发行任务完成之前，未经国务院批准，一律不得发行企业债券、股票等其他证券和进行各种形式的集资。各级人民政府要采取有效措施，组织各方面力量，保证国库券发行任务的完成。

六、各有关部门要积极配合，加强对债券发行和集资活动的宏观控制。审计部门要协助做好债券发行和集资审批的审计工作，发现问题及时反映。统计部门应根据国内证券发行计划中的有关要求，认真做好证券发行统计工作。

七、对违反国家有关规定，擅自突破国家下达的债券发行计划、擅自设立或批准发行计划外券种、发行或变相发行地方政府债券和以高于国库券利率进行各种形式集资的，主管部门要予以通报批评；对情节严重者，要追究主要领导和直接责任者的责任，同时，核减该地方或部门当年或下一年度的证券发行规模。

各地区、各部门必须坚决贯彻执行以上通知，并将贯彻执行情况及时报告国务院。

国务院

1993年4月11日

海协会会长汪道涵在人民大会堂会见台湾海基会副董事长兼秘书长邱进益

金迪公司在北京成立

地下管线情况不详，给城市的基建施工带来困难。由冶金部地球物理勘查院与英国雷迪公司香港公司合资创办的金迪公司，是中国大陆第一家专门从事“地下透视”的专业化公司。

首届海峡两岸农业生物技术产业化研讨会在北京开幕

第三届世界象棋锦标赛在北京结束

中国队获男子团体冠军，中国徐天红和胡明分获男女个人冠军。中国台北、香港队列男子团体二、三名。越南梅青明获非华裔选手冠军。全国人大常委会副委员长、中国象棋协会名誉主席秦基伟等向获奖选手颁奖。

4月12日

《人民日报》发表评论员文章《加强新形势下的思想政治教育》

江泽民同志在党的十四届二中全会上，要求全党大力加强新形势下的思想政治教育。最近，在八届全国人大一次会议闭幕式上，江泽民同志又号召全国人民树立以解放思想、实事求是等为内容的伟大创业精神，要求各级国家机关和国家工作人员在这些方面起表率作用。努力实现这些要求，对于进一步增强党和国家的凝聚力，增强干部队伍和群众队伍的凝聚力，调动广大群众的积极性，解放和发展生产力，集中力量把国民经济搞上去，具有重大的意义。

抓思想政治教育是我们党的传统优势。历史的经验证明，每一次伟大的社会变革，必然伴随一场广泛的思想发动和深刻的思想变革，而每一次思想发动和变革，又必然有力推动那个时期的历史进步。我国改革的深入，开放的扩大，生产力的解放和发展，是空前深刻的社会大变革，它要求人们的思想观念、精神状态、道德水平、文化素质与这个伟大时代的要求相适应。当前的现实状况是：形势发展很快，新情况新问题层出不穷，随着各种改革措施的陆续出台，经济利益的调整，人们的困惑多，需要回答和解决的问题多，而我们的思想政治工作还显得跟不上去。发展社会主义市场经济，有利于人们开阔眼界，活跃思想，增长才干，开拓创新，同时也要清醒地看到，市场活动中出现和存在的东西，并不都是积极的、健康的、合理的东西。向西方发达国家学习借鉴，确实汲取到许多优秀的思想文化成果，丰富了我们的精神宝库，但也有许多东西同我们的人生观价值观格格不入，并且也在潜移默化地发挥作用。所有这些都说明，思想政治教育不是可以放松和削弱，而是必须加强。邓小平同志曾经指出，有一段时间，最大的失误是教育，主要是思想政治教育。殷鉴不远，我们没有理由忘记。各级党组织要十分重视这项工作，宣传战线的同志们要增强责任感和使命感，坚持两手抓、两手硬的方针，下大力气加强党的思想政治教育工作。

思想政治教育是一项基本的思想建设，是铸造灵魂的系统工程。搞好这项工作的中心环节，是认真宣传党的十四大精神，在全党全国广泛进行邓小平同志建设有中国特色社会主义理论和党的基本路线教育，这是改革开放和现代化建设的强大精神动力和思想保证，也是创造良好的社会舆论和社会心理环境的要求。一个五千万党员的大党，近12亿人口的大国，必须有正确的思想理论作为精神支柱，无此，就不能把全体党员、全国人民的意志和行动，集中到一个共同的方向和伟大的战略目标上来。今年，我们要采取若干有力措施，把这项任务落到实处。在此基础上，我们要在党内和全国各族人民中，特别是在青少年中广泛深入地进行爱国主义、集体主义、社会主义教育，进行中国近代史、现代史、中华民族优秀文化传统的教育，树立正确的理想、信念、人生观、价值观，增强民族自尊、自强、自信精神，自觉抵制腐朽、丑恶东西的侵蚀。要使人民和青少年懂得，我们搞社会主义市场经济，当然要讲效益、讲盈利，鼓励一部分人一部分地区先富起来，但任何时候都不能忘记，我们的出发点和归宿是发展社会生产力，不断增强综合国力，不断提高人民的生活水平，逐步实现全体人民的共同富裕。我们重视个人的利益，但是个人利益要在国家、社会利益的发展中得到实现，个人利益的实现不能损害国家、集体和他人的利益。我们的党和人民绝不允许那种损人利己、唯利是图、金钱至上、尔虞我诈等错误思想在社会生活中泛滥，绝不允许给各种腐朽思想提供阵地。我们要在全国人民特别是在各级干部中进行创业精神的教育，使解放思想、实事求是，积极探索、勇于创新，艰苦奋斗、知难而进，学习外国、自强不息，谦虚谨慎、不骄不躁，同心同德、顾全大局，勤俭节约、清正廉洁，励精图治、无私奉献这64个字，真正深入人心，成为我们搞好各项工作的强大的精神动力。要让党员和各级领导干部认识到，经济建设要上去，但社会风气不能退下来。如果社会风气败坏，挥霍浪费、贪污受贿、徇私舞弊得不到制止，那不仅经济建设搞不上去，我们这个民族也不可能兴旺发达。党员、干部要经得起金钱、权力和其他诱惑的考验，在造成和保持良好的社会风气中起带头作用，党政机关要在发展市场经济中保持自己全心全意为人民服务的高尚形象。此外，我们还要在干部队伍中进行马克思主义唯物辩证法的教育和增强团结的教育，在干部和群众中进行民主法制教育、职业道德教育和社会公德教育，造成一个有利于事业发展的安定团结、气氛祥和、秩序井然的社会环境。

搞好新形势下的思想政治教育，一定要以党的路线、方针、政策和国家的法律、法规为依据，在重大问题上旗帜鲜明，提倡什么、发扬什么、反对什么、限制什么，不能含含糊糊。同时要发扬勇于进取、开拓创新的精神，认真加以改进，把思想政治教育搞得生动活泼、丰富多彩、入耳入脑，用高格调的精神产品去提高人们的精神境界，陶冶人们的情操，不能为了某种经济效益而迎合低级趣味。现在形势变了，宣传对象变了，科学技术进步了，我们的教育方式、宣传载体、宣传工具如不能相应发生变化，加强思想政治教育的任务是难以落到实处的。我们希望各级领导干部和广大党的工作者，思想、宣传、教育工作者，以新的精神风貌和新的活动方式抓好思想政治教育，积极肩负起党和人民赋予历史重任。

国务院总理李鹏签署第110号令发布《国有企业

职工待业保险规定》

《国有企业职工待业保险规定》已经国务院第一百一十五次常务会议通过，现予发布，自 1993 年 5 月 1 日起施行。

总理 李　鹏

1993 年 4 月 12 日

国有企业职工待业保险规定

第一章 总　则

第一条 为了完善国有企业的劳动制度，保障待业职工的基本生活，维护社会安定，制定本规定。

第二条 本规定所称待业职工，是指因下列情形之一，失去工作的国有企业(以下简称企业)职工：

(一)依法宣告破产的企业的职工；

(二)濒临破产的企业在法定整顿期间被精减的职工；

(三)按照国家有关规定被撤销、解散企业的职工；

(四)按照国家有关规定停产整顿企业被精减的职工；

(五)终止或者解除劳动合同的职工；

(六)企业辞退、除名或者开除的职工；

(七)依照法律、法规规定或者按照省、自治区、直辖市人民政府规定，享受待业保险的其他职工。

第三条 待业保险工作应当与职业介绍、就业训练和生产自救等就业服务工作紧密结合，统筹安排。

第二章 待业保险基金的筹集和管理

第四条 待业保险基金的来源：

(一)企业缴纳的待业保险费；

(二)待业保险费的利息收入；

(三)财政补贴。

第五条 企业按照全部职工工资总额的 0.6%缴纳待业保险费。待业保险基金不足或者结余较多的，经省、自治区、直辖市人民政府决定，可以适当增加或者减少企业缴纳的待业保险费，但是企业缴纳的待业保险费总额最多不得超过企业职工工资总额的 1%。

企业缴纳的待业保险费在缴纳所得税前列支，由企业的开户银行按月代为扣缴。

第六条 企业缴纳的待业保险费转入企业所在地的待业保险机构在银行开设的“待业保险基金专户”，专项储存，专款专用，任何部门、单位和个人不得挪用。

待业保险基金存入银行后，按照城乡居民储蓄存款利率计息，所得利息纳入待业保险基金。

第七条 待业保险基金实行市、县统筹，省、自治区可以集中部分待业保险基金调剂使用。直辖市根据需要，可以统筹使用全部或者部分待业保险基金。

第八条 待业保险基金及其管理费收支的预算、决算，按照统筹范围，由劳动行政主管部门负责编制，经同级财政行政主管部门审核汇总后，纳入本级预算、决算，报本级人民政府审定，并且不得用于平衡财政收支。

财政行政主管部门、审计部门应当加强对待业保险基金及其管理费收支的监督。

第九条 待业保险基金及其管理费不计征税、费。

第三章 待业保险基金的使用

第十条 待业保险基金的开支项目：

(一)待业职工的待业救济金；

(二)待业职工在领取待业救济金期间的医疗费、丧葬补助费，其供养的直系亲属的抚恤费、救济费；

(三)待业职工的转业训练费；

(四)扶持待业职工的生产自救费；

(五)待业保险管理费；

(六)经省、自治区、直辖市人民政府批准，为解决待业职工生活困难和帮助其再就业确需支付的其他费用。

第十一条 符合本规定第二条规定的待业职工，向企业所在地的待业保险机构办理待业登记后，方可领取待业救济金。

第十二条 待业职工领取待业救济金的期限，根据待业职工待业前在企业连续工作时间确定：

(一)待业职工待业前在企业连续工作 1 年以上不足 5 年的，领取待业救济金的期限最长为 12 个月；

(二)待业职工待业前在企业连续工作 5 年以上的，领取待业救济金的期限最长为 24 个月。

第十三条 待业救济金由待业保险机构按月发给待业职工。

待业救济金的发放标准为相当于当地民政部门规定的社会救济金额的 120%－150%。具体金额由省、自治区、直辖市人民政府规定。

第十四条 待业职工医疗费的发放标准，由省、自治区、直辖市人民政府规定。

待业职工丧葬补助费和其供养的直系亲属的抚恤费、救济费的发放标准，参照当地职工社会保险有关规定办理。

第十五条 待业职工转业训练费和生产自救费，按照上年度筹集待业保险基金的一定比例提取。具体提取比例和使用办法，由省、自治区、直辖市人民政府规定。

第十六条 待业职工有下列情况之一的，待业保险机构停止发给待业救济金及其他费用：

(一)领取待业救济金期限届满的；

(二)参军或者出国定居的；

(三)重新就业的；

(四)无正当理由，两次不接受劳动就业服务机构介绍就业的；

（五）在领取待业救济金期限内被劳动教养或者被判刑的。

第四章 组织管理机构的职责

第十七条 国务院劳动行政主管部门负责全国企业职工待业保险的管理工作。

县级以上地方各级人民政府劳动行政主管部门负责本行政区域内企业职工待业保险的管理工作，负责待业职工的待业保险、职业介绍、就业训练和生产自救等项工作的统筹规划和组织实施，并指导待业保险机构做好待业保险基金的筹集、管理和发放以及待业职工的组织、管理等工作。

县级以上地方各级人民政府设立的待业保险基金委员会，实施对待业保险基金管理的指导和监督。委员会主任由本级人民政府负责人担任，劳动、财政、计（经）委、审计、银行等部门和本级总工会的负责人参加，办公室设在劳动行政主管部门。

第十八条 地方待业保险机构为非营利性的事业单位，具体经办待业保险业务。

待业保险机构的人员编制，由省、自治区、直辖市人民政府根据实际需要确定。

待业保险机构的经费在待业保险管理费中列支。待业保险管理费的开支标准，由省、自治区、直辖市人民政府劳动行政主管部门提出，经同级财政行政主管部门审核，报本级人民政府批准。

第五章 罚　则

第十九条 以非法手段领取待业救济金和其他待业保险费用的，由待业保险机构追回其全部非法所得；构成犯罪的，依法追究刑事责任。

第二十条 任何单位和个人挪用待业保险基金的，对主管人员和直接责任人员，根据情节轻重，给予行政处分；构成犯罪的，依法追究刑事责任。

第二十一条 待业保险机构违反规定拖欠支付待业救济金和其他待业保险费用的，由劳动行政主管部门责令改正；情节严重的，对主管人员和直接责任人员给予行政处分。

第六章 附　则

第二十二条 实行企业化管理的事业单位职工待业保险，依照本规定执行，待业保险费在事业单位自有资金中列支。

第二十三条 本规定不适用企业招用的农民合同制工人。

第二十四条 省、自治区、直辖市人民政府可以根据本规定制定实施办法。

第二十五条 本规定由国务院劳动行政主管部门负责解释。

第二十六条　本规定自 1993 年 5 月 1 日起施行。1986 年 7 月 12 日国务院发布的《国营企业职工待业保险暂行规定》同时废止。

中国农村奔小康经验研讨会在北京召开

国务院总理李鹏等在北京接见出席农村奔小康经验研讨会代表

李鹏、朱镕基、陈俊生、罗干等国务院领导同志，在中南海紫光阁门前，与出席中国农村奔小康经验研讨会的代表会议并合影。出席会议的主要是来自全国 100 多个农民人均年纯收入超过 1000 元的县（市）的负责人。李鹏说，使有九亿人口的农村实现小康，是我们为之奋斗的重要战略目标之一。农业和农村工作是关系治国兴邦的大问题，农业上不去，整个国民经济就上不去；农村不安定，整个社会就不会安定；农村经济得不到发展，整个国民经济就不可能快速增长；农业和农村经济上不了新台阶，整个国民经济就不可能上新台阶；而没有九亿农民的小康，就谈不上全国的小康。

李鹏说，农业是国民经济的基础，农村问题是整个国民经济的重要战略问题，农村人口是中国人口的主体。所以，促进农业和农村经济的持续发展、促进广大农民奔向小康，其意义非常重大。他说，农村如何奔小康，不仅是理论问题，更重要的是实践问题。他希望参加会议同志相互交流经验，结合实践，认真研究，总结归纳出带有普遍意义的经验，推动各地农村改革和经济建设，探索农村奔小康之路。

李鹏谈到了当前农业发展问题。他说，任何时候、任何情况下，都不能忽视农业。当然，这里讲的农业是大农业的观念，应当是农林牧副渔各业全面发展，这也就包括了粮棉油等主要农产品的生产。现在农民种粮、种棉的积极性不怎么高。我们已经逐步采取了一系列政策措施，保护农民利益，调动农民种粮、种棉的积极性，以促进农业和农村经济的发展。同时，我们还要加强对农业的领导，方向是高产、优质、高效，同时要搞好粮食等农产品的转化和增值，积极发展乡镇企业。他强调，各地都要因地制宜认真地研究探索农村奔小康的具体路子。

李鹏说，农村奔小康不仅要抓物质文明建设，还要抓精神文明建设。如果光是吃得好、住得好、穿得好、用得好，而那些赌博、封建迷信活动等丑恶现象还在发生发展，计划生育等工作也搞不好，农民就不可能安居乐业，农民的素质也不会提高。所以，各地在考虑农村奔小康问题时，不仅要考虑物质文明建设，而且要考虑精神文明建设。

李鹏还说，经济发展不平衡是世界各国发展中的一条共同规律。由于历史、自然等条件的不同，发展水平也不同，存在差距是正常的。你们这100多个县代表着一部分先进地区。党的方针是允许一部分地区、一部分人先富起来，同时富起来的地区也有责任带动全国共同富裕。这不是说向富起来的地区要钱。实际上，即使是富起来的县，本地区内的乡与乡、村与村之间也有差距，发展水平也有高低，因此，也有一个解决发展不平衡的问题。他说，解决不平衡的根本办法就是要大力发展经济。

李鹏说，政府对个体经济、私营经济是扶植的，目前它们在全国范围内占的比例不大，在国民经济的许多领域起着重要的作用。同时，我们也要看到，社会上已经出现了分配不公的现象。我们要通过执行国家的税收等政策来加以合理调节，鼓励合法致富、劳动致富，但对那些非法经营等现象要加强管理，并依法惩处。他说，我们是社会主义国家，还是要做到社会分配比较公平，最终实现共同富裕。

中共中央政治局候补委员温家宝在陕西省商洛山区考察

4月12日至17日，温家宝深入到地处秦岭山麓的蓝田和商洛山区的商州、丹凤、洛南等贫困县市的农村，走访农户，调查研究，并就当前农业和农村工作存在的一些问题，同农民和乡村干部进行了座谈。

温家宝强调，一定要进一步加强农业的基础地位，把农业放在各项工作的首位。要充分认识，最近党中央、国务院制定的一系列政策措施，对于保护农民利益，促进农业生产力的发展，巩固工农联盟，密切党同群众联系的重要意义，从而自觉地、不折不扣地贯彻执行。在当前，要特别注意减轻农民负担，保护和调动农民的生产积极性。

温家宝指出，各级干部要进一步解放思想，坚持实事求是，开阔思路，加深对本地优势和发展潜力的认识，加深对社会主义市场经济规律的认识，加深对脱贫致富路子的认识。

温家宝说，商洛地区要脱贫致富就要大力发展农业生产力，要加强农业基础建设，通过增加物质、技术投入，培育地力，增加复种指数，提高农业的产量、质量和效益。同时，要大力开发非土地资源，因地制宜，发展多种经营。温家宝强调，贫困地区要加快脱贫致富步伐，必须大力发展多种所有制形式、多种经营管理方式的乡镇企业。

温家宝说，要加强党对农业和农村工作的领导，加强农村党的基层组织建设和基层政权建设，加强对基层干部的培养和教育。改进领导作风，密切联系群众，在当前具有特别重要的意义。干部一定要关心群众生活，注意工作方法。办事情、做工作要从实际出发，尊重农民意愿。

国务院发出关于提高商品零售营业税税率的通知

湖北车桥股份有限公司在武汉成立

经上级主管部门批准，湖北车桥厂组建中国汽车车桥行业第一家规范制股份有限公司——湖北车桥股份有限公司近日成立。它是中国汽车车桥行业第一家规范制股份有限公司。

中国科技经济信息集团网络在北京成立

中国科技经济信息集团网络近日在北京成立。该网络是由中国科协信息中心、中国科学院文献情报中心等单位协办。

中共中央致电南非共产党中央委员会吊唁南非共中央总书记哈尼逝世

全国人大常委会委员长乔石在人民大会堂会见由主席普柳希率领的乌克兰最高苏维埃代表团

全国人大常委会委员长乔石在人民大会堂会见日本《读卖新闻》专务董事兼编辑局长加藤博久

中央军委副主席刘华清在人民大会堂会见厄瓜多尔国防部部长何塞·瓦尔特·加利亚多·罗曼

中日商务会议在北京开幕

会议由全国工商联和日本大阪商工会议所、日中经济协会共同举办。60多家中国企业和40多家日本企业参加。

中国科学院理论物理研究所研究员欧阳钟灿获1993年亚洲华裔杰出物理学成就奖该奖由总部设在纽约的华人物理学会颁发

国家科委主任宋健在印度马德拉斯举行的国际生态环境与农村就业大会上发表题为《星火计划与农村就业》的讲话

4月13日

海南各界群众代表3000多人在海口体育馆举行海南建省办经济特区5周年庆祝大会

中共中央总书记、国家主席、国家军委主席江泽民出席庆祝大会并发表讲话。出席大会的还有中共中央政治局委员、全国人大常委会副委员长田纪云，中共中央政治局委员、国务院副总理李岚清，国务委员兼国防部长迟浩田，全国政协副主席洪学智等。

中共中央总书记江泽民在海南建省办经济特区 5 周年庆祝大会上发表讲话

同志们、朋友们：

在海南省建省和兴办经济特区五周年的时候，我代表党中央、国务院向海南各族人民，向辛勤的海南经济特区建设者表示热烈的祝贺和亲切的问候！向关心和支持我国现代化建设，关心和支持海南经济特区建设的港澳台同胞、海外侨胞和各国朋友，表示热烈的欢迎和衷心的感谢！

刚刚闭幕的八届全国人大一次会议，确定和部署了我们在今后一个时期的任务，最根本的，就是要以邓小平同志建设有中国特色社会主义理论和党的基本路线为指导，积极、全面、正确地贯彻落实党的十四大精神，抓住机遇，加快改革开放和现代化建设步伐，集中力量把国民经济搞上去，推动社会全面进步。努力实施这一任务，必将进一步开创全国各地和经济特区发展的新局面。

创办经济特区，是邓小平同志亲自倡导、设计并始终关注和支持的一项崭新事业，是我们党和国家的一个重大决策。经济特区作为对外开放的"窗口"，为全国的改革开放一直发挥着试验、探路和积极推动的作用，并以自己宝贵的经验为丰富建设有中国特色社会主义的理论做出了贡献。在我国现代化建设波澜壮阔的发展进程中，经济特区的"排头兵"作用将会不断地以其特有的光芒而闪耀史册。

海南岛地处南海前沿，具有独特的资源优势和良好的发展前景。中央决定建立海南省和举办海南经济特区，就是要充分发挥海南的优势，加快改革和开发建设的步伐。五年来，海南的广大干部和群众认真贯彻党中央、国务院的方针政策，结合海南实际，开拓进取，艰苦创业，使这个昔日经济比较落后的海岛发生了很大变化：一大批能源、交通、通讯等基础设施建设起来了，显著地改善了投资环境，吸引国内外客商踊跃投资；同国内外的经济、技术、文化交流活跃起来了，经济发展明显加快，实现了赶上全国经济发展平均水平的第一步目标。我相信，有党和国家政策的支持，有国内外各方面的积极参与，经过全省各族人民的继续奋斗，海南的现代化建设一定会再上新的台阶。

当前的国际环境和国内条件，对我们加快改革开放，集中精力进行经济建设，提供了有利时机。我们一定要抓住这个机遇，扎实工作，不断增强我国的经济实力和综合国力。经济特区要办得更活更实更富生机更有成效，继续发挥"四个窗口"的作用，继续走在全国改革开放和经济发展的前列。

经济特区要瞄准国际市场走势和世界新技术革命进程，尽快实现产业结构、产品结构的升级，促进特区经济向资金、知识、技术密集型转化，提高竞争能力，并在发展外向型经济方面"更上一层楼"。特区的开发建设一定要加强科学规划，合理布局，讲求总体效益。大力发展知识密集型的第三产业，增强特区的综合功能。海南的旅游资源和热带农业资源十分丰富，要努力发展国际旅游，搞好热带农业的开发。所有经济特区都要进一步加强同内地的横向经济联系，积极为内地的发展提供支持和服务。

经济特区要加快建立社会主义市场经济体制和运行机制。继续借鉴外国发展市场经济的好经验和国际通行做法，结合我国的国情和特区的实际，有所创造，有所发展，以显示出中国经济特区的特色、优势和风格。今后特区的发展要依靠健全的市场机制和良好的企业素质，来参与国际经济的竞争与合作。在这方面特区的改革起点应该更高一些，步子应该更大一些，并为全国的改革和建设创造出更多的好经验。

经济特区要坚持贯彻"两手抓"的方针，不但要聚精会神地发展经济，搞好物质文明建设，而且社会主义精神文明建设也要达到较高的水平。对内要为促进两个文明全面发展起到良好的示范作用，对外要成为宣传祖国文明和显示社会主义优越性的"窗口"。海南同全国各地一样还处在全面创业的时期，任重而道远。我在八届全国人大一次会议上提出，要发扬社会主义现代化建设所必需的以解放思想、实事求是为核心和精髓的创业精神，来支持和鼓舞我们伟大的创业实践。海南和其他经济特区在这方面也应做出表率，要把这些创业精神真正贯注到广大干部和群众中去，成为促进特区发展的强大精神力量。

海南是著名的侨乡，要充分发挥华侨众多的有利条件，促进海南的开发建设。碧海连天远，琼崖尽是春。我们殷切希望海外华侨、港澳台同胞和各国朋友，继续关心、支持和参加海南经济特区的建设，做出新的贡献。

同志们，朋友们！建设有中国特色的社会主义，是伟大而艰巨的事业。惟其伟大而艰巨，才会孕育更辉煌的成功和更美好的未来，才需要我们更加紧密地团结在爱国主义和社会主义的伟大旗帜下奋发前进。只要我们坚定不移地坚持党的基本路线，再接再厉，埋头苦干，顾全大局，互相支持，我们就一定能够不断地促进经济特区和全国的改革开放和现代化建设又快又好地向前发展。

全国人大常委会委员长乔石在人民大会堂会见奥地利联邦议会议长埃里希·霍尔青格

全国检察机关法纪检察工作会议在上海结束

会议指出，在社会主义市场经济体制的新形势下，深入反贪和坚持“严打”仍是检察工作的重点，法纪检察工作要进一步加强对侵权、渎职犯罪的法律监督。当前和今后一个时期法纪检察工作的主要任务是严肃查办侵权、渎职犯罪案件，切实保障公民的人身权利、民主权利，促进国家工作人员勤政廉政和科学管理，保护生产力，为社会主义市场经济体制的建立和完善，为加快改革开放和现代化建设服务。

最高人民检察院检察长张思卿在会上说，当前法制建设中存在的一个突出问题是不严格执法。有法不依、执法不严、违法不究的问题还相当严重；以言代法、以权压法、以罚代刑的现象时有发生。地方保护主义和部门保护主义，扰乱了法律秩序，导致执法不公；少数司法、行政执法等国家工作人员不给好处不办事，甚至堕落到执法犯法、徇私舞弊的地步；一些司法机关受利益的驱动，越权办案，用刑事手段处理经济纠纷；少数执法人员作风野蛮粗暴，有的基层干部滥用职权，强行摊派等等，这些不严格执法的问题损害了社会主义法制的形象，影响了党和政府的威信。

张思卿指出，严格执法是法制建设的中心环节。尽快改变执法不严的状况是深化改革开放和建立社会主义市场经济体制的迫切要求。作为国家法律监督机关的检察机关的基本职责，就是保障国家法律的统一和正确实施，也就是要保障严格执法。要在严格执法的前提下，抓住重点不放，在难点上下功夫，加强薄弱环节的工作，注意研究解决工作进程中的新情况，解决新问题，坚持依法建院、从严治检，加强队伍建设，提高执法水平。

张思卿说，当前，要突出查办发生在领导机关、领导干部以及经济管理和执法监督部门工作人员中的犯罪案件，集中力量查办大案要案，不论涉及什么人都要一查到底。刑事检察方面，要坚持“严打”和综合治理，下大力气解决打击不力的问题，为改革开放和经济建设创造一个稳定的社会环境。他说，当前检察工作的难点是解决有法不依、执法不严、违法不究的问题。要把重点放在查办司法、行政执法部门工作人员贪赃枉法、徇私舞弊、以情卖法的问题上，对构成犯罪的要坚决查办；对不构成犯罪的要提请有关部门严肃处理。

全国人大代表团团员全国人大常委会委员彭清源在印度新德里举行的第89届各国议会联盟会议上就军备问题发言

彭清源说，中国一贯主张实现有效的裁减军备和军备控制，反对以军控和军售为手段干涉别国内政。中国支持在军备方面实施适当可行的透明措施。中国主张，军备透明应遵循以下原则：

一、军备透明的目的是增进各国、各地区及世界的和平、安全和稳定。适当可行的军备透明措施有助于建立和促进国际信任，缓和紧张国际关系，帮助各国确立合理的军备水平。

二、军备透明应遵循各国安全不受减损的基本原则。各国有权拥有并维持与其合理自卫需要相符的军事防卫能力。任何军备透明的措施应有助于维护和增进而不是损害和削弱各国的自卫权力和正当的防卫能力。同时，各国均有义务不谋求超出合理安全需要的军备。

三、军备透明的具体措施应适当、可行，应由各国通过平等协商，共同确定。这些措施及其范围应根据各国商定的目标予以确定，并可根据形势的发展变化和各国的需要通过协商加以调整。

四、军备透明难以孤立地实现，需要必要的国际环境。联合国所有会员国均应严格遵循联合国宪章的宗旨和原则，遵循和平共处五项原则，和平解决国际争端，反对并消除国际关系中干涉别国内政、使用武力或武力威胁的霸权主义和强权政治行为。

五、由于各国军事力量不同，它们对地区和全球安全的影响也不同。因此，拥有最大和最精良核与常规武库的国家，在大幅度削减其重型进攻性武器，特别是其海空力量的同时，有义务率先公开其军备及部署情况。这将有助于大幅度降低全球军备水平，增加其他国家和地区的安全感，并为各国普遍参与军备透明创造条件。

六、鉴于各国、各地区的政治、军事、安全条件不同，同样的军备透明措施对各国影响不同。因此，实施军备透明措施不宜强求一致，应允许有关国家根据条件许可采取有关措施。同时，为促进军备透明，应鼓励各国在平等、自愿的基础上，根据其具体情况，广泛参与共同商定的军备透明措施。

七、在推动联合国军备透明机制的同时，应鼓励双边和地区性军事情况交流、军备透明的措施和安排，并鼓励单方面的努力。

八、任何限制或控制科技军事应用的措施或有关透明措施均不得损害和影响各国，特别是发展中国家民用科技的和平发展，不得影响各国在这方面的合作与交流。

社会主义市场经济与人生观价值观研讨会在北京举行

由中国历史唯物主义学会、伦理学会及人民日报报理论部联合主办的研讨会日前在北京举行，首都40多位教授、学者参加。

与会学者指出，在我国建立社会主义市场经济体制，是一项意义深远的变革。这一崭新的社会实践，将促进社会经济进一步繁荣，同时也必将影响到人们的人生观、价值观和伦理道德观。搞社会主义市场经济，有利于人们开阔眼界、活跃思想、增长才干、开拓创新，促使人们平等观念、自由观念、时间观念、效益观念、创新观念、利益观念、竞争观念等的形成。但是，也应清醒地看到，市场活动中存在和出现的东西，并不都是积极的、健康的、合理的。市场经济对人们的人生观、价值观和伦理道德观的影响具有双重性。搞社会主义市场经济，当然要讲效益，讲盈利，重视个人利益，但要防止拜金主义思想的滋长。在目前的社会生活中，损人利己、唯利是图、金钱至上、尔虞我诈等错误思想有所滋长，一些腐朽丑恶的东西也有所抬头，必须引起我们的高度警惕和重视。

中共中央政治局常委李鹏在上海考察

李鹏于4月13日至18日由中共上海市委书记吴邦国、市长黄菊陪同，对上海的经济建设和改革开放情况进行考察。

李鹏着重考察电力行业的大型骨干企业，并了解华东电网的生产建设情况。李鹏指出，电力作为一项基础产业，近年来改革的步子迈得较大，取得了一些好的经验。其中重要一条，是由过去国家一家办电，改变为国家、地方、企业共同办电。他强调，在加强基础产业和基础设施建设中，要进一步拓宽集资渠道，包括在这些领域更多地引进外资。

上海石洞口第二电厂是中国第一座大容量超临界火力发电厂，也是国家“八五”重点工程之一。在发电厂两台60万千瓦机组投产庆典仪式上，李鹏希望我国今后建设更多的高参数、大容量的发电机组，降低煤炭的消耗，提高电厂的经济效益。李鹏要求石洞口第二电厂实行新的经营机制，为建设具有国际水平的电厂而努力。

在同上海锅炉厂、上海汽轮机厂、上海电机厂、上海重型机器厂和上海电器联合公司等单位的负责人座谈时，李鹏说，建立社会主义市场经济体制，必须加快国有企业经营机制的转移。不仅要建立竞争和激励机制，也要建立企业的约束机制，保证国有资产的保值和增值。

李鹏考察地铁一号线南段工程，了解列车的试运行情况。

李鹏在工厂和农村考察中，多次谈到加强精神文明建设问题。李鹏指出，市场经济的发展和对外开放的扩大，对精神文明建设提出了新的要求。我们要在努力提高人民物质生活水平的同时，用健康有益的、丰富多彩的文化产品去满足人民的精神生活需要。教育体制要进一步深化改革，人才的培养要适应经济和社会发展的需要，要把年轻一代培养成为德智体全面发展的社会主义建设者和接班人。

随同李鹏考察的有国务院有关方面负责人王忠禹、史大祯、胡平、姚正炎、王梦奎、刘鸿儒、胡光宝等。

中共中央政治局常委乔石在广东考察工作

乔石于13日至19日在中共广东省委书记谢非、省长朱森林和省人大常委会主任林若陪同下先后到广州、东莞、中山、顺德、南海等珠江三角洲地区考察工作。

乔石考察广东的部分企业、经济技术开发区和基础设施建设项目时，就进一步加快改革开放和建立社会主义市场经济体制等问题发表意见。

乔石说，实践表明，改革开放不会是一帆风顺的，今后也不能保证没有风浪和困难，但总的趋势是不可逆转的，这是中国的根本出路和希望所在。

乔石考察珠江三角洲地区的部分企业后认为，把乡镇企业的一些机制运用到国有企业，是促进国有企业转换经营机制，提高效益和质量，更好地面向市场的有效办法。他希望广东在这方面系统总结经验，推动国有企业的改革。

在与广东省领导座谈时，乔石强调指出，建立社会主义市场经济体制，是加快我国经济发展的必由之路，但这个体制的确立和完善，必须有完备的法律作保障。当前摆在我们面前的一个迫切任务，就是要加快经济立法的工作，这也是加快社会主义民主与法制建设的重要内容。

在谈到“两手抓”的问题时，乔石说，在新的历史时期，必须切实加强和改善党的领导，要重视在实际工作中锻炼和培养年轻干部，培养跨世纪人才。经济发达地区必须努力使精神文明建设与经济发展的水平相适应。在实现现代化的进程中，要大力发展教育和各种健康的为人民群众喜闻乐见的文化事业，不断提高人的素质。同时，要继续落实社会治安综合治理的各项措施，营造有利于经济发展的社会环境。

在考察广州番禺南沙经济开发区时，乔石还会见全国政协副主席、香港中华总商会会长霍英东。

国务院副总理朱镕基等在湖南省洞庭湖区考察

朱镕基、陈俊生等于13日至16日在中共湖南省委书记熊清泉、省长陈邦柱陪同下，对洞庭湖区的岳阳、益阳、常德三个地市进行考察。多年来，洞庭湖区洪水、疾病成了全省干部群众的心腹之患。在乘船考察洞庭湖途中，朱镕基看到一条条淤塞的河道，一处处崩塌的堤岸说，湖区农民的负担确实超过了自身承受能力，湖区人民年年抗洪救灾，投工投料，作出了很大牺牲，国家应该给予支持帮助，让湖区人民休养生息，发展生产，改善生活。

陈俊生就发展湖区经济指出，要轻赋税、减负担、给优惠、保生产。他要求从湖区的资源优势出发，发展水产、水禽、水生植物和水运，搞活湖区经济。检查国家今年下拨的粮食、棉花预购定金的落实情况，是朱镕基、陈俊生考察的主要内容。沿途基层干部群众反映，“两金”至今未发放到农户。朱镕基严肃地说，眼下春种在即，农民急需用钱，现在的问题，包括打“白条”，不是没有钱，根子是对农业不重视。朱镕基要求从农业银行总行开始，各级农行行长要迅速下基层检查落实，配合粮食部门和供销社，尽快把粮棉预购定金发到农民手里。人民银行要支持农行，帮助农行解决资金困难。中央已下决心，今年无论如何不能向农民打“白条”，谁打“白条”就追究谁的责任。当前首先要把粮棉预购定金尽快发放给农民，并把春夏作物的收购资金准备好。朱镕基强调指出，把党中央、国务院加强农业的政策措施逐项落实了，国民经济的高速持续发展就有了保证。

中共中央政治局常委胡锦涛在江西考察

胡锦涛于13日至20日在中共江西省委书记毛致用、省长吴官正陪同下，先后到南昌、吉安一些县市，听取了当地领导的工作汇报，深入乡村、企业、学校调查研究，走访农户，看望了老红军、老同志。

胡锦涛指出，在整个90年代，抓住国内和国际的有利时机，加快改革和建设的步伐，这是邓小平同志的重要战略思想，是关系全局、指导全局的大政方针，要坚定不移地把它贯彻到各项工作中去。我国正面临着难得的发展机遇。机不可失，时不我待。抓住了机遇，就赢得了解放和发展生产力的主动权。丧失了机遇，就会扩大同经济发达国家的差距，处于长期被动的地位。

胡锦涛着重调查了解了农业和农村政策的贯彻情况。胡锦涛说，抓落实的重要前提是思想要到位，认识要上去。只要真正认识到农业、农村和农民问题的重要性，这样即使有一些困难，也会积极主动、千方百计创造条件去克服。他肯定了江西在这方面提出的做法，要求各级领导干部深入基层，到条件差的地方抓落实，到问题多的地方抓落实，到群众意见大的地方抓落实。

考察期间，胡锦涛瞻仰了南昌和井冈山革命遗址。

胡锦涛在谈到党的建设时强调，越是加快改革和建设的步伐，越是扩大开放，越要重视和加强党的建设，充分发挥各级党组织和广大党员的作用。换届工作结束、新的领导班子组建以后，要突出抓好班子的思想作风建设。要用邓小平同志建设有中国特色社会主义的理论武装一班人的头脑，增强贯彻执行党的基本路线的自觉性和坚定性，提高领导水平特别是领导经济工作和两手抓的水平。坚持和健全民主集中制，增强各级领导班子的团结。强化纪律观念，防止和克服那种有令不行、有禁不止、各行其是、法纪松弛的现象。认真解决影响干群关系的突出问题，进一步密切党同人民群众的联系。

全国人大常委会委员长乔石在人民大会堂会见土耳其武装部队总参谋长道安·居雷什和国防部长奈夫扎特·阿亚兹

中央军委副主席刘华清在钓鱼台国宾馆会见土耳其武装部队总参谋长道安·居雷什和国防部长奈夫扎特·阿亚兹

国家副主席荣毅仁在人民大会堂会见由普柳希主席率领的乌克兰最高苏维埃代表团

国家副主席荣毅仁在人民大会堂会见参加中日商务会议的日本大阪商工会议所会长大西正文

外交部部长钱其琛在钓鱼国宾馆会见马达加斯加共和国总统特使里夏尔·安德里亚曼雅托

中国政府和葡萄牙政府在北京签署《科学技术合作协定》

台儿庄大战学术研讨会在山东枣庄举行

台儿庄大战55周年国际学术研讨会开幕式和大战纪念馆落成典礼近日在台儿庄举行，当年参加过大战的部分将领及其亲属，民革和台盟有关人士，山东省、枣庄市领导，来自美国、日本、加拿大、韩国、泰国、印度、意大利、西班牙、澳大利亚、俄罗斯等国和台湾、香港地区的学者数百人参加大会。

当年台儿庄大战的参加者、全国人大常委会副委员长程思远出席会议并讲话。

上海南京路上“好八连”事迹展览馆将重新开放

中国人与生物圈国家委员会第 8 届会议决定建立“中国生物圈保护区网络”

世界首例鸭胚胎壳外孵化小鸭在北京农业大学动物生物实验室诞生

重庆纪念爱国实业家卢作孚百年诞辰

卢作孚是重庆合川人,早年投身民族民主革命和新文化运动。1925 年创办民生实业股份有限公司,以“崛起于长江、争雄于列强”之志,从事民族航运事业。经过 20 多年的艰辛努力,不但从外国列强手中夺回了长江的航运权,而且在抗日战争时期的支前运输中功勋卓著。抗战胜利后,他又将航线扩展到日本和东南亚。解放后他为恢复和发展我国航运事业作出了贡献。卢作孚曾任全国政协委员,1952 年病逝。毛泽东、周恩来都曾高度评价卢作孚先生为发展我国交通事业和民族工业所作的贡献。

4 月 14 日

《邓小平的生平、思想研究丛书》由辽宁人民出版社出版

第一套全面、系统研究邓小平生平和思想的大型丛书《邓小平的生平、思想研究丛书》日前由辽宁人民出版社出版发行。全国人大常委会副委员长雷洁琼、王光英、程思远、卢嘉锡,中宣部副部长郑必坚、翟泰丰和有关学者参加在北京举行的出版座谈会。

这套丛书共 20 种,包括建设有中国特色社会主义理论总论、哲学、党的基本路线、坚持四项基本原则、改革开放、现代化战略、市场经济、民主与法制、“一国两制”、精神文明建设、党建、军事、科技、教育、知识分子、国际战略、早期革命活动、邓小平与当代中国以及研究总目等方面,共 600 万字。该书由吕正操、伍修权、袁宝华任顾问,金羽、王充闾任主编。

中共中央总书记江泽民在海南考察

江泽民于 14 日至 20 日在国务委员兼国防部长迟浩田,中共海南省委书记、省长阮崇武,广州军区司令员李希林的陪同下,先后考察海口、定安、琼海、万宁和三亚等市县。

江泽民在考察工作时指出,经济特区作为对外开放的“窗口”,要办得更活更实更富生机更有成效,继续当好“排头兵”,为全国的改革开放进一步发挥试验、探路和积极推动的作用。

江泽民说,每次到海南,都看到这里发生明显的变化。海南经过建省五年来的努力,已经取得了很大成就。希望海南的干部群众抓住当前的有利时机,大胆试验,扎实工作,艰苦创业,使海南的现代化建设再上新的台阶。

江泽民在谈到学习和借鉴外国发展市场经济的经验时说,建立我国的社会主义市场经济体制,需要进行相互配套、相互促进的一系列改革。在这个过程中,一定会遇到许多新情况新问题,这就需要我们不断加强学习。西方发达国家和一些后起的比较发达的国家,他们搞市场经济已搞了多年,积累了许多经验,凡是符合市场发展规律,有利于促进资源合理配置,有利于促进经济发展的东西,我们都要努力学习,认真借鉴和吸收,这对于我们加快建立社会主义市场经济体制是很有益处的。学习外国就是要学这些好的有用的东西,凡是人家合乎科学的知识、经验,学得越多越好,学得越快越好。但是要注意,不要光去学那些表面形式的东西,更不能学那些消极腐朽的东西。在这方面务必提高我们的鉴别能力。我们不要求各级领导干部一定要懂很多科学上具体的专业知识,但是基本的知识、基本的科学常识应该懂得和具备。例如要了解市场经济运行的一般知识,了解国际金融、股票、证券交易、房地产业的常识等等。我们的现代化建设方兴未艾,世界科学技术发展日新月异,我们的领导干部必须学习学习再学习!知识多了,思想丰富了,创造能力才能提高,领导工作才能做得更好。

江泽民还强调,要促进全国经济建设上新台阶,各级党委和政府必须以邓小平同志建设有中国特色社会主义理论为指导,坚持不懈地狠抓落实党的十四大和八届全国人大一次会议的精神,在这方面必须下真功夫和细功夫,来不得半点花架子和形式主义。各地要把中央的精神同本地的实际紧密结合起来,创造性地开展工作,一定要做到两条:一是各级领导干部自己首先必须吃透中央的精神,然后认认真真传达下去,让所有的干部和群众都了解和掌握;二是各级领导干部必须深入农村、深入工厂、深入学校,全面熟悉本地的实际情况,并坚持与中央精神相结合,同基层干部和群众一道,共商加快改革开放和经济发展的具体办法,同时加强分类指导,使我们的改革和建设又快又扎实地向前发展。

江泽民指出,海南的旅游资源十分丰富,具有相当大的开发潜力,要努力发展国际旅游。兴办旅游要用健康的东西,用具有中国特色和民族风格的东西去吸引游客。在经济特区,越是改革开放,越要抓好精神文明建设。

江泽民来到海南大学学生们中间,与他们交谈。江泽民说:你们的任务就是学习,要珍惜时光,好好读书。既要学书本知识,又要学实践知识,还要培养高尚的道德情操。在经济特区的特殊环境下，更要注意养成艰苦奋斗、勤俭节约的优良作风。只有多学知识，日后才能更好地报效祖国。

江泽民为海南大学题词："建设社会主义特区大学，培养德智体全面发展的人才。"

考察期间，江泽民检阅海军某潜艇支队，看望驻守边防海岛的干部战士，给他们送去书籍并询问指战员们的生活、学习和军事训练情况。

中共中央政治局常委乔石在广东考察时就制定社会主义市场经济法律发表谈话

乔石听取当地主要领导人汇报后发表谈话说："制定社会主义市场经济方面的法律，对我们来说是一个新课题。在国家法律还不很完备的情况下，地方可以先探索搞一些地方法规。在这方面，改革开放前沿的广东，也可成为立法工作的试验田。"

乔石说，去年小平同志视察南方发表重要谈话和党的十四大以后，中国加快了经济发展的步伐。由于确定了以建立社会主义市场经济体制作为经济体制改革的目标，我们制定这方面的法律要力求符合经济发展的客观要求，要有利于进一步解放和发展生产力。由于认识有个过程，有的法律制定出来，可能不那么完备，可以随着实践的发展逐步完善。有的尚不具备条件制定全国性法律，也可先搞行政法规和地方性法规，进行一些有益的探索，尤其是广东，改革开放先行一步，会遇到更多的新问题，在这方面可为全国探索一些经验。

乔石说，小平同志 1978 年就指出，立法的工作量很大，法律条文开始可粗一点，逐步完善。有的法规地方可以先试搞，然后经过总结提高，再制定全国通行的法律。修改补充法律，成熟一条就修改补充一条，不要等"成套设备"。总之，有比没有好，快搞比慢搞好。这些意见，对于当前的立法工作，仍具有重要的现实指导意义。

乔石鼓励广东在探索地方法规时，胆要大一些，不要怕冒风险。国家总的趋势是改革开放，这个不会变。要大胆吸收和借鉴国外立法经验，注意与国际上的有关法律和国际惯例相衔接，以有利于我国经济参与国际竞争，有利于吸引外商投资。

乔石说，地方法规的制定，不要从地方利益出发，要从全国的利益出发。地方立法与全国立法应是相辅相成的。

国务院副总理邹家华在贵州考察

邹家华于 14 日至 20 日在中共贵州省委书记刘正威、副书记王朝文、省长陈士能等的陪同下，参加瓮福磷矿 80 万吨重钙和南昆铁路贵州段这两个国家重点建设项目的开工典礼，并先后到黔南、安顺、六盘水、贵阳等地、州、市进行考察。

邹家华在听取省委、省政府工作情况汇报后认为，改革开放以来，特别是小平南方谈话以及党的十四大以后，贵州各族人民紧密团结，建设社会主义积极性空前高涨，各项经济工作取得了较快的发展。他特别肯定了广大干部群众在发展农业的艰苦条件下，坚持"粮食、人口、生态"全面规划、综合治理，在狠抓坡改梯、大办绿色工程、实施温饱工程和扶贫工作等方面取得的较大成绩。

邹家华在谈到西部地区如何加快经济发展时指出，贵州资源丰富，发展潜力很大，前景很好，但贵州基础和条件比较差，是一个经济发展面临较多困难的省份。因此，一定要从实际出发，量力而行，尽力而为。既要看到差距，更要树立信心，扎扎实实地抓好基础设施建设，一步步地把经济搞上去。如果脱离了本省客观实际，盲目地去攀比发展速度，反而欲速则不达。只有基础设施建设抓好了，才能为经济起飞创造新的条件。

邹家华说，当前不发达地区的干部群众，希望尽快把经济搞上去，这个愿望是好的。但一定要注意速度与效益的统一，把发展规划建立在实事求是的基础上，做到长远和当前、本地和国家、需要和可能有机地结合起来，充分发挥本地的特色和优势，这样才能防止经济发展大起大落，确保走上良性循环轨道。

邹家华认为，目前制约贵州经济发展的主要因素是农业和基础设施脆弱，交通条件相对落后，市场发育程度较低，资源优势不能充分发挥。发展贵州经济应重点抓好农业及能源、交通和原材料等基础产业。一方面国家要积极支持贵州的交通能源建设，同时省里也要多方筹措资金，增加农业和基础设施的投入。当前尤其要重视农业，在不放松粮食生产的同时，因地制宜，积极调整结构，发展多种经营和乡镇企业，有组织有计划地搞好农村劳务输出，发展第三产业，扩大经济领域，增加农民收入。只有农民收入增加了，才能提高农村的购买力，充分发挥农村市场的潜力，从而促进工业的发展，加快全省脱贫致富步伐。

国家专项控制商品由现行的 29 种调减为 8 种

国务院同意，经国务院同意，国家专项控制商品将由现行约 29 种调为 8 种。

国家进出口商品检验局外经贸部海关总署联合发出严禁假冒伪劣商品出境的通知

国家进出口商品检验局、对外经济贸易部、海关总署近日联合发出通知，严禁假冒伪劣商品的出境。一些假冒伪劣商品通过各种渠道进入俄罗斯等周边国家市场,造成极坏影响,严重损害了我国贸易信誉。

通知要求各地商检局依法对边境贸易出口的商品认真检验把关。当前检验把关重点是服装、鞋类、电器、食品等商品。对边境贸易出口商品,合同有规定的按合同检验,合同没有规定或规定不明确的按我国有关标准检验,对涉及安全、卫生的项目一律按进口国官方限量标准验放。经检验不合格的商品一律不准出口。对实行卫生注册、登记的出口商品(如饮料、酒类、小食品、罐头、肉类等),边境贸易经营单位应收购获得商检卫生注册、登记证书的生产厂家的产品。经检验不合格的,即使国外客户确认,也不准放行出口。

通知要求外贸经营公司依法经营,遵守国家的政策法令,不收购、不代理经营不合格和劣质、假冒商品,不从质量没有可靠保证的"柜台"、"地摊"进货。海关依照"客货分流"的原则,对进出境旅客、边民携运的个人行李物品,在自用合理数量范围内的,准予放行;对其携运的商业性货物,按规定办理货物报关手续。对于按照《中华人民共和国进出口商品检验法》规定应凭商检机构出具的检验证明通关的出口商品,一律凭商检机构出具的检验证书、放行单或在报关单上加盖的印章验放。

通知说,对提供和收购出口假冒伪劣商品的生产经营单位,要按国务院颁发的有关处罚办法及《商检法实施条例》有关规定进行处罚。情节严重,造成重大经济损失,构成犯罪的,对直接责任人员依法追究刑事责任。

国家副主席荣毅仁在北京会见扎伊尔前总理肯戈·瓦·东多

中国常驻联合国副代表陈健在联合国关于世界社会发展首脑会议筹委会会议上发言

陈健说,为使世界首脑会议富有成果、达到预期目的,中国主张:

一、会议应突出各国共同关心的问题,并特别重视发展中国家面临的严重问题;

二、会议应在深入讨论的基础上提出具体的解决办法和制订实施步骤;

三、创造和维护一个和平与稳定的国际环境,建立合理的国际经济新秩序,应是解决各国社会发展问题的必要条件;

四、应在平等互利的基础上开展全面、有效、公平的国际合作;

五、资源的公平分配是社会发展领域的一项主要社会政策,各国政府有责任公平地向每一个社会成员提供基本生活保障,并逐步提高其生活质量;

六、社会发展应是经济发展的出发点和落脚点。

4月15日

《人民日报》就收购农副产品打白条发表社论《今年决不允许打白条》

国家主席江泽民根据全国人大常委会的决定任免驻外大使

一、免去杨振亚的中国驻日本国特命全权大使职务。

任命徐敦信为中国驻日本国特命全权大使。

二、免去高建中的中国驻塞拉利昂共和国特命全权大使职务。

任命徐次农为中国驻塞拉利昂共和国特命全权大使。

三、免去杨许强的中国驻乌拉圭东岸共和国特命全权大使职务。

任命谢汝茂为中国驻乌拉圭东岸共和国特命全权大使。

四、任命陶苗发为中国驻阿尔巴尼亚共和国特命全权大使。

国务院总理李鹏在北京会见以春名和雄董事长为首的日本丸红公司访华团

外交部部长钱其琛在钓鱼台国宾馆同毛里求斯外交部部长保罗·贝朗热举行会谈

国务委员兼国家科委主任宋健率中国政府科技代表团于15日至17日访问印度科学城班加罗尔

外交部驻澳门签证处为台胞办理大陆通行证

《台湾居民来往大陆通行证》有效期为五年,持证人每次前往大陆均须申办签注。

海军海洋测绘研究所研制成功中国第一代电子航海图系统

中国自行研制的中国第一代电子航海图系统,日前通过鉴定。这种新型船舶综合导航显示系统,把海洋测绘技术、微计算机技术、电子图像处理技术和航海导航定位技术等多学科的高技术产品和海图信息、航海导航定位设备集于一体,实现了航海功能集中化、视觉化和自动化。如今,用巴掌大的磁盘代替了大捆的海图,船开到哪里,屏幕图形就显示到哪里。一旦船只偏离航线，电子航海图系统会自动报警。

国务院副总理李岚清在广州与20所高校负责人进行座谈

李岚清强调指出，改革也好，开放也好，发展也好，都需要人才，国之兴旺，教育为本。

座谈会上，广东省和华南理工大学、中山大学、华南农业大学、广州中医学院、华南师范大学、广东商学院等广州地区高校的负责人结合各自的特点，汇报了当前高等教育改革的难点和他们的看法。他们谈到，广东的教育目前存在三个不适应：一是教育的水平、规模、发展速度与全国不适应；二是教育与广东现有的经济发展水平和要求不适应；三是与基本实现现代化的目标要求不适应。广东省已决定增加对教育的投入，设立了教育专项资金，加快教育体制的改革。

在听取汇报之后，李岚清说，教育的重要性现在已被越来越多的人所认识。搞好教育工作，需要社会各方面的共同努力和支持。作为国务院分管教育的负责人，李岚清表示，要和教育战线的广大同志一道，全力以赴，加倍努力，把教育工作进一步搞好。最后，他感谢与会者对教育工作提出的中肯意见，并向在教育战线辛勤工作的广大师生员工表示问候。

全国体委主任会议在北京举行

会议于15日至19日举行。

国家体委主任伍绍祖致开幕词。全国体育界负责人出席会议。中共中央政治局委员、国务委员李铁映出席闭幕式，并代表中共中央、国务院向全国体育工作者表示慰问。李铁映说，各级领导在新时期一定要重视体育，随着经济的发展增加对体育的投入。在机构改革中，基层体育管理部门不管以什么形式出现，市、县体育工作都只能加强，不可削弱。

全国体委主任会议着重商讨体育改革问题。国家体委主任伍绍祖在总结发言中概括会上讨论的6个方面29项改革举措。伍绍祖说，国家体委将积极稳妥地、有步骤地推进体育改革。据了解，体育界的改革举措包括运动项目管理体制的改革，体育管理机构职能的改革，全运会等大型体育竞赛的改革，以及群众体育、体育产业和市场、体育拨款与筹款等方面的改革。

国家防总就长江河道内出现的滥采乱挖砂石的现象发出通知

4月16日

《求是》杂志1993年第8期发表评论员文章《搞好国有大中型企业刻不容缓》

国务院颁布实施《全民所有制工业企业转换经营机制条例》(以下简称《条例》)已经半年有余，全党、全国人民在这个问题上的共识越来越多。不久前闭幕的第八届全国人大一次会议和全国政协八届一次会议，再一次充分肯定了贯彻落实《条例》的重要意义，人大代表和政协委员们对转换国有企业经营机制表现出了极大的热情和关注，纷纷提要求，提建议，献计献策。全国人民的关心和支持必将成为推进企业改革的强大动力。

1993年是贯彻实施《条例》的关键一年。年初中央就明确提出要在年底前把《条例》规定的14项企业自主权基本落实，争取大部分国有企业开始按《条例》规定的机制运行起来。这一任务是十分艰巨的。从现在的实际进展看，不少地方、部门的工作情况同中央的要求，同整个经济发展形势的要求，还有一定的差距。我们必须进一步提高认识，端正态度，在转换企业经营机制上再升升温。特别是各级领导同志需要有更强烈的紧迫感，要集中更多的精力来抓这项工作，以期使之尽快地取得一个实质性的进展。

全民所有制即国家所有制经济，是我国国民经济的主体。现在，全国有1万多个国有大中型工业企业，虽然其数量只占工业企业总数的2.5%，但它们却创造了全国近50%的产值和近70%的利税，是我国国民经济的命脉所在。这个基本事实足以表明，离开了国有大中型企业，在我国是什么事情也办不成的。这些企业是中国的命根子，它们的兴衰，它们的沉浮，紧紧关联着社会主义国家的前途和命运。党的第十四次全国代表大会和十四届二中全会都一再强调，在当前和整个90年代，一定要抓住国内和国际的有利时机，加快改革开放和现代化建设步伐，力争经济更快更好地登上新台阶，促进社会的全面进步。做到这一点靠什么？最重要的，是要依靠国有经济的进一步振兴，要通过改革把国有大中型企业搞上去。经济建设能不能登上新台阶，首先也就要看这些企业的发展水平能不能上得去。如果我们不能把握好机会，使国有企业从质上到量上有一个大的突破，我们也就在主要方面丧失了推进社会主义现代化建设的机遇，那将会犯下历史性错误。

经过14年改革开放的艰难探索，我国终于走上了一条自己独特的建设社会主义市场经济体制的新路子。对国有大中型企业来说，这既是一个历史性的重大转折，又是迅速发展自己的一个新的契机。发展社会主义市场经济，没有现成的东西可以照搬照抄；它需要我们从中国的实际出发，去不断地探索，不断地创造。我们现在仍然处在这种漫长的探索和创造过程之中。但有一点是不容置疑的，那就是以大中型企业为骨干的国有经济，将是主导中国市场经济沉浮的力量。这既是建设有中国特色社会主义的必然抉择，也是历史赋予国有大中型企业的神圣使命。国有经济决定着我国市场经济的性质和发展方向，制约着我国市场经济的发展规模和速度。没有国有经济的积极参与，中国的市场经济根本不可能得到充分发展；失去了国有经济的骨干作用，也就谈不上社会主义的市场经济。而国有大中型企业要发挥其在社会主义市场经济建设中的主导作用，就必须适应市场经济的要求，按照市场经济的规则来改造自己。其核心内容，就是转换企业经营机制，这是国有企业走向市场的前提条件。因此，贯彻落实《条例》，可以说是建设社会主义市场经济体制的系统工程中的“主体工程”。抓好了这项“主体工程”，就能够促进其他各方面的改革，使社会主义市场经济不断发展起来，使国民经济充满生机和活力。换句话说，国有企业转换经营机制的进退成败，直接制约着建设社会主义市场经济体制的进程。我们不仅必须迈出这一步，而且一定要把这项“主体工程”抓得紧，抓得实，抓得好，务必尽快地抓出成效来。正因为如此，党中央、国务院领导近几个月来反复强调，各级党政领导要把主要精力放到贯彻落实《条例》、转换企业经营机制上来，要千方百计地把搞好国有大中型企业作为党的工作的中心任务来抓。

各级领导同志是不是把主要精力投进了转换企业经营机制工作，对于这项工作的进展具有决定性的影响。为什么有的地方在经济建设中出现倚冷倚热的情况，在转换企业经营机制这个最该“热”的方面总热不起来，而在某些本不该那么热的方面却热得烫手？究其原因，关键还在于这些地方的领导还没有把指导思想完全转到依靠国有大中型企业上来，没有把主要精力放到推动国有企业转换经营机制上面来。又为什么有的地方和部门在转换企业经营机制上出现忽冷忽热的摇摆现象？主要原因也还是由于这些地方和部门的领导不能够始终如一地把转换企业经营机制真正摆在一切工作的中心，摆到“重中之重”的位置。领导精力分散了，该集中力量去抓的事情不全力以赴、坚持不懈地抓，东砸一榔头，西砍一斧子，就会造成各项建设热点太多的情况，而热点太多，热量就会分散，结果很容易形成表面上轰轰烈烈，实际上乱糟糟的局面，捡了芝麻，丢了西瓜。当然，这并不是说，作为一个地方、部门的主要领导，除了抓好企业转换经营机制的工作以外，其他的工作都可以不抓了，而是说要分清主次，区别轻重缓急，善于抓住一个时期工作中的主要矛盾，善于弹奏“主旋律”。当前，只有牢牢把握住国有企业转换经营机制这一“主旋律”，才能奏响、奏好整首社会主义现代化建设事业的优美乐章。

从各地反映的情况看，转换企业经营机制这项工作困难确实不少，来自各方面的阻力也不小。但因此而对转换企业经营机制、搞好国有大中型企业失去信心，踟蹰不前，是不行的。我国的国有企业在原有经济体制的轨道上运行多年，在各种不正确的指导思想和政策制约下，积累了大量的实际问题；更严重的，是我们从机关到企业的很多干部对过去的一套办法已经习以为常，形成了一定的思维模式。改变这一切的确很不容易，但社会主义市场经济的发展，要求我们必须改变它们。转换企业经营机制纵然是一块“硬骨头”，我们也必须把它啃下来。这是一场只能胜，不能败的“攻坚战”。我们要有极大的决心和勇气来迎接挑战，排除万难，冲破阻力。企业、政府及其有关部门必须共同努力，社会各有关方面都要为企业转换经营机制创造条件。各级党政领导同志要花很大精力来协调、组织好所有这些方面的力量，使它们形成一股强大的合力，把《条例》切切实实地贯彻落实下去。

转换企业经营机制的核心是落实企业生产经营自主权。落实企业自主权的关键是政府部门转变职能。政府职能不切实转变，原有的权力抓住不放，原来的领导和管理方式不加改变，企业要转换经营机制是不可能的，或者只能半途而废。《条例》虽然没有对政府的职责作出全面、具体的规定，但已经主要从转换企业经营机制的角度，原则界定了政府与企业的关系。这就为政府机构的改革提供了一个重要的法律依据。多年来的实践表明，转变政府职能，改革政府机构，必须以转变观念为前提。这就需要各级领导同志从自身做起，带头解放思想，带领全体干部进行一场观念革命。一定要切实地实现从传统的计划经济观念向社会主义市场经济观念的转变，从企业是政府附属物的观念向企业是独立法人实体的观念转变，从政企合一观念向政企分开观念转变。在革新观念的基础上，我们才有勇气和能力向旧的习惯势力、老一套的工作方法挑战，进而在经济管理的内容和方法上实现根本变革，即变偏重于运用行政手段直接管理为运用经济的、法律的杠杆和必要的行政手段间接管理；变分钱、分物、分指标的具体管理为管总量平衡、发展规划、政策导向的行业宏观管理；变主要抓生产环节的管理为生产、分配、流通、消费全过程的管理；变以主要精力管理企业为培育、完善市场体系，充分发挥市场调节的作用；变大包大揽企业的具体事务为发展和完善公共设施，建立和完善社会保障体系，为企业提供信息、咨询、法律服务。如果我们的各级、各部门领导干部首先在思想观念、工作作风、工作方法上真正取得了突破，想企业所想，急企业所急，深入到基层中去进行调查摸底，研究具体情况，解决具体问题，替企业出主意、想办法，为企业撑腰壮胆，排忧解难，并站在更高的角度上时时注意总结经验，逐步加以推广，那么，贯彻《条例》就不难进一步“热”起来，转换企业经营机制，就不难不断有所突破。

转换企业经营机制，落实企业经营自主权，主体是企业。经营机制能不能转过来，市场能不能进得去，《条例》赋予的各项自主权能不能用好，归根到底取决于企业自身。对企业来说，《条例》的颁布实施，是一次发展壮大自己的来之不易的机遇。当前国内国际的市场竞争日趋激烈，竞争的严酷法则是优胜劣汰。能不能迅速抓住《条例》赋予的权力，并把这些权力用好、用足，对每一个企业在社会主义市场经济中的命运，都有着生死存亡的意义。因此，贯彻《条例》，最具紧迫感、责任感的，应该是我们的企业，我们的企业家们。如果企业缺乏主动性，企业家们不集中精力去学习、研究《条例》，去适应新的经营机制，那么，文件再好，上面喊得再响，上级领导再卖力，也是无济于事的。那种等待、观望，左顾右盼，那种认为《条例》不解渴，盼着中央再来一个“红头文件”的想法和做法，都是最要不得的。一个有作为的企业领导，应该在学好、吃透《条例》精神的基础上，能够大胆地按照文件的要求去做，勇于脱离政府的“怀抱”，走向市场的海洋；勇于摆脱“婆婆”的干预，以《条例》为法律武器，理直气壮地维护本企业的合法权益。从不少企业的成功经验中不难发现，企业在转换经营机制过程中争当“出头鸟”，率先冲出旧体制的束缚，就在发展市场经济中取得了主动，在市场竞争中争得了先机。相反，在贯彻《条例》中动作慢吞吞，总想“齐步走”者，无疑会枉失机会，这是自甘落后，作茧自缚。

有的企业领导人强调外部环境不好，企业无法施展。这个理由并不充分。我们对于转换企业经营机制的外部条件和内部条件的关系，应该有清醒的、辩证的认识。当然，转变政府职能、完善市场体系、理顺价格体系、完善法律环境、健全社会保障体系等外部条件，对企业来说都是十分重要的。但外部条件和环境的改善是一个过程，在这个过程中企业并不是无所作为的；况且外因总要通过内因来起作用，企业内部条件不改善，外部条件再好也没有用。企业领导一方面当然要敢于向“婆婆”要权、争权，促使宏观经济体制的改革，为企业发展争取更好的外部条件；另一方面要会用权，用好权，把自己的事情办好，为企业在新的经营机制上运行创造良好的内部条件。如果一切等到外部条件都好了再说，那就晚了。企业领导眼睛向内，是有大量的工作要做的。主要的如：要下大功夫去熟悉、研究市场，学会掌握和运用市场经济法则；要理顺企业内部的管理体制和精简组织机构；要抓紧进行现有的劳动、人事、分配制度的改革；要加强和改善职工的思想政治工作，使他们正确对待改革中的利益调整，真心实意地理解和支持企业经营机制的转换；还要认真地配合做好企业国有资产的重新评估以及尽快地建立起国际通用的财务会计制度等等。总之，转换企业经营机制的内部条件和外部条件既有相互制约的一面，又有相互促进的一面。只有把两方面的工作同时进行，并把它们衔接好，使之互相协调，才能实现企业经营机制的平稳过渡。

随着党的十四届二中全会和人大、政协“两会”的胜利召开，国有企业转换经营机制的大气候会更加好起来。我们相信，只要各级领导把主要精力集中到搞好国有大中型企业上来，形成全国上下齐动员，企业内外共同努力，社会各方面同心协力的局面，《条例》一定能够切切实实地得到贯彻，转换企业经营机制的步伐必定能够进一步加快。

外交部部长钱其琛在北京会见由贸易及旅游部长查利·麦克里维率领的爱尔兰代表团

文化部第三届新剧目文华奖在北京揭晓

本届共评出剧目综合奖 33 个（台）。获本届文华大奖的 4 个剧目是：吉林扶余市满族新城戏剧团的《铁血女真》、陕西歌舞剧院歌舞团的歌剧《张骞》、福建省歌舞剧院歌舞团的舞剧《丝海箫音》和云南省歌舞团的《阿诗玛》。另有“文华新剧目奖”25 个，“文华新节目奖”4 个。话剧、儿童剧、歌舞乐舞三大艺术门类大奖空缺。

北京大学获得高纯度 C_60 和 C_70

北京大学采用重结晶法分离提纯技术及用高效液相色谱法分析，分别获得纯度高达 99.9% 的 C_60（又称富勒稀）和 90% 的 C_70，表明中国这项研究跨入世界领先行列。

唐山开庭审理“2·14”特大火灾案

唐山市东矿区人民法院对 2 月 14 日唐山市林西百货大楼特大火灾案进行开庭审理，依法对岳江、孟玉珍等 7 人作出一审判决。

法庭调查查明，林西百货大楼特大火灾事故，造成 80 人死亡，55 人受伤，直接经济损失达 400 万元。

审判委员会决定，以重大责任事故罪判处岳江、黄建平各有期徒刑 7 年，张凤文、王福林各有期徒刑 6 年；以玩忽职守罪判处孟玉珍、张玉珩各有期徒刑 5 年，王洪图有期徒刑 4 年。

4月17日

国务院总理李鹏在上海浦东考察

在上午举行的外高桥保税区封关典礼前，李鹏对出席典礼的中共上海市委书记吴邦国、市长黄菊和浦东新区负责人说，我们就是要利用上海的地域优势、人才优势、经济基础优势，经过90年代的努力，把上海建设成为全国乃至远东的经济中心、金融中心、贸易中心，在整个中国现代化建设中发挥更大的作用。

李鹏说，无论是保税区、浦东新区还是整个上海的对外开放工作，都应该和国际市场接轨，要按国际规则办。他预祝外高桥保税区顺利投入运营，为振兴上海经济，振兴全国经济发挥更重要的作用。

李鹏指出，浦东的开发、开放要继续坚持已被实践证明是行之有效的“统筹规划，小区启动，滚动开发，扎实前进”的方针，要充分利用上海的有利条件，站在更高的起点上，着重引进先进技术和大的项目，使浦东的开发、开放再上一个新台阶。李鹏说，浦东三年来取得的进步，是坚持了小平同志建设有中国特色的社会主义理论的结果，同上海市委、市政府的领导和上海人民的辛勤劳动是分不开的。当然，这仅仅是开端，还要继续努力，他指出，浦东和上海要真正成为全国的经济中心，必须要有更大的胆略和气度，只有这样，才能更好地服务全国，在全国的经济建设和对外开放中发挥带头作用。

《人民日报》发表本报评论员文章《坚决制止乱集资》

南海流花11—1油田总体开发方案经政府批准正式投入开发建设

中国最大的海上油田——流花11—1油田是中国海洋石油南海东部公司与阿莫科东方石油公司合作勘探于1987年1月发现的，位于南海29/04合同区，距香港约220公里。这个油田开发总面积为317平方公里，控制石油地质储量为2.33亿立方米，是迄今中国找到的最大海上油田。目前先开发1区藏油主体，面积14.4平方公里，储量9763万立方米，开发投资6.53亿美元。计划1996年投产，高峰期年产量为168万吨。油田生产时间15年。

在油田开发中，中国海洋石油南海东部公司参股51%，阿莫科东方石油公司参股49%。

中国建成世界最大的海洋重力数据库

这个由海军海洋测绘研究所自行设计研制的重力数据库数据量达1800万个。

外交部部长钱其琛在钓鱼台国宾馆会见赤道几内亚总理西尔维斯特雷·西阿莱·比莱卡

国家副主席荣毅仁在人民大会堂会见毛里求斯外交部部长保罗·贝朗热

国家副主席荣毅仁在人民大会堂会见秘鲁总统府秘书长迪亚斯·刘

中国和布隆迪在北京签署两国教育合作项目换文

4月18日

《邓小平思想宝库》由红旗出版社出版

《邓小平思想宝库》最近由红旗出版社出版发行。薄一波题写书名。该书450万字，分上下两卷本共15编，附录4编，全方位地阐述了邓小平及其思想的全貌，比较全面、系统地反映了国内外研究邓小平及其思想的最新成果。

国务院副总理朱镕基在湖南株洲召开的京九铁路建设座谈会上发表讲话

朱镕基在座谈会上指出：一要真抓实干，加快铁路建设，力争1995年底全线铺通京九铁路，逐步解决铁路运输的“瓶颈”制约；二要整顿路风，挖掘运输潜力，缓解目前铁路运输紧张的局面。

会议听取铁道部和有关省负责人关于京九铁路建设情况的汇报。在座谈会上，朱镕基说，国家要高速、持续发展经济，经济结构必须优化合理。当前，调整结构的重点除了农业就是交通通信等基础设施，基础设施要突出铁路，铁路是重中之重。加强铁路和其他基础设施建设是贯彻小平同志重要谈话和党中央、国务院指示精神的战略性步骤，必须高度重视，不能掉以轻心。当前要注意调整资金投向，银行要在保证支付的前提下，一保农业、二保铁路，要决战三年，使全国铁路主要限制口的运输能力提高一倍，使铁路运输逐步适应国民经济发展的需要。

朱镕基说，当前铁路职工热情高涨，铁路建设形势很好，进度很快，大家要进一步抓住机遇，真抓实干，加快铁路建设，力争京九铁路三年铺通。国家有关部门和京九铁路沿线地区各级政府，要在资金、物资、电力供应和征地拆迁等工作上顾全大局、通力协作，真正做到沿线群众自发提出的“像当年支援红军、支持淮海战役一样”，全力支持京九铁路的建设。

朱镕基指出,铁路建设两三年后才能见成效。要缓解当前的运输困难,还必须靠现有铁路的技术改造,要抓紧落实例如京广铁路的株洲北、衡阳北和广州北三大编组站等技改扩能措施,及早投产见效。同时要加强运输调度,改善经营管理,挖掘运输潜力。

朱镕基强调,挖掘运输潜力,当前关键是要整顿路风。他指出,目前在铁路运输中确实存在行业不正之风。有的迫使企业同铁路搞"联营"、"协作",变相收取额外运输费;有的把计划内车皮拨给自己的劳动服务公司卖高价,或者巧立名目乱收费。这样不但增加企业负担,而且使铁路运输紧上加紧,重点建设和重点物资运输难以保证。行业不正之风不仅在铁路部门存在,其他行业也有不同表现,必须坚决予以制止。

朱镕基说,整顿行业不正之风要以垄断性行业部门和执法部门为重点,这些部门要首先整顿,带个好头,坚决不搞以权谋私和权力经商。铁路职工历来是一支纪律严明、素质较高的队伍,思想政治工作较强,有着艰苦奋斗、能打硬仗的优良传统,因此从铁路部门开始整顿行业作风是有条件的,可以为全国提供经验,作出表率。整顿路风一要给政策(财政、银行要支持铁路发展第三产业),二要立法规(严禁以车皮、车票谋私),三要严查处(铁道部门的各级领导干部要下基层督促检查,发现问题严肃处理)。他说,只要我们对行业不正之风坚决抵制,坚持不懈,就可以按照社会主义市场经济的规范创立新风,保证国民经济高速、持续地发展。

国务委员陈俊生在江西农村考察

陈俊生于18日至23日由中共江西省委副书记刘方仁,省委常委、农工委书记张逢雨陪同,先后到萍乡、宜春、九江等地市的一些县市区、乡村及共青城考察,在农户家与农民和基层干部座谈,听取各级领导和涉农部门的工作汇报。

陈俊生在考察时强调,当前要尽快将粮棉预购定金、棉花贴息贷款发放到农民手中。

陈俊生说,作为传统农业区和内陆省份的江西,这几年农村改革确已见成效。江西贯彻落实中央和国务院的农村各项政策是认真和及时的,措施也是得力有效的。特别是省政府明令宣布废止39个不合理收费项目和8种不合理收费方法,又及时清理涉及农民负担的文件,深受农民欢迎。当前,要继续抓紧落实各项农村政策。尤其是"两金"和春熟、夏熟作物收购资金,尚有缺口,各级政府和有关部门要千方百计积极筹措资金,切实加以解决。陈俊生强调,农业是国民经济的基础,轻视农业和冷落农民,都会挫伤农民的积极性,国民经济全局就难以协调稳定发展。去年底特别是今年初以来,中央和国务院新出台一系列重要政策,各级政府和部门,尤其是各涉农单位,都有责任和义务抓好落实。

陈俊生在基层调查中,得知某市农行和人行,拆借巨额资金"外流"到沿海搞房地产,行里几位领导私分大额回扣费时,严肃地指出:此事务必一查到底,不管涉及谁,都要依法惩处,并予以曝光。对反映情况的单位和人员,应给予表扬和保护。陈俊生强调,今后凡有截留、挤占、挪用农用资金的人和事,都要查个水落石出,严惩不贷,决不姑息迁就。

《人民日报》发表评论员文章《做好市场建设这篇大文章》

中国统计师事务所在北京成立

中国统计师事务所由国家统计局管理、授权、指导,经国家人事部审核批准,国家工商行政管理局注册。

国内最大的国际期货公司——中国国际期货有限公司在南京开业

全国妇联主席陈慕华在北京会见由儿童与家庭事务大臣格蕾特·贝尔格特率领的挪威政府妇女代表团

4月19日

国务院总理李鹏同新加坡总理吴作栋在人民大会堂举行会谈

国务院作出有关机构改革决定

在这次机构改革中,国务院的直属机构由19个调整为13个,办事机构由9个调整为5个,国务院不再设置部委归口管理的国家局。国务院直属事业单位也作了调整。国务院决定:

一、国务院设置直属机构13个

国家统计局

国家税务总局

中华人民共和国国家工商行政管理局

国家环境保护局

国家土地管理局

中华人民共和国新闻出版署(国家版权局)

中华人民共和国海关总署

中华人民共和国国家旅游局

中国民用航空总局

国务院法制局

国务院宗教事务局

国务院参事室

国务院机关事务管理局

二、国务院设置办事机构 5 个

国务院外事办公室

国务院侨务办公室

国务院港澳事务办公室

国务院特区办公室

国务院研究室

三、国务院设置直属事业单位 8 个

中国轻工总会

中国纺织总会

新华通讯社

中国科学院

中国社会科学院

国务院发展研究中心

中国气象局

中国专利局

此外,国务院还设置了国务院台湾事务办公室与国务院新闻办公室。

国务院决定将有些国家局改由部委管理

国家技术监督局,由国家经济贸易委员会管理;

国家建筑材料工业局,由国家经济贸易委员会管理;

国家医药管理局,由国家经济贸易委员会管理;

国家海洋局,由国家科学技术委员会管理;

国家地震局,由国家科学技术委员会管理;

国家外国专家局,由人事部管理;

国家语言文字工作委员会,由国家教育委员会管理;

国家国有资产管理局,由财政部管理;

国家烟草专卖局,由国家经济贸易委员会管理;

国家中医药管理局,由卫生部管理;

国家进出口商品检验局,由对外贸易经济合作部管理;

国家文物局,由文化部管理;

国家外汇管理局,由中国人民银行管理;

国家粮食储备局,由国内贸易部管理;

国家测绘局,由建设部管理。

国务院港澳办主任鲁平在北京会见港九新界区议会主席访京团前接受记者采访

鲁平说,即将举行的中英会谈必须以中英联合声明、香港基本法和中英双方已达成的有关谅解和协议为基础。

鲁平说,香港总督彭定康的政改方案是违反这三个原则的。他的这个方案既不可以作为谈判的基础,也不能作为谈判的起点。鲁平强调指出:“离开了这三个原则,就没有什么好谈的。”

在回答有关 1995 年产生的立法局议员 1997 年后能否全部留任的问题时,鲁平表示,我们希望 1995 年产生的立法局议员能全部留任,但这必须经过香港特别行政区筹备委员会根据三个原则加以确认。这三个原则是:拥护基本法、效忠特别行政区、符合基本法有关规定。

全国政协主席李瑞环在人民大会堂会见来京参加减灾扶贫义演的香港演艺界人士

海峡两岸航运交流协会筹备处在北京成立

海峡两岸航运交流协会筹备处最近在北京成立。筹组中的海峡两岸航运交流协会,以促进海峡两岸港航界的交流与合作,研讨两岸海上通航的有关问题,推动祖国和平统一为宗旨。

中宣部发出不应以重奖办法吸引记者到本地或本单位进行采访报道的通知

国家主席江泽民致电土耳其代总统金道鲁克吊唁土耳其总统厄扎尔逝世

国务院总理李鹏在中南海紫光阁会见英国通用电气公司董事长普赖尔勋爵

国家副主席荣毅仁在人民大会堂会见泰国国会主席兼下院议长玛鲁·汶纳

泰国国王普密蓬·阿杜德在曼谷王宫会见国务院副总理兼外交部长钱其琛

外交部部长钱其琛在曼谷同泰国外交部长巴颂举行会谈

中国和西班牙在马德里签订《中华人民共和国政府和西班牙王国政府 1993 年、1994 年和 1995 年文化、教育合作执行计划》(共 6 方面)

中央军委副主席刘华清在浙江舟山群岛考察

刘华清上午在海军司令员张连忠等陪同下,考察东海舰队某驱逐舰支队。在“舟山舰”和“安庆舰”的作战指挥控制中心,刘华清要求官兵们从单兵训练抓起,打牢基础,苦练精练,把人和武器结合好,准确无误地掌握手中的新装备。他说,即使有了新装备新武器,不掌握,不熟悉,也不可能有战斗力。我们各级指挥员要从笼统、习惯性的思维定势中解放出来,在高新技术提供的机遇与挑战面前,趋利避害,扬我之长,练战法,练谋略,攻占"智力高地"。

考察中,刘华清还冒雨看望海军某基地高炮连、南京军区某要塞区驻岛部队,和指战员亲切座谈,询问守岛指战员们的生活、学习和军事训练情况,并参观连队荣誉室和军史陈列馆。刘华清要求部队官兵,继承和发扬我党我军的好传统、好作风,发扬邓小平同志倡导的五种革命精神,为人民的利益而艰苦奋斗。刘华清说,军人的价值在于奉献,为人民服务不能讲价钱。

刘华清乘坐"舟山舰"抵达北仑港,参观深水码头和作业区。翌日又参观了镇海石化总厂。刘华清对当地领导和部队负责人说,地方的改革开放成就对军队是一种鞭策。军队既要做改革开放的保卫者,又要做参与者。全军官兵要在以江泽民同志为核心的党中央正确领导下,在抓好自身建设的同时,继续大力支援地方的经济建设,进一步加强军政军民团结,为祖国四化大业再立新功。

中国印度科技联合委员会第3次会议在新德里举行

双方建议将1993～1995年间的合作范围扩大到激光、材料与地球科学、空间与遥感、农业及渔业、医药、化工、生物技术、电子等领域。

中国骨髓移植跃居国际水平

北京医科大学人民医院,迄今已经完成110余例骨髓移植。该院对处在缓解期的白血病患者施行骨髓移植,其中3/4的患者长期存活着。

该院早在1964年即成功地进行双胞胎之间的骨髓移植,并于1981年在国内率先持久植活异基因骨髓。1981年至1983年在该院接受骨髓移植的白血病患者,至今全部无病存活。

4月20日

全国人大常委会委员长乔石在人民大会堂会见泰国国会主席兼下院议长玛鲁·汶纳

全国人大常委会委员长乔石在人民大会堂会见以卡洛斯·巴列霍议长为团长的厄瓜多尔议会代表团

全国人大常委会委员长乔石在人民大会堂向澳门特别行政区基本法起草委员会全体委员颁发起草工作纪念牌

香港154位区议员在香港向新华社香港分社递交请转给外交部副部长姜恩柱要求本港政制发展必须循序渐进的联署声明

《人民日报》发表社论《发扬伟大的创业精神》

伟大的创业实践,需要有伟大的创业精神来支持和鼓舞。我们的社会主义现代化建设还处在艰巨的创业时期,必须大力发扬创业精神。这是江泽民在八届全国人大一次会议当选国家主席后发出的号召。他在讲话中指出:"解放思想、实事求是,积极探索、勇于创新,艰苦奋斗、知难而进,学习外国、自强不息,谦虚谨慎、不骄不躁,同心同德、顾全大局,勤俭节约、清正廉洁,励精图治、无私奉献,这些都应该成为新时期我们推进现代化建设,所要大加倡导和发扬的创业精神。"

江泽民同志所归纳的这64个字,全面概括了新时期创业精神的基本内容,言简意赅,内涵丰富,我们要很好地领会和贯彻。

"解放思想、实事求是",这是创业精神的核心和精髓。建设有中国特色的社会主义是全新的事业,一无现成的本本可搬,二无现成的模式可套。要创这样的大业,没有大无畏的革命胆略不行,没有正确的思想路线不行。要有创业的胆、创业的识,从根本上来说,靠的就是"解放思想、实事求是"。

"积极探索、勇于创新",这是由创业的开拓性所决定的。我们创业的目标是明确的,这就是把我国建设成为富强、民主、文明的社会主义现代化国家。实现这个目标的具体道路、具体政策、具体方法,要我们依靠人民群众在实践中积极探索,要锐意改革,勇于创新,不断总结,开拓前进。"创业"、"创新",最突出的特点就体现在一个"创"字上。

"艰苦奋斗、知难而进",这是创业者必须具有的精神风貌。在改革开放和现代化建设中不可能一帆风顺,会遇到无数的艰难险阻,也难免有这样那样的曲折坎坷,需要我们保持昂扬的斗志和坚韧不拔的作风,坚定不移地朝着既定目标奋进。

"学习外国、自强不息",讲的是独立自主和学习借鉴的关系。这是进一步扩大对外开放所必需的。我们不夜郎自大,敢于正视自己之短、他人之长,善于学他人之长、补自己之短。学是为了长知识,添本领,更好地发展自己。借鉴是为了保优势,扬特色,更好地创造前进。我们决不自卑自馁,更不仰人鼻息。我们坚信,坚持独立自主、自力更生和对外开放、学习外国相结合,经过全民族的团结奋斗,我们的祖国一定能够繁荣富强。

"谦虚谨慎、不骄不躁",这是创业者应有的风格。在创业中总会不断取得新的成绩,也会听到各种赞扬之声。在成绩面前我们要知不足,在赞扬声中我们要明差距,永远保持清醒的头脑。决不可因胜利而冲昏头脑,操切从事。要注意倾听不同意见,注意民主决策、科学决策。

"同心同德、顾全大局",是讲局部与全局的关系,这对创业至关重要。创有中国特色社会主义的大业是全国各族人民共同的事业,不是一部分人、一部分地区所能完成的,需要11亿人民同心同德,团结奋斗。在创业过程中,各个局部情况不同,条件不同,发展速度不同,难免发生这样那样的矛盾,要认真调节。要正确处理全局利益和局部利益的关系。在发生矛盾时,提倡局部利益服从全局利益,个人利益服从集体利益。这样,才能成就大业。

"勤俭节约、清正廉洁",是讲创业者应有的节操。我们国家的底子还不算厚,人民群众的总体生活水平也不算高,更不可忘记有一部分地区一部分人还相当困难,农村有,城市也有。要永远保持勤俭节约的美德。贪图享乐、挥霍浪费,会销蚀创业精神、瓦解创业精神。要造成勤俭光荣、挥霍可耻的社会舆论。各级党政干部清正廉洁,才有威信,才有凝聚力,才能保持同广大群众的密切联系,带领群众前进。

"励精图治、无私奉献",是说我们要有强烈的事业心、高度的责任感,要高标准地做好工作,全身心地投入到振兴中华的伟大事业中去,不断开创工作的新局面。这实质上也就是说要有正确的人生观、价值观,要有为了伟大的理想而献身的精神。

以上64个字所展现的创业精神,既包容了我们民族的传统美德,又体现了工人阶级政党的党性原则;既总结了几十年来我国人民创业的宝贵经验,又反映了改革开放新时期的新鲜经验和时代要求,是对新时期精神动力的最好概括。建设有中国特色的社会主义,不但需要有一个正确的理论,有一条正确的路线,还要有一个良好的精神风貌。创业精神体现了建设有中国特色社会主义理论和党的基本路线的要求,也必将促进这个理论和这条路线的贯彻落实。

一个民族需要民族精神,一个时代需要时代精神,创业精神应当成为我们的民族精神,成为我们的时代精神。精神可以变物质,物质可以变精神,两个文明建设互相依存,互相促进。过去14年,我们发扬创业精神,取得了举世瞩目的伟大成就;今后更好地发扬这些精神,就一定能抓住机遇,用好机遇,完成党的十四大和八届全国人大一次会议提出的各项任务,取得更大的成就。

陕西省人大八届一次会议选举白清才为省长张勃兴为省人大常委会主任

河南省政协七届一次会议选举林英海为省政协主席

陕西省政协七届一次会议选举周雅光为省政协主席

国务院总理李鹏签署第111号令发布《国有企业富余职工安置规定》

《国有企业富余职工安置规定》已经国务院第一百一十五次常务会议通过,现予发布,自发布之日起施行。

总理 李 鹏

1993年4月20日

国有企业富余职工安置规定

第一条 为了妥善安置国有企业富余职工,增强企业活力,提高企业经济效益,制定本规定。

第二条 安置国有企业(以下简称企业)中的富余职工,应当遵循企业自行安置为主、社会帮助安置为辅,保障富余职工基本生活的原则。

第三条 企业安置富余职工应当依照本规定采取拓展多种经营、组织劳务活动、发展第三产业、综合利用资源和其他措施。

企业行政主管部门、劳动行政主管部门和工会组织应当指导、帮助和支持企业做好富余职工安置工作,积极创造条件,培育和完善劳务市场,开辟社会安置渠道。

第四条 企业为安置富余职工而兴办的从事第三产业的独立核算企业,自开业之日起两年免征、三年减半征收企业所得税。

第五条 企业开办的劳动就业服务企业,应当承担安置本企业富余职工的任务。企业应当按照国家有关国有资产管理的规定,在资金、场地、原材料和设备等方面给予扶持。

第六条 企业组织本企业富余职工依法兴办的独立核算企业,可以承担本企业中原由外单位承包的技术改造或者劳务项目。

第七条 企业可以对富余职工实行待岗和转业培训,培训期间的工资待遇由企业自行确定。

第八条 经企业职工代表大会讨论同意并报企业行政主管部门备案,企业可以对职工实行有限期的放假。职工放假期间,由企业发给生活费。

孕期或者哺乳期的女职工，经本人申请，企业可以给予不超过二年的假期，放假期间发给生活费。假期内含产假的，产假期间按照国家规定发给工资。

第九条 职工距退休年龄不到五年的，经本人申请，企业领导批准，可以退出工作岗位休养。职工退出工作岗位休养期间，由企业发给生活费。已经实行退休费用统筹的地方，企业和退出工作岗位休养的职工应当按照有关规定缴纳基本养老保险费。职工退出工作岗位休养期间达到国家规定的退休年龄时，按照规定办理退休手续。职工退出工作岗位休养期间视为工龄，与其以前的工龄合并计算。

第十条 职工可以申请辞职。经企业批准辞职的职工，在办理辞职手续时，企业应当按照国家有关规定发给一次性生活补助费。

第十一条 按照本规定第八条、第九条规定发放的生活费在企业工资基金中列支，生活费标准由企业自主确定，但是不得低于省、自治区、直辖市人民政府规定的最低标准。

第十二条 企业因生产经营发生重大变化，必须裁减职工的，对劳动合同制职工，经企业职工代表大会讨论同意，可以提前解除劳动合同，但是应当按照合同约定履行义务；合同没有约定的，企业对被提前解除劳动合同的职工，按照其在本企业工作的年限，工龄每满一年，发给相当于本人一个月标准工资的补偿费。

第十三条 各级劳动行政主管部门和企业行政主管部门应当做好富余职工的社会安置和调剂工作，鼓励和帮助富余职工组织起来就业和自谋职业。企业之间调剂职工，可以正式调动，也可以临时借调；临时借调的，借调期间的工资和福利待遇由双方企业在协议中商定。

第十四条 富余职工由企业自行安置有困难到社会待业的，在待业期间，依法享受待业保险待遇。劳动行政主管部门和有关行政主管部门应当创造条件，帮助职工再就业。

第十五条 企业依照本规定兴办的独立核算企业安置的职工，按照国家有关规定纳入新办企业的职工人数和经济指标的统计范围。

第十六条 省、自治区、直辖市人民政府可以根据本规定制定实施办法。

第十七条 本规定由国务院劳动行政主管部门负责解释。

第十八条 本规定自发布之日起施行。

外交部部长钱其琛在曼谷会见亚太经济社会理事会执行秘书艾哈迈德

全国公共关系工作会议在北京召开

会议于 4 月 20 日至 22 日召开。全国 20 余个省、直辖市和计划单列市公共关系协会的领导 60 多人到会。与会者就如何促进全国公共关系事业深入发展、公关事业如何更好地服务于社会主义市场经济等问题进行了深入探讨。程思远、严济慈到会祝贺。

亚欧 8 国代表在乌鲁木齐签署《关于组建亚欧陆地光缆系统的协议》

亚欧 8 国代表日前在乌鲁木齐共同签署《关于组建亚欧陆地光缆系统的协议》。在协议上签字的有中国、德国、哈吉克斯坦、吉尔吉斯斯坦、波兰、塔吉克斯坦、乌克兰、乌兹别克斯坦等 8 国。

国家科委有关部门国家工商管理局商标局和美国宾克顿公司在北京举办中美知识产权法律实施研讨会

会议于 20 日至 22 日举行。会议旨在讨论中美等国商标法及其他知识产权法律实施和争议解决等问题，以促进各方的科技、经济、贸易、投资等方面的进一步合作。来自中美等国知识产权管理机关、企业界和学术界的专家学者们，就专利、商标、著作权等法律实施中共同关心的问题进行研讨，交流经验，增进了解，加深合作。

中国常驻联合国副代表陈健在联合国裁军审议委员会会议上发言

陈健说，1993 年联合国裁军审议委员会的三项议题是核裁军、区域裁军和科技在国际安全、裁军及相关领域中的作用。关于核裁军问题，陈健说，美俄应继续承担对核裁军的特殊责任和首要义务，应继续大幅度削减其具有“超级杀伤力”的核武库，停止改进、试验、生产和部署核武器，停止发展外空武器。

陈健说，中国自拥有核武器起就宣布无条件不首先使用核武器，不对无核武器国家及地区使用或威胁使用核武器。中国呼吁其他核武器国家采取相同立场，在此基础上达成有所有核武器国家参加的禁止使用核武器国际公约，为防止核扩散并最终全面禁止、彻底销毁核武器创造条件。

谈到区域裁军问题时，陈健说，区域裁军应由区域国家根据本地区特点自愿进行。采取的措施应公平、合理、全面、均衡，确保各国安全不受减损。

陈健最后说，科技成果是全人类的共同财富，理应用于各国的和平发展和经济建设。但是令人遗憾的是，一些拥有高科技的国家一方面以防扩散为借口，千方百计为国际科技交流设置障碍，另一方面又将大量的高科技用于军备竞赛。

因此，如何制止军备竞赛，促进国际科技交流应是审议科技在国际安全、裁军及相关领域中的作用这一议题的重点。

4 月 21 日

国家主席江泽民在中南海会见新加坡总理吴作栋

江泽民说，近几年来，中新经贸合作迈出了新的步伐。我们欢迎新加坡工商界来华开展各种形式的经济合作。他对新加坡政府愿意介绍管理经验、提供技术以及支持和鼓励新加坡企业家来华投资的政策表示赞赏。

江泽民会见中还谈到，现在有人说，中国经济发展了将会对别的国家构成威胁。他说，散布这种论调的人是别有用心的。中国是一个爱好和平的国家，永远不称霸，即使将来经济发展了，也决不会搞军事扩张。中国愿与包括东南亚国家在内的世界各国在和平共处五项原则基础上保持和发展友好合作关系。

中方参加会见的有中共中央政治局常委胡锦涛、中国致公党副主席王宋大、中国政府陪同团团长刘忠德等。

国家主席江泽民在中南海会见以议长卡洛斯·巴列霍为团长的厄瓜多尔议会代表团

全国人大常委会委员长乔石在人民大会堂会见哈萨克斯坦最高苏维埃主席谢·阿·阿布基尔金

全国人大常委会委员长乔石在北京会见新加坡总理吴作栋

国务院总理李鹏在钓鱼台国宾馆会见以香港区议会主席联席会议当值主席叶华为首的港九新界区议会主席访京团

全国政协主席李瑞环在人民大会堂会见以香港菱电集团董事长港事顾问胡法光为领队的北京/上海访问团

国家计生委主任彭珮云在国务院新闻办公室就人口问题举行的中外记者招待会上答记者问

彭珮云指出：在集中精力加快发展经济的同时，必须做好计划生育工作，严格控制人口增长，努力提高人口素质，为社会主义现代化建设创造一个有利的人口环境。

彭珮云说，近年来妇女生育率下降较快，首先是因为各级党和政府更加重视计划生育工作，切实加强了对计划生育工作的领导。其次，社会各方面更加积极参与计划生育事业，为计划生育创造了一个很好的大环境。第三，避孕节育技术和妇幼保健进一步完善，有关的社会经济政策也更有利于人们实行计划生育。彭珮云特别强调，我国社会经济形势持续看好对计划生育有积极影响，人们更多地把精力投入经济活动中去，为了快致富而宁愿少生孩子，晚生孩子。

有记者问：4 月 1 日曾有报道说允许高级知识分子生二胎，不知有无这种考虑？

彭珮云对此回答：现行计划生育政策是一个特定历史时期的政策，至少到本世纪末是不会改变的。当前中国正处在人口出生高峰，保持政策的稳定性至关重要。现行计划生育政策不变、既定的人口控制目标不变、党政一把手负总责不变是我们工作的指导方针。

彭珮云说，现在社会上确实存在着一种“逆淘汰”的说法，但我们不赞成这种说法。

第一，我们的人口政策是控制人口数量、提高人口素质，这两者是辩证统一的关系，在政策上根本不存在偏重控制人口数量、忽略提高人口素质的问题。第二，自从我们实行计划生育以来，城市和农村的出生率都大幅度地下降，农民和城市居民一样积极支持计划生育工作。由于农村存在着一些实际困难，出生率比城市高一些是合理的。第三，在社会主义经济建设大潮中，农民充分显示了他们的聪明才智，有许多有力的事例说明他们并不比城里人愚笨，只要具备了条件和机会，他们会很快地接受新鲜事物。随着城市化速度加快，少生快富、科技致富已成为农民新追求。

在回答建立社会主义市场经济体制对计划生育工作有什么影响时，彭珮云说，社会主义市场经济体制的建立，极大地促进了社会生产力的发展，对人们的生活方式、婚育观念也产生了深刻影响，必将为控制人口增长创造一个有利的经济与社会条件。近年来，有大量农民涌入经济比较发达的地区和城市谋生，这是一种必然的趋势，从根本上看对降低生育率是有利的，但其中也夹杂着一些“超生游击队”，增加了计划生育工作的难度。我们正在努力探索和逐步建立同社会主义市场经济体制相适应的计划生育工作新机制。

在谈到人口出生性别比和统计“水分”时，彭珮云说，出生性别比确实有上升的趋势，对这一趋势中国政府高度重视，除加强监测和研究外，还通过采取制定法规、广泛宣传、提高妇女地位等措施来加以防止。至于人口统计“水分”，漏报肯定会有，但抽样调查和人口普查的结果与事实是基本接近的。

国务院总理李鹏在钓鱼台国宾馆会见国际合作社

联盟主席马卡斯以及其他前来北京参加国际合作社联盟亚太地区会议的各国代表

全国政协主席李瑞环在人民大会堂会见日本自民党众议员前自治大臣吹田愰

外交部部长钱其琛在曼谷会见参加亚太经社会第49届年会的韩国新任外长韩升洲并对朝鲜半岛形势交换意见

国际合作社联盟亚太地区会议在北京召开

亚太地区18个国家48个合作社组织参加会议。

大会审议并通过亚太地区合作社发展计划，讨论了国际联盟新的机构和地区章程草案，并一致通过选举中华全国供销合作总社秘书长杨德寿为国际合作社联盟亚太地区新主席。

国内贸易部部长张皓若代表中国政府对各国代表表示欢迎，并介绍了中国供销合作社的发展情况。他说，现在中国供销合作社已拥有1.6亿户社员，3万多个合作社和联合社，从事合作社工作的人员有500多万人。它为中国农村的经济发展和农民生活水平的提高作出了重要贡献。中国政府将一如既往地支持中国供销合作社发展同各国的双边和多边的合作关系。

中国代表团团长钱其琛在曼谷举行亚太经社会第49届年会上发言

钱其琛指出，亚太正在成为全面开放的充满经济活力的地区；"抓经济、求合作、促发展"已日益成为90年代亚太经社会成员和准成员政府的政策共识和优先行动。

钱其琛说，过去的一年，国际社会最终摆脱了以两个超级大国和两大军事集团对抗为主要特征的旧格局。世界正在向多极化方向发展。和平与发展两大主题更为突出，各国都更加重视经济发展。但世界并未因冷战结束而变得安宁。他指出，亚太地区政治形势相对稳定，经济发展势头依然良好。亚太经济调整和改革取得成效，经济发展的适应能力加强。在全球经济不甚景气的情况下，去年亚太经济的增长率仍高达6%，大大高出世界平均增长率，继续显示了它的活力。

钱其琛说，世界形势的巨大变化，为亚太地区各国加强合作，振兴经济提供了重要的机遇。本届会议选择"以扩大投资和区域内部贸易为手段促进区域经济合作和发展"作为主题是非常适宜和必要的。对这一主题的进一步探讨，将有助于各成员就如何在已有区域经济发展和合作的基础上挖掘潜力达成共识，有助于进一步加强各成员间的互补性，也有助于亚太经济合作的不断深化，从而为90年代亚太经济的发展创造必要的条件。

钱其琛说，中国是一个人口众多的发展中国家，正专心致力于国内经济建设，需要一个和平与稳定的国际环境。中国一贯重视和致力于积极发展与相邻国家的友好合作关系，为本地区的稳定和开展多种形式的区域合作做出了积极的贡献。中国政府十分珍惜来之不易的亚太地区的和平与稳定。我们愿与各成员共同努力，维护和发展这一和平、稳定的区域环境，为促进世界和平与区域合作做出贡献。

海峡两岸作家评论家就当前中国文学发展状况和两岸文学交流等有关问题在北京座谈

应中国作家协会的邀请，台湾两岸文艺交流访问团一行16人抵达北京访问。访问团由台湾中国作家艺术家联盟名誉会长楚崧秋为名誉团长，台湾"中央研究院"院士陈奇禄为顾问，台湾中国作家艺术家联盟会长尹雪曼为团长。

座谈会上，中国作家协会副主席冯牧代表大陆文学界向台湾同行表示欢迎。他说，我们都是中国人，血浓于水，两岸应携起手来，为中华民族文化的繁荣与发展共同努力。

尹雪曼团长说，两岸老朋友、好朋友在此聚会非常愉快和兴奋。他表示，希望了解大陆文学出版界面对商业大潮如何保持作品艺术性，做到雅俗共赏等方面的问题。

国务院古籍整理出版规划小组4月21日至24日在北京召开古籍整理出版十年规划和"八五"计划座谈会

中华名人协会在北京成立

4月22日

国家主席江泽民在中南海会见哈萨克斯坦最高苏维埃主席谢·阿·阿布基尔金

江苏省人大八届一次会议选举陈焕友为省长沈达人为省人大常委会主任

国务院发出成立中国轻工总会的通知

通知说，根据八届全国人大一次会议原则批准的国务院机构改革方案，撤销轻工业部，成立中国轻工总会，为国务院直属事业单位。

国务院发出成立中国纺织总会的通知

通知说，根据八届全国人大一次会议原则批准的国务院机构改革方案，撤销纺织工业部，成立中国纺织总会，为国务院直属事业单位。

国务院发出成立中国航空工业总公司的通知

通知说，根据八届全国人大一次会议原则批准的国务院机构改革方案，撤销航空航天工业部，成立中国航空工业总公司。

国务院发出成立中国航天工业总公司的通知

通知说，根据八届全国人大一次会议原则批准的国务院机构改革方案，撤销航空航天工业部，成立中国航天工业总公司，在对外交往中，可用国家航天局的名义。

河南省人大八届一次会议选举李长春为省人大常委会主任马忠臣为省长

国家主席江泽民在中南海会见由工商专业联会主席、港事顾问罗康瑞率领的香港工商专业联会访京团

最高人民检察院在北京召开全国检察机关反贪污贿赂斗争电话会议

会议要求全国各级检察机关，把惩治贪污贿赂等经济犯罪工作抓紧抓实，进一步引向深入。

会议指出今年以来，全国各级检察机关继续深入开展惩治贪污贿赂等经济犯罪的工作，1～3月份，全国检察机关立案侦查的贪污贿赂案件中万元以上大案1858件，要案38件。抓获携款潜逃的贪污贿赂等重大案犯387人，其中有百万元以上重大案犯21人。

国务院证券委员会发布《股票发行与交易管理暂行条例》

国务院总理李鹏在中南海会见英国大东电报公司董事长杨勋爵

中国和亚洲开发银行在马尼拉签订《中华人民共和国与亚洲开发银行贷款协定》(合肥－九江铁路项目)

外交部副部长姜恩柱和英国驻中国大使麦若彬分别作为本国政府代表在钓鱼台国宾馆就香港1994/95年选举安排问题举行第一轮会谈

姜恩柱对记者说，中英双方都已同意这次会谈将以中英联合声明、与基本法衔接的原则以及中英双方已达成的协议和谅解作为基础。

姜恩柱表示，中方对这次会谈抱有诚意，并希望这次会谈能够根据上述中英双方商定的原则取得积极成果。麦若彬说，我非常高兴来到这里参加这次讨论。我们抱着同样的诚意和积极的态度对待这次会谈。

对方讲话后，两位政府代表随后进行会谈。

解放军第二炮兵工程学院工程师王贵海攻克世界性科技难题非圆齿轮计算机辅助设计与制造(CAD/CAM)技术被国内外专家称为"将给机械传动工业带来一场划时代的革命"

东北大学在沈阳复校

爱国将领张学良先生受聘为东北大学名誉校长。

东北大学成立于1923年，曾是东北最高学府，从1928年张学良兼任校长起，逐渐发展成为全国一流大学，1931年抗日战争爆发后，东北大学又第一个成为流亡大学。东北解放后，1949年3月东北大学一分为三，分别并入现在的东北工学院、东北师范大学和东北农学院。

近年来，老东北大学的海内外校友强烈希望能恢复东北大学校名，今年3月8日国家教委正式批准，东北工学院复名为东北大学。复校后的东北大学，将逐渐建成一个集理、工、法、商、文、管理学院为一体的综合性全国重点大学，更多更好地为国家培养建设人才。

受张学良将军委托，原东北大学秘书长、代理校长、93岁高龄的宁恩承教授作为张学良本人的代表，专程从美国赶来参加复校庆典，并为张学良亲笔题写的"东北大学"校牌揭幕。

全国政协副主席、著名科学家钱伟长及辽宁省、沈阳军区、沈阳市的有关领导出席大会。现任东北大学校长蒋仲乐教授在大会上讲话。

4月23日

《人民日报》发表社论《向学雷锋"综合包户"服务队致敬》

山东省政协七届一次会议选举陆懋曾为省政协主席

西藏10年维修宗教场所1400多座

十年来，国务院和西藏自治区先后拨出专款2.1亿多元，维修寺庙等宗教场所1400余座，其中仅投入布达拉宫维修的款额已达6000万元，预计明年六七月份，这一维修工程将全部完工。

煤炭部部长王森浩在全行业电话会议上发表讲话

王森浩说："新成立的煤炭部主要有两大任务：一是对全行业实行宏观管理；二是为企业搞好服务。"当前要抓好以下几件事：一是转变职能，下放权力，认真贯彻《条例》，推动煤炭企业转换经营机制，逐步走向市场。二是以煤为本，大力发展多种经营和第三产业，建设高产高效矿井，提高科技水平，逐步解决煤炭企业用人多，效益差，亏损大的问题。三是积极培育和完善全国统一的煤炭市场体系，为企业走向市场提供交易场所。四是制定煤炭工业中期发展规划、发展战略、方针政策和措施，制定煤炭工业法，使煤炭工业健康稳定地发展，采取各种措施提高矿工的社会地位和生活水平。五是整顿、扶持、改造、联合、提高地方煤矿、引导地方小煤矿逐步走向正规生产、安全生产。六是坚定不移地抓好煤矿的安全生产。七是坚持不懈地抓好精神文明建设。

改革开放以来，我国煤炭工业有了较大发展。去年全国原煤产量达到11.1亿吨，比1978年增长4.9亿吨。

国家副主席荣毅仁在人民大会堂会见美国《领袖》杂志董事长兼主编亨利·多曼

外交部部长钱其琛在钓鱼台国宾馆同布基纳法索对外关系部长托马·萨农举行会谈

全国政协副主席王兆国在北京会见由香港工商专业联会主席港事顾问罗康瑞率领的香港工商专业联会访京代表团

4月24日

国务院举行第2次常务会议

国务院总理李鹏主持会议。

为适应建立社会主义市场经济体制的需要，使中国政府机关人事管理逐步走向科学化、法制化、会议通过《国家公务员暂行条例》。

中共中央政治局常委刘华清在上海考察

刘华清于4月24日至5月3日在中共上海市委书记吴邦国，上海市市长黄菊等陪同下，先后考察正在建设中的上海浦东新区、工厂、农村和证券交易所。

刘华清听取中共上海市委、市政府领导就上海改革开放和经济建设情况汇报。刘华清说，上海这几年在经济改革和对外开放上抓得很好，重点突出，措施很正确，胆子也是大的，特别是在发展社会主义市场经济方面有创造性，有好措施，不光讲理论，而是有许多实实在在的做法，理论和实践结合得好，这些都符合十四大精神。这几年上海变化这么大，"一年变一个样"，经济迅速发展这么快且效益好，确实很鼓舞人心。过去我也多次来过浦东，这次来大不一样了。上海正在出现新的飞跃，正在向高科技，大工业发展，那么多高科技大项目，那么多先进技术的引进，建设好了不仅对国家经济腾飞将会起重大作用，也可以进一步鼓舞人们树立起建设好社会主义市场经济的信心。这不仅是上海的事，也是全国的大事。驻沪部队要服从上海市经济发展的总体战略，要为上海的发展作贡献。

刘华清说，上海南京路一条街坚持12年学习好八连，是一件了不起的事，意义很大。他强调指出，在抓好物质文明建设的同时，必须坚持抓好精神文明建设。上海在这方面抓得很好，而且抓得很紧很实。这是很对的。如果经济建设搞上去了，精神文明下来了，物质文明也就没有意义了。小平同志在这方面看得很远，反复强调要两个文明一起抓。我们一定要深刻领会小平同志的思想，切实抓好两个文明建设，只有这样，有中国特色的社会主义才能建成，才能稳固。刘华清还视察了驻沪部队，并就驻沪部队的军事训练、生活及政治思想工作等方面与指战员们进行了座谈。刘华清强调指出，目前，全党、全国正以经济建设为中心，部队也要服从这个中心。国家的经济实力雄厚了，部队的建设才能获得发展，国防也才能强大。他勉励广大指战员在切实抓好军事训练的同时，继续发扬艰苦奋斗，顾全大局的精神，在上海这样一个工业集中的国际性大都市，更要好好向"好八连"学习，向上海人民学习，这是部队加强精神文明建设的最好办法。

在此期间，刘华清还参加"南京路上好八连"命名30周年纪念大会，与上海市劳动模范、先进集体一起参加庆祝"五一"国际劳动节文艺晚会，并召集了军队老干部座谈会，听取了他们的建议和意见。

随同刘华清来上海考察的还有中央军委委员、解放军总政治部主任于永波。

国务院副总理邹家华在北京召开的全国建设工作会议上讲话

国务院副总理邹家华出席会议，并就振兴建筑业问题，以及推动房地产业健康发展的问题，发表讲话。

邹家华说，90年代是我国经济发展的关键时期，我们将加快交通、通信、能源、重要原材料和水利等基础设施和基础工业的开发与建设，集中必要的力量，高质量、高效益地建设一批重点工程。面对如此艰巨繁重的任务，如果没有一支高素质、高水平、能打硬仗的建设大军，那是无论如何也不能实现的。因此，建筑业必须加大改革力度。他指出，目前建筑市场的发育还不够健全，建筑产品的价格构成和利润水平仍不尽合理，至今还不能按照等价交换的原则进入流通，加上一些配套改革不到位，建筑企业特别是大中型国有企业还缺乏应有的活力。现在企业转换经营机制的规定和办法都有了，要很好地对落实情况进行监督和检查。至于建筑产品价格的改革，应当按价值规律和等价交换的原则，在合理确定价格构成的基础上，逐步放开价格，并根据物价上涨指数、市场供求变化、企业信誉、工程质量、完成工期等因素，对价格实行动态管理。

在谈到人们关心的房地产业热潮时，邹家华说：一是沿海热于内地，南方热于北方，东部热于中西部，开放城市热于一般城市；二是热的焦点集中在"地"上，即批地热、圈地热、设开发区热，而商品房市场则多为供不应求或供求基本均衡；三是建造高档商品房热了起来，而普通住宅特别是用于解危解困的住宅和基础设施的建设，依然是远远不能满足实际的需要；四是一些地方热衷于划地搞新区开发，而旧区的改建尚需加快步伐。对目前房地产业发展过程中的问题，如土地供给总量失控、市场机制不健全、市场行为不规范等等。他提出了几点意见：第一，要强化规划管理；第二，要搞好土地出让，土地供给要有规划和年度计划，要逐步扩大城镇国有土地有偿使用的范围，有偿供给土地主要应采用招标或拍卖的方式；第三，要健全市场体系，抓好房地产交易所的建设，改变长期以来房地产有"市"无"场"的状态；第四，要加强法制建设。

国务院总理李鹏在中南海会见布基纳法索对外关系部长托马·萨农

国务院总理李鹏在北京会见墨西哥等3国离到任大使

李鹏会见离任的墨西哥和圭亚那驻华大使纳瓦雷特、罗纳德·奥斯汀，以及新到任的乌克兰驻华大使普柳什科。

全国人大常委会副委员长田纪云在人民大会堂会见电视节目主持人美籍华人靳羽西女士

外交部部长钱其琛在北京同罗马尼亚国务部长兼外交部长特奥多尔·维奥雷尔·梅列什卡努会谈并签署两国外交部合作议定书

中英香港问题第一轮会谈在北京结束

中国政府代表外交部副部长姜恩柱和英国政府代表英国驻华大使麦若彬于1993年4月22日至24日在北京根据中英联合声明、与基本法衔接的原则以及中英已达成的有关协议和谅解就香港1994/95年选举安排问题举行第一轮会谈。双方商定，第二轮会谈将于4月28日、29日在北京举行。

国家物价局铁道部联合发出禁止火车站强行收取保险费的通知

中国教育工会第4次全国代表大会在北京开幕

国务院副总理李岚清出席大会并讲话。中国教育工会第三届全国委员会主席蒋文良作工作报告。会议提出，要动员和团结全国1400多万教职工，积极推进教育的改革和发展，为社会主义现代化建设事业做出新贡献。全国人大常委会副委员长雷洁琼、倪志福、李沛瑶，全国政协副主席钱伟长以及国家教委主任朱开轩也出席会议。

中国选手王妍在墨西哥蒙特雷举办的世界杯10公里竞走赛中夺得冠军

河北选手马玉芹在石家庄田径精英赛中以50秒97的成绩打破女子400米亚洲纪录

中国计生协会会长宋平国家计生委主任彭珮云在人口问题座谈会上提出中国男婴出生偏多应引起高度重视

4月25日

南京路上好八连命名30周年纪念大会在上海举行

中共中央军委副主席刘华清，中共上海市委书记吴邦国等出席大会。

南京军区副司令员郭锡章宣读中共中央总书记、中央军委主席江泽民，中央军委副主席刘华清、张震为"南京路上好八连"命名30周年的题词。

中央军委委员、解放军总政治部主任于永波代表总参谋部、总政治部、总后勤部向好八连赠送铜匾。匾上镌刻着"发扬传统，永葆本色，艰苦奋斗，开拓进取"16个大字。

中央军委副主席刘华清在纪念"南京路上好八连"命名30周年大会上发表讲话

刘华清指出，好八连精神是推动我们事业前进的宝贵财富。

刘华清高度评价好八连取得的成绩。他说，好八连是以艰苦奋斗著称的英雄连队。全国解放前夕，党的工作重心由农村转入城市，由武装夺取政权逐步转入和平建设时期。在这个伟大的历史转折面前，“南京路上好八连”在党的七届二中全会精神指引下，牢记毛泽东同志“两个务必”的教导，拒腐蚀，永不沾，以昂扬的斗志和崭新的风貌巍然屹立在南京路上，显示了人民军队攻无不克、战无不胜的英雄气概，表现了共产党人和革命战士威武不屈、富贵不淫的浩然正气。在社会主义建设时期，好八连历经风风雨雨，始终坚持忠于党、忠于国家、忠于人民、忠于社会主义的信念不变，坚持用我党我军的优良传统和作风培养人、教育人的方向不变，坚持全心全意为人民服务的宗旨不变，坚持艰苦奋斗的优良作风不变，保持了人民军队的政治本色，对鼓舞和激励人们的斗志，战胜各种困难发挥了重要作用。党的十一届三中全会以来，在加快改革开放和社会主义现代化建设的新形势下，好八连紧紧跟上改革开放的时代步伐，艰苦奋斗，积极进取，始终保持了生机勃勃、健康向上的发展势头，连队的全面建设又有了新的进步，为建设和保卫上海作出了重要贡献。事实充分说明，“南京路上好八连”不愧是一个经得起实践检验和不同历史条件考验的先进典型，不愧是一面艰苦奋斗的旗帜。30年来，好八连精神从上海走向全军，走向全国，教育和鼓舞了千千万万个英雄模范人物和集体，影响了一个时代的社会风尚，成为推动国家和军队现代化建设的强大精神力量。

刘华清指出，当前，我国的社会主义现代化建设还处在艰巨的创业时期。伟大的创业实践，需要我们百折不挠，艰苦奋斗。邓小平同志倡导我们发扬“五种革命精神”，江泽民同志在八届全国人大一次会议上对创业精神进行了高度概括。好八连的模范事迹正是这些革命精神和创业精神的生动体现。他说，在新的历史时期，我们要实现社会主义现代化建设的宏伟目标，建设强大的现代化正规化革命军队，更需要保持和发扬艰苦奋斗的优良传统。这个问题，不仅要在思想上十分明确，而且要变为广大干部战士和人民群众的自觉行动。

刘华清说，向“南京路上好八连”学习，最根本的，就是要学习他们坚持党的基本路线不动摇的艰苦奋斗、无私奉献的革命精神。要像他们那样坚持用邓小平同志建设有中国特色的社会主义理论和新时期军队建设的思想武装头脑，坚定社会主义信念，自觉地在政治上、思想上、行动上与党中央保持高度一致。要像他们那样保持和发扬战争年代那样一种革命热情、那样一种拼命精神，立足现有条件，充分发挥主观能动性，积极主动地搞好部队全面建设。要像他们那样大力加强政治思想工作，努力培养高尚的道德情操，坚持抵制拜金主义、个人主义等各种错误思想和腐朽生活方式的侵蚀，保持老红军的本色。要像他们那样认真履行我军的神圣职能，爱军习武，苦练精兵，为改革开放和社会主义现代化建设提供可靠安全保证。要像他们那样牢记我军的根本宗旨，积极支援地方经济建设，在社会主义精神文明建设中发挥带头作用。要把学习“南京路上好八连”同学习雷锋等先进典型结合起来，通过深入持久的学习，把广大干部战士和人民群众的积极性、创造性最大限度地调动起来，为促进改革开放和“两个文明”建设做出更大贡献。

全国人大常委会委员长乔石在人民大会堂会见西萨摩亚议会议长阿法马萨·法图·维利

山东省人大八届一次会议选举赵志浩为省长李振为省人大常委会主任

审计署国家体改委国家经贸委联合发出《全民所有制工业企业转换经营机制审计监督规定》

审计署等单位日前发出的该规定中指出，审计机关审计监督维护企业法定经营自主权，发现政府有关部门和单位有下列侵犯企业经营自主权行为之一的，依法予以处理：无偿调拨、挤占或挪用企业自主使用的资产的；干预企业自主使用资产造成严重损失的；截留国家拨给企业的资产或企业依法应得的其他资产的；其他侵犯企业合法经济权益的。

审计机关对企业资产负债和损益的真实、合法进行审计，监督财产保值增值。其主要内容包括：企业财务会计核算办法与财务会计法规相符合的情况；财产盘点情况；收入、成本费用和利润；企业变更和终止时国有资产的变动情况；承包、厂长任期经营责任审计等。

规定中要求，审计机关建立审计举报制度。对企业检举揭发的摊派行为和检举、揭发企业弄虚作假损害国家经济利益的行为，进行审计调查核实后，依法处理。

国家外汇管理局新闻发言人就如何管理和规范外汇期货交易答新华社记者问

国家外汇管理局新闻发言人日前就外汇（期货）交易的有关问题接受新华社记者的采访。

发言人说，外汇（期货）交易是外汇业务的一种，包括外汇即期交易和外汇远期交易。在我国，金融机构以其自有外汇资金或代理客户（包括企业和个人）在国际市场上进行交易,目的是避免外汇汇率风险,实现外币保值或盈利(套汇)。外汇(期货)交易是一项高风险且技巧性很强的外汇业务,因此,各国中央银行对此都有较为严格的管理和一些限制性的规定。作为中国金融业和外汇业主管部门的中国人民银行和国家外汇管理局对该项业务也有明确的规定,即必须是经中国人民银行批准设立,并经国家外汇管理局批准允许经营外汇业务的金融机构方可开展此项业务。未经批准,无论采取任何形式开展这项业务,均属非法经营,国家外汇管理局对非法经营外汇(期货)交易者将依《违反外汇管理处罚施行细则》,按扰乱金融予以处罚。

由于这项业务具有较大的经营风险,为了维护国家和企业利益,国家外汇管理局制定了一些规定,对外汇(期货)交易进行管理和规范,主要有:金融机构必须以外汇保值及避免汇率风险为目的,而不应以投机牟取暴利为目的来从事这一交易;企业在从事这一业务时,应以即期或远期某一贸易支付合同或资金管理(一揽子保值)为依据,委托金融机构办理,个人应以一定数额的某种外币作为保证金,进行同等数额的其他货币的买卖,绝不允许以投机为目的买空卖空行为;凡经批准开办这项业务的金融机构必须按照有关规定制定严格的外汇交易操作规程及有关的内部管理规章制度,以避免资金风险,保护公众的利益,维护金融秩序的稳定。

首届中国国际咨询信息服务研讨会暨展览会在北京国际会议中心开幕

研讨会于25日至28日举行。国务院副总理邹家华到会讲话。邹家华说,咨询和信息产业在国际经济合作和交流中起着愈来愈重要的作用,它正推动世界各国之间的经济技术合作,促进各国经济的发展。中国政府已作出加快发展第三产业的决定,其中把咨询与信息服务等新兴行业作为第三产业的发展重点。

出席国际交流活动的有中国有关方面负责人朱光亚、周光召及韩国前副总理崔永喆先生、美国白宫科技政策办公室特别顾问托马斯·拉奇福德博士等一千多名代表。

1992年以后的中国和欧洲共同体国际研讨会在北京举行

来自欧洲、美国和国内的专家、学者,欧共体及欧洲一些国家的驻华使馆官员共100多人与会。

全国人大常委会副委员长程思远以及中科院副院长刘国光、欧共体驻华使团参赞约恩森等出席开幕式。

香港成功贸易公司董事长余新河向中国科学院捐资

香港成功贸易公司董事长兼总经理余新河出资2500万元港币建立基金,用于支持中国科学院数学、力学领域的基础研究工作,被中科院数学所、应用数学所、系统所和力学所授予特邀研究员和顾问名誉称号。

余新河决定建立基金,每年拨出100万元人民币支持基础研究。

史彪贪污巨款在长春被处决

中国农业银行吉林省分行记账员史彪,利用微机记账技术手段贪污公款100余万元,在长春被处决。另一贪污犯于立新被判死缓。

4月26日

国家主席江泽民在人民大会堂与菲律宾总统菲德尔·拉莫斯举行会谈

全国人大常委会委员长乔石在人民大会堂会见菲律宾总统菲德尔·拉莫斯

全国国家安全法制工作会议在北京结束

会议于22日开始,研究新形势下隐蔽战线法制建设出现的新情况、新问题,落实加强国家安全机关法制建设措施。

会议认为,随着国家安全工作的加强与发展,国家安全机关法制建设已成为国家安全工作中不可缺少的一个重要组成部分。经过多年不懈的努力,国家安全机关执行法律与政策的水平有很大提高。以《国家安全法》为主体的国家安全机关法律体系框架已初步建立,并在逐渐充实和完善。

会议要求各级国家安全机关要充分发挥国家安全机关法制建设在国家安全工作中的重要作用,根据隐蔽战线斗争形势的发展,研究和解决新情况和新问题,依法防范和打击一切危害国家安全的违法犯罪活动,为改革开放和现代化建设提供安全保障和法律服务。

国家安全部负责人在会上作以学习、贯彻《国家安全法》为重点,全面加强国家安全机关法制建设,更好地为国家安全工作服务的报告。

各省、自治区、直辖市国家安全机关主管法制工作的负责人参加会议。

中华民族故土园主园奠基仪式在北京市昌平县龙虎台举行

全国政协主席李瑞环出席奠基仪式。来自五个国家和地区的华侨、华人代表也到会表示祝贺。全国各省、自治区、直辖市人民政府已相继成立本地区建设“中华民族故土园”工程的协调机构。到目前为止，河北、湖南、云南、内蒙古、陕西、广西、宁夏、四川、山东、辽宁、青海、西藏及黄帝陵、炎帝陵等地“中华民族故土园”的选址工作已经完成，并开始立项、征地等前期工作。

农业部实施“绿色证书工程”

在近几年开展“绿色证书”制度试点工作的基础上，农业部将在全国实施以提高农民科技文化素质为目的的“绿色证书工程”，目前已为此筹措了100万元资金，并确定了首批50个全国“绿色证书工程”试点县。自农业部1990年提出开展“绿色证书”制度试点工作以来，全国已经有200多个县进行试点，11万多农民参加了培训，近4万农民取得了“绿色证书”。

海峡两岸《经济日报》共同举办的海峡两岸第三产业研讨会在北京召开

全国政协副主席吴学谦与两岸的百余名经贸界人士、专家、学者、企业家一起，就两岸第三产业的现状与合作前景进行了研讨和座谈。

《经济日报》总编辑范敬宜与台湾《经济日报》总编辑卢世祥在致开幕词时一致认为，此次由两岸主要经济新闻媒介联合主办研讨会的成功召开，充分表明我们大家都有发展两岸经贸关系和加强两岸第三产业合作交流的共同愿望。

国务院总理李鹏致电西园寺雪江夫人吊唁西园寺公一逝世

中共中央政治局常委胡锦涛在人民大会堂会见马丹·库玛尔·班达里总书记率领的尼泊尔共产党(联合马列)代表团

国家副主席荣毅仁在人民大会堂会见罗马尼亚国务部长兼外交部部长特奥多尔·维奥雷尔·梅列什卡努

外交部部长钱其琛在钓鱼台国宾馆同刚果外交部长邦雅曼·本库卢会谈

中国菲律宾合作文件签字仪式在北京举行

这些文件是：中菲政府经济技术合作协定、中菲政府1993年进出口商品议定书和中菲政府关于旅游合作的协定1993～1994年执行计划。

'93北京国际计算机技术高级研讨会在北京科学会堂举行

会议是由国家外国专家局、中国电子工业发展研究中心、东北工学院软件研究与开发中心联合主办的。全国电子计算机领域各主要企业、研究所、大学计算机系的负责人和高级技术专家100多人与会。加拿大著名计算机专家波克曼教授、美国国家计算机系统标准实验室项目负责人戴贝拉教授和兰森教授、美国得克萨斯大学自动控制和机器人研究所所长米尔斯教授到会作学术报告，就计算机技术方面的热点问题与中国专家作分组会谈。

首届“中华人口奖”遴选活动开始

由中共中央宣传部、国家计生委、国家科委和中国人口福利基金会共同发起和主办的“中华人口奖”，是一项有关人口问题的国家级奖，每两年颁奖一次，奖励对象是个人，同一对象不重复授奖。

首届“中华人口奖”的协办单位有：中组部、国家教委、人事部、卫生部、人民日报社、中央电视台。首届遴选委员会是由主办和协办的10个单位负责人组成。遴选活动分提名、初审、征询意见、协商等4个步骤，最后由遴选委员会讨论通过确定获奖人。

这项旨在提高人口与计划生育社会地位的大奖，分为工作奖、科学奖和荣誉奖，每届奖励总名额不超过10名。首届获奖者将得到荣誉证书、奖杯和奖金2万元人民币。

“中华人口奖”奖励基金，由中国人口福利基金设立。基金来源是：国内外企业社团组织及个人捐赠、海外侨胞及侨胞团体捐赠、国际性组织的资助、我国政府机关及友好国家政府的援赠。

4月27日

中办国办关于严禁党政机关及其工作人员在公务活动中接受和赠送礼金、有价证券的通知

党中央、国务院就党政机关及其工作人员在公务活动中接受和赠送礼品问题曾多次作过规定。但是，一些地区、部门和单位违反规定的现象仍时有发生。接受和赠送礼金、有价证券，腐蚀性很大，不仅违反国家金融管理制度和财经纪律，而且诱发行贿受贿、搞权钱交易、不给好处不办事等腐败行为，败坏党风、政风，损害党和政府的形象，影响改革开放和经济建设的健康发展。为此，特作如下通知：

一、各级党政机关及其工作人员(包括离休、退休干部和受党政机关委托、聘任从事公务的人员)，特别是领导机关和领导干部，在公务活动包括礼仪庆典、新闻发布会和经济活动中，不得以任何名义和变相形式接受礼金和有价证券。凡违反规定接受礼金和有价证券者，要坚决追究，根据数额多少和情节轻重，给予党纪、政纪处分。对索要或暗示对方赠送礼金和有价证券的，要从重处分。触犯刑律的，要依法惩处。

二、各地区、各部门、各单位(包括企业、事业单位)不得以业务会、招待会、订货展销会、新闻发布会等各种会议和礼仪、庆典、纪念、商务等各种活动及其他的形式或名义，向党政机关及其工作人员赠送礼金和有价证券，凡违反规定的，要追究有关领导的责任。

三、各级党政机关及其工作人员在涉外活动中，由于难以谢绝而接受的礼金和有价证券，必须在一个月内全部交出并上缴国库。凡不按期交出的，以贪污论处。

四、各地区、各部门、各单位对上述规定必须坚决贯彻执行。各级领导干部要切实负起责任，严以律己，带头贯彻执行，并对本地区、本部门、本单位的工作人员加强教育管理，对执行本通知的情况加强监督检查，绝不允许敷衍塞责。各级财政部门要加强财务管理，严格把好礼金和有价证券的开支关。各级审计机关要把赠送礼金和有价证券问题作为审计监督的一项经常性内容，严格执行财经纪律，银行要加强现金管理，严防套取现金；各储蓄机构一律不准接受国内任何单位和个人用公款办理礼仪储蓄的业务。各级党的纪律检察机关和行政监察机关，要认真受理群众举报，严肃查处党政机关及其工作人员在公务活动中接受和赠送礼金、有价证券的案件，对于情节严重、影响恶劣的典型案件，要公开处理，以儆效尤。

五、各地区、各部门、各单位过去制定的有关规定，凡与本通知精神不一致的，一律以本通知为准。

中共中央政治局委员尉健行在山东考察

尉健行于4月27日至5月11日先后在济南、淄博、潍坊、济宁、泰安等地考察工作，同当地的党政负责人和执纪执法部门以及厂长、经理等进行座谈。

尉健行指出，反腐败要同本地、本部门改革开放、发展经济的任务统一起来，结合当地的实际开展工作。他说，要通过深化改革和法制建设，有效地遏制消极腐败现象的滋生和蔓延。各级纪检监察部门要注意针对改革开放中出现的新情况、新问题，结合本地区、本部门的实际，加强调查研究，分清是非界限，制定必要的政策、纪律和行为规范。

尉健行指出，企业的党风廉政建设，要紧紧围绕经营管理活动和生产发展中的主要矛盾来进行。要根据企业的特点和实际情况，确定纪检监察工作的重点，既要抓廉政方面的监察，又要抓效能方面的监察，要切合企业的实际。有些企业可以把效能监察作为重点，并在实践中注意建立和完善企业的自我约束机制。尉健行说，山东的纪检监察工作是做得好的，已经总结和积累了一些好的经验，对各地有借鉴作用。尉健行要求进一步加强纪检监察队伍的自身建设，使纪检监察部门在指导思想、工作重点和工作方法上进一步适应新形势的需要，更好地履行党的纪律检查和行政监察职能。他要求各级党委和政府加强对纪检监察工作的领导，支持和帮助纪检监察部门充分发挥职能作用，为改革开放和经济建设服好务。

海协会会长汪道涵与台湾海基会董事长辜振甫在新加坡举行首次会谈

海峡两岸关系协会会长汪道涵和台湾海峡交流基金会董事长辜振甫在融洽的气氛中就两岸经济合作、两岸科技文化交流、海协与海基会的会务等问题交换了意见。

海协常务副会长唐树备在会谈结束后举行了新闻发布会。

会谈开始时，汪道涵说："我首先转达江泽民先生、李鹏先生向辜先生的问候，并请辜先生转达他们个人对李登辉先生、连战先生的问候，也向曾支持这次会谈的郝柏村先生问好。"

汪道涵重申了这次会谈是民间性、经济性、事务性、功能性的会谈。他表示，海峡两岸隔绝了近40年后进行交往，有大量的问题需要解决。我们反复讲，只要坐下来谈，一切问题都好商量。对于事务性问题，海协与海基会只要本着互相尊重、平等协商、实事求是、求同存异的精神，总会找到解决问题的妥善办法。他希望这次会谈谈出积极成果。

会谈中汪道涵充分说明了两岸经济交流合作的迫切性和必然性。他说，海峡两岸的经济与科技发展面临挑战，同时也有机遇。邓小平先生一再强调，要抓住机遇，加快发展。大陆在加快发展中，重视吸引和利用台湾的资金、技术和企业管理经验。李登辉先生也认为，台湾经济的发展要以大陆为腹地。我们对这种远见表示赞赏，并希望看到实际举措。

汪道涵说，我们对两岸经济科技交流与合作的基本主张是：和衷共济、互补互利、共同繁荣、振兴中华。现阶段应当把两岸经济交流与合作放在两岸关系的首要位置上，政治上的歧异不应当妨碍经济合作。他指出，两岸经贸交往发展至今，直接三通更显得很有必要，应当摆上议事日程。从现实出发，并考虑到建立互信需要一个过程，可以先从货运的海上定点直航谈起，双方可以就这些问题商谈的准备程序交换意见。海协愿与海基会讨论三通中的一些具体问题。

会谈中，汪道涵还就关于两会共同筹开民间的经济交流会议的建议，台商在大陆投资和大陆经贸界人士访台，两岸劳务合作，台湾参与开发浦东、三峡、图们江，两岸合作开发能源、资源，两岸合作开发台湾海峡和东海无争议地区的石油资源等问题发表了意见。

海基会副董事长兼秘书长邱进益在"汪辜会谈"后的新闻发布会上也简要介绍了今天会谈的内容。

邱进益介绍说，辜先生在谈到经济利益问题时说，我们认为，两岸交流日益密切，有必要促成开放两岸工商界人士的互访，我们也愿意同海协会共同研究筹开民间性的经济交流会议的可行性和关于共同开发能源和资源的问题。我们还就青少年和新闻媒体互访以及文教产技交流表示了看法。

邱进益在回答记者提问时说，今天的会谈是在一种非常良好的气氛中进行的，虽然双方有些观点和重点不一样，但我相信，经过我和唐先生再次两度商谈，会谈可以获得很大部分的共识，那么这次会谈就是一个成功的会谈，它将对两岸良性互动有很大帮助。

海协会会长汪道涵在与台湾海基会董事长辜振甫首次会谈时提出关于海峡两岸经济交流合作的具体意见

这些具体意见包括：

一、两岸经济交流合作的迫切性和必然性。大陆在加快发展中，重视吸引和利用台湾的资金、技术和企业管理经验。台湾工商界普遍认为，在未来国际经济发展的压力下，更显得台湾经济的前途在大陆。两岸经济各具特点和优势，互补性很强，具备合作的良好基础。

二、对两岸经济合作的基本主张。我们对两岸经济科技交流与合作基本主张是：和衷共济、互补互利、共同繁荣，振兴中华。现阶段应当把两岸经济交流与合作放在两岸关系的首要位置上，政治上的歧异不应当妨碍经济合作。

三、直接三通应当摆上议事日程。两岸经贸交往发展至今，直接三通更显得很有必要，应当摆上议事日程。从现实出发，并考虑到建立互信需要一个过程，可以先从货运的海上定点直航谈起，双方可以就这些问题商谈的准备程序交换意见。海协愿与海基会讨论"三通"中的一些具体问题。

四、关于两会共同筹开民间的经济交流会议（制度）的建议。海协与海基会共同筹开两岸民间的经济交流会议并形成相对稳定的制度。这个会议的宗旨为推动两岸经济、科技交流与合作；性质为得到授权的讨论实质问题的民间会议，有别于学术研讨会；形式可分为定期和不定期，定期每年一次，在两岸轮流举行，不定期每年若干次，由双方根据需要商定；地点在大陆或台湾；海协理事与海基会董监事可以参与会议；有关主管方面的官员可以民间名义参加会议，会上形成的意见和建议，可以由贵我两会进行商谈，并签署协议性文件。

五、台商在大陆投资和大陆经贸界人士访台问题。我们一贯重视保护台商在大陆投资的合法权益。大陆政治安定，投资环境包括法制环境基本上是好的，台商在大陆投资既有利又安全。当然，也难免存在一些问题，我们愿意听取台商、海基会以及台湾有关方面的建议，进一步研究更好地保护台商在大陆的投资权益的措施。希望台湾方面能本着互利互惠的原则，放宽台商来大陆投资的限制，放宽对进口大陆商品的限制，向大陆开放劳务市场，开放大陆企业界人士到台湾访问、考察和投资。

我们考虑了贵会提出的签署"台商投资权益保障备忘录（草案）"的建议，认为在目前台湾方面现行的经贸政策下签署这样一份"备忘录"是不适宜的，但这不影响贵我两会就台商在大陆投资问题交换意见。我建议将台资企业征收的补偿问题、台资企业的收益汇出问题、台资企业所需设备进口问题，以及放宽台商来大陆投资问题，放宽对进口大陆商品的限制，向大陆开放劳务市场，开放大陆企业界人士赴台访问、考察和投资问题等同时作为"两岸经济交流会议"的议题，由两会组织台商及相关专业人士研讨，提出具体建议，供两岸有关方面考虑。并将这个建议写入贵我两会在商谈结束时发布的共识中。

六、两岸劳务合作问题。由于台湾方面迟迟没有开放大陆劳务人员去台，致使两岸无法建立正常的劳务合作渠道。我们认为，双方应尽快就有组织、有计划地开展两岸劳务合作问题交换意见。台湾方面可以先提出项目、人员数量、劳工素质、劳动期限和待遇等方面的要求，大陆方面可以提供台湾所需要的具备各种技术专长的劳务人员去台，并依合同规定，按期往返，不在台湾滞留。

我们建议可由海协与海基会，或两岸其他的团体，就远洋劳务合作问题进行协商。台方可提出合作海域、劳务数量、人员技术要求等合作条件，经双方协商，大陆方面将选派合格的船员；台方需保证船员的安全、必要的劳动条件及正当权益。

七、台湾参与开发浦东、三峡、图们江问题。我们欢迎台湾同胞参加浦东、三峡开发建设。有关项目都可采取大陆和台湾合作开发的方式。因图们江开发涉及国际合作，两岸工商界可以共同组建公司，参与开发。

八、合作开发能源、资源的问题。能源、资源业是经济发展的重要基础产业，无论是基本建设还是技术改造,我们都欢迎台湾方面参与,投资合作开发,所获产品可经过协商后长期、稳定地向台湾提供。例如,煤矿的共同开采和长期、稳定地向台湾提供煤炭问题,黑色金属和某些有色金属矿的开采及其产品向台湾供应问题等。总之,我们愿意在台湾缺乏的资源、能源方面,与台湾进行长期稳定的合作,如台湾方面同意,可以原则上达成协议,由有关方面具体讨论。

海协会会长汪道涵在与台湾海基会董事长辜振甫首次会谈时提出关于两岸科技文化交流的具体问题

这些具体问题包括:一、两岸产业科技合作与交流,应做好以下三个方面工作:第一,积极开展各领域科技人员相互考察、访问,做好科技资料和科技出版物的正常交换。研究建立两岸科技专利等信息系统。第二,考虑到两岸在科技名词上的异同,需要探讨统一名称的办法,重视知识产权的保护和标准化统一的问题,研究交流合作规范的建立,做好基础性工作。第三,在双方都有兴趣的产业科技领域中,选择好合作项目,特别是重视科学园区的交流,促进两岸高科技产业合作的发展。具体项目有:(一)光电领域七个项目可作为首选合作项目:(1)光电元件及组件:液晶显示器、热效打印头(热感应印字头)、感光辊筒 OPC(OPCDROM)、电荷耦合器(CCD)。(2)光电产品:传真机、激光打印机(镭射印表机)、光电医疗仪器、激光及激光加工机。(二)计算机领域,可考虑在计算机外部设备、智能计算机、高性能计算机、兴办计算技术研展中心等方面进行合作。(三)机械领域,可合作的有基础零部件、高速火车、数控机床、造船等。(四)通讯领域,有移动电话、电讯设备标准一致化。(五)航天领域,大陆高温陶瓷的商品化、温度控制技术等方面的合作前景广阔。(六)生物技术与医药领域,大陆中草药资源丰富,台湾的新药开发程度上略有规模,两岸在原料药、制剂药的合作上潜力很大。

二、两岸知识产权保护。大陆方面欢迎台湾同胞来大陆注册商标、申请专利以及进行版权贸易和出版交流,依法保护台湾同胞的知识产权,为此还专门制定了一系列规范性规定,采取了包括行政、司法程序、代理制度在内的一整套保护手段和便利措施。据了解,大陆作者的著作权在台湾被侵犯的情况比较突出,台湾企业抢注或侵害大陆著名商标、专利的事件也屡有发生,大陆知识产权权利人和版权、商标、专利代理机构至今不能直接入台交流和考察。我们十分乐见两岸知识产权界加强联系与合作,希望台湾方面为确保这种经济、文化交流,提供切实保障和便利。海协已得到授权,愿意与海基会就两岸知识产权保护问题进行商谈。

三、两岸青少年交流。我们认为,两岸青少年应该实行双向交流。一方面,我们热情地欢迎台湾青少年来大陆访问,除大、中学生及社会各界青年外,也应包括少年儿童。另一方面,也希望大陆青少年能有机会去台湾交流访问。两岸之间存在的政治问题不应对青少年的交流造成影响。对于两岸青少年交流的组织工作,我们建议,通过两岸民间适当的机构进行,贵我两会从中可发挥桥梁作用。

四、两岸新闻界交流。我对两岸新闻双向交流的初步实现表示高兴。我会同意在这次会谈中讨论两岸新闻界交流问题,并经大陆有关方面授权,提出如下意见:(1)台湾方面应尽快、尽量简化大陆记者赴台采访的申办手续。(2)台湾有关方面制作的有关大陆记者赴台采访证件,应取消大陆新闻界不宜接受的用语。我会建议对于大陆记者赴台采访,台湾有关方面可授权有关民间团体代为办理相关手续。(3)为促进两岸新闻从业人员相互交流、交往,本会拟于今年分别联系或组织大陆主要新闻机构负责人和资深记者团赴台湾参观访问;同时拟邀请台湾主要媒体负责人来大陆参观考察。希望两会能互相提供协助。

海协会会长汪道涵在与台湾海基会董事长辜振甫首次会谈时提出关于海协和海基两会会务的具体问题

1. 对加强两会联系与合作的主张。2. 建立两会联系与会谈制度。3. 两会各自组成专业小组。4. 相互提供两会人员工作往来方便。5. 继续推动海峡两岸事务性商谈。6. 两岸司法方面的联系与协作。此外,还希望台湾方面放宽原籍台湾,现在大陆居住的台湾同胞回台湾探亲的限制;简化因台湾方面邀请赴台进行各项交流活动的入境手续。

海协会常务副会长唐树备与台湾海基会副董事长兼秘书长邱进益就汪辜会谈协议文件基本达成共识在新加坡的海皇大厦进行会商

唐树备与邱进益,在海皇大厦经过 3 个小时的会商,双方在文字上正式落实确定《两会联系与会谈事宜协议》,并进行草签。

有关这次会谈后所发表的共同文件名称,双方确定叫“汪辜会谈议定书”,认为这比较适合会谈内容。

双方还对共同文件的框架在某些方面进行充实,如:双方都认为应加强两岸的经济交流,互补互利;双方同意就能源、资源开发和交流进行讨论;文教科技交流方面,在年内举办两岸青年的交流、青少年的才艺竞赛及互访、新闻媒体负责人及资深记者的互访、科技人员互访、交换科技出版物以及科技名词的统一和标准化问题;双方确定共同促进两岸电脑及其他产业科技的交流。

会商中，双方还原则同意要加强两岸工商界人士的互访；以今年为目标，筹备召开两岸经济交流会议。

《人民日报》发表国务院副总理朱镕基的文章《转换机制优化结构提高效益加快发展——为"中国经济效益纵深行"大型系列调研活动而作》

国办发布关于对少数地方和单位违反国家规定集资问题的通报

各省、自治区、直辖市人民政府，国务院各部委、各直属机构：

关于稳定金融秩序，坚决制止乱集资和确保完成今年国库券发行任务问题，国务院及有关部门曾三令五申，并多次发出通知。今年2月27日，《国务院办公厅转发财政部、国家计委、中国人民银行关于1993年国债发行工作请示的通知》中规定：要"继续贯彻国债优先发行的原则。在国库券发行期内，除国家投资债券外，其他各种债券一律不得发行。国债以外的各种债券利率不得高于同期国库券的利率"，并要求各级人民政府和国务院有关部门要严格做好各种债券发行的审批工作。4月1日，国务院领导同志再次强调指出："集资一定要按国务院的规定执行，对违反规定的要登报批评。集资要经过一定的批准程序，要在国家规定的规模之内，利率不得超过国库券的利率。在今年国库券销完以前，一律不得发行企业债券。"4月11日，国务院又发出《关于坚决制止乱集资和加强债券发行管理的通知》，并作了具体规定。但少数地区和单位有令不行、有禁不止，仍然我行我素，违反有关规定，在未完成国库券认购任务的情况下，利用发行债券、股票等多种形式进行集资。这种做法，不仅影响国库券发行任务的完成，而且严重扰乱金融秩序，对改革开放和经济建设危害很大。根据国务院领导同志的指示精神，现将有关情况通报如下：

今年4月18日，新疆维吾尔自治区在完成国库券认购任务之前，不按规定的程序审批，擅自决定新疆宏源信托投资股份有限公司公开向社会募集3125万个人股，并向社会发售认购证，引起群众上街排队抢购以及炒买炒卖认购证的现象。4月，山东省济南创建实业公司违反有关规定，擅自向社会公开发行变相股票"'不夜城'主体大厦建筑产权"。2月，福建省中联产业投资综合开发有限公司，未经证券主管部门批准，伪造资信、蒙骗投资大众，擅自向社会发行"环球金融大楼五年对本持产权合同"，年均收益率达26.67%。4月18日，上海市计委虽经国家批准发行浦东建设债券，但是以高于国库券零点五个百分点的利率发行。4月8日，河北物产企业（集团）公司（原河北省物资局）违反有关规定，委托建设银行石家庄第二办事处及所属储蓄所发售企业债券3000万元，债券期限为3年，年利率12.3%。

上述地区和单位违反有关规定的集资行为是错误的，经国务院同意，现通报批评，并作如下处理：

一、由新疆维吾尔自治区人民政府立即制止新疆宏源信托投资股份有限公司向社会募集个人股的活动，并对有关责任者给予严肃处理。在此事处理完毕前，暂不批准该自治区公开发行股票。

二、由山东省人民政府立即制止济南创建实业公司发行变相股票的集资活动，并对有关责任者给予严肃处理。在此事处理完毕前，暂不批准该省公开发行股票。

三、由福建省人民政府责令福建中联产业投资综合开发有限公司立即清退非法发行"五年对本证券"所获资金，并依法对伪造资信、蒙骗投资大众、严重违反有关规定的单位及责任者进行严肃处理。

四、由上海市人民政府责成有关单位暂停浦东建设债券的发售，待国库券认购任务完成后，再以不高于同期国库券的利率恢复发行。

五、由河北省人民政府立即制止河北物产企业（集团）公司发行企业债券的活动，并对有关责任者给予严肃处理。相应扣减该省1993年度地方企业债券发行指标。

六、对违反有关规定，盲目代理发行上述证券的金融机构给予通报批评，没收其代理收入，并责成其主管部门在今年5月31日之前上缴国库。

请各有关地方人民政府将上述问题的处理情况及时报国务院办公厅。

为了维护正常的金融秩序，保持社会稳定，促进改革开放和国民经济既快又好地健康发展，各地区、各部门和各单位都必须严格按照国务院有关文件的规定执行。各地区、各部门都要对本地区、本部门集资和发行各种证券的情况进行一次检查，凡违反规定的，要比照上述办法进行处理；对情节严重的，要加重处罚，同时登报公布。今后，对违反国家规定的集资活动，各新闻单位要发挥舆论监督作用，公开揭露其错误做法和违纪行为。

国务院办公厅

1993年4月27日

国务院副总理李岚清在广交会各省市外经贸厅（委）主任座谈会上就内部职工持股试点发表谈话

日前李岚清在广交会各省市外经贸厅（委）主任座谈会上说，这项重大的改革措施，关系到整个股份制试点工作的顺利进行和国有企业经营机制的转变，我们一要持积极态度，二是必须按国家有关规定和规范进行，决不能把好事办坏，将改革引向歧途。

内部职工持股首先要按照规范进行试点，这是李岚清所特别强调的。他说，实行企业内部职工少量持股的股份制，有助于找到一种能够充分调动职工积极性的公有制的有效实现方式，这对国有经贸企业来说是十分紧迫和重要的问题。但是如果不按规范进行，就可能把一项带有根本意义的改革给搞坏，搞乱，把好事变成坏事。

目前，不规范的试点已经引发了一些问题。如内部职工股的发行超出本公司范围，流散到社会，内部职工股发行额过大，在公司总股本中的比例超过规定界限；募股方式违反规定，有的以法人股名义购买股份后发给个人，内部职工股权证非法交易，出现了内部职工股"黑市"；有的公司甚至以发奖金、搞福利为名，向职工赠送股票等等。

李岚清说，这些做法，违背了试点的初衷，背离了改革的目的，必须及时加以清理和纠正。特别是最后一种做法，实际上是侵分国有资产的行为，我们决不允许把属于国家和集体的财产以股份的形式划到个人头上。

李岚清指出，这是为了清理和制止不规范做法而采取的应急措施，并不意味国家的股份制试点政策有了改变。

太原钢铁公司举行李双良治渣10周年庆祝大会

国家副主席荣毅仁在人民大会堂会见西萨摩亚议会议长阿法马萨·法图·维利

中国新任常驻联合国代表李肇星向联合国秘书长加利递交全权证书

中国和菲律宾企业家在北京举行商务洽谈会暨九项贸易合作协议签字仪式

菲律宾总统拉莫斯和中国国务院副总理李岚清出席签字仪式。上海电气联合公司等三家中国公司与菲律宾麦格兰发展公司，就在菲律宾建造两座30万千瓦火力发电厂的一期工程正式签约。一期工程合同金额是2亿美元。

这将是中国目前出口单机容量最大的发电设备。参与这一项目的另两家中国公司是上海机械设备进出口公司和中国机械进出口总公司。

在举行的中菲经贸洽谈会上签署的9个项目中包括中国贸促会、中国国际商会与菲律宾工商会合作协议及中国贸促会与菲中贸易理事会谅解备忘录。此外，菲律宾萨布联想销售公司同中国粮油食品进出口总公司，菲律宾巴沙公司和吉本森金属公司同中国金属原材料回收公司，还分别签订了贸易和合作协议。

签订的另外4个项目分别是菲律宾戈塔斯哥销售公司和中国冶金建设公司合资在菲律宾建造房屋的协议、菲律宾富士棉纺厂与中国江苏电焊制品厂在菲律宾合资建厂的协议、中国土畜产进出口总公司与萨布联想销售公司关于农产品进出口意向书及北京海淀企业有限公司与菲律宾一家公司集团有关在卫星等高科技领域的合作备忘录。

中国比利时经济贸易混合委员会第9次会谈纪要在布鲁塞尔签署

在为期两天的会议中，双方本着互利原则，就如何推动双边经贸关系进行了广泛、有益的探讨。比利时决定给中国提供2.5亿比郎(约合800万美元)的政府低息贷款。

国务院总理李鹏中央军委主席江泽民联合签署第113号令发布《国务院、中央军事委员会关于修改〈中国人民解放军现役士兵服役条例〉的决定》

现发布《国务院、中央军事委员会关于修改〈中国人民解放军现役士兵服役条例〉的决定》，自发布之日起施行。

国务院总理 李 鹏

中央军委主席 江泽民

1993年4月27日

国务院中央军事委员会关于修改《中国人民解放军现役士兵服役条例》的决定

为加强中国人民解放军士官队伍建设，便于军队的指挥和管理，增强士官的责任心和荣誉感，决定增设士官军衔等级，对《中国人民解放军现役士兵服役条例》作如下修改和补充：

一、第十五条第(一)项修改为：

"士官：四级军士长、三级军士长、二级军士长、一级军士长；四级专业军士、三级专业军士、二级专业军士、一级专业军士。"

二、第十六条第(一)项修改为：

"志愿兵役制士兵：四级军士长、三级军士长、二级军士长、一级军士长；四级专业军士、三级专业军士、二级专业军士、一级专业军士。"

三、第十九条修改为：

"士兵军衔的授予与晋升规定如下：

(一)兵：服现役第一年的，授予列兵军衔；服现役第二年的列兵，晋升上等兵军衔。

(二)军士:服现役第二年的副班长、服现役第三年的上等兵,晋升下士军衔;服现役第三年的班长、服现役第四年的副班长、服现役第五年的下士,晋升中士军衔;服现役第四年的班长、服现役第五年的副班长,晋升上士军衔。

(三)士官:经过军事院校或者士官训练机构培训,被任命担任基层行政或者专业技术领导管理职务的士兵,授予一级军士长军衔;一级军士长晋升二级军士长、二级军士长晋升三级军士长的期限各为四年;三级军士长晋升四级军士长的期限为五年;服现役满五年、自愿继续服现役,经批准担任专业技术职务的士兵,授予一级专业军士军衔;一级专业军士晋升二级专业军士、二级专业军士晋升三级专业军士的期限各为四年;三级专业军士晋升四级专业军士的期限为五年。

编制职务相当于班长的,按照班长的军衔晋升。"

四、第二十一条第(一)项修改为:

"四级军士长和四级专业军士,由军或者相当于军的单位的主官批准;三级军士长、二级军士长、一级军士长和三级专业军士、二级专业军士、一级专业军士,由师或者相当于师的单位的主官批准。"

五、第三十一条修改为:

"行政处分分为:警告,严重警告,记过,记大过,降职、降衔、降级,撤职或者取消志愿兵资格,除名,开除军籍以及中央军事委员会规定的其他行政处分。

降职不适用于副班长;降衔不适用于一级军士长、一级专业军士、列兵;降级不适用于级别薪金最低一级的士官。降职、降衔、降级,一般只降一级。"

六、第三十五条第二款修改为:

"志愿兵享受供给制和薪金制相结合的生活待遇。薪金由军衔薪金、级别薪金和补贴构成。"

本决定自发布之日起施行。

《中国人民解放军现役士兵服役条例》根据本决定作相应的修正,重新发布。

国家领导人荣毅仁田纪云李铁映王光英在人民大会堂会见参加首届东亚运动会的中国体育代表团

中华环境保护基金会在北京成立

万里、黄华任基金会名誉理事长,全国人大环境保护委员会主任委员曲格平任理事长。

联合国去年授予中国国家环保局局长曲格平"国际环境奖"。曲格平把奖励给他的10万美元捐赠出来,建议成立中华环境保护基金会。目前已收到青海省环保局局长周永玲、国家环保局等单位和个人的捐款。

中华环境保护基金会将充分利用国内外民间渠道,广泛筹集资金,资助各种环保活动的开展。该基金会还建立"曲格平绿色中华环境奖",奖励对环保事业作出突出贡献的组织和个人。

4月28日

中宣部在北京举行爱国主义教育座谈会

会议于28日至29日举行。会议认为,爱国主义教育应密切结合人们的思想状况,结合现实生活的实际,在让人们了解祖国辉煌灿烂的历史、改革开放所取得的丰硕成果的同时,知道国家尚存在着落后的方面,并帮助他们正确理解"落后",激励其奋起改变祖国的落后状态。要使人们从已取得的成就中,树立前进的信心,从复杂的现实中明确改革的方向;培养每个社会成员对中华民族具有一种深切的历史责任感和时代紧迫感,并变成深厚的内在动力,为国家兴旺、民族振兴而奋斗。

会议提出,应把爱国主义当成为最基本的道德规范和最基本的教育内容,渗透到社会各个领域,长期抓、经常抓,使整个社会成为陶冶爱国主义情操的大学校。让爱国主义植根于每个中国人心中,树立起热爱祖国的深厚感情和坚定信念。要针对现实,制定出切合实际的具体办法和措施,切忌搞形式主义。

16位来自民革、民盟、民建、民进、农工党、致公党、九三学社、台盟,以及全国工商联的人士在座谈会上发言。他们提出,改革开放以来,中国人的视野开阔了,既看到了祖国建设的成就,也看到了国家和民族相对贫穷落后的一面。大多数人由此激发了投身祖国建设的热情,也有一部分人产生了民族虚无主义;还有一些爱国主义意识薄弱者禁不住金钱的诱惑,这些倾向对青少年的危害不容忽视。因此,广泛深入地在全社会开展爱国主义教育成为时代的召唤、民族的召唤。

他们建议,爱国主义应当成为最基本的道德规范,渗透到社会生活的各个领域,成为各行各业共同高举的一面旗帜,以此来推动全社会的道德建设。学校、剧院、街道、公园旅游景点、娱乐场所等的环境布置应突出爱国主义格调,像深圳的"锦绣中华"等,寓教于乐,有利于培养人们的民族自尊心,能激发人们的民族自豪感;爱国主义的艺术和礼仪应大力提倡和普及;能激发爱国主义热情的博物馆、展览馆、纪念馆等要广泛设立,并向青少年免费开放,使爱国主义教育不仅停留在学校讲坛上,而要广布在社会的角角落落,使整个社会成为陶冶爱国主义情操的大学校。这样,爱国主义将植根于每个中国人的心中。

全国人大常委会副委员长雷洁琼、卢嘉锡、吴阶平,以及各民主党派、全国工商联的负责人和著名人士蔡子民、彭清源、万国权、王宋大、陈难先、刘德海、丁石孙、蒋正华、金开诚、叶宝珊、陈明德、朱维究、蔡国雄先后在座谈会上发言。

中宣部常务副部长徐惟诚、中央统战部副部长刘延东主持座谈会。

国务院副总理邹家华在广东考察

邹家华于4月28日至5月5日先后到深圳、河源、惠州、湛江等地，深入到工厂、企业、工地、油田、科研院所调查研究。着重考察广东的能源交通大型企业，参观大亚湾核电站、新丰江水电站、深圳妈湾火力发电厂。在大亚湾核电站，邹家华深入到核岛、常规岛、中央控制室以及培训中心，详细了解核电站设备的安装、调试情况，他对工程建设的质量和进展表示满意，勉励中外员工要密切配合、协同作战，把广东大亚湾核电站建成一个高质量、高效益的世界一流电站。

中国法学会第三届理事会第二次会议在北京召开

全国人大常委会副委员长王汉斌，中共中央政法委员会书记任建新，最高人民检察院检察长张思卿等，会见了出席中国法学会第三届理事会第二次会议的代表。中国法学会会长邹瑜在会上作了题为《在党的十四大精神指引下，积极推进法学研究改革和法学会工作改革》的报告。

国务院发布《关于严格审批和认真清理各类开发区的通知》

世界经济论坛与瑞士洛桑国际管理发展学院联合公布有关国家国际竞争力的排序报告中国在国际竞争力排名中居转轨大国之首

世界经济论坛与瑞士洛桑国际管理发展学院最近联合公布有关国家国际竞争力的排序报告。

在这份题为《新出现的市场经济》的报告中，中国的排序位居印度、俄罗斯等20个转轨大国之首。

研究报告是用八大要素200余项指标对世界经济转轨国家1991年经济社会情况进行全面评价后作出的。这八大要素分别是国内经济实力、国际化程度、政府作用、金融环境、基础设施、管理程度、科学技术、人口结构和素质等。世界经济论坛和瑞士洛桑管理发展学院使用这八大要素分析评价各国竞争能力已有多年的历史，是各国公认的权威评价机构。这次公布的研究报告是这家机构第一次利用这些指标评价包括俄罗斯、中亚、东欧等在内的转轨国家的竞争力情况，也是中国首次加入这一评价体系。

有关中国的数据处理与换算工作，是由国家体改委国外经济体制司和国家体改委经济体制与管理研究所共同承担完成的。自90年代初，这两家机构就开始与国际竞争力评价机构进行合作，按照国际通用的SNA指标体系对我国有关的统计指标进行了详尽大量的换算工作，并进行了多家企业厂长经理的问卷调查，历时三年，已取得了较为成熟的经验，从而为中国加入国际竞争力评价体系奠定了基础，并赢得了国际组织的好评。从1992年起，我国已正式加入这一评价体系，每年将定期向国际竞争力评价机构提供中国国际竞争力的有关数据。

外交部部长钱其琛在北京会见罗马尼亚国务部长兼外交部部长特奥多尔·维奥雷尔·梅列什卡努

中国政府和新加坡政府在新加坡签署关于卫生合作谅解备忘录和1993年度的卫生合作执行计划

中央军委副主席刘华清张震为海军装备论证研究中心题词

中国英国就香港问题在北京举行第2轮会谈

中国政府代表、外交部副部长姜恩柱和英国政府代表、驻中国大使麦若彬就香港1994/1995年选举安排问题在北京举行为期两天的第二轮会谈。

中国长城工业总公司与美国摩托罗拉公司在北京签署“铱”系统卫星发射服务合同

中国少年儿童造型艺术学会在北京成立

国家教委重申普通高校不能自行更改校名

4月29日

党和国家领导人江泽民乔石李瑞环胡锦涛等在北京会见劳模、五一劳动奖获得者代表

江泽民说，去年以来，在邓小平视察南方重要谈话和党的十四大精神的指引下，广大干部和群众的积极性空前高涨，出现了加快改革开放和现代化建设的好势头，我们要珍惜它，希望大家共同努力，扎实工作，取得新的更大的成绩。当前，摆在我国各族人民面前的任务，就是全面贯彻落实党的十四大和八届全国人大一次会议的精神和确定的各项任务，进一步解放思想，实事求是，抓住机遇，深化改革，促进发展，集中力量把国民经济搞上去。

江泽民说，在经济建设中，各个国家不同地区之间都会不同程度地存在发展的不平衡及其带来的差距。发达国家也有这种情况。我国不同省区市之间也存在经济发展上的差距，在经济发展的过程中，我们要采取正确的措施，注意逐步缩小地区间的发展差距，要通过一部分地区先富起来，最终达到全国各个地区共同富裕的目的。

江泽民说，人民群众是历史的创造者，是国家的主人。我国工人阶级有着先进的思想、高度的觉悟、优秀的品质和优良的传统，在改革开放和现代化建设中应不断发挥主力军的作用。劳动模范和先进工作者是我国工人阶级的优秀代表，是改革和建设的排头兵。体现在他们事迹中的现代化建设所必需的创业精神和奉献精神，代表着我国新时期的精神风貌，应该在全社会和全体人民中加以倡导，使之蔚然成风。

江泽民希望各条战线的劳动模范和先进工作者团结和带动广大职工群众，再接再厉，继续奋斗，为夺取有中国特色的社会主义事业的更大胜利，为民族振兴、国家富强、人民幸福，再立新功。

中共中央政治局常委李瑞环就思想政治工作问题对中国职工思想政治工作研究会负责人发表谈话

你们要我为中国职工思想政治工作研究会成立十周年和小平同志为《思想政治工作研究》杂志题写刊名十周年题词，我一直没有答应，主要是没有想出简单而切实的词来。我同研究会有过一段工作联系，对你们的事还是关心的。请你代我向研究会成立十周年表示祝贺，向在研究会创立、发展及思想政治工作研究与实践中尽过心、出过力的所有同志表示敬意。

中国职工思想政治工作研究会成立以来的十年，是我们国家发展中很不寻常的十年，也是思想政治工作很不寻常的十年。十年来，全国研究会和各地研究会的同志始终如一地重视发挥党的政治优势，坚持进行思想政治工作的研究与实践，既保持和发扬了思想政治工作的优良传统，又探索和总结了新鲜经验，为加强社会主义精神文明建设作出了贡献。

当前，我国形势很好。全党全国人民在小平同志视察南方重要谈话和党的十四大精神鼓舞下，抓住机遇，加快改革开放和现代化建设步伐，各方面出现了蓬勃发展的喜人局面。要保持和发展这个局面，就必须注意在发展过程中出现的各种问题。最近一些同志反映，思想政治工作在有些单位有所忽视，社会风气出现了一些不好的现象，拜金主义、利己主义、享乐主义思想有所抬头，崇尚所谓“大款”、“大腕”敛财、挥金的心理有所滋长，无私奉献和艰苦奋斗精神受到冷落。尽管问题是局部的，但也必须引起我们的警觉。

小平同志说过，搞社会主义现代化建设，必须是改革开放，加现代科学技术，再加上我们的政治优势。这就告诉我们，坚持和发挥我们党的政治优势，是社会主义现代化建设不可缺少的一个方面。搞好经济工作，发挥政治优势，前者是目标和中心，后者是条件和保证，两者相辅相成、缺一不可。在这方面，我们党有丰富的经验，但也有过不少的教训。不注意发挥我们的政治优势，不切实加强思想政治工作，群众舆论和心理就会发生倾斜、失衡，社会道德和风气就会出现滑坡甚至逆转，而这些最终又会反过来影响经济的发展和社会的安定。

因此，全党在集中精力抓经济建设、建立社会主义市场经济体制的同时，一定要大力加强党的建设，切实抓好精神文明工作。

做好新形势下的思想政治工作，要讲两句话。一句是坚持不懈，另一句是求实创新。首先是坚持、是继承、是不放松、不手软，没有这一条其他一切无从谈起。同时也要重视改进。没有适时、必要的改进，也就不能更好地坚持。我在广州年会上讲过：如何在加强的前提下改进，在继承的基础上创新，是一篇刚刚破题的大文章，确有许多亟待我们去研究去认识的“必然王国”。1991年在“黄河杯”征文发奖式上，我建议大家注意研究“变”，适应“变”，并据此不断改进思想政治工作。去年召开甘肃白银年会前，我也同你们谈了这个问题。必须看到，在十四大确定建立社会主义市场经济体制之后，这方面的任务是更加繁重、迫切了。十年来，研究会联系和团结了一大批有志于做好新时期思想政治工作的同志，其中既有老同志也有中青年同志，既有理论工作者也有实际工作者，既有在领导机关比较了解宏观决策的同志也有在企业做具体工作的基层干部。他们是我国整个思想政治工作队伍中一支很重要、很有生气的力量。希望大家在坚持不懈、求实创新上下功夫，为搞好新形势下的思想政治工作作出贡献。

全国政协八届常委会第二次主席会议召开

会议决定5月中下旬在北京召开八届政协全国委员会常务委员会第二次会议。

宋庆龄在重庆的旧居修复

抗战时期，宋庆龄曾先后两次来到重庆，在这里生活和工作达四年之久。1942年她寓居于重庆两路口新村三号这幢西式洋楼里，直至1945年离渝返沪。在此期间，宋庆龄正式重组保卫中国同盟中央委员会，担任主席，“保盟”总部办公处就设在寓所内，经常在此办公的还有廖梦醒、王安娜等人。在寓所内，宋庆龄举行茶会欢送董必武等人返回延安时，周恩来、邓颖超、冯玉祥等人也应邀参加。

重庆宋庆龄旧居由三部分组成，主楼为宋庆龄及“保盟”总部用房，后楼附属建筑为工作人员用房，房后有一防空洞，是避日机轰炸之地。旧居按原貌进行了维修，并对旧居中宋庆龄的卧室、办公室、警卫室、会议室等进行了复原陈列。复原陈列实物和历史照片等近110件。

国家副主席荣毅仁在人民大会堂会见台湾大安银行董事长陆润康

海协会会长汪道涵与台湾海基会董事长辜振甫会谈在新加坡圆满结束

海协会会长汪道涵和台湾海基会董事长辜振甫上午在新加坡海皇大厦举行签字仪式，共同签署了有关两岸关系的四份协议。这次于本月 27 日开始，受到海内外广泛关注的“汪辜会谈”宣告圆满结束。双方认为，这次会谈是两岸关系发展史上重要的一步，历史性的一步。

正式签署的四份协议是：《汪辜会谈共同协议》、《两岸公证书使用查证协议》、《两岸挂号函件查询补偿事宜协议》、《两会联系与会谈制度协议》。

签字仪式结束后，汪道涵和辜振甫分别举行新闻发布会。

汪道涵说，签署的文件是符合两岸人民利益的，也符合这次会谈的初衷，即两岸互补互利，共同发展，所谓“补”，不是截长补短，而是扬长补短；所谓“利”，就是双方共同获得利益。我们双方也是以这个为原则举行这次会谈的。

汪道涵说，这次会谈是两岸关系发展中重要的、历史性的一步。近几年来，两会和两岸人民都有接触，但我和辜先生正式代表两会来会谈，这是第一次。它将为两地今后继续接触，推动两岸关系的发展产生重要作用。

辜振甫在发言中对这次会谈的评价是，使两岸关系跨出了历史性的一步，为两岸未来的发展打下了良好基础，意义是很大的。

他说，近年来两岸交流一天比一天密切，在频繁的接触中所衍生的问题也多，两会应以务实的态度，透过磋商来有效地给以解决。他指出，这次会谈建立了两会联系与会谈制度，这是两地与两岸关系在未来发展中走向秩序化的里程碑。

对于会谈中在经济交流方面存在的一些分歧，双方认为，通过会谈双方都了解了对方的立场，使日后的商谈有了基础，有些问题很难在短短两天内达成一致，暂时保留下来，留待今后继续磋商。

海协会会长汪道涵和台湾海基会董事长辜振甫在新加坡海皇大厦签定《汪辜会谈共同协议》

《汪辜会谈共同协议》主要内容包括五个方面：

一、关于本年度协商议题，双方确定今年内就“违反有关规定进入对方地区人员之遣返及相关问题”、“有关共同打击海上走私、抢劫等犯罪活动问题”、“协商两岸海上渔事纠纷之处理”、“两岸知识产权保护”及“两岸有关法院之间的联系与协助(暂定)”等议题进行事务性协商。

二、关于经济交流，双方均认为应加强两岸经济交流，互补互利。双方同意就台商在大陆投资权益及相关问题、两岸工商界人士互访等问题，择时择地继续进行商谈。

三、关于能源资源开发与交流，双方同意就加强能源、资源的开发与交流进行磋商。

四、关于文教科技交流，双方同意积极促进青少年互访交流、两岸新闻界交流以及科技交流。在年内举办青少年才艺竞赛及互访，促进青年交流、新闻媒体负责人及资深记者互访。促进科技人员互访、交换科技研究出版物以及探讨科技名词统一与产品规格标准化问题，共同促进电脑及其他产业科技的交流，相关事宜再行商谈。

五、协议自双方签署之日起 30 日后生效实施。

海协会会长汪道涵与台湾海基会董事长辜振甫在新加坡海皇大厦签署有关两岸关系的三份协议

这三份协议自双方签署之日起30日后生效实施。

《两会联系与会谈制度协议》主要内容包括会谈、事务协商、专业小组、紧急联系、入出境往来便利、协议履行变更与终止、未尽事宜、签署生效等八方面。协议明确，海协会长与海基会董事长，视实际需要，经双方同意后，就两会会务进行会谈，地点及相关问题另行商定。海协常务副会长与海基会副董事长或两会秘书长，原则上每半年在两岸轮流和商定的第三地就两会会务进行一次会谈。两会副秘书长、处长、主任级人员，就主管业务每季度在两岸择地会商。双方还同意，各自成立经济小组与综合事务小组，并指定副秘书长作为紧急事件的联络人，相互联系并采取适当措施。此外，双方会务人员因会务联系进入对方地区时，互相给予出入境往来与查验通关等便利。

《两岸公证书使用查证协议》包括联系主体、寄送公证书副本、公证书查证、文书格式、其他文书、协议履行变更与终止、争议解决、未尽事宜、签署生效等方面的内容。

双方同意相互寄送涉及继承、收养、婚姻、出生、死亡、委托、学历、定居、抚养亲属及财产权利证明公证书副本，以便使用者核对。双方同意对公证形式或实质内容有疑问的，相互协助查证。关于寄送公证书副本及查证事宜，由中国公证员协会或有关省、自治区、直辖市公证员协会与台湾海峡交流基金会相互联系。关于公证书以及其他文书查证事宜，由海峡两岸关系协会与台湾海峡交流基金会联系。

《两岸挂号函件查询、补偿事宜协议》包括开办范围、联系方式、传递方法、查询期限、答复期限、缮发验单、各自理赔、文件格式、协议履行变更与终止、争议解决、未尽事宜、生效实施等 12 个方面的内容。

协议规定了两岸相互开办挂号函件业务的范围，如信函、明信片、邮简、印刷物、新闻纸、杂志及盲人文件等。挂号函件发生遗失，被窃或毁损等情形后，查询的联系方式，由中国通讯学会邮政专业委员会与台湾海峡交流基金会或其指定的邮件处理中心相互联系。赔偿方式为各自理赔，概由原寄一方邮政负责补偿，不相互结算。

中共宁夏回族自治区委七届一次会议再次选举黄璜为区党委书记

中共吉林省委六届一次会议再次选举何竹康为省委书记

首都集会庆祝“五一”国际劳动节

全国人大常委会副委员长、全国总工会主席倪志福出席庆祝大会并讲话，受党中央和国务院的委托，向全国各族人民，向工人、农民、知识分子和其他劳动群众，向人民解放军、武警部队官兵、公安干警，向各条战线的劳动模范和先进人物，向出席大会的荣获全国“五一劳动奖状”和“五一劳动奖章”的先进集体、先进个人的代表，致以亲切的问候和节日的祝贺！向台湾、香港、澳门的工人及各界劳动群众，向海外侨胞，致以良好的祝愿！

会上宣读全国总工会《关于颁发 1993 年“五一劳动奖章”、“五一劳动奖状”的决定》。全总决定，向马铭等 1059 名先进个人颁发“五一劳动奖章”；向北京牡丹电子集团公司等 132 个先进企事业单位和首钢北钢公司第二炼钢厂方坯连铸车间铸机四组等 204 个先进班组颁发“五一劳动奖状”。

国家中高级干部学法讲师团在北京成立

由中央宣传部、司法部、中国法学会发起组建的国家中高级干部学法讲师团举行成立大会。中共中央政治局候补委员、全国人大常委会副委员长王汉斌到会表示祝贺。

国家中高级干部学法讲师团将根据中国法制建设的需要和法制宣传教育工作的总体部署，为中央国家机关和各省、自治区、直辖市的中高级领导干部学习和研究法制建设的重大理论问题，特别是市场经济法制建设问题和其他一些重要领域的专业法律问题，举办各种专题讲座，以提高国家现代化进程中领导干部的决策水平，推动我国民主法制建设的发展，并有效地带动广大干部群众积极投身学法用法活动，增强法制观念。

首期聘任的 64 位国家中高级干部学法讲师团高级讲师，包括中央国家机关有关部门的一些司局级以上领导干部、法学界一些重要学科的专家学者。出席今天成立大会的还有中央政法委、中央宣传部、司法部、中国法学会等有关部门负责人。

劳动部和国家统计局联合在北京举行首次劳动事业新闻发布会发布 1992 年劳动事业发展公报

国家劳动部和国家统计局日前联合举行建国以来首次劳动事业新闻发布会。

劳动部副部长朱家甄在会上发布《关于 1992 年劳动事业发展的公报》。

一、全国就业形势稳定。去年城镇新安排就业 736 万人。两千多所待业保险机构为 30 多万待业职工提供了生活救济。劳动合同制有较大进展，合同制职工达 2542 万人，占城镇全部职工的 16.3%，参加用工制度改革的职工已达 3376 万人，占全国企业职工人数的 28%。1992 年，全国职工人数为 14792 万人，其中城镇个体劳动者和私营企业从业人员 838 万人，比上年末增加 78 万人。

二、企业工资分配自主权进一步落实。全国实行各种形式的工资总额同经济效益挂钩的国有企业已达 10 万户，职工人数达 4100 万人，已超过国有企业职工总数的一半。国有企业岗位技能工资制试点已展开，河北等 18 个省和计划单列市进行了地区劳动工资动态弹性计划管理体制的试点。

职工工资进一步提高，去年全国职工工资总额 3939.2 亿元，比上年增长 18.5%。职工平均工资 2711 元，比上年增长 15.9%。去年职工生活费价格指数为 108.6%，比上年上升 3.5 个百分点，扣除价格因素，职工平均实际工资增长 6.7%。

三、社会保险事业稳步发展。养老保险社会统筹面继续扩大，全国有 50 多万户企业 8500 多万职工和 1700 多万离退休人员参加退休费用社会统筹。全国有 80%以上的企业试行了以保证基本医疗和加强医疗管理为重点的、费用由职工个人适当负担的医疗保险制度改革的办法。女职工生育保险制度开始起步。

四、职业培训规模扩大，培训质量有所提高。去年技工学校已发展到4392所，在校生人数达155.6万人。在职职工培训达3200万人次。目前，全国已评聘技师20多万人，高级技师1000多人。

五、企业职工因工伤亡事故有所上升，去年共死亡15146人，比上年上升3.1%，其中乡镇企业职工因工死亡7152人，比上年上升4.7%。在因工死亡职工中，一次死亡三人以上重大事故425起，比上年上升18.6%。

六、劳动仲裁制度进一步健全。企业调解委员会受理的28038起案件，87%的劳动争议通过调解得到妥善解决，各地劳动仲裁委员会受理案件8150起，96.8%已结案。

七、劳动生产率进一步提高。去年共完成工业增加值10116亿元，比上年增长20.8%，社会劳动生产率比上年提高10.8%。

中国和哥伦比亚经贸混委会在北京举行第三次会议

中国亚洲太平洋学会在北京成立

4月30日

全国人大各专门委员会主任委员会议在北京召开

第八届全国人大设立八个专门委员会。八届全国人大一次会议后，各专门委员会根据委员长乔石在八届全国人大一次会议和八届全国人大常委会一次会议上的讲话精神，做了许多工作。不仅制订近期的工作计划，而且对今后五年的工作进行了研究。一些专门委员会还听取国务院有关部门的专题汇报，对当前的金融、财政、农业、环保等方面的情况进行了解和研究，并根据宪法赋予全国人大专门委员会的职责，对立法、监督、外事等工作做出部署。大家表示要在七届工作的良好基础上，争取开创新的工作局面。

乔石在听取汇报后石说，这一届全国人大常委会和专门委员会的任务非常繁重。第一，要以改革精神加快立法步伐。现在我们国家正处在由传统的计划经济体制向社会主义市场经济体制转变的关键时期，立法工作必须跟上形势发展的需要。要在宪法指导下，在本届人大期间大体形成社会主义市场经济法律体系的框架。为此，要制订立法规划，组织和动员各方面的力量共同做好立法工作。要分清轻重缓急，急需的要先立。有的法律不一定一步到位，可以从现实出发，先立几条，以后继续补充。有的还可以由省级人大和有立法权的经济特区人大先制定地方性法规。总之，要按照邓小平同志1978年就提出的意见，法律条文开始可以粗一点，逐步完善，不要等待"成套设备"。有比没有好，快搞比慢搞好。立法不能从某个部门、某个地区的局部利益出发，必须从国家的总体利益和人民群众的根本利益出发。制定地方性法规，也应是这个出发点。要结合我国实际情况，大胆借鉴外国有益的立法经验和立法成果。第二，要加强人大的监督工作。任何工作，没有监督必然会出问题。我们是社会主义国家，各级党组织和各级干部都要受人民的监督。要使监督工作制度化、法律化。我们的目标是建设一个符合中国实际的民主的、法制健全的社会主义社会。我们既要看到实现这个目标的艰巨性，也不能畏难而退，要在邓小平同志建设有中国特色社会主义理论的指导下，使中国的社会主义民主和法制建设有一个较大的发展。第三，要积极主动地开展与各国议会的友好交往。人大要适应对外开放的形势，采取请进来、走出去的方式，与各国议会、议员加强交往，广交朋友，增进友谊，努力为我国社会主义现代化建设和改革开放创造一个良好的国际环境。乔石委员长在讲话中还勉励各专门委员会的同志齐心协力，扎扎实实，共同把这一届人大及其常委会的繁重工作做好。

全国劳模事迹报告会在北京举行

全国人大常委会副委员长、中华全国总工会主席倪志福出席报告会。

山西太原钢铁公司党委副书记兼工会主席李煜以"当代愚公李双良"为题，向人们介绍这位老劳模的事迹。全国劳动模范、原航空航天工业部科技委副主任、中国航空科学技术研究院副院长顾诵芬，全国劳动模范、河北开滦赵各庄矿工人侯振清，全国劳动模范、青岛海尔集团公司总经理张瑞敏分别在报告会上介绍自己的事迹。中宣部、中华全国总工会的有关负责人出席报告会。

中共四川省委六届一次会议选举谢世杰为省委书记

云南省政协七届一次会议选举刘树生为省政协主席

中共中央政治局候补委员温家宝在化工部考察农用化工工作

温家宝在化工部考察工作时指出，要重视化肥、农药等农用化工的生产建设，更好地支援农业，促进农业发展。

温家宝到化工部机关听取部长顾秀莲关于中国农

用化学工业的情况汇报，并同化工部领导就如何解决当前农用化工发展中的问题，加快农用化学工业发展，更好地支援农业进行了座谈。

温家宝强调，重视农业，就必须重视农用工业，开发高产优质高效农业，需要化学工业提供数量充足、质量可靠、价格低廉的化肥、农药、农膜等农用生产资料，因此，农用工业是加强农业基础的一个重要因素。我们的方针，一是要大力发展农用工业，以满足农业生产的需要；二是要使农用工业品的价格控制在适当的范围内，逐步缩小工农产品剪刀差。这就对农用工业提出了新的更高的要求。鉴于农用工业直接关系着农业生产率的提高和农业的发展，有着重大的社会效益，因此，国家要通过政策措施的调节，对农用工业给予必要的扶持。同时，农用工业企业要深化改革，转换机制，不断提高自身的素质和水平，通过科技进步，挖潜节约，改善管理来降低成本，提高质量和效益。

温家宝指出，当前的主要任务，一是要认真贯彻党中央、国务院关于加强农业和农村工作的有关通知精神，切实落实对农业生产资料的主要品种实行最高限价的规定；二是要保证农用工业产品的生产，化工部门特别要抓紧组织研究开发农药新品种。

中国人民银行副行长陈元在国际货币基金组织第40届临时委员会会议上发表书面讲话

陈元说，中国不仅得益于亚洲地区经济的蓬勃发展，而且为该地区的经济持续稳定增长了自己应有的贡献。自改革开放以来，中国政府采取循序渐进的发展战略，避免了社会和经济的动荡。中国经济近10年来以年均9%的速度增长。今后5年内也将保持8%～9%的增长速度。

陈元说，中国经济发展比较成功的经验是重视稳定、改革和经济增长三者的统一。协调好这三方面的关系需要付出艰苦的努力。中国从自身的条件出发，选择了稳健的发展战略，才使它在保持社会基本稳定的情况下获得了较快的经济增长，同时不断推进各个领域的改革。实践证明，中国的改革策略是成功的。

他指出，中国作为一个发展中国家，经济发展刚刚起步，而且这种发展还很不平衡，还有一些地区和人口没有脱离贫困状态。在今后一段时间内，中国的经济发展仍面临许多挑战。他强调在漫长的发展道路上，中国希望继续加强与国际社会的合作。

国务院副总理李岚清在北京会见香港总商会访京团

中央军委主席江泽民到军事科学院视察

在听完院领导人的情况汇报后，江泽民讲话。江泽民强调，军事科学研究要与现代作战紧密结合，要与我军建设的现实紧密结合，要把主要力量投入到现实问题的“主战场”。同时，也要搞好基础性课题研究。现实问题研究与基础性研究的力量配置要适当。要用邓小平同志新时期的建军思想作指导，十分注意加强各级指挥员对现代条件下的作战知识的学习和研究。军事科学研究不仅要搞些启蒙式、普及式的知识研究；更要注重高层次、深层次知识的研究，切实提高我军干部的知识水平和全面素质。

江泽民强调指出，要保持我们党的优良传统，作为军队就是要保持老红军的优良传统，加强先进的科学的思想武装，这样才能有效地抵制各种腐朽东西的侵蚀。

中央军委授予南京军区某团八连“鼓浪屿好八连”荣誉称号命名大会在厦门举行

国务委员兼国防部长迟浩田出席会议并讲话。解放军总政治部主任助理周子玉宣读中央军委授予“鼓浪屿好八连”荣誉称号的命令，迟浩田给八连授旗。

迟浩田在讲话中说，中央军委授予“鼓浪屿好八连”荣誉称号，这对于全军在改革开放条件下坚定不移地贯彻执行党的基本路线，加强社会主义精神文明建设，积极推进国防现代化建设，更好地担负起党和人民赋予的神圣使命，必将产生重要的作用。

中国非洲史研究会第5届年会暨学术讨论会在徐州举行

来自全国各地的学者和专家就会议主题“中非关系的回顾与展望”展开学术研讨活动。与会者指出，中非友好源远流长，可追溯到汉唐时代。新中国成立后，中非关系友好地向前发展。中国与非洲各国人民不仅有共同的历史遭遇，而且现在都面临建设国家、发展经济的共同任务。不管在怎样的复杂的国际形势下，非洲国家和中国都彼此理解，互相同情和支持，为反对强权政治、建立新的国际政治和经济秩序而努力。中非人民之间的友谊是患难之交，是很珍贵的，我们应该珍惜它。

5月1日

《人民日报》发表社论《依靠主力军更上一层楼——庆祝五一国际劳动节》

向着党的十四大指引的宏伟目标，照着八届全国人大一次会议描绘的绚丽蓝图，我国工人阶级和全国各族人民在努力建设有中国特色社会主义的征程中，迎来了全世界劳动人民的盛大节日——五一国际劳动节。我们向全国工人、农民、知识分子和每一位劳动者祝贺节日！

建设有中国特色的社会主义，寄希望于工人阶级。今年春节，邓小平同志在向上海人民拜年时指出："上海工人阶级长期以来一直是中国工人阶级的带头羊。"他希望："今年再努力一年，乘风破浪，脚步扎实，克服困难，更上一层楼。"这是小平同志对上海工人阶级的殷切希望，也是对全国工人阶级、对全党和全国人民的殷切希望。

从十四大到八届全国人大一次会议，主旋律都是：抓住机遇，加快改革开放和现代化建设步伐，争取国民经济再上一个新台阶。这是党中央坚定不移的指导思想，也是亿万人民的共同意志。今年更上一层楼，对于我国经济90年代再上一个新台阶，提前实现翻两番的战略任务，具有重要意义。"机不可失，时不我待"。对于中国这样的大国，发展机遇不是很多的。过去丧失机遇的教训深刻。我们有充分的根据说明现在又面临着一个难得的发展机遇。我国政治稳定，社会稳定，经济增长，为经济较快发展提供了有利的条件。经济体制改革不断深化，市场经济机制作用不断增强，这必将为今后经济又快又好地发展提供体制上的保证。我们也具备支撑经济较快发展的物质技术基础，以及经济发展所需要的资金来源。我国有11亿多人口，国内市场潜力很大。和平的国际环境为我国经济高速发展提供了良好的机遇。当前形势喜人，形势也逼人。"海阔凭鱼跃，天高任鸟飞"，开拓进取，建功立业，此其时矣。在形势和机遇问题上，各级领导同志要有时代的紧迫感，抓住机遇；要有历史的责任感，珍惜机遇；要有科学的态度，用好机遇。

抓机遇，上台阶，必须全心全意依靠工人阶级和广大劳动群众，充分发挥工人阶级主人翁精神和主力军作用。这是由社会主义国家的性质和中国共产党的性质所决定的。它是一个基本方针，决非权宜之计，也不因经济体制的变化而变化。我们知道，改革是为了解放生产力，而人是生产力中决定性的因素，工人阶级则是其中最有觉悟、最有组织纪律性、最富于奉献精神的一部分。没有工人阶级的理解、参与和支持，机遇难以抓住，改革难以成功，经济发展也就上不了新台阶。

肯定工人阶级在新的历史时期的地位和作用，把广大职工群众的积极性引导好、保护好、发挥好，这是搞好改革，特别是搞好企业改革的根本保证。为了让企业走向市场，增加活力，提高效率，要不折不扣地贯彻《全民所有制工业企业转换经营机制条例》。在大刀阔斧进行企业改革时，必须明确认识，广大工人是改革的主体和动力，决不是改革的对象和包袱。改革的对象是旧体制，要甩掉的包袱是落后、保守、僵化的旧观念。即使在"三资"企业和私营企业，那里工人的社会主义国家主人翁地位也应得到保证，他们的劳动也应受到尊重。

在新的历史时期，工人阶级肩负着神圣的使命，也面临着严峻的考验。经济体制改革，从计划经济转向社会主义市场经济，这是一个艰难复杂的过程。过去许多熟悉的、习惯的东西，现在有不少不能照搬照用了，许多不熟悉、不习惯的东西摆在我们面前。工人阶级同样也存在着一个换脑筋的问题。否则，就很难适应新的形势。改革从根本上代表着工人阶级和全体人民的利益，但改革难免也要触动人们一些局部的、暂时的利益，这就需要理解。比如，在进行劳动、人事、工资等制度改革的过程中，劳动会有新的组合，利益会有新的调整，人事会有新的变动，有时为了整体利益不得不牺牲局部利益，为了长远的发展不得不承受暂时的痛苦。这是崭新的课题。在社会主义中国进行改革，无古人可以效法，无模式可以照搬，一切靠自己探索。为了保证改革的顺利进行，要在改革过程中努力使绝大多数职工得到实惠。对在改革过程中极少数生活水平受到不利影响的职工，要给予关怀，还要十分重视做好思想工作。

改革和建设的势头很好，但在前进中也难免出现这样那样的问题。比如，在允许一部分地区、一部分人先富起来的同时，地区经济发展差距拉大，个人收入也发生悬殊现象。群众看到某些"大款"式人物挥金如土，纸醉金迷，心不平，气不顺。这个问题如果长期得不到解决，就会影响情绪，进而影响经济、政治和社会的稳定。各级党委和政府要采取有力措施，鼓励人们诚实劳动，合法经营，正道致富，并采取切实措施解决分配不公问题。同时也要教育群众认识到，正常的差距有利于竞争，有利于调动起人的积极性。"大锅饭，养懒汉"，这也是群众强烈要求革除的弊端。我们决不能走回头路，再回到旧体制上去。解决问题的根本出路还是要深化改革，更快更好地发展经济。

为了进一步贯彻党的十四大和八届全国人大一次会议的精神，深入贯彻邓小平同志建设有中国特色社会主义理论和党的基本路线，充分发挥工会在社会主义建设中的作用，今年第四季度将召开中国工会第十二次代表大会。这是我国工人阶级政治生活中的一件大事。依靠主力军，更上一层楼。我们相信，广大工人群众一定会以优异的成绩迎接大会的召开。

中国信息网络实现与国际对接

中国现已成为联合国技术信息促进系统、联合国工业发展组织“工业与技术信息库系统”、欧洲经济共同体商业合作中心、欧洲信息中心四家国际性信息系统的正式成员，实现了与国际经济、技术、贸易信息系统的对接。四大国际信息网络在中国有用户1万多家。

亚洲第一座镍闪速熔炼炉在甘肃金川投产

世界第五座、亚洲第一座，同时也是国内首座最大的镍闪速熔炼炉在金川有色金属公司正式投产。已竣工投产的镍闪速熔炼系统是总投资23.38亿元的金川扩建两大主体工程之一。

中国选手在世界杯射击赛中获5枚金牌

在世界杯射击赛上，中国队获得总共13枚金牌中的5枚，成为夺取金牌最多的运动队。在女子运动手枪比赛中，中国的刘海英以687.9环的总成绩夺得第一名，并创造这个项目的世界纪录。在男子飞碟双向比赛中，中国的王忠华以142中的总成绩获得第一名。由13名射手组成的中国队参加所有单项的比赛。除刘海英和王忠华获金牌外，王义夫、肖俊和岳勇分别在男子气手枪、男子10米移动靶和男子手枪慢射的比赛中各获一枚金牌。岳勇还以666.5环创手枪慢射世界纪录。

5月2日

国家主席江泽民致电斯里兰卡代总统维杰通加吊唁斯里兰卡总统拉·普雷马达萨不幸遇刺身亡

全国人大常委会委员长乔石在人民大会堂会见由议长樱内义雄率领的日本众议院议员团

亚洲开发银行中国理事国务委员兼中国人民银行行长李贵鲜率中国政府代表团前往马尼拉出席亚洲开发银行理事会第26届年会

第七次中日亚洲形势与和平问题座谈会在北京举行

烧伤湿润暴露疗法发明人中国烧伤创疡科技中心主任徐荣祥在北京接受美国全美烧伤受难者基金会主席盖纳颁发的“人道主义奖”

5月3日

国家主席江泽民在中南海会见由议长樱内义雄率领的日本众议院议员团

共青团第十三次全国代表大会在北京开幕

党和国家领导人江泽民、乔石、李瑞环、朱镕基、刘华清、胡锦涛等到会祝贺。

中共中央政治局常委胡锦涛在题为《肩负起历史的重任》的祝词中高度评价了改革开放15年来中国青年运动所取得的成就。

全国总工会副主席、书记处第一书记张丁华代表全国总工会、全国妇联、中国科协、中国文联、全国侨联、全国台联和中国残疾人联合会，向大会表示祝贺。

共青团中央第一书记李克强代表共青团十二届中央委员会向大会作报告。

到会祝贺的领导还有：丁关根、田纪云、李岚清、李铁映、杨白冰、温家宝、王汉斌、宋平、张震、任建新、倪志福、陈慕华、孙起孟、王光英、迟浩田、陈俊生、司马义·艾买提、罗干、王兆国、阿沛·阿旺晋美、孙孚凌等。

中共中央政治局常委胡锦涛在共青团第十三次全国代表大会发表题为《肩负起历史的重任》的祝词

同志们，青年朋友们：

中国共产主义青年团第十三次全国代表大会今天隆重开幕了。我受党中央的委托，向大会表示热烈的祝贺！向全国各族青年、全体共青团员和青少年工作者致以亲切的问候！

这次大会是共青团历史上一次重要的会议，是我国青年政治生活中的一件大事。党中央殷切希望，这次大会能够开成一个继往开来、团结奋进的大会，进一步动员广大团员和青年，为完成党的十四大和八届人大一次会议确定的各项目标和任务，夺取建设有中国特色社会主义事业的更大胜利而努力奋斗。

改革开放以来的15年，是我国社会主义现代化事业取得伟大胜利的15年，也是我国青年运动蓬勃发展的15年。在中国共产党的领导下，共青团团结带领亿万青年开拓进取，艰苦奋斗，为改革开放和现代化建设作出了积极的贡献，谱写了历史的新篇章。广大青年在实践中经受了锻炼和考验，一代有理想、有道德、有文化、有纪律的社会主义新人正在茁壮成长。实践已经证明并将继续证明，我国青年不愧是建设祖国、保卫祖国的一支重要力量，不愧是改革开放和现代化建设的生力军，是奋发向上、勇于开拓的一代，是大有作为、大有希望的一代！

回顾15年来我国青年运动不平凡的历程，有许多宝贵的经验值得认真总结，其中最重要最根本的是，党领导的有中国特色社会主义的伟大事业离不开青年的继承和开拓，青年一代的健康成长离不开党的关怀和指引。任何时候，我们都要相信青年，关心青年，重视和发挥青年的进取精神和创造活力；任何时候，我国青年都要自觉地接受党的领导，保持坚定正确的政治方向，积极投身人民群众的伟大实践。

现在，我国改革开放和现代化建设进入了蓬勃发展的新阶段。发展的机遇从来没有像今天这样明确地展现在我们面前。从现在起到下世纪中叶，对于祖国的繁荣昌盛和社会主义事业的兴旺发达，是很重要很宝贵的时期。我们要在90年代初步建立起新的经济体制，实现达到小康水平的第二步发展目标；到建党100周年的时候，在各方面形成一整套更加成熟更加定型的制度；到下世纪中叶建国100周年的时候达到第三步发展目标，基本实现社会主义现代化。当前，摆在全党和全国各族人民面前的根本任务，就是要在邓小平同志建设有中国特色社会主义理论和党的基本路线指引下，抓住有利时机，加快改革开放，集中精力把经济建设搞上去，推动社会全面进步。中华民族的振兴，跨世纪宏图伟业的实现，需要青年一代的创造和奉献。坚持党的基本路线一百年不动摇，保证国家的长治久安，需要青年一代的觉悟和奋斗。广大青年一定要认清形势，把握机遇，勇敢地肩负起历史赋予的重任，同全国人民一道，把建设有中国特色社会主义的伟大事业不断推向前进。

当代青年应该成为有远大理想的一代。理想和信念是我们战胜一切困难，创造美好未来的强大精神支柱和前进动力。现阶段我国人民的共同理想，就是把我国建设成富强、民主、文明的社会主义现代化国家。这一理想反映了社会发展的客观规律，代表了人民群众的根本利益和愿望，激励着中国共产党人和中国各族人民为之不懈奋斗。当代青年要把实现共同理想作为自己的崇高追求，把个人的奋斗目标融汇到人民群众实现共同理想的历史创造活动中去。为共同理想奋斗，也是爱国主义在现阶段的集中体现。广大青年一定要继承“五四”的光荣传统，发扬爱国主义精神，献身于建设和保卫社会主义现代化事业，献身于促进和维护祖国统一事业，为振兴中华贡献自己的青春和力量。党的基本路线为我们指明了通往理想的正确道路，要实现共同理想，就必须毫不动摇地坚持这条路线。尽管在前进的道路上还会遇到许多艰难险阻，但是，只要我们坚定地沿着有中国特色社会主义道路前进，我们的理想就一定能够实现，这是我国青年必须牢固树立的坚定信念。

当代青年应该成为勤奋学习的一代。我们从事的事业是前无古人的伟大事业，很多新情况、新问题需要探索和研究。我们所处的时代是科技革命迅速发展的时代，很多新知识、新技术需要学习和掌握。为了肩负起历史赋予的重任，青年要把学习作为自己第一位的任务，努力提高社会主义现代化建设的本领。邓小平同志建设有中国特色社会主义的理论，是马克思主义同中国实际相结合的最新成果，是当代中国的马克思主义，是指引我们实现新的历史任务的强大思想武器，也是培养和造就千百万社会主义事业接班人的强大思想武器。广大青年要认真学习和掌握这一理论，搞清楚在中国这样的经济文化比较落后的国家如何建设社会主义、如何巩固和发展社会主义的一系列基本问题，不断提高自己的政治素质和解决实际问题的能力。要刻苦钻研进行现代化建设和发展社会主义市场经济所需要的科学技术和文化知识，努力成为本职工作的内行和能手。要大胆吸收和借鉴人类社会创造的一切文明成果，吸收和借鉴世界各国包括资本主义发达国家的一切反映现代社会化生产和商品经济一般规律的先进经营方式和管理方法。要坚持理论联系实际，不仅要学习书本知识，还要注重向实践学习，向人民群众学习，向老一辈学习，向解放军学习，从人民群众丰富的实践活动中汲取营养和力量。通过学习和实践，全面提高自身素质，使自己成为社会主义现代化建设需要的合格人才。

当代青年应该成为艰苦创业的一代。江泽民同志指出：“我们的社会主义现代化建设还处在艰巨的创业时期。伟大的创业实践，需要有伟大的创业精神来支持和鼓舞。”广大青年要解放思想，实事求是，带头树立起与社会主义现代化建设宏伟事业相适应的新观念。要积极探索，勇于创新，敢闯新路，敢创新业，积极致力于改革开放，致力于社会主义市场经济体制的建立和完善。要同心同德，顾全大局，正确对待改革过程中遇到的矛盾和困难，努力维护和发展团结稳定的政治局面。我国是一个人口多，底子薄，经济文化比较落后的大国，要使我们的国家富强起来，特别需要发扬艰苦奋斗、勤俭节约的精神。青年要到基层去，到艰苦的地方去，到改革开放和经济建设最需要的地方去。要立足本职，勤勉敬业，脚踏实地，埋头苦干，在平凡的工作岗位上争创一流的成绩。一切有志于振兴中华的青年，都要努力学习和实践江泽民同志倡导的创业精神，为建设有中国特色的社会主义建功立业。

当代青年应该成为道德高尚的一代。建设有中国特色的社会主义，不但需要有正确的理论，正确的路线，还要有良好的精神风貌和社会风尚。青年正处在世界观形成的关键时期，树立正确的人生观、价值观和高尚的道德情操对青年的健康成长至关重要。在新的历史时期，我们要继续大力倡导为人民服务的思想、奉献精神和集体主义精神。这是建设有中国特色社会主义的客观要求，是进行现代化建设、发展社会主义市场经济必不可少的精神动力和思想保证。青年应该懂得，一个人只有当他的个人选择和社会的需要、人民的需要相一致时，他的价值才可能真正得到实现，才可能使自己获得全面的发展。要正确处理个人和社会的关系，自觉地把个人利益和国家利益、集体利益统一起来，把个人利益的实现建立在维护和发展国家利益、集体利益的基础上。要向雷锋同志学习，以英雄模范人物为榜样，带头树立团结友爱、诚实守信、助人为乐、见义勇为的道德风尚，带头倡导健康、文明、科学的生活方式，自觉遵守纪律，维护社会公德，奉行职业道德，培养高尚情操。坚决同各种不良倾向和社会丑恶现象作斗争，抵制拜金主义等腐朽思想的侵蚀。

共青团是党领导的先进青年的群众组织，在引导和带领青年方面担负着重要的职责。党的十一届三中全会以来，共青团充分发挥自身的特点和优势，全面履行各项职能，为推进两个文明建设做了大量工作，发挥了重要作用。在新的历史时期，党所确定的宏伟目标和青年肩负的历史责任，使共青团的地位和作用显得更为重要，共青团工作面临着开创新局面、再上新台阶的大好时机。作为党的助手和后备军，共青团要大力发扬"党有号召，团有行动"的光荣传统，以建设有中国特色社会主义理论为指导，坚定不移地贯彻党的基本路线，紧紧围绕党的中心任务开展工作，动员和组织广大青年积极投身经济建设的主战场，充分发挥突击队作用，为发展社会主义市场经济、加强社会主义民主法制和精神文明建设、促进社会全面进步做贡献。作为团结教育青年的核心，共青团要始终坚持建功和育人相结合，坚持不懈地在青少年中加强党的基本路线教育，爱国主义、集体主义和社会主义教育，近代史、现代史和国情教育，中华民族优良思想文化传统教育，当前要突出爱国主义教育，用爱国主义精神召唤青年，团结青年，凝聚青年，在实践中引导和培养他们成为社会主义事业接班人。作为党和政府联系青年的桥梁和纽带，共青团要密切同青年群众的联系，积极反映青年的意见和要求，切实为青年服务，在维护全国人民总体利益的同时，更好地代表和维护青年的具体利益。共青团要适应新形势的要求，加强自身建设，改革团的工作。团的干部要树立求实务实、真抓实干的作风，深入基层、扎实工作、讲求实效，更好地服务基层，活跃基层，不断增强团组织的吸引力、凝聚力和战斗力。

培养千百万社会主义事业接班人，是保证我们事业后继有人的百年大计。我们的事业任重道远，希望寄托在青年身上。各级党委要从国家和民族前途命运的战略高度认识青年工作的重要性，务必把青年和共青团工作当作一件大事来抓。对青年要热情爱护，严格要求，充分信任。党的各级领导干部要经常深入到青年群众中去，倾听青年的呼声，和青年交朋友，为青年办实事，做青年工作的热心人。要增强紧迫感，采取得力措施，加强对青年干部的培养，使更多的青年干部尽快成长起来。要克服论资排辈、求全责备等陈旧观念，按照干部队伍"四化"方针和德才兼备的原则，大力选拔优秀年轻干部，为党的事业继往开来提供组织保证。要切实加强和改善党对共青团工作的领导，支持共青团组织根据青年的特点和要求，独立自主、创造性地开展工作，充分发挥共青团的重要作用。要关心共青团干部的成长，给他们提供更多的学习和锻炼机会，帮助他们在实践中积累经验，增长才干。全社会都要为青少年健康成长创造优良的环境和条件。

同志们，青年朋友们，中国青年不仅有着光荣的过去，也有着光明的未来。在新民主主义革命和社会主义建设的伟大斗争中，青年曾经立下了不朽的功勋；同样，在建设有中国特色社会主义新的征途上，青年一定会创造出更加光辉的业绩。让我们紧密地团结在以江泽民同志为核心的党中央周围，高举建设有中国特色社会主义的伟大旗帜，朝着党的十四大确定的宏伟目标奋勇前进！

未来永远属于为远大理想而执著奋斗的中国青年一代！

祝大会圆满成功！

共青团中央第一书记李克强在共青团第十三次全国代表大会上作报告

各位代表，同志们：

中国共产主义青年团第十三次全国代表大会，是在我国各族人民深入贯彻党的十四大和八届人大一次会议精神，夺取建设有中国特色社会主义事业更大胜利的新形势下召开的。现在，我代表共青团十二届中央委员会向大会作报告，请代表们审议。

一、改革开放十五年来我国青年和共青团的奋斗足迹

1978年以来，中国共产党领导的改革开放和现代化建设事业，使整个国家焕发出勃勃生机，中华大地发生了历史性的伟大变化。在我国波澜壮阔的发展进程中，中国共青团也走过了不平凡的奋斗历程。十年动

乱结束后，通过拨乱反正，团的工作在恢复中发展。根据党的工作中心转移的战略决策，共青团确定了以经济建设为中心全面活跃团的工作的指导思想，带领青年劳动、学习、创新风，团的工作在适应中创新。随着改革开放和现代化建设的不断推进，共青团围绕深化改革、扩大开放、发展经济的工作主线，落实思想教育、劳动创造、社会监督三项任务，积极推进团的建设和体制改革，团的工作在探索中前进。我国亿万青年和各级团组织在党的领导下，坚定不移地贯彻党的基本路线，致力经济建设，投身改革留下了开拓进取、不懈奋斗的足迹。今天，我们可以自豪地说，我国青年和共青团没有辜负党的厚望，没有辜负人民的重托，没有辜负伟大的时代。

这 15 年，是国民经济迅速发展，我国青年和共青团拼搏奉献的 15 年。改革开放使我国社会生产力获得了极大的解放。当代青年为实现现代化建功立业的热情迅速迸发出来，"团结起来，振兴中华"成为一代青年的响亮口号和自觉行动。在祖国大地上，到处奋战着忘我劳动的青年建设者，到处活跃着勇挑重担的青年突击队。共青团创造多种形式，发挥青年在经济建设和科技进步中的生力军作用。体现青年创造力的"五小"竞赛活动，取得了 300 多万项发明成果。"为重点工程建设献青春"活动，承建着 15 万个突击项目。涉及 30 多个行业 100 多个工种的技术练兵比武活动，在广大青工中形成了争当岗位操作能手的热潮。遍布乡村的 40 万名青年星火带头人，成为科技兴农的骨干力量。700 万个"脱贫致富小开发"项目，为老少边贫地区青年带来了告别贫困落后的希望之光。4000 多个青字号绿化工程，特别是 3000 公里长的青年黄河防护林，在祖国大地矗立起共青团的绿色丰碑。"中国青年科技行动"使团的劳动创造活动提高到新的水平。经济建设的巨大成就凝聚着青年一代的拼搏和奉献。

这 15 年，是改革开放逐步深入，我国青年和共青团锐意进取的 15 年。青年是改革开放的坚定支持者和热情参与者，始终站在改革开放的前列。一大批有作为的青年敢于冲破"左"的思想禁锢和传统观念的束缚，在解放生产力的广阔领域中锐意改革，大胆开拓。共青团宣传党的改革政策，激发青年的改革热情，带领青年投身改革开放的实践。农村改革率先开始以后，团组织开展"一团两户"等活动，鼓励青年带头实行家庭承产承包责任制，带头勤劳致富，带头发展乡镇企业。适应改革从农村向城市发展的新形势，团组织开展评选优秀青年厂长经理等活动，支持企业实行经营承包制。随着体制改革的全面展开，共青团发动青年献计献策，参与到改革开放的各个领域中去。团组织注意在青年中开展有针对性的形势政策教育，帮助青年认清改革的必要性和艰巨性，引导青年正确对待改革中出现的利益调整，为深化改革、扩大开放做出了不懈努力。

这 15 年，是精神文明建设不断加强，我国青年和共青团开创新风的 15 年。物质文明建设和精神文明建设只有协调发展，才能促进社会的全面进步和青年的健康成长。共青团贯彻党中央关于两手抓的方针，发扬"开风气之先"的光荣传统，积极推动精神文明建设。广大青年"从我做起，从现在做起"，努力倡导新风正气，追求文明健康生活。从张海迪到赖宁，一大批英雄模范人物不断涌现，展示了当代青年奋发向上的精神风貌。团组织开展的"五讲四美"、"综合包户"、"青年文明岗"等活动，弘扬了社会主义文明风尚。服务社会学雷锋与立足岗位树新风的结合，推动着新时期学雷锋活动深入开展。共青团倡导实施的"希望工程"在社会各界和海内外人士的支持下，使 32 万名贫困地区失学少年重返校园。青年舆论阵地建设不断加强，青年文化事业蓬勃发展。团组织同各种社会丑恶现象进行坚决的斗争，不断优化青少年成长的社会环境。

这 15 年，是我国社会稳步发展，我国青年和共青团维护安定团结的 15 年。青年作为改革开放的参与和受益者，在实践中深切体会到，没有社会的政治稳定，改革和建设都无从谈起，青年的理想抱负也就无法实现。特别是经历了 1989 年春夏之交发生的政治风波以后，广大青年更加珍惜社会安定团结的局面，为维护稳定的社会环境，保持良好的社会秩序做出了努力。共青团加强对青年的正面引导，努力疏通党和政府联系青年群众的渠道，通过组织普法宣传教育，配合社会治安综合治理，依法参与社会民主管理和民主监督，使广大青年的民主和法制观念不断增强。团组织开展"各族青年团结进步表彰"等活动，增进了民族团结，促进了社会的稳定和发展。人民解放军的青年指战员和武装警察部队的青年官兵为保卫边疆、建设祖国、维护稳定，为抢险救灾和保护人民生命财产安全做出了突出贡献，成为新一代最可爱的人。

这 15 年，是我国青年发愤成才，共青团辛勤育人的 15 年。改革开放和现代化建设为青年人才脱颖而出创造了前所未有的条件。广大青年求知热情空前高涨，成才欲望更加强烈。数以万计的新长征突击手，在祖国建设的各条战线发挥着榜样的作用。"全国十大杰出青年"评选活动，激发着当代青年的创造热情。以陈章良和"青年科学家奖"获得者为代表的一大批青年科技标兵，正在成为发展第一生产力的中坚力量。大学生社会实践活动深入开展，数百万青年学生在参与社会生活的过程中得到锻炼和提高。实用技术培训和实践教育活动,帮助七千多万农村初、高中毕业生掌握了一定的生产技术。共青团加强和改进青年思想教育,开展"推优"工作,近10年来,有800多万优秀团员在团组织的推荐和党组织的培养下光荣地加入了中国共产党。共青团还切实发挥在青联中的核心作用,对学联的指导作用,对少先队的领导作用,为培养人才广开渠道,促进了一代有理想、有道德、有文化、有纪律的社会主义事业接班人在实践中成长。

15年来,在党的领导下,共青团加强自身建设,团的队伍和各项事业蓬勃发展。现在,中国共青团已经拥有5680万团员,270万个基层组织,团结着3亿多青年,率领着13000万少先队员。我们已与世界上140多个国家和地区的1000多个青年组织和青年机构建立了联系。事实证明,共青团是国家政权的一个重要社会支柱,是改革开放和现代化建设中一支生气勃勃的力量。

当然我们也清醒地看到,社会生活的深刻变革,对青年一代的成长和青年工作的质量提出了新的更高要求。与这些要求相比,团的工作还有某些与现实生活不相适应的方面,基层建设中仍然存在着薄弱环节,团员队伍的整体素质还有待于继续提高,青少年成长的社会环境也需要进一步优化。这些问题都必须下功夫去解决。我们要通过持久努力,把共青团事业不断地推向前进。

改革开放15年来共青团的实践,为我们提供了一些基本的经验和必须长期遵循的重要原则:

坚持党对共青团的统一领导。这是共青团正确把握政治方向、做好各项工作的根本保证。必须在政治上同党中央保持一致,自觉执行党的路线、方针、政治,不断巩固和发展共青团与我们党之间的特殊关系,做党的有力助手和可靠后备军。

坚持贯彻党的基本路线。共青团必须全面贯彻党的"一个中心、两个基本点"的基本路线,牢固确立经济建设在团的工作中的中心地位,正确把握坚持四项基本原则和坚持改革开放的辩证关系,推动物质文明和精神文明建设,维护团结稳定的政治局面。

坚持带领青年为解放和发展生产力做贡献。共青团必须面向经济建设主战场,推动改革开放,充分发挥青年的生力军和突击队作用。共青团为经济建设服务,应该体现自身的特点和优势,注重建功与育人的结合,不断拓展团组织发挥作用的途径和领域。

坚持对青年进行生动有效的思想教育。在建设有中国特色社会主义的实践中培养四有新人,是新时期共青团工作的出发点和落脚点。要正确看待和充分信任青年,按照热情爱护、严格要求的方针,不断加强和改进青年思想教育,把广大青年的积极性引导好、保护好、发挥好。

坚持引导青年在学习和实践中成长。学习是青年的首要任务。共青团是广大青年在实践中学习共产主义的学校。要在鼓励青年学习理论和科学文化知识的同时,引导青年走与人民群众相结合的道路,在社会实践中受教育、起作用、长才干。

坚持正确代表和维护青年的具体利益。共青团作为先进青年的群众组织,要在坚决维护全国人民总体利益的同时,正确代表和维护青年的具体利益,密切联系青年群众,切实为青年服务。

坚持适应青年特点独立自主地开展活动。共青团的工作对象和群众基础是青年。要按照青年成长的客观规律,照顾青年的特点,最大限度地调动青年参与的积极性,使团组织围绕党的中心工作开展的活动收到实效。

坚持在改革中不断加强团的建设。要在新的历史条件下不断推进共青团的建设、改革和发展。坚持抓基层、抓实事、抓落实的工作方针,加强基层工作,加强组织建设,不断改进工作方法和活动方式,积极稳妥地推进团的改革,使共青团不断焕发出新的生机和活力。

15年来,邓小平等老一辈无产阶级革命家的热情关怀;党中央的高度重视,给广大团员青年和各级团组织以极大的鼓舞。党中央对共青团工作的一系列指示,尤其是近年来《关于加强和改善党对工会、共青团、妇联工作领导的通知》和建国70周年党中央致共青团中央的贺信,为新形势下团的工作指明了方向。《中华人民共和国未成年人保护法》的颁布和实施,为优化青少年健康成长的社会环境提供了法律保障。全社会对青年和青年工作的关心、帮助,给了我们有力的支持。借此机会,我们向关怀、重视青年和共青团事业的党中央和老一辈无产阶级革命家表示崇高的敬意!向关心、帮助青年和青年工作的党政部门、社会各界表示衷心的感谢!向辛勤工作在各条战线上的广大团员青年、共青团干部和少先队辅导员表示诚挚的问候!

二、当代中国青年肩负的历史责任

以邓小平同志视察南方重要谈话和党的十四大为标志,我国改革开放和现代化建设进入了蓬勃发展的新阶段。现在,国内条件具备,国际环境有利。广大人民群众思想更加解放,精神更加振奋,在以江泽民同志为核心的党中央领导下,万众一心,抓住机遇,加快发展,推动我国经济建设再上新台阶。建设富强、民主、文明的社会主义现代化国家,是一项宏伟艰巨的跨世纪工程,需要跨世纪的一代青年去奋斗,去完成。惟其宏伟和艰巨,才展示着美好的未来,才孕育着辉煌的成功,才对跨世纪的一代充满创造的魅力。这是历史提供给中华民族不可多得的机遇，这是历史赋予跨世纪一代青年不容推卸的责任。改革开放中成长起来的当代青年生逢其时，要坚定信心，艰苦创业，发奋成才，报效祖国，发扬老一辈的光荣传统，用我们的双手去实现中华民族的全面振兴。

建设有中国特色的社会主义，是跨世纪一代青年的坚定信念。党和人民经过艰难曲折的不懈探索，终于找到了实现共同理想的正确道路，这就是建设有中国特色的社会主义。当代青年要坚定不移地沿着这条道路前进，就必须牢牢掌握党的基本路线。党的基本路线在现代化建设的实践中产生，又经过现代化建设实践的反复检验，被证明是一条发展中国、振兴民族的唯一正确路线。坚持党的基本路线一百年不动摇，保证国家的长治久安，从根本上说，取决于跨世纪的一代青年。我们要不断加深对党的基本路线的认识，使它在头脑中深深扎根，始终不渝地走有中国特色的社会主义道路。

实现现代化建设第二步第三步发展目标，是跨世纪一代青年的艰巨任务。我们党提出的现代化建设分三步走的战略目标，第一步发展目标已经实现。从现在起到本世纪末实现第二步发展目标，是我国社会主义现代化建设的关键时期。到下世纪中叶实现第三步发展目标，是一次更加艰苦、更为辉煌的进军。我们这一代青年将在新的历史发展中担当越来越重要的角色，由生力军转变为主力军。上一代人创业奠基，新一代人继往开来。我们要与全国人民一道，共同开创中华民族历史的新纪元。

发展社会主义市场经济，是跨世纪一代青年的光荣责任。我国经济体制改革的目标，是建立社会主义市场经济体制。这一体制将在本世纪末初步建立，再经过 20 年的努力逐步完善，为基本实现现代化铺平道路。社会主义市场经济体制的最终确立，在很大程度上要靠这一代青年的探索和实践。发展市场经济既为我们提供了施展才华的广阔舞台，也向我们提出了学习锻炼的新课题。我们应当积极投身发展市场经济的实践，在转换机制的同时转换脑筋，在培育市场的过程中培育本领，推动社会主义市场经济体制不断臻于完善。

推进祖国和平统一大业的完成，是跨世纪一代青年的神圣使命。中华民族有着悠久的爱国主义传统。每一个热爱祖国的当代青年，都不会忘记近代史上的艰辛屈辱和英勇抗争。祖国要统一，人民要团圆。是中华儿女的共同心愿。1997 和 1999 年我国将相继恢复对香港、澳门行使主权，“一国两制”的创造性构想即将变为现实。海峡两岸交流合作的日益增多和人民往来的日趋频繁，推动着两岸关系不断向前发展。国家的统一是大势所趋，人心所向，任何阻碍中国主权完整和国家统一的企图都是徒劳的。承前启后的这一代青年，对民族的未来负有责任。我们要不断加强同台港澳和海外华侨青年的友好往来，以更加紧密的经济联系和更为广泛的文化交流，来维系同祖同宗的亲情，携手完成祖国和平统一大业。

在激烈的国际经济竞争中发展我们的国家，是跨世纪一代青年的不懈追求。扩大对外开放，是我国面向世界、走向未来的必然要求。中国经济与世界经济、中国市场与世界市场的接轨正在成为现实。我们将置身更大范围、更高层次、更为激烈的国际竞争环境。未来的经济竞争主要是科技和人才的竞争，最终表现为各国青年一代素质的竞争。青年一代要在开放中学习外国，自强不息，在继承和发扬中华民族优良传统的同时，吸收和利用人类文明发展的一切优秀成果，学习世界各国包括资本主义发达国家的先进经营方式和管理方法。中国人曾经给世界贡献过灿烂的文明，中国人应该给世界贡献更为灿烂的文明。我国青年要具有放眼世界的胸怀，努力增进与世界各国青年的了解和友谊，我国青年组织要遵循独立自主、和平友好、相互学习、平等合作的原则，积极发展同国外青年组织的交流与合作，在参与建立国际政治经济新秩序的过程中，努力创造有利于中华民族未来发展的新环境，促进世界的和平与发展。开放的中国盼奥运。我国亿万青少年热切期盼北京申办奥运会成功，并将继续为此做出一切努力。

跨世纪的伟大工程，对青年一代的素质提出了新的更高的要求。每一个有志青年，都要用建设有中国特色社会主义的理论和现代科学文化知识武装自己，把学习作为最迫切的任务，崇尚真理，追求新知，以最顽强的精神，学习现代化建设所需要的一切科学、技术、管理和文化知识，不断提高自身素质。建设有中国特色的社会主义，是一项开创性的事业，是一个长期奋斗的过程，需要青年一代具有艰苦创业的心理准备和坚韧不拔的实干精神。历史将证明，光荣最终属于勇于征服一切困难的建设者，属于不断开辟美好未来的奋斗者。

当我们在这里明确青年一代历史责任的时候，更加切实地感受到中国共青团的光荣任务。为担负起历史赋予的责任，共青团要把我国各族青年团结起来，跟着党前进。要在邓小平同志建设有中国特色社会主义理论和党的基本路线指引下，教育青年，带领青年，服务青年，在改革开放和现代化建设事业中，再度谱写建功育人的宏伟篇章。

三、用建设有中国特色社会主义的理论教育青年

为了使青年肩负起历史责任，共青团应当进一步

加强和改进思想政治工作。建设有中国特色社会主义的理论，是引导青年健康成长的伟大旗帜。必须确立建设有中国特色社会主义理论在整个青年思想教育中的核心地位和指导作用，坚持不懈地用这一理论武装全团，教育青年。

第一，教育青年牢牢掌握党的基本路线。

党的基本路线是建设有中国特色社会主义理论的核心内容。用建设有中国特色社会主义的理论教育青年，最重要的是增强广大青年全面贯彻党的基本路线的自觉性和坚定性。我们要引导青年进一步加深对社会主义本质的认识，把解放和发展社会生产力作为自己的根本任务。要引导青年在牢牢把握一个中心的前提下，准确地把握两个基本点的辩证关系，要警惕右，但主要是防止“左”。四项基本原则是我们的立国之本，是改革开放和现代化建设得以顺利进行的政治保证。在任何时候、任何条件下，青年团都要教育和引导青年坚持四项基本原则，维护社会政治稳定。改革开放是我国实现现代化的必由之路，是四项基本原则得以坚持的必要条件。在任何时候、任何条件下，共青团都要团结和带领青年坚定不移地投身改革，促进开放。

第二，引导青年继续解放思想，坚持实事求是。

解放思想，实事求是，是建设有中国特色社会主义理论的精髓，也是青年认识和掌握真理的钥匙。要引导青年把解放思想和实事求是统一起来。克服对马克思主义某些原则的教条式理解，抛弃那些对社会主义不科学的甚至是扭曲的认识，克服长期在高度集中的计划经济体制下形成的各种陈旧过时的观念，学会用辩证唯物主义和历史唯物主义的世界观、方法论去分析和解决问题，使自己的思想认识更加符合客观实际。应当特别注意引导、保护和发挥青年的进取精神和创造活力。一切有利于发展社会生产力，有利于增强综合国力，有利于提高人民生活水平的事情，都要鼓励青年大胆探索和试验。各级团组织要解放思想，勇于实践。一切有益于经济建设，有益于青年成长，有益于共青团事业发展的工作和活动，都应该去搞，都可以去试。

第三，帮助青年全面提高思想道德素质。

共青团要按照建设社会主义精神文明的总体要求，以建设有中国特色社会主义的理论为指导，通过生动有效的思想教育，全面提高青年的思想道德素质。要在青年中深入开展爱国主义、集体主义和社会主义思想教育，近代史、现代史和国情教育，中华民族优秀传统文化教育，创业精神教育，激发广大青年的民族自尊、自信、自强精神，增强历史使命感和责任感。要在青年中广泛开展全心全意为人民服务的思想教育，帮助青年树立正确的人生观和价值观，把个人利益的实现建立在国家和集体利益发展的基础之上，抵制封建主义、资本主义腐朽思想和生活方式的侵蚀，抵制市场活动中出现的消极现象，不能允许拜金主义、损人利己等错误思想和行为危害青年。同时，继续开展革命传统教育、国防教育、民主法制教育、职业道德和社会公德教育，继续开展学雷锋活动，拥军优属、拥政爱民活动和军民共建、警民共建活动，并不断赋予新的时代内容，使团结友爱、诚实守信、助人为乐、见义勇为的新风正气在全社会发扬光大。

第四，努力改进青年思想教育的方式方法。

青年思想教育要努力做到生动活泼、扎实有效。坚持以正面教育为主，着眼于调动青年投身改革开放和现代化建设的积极性。坚持理论教育同社会实践相结合的原则，把引导青年参与实践作为教育的重要途径。要把提高青年的思想道德素质同提高青年的科学文化素质结合起来。要贴近经济建设，贴近改革开放，贴近团员青年的生活和思想实际，重视青年的自觉参与和自我教育。注重利用现代手段和方法开展思想教育，进一步丰富思想教育的载体，通过高格调的精神产品和丰富多彩、健康有益的活动吸引青年，影响青年。要努力认识和把握社会主义市场经济条件下青年思想教育的规律，根据不同层次青年的特点，增强教育的针对性，把思想教育落到实处。

只要我们坚持用建设有中国特色社会主义的理论教育青年，就一定能够不断提高青年的政治素质和思想道德素质，蕴藏在青年中的力量必将转化为促进建设和改革的巨大物质力量，必定会推动社会主义的中国走向光明的未来。

四、带领青年投身经济建设主战场

青年要担负起历史责任，就必须按照建设有中国特色社会主义的要求，踊跃投身经济建设，在发展社会主义市场经济中有所作为。各级团组织要紧紧扭住经济建设这个中心不放，聚精会神，真抓实干，把青年的热情、干劲和创造力量最大限度地调动起来，发挥出去。

第一，带领青年在建立社会主义市场经济体制中发挥作用。

转换国有企业特别是大中型企业的经营机制，把企业推向市场，是建立社会主义市场经济体制的中心环节。团组织要引导广大青年工人顾大局，识大体，以主人翁的姿态，热情支持企业改革中的各项措施；帮助青年适应新的经营管理方式，树立市场观念，推动企业增强市场竞争能力。鼓励非国有企业中的团员青年勤劳致富，多做贡献，在发展社会主义市场经济中增添新的光彩。团组织要围绕农村经济体制和经营机制的改革，培养青年农民的大农业观念，动员和组织他们适应市场需求，稳定和发展粮棉生产，发展高产优质高效农业。动员青年站在发展乡镇企业的前列，不断提高乡镇企业青年职工的素质，培养一大批具有现代管理知识和经营思想的青年乡镇企业家。各级团组织要积极建立面向青年和辐射全社会的青工科技成果市场、青年星火技术市场、大学生科技市场、青年人才交流市场，促进青年科技成果的商品化和产业化，推动市场体系的建立和完善。

第二，带领青年在推动科技进步中施展才干。

我国的经济振兴，从根本上取决于科学技术的进步和劳动者素质的提高。要进一步推进“中国青年科技行动”，大力宣传科学技术是第一生产力的观点，在青年中弘扬崇尚科学、尊重人才的风气。继续做好农村青年扫盲，实用技术培训和城镇青年职业培训工作，坚持抓好青工岗位练兵和技术比武，鼓励青年自学成才。引导大、中学生刻苦学习科学文化知识，为将来投身经济建设主战场做好准备。动员和组织青年参与国家重点实施的科技推广计划，在科技兴厂、科技兴农等领域中发挥先锋作用。主动配合有关部门，宣传、举荐、表彰青年科技人才，引导他们紧密围绕经济建设和社会发展开展科研攻关，努力创造有利于青年知识分子尽快成长和发挥作用的良好环境。青年出国留学人员是科技新军中的一支宝贵力量。共青团和青联、学联组织要加强与海外学子的联系，积极为他们学习深造、发挥才智创造条件，并期盼着他们早日学成，为国效力。

第三，带领青年在发展第三产业中有所作为。

第三产业的兴旺发达，是现代化经济的一个重要特征。青年和共青团在发展第三产业中具有一定的优势。各级团组织要引导青年转变观念，开阔思路，积极投身第三产业。特别要动员和鼓励城镇待业青年、企业改革中的富余青工以及大专院校毕业生到第三产业的广阔天地大显身手，发挥积极作用。多年来，团组织在第三产业中开展的青年文明经营、优质服务活动应继续坚持，不断提高青年的服务技能和服务质量。共青团兴办团属企业，应注重自身特色，为加快发展第三产业添砖加瓦。

第四，带领青年在老少边贫地区经济开发中奋勇当先。

加快少数民族地区、革命老根据地、边疆和贫困地区的经济发展，对于加强民族团结，促进全国经济发展具有重要意义。老少边贫地区的团组织要带领青年自力更生，艰苦创业，大力开展经济开发活动，改善生产基本条件，不断拓宽致富门路，增强自我发展能力。积极培养和扶持青年能人，发挥他们在脱贫致富中的带头和示范作用。经济发达地区的团组织要热情关心和支持老少边贫地区的经济建设，深入开展“东西互助”活动，组织青年科技服务团，帮助这些地区培养人才，引进技术，输出劳务，通过各种方式支持中西部地区加快发展乡镇企业。

第五，带领青年在急难险重任务中勇挑重担。

组织青年突击队是共青团带领青年在经济建设中发挥作用的优良传统。团组织要继续用青年突击队的旗帜召唤青年，在国家重点工程建设、大江大河治理、农田水利基本建设、国土绿化工程、抢险救灾等艰巨任务中冲锋在前，在发展交通、通讯、能源、原材料等基础产业中发挥突击作用。同时，不断摸索有助于青年在本职岗位上发挥更大潜能的形式和方法，积极引导各条战线的青年立足本职创造一流成绩。人民解放军的青年指战员和武装警察部队的青年官兵要保持和发扬老红军本色，积极参加军队和国家的现代化建设，为改革开放和经济建设提供坚强有力的保证。

带领青年投身经济建设主战场，是共青团服务党的中心任务的重要途径。团的各项工作必须适应经济建设需要，各项活动必须围绕经济建设实际，各项事业必须服从和服务于经济建设全局。为实现国家富强和人民富裕，共青团将继续高举以艰苦奋斗的火炬，发扬伟大的创业精神，带领亿万青年，用劳动的汗水和青春的智慧，创造无愧于时代的业绩。

五、积极为青年健康成长服务

为青年健康成长提供有效服务，是共青团帮助青年担负历史责任的迫切需要，也是团的改革的重要内容。社会主义市场经济的发展，必将引起青年成长环境的变化，使青年产生新的需求。青年利益的发展变化，在一定程度上反映了时代的进步。共青团要切实为青年服务，努力增强团组织在团员青年中的吸引力和凝聚力，更好地调动和保护广大青年投身改革开放和现代化建设的积极性。

第一，重视青年的自身需求，为青年提供具体服务。

照顾青年特点，依靠社会各方面力量，努力为青年办实事，是共青团社会职能的重要体现。团组织要关心青年工作、生活和身心健康。帮助青年排遣心理困惑，鼓励青年健康地发展个性，丰富社会经验，增强自我管理、自我发展的能力。开展青年择业咨询服务和职业培训，帮助青年提高就业本领，配合有关部门，广开青年就业门路。提供人才交流、劳务输出、智力引进等方面的服务，帮助青年选择成才方向，为青年人才脱颖而出创造有利条件。各级团组织要通过建立服务机构，开发服务实体，兴办服务阵地等，逐步建立起多层次、多渠道的服务体系，在学习教育、劳动就业、恋爱婚姻、生活消费等方面为青年提供有效服务。

第二，加强青年文化建设，丰富青年的文化生活。

随着人们物质生活水平的日益提高，青年的精神文化需求比以往任何时候都更为迫切。各级团组织应当把青年文化建设摆到更重要的位置上。充分利用各种条件，积极开展多种文化和体育活动，使青年在活动中陶冶道德情操，提高文化素养，锻炼意志和体魄。把青年文化建设与繁荣社区文化、村镇文化、企业文化、校园文化结合起来，弘扬民族精神，倡导文明风尚，革除陈规陋习，摒弃文化糟粕，努力创造有利于青年成长的良好文化氛围。抓好青少年文化活动场所的建设、管理和开发，积极扩建一批全国和省级青少年活动营地，推动市、县青少年宫建设，巩固和发展基层青年文化活动阵地，充分发挥青少年文化活动场所思想教育、知识学习、技术培训、文化娱乐的作用。

全团上下为维护少年儿童受教育权利、提高下一代整体素质而实施的“希望工程”，应当热诚、负责地开展下去。只要社会上还有失学的孩子，我们的“希望工程”就不会终止。

第三，反映青年的愿望和要求，参与社会主义民主和法制建设。

共青团要充分发挥党和政府联系青年群众的桥梁纽带作用，参与对国家和社会事务的民主管理、民主监督，努力成为广大青年有组织、有纪律、有领导地参政议政的渠道。各级团组织要保持同青年的密切联系，注重发挥青年人大代表、政协委员的参政议政、民主协商作用，及时反映青年的合理要求。逐步建立与政府及有关部门经营联系的制度，参与涉及青年切身利益的决策，参与国家权力机关和行政机关制定有关青少年法律、法规和政策的工作，了解和反映执行情况。要教育和引导青年正确行使民主权利，自觉履行应尽义务，为巩固和发展团结稳定的政治局面而努力。

第四，加强团的维权和社会监督工作，优化青少年的成长环境。

共青团的维权和社会监督工作，是为青少年服务的一个重要方面，应该在新形势下得到加强。要运用法律武器，维护青少年的合法权益。在认真执行《中华人民共和国未成年人保护法》的同时，积极推进有关青少年法律、法规的立法进程。争取有关部门的支持，继续发挥青少年维权组织的作用，依靠全社会力量，逐步提高维权工作的社会化程度。重视对青少年进行法律常识的普及教育，并提供法律咨询等多方面的服务，进一步增强青少年的法律意识和依法自我保护的能力。继续深入宣传有关保护青少年权益的法律、法规和政策，不断增强社会各个阶层保护青少年合法权益的责任感。对于一些严重侵害青少年权益的重大案件，要公开揭露批评，协同有关部门严肃处理。要引导和组织青年继续参与社会监督，鼓励青年勇于同各种违法犯罪行为作斗争。配合有关部门，坚决打击非法出版活动，不断清除社会丑恶现象，参与社会治安综合治理工作，为青少年健康成长创造良好的社会环境。

在我国社会主义制度下，青年的具体利益与全国人民的总体利益在根本上是一致的。团组织代表和维护青年的具体利益应当以维护全国人民的总体利益为前提。要引导青年做到个人利益服从国家利益，局部利益服从全局利益，在与党和人民的共同奋斗中求得自身的不断发展。

六、努力加强和推进共青团建设

共青团要带领团员青年肩负起历史责任，更好地履行自己的社会职能，关键在于加强和推进自身建设。改革开放的不断深入，社会主义市场经济的逐步发展，将团的建设推向更广阔的背景、更高的起点，给团的工作提供了新的机遇，也带来了新的挑战。各级团组织要以建设有中国特色社会主义理论为指导，服务经济建设全局，适应改革开放进程，扎扎实实地加强团的建设，坚持不懈地推进团的改革，使共青团在社会主义市场经济条件下保持旺盛的生机和活力。

第一，切实抓好团的基层建设。

基层团组织是团的全部工作和战斗力的基础。基层工作水平是全团工作水平的根本体现。企业、农村、学校、机关、街道等基层团组织，要适应改革开放的要求，紧紧围绕党的中心工作，改进活动方式，灵活多样地开展活动。努力建设合格团委、团支部，争创先进团委、团支部，进一步增强自身活力。在坚持团员发展标准的前提下，大量吸收先进青年加入团组织，注重在生产和科研第一线发展团员，注意做好中学生的团队衔接工作。继续做好推荐优秀团员做党的发展对象，推荐优秀青年做生产、业务骨干的工作，激励团员在经济建设和社会生活中发挥模范作用。团的各级领导机关要更加自觉地把团的建设的重点放在基层，明确各自抓基层的职责。改进工作作风，注重调查研究，特别是加强对市场经济条件下基层建设面临的新情况、新问题及其发展趋势的深入调查和超前研究。要通过制定规划、争取政策，推广典型，增强为基层服务的力度，加强指导性，减少指令性，支持基层团组织创造性地开展工作和活动。针对不同地区、不同战线、不同类型经济组织团的工作特点，实行分类指导。积极争取党组织的重视和支持，使团的建设与党的建设有机衔接起来，巩固和发展结合党建加强团建的成果。要在全团上下形成一种持之以恒建设基层、同心协力服务基层、领导机关带动基层的生动局面，把基层团组织建设成为政治坚定、组织健全、职责明确、作用显著的坚强集体。

第二，合理调整团的组织结构。

产业结构的调整，经济组织的变动，管理方式的变化，客观上要求团组织按照团章的有关规定，合理调整、不断优化团的组织结构，以增强团组织在市场经济条件下的适应能力。团委机关的建设和改革应根据党和政府的统一安排，围绕提高工作效率和服务水平来进行。团的基层组织设置要与生产建制和青年从业流向的变化相适应。在股份制企业、三资企业、私营企业、个体企业等新的经济组织中，可以采取直接建团、区域性建团、挂靠等相对灵活的方式。积极研究和探索沿海、沿边、沿江地区，经济发达地区团的建设和改革。逐步形成符合实际的工作制度和工作模式。合理调整团的组织结构，不是重新构造团的组织系统，而是通过适当调整，达到强化功能、焕发活力的目的。在发展社会主义市场经济的新形势下，党要求共青团做更多的工作，起更大的作用。在体制转换的过程中，团的各级组织建设应该不断得到加强。

第三，积极推进团内民主建设。

坚持民主集中制，健全团内民主，是团的建设的一项重要任务。要继续活跃团内民主生活，使团员当家作主的权利得到充分体现。团内选举，要依照法定程序进行，差额选举的规定应当坚持。基层选举要体现民主、公开、平等的要求，把公认的团员和青年党员中的优秀分子选拔到团的工作岗位上来。团组织开展活动应充分听取团员青年意见，体现团员青年意愿。凡属全局性的重大决策，事先要搞好调查研究，听取基层意见，及时向团内通报，切实贯彻集体领导的原则。继续坚持民主评议团的领导干部制度。团的各级领导机关和各级团的干部要虚心接受来自下级组织和团员青年的监督、批评，保障团员青年向团的上级组织反映情况的权利。

第四，逐步完善社会化的工作体系。

社会协调发展的趋势和市场经济的开放性特征，为加快青年工作社会化的进程提供了重要的依据和现实可能。要巩固和发展以共青团为核心，以青联、学联、少先队组织为依托的工作体系，支持它们按照各自章程自主开展工作。充分发挥青联组织人才荟萃、联系面广的优势，调动中青年知识分子、少数民族青年、信教青年、台港澳青年和海外华侨青年投身现代化建设和祖国统一大业的积极性。加强对学联组织的指导和帮助，引导大中学生勤奋学习，参与实践，成为社会主义现代化建设需要的合格人才。发扬“全团带队”的传统，重视辅导员队伍建设，支持少先队开展劳动实践活动，活跃少先队工作，联合各方面力量，为少年儿童健康成长多办实事。加强对经济界、科技界等方面青年专业社团的工作，团结和联系各方面的青年人才，延伸团的工作手臂。发展地区之间、行业之间、城乡之间、军地之间团组织的横向联谊，协作开展活动，形成优势互补。重视发挥现代大众传播媒介、公共文化设施和教育设施的作用，强化团内报刊、出版等舆论阵地的正面导向功能，加强与青年工作相关部门的联系和合作，开发一切有利于青少年健康成长的社会资源，依靠全社会力量做好青少年工作。

第五，积极发展团办实体。

发展团办实体有助于推进青少年事业，同时可以培养一大批懂经济、懂管理的人才，更直接地为经济建设服务。市场机制的逐步形成和国家有关产业政策的陆续出台，为发展团办实体提供了重要契机。各级团组织，特别是基层团组织，要抓住机遇，推动团办实体的发展。共青团办实体，要在全面履行职能的基础上进行，坚持为改革开放和经济建设服务，为青少年服务，为共青团事业服务的方向。要遵守国家的法律和政策，遵照中央有关人民团体兴办实体的精神，注重经济效益、社会效益、人才效益的结合。团办经济实体要引入竞争机制，引进先进经营管理方式，在改革中发展壮大。要坚持从实际出发，注意体现团的特点，发挥团的优势，因地制宜，量力而行，推动团办实体健康发展。

第六，继续加强团干部队伍建设。

坚持干部“四化”方针和德才兼备的原则，在改革开放的实践中锻炼出一支过硬的团干部队伍，是发展共青团事业的长远大计。团的各级干部，特别是领导干部，都要刻苦学习。要贯彻“学马列要精，要管用”的原则，学习马克思列宁主义毛泽东思想，重点学好邓小平同志建设有中国特色社会主义的理论。同时根据不同岗位的需要和将来工作的需要，注意学习有关经济、科技和管理等方面的知识。各级团校要适应新形势的要求，不断充实这方面内容，为团干部学习创造条件。要在国家实行公务员制度的过程中，完善团干部管理制度。争取有关部门的支持，在试点试验的基础上，推广机关干部到基层挂职、代职和上下级团委干部交流制度，依照有关法定程序推荐企业团干部兼任基层行政负责人，村团支部书记兼任科技副主任。在坚持向党政部门输送合格青年干部的同时，拓宽向经济技术领域输送人才的渠道。按照中央有关精神，积极争取把团干部的选拔，培训、管理、使用、交流与整个干部队伍建设衔接起来。每一个团干部都应当与团员青年保持最密切的联系，做他们的知心朋友。要脚踏实地，讲求实效，牢固树立求实务实、真抓实干的作风，扎扎实实地做好各项工作。共青团面临的挑战，归根到底是对团干部素质和能力的挑战。实践已经并将继续表明，共青团的专、兼职干部队伍，是一支敢于面对挑战、善于把握机遇的队伍，是一支勇于克服困难、乐于拼搏奉献的队伍。这支队伍将以自己的全部热情、智慧和力量，担当起党所交给的光荣任务。

加强和推进团的建设，需要进行长期的艰苦细致的工作和多方面的配套改革。团的改革是推动团的建设的必要条件，必须以改革的精神加强团的建设。建立社会主义市场经济体制，是一个长期发展的过程。团的改革要与这个过程相适应，不断研究和探索，有计划、有步骤推进。要尊重基层团组织和团员青年的首创精神，鼓励他们从本地区、本单位的实际出发，大胆试验，积累经验。总之，必须自始至终地坚持以建设有中国特色社会主义理论为指导，以党的基本路线为准绳，在保持团的性质不变、根本任务不变、党团关系不变的前提下，加强团的建设，推进团的改革。只有这样，共青团事业才能朝气蓬勃地健康发展，共青团的先进性和群众性才能在解放和发展生产力的过程中充分地、持久地发挥出来。

今后五年的任务是光荣而艰巨的。全国上下要继承和发扬共青团的优良传统，在巩固和发展改革开放十五年来工作成果的基础上，通过坚韧不拔的努力，形成以建设有中国特色社会主义理论为指导，符合时代要求和青年成长规律的思想教育体系；完善面向经济建设主战场，建功和育人有机结合的劳动创造体系；建立适应青少年成长需求，功能和手段相对完备的青少年服务体系；巩固建设与改革相统一，富有生机和活力的组织体系。

各位代表，同志们！70多年来，中国共青团跟随着我们的党，在中国革命和建设的各个历史时期，不畏艰难，屡建功勋。一代又一代的共青团员和青年，为了实现中华民族的崛起和振兴，百折不挠，勇往直前。今天，我国社会主义现代化建设进入了一个关键时期。历史性的机遇召唤着我们这一代青年，为祖国奉献出十倍的热情，百倍的努力。新时期的任务期待着共青团，再创新局面，再上新台阶。让我们更加紧密地团结在以江泽民同志为核心的党中央周围，高举建设有中国特色社会主义的伟大旗帜，为加快改革开放和现代化建设英勇奋斗！

《人民日报》发表社论《当代青年的历史使命——祝贺中国共产主义青年团第十三次全国代表大会召开》

中纪委和监察部发出关于严明纪律保证机构改革顺利进行的通知

中央纪委和监察部日前联合发出的《通知》指出，党的十四届二中全会审议通过了《关于党政机构改革的方案》，八届全国人大一次会议原则批准了国务院的机构改革方案。这标志着党的十四大提出的三年内基本完成机构改革、精兵简政的任务，进入具体实施阶段。党政机构改革是政治体制改革的紧迫任务，也是深化经济改革，建立社会主义市场经济体制和加快现代化建设的重要条件。这项改革涉及方方面面的利益关系，政策性强，艰巨而复杂。

为了切实保证机构改革有领导、有秩序地顺利进行，《通知》要求做到：

一、各级党政组织和党员、干部要坚决贯彻执行党中央、国务院关于机构改革的决策，切实搞好本地区、本部门、本单位的机构改革。要恪尽职守，保证正常的工作和维护正常的工作秩序。要顾全大局，遵纪守法，廉洁奉公。各级领导干部必须加强领导，精心组织实施，做好思想政治工作，对机构改革中出现的不良倾向，要坚决制止。

二、严格遵守组织人事纪律。各级党政组织在机构改革中要严格执行党中央、国务院关于组织人事工作的政策规定，任何单位和个人都不得在机构改革或机构变动中，擅自提高机构规格和突击提拔干部、突击发展党员，以及未经批准擅自在机关评定职称。凡是违背、破坏组织人事纪律的决定，一律无效，并严肃追究有关人员的责任。

三、严格执行财经纪律。各地区、各部门、各单位要加强公有资产的管理，防止流失。严禁借机构改革之机，私分、变相发放和转移财物。严禁抽逃资产、资金，隐匿财产或捏造债权、债务。不准假借各种名义突击花钱，公费旅游、公款吃喝、铺张浪费。违反者，除给予经济上的处罚外，还要追究有关领导者的责任。

四、认真做好保密工作。要教育广大党员、干部和职工遵守保密纪律，严守党和国家的秘密。机构改革中各单位的内部文件资料特别是涉密文件资料，要认真清点，妥善保管，并按有关规定办理移交、归档手续，严防失泄密事故的发生。

五、各级纪检监察机关要加强对机构改革工作的监督检查。对出现的问题要及时向同级党委、政府和上级纪检监察机关报告。对一些苗头性问题要早打招呼，督促有关部门和单位采取措施，及时纠正。对违反党纪、政纪的，要进行严肃处理；触犯刑律的，交由司法机关依法惩处。

全国人大常委会委员长乔石在人民大会堂会见日本自民党众议员鲸冈兵辅

荷兰女王贝娅特丽克丝在阿姆斯特丹王宫会见外交部部长钱其琛

外交部部长钱其琛在荷兰海牙会见荷兰外交大臣

科伊曼斯

中国环境与发展国际合作委员会第2次会议在北京召开

国务委员宋健在会议上提出,中国已决定以建立社会主义市场体制为今后发展的目标,如何在市场机制下做好环境保护和建设工作,这对我国是一个巨大的挑战。中国在实现持续发展、建设和改善环境的过程中,需要借鉴国外的经验,吸收一切人类文明的优秀成果。

宋健说,中国人大常委会已批准《气候变化框架公约》和《生物多样性公约》在中国生效,这为我们环境与发展工作提供了一个国际法律基础。经中国政府批准的我国环境与发展十项基本对策,包括了持续发展、防治工业污染、城市环境综合整治、提高能源利用效率、推广生态农业、健全环境法制等基本内容,在我国产生了深远的影响。在履行国际公约的后续行动中,我国也取得了一系列新的进展。宋健指出,新一届中国政府已提出了今后五年的奋斗目标,加快发展必然对环境保护工作提出更高的要求。在环境管理上稍加懈怠,就会严重影响环境质量。

这次会议将讨论各个专家组的工作报告,介绍中国执行《21世纪议程》的情况。国家环保局、国家气象局、林业部等也将报告有关国际公约在中国的执行情况。各国专家并将就一些实质性问题进行讨论。

人口方案管理挑战国际研讨会在南京开幕

研讨会于3日至6日举行。来自亚、非、拉地区22个发展中国家及10多个国际组织、非政府组织、捐款机构的代表在此共商人口方案管理在90年代面临的问题及机遇,重点研讨非政府组织的作用、妇女的地位以及人力资源的开发。

国务委员兼国家计划生育委员会主任彭珮云在开幕式上说,中国政府为控制人口过快增长,一贯努力推动各项社会事业的全面发展,为人民提供广泛的社会福利服务,使人民享有就业、教育、医疗的权利,老年人受到社会的尊重和帮助,妇女和儿童的合法权益得到保障。这些对于实行计划生育、降低生育率是有力的推动。同时,中国经济的发展也促进了人们价值观念、生活方式和婚育观念的转变。

彭珮云强调,正是由于坚持实行综合治理,近5年来,中国计划生育工作取得了明显的进展。从1987年到1992年,人口出生率从23.33‰下降到18.24‰,自然增长率从16.61‰下降到11.60‰。妇女总和生育率从2.59下降到略低于2;避孕率从1988年的71.1%提高到1992年的83.4%。

国际人口方案管理委员会主席哈里约诺博士在会上说,要进一步加强全球合作,尤其要加强发展中国家的联系,建立和完善人口方案管理网络。通过制定人口项目和人口政策,提供优质的妇幼保健和计划生育服务,提高妇女地位等多方面的努力,控制人口增长。

5月4日

湖北省政协七届一次会议选举回良玉为省政协主席

国家主席江泽民在中南海会见由内阁副总理兼法务大臣后藤田正晴率领的日本国法务省代表团

国家主席江泽民在中南海会见日本自民党前干事长小渊惠三

全国人大常委会委员长乔石在钓鱼台国宾馆会见日本国内阁副总理兼法务大臣后藤田正晴

国务院副总理朱镕基在北京会见莫桑比克总理马里奥·费尔南德斯·达格拉萨·马顺戈

荷兰首相吕贝尔斯在阿姆斯特丹首相府会见外交部部长钱其琛

北京大学举行建校95周年庆祝大会

5月5日

中央军委在人民大会堂举行《彭德怀传》出版发行暨纪念彭德怀诞辰95周年座谈会

党和国家领导人江泽民、乔石、李瑞环、朱镕基、胡锦涛等出席座谈会。

中共中央总书记江泽民发表讲话。

中央军委副主席刘华清主持会议并讲话。中央军委副主席张震在纪念会上介绍彭德怀光辉的一生。张爱萍、洪学智、方强在座谈会上发言。丁关根、宋任穷、秦基伟、迟浩田、罗干、张万年、王平、李德生、余秋里、陈锡联、叶飞、廖汉生、马文瑞、杨成武、吕正操、李聚奎等和彭德怀的亲属出席座谈会。出席座谈会的还有中央、国家机关,解放军总参谋部、总政治部、总后勤部驻京部队各大单位、武警总部的负责人。

中共中央总书记江泽民在纪念彭德怀诞辰95周年座谈会上发表讲话

同志们：

刚才刘华清副主席讲了这个座谈会的意义，张震副主席系统地介绍了彭德怀同志光辉的一生，爱萍、学智、方强同志发了言。彭德怀同志的事迹感人，发人深省，催人奋进。

彭德怀同志是一位深受大家爱戴的老一辈无产阶级革命家、政治家、军事家，是我们军队德高望重的领导人之一。从新民主主义革命时期到社会主义建设时期，他为了党和人民的事业鞠躬尽瘁，奉献了自己的全部智慧和力量，建立了彪炳史册的不朽功勋。

彭德怀同志在几十年的革命生涯中，对党对人民对祖国赤胆忠心，坚贞不渝，一生光明磊落，襟怀坦荡，无私无畏，艰苦卓绝，体现出共产党人的崇高品德。

在我们党的历史上，在许多斗争的重要关头，彭德怀同志总是立场坚定，是非分明，以革命的利益为重，挺身而出，维护和支持以毛泽东同志为核心的党中央的正确领导和决策，排除"左"的或右的干扰，对推进党的事业的发展起了重要的作用。

在艰难的革命战争时期，彭德怀同志肩负作战指挥的重任，不论是独当一面，还是参与指挥全军，他都能创造性地运用毛泽东同志的军事思想和战略战术原则，对于我军取得一系列重大的胜利，做出了卓越的贡献。从红军初创时期的游击战争到规模巨大、现代化的抗美援朝战争，他始终都在最前线运筹帷幄，精心指挥，充分显示了他的非凡胆略和精湛指挥艺术，成为享誉国内外的著名军事家。他的军事实践和著述，丰富和发展了毛泽东军事思想。

当革命事业处于危急险恶的时刻，彭德怀同志不畏艰险，不计个人安危，总是主动承担最紧迫最困难的任务。比如：在井冈山守卫战中，他指挥守卫部队八百余人，浴血奋战，抗击十几二十倍的"围剿"敌军，掩护红四军顺利转移。长征路上的光华铺战斗，他指挥三军团部队以重大代价阻击敌军，掩护中央红军大部渡过湘江。在陕北战场上，他临危受命，指挥陕甘宁野战军胜十倍之敌，保卫了党中央和毛主席在陕北的绝对安全。在朝鲜战局发展的严重时刻，他又慨然受命，率领中国人民志愿军入朝作战。他这种知难而进、勇为前驱的精神，一直为广大干部和群众所称颂和敬仰。

在人民军队建设上，彭德怀同志始终不渝地坚持党的建军原则，做了多方面的重要建树。在军队由战争时期转入和平时期以后，他深入实际，进行大量调查研究，向全军提出必须坚持党的领导，发扬优良传统，改进政治教育，协调军队内部和军政、军民关系等一系列措施。在国防建设上，他走遍万里海疆，为贯彻执行党的正确的战略方针付出大量心血。在我军的现代化建设上，他同军委其他同志一起，按照党中央的方针，紧密结合我国、我军的实际，对军队体制变革和现代武器装备建设，进行了一系列卓有成效的工作，开创了军事工作的新局面，为我们今天规划军队建设也提供了可资借鉴的经验。

彭德怀同志一贯重视干部特别是高级干部的表率作用。他对部队一向要求很严，批评起来不留情面，在日常工作中对大家关怀备至，耐心地进行帮助和指导。他反复强调，凡是要求部队做到的，高级干部必须首先自己做到，只有这样才能率领部队经受严酷的考验。他善于团结使用干部，搞"五湖四海"，一切从工作需要出发。他尊重实际，讲求效率，重视实干，对形式主义、弄虚作假的现象深恶痛绝。他要求高级干部，身居高位而时刻不忘群众疾苦，不摆架子，不谋私利，全心全意为人民。他的这些思想和作风，至今对我们各级党政干部和军队干部仍有重要的教育意义。

彭德怀同志出身很苦，饱经磨难，对劳动人民始终怀有深厚的感情。正因为这样，他一生中对自己要求十分严格，时刻按照劳动人民的生活标准规范自己。他廉洁奉公，克勤克俭，无论是在战争年代还是在和平时期，一直保持普通劳动者的本色，不接受任何特殊待遇。对自己的亲属和身边工作人员，要求也十分严格。他的严于律己的风范，在干部和群众中产生了巨大的影响和作用，增强了全军上下的凝聚力，激励着大家奋发前进的斗志和勇气。他的这种高尚情操，为老一辈革命家所称颂，教育着一代一代的干部。

彭德怀同志在长期革命斗争中养成了志存高远、顾全大局、忍辱负重的可贵品格。当受到不公正待遇身处逆境时，他依然心怀革命全局，自觉遵守党的纪律，刚正不阿，坚持真理。他的这种气节，尤为感人。

彭德怀同志为全党全军留下了光荣的革命业绩和宝贵的精神财富，我们将永远怀念他，学习他。

我们的军队在党的领导下，正在按照邓小平同志关于新时期军队建设的思想，加强全面建设，走有中国特色的精兵之路，不断提高战斗力。这也是一项宏伟的事业，需要几十年以至更长时间为之努力奋斗，我们这一代人肩负着继往开来的历史重任。我们必须用老一辈革命家英勇奋斗的精神鞭策自己，努力学习马克思列宁主义、毛泽东思想，特别要系统学习邓小平同志的战略思想和理论观点，不断研究新情况，解决新问题。在加强军队全面建设中，必须继续发扬我们党和军队的优良传统，保持人民军队的特征和本质。现在大批年轻的干部走上各级领导岗位，应加强对他们进行思想政治教育和业务培训，一定要坚持高标准严要求。老一辈革命家的革命精神和实践经验非常丰富，是几代人流血奋斗的结晶，是我们党和军队特有的宝贵财富，我们必须很好地学习、继承和发扬，使之代代相传。让我们在党中央领导下，团结一致，扎实苦干，把建设有中国特色社会主义的伟大事业不断推向前进。

毛泽东思想理论与实践研究会中共中央党校《人民日报》理论部等 14 个单位在韶山联合召开毛泽东思想与邓小平的理论贡献学术研讨会

会议于 5 日至 8 日在韶山召开。与会学者一致认为，邓小平建设有中国特色社会主义的理论，是马克思列宁主义基本原理与当代中国实际和时代特征相结合的产物，是毛泽东思想的继承和发展，是当代中国的马克思主义。全面贯彻党的十四大精神，推动广大群众和干部深入学习毛泽东思想，特别是学习邓小平建设有中国特色社会主义的理论，抓住机遇，实事求是，加快改革开放和社会主义现代化建设步伐，是对毛泽东百年诞辰的最好纪念。会议期间，来自全国各地的 90 余位学者提交了 154 篇论文。

中国职工思想政治工作研究会成立暨邓小平为《思想政治工作研究》题写刊名 10 周年纪念座谈会在北京召开

党和国家领导人江泽民、朱镕基、丁关根会见参加座谈会的代表。

江泽民对中国职工思想政治工作研究会的工作给予充分肯定。江泽民说，十年来，大家围绕如何加强和改进新时期的职工思想政治工作，进行了辛勤的研究，积累了新的经验，提出了不少有价值的意见和建议。

江泽民指出，坚持做好思想政治工作是我们党的优良传统和政治优势，也是建设有中国特色社会主义事业的一项重要内容。在改革开放和现代化建设的过程中，我们要积极学习国外包括资本主义发达国家的先进技术、科学管理和进步文化成果，同时又要坚决抵制各种腐朽思想的侵蚀。各级领导干部要始终坚持贯彻“两手抓”的方针，不仅物质文明建设要上新台阶，精神文明建设也要上新台阶。它们是相辅相成的，谁也离不开谁。两个文明都搞得很成功，有中国特色的社会主义才算建设成功了。如果人们的思想滑坡，社会风气不好，经济是很难搞上去的，即使上去了也巩固不住。这个辩证关系，大家一定要弄通。要在全体党员和群众中大力提倡正确的理想、信念和高尚的道德情操，坚决反对拜金主义。

江泽民说，当前，企业思想政治工作的首要任务，是要用邓小平同志建设有中国特色社会主义的理论武装广大职工，尤其是领导干部的头脑。要在干部和职工中广泛倡导和发扬艰苦奋斗、无私奉献的精神，要通过我们的工作使爱国主义、集体主义、社会主义思想根植于每个职工之中。我们不仅要重视提高产品质量和经济效益，而且要重视提高职工队伍的素质，努力培养和造就“四有”新人，树立社会主义企业的良好形象。

最后，江泽民希望，中国职工思想政治工作研究会要为加强和改进新形势下的企业思想政治工作，做出更大的贡献。

湖北省人大八届一次会议分别选举关广富为省人大常委会主任贾志杰为省长

国务院关于《全民所有制工业企业转换经营机制条例》实施情况调查组在北京成立

经国务院批准，由国家经贸委、国家体改委、国务院法制局和监察部联合组成的六个国务院调查组在北京成立。调查组将开始对各地及各部门贯彻落实《全民所有制工业企业转换经营机制条例》的情况进行一次全面调查。

《全民所有制工业企业转换经营机制条例》颁布实施已近一年。这次调查活动旨在深入贯彻落实这一《条例》，加快国有企业经营机制的转换，进一步转变政府管理经济的职能，切实落实企业经营自主权，维护企业的合法权益。

中共中央政治局常委胡锦涛在人民大会堂会见日本社会党前委员长众议员田边诚

外交部部长钱其琛在斯德哥尔摩同瑞典外交大臣乌格拉斯女士举行会谈

中国人民银行行长李贵鲜在亚洲开发银行理事会第 26 届年会上发言

李贵鲜说，1992 年中国经济增长快，全年国民生产总值近 2.4 万亿元，比上年增长 12.8%。国际收支状况继续改善，进出口总额达 1656.3 亿美元，增长 22.1%。1992 年是改革开放以来利用外资最多的一年。实际利用外资 188 亿美元，其中外商直接投资 111.6 亿美元，增长 116%。中国的经济发展和对外开放的实践，充分证明了当今世界各国经济的相互依存和互补性，只有合作与交流才能推动和促进世界经济和本地区经济的发展和繁荣。

中国和文莱在北京签订《中华人民共和国政府和文莱达鲁萨兰国苏丹陛下政府民用航空运输协定》

全军思想政治工作座谈会在广州举行

会议于5日至9日在广州召开。会议就发展社会主义市场经济条件下如何加强和改进部队思想政治工作交流了经验,会议强调用中国特色的社会主义理论武装官兵的头脑,是思想政治工作的根本任务。

中国社团研究会第2届会员代表大会在北京举行

中国社会团体总数已达18万多个,其中经民政部批准登记的全国性社会团体1399个,全省性社会团体19601个,地(市)县性社会团体16万多个。

成立于1989年的中国社团研究会是中国唯一研究社会团体的历史、生存和发展的全国性学术团体。本届会员代表大会旨在明确研究会今后4年的任务,同时表彰、奖励一批研究探讨社团理论与实践的优秀论文作者。

国家语委检查19个城市的社会用字

由国家语言文字工作委员会负责组织的检查共分5个组,分别检查上海、长春、济南、西安、成都、贵阳、南宁、长沙、杭州、南京、合肥、南昌、广州、福州、海口、呼和浩特、兰州、银川、乌鲁木齐19座城市。检查的范围包括:报纸用字、机关用字、街道用字、学校用字以及公共场所用字。检查组在每座城市将对省委、省政府、市委、市政府、一所大学、一所中学、一所小学、一所师范院校、一条繁华大街、一座影剧院、一座火车站及指定抽查的某一天的当地报纸用字进行检查。这次检查不搞排队评比。对各被查城市依据实地检查的结果并参考自查报表等,按标准综合平衡后作出社会用字管理工作"合格"或"不合格"两类评价。

《国家语言文字工作"八五"计划和十年规划》要求,到1995年底力争各省省会、自治区首府、直辖市、计划单列市、经济特区、经济开发区的社会用字实现规范化。国家语委组织的这次检查,是纠正社会用字混乱现象,推动语言文字规范化的措施之一。

中央电视台在北京召开电视工作座谈会

中央电视台台长杨伟光在介绍电视台面临的挑战之后,恳请来自各个方面的观众代表对中央电视台和国家电视事业提出批评和建议。

田华、于蓝等各个行业的观众代表建议电视台加强爱国主义教育和对青少年的教育,充分反映现实生活,为群众提供丰富多彩的电视节目。

丁关根、李铁映、艾知生、徐惟诚等领导出席会议。

中国出版协会副主席许力以率出版访问团访问台湾

访问期间,举行"两岸图书合作出版研讨会",这是海峡两岸隔断40多年来出版界第一次在台湾举行的研讨会。

海峡两岸珠穆朗玛峰联合登山队成功登上峰顶

"向阳红16号"考察船脱险人员返回上海

"向阳红16号"科学考察船脱险船员和科技人员107人乘坐政府派去的"德意"轮安全返回上海。国家海洋局、上海市政府和船员家属到码头迎接。

"向阳红16号"是在前往太平洋执行调查任务时,于2日被塞浦路斯籍银角号货轮撞后沉没的。

甘肃省河西走廊地区的金昌武威酒泉嘉峪关张掖白银6地市先后遭受特大风沙尘暴袭击

沙尘暴造成49人死亡、14人失踪,153人受重伤,农作物和经济林果受灾面积500多万亩,丢失、伤亡各类牲畜6万多头只。风灾造成的直接经济损失达2.36亿元。

灾后不久,中共中央总书记江泽民对一份反映风灾情况的材料作出指示;国务委员陈俊生打电话给甘肃询问灾情,国家经贸委召集有关部委听取甘肃省的汇报,并帮助解决部分资金和物资,支援救灾工作。

卫生部部长陈敏章在第46届世界卫生大会上发言

陈敏章说,根据中国国情,中国到本世纪末卫生工作的三个重点是:加强农村卫生事业,预防保健和振兴中医药。

5月6日

国家主席江泽民在中南海会见莫桑比克总理马里奥·费尔南德斯·达格拉萨·马顺戈

国务院副总理李岚清在共青团十三次全国代表大会上作《关于我国对外开放和对外经贸形势》的报告

李岚清说,对外开放事业和对外经济贸易的更大发展寄希望于跨世纪的年轻一代,培养年轻一代接班,是一项十分紧迫的任务。

李岚清在报告中系统地介绍了改革开放以来中国对外经贸工作取得的令人瞩目的成就及在国民经济和社会发展中发挥的重要作用,阐明了在加快改革开放和现代化建设的新形势下,中国外经外贸事业的发展战略,展示了中国应当而且有条件成为世界经济贸易大国的广阔前景。

李岚清说,扩大对外开放和发展对外经济贸易涉及许多领域和方面,需要综合国力的提高,因此就需要各个方面和各种层次的人才，希望青年们要珍惜光阴，努力学习科学、文化等各种知识，扎扎实实地打好基础。要认真学习掌握马克思主义、毛泽东思想的基本原理，当前要特别认真研究掌握邓小平建设有中国特色社会主义的理论。

他说，培养人才，提高人的素质，还要使青少年熟悉国情，继承和发扬中华民族的优良文化传统，要有民族的自豪感和爱国主义精神。一方面青年同志应更多地接触实际，了解社会，了解国情，同时各级领导、各级团组织也要更多地为青年创造这方面的机会，向他们多介绍一些中国的国情，做些形势报告。还要学习其他国家好的东西，学习掌握人类的一切文明成果。

他最后希望90年代的青年能成为有远大理想，有丰富知识和修养，有创造精神，有更大贡献的新一代。

国务院妇女儿童工作协调委员会发出关于1993年庆祝"六一"国际儿童节的通知

国务院妇女儿童工作协调委员会日前发出的通知要求各地认真宣传并贯彻落实《九十年代中国儿童发展规划纲要》和《未成年人保护法》，通过组织形式多样、内容丰富的庆祝活动，继续倡导在全社会树立"爱护儿童、教育儿童、为儿童作表率、为儿童办实事"的公民意识。要广泛宣传优生、优育、优教的科学知识，促进广大儿童少年德智体全面发展，培养有理想、有道德、有文化、有纪律的一代新人。

通知提出，各地可根据儿童的年龄特点，组织科技、体育、文化、娱乐等活动，要在少年儿童中宣传表彰"学雷锋、学赖宁"、"红领巾助残"、"全国少年儿童劳动实践小能手竞赛"、"全国青少年学科学、爱科学、用科学及农村中小学课外科技小星火计划"等活动的好典型，使孩子们受到教育，过一个愉快而有意义的节日，同时确保儿童的健康与安全。

通知提出，把庆祝活动的重点放在基层，要因地制宜，力求生动活泼，做到小型、多样、分散，强化"儿童优先"的原则，倡导全社会为儿童的健康成长办好事、办实事，不断优化社会育人环境。

最高人民法院下发《全国经济审判工作座谈会纪要》

为了贯彻第十六次全国法院工作会议精神，研究在党的十四大以后如何进一步加强经济审判工作，以更好地适应社会主义市场经济发展的需要，为加快改革开放和现代化经济建设服务，最高人民法院于1993年1月6日至10日，在上海召开了全国经济审判工作座谈会。各省、自治区、直辖市高级人民法院分管经济审判工作的副院长、经济庭庭长、解放军军事法院的代表参加了会议。最高人民法院副院长华联奎主持了这次会议，最高人民法院经济庭庭长孙宗颢就当前经济审判工作面临的形势、任务和进一步搞好经济审判工作作了中心发言。与会同志通过讨论对当前经济审判工作中一些问题取得了基本一致的看法，现纪要如下：

一、要认清形势，进一步加强和改革经济审判工作，坚持为经济建设这个中心服务

党的十四大明确提出，我国经济体制改革的目标是建立社会主义市场经济体制，市场经济的秩序需要法制维护。当前，在新旧体制转换过程中，产生的各种利益的冲突越来越多地需要通过经济审判加以解决。经济审判工作的任务越来越重，案件涉及的范围越来越广，审理的难度增加，社会各方面对经济审判工作的要求越来越高。在新时期，各人民法院必须高度重视、大力加强经济审判工作。办案力量不足的要适当增加审判人员，尽可能配备一些懂法律和懂经济、金融、贸易、科技、外语等专业的人才。要加强经济审判队伍自身的建设，对经济庭现有人员，采取多层次、多渠道、多方式进行培训，不断提高其政治、业务素质。当前，特别重要的是要组织学习好十四大文件，用建设有中国特色的社会主义理论武装经济审判干部，提高为社会主义市场经济服务的自觉性。对于在改革中出现的一些新型案件，各级人民法院要加强调查研究，把情况吃透，虚心听取各方面的意见，以"三个有利"的原则为指导，妥善公正地加以处理。高、中级人民法院，特别是高级人民法院要加强调查研究工作，及时了解新情况，研究新问题，总结新经验，指导下级人民法院搞好审判工作。最高人民法院要加强司法解释，抓紧组织力量对过去的司法解释进行清理，该废止的废止，该修改的修改，以适应深化改革、扩大开放和加快经济建设的需要。

各级人民法院要加强对申请再审案件的审理。凡符合民事诉讼法规定的再审条件的案件都应当再审。上级人民法院要加强对下级人民法院审判工作的监督，发现下级人民法院判决确有错误的案件应当指令下级人民法院再审或者提审。要加强不同地区人民法院之间的联系和协作，做好委托送达、调查和执行工作，发挥人民法院的整体优势。

二、要解放思想，转变观念，依法保障社会主义市场经济的顺利发展

十四大制定建立社会主义市场经济体制，是我国经济体制的重大变革，经济审判工作要适应这一转变，树立为社会主义市场经济服务的新观念。

1. 树立平等保护各经济主体的合法权益的观念。社会主义市场经济在所有制结构上，是以公有制经济为主体，个体经济、私营经济、外资经济为补充，各种经

济成分长期共同发展。各经济主体只有平等地和公平地进行竞争,优胜劣汰,才能促进社会主义市场经济的发展。因此,我们在审理经济纠纷案件时,对于不同的经济主体在商品交易中的合法权益应当平等地依法予以保护,切实做到谁的权益合法就保护谁,谁的行为违法就制裁谁。要充分、有效地保护债权人的利益,不能让违约一方或者侵权一方在经济上占到便宜,也不能让债务人或其他人承担不该由其承担的责任。

2. 树立社会主义统一市场的观念。社会主义市场经济要求全国形成统一的、开放的市场,而地方保护主义则妨碍市场的健康发育和经济的顺利发展。人民法院作为审判机关必须严肃执法,公正办案,无论当事人是本地的还是外地的,中国的还是外国的,都一样对待。上级人民法院要支持下级人民法院严肃执法,公正办案,坚决抵制地方保护主义的干扰。对坚持秉公执法有突出贡献的法院和审判人员要表扬;对受地方保护主义的影响,办案有失公正的,除了按照审判监督程序对案件进行纠正外,要追究有关人员的责任,情节严重,构成犯罪的,还要依法追究刑事责任。

3. 进一步增强合同观念。在市场经济中,合同的纽带作用更加重要,人民法院在审理经济合同纠纷案件时,要尊重当事人的意思表示。当事人在合同中的约定只要不违反法律的规定,不损害国家利益和社会公共利益,对当事人各方即具有约束力,人民法院应根据合同的约定判定当事人各方的权利义务。合同约定仅一般违反行政管理性规定的,例如一般地超范围经营、违反经营方式等,而不是违反专营、专卖及法律禁止性规定,合同标的物也不属于限制流通的物品的,可按照违反有关行政管理规定进行处理,而不因此确认合同无效。对当事人意思表示不真实,或者有重大误解、显失公平以及代理人有超越代理权等行为的,只有当事人提出,人民法院才进行审查,并确认合同是否有效或应否予以撤销。法院审理、判决的范围不应超出当事人的诉讼请求。对当事人在起诉、答辩中陈述的理由,都要认真考虑,并在判决中作出肯定或否定的回答。

4. 进一步增强效率和效益观念。市场情况瞬息万变,贻误时机往往会造成难以弥补的损失。因此,市场经济最重视效率和效益,质量、效率、效益是经济工作的生命,也是衡量经济审判工作的重要标准。经济审判要在保证办案质量的前提下,把案件办得更快一些,并在审结后尽快予以执行,切实保障当事人的合法权益得以实现。办案不仅要符合法律规定,还要有利于生产的发展。因发生纠纷而影响生产的,要及时排除干扰,先恢复生产,把经济损失减少到最低限度。采取财产保全措施要慎重,不是必须的不要轻易采用,当事人提供了有效担保的就不应采取保全措施。对确实需要采取财产保全措施的,采取措施后,案件要及时审理,尽快结案,不得久拖不决。对生产工具、设备、运输车辆需要保全的,可限制当事人转移、变卖、允许其继续使用。

5. 保护正当竞争,制止不正当竞争。有市场竞争,就必然会有不正当竞争,如以不正当手段推销商品,生产、销售假冒伪劣商品,损害消费者和其他商品生产者的合法权益等。人民法院要通过办案,保障公平的、公开的、有序的竞争,制止不正当竞争,维护市场经济秩序。对因不正当竞争给他人造成损害的,应当责令赔偿。对生产、销售伪劣商品,严重坑害消费者和其他生产者,尤其是生产、销售伪劣药品、食品,危害人民健康,生产、销售假农药、假化肥、劣质种子,坑农害农的,应当给予严厉制裁,除赔偿受害人的损失外,该罚款的罚款,该收缴的收缴,绝不能让不正当竞争者在经济上占便宜,构成犯罪的,还要依法追究有关人员的刑事责任。

6. 树立商业风险意识,公正处理损失的承担。市场对从事经营活动的当事人来说,既有机遇,也有风险。人民法院作为商品交易纠纷的最终裁判,要按照法律规定、商业习惯,注意正确确定风险的承担。应当由某一当事人承担的风险损失,不应转嫁给其他人。一方当事人在对方严重违约时采取合理的自我保护措施的,应当给予支持。由于不可归责于当事人双方的原因,作为合同基础的客观情况发生了非当事人所能预见的根本性变化,以致按原合同履行显失公平的,可以根据当事人的申请,按情势变更的原则变更或解除合同。

三、要严格依法办案,正确适用法律、提高办案质量

市场竞争需要有统一的规则,这就是法律和法规。人民法院只有严肃执法才能保护公平有序的竞争,才能促进社会主义市场经济的健康发展。我国现行的法律、法规,绝大部分是党的十一届三中全会将工作中心转移到经济建设上来以后制定的,是改革开放、建设有中国特色的社会主义的经验总结,是保护生产力发展的,不能把生产力标准与依法办案对立起来。在审判工作中,凡是法律有明确规定的,要严格依法办;有些法律、法规的规定实践证明已经不适应社会主义市场经济发展的需要,不利于生产力发展的,应当通过制定和修改法律、法规来解决。人民法院在办案中遇到这种情况,可在调查研究的基础上,提出意见,提请制定该规定的机关或其上级机关予以解决。

经济审判涉及的法律、法规门类广、层次多、数量大,正确适用法律是保证办案质量的关键。正确适用法律,必须准确地掌握法律、行政法规、地方性法规、自

治条例、部门规章、政府规章等不同层次的规范性文件的效力及其相互之间的关系，正确地予以适用。第一，全国人民代表大会及其常务委员会制定的地方性法规以及各省、自治区人民政府所在地的市和经国务院批准的较大的市的人民代表大会及其常务委员会制定的地方性法规，民族自治地方的人民代表大会制定的自治条例和单行条例，都可以作为人民法院审理经济纠纷案件的依据。但是，法律和行政法规适用于一切经济纠纷案件，而地方性法规以及自治条例的效力仅限于本行政区域的范围，只能适用于本行政区域内发生的经济纠纷案件。国务院各部、委以及各省、自治区、直辖市和省、自治区的人民政府所在地的市和经国务院批准的较大的市的人民政府根据法律和国务院行政法规制定的部门和政府规章，人民法院在审理经济纠纷案件时可以参照。第二，法律的效力高于行政法规，行政法规的效力高于地方性法规。行政法规的规定与法律的规定有抵触的，应当适用法律的规定，地方性法规的规定与行政法规的规定相抵触的，适用行政法规的规定。第三，行政法规为了贯彻执行法律，地方性法规为了贯彻执行法律、行政法规，就同一问题作出更具体、更详细规定的，应当优先适用。第四，法律未涉及的领域，行政法规作了规定的；行政法规未涉及的领域，地方性法规作了规定的，适用该行政法规或者地方性法规的规定。第五，自治条例和单行条例在法律允许的范围内作了变通规定的，应优先适用自治条例和单行条例。同样，法律、法规未作规定的问题，自治条例和单行条例作了规定的，应当适用自治条例和单行条例的规定。第六，特别法与普通法对同一问题作了不同规定的，优先适用特别法的规定。第七，人民法院对于地方性法规是否与法律或者行政法规相抵触难以确定的，以及不同地区的地方性法规具体规定不一致，在执行中发生冲突的，由各高级人民法院报最高人民法院送请全国人大常委会作出解释或者裁决。第八，人民法院认为政府规章与部门规章不一致的，以及国务院各部门规章之间不一致的，由各高级人民法院报最高人民法院送请国务院作出解释或者裁决。第九，全国人大常委会对于法律所作的立法解释，以及最高人民法院关于具体适用法律的司法解释，各级人民法院必须遵照执行，并可在法律文书中引用。另外，人民法院审理涉外，涉港、澳经济纠纷案件，应当按照民法通则第八章的规定和涉外经济合同法、有关外商投资等涉外经济法律、法规办理。我国缔结或者参加的国际条约与我国法律有不同规定的，应当优先适用国际条约的规定，但是我国声明保留的条款除外。我国法律、法规和我国参加的国际条约未作规定的，可以适用国际惯例。按照民法通则第八章和涉外经济合同法第五条的规定，应当适用香港、澳门地区的法律或者外国法律的，可予适用，但以不违反我国的社会公共利益为限。

四、要继续改革审判方式，提高开庭审理的水平

改进审判工作，要在提高审判水平上下功夫，主要是：正确适用简易程序，抓好开庭审理，做好调解工作，充分发挥合议庭的作用，实现审理案件规范化和诉讼运行科学化。改进审判方式，一是改变目前的庭审方式，强调当事人举证，加强对证据的质证和开庭辩论，充分发挥当事人及其诉讼代理人参与诉讼的积极性，充分发挥开庭审理的功能，把开庭审理真正变成调查案件事实、核实证据和双方当事人说理辩论的过程。二是依法可以适用简易程序的，应予适用，使一般经济纠纷，得以及时处理。三是简化诉讼程序，真正体现“两便”原则，避免重复劳动，以最少的诉讼消耗，取得最佳的审判效果。开庭前，合议庭成员可以召集双方当事人交换、核对证据，也可以让双方当事人及其委托代理人交换、核对证据，对双方当事人无异议的事实和证据，开庭时经当事人确认后可不再核对、质证。对庭前调解不成，双方当事人对案件事实无争议，只是在责任承担上达不成协议的，开庭审理时，经当事人对事实确认后可直接进入辩论阶段。四是加强调解工作，凡是能够调解，当事人也愿意调解的，开庭前可以调解，庭上庭下也可以进行调解。现在许多地方成立的经济纠纷调解中心，取得了很好的效果，应当总结经验，使之不断完善。调解中心受理的案件，应当是本法院对案件有管辖权，而且各方当事人自愿接受调解的；调解中心在办案中不能采取财产保全等强制措施；调解不成的，应当及时依照民事诉讼法的有关规定由审判庭予以受理和审判，不应久调不决。

五、几个需要注意的具体问题

（一）关于执行法人制度的问题

在审理经济纠纷案件中，要认真执行法人制度。对具备法人条件的企业，应当按照民法通则的规定，以该企业所有的或者经营管理的财产承担有限责任。除法律、法规有明确规定或当事人有约定的以外，不能追究其他法人的连带责任。确定企业的法人资格，原则上以工商登记为准。对确实不具备法人条件的企业，由其开办单位承担相应的责任。企业法人注册登记时，投资方出资不足的，人民法院在审理案件时，如果发现该企业财产不足清偿债务，应判令投资方补足其投资用以清偿债务；注册资金不实的，由开办单位在注册资金不实的范围内承担责任；核准登记后，开办单位、投资人或其他人抽逃资金、隐匿财产，逃避债务的，应依法追回；私营独资企业或合伙企业的债务，由业主或合伙人承担清偿责任。

企业法人的工作人员在其职务范围或者在授权范

围内以企业法人的名义进行的活动应当由法人承担责任。企业法人的工作人员事前未经授权或超越代理权以企业名义进行职务范围外的活动，除企业法人追认或者知道不予制止的外，由行为人自己负责。企业法人授权不明，使相对人误认为企业法人的工作人员得到授权的，由企业法人承担责任。其他人明知企业法人的工作人员未经授权或超越代理权而仍与之进行经济交往造成损失的，无权要求行为人所在单位承担责任。

企业法人的工作人员利用职务之便进行经济犯罪活动给他人造成经济损失的，除追究有关人员的刑事责任外，企业法人应当承担赔偿责任。但他人明知企业法人的工作人员利用职务之便进行违法犯罪而仍与之来往的，无权要求企业法人对其经济损失承担赔偿责任。

(二)关于企业性质的认定

对于由个人投资开办但登记为集体所有制性质的企业，企业的经营者向人民法院起诉，要求变更企业性质的，人民法院不予受理。对审理案件中涉及企业性质的，在处理时应当慎重。企业资产的积累是一个十分复杂的过程，含有投资、经营管理、优惠政策以及劳务积累等多种因素。人民法院受理案件后，要进行调查研究，认真听取各方面的意见，对于确属私营性质的，可以建议工商行政管理机关变更登记。

(三)关于审理技术合同纠纷案件的问题

人民法院审理技术合同纠纷案件，要有利于科技进步，有利于促进科技成果向现实生产力转化。当前，在审理技术合同纠纷案件时，要注意以下几个问题：一是不要把无错的中介方列为共同被告，不要把具备法人资格的企、事业单位的上级主管机关列为共同被告并判令他们承担连带责任。二是不要以企业法人超越经营范围、事业法人未经工商登记或者被批准成立时未明确资金数额、社会团体法人从事营利活动等为理由，确认技术转让合同无效；也不要仅以转让的技术存在一定缺陷就认定转让方有欺诈行为而确认合同无效。三是对转让的技术在实施中达不到合同约定的技术指标的，要通过鉴定，查明原因，是技术有缺陷，设备和原材料有问题，还是受让方实施不当，不要轻率地宣告某项转让的技术不成熟。四是对企、事业单位的科技人员擅自转让本单位的生产技术或技术成果的，不应以单位未约定保密或技术成果未经鉴定而认定不构成侵权。五是要注意技术合同与经济合同、联营合同的区别，以及各类技术合同的区别，把案件性质定准确。

(四)关于审理票据案件的问题

近年来，票据纠纷案件增多。人民法院在审理票据纠纷案件时，应当注意，除法律、法规规定或者当事人在票据上明示不许转让、贴现的以外，应当允许票据的转让。只要取得票据的第三人是善意的，是付了对价的，就应予以保护。汇票一经承兑，承兑人就负有到期无条件支付票款的义务，除能证明持票人取得票据有恶意的以外，不得以基础合同没有履行或者申请承兑人没有付款为理由对抗持票人。法人、公民和其他组织对他人在报纸、电台、电视台上发表的支票遗失的声明没有充分注意的义务。因此，空白支票的签发人除非能够证明取得支票的人有恶意或者有明显过错，否则，不能对抗支票的持有人。

(五)关于审理破产案件的问题

1. 人民法院对申请企业法人破产还债案件要依法受理，要注意防止不具备法人资格的企业分支机构、私人独资企业、个人合伙企业以申请破产还债，逃避债务。私人独资企业、个人合伙企业在由个人承担无限责任后仍不能清偿全部债务的，参照民事诉讼法关于清偿顺序和按比例分配的办法处理。财产分配完毕后，债务人后来又有清偿能力的，还应承担清偿责任。

2. 对企业法人自动关闭，厂(店)停人散，无人向人民法院申请宣告破产还债，企业的主管部门或有关机关为保护所有债权人的利益而指定的财产管理、清理组织可以原企业的名义向人民法院申请破产还债。

3. 有关单位未按法定程序对企业进行清算而擅自处分企业财产，致使部分债权人的利益未得到保护，债权人在诉讼时效期间内起诉的，由擅自处分破产企业财产或者接受该企业财产的单位负责在债权人如果参加破产清偿可以得到的份额内进行赔偿。

4. 人民法院在受理申请企业破产还债案件后，要主动与政府有关部门联系，妥善解决破产企业职工的安置问题。

(六)关于承包企业在承包期间发生的债务纠纷如何确定诉讼主体和承担责任的问题

对具备法人资格的乡镇、街道集体企业在实行风险承包期间发生的债务，债权人起诉的，可按以下办法处理：

1. 发生诉讼时，承包人仍在承包的，以该企业为诉讼当事人承担责任，承包人可作为企业的法定代表人参加诉讼。承包人与发包人之间的纠纷按照承包合同另行处理。

2. 发生诉讼时，原企业倒闭已无财产清偿债务或者财产不足清偿债务，而且按承包合同的约定，承包人对企业亏损负有责任的，可以原承包人为诉讼当事人。企业的主管部门或者其他单位未经法定程序接收了企业财产的，也应以第三人的身份参加诉讼，并在接收的企业财产的范围内承担相应的责任。

3. 发生诉讼时,原承包合同已经期满或被依法解除,原承包人没有按承包合同约定交付承包金或者按照承包合同的约定,承包人对其承包期间的债务应当承担责任的,可以企业为被告,企业要求按照承包合同的约定由承包人承担责任的,可将原承包人列为第三人参加诉讼。由企业向对方当事人承担责任,由承包人按照承包合同向企业承担责任。

会议认为,上述意见可通过审判实践继续探索,不断总结提高,有的还要作出相应的司法解释,使经济审判工作更好地适应发展社会主义市场经济的需要,更好地为加快改革开放和经济建设服务。

中共中央总书记江泽民在中南海会见由台湾大安商业银行董事长陆润康率领的台湾民营银行大陆考察团

中国新兴城市发展研讨会在南海举行

新中国成立前,全国仅有 58 个市,到 1978 年发展到 193 年,到 1992 年底已有城市 517 个。研讨会就新兴城市的规划、建设、管理和扩大对外开放等问题进行探讨。

澳门基本法咨询委员会举行第九次全体会议

澳门基本法咨询委员会副主任何厚铧代表常委会在会上作总结报告。

澳门特别行政区基本法咨询委员会于 1989 年 5 月 28 日成立,将在 1993 年 5 月 13 日举行"澳门基本法研讨会"后结束活动。

中共中央政治局常委胡锦涛在钓鱼台国宾馆会见由总书记、内阁地方政府与乡村发展部部长塔鲁克达尔率领的孟加拉民族主义党代表团

国务院副总理李岚清在钓鱼台国宾馆与新加坡副总理王鼎昌举行会谈

国家副主席荣毅仁在人民大会堂会见美国哈盖伊学会会长哈盖伊博士

瑞典首相卡尔·比尔特在首相府会见外交部部长钱其琛

瑞典副首相兼社会大臣韦斯特贝里斯德哥尔摩会见外交部部长钱其琛

泰国政府总理川·立派在曼谷会见对外贸易经济部部长吴仪

外交部发言人吴建民就坚决反对把台湾作为一个"独立政治实体"对待的言行答记者问

有记者问:台湾认为,"汪辜会谈"表明台湾是一个平等的政治实体。你是否认为此次"汪辜会谈"对台湾在国际上进一步扩展国际活动空间产生影响。

吴建民说,这次"汪辜会谈"是海峡两岸授权民间团体的最高负责人之间的会谈,是民间性、经济性、事务性、功能性的会谈。经过双方共同努力,会谈取得了双方均感满意的结果。这反映了海峡两岸的中国人,有能力处理好中国内部的事务。他说台湾是中国的一部分,我们希望台湾社会安定、经济繁荣,对台湾进行国际民间经贸活动也乐观其成。但我们坚决反对任何可能导致出现"两个中国"、"一中一台"或把台湾作为一个"独立政治实体"对待的言论和行动。

外交部发言人吴建民就在柬埔寨磅同的中国驻柬工兵大队营地遭炮击等答记者问

吴建民下午在每周一次的记者招待会上说,中国政府十分关注我国参加联合国维持和平行动人员的安全。"对我国在柬工兵营地遭炮击,我们深为遗憾。"他说,中国政府反对任何形式的暴力行为,严厉谴责危害联合国维持和平人员安全的行动。

吴建民在回答有关波黑塞族议会拒绝万斯一欧文和平计划以及中国对可能对波黑采取军事行动持何态度的问题时说,波黑塞族议会表决的结果引起了国际社会的关注。我们希望寻求波黑问题政治解决的努力能继续下去,以便早日在该地区实现和平。

他说,中国主张用和谈方式解决争端。我们希望任何外部努力应有助于有关各方通过和平谈判早日达成波黑问题的政治解决。我们不赞成导致局势进一步复杂化的行动。

在被问及中国是否准备对朝鲜施压,以使其改变退出核不扩散条约的立场的问题时,吴建说,朝鲜核核查问题更直接的是朝鲜同国际原子能机构、美国和韩国之间的事情。我们希望有关各方通过对话妥善解决问题。中国将为此发挥建设性作用。

他还说,"朝美昨天举行了会谈,这是值得欢迎的,我们希望会谈早日取得积极成果。"

有记者问:美国斯特劳斯公司宣布要从中国撤走,不再进一步投资,原因是中国侵犯人权。请证实并评论。

吴建民说,"目前在华投资的公司有几万家,美国来华的公司也有几千家。在如此众多的公司中,有个别公司要撤走,就请便。在中国投资来去自由,想撤走也不必找什么借口。”

契仑柯夫自由电子激光器在国防科技大学研制成功并通过国家级鉴定

自1934年苏联科学家契仑柯夫发现高能电子在水中能激发出蓝光辐射束后，就成为世界激光技术领域研究的热门课题。由于该项技术是采用相对论电子束激励产生高功率可调谐的相干辐射，所以在国际通讯等离子体加热以及生物学、医学方面都具有重要应用价值。

国务委员兼国家计生委主任彭珮云在江苏考察卫生保障和计划生育工作

彭珮云近日在江苏城乡深入调查了解卫生改革和计划生育工作后指出，医疗制度改革是社会保健制度改革的重要组成部分，目前医疗制度改革主要抓两方面工作，一是改革和完善公费医疗和劳保医疗制度，二是建立和完善农村医疗保障制度。

彭珮云认为，职工医疗制度改革要在现行公费、劳保医疗制度的基础上，建立起与生产力发展水平和社会主义市场经济体制相适应的社会医疗保险制度。这种新型的医疗保险制度由国家、单位和个人三方面合理负担医疗费用，既能保证职工获得基本的医疗保障，又能有效地减少和杜绝浪费，合理利用医疗卫生资源，提高效益和保障水平。彭珮云强调，医疗制度改革直接关系亿万职工群众的切身利益和国家的经济发展、社会稳定，各地要积极推进，慎重实施，通过试点取得经验，再逐步推开，不断扩大医疗保险覆盖面。同时要建立相应机构，制定和颁布有关的法律、条例，使之有法可依，有章可循。

彭珮云在金坛县考察农村卫生工作时指出，坚持农村合作医疗制度，是巩固农村三级医疗卫生网，搞好初级卫生保健的重要保证。不能简单地把集资办合作医疗看作是增加农民负担。实践证明，合作医疗是依靠集体力量，保障农民群众健康，适合中国国情的农村医疗保障制度。

5月7日

国务院举行第3次常务会议

受国务院总理李鹏委托，国务院副总理朱镕基主持会议。

会议审议并原则通过《村庄和集镇规划建设管理条例》。会议指出，全国现有近380万个村庄和4万个集镇，在村庄和集镇居住的人口近9亿。党的十一届三中全会以来，各地村庄和集镇每年都兴建大量住宅，供水、排水、道路、桥梁、供电、电信、园林等公共设施的建设也有很大发展。为了改善村庄、集镇的生产、生活环境，促进农村经济和社会的发展，防止村庄和集镇建设中不按规划乱占滥建、浪费土地，为了保证工程建设的质量，有必要制定《村庄和集镇规划建设管理条例》。条例经修改后由国务院发布施行。

国家主席江泽民在人民大会堂与津巴布韦总统穆加贝进行正式会谈

中组部在广东珠海召开全国外商投资企业党的工作座谈会

中共中央组织部日前在广东省珠海市召开全国外商投资企业党的工作座谈会。

会议指出，做好外商投资企业中党的工作是新时期党的建设的一项重要内容，外商投资企业中的党组织要在中方人员中发挥政治核心作用，紧紧围绕企业的生产经营开展各项工作。

会议认为，近几年来，各地在做好外商投资企业中党的工作方面进行了积极的探索，积累了不少经验。许多外商投资企业的党组织团结带领中方员工，认真执行党的对外开放方针，善于同外方合作共事，有力推动了企业的发展。同时随着对外开放的进一步扩大，外商投资企业发展很快，在这方面党的工作还很不适应。相当一部分企业没有党员，建立不起党的组织；有的虽然建立了党组织，但没有很好发挥作用。

会议指出，在国内兴办的外商投资企业中，按照《中国共产党章程》建立党的组织，开展党的活动，是必要的，也是合乎我国有关法律规定的。做好外商投资企业党的工作，不仅可以更好地支持对外开放的方针，保证监督国家法律法规的贯彻执行；而且有助于维护中外双方的合法权益，促进企业的健康发展。

会议强调，外商投资企业在所有制形式、领导体制、管理方式、人员构成等方面与国有企业相比有很大不同，党组织开展工作要针对外商投资企业的特点，采取灵活而有效的工作方法和活动方式，努力做到为企业所需要，为外商所理解。

中央组织部副部长赵宗鼐在讲话中指出，各级党委组织部门，特别是外商投资企业较多的地方的党委组织部门，要把这项工作摆上议事日程，作为新时期党的建设的一项重要工作认真抓好。要发扬积极探索、勇于创新的精神，努力走出一条适应外商投资企业特点的党的工作的新路子。

云南省人大八届一次会议选举尹俊为省人大常委会主任和志强为省长

国家主席江泽民在人民大会堂会见参加中国环境与发展国际合作委员会第2次会议的外方代表

江泽民说,中国政府十分重视环境保护,制定了经济建设、城市建设、环境建设同步规划、同步实施、同步发展的指导方针,努力实现经济、社会和环境效益相统一,并采取了一系列有效的环境保护措施。我们清醒地认识到,在环境保护方面面临的任务是艰巨的,需要我们坚持不懈地努力。

江泽民说,中国的经济是与世界经济相连的,中国的环境保护也是世界环境保护的一部分,中国的环境保护改善也是对全球环境的重要贡献。中国政府将进一步加强在环境保护方面与国际社会的合作。江泽民还介绍了我国能源建设和污染的治理情况。

江泽民认为,中国环境与发展国际合作委员会的成立具有重要意义。他感谢外方代表就中国的环境与发展问题提出的许多有价值的建议,这些建议有助于促进中国经济和环境协调发展。

国务委员兼国家科委主任宋健、全国人大环境保护委员会主任委员曲格平、国务院环委会顾问顾明、外交部副部长刘华秋、财政部副部长张佑才等在座。

国家主席江泽民在人民大会堂会见新加坡副总理王鼎昌

国家主席江泽民在人民大会堂分别接受哥伦比亚新任驻中国大使阿尔瓦罗·埃斯卡利翁和捷克首任驻中国大使约瑟夫·法斯递交的国书

国务院副总理朱镕基在中南海会见新加坡副总理王鼎昌

意大利总统斯卡尔法罗在罗马总统府会见外交部部长钱其琛

中宣部新闻出版署在北京联合召开加强书报刊出版管理工作研讨会

由中宣部、新闻出版署联合召开的中央、国务院各部委"加强书报刊出版管理工作研讨会日前在北京举行"。

39个中央和国务院部委、群众团体以及中央主要新闻单位的60余位负责人参加会议。

新闻出版署副署长刘杲通报当前书报刊出版和管理中出现的问题;分析书报刊出版和市场管理的总体形势,在充分肯定成绩的同时他指出,由于书报刊出版事业发展速度很快,有些书报刊主管部门领导管理不力;个别新闻出版单位出现了卖版面、卖书报刊号的错误行为;有些报刊的周末版、星期刊的内容脱离原办报、办刊宗旨,有些内容格调低下;在发表和出版党和国家主要领导人工作和生活情况作品时,有的选题违反管理规定,有的杜撰捏造,严重损害了党和国家领导人的形象。这些问题在中央、国务院各部委主管的新闻出版物中也时有发生,需要引起高度重视。

与会代表一致认为,加强宣传思想工作是中央对全党提出的要求,中央、国务院各部委要与中宣部和新闻出版署一起,齐心协力共同做好对书报刊的出版与管理,更好地发挥书报刊在宣传思想工作、在各部委业务工作中的积极作用。

中宣部常务副部长徐惟诚讲话指出,中央、国务院各部委的书报刊是整个精神文明建设的组成部分,又是各部委推动工作的有力工具。各领导机关应切实负起责任,主管主办部门与所属新闻出版单位是领导与被领导的关系,而不是挂靠关系。各部委要把对书报刊工作的领导纳入议事日程。要有专人负责,经常性地给予指导。他强调指出,总编辑要对报刊的全部内容负责,包括星期刊、周末版、广告的内容和转载的内容。

中宣部副部长翟泰丰在研讨会结束时讲话指出,中央、国务院各部委所属的报刊有2000多种,出版社近200家,是新闻出版战线极为重要的组成部分。各部委主办的这些书报刊,努力适应社会主义市场经济发展的要求,在"两个文明"建设中发挥了积极的作用,现在出现的问题是前进中的问题,是局部的问题,但也要高度重视,切实加以解决。他要求各部委在5月底前认真清理一下所属新闻出版单位在发表和出版有关党和国家主要领导人工作和生活情况的作品方面有没有违反规定的问题,有没有卖书号、卖版面等违反管理规定的问题,有没有发表和出版有错误政治倾向、格调低下甚至色情淫秽内容的作品等方面的问题;同时要求各部门切实建立起各级责任制,把书报刊的方向、宗旨、范围管住,把书报刊的领导班子配好、管好,把编辑队伍建设好,把总编辑的责任制落实好。

5月8日

《人民日报》就中办国办严禁公务员接受礼品等发表评论员文章《令行禁止反腐倡廉》

铁道部在北京召开全路整顿路风和治安秩序工作会议

铁道部部长韩杼滨强调,要严厉制止乱收费乱加价等行业不正之风,进一步打击车匪路霸,整顿铁路治安秩序。

铁道部将向全路发出《制止乱收费乱加价和遏制

以车以票谋私行为的紧急通知》,要求从现在起到年底把整顿路风作为一项重要任务,使以车以票谋私得到遏制,乱收费乱加价基本刹住,路风事件明显减少。

国务院副总理朱镕基在钓鱼台国宾馆会晤津巴布韦总统罗伯特·穆加贝

意大利总理钱皮在罗马会见外交部部长钱其琛

外交部部长钱其琛在罗马与意大利外交部长安德雷亚塔举行会谈

中央军委副主席刘华清在北京会见巴基斯坦海军参谋长赛义德

国家科委发布中华人民共和国自然科学奖励条例实施细则

第一章 总 则

第一条 为了做好国家自然科学奖的评审工作,根据《中华人民共和国自然科学奖励条例》,制定本细则。

第二条 国家自然科学奖授予在自然科学基础研究和应用基础研究领域取得优秀成果的研究集体和个人。

第三条 获得国家自然科学奖的科学研究成果应当具备下列条件:

(一)对自然现象和规律的新发现,或者在科学理论、学说上有创见,在研究方法,手段上有创新,以及在基础数据的搜集和综合分析上有创造性和系统性的贡献;

(二)学术上处于国际领先或者先进水平,对于促进科学技术的进步有重大意义,或者对于经济建设和社会发展具有重要影响;

(三)主要论著已在国内外公开发行的学术期刊上发表或者作为学术专著出版一年以上,其重要科学结论已为国内外同行所引用或者采用。

第四条 国家自然科学奖分为一等奖、二等奖、三等奖和四等奖四个等级。

在科学取得了突破性的进展,并能推动本学科或者相关学科的发展,开拓新的研究领域,或者对经济建设有重大的影响,学术上为国际首创或者领先的研究成果,可评为一等奖。

在科学上有重要的发展,并对本学科或者其分支学科的发展,或者对经济建设有重要的影响,学术上为国际领先的研究成果,可评为二等奖。

在科学上有较大的发展,对本学科或者其分支学科的发展有一定的推动作用,或者对经济建设有较大的影响,学术上为国际先进水平的研究成果,可评为三等奖。

在科学上有一定的发展,对本学科或者其分支学科的发展有一定的推动作用,或者对经济建设有一定的影响,学术上为国际先进水平的研究成果,可评为四等奖。

第五条 在科学技术进步、经济与社会发展方面具有特别重大意义的研究成果,可授予特等奖。

第二章 评审机构

第六条 国家科学技术委员会(以下简称国家科委)设立国家自然科学奖励委员会(以下简称奖励委员会),负责评定国家自然科学奖奖励项目和奖励等级。

奖励委员会设主任1人,副主任2—4人,秘书长1人,委员若干人。奖励委员会主任、副主任、秘书长和委员由国家科委聘任,每届任期4年,连任不超过3届。

奖励委员会的日常办事机构是奖励委员会办公室。

第七条 奖励委员会的主要职责是:

(一)负责国家科学科学奖的评定工作;

(二)审定向国家科委推荐的国家自然科学奖特等奖项目;

(三)研究处理国家自然科学奖评审工作中的重大问题。

第八条 奖励委员会下设若干复审组,负责奖励项目的复审工作。复审组由组长1人、副组长1－2人,常务秘书1人,组员若干人组成。组长、副组长、组员和常务秘书由奖励委员会主任聘任,每届任期2年。

第九条 复审组的主要职责是:

(一)负责国家自然科学奖的复审工作,提出候选奖励项目的复审结论及奖励等级的建议;

(二)会同奖励委员会办公室对有异议的候选奖励项目进行调查,提出处理意见,报奖励委员会审核;

(三)负责向奖励委员会提出复审工作报告;

(四)办理奖励委员会交给的其他工作。

第十条 复审组下设若干评议组,评议组由组长、副组长、组员组成,每届任期2年。评议组设秘书1人,负责本评议组的日常工作。

第十一条 评议组的主要职责是:

(一)负责组织对奖励项目评议,并写出评议意见及奖励等级的建议;

(二)办理复审组、奖励委员会办公室交给的其他工作。

第十二条 奖励委员会设若干复核组,负责对复审拟授特等奖或者一等奖的候选奖励项目进行复核。复核组由奖励委员会秘书长聘请若干同行专家组成,由专业对口的奖励委员会委员主持复核组工作。若候选奖励项目超出各委员专业范围时,可特邀专家主持。

第三章 推 荐

第十三条 国家自然科学奖每两年评审一次。

第十四条 国家自然科学奖请奖项目(以下简称请奖项目)由各研究机构、高等院校、全国性自然科学学术团体推荐,或者由具有高级专业技术职称的同行科技工作者十人以上联名推荐。

第十五条 推荐单位或者联名推荐的发起者应当按照规定的内容与要求,填写《国家自然科学奖推荐书》,并交纳评审费。

第十六条 多个单位合作完成的研究项目,由主持单位推荐或者联合推荐。

第十七条 同一研究成果不得同时申报国家级其他科技奖励。已获国家级科技奖励而无新的实质性突破的研究成果,不得再次推荐。

第十八条 推荐未获批准的请奖项目,经研究又取得新的进展,或者经实践检验对该成果有新的认识,提供新的引用或者采用资料的,可以重新推荐。

第十九条 台湾省同胞和香港、澳门永久性居民中的中国同胞,在获取国家自然科学奖方面享有与大陆科技工作者同等权利,并按同一条件和标准进行推荐与评定。推荐者应当向奖励委员会委托的香港、澳门有关机构办理登记手续。

第二十条 旅居国外的华侨和外国人士,在自然科学方面取得对我国科学技术事业发展有重大贡献的优异成果,可以按照本细则第十四条的规定推荐请奖。

第二十一条 中国与外国合作完成的自然科学研究成果,若其论著的主要学术思想或者主要研究工作由中国科技工作者完成,可以按照本细则第十四条的规定推荐请奖。

第二十二条 请奖项目的主要研究者应当是该项目主要论著的作者,并符合下列条件之一:

(一)总体学术思想、研究方案的提出者;

(二)重要科学现象、特性、规律的主要发现与阐明者,或者在科学理论、学说的创立,研究方法、手段的提出,以及重要基础数据的搜集和综合分析等方面的主要贡献者;

(三)关键性学术疑难问题,或者实验、技术难点的主要解决者。

第二十三条 请奖项目主要研究者的人数,一般为1～5人。综合性跨学科大型协作项目,若参加研究的人数众多,可以以研究集体、主要研究者及其研究集体作为请奖项目的主要研究者。

请奖项目的主要研究者超出规定的人数,推荐者应当在《国家自然科学奖推荐书》中提出充分的理由。研究项目由两个以上单位合作完成的,应当共同协商确定请奖项目的主要研究者及其排列次序,并加盖各自单位的公章。

第二十四条 请奖项目的行政组织领导、管理及各类辅助工作人员,如不符合本细则第二十二条的规定,不得列为主要研究者。

第四章 评 审

第二十五条 国务院各部委、中国科学院、中国科协及中国人民解放军各总部管理科技成果的司(局、办)和各省、自治区、直辖市科委,为国家自然科学奖的初审部门,负责对请奖项目归口组织初审。

初审部门应当按照国家自然科学奖的授奖条件和奖励标准,择优向奖励委员会推荐奖励项目,并提出初审意见和奖励等级的建议。

第二十六条 奖励委员会办公室负责受理初审部门推荐的请奖项目,并会同评议组进行形式审查,有下列情况之一的不予评审:

(一)推荐书及其附件字迹不清,难以辨认或者未按要求填写;

(二)规定的附件不齐全;

(三)主要论著发表的时间和形式不符合规定;

(四)主要研究者不符合规定;

(五)不符合国家自然科学奖的奖励范围;

(六)已获国家级科技奖励,或者同时申报了国家级其他科技奖励;

(七)存在知识产权权属争议。

第二十七条 评议组可以邀请若干具有不同学术观点和一定代表性的同行专家进行通讯评议,并写出书面评议意见。

评议组评议项目,可以特邀专家参加。特邀专家享有与评议组成员同等的权利和义务。

评议组应当在充分讨论的基础上,以无记名投票方式表决,向复审组提出候选奖励项目评议结论及其奖励等级的建议,并逐项填写评议意见表。

第二十八条 复审组复审项目,应当以无记名投票方式表决,确定候选奖励项目及其奖励等级,并逐项填写复审意见表。

第二十九条 奖励委员会办公室负责将各复审组确定的候选奖励项目登报公布。自公布之日起两个月内为异议期。

第三十条 奖励委员会评定奖励项目,应当从奖励委员会委员中确定2名以上委员作项目主审人,必要时可以从复审组的成员中特邀评审员作项目主审人。主审人应当认真审查项目材料,并写出书面审查意见。

复审组确定的特等奖或者一、二等奖候选奖励项目,其主要研究者的代表应当向奖励委员会介绍项目内容，进行答辩。

对复审组提出的拟授予特等奖或者一等奖的候选奖励项目，在奖励委员会评定前由复核组进行复核，并向奖励委员会报告复核结果。

第三十一条 奖励委员会评审奖励项目，到会委员应当超过全体委员的三分之二，会议方能召开，评定的结果方为有效。

特等奖和一等奖的奖励项目应当由超过到会委员总数三分之二的多数通过。其余等级的奖励项目应当由超过到会委员总数二分之一的多数通过。

特邀评审员不参加投票。

第三十二条 在评审程序中，凡涉及评审人员及其直系亲属的请奖项目，本人应予回避，不得参加投票。

第三十三条 参加评审工作的全体人员，应当认真负责、秉公办事、不徇私情，对评审情况要严守秘密、不得泄露。

第三十四条 奖励委员会评定结束后，向国家科委提出奖励项目及奖励等级报告，由国家科委核准授奖。

特等奖的奖励项目由国家科委报国务院批准，另行奖励。

第五章 异　议

第三十五条 任何单位或者个人对公布的候选奖励项目持有异议，应当在本细则第二十九条规定的异议期内向奖励委员会办公室提出。

对候选奖励项目提出异议应当以书面形式详细写明异议内容和事实根据，并写明本人真实姓名、工作单位和联系地址等。以单位名义提出异议的，应当写明单位负责人和联系人姓名，并加盖公章。异议者的姓名需要保密的，应当在异议材料中注明。

第三十六条 异议内容属于下列情况之一，方可受理：

（一）请奖项目不符合本细则的有关规定；

（二）主要研究结果不能成立，或者有剽窃、作假行为，以及推荐书内容填报不实。

第三十七条 异议处理按照本细则第九条（二）办理。未处理完毕的项目，不再列为奖励项目。待异议处理完毕后，可以按照新项目重新推荐。

第三十八条 获奖项目如有剽窃、作假等重大问题，经奖励委员会查实后，报国家科委核准撤销奖励，并予以公布。

第六章 附　则

第三十九条 本细则由国家科委解释。

第四十条 本细则自发布之日起施行。1988 年 9 月 1 日公布的《关于国家自然科学奖申报、评审的若干说明》及其他有关规定中与本细则不符的条款同时废止。

中国代表团在巴黎国际发明博览会上荣获团体奖并获 5 个专项奖

巴黎国际发明博览会为第 84 届“列宾竞赛”优胜者举行隆重颁奖仪式。中国代表团获得团体奖“法国发明者和制造者奖杯”。大连海王化学电源总公司王莲香的“胶体电解质”、“胶体蓄电池”、“消除硫酸雾装置”三项发明获“法国国家科学研究部奖”。福建省第二建筑公司杨益铨发明的“装配永久性钢筋混凝土模壳”获“法国建筑奖”。大连工学院徐延伟发明的“斜轧低铬稀土耐磨合金球”获“法国工商会奖”。山东大学和莱州市磁粉离合器厂于宏等三人发明的“磁粉离合器无级调速及节能新技术”以及西安启明节能技术开发公司张振英发明的“稀土系列复合保温节能材料”同获“巴黎警察局长奖”。

第 10 届戏剧“梅花奖”在北京揭晓

22 名演员榜上有名。本届“梅花奖”评比，总结历届经验，对评比章程和程序进行适当的改进和调整，强化监督和公平竞争机制。

获本届“梅花奖”演员（以姓氏笔划为序）有，戏曲 15 名：小香玉（山西）、马惠民（黑龙江）、刘海波（吉林）、李经文（天津）、李树建（河南）、张凤莲（内蒙古）、陈乃春（福建）、陈淑芳（中直）、杨仲义（山西）、周云娟（浙江）、侯丹梅（贵州）、贺小汉（湖南）、倪同芳（江苏）、章兰（山东）。话剧 5 名：王凡云（总政）、王学圻（空政）、王晓梅（黑龙江）、刘燕（辽宁）、贾玲珍（黑龙江）。歌剧 2 名：米东风（陕西）、秦鲁锋（总政）。

新闻出版署发出严禁买卖报号和非法出版报纸的通知

国家主席江泽民在上海听取东亚运动会组委会和北京奥申委工作汇报

汇报会由国家体委主任、北京 2000 年奥申委执行主席伍绍祖主持。上海市市长、东亚运组委会主席黄菊汇报关于东亚运动会筹备工作的情况。国家体委副主任、北京 2000 年奥申委常务副主席何振梁汇报北京申办 2000 年奥运会的情况。

河南平顶山煤矿发生特大瓦斯爆炸事故造成 39 人死亡

5月9日

第一届东亚运动会在上海开幕

国家主席江泽民宣布运动会开幕，国际奥委会主席萨马兰奇等出席。

来自东亚地区 9 个国家与地区的 1200 多名男女运动员将在 9 天的比赛中,进行田径、羽毛球、篮球、拳击、保龄球、足球、体操、柔道、赛艇、游泳、举重、武术 12 个项目的比赛,来自 13 个国家与地区 112 个新闻机构的 1000 多名记者参加首届东亚运动会的报道。

中国女篮的老将丛学娣和羽毛球国际 A 级裁判郁鸿骏分别代表运动员和技术官员宣读了誓词。

中共中央总书记江泽民在上海主持召开华东 6 省 1 市经济工作座谈会

会议 5 月 9 日至 11 日召开。中共中央政治局委员吴邦国、姜春云,中共中央政治局候补委员、书记处书记温家宝出席座谈会。

中共中央总书记、国家主席江泽民要求各省市积极、全面、正确地领会和贯彻邓小平视察南方重要谈话和党的十四大精神,进一步深化改革,加快建立和完善社会主义市场经济体制,通过深化改革解决深层次的经济问题,推进改革开放和现代化建设事业顺利发展。

山东、江苏、浙江、安徽、福建、江西省和上海市的领导畅所欲言,相互交流,共同切磋,分析形势,统一认识。

江泽民强调指出,邓小平的讲话和党的十四大精神,是我们领导和组织好经济发展与改革工作的重要指导思想。当前我国经济发展中出现的一些矛盾和问题,从根本上讲,是经济体制转换过程中发生的问题。因此,要解决这些前进中的矛盾和问题,关键在于加快改革开放的步伐。

江泽民说,为了促进社会生产力的发展,必须继续从深层次上对传统的经济体制进行改革,建立和完善社会主义市场经济体制。这涉及我国经济基础和上层建筑的许多领域,需要有一系列相应的体制改革和政策调整。今年,要继续抓好国有大中型企业转换经营机制的改革,继续推进投资体制、财税体制、金融体制等方面的改革。对当前经济中存在的问题,必须采取有力的措施,切实加以解决。解决这些问题,不能沿用过去的老办法,而应通过改革,主要运用经济手段、法律手段,辅之以必要的行政手段,加强宏观调控力度,对经济运行进行有效的驾驭,使经济生活中的矛盾得以缓解,努力保持和发展经济的好形势。

江泽民在座谈会上要求各级领导都要注意处理好改革和发展的关系,认真研究和认识经济发展的规律,掌握工作节拍。改革促进经济的发展,经济的发展又要为改革创造良好的环境。当前,抓住时机,深化改革,尤其重要。不能贻误时机。只有这样,才能不断地推进经济的发展。

江泽民强调,进一步深化改革,加快建立和完善社会主义市场经济体制,是一项复杂的系统工程,需要有计划、有步骤地研究解决一系列重大问题。因此,各级领导干部要认真学习社会主义市场经济的基本知识和基本规律,吸收和借鉴资本主义国家的反映市场经济一般规律的成功做法。要深入实际,调查研究,善于发现群众的创造,及时总结带有普遍性、规律性的经验,用以指导全局。要坚持从实际出发,尊重客观规律,切忌搞虚假、搞浮夸,努力提高领导经济和改革工作的水平。要坚持"两手抓",加强思想政治工作,崇尚勤俭节约和艰苦奋斗精神,坚决克服消极腐败现象。

江泽民说,华东是中国经济比较发达的地区。希望华东六省一市通过扎实的工作,创造改革开放和经济建设的经验,为加快建立和完善社会主义市场经济体制,为社会主义现代化建设做出更大的贡献。

出席座谈会的有六省一市主要负责人沈达人、陈焕友、李泽民、万学远、陈光毅、贾庆林、卢荣景、傅锡寿、毛致用、吴官正、黄菊、赵志浩;中央和国务院有关部委的曾庆红、王维澄、陈锦华、曾培炎、贺光辉、杨昌基、项怀诚、周正庆等。

国家体改委主任李铁映在部分省市体改委座谈会上发表讲话

李铁映日前在部分省市体改委主任座谈会上说目前在对于社会主义市场经济体制基本框架的具体描绘和质的规定方面,在加速建立新体制的重大举措和步骤等方面,认识还不完全一致,需要进一步统一,但我们必须深入研究这样 10 个重大课题:

一、建立社会主义初级阶段的所有制结构。在发挥国有经济主导作用的基础上,形成以公有制为主体,个体、私营和外资经济等多种经济成分长期并存、共同发展、平等竞争的所有制结构新格局。

二、建立现代企业制度。明确产权关系,政企分开。国有企业作为独立的商品生产者和经营者,在市场竞争中实现自主经营、自负盈亏、自我发展、自我约束。

三、建立现代市场体系和价格形成机制。建立法制健全、统一开放、平等竞争的市场体系特别是生产要素市场。

四、建立社会主义的分配制度和社会保障制度。以按劳分配为主体,其他分配方式为补充,效率和公平相统一,实现社会全体成员共富裕。

五、建立宏观经济间接调控体系。以经济政策和经济杠杆为主要手段,实现宏观经济总量平衡和整体结构优化。

六、建立符合国际惯例、积极参与国际竞争与合作的对外开放体制。按照关贸总协定的要求,用好汇率、关税等经济手段。参加国际分工、国际交换,实现国内外资源和生产要素双方流动,国内和国际市场双向接轨。

七、建立促进农村市场经济发展的新体制。稳定、完善以家庭联产承包责任制为主的统分结合的双层经营体制,大力发展农村社会化服务体系和乡镇企业。

八、建立社会主义市场经济的法律体系。规范政府、企业和个人经济行为,实现经济关系、经济运行与管理规范化、制度化、法制化。

九、建立规范的中央政府与地方政府管理经济的格局,划清事权和财权,调节区域经济发展。

十、搞好经济体制与科技、教育等其他领域的配套改革。

国家体改委已草拟了《建立社会主义经济体制总体设想》,正广泛征求意见,以形成一个《建立社会主义市场经济体制总体规划纲要》。

李铁映提出:

当前已经到了一个关键时刻,再单纯运用行政性手段,不可能解决快速发展中出现的问题,唯一的出路是加快和深化改革。用经济办法调控就是改革。

李铁映说,当前,抓住经济中的突出问题,加快和深化改革,就是要把改革和发展的关系处理好,解决好两个认识问题。一是宏观调控并不都是行政性的,也有经济手段。搞市场经济必须用计划和市场两种调节手段进行宏观调控。针对当前突出的问题,中央已采取一些措施,例如,按信贷计划严格控制贷款规模;坚决制止用高利率搞"全民投资";严格控制消费总量过快增长;银行信贷在保证支付前提下,首先保农业、铁路;不准用拆借的短期资金搞固定资产投资,不准银行搞投资,等等。采取这些措施,是为了有可能及早解决经济发展中处于萌芽的问题,防止大的起伏和引发"泡沫经济"。

二是如何抓住机遇和怎样抓住机遇。李铁映说,抓住机遇,不仅要抓住发展的机遇,也要抓住改革的机遇。从某种意义上说,抓住机遇就是抓改革。当前改革重点就是紧紧抓住转换企业经营机制和转变政府经济管理职能这两条主线,在理顺产权关系,建立和完善市场体系,推进投资、财税、金融体制改革和社会保障等关键环节上取得实质性进展。企业要以投资体制改革为突破口,推动企业、财税、金融和政府职能转变等多方面的配套改革。理顺中央银行和商业银行职责,划分开政策性贷款和商业性贷款。合理划分各级政府的经济事权,按事权确定财政收入与支出。在培育市场体系等方面,重点是抓紧时机理顺价格,建立以市场决定价格为主的价格形成机制;积极推进以资本、劳务和技术为重点的生产要素市场的发展。

国家主席江泽民在上海会见出席首届东亚运动会开幕式的国际奥委会主席胡安·萨马兰奇

解放军全军思想政治工作座谈会在广州结束

会议是在全军各大单位对发展社会主义市场经济条件下开展思想政治工作进行认真调查研究的基础上召开的,是党的十四大之后总政召开的第一次全军性的会议。会议联系部队工作实际,集中研究了如何做好发展市场经济条件下的思想政治工作问题。

刚刚结束的全军思想政治工作座谈会提出,用小平同志建设有中国特色的社会主义理论武装广大官兵的头脑,是思想政治工作的根本任务。

参加会议的军队政治机关领导和代表聚集一堂,围绕"在改革开放、发展社会主义市场经济条件下,如何加强和改进部队思想政治工作"的主题,交流经验,座谈讨论。

与会同志说,发展社会主义市场经济是一个新的课题。面对部队建设出现的大量新情况、新问题,他们通过历史的回顾和现实的分析认为,在发展市场经济条件下思想政治工作大有可为有着充分的理由和良好的客观依据,主要有:党中央、中央军委对加强部队政治工作十分重视。最近一个时期,中央军委主席江泽民,副主席刘华清、张震对加强思想政治工作作了许多重要指示;全国形势很好,社会主义现代化建设充满希望,这也是我们做好思想政治工作的有利条件;几十年来,我军思想政治工作创造的许多经验,形成的优良传统;发展市场经济焕发了我国人民前所未有的聪明才智,许多好的思想、新的观念为我们提供了有益的借鉴;具有高度政治觉悟的我军官兵是做好思想政治工作的强大基础;在改革开放实践中各部队已经取得了不少成功经验。总之,发展市场经济条件下思想政治工作越难做,越说明政治干部责任重大,越要求我们采取积极态度去研究解决。

回顾改革开放 10 多年来的实践,代表们深深感到,建设有中国特色社会主义理论,是党的基本路线和一系列方针政策的理论基础。用这一理论武装广大官兵的头脑,提高贯彻执行党的基本路线的自觉性和坚定性,是思想政治工作的根本任务。在改革开放、发展市场经济的新形势下,部分官兵心理上发生的失衡,思想上产生的困惑,重要原因是对建设有中国特色社会主义理论理解不深,党的基本路线在头脑里扎根不牢。无论是坚定政治信念,还是解决现实思想问题,都离不开邓小平同志建设有中国特色社会主义理论这把"总钥匙"。代表们用大量事实说明,谁对建设有中国特色社会主义理论学得好，学以致用，谁回答和解决官兵的疑难问题就有力、就深刻，就令人信服。

在加快改革开放和发展社会主义市场经济的大背景下，人们的价值取向、价值标准、价值追求呈现多样化，个人主义、拜金主义有所抬头，艰苦奋斗、无私奉献精神受到冲击，帮助官兵树立正确的人生观、价值观、道德观就成了思想政治建设的一项经常性、基础性的工作。许多代表介绍了发挥榜样示范作用的经验。会议特别强调领导干部要带头学习和实践邓小平同志倡导的"五种革命精神"和江泽民同志提出的"64 字创业精神"，带头吃亏奉献，正确使用手中的权力，公道正派，关心人、尊重人、理解人，廉洁奉公，艰苦奋斗。

代表们认为，改善部队物质文化生活条件，努力优化军营环境，使官兵感到军营确实是锻炼成才、建功立业的地方，是思想政治工作不可忽视的重要方面。当前要抓好以下几方面工作：一是弘扬新风气，造成催人奋进的舆论环境。运用多种形式，大张旗鼓地宣传本单位的先进典型，引导官兵把学雷锋、学英模与学习身边的先进典型结合起来。二是密切官兵之间、同志之间、上下之间的关系，广泛开展尊干爱兵活动。三是积极组织科学文化知识的学习和培养军地两用人才工作，努力为官兵创造求知成才的环境。四是坚持为基层服务的方向，努力改善部队物质文化生活条件。五是广泛开展双拥共建活动，创造军政军民紧密团结、相互支持的驻地环境，为稳定官兵思想、促进部队建设创造良好的条件。

5 月 10 日

共青团第十三次全国代表大会在人民大会堂闭幕

大会审议通过《关于中国共产主义青年团第十三次全国代表大会报告的决议》、《关于中国共产主义青年团章程(修正案)的决议》。

大会充分肯定报告对改革开放 15 年来青年和共青团奋斗实践的回顾，以及新的历史时期我国青年运动的光荣历程和共青团工作的显著成就，认为报告在总结十五年来共青团实践经验的基础上明确强调的重要原则，对于团的事业的未来发展具有重要意义，应当长期坚持下去。大会指出，改革开放的不断深入、社会主义市场经济的逐步发展，将团的建设和改革推向更广阔的背景、更高的起点。各级团组织必须以建设有中国特色社会主义理论为指导，服务经济建设全局，适应改革开放进程，遵循青年成长规律，按照报告提出的要求，加强团的建设，推进团的改革，使共青团保持旺盛的生机和活力。

大会号召广大青年和各级团组织更加紧密地团结在以江泽民同志为核心的党中央周围，高举建设有中国特色社会主义的伟大旗帜，解放思想，实事求是，抓住机遇，拼搏进取，努力完成大会提出的各项任务，为加快改革开放和现代化建设英勇奋斗。李克强主持大会并致闭幕词。

中共中央政治局常委胡锦涛代表中共中央在北京接见新当选的共青团十三届中央委员、候补委员

胡锦涛说，老一辈无产阶级革命家开创的共青团事业的接力棒已传到了你们手中。今后五年，共青团工作能否在继承的基础上创新和发展，全国亿万青年能否沿着党指引的方向健康成长，都将与你们的工作息息相关。

胡锦涛接着说，青年一代要不辜负党的期望，不辜负亿万青年的重托，在邓小平建设有中国特色社会主义理论的指导下，紧密团结在以江泽民为核心的党中央周围，谦虚谨慎、戒骄戒躁，勤奋学习，扎实工作，团结一致，奋力开拓，为开创共青团工作的新局面做出新贡献。

他希望共青团要当好党的得力助手和后备军，更好地发挥突击队和生力军作用，团结和带领广大团员青年为实现党的十四大提出的改革和建设任务建功立业。

共青团十三届一中全会发表会议公报

中国共产主义青年团第十三届中央委员会第一次全体会议，1993 年 5 月 10 日在北京举行。到会的团中央委员 164 人，候补中央委员 101 人。

全会选举产生了新的团中央领导机构。选举李克强同志为团中央书记处第一书记；刘鹏、袁纯清、吉炳轩、赵实(女)、巴音朝鲁(蒙古族)、姜大明同志为团中央书记处书记。选举乃依木·牙生(维吾尔族)、巴音朝鲁(蒙古族)、吉炳轩、刘鹏、孙怀山、李沛、李克强、肖东升、肖志恒、张若飞、张国栋、张修学、林木声、罗志军、金东、赵实(女)、赵树丛、柳斌杰、钟燕群(女)、俞贵麟、姜大明、姚望、袁纯清、徐祝庆、郭廷栋、曹东新(满族)、彭渝、散襄军、韩长赋、蔡武等 30 名同志为团中央常务委员会委员。

全会认为，共青团第十三次全国代表大会，以邓小平同志建设有中国特色社会主义的理论和党的基本路线为指导，贯彻党的十四大和八届人大一次会议精神，总结了改革开放十五年我国青年运动取得的显著成就和基本经验，明确了当代青年肩负的历史责任，确定了今后一个时期共青团工作的基本任务和奋斗目标，在共青团的历史上具有重要意义。

全会号召，全团各级组织、全体共青团员和各族青年，在以江泽民同志为核心的党中央领导下，高举建设有中国特色社会主义的伟大旗帜，坚持党的基本路线，发扬伟大的创业精神，解放思想，开拓进取，全面贯彻落实团十三大提出的各项任务，在建设有中国特色社会主义的伟大实践中开创新的业绩，做出更大贡献。

共青团十三大通过关于十二届中央委员会报告的决议

中国共产主义青年团第十三次全国代表大会，审议了李克强同志代表共青团十二届中央委员会所作的《高举建设有中国特色社会主义的伟大旗帜团结带领各族青年为加快改革开放和现代化建设而奋斗》的报告。大会认为，报告贯彻党的十四大和八届人大一次会议精神，符合团的工作实际，反映了时代的要求和青年的愿望。大会决定批准这一报告。

大会认为，报告对改革开放十五年来青年和共青团奋斗实践的回顾，反映了新的历史时期我国青年运动的光荣历程和共青团工作的显著成就，是实事求是的。报告在总结十五年来共青团实践经验的基础上明确强调的重要原则，对于团的事业的未来发展具有重要意义，应当长期坚持下去。

大会赞成报告对跨世纪一代青年肩负的历史责任的阐述，同意报告提出的共青团在加快改革开放和现代化建设的形势下教育青年、带领青年、服务青年的任务。共青团作为党的助手和后备军，必须用邓小平同志建设有中国特色社会主义的理论教育青年，带领青年投身经济建设主战场，积极为青年健康成长服务，团结各族青年跟随党前进，坚定信心，艰苦创业，发愤成才，报效祖国，同全国人民一道，把我国建设成为富强、民主、文明的社会主义现代化国家。

大会指出，改革开放的不断深入、社会主义市场经济的逐步发展，将团的建设和改革推向更广阔的背景、更高的起点。各级团组织必须以建设有中国特色社会主义理论为指导，服务经济建设全局，适应改革开放进程，遵循青年成长规律，按照报告提出的要求，加强团的建设，推进团的改革，使共青团保持旺盛的生机和活力。

大会号召，广大青年和各级团组织更加紧密地团结在以江泽民同志为核心的党中央周围，高举建设有中国特色社会主义的伟大旗帜，坚持党的基本路线，发扬伟大的创业精神，解放思想，实事求是，抓住机遇，拼搏进取，努力完成大会提出的各项任务，为加快改革开放和现代化建设英勇奋斗。

共青团十三大通过关于《中国共产主义青年团章程》(修正案)的决议

中国共产主义青年团第十三次全国代表大会通过了十二届中央委员会提出的《中国共产主义青年团章程》(修正案)。大会决定，经修正后的《中国共产主义青年团章程》自通过之日起即行生效。

大会要求，各级团组织和全体共青团员要认真学习和执行团章的各项规定，在邓小平同志建设有中国特色社会主义的理论和党的基本路线指引下，进一步加强共青建设，更加紧密地团结在以江泽民同志为核心的党中央周围，积极投身改革开放和社会主义现代化建设，在青年中更好地发挥先锋模范作用。

国务院20个部委办公厅主任在北京举行座谈会

座谈会强调，必须在机构改革的同时，采用高技术改进办公手段，花大力气抓办公自动化建设，为改善宏观经济管理提供有效的技术保证。用三五年时间，建成全国行政首脑机关办公决策服务系统，高效率、高质量地为国务院和各地区、各部门宏观管理、科学决策服务。

意大利众议院议长纳波利塔诺在罗马会见外交部部长钱其琛

内蒙古自治区政协七届一次会议上选举千奋勇为区政协主席

全国冶金电话会议在北京召开

冶金部部长刘淇在会议上说：在国民经济高速增长、钢材需求十分旺盛的情况下，冶金企业要进一步加强经营管理，改善经营作风，抓住机遇加快钢铁工业发展，同时进一步树立全局观念，确保国家重点工程建设指令性计划钢材的供应。

今年1至4月，全国产钢2841万吨，产钢材2428万吨，分别比去年同期增长11％和17％。然而，钢材消费水平增长更快，致使钢材供应全面紧张，钢材价格持续上扬。在这种情况下，一些企业出现了忽视质量、放松管理的苗头；有些企业供货合同执行不好，特别是对国家重点建设工程的钢材供应保证不够。

在电话会议上，鞍钢等15个钢铁企业向全国钢铁生产企业发出《倡议书》，要树立全局观念，确保国家重点工程用钢。

刘淇指出：缓和当前钢材紧缺的局面，最根本的措施是要千方百计大力发展生产，力争提前完成今年产钢8400万吨的国家计划。特别要努力增产国家急需的短缺品种，优先保证军工、铁道、电站、农业、水利等国家重点工程和重点项目的指令性钢材，各企业不能随意冲销国家重点建设所需指令性钢材合同。

一种世界上夹紧速度最快构造最简单的"范式快夹舌钳"由中科院长春光机所范朝来研制成功

邮电部发言人重申外商不得参与经营中国通信业

北京国际音乐节在北京21世纪剧院开幕

音乐节名誉主席万里出席开幕式。

组委会主任吴祖强受万里委托，宣布北京国际音乐节开幕。

开幕式演出由著名戏剧表演艺术家英若诚先生和世界著名节目主持人靳羽西女士主持，世界音乐大师梅纽因先生以一段录像向音乐节表示祝贺。

来自美国、德国、韩国、新加坡的音乐家与中国艺术家参加演出。

第四届"毕昇印刷奖"及第四届"森泽信夫印刷奖"授奖仪式在北京举行

5人获毕昇印刷奖，13人获森泽信夫印刷奖。

5月11日

中共中央总书记江泽民视察上海浦东新区

江泽民说："中央对于上海未来的发展寄予很大的希望。希望上海在深化改革，扩大开放，加快建立和完善社会主义市场经济体制，从而为经济发展上一个更大的台阶奠定坚实的基础诸方面，取得新的成就。中央开发和开放浦东的政策是坚定不移的，不会改变的。"

江泽民由中共中央政治局委员、中共上海市委书记吴邦国和上海市市长黄菊陪同，兴致勃勃地视察浦东新区，慰问杨浦大桥的建设者。江泽民在视察中发表讲话。

江泽民说："上海在贯彻执行邓小平同志视察南方的重要谈话精神和中央关于开发浦东、加快发展的一系列方针政策方面所做的工作，是卓有成效的。这些年，上海在开发浦东、对外开放、城市建设和经济发展等方面所发生的变化和取得的成绩，是有目共睹、令人鼓舞的。这是上海各级领导和全体上海人民共同努力的结果，也是和全国人民的支持分不开的。"

江泽民说："翻开中国的近代史，中国饱经忧患，历尽沧桑。旧中国是一个半殖民地半封建的社会，商品经济很不发达。然而相对来说，上海对商品、市场经济还是比较熟悉一点的。旧社会上海的钱庄、报关行就有几百家。现在共同的认识是，社会主义市场经济的建立，必须要有相应的法规条例。这届人大要花相当大的精力来从事立法，特别是经济立法，但需要有一个过程。可以由地方部门的法规条例过渡到国务院的法规条例，最后上升到人民代表大会的立法。这方面也寄希望于上海做出新的贡献。"

陪同江泽民视察浦东新区的还有中共中央政治局候补委员、书记处书记温家宝，中央和国务院有关部委领导曾庆红、王维澄、陈锦华、曾培炎、贺光辉、杨昌基、项怀诚、周正庆等。

中共黑龙江省委七届一次会议选举孙维本为省委书记

内蒙古自治区人大八届一次会议上选举王群为区人大常委会主任乌力吉为区主席

国家经贸委在河北邯郸钢铁总厂召开企业加强管理降低成本现场会

从推广邯钢经验入手，引导企业眼睛向内、减少亏损。邯钢是我国56家地方钢铁骨干企业中最大的厂家。1990年由于原材料大幅度涨价，这个厂处于亏损边缘。他们从加强企业内部管理、降低成本入手，建立起市场需要的、自主经营、自负盈亏、优胜劣汰的竞争机制，在近两年市场能源、原材料等涨价较多的情况下，利润大幅度增长，1992年由于降低成本而增加的利润占当年新增利润的56.7%，企业进入了良性发展轨道。国家经贸委认为，邯钢的经验说明，国有企业特别是亏损企业在节能、降耗等方面大有潜力可挖。因此，在当前企业经济效益低下，而外部能源、运输、原材料价格普遍上涨的情况下，各级政府和企业主管部门要充分认识挖掘降低成本的潜力对扭亏增盈的重要意义。各亏损企业要积极主动挖掘企业内部潜力，减少亏损，保证今年全国预算内工业企业亏损面比上年下降5个百分点，经营性亏损额下降15%至20%。

第6届全国10大最佳合资企业评选揭晓

荣获"十佳"称号的是：西安杨森制药有限公司、上海贝尔电话设备制造有限公司、中华自行车(集团)股份有限公司、上海大众汽车有限公司、中国惠普有限公司、中国南方玻璃(集团)股份有限公司、深圳康佳电子(集团)股份有限公司、上海易初摩托车有限公司、中国迅达电梯有限公司、上海大江有限公司。其中，中国南方玻璃(集团)股份有限公司和上海大江有限公司是首次当选。

国务院副总理李岚清在人民大会堂会见香港潮州

商会京沪考察访问团

外交部副部长刘华秋及美大司司长马振岗在北京分别同来访的美国负责东亚和太平洋事务的助理国务卿温斯顿·洛德举行会谈

双方就中美关系和共同关心的重大国际问题广泛交换了意见。双方认为,在当前形势下,维护和发展中美关系不仅符合两国人民的根本利益,而且有利于亚太地区乃至世界的和平、稳定与发展。双方表示愿意在中美三个联合公报原则的基础上,共同努力,增加信任,减少分歧,推动中美关系的改善和发展。

中国英国土地委员会发表新闻公报

公报说,1993年5月7日和11日,中英土地委员会举行第二十七次会议。双方商定1993—1994财政年度的批地计划为127.8公顷,其中商业、住宅、工业用途的为23.37公顷;用于居者有其屋计划、夹心阶层房屋计划、私人机构参建居屋计划、香港房屋协会发展用地、乡村屋宇建设的27.63公顷;公用事业、教育、福利、宗教、康乐和其他用途17.7公顷;特殊需求用途62.1公顷,其中包括烂角咀发电站45.59公顷用地。

公报说,双方还商定,另拨出5公顷土地作为补充批地计划,在年内视需求情况决定从中推出土地的数量。

中共武警部队委员会扩大会议在北京召开

公安部部长兼武警部队第一政委陶驷驹,中央政法委秘书长束怀德等出席会议。武警部队政委张树田主持会议,司令员巴忠倓作工作报告。

中国和利比亚在北京签订《中华人民共和国政府和大阿拉伯利比亚人民社会主义民众国1993至1995年文化合作执行计划》

苏州市政府和新加坡劳工基金(国际)公司共同开发苏州工业园区的原则协议正式签订

海峡两岸黄侃学术研讨会在武汉开幕

与章太炎齐名的"国学大师"黄侃,受到百余名来自大陆、台湾、香港学者的高度评价。学术会共收到学术论文80余篇,从不同角度探讨了黄侃先生的革命经历、治学思想、治学方法和成就。与会学者在会上商定,联合成立全国性的黄侃研究学会,设立黄侃研究基金,出版发行《黄侃全集》。

文化部在济南召开全国文化先进县经验交流会

12个县(市、区)受到表彰,分别是:山东省临朐县、淄博市张店区、淄博市淄川区、长岛县和邹城市;江苏省张家港市、江阴市和邳州市;吉林省和龙县、抚松县;黑龙江省绥化市、鸡东县。

第3届中国体育美术展在北京开幕

中共中央政治局常委、全国政协主席李瑞环和正在北京访问的国际奥委会主席萨马兰奇为展览开幕剪彩,并参观展品。

由中国奥委会、中国美术家协会和北京奥申委联合主办的这届体育美术展览,共展出414件展品和国际奥委会选送的56件展品,参展作品的种类有雕塑、油画、国画、版画、宣传画、漆画等。

5月12日

国家主席江泽民在中南海会见出席"市场经济体制下计划与市场的作用"国际研讨会的中外代表

江泽民在会见时说,建立社会主义市场经济体制是中国经济体制改革的目标,如何在市场经济体制条件下搞好宏观调控,对中国来说,还是一个新课题。

他说,中国在建立社会主义市场经济体制的过程中,一方面要坚持从自己的国情出发;一方面也将注意吸取国外市场经济体制中一些成功有效的经验。

江泽民说,这次研讨会上,中外经济学家聚集一堂,共同研究感兴趣的问题,深入交流宏观经济管理方面的经验,这不仅有助于中国学者了解世界,也有利于外国学者更好地了解中国的情况。

研讨会是由国家计委主办的,来自美国、日本、德国、法国、匈牙利和韩国及一些国际组织的资深学者、高级官员和中国经济界高层人士参加研讨会。

国家计委主任陈锦华等参加会见。

国务院发出关于促进生产企业搞好自营进出口工作的通知(摘要)

各省、自治区、直辖市人民政府,国务院各部委、各直属机构:

赋予有条件的大中型生产企业进出口经营权,使其直接参与国际市场竞争,是深化企业改革,增强大中型企业活力的重要措施之一,对加快我国改革开放步伐和发展对外贸易,具有重要意义。自《国务院关于进一步增强国营大中型企业活力的通知》和《国务院批转经贸部、国务院生产办关于赋予生产企业进出口经营权有关意见的通知》下发以来,经过有关部门的努力,目前全国有进出口经营权的生产企业已达到1000多家。这些企业的出口总额、自营出口额的增长速度均高于全国出口平均增长水平，已成为我国出口创汇的一支重要力量。

为了全面贯彻落实《全民所有制工业企业转换经营机制条例》，适应建立社会主义市场经济体制的要求，进一步发挥生产企业自营进出口的优势，促进生产企业搞好自营进出口工作，现就有关问题通知如下：

一、经批准获得进出口经营权的生产企业（以下简称自营企业），在工商行政管理部门办理注册登记后，即获得对外法人资格。自营企业可根据需要在企业内部设立进出口业务机构，具备条件的大型企业集团，经批准可设立全资进出口公司。自营企业有权经营本企业（集团）自产产品及相关技术的出口业务及生产所需技术、设备、零配件、原材料的进口业务。对具备条件的自营企业，可赋予其对外工程承包经营权。

自营企业必须承担国家的出口和创汇任务，在进出口业务上接受当地经贸主管部门的管理和协调，并按规定向有关外经贸主管部门报送业务执行情况及统计报表等有关资料。

二、各地方人民政府、国务院有关部门对自营企业要从各方面给予支持。积极落实自营企业应享有的各项权力和有关政策，及时给予指导和帮助，重视对自营企业的人才培养，促进企业搞好自营进出口工作。对承担国家出口创汇任务较多的企业，要从原材料和能源供应、运输安排、流动资金贷款等方面给予必要的支持和保证，帮助他们解决生产经营中的困难。

国家经济贸易委员会、对外贸易经济合作部对生产企业的自营进出口工作要加强协调和管理，及时解决企业遇到的问题和困难，帮助自营企业不断提高参与国际市场竞争的能力。各级外贸主管部门要将自营企业统一纳入国家或地方的外贸管理和统计渠道，根据自营企业的实际情况，从外贸政策及业务上给予必要的指导。

三、自营企业在国家有关进出口政策方面享有与外贸企业同等的待遇。自营企业经营进出口业务，涉及国家实行许可证和配额管理的商品，应按国家有关规定申请配额和许可证。对实行招标或拍卖办法分配的出口配额和许可证，自营企业应与外贸企业在同等条件下参加投标和竞购。对自营企业要实行与外贸企业统一的出口退税办法，按照“征多少，退多少”的原则，给予及时、足额退税。

四、自营企业在完成上缴国家外汇任务后，有权按规定使用自有留成外汇和进行外汇调剂，任何部门和单位不得平调和截留企业的留成外汇，不得截留企业有偿上缴外汇后应当返还的人民币，不得对企业按规定使用自有外汇附带任何条件。按国家有关规定，经外汇管理部门批准，有条件的自营企业可在经营外汇业务的银行开立外汇现汇账户。鼓励自营企业积极开展以进养出业务，在批准金额及周转次数内，对以进养出创汇部分，以其净创汇额按国家规定比例计算上缴中央外汇。

五、自营企业可在办理外汇结算业务的专业银行建立外汇和人民币流动资金账户。自营企业所需外贸流动资金贷款，由其开户银行在国家核定的贷款规模内，根据企业生产经营情况和进出口业务需要给予贷款并按外贸贷款计息。自营企业可按规定向国家有关银行申请出口信贷。实行《企业财务通则》、《企业会计准则》后，自营企业有权自己决定留用资金使用。自营企业可设立出口风险基金，风险基金的提取、使用和管理按照财政部有关规定执行。

六、自营企业根据外经贸业务需要，可自行确定本企业经常出入境的业务人员名额及名单，报政府主管部门批准，实行一次性审批、一年内多次有效的办法。出国手续，企业厂长（总经理）由企业上一级的有关部门审核，企业其他人员由本企业审核。上述人员每次出入境时，企业可凭外商邀请函电向本企业主管部门提出申请，经批准后由外事部门办理申办签证及其他出境手续。

经国务院授予临时因公出国（境）和邀请来华事项审批权的自营企业，可在其业务范围内自行审批本企业人员（厂长或总经理由其主管部门审批）临时出国（境）和邀请国外经贸人员来华事项，并按有关规定办理出入境手续。

自营企业可根据开展对外业务的需要，自主使用自有外汇安排业务人员出境，自有外汇不足时，可向外汇管理部门申请调剂外汇。对自营企业在境内外参加和举办各类展销、洽谈、交易会等活动，有关部门应提供必要的方便和条件。

七、鼓励自营企业在境外设立维修服务网点，进一步简化有关审批手续。自营企业由于业务需要在境外设立维修服务网点，中方投资额在规定数额内的项目，由企业自行决定。

自营企业在境外设立维修服务网点要认真执行国家在资产、财务、税收、外汇等方面的规定，以及国家有关境外投资的管理制度与办法。

八、自营企业要在国内外市场上创立商标信誉。对于同一商标，国内是生产企业注册、国外是外贸企业注册的，在生产企业获得进出口经营权后，外贸企业可将国内外注册的商标有偿转让给生产企业使用；对外贸企业在国外已注册的商标，自营企业需要使用的，应与外贸企业协商，依法签订商标使用许可合同，并保证使用该商标的产品质量。

九、鼓励机电产品自营企业在提高经济效益的同时，努力增加出口创汇。对实行工资总额与经济效益挂钩的机电产品自营企业，可在原核定的工资总额与实现利税挂钩系数加一个与出口总额(或收汇总额)增长挂钩的比例系数，但挂钩系数累计不超过1。具体办法由有关部门另订。

十、自营企业要严格遵守国家对外经贸政策、法规，接受各级外经贸主管部门的指导和监督。要面向国内、国际两个市场，积极开发新产品，提高产品质量和档次，增强在国际市场上的竞争能力。要努力转换经营机制，改善企业内部管理，降低成本，提高经济效益。要积极参加有关的进出口商会，从国家利益出发，接受和服从进出口商会的指导和协调。要不断提高企业领导干部和外贸人员的政治和业务素质，使企业在国际化经营的道路上健康发展。

获得进出口经营权的科研院所可比照本通知精神执行。

国务院

1993年5月12日

国务院批复同意设立萧山经济技术开发区广州南沙经济技术开发区和惠州大亚湾经济技术开发区

老挝人民革命党中央主席兼政府总理坎代·西潘敦、国家主席诺哈·冯沙万在万象分别会见国防部部长迟浩田

德国总统魏茨泽克在波恩的总统府会见外交部部长钱其琛

德国总理科尔在波恩总理府会见外交部部长钱其琛

中国人民银行海外第一家投资公司——中国新加坡投资公司在新加坡开业

国务院中央军委批转《国务院军队转业干部安置工作小组、人事部、解放军总政治部关于做好1993年军队转业干部安置工作的意见》的通知

通知要求，各地区、各部门和军队各级组织要继续把安置转业干部作为一项政治任务努力完成。《意见》对1993年军队转业安置工作中的安置原则、工作分配、岗前培训、财政拨款及家属随迁等提出了具体意见和要求。

全国科技工作会议在北京召开

会议于12日至14日举行。会议由国务委员宋健主持。国务院副总理朱镕基受总理李鹏的委托，在大会上发表讲话。出席会议的代表有，各省、自治区、直辖市、计划单列市主管科技工作的副省长、副主席、副市长和科委主任，以及国务院各部委、各直属机构主管科技工作的负责人等。

国务院副总理邹家华、李岚清，国务委员陈俊生、司马义·艾买提、彭珮云，国务委员兼国务院秘书长罗干，出席会议。中共中央政治局候补委员、书记处书记温家宝也出席会议。

国务院副总理朱镕基在全国科技工作会议上发表题为《加快经济发展关键要靠科技进步》的讲话

同志们：

国务院召开的这次全国科技工作会议，是新一届政府组成后的第一个全国性会议。李鹏总理非常重视这次会议，今天这个讲话就是在他亲自主持下修改定稿的。我受李鹏总理委托，代表国务院到会讲话。

这次会议将研究和部署九十年代科技体制改革和科技发展工作，讨论《关于进一步加强科技工作的决定》。这是一个十分重要的会议。会议的目的是，进一步动员和组织我国的科技力量和社会各界，抓住机遇，加快改革开放，大力解放和发展科技第一生产力，全面贯彻党的十四大精神和努力完成八届人大一次会议批准的《政府工作报告》提出的基本任务。首先，我代表党中央、国务院表示热烈的祝贺，并向竭诚为祖国繁荣强盛而无私奉献、忘我拼搏的广大科技工作者，表示衷心的感谢和亲切的问候！

十一届三中全会以来，党中央、国务院非常重视和关心科技工作，制定了一整套科技改革、开放和发展的方针、政策及措施，特别是邓小平同志关于“科学技术是第一生产力”等一系列重要指示，明确了新时期科技工作的指导思想，使我国科技工作进入了有史以来最为活跃、繁荣的时期。十一届三中全会以来的14年，是科技体制改革不断深入、科技事业发展最为迅速的14年。1992年底，全国科技人员总数已达1763万人，比1978年增长1.5倍，大批中青年科技人员已成为研究、开发第一线的骨干力量。科技领域建立了门类比较齐全和完整的体系，科技成果数量逐年增加，质量不断提高。1992年相当于国际水平的科技成果占世界总量的比例，由“六五”期间的5.3%上升到10%以上。实践证明，我国科技体制改革的方向是正确的，措施是积极稳妥的，实践是成功的。它为社会主义市场经济体制的建立起到了积极的推动作用，走出了一条促进科技与经济结合的新路。

在肯定成绩的同时，我们也要清醒地看到，科技工作当前还存在不少困难和问题。一些地方对科技进步的重要作用并未给予足够的重视，不少企业仍缺乏科技进步的机制和动力；科技与经济“两张皮”的问题尚未得到根本解决，科技研究与开发的经费缺口较大；宏观科技管理体制不顺，科研机构重复设置、力量分散的状况严重存在；科技队伍结构不合理，相当一部分科技人员的作用没有充分发挥出来。科技体制改革的任务仍然十分艰巨。

90 年代，我国经济和科技的发展，既适逢难得的机遇，又面临严峻的挑战。从当前的国际环境和国内条件看，靠大量投资和消耗自然资源带动经济增长，盲目地追求数量和速度，不仅会使我们丧失机遇，而且会使我们付出沉重的代价。事实证明，科技的投入产出比、科技产业的劳动生产率是传统产业的几倍甚至几十倍。因此，只有扬长避短，在发挥社会主义制度优越性和市场经济体制长处的同时，充分发挥科技第一生产力的优势，并使三者有机结合起来，才能使国民经济再上一个新的台阶。这是实现社会主义现代化建设战略目标的必然选择。

当前，抓住机遇，深化改革，加快发展，已成为我国各项工作的当务之急。新形势下，科技战线的任务和责任十分重大，关键在于真抓实干，创造性地开展工作，使科技工作率先跃上新台阶。下面，我就这个问题谈几点意见。

一、90 年代科技发展的基本任务

90 年代是实现我国现代化建设第二步战略目标的关键时期，科技工作的基本任务是：以经济建设为中心，加快科技体制改革步伐，逐步建立起适应和促进社会主义市场经济发展、符合科技发展规律的新型科技体制和运行机制，充分发挥科技第一生产力的作用，为国民经济登上一个新的台阶提供强有力的支撑，为下个世纪初把我国建设成科技和经济强国奠定坚实基础。

为保证这项基本任务的完成，要继续贯彻“科学技术是第一生产力”的指导思想，坚定不移地执行“经济建设必须依靠科学技术，科学技术工作必须面向经济建设”方针，促使经济建设转移到依靠科技进步和提高劳动者素质的轨道上来，努力攀登科技发展的新高峰。这一重要方针的内涵在实践中会不断丰富，但其实质是促进科技与经济的一体化，在社会主义市场经济中建立起科技与经济有机结合的体制和机制。党中央、国务院确定的科技工作的指导思想和工作方针，要长期坚持下去，不要轻易改变。

当前和今后一个时期的科技工作，要继续面向经济建设主战场，在应用技术研究、发展高新技术及其产业和加强基础性研究这三个层次进行纵深部署，服务于国民经济近期和远期发展的需要。对此《政府工作报告》已有明确的要求，我再强调一下。首先，科学技术的开发与应用，要优先解决发展高产、优质、高效农业的技术难题，充分发挥科技工作在建设农村社会化综合服务体系中的积极作用；要重点抓好工业和第三产业发展中技术改造和产品质量提高，节能降耗和合理利用资源等经济建设中的迫切问题；要继续采取各种措施，加速科技成果转化，提高先进科技成果应用的覆盖率和规模效益。第二，高新技术研究要在追踪世界先进水平的同时，抓好引进技术的消化、吸收和创新，要切实把国务院批准的高新技术产业开发区办好，加快产业化步伐和对传统产业的改造，使其尽快发展和发挥作用。第三，基础性研究是科技和经济发展的先导、源泉与后盾，要始终不渝地给予特殊扶持，集中力量重点抓好一批国家级的研究机构和实验室，为未来支柱性产业的建设和发展提供科技储备。

今后，各项科技政策的出台，各类科技规划、计划的制定或修订，都要把适应和促进国民经济发展作为基本出发点，为经济建设服务。

二、进一步加快科技体制改革的步伐

邓小平同志早在 1985 年就曾说过，新的经济体制应该是有利于科技进步的体制，新的科技体制应该是有利于经济发展的体制，双管齐下，长期存在的科技与经济脱节的问题，就可能得到比较好的解决。在社会主义市场经济体制建立过程中，要把有利于科技进步作为一项重要内容，使科技体制改革和经济体制改革同步进行。

为了进一步加快科技体制改革的步伐，必须按照八届人大一次会议关于机构改革的原则，使科技行政管理部门转变职能，理顺关系，精兵简政，提高效率，建立起与社会主义市场经济发展和科技自身发展相适应的宏观科技管理体系。国家科委要切实承担起对全国科技工作的统一宏观管理和协调服务，尽快改变目前科技工作多头管理、重复分散的状况。各级科技主管部门同样要加强对本地区科技工作的宏观管理，下放权力，协调各行各业及社会各界的科技工作，共同推进科技进步。今后，先进技术的引进、重大技术改造、重要工程建设，科技管理部门要认真组织有关专家进行前期论证和评估；重大项目的审批，要会商科技管理部门，使科技资源配置纳入国家宏观调控之下。

科技体制的改革，要贯彻“稳住一头，放开一片”的方针。要加快科研院所结构调整和人才分流的步伐。国家要进一步加强对基础性研究、高技术研究、社会公益研究、重点科技攻关项目和重点院所仪器设备、经费等方面的特殊扶持，保持和稳定一支能攀登科技高峰的精干的国家级科研队伍。同时，大胆而坚决地鼓励、引导、推动技术开发型和服务型科研机构进入市场，以多种形式和企业结合或创办科技企业，发展与科技进步相关的第三产业，有条件的可整体向科技企业或企业集团转化，实行企业化管理。要力争在90年代完成科技战线的结构调整、人才分流的改革任务，使科研机构重复设置、人才积压、资源浪费的现象得到根本改观。

在科技体制改革中，要进一步发育技术市场、信息市场、人才市场，逐步建立、健全科技法规体系。

三、多渠道、多层次增加科技投入

科技投入是生产性投入，是科技进步的必要条件和基本保证。虽然这些年来我国的科技经费逐年有所增加，但仍不能适应科技事业的发展。在目前财政紧张的情况下，解决这个问题的出路，在于进一步调整投资结构，建立健全多渠道、多层次的全社会科技投入体系，并切实增加科技经费的财政投入。要力争使我国科技研究与开发经费占国民生产总值的比例，从目前的0.71%提高到2000年的1.5%以上。今后，国家财政的投入将主要用于“稳住一头”的工作，加强对生物工程、微电子、新材料、新医药、新农药、专用化学品等领域的创新研究和前期开发工作，以及重大基础性研究的财政支持。各级地方财政对科技的投入也应有较大幅度的增长，使省级财政对科技的投入比例逐步接近国家的水平。

要努力办好科技风险投资公司、科技信用社等现有的科技金融机构，使其真正发挥作用。进一步扩大科技贷款额度，用好贷款资金，并在金融体制改革的过程中，逐步改革行政分配贷款方式，使银行与科技机构直接见面，提高资金使用效益。要积极鼓励大中型企业和企业集团拿出更多的资金进行技术开发和创新。中央已有明确规定，企业的科技投入打入成本，要采取具体措施尽快落实。

要进一步加强科学技术领域的国际合作与交流。在引进国外产品、设备和资金的同时，注意引进国外的先进科学技术和技术人才。

四、积极改善科技人员的工作、学习和生活条件

发挥科技第一生产力作用的关键是人才。在现代化建设中，要十分尊重和爱护人才，创造有利于充分发挥科技人员聪明才智的社会环境，这是中央的一贯方针。对承担基础性研究、高技术研究、重大科技攻关等国家重点科技任务者应给予较高津贴，继续扩大享受国家特殊津贴的范围。对长期在艰苦条件下工作的科技人员，在收入等方面应给予特殊的照顾和优惠。对有突出贡献的科技人员应继续给予重奖。在工资改革中，要考虑较大幅度地提高科技人员的工资水平，并优先解决他们的住房问题。要积极鼓励和支持科研院所、高等院校科技人才的合理流动，使优秀青年人才脱颖而出，放手让他们进入重要岗位，着手建设一支跨世纪的高水平科研队伍。要重视培养一大批懂科技、善经营的现代化管理人才，造就新一代科技企业家。同时，注意在工人、农民中培养各类专门技术人才，提高全民族的科技素质。要积极鼓励出国留学人员、身居海外的科技人员以各种形式为祖国建设服务。要在广大科技人员中倡导敬业精神和奉献精神，弘扬科学道德，使他们在社会主义精神文明建设中率先垂范，作出榜样。

五、各级政府要把科技进步作为一件大事来抓

邓小平同志早就告诫我们：“没有现代科学技术，就不可能建设现代农业、现代工业、现代国防。没有科学技术的高速度发展，也就不可能有国民经济的高速度发展。”党中央、国务院曾多次强调振兴经济首先要振兴科技，要求各级领导不断增强科技意识。我希望各级政府抓科技进步要有战略眼光，要有行之有效的措施。今后，衡量各级领导是否重视和抓好科技工作，关键看他是否把科技工作列入政府的重要议事日程，是否在经济发展中采取了依靠科技进步的得力措施，是否在重大技术改造、引进和重要工程建设中发挥了科技部门的作用，是否有效地增加了科技投入，是否切实改善了科技人员的工作和生活条件。各级政府每年都应专门研究一下科技工作，至少要一次。要把抓科技进步的成效，作为考核各级领导干部业绩的重要指标。

同志们！现在我们的国家政通人和，社会主义市场经济发展的前景看好，一定要抓好这一机遇，加快改革步伐。我相信，在党中央、国务院的领导下，科技战线上的同志们会进一步解放思想，大胆创新，为完成党的十四大和八届人大一次会议提出的各项任务，做出更大的贡献。

全国艺术创作座谈会在桂林召开

座谈会于12日至17日举行。来自全国各省、自治区、直辖市、解放军总政治部文化部艺术局和部分计划单列市负责创作的厅局领导和创作机构代表近70人进行交流和探讨。座谈会就“抓创作、出精品”，总结出“四个下功夫”：1. 要在反映生活、反映时代的深度上下功夫；2. 要在艺术的民族化上下功夫；3. 要在艺术的群众化上下功夫；4. 要在艺术的创新和特点上下功夫。

河姆渡博物馆在浙江余姚河姆渡遗址开馆

5月13日

邓小平特区思想研讨会在北京举行

来自国内理论界、领导机关、企业和新闻界的150

余名代表,研究邓小平的特区建设思想,以期进一步推动特区和沿海、沿江、沿边地区的改革开放。代表们提交大会的 30 余篇论文,论述了邓小平特区建设思想产生的时代背景、基本内涵、重要组成部分、实践效应、与改革开放思想体系的关系、与"一国两制"思想的关系、与建设有中国特色社会主义理论的内在联系及其哲学依据、在马克思主义理论体系中的地位等。

国际行动理事会第 11 次会议在上海举行

来自 20 多个国家的前国家元首和政府首脑出席会议。国务院副总理朱镕基应邀在开幕式上介绍中国的改革开放和经济形势,阐述中国的独立自主的和平外交政策。

国际行动理事会主席、德国前总理施密特致词,理事会名誉主席、日本前首相福田赳夫作《面对苏联解体的后果》的发言。

出席会议的还有,加拿大前总理特鲁多、墨西哥前总统德拉马德里、英国前首相卡拉汉勋爵、澳大利亚前总理弗雷泽、法国前总统德斯坦、赞比亚前总统卡翁达、新加坡前总理李光耀等。

全国人大常委会前副委员长黄华、上海市市长黄菊和国家体改委副主任贺光辉作为特邀代表出席开幕式。

国务院副总理朱镕基在国际行动理事会第 11 次会议开幕式上发表讲话

尊敬的主席先生,

尊敬的名誉主席先生,各位贵宾,

女士们,先生们:

我应邀出席国际行动理事会在上海举行的会议,感到十分荣幸。国际行动理事会自 1983 年成立以来,为维护世界和平与安全,为促进各国的经济发展和社会稳定,进行了不懈的努力,作出了宝贵的贡献。我相信,如此众多国际资深政治家聚集一堂,就共同关心的国际问题深入探讨,交换意见,对增进互相了解和国际合作是非常有益的。我谨代表中国政府对远道而来的各位贵宾表示热烈欢迎,预祝会议圆满成功。

目前,中国经济正在进入一个高速发展的阶段。1979 年实行改革开放以来,我国的国民生产总值年均增长 8%,去年达到 12.8%,今年计划为 8%,估计可能达到 10%。现在有些外国朋友担心中国经济过热,怀疑目前的发展速度能否持久。朋友们的担心是可以理解的,这也是我十分关心的问题。对于中国国民经济的长期增长,我抱有充分的信心,因为中国经济的持续、高速发展具备客观条件和物质基础:

第一,近 14 年来,中国持续推行面向市场的改革,资源配置效率获得极大的改善。14 年前,中国的主要商品大都短缺。今天,各种消费品和主要的资本货物都能够基本上满足市场的需要。第二,近 14 年来,中国持续推行面向世界的开放政策,企业的素质获得很大的提高。14 年前,中国企业的管理能力、技术水平、市场营销观念、对国际市场的了解,都处于低迷的状态。而今天,中国的企业已能够面对国际市场的竞争,特别是乡镇企业异军突起,外商投资企业正在发挥越来越重要的作用。第三,近 14 年的改革开放时期,中国在人民消费水平不断提高的同时,保持了约 32%的国民储蓄率,投资旺盛。在 14 年前,中国的国民储蓄率同样很高,但以较低的人民消费水平为代价。而今天,中央、地方政府,国营、集体、私营企业,以至个人,都有很高的投资意识。多种形式、多样化的投资使产品结构演变很快,不断适应人民的消费需要。高水平的国民储蓄率,已成为支持经济增长的强劲动力。

正是这三个基本因素支持着 10 余年来经济的高速增长。展望未来,我有充分的理由确信,这三个基本因素不会改变。中国的政治是稳定的,中国共产党和中国政府致力于国家富强、人民富足、经济增长的决心不会改变。10 多年来,中国坚持改革开放的基本国策,人民福利得到前所未有的提高,基本国策长期坚持下去有着坚实的国民基础。勤奋创业,是中华民族数千年熏陶的民族精神和文化传统,更不会轻易改变。可见,这三个基本因素是中华民族历史性选择的结果。没有任何理由怀疑中国经济在今后较长的一段时期内强劲的增长能力。

一个负责任的政府,首先要对未来充满信心,同时又要正视当前面临的问题,采取合乎实际的政策。中国政府正密切关注着宏观经济短期平衡问题,和其他一些不利于长期增长的因素。近半年以来,工业发展速度过快,投资增长过猛,通货膨胀压力在逐步积累,金融货币形势相对紧张,在地区之间经济发展不平衡的现象有所发展。虽然这些宏观经济形势的变化还在可以控制和承受的范围之内,但中国政府是十分注意的,始终保持清醒的头脑,实际上正在采取一切必要的措施,防止宏观经济形势向失衡的方向发展。今年以来,我们已经采取了比较谨慎的财政政策和货币政策,并将根据经济情况的变化,适时适度调整宏观经济政策的力度。

中国政府已有 14 年的改革开放的经验,有能力加强和改善宏观调控,防止因宏观经济的失衡对经济的长期增长和社会安定造成不利影响,从而为改革开放创造更加有利的环境。

今后的 5 年,是我国改革的关键时期,现在我们正从各个方面加快步伐，力争在 90 年代初步建成社会主义市场经济新体制。现在有的外国朋友提出，中国一方面坚持社会主义，另一方面发展市场经济，二者似乎矛盾。这一问题的提出，实际上关系到如何理解社会主义和市场经济。

我们认为，计划和市场都是经济手段，而不是一种社会制度的标志。社会主义经济并不简单地等同于计划经济。在我看来，社会主义的经济本质主要有两点：一是高度的资源配置效率、高度的劳动生产率，二是维护社会公正、实现共同富裕。计划经济和市场经济作为不同的资源配置方式相互比较，市场经济是比计划经济更为有效的资源配置方式。这是我们坚持社会主义而又选择了市场经济的一个重要原因。维护社会公正、实现共同富裕是社会主义的理想。公有制为主体和私有制为主体作为不同的财产占有形式相互比较，以公有制为主体更有利于维护社会公正、实现共同富裕。因此我们坚持社会主义的市场经济就是说在所有制形式上，我们强调以公有制为主体，而在运作机制上实行市场经济。

看来，问题的实质在于以公有制为主体能否建立起市场经济。对于这一点我的看法是坚信不移，积极探索。

首先，公有制为主体并不排斥私有制的存在，今后我国将继续允许和支持私营企业、外资企业的发展，让他们同公有制企业平等竞争。其次，公有制的实现形式可以多样化，可以是国有、集体所有，也可以是国家、集体占有控股地位的股份制形式。同时，部分小型国有企业还可以出售出租给集体或个人经营。可见，以公有制为主体，同样可以建立起产权关系清晰、责任明确的企业制度。

当然，从计划经济向市场经济转变是一个复杂的过程，在社会主义国家建立市场经济体制更是前人没有走过的道路。在经济体制改革中，过去我们向国外学习和借鉴了不少反映市场经济规律的先进的经营方式和国民经济管理方法。通过学习借鉴和自身的实践，我们对如何让市场对资源配置起基础性作用有了更为深刻的理解。建立责任明晰的产权关系是市场经济的基本要素，除此之外，还有另外两个基本要素。那就是，减少政府的干预，让企业自由地接触市场、进入各个市场领域；以及解除对价格的管理，让市场决定价格。

我给诸位展示的并不仅仅是一幅理论的图景，实际上，实践已走在理论的前头。迄今为止，全国约有股份制企业 3700 家，约 70 家公司股票公开上市，10000 多家企业被兼并。通过简政放权，各级政府对企业的干预大量减少，企业自主经营、自由进入市场的权力在逐步扩大。价格改革步伐较大是我国经济改革的重要特征。去年先后放开了 571 种产品价格，国家定价部分已降至 20%左右。市场价格信号已经越来越灵敏地引导着资源的有效配置。

改革不可能一蹴而就，各方面改革也不可能完全取得平衡。当前，我们突出地感到宏观经济管理的改革已经显得滞后，对国民经济的稳定、地区之间均衡发展带来一些不利影响。因此，在继续深化企业改革的同时，今后一个时期将着重加快投资管理体制的改革，以此带动计划、金融、财政体制的改革。这些领域的改革对于建立宏观调控下的市场经济至为关键，却难度很大。但是我们的事业不仅得到全国人民的大力支持，而且得到许多外国朋友的热情帮助，我深信这项伟大的改革工程一定能够成功。

将经济改革同对外开放紧密地结合起来是我们的一条重要经验。我国对外开放的领域由工业、农业逐步扩大到金融、保险、商业、旅游等行业，越来越多的外国投资者对中国产生了浓厚的兴趣，纷纷投资于中国市场。去年，吸收外国直接投资达到 110 亿美元。我国对外贸易体制进行了重大改革，出口补贴已全部取消，实行配额管理和出口许可证管理的商品已经大幅度减少。去年，我国取消了进口调节税，先后两次降低了 3596 种进口商品关税，全部取消了进口替代商品清单，还减少了实行进口许可证管理的商品的品种。改革促进了贸易的发展，去年出口略大于进口，贸易总额达到 1656 亿美元。总而言之，改革开放是解放和发展生产力的巨大动力，它对优化经济结构、改善人民生活、提高综合国力，发挥了极其重要的作用。

主席先生，

近几年国际形势发生了和平时期罕见的剧烈而深刻的变化。两大军事集团的紧张对峙不复存在。世界多极化趋势继续发展。原有的地区热点多数得到缓解，国际裁军谈判有了新的进展。争取一个较长时期的和平国际环境是有可能的。各国加快调整内外政策，振兴经济成为当代的主流。亚洲地区多层次的经贸合作蓬勃发展，经济增长保持强劲势头。但是，我们不能不看到，我们这个星球还很不太平。强权政治和霸权主义始终是世界和平与发展的主要障碍，各种力量正在重新组合，新旧矛盾互相交织，地区动荡更加突出。经济因素在国际关系中作用增强，贸易保护主义愈演愈烈。世界经济发展很不平衡，南北贫富差距不断扩大。

在风云变幻的国际形势中，我国坚定不移地奉行独立自主的和平外交政策。中国外交政策的目标是维护世界和平，促进共同发展，为我国的改革开放和现代化建设创造有利的国际环境。中国是维护世界和平与稳定的坚定力量。我国不同任何国家或国家集团结盟，不参加任何军事集团。我们一向反对霸权主义和强权政治，自己也永远不谋求霸权，不搞扩张。

在和平共处五项原则的基础上同世界各国建立和发展友好合作关系，是中国外交的基本方针。在处理四邻关系中，我国坚持睦邻友好政策，坚持不懈地维护本地区的长期稳定与互利合作。中国十分重视同广大发展中国家的团结合作。不管国际形势如何变化，我们将一如既往地支持第三世界维护国家独立主权、寻求经济发展的正当权益。中国同西方国家有广泛的共同利益，经济上互补性很强。我们希望在互相尊重、求同存异、互不干涉内政、平等互利的基础上进一步恢复和发展同西方国家的关系。中国作为联合国安理会常任理事国，对世界的和平与发展负有特殊的责任。我国将继续同国际社会一道，努力促进地区冲突和国际争端的政治解决，推动世界裁军和军控进程，谋求各国经济的共同发展，加强环保和人权等领域的有益合作。国际关系的民主化是符合时代发展潮流的，建立国际新秩序是各国人民的强烈愿望。中国主张在和平共处五项原则的基础上，建立和平、稳定、公正、合理的国际新秩序。尽管这是一个漫长而又曲折的过程，我深信，只要各国人民持之以恒地共同努力，未来的世界一定更美好。

谢谢主席先生，谢谢各位朋友。

澳门举行澳门基本法研讨会

研讨会由澳门特别行政区基本法咨询委员会副主任何厚铧主持。他指出，作为澳门特别行政区的根本大法，澳门基本法具有很高的权威性和法律约束力。今后，在后过渡期的6年多时间里，澳门的政法、经济、文化以及社会生活各方面的发展都需要与基本法的规定相衔接，只有这样才能实现平稳过渡和政权的顺利交接。

澳门特别行政区基本法起草委员会秘书长鲁平代表主任委员姬鹏飞在会上讲话说，“八届全国人大一次会议3月底通过了《中华人民共和国澳门特别行政区基本法》，这是包括广大澳门同胞在内的全体中国人民的一件大事。”

在研讨会上，与会者就基本法的性质、功能、特点，基本法条文的内涵，基本法的宣传推广，澳门的平稳过渡与人才培养等问题发表自己的见解。

中共天津市委六届一次会议选举高德占为市委书记

国务院副总理朱镕基在上海考察

朱镕基于13日至14日在应邀出席国际行动理事会第十一次会议期间，听取中共中央政治局委员、上海市委书记吴邦国和市长黄菊的工作汇报，充分肯定上海经济建设和开发、开放浦东取得的成就，并实地考察浦东新区。当看到外高桥新港区已部分建成投入使用，并第一次停泊9万吨级巨轮；外高桥保税区部分封关运行，金桥、陆家嘴等重点小区塔吊林立、施工繁忙的景象时，他对浦东新区在一两年内取得如此瞩目的成就表示满意。

朱镕基说，江泽民视察上海工作时，关于“中央关于开发和开放浦东的政策是坚定不移的，不会改变的”讲话，为进一步开发、开放浦东，扩大上海已经取得的经济建设成果，明确了目标和方向。希望上海同志认真贯彻江泽民的讲话精神，在浦东这块新开发的土地上，大胆探索，勇于实践，敢于突破，创造出与旧管理体制完全不同的新体制、新格局。同时把浦东新区的国有土地资源管好、用好，充分发挥级差地租的效益。

国务院三峡工程建设委员会办公室在北京召开长江三峡水利枢纽工程初步设计专家审查会议

国务院副总理兼国务院三峡工程建设委员会副主任邹家华出席并讲话说，三峡工程是一项综合效益显著、技术复杂、举世瞩目的巨型工程，要建好这项工程必须有一个科学的、实事求是的、采用世界先进技术的初步设计，希望专家们充分发挥聪明才智，本着对国家、对科学、对历史负责的精神，畅所欲言，献策献计，把初步设计修改补充得更加完善。

根据建设委员会的决定，三峡工程初步设计将分为枢纽工程、库区移民安置、输变电工程等三大部分，分别编制，分别审查。这次审查的是枢纽工程初步设计，是长江水利委员会在已经批准的可行性研究报告的基础上编制的，共分11篇，长达300多万字。

邹家华指出，这次审查的重点是，在保证工程质量、对施工期通航有妥善安排的前提下，如何缩短工期、提前发电、提高工程效益；三峡工程当前处于前期施工准备阶段，正式开工前，国务院还要向全国人大常委会作正式报告。

全国政协副主席、建设委员会顾问钱正英，国家计委主任陈锦华，国家计委副主任、建设委员会副主任郭树言和张光斗、潘家铮等60余位专家出席会议。

国务院办公厅中央军委办公厅联合发出严格执行政策确保军粮供应的通知

国务院办公厅、中央军委办公厅最近联合发出通知，要求各地在改革粮食流通体制的过程中要切实采取措施，继续确保军粮供应。

通知说，最近一些地区在改革粮食流通体制的过程中，由于对新旧体制转换中出现的问题协调不够，军粮供应受到不同程度的影响，必须引起各级政府和有关部门高度重视。通知说，中国人民解放军、中国人民武装警察部队担负着保卫祖国、建设祖国的光荣任务，军粮是确保部队生活、保持部队稳定的基本物质条件，做好军粮供应工作，是各级政府和有关部门义不容辞的任务。军粮供应体制和办法的改革，要在中央统一部署下进行。在改革粮食流通体制的过程中，各地不得改变现行全国统一的军粮供应政策和办法。军粮供应要严格执行现行统销价格，不得加价和收取不合理杂费。各级粮食部门要认真做好军粮筹措、加工、供应工作，确保按时、按质、按量供应。在机构改革时要充分考虑军粮供应的特殊性，保留军供机构和人员的行政编制。各级财政部门要保证军粮补贴款的落实，并按时足额拨给军粮供应部门。各地银行对粮食部门的军粮贷款要按现行优惠利率重点给予保证。粮食部门在使用粮食贷款时，要统筹安排，优先保证军粮资金。

通知要求各地政府要把军粮供应列入议事日程，要组织计划、粮食、财政、银行、铁路、交通等部门及当地驻军，共同研究军粮供应中存在的问题，明确各有关部门在军粮供应中的责任，采取切实可行的措施。各部队要严格执行国家政策和军粮供应的有关规定，配合、协助各级政府搞好军粮供应。

冶金部等六部委联合发出严禁生产经销使用假冒伪劣建筑钢材的通知

冶金工业部、国家经贸委、建设部、农业部、国内贸易部、国家技术监督局，日前发出通知，严禁生产、经销、使用假冒的劣建筑钢材。

《通知》要求各地冶金、经销、建设和技术监督部门采取有力措施，对质量不合格的企业和违法经营者予以查处。

《通知》指出：近来，由于建筑钢材市场紧俏，一些单位和个人置国家法律、法规于不顾，继续使用废旧钢轨、钢锭开坯的切头、中注管和汤道等回炉料轧制钢筋等建筑钢材，有的还采用不正当手段经销。为切实贯彻《国务院关于进一步加强质量工作的决定》，严厉打击生产和经销假冒伪劣商品的违法行为，六部、委、局重申：生产企业要加强质量检验把关，出厂钢材应符合相应的技术标准要求。不具备生产技术、装备和检测条件的单位和个人，均不得生产建筑钢材；严格禁用钢锭开坯的切头、中注管和汤道等回炉料轧制建筑钢材；不准使用废旧钢轨改轧成钢筋等建筑钢材；没有取得生产许可证的企业不得生产钢筋；经销单位不得经销没有产品质量证明书和没有取得生产许可证的钢筋；使用部门不得使用没有产品质量证明书和没有取得生产许可证的钢筋。

国务院副总理朱镕基在上海分别会见出席国际行动理事会第11次会议8国前国家元首和前政府首脑

朱镕基于13日和14日分别会见前联邦德国总理赫尔默特·施密特、日本国前首相福田赳夫、新加坡前总理李光耀、加拿大前总理皮埃尔·埃利奥特·特鲁多、墨西哥前总统米格尔·德拉马德里·乌尔塔多、巴西前总统若泽·萨尔内、赞比亚前总统肯尼思·戴维·卡翁达、法国前总统瓦莱里·吉斯卡尔·德斯坦。

中共中央政治局常委胡锦涛在北京会见由总书记穆哈迈杜·迪科率领的马里非洲团结正义党代表团

外交部发言人吴建民举行记者招待会回答记者的提问

吴建民说，中美官员最近的会晤增进了相互了解。双方认为，虽然世界形势发生了深刻的变化，中美之间仍然存在着广泛而重要的共同利益。改善和发展中美关系符合两国人民的根本利益，也有利于亚太地区乃至世界的和平、稳定与发展。他说，双方表示对中美关系采取“积极、向前看的态度”，并表示愿意在中美三个联合公报原则的基础上，共同努力，增加信任，减少分歧，推动两国关系的改善与发展。他说，双方各自陈述了对两国现存分歧的看法。中方向美方阐明了对一些重大问题的原则立场，强调双方应相互尊重，加强接触，平等对话，求同存异，使中美关系走上健康发展的轨道。

吴建民指出，中美相互给予最惠国待遇是两国根据双边贸易协定作出的对等、互惠的安排，“我们坚决反对任何附加条件的做法”。

吴建民今天表示，欢迎中国台北作为亚太经济合作会议的成员参加六月初在深圳举行的“亚太经济合作会议促进扩大中小企业出口研讨会”。

吴建民说，中国台北是根据该组织与有关成员达成的协议作为“地区经济”参加亚太经济合作会议的。

有记者问？据报道，越南方面称中国地质考察船在南沙万安滩进行考察，侵犯了其领海，并要求中方停止作业。你对此有何评论？

吴建民重申，中国对南沙群岛及其附近海域拥有无可争辩的主权。中国考察船在南沙群岛海域进行物探作业属正常的科学考察活动。他说，中国政府一贯主张通过和平方式解决有关南沙群岛问题的争议，并提出了“搁置争议、共同开发”的建议。这一立场没有变化。

中央军委副主席刘华清张震等到中国革命军事博物馆参观军队院校科技成果展览

香港知名人士李嘉诚投资 35 亿人民币改造福州“三坊七巷”

以香港首富李嘉诚为董事局主席的香港长江实业(集团)有限公司投资 35 亿人民币改造福州“三坊七巷”的合同，在福州正式签字。这是迄今福州城市建设改造规模最大的外商投资项目。

总面积达 667 亩的“三坊七巷”，始于唐末，形成于明清，集历代官绅豪富的府第、文人名士的园林于此，是中国南方目前保留下来较完整的古街区之一，具有较高的民族文化和文物价值。按照双方商定的规划，长江实业(集团)拟在五至七年内，将“三坊七巷”改造成为一片集文物保护和商贸、旅游、文化、娱乐、住宅为一体的高标准的文物古民建保护区。

中国新加坡 14 项合资项目协议书和意向书在新加坡签字

在新加坡的中国贸易与投资洽谈会开幕两天，达成 8 项合作协议和 62 个项目的合作意向，其中 8 项协议和 6 项意向已签字，额达 2.4 亿美元。

中国第一部农村经济年度分析报告——中国农村经济形势(1992—1993 年)绿皮书由中国社会科学出版社出版

民政部卫生部公安部中国残联在北京召开全国精神病防治康复工作会议

国务委员彭珮云出席会议并讲话。中国精神病患病率已达总人口的 11%左右，国家将从各省选择 32 个市、32 个县进行精神病防治康复试点。

中国代表团团员王成铭在非洲开发银行第 29 届年会上发言

王成铭重申，中国将根据平等互利、讲求实效、形式多样、共同发展的原则，继续加强与非洲国家的经济与技术合作。

5 月 14 日

中央军委主席江泽民中央军委副主席刘华清张震在北京会见出席武装警察部队党委扩大会议的全体代表

最高人民检察院发出认真贯彻执行中共中央办公厅国务院办公厅《关于严禁党政机关及其工作人员在公务活动中接受和赠送礼金、有价证券的通知》的通知

近日，最高人民检察院发出通知，要求各级检察机关认真贯彻执行中共中央办公厅、国务院办公厅《关于严禁党政机关及其工作人员在公务活动中接受和赠送礼金、有价证券的通知》。

通知指出：

一、各级检察机关要通过学习中办、国办的《通知》，深刻领会《通知》的精神，充分认识党政机关及其工作人员在公务活动中接受和赠送礼金、有价证券行为的严重危害性和严禁此类行为的重要意义，把惩治贪污贿赂犯罪深入持久地开展下去，始终坚持“两手抓，两手都要硬”的方针，促进廉政勤政建设，取信于民。

二、各级检察机关要加强举报工作，认真受理群众举报，及时查办群众举报或其他机关移送的有关案件。对于违反规定和赠送礼金、有价证券，触犯刑律构成犯罪的，要依法及时立案查办。同时，要加强与党的纪律检查机关和行政监察机关的联系，搞好案件的协查和相互移送。

三、各地要认真分析本地区反贪污贿赂斗争形势，安排部署好当前工作。要狠抓办案，集中力量查办大案要案，重点查办发生在领导机关、领导干部和经济管理、执法监督部门工作人员中的犯罪案件。

四、各级检察机关和全体检察人员在执法活动和公务活动中要严于律己，严格执行《通知》精神，不得以任何名义和变相形式接受礼金和有价证券，如有违反要严加查处，并追究有关领导的责任，绝不护短。

中国人民银行经国务院批准决定从 15 日起提高现行人民币存款和贷款利率

中共中央政治局常委胡锦涛在人民大会堂会见以领导局成员哈伊姆·查多克为团长的以色列工党代表团

国防部部长迟浩田同越南国防部部长段奎在河内举行会谈

双方通报了各自国家改革开放和社会主义建设的形势以及军队建设的情况。

国务委员兼国防部长迟浩田表示，中国将继续坚定不移地奉行独立自主的和平外交政策，坚持在和平共处五项原则基础上同世界各国发展友好合作关系，继续同周边各国进行广泛密切的合作，共同维护和发展和平、稳定的区域环境，为促进本地区乃至世界的和平与发展作出积极贡献。

外经贸部副部长佟志广访问美国就发展中美经贸关系发表谈话

佟志广说，美国拥有的资金、技术以及在一些工业领域的管理经验，是中国所需要的；中国可以生产和提供美国所需要的消费品，尤其是轻工产品。此外，中国的经济发展迅速，这一广阔的市场对包括美国在内的外国投资者和工商业界有着巨大吸引力。据介绍，美国最大的500家公司中已有50多家在中国投资。截至去年底，美国在华投资的协议总额已达63亿美元。仅去年一年，获得批准的项目就有3200多个，协议金额约31亿美元。同样，中国在美国也有相当大的投资，并在美国开设了不少贸易和非贸易性公司。

国家主席江泽民在北京接见出席全国科技工作会议代表时发表讲话

同志们：

国务院召开这次全国科技工作会议，研究深化科技体制改革，推动科学技术进步的重大问题，非常及时，也非常重要，会议开得很好。我代表党中央，向参加会议的全体代表，向全国各条战线的科技工作者，表示热烈祝贺和衷心感谢。

在历史的长河中，人的一生是短暂的，也不过几十个寒暑，当然活一百多岁的也有。我当过八年研究所所长，加上设计院的工作，总共有十年从事设计和科学研究，主要是工业方面的应用科学研究。这与中国科学院的基础研究不在一个层次上，不过毕竟有许多共性的东西。我今天来参加这次工作会议，愿意以一个科技工作者的身份与大家共同探讨一些问题。

90年代已过去3年，距离21世纪只有7年了。我看在座的同志都有望看到21世纪，这是难得的啊！一个世纪100年，我们大家有机会度过世纪之交这个重要时光，这是令人兴奋的事。究竟怎样跨入21世纪，怎样把我国的科学技术事业搞上去？这是摆在我们面前的一个迫切需要研究和解决的重大任务。在这样一个历史时期，我国的科技工作，就是要按照邓小平同志“科学技术是第一生产力”的伟大战略思想，来加快深化科技体制改革，大力推动科学技术进步。邓小平同志这一战略思想，是运用马克思主义的方法论，即辩证唯物主义和历史唯物主义的方法论，纵观第二次世界大战以来世界经济和科学技术发生的巨大变化提出来的。马克思的《资本论》研究从浩瀚的社会经济现象，创立了剩余价值学说，揭示出生产的社会化和生产资料资本主义私人占有之间的基本矛盾，从而得出社会主义必然要代替资本主义的科学结论。这是马克思的伟大功绩。马克思在他那个时代，由于当时科学技术以及社会发展的条件所限，没有也很难作出“科学技术是第一生产力”的论断。邓小平同志根据第二次世界大战以来科学技术突飞猛进的现实，以及对经济社会发展的重大影响，提出了“科学技术是第一生产力”的著名论断，这是对马克思主义理论的一个杰出贡献，也是发展我国科学技术和进行现代化建设的一个非常重要的指导思想。这是我讲的第一点。

第二点，解放和发展科技第一生产力，必须深化科技体制改革和各项配套改革。首先要处理好科技发展与经济建设的关系，处理好社会主义市场经济体制和技术创新机制的关系．这是一个很重要的问题。正确实现这种结合，将为我国经济和科技的发展注入新的生机与活力。我非常赞成在科技的发展上实行“稳住一头，放开一片”的方针。“稳住一头，放开一片”这句话所表示的辩证关系，所包含的深刻内涵，是我国科技体制改革成功经验的总结。我们既要稳定和保证重大基础性研究、高技术研究和科技攻关任务，使之持续发展；同时又要调动大批科技力量进入经济建设主战场，促进社会主义市场经济发展，推进科技成果的商品化、产业化和国际化。我到中央工作以后，一直强调基础研究是不可忽视的。没有基础研究，就没有科学技术发展的后劲。反过来，只搞基础研究，不能把与经济建设有直接联系的科技开发工作搞好，也是空的。总之，要有一个很好的配置，使之各得其所。毫无疑问，从人员配置上，基础研究的要求比较高，但它占的百分比不是那么大的。这次会议进一步研究这个问题很好。

第三点，我们要抓住时机，集中力量把经济建设搞上去，没有大量的科学技术人才，没有广大的知识分子是不行的。党的科技政策和知识分子政策，归结到一点，就是“尊重知识，尊重人才”。我们要培养造就一大批能够进军当代科学前沿，赢得技术竞争，开拓和发展高新技术产业的各类人才，不断提高这支队伍的素质和水平。要改善他们的工作条件和生活条件，充分发挥他们的创造才能和智慧。我们国家是饱经忧患的，我们的科技工作者要继续发扬爱国主义精神，充分认识到自己肩负的历史使命，坚持不懈地致力于我国的社会主义现代化建设。

第四点，要在干部特别是领导干部中，普及现代科学技术知识。这是我一直在思考的一个问题，也是一个很迫切的问题。在当今高技术迅速发展的时代，有很多新的观念、新的知识需要我们及时学习和掌握。我念过几年大学，但深感现在有不少东西也得重新学。我在大学念的无线电学，里面全是讲的真空管，当时还没有晶体管。我大学毕业后，1948年美国电话电报公司的贝尔实验室才发明晶体管。然后就是集成电路、大规模集成电路、超大规模集成电路，现在已是光子了。我们学电的时候还是水力、风力、火力发电，第二次世界大战后才有原子能发电。现在，世界上包括我们在内的一些国家，正在研究有控核聚变。我相信一定会研究成功的，但在本世纪内作出有实用价值的成果很难。科学的发展很快，变化太大了。基础科学的突破，对整个世界的发展推动很大。不仅是相对论、量子力学，还有生物工程、新材料科学等等影响都很大。我们正在请国务院发展研究中心编一本《什么是社会主义市场经济》的书。对于社会主义市场经济的基本常识一定要了解，否则很容易形成口头上说的是社会主义市场经济，而脑子里还是过去计划经济的那些东西。对市场经济起码的知识，县以上干部都要了解。今天我再提一个建议，请国家科委负责组织力量，把现代科学技术的基本知识编一本教材，让广大干部学习，我们大家都要学。要使得我们县以上的干部乃至乡镇干部，都具有起码的科技知识。我给宋健同志打了电话，请他主持这件事。另外，国家教委正在组织编写有关进行爱国主义教育的教材，从幼儿园开始，就要让孩子们逐渐了解我们这个国家曾经历尽沧桑、饱经忧患，不能忘记过去，忘记历史。任何一个国家，要想立足世界，都会弘扬爱国主义精神。要在全国和全体社会成员中普遍、持久、深入地开展爱国主义教育，使这种伟大的精神在人们的心灵里真正扎根。

最后一点，全党必须增强科技意识，加强对科技工作的领导，把科学技术切实放在优先发展的战略地位，统筹兼顾，真抓实干。希望各部门、各地方通力合作，协同作战，共同做好解放和发展科技第一生产力这篇大文章。做好了这篇大文章，中国的发展就大有希望。

我作为一个老的科技工作者，讲了以上这些心里话，用文学语言说，这是我的心声。

谢谢大家。

国务院总理李鹏致信全国科技工作者会议全体代表祝贺会议圆满成功

值此全国科技工作会议闭幕之际，我热烈祝贺会议圆满成功。

我殷切希望全体科技人员，认真贯彻执行小平同志关于科学技术是第一生产力的指导思想，充分发挥科学技术在社会经济发展中的重要作用。国家的富强繁荣从根本上说，取决于科技的进步，希望大家在以江泽民同志为核心的党中央领导下，坚持改革开放，努力发展经济，为提高综合国力，迎接新的挑战而努力奋斗。

国家科委主任宋健在全国科技工作会议闭幕式上发表题为《抓住机遇，加快科技改革与发展的步伐》的报告

今天，全国科技工作会议就要闭幕了。会议期间，江泽民总书记会见了全体代表，并对我国的科技工作作了重要指示；今天李鹏总理又专门给大会发来了贺信；朱镕基副总理作了重要讲话。这表明党中央、国务院对科学技术在国民经济发展中战略地位的高度重视。朱丽兰同志代表国家科委做了工作报告，提出了九十年代科技工作部署的设想。与会代表认真学习了江泽民总书记、朱镕基副总理的讲话，讨论了朱丽兰同志做的工作报告，听取了11个单位的典型经验介绍，修改了有关文件，研究了如何抓住机遇，深化改革，尽快建立适应和促进社会主义市场经济发展的新的科技体制，进一步解放和发展科技第一生产力等问题。这次会议是动员全国科技战线认真落实党的十四大和八届人大一次会议精神的重要会议，会议达到了预期目的。

邓小平同志最近指出，在历史上，中国能够大发展的机会不多。追溯历史，由于种种原因，中华民族曾经错过几次大发展的良机，令人痛惜。党的十一届三中全会开创了社会主义建设的新时期，为经济腾飞、科技进步创造了新的有利条件。邓小平同志南方谈话以后，全国上下精神振奋，正在为加速发展而团结奋斗。这是中国发展史上千载难逢的机遇，我们要珍惜这个机遇，把握住这个机遇，加快改革开放和发展的步伐，增强国家实力，提高人民生活水准，推动社会进步，使科学技术事业不断逼近世界先进水平，为社会主义中国的强盛打下牢固的根基。未来的人们评价历史功过将以此为准绳。

当前，我国的科学技术事业正处于前所未有的兴旺时期。过去十多年来，我们在科技改革与发展方面所取得的成就，是全国各条战线上的科技工作者共同努力的结果。我们还要感谢世界各国科技界朋友们的合作，特别是海外爱国学者和专家们所提供的支持和帮助。九十年代，我国科学技术进步的速度和水平，直接关系到国家经济建设战略目标的实现，决定着中华民族将以什么样的面貌进入21世纪。为此，全国科技界必须肩负起依靠科技振兴祖国的重任，调动海内外一切积极因素，矢志奋斗，为中华民族的崛起做出历史性贡献。

一、关于90年代科技工作的方针政策

朱镕基副总理在讲话中指出了今后我国科技工作的方针，这就是：按照科学技术是第一生产力的指导思想，坚持经济建设必须依靠科学技术、科学技术工作必须面向经济建设的基本方针，促使经济建设转移到依靠科技进步和提高劳动者素质的轨道上来，努力攀登科技高峰。需要着重指出的是，长期以来，困扰我们的一个中心问题是科学技术与经济建设相脱离。改革开放后，我们在这个问题上已经迈出了重要的一步，取得了明显的成就。但是，这个问题的彻底解决，还需要科技界和经济界共同努力奋斗。所以，建立适应社会主义市场经济的科技体制，形成有利于科技进步的经济体制，是九十年代我们的一项最重要的战略任务。党中央、国务院多次指出，90年代，科技工作必须坚定不移地继续面向经济建设。这是由党的基本路线所决定的，是振兴中华这个历史性任务以及当代世界经济和科技事业发展潮流所要求的，是符合中国国情的唯一正确的选择。邓小平同志关于科学技术是第一生产力的思想，是指导我国科技改革与发展的理论基础。作为第一生产力，科学技术就应该在经济与社会发展中发挥引导和推动潮流的作用。我们正在建立的科技体制也必须是适应第一生产力发展的体制。20世纪的最后几年，将是我国新旧科技体制实现根本性转变的关键时期。我们要以经济建设为中心，加快科技体制改革的步伐，从体制上、机制上根本扭转科技与经济脱节的状态，为下个世纪初把我国建设成科技、经济强国奠定坚实基础。我们必须也完全有可能到本世纪末基本完成这项事关中华民族发展前途的重大历史任务。

当前深化科技体制改革的指导原则，就是“稳住一头，放开一片”。朱镕基副总理的讲话以及国家科委朱丽兰副主任的工作报告中都对此作了明确阐述，江泽民总书记也给予了充分肯定。这一指导原则，是我国多年来科技体制改革实践经验的总结，是“面向”、“依靠”方针的深化和发展，具有深刻的内涵和哲学上的辩证关系，是对我国科技力量进行结构调整的具体部署。一方面努力保障重大基础性研究、高技术研究和关系到国计民生的重大科技攻关得以持续稳定发展，为科学技术的长远发展提供支撑，积累后劲，并为技术创新源源不断地提供新的技术思想；另一方面，使放开的一片要更快、更好地推动科技成果的商品化、产业化和国际化，为建设社会主义市场经济体系做出更大贡献。两者相辅相成，缺一不可。这是解决科技与经济相结合问题的关键步骤。当前，要特别注重以下三个方面的工作：

第一，要努力加强农业科技工作。

农业是基础，是保证国家稳定和经济发展的重要前提。我国人口已达11.7亿，下个世纪中叶可能达到16亿，只有保持自主、稳定、充足的农产品供应，才能保证中华民族的生存和发展，这是由中国的特殊国情所决定的。根据目前的人口预测，到2000年，我国的粮食产量应达到5000亿公斤以上，才能基本满足人民的需求。在人口达到16亿时，粮食总产量需提高1.5倍。在巨大的人口压力和难以预料的自然灾害面前，农业科技水平必须有很大的提高。从这个意义上说，发展农业和提高农业科技水平是科学界永恒的战略性主题。发展高产、优质、高效农业已成为当务之急。40多年来，我国的农业科技工作者艰苦奋斗，辛勤耕耘，埋头苦干，为农业发展做出了重大贡献。粮食产量从1949年的1.1亿吨提高到1992年的4.4亿吨，增长3倍。肉类(不含禽肉)从220万吨增加到约2900万吨，增长了13倍。尽管人口增长了一倍，但农产品供应仍然在增加，这为中华民族的生存和发展创造了最根本的条件。今后一个时期，农林牧副渔及相关产业要全面发展，均取决于科学技术水平的提高和科技成果的推广。90年代要把农业科学技术放在科技工作的重要位置，各项科技计划都要突出大农业的重点，确定和解决一批能够根本改变农业生产面貌的重大科技攻关项目。

80年代，乡镇企业异军突起，科技战线为扶持和推动乡镇企业的发展做出了重大贡献。1992年总产值已达到16000亿元，超过传统农业本身的总产值，占全国工业生产总值的1/3以上，出门总额的1/4。很多省市的乡镇企业已构成国民生产总值的半壁河山。乡镇企业的兴起是中国社会主义建设中一项伟大的创举。90年代要达到小康水平，还需要大幅度提高农村的劳动生产率。因此，我们必须继续努力，诚心诚意地帮助农村经济的发展，提高它们的科技水平，实现农业工业化和现代化，为提高8亿多农村人民的劳动生产率和生活水平做出更大贡献。今后仍要重点加强对与农业科技有关学科的投入和政策支持，关怀与培养农业科技人才，全面建立农村社会化科技服务体系。要特别重视生物工程技术的研究开发应用和产后加工业的发展，加强新品种的研究、引进和推广工作，普及科学耕作和植保技术，促进农村经济沿着科技进步的轨道全面发展。

第二，要加速高新技术产业发展。

我们应当看到，90年代的世界潮流和中国的国情，都要求我们把有限的科技资源主要用于国民经济的发展。去年，邓小平同志在珠海讲：“我们应该有自己的(高技术)产品，否则就要受人欺负。这就要靠我们的科学工作者出把力。这样才能摆脱被人欺负的局面。”40年的历史证明，我国科技工作者具有非凡的攻关能力，在科学研究方面取得了丰硕的成果，积累了丰富的经验。但是，在科技成果的商品化、产业化、国际化方面，我们的经验不足，力量不强，很多同志还感到陌生，无论在思想认识上，还是实际工作中都存在一些障碍。90年代，我们要下定决心，组织和引导一大批科研机构、科技人员进入市场，发展高新技术产业。今后，国内市场将逐渐与国外市场广泛对接，这将是对我国企业竞争能力的严峻考验，产业结构高级化的问题将更为突出。我们要想在世界经济、科技新格局中站稳脚跟，不提高产品质量和技术含量不行，不提高高新技术产业在国民生产总值中的比重不行，不提高高新技术产品在外贸出口中的份额也不行。目前，高附加值产品在出口份额中仅占 5%，到本世纪末应争取达到 10%至 20%。在这方面，高新技术产业应起主导作用。科技界必须和企业界合作，逐步发展外线作战的能力，增强国际竞争力，在技术和经营上向世界水平迈进。最近授予一百家科研机构直接外贸权是一个重大战略措施，希望今后能有更多的科研机构和科技企业走向世界竞争的大舞台。

最近，江泽民总书记指出："要深化改革，加快建设，努力办好高新技术产业开发区。"开发区的中心任务就是要发挥中国科技界的优势，走向世界。各级政府和科技主管部门都应重视高新技术产业开发区的建设和发展。在打开国际市场的问题上，我们不能完全依靠外资企业。外资企业的本意是打开中国市场。中国如果要发展自己的高新技术产业，就必须有宏大气魄，主动出击，开拓市场，壮大力量，参与竞争，形成一支新的生力军、野战军，形成与发达国家犬牙交错、关不住又憋不死的格局。那时，我们的科技事业就能在世界上占有一席之地。当前办好高新技术产业开发区要实事求是，宏观要控制，微观要搞活，注意防止过热。目前应重点抓好现有的 52 个国家级高新技术产业开发区的建设，不断地巩固、提高，真正形成有实力的高新技术产业，充分发挥其辐射、带动、影响作用，显示其在"发展高科技、实现产业化"方面的示范作用。中国地大人多，不可盲目攀比，一旦失控，任何好事都可能成为灾难，历史的教训不可忽视。

民营科技实业在发展高新技术产业中发挥了重要作用，他们创造的发展模式，为全民所有制科研机构的改革提供了新鲜经验。各级政府应继续鼓励、支持、引导民营科技实业健康发展。

第三，要加强基础性研究。

能否在世界科技前沿保持一支高水平的研究力量，及时吸收最新科学思想，取得第一流的科学成就，建立充足的科技储备，为经济建设和科技进步提供源源不断的支持，是一个国家与民族兴旺发达，从而在国际竞争中处于有利战略地位的根本，具有长远的战略意义。基础性研究是科技生产力的源泉，是高技术、新发明的先导，是整个技术科学的后盾，一旦取得大的突破，必然给生产技术和经济、社会带来巨大进步。基础性科学研究的能力和水平，是衡量一个国家科学技术总体实力和综合国力的重要标志。当代基础性研究不仅要探索自然界的基本规律，而且要解决工程技术的基础性问题。这种科学、技术与经济发展相结合的趋势，使基础性研究已经成为经济、社会发展的一个基本因素。因此，我们必须保持精干、高效、高水平的基础性科研体系作为我国科技长远发展的后盾，必须把确保基础性研究持续稳定的发展作为科技工作长期的基本任务。90 年代，我们要加强对基础性研究的支持，增加投入，使一些最重要的基础学科、新兴学科和交叉学科的主要领域跟上世界发展的步伐，力争有所突破。为此，国家已经并正在设法通过各种方式支持和加强基础性研究工作，力争将基础性研究的投入提高到全国研究与发展经费的 10%以上，使中国在各重点领域能逼近世界先进水平。

二、关于造就新一代科技人才

科学技术发展的关键是人才。要实现 90 年代经济、科技发展的战略目标，必须充分调动科技工作者的积极性，造成人才辈出的良好环境。中国科技大军的主力是勤奋工作在各条战线上的 1700 多万科技人员。这是一支素质高、能力强、善于攻关、志在必得的优秀队伍，是深为发展中国家以及其他许多国家十分羡慕的宝贵财富。我们要充分认识自己的优势，决不可妄自菲薄。中国的事，归根到底要靠我们自己去做，要靠中国人自力更生、奋发图强。不自助者天难助。我们要充分发挥那些脚踏实地、为祖国建设做出切实贡献的千百万科技工作者的积极性，诚恳地倾听他们的意见和要求，扎扎实实地为他们解决工作中的具体困难，切实提高科学家、工程师的社会地位和生活待遇，努力使科技工作成为受人尊敬、令人羡慕的职业。我们特别希望各级地方政府能够结合本地区的科技和经济发展需要，制定更加开放、更有吸引力的政策，吸引国内外科技人员到那里工作，为地方经济发展做出贡献。

邓小平同志曾经说过："科学的未来在于青年，青年一代的成长，正是我们事业必定要兴旺发达的希望所在。"去年，中国科协首届青年学术年会提出"科技增强国力，青年开创未来"，抓住了当代科技事业发展的一个重要主题。由于十年动乱，高等院校正常招生中断了十年，90 年代我们将面临科技人员年龄分布不均的特殊情况，应当引起各级政府的高度重视。但是，在总体科技实力、科研水平，特别是科技与经济相结合的能力方面，我们对现有的科技队伍，尤其是青年科技工作者们抱有充分的信心和希望。我国老一代科学家们在极端困难的条件下，顽强拼搏，研制出"两弹一星"等一大批科研成果。今天，经过几十年的建设，特别是十几年的改革开放，国家的经济实力明显增强，科研条件显著改善，科技队伍比五六十年代更加壮大，我们完全有能力把中国的科学技术推向一个新的高峰。这项伟大的历史任务终将由年轻一代科技工作者承担。为此，我们要爱惜、关怀、培养青年科技人才，增强他们的使命感、责任感和紧迫感，使他们尽快脱颖而出，勇敢地肩负起历史重任。

改革开放以来，我国有十几万留学人员出国学习，他们构成了中国与国际科技界进行交流的重要渠道和桥梁。很多人已回到祖国，成为各条战线上的领导人和骨干力量。仍然留在海外的学子同样对祖国怀有深切的挚爱之情和报效国家的信念，愿意通过各种方式为自己的祖国做出贡献。我们各级政府和科研单位的领导要加强与他们的沟通和交流，创造宽松的社会环境，在回国服务的问题上，实行来去自由的方针。由于各种原因而仍然留在海外的学子，都是中华民族的后代，是劳动人民用血汗培养起来的子孙，一定能以各种方式投身于建设祖国、振兴民族、为中国人民造福的伟大事业中来。我们能从数代留学海外学子们的心声和贡献中增强这种信念。至今仍留在英国伦敦画室中一位学者的题诗可作为历史佐证："异国山川同日月，中原天地正风尘；尚戴头颅思报国，犹余肝胆肯输人？"

江泽民同志在党的十四大报告中指出："科技进步、经济繁荣和社会发展，从根本上说取决于提高劳动者的素质、培养大批人才。"今天上午，他又要求我们大力加强科学普及教育，特别要提高各级领导干部的科学技术知识水平。我们是在一个人口众多、资源相对不足、经济还比较落后的国家里进行社会主义建设的。要进一步解放和发展科技第一生产力，就必须重视科学技术知识的普及和教育，把庞大的人口转化为巨大的人才资源。当前，既要注重加强科技人员的在职培训，加速知识更新，也要特别重视城乡经济活动中技术带头人的培养。在这方面，科协的"讲理想、比贡献"活动，工会系统的技术革新发明活动，共青团的争创星火带头人活动，妇联的"双学双比"活动，农民专业技术协会组织的各种技术推广活动以及各民主党派、工商联、社会团体的科技咨询和培训活动等，都起了重要的作用。改革开放以来，广大科技人员通过科技扶贫，智力支边，农业技术集团承包，领办乡镇企业等形式，创造了新时期知识分子与工农相结合的新经验。科学技术知识在广大干部和工农群众中的传播，必将促进各条战线上的发明创造活动的蓬勃发展，形成民族科技振兴的伟大力量和深厚根基。实践证明，科技兴则国兴，科技强则国强。充分调动广大科技人员的积极性，造就新一代科技人才，提高全民族的科技素质，中华民族振兴的理想一定能够实现。

三、加强科技界的精神文明建设

科技工作者是先进生产力的开拓者，也应该是社会主义精神文明建设的先锋。鸦片战争以来的一个半世纪中，有多少知识分子为了中国的富强，抛头颅，洒热血，成为革命事业的号角和先驱，奋进之途的铺路人，他们是中华民族的骄傲。中华人民共和国成立后，在老一代革命家和科学家的领导下，培养了一千多万人的科技队伍。在这支队伍中，涌现出了许多勇于创新、敢战敢胜、取得了举世瞩目的伟大成就的模范集体、先进个人和无数无私奉献的英雄。他们不畏艰难，呕心沥血，以顽强的毅力攀登世界科技高峰，为中华民族的历史写下了光辉的篇章，树立了不朽的丰碑。不少科学家和技术专家甘作人梯，承担起教练的责任，竭诚培养后来人。不少人可能在社会上默默无闻，但在后一代学子心中留下了"科学导师"的光辉形象。大多数科技工作者艰苦奋战在工农业生产第一线，有的常年工作在穷乡僻壤、莽原荒漠、深山大海，为经济建设创造了突出业绩，为国防科技奉献了终身。中国科技工作者无数可歌可泣的感人事迹，表现了他们的伟大情怀，为后来人树立起精神文明的不朽风范。

中国之所以尚不发达，就是因为社会生产力不高，人均劳动生产率比发达国家低 5～50 倍。很多人还不会按现代科学技术的要求去从事生产和社会活动。还有数千万人处于贫困状态，恪守着传统的自然经济劳动方式。用科学技术知识去武装我们的人民，用科学战胜迷信和愚昧，用最新科技成就去提高劳动生产率，使人民学会用同样的时间生产出比现在多几十倍的产品，这是中国科技界的一项伟大而光荣的任务。热爱我们的人民，把人民看成是我们的"上帝"，为他们的进步、幸福贡献出我们的一切智慧、力量和血汗，这就是中华民族科技界的传统精神，是毛主席所颂扬过的一千多年前江苏人范仲淹先生的"先天下之忧而忧，后天下之乐而乐"的精神，是科技界所景仰的邓稼先、蒋筑英等优秀科学家们那种为人民"鞠躬尽瘁，死而后已"的精神。科技界应该成为中华民族精神文明建设的表率，在文明、科学和道德等方面成为全社会的模范。

科学技术有自身的道德规范，科技工作者首先要体现科学精神。每一位有幸成为科学家和工程师的人，都必须具有高度的责任感和科学态度，必须将实事求是的科学态度当作一切行为的准则。这是科技工作者的品格和情操之所在。失去了这种精神，也就失去了作为科技工作者的起码资格。近年来，国内外都揭露出一些违反科学道德的行为，激起了科技界的义愤。我们要认真遵守科技工作者职业道德规范，使之成为科技入门的必修课和约束科研行为的基本准则。要把科技职业道德的教育和宣传长期坚持下去。对违反科学道德、弄虚作假、侵犯知识产权的不道德行为，必须彻底揭露，决不姑息。

一切科技工作者都要有民族精神，要有时代精神。江泽民同志最近提出的创业精神应该在科技界发扬光大，这就是："解放思想、实事求是，积极探索、勇于创新，艰苦奋斗、知难而进，学习外国、自强不息，谦虚谨慎、不骄不躁，同心同德、顾全大局，勤俭节约、清正廉洁，励精图治、无私奉献。"在社会主义市场经济条件下，我们科技界更要发扬爱国主义和科学精神，讲理想、讲科学、讲奉献，陶冶高尚情操，树立正确的人生观、价值观，用我们的知识去报效祖国，服务人民。

振兴国民经济，发展科学技术，这是具有伟大历史意义的事业。我们的任务是光荣的，我们的工作是艰巨的，让我们在邓小平关于建设有中国特色的社会主义理论指引下，抓住机遇，不断进取，为加快我国科技、经济和社会发展而努力奋斗。

中国青年油画家赵大陆在意大利荣获坎皮多利奥金奖

中国国际服装服饰博览会在北京开幕

博览会国内共有 23 个省市的 270 个厂家参展，海外共有来自法国、意大利、英国、美国、德国、日本、香港、韩国、奥地利、台湾等国家和地区的 135 个厂家参展。

武汉大学英文系和武汉莎士比亚中心联合于 14 日至 16 日在珞珈山庄召开武汉国际莎学研讨会

5 月 15 日

国家主席江泽民在中南海会见新西兰总理吉姆·博尔格

河北省政协七届一次会议选举李文珊为省政协主席

国务院办公厅发出关于执行《股份有限公司规范意见》的通知

国家主席江泽民在北京会见时装设计大师瓦伦蒂诺、皮尔·卡丹和费雷

建设部人事部在广州向中国首批 140 名房地产评估师颁发证书

国务院副总理朱镕基在人民大会堂同新西兰总理吉姆·博尔格举行会谈

国务院副总理朱镕基在钓鱼台国宾馆会见美国前国务卿基辛格及其率领的美中协会代表团

越南共产党中央总书记杜梅及越南国家主席黎德英在河内分别会见国防部部长迟浩田

中国尖端技术与产业管理研究会在北京成立

第 3 次全国助残日座谈会在北京举行

李岚清、孙起孟、彭珮云等出席。本次助残日活动的主题是：扶助与共进。

《中国文化报》发表高占祥在山东召开的全国文化先进县经验交流会上的讲话《积极开展创建文化先进县活动全面促进城乡基层文化事业建设》

5 月 16 日

中共青海省委八届一次全会选举尹克升为省委书记

外交部部长钱其琛在钓鱼台国宾馆会见美国前国务卿亨利·基辛格博士率领的美中协会代表团

国际行动理事会第十一次会议在上海闭幕

会议通过《最后声明》，此声明将由理事会主席、德国前总理施密特负责递交美、俄、中等国领导人，以及联合国、西方七国首脑会议。

全国城市雕塑艺术委员会在北京召开工作会议

第二届全国城市雕塑艺术工作委员会工作会议，不久前在北京举行。来自大陆和香港地区的雕塑家、建筑家、园林专家、规划专家和美术理论家汇聚一堂，共商在改革开放的新形势下如何更好地发展城市雕塑事业，不断提高城市雕塑和环境艺术水平等问题。雕塑家、学者及有关领导刘开渠、王朝闻、吴良镛、曾竹韶等委员出席会议。

首届中国农民书画展在北京中国美术馆开幕

公安部就山西临猗公安局局长徇私枉法一案发出通报

公安部日前发出通报，就山西省临猗县公安局局长宁海德等人徇私枉法、滥用职权，非法关押无罪农民何俊奎等三人，并使其中一人致死、一人受伤一案通报各地，要求各级公安机关从中汲取教训，坚决纠正滥用强制性措施的行为，认真查处各类徇私枉法的违法违纪案件，切实改善警民关系。

5 月 17 日

全国政协八届常委会二次会议开幕

全国政协主席李瑞环主持会议。

会议的主要议程是：讨论贯彻全国政协八届一次会议精神，研究政协工作；审议通过关于部分修改《中国人民政治协商会议章程》的决定；审议通过政协八届全国委员会各专门委员会主任、副主任、委员名单等。

全国政协副主席叶选平、吴学谦先后在会上讲话。叶选平在讲话中强调，研究政协工作要从人民政协的性质、任务、职能出发，这是基本"角度"。政协的性质与作用，概括起来是三句话，即："中国人民爱国统一战线的组织"；"中国共产党领导的多党合作和政治协商的一种重要组织形式"；"我国政治生活中发扬社会主义民主的一种重要形式"。小平同志明确指出，人民政协的任务就是要调动一切积极因素，努力化消极因素为积极因素，团结一切可以团结的力量，同心同德，群策群力，维护和发展安定团结的政治局面，为把我国建设成为现代化的社会主义强国而奋斗。政协章程规定了人民政协的主要职能是，"对国家的大政方针和群众生活的重要问题进行政治协商，并通过建议和批评发挥民主监督的作用"。他说，政协工作要"到位"，政协工作要发展，就是遵循这些规定抓大事，议政献策。

谈到如何进一步完善和加强政治协商与民主监督问题，叶选平说，政协进行民主监督的主要形式是通过提出意见或批评来实施的，包括政协全委会、常委会或主席会议提出的意见和建议，也包括参加政协的各民主党派或委员个人以发言、提案等方式提出的意见或批评。他说，政协委员来自各个方面、各个层次，人才济济，智囊密集，是政协的一大优势，可以在履行政协职能中发挥优势，抓住关系国计民生、振兴中华的重要问题，抓大事，深入调查研究，为国献策，大有可为。

叶选平在讲话中，还就高举大团结的旗帜，不断加强各方面人士的团结问题发表意见。

吴学谦就全国政协今明两年应当抓好的几件大事谈了一些建议。这些建议包括：一，根据党的十四大精神相应地对 1982 年修订的政协章程进行必要的修订；二，希望中央和地方的老政协工作者提出积极建议，使政协适应新形势，做出新贡献；三，修改、完善《关于政治协商、民主监督的暂行规定》；四，组建好各专门委员会；五，尽快提出和实施专委会年度计划。

吴学谦最后说，政协，顾名思义就是讲协商，就是参加人民政协的 34 个界别的代表人士在一起共商国是。大家来自方方面面，我们要在政协的各种会议上，在政协的一切活动中，切实创造一种有利于协商的民主和谐的环境。首先要广开言路让大家讲话，讲实话，讲真话，各抒己见，畅所欲言。只有让大家把话都讲出来，包括那些不同意见都发表出来，才谈得上民主协商，谈得上真诚的而不是表面的团结。通过协商，取得一致的认识。一时难以求得一致的，也不要急，更不要压制，允许保留。我们应当在政协中，允许有异，允许存异，作为大家的一种共识提倡起来。这样做下去，就能最大限度地求同，我们的团结也才能持久地巩固和发展。

出席会议的全国政协副主席还有：杨汝岱、王兆国、阿沛·阿旺晋美、赛福鼎·艾则孜、洪学智、邓兆祥、钱伟长、胡绳、钱正英、苏步青、董寅初、孙孚凌、安子介、马万祺。

中共陕西省委八届一次会议选举张勃兴为省委书记

河北省人大八届一次会议选举吕传赞为省人大常委会主任叶连松当选为省长

《人民日报》发表评论员文章《到基层去——谈改进领导作风》

外交部部长钱其琛在钓鱼台国宾馆同突尼斯外交部部长叶海亚会谈

国务院批转民政部关于调整设市标准报告的通知

各省、自治区、直辖市人民政府，国务院各部委、各直属机构：

国务院同意民政部《关于调整设市标准的报告》，现转发给你们试行。

为了适应经济、社会发展和改革开放的新形势，适当调整设市标准，对合理发展中等城市和小城市，推进我国城市化进程，具有重要意义。各地要认真总结设市工作的经验，坚持实事求是的原则，搞好规划，合理布局，严格标准，有计划、有步骤地发展中小城市。已经设市和拟设市的地方，都要十分重视农村工作，十分重视农业生产，以使城乡经济协调发展。

新的设市标准由民政部负责解释。

国务院

1993 年 5 月 17 日

关于调整设市标准的报告

国务院：

现行设市标准，是 1986 年经国务院批准试行的。从试行的情况看，现行设市标准贯彻了改革精神，方向是正确的。执行这一标准，使设市工作走出了新的路子，基本适应了近年来城乡经济和社会发展的客观要求。六年多来，我部认真贯彻国务院关于城市发展的基本方针，按照现行设市标准，积极而稳妥地新设了一批市的建制，加快了这些地方的繁荣和发展，促进了具有中国特色的城市化进程，推动了我国城市总体布局逐步趋于合理。但是，在实施过程中，现行设市标准也反映出一些不足，主要是：有的指标统计难度较大，且难以核实；一些设市时需要考察的重要条件在现行标准中尚未体现；有些指标还不尽科学合理；分类指导的原则在标准中反映不充分；没有规定设置地级市的标准等。为了进一步适应经济、社会发展的需要，逐步完善设市标准，我部从一九八九年开始，即着手设市标准的调整和修改工作，在深入调查研究，形成修改稿的基础上，又征求了国务院有关部门，各省、自治区、直辖市以及有关科研单位的意见。“八五”计划公布后，又按“八五”计划中关于“城市发展要坚持实行严格控制大城市规模，合理发展中等城市和小城市的方针，有计划地推进我国城市化进程，并使之同国民经济协调发展”的精神，作了相应的修改。经过反复研究和论证，建议对一九八六年国务院批准试行的设市标准作以下调整：

一、设立县级市的标准

(一)每平方公里人口密度 400 人以上的县，达到下列指标，可设市撤县：

1. 县人民政府驻地所在镇从事非农产业的人口(含县属企事业单位聘用的农民合同工、长年临时工，经工商行政管理部门批准登记的有固定经营场所的镇、街、村和农民集资或独资兴办的第二、三产业从业人员，城镇中等以上学校招收的农村学生，以及驻镇部队等单位的人员，下同)不低于 12 万，其中具有非农业户口的从事非农产业的人口不低于 8 万。县总人口中从事非农产业的人口不低于 30%，并不少于 15 万。

2. 全县乡镇以上工业产值在工农业总产值中不低于 80%，并不低于 15 亿元(经济指标均以 1990 年不变价格为准，按年度计算，下同)；国内生产总值不低于 10 亿元，第三产业产值在国内生产总值中的比例达到 20%以上；地方本级预算内财政收入不低于人均 100 元，总收入不少于 6000 万元，并承担一定的上解支出任务。

3. 城区公共基础设施较为完善。其中自来水普及率不低于 65%，道路铺装率不低于 60%，有较好的排水系统。

(二)每平方公里人口密度 100～400 人的县，达到下列指标，可设市撤县：

1. 县人民政府驻地镇从事非农产业的人口不低于 10 万，其中具有非农业户口的从事非农产业的人口不低于 7 万。县总人口中从事非农产业的人口不低于 25%，并不少于 12 万。

2. 全县乡镇以上工业产值在工农业总产值中不低于 70%，并不低于 12 亿元；国内生产总值不低于 8 亿元，第三产业产值在国内生产总值中的比例达到 20%以上；地方本级预算内财政收入不低于人均 80 元，总收入不少于 5 千万元，并承担一定的上解支出任务。

3. 城区公共基础设施较为完善。其中自来水普及率不低于 60%，道路铺装率不低于 55%，有较好的排水系统。

(三)每平方公里人口密度 100 人以下的县，达到下列指标，可设市撤县：

1. 县人民政府驻地镇从事非农产业的人口不低于 8 万，其中具有非农业户口的从事非农产业的人口不低于 6 万。县总人口中从事非农产业的人口不低于 20%，并不少于 10 万。

2. 全县乡镇以上工业产值在工农业总产值中不低于 60%，并不低于 8 亿元；国内生产总值不低于 6 亿元，第三产业产值在国内生产总值中的比例达到 20%以上；地方本级预算内财政收入不低于人均 60 元，总收入不少于 4000 万元，并承担一定的上解支出任务。

3. 城区公共基础设施较为完善。其中自来水普及率不低于 55%，道路铺装率不低于 50%，有较好的排水系统。

(四)具备下列条件之一者，设市时条件可以适当放宽：

1. 自治州人民政府或地区(盟)行政公署驻地。

2. 乡、镇以上工业产值超过 40 亿元，国内生产总值不低于 25 亿元，地方本级预算内财政收入超过 1 亿元，上解支出超过 50%，经济发达，布局合理的县。

3. 沿海、沿江、沿边境重要的港口和贸易口岸，以及国家重点骨干工程所在地。

4. 具有政治、军事、外交等特殊需要的地方。

具备上述条件之一的地方设市时，州(盟、县)驻地镇非农业人口不低于 6 万，其中具有非农业户口的从事非农产业的人口不低于 4 万。

(五)少数经济发达，已成为该地区经济中心的镇，如确有必要，可撤镇设市。设市时，非农业人口不低于 10 万，其中具有非农业户口的从事非农产业的人口不低于 8 万。地方本级预算内财政收入不低于人均 500 元，上解支出不低于财政收入 60%，工农业总产值中工业产值高于90%。

(六)国家和部委以及省、自治区确定予以重点扶持的贫困县和财政补贴县原则上不设市。

(七)设置市的建制,要符合城市体系和布局的要求,具有良好的地质、地理环境条件。

(八)县级市不设区和区公所,设市撤县后,原由县管辖的乡、镇,由市管辖。

二、设立地级市的标准

市区从事非农产业的人口25万人以上,其中市政府驻地具有非农业户口的从事非农产业的人口20万人以上;工农业总产值30亿元以上,其中工业产值占80%以上;国内生产总值在25亿元以上;第三产业发达,产值超过第一产业,在国内生产总值中的比例达35%以上;地方本级预算内财政收入2亿元以上,已成为若干市县范围内中心城市的县级市,方可升格为地级市。

设立县级市及地级市标准中的财政收入指标,将根据全国零售物价指数上涨情况,由民政部报经国务院批准适时调整。

以上报告如无不妥,请批转各地试行。

民政部

1993年2月8日

国家主席江泽民在人民大会堂会见参加国际行动理事会第11次会议的英国前首相詹姆斯·卡拉汉勋爵

江泽民说,中国一贯重视和英国的关系,良好的中英关系不仅符合两国人民的根本利益,而且有利于世界和平。

江泽民说,香港问题是中英关系的重要组成部分,保持香港的繁荣和稳定,实现1997年的平稳过渡,是中英共同利益所在。

江泽民说,目前,中英正就香港'94～'95年选举安排问题举行会谈。只要双方都遵循中英联合声明、与基本法衔接的原则以及中英已达成的有关协议和谅解,中英会谈会取得积极成果。

国家主席江泽民会见出席国际行动理事会第11次会议的理事会主席赫尔穆特·施密特和理事会名誉主席福田赳夫等

江泽民说:"有机会与诸位相聚,我感到十分高兴。在座的各位嘉宾不仅对世界和平与安全作出了贡献,也为发展各国与中国的关系作出了积极努力。"他希望在座的各位继续为维护世界和平、为推动中国和各国间的友好合作关系作出努力。

江泽民说,国际行动理事会成立10年来,为维护世界和平与安全、推动裁军和促进世界经济发展作出了积极的努力。他说,中国支持和赞赏国际行动理事会10年来所做的工作,相信理事会将在新的国际形势下作出更大的贡献。

国家主席江泽民根据全国人大常委会决定任免驻外大使

免去张真的中国驻阿拉伯叙利亚共和国特命全权大使职务。

任命李清玉为中国驻阿拉伯叙利亚共和国特命全权大使。

中共中央政治局常委李瑞环在人民大会堂会见由中央第一书记马·穆·拉苏洛夫率领的乌兹别克斯坦人民民主党代表团

全国政协主席李瑞环在人民大会堂会见由前副国务卿阿诺德·坎特率领的美国美中关系全国委员会访华团

全国人大常委会委员长乔石在钓鱼台国宾馆宴请出席国际行动理事会第11次会议的理事会主席赫尔穆特·施密特和名誉主席福田赳夫等

外交部部长钱其琛在钓鱼台国宾馆会见由余国春率领的香港九龙西区各界协会访京团

国务院副总理李岚清在人民大会堂会见由美国前国务卿亨利·基辛格率领的美中协会代表团

加拿大总理马尔罗尼在渥太华会见国务院副总理朱镕基

国务院副总理李岚清在人民大会堂会见以新加坡厂商公会会长、新加坡工商联合会副会长蔡哲洲为团长的新加坡贸易投资代表团全体成员

国务院副总理李岚清在北京长城饭店会见由阿尔贝亲王率领的比利时政府经贸代表团

国务院副总理李岚清在人民大会堂会见新加坡资政李光耀

国家副主席荣毅仁在人民大会堂会见突尼斯外交部部长叶海亚

国家副主席荣毅仁在人民大会堂会见韩国离任驻中国大使卢载源

中国加拿大经贸联合委员会第 12 次会议在渥太华举行

会议由中方主席、中国对外贸易经济合作部副部长佟志广和加方主席、加拿大国际贸易部副部长阿伦·基尔帕特里克主持。来自通讯、农业、能源及矿产资源等部门以及投资署出口发展公司、国际开发署等有关方面的人员参加会议。

中国国际经济技术交流中心和联合国经社发展部合作举办的国家招聘服务高级干部研讨会 5 月 17 日至 30 日在北京举行

中国女队获第 42 届世界乒乓球锦标赛冠军

5月18日

中办国办军委办公厅就转发全国双拥工作领导小组民政部总政治部关于纪念延安双拥运动 50 周年大会的情况报告发出通知

1993 年 1 月 10 日至 12 日，全国双拥工作领导小组、民政部、总政治部在延安召开了纪念延安双拥运动 50 周年大会。这次会议以党的十四大精神为指导，回顾和总结了 50 年来我国双拥工作的光辉历程和基本经验，提出了当前和今后一个时期双拥工作的基本任务。现将全国双拥工作领导小组、民政部、总政治部《关于纪念延安双拥运动五十周年大会的情况报告》转发给你们，望结合实际认真贯彻执行。

当前，全国军民正在深入贯彻落实党的十四大精神，加快改革开放和现代化建设的步伐。在这样重要的历史时期，广泛深入持久地开展双拥工作，发展军政军民相互团结、相互支持的大好局面，对于贯彻执行党的“一个中心、两个基本点”的基本路线，为改革开放和现代化建设创造更好的社会政治环境，对于加强人民军队的全面建设，维护祖国安全和民族尊严，具有十分重要的意义。各级党政军领导要坚持不懈地把双拥工作作为维护国家长治久安的战略任务来抓，并将其纳入经济、社会发展和部队建设的总体规划，围绕促进社会生产力和提高部队战斗力开展活动，使之逐步走上社会化、经常化、制度化的轨道。全国军民要更加紧密地团结在以江泽民同志为核心的党中央周围，同呼吸、共命运、心连心，为夺取有中国特色社会主义事业的更大胜利而努力奋斗。

关于纪念延安双拥运动 50 周年大会的情况报告

经党中央、国务院、中央军委批准，1993 年 1 月 10 日至 12 日，全国双拥工作领导小组、民政部、总政治部在陕西省延安市联合召开了纪念延安双拥运动五十周年大会。现将会议情况报告如下：

一

纪念延安双拥运动五十周年大会，是我国双拥工作史上的一件盛事。党中央、国务院、中央军委对这次会议非常重视。江泽民、李鹏等中央领导同志亲自审阅和修改了会议的主要文件，并强调指出，双拥工作很重要，一定要抓好。刘华清、邹家华、孙起孟、陈俊生、马文瑞等领导同志出席了会议。军地各有关部门的 334 名代表参加了会议。大会由邹家华同志主持，刘华清同志代表党中央、国务院、中央军委作了重要讲话，陈俊生同志作了工作报告。会上命名了 56 个全国双拥模范城(县)。

这次会议回顾了双拥运动 50 年来的历史，总结了双拥工作的基本经验，对当前和今后一个时期的双拥工作进行了部署。与会代表普遍反映，在党的十四大结束不久，在双拥运动 50 周年的时候，在双拥运动的发祥地延安召开这样一次会议，具有深远的意义。这次会议展示了我国双拥工作在党的领导下 50 年的光辉历程和丰硕成果，展示了在以江泽民同志为核心的党中央领导下我国军民万众一心，推进改革开放和现代化建设的精神风貌，是一次我党我军优良传统的再学习，是广泛深入持久地做好双拥工作的再动员。通过参观和学习，代表们深深感到，革命成果来之不易，延安精神永放光芒，双拥工作任重道远。大会期间，全国各地、全军各部队开展了规模宏大、丰富多彩的纪念活动，军民共叙鱼水情谊，军地共商团结大计，形成了新的双拥热潮。各方面普遍反映，纪念双拥运动 50 周年的活动在我国军政军民团结史上写下了新的一页。

二

会议认为，拥军优属、拥政爱民是在长期的革命和建设实践中逐步形成和发展起来的，是我党我军的优良传统，是人民军队的本色和人民共和国性质的生动体现，在我国革命和建设的伟大事业中显示了极为重要的作用。

拥军优属、拥政爱民伴随我们党独立领导武装斗争、创建人民军队而产生。早在红军初创时期，它就成为当时党领导武装斗争的重要组成部分，为工农红军的发展壮大，为农村革命根据地的建立和党领导的土地革命战争的胜利开展，发挥了重要作用。抗日战争时期，这项工作正式成为大规模的群众性运动。在壮大正规军、地方军和民兵相结合的武装力量，扩大革命根据地，巩固和发展抗日民族统一战线中，起了重要作用。解放战争时期，积极开展双拥活动，形成了波澜壮阔的人民战争场面，迅速摧毁了国民党的反动统治，建立了人民当家作主的新生政权。新中国成立以后，在保卫新生的人民政权、医治战争创伤、恢复国民经济中，双拥活动再次显示了伟大力量。在社会主义全面建设时期，从交通、能源等基础建设，到江河湖海的治理，从关系国家经济命脉的重要工业基地的建成，到原子弹爆炸成功，无不凝聚着军民团结的力量，无不是广大军民共同奋斗的结晶。

党的十一届三中全会以来，在邓小平同志建设有中国特色社会主义理论的指导下，双拥工作在继承优良传统的基础上进入了一个新的发展阶段。广大军民在改革开放的伟大实践中紧密配合，在经济建设的主战场上通力协作，在战胜各种严重自然灾害的斗争中风雨同舟，在维护国家稳定和民族团结中同心同德。人民解放军自觉服从大局，裁军百万，承担重点工程，转让科技成果，开展扶贫帮困，积极参加国家经济建设。地方各级党委、政府和各族人民群众，大力支持军队建设，满腔热情地为部队选送合格兵员，妥善接收和安置转业干部、离退休干部和退伍军人，热心照顾和关怀军烈属，落实各项优抚政策。在同各种严重自然灾害的斗争中，我国军民携手并肩，团结互助。在思想、教育、文化等领域，军民共建点遍布祖国城乡，军地两用人才活跃在祖国建设的各条战线上，为促进国家的两个文明建设作出了重要贡献。近年来兴起的创建双拥模范城(县)活动，在党中央、国务院和中央军委的关怀下蓬勃发展，显示了强大的生命力。

会议认为，双拥工作形成的坚强的军政军民团结，既是凝聚中华民族的一种巨大精神力量，也是推动社会进步的一种巨大物质力量；既是解放和发展生产力的重要条件，也是维护社会稳定、国家长治久安的可靠保证。双拥工作的实质，就是在中国共产党的领导下，以党的政治路线为基础，把广大军民团结起来，凝聚起来，为实现党的任务和全国各族人民的共同利益而奋斗。尽管在各个历史时期，双拥工作的具体内容和形式不同，但它始终是同解放和发展社会生产力紧密相连的，始终是同提高部队战斗力紧密相连的。

三

与会代表一致认为，拥军优属、拥政爱民是我们党的一贯思想，是毛泽东、邓小平等老一辈无产阶级革命家，运用马克思主义的唯物史观解决中国革命和建设问题的生动体现，是中国共产党领导下亿万军民的伟大创造。

以毛泽东同志为代表的中国共产党人，依据马克思主义的基本原理，科学地提出了人民战争的理论、人民军队建设的思想和军民一致的原则，规定了人民军队的宗旨，提出了“军民团结如一人，试看天下谁能敌”的著名论断，正确地解决了人民军队同人民群众始终保持血肉联系的重大问题。正是在这些理论指导下，在中国革命的斗争中，才产生了双拥这一新生事物；也正是遵循了这些思想，双拥工作才不断发展，成为我党我军的一个重要政治优势。

在改革开放和现代化建设的新形势下，邓小平同志继承和发展毛泽东思想，对军政军民团结作了一系列重要论述。邓小平同志明确指出，军民一致的原则不能变，我们就是要根据新的情况，从各个方面搞好军民关系，加强军政军民团结。他反复强调，要恢复和发扬军民之间亲密团结的优良传统。他倡导军民共建社会主义精神文明、培养军地两用人才，热情支持创建双拥模范城(县)活动。邓小平同志关于加强军政军民团结的思想，丰富了毛泽东思想的理论宝库，是建设有中国特色社会主义理论的重要内容。

江泽民同志高度重视双拥工作，对加强军政军民团结作了很多重要论述。江泽民同志深刻指出，军政军民团结是我军战无不胜的力量源泉，是保持社会稳定的重要因素。只要在党的领导下，亿万军民团结一心，国家的稳定就有了坚实的根基，无论遇到什么风浪，出现什么复杂情况，我们都能镇定自若，从容应付。他要求全国军民像爱护眼睛一样爱护军政军民团结，做到同呼吸、共命运、心连心。江泽民同志的这些论述，对进一步做好新时期的双拥工作、加强军政军民团结，具有重要的指导意义。

正是在这些理论的指导下，伴随着中国革命和建设的进程，双拥工作不断深化，不断发展，结出了丰硕的成果。50年的双拥工作内容极其丰富，50年的双拥实践积累了许多带有规律性的东西，其中贯穿始终的是：坚持用党的政治路线把广大军民凝聚起来，在共同理想、信念、目标的基础上，形成牢不可破的坚强团结；紧紧围绕党和国家在不同时期的中心任务，把解放、发展社会生产力和提高部队战斗力作为根本目的，保持双拥工作的正确方向；坚持把工作的重点放在基层，因地制宜，注重实效，扎扎实实地开展群众性的双拥活动。

在50年双拥工作的历史中，党的十一届三中全会以来的14年，是一个非常重要的阶段。改革开放的伟大事业，为双拥工作的发展提供了广阔的前景，广大军民生动丰富的双拥实践，积累了新形势下做好双拥工作的新鲜经验，把这些经验概括起来，主要是：坚持把双拥工作摆到战略位置，以坚强的军政军民团结为社会稳定提供重要保证；围绕党和国家的中心任务开展双拥活动，把促进社会生产力的发展和部队战斗力的提高作为根本目标；创造富有时代特色的活动形式，不断提高双拥工作整体水平；以大局为重，坚持主动协商，积极地解决军民关系中的矛盾和问题；坚持地方党委、政府的统一领导,从组织上保证双拥工作持续健康的发展。这些经验,是在邓小平建设有中国特色社会主义理论的指引下,我国军民共同实践的结晶,是延安精神的继承和发展,是双拥传统的弘扬和光大,对推动双拥工作不断深入发展具有重要意义。

四

会议认为,当前和今后一个时期的双拥工作,要认真贯彻落实党的十四大精神,认真贯彻落实党中央、国务院、中央军委关于军政军民团结的一系列指示,以党的基本路线为指导,以促进改革开放和现代化建设为根本任务,以"广泛、深入、持久"为基本要求,注重实效,保持经常,不断巩固和发展军政军民相互团结、相互支持的大好局面。

(一)坚持不懈地把双拥工作作为维护国家稳定与发展的战略任务来抓。江泽民同志指出,近几年来,我们国家所以能在国际风云急剧变幻的形势下,顶住压力,克服困难,稳步发展,一个重要原因,就是我们有坚如磐石的军政军民团结。在加快改革开放步伐、建立社会主义市场经济体制的新形势下,做好双拥工作,具有特别重要的意义。不断巩固和发展以"同呼吸、共命运、心连心"为标志的新型军政军民关系,是维护国家长治久安的根本大计,是实现"三步走"的发展战略目标的重要政治保证。各级党政军领导同志一定要充分认识双拥工作的战略意义,把它纳入经济、社会发展和部队建设的总体规划,摆到重要议事日程,常抓不懈。

(二)紧密围绕加快改革开放和现代化建设的任务深入开展双拥工作。改革的不断深化,经济建设的持续发展,对开展双拥工作提出了新的更高的要求。各级党政军领导要用党的基本路线指导双拥工作,在改革和建设中军政军民互相支持,通力合作。要在继承过去成功经验的基础上,解放思想,大胆创新,积极探索适应社会主义市场经济的双拥工作组织领导、工作方法、活动形式。适应多层次的改革,开展多种形式的双拥;适应全方位的开放,开展全社会的双拥。军队要在宣传党的改革开放政策、支持地方经济建设等方面,大胆实践,有所作为,开创拥政爱民工作新的局面。地方要在征兵、优抚、安置转业退伍军人解决军官家属随迁、支持部队战略训练等方面,适应新的情况,拿出新的办法和措施。经过军地的共同努力,使双拥工作在发展社会生产力、提高部队战斗力中更好地发挥作用,共同为社会主义建设事业作出新的贡献。

(三)深入开展军民共建和创建双拥模范城(县)活动,把双拥工作的各项任务落到实处。军民共建精神文明活动要纳入社会主义精神文明建设的总体部署,拓宽领域,丰富内容,长期坚持。创建双拥模范城(县)活动,要按照巩固、发展、提高的方针,坚持标准,注重实效,讲求质量,真正发挥典型的示范和榜样作用。要切实采取措施,进一步加强全民国防教育,增强全民族的国防意识,形成爱国拥军光荣、献身国防事业光荣的良好社会风尚。要针对各地不同情况,实施分类指导,注意基层,抓好落实。根据党的民族政策和各民族地区的不同特点,做好少数民族聚居地区的双拥工作。减少迎来送往等礼节性活动,力戒形式主义。

(四)从大局出发,妥善解决军地之间的矛盾和问题。国民经济的发展,综合国力的提高,必将为国防建设提供雄厚的物质基础。国防力量的增强,又将为国家的安全和经济的发展提供坚强有力的保障。军地双方都要以党和国家利益为重,按照军民一致的原则,主动协商,互谅互让,严于律己,及时妥善地解决军地之间出现的各种矛盾和纠纷,决不允许任何影响、破坏军政军民团结的现象滋长。全国军民都要像爱护自己的眼睛一样,精心维护军政军民团结。

(五)加强领导,推动双拥工作向社会化、经常化、制度化发展。这些年来,各级党委、政府和各部队在加强对双拥工作的领导方面做了大量工作,摸索、总结了许多好的经验,如党政军领导同志兼任各地双拥工作领导小组组长,军政领导亲自出面解决重大问题,建立党政军联席会议制度,发挥各级双拥机构、民政部门、军队群工部门和省军区系统的作用等,都是行之有效的,要继续坚持下去。要进一步加强各级双拥工作机构和军地职能部门的组织、思想、业务建设,充分发挥他们的作用。注意总结经验,把实践中行之有效的做法逐步规范、完善,形成政策法规,不断推进双拥工作的社会化、经常化、制度化。

国家主席江泽民在中南海会见香港大学校长王赓武率领的香港大学赴内地访问团

中纪委在福州召开华东地区案件检查工作座谈会

座谈会于18日至21日召开。出席会议的有中央纪委副书记王德瑛、中央纪委常委刘丽英和华东7省市及计划单列市纪委的负责人。会议对当前案件检查工作的情况进行总结、分析和交流。

会议指出,当前必须着重解决好以下几个问题:

一、进一步提高对反腐败和查处违纪案件工作重要性的认识。要充分认识到查处违纪违法案件的根本目的同深化改革、扩大开放、加快经济发展是完全统一的。坚持贯彻执行中央"两手抓、两手都要硬"的战略方针,理直气壮地抓党风和廉政建设,特别要敢于与那些关系网多,保护层厚,胆敢同党规、政令、法律对着干,明知故犯,铤而走险的违纪违法分子作坚决斗争。

二、加强建章立制工作。针对改革开放中出现的新情况、新问题，结合本地区本部门的实际，加强调查研究，分清是非界限，制定必要的政策、纪律和行为规范，把反腐败的关口向前推移。这既能起到防范作用，又能使正确执纪、惩治腐败有所依据，便于操作。对已有的制度、规定，要坚持继承与发展相统一的原则，加以修订和完善。

三、积极主动，深入排查。纪检监察机关一定要增强办案意识，增强敏感性，要积极、主动地深入基层和群众中排查案件线索，并注重对发案规律的研究，根据规律排查线索，及时查处违纪违法案件。

四、加强对执纪办案工作的检查指导。

五、提高办案队伍的政治素质和业务素质。

中纪委印发中纪委国家监察部《关于中央直属机关和中央国家机关纪检、监察机构设置的意见》

关于派驻中央直属机关和中央国家机关纪检、监察机关机构中的职务设置和干部管理问题，《意见》规定：派驻纪检组和党组纪检组(纪委)设组长(书记)一人，副组长(副书记)1～2人。派驻和内设监察局(监察专员办公室)设局长(专员)1人，设副局长(副专员)1～2人。实行纪检、监察合署办公的监察局(监察专员办公室)，局长(专员)由纪检组(纪委)副组长(副书记)担任。派驻和内设纪检、监察机构的内设办事机构统称室。室设主任1人，副主任1～2人。上述干部的配备、任免和管理，按中办中纪委有关文件和《中华人民共和国行政监察条例》的有关规定执行。

《意见》对中央直属机关和中央国家机关纪检、监察机构设置的原则、形式、领导体制和工作关系及人员编辑等也作了规定。

国办发出关于扩大清产核资试点工作有关政策的通知

各省、自治区、直辖市人民政府，国务院各部委、各直属机构：

根据国务院关于“八五”期间全国范围内开展清产核资工作的部署，1993年各地区和国务院各部门将选择若干单位(重点是大中型企业)进行扩大清产核资试点工作。为了贯彻落实党的十四大精神和《全民所有制工业企业转换经营机制条例》，搞好扩大清产核资试点工作，经国务院批准，现就有关政策通知如下：

一、企业主要固定资产价值重估后，经过验收核实，相应调整固定资产账面价值(包括原值和净值)，并按重估后的固定资产价值以《企业财务通则》和分行业的企业财务制度规定的折旧率计提折旧资金。对按此规定计提折旧有困难的企业，可以根据具体情况，分步实施。

二、对清理出来的1991年度以前发生的企业潜亏，要单独列账反映，按照财政部、原国务院经贸办《关于认真清理和处理预算内国营工交企业潜亏的通知》的规定处理。企业因此由虚盈实亏成为明亏的，其占用的银行贷款，银行不按挤占挪用加收利息。按上述规定仍无法自行消化的企业潜亏，经各级财政部门(资产管理部门)审核批准，由企业冲销公积金，不够部分冲销资本金。

三、对清理出来的预算内国有工业生产企业(含交通运输和森林工业部门的工业生产企业)1991年以前发生的产成品资金损失，按照中国人民银行、财政部、原国务院经贸办《关于预算内国营工业企业库存产成品挂账算停息处理办法的通知》的规定处理。

四、对清理出来的因客观原因造成的企业固定资产、流动资产和专项资产损失，按现行批准权限，经审核后可以冲减企业的公积金，不够部分冲销资本金，并报同级政府财政部门(资产管理部门)备案。

五、对清理出来的企业亏损挂账，属于财政应补未补的，由各级财政部门按规定逐年补足；属于超计划政策性亏损和经营性亏损的，按照《企业财务通则》和分行业的企业财务制度规定，由企业制定补亏计划，在5年内用企业实现利润弥补。

六、对清理出来的1991年以前由于不可抗拒的客观原因造成的企业贷款损失，企业确实难以归还，已实际成为呆账的，由开户银行审查，按银行贷款呆账冲销的审批处理程序，经各有关银行总行、财政部汇总审核后报国务院批准，可作为银行的呆账损失、冲减银行的呆帐准备金。属于政府(省、部级以上)制定政策失误造成的贷款呆账损失，应按规定审查程序，经有关银行总行汇总，报国务院批准后作银行呆账损失处理。

七、因处理清产核资有关问题而减少企业利润，对职工效益工资影响较大时，允许企业在留用资金中调剂解决，但不能用折旧资金解决工资、奖金问题。

八、清产核资试点企业计提的折旧资金，报经财政部批准，自批准之日起免征能源交通重点建设基金和国家预算调节基金。

九、在清产核资期间，清理出来的企业各项账外资产和没有按社会集团购买力控制规定办理手续购置的物品，要及时入账。对此，在财务检查和审计中一般不再追究违纪责任。

十、对部分由于基建还贷任务重，又需要重点支持发展的国有大中型企业，在近期内解决亏损挂账和资产损失确有困难，经国家计委、财政部专项审核批准，凡是由国家拨改贷投资和基本建设基金贷款安排的，可将这部分贷款余额持账停息。

在清产核资后，企业必须严格执行《企业财务通则》、《企业会计准则》和分行业的企业财务会计制度，企业的资产损失要及时计入当期损益，不准再出现新的挂账和潜亏。

扩大清产核资试点工作，对促进国有企业转换经营机制，建立社会主义市场经济体制，具有重要的意义。各地区、各部门要在国务院的统一部署下，切实加强领导，精心组织，各有关方面要相互配合，扎扎实实地做好试点工作，为全面开展清产核资工作奠定基础。

国务院办公厅

1993 年 6 月 18 日

中国行政管理学会在北京举行第 2 届大会

国务委员兼国务院秘书长罗干指出，行政管理体制和机构改革的目标，是建立一个适应社会主义市场经济体制要求的，具有中国特色的功能齐全、结构合理、运转协调、灵活高效的行政管理体系。政府行政管理的根本任务，就是要为经济与社会的发展提供高质量的服务。

罗干指出，行政管理体制和机构改革的关键环节，就是要适应建立社会主义市场经济体制的要求，科学合理地设置政府行政管理机构并大力转变政府的职能。一方面要按照政企分开的原则，大力削弱直接干预企业经营活动的微观管理职能，使企业摆脱对政府的依附关系；另一方面，要加强政府对经济活动的宏观管理职能，加强政府培育和发展市场的职能，建立健全科学的宏观调控国民经济健康发展的管理体制和方法。

中国行政管理学会常务副会长张文寿在会上作题为《为推进行政管理改革发展行政管理科学而努力》的工作报告。

国务院副总理邹家华在山西考察工作

邹家华于 18 日至 22 日在国家计委副主任叶青、煤炭部部长王森浩和中共山西省委书记王茂林、省长胡富国等陪同下，到农村、煤矿、电厂、水利工地调查研究，同当地干部群众劳动模范和企业负责人交谈。

邹家华强调，一定要正确处理好速度和效益的关系。发展经济没有一定的速度是不行的，但没有经济效益的速度是保不住的。经济建设的速度是相对的，快与慢是和基础、条件等诸多因素相关的。因此，一定要从本地的实际出发，一要量力而行，这个力就是指当地的基础和条件，要从实际出发，不能盲目攀比发展速度，否则就会出现拔苗助长欲速则不达的现象。二要尽力而为，这个力就是指主观能动性，在不脱离实际的情况下创造新的条件，新的基础。两句话，只强调其中的一句是片面的。因此我们讲既要量力而行，又要尽力而为，才能使我们的经济更好更健康地发展。

邹家华说，速度必须是有经济效益的速度，注重速度，绝不能忽略效益，尤其不能追求没有经济效益的速度。发展经济的目的是要有利于我们国家综合国力的提高，有利于生产发展，有利于人民生活水平的提高，假如表面上看速度很快，但却没有什么经济效益，财政收入也很少，这种速度就要打问号了。

邹家华指出，发展经济，必须要研究市场，不但要研究省办、国内市场，还要研究国际市场，掌握市场的需求，使产品不但能保质保量地生产出来，还要有商场销售出去。正常的经济发展应该是一个良性循环的过程，如同一个企业，必须讲究投入、生产、销售，尽快把资金回收，形成良性循环。以市场为导向，发展有地方特色的，有优势的产业，不要盲目攀比，不搞不切合实际的“大而全”，这样才能形成良性循环，才能做到既有速度又有效益。

邹家华在听取太原至旧关的高速公路工程项目汇报时指出，在制约我国经济发展的诸多因素中，就某种意义上讲，交通尤为突出，要加速经济发展，就必须搞活商品流通，交通就显得至关重要。路修好了，投资环境就会得到很大改善，就会带动地方经济的发展，促进商品流通；地方经济搞活了，发展了，又促进了交通的建设。

邹家华在听取省委、省政府工作情况汇报后说，改革开放以来，特别是小平同志视察南方谈话以及党的十四大以后，山西人民建设社会主义的积极性空前高涨，各项事业都取得了较快的发展，他特别肯定了山西省委、省政府变输煤为输煤输电并重以及进一步加快山西能源重化工基地建设的决策和措施。他指出，山西作为全国能源重化工基地必须进一步加强煤、电、水、路、通讯的建设，扎扎实实地抓好基础设施的建设，充分发挥能源基地在全国经济建设中的作用。

国家主席江泽民在中南海会见前来中国参加国际行动理事会第 11 次会议的新加坡前总理、内阁资政李光耀

国家主席江泽民在中南海会见美国前国务卿亨利·基辛格博士及其率领的美中协会代表团

国家主席江泽民在中南海会见比利时亲王阿尔贝、外贸和欧洲事务大臣于尔班以及由他们率领的比利时政府经贸代表团主要成员

国家副主席荣毅仁在北京会见并宴请美国前国务卿亨利·基辛格博士

全国人大常委会委员长乔石在人民大会堂会见德国联邦议院外交委员会主席汉斯·施特尔肯

全国政协主席李瑞环在人民大会堂会见日本东京丸一商社会长谷泰宏

外交部部长钱其琛在钓鱼台国宾馆分别会见参加国际行动理事会第11次会议的巴西前总统若泽·萨尔内和法国前总统瓦莱里·吉斯卡尔·德斯坦

外交部部长钱其琛在北京会见巴勒斯坦国总统阿拉法特的政治顾问纳比勒·夏思

外交部部长钱其琛在钓鱼台国宾馆会见南非非洲人国民大会国际部主任塔博·姆贝基

外交部部长钱其琛在钓鱼台国宾馆会见塞浦路斯外交部秘书长帕纳伊迪斯

加拿大总督纳蒂欣在渥太华总督府会见国务院副总理朱镕基

《中华人民共和国政府和科威特政府文化协定1993至1995年执行计划》在北京签订

《中华人民共和国政府和塞浦路斯共和国政府文化合作1993至1995年执行计划》在北京签订

中国与国际开发协会在美国哥伦比亚特区签订《中华人民共和国与国际开发协会开发信贷协定(浙江城市开发项目)》和《中华人民共和国与国际开发协会开发信贷协定(师范教育发展项目)》

中国银行加拿大分行在多伦多市开业

国务院副总理朱镕基出席开业仪式。加拿大中国银行是中国在加拿大开设的第一家银行,也是中国银行在海外开设的第450个分支机构。中国银行副董事长兼副行长雷祖华专程从北京赶来多伦多主持开业仪式。

全国军队转业干部安置工作会议在北京召开

会议于18日至20日召开。国务院军队转业干部安置工作小组组长、国家人事部部长宋德福说,今年的转业干部安置数量比去年增加了一倍,安置工作任务相当艰巨。妥善安置军队转业干部,是一项重要的政治任务,是全党和全社会的共同责任和义务,也是搞好军队建设,保证社会安定团结,加快改革开放和现代化建设步伐的客观要求。党中央、国务院、中央军委对做好新形势下的军转安置工作非常重视。江泽民等领导多次强调要做好这项工作。各地要从大局出发,结合实际,贯彻落实好国务院、中央军委的各项安置政策,拓宽安置渠道,把安置任务落到实处。

宋德福指出,今年的转业安置工作采取了一些优惠政策,鼓励转业干部到三资企业、第三产业、乡镇企业、重点工程和经济开发区去工作。各地要着眼于新形势和新要求,不断加强和改进军转培训工作,努力解决好军队转业干部的住房等问题,认真细致地抓好转业干部的思想教育工作,使他们心情舒畅地走上新的工作岗位。

国务院军队转业干部安置工作小组副组长、解放军总政治部主任于永波也在会议上讲话。

第一届东亚运动会在上海闭幕

中国总计奖牌213枚,其中金牌105枚,银牌74枚,铜牌34枚。

国家体委全国体总和中国奥委会联合致电祝贺中国乒乓球代表团

贺电说:“欣悉你们在第四十二届世界乒乓球锦标赛中荣获女子团体冠军和男子团体亚军,又一次为祖国赢得了荣誉,谨向你们致以衷心的祝贺和亲切的慰问!”

外经贸部部长吴仪就进一步加强双边经济技术合作等问题在北京同来访的突尼斯外交部部长叶海亚举行会谈

中国奥委会致电中国台北奥委会祝贺中国台北选手在东亚运动会上获得30枚奖牌(金牌6枚)

中国年鉴研究会与北京图书馆在北京联合举办“全国首届年鉴展览”

中国日本能源交流会在北京成立

5月19日

中共中央总书记江泽民等会见出席全国军队转业干部安置工作会议的代表

刘华清、胡锦涛、李岚清、张震、罗干等参加会见。

江泽民说,今年转业干部的数量多于去年。当前,从中央到地方都在进行机构改革,精简人员。所以,军转安置工作的任务很繁重。他殷切希望各级党委、政府对这项工作要高度重视，克服困难，竭尽全力把这批军队转业干部安置好。他强调，军队干部为保卫国防付出辛勤劳动，搞好这项工作对军队建设、社会安定、经济发展有很大好处。

参加会见的还有张万年、于永波、傅全有、宋德福等。

劳动部和中国残联联合在北京召开残疾人按比例就业工作研讨会

会议是在国际劳工组织的倡议和支持下，由劳动部和中国残联联合召开的。会议将就残疾人按比例就业工作的必要性及对策和措施、如何加强残疾人劳动服务工作、按比例就业和多渠道就业的关系、残疾职工的权益保障等问题展开研讨。在会上劳动部副部长朱家甄、中国残联主席邓朴方、国际劳工组织北京局局长圭亚分别发表讲话。

闻一多纪念馆开馆暨铜像揭幕仪式在湖北浠水举行

中共中央总书记、国家主席江泽民为闻一多纪念馆题写馆名。全国人大常委会副委员长、民盟中央主席费孝通为纪念馆题词。纪念馆在闻一多故乡湖北省浠水县，占地 14 亩，建筑面积 1212 平方米。馆内共展出闻一多遗物 22 件、复制品 40 多件，各种图片 331 幅。

司法部劳教局在北京召开教育改造卖淫女劳教人员工作座谈会

会议于 19 日至 22 日举行。全国 18 个省市女劳教所的干警参加会议。会上，司法部部长肖扬和主管劳改、劳教工作的副部长金鉴发言。

座谈会是为了进一步落实党和国家关于打击卖淫嫖娼等犯罪活动的政策和法律规定，总结交流前一阶段教育改造卖淫女劳教人员工作的经验，研究深化教育改造工作，进一步提高改造质量，为严禁卖淫嫖娼、制止性病蔓延作出新的努力而召开的。

全国夏季粮油收购和资金安排电话会议在北京召开

电话会议是由国内贸易部、财政部、中国人民银行联合召开的。

国务院副总理李岚清晚上在会议上发表讲话。李岚清指出，各级政府要高度重视今年夏季粮油收购工作，决不能出现政策不兑现的情况。

李岚清说，今年是党的十四大和八届人大一次会议后的第一次夏粮收购，党中央、国务院采取的有关农业生产和粮食工作的一系列政策措施，首先要从夏季粮油收购中体现出来，它关系到农业生产的发展，关系到党、国家和农民的关系，也关系到党和国家的信誉。

李岚清指出，做好今年夏季粮油收购工作，关键在于收购资金能否到位。各级政府要组织银行、财政、粮食等部门，采取有力措施及早筹措资金。不仅要保证定购粮食的资金，还要保证议购粮和油料收购的资金。银行对收购资金要专户立账，实行体内循环，不仅要确保收购资金供应，还要做好粮食调销过程中的资金供应配套，保证农民卖粮时能兑付现金，不得挤占挪用。地方财政应拨款项要及时拨补，不补的上级财政就要扣，不允许再挂新账。粮食部门自筹资金部分，也要抓紧筹措。地方和各有关部门要明确责任，各负其责，以保证收购资金及时到位，一定要消灭打白条现象。

李岚清强调，在今年工农业剪刀差扩大、农民种粮积极性下降的情况下，各级领导和各个部门一定要给农民以实惠，决不能做任何损害农民利益的事。国务院已下定决心，把中央应承担的粮棉三挂钩物资差价部分，一定要兑现给农民。属于地方拨付部分，也要认真落实。在收购定购粮时，随收购价款一并兑现给农民，要严禁克扣和挪用。

李岚清说，粮食是具有战略性的特殊商品，在粮价和经营放开后，国有粮食部门要继续在市场经济中发挥主渠道作用，支持农业发展。

国家主席江泽民在中南海会见前来参加国际行动理事会第 11 次会议的法国前总统吉斯卡尔·德斯坦

国务院副总理朱镕基在加拿大多伦多市举行的“古德曼论坛”会议上发表演说

朱镕基说，中国重视发展与加拿大的关系，希望加拿大能在中国的对外经济关系中占有更重要的份额，希望中加经贸关系迈上一个新台阶。

朱镕基说，中国的市场虽然很大，很有吸引力，但竞争也很激烈。当务之急是双方都应以务实的态度，通过切实的努力，为扩大相互合作创造更适宜的政治环境和经济条件。

朱镕基说，我向大家传递一些信息。第一，中国的政局是稳定的，这种局面将会长期保持下去；第二，14 年的实践证明，改革开放是中华民族走向全面振兴的必由之路，没有理由也没有任何力量改变这一政策；第三，中国坚定不移地发展与各国的合作与交流，吸收和借鉴人类社会创造的一切文明成果，吸收和借鉴当今世界一切国家反映现代化生产规律的先进经营方式和管理方式。

朱镕基对与会的600多名工商企业界人士说，中加发展经贸科技合作，既有坚实基础，又有巨大潜力，具有广阔的发展前景。

朱镕基说，中加两国之间没有根本的利害冲突，互不构成威胁。在维护世界特别是开发地区的和平、稳定与发展上两国有共同利益，都负有重要责任。他还说，虽然两国之间仍存在一些分歧，但这不是中加关系的主要内容，只要双方从两国人民的根本利益出发，求同存异，就能超越社会制度和意识形态的差异，经过共同努力使两国关系不断向前发展。

朱镕基说，中加建交22年来，两国贸易关系和经济技术合作取得了相当大的发展和进展，为进一步合作打下了良好基础。据中方统计，1992年双边贸易额达到近26亿美元。

朱镕基说，中国正在展开的规模很大的经济建设给双方合作带来了机会。而中加两国经济互补性很强，双方发展互利合作大有潜力。加拿大在通信交通运输、能源、电力、矿业、农业和林业等方面具有优势，而这些领域恰恰是中国经济建设的重点。

朱镕基还说，目前中国又有一些新的领域对外开放，如金融、保险、陆地石油勘探等等。所有这些表明，中加双方不仅可以在已有的领域继续加强经济技术合作，而且还可以开拓新的合作领域。

朱镕基说，改革开放为中国经济注入了强大活力，促进了社会生产力迅速发展。现在，国内条件和国际环境对中国有利，中国正面临着加快发展的时机。他还说，中国领导人保持着清醒的头脑，中国政府有能力对国民经济进行宏观调控，避免建设中的过热现象。

台湾经贸投资考察团在北京考察访问

在北京期间，该团考察北京的投资环境和投资政策，并就塑胶、汽车、化工、油脂、食品、电子、房地产开发及冷冻机械等项目与北京相关单位进行洽谈。

科学技术发展与军事讲座在北京结束

中央军委副主席刘华清、张震参加。

讲座是根据中央军委关于军队高级干部要带头学习现代科技的指示，于4月29日开始举办的。

中央军委委员、解放军总参谋长张万年在讲座结束时讲话指出，党的十四大以来，江泽民多次强调，全军各级领导干部首先是高级干部要带头学习科学技术，力求掌握更多的现代科技知识，使自己真正成为一个合格的现代化军队的指挥员。加强现代科技知识的学习，也是邓小平新时期军队建设思想的重要内容。各级干部、机关，特别是高级干部和高级指挥机关，要把现代科技知识的学习作为一项长期任务，持之以恒地抓下去，从根本上改变干部的知识结构，培养合格的现代化军队指挥员。既要抓好当前的学习，更要抓好今后的长远培训，有计划、有步骤地组织全军干部学习现代科技知识，形成制度，形成风气，长期抓下去。要紧密联系实际，把现代科技知识的学习与贯彻落实军委新时期军队建设方针紧密结合起来。

听讲座的还有中央军委委员于永波、傅全有及各总部和驻京部队的近百名将军。

中国职业技术教育学会德育研讨会在西安结束

会议于15日至19日举行。会议指出，当前的德育教育，要特别加强爱国主义、集体主义和社会主义教育。在教育过程中，要把中华民族优秀的文化、伦理道德与理想、人生观、价值观相结合，使青年人树立远大的理想，正确处理好个人、集体与国家的利益关系。在教育方法上，应在重视马列主义基本原理教育的同时，重视社会实践活动，并应将德育教育渗透到各个学科中。代表们认为，在市场经济的条件下，更应重视职业道德的教育。

国家版权局颁布《关于为特定目的使用外国作品特定复制本的通知》

为使国际著作权条约在我国得以有效实施，国家版权局最近发布了《关于为特定目的使用外国作品特定复制本的通知》。

1. 自1993年10月15日起，销售以上外国作品特定复制本的，应取得原著作权人的授权。2. 本通知仅适用于给予对等保护的《伯尔尼公约》成员国的文学、艺术和科学作品。

5月20日

中共中央政治局常委刘华清在中央党校发表题为《坚定不移地沿着建设有中国特色现代化军队的道路前进》的讲话

江泽民同志在党的十四大报告中指出："必须按照邓小平同志关于新时期军队建设的思想，走有中国特色的精兵之路，把人民解放军建设成为强大的现代化正规化革命军队，不断增强我国国防实力，为改革开放和经济建设提供坚强有力的安全保证。"这为新形势下军队现代化建设指明了方向，提出了更高的要求。我们必须抓住机遇，在集中力量、一心一意进行经济建设的同时，艰苦奋斗，开拓进取，努力把我军的现代化建设提高到一个新的水平。

我军现代化建设的历史回顾建设一支强大的现代化正规化的人民军队，是我们党和毛主席等老一辈无产阶级革命家的一贯思想。在革命战争年代，尽管当时物质条件异常困难，毛主席还是要求我军建设不失时机地由低级阶段向高级阶段推进。新中国一成立，毛主席就发出了“为建设强大的国防军而奋斗”的号召。1953年底召开的全国军事系统党的高级干部会议，提出了“建设世界上最优良的现代化军队”的要求。全军根据毛主席和党中央的指示，对军队现代化建设进行了卓有成效的探索和实践。一是统一编制体制，组建新的军种兵种，适时裁减军队员额，实现了向诸军兵种合成军队的转变。二是建立国防科技和工业体系，仿制和自行研制了一大批较为先进的武器装备，特别是“两弹一星”及核潜艇的研制成功，极大地提高了我国的国际地位。三是制定和颁发各种条令条例、规章制度和教令教材，提高了部队的正规化建设水平。四是创办军事院校，形成了比较完整的院校体系，培养了一大批军队现代化建设人才。五是大力加强军事训练和文化教育，开展群众性大练兵活动，提高了官兵素质。这些为我军现代化建设奠定了坚实的基础。但我军现代化建设并不是一帆风顺的，曾经几次受到“左”的思想的严重干扰。50年代末，错误地发动了一场反对所谓教条主义的斗争。60年代初，林彪大搞“突出政治”，搞乱了人们的思想。特别是林彪、“四人帮”在十年浩劫中的疯狂破坏，使我军建设遭受了难以估量的损失。

党的十一届三中全会以后，邓小平同志主持军委工作。他在制定党的“一个中心、两个基本点”的基本路线，创立建设有中国特色社会主义理论的同时，提出了把我军建设成为一支强大的现代化正规化革命军队的总目标，提出了一整套新时期军队建设的方针原则，并率领全军进行了一系列重大改革，取得了巨大成就。主要有：(1)有计划有步骤地整顿军队，大刀阔斧地解决“肿、散、骄、奢、惰”问题，撤销了基建工程兵、铁道兵，将炮兵、装甲兵、工程兵等兵种，改为总部的业务部门，精简了机关和部分部队。(2)坚持党对军队的绝对领导，自上而下地调整各级领导班子，干部队伍的革命化、年轻化、专业化、知识化建设有了很大发展。(3)科学分析国际战略形势，提出世界大战在较长时期内打不起来的论断，果断地实行军队建设指导思想的战略性转变，由过去准备早打、大打、打核战争的临战状态，转到和平时期军队建设轨道上来。(4)强调军队建设服从国家经济建设的大局，量力而行，有步骤分阶段地实现新时期军队建设的目标。(5)改革体制，精简整编，裁军百万，合并大军区，组建合成集团军，使我军在精兵合成的道路上向前迈进了一大步。(6)国防科技工业实行“军民结合，平战结合，军品优先，以民养军”的方针，在现有国力的条件下改善了我军的武器装备。(7)把教育训练摆到战略位置，恢复和新建了军事院校，加强了部队合成训练，提高了训练质量。(8)建章立制，从严治军，使我军建设走上了法律化制度化的轨道。(9)发扬我军优良传统，倡导“五种革命精神”，艰苦奋斗，勤俭建军，在军费紧缺的条件下推进了我军的现代化建设。(10)认真研究现代条件下的人民战争，实行精干的常备军与强大的后备力量相结合，准备应付可能发生的局部战争或突发事件。通过十几年的摸索，我们对和平时期军队建设的规律有了更为深刻的认识，找到了一条建设有中国特色现代化军队的路子。

1989年以来，我军在以江泽民同志为核心的党中央、中央军委的领导下，沿着邓小平同志指引的方向迈出了新的步伐。以江泽民同志为核心的中央军委，进一步明确了注重质量建设的方针，提出了“政治合格、军事过硬、作风优良、纪律严明、保障有力”的总要求。去年新的军委组成后，作出一系列重大决策。如：对全军各大单位领导班子进行调整交流；强调发扬我军优良传统，加强廉政建设，保持老红军本色，再次号召学习雷锋精神和“南京路上好八连”；坚持一手抓政治思想教育，一手抓物质生活待遇，增强军队的吸引力和凝聚力，等等。这些对进一步加强我军现代化建设具有重大而深远的意义。

经过40多年的艰苦努力，我军的现代化建设水平和防卫作战能力取得了长足的进步。政治思想建设得到加强，经受住了国内外复杂形势的严峻考验。我军的合成程度明显提高，武器装备得到改善。陆军合成集团军的火力、突击力、机动力和整体作战能力都有了很大提高。海军已发展成为由水面舰艇、潜艇、航空兵、岸防部队、陆战队等组成的现代化军种。空军和空降部队的建设也得到了加强。战略导弹部队具备了一定的反击能力。国防科研取得丰硕成果，在核技术、航天技术、微电子技术等领域取得重大进展，向太平洋发射远程运载火箭、潜艇水下发射弹道导弹和发射通信卫星、“亚星”、“澳星”都获得成功，巨型电子计算机相继问世。全军干部的专业化、知识化水平有了很大提高，提升为干部的都经过院校正规培训，各级各类干部达到大学专科以上水平的占50.3%25，并培养了一批具有硕士、博士学位的专业技术骨干。

我军在完成作战、战备、训练等任务的同时，还积极支持和参与国家经济建设。改革开放14年来，全军共参与国家和地方的各种经济建设项目约8万多个，投入4亿多个劳动日；军队还主动承担了一些急难险重的工程项目，对地方开放了一批机场、码头、油库和铁路专用线；全军共参加各种抢险救灾上千次，抢救、疏散遇险群众3000多万人，抢救各种物资价值10多亿元。哪里发生重大灾情，哪里就有军队与人民共同战斗。

实践证明,我们这支军队不愧为人民民主专政的坚强柱石,不愧为捍卫社会主义祖国的钢铁长城,不愧为建设有中国特色社会主义的重要力量,是经得起任何风浪考验的,是党和人民完全可以信赖的。

我军建设的这些成就,是在毛泽东军事思想和邓小平同志新时期军队建设的思想指引下取得的,是全军官兵、国防科技工业战线广大干部、科技工作者和职工积极奉献、艰苦奋斗的结果,也归功于地方各级党委、政府和广大人民群众的关心、支持和帮助。邓小平同志不仅是我国改革开放和现代化建设的总设计师,也是新时期军队建设与改革的总设计师。邓小平同志新时期军队建设的思想,是毛泽东军事思想的重大发展,是建设有中国特色社会主义理论的重要组成部分。坚定不移地沿着邓小平同志所指引的方向前进,我军的现代化建设就大有希望,就一定会取得新的更大的胜利。

进一步加强我军现代化建设,是摆在我们面前的一项紧迫任务国家以经济建设为中心,军队以现代化建设为中心,这是时代的要求,历史的必然。我们长期处于和平环境,必须居安思危,治不忘战,进一步加强军队现代化建设,不断增强我国的国防实力。

首先,这是适应错综复杂的国际环境的迫切需要。当今世界正处在一个大变动的历史时期。两极体制彻底崩溃,多极化格局正在形成之中。国际局势继续趋向缓和,新的世界大战可以避免,但世界并不安宁。霸权主义和强权政治还没有退出历史舞台。过去被冷战掩盖的民族矛盾、领土争端和宗教纷争,也日益激化起来,不断酿成武装冲突和局部战争。据统计,1992 年世界各地发生各种规模的武装冲突和局部战争近 30 起。前南斯拉夫的波黑内战愈演愈烈,成为当今举世瞩目的热点。国际军事斗争形势也日趋复杂,虽然军控和裁军谈判取得了一些进展,但军备竞赛正向高技术领域转移。世界各主要国家正抓紧调整军事战略,把增强国防实力作为综合国力竞争的重要方面,注重军队的质量建设,争取战略主动权。

我国周边安全环境处于建国以来的最好时期。我们完全可能通过政治、外交途径,独立自主地妥善处理在世界新格局形成过程中的各类矛盾,争取较长时间的和平环境,集中精力进行经济建设。我们必须始终坚持两点论,历史地辩证地分析和认识国际形势,在看到对我有利一面的同时,也要看到不利的一面。在当前和今后一个相当长的时期内,我国社会主义现代化建设仍将在复杂多变的国际环境中进行,我军必须担负起保卫国家领土、领空、领海主权和海洋权益,维护祖国统一和安全的神圣使命,为改革开放和经济建设提供坚强有力的安全保证。

其次,这是现代战争提出的客观要求。随着微电子技术、新材料、新工艺和航天技术等新技术的飞速发展,武器装备发生了质的变化。目前高技术常规武器具有射程远、精度高、威力大、速度快、智能化、隐形化的特点,精确制导和隐形武器已在实战中使用,指挥、通信、控制和情报系统自动化水平空前提高,定向能武器、航天武器等的研制也取得重大突破。最近一些年发生的局部战争特别是海湾战争,展现了许多新的特点。一是战场的分布从太空、高空、中低空、超低空、地面、海面直至地下、水下,战场空间空前增大。二是现代空军可以进行独立的、大规模的、不间断的、长时间的战略空袭作战,空中作战的地位更为重要。三是先进和健全的指挥、控制、通信和情报系统,成为维系整个战争机器高效运转的核心,电子战成为克敌制胜的重要手段。四是夜视装备的发展,改变了一些传统的作战观念和作战手段,不掌握夜视技术的一方,企图利用夜暗实施部队机动和集结将变得越来越困难。五是现代战争消耗大、进程快,对后勤应急保障能力提出了更高的要求。

需要指出的是,海湾战争是一场特殊战争。我们之所以重视海湾战争的研究,是因为它体现了高技术战争的一些特点。我们的观点是:(1)海湾战争可以为我军现代化建设提供借鉴,可以为我们研究未来高技术战争提供启示。(2)任何高技术武器系统都有它的弱点,总可以找到对付它的办法。(3)战争是物质、技术装备的竞争,也是人的知识、谋略和意志的竞争,人仍然是战争胜负的决定因素。即使将来武器装备比现在先进多少倍,这个法则也不会改变。(4)我军有以劣势装备战胜优势装备敌人的优良传统。在未来高技术战争中,我军这一优良传统仍然能够发挥作用。

第三,这是解决当前我军建设所面临的主要矛盾的根本出路。我军建设的现代化水平同现代战争的要求不相适应,是我军建设所面临的主要矛盾。解决这个矛盾,有不少方面需要加强。例如,改善武器装备,缩短与世界先进水平的差距;重要的工程设施需要加强,以保障部队战备和训练;机械化部队、舰艇部队和航空兵、导弹部队需要加大训练强度和难度;后勤应急保障条件需要大大改善;官兵的科学文化水平有待进一步提高,等等。这些都是直接关系到提高部队战斗力的大事。解决上述问题,需要投入一定数量的军费。由于我们的军费本来就不多,加上物价上涨等因素,用于生活方面的开支占了很大一部分,实际上用于购买装备、基本建设、教育训练的钱就不多了。在这种情况下,我们还是要服从和服务于国家经济建设这个中心,体谅国家困难,尽可能用好有限的军费。

总之,国防现代化是我国"四化"建设的重要组成部分,是实现其他"三化"的安全保证。像我们这样的大国,要自立于世界民族之林,没有强大的国防实力是不行的。我们有了巩固的国防,不仅可以赢得战争,而且可以遏制战争,使敌人不敢轻举妄动。国富兵强,实现中华民族的振兴和腾飞,是中国近代史上多少仁人志士梦寐以求的夙愿,是中国共产党人前赴后继、流血牺牲的执著追求。我们一定要有强烈的责任感和紧迫感,大力推进和加强国防现代化建设,努力把我军建设成为一支强大的现代化正规化的人民军队。

从我国国情和军情的实际出发,大力推进军队现代化建设当今世界大国和一些地区性大国,为维护其国家利益,实现其战略目标,都在加强军队的质量建设,努力提高现代化水平。但由于各国的政治制度、经济实力、科技水平、地理条件、文化传统、外交政策、军事战略等情况不同,军队现代化建设的思路和途径也有很多不同之处。我们历来强调,我军现代化建设必须从国情和军情的实际出发,坚持走自己的路。根据邓小平同志关于新时期军队建设的思想和我军现代化建设正反两方面的经验,在建设有中国特色现代化军队的过程中,必须始终把握好以下八个方面:

(一)坚持把革命化放在首位,保证我军现代化建设的正确方向

革命化是我军特有的政治本色。在任何情况下,坚持党对军队的绝对领导这条根本原则不能变,全心全意为人民服务的宗旨不能变,我军的优良传统不能丢。现代化建设越发展,越需要加强革命化建设。当前,全军正在深入贯彻党的十四大精神,用建设有中国特色社会主义的理论和邓小平同志关于新时期军队建设的思想武装头脑,引导广大官兵正确对待建立社会主义市场经济体制过程中的利益调整,以实际行动维护党的路线、方针、政策。要大力加强部队各级党委和基层党支部的建设,坚持民主集中制原则,加强廉政建设,使之成为坚强的领导核心和战斗堡垒。坚持德才兼备、任人唯贤的干部政策,把那些听党的话、工作能力强的干部提拔到领导岗位上来。军队要坚决听从以江泽民同志为核心的党中央、中央军委的指挥。要加强思想政治工作,进行爱国主义、革命英雄主义和革命人生观教育,发扬"五种革命精神",激发广大官兵献身国防事业的热情,保证我军现代化建设的顺利进行。

(二)坚持积极防御的军事战略方针,提高我军在现代条件下的防卫作战能力

军事战略作为一个国家总的军事政策,是国家战略的重要组成部分,是武装力量建设与运用的基本依据。一个国家奉行什么样的军事战略,就会建设什么样的军队。霸权主义国家的军队现代化建设是以发展远程进攻型武器为主的,是以实施全球作战行动为目标的。一些地区性国家,建立了远远超过防务所需要的现代化武装力量,也是由其推行的地区扩张战略所驱使的。我们是社会主义国家,历来反对霸权主义、强权政治,即使将来强大了也不称霸。我国武装力量的使命是保卫领土、领海、领空和海洋权益不受侵犯,维护祖国统一,捍卫国家安全。所以,我们奉行积极防御的军事战略方针,军队现代化建设着眼于本土和近海防御的需要,提高现代条件下的防卫作战能力。

(三)坚持自力更生与积极引进国外先进技术相结合,加快武器装备现代化建设的步伐

武器装备现代化是军队现代化的重要标志和物质基础。实现武器装备的现代化,必须把立足点放在自己力量的基点上。像我们这样一个发展中的社会主义大国,买不起一个军队现代化,最先进的东西人家也不卖给我们,就是买到了也难免受制于人。经过 40 多年的艰苦奋斗,我们已经建立起较为完整的国防科研和国防工业体系,有能力依靠自己的力量发展现代化的武器装备。我们强调自力更生,并不是关起门来搞建设,而是积极地创造条件,引进国外的先进技术,借鉴一切有用的经验。军事科学技术是没有国界的。坚持以自力更生为主,有选择有重点地引进国外先进技术,是我军武器装备现代化建设的一条基本方针。

为了尽快把我军武器装备搞上去,我们强调:一是树立科技强军的观念,加强科研,跟踪最新技术,加强基础研究,尤其是电子技术方面的研究。二是突出重点,以发展常规武器为主,尽快使主战装备上一个新台阶。三是注重效能。我们既要抓紧研制新装备,搞好技术储备,又要重视运用新技术改进现有装备,实行新老并存,梯次更新,从而少花钱,多办事,缩短更新周期。四是搞好配套。上一个新项目,一开始就通盘考虑与之相关的技术保障、辅助设施和人员培训等问题,保证部队接到新装备后,能够很快形成作战能力。五是强化技术训练与管理。不论新老装备,干部战士都要通过严格的训练熟练掌握,运用自如。同时进一步改进装备管理体制,严格执行武器装备管理条例和各项规章制度,在部队普遍开展爱护装备的教育,保证武器装备处于良好的技术状态。采取这些综合措施,力争到本世纪末,我军武器装备的整体水平有较大改善。只要精心组织,保障有力,这个目标是能够实现的。

应当指出,武器装备的现代化建设,是由国家的经济实力和科技水平决定的,必须从我国的国情出发,不能样样同国际先进水平攀比,不能追求不切实际的高指标、高速度。当然,也不能理解为现在太平了,可以马放南山,刀枪入库,等经济搞上去了再搞军队现代化。武器装备研制周期较长,认为等国家富了再搞军

队现代化的想法是片面的。如果那样做，同世界先进水平的差距就会越来越大。所以，我军武器装备建设既要量力而行，又要尽力而为。

（四）坚持把教育训练摆到战略地位，培养和造就一大批现代化的军事人才

军队现代化，关键在人才。武器装备只有同人紧密结合，才能形成战斗力。人的素质不高，即使拥有先进的武器装备也不可能打胜仗。在现代条件下，军队日益成为技术密集的武装集团，对军人特别是各级指挥员的素质提出了更高的要求。指挥员只懂战略战术和军事知识，而不懂科技知识和工程技术，不可能指挥现代作战。工程技术人员如果不懂战略战术，也不可能主动、及时、准确、高效地完成技术保障任务。我军的武器装备现代化水平还不高，更应重视官兵素质的提高。邓小平同志多次强调，在没有战争的条件下，军队主要靠教育训练提高战斗力，要把教育训练摆到战略地位。邓小平同志的指示，深刻揭示了和平时期军队建设的客观规律，是我军现代化建设的重要指导方针。

培养现代化的军事人才，很重要的是办好军事院校。军委曾经决定，未经院校培训的一律不准提干；同时还规定，营以下干部必须经过初级指挥院校培训，师、团干部必须经过中级指挥院校培训，军以上干部必须经过国防大学培训，未经培训的不能提升职务，以保证干部的知识结构与其所担任的领导职务相适应。全军要共同努力，把这个制度坚持下去。我们要调整人才培养规划和院校任务规划，进一步完善院校培训体制，开展多种形式的指挥与工程技术合训的试验。院校的各项工作要以教学为中心，以教学带动科研，以科研促进教学。切实提高教学质量和办学效益，把各类院校建设成为培养现代化军事人才的基地。

人才的成长离不开实践。部队是干部将学校里学到的理论知识转化为实际能力的重要课堂。我们历来强调，部队要坚持以军事训练为中心，以干部训练为重点，加强合同战役战术训练；把部队放到近似实战的环境中摔打，练指挥，练协同，练战法，练作风；让各级干部通过训练实践，消化、运用、巩固所学到的知识，磨炼战术思想，提高指挥艺术，掌握带兵之法，精于用兵之道。同时，要重视跨战区、跨军兵种交流干部，有计划地安排机关、院校的干部到部队代职，挑选部队的优秀干部到高级机关任职，为干部创造锻炼提高的机会。

（五）坚持精兵、合成、提高效能、平战结合的原则，优化军队的编制体制

军队的编制体制是联结人与武器的纽带。编制体制科学合理，才能最大限度地发挥人和武器的作用，提高整体作战效能。我们的方针是，建设好一支精干的常备军，同时大力加强后备力量建设。常备军按照精兵、合成、提高效能、平战结合的原则进行编组。

一要保持适度的军队规模。从国际战略形势和我国周边环境看，在当前和今后一个时期发生举国迎敌的全面战争不大可能，我国安全面临的主要威胁是局部战争。但我国幅员广大，地形复杂，陆海疆界长，交通不发达，军队现代化水平还不高，现在保持300万军队是必要的、适宜的。

二要优先发展海空军，加强技术兵种的建设。我国是一个濒海大国，有数百万平方公里领海、内水、大陆架和专属经济区等应归我管辖的海域，有长达18000公里的海岸线，有6500多个大小岛屿。海洋与中华民族的生存与发展息息相关。为了保卫我国的海洋权益，应当建设一支强大的海军。在现代条件下，无论海上还是陆上作战，都离不开空军的支援。因此，我们要把海空军现代化建设摆到优先的地位。陆军要重视加强炮兵、装甲兵、陆航兵、工程兵、防化兵等兵种部队的建设，适当调整陆军各兵种部队的结构比例。战略导弹部队要精干、有效。

三要搞好各军兵种部队的科学编组。作战部队的编组应高度合成，突击与掩护、支援兵力，战斗保障、勤务保障、技术保障与后勤保障兵力，都要齐全配套，使其具有较强的独立作战能力。平时编在一起训练，战时才能协调一致地完成任务。当然，各级部队的作战功能不同，其合成程度应有所区别。各个方向的军事地理环境和作战任务不同，编制也应具有多样性。

四要精简机关，充实部队。机构重叠，机关臃肿，人浮于事，不仅指挥不灵，效率不高，还会产生“文山会海”等官僚主义和形式主义的东西，导致部队工作的忙乱。经过多次精简整编，高级机关臃肿的状况有很大改变，但仍要防止机构再次膨胀。部队一定要充实，齐装满员。

（六）坚持依法治军，努力提高正规化建设水平

军队是高度集中的武装集团，没有统一的意志、铁一般的纪律，就不会有战斗力。现代战争是诸军兵种协同作战，必须“实行统一的指挥、统一的制度、统一的编制、统一的纪律、统一的训练”，具有“组织性、计划性、准确性和纪律性”。就拿武器装备的管理使用来说，如果不按条例维护保养，不按操作规程使用，不仅不能发挥应有的效能，还容易发生事故。由此可见，正规化是现代化的必然要求，军队现代化程度越高，对正规化的要求也越高。正因为如此，军委非常重视正规化建设，强调建立健全法规制度，加强国防和军队立法，真正做到依法治军，从严治军。要求部队用条令条例和法规制度规范一切行动，建立正规的战备、训练、工作、生活秩序。对于高级机关来说，最重要的就是要

建立正规的决策程序，科学决策，减少或避免失误。要通过长期不懈的努力，把我军正规化建设提高到一个新的水平。

(七)坚持艰苦奋斗、勤俭建军，充分挖掘现有物质条件的潜力

我们搞现代化建设，艰苦奋斗、勤俭建军这个传家宝不能丢，必须勤俭办一切事业。在当前军费总量不足的情况下，保生活与保装备的矛盾非常突出，确实不好处理。生活标准过低，官兵的基本需要难以保证。用于生活方面的多了，装备难发展，战斗力难提高。处理这一矛盾的方针是，改善生活要适度，各种行政开支要压缩，军费尽可能向装备建设倾斜。现在我们一方面感到经费少，同时又在个别地方确实存在一些浪费现象，这种现象必须坚决纠正。我们提倡艰苦奋斗，不仅是要保持艰苦朴素的美德，更重要的是要有艰苦创业的拼搏精神。我们号召全军发扬江泽民主席提出的64个字的创业精神，在克服困难中不断前进。

(八)坚持改革创新，推进军队现代化建设

我军现代化建设需要走相当长的路程。在前进的道路上，肯定会遇到许多困难和矛盾。从我军建设的现实情况看，既存在不少历史遗留下来的老问题，又面临许多过去不曾遇到的新情况。不改革就没有出路。我们要继承毛泽东军事思想，以邓小平同志关于新时期军队建设的思想为指针，深入研究现代战争的特点和规律，积极探讨未来作战的指导思想和原则，以及诸军兵种协同作战的指挥方法，发展我军的军事思想和战略战术，特别是要研究以劣势装备战胜优势装备敌人的新战法，创造现代条件下人民战争的新形式。要继承和发扬在几十年革命战争中创立和发展起来的优良传统，同时又要结合新的情况不断丰富其内容，使之富有时代气息而保持旺盛的生命力，一代一代传下去。继续搞好指挥体制、教育训练体制、后勤保障体制等方面的改革，进一步完善军队内部运行机制。还要搞好干部制度、工资制度、住房制度、兵役制度以及部队管理、思想教育、物资供应等方面的改革，适应发展社会主义市场经济的新形势，跟上国家改革的步伐。军队改革的任务很艰巨，我们一定要解放思想，实事求是，既积极又稳妥，既大胆又谨慎。各项改革都要有领导、有步骤、有秩序、自上而下地进行，保持部队高度的稳定和集中统一。

江泽民同志在十四大报告中指出："各级党组织、政府和全国人民要一如既往地关心国防建设，支持军队完成各项任务。"我军是人民的军队，人民是我们的靠山。战争年代，物质条件那样困难，斗争环境那样残酷，我军所以能由小到大，由弱到强，从胜利走向胜利，根本原因就是依靠人民进行战争。新中国成立后，军队建设每取得一点成绩和进步，也是同各级党委、政府和人民群众的大力支持分不开的。我们高兴地看到，拥军优属、拥政爱民这个光荣传统在今天进一步发扬光大。地方各级党委、政府满腔热情地支持军队的建设和改革，在安置转业干部和退伍战士、为军烈属排忧解难、改善部队物质文化生活条件、保护军事设施以及扶持军队发展农副业生产等方面，做了大量工作，为提高部队战斗力作出了不可磨灭的贡献。对此，全军指战员是铭记在心的。

在新的形势下，我军现代化建设更离不开各级党委、政府和广大人民群众的理解、关心和支持。牢固的国防观念可以转化为巨大的民族向心力和凝聚力，希望各级党委、政府从战略的高度，切实把国防教育这件利国、利军、利民的大事抓好，提高全民的国防意识。地方经济建设特别是一些干线公路、大型桥梁、机场、港口等重要设施的建设，要考虑到国防的需要，统筹规划，合理布局。要坚决执行《军事设施保护法》，严厉打击各种破坏军事设施的犯罪行为。各级党委要继续坚持党管武装的根本制度，支持民兵、预备役工作，解决实际问题，进一步加强后备力量建设。军队转业干部的安置工作，关系到部队的稳定。今后三年内，还有十几万转业干部需要安置，任务很繁重，军地要共同努力把这项工作做好。希望国家有关部委和各省市党委、政府，对新武器装备研制和军工生产单位予以支持，帮助解决困难。军地双方都有责任妥善解决一些矛盾和问题，把军政军民关系搞得更好。军队要谦虚谨慎，尊重地方党委、地方政府；地方也要体谅军队的困难，积极主动地帮助克服困难。要深入持久地开展拥政爱民、拥军优属活动，继续搞好多种形式的军民共建活动，进一步巩固和发展同呼吸、共命运、心连心的大好局面，齐心协力地夺取社会主义现代化建设事业的更大胜利。

中组部党建研究所在北京召开坚持和发展毛泽东建党思想理论研讨会

研讨会于20日至23日在北京举行。中共中央组织部副部长赵宗鼐在会上讲话。研讨会收到40多篇论文，60多名从事党的理论研究工作和党的实际工作的成员参加研讨，论述毛泽东建党学说的科学理论体系，指出毛泽东建党思想是以毛泽东为代表的中国共产党人把马克思列宁主义建党学说同中国共产党的建设实践相结合的产物，是全党集体智慧的结晶。宋平以《中国特色社会主义和中国共产党》为题讲话。中共中央组织部部长吕枫和高扬、郭峰、曾志、李力安等参加会议。

《人民日报》发表评论员文章《重视解决实际问题——再谈改进领导作风》

《人民日报》发表评论员文章《加快政府职能的转变》

宁夏回族自治区人大七届一次会议选举马思忠为区人大常委会主任白立忱为区主席

中共中央政治局委员李铁映在浙江考察

李铁映最近在考察时强调,搞改革要知难而进,要用改革的办法促进经济发展,解决前进中出现的新问题。

李铁映说,当前中国已进入一个国民经济高速运行和加快建立社会主义市场经济体制的新阶段。90年代是新旧体制的转轨阶段,是为下一世纪经济良性发展打好基础的过渡时期,是一个充满机遇的关键时代,我们必须抓住一切时机加快改革的步伐,推动经济发展。

李铁映对浙江的经济发展以及转换企业经营机制、股份制试点、金融体制改革等进行实地调研。李铁映指出,当前发展与改革的形势都是好的、健康的,但在实际经济运行和体制转换过程中也出现了一些值得注意的问题。这些问题是前进中的问题,是经济高速发展和加快向市场经济过渡的时期,传统计划经济体制中一些深层次问题的集中表现。因此,解决这些问题,根本的出路是加快和深化改革,用改革的办法促进经济发展。当前特别要加快宏观经济体制的改革,在继续抓好转换企业经营机制的同时,积极推进财税体制、金融体制的改革。李铁映强调,要正确处理好改革与发展的关系,抓住时机,深化改革。改革搞好了,才有可能抓住发展的机遇,保持和发展经济的好势头。因此,当前的改革措施既要针对当前经济生活中亟待解决的"热点"问题,又要在体制和机制的"重点"方面取得实质性突破。

李铁映考察杭州、嘉兴、绍兴、宁波等地,召开企业家座谈会,听取浙江省有关领导的工作汇报。在娃哈哈集团公司、杭州百货大楼等企业实地考察时说,1993年是全面贯彻、落实《条例》的一年,各地要把贯彻《条例》作为企业改革乃至整个经济体制改革的中心任务来抓。国有企业的改革既要善于借鉴国际上的成熟经验,又要因地制宜,不搞一刀切,要鼓励创新,多创造一些改革的模式。同时,企业改革要与政府经济管理职能的转变相配套,政府部门在市场体系的培育和社会保障体系的建立等方面应加快改革的步伐,为企业改革创造一个良好的社会环境和经济环境。

外交部部长钱其琛就中葡关系亚洲和欧洲形势等问题和葡萄牙外交部部长杜朗·巴罗佐在钓鱼台国宾馆举行会谈

外交部部长钱其琛在钓鱼台国宾馆与以色列国外交部部长西蒙·佩雷斯举行会谈

中国贸易展览会在韩国汉城开幕

《中华人民共和国政府和以色列国政府文化协定》在北京签订

外交部发言人吴建民就中英第三轮会谈及台湾问题发表谈话

吴建民在谈到将于明天开始的中英第三轮会谈时说,只要双方都遵循中英联合声明,与基本法相衔接的原则和中英双方达成的协议和谅解,"会谈是会取得积极成果的。"

吴建民在下午每周一次的记者招待会上回答中英第三轮会谈是否将讨论一些实质性的具体问题以及是否将取得成果的问题时说,"我们对中英两国政府代表关于香港1994~1995年选举安排问题的会谈抱有诚意。"但他说,根据双方协议,会谈期间,双方不透露谈判内容。

有记者问:撒切尔夫人称,中英联合声明已在联合国备案,香港问题已是国际化问题,你对此有何评论?

吴建民说,根据《联合国宪章》的有关规定,联合国会员国有义务将所签订的条约和国际协定交联合国秘书处登记并予以公布。因此,中英关于香港问题的联合声明在联合国登记丝毫不意味着香港问题国际化。

有记者问:最近,台湾提出了重返联合国的"四点计划"。你对此有何评论?

发言人答:联合国是由主权国家组成的国际组织。台湾作为中国的一个省没有资格参加。台湾当局鼓噪重返联合国本质是在国际上搞"两个中国"、"一中一台",是倒行逆施,违背包括台湾同胞在内的全体中国人民的根本利益,是不会得逞的。

1992年度中国电影"政府奖"在北京颁奖

《蒋筑英》获最佳故事片奖,《阙里人家》、《刘少奇的四十四天》、《站直罗,别趴下》、《中国人》等四部影片获优秀故事片奖,《秋菊打官司》、《香魂女》获特别荣誉奖,《远山姐弟》获最佳儿童片奖。王兴东、吴贻弓、朱旭、奚美娟分获最佳编剧、最佳导演、最佳男、女演员奖。

文化部发出关于加强对全国性及涉外文化艺术活动的管理的通知

文化部最近发出通知，要求各地加强对全国性及涉外文化艺术活动的管理。

《通知》说，近年来，许多文化社团举办了各类文化艺术活动，这对于繁荣社会主义文艺，丰富群众文化生活，促进社会主义经济建设起到了积极作用。但同时也存在一些问题，如有的未经民政部门核准登记即擅自以社会团体名义进行活动，举办各种比赛、展览或文艺演出；有的甚至未经批准擅自决定举办国际性比赛或邀请外国文艺团体来华演出；有的组织不当，或单纯以营利为目的，蒙骗群众，遗留问题甚多，在社会上造成了不良影响。

为此，文化部的通知作了如下规定（略）

中国嘉德国际文化珍品拍卖有限公司在北京成立

第一个国家级文化珍贵专业拍卖公司中国嘉德国际文化珍品拍卖有限公司日前在北京成立。嘉德公司除拍卖外，还将开展鉴定、估价、展览、销售以及与之有关的咨询、培训等业务。

新闻出版署对有淫秽色情内容或夹杂淫秽色情内容的图书出版作出规定

新闻出版署规定，出版有淫秽、色情内容或夹杂淫秽色情内容的图书（包括其删节本、缩写本、改编本），书中有较多性描写、不适合青少年阅读的古小说，都必须专题报新闻出版署审批；经正式批准出版此类图书的，如需要重印或再版，也必须事先报新闻出版署专题审批。

5 月 21 日

全国人大常委会委员长乔石在北京会见柬埔寨国家元首全国最高委员会主席诺罗敦·西哈努克亲王和夫人

全国政协八届常委会二次会议闭幕

中共中央政治局常委、全国政协主席李瑞环出席闭幕会并讲话。

会议由全国政协副主席叶选平主持。

会议通过关于建议部分修改《中国人民政治协商会议章程》的决定：一、为适应改革开放、现代化建设和政协工作发展的需要，建议政协八届二次会议对政协章程进行部分必要的修改；二、为做好修改章程的准备工作，成立以李瑞环为组长，叶选平、吴学谦、胡绳为副组长，王兆国、阿沛·阿旺晋美、洪学智、钱伟长、钱正英、孙孚凌、宋德敏为成员的修改章程工作小组。

会议接着通过全国政协各专门委员会主任、副主任、委员名单。本届政协共有 14 个专门委员会，各专门委员会分别设主任 1 名，副主任和委员若干名。

会议还任命郑万通为全国政协副秘书长。

全国政协主席李瑞环在政协八届常委会二次会议闭幕会上发表讲话

（一）

我们这次会议增加了大家讲话的时间。五天会议有四天是大家讲，讲了许多很好很重要的意见。大家讲大家听，大家讲领导听，会议这样开法如何？我们的本意是想让更多的人有讲话的机会，听到更多人的意见。

对领导机关、领导干部来讲，让更多人讲话，听更多人的意见，不仅是一个开会的方法问题，而且是一个群众观点、民主作风和法制观念的问题。政协是我国最广泛的爱国统一战线组织，包括着各个方面，联系着众多人士，在政协的会议上，大家理应有充分的机会，反映各自所代表的群众的意见和要求。政协是发扬社会主义民主的重要形式，政协的会议理应广开言路，畅所欲言，让大家把各种意见、主张都讲出来。政协常委会是委员会制，研究问题理应充分商量，兼听博纳，集中正确的意见。

如何开好会议，是当前一个需要重视和研究的问题。会议是统一认识、推动工作的必要形式，是研究情况、解决问题的重要方法，也是动员群众、组织群众的有效途径。可是现在有些会议质量不高，效果不好，没有发挥应有的积极作用。比如，有的会议行礼如仪，表面上热热闹闹，实际上缺少内容，没有研究解决问题。有的会议本应大家讨论，集思广益，但只有领导讲话，而讲话又是空话套话、似是而非的话、没有错也没有用的话太多。这样的会议，挫伤了群众热情，浪费了宝贵时间，贻误了实际工作。

在人民政协活动中，会议占有很大比重，我们要努力把政协的各种会议开好，开得生动活泼、富有成效。今后开会，会前要做好准备，选准议题，提前通报。会上要发扬民主，直抒己见，相互切磋，形成民主和谐的气氛。对会议的发言要及时认真处理，力争使大家的意见和建议有去向、有着落、有结果。

（二）

关于人民政协的基本道理，老一辈领导人和以江泽民同志为核心的中共中央有过许多精辟的论述，我就不再重复了。根据会议上的发言，我想就人民政协在推进社会主义民主政治建设、保持社会长期稳定中所具有的特殊重要作用，多讲几句。

民主是历史发展的必然趋势，是社会进步的重要标志，是人民群众的普遍要求，也是中国共产党和各民主党派、无党派民主人士长期为之努力奋斗的目标。中国共产党领导中国人民推翻三座大山，建立新中国，举的就是新民主主义的旗帜。中共十一届三中全会以来我们积极推进政治体制改革，一个重要目标就是扩大社会主义民主。我们一直认为，在这个方面已经取得了很大成绩，但是任务还远未完成，在建设有中国特色社会主义的进程中，民主政治建设始终是一个重要内容。同时，我们也一直认为，民主是相对的、历史的、具体的，一定的民主必然与一定的时代相联系，与一定社会的政治、经济、文化发展水平相适应。中国是一个有十一亿多人口的大国，革命胜利前是半殖民地半封建社会，缺乏民主传统；目前尚处于社会主义初级阶段，经济和文化总的水平比较落后，各地发展也不平衡；在从高度集中的计划经济体制向社会主义市场经济体制过渡进程中，必然会出现许多错综复杂的矛盾和问题。这些就决定了我国的民主政治建设，必须从我国的实际出发，符合全国人民的根本利益；必须在团结稳定的前提下进行，巩固和发展团结稳定的社会政治局面；必须有利于坚持以经济建设为中心，促进经济和社会的发展。小平同志说过，“我们的最终目标是要发展社会主义民主，但匆匆忙忙地搞不行。”匆匆忙忙地搞、脱离国情地搞，就会破坏社会的稳定，就会造成国家的混乱，就会影响经济的发展。在我们这个大国，一旦搞乱了，将会是什么样的局面？那将是一场大灾难，一切无从谈起，“包括民主、‘双百’方针等等，统统谈不上”。这样搞所带来的只能是破坏，而不是建设，只能是“民苦”，而不是民主。现在国外在民主问题上对我们有些议论。有的是由于对情况不了解，有的是别有用心，也有的确实指出了我们有待改进之处，对此，我们应当冷静分析，区别对待。总之，我们必须明确，中国的民主政治建设如同经济建设一样，要有中国的特色，要符合中国的情况乃至考虑到中华民族的文化传统、道德观念、思维方式等，要积极稳妥地向前推进。

人民政协是由中国共产党、各民主党派、无党派民主人士在长期革命斗争实践中，经过慎重周密的考虑，从我国国情出发而创建的。从诞生之日起，它就是我国民主政治建设的重要组织形式，体现了发扬民主同维护国家稳定、促进社会进步的统一。当然，我国民主政治建设需要多方面的努力，包括坚持和完善人民代表大会制度，坚持和完善中国共产党领导的多党合作和政治协商制度，推进国家领导制度的改革，加强基层民主建设，保障人民群众的各项民主权益等等。就人民政协自身来说，它的具体组织形式和工作方法也不是已经完美无缺。但是，它在我国民主政治建设中的特殊地位和作用，它的独创性和有效性，已经得到历史的证实。从这个意义上讲，承认民主重要，就不能不承认政协重要；承认稳定重要，也就不能不承认政协重要；承认既要发展民主又要保持稳定，就必须认真研究和充分发挥政协的作用。

（三）

这次会议确定了十四个专门委员会的人选。政协专委会是组织委员进行经常性活动的工作机构，是政协履行政治协商和民主监督的职能，做好参政议政的重要基础。

专门委员会的工作如何更加富有成效地开展起来，要依靠大家在实践中探索。有一点可以肯定：就是必须从政协的实际出发，扬长避短，发挥优势。政协有哪些优势？至少有这么几条：一是人才荟萃，智力雄厚，能够深入研究一些宏观的、重大的、深层次的问题。二是代表性强，信息量大，能够反映各方面群众的意见、愿望和要求。三是位置超脱，视界宽阔，能够比较客观地提出意见和建议。四是下通各界，上达中央，能够发挥民主渠道作用。从上述几条可以看出，政协专委会开展工作的天地是很广阔的，关键是选好题目。有些事情政协可以为主去做。

比如，在四化建设中各行各业有识之士提出了许多真知灼见，其中相当部分由于体制、渠道以及官僚主义作风等诸多因素，滞留于下层，散佚于民间。如果政协专委会通过广大委员有计划、有组织地搜集、整理这些意见和建议，并利用政协的特殊条件送领导机关研究，使之进入决策过程，这将是一项很有意义的工作。有些事情政协可以配合去做。比如，发展科技教育、繁荣文化艺术、扩大海外联谊、促进祖国统一等。政协专委会集聚了大批热心和熟悉这些领域工作的专家和人士，可以出谋划策，政府有关部门也希望政协为此作出贡献。当然，也必须看到，政协的主要任务是参政议政，而且老同志、二线同志和兼职同志比较多，有些事情并非政协力所能及，也未必勉强去做。搞好政协专委会的工作，既要依靠政协自身的力量，又要加强同社会各方面的联系和合作。一是发挥政协所有委员的作用。参加专委会的政协委员毕竟是少数。全国政协应采取必要的形式，将其他委员特别是京外委员吸引到专委会工作中来。二是加强同地方政协的合作。地方政协有自己的特点和优势，联系着各界各类大批人才。全国政协专委会以课题为纽带加强同地方政协的合作，可以使调研成果更加符合实际和具有普遍意义，也可以进一步加强全国政协同地方政协的关系。三是密切同各民主党派的联系。政协专委会应当而且有条件同各民主党派和工商联进行多方面、多形式的合作，比如联合提案、联合调研、委托调研等。四是注意同党政部门的配合。党政部门处在第一线，了解现状，掌握政策，有人力物力财力。政协专委会同党政有关部门密切配合，研究一些重要课题，可以实现优势互补，有利于政协的参政议政意见转化为政策思想和政策措施。政协各专委会要加强同人大各专委会的配合，政协各专委会之间也要相互配合。政协机关要为专委会工作创造条件，搞好服务，协调好各方面关系。

（四）

大家希望讲一下当前的经济情况。根据最近中共中央的有关精神，我作个简要通报。

邓小平同志去年初视察南方的重要谈话和中共十四大的召开，极大地鼓舞了全国各族人民。广大干部和群众的思想更加解放，对建设有中国特色社会主义的理论和“一个中心、两个基本点”的基本路线的认识空前统一。改革开放和现代化建设的步伐明显加快，取得了举世瞩目的新成就。

当前经济形势总的来说是好的，但也出现了一些值得高度重视的问题。对这些问题，中央十分重视，并相继采取了一系列措施。中央强调要统一对经济形势的认识，既要抓住机遇、加快发展，又要及时总结经验，切实解决前进中的突出问题，避免造成大的损失。现在看，由于中央和地方的共同努力，上述突出矛盾和困难，有的正在克服，有的有所缓解。

我们是在社会主义条件下搞市场经济。社会主义市场经济新体制的建立是一个过程。在这个条件下，在这个过程中，有些矛盾和问题，是必然要出现，必须要解决的。例如，如何转换企业经营机制，增强国有大中型企业的活力；如何改进宏观经济调控，既放开搞活又不失控；如何缓解社会分配不公的矛盾，兼顾效率和公平；如何协调沿海和内地的经济关系，既不影响沿海的势头又能带动内地的发展；如何为农村剩余劳动力寻找出路，使闲散人口成为社会财富的创造者；如何加强廉政建设，惩治腐败，保持国家公职人员的廉洁；如何打击各种刑事犯罪活动，为群众创造一个安全的工作、生活环境；如何加强精神文明建设，转变社会风气，发扬艰苦奋斗、勤俭建国的优良传统，如此等等。

上述问题，是前进中、发展中的问题，也是摆在我们面前的现实问题，牵动全局的重大问题，解决起来难度相当大的问题。对这些问题，我们必须正视，而不能回避；必须从深化改革中找出路，而不能简单重复过去的老办法；必须集中时间，塌下心来，精心组织力量，下大功夫进行系统、周密、深入的调查研究，而不能抱有侥幸心理，简单草率从事。经济是基础，经济形势的发展变化极大地影响着政治形势和其他形势的发展变化。政协要搞好参政议政，理应关心经济，研究经济，使自己的工作更好地服从、服务于经济建设这个中心，为经济建设作出应有的贡献。我们相信，全国人民在以江泽民同志为核心的中共中央领导下，在邓小平同志建设有中国特色社会主义理论的指导下，振奋精神，齐心合力，艰苦奋斗，就一定能够克服前进中的困难，推动国民经济健康发展！

全国政协第八届常委会第二次会议通过政协第八届全国委员会各专门委员会成员名单(共 417 人)

提案委员会(27 名)

主　任：周绍铮

副主任：张文寿　葛志成　周同善　陈秉权　孙铁青　赵　炜(女)　吴修平　李　毅

委　员：(略)

学习委员会(25 名)

主　任：徐惟诚

副主任：苏　星　龚育之　沈求我　朱元成　金开诚　徐崇华

委　员：(略)

文史资料委员会(17 名)

主　任：杨拯民

副主任：金冲及　叶至善　黄　森　张楚琨　李默庵　李　侃

委　员：(略)

经济委员会(54 名)

主　任：房维中

副主任：王郁昭　赵维臣(满族)　马　仪　谢　华　经叔平　李　刚　阎　颖(女)　范　康　程连昌　刘鸿儒　范敬宜　潘蓓蕾(女，高山族)

委　员：(略)

教育文化委员会(41 名)

主　任：钱伟长(兼)

副主任：钱李仁　王济夫　张君秋　黄辛白　丁石孙　王　枫　陈明绍　陈益群

委　员：(略)

科学技术委员会(41 名)

主　任：朱光亚

副主任：吴武封　鲍奕珊　胡启恒(女)　季国标　唐有祺　马大猷　孙家栋

委　员：(略)

医药卫生体育委员会(42 名)

主　任：钱正英(女，兼)

副主任：郭子恒　何振梁　宋鸿钊　林佳楣（女）
王绵之　宋金升　曲绵域
委　员：（略）

法制委员会（25 名）
主　任：华联奎
副主任：俞　雷　冯梯云　郭德治　林亨元
王文元　王厚德　巫昌祯（女）
委　员：（略）

民族委员会（30 名）
主　任：金　鉴（满族）
副主任：卓　加（藏族）　陈　欣（女，汉族）
冯元蔚（彝族）　巴图巴根（蒙古族）
司马义·买合苏提（维吾尔族）
委　员：（略）

宗教委员会（28 名）
主　任：赵朴初（兼）
副主任：丁光训（兼）　张声作　宗怀德　傅元天
安士伟（回族）　明　旸　韩文藻
委　员：（略）

妇女青年委员会（25 名）
主　任：关　涛（女）
副主任：何鲁丽（女）　袁纯清　王庆淑（女）
肖东升　方掬芬（女）
委　员：（略）

华侨委员会（24 名）
主　任：董寅初（兼）
副主任：马庆雄　肖　岗　罗豪才　李　克
陈白皋
委　员：（略）

祖国统一联谊委员会（34 名）
主　任：王兆国（兼）
副主任：李梦华　杨斯德　唐树备　万国权
朱作霖　贾亦斌　张　治　郭平坦
潘渊静
委　员：（略）

外事委员会（32 名）
主　任：韩　叙
副主任：李鹿野　凌　青　蒋光化　温业湛
赵伟之　卢之超　钱嘉东　李赣骝
于洪亮　宋文中
委　员：（略）

中纪委常委会通过《中国共产党纪律检查机关控告申诉工作条例》

第一章　总　则

第一条　受理对党员、党组织的检举、控告和党员、党组织的申诉，是党的纪律检查机关的一项重要职责。根据党章的有关规定，制定本条例。

第二条　控告申诉工作是党的纪律检查机关贯彻执行党的群众路线，依靠群众维护党的纪律、促进党风建设的一项重要工作；是保障党内外群众充分行使民主权利，对党组织、党员特别是党员领导干部进行监督的重要渠道；是纪律检查工作的基础性工作。

第三条　纪律检查机关受理检举、控告、申诉的范围是：对党员、党组织违反党章和其他党内法规，违反党的路线、方针、政策和决议，利用职权谋取私利和其他败坏党风行为的检举、控告；党员、党组织对所受党纪处分或纪律检查机关所作的其他处理不服的申诉；其他涉及党纪党风的问题。

第四条　控告申诉工作的指导思想是：贯彻执行党的基本路线，坚持从严治党方针，为党风廉政建设和维护安定团结服务，保证经济建设的顺利进行。

第五条　控告申诉工作的基本原则是：

（一）按照党章和政策规定处理问题。

（二）实事求是，以事实为依据。

（三）贯彻党的民主集中制。

（四）维护当事人的民主权利。

（五）分级负责、分工归口处理检举、控告和申诉。

（六）解决实际问题同思想教育相结合。

第六条　县以上（含县）纪律检查委员会，应建立控告申诉工作部门，配备专职干部，设置接待群众的场所，公布有关的规章制度，为党内外群众提供检举、控告、申诉的必要条件。

第二章　处理检举、控告、申诉的程序和方法

第一节　处理检举、控告的程序

第七条　中央纪律检查委员会收到对中央委员会、中央纪律检查委员会成员违犯党的纪律行为的检举、控告，应进行初步核实，需要立案检查的，报中央委员会批准。中央以下各级纪律检查委员会收到对上述成员的检举、控告，应及时报告中央纪律检查委员会。

第八条　中央以下各级纪律检查委员会收到对同级党的委员会、纪律检查委员会成员违犯党的纪律行为的检举、控告，应进行初步核实，需要立案检查的，报同级党的委员会批准；涉及常务委员的，经报告同级党的委员会后报上级纪律检查委员会批准。

第九条　对第七、第八条所列范围以外的党员干部违犯党的纪律行为的检举、控告，按照干部管理权限，属于哪一级党的委员会管理的党员干部的问题，就由哪一级纪律检查委员会调查处理。重要的问题，应向上级纪律检查委员会报告，上级纪律检查委员会认为需要时可以直接调查处理。

第十条　对一般党员的检举、控告，由该党员所在的党组织调查处理；上级纪律检查委员会认为需要时可以直接调查处理。

第十一条 中央以下各级纪律检查委员会收到对同级党的委员会的检举、控告，必须报上级纪律检查委员会处理。

第十二条 对党员、党组织的检举、控告，需要立案检查的，按照党的纪律检查机关案件检查工作的有关规定办理。不需立案而被检举、控告人确有缺点、错误的，可由承办的纪律检查机关或有关党组织责成被检举、控告人作出检讨或说明，或通过党内生活进行批评教育。

第十三条 对检举、控告的问题作出处理后，由承办的纪律检查机关或有关党组织将处理结果告知检举、控告人，听取其意见。匿名检举的问题，必要时可在适当范围内公布调查处理的结果。

第二节　处理申诉的程序

第十四条 党员、党组织对所受党纪处分不服的申诉，由批准处分的党的委员会或纪律检查委员会承办。原批准处分的党的委员会或纪律检查委员会已经撤销的，由申诉人现在的相当于原批准处分的一级党的委员会或纪律检查委员会承办。

党员、党组织对纪律检查机关所作的其他处理不服的申诉，由作出处理决定的纪律检查机关承办。

第十五条 对党员、党组织的申诉，需要复议、复查的，按照党的纪律检查机关案件审理工作的有关规定办理。不需要复议、复查的，由承办的纪律检查机关或有关党组织对申诉人说明理由，做好工作。

第十六条 经过复议、复查，如果原结论或处理决定是正确的，应作出维持原结论或处理的决定，并报原批准的党的委员会或纪律检查委员会批准结案；需要改变原结论或处理决定的，应作出新的处理决定，并经原批准的党的委员会或纪律检查委员会批准执行。如果复议、复查结论和决定是由原批准的党的委员会或纪律检查委员会作出的，则不必办理上述批准手续。

第十七条 对党员、党组织的申诉，上级纪律检查委员会认为需要时可以直接复议、复查，也可以责成有关的党的委员会和纪律检查委员会复议、复查。

第十八条 对申诉的问题复议、复查后，由承办的党的委员会或纪律检查委员会将处理意见和复议、复查结论同申诉人见面，听取其意见。复议、复查的结论和决定，应交给申诉人一份。

第十九条 申诉人如果对复议、复查结论仍然不服，由批准的党的委员会或纪律检查委员会，将申诉人的意见及复议、复查的结论和有关材料，一并报上一级党的委员会或纪律检查委员会审查决定。

第三节　处理检举、控告和申诉的基本方法

第二十条 对检举、控告、申诉中的重要情况和问题，可采取适当的书面形式，及时向党的有关领导机关、领导同志和有关部门反映。

第二十一条 对本级党的委员会管理的党员干部的检举、控告和本级党的委员会管理的党员干部的申诉，分别由本级纪律检查委员会的案件检查部门和案件审理部门办理。重要的可由本级纪律检查委员会领导批示办理。

第二十二条 涉及下级党的委员会管理的党员干部和一般党员的检举、控告、申诉，按照分级负责的原则，转交下级相应的纪律检查机关或有关党组织办理。重要的可函交下级纪律检查机关或有关党组织调查处理，有的可责成其报告调查处理的结果。

第二十三条 对转交下级纪律检查机关或有关党组织办理的检举、控告和申诉，交办的纪律检查机关可采取检查、催办、参与调查、参与研究处理意见等方法，促使问题及时、正确地得到处理。

第二十四条 对匿名的检举材料，要具体分析，区别对待，慎重处理：没有具体事实的，可不予置理；反映情节轻微的一般问题的，可将问题摘抄给被检举人，责成其作出检讨或说明；反映重要问题的，可先进行初步核实，再确定处理办法；内容反动的，可交公安部门处理。

第三章　受理机关的职责和工作要求

第二十五条 在控告申诉工作中，各级纪律检查机关的责任是：按照规定的范围受理检举、控告和申诉，从中了解党风党纪情况和违纪案件线索；直接办理或向下级纪律检查机关和有关党组织交办检举、控告和申诉；指导和协助下级纪律检查机关做好控告申诉工作。

第二十六条 各级纪律检查委员会的控告申诉工作部门承担处理检举、控告和申诉的日常工作，遵照本级纪律检查委员会的决定和有关规章制度，履行下列职责：

（一）通过处理群众来信和接待群众来访，受理检举、控告和申诉；

（二）向本级纪律检查委员会反映检举、控告和申诉的情况和问题；

（三）承办上级和本级纪律检查委员会交办的检举、控告、申诉和其他事项；

（四）向本级纪律检查委员会有关部门移送或向下级纪律检查机关、有关党组织交办检举、控告和申诉，向有关部门转办不属于纪律检查机关职责范围的信访问题；

（五）调查研究控告申诉工作情况，拟订控告申诉

工作的规章制度,对下级纪律检查机关的控告申诉工作进行业务指导;

(六)协调处理信访问题,疏导上访群众,维护正常的工作秩序和社会秩序。

第二十七条 各级纪律检查机关对受理的检举、控告和申诉,应及时办理,不得延误。对应由上级处理的问题,应迅速报告上级处理;对应由本级处理的问题,本级有关领导或有关部门应及时处理;对应由下级处理的问题,应迅速转交下级处理。

第二十八条 对于上级纪律检查机关要求报告调查处理结果的检举、控告、申诉件,承办的纪律检查机关或有关党组织一般应在三个月内报告结果;不能如期报告时,要说明理由和办理情况。对于没有要求报告结果的检举、控告、申诉,也应及时调查处理,不得置之不理或敷衍塞责。

第二十九条 向上级纪律检查机关报告检举、控告和申诉案件的处理结果,应当材料齐全。

报告检举、控告案件处理结果的必备材料是:

(一)调查报告和处理结论。

(二)检举、控告人和被检举、控告人对调查处理的意见。在检举、控告人或被检举、控告人提出不同意见时,应附有承办单位对其不同意见的说明。

(三)被检举、控告人有错误,组织上已令其检讨或给予组织处理的,应附有本人检讨或处理决定。

(四)呈报机关的审查意见。

报告申诉案件处理结果的必备材料是:

(一)原处理决定、复议结论或复查报告及结论。

(二)申诉人对复议、复查结论的意见。在申诉人提出不同意见时,应附有承办单位对其不同意见的说明。

(三)呈报机关的审查意见。

第三十条 上级纪律检查委员会对下级纪律检查委员会或有关党组织上报的调查处理结果审核后,对处理正确的要及时结案;对处理不当的,要及时提出意见或建议。上下级纪律检查委员会如果在重要问题上有不同意见,由上级纪律检查委员会决定;如果下级纪律检查委员会的处理确有错误又坚持不改的,上级纪律检查委员会有权改变下级纪律检查委员会对案件所作的决定。

第三十一条 对检举、控告和申诉调查处理完毕后,承办单位、交办单位应按档案工作的规定,及时立卷归档。

第三十二条 维护当事人的合法权利。对检举、控告人及检举、控告内容,应当保密。不准将检举、控告材料转给被检举、控告人;不得对检举、控告、申诉人歧视、刁难、压制。对打击报复检举、控告、申诉人的,必须追究责任,严肃处理。

第三十三条 对如实检举、控告或反映情况的,应予以支持、鼓励。对检举、控告不完全属实的,除对不属实的部分予以解释说明外,对属实的部分应予以处理。对检举、控告不实的,必须分清是错告还是诬告:如属错告,应在一定范围内澄清是非,消除对被错告者造成的影响,并教育错告者;如属诬告,必须对诬告者追究责任,严肃处理。

第三十四条 认定诬告,必须经过地、市级以上(含地、市级)党的委员会或纪律检查委员会批准。

第三十五条 对于党员、党组织对党纪处分或纪律检查机关所作的其他处理不服的申诉,必须按照全错全纠、部分错部分纠、不错不纠的原则,实事求是地处理。凡属冤假错案,不管是哪一级组织、哪一个领导人定的和批的,都要实事求是地纠正。

第三十六条 发现党的组织或负责人对党员或党组织的申诉不认真复议、复查和对冤假错案坚持不纠,对受理的检举、控告不负责任,无故拖延不办,或为违纪者说情、开脱,予以包庇的,都要给予批评教育,情节严重的,必须追究责任。

第三十七条 对检举、控告、申诉的问题已经得到正确处理,当事人仍无理纠缠,影响工作秩序的,应当进行批评教育;对不听劝告、屡教不改的,可请公安部门协助处理。

第三十八条 受理机关及其工作人员,在坚持原则、执行政策、秉公执纪、廉洁奉公、遵纪守法、工作作风等方面,必须接受党内外群众的监督。

第三十九条 各级纪律检查机关的领导对重要的检举、控告、申诉,应亲自阅批、接谈,进行处理;要支持承办人员履行职责,保护他们的合法权益不受侵害。

第四章 当事人的权利和义务

第四十条 检举、控告、申诉人在检举、控告、申诉活动中有下列权利:

(一)对党员、党组织违法乱纪的行为有权提出检举、控告。

(二)党员对所受党纪处分或纪律检查机关所作的其他处理不服,有权提出申诉,要求复议、复查。

(三)提出检举、控告、申诉后,在一定期限内得不到答复时,有权向受理机关提出询问,要求给予负责的答复。

(四)有权要求与检举、控告、申诉案情有关或有牵连的承办人员回避。

(五)对受理机关及承办人员的失职行为和其他违纪行为有权提出检举、控告。

(六)因进行检举、控告、申诉,其合法权利受到威胁或侵害时,有权要求受理机关给予保护。

第四十一条　检举、控告、申诉人在检举、控告、申诉活动中，必须履行下列义务：

（一）对所检举、控告、申诉的事实的真实性负责。接受调查、询问时，应如实提供情况和证据。如有诬陷、制造假证行为，须承担纪律责任。

（二）遵守党的纪律和控告申诉工作的有关规定，维护社会秩序和工作秩序。如有违犯，须接受教育、劝告，直至承担纪律责任。

（三）接受党组织的正确处理意见，不得提出党章、制度、政策规定以外的要求。

第四十二条　被检举、控告人在党组织处理对他的检举、控告过程中有下列权利：

（一）对被检举、控告的问题有权进行说明解释。

（二）基层党组织讨论决定对他的党纪处分或其他处理时，有权参加和进行申辩。

（三）有权要求党组织将调查处理结论同本人见面。

（四）对党组织认定本人所犯错误的事实、性质和所作处理决定有不同意见时，有权向上级党组织直至中央提出申诉。

（五）对受理机关及承办人员的失职行为和其他违纪行为有权提出检举、控告。

（六）当合法权利受到威胁或侵害时，有权要求受理机关给予保护。

第四十三条　被检举、控告人在党组织处理对他的检举、控告过程中，必须履行下列义务：

（一）配合党组织查清被检举、控告的问题，如实提供情况和证人，接受检查和询问，主动交代问题。如有隐瞒、诬陷、抗拒等行为，须承担纪律责任。

（二）对所犯错误，必须正确对待，认真检讨，接受处理，不得违反组织决定。

（三）尊重检举、控告人和承办人员的权利和职责，如有利用职权打击报复检举、控告人和承办人员的行为，须承担纪律责任。

第五章　附　则

第四十四条　本条例是党内处理检举、控告、申诉的规则，各级纪律检查机关和党组织必须严格执行。

第四十五条　各省、自治区、直辖市纪律检查委员会，中央直属机关和中央国家机关纪律检查工作委员会，可根据实际情况，制定实施本条例的细则或具体规定，报中共中央纪律检查委员会备案。

第四十六条　中国人民解放军的纪律检查机关的控告申诉工作，可参照本条例另作规定。

第四十七条　本条例由中共中央纪律检查委员会负责解释和修改。

第四十八条　本条例自一九九三年九月一日起施行。其他有关控告申诉工作的规定，如与本条例不一致时，按本条例执行。

全国人大常委会副委员长王汉斌在北京会见香港各区区议员访京团

十六省市纪检监察信息工作交流会在郑州结束

会议提出今后一个时期的工作重点：紧紧围绕反腐败斗争，强化信息的“耳目”和“神经”作用，为领导决策和决策的贯彻执行提供全方位的服务。

纪检监察信息工作是纪检监察机关下情上达、上情下达的重要渠道和进行科学决策、正确指导工作的依据。当前，纪检监察机关深入开展反腐败斗争，对纪检监察信息工作的质量和水平提出了更高的要求。围绕反腐败斗争，纪检监察信息工作第一要客观、及时、准确地反映各地区、各部门查处违反党纪政纪案件的情况，尤其是查处领导机关、领导干部利用职权谋取私利、搞权钱交易等大要案的情况；第二要抓住群众反映强烈的热点问题，反映各地区、各部门认真纠正不正之风的情况，抓住那些带有全局性、政策性的重要信息进行反馈，善于发现那些在一个地区、一个部门或一个单位已经形成的倾向性、苗头性的问题并及时反映，力求为各级领导机关提供全面的有价值的情况，以便采取措施，促进反腐败斗争和纠正行业部门不正之风工作的深入；第三要广泛收集党内外各界群众对深入开展反腐败斗争的反应，了解群众反映强烈的问题，为领导机关和领导干部的科学决策提供参考依据。

国家副主席荣毅仁在江苏考察

荣毅仁 5 月 21 日至 27 日在中共江苏省委书记沈达人、省长陈焕友等同志陪同下，到南京和无锡两市一些大中型企业、合资企业、乡镇企业和村办农场调查研究。

在同一些领导干部交谈时，荣毅仁强调说，目前，全国经济发展形势很好，但是，也存在一些矛盾和不容忽视的问题。比如，要加快经济发展，资金又十分紧缺；要发展外向型经济，又不能放松国内市场的建设；要放开价格，又要遏制通货膨胀；要发展多种非公有制经济的辅助作用，又要维护国有经济的主体地位。解决这些问题，特别是其中一些深层次问题，要靠不断深化改革。同时还要及时处理好经济生活中出现的新情况，新问题。他说，当前一个重要的问题就是要搞好宏观调控。发展市场经济不能没有宏观调控。调控不是干扰，是指导，是引导。调控得好，可以使经济建设健康发展，向着建立社会主义市场经济体制的方向前进。我们一定要在实践中不断总结经验，尽可能防止发生大的偏差，大的波折。当然，有一点偏差和波折也不可怕。

荣毅仁在考察中对国有大中型企业的现状很关注。荣毅仁多次强调说，国有大中型企业在历史上是作过很大贡献的，在国民经济发展中始终发挥着主体作用。现在由于多种原因，主要是经济体制转变过程中，政企都还不能适应，使若干大中型企业的发展遇到了不少困难。他指出，解决这一问题，一方面需要尽可能改善大中型企业的外部条件，同时也需要通过改革，转换企业内部机制，大中型企业要努力改善经营管理，使生产适应市场需求，提高产品质量，降低成本，增加效益，也就是说企业要把自己的事情办好。

全国部分城市学法用法座谈会在湖北襄樊召开

座谈会于21日至25日召开。

全国普法办公室主任、司法部部长肖扬在会议开始时讲话。他认为，经过党的十四大和八届全国人大一次会议以及中央领导同志的多次强调，各地领导同志对法制是社会主义市场经济的内在要求，法制建设必须与市场经济体制建设同步发展，没有健全的法制就没有完善的成功的市场经济，从一定意义上说，市场经济就是法制经济等观点已有了初步认识。肖扬说，把法制在市场经济体制中的作用、地位提到这样的高度来认识，是考虑到中国经济运行方式正在发生重大变化，也是借鉴了近200年来众多市场经济体制国家的经验教训，同时也是从市场经济本身特性出发。市场经济运行主体的自主性、市场经济活动的契约性、市场经济往来的信用性、市场经济的竞争性、市场经济的统一性、市场经济的国际性、对市场经济宏观调控的必要性，以及市场经济中裁判和仲裁活动等等都要求法制。

肖扬对进一步加强依法治市工作提出了几点要求：一是要继续提高对市场经济条件下开展依法治市工作的认识，只有一手抓建设，抓市场经济，一手抓法制，抓依法治市，落实“两手抓”，经济才能上新台阶；二是要适应市场经济需要，大力加强地方立法和建章立制工作，将城市工作各方面纳入法制轨道；三是要改革和加强市场经济条件下的行政执法，保障市场经济的正常运行和健康发展；四是要继续全面贯彻“二五”普法规划，在广大干部群众中普及市场经济法律知识，树立市场经济法制新观念；五是要下大力气抓好基层和部门、行业的依法治理，拓展深度和广度，提高依法治理的总体水平。

国家主席江泽民在人民大会堂会见葡萄牙外交部部长杜朗·巴罗佐

江泽民说，我们重视发展中葡友好合作关系，因为这不仅符合双方的利益，也有利于世界和平。中葡两国圆满解决了历史遗留的澳门问题，并在实施联合声明和保证澳门稳定发展方面进行了良好的合作。这说明，只要双方都怀有真诚的愿望，任何复杂的问题都可以得到妥善解决。

国家主席江泽民在人民大会堂接受美国有线电视公司北京记者站首席记者齐迈可的采访

当记者问及对中美关系的看法时，江泽民说：你提这个问题，不禁使我回忆起21年前，当时的美国总统尼克松先生访华，一抵机场，他就申明，他是为了美国的利益而来。看来国与国之间关系的发展，总是要考虑维护国家的根本利益。中美都是世界上有影响的大国，双方存在着共同的利益，否则就不会有双方20多年关系的发展。今天形势有了很大变化，但中美间仍然存在着广泛的共同利益。克林顿总统就任以来把振兴美国经济作为美国新政府的首要目标，中国政府则把发展经济作为自己的中心任务。中美两国发展经济贸易和其他方面的关系，对双方都有利。中美作为两个大国保持良好、正常的关系，符合两国人民的愿望和切身利益，也有利于亚太地区乃至全世界的和平与稳定。中国政府十分重视中美关系，珍视两国人民多年来共同努力所取得的成果。对于双方存在的分歧，我想可以通过对话解决，解决不了也可以求同存异。在这里，我愿意重申：我们希望与美国增加信任，减少麻烦，发展合作，不搞对抗。我们希望中美双方能为改善和发展关系共同作出努力。在克林顿先生就任总统和我当选为国家主席时，双方互致祝贺，并表示了保持和发展中美关系的愿望。我希望良好的愿望逐步成为现实。

关于最惠国待遇问题，江泽民说：现在都在说最惠国待遇问题，这本来应该是两国之间发展经济贸易关系的基础，不应该成为问题，我们希望能够得到很好的解决。如果取消，双方都将受到损害。对美国来说，至少损失十几万个就业机会，消费者要花更多的钱来买消费品。美国对中国的对外贸易固然重要，中国对美国的对外贸易恐怕也不是不重要的。

在谈及国内形势时，江泽民说：我们国内形势是好的。邓小平是中国改革开放的总设计师。15年来我们贯彻执行改革开放的政策，中国的面貌发生了巨大的变化，国民经济持续增长，人民安居乐业，生活水平逐步提高。中国社会稳定、政治稳定，庞大的市场吸引着越来越多的海外投资者。改革开放政策在中国已深入人心，不可逆转。

当记者问到中国面临的挑战和问题时，江泽民说：我们走的是一条前人未走过的路。我们的国家有

11亿多人口，发展不平衡，总体说来，我们的经济同发达国家相比还有很大的差距。我们充分认识到，在前进的道路上会有这样或那样的问题和困难。我们感谢国外许多朋友不时提醒我们要注意经济发展中的一些问题。我们相信，在全国人民的共同努力下，我们有能力解决前进中的问题，在建立社会主义市场经济体制，建设有中国特色社会主义的道路上不断前进。

当记者问及中国现在拥有亚洲规模最大的军队，而且仍在增加军费，这已引起邻国的一些不安，中国对这些担心有什么看法时，江泽民说：中国是爱好和平的国家，中国历来奉行独立自主的和平外交政策，一贯在和平共处五项原则的基础上同各国发展友好合作关系。中国有限的国防力量完全是为了防御和自卫，以维护国家的安全。1985年，中国裁军100万，这在国际上是很少见的。至于说到中国军费，在世界上应该算是低的。今年中国的军费预算折合为73亿美元，仅占美国今年军费2743亿美元的2.66%，按人均计算，中国人均6美元，美国则为1100美元。中国在国外没有驻军，也没有任何军事基地。中国现在不称霸，将来经济发展了也绝不称霸，这是我们坚定不移的方针。对中国的担心是不必要的。

在回答有关朝鲜半岛无核化和朝鲜核核查问题时，江泽民说：中国一贯反对核扩散。我们支持朝鲜半岛无核化，不赞成在朝鲜半岛出现任何核武器。朝鲜核核查问题主要应由朝鲜与国际原子能机构和美国以及朝鲜北南双方之间谈判解决。有关方面现已开始直接接触，我们表示欢迎。希望有关各方保持对话的势头，早日妥善解决朝鲜核核查问题。

在采访结束时，江泽民还向美国人民致以良好的祝愿。

全国人大常委会委员长乔石在人民大会堂会见以色列外交部部长西蒙·佩雷斯

全国人大常委会委员长乔石在人民大会堂会见老挝外交部部长宋沙瓦·凌沙瓦

国务院副总理朱镕基在加拿大蒙特利尔参观CAE电子公司

朱镕基在蒙特利尔参观CAE电子公司时表示，中国将同外国公司合作，发展自己的民用航空事业，以适应经济高速发展的需要。CAE是一家主要制造飞行模拟器的公司。中国已从这家公司引进或预订了7套类型不同的飞行模拟器。朱镕基对CAE公司总裁卡瓦迪亚斯说，中国政府将集中财力、物力优先发展民用航空，把民用航空放在仅次于铁路的地位，以便使它在今后10年内得到迅速发展。

国务院副总理李岚清晚上在北京会见来访的美国罗索尔20—20集团投资考察团

外交部部长钱其琛在钓鱼台国宾馆会见巴基斯坦外交部秘书长扎基

外交部部长钱其琛在钓鱼台国宾馆同老挝外交部部长宋沙瓦·凌沙瓦会谈

外交部部长钱其琛在钓鱼台国宾馆会见由九龙城区区议员黄志强率领的香港各区区议员访京团

钱其琛对香港区议员发起签署“香港各区区议员对中英会谈和1994～1995年选举安排立场书”表示赞赏。钱其琛表示，中国政府重视同香港基层的沟通，区议员团的此次来访是一项爱国爱港的举动。他指出，爱国爱港是一致的，香港的前途是同中国的稳定发展联系在一起的。

在谈到开始举行的中英关于香港1994～1995年选举安排问题的第三轮会谈时，钱其琛说，会谈应该在中英联合声明、与基本法衔接的原则和中英以往达成的有关协议和谅解的基础上进行。已经达成的协议和谅解不容重新谈判，现在只是执行有关协议和谅解的问题，如何具体执行，双方是可以商量的。对此，中国政府是抱有诚意的。

中国佛教协会会长赵朴初在北京会见日本山田惠谛长老佛教访华团

赵朴初设宴，为日本佛教界3位最具影响力的长者——山田惠谛长老（100岁）、庭野日敬先生（88岁）和田泽康三郎先生（80岁）祝寿。

山田惠谛长老是日本天台宗座主、全日本佛教会会长。他是中国人民和佛教界的老朋友，曾受到毛主席、周总理的亲切接见，他的90岁和95岁寿辰都在我国度过。此次应中国佛协和赵朴初会长的邀请，山田惠谛长老专程来华做百岁寿辰，并与立正佼成会开祖庭野日敬先生和松绿神道大和山教主田泽康三郎先生一起率近300人的大型佛教团访华。

中国政府代表外交部副部长姜恩柱和英国政府代表驻中国大使麦若彬开始就香港1994/1995年选举安排问题在北京举行第三轮会谈

《中华人民共和国政府和乍得共和国政府关于中

国派遣第四批医疗队赴乍得工作的议定书》在恩贾梅纳签订

中共中央总书记江泽民为中央社会治安综合治理委员会主办的杂志《长安》题写刊名

中国版协和中国韬奋基金会联合主办的第三届出版奖在北京揭晓

世界中学生体育联合会执委会会议在北京召开

来自22个国家和地区的30多位代表参加大会。大会的主题是研究和讨论世界中学生体育联合会未来的发展和交流的活动规划。

世界中学生体育联合会成立20多年来，积极组织各成员国参加多种项目的体育比赛和交流活动，为促进世界中学生体育运动的发展，增进世界各国中学生的友好往来发挥了积极的作用。

5月22日

中央党校校长乔石出席中央党校省部级干部进修班第14期毕业典礼并讲话

乔石指出，建立社会主义市场经济体制是我们面临的新课题，也是前人没有走过的道路。因此，用邓小平建设有中国特色社会主义的理论武装全党、武装自己，这是我们各级领导干部的一项根本任务和共同责任。

乔石说，建设有中国特色社会主义的理论是邓小平总结了我国长期的正反两方面的历史经验，把马克思主义基本原理同当代中国实际结合起来，用新的思想、观点继承和发展了的马克思主义。因此，我们学习这个理论，必须坚持马克思主义基本原理，不能认为它已经过时了；同时又必须坚持紧密同中国当代实际相结合，在实践过程中丰富和发展马克思主义。中央要求各级领导干部能够系统地而不是零碎地、实际地而不是空洞地学习和掌握建设有中国特色社会主义的理论，要有计划地分批组织干部学习，这是非常重要的。各级干部领导水平的高低，取决于学习、掌握和运用这个理论的程度。如果对当前经济、政治、军事、文化战线上的实际问题，能够依据马克思主义立场观点和方法，给予科学的解释、理论的说明，用有中国特色社会主义的理论提出解决问题的对策，这才是真正适应需要的好干部。

乔石认为，在深化改革中，当前突出的是宏观调控的改革滞后，特别是现行投资体制的改革更为迫切。今后一个时期需要加强投资管理体制的改革，以此带动计划、金融、财政体制的改革。特别是权力下放之后，地方、部门必须共同负责，加强宏观调控，克服本位主义，树立全局观念，这对建立在宏观调控下的市场经济体制是至关重要的。我们要抓住机遇，加快发展，但是必须从实际出发，扎扎实实地把经济工作搞好。如果盲目乐观，只见有利条件，看不到交通、能源等制约因素；只追求产值，不讲求效益，不积蓄后劲，结果可能欲速不达，甚至造成损失，丧失机遇。

乔石指出，建立社会主义市场经济体制，迫切需要加强法制建设。我们要用改革的精神，加快经济立法，改变目前市场出现的某些混乱、无序的现象。应该看到，在建立市场经济体制过程中，有些新的措施，应尽可能做到先立法后行动，使法律能起到先导作用，使人们知道应该做什么，不允许做什么；什么是合法的，什么是违法的。如果一哄而起，各行其是，等发生混乱再去纠正，损失就大了。对急用的要先立法，再逐步完善。还可以从我国的国情出发，参照、借鉴一些市场经济比较发达的国家和地区的法律条文，这有利于我们的立法工作。与此同时，还要加强执法监督，充分发挥人民代表大会的监督、民主党派的监督、人民群众的监督、新闻舆论的监督作用。要广泛进行普法教育，树立遵守宪法和法律的观念，坚决纠正有法不依、执法不严、违法不究的现象。乔石在谈到在社会主义市场经济条件下如何加强党的建设，发挥党员的先锋模范作用时指出，在市场经济条件下，对党组织和党员的要求不是降低了，而是更高了。首先，要在党员中继续深入进行理想、纪律的教育。共产党员在发展市场经济中是干什么的？还是党章中规定的，要当人民的公仆，全心全意为人民服务。这个不能动摇。共产党员要带头发展社会主义市场经济，但不能利用职权，损公肥私，搞权钱交易；共产党员要学会市场经济，懂经营，善管理，带领群众共同致富，而不能只顾个人发财。最近有几个省的省长在上任之后，马上约法三章，对自身约束规定几条，这是好现象。如果从上到下，层层都能先订几条自我约法，发挥先锋模范作用，加上强化监督机制，那么全党的自我约束机制就可能形成，全党、全国通行的纪律法规也比较容易出台了。总之，纪律必须加强，那种认为“经济要上、纪检要让”的看法是非常错误的。

乔石最后指出，我们的事业需要一代代干下去。因此，加强对青年一代的教育，真正带领好新一代的接班人，也是高级干部的一项重要职责。两代人之间需要理解，需要沟通，要消除所谓的“代沟”。这需要两方面共同努力，而主导方面在于老一代。要关心青年，爱护青年，主动接近青年，用他们所熟悉的语言同他们进行交往和沟通，以增进相互理解。这样才能真正教育和带领他们成为有理想有抱负的新人才，我们建设有中国特色社会主义的事业才能后继有人。中央党校常务副校长薛驹主持毕业典礼。

国家主席江泽民和国务院总理李鹏联名致电厄立特里亚总统伊萨亚斯·阿费沃尔基祝贺厄立特里亚独立

《人民日报》发表评论员文章《要勇于负责——三谈改进领导作风》

中央社会治安综合治理委员会在贵阳召开全国铁路护路联防工作现场会

会议于22日至24日召开。中央政法委秘书长、中央综合治理委员会委员束怀德在会议结束时强调，党和国家对铁路治安越来越关注，要求越来越高。但是全国铁路治安却出现打击整治不断、问题越来越多的非正常状况。往往是打击得狠一些，犯罪活动就收敛一阵；工作稍有放松，犯罪活动就又抬头，治安形势就出现反复。究其原因，很重要一条就是在打击整治之后，防范工作没有及时跟上，或者说始终缺乏有效的防范措施。

束怀德认为，今年下一步打击“车匪路霸”的斗争，要把有关部门动员起来，齐抓共管，把打击和综合治理的其他措施结合起来，充分发挥综合治理的优势，才能巩固围歼“车匪路霸”斗争的战果。他提出，贵州运用民兵进行护路联防，为铁路治安联防树立了很好的典范，为力争尽快使铁路治安形势明显好转提供了宝贵的经验。

国务院在北京召开中央和国家机关有关部委负责人会议部署贯彻落实《关于减轻农民负担的紧急通知》

会议部署贯彻落实中共中央办公厅、国务院办公厅《关于切实减轻农民负担的紧急通知》，率先清理涉及农民负担的各种文件和项目问题，以确保6月底以前把这些文件和项目清理完毕。国务委员陈俊生出席会议并讲话。

会议要求有关部门负责人对减轻农民负担一定要给予高度重视。当前，农民负担过重问题十分突出。国务院关于《农民承担费用和劳务管理条例》明文规定：农民直接向集体经济组织缴纳的村提留和乡统筹，以乡为单位，不得超过上一年农民人均纯收入的5%。可是许多地方都超过了这个比例，而且各种收费、集资、基金、摊派、达标活动越来越多。据农民负担监督管理部门统计，涉及中央国家机关各部门制定的行政事业性收费、集资、基金等项目有93项，其中有摊派、强制性的23项。另外，在农村要农民出钱出物出工的各类达标升级活动有43项；地方各级自行制定的项目有269项；错误的收取和管理方法的还有10余种。

陈俊生说，党中央和国务院对减轻农民负担问题高度重视，抓得很紧。今年3月20日发出的“两办”紧急通知，是根据整个农村形势特别是针对当前农村中存在的突出问题而采取的一个断然措施。如果不从当前整个农村形势出发，孤立地理解减轻农民负担问题，就不会那么深刻，执行起来也不会坚决。在分析为什么会出现上述现象时，陈俊生说，原因主要是一段时间以来，农业是国民经济基础的观念在一些同志头脑中淡漠了，一些地方和部门出现了明显忽视农业、忽视农民利益的倾向，农村工作放松了，群众观念淡薄了。陈俊生强调，忽视农业，不关心农民疾苦，不重视农民切身利益，就是缺乏群众观念。他说，“两办”紧急通知要求中央、国家机关有关部委6月底以前把涉及农民负担的文件和项目清理完毕。

国务院办公厅发出关于抓紧落实1993年粮食预购定金和棉花生产贴息贷款发放工作的紧急通知

通知说，经各级政府和有关部门的努力，目前许多地区的粮食预购定金和棉花生产贴息贷款（以下简称“两金”）已基本到位，陆续发放到商业企业和农民手中。但是，各地“两金”的发放工作很不平衡。各级政府和有关部门要及时解决“两金”发放中的问题，采取坚决、有力措施，加快“两金”的发放速度，确保“两金”按规定全部发到农民手中。

紧急通知要求各地人民政府和国务院有关部门：

——严禁从“两金”中扣款和截留、挤占挪用“两金”。要保证农民及时足额拿到“两金”，充分调动农民种好粮棉的积极性。

——要通过发放“两金”，进一步促进国家粮棉合同定购任务的完成，认真组织落实粮棉合同定购计划。

——人民银行和农业银行为发放“两金”新增的贷款规模和资金，必须全部用于发放“两金”，各级政府和金融机构不得以任何借口挤占挪用，对违者要追究责任。要立即纠正少数地区要求农业银行或信用社直接向农民发放贷款并收取利息，以代替“两金”发放的错误做法。

国家主席江泽民为美国费城交响乐团再次访问中国题词

中共中央政治局常委胡锦涛在人民大会堂会见德国共产党联邦理事会发言人海因茨·施泰尔

外交部部长钱其琛致电厄立特里亚临时政府外交部长马哈茂德·谢里夫祝贺厄立特里亚正式宣告独立

外交部发言人就中国驻柬埔寨维和人员遭袭击表示强烈谴责

有记者问:据报道,中国参加联合国驻柬维持和平行动的人员有两人被炸身亡,四人受伤。请证实并评论。

发言人说:“5月21日晚,在柬埔寨磅湛省斯昆镇执行维和任务的中国工程兵地遭到炮击,中国两名工程兵被打死,4名工程兵受伤。我们强烈谴责这一严重暴行。”这位发言人说:“中方要求联柬机构查明事实真相并采取切实有效措施,确保参加维和行动的中国工程兵的人身安全。中方并严正要求柬埔寨有关势力立即停止对包括我国工程兵在内的联合国维和行动人员的袭击。”

中国驻柬埔寨维持和平人员遭袭击并造成伤亡

21日晚10时40分到22日零时30分,驻扎在柬埔寨斯昆镇的中国工兵大队一中队遭到炮火袭击。首枚炮弹击中营地住房,两名战士当场牺牲,4名战士受伤。

受伤的4名战士有3名被送往金边野战医院治疗,无生命危险。另外一名轻伤者在当地包扎治疗。今天下午,我驻柬代表处官员到医院慰问受伤战士。

中国驻柬埔寨有关人员就中国驻柬维和人员遭袭击发表谈话

中国工兵大队大队长马继东中校22日上午在金边的中国工兵大队总部接受记者专访时指出:“我们对这一暴力事件表示极大的愤慨,要求联柬机构尽快查明事件真相。”

中国驻柬埔寨全国最高委员会代表处首席代表傅学章22日上午会见联合国驻柬维持和平部队副司令就此事进行交涉,要求联柬机构迅速查明事件真相。在此之前,五月四日,中国工兵大队驻磅同的营地曾遭炮火轰击,但没有伤亡。

山西万家寨引黄入晋工程奠基

这是新中国成立以来最大的引水工程,干渠总长3415公里,总投资为96亿元。

5月23日

宋平在坚持和发展毛泽东建党思想理论研讨会上发表题为《中国特色社会主义和中国共产党》的讲话

在迎接中国共产党建党72周年的时候,我们高兴地看到,党所领导的建设有中国特色社会主义的宏伟事业,正在越来越显示出蓬勃的生机,取得举世瞩目的成就。

党的第十四次全国代表大会,总结了党的十一届三中全会以来我国社会主义现代化建设和改革开放的丰富经验,系统地阐述了建设有中国特色社会主义的理论,并对90年代的主要任务作出了部署。实现十四大提出的奋斗目标,夺取有中国特色社会主义事业的更大胜利,关键在于建设好我们的党。没有一个坚强的马克思主义的党的正确领导,有中国特色的社会主义事业就不能成功。在新的历史条件下,加强和改进党的建设,使我们党更好地担负起领导建设有中国特色社会主义的历史重任,是我们面临的一个十分重大的课题。

一、建设有中国特色的社会主义,必须坚持共产党的领导

近代中国曾经长期遭受帝国主义、封建主义、官僚资本主义的压迫。在中国共产党领导下,经过不屈不挠的奋斗,才结束了这种屈辱的历史,实现了人民当家做主,确立了社会主义制度。在我们这样一个人口众多、经济文化比较落后的大国,要赶上发达国家的经济发展水平,使全体人民都富裕起来,使中华民族能够在激烈竞争的国际环境中自立于世界民族之林,只能在共产党的领导下,走有中国特色的社会主义道路。这是坚持马克思主义基本原理同中国具体实际相结合,顺应中国最广大人民的愿望和历史要求的必然选择。

建设有中国特色的社会主义是具有深远历史意义的空前壮举,也是时代赋予中国共产党人的光荣使命。只有中国共产党,才能制定和实行正确的路线方针政策,把全国各族人民团结起来,组织起来,为着实现振兴中华的目标而共同奋斗。任何其他的党,都不可能完成这个任务。社会主义的本质,是解放生产力,发展生产力,消灭剥削,消除两极分化,最终达到共同富裕。有中国特色的社会主义与以私有制为基础、两极分化的资本主义有本质区别;也不同于过去那种经济成分和分配形式单一、权力过分集中的社会主义模式。我们党确定并坚持的基本路线,是保证有中国特色的社会主义沿着正确的方向发展的唯一正确的路线。“一个中心、两个基本点”是密切不可分的。关键是坚持以经济建设为中心不动摇。改革是一场革命,是解放生产力,实现中国现代化的必由之路。实行对外开放,吸收和利用世界各国所创造的一切先进文明成果来发展社会主义,是改革和建设必不可少的。四项基本原则是立国之本,也是改革开放的前提,必须把改革开放同四项基本原则有机地结合起来。有中国特色的社会主

义所以具有蓬勃的生命力，就在于它是实行改革开放的社会主义；中国的改革开放所以能够健康发展，就在于它是有利于巩固和发展社会主义的改革开放。党的十四大确定的经济体制改革的目标很明确，就是在坚持公有制和按劳分配为主体、其他经济成分和分配方式为补充的基础上，建立和完善社会主义市场经济体制，以进一步解放和发展社会生产力，不搞私有化；政治体制改革的目标也很明确，就是以完善人民代表大会制度、共产党领导的多党合作和政治协商制度为主要内容，发展社会主义民主政治，不搞西方资本主义的议会制和多党制。我们坚持以经济建设为中心，高度重视社会主义精神文明建设，不断推进社会全面进步。越是改革开放越要加强思想政治工作，坚持“两手抓”，做到“两手都要硬”，不能“一手硬、一手软”。

今天，我们国家所以能够在国际风云变幻的形势下，克服各种困难，保持社会政治稳定，经济迅速发展，就是因为有一个久经考验的马克思主义的党的领导；我们所以能够坚定不移地实行改革开放，积极引进外资，鼓励多种经济成分的发展，也是因为有一个坚强的党，政权掌握在人民手里，能够坚持社会主义的基本政治制度和经济制度。

二、用邓小平建设有中国特色社会主义的理论武装全党

用马克思主义理论做指导，从而认识和掌握社会历史发展的客观规律，根据实际情况确定具体的方针政策，是中国共产党的特点，也是我们永远遵循的一条原则。我们党的最终目标，是实现共产主义的社会制度。我们现在建设有中国特色的社会主义，就是朝着这个目标前进的。当然，这是一个相当长的历史过程，但并不是有人说的虚无缥缈的东西。实现共产主义是人类社会历史发展的必然，崇高的共产主义理想是共产党人奋斗不息的力量源泉。在民主革命初期，就有无数先烈为之奋斗、为之献身，那时连社会主义初级阶段也没有看到，他们深信这个目标是一定会实现的。我们应该学习他们这种真正共产党人的精神。

有些西方政治家看到一些社会主义国家发生演变，兴高采烈，宣称共产主义已经死亡，马克思主义大失败。慢慢冷静下来后，有的人也开始感到不是那么回事。资本主义的固有矛盾没有解决，社会主义仍然是被压迫民族和人民争取自身解放的希望。历史上任何新的社会制度的建立和巩固都经历了曲折发展的过程，社会主义当然也不例外，在发展进程中遇到一些曲折是难免的，它不会改变科学社会主义理论所揭示的人类社会历史发展的总趋势。真正的共产党人将从挫折中经受锻炼，吸取教训，促使社会主义更加健康地发展。

我们党深深懂得，领导建设有中国特色的社会主义事业，必须以马列主义、毛泽东思想作为自己的行动指南，只有这样，才能正确认识社会发展规律，明确自己的奋斗目标，始终保持党高度的思想统一和坚定的原则立场，领导革命事业不断取得新的胜利。马克思主义不是一成不变的教条。要研究新的实践和总结历史经验，解放思想，实事求是，不断丰富和发展马克思主义。决不能停留在对马克思主义的某些原则、某些本本的教条式理解上；或者停留在那些超越社会主义初级阶段的不正确的理解上；也不能借口情况发生变化，怀疑和否定马克思主义的基本原理和指导作用，搞什么“指导思想的多元化”。各级领导干部和从事党务工作的同志，尤其要努力提高马克思主义水平，提高鉴别和抵制错误思潮的能力。

党的十一届三中全会以来，以邓小平同志为核心的我们党的第二代领导集体，坚持和发展马列主义、毛泽东思想，形成并不断完善建设有中国特色社会主义的理论，比较系统地初步回答了中国这样的经济文化比较落后的国家如何建设、巩固和发展社会主义的一系列基本问题，制定了党在社会主义初级阶段的基本路线。坚持以马列主义、毛泽东思想作为党的指导思想，就要用邓小平建设有中国特色社会主义的理论武装全党。这是我们事业能够经受各种风浪的考验，胜利达到目标的最可靠保证。要认真学习邓小平同志的战略思想和理论观点，学习他运用马克思主义的立场、观点和方法，研究新情况，解决新问题，尊重群众，尊重实践，解放思想，实事求是的科学态度，既继承前人，又勇于突破陈规的创新精神。

三、始终坚持党的工人阶级先锋队性质

党章指出，中国共产党是中国工人阶级的先锋队，是中国各族人民利益的忠实代表，是中国社会主义事业的领导核心。坚持党的工人阶级先锋队性质，是党的建设中一个带根本性的大问题，也是关系到有中国特色的社会主义事业成败的大问题。

我们党是按照马列主义的建党思想和原则建立起来的。虽然当时我们国家是一个半殖民地半封建的国家，农民占人口的绝大多数，但我们党认为工人阶级是先进生产力的代表，富于革命的坚定和彻底性，最有战斗力，是革命的领导阶级。党只有作为工人阶级的先锋队组织，才能代表最大多数人民的利益，把最广大的群众紧紧团结在自己的周围，为实现党的历史使命而共同奋斗。在长期革命和建设中，党建立了巩固的工农联盟，和一切爱国力量结成了广泛的统一战线，领导人民取得了新民主主义革命的胜利，取得了社会主义革命和建设的巨大成就。

随着社会阶级关系的变化，有人对党的工人阶级

先锋队性质产生了怀疑，出现了类似所谓“全民党”的主张。事实上，非阶级的、超阶级的政党是不存在的。有些自称是非阶级的、超阶级的党，实际上代表的是资产阶级的利益。中国共产党从诞生之日起，就明确宣布自己是中国工人阶级的先锋队。党始终把从思想上建党放在首位，坚持用工人阶级的先进思想教育党员树立无产阶级世界观，坚持全心全意为人民服务的宗旨，使我们党既有鲜明的阶级性、先进性，又有广泛的群众基础。新中国建立以后，工人阶级是国家的领导阶级，所处的政治、经济地位有了根本性的变化，工人阶级的队伍有了很大发展，科学文化素质大大提高，知识分子成为工人阶级的一部分。但是，工人阶级的阶级特性和固有本色没有改变。在整个社会主义建设时期，我们党都必须始终坚持工人阶级先锋队的性质，全心全意依靠工人阶级。如果改变了党的性质，脱离了党的阶级基础，那么，共产党的存在就失去了意义。

党的性质问题，说到底，是建设一个什么样的党的问题。工人阶级的命运是同社会主义的命运紧密联系在一起的。坚持党的工人阶级先锋队性质，就必然以建设有中国特色的社会主义作为党在现阶段的崇高使命，以共产主义作为党奋斗的最终目标。改变党的工人阶级先锋队性质，就必然放弃党的奋斗目标，丧失党的领导作用。

我们党是由工人阶级的先进分子组成的。坚持党的工人阶级先锋队性质，必须坚持党员标准。有人认为，既然我国还处于社会主义的初级阶段，党员的标准可以低一些。这种观点是错误的。共产党员的标准，是由党的性质和历史使命决定的，而不是由某一历史阶段的具体任务决定的。在新民主主义革命时期，我们党就要求党员成为有共产主义觉悟的先锋战士，难道到了社会主义时期，反而可以降低党员标准吗？在这个问题上，务必保持清醒的头脑，按照党章的要求，保持党的队伍的先进性和纯洁性。

四、党要领导好建设有中国特色社会主义事业，必须加强自身建设

党的工作重心转移以后，首先要领导经济建设。各级党委集中精力抓经济建设，经常讨论经济建设、改革开放和社会发展中的重大问题，是完全必要的。但这决不能理解为党只管经济建设，不要管党了。为了领导好经济建设和各项事业，党自身的建设不仅不能削弱，而且应该进一步全面加强。

第一，要加强党的思想理论建设。一个党，特别是共产党，在思想理论上含糊不清、似是而非，是很危险的。中国共产党几十年来已经形成一切从实际出发，实事求是，坚持把马克思主义基本原理和中国具体实际相结合的传统。今天，我们党将马克思主义基本原理与当代中国的实际相结合，创立了邓小平建设有中国特色社会主义的理论。要学习它、研究它、运用它，用它来教育党员。理论的提高是根本的提高。提高全党的马克思主义理论水平和执行党的基本路线的自觉性，是加强和改善党对国家各项事业领导的根本环节。

第二，要加强党的组织建设。这包括坚持党的民主集中制原则和加强、健全党的各级组织两个方面的内容。

民主集中制是党和国家的一项根本制度。用毛泽东同志的话说，就是要坚持民主基础上的集中和集中指导下的民主相结合。共产党是执政党，没有充分的民主和有效的监督是不行的。重大的决策必须充分发扬民主，集体讨论决定，以实现决策科学化，尽可能地减少失误。不能一阵风，一面倒，谁也不能讲不同意见。我们在这方面是有深刻教训的。“大跃进”开始时没有经验，大家热情很高，后来许多同志看出了问题，但讲出来就挨批判。像“文化大革命”这样大的历史悲剧所以会发生，党内民主生活不健全是一个重要原因。这给党和人民造成了巨大的损失，要牢记这些历史的教训。

实行民主集中制，领导是关键。领导要有民主作风，有事同群众商量，善于通过各种形式听取不同意见，引导大家讲真话，讲心里话，能听得进逆耳之言，容得下不同意见，团结有不同意见的同志一道工作。领导班子成员要经常沟通思想，敢于负责，敢讲真话，无私才能无畏，实际上这是个党性问题。不能会议天天开，思想不见面。陈云同志讲，要不唯书，不唯上，只唯实。真正做到这一点很不容易，但作为共产党员，特别是党的领导干部，应该这样来要求自己，努力这样去做。

坚持民主集中制，还有个民主基础上的集中问题。只讲民主，不讲集中，就不能形成正确的决策，不能保持党的统一步调，统一行动，党就没有战斗力。我们党是一个有高度组织性、纪律性的组织，不是一个松散的政治同盟。所谓集中，就是我们党历来强调、十四大加以重申的，党员个人服从党的组织，少数服从多数，下级组织服从上级组织，全党各个组织和全体党员服从党的全国代表大会和中央委员会。当前，在政治生活中也好，经济生活中也好，都必须坚决贯彻执行以江泽民同志为核心的党中央领导集体所作出的各项决策，维护党的纪律和政策的严肃性，不能有令不行，有禁不止，阳奉阴违，各行其是，搞本位主义、分散主义。

按照干部队伍“四化”方针和德才兼备的原则，把各级领导班子建设成为忠诚于马克思主义、坚持走有中国特色社会主义道路的坚强领导集体，是党的组织建设的重要内容。配班子，选干部，要充分发扬民主，

认真走群众路线,严格按规定程序办事,不能一个人或几个人说了算。

基层组织是党的全部工作和战斗力的基础,只有把基层组织建设好,才能使党的路线方针政策真正落到实处。在农村要继续加强以党支部为核心的基层组织建设。很多地方的经验证明,在发展经济的过程中,党的基层组织能否充分发挥作用,效果大不一样。很多基层党组织作用发挥得好,带领群众致富,坚持走共同富裕的道路,不仅经济发展快,精神文明建设也搞得好。也有的地方,党的基层组织不起多大作用,虽然也可能有个别"能人"富起来了,但整体生产发展缓慢,多数群众生活改善不大,社会风气也不好。所以建设社会主义新农村,首先要把农村党的基层组织建设好。

在国有企业经营机制转换过程中,企业党组织建设也面临着许多新的情况和问题,需要研究解决。企业党组织能够发挥战斗堡垒作用,党员能够起先锋模范作用,这是我们做好各项工作最重要的政治保证。党组织在企业中发挥政治核心作用与实行厂长负责制并不矛盾。党组织作用发挥得好,可以保证厂长更充分有效地、正确地行使职权,使企业办得更好。这一点,各地都有许多好的经验。削弱党在企业中的政治核心作用,对企业的发展是不利的。企业党组织要明确职能,适应企业改革的要求,改进工作方式和方法。

第三,加强党的作风建设。执政党的党风是关系党生死存亡的大问题。党风状况如何,集中体现在党同人民群众的联系上。党取得执政地位以后,尤其是在改革开放和发展社会主义市场经济的新的历史条件下,能不能继续保持党的优良作风,保持党同人民群众的密切联系,是对党的一个严峻考验。水可载舟,亦要覆舟。如果一个党严重脱离群众,失去了群众的支持,就会被瓦解,以致丢掉政权,一些社会主义国家的沉痛教训值得我们认真记取。从总体上看,我们党同人民群众的关系是好的,党的路线方针政策代表了最广大群众的根本利益,得到了人民群众的衷心拥护。我国现代化建设和改革开放取得的巨大成就以及社会各方面的进步,是各级党组织和广大党员团结带领广大人民群众共同奋斗的结果,但不少地方和单位确实存在许多值得重视的问题,譬如严重的官僚主义,不倾听群众呼声,不关心群众疾苦,作风粗暴,甚至利用手中掌握的权力谋取私利,刁难群众,敲诈勒索,腐化堕落等等,都严重损害了党群关系和干群关系,急需切实加以解决。

邓小平同志 1986 年就指出:"经济建设这一手我们搞得相当有成绩,形势喜人,这是我们国家的成功。但风气如果坏下去,经济搞成功又有什么意义?会在另一方面变质,反过来影响整个经济变质,发展下去会形成贪污、盗窃、贿赂横行的世界。"[57] 在整个社会主义现代化建设的全过程中,都必须自觉坚持"两手抓",一手抓物质文明建设,一手抓精神文明建设,抓法制,抓惩治腐败,真正做到"两手都要硬"。现在有些错误的观点:有的认为,在改革过程中,腐败现象在所难免,不必大惊小怪,因而听之任之;有的认为,搞市场竞争,就是要"一切向钱看",什么为人民服务,什么无私奉献、自我牺牲,都是过时的陈旧观念;有的认为,只要能把本单位的生产经营指标搞上去,可以不择手段;有的甚至把等价交换的原则的拜金主义那一套引入党的政治生活,拉拉扯扯,搞权钱交易。这些,都严重败坏了党风和社会风气,对党员队伍和干部队伍腐蚀极大,必须坚决纠正,决不能任其发展。

我们党作为一个执政的无产阶级政党,必须坚持从严治党,形成一套能够不断清除腐败、净化自己的有效机制,首先要加强对党员的教育,从思想上防腐。同时,要建立制度,健全法制,发扬民主,加强监督,严格纪律,结合新的形势和特点,通过深化改革,采取一些新的、有效的办法。只要全党重视,措施得力,一级抓一级,持续抓下去,我们党一定能够始终保持全心全意为人民服务的宗旨,保持党在人民群众中的崇高形象,跳出历代政治治乱兴衰的所谓"历史周期律"[58],把有中国特色的社会主义事业不断推向前进。

首都集会纪念毛泽东《在延安文艺座谈会上的讲话》发表 51 周年和"鲁艺"创立 55 周年

近 500 名作家、艺术家及其他各界著名人士,以中国延安鲁艺校友的身份共聚一堂,纪念毛泽东《在延安文艺座谈会上的讲话》发表 51 周年和延安鲁迅艺术文学院创立 55 周年。

邓力群、马文瑞、赵毅敏、吕骥、张庚、陈荒煤、蔡若虹等参加纪念大会。

纪念大会由中国延安鲁艺校友会举办。

宁夏回族自治区政协六届一次会议选举刘国范为区政协主席

中国行政管理学会选出新领导

在日前结束的中国行政管理学会第二届会员代表大会上,姚依林应聘担任中国行政管理学会名誉会长,国务委员兼国务院秘书长罗干当选为会长。

国务院作出关于珠江流域综合规划的批复

水利部:

原全国水资源与水土保持工作领导小组《关于呈送珠江流域综合规划审查意见的报告》收悉。国务院同意对珠江流域综合规划的审查意见。现就有关问题批复如下：

一、珠江流域的防洪问题比较突出，洪灾主要集中在人口稠密、经济发达的中下游地区和珠江三角洲。根据珠江流域的特点，防洪规划采取“堤库结合，以泄为主，泄蓄兼施”的方针是适当的。同意规划中确定的广州、南宁等重要城市以及西江、北江、东江中下游和珠江三角洲等重要地区的设防标准和防洪（防潮）对策。同意在加固现有堤防工程，适当提高防洪能力的基础上，结合水电、航运、灌溉、供水等综合开发利用，在上、中游建设飞来峡、龙滩、大藤峡、百色等大型水利水电工程。同意规划选定的水利枢纽、水电站所设定的防洪库容。鉴于大藤峡水库对于控制西江洪水，解决西江中、下游及珠江三角洲防洪具有重要作用，防洪库容规模要在可行性报告中进一步分析论证，合理选定。同意规划中选定的治涝标准和措施，进一步治理低洼地区的涝灾。对柳州市的防洪问题，应在规划中提出要求。

二、同意航运规划主要干支流的通航标准，近期要加快西江航运干线的建设，并对西江的主要支流、北江干流、东江干流及珠江三角洲的主要入海水道等进行重点整治，改善航运条件，适当提高通航标准；对广州、南宁以及沿江、沿海的重点港口进行扩建、配套，提高吞吐能力。

西江是中南和西南地区对外的重要水运通道。对红水河上建设大型水电工程形成的碍航设施，要本着水资源综合利用的原则，采取有效措施，恢复航运。

三、西江干流（南盘江、红水河、西江干流大藤峡至高要河段）、北江干流、东江干流以及西江主要支流北盘江、柳江、郁江、桂江、贺江十条主要河流（河段）水电梯级开发规划，要有计划地实施，并要注意梯级间水位的衔接，兼顾航运。同时，应积极扶持山区、贫困地区，开发中小河流的水能资源，促进山区经济发展。

四、珠江流域是我国粮食和亚热带经济作物的主要产区，必须坚持不懈地搞好农业和水利的基础设施建设，积极发展高产优质高效农业。同意流域内主要地区的灌溉规划。要大力加强农田水利基本建设，抓好灌区续建、配套，充分发挥现有工程的灌溉效益，增建一批大中型蓄水、引水、提水骨干工程，积极发展新灌区。

五、流域综合规划要将解决城乡饮用水问题放在重要位置。同意近期内按照城市供水水源规划，解决缺水城市供水不足的问题。基本解决农村人畜饮水的困难，重点解决好岩溶地区群众饮水的问题。

六、珠江流域水土流失问题比较严重，特别是上游贫困山区，要下大力气搞好水土保持，大力推广以小流域为单元的综合治理，推进流域防护林体系建设，改善流域生态环境，解决水土流失问题。原则同意水土保持规划，要把郁江、浔江及南、北盘江中上游水土流失严重地区列为国家重点防治区，加快水土流失治理。流域的治理要与开发利用紧密结合起来，要积极推进水源涵养林和水土保持林的建设。

七、珠江干流和主要支流的一些河段的水质污染问题日趋严重，必须严格控制污染源，依法加强水资源保护，并采取有效措施进行治理。近期要重点保护城市的水源地。原则同意规划提出的水资源保护的目标以及防治水质污染的主要措施。要贯彻“谁造成污染，谁承担治理责任”的原则，抓紧实施。

八、珠江河口治理、海涂围垦和综合开发与这一地区经济发展有着十分密切的关系，要抓紧编制珠江河口开发规划。请水利部会同国家计委等有关部门和广东省尽快开展工作。围海造田不能一哄而上，盲目围垦。要按规划进行，围垦的土地不得随便转让。河口的治理开发必须有利于泄洪、维护潮汐吞吐、便利航运交通、保护水产、改善生态环境。

九、同意渔业和旅游开发规划。在流域综合治理开发中，要注意保护鱼类资源，积极发展旅游业。

十、同意规划选定的近期工程项目。防洪工程包括重点防洪城市及主要河段的堤防工程和飞来峡、大藤峡、百色、长洲、柴石滩、榕江、思贤滘等水利枢纽；航运工程包括西江航运干线的建设、主要通航河道的航道整治、港口建设以及贺江、螉江闸坝复航工程等；水电工程包括天生桥、龙滩等大型水电站，以及主要干支流规划的中型水电站。以上工程项目要根据国家与地方的需要和可能，统筹安排，分期实施。对促进流域经济发展，具有防洪、供水、水电、航运、灌溉等综合效益，并已列入“八五”计划和十年规划的重点工程，要优先安排。大藤峡水库和柴石滩水库要争取早上。

十一、这次批准的珠江流域综合规划，是今后珠江流域综合开发利用、资源保护和水害防治活动的基本依据。在实施中，要根据流域内社会经济发展和流域治理开发的进展进行修订。各有关地区和部门要根据流域综合规划，抓紧编制与其相适应的区域和专业规划，并按有关程序上报批准。

国务院各有关部门，流域内各级人民政府要各负其责，团结治水，认真组织实施规划。水利部及珠江水利委员会作为国务院的水行政主管部门及其派出机构，要切实加强全流域水资源和珠江河口地区的统一管理和保护，强化流域的宏观管理和监督作用。流域内各省、自治区要予以积极支持和配合。

国务院

1993年5月23日

国办发出关于在粮食购销体制改革中解决好灾民口粮问题的通知

各省、自治区、直辖市人民政府：

1992 年 4 月 1 日粮食调价时，原国家物价局、商业部在《关于下达一九九二年粮食统销价格的通知》(〔1992〕价农字 101 号)中规定，供应灾民的口粮实行购销同价。但从一些地方反映的情况看，这一政策并未落实，在粮价放开的省份，救灾粮随行就市，高于购销同价的价格，增加了灾民的负担，致使灾区的救济面缩小，救济标准下降。如不及时解决，就会影响灾区的社会稳定和经济发展，希望各级政府高度重视，把落实灾区的粮食政策当做一件关系国计民生的大事，扎扎实实地抓紧抓好。经国务院同意，现就有关问题通知如下：

一、落实救灾粮的价格政策。粮价没有放开的地方，粮食部门要保证救灾粮源和供应灾民购销同价的平价粮；粮价放开的地方，地方财政应根据每年安排的救灾粮数和当地粮价，核算列出专门经费预算，用于救灾粮的差价补贴。要保证专款专用，不得挪用。

二、实行借粮政策。对救济面大、救灾款不足的地方，可采取借粮的政策，由地方政府担保，粮食部门把粮食借给那些有自救能力、暂时缺粮的灾民，冬春借，夏秋还，以减轻国家救济的压力。借粮所需费用，应由地方政府和灾民共同承担，对于逾期不能收回的粮食所造成的亏损，由地方政府召集财政、民政、粮食等部门协调给予弥补。

三、要积极发动和组织灾民生产自救，互助互济。要大力倡导农民兴办自愿组织、自行管理的救灾扶贫互助储粮会。采取丰年多储、平年少储、灾年借用的办法，帮助灾民解决缺粮的困难。

国务院办公厅

1993 年 5 月 23 日

中共中央政治局常委李瑞环电贺在福州市举行的第 3 届中国戏剧节开幕式暨第 10 届中国戏剧梅花奖颁奖大会

中国市场经济研究会在北京成立

中共中央政治局常委李瑞环电贺西安国画家、"黄土画派"创始人刘文西大型画展在北京中国美术馆开幕

5 月 24 日

1992 年度精神产品生产"五个一工程"表彰大会在北京举行

表彰大会于 24 日至 25 日在北京举行。

江苏省委宣传部、山东省委宣传部等 13 个单位获得"组织工作奖"；15 篇文章、14 部图书、15 部戏剧、16 部电视剧(片)、6 部电影获得"入选作品奖"。中共中央政治局委员、书记处书记、中宣部部长丁关根，中共中央政治局委员、国务委员李铁映出席大会。

精神产品"五个一工程"是中央宣传部于 1991 年开始组织实施的，旨在像抓物质生产重点建设工程那样，有计划、有重点地组织精神产品生产的工程，要求各省、自治区、直辖市党委宣传部"力争每年度拿出一本好书、一台好戏、一部优秀电视剧(片)、一部优秀电影、一篇有创见有说服力的文章(即'五个一工程')"。

1992 年度各地推荐"五个一工程"参评作品总数达 284 种，比 1991 年度增长 22%，其中大部分作品的质量都较前一年上了一个"台阶"。参评项目中，文学艺术作品中反映时代精神和改革开放主旋律的作品约占 60%；理论文章中研究阐释邓小平建设有中国特色社会主义理论和发展战略等方面的论文占 65%；图书出版工作中研究阐释邓小平建设有中国特色社会主义理论和经济理论的图书占 46.6%，爱国主义和近代史教育图书占 39.3%。

中宣部副部长翟泰丰作题为《进一步组织好"五个一工程"促进精神产品生产的更大繁荣和发展》的总结讲话。

中宣部常务副部长郑必坚在大会结束时的讲话中强调，"五个一工程"鲜明地体现了精神文明重在建设的方针，是推动宣传思想文化领域各项工作向着更加实际和更加活跃的方向发展的好方法，是促进宣传部门改进工作、转变作风的一个强有力的因素。应当加深对这项工作的认识，应当采取更加切实有力的措施，应当逐步制度化和规范化，应当把这项工作年复一年地扎扎实实地做下去，取得更大的成绩。

郑必坚说，从"五个一工程"可以看到我们宣传部门的工作姿态、工作作风、工作方法的极大重要性。我们要牢牢掌握党的基本理论和基本路线，同时努力探索和形成适应新形势的好的工作姿态、工作作风和工作方法。这样，我们的工作就会更加生动实际、更加贴近群众、更加旗帜鲜明、更加具有战斗力量。我们也就一定能够开创出一条适合新时期需要的有中国特色的社会主义宣传思想工作的新路子。

国家主席江泽民国务院副总理李岚清在中南海会见全国海关关长座谈会人员

会见结束后，李岚清同出席会议的海关关长进行座谈。

李岚清指出，海关作为国家的进出境监督管理部门，是促进、保障改革开放和经济建设的一条重要战线。过去几年中，海关适应形势发展的要求，借鉴外国海关的经验，不断深化改革，大力加强监管，严厉打击走私违法活动，有力地促进和保障了对外开放政策的实施和经济建设发展，取得了很大的成绩。

李岚清说，党的十四大明确了建立社会主义市场经济体制的目标，海关作为社会主义市场经济体制不可缺少的一个重要组成部分，一切工作都必须在邓小平同志建设有中国特色的社会主义理论指导下进行，进一步深化改革，逐步建立起与加快经济建设和扩大对外开放相适应，与建立社会主义市场经济体制相配套，与国际海关通行作法相衔接，方便进出与严格管理有机结合的有中国特色的社会主义海关管理体系。

李岚清强调，随着社会主义市场经济体制的逐步建立，我国多层次、多渠道、多方位对外开放格局的发展，特别是内陆、边境地区对外开放的不断扩大，海关工作面临的新情况、新问题日益增多。海关作为缉私主管部门，必须充分发挥职能作用，依法严厉打击走私犯罪活动，同时要积极提出综合治理建议，特别是政策性的建议。

李岚清要求，海关与经贸、商检等部门今后要进一步加强合作，互相支持，及时解决外贸发展中出现的各种问题。特别是在保证外贸秩序、进出口商品管理等方面，既要热情服务，又要严格把关。李岚清希望海关的同志，在业务建设上要继续贯彻“促进为主”，同时，在队伍建设上坚持“从严治关”。要进一步加强廉政建设，大力加强人才培训工作。要根据形势和任务的要求，改善和充实海关机构，为我国改革开放和经济建设做出更大的贡献。

座谈会上，海关总署署长钱冠林作题为《统一思想，从严治关，把海关队伍建设提高到新的水平》的讲话。

国家主席江泽民在中南海会见阿拉伯国家联盟秘书长艾哈迈德·伊斯马特·阿卜杜勒·马吉德

全国人大常委会委员长乔石在钓鱼台国宾馆会见以最高委员会主席然·维德诺夫为团长的保加利亚社会党代表团

国务院副总理兼外交部部长钱其琛在钓鱼台国宾馆与阿拉伯国家联盟秘书长艾哈迈德·伊斯马特·阿卜杜勒·马吉德举行会谈

国家主席江泽民及党和国家领导人同8000名听众欣赏美国费城交响乐团在人民大会堂举行首场演出

中华人民共和国和厄立特里亚建交联合公报

中华人民共和国政府和厄立特里亚政府根据两国人民的利益和愿望，决定自1993年5月24日起建立大使级外交关系。

两国政府同意，在相互尊重主权和领土完整、互不侵犯、互不干涉内政、平等互利、和平共处原则基础上，发展两国之间的友好合作关系。

中华人民共和国政府支持厄立特里亚政府维护民族独立、国家主权和发展经济所做的努力。

厄立特里亚政府承认中华人民共和国政府是中国的唯一合法政府，台湾是中国领土不可分割的一部分。厄立特里亚政府承诺不与台湾建立任何形式的官方关系。

中国、厄立特里亚政府商定，根据国际惯例，并在互惠的基础上，在各自首都为对方建立大使馆及执行其职务提供一切必要的协助。

中国和阿拉伯联盟在北京签订《中华人民共和国政府和阿拉伯国家联盟关于设立阿拉伯国家联盟代表处的协定》

关贸总协定在日内瓦继续审议中国“复关”问题

关税及贸易总协定中国工作组在关贸总部日内瓦举行第14次会议，继续审议恢复中国关贸总协定缔约国地位的有关问题。

中国代表团团长许光建在内罗华联合国环境署规划总部举行的防治沙漠化国际公约谈判会议上发言

中国代表团团长、外交部条法司司长许光建在会议上说，该体制应有利于所有有关发展中国家治理沙漠、发展经济。

许光建在会上介绍中国防沙治沙的工作。他说，44年来中国政府治理了10%的沙漠土地，并从沙漠中开发出134多万公顷的农田。但是，他说，从总体上看，中国还没有从根本上扭转沙漠化继续扩大，沙漠化仍在每年2100平方公里的速度扩大，形势十分严峻。不少发展中国家，特别是非洲国家也面临着相当严重的困难。

许光建说，防治沙漠化国际公约的制定是极其重要的。“我们主张公约中应包括关于资金和技术转让的适当手段。要求规定发达国家承担提供资金和技术转让的义务。”并认为，公约能否为发展中国家提供一定的资金和技术支持是公约目标能否实现的关键所在。

由联合国秘书处组织的防治沙漠化国际公约谈判会议是联合国47届联大根据环发大会《第21世纪议程》决定召开的。本届会议于5月24日至6月3日举行。

国际家庭年亚太区域筹备会在北京举行

会议于24日至28日举行。来自亚太26个国家和地区以及17个联合国机构和非政府机构的代表和观察员近百人出席会议。

中国代表团团长为国务院妇女儿童工作协调委员会副主任、全国妇联副主席、“国际家庭年”中国协调委员会主任黄启璪。

国务委员彭珮云出席会议并致开幕词。

黄启璪代表全国妇联向会议致贺词。“国际家庭年”总协调员、联合国维也纳办事处社会发展司司长索卡尔斯基先生，亚太经社会社发司司长罗伊先生分别代表联合国秘书长加利和亚太经社会执行秘书艾哈迈德向大会致词。

会议选举黄启璪为“国际家庭年”亚太区域筹备会主席。这次会议将就亚太区域的家庭状况及家庭在社会发展中的地位、国家和区域各级筹备“国际家庭年”的情况、国家与区域筹备“国际家庭年”的纪念和后续活动等三个专题进行广泛的交流和探讨。

第44届联合国大会于1989年宣布1994年为“国际家庭年”。

中国和美国卫生部门的官员在华盛顿续签《中美医药卫生科技合作议定书》

《中美医药卫生科技合作议定书》是中美两国政府间现有29项科技合作议定书之一。该文件自1979年6月问世以来已先后续签3次；这次是第4次续签，有效期将延续到1998年。

第4个《中美医药卫生科技合作议定书》除保留原有议定书中规定的关于在寄生虫和传染病、肿瘤、心血管疾病、公共卫生和卫生服务、医学情报、免疫学、遗传学、生殖生理和计划生育技术、精神卫生、药品与食品10个方面开展合作外，还增加了艾滋病控制、吸烟控制、老年医学和卫生政策研究等合作项目。

兰州重离子加速器国家实验室正式向国内外开放

兰州重离子加速器国家实验室最近正式向国内外开放。这标志着中国在中、低能重离子物理前沿领域的基础研究方面，已拥有一个重要基地和先进设施，取得参与国际高科技交流合作的基本条件和雄厚实力。

陈凯歌执导的电影《霸王别姬》在第46届戛纳国际电影节上夺得“金棕榈奖”

大陆广播记者采访团经香港飞往台湾采访

1993年度国家社会科学基金评审会议在北京结束

近500个课题通过评审，重点突出对建设有中国特色社会主义理论等问题的研究。

第三届韬奋出版奖颁奖大会在北京举行

第四届华罗庚金杯数学比赛揭晓

北京、武汉和潮州代表队分别获第一、第二和第三名。

第4届亚太区域红十字会与红新月会大会在北京召开

会议于24日至29日在北京举行。国家主席江泽民发来贺信，称道“红十字国际组织和各国及地区的红会所从事的人道主义事业，在推动世界和平与发展、保护人民生命和健康、减轻易受损害者的痛苦等方面，发挥了积极作用。这次会议在我国召开，有助于国际红十字组织、各国和地区红会对我国的了解，促进我国红十字会工作开展，也必将对亚太地区红十字会工作产生积极影响，推动其进一步发展”。

自80年代以来，红十字会与红新月会国际联合会在工作指导方针上有了重大转变，并制订出“90年代战略工作计划”：各国红会除了传统的紧急救护工作外，防灾、备灾、自身发展和参与社区发展等也成为工作重点。包括我国红十字会在内的亚太地区多数国家红会，在这些方面都已开始实施并积累了经验，考虑到中国红十字会在国家政府的支持下，所开展的各项工作都取得令人瞩目的成就，红会国际联合领导人提出了这个有两个红十字国际组织、33个亚太区域国家和地区红会、7个（亚太地区以外的）捐助红会、5个联合国有关组织代表和观察员参加的这次大会安排在中国北京召开。

全国人大常委会委员长乔石、国务委员彭珮云和中国红十字会会长陈敏章等出席开幕式并致欢迎辞。

5月25日

全国人大常委会委员长乔石在人民大会堂会见吉尔吉斯斯坦最高苏维埃主席梅杰特汉·舍里姆库洛夫

中宣部公布1992年度“五个一工程”获奖名单

一、组织工作奖

江苏省委宣传部、山东省委宣传部、河南省委宣传部、辽宁省委宣传部、上海市委宣传部、湖南省委宣传部、河北省委宣传部、浙江省委宣传部、黑龙江省委宣传部、内蒙古区党委宣传部、广东省委宣传部、北京市委宣传部、吉林省委宣传部。

二、入选作品奖

1. 文章15篇

《做好构建社会主义市场经济新体制的大文章》(山东佘可远)、《农村专业市场结构与发育的基本条件》(河北吴毕映)、《论建设有中国特色社会主义理论的几个问题》(浙江雷云)、《马克思主义普遍真理同中国具体实际相结合的第二次历史性飞跃》(江西余品华)、《马列主义、毛泽东思想和当代社会发展的大趋势》(湖南唐凯麟)、《邓小平的管理思想与领导艺术》(上海夏禹龙、李君如)、《关于北京搞好国有大中型工业企业的若干情况和思考》(北京王大明)、《让职工群众在企业改革中唱主角》(黑龙江省委宣传部、哈尔滨市委宣传部)、《为改革开放创造良好的社会环境——苏州市加强精神文明建设的情况调查》(江苏王霞林等)、《九十年代我国区域经济发展的战略选择》(河南吴海峰、谢太峰)、《论我国扶贫攻坚阶段的宏观决策》(广西李甫春)、《九十年代中国西南与东南亚的经济合作》(云南贺圣达)、《割裂的缪斯——中国现当代文学中现代主义思潮的内在矛盾》(吉林逄增玉)、《农村股份合作经济崛起的原因和条件》(广东于幼军)、《正确认识社会主义的本质》(辽宁廖轩)。

2. 图书14部

《社会主义市场经济探索》系列(浙江人民出版社、浙江摄影出版社、浙江人民美术出版社)、《中国西北地区开发与向西开放》(宁夏人民出版社)、《建立社会主义市场经济新体制》(河南人民出版社)、《走出封闭》(湖南出版社)、《爱我中华》丛书(江苏少年儿童出版社)、《邓小平生平、思想研究丛书》(辽宁人民出版社)、《中国自然灾害灾情分析与减灾对策》(湖北科学技术出版社)、《民族团结教育读本》试用本(内蒙古人民出版社)、《早陨的将星》丛书(河北少年儿童出版社)、《首钢改革》(北京出版社)、《经营谋略图画》(江西美术出版社)、《百将传奇》(安徽少年儿童出版社)、《中华魂》丛书(山东人民出版社)、《敦煌古乐》(甘肃音像出版社、敦煌文艺出版社)。

3. 戏剧15部

歌剧:《张骞》(陕西)。

舞剧:《丝海箫音》(福建)、《阿诗玛》(云南)。

话剧:《女大十八变》(黑龙江)、《甲申纪事》(江苏)、《OK,股票》(上海)。

戏曲:《铁血女真》(满族新城戏吉林)、《养命的儿子》(楚剧湖北)、《契丹女》(漫瀚剧内蒙古)、《将军谣》(花鼓戏湖南)、《藏王的使者》(藏戏青海)。

儿童剧:《潇洒女孩》(辽宁)。

4. 电视剧、片16部

电视剧:《外来妹》(广东)、《半边楼》(陕西)、《双桥故事》(江苏)、《天梦》(上海)、《中国商人》(浙江)、《擎天柱》(天津)、《净魂》(山东)、《古船·女人和网》(辽宁)、《山不转水转》(内蒙古)、《挑花女》(安徽)、《家族的荣誉》(黑龙江)、《誓言》(河北)、《常香玉》(河南)。

电视片:《圆明沧桑》(北京)、《上下五千年》(青海)、《台湾行》(福建)。

5. 电影6部

《蒋筑英》(吉林)、《中国人》(天津)、《走出地平线》(上海)、《刘少奇的四十四天》(湖南)、《远山姐弟》(河北)、《毛泽东的故事》(四川)。

三峡工程初步设计通过专家审查

初步设计审查核心专家组的17名专家在三峡水利枢纽工程初步设计专家审查结论上签字。至此,为期17天的三峡工程初步设计专家审查会圆满结束。会议期间,国务院总理李鹏给会议写来贺信。

这次三峡枢纽工程初步设计专家审查会是根据国务院三峡工程建设委员会第一次会议确定的。根据会议精神,先组织专家初审,再由委员会审查。为此,国务院三峡工程建设委员会办公室聘请了126位专家组成核心专家组和十个专题专家组。首先由专题专家组分别审查初步设计的11个篇章,最后由核心专家组负责提出对初步设计的总的审查结论。

海峡两岸航空运输研讨会在上海举行

研讨会由中国民用航空协会主办。

100多名海峡两岸民用航空企业、团体及旅游界人士,出席研讨会。中国民用航空协会副会长殷文龙在开幕式上致词说,这是两岸民航界40年来的第一次聚会,会议的宗旨是促进海峡两岸航空运输业的相互交流、合作与发展,探讨两岸空中直航所涉及的具体业务问题,增加共识,推动两岸早日空中直航。

殷文龙表示,中国民用航空协会作为全国性的民用航空全行业的民间组织,愿意与台湾民航业者保持经常性的接触,为发展两岸民航界的合作和促进两岸直航作出切实的贡献。

中国民航协会常务副会长柯德铭就海峡两岸空中直航提出三条原则:

柯德铭说,首先应在"一个中国"的共识上实现两岸空中直接通航,在现阶段,即祖国统一前,两岸空中直达客、货、邮运输航线,在性质上是实行特殊航线,两岸空中通航是中国主权范围内的事,不能允许外国干涉和介入。两岸之间,一切好商量,应尽快就两岸空中直航的事务性、经济性、技术性问题进行磋商。

第二,两岸空中直航是指中国的航空运输企业的飞机,由海峡两岸的机场载运旅客、货物或邮件,直接双向地航行至对岸的定期航空运输。不是现在经过香港的这种间接、单向航线。在实现这种空中通航之前,为了适应海峡两岸民间交流的快速增长,应采取灵活务实态度,根据实际需要,尽快开放体育、旅游、商务等不定期包机飞行,根据情况,逐步发展为建立两岸民航定期航班创造条件。

第三,两岸空中直航应是互惠互利的,双方都能接受。在初级阶段,我们可以考虑台湾方面先得利,多得些利,但总的要互惠互利、大体公道。

柯德铭说,对外国和香港地区开放的航空口岸原则上都可以对台湾开放,当然要根据航空口岸的运量、集散力以及设施条件循序渐进,加以规划,欢迎台湾方面提出具体意见。

全国关贸总协定研讨会在北京举行

会议于5月25日至6月2日举行。研讨会由中国社会经济决策咨询中心组织。会上,参加乌拉圭回合谈判的中国代表团成员介绍谈判的最新动态;与会代表围绕"复关"对我国社会经济的影响和对策问题进行广泛而深入的讨论。

国务院副总理朱镕基在墨西哥城会见墨西哥企业家

朱镕基对墨西哥企业家说,中国已经确定了逐步建立社会主义市场经济的目标。我们 90 年代的经济发展目标是,国民生产总值平均每年以 8%到 9%的速度增长。在加快改革开放和现代化建设过程中,我们将继续吸取包括墨西哥在内的世界各国的一切先进建设经验和管理技术。

中央军委副主席刘华清在人民大会堂会见泰国武装部队最高司令沃拉那·阿披乍里上将

全国政协副主席吴学谦在北京会见阿拉伯国家联盟秘书长艾哈迈德·伊斯马特·阿卜杜拉·马吉德

日内瓦裁军谈判会议第 2 期会议开幕

国务院副总理兼外交部长钱其琛在裁军谈判会议第二期会议开始和中国担任裁军谈判会议主席之际,代表中国政府致词裁军谈判会议,希望会议为维护世界和平作出贡献。

会议将就禁止核试验、军备透明、防止外空军备竞赛和对无核国家作出安全保证等问题继续进行谈判。出席会议的中国代表团团长、裁军大使侯志通担任本期会议主席,并主持全体会议。

炎黄书画院在北京成立

尹瘦石任院长,沈鹏、秦岭云、王学仲、林凡任副院长。

董存瑞塑像揭幕仪式在吉林省延边朝鲜族自治州首府延吉市举行

董存瑞全身塑像高 4.75 米,左手托炸药包,右手拉导火索,再现了董存瑞当年舍身炸碉堡的壮烈之举。塑像周围有 19 棵青松环绕,象征董存瑞牺牲时的年龄。

国家环保局首次公布 3000 家全国重点工业废气主要污染企业并对 3 种类型企业分别限期治理

中国聋儿康复研究中心在北京落成开业

江苏徐州淮阴扬州南通等地遭暴风雨袭击造成 39 人死亡 200 余人失踪

5 月 26 日

中央各部门清理农民负担文件工作开始

根据国务院的决定,由农业部、监察部、财政部、国家计委、国务院法制局组成的农民负担项目审核小组,已开始对中央国家机关制定的涉及农民负担的文件和项目进行清理审核,以确保 6 月底前完成此项工作。

据统计,由中央国家机关制定的涉及农民负担的文件和项目有 93 项、涉及 24 个部、委、局。在"两办"紧急通知下发后,这些文件和项目均依规定,一律先停止执行,然后进行清理。目前,审核小组已开始逐个部门进行清理,审核的内容包括:项目名称、项目依据、项目标准、收费范围与对象、收取与管理方法和是否层层上交或提成、用途和使用情况、是否与其他部门重复收费、本部门审核意见等。

审核小组负责人说,审核的原则是从严不从宽,坚决把农民负担减下来,凡是应该完全废止的,一定坚决废止。他说,国务院领导已批准审核中的"十二个取消"原则:

1. 治理"三乱"期间(截至 1993 年 3 月 25 日),全国治理"三乱"领导小组未同意出台的项目一律取消;

2. 国务院《农民承担费用和劳务管理条例》(以下简称《条例》)发布后,未按《条例》规定程序审批出台的新项目，一律取消；

3. 没有法律、法规依据由政府职能部门收取的管理费项目一律取消；

4. 凡属摊派性的行政事业性收费项目一律取消；

5. 属于行使管理职能的部门或单位，以服务费为名收取的行政事业性收费项目一律取消；

6. 没有法律、法规依据，面向农村的全国性的集资和基金项目一律取消；

7. 在农村要求农民出钱出物出工的达标升级竞赛活动一律取消；

8. 在农村的试点收费项目一律取消；

9. 没有法律、法规、规章依据的罚款项目一律取消；

10. 凡有省级人民政府取消的集资和行政事业性收费项目，中央不再制定全国统一的集资和收费项目；

11. 各类行政事业性收费层层上解的部分一律取消；

12. 省级以下(不包括省、自治区、直辖市)自行出台涉及农民的收费、集资、基金等文件和项目一律取消。

农业部纠正 10 种错误收费与管理方法

受权主管全国农民负担监督管理工作的农业部，日前宣布纠正对农民承担费用的 10 种错误的收取与管理方法：

1. 提前预收村提留和乡统筹费；

2. 经县(市)审核批准提取提留统筹费后，区、乡、村、组又层层加码收费；

3. 将乡(镇)统筹费平调到县(市)及县以上使用；

4. 用乡(镇)统筹费弥补乡(镇)财政赤字；

5. 按人口和田亩平均摊派各种税费及劳务；

6. 超标准、超范围收费；

7. 以“小分队”、“工作队”、“突击队”等形式，并动用司法或其他强制手段，扒粮食、牵牲口、搬家具等；

8. 强行在农民交售产品和发放预购定金时扣款；

9. 强行让农民贷款交各种税、费；

10. 强行以资代劳。

农业部取消 43 项农村达标升级活动

根据党中央、国务院关于减轻农民负担的要求，农业部日前宣布取消农村四十三项要求农民出钱出物出工的达标升级活动，项目各项如下：

一、民兵训练基地建设达标

二、农村中小学校舍及环境建设达标

三、教育先进县达标

四、教育先进乡镇达标

五、农科教中心建设达标

六、户证管理规范化建设达标

七、农村社会治安达标

八、派出所建设达标

九、敬老院建设达标

十、骨灰堂建设达标

十一、双拥模范县达标

十二、民政劳动保险达标

十三、文明村(五好家庭)建设达标

十四、法庭建设达标

十五、司法所建设达标

十六、财政所建设达标

十七、村镇建设达标

十八、农电站建设达标

十九、农村办电达标

二十、标准配电台区建设达标

二十一、中型水库建设、泵站管理、堤防建设达标

二十二、节能节柴灶达标

二十三、沼气池达标

二十四、基层农业服务体系建设达标

二十五、铁牛杯、兴牧杯竞赛达标

二十六、平原绿化先进县达标

二十七、乡村文化站(馆、室)建设达标

二十八、乡村广播站建设达标

二十九、初级卫生保健达标

三十、卫生先进县达标

三十一、灭鼠达标

三十二、农村改水、改厕达标

三十三、合作医疗卫生建设达标

三十四、计划生育服务站建设达标

三十五、乡镇土地管理所建设达标

三十六、统计工作规范化建设达标

三十七、保险先进县达标

三十八、体育先进县达标

三十九、乡镇党校建设达标

四十、村级党支部建设达标

四十一、村级共青团建设达标

四十二、妇女工作达标

四十三、报刊征订达标

国务院副总理朱镕基在墨西哥城同墨西哥外交部部长索拉纳举行会谈

全国人大常委会委员长乔石等出席在北京举行的“非洲解放日”30 周年招待会

外交部部长钱其琛在汉城与韩国外务部长官韩升洲举行首次会谈

5月27日

国务院发出关于印发《九十年代中国食物结构改革与发展纲要》的通知

各省、自治区、直辖市人民政府，国务院各部委、各直属机构：

现将《九十年代中国食物结构改革与发展纲要》印发给你们，请认真研究，并遵照执行。

建国以来，我国人民的食物状况发生了深刻的变化，目前已开始进入一个新的重要发展阶段。及时地制定并施行我国食物结构改革和发展纲要，对于正确引导我国食物结构的调整，促进食物生产和消费的均衡、协调发展，保障国民经济持续、稳步增长，不断提高我国人民的营养水平和整体素质，具有十分重要的指导意义。各级人民政府要高度重视和加强对食物工作的领导，要参照《九十年代中国食物结构改革与发展纲要》，结合本地实际情况，相应制定出本地区的食物发展纲要，并逐步组织实施。国务院各有关部门要按照《九十年代中国食物结构改革与发展纲要》提出的各项基本目标和政策措施，积极配合，大力协同，促进和保障我国九十年代食物结构改革与发展目标的顺利实现。

国务院

1993年5月27日

九十年代中国食物结构改革与发展纲要

食物是人类生存和发展的重要物质基础。随着我国经济的发展和人民生活水平的提高，我国人民的食物状况已经发生了深刻的变化，开始进入一个新的重要发展阶段。及时地引导我国食物结构的改革和调整，促进食物生产与消费的协调发展，并尽快建立起科学、合理的食物结构，已经成为关系到我国国民整体素质提高和国民经济发展与繁荣的一项十分紧迫而重大的任务。为此，特制定我国九十年代食物结构改革与发展纲要。

一、我国食物发展现状

（一）新中国成立以来，我国人民的食物状况发生了很大变化。尤其是进入80年代以后，我国食物发展速度加快，食物结构显著改善。

——食物生产大幅度增长。80年代，我国粮食总产稳步登上了4000亿公斤的台阶，人均粮食产量已接近四百公斤，从而结束了我国粮食长期短缺的历史，奠定了保证全国人民粮食基本消费和加速发展动物性食品生产的重要基础。畜产品和水产品出现了从未有过的持续高速增长。1990年，我国肉类总产量达到2857万吨、禽蛋795万吨、奶类475万吨、水产品1237万吨，都比1978年增长2倍左右，12年间平均每年的增长量比新中国成立后的前29年平均增长量高出10倍以上。与此同时，蔬菜和干鲜果生产也成倍增长。这些都构成了我国人民膳食和营养改善的重要物质基础。

——人民食物消费水平迅速提高。1990年，我国人均肉、蛋、奶和水产品的消费量分别达到20.1公斤、6.3公斤、4.2公斤和6.5公斤，比1978年都增加1倍以上。水果和蔬菜等食物的消费水平也大幅度提高。动物性食物及其他食物的增加，开始起到了部分替代口粮的作用。人均口粮消费从80年代后半期开始出现逐年下降，由1986年的253公斤下降到1990年的239公斤，平均每年下降3公斤多，人民食物消费质量不断得到提高。

——食物营养结构显著改善。80年代，我国人民膳食中主要营养素出现了较快的增长趋势。到1990年，每人每日供给的热能达到2680大卡，蛋白质70.2克，脂肪56.8克，已接近世界平均水平。

（二）随着生产和需求的进一步发展，我国食物结构和食物消费中的不合理状况日益显露出来，引导我国食物发展和食物结构调整已是刻不容缓。

首先，我国人民的食物消费水平刚刚跨越温饱线，食物消费基本上属于“高谷物膳食”类型，总体营养水平还较低。动物性蛋白质所占比重仍然明显低于世界平均水平，也低于亚洲和发展中国家平均水平。另外，我国一部分地区由于经济落后，还有几千万人尚未完全解决温饱问题。由于我国人口多、耕地少，而且在今后相当长的时期内难以改变这种状况，随着经济的发展和人民购买力的提高，对食物的需求压力将越来越大。

其次，我国当前食物消费中仍然存在一些明显不合理现象。一是在食物消费中优质蛋白质食物所占比例小，不仅动物性食物消费水平较低，豆类食物消费水平也明显偏低，而且增长缓慢。二是在动物性食品中，蛋白质含量较低且耗粮较多的猪肉比重高达80%；蛋白质含量较高而耗粮较少的禽、蛋、奶、鱼类和草食性动物的比重过低。三是一些不科学、不文明的消费习惯依然存在。酒类尤其是耗粮多的高浓度白酒消费过多，低质白酒的消费增长过快；食物尤其是优质食物由于集中消费造成的浪费现象还很严重。四是食物消费中的不平衡性还十分突出，营养过剩与营养不良并存的状况有加剧的趋势。一方面，由于膳食不平衡或营养过剩所造成的“富裕疾病”已开始出现，另一方面，由于食品品种单调或营养不全造成了一部分人的营养不良症。我国儿童中缺铁性贫血病、北方佝偻病以及缺乏多种维生素病的发病率都比较高。

因此，九十年代我国食物工作将面临着十分紧迫的艰巨任务：一方面要大力发展食物生产，以保障人民日益增长的食物需求；另一方面要大力改善和调整食物结构，尽快建立起适合中国国情、科学合理的国民膳食结构。

（三）九十年代是我国人民消费水平向小康迈进的重要发展阶段，食物供需状况迅速变化，是调整食物结构的关键时期，也是有利时机。

这一时期是食物观念转变的时期。一是由传统的粮食观念向现代食物观念转变，人们对食物的需求逐步转向多样化；二是由不合理的食物消费习惯转向科学、文明的膳食消费，需要运用现代营养知识加以指导。

这一时期是协调食物生产、消费和营养的关键时期。一方面，在解决温饱之后，增加食物生产的主要目的应是用于改善膳食构成；另一方面，科学、合理的膳食结构必须适合中国的国情，必须与我国食物生产能力和人民消费习惯相结合。从整体上看，我国人民长期以来形成了以粮食为主，搭配适量蔬菜和一定肉食的膳食结构，这种基本的食物结构将在今后较长时期存在下去。粮食在食物结构中的基础地位不能动摇。因此，应主要立足中国国情，确立科学的食物模式和食物发展战略，以有效地引导食物生产和消费步入协调发展的轨道。

这一时期是食物生产发展的重要时期。一是人民购买力的增加将有力地拉动食物生产；二是在九十年代实现小康目标的进程中，大力发展优质食物生产，发展多种多样的食品加工业，将是促进农村经济综合发展，提高农业生产效益，增加农民收入的重要途径。

（四）我国具有推进食物发展的巨大潜力。其一，虽然我国耕地少，但非耕地食物资源的开发潜力很大。不仅现有耕地的开发利用仍有一定的潜力，而且还有可垦荒地3333万多公顷、可利用的近1亿公顷丘陵、26600多万公顷草场、沙漠和沙漠化土地15300多万公顷及606万多公顷海淡水水面有待进一步开发。此外，我国还有近12600多万公顷的森林面积，可以生产多种森林食物；农作物秸秆饲料资源的开发也具有较好的前景。其二，我国食品加工业还很不发达，有的尚处于起步阶段。发展食品加工，满足人民食物多样化的需求，具有很大的潜力。其三，我国食物发展领域的科学技术应用还很不充分，无论是食物生产，还是食品加工，以及贮藏、运输、保鲜等，应用科学技术推动食物发展的潜力也很大。

总之，目前我国食物发展正处于一个重要阶段，必须抓住时机，在进一步大力发展食物生产的同时，适时进行食物结构的优化，引导食物消费和生产的协调发展，不断提高我国食物生产和消费水平。

二、九十年代食物发展的指导思想和基本目标

（五）九十年代我国食物发展的指导思想是：坚持食物生产与消费协调发展，根据营养和消费的需求，进一步大力发展食物生产，全面开发利用各种国土资源和食物资源，发展农林牧副渔各业的食物生产和食品加工业，重视生产、加工、流通各环节的统筹安排；要按照“营养、卫生、科学、合理”的原则，继承中华民族饮食习惯中的优良传统，吸收国外先进、适用的经验，改革、调整我国的食物结构和人民消费习惯。经过不断努力，使我国人民食物消费与营养整体水平有较大的提高和改善，走出一条符合中国国情的食物发展道路。

（六）根据我国到本世纪末实现小康目标的基本要求，2000年我国人民食物消费和营养的基本目标是：

1. 人均每日主要营养素供给量达到世界平均水平，其中热量2600大卡，蛋白质72克（优质蛋白质约占1/3），脂肪72克。

2. 人均全年主要食物消费水平有较大提高，在坚持植物性食物为主、动物性食物为辅的食物模式的同时，重点提高动物性食物的消费水平。具体是：口粮213公斤（其中豆类8公斤），肉类25公斤，蛋类10公斤，奶类6公斤，水产品9公斤，水果23公斤，蔬菜120公斤，食用植物油8公斤，食糖8公斤。

（七）根据上述食物消费目标，确定我国主要食物全年生产的总量目标应该是：粮食52000万吨（其中饲料粮占1/4以上）、肉类3500万吨、蛋类1430万吨、奶类910万吨、水产品1800万吨、水果3250万吨、蔬菜15600万吨、食用植物油1040万吨、食糖1040万吨。

（八）根据我国地区经济发展的差异性，确定不同地区食物发展目标。

1. 城市和乡村的发展目标。

到2000年，城乡人民食物中热量和蛋白质都将基本满足需要，但城市居民与农村居民食物发展目标的重点将有所不同：农村居民动物性食物的比重增加得更快一些，城市居民食物发展重点则是食物结构的改善。城乡主要食物消费差距要求有所缩小，城乡居民人均每日的主要营养素供给水平要分别达到：热量2520大卡和2630大卡，蛋白质74克和71克，脂肪81克和68克；主要食物人均全年消费量要分别达到：口粮下降到150公斤和230公斤左右，肉类34公斤和23公斤，蛋类12公斤和9公斤，水产品12公斤和8公斤，蔬菜140公斤和115公斤，水果33公斤和14公斤。

2.不同类型区域的发展目标。

到本世纪末,不同区域人民的食物消费、营养和生产水平都将有明显提高,其中动物性食物增加较快,主要食物消费差距要求有所缩小。

沿海经济发达地区和大中城市将由小康向富裕迈进。人均全年供给口粮下降到200公斤左右,肉类达到30公斤,蛋类12公斤,水产品14公斤,蔬菜120公斤,水果30公斤;供给热能基本维持在每日2600大卡,蛋白质达75克,脂肪79克。

贫困地区,要求从根本上解决温饱问题,并接近小康水平。人均全年口粮达到250公斤左右,肉类达到16公斤,蛋类4公斤,水产品4公斤,蔬菜140公斤,水果9公斤;供给热能达到2600大卡,蛋白质67克,脂肪51克。

广大的一般地区,食物消费水平达到全国平均水平。

三、实现食物发展目标的若干政策措施

(九)制定系统配套的食物发展政策。根据我国食物发展的总体要求,各有关部门要相应制定系统、配套的产业政策,包括经济政策、技术政策和组织管理政策,以及产前、产中、产后的系列化服务政策。要把我国食物发展目标纳入各有关部门和行业的发展计划之中,加以统筹规划。尤其是食品生产、加工、流通、贸易等部门,都要围绕食物发展的要求,制定具体的实施规划和相应的政策措施,认真组织好各项实施工作,狠抓落实。

(十)保障粮食生产的稳定增长,调整种植业生产结构。粮食和饲料的稳定增长,是食物结构改革和发展的重要基础,必须始终抓紧,保障其稳步发展。首先,要大力稳定粮食播种面积,建立起粮田保护区制度;其次,现行的各种扶持粮食生产的优惠政策和建设投资不得减少,并保证落实到实处;此外,要尽早建立健全在社会主义市场经济体制下的粮食产销宏观调控体系,以确保粮食生产的稳定增长。在此基础上,根据市场需求,在增加优质稻米、小麦和各种杂粮的同时,增加适应多种加工需要的粮食和经济作物原料生产。要改变传统的种植业二元结构,逐步形成粮食作物——饲料作物——经济作物协调发展的三元结构,使饲料作物生产形成相对独立的产业。同时,要把豆类从粮食生产中分离出来,作为优质高蛋白作物对待。要安排好饲料和豆类作物的发展计划,进行单独的产量统计,并制定有效的扶持政策,加快发展。要继续发展蔬菜和干、鲜果生产,重视改良品种和提高质量。

(十一)大力发展畜牧食物生产。稳步发展生猪生产,着重提高出栏率和瘦肉率,加速推广优良品种,建立高效生产体系,提高猪肉产量和品质。要加快发展耗粮少、转化率高的畜禽和蛋、奶生产。要充分利用好农村的农作物秸秆,采取青贮和秸秆氨化等有效措施,加快发展肉牛、奶牛和羊等草食性动物生产。要加快牧区畜牧业的发展步伐,搞好草原、草场的改良和开发利用,提高生产能力。要大力增加蛋白质饲料,控制并逐步减少大豆和各种饼粕的出口,促进优质动物性食物生产的发展。到本世纪末,猪肉在肉类中的比重要下降到70%以下,禽肉和牛羊肉的比重分别上升到18%和12%以上。

(十二)提高水产品在动物食物中的比重。要根据综合治理与重点开发并重的原则,在保护水产资源,稳步发展水产捕捞的同时,重点抓好浅海、滩涂和内陆低洼盐碱荒地的综合开发利用,大力发展小水体高产精养和节地、节粮型养殖业。同时要继续加快大中型水域的开发利用。要努力加快发展远洋渔业。力争到本世纪末,将水产品在动物食品中的比重提高到20%,其中人工养殖产量从目前的50%上升到60%以上。

(十三)全方位开发国土资源,发展食品国际贸易。根据我国国情特点,食物发展必须立足于国土资源的全方位开发,走食物生产多样化的道路。要进一步开发和利用好丘陵、荒山、沙地、草地和农区秸秆资源,充分利用可养殖的海淡水水面,生产更多的动物性食品;要充分开发和利用我国广大的森林资源,发展各类森林食物。同时,要在食物供给基本立足国内的基础上,根据需求与效益相结合的原则,努力发展我国食品的进出口贸易,满足人民多样化的食物消费需求,推动我国食物各产业的更好发展。

(十四)积极发展食品加工业,搞好食品的贮藏、运输和保鲜。食品加工的结构要适应食物消费结构的特点,因地制宜地发展食物原料初加工和食品深加工,适当发展粗杂粮加工,尽快形成我国完整、合理的现代化食品工业体系,使加工食品在膳食中的比重由目前的30%上升到40%左右。要重点发展"营养、保健、益智、延衰"的妇幼食品、学生食品、老人食品、保健食品,发展系列化的方便食品、快餐食品、调味品和各种果汁、菜汁等天然、营养饮料。有条件的地方,要逐步建立中小学生营养餐制度。同时,要十分注意提高加工食品质量,选择优质的原料品种,建立稳定的原料基地,大力开发"绿色食品"。要继续调整食品工业布局,积极发展农村食品加工业。要加强食品贮藏、运输方面的基础建设,不断提高我国的食物贮藏、运输和保鲜能力。食品集中产区和销区,都要积极建设好各类食品批发市场。要进一步强化和完善食物生产、加工、流通等领域的全程社会化服务体系,发展多种形式的服务组织。

（十五）引导食物消费，建立科学、合理的膳食与营养结构。正确引导我国人民的食物消费，一是要加强膳食营养知识的舆论宣传和科技普及工作，宣传和推广营养科学界推荐的我国人民膳食指南，即食物要多样，粗细要搭配，三餐要合理，饥饱要适当，甜食不宜多，油脂要适量，饮酒要节制，食盐要限量。今后要从中小学生抓起，增加食物和营养方面科普知识的教育，以不断提高人民膳食营养的知识水平，提高科学消费的自觉性。二是要深化价格体制改革，建立起科学、合理的食品价格体系，主要通过市场价格引导人们的食物消费。三是要采取必要的立法和经济干预措施，提倡科学、文明的食物消费，反对或抑制大吃大喝和铺张浪费等陋习。

（十六）增加投入，加强食物发展的基础建设。实现食物发展目标，必须增加相应的资金投入和物质投入，不断提高食物综合生产能力。对于关系食物发展全局的基础性建设（如良种、防疫、仓储、运输等）和需要优先加快发展的食物生产（如粮食、豆类、节粮型动物食品等），要适当集中财力和物力重点安排，并在贷款上予以倾斜和扶持。要根据食物生产目标，相应地增加生产资料的生产和投入，提高食物生产、加工的机械化水平。"菜篮子工程"对实现我国食物发展目标具有重要意义，要继续抓紧建设。同时，还要有计划地组织实施一些新的食物营养工程。

（十七）依靠科技进步，提高食物生产的集约化水平。实现本世纪末的食物发展目标，必须充分发挥科技的作用，按照高产、优质、高效的发展方向，努力提高资源转化率和生产效益。要加快科技成果转化为生产力的步伐，大力推广各种先进适用的食物生产、加工技术，并引进吸收国外各类先进适用的技术。要注意增加科学技术的储备，加强重大技术的科学研究工作，特别是优质食物品种的研究，运用生物工程等高新技术，开展攻关协作，不断改善食物品种质量。要制定相应的技术政策，调整食物技术结构，改善食物科技工作的条件，推动食物科学技术的发展。

（十八）加强教育工作，加快人才培养。要开展多形式、多层次的教育、培训工作，扶持有关院校设置食物和营养的有关学科专业，加强在职人员的培训、考核工作，加快培养食物营养、卫生和质量监测等方面的专门技术人才，逐步建立起我国食物营养的人才队伍。要积极创造条件，逐步实行按一定的人口比例培养和配备食物营养方面的专业技术人员，设立营养师专业职称系列。

（十九）加强食品的卫生和质量监督。在食物生产、加工、贮运、消费等各个环节，都要高度重视和加强食品卫生工作。积极推广低毒、低残留农药的生产和应用，引导化肥的科学施用。要加速完善食品卫生和质量监督、监测体系的建设，严格执行《中华人民共和国食品卫生法》和食品质量监督、监测方面的有关条例，提高食品监督水平。要加强对食物环境的监测工作，严格对污染源的处理措施，重视对市场食物的监督，完善和强化市场食物的质量监督管理功能，力争九十年代我国食品卫生水平有较大提高。

（二十）健全和完善营养管理体系。要建立和完善各级营养管理体系，监测不同地区、不同人群的营养状况，发布营养监测信息，为改善营养状况提供科学依据。要重点改善贫困地区和严重营养性疾病地区的营养不良状况。扶贫工作要结合营养改良，对营养性疾病地区要采取特殊的营养改良措施。要制定有针对性的政策，采取有力措施，保护妇女、儿童和老人的健康。

四、加强对食物发展的组织领导

（二十一）加快管理体制的改革。要有效实现我国食物发展目标，必须适应发展社会主义市场经济的客观需要，积极创造条件，逐步建立起我国食物产、供、销一体化的经营体制，实行食物生产、加工、贸易、科教等各个相关环节的统一管理，以利于协调食物部门与国民经济各部门的关系，协调食物产供销、内外贸各环节之间的关系，保障我国食物与消费的协调发展。

（二十二）设立国家食物与营养咨询委员会。委员会由农业部和卫生部组织有关专家组建。主要任务是，对我国食物与营养工作及其相关工作进行调查研究，向主管部门提出建议，提供咨询服务等。

（二十三）加强对食物发展工作的领导。国务院各有关部门要按照本纲要提出的各项基本目标和政策措施，积极配合，努力工作。各级人民政府都要高度重视和加强食物发展工作，要结合本地实际，充分考虑不同地区、不同民族、不同人群的差别和习惯，相应制订本地区的食物发展纲要，把食物发展纳入本地区的国民经济和社会发展规划之中。建立必要的食物与营养咨询委员会，协助政府主管部门具体落实国家和地方的食物发展纲要，努力保证我国90年代食物结构改革与发展目标的顺利实现。

国办发出继续加强蚕茧收购的经营管理的通知

通知指出，今年蚕茧收购继续由中国丝绸进出口总公司及其省（自治区、直辖市）和计划单列市公司统一经营管理。桑鲜茧收购价格按国家物价局《关于下达1993年桑蚕茧收购价格的通知》的规定严格执行。

中共中央政治局常委乔石在四川考察

5月27日至6月5日，乔石在四川省省长萧秧、省委副书记宋宝瑞、省人大常委会主任杨析综陪同下，到四川北部的绵阳、遂宁、南充以及德阳、成都和重庆等地考察工作。从城市到乡村，从工厂到农户，从高新技术产业开发区到科研院所，一路上，乔石广泛接触基层干部和人民群众，详细了解改革开放、现代化建设和人民群众生活的情况，与省、市（地）领导进行座谈，共同探讨解决发展过程中面临的问题。

乔石说，当前的国际形势对我国的改革开放和现代化建设是相当有利的。国内的形势是好的，社会稳定，经济发展，当然也存在一些问题。解决这些问题，基本的方向是按照邓小平同志建设有中国特色社会主义的理论和党的十四大精神，深化改革，扩大开放。乔石充分肯定四川的建设成就，对四川的发展寄予很大的希望。他说，党的十一届三中全会以来，四川的改革开放和经济建设取得了显著的成绩，特别是邓小平同志去年初南巡谈话以来，四川同全国一样，广大干部、群众的思想进一步解放，积极性大为高涨，改变面貌的愿望强烈，各项事业生机盎然，进入了一个崭新的发展阶段。四川是一个大省、内地省，存在一些困难，同时又是一个很有希望、很有前途的省。四川资源丰富，工业基础不错，要努力适应社会主义市场经济的需要，抓好机制转换，搞好技术改造，不断提高效益，以充分发挥工业的主导作用。四川发展农业的条件也比较好，潜力很大。只要善于把中央的精神同本地的实际很好地结合起来，四川的建设事业再上一个新台阶是完全可以实现的。

在谈到农业和农村工作时，乔石强调，要进一步巩固农业这个基础。如果农业出了问题，一切都上不去。农业不稳定，不仅整个经济不稳定，政治和整个社会也难以稳定。任何时候，任何情况下，都不能忘记农民，不能忽视农民的利益。农业和农村工作要放在极重要的位置上抓紧抓好。要十分注意保护农民生产、经营的积极性，保护基层干部抓工作的积极性。"白条"、"绿条"的问题一定要有计划地解决好。对解决这个问题的重要性和迫切性，丝毫不能忽视。像四川这样的大省，粮食尤其不能放松，而且还应发挥本地的优势，调整结构，多种经营，农林牧副渔全面发展，把所有的山山水水都利用起来，生产更多更丰富的产品。同时要在现有基础上进一步搞好乡镇企业，总结已有的经验，力争在今后几年内使乡镇企业有一个新的发展。

在广安县，乔石参观了邓小平同志旧居，看望了附近的农民，与川北老区的基层干部和老红军代表进行了座谈。他向川北老区的老红军、老同志、广大基层干部和人民群众表示亲切的慰问，希望大家在党的领导下，把老区建设得更好。他说，党的十一届三中全会以来，总的说，老区的发展是好的。有的地方基本解决了温饱问题，有的发展得更好一些。党和国家非常关心、支持老区的建设，相信通过各级干部带领群众自力更生，艰苦奋斗，老区一定会建设得更好。当广安县委领导同志表示决心遵照小平同志的嘱咐把广安建设好时，乔石同志高兴地连声称"好"。

关于社会主义民主和法制建设，乔石说，未来五年要形成适应社会主义市场经济的法律体系的框架，立法的任务很重，全国人大和地方人大都要抓紧。地方在立法上应积极探索，胆子可以大一点儿。地方立法要以国家和人民的根本利益为出发点，地方的法律法规同全国的法律法规是相辅相成的。我们的立法要大胆吸收和借鉴国外的经验，注意与国际上的有关法律和国际惯例相衔接，以有利于我国的对外开放。地方人大要研究、探索如何发扬民主，如何发挥监督作用，多创造一些经验，并结合搞好普法教育。

乔石强调，必须始终坚持两个文明建设一起抓的方针。经济发展了，更要加强廉政建设，防止和打击犯罪活动。同时，必须下功夫加强党的建设。党的组织要成为建设有中国特色社会主义的坚强核心，以适应党的基本路线的要求，适应新形势的需要。尤其要注意在基层培养积极分子，在生产和经营的第一线发展党员，加强基层党组织的建设。

中宣部在北京召开文化工作理论研讨会

中共中央书记处书记兼中宣部部长丁关根出席会议并讲话。

中宣部副部长、文化部部长刘忠德在会上强调指出："文化体制改革要用是否有利于充分调动和发挥广大文艺工作者的积极性和创造性；是否有利于出作品、出人才，繁荣社会主义文艺事业，满足广大群众日益增长的文化生活需要；是否有利于促进经济发展和社会全面进步的三个标准，来衡量其得失成败。"

文化工作理论研讨会的召开，目的是力争解决当前面临的一些新的理论问题和实践问题，为文化体制改革和繁荣文艺提供一些有启发、有帮助的意见。讨论的议题是：在建立社会主义市场经济的新形势下，如何改革我国的文化体制，怎样才能使我们的文化体制适应建立社会主义市场经济体制的要求，符合社会主义精神文明建设和文化艺术自身发展规律的要求；应当如何看待精神产品的商品属性和它的特性，如何看待精神产品与市场的关系，不同门类、档次和目标的精神生产的兴衰存亡能否完全由市场来选择；怎样看待高雅文艺作品和通俗文艺作品在市场运行中的不同状况与要求，应当采取怎样的对策；对精神生产部门和文化娱乐场所的经营在政策上应当如何对待，应当分别提出哪些不同的管理要求；应当怎样看待精神生产的社会效益和经济效益，如何更好地处理两个效益之间的关系；在新形势下，如何加强和改善对文化市场的管理，怎样进一步完善文化经济政策，加快文化法规建设。

中共广东省委七届一次会议再次选举谢非为省委书记

外交部发言人吴建民在记者招待会上就中英会谈等事回答记者的提问

记者问：你对香港立法局五月二十六日通过《选区分界及选举事务委员会条例草案》有何评论？

吴建民说，正当中英双方在中英联合声明、与基本法衔接的原则以及中英已经达成的有关协议和谅解的基础上就香港1994至1995年选举安排问题进行会谈之际，港英当局竟将《选区分界及选举事务委员会条例草案》提交立法局讨论通过，中方对此感到惊讶。必须指出，凡有关香港1994至1995年选举安排的事宜，未经中英双方磋商并达成共识，英方不得单方面进行立法并着手推行。英方必须信守双方的协议和谅解，不应为正在进行的中英会谈设置新的障碍。

有记者问：台陆委会将正式提出所谓的“一国两府四区”概念。你对此持何态度？

外交部发言人吴建民重申：“中国只有一个。我们坚决反对任何可能导致出现‘两个中国’或‘一中一台’局面的图谋。”

吴建民说，台湾、香港、澳门都是中国领土的一部分。我们主张和平统一祖国，实行“一国两制”，这是解决中国统一问题的最好办法。按照这种办法，香港、澳门将要平稳地回归祖国。我们也将本着“一国两制”的方针逐步实现台湾与祖国大陆的统一。我们认为，实现台湾与大陆统一，关键是双方尽早坐下来商谈，希望台湾当局对此能表现出应有的诚意。

有记者在今天下午的记者招待会上问：目前国际上一些舆论根据“购买力平价”的计算方法，认为中国已成为世界上第三经济大国，仅次于美国和日本。你对此有何评论？

吴建民说，自实行改革开放政策以来，中国的经济确实有了很大的发展。然而，把中国列为世界第三经济强国，则是过高地估计了中国的经济水平。“购买力平价”的计算方法本身在国际上就是有争议的。何况中国是一个幅员辽阔、人口众多的发展中国家，其经济发展水平在各地区间还不平衡，人均国民经济生产总值还很低，要赶上中等发达国家的水平还需要经过几十年的努力。

《中华人民共和国政府和大韩民国政府海运协定》在汉城签订

中央军委主席江泽民签署给白月友记一等功通令

由军委主席江泽民签署的通令说，解放军军事体育工作大队军事五项队队长兼高级教练白月友，体育2级，专业技术大校军衔。多年来，他怀着强烈的事业心、责任感，全身心地投入到军事体育事业上，坚持从严治队，科学施训，使该队的全面建设不断加强。他先后11次带队出国参赛，夺得7次团体冠军、4次团体亚军、4次个人冠军、5次个人亚军和5次个人铜牌。特别是在1992年9月举行的国际军体理事会男子第40届、女子第2届军事五项锦标赛上，囊括了男女团体、个人全部4枚金牌和男女个人2枚银牌，为我国和我军赢得了荣誉。

中国乒协名誉主席李瑞环国务委员李铁映在北京会见中国乒乓球代表团并祝贺他们在世乒赛取得好成绩

第二届全国优秀少儿读物评选揭晓

1989—1991年出版的少年儿童图书，其中有106种获得“第二届全国优秀少年儿童读物奖杯”。获一等奖的有《中国工艺玩具故事丛书》、《岩石上的小蝌蚪》、《萤烛一幼儿百科画丛》、《中国通史故事》、《世界五千年》、《狼王梦》、《怪老头》、《郑春花童话》、《在我和你之间》、《中华民间故事大画库》等10种图书。

5月28日

国务院举行第四次常务会议

受国务院总理李鹏委托，副总理邹家华主持召开国务院第四次常务会议。会议讨论并原则通过《中华人民共和国反不正当竞争法(草案)》和《中华人民共和国经济合同法修正案(草案)》。

会议认为，实行改革开放以来，商品经济不断发展，市场日趋活跃。在市场经济活动中出现的不正当竞争行为已不是个别现象。为了维护社会主义市场经济秩序，鼓励和保护公平竞争，制止不正当竞争行为，保障经营者的合法权益，有必要制定反不正当竞争法。

《中华人民共和国经济合同法》是1981年12月13日五届全国人大四次会议通过、1982年7月1日起施行的。随着改革的不断发展和深化，有些规定与现实经济生活已经越来越不相适应；在一些重要问题上，同后来制定的民法通则、民事诉讼法、涉外经济合同法、技术合同法也存在若干不协调、不一致的情况。因此，修改经济合同法势在必行，也是各方面的普遍要求。

这两个法律草案在作必要修改后，将提请全国人大常委会审议。

海协会致函台湾海基会表示全面履行"汪辜会谈"协议

《农民日报》发表中共中央政治局候补委员温家宝在陕西商洛等地农村进行调查研究时就贫困地区发展农村经济的几个问题发表的意见

关于贫困地区发展农村经济问题，我谈几点意见：

一、加强农业的基础地位

党的十一届三中全会以来，在陕西省委、省政府的领导下，商洛地区的干部群众认真贯彻执行党的基本路线，坚持农村改革，农业生产条件有了比较明显的改善，农产品的产量大幅度增长，农村面貌发生了很大变化，人民生活显著提高，大部分贫困户初步脱贫。总的感觉，经济发展，社会安定，干部群众精神振奋，大家决心通过改革，进一步发展农村生产力，实现脱贫致富的目标。可以说，商洛地区是大有希望的。但是，也应当看到，商洛地区农业基础仍然比较脆弱，承受自然灾害的能力不强，现在的脱贫水平较低，并且还不巩固，一遇大的自然灾害，一部分已脱贫的群众可能会返贫。因此，中央一再提醒我们，对农村的经济实力和农民的富裕程度不能不切实际地估计过高，对农业和农村工作不能有丝毫的放松。应当看到，发展农村经济、改善家民生活的任务还相当艰苦。不仅贫困地区是这样，就是农业生产发展水平较高的地区，也是这样。

贫困地区脱贫致富的工作千头万绪，但基础还是农业。这里讲的农业，是指包括农、林、牧、副、渔的大农业。在贫困地区，还有相当一部分群众没有解决温饱问题，要把发展经济、脱贫致富作为中心任务，特别要加强农业，不放松粮食生产，首先解决温饱问题。就全国来讲，经过改革开放 14 年的努力，人均口粮也不过只有 380 公斤。目前部分地区出现的粮食多余，是低水平下的结构性的多余，即普通的品种多，优质品种少；主产区多，山区和非主产区少；初级产品多，加工转化产品少。实际上是农业生产结构与消费结构不相适应的反映。还应当看到，在今后一个时期内，我国每年将净增人口 1300 万到 1500 万，每年将减少土地几百万亩，即使到本世纪末粮食产量再上两个台阶，人均占有粮食也只有 400 公斤左右。我们整个农业的基础比较薄弱，抗灾能力不强，特别是抗大灾、抗连续性灾害的能力不强。因此，对农业问题千万不能掉以轻心。现在形势好，社会安定，市场繁荣，人民安居乐业，最根本的还是农业形势好。农业结果出现曲折，三五年转不过来。最近中央特别强调要加强农业和农村工作，就是因为农业关系到国民经济全局，关系到社会的稳定，这既是一个经济问题，也是一个政治问题。

二、大力发展农业生产力

商洛地区人多地少，人均不足一亩地，有些地方只有三五分地。土地不仅少，而且贫瘠。也就是说，农业生产的基本条件不好。在这种情况下，要发展经济、脱贫致富，就必须大力发展农业生产力。一是要保护和调动农民的积极性。农业靠政策、靠投入、靠科技，这三条都离不开群众的积极性。改革就是为了调动农民的积极性，从而解放和发展生产力。要把调动农民的积极性作为我们制定各项政策的根本出发点。十一届三中全会以来，我们实行的家庭联产承包责任制和党在农村的一系列政策，其出发点就是为了调动农民的积极性，中央最近提出的一些政策措施，其着眼点还是为了保护和调动农民的积极性。没有群众的积极性，什么事情都干不成。我们应该懂得这个道理。二是要依靠科技和教育。通过改良品种，合理施肥，培育地力，增加复种指数，科学管理，提高单位面积产量，提高作物质量，提高农业的综合效益、要重视农村教育，特别是农业技术教育，要坚持走农科技结合的路子。丹凤县棣花村在西北农大的帮助下，引进国外优良品种，采用先进栽植方法，建立试验示范葡萄酒，就是一个成功的例子。三是要搞好农田基本建设。通过兴修水利，增加灌溉面积，治理小流域，改造中低产田，改变农业生产条件。蓝田县坚持田水林路综合治理，平整土地，实施农业综合开发工程，增强了发展后劲。

商洛地区虽然可耕地很少，但非耕地资源丰富。要实行农林牧副渔并举，种养加结合，向坡地、荒山发展，大力发展林果、药材等经济作物，发展畜牧业，大搞农副产品加工，并逐步形成规模，提高效益。要解放思想，放开眼界。看了商州市小韩峪村，对我有很大的启发。他们依山致富，利用山地栽果树，种天麻，使村里富了起来。利用非耕地资源，搞农业的综合开发，有极大的潜力，只要采取正确的政策措施，给予必要的扶持，就一定能创造出财富。

三、积极兴办乡镇企业

贫困地区要摆脱贫困，使农民走上富裕的道路，除了发展农业之外，还必须发展乡镇企业。商洛地区的乡镇企业起步晚，还处于初步发展阶段，水平不够高，规模不够大，但势头比较好。在贫困地区发展乡镇企业，首先是通过政策引导，鼓励农民去办。根据当地的资源优势和市场需求，因地制宜，适合发展什么就发展什么，什么有效益就办什么。一个村能搞到三五万元以至一二十万元，情况就大不一样。在经济基础比较薄弱的地方，开始办些农副产品加工业、小手工业、小采矿业，虽然规模小，技术简单，但可以使农民增加收入，减轻负担；可以使农民积累资本；可以使农民在实践中学会搞市场经济。但是，要把乡镇企业办好，真正办出效益，还得进一步发展，就是要逐步形成支柱产业。支柱产业既包括工业，又包括“绿色企业”。要形成支柱企业，必须从实际出发，逐步创造条件：第一，要具有优势，或者是资源优势，或者是技术优势。第二，要有拳头产品并形成一定的规模。第三，要有比较高的质量。现在企业竞争更加激烈，竞争就得靠质量。讲产品开发和质量，陕西是有优势的。陕西科技实力雄厚，科技人员比例在全国居第三位。要采取大专院校、科研单位与乡镇企业挂钩，定点支持的办法，相互建立技术经济联系。支援的方法可以多种多样，有无偿的，有收取合理报酬的，有参股合办的。第四，要有稳定的市场。让农民自己了解全局，了解整个市场，是比较困难的。而农民如果不能准确地掌握市场信息，不能预测市场的发展方向，就难以选准产业和产品。盲目投入建厂，市场发生变化，就会受到损失。这就需要政府有关部门在宏观上加以指导，为农民提供准确的市场信息和各种服务。我们要认真贯彻落实国务院关于发展中西部乡镇企业的政策措施，积极发展乡镇企业。做到户办、联户办、村办、乡办、联营、合资，几轮驱动，多轨并行；多种所有制形式，多种经营管理方式，共同发展，相互促进。乡镇企业搞好了，农村经济实力增强了，又会以工补农，促进农业发展，形成良性循环。

四、重视基础设施建设

贫困地区，首先要解决好温饱问题，同时又要想得远一点，为整个经济发展的后劲打好基础。要重视和加强基础设施建设。由于贫困地区财政困难，这种建设应当量力而行，分别轻重缓急，逐步进行。要把钢用在刀刃上。从商洛的实际情况看，必须打好三个基础：一是加强农业基础建设，特别要有计划地大搞农田水利基本建设。二是加强电力、交通、通讯等基础设施建设。交通条件差，商品经济就难以发展。没有电力，乡镇企业就办不起来。三是加强市场的基础建设。在商品经济中，流通和生产一样必要。流通既是联结生产和消费的纽带，也是联结生产和生产的纽带。没有生产就没有流通，同样，没有流通也就没有生产的发展。贫困地区之所以落后，很大程度上是由于闭塞，市场不发育，商品经济不发达。所以要下决心把市场建设好，把市场搞活。一个地方市场活了，就可以推动生产发展。在贫困地区，建设资金问题怎样解决？国家的扶持是完全必要的，但归根结底要靠发展经济，靠人民群众的艰苦奋斗。我看了几个村子，很多是白手起家，从无到有发展起来的，有的开始没有贷款，有的贷款也不多。艰苦奋斗这一条很重要，要靠得住。

五、进一步解放思想，坚持实事求是

推进改革开放，发展社会主义市场经济，需要进一步解放思想，坚持实事求是。为什么有些地方条件差，但经济上去了；而有些地方条件比较好，经济反而上不去呢？其根本原因在于人的思想，特别是干部的思想。这就需要下功夫提高思想认识水平。一是提高对地区发展优势和潜力的认识。一些同志缺乏对情况全面深刻的了解，即使在本地生活和工作几十年的同志，对地区发展的优势和潜力，也不是完全认识了。可以说既认识，又不完全认识。不然为什么那么荒山、荒坡，过去没有利用，现在利用起来了；过去不懂得发展村办企业和二、三产业，现在懂得了呢？就是因为思想水平提高了，科学文化知识丰富了，认识发生了变化。知道坡地可以栽苹果、种花椒，山里的板栗可以卖钱，核桃可以加工增值。所以，我们的干部群众都有一个对本地优势和潜力再认识的问题。二是提高对社会主义市场经济规律的认识。如果不认识市场规律，不懂得适应供求关系变化，就不知道自己要发展什么，就可能陷入盲目性。干部群众要通过发展农村经济的实践，加深对社会主义市场经济规律的认识。三是提高对致富路子的认识。每个乡、每个村，条件都不一样，但都可以找到自己的致富路子。关键是解放思想，从本地实际出发，大胆实践，勇于创新，使我们的认识实现从必然王国到自由王国的飞跃。

六、加强对农业和农村工作的领导

各级党委和政府一定要把农业放在首位，把带领群众致富放在首位，把农村工作放在首位。要重视加强农村党的基层组织建设和基层政权建设。实践证明，凡是农村经济搞得好，两个文明建设搞得好的地方，都有一个强有力的领导核心，特别是有一个好的支部书记。我们看的几个典型，都说明了这个问题。有一个好的领导班子，有一条好的致富路子，贫困面貌就能得到改变，就会富起来。所以，在强调发展农业和农村经济的时候，切不可忽视农村党的基层组织建设和基层政权建设。

要加强对基层干部的培养和教育。各级领导干部，特别是县、乡干部要认真学习邓小平同志建设有中国特色社会主义的理论，学习科学文化知识，努力提高思想政策水平和工作能力。陕西这两年采取的干部交流的办法是行之有效的，开阔了视野，锻炼了干部。现在大批县级机关的干部下到乡镇，领办乡镇企业。这是个好办法，既精简了机构，分流了干部，又扶持了乡村的发展，应当坚持下去。

七、认真贯彻落实中央关于加强农业的政策措施

党的十四大以来，中央一再强调，要加强农业的基础地位，把农业放在各项工作的首位。要稳定家庭联产承包责任制和党在农村的一系列基本政策。最近，中央针对当前农业存在的问题，又制定了一系列加强农业的政策措施。各级干部要充分认识这些政策措施，对于保护农民利益，促进农业生产力发展，巩固工农联盟，密切党同群众联系的重要意义，从而自觉地、不折不扣地认真贯彻落实。当前，要特别注意切实减轻农民负担，保护和调动农民的生产积极性。这个问题在贫困地区尤其需要重视。这项工作一定要深入，不能水过地皮湿。要坚决执行中央关于减轻农民负担的各种规定。应当由国家兴办的事情，不能把负担转嫁在农民身上；需要农民办的事情，要量力而行；要坚决制止各种挤农民、挖农民的摊派集资和收费，特别是各种形式主义的东西。这件事情要首先从上边做起，从部门做起。要改进工作方法，坚持从实际出发，因地制宜。坚持尊重农民意愿，因势利导，不能搞强迫命令。总之，各级党委和政府，要切实负起责任，把主要精力放在农业和农村工作上来，放在认真贯彻落实中央关于加强农业的政策措施上来。

在农业向社会主义市场经济转变过程中，我们遇到了一些新情况、新问题。其中既有比较紧迫的问题，也有比较长远的问题。这些问题，都需要我们认真研究，加以解决。十一届三中全会以来，实行农村各项改革，不仅取得了举世公认的巨大成就，而且在决策方式上，也给我们提供了宝贵的经验。其中最重要的就是尊重群众的首创精神。在新的形势下，改进领导作风，深入实际，联系群众，解决新问题，总结新经验，具有特别重要的意义。广大干部要深入基层，接近群众，通过调查研究，切实解决农业和农村工作中的突出矛盾和问题，并下力量研究促进农村改革和发展的政策问题。

中国政府代表外交部副部长姜恩柱和英国政府代表驻华大使麦若彬在钓鱼台国宾馆就香港1994/1995年选举安排问题开始举行第四轮会谈

全国作协工作会议在北戴河结束

会议于24日至28日举行。

全国各省、市、自治区的代表介绍了当地作家群的心态和动态。中国作协书记处常务书记玛拉沁夫在工作报告中特别强调，在中国社会已转入社会主义市场经济轨道的形势下，漠视市场传递的信息，使文化产品与文化市场相脱离的做法，肯定是行不通的。当然，精神产品不同于一般物质产品，它有自身的价值取向与生存意义。他认为，文化市场与文艺创作的关系是双向引导、双向选择。各地作协和作家们应以改革的观点、开放的意识去观察、分析和认识并勇敢地面对市场，积极主动地适应、引导、丰富和占领市场。

吕圣荣当选为国际羽联主席

第8届世界杯跳水赛在北京开幕

比赛于5月28日至6月1日在奥林匹克中心英东游泳馆举行，来自中国、美国、澳大利亚等20个国家和地区的115名运动员参加比赛。

5月29日

国务院发出关于禁止犀牛角和虎骨贸易的通知

中国公证员协会负责人就《两岸公证书使用查证协议》实施一事发表谈话

“汪辜会谈”正式签署的《两岸公证书使用查证协议》于今日正式实施。记者访问了中国公证员协会负责人，请他谈谈此协议实施的有关问题。

问：对《两岸公证书使用查证协议》的签署和履行，您有什么看法？

答：这个协议的签署将海峡两岸的关系又向前推进了一步，对促进两岸的联系和交往，促进祖国的和平统一有着重要意义。通过协议的履行，保证了公证书效力的实现，有利于维护两岸人民的正当权益。

问：《两岸公证书使用查证协议》的主要内容是什么？

答：《两岸公证书使用查证协议》的主要内容包括：联系主体、寄送公证书副本、公证书查证、文书格式等九项内容。根据协议约定，中国公证员协会或有关省、自治区、直辖市公证员协会与海峡交流基金会就寄送公证书副本和公证书查证等事宜进行联系，凡发往台湾使用的或台湾发往大陆使用的公证书，相互寄送涉及继承、收养、婚姻、出生、死亡、委托、学历、定居、扶养亲属及财产权利证明公证书副本。除此之外，对于违反公证机关受理范围规定、同一事项在不同公证机关公证、公证书内容与户籍资料或其他档案资料记载不符、公证书内容自相矛盾、公证书文字、印鉴模糊不清，或有涂改、擦拭等可疑痕迹、有其他不同证据资料等情况的，双方还可就公证书内容和形式的真实性进行查证。

协议还约定，协议的变更或终止，应经双方协商同意。对于履行协议中所发生的争议，双方应尽速协商解决。协议自双方签署之日起 30 日后生效实施。根据协议的约定，该协议于 5 月 29 日正式实施。

问：为协议的实施，中国公证员协会都作了哪些准备工作？

答：为使各省、自治区、直辖市公证员协会和各公证处正确地理解协议的内容和要求，以便能严格履行《两岸公证书使用查证协议》，我们专门召开了各省、自治区、直辖市公证员协会有关人员参加的会议进行讨论。在此基础上制定了《海峡两岸公证书使用查证协议实施办法》，现已印发各公证员协会执行。据了解，各省、自治区、直辖市公证员协会也召开了专门的会议，研究协议的履行问题，现在各地已经基本上做好了准备工作。

问：《海峡两岸公证书使用查证协议实施办法》有哪些具体内容？

答：实施办法要求，凡与海峡交流基金会联系寄送公证书副本和查证公证书，由中国公证员协会或省、自治区、直辖市公证员协会进行，任何个人、公证处或省以下公证员协会不得向海基会寄送公证书副本或答复查证事项。同时要求各公证员协会应有专人负责登记、寄收公证书副本、答复查证函。

为使各公证员协会和公证处进一步明确所寄送公证书副本的种类，以利于协议的履行，实施办法将应寄送的公证书副本加以具体化。包括：用于继承的亲属关系公证书、委托公证书，以及根据案情需要办理的出生、死亡、婚姻等公证书；收养、婚姻、出生、死亡、学历、委托书公证书；用于大陆居民赴台湾定居，或台湾居民赴大陆定居的亲属关系、婚姻、出生等公证书；用于减免所得税而办理的扶养亲属公证证明，包括亲属关系、谋生能力、病残、成年在学公证书、缴纳保险费或缴纳医药费公证书；以及公民、法人或其他组织所享有的财产权公证证明，包括物权、债权、继承权等有形财产和专利、著作、商标等无形财产权。

寄送副本的具体操作程序是，凡公证处出具的上述发往台湾使用的公证书，在发给当事人使用的同时，由出证的公证处将公证书副本寄送所属省（自治区、直辖市）公证员协会。再由省（自治区、直辖市）公证员协会统一将公证书副本寄送海基会。各公证员协会收到海基会寄来的在大陆使用的公证书副本，应进行登记并根据公证书用途转寄公证书使用部门。

对于需要查证的公证书的操作程序是，凡海基会的查证函寄到中国公证员协会的，中国公证员协会应当在三日内转出证的公证处，同时抄送公证处所在的省（自治区、直辖市）公证员协会。公证处在收到查证函后，应当在十日内将查证结果报中国公证员协会，同时抄报省（自治区、直辖市）公证员协会。由中国公证员协会答复海基会。

海基会的查证函直接寄给有关省（自治区、直辖市）公证员协会的，省（自治区、直辖市）公证员协会应当在三日内转出证的公证处。公证处收到查证函后，应当在十日内将查证结果报省（自治区、直辖市）公证员协会。由省（自治区、直辖市）公证员协会答复海基会。

对海基会要求查证的公证书，必须符合协议第三条第一项所约定的事由，凡不是该七种情形之一的不予查证。海基会的查证函未写明查证事由，或要求查证的公证书上加盖其他证明印章的，也不予查证。海基会将查证函直接寄到公证处或通过当事人或其他单位转交的，公证处不予答复。

公证书使用部门需要向台湾出证机关进行查证的，应将需要查证的公证书复印件寄送所在的省（自治区、直辖市）公证员协会或中国公证员协会，并说明要求查证的事由。公证员协会审查认为符合协议第三条第一项规定的情形的，应登记并出具查证函转寄海基会。海基会答复后，应将查证结果即转公证书使用部门。

公证员协会寄送查证函时，不得在公证书副本上加盖任何其他印章。公证书副本寄送函、查证函和查证回证必须依照规定的格式书写。

问：对于《两岸公证书使用查证协议》生效实施以前，海基会转回要求查核的公证书应怎样处理？

答：对于在协议生效实施以前海基会转回来要求查核的大陆各公证处出具的公证书，在协议生效后，中国公证员协会将清查清楚予以答复。

国家经贸委召开“限产压库促销”会议

针对全国工业企业产品库存仍然偏高、产销率偏低、流动资金日趋紧缺的情况，国家经贸委于 5 月 29 日至 6 月 6 日先后在广西南宁和河北石家庄分片召开“限产压库促销”会议，要求全国各地区、各部门和企业克服松懈思想，持之以恒的抓紧抓好“限产压库促销”工作，以保证工业生产持续、稳定、协调发展。

国家经贸委规定：今年对“限主压库促销”工作指标的考核，从过去的只考核绝对值指标改为绝对值指标和相对指标结合考核，新增加产品销售率和库存产成品可供销售天数两个相对指标。要求全国乡及以上工业企业产销率达到 97%，库存产成品可供销售天数年平均 35～40 天，库存产成品资金占用要好于去年水平。

外交部就美国总统克林顿宣布延长 1994 至 1995 年度对华最惠国待遇提出附加条件发表声明

5 月 28 日,美国总统克林顿宣布就延长 1994 至 1995 年度对华最惠国待遇提出附加条件。这是公然违反中美三个联合公报和两国贸易关系协定原则,严重干涉中国内政的行为。中国政府对此表示坚决反对,并向美国政府提出抗议。

最惠国待遇是中美双方根据两国贸易关系协定作出的对等、互惠的安排,是中美进行正常贸易的基础,符合两国人民的根本利益。美方将贸易问题政治化,甚至就延长对华最惠国待遇提出附加条件,这是中方不能接受的。如果美方一意孤行,只能严重损害中美关系和经贸合作,最终损害美国自身的重大利益。

众所周知,由于社会制度、意识形态、历史和文化背景不同,中美之间在人权等问题上存在一些分歧。双方应该按照国际关系基本准则,通过平等对话、求同存异的方式加以解决,任何强加于人的做法都是行不通的。我们注意到,越来越多的美国公众和有识之士主张无条件延长对华最惠国待遇,要求维护和发展中美关系。我们希望美国政府审时度势,改弦易辙,纠正自己在最惠国待遇问题上的错误做法。

外经贸部发言人就美国总统克林顿宣布延长 1994 至 1995 年度对华最惠国待遇提出附加条件发表声明

我国外交部已就克林顿总统 5 月 28 日宣布对延长 1994 至 1995 年度对华最惠国待遇提出附加条件发表了严正声明。

虽然美国政府决定延长 1993 至 1994 年度对华最惠国待遇,但同时对 1994 至 1995 年度的最惠国待遇附加了苛刻的条件,对此,我们表示强烈不满。

中美相互给予最惠国待遇是中美两国贸易关系协定的核心条款,是正常发展两国经贸关系的基础。美方单方面对执行此协定提出附加条件,公然违反两国贸易关系协定的最重要条款,是严重违背国际关系基本准则的行为。我们要求美国政府重新考虑其在对华最惠国待遇问题上的立场,以避免给正处在发展过程中的两国经贸关系带来严重的不利影响。

外交部部长钱其琛在东京与日本外相武藤嘉文举行会谈

钱其琛说,近年来两国关系取得了可喜发展,双方合作领域不断扩大。特别是去年两国隆重纪念了邦交正常化 20 周年,我国江泽民总书记和万里委员长访日,贵国天皇、皇后两陛下访华,这些都是中日关系中的重要事件,推动两国关系进入了新的发展阶段。我们对此感到满意。

钱其琛说,在当前复杂多变的国际形势下,加强两国友好合作关系尤为重要,希望中日关系有一个新的发展。他表示,中日两国进一步发展友好合作关系符合两国人民的根本利益,有助于亚太地区和世界的和平、稳定与繁荣。武藤表示同意钱其琛的看法。他说,目前世界正处在重大转折时期,日中是友好邻邦,继续保持两国友好合作关系对亚洲乃至世界和平都是有益的。他说,去年是日中两国关系中划时代的一年,今年又逢日中和平友好条约签订 15 周年。我愿同阁下共同努力,建立新的、更加成熟的日中关系。

钱其琛指出,中国确立了建设社会主义市场经济体制,改革开放进入了全面深化的新阶段,这为双方进一步挖掘潜力,扩大合作规模提供了很好的机遇。

钱其琛说,中国作为发展中国家,高度重视环保工作,为保护环境进行了不懈的努力。武藤高度评价中国在环保问题上的积极态度,并且欢迎中国为此采取的积极措施。双方表示,中日两国要进一步加强在环保领域的合作。

第 4 届亚太区域红十字会与红新月会大会在北京闭幕

出席大会的 31 个亚太国家的红十字会组织代表共同签署《北京宣言》。

大会期间,与会代表就防灾备灾,自身发展和卫生救护等问题进行了充分讨论,并联合签署了致力于解决本地区面临的主要问题、相互交流经验、相互援助的合作计划——《北京宣言》。

《北京宣言》阐明本届大会之后,红十字会与红新月会国际联合会和亚太区域国家、地区红会应承担的义务,以及工作战略规划,明确了本区域各国、各地区红会开展各项工作均须遵循的"改善最易受损害者的境况"这一中心目标。

与会代表一致认为,宣言的签署对提高亚太区域国家地区红会的合作与整体作用,加强这一地区"最易受损害的群体"的抗灾能力,减轻人类所遭受的苦难将起到积极作用。

红十字会与红新月会国际联合会副主席、中国红十字会常务副会长顾英奇主持闭幕大会。

5月30日

中央军委主席江泽民副主席刘华清张震题词祝贺预备役部队组建 10 周年

中共中央政治局常委胡锦涛在钓鱼台国宾馆会见并宴请由副主席政府国务部长卡尼杜瓦 · 纳博霍率领

的布基纳法索人民民主组织/劳动运动代表团

海协会会长汪道涵在中国驻美国大使馆同当地华人代表举行座谈

汪道涵向他们介绍“汪辜会谈”后该协会对进一步发展两岸关系的设想，并听取与会者对促进两岸经济交流与合作的建议和看法。

汪道涵还介绍“汪辜会谈”后进一步发展两岸经济交流与合作的设想，并就此谈到正在做或准备做的4件事：

一、他和海协会常务副会长唐树备此次访美之行。向当地侨胞和学者、专家当面请教关于推进两岸关系发展的建议和看法。他高度评价海外侨胞为推动海峡两岸关系的发展和促进祖国和平统一大业所作的贡献。

二、在总结经验的基础上，根据形势发展的需要，补充和修改有关鼓励台胞到大陆投资的行政法规，使保障台商投资权益逐步制度化。据他介绍，在大陆投资的台商已有1.2万家，协议台资总金额达129亿美元。此外，两岸在文化、体育、科技等方面的交流也在不断增加。

三、落实新加坡“汪辜会谈”的成果，扩大经济性、事务性商谈的领域。这次“汪辜会谈”所签署的4项协议从6月1日生效后就要约定处长级、副会长级会晤的时间和地点。

四、加深大陆和台湾之间的相互了解。他说：“我们特别提倡‘双向了解’，现在则是以‘单向’为主。去年约有130万台胞到大陆访问或做生意，而大陆去台湾的只有3万人左右。”他认为，两岸人民来往多了，可以加深相互了解，达成共识，有助于促进两岸关系的发展。

5月31日

国家主席江泽民国务院总理李鹏向全国少年儿童题词祝贺“六一”儿童节

国务院副总理李岚清和首都少年儿童共庆儿童节并慰问全国小学幼教教职员工

国家主席江泽民在中南海会见由院长马科斯·阿布尔托率领的智利最高法院代表团

国家主席江泽民在中南海会见由董事长威尔奇率领的美国通用电气公司高级代表团

国务院副总理李岚清在北京会见美国参议院访华团团长、美国参议院拨款委员会防务小组委员会主席丹尼尔·井上和副主席特德·史蒂文斯

国务院副总理钱其琛在东京举行记者招待会

钱其琛在记者招待会上首先就此次访日发表了谈话。他说，我这次访问日本，目的是与日本领导人就共同关心的国际问题和双边关系等问题交换意见。这次访问取得了成功，我感到很高兴。双方达成了广泛的一致，有些问题双方同意进行专门磋商。我相信，我的访问将进一步推动中日两国关系在各个领域里的发展。

中国青少年发展基金会名誉会长万里在中南海就重视和发展中国的基础教育事业问题发表谈话

最近，万里在中南海住所接见中国青少年发展基金会工作人员并发表谈话。

万里说，农村的情况我很清楚，孩子失学现象相当严重，这很危险。社会主义国家不能允许这种状况存在。你们共青团要管，要呼吁，要把贫困地区孩子失学的情况和解决的办法在报纸上登一登，号召更多的人关心支持农村的基础教育。许多华侨原来在国内很穷，到了外国，发现没有知识不行，因此，现在很多华侨有了钱就想回来办教育，希望祖国富强起来。我前几天去看过北京朝阳区的经纶中学，就是华侨捐资2000多万元建起来的，在国内可说是一流的。要争取更多的华侨、海外友好人士对中国教育事业的支持。你们要大胆宣传，积极给中央、教育部门提建议。对教育现在不抓紧，下个世纪后悔来不及。

万里说，发展教育，关键在各级领导。不重视教育的领导者不及格。小平一向重视教育，是位有远见的领导人。各级领导干部无论职务高低，都应把教育当成建国大计，全力重视、支持教育。在贫困地区很多教师连工资都领不到，这怎么行。我们要搞好9年义务教育，国家应多渠道、千方百计地增加教育投入，提高教师待遇，把教师队伍稳住。希望广大教师在这一光荣的岗位上尽职尽责，为培养现代化建设的栋梁之材做出贡献。

新一届国家防汛抗旱总指挥部在北京成立

经国务院批准，新一届国家防汛抗旱总指挥部已经组成，国务委员陈俊生任总指挥，副总指挥为水利部部长钮茂生、国家计委副主任陈耀邦、国家经贸委副主任石万鹏、水利部副部长何璟，何璟兼任国家防总秘书长和办公室主任，总参作战部部长符传荣任副秘书长。

国务院总理李鹏在致国家防汛抗旱总指挥部成员的贺信中说，我国是一个水旱灾害频繁的国家，因此，重视防汛抗旱工作至关重要，切不可等闲视之。

搞好防汛抗旱工作，务必贯彻以防为主、常备不懈的指导思想，坚持防汛抗旱两手抓。要继续实行各级领导负责制，建立健全防汛抗旱机构，制定和完善有关法规和防御方案，加强水利基础设施建设，特别要做好险工险段的处理，清除行洪障碍，提高现有水利工程的抗灾能力。各部门要通力合作，团结治水，这是抓好防汛抗旱工作的关键。

新一届国家防汛抗旱总指挥部的成员，面临的任务是艰巨的。我相信，你们一定能够肩负起党和人民的重托，出色地完成历史赋予的光荣使命。

国家防汛抗旱总指挥部在北京召开 1993 年第一次会议

国务委员、国家防总总指挥陈俊生说，各地应针对今年防汛工作新情况，克服麻痹思想和侥幸心理，做好迎战大洪水的准备，特别要贯彻好以行政首长负责制为核心的防汛责任制。他强调，各级政府换届后的新手要尽快熟悉防汛情况，落实度汛抗旱措施，夺取今年防汛抗旱工作的全面胜利。

第 2 届亚洲质量与可靠性大会在北京召开

国家主席江泽民题词祝贺："努力提高质量，满足人民需求。"国务院副总理李岚清出席大会并讲话。

李岚清说，产品质量问题是关系到一个国家经济发展的重大问题。产品质量不好，可靠性差，必然要影响一个国家的经济发展和繁荣，这个问题已在世界各国取得共识，要发展经济，就必须加强质量管理，努力提高产品质量，提高产品的可靠性。

李岚清说，这次会议为中国质量方面的专家学者和质量工作者提供了一次很好的学习机会。我国政府非常重视提高产品质量的工作。为了提高产品质量，我们十分重视学习世界各国先进的质量管理经验。多年来，我们学习推广日本的全面质量管理的经验，推动企业加快采用国际标准，提高了产品质量的总体水平；现在又在积极推行国际标准化组织发布的 ISO9000 质量管理和质量保证系列标准。伴随着中国目前正在进行的恢复关贸总协定缔约国地位的谈判，我们正在采取措施，改进中国的质量管理，使有关产品质量的各种规定尽快地与国际标准接轨，以促进国际贸易。

李岚清希望中国参加这次大会的质量方面的学者、专家很好地学习亚洲各国提高产品质量的好经验，为发展经济，提高人民生活水平作出贡献！

出席会议的有来自中国、印度、日本、韩国、新加坡、澳大利亚、加拿大、英国、美国、法国以及香港、台湾等 23 个国家和地区的专家学者和质量工作者近 300 人。

中国退(离)休科技工作者团体联合会第 2 次代表大会在北京闭幕

全国人大常委会副委员长吴阶平当选为新一届会长，科学家王大珩当选副会长。

大会还表彰一批先进人物，丁琦等 99 人荣获"优秀退离休科技工作者奖"，王玉山等 10 人荣获"科技耆英奖"。

6月1日

国家主席江泽民在北京中国人民银行清算总中心考察

江泽民由国务委员、中国人民银行行长李贵鲜，电子部部长胡启立，国家计委副主任曾培炎等陪同，先后参观金融卫星通信专用网中央主站的应用系统控制室、卫星站通信机房、主计算机机房、小站试验机房、中国证券交易系统的终端室，并听取中国人民银行副行长陈元关于通信网建设情况的汇报。

金融卫星通信网工程是国务院批准的国家大型项目，现已开通140个卫星小站，138个分行进入卫星通信电子联行系统。去年利用卫星通信网共输往来账业务113.6万笔，金额11890亿元，平均每天往来账资金量60亿元左右。

江泽民指出，随着社会主义市场经济体制的建立，金融业在社会生活中的作用也将越来越显著。建立好金融信息网络，对于实现金融业的现代化，保证中央银行的宏观调控，有着积极的作用。对此，我们一定要统一思想，充分认识其重要性、必要性和迫切性。

江泽民强调，实现金融电子化，需要电子、邮电等有关部门的积极配合，协同作战。我国电子工业已具有较强的设计、制造能力，应积极承担起为金融电子化服务的任务。只要大家团结一致，齐心协力，下定决心，锲而不舍，这项任务就一定可以完成。

首都在人民大会堂举行庆“六一”联欢会

国务院三峡工程建设委员会在北京召开1993年移民计划工作会议

国务院三峡工程建设委员会移民开发局正式组建并开始运行。

根据国务院三峡工程建委会第一次会议精神，1993年计划安排移民资金5亿元。会议要求今年主要做好90米水位以下移民安置及受滑坡崩坍等自然灾害威胁的城镇搬迁，加强安置农村移民所需土地的开发，适当进行工厂搬迁和公路复建，加快移民安置规划。

会议认为，鉴于三峡工程当前处于前期施工准备阶段，移民必须与工程建设协调进行，贯彻开发性移民的指导思想。会议确定了今年移民计划的原则，并对大类投资作出具体安排。对于以工代赈问题，今年三峡委员会已安排了2亿元资金，其中四川为15110万元，湖北为4890万元，分别由两省根据具体情况分解到县，落实到项目。

会议强调，库区移民安置规划，由长江水利委员会负责组织编制，有关部门和库区各级政府紧密配合，共同完成。新开始办公的移民开发局和川、鄂两省要加强规划工作的领导，及时研究、协调、解决有关重大问题。

会议对三峡库区移民工作的方针形成共识：即在农村移民安置上，要以大农业为基础，以土地为根本，开发土地要先行；要因地制宜地发展二、三产业，农工商结合，多渠道、多门路进行移民安置；在城镇搬迁上，三通要先行；在移民生产开发上，人才培训要先行；在资金使用上，有条件地实行滚动增值，周转使用。

中国走向世界大市场研讨会在北京召开

司法部向35位香港律师颁发委托书

中国人民银行中国工商银行中国农业银行中国银行联合制定《主要农副产品购销资金专户管理实施办法》

国务院发展研究中心《管理世界》杂志中国企业评估中心和国家统计局评出1993年中国500家最大工业企业

大庆石油管理局销售额首次突破200亿元，达211.64亿元，位居500家最大企业之首。

国家主席江泽民根据全国人大常委会决定任免驻外大使

免去田逸民的中国驻卢旺达共和国特命全权大使职务。任命黄舍骄为中国驻卢旺达共和国特命全权大使。

巴西总统伊塔玛尔·佛朗哥及众议院议长因诺森西奥和参议院议长卢塞纳在巴西利亚分别会见国务院副总理朱镕基

日本首相宫泽喜一在东京首相官邸会见外交部部长钱其琛

中国常驻联合国副代表陈健在联合国开发计划署第40届理事会上阐述中国的人口政策

陈健指出，中国实行计划生育体现了广大人民群众的意愿和政府维护人民享受更好生活的基本权利，也是几代中国人民为了自己的未来和全人类的未来做出的重大牺牲，应该得到国际上更多的理解和支持。

陈健说，中国实行计划生育主要依靠宣传教育，向育龄夫妇提供避孕药具和节育技术服务，同时采取各种措施，大力提高妇女地位，保护妇女、儿童的合法权益，发展教育事业，做好妇幼保健，发展养老事业，扶助贫困地区，以促进计划生育的开展。

谈到中国的计划生育和控制人口增长的工作取得的显著成绩时，陈健说，经过 20 余年的不懈努力，中国人口增长过快的势头得到较好控制，减轻了人口增长过快对社会经济发展的压力。随着经济发展、妇幼保健等基础医疗卫生服务和设施的建立，中国人民，特别是广大妇女儿童的健康水平有了很大提高和改善。

陈健在发言中还对联合国人口活动基金在过去 10 多年向中国提供的技术援助表示感谢。他说，中国与人口基金进行的富有成效的合作对中国的人口普查、人口活动监测、人口学研究、避孕药具研制、计划生育知识普及和妇幼保健等方面都有很大帮助，他希望今后将进一步加强和发展这种合作。

中国剪刀博物馆在杭州兴建

西藏画展在东京开幕

中国跳水运动员在第 8 届世界杯跳水赛上获得全部 9 枚金牌

下午进行男子十米跳台跳水决赛，熊倪夺走金牌，这样，中国小将除获得男子一米板、三米板和跳台的全部六个单项的冠军外，中国男队还以 293 分获男子团体冠军，中国女队以 288 分获女团冠军，中国队以 581 分获混合团体金牌。下午还进行了新增设的双人跳水表演赛，中国选手王天凌和余卓成配合默契，以 255.75 分获得冠军。

6月2日

国家主席江泽民在人民大会堂与格鲁吉亚国家元首议会主席爱德华·阿姆夫罗西耶维奇·谢瓦尔德纳泽举行会谈

会谈结束后举行签字仪式。江泽民和谢瓦尔德纳泽分别代表两国政府在《中华人民共和国和格鲁吉亚共和国联合声明》上签字，两国外长分别签署《中格两国外交部合作议定书》。

中国和格鲁吉亚两国政府在北京签署《中华人民共和国和格鲁吉亚共和国联合声明》

应中华人民共和国主席江泽民的邀请，格鲁吉亚共和国国家元首、议会主席爱·阿·谢瓦尔德纳泽于 1993 年 6 月 2 日至 4 日对中华人民共和国进行了正式访问。访问期间，中华人民共和国主席江泽民同格鲁吉亚共和国国家元首、议会主席爱·阿·谢瓦尔德纳泽在友好、坦率和求实的气氛中进行了会谈。双方就双边关系现状和前景以及共同关心的国际问题进行了讨论。根据会谈结果两国领导人声明如下：

一、友谊的纽带将中国人民与格鲁吉亚人民联结在一起。作为友好国家，两国重申将在相互尊重主权和领土完整、互不侵犯、互不干涉内政、平等互利、和平共处五项原则的基础上建立关系的意愿。两国主张只用和平手段解决有争议的问题。

二、双方将为加强世界及地区和平与稳定进行合作，主张建立公正、合理的国际政治和经济新秩序。

三、双方将在联合国和其他双方均参加的国际组织框架内，以及在各种多边会议范围内扩大和加强合作。双方主张保障有效地实施联合国宪章的宗旨、原则及国际法准则，提高联合国在加强国际安全、防止侵略、和平解决武装冲突事务中的作用。

四、中格两国领导人、两国议会、政府将就加强和发展双边合作问题，以及共同感兴趣的问题定期举行政治磋商。两国各部门及社会团体的代表也将经常保持直接接触。

五、双方将作出必要的努力，以进一步扩大和加强两国在政治、经济、文化和其他领域的长期互利合作关系，认真履行各自承担的义务。

六、经济和贸易合作是两国相互关系中重要的组成部分。双方将采取必要的措施，保证业已签署协定的实施和互利经贸关系的进一步发展。

七、双方将促进两国在文化、科学、教育、体育和旅游领域的合作与交流，加强有关组织、团体和个人之间的友好交往。

八、双方将在防止有组织犯罪、贩运毒品、恐怖活动、危害民航和海运安全、走私，包括偷运文物出入境方面进行合作。

九、双方将就两国间及部门间的关系中共同感兴趣的领域另行签订相应的条约和协定。

十、格鲁吉亚共和国政府承认中华人民共和国政府是中国唯一合法的政府，台湾是中国领土不可分割的一部分。格鲁吉亚共和国政府确认不同台湾建立任何形式的官方关系。中华人民共和国政府承认格鲁吉亚共和国的独立、主权和领土完整。

十一、双方声明，中国和格鲁吉亚之间发展友好合作关系不针对第三国，也不损害两国根据同其他国家签订的双边及多边协定所承担的义务。

十二、双方注意到两国在当代基本问题、和平与发展问题及扩大双边合作问题上的立场是接近或一致的。两国将一如既往地主张维护地区和世界的和平与稳定。

十三、双方指出，各国都有权根据自己的特点和利益选择社会制度、经济模式及发展道路。这方面的差异不应妨碍国与国之间的正常关系与合作。

十四、两国领导人满意地指出，中格第一次高级会晤具有重要意义，确定了两国相互关系的基本原则，访问取得的成果使中华人民共和国和格鲁吉亚共和国的关系提高到一个全新的水平。双方相信，中格相互关系将成为国家间（不论其大小和发展程度如何）平等合作的典范。这符合两国人民的根本利益和愿望，有助于维护世界的和平、稳定与安全。

中华人民共和国代表 江泽民

格鲁吉亚共和国代表

爱·阿·谢瓦尔德纳泽

1993 年 6 月 2 日于北京

《人民日报》发表社论《抓住时机 深化改革》

综观当前我国经济发展大势，总的来说是好的。全国各族人民继续沿着建设有中国特色社会主义的道路奋勇前进，我国的改革开放和社会主义现代化建设不断取得新的成就。农业生产平稳发展，工业生产高速增长，工业经济效益继续好转，城乡市场活跃，对外贸易继续扩大，一些改革措施陆续出台，企业转换经营机制的工作正在积极进行。与此同时，社会主义精神文明建设、社会主义民主与法制建设也在扎扎实实进行，维护和促进了社会的安定团结。在加快发展的过程中，也出现了一些突出的矛盾和问题，必须认真对待和解决。为此，党中央、国务院已经制定一系列政策、措施，各地正在结合实际认真贯彻。从总的指导思想上，我们应当明确树立这样一个观念：为了保持和发展当前的大好形势，必须抓住时机，深化改革。这应当成为每一个领导干部自觉的要求。

好形势保证深化改革，突出的矛盾和问题呼唤深化改革。当前，经济发展中出现的矛盾和问题，例如固定资产投资高速增长，消费需求增长过快，金融形势趋紧等，从根本上讲，还是经济体制问题。一方面传统体制下盲目扩张投资、竞相攀比速度、缺乏有效的约束机制和风险机制的弊端依然存在，另一方面新体制所要求的有效的宏观调控体系和规范的市场运行秩序尚未形成，这就使上述矛盾和问题不断积累，日益突出。解决这些矛盾和问题，不能再沿用老思路、老办法。用老办法，可能驾轻就熟，但是并不能从根本上解决问题。也不能搞“新瓶装旧酒”，口头上说是搞社会主义市场经济，实际上还是原来计划经济那套指导思想和工作方法。深层次的经济问题只能靠解放思想，实事求是，深化改革，加快建立社会主义市场经济体制来解决。我们必须通过改革，主要运用经济手段、法律手段，辅之以必要的行政手段，对经济运行进行有效的驾驭，使经济生活中的矛盾得以缓解，避免历史上多次出现过的大起大落。

进一步深化改革，加快建立社会主义市场经济体制，涉及经济基础和上层建筑的许多领域，需要有一系列相应的体制改革和政策调整。今年改革的重点，一是要抓紧抓好贯彻落实《条例》，大力推进国有大中型企业转换经营机制的改革，强化企业的监督机制、约束机制和激励机制，使企业真正成为自主经营、自负盈亏、充满生机和活力的经济实体。二是要继续推进投资体制、财税体制、金融体制等方面的改革，投资改革的重点是建立投资约束机制和全社会固定资产投资的宏观调控体系。迄今为止，这些方面的改革虽然已经取得一定进展，但是与形势发展的要求还很不适应，必须增大改革的力度，加快改革的步伐。

各级领导同志要注意正确认识和处理改革与发展的关系。我们既要抓住发展的机遇，又要抓住改革的机遇。只有抓好改革，才能推动经济顺利发展。如果不抓改革，只顾上新项目，其发展必然不能持久，而且会造成一系列严重后果。我们不能把工作的精力仅仅放在扩大建设规模上，只搞“硬件”，争上项目。更重要的是抓好改革，搞好“软件”建设，制定和完善市场经济的法律、法规，建立、健全市场经济的机制。要做到使改革促进经济的发展，经济的发展又为改革创造良好的环境。解决深层次经济问题的出路在于改革，我们决不能贻误时机。在改革与发展的问题上，我们一定要有战略眼光，不能只求一时之功，不顾长远效益。

为了抓住时机，深化改革，各级领导干部要认真学习邓小平同志建设有中国特色社会主义的理论，学习社会主义市场经济的基本知识和基本规律，自觉地贯彻中央的方针、政策。去年以来，党中央、国务院为推进改革开放和现代化建设，多次召开重要会议，提出了一系列措施、规定和要求。各地、各部门应当令行禁止，坚决贯彻落实，绝不能有令不行，有禁不止，自行其是。同时，要坚持实事求是，从实际出发，发扬主动精神和创造精神，勇于探索、勇于创新。改革，说到底是要按客观经济规律办事。对客观经济规律不可能一下子就认识，改革的具体路子和办法也不可能一下子就找到、找准。各级领导干部应当以很大的精力来研究改革的问题，积极探索改革的办法，及时总结和推广好的做法和成功的经验。

深化改革，加快发展，必须有稳定的社会政治环境做保证。我们要继续积极、全面、正确地领会和贯彻邓小平同志去年视察南方的重要谈话和党的十四大精神，在抓好社会主义物质文明建设的同时，大力加强社会主义精神文明建设，加强社会主义民主和法制建设。十分珍惜和维护来之不易的安定团结的政治局面和社会的稳定，这已经成为全党和全国各族人民的共识。因为大家都越来越清楚和深刻地认识到，这对推进改革和建设的发展，是至关重要的；没有一个稳定的环境，什么都搞不成。

让我们更加紧密地团结在以江泽民同志为核心的党中央周围，为夺取今年改革和建设的新胜利而兢兢业业、奋发努力！

全国人大常委会副委员长王汉斌在北京会见香港《成报》报业集团主席兼社长何文法

国家主席江泽民在人民大会堂对格鲁吉亚国家电视台和中央电视台记者发表谈话

江泽民说，中国和格鲁吉亚两国在地理上相距遥远，但两国人民之间的友好往来源远流长，中国人民对勤劳智慧、热情豪放的格鲁吉亚人民一向怀有友好感情。去年6月，中格两国建立了外交关系，两国在各个领域的关系都有了良好的开端。

江泽民说，我们重视格鲁吉亚国家元首谢瓦尔德纳泽主席阁下的这次来访。谢瓦尔德纳泽主席是中国人民熟悉的老朋友，此次作为独立的格鲁吉亚国家元首访华，举行中格首次高级会晤，对两国关系的发展有着重要意义。江泽民说："刚才我们进行了很好的会谈，双方就许多问题取得了共识，我们签署了确定两国关系基本原则的文件，还将签署经济贸易等领域加强合作的一系列文件。我相信谢瓦尔德纳泽主席的这次访问会取得圆满成功。"

全国人大常委会副委员长田纪云在北京会见美国国会众议员吉姆·科尔比

田纪云说，由于社会制度和价值观念的不同，中美两国在许多问题包括人权问题上有着不同的看法。对待这种差异，应该通过讨论和平等协商加以解决，而不应该把它们引入经贸关系领域，不应该影响两国间的合作。

田纪云赞赏科尔比主张无条件给予中国最惠国待遇。他指出，在最惠国待遇上附加条件，中国固然会遭受损失，美国也可能因此失去中国这个巨大的市场。

他接着指出，中美两国有千条万条理由合作，而没有一条理由搞对抗。两国各有自己的优势，经济上互补性很强，发展友好合作对两国都有好处。中国和美国地理上相距遥远，互不构成威胁。田纪云还表示希望中美两国议会之间加强各种形式的往来。

全国政协主席李瑞环在中南海会见泰国泰华报人公益基金会主席中华民族文化促进会副会长陈世贤

中国和保加利亚在北京签订《中华人民共和国和保加利亚共和国关于民事司法协助的协定》

张学良受聘担任哈尔滨工业大学名誉董事长

第3届中国戏剧节在福州闭幕

本届艺术节的16个剧目，几乎囊括中国戏剧舞台上的重要剧种，都具有相当高的水平。

获"优秀演出奖"的有：越剧《西厢记》、话剧《李大钊》、歌剧《张骞》、漫瀚剧《契丹女》、闽剧《拜石记》、越剧《玉蜻蜓》、评剧小品《老年和青年》。

获"优秀剧本创作奖"的有：越剧《西厢记》（改编：曾昭弘）、话剧《李大钊》（编剧：姚远）、漫瀚剧《契丹女》（编剧：阎甫、长岐）、歌剧《张骞》（编剧：陈宜、姚宝瑄）、评剧小品《老年和青年》（编剧：黄伟英）。

获优秀导演奖的是：越剧《西厢记》导演杨小青、话剧《李大钊》导演汪遵熹、歌剧《张骞》导演陈坪。

彭炽权、林新培、张建斌、王丽云、郑邦玉、喻海燕、安金玉、朱东风、阎淑玉、王君安、李敏、马莉莉、吕贤丽、张升营、张风莲、崔沾萍、赵世璞、阎贵祥、赵保秀、朱美珍、陈辉玲、茅威涛、颜佳获"优秀演员奖"。

6月3日

全国人大常委会副委员长田纪云受委员长乔石的委托前往钓鱼台国宾馆拜会格鲁吉亚共和国国家元首、议会主席爱德华·阿姆夫罗西耶维奇·谢瓦尔德纳泽

中国青年环境论坛首届年会在北京开幕

全国人大常委会副委员长王丙乾到会并讲话。王丙乾说，加快改革开放和现代化建设步伐，加速经济发展是我们的中心任务，环境保护必须围绕这个中心任务来开展。他说，要树立强烈的保护环境的责任感和事业心。用实际行动去保护环境、改善环境。

全国人大环委会主任委员曲格平也到会并讲话。

中共中央政治局常委李瑞环在安徽考察

李瑞环3日至10日在中共安徽省委书记卢荣景、省长傅锡寿、省政协主席史钧杰陪同下，先后考察芜湖、泾县、青阳、黄山、歙县、黟县、合肥等市县。在泾县，李瑞环参观云岭新四军军部旧址，向皖南事变死难烈士纪念碑敬献花圈。

在听取中共安徽省委的工作汇报后，李瑞环指出，党的十一届三中全会以来，安徽发生了很大的变化，改革开放和经济建设以及各项工作都取得了很大的成绩，对国家作出了重要贡献。这是省委、省政府正确执行中央的方针政策，带领全省人民努力奋斗的结果。当前安徽发展势头很好，全省干部群众要发扬当年在农村改革中的那种锐气和首创精神，抓住机遇，发挥优势，扎实工作，全面发展。

李瑞环说，邓小平视察南方发表重要谈话和党的十四大召开以来，全国广大干部群众的思想进一步解放，改革开放和现代化建设步伐明显加快。当前我国经济形势是好的，但是在从高度集中的计划经济体制向社会主义市场经济体制转变、过渡的进程中，也出现了一些矛盾和问题。对这些问题必须正视而不能回避，必须冷静对待而不能惊慌失措，必须抓紧解决而不能延误时机。他说，解决这些问题，简单沿用计划经济体制下形成的老思路、老办法是不行的；只有将建设有中国特色社会主义理论同当前实践紧密结合，顺应生产力发展的客观要求，坚持改革开放，大胆探索，逐步建立和完善崭新的社会主义市场经济体制，才能找到解决问题的正确办法，继续前进。

李瑞环指出，建设有中国特色社会主义的理论坚持了马列主义、毛泽东思想的基本原理，纠正了已被实践证明不适应形势发展的个别结论，根据新的历史条件提出了一整套新的重要观点。它的科学性已被改革开放的实践所充分证实。各级领导干部要具体地而不是抽象地、系统地而不是零碎地、深入地而不是肤浅地学好这一理论，不断提高自觉运用这一理论的立场、观点、方法研究解决现实问题的本领。李瑞环强调说，党的各级组织要有计划地用建设有中国特色社会主义的理论训练干部，把这项工作作为党的思想理论和组织建设的一项带根本性的任务抓紧抓好，抓出成效。

中共中央政治局常委李瑞环为安徽芜湖经济技术开发区揭牌

中宣部部长丁关根在北京会见香港《成报》报业集团主席兼社长何文法

国家工商行政管理局颁布关于促进个体经济私营经济发展的若干意见

国家工商行政管理局最近发出通知，要求各地认真贯彻执行《关于促进个体经济私营经济发展的若干意见》。

全文如下：为了贯彻党的十四大提出的坚持以公有制经济为主体，多种经济成分长期共同发展的方针，改进工商行政管理工作，促进个体经济、私营经济健康发展，现提出如下意见：

一、党政机关、企事业单位在转变职能、转换经营机制过程中分离出来的富余人员，在办理脱钩手续后，持原单位证明，可以申请从事个体经营或开办私营企业。

党政机关离退休人员，可以从事个体经营或开办私营企业。

二、从事个体经营，申请者持本人身份、职业状况等有关证明，可以直接向经营所在地工商行政管理机关申请登记注册。

三、边远贫困地区申请从事个体经营的，工商行政管理机关根据“先放开，后规范”的原则，可以在备案后允许其从事经营活动，不发照、不收费，待条件成熟后再进行登记注册。

四、除国家法律、法规明令禁止个体工商户、私营企业经营的行业和商品外，其他行业和商品都允许经营。

允许个体工商户、私营企业根据自身条件从事跨行业经营或综合经营。

登记主管机关根据个体工商户、私营企业的开办条件，按照有关经营范围用语的规定，逐步实行按小类或中类核定。

五、凡是允许经营的商品，除国家有专项规定的外，经营方式全部放开。

六、除国家法律、法规规定实行专项审批或许可证的以外，其他部门规定的审批及许可证，一律不作为登记注册的依据。

七、个体工商户的注册资金按申报数额核准，不需要提供资信证明。

八、科技人员申办科技开发、咨询服务的私营有限责任公司及在边远贫困地区申办的私营有限责任公司，在登记注册时，可以适当降低注册资金数额标准。

九、个体工商户、私营企业名称冠省、地、县级区划名称的，由地方各级工商行政管理机关核准；私营企业不冠行政区划名称的，报国家工商行政管理局核准。

十、新办私营企业需要进行基本建设的，可以申请办理筹建登记。

十一、经县级工商行政管理机关批准，在其辖区内，个体工商户可以一照多摊。

十二、县级工商行政管理机关可以委托工商行政管理所核发个体工商户临时营业执照；边远贫困地区的县级工商行政管理机关，可以委托工商行政管理所核发个体工商户营业执照。

十三、积极支持个体工商户、私营企业发展第三产业。对申请从事商业、饮食业、服务业、修理业、咨询业、交通运输业和长途贩运业的,要简化登记手续,及时予以登记注册。

十四、支持个体工商户、私营企业跨地区、跨行业,跨所有制开展横向经济联合,互相参股经营。个体工商户、私营企业可以租赁,承包、购买国有、集体企业。

十五、支持私营企业举办中外合资经营、中外合作经营企业和从事"三来一补"业务,鼓励个体工商户从事边民互市贸易。

十六、加强对私营企业的年检和对个体工商户的验照工作,强化日常监督管理,保护合法经营,查处各种违法违章行为。

加强对交通运输、饮食、旅店、文化娱乐、废旧物资收购等重点行业的监督管理。

加强对生产、销售假冒伪劣商品、骗买骗卖、欺行霸市、严重损害消费者权益等违法行为的查处工作。

十七、对无照经营采取疏导与取缔相结合的办法。对不具备登记条件的要坚决取缔;对具备登记条件的,应督促其申请登记注册。

十八、依法保护个体工商户、私营企业的合法权益。制止对个体工商户、私营企业的财产进行"赎买"、"平调"等随意改变产权关系的错误做法。对违反国家法律、法规的乱收费、乱摊派、乱罚款,个体工商户、私营企业有权拒付,工商行政管理机关严禁代收并有权予以制止。

十九、各级工商行政管理机关要加强同有关部门的协调,协助解决个体工商户、私营企业的贷款、经营场地、产品鉴定、产品出口以及从业人员专业技术职务评聘和出国从事商务活动等问题,为个体经济、私营经济的发展创造一个良好的外部环境。

二十、各级工商行政管理机关要加强对个体劳动者协会、私营企业协会的指导,积极创造条件,切实解决人员、经费、办公场所等问题,充分发挥协会自我教育、自我管理、自我服务的作用。

国务院副总理邹家华在钓鱼台国宾馆会见加拿大铝业有限公司董事长戴维·莫顿及其随行人员

国务院副总理邹家华在煤炭工业部成立大会上代表国务院提出四项任务

这四项任务是:一,站在全国高度,按照国民经济发展的要求,研究本行业发展的战略,发展目标,为国务院决策作好参谋。二,按照发展战略:研究和制定煤炭行业的规则,搞好总体布局。三,要研究制定行业政策、法规,包括经济技术、产品、所有制等方面的政策与法规。四,监督本行业国有资产的保值与增值。邹家华希望在此基础上,中国煤炭工业能转换企业经营机制,增强国有大中型煤矿企业的活力,走出一条"以煤为本,多种经营,综合发展"的新路,实现2000年生产原煤15亿吨的战略目标。

中国与格鲁吉亚双方经贸、农业、轻工、银行、商业等部门负责人上午在北京举行对口会谈

两国官员先后签署关于科技投资、保护、经贸、邮电等合作的15项文件。

外交部发言人吴建民就英方应立即停止一切干扰和破坏中英会谈的言论和行动发表谈话

吴建民指出,正当中英两国政府代表以中英联合声明、与基本法衔接的原则以及中英已达成的有关协议和谅解为基础就香港1994/1995年选举安排问题进行会谈之际,港英当局竟然纵容、支持香港立法局宪制小组于5月31日决定开始讨论港督的政制方案。这是港英当局继5月26日将《选区分界及选举事务委员会条例草案》提交立法局讨论通过之后,再一次企图干扰和破坏中英会谈的行动。中方对此表示强烈不满。

吴建民说,"众所周知,中方对目前的中英会谈抱有诚意,并为恢复中英在香港问题上的合作采取了一系列积极步骤。而英方却一再纵容、支持港英当局为正在进行的中英会谈制造困难和障碍。中方已向英方提出交涉,要求英方立即停止一切干扰和破坏中英会谈的言论和行动。"

国家副主席荣毅仁辞去海协会名誉会长职务

6月4日

国家主席江泽民在中南海会见联合国副秘书长联合国环境规划署执行主任伊丽莎白·多德斯韦尔

江泽民说,环境保护是中国的一项基本国策,中国政府十分重视环境保护,制定了经济、社会、环境协调发展的方针,还实行一系列适合中国国情、行之有效的政策和法规。

国务委员兼国家科委主任宋健、国家环保局局长曲格平和联合国开发计划署驻华代表处代表贺尔康等会见时在座。

全国首次城市综合配套改革试点工作会议在辽宁鞍山结束

会议于6月1日开始,总结交流五个试点城市的经验。由国家体改委选定的综合配套改革试点市分别是江苏省常州市、福建省泉州市、四川省重庆市，辽宁省鞍山市和吉林省延吉市。

国务委员、国家体改委主任李铁映在书面讲话中要求各级体改部门、各级地方政府抓好改革试点工作，使新体制率先在一些地区、一些行业、一些企业中建立起来并指出，综合配套改革试点的指导思想要转到全面推进社会主义市场经济体制的建设上来，在试点单位率先建立起社会主义市场经济体制和运行机制。他要求各级体改部门要进一步解放思想，抓住机遇，创造性地工作，通过综合配套改革试点取得经验，带动社会主义市场经济新体制在全国范围内更快地确立。

李铁映指出，去年以来，以邓小平视察南方重要谈话和党的十四大为标志，我国经济进入了快速发展和全面向社会主义市场经济过渡的新的历史阶段。当前，城市综合配套改革试点同全国的改革一样，正面临着一个不可多得的机遇。试点是推进改革的重要和成功的方法。在中国这样一个社会主义大国建立市场经济体制，是一项巨大而复杂的社会系统工程，没有现成的书可翻，没有现成的模式可照搬，没有现成的经验可借鉴。因此，必须通过试点，不断摸索和总结经验，有计划有步骤地推进。从某种意义上说，试点就是探索理论与实践相结合的具体途径。只有通过改革实践，我们才能真正认识市场经济的内在规律，才能把市场经济的一般规律更好地同中国的国情相结合，才能更好地建立起比资本主义条件下效率更高的市场经济体制和运行机制。我们要把试点作为改革的方法论看待，树立历史的辩证的观点，不断把试点工作提高到新水平。

李铁映说，国家体改委选择一些城市进行综合配套改革试点，是希望在一些“块块”上和“条条”上取得突破，获得经验。在已有的产业、企业和一般地区，我们着重探索如何加快从计划经济向市场经济的转轨和过渡。在经济特区、新建立的开发区以及新企业，从一开始就要按照新体制设计，按市场经济机制运行。要研究各项改革的内在联系，抓住中心环节，全面配套推进。

李铁映强调，当前经济发展和改革的形势都是好的、健康的，但也出现了一些值得重视的问题。这些问题是前进中的问题。解决这些问题的根本出路在于加快和深化改革。研究制定综合配套改革方案是体改部门的重要职责，但同时还要注意认真分析当前发展和改革中的难点、热点问题，搞好对策研究，要认识到，用经济办法解决经济生活中出现的急迫问题，本身就是改革，是宏观调控方法、调控手段运用方面的改革。在这方面提出有针对性的改革措施并进行大胆试验，也是各级体改部门的重要工作。需要注意的是，对策性改革措施应与改革的长远目标衔接；改革的目标模式要与新旧体制转轨期间过渡模式衔接。

中国博士后科学基金会在北京召开第一届理事会第二次会议和第二届理事会第一次会议

基金会秘书长杨竫在工作报告中说：博士后科学基金是在邓小平的决策下设立的，目的是要支持博士后人员中有科研潜力和突出才能的年轻人才，使他们在科研工作中得到进一步的资助，迅速成长为高水平的科技带头人。基金设立以来，共进行了12次资助金的评审发放工作，939位博士后获得资助，资助总额658.1万元人民币和108.16万美元。但目前基金资助也存在着一定的困难，因此，广开渠道扩大基金来源将是一项重要的任务。

会议修改《中国博士后科学基金资助条例》和《中国博士后科学基金会章程》。来自全国的20几位理事参加会议。博士后基金会名誉理事长、物理学家李政道先生讲话，全国博士后管委会主任、人事部副部长程连昌代表管委会宣布第二届理事会组成人员名单。

民进中央在北京召开为经济建设服务工作研讨会

国家“八五”能源重点建设项目湖北长阳隔河岩水电站并网发电

中英机场委员会就香港机场财务安排等问题在香港召开首次会议

中央军委发布表彰令表彰国防科技工作者

中央军委最近发布命令，授予国防科技大学电子计算机所等三个单位荣誉称号。

表彰会给国防科工委西昌卫星发射中心发射测试站记集体一等功，授予国防科工委某基地研究所第二研究室“勇攀科技高峰研究室”荣誉称号、授予国防科技大学电子计算机计算所“科技攻关先锋”荣誉称号。

中共中央总书记江泽民到北京炎黄艺术馆参观科学与艺术绘画展

世界桥(牌)联和北美桥(牌)联在北京向邓小平万里颁奖

6月5日

全国培养选拔少数民族干部工作座谈会在北京

召开

会议由中组部、中央统战部和国家民委联合召开。主要研究和部署在 90 年代加快经济建设和改革开放中,如何进一步做好培养选拔少数民族干部工作。出席会议的有各省、自治区、直辖市有关部门的负责人,还有国家教委、人事部、财政部等有关部门负责人。

国务委员,国家民委主任司马义·艾买提,全国政协副主席、统战部部长王兆国出席会议。

第四次世界妇女大会中国组委会主席国务委员李铁映在人民大会堂会见以大会秘书长杰楚德·蒙盖拉为首的联合国考察团

第四次世界妇女大会中国组委会主席、国务委员李铁映代表国家主席江泽民和国务院总理李鹏对蒙盖拉夫人和联合国考察团来华访问表示欢迎。

李铁映说,中国政府对联合国将于 1995 年在北京举行第四次世界妇女大会非常重视,全国各族人民对此感到十分荣幸。1995 年正值联合国成立 50 周年,妇女大会也是庆祝活动的一部分。中国政府有决心、有能力、也有条件把妇女大会的筹备工作做好,并愿意与联合国及各国政府加强合作,为第四次世界妇女大会的成功召开作出贡献。

全国第 6 届青年工作理论研讨会在昆明召开

日前在昆明召开的全国第六届青年工作理论研讨论会上,从事青年工作理论研究的专家、学者及共青团组织的实际工作者,围绕"社会主义市场经济条件下共青团"工作的走向展开讨论。

国家主席江泽民分别接受吉尔吉斯斯坦首任驻中国大使穆·桑·伊马纳利耶夫和韩国新任驻中国大使黄秉泰递交的国书

中央军委主席江泽民在北京和国防大学国防研究系及进修系的学员座谈

刘华清、张震、迟浩田、张万年、于永波、傅全有等中央军委领导出席座谈会。

江泽民等听取济南军区政治部主任姜福堂等九位学员的发言,江泽民说,高级干部要胸怀全局,要注意研究重大现实问题,要努力学习,不断提高自身的领导素质。我们讲学习,中心内容就是学习邓小平建设有中国特色社会主义的理论,学习邓小平关于新时期军队建设的思想,走有中国特色的精兵之路,全面提高部队的战斗力。

江泽民说,高级干部要以艰苦创业的精神和求真务实的作风,集中精力抓好部队建设。要加强和改进部队的思想政治工作,增强部队凝聚力;要坚持从严治军,加强部队管理,切实把部队管好带好;要端正和改进领导作风;要尽力解决部队建设中的实际问题。

在谈到高级干部要严以律己,清正廉洁,以自己的模范行动影响和带动部队时,江泽民强调说,加强廉政建设,同各种腐败现象作坚决的斗争,是十四大向全党提出的重要战略任务,它关系到党在人民群众中的声誉和威望,关系到政治的稳定和经济的发展,关系到我们执政党的生死存亡和社会主义事业的安危成败。我们应该充分认识这个问题的重要性、长期性和艰巨性,一定要下决心、下气力抓出成效。在这方面,军队应该走在全社会的前面。

江泽民指出,几十年来,全军广大指战员听党的话,艰苦奋斗,无私奉献,全心全意为人民服务,既经受了枪林弹雨的考验,也经受了和平环境和改革开放的考验,保持了艰苦奋斗、廉洁奉公的本色。我军不愧是一支人民的军队。但是,军队不是生活在真空里,在新的历史条件下,社会上各种不良风气和个人主义、享乐主义、拜金主义思想也会不断地渗透到军队中来,给军队建设带来消极的影响。加强军队的廉政建设,是关系到保持我军的无产阶级性质、履行我军根本职能的重大问题,必须引起我们的高度重视。

江泽民说,加强军队的廉政建设,关键是要从领导干部做起。邓小平多次指出,领导干部特别是高级干部以身作则非常重要,领导干部率先垂范,就是下级和部属的一面旗帜,就是无声的命令,就可以对群众产生巨大的感召力、影响力和说服力。领导干部不做好样子,就会上行下效,腐风蔓延,所以他特别要求高级干部要廉洁奉公、严以律己,做艰苦奋斗的榜样。我们的高级领导干部一定要牢固树立"服务"意识、"公仆"意识和无私奉献精神,以老一辈革命家为楷模,淡泊明志,夙夜在公,吃苦在前,享乐在后,用自己的模范行动影响和带动部队。

座谈会由国防大学校长朱敦法主持,政委李文卿和校常委成员参加座谈。

南京紫金山天文台首次以企业家张果喜命名小行星

国家教委在山西运城召开全国农村成人学校人口教育经验交流会

联合国人口基金机构项目高级官员安沙·爱里·康及会议代表,通过实地考察、交流经验,肯定我国农村成人学校人口教育取得了成绩,为经济和社会发展做出了贡献。

全国农村成人学校人口教育从 1990 年开始组织

试点,1991年全面实施。在联合国教科文组织等的指导下,国家教委进行总体设计,在全国25个省市分类实施、培训骨干、形成网络。三年来,共有6837名乡镇以上干部、骨干教师受到培训,300余万农民(妇女占40%)接受过人口教育。广大农民人口观念发生变化,取得积极社会效果。

'93科学与艺术研讨会在北京炎黄艺术馆举行

100多位科学家、50多位音乐家和70多位画家聚会北京炎黄艺术馆。

20世纪华人音乐经典系列活动在北京开幕

国务院总理李鹏写来贺信,并向海内外华人音乐家致以问候。

共有124项优秀曲目在评选中获奖,其中有歌曲、合唱、独奏曲、协奏曲、民族管弦乐、管弦乐、歌剧音乐、舞剧音乐等各种形式。《义勇军进行曲》、《游击队歌》、《篱笆墙的影子》、《黄河大合唱》、《二泉映月》、《梁山伯与祝英台》、《台湾舞曲》、《交响乐与人声、道极》等榜上有名。

世界环境日20周年纪念大会暨"全球500佳"颁奖仪式在北京举行

会上,宣布了今年世界环境主题:贫穷与环境——摆脱恶性循环,道出了人类面临的严峻环境挑战。

联合国副秘书长、环境规划署主任多德斯韦尔女士宣读联合国秘书长加利给大会的贺词;国家环保局副局长解振华宣读中国国务院总理李鹏给大会的贺信。

国家副主席荣毅仁在会上讲话说,世界环境日20周年庆祝活动在中国举行,反映了国际社会对中国环境保护工作的重视和肯定,我们把它看作是对于中国环境保护事业的有力推进。中国政府深知自己在保护全球环境中的责任。中国一定能为全球环境与发展事业做出应有的贡献。

国家环保局局长曲格平在会上说,中国认真借鉴了世界各国的经验和教训,结合本国国情,逐步找到了一条以强化监督管理为中心的环境保护道路。

联合国环境规划署为获得1993年度"全球500佳"的个人和单位颁了奖。中国的浙江省奉化市滕头村获得了此殊荣。

国务委员、国务院环境保护委员会主任宋健,全国政协副主席钱正英等出席会议。

国务院总理李鹏致信祝贺世界环境日纪念大会召开

联合国环境规划署和中国国家环境保护局今天在北京联合举行世界环境日纪念大会暨全球500佳颁奖仪式,我向来自五大洲的朋友们表示热烈欢迎并祝大会圆满成功。

自1972年联合国人类环境会议以来,人类在克服环境危机方面不断取得进展,同时又深刻认识到面临的新挑战。今年的环境日主题定为"贫穷与环境——摆脱恶性循环",含义深刻,切合实际。中国是一个发展中国家,面临着发展经济和保护环境的艰巨任务。在过去十多年里,中国在环境与发展事业中,认真总结吸收国内外的经验教训,形成了一整套符合中国国情的环境保护政策和措施,受到了国际社会的积极评价。今后,我们要继续高度重视环境保护工作,强调环境保护是我国的一项基本国策,加强环境与经济方面的综合决策。

中国一贯积极参与国际环境事务。在去年的联合国环境与发展大会上,我代表中国政府签署了《气候变化公约》和《生物多样性公约》。中国政府将信守已经作出的承诺,并为此作出努力。

多年来,联合国环境署在推动环境事务的国际合作和促成各国采取行动方面发挥了重要作用,中国政府对此表示赞赏。中国国家环保局与联合国环境署的友好合作也取得了丰硕成果,我希望这种友好合作关系将得到进一步发展。

《人民日报》就第20个世界环境日到来之际联合国环境规划署在北京举行世界环境日纪念大会发表社论《保护环境 人人有责》

《人民日报》刊登国家环保局发布的1992年中国环境状况公报

由于国家采取一系列措施,1992年在经济较快发展的情况下,环境状况相对较为稳定,环境污染与生态破坏虽仍有所发展,但有一些城市的部分地区污染有所控制,有些农村生态开始出现转机。

环境污染状况与防治

大气:全国废气排放量10.5万亿标立方米(不包括乡镇工业,下同)。废气中烟尘排放量1414万吨,比上年增长7.6%;二氧化硫排放量1685万吨,比上年增长3.9%;工业粉尘排放量576万吨,比上年下降0.5%。酸雨仍限于南方局部地区。赣州、长沙和厦门市酸雨出现频率高达90%以上。

水:全国废水排放总量366.5亿吨,比上年增长9%,其中工业废水排放量233.9亿吨,比上年下降0.8%。全国大江大河的水质状况良好,但流经城市的河段污染较重。城市地表水污染普遍且严重,85.7%的城市河流部分监测项目平均值超标,80%的城市河段受到不同程度的污染。湖泊普遍受到氮、磷等营养物质的污染,富营养化状况令人担忧。近海大部分海域水质良好,但部分河口、港湾水域污染严重,局部海域生态环境受到影响。

城市噪声:全国区域环境噪声污染仍十分严重。据 40 个城市统计,平均等效声级均在 55 分贝(A)以上。城市噪声中,道路交通噪声占 30.2%,生活噪声占 42.9%,工业和其他噪声占 26.9%。各类噪声源构成比例与上年大致相同。

工业固体废物:全国工业固体废物产生量为 6.2 亿吨,比上年增长 5.1%;历年累计堆存量 59.2 亿吨,堆存占地 54523 公顷,比上年增加 3984 公顷。

渔业生态环境污染与破坏:据 15 个省、自治区、直辖市 29 条江河的不完全统计,有 2800 公里长的河段鱼类基本绝迹。全国有 2.5 万公里的河流水质不符合渔业水质标准。全国淡水养鱼由于污染造成死鱼面积达 32.7 万公顷,死鱼数量达 4550 万公斤。

污染事故:全国共发生工业污染事故 2667 起,比上年下降 12.2%。其中,废水污染事故 1666 起,比上年下降 8.3%;废气污染事故 820 起,比上年下降 14.8%;固体废物污染事故 36 起,比上年下降 57.6%;噪声污染事故 47 起,比上年增长 95.8%。上述污染事故造成的直接经济损失达 6715 万元,比上年下降11.8%。

1992 年,我国环境污染防治水平进一步提高。燃料燃烧废气消烟除尘率 85.7%,与上年持平;生产工艺废气净化处理率 68.9%,比上年提高 4.2 个百分点;工业锅炉烟尘排放达标率 75%,比上年提高 2.7 个百分点;工业炉窑烟尘排放达标率 51.3%,与上年持平。工业废水处理量 175.9 亿吨,处理率 68.6%,比上年提高 5.1 个百分点;外排工业废水达标率 52.9%,比上年提高 2.8 个百分点。工业固体废物处置量 1.4 亿吨,比上年增加 0.2 亿吨;工业固体废物综合利用量 2.6 亿吨,比上年增长 18.2%。全国新建烟尘控制区 566 个,面积 1341 平方公里;新建环境噪声达标区 532 个,面积 1084 平方公里。

生态环境状况与保护

森林与草原:据 1988 年至 1992 年森林资源清查,全国森林面积达到 13093 万公顷,活立木蓄积量达到 109 亿立方米,森林覆盖率上升到 13.63%,同以往资源清查相比,实现了森林面积和森林蓄积量"双增长"。但用材林中可供采伐的成过熟林蓄积量仍呈减少趋势。全国草原退化、沙化、盐碱化呈发展趋势。草原严重退化面积 7300 万公顷,缺水草场面积 2600 万公顷,草原鼠虫害发生面积 2000 万公顷。城市公共绿地面积减少,人均公共绿地面积由上年的 4.1 平方米下降到 3.9 平方米。

土地:全国乱占滥用耕地及违法批地现象有所抬头。据不完全统计,全年建设用地为 29.7 万公顷,超过计划的 7.4%,净占耕地面积量高于往年。全国各类开发区由上年的 117 个增至 2700 多个。在划定的开发区中,占用的土地约 80%是耕地。据 24 个省、自治区、直辖市调查,划定的开发区面积已达 15321 平方公里,其中开工面积仅占划定面积的 2%左右。水土流失严重。据最新调查,全国水蚀面积达 179 万平方公里,风蚀面积达 188 万平方公里。全国沙漠和沙漠化土地面积约 153.3 万平方公里,占国土面积的 15.9%,超过全国现有耕地面积的总和。据不完全统计,全国每年因风沙造成的直接经济损失高达 45 亿元。

为保护生态环境,去年全国人工造林 508 万公顷,义务植树 24 亿株。全国共治理水土流失面积 200 多万公顷,累计治理面积达到 5700 万公顷。全国治沙造林面积 87 万公顷,以治沙为主要目的的造林保存面积,累计达 1000 万公顷,使 10%的沙漠化土地得到治理。全国人工种草和改良草地面积 1200 万公顷,围栏草地面积 686 万公顷,保留牧草种子田 48 万公顷,治虫灭鼠累计面积 4000 万公顷,建成草地类自然保护区 11 个。全国又新建国家级自然保护区 16 个,使国家级自然保护区的总数达到 77 个。为拯救珍稀濒危野生动物,全国已建立 16 处珍稀濒危野生动物驯养繁殖中心(或救护基地)。为拯救和繁育濒危野生植物,全国已建立 400 多处珍稀植物迁地保护繁育基地和种质资源库、100 多处植物园和树木园,使 1000 多种珍稀植物得到保护和繁育。

6月6日

中国航天工业总公司在北京成立

国务院总理李鹏为公司题词、中央军委副主席刘华清到会讲话。宋健宣读国务院关于成立航天工业总公司的通知。

国务院在批准成立中国航天工业总公司的同时,授权该公司在对外业务交往中,以国家航天局名义代表国家签订航天领域的国际政府间条约、协定、协议;组织参加国际宇航(空间)组织、国际会议和国际科技交流与合作。

国务院批转林业部关于进一步加强森林防火工作的报告的通知

全国妇联主席陈慕华在北京会见世界妇女大会秘

书长杰楚德·蒙盖拉夫人

6月7日

国家主席江泽民在人民大会堂与克罗地亚共和国总统弗拉尼奥·图季曼举行会谈

谈到原南斯拉夫地区形势时，江泽民说，中国政府十分关注原南斯拉夫地区，特别是波黑局势的发展，对人民在战争中遭受的苦难深表同情，衷心希望该地区能早日恢复和平，各国能早日和睦相处，人民能重建家园，过上和平与安宁的生活。中国作为联合国安理会常任理事国将一如既往，与国际社会一起为推动公正、合理、和平解决原南斯拉夫问题，尽早恢复该地区的和平与稳定做出自己的努力。

中国和克罗地亚两国政府在北京签署《中华人民共和国和克罗地亚共和国联合声明》

应中华人民共和国主席江泽民的邀请，克罗地亚共和国总统弗拉尼奥·图季曼博士率领克罗地亚共和国代表团于1993年6月6日至12日对中华人民共和国进行了国事访问。中华人民共和国主席江泽民同克罗地亚共和国总统弗拉尼奥·图季曼博士一行在友好、求实的气氛中进行了会谈和会见。访问过程中，克罗地亚贵宾到北京、西安、厦门进行了参观访问。访问期间，双方就双边关系和共同关心的国际问题交换了意见，并签署了《鼓励和相互保护投资协定》、《文化教育合作协定》、《海运协定》和《中华人民共和国外交部和克罗地亚共和国外交部磋商议定书》。

双方声明如下：

一、双方对两国间的相互友好合作关系的顺利发展表示满意。强调双方愿意本着友好精神进一步发展两国各个领域的合作关系。

二、中华人民共和国和克罗地亚共和国将在两国建交公报的各项原则基础上发展友好合作关系。双方认为，国家不分大小、强弱、贫富，在国际社会中都享有平等的权利。各国有权根据自己的特点和利益选择社会制度、意识形态、经济模式和发展道路。双方在这些方面的差异不应妨碍国家之间正常关系的发展。

三、双方将恪守联合国宪章的宗旨和原则，主张在和平共处五项原则的基础上建立公正的、合理的国际政治和经济秩序，坚定地重申通过和平途径解决国际冲突的立场和愿望。

四、双方对原南斯拉夫地区的局势深表关切，认为武装冲突应立即停止，一切问题应通过协商和谈判和平解决。双方支持国际社会有助于公正、合理、和平解决原南地区危机的一切努力。

五、双方对两国经济关系的发展状况表示满意，并表示愿意在平等互利的基础上扩大和加深两国的经贸合作，并积极促进各种合作形式。

六、双方将在各种级别上就相互关系和其他感兴趣的问题经常进行磋商。

七、中华人民共和国和克罗地亚共和国领导人对中克首次高级会晤的成果表示满意。双方表示相信中克关系将持久、稳定地发展，并将为充分实现这一前景而努力，以利于两国人民。

八、克罗地亚共和国总统弗拉尼奥·图季曼博士邀请中华人民共和国主席江泽民作为中华人民共和国国家元首访问克罗地亚共和国，江泽民主席愉快地接受了邀请。

中华人民共和国代表　江泽民

克罗地亚共和国代表

弗拉尼奥·图季曼

1993年6月7日于北京

中央军委在北京举行晋升上将军官军衔仪式

中共中央总书记、国家主席、中央军委主席江泽民颁发命令状并讲话。

被晋升上将军衔的有：中央军委委员、中国人民解放军总参谋长张万年，中央军委委员、中国人民解放军总政治部主任于永波，中央军委委员、中国人民解放军总后勤部部长傅全有，国防大学校长朱敦法，海军司令员张连忠，空军司令员曹双明。

授衔仪式由中央军委副主席张震主持。中央军委副主席刘华清宣读中央军委主席江泽民签发的晋升上将军官军衔的命令。

中央军委主席江泽民在晋升上将军官军衔仪式上发表讲话

同志们：

刚才，宣布了中央军委关于张万年、于永波、傅全有、朱敦法、张连忠、曹双明同志晋升上将军衔的命令，为这六位同志授予了新的军衔。我代表党中央、国务院、中央军委，向他们表示热烈的祝贺！

这些同志晋升为上将军衔，既是党和国家给予他们的很高荣誉，也对他们提出了更高的要求。希望这些同志不辜负党中央、中央军委和全军指战员的期望，为我军革命化、现代化、正规化建设作出新的贡献。

同志们！从现在起到本世纪末，是我国建立社会主义市场经济体制和现代化建设的关键时期。高级干部作为我军建设的栋梁，带领着千军万马，肩负重要的历史责任。大家要有强烈的革命事业心和高度的责任感，奋发努力，不辱使命。各级领导干部必须做到在政治上很强，任何时候都要坚决听党的话。要刻苦学习，躬行实践，不断提高领导艺术和指挥才能。特别是要认真学习和掌握邓小平同志建设有中国特色社会主义的理论和新时期军队建设的思想。我们的高级干部，任何时候都应像毛泽东同志所曾经要求的那样：懂得马克思主义，有政治远见，有工作能力，富于牺牲精神，在困难中不动摇，忠心耿耿地为党和人民工作。毛泽东同志还指出："加强纪律性，革命无不胜"。在今天的新形势下，强调纪律性具有特别重要的意义，高级干部都应成为遵守纪律的模范。

小平同志多次指出，要发扬我党我军的优良传统，始终保持老红军的本色。对于小平同志这一教诲的深刻意义，大家一定要好好领会。在几十年的革命斗争中，我军形成了许多优良传统，比如，党指挥枪的根本原则，实事求是的思想路线，全心全意为人民服务的宗旨，密切联系群众的思想作风，艰苦奋斗的革命精神，服从命令的自觉纪律，坚强的内外团结等等，都是我党我军优良传统的精华。这些传统蕴含着巨大的精神力量，曾经激励我们克服了无数艰难险阻，取得一个又一个胜利。在新的历史条件下，我们一定要继续发扬光大。现在，经历过革命战争年代考验的老同志，大多数已经离开了第一线。一大批中青年干部进入了各级领导岗位。在发扬优良传统问题上，老同志一定要率先垂范，身体力行。同时要认真搞好传帮带，向中青年干部交好革命传统的班，保证我军无论怎样更新换代，都能永葆老红军的本色。这也是高级干部对党应尽的责任和义务。

新的一届军委组成后，认真抓了廉政建设问题，受到了全军指战员的拥护。现在的关键是，要把这项工作坚持不懈地抓下去。军队高级干部能否保持清正廉洁、勤俭节约，不仅关系到个人的威信，而且关系到党的威望和军心士气。唐代诗人李商隐在一首诗中写道："历览前贤国与家，成由勤俭败由奢。"应当说这是从观察历史中得到的一个重要的警世之鉴。治国治家如此，治军也是如此。我们这支党领导下的人民军队，始终保持着艰苦奋斗的本色。各级领导干部一定要克己奉公，廉俭自律。要坚持党管干部的原则，认真开展批评和自我批评。希望全军的高级干部，带头执行中央和军委有关廉政建设的各项规定，为全军部队做出好样子。

党的十四大以来，全军认真贯彻小平同志新时期军队建设的思想和党中央、中央军委的各项指示，团结一心，积极进取，各方面工作的发展势头是好的。我们在充分肯定成绩的同时，也要如实看到存在的问题。党把带兵的重担交给在座的各位同志，大家的责任重啊！现在的国际国内形势，不允许我们有丝毫的懈怠，更不能有大的失误。各级领导同志要精心指导和筹划部队建设，一心一意献身于国防事业，扑下身子真抓实干，带领部队完成各项任务。

同志们！我们的事业任重道远，前景光明。我相信，全军的高级干部，一定能够不负党和人民的重托，领导和团结全军指战员，艰苦奋斗，励精图治，把我军的革命化、现代化、正规化建设不断推向前进！

韩国国会议长李万燮在汉城会见全国人大常委会副委员长田纪云

外交部部长钱其琛在北京会见澳大利亚前总理惠特拉姆

中国生物工程学会成立大会暨首届学术讨论会在北京科学会堂举行

全国对外文化交流工作会议在北京开幕

会议于 7 日至 11 日召开。国务委员李铁映到会并讲话指出，对外文化交流工作在新的历史条件下具有十分重要意义，同样要执行深化改革、扩大开放的方针。要以广纳博取的胸怀，吸收人类文明的一切优秀成果；同时也要以积极主动的姿态，向世界介绍中国悠久的民族传统文化和新文化，以增进各国人民对中国的了解。

李铁映说，目前，对外文化交流已基本上形成了上下结合、官民并举、多层次、多渠道、多形式、全方位开展的新格局。但形势在不断发展，对外文化交流遇到了许多新课题，总的讲，是对外文化交流如何适应市场经济的问题。需要及时加以研究，不断总结经验。比如，文化主管部门要适当放权，提高工作效率；文艺团体要进行改革；对外进行有偿和商业性的演出，是一条新路子，要继续改进和发展；商业演出的经纪人体制还需完善；可以允许艺术团体本身作为独立法人自主经营对外商业性演出；企业参与文化交流要支持。这样既可促进经济发展，又有利于文化交流；要为艺术家出访、讲学、参加国际文化交流创造方便条件；对移居他国的文艺工作者，只要不从事反对祖国的活动，就要团结、关心，支持、欢迎他们参与有利于祖国的文化交流活动；应鼓励艺术家、青少年演员通过官方或民间渠道自费参加各种国际艺术比赛。各级政府应该适当增加对文化交流事业的投入，同时要争取社会赞助。要有计划地在我国举办多种艺术门类的国际比赛，在国外举办较大规模的综合文化周，等等。要依靠各方面力量，调动一切积极因素，搞好文化交流活动。

李铁映把对外文化交流的原则概括为"多出、进好”。他说，无论派出的，还是请进来的，都必须重视质量。李铁映说，搞好对外文化交流，必须切实加强和改善领导与管理。对外文化交流工作是文化部的重要职责之一。国务院授权文化部对全国对外文化交流实行归口管理。对外文化交流的政策性很强，必须遵循国家的方针政策和有关规章制度有秩序地进行。

文化部部长刘忠德也就对外文化交流工作提出意见。中央和国务院有关部门，各省、市、自治区文化厅局的代表出席会议。

中国政府和克罗地亚政府在北京签署海运协定和文化教育合作协定

东方化学试剂保税中心在北京建立

经北京海关批准，全国第一家专门从事出口生化、化学试剂销售的保税中心——东方化学试剂保税中心日前在北京建立。它是全国第一家专门从事进口生化、化学试剂销售的保税中心。

第九届世界艾滋病大会在柏林举行

大会于6月7日至11日举行，来自166个国家和地区的1.5万名研究人员、医务人员和社会学家及艾滋病毒携带者参加大会。

中国代表团团长、国务院研究室主任袁木在发言中指出，中国政府将继续贯彻预防为主的方针，进一步动员全社会参与防治艾滋病的宣传教育活动。

阳翰笙逝世

新文化运动的先驱者之一、文艺界领导人阳翰笙，因病在北京逝世，终年91岁。

阳翰笙1902年生于四川省高县，原名欧阳本义，字继修。1924年在上海大学加入中国社会主义青年团，1925年转为中国共产党党员。1926年受党组织委派到黄埔军校担任政治部秘书、兼任政治教官，1927年参加南昌起义，在叶挺指挥的第十一军二十四师任党代表，后任起义军总政治部秘书长，1928年调往上海从事地下工作和党的文艺工作。是“左联”的创始人之一，曾任“左联”党团书记，参加了党对电影戏剧工作的领导。抗日战争爆发后，阳翰笙在周恩来直接领导下，从事国统区文化斗争和统一战线的工作，曾任国民政府军事委员会政治部设计委员兼三厅主任秘书、政治部文化工作委员会副主任。“皖南事变”后，遵照周恩来的指示，在白色恐怖下的重庆，组织了“中华剧艺社”，在文化战线上对国民党反动派进行了有力的反击，并完成了《前夜》、《塞上风云》、《李秀成之死》、《天国春秋》、《草莽英雄》、《两面人》、《槿花之歌》等七部大型话剧的创作。1964年后，负责筹建上海联华影艺社、昆仑影业公司，在党的领导下，团结其他同志，拍摄了《八千里路云和月》、《一江春水向东流》、《万家灯火》、《希望在人间》、《三毛流浪记》等优秀影片。中华人民共和国成立前夕，他与郭沫若、茅盾、周扬等一起筹备和召开了中华全国文学艺术工作者第一次代表大会，并当选为中国文联常委、第一届中华全国电影艺术工作者协会主席。1949年9月，当选为全国政协委员。新中国成立后，担任政务院文教委员会委员兼副秘书长，周恩来办公室副主任，中国人民对外文化协会副会长、中国文联副主席、秘书长和党组书记等职。是第一、二届全国人大代表，中共八大列席代表，中共十二大代表，第一、二、三届全国政协委员，第五、六届全国政协常委。

6月8日

中共中央总书记江泽民在中南海会见由林竹松率领的台湾科技经贸文化考察团部分成员

中共中央政治局常委胡锦涛在北京与出席全国培养选拔少数民族干部座谈会代表座谈

中共中央政治局常委胡锦涛在全国培养选拔少数民族干部座谈会上发表题为《高度重视、切实做好少数民族干部的培养选拔工作》的讲话

一、培养选拔少数民族干部是一件关系全局、具有战略意义的大事

我们党在领导中国各族人民进行革命和建设的历史进程中，历来十分重视民族问题，十分重视少数民族干部的培养选拔工作。早在建党初期，我们党就积极探索解决我国民族问题的正确途径。1922年7月，在党的二大《宣言》中就明确把解决民族问题列为党的任务和奋斗目标之一。1928年6月，党的六大专门作了关于民族问题的决议案，指出正确解决中国境内少数民族问题对于革命有重要意义。1931年11月，中华工农兵苏维埃第一次全国代表大会通过的《关于中国境内少数民族问题的决议案》要求中央临时政府特别注意“当地干部的培养与提拔”，“尽量引进当地民族的工农干部担任国家的管理工作”。到抗日战争时期，党不仅在斗争实践中不断制定和完善培养选拔少数民族干部的政策，明确提出帮助少数民族地区发展文化教育事业，“提高人民的文化水平和政治水平，培养治党、治国、治军的各种人才”，而且在实际工作中采取了许多行之有效的措施。1937年延安中央党校开办少数民族干部训练班，参加培训的有藏、彝、苗等少数民族青年。

1939年中央党校又开办了回族干部训练班，中央西北工作委员会为藏族干部开办了训练班，陕北公学成立了民族部。1941年在民族部的基础上创办了民族学院，第一期招收少数民族学员300余名。当时的延安成了培养少数民族干部的摇篮，成长了一批杰出的少数民族领袖人物。解放战争时期，党领导了内蒙古的自治运动，并于1947年内蒙古自治政府成立前后，创办了军政干部学校、蒙古学院、内蒙党校，培养了数千名蒙古族干部，为革命的发展积蓄了后备力量。新中国诞生后，毛泽东等老一辈无产阶级革命家十分关注少数民族干部的培养选拔工作，多次阐述这项工作的战略意义，提出和制定了明确的政策。1949年11月，毛泽东同志在《对西北少数民族工作的指示》中指出："要彻底解决民族问题，完全孤立民族反动派，没有大批从少数民族出身的共产主义干部，是不可能的。"这一著名论断，成为建国后少数民族干部工作的重要指导方针。1951年2月，毛泽东同志在为中共中央起草的党内通报中，要求党的组织"认真在各少数民族中进行工作，推行区域自治和训练少数民族自己的干部是两项中心工作"。1954年10月，中共中央批转的《关于过去几年内党在少数民族中进行工作的主要经验总结》中指出："在少数民族中建立党和培养党的干部，是解决民族问题的根本问题"，"对少数民族干部中的优秀分子应大胆地提拔到各级各种领导工作的岗位上"。在党的八大前后，毛泽东同志在《论十大关系》和《关于正确处理人民内部矛盾的问题》两篇重要著作中，对少数民族问题都以专章作了深刻论述。1957年8月在青岛召开的民族工作座谈会上，周恩来总理作了《关于我国民族政策的几个问题》的重要讲话，明确指出："既然是民族自治，就要培养民族干部"，"应当有步骤地有计划地培养民族干部"，"如果干部问题解决不好，一切政策就都没有人实施"。由于党和国家的指导方针和政策措施正确得力，少数民族干部大批成长起来。"文革"十年，党和国家各方面工作都受到严重破坏，民族工作包括少数民族干部工作也受到了严重破坏。党的十一届三中全会以后，经过拨乱反正，纠正"左"的错误，全面落实政策，培养选拔少数民族干部工作又走上了正确轨道，并在改革开放的伟大实践中，不断创造了新经验，取得了新进展。1979年9月，邓小平同志指出："民族工作确有很多问题要提起注意。"此后，党中央、国务院多次讨论民族工作，强调指出："民族区域自治，从最根本的意义来说，就是要由实行自治的少数民族的干部和人民对本民族自治地方的事务当家作主。"在总结历史经验，分析新的情况的基础上，又明确提出了"少数民族离不开汉族，汉族离不开少数民族"等重要思想。1984年5月，六届人大二次会议通过的《中华人民共和国民族区域自治法》，其中有许多法律条文对少数民族干部培养和配备作出了规定，使少数民族干部工作不断走向法制化。党的十三届四中全会以来，以江泽民同志为核心的党中央十分关心和重视少数民族干部的培养选拔工作。1992年1月中共中央、国务院召开了中央民族工作会议。这样规模的会议在建国以来还是第一次。会上，江泽民同志作了长篇重要讲话，着重指出："完善民族区域自治制度，全面贯彻落实《民族区域自治法》的关键，在于大力培养少数民族干部，加强民族地区的干部队伍建设。"李鹏同志在总结讲话时强调："我们要继续注意扩大少数民族干部的数量，更要注意改善结构，提高素质。"要求中央、国务院有关部门"作出进一步培养、选拔和使用少数民族干部的规划，并切实付诸实施"。党的十四大报告在部署90年代改革和建设的主要任务时，又强调采取有效政策扶持民族地区加快发展，加强民族团结，进一步做好培养选拔少数民族干部工作。正是由于党中央的重视和全党上下长期的共同努力，少数民族干部队伍作为党和国家整个干部队伍的重要组成部分，在改革和建设的实践中进一步发展壮大，成为党和人民信赖的骨干力量。也正因为有了这样一支力量，才为加强民族团结，维护祖国统一，加快民族地区经济和各项事业的发展，促进各民族的共同繁荣，提供了强有力的组织保证。

回顾历史，总结经验，是为了加深对客观事物规律性的认识，是为了更好地面对现实，立足现实，指导现实。在正确认识和切实做好少数民族干部工作方面，联系历史和现实，我们至少可以从中得到如下启示：

第一，正确解决民族问题，既要有正确的指导思想和政策，又要有一支能够贯彻执行这些指导思想和政策的少数民族干部队伍。只要有民族存在，就有民族问题存在；只有妥善解决民族问题，才能推进社会历史的健康发展。我国是一个多民族的大国，由于长期的历史的原因，民族问题十分复杂。但纵观几十年的历史，我们党在处理中国的民族问题上，取得了举世公认的重大成就。新中国成立前，在阶级对立基础上产生的社会矛盾和民族隔阂复杂而尖锐的情况下，我们党领导人民进行民主革命，能够在许多少数民族地区成功地开辟和建立革命根据地；新中国成立后，我们党能够在少数民族地区迅速建立起新的政权，废除旧的社会制度，顺利地实行民族区域自治，并在社会主义建设时期不断促进各民族地区发展进步和共同繁荣；特别是近年来国际风云变幻，不少国家和地区的民族矛盾日益突出，而我们国家却能够始终保持民族地区的总体稳定，在建设有中国特色社会主义的共同目标下不断推进民族团结进步事业。原因何在呢？根本的一条，就在于我们党不仅善于把马克思主义的基本原理同中国的实际情况相结合，制定了正确的路线方针政策，找到并坚持了有中国特色的民主革命道路和有中国特色的社会主义道路，而且善于以马克思主义的民族理论为指导，创造性地制定出符合我国国情的民族政策，实行了民族区域自治制度，并且下大力气培养造就了一批又一批、一代又一代坚决执行党的路线方针政策，和整个中华民族同呼吸、共命运、心连心的少数民族干部。

第二，建设有中国特色的社会主义，必须继续努力造就一支能更好地团结带领民族地区各族人民共同奋斗的少数民族干部队伍。我们的目标是在建设有中国特色社会主义的理论和党的基本路线的指导下，把我国建设成为富强、民主、文明的社会主义现代化国家。共同富裕，是社会主义的一个本质要求。由于历史的原因和主客观条件的不同，我国地区间经济和社会发展不平衡。现在全国仍处于比较贫困状况的人口大多数在少数民族地区，而这些地方大多是“贫中之贫”的地方，扶贫的任务十分艰巨。我国的经济是一个统一的整体，是互相依存和互相联系的。中华民族的振兴，离不开少数民族的振兴，少数民族地区实现不了小康，全国就实现不了小康。只有促进少数民族地区经济更快更好地发展起来，才能全面实现全国的小康目标。少数民族地区有着尚未开发的丰富资源，蕴藏着极大的发展潜力，从长远的、战略的眼光看，我国经济发展的后劲也大多在这些地区。而要加快少数民族地区开放、开发和发展靠什么？无疑要靠党的正确政策，靠全国人民的大力支援，但最根本的还是要靠民族地区广大干部带领各族群众自力更生、艰苦奋斗。从一定意义上说，继续努力培养造就一支适应新形势新任务要求的少数民族干部队伍，是少数民族地区能否加快发展的关键所在。因此，这绝不是一个局部的、暂时的问题，而是一个关系全局、具有战略意义的紧迫任务。

第三，社会主义现代化建设，需要一个有利于我国对外开放的国际环境，更需要有一个各民族团结和睦、社会政治稳定的内部环境，这也要求我们必须进一步做好培养选拔少数民族干部的工作。新中国成立四十多年来，我国各族人民所以能够在国内外的风风雨雨中同舟共济，万众一心，伟大的中华民族所以始终保持着巨大的向心力和凝聚力，重要原因之一，在于党的团结，在于各族人民的团结，在于广大干部包括少数民族干部发挥了团结群众的骨干作用。进一步扩大对外开放，为沿边少数民族地区加快发展带来难得的机遇，同时也对民族地区的团结和稳定提出了新的要求。现在值得警惕的是，敌对势力把边疆少数民族地区作为搞渗透、颠覆活动的突破口之一，采取种种手段妄图煽动民族分裂，危害社会稳定，危害民族团结，危害国家统一。只要我们切实加强党的领导，努力培养造就一大批德才兼备，坚决维护国家统一、民族团结，同群众保持密切联系的少数民族干部，并依靠他们团结带领各族人民群众，就一定能经得住任何风浪的考验，不断巩固和发展民族和睦、安定团结的局面。

总之，培养选拔少数民族干部的工作，事关社会主义现代化建设目标能否实现的大局，事关民族问题能否正确解决的大局，事关社会稳定、国家长治久安的大局。如果我们都能从这个大局上认识其重要性和必要性，就能把这项工作提上日程，摆上位置，抓在手上，以有效的措施和扎实的工作，取得新的进展和新的成绩。

二、在培养选拔少数民族干部工作中要注意解决好的几个问题

大力培养选拔少数民族干部，是我们党的一贯方针，是党的民族政策的重要内容，是党的干部工作的重要组成部分。在新形势下，做好民族干部工作总的要求是，深入贯彻党的十四大精神，坚持干部队伍革命化、年轻化、知识化、专业化的方针和德才兼备的原则，坚持任人唯贤的干部路线，从民族地区的实际出发，不断深化改革，完善制度，改进方法，努力创造一种有利于少数民族干部健康成长和脱颖而出的良好环境，把培养选拔少数民族干部工作提高到一个新的水平。

（一）继续壮大少数民族干部队伍，重在提高少数民族干部素质

社会主义现代化建设宏伟事业的发展，必然要求干部队伍有一个相应的合理的发展；现代化事业的蓬勃发展，改革开放的伟大实践，又为新一代干部的成长，开辟了更加广阔的舞台，提供了良好的机遇和条件。从民族地区的情况看，随着对外开放的扩大，改革和建设步伐的加快，经济文化教育等项事业的发展，对各类人才的需求将会越来越迫切。同时还要看到，解放前我们党培养的一批优秀少数民族干部，除少数同志仍在担任重要领导职务外，其他绝大多数已离休退休。建国初期培养和成长起来的少数民族干部，陆续大批退休。现在50多岁的干部，到本世纪末也将达到退休年龄。为适应事业发展的需要和干部队伍顺利实行新老交替的需要，必须十分重视、大力加强少数民族干部的培养和选拔工作。要从本地区经济建设、社会发展的实际需要出发，与本地区经济、社会发展规划相衔接，搞好对各类人才需求的预测，制定出少数民族干部的培养计划，并采取切实有效的措施，认真实施。在发展壮大少数民族干部队伍的同时，还要改善少数民族干部队伍的结构。随着社会主义现代化建设事业的发展，特别是改革开放的深入和社会主义市场经济体制的建立，少数民族干部队伍结构不够合理的问题日

益突出，专业技术干部数量不足，门类不全，尤其缺乏高层次专业技术人才，熟悉财贸、金融、经济管理等方面的干部也远不适应各项事业发展的需要。今后要树立和明确培养党政领导干部与培养专业技术干部统筹兼顾的指导思想，加快教育改革，调整专业设置，扩大干部交流，改进培训内容，经过一个时期的努力，力求使结构不尽合理的状况有一个较大的改观。

培养选拔少数民族干部，既要注重“量”，更要注重“质”。在“质”的问题上，既要注重整体素质的提高，也要注重个体素质的提高。从现实情况看，在提高政治、业务素质方面要抓好以下工作：一是要坚持用邓小平同志建设有中国特色社会主义理论武装各族干部。要根据不同对象、不同层次提出不同的要求，重点抓好县以上领导干部的学习。要健全和坚持学习制度，常抓不懈。要紧紧把握解放思想、实事求是这个精髓，系统地学习，完整准确地理解。学习要密切联系思想和工作实际，开阔视野，转变观念，增强改革创新意识，努力提高运用马克思主义立场、观点和方法研究新情况、解决新问题的能力。二是要加强文化、业务培训。组织少数民族干部学习掌握进行现代化建设和发展社会主义市场经济所需要的科学技术和文化知识，学习掌握履行岗位职责所必备的专业知识和管理知识。作为领导干部，不论分管什么工作，都要努力学习经济，熟悉经济，不断提高科学思维能力和领导经济工作的能力。三是要教育干部牢固树立马克思主义的民族观，用马克思主义的立场、观点、方法去认识和处理新形势下的民族问题，熟悉和正确执行党的民族政策，提高做好民族工作的本领。要在广大党员干部中开展马克思主义宗教观和新时期党对宗教问题基本政策的再学习、再教育。一方面要正确理解和模范执行党的宗教政策，尊重和保护宗教信仰自由，在生活中尊重和适当随顺民族的风俗习惯，避免脱离群众；另一方面每个党员干部都要做一个坚定的无神论者，在世界观上同宗教信仰划清界限，不得信仰宗教和参加宗教活动。对利用宗教干预行政、司法、教育，甚至破坏祖国统一和民族团结，企图颠覆社会主义制度的活动，要坚决地理直气壮地进行斗争。四是要加强党性锻炼。党员干部尤其是领导干部，要坚持把无产阶级党性放在第一位，时刻不忘党的培育和人民的支持，正确对待名、权、位，谦虚谨慎，严以律己，遵守纪律，顾全大局，密切同人民群众的联系，全心全意为各族人民服务。作为共产党员，不论出身哪个民族，担任何种职务，遇到何种情况，都要首先想到自己是共产党员，都要牢记共产党员的义务、权利和责任。

提高少数民族干部和民族地区干部队伍的素质，要采取多种多样的途径和方法。要继续选送少数民族干部到各级党校和各类院校培训学习；要有计划地组织他们到沿海开放地区参观考察，以开阔眼界；要加强实践锻炼，分期选派少数民族干部到基层、内地、上级领导机关任职或挂职锻炼。在分配学习培训、参观考察和挂职锻炼名额时，对少数民族贫困地区应采取增加名额、减免培训费等办法，给予适当照顾，为民族地区的人才培养积极创造条件。多年来，中央有关部门、内地省市和有关院校，以多种形式帮助民族地区培养人才，收到了好的效果。希望继续坚持，提供更多的支援。

（二）加强少数民族中高级干部的培养选拔工作

近年来，培养选拔少数民族中高级干部的工作虽然一直在做，也取得了一定的成绩，但少数民族中高级干部后备人选不足的问题仍比较突出。在去年召开的中央民族工作会议上，江泽民同志强调指出：要特别加强少数民族中高级干部的培养。这个问题十分重要，也十分紧迫，各级党委必须引起足够的重视。

要做好少数民族中高级干部培养选拔工作，关键是要切实加强少数民族中高级后备干部队伍建设。中央组织部和各省、自治区、直辖市党委，要把少数民族中高级后备干部的培养选拔，纳入后备干部队伍建设的总体规划，有针对性地提出具体措施，重点抓好培养工作。要结合日常干部考察，广开视野，拓宽知人渠道，注意从政绩显著、有较高群众威信的县以上干部、有突出贡献的专家、学者以及其他代表人物中物色和掌握一定数量的少数民族中高级干部后备人选，进行定向培养。后备干部队伍建设，既要立足当前，又要着眼未来。要有意识地挑选一批比较优秀、有发展潜力的中青年干部，有重点地进行培养。在培养措施上，要分类指导，因人而异，有计划、分步骤地实施。凡没有系统学习过马克思主义基本理论和邓小平同志建设有中国特色社会主义理论的，要尽早地选送到党校和各类培训机构学习深造。对拟在近期担任中高级领导职务的，要及早放到下一级重要岗位上锻炼。对经过锻炼和考验，比较成熟的后备人选，要充分信任，放手使用，大胆提拔到较高层次的领导岗位上来。要打破地区、部门界限，在中央机关和地区之间，实行干部交流、轮岗锻炼，让干部在不同岗位和不同环境经受磨炼，丰富领导工作经验，增长才干。一个优秀领导干部的成长，离不开一定岗位和“台阶”的锻炼。宁可在每个台阶上任职时间相对短一些，也不要搞大的“跨越式”提拔。否则，不仅对干部本人成长不利，而且对整个培养选拔工作也会带来不良影响。

为坚持和完善共产党领导的多党合作与政治协商制度，巩固和发展新时期的爱国统一战线，还要加强对少数民族中党外代表人物的物色和培养。对那些拥护党的基本路线,坚持四项基本原则,坚持改革开放,有较高思想政策水平,有一定组织领导能力和社会声望的党外人士,适时推举他们在国家机关担任领导职务,努力创造条件,使他们有职有责有权,支持他们的工作,充分发挥他们的作用,并在工作实践中帮助他们提高。

(三)加强少数民族地区乡镇基层干部队伍建设

乡镇党委是实现党的领导的基础,乡镇政府是我国政权的基础。"上面千条线,下面一根针",党的路线方针政策和各项任务,国家的法律和政令,最终要靠基层去落实。完全可以这样说,没有民族地区广大基层干部的辛勤工作和艰苦努力,就没有民族地区的稳定和发展。乡镇工作千头万绪,任务繁重,是培养锻炼干部的广阔天地。只有基层干部大批地成长起来,较高层次的干部才有雄厚的基础和较大挑选余地。无论从哪个方面看,少数民族地区乡镇干部队伍建设都是一个不容忽视的问题。

目前在少数民族地区,特别是贫困地区,乡镇基层建设面临的一个突出问题,是乡镇干部来源少,缺编多。有些干部退休了,有的自然减员了,还有的被选调走了。外地干部和一些大中专毕业生难以派进去,已经去的也由于种种原因难以留得住,以致出现某些乡镇长期缺编,工作受到不同程度的影响。

要使党的方针政策和各项任务落到实处,要使少数民族地区开放、开发和各项事业有一个较快的发展,必须采取有效措施,下决心拓宽乡镇基层干部的来源。近年来,各地有许多好的做法,创造和积累了许多经验,有关部门要加强调查研究,适时总结推广,并逐步制定和完善有关政策。只要各级领导重视,政策措施得力,渠道畅通,乡镇基层干部缺乏的问题就一定能得到较好的解决。

(四)牢固树立"两个离不开"的思想,加强少数民族干部和汉族干部的团结合作

在新的历史时期,我们党根据马克思主义关于民族平等、民族团结和各民族共同繁荣的原则,科学地总结了我国民族关系发展的历史和现实,提出了"两个离不开"的思想,代表和反映了各族人民的共同意志和愿望,是发展社会主义新型民族关系的重要指导思想。要对广大干部群众进行"两个离不开"思想的教育,防止和克服大民族主义和地方民族主义。不论是哪个民族的干部,都要以大局为重,在建设有中国特色社会主义理论和党的基本路线的基础上,自觉维护团结。在边疆民族地区工作的汉族干部要热爱边疆,热爱少数民族人民,尊重民族习俗,发扬艰苦创业、甘当人梯、无私奉献的精神,全心全意为少数民族人民服务,积极为少数民族地区的改革和建设作贡献。少数民族干部也要热忱欢迎汉族干部到民族地区工作,以诚相待,关心、支持汉族干部。党的各级组织在大力培养选拔少数民族干部的同时,还要注意调动和保护汉族干部的积极性,关心他们的成长和进步,帮助他们解决一些实际困难。各族干部之间,要继续发扬互相尊重,互相学习,取长补短,共同进步的良好风气,紧密团结,心心相印,和衷共济,形成合力。

在民族地区团结的问题上,各级领导班子负有重大责任。经验证明,加强各民族之间的团结,关键是加强党内的团结,而党内的团结主要在于各民族干部之间的团结,干部的团结取决于领导班子的团结,领导班子的团结又集中体现在主要领导成员之间的团结上。领导班子成员在工作中难免出现这样那样的意见分歧,要提倡多谈心,多沟通,多商量,在服从真理、顾全大局的前提下,求同存异。对社会上出现的各种问题,要具体问题具体分析,是什么问题就按什么问题来处理,不要把什么事情都往民族问题上联,把简单的问题复杂化。要认真执行党的民主集中制原则,坚持集体领导,健全民主生活,提高解决自身问题的能力。领导班子成员中的少数民族干部,要互相尊重、支持,加强团结,为各族干部群众作出表率。

三、加强领导,各方协力,狠抓落实

各级党委要把培养选拔少数民族干部工作,切实列入议事日程,定期研究。党委要分工专人负责。少数民族自治地区和少数民族聚居的省,党政主要领导要经常过问这项工作,宣传培养选拔少数民族干部的重要意义,特别是对一些重要措施的制定和突出问题的解决,要直接抓,实施具体指导。各级组织、统战、民委、人事、教育、财政等部门要积极担负起各自的责任,分工负责,加强联系,密切配合,通力协作,当好党委、政府的参谋和助手。各级党委组织部是各级党委主管干部工作的职能部门,对培养选拔少数民族干部工作应当牵头、抓总,做好综合、协调工作。统战和民委部门,要发挥密切联系党内外少数民族干部的优势,主动、积极地反映情况,提出建议,推荐人选。人事部门要密切协同组织部门制定和完善有关政策,建立健全少数民族干部队伍的管理机制。搞好少数民族干部的培养和选拔,发展民族教育是基础。教育部门要对民族地区教育事业的发展给予更多的关注,有针对性地制定教育规划,进行分类指导。在经费安排上要尽可能给少数民族地区教育事业以适当照顾。各地可从实际出发,采取多种形式,调动社会各方面的积极性,共同努力做好这项工作。

培养选拔少数民族干部有关方针政策已经明确,各地也创造了一些好的经验,现在的关键在于真抓实干,狠抓落实。不能满足于召开会议、下发文件,重要

的是拿出实际行动。要加强调查研究，及时掌握在深化各项改革中出现的新情况和新问题，制定相应的政策和措施；要针对存在的薄弱环节和突出问题，以积极主动的态度，创造条件去解决；各地要根据全国的统一规划和自己的实际情况，制定工作部署，持之以恒，一步一个脚印地抓好落实。

我相信，通过各地各有关部门的共同努力，培养选拔少数民族干部工作，一定会取得新的成绩，迈上一个新的台阶。

全国外贸工作电话会议在北京召开

国务院副总理李岚清在电话会议上强调，当前外贸出口形势严峻，各部门各地方要积极支持外贸出口工作，坚定地把出口工作放在重要的战略位置，以保证我国外贸出口稳定增长。

李岚清说，对外贸易的健康发展对我国国民经济发展具有重要意义，只有出口收汇有较大增长，才能支持国民经济有较快的发展。外贸企业和出口生产企业的根本任务在于扩大出口创汇，这是保证企业经济效益的基础所在。李岚清强调要继续落实优先安排外贸企业贷款，切实保证外贸生产和出口所需要的资金；有关部门要尽快拿出外汇有偿上缴的实施办法，决不允许给外贸企业和出口生产企业打“白条子”；进一步健全出口退税制度；优先安排好外贸出口商品的运输；进一步授予更多的符合条件的生产企业和科研院所以外贸自营权，使更多的企业、院所直接走向国际市场。

电子工业部在北京宣告成立

该部的主要职能和任务是研究发展战略，制定政策法规，行业统筹规划，加强军工管理，培养建立市场，实施宏观调控，加速科技进步，推广信息服务，扶植企业集团。

《人民日报》就国务院及农业部宣布减轻农民负担项目发表评论员文章《逐项落实加强检查》

国务院副总理兼外交部部长钱其琛在钓鱼台国宾馆会见克罗地亚总统弗拉尼奥·图季曼

韩国总统金泳三在汉城总统府会见全国人大常委会副委员长田纪云

韩国国务总理黄寅性在汉城会见全国人大常委会副委员长田纪云

中央军委副主席刘华清在北京会见由陆军参谋长穆·努尔乌丁·汗率领的孟加拉国武装部队代表团

国务院副总理兼外交部部长钱其琛在钓鱼台国宾馆与克罗地亚副总理兼外交部部长马泰·格拉尼奇举行会谈

6月9日

中共中央总书记江泽民在陕西考察

江泽民于9日至15日在中共中央政治局候补委员、中央书记处书记温家宝，中央军委委员、解放军总后勤部部长傅全有和中共陕西省委书记张勃兴、省长白清才、兰州军区副司令员陈超的陪同下，在汉中、宝鸡、咸阳和西安等地。

江泽民说，我国是一个有11亿人口的大国，吃饭问题始终是个大事。要坚持不懈地抓好农业，这始终是我们经济和社会发展的基础。搞好农业开发，全面发展农村经济，对于西北地区经济的振兴，意义尤为重大。江泽民指出，要切实抓好夏收、夏播和夏季田间管理，这对于争取今年农业有个好收成至关重要。我们要做好中央、地方和农户的三级储备，这对保持粮食市场的价格稳定，保证人民基本生活供给，保持社会安定，有相当大的作用。

江泽民说，国有大中型企业要抓紧转换经营机制，增强活力，提高效益，建立现代的企业制度，使国有资产保值和不断增值。江泽民指出，军工企业大都基础较好，技术实力雄厚，要充分利用这些优势，在搞好军品生产的同时，积极进行民品开发。

江泽民听取陕西省委和有关地方党委的工作汇报后指出，在邓小平建设有中国特色的社会主义理论的指导下，经过十多年来的改革和发展，我们的社会主义现代化建设事业，不仅有了明确的方向，确立了正确的路线，而且积累了比较丰富的经验。只要坚定不移地贯彻执行党的“一个中心、两个基本点”的基本路线，坚持解放思想，实事求是，积极探索，并善于不断总结经验，我们一定能够通过深化改革，解决好当前经济生活中出现的突出矛盾和问题，加快建立社会主义市场经济体制的步伐。

江泽民在陕西考察期间到西安交通大学看望师生。

江泽民在与师生座谈时说，发展科学技术这个第一生产力，与我们的大学教育是分不开的。交大是国内外知名的学校。一个大学，形成相当的学业基础，不是一朝一夕之功，没有若干年的积累，是形不成的。目前我们的大学在办学中存在一些困难，在教学、科研和学校建设等方面存在资金不足、人才不足，还有教职工工作条件、生活待遇的问题，国家是了解的。党和政府正在进行积极努力，尽可能从各方面为大家创造条件，不会老是“只听楼梯响，不见人下来”。但也要看到我们的经济发展水平还不高，要把国民经济搞上去，还需要经过相当长时间的努力。对于发展中出现的问题，我们必须用深化改革来解决。一方面是国家积极创造条件，一方面是同志们不懈努力，发扬艰苦奋斗的精神，两方面结合起来，就能把我国教育事业办得更好。他鼓励同学们珍惜时光，早日成才。

中宣部在北京召开新闻工作座谈会

首都主要新闻单位负责人和部分编辑、记者，新闻出版署、全国记协等单位负责人，部分老新闻工作者，新闻研究和新闻教学工作者约 50 人参加这次座谈会。座谈会由中宣部常务副部长徐惟诚主持。

全国检察长座谈会在北京召开

会议于 9 日至 13 日举行。来自各省、自治区、直辖市的检察长出席会议。会议强调惩治贪污贿赂是反腐败的主要任务。最高人民检察院检察长张思卿在会上指出，当前执法不严现象确实相当严重，有法不依、违法不究的问题还比较突出，这集中表现在以罚代刑、乱收费、用钱抵刑、越权办案以及执法中的地方保护主义和部门保护主义等方面。张思卿还说，狠抓办案是严格执法的基础。该办的案件，要马上办、积极办、不拖不延。

中国审计标准国际咨询研讨会在安徽黄山召开

国家审计署 6 月 9 日至 19 日在黄山举办中国审计标准国际咨询研讨会。来自美国、新加坡、澳大利亚、日本、英国和亚洲开发银行的审计专家，国内部分大学教授及审计工作者参加研讨。

中共中央政治局常委胡锦涛在北京会见香港青年联会访问团

全国政协副主席中央统战部部长王兆国在北京会见香港青年联会访问团

国务委员兼国家科委主任宋健在贵州考察

宋健于 9 日至 21 日在贵州考察，在考察时强调当前科技工作要与市场经济接轨，必须稳住一头，放开一片，这是深化科技体制改革的指导方针。一方面要努力保障重大基础性研究、高技术研究和关系到国计民生的重大科技攻关得以持续稳定发展，为经济建设和科学技术的长远发展提供支撑、积累后劲，并为技术创新源源不断地提供新的技术思想；另一方面，使放开的一片要更快、更好地推动科技成果的商品化、产业化和国际化，为建设社会主义市场经济体系做出更大贡献。两者相辅相成，缺一不可。他强调，要大力支持民营、民办科技企业的发展。过去十年的经验证明，国有民营、集体民营、股份民营、合作民营、个体民营等民营体制具有很大活力。多种所有制并举的民营、民办科技机构是我们今后高新技术产业和实用技术产业发展的一支生力军，将会对我国经济发展起到重大作用，与我国乡镇企业的异军突起一样具有深远意义。他说，在放开一片的过程中可能会出现这样那样的问题，所以要治理。要逐步建立健全社会主义市场体系的法律规范和行为准则，但不能动摇放开民办、民营的方针。这是我们深化科技体制改革的一个重要的措施。

宋健在看望中国科学院地球化学研究所、三线高科技企业的科研人员，与贵州省科技教育界的有关专家、学者座谈时，反复强调改善知识分子的待遇问题。他说，我国财政困难，提高知识分子的收入一方面靠政府的政策引导，另一方面又要靠市场拉动。鼓励那些经济效益好的单位和地区率先按所承担的任务和贡献拉大工资差距，逐步提高有贡献的科技人员和技术骨干的收入。同时要激励科技工作者的艰苦奋斗、无私奉献精神，在社会主义精神文明建设中率先垂范，作出榜样。这样有利于稳住业务骨干，有利于培养和吸引人才。

宋健考察黔西南布依族苗族自治州、安顺、贵阳、遵义等民族地区和革命老区的经济发展状况。宋健说，教会农民用同样的时间生产出比现在多几十倍的产品，提高劳动生产率，山区才会富起来。贵州的三线高科技企业在开发民品上还要有更大的魄力和勇气，把高、精、尖技术转移到民品上，利用技术、人才、装备的优势，开发新产品，占领大市场，为贵州经济建设多作贡献。

国家副主席荣毅仁在人民大会堂会见孟加拉国前副总统毛杜德和夫人

全国人大常委会委员长乔石等到中国国际贸易中心参观'93 北京国际消费精品展览会

中国第一台光子扫描隧道显微镜研制成功

中国第一台光子扫描隧道显微镜最近研制成功。该光子扫描隧道显微镜的分辨率达到 10 纳米主要指标达到国际领先水平。

中国扶贫开发协会在北京成立

这个协会将把我国东西部地区之间的横向联合和

兴办经济实体作为扶贫工作的重点。

文化部在北京召开振兴京剧座谈会

座谈会由文化部常务副部长高占祥主持，振兴京剧指导委员会部分委员、京剧艺术基金会的人员、首都的京剧艺术家和文化部、广播影视部负责人参加座谈。

戏剧史家张庚、郭汉城，京剧表演艺术家袁世海、杜近芳、梅葆玖、叶少兰、孙毓敏等在座谈会上发言。中共中央政治局委员丁关根参加座谈会，并就京剧工作和大家一起探讨。

海峡两岸首届电影展在台北开幕

携巨款潜逃国外的重大诈骗犯吴加升从新加坡被押解回国

6月10日

国家税务总局在北京成立

第10届泛太平洋经济技术合作与发展大会在北京举行

来自美国、日本等20多个国家和地区的600多位代表参加会议。会议由国家科委、对外贸易经济合作部和美国泛太平洋商业协会主办。于10日至12日会议期间代表们围绕中国经济发展战略、技术转让与合作、中国的新技术发展、研究与发展的管理等进行专题学术讨论。

全国税务局长会议在江苏扬州召开

全国税务局长会议日前在江苏省扬州市召开。会议提出，今年税收工作的重点，是在全力推进税制改革的同时，全面贯彻落实《中华人民共和国税收征收管理法》，大力加强税收的征收管理，针对征管上的漏洞和薄弱环节，集中力量进行治理。税收流失问题，是社会各界关心的热点和税收的难点。与会代表认真分析了税收流失的表现和原因，研究制定了加强税收征管，最大限度地减少税收流失的一系列措施和办法。国家税务局局长金鑫强调指出，今年要在全面强化税收征收管理的基础上，突出抓好四个方面的工作：

一、加强个体税收管理。各级税务机关要充分认识加强个体税收征管的重要意义，探索新的方法，努力建立个体税收征管的有效机制，减少个体税收的流失。

二、加强出口退税管理。要通过认真实行专用税票和计算机管理等项措施，有效地堵塞漏洞，对骗取出口退税的犯罪分子，必须依法给以严厉打击；对与犯罪分子勾结骗取出口退税的，要严肃查处。

三、加强涉外税收管理。针对一些外商投资企业采用种种手段转移利润逃避税收的问题，要进一步加强反避税工作，积极研究建立一套行之有效的制止外商投资企业避税、偷税的征管方法和手段，以维护国家权益。

四、加强个人收入调节税管理。税收在调节过高收入，缓解社会分配不公方面应该并且也能够发挥积极作用，各级税务机关对此务必予以高度重视。在个人收入调节税的征收管理工作中，一要加强源泉控制；二要大力推行个人应税收入申报制度；三要加强税款代扣代缴的管理，一切支付单位都必须依法履行代扣代缴义务。

国家体改委主任李铁映在湖南考察

李铁映于10日至15日在中共湖南省委书记熊清泉、副书记孙文盛陪同，带领国家体改委、中国人民银行总行的领导考察长沙、株洲、湘潭三市和一些企业，与省计委、经委、农委等14个部门进行座谈，研究一个省怎样在中央统一方针政策下，结合自己的实际，深化改革，加快发展，并就湖南的经济发展和改革提出建议。李铁映说，当前的经济发展和改革进入了关键时期，要正确处理好加快经济发展和经济体制转轨的关系，积极、正确、全面理解小平关于抓住机遇，加快发展的思想，抓住机遇，不仅要抓住发展的机遇，也要抓住改革的机遇。从某种意义上说，抓住机遇就是抓住改革。改革搞好了，发展才能搞好。改革的时机丧失了，发展也就丧失了机遇。

李铁映在谈到当前的形势时指出：经济发展中出现的新矛盾和新问题，从根本上讲是由于传统计划经济体制的一些深层次问题还没有得到解决，社会主义市场经济新体制还没有形成，经济体制的改革和经济机制的转换滞后于经济发展的需要。解决这些问题必须要有新的思路，新的方法。充分发挥市场机制的作用，首先要搞好宏观调控，保持总供给与总需求的基本平衡，主要采取经济的、法律的手段解决经济生活中出现的问题。同时也要强调组织纪律，采取必要的行政手段。

谈到当前如何加快经济改革时，李铁映强调，要加快金融体制的改革，加强中央银行对货币供应量的调控，尽快建立银行自我约束和风险机制，银行系统要与自己兴办的非银行金融机构和其他经济实体脱钩，坚决制止住乱集资、乱摊派和不符合规定的拆借；综合、配套地推进金融、财税、投资的宏观体制的改革；加快政府职能的转变；认真全面地抓好全民所有制企业经营机制转换条例的贯彻；加快住房、待业、养老、医疗等社会保障制度的改革；培育和完善市场体系。一定要认真贯彻执行中央的方针政策，总结经验，引导改革健康发展，保持当前经济发展的好势头。

公安部关于严禁非法生产销售警服警用标志打击假冒警察违法活动的通知

中国劳动保护工业企业协会在北京成立

国务院副总理李岚清在人民大会堂会见日本东京海上火灾保险公司社长河野俊二

外交部部长钱其琛在钓鱼台国宾馆同文莱达鲁萨兰国外交大臣穆罕默德·博尔基亚亲王举行会谈

钱其琛指出，中国政府重视发展同文莱的友好关系。他表示希望并相信中、文两国建立在联合国宪章和和平共处五项原则基础上的友好合作关系一定会得到不断的巩固和发展。他说，中国同文莱是一海相隔的友好邻邦，两国有着上千年的友好交往历史；只是由于近代殖民主义的入侵，两国关系才中断了。钱其琛说，中、文两国于1991年建交以来，两国互派了大使，开始了高层互访，增加了经贸往来。今年3月，文莱政府又宣布取消对公民访华的限制；5月，中、文两国签署了民航协定。这些使双边关系有了良好的开端，展示了广阔的前景。

钱其琛指出，有的西方国家认为中国要发展军事力量可能会威胁别国的安全，这种说法是完全错误的。他说，中国一贯奉行和平外交政策，一贯为维护和平而努力。他说，中国历来主张通过和平的方式解决国际争端，中国现在和将来都将是亚洲和世界和平与稳定的重要因素。他强调指出："我们不会对任何国家构成威胁。"

关于柬埔寨问题，钱其琛说，柬埔寨的大选已经顺利举行，柬将根据选举结果组织一个过渡时期的政府。他重申，"我们尊重和支持西哈努克亲王为此所做出的努力。柬埔寨的和平与民族和解进程应当继续推进。我们不支持任何一派打内战。"

钱其琛说："总的来说，与世界其他地区相比，我们所处的地区是相对稳定的。"

钱其琛指出，中国非常珍惜这个相对和平、稳定的局面，并愿意与其他国家一起为维护地区的和平、稳定而继续努力。

外交部部长钱其琛在北京会见扎伊尔总统蒙博托的政治和外交事务顾问朗盖马

外交部部长钱其琛在北京同马尔代夫外交部长法图拉·贾米尔举行会谈

中国政府和乌干达共和国政府在北京签署《关于派遣中国医疗队赴乌干达工作的协议补充修正案》

外交部发言人吴建民在记者招待会上就非法移民等问题答记者问

有记者问：一艘载有300多名中国非法移民的货船最近在纽约附近搁浅，其中8人死亡，其他人被美警方拘留。中国对此事如何看？准备如何处理？

吴建民说："我们对此事正在加紧了解。对我国公民在国外发生的问题，我们十分关注。如确有人员伤亡，我们将同美方联系，作好救护和善后工作。希望美方提供合作。"

吴建民重申，中国政府一贯反对非法移民，已采取了一系列措施，制止非法出境，并严厉打击组织偷渡、搞非法移民活动的不法分子。但是，他指出，非法移民已是个国际问题，有些组织非法移民活动的基地不在中国国内，"我们愿意同有关国家合作，共同解决这一问题"。

吴建民还就港英当局4日宣布合并油尖和旺角区议会回答记者提问时说，中英两国政府代表正就香港1994/1995年选举安排问题举行会谈，英方必须停止一切干扰、破坏会谈的言论和行动。

纪念全国职工读书自学活动10周年座谈会在北京召开

104个先进集体和149名先进个人和优秀组织者受到全国总工会的表彰。

全国铁路特大盗窃团伙案的主犯黄林中黄国湘在武汉被法院宣判死刑并执行枪决

黄林中、黄国湘等55名罪犯，自1988年10月至1990年5月，交叉结伙在湖北武昌至大冶铁路线的铁山车站至广山车站间，采取扒乘列车到预定地点掀货、车下接送等手段，从货车上盗得粗铜锭2.6万公斤，及电视机、手表、自行车、电扇、收录机、毛毯等物品，总价值40万余元。其中，黄林中为主结伙盗窃10次，价值10.9万余元；黄国湘为主结伙盗窃9次，价值8.7万元。作案中还多次砸断列车风管造成行车中断，严重危害了铁路运输安全。

6月11日

国务院召开第5次常务会议

受国务院总理李鹏委托，副总理朱镕基主持会议。

会议审议通过或原则通过《国务院关于提请全国人大常委会审议建立“科学技术节”的议案(代拟稿)》和《中华人民共和国红十字会法》等三个法律法规的草案。

会议认为,科学技术是第一生产力,推动科技进步是全社会的历史责任。为了增强全国各族人民的科技意识,推动科学技术知识的普及和科技成果的推广,同时提高我国科技工作者的政治地位和社会地位,在全社会形成尊重知识、尊重人才和爱科学、学科学、用科学的社会风尚,在我国建立“科学技术节”是必要的。会议决定将这一议案(代拟稿)提请全国人大常委会审议。

在审议《中华人民共和国红十字会法(草案)》时,会议认为,制定中华人民共和国红十字会法,是履行日内瓦公约和国际红十字和红新月运动确定的人道主义职责的需要,也是中国红十字事业发展的需要。目前,中国红十字会已拥有1700多万会员,13万个基层组织。通过立法明确中国红十字会的性质、地位等,将使中国红十字事业更健康地沿着法制化轨道发展。会议原则通过这一草案,决定将它进一步修改后提请全国人大常委会审议。

会议还审议《中华人民共和国企业劳动争议处理条例(草案)》和《取水许可制度实施办法(草案)》。会议指出,为了妥善处理企业劳动争议,保障企业和企业职工的合法权益,维护正常的生产秩序,有必要对1987年发布实施的《国营企业劳动争议处理暂行规定》进行调整、修改和补充,制定中国企业劳动争议处理条例。取水许可制度是体现国家对水资源实施统一管理的一项重要制度,是调整水资源供求关系的基本手段。为加强水资源管理,促进水资源合理开发利用,根据《中华人民共和国水法》制定取水许可制度实施办法,也十分必要。会议原则通过这两个草案,决定对其作必要修改后由国务院发布施行。

国务院发出关于集中资金保证当前经济工作的重点需要的通知

国务院最近发出通知,要求集中资金保证当前经济工作的重点需要。

国务院指出,最近,各地区、各部门普遍反映资金紧张,已成为当前国民经济运行中的突出问题。为了集中有限的资金保证当前经济工作的重点需要,取得好的经济效益,资金的分配和运用必须突出重点。首先要坚决压缩那些应当压缩的资金,大力收回各种不合理占用的资金,要集中资金重点支持农业、有效益的国有重点企业和国家的重点建设项目。为此,特作如下通知:

一、要坚决保证今年农业生产和农副产品收购的资金需要

要认真贯彻落实中共中央办公厅、国务院办公厅《关于做好今年夏季农副产品收购工作的通知》,确保今年农副产品收购不打“白条”。要在地方政府统一领导下,建立多方筹措资金的责任制,按照人民银行等单位发出的《主要农副产品购销资金专户管理实施办法》,对农副产品收购资金实行专款专用、体内循环,确保供应。任何单位和个人不得以任何理由违反收购资金专户管理办法或挤占挪用专户资金。

今年计划安排的银行农业贷款和财政支农资金,一定要足额及时到位,确保农业生产的稳定增长。任何地区和部门都不准截留、挪用。对过去已发生挤占、挪用的农业生产资金,要限期清理收回,对于任意拖延和收回不力的地区,要追究有关领导人的责任。

二、要保证国有重点企业正常生产和流通的资金需要

工商流动资金贷款,要按照“区别对待、扶优限劣”的原则和调整结构的要求,积极筹措资金,支持国有重点企业(包括外贸企业,以下同)生产和流通的需要。要按照以下顺序安排资金:承担国家指令性生产任务、关系国计民生的企业;在国内国际市场上产品适销对路、经济效益好的企业;有利于产业结构调整、缓解“瓶颈”制约因素的企业;换汇成本低、出口创汇高的企业。

对以下企业要限制或停止贷款:违反国家规定乱集资的企业;挪用资金参与房地产和股票交易的企业;人民银行《关于进一步加强流动资金贷款管理的通知》中规定限制、停止贷款的企业。

各地区、各部门以及各企业要继续做好限产压库促销和扭亏增盈工作,努力减少不合理资金占用,加速资金周转,提高资金使用效益。

三、要保证国家重点建设项目(包括基建和技改)资金及时到位

各级政府部门、有关银行和国家专业投资公司都要将现有建设资金集中用于国家计划内的交通通信、能源、重要原材料、农业、水利等国家重点建设项目,特别是国家计划内的铁路建设项目和今年投产的项目。

各级财政和银行部门要加强资金调度,确保预算内建设资金和银行贷款资金及时到位。

地方政府和企业的自筹资金,要优先保证计划内在建重点建设项目的需要。建设项目中的自筹资金,必须按计划建设进度、资金比例到位,银行根据自筹资金到位情况再相应安排投资贷款。

各地区、各部门和国家专业投资公司要对所管理的建设项目拖欠款进行认真清理,首先要清理拖欠发电设备和重型机械的设备款。当年形成工作量的拖欠款,必须在年度投资内支付。为以后年度储备设备所

需要的资金，银行要安排必要的储备贷款。各地区、各部门和国家专业投资公司现已拖欠的资金，应尽快付给生产企业和施工单位。

各地方要对所有在建项目进行一次全面的审核排队。对不符合国家产业政策、资金来源不落实、建设条件不具备、市场前景不明的项目，要下决心停、缓建一批，腾出资金保重点建设。凡在建项目资金供应无保证或拖欠问题没有解决的地区和部门，在落实建设资金和归还拖欠款之前，一律不得批准新开工项目。对于新开工项目，各级审计部门要按上述要求进行审计监督。

国务院指出，各级人民政府和各有关部门一定要统一认识，加强领导，顾全大局，严肃纪律，切实做到令行禁止。要把贯彻本通知与落实国务院关于禁止乱集资等有关规定结合起来，采取切实有力的措施，认真抓紧抓好。各地区、各有关部门要在今年7月底以前，将贯彻落实本通知的情况报告国务院。

国务院副总理李岚清在河南考察

李岚清于11日至15日在中共河南省委书记李长春、省长马忠臣等陪同下，在郑州、洛阳考察。李岚清等深入工厂车间、农家田头、商场、批发市场、粮管所、基层供销社和学校，召开了外贸企业、自营进出口生产企业和教育座谈会。

李岚清在谈到发展对外经贸时强调，现在要使对外经贸再上一个新台阶，一方面要继续深化经济体制改革，一方面要认真抓出口商品的结构调整，要发挥本地的优势，发展既有本地特色、又有竞争能力的出口商品。当前，在资金、运输、原材料等方面要重点保证有效益的出口创汇，千万不能失去得之不易的国际市场。他还表示：今后要继续授予更多的符合条件的生产企业和科研院所外贸自营权，让他们直接参与国际市场竞争。他还要求外贸企业要加快转换经营机制，在发展对外经贸方面继续发挥重要作用。

在谈到零售商业改革时，李岚清说，可借鉴发达国家发展连锁商业集团的经验，促进商业批发、零售和消费品生产更快更好地发展。

李岚清对今年河南夏粮丰收表示高兴，要求各级政府和有关部门坚决贯彻《国务院关于集中资金保证当前经济工作重点需要的通知》，优先保证农业生产和农副产品收购的资金需要，帮助农民解决粮食销路问题，决不能给农民"打白条"，不能因卖粮难而挫伤农民的积极性。他还指出，汛期即将到来，要把防汛作为头等大事来抓，立足于防大汛。

李岚清在谈到教育工作时指出，提高全民族素质，培养更多的优秀人才，是国家兴旺发达、繁荣富强的根本保证。他强调要花大气力实施九年义务教育，扫除青壮年文盲。要抓紧培养社会主义市场经济急需的人才。中小学在搞好文化科学知识教育的同时，要注重对学生的德育教育。要用多种形式，生动、具体地进行爱国主义教育。他还询问了教师们的待遇和住房情况，希望省、市领导在这方面继续给予更多的关心和投入。

公安部明令各地禁止各级公安机关和公安干警乱收费乱罚款乱摊派违法越权办事

国家副主席荣毅仁在人民大会堂会见文莱达鲁萨兰国外交大臣穆罕默德·博尔基亚亲王

国家副主席荣毅仁在人民大会堂会见马尔代夫共和国外交部部长法图拉·贾米尔

中国外交和军事专家代表团同哈萨克斯坦、吉尔吉斯斯坦、俄罗斯联邦、塔吉克斯坦外交和军事专家联合代表团在北京就边境地区裁减军事力量和加强军事领域信任的问题举行第10轮谈判

中纪委监察部会同国家税务总局查处咸宁骗税案

记者从中纪委、监察部召开的新闻发布会上获悉：前不久湖北省咸宁市5家企业与骗税犯罪分子相勾结，并伙同税务部门开具空头发票和假完税证明，造成国家出口退税款1200多万元被骗。

最近，中纪委、监察部会同国家税务总局严肃处理这一案件。

支持骗税活动的咸宁市市长陈恢友受到撤销党内外职务的处分；直接指使和参与骗税的市税务局局长尹传升被开除党籍和公职，并移送司法机关追究刑事责任。骗税犯罪分子张汉宣已被深圳市检察机关抓获，其他骗税犯罪分子正在追捕之中。对已骗走的1218.89万元退税款包括有关人员103万元的非法收入，由税务部门会同有关部门追缴，交中央财政。

咸宁市五金电线厂、温泉电线电缆厂、温泉服装厂、双溪镇机电厂，伙同税务部门，与社会上的骗税犯罪分子相勾结，从1992年8月至9月，以做"电线、服装出口生意"为名，先后为13个省市23家出口企业开出207份、总金额1.44亿元的空头发票；尹传升执法犯法，指使税务干部开出与空头发票相配套的28份假完税证明，骗取国家出口退税款978万元。参与骗税的企业和税务部门从中获得非法收入69.5万元。

咸宁市发生的违法骗税活动，竟得到市长陈恢友的支持。1992年10月，咸宁市服装总厂见上述企业骗税捞到好处,也想照此骗国家钱。陈恢友为追求地方利益不惜损害国家利益,强行要求税务部门予以“支持”,又造成国家出口退税款 244.89 万元被骗。

6月12日

中纪委监察部发出严格遵守党纪政纪保证党中央国务院各项经济政策贯彻落实的通知

通知说,在邓小平视察南方重要谈话和党的十四大精神指引下,我国改革开放和经济建设的步伐明显加快。

为了更好地抓住机遇,保持改革和发展的好势头,去年下半年以来,针对已经出现和防止可能出现的问题,党中央、国务院多次召开有关会议,制定和发出了一系列重要文件。这些文件中规定的各项政策和措施,是总结以往经济工作的经验教训,根据当前经济发展的现状,从全局利益出发提出来的,是必要的、及时的、有效的。不少地方和部门坚决按照中央的要求和部署,结合实际认真贯彻执行,收到了较好成效。但是,有的地方和部门贯彻得不够认真,不甚得力,有的甚至自行其是。如:该下放给企业的权力没有及时下放,擅自截留、挪用农副产品收购资金,减轻农民负担的问题没有得到有效解决;不经批准自行设立各类金融机构,直接融资,高利率集资,滥发股票、礼券;违反国家政策规定,炒房地产,办“翻牌”公司,等等。发生这些问题的一个重要原因是有些领导干部维护党纪政纪的严肃性的观念淡薄了,执行纪律的自觉性降低了,出现有令不行,有禁不止,“你有政策、我有对策”的行为,使经济工作中存在的一些矛盾和问题不能及时有效地解决,有的还更加严重。这不仅从总体上影响国民经济的健康发展和改革开放的顺利进行,而且也会给这些地区和部门增加新的困难。

通知指出,党的纪律,是从组织上保持和巩固全党在思想上政治上的高度一致,正确执行党的路线、方针、政策,提高党的战斗力,完成党的任务的重要保证。过去是这样,在改革开放的新形势下也是这样。江泽民同志指出:“在今天的新形势下,强调纪律性是有特别重要的意义,高级干部都应成为遵守纪律的模范。”我国的社会主义现代化建设和社会主义市场经济体制的建立,正处在一个关键的时期,出现了许多前所未有的新情况、新矛盾和新问题。这就更加要求全党上下,尤其是各级党政领导干部必须统一思想,加强领导,顾全大局,严肃纪律。只有这样,才能克服前进中遇到的各种困难和问题,继续保持和发展来之不易的大好形势。

为了确保党中央、国务院制定的一系列政策、措施和规定的贯彻落实,顺利完成各项任务,中央纪委、监察部要求:

一、各级党政领导干部要统一思想认识,切实增强纪律观念。要全面、正确、积极地领会和贯彻邓小平同志重要谈话和党的十四大精神。对于中央的政策,各地各部门要结合实际创造性地贯彻执行,反对机械照搬,同时要反对那种只顾本地区、小集团的利益,而不顾甚至损害全局和整体利益的行为,以及“经济要上,纪律要松”等错误观点。必须重申,各级党政干部特别是领导干部必须维护党的纪律的严肃性和政令的统一性,牢固树立越是改革开放越要遵守纪律的观念。

二、各级党政领导干部要认真执行民主集中制原则。领导干部必须严格遵守和执行党纪政纪,既要以身作则,起模范带头作用,又要严格监督检查本地区本部门贯彻执行党中央、国务院的政策、措施和规定的情况,切实保证政令畅通,维护党中央、国务院的权威。对那种置党中央、国务院有关政策、措施、规定于不顾,继续搞“上有政策,下有对策”的地方和部门,必须追究领导者的责任。党的各级宣传舆论单位,要认真宣传严肃纪律的重要意义,保证中央各项政策、措施和规定落实到位。

三、县以上各级党委和政府党组在年中召开的党员领导干部的民主生活会上,要把贯彻执行党中央、国务院去年下半年以来下发的有关改革和建设方面的文件的情况作为一项重要内容进行检查,着重提高思想认识,牢固树立遵守纪律、服从大局、令行禁止的观念。对严格遵守纪律,认真执行中央的政策、措施和规定的有效做法和经验,要继续坚持;贯彻不力的要抓紧落实;对自行其是,令不行、禁不止的,必须坚决批评纠正。

四、各级纪检监察机关要充分发挥职能作用,把监督检查去年下半年以来党中央、国务院发出的各项政策、措施和规定的贯彻执行情况作为一项重要任务来抓。党的纪检机关检查党的路线、方针、政策和决议的执行情况,行政监察机关监督检查国家法律、法规和政策以及决定、命令的贯彻执行情况,是纪检监察机关责无旁贷的重要职责。维护纪律,严肃纪律,同保护党员干部改革开放的积极性,保证经济建设的健康发展是完全一致的。对改革开放新形势下出现的新情况、新问题,一时不易判断是非的,要加强调查研究,慎重对待。但是对于党中央、国务院已经制定并发出的政策、措施和规定,必须切实保证其贯彻落实,并加强监督检查,决不允许以任何借口另搞一套。监督检查要结合实际,突出重点,并注意发现、查处其中以权谋私、权钱交易等违纪案件。各级纪检监察机关的领导要亲自抓这件大事,要派出人员进行检查。对模范执行中央政策、措施和规定的，要向同级党委汇报，给予表扬；对执行不力或我行我素的，要批评纠正；对令不行，禁不止，严重违反纪律，造成严重后果的，要坚决查处。一些典型案件查清后要公开报道。

国家科委国家体改委发出关于印发《关于大力发展民营科技型企业若干问题的决定》的通知

根据党的基本路线，发展以公有制为主体、多种经济成分并存的民营科技型企业，促进科技与经济相结合，推进科技成果商品化、产业化、国际化，是深化科技、经济体制配套改革的战略举措。国家科委、国家体改委在总结改革开放以来发展民营科技型企业经验的基础上，会同有关部门制定了《关于大力发展民营科技型企业若干问题的决定》，现印发给你们，请根据文件精神，结合本地区、本部门实际，采取切实措施，促进民营科技型企业在新的历史时期有一个更大的发展，在经济规模、技术水平、内部管理等方面再上新台阶。

关于大力发展民营科技型企业若干问题的决定

发展以公有制为主体、多种经济成分并存的民营科技型企业，按照符合科学技术发展规律和市场经济运行规律的新型机制，促进科技与经济相结合，推动科技成果商品化、产业化、国际化，是我国科技体制、经济体制改革的一项成功实践，也是按照党的基本路线，加速社会主义现代化建设的战略举措。为了促进我国民营科技型企业在新的历史时期有一个更大的发展，在经济规模、技术水平、内部管理等方面再上一个新台阶，特提出如下政策性意见。

一

建设有中国特色的社会主义是亿万人民群众的伟大事业。民营科技型企业是我国科技体制和经济体制改革的产物，是科技人员解放和开拓科技第一生产力的生动创造。民营科技型企业是相对国有国营而言的，它不仅包括以科技人员为主体创办的，实行集体经济、合作经济、股份制经济和个体经济、私营经济的民办科技机构，而且包括由国有科研院所、大专院校、大中型企业创办的，实行国有民营的科技型企业。十几年的经验证明，民营科技型企业是发展我国科学技术事业和高新技术产业的有生力量，是社会主义经济的有机组成部分。民营科技型企业对我国改革与发展的重要作用在于：

第一，创造了“自筹资金、自愿组合、自主经营、自负盈亏”的新型企业运行机制，并且在实践中不断丰富其内涵。“四自”原则所包括的独立自主的决策机制，面向市场的经营机制，优胜劣汰的人才机制，工资与效益挂钩的分配机制，自我约束、自我发展的行为机制等，不仅是民营科技型企业自身生机活力之所在，而且为深化科研院所改革，转变国有企业经营机制提供了极为重要的经验。

第二，实践了以市场为导向，技工贸一体化、产供销一条龙的技术创新模式。民营科技型企业面向经济、面向市场，进行科技开发与创新、科技咨询与服务、技术密集产品的生产、销售与服务，在实现科技经济一体化方面进行了成功的探索，走出了一条加速科技成果转化，发展高新技术产业的新路。

第三，改变了科技系统长期沿袭的单一国有国营模式，逐步形成了以公有制为主体、多种经济成分并存互补、共同发展的新格局。在我国民营科技型企业中，国有民营经济、集体经济、合作经济是社会主义公有制的有机组成部分和重要实现形式。这些新型科技型企业的发展，充实和壮大了我国科技产业的公有制成分，为其发展注入了新的生机。继续鼓励和引导民营科技型企业中的个体、合伙、私营经济成分的健康发展，依法保障其合法权益，有利于形成国家、集体、个人共同发展科学技术事业的兴旺局面。

90年代是我国现代化建设的关键时期，加速科技进步是实现第二步、第三步战略目标的根本保障。大力发展民营科技型企业，有利于建立和完善市场经济与技术创新有机结合的新型体制，推进科技经济一体化进程；有利于充分发掘我国科技资源，最大限度地调动广大科技人员的创造才能和智慧；有利于加速科技成果的推广应用，优化产业结构，提高国民经济素质和竞争能力。因此，各地方、各部门应当把大力发展民营科技型企业，不失时机地列入改革与发展的重要议事日程。

二

十多年来，我国民营科技型企业已经取得了较大发展，为现代化建设做出了重要贡献。但与党的十四大所确定的建立社会主义市场经济体制，加速科技、经济发展的战略要求还很不适应。要继续解放思想，更新观念，大力促进和引导各类民营科技型企业更快更好地发展；鼓励国有科技企业转换经营机制，探索国有民营的发展模式；引导乡镇企业发挥民营优势，向依靠科技进步转轨。从而进一步巩固和发展国有国营科技企业与各类民营科技型企业并存互补的格局，使民营科技型企业在我国科技进步与经济发展中发挥更大作用。

发展民营科技型企业，要继续坚持以公有制为主体、多种经济成分并存的方针。要使各类民营科技型企业成为社会主义市场经济中产权明晰、组织健全、机制完善、行为规范的企业法人或经济实体。要鼓励不同经济成分之间实行合资、合作、联营、相互参股和多种形式的联合，保证采取多种组织形式和经营方式的民营科技型企业平等竞争,共同发展。

要在当前科技系统调整结构、分流人才过程中,动员更多的科技人员走向社会,创办民营科技型企业;支持高等院校的本科生、研究生毕业后到民营科技型企业工作;欢迎海外留学人员回国兴办各类科技产业,允许各级政府部门中一部分有专业知识的人员投身科技创业。要尊重科技人员的首创精神,发挥科技人员群体的智慧和力量,并为他们创造一个人尽其才、才尽其用的广阔舞台。

要鼓励国有科技机构、高等院校、大中型企业按照国有民营方式创办新的科技型企业;允许通过资产控股、租赁、拍卖或者委托经营等多种形式,使一部分中小型技术开发机构和科技企业实行国有民营或民有民营,探索在社会主义市场经济体制下发展科技产业的新路子。

要按照产业政策和市场需求,多层次、多渠道地发展不同类型的民营科技型企业。面向中小企业、乡镇企业提供技术依托和与大中型企业成龙配套的民营科技型企业,要在数量和质量上都有一个较大的突破,使之遍布城乡,渗透各行各业,成为扩散科技成果和知识,建立社会化科技服务体系的重要力量。要鼓励民营科技型企业发展高科技,逐步成为新兴产业的生长点,扶植一批规模大、效益好的企业,发展成大型科技企业集团。要支持有条件的民营科技型企业发挥智力密集、机制灵活、产品技术含量高的优势,瞄准国际市场,扩大出口产品,参与国际竞争。要在与科技进步有关的咨询业、信息业、培训业以及技术服务业,大力兴办各类民营科技第三产业。要争取到本世纪末,使民营科技产业在国民生产总值中所占有的份额有大幅度提高。

三

大力加强民营科技型企业科技成果转化的中间环节,努力提高其研究开发能力、成果转化能力和产业发展能力。

要积极探索科技与金融相结合的改革试验,为民营科技型企业的成果转化和产业发展广辟资金来源渠道,从优支持其中间试验、工业性试验基地建设。要扩大科技贷款规模,对具备条件的民营科技型企业提供贷款支持,解决相应的担保问题;允许有条件的地区组建科技信用社、科技风险投资公司,拓宽民营科技型企业的投资和融资渠道。

要推动民营科技型企业发展横向联合与协作,通过订立技术合同、联营协议以及相互入股参股等多种形式,与科研单位、高等院校、国有大中型企业、乡镇企业进行合作开发、合作生产、合作经营,加快成果转化速度,提高成果转化效益,扩大科技产业规模。

要加快各级政府科技计划与市场机制接轨。科技计划项目要逐步通过公开招标订立技术合同,引入市场经济的竞争机制和约束机制,保障民营科技型企业能够通过公平、公正、公开的竞争,承接国家计划项目,在资金、物资和技术条件方面获得同等的支持。

对具有较强出口创汇能力的民营科技型企业,要落实自营进出口权和境外投资权,允许其在国内外与外商实行合资经营、合作经营,在境外设立分支机构和销售、服务网点。对外贸易机构要积极为民营科技型企业承办代理进出口业务。鼓励外贸企业与民营科技型企业相互投资或参股,组成技贸、工贸、农贸企业集团或综合商社。要支持民营科技型企业的科技人员、外贸业务人员直接参与外贸洽谈活动,增长外贸知识和谈判经验。对民营科技型企业的管理人员和商务人员要简化出国审批手续,提高办事效率,使他们能够及时了解国际市场行情,把握机会,增强开拓国际市场的能力。

四

明确产权关系,转换经营机制,规范组织制度,是社会主义市场经济条件下深化企业改革的中心环节,也是加强民营科技型企业内部组织建设,保障其健康发展的重要条件。

民营科技型企业具有所有制结构多元化、组织形式多样化的特点。由于历史原因,相当一部分企业存在着产权关系不清晰、管理制度不健全、技术经济行为不规范等问题。要在深化改革中针对民营科技型企业的特点,进行分类指导,探索民营科技型企业产权的有效实现形式和现有企业的改造途径:

——大中型民营科技型企业,特别是资产构成复杂、资金来源多样的高新技术企业,要积极稳妥地进行股份制改造试点,在理顺产权关系的基础上,依照法定程序转变成有限责任公司、股份有限公司等公司法人;

——对于不具备公司法人条件的中小型民营科技型企业,可以在理顺产权关系的基础上实行股份合作制,建立规范化的企业组织形式;

——继续实行集体经营、合作经营的民营科技型企业,要根据国家有关规定,按照独立核算、自负盈亏、自主经营、民主管理、集体积累、自主支配、按劳分配、入股分红等原则健全组织制度,规范企业行为;

——实行个体、合伙和私营经济的民营科技型企业,要依法履行登记注册手续,从事技术经济业务,保障职工的合法权益;需要订立合伙协议或企业章程的,要依法订立并严格遵守;

——对于主要依靠个人集资,实行个体、合伙、私营经营方式,但领有集体企业营业执照的民营科技型企业,应通过重新登记,妥善处理历史遗留问题。在清产核资后可以按照国家有关规定改办为个体、合伙、私营企业，也可以办成股份合作制企业，愿意继续维持集体企业的，应当在签定书面协议并履行公证手续后，按集体企业管理和经营；

——企事业单位、科技社会团体利用国有资产创办的民营科技型企业，要积极探索富有生机和活力的国有民营企业组织制度和运行机制，通过协议或者章程明确投资者与经营者之间在权利、义务和风险责任等方面的关系，在保证国有资产保值增值的同时，充分保障经营者和企业职工的合法权益。

今后新创办的民营科技型企业，要在明确产权关系基础上，按照有关法律法规，建立规范化的企业制度。按照组织形式，民营科技型企业可以实行独资、合资或股份制等多种形式；按照经营方式，可以采取承包、租赁、信托、委托、联营、特许经营等多种方式。无论采取何种方式，都应健全财务、会计、劳动用工、社会保险、内部分配和项目管理等各项制度，保证职工参与管理的民主权利。

民营科技型企业要进一步加强法制观念，在技术经济活动中遵守国家的法律法规，尊重知识产权，重合同，守信誉；严格成本核算，如实申报经营状况，依法纳税。要加强企业的精神文明建设，诚信经营，文明服务。要创造和锤炼企业文化，树立自尊、自爱、自强的职业修养和现代文明新风。要提高职工素质，特别是主要决策和管理人员的素质，不断增强企业的凝聚力和战斗力。

五

更新观念，完善政策和法制。努力为民营科技型企业提供良好的外部环境。

要充分肯定民营科技型企业的地位和作用，改变过去单纯按照所有制性质制定政策、管理企业的做法，切实为各类民营科技型企业长期并存、共同发展、平等竞争创造条件。对于过去制定的有关政策，要根据建立社会主义市场经济体制的要求进行清理，凡有利于民营科技型企业发展的，要继续实施并不断丰富和完善；对不适应市场经济体制、不利于民营科技型企业发展的，应依照程序适时予以修改、补充或废止。要大力宣传民营科技型企业的创业者们锐意改革、甘冒风险、自立自强、敬业乐群的开拓进取精神，表彰有突出贡献的集体和个人。

要按照发展社会主义市场经济的要求，进一步放活民营科技型企业，保障其投资决策、经营管理、研究开发、生产销售、产品定价以及内部分配、内部职称评定等方面的自主权，积极支持和指导民营科技型企业不断完善技术创新机制。各种科技咨询、信息服务机构，律师事务所，会计师事务所和其他中介组织，要为民营科技型企业提供广泛服务。

加快社会保障体制改革，建立面向民营科技型企业职工的医疗、待业、养老等保障制度。各地要根据民营科技型企业的特点，因地制宜地建立各类保险基金，并使之良性循环。已经建立社会保障体系的地区，要把民营科技型企业为职工设立的各类保险纳入本地区统筹，实现社会化管理，尚未建立社会保障体系的地区，应支持和帮助企业依靠自身的力量解决职工的各类保险，待条件具备后纳入社会化管理。

要积极开展对民营科技型企业家的培训工作，使他们系统地了解国家的科技政策、产业政策，以及科技、经济法律和法规，掌握发展社会主义市场经济所必备的现代化经营管理、知识产权、国际贸易、证券交易等专门知识，提高开拓国内外市场的能力。

要依法保护民营科技型企业的合法权益。本着在法律面前人人平等的原则，公正处理民营科技型企业所涉及的技术经济纠纷。对在新旧体制交替过程中、科技人员分流过程中所出现的特殊问题，应当历史地、客观地加以分析，充分考虑科技工作和智力劳动的特点，严格区分违法与合法、罪与非罪、故意与过失的界限，予以妥善解决，做到既依法维护当事各方的正当权益，又保障民营科技型企业和整个科学技术事业的发展。要坚决取消对民营科技型企业的一切不合理摊派和负担。

六

我国民营科技型企业的崛起和发展，既是建立社会主义市场经济体制的历史必然，也是深化改革，推进全社会科技进步的现实需要，符合当代科技经济一体化的时代潮流。各级人民政府及其有关部门应当站在改革的前列，切实加强领导，密切配合，结合本地区的科技、人才、资源特点，制定民营科技型企业发展规划，完善相应政策措施，及时研究和解决改革和发展中出现的新情况、新问题，综合运用经济、政策、法律等手段，推动各具特色的民营科技产业上水平、上规模、上效益。

各级科学技术委员会要协同有关部门，加强对民营科技型企业的指导、管理和服务，统筹协调企业登记、人员培训、科技成果鉴定、专业技术职称评定等项工作，协助办理人员出国出境、技术进出口、贷款申报等有关手续。各级经济体制改革委员会要积极指导民营科技型企业的改革实践，鼓励、支持新的探索和试验，搞好相关配套改革，进一步优化民营科技型企业发展的外部条件和内在机制。各级工商、税务、财政、金融等部门应加强对民营科技型企业的指导和监督，为其提供高效、配套服务。

民营科技实业家、民营科技型企业依法成立的社会团体,是各级政府部门与民营科技型企业联系的桥梁和纽带,要增强服务意识,拓宽服务功能,及时反映民营科技界的要求,切实维护民营科技型企业的合法权益。

为指导民营科技型企业在新的历史条件下进一步发展壮大,国家科委和国家体改委将会同有关部门,积极推进民营科技型企业综合配套改革试点,总结推广成功经验,建立和完善政策法规体系,促进民营科技型企业为我国社会主义现代化建设事业作出更大贡献。

中央国家机关行政财务工作会议在北京召开

中央国家机关行政财务工作会议日前召开。

国务院机关事务管理局局长郭济强调,当前国家财政仍比较困难,今年安排的中央国家机关行政经费仍比较紧张,中央国家机关各部门要带头勤俭节约,反对铺张浪费,严肃财经纪律,能不花的钱不花,能少花的钱少花,堵塞"跑、冒、滴、漏",努力完成预算任务。

国管局副局长鲍先广提出,在当前行政经费紧张的情况下,为保证机关工作顺利进行,要广辟财源,充分发挥现有资产的使用效益。要改变传统思维方法,只要有利于社会主义市场经济体制的建立,有利于增收节支减轻财政负担,有利于机关后勤事业发展,就要敢于实践。要改变国家包办一切的观念,促使有条件的事业单位组织收入,由无偿服务转向有偿服务,推进机关后勤服务社会化,提高现有资产的使用效益,真正做到财尽其力,物尽其用。各部门在机构改革中要防止国有资产流失。

第 10 届泛太平洋经济技术合作与发展大会在北京闭幕

国家副主席荣毅仁会见参加会议的部分代表。

国家科委常务副主任朱丽兰在闭幕式上说,中国作为这个地区最大的发展中国家,将致力于推进泛太平洋地区经济技术的合作进程,以造福于 11 亿中国人民和数十亿泛太平洋地区人民。这一地区国与国之间,要相互尊重、平等互利、彼此开放、共同繁荣。这有助于推动这个地区的发展与合作。

外交部发言人就非法移民问题答记者问

有记者问:最近西方新闻媒介大量报道一些中国公民偷渡到国外,他们是如何偷渡出境的?原因是什么?

答:近来,的确发生了一些中国公民偷渡出境的情况。产生偷渡的原因是多方面的。本来,他们在家乡的生活都比较安定,有的生活水平还比较高。但随着中国对外交往的发展,这些人的思想也发生变化,希望到国外去看看,有的甚至还认为到外国可以"发大财"。一些国家的雇主雇佣了这些偷渡者,加之有的国家宣传"移民自由",这对偷渡者产生了很大吸引力。国际上一些犯罪集团与我国内的一些犯罪分子相勾结,利用他们希望出国、容易上当受骗的弱点,采取种种欺骗手段,组织偷渡活动,把这些中国人偷渡到外国,以牟取暴利。

问:偷渡到国外去的中国非法移民现在的境况如何?

答:这些上当受骗的人为了出国,交给偷渡犯罪集团很多钱,有的高达十几万人民币,相当一部分人不得不靠借债支付这笔钱。他们既是违法者,又是受害者。到国外后他们发现并不是遍地黄金,谋生并不容易,结果生活无着落,处境凄惨。少数偷渡者为生活所迫,做不体面的事情,甚至违法犯罪。

问:中国采取了哪些措施制止非法移民?

答:中国政府一贯反对非法移民,并采取了一系列制止非法移民的措施。我有关部门在边防口岸加强了对我国出境公民证件的查验;公安部门加强了对偷渡活动犯罪团伙的侦破和海上巡逻堵截;我国的各级政府,特别是沿海地区的地方政府,注意对居民进行法制教育。

需要指出的是,组织偷渡的犯罪集团在国外有基地。所以有关国家应互相配合,共同制止和打击偷渡活动。

党和国家领导人江泽民李鹏乔石等分别题词祝贺中国美术馆建馆 30 周年

国家计生委中国计生协会在北京举行庆祝计划生育妇幼保健控制寄生虫结合项目在中国开展 10 周年集会

全国人大常委会副委员长、国际计生联副主席吴阶平、国务委员兼国家计生委主任彭珮云、日本家族计划国际协力财团董事长国井长次郎等参加大会。

为感谢和表彰国井长次郎先生长期以来关心和支持中国人口与计划生育事业,彭珮云授予国井先生"中国国家计划生育委员会主任奖"。国井先生成为获得这项奖励的第一人。

6月13日

中共中央总书记江泽民在西安主持召开西北五省(区)经济工作座谈会

座谈会于 13 日至 14 日召开。陕西、甘肃、青海、宁夏、新疆的党政主要负责人,就当前的经济形势和西北地区的发展问题进行了讨论。中共中央政治局候补委员、中央书记处书记温家宝，中央军委委员、总后勤部部长傅全有出席会议。江泽民作重要讲话。

江泽民强调指出，在深化改革和发展经济的过程中，必须始终坚持用邓小平建设有中国特色社会主义的理论武装全党。坚持解放思想和实事求是的统一，是小平这一理论的重要组成部分，是他的一贯思想，是我们党领导改革和建设的重要指导原则。全党同志，特别是领导干部，一定要认真学习小平的理论和思想，深刻领会其精神实质，全面正确地贯彻落实。

江泽民指出，当前形势，总的来说是好的。好的形势来自改革，保持和发展好的形势又必须深化改革。要不失时机地加快改革的步伐，这是解决当前经济生活中的突出矛盾和问题的根本出路。现在改革已进入新阶段，必须有计划、有步骤地进行。看准的、比较成熟的，要坚持；一时看不准的、不够成熟的，要继续探索和试点。为了有效地发挥市场在资源配置方面的基础性作用，要十分重视加强宏观调控。这既是建立社会主义市场经济体制的重要内容，也是深化改革的重要方面。

江泽民指出，必须遵照小平的指示，坚持两手抓，两手都要硬。在整个改革开放和现代化建设过程中，要加强和改善党的领导，加强社会主义精神文明建设，把反对腐败、端正党风、勤政廉政作为大事坚决持久地抓下去。要适应深化改革和发展经济的需要，加强法制建设。抓紧制定和完善保障改革开放、加强宏观经济管理、规范微观经济行为的法律和法规，完善监督机制。

江泽民说：改革开放以来，西北地区和全国一样，各方面都发生了巨大变化，但由于多种原因，东西部地区在发展上存在着差距。对此，中央十分重视，并采取了一些措施。应该认识到，这种差距是历史形成的，解决也需要一个过程。要坚持从体制上进行改革，政策上加以调整，创造更为有利的竞争环境和发展条件，以逐步缩小这种差距。发展西北地区的经济，既要解放思想，抓住机遇，加快发展，又要实事求是，因地制宜，量力而行，争取有效益的发展速度。要重视和加强基础设施建设，这件事办好了，对于西北经济的振兴将发挥重要作用。当前要集中力量办几件带动全局的大事，把有限的财力、物力用到交通、通信、水利等重点建设上。同时进一步加强农业的基础地位，坚持科技兴农，大力发展乡镇企业。为了逐步缩小东西部发展差距，要发挥中央和地方两个积极性。在自力更生、艰苦奋斗的基础上，国家要在政策上对西北地区给予支持。

江泽民要求，各地、各部门必须认真贯彻执行党的基本路线和各项方针政策，统一认识，顾全大局，高度负责，加强纪律，扎实工作，抓住当前的有利时机，促进改革开放和经济建设又快又好地向前发展。

参加这次座谈会的有，五省（区）的主要负责人张勃兴、白清才、顾金池、阎海旺、尹克升、田成平、黄璜、白立忱、宋汉良、铁木尔·达瓦买提，中央和国务院有关部门负责人曾庆红、陈锦华、曾培炎、王忠禹、贺光辉、项怀诚、郭振乾、滕文生，兰州军区副司令员陈超。

全国检察长座谈会在北京结束

最高人民检察院检察长张思卿在会上强调指出，当前和今后一段时期内，检察机关要继续坚持为经济建设服务的方针，严格执法，狠抓办案，以此统揽检察工作的全局，并推动有关部门严格执法，纠正当前严重存在的执法不严的现象。

来自各省、自治区、直辖市的检察长出席会议。

世界上第一台超灵敏小型回旋加速器质谱计通过由国家自然科学基金委员会专家组主持的鉴定

全国政协委员袁熙坤收集散失海外国宝运回北京

画家袁熙坤矢志搜集散失在海外的中国文物珍品。又一批包括新石器彩陶缸、汉绿罐、宋陶凸人盖罐、明纹青瓷盘在内的文物珍品，从香港运抵北京。

这批文物珍品是袁熙坤和香港龙马艺廊董事经理金亨石共同收集的，总共92件。

6月14日

全国人大常委会委员长乔石在人民大会堂会见马来西亚总理达图·马哈蒂尔·宾·穆罕默德

国务院总理李鹏与马来西亚总理达图·马哈蒂尔·宾·穆罕默德在人民大会堂举行会谈

李鹏介绍说，中国的投资环境有了很大的改善，一系列有关法规的制定，为外国投资者的利益提供了很好的保证。中马经贸合作潜力巨大，前景广阔，中国欢迎马来西亚来华投资并开展多领域、多形式的合作。

为了促进两国关系的发展和人员交流，两国总理同意双方互设总领事馆。

谈到国际和地区形势时，两位领导人都认为，两国在许多问题上的看法是相同的或相似的，双方应加强磋商与合作。

国务院中央军委批转劳动部人事部财政部总政治部总后勤部关于进一步做好军队干部随军家属安置工作意见的通知

各省、自治区、直辖市人民政府，国务院各部委、各直属

机构,各大军区、省军区、集团军、军委各总部、各军兵种、军事科学院、国防大学:

国务院、中央军委同意劳动部、人事部、财政部、总政治部、总后勤部《关于进一步做好军队干部随军家属安置工作的意见》,现转发给你们,请认真贯彻执行。

长期以来,为做好军队干部随军家属安置工作,各地区、各部队努力克服困难,做了大量艰苦细致的工作,取得了很大成绩,对解决干部家庭生活困难,促进部队建设和巩固国防发挥了重要作用。但是,随军家属就业难的问题在不少地区仍然不同程度地存在,随着经济体制改革的逐步深化,如果处理不好,这个问题将会更加突出。因此,各地区、各部队务必对随军家属安置工作继续予以重视,要把它作为促进军队建设、巩固国防的一件大事认真抓好;要搞好军政军民之间的配合,克服困难,认真贯彻落实安置政策,结合当地实际积极拓宽安置渠道;要及时研究新情况、新问题,细致地做好思想政治工作,采取各种有效措施,进一步做好军队干部随军家属的安置工作。

国务院

1993 年 6 月 14 日

关于进一步做好军队干部随军家属安置工作的意见

国务院、中央军委:

长期以来,各地区、各部队认真贯彻国务院、中央军委有关文件精神,积极做好军队干部随军家属的安置工作;各有关部门通力合作,克服困难,采取许多切实可行的措施,使广大军队干部随军家属逐步得到了安置,对促进部队建设、巩固国防发挥了重要作用。为了在新形势下进一步做好这项工作,我们在调查研究的基础上提出如下意见:

一、各级领导和有关部门应高度重视军队干部随军家属安置工作,并将其纳入地方劳动人事管理工作的总体规划,作出统筹安排;要精心组织,密切配合,克服困难,采取切实有效的措施把安置任务完成好。

二、对随军前有正式工作的干部家属(含全民和集体所有制单位的合同制工人,下同),应继续按照《国务院、中央军委批转人事部、总政治部等部门关于妥善解决军官配偶工作调动和易地安置问题请示的通知》(国发〔1989〕32 号)的规定,由当地政府负责安排适当工作。其中,驻边疆国境县(市)、沙漠区、国家确定的边远地区中的三类地区和军队确定的一、二类岛屿(以下简称边防、海岛等艰苦地区)部队的干部随军家属,确实安排不了工作的,经本人申请和单位领导批准可保留公职,并与原单位协商签订保留公职协议书。保留公职期满,本人可回原单位工作。

三、对随军前没有正式工作的干部家属,企业、事业单位招工时应在同等条件下优先录用,并按国家规定办理有关手续。

四、对随军后确实安排不了工作的边防、海岛等艰苦地区部队的干部家属,由部队按平均每人每月一百元的标准,发给生活困难补助费。所需经费由中央财政拨款解决。具体发放办法由总政治部、总后勤部制定,并报有关部门备案。

五、当地政府应在生产、经营、技术、物资供应等方面积极支持部队发展生产,增强部队内部安排随军家属就业的能力。对资金上确实有困难的边防、海岛等艰苦地区部队,当地政府有关部门可借给生产扶持基金。部队可根据实际需要与可能设立家属就业基金。

六、为进一步提高军队干部随军家属的业务技术素质,各地政府要把这部分人员的培训工作纳入地方的培训计划,分期分批组织实施,并在收费上给予适当照顾。当地没有培训机构的,可由部队自行组织培训,经当地劳动部门考核合格后发给合格证书。培训的专业设置应适应当地企业、事业单位的需要,力求做到培训与安置相结合。

七、各地在深化劳动用工制度改革过程中,对军队干部随军家属应给予照顾。凡在实行全员劳动合同制企业单位工作的军队干部随军家属,应给他们不低于一年的适应期,使其有学习技术和熟悉工作的机会。经过考核,符合条件的,优先安排上岗;确实不能上岗的,在企业内部安排适当工作。对不能坚持正常工作且接近退休年龄的,经本人申请可提前离岗退养。

以上意见如无不妥,请批转各地区、各部队贯彻执行。

国务院办公厅发出关于筹集三峡工程建设基金的通知

各省、自治区、直辖市人民政府,国务院有关部门:

为了筹集三峡工程建设资金,经国务院批准,财政部、国家计委、能源部、国家物价局于 1992 年 12 月联合发出《关于筹集三峡工程建设资金的紧急通知》(〔92〕财工字 576 号),规定从 1992 年开始,全国每千瓦时电力征收 3 厘钱作为三峡工程建设基金(简称“三峡基金”)。通知下发后,各地“三峡基金”的征收入库工作进展缓慢,有些省(区)要求免交甚至出现拒交的现象,致使“三峡基金”不能及时到位,影响了三峡工程准备工作的顺利进行。为此,经国务院同意,特通知如下:

一、三峡工程是一项造福子孙后代的跨世纪工程,需要全国人民的大力支援。各省、自治区、直辖市人民政府要从大局出发,服从国务院的决定,严格按照《关于筹集三峡工程建设基金的紧急通知》中第二条规定的范围征交“三峡基金”，不得以任何理由减免或缓征。

二、各省、自治区、直辖市电力局和电力部所属各电管局要在每月终了后十日内，将“三峡基金”就地上缴中央金库。对1992年和1993年1至5月份应交而未交的“三峡基金”，必须在今年6月底以前彻底交清，不得拖欠。否则，要追究有关部门主要领导人的责任。

三、各有关银行对电力部门入库的“三峡基金”要及时汇入中央总金库，不得滞留和挪用。

四、财政部驻各省、自治区直辖市财政厅的中央企业财政驻厂员处，要真正担负起“三峡基金”的征收管理和监缴、催缴任务，使“三峡基金”及时、足额入库。

五、各省、自治区、直辖市财政、电力、计划部门要密切配合，采取有力措施，做好“三峡基金”的征收工作。

国务院

1993年6月14日

陕西神府东胜煤田开发建设全面展开

中央军委副主席张震在人民大会堂会见泰国陆军司令威蒙·翁瓦尼

中国政府代表外交部副部长姜恩柱和英国政府代表、驻中国大使麦若彬就香港1994—1995年选举安排问题在北京举行第五轮会谈

6月15日

国家主席江泽民在中南海会见马来西亚总理达图·马哈蒂尔·宾·穆罕默德

党和国家领导人江泽民乔石李瑞环刘华清为《人民日报》创刊45周年题词

中央纪委书记尉健行出席北京市第六次廉政工作会议并发表讲话

尉健行在会议上指出，加强廉政建设，同各种腐败现象作斗争，是十四大向全党提出的重要任务。这也是广大干部、群众反映十分强烈，直接影响政治稳定和经济发展的重大问题。我们应该充分认识这个问题的重要性、长期性和艰巨性，下决心花大力气抓出成效。

尉健行说，我们现在正处于从计划经济体制向社会主义市场经济体制转换的时期，计划经济的体制及与之相适应的制度还有待于从深层次上进行改革，社会主义市场经济体制又尚未形成；在新旧体制转轨、两种体制相互交叉的时期，法规还很不完备，一些政策是非不清，工作和管理上的薄弱环节和漏洞又很多，这些都给以权谋私和违法乱纪的人以很多可乘之机，反腐败斗争面临着新的严峻形势。

尉健行指出，大量事实表明，腐朽的东西往往总是千方百计依附于新事物而滋生蔓延，国民经济领域中供需矛盾突出的环节往往也是违法乱纪的人聚集钻营的场所。以权谋私的人追逐非法利益，必然会随着发展变化的情况而改变其作案的手段和方式。有的打着发展市场经济的旗号，有的以合理合法的外衣为掩护，有的借口为地方或小团体谋利，有的利用计算机等新技术手段作弊。总之，以权谋私的领域、花样、手法不断变化和翻新，而且具有很大的欺骗性、破坏性和腐蚀性。这些问题的产生，很多正是改革还不够深入，社会主义市场经济体制还不够完善的结果，是两种体制交替时期的特有现象。解决这些问题的根本出路，在于进一步深化改革，加快建立和完善社会主义市场经济体制，同时加强思想政治教育工作，不断加强党风和廉政建设。各级纪检、监察机关必须充分认清并适应反腐败斗争面临的新形势，注重体制转换时期的特点，有针对性地采取对策。我们不能停留和满足于沿用计划经济时期反腐败的思路和办法去办那些习惯于办的传统案件，而回避当今大量出现的新情况、新问题，更不能坐等社会主义市场经济体制完善后再去解决存在的问题。各级纪检监察机关必须适应新形势的要求，主动地深入到改革开放和经济建设的第一线，抓住一些突出的、普遍性的问题，本着促进市场经济健康发展的原则，查处违法违纪案件和开展专项治理。

尉健行指出，反腐败要抓两手：一是严肃惩处腐败分子，一是坚决克服各种消极腐败现象，包括纠正部门和行业不正之风。要加强执法监督部门的横向协调配合，以有利于把法纪、党纪、政纪以及经济处罚统一起来，进一步发挥总体监督作用。

谈到信访举报问题时，尉健行指出，要加强和改进信访举报工作，对侵犯党员民主权利、压制揭发检举、打击报复或者诬告陷害的人和事，要认真查处。各级纪检监察机关要坚决排除瞒案不报、压案不办、说情袒护等干扰，敢于严肃执纪，着重查处领导机关、领导干部和执法监督部门以权谋私等违法乱纪案件。在一定时期内不办几个重大的有影响的案件，难以取信于民。

尉健行说，针对当前很多单位基础工作薄弱、管理混乱、缺少监督制约机制的情况，各单位要用相当大的精力强化内部制约机制，在机构设置、人员分工、权力分解、业务处理以及干部轮换等方面建立相应的制度和秩序。

中宣部在上海召开建设有中国特色社会主义理论研讨会

会议于 6 月 15 日至 19 日在上海召开。中宣部常务副部长郑必坚在开幕式上强调，党的十四大作出的用邓小平建设有中国特色社会主义理论武装全党的历史性决定，应当成为理论工作的根本指针。他希望，理论队伍要在党的基本理论和基本路线基础上更加团结；在理论联系实际的原则下更加务实；在百家争鸣的方针下更加活跃，为社会主义改革开放和现代化建设事业而开拓创新。

中共上海市委书记吴邦国出席会议并讲话。他在讲话中称这次会议"是当前思想理论战线一次很重要的会议"。他指出，我们要把改革开放和现代化建设搞得更好更快，要使国家长治久安、繁荣富强，关键在于坚持用邓小平建设有中国特色社会主义理论武装全党。因此，学习、宣传、研究邓小平建设有中国特色社会主义的理论，既是当前思想理论战线的一个紧迫任务，也是一项长期的战略任务；既是思想理论战线的根本任务，也是全党的共同任务。

吴邦国说，邓小平是捍卫、坚持和发展马列主义、毛泽东思想的杰出代表和光辉典范，他为建设有中国特色社会主义理论的创立做出了历史性的重大贡献。去年他在视察南方时发表重要谈话，精辟地分析了国际国内的形势，科学地总结了十一届三中全会以来我国社会主义的基本实践和基本经验，明确回答了前几年束缚和困扰人们思想的许多重大认识问题。以小平的重要谈话和党的十四大为标志，我国改革开放和现代化建设事业进入了一个新的阶段。

吴邦国联系上海的工作实际说，小平强调两手抓、两手硬，要求上海交出两份答卷，一份是经济建设，一份是精神文明。从上海的实践再一次证明，邓小平建设有中国特色社会主义的理论，是我们党和国家最可珍贵的精神财富，坚持以这一理论为指导的党的基本路线，是我们事业能够经受风险考验，顺利达到目标的根本保证。

郑必坚在讲话中指出，我们这样一个 11 亿人口的大国，这样一个五千万党员的大党，所从事的又是这样一个伟大改革和建设事业。如果没有一个统一的科学思想，没有一条贯通全局和各方面工作的正确路线，要想取得胜利和成功是绝对不可想象的。他联系中国革命的斗争史和建国后特别是党的十一届三中全会以来的经验教训指出，由此可以看出两条：第一是正确理论和路线的极端重要性；第二是有了正确理论和路线，还必须在任何复杂情况下毫不动摇地加以坚持的极端重要性。这是我党的长期历史，包括十一届三中全会后十五年来所提供的最根本的政治经验。

郑必坚说，在以江泽民为核心的党的第三代领导集体的领导下，坚持党的基本理论和基本路线，我们建设有中国特色社会主义的伟大事业是有胜利保证的。与此同时，党中央又清醒地估计到前进道路上还会有种种曲折和困难，这就要求我们不断提高在任何情况下坚持党的正确理论和路线的自觉性和坚定性。而要真正做到这一点，一个极为重要的条件就是在实践基础上不断地加强理论武装。

郑必坚强调，理论武装的一个根本问题，就是邓小平反复提出的要弄清楚什么是马克思主义、什么是社会主义的问题。真正的马克思主义者必须根据现在的情况，认识、继承、发展马克思主义。我们坚持社会主义，必须是从中国实际出发的有中国特色的社会主义。只有坚持这样的马克思主义和社会主义，才能一方面同抛弃马克思主义、社会主义的思潮划清界限，另一方面又同墨守成规、脱离中国实际和时代发展的观点划清界限。

郑必坚在讲话中希望理论工作者围绕建立和完善社会主义市场经济新体制这个重大课题开展工作。他说，现在的问题是，要从一般的理论观念的探讨，进到理论和实际相结合的总体设计和模式创造的研究；从一般的方针原则的探讨，进到原则与实际相结合的实际操作的研究；并把市场经济体制的建立同解决当前经济建设和经济生活中的突出矛盾和问题结合起来进行研究。他从我国所处的社会发展阶段、经济体制转换、经济环境、社会变化、两个文明建设等方面阐述了我国改革和发展事业面临的特殊历史条件和挑战。郑必坚指出，既要发展市场经济，实行对外开放，又要精神文明不滑坡，党风、政风、社会风气向上走，抵御资产阶级和封建的腐朽思想的侵蚀，这是我们全党面对的困难和挑战，我们的理论工作者在这方面应当有所作为，也大有用武之地。所以说，现在正是加强理论工作，深化和拓展理论研究的极好时机。应当努力做到：既能够帮助党和国家的决策机关和实际工作部门，提供有理论深度的紧密结合实际的思路和方案，又能够生动实际和有说服力地回答人们认识的诸多热点和疑点问题。郑必坚希望理论工作者认真领会、了解和研究邓小平有关社会主义与市场经济问题的论述。他说，这对我们今天研究社会主义市场经济问题，有着重要的指导作用。

郑必坚最后提出，在党的基本理论和基本路线指引下，在邓小平南方重要谈话和党的十四大精神指引下，在理论联系实际和双百方针的指引下，理论工作应当紧紧地围绕加快发展和深化改革的需要，向着更加实际和更加活跃的方向发展。

上海市市长黄菊出席会议，中宣部副部长白克明主持会议,有关部门负责人逄先知、龚育之、邢贲思、刘国光、汝信、刘吉、周瑞金、金炳华等出席会议。

在会上发言的还有:上海市政府顾问汪道涵、上海市委副书记陈至立、上海社会科学院院长张仲礼、江苏省委党校校长胡福明、深圳社会科学研究中心主任彭立勋。

中纪委监察部在北京举办反腐败理论研讨班

这是中央纪委、监察部合署办公以来举办的第一个理论研讨班,主要是基于当前反腐败斗争的严峻形势及纪检监察机关的工作重点举办的。研讨班总的指导思想是,以邓小平建设有中国特色的社会主义理论和党的十四大精神为指导,围绕反腐败斗争的理论与实践进行研讨,探索把反腐败斗争寓于改革开放的整个过程,为全面贯彻党的基本路线服务的有效方法和途径。

中央纪委副书记陈作霖、常委傅杰在讲话中强调,当前反腐败斗争面临的形势是严峻的,任务是极其繁重和艰巨的,腐败问题现在仍然是广大干部和人民群众十分关切并深恶痛绝的问题,它关系到政治稳定和经济发展,关系到社会主义事业的成败。反腐败斗争本身就是对改革开放和经济建设最直接、最重要的服务,纪检监察机关必须把反腐败作为工作重点。加强对反腐败问题的理论研究,探索反腐败斗争的规律性,对反腐败斗争具有重要意义。

他们要求研讨班探讨问题要有理论的深度,应该站在改革开放十余年来大量、丰富实践经验和理论研究成果的基础上,对反腐败的一系列急需解答的重要理论和实践问题作进一步的研究。参加研讨班的是来自全国部分省、自治区、直辖市及有关部委的纪检监察干部。

哈尔滨第四届边境地方经济贸易洽谈会开幕

国家副主席荣毅仁在人民大会堂会见泰国枢密院大臣甘通·信达瓦南

中国政府代表团团长外交部副部长刘华秋在世界人权大会上发言

刘华秋在世界人权大会的一般性辩论发言中全面阐述中国政府在人权问题上的立场,并向大会提出四项原则建议,以更好地加强人权领域的国际合作,全面推进国际社会促进和保护人权的活动。

一、国际社会应优先关注外国侵略、占领所造成的大规模粗暴侵犯人权现象,继续支持仍然处于外国占领、殖民统治或种族隔离制度下的人民实现民族自决的正义斗争;致力于消除地区冲突造成的大规模粗暴侵害人权现象。

二、促进世界和平与稳定,为实现促进人权的目标创造良好的国际环境。为此,各国应在《联合国宪章》和国际法原则的基础上建立互相尊重、平等相待、友好相处、互利合作的新型国际关系;在互让互谅、平等协商、公平合理原则基础上,和平解决一切国际争端,不诉诸武力和武力威胁;任何国家都不搞霸权主义和强权政治,不搞侵略、扩张和干涉,以确保地区和世界和平与稳定,从根本上防止发生武装冲突和由此带来的大规模侵犯人权事件。

三、尊重和确保发展中国家的发展权。国际社会应致力于建立公平合理的国际经济新秩序,为发展中国家的经济起步创造一个良好的国际经济环境。发达国家尤有责任在债务、资金、贸易、援助、技术转让等方面采取切实行动,帮助发展中国家克服经济困难,促进经济发展,以逐步弥合而不是扩大南北差距,进而达到共同发展、共同繁荣之目的。

四、尊重和确保每个国家根据本国国情制定保护人权政策的权利,不应利用人权问题向别国施加政治、经济压力。人权问题可以进行国际间的讨论。这种讨论应当在相互尊重、平等交流的基础上进行。

外交部部长钱其琛在钓鱼台国宾馆会见马来西亚外交部部长阿卜杜拉·巴达维

中国马来西亚在北京签署合作文件

马来西亚总理马哈蒂尔·穆罕默德出席中马间6项合作协议的签字仪式。

签字仪式在中国工艺美术馆举行。中国工艺美术总公司及北京、湖北省黄石市、山东省青岛市和即墨市的共6家中方企业或单位分别同马来西亚金狮集团签署了有关工艺美术服务设施改造、商业中心建设、食品加工、抗生素医药生产、植物油加工及土地开发的6项合同及协议书。这些项目涉及中马双方投资总额达7.8亿元人民币,其中马方投资占2/3以上。

全国人大常委会副委员长王光英,中国政府陪同团团长、国内贸易部长张皓若及有关部门、省市的负责人和随同马哈蒂尔总理来访的马来西亚政府高级官员也参加了签字仪式。

毛泽东百年诞辰纪念金币发行

为纪念毛泽东诞辰100周年,中国人民银行批准发行纪念珍贵金币。金币用18K金铸造,中央镌刻毛泽东正面浮雕头像,以南非天然美钻围镶。金币直径3.4厘米,重28克,钻石约重0.66克拉。

该金币由中国租赁有限公司策划监制，香港金龙珠宝首饰有限公司提供设计，深圳东升珠宝金行和广东南海工艺美术厂铸造。

6月16日

党和国家领导人江泽民李鹏乔石分别为首届中国青年奥林匹克技能竞赛题词

国际青年奥林匹克技能竞赛是以22岁以下青年技术工人为对象的一种职业技能竞赛，每两年举行一次，从1950年至今已举行过21届。为积极参与国际竞争，劳动部、中华全国总工会、共青团中央等8个部门于今年1月联合签署《关于举办首届中国青年奥林匹克技能竞赛的通知》，并成立竞赛组织委员会，下设办公室和行业竞赛领导小组，负责竞赛的综合协调和组织实施工作；各省、自治区、直辖市也相应成立领导机构，开展选拔赛和决赛的组织工作。

天津市政协九届一次会议再次选举刘青峰为市政协主席

国务院在北京召开防汛抗旱形势汇报会议

国务院副总理朱镕基主持会议，国务委员、国家防汛抗旱总指挥部总指挥陈俊生出席会议。

国家防总副总指挥、水利部部长钮茂生汇报全国防汛抗旱工作情况；国家气象局副局长马鹤年汇报全国天气趋势预报；国家防总副总指挥、国家计委副主任陈耀邦，国家防总副总指挥、国家经贸委副主任石万鹏和钮茂生，分别汇报国家防总赴黄河、淮河、海河检查防汛工作的情况。

钮茂生在汇报时说，今年的防汛抗旱工作既有许多有利条件，又有许多不利因素。有利条件是，从中央到地方各级领导以行政首长负责制为核心的各项防汛责任制得到进一步落实，防汛抗旱工作抓得早、抓得紧，工作比较扎实，从资金筹措、物资储备、工程建设、水毁修复、除险加固到思想发动、队伍组织、方案拟定、通信预警等，都做了大量工作，为夺取今年的防汛抗旱工作的胜利奠定了一定的基础。不利因素是：防洪工程措施不过硬，标准不高，再加上工程老化失修，大江大河的安危仍然是当前的心腹之患；防洪的非工程措施，如水文报汛、防汛通信、预警等手段也不过硬；一些地方和部门麻痹侥幸思想严重，水患意识不强，忽视和放松防汛工作，个别地区甚至出现了毁堤、挤占滩地搞经济开发的问题；防汛领导新手多，对防汛工作不够熟悉，少数地方领导忙于开发招商，投资办厂，对抓防汛工作重视不够，措施不力；防洪资金投入不足。他说，从总的形势来看，今年的防洪形势相当严峻，不容乐观。目前，河北、山西、内蒙古、黑龙江、四川、甘肃、新疆等省、自治区旱情严重，其他省、自治区也可能出现旱情，因此，各地在做好防汛工作的同时，要搞好抗旱工作，做到防汛抗旱两不误。

在听取汇报后，陈俊生说，为确保大江、大河、大湖、大中型水库和重要城市、交通设施、工矿企业的安全度汛，为国民经济发展和社会稳定提供防洪安全保障，我们要以对党和人民事业高度负责的精神，积极利用有利条件，克服不利因素，真抓实干，抓住当前有利时机，坚持防汛抗旱两手抓，进一步做好迎战大洪水的各项准备。通过检查发现了防汛工作存在着许多问题，既有治标的问题，也有治本的问题，当前要抓紧落实解决影响眼下安全度汛的关键问题，特别是清淤除障，加固整修大江大河的险工险段、病险水库和涵闸、堤坝，提高防汛通讯预警等能力。在防汛和水利建设上，各级政府都要增加资金投入。

朱镕基在讲话中首先肯定新一届国家防总的工作。朱镕基指出，当前我国改革开放和经济建设进入了一个新的时期，做好防汛工作对于保障经济建设、改革开放的顺利进行，具有十分重要的意义，特别是要认识到，越是在经济迅速发展的情况下，防汛工作越重要，稍有放松就可能造成巨大的损失。根据国家防汛抗旱总指挥部派出的三个检查组调查的情况看，现在大江大河防洪标准偏低，险情多，工程老化失修，因此，各地对当前防汛工作的重要性和紧迫性应有清醒的认识。他说，各地都要做好各项应急措施，要切实解决当前已发现的防汛中的问题。他强调，防汛和水利建设是国民经济建设必不可少的基础建设，要靠各级政府的重视和支持，要不断增加资金投入，在大江大河大湖的综合治理和防汛防洪上，不仅中央政府有责任，地方政府也要切实把责任担负起来。他说，在这个问题上还要有一个通盘的规划，切实落实。

国务院各有关部委的负责人参加会议。

国务院副总理邹家华在全国安全生产工作电话会议上发表讲话

邹家华在会议上指出，去年以来全国企业发生的各类事故，特别是重大事故明显增多，对于这个问题，各级领导必须予以高度的警觉和重视。

邹家华说，安全问题涉及的范围广、影响大、社会敏感性强，安全工作做得不好，伤亡事故不断发生，会产生一系列严重的社会问题，影响社会安定。严重的伤亡事故和职业危害，不仅使本人受到伤害，而且使家庭蒙受不幸，给人民群众的生命安全造成很大的负担。同时又给国家造成巨大的损失，不利于经济建设的顺利发展。

邹家华强调说，企业应当担负起安全生产的重托，企业法人是本企业安全生产的第一责任人，必须全面负责企业的安全生产工作。如果是安全生产的管理上出现问题，导致重大事故发生，要追查企业法人的责任，情节严重，触犯法律的，要追究其刑事责任。

邹家华要求各级领导要把安全工作当作大事来抓，在扩大企业自主权中，不能削弱安全工作，不能因为机构改革，使安全管理和监督受到影响。他说，为了改变劳动安全多头管理，职责不清的状况，明确今后由劳动部代表国务院综合管理全国的安全生产工作，负责全国安全生产的综合法规、政策的研究制定，企业安全状况的评估，以及在国务院授权下组织专家对特大事故进行调查，制定措施，防止类似事故的重复发生和国务院委托对重大事故进行批复等。

中国粮油食品进出口集团在北京成立

中国国内旅游协会在北京成立

中宣部新闻出版署在北京召开举报印制淫秽图书有功人员表彰会

中宣部副部长翟泰丰向举报湖南衡山县印刷厂印制淫秽书一事的李锦州、旷爱日夫妇颁发荣誉证书和奖金。

国家教委和俄罗斯国家高教委在莫斯科签署1993至1994学年教育合作议定书

南丁格尔奖和无偿献血金杯奖颁奖大会在北京举行

全国人大常委会委员长乔石，全国政协副主席、红十字会名誉会长赵朴初等向3名南丁格尔奖获得者和50名无偿献血金杯奖获得者颁奖。本届南丁格尔奖章获得者是福建省肿瘤医院护理部主任张瑾瑜、山东省青岛传染医院护士长李桂美、宁夏医学院附属医院护理部主任张水华。

6月17日

国务院副总理朱镕基等考察海河防汛工作

朱镕基和国务委员、国家防汛抗旱总指挥部总指挥陈俊生等6月17日、18日沿防汛重点江河——永定河东行，考察海河水系的防汛工作。朱镕基指出，经济越迅速发展，越要重视防汛工作。防汛工作要常抓不懈，要立足于防大汛、抗大灾，各级领导干部要以对党和人民负责的精神，认真做好防汛的各项准备工作，保证安全度过今年的汛期。

结束考察后，朱镕基、陈俊生等在天津就防汛问题，与北京、天津、河北三省市的负责人座谈。北京市副市长段强、河北省省长叶连松、天津市副市长陆焕生，分别介绍各自的防汛工作情况、当前防汛工作存在的问题以及解决的办法。

随同考察的水利部部长钮茂生、水利部副部长何璟、铁道部副部长国林、中国石油天然气总公司副总经理周永康，也在座谈会上发言。

听了大家的发言，朱镕基讲话说，当前防汛的形势比较严峻，特别是海河流域多年没有发生大水灾，根据天气预报，今年海河流域汛期降水量将比往年偏多，对此我们不能掉以轻心。现在，我们宁可把问题看得严重一些，早动手、早安排，也不能有丝毫麻痹。

朱镕基指出，北京、天津、河北三省市的党政军各级干部对防汛工作很重视，做了大量的工作，防汛准备工作比较充分，但也存在一些问题。当前，大家要做好防汛抗灾的各项应急措施，对应整修的河段和老化的工程要普遍进行检查，把防汛工作抓到实处，使防汛能力有所提高。在遇到标准以内的洪水时，要做到不决堤；遇到超标准洪水时，要有应急措施，把灾害减少到最低程度。他要求各地加紧制订对大江大河治理的近期规划，并希望北京、天津、河北的同志顾全大局，团结治水，共同做好海河流域的防汛工作。

国办就确保完成1993年国库券发行任务和做好兑付工作等问题发出通知

国务院办公厅日前就确保完成今年国库券发行任务和做好兑付工作等问题发出通知。

今年我国国库券发行任务已下达到各地，但发行情况并不好。为确保完成今年国库券的发行任务，积极做好到期国库券的兑付工作，通知要求各级党委和政府要把这项工作作为政治任务来抓，并切实细致地做好工作，各地区、各部门的主要领导同志要亲自抓这项工作，对本地区国库券发行任务的落实情况进行一次全面检查，保证各种促销措施真正到位。今年国库券发行任务中央一律不调减任务。国库券发行截止日期为六月底，少数确有困难的可以推迟到七月十五日。

通知说，要充分发挥组织认购和柜台销售的主渠道作用，切实解决群众买国库券难的问题。各地要将国库券任务具体落实到厂矿、企业、机关团体和各金融机构，积极做好宣传动员工作，组织群众认购。各级财政、银行要保证国库券券面及时到达基层销售网点，暂时不到位的，可以开具代保管单，待国库券券面到位时换回。

通知指出国债是证券中介机构经营的主要金融商品，凡从事证券业务的中介机构，都要由当地政府或国债管理部门组织认购国库券。

通知规定以省(自治区、直辖市)和计划单列市为单位，凡提前完成国库券发行任务的，证券委和证监会可根据财政部提供的名单，提前办理包括股票在内的其他有价证券的发行、上市审批事宜。未完成国库券发行任务的省(自治区、直辖市)和计划单列市，一律不准发行其他有价证券。国库券的发行款要及时上解，严禁各级财政、金融机构和任何单位截留、挪用。

通知要求积极做好以旧券换新券的工作。以旧券换新券是指在兑付今年到期的国库券本息时，在自愿的原则下，动员持券人换购今年新发行的国库券。

通知最后说，国库券的兑付工作涉及千家万户，关系到国家的信誉和社会的安定，各地区、各部门、各单位要加强对这项工作的领导，继续组织财政、金融、邮政等部门多渠道办理兑付，保证兑付工作的顺利进行。

国务委员李铁映在钓鱼台国宾馆同阿尔巴尼亚副总理巴什基姆·科普利库举行会谈

外交部部长钱其琛在北京会见美国卡尔森旅游集团总裁杰尔根·巴特尔斯、盈宇集团董事长黄陈月如

外交部部长钱其琛在北京会见斯洛文尼亚外交部国务秘书伊格纳茨·戈洛布

中共中央政治局常委李瑞环在北京参观中国美术馆馆藏精品特展

中国美术馆以举办馆藏精品特展这一特殊方式纪念建馆30周年。

在展厅前，显著位置陈列着党和国家领导人江泽民、李鹏、乔石、李铁映题写的贺词。

李瑞环观看展览，并会见90高龄的刘开渠馆长以及中国美术馆其他工作人员。在听取该馆负责人的工作汇报后，李瑞环说，30年来，中国美术馆在弘扬中华民族优秀文化传统、繁荣我国美术事业、联系和团结广大美术工作者、促进中外文化交流等方面发挥了重要作用。他希望全馆同志在已有成绩的基础上，努力工作，把美术馆办得更加多姿多彩，为改革开放、为促进我国美术事业的发展作出更大贡献。

外交部发言人吴建民在记者招待会上就香港问题及台湾问题答记者问

问：英外交部发言人称，中英两国外长有关香港政制安排所交换的7封信件并不构成两国间的协议或谅解，请问中方对此有何评论？

答：中英两国外长在1990年初通过交换信件的方式就香港政制发展的有关问题达成了协议和谅解。中英双方商定，目前两国就香港1994/1995年选举安排问题所举行的谈判是以中英联合声明、与基本法衔接的原则以及中英已达成的有关协议和谅解为基础。

问：李登辉最近称，大陆应停止阻挠台湾加入国际组织。你对此有何评论？

答：在一个中国的前提下，对台湾以适当名称参加国际民间组织，我们不持异议。但是，我们坚决反对台湾当局利用参加国际组织问题制造“两个中国”、“一中一台”或“一国两府”的图谋。

问：以美国为首的联合国多国部队对索马里艾迪德一派采取报复性军事行动，另外，索马里一些无辜平民被枪杀。你对此有何评论？

答：我们对索马里最近的事态发展十分关注。有报道说，艾迪德准备同联合国进行对话。我们希望有关各方通过对话解决争端，避免流血，早日实现索马里的和平与稳定。

一些索马里无辜平民被枪杀是不幸的，我们对此深表遗憾。我们希望有关各方进行合作，通过对话和协商解决争端，早日实现索国内和平与稳定。

问：你对柬成立临时民族政府持何态度？对红色高棉未参加临时政府，有何评论？

答：我们热烈欢迎柬埔寨临时民族政府的成立。我们支持柬各方在西哈努克亲王的领导下继续为维护国家和平与稳定、实现民族和解、重建国家而共同努力。

至于柬临时民族政府由哪些政党组成，应由柬有关各方协商决定。

6月18日

司法部发出关于司法行政机关为农民提供法律服务和保障的通知

司法部近日发出通知，要求各级司法行政机关积极为减轻农民负担提供法律服务和保障依法保护农民的合法权益。

通知提出，各级司法行政机关和普法机构，要在近期集中一段时间和必要的力量，开展对国务院关于《农民承担费用和劳务管理条例》及有关法律法规的宣传教育，提高广大干部、群众的政策水平和法制观念，使之既能自觉地运用法律规范自己的行为，又依法保护农民的合法权益。

通知要求律师进一步做好为政府担任法律顾问的工作，当好法律参谋，对各地政府和各部门贯彻落实

《条例》,及时、主动地提出司法建议,以促进中央关于减轻农民负担的指示精神落到实处。要通过开展刑事辩护、代理、代书等活动,使侵犯农民当事人人身权益、民主权益的违法行为及时、公正地受到法律制裁。公证工作要积极为农民办理合同公证,帮助农民完善合同条款,使与农民有关的权利义务关系建立在真实、合法、平等的基础上。公证的合同要有杜绝打"白条"的规定。

中共中央政治局委员邹家华在山东考察

邹家华于18日至23日由中共中央政治局委员、山东省委书记姜春云,省委副书记、副省长李春亭等陪同,先后到济南、淄博、潍坊、烟台、威海、青岛等地市的工业企业、农村和经济开发区调查研究,了解工业生产、公路建设情况及经济发展中出现的新问题。

在考察一些大中型企业后,邹家华指出,国有大中型企业的经营机制转换是建立社会主义市场经济体制的关键问题。通过转换企业的经营机制,促使大中型企业适应社会主义市场经济的需要,按市场需求来发展生产。市场的需求应是企业开发新产品、扩大生产的动力。例如市场需求多样化了,企业就必须多品种大批量满足市场的需要,企业的经营机制要适应市场的变化。很多事从某个方面看起来似乎是有道理的,但只有经过市场的检验才能肯定其正确与否。我们做计划、办事情都要从建立社会主义市场经济体制这个大目标作为立脚点来考虑问题。对于经济发展中出现的一些新的矛盾与问题,要通过大胆探索与科学论证,找出解决问题的正确方法。要从大局出发,注意总量的基本平衡和结构的比较协调,正确认识和处理好基础设施建设与发展的关系,速度与效益的关系,当前经济增长与长远发展的关系,以及局部与全局的关系。

邹家华在考察烟台、威海、青岛等市经济技术开发区后,对开发区前段建设工作比较满意。邹家华认为,目前,开发区的项目引进速度明显加快,项目规模不断增大,前来投资的国家和地区也在增多。开发区要坚持项目起步"规划一片、开发一片、收益一片、滚动发展"的建设方针,注意处理好加快发展与经济效益的关系,要坚持以基础设施建设为重点,将基础设施建设与项目引进相同步;以生产性项目建设为重点,生产性项目建设与配套服务项目建设相同步。同时,建设开发区要注意以引进外资为主,引进外资与利用内资相结合;引进技术与开发消化相结合。要充分发挥开发区良好的自然环境和地理位置优势,大力发展第三产业等。

中英机场委员会在香港举行新一轮会议继续讨论香港新机场财务安排问题

全国人大常委会委员长乔石在北京会见阿尔巴尼亚副总理巴什基姆·科普利库

中国和加拿大北方电信公司在多伦多签署在通信和微电子领域建立长期和广泛合作的谅解备忘录

国务院副总理李岚清到北京图书馆参观中国大学生"百县千乡"工程项目洽谈会

中国奥委会发言人就美国众议院外委会人权小组委员会借口所谓人权问题反对北京申办和举办2000年奥运会对新华社记者发表谈话

发言人说,中华人民共和国一贯致力于维护人权、尊重人权。美国众议院外委会的一个小组委员会出于对中国的政治偏见,反对在中华人民共和国举办2000年奥运会,这是完全没有道理的。任何以种族、宗教、政治、性别或其他理由歧视某个国家和个人的行为,是和奥林匹克运动不相容的。

发言人指出,奥林匹克宪章规定,"国际奥委会是奥林匹克运动的最高权威","遴选举办城市是国际奥委会独有权利"。美国众议院外委会一个小组委员会企图对确定2000年奥运会的地点施加政治影响,这是对奥林匹克原则的蔑视。这位发言人最后说,中国人民支持北京申办2000年奥运会是为了发展奥林匹克运动,弘扬奥林匹克精神,为实现人类的和平、友谊和进步做出自己的贡献。

《中国大百科全书》开始全套发行

新中国成立以来最大的文化出版工程——《中国大百科全书》的最后3卷付梓,全套74卷发行已经开始。

全书共74卷,包括69个学科和知识门类,收录条目近8万,总字数1.25亿。全书经中共中央、国务院1978年11月批准,国内2万多名专家学者撰稿。

浙江省中医院药物研究员李大鹏等研制的抗癌中药——康莱特注射液在北京通过国家中医药管理局科研鉴定

6月19日

国家主席江泽民在人民大会堂与圣多美和普林西比总统米格尔·特罗瓦达举行会谈

在欢迎仪式后,两位领导人举行会谈,双方表示对建交后两国关系的顺利发展感到满意。江泽民说，中国与圣普建交以来，两国友好关系持续发展，在各个领域进行了卓有成效的合作。中国赞赏特罗瓦达总统和圣普政府重视发展同中国的友好关系，坚持"一个中国"的立场。中国政府十分珍视同圣多美和普林西比的友好关系，相信通过特罗瓦达总统的这次访问会进一步加深两国的相互了解和友谊，促进两国在政治和经济等各个领域的互利合作关系。

谈到国际形势时，江泽民指出，当前国际形势错综复杂，世界很不太平。中国主张建立和平、稳定、公正、合理的国际新秩序。国际关系应民主化，国家不分大小、强弱、贫富，都是国际社会的平等成员，都有权参与国际事务。江泽民感谢圣多美和普林西比在国际事务中对中国的一贯支持，表示中国愿在国际事务中同圣普加强合作，相互支持，为建立国际政治经济新秩序而努力。

国家主席江泽民在人民大会堂会见国际农业发展基金会新任总裁法乌兹·哈马德·阿尔苏丹

江泽民说，自改革开放以来，中国经济虽有较大的发展，但中国人口多、幅员广，地区发展很不平衡。最近国际货币基金组织根据新的统计方法把中国列为世界第三经济大国。"我认为这显然过高地估计了中国的经济实力，与实际情况不符。"

中共中央总书记江泽民题写书名的《走向国际市场》丛书由中国青年出版社出版

中央军委主席江泽民等为战斗英雄邱少云塑像题词

建设有中国特色社会主义理论研讨会在上海结束

中共中央书记处书记、中宣部部长丁关根在上海结束的建设有中国特色社会主义理论研讨会上强调指出，民族要发展，需要有民族精神；时代要前进，需要有时代精神。邓小平建设有中国特色社会主义的理论，就是我们这个民族在这个时代凝炼而成的精神财富，是激励全党和全国各族人民为实现社会主义现代化不懈奋斗的力量源泉。坚持用这一理论武装全党，坚持党的基本路线一百年不动摇，关系着社会主义在中国的前途，关系着中华民族的兴衰。我们必须下大力气，扎扎实实地把这一决定党和国家命运的大事抓好。

丁关根说，落实这一任务，需要全党努力，宣传思想战线更负有重要责任。理论工作者要增强使命感、责任感、紧迫感，团结一心，开拓前进，共同肩负起这个光荣而又重大的责任。

丁关根指出，党的十一届三中全会以来，我们国家经济建设、人民生活、综合国力所以能够上一个大台阶，我们的社会主义制度所以能够在世界风云急剧变幻的情况下，不断焕发出生机和活力，我们的发展道路所以能够如此清晰和开阔，根本原因就在于有邓小平建设有中国特色社会主义的理论。这一理论来之不易，是我们党和人民最可珍贵的精神财富。他强调，用建设有中国特色社会主义理论武装全党，这是推进建设有中国特色社会主义伟大实践的内在要求，是坚持党的基本路线一百年不动摇的根本保证，是加强党的建设、发挥党的领导核心作用的战略措施。他说，我们党是具有五千多万党员、在一个 11 亿人口大国中执政的党。这样一个大党，又是在领导着这样一个前所未有的宏伟的事业，如果没有一个统一的科学理论和正确路线，要想取得胜利和成功是不可能的。切实抓好用建设有中国特色社会主义理论武装全党这一党的根本性建设，我们这个久经考验的马克思主义的党，就能坚强有力，永葆青春，我们这个忠实代表全国各族人民利益的党，就能始终站在时代前列，与人民群众保持紧密联系，在建设有中国特色社会主义的伟大事业中更好地发挥领导核心作用。

丁关根指出，用建设有中国特色社会主义理论武装全党，首要的是学习好这一理论，掌握它的主要内容、基本观点，抓住精髓，把握实质，联系实际，学以致用。他说，这一理论的精神实质，就是坚持把马克思主义基本原理与当代中国实际和时代特征相结合，解放思想，实事求是，走自己的路。这是贯通这一理论的主线和核心。这是我们中国共产党人历经艰辛、反复锤炼而形成的科学思维方法和创造精神。学习这一理论，就要掌握这个精神，使解放思想、实事求是成为我们观察问题、认识问题、解决问题的思想基础。学习必须有一个好的学风。要讲求实效，反对形式主义。要对照思考实践中遇到的问题，真正把学习理论同提高认识、更新观念、转变作风结合起来，同贯彻党的基本路线、落实十四大提出的各项任务结合起来，同解决本单位、本地区的实际问题结合起来。这样才能学出生气，学出新意，学出成效。

丁关根强调，用建设有中国特色社会主义理论武装全党，关键是武装好党的各级领导干部特别是高级干部。在建设有中国特色社会主义大业中，各级领导干部负有重要职责，必须掌握好和运用好建设有中国特色社会主义理论。这样才能从思想上、组织上保证党的基本路线一百年不动摇；才能在风云变幻、错综复杂的国际环境里冷静观察，沉着应对；才能在领导改革开放和现代化建设中审时度势，取得主动。各级领导干部要认清责任，身体力行，带头学好用好建设有中国特色社会主义的理论。

丁关根指出,落实用建设有中国特色社会主义理论武装全党的任务,理论工作队伍负有重要责任。要根据党的十四大的要求,紧密结合实际,认真学习、宣传、研究建设有中国特色社会主义的理论,鼓舞全党全国人民为建设有中国特色的社会主义努力奋斗。

丁关根最后说,用建设有中国特色社会主义理论武装全党,既是紧迫任务,又是长期任务。各级党委和宣传部门要切实加强领导,制定规划,推广经验,努力在全党造成浓厚的学习空气,充分发挥这一理论对全党的思想指导、意志凝聚和精神推动的伟大力量。

中共中央政治局委员、上海市委书记吴邦国,上海市市长黄菊,中宣部常务副部长郑必坚出席闭幕会。中宣部副部长白克明主持会议。出席会议的还有有关方面负责人汪道涵、逄先知、陈至立、邢贲思、汝信、刘吉、周瑞金、龚育之、金炳华、胡福明等。

天津市人大十二届一次会议选举聂璧初为市人大常委会主任张立昌为市长

北京人民机器厂等9家大型股份制企业陆续在香港上市

为加强国内和香港证券监管机构之间的合作,中国证监会、香港证券及期货事务监督委员会、香港联合交易所、上海证券交易所、深圳证券交易所联合签署证券事务《监管合作谅解备忘录》。

国务院副总理朱镕基接见参加签字仪式的各机构代表。

朱镕基认为,证券市场监管合作备忘录的签署是一件具有历史意义的事情。他说,我们现在既然确定建立社会主义市场经济体制,就有必要去探索适应市场经济的运行机制和经营形式。他说,这次9家企业股票将陆续在香港上市,对大陆企业同国际市场接轨将发挥积极的作用。朱镕基说,我们之间的有效合作不仅有利于大陆和香港的股票市场,有利于大陆的经济发展和香港的稳定繁荣,而且也是为1997年我们对香港恢复行使主权铺下了一块基石。

从1993年6月起获准在香港陆续上市的另外8家企业是:上海石化总厂、江苏仪征化纤工业联合公司、昆明机床厂、广州造船厂、青岛啤酒厂、马鞍山钢铁公司、天津渤海集团公司、四川东方电器公司。

中国超新星研究跻身世界先进行列

由美国科罗拉多大学、南京大学、陕西天文台联合主办的第145次国际天文学联合会超新星和超新星遗迹学术讨论会,日前在西安西北大学召开。来自美国等20个国家和地区的100多位专家,高度评价中国在这方面的工作跻身世界先进水平。

6月20日

国家主席江泽民致信国际奥委会委员重申中国政府和人民支持北京申办奥运会

尊敬的国际奥委会委员:

值此国际奥委会召开第100次全体委员会议、新奥林匹克博物馆即将正式开馆,以庆祝现代奥林匹克运动诞生99周年之际,我谨以中华人民共和国主席的名义,向国际奥委会表示热烈的祝贺。

现代奥林匹克运动是促进各国人民相互了解和友谊,维护世界和平的崇高运动。每隔四年举行的奥林匹克运动会,已超越肤色、种族、宗教信仰、政治见解、社会制度的不同,成为当今世界各国青年和人民友好相处的最盛大的体育节日。奥林匹克运动为促进建立一个和平美好的世界起着难以比拟的作用。我本人对各位委员们为此做出的重要贡献深表敬意。

中国作为一个致力于发展国民经济,积极促进世界和平与进步,并拥有11亿人口的发展中国家,愿意为在中国及全世界进一步普及奥林匹克理想,推进奥林匹克运动继续做出自己的贡献。

如你们所知,我国首都北京市正在申请举办2000年第二十七届夏季奥林匹克运动会。我愿借此机会重申:我本人以及中华人民共和国政府和全体中国人民,将不遗余力地支持北京市的申办。如果北京得到举办2000年奥运会的荣誉,我们保证将把该届奥运会办成迎接新世纪、弘扬奥林匹克精神真实含义的盛会,从而对增进奥林匹克运动的普遍性以及世界人民的友谊、和平与进步,给予有力的推动。中国的世界文化名人孔子说过:“有朋自远方来,不亦乐乎!”我真诚地期望着奥林匹克大家庭的全体成员和朋友,在2000年一同欢聚于开放的北京。

顺致敬意!

中华人民共和国主席　江泽民

1993年6月20日于北京

国务院在北京召开全国减轻农民负担工作电话会议

会议宣布第一批取消中央国家机关各有关部门涉及农民负担的37个集资、基金、收费项目,同时宣布要纠正的强制性、摊派性和“搭车”收费的有关政策和要求。国务委员陈俊生代表党中央、国务院要求各地区各部门的党政一把手,要亲自抓落实,对已公布取消的项目,必须不折不扣地贯彻执行,不允许留死角,不允许走过场，更不得以任何借口拖延不办或变相收费；各省、直辖市、自治区对省级涉及农民负担文件和项目的清理审核，最迟在 7 月 10 日以前完成；省级以下自行出台的农民负担文件和项目一律取消；今后国家机关任何部门、单位都无权向下发布涉及农民负担的文件，应该发的也只由农业部、国家计委、财政部联合发文，其余一律无效。

中央国家机关各有关单位的负责人出席会议。各省、直辖市、自治区政府的负责人在各地的分会场参加会议。

国务委员陈俊生主持会议。林业部部长徐有芳、公安部副部长牟新生、江西省长吴官正、吉林省副省长王国发分别介绍本系统、本省贯彻中共中央办公厅、国务院办公厅《关于切实减轻农民负担的紧急通知》，减轻农民负担的具体做法和下一步打算。

陈俊生就进一步做好减轻农民负担工作发表讲话。陈俊生说，中办、国办于 3 月 19 日发出的上述紧急通知指出，农民负担重的问题，表现在农村，根子在上边各部门。涉及农民负担的摊派、集资、达标活动和行政事业性收费及罚款等方面的许多文件来自中央国家机关和省级国家机关。因此，清理文件必须从源头抓起，首先从中央国家机关抓起。中央国家机关各有关部门第一把手负责，要在 6 月底以前把涉及农民负担的文件清理完毕，作出表率。

陈俊生指出，减轻农民负担工作搞得好的地方和部门有一个共同的特点，就是党政一把手亲自抓，决心大，认真负责，思想认识同党中央、国务院保持一致。但是在贯彻两办“紧急通知”中，有些部门和地方还存在一些问题，在认识和行动上还存在一定差距。其主要表现：一是不从大局出发，强调部门利益，明明涉及农民负担，但不愿承认，敷衍搪塞；二是从部门利益出发，寻找借口，强调困难，设置障碍；三是不经审核就自行发文，宣布继续执行过去的规定，依然我行我素；四是有些同志对清理农民负担问题还有一些模糊认识。有的同志提出，我那个部门要办的事不涉及农民负担，因为有中央、国务院的红头文件。我们说，要清的就是清这些文件。文件规定可能是对的，有些事也是应该办的，但是要办的事太多了，你认为应该办的事、他认为应该办的事很多，你一点，我一点，加起来就不得了。目前农村经济状况不允许，农民承受不了，你硬是坚持要办，农民生产积极性受到挫伤，农业生产滑下来，谁的事也办不成。有的说，我要办的是完全为农民着想，对农民有好处。其实有些好事，在农民收入较低的情况下，他承受不了，他就不愿办。有的地方农民吃饭问题还未解决，他还能想别的吗？因此，办好事也必须坚持自愿原则，不能搞强制行为，也不能提出一刀切的要求。

陈俊生说，同志们要进一步统一认识，就是要统一到切实保护农民积极性这一点上来，这是大道理、是大局，其他都是小道理、是小局。小道理要服从大道理、小局要服从大局。

对下一步减轻农民负担工作，陈俊生提出了七条要求：

一、不折不扣地贯彻这次电话会议精神。对国务院已经宣布取消的要求农民出钱出物出工的达标升级活动、应纠正的错误收费与管理方法和集资、基金和收费项目，各地区、各部门必须坚决地、不折不扣地贯彻执行，对那些阳奉阴违、顶着不办的单位和个人，党中央、国务院授权各级纪检、监察部门会同农民负担监督管理部门坚决查办，从严处理。

二、抓紧进行省一级文件和项目的清理审核工作。各省、自治区、直辖市人民政府要按照“两办”紧急通知的要求，按照国务院关于审核涉及农民负担文件和项目的原则，结合本地情况，对省级文件和项目认真清理，逐项审核，最迟在 7 月 10 日以前全部清理完毕。

三、做好减轻农民负担的督促检查。国务院决定今年 8 月下旬，由农业部、监察部、财政部、国家计委、法制局等部门组成联合检查组，对各地区、各部门贯彻落实国务院《农民承担费用和劳务管理条例》及“两办”紧急通知的情况进行一次全面检查。

四、注意抓好正反两方面的典型。在贯彻“两办”紧急通知、减轻农民负担工作中，始终要通过抓典型带动全局。对那些态度坚决，措施得力，见到实效的部门和地区要大力宣传；对那些行动迟缓，我行我素，顶风违抗的单位和个人，要批评教育，问题严重的要公诸于众；对继续非法收取的费用要全部退还；对造成恶性事件的，发现一件，查处一件，一件也不放过，除了依法追究当事人和直接领导者责任外，还要追究上一级党政领导的责任；对严重官僚主义者，要撤职查办，决不姑息迁就。

五、搞好试点，建立科学的农民负担管理制度，使农民负担监督管理工作走上法制轨道。

六、进一步开展《农民承担费用和劳务管理条例》的宣传活动。要大张旗鼓地宣传减轻农民负担的各项政策措施，包括这一次宣布取消的 37 个项目和 43 个达标升级活动，都要做到家喻户晓。要把党中央、国务院让农民休养生息的指示精神落实到千家万户，使广大农民亲身感受到我们党和人民政府是关心农民疾苦，保护农民利益的，以进一步激发他们发展生产的积极性。

七、坚持不懈做好农民负担监督管理工作。

陈俊生最后强调，保护农民合法权益，保护农民生产积极性,切实减轻农民负担,是党中央、国务院提出的一项紧迫的政治任务,必须坚决地贯彻落实,并切实抓出应有的成效。

农业部部长刘江还受权宣布国务院对纠正强制性、摊派性和“搭车”收费的有关政策和要求:

各地区和有关部门在农村开展社会养老保险和其他各类保险、报刊发行、农村承包合同公证、粮食购销合同公证、水文专业有偿服务、气象专业服务、畜禽防疫、土壤肥料测试、“希望工程”募捐等项工作,都要坚持自愿原则,要坚决纠正在上述各项工作中的强制和摊派行为。

坚决纠正婚姻登记、中小学杂费、农村户籍管理、个体工商登记以及其他一切收费环节上的“搭车收费”行为。

车辆通行费只限于贷款和集资修建的路段和桥梁收取,除此以外的各种车辆通行收费坚决取消。

6月21日

全国人大常委会委员长乔石国家副主席荣毅仁在人民大会堂分别会见基里巴斯共和国议会议长贝雷斯塔拉·尼斯

全国人大常委会委员长乔石在人民大会堂会见奥地利国民议会第二议长里夏尔

中宣部在南京召开宣传思想工作座谈会

参加座谈会的有,江苏、上海、天津、福建、陕西、辽宁、湖北、广东、河北等省市委的宣传部长,中共江苏省委的负责人,人民日报、新华社、中央人民广播电台、中央电视台、经济日报和光明日报的负责人。中共中央书记处书记、中宣部部长丁关根主持会议并同大家一起讨论。座谈中,大家紧密联系实际,深入思考,畅所欲言,对进一步做好宣传思想工作,为改革和建设创造更加有利的社会舆论环境提出了许多好的建议。

丁关根在讲话中强调,宣传思想战线要认真学习、贯彻中央关于当前工作的总的精神,并把中央的精神全面、准确地宣传到广大干部群众中去。他指出,宣传思想工作必须以邓小平同志建设有中国特色社会主义的理论为根本指针,坚持用这一理论武装全党,坚持党的基本路线一百年不动摇,坚持精神文明重在建设。宣传思想战线的各个部门都要牢固树立为经济建设这个中心服务的意识,找准自己的着力点,发挥理论研究、新闻出版、文艺宣传、思想工作等各方面的优势,为改革和建设提供强有力的精神动力、智力支持和思想保证,创造良好的社会舆论环境。

丁关根说,为适应新形势的发展,宣传部门的各级领导干部和工作者要认真总结经验,继承和发扬我们党宣传思想工作的好传统,同时,要根据新情况认真研究、探索和创造新鲜经验、新的方法。宣传思想工作要走改革开放之路,努力使我们的工作方法达到科学性与艺术性的统一。科学是理,艺术是情,要做到有理有情,入情入理,情理结合,群众满意。

丁关根说,当前宣传思想工作面临极好时机,工作大有可为。他希望宣传思想战线的同志们更加紧密地团结在以江泽民同志为核心的党中央周围,解放思想,实事求是,深入实际,深入群众,团结奋进,真抓实干,通过更加有效的工作巩固和发展当前好的形势,促进改革开放和经济建设又好又快地发展。

会议于6月25日结束。

中国纺织总会在北京成立

国务院在北京召开全国“菜篮子工程”工作会议

全国各省、自治区、直辖市主管“菜篮子”的副省长、副主席、副市长及各有关部门的负责人参加会议,共同研究在社会主义市场经济体制下,进一步组织实施“菜篮子工程”的改革思路和发展副食品产销的政策措施。国务委员陈俊生在会上发表讲话。

国务委员陈俊生在全国“菜篮子工程”工作会议上发表讲话

同志们:

这次全国“菜篮子工程”工作会议是继1990年全国大中城市副食品工作会议以来的又一次重要会议。这次会议是李鹏总理提议召开的,他对这次会议非常重视。会前打来电话,对全国副食品产销工作给予充分肯定,希望在新形势下,把“菜篮子工程”抓得更好。这次会议,要围绕深化改革,稳定政策,建立健全副食品市场经济新体制这样一个中心议题来开好这次会议。

下面,我讲几点意见,请大家讨论。

一、搞好“菜篮子工程”,建立健全副食品市场经济新体制意义重大

实施“菜篮子工程”以来,我们副食品产销形势是令人满意的。副食品供应充足,价格基本稳定,品种繁多,质量改善,满足了广大消费者的需要。这对提高人民生活水平,保证社会安定,繁荣城乡经济所起的作用是明显的。

第一,丰富的副食品供应,是满足和改善人民生活所必需的。菜篮子,家家户户每天都要提。菜篮子里东西的多少和好坏,直接反映人民生活水平的高低。

1992 年全国肉类总产量达 3430.7 万吨，比 1990 年增长 20.1％；奶类总产量 563.9 万吨，比 1990 年增长 18.7％；禽蛋产量 1019.7 万吨，比 1990 年增长 28.4％；水产品产量再创历史纪录，总产量超过 1557 万吨。据全国 43 个大中城市不完全统计，1992 年人均肉消费量为 31.3 公斤，蛋 12.9 公斤，奶 14.8 公斤。禽蛋消费已接近世界发达国家水平，肉类消费接近世界平均水平。人均水产品消费量为 9.6 公斤，蔬菜 180.1 公斤，水果 21 公斤，其中蔬菜消费量高于发达国家水平。今后以来，我国副食品生产、流通继续保持较好的发展势头，与上年同期相比，1 至 5 月预计肉类增长 4％，奶类增长 3％，禽蛋类增长 5％，水产品增长 5.39％，春夏菜增加 2.2％。城乡居民菜篮子的不断丰富和充实，这是我国人民生活水平提高的一个重要标志。

第二，副食品供应状况对稳定物价具有重要作用。从目前我国人民的消费结构看，副食品消费支出仍占有相当大比重。1992 年城市居民家庭人均商品支出中，副食品支出约占 35％。副食品价格水平的高低，直接影响着居民生活消费品的价格水平，影响着人们的生活质量。充足的副食品供应可以保持物价的稳定。近年来我国物价的相对平稳，一定程度上就得益于副食品价格的稳定。今年上半年，主要副食品物价指数也都低于生活费用总指数，减轻了物价上涨对居民生活的影响。今后，随着“菜篮子工程”的进一步实施，市场机制的不断引入，这方面的作用将进一步得到发挥。

第三，搞好副食品生产，是增加农民收入，实现农村小康的一条重要途径。养殖业和果、菜等种植业，与种粮食相比，具有劳动和技术密集，产品价值较高等特点；与其他非农产业相比，投资小，农民也容易掌握，是农民增加收入的一条好门路。如果进一步改善生产条件，创造平等竞争的市场环境，扶持和组织农民较大规模地进行生产、加工和经营，副食品生产将给农民带来更多的收益。山东省泰安市从 1991 年开始投资 1800 万元，建起了研究、开发、生产、技术推广、良种繁育、对菜农培训为一体的“菜篮子科技园”，按国际标准发展蔬菜生产，产品销往 16 个国家和地区，今年 1—5 月，全市出口蔬菜 16.4 万吨，交货值 2.8 亿元，创汇 1160 万美元。农民的收入水平有了很大提高。

第四，改善副食品供应，是优化人民膳食结构的要求。与合理的膳食结构相比，目前我国居民主食偏多，副食偏少；植物食品偏多，动物食品偏少。蛋白质摄入量中，动物蛋白的比重远远低于世界平均水平。为正确引导我国食物结构调整，促进食物生产和消费的均衡、协调发展，不断提高我国人民的营养水平和整体素质，国务院发布了《九十年代中国食物结构改革与发展纲要》。为实现“纲要”提出的食物结构改革与发展的目标，就要把加快和改善副食品生产和供应作为一项重要工作，提到日程上来。

二、近年来抓好“菜篮子工程”建设的基本经验

“菜篮子工程”实施以来，各级政府制定了一系列扶持政策，做了大量艰苦细致的工作，创造了丰富的经验，概括起来主要有以下几个方面：

（一）放开价格，放开经营，积极建立市场机制。在全国经济改革中，大中城市副食品生产、经营体制的改革一直是走在前面的。目前，各大中城市的主要副食品生产、经营已基本放开。生产、经营领域里各种经济成分并存，价格随行就市，市场调节为主。这不仅减少了流通环节，降低了流通成本，节约了财政补贴，而且调动了生产者的积极性。在市场机制的调节下，产量不断上升，质量逐步提高，淡季不淡，常年生产，均衡上市。

在副食品生产经营走向市场的新形势下，各类副食品产销一体化生产经营实体有了一定的发展，经济实体内部生产、加工、销售环节的利益得到了协调，沟通了信息，实现了生产、销售的均衡发展。

（二）坚持建设主要副食品生产基地。1990 年全国大中城市副食品工作会议以后，各级政府都更加重视大中城市副食品生产基地的建设，加快了农区基地建设步伐。食品生产基地的建立，为城市销区提供了稳定、优质的副食品货源，同时也成为调节市场的重要手段；基地鲜活产品质量较高，拉开了鲜冻差价，提高了基地经济效益，又满足了不同层次的消费需要；大规模生产有利于与流通衔接，促进市场体系的发育和完善，对批发市场的发展起了很好的支撑作用；副食品基地，特别是大规模现代化企业，先进的生产技术和管理方式，对农户的分散生产起了很好的示范和带动作用。

（三）把加强市场体系建设放在流通改革的重要位置。国务院有关部门、地方各级政府认真贯彻落实 1990 年全国大中城市副食品工作会议和《国务院关于进一步做好副食品工作的通知》的精神，适时调整“菜篮子工程”建设工作的重点，在狠抓生产基地的同时，将工作重心逐步转移到流通领域的改革和建设上来。各地开展了批发市场为中心的市场体系建设，大多数已经开始营业，并取得了较好的社会效益和经济效益。到 1992 年底，全国农副产品批发市场已发展到 1858 个，比上年增长 23.1％。成交额达 223.6 亿元，比上年增长 46.1％，比 1998 年增长两倍多。

（四）领导重视，部门配合，各级政府制定并实施了一系列扶持副食品生产和流通的政策。如北京市对郊

区蔬菜生产设立菜田耕地保证金，补助蔬菜基地的开发与建设；设立蔬菜生产风险金，对自然灾害和滞销给菜农造成的损失给予适当补贴；还设立了蔬菜生产服务补助金、生产资料补助金等。湖南省率先将生猪屠宰税用于发展畜牧业生产，并对种畜场和新建饲料厂给予免税。上海市从经营补贴中拿出1800万元建立了生产风险基金和市场调节基金。这些优惠政策，有力地调动了生产者积极性，对稳定生产和供应起了积极的保护作用。各级政府行政主要负责同志亲自抓菜篮子，把这项工作列入政府议事日程，各部门相互配合，共同支持了这项事业的发展。

三、当前副食品产销工作中存在的主要问题

（一）菜田被占用情况严重。去年全国耕地减少1108万亩，比1991年多减少376万亩（1991年减少732万亩）。其中菜田也有相当部分被占用，而新菜田又开垦不快。去年上海市征用老菜田2万亩，占常年菜田的13%；南京市征用1万多亩，占常年菜田的15%。照这样占用下去，用不了几年，老菜地就差不多被占完了。新菜地开垦建设缓慢，表现在菜田占有基金标准低，又收不上来，很多以各种名义减免掉了，收上来的钱也没有都用到新菜田的复垦上，这是副食品产销工作中存在的一种隐忧。

（二）生产资料价格普遍上涨，成本增加，大型生产企业经济效益明显下降。渔业所需物资中的钢材、柴油今年以来就上涨了1倍，浙江舟山很多渔船被迫停泊在岸边，不能出海打鱼了。猪饲料、鸡饲料价格上涨幅度较大。据不完全统计，一季度末玉米、麸皮集市价比去年上涨10%以上，混合饲料价格上涨过猛。4月份育肥猪饲料价格比去年同期上涨39.5%，蛋鸡饲料价格比去年同期上涨20%左右。由于今年粮食播种面积减少，预计粮食减产，加上粮食价格放开的因素，饲料价格还会继续上涨。目前部分地区由于饲养成本上升、收益下降，而出现仔猪价格下跌、屠宰母猪的现象，这是副食品产销工作中存在的又一种隐忧。

（三）服务跟不上，队伍不稳定。在目前的机构改革中，一些地方忽视农业部门的特点，一味强调“断奶”。一些地区在下放基层站的管理权时，挤占了农业服务部门的房屋，平调它们的财产，造成这些服务单位人员流失，经费困难，难以开展正常的工作。在生猪疫病大发生时，防治不及时，蔓延开来。有些地方近几年来搞了不少生产和流通的建设设施，但是信息服务、咨询服务、流通组织服务、法律服务都跟不上去，这些设施的整体效益发挥不出来，农民进入市场的困难还不少，这种状况实在令人担忧。

（四）副食品产销一体化改革进展较慢，管理一体化改革试点工作举步维艰。管理一体化到现在搞得好的、像样的典型很少。有些地方改革有些进展，但遇到的阻力也很大，这是深化改革中的一个关键问题。

四、新形势下实施“菜篮子工程”的主要任务

今后一个时期，“菜篮子工程”建设还是要继续坚持改革，深化改革，发展生产，繁荣市场的方针，不断满足人们日益增长的需求。要做到质量、数量并举，加快科技成果向生产的转化，促进副食品生产向优质、高产、高效方向发展。继续全面推进副食品流通体制的改革，建立健全副食品市场经济新体制。

（一）转变政府职能，加快宏观调控体系建设。今后，各级政府要切实转变管理职能。过去，在计划经济体制下，政府保市场、保菜篮子，主要精力都放在“管”字上了。一说管理，就把什么都统起来，品种由我定，价格由我定，吃多少由我分配，经营亏损也由政府补贴。现在不同了，在市场经济条件下，品种、价格主要依靠市场供求来决定，老百姓吃什么，吃多少，由人家自己决定。政府的责任就是调控市场，保证总量供给不出大问题，价格波动不能太大，保证市场有个公平竞争的环境。政府通过经济手段、法律手段和必要的行政手段，把市场这只无形的手与政府这只有形的手结合起来。国家通过建立生产风险基金、价格安定基金和重要副食品储备制度来调节市场；运用投资、财政补贴、贷款、周转金等经济手段支持生产和流通的发展；制定有关法律、法规，规范生产者、经营者的行为，创造公平的竞争环境等等。这些，都是各级政府应该干好的事情。

（二）稳定现有菜田面积，采取措施，开垦新菜田，禁止占用现有菜田。土地是不可再生的资源。菜田面积是蔬菜生产的基本保证。今后制定城市规划、建立经济开发区，要禁止占用现有的老菜田。城市规划要科学合理，不能漫无边际扩大地盘，更不能随意把菜田划进去。城市规划占地，市政府一定要严格把关，出了问题市长要负责任。

（三）进一步健全社会化服务体系，搞好市场建设。针对当前存在的问题，服务工作要跟上。只搞产中服务不行，农民最缺少的是产前、产后的信息、资金、技术和销售服务。各类服务体系建设要有重点。各级服务队伍不能散，财政事业费不能减。服务组织办实体的收入要按照《国务院关于加强农业社会化服务体系建设的通知》的有关规定办。近年各类农副产品市场有了一定的发展，今后要重视市场规划、法规的建立，加强信息工作。农副产品批发市场要统筹规划，合理布局。加强市场信息工作是农副产品流通的瓶颈。农业、商业和工商等部门都在这方面做了大量工作，为信息系统的联网问题，尽快形成整体，通过信息来指导生产者、经营者、消费者的行为。同时要重视市场配套设

施的建设，继续大力发展副食品的储运业，改善交通运输条件，发展与副食品特点相适应的包装和标准化的运输条件，发展与副食品特点相适应的包装和标准化的运输工具，减少浪费，提高效益。

当前，我国城乡集市交易、农副产品批发市场，消费者权益保护等还没有一套完整的法律规定。在这些方面，要注意总结经验，加快立法进度，逐步形成法律体系。

（四）调整副食品的生产结构，合理引导消费，建立科学的膳食营养结构。菜篮子囊括了城乡居民的副食品需要。今后，各地要继续抓好生产基地建设，各部门要继续给予大力支持。基地建设包括城市郊区和广大农区，不要把基地局限在中近郊区。一般地说，城市中近郊区的生产成本都比较高，要注重发展大市场、大流通。但是城市中近郊区也一定要有基地。有些品种不适合长途运输，要以中近郊区的生产基地为主；有些适应大跨度运输的，城市郊区就不一定安排那么多生产。这些还要靠市场调节，有了市场，东西有人买，就有人种、有人养，不必强求。像北方保护地生产的蔬菜，抢季节，早鲜产品多，市场上蔬菜价格贵一点也有人买。这几年保护地发展很快，成本也降低了一些。

副食品的生产结构与人们的消费结构直接相关。各地制定生产规划时，一定要符合国务院最近印发的《九十年代中国食物结构改革与发展纲要》的要求。一方面，要大力发展适应市场需求、适合大众需要的副食品，建立合理的生产结构。另一方面，要重视生产对于消费的引导作用，重视发展节粮型的、草食为主的畜禽，适应人们生活水平提高的需要，增加动物食品的消费，促进消费结构的改善。

（五）增强出口创汇能力，连接国内、国外两个市场。目前我们已经有一些副食品或加工品出口，但总体上出口能力很弱。今后，我们要面向国内、国外两个市场，并逐步把它们衔接起来，所以竞争会更加激烈。最近，我看了个材料，美国一些企业看好中国的牛肉市场，要加大向中国出口牛肉和小牛肉的数量。我们不能消极抵制他们，要提高自己的竞争能力，把养牛业发展起来，尤其是平原农区，要加快发展秸秆过腹还田，把养牛业搞起来，首先占领好自己的市场。已经具有一定出口能力的企业要进一步研究国家市场的需求，努力提高质量，按照国际标准进行生产，把产品打到国外市场上去。还没有形成出口能力的企业，也要朝这方面努力，积极研究对策，加快企业机制的转换，提高产品质量，按照国际标准进行生产，增加竞争能力。

（六）不断深化副食品产销体制改革。菜篮子产品与工业产品不同，有自己的特点，大多数是鲜活产品，具有很强的季节性，本身要求产供销一体化。这儿的产销和管理一体化改革要继续坚持自下而上的原则，充分调动地方积极性，鼓励地方进行多种形式、多种途径的探索。今后，省和省以下管理一体化政策的方式、组织机构的设置，由省和省以下的政府决定。各级政府，特别是中央有关部门要积极支持地方的改革，帮助他们解决改革中遇到的问题，研究制定相应的政策，给他们创造良好的改革环境。对于经营一体化，无论是什么企业或经济技术组织都可以做龙头，按照经济规律，在互惠互利的原则下建立多种形式的经营联合体，以提高副食品生产和经营的组织化程度。

（七）进一步稳定扶持副食品产销发展的各项政策措施。这是开这个会的目的之一。1990 年那次会议后，国务院发出“关于进一步做好城市副食品工作的通知”，规定“七五”时期国家扶持副食品生产和流通的各项政策，“八五”期间稳定不变。三年来执行情况总的说是好的，各部门克服困难，积极支持这项事业。随着改革的深化，大中城市副食品价格基本放开了，国有食品企业正在向市场经济机制转换，出现了一些新的政策性问题。这些问题有关部门在会前做了研究，并向国务院作了汇报，国务院原则同意汇报中提出的要求，“八五”后三年要继续按照国务院的有关规定办，稳定扶持副食品产销政策，保持政策的连续性和稳定性。我们不要小看这几项政策措施，它是今后三年乃至更长一个时期副食品产销改革和发展的重要基础。

（八）加强领导，把“菜篮子工程”建设提高到一个新水平。对全国来说，对各级政府来说，菜篮子工作一刻也不能放松。一个米袋子，一个菜篮子，这两个东西抓住了，整个农业的大局就稳住了，社会安定也有了保障。越是在形势好的情况下，越要居安思危。要不断研究新情况，解决新问题。

加强对实施“菜篮子工程”的领导，首先要引起各级领导的高度重视。上次会议请来了全国大中城市的主管市长，会上提出了菜篮子大家提，“菜篮子工程”大家建，实行市长负责制，把菜篮子满不满作为考核市长政绩的一条标准。这次会议把主管省长也请来的，这就是说，搞好“菜篮子工程”，不仅市长有责任，省长也有责任，而且责任更大。一个市长管一个城市，一个省长要管全省的城市。市长抓菜篮子，省长也要抓菜篮子。各有关部门要积极努力，多做贡献，精心组织、互相配合。“菜篮子工程”是个系统工程，包括生产、流通、消费各个环节，涉及生产、流通、计划、财政、金融、工商、税务等各个部门。大家要齐心努力，做好工作，使“菜篮子工程”建设再上一个新台阶。

最高人民检察院作出关于检察机关接受人民代表大会及其常务委员会监督若干问题的规定

检察机关的法院监督权是国家通过宪法赋予的，是国家权力的重要组成部分。根据我国宪法规定，全国人民代表大会及其常务委员会监督最高人民检察院的工作，地方各级人民代表大会及其常务委员会监督同级人民检察院的工作。检察机关既要依法独立行使检察权，也要自觉接受国家权力机关的监督，以保证正确有效地履行法律监督职能。各级检察机关要增强自觉接受人民代表大会及其常务委员会监督意识，牢固树立尊重国家权力机关和人大代表的观念，正确处理依法独立行使检察权与接受国家权力机关监督的关系，自觉地把检察工作置于国家权力机关的监督之下。为了使检察机关接受国家权力机关监督经常化、制度化，根据法律规定的检察工作实践，特作如下决定：

一、建立健全报告制度。各级人民检察院应定期向同级人民代表大会及其常务委员会报告工作，接受对工作报告的审议，充分尊重审议意见。检察机关的工作计划和年度总结、重要工作部署、工作中采取的重大措施、上级检察机关的重要指示精神、查处大要案情况、执法情况及队伍建设情况和其他重大事项，应专题向同级人大常委会报告或通报。检察机关召开的重要会议，要邀请本级人大常委会或专门委员会负责人参加。对人民代表大会及其常务委员会作出的决议，检察机关要认真贯彻落实。

二、认真接受人大常委会的执法检查。人大常务委员会和人大专门委员会对检察机关执法情况进行检查时，检察机关要如实汇报情况。人大常委会和人大专门委员会认为检察机关在办案中适用法律不当，经核查属实的，人民检察院必须予以纠正。对于在执法检查中发现的其他失误和问题，必须采取有力措施，及时予以纠正，绝不允许有错不改、违法不究。

三、最高人民检察院制作司法解释时，应认真听取全国人大常委会及有关专门委员会的意见。全国人大常委会审查认定司法解释有违反宪法、法律或超越司法解释权限的情况，提出纠正意见的，检察机应当接受并加以纠正。

四、根据人民检察院组织法第三条第二款的规定，检察委员会在讨论决定重大问题时，如果检察长不同意多数人的意见，应报请本级人民代表大会常务委员会决定。对人大常委会的决定，必须认真贯彻执行，并应及时把执行情况报告人大常委会。

五、认真办理人大交办事项。对人民代表大会及其常务委员会交办的案件及其他工作，检察机关应依法积极办理，办理情况和结果应及时反馈。办结后，人大常委会有不同意见的，检察机关应予复查、复议。人大常委会要求调卷审查或听取案件汇报时，检察机关应积极配合，提供必要的案件材料或进行汇报。

六、对人大代表的议案和建议、批评、意见应积极负责地办理。一般应在三个月内办结，并答复人大代表。三个月内未能办结的，应向人大常委会报告进展情况及不能按时办结的原因，并应在延长期限内办结。在人民代表大会期间，人大代表对检察机关提出的质询，检察机关应认真答复。

七、加强与本地人大代表的联系。地方各级人民检察院对本地的各级人大代表，要定期或不定期邀请他们视工作，或接受人大常委会组织的代表“评议”，并提供便利条件，虚心听取他们对检察工作的建议、批评和意见，耐心解答人大代表提出的问题。加强与全国人大代表的联系，主动介绍检察职能、高检院工作部署。与人大代表的联系活动，地方各级检察院每年应列入工作计划，具体安排，县级检察院每年开展两三次，分市院一两次，可采用通报检察工作情况、征求意见或开座谈会的形式。省级检察院应在每年全国人民代表大会前向高检院报告省(自治区、直辖市)检察机关与人大代表联系的情况。

国务院贯彻《全民所有制企业转换经营机制条例》调查组在北京总结交流调查情况

国务院贯彻《全民所有制企业转换经营机制条例》调查组日前在北京总结交流调查情况。

今年5月上旬，国家经贸委、体改委、国务院法制局和国家监察部联合组成六个调查组，在听取了中央12个部门贯彻《条例》的情况汇报后，又分赴各地进行贯彻《条例》情况调查。调查组听取12个省以及32个市地的情况汇报，与省市两级200多个部门进行座谈，还对64个企业实地调查，并与233个企业的负责人座谈。

调查组认为，各地区、各部门贯彻落实《条例》做了大量、认真地工作，总的看，发展势头是好的。去年8月国务院召开全国转换企业经营机制工作会议后，各地区、各部门领导高度重视，广泛深入地开展了学习宣传活动。截至今年3月底，30个省区市的《实施办法》已全部出台。许多省市结合本地实际，使《实施办法》在落实企业自主权、搞好国有大中型企业的政策措施等方面，比《条例》有所延伸。到目前为止，国务院有关行业部门已出台《实施办法》8个，正在会签、送审的13个。《条例》的28个配套规章已颁布、会签5个。

根据调查组所到省以及吉林、北京、内蒙古等15个省区市的调查分析，《条例》赋予企业的14项自主权，基本落实的有8项，部分落实的有4项，基本不落实的是进出口权和拒绝摊派权两项。15个省区市一致反映，目前最难以落实的是拒绝摊派权。

调查组认为，目前贯彻《条例》、转换企业经营机制工作仍存在着相当大的阻力和问题，主要问题有：少数地方没有把贯彻《条例》、转换企业经营机制作为中心工作来抓，而是把主要精力放在铺摊子、搞股票、开发区建设和盲目追求速度上；有些企业转换经营机制的紧迫感不强，不少企业权到了手不会用、不敢用；政府机构改革步子不大，职能转变滞后，有些属于企业的权力还在条块之间搞“接力”，有的是嘴放手不放、明放暗不放、小放大不放；政府在职能转变中出现扭曲现象，有些职能部门成立的经营实体，以为企业服务为名，变相垄断经营，乱收费，加重企业负担；政府部门办事环节依旧繁多，有的地方企业以留用资金搞技改项目，仍要跑 40—60 个部门，盖几十个图章，交不少手续费；企业改革与计划、财政、金融、劳动人事、外贸体制改革不同步，不衔接；社会保障体系和市场体系不完善、不健全；国有企业负担重，缺乏后劲；国有企业产权不明晰，责任不明确；法律、法规不健全，执法不严，以及当前经济运行中出现的资金短缺，铁路交通运力紧张等问题，对转换企业经营机制工作都带来不利影响。

调查组一致认为，当务之急要加快转变政府职能，按照政企分开、政资分开的原则，认真清理现有政府管理经济的职能，把属于企业的权力坚决放下去。

《人民日报》发表国家税务总局局长金鑫的文章《社会主义市场经济与税制改革》

国家计委和对外贸易部公布 1993—2000 年中国重大技术引进项目共 210 项

中国政府和伊朗伊斯兰共和国政府在北京签署《文化、科学、教育交流计划》

全国人大常委会副委员长田纪云在北京会见古巴外交部部长罗伯特·罗瓦伊纳

国务院副总理兼外交部长钱其琛在钓鱼台国宾馆同保加利亚副总理兼交通部部长内伊乔·耐耶夫举行会谈

外交部部长钱其琛和古巴外交部长罗伯特·罗瓦伊纳在北京举行会谈

中国佛教协会会长赵朴初在北京广济寺迎客厅会见泰国僧王颂得帕耶纳桑文

中国政府和冈比亚共和国政府在班珠尔签署关于中国派遣医疗队赴冈比亚工作的议定书

中国政府和保加利亚共和国政府在北京签署航空运输协定

中国政府和古巴共和国政府在北京签署《民用航空运输协定》

欧洲统一市场合格评定国际研讨会在北京召开

合格评定(认证)是指直接或间接用于对产品符合相应技术法规或标准提供确信保证技术程序。按照国际惯例建立一个行之有效的合格评定(认证)制度，已经成为促进国际贸易和消除贸易中技术壁垒的有效手段。

中英联合联络小组第 26 次会议在中断半年后于香港复会

中国副代表张义山在世界人权大会主要委员会讨论保护社会脆弱群体的人权与基本自由问题时发表讲话

张义山说，联合国成立以来，国际社会为促进和保护人权与基本自由作出了持续的努力，尤其是在易受损害群体享受人权方面，取得了巨大的进展。

张义山说，我们正处在 21 世纪的前夕。在这历史长河的转折点上，国际社会为妇女、儿童、迁徙工人、残疾人、土著居民、难民等社会群体的人权享受提出了许多新要求，也创造了更加有利的条件。从一定意义上讲，易受损害群体的人权与基本自由的充分实现是人类社会文明与进步的标志。他指出，在促进和保护易受损害群体方面要取得成效，就必须坚持加强国际合作，尊重各国政府为保护和实现本国人民基本权利，特别是保护社会脆弱群体所做出的积极努力。在平等和互相尊重基础上的国际合作，是国际社会进行人权保护的一项必不可少的条件。实践证明，国际社会在保护易受损害群体的活动中较易达成共识，联合国在这方面积累了不少成功经验，并取得了积极成果。与此同时，各国政府在促进本国人民人权享受方面具有不可取代的作用。

张义山说，目前，南北差距继续扩大，广大发展中国家面临着日益困难的外部经济环境，使得越来越多的人生活在极度贫困之中。因此，促进和帮助发展中国家实现经济发展，尽快提高那里人民的生活水平，是促进各国易受损害群体充分享受人权的基本保障，也是人类社会进步的共同目标。在某些国家，新纳粹主义、新形式的种族主义和排外主义卷土重来，开始显露出对国际社会的威胁，而易受损害群体则首当其冲。当今世界极不安宁，在许多地区，战火纷飞，动乱持续，政治混乱，社会动荡，人们痛苦不已。受害最深重的也是那里的妇女、儿童、青年、老年人等。国际社会应严重关注这些问题，采取必要措施解决。

张义山说，中国一贯重视保护和促进社会易受损害群体的人权享受。为此，中国政府在进行现代化建设的过程中，从立法、司法和行政方面做了大量的工作，取得了举世瞩目的成绩。这本身就是对国际社会人权保护的重大贡献。中国政府感谢国际社会在这方面给予中国的支持和帮助。

6月22日

八届全国人大常委会举行第二次会议

全国人大常委会委员长乔石主持全体会议，副委员长田纪云、王汉斌、倪志福、费孝通、孙起孟、雷洁琼、秦基伟、李锡铭、王丙乾、帕巴拉·格列朗杰、王光英、程思远、卢嘉锡、布赫、铁木尔·达瓦买提、李沛瑶、吴阶平以及曹志秘书长出席会议，国务委员陈俊生、最高人民法院院长任建新、最高人民检察院检察长张思卿列席会议。

常委会听取法律委员会主任委员薛驹，副主任委员厉以宁、项淳一、王叔文关于中华人民共和国科技进步法草案、农业技术推广法草案、农业基本法草案审议结果的报告，和全国人大常委会关于惩治生产、销售伪、劣商品的犯罪的补充规定草案修改意见的汇报。

委员们还分别听取法制工作委员会副主任卞耀武关于公司法草案的意见的汇报，国务院法制局局长杨景宇关于经济合同法修正案草案的说明，国家工商局局长刘敏学关于反不正当竞争法草案的说明，田纪云副委员长关于设立香港特别行政区筹备委员会预备工作委员会的决定草案和预备工作委员会组成人员名单草案的说明。委员们还审议全国人大常委会关于澳门特别行政区基本法葡萄牙文本的决定草案。

国务院总理李鹏向八届全国人大常委会第二次会议提交关于经济合同法修正案草案和反不正当竞争法草案的议案

李鹏在经济合同法修正案草案的议案中说，经济合同法在保护经济合同当事人的合法权益，维护社会经济秩序，促进社会主义商品经济的发展等方面，起了重要作用。但是，随着改革的不断发展和深化，有些规定与现实经济生活已经不相适应；在一些重要问题上，同后来制定的民法通则、民事诉讼法、涉外经济合同法、技术合同法不相协调，特别是同今年八届全国人大一次会议通过的宪法修正案存在着不一致的情况。为适应建立社会主义市场经济体制的迫切要求，需要尽快对经济合同法中急需修改的内容进行修改。

反不正当竞争法草案的议案说，为维护社会主义市场经济秩序，鼓励和保护公平竞争，制止不正当竞争行为，保障经营者的合法权益，国家工商行政管理局经过调查研究、广泛征求意见，草拟了反不正当竞争法草案，这个草案已经国务院常务会议讨论通过。

国家工商行政管理局取缔7家企业的经营活动

国家工商行政管理局日前发出通告，决定吊销中国工业合作发展咨询公司等7家企业的营业执照，责令其停止一切经营活动。

这7家企业是：中国工业合作发展咨询公司、中国国际科技实业公司、中国农村技术经济开发公司、中国星华企业总公司、中国兆光声像艺术公司、中国国际贸易（易货）公司、中国技术与经济信息咨询服务公司。

国务院副总理邹家华在青岛举行的全国公路建设工作会议上讲话

邹家华指出，国民经济要发展，交通必须先行，各省区市县领导要提高对公路建设重要性和紧迫性的认识，切实加强领导，统筹规划，依靠群众，发动群众，调动各方面的积极性，加快交通基础设施建设，使我国公路运输再上一个新台阶。

在为期六天会议期间，邹家华考察山东环渤海地区的经济和公路基础设施建设，同参加会议的代表座谈，认真听取代表的意见和建议。在会议闭幕时，邹家华讲话。他指出，加快交通基础设施建设，是建立社会主义市场经济体制、加速经济发展和对外开放的迫切需要。当前，交通运输是制约国民经济发展的“瓶颈”，必须加快发展，超前发展。各种运输方式包括铁路、公路、水运、航空各有优势，都要认真规划和发展，要形成综合运输体系。公路运输是覆盖面最广、能够实现门到门运输的一种最普及、最便捷的运输方式。发展公路运输，必须加快公路基础设施建设。沈大高速公路、京津塘高速公路和其他一些高等级公路的实践证明：由于这些公路的建设，沿线中心城市和公路两侧形成了经济带，大大改善了投资环境，促进了这些地区经济发展。

邹家华指出，加快公路建设，必须搞好发展规划。不仅全国要有一个发展规划，各省市，甚至县乡都要有一个公路建设规划。制定规划，眼光要远些，要考虑到经济的发展，考虑到人民生活水平的提高，要有超前意识，量力而行，尽力而为。

全国人大常委会委员长乔石在人民大会堂会见保加利亚副总理兼交通部部长内伊乔·耐耶夫

全国政协主席李瑞环在人民大会堂会见日本川崎重工业株式会社原社长顾问委员会主任神户贸促会会长梅田善司

国家副主席荣毅仁在北京会见古巴外交部长罗伯特·罗瓦伊纳

国家副主席荣毅仁在北京会见日本海外经济协力基金总裁西垣昭

国务院副总理李岚清在科威特会见以科威特工商会主席阿卜杜·萨格尔为代表的数十位科威特工商界人士

外交部部长钱其琛同捷克外交部长约瑟夫·泽列涅茨在北京举行会谈

外交部部长钱其琛就欧洲形势和原南斯拉夫地区局势在钓鱼台国宾馆会见奥地利国民议会第二议长里夏尔

国家教委副主任王明达在吉隆坡举行的第6届亚太地区教育部长会议上就加强地区合作提高教育质量发言

王明达在大会发言中说,为期不远的21世纪,将是亚太地区经济迅速发展的世纪。加快发展教育,提高教育质量,是亚太国家面临的一项重要任务。在经济发展中,环境和人口问题已引起全球的关注,在教育中应增加环境和人口教育的内容。此外,提高女童入学率、减少儿童辍学等,也是本地区的紧迫任务。在此情况下,加强地区合作尤为必要。

王明达说,鉴于实现全民教育的主要困难在农村,中国政府愿意与联合国教科文组织等合作,在中国设立一个主要面向发展中国家的国际农村教育研究与培训中心,以推进全民教育目标在本地区及全世界的实现。他说,中国代表团还希望在完善亚太国家和地区之间以及国际间教育政策、法规、信息的交换网络,在推进亚太地区高等教育学历、学位、文凭证书的相互承认等领域,加强地区性的合作与交流。

中葡联合联络小组在里斯本举行第17次会议

会议就澳门过渡期3大问题,即落实中文的官方地位、法律翻译和公务员本地化问题,进行磋商。

会议还讨论澳门政府公务员退休金问题和与过渡期稳定和发展有关的其他事项。

会议结束后发表的新闻公报说,双方就澳门国际机场有关的悬而未决问题达成协议,并签署了航空运输协议的有关文件。

国防科技大学研制的银河全数字仿真—Ⅱ计算机在长沙通过国家鉴定

计算机仿真是用计算机系统模拟物理系统的一项高科技。高性能仿真计算机,在航空、航天、兵器、交通、能源、化工等领域的大型和超大型实时仿真中,有着独特的重要作用,一直是发达国家重点开发的高科技产品。

据专家介绍,国防科技大学研制的“银河仿真—Ⅱ”是目前国际上最先进的用于动态连续系统仿真的计算机系统。它由前端机、多并行处理机、集成式Ⅰ/O系统及一体化集成仿真环境组成,运算精度为字长65位浮点格式,仿真能力10倍于1985年诞生的“银河仿真—Ⅰ”,相当于通用千万次大型计算机的5至10倍,保证了仿真的实时性和高保真度。软件系统先进、丰富,不仅能与国际流行的仿真语言兼容,而且编译速度快,代码运行效率高。

“银河仿真—Ⅱ”各项技术指标优于国际同类机型,性能价格比高,具有明显的市场竞争优势,为实现产业化、打入国际市场奠定了基础。

首届中国青年奥林匹克技能竞赛组委会第一次全体会议在北京举行

6月23日

中共中央直属机关党的建设理论研讨会在北京举行

与会代表就机关党的思想、组织、作风、制度建设以及思想政治工作、党性锻炼、干部队伍建设等问题,进行了广泛而深入的探讨,交流了经验。他们认为,在当前的新形势下,要以邓小平建设有中国特色社会主义理论为指导,进一步研究和探讨如何加强和改进机关党的建设,充分发挥机关组织的作用,协助行政领导努力完成本单位所担负的行政任务,更好地围绕经济建设这个中心,为经济建设和改革开放服务。

土地与经济专家座谈会在北京举办

来自中国社科院、中央党校、国务院发展研究中心、国家土地管理局、北大、人大及北京农业大学的经济专家就有关热点和存在的问题踊跃发表意见。

中国社科院副院长刘国光认为，土地不仅是宝贵的自然资源和生产要素，而且在市场经济体制下还是重要的有价资产，管好它、用好它可以使国家的资产增值。土地还是国家对经济发展实行宏观调控的重要手段。

国务院发展研究中心顾问杨鲁说，土地批租本来应有协议、招标和拍卖等三种形式，但现在主要是协议批租，导致大量土地级差收益即地租流失。不少地方热衷于低价竞争引进投资，主管部门习惯于批条子定地价，造成了土地资源的浪费。城镇土地管理部门的基础工作首先是进行地籍整理，其次是要一一计价。

中央党校副校长苏星说：我国房地产市场已初步形成，但缺乏规范。他认为，目前要从理论上明确两个问题：一是在维护土地国有的前提下建立符合中国国情的土地产权制度，国家通过所有权向使用和经营单位收取租金。二是要形成符合市场规律的土地价格体系。北京大学校长吴树青认为，我们要明确中央与地方之间的土地产权关系。现在存在理论上不成熟、操作中不规范的问题。要研究哪些权力留在地方，哪些权力要掌握在中央。

国务院决定国家气象局更名中国气象局

国家副主席荣毅仁在人民大会堂会见奥地利国民议会第二议长里夏尔

国家副主席荣毅仁在人民大会堂会见捷克外交部部长约瑟夫·泽列涅茨

科威特埃米尔贾比尔等国家领导人上午会见中国国务院副总理李岚清

中央军委授予国防科技大学计算机研究所“科技攻关先锋”荣誉称号命名大会在长沙举行

大会宣读中央军委主席江泽民签署的命令。

作为中国目前最大的计算机教学和研究中心，这个研究所一直担负着中国高科技领域的攻关重任。从1958年研制出中国第一台电子计算机开始，他们紧紧跟踪世界高新技术，不断攀登科技高峰，先后成功研制了中国第一台晶体管计算机、第一台小规模集成电路计算机、第一台亿次巨型计算机、第一台10亿次巨型机和第一台全数字仿真机等20多种大、中、小型通用和专用计算机。175项重大成果获国家和部委科技成果奖。

这个研究所在科技攻关中所形成的“胸怀祖国、团结协作、志在高峰、奋勇拼搏”的“银河精神”，得到党和国家领导人的高度评价。邓小平称他们为“国防科技战线一支勇于进取、能打硬仗的先进集体”；江泽民赞扬他们“攻克巨型机技术，为中华民族争光”。

解放军总参谋长助理隗福临代表中央军委向国防科技大学计算机研究所授旗。国防科工委领导在讲话中号召国防科技战线广大科技工作者向这个研究所学习，锐意进取，攻克难关，以坚韧不拔的毅力，一丝不苟的科研作风和精湛过硬的科技本领，创造国防科技事业新业绩。

中国政府代表外交部副部长姜恩柱和英国政府代表驻中国大使麦若彬开始就香港1994—1995年选举安排问题举行第6轮会谈

中国和科威特经济技术和贸易合作混合委员会第3次会议在科威特闭幕

中英联合联络小组第26次会议发表新闻公报

中英联合联络小组第26次会议于1993年6月21日至23日在香港举行。

联合联络小组进一步讨论了目前在香港用于防务目的的土地的前途问题、跨越1997年的专营权、合约及有关的问题、香港同某些国家的刑事司法协助问题、香港与有关国家之间的移交逃犯协定、法律本地化、法律适应化、联合声明有关1997年后在香港居留权的条款的实施问题、香港旅行证件过渡性安排问题、互免签证协定、公务员长俸保障问题和香港与外国对等承认及执行民商事判决问题。

联合联络小组讨论了同香港有关的国际权利与义务问题，并就科技方面的一项国际条约1997年后继续适用于香港问题达成了协议。

双方就香港民航协定问题进一步交换了意见，并取得了进展。联合联络小组就香港与有关国家之间的投资保护协定交换了意见，并取得了进展。下次联合联络小组会议的时间和地点，将由双方另行商定。

中英联合联络小组会议中方首席代表郭丰民在香港向记者发表谈话

郭丰民表示，中英联合联络小组必须加紧工作，而工作是否取得进展，则取决于中英双方的共同努力。

郭丰民说，对于召开中英联合联络小组会议，中方是作了很大努力的。他认为，中英在香港问题上的合作，应该在中英联合声明、基本法和过去双方达成的协议与谅解的基础上进行。他说，只要以此为基础，无论在中英联合联络小组的范围内或其他外交场合，都将取得成果，反之，都会受到损害。

郭丰民说，对于影响香港民生的一系列问题，中方一贯采取积极的态度，前一段中方同意批出有线电视等三个专营权便是证明。这次会议也讨论了九号货柜码头的问题，由于涉及面较广，双方还将继续进行磋商。

郭丰民不无遗憾地表示，有些问题几年前中方便向英方提出要求，比如民航协定的有关材料等，但是英方拖延至今。他本希望这次会议能在某些问题上取得更多进展，如军事用地事项等，但英方应该迈出更合理的步子。他再次强调，合作要取得成果，必须中英双方共同努力。

6月24日

中共中央国务院颁布关于当前经济情况和加强宏观调控的意见

今年以来，我国经济总的形势是好的。在邓小平同志重要谈话和党的十四大精神鼓舞下，广大干部和群众解放思想，抓住机遇，加快发展的热情高涨。围绕建立社会主义市场经济体制的各项改革和对外开放不断取得新进展，市场机制的作用进一步扩大。整个经济继续保持蓬勃发展的势头，生产、建设、流通和对外经济技术交流全面发展。今年一季度，国民生产总值比去年同期增长15.1%。农业生产虽然粮食播种面积有所减少，但夏粮总产量可望接近或略高于去年的水平。1至5月，全国乡及乡以上工业总产值比去年同期增长23.8%，企业经济效益有所提高；城乡市场繁荣活跃，社会商品零售总额增长20.2%；对外贸易继续扩大，进出口总额增长17.2%。人民生活继续改善，各项社会事业进一步发展。这些情况说明，今年以来我国改革开放和现代化建设取得的成绩是显著的。

（略）

为了保持经济发展的好势头，真正抓住机遇、珍惜机遇、用好机遇，现在必须下决心，解决经济中的突出问题。在解决问题时，需要注意把握以下三点：

一是统一思想认识。今年以来，各地区、各部门对党中央、国务院采取的一系列政策措施是努力贯彻执行的，做了不少工作。但是由于对工业速度是否过快、投资规模是否过大、票子和货币供应量是否过多、通货膨胀是否在加剧等问题的看法不完全一致，影响了宏观调控措施的贯彻落实。对这些问题，从局部观察是不容易看清楚的，需要从全局上、宏观经济形势上和未来发展的走势上作出正确判断。为了解决当前经济中的突出问题，首先必须进一步统一思想认识，特别是各级领导干部对当前经济形势要有正确的、清醒的认识。要按照中央4月1日经济情况通报会和最近江泽民同志在华东六省一市经济工作座谈会上的讲话的要求，积极、正确、全面地领会邓小平同志重要谈话和党的十四大精神，把解放思想和实事求是统一起来，切实贯彻“在经济工作中要抓住机遇，加快发展，同时要注意稳妥，避免损失，特别要避免大的损失”的重要指导思想，把加快发展的注意力集中到深化改革、转换机制、优化结构、提高效益上来。坚持从全局出发，从长远的持续发展出发，协调行动步伐，处理好局部与全局的关系。

二是着眼于加快改革步伐。当前经济中出现的矛盾和问题，从根本上讲在于原有体制的弊端没有消除，社会主义市场经济体制尚未形成，那种盲目扩张投资、竞相攀比速度、缺乏有效约束机制等问题没有得到根本解决。在这种情况下，解决当前的问题必须采用新思路、新办法，从加快新旧体制转换中找出路，把改进和加强宏观调控、解决经济中的突出问题，变成加快改革、建立社会主义市场经济体制的动力。在深化改革中，特别要加快金融体制、投资体制和财税体制的改革。

三是主要运用经济办法，也要采取必要的行政手段和组织措施。要强化间接调控，更多地采取经济手段、经济政策和经济立法。通过加强宏观调控，既能有效解决当前经济问题，又有利于继续增强微观经济活力和市场机制作用的充分发挥。对那些主要是由于行政行为导致经济秩序混乱的问题，也要采取必要的行政手段加以解决。特别是在当前经济运行机制不健全的情况下，行政手段更不可缺少。加强宏观调控要注意从实际出发，进行分类指导，不搞“一刀切”。但对防止严重通货膨胀和整顿金融秩序等问题，必须有较强的力度，同时采取必要的组织手段、纪律手段和法律手段，以保证中央政令的通行。

针对当前经济生活中存在的问题，党中央、国务院决定采取以下加强和改善宏观调控的措施：

一、严格控制货币发行，稳定金融形势。

全年货币发行量要控制在××××亿元，这要作为今年宏观调控的首要目标。首先要把住基础货币投放这个闸门，严格控制社会需求的过快增长，认真整顿金融秩序，切实加强现金管理。各家银行和金融机构要严格执行现金管理规定，严肃结算纪律。各家银行的大额汇款一律通过电子联行和人民银行联行办理转汇，做到事先清算汇差资金，确保汇入款项的及时解付。

二、坚决纠正违章拆借资金。

人民银行要停止对非银行金融机构发放贷款，已经发放的贷款要限期收回。中央银行的资金，用于支持农业生产和确保农副产品的收购，用于增加国家外汇储备和黄金储备，解决中央财政列入国家预算的临时借款，以及铁路等重点建设资金需要。银行之间的正常资金拆借，要严格按照人民银行规定的用途、期限、利率进行。今年内暂停银行对非银行金融机构的资金拆出，严禁非金融机构参与资金拆借。拆借资金只能按规定用于为解决银行正常支付和先支后收的临时头寸调剂，不得变相搞计划外的贷款和投资。各级各类银行要在规定限期内完成全面清理拆借的工作，限期收回不合理的拆借资金。对在今年8月15日以前，未能收回的违反规定的拆出资金和以拆借名义用于其他方面的资金，要逐笔登记造册，说明原因，提出处理意见。要尽快建立全国统一的、有序的同业拆借市场，使资金拆借纳入规范化的轨道。

三、灵活运用利率杠杆，大力增加储蓄存款。

5月15日提高储蓄存款利率以来，已经收到一些积极效果，但力度还不够，7月上旬将再次提高银行存、贷款利率。同时，对三年、五年和八年期定期储蓄存款实行保值。要加强利率管理，严格执行人民银行公布的法定利率，不得在规定的利率水平和浮动的幅度之外收取手续费或变相提高利率。对违反利率规定的，要认真查处。

四、坚决制止各种乱集资。

各地区、各部门对1992年以来进行的未经授权部门批准的各种形式集资，要进行一次全面清理，集资利率不得超过国家有关规定。为了规范集资行为，国务院将制定集资管理条例，明确正当集资与乱集资的界限、审批程序、批准权限、利率范围以及风险处理等有关问题。当前要严肃查处几个大的乱集资典型案例，并予公布，对全民进行法制教育和投资风险教育。

五、严格控制信贷总规模。

强化中央银行对全社会信贷总规模的宏观控制，各家银行和非银行金融机构要严格按照人民银行总行下达的年度信贷计划执行，未经批准不得突破，并按季监控，按月考核。银行贷款首先要支持农业生产和农副产品收购；支持产品在国内外市场有销路、效益好的国有工业企业的流动资金需要，对于产品无销路、效益不好或挪用资金参与乱集资、炒房地产、炒股票的企业要减少以至停止贷款；积极支持外贸出口的贷款需要，对囤积外汇额度或不按规定及时结汇的外贸公司，要从严控制贷款发放；固定资产投资贷款要集中用于国家计划内的农业、交通通信、能源、重要原材料、水利等国家重点建设项目，特别是铁路建设和今年内可以竣工投产的建设项目。

六、专业银行要保证对储蓄存款的支付。

各专业银行和商业银行要建立存款支付责任制，大力组织存款，压缩一般贷款，清理收回不合理贷款和拆借资金，以增强银行的支付能力。各专业银行总行要在全国范围内统一调度资金，任何地方、部门不准干扰专业银行为保证支付而进行的资金调度。由于不能保证存款支付而出现问题，由当地的专业银行行长和该总行行长负责。

七、加快金融改革步伐，强化中央银行的金融宏观调控能力。

中国人民银行要通过深化改革，真正成为对全国信贷、货币进行宏观调控和统一管理各类金融机构的中央银行。贷款规模的调剂权集中到人民银行总行，取消人民银行省级分行7%的贷款规模调剂权。为了增强人民银行对信贷资金的间接调控能力，盘活信贷资金存量，调节资金分布，人民银行要切实抓好中央银行融资债券的发行工作。中央银行的再贷款，除用于农副产品收购的再贷款可下达给省级分行外，其余再贷款主要对专业银行总行发放。未经中国人民银行批准，擅自设立的金融机构要限期撤销或并入经批准的金融机构。坚决取缔钱庄、银号等非法设立的金融机构。人民银行、专业银行和商业银行兴办的非银行金融机构和其他经济实体要与银行彻底脱钩，首先在人事、财务和资金方面完全脱钩。人民银行要带头尽快脱钩。

八、投资体制改革要与金融体制改革相结合。

从改革投资体制入手，尽快建立政策性银行，逐步实现政策性金融与商业性金融相分离。组建国家长期开发信用银行、出口信贷银行等政策性银行，专门承担政策性投融资和贷款任务。当前，各专业银行也可先采取过渡办法，在内部分设账户、分别管理，实行政策性和商业性业务分开。过渡期间的财务核算办法，实行单独记账，统负盈亏。

九、限期完成国库券发行任务。

今年发行国库券的利率，随着银行再次提高利率而相应提高。各地区、各部门要认真执行《国务院办公厅关于确保完成今年国库券发行任务和做好兑付工作的通知》，必须在7月15日以前完成国库券发行任务，这要作为一项政治任务。要广泛动员职工和个体劳动者购买，各专业银行、非银行金融机构也要积极代销，再用养老保险基金和待业保险基金结余购买一部分。要以省、自治区、直辖市及计划单列市为单位，把完成国库券发行任务与发行有价证券挂钩，只有在完成国库券发行任务后，才可以发行国家计划安排的其他有价证券。

十、进一步完善有价证券发行和规范市场管理。

各地区、各部门必须严格执行国家下达的股票、债券等证券发行计划，不得擅自突破（包括股票发行的试点企业个数）。已经批准股票境外上市的上海石化总厂等九个大企业，要继续做好各项准备工作，保证顺利上市。各地区、各部门要严格执行《股票发行与交易管理暂行条例》，对不符合发行、上市条件的股票、债券不予审批。做好股票、债券异地交易的准备工作，保证交易的顺利进行。内部职工持股的定向募集股份有限公司，要继续按照规范要求进行试点，严格执行《国务院办公厅转发国家体改委等部门关于立即制止发行内部职工股不规范做法意见的紧急通知》，股权证要集中托管。要坚决取缔有价证券的黑市交易，维护合法、规范的市场交易活动。

十一、改进外汇管理办法，稳定外汇市场价格。

在努力扩大外贸出口的同时，要加强对出口收汇的监督管理，完善和改进出口收汇核销制度，建立进口付汇核销办法，加强结汇纪律，防止出口不结汇、推迟结汇和境外截留外汇，提高出口结汇率。要完善外汇上缴办法，保证中央必要的外汇需要。要改进和完善外汇留成制度，对实行现汇留成的试点单位加强现汇账户管理。对留成的外汇额度和现汇，实行限期使用，防止囤积外汇。要采取多种措施控制进口规模，严格按国家规定控制进口减免税。严格对境外投资和其他外汇资本流出的审核监督。严格限制外币在国内市场的流通，取缔炒买炒卖外汇等投机活动。要严厉打击进口走私行为。同时，抓紧研究外汇管理体制改革。

十二、加强房地产市场的宏观管理，促进房地产业的健康发展。

认真执行《国务院关于发展房地产业若干问题的通知》，由建设部牵头组织土地、工商、税务等部门对各类房地产开发经营机构进行一次全面检查，对注册资金虚假、没有开发能力以及偷税漏税的经营单位，要予以查处。抓紧制定房地产增值税和有关税收政策，坚决制止炒房地产获取暴利的行为。在土地增值税出台以前，要严格执行财政部《关于国有土地使用权有偿使用收入征收管理的暂行办法》，把流失的土地收入按规定清缴入库。所有房地产开发公司都要承担20%以上的微利居民住宅建设任务。土地批租后，必须抓紧开发利用，购地后一年内投入的开发资金不足购地费25%的，要收回土地。金融机构和土地管理部门一律不得开办开发经营房地产的公司，已开办的要限期脱钩。房地产开发投资必须纳入固定资产投资计划，由人民银行和国家计委重新核定今年的房地产信贷规模，并下达到各专业银行。

十三、强化税收征管，堵住减免税漏洞。

税务部门要依法治税，在继续做好国有经济单位税收征管的同时，加强对非国有经济单位各项税收和个人收入调节税、所得税的征管工作。各地方超越权限自行制定的减免能交基金、预算调节基金和其他各项减免税政策，一律先停止执行，再由上级税务部门逐项审核，作出处理。各地方如因擅自减免而未完成"两金"上缴任务的，中央财政要相应扣减地方"两金"分成收入。今年内，中央和地方都不再出台新的减免税政策，临时性、困难性的减免税一律暂停审批。对外商投资企业要加强税收征管，防止外商转移利润和逃税、避税。要清理关税和进口工商税的减免。改进出口退税办法，实行出口退税与出口结汇相挂钩，防止虚报冒领。要认真清理欠税，对拖欠税款的，由税务部门通知银行扣缴入库。地方财政预算收支，必须严格执行《国家预算管理条例》，不准打赤字。已经打赤字的地区，要立即重新调整地方预算，确保全年收支平衡。从八月份开始，由国务院组织全国财税大检查，重点检查偷漏税、越权减免税和"两金"等方面的问题。对检查出来应上缴国家的财政收入，银行要及时划解入库，不得占压应缴国库的财政收入。

十四、对在建项目进行审核排队，严格控制新开工项目。

现在建设摊子普遍铺得太大，战线拉得过长，投资结构也不够合理，各地区、各部门必须对所有在建项目进行一次清理、审核排队。对不符合国家产业政策、资金来源不落实、建设条件不具备、市场前景不明的项目，特别是高档宾馆、写字楼、度假村等，要下决心停缓建，腾出资金保国家重点建设项目，保今年计划内项目。各级政府和财政、银行部门，要加强建设资金的调度，保证国家预算内建设资金和银行投资贷款按资金的正常需要比例到位。所有新开工项目，必须是有正当资金来源、产品有市场销路和经济效益好的项目。建设资金供应无保证、条件不具备的项目，都不得批准开工。新开工基本建设大中型项目，必须经国务院批准后方能开工。对于基本建设小型项目，除农业、水利、交通、能源、学校、医院、粮棉仓储设施、城市公用设施、职工住宅以及合同已经生效的利用外资项目外，其他项目今年内也要严格控制新开工。抓紧建立建设项目申报备案制度。各地区要认真贯彻《国务院关于严格审批和认真清理各类开发区的通知》，借用国外商业贷款，要严格按国家计划执行，不得任意突破，特别是不准用商业贷款倒换人民币来扩大建设规模。

十五、积极稳妥地推进物价改革，抑制物价总水平过快上涨。

今年内，除按原计划再出台提高铁路货运价和整顿电价外，各地方都不要再出台新的调价项目（包括服务收费项目）。受国家调价影响较大的后续产品，价格调整也要从严掌握。对去年下半年以来一些地区和部门，未经国家批准越权决定出台的提价项目和行政性收费要进行清理，并严格按价格管理条例进行查处。对已经放开的重要商品价格要加强监测，通过立法规范企业价格行为。已经放开粮价的地区，要进一步发挥国有粮食部门稳定市场、稳定粮价的作用。严格执行农业生产资料最高限价。

十六、严格控制社会集团购买力的过快增长。

要加强集团购买力的控购管理工作。下半年要严格控制和精简各种会议，各地区、各部门会议经费要在年初预算基础上压缩20%。要严格控制过多过滥的出国活动，控制无实际效益的各种招商活动，停办各种无实际意义的办节活动。各行政事业单位要努力节约办公经费，购买办公设备必须严格按预算办事，不得以办公自动化为名要求追加预算。对非生产性的社会集团单位购买小汽车，下半年原则上暂停审批。对行政事业单位和亏损企业，以及拖欠税款和没有自有专用基金的企业，一般要暂停购买小汽车。

采取上述措施，从全局来说是非常必要的，是积极的。既可以保持经济持续快速发展，又可以为加快改革开放创造必要的宏观环境。当然，实行这些措施，下半年的经济增长速度将要减慢一些，有些生产企业可能减产甚至停产，企业的销售收入会相应减少，有些建设项目要停缓下来，相互拖欠资金会有所增加。但就全国来看，还可以保持较高的增长水平，全年经济增长率不会低于10%。基础工业和主要装备工业特别是国有大中型企业的生产经营不至于受太大的影响。如果不采取这些措施或这些措施不能得到有效贯彻，“瓶颈”部门制约将会进一步加剧，资金供求矛盾将更加尖锐，严重通货膨胀局面将难以避免。在这样的局面下，即使今年速度可以更高一些，但明后年将难以支撑，经济有可能发生大的起落。这是我们需要极力避免的。一定要注意瞻前顾后，不仅考虑今年，还要考虑到明后年以至整个90年代的发展战略目标，保证国民经济持续、快速、健康地发展。

在实施上述措施过程中，必须继续高度重视农业问题，要切实落实党中央、国务院关于稳定和发展农业生产的各项政策措施。当前特别是，一要坚决做到不打“白条”，二要切实减轻农民负担，三要抓紧解决夏收购销、储运中暴露的问题，四要抓好大秋作物播种面积的落实和田间管理。这是关系经济社会全局稳定和经济走势的大事。同时，要大力开展增产节约、增收节支活动，反对铺张浪费；继续抓好《全民所有制工业企业转换经营机制条例》的落实，进一步强化企业内部经营管理，推进企业的技术进步和扭亏增盈工作。贯彻上述措施，要坚持“两手抓”，抓住一些大案要案，坚决果断处理，推动纠正各种不正之风，反对贪污腐败，改变社会不良风气，使中央的宏观调控措施得到人民群众的拥护和支持。

各地区、各部门都要从大局出发，加强组织纪律性，做到令行禁止，坚决维护中央对全国宏观经济调控的统一性、权威性和有效性。自接到文件之日起，必须立即组织贯彻落实，制定出具体的办法和措施。党中央、国务院将组织调查组，深入各地进行督促检查。

国务院副总理朱镕基等在中南海听取“菜篮子工程”工作汇报

中共中央书记处书记温家宝、国务委员陈俊生、国务委员兼国务院秘书长罗干和国务院有关部门的负责人参加会议。

会议由国务委员陈俊生主持，国内贸易部筹备领导小组副组长白美清首先汇报全国“菜篮子工程”工作会议的情况，北京市副市长段强、山东省副省长王建功、黑龙江省副省长孙魁文、南京市副市长诸吉炤分别汇报“菜篮子工程”建设的情况。

听取汇报后，温家宝讲话。

他说，搞好“菜篮子工程”从根本上讲在于完善生产与经营机制。这些年副食品产销之所以搞得好，是因为坚持了市场取向的改革。今后一定要紧紧围绕建设社会主义市场经济，进一步完善副食品生产和经营体制。要搞活流通，发展大市场，搞好综合服务体系建设，加强和改善宏观调控，稳定基地建设，防止耕地特别是菜地的减少。要重视和解决影响“菜篮子工程”建设的矛盾和具体问题，当前最要紧的是保护和调动农民的生产积极性。他说，“菜篮子工程”是一项系统工程，既包含生产，也包含流通、储运、加工等方面，这都需要科学技术，所以要认真研究如何运用和推广科学技术问题。

朱镕基指出，这次会议是根据李鹏总理指示召开的，国务院专门开会研究了“菜篮子工程”的有关政策问题。他充分肯定了“菜篮子工程”建设所取得的明显成就，同时也指出，在当前大好形势下，还存在一些隐忧，有些同志片面认为，搞市场经济，价格一放开、把农产品推向市场，什么问题就都解决了，忽视对农业的保护和支持，减少对农业和副食品生产的投入，农业资金外流，许多地方没有把由于放开价格减少的财政补贴转换为生产风险基金和价格平准基金，用于稳定粮食和副食品的市场价格，保护农民利益和支持“菜篮子工程”而是大量用于其他领域。同时，主要农用生产资料价格上涨，生产成本上升，农副产品和“菜篮子工程”的经济效益下降，农民的积极性受到影响；开发区和城市发展占用菜田过多；基层服务体系建设还不适应生产、流通的要求等问题也都直接影响到农业和“菜篮子工程”建设的发展，各地要按照这次会议精神，重视发展过程中出现的这些问题，切实加以解决。

朱镕基强调，国家扶持副食品生产和流通的各项优惠政策不能变，不仅中央的政策不变，各级地方政府制定的有关优惠政策也不要变。要稳定对农业、对“菜篮子工程”建设的投入。朱镕基要求，在副食品产销上要加强政府的宏观调控职能和手段。他说，随着市场经济体制的建立，副食品生产、流通主要依靠市场来调节，政府要转变职能，充分行使执法、监督的职责和对经济进行宏观调控的职责。今后，政府要把握总量平衡，努力做到供给和价格波动不能太大。要改革过去政府包揽的做法，但不是撒手不管。宏观调控手段主要包括投资、信贷、财政、税收、储备等等，这些手段的使用也要按照建立社会主义市场经济的要求来进行改革。首先中央和地方政府都要把生产风险基金和价格平准基金制度建立起来。

在谈到搞好“菜篮子工程”建设规划时，朱镕基说，今后，组织实施“菜篮子工程”要与贯彻国务院发布的90年代中国食物结构改革和发展纲要结合起来。他说，副食品生产基地和市场的建设，要形成全国大生产、大市场、大流通的格局。

朱镕基强调，开发区和城市建设要严格控制占用耕地，特别是不能随意占用菜地。今后城市规划和搞开发区卖地赚的钱，要拿出一部分用在补偿新菜地的开垦上。他说，今后“菜篮子工程”建设主要依靠当地城市，依靠市长、市委书记，省里也要通盘考虑，省长、省委书记要给予关心和帮助。国务院各有关部委要切实支持这项工作。

朱镕基最后说，民以食为天，农业是国民经济的基础，农民的生产积极性是农业发展的根本。当前各地要抓好三项工作：一是确保在农产品收购中不打“白条子”；二是切实减轻农民负担；三是在市场放开的新形势下，搞好粮食等农产品购销储运的组织协调工作。他说，当前各级政府应该注意采取措施，稳定农业基层服务体系，切实加强这支队伍的建设。农业基层科技等服务工作要有机构来管，服务网络不能断，服务经费不能减。

国家审计署公布对实施的希望工程的财务收支专项审计结果捐款手续齐全财务账簿清楚

国家无线电管理委员会发出严禁产销用大功率无绳电话机的通知

《人民日报》发表评论员文章《珍惜土地资源——写在第三个全国“土地日”之际》

国务院证券委员会副主任刘鸿儒在中国企业股份制改组国际研讨会上就中国证券现状等问题发言

国务院证券委员会副主任、中国证券监督管理委员会主席刘鸿儒在“中国企业股份制改组国际研讨会”上全面介绍向规范化发展的中国证券市场现状、存在的问题和当前推进这项工作的重点。

刘鸿儒指出，中国证券市场的产生与发展，既是经济体制改革的重要内容，又是经济体制改革的伴生物。显然从总体上看还刚刚开始，但是它对经济改革与发展已经和正在产生着积极的作用。概括起来，一是为经济建设筹集了资金；二是有利于抑制通货膨胀；三是促进了国有企业经营机制的转换，加速了企业走向市场的进程；四是实现了资源的优化配置；五是推动了社会主义市场体系的形成。实践证明，中国试行的股份制改革和发展股票市场，是巩固和发展公有制为主体的社会主义市场经济的一条确实有效的途径。

刘鸿儒在分析中国目前证券市场发展中存在的一些问题时，从七个方面作了论述：企业股份制改革的规范化问题；实现公有制为主体和公有股的保值增值问题；关于证券市场发展的格局问题；关于建立统一的证券监管体系问题；关于发展机构投资人，改善投资者结构的问题；关于利用证券市场扩大吸引外资的问题；关于市场风险问题。他强调说，目前干部群众的风险意识缺乏已成为一个重要问题，一些领导干部对股票市场的认识也存在片面性，急于发股票，忽视了股市存在风险的一面，特别是在市场法规不全、缺乏经验的情况下，急于求成，容易走弯路。

全国政协副主席王兆国在北京统战部礼堂会见以香港杰出青年协会主席郁德芬为团长的香港杰出青年协会访问团

国家主席江泽民在中南海会见泰国僧王智护尊者颂得帕耶纳桑文

国务院总理李鹏和澳大利亚总理保罗·基廷在人民大会堂举行会谈

国务院副总理钱其琛在北京会见阿尔巴尼亚副总理巴什基姆·科普利库

中国印度边界问题联合工作小组第6轮会谈和副外交部部长级磋商在新德里举行

会议于6月24日至27日举行。会谈中，双方就保持边境实际控制线地区和平与安宁的信任措施交换意见并达成协议。

中方代表团团长为外交部副部长唐家璇，印方代表团团长为外交秘书迪克西特。

国家自然科学基金重大研究项目——湖北光敏感核不育水稻育性转换机理与利用研究在武汉通过鉴定验收

卫生部宣布中国目前发现艾滋病病毒感染者已超过千例分布于19个省市自治区

6月25日

纪念中国共产党成立72周年座谈会在北京召开

中共中央总书记江泽民发表讲话。

座谈会由中共中央书记处书记胡锦涛主持。胡锦涛在会议结束时说，刚才，江泽民的讲话，对加强和改善党的领导，对加强和改进党的自身建设，提高党员素质，具有很强的指导意义。我们要认真学习，深刻领会，切实加以贯彻。他说，在党建工作中，要坚持解放思想、实事求是的统一，脚踏实地，真抓实干，讲求实效，及时研究新情况，解决新问题，总结新经验，努力把党的建设提高到一个新水平。

座谈会由中组部、中宣部、中直机关工委、国家机关工委和中共北京市委联合举办。

中共中央总书记江泽民在纪念中国共产党成立72周年座谈会上发表讲话

在建党72周年前夕，召开这次座谈会，是很有意义的。参加座谈会的同志，大多数是中青年，都是来自各条战线的优秀共产党员、优秀党务工作者和先进党组织的代表。你们同站在我们这个伟大时代前列的千千万万先进分子一样，勤奋学习，创造性地劳动和工作，在改革开放和现代化建设中做出了显著成绩，用自己的行动坚持党的理想，实践党的宗旨，为党的事业和党的形象增添了光彩，无愧于中国共产党党员的光荣称号。希望你们不骄不躁，再接再厉，不断进步，奋发进取，为建设有中国特色社会主义做出更大的贡献。

刚才，大家围绕全面贯彻落实党的十四大精神，以邓小平同志建设有中国特色社会主义理论和党的基本路线为指导，进一步加强和改进党的建设，提高党的执政水平和领导水平，充分发挥基层党组织的政治核心作用、战斗堡垒作用和共产党员的先锋模范作用等问题，联系各自的工作实践，谈体会，讲认识，发表了很好的意见和建议。

借这个座谈会的机会，我讲三个问题。

第一，在中国解放和发展生产力，实现社会主义现代化，必须加强共产党的领导

我们党从诞生到现在，已经走过了72年的战斗历程。这72年，中国共产党作为工人阶级的先锋队，始终站在解放和发展社会生产力的最前列，领导全国各族人民推动历史不断进步。在前28年，我们党创造性地把马克思主义基本原理运用于中国革命的实际，开辟了有中国特色的民主革命道路，通过艰苦卓绝的武装斗争，推翻了三座大山，建立了新中国，实现了社会生产力的大解放。新中国成立后的四十多年来，我们党一直为在社会主义条件下进一步解放和发展生产力而顽强探索，其间虽然几经曲折，终于在坚持马克思主义基本原理与中国社会主义现代化建设实际相结合的过程中，找到了建设有中国特色社会主义的正确道路，通过实行改革开放，推动我国社会生产力在新的条件下实现新的解放和发展，取得了举世瞩目的伟大成就。纵观72年的历史，我们党的发展壮大，我们国家在党的领导下取得独立和走向繁荣富强，归根到底是同推动社会生产力的解放和发展密切相连的。在中国，没有共产党的坚强领导，就不会有社会生产力的不断解放和发展，就不会有社会的全面进步，就谈不上社会主义现代化。

坚持和改善党的领导，加强党的建设，是建设有中国特色社会主义理论的重要内容，是新时期执政党建设的重大课题，也是时代和人民的要求。邓小平同志去年视察南方的重要谈话，强调坚持党的基本路线一百年不动摇，指出革命是解放生产力、改革也是解放生产力，要求全党进一步解放思想，实事求是，抓住机遇，加快改革和发展，同时也强调要加强和改进党的领导、党的建设，明确提出我们事业成功的关键在于把党建设好。我们一定要深刻领会和认真贯彻邓小平同志的这些重要思想。在中国，要团结凝聚11亿多人民，通过改革进一步解放和发展社会生产力，集中力量把经济搞上去，实现社会主义现代化建设的宏伟目标，关键在党；要深化改革，成功地创建人类历史上没有先例的社会主义市场经济体制，关键在党；要坚持“两手抓”，搞好两个文明建设，关键在党；要保持社会政治稳定，实现国家长治久安，关键也在党。党的领导、党的建设是经济建设和改革开放取得成功的根本保证，越是改革开放、发展经济，越要加强党的领导、抓好党的建设。这一条任何时候都是绝对不能忽视、不能放松的，否则就会犯历史性的错误。

现在，全党正在积极、全面、正确地贯彻邓小平同志的重要谈话和党的十四大精神，我国改革开放和现代化建设处于关键时期，总的形势是好的。同时，在新旧体制转换中也暴露出一些深层次的经济问题、社会

问题。要巩固和发展好的形势，解决前进中出现的问题，推动社会主义市场经济体制尽快建立，促进经济实现速度和效益的统一，促进两个文明建设共同发展，促进社会全面进步，必须进一步加强党的领导，搞好党的建设。

近年来，党对改革开放和现代化建设的领导加强了，党的自身建设也有了新的进步。主要表现在：

（一）全党学习建设有中国特色社会主义理论逐步展开，广大党员、干部解放思想，实事求是，大胆探索，积极进取的精神得到发扬；

（二）各级党组织更加自觉地联系党的基本路线加强自身建设，注意围绕经济建设这个中心抓党的建设、抓好党的建设促进经济建设，越来越多的党员、干部积极学习社会主义市场经济知识，努力掌握两个文明建设一起抓的本领；

（三）全国县以上各级党政领导班子换届选举工作大多数已经完成，一大批德才兼备的优秀年轻干部走上领导岗位，各级领导班子的结构有所改善，整体素质有了提高；

（四）适应新形势、新任务的要求，各地积极探索加强和改进基层党组织建设、特别是经济组织中党的建设的新途径新方法，取得了一些进展。同时，我们必须清醒地看到，随着客观形势的发展变化，党的建设状况同改革开放和现代化建设的要求，同人民群众对党的期望，还有较大差距，党的建设面临着许多新情况、新问题。突出的是：我们在深化改革、建立社会主义市场经济体制中遇到的问题，过去大都未曾遇到过，能否解决好这些问题，对各级党委和领导干部是一个新的考验；艰巨复杂的任务，要求全党更好地执行民主集中制，增强党的团结统一，保持行动一致，但是一些党组织程度不同地存在软弱涣散问题，存在有令不行、有禁不止的纪律松弛问题；拜金主义、享乐主义、极端个人主义在一部分党员、干部中滋长，消极腐败现象变换形式在某些方面蔓延，严重损害党群关系。我们不能因为存在这些问题而看不到党的主流，但是必须严肃认真地加以对待。几十年来，我们党就是在领导人民进行革命和建设的同时，不断加强自身建设，发扬积极因素、克服消极因素的过程中，日益发展壮大起来的。我们要把握和运用好这个规律，结合当前的实际，把党的建设提高到一个新的水平。

第二，按照十四大要求进一步把党建设好

在新形势下加强党的建设和改善党的领导，十四大已经明确提出了指导思想、目标要求和主要任务。现在的问题，是要继续全面抓好落实。总的目标、要求是什么？概括地说，有三句话：一是我们的党建工作，要紧紧抓住一个主题，就是把党建设成领导社会主义现代化建设的更加坚强的领导核心；二是要努力提高党的执政水平和领导水平；三是要进一步增强党组织自身的凝聚力、对广大群众的吸引力、在改革和建设中的战斗力。

党的领导是在制定和全面坚持正确的政治路线的实践中得到实现和加强的，党的建设也是在这个实践中不断发展和进步的。这是一条根本经验。正确的政治路线为党的建设健康发展创造了最重要的前提条件。现在，我们已经有了"一个中心、两个基本点"的基本路线，要坚持这条路线一百年不动摇，这是新时期加强和改进党的建设极为有利的条件，但是要把每个党组织都建设好，还必须做很多扎实的工作。鉴于当前的情况，我想着重强调以下三个方面。

一是要保持全党思想上、政治上的高度一致。

最根本的，是坚持不懈地用建设有中国特色社会主义理论武装全党，特别是县以上领导干部。我们党是一个有5000多万党员的大党，领导着11亿多人口的大国，现在又面临着改革开放和现代化建设的异常繁重艰巨的任务，加强思想理论建设尤为重要。没有马列主义、毛泽东思想的指导，不坚持用建设有中国特色社会主义理论武装全党，就没有今天社会主义现代化建设的崭新局面。十四大提出用建设有中国特色社会主义的理论武装全党，是加强和改进党的建设的一项根本性工作，是党的建设的一项长期战略任务，要贯穿于社会主义现代化建设的全过程。

各级党委、各级领导干部，一定要提高学习的自觉性，充分认识学好马列主义、毛泽东思想，特别是学好邓小平同志建设有中国特色社会主义理论，对于提高党的执政水平和领导水平，正确认识和解决社会主义现代化建设过程中遇到的新问题和深层次的矛盾，努力防止和克服工作中的片面性、绝对化，确保全面、正确地贯彻落实党的基本路线和各项方针政策，都具有极其重要的意义。现在，改革和建设任务很重，大家都很忙，但是一定要挤时间学习理论。如果成天忙于事务，忽视理论学习，头脑不清醒，是要吃大亏的。学习建设有中国特色社会主义理论，不能浅尝辄止，更不能断章取义、各取所需。必须认真而不是敷衍地、具体而不是抽象地、系统而不是零碎地刻苦钻研，才能掌握这个理论，用好这个理论。全党真正用建设有中国特色社会主义的理论武装起来，在贯彻执行党的基本路线和方针政策时，就能保持思想上、政治上的高度一致。有了这一条，其他事情就好办了。

二是要巩固党在组织上、行动上的高度统一。

无产阶级政党所以具有不可战胜的力量，就因为它根据马克思主义原则形成的思想统一，是用组织的物质统一来巩固的。一个党如果组织涣散、各行其是，就不会有战斗力，就不可能完成自己的历史任务。在历史发展的重要关头，尤其是这样。

靠什么来保证党在组织上、行动上的一致呢？最重要的就是严格执行民主集中制。小平同志多次强调，民主集中制是我们党和国家的根本制度，也是最便利的制度，最合理的制度，永远不能丢掉。我们党历来有个规矩，做一切工作都要坚持从群众中来，到群众中去。在一个问题没有决定之前，充分发扬民主；在这个基础上，经过集中，作出了决定，就必须坚决执行。党员个人服从党的组织，少数服从多数，下级组织服从上级组织，全党各级组织和全体党员服从党的全国代表大会和中央委员会，是民主集中制最重要的原则，也是最重要的组织纪律。现在有一种情况，中央和国务院在民主基础上形成的正确决策，在有的地方、单位却得不到贯彻落实。有些事情，上面三令五申，有的人却仍然我行我素，继续搞"上有政策下有对策"。这种违反民主集中制原则的行为，削弱党的力量，影响党的决策的贯彻落实。出现这些问题的一个重要原因，是没有正确对待和处理全局与局部、当前与长远、中央与地方的利益关系，往往只是从局部的、眼前的、小团体的利益出发，来决定自己对待中央和上级决策的态度，合意的执行，不合意的就不执行。古人说："不谋全局者不足谋一域，不谋万世者不足谋一时。"共产党员和党的干部一定要时刻想着全国各族人民，处处顾全大局，当局部利益与全局利益发生矛盾时，要自觉服从大局。各级党组织都要坚决执行民主集中制，维护党和国家的整体利益，维护党的团结和统一，维护党中央、国务院的权威，保证政令畅通。对那些不顾全局利益，无视党内生活准则的，要严肃执行纪律。

三是要始终保持党同人民群众的密切联系。

我们党同群众的关系，总的说是好的，但是对存在的问题不能低估。消极腐败现象严重干扰改革开放，群众是很不满意的。如不采取坚决措施加以克服，任其发展，就会葬送改革开放大业，最终也会危及党的执政地位。我建议同志们重读小平同志 1982 年的两个重要讲话《坚决打击经济犯罪活动》和《在军委座谈会上的讲话》。当时，在反对和防止腐败的问题上，小平同志就向全党同志敲起了警钟。在这样的问题上，我们一定要头脑清醒，居安思危，决不能麻木不仁。

一手抓改革开放，一手抓打击严重犯罪，是我们党坚定不移的方针。在改革开放过程中坚持反腐败斗争，是实行"两手抓"的题中应有之义。那种把改革开放、发展经济同反对腐败对立起来，认为反对腐败会影响改革开放和经济建设，抓改革开放和经济建设就不能反对腐败的观点，是完全错误和极其有害的。解决这方面问题，要靠教育，更要靠法制。不管难度多大，只要坚决持久地抓，同时注意改进方法，是可以收到实效的。总之，一定要把反腐败斗争当作党的建设和政权建设的一件大事，抓出成效，取信于民。

在坚决反对腐败的同时，要在全体党员中大力提倡带头发扬艰苦奋斗的精神，坚决反对拜金主义、享乐主义、极端个人主义。领导机关要防止和克服官僚主义、形式主义，领导干部要经常深入基层，到群众中去，加强调查研究。所有的共产党员都要做群众工作，经常注意群众的情绪，认真听取群众的意见和要求，帮助群众解决生产生活中的实际问题。要正确认识和处理新时期人民内部的各种矛盾，化消极因素为积极因素，通过深入细致的工作，把广大人民群众的积极性引导好、保护好、发挥好，使党的路线方针政策变为人民群众的自觉行动。

第三，共产党员尤其是领导干部要增强党性锻炼

共产党员增强党性，是保持党的先进性必不可少的重要条件。新的时期，新的任务，新的环境，要求共产党员更加自觉地加强党性锻炼。有的同志认为，现在发展社会主义市场经济，实行改革开放，讲党性还有什么实际意义？这完全是一种误解。建立社会主义市场经济体制，是党的十四大在建设有中国特色社会主义理论指导下，总结十四年改革开放经验的基础上做出的重大决策，共产党员必须自觉地贯彻执行。我们要建立的社会主义市场经济体制，是同社会主义基本制度结合在一起的，是要使市场在社会主义国家的宏观调控下对资源配置起基础性作用。这是科学社会主义实践的一个伟大创造。共产党员要用党性来保证和促进这个新体制的建立，同时要用党性来抵制市场活动中的消极因素，使这一新的经济体制服务于建设有中国特色社会主义的根本目标。要坚决防止权力商品化，坚决防止把等价交换原则引入党和国家的政治生活。

党对党员的党性要求，从来是和党在各个不同历史时期所肩负的任务紧密相联的。在新的历史条件下，增强共产党员的党性锻炼，要强调自觉地刻苦学习建设有中国特色社会主义的理论，坚定不移地贯彻执行党的基本路线和各项方针、政策，做解放思想、实事求是的模范，做艰苦奋斗、无私奉献、全心全意为人民服务的模范，做遵守纪律、坚持民主集中制的模范，做脚踏实地、勤奋工作、忠于职守的模范，做反对各种消极腐败现象、发扬社会主义新风尚的模范。各级领导干部应该比普通党员做得更好一些，要求更严格一些。

共产党员的党性锻炼，说到底是树立和坚持正确的立场、世界观的问题。我们的同志要使自己成为一个真正的共产党员，成为一个高尚的人，纯粹的人，有道德的人，脱离了低级趣味的人，有益于人民的人，需

要经过长期的磨炼，要在学习马克思主义理论中，在投身建设有中国特色社会主义的群众实践中，在严格的党内生活中，一生自觉地经受考验。全党同志都这样做，积以时日，我们党的队伍的整体素质就会有很大提高，我们的党就能更加朝气蓬勃、坚强有力，我们的各项工作就能做得更好，党所领导的社会主义现代化建设事业就会更加兴旺发达。

国家主席江泽民国务院副总理朱镕基在北京分别会见澳大利亚总理保罗·基廷

《人民日报》发表社论《论精神文明重在建设》

在大力发展社会主义市场经济的同时，一定要大力加强社会主义精神文明建设。物质文明和精神文明建设两手都要硬，这是建设有中国特色社会主义必须坚持的指导方针。在实际工作中，要注意把两者协调起来。

在我们的工作中，要使精神文明这一手真正硬起来，重点是抓好“建设”这两个字。重在建设，是社会主义精神文明建设的重要指导思想。1986 年 9 月党的十二届六中全会作出的《中共中央关于社会主义精神文明建设指导方针的决议》，就提出了发展社会主义精神文明要“坚持一切着眼于建设”的指导思想，明确了社会主义精神文明建设的战略地位、根本任务、指导方针以及各项政策和要求。去年 10 月，江泽民同志在党的十四大报告中进一步提出了“精神文明重在建设”的方针，并且阐述了各条战线贯彻这一方针的具体措施。只要坚决地、认真地按照这个指导思想去做，就能有效地促进社会主义精神文明建设。

精神文明重在建设，就是不采用过去那种搞运动、搞大批判的方法，也不搞无谓的争论。精神文明建设的根本任务是培育“四有”新人，提高整个民族的思想道德素质和科学文化素质，这就需要做长期的、潜移默化的、耐心细致的工作。搞运动、搞大批判，容易混淆两类不同性质的矛盾，无助于提高人们的思想认识。搞无谓的争论，会浪费宝贵的时间和精力，失去发展的大好时机，又容易损害党的团结和统一，偏离经济建设这个中心。因此可以说，重在建设的思想是党的十一届三中全会以后总结历史经验而得出的科学结论。

精神文明重在建设，就是要以立为本，把“建设”作为我们工作的出发点和落脚点。我国的社会主义建设，不但要以富裕取代贫穷，而且要以文明取代愚昧，形成健康、科学、文明的生活方式。这就需要大力发展教育、科学、文化事业，大力抓好报纸、书刊、广播、影视工作，广泛开展群众性精神文明建设活动，用正确的理想、信念、人生观、价值观，用优秀的思想文化成果和广大群众喜闻乐见的形式去占领思想文化阵地，丰富人们的精神生活，影响人们的感情和理智。只有在建设方面抓出成效，精神文明这一手才能真正硬起来。

重在建设，首先要抓好思想理论建设，用邓小平同志建设有中国特色社会主义的理论统一我们的思想，指导我们的行动，继续解放思想，更新观念，实现由计划经济观念到社会主义市场经济观念的转变；并用马克思主义的立场、观点、方法，对社会主义建设的理论和实践继续进行创造性的探索，进一步研究新情况，解决新问题。要在广大干部、群众和青少年中，进行伟大创业精神的教育，进行爱国主义、集体主义和社会主义的思想教育，增强民族自尊、自信、自强精神，抵制拜金主义等腐朽思想的侵蚀。这是社会主义精神文明建设的主旋律。

重在建设，还要在干部队伍和广大人民群众中加强法制建设和道德建设。社会主义市场经济要求有公平的竞争环境、良好的市场秩序、高尚的职业道德和安全可靠的社会保障。可是，在目前经济体制转型时期，由于法律法规的不健全以及监督机制的薄弱，由于利己主义、拜金主义的影响，一些人社会责任感和社会道德观念淡薄，有的人甚至扰乱社会秩序，败坏社会风气。因此，加强法制建设和职业道德、社会公德建设，用法律和道德来规范人们的行为，形成优良的社会风气，为社会主义现代化建设和改革开放提供良好的社会环境，已经成为当务之急。这是重在建设的有机组成部分。

重在建设，要紧紧抓住深化改革这个关键。我国文化战线和宣传思想战线人才济济，文化素质较高，这是一支能打硬仗的队伍。但是，由于管理体制和运行机制存在弊端，影响着人们的聪明才智的充分发挥。文化战线和宣传思想战线的有关部门、单位要积极推进改革，理顺关系，把干部和知识分子的积极性充分调动起来。

重在建设，还要求我们抓好科学、教育、文化、卫生、体育的事业建设，宣传思想工作的设施建设，以及整个从事精神文明工作的队伍建设等。所有这些，都要有计划有步骤地加以实施。

精神文明重在建设，要求我们脚踏实地，真抓实干，把纸上写的、口上讲的变为扎扎实实的行动。各级领导干部要提高对精神文明重在建设的认识，加强这方面的领导。各级党和政府要结合本地区、本单位的实际情况，制订“重在建设”的明确目标和可供操作的具体规划，每年都要办几件实事。要随着经济的发展，通过各种渠道，不断增加这方面的投入，并且认真贯彻党和政府关于支持精神文明建设事业发展的政策、规定，给精神文明建设提供物质保障。要根据需要和可能,注意运用现代手段来推进社会主义精神文明建设。要结合改进领导作风,深入基层,深入群众,总结经验教训,认真解决难题,由点带面取得突破。还要结合新形势带来的新特点,大胆探索新的组织形式、活动方式和工作手段,创造性地开展工作。

我们相信,只要我们坚持邓小平同志建设有中国特色社会主义的理论和党的基本路线,努力继承和发扬中华民族优良的思想文化传统,敢于和善于吸收世界各国创造的一切优秀文明成果,并在改革和建设的实践中创造性地加以运用,就一定可以为经济建设和改革开放提供强大的精神动力和智力支持,为培养一代又一代有理想、有道德、有文化、有纪律的新人做出贡献。

华北东北地区案件检查工作座谈会在佳木斯市召开

中共中央纪委和监察部25日至28日召开华北、东北地区案件检查工作座谈会。中纪委副书记侯宗宾在会上强调,纪检监察机关要研究新形势下违纪案件发生、发展的规律和特点,有针对性地改进和加强办案工作,把案件查处当做纪检监察工作的重要任务、严肃执纪的中心环节、反腐败斗争的突破口。

会议座谈交流各地坚持反腐败斗争开展案件检查工作的情况、做法和经验,分析了工作中遇到的新情况和新问题,研究了新形势下应采取的对策。

会议传达中央领导最近重要指示精神:纪检监察工作要适应新形势要求,要加强政策研究,要严肃查处违法违纪案件,全面地贯彻党的基本路线。侯宗宾说,当前,我国已进入高速发展时期,正在由计划经济向社会主义市场经济转变,面临这种新形势,纪检监察工作必须以改革的精神,改变思想观念、思维方式、工作方法,才能适应新形势的要求。他指出,新形势下违纪案件的突出特点是权力商品化;钻改革的空子,以合法的形式掩盖非法活动;反查处预谋性增大;并出现了仿效、蔓延的势头等。查处各种违纪案件要针对这些特点,对症下药,逐渐找到更加有效的新措施、新招数,使执纪办案工作取得突破性进展。

针对新形势下案件查处工作难度加大的现实,他强调,纪检监察机关要坚定不移地反腐败,理直气壮地抓案件,树立坚持原则,实事求是,一身正气,敢于碰硬的形象。要主动研究新问题,拿出新办法,掌握克服困难的主动权。对"关系网"、"说情风"的干扰,要做到"说情无效,送礼曝光",正气压倒邪气。对于各种说情、庇护违纪者的人和事,要严格按照中央纪委《关于对妨碍违纪案件查处的党组织和党员党纪处分的规定(试行)》予以处理,其中严重干扰阻碍和破坏案件查处工作、违犯法律的,要及时移送司法机关处理。

中纪委常委刘丽英在会上作《坚定不移反腐败,把案件检查工作推向新阶段》的报告。

农村社会主义思想教育工作进入尾声

在全国分期分批开展的农村社会主义思想教育活动,经过两年半的时间,现在已经进入尾声。据了解,到今年2月底止,全国已有95%的行政村、90%的乡镇完成了集中教育任务。目前仍在进行教育活动的主要有华北、西北少数几个省区,这些地方也在大多数乡村完成了集中教育任务,正本着善始善终地搞好的要求,进行收尾工作。

在目前开展教育活动的工作指导和实践中,各地都注意全面贯彻十四大精神,深入进行党的"一个中心、两个基本点"的基本路线教育,为抓住机遇,加快农村改革开放和经济发展,引导农民实现小康目标,提供强大的精神动力。

根据中央、国务院对当前农业和农村工作的部署,在开展教育活动的地方,各级党政领导和广大工作队员都认真组织学习贯彻江泽民、李鹏同志的重要讲话,协同有关部门一致行动,做了大量工作。吉林在教育活动中,认真贯彻党中央、国务院关于加强农业和农村工作的精神,各地把减轻农民负担作为一项重要任务,解决了农民反映的一些强烈的问题,推动了党的农村基本政策的落实,把农民的积极性调动到"上台阶、奔小康"上来。松原市扶余区在教育活动中采取果断措施,减掉超编乡镇干部400多人,村社干部1000多人,民办教师1216人,直接减轻农民负担400多万元。通榆县清理出干部不合理占地5万多亩。湖北荆州地区在教育活动中,狠抓减轻农民负担,落实党的农村政策,保护和调动农民积极性,全区农民负担由24497万元减到23344万元,减少1153万元,下降4.7%。受到了广大群众的热烈欢迎。

由于整个活动临近尾声,加上各地忙于换届选举和机构改革,一些工作队员关心自己的去留问题,思想有些波动,给当前教育活动的开展增加了难度。各地为了善始善终地搞好教育工作,强调抓好集中教育与转向经常性工作的有机结合,采取了有效措施。

为了保证质量、防止后期走过场,对思想教育、经济发展和组织建设各项任务,教育活动各个阶段都坚持进行检查验收。山西为了保证不走过场,采取每季度检查一次和每阶段结束前检查验收相结合的办法,严格进行质量把关。搞过教育活动的村,如有60%的群众对工作不满意,就可以认定是走了过场,列入下一批重搞。全省已有约900个村进行了补课工作。

还有的地方提出,要及早对经常性工作做出部署,尤其对“上台阶、奔小康”规划的实施，坚持抓好农村经常性宣传教育工作、进一步抓好农村基层组织建设等都要做出切实可行的安排。

九三学社中央工作会议在北京举行

会议于 25 日至 29 日举行。会议的中心议题是研究在加快改革开放、建立社会主义市场经济体制的新形势下，如何加强自身建设，开创九三学社工作的新局面。来自全国 28 个省级组织的 100 多位负责人出席会议。九三学社中央主席吴阶平出席会议并讲了话。他要求与会适应新形势，研究新问题，总结新经验，深入学习邓小平同志建设有中国特色的社会主义理论，用这一理论统一思想，提高认识。他要求九三学社全体社员少说空话，多办实事，为坚持和完善中国共产党领导的多党合作和政治协商制度作出更大的贡献。

会议就在新形势下九三学社如何加强组织建设、思想建设和机关建设三个方面的问题深入进行了研讨，并总结交流了经验。九三学社中央常务副主席徐采栋，副主席郝诒纯、杨樾、陈明绍、赵伟之、洪绂曾、金开诚，秘书长刘荣汉出席了会议。

国家批准兴建南京长江二桥

国家正式同意建设南京长江二桥。南京长江第二大桥桥位选择在南京市八卦洲。大桥为双向六车道汽车专用公路特殊大桥，桥面宽 35 米，两岸公路连接线长约 16 公里，预计总投资 20 多亿元。

全国政协主席李瑞环在人民大会堂会见以市长笹山幸俊为团长的日本神户市友好访问团主要成员

国家副主席荣毅仁在人民大会堂会见日本贸易振兴会理事长增田实

国务院副总理邹家华在北京与波兰副总理亨利克·戈雷舍夫斯基举行会谈

化工部部长顾秀莲在中外记者招待会上介绍中国化学工业的现状与发展

国务院新闻办公室举行中外记者招待会，邀请顾秀莲介绍中国化学工业的现状和发展，并回答中外记者的提问。

顾秀莲说，建国以来，我国化学工业从小到大，已发展成为门类比较齐全，品种大体配套，基本能满足国内需要的基础工业。目前，我国电石产量居世界第一位，合成氨、化肥、农药、纯碱、染料产量占世界第二位，烧碱、硫酸、乙烯、合成材料、轮胎等产量也居世界前列。今年头 5 个月，化工系统总产值完成 731.6 亿元，比去年同期增长 6.7%；销售收入 532 亿元。除化肥外，其他列入国家计划的主要化工产品产量均有所增长。

顾秀莲说，90 年代，我国化学工业的发展目标是以市场需求为导向，以提高经济效益为中心，优化产业结构，加强技术进步，使化学工业年平均增长率达到 9% 至 10%，主要化工产品的数量、品种、质量基本满足国民经济和人民生活的需要。

在回答记者有关中国农药生产的提问时，顾秀莲说，今年以来，我国化工部门加强了灭杀棉铃虫农药新品种的研制开发步伐，并进口了一些中间体以供国内之需。她说，农用化工是我国化学工业中的一个重要产业。虽然当前农用化工生产和经营遇到一些困难，但有关企业仍千方百计、顾全大局支持农业生产。今后，我国农药工业的重点是抓好对现有农药企业的技术改造，加紧研制农药新制剂和新剂型，大力增产防治多种病虫害和草害所需的高效、安全、经济的新品种。

有记者问化工部机构改革的进展如何，顾秀莲说，机构改革后的化工部在从行政管理转向行业管理上迈出了新的步伐。化工部机构改革后，新的职能主要是统筹规划、信息引导、提供服务、检查监督，加强行业管理和宏观调控。化工部今后工作的重点要放在基层，为此，化工部已在上海浦东、厦门设立了办事处，就地研究解决有关问题，为企业服务。

在回答记者有关我国化学工业今后发展重点的问题时，顾秀莲说，在继续保证农用化学品稳定发展的基础上，以石油化工为突破口，集中力量发展有机化工原料、有机中间体、合成材料、精细化工品以及化工新材料、电子化工材料、生物化工技术等新兴化工产业。

记者招待会由国务院新闻办公室主任曾建徽主持。

中国灾害管理国际会议在北京召开

会议由中国国际减灾十年委员会、民政部和联合国开发计划署共同主办。国家主席江泽民为大会发来贺信。

国务委员、中国国际减灾十年委员会主任罗干代表中国政府致词。罗干高度评价国际社会对中国减灾事业的热情支持和帮助，并向大会介绍了中国政府领导全国人民在同自然灾害斗争中取得的成就和今后的减灾工作。他认为，当今世界面临着自然灾害的重大挑战，减轻自然灾害的影响是全人类的共同责任，需要世界各国的一致努力和统一行动。他真诚地希望中国的减灾事业能够进一步得到国际社会广泛的理解和支持。中国政府也将继续在减灾领域的国际交流与合作中作出自己的贡献。

参加这次会议的有中国国际减灾十年委员会成员、中国多灾省份代表、联合国组织代表、驻华使馆、国际组织和非政府组织代表及来自世界近20个国家的代表,共180人。会上,联合国国际减灾十年秘书处主任艾罗,介绍联合国在全球灾害管理方面的作用;联合国开发计划署常驻代表兼联合国常驻协调员贺尔康发表联合国在中国灾害管理方面作用的讲话。民政部部长多吉才让介绍中国政府的减灾对策。水利部、建设部领导分别就中国的水旱灾害与减灾对策、中国工程建设抗震救灾对策发言。

国家主席江泽民致信中国灾害管理国际会议主席及各位代表祝贺会议召开

中国灾害管理国际会议

主席及各位代表:

欣悉中国灾害管理国际会议在北京举行,谨致热烈祝贺。

中国是个自然灾害较多的国家。中华民族同自然灾害的斗争有着悠久的历史。古代建设的"都江堰"等若干防洪灌溉工程,古人发明的地震仪,都成为令人世代赞叹的伟大创举。中华人民共和国成立以来,人民政府在致力于经济建设的同时,一贯重视领导人民同自然灾害进行不屈不挠的斗争,并取得了更加辉煌的成就。进入90年代以后,中国积极响应第44届联大开展"国际减轻自然灾害十年"的倡议,采取了一系列卓有成效的措施,推进减灾事业。

近10年来,每当中国发生较大的自然灾害时,特别是1991年发生严重水灾时,国际社会给予了人道主义的援助,支持灾区的紧急救援和恢复重建工作。国际社会同中国防灾方面的合作也有了良好的开端。对此,我们表示衷心的感谢。

中国正在加速改革,扩大对外开放,推进经济建设。我们深知,我国要实现本世纪90年代经济和社会发展的宏伟目标,不能不更加重视减灾工作。我们将继续坚持经济建设同减灾一起抓的指导思想,把减灾纳入国民经济和社会发展的总体规划中去;继续贯彻以防为主,防抗救相结合的基本方针,增加投入,加强防灾建设,提高抵御自然灾害的能力。

减轻全球的自然灾害,是世界各国长期的共同任务。"国际减灾十年"活动的一个重要目标是减轻发展中国家的自然灾害。中国是个发展中国家,在今后的减灾工作中,我们将进一步加强国际交流与合作,并对世界减灾事业作出贡献。

我深信,只要世界各国一致努力,加强合作,全球的自然灾害一定能够大大减轻,有力地促进人类社会的进步与发展。

最后,我预祝会议取得成功。

中华人民共和国主席 江泽民

1993年6月25日

国家禁毒委员会负责人公安部副部长白景富就当前毒品问题形势和中国禁毒工作情况接受《人民日报》记者采访

在国际禁毒日前夕,记者采访国家禁毒委员会负责人、公安部副部长白景富,请他介绍当前毒品问题禁毒工作情况。

白景富说,去年以来,中国禁毒工作在各方面都有很大进展。除破案、缴获数明显增加外,还表现在:

一、严厉打击走私、贩卖、运输、制造毒品的犯罪活动。各地执法、司法部门认真贯彻全国人大常委会《关于禁毒的决定》,1992年全国共逮捕毒品犯罪分子7025人;判处刑罚的6588人,其中判处无期徒刑和死刑(缓刑)的1354人。

二、大力加强禁毒宣传和吸毒预防工作。报刊、广播、电视、展览等新闻媒介广泛宣传吸毒危害和禁毒法规。国家禁毒委员会组织编写、国家教委审定的《禁毒教育读本》,作为中学教材已大量发行。

三、进一步加强禁吸戒毒工作,努力控制吸毒的发展蔓延。县以上政府已建立戒毒所252个,实行心理治疗同药物治疗相结合,1992年强制戒毒4.6万人次。按照法律规定,司法部门对强制戒毒后又吸食注射毒品的2万余人实施劳动教养。

四、坚决查处出现的零星种植毒品的问题。各地严肃查处了一批非法种植罂粟人员。

五、加强对制毒化学品管制工作。中国政府决定从今年4月1日起,对22种制毒化学品实行出口许可证制度;国家医药管理局还对麻黄素实行定点生产、定点经营、计划调拨、产销挂钩的办法,以防止流入非法渠道。

六、积极开展禁毒国际合作。针对境外毒源和过境贩毒对国际社会和中国的危害,中国政府积极支持和参加联合国禁毒署倡导的"金三角"亚区合作。1992年6月,中国、缅甸、联合国禁毒署三方禁毒合作项目已在仰光签署。

刘开渠逝世

中国共产党优秀党员、一代美术宗师、当代杰出的人民艺术家、雕塑艺术大师、著名美术教育家、中国美术馆事业的开创者刘开渠,因病在北京逝世,终年89岁。

20年代,刘开渠离开故乡安徽萧县,就读于北平艺术专门学校,毕业后任杭州艺术院图书馆馆长。同年,他赴法国学习雕塑。1933年回国，开始为发展祖国的雕塑事业努力奋斗，成为中国现代雕塑的奠基人之一。代表作品有《“一二八”淞沪抗战阵亡将士纪念碑》、《胜利渡江解放全中国》、《毛泽东主席像》、《周总理像》、《鲁迅像》。1952年担任北京天安门广场人民英雄纪念碑设计处处长和雕塑组组长。作为美术教育家先后担任中央美术学院华东分院院长、中央美术学院副院长。作为中国美术家协会副主席、中国城市雕塑建设指导委员会主任、中国美术馆馆长。刘开渠还担任八届全国政协委员、民盟中央文化委员会主任和参议委员会副主任等职。

6月26日

八届全国人大常委会二次会议举行第二次全体会议

全国人大常委会委员长乔石出席会议。会议分别听取外交部副部长杨福昌、刘华秋受国务院委托作的关于中华人民共和国与摩尔多瓦共和国、玻利维亚共和国领事条约，中华人民共和国与白俄罗斯共和国、哈萨克斯坦共和国、乌克兰关于民事和刑事司法协助的条约议案的说明。

全国人大常委会副委员长秦基伟主持会议，副委员长田纪云、王汉斌、倪志福、费孝通、孙起孟、雷洁琼、李锡铭、王丙乾、帕巴拉·格列朗杰、王光英、程思远、布赫、铁木尔·达瓦买提、吴阶平和秘书长曹志出席会议。国务委员司马义·艾买提、最高人民法院院长任建新、最高人民检察院检察长张思卿列席会议。

中共中央政治局常委朱镕基在北京接见中央国家机关工委纪念建党72周年座谈会代表并发表讲话

朱镕基首先代表总理李鹏和国务院，向中央国家机关的各级党组织和广大党员表示问候。他说，中央国家机关要认真学习邓小平建设有中国特色社会主义的理论，坚持党的基本路线不动摇，坚持改革开放。要认真学习和贯彻江泽民在纪念建党72周年座谈会上的重要讲话精神。当前，在建立社会主义市场经济体制，加快经济发展，转变政府职能，精简机构的时候，更需要加强党的建设，加强思想政治工作，充分发挥党组织的战斗堡垒作用和党员的先锋模范作用。越是改革开放，越是发展社会主义市场经济，越要加强党的建设，越要加强党性锻炼。尤其是各级党员领导干部要坚持两手抓，两手都要硬。

朱镕基说，各级党员领导干部和广大党员要努力学习市场经济的基本理论和知识，学习先进管理经验，提高驾驭经济活动和进行宏观调控的能力。他要求国家机关全体党员干部和共产党员，发扬全心全意为人民服务的优良传统，保持人民公仆的本色，团结一致，扎实工作，在勤政廉政上做表率。

国务委员、国务院秘书长兼中央国家机关工委书记罗干，在会上要求中央国家机关要认真学习江泽民的讲话和朱镕基的讲话精神。他说，当前中央国家机关各级党组织要协助行政领导做好四项工作：深入贯彻十四大精神，抓住机遇，深化改革，加强宏观调控，持续发展当前经济的好形势；坚持用建设有中国特色社会主义的理论指导各项工作；进一步做好行政管理体制和政府机构改革工作，在转变职能、精简机构、精减人员上下功夫；牢固树立勤政廉政的好作风，反对各种腐败现象，不断密切党和政府同人民群众的联系。罗干强调，中央国家机关的共产党员特别是党员领导干部，要带头投身改革开放和建立社会主义市场经济体制的伟大实践，带头发扬创业精神，廉洁自律，倾听群众意见，关心群众生活，不断改进机关工作。

农业部畜牧司共产党员李宝根、邮电部情报所机关党支部书记胡一贞、中国人民银行教育司党支部副书记齐小东、石油天然气总公司物探研究院党委书记段雨欣、武警黄金指挥部8支队党委书记肖锦玺、国家建材局生产司共产党员韩子霞等在座谈会上发言。

中央国家机关工委副书记贾军、李明豫，纪工委书记曲寿庆，以及基层党组织和党员代表共70余人参加座谈会。

全国司法厅局长会议在北京召开

司法部长肖扬在会上提出，律师体制改革要加大力度，加快步伐，要建立一支政治素质好、业务能力强、专业化程度高的律师队伍，逐步在律师事务所内建立起激励机制，使之充满生机与活力。

中国航空工业总公司在北京成立

中共中央政治局常委、国务院总理李鹏代表中共中央、国务院致信祝贺。

国务院副总理邹家华在成立大会上讲话说，中国航空工业总公司是在贯彻邓小平建设有中国特色社会主义理论和建立社会主义市场机制的原则指导下成立的。这是国家对航空工业管理体制和运行机制的重大改革。其主要目的是更好地适应社会主义市场经济发展，充分发挥航空工业的集团优势，真正把航空工业企业推向市场，促进航空工业的健康发展，推进航空高技术产业化的进程。

邹家华说，中国航空工业总公司是国务院直接联系的特大型全民所有制工业企业，按集团模式进行经营和管理。它的主要任务是：根据国务院、中央军委确定的国防建设、经济建设的方针、规划和市场需求，制定航空工业的经营战略和科研、生产、建设、经营计划；受国家委托，经营、管理和使用航空工业的全部国有资产；对国家重大航空新产品型号实行总承包和系统工程管理，不断为军队和民航提供新的航空技术装备；跟踪国际航空高科技发展新动向，组织领导航空预先研究、新型号研制和新工艺、新技术、新材料的发展，推进科技成果商品化；推动下属企业和企业集团面向国际国内市场，开发新产品，发展第三产业，扩大产品出口。

邹家华指出，航空工业是综合性产业，它的发展离不开有关行业的支撑。邹家华希望各行各业大力协同，给航空工业以必要的支持，共同将中国航空工业总公司办成一个中国最大的跨国经营的经济实体公司。

国务委员宋健、中国航空工业总公司总经理朱育理在会上讲话。李铁映、李沛瑶、迟浩田、钱伟长等出席会议。

国务院发出《关于提高铁路货物运价的通知》

为了加快铁路建设，保证经济持续增长，国务院决定提高铁路货物运价。

中国企业股份制改组国际研讨会在北京闭幕

著名经济学家刘鸿儒、高尚全等出席研讨会。研讨会是由国家体改委、中国经济体制改革杂志社等4家单位联合发起的。

中国冶金进出口总公司委托华夏证券有限公司在国内发行4000万美元外币企业债券的签字仪式在北京长城饭店举行

国家副主席荣毅仁在人民大会堂会见由美国加利福尼亚州副州长里奥·麦卡锡率领的美国加州经贸代表团

全国人大常委会委员长乔石在人民大会堂会见波兰副总理亨利克·戈雷舍夫斯基

沙特阿拉伯第二副首相兼国防和航空大臣苏丹·本·阿卜杜勒·阿齐兹下午在吉达会见李岚清率领的中国政府代表团全体成员

外交部部长钱其琛在钓鱼台国宾馆会见首次来中国访问的美国前副总统丹·奎尔

国务院副总理朱镕基在中南海紫光阁会见联合国国际减灾10年秘书处主任艾罗等

中国博士后首届学术大会在北京清华大学开幕

会议于26日至28日召开。学术大会旨在展示博士后研究人员的科研成果，加强学术交流。大会得到各地博士后研究人员的响应，共收到论文七百零四篇，其中五百二十余篇入选会议论文，著名物理学家李政道教授专为大会论文集题写了书名。论文集已由国防出版社出版。李政道教授还担任大会的名誉主席及顾问专家委员会名誉主席。钱学森、卢嘉锡、李政道、朱光亚、周光召、周培源等十二位德高望重的科学家被聘请担任大会顾问。

有关专家学者以及全国各地的博士后研究人员近千人出席学术盛会。

6月27日

国务院发出关于成立全国打击走私领导小组的通知

各省、自治区、直辖市人民政府，国务院各部委、各直属机构：

为了加强对反走私工作的领导，严厉打击走私活动，国务院决定，全国打击走私协调小组改为全国打击走私领导小组。现将领导小组组成人员通知如下：

组　长：李岚清　（国务院副总理）

副组长：于永波　（中央军委委员，总政治部主任）

何椿霖　（国务院副秘书长）

钱冠林　（海关总署署长，常务副组长）

王胜俊　（中央政法委员会副秘书长）

李纪周　（公安部部长助理）

甘国屏　（国家工商局副局长）

成　员：（略）

全国打击走私领导小组办公室设在海关总署，办公室主任由黄汝凤兼任。

国务院

1993年6月27日

国务院发出开展全国第三产业普查工作的通知

各省、自治区、直辖市人民政府，国务院各部委、各直属机构：

《中共中央、国务院关于加快发展第三产业的决定》（中发〔1992〕5号）和《国务院批转国家计委关于全国第三产业发展规划基本思路的通知》（国发〔1993〕20号）发出后，全国第三产业发展很快。当前，各地区、各部门正在进一步完善发展第三产业的规划和政策。由于我国第三产业统计指标体系不完整，统计标准不统一，现有统计数据不能准确地反映第三产业的全貌，满足不了加快发展第三产业的需要，因此，国务院决定从1993年开始，对全国第三产业进行一次普查，以便摸清我国第三产业的底数，为制定第三产业发展规划和政策提供全面真实的基础资料；同时也为完善今后经常性的规范统计，向新的国民经济核算体系过渡创造条件。为切实做好这项工作，现就有关问题通知如下：

一、普查的范围和内容

这次普查的范围是从事第三产业的所有单位。包括专门从事第三产业的企业、事业和行政单位，如商业、运输、金融、保险、房地产、信息、咨询、科学研究、文化教育单位和行政机关、部队等；第一产业和第二产业企业中附属的第三产业单位；从事第三产业的个体户。

普查年度为 1991 年和 1992 年。

普查的内容包括：反映第三产业发展规模的指标，如单位数量、从业人员等；反映第三产业生产（经营）活动成果的指标，如销售（营业）收入、销售（营业）成本费用、销售税金、经营利润、附营业务收支净额、行政事业单位业务收支、预算外收支和专项基金收支等；反映第三产业实物资产情况的指标，如固定资产原值、库存总值等；反映第三产业重点行业业务活动的指标，如社会商品零售总额等。

二、普查工作时间

这次普查工作从 1993 年开始，1994 年 12 月底前全部完成。

三、成立全国第三产业普查协调机构

为保证这次普查工作的顺利进行，成立由国家计委牵头，国家经贸委、财政部、公安部、铁道部、国家统计局、国家工商行政管理局、国家税务总局、中国人民解放军总后勤部等单位参加的临时性部际第三产业普查协调小组，国家计委主任陈锦华任组长。协调小组负责审定普查方案和组织等工作，协调并处理普查工作中的重大问题。协调小组办公室设在国家统计局，具体负责普查工作的组织实施。根据实际情况，各地可成立相应的临时协调机构负责组织这项工作。

四、普查经费预算

这次普查工作主要是为国家和省、自治区、直辖市两级政府制定有关政策提供统计资料，因此，普查经费按照国家和地方各自承担的任务，由中央财政和地方财政共同负担。普查经费的具体数额，由各级第三产业普查协调机构向同级财政部门申报。

五、建立普查制度

从 1993 年起，每 10 年对第三产业进行一次全面普查，其间第五年，对重点行业进行一次统计调查。

这次全国第三产业普查，是继全国人口普查和工业普查之后又一次国情国力的重大调查，涉及面广、门类庞杂、工作难度大。各级人民政府、各有关部门和企业、事业、行政单位要高度重视，积极配合，准确、及时地提供有关统计、财务、业务等核算资料，确保全国第三产业普查工作顺利进行。

国务院

1993 年 6 月 27 日

沙特阿拉伯国王法赫德在吉达和平宫接见国务院副总理李岚清

全国人大常委会副委员长程思远在北京会见莫桑比克对外友好团结协会会长儒里奥·贡·布拉格

6 月 28 日

八届全国人大常委会二次会议举行第三次全体会议

财政部部长刘仲藜、农业部部长刘江受国务院委托，全国人大常委会秘书长曹志受委员长会议委托分别向会议作 1992 年国家决算的报告、关于农业形势的汇报和八届全国人大常委会工作要点起草情况的说明。

全国人大常委会委员长乔石出席，副委员长田纪云主持会议，副委员长王汉斌、倪志福、费孝通、孙起孟、雷洁琼、秦基伟、李锡铭、王丙乾、帕巴拉·格列朗杰、王光英、程思远、布赫、铁木尔·达瓦买提、李沛瑶、吴阶平出席会议，国务委员迟浩田，最高人民法院院长任建新，最高人民检察院检察长张思卿列席会议。

全体会议审议全国人大常委会组成人员守则草案、各专门委员会工作安排的汇报和八届全国人大常委会代表资格审查委员会主任委员、副主任委员、委员名单草案，会议还印发田纪云副委员长访问韩国情况和全国人大代表团出席各国议会联盟第 89 届大会的书面报告。

财政部部长刘仲藜在八届全国人大常委会第二次会议上作 1992 年国家决算报告

刘仲藜在报告中说，现在正式编成的 1992 年国家决算，总收入为 4153.05 亿元，完成预算的 106.2%；总支出为 4389.68 亿元，完成预算的 106.6%；收支相抵，财政赤字 236.63 亿元，比预算扩大 28.77 亿元。其中，中央财政赤字 206.59 亿元，比预算略有减少；地方财政预算，年初中央代编时是平衡的，执行中出现赤字 30.04 亿元。与向第八届全国人民代表大会第一次会议报告的预计执行数比较，财政总收入减少 35.92 亿元，财政总支出减少 36.78 亿元。

刘仲藜还按复式预算报告 1992 年国家财政收支的完成情况。他指出，1992 年财税部门在各级政府的领导下，狠抓了收入的组织工作，加强了财政监督和税收征管,较好地完成了收入任务。这一年,国内财政收入比上年增长15%,扣除国内债务收入和调入资金后,增长9.2%。其中,工商税收比上年增长12.3%,关税收入增长13.6%,农业税收入增长23.6%,企业亏损补贴比上年下降12.8%。与经济增长速度相比,去年的财政收入还应当再多收一些。但是,由于受政策性因素的影响,加之一些地方和部门越权行事,过多地减免税收和“两金”,致使财政收入未能达到应有的增长水平。

刘仲藜说,去年财政资金的供需矛盾比较突出,各级财政部门为了支持改革开放和经济发展,千方百计调度资金,优先保证农业、能源交通、科技教育等各项重点开支的适度增长。同上年相比,1992年支援农村生产支出和各项农业事业费增长10.5%,基本建设支出、企业挖潜改造和新产品试制费增长7.4%,教育事业费增长18.3%,科学事业费增长15.1%。

刘仲藜指出,1992年预算执行中的突出问题,是财政赤字超过了预算,主要是地方财政出现了赤字。去年,财政支出增长过猛。这当中,有为支持生产建设和各项事业的发展,国家财政必须在预算执行中追加一些支出的因素;有机构庞杂,集团消费激增,人员开支负担过重,支出控制难度较大的因素;也有办事不量力而行,监督管理不严,预算约束不力,铺张浪费严重的因素。但从深层次看,问题则在于现行的财政管理体制和管理方式不适应形势的发展,我们还没有建立起一套与社会主义市场经济发展相适应的财政运行机制。在新旧体制转换期间,分配关系、财经秩序、财税法规都有着许多漏洞和不规范、不健全的地方,这些对国家财政产生了一些不良的影响,特别是使中央财政的宏观调控能力不断下降。

农业部部长刘江在八届全国人大常委会第二次会议上作农业形势汇报

关于农业和农村经济的改革与发展,刘江说,到目前为止,全国已有28个省(区、市)、282个地市、1900多个县放开了粮食的购销价格。粮食购销这一涉及城乡千家万户切身利益的重大改革得以平稳实施,是近一年多来加快改革的最大成就,它标志着我国农村经济的改革和发展已进入了新的阶段。与此同时,农业和农村经济的管理体制和运行机制也进行了相应的改革。

刘江谈到,农业生产稳步发展,农村经济持续增长,使农民收入有所增加。我国农村在解决温饱的基础上,正在向小康迈进。

刘江指出,农村的改革与发展促进了整个国民经济的改革与发展。农村经济体制改革的成功,为推动整个国民经济深化改革创造了条件。事实证明,农业不仅过去是现在仍然是国民经济的基础。

谈到当前农业和农村经济形势时,刘江说,今年全国夏粮播种面积预计比上年减少250万亩。据预测统计,全国夏粮总产量与大丰收的去年基本持平。全国夏收油菜籽播种面积预计比上年减少950万亩,总产量预计比上年减产一成多。减产的主要原因是面积减少和受春季低温冻害等自然灾害的影响。

刘江说,近几年来,国务院和各地实施了“菜篮子”工程建设,为我国“菜篮子”产品生产的进一步发展奠定了良好的基础。从今年上半年的情况看,生产继续稳步增长,市场供应充足,价格保持平稳。与上年同期相比,1—5月份,预计肉类总产增长4%,奶类增长3%,禽蛋增长5%,水产品增长5.3%。春夏菜总产量增长2.2%。

刘江说,与上年同期比,乡镇企业持续发展,产值与利税同步增长。1—5月份,预计乡村集体工业实现利税460亿元,比上年同期增长68%。由于原材料价格上涨过猛等原因,目前乡镇企业发展速度已有所回落。

关于农业和农村经济在转换经济体制和发展过程中存在的问题,刘江认为主要表现在五个方面:一是农民负担过重,影响了种粮、种棉的积极性;二是宏观调控与发展农村社会主义市场经济的要求不相适应;三是农村社会化服务体系建设与农业和农村经济的全面发展不相适应;四是农村经济发展很不平衡,中、西部地区与东部沿海发达地区经济发展差距拉大;五是以农业为基础的指导思想在一些地方还没有真正得到贯彻落实。

刘江说,为了确保农业和农村经济的稳定增长,继续深化农村改革,切实解决当前农业和农村经济存在的突出问题,党中央、国务院采取了一系列政策措施:继续深化改革,狠抓政策落实;努力减轻农民负担,千方百计增加农民收入;加强农业基础设施建设,提高农业综合生产能力,促进农业向高产优质高效方向发展;加强农业科研、教育和技术推广工作,继续推进科教兴农;继续大力发展乡镇企业,重点向中西部地区推进,全面振兴农村经济;加强宏观调控,转变部门职能,促进农村市场经济的发展;加强农业法制建设,适应建立社会主义市场经济体制的需要;依靠全社会的力量来支持农业、加强农业。

全国人大常委会秘书长曹志受委员长会议委托在八届全国人大常委会二次会议上作八届全国人大常委会工作要点起草情况的说明

曹志说,起草这个要点的指导思想是:以宪法和有关法律为依据，坚持以建设有中国特色社会主义的理论和党的基本路线为指导，把加强社会主义民主法制建设作为根本任务，进一步完善人民代表大会制度，切实贯彻党的十四大和八届全国人大一次会议精神，努力把全国人大常委会的工作提高到一个新的水平。

曹志说，本届全国人大常委会要把加快经济立法作为第一位的任务，在本届内大体形成社会主义市场经济法律体系的框架。要以改革的精神加快立法步伐，进一步加强常委会对法律起草工作的组织和指导。

曹志说，常委会要切实承担起监督宪法实施的职责。要继续坚持把法律实施情况的检查监督放在同立法同等重要位置，有计划有重点地开展执法检查，并注意提高执法检查的效果。同时，还要加强对计划和预算执行情况的监督。继续坚持每次常委会会议，围绕改革和建设的重大问题及人民群众关心的"热点"问题，听取和审议国务院及其有关部门、最高人民法院、最高人民检察院的工作汇报制度。要认真总结人大监督工作的经验，使之进一步规范化、程序化。

关于同代表和人民群众及地方人大的联系，曹志说，常委会要做好联系全国人大代表的工作；认真对待代表提出的议案和建议；安排好全国人大代表和常委会组成人员的视察活动；进一步健全信访工作制度，认真受理人民群众的申诉、控告和检举。还要加强对地方人大的联系和指导，支持地方人大依法行使职权。今后根据需要，常委会可以召开省级人大常委会负责人座谈会，总结和交流人大工作经验。

曹志还就要点中关于外事工作、常委会的组织制度建设，以及人民代表大会制度的研究和宣传工作等作说明。

中共中央政治局常委胡锦涛在湖南考察

胡锦涛于6月28日至7月4日在中共湖南省委负责人陪同下，先后考察怀化、湘潭、长沙等地，深入企业、乡村和农户调查研究。在同中共湖南省委书记熊清泉、省长陈邦柱交谈经济工作时胡锦涛说，要正确分析当前经济形势，做好统一思想认识的工作，既要充分肯定形势是好的，又要清醒看到存在的问题；既要防止掉以轻心，又要注意克服消极畏难情绪；要树立起通过深化改革，建立社会主义市场经济体制，加强和完善宏观调控，使问题得以解决的信心。要把中央提出的各项具体措施落到实处，坚决做到令行禁止。要抓住突出问题，研究解决办法，集中力量，一抓到底。

在湖南期间，胡锦涛同地、市、县负责人，就加强党的建设和领导班子思想作风建设问题，进行多次座谈。胡锦涛指出，加强和改善党的领导，必须加强和改进党的建设。党组织自身的凝聚力、对广大群众的吸引力、党在改革和建设中的战斗力，都要靠加强党的建设来实现。改革开放和现代化建设任务艰巨，情况复杂，对党的执政水平和领导水平提出了更高的要求。客观环境的变化，也使党的肌体受侵蚀的危险性增大了，我们党面临着比以往任何时候都更加严峻的考验。越是改革开放，发展经济，越要加强党的领导，抓好党的建设。江泽民同志在"七一"座谈会上的讲话，对进一步加强党的领导和党的建设，具有十分重要的指导意义，各级党委要认真贯彻落实。加强党的建设，也要真抓实干。要有一种知难而进、勇于探索的精神，要有一套行之有效的制度和措施，要抓出一批能够起示范作用的典型，要形成一个全党上下聚精会神、齐心协力抓党的建设的局面。

胡锦涛强调，必须把领导班子思想作风建设作为重点来抓。这是实现党的十四大提出的各项任务的必然要求，是解决自身存在问题的迫切需要，是提高领导班子战斗力的重要措施。从总体上讲，各级领导班子的状况是好的，但在少数领导班子和领导干部中，存在着以权谋私、贪污受贿，软弱涣散、纪律松弛，官僚主义、形式主义等问题。这些问题不解决，严重危害党的形象和威信。

胡锦涛要求，加强领导班子思想作风建设，要抓住解放思想、实事求是这个精髓，全面准确地理解和掌握邓小平同志建设有中国特色社会主义的理论，保持全党思想上、政治上的高度一致；要认真贯彻执行党的民主集中制，顾全大局，严肃纪律，维护党中央、国务院的权威，保持全党在组织上、行动上的高度统一；要进一步密切党同人民群众的联系，采取得力措施，坚决克服消极腐败现象；要树立务实创新、真抓实干的作风，深入实际，深入群众，一步一个脚印地做工作。

在党的72周年生日这一天，胡锦涛来到韶山，瞻仰毛主席故居，参观纪念馆，同当地党组织负责人、优秀共产党员和老党员代表进行座谈。

30个省自治区直辖市的人大政府政协领导成员换届工作结束

30个省、自治区、直辖市的人大、政府、政协领导班子换届工作近日结束。共选出省级人大常委会正副主任271名，正副省长、主席、市长226名，政协正副主席342名。

当选的省级人大常委会、政府领导班子成员及检察院检察长、法院院长，党委推荐的占99%，当选的政协领导班子成员，都是中共同其他党派和人民团体协商提名的。

新班子成员平均年龄为52岁，比换届前下降了4岁，50岁以下的占1/3，还有一部分45岁以下的干部，年龄结构基本合理。最年轻的省长48岁，副省长37岁。人大和政协领导班子成员的年龄结构也有明显改善，60岁以下的分别占56%和36%。新的政府班子成员中，大专文化程度的占96%，女干部16名，民主党派和无党派人士18名，均比换届前有所增加。

国务院总理李鹏签署第114号令

现发布《国务院关于修改〈中华人民共和国自然科学奖励条例〉、〈中华人民共和国发明奖励条例〉和〈中华人民共和国科学技术进步奖励条例〉的决定》，自发布之日起施行。

总理 李 鹏

1993年6月28日

国务院关于修改《中华人民共和国自然科学奖励条例》、《中华人民共和国发明奖励条例》和《中华人民共和国科学技术进步奖励条例》的决定

国务院决定对《中华人民共和国自然科学奖励条例》、《中华人民共和国发明奖励条件》和《中华人民共和国科学技术进步奖励条例》作如下修改：

一、《中华人民共和国自然科学奖励条例》第三条修改为："自然科学奖分为一等奖、二等奖、三等奖、四等奖四个等级，分别授予证书、奖章和奖金。"并在这一条中增加一款，作为第二款："自然科学奖的奖金数额，由国家科学技术委员会会同财政部另行规定。"

二、《中华人民共和国发明奖励条例》第六条修改为："发明奖分为一等奖、二等奖、三等奖、四等奖四个等级，分别授予证书、奖章和奖金。"并在这一条中增加一款，作为第二款："发明奖的奖金数额，由国家科委会同财政部另行规定。"

三、删去《中华人民共和国发明奖励条例》第九条，并对《中华人民共和国发明奖励条例》的条文顺序作相应的调整。

四、《中华人民共和国科学技术进步奖励条例》第五条修改为："国家级科学技术进步奖分为一等奖、二等奖、三等奖三个等级，分别授予证书、奖章和奖金。"并在这一条中增加一款，作为第二款："国家级科学技术进步奖的奖金数额，由国家科学技术委员会会同财政部另行规定。"

本决定自发布之日起施行。

《中华人民共和国自然科学奖励条例》、《中华人民共和国发明奖励条例》、《中华人民共和国科学技术进步奖励条例》根据本决定作相应的修正，重新发布。

国务院发出关于做好粮食工作稳定粮食职工队伍的通知

国务院日前发出的通知指出，粮食是关系国计民生的特殊商品，在粮食价格和经营放开后，粮食行政管理机构和国有粮食企业仍然承担着安排市场、定购粮食、救灾抢险、军粮供应、粮食储备和宏观调控等重要职能。

为了保持粮食职工队伍的稳定，确保做好粮食工作，国务院提出如下要求：

一、对我国的粮食形势一定要有十分清醒的认识。在相当长的时期内，还不能说我国的粮食已经过关；粮食价格和经营放开以后，还没有经过粮食生产和市场波动的考验。粮食工作不能削弱，国有粮食企业必须继续发挥主渠道作用。因此，各地在机构改革时，对粮食行政管理机构的改革要本着积极而又稳妥的方针进行。

二、在机构改革中，地方粮食行政管理机构如何设置虽然由地方政府自行确定，但粮食工作一定要有机构去抓。粮食机构要精简，效率要提高，职能要转变，企业经营要搞活。粮食部门的现有人员可根据实际情况进行精简，但一定要保留必要的骨干，决不能都安排去从事企业经营活动，以免影响粮食工作的正常进行。要积极发展农业社会化服务，强化信息系统，搞好宏观指导。

三、基层粮食企业的财产归国家所有，不得平调，不得转移，粮管所（站、店）的隶属关系要保持稳定，防止国有资产流失。

国务院强调，当前正值夏粮收购旺季，各级人民政府要组织粮食等有关部门，按照国务院对粮食工作的有关规定和部署，千方百计筹措资金，抓好夏季粮油收购，坚决不打"白条"。粮食部门要严格执行国家收购政策，努力提供优质服务，尽量满足广大农民的售粮要求。

全国各族青年团结进步先进集体先进人物表彰大会在人民大会堂召开

国家主席江泽民在中南海会见美国前副总统丹·奎尔

江泽民说，近年来，国际形势发生的巨大变化并没有削弱中美关系的重要性，相反更需要中美两国在更广泛的领域里加强合作。双方应从中美关系的大局出发，以更长远的眼光看待中美关系，以务实的精神处理双边关系中的问题。

国务院总理李鹏致电祝贺非洲统一组织第29届首脑会议召开

中共中央政治局常委李瑞环在人民大会堂会见澳

大利亚国家党领袖蒂姆·费希尔和由他率领的代表团

巴林埃米尔伊萨·本·苏莱曼·哈利法在麦纳麦接见国务院副总理李岚清

“高科技与环境”第 2 次中日科技研讨会在北京召开

国务委员宋健参加开幕式。全国人大教科文卫委员会副主任李绪鄂作题为《中日两国在高科技发展中的作用》的发言。李绪鄂指出,两国要充分发挥“互取互补”的作用,应遵循平等互利、优势互补、互相尊重、彼此开放的原则。这一为期三天的研讨会,中方代表团以国家科委副主任惠永正为首,日方则派出了以众议院前科学技术委员长中马弘毅为团长的 33 位科技界、实业界人士。

《华北解放战争》和《东北解放战争》摄影集出版

国家计委财政部卫生部农业部在山东潍坊召开全国农村卫生建设经验交流会

青藏高原与全球变化研讨会在四川成都召开

地球上最高最庞大的隆起点,莫过于中国的青藏高原。它的隆起和存在,对于地球的冷暖,地貌、河床的形成,动植物的繁衍等,究竟具有什么影响?日前举行的研讨会上,100 多位专家、学者概括为,青藏高原在地球上具有独特的地质、地理单元,它的隆起不但对毗邻地区的自然环境和人类活动产生了巨大的影响,而且波及北半球以至全球。

6 月 29 日

中共中央在中南海怀仁堂举行各民主党派全国工商联负责人和无党派代表人士座谈会

会议由中共中央总书记江泽民主持。中共中央政治局常委、全国政协主席李瑞环,中共中央政治局常委、国务院副总理朱镕基,中共中央书记处书记温家宝,全国政协副主席吴学谦、王兆国等,出席会议。

江泽民在会议开始时的讲话说,去年以来,我国改革开放和经济发展取得了显著的成绩,国民经济保持强劲的发展势头,生产、建设、流通和外贸全面发展。同时,围绕建立社会主义市场经济体制的各项改革不断深化,取得了新的进展。

江泽民指出,今年上半年我国经济形势总的是好的,但在经济持续高速发展过程中,经济生活也出现了一些矛盾和问题,有的还相当突出。出现这些矛盾和问题的原因是多方面的,从根本上讲是经济体制还没有理顺。巩固和发展好的形势,解决经济发展中的矛盾和问题,必须以邓小平同志建设有中国特色社会主义的理论为指导,坚持党的基本路线,认真贯彻党的十四大的精神,进一步深化改革,扩大开放,尽快建立社会主义市场经济体制。

江泽民指出,加强和改善国家宏观调控,是建立社会主义市场经济体制的重要内容,也是深化改革的重要方面。市场经济不仅不排斥宏观调控,而且必须有完备有力的宏观调控体系。

江泽民说,全国政协、各民主党派和无党派人士对当前的经济形势十分关心,对改革开放和经济建设提出了许多宝贵的意见和有益的建议。对此,党中央、国务院非常重视,都已交由有关部门认真研究,并在工作中注意汲取和采纳。他说,及时向民主党派和无党派人士通报工作中的重大情况,听取社会各界的意见,是我们党的优良传统,也是改进工作的好形式。

朱镕基在会上介绍当前的经济形势以及加强宏观调控的措施。朱镕基说,为了保证经济稳定、协调发展,去年下半年以来,党中央、国务院多次对经济形势进行分析,作出判断,陆续制定和发布了一系列的政策、措施和规定,取得了一定的成效。为了保持经济发展的好势头,进一步理顺经济关系,做好下半年的工作,并为明年的发展奠定好的基础,党中央、国务院最近又多次研究了加强经济宏观调控的问题,并就有关问题提出了具体措施。在确定这些措施时,我们注意汲取了全国政协和各民主党派的意见和建议。他表示相信,只要统一认识,同心同德,进一步深化改革,主要运用经济手段、法律手段,辅之以必要的行政手段,加强宏观调控,就会使我国的经济保持稳定、协调的发展。

全国工商联副主席孙孚凌,民盟中央主席费孝通、副主席钱伟长,九三学社中央主席吴阶平,民建中央主席孙起孟,全国工商联副主席王光英,民革中央主席李沛瑶,民进中央主席雷洁琼,台盟中央主席团主席蔡子民,致公党中央副主席杨纪珂,农工民主党中央副主席方荣欣,无党派人士程思远,先后在会上发言。他们一致认为,去年以来我国经济发展和改革开放取得了显著的成就,形势是好的。对当前经济体制转轨中出现的问题要十分重视。为此,要对形势形成共识,进一步加强宏观调控的力度,深化改革,加快建立社会主义市场经济的步伐。他们指出,党中央、国务院对经济形势的分析是全面的、正确的,加强宏观调控的措施是积极的、稳妥的。他们表示,中共中央向我们通报这些情况,是肝胆相照的具体行动,我们要有荣辱与共的责任感,继续为发展经济大好形势做出努力和贡献。

出席会议的还有:各民主党派、全国工商联和无党派人士荣毅仁、阿沛·阿旺晋美、彭清源、万国权、葛志成、徐采栋;中央有关部门负责人曾庆红、曾培炎、蒋民宽、刘延东等。

国务院在北京召开第6次常务会议

受国务院总理李鹏委托,副总理朱镕基主持会议。会议审议并原则通过《长江三峡工程建设移民条例(草案)》

会议认为,长江三峡工程是一项跨世纪的特大型工程,涉及100多万移民。移民安置工作不仅关系到移民的切身利益,而且关系到三峡库区的环境保护、生态平衡和社会经济发展。为了做好长江三峡工程建设的移民安置工作,保证三峡工程的顺利进行,促进三峡库区经济的全面发展,制定《长江三峡工程建设移民条例(草案)》是十分必要的。

《长江三峡工程建设移民条例(草案)》明确规定,国家在三峡工程建设中实行开发性移民的方针,由有关人民政府组织领导移民安置工作,统筹使用移民经费,合理开发资源,以农业为基础,农工商结合,通过多渠道、多产业、多形式、多方法妥善安置移民,使移民的生活水平达到或者超过原有水平,并为三峡库区长远的经济发展和移民生活的提高创造条件。《条例(草案)》对移民安置、淹没区和安置区的管理及各项优惠措施作出了明确规定。

会议决定,《长江三峡工程建设移民条例(草案)》在作必要的修改后,由国务院发布施行。

党和国家领导人江泽民李瑞环朱镕基等在北京会见全国各族青年团结进步先进集体和先进个人的代表

第9轮中国不丹边界会谈在不丹的廷布举行

民盟七届三次中常会在北京结束

会议号召民盟各级组织和全体盟员继续坚持不懈地为经济发展和社会进步出主意、想办法,做实事、做好事,服从和服务于经济建设这个中心,在改革开放和建立社会主义市场经济实践中不断做出新贡献。

会议的中心议题是,在当前形势下如何进一步做好民盟工作和搞好民盟的自身建设。与会同志认为,改革开放不断深化,取得的成就举世公认。尽快建立社会主义市场经济体制中,民盟作为中国共产党领导的多党合作制中的参政党,要始终与共产党和政府站在一起,努力为克服前进中出现的问题提出积极的建设性的意见和建议。

民盟中央主席费孝通在讲话中指出,民盟当前工作的总方向是,以邓小平建设有中国特色社会主义理论为指导,贯彻“一个中心,两个基本点”的基本路线,充分发挥政治协商、民主监督的作用,努力为经济建设服务。他要求各地民盟组织结合本地情况,脚踏实地,胸怀全局,选好角度,发挥优势,做实事,做好事,迈出新步伐,登上新台阶,作出新贡献。会议由民盟中央副主席钱伟长主持,副主席丁石孙作总结讲话。出席会议的副主席还有陶大镛、罗涵先、马大猷、冯之浚、康振黄、孔令仁、谢颂凯、吴修平、张毓茂等。

会议于6月29日结束。

国务院总理李鹏签署第115号令发布《电网调度管理条例》

国务院总理李鹏签署第116号令发布《村庄和集镇规划建设管理条例》

《村庄和集镇规划建设管理条例》已经1993年5月7日国务院第三次常务会议通过,现予发布,自1993年11月1日起施行。

总理 李 鹏

1993年6月29日

村庄和集镇规划建设管理条例

第一章 总 则

第一条 为加强村庄、集镇的规划建设管理,改善村庄、集镇的生产、生活环境,促进农村经济和社会发展,制定本条例。

第二条 制定和实施村庄、集镇规划,在村庄、集镇规划区内进行居民住宅、乡(镇)村企业、乡(镇)村公共设施和公益事业等的建设,必须遵守本条例。但是,国家征用集体所有的土地进行的建设除外。

在城市规划区内的村庄、集镇规划的制定和实施,依照城市规划法及其实施条例执行。

第三条 本条例所称村庄,是指农村村民居住和从事各种生产的聚居点。

本条例所称集镇,是指乡、民族乡人民政府所在地和经县级人民政府确认由集市发展而成的作为农村一定区域经济、文化和生活服务中心的非建制镇。

本条例所称村庄、集镇规划区,是指村庄、集镇建成区和因村庄、集镇建设及发展需要实行规划控制的区域。村庄、集镇规划区的具体范围,在村庄、集镇总体规划中划定。

第四条 村庄、集镇规划建设管理,应当坚持合理布局、节约用地的原则,全面规划,正确引导,依靠群众,自力更生,因地制宜,量力而行,逐步建设,实现经济效益、社会效益和环境效益的统一。

第五条　地处洪涝、地震、台风、滑坡等自然灾害易发地区的村庄和集镇，应当按照国家和地方的有关规定，在村庄、集镇总体规划中制定防灾措施。

第六条　国务院建设行政主管部门主管全国的村庄、集镇规划建设管理工作。

县级以上地方人民政府建设行政主管部门主管本行政区域的村庄、集镇规划建设管理工作。

乡级人民政府负责本行政区域的村庄、集镇规划建设管理工作。

第七条　国家鼓励村庄、集镇规划建设管理的科学研究，推广先进技术，提倡在村庄和集镇建设中，结合当地特点，采用新工艺、新材料、新结构。

第二章　村庄和集镇规划的制定

第八条　村庄、集镇规划由乡级人民政府负责组织编制，并监督实施。

第九条　村庄、集镇规划的编制，应当遵循下列原则：

(一)根据国民经济和社会发展计划，结合当地经济发展的现状和要求，以及自然环境、资源条件和历史情况等，统筹兼顾，综合部署村庄和集镇的各项建设；

(二)处理好近期建设与远景发展、改造与新建的关系，使村庄、集镇的性质和建设的规模、速度和标准，同经济发展和农民生活水平相适应；

(三)合理用地，节约用地，各项建设应当相对集中，充分利用原有建设用地，新建、扩建工程及住宅应当尽量不占用耕地和林地；

(四)有利生产，方便生活，合理安排住宅、乡(镇)村企业、乡(镇)村公共设施和公益事业等的建设布局，促进农村各项事业协调发展，并适当留有发展余地；

(五)保护和改善生态环境，防治污染和其他公害，加强绿化和村容镇貌、环境卫生建设。

第十条　村庄、集镇规划的编制，应当以县域规划、农业区划、土地利用总体规划为依据，并同有关部门的专业规划相协调。

县级人民政府组织编制的县域规划，应当包括村庄、集镇建设体系规划。

第十一条　编制村庄、集镇规划，一般分为村庄、集镇总体规划和村庄、集镇建设规划两个阶段进行。

第十二条　村庄、集镇总体规划，是乡级行政区域内村庄和集镇布点规划及相应的各项建设的整体部署。

村庄、集镇总体规划的主要内容包括：乡级行政区域的村庄、集镇布点，村庄和集镇的位置、性质、规模和发展方向，村庄和集镇的交通、供水、供电、邮电、商业、绿化等生产和生活服务设施的配置。

第十三条　村庄、集镇建设规划，应当在村庄、集镇总体规划指导下，具体安排村庄、集镇的各项建设。

集镇建设规划的主要内容包括：住宅、乡(镇)村企业、乡(镇)村公共设施、公益事业等各项建设的用地布局、用地规模，有关的技术经济指标，近期建设工程以及重点地段建设具体安排。

村庄建设规划的主要内容，可以根据本地区经济发展水平，参照集镇建设规划的编制内容，主要对住宅和供水、供电、道路、绿化、环境卫生以及生产配套设施作出具体安排。

第十四条　村庄、集镇总体规划和集镇建设规划，须经乡级人民代表大会审查同意，由乡级人民政府报县级人民政府批准。

村庄建设规划，须经村民会议讨论同意，由乡级人民政府报县级人民政府批准。

第十五条　根据社会经济发展需要，依照本条例第十四条的规定，经乡级人民代表大会或者村民会议同意，乡级人民政府可以对村庄、集镇规划进行局部调整，并报县级人民政府备案。涉及村庄、集镇的性质、规模、发展方向和总体布局重大变更的，依照本条例第十四条规定的程序办理。

第十六条　村庄、集镇规划期限，由省、自治区、直辖市人民政府根据本地区实际情况规定。

第十七条　村庄、集镇规划经批准后，由乡级人民政府公布。

第三章　村庄和集镇规划的实施

第十八条　农村村民在村庄、集镇规划区内建住宅的，应当先向村集体经济组织或者村民委员会提出建房申请，经村民会议讨论通过后，按照下列审批程序办理：

(一)需要使用耕地的，经乡级人民政府审核、县级人民政府建设行政主管部门审查同意并出具选址意见书后，方可依照《土地管理法》向县级人民政府土地管理部门申请用地，经县级人民政府批准后，由县级人民政府土地管理部门划拨土地；

(二)使用原有宅基地、村内空闲地和其他土地的，由乡级人民政府根据村庄、集镇规划和土地利用规划批准。

城镇非农业户口居民在村庄、集镇规划区内需要使用集体所有的土地建住宅的，应当经其所在单位或者居民委员会同意后，依照前款第(一)项规定的审批程序办理。

回原籍村庄、集镇落户的职工、退伍军人和离休、退休干部以及回乡定居的华侨、港澳台同胞，在村庄、集镇规划区内需要使用集体所有的土地建住宅的，依照本条第一款第(一)项规定的审批程序办理。

第十九条 兴建乡(镇)村企业,必须持县级以上地方人民政府批准的设计任务书或者其他批准文件,向县级人民政府建设行政主管部门申请选址定点,县级人民政府建设行政主管部门审查同意并出具选址意见书后,建设单位方可依法向县级人民政府土地管理部门申请用地,经县级以上人民政府批准后,由土地管理部门划拨土地。

第二十条 乡(镇)村公共设施、公益事业建设,须经乡级人民政府审核、县级人民政府建设行政主管部门审查同意并出具选址意见书后,建设单位方可依法向县级人民政府土地管理部门申请用地,经县级以上人民政府批准后,由土地管理部门划拨土地。

第四章 村庄和集镇建设的设计、施工管理

第二十一条 在村庄、集镇规划区内,凡建筑跨度、跨径或者高度超出规定范围的乡(镇)村企业、乡(镇)村公共设施和公益事业的建筑工程,以及二层(含二层)以上的住宅,必须由取得相应的设计资质证书的单位进行设计,或者选用通用设计、标准设计。

跨度、跨径和高度的限定,由省、自治区、直辖市人民政府或者其授权的部门规定。

第二十二条 建筑设计应当贯彻适用、经济、安全和美观的原则,符合国家和地方有关节约资源、抗御灾害的规定,保持地方特色和民族风格,并注意与周围环境相协调。

农村居民住宅设计应当符合紧凑、合理、卫生和安全的要求。

第二十三条 承担村庄、集镇规划区内建筑工程施工任务的单位,必须具有相应的施工资质等级证书或者资质审查证书,并按照规定的经营范围承担施工任务。

在村庄、集镇规划区内从事建筑施工的个体工匠,除承担房屋修缮外,须按有关规定办理施工资质审批手续。

第二十四条 施工单位应当按照设计图纸施工。任何单位和个人不得擅自修改设计图纸;确需修改的,须经原设计单位同意,并出具变更设计通知单或者图纸。

第二十五条 施工单位应当确保施工质量,按照有关的技术规定施工,不得使用不符合工程质量要求的建筑材料和建筑构件。

第二十六条 乡(镇)村企业、乡(镇)村公共设施、公益事业等建设,在开工前,建设单位和个人应当向县级以上人民政府建设行政主管部门提出开工申请,经县级以上人民政府建设行政主管部门对设计、施工条件予以审查批准后,方可开工。

农村居民住宅建设开工的审批程序,由省、自治区、直辖市人民政府规定。

第二十七条 县级人民政府建设行政主管部门,应当对村庄、集镇建设的施工质量进行监督检查。村庄、集镇的建设工程竣工后,应当按照国家的有关规定,经有关部门竣工验收合格后,方可交付使用。

第五章 房屋、公共设施、村容镇貌和环境卫生管理

第二十八条 县级以上人民政府建设行政主管部门,应当加强对村庄、集镇房屋的产权、产籍的管理,依法保护房屋所有人对房屋的所有权。具体办法由国务院建设行政主管部门制定。

第二十九条 任何单位和个人都应当遵守国家和地方有关村庄、集镇的房屋、公共设施的管理规定,保证房屋的使用安全和公共设施的正常使用,不得破坏或者损毁村庄、集镇的道路、桥梁、供水、排水、供电、邮电、绿化等设施。

第三十条 从集镇收取的城市维护建设税,应当用于集镇公共设施的维护和建设,不得挪作他用。

第三十一条 乡级人民政府应当采取措施,保护村庄、集镇饮用水源;有条件的地方,可以集中供水,使水质逐步达到国家规定的生活饮用水卫生标准。

第三十二条 未经乡级人民政府批准,任何单位和个人不得擅自在村庄、集镇规划区内的街道、广场、市场和车站等场所修建临时建筑物、构筑物和其他设施。

第三十三条 任何单位和个人都应当维护村容镇貌和环境卫生,妥善处理粪堆、垃圾堆、柴草堆,养护树木花草,美化环境。

第三十四条 任何单位和个人都有义务保护村庄、集镇内的文物古迹、古树名木和风景名胜、军事设施、防汛设施,以及国家邮电、通信、输变电、输油管道等设施,不得损坏。

第三十五条 乡级人民政府应当按照国家有关规定,对村庄、集镇建设中形成的具有保存价值的文件、图纸、资料等及时整理归档。

第六章 罚　则

第三十六条 在村庄、集镇规划区内,未按规划审批程序批准而取得建设用地批准文件,占用土地的,批准文件无效,占用的土地由乡级以上人民政府责令退回。

第三十七条 在村庄、集镇规划区内,未按规划审批程序批准或者违反规划的规定进行建设,严重影响村庄、集镇规划的,由县级人民政府建设行政主管部门责令停止建设,限期拆除或者没收违法建筑物、构筑物和其他设施;影响村庄、集镇规划,尚可采取改正措施的,由县级人民政府建设行政主管部门责令限期改正,处以罚款。

农村居民未经批准或者违反规划的规定建住宅的，乡级人民政府可以依照前款规定处罚。

第三十八条 有下列行为之一的，由县级人民政府建设行政主管部门责令停止设计或者施工、限期改正，并可处以罚款：

（一）未取得设计资质证书，承担建筑跨度、跨径和高度超出规定范围的工程以及二层以上住宅的设计任务或者未按设计资质证书规定的经营范围，承担设计任务的；

（二）未取得施工资质等级证书或者资质审查证书或者未按规定的经营范围，承担施工任务的；

（三）不按有关技术规定施工或者使用不符合工程质量要求的建筑材料和建筑构件的；

（四）未按设计图纸施工或者擅自修改设计图纸的。

取得设计或者施工资质证书的勘察设计、施工单位，为无证单位提供资质证书，超过规定的经营范围，承担设计、施工任务或者设计、施工的质量不符合要求，情节严重的，由原发证机关吊销设计或者施工的资质证书。

第三十九条 有下列行为之一的，由乡级人民政府责令停止侵害，可以处以罚款；造成损失的，并应当赔偿：

（一）损坏村庄和集镇的房屋、公共设施的；

（二）乱堆粪便、垃圾、柴草，破坏村容镇貌和环境卫生的。

第四十条 擅自在村庄、集镇规划区内的街道、广场、市场和车站等场所修建临时建筑物、构筑物和其他设施的，由乡级人民政府责令限期拆除，并可处以罚款。

第四十一条 损坏村庄、集镇内的文物古迹、古树名木和风景名胜、军事设施、防汛设施，以及国家邮电、通信、输变电、输气管道等设施的，依照有关法律、法规的规定处罚。

第四十二条 违反本条例，构成违反治安管理行为的，依照治安管理处罚条例的规定处罚；构成犯罪的，依法追究刑事责任。

第四十三条 村庄、集镇建设管理人员玩忽职守、滥用职权、徇私舞弊的，由所在单位或者上级主管部门给予行政处分；构成犯罪的，依法追究刑事责任。

第四十四条 当事人对行政处罚决定不服的，可以自接到处罚决定通知之日起十五日内，向作出处罚决定机关的上一级机关申请复议；对复议决定不服的，可以自接到复议决定之日起十五日内，向人民法院提起诉讼。当事人也可以自接到处罚决定通知之日起十五日内，直接向人民法院起诉。当事人逾期不申请复议，也不向人民法院提起诉讼，又不履行处罚决定的，作出处罚决定的机关可以申请人民法院强制执行或者依法强制执行。

第七章 附 则

第四十五条 未设镇建制的国营农场场部、国营林场场部及其基层居民点的规划建设管理，分别由国营农场、国营林场主管部门负责，参照本条例执行。

第四十六条 省、自治区、直辖市人民政府可以根据本条例制定实施办法。

第四十七条 本条例由国务院建设行政主管部门负责解释。

第四十八条　本条例自一九九三年十一月一日起施行。

国办关于进一步加强和完善外汇管理的通知

为了适应改革开放和对外贸易发展的新形势，保证国家重要物资和技术进口，稳定外汇市场价格，以及偿还外债等用汇的需要，必须进一步加强外汇管理，完善和改进外汇管理办法。经国务院批准，现就有关问题通知如下：

一、调整有偿上缴中央外汇额度管理办法

（一）对今年 5 月 31 日（含）之前 30％有偿上缴中央的外汇额度，由外经贸部会同有关部门下达承包指标，按国家外汇局公布的外汇调剂市场加权平均价，由外经贸部继续负责收购。其中由于财政拨付的补偿金没有及时足额到位，未能兑现的人民币，采用计息的办法，由财政部在 1994 年 3 月底前分期兑现。具体实施办法，由外经贸部商有关部门制定。

（二）对今年 5 月 31 日（不含）之后 30％有偿上缴中央的外汇额度，由外经贸部会同有关部门下达承包指标，由人民银行按国家外汇局公布的外汇调剂市场加权平均价格收购。这部分用汇仍由国家计委安排，原则是谁用汇谁拿人民币兑换（按市场加权平均价格）。具体实施办法，由人民银行商有关部门制定。

二、进一步完善现汇留成试点

（一）现汇留成试点企业出口收汇，必须坚持“先上缴，后分成”的原则，要保证完成 20％无偿上缴和 30％有偿上缴中央外汇额度的任务。30％有偿上缴中央外汇额度按本通知的规定执行。试点企业的留成现汇，可按规定自主使用或进入调剂市场自由调剂。

（二）现汇留成试点企业向外资银行借用外汇贷款必须控制在国家下达的外债规模之内，借款可在调剂市场调剂成人民币用于收购产品出口，收汇后用其留成现汇归还外资银行贷款。

（三）为减轻企业负担，现汇调剂手续费改按外汇额度收取。

（四）目前，现汇留成试点范围暂不扩大。

三、对留成外汇实行限期使用办法

（一）从今年7月1日起，对贸易留成外汇（包括留成外汇额度和留成现汇）实行限期使用的办法。

（二）6月30日（含）前拨入留成外汇账户的留成外汇的使用（包括付汇和卖出调剂）期限到9月30日止。7月1日（含）后入账的留成外汇，自核拨入账当月起，使用期限为6个月。

（三）留成外汇超过使用期限，可由人民银行按国家外汇局公布的外汇调剂市场加权平均价格收购。

（四）从今年7月1日起，国家外汇局及其分局或经批准的有关银行，要为需偿还外汇贷款本息的单位开立专户，开户单位根据还贷计划将留成外汇存入专户，用于外债的还本付息。外债协议期满，取消该专户，如专户中尚有外汇，可由人民银行按国家外汇局公布的外汇调剂市场加权平均价格收购。

（五）对非贸易留成外汇（包括留成外汇额度和留成现汇），留成单位按国家下达的非贸易外汇用汇计划留用，超出用汇计划的部分，实行上述贸易留成外汇限期使用的办法。

（六）关于留成外汇限期使用的具体实施办法，由人民银行商有关部门制定。

各级人民政府和各有关部门，要密切配合，共同努力，加强对出口收汇的管理，坚决堵住漏洞，提高外贸出口的结汇率，要确保完成一般商品出口的20%无偿上缴和30%有偿上缴中央外汇额度的任务。人民银行、国家外汇局、国家计委、国家经贸委要会同有关部门对出口收汇的情况进行检查，同时研究提出加强跟踪结汇，确保完成上缴中央外汇，以及统一外汇留成的政策和管理办法。

民政部就禁止民政部门在办理结婚登记时搞搭车收费的现象发出通知

民政部近日向全国各地民政部门发出通知，重申禁止民政部门在办理结婚登记时搞搭车收费的现象。

《通知》说，“搭车”收费的现象有些地方相当严重。诸如要求“搭车”收取夫妻恩爱保证金、独生子女保证金、计划生育保证金、结婚登记公证费、婚前教育费、婚前教育结业证书工本费、购买《结婚必读》书费、孕前检查费、金婚保证金、妇幼保健费、摸奖费、母子一条龙服务费等名目繁多的费用。

《通知》要求如下：

一、各级民政部门、婚姻登记机关必须坚决贯彻减轻农民负担的精神，把是不是切实解决和杜绝“搭车”收费问题，提高到对农民的感情如何和同党中央是否保持一致的高度看待，下大力气解决好“搭车”收费问题。

二、必须严格按照国家物价部门规定的婚姻登记收费标准收费。严禁收取国家收费标准之外的其他任何费用，严禁为任何部门搭售任何商品、纪念物、奖券、国库券等。

三、对凡不按国家婚姻登记收费规定收费的，发现一起查处一起。婚姻登记机关对一些要求“搭车”收取各种费用及推销物品的部门，要坚决拒绝，及时举报，并主动向上一级民政部门和当地党委、人民政府汇报，取得党委和政府的支持。

公安部发出认真查处和纠正乱收费乱集资等加重农民负担的歪风的通知

最近，公安部向省、自治区、直辖市发出通知，要求各地公安机关认真查处和纠正乱收费、乱集资等加重农民负担的歪风。

通知指出，农民治安联防工作必须坚持农民自愿的原则，并由村民治保委员会负责组织。确需保留群众性治安联防队的，所需经费由地方财政解决。公安派出所不得向农民群众收取治安联防费；办理农村居民身份证，临时身份证、户口簿等证件时，必须按核定标准收取工本费，不得擅自立项和提高收费标准，严禁在农民办理上述证件时，收取各种名目的附加费用；对农村公安派出所“达标”活动，凡“硬件”建设的标准，应当一律删除。农村派出所的住房和交通、通讯装备的改善，不得向农民和乡镇企业索取财物；农村派出所不得参与向农民强性摊派、集资等活动，不得派干警参加任何部门自立项目、自立标准的强制性收费、罚款活动；把减轻农民负担、制止乱收费、乱集资、乱罚款作为今年公安机关纪检、监察部门的工作重点。

由上海石化总厂改制的上海石油化工股份有限公司在上海成立

这是目前我国最大的规范化的与国家接轨的股份制企业。

中华见义勇为基金会在北京成立

这个基金会是为表彰和奖励在与违法犯罪及突发事故的斗争中涌现的先进人物而建立的。

国家副主席荣毅仁在人民大会堂会见即将离任的5国驻中国大使

5国大使是伊拉克驻华大使穆罕默德·加夫、卡塔尔驻华大使法希德、苏丹驻华大使安沃尔·哈蒂、比利时驻华大使德法尔克和以色列驻华大使苏赋特。

中央军委授予国防科工委某基地研究所第二研究室"勇攀科技高峰研究室"荣誉称号命名大会在西安举行

人民解放军总政治部副主任周子玉在大会上宣读由中共军委主席江泽民签署的命令,并代表中央军委向二室授旗。

第二研究室从 1964 年 10 月 16 日完成第一颗原子弹爆炸试验的物理测量开始,先后出色完成数十次重大科研试验的物理测量任务,在科研试验实践中获得 78 项全国科学大会奖和国家、部委级科技成果奖,并培养和造就一批优秀的中青年科技人才。

国家教委人事部财政部颁发《特级教师评选规定》

《规定》指出,特级教师是国家为表彰特别优秀的中小学教师而特设的一种具有先进性、专业性的称号。特级教师应是师德的表率、育人的模范、教学的专家。评选条件为:一、忠诚人民的教育事业,一贯履行教师职责。二、具有中小学高级教师职称,有丰富的教学经验和理论知识,教育教学效果特别显著。三、在培训提高教师的思想政治、文化业务水平和教育教学能力方面做出显著贡献。评选比例由原 1‰提高到 1.5‰,津贴由原小学每人 20 元、中学每人 30 元统一提高到每月 80 元。

新闻出版署发出《关于出版单位的主办单位和主管单位职责的暂行规定》

《规定》指出,举办出版单位必须有确定的主办单位和主管单位,主管单位、主办单位与出版单位之间必须是领导与被领导的关系,并对主管单位和主办单位应履行的职责作了明确的规定。

中纪委就河南省原汝州市委副书记市长徐中和等人严重贪污受贿被开除党籍发出通报

6 月 30 日

八届全国人大常委会二次会议举行第四次全体会议

会议听取法律委员会主任委员薛驹关于科学技术进步法,农业技术推广法,农业法,关于惩治生产、销售伪劣商品犯罪的补充规定 4 个法律草案修改意见的汇报,和财经委员会副主任委员李灏关于 1992 年国家决算的审查报告。

全国人大常委会委员长乔石出席会议。副委员长王汉斌主持会议。副委员长田纪云、倪志福、费孝通、孙起孟、雷洁琼、秦基伟、李锡铭、王丙乾、帕巴拉·格列朗杰、王光英、程思远、卢嘉锡、布赫、铁木尔·达瓦买提、李沛瑶、吴阶平和曹志秘书长出席会议,国务委员宋健列席会议。

在全体会议上,钱易、孙廷芳、李登海和杨烈宇 4 位委员,郭志和古宣辉两位还分别就"对科技进步法的一些建议"、"为惩治生产、销售伪劣商品犯罪的补充规定收到更大的效果,必须加强罪前的行政管理和罪后的严格执法"、"关于当前农业的问题和几点意见"、"建议建立农作物种子专利法规,促进农业科技事业发展"、"关于设立全国人大常委会香港特别行政区筹备委员会预备工作委员会的几点建议"和"关于尽快将大连设立为经济特区的再建议"等,作了专题发言。

全国人大财经委员会副主任委员李灏在八届全国人大常委会二次会议上作关于 1992 年国家决算的审查报告

全国人大财经委员会原则上同意财政部部长刘仲藜在决算报告中对 1992 年国家决算所作的分析,建议本次会议批准 1992 年国家决算。同时财经委员会对完成 1993 年国家预算任务提出建议。

李灏说,财经委员会认为,1992 年预算执行中的主要问题,是财政赤字超过了预算,值得注意的是一些地方财政出现了赤字。去年在经济高速增长的过程中,财政收入未能与经济发展同步增长,而财政支出增长又过猛。就其原因来看,主要是财税法规不健全,管理上还存在许多漏洞,越权减免税收、承包流转税屡禁不止,收入流失现象严重;行政事业机构庞大,集团消费激增,公款宴请、公费旅游、公款送礼等铺张浪费、化公为私的行为普遍存在,开支负担加重;也有办事不量力而行,监督不严,预算约束不力的因素。上述问题应引起各级政府和财政部门的高度重视,并尽快研究对策,在今后工作中努力加以解决。

李灏指出,从 1993 年前 5 个月的预算执行情况来看,财政状况相当严峻。比较突出的问题,一是财政收入增长低于经济发展,一些主要收入项目完成不好,甚至出现某些税源扩大而税收反而下降的趋势;二是国库券销售缓慢,对财政收入进度影响很大;三是企业欠交、银行占压财政收入的情况严重;四是支出增长过快,资金供求矛盾突出。

针对今年预算执行中出现的问题,财经委员会认为,必须严格国家预算管理,努力督促地方财政坚持收支平衡。对已经安排赤字预算的省区市,建议全国人大常委会根据八届全国人大一次会议提出的地方财政不得打赤字预算的原则,责成有关地方人大常委会调整预算,并采取增收节支的有力措施,做到预算收支平衡,要求各地在预算执行中不得出现赤字。这是确保今年国家预算赤字不再扩大的关键。中央各部门也不得随意开减收增支的口子，以免增加地方财政平衡的困难。

为了保证1993年国家预算任务的顺利实现，财经委员会建议：

（一）强化税收征管工作，防止收入流失。要采取有效措施，确保税收与相应的税源同步增长。要坚决制止越权减免税和承包流转税的做法，加强税收征管，严厉打击偷漏税收的不法行为。建议国务院组织力量，对承包流转税的问题进行监督检查，对已经承包的，要坚决予以纠正。同时，积极开辟新财源，抓紧制定有关房地产开发经营、股票交易等收益分配的法律和法规，尽快完善社会收入分配调节机制，以增加国家财政收入，缓解社会收入分配不公。

（二）严格支出管理，抑制支出过快增长。要坚持量力而行，强化预算约束，不得随意开减收增支的口子。为了控制财政支出的过快增长，必须发扬勤俭节约、勤政廉洁的优良作风，从严控制社会集团购买力的增长，坚决反对和有效制止各种铺张浪费、化公为私和其他腐败行为。对于工资性消费基金的过快增长，也要从严控制。

（三）整顿金融秩序，严肃财经纪律。国库券的销售状况关系今年国家预算能否实现的全局，为了保证国库券销售任务的顺利完成，必须坚决纠正抬高利率乱集资的行为，并给予必要的经济制裁。财政部门要采取有效措施，积极组织国库券的推销工作。同时，企业不得欠交财政收入，银行不得占压企业上交的税款和其他收入，以免财政无法及时将资金拨给用款单位，形成新的三角债。各地区、各部门、各单位都要认真执行有关财税的法律和法规，严肃财政法纪，遵守财经纪律，维护政令的统一。对于有法不依、有令不行、有禁不止、严重违反财经纪律的行为，要坚决进行处理。

国家安全部在北京召开全国国家安全战线先进基层单位先进个人命名表彰大会

中共中央书记处书记、中央政法委书记任建新，国务委员兼国务院秘书长、中央政法委副书记罗干出席。

任建新在讲话中指出，国家安全部成立10年来取得了很大成绩。实践证明，国家安全队伍是有战斗力的队伍，是能够经受住各种考验的队伍，是党和人民完全可以信赖的队伍。在成绩面前，大家要戒骄戒躁，要居安思危，在新形势下国家安全机关面临的任务更加繁重和复杂。他希望各级国家安全机关要认真贯彻落实党的十四大和中央有关文件精神，认真学习邓小平同志关于建设有中国特色的社会主义理论。解放思想，实事求是，大力加强国家安全各项业务工作，充分运用《国家安全法》等法律武器同隐蔽敌人作斗争，保障和促进改革开放和经济建设的顺利进行。

贾春旺部长在报告中指出，国家安全部组建10年来，各级国家安全机关和广大干警创建了许多可歌可泣的英雄业绩，涌现出了大批先进集体和个人。今天大会命名表彰的先进基层单位和先进个人，就是在国家安全战线上为数众多的为党和人民立下了功勋的集体和个人的代表。

水利部公安部联合发出严打破坏防汛工作犯罪活动的通知

水利部、公安部日前联合发出通知，要求各地对破坏防汛工作的犯罪活动严厉打击。

通知要求，各级水利、公安部门要立即行动，落实汛期安全责任制；对重点防洪工程、河段以及防洪物料、通信设施、水文测报站（点）等要害部位，要加强警力，确保安全；对破坏防汛设施的案件，要组织力量及时侦破，坚决打击；发生洪涝灾害地区的各级公安机关和武警部队，除积极协助地方政府做好受灾群众转移、安置及生产自救工作外，对趁灾盗窃、哄抢财物、造谣惑众、煽动闹事、械斗以及利用封建迷信骗财害人等扰乱社会治安秩序的不法分子，要坚决惩处。同时要加强道路交通的安全管理，保障防汛救灾物资运输的畅通和群众安全转移。

《人民日报》就《企业财务通则》和《企业会计准则》即将实施发表评论员文章《认真贯彻实施新财务会计制度》

卡塔尔代埃米尔、王储兼国防大臣哈马德·本·哈利法·阿勒萨尼在多哈接见中国国务院副总理李岚清

中英机场委员会在香港举行第3次会议

会议讨论香港新机场和机场铁路的财务安排方案以及中环湾填海计划。

甘肃省科学院生物所和陇西酒精厂合作的固定化酵母细胞淀粉质原料酒精发酵工业大生产试验获得成功

珠穆朗玛峰从1966年到1992年拔高96厘米

河南新郑郑韩故城出土六十余件西周郑国王室重器

河南郑韩故城考古获半个世纪以来重大发现，近日在 3 个青铜器窖藏坑中出土 60 多件王室重器。

5 月 19 日，新郑县在金城路工程施工中，推土机推出一个青铜器窖藏坑，引起省文物局极大关注。5 月 30 日又在该坑西北 2 米处相继发现了 2 号坑和 3 号坑。两坑均为东西走向，坑容分别为 2.25×1.5×0.85 米和 2.35×1.80×1.25 米。2 号坑内放置青铜乐器 24 件，其中编钟 20 件；3 号坑内放置青铜礼器 16 件，计有鼎 6 件、簋 4 件、鬲 4 件、豆和圆鉴各 1 件。连同 1 号坑的 20 多件，此次共出土青铜器 60 多件。这些器物造型古朴，端庄大方，从形制、纹饰和组合考察，初步确定为春秋中晚期的。

郑韩故城是国务院公布的第一批全国重点文物保护单位。春秋时期的郑国和韩国，先后在此建都达 500 年之久，地下埋藏着极为丰富的文化遗迹和遗物，一直是国家重点勘探发掘的古代城址之一，曾发现过大批的珍贵文物，但王室重器一直未能出土。据专家鉴定，这次出土的应为郑国王室重器，特别是铜鼎普遍形制较大，最大者通高 50 厘米，口径 49 厘米，最小者通高及口径也均在 45 厘米，十分珍贵。

从发掘现场归来的两位省文物考古专家喜形于色："一次出土数量这么多，而且保存如此完好，绝大部分的原始面貌未遭破坏，这在我国考古发掘中实不多见。"

两位专家以"半个世纪以来郑韩故城考古的重大发现"，来概括此次发掘的意义，认为它对于研究春秋时期郑国的历史、礼仪制度、青铜器铸造工艺和分期，具有重要学术价值。此外郑国是我国音乐艺术的发祥地之一，所谓的"郑卫之音"久负盛名，但至今能够肯定为郑国的青铜乐器却很少出土，此次出土盛大编钟，通过测音等研究，有可能在复原郑国音乐的音阶、音律结构方面取得突破。目前，考古发掘仍在进行，对出土的青铜器，已采取保护和修复措施。

7月1日

《人民日报》发表社论《切切实实加强党的建设——纪念中国共产党成立七十二周年》

今天，七月一日，是中国共产党诞生七十二周年纪念日。我们在全党和全国各族人民抓住时机，深化改革，集中力量把经济搞上去，促进社会全面进步的大好形势下，迎来了这个光辉节日。

欢庆党的生日，最好的纪念，是全党上下切切实实加强党的建设，推进党的事业。伟大的事业需要伟大的党去领导。在中国，没有共产党的领导，就不会有社会生产力的不断解放和发展，就不会有社会的全面进步，就谈不上社会主义现代化。把党的建设提高到一个新水平，这是时代提出的要求。江泽民同志在党的十四大的报告中指出："党的基本路线要毫不动摇地长期坚持下去，社会主义的改革开放和现代化建设要搞得更好更快，国家要长治久安和繁荣富强，关键在于我们党，在于坚持用邓小平同志建设有中国特色社会主义的理论武装全党。"

当前，集中精力进行社会主义现代化建设和建立社会主义市场经济体制，是我们的伟大实践；用建设有中国特色社会主义的理论武装全党，保持思想上、政治上的高度一致，并用这一伟大理论指导伟大实践，是加强党的建设的根本任务。建设有中国特色社会主义理论是马克思主义同中国实际相结合的最新成果，是当代中国的马克思主义，是指引我们完成新的任务的强大思想武器。只有努力掌握这一理论，才能既同抛弃马克思主义、社会主义的思潮划清界限，又同墨守成规、脱离中国国情和时代发展的观点划清界限。毫不动摇地坚持在这一理论指导下形成的党的"一个中心、两个基本点"的基本路线，是我们事业能够经受风险考验，顺利达到目标的最可靠的保证。全党同志特别是各级领导干部都要具体地而不是抽象地、系统地而不是零碎地、深入地而不是肤浅地学好这一理论，全面、正确地领会这一理论的精神实质，不断提高自觉运用这一理论的立场、观点、方法，研究解决现实问题的本领。

我国的社会主义现代化建设和社会主义市场经济体制的建立，正处在一个关键的时期。新的情况、新的矛盾和新的问题摆在我们面前，经济发展的形势和机遇向我们提出了新的要求。在新的形势下，为了提高全党在加快建立社会主义市场经济体制中驾驭全局的领导能力，要努力学习经济知识，掌握市场经济的规律；要深入调查研究，准确把握社会经济形势的走向；更要巩固党在组织上行动上的高度统一，最重要的是严格执行民主集中制，加强团结，顾全大局，严肃纪律，依靠全党的智慧、全党的力量，使这场伟大的改革事业在不断探索、不断总结实践经验的基础上胜利前进。各级党组织要认真发挥政治核心作用，积极、全面、正确贯彻十四大精神，确保党中央、国务院的政令畅通，自觉地维护政令的统一性和严肃性，维护党中央、国务院的权威，维护党和国家的整体利益，正确地把握整体利益与局部利益的关系。

加强党风建设，是全党全国人民十分关注的一件大事。十几年来，经济建设有很大发展，生活水平有很大提高，人民群众是满意的，肯定的。但在有些方面也不满意，有意见。党风、廉政建设方面尽管有不小的成就，上上下下都重视，经常在议论这件事，不断处置违法乱纪分子，但党风状况仍然值得高度重视。邓小平同志曾告诫全党："经济建设这一手我们搞得相当有成绩，形势喜人，这是我们国家的成功。但风气如果坏下去，经济搞成功又有什么意义？会在另一方面变质，反过来影响整个经济变质，发展下去会形成贪污、盗窃、贿赂横行的世界。"端正党风，加强廉政建设，同各种腐败现象作坚决的斗争，是十四大向全党提出的重要任务，它关系到党在人民群众中的声誉和威望，关系到政治的稳定和经济的发展。要在全体党员中大力提倡带头发扬艰苦奋斗精神，坚决反对拜金主义、享乐主义和极端个人主义。对于党风建设问题的重要性和解决这个问题的长期性、艰巨性，要有清醒的认识，一定要下决心，下力气抓出成效。

"七一"前夕，江泽民同志在纪念党的生日的座谈会上指出：党建工作总的目标要求是，要紧紧抓住主题，把党建设成为领导社会主义现代化建设的更加坚强的领导核心；努力提高党的执政水平和领导水平；进一步增强党组织自身的凝聚力、对广大群众的吸引力、在改革和建设中的战斗力。江泽民同志的重要讲话，对加强和改善党的领导，对加强和改进党的自身建设，提高党员素质，具有重大的指导意义。全党要认真学习，深刻领会，切实加以贯彻。

切切实实加强党的建设，是老一辈无产阶级革命家的希望，是人民的重托。让我们紧密地团结在江泽民同志为核心的党中央周围，为给伟大、光荣、正确的中国共产党增添新的光辉，为建设有中国特色社会主义事业的成功，努力奋斗。

民政部解放军总政治部联合发出在"八一"期间广泛深入开展拥军优属拥政爱民活动的通知

国务院批准广东番禺市南沙开发区等3个国家级经济技术开发区

中国市场经济理论与现实国际研讨会在海口举行

研讨会由中国(海南)改革发展研究院、中国留美经济学会、中国留英经济学会共同主办。

国务委员、国家体改委主任李铁映委托中国(海南)改革发展研究院院长高尚全到会宣读书面致词。李铁映说,改革的理论来自改革的实践。社会主义市场经济理论的提出,既是对传统政治经济学理论的突破和创新,也是对中国市场取向改革实践的总结。社会主义市场经济体制是公有制与市场经济内在统一的,在积极有效的国家宏观调控下,市场机制对资源配置起基础性作用,能实现效率与公平高水平结合的经济体制。围绕这一目标模式,我们要进一步探讨并回答一些新的重大理论问题。

国家工商行政管理局商标局正式受理服务商标的注册申请

全国政协主席李瑞环在钓鱼台国宾馆会见澳大利亚前总理霍克和泰国枢密院院长前总理差猜·春哈旺等

中共中央书记处书记温家宝在钓鱼台国宾馆会见以总书记库马尔·辛德为团长的印度国大党(英)代表团

阿拉伯联合酋长国副总理苏尔坦·本·扎耶德·阿勒纳哈扬在阿布扎比会见国务院副总理李岚清

中国空间技术研究院和韩国航空宇宙研究所在汉城签署《中韩两国关于空间技术合作的谅解备忘录》

中国和不丹在廷布举行第9轮边界谈判

中国政府与卡塔尔国政府在多哈签署贸易协定

中国政府和阿拉伯联合酋长国政府在阿布扎比签署《关于促进和保护投资协定》和《关于对所得避免双重征税和防止偷漏税的协定》

外交部发言人范慧娟在记者招待会上评世界人权大会

范慧娟对不久前结束的世界人权大会及大会通过的《维也纳宣言和行动纲领》发表评论时说,这次大会既取得了一些重要的积极成果,也存在一些明显的局限性和消极影响。

范慧娟还说,中国积极参与了大会的整个筹备过程。在会议期间,中国代表全面阐述了中国在人权问题上的基本立场,积极参与了大会各项活动并作出了贡献。她说,中国将一如既往,同国际社会特别是广大发展中国家一道,为推动国际社会保护和促进人权的活动而努力。

7月2日

国家主席江泽民致电柬埔寨国家元首全国最高委员会主席诺罗敦·西哈努克亲王祝贺柬埔寨临时民族政府正式成立并祝贺拉那烈和洪森出任该政府联合主席

国务院总理李鹏致电柬埔寨临时政府联合主席诺罗敦·拉那烈和洪森祝贺柬埔寨临时政府正式成立和出任该政府联合主席

八届全国人大常委会第二次会议闭幕

常委会组成人员137人出席会议,全国人大常委会委员长乔石主持会议并就人大工作发表重要讲话。副委员长田纪云、王汉斌、倪志福、费孝通、孙起孟、雷洁琼、秦基伟、李锡铭、王丙乾、帕巴拉·格列朗杰、王光英、程思远、卢嘉锡、布赫、铁木尔·达瓦买提、李沛瑶、吴阶平和全国人大常委会秘书长曹志出席会议,国务委员罗干、最高人民法院院长任建新、最高人民检察院检察长张思卿列席会议。

中国历史上第一部科技进步法、农业技术推广法、农业法分别以124票、135票、126票获得通过。会议还以133票通过全国人大常委会关于惩治生产、销售伪劣商品犯罪的决定。国家主席江泽民分别签署第四、第五、第六、第七号主席令,公布这四部法律。

会议还表决通过全国人大常委会关于设立全国人大常委会香港特别行政区筹备委员会预备工作委员会的决定及其预备工委组成人员名单。会议还通过了全国人大常委会关于中华人民共和国澳门特别行政区基本法葡萄牙文本的决定。

会议还通过关于批准中国和摩尔多瓦共和国领事条约、中国和玻利维亚共和国领事条约的决定;关于批准我国和白俄罗斯共和国、哈萨克斯坦共和国、乌克兰三国关于民事和刑事司法协助的条约的决定。

全国人大常委会关于批准1992年国家决算的决议以117票获得通过。

在全体会议上表决通过的还有:第八届全国人大常委会代表资格审查委员会主任委员、副主任委员、委员名单;第八届全国人大常委会工作要点;全国人大常委会组成人员守则;全国人大常委会副秘书长、法制工作委员会主任任免名单;任命专门委员会顾问名单;根据最高人民法院、最高人民检察院的来文通过决定任免名单和根据国务院来文的驻外大使的任免名单。

根据国务院总理李鹏提出的议案,会议还决定免去国务委员李贵鲜兼任的中国人民银行行长的职务,任命朱镕基副总理兼任中国人民银行行长。

全国人大常委会委员长乔石在八届全国人大常委会第二次会议上发表讲话

经过大家共同努力,这次常委会会议完成了预定的各项议程。会议通过了四个法律,听取了三个法律草案的说明或汇报。这些都是促进社会主义市场经济发展的重要法律。在审议中,大家都赞成由常委会及早通过农业法。因为这个法律关系到农村经济发展和亿万农民的切身利益。它的制定和实施,对于保障农业在国民经济中的基础地位,发展农村社会主义市场经济,有重要意义,一定会得到广大农民的拥护。会议通过的科技进步法,是促进科学技术发展、振兴国民经济的重要法律。审议中,对于要不要把科技投入比例写进法律展开了讨论。多数同志主张,可在国务院的科技发展规划中作出规定,不一定写进法律条文。在审议关于惩治生产、销售伪劣商品犯罪的决定草案时,对量刑问题也有争议。会议充满了民主气氛。有不同意见,相互争论,是好事。这是立法决策中不可缺少的。会议通过的关于在香港特别行政区筹委会成立之前,设立全国人大常委会香港特别行政区筹备委员会预备工作委员会的决定,有利于为一九九七年我国对香港恢复行使主权,实现平稳过渡,进行各项有关准备工作。这次会议还通过了八届全国人大常委会工作要点,使本届常委会的主要工作有了一个大体的规划,也便于人民群众监督我们的工作。实践中可以对这个要点作进一步调整和补充。会议还通过和批准了其他一些议案,这次会议取得不少成果。下面,我就社会主义市场经济立法问题,再谈一些意见。

一、抓紧时机努力做好社会主义市场经济的立法工作

当前,我国经济形势总的是好的。在去年小平同志视察南方重要谈话和党的十四大精神指引下,经济发展速度明显加快,改革开放不断出现新的进展,市场机制的作用进一步扩大,城乡市场活跃繁荣,各项社会事业不断发展,人民生活继续改善。在经济发展过程中,也出现了一些新的矛盾和问题。根本原因是,原有经济体制的弊端没有消除,新的经济体制尚未形成。盲目扩张投资、竞相攀比速度和缺乏有效约束机制等问题没有得到很好解决。新体制所要求的有效宏观调控体系尚未形成。解决这些问题只能靠深化改革,扩大开放,加快向社会主义市场经济体制转换。特别要加快金融体制、投资体制和财税体制的改革。要更多地采取经济手段、法律手段,也需要采取必要的行政手段,加强和改善宏观调控。既要抓住机遇,加快发展,也要注意稳妥,避免经济出现大的波动,使国民经济又快又好地发展。

加快改革开放,发展社会主义市场经济,迫切要求经济立法工作有一个迅速发展。今后五年,是我国从旧经济体制向新经济体制转换的关键时期。建立和健全市场经济法律体系,是培育和发展社会主义市场经济不可分割的组成部分。社会主义市场经济的发展,必须有法律来引导、规范、保障和约束。因此,本届常委会一定要抓紧时机,尽快制定一批有关市场经济的法律。

我在前几次讲话中谈到,本届常委会任期内要大体形成社会主义市场经济法律体系的框架。这个任务是相当艰巨的。从计划经济到市场经济的平稳过渡,在世界上还没有成功的先例,要靠我们自己探索;如何建立市场经济的法律体系框架,同样没有现成的模式,也要靠我们自己探索。现在,理论界和实际工作者正在讨论这个问题。

总的说,社会主义市场经济的法律框架,包含的内容非常广泛,需要制定的法律很多。就目前情况看,急需出台的是以下几个方面的法律:一是规范市场主体的法律。必须用法律来保障和明确市场主体的权利和义务,确保它们能够自主经营、自负盈亏、自我发展、自我约束。常委会正在抓紧制定的公司法,就是规范市场主体的一个重要法律。这次会议听取了对公司法草案意见的汇报,有关部门要抓紧工作,争取公司法尽快出台。二是调整市场主体关系、维护公平竞争的法律。市场交换关系,必须遵循自愿、公平、等价有偿、诚实信用的原则。这就需要规范市场主体的竞争行为,维护市场秩序。这次会议审议的反不正当竞争法和经济合同法修正案两个草案,是这方面重要的法律草案,应当抓紧修订。还要抓紧制定证券法、票据法、仲裁法、担保抵押法、房地产法、消费者权益保护法等法律。三是改善和加强宏观调控、促进经济协调发展方面的法律。市场有其自身的弱点和消极方面,必须改善和加强国家对市场经济的宏观调控。有些市场经济高度发达的国家,也认为他们实行的是严格宏观调控下的市场经济。我们国家处在机制转换的过程中,既需要解放思想,放手培育市场,充分发挥竞争机制的作用,也丝毫不能忽视国家对市场的宏观调控。这就需要抓紧制定预算法、银行法、对外贸易法等法律。还要制定调整产业结构、促进科技进步等方面的法律。四是建立和健全社会保障制度方面的法律。对市场竞争造成的破

产、失业等，需要有相应的社会救济，减少社会震动。因此，有关社会保障方面的法律，如劳动法、保险法等都必须重视。我们任何改革措施和法律的制定，都要很好考虑到维护社会稳定。以上几个方面的立法，都是建立和完善社会主义市场经济体制所必需的。常委会秘书处正在研究制定今后五年的立法规划。对立法项目要通盘考虑，合理部署，抓紧落实。

还需要指出的是，我们是从计划经济体制向市场经济体制转轨的。过去制定的法律有的已不适应社会主义市场经济发展的要求，有必要进行认真清理，该修改的修改，该废止的废止。这样才能保证社会主义市场经济法律体系的统一性和协调性。

二、认真解决市场经济立法中遇到的几个问题

制定社会主义市场经济的法律，必须以建设有中国特色社会主义的理论和党的基本路线为指导，以宪法为依据，大胆探索，勇于实践，以改革的精神对待和解决立法中遇到的问题和难点。

第一，立法要同改革开放进程相适应。立法要总结改革开放的经验，把实践证明是正确的东西用法律的形式肯定下来，使改革开放的成果得以巩固。但仅仅这样做还不够。还必须充分认识法律对社会经济发展的指导作用。应当通过法律来规范和指导改革开放的发展，依靠国家的力量排除改革开放中遇到的阻力，有力地推动社会主义市场经济体制的建立。我们要深刻领会小平同志讲的法律有比没有好，快搞比慢搞好的精神，一些应兴应革的事情，要尽可能先制定法律后行动。要适当打破一点常规。有的法律在起草过程中，有不同意见，可在有关会议上进行讨论，及时协调解决，以利于加快立法步伐，尽量避免立法工作滞后于改革需要的状况。

第二，局部利益要服从国家整体利益。起草法律一定要从全局出发，从维护国家和人民的根本利益出发，避免不适当地强调局部的利益和权力。部门之间互相扯皮，就会贻误法律出台，阻碍统一开放市场的形成。发展市场经济，必然要打破行政权力划分的传统格局。立法，要有利于促进政府转变职能，建立适应市场经济发展的新的管理体制。

第三，立足于中国国情，大胆吸收和借鉴国外经验。立法必须从我国国情出发，但这并不排除我们吸收国外的经验。凡是国外立法中比较好的又适合我们目前情况的东西，我们都应当大胆吸收；他们走过的弯路，也值得我们借鉴。有些适合我们的法律条文，可以直接移植，在实践中充实、完善。市场经济是开放型经济、国际性经济，我国有关市场经济的一些法律，需要同国外的有关法律和国际惯例相衔接。这样做，不仅会加快我国市场经济立法步伐，还有利于我国与国际经济的发展接轨，参与国际经济竞争。

第四，地方人大立法是全国人大及其常委会立法的重要补充。全国人大及其常委会要抓紧制定市场经济的法律，但在短时期内把有关法律都搞出来，是做不到的。地方人大及其常委会也要抓紧制定有关市场经济方面的地方性法规。特别是一些改革开放搞得比较早的地方，积累的经验比较多，应当先行一步，成为经济立法工作的试验区，为制定法律提供经验。另外，我国地域广阔，各地发展不平衡，法律不可能把各种情况都规定进去。地方可以从本地实际出发，制定实施细则。地方性法规不能同宪法、法律和行政法规相抵触，这是一条重要原则。但考虑到有的地方的改革需要先行试点，取得经验，如果起草地方性法规碰到与法律不协调的情况，可以主动提出来商议，通过法律程序合理解决。

第五，更好地发挥专家在立法工作中的作用。小平同志早就说过，要多找一些各方面的专家参加立法工作。这个意见很重要。今后，无论哪个部门起草法律，都要吸收有关方面的专家参加起草工作。全国人大专门委员会和常委会工作机构可以更多地牵头组织专家、学者起草法律，也可以委托专家、学者起草。研究法律草案时，要邀请有关方面的专家同实际工作者一起讨论。这样，既可以把各方面的意见集中起来，做到集思广益，加快立法步伐；又可以通过互相切磋，共同提高，有利于立法、司法和法制宣传教育等各方面干部队伍的建设。

第六，在加快立法步伐的同时，注重提高立法质量。制定法律，要做深入的法理研究和反复论证；拟定条文，要尽可能明确、具体，便于操作。还要注意法律之间的衔接和配套。制定了法律，有的要抓紧制定实施细则，有的需做好法律解释，同时加强法律实施情况的检查监督，使法律起到有效地保障和促进社会主义市场经济发展的作用。

制定有关社会主义市场经济方面的法律，对我们是个新的课题。我们过去所熟悉的东西有的不适用了，需要重新学习和认识的东西越来越多。我们只有进一步解放思想，在实践中不断学习，不断研究新情况新问题，才能提出促进改革开放和现代化建设的措施和办法。我们常委会全体组成人员，必须始终把立法工作放在最重要的位置，作为第一位的任务，扎扎实实地把市场经济立法搞得更快一点，更好一点，不辜负人民的重托。

各位副委员长、各位委员，我们的会议就要结束了。我这次讲话只着重讲了经济立法问题。人大面临的任务还很多，既有立法的任务，又要建立和完善监督机制，还要开展议会外交等。全国人民对人大和人大

常委会寄予厚望。我们要加强人大及其常委会各方面的工作,兢兢业业地把各项任务尽可能地完成好。

国家主席江泽民签署第4号令公布《中华人民共和国科学技术进步法》

《中华人民共和国科学技术进步法》已由中华人民共和国第八届全国人民代表大会常务委员会第二次会议于1993年7月2日通过,现予公布,自1993年10月1日起施行。

中华人民共和国主席 江泽民

1993年7月2日

中华人民共和国科学技术进步法

第一章 总 则

第一条 为了促进科学技术进步,在社会主义现代化建设中优先发展科学技术,发挥科学技术第一生产力的作用,推动科学技术为经济建设服务,根据宪法,制定本法。

第二条 国家实行经济建设和社会发展依靠科学技术,科学技术工作面向经济建设和社会发展的基本方针。

第三条 国家保障科学研究的自由,鼓励科学探索和技术创新,使科学技术达到世界先进水平。

国家和全社会尊重知识、尊重人才,尊重科学技术工作者的创造性劳动,保护知识产权。

第四条 国家根据科学技术进步和社会主义市场经济的需要,改革和完善科学技术体制,建立科学技术与经济有效结合的机制。

第五条 国家鼓励科学研究和技术开发,推广应用科学技术成果,改造传统产业,发展高技术产业,以及应用科学技术为经济建设和社会发展服务的活动。

第六条 国家普及科学技术知识,提高全体公民的科学文化水平。

国家鼓励机关、企业事业组织、社会团体和公民参与和支持科学技术进步活动。

第七条 国务院制定科学技术发展规划,确定科学技术的重大项目、与科学技术密切相关的重大项目,保障科学技术进步与经济建设和社会发展相协调。

制定科学技术发展规划和重大政策,确定科学技术的重大项目、与科学技术密切相关的重大项目,应当充分听取科学技术工作者的意见,实行科学决策的原则。

第八条 国务院科学技术行政部门,负责全国科学技术工作的宏观管理和统筹协调。国务院其他有关行政部门,依照国务院规定的职责范围负责有关的科学技术进步工作。

地方各级人民政府应当采取有效措施,推进科学技术进步。

国家帮助少数民族地区、边远贫困地区加速发展科学技术事业。

第九条 中华人民共和国政府积极发展同外国政府、国际组织之间的科学技术合作与交流,鼓励研究开发机构、高等院校、社会团体和科学技术工作者与国外科学技术界建立多种形式的合作关系。

第二章 科学技术与经济建设和社会发展

第十条 国家鼓励研究开发新技术、新产品、新材料、新工艺,开展合理化建议、技术改进和技术协作活动,不断提高产品质量,提高劳动生产率和经济效益,发展社会生产力。

第十一条 国家选择对经济建设具有重大意义的项目,组织科学研究和技术开发,加速科学技术成果在生产领域中的推广应用。

第十二条 国家建立和发展技术市场,推动科学技术成果的商品化。技术贸易活动应当遵循自愿平等、互利有偿和诚实信用的原则。

第十三条 国家依靠科学技术进步,推动经济建设和社会发展,控制人口增长,提高人口素质,合理开发和利用资源,防御自然灾害,保护生活环境和生态环境。

第十四条 国家依靠科学技术进步,振兴农村经济,促进农业科学技术成果的推广应用,发展高产、优质、高效的现代化农业。

第十五条 县级以上地方各级人民政府应当采取措施,保障农业科学技术研究开发机构和示范推广机构有权自主管理和使用试验基地和生产资料,进行农业新品种、新技术的研究开发、试验和推广。

农业科学技术成果的应用和推广,依照有关法律的规定实行有偿服务或者无偿服务。

第十六条 地方各级人民政府应当鼓励和支持农村群众性科学技术组织的发展,对种植业、林业、畜牧业、渔业等各业提供产前、产中、产后综合配套的社会化科学技术服务。

第十七条 国家依靠科学技术进步,发展工业、交通运输、邮电通信、地质勘查、建筑安装和商业等行业,提高经济效益和社会效益。

第十八条 国家鼓励企业建立和完善技术开发机构,鼓励企业与研究开发机构、高等院校联合和协作,增强研究开发、中间试验和工业性试验能力。

第十九条 企业应当根据国际、国内市场的需求,进行技术改造和设备更新,提高科学管理水平,吸收和开发新技术,增强市场竞争能力。

企业进行技术改造和从国外引进先进技术和设备,应当经过咨询论证,贯彻国家的产业政策和技术政策。

企业采用新技术开发生产新产品的，可以依照国家的规定享受优惠待遇。

第二十条 国家依靠科学技术进步，发展国防科学技术事业，促进国防现代化建设，增强国防实力。

第二十一条 国家鼓励运用先进的科学技术，促进教育、文化、卫生、体育等各项事业的发展。

第三章 高技术研究和高技术产业

第二十二条 国家推进高技术的研究，发挥高技术在科学技术进步中的先导作用；扶持、促进高技术产业的形成和发展，运用高技术改造传统产业，发挥高技术产业在经济建设中的作用。

第二十三条 国务院科学技术行政部门和其他有关行政部门，在全国范围内组织科学技术力量实施高技术研究，推广高技术研究成果。

第二十四条 经国务院批准，选择具备条件的地区建立高新技术产业开发区。

第二十五条 对在高新技术产业开发区和高新技术产业开发区外从事高技术产品开发、生产的企业和研究开发机构，实行国家规定的优惠政策，具体办法由国务院规定。

第二十六条 国家鼓励和引导从事高技术产品开发、生产和经营的企业建立符合国际规范的管理制度，生产符合国际标准的高技术产品，参与国际市场竞争，推进高技术产业的国际化。

第四章 基础研究和应用基础研究

第二十七条 国家保障基础研究和应用基础研究持续、稳定的发展，加强科学技术进步的基础。

基础研究和应用基础研究经费在研究开发经费总额中应当占有适当比例。

第二十八条 国务院科学技术行政部门对学科前沿和经济、社会发展中的重大基础性科学研究课题，应当有计划地组织实施。

研究开发机构、高等院校及其他企业事业组织和公民可以自主选择课题，从事基础研究和应用基础研究。

第二十九条 国家建立自然科学基金，按照专家评议、择优支持的原则，资助基础研究和应用基础研究。

国家支持优秀青年的科学研究活动，在自然科学基金中设立青年科学基金。

第三十条 国家支持重点实验室的建设，建立基础研究和应用基础研究基地。

国家的重点实验室向国内外开放。

第五章 研究开发机构

第三十一条 国家根据经济建设和科学技术进步的需要，统筹规划和指导科学技术研究开发机构的布局，建立现代化的科学技术研究开发体系。

第三十二条 国家对从事基础研究和应用基础研究、高技术研究、重大工程建设项目研究、重大科学技术攻关项目研究、重点社会公益性科学技术研究的研究开发机构和高等院校，在经费、实验手段等方面给予支持。

第三十三条 国家鼓励和引导从事技术开发的研究开发机构单独或者与企业事业组织联合开发技术成果，实行技术、工业、贸易或者技术、农业、贸易一体化经营。

国家鼓励和引导科学技术咨询、科学技术信息服务和社会公益性的研究开发机构，逐步实行企业化经营或者有偿服务。

第三十四条 研究开发机构实行院长或者所长负责制。

研究开发机构依照国家有关规定享有研究开发、生产经营、经费使用、机构设置、人员聘用等方面的自主权。

第三十五条 国家鼓励社会力量自行创办研究开发机构，保障其合法权益不受侵犯。

第三十六条 研究开发机构可以依法在国外投资，设立分支机构。

国外组织和个人可以在中国境内依法设立研究开发机构，也可以与中国的研究开发机构或者其他组织举办中外合资、中外合作研究开发机构。

第六章 科学技术工作者

第三十七条 科学技术工作者是社会主义现代化建设事业的重要力量。国家采取各种措施，提高科学技术工作者的社会地位，通过各种途径，培养和造就各种专门的科学技术人才，创造有利环境和条件，充分发挥科学技术工作者的作用。

第三十八条 各级人民政府和企业事业组织应当采取措施，逐步提高科学技术工作者的待遇，改善其工作条件和生活条件；对有突出贡献的科学技术工作者应当给予优厚待遇。

第三十九条 各级人民政府和企业事业组织应当为科学技术工作者的合理流动创造环境和条件，发挥其专长。

第四十条 对从事基础研究和应用基础研究、高技术研究、重大工程建设项目研究、重大科学技术攻关项目研究和重点社会公益性科学技术研究以及在农村贫困地区、少数民族地区和恶劣、危险环境中工作的科学技术工作者，依照国家规定给予补贴。

第四十一条 国家实行专业技术职称制度。科学技术工作者可以根据其学术水平、业务能力和工作实绩，取得相应的职称。

第四十二条 科学技术工作者有依法创办或者参加科学技术社会团体的权利。

科学技术社会团体应当在推进学科建设、普及科学技术知识、培养专门人才、开展咨询服务、促进学术交流、维护科学技术工作者的合法权益等方面，发挥积极作用。

第四十三条 国家鼓励在国外的科学技术工作者回国参加社会主义现代化建设，或者以其他形式为国家建设服务。

第四十四条 科学技术工作者应当遵守职业道德，完成本职工作，努力提高自身的科学技术水平。

第七章 科学技术进步的保障措施

第四十五条 国家逐步提高科学技术经费投入的总体水平。全国研究开发经费应当占国民生产总值适当的比例，并逐步提高，同科学技术、经济、社会发展相适应。全国研究开发经费占国民生产总值的具体比例，由国务院予以规定。

国家财政用于科学技术的经费的增长幅度，高于国家财政经常性收入的增长幅度。

任何单位和个人不得挪用、克扣、截留国家财政用于科学技术的经费。

第四十六条 国家鼓励企业增加研究开发和技术创新的投入。企业的技术开发费按实际发生额计入成本费用。

第四十七条 国家金融机构应当在信贷方面支持科学技术成果商品化。

第四十八条 从事技术开发的研究开发机构，可以按照国家有关规定采取多种形式向社会筹集研究开发资金。

第四十九条 国家鼓励国内国外的组织或者个人设立各类科学基金，资助科学研究和技术开发。

第五十条 国务院有关行政部门和地方各级人民政府应当采取措施，发展科学技术信息交流，建立现代化的科学技术信息网络。

第五十一条 国家建立科学技术保密制度，保护涉及国家安全和利益的科学技术秘密。

国家严格控制珍贵的生物种质资源出境。

第八章 科学技术奖励

第五十二条 国家建立科学技术奖励制度，对于在科学技术进步活动中做出重要贡献的公民、组织，给予奖励。

第五十三条 国家对为科学技术事业发展做出杰出贡献的公民，依法授予国家荣誉称号。

第五十四条 国务院设立自然科学奖、技术发明奖、科学技术进步奖、国际科学技术合作奖；必要时，可以设立其他科学技术奖。

自然科学奖授予在基础研究和应用基础研究中阐明自然现象、特征和规律，做出重大科学发现的公民。

技术发明奖授予运用科学技术知识做出产品、工艺、材料及其系统等重大技术发明的公民。

科学技术进步奖授予在应用推广先进科学技术成果，完成重大科学技术工程、计划和项目，改进科学技术管理等项工作中有突出贡献的公民或者组织。

国际科学技术合作奖授予对中国科学技术事业做出重要贡献的外国公民或者组织。

第五十五条 企业事业组织应当按照国家有关规定从实施科学技术成果新增留利中提取一定比例，奖励完成技术成果的个人。

第五十六条 国内、国外的组织或者个人可以设立科学技术奖励基金，奖励在科学技术进步活动中做出突出贡献的公民或者组织。

第九章 法律责任

第五十七条 违反国家财政制度、财务制度，挪用、克扣、截留国家财政用于科学技术的经费的，由上级机关责令限期归还被挪用、克扣、截留的经费；情节严重的，由上级机关或者所在单位对直接责任人员给予行政处分。

第五十八条 滥用职权，压制科学技术发明或者合理化建议，情节严重的，对直接责任人员给予行政处分。

第五十九条 在新技术、新产品开发和科学技术成果申报中采取欺骗手段，获取优惠待遇或者奖励的，取消其优惠待遇和奖励，并给予行政处罚或者行政处分。

参加科学技术成果鉴定的人员故意做出虚假鉴定的，由有关主管部门给予行政处分。

第六十条 剽窃、篡改、假冒或者以其他方式侵害他人著作权、专利权、发现权、发明权和其他科学技术成果权的，非法窃取技术秘密的，依照有关法律的规定处理。

第十章 附　则

第六十一条 国务院科学技术行政部门和有关行政部门根据本法制定实施办法，报国务院批准施行。

第六十二条 本法自1993年10月1日起施行。

法律有关条文

有关行政责任的条文

一、国务院关于国家行政机关工作人员的奖惩暂行规定有关条款

五、国家行政机关工作人员有下列违法失职行为，尚未构成犯罪的，应该予以纪律处分。如果情节轻微，经过批评教育后，也可以免予处分。

……(四)弄虚作假，欺骗组织的；

……

(九)滥用职权,侵犯人民群众利益,损害国家机关和人民群众关系的;

……

十五、国家行政机关所属事业单位工作人员的奖惩问题,应该由国务院各主管部门参照本规定制定奖惩办法。

二、专利法有关条款

第六十五条 侵夺发明人或者设计人的非职务发明创造专利申请权和本法规定的其他权益的,由所在单位或者上级主管机关给予行政处分。

三、会计法有关条款

第二十七条 会计人员对明知是不真实、不合法的原始凭证予以受理,或者对明知是违反国家统一的财政制度、财务制度规定的收支予以办理,单位行政领导人、上级主管单位行政领导人对明知是违反国家统一的财政制度、财务制度规定的收支决定办理或者坚持办理,情节严重的,给予行政处分;给国家造成重大经济损失的,依法追究刑事责任。

有关民事责任的条文

一、民法通则有关条款

第一百一十八条 公民、法人的著作权(版权)、专利权、商标专用权、发现权、发明权和其他科技成果权受到剽窃、篡改、假冒等侵害的,有权要求停止侵害,消除影响,赔偿损失。

二、著作权法有关条款

第四十五条 有下列侵权行为的,应当根据情况,承担停止侵害、消除影响、公开赔礼道歉、赔偿损失等民事责任:

(一)未经著作权人许可,发表其作品的;

(二)未经合作作者许可,将与他人合作创作的作品当作自己单独创作的作品发表的;

(三)没有参加创作,为谋取个人名利,在他人作品上署名的;

(四)歪曲、篡改他人作品的;

(五)未经著作权人许可,以表演、播放、展览、发行、摄制电影、电视、录像或者改编、翻译、注释、编辑等方式使用作品的,本法另有规定的除外;

(六)使用他人作品,未按照规定支付报酬的;

……

(八)其他侵犯著作权以及与著作权有关的权益的行为。

第四十六条 有下列侵权行为的,应当根据情况,承担停止侵害、消除影响、公开赔礼道歉、赔偿损失等民事责任,并可以由著作权行政管理部门给予没收非法所得、罚款等行政处罚:

(一)剽窃、抄袭他人作品的;

(二)未经著作权人许可,以营利为目的,复制发行其作品的;

(三)出版他人享有专有出版权的图书的;

……

三、专利法有关条款

第六十条 对未经专利权人许可,实施其专利的侵权行为,专利权人或者利害关系人可以请求专利管理机关进行处理,也可以直接向人民法院起诉。专利管理机关处理的时候,有权责令侵权人停止侵权行为,并赔偿损失;……

有关刑事责任的条文

一、专利法有关条款

第六十三条 假冒他人专利的,依照本法第六十条的规定处理;情节严重的,对直接责任人员比照刑法第一百二十七条的规定追究刑事责任。

二、刑法有关条款

第一百二十七条 违反商标管理法规,工商企业假冒其他企业已经注册的商标的,对直接责任人员,处三年以下有期徒刑、拘役或者罚金。

国家主席江泽民签署第 5 号令公布《中华人民共和国农业技术推广法》

《中华人民共和国农业技术推广法》已由中华人民共和国第八届全国人民代表大会常务委员会第二次会议于 1993 年 7 月 2 日通过,现予公布,自公布之日起施行。

中华人民共和国主席 江泽民

1993 年 7 月 2 日

中华人民共和国农业技术推广法

第一章 总 则

第一条 为了加强农业技术推广工作,促使农业科研成果和实用技术尽快应用于农业生产,保障农业的发展,实现农业现代化,制定本法。

第二条 本法所称农业技术,是指应用于种植业、林业、畜牧业、渔业的科研成果和实用技术,包括良种繁育、施用肥料、病虫害防治、栽培和养殖技术,农副产品加工、保鲜、贮运技术,农业机械技术和农用航空技术,农田水利、土壤改良与水土保持技术,农村供水、农村能源利用和农业环境保护技术,农业气象技术以及农业经营管理技术等。

本法所称农业技术推广,是指通过试验、示范、培训、指导以及咨询服务等,把农业技术普及应用于农业生产产前、产中、产后全过程的活动。

第三条 国家依靠科学技术进步和发展教育,振兴农村经济,加快农业技术的普及应用,发展高产、优质、高效益的农业。

第四条 农业技术推广应当遵循下列原则：

（一）有利于农业的发展；

（二）尊重农业劳动者的意愿；

（三）因地制宜，经过试验、示范；

（四）国家、农村集体经济组织扶持；

（五）实行科研单位、有关学校、推广机构与群众性科技组织、科技人员、农业劳动者相结合；

（六）讲求农业生产的经济效益、社会效益和生态效益。

第五条 国家鼓励和支持科技人员开发、推广应用先进的农业技术，鼓励和支持农业劳动者和农业生产经营组织应用先进的农业技术。

第六条 国家鼓励和支持引进国外先进的农业技术，促进农业技术推广的国际合作与交流。

第七条 各级人民政府应当加强对农业技术推广工作的领导，组织有关部门和单位采取措施，促进农业技术推广事业的发展。

第八条 对在农业技术推广工作中做出贡献的单位和个人，给予奖励。

第九条 国务院农业、林业、畜牧、渔业、水利等行政部门（以下统称农业技术推广行政部门）按照各自的职责，负责全国范围内有关的农业技术推广工作。县级以上地方各级人民政府农业技术推广行政部门在同级人民政府的领导下，按照各自的职责，负责本行政区域内有关的农业技术推广工作。同级人民政府科学技术行政部门对农业技术推广工作进行指导。

第二章 农业技术推广体系

第十条 农业技术推广，实行农业技术推广机构与农业科研单位、有关学校以及群众性科技组织、农民技术人员相结合的推广体系。

国家鼓励和支持供销合作社、其他企业事业单位、社会团体以及社会各界的科技人员，到农村开展农业技术推广服务活动。

第十一条 乡、民族乡、镇以上各级国家农业技术推广机构的职责是：

（一）参与制订农业技术推广计划并组织实施；

（二）组织农业技术的专业培训；

（三）提供农业技术、信息服务；

（四）对确定推广的农业技术进行试验、示范；

（五）指导下级农业技术推广机构、群众性科技组织和农民技术人员的农业技术推广活动。

第十二条 农业技术推广机构的专业科技人员，应当具有中等以上有关专业学历，或者经县级以上人民政府有关部门主持的专业考核培训，达到相应的专业技术水平。

第十三条 村农业技术推广服务组织和农民技术人员，在农业技术推广机构的指导下，宣传农业技术知识，落实农业技术推广措施，为农业劳动者提供技术服务。

推广农业技术应当选择有条件的农户，进行应用示范。

国家采取措施，培训农民技术人员。农民技术人员经考核符合条件的，可以按照有关规定授予相应的技术职称，并发给证书。

村民委员会和村集体经济组织，应当推动、帮助村农业技术推广服务组织和农民技术人员开展工作。

第十四条 农场、林场、牧场、渔场除做好本场的农业技术推广工作外，应当向社会开展农业技术推广服务活动。

第十五条 农业科研单位和有关学校应当适应农村经济建设发展的需要，开展农业技术开发和推广工作，加快先进技术在农业生产中的普及应用。

教育部门应当在农村开展有关农业技术推广的职业技术教育和农业技术培训，提高农业技术推广人员和农业劳动者的技术素质。国家鼓励农业集体经济组织、企业事业单位和其他社会力量在农村开展农业技术教育。

农业科研单位和有关学校的科技人员从事农业技术推广工作的，在评定职称时，应当将他们从事农业技术推广工作的实绩作为考核的重要内容。

第十六条 国家鼓励和支持发展农村中的群众性科技组织，发挥它们在推广农业技术中的作用。

第三章 农业技术的推广与应用

第十七条 推广农业技术应当制定农业技术推广项目。重点农业技术推广项目应当列入国家和地方有关科技发展的计划，由农业技术推广行政部门和科学技术行政部门按照各自的职责，相互配合，组织实施。

第十八条 农业科研单位和有关学校应当把农业生产中需要解决的技术问题列为研究课题，其科研成果可以通过农业技术推广机构推广，也可以由该农业科研单位、该学校直接向农业劳动者和农业生产经营组织推广。

第十九条 向农业劳动者推广的农业技术，必须在推广地区经过试验证明具有先进性和适用性。

向农业劳动者推广未在推广地区经过试验证明具有先进性和适用性的农业技术，给农业劳动者造成损失的，应当承担民事赔偿责任，直接负责的主管人员和其他直接责任人员可以由其所在单位或者上级机关给予行政处分。

第二十条 农业劳动者根据自愿的原则应用农业技术。

任何组织和个人不得强制农业劳动者应用农业技

术。强制农业劳动者应用农业技术,给农业劳动者造成损失的,应当承担民事赔偿责任,直接负责的主管人员和其他直接责任人员可以由其所在单位或者上级机关给予行政处分。

第二十一条 县、乡农业技术推广机构应当组织农业劳动者学习农业科学技术知识,提高他们应用农业技术的能力。

农业劳动者在生产中应用先进的农业技术,有关部门和单位应当在技术培训、资金、物资和销售等方面给予扶持。

国家鼓励和支持农业劳动者参与农业技术推广活动。

第二十二条 国家农业技术推广机构向农业劳动者推广农业技术,除本条第二款另有规定外,实行无偿服务。

农业技术推广机构、农业科研单位、有关学校以及科技人员,以技术转让、技术服务和技术承包等形式提供农业技术的,可以实行有偿服务,其合法收入受法律保护。进行农业技术转让、技术服务和技术承包,当事人各方应当订立合同,约定各自的权利和义务。

国家农业技术推广机构推广农业技术所需的经费,由政府财政拨给。

第四章 农业技术推广的保障措施

第二十三条 国家逐步提高对农业技术推广的投入。各级人民政府在财政预算内应当保障用于农业技术推广的资金,并应当使该资金逐年增长。

各级人民政府通过财政拨款以及从农业发展基金中提取一定比例的资金的渠道,筹集农业技术推广专项资金,用于实施农业技术推广项目。

任何机关或者单位不得截留或者挪用用于农业技术推广的资金。

第二十四条 各级人民政府应当采取措施,保障和改善从事农业技术推广工作的专业科技人员的工作条件和生活条件,改善他们的待遇,依照国家规定给予补贴,保持农业技术推广机构和专业科技人员的稳定。对在乡、村从事农业技术推广工作的专业科技人员的职称评定应当以考核其推广工作的业务技术水平和实绩为主。

第二十五条 乡、村集体经济组织从其举办的企业的以工补农、建农的资金中提取一定数额,用于本乡、本村农业技术推广的投入。

第二十六条 农业技术推广机构、农业科研单位和有关学校根据农村经济发展的需要,可以开展技术指导与物资供应相结合等多种形式的经营服务。对农业技术推广机构、农业科研单位和有关学校举办的为农业服务的企业,国家在税收、信贷等方面给予优惠。

第二十七条 农业技术推广行政部门和县以上农业技术推广机构,应当有计划地对农业技术推广人员进行技术培训,组织专业进修,使其不断更新知识、提高业务水平。

第二十八条 地方各级人民政府应当采取措施,保障农业技术推广机构获得必需的试验基地和生产资料,进行农业技术的试验、示范。

地方各级人民政府应当保障农业技术推广机构有开展农业技术推广工作必要的条件。

地方各级人民政府应当保障农业技术推广机构的试验基地、生产资料和其他财产不受侵占。

第五章 附 则

第二十九条 国务院根据本法制定实施条例。

省、自治区、直辖市人民代表大会常务委员会可以根据本法和本地区的实际情况制定实施办法。

第三十条 本法自公布之日起施行。

国家主席江泽民签署第 6 号令公布《中华人民共和国农业法》

《中华人民共和国农业法》已由中华人民共和国第八届全国人民代表大会常务委员会第二次会议于 1993 年 7 月 2 日通过,现予公布,自公布之日起施行。

中华人民共和国主席 江泽民

1993 年 7 月 2 日

中华人民共和国农业法

第一章 总 则

第一条 为了保障农业在国民经济中的基础地位,发展农村社会主义市场经济,维护农业生产经营组织和农业劳动者的合法权益,促进农业的持续、稳定、协调发展,制定本法。

第二条 国家坚持以农业为基础发展国民经济的方针。

国家采取措施,保障农业的稳定发展。

农业发展的基本目标是:努力发展农村社会主义市场经济,进一步解放和发展农村的生产力,开发、利用农村劳动力、土地和各种资源,增加农产品的有效供应,满足人民生活和社会经济发展的需要;在发展生产的基础上增加农业劳动者的收入,提高其生活水平,建设共同富裕的文明的新农村,逐步实现农业现代化。

本法所称农业,是指种植业、林业、畜牧业和渔业。

本法所称农业生产经营组织,是指农业集体经济组织、国有农业企业和其他农业企业。

第三条 农村和城市郊区的土地,除由法律规定属于国家所有即全民所有的以外,属于集体所有。

森林、山岭、草原、荒地、滩涂、水流等自然资源都属于国家所有;由法律规定属于集体所有的森林和山岭、草原、荒地、滩涂除外。

第四条 国有土地和集体所有的土地的使用权可以依法转让。任何组织或者个人不得侵占、买卖或者以其他形式非法转让土地。

各级人民政府必须珍惜和合理利用土地，切实保护耕地。禁止乱占耕地和滥用土地的行为。

第五条 在农村以社会主义公有制经济为主体，多种经济成分共同发展，振兴农村经济。

第六条 国家稳定农村以家庭联产承包为主的责任制，完善统分结合的双层经营体制，发展社会化服务体系，壮大集体经济实力，引导农民走共同富裕的道路。

第七条 国家依靠科学技术进步和发展教育振兴农业。

第八条 国家发展水利事业和农用生产资料工业，为农业生产的稳定增长提供物质保障。

第九条 国家对发展农业有显著成绩的单位和个人，给予奖励。

第十条 各级人民政府必须把农业工作放在重要地位，统一负责、组织各有关部门和全社会支持农业，做好发展农业和为发展农业服务的各项工作。

国务院主管农业的部门按照各自的职责，负责全国有关的农业工作。国务院其他有关部门在各自的职责范围内，负责全国有关的为农业生产经营服务的工作。

县级以上地方人民政府主管农业的部门按照各自的职责，负责本行政区域内有关的农业工作。县级以上地方人民政府其他有关部门在各自的职责范围内，负责本行政区域内有关的为农业生产经营服务的工作。

第二章 农业生产经营体制

第十一条 集体所有的土地依照法律属于村农民集体所有，由村农业集体经济组织或者村民委员会经营、管理。已经属于乡(镇)农民集体经济组织所有的，可以属于乡(镇)农民集体所有。

村农民集体所有的土地已经分别属于村内两个以上农业集体经济组织所有的，可以属于各该农业集体经济组织的农民集体所有。

第十二条 集体所有的或者国家所有由农业集体经济组织使用的土地、山岭、草原、荒地、滩涂、水面可以由个人或者集体承包从事农业生产。国有和集体所有的宜林荒山荒地可以由个人或者集体承包造林。个人或者集体的承包经营权，受法律保护。发包方和承包方应当订立农业承包合同，约定双方的权利和义务。

第十三条 除农业承包合同另有约定外，承包方享有生产经营决策权、产品处分权和收益权，同时必须履行合同约定的义务。承包方承包宜林荒山荒地造林的，按照森林法的规定办理。

在承包期内，经发包方同意，承包方可以转包所承包的土地、山岭、草原、荒地、滩涂、水面，也可以将农业承包合同的权利和义务转让给第三者。

承包期满，承包人对原承包的土地、山岭、草原、荒地、滩涂、水面享有优先承包权。

承包人在承包期内死亡的，该承包人的继承人可以继续承包。

第十四条 农业集体经济组织或者村民委员会应当向承包土地、山岭、草原、荒地、滩涂、水面的个人或者集体提供生产服务。

第十五条 国家鼓励个人或者集体对荒山、荒地、荒滩进行承包开发、治理，并保护承包人的合法权益。

第十六条 农民依法缴纳税款，依法缴纳村集体提留和乡统筹费，依法承担农村义务工和劳动积累工。

第十七条 国家保护农民和农业生产经营组织的合法财产不受侵犯。

第十八条 任何机关为办理公务向农民或者农业生产经营组织收费必须依据法律、法规、国务院授权的部门的决定或者省级人民政府制定的规章的规定，省级人民政府制定的规章必须报国务院备案。收费的范围和标准应当公布，并根据情况做必要的检查、清理。没有法律、法规、国务院授权的部门的决定或者省级人民政府规章规定的依据，任何机关因办理公务而收费的，农民和农业生产经营组织有权拒绝。

任何机关对农民或者农业生产经营组织进行罚款处罚必须依据法律、法规的规定。没有法律、法规规定的依据，任何机关对农民或者农业生产经营组织罚款的，农民和农业生产经营组织有权拒绝。

任何机关或者单位不得以任何方式向农民或者农业生产经营组织进行摊派。除法律、法规另有规定外，任何机关和单位以任何方式要求农民或者农业生产经营组织提供人力、财力、物力的，属于摊派。农民和农业生产经营组织有权拒绝任何方式的摊派。

第十九条 向农民或者农业生产经营组织集资必须实行自愿原则，不得强制集资。任何机关和单位向农民或者农业生产经营组织强制集资的，农民和农业生产经营组织有权拒绝。

第二十条 国家鼓励农业集体经济组织和其他有关组织发展多种形式的农业生产产前、产中、产后的社会化服务事业。财政、金融、科学技术、物资等部门，应当对农业生产社会化服务事业给予支持。

第三章 农业生产

第二十一条 国家采取措施，从资金、农业生产资料、技术、市场信息等方面扶持农业生产经营组织和农业劳动者发展农业生产。

第二十二条　国家引导农业生产经营组织和农业劳动者按照市场的需求，调整农业生产结构，保持粮棉生产稳定增长，全面发展种植业、林业、畜牧业和渔业，发展高产、优质、高效益的农业。

国家有计划地建设商品粮、商品棉等生产基地。

第二十三条　各级人民政府应当制定农业综合开发规划，向农业的广度和深度开发，并组织实施。

第二十四条　各级人民政府和农业集体经济组织应当采取措施，发展乡镇企业，发展第三产业，支持农业的发展，转移富余的农业劳动力。

第二十五条　各级人民政府和农业生产经营组织应当制定规划，采取措施，组织农田水利和防护林的建设，保证旱涝保收农田面积的稳定增长。

第二十六条　各级人民政府和农业生产经营组织应当建立、健全农田水利设施的管理制度，发展节水型的灌溉设施，严格控制非农业建设占用灌溉水源，禁止任何组织和个人非法占用或者毁损农田水利设施。

第二十七条　国家鼓励和支持农业生产经营组织和农业劳动者使用先进、适用的农业机械，提高农业机械化水平。

第二十八条　国家鼓励和支持粮食的加工和综合开发利用，增加粮食的附加值，改善人民的食物营养结构。

第二十九条　各级人民政府应当采取措施，提高农业防御自然灾害的能力，做好防灾、抗灾和救灾工作，帮助灾民恢复生产，开展社会互助互济；对生活没有保障的灾民，组织生产自救，给予救济和扶持。

国家扶持贫困地区，帮助进行经济开发，改善经济发展条件。

第三十条　各级人民政府应当支持为农业服务的气象事业的发展，提高对气象灾害的预报水平。

第三十一条　国家鼓励和扶持对农业的保险事业的发展。

农业保险实行自愿原则。任何组织和个人不得强制农业劳动者和农业生产经营组织参加农业保险。

第三十二条　国家实行动植物防疫、检疫制度。任何组织和个人都必须遵守有关动植物防疫、检疫的法律、行政法规。

第三十三条　国家采取宏观调控措施，使化肥、农药、农用薄膜、农业机械和农用柴油等主要农业生产资料和农产品之间保持合理的比价。

第三十四条　各级人民政府和农业生产经营组织应当建立和健全农药、兽药、农业机械等可能危害人畜安全的农业生产资料的安全使用制度，教育农业劳动者安全生产。

农药、兽药、化肥、种子、农业机械、农用薄膜和其他农业生产资料的生产者、销售者应当对其生产、销售的产品的质量负责，禁止以次充好、以假充真、以不合格的产品冒充合格的产品。禁止生产国家明令淘汰的农药、兽药、农业机械等农业生产资料。

第四章　农产品流通

第三十五条　农产品的购销逐步实行市场调节，国家对关系国计民生的重要农产品的购销活动实行必要的宏观调控。

国务院和国务院授权的省、自治区、直辖市人民政府对关系国计民生的重要农产品可以委托有关经营组织收购。委托收购的农产品的品种和数量，由国务院或者由国务院授权省、自治区、直辖市人民政府规定。

国务院在必要时可以对特定的农产品规定委托收购的价格。

第三十六条　国家对粮食等关系国计民生的重要农产品实行保护价收购制度，设立风险基金。

国家对粮食等关系国计民生的重要农产品实行中央和地方多级储备调节制度，设立储备基金，建立、健全仓储运输体系，做到保证供应，平稳市场。

第三十七条　国有商业组织和供销合作经济等集体商业组织应当加强仓储设施建设、提供市场信息、改进收购工作，发挥主渠道作用，为农民销售农产品服务。

国家鼓励和引导农民从事多种形式的农产品流通活动。农业生产经营组织和农业劳动者，可以按照国家有关规定从事农产品收购、加工、批发、贩运和零售活动。

第三十八条　国家鼓励和支持企业事业单位和个人依法从事跨地区、跨行业的农产品生产、加工、销售联合经营活动。

第三十九条　国家支持农产品集贸市场和农产品批发市场的建立和发展。

农产品批发市场应当制定交易规则。农产品批发市场的管理者不得参与农产品批发市场的交易。

第四十条　具备条件的农业生产经营组织和其他经济组织可以按照国务院规定经批准取得对外贸易经营权，进行农产品进出口贸易。

第四十一条　县级以上人民政府应当组织财政、金融、粮食、供销等有关部门和单位及时筹足农产品收购资金，任何单位或者个人不得截留或者挪用。

农产品的收购单位必须在收购时向出售农产品的农业生产经营组织或者农民付清价款。

农产品的收购单位在收购农产品时，不得压级压价，不得在支付的价款中扣缴任何费用。法律、行政法规规定代扣、代收税款的，依照法律、行政法规的规定办理。

第五章 农业投入

第四十二条 国家逐步提高农业投入的总体水平。国家财政每年对农业总投入的增长幅度应当高于国家财政经常性收入的增长幅度。

国家采取措施,促进农业扩大利用外资。

第四十三条 县级以上各级人民政府应当按照国家有关规定设立农业发展、育林、水利专项建设等各项农业专项基金。

第四十四条 国家运用税收、价格、信贷等手段,鼓励和引导农业生产经营组织和农业劳动者增加农业投入。

国家鼓励和支持农业生产经营组织和农业劳动者在自愿的基础上采取多种形式,筹集农业资金。

第四十五条 国家对农业的投入用于下列基础设施和工程建设:治理大江大河大湖的骨干工程,防洪、治涝、引水、灌溉等大型水利工程,农业生产和农产品流通重点基础设施,商品粮棉生产基地,用材林生产基地和防护林工程,农业教育、农业科研、技术推广和气象基础设施等。

农业的生产投入和农田水利等基本建设,应当由农业生产经营组织和农业劳动者投入资金和劳动积累,国家应当给予扶持。

第四十六条 国家采取税收、信贷等手段鼓励和扶持农用生产资料工业的发展,适应农业生产对化肥、农药、兽药、农用薄膜和农业机械等农业生产资料的需求。

第四十七条 各级人民政府应当加强对国家农业资金使用的管理,引导农业集体经济组织合理使用集体资金。

任何单位不得截留、挪用各级人民政府拨付用于农业的资金和银行的农业贷款。

第六章 农业科技与农业教育

第四十八条 各级人民政府应当逐步增加农业科技经费和农业教育经费,发展农业科技、教育事业。

国家鼓励集体经济组织、国有企业事业单位和其他社会力量举办农业科技、教育事业。

国务院有关部门应当对农业科技基础研究、应用研究和高技术研究统筹规划,组织重大项目的联合攻关,促进国际农业科技合作与交流。

第四十九条 国家在农村实施义务教育,发展农业职业教育,提高农业劳动者的文化、技术素质。

第五十条 国家扶持农业技术推广事业,促使先进的农业技术尽快应用于农业生产。

农业技术推广机构应当与农业科研、教育单位相互协作,推广先进的农业技术。

第五十一条 对于农业技术推广机构、农业科研单位和有关学校举办的为农业服务的企业,国家在税收、信贷等方面给予优惠。

第五十二条 各级人民政府应当采取措施,充实加强农业科技、教育和农业技术推广队伍。对从事农业技术推广工作的专业科技人员,应当保障和改善他们的工作条件和生活条件,改善他们的待遇,并依照国家规定给予补贴,鼓励他们为农业服务。

第五十三条 国家鼓励农民采用先进的农业技术,支持农民举办各种科技组织。

第七章 农业资源与农业环境保护

第五十四条 发展农业必须合理利用资源,保护和改善生态环境。

各级人民政府应当制订农业资源区划、农业环境保护规划和农村能源发展计划,组织农业生态环境治理。

第五十五条 县级以上各级地方人民政府应当划定基本农田保护区,对基本农田保护区内的耕地实行特殊保护,具体办法由国务院规定。

县级以上各级人民政府应当采取措施,加强对荒山、荒地、荒滩的开发与治理。

农业生产经营组织和农业劳动者应当保养土地,合理使用化肥、农药,增加使用有机肥料,提高地力,防止土地的污染、破坏和地力衰退。

第五十六条 国家对水土保持工作实行预防为主,全面规划,综合防治,因地制宜,加强管理,注重效益的方针。各级人民政府应当采取措施,加强对小流域治理,控制风沙危害,预防和治理水土流失、土地沙化。

禁止毁林开荒、烧山开荒、围湖造田以及开垦国家禁止开垦的陡坡地。

第五十七条 国家实行全民义务植树制度。各级人民政府应当采取措施,组织群众植树造林,护林防火,防治森林病虫害,保护林地,制止滥伐、盗伐森林,提高森林覆盖率。

第五十八条 国家保护和合理利用水、森林、草原、野生动植物等自然资源,防止其被污染或者被破坏。

第八章 法律责任

第五十九条 违反本法第十八条、第十九条的规定,向农民或者农业生产经营组织收费、罚款、摊派或者强制集资的,上级机关应当予以制止,并予公告;已经收取钱款或者已经使用了人力、物力的,由上级机关责令限期归还已经收取的钱款或者折价偿还已经使用的人力、物力;情节严重的,由上级机关或者所在单位给予直接责任人员行政处分。

第六十条 违反本法第四十一条第一款、第四十七条第二款的规定,任何单位将农产品收购资金截留、挪用于单位非农产品收购用途的，或者将各级人民政府拨付用于农业的资金截留、挪用于单位非农业开支的，或者将银行的农业贷款截留、挪用于单位非农业用途的，由上级机关责令限期归还被截留、挪用的资金；情节严重的，由上级机关或者所在单位给予直接责任人员行政处分。

第六十一条 违反本法第四条的规定，买卖或者以其他形式非法转让土地的，非法占用土地的，依照土地管理法的规定追究法律责任。

第六十二条 违反本法第三十四条第二款的规定，生产假农药、假兽药、假化肥的，销售明知是假的或者是失去使用效能的农药、兽药、化肥、种子，或者生产者、销售者以不合格的农药、兽药、化肥、种子冒充合格的农药、兽药、化肥、种子的，责令停止生产、销售，没收违法生产、销售的产品和违法所得，并处违法所得一倍以上五倍以下的罚款，可以吊销营业执照。构成犯罪的，依法追究刑事责任。

前款规定的行政处罚由法律、行政法规规定的机关决定。

第六十三条 违反本法规定，侵犯农业生产经营组织或者农业劳动者的合法权益，造成损失、损害的，依法承担民事赔偿责任。

第六十四条 违反本法规定，依法应当给予行政处罚的，除本法另有规定外，依照有关法律、法规的规定执行。

第六十五条 违反本法规定，依照法律应当追究刑事责任的，依照有关法律的规定追究刑事责任。

第九章 附 则

第六十六条 本法自公布之日起施行。

国家主席江泽民签署第7号令公布《全国人民代表大会常务委员会关于惩治生产、销售伪劣商品犯罪的决定》

《全国人民代表大会常务委员会关于惩治生产、销售伪劣商品犯罪的决定》已由中华人民共和国第八届全国人民代表大会常务委员会第二次会议于1993年7月2日通过，现予公布，自1993年9月1日起施行。

中华人民共和国主席 江泽民

1993年7月2日

全国人民代表大会常务委员会关于惩治生产、销售伪劣商品犯罪的决定

为了惩治生产、销售伪劣商品的犯罪，保障人体健康和人身、财产安全，保护用户、消费者的合法权益，维护社会经济秩序，对刑法作如下补充规定：

一、生产者、销售者在产品中掺杂、掺假，以假充真，以次充好或者以不合格产品冒充合格产品，违法所得数额二万元以上不满十万元的，处二年以下有期徒刑或者拘役，可以并处罚金，情节较轻的，可以给予行政处罚；违法所得数额十万元以上不满三十万元的，处二年以上七年以下有期徒刑，并处罚金；违法所得数额三十万元以上不满一百万元的，处七年以上有期徒刑，并处罚金或者没收财产；违法所得数额一百万元以上的，处十五年有期徒刑或者无期徒刑，并处没收财产。

二、生产、销售假药，足以危害人体健康的，处三年以下有期徒刑或者拘役，并处罚金；对人体健康造成严重危害的，处三年以上十年以下有期徒刑，并处罚金；致人死亡或者对人体健康造成其他特别严重危害的，处十年以上有期徒刑、无期徒刑或者死刑，并处罚金或者没收财产。

生产、销售劣药，对人体健康造成严重危害的，处三年以上十年以下有期徒刑，并处罚金；后果特别严重的，处十年以上有期徒刑或者无期徒刑，并处罚金或者没收财产。

本条所称假药，是指依照《中华人民共和国药品管理法》的规定属于假药和按假药处理的药品、非药品。本条所称劣药，是指依照《中华人民共和国药品管理法》的规定属于劣药的药品。

三、生产、销售不符合卫生标准的食品，造成严重食物中毒事故或者其他严重食源性疾患，对人体健康造成严重危害的，处七年以下有期徒刑，并处罚金；后果特别严重的，处七年以上有期徒刑或者无期徒刑，并处罚金或者没收财产。

在生产、销售的食品中掺入有毒、有害的非食品原料的，处五年以下有期徒刑或者拘役，可以并处或者单处罚金；造成严重食物中毒事故或者其他严重食源性疾患，对人体健康造成严重危害的，处五年以上十年以下有期徒刑，并处罚金；致人死亡或者对人体健康造成其他特别严重危害的，处十年以上有期徒刑、无期徒刑或者死刑，并处罚金或者没收财产。

四、生产不符合保障人体健康的国家标准、行业标准的医疗器械、医用卫生材料，或者销售明知是不符合保障人体健康的国家标准、行业标准的医疗器械、医用卫生材料，对人体健康造成严重危害的，处五年以下有期徒刑，并处罚金；后果特别严重的，处五年以上十年以下有期徒刑，并处罚金，其中情节特别恶劣的，处十年以上有期徒刑或者无期徒刑，并处罚金或者没收财产。

五、生产不符合保障人身、财产安全的国家标准、行业标准的电器、压力容器、易燃易爆产品或者其他不符合保障人身、财产安全的国家标准、行业标准的产品，或者销售明知是以上不符合保障人身、财产安全的国家标准、行业标准的产品，造成严重后果的，处五年以下有期徒刑或者拘役，并处罚金；后果特别严重的，处五年以上有期徒刑，并处罚金。

六、生产假农药、假兽药、假化肥，销售明知是假的或者是失去使用效能的农药、兽药、化肥、种子，或者生产者、销售者以不合格的农药、兽药、化肥、种子冒充合格的农药、兽药、化肥、种子，使生产遭受较大损失的，处三年以下有期徒刑或者拘役，可以并处或者单处罚金；使生产遭受重大损失的，处三年以上七年以下有期徒刑，并处罚金；使生产遭受特别重大损失的，处七年以上有期徒刑或者无期徒刑，并处罚金或者没收财产。

七、生产不符合卫生标准的化妆品，或者销售明知是不符合卫生标准备化妆品，造成严重后果的，处三年以下有期徒刑或者拘役，可以并处或者单处罚金。

八、生产、销售本决定第二条至第七条所列产品，不构成各该条规定的犯罪，但是违法所得数额在二万元以上的，依照本决定第一条的规定处罚。

生产、销售本决定第二条至第七条所列产品，构成各该条规定的犯罪，同时又构成本决定第一条规定的犯罪的，依照处刑较重的规定处罚。

九、企业事业单位犯本决定第二条至第七条罪的，对单位判处罚金，并对直接负责的主管人员和其他直接责任人员依照各该条的规定追究刑事责任。

企业事业单位犯本决定第一条罪的，对单位判处罚金，情节恶劣的，并对直接负责的主管人员和其他直接责任人员依照本决定第一条的规定追究刑事责任。

十、国家工作人员利用职务，对明知是有本决定所列犯罪行为的企业事业单位或者个人故意包庇使其不受追诉的，比照刑法第一百八十八条的规定追究刑事责任。

负有追究责任的国家工作人员对有本决定所列犯罪行为的企业事业单位或者个人，不履行法律规定的追究职责的，根据不同情况依照刑法第一百八十七条或者比照刑法第一百八十八条的规定追究刑事责任。

国家工作人员滥用职权、假公济私，对检举、揭发本决定所列犯罪行为的举报人实行报复陷害的，依照刑法第一百四十六条的规定追究刑事责任。

十一、犯本决定各条罪，属于累犯的，从重处罚。

十二、依照本决定判处罚金的，罚金的数额为违法所得的一倍以上五倍以下。

犯本决定各条罪造成受害人损失的，除依照本决定追究刑事责任外，并应当根据情况依法判处赔偿损失。

犯本决定各条罪的，其违法所得的一切财物予以没收。犯本决定第二条至第七条罪的，对各该条所列违法生产、销售的产品予以没收。

十三、本决定自1993年9月1日起施行。

法律有关条文

刑法有关条款

第一百八十八条 司法工作人员徇私舞弊，对明知是无罪的人而使他受追诉、对明知是有罪的人而故意包庇不使他受追诉，或者故意颠倒黑白做枉法裁判的，处五年以下有期徒刑、拘役或者剥夺政治权利；情节特别严重的，处五年以上有期徒刑。

第一百八十七条 国家工作人员由于玩忽职守，致使公共财产、国家和人民利益遭受重大损失的，处五年以下有期徒刑或者拘役。

第一百四十六条 国家工作人员滥用职权、假公济私，对控告人、申诉人、批评人实行报复陷害的，处二年以下有期徒刑或者拘役；情节严重的，处二年以上七年以下有期徒刑。

药品管理法有关条款

第三十三条 禁止生产、销售假药。有下列情形之一的为假药：

一、药品所含成分的名称与国家药品标准或者省、自治区、直辖市药品标准规定不符合的。

二、以非药品冒充药品或者以他种药品冒充此种药品的。

有下列情形之一的药品按假药处理：

一、国务院卫生行政部门规定禁止使用的。

二、未取得批准文号生产的。

三、变质不能药用的。

四、被污染不能药用的。

第三十四条 禁止生产、销售劣药。有下列情形之一的药品为劣药：

一、药品成分的含量与国家药品标准或者省、自治区、直辖市药品标准规定不符合的。

二、超过有效期的。

三、其他不符合药品标准规定的。

国家主席江泽民签署第8号令任免国家工作人员

根据中华人民共和国第八届全国人民代表大会常务委员会第二次会议1993年7月2日的决定：

免去李贵鲜兼任的中国人民银行行长职务。

任命朱镕基兼中国人民银行行长。

中华人民共和国主席 江泽民

1993年7月2日

八届全国人大常务会第二次会议通过《八届全国人大常委会工作要点》

为了更好地履行宪法赋予的职责，有计划有重点地开展各项工作，同时便于全国人大代表和人民群众对全国人大常委会工作的监督，特制定本届常委会工作要点。

1. 常委会工作的指导思想是坚持以邓小平建设有中国特色社会主义的理论和中国共产党的基本路线为指导，把加强社会主义民主和法制建设作为根本任务，进一步完善人民代表大会制度，保证宪法和法律的贯彻实施，保证党的十四大和八届全国人大一次会议提出的各项任务的完成，积极推进社会主义市场经济体制的建立和完善。

2. 常委会的工作重点是，紧紧围绕经济建设这个中心，认真行使宪法规定的各项职权，加快经济立法，健全监督机制。常委会的一切工作，要以国家和人民的根本利益为出发点，以有利于发展社会主义社会的生产力、有利于增强社会主义国家的综合国力、有利于提高人民的生活水平为检验标准，进一步解放思想，实事求是，切实发挥最高国家权力机关常设机关的作用。

一、立法工作

3. 常委会把加快经济立法作为第一位的任务，在本届内大体形成社会主义市场经济法律体系的框架。要使经济立法同改革开放的进程相适应，用法律保障和推进改革开放，引导市场经济更好地运转。尽快制定一批有关保障市场主体地位和权利，规范市场竞争秩序，完善政府宏观调控和健全社会保障制度等方面的法律。同时要及时对不适应现代化建设和改革开放发展需要的法律进行清理和修改。还要抓紧制定推进民主政治建设和保障公民权利方面的法律，惩治各种犯罪活动、维护社会治安和加强廉政建设方面的法律，促进教育科学文化发展、保护环境合理开发资源、加强国防建设和完善民族区域自治制度等方面的法律。

4. 以改革的精神加快立法步伐。要进一步解放思想，开阔视野，更新观念，从现代化建设的实际出发，积极解决立法中遇到的问题和难点。要从总体上、法理上对社会主义市场经济法律体系进行研究，力求制定的法律符合市场经济发展的特点和规律，体现市场经济公平、公正、公开、效率的原则，有利于进一步解放和发展生产力。要分清轻重缓急，急需的法律先立，逐步完善。制定法律条件还不成熟的，有的可以先搞行政法规或地方性法规，然后经过总结提高，制定全国通行的法律。修改补充法律，成熟一条就修改补充一条。有些改革的举措，应尽可能做到先立法后行动。

5. 在调查研究的基础上，根据需要和可能制定立法计划。对列入立法计划的主要法律的起草工作，定任务、定时间、定班子，保证如期提出比较成熟的法律草案。常委会定期检查立法计划的执行情况，督促法律起草单位抓紧起草工作。承担法律起草任务的单位不能按要求如期完成起草任务的，要及时向常委会写出报告，说明情况。在法律起草过程中遇有重要的疑难问题，要及时向常委会汇报。

6. 起草法律要以宪法为依据，从建立社会主义市场经济体制的大局出发，从国家和人民的根本利益着眼，避免从局部利益出发，不适当地强化部门权力。全国人大常委会有关部门和国务院有关部门，要加强对起草法律的协调工作，统筹兼顾，协调好上下左右的关系。还要注意法律之间的衔接，不能互相冲突，更不能同宪法和基本法律相抵触。

7. 加强常委会对法律起草工作的组织和指导。要组织各方面力量参加法律起草工作。大量的法律草案需要由国务院有关部门起草，全国人大有关专门委员会要同起草单位加强联系。有些法律草案，可以由常委会和有关专门委员会组织和牵头起草。有的法律草案也可以委托大专院校、科研单位的法律专家、学者起草。不管哪种起草方式，都要实行实际工作者和专家学者相结合。在起草过程中，坚持群众路线，广泛听取各方面的意见，进行充分的科学论证。

8. 立法要从我国国情出发，大胆吸收和借鉴世界各国有益的、好的立法成果和经验，注意与国际惯例相衔接。常委会有关机构要加强对国外法律的研究，开展与国外有关机构的联系和交流活动，更好地为吸收和借鉴国外立法成果服务。

9. 加强宪法和法律的解释工作，充分运用法律解释手段，不断完善法律规范。常委会要进一步完善宪法和法律解释的程序和制度，对各地、各部门提出的一些宪法和法律问题作出解释。属于人大工作等方面有关法律的具体适用问题，由常委会有关部门拟出答复意见，按照一定的程序作出统一的答复。

二、监督工作

10. 常委会要切实承担起监督宪法实施的职责。要制定和完善监督宪法实施的具体制度和程序。对向常委会备案的地方性法规，由常委会办公厅分别送有关的专门委员会审查，提出意见。对于被认为同宪法和法律相抵触的行政法规、地方性法规及行政规章等，由有关的专门委员会提出纠正意见，报常委会决定。

11. 继续坚持把法律实施情况的检查监督放在同立法同等重要位置，制定执法检查计划，有重点地开展执法检查，并把听取和审议执法检查情况的汇报列入常委会会议议程。必要时，常委会可以作出决定。对检查中发现的问题，委员长会议和专门委员会要督促有关部门抓紧解决。国务院及其有关部门、最高人民法院、最高人民检察院应将解决的情况向常委会作出汇报。对重大的、典型的违法案件，常委会可以组织调查，有的可以通过新闻媒介公之于众。同时要督促司法机关依照法律程序纠正错案。必要时，常委会可采取质询、组织特定问题调查等监督手段，但不直接处理案件。

12. 进一步加强对国民经济和社会发展计划、国家预算执行情况的监督，保障和促进国民经济的稳定、持续发展。要坚持第三季度听取国务院关于计划和预算执行情况的汇报的制度。有关专门委员会要听取国务院有关部门的汇报，了解和检查国民经济和社会发展的十年规划和八五计划执行情况，以及年度计划和预算执行情况，并及时报告常委会。计划和预算需要作部分调整的，国务院应向常委会提交部分调整方案，由常委会审查批准。

13. 继续坚持每次常委会会议，围绕改革和建设的重大问题及人民群众关心的“热点”问题，听取和审议国务院及其有关部门、最高人民法院、最高人民检察院的工作汇报的制度。有关方面的负责人应到会听取意见，回答询问。常委会还要督促国家审判机关、检察机关和行政监察部门严肃执法，坚决惩治腐败，加强廉政建设。

14. 认真总结和研究人大监督工作，对监督的内容、形式和程序作出明确的规定，使监督工作进一步规范化、制度化。

三、同代表和人民群众及地方人大的联系

15. 做好联系全国人大代表的工作。要坚持同省、自治区、直辖市人大常委会共同联系全国人大代表的制度。常委会会议召开前，应就会议审议的重要法律案，采取多种方式，征求有关代表的意见，为会议审议做好准备。继续坚持常委会会议邀请熟悉会议议题的部分全国人大代表列席的制度。常委会和专门委员会可以根据需要召开代表座谈会，直接听取代表的意见。要为代表履行职务提供必要的条件。要做好全国人大代表的来信来访工作。

16. 认真对待代表提出的议案和建议。对代表提出的议案，有关专门委员会要深入调查研究，经过同有关部门协商，提出处理意见，报请常委会审议决定。对代表提出的建议、批评和意见，常委会办事机构应当同国务院、最高人民法院、最高人民检察院及其他有关部门的办事机构联系，做好协调工作，在规定时间内，认真负责地做好办理工作。要建立办理代表建议、批评和意见的督促检查制度；对办理不符合要求的，要责成有关部门重新办理。

17. 做好全国人大代表和常委会组成人员的视察工作。每次代表大会前，要围绕大会审议的主要议题，组织全国人大代表进行视察，了解情况，做好审议的准备工作。代表平时可以持证就地视察，当地的人大常委会协助做好安排，以便更好地反映人民群众的意见和要求。常委会组成人员的视察应有计划有组织地进行。要制定视察方案，确定视察的重点单位和主要内容；视察应深入基层，直接听取人民群众的意见和要求；要注重提高视察效果，视察后应提出视察报告。有关部门应认真对待代表和常委会组成人员视察中提出的意见和建议。

18. 进一步健全信访工作制度，认真受理人民群众的申诉、控告和检举。凡属于直接控告或检举由全国人大及其常委会选举、决定和任命的国家工作人员，其违法乱纪情节严重的，常委会要责成有关部门调查处理，必要时常委会也可以直接调查处理。其他申诉、控告和检举，由常委会办事机构送交最高人民法院、最高人民检察院、监察部及地方人大常委会处理，对一些重要案件要限期报告处理结果。

19. 加强同地方人大常委会的联系。常委会要加强对地方人大工作的指导，总结和推广地方人大工作的经验，帮助解决工作中的问题和困难，支持地方人大依法行使职权。坚持常委会会议邀请省、自治区、直辖市人大常委会负责人列席的制度。根据需要，常委会可以召开省级人大常委会负责人座谈会，总结和交流人大工作经验。

四、外事工作

20. 常委会要根据国家的外交工作的方针、政策，以及议会外交的特点，有计划、有重点地开展与外国议会的友好交往，参加国际议会组织的活动。要抓紧建立和健全同外国议会的双边友好小组。通过多层次、多渠道的交往，多做工作，广交朋友，增进相互了解和友谊，促进国家关系的巩固和发展，为我国现代化建设和改革开放争取一个良好的国际环境。同时，在对外交往中，注意学习外国议会的有益经验。

五、组织制度建设(略)

六、人民代表大会制度的研究和宣传工作(略)

八届全国人大常委会第二次会议通过八届全国人大常委会代表资格审查委员会组成人员名单

主任委员　孟连崑

副主任委员　李学智　冯之浚(回族)

委　　员　(略)

八届全国人大常委会第二次会议通过《关于设立全国人大常委会香港特别行政区筹委会预备工作委员会的决定》

根据第八届全国人民代表大会第一次会议《关于授权全国人民代表大会常务委员会设立香港特别行政区筹备委员会准备工作机构的决定》，第八届全国人民代表大会常务委员会第二次会议决定，设立全国人民代表大会常务委员会香港特别行政区筹备委员会预备工作委员会。该委员会是全国人民代表大会常务委员会的工作机构，其职责是在香港特别行政区筹备委员会成立前，为 1997 年我国对香港恢复行使主权，实现平稳过渡，进行各项有关准备工作。

香港特别行政区筹备委员会预备工作委员会由内地和香港的各方面人士和专家组成，其中香港委员不少于 50%。

香港特别行政区筹备委员会预备工作委员会在香港特别行政区筹备委员会成立后结束工作。

八届全国人大常委会第二次会议通过香港特别行政区筹备委员会预备工作委员会组成人员名单

主　任　钱其琛

副主任　安子介 霍英东 鲁　平 周　南 姜恩柱 郑　义 李福善

委　员（按姓氏笔划排列）

万绍芬(女) 方黄吉雯(女) 王凤超 王启人 王叔文 甘子玉 田期玉 刘兆佳 刘皇发 安子介 朱幼麟 邬维庸 李伟庭 李泽添 李国华(女) 李国宝 李福善 李嘉诚 肖蔚云 吴建播 吴康民 邵天任 邵友保 陈元 陈日新 陈伟 陈滋英 郑义 范徐丽泰(女) 罗淑清 罗康瑞 罗德函 周小川 周成奎 周南 经叔平 姜恩柱 赵稷华 查济民 钟士元 俞晓松 高尚全 秦文俊 倪少杰 徐四民 徐展堂 徐惠滋 钱其琛 梁振英 黄保欣 曾宪梓 曾钰成 鲁　平 廖瑶珠(女) 谭惠珠(女) 谭耀宗 霍英东

秘书长　鲁　平（兼）

副秘书长　秦文俊 陈滋英

八届全国人大常委会第二次会议通过《关于批准1992 年国家决算的决议》

根据第八届全国人民代表大会第一次会议关于“授权全国人民代表大会常务委员会审查和批准 1992 年国家决算”的决议，第八届全国人民代表大会常务委员会第二次会议，听取了财政部部长刘仲藜代表国务院所作的《关于 1992 年国家决算的报告》，经过审议并根据全国人民代表大会财政经济委员会的审查报告，决定：批准国务院提出的 1992 年国家决算，批准财政部部长刘仲藜所作的《关于 1992 年国家决算的报告》。

八届全国人大常委会第二次会议通过《全国人大常委会关于澳门特别行政区基本法葡萄牙文本的决定》

第八届全国人民代表大会常务委员会第二次会议决定：全国人民代表大会法律委员会主持审定的《中华人民共和国澳门特别行政区基本法》葡萄牙译本为正式葡文本，和中文本同样使用；葡文本中的用语的含义如果有与中文本有出入的，以中文本为准。

八届全国人大常委会第二次会议通过《全国人大常委会组成人员守则》

第一条　为了加强常委会组织制度建设，使常委会组成人员更好地履行职责，依据宪法和法律的有关规定，制定本守则。

第二条　常委会组成人员必须维护全国人民的根本利益和共同意志，坚持人民代表大会制度，致力于社会主义民主和法制建设，模范地遵守宪法和法律，全心全意为人民服务，自觉地接受全国人民代表大会代表和人民群众的监督。

第三条　常委会组成人员要努力学习建设有中国特色社会主义的理论，熟悉宪法和法律，掌握行使职权所必备的知识。

第四条　常委会组成人员必须切实履行职责，努力工作，其他社会活动要服从常委会工作需要。

第五条　常委会组成人员必须出席常委会会议。因病或其他特殊原因，不能出席常委会全体会议的应通过常委会办公厅向委员长请假，不能出席常委会分组会议的应向分组会议召集人请假。

每次会议由办公厅将会议出席情况印发常委会组成人员。

第六条　常委会组成人员在常委会各种会议上的发言和表决不受法律追究。

常委会组成人员在常委会的各种会议上，应当遵守议事规则和其他有关程序性的规定。

第七条　常委会会议举行前，常委会组成人员应就会议议题做好审议准备。

常委会组成人员在常委会分组会议上的发言，应围绕会议议题进行。

第八条　常委会组成人员必须参加对议案的表决，并服从依法表决的结果。

会议主持人宣布议案交付表决后，常委会组成人员不得再对该议案发表意见，但与表决有关的程序问题，不在此限。

第九条　常委会组成人员要依照规定参加常委会组织的视察活动。视察时不直接处理问题；所带工作人员要力求精干。

第十条　常委会组成人员要密切联系群众，经常进行调查研究，听取群众意见和要求，向全国人大常委会反映情况。

第十一条　参加专门委员会的常委会组成人员，应当积极从事专门委员会的工作，遵守专门委员会的工作规则和制度。

第十二条　常委会组成人员要保持清正廉洁，不准牟取不正当收益。

第十三条　常委会组成人员要严守国家机密。凡属规定不应公开的内容，不得以任何方式传播。

第十四条 常委会组成人员在外事活动中，应模范遵守外事纪律，维护国家尊严和利益。

第十五条 常委会组成人员严重违反本守则的，应向委员长会议作出检查。

第十六条 本守则自通过之日起施行。

八届全国人大常委会第二次会议通过全国人大常委会批准任命各省区市人民检察院检察长名单

一、批准任命张德铨为天津市人民检察院检察长。

二、批准任命刘宗欣为河北省人民检察院检察长。

三、批准任命张鹤松为内蒙古自治区人民检察院检察长。

四、批准任命赵虹为江苏省人民检察院检察长。

五、批准任命赵长风为山东省人民检察院检察长。

六、批准任命李学斌为河南省人民检察院检察长。

七、批准任命钟澍钦为湖北省人民检察院检察长。

八、批准任命和占钧为云南省人民检察院检察长。

九、批准任命张文宣为陕西省人民检察院检察长。

十、批准任命马钊（女）为宁夏回族自治区人民检察院检察长。

中共中央总书记江泽民在转给中央财经领导小组负责人的一个文件上作出批示

江泽民的批示：从此信使我联想到一个问题，这一年多的房地产热，究竟各级政府卖了多少地了，土地局有无健全的立法。土地应由国家管理，这一点是否已经明确，此事不可逐级下放。

中组部发出学习贯彻中共中央总书记江泽民"七一"座谈会讲话精神的通知

全国人大常委会在北京召开各省自治区直辖市人大常委会负责人座谈会

会议提出，新一届地方人大要把加强社会主义民主和法制建设作为根本任务，进一步发挥地方国家权力机关的作用，积极推进社会主义市场体制的建立和完善，保证党的十四大和八届全国人大一次会议提出的任务在本地区落实。

全国人大常委会委员长乔石出席会议并讲话，副委员长田纪云、王汉斌、倪志福、秦基伟、李锡铭、王丙乾，秘书长曹志出席座谈会。

乔石说，关于人大的性质和地位问题，我国的宪法和法律规定得很明确。要用宪法和法律的规定来统一全党全国人民的思想认识，结合实际，不断地进行宣传教育。他指出，中国有几千年封建社会的历史，我们要建立法制社会是很不容易的，要树立法制观念也不容易，需要长期不懈地努力。现在我们正在搞社会主义市场经济，更需要健全法制，全国人民呼声很高，要抓住这个时机，把不同认识逐渐统一起来。

乔石认为，加强党委的统一领导与充分发挥人大作用是一致的。他说，人大工作是党的工作的一个重要方面，希望各级党委加强对人大工作的领导。各级人大也要主动接受党委的领导，共同把人大工作和民主法制建设搞得更好。

乔石说，现在人大面临的任务非常繁重，我们这一届人大正处在国家经济建设的关键时期，也是建立社会主义市场经济体制的关键时期，要力求避免立法工作滞后于改革开放和经济发展需要的现象。立法工作一定要加强，要使我们国家逐步走上健全的法制轨道。他说，人大监督的依据就是宪法和法律，监督工作一定要加强，这是人大的重要职责，要切实加强对政府、法院、检察院的监督，指出他们的问题，督促他们把工作做好。

乔石强调，人大工作要密切联系群众，特别注意反映群众首先是工农和知识分子的呼声，不断从群众中汲取营养，使人大工作越搞越民主，越搞越生动活泼。

田纪云说，地方人大及其常委会作为地方国家权力机关，工作做得如何，直接关系到本地区的改革开放和现代化建设的进程。因此，各地人大要从本地实际出发，认真行使宪法和法律规定的职权，积极开拓进取，把人大工作推向前进，以适应迅速发展的新形势的要求。

田纪云强调，监督权是宪法和法律赋予人大及其常委会的重要职权。一切国家机关及其工作人员都必须接受监督。历史和现实都证明，不受制约的权力必将导致腐败，好的干部如果没有经常性的监督制约也可能变坏。他认为，近年来，地方各级人大在健全监督制度、落实监督措施方面做了许多工作，取得了一些经验，但监督不力仍然是人大工作中的突出问题。他强调，人民群众迫切要求人大加强监督工作，新的一届地方人大及其常委会要在做好监督工作方面，下大力气，增强力度，讲求实效，取得新的进展。

田纪云还就党管干部同人大依法行使任免权、人大的机构编制、召开人大工作座谈会、加强人民代表大会制度的宣传、加强人大干部队伍建设等问题发表了意见。

30个省、自治区、直辖市人大常委会负责人和全国人大各专门委员会负责人出席座谈会。

全国人大财经委员会和水利部在北京举行纪念《中华人民共和国水法》实施5周年座谈会

全国人大常委会副委员长王丙乾、水利部长钮茂生在会上强调，要努力提高全国人民的水法制意识，进一步促进水法的全面贯彻实施，使水利事业在法制轨道上为国民经济和社会发展作出新贡献。

钮茂生介绍，按照水法要求，我国近几年加强了流域综合规划工作，确定了开发水资源、防止水害的总体布局，组织 13 个省制订了水长期供应计划，对 50 个缺水城市作出供水水源规划，大大有利于水资源的宏观调配。与此同时，我国建立健全了水管理体制，各流域和省、市、地、县各级水利部门建立了水政水资源管理机构，1600 个县开展了取水许可登记工作，实行计划用水。1989 年以来，水利执法体系逐步建立，全国已有专职、兼职水政监察人员 6 万多人，全国每年水事违法案件、水事纠纷逐年减少。1992 年水事违法案件比 1991 年下降 26%。

王丙乾说，去年，全国人大财经委重点检查了一些地方水法实施情况。对检查中提出的问题和意见，各级政府和有关部门都很重视，认真研究措施，着力解决。最近，国务院原则通过了《取水许可证制度实施办法》，这必将有力促进依法治水和管水工作。他强调，全面贯彻实施水法是一项长期而又艰巨的任务，还有许多工作要做，希望大家再接再厉，继续为水利的法治和水利改革做出更大成绩。

全国政协副主席钱正英参加座谈会。

国务院副总理邹家华在大连鞍山现场办公

邹家华于 2 日至 3 日在辽宁省省长岳岐峰陪同下，分别到大连、鞍山进行现场办公。

邹家华说，今年以来，国民经济总的形势是好的，在我们阔步前进的时候，一定要坚持解放思想、实事求是的原则，注意前进中出现的问题，不断采取措施，深化改革，及时解决，使我国经济持续、快速、健康发展。当前要注意过度的投资膨胀，以及金融秩序混乱所引出的各种不利经济健康发展的问题，需要切实地通过改革予以解决，同时要认真进一步抓好企业的扭亏增盈的工作。

邹家华说，狠抓企业技术改造是使老工业基地适应新形势发展的重要途径，技术改造的目的首先是使企业的产品品种、质量、性能能够更好地满足市场的需要。从企业内部来说，还要通过技术改造解决好环境保护，劳动强度，提高劳动生产率，安全生产等问题。技术改造要注意两个问题。一是要强调改造的技术含量，要突出技术二字，通过改造采用新技术、新工艺发展新产品。二是要经常地、年年地、不断地改造。而不能平时不改造，几十年才改造一次。企业要树立经常地、不断地改造的观念，通过改造，提高效益，每年又提取一定的资金再进行技术改造，再提高效益，这样企业就可以步入良性循环，持久、快速、健康地发展。

中共中央政治局候补委员温家宝在山西吕梁山区考察

温家宝于 2 日至 7 日考察山西吕梁山区。

温家宝在岚县、兴县、临县、离石等地了解当地贯彻落实党中央和国务院有关农村政策的情况，并就如何更好地解决当前农村改革和发展中出现的新情况、新问题，听取基层干部群众的意见。

温家宝说，邓小平关于农村改革和发展的论述，是建设有中国特色社会主义理论的重要组成部分，是做好农村工作的重要指导思想。他要求各级干部必须认真学习小平同志关于国民经济要以农业为基础，依靠改革解放和发展农村生产力，农业现代化要走适合中国国情的道路，农业发展要靠政策、科技、投入等方面的重要论述，从中领会和掌握小平同志研究和解决农村问题的立场、观点和方法，进一步提高政策水平和领导艺术。

温家宝指出，在建立社会主义市场经济新体制和加快经济发展的新形势下，必须加强和改进党对农村工作的指导。最重要的是，要坚持党的“一个中心，两个基本点”的基本路线，一百年不动摇，认真贯彻执行十一届三中全会以来党在农村的各项方针政策，稳定和完善以家庭联产承包为主的责任制，紧紧抓住经济建设这个中心，进一步解放思想，实事求是，深入调查研究，努力解决农村经济发展中遇到的突出矛盾和实际问题。要坚持两个文明一起抓，切实加强党的基层组织建设和政权建设，搞好社会治安的综合治理。

共青团中央国家科委农业部中国科协联合下发《关于开展全国农村青年星火科技示范活动的通知》

未来十年东亚合作与发展国际研讨会在北京召开

会议于 2 日至 3 日举行。来自中国、美国、日本和香港等十二个国家和地区的数十位著名政治家、学者及实业界人士将就东亚地区经济合作与交流的方式，影响东亚未来发展的政治经济因素以及中国对未来东亚地区稳定和发展的贡献等议题广泛地交换意见。

研讨会开幕式由中国国际问题研究中心总干事李鹿野和美国前陆军部部长罗瑟尔律师共同主持。

中国战略与管理研究会会长谷牧在致辞中说，当今世界政治、经济风云变幻，作为世界和平发展进程中相对稳定的亚太地区在世界范围内的影响和作用变得日益重要。因此，召开这次会议研讨未来十年东亚合作与发展前景对世界和平和进步也会产生深远的影响。

中共中央政治局委员李铁映接受中国国际象棋协会的聘请担任协会名誉主席

7月3日

中共中央总书记江泽民在中南海会见以总书记库马尔·辛德为团长的印度国大党(英)代表团

江泽民说,中印两国是近邻,两国都有悠久的文明历史。这几年来,两国领导人进行了互访,两国关系得到不断改善和发展。中印两国关系的改善和发展,不仅符合两国人民的利益,而且对亚洲以至世界的和平与稳定都将产生积极影响。

江泽民说,中印两国都是亚洲大国,中国共产党和印度国大党(英)又都是执政党,通过党际交往来交流建设自己国家的经验,对双方都是有益的。中国共产党重视同印度国大党(英)发展友好关系,愿意在独立自主、完全平等、互相尊重、互不干涉内部事务的原则基础上同国大党(英)继续发展友好关系。

中共中央就民建中央提出的《关于当前加强农业和农村工作的建议》复函民建中央

中共中央复函民建中央认为,民建的意见和建议很好,对中共中央正确指导农业和农村工作具有十分重要的价值。

民建中央的建议是在近年来开展支农活动的基础上,抓住农业和农村工作中的几个突出问题,组织力量进行调查研究,邀请专家学者深入研讨后形成的。

中共中央收到民建中央的建议后,总书记江泽民等中央领导认为这个建议很有价值,值得重视,并批示印发中共中央政治局委员、书记处书记,同时转请国务院研究。

民建中央在建议中提出,当前农业和农村工作中存在的问题主要有:工农业产品价格"剪刀差"扩大,负担加重,农民收入增长率下降;农产品出售难;乱占耕地现象严重;政府对农业的投入减少,农业资金大量分流。建议认为,这些问题应放在一个更深的层次来认识,仍然是一个如何从国民经济的全局来考虑农业基础地位的问题,如何保护农民合法的经济利益和政治权利问题。

民建中央提出加强农业和农村工作的六条建议:加强农业的基础地位;增加农业投入,加强宏观调控;科技兴农,努力提高农民的科学文化素质;采取多种方式提高农民的组织程度;以市场为导向,优化农业结构,提高农产品的综合利用率;积极培育农村市场。

国务院收到民建中央的建议后,责成国家计委和有关部门研究提出意见。国家计委经与国家经贸委、农业部等部门研究后,对民建中央的建议逐条作了答复,提出了采纳民建中央建议的具体意见。

中共中央在复函中同意国务院的意见,并对民建中央和民建成员心系国家大事、积极参政议政表示诚挚的感谢,今后希望民建继续提出宝贵意见。

国家体改委关于印发《定向募集股份有限公司内部职工持股管理规定》的通知

各省、自治区、直辖市及计划单列市人民政府,国务院各部委、各直属机构:

为规范定向募集股份有限公司内部职工持股,保证股份制试点工作的健康发展,根据《股份制企业试点办法》、《股份有限公司规范意见》的规定和《国务院办公厅转发国家体改委等部门关于立即制止发行内部职工股不规范做法意见的紧急通知》的要求,我们制定了《定向募集股份有限公司内部职工持股管理规定》,现印发给你们,请按此执行。

国家体改委

1993年7月3日

定向募集股份有限公司内部职工持股管理规定(略)

国家主席江泽民在中南海分别会见澳大利亚前总理鲍勃·霍克和泰国前总理差猜·春哈旺

中国与日本国东海海上安全问题的第一轮磋商在北京结束

河南南阳地区的西峡盆地发现世界罕见恐龙蛋化石群

有关专家最近在现场考察后已确认7个恐龙蛋化石埋藏地点,其中以西峡县丹水镇上田村西坡最为集中。

7月4日

国务院关于认真做好1993年防汛工作的通知

人民日报报道,国务院发出通知明确指出,当前全国从南到北已进入汛期,防汛工作迫在眉睫,今年的防汛形势不容乐观,各地区、各部门要有清醒的认识,决不能掉以轻心。当前,防汛工作时间紧、任务重,涉及方方面面,既是一项重要的经济任务,又是一项重要的政治任务。各地区、各部门要本着对人民高度负责的精神,以国家和全局利益为重,教育广大干部群众以局部利益服从全局利益,团结治水,团结抗洪。特别是上下游、左右岸之间,要紧密配合,严格遵守防汛纪律,齐心协力做好防汛工作。

为切实做好今年的防汛工作，通知要求各级政府和各部门做好以下工作：

一、抓紧防汛检查，采取应急措施，充分做好防大汛、抗大灾的各项准备。在主汛期到来之前，各地区和有关部门，特别是重点防洪地区，要抓紧进行防汛检查，督促各有关方面做好各项准备工作，发现问题，及时采取措施，消除隐患。抓紧防洪工程薄弱环节的加固处理。坚决清除一切行洪障碍。备足防汛抢险的各种物资和器材，组织落实抢险队伍。对江河湖泊的险工险段、病险水库和涵闸，要认真制定抢护方案。要争取做到遇到设防标准以内的洪水，能确保安全度汛；超过标准的，有切实可行的应急措施和避险迁安方案。

二、加强领导，健全组织，落实防汛责任制。防汛工作事关全局，各级人民政府的主要负责同志要亲自抓，要把防汛工作作为确保经济建设和人民生命财产安全的大事切实抓紧抓好，落实以行政首长负责制为核心的各项防汛责任制。在机构改革过程中，要注意加强防汛指挥机构的建设，调整充实办事机构。各级人民政府和有关部门分管防汛工作的领导同志，特别是新上任的领导同志，要尽快熟悉情况，上岗到位。重点防洪地区，可推行政府领导同志分段包干、突出重点等行之有效的责任制。要组织好抢险队伍，加强与当地驻军和武警部队的联系，及时通报水情、工情，实行军民联防。一旦出现汛情和险情，要迅速动员并组织力量进行抢护。

三、千方百计增加投入，解决影响当前安全度汛的关键问题。防汛和水利建设是保障国民经济发展必不可少的基础建设，要靠各级政府的重视和支持，不断增加资金投入。各级人民政府要增加防洪基建和防汛岁修经费的投入，保证资金及时到位。当务之急是想办法解决当前影响安全度汛的应急问题。对一些防洪的关键工程、报汛通信建设要舍得投入资金，以便汛期发挥效益，避免或减轻洪水可能造成的灾害。

四、完善洪水调度方案，做好蓄滞洪区运用的准备工作。各地人民政府要根据国务院和上级政府批准的洪水防御方案、河道的排洪能力及防洪工程运用条件等，充分考虑江河湖泊地区社会经济的变化情况，针对今年防汛形势的新情况、新问题，组织研究完善今年各级洪水的调度预案。蓄滞洪区、库区、沿海台风威胁地区及山地灾害易发区要落实好迁安救护计划，做好防洪抗灾的准备工作。

五、坚持防汛抗旱两手抓。各地在做好防汛工作的同时，要密切监视旱情的发展变化，健全抗旱服务体系，加强水库及灌溉工程的运行管理，合理调度水资源，统筹防汛抗旱的需要，做到有汛防汛，有旱抗旱。

国务院强调，各有关部门要在各级政府和防汛指挥机构的统一领导下，通力合作，共同搞好防汛抗洪工作。中国人民解放军指战员、武警官兵、公安干警是防汛抗洪的主力军，希望再接再厉，在今年的防汛抗洪斗争中再立新功。

中共中央政治局委员李铁映在宁夏甘肃调研

李铁映在4日至15日调查研究时指出，西部地区只有继续大胆解放思想，加快改革步伐，才能抓住机遇，发展经济，逐步缩小东西部差距。

李铁映在宁夏和甘肃深入国有大中型企业，走访农民家庭，就如何加快西部的改革和发展问题，同当地干部群众探讨研究，认真听取他们的意见和建议。

李铁映说，改革十四年来，宁夏、甘肃的经济取得了长足的进步，为下一步发展打下了基础，西部的形势可以用有优势、有潜力、有困难、有希望四句话来概括。他强调，当前西部地区经济发展的关键是进一步解放思想，加快改革步伐，尽快建立适合西部地区生产力发展水平和经济结构的社会主义市场经济新体制；西部地区改革开放的实践证明，想发展快就要加快改革的步伐，而要加快改革，就要进一步解放思想制约西部经济发展的农业、交通、商业、乡镇企业等问题，都需要进一步解放思想，转变观念，通过改革去解决。目前，西部地区的经济发展落后于东部，这是客观存在的，但改革的步伐不能滞后；如果改革再滞后，发展就会更慢，差距将更大。

李铁映强调，西部地区应从自己的实际情况出发，研究和探索建立社会主义市场经济体制的基本理论、基本思路、基本框架。改革已经进入了向社会主义市场经济体制全面转轨的新阶段，不研究市场经济的基本规律，不了解社会主义市场经济条件下出现的新情况和新问题，就不可能搞好经济工作。当前，要加强调查研究，掌握经济发展的形势和规律，拿出正确的指导意见。试点是推进改革的重要和成功的方法，在中国这样一个社会主义大国建立市场经济体制，是一项巨大而复杂的社会系统工程，必须加强试点，有计划、有步骤地推进，从而把市场经济的一般规律更好地同中国的国情相结合，建立起比资本主义条件下效率更高的市场经济体制和运行机制。

李铁映说，市场要对资源配置起基础性作用，必须加强和改善宏观调控，中央提出的一系列重要政策措施，主要运用经济手段、法律手段，辅之以必要的行政手段调控经济运行，贯穿着改革的精神，将会确保经济又快又好地发展。他说，加快改革与加快发展是一致的。

李铁映说，西部地区有不少国有大中型企业，这些企业为经济发展做出过重大贡献，将来还要发挥更大作用。对于西部地区来讲，加快企业改革，搞好国有大中型企业，是一个关系全局的战略问题，应当深入贯彻《条例》，转换企业经营机制，尽快建立社会主义现代化的企业制度，各级政府要转变职能，为企业改革创造良好的条件，社会保障制度的改革，也应首先从国有大中型企业取得突破，住房、医疗、待业、养老保险制度的改革要配套进行，真正解决国有企业的经济负担和社会负担，住房、医疗、待业、养老保险实现了社会化，国有企业就可能轻装上阵，在平等的条件下参与国内外市场的竞争。

7月5日

中共中央总书记江泽民在北京与全国省区市党委政策研究室主任会议的全体代表座谈

江泽民在座谈会上讲话如下。

重视调查研究，是我们党的优良传统。坚持理论与实际相结合，由此制定和执行正确的路线方针政策，是我们党领导革命、建设和改革的基本经验。我们党过去领导全国人民走出了一条有中国特色的民主革命和社会主义革命道路，现在又走出了一条有中国特色的社会主义现代化建设道路，最根本的是把马克思主义的基本原理同中国的具体实际结合起来，运用马克思主义的立场、观点、方法，正确地认识中国的国情，创造性地解决革命和建设中的问题。这个结合的过程，始终是以调查研究为前提、为依据的。也就是说，是在调查研究的基础上，实现并不断深化马克思主义基本原理同中国具体实际的结合和统一的。

毛泽东为我们党的调查研究优良传统的形成和发展，作出了巨大贡献。新民主主义革命时期，在极为艰难的条件下，他进行过大量的实地调查，写出了影响深远的《中国社会各阶级的分析》、《湖南农民运动考察报告》以及《寻乌调查》、《兴国调查》等一系列调查报告。他提出了“没有调查，没有发言权”的著名论断。新中国成立后，毛泽东仍经常到各地了解实际情况，并亲自组织对一些重大问题进行调查研究。一九五六年，他和党中央其他领导同志一起，用了一个半月的时间，听了三十四个部委的汇报，仔细了解各条战线取得的成绩、存在的问题和工作中的经验教训，在此基础上写出了《论十大关系》的重要著作，为探索适合中国情况的社会主义建设道路，作出了积极的努力。一九六一年，为了克服国民经济遇到的严重困难，为了了解各方面的真实情况，采取正确的政策措施，毛泽东亲自组织三个调查组，分别到浙江、湖南、广东进行调查，在此基础上，并根据其他许多调查组的意见，制定了农业六十条，对促进国民经济的恢复和发展，起了极为重要的作用。

邓小平在我国革命、建设和改革的过程中，也一贯重视调查研究工作，为党的调查研究优良传统的形成和发展也作出了重大贡献。他指出实事求是是马列主义的精髓，也是毛泽东思想的精髓，这个著名论断本身就包含和体现了调查研究的重要性。因为离开调查研究，就谈不上理论与实际的结合和统一，也就谈不上实事求是。六十年代初的三年困难时期，邓小平同志为主持制定工业七十条和其他文件，亲自进行了大量卓有成效的调查研究。尤其是在十一届三中全会以后，邓小平同志在全党进行拨乱反正、总结历史经验教训的基础上，对一系列关系经济和社会发展全局的重大问题，进行深入的调查研究，为形成建设有中国特色社会主义的理论，制定党的“一个中心、两个基本点”的基本路线，作出了巨大贡献。一九九二年春，他不顾八十多岁的高龄，亲自到武昌、深圳、珠海、上海等地视察，发表了重要谈话，为加快我国改革开放和经济发展提出了重要的指导方针。

总之，无论在调查研究的理论方面还是在实践方面，毛泽东和邓小平都是我们学习的楷模。

坚持调查研究，是辩证唯物主义认识论的基本要求，是党保持同人民群众密切联系的重要渠道，也是我们党的一项基本工作方法和领导制度。回顾建党七十多年的历史，什么时候全党从上到下重视调查研究，工作指导方针符合客观实际，党的事业就顺利发展；什么时候忽视调查研究，就会导致主观与客观相脱离，造成工作中的失误，使党和人民的事业遭受损失甚至挫折。因此，加强调查研究不仅是一个工作方法问题，而且是一个关系党和人民事业得失成败的大问题。

在新的时期，我们肩负着改革开放和现代化建设的历史重任，全党同志首先是各级领导干部更要重视和加强调查研究。尽管我们现在进行调查研究的对象、内容、手段、条件都发生了新的变化，但是调查研究在党的决策工作和全部领导工作中的地位和作用，不仅丝毫没有改变，而且显得更为重要。为了适应改革和发展的需要，调查研究的工作只能全面加强，决不可有任何削弱。建设有中国特色的社会主义事业任重道远，在前进中会遇到许多复杂的新情况新问题，需要不断探索和解决。而对任何问题的探索和解决，须臾也离不开调查研究。

当前，在邓小平重要谈话和党的十四大精神的指导下，国民经济保持强劲的发展势头，以建立社会主义市场经济体制为核心的各项改革正在深入进行，各项事业都取得了新的进步。一个抓住机遇、加快改革、促进发展的新局面越来越充分地展现在人们面前。总的形势很好。越是在形势好的情况下,越要头脑清醒,不骄不躁,善于及时发现和解决新的矛盾和问题;越要注意把干部和群众的积极性引导好、保护好、发挥好;越要坚持科学的态度和务实的作风,精心指导,过细工作,掌握驾驭经济和社会发展全局的主动权。

应该看到,我们在前进中确实存在一些问题,经济工作中有些问题还相当突出,社会治安、精神文明建设、党的建设等方面也有一些不可忽视的问题。对于这些问题的出现,我们既不要惊慌失措,也不能麻痹大意,解决的态度要积极,步子要稳妥。从历史经验看,这些问题如不及时处理或处理得不好,就可能引发一些新的社会问题。最重要的是要坚定不移地贯彻执行党的基本路线,始终不渝地坚持以经济建设为中心,抓住机遇,加快发展,同时,又要扎扎实实,避免损失,力争国民经济隔几年上一个新台阶。发展是硬道理,解决好前进中的问题,也是为了更好地保证和促进发展,二者是统一的。只有经济大大发展了,全国的经济实力和综合国力大大增强了,人民的生活才能不断改善,国家才能长治久安,我们的腰杆子才能更硬,我们在国际上说话才更有分量,支持我们的朋友才会更多。邓小平同志再三强调发展是硬道理,硬就硬在这里。

我们要不失时机地集中力量把经济建设搞上去,关键在于深化改革。正确地解决前进中的矛盾和问题,关键也在于深化改革。因为这些矛盾和问题的产生,从根本上说,是由于新的经济体制尚未确立,各种经济关系尚未完全理顺。我们不能沿用过去计划经济体制那套老办法来解决这些矛盾和问题,那是解决不了也解决不好的,必须加快建立社会主义市场经济体制,努力寻求新的办法来解决,这才是根本的出路。

中央正在研究如何加快建立社会主义市场经济体制的问题。现在已组织中央有关部委的负责同志带队下去调查研究,希望各省、自治区、直辖市的领导同志,以及政策研究室和其他部门的同志,也要围绕深化经济体制改革,围绕经济和社会发展中的重大问题,深入到群众之中,广泛调查研究,特别是要多搞一些典型调查、专题调查、系统调查。总之,为了抓住机遇,深化改革,促进经济又快又好地发展,为了在这种新形势下保证党的决策的科学制定和有效执行,正确解决前进中的问题,全党同志必须在邓小平同志建设有中国特色社会主义理论和党的基本路线的指导下,深入各个领域的实际,大兴调查研究之风。

历史经验说明,各种问题的解决都取决于正确的决策,而正确的决策来源于对客观实际 的周密调查研究。如果不了解实际情况,凭老经验、想当然、拍脑袋,把自己的主观愿望当作客观现实,就不可能作出正确的决策。因此,越是领导职务高的同志,越要亲自下功夫对重大问题进行调查研究,这是别人无法代替的。没有调查就没有发言权,没有调查就更没有决策权。

在这里我再一次提议,县以上的各级领导,尤其是一二把手,一定要带头大兴调查研究之风。(一)每年至少抽出一两个月的时间,深入基层调查研究。所谓深入基层,去农村要到村到户,去工厂要到车间到班组,亲自听取群众的呼声,了解群众在想什么,盼什么,欢迎什么,反对什么。每个领导干部都要在工人、农民、知识分子中交一些知心朋友,经常促膝交谈。这样,在工作指导上才有可能真正做到急群众所急,想群众所想,真正切合实际。(二)要对本地区、本部门迫切需要解决的重要问题,进行系统的调查研究,提出解决的正确对策。(三)每个领导干部都应亲自动手写调查报告。报告中要有自己了解的真实情况,要有自己对问题的见解,要提出解决问题的主张和办法。调查报告要报送同级党委和上一级党委。对有价值的调研报告,还应及时转发交流。各省、自治区、直辖市党委每年要向中央选送一些优秀的调研报告,供中央决策参考。

全党同志特别是各级领导干部,真正把调查研究这一最基础性的工作做深做透了,好处很多。可以使我们的领导机关、领导干部保持同群众、同实际生活的密切联系,有利于防止和减少工作中的官僚主义、形式主义、主观主义;可以使我们的领导干部通过对实际情况的调查,增加共识,减少分歧,有利于统一认识、统一步调;可以为领导机关的决策工作提供充分的第一手材料,有利于作出切合实际的科学分析和判断,形成正确的方针政策;可以通过调查及时发现新的问题,包括带倾向性的问题,以便及早采取对策加以解决,减少和避免失误,等等。谋事在人,成事也在人。可以这样说,坚持做好调查研究这篇文章,是我们的谋事之基,成事之道。

在改革开放和现代化建设中,新情况新问题层出不穷,我们不熟悉、不了解、不懂得的东西很多。因此,全党同志首先是各级领导干部一定要加强学习,而且必须有紧迫感,必须提高自觉性。我们的口号应该始终是学习,学习,再学习!

坚持深入调查研究,就是一种很重要的学习,是向群众、向实践学习。同时,大家要努力学习和掌握基本理论,努力学习和掌握现代经济知识、现代科技知识、文化知识和历史知识。这是我们增长才干,做好工作的基本条件。邓小平同志一直告诫我们,要尊重知识,尊重人才。我领会这包含两方面的重要意思,一是要充分发挥知识分子及各种人才在改革和建设中的作用;二是广大干部和群众也要努力提高自己的知识水平，特别是努力学习当代的各种新知识。各级政研室的同志，你们既是干部，又是知识分子，还有不少是学有专长的学者、专家，希望你们在加强学习中走在前列。

世界的发展变化很快，新科学、新技术、新知识不断涌现。我们的领导干部要提高执政水平和领导水平，需要学习或重新学习的东西很多。从适应当前加快改革和发展的新形势的要求出发，我认为应该着重抓好以下几个方面的学习。

首先，要坚持学习马列主义、毛泽东思想，特别是要努力学习和掌握邓小平建设有中国特色的社会主义理论。这是最重要最根本的学习，因为它在各种学习中是起指导作用和动力作用的。建设有中国特色社会主义的理论，是马克思主义基本原理同中国实际相结合的最新成果，是毛泽东思想的继承和发展，是当代中国的马克思主义，是指引我们建设富强、民主、文明的社会主义国家的强大思想武器。邓小平善于集中全党和全国人民的智慧，为这一理论的形成和发展倾注了大量心血，作出了历史性的重大贡献。他的这一理论，以及他把马列主义创造性地运用于中国现代化建设实际的卓越政治智慧和领导艺术，他的马克思主义的求实态度、探索勇气、创新精神和非凡胆略，都是我们全党和全国各族人民的宝贵精神财富。努力学习和掌握建设有中国特色的社会主义理论，坚持用这一理论指导我们的思想和各项工作，必须贯穿于社会主义现代化建设的全过程，这是关系我们党的前途和命运，关系我们国家的繁荣富强和长治久安的大事。一个党、一个国家、一个民族，特别是像我们这样的大党，这样的大国，这样人口众多的民族，如果没有正确的理论为指导，如果没有以正确理论为基础的强大的精神支柱，那么，我们的党、国家和民族将是不可想象的，就会成为一盘散沙，就谈不上凝聚力、战斗力、创造力，就不会有美好的未来。全部近代中国史充分说明了这一点。我们应该从这样的历史高度来认识坚持学习和运用马列主义、毛泽东思想，坚持学习和运用邓小平同志建设有中国特色的社会主义理论的根本意义。

应该指出，一段时期以来，在我们党内和领导干部中，有些单位有些同志学习理论的空气不浓了。这种状况，必须引起各级党委的充分注意，并采取措施坚决加以改变。我们的领导干部特别是省部级以上的高级干部，必须以身作则，必须在全党同志和干部队伍中带头树立尊重理论、认真学习理论和正确运用理论的新风。我希望各级领导干部，也希望各级政研室的同志，对于建设有中国特色的社会主义理论，应该学得更深透更系统一些，领会得更准确更全面一些，用以指导自己的行动更自觉一些。

其次，要努力学习和掌握发展社会主义市场经济的基本知识。我们正在请国务院发展研究中心和中国社会科学院的一些同志，编写一本社会主义市场经济一般常识的入门书，供县以上领导干部学习，要成为干部的必读书。如果我们的领导干部连市场经济的ABC都不了解、不掌握，怎么领导人民加快建立社会主义市场经济体制？

要通过广泛的宣传和学习，使我们的领导干部尽快了解和掌握社会主义市场经济的基本理论概念、基本原则和基本要求。这里我想列举几点来稍加说明。

（一）要了解在社会主义条件下必须而且能够搞市场经济，同时要了解建立和完善社会主义市场经济体制，是一个复杂的社会系统工程，是一个史无前例的伟大创造，需要从理论上和实践上进行许多艰辛的探索，而真正把这种新的经济体制全面建立和完善起来，则要经历一个相当长的过程。

（二）要了解社会主义市场经济体制必须反映和体现市场与市场经济的一般规律，同时要了解社会主义市场经济体制是同社会主义基本制度结合在一起的，在所有制和分配制度上是实行以公有制和按劳分配为主体的。因此，既要认识到社会主义市场经济体制与西方市场经济体制有共同之点，对西方市场经济中一切合乎市场规律和社会化生产规律的好经验，都要努力学过来。同时，又要认识到社会主义市场经济体制与西方市场经济体制有很大的不同之点，必须立足于中国的国情和经济发展实际，走自己的路，有所创造，有所发展。

（三）要了解建立完善的市场体系，建立完善的国家宏观调控体系，都是社会主义市场经济体制的重要组成部分。二者是相互结合、相辅相成、缺一不可的。必须充分发挥市场在资源配置中的基础性作用，同时也要看到市场存在自发性、盲目性、滞后性的消极一面，因此，必须加强社会主义国家对市场活动的宏观指导和调控，以弥补市场的弱点和不足。那种认为搞市场经济可以不需要国家的宏观调控，可以放任自流、自行其是、随心所欲，完全是一种误解。在当今世界上，尤其是经济发达国家，没有哪一个国家的市场经济是不受政府干预和调控的，只是干预和调控的具体形式、方法和程度不同而已。自从凯恩斯主义产生以后，在西方发达国家就已根本不存在什么完全自由的市场经济。

（四）要了解在社会主义市场经济体制中，必须实行政企分开，各种经济成分的企业都要走上市场，企业是市场的主体，而政府的职能是实施宏观调控，政府工作人员不能经商办企业，不能搞权钱交易，不能使权力商品化。同时要认识公有制企业特别是国有大中型企业,是社会主义市场经济的主体。一定要使国有大中型企业通过市场的竞争,加快转换经营机制,加快建立现代企业制度,以增强它们的生机与活力,保证国有资产的保值和增值。

(五)要了解发展社会主义市场经济,不仅要发展各种商品市场,而且要培育、健全各种生产要素市场,包括债券和股票等有价证券的金融市场、技术市场、劳务市场、信息市场、房地产市场等等,形成全国统一、开放、有序的市场体系。所有这些市场的培育和管理,都必须运用政策、法律、法规等手段,规范其行为。

(六)要了解发展社会主义市场经济,将继续提倡和鼓励一部分地区一部分人先富起来,通过社会生产力水平的大幅度提高,最终达到全体人民的共同富裕。对于正当的个人利益的实现和发展,国家任何时候都要保护,但坚决反对损害国家和社会利益,妨碍经济发展和社会进步的各种消极腐败现象,包括坚决反对拜金主义、享乐主义和极端个人主义。应该懂得,并不是市场上出现和存在的东西都是合理的和健康的,对那些不合理不健康的东西一定要坚决抵制和克服。

社会主义市场经济的内容很丰富,我上面只是从几个方面粗略地举点例子,意思是希望大家要认真学习和尽快掌握它的基本知识,以便为加快建立新的经济体制作出积极的贡献。

目前,我们正处在新旧经济体制交替的时期,这是一个比较复杂比较艰难的过渡时期。在市场的经济活动中和宏观管理上,出现一些漏洞和薄弱环节,出现一些混乱现象,是难以避免的。但是,我们应该力求尽量缩短这个艰难的过渡时期,尽量把管理上的漏洞、薄弱环节和混乱现象降低到最低限度。能不能做到这一点,这是对我们各级领导干部,包括从事政策研究的干部的领导水平和工作能力的一个重要考验。归根到底,要取决于我们的学习和工作的努力程度。

第三,要努力学习和掌握现代科学技术的基本知识。无产阶级的革命导师,都是非常关注科学技术的发展的,并非常善于学习和吸取科学技术发展的最新材料和成果,用以丰富马克思主义的理论,丰富辩证唯物主义和历史唯物主义,丰富科技、经济、军事等方面的学说,用以推进社会的变革和社会的发展。他们为我们树立了很好的榜样。邓小平同志一贯重视科学技术在经济和社会发展中的重要作用。他根据第二次世界大战以来科学技术突飞猛进的事实,及其对世界经济社会发展的重大影响,提出"科学技术是第一生产力"的著名论断,这是对马克思主义理论的一个杰出贡献,也是发展我国科学技术和进行现代化建设的一个重要指导思想。

现代科学技术特别是高科技的发展,确实是日新月异啊!比如说,无线电的飞速发展就相当惊人。二次世界大战时,还只有真空管,一九四八年美国电话电报公司的贝尔实验室发明了晶体管,然后是集成电路、大规模集成电路、超大规模集成电路,现在已经是光电子技术了。又比如基本粒子,以前是研究分子、原子、电子、质子、中子,现在对基本粒子的研究是越来越细了,又发现了一些新的东西。又比如生物学,自从一九五三年美英两位学者,一个叫詹姆斯·沃森,一个叫弗朗西斯·克里克,他们发表关于脱氧核糖核酸(DNA)的论文,揭开人类从事遗传工程的序幕以来,四十年间在这一领域已取得一系列辉煌成果。英国《新科学家》杂志今年四月在一组报道中,全面介绍了四十年来生物技术的发展情况。该刊说,科学家们已在实验室证实切割、拼接和复制DNA的遗传工程技术是可行的,并已制造出人体胰岛素和生长激素,利用外源基因改良动植物品种,以及利用生物技术开发新药品和治疗顽症。先后已有二十多名科学家因为在这一领域取得重大突破而获诺贝尔奖。总之,生物技术的一些成果已应用于农业、工业、医疗和其他领域,从生物技术又产生出生物经济,其发展前景正未有穷期。再比如说,在海湾战争中,美国人已使用电子软杀伤,使伊拉克的雷达迷盲,指挥失灵。海湾战争以后,许多国家都在考虑怎样保护自己的军事和民用目标不受战术弹道导弹的威胁。这说明军事上也越来越多地应用高科技成果。凡此种种,可见我们需要学习的现代科学技术知识太多了。

我们已经请国家科委负责组织力量,把现代科学技术的基本知识也编写一本教材,让广大干部学习,也要成为干部的必读书。要使得我们县以上的领导干部乃至乡镇干部,都能掌握起码的科技知识。如果我们的干部特别是领导干部成了现代科技的"科盲",我们怎么能加快用现代科技武装国民经济各个部门,实现经济的现代化呢?

第四,要努力学习中国历史特别是中国近现代历史和党的历史,并通过这种学习努力掌握和发扬中华民族的优良传统和党的优良传统。这一点对于各级领导干部也是十分重要的。对于传统的东西要做具体分析,陈旧过时的要敢于抛弃,正确的优良的要善于继承和发扬。邓小平同志非常关心和重视发扬党和民族的优良传统,他要求军队保持老红军本色,就充分说明了这一点。我们的改革是社会主义制度的自我完善和发展,这种改革的性质,就决定了在改革过程中必须抓好几个基本环节:一是坚持我们基本的政治经济制度,充分肯定和发扬过去的好传统好做法;二是坚决革除现行制度中的各种弊端;三是根据生产力发展和社会进步的要求,大胆进行合乎实际的新创造。所以说,继承和发扬我们民族、我们党的优良传统，也是改革的题中应有之义。

了解我们国家悠久的文明发展史和历尽沧桑、饱经忧患的辛酸史，了解我们的先辈为国家的独立富强而进行的可歌可泣的斗争，了解我们民族、我们党的优良传统，对于增强民族自尊、自信、自强精神，极为重要；对于坚定爱国主义、社会主义信念，极为重要；对于树立正确的人生观、价值观，极为重要；对于坚持两个文明建设一起抓，极为重要；对于坚定不移地执行党的基本路线，也极为重要。

参加座谈会的还有中央政治局常委、书记处书记胡锦涛，中央政治局委员、书记处书记丁关根、尉健行。中央政策研究室主任王维澄简要汇报会议情况。江苏省委副秘书长兼政研室主任朱通华、江西省委副秘书长兼政研室主任熊承忠、甘肃省委研究室副主任李如汇，就如何在新形势下加强党委政研室工作，进一步提高调查研究水平发言。

由中央政策研究室召开的这次全国省区市党委政研室主任会议是7月2日开始的，预计7月7日结束。参加会议的有30个省、区、市及深圳、珠海、厦门经济特区党委政研室主任、党中央、国务院有关部门人员。

《人民日报》发表社论《认真学习社会主义市场经济知识》

一个繁重而紧迫的学习任务正摆在全党特别是各级领导干部的面前。党的十四大根据邓小平同志建设有中国特色社会主义的理论，把建立社会主义市场经济体制确定为我国经济体制改革的目标，这既是我们的工作任务，又是我们的学习任务。

在我国建立的社会主义市场经济体制，既不同于过去高度集中的计划经济体制，也不同于资本主义国家的市场经济体制，具有鲜明的时代特色、中国特色。市场经济，全世界有通行的共同规律，但对我们来说却是比较陌生的。我们要在社会主义基本制度的基础上建立市场经济体制，这是前无古人的新事物。当前，我国社会主义市场经济体制的建立正处在一个关键时期，各级党政机关和领导同志都遇到了许多新情况、新矛盾和新问题，新形势给我们提出了新的要求。社会主义市场经济作为一个崭新的课题，要求各级领导干部认真学习，逐步取得领导建立社会主义市场经济新体制的主动权。

面对社会主义市场经济，我们还是小学生。经济运行中出现了新问题，要有新办法，才能促使经济建设又好又快地发展。不研究市场规律，而只是按照传统计划体制的办法，就很难适应新的形势。有的同志误以为，建立社会主义市场经济体制，就不需要宏观调控，愿意怎么干就怎么干。也有的同志不清楚社会主义市场经济与资本主义市场经济的异同，不从国情出发，认为可以完全照抄照搬，甚至把人家的弊端也拿了过来。出现这些问题，主要是因为缺乏关于社会主义市场经济的知识，缺少实践经验，没有深入研究本国，也不了解外国。

学习社会主义市场经济知识，首先要认真学习邓小平同志关于建设有中国特色社会主义的理论，学好党的十四大文件，认识建立社会主义市场经济体制的重要意义，弄清社会主义市场经济的基本特征、主要内容以及建立市场经济的具体任务、政策。如果没有深刻的理解，不懂它的基本理论和基本政策，难免会遭到挫折，付出较大的代价。

坚持理论和实际相结合，是学习社会主义市场经济知识的重要途径。如果脱离了改革开放和现代化建设的丰富实践，那就不可能学好社会主义市场经济知识。只要有利于发展社会主义社会的生产力，有利于增强社会主义国家的综合国力，有利于提高人民的生活水平，就要本着改革的精神，勇于探索，大胆实践。如果出现了偏差，随时纠正就是了。只有一边实践，一边总结，才能顺利过渡到社会主义市场经济的彼岸。

学习社会主义市场经济知识，还要注意学习和研究资本主义国家的市场经济。社会主义市场经济和资本主义国家的市场经济，有异，也有同。同就同在都是采用市场经济体制和运行机制。我们要学习资本主义国家反映市场经济规律的成功做法，借鉴适应社会化大生产的经营管理经验和国际通用的做法。学习和借鉴资本主义国家市场经济中一切有用的东西，有利于我们社会主义市场经济的建立和发展。

建立社会主义市场经济体制是党中央的战略决策，关系到我国经济的发展，关系到国家和民族的前途。各级领导干部要充分认识到学习的重要性，增强学习的紧迫感，真正下功夫去学习，尽快掌握社会主义市场经济的基本知识和基本规律，以便卓有成效地领导经济建设。

国办发出《关于部委管理的国家局与主管部委关系问题的补充通知》

《国务院关于部委管理的国家局设置及有关问题的通知》（国发〔1993〕26号），已原则明确了部委管理的国家局（以下简称“国家局”）与主管国家局的部委（以下简称“主管部委”）的关系。为便于开展工作，经国务院批准，现就国家局与主管部委关系的若干具体问题，补充通知如下：

一、国家局是由其主管部委管理的、负责国家某方面工作的行政管理机关，不是主管部委的内设司局，具有相对的独立性。主管部委主要通过部长(主任)或部长(主任)召开会议的形式,对国家局工作中的重大方针政策、工作部署等事项实施管理,并由主管部委部长(主任)对国务院负责。

二、除紧急情况外,国家局原则上不直接向国务院报文请示工作,但可以提供信息,反映情况。国家局在工作中有需要请示国务院的事项,应经主管部委审批同意后,由主管部委向国务院报文。国家局遇有紧急情况,需直接向国务院报文请示时,应同时抄报主管部委。

三、根据工作需要,国家局可以代拟其业务范围内的法律和行政法规草案,在报经主管部委审核同意后,由主管部委报国务院审议(全国人大常委会、国务院审议该法律、行政法规草案时,由主管部委部长、主任或国家局局长作说明)。

四、国家局可以根据法律和国务院的行政法规、决定、命令,在其权限内拟订部门规章、指示、命令,经主管部委审议通过后,由主管部委或国家局发布。

五、在日常业务工作方面,国家局可以单独向下或向有关部门行文,也可与有关部门联合行文。国务院下发的有关文件、电报,仍发给国家局。国务院召开的有关会议可以通知国家局参加。

六、国家局正、副局长的任免,按照有关干部管理权限的规定办理。国家局内设司的司长职务任免,由主管部委审批;副司长职务的任免,由国家局审批,报主管部委备案;其他人事工作由国家局管理。

七、国家局的外事工作,按照国家有关外事管理的规定办理。国家局原有的外事经费渠道和外事审批权不变,除重大外事活动需经主管部委批准外,国家局可直接开展对外合作交流。

国家局正职人员出访,由主管部委报国务院审批;副职人员出访,经书面征得外交部同意后,由主管部委审批。

八、国家局原有的计划、财政渠道原则上不变,国家局机关的行政经费以及与此相关的车辆、物资供应渠道,纳入主管部委统一管理,不再在国务院机关事务管理局单列户头,具体管理办法,由主管部委与国家局商定。

中纪委监察部举办的反腐败理论研讨班在北京结束

来自全国部分省、市、自治区及有关部委的纪检监察干部经过 20 天的认真探讨一致认为,在加快改革开放步伐、建立社会主义市场经济的新形势下,纪检监察机关必须适应新的要求,切实把反腐败工作抓出成效。

参加研讨班的人士针对当前反腐败斗争面临的一系列重大理论和实践问题,展开了深入的讨论。大家认为,我们应当坚持实事求是的观点,在看到改革开放以来反腐败斗争取得一定成绩、党政机关及其工作人员主流是好的同时,还必须清醒地看到,当前腐败现象确实成为妨碍经济发展、影响社会安定、败坏党和政府在人民群众中威信和形象,并为广大人民群众深恶痛绝的问题。腐败现象目前尚未得到有效遏制,有些还呈发展蔓延趋势,我们切不可掉以轻心。

在研讨期间,中共中央政治局委员、中纪委书记尉健行与研讨班的代表进行了座谈,并对当前在体制转换时期反腐败斗争面临的新的形势,以及适应新形势要求的反腐败的主要原则、指导方针作了充分系统的阐述。

中纪委副书记侯宗宾、中纪委副书记兼监察部部长曹庆泽、中纪委常委傅杰等出席闭幕式。

台盟五届三中常会在北京举行

会议于 5 日至 7 日举行。台盟中央主席蔡子民首先传达 6 月 29 日中共中央总书记江泽民与党外人士座谈经济工作时的讲话精神,并作题为《加强台盟骨干队伍建设》的报告,与会者就此进行认真的讨论。

会议认为,中国改革开放和经济发展取得举世瞩目的成就。江泽民在座谈会上的讲话对经济形势的分析是全面的、正确的。国家正采取经济手段、法律手段以及必要的行政手段,加强和完善宏观调控,加快向社会主义市场经济体制转换,所采取的措施和办法是积极和稳妥的。会议要求台盟各级组织和全体成员本着与中共"肝胆相照,荣辱与共"的精神,为贯彻中共中央、国务院的重要决策,为建设有中国特色的社会主义做出新的贡献。

与会者一致同意蔡子民主席的报告,会议分析了台盟组织现况和存在的问题,认为台盟有人才、有优势,同台湾、香港、澳门和海外同胞有广泛的联系,是能够为振兴中华、统一祖国做出更大贡献的。

会议认为"汪辜会谈"后,海峡两岸经济和各项交流加速发展,两岸关系进入了一个新阶段。我们要抓住机遇,促进两岸交流,为增进两岸互相理解、和平统一继续努力。

国务院在北京召开北方五省棉花生产座谈会

会议由国务委员陈俊生主持。

农业部部长刘江首先介绍全国棉花生产形势。河南省副省长李成玉、山东省副省长王建功、河北省副省长顾二熊、江苏省副省长姜永荣和安徽省政府副秘书长赵衡蘧,分别汇报本省棉花生产情况和下一步的打算,国务院有关部委的负责人汇报本部门促进棉花生产的措施。

陈俊生代表国务院就下一步如何搞好棉花生产问题讲话。他强调，从现在起各棉区要在确保面积，加强管理，提高单产上下苦功。第一要确保面积。无论如何都不能发生拔棉毁种的事。第二要加强管理，七八两月是决定棉花能否丰收的关键时期。要继续搞好治虫工作，这是关键的关键还要抓好其他各项田间管理。第三要猛攻单产，靠提高单产来弥补面积的不足。

全国金融工作会议在北京召开

国务院副总理兼中国人民银行行长朱镕基主持会议并讲话。

朱镕基说，这次全国金融工作会议是一次重要的会议、改革的会议。党中央、国务院对这次会议十分重视，全国人民也寄予殷切的希望。这次会议的宗旨是：肯定成绩，检讨缺点，整顿秩序，推进改革，扭转当前资金紧张的局面。

朱镕基说，这次会议要坚决贯彻落实党中央、国务院关于当前经济工作的一系列重要决策，部署进一步整顿金融秩序，严肃金融纪律，推进金融改革和强化宏观调控的政策措施。

朱镕基指出，邓小平发表重要谈话和党的十四大召开以来，全国经济形势总的来说是好的。改革开放和社会主义现代化建设事业取得了新的成就，使我国经济在九十年代再上一个新台阶有了良好的开端。但是，在前进的过程中也出现了一些矛盾和问题，有的问题还相当突出。当前国民经济运行中的各种矛盾集中表现为资金紧张，究其根源是投资规模过大，问题在于经济结构没有改善。由于金融在国民经济中处于重要的枢纽地位，同时在金融管理和金融纪律方面存在的问题又相当多，因此党中央、国务院决定从整顿金融秩序，严肃金融纪律入手，通过进一步加快改革开放步伐，强化宏观调控，尽快建立社会主义市场经济体制的办法来解决前进中的问题。这一决策是十分正确的。

朱镕基强调，我们必须积极、全面、正确地理解和贯彻小平同志的一系列重要指示。小平同志的重要谈话，贯穿了解放思想和实事求是相统一的精神。按照这个精神，在经济工作中要抓住机遇，加快发展，同时要注意稳妥，避免损失，特别是要避免大的损失。我们一定要抓住机遇，珍惜机遇，用好机遇。通过整顿金融秩序和深化金融改革，来更好地支持国民经济持续、稳定、高速地发展。

朱镕基希望全国金融系统的广大干部职工，统一思想认识，充分调动一切积极因素，同舟共济，团结奋进，切实完成党中央、国务院交给我们的任务。

中国人民银行副行长周正庆作工作报告。报告分为三个部分，一是认清形势，统一认识；二是整顿金融秩序，严肃金融纪律；三是推进金融改革，强化宏观调控。周正庆强调整顿金融秩序，严肃金融纪律，从根本上来说，必须加强领导班子建设，提高金融队伍素质。要在广大干部职工中大力提倡、发扬艰苦奋斗精神，坚决反对拜金主义、享乐主义和极端个人主义，使全系统的干部职工素质和工作水平有一个较大提高。

国务委员李贵鲜参加会议。参加会议的还有人民银行各省、自治区、直辖市及计划单列市分行行长、各专业银行总行负责人等。

中共中央政治局常委李瑞环在承德考察

李瑞环近日在同河北省省长叶连松、省委副书记李炳良、省政协主席李文珊以及承德市领导座谈时指出：必须使干部明白，我国是一个人口众多的大国，经济并不富裕，有些地区还很困难，还有几千万人没有解决温饱问题。要使我国赶上发达国家，必须经过长期艰苦的努力，我们这一代注定是创业的一代、吃苦的一代。现在社会上那种大操大办、大吃大喝、大吹大擂的风气，拜金主义、利己主义、享乐主义的思想，崇尚所谓大款、大腕敛财挥金的心理，与我们的国情很不相称，是一种不祥之兆。他说：从一定意义上讲，干部的能力、成绩和威信都来源于吃苦，不吃苦、不负责，就不称职。一个国家、一个民族也是如此，想自立于世界民族之林，想不落后于世界发展的潮流，就必须保持一种奋发向上、艰苦创业的精神状态。倡俭崇实，不仅是一个经济问题，也是一个社会价值取向问题，一个关系到我们的事业兴衰成败的根本性问题。全党特别是各级领导干部必须高度重视这个问题，并以此来要求自己、约束自己。

李瑞环还就承德的城市建设规划、文物保护以及民族和宗教政策等问题发表意见。

中国俄罗斯联合勘界委员会第三次会议在莫斯科结束

《中华人民共和国政府和乌克兰政府民用航空运输协定》在北京签署

协定的内容是：开辟从乌克兰境内地点到北京、天津和从中国境内地点到基辅和乌克兰境内的其他一个地点航线。

外交部发言人就中国对核试验问题的立场答记者问

有记者问：美国总统克林顿宣布美国延长停止核试验期限，各核大国已作出反应。中国方面是否将作出反应？

发言人说："中国对核试验历来十分克制，是五个核国家中试验次数最少的。中国一贯主张在全面禁止和彻底销毁核武器的范畴内实现全面禁止核试验。"

中国和英国在北京签订联合举办商务英语证书考试的协议

国家教委考试中心与英国剑桥大学考试委员会在北京签订协议，决定在中国联合举办商务英语证书考试，并决定双方合资在北京建立教育测量学术交流中心。

商务英语证书考试(BEC)是剑桥大学专门为中国设计的。它为中国当前的经济改革服务，着眼于语言的交际功能，全面考察考生在一般商务工作中使用英语的能力，从而为考生在经济部门特别是涉外经济部门求职就业提供权威的和统一的英语能力证明。

国家教委副主任韦钰和剑桥大学常务校长戴维·威廉斯先生在签字仪式上演讲。国家教委考试中心主任杨学为和戴维·威廉斯分别代表合作双方签字。

中国政府代表外交部副部长姜恩柱和英国政府代表驻中国大使麦若彬就香港 1994—1995 年选举安排问题在北京举行第七轮会谈

人民日报报道，甘肃 30 年出土简牍 4 万余枚计 100 余万字

国际奥委会主席萨马兰奇致函国家主席江泽民感谢对奥林匹克博物馆揭幕和对国际奥委会全会的祝贺

7月6日

中共中央总书记江泽民国务院总理李鹏副总理李岚清国务委员李铁映为《中国教育报》创刊 10 周年题词

国务院总理李鹏签署第 117 号令发布《中华人民共和国企业劳动争议处理条例》

《中华人民共和国企业劳动争议处理条例》已经 1993 年 6 月 11 日国务院第五次常务会议通过，现予发布，自 1993 年 8 月 1 日起施行。

总理　李　鹏

1993 年 7 月 6 日

中华人民共和国企业劳动争议处理条例

第一章　总　则

第一条　为了妥善处理企业劳动争议，保障企业和职工的合法权益，维护正常的生产经营秩序，发展良好的劳动关系，促进改革开放的顺利发展，制定本条例。

第二条　本条例适用于中华人民共和国境内的企业与职工之间的下列劳动争议：

(一)因企业开除、除名、辞退职工和职工辞职、自动离职发生的争议；

(二)因执行国家有关工资、保险、福利、培训、劳动保护的规定发生的争议；

(三)因履行劳动合同发生的争议；

(四)法律、法规规定应当依照本条例处理的其他劳动争议。

第三条　企业与职工为劳动争议案件的当事人。

第四条　处理劳动争议，应当遵循下列原则：

(一)着重调解，及时处理；

(二)在查清事实的基础上，依法处理；

(三)当事人在适用法律上一律平等。

第五条　发生劳动争议的职工一方在三人以上，并有共同理由的，应当推举代表参加调解或者仲裁活动。

第六条　劳动争议发生后，当事人应当协商解决；不愿协商或者协商不成的，可以向本企业劳动争议调解委员会申请调解；调解不成的，可以向劳动争议仲裁委员会申请仲裁。当事人也可以直接向劳动争议仲裁委员会申请仲裁。对仲裁裁决不服的，可以向人民法院起诉。

劳动争议处理过程中，当事人不得有激化矛盾的行为。

第二章　企业调解

第七条　企业可以设立劳动争议调解委员会(以下简称调解委员会)。调解委员会负责调解本企业发生的劳动争议。调解委员会由下列人员组成：

(一)职工代表；

(二)企业代表；

(三)企业工会代表。

职工代表由职工代表大会(或者职工大会，下同)推举产生；企业代表由厂长(经理)指定；企业工会代表由企业工会委员会指定。

调解委员会组成人员的具体人数由职工代表大会提出并与厂长(经理)协商确定，企业代表的人数不得超过调解委员会成员总额的三分之一。

第八条　调解委员会主任由企业工会代表担任。

调解委员会的办事机构设在企业工会委员会。

第九条　没有成立工会组织的企业，调解委员会的设立及其组成由职工代表与企业代表协商决定。

第十条　调解委员会调解劳动争议，应当自当事人申请调解之日起三十日内结束；到期未结束的，视为调解不成。

第十一条　调解委员会调解劳动争议应当遵循当事人双方自愿原则，经调解达成协议的，制作调解协议书，双方当事人应当自觉履行；调解不成的，当事人在规定的期限内，可以向劳动争议仲裁委员会申请仲裁。

第三章 仲 裁

第十二条 县、市、市辖区应当设立劳动争议仲裁委员会（以下简称仲裁委员会）。

第十三条 仲裁委员会由下列人员组成：

（一）劳动行政主管部门的代表；

（二）工会的代表；

（三）政府指定的经济综合管理部门的代表。

仲裁委员会组成人员必须是单数，主任由劳动行政主管部门的负责人担任。

劳动行政主管部门的劳动争议处理机构为仲裁委员会的办事机构，负责办理仲裁委员会的日常事务。

仲裁委员会实行少数服从多数的原则。

第十四条 仲裁委员会处理劳动争议，实行仲裁员、仲裁庭制度。

第十五条 仲裁委员会可以聘任劳动行政主管部门或者政府其他有关部门的人员、工会工作者、专家学者和律师为专职的或者兼职的仲裁员。

兼职仲裁员与专职仲裁员在执行仲裁公务时享有同等权利。

兼职仲裁员进行仲裁活动时，所在单位应当给予支持。

第十六条 仲裁委员会处理劳动争议，应当组成仲裁庭。仲裁庭由三名仲裁员组成。

简单劳动争议案件，仲裁委员会可以指定一名仲裁员处理。

仲裁庭对重大的或者疑难的劳动争议案件的处理，可以提交仲裁委员会讨论决定；仲裁委员会的决定，仲裁庭必须执行。

第十七条 县、市、市辖区仲裁委员会负责本行政区域内发生的劳动争议。

设区的市的仲裁委员会和市辖区的仲裁委员会受理劳动争议案件的范围，由省、自治区人民政府规定。

第十八条 发生劳动争议的企业与职工不在同一个仲裁委员会管辖地区的，由职工当事人工资关系所在地的仲裁委员会处理。

第十九条 当事人可以委托一至二名律师或者其他人代理参加仲裁活动。委托他人参加仲裁活动，必须向仲裁委员会提交有委托人签名或者盖章的委托书，委托书应当明确委托事项和权限。

第二十条 无民事行为能力的和限制民事行为能力的职工或者死亡的职工，可以由其法定代理人代为参加仲裁活动；没有法定代理人的，由仲裁委员会为其指定代理人代为参加仲裁活动。

第二十一条 当事人双方可以自行和解。

第二十二条 与劳动争议案件的处理结果有利害关系的第三人，可以申请参加仲裁活动或者由仲裁委员会通知其参加仲裁活动。

第二十三条 当事人应当从知道或者应当知道其权利被侵害之日起六个月内，以书面形式向仲裁委员会申请仲裁。

当事人因不可抗力或者有其他正当理由超过前款规定的申请仲裁时效的，仲裁委员会应当受理。

第二十四条 当事人向仲裁委员会申请仲裁，应当提交申诉书，并按照被诉人数提交副本。申诉书应当载明下列事项：

（一）职工当事人的姓名、职业、住址和工作单位；企业的名称、地址和法定代表人的姓名、职务；

（二）仲裁请求和所根据的事实和理由；

（三）证据、证人的姓名和住址。

第二十五条 仲裁委员会应当自收到申诉书之日起七日内作出受理或者不予受理的决定。仲裁委员会决定受理的，应当自作出决定之日起七日内将申诉书的副本送达被诉人，并组成仲裁庭；决定不予受理的，应当说明理由。

被诉人应当自收到申诉书副本之日起十五日内提交答辩书和有关证据。被诉人没有按时提交或者不提交答辩书的，不影响案件的审理。

仲裁委员会有权要求当事人提供或者补充证据。

第二十六条 仲裁庭应当于开庭的四日前，将开庭时间、地点的书面通知送达当事人。当事人接到书面通知，无正当理由拒不到庭或者未经仲裁庭同意中途退庭的，对申诉人按照撤诉处理，对被诉人可以缺席裁决。

第二十七条 仲裁庭处理劳动争议应当先行调解，在查明事实的基础上促使当事人双方自愿达成协议。协议内容不得违反法律、法规。

第二十八条 调解达成协议的，仲裁庭应当根据协议内容制作调解书，调解书自送达之日起具有法律效力。

调解未达成协议或者调解书送达前当事人反悔的，仲裁庭应当及时裁决。

第二十九条 仲裁庭裁决劳动争议案件，实行少数服从多数的原则。不同意见必须如实笔录。

仲裁庭作出裁决后，应当制作裁决书，送达双方当事人。

第三十条 当事人对仲裁裁决不服的，自收到裁决书之日起十五日内，可以向人民法院起诉；期满不起诉的，裁决书即发生法律效力。

第三十一条 当事人对发生法律效力的调解书和裁决书，应当依照规定的期限履行。一方当事人逾期不履行的，另一方当事人可以申请人民法院强制执行。

第三十二条　仲裁庭处理劳动争议，应当自组成仲裁庭之日起六十日内结束。案情复杂需要延期的，经报仲裁委员会批准，可以适当延期，但是延长的期限不得超过三十日。

第三十三条　仲裁委员会在处理劳动争议时，有权向有关单位查阅与案件有关的档案、资料和其他证明材料，并有权向知情人调查，有关单位和个人不得拒绝。

仲裁委员会之间可以委托调查。

仲裁委员会及其工作人员对调查劳动争议案件中涉及的秘密和个人隐私应当保密。

第三十四条　劳动争议当事人申请仲裁，应当按照国家有关规定交纳仲裁费。

仲裁费包括案件受理费和处理费。收费的标准和办法由国务院劳动行政主管部门会同国务院财政行政主管部门和国务院物价行政主管部门规定。

第三十五条　仲裁委员会组成人员或者仲裁员有下列情形之一的，应当回避，当事人有权以口头或者书面方式申请其回避：

(一)是劳动争议当事人或者当事人近亲属的；

(二)与劳动争议有利害关系的；

(三)与劳动争议当事人有其他关系，可能影响公正仲裁的。

第三十六条　仲裁委员会对回避申请应当及时作出决定，关以口头或者书面方式通知当事人。

第四章　罚　则

第三十七条　当事人及有关人员在劳动争议处理过程中有下列行为之一的，仲裁委员会可以予以批评教育、责令改正；情节严重的，依照《中华人民共和国治安管理处罚条例》有关规定处罚；构成犯罪的，依法追究刑事责任：

(一)干扰调解和仲裁活动、阻碍仲裁工作人员执行公务的；

(二)提供虚假情况的；

(三)拒绝提供有关文件、资料和其他证明材料的；

(四)对仲裁工作人员、仲裁参加人、证人、协助执行人，进行打击报复的。

第三十八条　处理劳动争议的仲裁工作人员在仲裁活动中，徇私舞弊、收受贿赂、滥用职权、泄露秘密和个人隐私的，由所在单位或者上级机关给予行政处分，是仲裁员的，仲裁委员会应当予以解聘；构成犯罪的，依法追究刑事责任。

第五章　附　则

第三十九条　国家机关、事业单位、社会团体与本单位工人之间，个体工商户与帮工、学徒之间，发生的劳动争议，参照本条例执行。

第四十条　仲裁委员会组织规则、办案规则由国务院劳动行政主管部门会同其他有关部门制定。

第四十一条　省、自治区、直辖市人民政府可以根据本条例制定实施办法。

第四十二条　本条例由国务院劳动行政主管部门负责解释。

第四十三条　本条例自一九九三年八月一日起施行。一九八七年七月三十一日国务院发布的《国营企业劳动争议处理暂行规定》同时废止。

中纪委监察部在咸阳召开西北西南地区案件检查工作座谈会

会议于 6 日至 9 日举行。来自西北、西南 9 省区、计划单列市和新疆生产建设兵团的 37 名纪检监察机关负责人参加会议。中纪委副书记王德瑛、中纪委常委安启元、陕西省委书记张勃兴和副书记支益民等出席会议并讲话。

座谈会上，与会同志联系西北西南地区实际，总结交流了惩治腐败、加强党风和廉政建设、查处违纪违法案件工作的经验，分析了当前反腐败斗争、查办案件的形势。与会同志指出，我们在肯定党的队伍的主流、把握党风廉政建设总体形势的同时，对存在的问题必须看透、看够。近年来，党内经济违纪问题呈上升趋势，大案要案增加，团伙作案数量上升。在政治组织纪律方面，有些地方和单位违反民主集中制的组织原则，无视党中央的权威，有令不行，有禁不止。如果看不到这个问题的严重性，不下大力气开展反腐败斗争，任其恶性发展，不仅无法取信于民，而且会断送改革开放和经济建设的大好形势。

大家认为，全党都要像抓经济、抓改革一样，去抓党建、抓反腐败斗争。只有理直气壮地反腐败，坚决查办违纪案件，才能保证经济建设和改革开放健康发展。

惩治腐败，关键在于真抓实干。与会代表认为，决不能因为办案难、有风险而怕办案甚至不办案。针对市场经济条件下，腐败问题最突出的特点是利用职权，搞权钱交易，以权谋私。各级党委、政府和各级纪检监察机关要把涉及领导机关和领导干部的案件作为重点来查，同时对经济管理部门和执法监督部门特别是金融系统及其公职人员利用职权敲诈勒索、吃拿卡要、严重以权谋私的违纪违法案件，也要作为重点进行查处。

新一届国家禁毒委员会在北京成立

公安部部长陶驷驹任国家禁毒委员会主任。国务院副秘书长席德华、公安部副部长白景富、卫生部副部长胡熙明、海关总署副署长黄汝凤任副主任。

在国家禁毒委员会1993年第一次全体会议上，陶驷驹说，禁毒工作领导小组成立两年多来，为禁毒事业做了积极的有效的工作。1991、1992这两年，在缉毒执法工作中仅海洛因一项就查获6000多公斤，打击处理了1.5万多名贩毒犯罪分子，痛击了毒品犯罪的嚣张气焰；强制戒毒工作的开展，以及对戒后复吸者实施劳动教养，已经使数以万计的吸毒者得以解除毒瘾，重新回到社会；有关治疗和药物的研究工作以及麻醉药品和精神药物的管理得到了加强；积极参与国际禁毒斗争和国际合作，为维护国家权益作了有理有利有节的斗争，争取了联合国的援助项目，在缉毒执法合作中也取得了很好的成绩。

陶驷驹说，这两年禁毒工作成绩很大，但是，当前我们面对的情况仍然相当严重，毒品的蔓延还没有遏制住，问题还在发展。他说，毒品的泛滥，影响人民的身心健康和社会的安定。全党要统一认识，增强禁毒斗争的使命感和紧迫感，切实加强对禁毒工作的领导。要充分运用法律武器，严厉打击毒品犯罪，对贩毒犯罪分子该捕的一定要捕，该判的一定要判，该杀的一定要坚决杀掉。打击贩毒的重点，要放在深挖贩毒渠道、中转站、窝点上，放在打击跨国贩毒集团、切断运输线上。

陶驷驹要求各地狠抓禁种铲毒，消灭国内非法罂粟的零星种植和其他制造毒品问题；抓好禁吸戒毒，遏制国内毒品消费市场；进一步加强禁毒宣传教育工作，提高全民禁毒意识；继续抓好禁毒国际斗争和国际合作。他希望各部门团结协作，再接再厉，把禁毒工作搞上去，不辜负党中央、国务院的嘱托和全国人民的期望。

出席会议的还有民政部、司法部、农业部、林业部、财政部、国家教委、外交部、解放军总参谋部、中宣部、国家医药管理局的代表。

国家计委批准25家企业集团实行计划单列

国家计委先后批准的这25家企业集团是，中国第一汽车集团、东风汽车集团、重型汽车集团、哈尔滨电站设备公司、东方电气集团、上海电气设备集团、中国西电集团、东北输变电集团、中国第一拖拉机工程机械集团、长城计算机集团、长江计算机集团、中国振华电子集团、华能集团、非金属矿集团、新型建筑材料集团、中国四联仪器仪表集团、宝钢集团、鞍钢集团、攀钢集团、仪征化纤集团、中国东北电力集团、东北内蒙古煤炭集团、中国远洋运输集团、耀华玻璃集团、中国洛阳浮法玻璃集团。

企业集团计划单列工作，始于1987年，其主要目的，一是使企业集团的发展适应政企分开的发展方向，淡化行政隶属关系，在一定程度上摆脱“条块”束缚；二是突破所谓“三不变”，为推动企业法人跨地区、跨行业的联合以适应社会化大生产的客观要求，尽可能提供一个较好的外部环境；三是探索政府与企业之间的新型关系，使国家对经济的宏观调控由单纯依赖行政部门向同时依靠经济组织转变，增强宏观调控的有效性。

中国农林工会第二届全国委员会在北京召开

全国总工会主席倪志福出席会议并为大会题词。

中国农林工会于1952年成立，是农林、水产、气象等行业职工组织，40多年来在全国总工会的领导和支持下，农林工会在抓职工参政议政、企业管理、提高职工文化技术素质以及为职工和企业分忧解难等方面，都做了大量卓有成效的工作。

全国棉铃虫防治暨棉花生产会议7月6日至8日在济南召开

国务院副总理李岚清与伊朗副总统米尔·扎德在德黑兰签署中伊经贸和科技合作联委会第7次会议谅解备忘录

根据备忘录，中国将向伊朗提供1亿美元的贷款，用于中国公司为伊朗建造10个水泥厂。另外，中国还将为伊朗首都地铁的150个车厢和电站设备提供信贷，这两项工程也将由中国公司承包。

双方还达成协议，合作改建中国现有的石油炼油厂，或合资在中国建立新的炼油厂，以使中国具有提炼伊朗原油的能力，进口更多的伊朗石油。

中国方面同意增加伊朗非石油产品的进口，如钢材、铜、干果，铬铁、矿产品和冻鱼等。

关于两国已达成的在伊朗建造两座30万千瓦核电站一事，双方重申，伊中都是核不扩散条约的签字国，双方的合作仅限于和平利用核能源，并接受国际原子能机构的监督和保障。

国家副主席荣毅仁在北京会见瑞士ABB公司董事长大卫·德布里

中科院和联合国教科文组织之间第一个科学合作协议在巴黎签署

第一部系统介绍古今中外海军知识的大型综合性辞书《海军大辞典》由上海辞书出版社出版发行

《海军大辞典》分海军学术、海军技术、海军军事、海军武器、海军政治和海军历史、地理等21个学科门类。

《中国医学百科全书》在北京召开新闻发布会

由国家卫生部主持编著，上海科学技术出版社出版的这部大型医学工具书93个分卷出齐，是毛泽东在60年代初指示卫生部组织编写的，是中国科技出版10项重点工程之一。

7月7日

中共中央总书记江泽民打电话询问江西灾情鼓励灾区人民树立信心搞好生产自救

民革八届二中(扩大)全会在北京闭幕

会议于5日至7日举行。会议要求民革各级组织和全体党员本着肝胆相照、荣辱与共的精神，为中共中央、国务院重要决策的贯彻落实作出应有的贡献。

民革中央主席李沛瑶主持会议并讲话。他认为，民革作为一个参政党，对于贯彻落实中共中央和国务院的重要决策负有不可推卸的责任。他要求民革各级组织要认真组织学习、深刻领会中共中央决策，在思想上、行动上同中共中央保持一致；积极为贯彻落实中共中央重要决策出主意、想办法，发挥参政党作用；向所联系的人士做好宣传解释工作，帮助他们认清形势，解除疑虑，增强信心，积极支持中共中央的重要决策；对中共中央决策的贯彻落实情况进行民主监督，发现问题及时反映。他强调，在当前新旧经济体制转换时期，民革党员更要发扬爱国、勤俭、敬业、奉献精神，反对拜金主义、享乐主义和极端个人主义。

这次会议就进一步发挥民革参政议政、民主监督的职能，继续为改革开放和两个文明建设服务，开展海外联谊工作，加强自身建设，增强团结和贯彻民主集中制等问题进行了讨论，并作了具体部署。

民革中央副主席彭清源、沈求我、周铁农、童傅、程志青出席会议。民革中央监委会副主席廖运周、覃异之、方少逸、张素我、张克明、邵恒秋等列席会议。

《人民日报》发表本报评论员文章《重视小城镇建设》

国务院证券委员会发布证券交易所管理暂行办法

证券交易所管理暂行办法

第一章 总　则

第一条 为加强对证券交易所的管理，规范证券交易行为，维护证券市场秩序，制定本办法。

第二条 本办法适用于在中华人民共和国境内设立的证券交易所。

第三条 本办法所称证券交易所是不以盈利为目的，为证券的集中和有组织的交易提供场所、设施，并履行相关职责，实行自律性管理的会员制事业法人。

第四条 证券交易所由所在地的市人民政府(以下简称"所在地人民政府")管理，中国证券监督管理委员会(以下简称"证监会")监管。

第五条 证券交易所的名称，应当标明"证券交易所"字样。其他任何单位和个人不得使用"证券交易所"或者其他相似的名称。

第二章 证券交易所的设立和解散

第六条 设立证券交易所，由国务院证券委员会(以下简称"证券委")审核，报国务院批准。

第七条 申请设立证券交易所，应当向证券委提交下列文件：

(一)申请书；

(二)章程和主要业务规则草案；

(三)拟加入会员名单；

(四)理事会候选人名单及简历；

(五)场地、设备及资金情况说明；

(六)拟任用管理人员的情况说明；

(七)证券委要求提交的其他文件。

第八条 证券交易所章程应当包括下列事项：

(一)设立目的；

(二)名称；

(三)主要办公及交易场所和设施所在地；

(四)职能范围；

(五)会员资格和加入、退出程序；

(六)会员的权利和义务；

(七)对会员的纪律处分；

(八)组织机构及其职权；

(九)高级管理人员的产生、任免及其职责；

(十)资本和财务事项；

(十一)解散的条件和程序；

(十二)其他需要在章程中规定的事项。

第九条 证券交易所出现章程规定的解散事由，由会员大会决议解散的，经证券委审核同意后，报国务院批准解散。

证券交易所有严重违法行为，由证券委作出解散决定，报国务院批准后实施。

第三章 证券交易所的职能

第十条 证券交易所应当创造公开、公平的市场环境，提供便利条件，以保证证券交易的正常运行。

证券交易所对股票上市、交易活动的监督管理，应当符合《股票发行与交易管理暂行条例》(以下简称"《条例》")的有关规定。

第十一条 证券交易所的职能包括：

(一)提供证券交易的场所和设施；

(二)制定证券交易所的业务规则；

（三）审核批准证券的上市申请；

（四）组织、监督证券交易活动；

（五）根据《条例》以及证券交易所业务规则的有关规定对上市公司进行监管；

（六）依照证券交易所章程、业务规则的规定对会员的证券交易活动进行监管；

（七）提供和管理证券交易所的证券市场信息；

（八）证券委许可的其他职能。

第十二条 证券交易所应当在其职能范围内制定业务规则。除本办法另有规定外，证券交易所的业务规则由证券交易所理事会通过，报证监会会同证券交易所所在地人民政府批准生效，并报证券委备案。

证券交易所的业务规则应当包括上市规则、交易规则及其他与证券交易活动有关的规则。

证券交易所的业务规则应当包括下列事项：

（一）证券上市的条件、申请程序以及上市协议的内容及格式；

（二）上市公告书的内容及格式；

（三）交易证券的种类和期限；

（四）证券交易方式和操作程序；

（五）交易纠纷的解决；

（六）交易保证金的交存；

（七）上市证券的暂停、恢复与取消交易；

（八）证券交易所的休市及关闭；

（九）上市费用、交易手续费的收取；

（十）本证券交易所证券市场信息的提供和管理；

（十一）对违反证券交易所业务规则行为的处理；

（十二）其他需要在证券交易所业务规则中规定的事项。

第四章 证券交易所的组织

第十三条 证券交易所设会员大会、理事会和专门委员会。

第十四条 会员大会为证券交易所的最高权力机构。会员大会有以下职权：

（一）制定证券交易所章程；

（二）选举和罢免理事；

（三）审议、通过理事会、总经理的工作报告；

（四）审议、通过证券交易所的财务预算、决算报告；

（五）决定证券交易所的其他重大事项。

章程经会员大会通过后，由证券交易所所在地人民政府会同证监会审核后，报证券委批准。

第十五条 会员大会每年至少召开一次。

会员大会须有三分之二以上会员出席，其决议须经出席会议的过半数以上会员表决通过后方为有效。

第十六条 理事会是证券交易所的决策机构。理事会对会员大会负责。理事会每届任期三年。理事会的职责是：

（一）执行会员大会的决议；

（二）拟定、修改证券交易所的业务规则；

（三）聘任总经理和根据总经理的提名聘任副总经理；

（四）审定总经理提出的工作计划；

（五）审定总经理提出的财务预算、决算方案；

（六）审定对会员的接纳；

（七）审定对会员的处分；

（八）根据需要决定专门委员会的设置；

（九）会员大会授予的其他职责。

第十七条 证券交易所接纳会员由证券交易所理事会批准，报证券交易所所在地人民政府和证监会备案。

证券交易所会员应当是具有经营证券业务资格的证券经营机构。

第十八条 证券交易所理事会成员应当不少于七人，其中非会员理事人数应当不少于理事会成员总数的三分之一。

会员理事由会员大会选举产生。非会员理事由证券交易所所在地人民政府会同证监会提名，会员大会选举产生。

前款所称会员理事是指在会员公司任职，经会员大会选举确定担任理事职务的个人；非会员理事是指不在会员公司任职，经会员大会选举确定担任理事职务的个人。理事连续任职不得超过两届。

理事会会议须有三分之二以上理事出席，其决议须经出席会议的三分之二以上理事表决通过方为有效。

第十九条 理事会设理事长一人，副理事长一至二人，或者常务理事若干人。

理事长、副理事长或者常务理事由证券交易所所在地人民政府会同证监会提名，理事会选举产生，报证券委备案。

理事长负责召集和主持理事会会议。理事长因故临时不能履行职责时，由副理事长代其履行职责，或者由理事长指定的常务理事代其履行职责。

理事长担任会员大会期间的会议主席。

第二十条 证券交易所设总经理一人，副总经理一至三人。总经理、副总经理任期三年。

总经理由证券交易所所在地人民政府会同证监会提名，理事会聘任，报证券委备案。副总经理由总经理提名，理事会聘任，报证券交易所所在地人民政府和证监会备案。

第二十一条 总经理在理事会领导下负责证券交易所的日常管理工作，为证券交易所的法定代表人。

总经理因故临时不能履行职责时，由副总经理代其履行职责。

第二十二条　理事会下设上市委员会，其职责是：

（一）审批证券的上市；

（二）拟订上市规则和提出修改上市规则的建议。

证券交易所的上市审核部门为上市委员会的工作机构。

第二十三条　上市委员会由十三名委员组成，其人员构成是：

（一）律师、注册会计师、证券交易所所在地会员和外地会员代表各二人，由证券交易所理事会聘任，报证券交易所所在地人民政府和证监会备案；

（二）证监会和证券交易所所在地人民政府授权机构各委派一人；

（三）证券交易所理事长、总经理；

（四）证券交易所其他理事一人。

上市委员会设主席一人、副主席一人，由上市委员会第一次会议在委员中推选。

第二十四条　上市委员会会议由主席召集和主持。会议法定人数至少七人，其决议须经出席会议的三分之二以上委员以不记名投票方式表决通过后方为有效。主席因故临时不能履行职责时，由副主席代其履行职责。

第二十五条　上市委员会除由理事长、总经理担任的委员外，其他委员每年更换三分之一。

第二十六条　理事会下设监察委员会，每届任期三年，其职责是：

（一）监察理事、总经理等高级管理人员执行会员大会、理事会决议的情况；

（二）监察理事、总经理及其他工作人员遵守法律、法规和证券交易所章程、业务规则的情况；

（三）监察证券交易所的财务情况。

证券交易所应当制定监察委员会规则，报证券交易所所在地人民政府会同证监会批准生效，报证券委备案。

第二十七条　监察委员会由九名委员组成，其人员构成是：

（一）证券交易所所在地会员二人，外地会员四人，由证券交易所会员大会选举产生；

（二）律师、注册会计师各一名，由证券交易所理事会提名，会员大会通过；

（三）理事会选举理事一名担任监察委员会主席。

第二十八条　监察委员会会议根据工作需要召开，其决议须经出席会议的三分之二以上委员以不记名投票方式表决通过后方为有效。监察委员会主席负责召集和主持会议。主席因故临时不能履行职责时，由主席指定一名委员代其履行职责。

第二十九条　监察委员会有权对其职责范围内的有关监察事项进行调查，并依照法律、法规和证券交易所章程、业务规则的规定，作出处理决定或者提出处理意见。

监察委员会的经费纳入证券交易所的预算。

第三十条　证券交易所的理事、总经理、副总经理、专门委员会委员是证券交易所的高级管理人员。

证券交易所总经理、副总经理应当具备大学专科以上学历，并曾经担任证券经营机构或者其他金融机构的业务部门的负责人达三年以上。

因违法行为被解职的证券交易所或者证券经营机构的管理人员，自解职之日起未满五年的，不得担任证券交易所的高级管理人员职务。

第五章　证券交易所对证券交易活动的监管

第三十一条　证券交易所应当公布即时行情，并按日制作证券行情表，记载下列事项，以适当方式公布：

（一）上市证券的名称；

（二）开市、最高、最低及收市价格；

（三）与前一交易日收市价比较后的涨跌情况；

（四）成交量、值的分计及合计；

（五）股价指数及其涨跌情况；

（六）证监会要求公开的其他事项。

第三十二条　证券交易所应当就其市场内的成交情况编制日报表、周报表、月报表和年报表，并及时向社会公布。

第三十三条　证券交易所应当与上市公司订立上市协议，以确定相互间的权利义务关系。

第三十四条　证券交易所应当监督上市公司按照规定披露信息。

第三十五条　证券交易所应当建立上市推荐人制度，以保证上市公司符合上市要求。

第三十六条　证券交易所应当依照证券法规和证券交易所的上市规则、上市协议的规定，或者根据证监会的要求，对上市证券作出暂停、恢复或者取消其交易的决定。

第三十七条　证券交易所应当设立上市公司的档案资料，并对上市公司董事、监事、高级管理人员持有上市证券的情况进行统计，并监督其变动情况。

第三十八条　证券交易所会员应当遵守证券交易所的章程、业务规则，依照章程、业务规则的有关规定向证券交易所缴纳席位费、手续费等费用，并缴存交易保证金。

第三十九条　证券交易所会员应当向证券交易所和证监会提供季度、中期及年度报告，并主动报告有关问题。证券交易所有权要求会员提供有关报表、账册、交易记录及其他文件。

第六章 对证券交易所的管理与监督

第四十条 证券交易所不得以任何方式转让其依照本办法取得的设立及业务许可。

第四十一条 证券交易所的非会员理事及其他工作人员不得以任何形式在证券交易所会员公司兼职。

证券交易所的理事、总经理、副总经理及其他工作人员不得以任何方式泄漏或者利用内幕信息，不得以任何方式从证券交易所的会员、上市公司获取利益。

第四十二条 证券交易所的高级管理人员及其他工作人员在履行职责时，凡有与其本人有亲属关系或者其他利害关系情形的，应当回避。具体回避事项由证券交易所章程、业务规则规定。

第四十三条 证券交易所应当建立符合证券监督管理和实时监控要求的系统，并根据证券交易所所在地人民政府和证监会的要求，向其提供证券市场信息。

第四十四条 证券交易所所在地人民政府授权机构和证监会有权要求证券交易所提供会员和上市公司的有关材料。

第四十五条 证券交易所应当于每一财政年度终了后三个月内，编制经具有证券从业资格的会计师事务所审计的财务报告，报证券交易所所在地人民政府授权机构和证监会备案，同时抄报证券委。

第四十六条 证券交易所因不可预料的偶发事件导致停市，或者为维护证券交易的正常秩序采取技术性停市措施，必须立即向证券交易所所在地人民政府和证监会报告，并抄报证券委。

第四十七条 证券交易所所在地人民政府授权机构和证监会有权要求证券交易所提供有关业务、财务等方面的报告和材料，并有权派员检查证券交易所的业务、财务状况以及会计账簿和其他有关资料。

第四十八条 证券交易所应当按照国家有关规定将其会员缴存的交易保证金存入银行专门账户，不得擅自使用。

第四十九条 证券交易所、证券交易所会员涉及诉讼，以及这些单位的高级管理人员因履行职责涉及诉讼或者依照证券法规应当受到解除职务的处分时，证券交易所应当及时向证券交易所所在地人民政府授权机构和证监会报告。

第七章 法律责任及争议的解决

第五十条 证券交易所所在地人民政府、证监会发现证券交易所的高级管理人员的产生、聘任有不正当情况，或者前述人员在任期内有违反证券法规、证券交易所章程、业务规则的行为，不适宜继续担任其所担任的职务时，有权责令该证券交易所按照其章程、业务规则规定的程序，解除有关人员的职务。

第五十一条 证券交易所会员、上市公司违反证券交易所章程、业务规则，证券交易所可以依据章程、业务规则的规定予以纪律处分。

证券交易所会员、上市公司违反国家证券法规的规定，法规授权由证券交易所制裁的，证券交易所可以在授权范围内依法予以制裁。

第五十二条 证券交易所会员违反国家证券法规或者证券交易所章程、业务规则的规定被取消会员资格的，证券交易所应当向有关主管机关通报。有关主管机关可以根据其职权，依法予以行政处罚。

第五十三条 证券交易所违反国家有关规定，擅自使用会员缴存的交易保证金，由证券交易所所在地人民政府授权机构责令改正；有非法所得的，没收其非法所得，并对证券交易所总经理和直接责任人员处以三万元以上三十万元以下的罚款。

第五十四条 证券交易所、证券交易所会员、上市公司及其有关人员有违反本办法的行为，除本办法已明确处罚办法的以外，按照《条例》的有关规定处罚。

第五十五条 上市公司对证券交易所根据证券交易所业务规则作出的处理决定不服，本地公司可以自接到处理决定通知之日起十五日内，向证券交易所所在地人民政府授权机构申请裁定；外地公司可以自接到处理决定通知之日起十五日内，向证券委指定的机构申请裁定。

第五十六条 证券交易所会员对证券交易所根据证券交易所章程、业务规则作出的处理决定不服，本地会员可以自接到处理决定通知之日起十五日内，向证券交易所所在地人民政府授权机构申请裁定；外地会员可以自接到处理决定通知之日起十五日内，向证券委指定的机构申请裁定。

第八章 附　则

第五十七条 本办法下列用语的含义：

(一)“上市”是指证券发行人经批准后将其证券在证券交易所挂牌交易。

(二)“上市公司”是指其证券获准在证券交易所上市的股份有限公司。

(三)“上市公告书”是指上市公司按照证券法规和证券交易所业务规则的要求，于其证券上市前，就其公司及证券上市的有关事宜，通过指定的报刊向社会公众公布的宣传和说明材料。

(四)“上市费用”是指上市证券的发行人按照证券交易所的业务规则，就其证券上市向证券交易所交纳的费用。

(五)“上市推荐人”是指由证券交易所认可的、协助证券发行人申请其证券上市的证券交易所正式会员。

(六)“席位费”是指证券交易所会员按照证券交易所章程、业务规则向证券交易所交纳的交易席位使用费。

(七)“交易保证金”是指证券交易所会员按照证券交易所章程、业务规则的规定,为保证证券交易的正常进行,向证券交易所交存的保证金。

本办法未作定义的用语的含义,依照《条例》中的定义确定。

第五十八条 本办法由证券委负责解释。

第五十九条 本办法自发布之日起施行。

全国金融工作会议在北京闭幕

国务院副总理兼中国人民银行行长朱镕基在闭幕式上发表讲话。

国务院副总理邹家华、钱其琛,国务委员迟浩田、宋健、陈俊生、司马义·艾买提、彭珮云、罗干出席会议。

中国人民银行行长朱镕基在全国金融工作会议闭幕会上发表讲话

这次全国金融工作会议,是一次统一思想认识、端正思想作风的会议,是一次推进金融改革的会议,也是一次贯穿批评与自我批评精神的会议。会议的第一天,周正庆同志代表人民银行总行党组作了工作报告。会议期间,我参加了两个半天的分行行长座谈会,还同人民银行的一部分老行长进行了座谈,老同志们提出了很多很好的意见。这次会议达到了肯定成绩、检讨缺点、统一认识、团结奋进的目的,会议开得很好。

首先要肯定成绩。最近几年,人民银行在李贵鲜同志和人民银行党组的领导下,做了大量的工作,成绩是主要的,应该充分肯定。各专业银行行长、人民银行各分行的行长、全体金融战线上的职工同志们,在党中央、国务院和人民银行党组的领导下,做了大量的工作,我代表国务院向同志们表示衷心的感谢。你们两头受压,三方受气,任劳任怨,你们的处境我完全理解,我对你们表示亲切慰问。

其次,这次会议也检讨了缺点和失误,在会议发言中,很多同志都表现了自我批评的精神,这很好。我们的问题主要是没有严格按照党中央、国务院的指示和银行的规章制度办事,而是各行其是,发生了不少违章违纪的事情,甚至还有不少大案要案,也反映我们没有很好地抓队伍建设。正如江泽民同志所指出的,金融秩序混乱,纪律松弛,已经达到影响改革开放和经济发展的程度。有些地方的银行不能坚持原则,把“金库”的钥匙都交给了人家!你顶不住就要报告,你不报告就是失职,不能怕得罪人。

第三,统一了认识,坚定了信心。同志们说,如果不下决心扭转当前金融混乱局面,不制止住通货膨胀,经济就可能大起大落,我们就会失去大好的发展机遇。现在中央下了这么大的决心解决经济发展中出现的问题,我们就更有信心了。这次会议统一了这个认识,大家回去就要狠抓落实,要动真格的。

第四,会议提出了明确的要求,也有落实要求的许多具体措施,大家还提出了很多可行性很强的宝贵意见,这样就更好贯彻落实了。

当然,贯彻落实《中共中央、国务院关于当前经济情况和加强宏观调控的意见》(以下简称中央六号文件),光靠金融系统一家是不够的。只有全党、全国人民,特别是各地区、各部门的领导同志用中央六号文件统一思想、统一步调,大家一起努力,才能把中央对当前经济工作的重大决策真正落到实处。但是,金融是国民经济的命脉,在国民经济中处于重要的地位,我们承担了非常艰巨,也很光荣的任务,对贯彻好中央六号文件负有不可推卸的责任。如果我们的工作做得好,对扭转局势,加强宏观调控会起到重要的促进作用。因此,我们要把自己的问题看得重一些,对自己要求严格一些,切实把中央六号文件贯彻好、落实好。

今天,我根据党组同志的意见和会议讨论的情况,讲三个问题。

一、以中央六号文件来统一金融系统的认识,是落实中央关于当前经济工作的重要决策,完成整顿金融秩序、改革金融体制的任务,扭转资金全面紧张局面的关键。

关于中央六号文件的形成过程和前景,我在会议开幕那天的讲话中已经讲了,由此大家不难看出,中央六号文件是在总结了一年多来经济高速发展的经验,研究了前进过程中发生的矛盾和问题,集中了各部门、各地区和许多老同志以及各民主党派、群众团体的智慧的基础上产生的一个重要文件。可以说这是一个集思广益的文件。同时,中央六号文件提出的十六条宏观调控措施,十三条是采用经济手段,不是“走老路”。我们是把解决当前经济工作中存在的问题,作为加速建设社会主义市场经济的动力,力求通过加快形成社会主义市场经济体制的办法,来解决当前经济发展中出现的问题。因此,这个文件又是一个充满改革精神的文件。

要贯彻落实好党中央、国务院关于加强宏观调控的重要决策,必须用中央六号文件来统一全党的认识。根据我学习中央六号文件的体会,我认为当前需要统一以下三个方面的认识。

第一,强化宏观调控,防止经济过热,是当前迫在眉睫的任务。

现在经济从总体上讲不过热,但局部地区、局部领域已经过热，现在再不强化宏观调控，有些问题就来不及纠正了。有些地方的领导同志不同意这个看法，有的说，你热我不热；有的认为，市场商品供应很丰富，物价涨了，补贴也多了，奖金发得也不少，不会出什么问题；有的说，只要你给我钱，我就可以抓住机遇，把经济搞上去；有的地方还说，我这里生产速度并不高，不但不热，而且还很冷，等等。我觉得，说经济热不热，不能只看速度高不高。如果生产速度是依靠挖掘现有企业潜力，调整结构，抓企业经营机制转换和质量品种，抓改善经营管理，生产出来的东西运得出去、卖得掉，效益好，这样的速度越快越好。但是，如果是基本建设大量投入，摊子铺得很大，又长期建不成，资金十分紧张，已经影响到企业的流动资金和重点建设项目资金的需要，票子又发得很多，这种状况下的速度可能一时会很高，但不会持久。现在商品供应确实比一九八八年时好多了，但一九八八年也不是商品供不应求。我当时在上海工作，那时仓库里商品并不少，把商品拿出来，降价卖，抢购风马上就平息了。问题是宏观环境绷得太紧以后，人们对通货膨胀的心理预期就会加大，发生社会动荡的可能性也会加大。江泽民同志讲，由于所处的地位不一样，对形势的分析可能不同。但要对形势有个正确的认识，就要从整体和全局来看问题。现在我们的宏观经济环境已经绷得很紧，再不控制住总量，就可能发生严重的通货膨胀。对这个问题不要再争论下去了，希望大家将认识统一在中央六号文件的精神上，强化宏观调控，防止经济过热。

第二，整顿金融秩序是强化宏观调控的重要方面。

江泽民同志对于金融秩序混乱、纪律松弛的问题有过两次重要批示。大家要正视金融系统存在的问题，如果不正视、不解决这些问题，全国大好形势不但不能发展，而且有可能逆转。

一是违章拆借。这是导致固定资产投资规模过大的一个重要原因。银行起到了推波助澜的作用。根据中国人民银行总行调查，去年以来，拆出资金余额在一千亿元以上，其中最多的主要是广东、北京等几个省市。

二是非法集资。这不都是银行的事情。这种集资有很大的危害，造成很多社会问题：(一)直接影响银行储蓄，使储蓄下降，重点贷款保证不了，“白条子”、“绿条子”难以避免。(二)投资者上当受骗，有的甚至连本金也难以收回，北京长城机电科技产业公司就是一个典型。对长城公司的问题我们发现太晚，我们有责任，让一些同志上了当，让老百姓吃了亏。但我们现在只能尽量把钱追回来，我们不能赔，也赔不起。群众在投资时，必须考虑投资风险，只是埋头想发财，结果可能会倾家荡产。政治局常委决定，要利用这件事，对全民进行一次法制和投资风险教育，要加强这方面的宣传。有的省大办钱庄、当铺，它们也搞储蓄，搞存贷款，农村里各种基金会、互助会都搞起来了，导致资金成本越来越高，风险越来越大，这种现象一定要制止。国务院办公厅通报了五个地区乱集资的问题，刹了一点风，但还远远不够。从报纸上看，现在有的部门还在搞，有的未经批准发外币债券。国务院已经明文规定，在国内外集资都必须经过批准，不经批准搞集资是不对的。乱集资制止不了，提高储蓄存款利率也起不了多大作用。

三是金融管理混乱，恶性案件不断发生。农业银行河北衡水支行擅自向国外开了一百亿美元的备用信用证，尽管现在农业银行总行已发表声明作废，但后果还难以预料。现在有的部门、企业，在国外用上亿美元购买企业，也不向国务院报告。衡水案件暴露后，又陆续暴露了许多诈骗案件。现在各种诈骗活动很多，我们一定要提高警惕。

四是滥设金融机构，擅自或变相提高利率，结算纪律松弛。企业反映，按法定利率很难借到贷款，资金几经倒手到企业后利率很高。这次提高利率后，必须坚决刹住这些违法行为。要坚决杜绝企业给银行送干股和银行参股拿回扣等不正当做法。现在银行之间相互占用汇差的问题很严重，企业对此很有意见。

当然，上述问题并不都是银行的责任，其他部门的问题也不少。现在财政也在搞信贷，把国家预算资金(变成预算外)拿来搞有偿使用，拿去放贷款，越搞越大。这种状况必须通过加强金融管理来解决。其他部门也要检查自身存在的问题，固定资产投资规模这样大，决不仅仅是财政和银行搞起来的。

第三，强化宏观调控，不是实行全面紧缩，而是进行结构调整，我们不会像外界传说的那样搞全面紧缩。

当前我国经济的高速发展从总体上讲是健康的，前进过程中发生的问题通过加快和深化改革就可以解决，没有必要实行全面紧缩，今后也不会采取全面紧缩的政策。今年的货币发行增加很多，资金投入也很多，资金紧张的根源在于固定资产投资规模搞得太大，致使重点企业、重点建设的资金没有保证。我们要进行结构调整，把不该搞的停下来，集中资金保证重点。要根据优化产业结构的原则，按照国家的产业政策调整资金投向，加强基础设施和基础产业。在这个过程中，会暴露不少矛盾和问题，难免要触及某些方面的利益，引起一定的震动。对此，要有足够的思想准备。在这次整顿金融秩序中，要贯彻“软着陆、点刹车”的方针，不能刹车过急。现在主要是进行结构调整，要优先保证农业、重点企业和重点建设的资金需要。当前农副产品议价收购部分的资金还没有全额到位，重点企业的流动资金还很困难，今年上半年重点建设的资金到位率不到计划的一半。因此，当务之急是调整资金的投向，保证重点需要。

二、银行系统的领导干部要严格执行党中央、国务院提出的“约法三章”。

人民银行党组要求银行的各级领导干部识大体，顾大局，严肃组织纪律，提出了“三要”和“十不准”的要求，这些都是完全正确的，我都赞成，大家要认真执行。为了在最短的时间内扭转局面，根据江泽民同志的意见，我在这里将“三要”和“十不准”具体化为“约法三章”。

第一，立即停止和认真清理一切违章拆借，已违章拆出的资金要限期收回。各银行要在今年八月十五日前，将违章拆给非金融机构的资金全部收回，拆给非银行金融机构的资金先收回百分之五十，其余违章拆借、违章参股、投资的资金要在八月十五日前提出收回计划和处理意见，并上报总行。

第二，任何金融机构不得擅自或变相提高存贷款利率。不准用提高存贷款利率的办法搞“储蓄大战”，不得向贷款对象收取回扣，或者将资金通过“关系户”放高利贷。

第三，立即停止向银行自己兴办的各种经济实体注入信贷资金，银行要与自己兴办的各种经济实体彻底脱钩。过去违反规定将信贷资金充当资本金注入企业的，要限期收回。

各级银行都要认真贯彻执行“约法三章”，否则，将严肃追究当事人和主要负责人的责任。

认真贯彻执行“约法三章”，把金融秩序切实整顿好，必须加强各级领导班子的思想和作风建设。要坚持“两手抓”，两手都要硬，要始终坚持党的基本路线不动摇，不懈地对职工进行思想政治教育。正人先正己，只要领导干部以身作则，认真执行“约法三章”，就一定能够带出一支坚强的金融队伍。

在整顿金融秩序时，要注意稳定队伍，稳定机构，稳定人心，保护大家的积极性。前一段时间金融系统出现的一些问题，是在特定的社会环境下发生的，有些是新旧体制转换过程中难以避免的。问题的责任主要在上面。对工作中发生的不触犯刑律的一般违章问题，只要明确责任，如实报告，认真纠正，改了就好。

三、进一步推进金融改革。

金融改革，既要从我国目前实际情况出发，又要遵循市场经济发展的一般规律，逐步向国际规则靠拢。

改革的重点是，强化中央银行职能，加快形成统一、有效的宏观调控机制，以适应社会主义市场经济的需要。

通过改革，必须建立一个在国务院领导下的独立执行货币政策的中央银行体系，调节社会总供给与总需求的平衡，保证币值的稳定；必须建立一个中央银行监管下的以国家政策性银行和国有商业银行为主体的、多种金融机构并存的金融组织体系；必须建立一个统一、高效、有序的金融市场体系。为此，这次会议后，要在以下方面抓紧进行改革。

第一，加强中央银行职能和基础建设。

1. 强化中央银行职能。中国人民银行作为我国的中央银行，其主要职能是，通过制定和实施货币政策，严格控制全社会的货币供应总量；加强对金融机构的监管；保证金融体系的安全。首要目标是保持货币的稳定以促进经济的合理增长。

2. 运用宏观调控方法。现阶段要由控制银行信贷规模和现金发行，逐步过渡到控制全社会货币供应总量。综合运用再贷款、存款准备金、利率、储备限额、汇率等经济手段实施货币政策。根据市场发育的条件，逐渐增加间接调控的比重，逐步向间接调控为主过渡。

3. 控制基准利率，实行灵活的利率政策，调节资金供求。在基准利率基础上，规定金融机构利率浮动范围和幅度，并以此影响货币市场和证券市场，逐步形成以中央银行基准利率为基础的利率体系。

第二，建立中央银行监管下的以国家政策性银行和国有商业银行为主体、多种金融机构并存的金融组织体系。

1. 组建政策性银行，实现银行政策性和商业性业务的分离，改变目前专业银行政企不分的体制。目前，要抓紧组建国家长期开发信用银行和进出口银行。政策性银行在国家产业政策和规划的指导下，在国家财政的支持下，不以盈利为目的，自主经营、自负盈亏、自担风险。

2. 分离后的商业银行要依法经营，保持资金使用安全性、流动性和盈利性统一的原则。

(1)有组织地做好金融资产清理工作，为其他改革打下基础。

(2)逐步实行自主经营、自负盈亏、自担风险、自我约束。

(3)由信贷规模管理逐步转向实行资产负债比例管理。按《巴塞尔协议》的要求，逐步提高资本充足率。鉴于非银行金融机构的资金占全社会资金的百分之三十，要加强风险管理。

对各类、各级银行实行监督和稽核的机构和机制问题应该尽快研究解决。可以借鉴市场经济国家这方面的经验，并且结合我们自己的特点，创造有效的形式。

第三，建立统一、开放、高效、有序的金融市场体系。

1. 建立全国统一有序的、规范化的同业拆借市场，使同业拆借市场变为真正的头寸市场。

2. 发展短期票据市场。规范债券的信用评级，促进债券市场的健康发展。完善股票市场。在企业股份制改造的基础上，规范股票的发行和上市，逐步扩大规模。完善证券交易所的管理。

3. 外汇市场要通过加快外汇管理体制改革，控制资本流出，有效利用外汇资金。逐步建立以市场汇率为基础的人民币汇率机制，最终达到汇率并轨。这项工作明年要起步。

推进金融改革，首先要进一步增强加快改革的自觉性和紧迫感。有些同志提出，过去金融系统的改革讲长远目标的多，讲近期如何改的少，这个问题提得好，请人民银行总行党组认真研究这个意见，尽快拿出切实可行的近期改革方案。这里我讲一下关于人民银行省分行、县支行机构设置的改革问题，我的意见是不能急，要慎重。从长远看，中央银行应按经济区设置分支机构，但目前省分行、县支行都不撤，要稳定机构，稳定队伍。分行、支行的职能要转变，在加强对金融机构的监督上多做工作。总的来讲，我们金融系统的同志特别是各级领导同志，要克服因循守旧的观念和单纯业务观点，要在深化改革中找到扭转金融紧张局面的出路。同时，要通过改革，建立起适合中国国情的和社会主义市场经济要求的金融体制。

全国金融工作会议今天就要结束了。大家回去后，要立即向地方党政领导汇报这次会议的精神，尽快制定具体贯彻落实意见，扎扎实实地把工作开展起来，切实完成党中央、国务院交给我们的任务。

国家统计局新闻发言人就国际比较问题答《人民日报》记者问

记者：近年来，一些国际组织、研究机构、专家学者陆续发表了用购买力平价方法估算的中国国内生产总值数。这些数据均大大高于按官方汇率计算的中国国内生产总值数。作为核算国内生产总值的权威部门，您对此有何看法？

答：这个问题涉及国与国之间经济实力的比较问题，即国际比较问题。这是一个比较复杂的问题。由于各国在进行国民核算时均以本国的货币作为计算单位，如中国用人民币，英国用英镑，美国用美元等等。因此，要进行国际比较，就必须将不同的货币转换成一种标准货币，然后才能进行比较。

传统的做法，是利用各国的（官方）汇率，将不同的货币转化为国际通用的一种货币，譬如说都换成美元，然后进行比较。假如我国，人民币对美元的汇率为5.59∶1，要将人民币换成美元时，只需除以5.59即可。目前，国际组织和有关研究机构大多采用这一方法来进行国际比较。该方法的特点是简便易行。特别是国际收支的结算和国际收支平衡表的编制等都只能以汇率为依据进行。但是，该方法在用于经济整体规模的比较时，也存在着一些明显的缺陷。首先，对于官方控制汇率的国家来说，汇率并不是由市场供求关系决定的，因而不能准确反映该国货币与其他国家货币的关系。其次，对一些低收入国家来说，由于进入国际市场的产品和劳力比例不高，经济的货币化程度较低，汇率受国内商品和劳务价格变动的影响较小。因此，汇率对整体经济的代表性较差。第三，实行自由浮动汇率制度的国家，影响货币供求，进而影响汇率的因素也很多，如国际收支、国内利率、通货膨胀率，以及经济增长率等经济因素和政局、投资、心理预期等非经济因素等。因此，即使在汇率自由浮动的国家用汇率折算，也无法准确地反映实际情况。

上述种种原因，使得在用汇率折算进行国际比较时，往往容易产生失真和变动频繁。因此，各国经济学家、统计学家都在探索新的国际比较方法，以便更准确地比较各国经济的整体规模。货币购买力平价方法便是其中之一。该理论最早是在1802年由英国经济学家H·方顿提出的，但是，最初并未引起广泛的注意。直到1968年，联合国统计委员会才设立了一个国际比较项目来专门研究如何将购买力平价方法用于实践。

货币购买力是指一定单位货币购买商品和劳务的能力。购买力平价就是指两个或两个以上国家货币在购买力相等时的比率。如购买同等数量和质量的某种商品（如一双质量相同的皮鞋），在中国用了80元人民币，在美国用了40美元，则在这种商品上，人民币对美元的购买力平价是2∶1。也就是说对于这种商品来说2元人民币的购买力等于1美元。同样的，如果购买同等质量的一批商品和劳务，在中国用6万元人民币，在美国用4万美元，则对这一批商品和劳务来说，人民币对美元的购买力平价是1.5∶1。而作为国内生产总值总的购买力平价，就是将按支出法核算的国内生产总值分成若干类，在每一类中选出若干个代表商品和劳务，然后加以计算。

从理论上说，购买力平价方法从货币实际购买力的角度，并结合各国的实际支出结果，较真实地反映出对比国货币的比值，克服了按汇率换算由于受国际收支、金融市场、出口战略、心理因素等不同原因造成的失实和变动频繁等缺陷。因而，国际比较的结果相对按汇率换算而言前进了一步，但还是优缺参半。从实际操作角度出发，购买力平价法还存在着一些不足。首先，对国民核算资料的要求较高，这对国民核算比较薄弱的发展中国家尤为困难。其次，该方法在进行加权求出世界平均价格时，是按各国的商品实际消费量加权的，因而大国、富国权数作用大些，而小国、穷国代表性就受到一定的影响。第三,在代表规格品的选取中,比较难协调由于各国消费水平、消费结构、消费习惯和商品质量等差别带来的矛盾。如同是理发,在中国和美国就很难实现同质。第四,无法解决发展中国家的一些价格扭曲问题,特别是价格管制和变相管制的国家。

联合国统计委员会组织的国际比较项目开展25年来,已进行了六个阶段的工作,参加的国家也由最初的10个增加到80个。但是,由于上述缺陷,至今仍处在研究阶段,尚未正式作为国际比较的官方方法。

中国由于统计基础薄弱,还没有按支出法统计的国内生产总值细项资料。价格统计也不全面。因此,中国还不具备全面参加国际比较项目的条件

关于国际组织、研究机构、专家学者作为学术研究,利用一些资料估算按购买力平价法计算的各国的国内生产总值,是应予以鼓励的,中国的一些研究机构也已开始进行这方面的研究。祝愿他们在研究探索中不断完善国际比较方法。

记者:刚才您详细地介绍了进行国际比较的两种方法。您是否可以利用国家统计局掌握的资料,结合实际,谈谈我国的经济实力到底处在一个什么水平呢?

答:这个问题提得很好。国内生产总值无疑是衡量一个国家经济实力的重要综合指标。但是,越来越多的国际比较问题专家已经意识到,要衡量一个国家的经济实力,除了国内生产总值这一综合性的指标外,还应从社会、文化、环境等多个角度加以比较。根据我们掌握的一些资料,我们可以得到这样的结论:尽管从70年代末,中国推行改革开放政策以来,中国的经济得到了迅猛发展,基本上解决了11亿人口的温饱问题,各方面都取得显著的成就。但是,由于人口基数大,自然资源相对较少,农村城市化、工业化程度低,城乡差别大等原因,无论是从价值量的角度,还是从国际比较中常用的实物量角度考察;无论是从经济发展水平,还是从科技、社会、文化、环境等状况考察,目前,中国仍处于低收入国家水平,还属于发展中国家。

第一,中国的人均国内生产总值居世界后列。

中国的总体经济实力在逐步增强,1992年国内生产总值达到23938亿元,按当年官方的平均汇率换算为4586亿美元,居世界前10位。可是,按人均计算还不足400美元。即使剔除汇率换算法的不合理因素,人均经济发展水平仍然很低,居世界的后列。

第二,城市化程度不高,农业所占比重大。

从衡量经济发达程度的城市化和工业化水平来考察,中国仍属于低收入国家。新中国建立以后,中国一直致力于城市化、工业化建设,建成了门类比较齐全的工业体系和一大批大中小城市。但相对于巨大的人口基数,这些成就是不够的。我国生产力水平参差不齐,核能、宇航等世界高科技和刀耕火种等原始耕作技术并存,繁华先进的都市和一些贫穷落后农村的反差鲜明。农业在国民经济中还占有相当大比重,城市化程度也还很低。

第三,居民刚刚解决温饱问题,生活质量有待改善。

改革开放的推行,使我国城乡居民得到巨大实惠,现在除少数一些地区外,基本解决了温饱问题,部分地区已向小康水平迈进。但是,与中等收入水平国家相比依然存在较大的距离。

1. 从居民的生活消费结构来看,我国的恩格尔系数(食品支出占整个消费支出的比重)为59.6%(其中城镇53%,农村62%),根据联合国粮农组织按恩格尔定律划分贫困与富裕的档次,我国还处于勉强度日的水平。

2. 从三大营养物质看我国居民的生活状况,目前我国还处于热量补偿阶段。根据联合国1986—1988年有关资料整理,我国人均每天卡路里供应量低于世界平均水平。

3. 世界营养水平的改善主要来自于动物性食物增加,而我国居民动物性食物摄入量较低,营养的改善主要来源于植物性食物。80年代末,我国居民来自动物性食物热量及蛋白质比重都低于世界平均水平,肉类、蛋类消费接近中上收入国家水平,奶类、水产品分别只及中等收入国家的20%和33%。

4. 居民居住条件还较差。中国经济实力的增强,为改善居民居住条件提供了可能,改革开放以来居住条件也有了很大改善。但人均居住面积仍处于中等偏下水平,而且居民住宅的装备水平与发达国家比更差。

第四,我国教育科技总体水平较低,人口素质有待提高。

随着我国经济的发展,较低的人口素质与我国国民经济的发展和民族科学文化水平的提高。1990年第四次人口普查资料表明,我国只有1.4%的人口具有大学文化程度,成人文盲率高达15.9%。面对如此庞大的文盲大军,中国现代化建设进程任务之艰巨、困难之大可想而知。

至于我国科技的整体水平,虽然有些领域处于世界先进水平,如生物技术、超导技术、高能物理等一些基础领域,但大都局限于实验室阶段,向生产领域推广还有很大的困难,更谈不上大规模地组织生产。在科研和应用的衔接上存在科技断层现象,在短期内不会有很大的改善。

第五,第三产业发展落后,生活服务水平较差。居民无论在日常生活起居,还是外出旅游、文化教育、社会福利都还很不方便。1991年我国国内生产总值中第

三产业增加值比重仅为27.2%，从业人员占当年社会劳动者人数的18.8%，是世界上比重最低的国家之一。

第六，地区之间、城乡之间发展还不平衡。

中国地域辽阔，资源分布不均，地区之间、城乡之间经济发展不平衡现象还比较突出。1991年人均国内生产总值最高的上海市为6675元，而最低的贵州省仅为890元，前者是后者的7.5倍。1990年居民消费水平上海为1908元，而贵州仅为445元，前者是后者的4.3倍。目前我国1903个县中还有520多个贫困县需要国家财政扶持。之所以造成国际舆论对我国居民生活水平出现错觉，主要是因为国外来华人员接触的大都是我国生活水平较高，经济、交通发达，文化素质高的地区，而对经济落后、交通闭塞的地区了解甚少。

当然，我们坚信，将来我国的经济实力会真正走向世界前列。到那时，我国也不会构成对邻国的威胁，相反，它可以更有利于与近邻国家和国际间的经济交流。

中国城市公共交通协会在北京成立

国家主席江泽民在中南海接受墨西哥《至上报》社长雷希诺·迪亚斯·雷东多的采访

江泽民在谈到中国当前经济形势和改革问题时说，我国当前总的经济形势是好的，国民经济在去年高速发展的基础上，继续保持强劲的增长势头。今年夏粮丰收，总产量大体与去年持平。工业生产持续增长，经济效益有所改善。城乡市场繁荣兴旺，对外贸易继续增长。同时我们也清醒地看到，由于有效的宏观调控体系和规范的社会主义市场经济体制尚未形成，在前进的过程中也出现了一些突出的矛盾和问题。对这些问题，我们正着力加紧解决。

江泽民指出，我们正在建立和实行社会主义市场经济体制。这个体制符合中国的国情。它有利于资源的优化配置；促进生产力的发展；可以把效率和公平很好地结合起来；既有利于提高效率，又有利于维护社会公平，逐步实现共同富裕。

江泽民说，中国是一个拥有11亿多人口的发展中国家，发展社会生产力，不断改善人民的物质文化生活，是我们现阶段优先考虑的问题。因此，我们始终坚持以经济建设为中心，其他一切工作都服从和服务于这个中心。党的基本路线决不会动摇。改革开放的政策决不会改变。

江泽民说，中国经过十几年的改革开放，经济取得了迅速发展，但仍然是一个发展中国家，有11.6亿人，按人口平均，经济基础还是比较薄弱的。即使将来经济取得更大的发展，中国也不会对别国构成威胁。有人散布“中国威胁论”，这是完全没有道理的。

江泽民指出，我们的政治体制改革，目标是建设有中国特色的社会主义民主政治。我们正在推进政治体制改革，使社会主义民主和法制建设有一个较大的发展。我国现行的社会主义政治制度，是中国各族人民的共同选择，是完全适合中国国情的。它促进了我国社会生产力的解放和发展，保障了人民的民主权利和安居乐业。当然，我们的社会主义政治制度还需要不断完善。我们正在进行的政治体制改革和民主政治建设，就是为了使这一政治制度逐步完善。

在回答关于对毛泽东和毛泽东思想的评价问题时，江泽民指出，这个问题中国共产党第十一届六中全会已有专门的决定。这在全党认识上是一致的。毛泽东思想是中国共产党和中国各族人民宝贵的精神财富。毛泽东是伟大的战略家和理论家，他的著作中包含的许多基本原理、原则和科学方法，是有普遍意义的，具有重要的指导作用。邓小平建设有中国特色社会主义理论，是毛泽东思想的继承和发展，是指引我们实现新的历史任务的强大思想武器。我们党的十四大确立这一理论的指导地位，确定用这一理论武装全党。

在谈到香港问题时，江泽民说，中国政府在1997年7月1日恢复对香港行使主权后，根据“一国两制”的方针，将在香港设立特别行政区。除国防、外交由中央政府负责管理外，香港特别行政区实行高度自治；原有的资本主义社会、经济制度不变，生活方式不变；保持香港的国际金融中心和自由港的地位等。这些方针政策已由全国人民代表大会以香港特别行政区基本法明确规定了下来。

他说，中国政府对内地和香港的长期稳定和发展充满信心。香港的资金、信息、管理经验对内地的改革开放起着重要作用。内地是香港经济发展的广阔腹地，内地改革开放的进一步扩大和经济的发展，将有助于香港的长期繁荣和稳定。

江泽民说，现在，距1997年香港政权交接只有不到4年的时间了，我们希望英国政府从中英关系的大局出发，从香港稳定繁荣的大局出发，加强与中国政府在联合声明基础上的合作，妥善解决有关平稳过渡的重大问题。

江泽民指出，目前中英两国政府代表正就香港1994～1995年选举安排问题举行会谈。我们希望尽早达成协议。当然这并不完全取决于中方。但是不管发生什么情况，中国政府都将遵照中英联合声明和基本法办事，实现香港1997年的平稳过渡和政权的顺利交接。香港的前途是光明的。

在回答如何评价中墨及中国和拉美关系时，江泽民指出，中墨两国关系很好，是令人满意的。1972年建交以来，两国友好合作关系稳步发展。双方保持着高层接触，墨西哥三届总统先后访问过我国，中国不少领导人也访问过墨西哥。近年来，两国在经贸、科技和文化方面的合作与交流也在逐步扩大。中墨都是发展中国家，在重大国际问题上有着相同或相似的看法，在国际事务中相互支持，积极合作。我相信，在双方的共同努力下，中墨友好合作关系必将不断发展。

江泽民说，近几年来，中国和拉美国家友好合作关系有较大发展，政治往来和高层接触不断。在经济方面，中国和拉美国家开展了多种形式的经济技术合作，贸易也有增加，去年贸易额近 30 亿美元，达到历史最高水平。

江泽民说，中国和拉美各国同属发展中国家，有许多共同点，可以相互信赖。随着中国改革的不断深入，开放的不断扩大，随着拉美各国经济的日益发展，在经济合作方面面临前所未有的机遇，前景是广阔的。我们愿意本着平等互利，讲究实效，形式多样，共同发展的原则，积极推动同拉美各国的经济技术合作。

江泽民指出，当然，中国和拉美各国情况有所不同。我们认为，在处理国与国的关系时，最主要的是要考虑双方的利益。每个国家实行什么社会制度，是根据本国的国情所决定的。只要大家都遵循和平共处五项原则，以务实的精神处理问题，就能把双边关系推向更高的水平。

在谈及世界经济一体化和区域集团化问题时，江泽民指出，当前，世界经济国际一体化和区域集团化并行发展。特别是区域性经济合作已进入更高层次的发展阶段。据不完全统计，全世界大大小小的经济集团和自由贸易区已有 20 多个。这两种趋势既有区别又有联系，既相互制约又相互促进。区域集团对内实行不同程度的统一政策，对全球经济增长和经济一体化也起积极推动作用。但同时，区域集团应注意避免对外实行带歧视性的政策，防止贸易保护倾向，以免影响全球经济的健康发展。

江泽民说，中国是亚洲国家，发展和加强与亚太等周边国家和地区的经济关系是中国全方位对外开放政策的组成部分。中国愿在平等互利基础上加强与世界各国和地区的经济交流和合作。中国实行对外开放政策已有十几年，我们与外国投资者签订了数万个项目合同，协议金额数百亿美元。这些项目既有中外合资的，也有外国企业独资经营的。我们认为，不同发展水平和不同社会制度的国家都应当在平等的基础上实行市场开放，这是加快世界经济发展的有效途径。

在回答如何评价当前国际形势和世界前途时，江泽民说，两极格局结束后，世界向多极化方向发展。国际形势动荡多变，天下并不太平。冷战时期遗留下来的某些热点尚未解决，又爆发了一些新的热点。一些国家和地区政治、经济、社会危机深重，民族分裂，武装冲突，领土争端，宗教纷争愈演愈烈。一些国家之间的矛盾错综复杂。世界范围的经济竞争激烈。许多发展中国家更加贫困化。霸权主义和强权政治依然存在，以“民主”、“人权”等问题为借口，干涉别国内政、向别国施加压力、侵犯别国主权的事件时有发生。现实表明，和平与发展仍是当今世界的主题。在这种形势下，建立一个和平、稳定、公正、合理的国际政治经济新秩序，符合各国人民的共同愿望和根本利益，也有利于世界和平与发展的崇高事业。尽管世界形势中面临着很多错综复杂的问题，但我们坚信，人类有能力解决这些问题，历史总是向前发展的，世界的前途是光明的。

国家副主席荣毅仁在中南海会见美国沃尔特·迪斯尼公司总裁福兰克·威尔斯

阿曼苏丹国国家元首卡布斯·本·赛义德在萨拉会见国务院副总理李岚清

国际档案理事会东亚地区分会在北京成立

分会由中国、日本、朝鲜、蒙古、韩国、香港、澳门 7 个国家和地区组成。

国家科委主任宋健就农村科技工作和农业发展问题发表谈话

日前宋健在河南针对当前农村科技工作和农业发展问题强调，一定要在继续搞好农业的基础上，依靠科技大力发展与农业相关的支柱产业，搞好农产品的加工增值，提高农业的经济效益，带动广大农民群众共同致富，奔向小康。

宋健指出，农村科技工作的任务就是引导农村人民群众学会利用现代化科技手段，以市场为导向，进一步提高农业技术水平，搞好农产品的深加工，提高农产品的科技含量和经济效益。

宋健说，面对这一新形势提出的要求，今后星火计划、科技扶贫等工作的重点都要有所变化。星火计划的实施，要从过去培训一家一户的科技扶持方式，逐步转向以支持开发前景好、技术含量高、经济效益显著、市场辐射面广的农村支柱产业作为重点，比如搞“一村一品、一乡一业”。科技扶贫工作要继续扶植仍处于困难中的群众，更要引导建立地方的龙头产业，增强贫困地区的社会生产力和整体经济实力，引导广大农民共同致富。

在科技人才和对外开放问题上，宋健指出要进一步搞好人才分流和大胆引进国内外智力，进一步扩大对外科技交流与合作。在农业生产、农产品深加工、土壤改良、灾害治理等方面，一些国内外先进的科学技术都可以大胆为我所用。

公安部出入境管理局局长毛凤平就保障在外留学人员来去自由问题接受记者采访

毛凤平说，去年7月1日，公安部发布的关于简化公民因私事再出境手续问题的通知规定，公民持用普通护照回国后再出境，只要有前往国签证，即可出境，不必再向公安机关申办出国手续。这一做法大大方便了需要再出境的人员，深受各界人士的好评。据了解，近年来，长期或短期从美国回国的留学生已有几千人。其中短期回国的留学人员，都顺利再出境，无一人在返回美国时受阻。事实说明，留学人员回来后不会因再出境手续问题遇到麻烦。中国公民申请出国或再次出境，只要合乎出入境管理法的规定，都是方便的。

7月8日

民进九届三中全会在北京闭幕

会议讨论经济形势，围绕经济工作献计献策；根据民进“七大”确定的方针任务，结合当前的形势，布置全会今后的工作任务；审议通过《中国民主促进会中央常务委员会工作规则》。

民进中央主席雷洁琼在讲话中，希望各级组织和成员好好学习领会中共中央、国务院对经济情况和加强宏观调控采取的重要措施，统一思想认识，坚定信心，以“肝胆相照、荣辱与共”的责任感，为克服前进中出现的困难，积极献计献策，协助做好各项工作。

会议要求各级组织进一步明确方向、选准角度，发挥全会的整体功能，更好地发挥参政议政、民主监督的作用；要继续为经济建设和社会发展多办实事、多办好事，开拓新领域，探索新问题，总结新经验；要加强和改善思想教育和宣传工作，内容上更贴近实际，贴近会员，方法上更灵活多样，讲求实效，要真正下功夫学习社会主义市场经济知识；要以加强领导班子建设和培养后备力量为重点，注重基层建设，提高会员素质。

民进中央副主席葛志成、叶至善、梅向明、陈难先、冯骥才、许嘉璐出席会议。

中国工商银行三峡分行正式开业

万里同中国农村外向型经济研究会负责人座谈时发表讲话

党的十四大确定了建立社会主义市场经济体制为我国经济改革的目标，今年全国人大八届一次会议又通过决议把它写进宪法。应当怎样看待这件事的重大意义？今天你向我提这个问题，其他一些同志也曾向我提过这个问题。

一

我国的改革实际上一开始就是市场取向的。包产到户即家庭联产承包责任制，实质上无非是使农民变成了相对独立的自负盈亏的商品生产者。但当时我们并没有意识到，也没有提出要搞市场经济，只是当改革一步一步深入的时候，改革的思路才逐步变得明晰，改革的方向才逐步变得明确。人的正确认识是从哪里来的？不是从天上掉下来的，也不是从书本上来的，归根到底是从实践中来的，实践是检验真理的唯一标准。没有改革的不断深化，没有开放的不断扩大，没有市场经济的不断发展，就不可能明确提出建立社会主义市场经济体制的改革目标。这是不断解放思想、冲破阻力的结果，是来之不易的。我认为，确定建立社会主义市场经济体制，是国家振兴的必由之路。搞得快，振兴就快；搞得慢，振兴就慢；如果不搞，中国就没有希望。从这个意义上来说，党的十四大确定建立社会主义市场经济体制为改革的目标，它对中国社会将产生巨大而深远的影响。

现在，目标明确了，但是实现这个目标，把市场经济新体制建立起来、完善起来，要比明确这个目标更费力气。

二

做好市场经济这篇大文章应当从何处着手？

我认为最重要的还是要继续转变人的思想观念，特别是各级领导干部的思想观念。过去很长一段时间内，我们一直认为，社会主义同商品经济是互相排斥、互不相容的，更不要说市场经济了，一说社会主义就认为是计划经济，你要搞商品经济，甚至还要搞市场经济，那不是要走资本主义道路吗？改革初期，一般只讲商品生产、商品交换，连商品经济的提法也很少用，好像有点犯忌讳，有的同志为此还挨过批评，更何况市场经济？现在学了邓小平同志的讲话，大家都明白了，计划也好，市场也好，无非是配置资源的手段，发展经济的手段，资本主义能够用，社会主义为什么不能拿来用？这一点说起来好像很简单，却经过好多年的实践和探索，还经过某些曲折与反复，认识才一步一步提高，逐渐得到共识。改革初期提出以计划经济为主、市场调节为辅；后来提出有计划的商品经济；再后来又提计划经济与市场调节相结合；最后才确定建立社会主义市场经济新体制。这是一次理论上的突破，是对马克思主义的重大发展。

转变思想观念不能只讲大道理，要有具体内容，真正在思想上提高认识。这样不论遇到任何情况，才会坚持正确的路线不动摇。我认为下面几点特别重要。

第一，坚持“三有利”原则，也就是坚持有利于发展生产力、有利于增强综合国力、有利于提高人民生活水平的原则。这是小平同志一贯倡导的生产力标准的新发展。“三有利”把生产力标准同国家观念、群众观念结合在一起，成为完整、统一的判断是非的标准。

第二，要警惕右，但主要是防“左”。我们党吃“左”的苦头太多太深了。建国以来的历史证明，一出现“左”的思想和做法，经济就下降。因此，不反“左”就不可能改革开放，就不可能有经济的大发展，就不可能真正发挥社会主义制度的优越性。反“左”一定要旗帜鲜明。但长期以来总以为“左”是方法问题，“右”是方向问题，总以为“左”比“右”好。这次小平同志指出“左”的危害并不比右小。这对建立新经济体制有深远意义。

第三，要自觉地吸取发达资本主义国家有益的经验。改革与开放是密切联系、互相促进的。过去把资本主义看成瘟疫，非常可怕，甚至“宁要社会主义的草，不要资本主义的苗”。改革开放后态度有所改变，但还缺乏鲁迅所说的拿来主义的那种胸襟和气魄，只引进设备、学习技术，对管理经验、管理制度就不敢学、不敢用，至于思想观念方面先进的东西就更不敢碰了。现在我们国家正在争取复关，许多事不按国际惯例就办不通，因此必须更加开放，进一步向发达国家学习。当然，我不是提倡盲目学习，更反对崇洋媚外。我是说有选择地学，拿来为我所用，择其善者而从之。

三

国有大中型企业是社会主义经济的骨干，是国家命运的主要依托，但计划经济体制的弊端也首先集中在这里。现在政企分开的问题还没有完全解决，机制转换的问题还没有解决，社会保障的问题更没有解决，这样，“三铁”怎么破得了？什么“铁交椅”、“铁饭碗”、“铁工资”，不过是表面上的东西，实质问题是企业还不是市场经济的主体，它没有自主权，不能自负盈亏，企业内部的关系不合理，无法参与市场竞争。首钢承包后十多年来，之所以能取得实现利润年均递增百分之二十的好效益，累计对国家的贡献达四百三十五亿元之多；能够在没有国家投资的情况下，进行了全面技术改造，更新了主体设备，多项技术经济指标接近或赶上了发达国家同行业的先进水平，关键的一点就在于实行长期包干，取得了充分的自主权，调动了全体职工的积极性，通过职代会进行决策，增强了职工的主人翁感，使企业成为具有强大凝聚力的利益共同体。

现在回头来看，全民所有制企业用国营方式并不是实现公有制的好形式，也不见得符合马克思、恩格斯的本意，只不过是在一定历史条件下苏联模式的产物。它产权不明晰，没有竞争机制和对职工的激励机制，同时缺乏自我约束机制，亏损无人负责。结果势必缺乏活力、缺乏发展后劲，效益很差，亏损严重。而乡镇企业和其他民间企业，虽然技术装备、基础条件比国有企业差，又没有国家投资，却充满活力，发展迅猛，经济效益也比较好。所以如此，就在于这些企业的管理体制和经营机制比较适应市场经济的要求。这也从另一方面有力地说明了建立市场经济体制的重要性和紧迫性。

股份制放在什么位置，我没有考虑好。社会主义初级阶段生产力水平很低，发展又不平衡的情况十分复杂。所有制改革一定要从实际出发。在以公有制为主体、多种经济成分并存的原则下，什么形式能做到“三有利”，就搞什么形式，不必拘泥于框框，不能“一刀切”。先多样化，后规范化。

四

没有市场，也就没有市场经济。市场越发达，市场经济就越发展。一九八五年我去温州，印象最深的就是市场活跃。桥头的纽扣市场，柳市的低压电器市场，我都去看了。温州有十大专业市场，对促进生产、繁荣经济的作用非常明显，比苏南、珠江三角洲还要突出。建立市场体系，不仅要进一步培育产品市场，更重要的是要把生产要素市场尽快培育起来，使资金、土地、劳力、技术、信息这些生产要素都有价格，都能流动，都能竞争，打破垄断，向社会开放。这样才能保证市场机制在资源配置方面比较充分地发挥基础性作用，从根本上提高资源使用的效率。也只有在这个基础上，国家的宏观调控才能找到合理的目标和手段。

最近货币发行量过大，出现通货膨胀，金融秩序比较混乱，已成为大家议论的热点。国务院领导正在采取措施研究解决，我希望这能成为深化改革、建立市场经济体制的一个新的起点。

我国现代化进程中还有一个根本性问题，就是农村大量剩余劳动力如何转移的问题。近年来，虽有不少农村劳力转向第二、第三产业，流向沿海发达地区，但带有自发性，他们遇到的困难很大。从全国来看，民工潮起落不定，缺乏有序的、规范的劳动力市场，政府还没有进行更多的帮助和适当引导。解决好这个问题，不仅是一个劳动力市场管理问题，而且有可能成为推动内地经济发展的重要因素。它既可为内地积累一笔经济发展所需要的资金，又可为内地培养出大批适应市场经济的劳动者乃至企业家。苏南为什么发展快，还不是得益于上海等城市扩散的有经验的劳动力。

五

很多人都承认市场经济是法制经济。但中国的传统是人治，不是法治，法制观念和法律基础非常薄弱。建立市场经济体制，需要政策指导，更需要通过立法加以保障。现代世界上的市场经济有好几种类型，一般不但不排斥，而且都需要运用计划手段、宏观调控手段，像日本、德国的市场经济在这方面还是很严格、很有力的。我一直主张实行国家宏观调控下的市场经济，调控的手段主要应当是经济手段，行政手段应尽量减少，压缩到最小的限度，同时法律手段则必须大大加强。

目前正是新旧体制并存、交替的时期，这种双轨制不可避免地会带来种种矛盾、摩擦和痛苦，加剧腐败及其他消极的社会现象。两种价格、两种机会、收入差距，引起人们心理上的不平衡，诱惑着人们追逐非法的高额利润，而法制不健全又会给这些追逐者留下了相当大的空隙。近一时期腐败现象加剧，这不能不说是一个重要原因。因此，加快经济立法，及早结束双轨制，加快改变资源配置的方式，确实是当务之急。

随着乡镇企业的迅猛发展，出现了一大批农民企业家，他们是亿万农民在价值规律海洋中学会游泳的先行者、优胜者，对市场经济的发展立了功，应该受到鼓励，受到尊重。但是，农民企业家刚刚从小农经济中走出来，不可能完全摆脱小农经济思想，他们的头脑里还存在着很多封建意识，缺乏现代社会的法律意识。因此，健全市场经济体系，健全法制，也是对农民尤其是农民企业家的一次深刻教育和改造，使他们能在市场经济的海洋中锻炼成长。当然，也有个别的人，跟不上发展的要求，有一点成绩就专横跋扈，胡作非为，实际上成为封建的“土皇帝”。大邱庄禹作敏的问题并不是偶然的个别事件，而是一种有代表性的社会现象。应当抓住这个典型，透过这种现象，进行深入、广泛的教育。

第三次朱德学术讨论会在武汉结束

来自中共中央文献研究室、解放军总参谋部、军事科学院、北京大学等单位的61位专家、学者在讨论会上发言。

全国又有23个市县对外国人开放

公安部新闻发言人宣布，经国务院批准，中国又有23个市县列入对外国人开放地区。至此，中国已有919个市县对外国人开放。

对外国人开放的市、县是：内蒙古自治区：牙克石市。河南省：永城县、夏邑县、宁陵县、睢县、柘城县、虞城县、扶沟县、鹿邑县、郸城县、沈丘县、项城县、新蔡县、上蔡县、正阳县、淮滨县、固始县、光山县、西华县、泌阳县、平舆县、商城县、新县。

全国人大常委会委员长乔石在北京会见菲律宾参议院教育委员会主席莱蒂西亚·拉莫斯·沙哈尼

外交部部长钱其琛在钓鱼台国宾馆会见英国外交大臣道格拉斯·赫德

中国人口文化促进会在北京成立

党和国家领导人江泽民、李鹏、宋平、倪志福、彭珮云等题词。

中国人口文化促进会是由一批热心人口与计划生育宣传的艺术家、文化部门和计划生育部门的人士发起成立的全国性群众社会团体。其宗旨是通过文化艺术和计划生育宣传的有机结合，宣传党和国家的人口与计划生育政策，促进全民人口意识的树立，推动和发展中国人口文化建设。宋平任名誉会长，彭珮云任会长，林佳楣、于蓝、王夫棠、翟泰丰、高占祥、杨魁孚、田聪明等任副会长。倪志福、陈慕华、黄华、王首道、余秋里、廖汉生、杨成武等任顾问。

中国儿童发展与家庭国际研讨会在北京开幕

研讨会于8日至11日召开。研讨会由中国关心下一代工作委员会、联合国儿童基金会、中国科学院联合举办。全国人大常委会副委员长吴阶平向会议发来贺词，全国人大常委会副委员长雷洁琼、中国关心下一代工作委员会主任康世恩、联合国儿童基金会驻东亚和太平洋区域办事处主任布鲁克斯和驻华代表拉赫曼等出席会议。

国务委员、国务院妇女儿童协调委员会主任彭珮云指出：青少年、儿童是我国未来的建设者，也是世界和平和繁荣的一支重要力量，提高下一代素质，不仅对中国，而且对世界都具有重要的战略意义。中国政府一贯重视青少年和儿童事业的发展，积极为他们的健康成长创造良好的社会环境。关心下一代健康成长是我们神圣的历史责任，只有这样，才能使每个儿童有更加美好的未来。

彭珮云强调，中国是发展中国家，经济文化发展极不平衡，在儿童保健、教育、家庭建设等方面还有许多工作要做。儿童发展与家庭建设是一项社会系统工程，为此，她要求有关各方齐心协力、分工合作，为儿童发展做出积极贡献。

中国卫星发射代理公司在香港开业

公司由中国远望（集团）总公司、中国长城工业总公司和香港星光传讯（集团）有限公司董事长黄金富及董事侯伯文合作组建。

公司经有关部门批准，承揽卫星发射、卫星搭载、卫星回收和轨道的测控服务，同时参与各种高科技项目的投资、开发、生产和销售，以及代理与发射有关的广告业务，并可提供观看卫星发射中心和测控中心发射实况的观光旅游；服务对象为世界各地的客户。

公司董事长钱毋荒在开业新闻发布会上介绍说，中国自1970年成功发射第一颗人造卫星以来，迄今已发射了36颗不同类型的卫星，其中五颗是为国外客户发射的。他介绍说，中国已成为世界上少数具有卫星发射能力的国家之一，多项卫星技术已在世界上居于领先地位。

国防科工委主任丁衡高、国家计委副主任甘子玉、香港知名人士徐展堂等，出席开业剪彩仪式。

7月9日

劳动部等部委发出关于发布《国有企业工资总额同经济效益挂钩规定》的通知

各省、自治区、直辖市及计划单列市人民政府，国务院有关部委、各直属机构，国家计划单列企业集团：

为了深入贯彻落实《全民所有制工业企业转换经营机制条例》，我们制定了《国有企业工资总额同经济效益挂钩规定》，此规定已报经国务院同意，授权我们联合发布。请认真贯彻执行。

劳动部财政部国家计委

国家体改委　国家经贸委

1993年7月5日

国有企业工资总额同经济效益挂钩规定

第一章　总　则

第一条　为了深化国有企业（以下简称企业）工资制度改革，建立健全工资总量调控机制，促进企业经营机制的转变和经济效益的提高，根据《全民所有制工业企业转换经营机制条例》制定本规定。

第二条　工资总额同经济效益挂钩（以下简称工效挂钩）目前是向社会主义市场经济体制转换过程中，确定和调控企业工资总量的主要形式。企业实行工效挂钩办法，必须坚持工资总额增长幅度低于本企业经济效益（依据实现利税计算）增长幅度、职工实际平均工资增长幅度低于本企业劳动生产率（依据净产值计算）增长幅度的原则。

第三条　实行企业工效挂钩，要贯彻效益与公平的原则，根据企业的生产经营特点，从实际情况出发，确定具体的挂钩形式。企业的工资总额基数，应在地区工资总额弹性计划范围内核定。

第二章　经济效益指标及其基数

第四条　本规定所称的经济效益指标，是指由企业选择并报经财政、劳动部门审核确定的企业工效挂钩的经济指标，本规定所称经济效益指标基数，是指用以计算上述指标增长幅度的基额。

第五条　实行工效挂钩，应以能够综合反映企业经济效益和社会效益的指标作为挂钩指标，一般以实现利税、实现利润、上缴税利为主要挂钩指标；因企业生产经营特点不同，也可将实物（工作）量、业务量、销售收入、创汇额、收汇额以及劳动生产率、工资利税率、资本金利税率等综合经济效益指标作为复合挂钩指标。经财政部门认定的亏损企业可实行工资总额与减亏指标挂钩，或采用新增工资按减亏额的一定比例提取的办法。工资总额与税利总额严重倒挂的企业，可采取税利新增长部分按核定定额提取效益工资的办法。

第六条　要建立能够全面反映企业综合经济效益和社会效益的考核指标体系。考核指标一般包括：企业承包合同完成情况、国有资产保值增值状况以及质量、消耗、安全等。要把国有资产保值增值作为否定指标，达不到考核要求的不能提取新增效益工资。其他考核指标达不到要求的，要扣减一定比例的新增效益工资。

第七条　经济效益指标基数要按照鼓励先进、鞭策后进的原则核定，既对企业自身经济效益高低、潜力大小进行纵向比较，又进行企业间的横向比较。

经济效益指标基数，一般以企业上年实际完成数为基础，剔除不可比因素或不合理部分，并参照本地区同行业平均水平进行核定。

第八条　对已实行工效挂钩的企业，调整经济效益指标基数还应考虑以下因素：

（1）暂未实行基建和生产单位统一核算管理的企业，新建扩建项目由基建正式移交生产后，在按该项目计划增加的人数相应核增工资总额基数的同时，参照同行业或该企业人均效益水平合理核增挂钩的经济效益指标基数；

（2）企业之间成建制划入划出职工，按上年决算数调整经济效益指标基数；

（3）国家批准的重大经济政策改革对企业经济效益影响较大时，由财政、劳动部门批准，可适当调整企业经济效益指标基数。

第三章　工资总额基数

第九条　本规定所称工资总额基数，是指经劳动、财政部门审核确定的，工效挂钩企业用以计算年度工资总额提取量的基额。

第十条　企业挂钩的工资总额，应为国家规定的全部职工的工资总额。要将职工全部工资收入逐步纳入挂钩工资总额基数，取消挂钩工资总额外提取和列支的各种工资项目。

第十一条　企业的挂钩工资总额基数，原则上以企业上年劳动工资统计年报中的工资总额为基础核定，实行增人不增工资总额、减人不减工资总额的办法。

第十二条 已实行工效挂钩办法的企业，其工资总额基数以上年工资清算应提取的工资总额为基础，核增暂未实行基建和生产单位统一核算管理企业新建扩建项目的增人增资、按国家政策接收复转军人和大中专毕业生的增人增资，以及增减成建制划入划出职工的工资等其他增减工资的因素后确定。

第十三条 新实行工效挂钩办法的企业，其工资总额基数以上年劳动工资统计年报中的工资总额为基础，核减一次性补发上年工资、成建制划出职工工资以及各种不合理的工资性支出；核增上年增人、成建制划入职工的翘尾工资以及国家规定的增减工资后确定。

第十四条 挂钩工资总额基数外单列的原材料、燃料、动力节约奖、各种单项奖及其他工资性支出等，应纳入挂钩工资总额基数，具体办法另行制定。

第四章 浮动比例

第十五条 本规定所称浮动比例，是指工效挂钩企业工资总额随挂钩经济指标变化而浮动的比例系数或工资含量系数。

第十六条 企业工效挂钩的浮动比例，根据企业劳动生产率、工资利税率、资本金利税率等经济效益指标高低和潜力大小，按企业纵向比较与企业之间横向比较相结合的方法确定。挂钩的浮动比例一般按1：0.3－0.7核定。少数特殊的企业，其浮动比例经过批准可适当提高，但最高按低于1：1核定。

第十七条 实行工资含量办法的企业，经济效益指标完成核定基数和超过基数一定幅度以内，按核定的工资系数(含量)提取含量工资，超过基数一定幅度后一般按不超过工资系数(含量)的70％提取含量工资。

第十八条 挂钩基数、浮动比例的核定，可以实行“环比”办法，办法每年核定一次；也可以采取“定比”、“工资系数”或“工资含量”法，一定三至五年不变。

第十九条 企业挂钩工资总额应根据企业挂钩效益指标当年实际完成情况，严格按核定的挂钩浮动比例计算提取。经济效益增长时按核定比例增提工资总额，下降时按核定比例减提工资总额。

第五章 工效挂钩的管理

第二十条 劳动、财政部门会同计划等部门对企业工效挂钩实施综合管理，主要职责是：

(1)制定工效挂钩的政策法规和实施办法；

(2)根据国民经济和社会发展对企业的要求及企业的生产经营特点，审核确定企业的挂钩方案；

(3)核定企业挂钩的工资总额基数、经济效益指标基数和挂钩浮动比例，并进行年终工资清算；

(4)监督检查企业工效挂钩的执行情况。

第二十一条 企业工效挂钩的办法，由劳动、财政部门会同有关部门，依据本规定并结合企业的生产经营特点确定。挂钩办法要科学合理、简便易行。劳动、财政部门要积极支持企业探索新的挂钩形式，凡能促进企业改善经营管理、走向市场、提高经济效益和社会效益的挂钩办法，经批准后即可实行。

第二十二条 企业的全部工资性收入应逐步纳入成本管理，实行工效挂钩办法的企业，其工资总额基数和新增工资按有关财务规定在企业成本中列支。

第二十三条 企业要认真编报工资总额同经济效益挂钩方案，按管理体制经劳动、财政部门会同计划部门审核批准后执行。企业挂钩执行情况，应按劳动部、财政部、国家计委统一制定的工资总额同经济效益挂钩年度清算表，依工资管理体制进行清算。企业超过核定比例多提多发工资总额的，劳动、财政、计划部门应予以纠正并扣回。

第六章 附 则

第二十四条 本规定所称国有企业包括工业、交通运输、邮电、地质勘探、建筑安装、商业、外贸、物资、农林、水利、文教、科技等企业、公司以及企业集团。

第二十五条 本规定自发布之日起实行。过去办法与本规定不符合的，按本规定执行。

第二十六条 各省、自治区、直辖市及计划单列市可根据本规定制定具体规定。

第二十七条 本规定由劳动部、财政部、国家计委负责解释。

国办发出关于部分已撤销的国务院非常设机构其原工作移交有关部门承担问题的通知

各省、自治区、直辖市人民政府、国务院各部委、各直属机构：

李鹏总理在八届全国人大一次会议上的《政府工作报告》中宣布：国务院的“非常设机构由八十个减为二十六个”。国务院《关于国务院议事协调机构和临时机构设置的通知》规定，将国务院的非常设机构改称为议事协调机构和临时机构，正式公布了经调整后的二十六个国务院议事协调机构和临时机构名单，其余五十九个非常设机构撤销后，其原工作是否需要移交以及如何移交问题，在国发〔1993〕27号文中已对其中十六个非常设机构的工作移交问题作了安排。经研究，尚需明确其余被撤销非常设机构的工作移交问题，并在审定国务院有关部门“三定”方案时予以调整落实，现通知如下：

国务院税收财务物价大检查办公室撤销后，需要进行检查时，由财政部牵头组织力量；

全国整顿清理书报刊和音像市场工作小组撤销后，工作由新闻出版署承担；

国务院干线飞机研制领导小组撤销后，工作由中国航空工业总公司承担；

全国治沙领导小组撤销后，工作由林业部承担；

全国企事业社团统一代码标识制度领导小组撤销后，工作由国家经贸委管理的国家技术监督局承担；

国家旅游事业委员会撤销后，工作由国家旅游局承担；

国务院物价委员会撤销后，工作由国家计委承担；

全国安全生产委员会撤销后，工作由劳动部承担；

国务院国民经济和社会发展总体研究协调小组撤销后，工作由国家计委承担；

国务院煤炭出口领导小组撤销后，工作由国家经贸委承担；

国务院职称改革领导小组撤销后，工作由人事部承担；

国务院统一着装委员会撤销后，工作由财政部承担；

国务院引进外国智力工作领导小组撤销后，工作由人事部管理的国家外国专家局承担；

国家气候协调小组撤销后，工作由中国气象局承担；

全国农业区划委员会撤销后，工作由农业部承担；

国务院三线建设调整改造规划办公室撤销后，工作由国家计委承担；

全国水资源与水土保持领导小组撤销后，工作由水利部承担；

国家森林防火总指挥部撤销后，工作由林业部承担；

全国控制社会集团购买力领导小组撤销后，工作由财政部承担；

中国地名委员会撤销后，工作由民政部承担；

全国防治牲畜疫病总指挥部撤销后，工作由农业部承担；

国务院高技术计划协调指导小组撤销后，工作由国家科委承担；

国务院清产核资领导小组撤销后，工作由财政部管理的国家国有资产管理局承担；

全国国民经济核算协调委员会撤销后，工作由国家统计局承担；

国务院投入产出调查协调领导小组撤销后，工作由国家统计局承担；

国务院联合清理拖欠税款领导小组撤销后，工作由财政部承担；

全国治理“三乱”领导小组撤销后，工作由财政部承担；

国家机构编制委员会撤销后，工作由中央编委承担。

国务院办公厅

1993 年 7 月 9 日

中共中央政治局候补委员温家宝在北京邀请部分农业专家和省市的负责人座谈

7 月 9 日至 17 日，温家宝先后邀请了 12 位农业专家、10 个省和 10 个县(市)负责农业和农村工作的同志，就农业和农村工作问题进行了座谈。温家宝认真听取了大家的意见并发表讲话。

温家宝指出，在深化改革、加强宏观调控中要高度重视农业问题，进一步稳定农业的基础地位。

温家宝说，稳定农业基础地位，对于解决当前经济生活中的突出矛盾和问题，保证改革开放和经济建设的顺利进行，具有十分重要的意义。这几年，农村经济稳步发展，粮、棉、油、肉、蛋、奶等供应充足，对于经济发展和社会稳定起了极其重要的作用。实践证明，农业稳，人心就稳，社会就稳，改革和建设就有一个稳固的基础。如果农业出了问题，经济生活中的许多矛盾就会更加突出，经济发展和社会稳定就会受到严重影响。因此，在加强宏观调控中，必须采取切实有力的措施，进一步稳定农业的基础地位。各级领导同志一定要高度重视，千万不能掉以轻心。当前，要认真做好中央提出的有关农业的几项工作，坚决做到农副产品收购不打白条，切实减轻农民负担，认真解决粮价和粮食经营放开后的购销贮运问题，努力做好秋季作物的田间管理，力争今年有个好收成。

温家宝指出，贯彻中央的政策措施，深化改革，加强宏观调控，一个重要的内容是调整结构，保证重点，首先是加强农业。加强农业，一是通过整顿金融秩序，制止非法集资和违章拆借，改变农业资金流向非农产业，农村资金流向城市的现象，切实保证农业所需资金。二是通过调整产业结构，压缩过大的基建规模，稳定和适当增加对农业的投入，加强农田水利设施建设，增强农业发展后劲。三是通过保护和支持农业的价格政策，逐步缩小工农产品价格“剪刀差”，提高农业生产比较效益，增加农民收入。总之，通过强有力的宏观调控，合理调整工农业生产的比例，适当提高农业在整个国民收入分配中的比重，促进工农业的协调发展。这是深化改革，调整结构的重要方面。

国家主席江泽民在中南海会见英国外交大臣道格拉斯·赫德

江泽民说，在 80 年代中期，我们两国通过友好谈判签订了中英关于香港问题的联合声明，顺利地解决了香港问题。此后，双方曾有一段良好的合作。但近年来，由于我们不愿意看到的原因，双方在香港问题上的磋商与合作遇到了麻烦和困难。

江泽民说："目前中英正在进行关于香港1994/1995年选举安排问题的会谈，我相信，只要双方站得高、看得远，严格遵循事前商定的三项原则，即中英联合声明、与基本法衔接的原则以及中英达成的有关协议和谅解，会谈就不难达成协议。我相信，阁下这次来访将有助于推动两国的谈判。"

中国政府代表团工作小组和哈萨克斯坦吉尔吉斯斯坦俄罗斯联邦塔吉克斯坦4国政府联合代表团工作小组在北京就双方的边界问题举行第10次会议

第三世界科学院执委会选定中国科技大学为高级研究中心

人民日报报道，中国科技大学地球与空间科学系最近被第三世界科学院执委会选定为高级研究中心。这一决定是由第三世界科学院执行主席默汗默德·汉森于最近电传通知中国科技大学的。

外交部部长钱其琛同英国外交大臣道格拉斯·赫德在钓鱼台国宾馆就香港问题举行会谈

钱其琛说："我同意阁下所说的，你来访正是时候。现在是到了我们俩人对中英两国的谈判予以推动的时候了。刚才有记者问我，对香港是一个政治城市的说法有何看法？我认为，香港是一个很重要的国际经济、金融、航运和贸易中心。保持香港的繁荣和稳定，实现香港回归祖国的平稳过渡，使香港继续保持其重要的国际经济、贸易和金融中心的地位，这是港人最关心的、也是最大的政治。"

钱其琛指出，我们现在的任务就是在中英联合声明、与基本法相衔接的原则和中英过去已达成的协议和谅解的基础上，实现上述目标。要做到这一点，就需要恢复中英双方之间的信任与合作。

钱其琛强调说："现在距香港回归祖国只剩下不到4年的时间了。无论出现什么情况，我们都有决心和能力按时对香港恢复行使主权，实现'一国两制'的构想，保持香港的长期繁荣与稳定。希望中英双方一起沿着联合声明所设计的道路走到底，善始善终，圆满地完成历史所赋予我们的伟大使命。"

外交部副部长姜恩柱、中国驻英国大使马毓真、英国驻中国大使麦若彬等参加会谈。

7月10日

国务院举行第二次全体会议

受国务院总理李鹏的委托，副总理朱镕基主持会议，对国务院各部门的工作提出要求，对贯彻落实好党中央、国务院的重大决策作动员和部署。国务委员、国务院秘书长罗干在会上公布十个中央调查组组成情况。国务院副总理邹家华、钱其琛、李岚清，国务委员宋健、陈俊生等发言。

会议部署贯彻落实党中央、国务院关于加强宏观调控、做好当前经济工作的措施。根据党中央、国务院的决定，会议宣布，将派出十个中央调查组，前往20个省、自治区、直辖市，督促检查各地贯彻落实的情况。

会议认为，在邓小平重要谈话和党的十四大精神鼓舞下，广大干部和群众解放思想，抓住机遇，加快改革和建设的步伐，当前我国经济总的形势是好的。但在发展过程中，在我国经济继续大步前进中，也出现了一些新的矛盾和问题。党中央、国务院对当前经济形势的分析是符合实际情况的，所采取的各项宏观调控措施也是非常必要和正确的。

会议指出，统一全党特别是各地、各部门负责人的认识，是做好贯彻落实工作的关键；加强宏观调控，是当前做好经济工作的迫切任务；整顿金融秩序，是强化宏观调控的主要方面。加强宏观调控，不是实行全面紧缩，而是进行结构调整，根据产业政策调整资金投向，优化产业结构。

会议要求，国务院各部门和各地政府，要认真学习、统一认识，迅速行动，狠抓落实，要加强调查研究，结合本地区、本部门的实际，制订贯彻落实的具体计划和措施；要在贯彻落实中切实安排好下半年的工作；积极正确地宣传党中央、国务院的重大决策；坚持"两手抓"，两手都要硬，要狠抓廉政建设，反对腐败。

会议强调，党中央、国务院为做好当前经济工作，所发布的各项政策和措施，为进一步加快改革开放、建立社会主义市场经济体制提供了非常有利的条件。我们要在以江泽民同志为核心的党中央领导下，振奋精神，真抓实干，以继续保持我国经济高速、稳定、持续地向前发展。

国务委员司马义·艾买提、彭珮云和在北京的国务院全体会议其他组成人员，出席会议。

全国政协全国妇联在北京举行《邓颖超传》《怀念邓颖超大姐》出版座谈会

农业部部长刘江在北京召开的全国农业厅局长工

作座谈会上讲话

会议于10日至12日举行。农业部部长刘江强调，今年下半年各级农业部门要围绕建立农村社会主义市场经济体制的目标，通过扎扎实实的工作，调动农民的积极性，调动农村基层干部的积极性，调动农业科技人员的积极性，争取今年农业生产有一个较好收成，农村经济有一个较大发展，农民收入有较快增长。

刘江在会议结束时强调，当前各地要重点抓好以下几件大事：

一是继续深化农村改革，特别要认真研究流通问题，确保收购农副产品不打白条，切实解决市场放开后粮食的收购、储备、调运等方面的问题；积极推进农村市场体系建设。

二是保证去冬今春以来党中央、国务院出台的各项农业政策落实到位。

三是要认真贯彻《农业法》和《农业技术推广法》，贯彻有关切实减轻农民负担的法规，逐步把对农业的管理纳入法制轨道。

四是要树立抗灾保生产的思想。抓好农业的科研、教育和技术推广工作。

五是大力发展农村二、三产业，要特别重视优化乡镇企业结构，强化科学管理，千方百计提高企业经济效益。

国务院批准中国人民银行作出提高人民币存贷款利率并对3年以上定期储蓄存款实行保值的决定

财政部发布国库券调整利率并实行保值的公告

全国人大常委会副委员长王汉斌在人民大会堂会见以主席刘皇发为团长的香港新界乡议局访京团

国务院副总理朱镕基在中南海会见法国总理特使雅克·弗里德曼

外交部部长钱其琛在钓鱼台国宾馆会见以主席刘皇发为团长的香港新界乡议局访京团

外经贸部新闻发言人就美国政府对来自中国的球墨铸铁管件的反倾销案所作最终裁决发表谈话

1993年7月7日，美国商务部就来自中国的球墨铸铁管件的反倾销案作了最终裁决。终裁宣布对来自中华人民共和国的球墨铸铁管件征收统一的127.38%的反倾销税。同时，美国商务部宣布美方更改其给予中国国有公司单独税率的政策，即在未来的针对中国出口产品反倾销案的裁决中，美方将对中国国有公司给予统一税率。中方对此深表遗憾和关注。美国商务部对于中国国有企业的这种做法是不公正的，也有悖于商务部此前的一贯做法。

众所周知，自1978年以来中国一直实行改革开放政策，对外贸体制进行了多次重大改革。目前，中国已实行政企分开，企业独立自主经营，自负盈亏，企业具有独立的定价权。美国商务部不顾中国的法律与事实采取倒退政策，严重损害了中国国有企业的利益。希望美国政府更改其在球墨铸铁管件案中的做法，给予中国国有企业以公平待遇，为中美贸易的正常发展创造良好环境。

全国清理整顿书报刊和音像市场工作小组扩大会议在北京举行

“世界人口日”纪念大会在北京召开

7月11日

全国农村金融工作会议在北京闭幕

国务院副总理兼中国人民银行行长朱镕基出席会议并讲话。

中国农业银行行长马永伟在会上要求全行严格控制信贷总量，对贷款总量和农业银行的固定资产贷款、乡镇企业贷款计划实行指令性管理，未经批准不得突破；坚决纠正违章拆借资金，各级行的一把手要亲自负责，限期收回；各级行和信用社要严格执行人民银行公布的法定利率，不得在规定的利率水平和浮动的幅度之外收取手续费或变相提高利率；要整顿好自办的“三产”等经济实体，该脱钩的必须在限期内彻底脱钩。今年下半年，在实施加强金融宏观调控措施的同时，各地行社要在保支付的前提下，集中资金优先用于农副产品收购，支持农业生产。

对于全国上下关注的农产品收购资金的供应与管理工作，马永伟再次强调要全力以赴做好，千方百计支持收购企业，决不给农民打“白条”。他提出的几项措施是：继续实行责任制，一级抓一级，哪一级出了问题，就追究哪一级行长的责任；继续坚持政府统一领导，银行、财政、收购企业及主管部门明确责任，联合共保的办法。资金筹集责任制要层层落实，一直落实到基层银行和粮食收购单位。各方负责筹集的资金要千方百计保证按时足额到位；继续搞好农产品收购资金的专户管理。

邓颖超青铜全身塑像在生前母校旧址天津美术学院揭幕

国家教委发布经国务院批准的《关于自费出国留学有关问题的通知》

国家教委发出将自费出国留学人员偿还的高等教育培养费作为“留学回国基金”使用的通知

7 月 12 日

国务院发出关于加强安全生产工作的通知

各省、自治区、直辖市人民政府,国务院各部委、各直属机构:

近年来,我国的安全生产形势十分严峻。今年前几个月,各类事故仍居高不下,重大、特大恶性事故不但没有得到有效控制,反而比一九九二年同期增加许多。同时,职业危害问题也是相当严重的。这种状况,给国家和人民群众的生命财产造成巨大损失,影响改革开放和经济建设的健康发展。为此,国务院要求各地区、各有关部门和单位,必须以对国家和人民高度负责的态度,采取坚决有效的措施,迅速扭转目前安全生产状况不断恶化的局面,特作如下通知:

一、各地区、各有关部门和单位的领导同志,应当充分认识加强安全生产工作的重要意义,进一步增强搞好安全生产的责任感和紧迫感;要加强领导,扎扎实实地贯彻“安全第一,预防为主”的方针,努力抓好安全生产管理责任制和各项法规、制度及措施的落实,要高度重视安全生产中出现的问题,及时研究处理,认真抓紧解决。

二、在发展社会主义市场经济过程中,各有关部门和单位要强化搞好安全生产的职责,实行企业负责、行业管理、国家监察和群众监督的安全生产管理体制。应互相支持配合,共同努力做好安全生产工作,坚决防止发生重大、特大事故,尽量减少一般事故和减轻职业危害。

三、国务院确定,劳动部负责综合管理全国安全生产工作,对安全生产行使国家监察职权,负责安全生产工作法规、政策的研究制定;组织指导各地区、各有关部门对事故隐患进行评估和整改;代表国务院对特大事故调查结果进行批复,根据需要对特大事故进行调查。安全生产中的重大问题由劳动部请示国务院决定。

四、各纸综合管理生产的部门和行业主管部门,在管生产的同时必须管安全,对企业的安全生产工作加强管理,帮助企业解决安全生产方面的实际问题,支持、指导企业搞好安全生产。

五、企业必须坚决执行国家的法律法规和方针政策,按要求做好安全生产工作;要自觉接受国家监察和行业管理,并结合本企业情况,努力克服安全生产中的薄弱环节,积极认真地解决安全生产中的各种问题。企业法定代表人是安全生产的第一责任者,要对本企业的安全生产全面负责。

六、各级政府和各有关部门应充分重视乡镇企业、外商投资企业和私营企业的安全生产工作,对这几类企业加强安全管理,区别不同情况给予必要的指导,提出严格要求,进行经常性的监督检查。同时严格外商投资企业立项审批工作,严禁将职业危害严重和安全可靠性差的项目引入我国。

七、各地区、各有关部门和单位在机构改革和企业转换经营机制过程中,对安全生产工作只能加强,不能削弱,要有机构和人员负责安全生产工作,要增加安全生产的资金投入,用好技措经费,通过技术改造消除事故隐患,改善劳动条件。

八、要加强安全生产方面的法制建设和制度建设,在目前已有法规、制度的基础上,通过总结经验教训,加快安全生产法规、标准和制度的补充、完善。应强调有法必依、执法必严、违法必究,并强调制度的严肃性,对违反制度的必须予以追究,把安全生产工作纳入法制和制度管理的轨道。要进一步做好事故的调查处理工作,事故发生后立即严肃认真地查处,对因忽视安全生产工作,违章违纪造成事故的,必须坚决追究领导人员和当事人的责任,构成犯罪的,由司法机关依法追究刑事责任;要认真吸取教训,提出有效的防范措施,防止事故再次发生。

九、要广泛深入开展宣传教育,增强全体职工的安全意识和搞好安全生产的自觉性。可通过新闻媒介,采取多种有效形式,经常宣传安全生产的重要性及如何搞好安全生产工作。应注意用正反两方面的典型事例并结合企业实际情况,开展生动活泼的宣传教育。同时,应提倡和鼓励广大群众对安全生产工作进行必要的监督。

十、要加强安全培训工作,对所有上岗人员应进行安全生产知识和技能的培训,并根据不同行业特点,运用多种形式和手段,加强对管理干部的安全培训,努力提高全体职工的安全素质。

十一、在安全生产管理中,各级政府及其有关部门要转变职能,认真贯彻《全民所有制工业企业转换经营机制条例》;应注意工作方法和减轻企业负担,到企业检查安全生产工作要按国家规定办事,简化程序,讲求实效。

各省、自治区、直辖市人民政府和国务院各有关部门,应根据本通知精神,认真检查当前安全生产状况,找出存在的问题,尤其要查清事故隐患,提出具体措施加以解决;对一九九二年和一九九三年上半年发生的特大事故,尚未结案的要抓紧处理。请于八月底前将贯彻本通知的情况报送劳动部,由劳动部汇总报告国务院。

国务院

一九九三年七月十二日

《人民日报》发表社论《认清形势 继续前进》

今年以来,我国经济形势总的是好的。广大党员干部和人民群众,以邓小平同志建设有中国特色社会主义的理论为指导,坚持党的"一个中心、两个基本点"的基本路线,认真贯彻落实党的十四大和八届全国人大一次会议确定的目标、任务、方针和政策,解放思想,实事求是,抓住机遇,加快发展,改革开放和经济建设都取得了明显成就。国民经济在去年高速增长的基础上,继续保持着蓬勃发展的势头。农业生产平稳发展,夏粮丰收;工业生产持续高速增长,经济效益继续有所改善;利用外资大幅度上升,外贸进出口继续扩大;第三产业发展加快,城乡市场繁荣活跃,人民生活进一步改善。在看到经济形势是好的同时,也要看到大步前进中出现的一些新的矛盾和问题,有的还相当突出。如金融秩序紊乱;固定资产投资增长过快,结构没有改善;交通、能源等"瓶颈"制约突出。对于这些矛盾和问题,必须充分重视。如任其发展,势必影响经济建设和改革开放的顺利进行。

进一步统一全党全社会对经济形势的认识极为重要。我们应当结合当前实际,积极、全面、正确地理解邓小平同志的重要谈话和党的十四大精神,坚持解放思想和实事求是的原则,对宏观经济形势作出正确判断。由于大家所处的位置不同,掌握的情况不同,对经济形势可能会有这样那样的认识。这是可以理解的。但是,我们是一个统一的社会主义国家,经济是一个整体,根本利益是完全一致的。因此,在行动上要做到眼前利益服从长远利益,局部利益服从整体利益,加强组织纪律性,令行禁止。在工作中,既要抓住机遇,加快发展,又要注意稳妥,避免损失,特别要避免大的损失。切实把注意力集中到深化改革,转换机制,优化结构,提高效益上来。

经济生活中出现的矛盾和问题,根本原因在于经济体制尚未理顺。目前,我国经济发展正处在一个新旧体制转换的关键时期,一方面原有体制缺乏约束和风险责任的盲目扩张投资、竞相攀比速度等问题依然存在;另一方面社会主义市场经济体制尚未形成,宏观调控体系不健全。认识这种深层次的原因,正是我们制定和实行以建立社会主义市场经济体制为目标的各项措施的前提。全党同志特别是党的各级领导干部,必须充分利用当前国内外的有利条件,抓住机遇,加快改革。

好的形势来自改革,巩固和发展好的形势必须深化改革。解决当前经济生活中的矛盾和问题,根本出路是加快建立社会主义市场经济体制。当前,改革已经进入到新的阶段。全党必须以邓小平同志建设有中国特色社会主义的理论为指导,坚持党的基本路线,有计划、有步骤、有重点地积极推进。近期,要在投资、金融和财税体制改革方面有所突破。各地各部门,必须坚决贯彻中央的精神,按照中央的统一部署,协调行动步伐,进一步深化改革。

发展社会主义市场经济必须加强和改善宏观调控。党的十四大明确了市场要在社会主义国家宏观调控下对资源配置起基础性作用。加强和改善宏观调控,是建立社会主义市场经济体制的重要方面,也是深化改革的重要内容。为了巩固和继续发展经济建设的好形势,必须加强和改善宏观调控,中央在调查研究和广泛听取各方面意见的基础上,提出了主要是运用经济手段、法律手段,辅之以必要的行政手段的一系列重要政策措施。采取这些措施是为了优化结构,提高效益,确保经济又快又好地发展,而不是全面紧缩。我们相信,只要全党统一认识,步调一致,坚持党的基本路线一百年不动摇,积极探索,勇于实践,不断总结经验,就一定能提高我们驾驭社会主义市场经济的能力,沿着具有中国特色的社会主义道路继续前进。

中共中央总书记、国家主席江泽民和国务院总理李鹏为中国石化总公司成立10周年题词

江泽民的题词是:"解放思想,真抓实干,努力把石化工业建设成为国民经济的一个支柱产业。"李鹏的题词是:"爱我中华,振兴石化。"

国务院部分部门纠正行业不正之风专项治理工作座谈会在中南海举行

国务委员、国务院秘书长罗干在讲话中提出,加强廉政建设,切实纠正部门和行业不正之风,坚决同各种消极腐败现象作斗争,是人民群众极为关切、事关改革开放大业成败的重大问题。中央国家机关各部门要继续狠抓纠正本行业、本系统的不正之风,务求抓出实效。

座谈会的主要议题是研究中央国家机关各部门,特别是垄断性较强的行业和执法部门,在当前纠风工作中亟待解决的共性问题。

罗干认为,当前行业不正之风的共同特点是利用职权和行业垄断地位巧立名目乱收费,加重企业和群众负担,为小团体和个人谋取私利。他说,值得注意的是,在目前存在的各类不正之风中,有的是钻经济体制转轨时期法制不健全的空子冒出来的,有的是借改革之名出现的，还有的则是作为转变政府职能的措施出台的，如不采取断然措施坚决纠正，势必贻害无穷。

罗干指出，今年下半年纠风工作的重点是，集中力量搞好专项治理，狠刹利用职权和行业垄断谋取私利的歪风。他认为，狠刹行业不正之风，特别是狠刹在垄断性较强的行业和执法部门中业已出现、在有些方面表现得相当普遍、相当严重的歪风，是确保改革开放顺利进行的需要，是维护党和政府的形象与威信的需要，是建立社会主义市场经济新体制的需要。罗干说，不少行业不正之风表现在基层，责任却在领导和领导机关，必须从领导机关特别是领导干部抓起。他要求中央国家机关各部门的各级领导干部率先垂范，带头纠正行业不正之风，使这一工作取得明显成效。

中共中央纪委副书记、国务院纠正行业不正之风办公室主任徐青主持会议，国务院副秘书长李世忠，中纪委副书记、监察部部长曹庆泽以及国家经贸委、国家教委、交通部、邮电部、农业部、国内贸易部、海关总署、中国民用航空总局等部门的有关负责人出席会议。

中央社会治安综合治理委员会在人民大会堂举行全体会议

中共中央书记处书记、中央社会治安综合治理委员会主任任建新主持会议并讲话。中央社会治安综合治理委员会副主任罗干、张思卿、曹志和30多名委员，出席会议。

会议传达中共中央政治局常委会对社会治安综合治理工作的指示。会议提出，各级党政领导要深入领会中央政治局常委会的指示精神，进一步加强对社会治安综合治理工作的领导，严厉打击刑事犯罪活动，坚决扫除社会丑恶现象，全面落实综合治理的各项措施。

会议充分肯定了近几年社会治安综合治理工作的成绩，提出，当前总的来讲，全国社会治安是稳定的，今年1—5月发生重大刑事案件与去年同期比较基本持平。但是，确有不少城市复杂场所、部分农村乡镇和某些铁路、公路线段治安不好，特别是暴力犯罪案件上升幅度较大，人民群众反映强烈，必须引起我们的高度重视。

会议提出，党的十一届三中全会以来，邓小平一再强调要坚持“两手抓”，去年他视察南方时又强调“要坚持两手抓，一手抓改革开放，一手抓打击各种犯罪活动。这两只手都要硬。打击各种犯罪活动，扫除各种丑恶现象，手软不得。”会议强调，社会治安综合治理是一项宏大的社会系统工程，上上下下、各行各业都要重视。根据“谁主管谁负责”的原则，治安责任将纳入各级领导干部的任期责任制，作为连任、晋升、罢免的一个重要条件；对不抓综合治理，治安长期混乱的地方和部门的主要领导和主管领导，要追究责任。

会议认为，目前正在全国范围开展的反盗窃、打拐、禁娼、围歼“车匪路霸”等四个专项斗争，是中央综治委研究了社会治安形势、充分考虑了广大人民群众的要求和有关部门的意见后统一部署的。目前有的地方该动的没有动起来；有的地方劲头不足，抓抓放放，打打停停，效果不明显、不巩固；甚至有的地方想在开禁色情服务、赌博活动等方面跃跃欲试。会议要求各省、自治区、直辖市的党政领导，近期内要对本地区的社会治安情况和综合治理工作进行一次认真的检查分析，根据实际情况，什么治安问题突出就重点解决什么问题，切实采取有效措施，把专项斗争深入有力地开展下去，务必达到预定的目标。

会议强调，开展专项斗争，抓好综合治理，首要环节是加大“严打”的力度，提高“严打”的效果。针对一些地方和执法部门存在的执法不严、打击不力、以罚代刑、地方保护主义等问题，会议提出，加强政法队伍和行政执法部门自身廉政建设，下决心清除内部腐败现象，是严格执法、提高“严打”效果的关键。对那些肆虐一方的流氓盗窃团伙、黑社会势力、车匪路霸和严重暴力犯罪等损害人民利益、破坏社会秩序、危害公共安全的严重刑事犯罪案件，要尽快侦破，坚决依法从重从快惩处。该判重刑的一定要判重刑，该判死刑的一定要坚决判处死刑，毫不含糊。要向党负责，向人民负责，坚决顶住说情风，不论涉及什么人，都要敢于坚持原则，严格依法办事。

全国第三产业普查协调小组在北京成立

小组由国家计委组织，国家经贸委、财政部、公安部、铁道部、国家统计局、国家工商行政管理局、国家税务总局、中国人民解放军总后勤部等单位组成，其主要职责是审定全国第三产业普查方案；协调部委间的各项工作；监督、指导各项普查工作的开展和完成。协调小组办公室设在国家统计局，负责普查工作的全面组织和普查方案的具体实施。

国务院副总理邹家华在北京召开的全国建委主任建设厅厅长会议上发表讲话

邹家华说，今年我国的国民经济总的形势是好的，保持了较快的增长速度，农业方面夏收情况较好，工业生产也在稳定增长。我国的经济在发展中也存在一些问题，但只要及时采取措施加以解决，就能使目前的好形势持续、快速、健康地向前发展。

邹家华还就目前经济领域存在的一些问题以及如何采取措施作了分析。他说，固定资产投资规模过大，以致资金比较紧张，生产资料需求增加，因此价格上扬；交通、运输、电力供应趋紧，通货膨胀的压力加大。虽然这些是前进过程中的问题，但如我们不予足够的重视，不采取切实措施加以解决，就将影响国民经济持续快速健康地发展。

在谈到房地产业的发展状况时，邹家华说：我国房地产业随着国民经济发展有了较大幅度的增长，同时也出现一些问题，如土地供应量过大，开发区过多，投资结构不合理，高档房屋上得过多，房地产市场不够规范，有的地方炒卖房地产现象严重。为了使我国房地产业健康发展，克服新出现的问题，必须加强对房地产业的宏观调控，深化房地产业的改革，引导我国新兴的房地产业健康发展。当前特别要采取措施坚决制止炒卖房地产的现象。邹家华要求建设部牵头，会同计委、工商、税务、土地局等有关单位调查研究，制定相应措施，用经济方法、行政方法、法律方法、政策方法多管齐下，使今后的房地产业走上更加健康发展的道路。

国家主席江泽民在北京会见中国驻外使节并发表讲话

在谈到国内形势时，中共中央总书记、国家主席江泽民说，我国政治稳定、社会安定、经济发展，总的形势是好的。在经济持续高速增长的过程中，也出现了一些新的矛盾和问题，解决这些问题的根本办法是深化改革，尽快建立和完善社会主义市场经济体制。他强调指出，坚持两手抓是社会主义现代化建设的必要保证。在发展社会主义市场经济体制时，必须加强社会主义精神文明的建设，打击各种经济犯罪活动。

江泽民深刻分析了当前的国际形势，充分肯定了这几年的外交工作。他要求外交干部在新的复杂多变的国际形势下，勤于学习，善于学习；加强调查研究，掌握新情况；正确地执行政策，勇于开拓，敢于创新，鼓励大家做出更大的成绩。

外交部于7月7日至12日在北京召开第八次驻外使节会议。李鹏总理专门给会议写信，要求外交工作更好地为我国的经济发展、改革开放和推进祖国统一大业服务。乔石委员长、李瑞环主席分别在会前、会后会见与会使节，国务院副总理兼外交部部长钱其琛在会上作关于国际形势和对外政策的报告。

会见时在座的还有李瑞环、朱镕基、刘华清、胡锦涛、丁关根、李岚清、钱其琛、温家宝、迟浩田、王兆国等。

中央军委主席江泽民签署命令奖励银河—Ⅱ巨型计算机研制者

中央军委和国防科工委最近分别发布通令，给研制“银河—Ⅱ”10亿次巨型计算机做出突出贡献的71名教授、专家、工程技术人员记功：

由中央军委主席江泽民签署的命令为“银河—Ⅱ”总设计师周教授记一等功。“银河—Ⅱ”工程总指挥长陈教授等8名主要技术领头人被记二等功。还有44名技术骨干荣立三等功，18名技术工人也受到记功奖励。

中国科学院兰州冰川冻土研究所所长研究员程国栋当选第七届国际冻土协会主席

李达逝世

原中央顾问委员会委员、中央军委顾问李达因病在北京逝世，终年89岁。

李达，陕西省眉县人。先后任中国工农红军第十七师参谋长兼团长，第六、第二军团参谋长，红二方面军参谋长，八路军第一二九师参谋长、太行军区司令员、晋冀鲁豫军区参谋长、中原军区参谋长、第二野战军参谋长兼特种兵纵队司令员和政治委员。西南军区副司令员兼参谋长，兼云南军区司令员，中国人民志愿军参谋长，国防部副部长兼中国人民解放军训练总监部副部长。中国人民解放军副总参谋长，1955年被授予上将军衔和一级八一勋章、一级独立自由勋章、一级解放勋章，1988年7月被授予中国人民解放军一级红星功勋荣誉章。当选为中共第十、第十一届中央委员，第二、四届全国人大代表，第三届全国人大常委会委员。

7月13日

中纪委监察部在北京召开中央国家机关纪检监察工作座谈会

会议强调，中央各部门纪检监察机关要认真学习、深刻领会中共中央、国务院关于加强宏观调控决策的精神，统一认识，统一行动，加强监督检查，保证贯彻落实。

会议认为，当前，纪律松弛、有令不行、有禁不止的情况相当严重，加强监督检查，对维护党中央、国务院的权威，保证全国政令畅通，推动改革开放和经济建设的稳步健康发展，具有十分重要的现实意义。

会议对中央各部门纪检监察机关加强监督检查工作提出了四项要求：一是在抓监督检查工作方面，中央各部门纪检监察机关要走在前面，起好带头作用；二是要注意抓重点，针对本部门、本系统影响、干扰中央决策措施贯彻落实的主要问题开展监督检查；三是要把加强监督检查工作同查处违法违纪案件、纠正部门和行业不正之风、建立和完善规章制度、加强思想教育等有机地结合起来；四是要向中央纪委、监察部报告开展监督检查工作的情况，今后每半年报告一次，形成制度。

会议指出，查处违法违纪案件，是从严治党治政、惩治腐败的一项重要措施，是严肃执纪的中心环节。中央各部门纪检监察机关要继续把查处违法违纪案件，作为惩治腐败的一项经常性工作抓紧抓好。首先抓好部、委机关内发生的案件，同时注意抓本系统内有影响的典型案件。加强信访举报工作，不断扩大案件线索；建立完善办案责任制，努力提高办案水平。抓紧纠正部门和行业不正之风，进一步搞好党风廉政建设。要在调查研究的基础上，找准本部门、本系统存在的主要问题，有针对性地开展专项治理，抓出成效。

中央各部门纪检监察机关的负责人共 130 多人出席会议。对外贸易经济合作部、广播电影电视部、邮电部等单位负责人在会上介绍他们党风廉政建设的情况和体会。中央纪委副书记侯宗宾，中央纪委副书记、监察部部长曹庆泽出席会议并讲话。

中宣部中组部中央党校中央党史研究室在北京举行薄一波著作《若干重大决策与事件的回顾》(下卷)座谈会

中共中央总书记江泽民对薄一波这部著作的出版十分关注。中共中央政治局常委、国务院总理李鹏致函表示祝贺，贺信说：薄一波根据自己亲身的经历，实事求是地回顾了我党建国后十七年若干重大决策与事件，这对于我们现在进行的改革开放和经济建设事业无疑是有重大的参考价值。以史为鉴，我们可以从本书中学习和理解到我国社会主义建设史上许多重大事件所得到的宝贵经验和沉痛教训，帮助我们能更好地沿着邓小平开创的有中国特色的社会主义道路前进！

党和国家领导人乔石、朱镕基、刘华清、胡锦涛、丁关根和杨尚昆、宋平、薄一波、宋任穷、刘澜涛、余秋里等出席会议。出席座谈会的还有中央和国务院有关部门的负责人及专家、学者。

《若干重大决策与事件的回顾》(下卷)记述了 1957 年至 1966 年上半年党中央关于政治、经济、文化等方面的一些重大决策与事件。这十年，是我们党为探索适合中国情况的社会主义建设道路而经历的一个艰难曲折的时期。作为这一历史过程见证人和若干重大决策参与者，作者采用把个人的回忆和历史文献档案资料结合起来的研究方法，对这一时期的阶级斗争和党内斗争，经济建设，生产关系的变革，党的建设等多侧面，作了实事求是的阐述和分析；在充分肯定成绩的基础上，如实地指出了工作中的失误；尤其对一些重大失误是怎样发生的，党和人民为纠正这些失误又做了哪些艰苦的努力和巨大的工作，以及未能从根本上纠正指导思想上“左”的失误，终于导致“文化大革命”悲剧的原因，作了认真的探讨和令人信服的评说，把一些重要的历史经验经过深刻分析留给了后人。

座谈会由中共中央政治局委员、书记处书记、中央宣传部部长丁关根主持。

中共中央政治局常委、书记处书记胡锦涛在讲话中代表中央政治局常委，祝贺薄一波新著的出版。

全国政协副主席、中国社会科学院院长、中央党史研究室主任胡绳发表长篇讲话。

宋平也在会上发言。

大家发言之后，丁关根请薄老讲话，薄一波说，大家对这本书讲了许多赞扬和鼓励的话，我表示由衷的感谢，但实在不敢当。因为对建国以来党中央的重大决策进行研究，这本书还只是做了一种初步尝试。书中讲到的，只是反映了直到现在我所能了解的情况和认识。我热切期待着同志们的指正。

丁关根最后说，一波的新著给我们的是对历史邃密的思考、对未来殷切的寄望。我们要在以江泽民同志为核心的党中央领导下，认真贯彻邓小平视察南方重要谈话和党的十四大精神，以及十四大以来中央召开的一系列重要会议的精神。我们一定要坚持以邓小平建设有中国特色的社会主义理论武装全党，坚持党的基本路线一百年不动摇，解放思想，实事求是，抓住机遇，珍惜机遇，用好机遇，深化改革，又好又快地发展经济，把建设有中国特色社会主义的伟大事业推向前进。

在座谈会上发言的还有：中宣部常务副部长郑必坚、中组部部长吕枫、中央党校常务副校长薛驹、国务院发展研究中心名誉主任马洪、原中宣部副部长龚育之。

中共中央政治局常委胡锦涛在《若干重大决策与事件的回顾》(下卷)座谈会上发表讲话

同志们：

今天，中央宣传部、中央组织部、中央党校、中央党史研究室在这里召开《若干重大决策与事件的回顾》(下卷)座谈会，我代表中央政治局常委，热烈祝贺薄老这部新著的出版，并表示崇高的敬意！

薄老是我们党的老一辈无产阶级革命家，建国后长期担任党和国家特别是经济战线的重要领导工作，有着丰富的经验。他结合自己的亲身经历，对建国后头十七年若干重大决策与事件进行回顾和研究，不仅把许多珍贵的史料收集和整理出来了，而且把一些重要的历史经验经过深刻分析留给后人，为党和人民做了一件很有意义的工作。他以年逾八旬的高龄，坚持笔耕数年，完成了这一党史著述中独具特色的力作，所表现出来的惊人毅力、高度事业心和崇高革命精神，是感人至深的。

我记得这部书的上卷，是在党的七十周年生日前夕出版的。它一问世，就受到了老、中、青三代读者的热忱欢迎，在社会上引起很大的反响。我曾仔细地拜读过上卷的全部篇章，深感题材重大，史料翔实，立论新颖，价值和分量是很重的。现在这部书的下卷又已问世，我相信它在读者中会继续受到广泛欢迎和高度重视。薄老在上卷中主要是回顾和阐述五十年代初、中期，我们党如何成功地在中国大地上建立起崭新的社会主义基本经济政治制度；在下卷中则主要是回顾和阐述我们党为探索适合中国国情的社会主义建设道路所经历的艰难曲折过程，正因为这段探索有成功也有挫折，其经验教训也就更为宝贵和发人深省。总之，薄老这部长达八十万字的宏篇巨著，无论是在对材料的科学分析和对问题的见解上，还是在实事求是的研究态度和史论结合的研究方法上，对史学界和理论界的同志研究这段历史都会很有启示和参鉴作用，对全党同志和广大读者学习这段历史也都会很有帮助。其教益与功德，当存人们心中。

我们党历来十分重视研究历史。毛泽东同志曾经指出："指导一个伟大的革命运动的政党，如果没有革命理论，没有历史知识，没有对于实际运动的深刻的了解，要取得胜利是不可能的。"在马克思主义指导下，从研究历史经验和把握现实条件中探索与开辟走向成功、走向未来的正确道路，是我们党始终坚持的一项基本原则，也是我们党的工作的一个重要特点。经过延安整风和高级干部的党史学习，认真总结几次"左"右倾错误的教训，全党在毛泽东思想的基础上空前统一和团结起来，坚持走毛泽东同志领导开创的有中国特色的民主革命道路，从而夺取了全国革命的辉煌胜利，建立了新中国。这是马克思主义与中国实际的结合中实现的第一次历史性飞跃。进入全面建设社会主义的时期以后，我们的事业取得了无可否认的成就，但由于缺乏经验等多种原因，我们党在指导思想上发生了"左"的失误，不但未能找到适合中国国情的社会主义建设的正确道路，而且导致了十年"文化大革命"的悲剧，付出了沉痛的代价。党的十一届三中全会以后，经过对建国以来正反两方面历史经验的总结，我国社会主义事业进入了新的发展时期。全党同志坚持党的"一个中心、两个基本点"的基本路线，坚持走邓小平同志领导开创的建设有中国特色的社会主义道路，不断夺取我国改革开放和现代化建设的伟大胜利。这是马克思主义与中国实际的结合中实现的第二次历史性飞跃。薄老的《若干重大决策与事件的回顾》下卷的出版，对于帮助广大干部和群众理解这"第二次历史性飞跃"的历史渊源，无疑是极有裨益的。

当前，我国正处在社会主义现代化建设和新旧经济体制交替的关键时期，总的形势是好的，经济发展保持强劲的势头，各项事业生机勃勃，但前进中也出现了新的矛盾和问题，有的还相当突出。我们能否正确地处理这些矛盾和问题，学会在发展社会主义市场经济的大海中游泳并胜利地到达彼岸，关键在于坚持以邓小平同志建设有中国特色社会主义的理论和党的基本路线为指导，深化改革，加强和改进党的建设。江泽民同志在十四大报告中深刻指出："建设有中国特色社会主义的理论，是马克思主义同中国实际相结合的最新成果，是当代中国的马克思主义，是指引我们实现新的历史任务的强大思想武器。学习马克思列宁主义毛泽东思想，中心内容是学习建设有中国特色社会主义的理论。"对于这件关系我们党的前途和命运，关系国家的繁荣富强和长治久安的大事，全党同志特别是党的高中级干部必须高度重视，必须带头学习好领会好，并且用毕生的精力去躬行实践。

"今天的中国是历史的中国的一个发展；我们是马克思主义的历史主义者，我们不应当割断历史。"在全党深入学习邓小平同志建设有中国特色社会主义理论的时候，薄老这部新著的出版，必将有助于全党同志"以史为鉴"，更好地领会和掌握小平同志的这一理论，并提高用这一理论指导自己的思想和工作的坚定性自觉性，更好地抓住机遇，深化改革，加快发展，集中力量把我国经济建设搞上去，夺取社会主义现代化建设的更大胜利。

最后，衷心祝愿薄老健康长寿！

国务院中央军委调整全国拥军优属拥政爱民工作领导小组成员

组　长：罗　干（国务委员兼国务院秘书长）
副组长：多吉才让（民政部部长）
　　　　周子玉（总政治部副主任）
　　　　胡光宝（中央办公厅副主任）
　　　　李树文（国务院副秘书长）
　　　　龚心瀚（中央宣传部副部长）
　　　　杨衍银（民政部副部长）

领导小组其他成员还有国务院有关部委、解放军三总部、武警总部以及工、青、妇的负责人。

最高人民法院在北京召开部分省市高级法院审理制售伪劣商品犯罪案件工作会议

中共中央书记处书记、中央政法委员会书记、最高人民法院院长任建新在会上发表讲话。

任建新说，近几年来十分猖獗的制售伪劣商品活动，是一个严重危害社会主义经济发展的毒瘤。假冒伪劣商品不仅品种多、数量大、范围广，而且已经形成了一些黑窝点和“产、供、销”一条龙的严重状况。由于伪劣商品充斥市场，恶性泛滥，不仅严重败坏了我国名优产品的声誉，损害了国家、企业以及广大消费者的切身利益，而且严重地阻碍社会主义市场经济的健康发展。伪劣商品流入国外后，还严重败坏了出口商品的信誉和国家的声誉，伤害了流入国人民对我国的友好感情，也严重影响了外贸市场。

任建新要求各级法院的领导，必须根据中央的要求和法律的规定，切实把严惩制售伪劣商品的犯罪活动摆到审判工作的重要日程上来，一把手要亲自抓紧抓好这项工作。各地法院要根据当地具体情况，确定打击重点，适时开展专项“打假”斗争，并注意打掉生产、经销伪劣商品的“黑窝点”和集散地；要充分体现打击力度，对重大的犯罪分子，一定要从严惩处，依法该重判的重判；依法该判处死刑的，要坚决判处死刑，决不能心慈手软，更不能包庇纵容。在依法从严适用主刑的同时，还要充分适用财产刑；不仅要严惩制售假冒伪劣商品的犯罪分子，还要注意严惩与之有关的贪污、受贿行为，特别是以“回扣”手段推销伪劣商品的行为。

开展“打假”斗争，必须坚决反对地方保护主义和部门保护主义，坚决反对“以罚代刑”。凡是生产、经销伪劣商品触犯刑律的，必须依法移送司法机关追究刑事责任，决不允许简单罚款了事。对那些胆敢给“打假”工作设置障碍，对犯罪分子纵容、支持、袒护、包庇的人，不论职务多大，地位多高，都必须严肃处理，轻者要批评教育，严重的要建议有关部门予以党纪政纪处分；触犯刑律的，要依法追究其刑事责任。

最高人民法院副院长刘家琛、国务院“打假办”负责人李传卿也在会上向来自全国13个省区市高级法院的负责人发表讲话。

农业部林业部水利部在北京联合召开贯彻实施《农业法》和《农业技术推广法》新闻发布会

国务委员陈俊生在会上强调，培育和发展农村社会主义市场经济，客观上要求建立和健全相应的法制体系，各地各级政府一定要高度重视法律在指导农村经济中的作用，更多地运用经济和法律手段来指导和管理农业，依靠法律的力量排除农村改革中的阻力，推动农村经济向前发展。

陈俊生说，《农业法》和《农业技术推广法》的制定实施，是一件值得庆贺的大事，它标志着我国以法治农进入了一个新的阶段。“两法”充分肯定了农村改革的成功经验和政策措施，也为农村经济的进一步改革和发展提供了良好的法律基础，一定会得到亿万农民的拥护，也一定会有力地促进农村社会主义市场经济的发展。

陈俊生说，《农业法》、《农业技术推广法》和其他一些农业方面的法律、法规，还不能完全适应农村改革和开放进程的需要。我们一定要进一步加快农村经济立法步伐。当前，各地要以维护国家权威、维护中央权威的高度负责精神来贯彻落实《农业法》和《农业技术推广法》。各地各部门应当立即采取措施广泛深入地宣传这两部法律，尽快地让亿万农民了解这两部法律，遵守这两部法律，并且学会运用这两部法律来发展经济，维护自己的合法权益。

农业部部长刘江、林业部部长徐有芳等有关部门负责人参加会议并讲话。

建设部部长侯捷在全国建委主任建设厅局长会议上讲话

侯捷在会上强调，为了促进房地产业健康发展，当前主要抓好两方面的事，一是加强房地产市场宏观管理，一是对房地产开发经营机构进行全面检查，制止非法炒卖土地行为，防止国家利益流失。

国家正式批准第一汽车集团公司实行国有资产经营管理

第一汽车集团公司为第一批实施国有资产授权经营企业集团。这次国有资产授权经营，将过去国家国有资产管理转给一汽集团公司自主经营和管理，建立集团内部企业之间的产权纽带。

中共中央政治局委员邹家华在内蒙古考察

邹家华13日至20日与国家计委、交通部、铁道部、冶金部、煤炭部和电力部的主要领导，在中共内蒙古自治区区委书记王群、自治区主席乌力吉陪同下，先后考察位于内蒙古东部地区的国家重点建设项目伊敏河煤电工程和地处内蒙古中西部地区的准格尔煤电运建设工程、达拉特电厂建设工程和托克托电厂厂址。

在考察期间，邹家华指出，加强宏观调控，不是全面紧缩，而是产业结构的调整。加强宏观调控，更多地采取经济手段、经济政策和经济立法等方法进行，同时也要采取必要的行政手段。通过调控使资金真正走上合理的轨道进行流动，该保的必须保，对能源交通项目也要排队，不该上的坚决不上，使我们的经济真正走上持续、快速、健康的发展轨道。

邹家华要求企业领导人，特别是负责重点工程的领导干部，要树立社会主义市场经济新观念。要花大力量研究市场、分析市场、预测市场。在考察包头钢铁稀土公司，内蒙古一、二机厂，扎赉诺尔煤矿等大型企业时，邹家华指出：一个地区的发展必须发挥自己的资源优势，实行资源与加工结合，加工与市场结合。既要看到自己的优势，又要看到制约因素，要分析哪些制约因素是可以改变的，哪些制约因素暂时改变不了。项目的选择和排队，要与市场结合，与国家整体规划结合；资金使用要分清轻重缓急，合理调度。目前，国家已有10多个重点建设项目在内蒙古，基本上是煤电能源项目，符合国家产业结构政策，有关部门要从财力和物力上给予大力支持，加快工程建设进度，使工程尽快投产，发挥效益。

全国人大常委会委员长乔石在人民大会堂会见美国奥本哈默公司董事会主席斯蒂芬·罗伯特

中国气象局宣布天气预报和灾害性天气警报均由该局管辖的各级气象台站发布

世界首例人体异体胸腺器官移植在南京军区南京总医院获得成功

主持这一手术的是年轻的胸心外科副主任医师张石江。

中组部中宣部和国家教委发出关于新形势下加强和改进高等学校党的建设和思想政治工作的若干意见

国际奥委会考察报告认为北京申办2000年第二十七届奥运会的工作是现实和扎实的

7月14日

中央党校举行夏季学员毕业典礼

乔石出席中央党校1993年夏季学员毕业典礼。

乔石在毕业典礼上指出，作为执政党的一员，我们每一个同志都应该认识到在社会主义市场经济条件下增强党性锻炼、加强党风建设的紧迫性和重要意义，必须从自己做起，吃苦在前，享受在后，艰苦奋斗，廉洁奉公，坚决同消极腐败现象作斗争。

中央党校1993年夏季毕业学员共900多人。乔石代表党中央祝贺大家圆满完成学习任务。

毕业典礼由中央党校常务副校长薛驹主持。中纪委副书记侯宗宾，中共中央办公厅主任曾庆红，中宣部常务副部长郑必坚，中组部副部长武连元，中央政策研究室副主任肖万钧，中央党校副校长苏星、邢贲思、刘胜玉等，出席毕业典礼。

中共中央总书记江泽民国务院总理李鹏为第一汽车制造厂庆祝建厂40周年纪念大会题词

审计署等5部门联合发出关于加强对新开工项目资金来源审计的通知

根据国务院《关于集中资金保证当前经济工作重点需要的通知》的要求，审计署、国家计委、国务院经贸委、建设部、中国人民银行等5个部门联合发出通知，要求加强对新开工建设项目资金来源的审计。

通知指出，全民所有制单位今年新开工的基本建设、技术改造项目，其资金来源必须按照规定报送审计机关进行审计。未经审计已开工的基本建设项目要限期办理资金来源审计。审计的重点是建设项目的资金是否落实和是否符合国家的有关规定。建设项目资金来源中发现有银行拆借资金、银行投资、以银行贷款作自筹资金、未经批准的社会集资等，均属资金来源不符合国家规定。企业以留用资金和自行筹措的资金从事生产性建设的项目，按照《全民所有制工业企业转换经营机制条例》的规定，应有登记注册的会计师事务所或者审计事务所的验资证明。

通知要求，各级计委、经委、建委和各专业银行与审计机关要相互支持，搞好今年新开工建设项目资金来源审计的工作。凡资金来源未经审计的建设项目，审批建设项目开工机关不予办理开工手续；建委不予核发施工执照；银行不予拨付工程用款。

各级审计机关对政府根据国务院通知的要求决定停、缓建项目，要进行监督，促进停、缓建决定的落实。

国家主席江泽民接受厄立特里亚等四国驻中国大使递交的国书

这四国大使是：厄立特里亚首任驻中国大使厄米亚斯·迪贝塞·希达德，墨西哥新任驻中国大使曼努埃尔·罗德里格斯·阿里亚加，肯尼亚新任驻中国大使詹姆士·希玛尼和坦桑尼亚新任驻中国大使赛义夫·阿里·伊迪。

全国计划生育政策法规工作会议在大连召开

国务委员兼国家计划生育委员会主任彭珮云在会议上指出，在社会主义市场经济条件下，计划生育工作要依法行政，坚持文明执法，“既要抓紧又要抓好”，促进依法管理计划生育迈上一个新台阶。

第三届国务院环境保护委员会组成首次会议通过《全国环境保护执法检查行动方案》

7月15日

国务院发出加强棉花中后期管理努力夺取丰收的紧急通知

国务院近日发出的《通知》说，今年以来，各级政府加强领导，出台了一些扶持棉花生产的优惠政策和措施，棉花的生产形势有了一定好转。但由于去秋预留棉田不足和北方干旱的影响，以及部分地区政策未完全到位，棉农生产积极性不高，今年棉花面积减少的幅度仍比较大。加之以棉铃虫为主的病虫害大发生，目前大部分棉区生产形势相当严峻。当前棉花生产正处在一个关键时期，产棉区各级政府要按照确保面积，加强管理，提高单产的要求，切实抓好生产，夺取棉花丰收。

《通知》指出，棉产区各级政府要进一步加强对棉花生产的领导，要把棉花中后期管理作为农村经济工作的重点来抓，加强棉花生产的宏观指导，组织得力干部深入基层，帮助棉农解决生产、生活的实际困难。要重点保证农用工业所需原料的供应，有关部门要组织好化肥、农药等物资的生产，搞好农用生产资料的供应，要及早筹措收购资金，保证足额收购、不打“白条”。要进一步整顿农业生产资料市场，严禁乱涨价。

《通知》要求，各产棉区对今年已经播种的棉花面积要确保不再减少，抓好每一块棉田的中后期管理，立足抗御各种灾害，杜绝拔棉、毁棉现象，在棉花的中后期管理以及收、储、运等各个环节都要采取有力措施，增产增收。

《通知》说，要继续打好棉铃虫防治战役。据有关部门预测，由于二代棉铃虫残虫基数偏大，三代棉铃虫仍是大发生的趋势。抓好三代棉铃虫防治，是全年棉铃虫防治工作的重点，是夺取全年棉花丰收的关键。各级政府要认真组织，周密部署，精心安排，务必抓好。要充分发挥植保服务组织的作用，做到准确、及时测报，组织好大面积统一防治。必须重视农药的安全使用。

《通知》指出，各产棉区要集中力量抓好七、八月份的棉花田间管理，在提高单产上狠下功夫。各级政府务必采取有力措施，立足抗灾，加强中后期的田间管理。要因地、因苗制宜，实行分类指导，搞好肥水管理，防止棉花脱肥早衰。要落实好棉花丰收计划，努力提高单产。有关棉区要切实做好防御台风、秋雨、早霜等灾害的物质和应变技术措施的准备。各级政府要充分发挥科技人员在科技兴棉中的作用，搞好技术培训和技术指导，把各项增产措施落到实处，夺取今年棉花丰收。

国务院批准国家工商行政管理局发布第二次修订的《中华人民共和国商标法实施细则》

中共海南省委二届一次全会选举阮崇武为省委书记

国家防汛总指挥部总指挥陈俊生检查河南山东两省黄河防汛工作

陈俊生15日至20日和国家防总以及国务院有关部门的人员，检查三门峡水利枢纽工程、小浪底工程、郑州花园口险工、北金堤滞洪区、东平湖水库、洛口险工等十几处黄河防洪的重要工程和中原油田等厂矿企业的防汛抗洪工作。

陈俊生说，目前，黄河已进入主汛期，沿黄地区要充分认识到今年度汛中存在的各种问题，坚决克服麻痹思想和侥幸心理，增强危机感、紧迫感、责任感，立足于早来水、来大水、防大洪、抢大险，确保黄河安全度汛。

陈俊生强调，经济越是发展，越是要注重防汛工作。他说，黄河下游属游荡性河段，河势多变，淤积严重，是典型的地上悬河，防汛任务十分艰巨。他要求河南、山东两省切实加强领导，密切配合，立足于防大汛、抗大洪，团结治水；各有关部门要积极帮助解决防汛抗洪中的问题。

陈俊生要求，沿黄地区要落实以行政首长负责制为中心的防汛责任制，并把防汛工作由领导意识变成群众意识，组织发动群众，进一步检查大堤，加固堤防，整治河道，清淤除障，消除事故隐患，保证河道畅通。要认真组织好群众防汛队伍，严格落实岗位责任制，不能有丝毫懈怠，做到不溃堤、不漫堤，确保不决堤；对破坏黄河防洪设施的要严厉打击。

陈俊生提出，中央和地方共同努力逐步增加对治黄的投入。他还就黄河河口治理、发展滩区经济等问题发表了意见。

《人民日报》就八届全国人大常委会第二次会议通过科技进步法等四部法律发表评论员文章《加快经济工作法制化的进程》

中共中央政治局常委胡锦涛在中南海同出席全国青年星火带头人工作会议的部分代表座谈

胡锦涛指出，当前全国总的经济形势是好的。国民经济在去年高速发展的基础上，继续保持强劲的发展势头。但在前进中也出现了一些突出的矛盾和问题。对这些问题，党中央、国务院高度重视，已经和正在采取有效措施加以解决。我们要按照党中央、国务院的部署和要求，积极、全面、正确地贯彻邓小平谈话和党的十四大精神，坚持解放思想与实事求是的统一，抓住机遇，珍惜机遇，用好机遇，加快改革开放，努力实现国民经济持续、快速、健康发展。

胡锦涛强调，建设社会主义现代化，科学技术是关键。全面振兴农村经济，必须依靠科技进步。推动农村科技进步，需要广大农村科技工作者的艰苦努力，需要群众性科技队伍的辛勤工作，需要广大人民群众的科技实践和劳动创造。

胡锦涛说，青年星火带头人活动是促进农村科技进步、培养跨世纪人才的一项工程。他希望广大农村青年一要树立远大志向。立志改变农村面貌，在发展农村社会主义市场经济，建设社会主义新农村的实践中，充分发挥自己的聪明才智。二要自觉勤奋学习。要用邓小平建设有中国特色社会主义的理论武装自己的头脑。同时要努力学习社会主义市场经济的有关知识，学习文化和现代科学技术，不仅自己要成为学科技、用科技的模范，而且要做好科技的推广普及，把先进的科学技术传播到亿万农民手中，发挥榜样和示范作用，带动更多的人走上科教兴农、科技致富的道路。三要发扬创业精神。继承和发扬艰苦奋斗、勤俭节约、勇于奉献的优良传统，坚决抵制享乐主义、拜金主义、极端个人主义等腐朽思想的侵蚀，努力做"四有"新人，带头树立起良好的社会风尚。

中共中央政治局候补委员、书记处书记温家宝，国务委员、国家科委主任宋健出席座谈会并讲话。温家宝说，在加强农村科技工作中要围绕三点，一是要坚定不移地贯彻科技兴农的战略，二是要以科技为先导，完善服务体系，三是要保持农村科技队伍的稳定。这对于当前的农业生产和今后的农业发展至关重要。

座谈会由共青团中央第一书记李克强主持。座谈会前，胡锦涛、温家宝、宋健等领导会见出席全国青年星火带头人活动工作会议的全体代表，并与他们合影留念。

全国总工会十一届第十八次主席团会议在北京召开

会议主要是讨论修改准备提交中国工会第十二次全国代表大会的主要文件。

全国总工会主席倪志福强调说，这次会议对深入贯彻执行党的十四大精神，进一步贯彻落实党的全心全意依靠工人阶级的方针，充分发挥广大职工的积极性，推进改革开放和社会主义现代化建设，对于做好工会十二大的筹备工作，充分准备条件迎接工会十二大召开具有重要意义。

主席团会议集中讨论修改将提交十二大的文件是：中国工会第十二次全国代表大会工作报告、中国工会章程（修正案）、全国总工会第十一届执行委员会财务工作报告、全国总工会第十一届经费审查委员会工作报告，以及中国工会会徽图案等。

参加这次主席团会议的除主席团成员，还有各省、自治区、直辖市、计划单列市总工会和各全国产业工会，以及全国总工会各部门、直属单位的负责人。

中国轻工总会在北京成立

国务院副总理李岚清出席成立大会并讲话，李岚清说，党的十四大确立了社会主义市场经济的总目标，全国人大八届一次会议原则通过了国务院机构改革方案。在这次机构改革中，党中央、国务院选择职能转变较早的轻工、纺织两个部门作为改革试点，实行与企业脱钩，以便取得行业管理的经验。这次国务院工业部门都必须转向宏观管理，人员也要作较大精简，这也是很大的改革。轻工、纺织两个部门改成总会，退出了国务院政府序列，这绝不是形式的改变，而是一种先导意义的改革，其意义是非常深远的。中国轻工总会会长于珍主持会议并讲话。

外交部发言人吴建民在记者招待会就法国总理特使访问中国等问题答记者问

记者问：法国总理特使访华有何成果？中方有何评论？

发言人答：法国政府总理特使弗里德曼访华期间，朱镕基副总理会见了他，接受了他递交的巴拉迪尔总理致李鹏总理的信；中国外交部、国家计委和外经贸部负责人分别与弗里德曼进行了会谈和会晤，就当前两国关系中存在的困难坦率地交换了意见。法方表示，希望能找到克服当前双方关系困难的办法，重建中法相互信任关系。中方指出，法国前政府不顾中方的强烈反对，批准向台湾出售武器，严重破坏了中法关系的基础。中方希望法国新政府采取切实措施，纠正前政府在对华政策上的错误做法，以使中法关系在建交原则的基础上得到恢复和发展。弗里德曼先生这次访问有助于增进相互了解。

问：美国总统克林顿为亚太经济合作组织高峰会定名为"非正式的领袖会议"。中方是否能接受这一名称？

答：目前对召开亚太经济合作组织领导人经济会议这一问题，中方正在进行认真的研究，并愿听取有关各方的意见。台湾和香港是作为地区经济加入该组织的，它们虽是亚太经济合作组织成员，但并非是主权国家。因此，我们认为，拟议中的亚太经济合作组织领导人经济会议，无论是正式的或非正式的，它们都无权参加。

问:克林顿总统最近在韩国阐述了关于保障亚太安全的政策。中方对此有何评论?

答:我们已注意到克林顿总统的讲话。我们认为,亚太地区总的形势是好的。根据亚太地区特点,可先从多层次、多渠道的对话和磋商做起,采取建立相互信任等措施,继续推动该地区形势朝着和平与稳定的方向发展。

问:最近有报道说中国准备向安盟提供武器,你对此有何评论?

答:此类报道纯系虚构。中国政府一贯支持安哥拉和平进程,主张双方立即停止武装冲突,通过谈判解决争端。中国作为联合国安理会常任理事国,将一如既往地严格遵守安理会关于安哥拉问题的各项决议,支持联合国和国际社会为推动安早日实现和平所作的努力。

中国科学院首次面向全国公开招聘地球物理研究所所长

中国国际合唱节在北京开幕

7月16日

中共中央总书记江泽民在青海考察

江泽民于16日至21日在中共青海省委书记尹克升、省长田成平、兰州军区政委曹芃生的陪同下,在青海西宁、格尔木、互助土族自治县、共和县等地,深入农村牧区,走访农户,看望牧民,并考察一些大中型企业和科研单位。

江泽民对青海在十一届三中全会以来各方面发生的深刻变化和取得的显著成就,表示由衷的高兴。他说,青海改革开放和经济发展的成就的取得,是省委认真贯彻中央的方针政策,立足本省实际,创造性地开展工作的结果,也是全省各族广大干部和人民群众共同艰苦奋斗的结果。江总书记请青海省委转达党中央对青海各族干部群众和从全国各地来青海参加建设的所有工人、军人、知识分子、干部的问候和敬意!

江泽民在考察中强调指出,青海资源丰富,要十分重视资源的开发建设,应通过各种途径和形式,包括大胆引进外资,加快对资源的开发利用,使之成为带动全省经济发展和全面振兴的主导产业。他认为这要成为青海的一个重要发展战略。

江泽民还要求青海要坚持抓好农业和牧业生产,力争尽快实现全省人民的粮食自给,并使牧业发展再上新的台阶。

江泽民在强调要进一步加强民族团结的问题时说,在各民族人民中,团结固则社会安、百业兴,这是一条社会历史发展的定律。在海南藏族自治州和互助土族自治县,热情好客的藏族和土族的干部群众,都以民族的方式热烈欢迎江总书记的到来。当他们向总书记献上一条条洁白的哈达的时候,他总是笑容满面地祝愿少数民族人民吉祥如意,祝愿民族地区的各项事业兴旺发达。

江泽民在考察青海盐湖研究所、青海钾肥厂、青海工程机械厂和正在建设中的格尔木炼油厂时都指出,建国以后,在党和政府的号召下,有一大批优秀中青年从内地从沿海从大中城市来到青海,为青海的经济发展和社会进步,创造了许多卓著的业绩。他们不计个人名利,不贪求生活的安逸,他们是建设社会主义事业的无名英雄。他们建树的业绩是不可磨灭的,他们的艰苦奋斗、无私奉献精神是宝贵的。江泽民希望在改革开放和现代化建设的伟大实践中,能够涌现出更多的不求名利、不图安逸、为党为人民的事业默默无闻地奉献自己一切的无名英雄。

在青海期间,江泽民看望解放军驻青部队指战员、公安干警和武警部队官兵,勉励他们扎根高原,艰苦创业,继续搞好军民团结、军政团结,在维护青海稳定、推进青海的改革和发展中取得更大的成绩。

随同考察的有中央军委委员、解放军总政治部主任于永波,中共中央办公厅主任曾庆红,国家计委副主任甘子玉,农业部部长刘江,中央政策研究室副主任滕文生,国家经贸委副主任俞晓松等。

国家主席江泽民在人民大会堂会见香港特别行政区筹委会预备工作委员会全体委员

江泽民首先向各位被任命表示祝贺,并说,预备工作委员会的成立标志着中国在香港恢复行使主权的准备工作进入一个新的阶段,委员会的任务是十分光荣的,也是繁重的,希望全体委员以"一国两制"总方针为指导,以香港特别行政区基本法和全国人大有关决定为依据,以确保平稳过渡和政权顺利交接及保持香港长期稳定繁荣为目标,团结和依靠广大香港同胞,同心同德,群策群力,做好各项准备工作。

江泽民指出,实现平稳过渡,政权的顺利交接并保持香港的稳定繁荣符合中英两国的长远利益。我希望中英双方能进一步消除障碍,恢复和加强相互的信任与合作,为切实贯彻执行中英联合声明以及双方已达成的各项协议共同努力。

江泽民表示相信,各位委员一定能圆满完成包括香港600万同胞在内的全体中国人民新赋予的神圣使命。

出席会见的还有乔石、李瑞环、朱镕基、荣毅仁、钱其琛、姬鹏飞等。

香港特别行政区筹委会预委会议第一次全体会议在北京举行

全国人大常委会委员长乔石向全体委员颁发任命书并发表讲话。副委员长田纪云主持任命书颁发仪式。

国务院副总理李岚清出席在北京举行的全国加强边地贸易管理工作会议并发表讲话

李岚清在会议上强调:各有关部门都要重视边贸,对于边贸工作中出现的新问题要统一认识,齐抓共管,综合整治,尽快使边贸步入健康稳定发展的轨道。

李岚清指出,改善和加强边地贸易管理,也是实施宏观调控的一个重要组成部分,意义十分重大。各有关部门、省区要切实重视解决边地贸易中存在的问题,严禁生产和销售伪劣商品,对制造和收购出口(或向外国人出售)伪劣商品者要坚决绳之以法。处理好局部利益与整体利益的关系。同时鼓励国有外贸企业进入周边国家开展贸易,发挥主渠道作用。要健全管理法规,完善管理手段,边境省区的边民互市市场应由当地有关部门组成市场管理委员会加强管理。各地工商机关要对我民间贸易较集中的市场强化监督检查,严禁伪劣品上市。李岚清还强调,各边境口岸城市旅行社或旅游公司组织的旅游购物,应规定携带物品的品种和数量,各地商检机构对边境、地方贸易、旅游购物、边民互市的批发贸易出境的商品超出规定的部分,一律进行商检。

中共中央政治局常委朱镕基在贵州考察

朱镕基于 16 日至 19 日在贵州考察时指出,要认真贯彻落实中央关于当前经济工作的重大决策,从整顿金融秩序入手,解决经济发展中出现的问题,促进国民经济持续协调发展。

朱镕基说,贵州省的形势很好,省委、省政府做了大量工作,应该充分肯定取得的成绩。经济工作中出现的一些问题,和中央指出的全国的问题是一样的,突出的表现是资金紧张,主要是由于金融秩序混乱,没有按照优化产业结构的要求把资金用到应该保证的重点上,今年上半年银行存款下降,大量资金拆出省外,拿到沿海去炒房地产,重点建设项目资金到不了位,企业的正常生产也影响一大片。因此只有整顿金融秩序,重点建设项目的资金才能有保证,生产才能搞上去。整顿金融秩序,只靠银行不行,但银行要发挥关键作用。银行系统的职工要时刻牢记金融工作的四项任务,即整顿金融秩序,严肃金融纪律,推进金融改革,强化宏观调控。每一个领导干部和职工都要严格执行全国金融工作会议规定的"约法三章"。我们在全国金融工作会议上已经宣布,前一段工作中发生的问题,凡不触犯刑律的一般违章违纪问题,改了就好,不再追究责任,但全国金融工作会议以后,有禁不止的,要严惩不贷。对目无法纪敢于以身试法的,要严肃处理。

朱镕基指出,贵州要从自己的实际出发,选择好发展的战略重点。要把本省的财力物力和中央给予的支持用到能够充分发挥效益,带动全省经济发展的项目上。对贵州来说,最重要的,一是要发挥资源优势。贵州生产水泥的资源充足,要大力修路,发展交通,把流通搞活,有煤有水可以发展能源工业,有铝矾土等资源可以发展铝和其他原材料工业。二是要发挥当年三线建设形成的军工企业的技术优势,生产市场需要的民用产品,并且带动地方和乡镇企业的发展。三是要发挥贵州人多地少的劳动力优势,发展乡镇企业,不要搞人家早已搞起来的、市场没有销路的低水平重复生产,要利用当地资源,吸收比较先进的技术,生产适销对路的产品,当然也要量力而行。朱镕基说,搞高新技术开发区,一定要千方百计少占耕地,进入开发区的必须是真正的高新技术项目,切忌让一般的加工项目挤占了位置,享受优惠待遇,违背了建立高新技术开发区的初衷。

朱镕基针对贵州省提出的烟叶收购问题指出,烟叶收购必须坚持执行今年 1 月 30 日国务院关于进一步加强烟草专卖管理的通知。计划内按合同收购的烟叶执行国家规定的价格和质量标准;超过国家计划收购的烟叶税金全部上缴中央财政,价格要按规定下浮,只能保本微利。近年来全国烟叶供大于销,大量库存积压,因此既要保护农民利益,又要实行宏观调控,用正确的信息引导农民生产,不然盲目发展,造成积压,导致运输、储存、资金占压等一系列问题,最后还是会使农民受到损失。

中共贵州省委书记刘方仁、副书记王朝文、省长陈士能陪同考察并汇报工作。

上海市国有资产管理委员会成立

上海市委书记吴邦国和上海市长黄菊分别任正副主任。

全国人大常委会委员长乔石在人民大会堂会见印度尼西亚菲律宾马来西亚和新加坡驻中国大使以及泰国公使

全国人大常委会副委员长铁木尔·达瓦买提为团

长的全国人大代表团对吉尔吉斯斯坦塔吉克斯坦土库曼斯坦乌兹别克斯坦和哈萨克斯坦5国进行正式友好访问

全国公安厅局长座谈会在河北省北戴河召开

会议于16日至23日举行。公安部部长陶驷驹说，从总体上讲，公安队伍是一支好队伍。但是在建立社会主义市场经济的新形势下，社会上出现的拜金主义、享乐主义、极端个人主义思潮对公安队伍的冲击和影响也不可低估。当前公安队伍中利用职权以权谋私、贪赃枉法；有令不行、有禁不止；作风粗暴、欺压群众，严重脱离群众；热衷经商办企业和从事第二职业的问题，值得引起高度重视。

陶驷驹指出，公安机关是武装性质的国家执法力量，不同于一般行政机关，一定要严格要求，充分认识新形势下从严治警的重要性、紧迫性，旗帜鲜明地反对腐败，始终保持公安队伍的纯洁性。在当前和今后一个时期，公安队伍建设要以改革为主线，坚持“从严治警、依法治警”，进一步解放思想，更新观念，改革机构，理顺体制，加强管理，健全制度，强化教育，严格纪律，全面发挥思想政治工作的优势，充分调动广大干警的积极性、主动性和创造性，努力建设一支忠诚可靠、训练有素、精通业务、纪律严明、作风过硬，能够统一指挥、快速反应，能够妥善处理重大政治和治安事件的有坚强战斗力的队伍。

全国政协主席李瑞环在人民大会堂会见俄罗斯联邦政府副总理兼国家民族政策委员会主席谢尔盖·沙赫赖

《中国名牌》杂志1993年第2期发表国务院总理李鹏的文章《创造名牌产品提高国际竞争能力》

中国5名高中生在华盛顿举行的第24届国际物理奥林匹克竞赛中获得两块金牌两块银牌和一块铜牌

7月17日

香港特别行政区筹委会预备委员会第一次全会在北京闭幕

预委会主任、国务院副总理钱其琛致闭幕词。

会议决定，预备工作委员会第二次全体会议将于1993年12月在北京举行。

香港特别行政区筹委会预委会副主任鲁平在人民大会堂举行记者招待会重申预委会是工作机构不是权力中心

鲁平说，预备工作委员会仅是一个工作机构，它只是为将于1996年设立的筹备委员会进行准备工作，而不是成为什么权力中心。

鲁平进一步强调了预委会的工作性质。预委会不是权力中心，没有决定权，只是对1997年香港政权的顺利交接和平稳过渡的有关事项进行研究，向全国人大常委会或国务院等部门提出意见和建议，供有关部门参考。预委会也不会取代中英联合联络小组的工作，凡涉及跨越“九七”或有关过渡的问题，原来需由中英联合联络小组讨论的，今后仍然这么做。

有记者提出港人反映意见的渠道问题。鲁平说，港人反映意见的渠道很多，如那里有90多位港事顾问，还有全国人大代表和政协委员。除此之外，随着预委会的成立，将来还会有预委会秘书处渠道，香港各界各阶层人士有什么意见都可以通过这些渠道反映，供预委会进行研究。

在回答记者关于预委会是否还要增加委员名额问题时，鲁平说，这要视情况而定，如果客观情况需要的话，也不排除增加预委会委员名额的可能性。

《人民日报》发表评论员文章《为香港平稳过渡做好前期准备工作》

中国经济效益纵深行组委会在北京举行题为“当前经济形势与提高经济效益”座谈会

首都经济界和学术界的人士在会上指出，当前我们的经济工作要紧紧抓住深化改革、转换机制、优化结构、提高效益这16字上下功夫。

国务委员兼国家体改委主任李铁映出席座谈会。李铁映指出，当前，我国发展与改革总的形势是好的，但在前进中也遇到了一些问题，有些还很突出。为了改善和加强宏观调控，中央采取了一些经济手段、法律手段以及必要的行政手段，调控宏观经济，整顿金融秩序，改善经济结构，保证经济的持续增长。只有抓住机遇，加快改革，才能从根本上解决这些问题。宏观上的这些问题解决好了，也就是最大的提高经济效益。

李铁映说，提高经济效益是加快我国社会主义现代化建设步伐的根本途径，也是我国经济体制改革的一个重要的出发点。改革是社会主义制度的自我完善和发展，从经济体制和经济运行机制根本转换的意义上说，也是中国的第二次革命。改革的目的是为了消除过去在一定条件下形成的中央计划体制的弊端，促进生产力的发展和社会的全面进步，不断增强社会主义的生机和活力。小平同志指出，改革就是要解放生产力。改革搞好了，就有最大的效益。14年的改革实践也充分证明，哪些地方改革开放搞得好，市场机制的作用大，那里的发展就快，经济效益就好，人民生活水平就有较大的提高。

李铁映说，社会主义市场经济体制的提出，使旧体制下面长期难以解决的经济效益低下问题，有了彻底解决的新的历史条件。在新形势下面，对提高整体效益问题，也应进一步解放思想，转变观念，树立一些新的认识：

第一，提高效益不仅是发展问题，也是改革面临的任务。市场经济的一个基本原则，是要让市场在政府有效的宏观调控下面，对资源配置发挥基础性作用。只有通过改革，尽快建立起效率与公平相统一的新体制，才能从根本上解决效益问题。

第二，提高效益不仅是微观问题，更重要的是宏观问题。目前，许多企业效益不高特别是国有企业大面积效益不高，这就不仅是企业内部管理问题，很大程度上是宏观环境问题。因此，不能仅从企业内部管理、产品质量要效益，更重要的是要在宏观上提高对整个国民经济的管理水平，通过科学的产业政策、地区政策，通过优化结构来提高整体效益。经济发展有周期性，但要注意通过宏观调控体系的改革，加强和改善宏观调控，防止经济发生大的起伏。

第三，提高经济效益不仅是生产领域的问题，也是流通领域的问题。十几年来，我们市场体系有了很大发展，对于企业利用价值规律、供求规律和竞争规律，进一步提高效益起到了很大作用。但是，我们的要素市场还比较滞后，市场秩序还没建立起来，这就加大了交易成本，造成了浪费。当前，我们特别要加强产权市场的建设，使国有资产存量能够流动起来。任何一种生产要素，不论是资金、劳动力、房地产、科技成果，还是企业资产，只有流动起来才有效益。

第四，提高经济效益，不要仅盯住亏损企业，更要把注意力放在优势产业、重点企业上。有一些长期亏损的企业、一些夕阳产业，可能要通过引进破产机制、兼并机制来解决。搞活企业，提高效益，并不意味着每个企业都要搞活。只有在竞争中实现优胜劣汰，才能建立起优化的经济结构，才能有更高的效益。

第五，提高经济效益，不仅要注重经济活动，也要注重提高工作效率。提高工作效率，也是提高效益的重要内容。

第六，提高经济效益要注意摆正速度和效益的关系，不是速度越高，效益也就越高。经济生活各方面都搞得很紧张，市场难以发挥正常作用，整体效益就不会好。

李铁映说，提高经济效益涉及体制、机制、技术进步、管理等多方面，需要加强调研活动，认真研究经济生活中的突出矛盾和深层次问题，切实把注意力转移到转换机制、优化结构、提高效益上来。

“中国经济效益纵深行”活动名誉主任薄一波到会看望大家，并发表讲话。他说，当前我们的经济工作就是要紧紧抓住深化改革、转换机制、优化结构、提高效益这16个字。这对于加快经济发展、提高综合国力，是非常重要的。从去年的“中国质量万里行”活动，到目前正进行的“中国经济效益纵深行”活动，都有助于提高和增强我国经济的整体素质。我们要积极表扬质量、效益好的企业，来促使整个经济水平的提高。我预祝这个活动取得更好的成绩。

中共中央政策研究室主任、“中国经济效益纵深行”活动学术指导委员会主任王维澄主持座谈会，马洪、高尚全、王梦奎、陈清泰、马凯、范敬宜等发言。

农业部等六部委联合发出全面落实农业技术推广法进一步稳定农业技术推广体系的通知

农业部、林业部、水利部、人事部、财政部、国家计委等六部委最近发出的通知向各地提出如下要求：

一、各级政府有关部门应全面落实农业技术推广法的有关规定，切实加强对农业技术推广工作的领导，采取有效措施，保持农业技术推广机构和专业技术人员的稳定。改革中要防止农业第一线科技人员的流失。

二、农业技术推广工作是国家对农业实行扶持的一种形式，国家农业技术推广机构向农民推广技术除法律另有规定外应实行无偿服务。国家技术推广机构的经费应由国家财政负担，不能随意搞“脱钩”、“断奶”。经费数额不但不能减少，而且应随着财政收入的增长不断增加。

三、乡（镇）农业技术推广机构是国家农业技术推广机构的组成部分，是国家在基层的事业单位。各级政府有关部门应按照国务院及有关部门的文件精神，继续做好乡（镇）农业技术推广站的定编、定员工作。对乡（镇）农业技术推广机构新充实的人员要切实保证以专业技术人员为主，不得随意安排非专业技术人员。聘用制人员必须经过考试或考核合格方能聘用。

四、乡（镇）农业技术推广机构的管理应坚持条块结合、双重领导的体制，并分清县、乡（镇）两级政府的管理职责，发挥两个方面的积极性。

通知强调，乡（镇）各站的财产属国家（集体）所有，任何部门和单位不得平调。

国家副主席荣毅仁在人民大会堂会见美国前国务卿黑格

大型画册《邓颖超在天津》出版座谈会在天津举行

人民日报社与中国青少年发展基金会在北京联合举行贯彻《中国教育改革与发展纲要》推进“希望工程”实施座谈会

国务院副总理李岚清，全国人大常委会副委员长雷洁琼、吴阶平，中国关心下一代工作委员会主任康世恩以及国家教委、团中央等部门和社会团体的负责人参加座谈会。

“希望工程”受助地区代表、河北省涞源县副县长刘金龙、甘肃省康乐县庄头小学校长马希民介绍“希望工程”在本地区实施后取得的成果。康世恩以及文化界代表王铁成、郁钧剑，教育界代表吴青，社会团体代表王夫棠，企业界代表梁建华等，在会上充满感情地呼吁社会各界对“希望工程”给予更多的支持。团中央书记处第一书记李克强表示，希望工程基金会一定不辜负社会各界的期望，一定要管好用好捐款，希望社会各界监督。国家教委副主任王明达在发言中要求各级教育部门支持“希望工程”。

李岚清说，国家要兴旺发达，关键在人才，人才的培养靠教育。《中国教育改革和发展纲要》是一个很好的文件，关键是要广泛宣传和认真落实。基础教育是教育的基础。中华民族自古以来就有重视教育的传统。两千多年前，管子就说过：“一年之计，莫如树谷；十年之计，莫如树木；终身之计，莫如树人。”我们这一代人不能把这个传统丢了。《纲要》提出“百年大计，教育为本”，就是要我们继承和发扬这个传统，要把教育放在战略地位来抓。

李岚清说，“希望工程”非常有意义。它的意义不仅在于通过捐钱、捐物来支援贫困地区办教育，更大的意义在于唤起了全社会对教育的重视、关心和支持。他要求各级政府进一步支持和推动“希望工程”。他说，只要加强宣传，动员更多的人关心、支持教育，教育事业是大有希望的。他强调，“希望工程”要管好、用好基金，要扩大宣传，让全社会都知道怎样捐助，到哪里捐助。他相信，亿万中国人民都会为支持贫困地区办教育而慷慨解囊。

李岚清说，搞好农村基础教育，要与发展农村经济紧密结合起来，只要农村里有一批年轻有为的人，广大的农民是可以逐步富裕起来的。他呼吁，要加强学生的德育教育，要改进教学方法，与当前的实际情况相结合，既要改进马列主义的教学内容和方法，又要继承和发扬中华民族的优秀文化传统，并认真吸收世界各国的优秀文化遗产，把我们的青年培育成为情操高尚的“四有”新人。

全国人大环资委和国务院环委会在北京联合召开电话会议动员和部署全国环境保护执法检查工作

国务委员、国务院环委会主任宋健在电话会上说，全国相继颁布了一系列有关环境保护的法规，但现在有法不依、执法不严、违法不究的现象还相当普遍；滥捕乱杀、非法倒卖和经营国家规定保护的濒危野生动物现象屡禁不止，一些地区的环境污染、生态破坏和严重危害国家明令保护的宝贵物种的犯罪活动不断加剧。宋健要求各级政府高度重视环境、生态的法制建设，纠正行业不正之风，对违法发放、倒卖、转让各种许可证的行为，要严加处理。各级环境及生态保护部门要切实履行法律赋予的职责。

全国人大环资委主任委员曲格平在电话会上要求各级地方人大和政府把这次执法检查工作当成一件大事抓紧抓好，支持环境保护行政主管部门和其他有关部门依法行政，对执法不力、玩忽职守的机构和个人，要给予整顿和处理。

从今年开始，将对环境保护法、大气污染防治法、水污染防治法和野生动物保护法以及国务院有关环境保护法规执行情况进行检查。由王丙乾、宋健为团长，曲格平、徐志坚为副团长的全国环境保护执法检查总团已经组成。

俞振飞逝世

一代京昆表演艺术宗师、戏曲教育家俞振飞，因病在上海逝世，享年92岁。

俞振飞，从14岁第一次登台演出，到90岁最后一次亮相舞台，为中国戏曲作出了卓越的贡献，1959年6月加入中国共产党，生前任第八届全国政协委员、上海京剧院名誉院长、上海昆剧团名誉团长。

7月18日

中国科学社会主义学会和内蒙古有关单位在呼和浩特联合召开纪念毛泽东诞辰100周年理论研讨会

会议于16日至18日举行。来自全国20多个省、市、自治区的130多位理论工作者、专家、学者参加会议。

全国政协副主席、中国社会科学院院长胡绳出席会议并讲话。他说，毛泽东是位伟大的马克思主义者，正如邓小平所讲的，没有毛泽东，中国革命还在黑暗中徘徊和摸索。他论述了毛泽东的历史功绩后说，在社会主义建设问题上，是照搬照抄苏联的做法，按照苏联现成的路子走，还是探索一条适合中国国情的社会主义建设道路，毛泽东下决心选择了后者，领导全党开始了对中国社会主义建设道路的艰辛开拓与探索。他提出，要从中国的具体国情出发，走自己的道路。邓小平正是继承和发扬了毛泽东这种精神和思想，提出和确立了建设有中国特色社会主义的理论，开创了中国社会主义建设的新时期，这是对毛泽东思想的继承和发展。

理论研讨会的中心议题是毛泽东与科学社会主义。与会者就毛泽东实事求是的思想、毛泽东的新民主主义革命理论、毛泽东社会主义改造理论、毛泽东对中国社会主义建设道路的探索、邓小平建设有中国特色社会主义理论对毛泽东思想的继承和发展等进行了深入研讨。

中国运动员在美国布法罗举行的第 17 届世界大学生运动会上获得 17 枚金牌位居第二

7 月 19 日

国务院总理李鹏签署第 118 号令发布《中华人民共和国归侨侨眷权益保护法实施办法》

现发布《中华人民共和国归侨侨眷权益保护法实施办法》，自发布之日起施行。

总理　李　鹏

1993 年 7 月 19 日

中华人民共和国归侨侨眷权益保护法实施办法

第一条　根据《中华人民共和国归侨侨眷权益保护法》的规定，制定本办法。

第二条　归侨、侨眷的身份，由其户籍所在地的县级或者县级以上地方人民政府侨务部门根据其所在工作单位、街道办事处或者乡、民族乡、镇人民政府出具的证明审核认定；必要时可以由我国驻外国的外交代表机关、领事机关或者归国华侨联合会组织提供协助。

同华侨、归侨有长期抚养关系的其他亲属，其侨眷身份可以由公证机关出具抚养公证后审核认定。

第三条　华侨要求回国定居的，由本人向我国驻外国的外交代表机关、领事机关或者外交部授权的其他驻外机关提出申请，也可以由本人或者经由其国内亲属向拟定居地的市、县公安机关提出申请，由省、自治区、直辖市公安机关按照国家有关规定核发回国定居证明。

第四条　地方人民政府和有关部门对回国定居的华侨，应当按照国家有关规定给予安置。

第五条　中华全国归国华侨联合会及其地方组织按照其章程开展活动，维护归侨、侨眷的合法权益。

归侨、侨眷可以依法组织其他社会团体，进行适合归侨、侨眷需要的合法活动。

归侨、侨眷社会团体的合法权益以及按照其章程所进行的合法活动，受法律保护；其依法拥有的财产，任何组织或者个人不得侵占、损害。

第六条　国家对安置归侨的农场、林场等企业，采取适当措施给予扶持。

国家专项分配给安置归侨的农场、林场等企业的资金和物资，地方人民政府和有关部门应当专项安排、专款专用。

第七条　安置归侨的农场、林场等企业合法使用的国有土地、山林、滩涂、水面及其他自然资源，企业依法享有使用权，其合法权益及其拥有的生产资料、经营的作物、生产的产品受法律保护，任何组织或者个人不得侵占、损害。

安置归侨的农场、林场等企业与其他组织或者个人之间发生土地或者其他自然资源权属争议时，争议各方应当协商解决；协商不成的，依照有关法律、法规的规定处理。

第八条　安置归侨的农场、林场等企业根据实际情况设置学校和医疗保健机构的，地方人民政府在教师、医务人员的配备、培训等方面给予支持和帮助；国家在设备、经费等方面给予扶助。

第九条　归侨、侨眷可以依法以各种形式投资兴办工商企业，其合法权益受法律保护。

归侨、侨眷投资兴办工商企业，投资开发荒山、荒地、滩涂，或者从事农业、林业、牧业、副业、渔业生产，地方人民政府应当给予支持。

归侨、侨眷接受境外亲友赠与的小型生产工具，直接用于工农业生产、加工、维修的，以及经批准进口的优良种苗、种畜、种禽、种蛋，按照国家有关规定办理。

第十条　归侨、侨眷在国内兴办公益事业，地方人民政府和有关部门应当给予支持，其合法权益受法律保护。

归侨、侨眷接受境外亲友赠与的物资，直接用于公益事业的，由举办该项公益事业的组织提出申请，经有关主管部门核准，享受减征或者免征关税的待遇。

第十一条　国家保护归侨、侨眷在国内私有房屋的所有权。归侨、侨眷对其私有房屋，依法享有占有、使用、处分和收益的权利，任何组织或者个人不得侵犯。

第十二条　租赁归侨、侨眷的私有房屋，须由出租人和承租人签订租赁合同，并到房屋所在地的房产管理机关登记备案。租赁合同终止时，承租人应当将房屋退还出租人。

第十三条　国家建设依法征用土地，需要拆迁归侨、侨眷私有房屋的，拆迁单位必须持国家规定的批准文件、拆迁计划和拆迁方案，向县级或者县级以上地方人民政府房屋拆迁主管部门提出拆迁申请，经批准并取得房屋拆迁许可证后，方可拆迁。拆迁单位应当按照国家有关规定给予相应补偿和妥善安置。

第十四条 归侨学生、归侨子女和华侨在国内的子女报考义务教育后的各类学校，地方招生部门应当按照国家有关规定结合本地区实际情况给予适当照顾。

第十五条 国家机关、社会团体和国有企业事业单位招用职工时，在同等条件下，应当优先录用归侨学生、归侨子女和华侨在国内的子女。

归侨学生、归侨子女和华侨在国内的子女组织起来就业和自谋职业的，有关部门应当给予扶持。

第十六条 归侨、侨眷可以申请自费出国学习。

归侨、侨眷具有大学或者大学以上学历申请自费出国学习的，按照国家有关规定给予适当照顾。

第十七条 归侨、侨眷自费出国学习，本人属于在职职工的，自获准离境之日起，可以保留公职一年；属于高等学校在校学生的，其学籍按照国家有关规定办理。

归侨、侨眷自费出国学习学成回国，要求国家安排工作的，可以于距毕业日期半年以前与我国驻外国的外交代表机关、领事机关联系，办理有关登记手续；其工作安排，由国家教育主管部门或者人事部门按照同类同等学力的公派出国学习人员的有关规定办理。

第十八条 侨汇是归侨、侨眷的合法收入，其所有权受法律保护，并依法享受有关免税的待遇，任何组织或者个人不得侵占、克扣、延迟支付、强行借贷或者非法冻结、没收。

第十九条 归侨、侨眷用侨汇购买和建设的住宅，其所有权、使用权受法律保护。

地方人民政府和有关部门对归侨、侨眷使用侨汇建设住宅的，可以在建设用地、建筑材料、施工力量等方面给予照顾。

第二十条 国家依法保护归侨、侨眷与境外亲友的联系和往来，任何组织或者个人不得非法限制和干涉。

归侨、侨眷的通信自由和通信秘密受法律保护，任何组织或者个人不得非法开拆、隐匿、毁弃、盗窃归侨、侨眷的邮件。归侨、侨眷的给据邮件丢失、损毁、内件短少的，邮政部门应当依法赔偿或者采取补救措施。

第二十一条 归侨、侨眷因私事申请出境的，其所在工作单位应当及时提出意见；其户口所在地的市、县公安机关应当自收到出境申请之日起三十日内，偏僻、交通不便地区在六十日内，作出批准或者不批准的决定，通知申请人。

申请人在前款规定期间没有接到审批结果通知的，有权查询，受理部门应当作出答复；申请人认为不批准其出境不符合有关法律、法规规定的，有权向上一级公安机关提出申诉，受理机关应当作出处理和答复。

归侨、侨眷因境外直系亲属病危、死亡或者限期处理境外财产等特殊情况急需出境时，公安机关应当根据申请人提供的有效证明优先办理。

第二十二条 国家机关、社会团体和国有企业事业单位的归侨、侨眷职工和离休、退休、退职的归侨、侨眷职工出境探亲的，按照国家有关规定办理。其所在工作单位和有关部门不得因其正常出境探亲而作出损害其权益的规定。

第二十三条 国家机关、社会团体和国有企业事业单位的归侨、侨眷职工申请出境定居的，其所在工作单位应当在该职工取得定居国（地区）入境签证后，为其办理离职手续，按照国家有关规定发给离职金。

国家机关、社会团体和国有企业事业单位的离休、退休、退职的归侨、侨眷职工出境定居后，应当每年向原工作单位提供一份由我国驻外国的外交代表机关、领事机关出具的或者当地公证机关出具的经我国驻外国的外交代表机关、领事机关认证的本人生存证明，其离休金、退休金、退职金继续发放。

本条第一款和第二款所列职工的工作单位和有关部门不得因其正常出境定居而作出损害其权益的规定。

第二十四条 集体所有制企业事业单位的归侨、侨眷职工和离休、退休、退职的归侨、侨眷职工的出境探亲、定居待遇，由省、自治区、直辖市人民政府参照国有企业事业单位同类人员的待遇，结合本地区情况作出规定。

第二十五条 归侨、侨眷经批准出境探亲或者定居的，可以按照国家有关规定兑换一定数额的外汇；出境定居的，其离职金、离休金、退休金、退职金等可以按照国家有关规定兑换外汇汇出或者携带出境。

第二十六条 我国驻外国的外交代表机关、领事机关根据我国缔结或者参加的国际条约或者国际惯例，保护归侨、侨眷在境外的正当权益。

归侨、侨眷需要在境外处分财产或者接受遗产、遗赠、赠与的，有关部门和我国驻外国的外交代表机关、领事机关应当提供协助，必要时可以接受委托代办有关事宜。

归侨、侨眷在国外有养老金、退休金、抚恤金等需要领取的，我国驻外国的外交代表机关、领事机关应当协助办理有关手续，并接受委托代领代转有关款项。

归侨、侨眷将其在境外的财产调入国内的，按照国家有关规定办理；其财产转换成外汇调入国内的，依法享受有关免税的待遇。

第二十七条 归侨、侨眷的合法权益受到侵犯的，归侨、侨眷有权要求有关主管部门依法处理，或者依法向人民法院提起诉讼。

第二十八条 国家工作人员损害归侨、侨眷权益的，由其所在工作单位或者上级主管机关责令改正或者给予行政处分；情节严重，构成犯罪的，依法追究刑事责任。

第二十九条　省、自治区、直辖市可以根据《中华人民共和国归侨侨眷权益保护法》和本办法以及国家有关规定，制定实施办法。

第三十条　本办法由国务院侨务办公室负责解释。

第三十一条　本办法自发布之日起施行。

全国双拥工作领导小组在北京举行全体会议

会议认为，今年以来，全国军民认真贯彻党的十四大、八届人大一次会议精神，落实纪念延安双拥运动50周年大会提出的各项要求，按照江泽民同志提出的广泛深入持久地开展双拥工作、加强军政军民团结的指示，扎扎实实开展各项活动，双拥工作有了新的发展，形势很好。

会议指出，近年来蓬勃兴起的创建双拥模范城（县）活动，以拥军优属、拥政爱民为基本内容，以加强军政军民团结、促进改革开放和现代化建设为基本目标，对推动双拥工作的深入发展起到了十分重要的作用。对这项利国利军利民的活动，要坚持不懈地抓下去，不断丰富、完善和发展。

国务委员兼国务院秘书长、全国双拥工作领导小组组长罗干主持会议并讲话。

《人民日报》发表社论《把最好的精神食粮奉献给人民》

党的十四大进一步强调社会主义精神文明重在建设的方针。各地区、各部门都在结合实际贯彻落实。精神文明建设总的形势是好的。精神产品的生产呈现繁荣的局面，向社会提供了更多健康有益的精神食粮。

但是，应当看到，精神产品的生产也还存在值得充分重视的问题，就是拜金主义渗透到了精神产品生产之中，有人唯利是图，不顾政治影响，不顾社会效果，甚至制售精神鸦片。这虽然是局部问题，但各级党和政府对此应采取坚决的措施加以解决。这是广大人民群众的强烈愿望，也是继续保持和发展社会稳定、经济繁荣的大好形势的迫切要求。为了推进改革开放和现代化建设，我们要继续坚持解放思想、实事求是的思想路线。但必须明确，解放思想，主要是指从妨碍改革开放、妨碍发展社会主义社会生产力的旧观念旧体制中解放出来，而绝不是像有的人希望的那样，要从坚持四项基本原则中"解放出来"，从社会主义社会应依循的道德规范中"解放出来"。

解决精神产品生产中的问题，必须以建设有中国特色社会主义的理论为指针，进一步坚持为人民服务、为社会主义服务的方向。这是党在新时期对宣传思想工作的基本要求，也是对一切精神产品的基本要求。坚持"二为"方向，要高举建设有中国特色社会主义的伟大旗帜，使精神文明建设紧紧围绕社会主义现代化建设事业而展开。有利于这一事业的，就要积极主动地去弘扬、去歌颂；不利于这一事业的，就要旗帜鲜明地去批评、去反对。在原则问题上，绝不能含含糊糊。要坚持不懈地宣传党的理论、路线和方针政策，宣传社会主义在中国不断前进的生动事实和光明前途，使全体人民群众更紧密地团结起来，振奋起来，为建设有中国特色社会主义而奋斗。

为了坚持为人民服务、为社会主义服务的方向，全面、准确地贯彻执行党的基本路线，对一些重大的是非问题，很有必要加以重申。例如，在改革开放的新时期，还存在不存在时代主题？还要不要强调树立正确的理想、信念、人生观和价值观？进行爱国主义、集体主义和社会主义教育是否必要？对这些问题，我们必须明确地回答：改革开放和现代化建设的伟大实践，既是精神产品要讴歌的时代主题，时代的主旋律，又是精神产品取之不尽、用之不竭的源泉。爱国主义、集体主义、社会主义以及由这些精神而培育出的有理想、有道德、有文化、有纪律的社会主义新人，永远是文艺作品讴歌的主题。反映伟大创业精神的精神产品应该成为我们这个伟大时代的激昂号角、铿锵鼓点。当然，社会生活丰富多彩，人民群众的精神文化需求也日趋多样，文艺的路子要越走越宽，文艺作品在高扬主旋律的同时，也要进一步多样化。江泽民同志最近在一个重要指示中讲到文艺创作时指出："我们的文艺创作，总的来说是要促使人们振奋精神，鼓舞斗志，培养和陶冶人民的高尚情操，为国家的现代化建设做出贡献。当然，也要给人们在工作之余带来欢乐。"这个指示很有针对性，是精神产品生产的重要指导思想。

在社会主义市场经济条件下，精神产品的商品属性日益凸现出来。在这种条件下，怎样处理好精神产品的社会效益和经济效益的关系？我们主张社会效益第一，经济效益和社会效益相统一。对那些具有重大社会效益的精神产品，比如对待民族文化瑰宝，对待文化建设的重点项目，应该给予大力扶持；而对思想糟粕，即使能赚大钱，也要摒弃。正如邓小平同志所指出的："思想文化教育卫生部门，都要以社会效益为一切活动的唯一准则，它们所属的企业也要以社会效益为最高准则。思想文化界要多出好的精神产品。"一切对人民负责的文化艺术工作者，都要认真严肃地考虑自己作品的社会效果。

解决精神产品生产中存在着的问题，首先要靠教育，提高认识，端正方向，真正用建设有中国特色社会主义的理论武装头脑。不能采取简单粗暴的做法。当然教育不是万能的，有些问题，还得用法律和行政法规的手段去解决。法律面前人人平等。合法，受法律保护；违法，受法律制裁。对于大肆制售有害图书报刊和音像制品而触犯刑律的人，要依法惩处，不能姑息迁就，也不能以罚代法。

社会主义精神文明重在建设，精神产品重在繁荣创作，出好作品。实践证明，好作品繁荣起来，才有利于摒弃坏作品。新的时代需要新的作品，新的作品推动时代前进。文化、艺术、新闻、出版和一切从事精神产品工作的同志，要认清形势，明确方向，肩负起重任，充分发挥自己的聪明才智，为崭新的时代引吭高歌，使我们的书刊百花争艳，银屏绚丽多彩，舞台姹紫嫣红，把最好的精神食粮奉献给人民。

全国政协副主席孙孚凌在人民大会堂会见以台湾清华大学教授张一熙为团长的台湾“1993年大陆汽机车洽谈考察团”成员

最高人民检察院发出制止利用检察职权乱收费乱罚款的通知

最高人民检察院最近发出的通知，要求坚决制止利用检察职权乱收费、乱罚款。

通知指出，去年下半年以来，发现有个别基层检察机关极少数检察人员，利用职权，违背法律、政策规定，在检察工作的某些环节上，巧立名目，乱收费、乱罚款。有的收取“初查办案费”、“协查办案费”，有的收申诉案件“受理费”，有的对不起诉、免予起诉或保外就医人员收取“手续费”、“帮教费”或“保证金”，还有极个别的甚至将应逮捕、起诉的案件作罚款处理。这些乱收费、乱罚款的行为，虽然只是发生在个别单位和极少数人员中，但严重地损害了检察机关秉公执法、清正廉明的形象，造成了恶劣的影响。这是新形势下“拜金主义”等腐败现象在检察队伍中的反映，是与国家法律监督机关的性质格格不入的，是完全错误的，必须坚决制止和纠正。

最高人民检察院要求，各地检察机关要认真学习贯彻全国检察长座谈会精神，把全体干警的思想认识统一到严格执法，狠抓办案上来。充分认识到乱收费、乱罚款现象，不仅影响严肃执法，而且败坏检察机关的形象，严重腐蚀检察队伍。要切实进行检查纠正，坚决刹住这股歪风。

省级院和分、州、市院对所属下级院的情况要进行一次调查了解，实事求是地弄清情况。确实存在乱收费、乱罚款的，先要进行自查、自报、自纠，认真清理，尽快予以清退对一时不能清退的，要作出计划，逐步清退。

通知指出，各级检察机关的纪检、监察部门，要加强监督检查，对隐瞒不报或上报不实，甚至坚持不改的，要严肃查处，情节严重的，要追究领导者的责任。

各级检察机关，特别是一些基层院确实存在经费困难、条件艰苦和待遇偏低等问题。各级领导应积极主动地向当地党政部门反映，争取支持。决不允许以此为由乱收费、乱罚款。

国家副主席荣毅仁在人民大会堂会见由12家主要投资机构组成的澳大利亚投资基金经理代表团

国家副主席荣毅仁在人民大会堂会见韩国现代集团名誉会长郑周永及由他率领的访华团

解放军总政治部发出关于全军官兵认真学好《邓小平关于新时期军队建设论述选编》的通知

国家教委发出《关于重点建设一批高等学校和重点学科点的若干意见》(即211工程)

这项被命名为“211工程”的高校建设计划，旨在集中有限资金重点建设、带动高等教育整体水平的提高，全面提高教育质量，推动高等教育管理体制、办学体制和投资机制改革。

“211工程”是一项复杂的系统工程。教委“意见”指出，“211工程”即面向21世纪，用10年或更长一点的时间，重点建设100所左右的大学和一批重点学科点，原来国家教委确定的重点大学不作变动。“211工程”的建设目标特别强调了这对高等教育投资体制的改革，高等学校管理体制的改革和示范作用，促进建立适应社会主义市场经济体制和政治、科技体制改革需要的高等教育新体制。其中心任务是提高高等学校的教育质量、科研水平和办学效益。“211工程”将采取分期分批滚动实施的办法。工程建设所需资金的筹措，采取国家投资和多渠道集资相结合的方式，充分调动各方面的积极性。国家成立“211工程”协调小组，负责工程的宏观决策和指导。工程建设项目的立项，采取专家咨询和行政部门决策相结合的方式进行。立项程序分为预审、预备立项、评审和批准立项等4个主要步骤，按照国家统一部署进行。列入“211工程”的高等学校和重点学科点是国家重点建设项目，实行项目目标管理。

若干意见特别强调“211工程”必须在全面落实《中国教育改革和发展纲要》的基础上进行，中央各部委和地方政府应统筹发展各级各类教育，防止因加强高等教育而削弱其他教育，防止因对重点建设学校和重点学科点的投入而影响其他学校和学科点的正常投入。有关高等学校要按照实事求是原则，做好重点建设工作。

新疆发现两栖类化石新种属

新疆石油管理局勘探研究院古生物室副主任张义杰与他的科研同事在准噶尔盆地东部头烧山地区以东17公里处的西大沟野外地质考察中，于红色泥岩内发现距今约2.59亿至2.52亿年的极为完整的两栖类圆鳞鲵科化石新种属。

海峡两岸携手在西安举办周秦文化学术讨论会

由陕西省考古学会和台湾太平洋文化基金会联合举办的周秦文化学术讨论会，日前在西安举行。大陆和台湾以及美国、德国、日本、俄罗斯、韩国的历史考古专家和学者130多人参加了讨论会。

7 月 20 日

班禅转世灵童寻访领导小组在北京举行第二次会议

会议于20日至23日举行。扎什伦布寺民主管理委员会主任恰扎·强巴赤列活佛主持会议。由西藏自治区和其他藏区的活佛、高僧和知名人士组成的寻访领导小组成员出席会议。

国务委员罗干，全国政协副主席王兆国，全国政协副主席、中国佛教协会会长赵朴初，西藏自治区人大常委会主任热地到会祝贺。

主持寻访认定班禅转世灵童事宜的恰扎活佛向会议通报大师圆寂4年多来，在国务院和西藏自治区人民政府的关怀、指导和帮助下，扎什伦布寺进行寻访准备工作的情况。他说，按照宗教仪轨、历史惯例和班禅大师的经师嘉雅活佛生前的指教，扎什伦布寺顺利地进行了诵经祈祷，朝看神湖，向寺院发放布施，请求各地著名活佛、高僧诵经祈祷、指明预言等佛事活动。会议认为扎什伦布寺为寻访灵童做了大量工作，各项佛事活动圆满、顺利。会议还讨论扎什伦布寺关于开展下一步寻访事宜的意见。

会议希望达赖喇嘛在寻访十世班禅转世灵童这件佛门盛事上，能够尊重藏传佛教的宗教仪轨和历史惯例，尊重藏传佛教界爱国人士和信教群众的选择，尊重中央政府的指导和批准权。恰扎活佛向会议报告说，扎什伦布寺已通过适当方式，向达赖喇嘛通报了班禅转世灵童寻访事宜的情况。班禅转世灵童寻访领导小组和顾问小组于1989年10月组成。第一次寻访会议于1991年4月在北京召开。今年9月十世班禅灵塔落成开光典礼时，将向顾问小组的成员通报第二次会议的有关情况。

海协会欢迎海基会组团访问江浙地区

海峡两岸关系协会致函台湾海峡交流基金会，欢迎他们组团参访江浙地区投资环境，希望他们尽早促成大陆经贸界人士赴台访问、考察。

海峡两岸关系协会的函件说："贵会7月12日关于拟派团参访江浙地区投资环境事函悉。

"我们欢迎贵会再次组团参访江浙地区投资环境，时间与行程容再商量。

"贵会已先后三次组团到过东南沿海、珠江三角洲、长江三角洲等地考察投资环境。我会希望贵会这类考察活动能对两岸经济交流与合作发挥积极作用。"

海峡两岸关系协会致海基会的另一函件说："我会6月8日有关拟组'大陆工商企业界人士访问团'赴台事谅悉。

"我会历来主张加强两岸经济交流与合作，为此，积极筹组大陆经贸界人士赴台访问、考察。以期能为推进两岸经济交流与合作发挥积极作用。我会已为此事三度函达贵会，迄今未获复。希望贵会惠予大力协助，尽早促成此事。"

全国财政工作会议在北京召开

会议的中心任务是贯彻落实党中央、国务院加强宏观调控的决策措施，研究如何严格财税管理，推进财税改革，加强宏观调控，狠抓增收节支，确保完成全年的财政收支任务。

财政部部长刘仲藜在会上介绍说，今年以来，由于经济运行中的矛盾和问题已直接或间接地反映到财政上，使国家财政形势相当严峻。上半年，全国财政收入1645.54亿元，完成年度预算的38.7%，按可比口径计算，仅比去年同期增长3.5%；而全国财政支出达到1618.97亿元，完成年度预算的36.3%，比去年同期增长12.5%。为此，刘仲藜强调，从现在起，各级财税部门必须紧急行动起来，狠抓增收节支，组织收入，堵塞漏洞，控制支出，加强管理，千方百计完成今年国家预算任务，决不能因财税部门自身工作没做好，造成赤字扩大，再给宏观调控增加难度。

刘仲藜指出，要加强税收征管，防止收入流失。下半年税务部门最重要的任务是依法治税，强化征管，特别是对那些难点和顽症，要加大措施的力度和可操作性，把应收的税款及时、足额地收上来。要严格控制税收减免，加强税收的源泉控制，切实改进和加强个体工商户、私营企业、集体企业、三资企业和外贸进出口退税的管理，特别要加强清理欠税的工作。

刘仲藜强调，当前必须抓好国库券的入库工作，各地区、各部门都不得占压国库券库款。刘仲藜指出，下半年各级财税部门还要狠抓能源交通重点建设基金和国家预算调节基金及其他收入的征收管理。他说，近几年国务院出台了一些减免“两金”的措施，它是与规范企业改革和考虑国家财政的承受能力同步进行的，是有计划、有步骤的。各地区、各部门都无权决定“两金”的减免。

刘仲藜强调，下半年各级财政一定要严格控制支出规模，横下一条心，不该花的钱，一分也不能拨。各级财政在支出安排上，一定要首先保证人员工资、价格补贴、重点建设和特殊困难地区的补助支出，其他可以压缩的支出要坚决压缩。各地区、各部门的会议经费，要在预算基础上压缩 20%。各地区、各部门购置办公设备，要严格执行国家下达的控购指标，不得突破。

刘仲藜强调，要保护国有资产权益，防止国有资产流失。当前尤其需要注意一些地方、部门和企业在对外招商引资过程出现的，不按规定对中方资产进行评估或不按评估价值合资。刘仲藜说，对那种牺牲国有资产权益，不计代价的招商引资活动必须禁止。

最高人民检察院发出关于加强查处偷税抗税骗取国家出口退税犯罪案件工作的通知

各省、自治区、直辖市人民检察院，军事检察院：

今年以来，各级检察机关根据高检院的指示，认真贯彻执行全国人大常委会《关于惩治偷税、抗税犯罪的补充规定》，继续把查处偷税、抗税、骗取国家出口退税等犯罪案件作为检察机关为经济建设服务的一项重要工作来抓，取得了明显成效。今年 1—5 月份共受理偷税、抗税、骗取国家出口退税案件 3899 件，立案侦查 2252 件，追缴税款 3503.07 万元。特别值得提出的是，检察机关与税务机关密切配合，查办了“12 · 17”等一批骗取国家出口退税案件，有力地打击了骗取国家出口退税犯罪活动，追缴了大量被骗退税款，并从中发现和查处了一批行贿、受贿、渎职等犯罪案件，收到很好的社会、经济效果。但应当看到，当前偷税、抗税、骗取国家出口退税等犯罪活动仍很猖獗，而检察机关查处偷税、抗税、骗取国家出口退税犯罪案件工作开展得还不平衡，一些地区立案数大幅度下降，税案免诉率高的问题仍较突出。为认真贯彻落实中央对加强宏观调控，做好当前经济工作的重大决策和全国检察长座谈会精神，进一步加强偷税、抗税、骗取国家出口退税等犯罪案件查处工作，现通知如下：

一、提高对查处偷税、抗税、骗取国家出口退税案件工作的紧迫性和重要性的认识。税收是国家财政收入的主要来源，直接关系到国家财政收入的状况。今年 1—5 月，国内财政收入比去年同期下降，财政困难加剧。偷税、抗税和骗取国家出口退税等犯罪活动严重是原因之一。这些造成国家税款的大量流失的状况，如不切实改变，必将使财政更加困难，影响改革开放和经济建设的顺利进行。因此，各级检察机关都要从维护国家利益，严格执法，加强中央宏观调控的高度来认识查处偷税、抗税、骗取国家出口退税犯罪案件工作的重要性，增强责任感和紧迫感，按照检察长座谈会提出的严格执法，狠抓办案的要求，坚决查办偷税、抗税和骗取国家出口退税等犯罪案件。

二、突出重点，狠抓办案。当前查办案件的重点是：偷税、抗税数额大、情节恶劣的重大案件；私营企业、个体户的偷税案件；骗取国家出口退税案件；税务人员徇私舞弊、玩忽职守等犯罪案件。要注意深挖犯罪，对查办税案中揭露出的贪污、行贿、受贿、渎职等犯罪要一并查处。要在狠抓办案上下功夫，各级领导带头查办重、特大案件，推动广大干警积极办案。当前要对受理的重、特大案件，集中力量抓紧查破，起诉一批，严肃处理。形成查办偷税、抗税和骗取国家出口退税犯罪案件的强大声势，同时注意加强宣传教育和预防犯罪的工作。

三、严格执法，坚决纠正有案不查，以罚代刑，以及不按法定条件任意免诉，撤案等不严格执法的问题。当前偷税、抗税案件免诉率过高是一个需要认真解决的问题。要严格掌握法定免诉条件，凡达到处刑标准规定，不具备免诉条件的，都要向人民法院移送起诉。个人偷税 3 万元以上，企事业单位偷税 10 万元以上的案件，免诉要报上一级检察机关审批，个人偷税 5 万元以上，企事业单位偷税 30 万元以上的案件，免诉要报高检院审批。

四、排除阻力，秉公办案。各级检察机关要坚持原则，敢于排除以言代法、以权压法、地方保护主义、部门保护主义以及社会上说情风对办案的干扰。对干扰办案包庇罪犯，构成犯罪的，要坚决从严惩处。上级检察机关要支持下级检察机关秉公办案，必要时，上级检察院可以派人参加办案或把案子调上来直接查办。各级检察机关在办案中，决不能搞利益驱动，决不能充当地方保护主义的工具。对外地要求协助查处的案件，当地检察机关要从大局出发，积极予以配合和协助。

五、大力加强调查研究工作。在社会主义市场经济体制建立和税收体制改革过程中，一些犯罪分子钻政策和法律的空子，进行偷税、抗税、骗取国家出口退税犯罪活动，出现很多新情况、新形式。各级检察机关要大力加强调查研究工作，研究新形势下，偷税、抗税、骗取国家出口退税犯罪的特点和规律，总结新的侦查经验，采取新的对策和方法，坚决打击犯罪活动。同时，在执行政策，法律方面，要注意严格区分罪与非罪、此罪与彼罪的界限，对法律有明确规定的，要坚决按法律规定办；对法律无明文规定的，要多研究，多请示；对钻改革开放空子，破坏社会主义市场经济秩序，侵害国家利益的，不论以什么形式出现，都要坚决查处。

六、要加强派驻税务检察室的工作，充分发挥税检室在查处偷税、抗税、骗取国家出口退税案件中的作用。税检室是检察机关的一个专门业务机构。各级检察院要加强对税检室的领导，决不能撒手不管，任其自流。要加强与税务部门的密切配合，在重大问题上要做到统一认识，协同作战。

根据中央决定，今年要加强税收、财务大检查工作，各级检察机关要做好准备，积极参加，以实际行动，保障中央关于加强宏观调控，做好当前经济工作的重要措施的贯彻落实。

中共中央政治局候补委员温家宝在中国农科院考察

温家宝说，农业的出路最终靠科学技术，发展农业要坚定不移地贯彻科教兴农的战略方针。要继续坚持“面向”和“依靠”的方针，农业科技工作要面向农村，面向农民，面向农业生产；农业生产要依靠科学技术，不断提高科技在农村经济增长中的比重，提高农业劳动生产率和综合经济效益。当前，尤其要重视实用技术的推广应用，加速科技成果的转化，积极发展农村教育，提高农民的科学文化水平，使农业科研、教育和技术推广尽快转到以发展高产优质高效农业为主的轨道上来，加快农业高新技术开发及其产业化。

温家宝强调，要加强农业科学技术的基础研究。基础研究要紧紧围绕农业长期发展的战略目标和当前急需解决的关键问题确定重点课题，并有稳定的队伍和稳定的经费来源。同时，要重视农业实用技术的应用开发，鼓励科技人员投身农业生产主战场，促进科技成果转化为现实生产力。要加强以科技为先导的社会化服务体系建设，围绕产前、产中、产后，为农民提供信息和实用技术服务，提高农业社会化服务的科技含量。

温家宝指出，农村长期形成的农业科技推广队伍，是农业社会化服务体系的重要组成部分，是科技兴农的重要力量。农业科技队伍要稳定，科技推广网络要健全，科技服务体系要完善，这对于当前农业生产和今后的农业发展至关重要。各地一定要认真贯彻落实中央六部委关于稳定农业技术推广体系的通知精神，采取有力措施，切实稳定农业科技队伍。

温家宝最后说，我国广大农业科技人员，是一支有觉悟、有水平、无私奉献、艰苦奋斗的好队伍，几十年来为推动我国农业科技进步事业，发展农业生产力作出了很大贡献。各级党委和政府要关心农业科研工作，切实改善农业科技人员的工作、生活条件，保护和调动他们的积极性和创造性。

国防部部长迟浩田在人民大会堂宴请马里国防部部长迪翁库恩达·特拉奥雷

中国政府代表外交部副部长姜恩柱和英国政府代表英国驻中国大使麦若彬在北京就香港1994—1995年选举安排问题举行第8轮会谈

贺绿汀从事音乐工作70周年庆祝会在北京举行

中共中央总书记江泽民题词祝贺：“谱写生活的强音，讴歌人民的事业。”

贺绿汀1903年7月20日生于湖南邵阳一农民家庭，1931年考入上海国立音乐专科学校。抗日战争爆发后，他参加上海救亡演剧一队，奔赴抗日前线，在山西创作了著名的《游击队歌》。还创作了《牧童短笛》、《嘉陵江上》等作品。

《中国地质图集》等第二代地质矿产图集通过评审

7月21日

全国机构改革工作会议在北京召开

中共中央政治局常委胡锦涛在会上说，机构改革是一项事关社会主义现代化建设全局的战略举措，它既是政治体制改革的紧迫任务，又是深化经济体制改革、建立社会主义市场经济和加快现代化建设的重要条件，也是解决当前在前进中出现的矛盾和问题的现实需要。我们必须从机构改革在我国改革开放和现代化建设总体格局中所处的地位和作用充分认识其重要性和紧迫性。

会议是经党中央、国务院批准召开的。主要议题是贯彻落实中央《关于党政机构改革的方案》和《关于党政机构改革方案的实施意见》；具体部署各级机构改革的步骤和要求；研究机构改革中的一些政策性问题。

胡锦涛主持会议并宣读了李鹏总理为会议写的信。国务委员、中央机构编制委员会副主任罗干在会上作《适应社会主义市场经济的发展，全面推进地方机构改革》的报告。

罗干在报告中说，目前，党中央、国务院的机构改革已进入全面实施阶段，进展顺利，可望在年底前完成。地方各级的机构改革也将进入实施阶段。

罗干说，这次机构改革，不是机构人员简单的撤撤并并、增增减减，是要围绕建立社会主义市场经济的目标，按照政企职责分开和精简统一效能的原则，切实做到转变职能理顺关系、精兵简政提高效率。职能转变不取得实质性进展，企业经营机制难以转换，市场体制难以建立，机构设置和人员配备也不能合理。职能转变在这次改革中具有特别重要的作用，一定要紧紧抓住不放。各地都要根据发展社会主义市场经济的要求，结合本级管理层次的特点，具体落实转变职能的任务。

罗干说，改革中还需要认真理顺中央与地方，以及地方各级机关之间的关系，把必要的集中和适当的分散结合起来。

罗干说，要在转变职能，理顺关系的基础上，大力精简机构和人员。地方各级机构人员精简比例为百分之二十五左右。为了搞好精简，这次改革将根据各地的人口、面积和经济发展水平等因素，对市、县、乡进行分类，在分类的基础上确定机构设置限额，核定人员编制，并实行严格的定编定员。这次党中央、国务院确定的精简任务是硬指标，必须坚决执行，认真完成。

罗干说，机构改革要同干部人事制度、工资制度改革结合起来，在各级机关各部门“定职能、定机构、定编制”之后，推行国家公务员制度，并按照统一规定进行工资制度改革。

在谈到机构改革中遇到的各种情况和问题时，罗干说，“翻牌公司”加剧政企不分、官商不分和以权谋私现象，对于转换企业经营机制、转变政府职能和建立社会主义市场经济体制十分不利；对于各级机关和工作人员廉洁奉公、密切党和政府与人民群众的联系也十分不利。各地对于制止“翻牌公司”的态度要明确，措施要得力。要严格实行政企分开，坚决不搞“翻牌公司”。

罗干说，各地要采取切实可行的措施，妥善安置好机关富余人员。地方各级党政机关干部，是党和国家的宝贵财富，在机构改革过程中，要把精简、安置富余人员与发展生产力结合起来，把促进机关人员走向生产、服务和基层第一线作为主渠道，多层次、多渠道地合理分流人员，发挥这些人员的聪明才智，调动他们的积极性，使他们成为现代化建设的生力军。

罗干强调，为了保证这次改革的顺利进行，各业务主管部门不得通过任何形式干预地方的机构设置和人员配备；各地不准擅自提高机构规格和突击提干，不得借机分钱、分物、用公费到国内外旅游。如有违反，一经查出，要严肃处理。

罗干说，在三年之内完成改革任务，时间是相当紧迫的。地方各级党委、政府要增强紧迫感和责任心，有领导、有秩序地积极推进改革。

中央机构编制委员会委员兼办公室主任宋德福，以及各省、自治区、直辖市、计划单列市编委会的负责人和中央各部委的负责人出席了会议。

司法部在北京举行新闻发布会指出非法集资不受法律保护

司法部常务副部长张秀夫在会上说，严禁律师、公证员为非法金融机构以及未经批准发行股票、债券等非法集资活动提供法律服务。

国务院副总理邹家华在全国土地管理厅局长会议上发表讲话

邹家华指出，随着我国改革开放形势的发展和社会主义市场经济的发展，通过推进土地使用制度改革和住房制度改革，我国的房地产业也在逐步发展，但由于房地产市场的建立和培育还处于初始阶段，加上新旧体制转换的影响，使房地产市场出现的一些矛盾和问题不仅影响房地产市场的规范发展，而且如果不能很好得到解决，还将影响国民经济的健康发展和改革开放的顺利进行。他说，解决目前房地产市场中的矛盾和问题，根本出路在于加快土地使用制度和住房制度的改革。

邹家华指出，当前土地管理方面的主要问题，一是一些地区大量越权批地，多头批地，建设用地供应计划得不到很好的落实。二是国有土地的不合法交易，造成地产市场畸形发展。三是城市规划和土地利用规划严重滞后。四是土地出让价格随意性很大，大量以协议方式供地，给炒卖房地产以可乘之机，使大量国有土地收益流入“炒家”手中。五是有的地方对房地产开发企业管理失控，致使房地产开发企业过多过滥。六是投资结构不合理，建高档宾馆、写字楼、度假村等过多，严重影响了国家资金的正常投向和运作。

邹家华说，加强土地管理，制止炒卖房地产，惩治投机行为必须采取以下十项措施：一要强化建设用地的计划管理。二要严格执行国务院有关文件，土地使用权出让必须由政府垄断。政府对土地出让的垄断，要体现在对土地开发实行统一规划征地、统一开发、统一出让、统一管理上。三要适应房地产市场发展的需要，改革城市规划和土地利用规划。四要尽快改革供地方式。今后，除党政机关办公用地、军事用地、公共公益事业及国家重点扶持的企业等用地外，都要实行出让方式，并以招标、拍卖为主，尽量减少协议出让。五是对成片开发出让土地和开发区建设要严格控制。六要清理检查土地自发交易行为，加强行政划拨土地使用权的管理。七要加强土地估价工作。八要加强土地税（费）征收工作，充分发挥税收在市场中的调控作用。九要加强土地登记工作，通过登记确认权属，不经登记不受法律保护。对未办理登记的土地，政府有权收回。十要强化土地执法监督手段，充分发挥土地监察对调控房地产市场的职能作用。

邹家华最后说，各级土地部门的干部必须加强组织纪律性，遵纪守法，依法办事，令行禁止，执行政策。

最高人民检察院发出关于认真贯彻执行全国人大常委会《关于惩治生产、销售伪劣商品犯罪的决定》等法律的通知

各省、自治区、直辖市人民检察院，军事检察院：

《关于惩治生产、销售伪劣商品犯罪的决定》（简称《决定》）和《科学技术进步法》、《农业法》、《农业技术推广法》已经第八届全国人大常委会第二次会议通过。为贯彻执行好这四部法律，特通知如下：

一、各级人民检察院要组织全体干警认真学习这四部法律，深刻认识这四部法律对建立社会主义市场经济体制、推动改革开放顺利进行的重要意义。要紧密结合检察工作实际，认真贯彻执行这四部法律，为维护社会主义市场经济秩序、保障科技进步、促进科技兴农和农业发展作出贡献。

二、要严格执法，狠抓办案，把查处生产、销售伪劣商品犯罪案件和查处假冒注册商标犯罪案件紧密结合起来，深入开展“打假治劣”斗争。各地要结合实际，抓紧查办一批危害严重、社会影响大的典型案件。对于国家工作人员特别是司法人员、行政执法人员有《决定》第十条情形的，对假冒他人著作权、专利权、发现权、发明权、非法窃取技术秘密，构成犯罪的案件，要坚决依法查办，无论涉及任何人，都要一查到底。在办案中，要严格执法，切实纠正“以罚代刑”的现象。要抓大案要案，决不手软。对查办的重大案件，要及时层报最高人民检察院。对案件的免诉必须严格掌握，要按照最高人民检察院关于免予起诉的有关规定办理。

三、开展“打假治劣”斗争，要坚持打防结合，综合治理。要通过以案释法，开展法制宣传，震慑犯罪。要结合办案，协助有关部门对这类犯罪活动严重的地区和行业进行整顿和治理。当前要采取各种有效方式，大力宣传《决定》，增强广大干部群众的法制意识和与犯罪作斗争的积极性。

四、生产、销售伪劣商品的犯罪活动涉及地多面广，在查处过程中，各地检察机关要克服地方保护主义的影响，加强协作与配合。上级检察院要加强对下级检察院查办案件的领导和支持，加强协调指挥工作。决不允许为保护地方利益而拒绝协助办案。

五、各级人民检察院要加强与法院、公安、监察、工商、质量监督等部门的密切联系，通力合作，在当地党委统一领导下开展“打假治劣”工作。要主动与有关部门协商健全案件移送制度和有关工作协作制度。生产、销售假冒、伪劣商品犯罪活动猖獗的地方，检察机关可主动建议党政领导组织开展“打假治劣”的专项斗争。

六、各地检察院在贯彻执行上述四部法律过程中遇到的问题，请及时报最高人民检察院。

全国打击走私领导小组组长李岚清在北京主持召开全国打击走私领导小组第一次全体会议

李岚清在会上指出，这些年来，在全国打击走私协调小组统一组织和协调下，全国的反走私斗争取得了显著成绩，严厉打击了走私犯罪活动，但当前的反走私斗争形势依然十分严峻，对我国的政治、经济、社会造成的危害不可低估，必须在党中央、国务院的领导下，进一步建立健全各级打击走私工作领导责任制，继续严厉打击走私犯罪活动。特别是要排除阻力，依法严惩那些内外勾结、执法犯法、手段恶劣、危害严重的走私犯罪分子。同时，运用法律的、行政的、经济的、教育的手段，多管齐下，综合治理，刹住走私歪风，打出正气，振奋民心。

李岚清指出，打击走私不仅要海上堵、口岸查，还要在综合治理上下功夫，尤其是要健全法制，管好市场，坚决取缔私货交易，切断私货的销售渠道。要抓好大案要案的查处。与此同时，要开展反走私执法大检查，重点是检查有法不依、执法不严、以罚代刑、以罚代税和违反缉私纪律的情况。

李岚清说，加强反走私斗争需要一支强有力的执法队伍，必须大力加强执法队伍的思想建设、作风建设和组织建设，不断提高执法队伍的战斗力。

美国众议院否决主张取消中国最惠国待遇议案

应东盟常务委员会主席新加坡外交部部长黄根成的邀请外交部部长钱其琛抵达新加坡访问

印度尼西亚人民协商会议和人民代表会议主席瓦霍诺在雅加达会见全国人大常委会委员长乔石

国家体改委财政部世界银行联合在北京举行中国宏观经济研讨会

最近，国家体改委、财政部和世界银行联合举行中国宏观经济研讨会。来自国内外 40 多名专家、学者出席研讨会，探讨保持中国经济增长势头的近期和长期措施。

中国成为世界银行最重要的伙伴之一

来自财政部的消息表明，世界银行在1993财政年度(1992年7月1日至1993年6月30日)对华提供贷款31.72亿美元，创历年来的最高水平。从1980年我国在世行席位恢复起，至1993年6月30日，世行执董会已批准了127个中国项目。中国已成为世界银行最重要的合作伙伴之一。

国务院中央军委批转民政部劳动部解放军总参谋部《关于退伍义务兵安置工作随用工单位改革实行劳动合同制的意见》

各省、自治区、直辖市人民政府、国务院各部委、各直属机构、各大军区、省军区、集团军、军委各总部、各军兵种、军事科学院、国防大学：

国务院、中央军委同意民政部、劳动部、总参谋部《关于退伍义务兵安置工作随用工单位改革实行劳动合同制的意见》，现转发给你们，请认真贯彻执行。

退伍义务兵的安置工作，政策性强，关系到社会和部队的稳定。各级人民政府、各有关部门要从巩固国防，支持部队建设，维护改革和稳定的大局出发，严格执行有关法律、法规和解决工作中出现的新情况、新问题，确保退伍安置工作的顺利进行。

国务院
中央军委
1993年7月21日

关于退伍义务兵安置工作随用工单位改革实行劳动合同制的意见

国务院、中央军委：

一九八六年国务院发布改革劳动制度等四个规定后，经国务院、中央军委批准，对符合安排工作条件的退伍义务兵仍实行固定工制度。一九八七年十一月，国务院在讨论通过《退伍义务兵安置条例》时又强调“从国防建设和经济建设的大局出发，对退伍义务兵安置的优待政策不变”，并指出“从用工制度改革的方向看，在退伍义务兵的安置工作中，将来最终也要实行合同制，由于这个问题比较复杂，涉及面广，必须有计划、有步骤地进行，逐步过渡”。几年来，对符合安排工作条件的退伍义务兵实行固定工制度，为稳定部队、促进征兵、巩固国防起到了积极作用。但是，随着国家经济体制改革的不断深化，特别是国务院发布《全民所有制工业企业转换经营机制条例》后，企业劳动用工制度发生了变化，改革了固定工制度，逐步实行全员劳动合同制。如继续对退伍义务兵实行固定工制度，致使企事业两种用工制度并存，则难以适应企事业改革发展的需要。因此，改革退伍义务兵固定工制度势在必行。用工制度的改革，必须有与之相适应的优待政策。

本着既要有利于国家经济建设，又要有利于国防建设的原则，经研究，现就符合安排工作条件的退伍义务兵实行劳动合同制等问题提出如下意见：

一、随用工单位改革实行劳动合同制。凡分配到实行全员劳动合同制企事业单位的，可实行劳动合同制；对分配到尚未实行全员劳动合同制企事业单位的，仍按现行规定执行。

二、依法保障退伍义务兵的第一次就业。符合安排工作条件的义务兵退出现役后，仍按《中华人民共和国兵役法》和《退伍义务兵安置条例》的规定，由当地政府负责安排工作，实行“按系统分配任务，包干安置”的办法，保证退伍义务兵的第一次就业。同时，对自愿到劳务市场竞争就业和自谋职业的应予支持和鼓励。各级政府的安置部门要根据企事业单位的实际情况，合理制定安置计划，各级劳动部门要积极予以协助；各部门、各企事业单位对当地政府分配的任务，要作为一项应尽的国防义务保证完成、不得拒绝。

三、在签订合同、培训等方面给予优待。分配到实行全员劳动合同制企事业单位的退伍义务兵，与用工单位签订无固定期限合同。如退伍义务兵自愿签订有期限合同，则应当允许。在合同期内，用工单位不得随意辞退。鉴于义务兵在部队服役几年，退伍后转换职业需要有一个适应过程，因此应给予一年以上熟悉业务、技术的时间。在此期间内，接收单位不得以优化劳动组合为由使其离岗，应组织他们进行技术培训，提高他们的劳动技能；退伍义务兵的工资、福利和其他待遇不得低于他们入伍时参加工作的同工龄、同工种职工的平均水平；退伍义务兵自愿终止合同或合同期满后需要再就业时，劳动部门在同等条件下，应优先介绍就业。

四、妥善安置伤病残退伍义务兵。对按国家政策规定需要安排工作的伤病残退伍义务兵，中央和地方各企事业单位要按照《退伍义务兵安置条例》、《军人抚恤优待条例》和《国务院、中央军委批转民政部、总参谋部等部门关于进一步做好伤病残义务兵退伍和安置工作意见的通知》(国发〔1992〕4号文件)精神，自觉接受当地政府分配的安置任务，为伤病残退伍义务兵安排力所能及的工作，他们的工资、福利和其他待遇应视同本单位因公致残的职工，无特殊理由不得辞退。对拒不接收伤病残退伍义务兵的单位，当地政府要依法追究其领导者的责任。

五、妥善解决养老、待业保险、住房等待遇。退伍义务兵的军龄连同待分配时间应一并计算为所在单位的连续工龄和待业、养老保险投保年限，并在工资、住房和其他方面享受同工龄、同工种职工待遇。

六、加强领导，做好思想政治工作。退伍义务兵的安置工作，事关社会的稳定和部队的稳定，政策性强，各级政府要切实加强对这项工作的领导，严格执行政策规定，及时研究和解决工作中出现的新情况、新问题。各部队要加强宣传教育，认真做好服现役战士的思想工作，教育他们理解改革、支持改革，顾全大局，安心服役，退役后自觉服从政府的安排。退伍义务兵回到地方后，各级政府及安置部门也要进行这方面的宣传教育。有条件的地区，可由政府拨出专款，对待分配期间的退伍义务兵进行培训，提高他们的就业能力。各有关部门要积极支持和协助安置部门共同做好安置工作，帮助退伍义务兵解决工作、生活中的实际问题，为他们提供良好的服务。

以上意见如无不妥，请批转各地、军队各单位贯彻执行。

中央军委批转解放军总后勤部制定的《关于加强军队财经管理的意见》并发出通知

中国 4 名中学生在意大利佩鲁贾举行的第 25 届中学生国际化学奥林匹克比赛中获得 2 枚金牌和 2 枚银牌

湖北英山发现毕昇墓碑

湖北省文物工作者在对英山县发现的毕昇墓碑进行半年多的研究后，最近确认这块墓碑确属活字术发明者毕昇的墓碑，从而使这位我国古代“四大发明”之一的发明者的生平终于得到纪实。

7 月 22 日

中办国办发出关于涉及农民负担项目审核处理意见的通知

各省、自治区、直辖市党委和人民政府，各大军区党委，中央和国家机关各部委，军委各总部、各军兵种党委，各人民团体：

减轻农民负担不单纯是经济问题，而且是政治问题。它关系到国民经济的发展和农村乃至全国的政治稳定。为加强农业的基础地位，保护农民利益，切实减轻农民负担，调动广大农民积极性，经党中央、国务院批准，现将涉及农民负担项目审核处理意见通知如下：

一、关于中央和国家机关有关文件涉及农民负担的项目

(一)取消 37 项：

1. 农村宅基地有偿使用收费(国家土地管理局)；

2. 农村宅基地超占费(国家土地管理局)；

3. 土地登记费在农村(包括集体经济组织、农户和国有农场，下同)收取的部分(国家土地管理局)；

4. 治安联防费在农村收取的部分(公安部)；

5. 中华女子学院在农村的集资(全国妇女联合会)；

6. 农民看电影集资(广播电影电视部)；

7. 农村改水集资(卫生部)；

8. 农村改厕集资(卫生部)；

9. 农村鼠防集资(卫生部)；

10. 血吸虫病防治集资(卫生部)；

11. 乡村医疗卫生机构建设集资(卫生部)；

12. 农村办电集资(水利部)；

13. 基本农田建设集资(国务院贫困地区经济开发领导小组办公室)；

14. 农村教育集资，除校舍确属危房改造，经省级农民负担监督管理部门会同计划、财政部门审核批准后，定项限额，方可执行，其他一律暂停或取消(国家教育委员会)；

15. 农村水电建设基金(水利部)；

16. 县乡两级农村水利建设发展基金(水利部)；

17. 村镇规划建设管理费(建设部)；

18. 乡镇船舶管理费(交通部)；

19. 乡镇级管电组织维护管理费(电力工业部)；

20. 农机管理费(农业部)；

21. 渔船渔港管理费(农业部)；

22. 林政管理费(林业部)；

23. 林区管理建设费(林业部)；

24. 乡镇集体和个体矿管费(地质矿产部)；

25. 水利工程修建维护管理费(水利部)；

26. 建设用地规划许可证费在农村收取的部分(建设部)；

27. 房屋所有权登记费在农村收取的部分(建设部)；

28. 长江干线航道养护费对从事农业生产的船舶收取的部分(交通部)；

29. 内河航道养护费对从事农业生产的船舶收取的部分(交通部)；

30. 森林资源更新费(林业部)；

31. 绿化费在农村收取的部分(林业部)；

32. 乡村医生补助(卫生部)；

33. 农业广播学校学员误工补贴(农业部)；

34. 农村集体电话杆线设备更新费(邮电部)；

35. 乡镇以下广播网络维护费(广播电影电视部)；

36. 乡镇文化站经费由集体和农民交纳的部分(文化部)；

37. 农民集资办的电视差转台频率占用费(国家无线电管理委员会)。

涉及以上项目的有关文件规定，自本通知发布之日起同时废止。

（二）暂缓执行2项：

水资源费和河道工程修建维护管理费在农村收取的部分。这两个项目缓收5年。缓收期满后，由主管部门向农业部、国家计委、财政部提出申请，经审核批准后，方能执行。

（三）需要修改的17项：

1. 婚姻登记费（民政部）；

2. 公路养路费（交通部）；

3. 渔业船舶检验费（农业部）；

4. 农机监理规费（农业部）；

5. 乡镇企业管理费（农业部）；

6. 土地管理费或称征地管理费（国家土地管理局）；

7. 公路运输管理费（交通部）；

8. 集市贸易市场管理费（国家工商行政管理局）；

9. 个体工商户管理费（国家工商行政管理局）；

10. 个体工商户登记费（国家工商行政管理局）；

11. 无线电管理费（国家无线电管理委员会）；

12. 渔业资源增殖保护费（农业部）；

13. 黄渤海、东海、南海区渔业资源增殖保护费（农业部）；

14. 黄渤海对虾资源保护增殖基金（农业部）；

15. 畜禽及畜禽产品防疫费（农业部）；

16. 畜禽及畜禽产品检疫费（农业部）；

17. 计划外生育费（国家计划生育委员会）。

对涉及以上收费项目的文件，要分别就项目名称、收费范围、收费标准、管理办法等进行修改，并取消所有项目的层层上解部分，相应核减收费标准。修改后的文件要由国家计委、财政部、农业部共同审核并联合发文，方可继续执行。修改后的项目要逐一向社会公布，接受社会监督。

（四）需要纠正有强制、摊派和搭车收费行为的14项。

各地区和有关部门在农村开展社会养老保险和其他各类保险、报刊发行、农村承包合同公证、粮食购销合同公证、水文专业有偿服务、气象专业服务、土壤肥料测试、“希望工程”募捐等项工作，都要坚持自愿原则，要坚决纠正上述各项工作以及畜禽防疫收费中的强制摊派行为，并按此原则相应修改有关文件。坚决纠正在婚姻登记、中小学杂费、农村户籍管理、个体工商登记以及其他一切收费环节上的“搭车收费”行为。车辆通行费只限于在贷款和集资修建的路段和桥梁收取，除此以外的车辆通行收费坚决取消。

（五）可以继续执行的29项：

1. 居民身份证费（公安部）；

2. 户籍管理证件工本费（公安部）；

3. 出海船舶户口簿、船民证费（公安部）；

4. 公安交通管理收费（公安部）；

5. 重大和特大交通事故处理费（公安部）；

6. 乡镇法律服务费（司法部）；

7. 劳动合同鉴证费（劳动部）；

8. 劳动争议仲裁费（劳动部）；

9. 职业安全卫生检验费（劳动部）；

10. 矿山安全卫生检验费（劳动部）；

11. 乡镇煤矿矿井安全生产条件合格证费（劳动部）；

12. 水路运输管理费（交通部）；

13. 河道采砂管理费（水利部）；

14. 水利工程水费（水利部）；

15. 水土流失防治费（水利部）；

16. 国内植物检疫费（农业部）；

17. 渔业船舶登记费（农业部）；

18. 海洋渔业船舶船员考试发证费（农业部）；

19. 农作物种子检验费和生产经营许可证费（农业部）；

20. 海事调解费（农业部）；

21. 森林植物检疫费（林业部）；

22. 林地补偿费（林业部）；

23. 育林基金（林业部）；

24. 林业管理证件费（含林木采伐许可证、木材运输证、植物检疫证、种子经营许可证、种子生产许可证。）（林业部）；

25. 民办医疗机构管理费（卫生部）；

26. 卫生监督防疫收费（卫生部）；

27. 狂犬防疫费（卫生部）；

28. 超标排污费（国家环境保护局）；

29. 排污费（国家环境保护局）。

二、关于达标升级活动

取消要求农民出钱、出物、出工的达标升级活动43项：

1. 民兵训练基地建设达标；

2. 农村中小学校舍及环境建设达标；

3. 教育先进县达标；

4. 教育先进乡镇达标；

5. 农科教中心建设达标；

6. 户证管理规范化建设达标；

7. 农村社会治安达标；

8. 派出所建设达标；

9. 敬老院建设达标；

10. 骨灰堂建设达标；

11. 双拥模范县达标；
12. 民政劳动保险达标；
13. 文明村(五好家庭)建设达标；
14. 法庭建设达标；
15. 司法所建设达标；
16. 财政所建设达标；
17. 村镇建设达标；
18. 农电站建设达标；
19. 农村办电达标；
20. 标准配电台区建设达标；
21. 中型水库建设、泵站管理、堤防建设达标；
22. 节能节柴灶达标；
23. 沼气池达标；
24. 基层农业服务体系建设达标；
25. 铁牛杯、兴牧杯竞赛达标；
26. 平原绿化先进县达标；
27. 乡村文化站(馆、室)建设达标；
28. 乡村广播站建设达标；
29. 初级卫生保健达标；
30. 卫生先进县达标；
31. 灭鼠达标；
32. 农村改水、改厕达标；
33. 合作医疗卫生建设达标；
34. 计划生育服务站建设达标；
35. 乡镇土地管理所建设达标；
36. 乡镇统计工作规范化建设达标；
37. 保险先进县达标；
38. 体育先进县达标；
39. 乡镇党校建设达标；
40. 村级党支部建设达标；
41. 村级共青团建设达标；
42. 妇女工作达标；
43. 报刊征订达标。

三、关于农民承担费用收取与管理中的问题

当前，在农民承担费用的收取与管理方法上，各地不同程度地存在一些问题，以下 10 种情况最为突出，应坚决纠正。

1. 提前预收村提留和乡统筹费(或“上打租”)；

2. 经县(市)审核批准提取提留统筹费后，区、乡、村、组又层层加码收费；

3. 将乡(镇)统筹费平调到县(市)及县以上单位使用；

4. 用乡(镇)统筹费弥补乡(镇)财政赤字；

5. 按人口和田亩平均摊派各种税费及劳务；

6. 超标准、超范围收费；

7. 以“小分队”、“工作队”、“突击队”等形式，并动用司法或其他强制手段，扒粮食、牵牲口、搬家具等；

8. 强行在农民交售产品和发放预购定金时扣款；

9. 强行让农民贷款交各种费用；

10. 强行以资代劳。

四、关于下一步工作要求

(一)高度重视，狠抓落实。各级党委、政府和各部门的领导同志要进一步统一认识，从全局利益出发，把切实保护农民生产积极性作为当前一项紧迫的政治任务，坚决地、不折不扣地贯彻执行本通知的规定。对已经公布取消的项目，各级党委和人民政府主要领导同志要亲自抓落实，各部门要坚决执行，不留死角，不走过场，更不得以任何借口拖延不办或变相收费。对有强制、摊派和搭车收费行为的，要采取有效措施，明令纠正。贯彻本通知精神，中央和国家机关要作出表率。

(二)抓紧进行省一级文件和项目的清理审核。各省、自治区、直辖市党委和人民政府要根据法律、法规和《中共中央办公厅、国务院办公厅关于切实减轻农民负担的紧急通知》(中办发电〔1993〕7 号)的要求，按照国务院关于审核涉及农民负担文件和项目的原则，结合本地情况，对省一级文件和项目认真清理，逐项审核，在 7 月底清理完毕，向党中央、国务院写出报告，并将结果向社会公布。省一级以下自行出台的涉及农民负担的文件和项目一律取消。今后，凡涉及农民负担的文件，均应按国务院《农民承担费用和劳务管理条例》规定的程序办理。未经中央和省两级财政、计划(物价)和农民负担监督管理部门共同审核并联合发文的有关农民负担的规定，一律无效。

(三)做好减轻农民负担的督促检查工作。今年 8 月下旬，由农业部、监察部、财政部、国家计委、国务院法制局等部门组成联合检查组，对各地区、各部门贯彻落实本通知的情况进行一次全面检查，特别是对本通知已经明令取消的项目和国务院《农民承担费用和劳务管理条例》关于农民承担的村提留、乡统筹费不得超过上一年农民人均纯收入 5%的规定，要深入到农户重点抽查，并将结果向社会公布。

(四)抓好正反两方面的典型。要通过抓典型带动全局。对那些态度坚决，措施得力，见到实效的部门和地区要大力宣传，对那些阳奉阴违、顶着不办的单位和个人，各级纪检、监察部门要会同农民负担监督管理部门坚决查办，从严处理，问题严重的要公开曝光。对继续非法收取的费用，要全部退还；对党政机关及其工作人员利用工作之便加重农民负担的，要严肃查处；对造成恶性事件的，除依法追究当事人和直接领导者责任外，还要追究上一级党政领导的责任。情节严重的，要撤职查办，决不姑息迁就。

(五)进一步开展减轻农民负担的宣传活动。要大力宣传本通知和国务院《农民承担费用和劳务管理条例》。要使减轻农民负担的各项政策法规家喻户晓，要把党中央、国务院让农民休养生息的指示精神落实到千家万户，真正使广大农民亲身感受到党和人民政府是关心农民疾苦、保护农民利益的，以进一步激发他们发展生产的积极性。

（六）坚持不懈地做好农民负担监督管理工作。各地区、各部门必须坚决贯彻执行本通知精神，切实抓出应有的成效。各级农业行政主管部门作为农民负担监督管理的主管部门，一定要尽职尽责，做好工作，各有关部门要积极配合，齐心协力，把党中央、国务院关于切实减轻农民负担的各项政策措施坚决落到实处。

中共中央办公厅
国务院办公厅
1993年7月22日

国务院副总理朱镕基对国家经贸委国家体改委国务院法制局关于贯彻落实《全民所有制工业企业转换经营机制条例》一份调查报告作出批示

朱镕基的批示是，国务院颁布《条例》已届一年，贯彻落实《条例》也初见成效。《条例》是建设社会主义市场经济体制的一块基石，认真贯彻《条例》就会收到转换企业经营机制、改善经营管理、提高经济效益的效果。各部门、各地区和许多企业为贯彻《条例》做了大量工作，形势很好。但是也有个别部门、地区在机构改革、职能转换方面，墨守成规，迟滞不前；同时不少企业不适当地强调放权让利，不要约束和监管，忽视了眼睛向内，苦练内功。这些都是应该纠正的偏向。《条例》还需要进一步完善，目前有关部门正在研究制定明确产权关系、资产监管形式和防止国有资产流失的法规，为进一步搞好国有企业进行新的探索。

国务院副总理李岚清就'93质量万里行活动发表谈话

'93质量万里行四路采访分队已于日前起步，国务院副总理李岚清对这项活动寄予很大希望。李岚清发表讲话说，我们不仅要宣传质量好的典型，还要把那些劣质产品特别是假冒伪劣产品在全国人民、全世界人民面前曝光，不要担心曝光会影响我们国家的声誉，这正说明我们对质量问题的高度重视，相信此项活动对提高全民质量意识将起到积极的推动作用。

李岚清说，改革开放以来，我国的产品质量总体上是有很大提高的，但也存在着严重的问题，对目前的产品质量状况不能过于乐观。虽然我国的资源总量不能说不丰富，但人均占有量却是相当贫乏的，在这样的国情下，每个人都要树立质量第一的思想，做什么产品都要把有限的资源做成质量优良、附加值高的产品，这样我们国家的发展才能更快，在国际市场的竞争中才能更加有力。

李岚清提出一个指导思想：质量兴国。他说，这个质量包括产品质量、工作质量，也包括人的素质。他说，我们做一切事情都要精益求精、一丝不苟，做任何一件产品都要本着让任何人都挑不出毛病的思想。这就要提高全民的质量观念，提高人的素质。“细粮”固然必须要细做，“粗粮”也要细做。商品有高、中、低不同的档次，以适应不同档次的消费需要，中低档商品绝不是质量不好的商品，它本身也有自己的质量标准，不能把档次同质量好坏混为一谈，好像中低档商品就可以粗制滥造，这是一种错误观念。对产品粗制滥造，轻则是一种不负责任的行为，是浪费国家资源的行为，重则是坑害用户、毁坏国家信誉的犯罪。

李岚清指出，今后要加强生产过程和流通过程的质量管理。人人都要对自己的产品和工作有高度的责任感，要建立严格的制度对产品进行检验、监督，对每一个人每一道工序都严格把关。每个企业都要把产品质量作为企业的生命线，作为企业生死存亡的重要条件，流通环节也是如此。如果所有的企业、所有的职工都有这样的意识，我们的产品质量就会有更大的提高。

《人民日报》发表评论员文章《切实保证国家重点建设项目》

中宣部部长丁关根全国人大常委会副委员长雷洁琼在人民大会堂分别会见香港新系报业主席杨受成和夫人、新系机构董事杨海成和夫人及香港《新报》社长伦绍铭

台资企业技术产品博览会在北京开幕

国家主席江泽民、国务院总理李鹏为博览会题词。国家副主席荣毅仁、国务院副总理李岚清、全国政协副主席王兆国等出席开幕式并为博览会剪彩。江泽民的题词是：“扩大两岸合作，共同振兴中华。”李鹏的题词是：“加强两岸经贸技术交流，促进经济共同繁荣。”

外交部部长钱其琛在新加坡分别拜会新加坡总统黄金辉总理吴作栋和内阁资政李光耀

外交部部长钱其琛与新加坡外交部部长黄根成举行会谈

钱其琛说，亚太地区的情况与欧洲不同，受冷战时期两大军事集团的对抗影响比较少。冷战时期留下的一些热点问题正在走向解决。中国方面赞赏东盟提出的就安全问题与有关各方进行自由、非正式对话的主张。中国愿意为地区的和平，稳定与发展作出自己的贡献。

中国也门两国卫生部在萨那签署《关于派遣中国医疗队赴也门共和国工作的协议》

中央军委副主席张震上将在人民大会堂会见马里国防部部长迪翁库恩达·特拉奥雷

中国政府和乍得政府在恩贾梅纳签署《文化协定1993至1994年执行计划》

外交部发言人对越南难民涌入香港发表谈话

发言人说，中国政府对阻止在内地安置过的越南难民涌入香港和解决滞港越南船民问题的原则立场是一贯明确的。

发言人接着说，中方对近期有些报道称来自广西北海的越南难民涌入香港十分关注，有关部门正在作详细的调查，并已采取措施予以制止。对非法去港而的确系在内地安置过的越南难民，我有关部门将按以往做法，在对他们的身份进行核查之后，与有关各方协调，尽早安排接回。中方在此问题上一直持积极合作的态度，希望港英政府也采取有效措施，妥善处理好此问题。这位发言人是在回答记者提出的中方对最近有一些自称是来自广西北海的越南难民陆续涌入香港一事持何态度的问题时作上述表示的。

由中科院高能物理所研制的北京自由电子激光装置成功地产生了红外受激辐射由此诞生了亚洲第一束红外自由电子激光

中国6名中学生在伊斯坦布尔举行的第34届国际数学奥林匹克竞赛中全部获得金牌同时以总成绩第一荣获团体冠军

7月23日

中共中央总书记江泽民和政治局常委朱镕基在北京会见出席全国机构改革工作会议的代表并与部分代表就机构改革的问题进行座谈

座谈会由中共中央书记处书记、中央机构编制委员会副主任胡锦涛主持。

中央机构编制委员会委员兼办公室主任、人事部部长宋德福首先汇报全国机构改革工作会议的有关情况。山东省副省长张瑞凤、陕西省省长白清才、福建省省长贾庆林等先后在座谈会上发言，介绍本地区机构改革工作的进展情况。

江泽民指出，机构改革是一项事关社会主义现代化全局的战略举措，必须把全党特别是各级领导干部对机构改革重要性的认识，统一到中央的精神上来。

江泽民说，机构改革是深化经济改革、建立社会主义市场经济体制和加快现代化建设的重要条件，是我国政治体制改革、加强社会主义民主与法制建设的紧迫任务，也是全面贯彻党的基本路线、巩固党的执政地位和社会主义政权的客观需要。党中央、国务院是把机构改革作为一项战略措施来部署的。全党同志特别是各级党政领导干部同样应该从战略的高度认识和组织实施这次改革，增强责任感和紧迫感。

江泽民指出，政府的职能配置和机构设置，如何与社会主义现代化建设和建立社会主义市场经济体制的要求相适应，是这次机构改革要解决的首要问题。转变职能、理顺关系、精兵简政、提高效率是这次机构改革的目标。它们是紧密相联的整体，其中转变职能是第一位的，是机构改革工作中的关键。他说，当前行政管理体制和机构改革，要在两个方面有所突破。一方面，要按照政企分开的原则，把属于企业的自主权切实下放给企业，使企业真正成为自主经营、自负盈亏、自我发展、自我约束的法人实体和市场竞争主体；把属于市场调节的职能切实转移给市场，使市场在资源配置中更好地发挥基础性作用。另一方面，要建立健全宏观调控体系，合理划分中央与地方的职责权限，把当前利益与长远利益、局部利益与整体利益很好地结合起来，搞好总量平衡和综合协调，集中必要的财力物力进行重点建设，综合运用经济、法律和必要的行政手段，促进经济和社会更快更好地发展。

在谈到机构改革必须坚持解放思想、实事求是的思想路线的问题时，江泽民说，解放思想、实事求是是马克思主义的思想路线，是十一届三中全会以来邓小平同志一再强调的推动改革开放和现代化建设的思想路线，也是指导我们进行机构改革的思想路线。他强调指出，机构改革是一场革命，是体制的革命，没有解放思想的勇气和实事求是的态度，很可能一事无成。坚持党的思想路线，我们就能从我国国情出发妥善地处理各种矛盾，积极而稳妥地推进改革。

江泽民说，在机构改革中坚持解放思想、实事求是，就是要按照建设有中国特色社会主义的要求，按照建立社会主义市场经济体制的要求，考虑职能和机构的调整，对于应该改革而现在就可以改革的部分，坚决进行改革。同时要注意把改革的原则和本地实际结合起来，妥善地处理各自面临的问题。

江泽民说，这次机构改革全方位的，是一项复杂而艰巨的系统工程。中央要求各级党政领导对机构改革的复杂性和艰巨性有充分认识，做到统筹规划、精心组织、上下结合、分步实施。他指出，首先要切实加强对改革的领导，其次要注意掌握政策，第三要严明改革的纪律。各级领导干部要以对党和人民事业负责的精神，兢兢业业地投入机构改革工作，真正把改革方案落到实处。

江泽民最后表示相信，有全党认识的统一，有各级党委、政府的周密准备和精心组织，有广泛试点的基础，有广大机关干部的积极参与，机构改革一定能取得预期的成果。

国务委员彭珮云、全国政协副主席王兆国，中央机构编制委员会委员曾庆红、吕枫、刘仲藜以及党中央、国务院各部委的负责人出席会议。

最高人民检察院政治部发出关于整顿各类检察室的通知

国家主席江泽民参观台资企业技术产品博览会提出扩大两岸合作共同振兴中华

国务院副总理李岚清在人民大会堂会见参加台资企业技术产品博览会的一些城市台资协会理事长及部分参展台商

全国财政工作会议和税务工作会议在北京结束

国务院副总理朱镕基在全国财政工作会议和税务工作会议闭幕会上发表题为《整顿财税秩序，严肃财经纪律，强化税收征管，加快财税改革》的讲话

不久前，国务院召开了全国金融工作会议，会议提出了四句话，叫做“整顿金融秩序，严肃金融纪律，推进金融改革，强化宏观调控”。根据江泽民同志的指示，强化宏观调控从整顿金融秩序入手，这是因为金融在国民经济中处于重要的枢纽地位。财政、税务部门同样是国民经济的重要部门、关键部门，因此，整顿财政、税务的秩序也是当务之急。昨天我向国务院总理办公会议报告，在全国财政、税务工作会议上也要提出四句话，叫做“整顿财税秩序，严肃财经纪律，强化税收征管，加快财税改革”。我认为，根据当前财税战线上的问题，应该提出这四句话。概括一点说，一是整顿，二是改革，用改革的办法进行整顿，在整顿的基础上加快改革。下面我分开讲一讲。

一、整顿财税秩序，严肃财经纪律，是深化财税体制改革的前提

首先要弄清楚在社会主义市场经济条件下究竟要求有什么样的财税秩序。我觉得应该破除一些混乱的甚至是错误的认识。有的同志以为随意减免税收，不规范地给企业以优惠，甚至竞相攀比给外资企业提供最优惠的条件，这就叫“改革开放”，这就叫“解放思想”。其实这是一种很大的误解。你看看世界上哪一个市场经济国家是这样做的？市场经济的基本要求就是平等竞争，而随意减税让利不利于平等竞争，不符合市场经济的原则；行政干预、长官意志、主观随意性，正是传统计划经济的典型做法。市场经济是规范化、法制化的经济，不是谁想干什么就干什么，更不是谁分管什么就可以为所欲为，而是必须接受法律、法规及行政纪律的约束，接受党和人民的监督。

我们应该从改革的角度来认真领会《中共中央、国务院关于当前经济情况和加强宏观调控的意见》的文件精神，认真地、自觉地整顿财税秩序。当然也应该指出，要整顿财政、税务工作的秩序，也不是财税部门本身能完成得了的，不少违章违纪的事情甚至于违法的事情是在当地的某些领导直接干预和指示下发生的。银行没有顶住，财税部门也是这样。所以财税部门的同志要坚持原则，要顾全大局，要对党负责。除了某些地方领导的干预，有很多问题如抗税、逃税、偷漏税，涉及社会的各个方面，也不是财税部门完全能解决得了的。因此，整顿财税秩序必须得到全社会的支持，特别是各级地方党政领导的支持。我们应该把整顿和健全财税秩序提高到建立社会主义市场经济体制和维护长治久安的政治局面的高度来认识，大家共同努力把工作做好。

二、整顿财税秩序，严肃财经纪律，财税部门职工要严格遵守“约法三章”

我在全国金融工作会议上给金融战线广大干部职工提出了“约法三章”，今天也给财政、税务战线上的全体工作人员提出“约法三章”，这是根据江泽民同志的意见来做的。这个“约法三章”与金融工作的“约法三章”一样，把当前整顿的主要任务都概括进去了。要做到这三点难度相当大，但是不做不行，不做就不能扭转当前这个局面。所以我在这次会上特别地呼吁和提醒同志们，大家一定要严格地、坚决地执行以下的“约法三章”。

第一，严格控制税收减免。《中共中央、国务院关于当前经济情况和加强宏观调控的意见》作了明确规定，今年内国家不再出台新的减免税政策。过去国家有政策规定的，如三资企业“免二减三”，还照样执行，但是新的口子一律不开。临时性、困难性的减免税今年内一律停止审批。我们要真正地对党负责，希望税务总局、海关总署、进出口协调办公室不要再送申请减免税的报告来。任何人不许批减免税。有困难走别的渠道。减免税无从查核，最后弄得什么钱也收不上来。政策性减免税过去有规定，但是期限已经到了的马上就得恢复征

收。对各地越权自定的减免税政策，要坚决地按中央、国务院的要求，立即停止执行，进行清理。对那些没有经过国务院批准，搞承包流转税，并在投入产出总承包中包了流转税的，都得进行清理，同时要按税法规定进行处理。今后的改革方案应该把税政和税务分开，减免税属税政，应由财政部从严把关，税务机构无权减免税；征税属税务，应该扩大税务总局在收税方面的权力和权威。这次会议以后，各地要组织专门的班子来清理、检查。我在这里宣布，从现在起，如再发现擅自减免税收，要严肃追究当事人和有关领导者的责任。

第二，要严格控制财政赤字，停止银行挂账。财政收支的原则应该是量入为出，收支基本平衡，最好是略有结余。中央如果出现财政赤字，应该用发国库券来解决，不能到银行透支。到银行透支就是发钞票，就会引发通货膨胀。所以我一再明确强调，财政到银行透支就到今年为止（因为已经打入预算了），从明年开始，绝对不许到银行借款弥补赤字。财政部向银行借的款，现在已经一千多亿元了，实际上很难还，今后不能这样搞。财政有赤字，你可以发国库券，可以借新债还老债，这也就是间接地限制财政支出规模不能搞得太大。地方预算不能打赤字，到银行挂账是不行的，借钱是要还的。今年不许粮食企业再到银行增加新的挂账。现在累计起来，粮食企业因地方财政应补未补和其他原因造成的亏损在银行挂账已经接近五百亿元了。前两年增加得很多，一年一百多亿元。这里面大部分是本来应该由地方财政来补给粮食企业的。民以食为天，不花钱去补粮食企业，粮价怎么稳定？地方财政补贴不到位，粮食企业就到银行挂账，屡禁不止，今年又在银行挂了新账三十五亿元，这怎么得了！这次要作个硬性规定，下半年不能再挂。上半年已经挂了的，就只好扣中央财政拨给地方的粮食加价款和专项补贴，扣的钱直接由财政部拨给银行。

第三，财税部门及所属机构，未经人民银行批准，一律不准涉足商业性金融业务，所办公司要限期与财税部门脱钩。财税部门自己不要去办那么多公司。你去办公司，谁办得过你？你又是裁判，又是教练员，又是运动员，那打球谁打得过你？不能这样干，这样干会腐败的。当然，对财政信用问题有不同的认识，我的看法是，财政部门搞一点信用可以，有利于拾遗补缺，但搞多了不行，搞多了，特别是挪用财政资金放高利贷，就会出现腐败。如果没有严格的管理，一定是这种趋势。所以应该明确，要搞财政信用只能让专门机构去搞。这方面今后要立法，要严格控制，不能截留和挪用财税收入去搞信用放贷，不能搞高利贷，搞商业性金融业务要经过人民银行批准。

现在基建规模为什么搞得这么大？当然是各个地方都想快一点。但是没有钱，怎么能搞这么大？这里的问题，第一是银行搞了违章拆借，通过拆借的渠道把钱弄走了，许多资金弄去搞房地产了，计划内的重点建设资金和重点企业的流动资金、农产品收购资金都不能保证。就是银行发放的贷款，投向也不合理，绝大多数投向商业、投向个体户、投向集体企业，而投向工业部门的很少，投向国有工业的就更少。这种投放结构是不行的。基建规模大一点不怕，问题在于大得不是地方，该搞的没有搞，“瓶颈”的制约越来越严重。这是第一。第二是搞了非法集资，大家都用高利率集资，把银行储蓄抽走了。因此，重点建设没有钱了。第三是某些地方财政把预算内资金转成预算外资金，放高利贷，搞计划外的不符合产业政策和结构调整的基建项目。所以，不能只看银行工作上的问题，而不看财政、税务工作自己的问题。请你们立即清理一下财政信用问题，要坚决纠正放高利贷的做法。财政、税务部门办的公司，特别是商业性金融公司，一律要限期与财税部门脱钩。我说的“约法三章”中，难度最大的就是这一条。首先要把公司或机构清理好，搞清楚有多少，都是什么关系。然后在财务关系上一定要脱钩，不能混在一起。当然，完全脱钩，在中国目前情况下是很难的，脱钩后还得有挂靠单位，没有人管就更无法无天了，但在财务上一定要分开，而且是彻底分开。公司利润的分配要有章法。

以上就是我说的“约法三章”。虽然难度很大，但后退无路，后退就无法解决当前的问题。对财税部门来说，今天以前所发生的不触犯刑律的一般违章问题，考虑到特定的历史条件，只要大家严格检查，如实上报，明确责任，认真纠正，改了就好。至于违法、犯罪则要另当别论。今天以后，如果再搞违反“约法三章”的事，一经查出，那就要按党纪国法严肃处理。这一点一定要明确。因此，对上面提出的“约法三章”，请财政部和国家税务总局搞出具体实施规定来。特别是“脱钩”问题，怎么个脱法，要有明确规定。原则我已讲得很清楚了，希望大家把这个精神贯彻下去。当然，并不只是对银行、财税部门才提出这样严格的要求。不久，中央将要召开全国纪律检查工作会议，江泽民同志要去讲话，在全国开展反腐败，要制定一个反腐败计划，不在全国开展反腐败，我们就无法建立社会主义市场经济体制。掌握国家命脉的银行和财税部门走在前面，应当感到光荣。将来全党、全国都要这样做。

三、强化税收征管，严格执行国家财经纪律

整顿财税秩序要有个目标。今年下半年工商税收要力争多收三百亿元。没有这样一个奋斗目标，财政困难解决不了。今年已经没有时间进行大的改革了，只能靠一堵减免税，二卡银行挂账，三是实行“脱钩”，这样税收就可以大大增加。目前新体制还没有出台，不能不采

取一些应急措施。当然,多收三百亿元不是国务院下达的指令性任务,而是一个奋斗目标。大家回去好好考虑一下,有没有这个可能性。这方面我补充几点具体意见。

(一)税收征管要加强。税务部门要敢于顶住压力,执行国家统一税法。骗税问题要解决,以后发现一个要严肃处理一个,要认真地、毫不留情地处理,要坚决地与这些违法违纪行为作斗争。大家都知道,许多"三资"企业把原材料的价格搞得很高,卖出的商品价格搞得很低,最后一点利润也没有,都是亏损,十几年都可以不交税。深圳有个经验,跑到香港去查原材料价格,结果原始票据都是假的。如果认真追查可以多收不少钱。这方面要多给税务部门一些支持,包括收税手段方面的支持。银行不要占压税款,这件事银行一定要办到。

(二)国库券要抓紧入库。买国库券是"名利双收"的事,一曰爱国,二曰高利,比银行存款利息还高一个多百分点,还给保值。搞乱集资靠不住,风险很大,买长城机电公司债券的人连本金都保不住,这是个教训。老百姓对人民日报写的《十亿元大骗局的破产》那篇文章反映很好,可以多写几篇这样的文章,使大家感到还是到银行存款、买国库券是最保险的。另外一方面,我们也希望财政部认真地总结一下国库券发行工作的经验,把办法好好地完善一下,这是一件大事情。应该考虑让银行、邮局、证券公司都能代销国库券。另外,也要搞好国库券的二级市场。原来讲国库券发完以后,就允许企业发债券。我们最近研究了一下,觉得这个问题很大。因为今年国库券只有三百亿元,债券计划总额近一千亿元。如果国库券完成后,马上就把大量的债券推向社会,它的利率又比银行储蓄高,又会形成一股集资风,那么,我们两次提高储蓄利率所预想的效果就难以实现。所以最近我们和人民银行、计委、经贸委、财政部等部门商量,投资债券不要发了,纳入信贷规模。地方企业债券也不要一拥而上,要报国家计委、经贸委审定,排个发行顺序,分期分批地发。有的也可不发,增加信贷规模就是了。中国目前主要还是要走间接融资的道路,银行还是主渠道,这样才能很好地执行产业政策。现在定了一个原则,下半年不能开工新的项目,要先保在建项目,这样增加一点信贷规模可以满足大家的需要。股票只要是严格规范化的,就照常进行,照常试点。这方面我们还有一点把握。我们估计,最大的冲击来自集资,而不是股票。

(三)加强"两金"和其他收入的征收管理。对征收"两金",从方向看是应该取消的,但"两金"现在是财政收入的重要来源,随便取消不行。国务院要逐步取消"两金",折旧今年就免了"两金",其他收入免"两金"也有个计划。要按计划进行,不能自行取消,这方面的工作还得抓紧一些。

(四)把财税大检查搞好。今年已宣布大检查八月份开始,重点检查偷漏税、越权减免税和擅自取消"两金"。我有一个建议,财税大检查的方式是不是可以做一些改进或改革,就是要把这项工作逐步纳入正轨,不要搞突击。我主张把检查工作经常化。按照市场经济国家的做法,要有非常健全的会计师事务所、会计公司这样一个体系。中国一定要培养出一批国际水平的会计师,要靠他们去建立一批合格的会计师事务所,让他们去查,查出问题后重罚。这样,财税检查才起作用。但是,现在会计师事务所的水平还不高,而且弄虚作假相当严重。我们一定要立法,把会计师事务所变成一个光荣的行业,非常有权威的行业。对它实行严格的法治,弄虚作假要停业、撤销、判刑。今年你们可以试一试,指定一些合格的、有权威的会计师事务所,给它们一些权力,然后对它们的审计结果作一个评定,使其逐步走上正轨。

(五)要坚持量入为出,量力而行,大力弘扬艰苦奋斗、勤俭建国的精神。办事要看财力可能,实事求是,否则不仅办不成事,而且会欲速不达,造成巨大浪费。地方各级财政要自求平衡。凡是年初打赤字预算的地区,都要按《国家预算管理条例》的规定,重新调整预算。上半年收入完成不好的、有可能出现赤字的地方,也要适时调整预算。江泽民同志多次讲要警惕享乐主义、拜金主义、极端个人主义和各种腐败现象,反对挥霍浪费。现在各种公司剪彩、开招待会,大包小包地送礼,后来发展到送礼券,有些领导干部就"笑纳"。资本主义国家都不能这样搞,这叫公开行贿。

(六)要保证国家重点建设资金的需要,压缩一般性的支出。不要办那种没有实效的节了。现在哪个地方不办节?什么节都有,我不是说不该办,而是太多了。钱花了不少,有多少效果?有几个外国人来?招商招进了几个?还不是大家吃一顿、喝一顿,从财政拿钱,或向企业摊派。要压缩一下会议的经费和行政开支,专控商品要停止审批。亏损企业、拖欠税利的企业也在大买汽车,银行绝对不能贷款给它。

四、根本出路还是在于深化财税改革

现在如果不开始进行财税改革,明年的日子就很难过。财税体制改革在一个省里搞试点是搞不下去的,要改革就全国推行。在这个会上财政部拿出了一个方案,我们觉得这个方案还要修改。有的同志看到这个方案可能会说,你们是搞集中收入,把地方的财力收上去,那还不如搞统收统支得了。我看这是一种误解。我们总是向前走的,绝对不会回到统收统支的老路上去。但是,同志们也要有一种改革的思想。江泽

民同志讲,现在这种包干体制是一种不适应市场经济的落后的体制。当然,我们从计划经济到市场经济已过渡了十四年,这么多年是在逐步改革、逐步前进。现在的财税体制是一种过渡性的体制,它是在特定的历史条件下形成的,也起过重要的历史作用。不要用今天去否定昨天。下面,我对财税体制改革讲四条意见:

第一,要按照邓小平同志建设有中国特色社会主义的理论,总结十四年改革开放的实践,尽快建立适应社会主义市场经济要求的财政税收体制。要充分认识加快财税体制改革的必要性和紧迫性,加快改革的进程。为此,中央已经决定,从明年一月一日开始,在全国全面推行财税体制改革,不搞试点。

第二,实行分税制和分别征收。分税制是什么意思呢?就是在财政体制上不再搞什么包干、什么分成,而是按税种划分中央和地方的财政收入,中央收哪几种税,地方收哪几种税。实行市场经济的国家都是这样的。要尽量减少共享税,当然共享税一点没有也不行,但原则是尽量分税。分别征收是什么意思呢?就是组建两套税务征收机构,一个叫中央税务局,完全是垂直的,收中央税;一个叫地方税务局,收地方税。共享税由中央税务局负责征收,统一政策,统一征管,收完以后,把地方应该分得的共享税收入退给地方税务局,分钱不分权。

建立两套税务机构是个很好的办法。在建立社会主义市场经济体制过程中,财政、税务、银行、会计师事务所、律师事务所等要加强。现在精简机构,一些工业管理部门的人员要精简百分之五十,这些人到哪里去?就是去加强这些部门。在税务机构改革过程中,要注意稳定,绝对不要引起人心浮动。明年一月一日实行分税制改革,但机构肯定一时组建不起来,所以一切工作都要靠现有的机构来做,无非是收了税再分账。组建机构没有一年,甚至更多的时间是不行的,所以大家都不要人心惶惶。我倾向将现在的税务局改建成将来的中央税务局,地方税务局再组建新的,可以从中央税务局抽一些人去,一步一步来,这样人心就安定了。

第三,在明确财政职能、进一步下放财政支出责权的基础上,划分税种,保证中央必要的、固定的支出。明确财政职能,是指财政究竟干些什么;进一步下放财政支出的责权,是指把许多支出职权下放给地方财政,事权都下放给它。在这个基础上,划分税种,明确哪些是中央的,哪些是地方的,从而达到一个目的,就是保证中央必要的、固定的支出。财政部现在提出的方案,表明了一种指导思想,就是建立转移支付制度,中央多收,然后返还给地方,以增强中央调控宏观经济的能力。这个指导思想没有错,但是我考虑,暂时不能完全做到,因为有些同志反映,把原来的上交省都变成补贴省,这个办法还不易为下面所接受。所以,为了减少目前改革的阻力,还是要考虑现有的利益格局,不要过分强调把中央收入的比重提得过高,要逐步地来。根据财政部给我提供的外国资料,在财政收入中,一般的国家都是中央财政收入占全国财政收入的百分之六十,地方财政收入只占百分之四十,中央财政收入占主导地位。而在财政支出中,中央财政支出占百分之四十,地方财政支出占百分之六十,地方占大头。这是因为中央政府负有保证全国的经济发展、地区的平衡、物价稳定的责任,负有巩固国防和拓展外交的责任,因此,中央财政在收入中应该占大部分、在支出中占小部分,这样它才有能力去调节地区之间的不平衡,才有能力去调控,这就是转移支付的理论。接下来的问题是中央每年要花多少钱,请大家考虑一下。我想有几笔支出是硬的,应该用中央的收入来支付。第一笔,是军费加武警费用支出。按照江泽民同志讲的,军队要吃“皇粮”,不要去经商,不要把军队搞腐败了,这方面的开支每年还要再提高一些。第二笔,是重点建设支出。当然重点建设支出不能完全靠财政,将来要通过国家长期开发信用银行,可以采用金融债券和财政投融资等办法来解决。第三笔,是行政、科技、文教、卫生、外交、援外等经费,按需要恐怕也得加一些。粗粗算起来,这三笔支出数量就很大。中央财政应该收哪几种税呢?第一笔,产品税;第二笔,增值税。这两种税是比较可靠的,而且会有增长。第三笔是关税。企业所得税基本上由地方收,但银行、金融、保险、邮电、铁道等企业上交的所得税无论如何要上交中央。银行的利润、保险公司的利润归中央。中央大体上收这样几种税就差不多了。方案出台的第一年,要考虑地方的既得利益。中央财政的比重以后逐年会增加。地方要是认真地收税,把该收的都收上来,也可能增长得更快。怎样设计税种和怎样划分税种,还需要结合具体情况很好地研究。实行分税制以后,要给地方下放支出的责权,地方的支出中央不要管,他愿意怎么用就怎么用,不要干预。现在我们过问太多,哪笔钱用在哪儿,买酱油的钱不能买醋,不必这么做。但是,地方不能随便增加新的税种,增加新的税种必须经国务院批准,不然大家搞乱摊派,开征好多税也不行,要统一税法。要建立和健全税收立法和执法、司法相互独立、相互制约的机制,真正将税务和税政分开,把征收、管理和检查分开,增强约束和监督。

第四,在贯彻《全民所有制工业企业转换经营机制条例》的基础上,实行《企业财务通则》和《企业会计准则》,规范政府和企业之间的分配原则。要淡化承包责任制和税利分流的矛盾,不要把这两个东西对立起来。我们逐步完善“两则”以后,可以逐步化解这个矛盾。

我是不赞成承包流转税的。搞投人产出大包干把流转税承包了，我也是不赞成的。没有经过国务院批准的，要立即改正过来，都要按照“两则”来实行。“两则”也需要进一步完善，并与贯彻《条例》有机结合起来。

我们准备根据中央财经领导小组的决定，马上成立财政和税制改革领导小组。设计、起草财政和税制改革方案。金融改革现在也成立了一个领导小组，正在加紧设计方案。金融改革的主要指导思想，就是使中国人民银行成为真正的中央银行，各省的分行要转变职能，权要收到中央来，否则，金融一定失控，信贷一定失控，发票子一定失控。中央银行不能搞信贷，不能参与具体的信贷活动，它就是掌握利率政策、汇率政策、基础货币投放等，规定统一的货币政策。专业银行要成为真正的商业银行，自负盈亏。政策性贷款要与商业贷款分开，由专门的银行搞。比方说，现在要成立进出口银行、长期开发信用银行，这都是搞政策性贷款的。各级银行都要成立监事会，要有银行外面的人来进行监督。监事会每年要开两次会，审查银行的工作方针、资产负债表、工作报告。监事会最大的权力就是可以建议上级撤销行长的职务，有这一条就行了，就可以监督了。财政、税务、金融这三个改革如果今年能在中央三中全会上通过、明年一月一日实行，我认为这是一个长治久安的基础，是建立社会主义市场经济体制的基础。有了这个基础，目前存在的困难就可以得到缓解、甚至于基本解决，大好形势就可以继续发展，经济发展速度还可以保持在一个较高的水平上。

最后，希望财税系统的各级领导班子要加强作风建设、思想建设和组织建设。我们身上肩负着很重要的任务：“四句话”、二十四个字和“约法三章”。这些任务的完成难度都很大，我充分估计到了这个难度。那么，任务怎么样才能完成呢？就是各级领导班子要以身作则，只有自己以身作则，才能够严格要求部下。自己不能勤政，又不廉政，吃吃喝喝，乱批条子，任人唯亲，到处搞关系，把国家财产不当一回事，你还坐在讲台上面作报告，下面能不骂你？更不会照你说的去做。你也不敢处理一个人，就只能搞点福利主义，给大家发点奖金，形成一种庸俗的机关作风，这要害死人的。所以，必须从我们自己着手。自己带头，为人表率，才能有真正的廉政建设，才能真正遵守“约法三章”。大家一定要加强思想政治教育，坚持基本路线一百年不动摇，坚持四项基本原则，坚持改革开放，两手都要抓，两手都要硬。同志们，我在这里讲的，如果我自己做不到，请同志们检举、揭发。如果我自己做不到，我绝对不要求大家。如果你们发现我有不廉政、不勤政的问题，你们可以检举、揭发。但是我也要求大家，你们自己一定要以身作则，“约法三章”你们首先要做到。我相信，只要大家团结起来，同舟共济，认真贯彻《中共中央、国务院关于当前经济情况和加强宏观调控的意见》的文件精神，我国的大好形势就会继续得到发展。

国务院发出关于加强税收管理和严格控制减免税收的通知

各省、自治区、直辖市人民政府，国务院各部委、各直属机构：

今年以来，在国民经济迅速发展的基础上，税收也有所增长，但增长幅度与生产增长幅度不相适应。其中一个重要原因是，一些地方和单位违反国家税法，超越权限，擅自减免税，扩大减免税范围，自定税收优惠政策，延长减免税期限，承包流转税，甚至利用非法手段偷漏国家税收，导致国家税收严重流失。为了严肃国家税法，确保应上缴国家的税款及时、足额地缴入国库，更好地完成今年的税收任务，增加财政收入，把国家财政赤字控制在预算数额之内，促进国民经济既快又好地向前发展，现就加强税收管理，严格控制减免税的有关问题通知如下：

一、严格控制税收（包括关税）减免。今年内国家不再出台新的减免税政策，临时性、困难性减免税一律暂停审批。属政策规定减免税的，应严格按税收管理体制审批，凡政策规定减免税到期的，应立即恢复征税。严格个人收入调节税代扣代缴制度，不执行代扣代缴的，由代缴义务人补缴税款，否则按《中华人民共和国税收征收管理法》的规定依法处理。严格固定资产投资方向调节税的管理，固定资产投资方向调节税一律不得减免。

二、认真清理违法越权制定的税收优惠政策。各地区、各部门违反税法规定和国家政策，超越权限自行制定的各类税收优惠政策（包括涉外税收政策），一律无效。凡未经国务院批准的各类经济开发区，一律不得享受国家规定的国家级开发区的各项税收优惠政策。

三、采取果断措施，坚决纠正承包流转税的做法。流转税是国家的主体税种，是国家财政收入的主要来源，必须依法征收，纳入财政预算体制。各地区、各部门无论实行什么类型的财政体制，均不得自行决定对企业承包流转税。凡擅自承包流转税的，必须立即纠正。

四、认真清理欠税。对欠缴税款的必须严格执行加收滞纳金制度；拖欠税款不缴的由税务部门或海关通知银行扣缴入库。银行要确保税款及时足额入库，不得占压税款，如有占压者，要追究其单位领导的责任。

五、加强出口退税管理。严格执行“两票两单”(专用税票、进货发票,出口报关单、收汇核销单)制度,不符合规定的一律不退。对骗取退税的,要依法严厉打击。

六、切实加强对个体工商户、私营企业、集体企业和外商投资企业的税收征管。对个体工商户,要结合营业税税率调整,及时普遍调整个体工商户的纳税定额。要狠抓私营企业大户的税收征管,建账建制,核实征收。对外商投资企业,要采取有效措施,加强反避税工作,堵塞一些外商投资企业通过转移利润偷漏税的漏洞,做到应收尽收。

七、对各地和各部门成立的各类银行、金融、保险企业和非银行金融机构,都必须按国家规定征收所得税。今后各地和各部门新成立的各类银行、金融、保险企业,其所得税一律上交中央财政。

八、严格加强“两金”(能源交通重点建设基金和预算调节基金)的征收管理。各级地方政府和有关部门不得擅自减免“两金”。凡越权减免的,必须立即纠正。对漏缴、欠缴“两金”的,要作出补缴计划,限期补缴。各地方因擅自减免而未完成“两金”上缴任务的,中央财政要相应扣减地方“两金”分成收入。

各级人民政府要进一步加强对税收工作的领导,大力支持税务机关依法征税。工商行政管理、公安、监察、审计和司法部门要大力支持和配合税务部门依法履行职责。各级税务部门要严格执行税收征管法,坚持原则,依法征税。纳税单位和个人都应增强全局观念和法制观念,自觉依法纳税。为了严肃财税法纪,加强宏观调控和监督,国务院决定,从八月份开始,在全国范围内开展税收、财务大检查,重点检查各项税收和“两金”是否按国家政策上缴入库。这次大检查,除对各项漏缴收入补缴入库外,对屡查屡犯、知法违法的单位或直接责任者,要依法从重处罚。

国务院

1993年7月23日

外交部部长钱其琛在新加坡同出席第26届东南亚国家联盟外长会议的东盟6国外交部长进行磋商

钱其琛向东盟6国外长重申,中国政府高度重视本地区的和平、安全和发展。钱其琛说:“中国今天不称霸,即使将来强大了,发展了,中国也不称霸。中国的和平外交政策是经得起时间的考验的。”他说:“中国不会成为潜在的或现实的威胁。中国只会是确保亚太地区和平、稳定与发展的积极力量。”

外交部部长钱其琛前往亚太经济合作会议秘书处参观并会见秘书处执行主任鲍迪

解放军军事医学科学院基础医学所研究员马贤凯等研制成功“丙型肝炎病毒分子生物学与诊断试剂”

由解放军军事医学科学院基础医学研究所分子病毒学家马贤凯研究员等承担的国家“863”、“八五”攻关课题——“丙型肝炎病毒分子生物学与诊断试剂的研制”,取得成功,检测丙型肝炎病毒抗体的试剂盒达到国际第二代水平,首批通过国家鉴定,国家卫生部有关领导目前向该所颁发新药证书;同时,为开发该项成果与香港伟确投资集团有限公司合资创办的北京伟凯医学生物技术有限公司宣告成立。

世界首例双下肢再植术在上海获成功

上海第六人民医院六位青年医师完成的首例双下肢再植术,不仅使浙江老农钟二观双腿重生,而且填补了世界医学史上的一项空白。

7月24日

邓小平为上海杨浦大桥题写桥名

内贸部副部长白美清在内贸部于郑州召开的夏粮主产省座谈会上发表讲话

内贸部副部长白美清强调,定购任务完成之后,粮食部门要把工作重点迅速转到议购上来,要集中力量抓好议购,以缓解农民“卖粮难”。这是当前粮食工作的紧迫任务。

在粮食议购中,要坚持保护价政策。白美清说,国务院确定的保护价就是南方的小麦0.5公斤0.315元,北方的小麦0.5公斤0.325元。各地可根据国务院确定的保护价自定议购价格,但不能低于国务院确定的保护价。

国家土地管理局局长王先进就土地市场存在的问题举行中外记者新闻发布会

王先进说,当前我国土地市场存在三方面的问题:一是非法批地,一些部门越权批地,包括有些乡镇政府没有土地审批权也乱批地,造成多头批地的混乱;二是非法转让土地,主要是行政划拨土地自发进行交易,出让的土地未按合同的限制条件非法转让,集体土地非法进入市场等;三是土地出让价格随意性大,竞相压低甚至免收地价款,给不法炒卖房地产者以可乘之机。

在重申中国政府业已公布的规范和管理地产市场的措施后,王先进说,国家正在研究增设土地转让增值税,在这一措施未出台前,地方政府可以先征收土地转让增值税,以有效制止土地转让者哄抬地价牟取暴利,防止炒地皮。他还说,土地合同签订后必须预付5%至

10%的定金，60天内付清地价款。开发项目必须有初步设计，否则不予批地。凡是未完成总投资（不包括地价）或总建筑面积20%以上的，不得转让土地使用权。

王先进说，目前采取的这些措施，是对国家已有的法规政策的重申和具体化，目的在于保护广大中外投资者的合法利益，规范我国处于初始阶段的地产市场。他还说，对目前出现的各种问题，必须按市场规律去办，靠深化改革来解决，决不能以行政手段，随便干涉中外投资者的合法经营。

在回答新加坡记者关于现在是否把已下放的土地审批权重新收回的问题时，王先进说，中国政府对土地的审批权，在《中华人民共和国土地管理法》中有明文规定，从来没有下放过。各地各部门必须严格执法，不得越权批地或无权乱批地。同时，王先进也提醒中外房地产投资者，必须认真了解和遵守国家有关房地产的各项法规。

国家副主席荣毅仁在人民大会堂会见美国高盛国际投资公司副董事长罗伯特·霍麦茨

中国政府和韩国政府在北京签署《邮电合作协定》

利用世界银行4.9亿美元贷款协定在北京签署

这是迄今中国利用世界银行最大的一笔贷款项目。这笔贷款加上国内配套资金，总投资为57.9亿人民币，将用于建设东北、长江、西南、京津四个粮食流通走廊以及国家粮油信息中心等五个粮食服务机构。

国务院副总理邹家华等到银川看望空难伤员

7月25日

《解放军报》发表邓小平关于建设现代化正规化革命军队的论述

一、把我军建设成为一支强大的现代化、正规化的革命军队；

二、我们这个军队是党指挥枪，不是枪指挥党；

三、把军队搞精干，提高战斗力；

四、加强科学研究，改善武器装备；

五、要把教育训练提高到战略地位；

六、贯彻条令，治军要严；

七、必须做好后勤工作；

八、加强和改善思想政治工作；

九、实现干部队伍的革命化、年轻化、知识化、专业化；

十、恢复和发扬我党我军的优良传统。

《解放军报》同时发表编者按，希望全军反复深入学习，完整准确理解，自觉用邓小平关于新时期军队建设的思想指导各项工作，努力把部队建设提高到一个新的水平。

外交部部长钱其琛在新加坡会见美国国务卿克里斯托弗

钱其琛说，中美双方应加强相互交往、了解和合作，这符合中美两国人民的根本利益，也会对维护亚太地区乃至世界的和平产生积极的影响。关于中美间存在的问题，双方应该本着相互尊重、平等协商、求同存异的精神予以解决。克林顿总统和美国政府都表示了要遵守中美间三个联合公报。

钱其琛说，“我们相信只要双方都恪守中美三个联合公报的原则，经过共同努力，两国关系会得到进一步改善和发展。我本人也愿意和国务卿先生密切合作，为实现这一目标做出努力。”

会谈中，克里斯托弗重申，美方将遵守美中之间的三个联合公报。他说，这三个公报是两国关系的基石。在谈及美国国会考虑修改与台湾关系法时，克里斯托弗表示，美国行政当局是反对的。

中美双方在坦诚的气氛中还就两国经贸关系、全面禁止核试验、出售军火和非法移民等问题交换了意见。

《发扬优良传统，保持老红军本色》一书由国防大学出版社出版

抗美援朝纪念馆在辽宁丹东开馆

在抗美援朝战争胜利四十周年之际，新扩建的抗美援朝纪念馆开馆典礼上午在丹东市举行。纪念馆的纪念塔上镌刻着邓小平题写的“抗美援朝纪念塔”七个大字。

中共中央总书记、国家主席、中央军委主席江泽民，国务院总理李鹏，中央军委副主席刘华清分别为纪念馆题词。

中共中央政治局常委、书记处书记胡锦涛，全国人大常委会副委员长陈慕华，国务委员兼国防部长、中央军委委员迟浩田上将，全国政协副主席洪学智出席开馆典礼。

胡锦涛在开馆典礼上发表讲话并为纪念馆剪彩。

胡锦涛指出，50年代初进行的抗美援朝战争，是一场伟大的反侵略的正义战争。在朝鲜民主主义人民共和国处于危急关头，我国安全受到严重威胁的情况下，党中央和毛泽东主席作出了“抗美援朝、保家卫国”的英明决策。以彭德怀同志为司令员的中国人民志愿军跨过鸭绿江，百万中华优秀儿女先后入朝作战，创造了震撼世界的英雄业绩。

胡锦涛指出，抗美援朝战争过去已经 40 年。但是，它留给我们的宝贵精神财富是永存的。不论过去、现在还是将来，都是鼓舞我国人民为振兴中华而奋斗的强大精神力量。

胡锦涛强调指出，我们正在建设有中国特色的社会主义。我们要发扬江泽民同志倡导的新时期的创业精神，继承和发扬爱国主义和革命英雄主义光荣传统，并以此凝聚、动员全党、全军和全国人民，献身于建设和保卫社会主义现代化事业，献身于促进和维护祖国统一事业。

胡锦涛最后说，现在国际形势发生了很大变化，两极格局终结，世界向多极化方向发展。我们需要一个长期稳定的国际国内环境，一心一意搞现代化建设。

台湾事务法律咨询中心在北京成立

由海峡两岸关系协会推动组建的台湾事务法律咨询中心，经国家有关部门批准正式成立并在北京市王府井霞公府街 7 号开始营业。

法律咨询中心的名誉主任由海峡两岸关系协会常务副会长唐树备担任；顾问为全国政协法制委员会副主任林准、中国律师协会负责人鲁坚；中心的主任由海峡两岸关系协会专员袁小凡担任。

全国人大常委会发布甘苦逝世讣告

全国人民代表大会常务委员会沉痛宣告：第八届全国人民代表大会常务委员会副委员长甘苦因病抢救无效，于 1993 年 7 月 25 日 12 时 2 分在南宁逝世，终年 69 岁。

甘苦，出生于广西扶绥县渠旧镇的壮族家庭。1947 年 6 月参加中国共产党领导下的左江地区武装斗争，同年 7 月加入中国共产党。历任广西左江游击区民兵大队教导员，广西凭祥县委工委书记，广西凭祥游击大队政委，滇、桂、黔边区纵队左江支队三团政委。1950 年至 1970 年，甘苦先后任中共龙津县委副书记、书记，龙津县县长，桂西壮族自治区政府办公厅代科长，广西手工业局副局长，中共龙州县委第一书记，中共崇左县委书记，河池地区行署专员。“文化大革命”期间，受到迫害。恢复工作后，任柳江造纸厂革委会主任，河池地委副书记，地区革委会副主任。1976 年至 1979 年，甘苦任广西水利电力局局长、党组书记。1979 年至 1985 年，任广西壮族自治区副主席，分管计委、建委等部门的工作，并继续兼任广西水利局局长、广西电力局负责人。1985 年 6 月至 1993 年 1 月，甘苦任广西壮族自治区第六届、七届人大常委会主任、党组书记。甘苦是党的十三大、十四大代表；第七届、八届全国人大代表。在第八届全国人民代表大会第一次会议上，当选为全国人大常委会副委员长。

7月26日

全国人大常委会委员长乔石在吉隆坡议会大厦拜会马来西亚下议院议长穆罕默德·扎希尔

中宣部等部委在北京联合举行党政军机关干部形势报告会

报告会由中共中央宣传部、中直机关工委、中央国家机关工委、解放军总政治部、北京市委联合举办。报告会由中宣部副部长龚心瀚主持，在北京党政军机关司局长级以上干部 1200 多人听报告。

最高人民检察院检察长张思卿在报告中，分析当前贪污贿赂等腐败现象的突出表现，以及产生、发展蔓延的原因、特点和规律，介绍了检察机关开展反贪污贿赂斗争的情况和打算。他指出，我们的党和政府是廉洁的，党和国家工作人员的大多数是廉洁自律、勤政为民的，这是本质和主流。同时，也必须清醒地看到，当前少数党和国家机关工作人员以权谋私、贪污贿赂、敲诈勒索、徇私枉法、弄权渎职、腐化堕落、铺张浪费等腐败现象是严重的，其中，最严重的就是利用职权进行贪污贿赂等经济犯罪活动。他说，贪污贿赂等经济犯罪，不仅影响党风和社会风气，而且严重破坏改革开放和社会主义市场经济的建立和发展。因此要下决心，花大力气整治。

张思卿指出，反对腐败，防止和惩处贪污贿赂等经济犯罪是党的一贯主张和方针。党和政府一直在采取措施，解决腐败问题。建国初期，党中央、毛主席痛下决心，杀了刘青山、张子善，为广大干部敲响了警钟。十一届三中全会以来，邓小平同志多次强调坚持“两手抓”、“两手硬”。党的十四大和最近江泽民同志一系列讲话，也都一再强调在改革开放整个过程中都要反腐败，坚决打击各种经济犯罪活动。

张思卿强调，近几年来，检察机关一直把惩治贪污贿赂犯罪列为打击经济犯罪的第一位工作。当前，各级检察机关要下决心、下气力把反贪污腐败斗争深入持久地开展下去，抓出成效。要坚持重点查办大案要案。对发生在党政机关、司法部门和行政执法部门工作人员中的犯罪案件，特别是其中领导干部的犯罪案件，发现一件，查办一件。不论涉及什么人，都要一查到底。对于在整顿金融秩序、纠正违章拆借资金、制止各种乱集资、控制贷款发放、取缔非法金融机构、加强证券市场和房地产市场管理过程中发现和揭露出来的贪污贿赂犯罪案件以及给国家造成重大损失而构成渎职犯罪的案件，要坚决果断地查办。各级检察机关都要排查一批重大、典型案件，以查办大案要案为突破口，加大打击力度，严厉惩治贪污贿赂等经济犯罪，推动反贪污腐败斗争的深入开展，保障社会主义市场经济体制的建立和发展。

《人民日报》发表社论《加强和改善国家宏观调控》

国务院三峡工程建设委员会第二次会议在北京召开

会议审查批准《长江三峡水利枢纽初步设计报告(枢纽工程)》，至此，长江三峡工程建设进入正式施工准备阶段。

长江三峡水利枢纽是治理和开发长江的关键性骨干工程，工程规模巨大，综合效益显著，举世瞩目。《长江三峡水利枢纽初步设计报告(枢纽工程)》，是长江水利委员会根据国务院审查通过的《长江三峡水利枢纽可行性研究报告》，以及第七届全国人民代表大会第五次会议通过的《关于兴建长江三峡工程决议》，于1993年第一季度编制完成的。报告共分11卷(综合说明、水文、地质、规划、枢纽布置和建筑物设计、机电、施工、概算、工程泥沙问题、经济评价、环境保护)300万字。今年5月13日至25日，由国务院三峡工程建设委员会办公室聘请116位专家组成的专家组对《报告》进行了专家初审，并提出审查意见。

会议审查的问题主要有：

(一)施工期通航和施工导流方案问题；

(二)关于单机容量与装机总规模；

(三)关于总工期和第一批机组发电工期；

(四)枢纽工程概算问题；

(五)单项工程技术设计审查问题；

(六)三峡工程科研和重大装备研制的经费问题；

(七)环保、气象、文物、卫生等部门所需经费问题；

(八)大型水轮发电机组的国际合作与国内制造问题。

邹家华说，一定要加强对三峡工程的巨大综合效益的宣传，要让全国人民都能理解、支持三峡建设。还要落实三峡工程的责任制，没有这条，工程就很难搞好。邹家华还说，长江三峡工程建设只有在初步设计批准以后，才能有条件尽快进行各项准备工作，因此，《长江三峡水利枢纽初步设计报告(枢纽工程)》通过国务院三峡工程建设委员会审查批准，对于加快三峡工程建设准备工作，对于缩短工期、提前发电意义十分重大。当前，还要做好移民工作特别是坝区的移民规划，这是三峡工程建设施工准备顺利进行的一个关键因素。

参加会议的还有国务院三峡工程建设委员会副主任陈俊生、郭树言、李伯宁、肖秧和顾问钱正英等。

国家审计署发出《关于加强金融审计监督的通知》

国家科委和农业部在北京联合召开棉铃虫综合防治专项论证及专家委员会成立大会

国家土地管理局发出《关于加强宏观调控管理好地产市场的通知》

中共中央政治局常委胡锦涛为团长国务委员兼国防部部长迟浩田为副团长的中国党政代表团全体团员在平壤前往大城山革命烈士陵园和朝中友谊塔敬献花圈

全国人大常委会副委员长铁木尔·达瓦买提率全国人大代表团访问土库曼斯坦

中国韩国卫星通信地球站开通仪式在山东威海举行

中国政府和澳大利亚联邦政府在堪培拉签署《关于双方简化签证手续的换文》

首次全国社会国防理论研讨会在北京召开

中组部中宣部和国家教委在北京联合召开全国高等学校党的建设工作会议

国家教委主任、党组书记朱开轩作《从严治党，深化改革，落实"纲要"》的工作报告。报告指出，一年多来，高教战线各级党组织积极主动地适应新形势，解放思想，勇于探索，创造出不少新经验。报告提出当前与今后一段时间内需要特别注意并进一步解决好以下五个问题，即：一，要针对当前高校党员和师生员工中间的热点问题加强思想政治教育，保证干部和党员同党中央保持高度一致，把广大师生员工团结在党的周围；二、要进一步加强党对高校改革和发展的领导，认真、扎实地抓好《纲要》的贯彻落实；三、要进一步加强领导班子建设，继续执行和完善党委领导下的校长负责制，党委应当充分发挥政治核心和团结核心的作用；四、积极稳妥地推行马克思主义理论课和思想政治教育课的教育改革；五、要积极做好在本科大学生和青年教师中发展党员的工作。报告还谈了对近一个时期以来高校教师从事有偿社会兼职活动和大学生经商打工两个比较突出的问题的看法。

中共中央组织部部长吕枫作了总结讲话。他指出，为适应高教改革和发展的需要，必须加强高校党组织的自身建设。要重点抓好领导班子的思想作风建设，同时要积极做好发展党员的工作。要把思想建设放在首位。

会议指出，高等教育既要为经济建设这个中心服务，又要推进社会的全面进。就其根本任务而言，高等教育不同于经济领域的活动。要在长期坚持为经济建设服务的同时，注意教育的政治功能、文化功能、促进人的全面发展的功能，这正是为经济建设提供精神动力、智力支持和政治保证。我们既要重视教育的服务性，也不能忽视它的思想政治的导向性；高等教育的改革，既要重视和借鉴某些市场机制的作用，又要严格遵循教育自身的规律。如果按"教育商品化"、"把教育推向市场"的思想办学，就有可能走入歧途。会议指出，高等教育既要为当前的经济腾飞服务，又要面向未来，使我国的现代化建设事业有长远的发展后劲，因此必须十分重视基础学科的建设和发展。会议认为，各级党组织对于社会上拜金主义、享乐主义和"一切向钱看"等不健康思想对青年一代的政治观、人生观、价值观可能造成的不良影响，要理直气壮地有针对性地加以引导，采取有效措施，同健康的社会舆论、家庭教育形成合力，引导学生沿着正确方向实现自己的人生价值。

中国颜色体系诞生

红、黄、绿、蓝、紫颜色，今天有了科学统一的标定。由中国科学院心理研究所等单位首创成功的中国颜色体系和《中国颜色体系样册》，为我国颜色标准化工作奠定了基础。

7月27日

《光明日报》发表评论员文章《坚定不移地反对腐败》

中宣部宣传局和新华社《半月谈》杂志社联合召开的形势教育座谈会在北京举行

全国100多个县(市)和地(市)党委和宣传部门、邮电部门的负责人到会。

中宣部副部长龚心瀚在会上说，当前既要正视全国经济生活中出现了一些新的矛盾和问题，又要看到全国经济在继续大步前进，总的形势是好的，为了巩固和发展好形势，必须加强和改善国家宏观调控。我们要以邓小平同志建设有中国特色社会主义理论为指针，认真做好宣传教育工作，把广大干部和群众的思想认识统一到对中央经济形势的正确判断及采取的正确决策上来。要加强组织性、纪律性的教育，做到令行禁止，步调一致。

龚心瀚指出，各地领导要善于运用党报党刊等宣传舆论工具开展形势教育，把形势教育搞得生动活泼，既要有说服力，又要群众喜闻乐见，力求达到科学性和艺术性的统一。党报党刊也要面对市场竞争，但它们是党和人民的喉舌，在社会主义精神文明建设中具有特殊的重要性，在争取经济效益的同时，必须把社会效益放在第一位。现在，任何报刊都不得强行摊派，中央为此作出的决定完全正确，应该坚决执行。他强调要大力做好党报党刊的推广工作。各地党委和宣传部门、邮电部门都要理直气壮地做好党报党刊的推广工作，多向干部、群众宣传、介绍、推荐，发动更多的读者自愿订阅，让党报党刊在形势教育中发挥更大的威力。

全国高级法院院长座谈会在北京举行

会议指出，法院工作要为维护社会稳定，严厉打击经济犯罪，惩治腐败，为强化国家宏观调控提供有效的司法保障。

中共中央书记处书记、中央政法委书记、最高人民法院院长任建新出席会议。

最高人民法院副院长高昌礼在会上说，经过10年"严打"斗争，我国社会治安总的形势是稳定的，但目前影响社会稳定的因素在增多，一些地方社会治安状况不好，经济犯罪仍然十分严重：一是国家工作人员利用职务之便贪污、贿赂和挪用公款犯罪的数额越来越大，有的达到几百万甚至几千万元；二是利用经济合同和票据进行诈骗犯罪十分突出；三是一些地方走私、偷税抗税、生产销售伪劣商品的犯罪相当严重。

针对上述新情况新问题，高昌礼要求各级人民法院必须坚决贯彻邓小平同志两手抓，两手都要硬的战略思想，坚决贯彻依法从重从快惩处的方针，对那些严重危害社会治安，人民群众深恶痛绝的杀人、抢劫、强奸、流氓、贩毒等刑事犯罪活动，特别是带有黑社会性质的犯罪集团给予严厉打击，遏制重大案件上升的势头。坚决依法从严惩处那些危害改革开放，破坏社会主义市场经济秩序，败坏党和政府声誉的严重经济犯罪分子。继续抓好对国家工作人员特别是领导干部利用职权进行贪污、受贿、挪用公款等犯罪活动的打击。积极参加"打假"和反走私斗争，严惩生产销售伪劣商品犯罪分子和走私犯罪分子。严厉打击重大诈骗、偷税抗税等犯罪分子。

高昌礼还要求各级人民法院站在国家的立场上，维护全局利益，公正执法，坚决纠正审判工作中的执法不严问题，克服地方保护主义和部门保护主义的干扰。人民法院要以审判职能坚决维护中央、国务院对全国经济宏观调控的统一性、权威性和有效性，正确、及时地处理那些与加强宏观调控密切相关的各类案件，保障宏观调控决策的顺利实施。

中共中央政治局常委胡锦涛中央委员迟浩田出席平壤举行的庆祝祖国解放战争40周年阅兵式和群众游行并在主席台上就座

中国党政代表团团长胡锦涛副团长迟浩田在平壤锦绣山议事堂拜会朝鲜劳动党中央总书记国家主席金日成

外交部部长钱其琛就美国提出的关于全面禁止核试验的倡议等问题在中南海紫光阁会见美国负责国际安全事务的副国务卿戴维斯

外交部部长钱其琛在中南海会见韩国国际交流财团理事长孙柱焕

中国政府和毛里求斯共和国政府在北京签署《文化协定1993年和1994年执行计划》

外交部发言人在北京就英国方面干扰中英会谈事答记者问

有记者问：港英政府于7月23日在宪报上公布正式成立选区分界及选举事务委员会，21日港英政府还决定合并油尖和旺角两个区议会。你对此有何评论？

发言人说："目前中英两国政府的代表正在就香港1994/1995年的选举安排问题进行会谈，港英政府的上述两项行动，直接涉及1994/1995年选举安排，是需要双方通过讨论来寻求解决的问题。英方不顾中方的反对，纵容港英当局单方面采取行动，企图造成既成事实，这是中方不能接受的。我们要求英方停止一切干扰中英会谈的行动。"

国防部部长迟浩田为《国防教育文选》撰写题为《深入开展国防教育，增强全民族的国防观念》的序言

中国科协国家教委和国家自然科学基金委员会联合在北京举行仪式欢迎中国数理化和生物性学科奥林匹克队归来

中国奥委会发表声明强烈谴责美国众议院通过反对北京举办奥运议案

美国众议院不顾中国奥委会的抗议和国际奥委会及美国体育界人士要求其停止干预国际奥委会事务的多次呼吁，日前悍然通过了一项反对在北京举办二〇〇〇年奥运会的决议，这是对国际奥林匹克事务的粗暴干涉，严重违背了奥林匹克的原则和精神。这种做法也是中国人民和运动员所坚决反对的。

举办奥运会的地点只能由国际奥委会的全体委员投票决定，任何人都没有权利对国际奥委会指手画脚。美国一小部分人的这种霸道行径必将遭到所有关心和维护国际奥林匹克委员会独立和自主的人士的坚决拒绝。

香港政府宣布从1993年8月1日起中国内地居民过境香港无须签证

7月28日

由原商业部和物资部基础上组建的国内贸易部成立大会在北京全国政协礼堂举行

国有资产管理局外经贸部海关总署联合制定颁发《关于用国有资产实物投入境外开办企业的有关规定》

由国有资产管理局等日前颁发的《规定》指出，今后凡是用国有资产实物作为资本到境外投资创办企业的国内投资单位，必须按照《国有资产评估条例》的有关规定精神，向国有资产管理部门申报境外投资项目的资产评估立项，进行资产评估。

经国家和各级人民政府授权部门批准设立的境外实物投资项目，要在获得对外经济贸易管理部门和授权部门颁发允许在境外投资开办企业的批准证书之后，由境内投资单位负责到国有资产管理部门办理境外国有资产产权立案登记和国有资产实物境外投资出口核验手续，以加强国有资产向外投资备案登记管理。

《规定》要求，在境内投资单位拟将国有资产实物运往境外时，必须向海关部门出具国有资产实物境外投资出口核验表，并经海关部门对该表批注核对后予以放行。

办理国有资产实物境外投资出口核验手续的地方国有资产管理部门，由国家国有资产管理局进行授权。

柬埔寨国家元首西哈努克亲王在平壤住地长春园会见中共中央政治局常委胡锦涛中央委员迟浩田及中国党政代表团成员

国家工商行政管理局颁布《商品交易市场登记管理暂行办法》

中国葡萄牙联合联络小组在澳门成立发钞工作小

组就中国银行参与澳门发钞工作进行研究和磋商

国际地理联合会中国地理学会国家自然科学基金会联合在拉萨举办气候变化与全球变暖对山地寒地和其他地区水灾水资源的影响国际学术讨论会

《中国人民解放军军史大辞典》由吉林人民出版社出版

张培英纪念馆落成典礼暨张培英塑像揭幕仪式在军事医学科学院举行

7月29日

中共中央总书记江泽民在北京接见参加全国高校党建工作会议的代表

全国人大常委会委员长乔石在新加坡拜会新加坡总统黄金辉

全国人大常委会委员长乔石与新加坡国会议长陈树群在新加坡举行会谈

最高人民法院院长任建新在高级法院院长座谈会上就加强对大案要案审理发表讲话

任建新要求各级人民法院的一把手都要亲自过问、亲自抓大案要案的审理,精心部署,及时依法严肃处理。

任建新说,大案要案影响大、危害大,往往直接影响经济建设和社会稳定,成为广大人民群众关注的热点。当前,我们重点要抓的大案要案,就是那些重大贪污、贿赂等严重侵害国家和人民利益、败坏党和政府声誉的案件;那些重大走私、诈骗、投机倒把、制售伪劣商品、偷税抗税以及在贯彻宏观调控措施过程中发现和揭露出来的其他严重破坏经济秩序的案件;那些杀人、强奸、抢劫、"车匪路霸",特别是带有黑社会性质的集团犯罪等严重危害社会治安,危及广大人民群众生命财产安全,影响社会稳定的案件。这些案件危害极大,在国内外影响极坏,全国人民关注,一定要从重从快依法审判。

任建新指出,大案要案一般涉及面广,牵扯人员多,往往是内外勾结,查处难度也大。因此,在办案过程中,必须敢于坚持原则,排除干扰,严格依法办事。不管遇到什么困难,有什么阻力,也不管案件涉及到什么人,无论他的职务多高,地位多显赫,只要犯了法,就要坚决抓到底,查个水落石出,依法严肃处理。

任建新还要求各级法院建立健全处理大案要案的督促检查制度。要选择有典型意义的大案要案,运用公开审判、新闻报刊、电视广播等多种形式,向社会进行广泛的宣传教育,宣传党的方针政策,弘扬社会主义法制,密切党和政府同人民群众的联系,推动严厉打击严重破坏经济和危害社会治安犯罪活动斗争的深入开展。

国务委员陈俊生在黑龙江省考察

陈俊生于7月29日至8月3日,在黑龙江考察,陈俊生说,黑龙江省农业综合开发搞项目小区的做法值得推广。像搞基本建设项目那样搞农业开发,才能取得预期的效果。陈俊生指出,农业综合开发一定要讲究综合效益,不能单搞粮食。黑龙江是产粮大省,要想提高农业效益,必须搞粮食的转化,大力发展畜牧业,特别是养牛业,就是一大优势。黑龙江不但可以养奶牛,也可大力发展肉牛生产,这是南方不可比的优势。但奶牛、肉牛的发展都要由深加工来牵动。办好加工企业,才能使农副产品有市场保证,提高效益,增加农民收入。

在谈到如何发展乡镇企业时,陈俊生对黑龙江省今年乡镇企业高效发展的三条经验非常感兴趣。一是省、地、县层层建立项目库,上什么项目到库里查一下,免得搞重复建设;二是搞股份合作制,吸引社会资金办企业;三是通过各种形式引进智力,加大乡镇企业的科技含量。他说,发展乡镇企业,引进高新技术,对农副产品进行深加工,这不仅是社会主义市场经济的需要,也是农民奔小康的必由之路。

国务委员李铁映在厦门考察

李铁映于7月29日至8月3日在厦门考察时指出,兴办经济特区,是邓小平同志所倡导的。实践证明,这是一条正确之路,成功之路,是我国改革开放事业的一个有特色的经验。特区在新形势下要认真总结经验,进一步解放思想,力争用3到5年的时间,基本建立社会主义市场经济新体制,在全国先行一步。

李铁映说,几年前,邓小平同志提出"再造几个香港"的设想,中央给了厦门实施自由港的某些政策。而要建成自由港,必须有广大的腹地为依托。所以厦门不仅要对外开放,打"国际牌",还要打"闽南牌"、"福建牌"以及"中华牌"。要充分利用海内外两种资源,实现海内外两个市场的接轨。

国务院办公厅就湖南省抗洪救灾工作复电湖南省人民政府

缅甸恢复法律和秩序委员会主席政府总理吴丹瑞

会见中国特使全国人大常委会副委员长布赫率领的中国代表团

中国党政代表团团长胡锦涛副团长迟浩田在中国驻朝鲜大使馆会见使馆工作人员及在此学习的专家及留学生代表

7月30日

第四次世界妇女大会中国组委会在北京举行第二次全体会议

新任组委会主席、国务委员彭珮云要求，各职能委员会要抓紧工作，各成员单位要积极行动，要动员社会各界的广泛参与和支持，为1995年在北京召开的第四次世界妇女大会做好充分准备。

为筹备第四次世界妇女大会，中国于去年8月成立了中国组织委员会。一年来，组委会在国务院的领导下，组织政府各有关部门密切合作，做了大量的动员和筹备工作。现在，根据国务院所属部委的机构调整，组委会的组成单位和成员也进行了相应的调整。调整后的组委会主席为彭珮云，副主席为徐志坚、刘华秋、何鲁丽、黄启璪。秘书长由徐志坚兼任，组委会成员由29个部委、群众团体、北京市政府和新闻单位的负责人担任。

彭珮云在会上讲话中指出，第四次世界妇女大会是我国承办的规模最大的一次国际性会议，认真筹备并开好这次大会，是我国对联合国和世界妇女事业的贡献，是我国政府和全国人民的一件大事，对于促进我国全面参与社会发展，宣传我国改革开放和社会主义现代化建设的巨大成就，提高我国在国际事务中的地位与作用，都具有深远意义。

彭珮云强调，认真做好筹备工作，确保大会顺利召开，是组委会成员单位的共同责任。她说：从现在起到大会召开仅有两年时间，任务艰巨，不得怠慢。彭珮云要求组委会各成员单位，要抽调精干的专职人员投入大会的筹备工作，各部委要切实从人力、物力上给予支持；尤其是组委会成员单位，要在经费上给予更多的支持。

在会议上，国务院副秘书长徐志坚就组委会人员调整发表讲话，黄启璪汇报了组委会一年来工作情况，刘华秋汇报了联合国考察团在京考察情况，审议并通过了成立国家报告编写小组的建议，讨论了《第四次世界妇女大会中国组织委员会有关问题的规定》。

中央社会治安综合治理委员会办公室和《法制日报》社在北京联合召开打击卖淫嫖娼座谈会

针对当前在一些地方卖淫嫖娼恶行及色情活动的泛滥，与会者指出，制止这种现象的蔓延已经到了刻不容缓的时候。卖淫嫖娼活动，是影响民族兴旺的大事。对此，有些人，包括某些领导干部缺乏足够的认识，甚至还有人在错误地认为要以色情活动来发展旅游，还企图试办“红灯区”，等等。这些错误认识必须纠正。参加座谈的认为，要遏制卖淫嫖娼活动的泛滥，必须加强执法力度。同时要加强道德、文明和性科学教育，对包庇、纵容、支持卖淫嫖娼恶行的人员和执法人员，要进行法纪处理。

参加座谈会的有最高人民法院副院长刘家琛，最高人民检察院副检察长赵登举及公安部、司法部、中宣部、全国妇联等有关方面的负责人。

国家副主席荣毅仁在人民大会堂会见即将离任的斯里兰卡驻中国大使苏希塔·高塔马达萨

外交部部长钱其琛在人民大会堂会见伊朗外交部主管国际事务的副部长贾维德·扎里夫

1993年度日本政府无偿援助中国政府4个项目的换文在北京正式签署

4个项目是：中国职业培训指导教师进修中心项目、吉林白城氟病区农村给水二期项目、“消灭脊髓灰质炎计划”(用于购买小儿麻痹症疫苗)、福建闽江洪水预警报系统项目(该系统将最大限度地减少闽江流域洪水泛滥所造成的危害)。

日本政府对中国无偿援助始于1980年。截至去年，中国共接受日方援助778.73亿日元，折合约7亿美元，受援项目约50个，其中大部分已建成并投入运营。

中国和缅甸两国政府在仰光签署经济技术合作协议

全军纪念毛泽东100周年诞辰理论研讨会在北京召开

会议经中央军委同意，由解放军总政治部部署并委托军事科学院召开。来自全军的理论工作者以坚持和发展毛泽东思想、用邓小平建设有中国特色社会主义理论指导部队建设和改革为主题进行研究和交流。

中央军委委员、总政治部主任于永波在开幕式上讲话。他指出，毛泽东是伟大的马克思主义者，伟大的无产阶级革命家、战略家和理论家。在长期的革命实践中，他为中国共产党和我们军队的创立与发展，为中国各族人民解放事业的胜利，为中华人民共和国的缔造和我国社会主义事业的发展，建立了永远不可磨灭的功勋。毛泽东思想是被实践证明了的关于中国革命的正确的理论原则和经验总结，是中国共产党集体智慧的结晶，是我们取得一切胜利的根本保证。作为毛泽东思想主要组成部分的毛泽东军事思想，深刻揭示了中国革命战争的基本规律，极大地丰富了马克思主义军事理论宝库。在新的历史时期，我们要一如既往地学习和运用毛泽东军事思想，不断加强我军革命化、现代化、正规化建设。

于永波指出，邓小平是坚持和发展毛泽东思想的光辉典范。邓小平关于新时期军队建设的思想，是建设有中国特色的社会主义理论的重要组成部分，是新的历史条件下军队建设和改革的根本依据和指导思想。坚持用这些思想武装全军，是我军沿着现代化道路不断前进的根本保证。

于永波强调，从军队来讲，把对毛泽东的纪念落实在实际行动上，就是要更加紧密地团结在以江泽民为核心的党中央、中央军委周围，不断提高"坚持党的基本路线一百年不动摇"的坚定性和自觉性；就是要坚定不移地走有中国特色的精兵之路，努力实现江主席提出的"政治合格、军事过硬、作风优良、纪律严明、保障有力"的要求，全面提高部队的战斗力；就是要认真贯彻军委一系列重要指示精神，加强和改进部队在发展社会主义市场经济条件下的思想政治工作，不断增强部队凝聚力。

亚洲规模最大的北京仿真中心正式通过国家验收

矗立在航天工业总公司第二研究院的北京仿真中心属于国家"七五"重点工程，经专家严格测试，其总体性能指标达到当代世界先进水平，并有创新。这标志着我国仿真技术已跻身世界先进行列。

仿真技术是以控制论、相似原理和计算机技术为基础，借助系统模型对真实的(或设想的)系统进行试验研究的一门新兴综合性技术。北京仿真中心自 1984 年被国家计委、国防科工委列为国家重点建设项目投入实施以来，按照边建设边使用早见效的原则，在建设过程中已成功地为运载火箭等多种新型号的航天器及电力工业进行为仿真试验。

国务委员宋健为验收仪式剪彩。

全国高等院校党建工作会议在北京闭幕

中共中央组织部部长吕枫在闭幕会上强调，为推进高等教育事业的改革和发展，地方党委和各部委党组要继续加强对高校党建工作的领导和指导，并结合实际提出贯彻的意见，对落实情况进行督促检查。

全体与会人员进一步学习了江泽民在纪念中国共产党成立 72 周年座谈会上的讲话，总结交流了高校党建工作的经验，分析了在发展社会主义市场经济形势下高校党建工作面临的新形势和存在的问题，研究和提出了进一步加强和改进高校党的建设和思想政治工作的意见。

中国正式成为国际古迹遗址理事会成员国

国际古迹遗址理事会第十届大会执行主席劳拉特·西尔瓦 7 月 30 日晚在伦敦宣布，中国已正式成为该理事会的成员国。这是西尔瓦在国际古迹遗址理事会第十届大会的开幕式致词中宣布的。中国代表团与来自其他 67 个国家的学者一起出席了大会开幕式。

中国"无血缘关系脐血混合移植"世界领先

以往被遗弃的脐血，如今成了能替代骨髓用于移植的新型造血细胞之源。山东医科大学附属医院沈柏均副教授首创这一移植术治疗晚期癌症等获得成功，并建立世界首家脐血造血细胞库，该成果已通过鉴定。

7 月 31 日

宋平在听取中央组织部党建研究所负责人介绍党建理论研究的有关情况和编写《有中国特色社会主义与中国共产党》一书的写作构想时发表谈话

一、关于党的工人阶级先锋队性质问题

中国共产党是中国工人阶级先锋队，这是党的性质问题，要很明确，不能有半点含糊。过去有人散布类似"全民党"的观点，是错误的。现在又有人说，私营企业主是先进生产力代表，这个说法也是不对的。私营企业主对发展经济，对社会做出了贡献，但不能说他们就是先进生产力的代表。对先富起来的人也要具体分析，有靠劳动致富的，有靠资本经营致富的，也有靠特权、靠钻政策空子，靠违法经营富起来的。能够带领群众致富的人，也不一定都是当地最富的人。窦店的仉振亮，刘庄的史来贺，他们带领群众富起来了，但他们自己并不是本村最富的人。他们是真正的共产党员。所以，对于什么是先进生产力，谁是先进生产力代表，谁是社会先进分子，要从理论上讲清楚。先进生产力的代表，不是指哪几个人，而是看哪一个阶级是当代社会先进生产力的代表。工人阶级是同现代化大生产紧密联系、使用最先进生产工具进行劳动的阶级，是创造现代文明的劳动者，是人类社会发展中最后一个被剥削阶级，它要求废除一切剥削制度，建立没有剥削制度的共产主义社会，只有解放全人类，才能最后解放自己。所以，工人阶级才是当代社会先进生产力的代表。中国共产党是工人阶级中具有当代社会先进生产力的代表。中国共产党是工人阶级中具有共产主义觉悟的先进分子组成的，最能代表工人阶级和广大人民的利益，制定促进社会生产力快速发展的社会政策，是建设有中国特色社会主义的领导核心。

二、关于党建理论宣传问题

除一些基本的理论问题外，还有一些新出现的实际问题，也要写点文章加以回答。比如人才流动问题。无论什么单位，留不住人才，工作不可能做好。人才流动有好处，但要有点法规。没有法规，关键岗位的工人不打招呼就走了，会出问题。国有企业为什么留不住人才，有各种原因。国有企业对国家做出了很大贡献，现在负担沉重，一些企业效益不好。讲句公道话，对国有企业要有保护。当然，企业自身也要把工作做好。石圪节煤矿的同志告诉我，他们那里工作虽然比较辛苦，但职工都不肯离开煤矿，为什么？一是党的思想政治工作做得好，矿内人际关系好。二是福利搞得好，职工的许多实际问题解决得好。像这类企业的经验，应当广为宣传。

农村党的工作用，指导思想是明确的。莱西会议后，对农村党支部起领导核心作用，加强以党支部为核心的村级组织配套建设，认识比较一致了。农村社会主义思想教育，搞了三年多，还是有作用的。农村的一个比较突出的问题，是富余劳动力的出路。有的说多达一亿，有的说多达二亿。有的地方乡镇企业不发达，从农业分流出来的人没事干。人多没事干，就要盲目外流，去大城市打工，城市消化不了，带来很多社会问题。留在农村，没人组织，也会发生很多社会问题。再加上有的地方贫富差距拉大，分配不公，农民负担过重等等。记得党的十四大前，向邓小平同志汇报时，他讲现在到了该讲先富带后富问题的时候了。农村富余劳动力要组织起来，办好乡镇企业，搞一点劳动积累，以工代赈，如兴修水利，植树造林，环境治理，农田基本建设和乡村道路建设等，这是利国利民的事情。

为什么要发展“三资”企业，怎样利用外资？指导思想是什么？要做些研究。我在一些地方调查的时候，不少基层的同志一汇报，总要说办了多少“三资”企业，利用了多少外资，不大介绍实际效果如何，好像只要办得越多，工作就越好，越先进。我们需要积极引进外资，办好“三资”企业。但应该想一想，引进外资是为了什么？是为了发展我们自己，壮大国家的经济实力。利用外资，学习人家的先进技术和管理经验，目的是为我所用。我们的方针还是独立自主，要有以我为主的精神。搞开发区也是如此，要讲效益，不要追求形式。盲目攀比办了多少个“三资”企业，圈了多少地，搞了多少个开发区，不计实际效果，不讲对发展自己有什么实际好处，这至少是指导思想不明确。

党政领导“一肩挑”不宜作为一种模式来推行。党政“一体化”这类口号更不宜提。有人说因为党政领导之间有矛盾，就要搞党政“一体化”。矛盾是客观存在，我们共产党人就是要正确认识矛盾，正确处理矛盾。党的组织和行政组织是两种不同的工作，讲“一体化”、“寓党于政”，客观上会削弱党的领导和党的建设。党政职能要适当分开，但都是为了一个目的，把企业办好。讲分工，还要讲配合。这方面好的经验已不少，要多作一些介绍和宣传。

三、关于研究课题问题

“有中国特色社会主义与中国共产党”是个大题目，我在5月的座谈会上讲了一下，没有展开，你们还可以研究。记得曾提出过要编一本书，不知进展如何？可以继续组织一些人做些研究，请一些老同志参加，你们回去搞个提纲，讨论时我也参加。

中国的革命和建设，总要有人去领导，去组织。谁能领导？中国共产党。有人总想取消中国共产党的领导。取消了中国共产党的领导，也就是取消了中国革命，取消了中国社会主义建设。共产党的存在，是客观的需要，是取消不了的。全国解放前夕，毛泽东同志曾在《论人民民主专政》一文中讲到共产党将来是要消亡的，但现在还不是时候。有些人提出什么“还权于市场”，“还权于政”，“还权于民”，说穿了就是让共产党靠边站。希望你们组织几个人把这本书写好。

四、关于党建工作队伍的建设问题

近来，我常在思考，为什么做党的工作的同志有些思想波动，队伍不稳。无非是三方面原因：一是领导的重视与支持不够，误认为这项工作可有可无。最近，江泽民同志在纪念“七一”座谈会上讲话，强调党的工作、思想政治工作的重要性，大家很满意。二是工作中有实际困难不好解决。三是做党的工作的同志自身的问题。搞党的工作的人应该懂得自己的价值在哪里。党的工作主要是做人的思想政治工作，党的工作应该贯穿、渗透在经济工作、政权工作、统战工作、宣传文化工作、军事工作等各个方面的工作中。把其他各项工作做好了，党的工作的成绩也体现在其中了。搞党务工作的同志，要甘做无名英雄，埋头苦干，无私奉献，不要总是想显示自己的功劳，生怕得不到别人的肯定。应该有这样的觉悟和素质。没有埋头苦干，就没有轰轰烈烈。机关党委也是如此，你的工作成绩，就在于机关里把各项工作都做好了，各方面工作有成绩了，机关党委也就有了成绩。如果各项任务都完成得很好，党员中先进模范人物多了，这其中就有做党务工作的同志的一份功劳。

五、关于党建研究所的工作

办刊物的要研究问题，搞研究的人要写文章，通过刊物对外宣传。编辑部不一定要很多人，编辑人员的素质要好，要精干，要把办好刊物作为一种事业来干。研究所可以经常开一些小型座谈会，组织一些专题讨论，吸收有不同意见的同志参加，集思广益。研究所要加强与各方面的联系。

要把刊物办好，办得很生动、泼辣，有指导作用。文章要有针对性，要会抓思想，抓住大家关心的问题，使读者觉得很解渴、很想看。有些尖锐的问题也可以写，看你怎么写。在当前新的形势下，新事物层出不穷，思想理论问题也很多，可写的题目多得很。不要光看发行数，以为发行量大了，下面就欢迎。办好刊物，这里学问很深，请大家开动脑筋。

国防部在人民大会堂举行庆祝解放军建军 66 周年招待会

国务委员兼国防部长迟浩田主持招待会并发表祝酒词。

出席招待会的有：中央军委委员张万年、于永波、傅全有。解放军三总部和驻京各大单位负责人李景、曹刚川、周子玉、周克玉、刘明璞、张彬、李伦、王太岚、许胜、张连忠、魏金山、曹双明、丁文昌、杨国梁、隋永举、丁衡高、戴学江、赵南起、张序三、朱敦法、李文卿、谷善庆。南京军区政委刘安元和武警总部负责人巴忠倓、张树田。中共中央、国务院有关部门，北京市和对外友协领导李淑铮、田曾佩、齐怀远、郑斯林、杨衍银、孟学农、韩叙。

中宣部国家新闻出版署发出《关于加强新闻队伍职业道德建设，禁止“有偿新闻”的通知》

宜昌三峡坝区开始移民

宜昌市既是三峡工程大坝所在地，又处在三峡库区的库首，移民安置任务十分繁重。三峡库区淹没涉及 42 个镇、192 个村，淹没面积 124 平方公里，淹没两座县城和 14 个集镇，淹没区需要迁移的人口达 15 万。为给施工腾出场地，这里的移民提出“把困难留给自己，把方便让给工程”。他们纷纷献出自己的家园，让出土地，搬进临时居民点。宜昌市还积极做好三峡淹没区城镇的选址和搬迁工作。

国家授权八家集团试点经营国有资产

新华社记者从国家国有资产管理局获悉：目前，国家已授权 8 家企业集团进行国有资产试点经营工作。这 8 家企业集团是：东风汽车集团、东方电气集团、中国重型汽车集团、第一汽车集团、中国五矿集团、天津渤海化工集团、贵州航空工业集团和中国纺织机构工业集团。

企业集团国有资产经营，是指国有资产管理部门将企业集团中紧密层企业的国有资产统一授权给核心企业（集团公司）经营和管理，通过建立核心企业与紧密层企业之间的产权纽带，使紧密层企业成为核心企业的全资子公司或控股子公司，从而增强集团凝聚力，发挥企业集团的整体优势。这些企业集团作为一个中介性的产权经营机构，将依法经营授权范围内的国有资产，以资产的保值和最大限度的增值为目标开展经营活动，使资产配置更加有效，生产经营更有效益。

企业集团国有资产授权经营是改革产权管理形式，转换企业经营机制的重要措施，国家将在试点企业取得经验的基础上逐步扩大实施范围。

中国特使全国人大常委会副委员长布赫和缅甸副总理貌貌钦为中国援建的仰光东郊仰光一丁茵公路铁路两用大桥举行竣工剪彩

全国人大常委会委员长乔石在新加坡会晤新加坡总检察长陈锡强

国务院副总理李岚清与清华大学师生座谈

李岚清在座谈时指出，要进一步加大教育改革的力度，认真研究教育改革中的问题，探索推进教育改革的切实措施。

在认真听取关于清华大学教育改革、学生思想政治工作、师资队伍建设、科研工作的情况介绍后，李岚清称赞清华大学几十年来为国家培养了大批高质量的人才。他代表国务院向全校师生员工表示慰问，希望把清华大学办成全国高校贯彻落实《中国教育改革和发展纲要》，加快教育体制改革，进行全面探索的样板，为高校的教育改革提供更多的好经验。

李岚清说，现在越来越多的人认识到人才对国家兴旺发达的决定性作用，认识到教育在国家发展中的战略地位。许多同志希望我国的高等教育能像经济一样有更快更大的发展，希望多办一些大学。但由于国家财力有限，教育的投入不可能一下子增加很多，因此，发展教育事业要在逐步增加教育投入的同时，加大教育改革的力度，加快改革的步伐。当前，根据《纲要》提出的要求，有一系列的问题要认真研究并在实践中进行探索，要有切实的措施和实施方案。

关于多渠道筹集办学资金问题，李岚清说，要逐步建立起以国家财政拨款为主，辅之以征收教育税、社会捐资以及校办产业收入的教育投入体制。近年来，各地校办产业有了较大的发展，这对增加教育的投入，改善办学条件，提高教师福利待遇起了重要作用。学校也要与产业部门紧密结合。学校要努力为产业部门服务，开展知识、技术服务。产业部门则可以用投资、捐款、合资合作等方式参与办学，使学校与社会的关系更加密切。

李岚清指出，社会主义市场经济体制需要大批既懂经济又懂技术，既懂工业又懂贸易的复合型的经营管理人才。高等学校应该适应这一要求加快专业设置的调整和教学内容的改革，要逐步解决学科专业设置过细过窄的问题。当然也要防止实用主义的倾向，只顾眼前，不顾长远，忽视国家和社会长远利益所需要的重点项目和基础学科。这就要求我们既要发挥学校在专业设置和调整方面的自主权，国家也要注意加强宏观调控。

李岚清谈到学校内部的管理问题时指出，要加快学校的社会服务体系的建设，逐步减少学校庞杂的后勤服务压力，改变把学校办成小社会的状况，使学校能集中精力搞好教学和科研；要充分发挥学校现有教学、科研设施的作用。一些大学的图书馆和实验设备可以对其他学校、科研单位甚至对社会开放，适当收取使用费，充分发挥其社会效益；提倡发展校际间的横向联合，使学校、科系之间加强交流、合作，取长补短、人尽其才、物尽其用。也应当发展国际间的学术交流和合作。

李岚清说，要充分发挥研究生的作用，让一些研究生一边学习，一边当助教，承担一部分教学辅导、实验室等工作。这样做既可以增加教学力量，弥补教师的不足，还可以巩固所学的知识，增加收入。他指出，要认真研究学校内部分配与奖励问题，打破平均主义，真正实行按劳分配，多劳多得，充分调动教职员工积极性。

全国政协主席李瑞环会见来北京考察的日本筑波大学名誉教授山口胜弘

北京市高级法院和中级法院分别建立知识产权审判庭

中国女排夺得第七届亚洲女子排球锦标赛冠军

8 月 1 日

全国人大常委会国务院致电祝贺青海省海南藏族自治州建州40周年

国务院总理李鹏签署第119号令发布《取水许可制度实施办法》

国务院总理李鹏签署第120号令发布《中华人民共和国水土保持法实施条例》

国务院总理李鹏签署第122号令《国务院关于修改〈扫除文盲工作条例〉的决定》

现发布《国务院关于修改〈扫除文盲工作条例〉的决定》,自发布之日起施行。

总理 李 鹏

1993年8月1日

国务院关于修改《扫除文盲工作条例》的决定

国务院决定对《扫除文盲工作条例》作如下修改:

一、第二条修改为:"凡年满十五周岁以上的文盲、半文盲公民,除丧失学习能力的以外,不分性别、民族、种族,均有接受扫除文盲教育的权利和义务。"

第二条增加一款,作为第二款:"对丧失学习能力者的鉴定,由县级人民政府教育行政部门组织进行。"

二、第五条第一款修改为:"扫除文盲教育应当讲求实效,把学习文化同学习科学技术知识结合起来,在农村把学习文化同学习农业科学技术知识结合起来。"

三、第七条第三款修改为:"基本扫除文盲单位的标准是:其下属的每个单位一九四九年十月一日以后出生的年满十五周岁以上人口中的非文盲人数,除丧失学习能力的以外,在农村达到95%以上,在城镇达到98%以上;复盲率低于5%。"

第七条增加一款,作为第四款:"基本扫除文盲的单位应当普及初等义务教育。"

四、第九条修改为:"地方各级人民政府应当制定措施,督促基本扫除文盲的单位制订规划,继续扫除剩余文盲。在农村,应当积极办好乡(镇)、村文化技术学校,采取农科教相结合等多种形式巩固扫盲成果。"

五、第十四条增加一款,作为第二款:"对在规定期限内具备学习条件而不参加扫除文盲学习的适龄文盲、半文盲公民,当地人民政府应当进行批评教育,并采取切实有效的措施组织入学,使其达到脱盲标准。"

本决定自发布之日起施行。

《扫除文盲工作条例》根据本决定作相应的修正,重新发布。

国家计委批准修建西安至安康铁路

内贸部部长张皓若就国内贸易部关于深化流通体制改革的构想接受《人民日报》记者采访

日前张皓若在接受记者采访时指出,中国流通领域过去分属不同部门管理,商业部主管生活资料流通,物资部主管生产资料流通。现在流通领域的分配体制发生了很大变化,生活资料和生产资料陆续进入市场,但是,旧体制造成的条块分割、互相封锁现象还比较严重,流通渠道不畅,流通社会化、现代化水平低、整体功能差。新成立的国内贸易部首先要加快流通体制改革。一是继续打破商品流通条块分割,实现生产资料与消费资料贸易相结合,形成以国家流通企业为主导的多元结构和城乡一体的流通发展大格局;二是在国家逐步减少指令性计划分配品种和数量的情况下,搞好国家订货,形成国家订货制度;三是深化工业消费品与农副产品购销体制改革,特别是要针对工业消费品批发体制进行改革,消除旧体制的弊端,摆脱困境。

针对国内市场发育水平不高、商品市场建设任务艰巨的情况,张皓若谈到,商品市场体系建设的目标是建成以全国性和跨区域性的批发市场和期货市场为枢纽,以区域性的批发市场与连锁集团为骨干,以发达的市场经营网点为基础,与国际市场相连接的多层次、多功能、高效、通畅、可调控的商品市场体系。为实现这样一个目标,国内贸易部要在市场规划、组织、建设和管理上,重点抓好全国性、区域性重要商品批发市场和期货市场的布局和定点,建成一批具有全国性影响力和辐射力的大市场;建立高层次、综合性、全国性的市场信息网络,形成多层次、多元化的信息服务体系;加快市场法规建设步伐,抓紧制定一批重要的商品流通和市场管理法规,力争成熟一个,出台一个。

张皓若指出,国内贸易部作为国务院主管全国商品流通的职能部门,要加强对商品流通的宏观调控,特别是对关系国计民生的重要生产资料与生活资料的宏观调控。组织好重要商品的进出口。对一些重要物资继续保留一定数量的指令性计划,以保证军工、重点建设项目、救灾、扶贫等需要;对重要商品建立必要的国家储备。

国家主席江泽民致电比利时首相让·吕克·德阿纳吊唁比利时国王博杜安一世逝世

国家版权局发布《演出法定许可付酬标准暂行规定》

国家版权局发布《录音法定许可付酬标准暂行规定》

国家版权局发布《报刊转载、摘编法定许可付酬标准暂行规定》

《人民日报》发表评论员文章《要稳定农业科技队伍》

活跃在广大农村以农技推广人员为主力的百万农业科技大军，是我国农业生产不可缺少的生力军，是农业上新台阶和发展现代化农业的重要力量。多年来，他们和亿万农民一起，为农村经济发展和夺取农业连年丰收作出了重要贡献。今后，农业增产将更倚重于科技进步，农业科技队伍的作用将显得更加重要。因此，我们必须十分注意这支队伍的稳定和建设。

去年以来，一些地方采取了一些不恰当的措施，有意无意地削弱了农业科技队伍。有的把农技推广部门当成“财政包袱”，不区分不同情况，采取“一刀切”的做法，或财政“断奶”，或改变其事业单位性质，按企业进行管理；有的还要求刚刚起步，本来应予扶植的农技推广站上交利润。这些做法迫使部分农技人员调离或转行。一些地方农技推广体系甚至面临新的“线断、网破、人散”的局面，影响了正常的农技推广服务工作。这种状况已引起一些有识之士的担忧，也引起党中央和国务院领导同志的关注。

在我国，农业是基础产业。目前这个基础还很不牢固。绝大多数农民的科技文化水平和生产经营收入还比较低。这就决定了农业技术推广服务，目前还主要是无偿服务，其效益也主要是社会效益。在相当一段时间内，保持农业技术推广机构的事业单位性质，并在可能的情况下增加其事业经费是必要的。目前，世界上无论是发达国家还是发展中国家，农业技术推广工作都离不开政府的资助，这是由农业自身的特点和农业技术推广的难度所决定的。我们国家还很穷，不可能一下子增加很多经费来支持农技推广事业，还需要农技部优和广大农业科技工作者继续保持艰苦奋斗的作风，以高度的事业心和责任感来从事这项事业。随着社会主义市场经济体制的建立，逐步创造条件，增强其自我生存和发展能力，无疑是农技推广部门的必由之路，但是决不能在条件不成熟时便贸然给其“断奶”，让农技部门像企业一样去搞经营。农技部门在经费不足的情况下，通过服务，在增加农民收入的基础上适当搞些创收是允许的，这有利于稳定队伍，同时也有利于提高农技服务水平。但绝不能舍本求末，为盈利而忘记为农业服务的宗旨。

最近，经全国人大常委会审议通过，由国家主席颁布实施的《中华人民共和国农业技术推广法》规定了乡镇以上各级国家农业技术推广机构的职责。指出国家农业技术推广机构推广农业技术所需经费，由政府财政拨给，任何机关或者单位不得截留或者挪用用于农业技术推广的资金；地方各级人民政府应当保障农业技术推广机构的试验基地、生产资料和其他财产不受侵占。这为稳定和加强农技推广体系提供了法律依据。不久前，国务院六部委又联合发出《关于稳定农业技术推广体系的通知》，各地应当认真贯彻好这些规定，采取切实措施，稳定农业科技队伍，把农业社会化服务提高到一个新水平。

国家民委新闻出版署全国印刷字体工作委员会于1日至5日在西宁联合召开“藏文印刷字体鉴定会”

8月2日

毛泽东夫人杨开慧长子毛岸英弟弟毛泽民毛泽覃妹妹毛泽建侄儿毛楚雄6位烈士铜像在南京铸成

毛泽东亲属中6位烈士的铜像日前在南京铸成。这6尊形象生动逼真的铜像，是南京晨光机器厂应湖南省湘潭市的要求精心铸造的。

铜像在纪念毛泽东诞辰100周年之际安放在韶山市烈士纪念馆内。

国务院副总理朱镕基在全国外汇管理局分局长会议上发表讲话

朱镕基指出，当前外汇调剂市场的人民币汇率趋于合理，基本稳定，证明党中央、国务院强化宏观调控的措施已初见成效。

从去年下半年开始，外汇调剂市场人民币汇价出现了急剧下降的趋势，今年以来，跌势加剧，6月中由年初的1美元兑换7.4元跌至接近11元。这固然是由于经济高速增长、投资规模过大，拉动进口需求激增的结果，但是，对人民币贬值的强烈心理预期和持汇单位炒买炒卖外汇的投机活动，更是加剧跌势的重要原因。这种情况既给进出口企业带来更大的风险和不确定性，又加重了国内通货膨胀的压力，影响了海外投资者的信心。6月底在国务院采取一系列强化宏观调控的措施后，从7月1日开始，人民币汇价迅即回升，目前基本稳定在1美元兑换8.8元人民币左右。这个价位基本上是市场供求关系平衡的结果，既有利于促进进出口贸易，也有利于按照国家产业政策保证重点项目用汇。继续采取调控措施，促使汇价稳定在目前的合理水平，是下半年经济工作的一项重要任务。朱镕基强调，政府有决心，也有信心，有办法完成这一任务，防止市场汇率的大起大落。他希望持汇和需汇单位都要顾全大局，维护国民经济的稳定。公平交易，遵纪守法，不要参与投机、黑市活动。

朱镕基还对外汇管理部门进一步深化改革，加强外汇市场管理提出了要求：一是要继续进行中央银行对外汇市场的适度干预，提高调控艺术，讲求调控效果，满足客户需求；二是要切实保证完成按市价收购上缴外汇的任务，该收的外汇一定要收上来，为实现市场调控创造条件；三是要加强对外汇市场的管理和监督，按照国家产业政策调控用汇方向，严禁场外交易，打击外汇黑市；四是要按照建立社会主义市场经济体制的要求，建立全国统一的外汇市场体系，扩大外汇市场的覆盖范围，实现全国联网统一规则，统一报价，互相调剂的目标。

国办转发国家经贸委关于调整烟叶经济政策实施方案的通知

全国物价局长座谈会在北京举行

国家计委主任陈锦华在座谈会上指出：要积极稳妥地推进价格改革，抑制物价总水平过快上涨。

陈锦华在会上宣布，从8月份开始，在全国范围内由各省、自治区、直辖市自行开展物价检查，重点检查国家管理的商品价格和收费标准执行情况、农业生产资料最高限价落实情况、越权违纪提价加价行为。对未经国家批准越权决定出台的提价项目和行政性收费，要严格按有关法规进行查处，情节严重的要追究法律责任。

陈锦华说，一年多来，全国的价格改革和物价工作取得很大成绩，主要表现在四个方面：一、按照建立社会主义市场经济的要求，价格形成机制的转换取得了重大进展，除个别省区外，已全部放开粮食购销价格；放开了大部分中央统配煤炭、钢铁产品、部分水泥价格；对中央外汇计划内进口的粮食、棉花、木浆、洗衣粉原料实行了代理作价，同时下放了22项行政事业性收费的管理权限。二、以缓解基础行业价格偏低为重点，价格结构性调整迈出了较大步伐。国家先后调整了铁路货运、钢铁、电力、成品油、邮电资费等基础行业的价格，对促进生产力发展发挥了重要作用，三、落实企业的定价自主权和保护农民利益的各项价格政策。四、转换职能，探索适应社会主义市场经济的价格体制。

第三届海峡两岸关系研讨会在浙江宁波开幕

来自台湾、香港、美国、日本的60余名学者与大陆的专家、教授就两岸经济合作的理论与实践、方法与途径进行集中探讨。

外交部部长钱其琛在钓鱼台国宾馆会见由会长陈在男率领的美国北美台湾商会联合会中国大陆投资考察团

中国代表团团长全国人大常委会副委员长布赫在仰光会见华人代表

中科院和国家自然基金会主办的国际洞穴学联合会第11届大会在北京召开

广州蓄能水电厂投产

中国第一座高水头、大容量的抽水蓄能电站——广州蓄能水电厂，在位于从化县吕田镇的电厂现场举行第一台机组投产庆典。国务院总理李鹏为电站题词，祝贺电站投产发电。副总理邹家华按电钮，启动第一台机组发电运行。

陕西省泾阳县永乐镇的中国大地原点实行对外开放

8月3日

中央军委领导人江泽民刘华清张震分别为"献身国防现代化的模范干部"苏宁题词

苏宁是沈阳军区某炮团原参谋长。他入伍22年，在所工作过的岗位上，取得了出色成绩，是新的历史时期我军干部队伍中一个德才兼备、忠于职守、献身国防的突出典型。1991年4月21日，他组织部队进行手榴弹实弹投掷，在发生意外情况的危急时刻，为保护战友的生命安全光荣牺牲。今年2月，中央军事委员会发布命令，授予他"献身国防现代化的模范干部"荣誉称号。

国务院批转邮电部关于进一步加强电信业务市场管理的意见的通知

最高人民法院发出关于执行《全国人民代表大会常务委员会关于惩治生产、销售伪劣商品犯罪的决定》的通知

第八届全国人大常委会第二次会议通过的《关于惩治生产、销售伪劣商品犯罪的决定》(以下简称《决定》)，对刑法的有关规定作了重要补充，为惩治生产、销售伪劣商品犯罪，保障广大群众人体健康和人身、财产安全，保护用户、消费者的合法权益，维护社会主义市场经济秩序，提供了有力的法律武器。各级人民法院要认真学习、严格执行《决定》，依法惩治生产、销售伪劣商品的犯罪分子。为此，特通知如下：

一、1993年9月1日《决定》施行前，各级法院要组织审判人员认真学习《决定》，深刻领会《决定》的立法精神，正确理解《决定》规定的各种犯罪构成要件及其处罚原则，为正确适用《决定》做好充分准备。

二、《决定》施行前，人民法院正在审理的有关生产、销售伪劣商品的犯罪案件，应依照现行的法律规定定罪处罚。《决定》施行前发生，《决定》施行后审理的生产、销售伪劣商品犯罪案件，依照刑法第九条规定的原由办理；对于《决定》施行后发行的这类案件，一律适用《决定》定罪处罚。

三、无论适用现行法律规定还是适用《决定》，对于那些生产、销售假药，致人死亡或者对人体健康造成其他特别严重危害的，以及在生产、销售的食品中掺入有毒、有害的非食品原料，致人死亡或者对人体健康造成其他特别严重危害的重大案件，人民法院要组织好审判力量，及时进行审理。对于依法应当判处死刑的严重犯罪分子，必须坚决判处死刑。对这类大案要案的审理，要大张旗鼓地公开宣判，并通过新闻媒介公开报道，以惩戒犯罪，弘扬法制。

四、人民法院受理的企业事业单位生产、销售伪劣商品犯罪的案件，既要依照《决定》规定对该犯罪企业事业单位判处罚金，又要对其直接负责的主管人员和其他直接责任人员依法追究刑事责任。对于企业事业单位的刑罚处罚，不能代替追究其直接责任的主管人员和其他直接责任人员的刑事责任。

五、在依法惩处直接生产、销售伪劣商品犯罪的同时，对利用职务，故意包庇生产、销售伪劣商品构成犯罪的企业事业单位或者个人使其不受追诉的；负有追究责任的国家工作人员对有《决定》所列犯罪行为的企业事业单位或者个人，不履行法律规定的追究职责的；国家工作人员滥用职权、假公济私，对检举，揭发《决定》所列犯罪行为的举报人报复陷害的，应当根据不同情况，分别依照刑法第一百八十七条规定的玩忽职守罪、第一百八十八条规定的徇私舞弊罪或者第一百四十六条规定的报复陷害罪，追究刑事责任。

六、人民法院适用《决定》处理生产、销售伪劣商品犯罪案件，要在依法从严适用主刑的同时，充分适用财产刑，并应当依照《决定》第十二条第一款规定的罚金数额根据犯罪分子的犯罪情节和案件情况依法判处。对于犯罪行为给受害人造成物质损失的，要根据案件不同情况，依法判处赔偿损失，犯罪分子的违法所得和违法生产、销售的产品一律予以没收。

国家防汛抗旱总指挥部总指挥陈俊生检查辽宁防汛工程

《中国共产党和巴解组织主流派——法塔赫合作议定书》在突尼斯签署

议定书说，中国共产党和法塔赫愿在“独立自主、互相尊重的基础上为争取社会发展、世界和平和人类进步事业，发展和加强双方的友好关系”。两党将加强党的负责人和干部的互访，加强党的工作实践的经验交流，鼓励和推动发展两国群众组织的往来和两国经贸合作关系。中国共产党代表团团长、中共中央候补委员、黑龙江省委副书记田凤山和法塔赫中央委员、对外关系负责人哈尼·哈桑分别在议定书上签字。

中国乌拉圭经济贸易混合委员会第5次会议在蒙得维的亚结束

中国和墨西哥政府在墨西哥城签署两国政府1994—1996年文化合作计划

国内首家知识产权保护服务公司中诚知识产权保护服务有限公司在北京成立

首届海峡两岸《周易》学术讨论会在山东大学开幕

讨论会由山东大学主办。大陆60多名、台湾30名教授、专家出席这次会议，并提交100多份高水准的学术论文。会议围绕《周易》与哲学文化、周易经传研究、周易发展史、周易与自然科学这些主题，展开广泛深入的讨论。

第三届中国新闻奖在北京揭晓

检阅1992年我国新闻工作实绩的第三届“中国新闻奖”近日揭晓，154件佳作获奖。

《深圳特区报》的通讯《东方风来满眼春》、《人民日报》的言论《千万不可忽视农业》、《解放日报》的消息《上海证券交易与国际市场接轨》、新华社的消息《大学生列车上见义勇为斗歹徒 乘警列车员闻警不动受指责》、中央电视台的消息《邓小平与中央领导同志一起同十四大代表亲切见面》、中央人民广播电台的消息《张学良接受大陆记者采访》、山西电视台的新闻专题《来自病床上的报道》、黑龙江人民广播电台的消息《江海联运货船首航》、《空军报》的摄影《勇战士急下水抢救亲人》等18件作品获一等奖，52件获二等奖，84件获三等奖。

全国政协体育界委员谴责美众议院通过反对北京申办奥运会决议

全国政协在北京的10位体育委员指出，美国众议院通过反对北京申办2000年奥运会的决议，极大地伤害了中国体育工作者、中国人民的感情，是对奥林匹克事务的粗暴干涉，严重违背了奥林匹克的原则和精神。

参加座谈会的政协委员有，中国奥委会主席何振梁、国际奥委会医务委员会委员杨天乐、北医三院院长曲绵域、北京体育学院副院长田麦久、中国游泳队总教练陈运鹏、中国体操队总教练高健、中国羽毛球队总教练王文教、射击运动员王义夫、围棋运动员聂卫平和马晓春。

8月4日

中宣部在中南海召开加强新闻职业道德建设座谈会

中共中央书记处书记、中宣部部长丁关根在讲话中指出，在新的历史时期，新闻工作者肩负重要的历史使命，肩负党和人民的重托和希望。新闻工作者要以对党、对人民和对新闻事业高度负责的态度，采取切实可行措施，加强新闻职业道德建设，坚决刹住"有偿新闻"这股不正之风。

座谈会的主要议题是贯彻中宣部、新闻出版署联合发布的《关于加强新闻队伍职业道德建设、禁止"有偿新闻"的通知》。与会者联系实际，交流加强新闻职业道德建设的经验和体会并一致认为，中宣部和新闻出版署发布的这个通知，符合党和人民的利益，符合广大新闻工作者的愿望，一定要认真贯彻落实这个通知精神，下决心解决好"有偿新闻"问题。

中宣部常务副部长徐惟诚主持会议。广播电影电视部部长艾知生、中宣部副部长龚心瀚、中纪委常委傅杰、新闻出版署署长于友先等领导以及首都新闻单位的负责人和部分老新闻工作者、编辑、记者出席了会议。

国务院副总理邹家华在北京召开的物价局长座谈会上发表书面讲话

全国物价局长座谈会在北京召开。会议是贯彻落实党中央、国务院关于加强宏观调控的一系列措施，积极稳妥地推进价格改革，加强和改善宏观调控，抑制物价总水平过快上涨的重要会议。国务院领导对会议很重视，邹家华副总理在外地工作期间为会议作书面讲话。

邹家华指出，当前，我国总的经济形势是好的，价格改革也取得了重大进展。但近几个月物价总水平上涨过快，应该引起重视。保持物价总水平的基本稳定，是我国宏观调控的重要目标。物价过快上涨不利于国民经济的持续、快速、健康发展，不利于改革开放的深入进行，必须加强和改善物价的宏观调控，通过深化改革，加快培育和健全市场体系，加快建立和完善宏观调控体系，运用经济手段、法律手段，辅之以必要的行政手段，对经济运行进行有效的驾驭，把物价总水平过快上涨的势头抑制住。当前，特别要抑制住关系人民日常生活必需品的价格和服务费用的过快上涨。

邹家华强调，发展社会主义市场经济要十分重视物价工作。要建立以市场为主的价格形成机制和国家对价格的宏观调控体系，有大量工作需要做，价格改革的任务还远未完成。认为进入市场经济，对物价可以不再管理，认为放开物价是价格改革的全部内容，这是很大的误解，我们的任务是探索在市场经济条件下如何更好管理物价。

邹家华指出物价问题涉及千家万户，关系方方面面，政策性很强，他要求各级党委和政府要进一步加强对物价工作的领导，把物价工作摆上重要工作的议事日程，经常了解物价动态，及时解决物价工作中存在的问题，充分调动物价队伍的工作积极性和创造性。他强调，在物价方面，不能政出多门，要按规定的物价管理权限办事。重大的价格改革措施，要由国务院统一安排和部署。各地方、各部门要严肃物价法纪，不得越权提价，不得擅自立项或超标准收费。

国务院妇女儿童工作委员会第二届第一次全体会议在北京举行

国务院妇女儿童工作委员会主任彭珮云指出，妇女工作领域同其他工作领域一样，正面临着建立社会主义市场经济体制所带来的一系列新情况和新问题，因此，进一步抓好妇女儿童工作，是委员会、各部委、各团体不容忽视的共同职责。

根据国务院决定，原国务院妇女儿童工作协调委员会更名为国务院妇女儿童工作委员会，其组成人员也有所调整：国务委员兼国家计生委主任彭珮云任主任，国务院副秘书长徐志坚、国家计委副主任郝建秀、全国妇联副主席黄启璪任副主任，国务院20个部委及团体为成员单位。

国务院总理李鹏签署第123号令发布《中华人民共和国税收征收管理法实施细则》

国务院总理李鹏签署第124号令发布《核电厂核事故应急管理条例》

中共中央政治局常委刘华清在吉林省考察

刘华清于4日至13日在中共吉林省委书记何竹康、省长高严和沈阳军区政委宋克达、军委办公厅主任程建宁等陪同下，赴长春、吉林、延边等地考察，听取省、市(州)领导和各方面负责同志的汇报，考察了吉林化学工业公司、图们口岸、珲春长岭子口岸和第一汽车集团公司等,并看望边防部队指战员。

刘华清在听取吉林省委、省政府的工作汇报之后,对吉林省的工作给予了充分肯定。他说,吉林是农业大省,工业基础也不错,过去为国家做了很大贡献,今后要做更大的贡献。

刘华清指出,当前全国经济建设的发展形势是好的,各地要进一步落实邓小平同志视察南方谈话和党的十四大精神,深化改革,加快经济发展步伐。他强调,邓小平同志讲要抓住机遇,这是有远大战略眼光的。历史给予的机会是不多的,在可能的情况下,我们要把经济建设搞得更快些、更好些。刘华清说,加快发展是好事情,但目前有些地方发展经济上的有些做法脱离实际,办不了的事情勉强办,产生了一些问题。他指出,速度要加快,但步子要稳妥。要集中力量打歼灭战,十个指头按跳蚤,一个也按不住。要结合实际,使经济发展既快又健康。在考察吉林化学工业公司时,刘华清要求,工业企业要积极学习外国的先进经验和先进技术,努力提高产品质量。在了解了国家级边境开放城市珲春市的开发开放进展之后,刘华清指出,开发区的发展要不等不靠,要有蚂蚁啃骨头的精神,在总体规划确定之后,自己多想办法,挤出些钱来搞项目。同时,要特别重视这些地方的精神文明建设,"两手硬"任何时候都不能忘记,在精神文明方面必须打下一个好基础。

刘华清强调,惩治腐败是当前人民群众非常关心的一个重要问题。不抓紧解决,党的建设搞不好,经济建设也搞不好。越是改革开放,我们越是要"两手抓"、"两手硬"。现在,极少数党员、干部的腐败行为影响很坏、破坏性很大,要下决心严肃对待,严厉惩治。要从领导机关做起,在广大党员、干部中形成公正、廉洁、奉献的风气。任何时候,我们党都要关心人民群众,体谅和帮助人民群众解决困难。党的建设搞好了,干部队伍建设好了,就什么问题都能解决,什么困难都能克服。打击走私是反腐败斗争中的一件大事,一定要抓紧、抓好,党委、政府要认真抓,切实把好这一关。

在谈到军政、军民关系时,刘华清指出,要把军政、军民关系搞好,这是经济建设能不能搞好的一个重要基础。他感谢当地政府和人民群众对子弟兵的关心和爱护,同时要求解放军部队为地方建设多做贡献,只要地方建设需要,不论是抢险救灾、工程建设等各个方面,都要全力支持。

《人民日报》发表国家教委主任朱开轩的文章《积极支持 正确引导——关于民办学校的几个问题》

党和国家领导人江泽民李鹏刘华清及张震等为解放军总医院建院40周年题词

中国首部大型中医辞书出版

国内第一部大型综合性中医药辞书《中医辞海》在北京由中国医药科技出版社出版。

山东发生特大水灾

8月4日至5日,山东省菏泽、临沂、济宁、枣庄、聊城等市地普降大暴雨,最大降雨量达540毫米,灾情严重。全省有2805个村庄、210.37万人被水围困,倒塌房屋12.5万间,死亡36人,农作物受灾面积1280万亩。11000多个乡镇以上厂矿企业被迫停产。

中共中央总书记、国家主席江泽民,对山东省部分地区遭受严重洪涝灾害十分关注。江泽民在听取中共中央政治局委员、山东省委书记姜春云关于山东部分地区遭受严重洪涝灾害的情况汇报后,对灾区干部群众表示十分关切,要求山东省党政军民团结一致,千方百计战胜困难,夺取抗洪救灾的更大胜利,尽快恢复生产,减少损失,重建家园。

8月5日

泰国国王普密蓬·阿杜德在曼谷新王宫会见全国人大常委会委员长乔石

全国人大常委会委员长乔石到曼谷总理府拜会泰国总理川·立派

《人民日报》发表评论员文章《加强新闻职业道德建设》

中共中央宣传部和国家新闻出版署发出《关于加强新闻队伍职业道德建设,禁止"有偿新闻"的通知》。这是在新形势下,针对新闻队伍中出现的新情况、新问题而制定的一个非常重要的文件。每个新闻单位、每个新闻工作者都应当认真学习,坚决贯彻。

当前,全国各族人民紧密团结在以江泽民同志为核心的党中央周围,积极贯彻加强和改善宏观调控的一系列政策、措施,深化改革,促进国民经济持续、快速、健康地发展,国内政治、经济形势很好。广大新闻工作者深入实际,深入群众,写出了大量反映时代风貌、推动社会进步的好作品。我们新闻队伍总的素质是好的。但是,近年来也出现了一些违反职业道德准则的不正之风,有些还相当严重。例如:参加新闻发布会、开业典礼、周年庆典等会议、活动,要"出场费"、收"红包";给企业、企业家或其他一些单位、个人写稿后,接受或索取金钱财物,搞"有偿新闻";利用新闻工作者身份的特点和便利条件,参与企业的经营活动,收取"好处费",接受企业提供的种种优厚待遇,等等。

这些做法，背离了新闻工作为人民服务、为社会主义服务的方针，背离了新闻职业道德，是社会上出现的拜金主义思潮在新闻队伍内部的反映，严重损害了我们新闻工作者应有的崇高形象。社会各界干部、群众对此反映强烈，新闻界内部许多同志也痛心疾首，呼吁坚决克服这些不正之风，特别是要坚决禁止“有偿新闻”。

我们党的新闻工作有着光荣的传统。几十年来，广大新闻工作者始终站在时代的前列，无私无畏，廉洁奉公，为祖国的繁荣昌盛、为人民的富裕幸福而辛勤劳作。新闻工作成为崇高的、受人尊敬的职业。在发展社会主义市场经济的新形势下，的确出现了很多新情况、新问题，社会在变，人们的思想观念也在变。但是千变万变，新闻工作坚持为人民服务、为社会主义服务的方向不能变，廉洁自持、艰苦奋斗的优良作风不能变，勇于坚持真理、忠于事实的高尚品格不能变，遵守《中国新闻工作者职业道德准则》的自觉性不能变，否则，就会有负党和人民的重托。

发展社会主义市场经济，新闻媒介必然要更多地反映经济、反映市场，而市场上的各种经济成分、经济实体也必然要更多地借重新闻媒介、利用新闻媒介，这是很自然的。新闻媒介反映市场经济的主要手段一是新闻，二是广告。广告是企业的自我宣传，新闻是新闻媒介的客观报道，二者有原则的区别和明显的界限，不容混淆。新闻的起码要求是客观、真实、公正，其生命力和信誉也在于客观、真实、公正。如果新闻也像广告那样收费，还怎么能保证其客观性、真实性、公正性呢？还怎么能取信于民呢？新闻工作者是社会主义精神文明的建设者和宣传者，如果自身不正，还怎么去推动社会主义精神文明建设呢？“有偿新闻”、拜金主义，是新闻工作之大忌。我们在发展社会主义市场经济的起始阶段，更要注意从认识到实践严格划清广告与新闻的界限，这不但是坚持新闻工作的党性原则的必然要求，而且是保证社会主义市场经济健康有序发展的必要条件之一。一切真心实意拥护改革、愿意为推进改革作出贡献的新闻工作者，都应当旗帜鲜明地抵制和反对形形色色拜金主义思想的侵蚀。

在新闻界加强职业道德建设、反腐倡廉，新闻工作者人人有责，领导干部更要严以律己，以身作则。同时，要加强思想政治工作，加强廉洁奉公教育，严格要求、严格管理，对做得好的同志要支持、要表彰，对违反纪律者，要秉公执纪，严肃处理。这样才能带出一支政治强、作风正、业务精的队伍来。

本报编委会已经作出关于加强廉政建设的规定，表明了我们的态度和决心。我们愿同新闻界的朋友们一道，为加强新闻队伍的职业道德建设，禁止“有偿新闻”做切实的努力。我们衷心欢迎全国广大干部群众和新闻界同行的批评监督。

我国的改革开放和社会主义现代化建设的发展正处在一个关键时刻，要克服种种艰难险阻，实现我们民族宏伟的奋斗目标，需要各行各业励精图治，加倍努力。新闻界肩负着特殊重要的使命。切实抓好自身队伍的思想建设、组织建设、作风建设、职业道德建设，我们才能无愧于伟大的时代，才能更好地为建设有中国特色社会主义的伟大事业建功立业。

国家经贸委等部门联合举办的“'93中国质量意识高层论坛”在北京开幕

国家主席江泽民为会议题词。国务院副总理朱镕基致信会议表示祝贺。

'93中国质量意识高层论坛由国家经贸委、国家技术监督局、中国工业经济协会、中国质量管理协会、中央电视台等单位联合举办。与会者有政府部门领导、理论工作者、企业家及新闻工作者。

此次论坛的中心议题是提高全民族质量意识，代表们将就如何提高产品质量参与国际竞争、如何有效打击假冒伪劣产品和防止地方保护主义，把质量监督管理纳入法制轨道等问题提出政策性建议。

国防部部长迟浩田在钓鱼台国宾馆会见埃及武装部队后勤供应部长阿迪尔·利布什廷率领的后勤供应代表团

《国家经济地图集》由中国地图出版社出版

经过20个单位通力协作，百余名科技人员历时7年的不懈努力，《中华人民共和国国家地图集》的重要组成部分《国家经济地图集》的全部编纂工作最近完成，由中国地图出版社和英国牛津大学出版社分别出版中文版和英文版，将在全世界公开发行。

这是继《国家农业地图集》之后出版的《中华人民共和国国家地图集》的第二个分卷。

《中华人民共和国国家地图集》是1981年经国务院批准，组织全国科技力量编绘的一部世界先进水平的、具有百科全书性质的大型地图集。它将集中反映我国的自然地理、社会历史、经济和文化状况，并且反映建国40多年的各方面成就，是国家进行现代化建设总体规划部署，以及从事科学研究和文化积累的极其重要的基础资料。全书计划包括《国家农业地图集》、《国家经济地图集》、《国家普通地图集》、《国家自然地图集》和《国家历史地图集》五卷。

《国家农业地图集》1989年由中国地图出版社率先出版。

《国家经济地图集》汇集1985年至1990年国民经济各领域的资料，包括265幅地图和20多万字的说明。它详细描述了国民经济各部门的发展规模、水平、比例结构、增长速度和分布格局，多层次地表现我国完整和独立的国民经济体系和工业体系。

陕西扶风出土商周青铜巨龙

最近考古工作者在陕西扶风县发现一件商周时期的巨型青铜龙。龙重19公斤、长60厘米，弓颈卷毛作爬行状，系圆雕式爬行龙，这种造型的龙在商周龙中也不多见。从同时发掘出土的鬲、豆等灰陶器的形制和特点确认，此地为商代晚期或西周早期遗址。

专家认为，类似的青铜龙，目前仅在存藏于世的四尊大鼎上才能看到，目前发现的鼎中之王——陕西淳化县青铜大鼎，重二百二十六公斤，鼎耳上的爬龙也仅有二十八点六厘米，还不及这条青铜龙的一半长。

深圳清水河仓库安贸危险品储运公司仓库因爆炸起火

党和国家领导人江泽民、李鹏、朱镕基、李岚清分别打电话慰问和对救灾工作作出指示。爆炸造成15人死亡、8人失踪、25人重伤，直接经济损失达2.4亿元。

8月6日

国家主席江泽民国务院副总理朱镕基等在北京会见出席全国打击走私工作会议的代表

江泽民、朱镕基等会见出席会议的代表，并同大家进行座谈。江泽民要求各级党政领导高度重视反走私工作，严厉打击走私犯罪，为改革开放和经济建设进一步创造良好的社会环境。

江泽民在讲话中指出，走私是一种逃避国家对国际贸易的管理、非法牟取暴利的严重经济犯罪活动。这种犯罪活动，近半年在我国一些地区特别是一些沿海地区日趋猖獗，对国家和人民的利益，对深化改革和加快发展，造成的危害极大。各级党委和政府必须统一思想，统一步调，加强领导，依靠执法部门和群众相结合，坚决、迅速地刹住这股歪风。在坚持改革开放的过程中，抓好打击经济犯罪和惩治腐败行为，是小平的一贯思想，也是我们进行现代化建设的必要保证，一定要常抓不懈，务求必胜。

参加会见和座谈会的领导还有钱其琛、李岚清、尉健行、任建新。

座谈会由李岚清主持。在座谈会上发言的有海关总署署长钱冠林、最高人民法院副院长刘家琛、广东省省长朱森林、山东省省长赵志浩。副总理钱其琛也在会上讲话。

会议由党中央、国务院决定于8月4日召开。沿海沿边17个省、自治区、直辖市的党政主要领导，其他各省、自治区、直辖市人民政府的主管领导，以及41个中央国家机关和新闻单位的负责人出席会议。会议开幕时，国务院副总理、全国打击走私领导小组组长李岚清就当前反走私斗争的形势、切实加强反走私斗争的领导、搞好综合治理、加强执法队伍建设等问题讲话。

李岚清指出，今年以来，我国经济总的形势是好的。广大干部和群众以小平同志建设有中国特色社会主义理论为指导，坚持党的基本路线，认真贯彻落实党的十四大和八届全国人大一次会议确定的任务和方针政策，解放思想，实事求是，抓住机遇，加快发展，改革开放和经济建设都取得了显著成就。同时也应清醒地看到，在经济社会发展过程中也出现了一些新的矛盾和问题，有的还相当突出。近年来在部分沿海沿边地区出现的严重走私犯罪活动，就是存在问题的一个突出的表现。

近几年走私的情况较过去发生了重大变化，参与走私并对国家造成严重危害的，主要的已不是个人和小团伙，而是包括一些政府机关、执法部门的下属公司在内的企事业单位，走私物品已从过去的洋杂货发展到成批的洋烟、电视机、录像机、汽车等高档的消费品，走私大案的案值高达百万、千万以至上亿元，在一些走私严重地区，运载私货的大型外轮甚至在有些执法人员的保护下直接驶入未设关的港口码头卸货。持续不断的走私活动，严重冲击国内市场，威胁民族工业，扰乱经济秩序，破坏宏观调控，败坏社会风气，腐蚀干部队伍，危害极大。不少事实说明，走私活动所以屡禁不止，愈演愈烈，是同一些领导干部的错误思想相联系的，是同一些地方、部门等小团体利益相联系的，是同一些政府机关和执法中滋长的腐败风气相联系的。因此，对于当前走私的严重性和危害性决不能低估，对于反走私的复杂性和艰巨性也不能低估。各级领导干部特别是党的高级干部务必保持清醒的头脑，在党中央、国务院的领导下，一定要把反走私作为维护国家和人民利益、维护经济社会的正常秩序、促进改革和发展的一项紧迫任务，从反腐倡廉、巩固党的执政地位和人民政权的高度统一认识，统一行动，迅速实施，力争在较短的时间内，夺取反走私斗争的胜利。

李岚清说，在目前形势下，强调正确处理局部与全局的关系，强调严肃法纪，具有特别重要的意义。搞社会主义市场经济必须有严格的规范和健全的法制。不加强和改善宏观调控，不维护中央政令的统一，经济运行乃至社会生活必然出现混乱。近年来，少数地方和部门把局部利益、地方利益置于全局利益、国家利益之上，在查处走私犯罪活动这样一个严肃的问题上，也搞什么"上有政策，下有对策"，搞假自首，假缉私，微量罚款放行私货，以罚代税、以罚代刑，搞什么下不为例，有的甚至直接参与走私。这是只顾局部利益的地方保护主义、部门保护主义恶性膨胀的表现，是严重的违法乱纪行为，必须绳之以法，严惩不贷，决不能搞下不为例，姑息养奸。能否从根本上遏制走私猖獗的局面，关键在各级领导。他要求各省、自治区、直辖市认真将这次会议的精神传达贯彻下去，首先要统一好领导班子的思想，明确责任，突出重点，统一部署，迅速打开本地区的反走私斗争新局面。要逐级建立反走私斗争领导责任制，限期把本地走私的歪风煞住，坚决把走私分子的嚣张气焰打下去。对在反走私斗争中领导软弱、打击不力、走私泛滥的局面长期得不到扭转的地方，要追究那里的领导的责任。对那些纵容、包庇走私违法活动的，必须按照党纪国法严肃处理。各级领导干部要进一步增强法制观念，带头做执法、守法的模范。对涉及本地区本部门的走私案件，要态度鲜明，坚决查处，不但不说情，不干扰，而且要坚决支持执法部门秉公执法，树立社会主义法制的权威。特别是对内外勾结、执法犯法、数额巨大、情节恶劣、危害严重的案件，无论涉及什么人，都要坚决支持执法部门排除阻力，一查到底，依法严惩，以儆效尤。要加强市场管理，切断私货的销售渠道。工商、公安、税务及烟草专卖等部门要切实负起责任来，坚决取缔公开的和地下的各种私货交易。纪检、监察、审计部门要加强检查监督，法院对走私罪案件要依法审判，检察院要加强司法监督。要采取"海上抓，岸边堵，陆上查，市场管，惩罚严"的办法，协同作战，使走私分子无处藏身。新闻宣传部门要加强反走私斗争的宣传，对一些走私的大案要案要曝光。总之，要运用法律的、经济的、行政的、教育的手段，推动反走私的综合治理。同时我们要认识到反走私斗争是一个长期而艰巨的任务，必须齐抓共管，常抓不懈。

李岚清还要求执法部门加强队伍建设，建设一支素质好、纪律严、作风正、效率高、战斗力强、忠于党忠于人民的队伍。他说，要通过加强教育培训，提高执法干部的政治业务素质。坚决清除执法部门中腐败分子和消极腐败现象，纯洁执法队伍。要整顿缉私纪律，纠正缉私秩序混乱的现象。努力改善执法部门的执法条件，稳定执法干部队伍。他勉励执法人员要提倡奉献精神，不为名，不为利，不畏艰苦，不怕牺牲，为打击走私犯罪，保卫国家利益做出积极贡献。

反偷渡工作座谈会在北京召开

中共中央书记处书记、中央政法委书记任建新在座谈会上指出，在复杂的国际背景影响下和境内外一些犯罪分子的煽动组织下，当前沿海地区的偷渡活动十分严重。为了维护改革开放和发展经济的大局，巩固和提高中国的国际威望，保障和发展社会主义建设的成果，必须下大决心，尽快从根本上制止偷渡活动。

来自福建等 12 个省区市和中央有关部门的负责人出席会议。福建省委书记陈光毅、广东省省长朱森林、浙江省委书记李泽民、公安部部长陶驷驹等先后在会上发言。

国务院发出关于严格控制财政支出和社会集团购买力过快增长的通知

各省、自治区、直辖市人民政府

国务院各部委、各直属机构：

目前，国家财政支出增长较快，行政事业费支出增势很猛，社会集团消费呈现明显的膨胀势头，特别是八种专控商品的支出增幅更大，其中小轿车和无线通讯设备等商品的支出成倍增长。与此同时，部分地方财政已出现不能正常发放工资的情况，支援农业生产和新产品试制费等重点项目的支出低于预算要求的增长幅度，有的还比去年同期下降。出现这种情况，除了政策性的增支因素外，主要是一些地区和部门放松了财经管理，预算约束软化，财经纪律松弛。财政支出，特别是社会集团消费的过快增长，不仅会导致国家财政赤字扩大，而且不利于发扬勤俭节约的优良传统，不利于国家集中资金保证重点建设的需要。为严格控制财政支出和社会集团购买力过快增长，保证今年国家预算任务的完成，特作如下通知：

一、严格预算管理，地方财政不准打赤字。凡今年预算已安排了赤字或留有支出缺口的地区，要按照《国家预算管理条例》的要求，调整预算，确保收支平衡。上半年支出增长较多的地区和部门，要对年度预算作相应调整，并在预算执行中努力增收节支。各级财政支出的安排，要首先保证工资的发放，从现在起，要一律停止追加新的财政支出，任何单位都不得以办公自动化为名要求追加预算。

二、严格控制社会集团购买力的过快增长。要严格控购指标的管理，设备购置要严格执行国家下达的控购指标，不得突破。凡超过指标的，除相应扣减下年度指标外，还要追究直接责任者和有关领导人的责任。对购买国家规定的八种专项控制商品要从严审批，行政事业单位购买小轿车、无线通讯设备等专控商品，下半年原则上暂停审批；对亏损、拖欠税款的企业购买专控商品，也要停止审批。对冒挂外商投资企业、军队、武警、公安及个人车辆牌照，逃避控购的企业和单位，要按照国家规定认真清查，严肃处理。

三、严格控制会议费支出。要严格控制和精简各种会议，能不开的坚决不开；非开不可的，也要缩短会期，缩减规模，讲求效率。各地区、各部门的会议经费，要在预算基础上压缩20%，各级财政都要按调整后的会议费预算办理拨款。

四、严格控制出国活动。要严格出国团组的审批工作，力戒重复考察，并尽量缩小出国团组的规模。下半年，凡出国用汇未列入预算的团组，一律不予审批；如确需成行，应在本单位原定计划中调剂解决，一般不予追加出国用汇预算。

五、严格控制各种招商办展活动。从现在起，境内招商办展活动要由省政府统一管理。对各种以办“节”名义进行的招商办展活动，也要严格控制，防止借办“节”之机挥霍浪费，助长不正之风。境外招商办展活动，一律要经外经贸部批准。下半年不再审批到香港、澳门的招商办展活动。无论境内境外招商办展，都必须注重实效，贯彻勤俭节约的原则，力戒过多过滥。

六、控制消费基金的过快增长，禁止滥发补贴、实物和代币购物券。企业单位要严格执行国家对工效挂钩的有关规定。禁止擅自提高行政事业单位人员的工资、奖金、津贴和补贴标准。

控制财政支出和社会集团消费，是一件难度很大的工作，各级人民政府必须切实加强领导，认真做好组织、宣传和动员工作。各级财政、审计部门要恪尽职守，加强监督检查，把工作做深做细。各新闻单位要配合有关部门，宣传本通知精神，在全社会提倡勤俭节约的作风。对严重违反通知要求的主要领导人和责任者，要在调查核实后严肃处理并予以公布。

国务院

1993年8月6日

国务院批转中国人民银行关于集中信贷资金保证当前经济发展重点需要的意见

为进一步贯彻落实中央关于当前经济工作的重大决策，认真整顿金融秩序，集中资金保证当前经济发展重点需要，现将中国人民银行《关于集中信贷资金保证当前经济发展重点需要的意见》转发给你们，请结合本地区、本部门的实际情况，按照中国人民银行的要求认真贯彻执行。

关于集中信贷资金保证当前经济发展重点需要的意见

全国金融工作会议之后，各级银行认真贯彻落实中央关于当前经济工作的重大决策，整顿金融秩序，严肃金融纪律，强化宏观调控，开始收到一定效果。但是由于前一时期固定资产投资规模过大，一些地方把大量资金投入房地产和炒股票，对国家信贷计划造成了严重冲击，最近又出现全国性的企业存款大幅度下降和银行对贷款只收不贷的现象，如不及时解决，势必影响经济发展所必需的资金投入，影响国家重点建设和国有大中型企业生产的正常进行。为了保持全国经济发展的好势头，当前必须集中信贷资金，保证经济发展的重点需要。为此，提出以下意见：

一、解决当前资金紧张问题的关键，是要堵邪门、开正路，发挥银行间接融通资金的主渠道作用。首先要坚决制止和纠正违章拆借、非法集资。清理违章拆借工作的重点要放在收回用于搞房地产和股票交易的拆借资金(暂时难以收回的，也要在清理后提出处理意见)，收回对银行自办公司的贷款和拆借。对于绕过贷款规模，用于企业正常流动资金、技术改造和重点建设的拆借资金，也要一律收回，经过清理后，对确需支持的，纳入信贷规模，通过正常贷款渠道解决。在堵住邪门的基础上，要保证信贷规模和资金及时足额到位，集中资金，支持经济发展重点需要。各专业银行总行要把全年信贷计划尽快分配落实到各省、自治区、直辖市分行，做到全年亮底，按季监控，按月考核。对全年信贷计划要重新核定分项贷款规模，保证重点资金需要，在下半年内按月调度资金，保证实施。

二、为了保证按合理进度落实贷款计划，各级银行要抓住当前提高储蓄存款利率、整顿非法集资和收回违章拆借资金的有利时机，通过加强内部管理，努力增加存款、筹集资金。要严格结算纪律，加强现金管理，扭转企业存款严重下降的趋势，同时要认真改进服务态度，急企业之所急，千方百计保证企业正常贷款的需要。要压缩一般贷款，保证重点资金需要。各专业银行要加强系统内贷款规模和信贷资金调度。专业银行分行为保证经济发展重点，在贷款规模、信贷资金上确有困难的，要及时向总行反映，总行要及时研究，调度解决。专业银行总行确有实际困难的，由人民银行总行统筹安排，酌情予以支持。

三、各地区人民银行分行和市、县支行要切实转换职能，把工作重点转向对本地区金融活动(包括银行系统、非银行金融机构以及非金融部门的金融活动)进行监督，并深入基层，对金融形势进行分析，提出对策，每月向人民银行总行和当地政府提出报告。人行系统不要干预专业银行对资金的调度。

四、各专业银行要按照《国务院关于集中资金保证当前经济工作重点需要的通知》(国发明电〔1993〕5号)和国家经贸委、人民银行《关于解决企业流动资金问题的通知》的要求，保证当前经济工作重点资金需要。

农业银行和其他有关专业银行要保证农副产品收购资金的供应，按照“先贷后报，先垫后补，事后算账，分清责任，限期归还，照章处理”的原则，保证不给农民打"白条"。原定各部门应筹措资金的责任不变,筹措资金的渠道不变,组织领导的方式不变,当地人民银行要加强监督,帮助组织好夏粮收购工作。一些地方在农副产品收购中实行"户交村结"的办法,损害了农民的利益,要一律停止执行。

工商银行要重点安排好工业生产企业流动资金贷款和重点技术改造贷款,要优先支持产品适销对路及经济效益好的企业,特别是国有大中型企业和承担国家指令性任务、关系国计民生的企业;优先支持产业结构调整,缓解"瓶颈"制约的企业、生产支农产品的企业和换汇成本低,出口创汇多的企业以及重点能源、原材料生产企业。

中国银行要重点安排好外贸出口产品收购资金贷款、机电产品出口卖方信贷和承担的外贸企业技术改造贷款。

建设银行要集中资金,按计划、按施工进度保证国家重点建设项目,特别是铁路、电力建设项目的基本建设贷款及时到位。

交通银行、中信实业银行、光大银行以及其他银行,也要按照上述有关要求,适当集中资金优先支持国家重点资金需要。

各专业银行今年下半年筹集的资金要全部用于支持国家重点资金需要,资金有余,再安排其他贷款。

各专业银行要继续贯彻执行人民银行银发〔1991〕188 号文件规定的"五优先"、"五从严"、"八不贷"的信贷政策。同时,再补充明确以下两点:

(一)对于违反国家规定乱集资或把贷款用于搞房地产和股票交易的企业,对被主管部门抽走资金或向其他企业和非银行金融机构转移资金的企业,要限期纠正,否则停止贷款。

(二)对于持有超过 100 万美元外汇额度的企业,有关专业银行和外汇管理局要进行审查,凡没有完成无偿上交和有偿上交国家外汇任务,超过正常需要囤积外汇额度或不按规定结汇的企业,要管紧管严人民币贷款,对这些企业发放贷款要与生产、销售同步。要加强对企业调汇的审查,防止从外汇调剂市场套买外汇进行投机。要加强用汇的跟踪检查,凡在调剂市场上调入的外汇,三个月内不用的,一律由中央银行收购,不允许在外汇调剂市场进行炒买炒卖外汇的投机活动。

五、国务院已决定今年不再发行国家投资债券和中央企业债券。对原定用这部分债券资金安排的项目,由国家计委、人民银行会同有关部门审定后,转为银行贷款,由人民银行追加有关专业银行信贷规模,专业银行组织落实,但是不包括下半年新开工的项目(国务院已决定下半年原则上不上新开工项目)。

对今年计划发行的地方企业债券,凡用于流动资金的,经国家经贸委、国家计委和中国人民银行审定后,转由银行信贷资金安排;凡用于固定资产投资的,基本建设项目经国家计委和中国人民银行审定后,可按国家有关规定向社会公开发行,或者纳入国家信贷计划安排;技术改造项目商国家经贸委审核。

金融系统的广大干部职工,特别是各级领导干部,必须增强全局观念,从大局出发,密切配合,加强协作,保证各项政策措施落到实处,努力完成今年加强宏观调控、调整贷款结构、保证经济工作重点资金需要的任务。

国家经贸委正式对外公布《机电设备招标投标指南》

国家经贸委日前正式公布《机电设备招标授标指南》,这标志着中国机电设备招标工作开始纳入法制化轨道,对于增加进口管理的透明度,提高投资效益会发挥积极作用。

全国总工会在北京召开电话会议动员组织工会职工深入开展扭亏增盈活动

全国总工会主席倪志福,以及各省、自治区、直辖市和计划单列市总工会、各产业工会、全总机关各部门负责人出席了电话会。国家经贸委副主任徐鹏航、全总副主席张丁华在会上讲话。

最高人民法院发出关于充分发挥审判职能作用保障和促进全民所有制工业企业转换经营机制的通知

国家主席江泽民根据全国人大常委会决定任免驻外大使

一、免去唐龙彬的中国驻瑞典王国特命全权大使职务。

任命杨桂荣为中国驻瑞典王国特命全权大使。

二、免去张大可的中国驻南斯拉夫联盟共和国特命全权大使职务。

任命朱安康为中国驻南斯拉夫联盟共和国特命全权大使。

国家主席江泽民在中南海就中日关系国际国内形势等问题接受日本《朝日新闻》社长中江利忠等人的采访

关于中日关系,国家主席江泽民说:"中日关系近年来的发展,总的来说是顺利的,两国在平等互利的基础上,在各个领域里的合作取得明显进展。去年是中日邦交正常化 20 周年,我有幸访问了贵国,贵国天皇和皇后陛下也成功地访问了中国,对增进两国的相互了解和友好合作作出了贡献。”

江泽民说:“经过两国政府和人民的共同努力,目前两国关系正进入新的发展阶段。这是值得我们两国人民共同珍视的。中日两国长期稳定地发展睦邻友好关系,不仅符合两国人民的根本利益,而且有利于本地区乃至世界的和平、稳定与发展。”

江泽民说:“发展中日友好关系,一要以史为鉴,二要着眼长远。”江泽民表示相信,只要双方继续遵循《中日联合声明》和《中日和平友好条约》的原则和精神,不断增进理解和信任,加强协调与合作,两国关系一定能够取得更大发展。江泽民说:“我对两国关系的前景是乐观的。”

在被问及如何看待目前日本政局以及对日本新政府有何期待的问题时,江泽民说:“作为友好邻邦,我们希望日本政局稳定,经济发展,人民幸福。不论日本政局如何发展,中日友好是大势所趋,人心所向。我们愿意同日本政府和人民共同努力,推动中日睦邻友好合作关系不断向前发展。”

关于中美关系,江泽民说:“在我当选国家主席时,克林顿总统曾给我来信祝贺,说他致力于中美关系,希望把中美关系推向更高的合作水平。我也注意到克林顿总统最近关于中美关系的一些积极表示。”

江泽民说:“最近钱其琛副总理兼外交部长在新加坡同克里斯托弗国务卿进行了会晤。双方谈得不错,增进了了解。”

江泽民说,中国一向重视中美关系,并为两国关系的改善和发展作出了很大努力。“我们抱着向前看的积极态度,希望与美方增加信任、减少麻烦、发展合作、不搞对抗,在中美三个联合公报原则的基础上,特别是在相互尊重和互不干涉内政原则的基础上,发展平等互利关系。我们也希望美国政府能够以中美两国人民的根本利益为重,为改善两国关系采取实际步骤,推动中美关系向前发展。”

江泽民在阐述中国对建立亚太安全机制的立场时说,亚太各国应根据和平共处五项原则平等相待,友好相处,任何国家都不谋求霸权或势力范围,不组建和参加针对其他国家的军事集团;各国加强互利合作,扩大双边、次区域和全地区的合作,实现共同繁荣、共同发展,根据公正、合理的原则实行裁军和军控,反对军备竞赛,防止核扩散;亚洲国家间的领土、边界争端和其他有争议的问题,应该根据有关国际公约,通过谈判、和平解决,反对诉诸武力或以武力相威胁。

至于建立何种安全机制的问题,江泽民说,中国认为,可以从本地区多样化的实际出发,进行双边和区域性多形式、多层次、多渠道的安全对话,就有关问题进行磋商,加强沟通和信任。为此,中国愿意同包括日本在内的亚太国家就共同关心的问题进行磋商。

针对所谓“中国威胁论”的论调,江泽民说,中国的经济是在发展,但因此而散布“中国威胁论”是没有根据的。江泽民重申,中国奉行独立自主的和平外交政策,致力于本地区及全世界的和平、稳定与发展,坚持同周边国家和世界各国友好相处,寻求共同发展,这是有目共睹的。中国永远不称霸,同时反对任何形式的霸权主义和强权政治,这也是有目共睹的。

当记者问及对冷战后世界格局的看法时,江泽民说,苏联解体以后,东西方两大军事集团对峙的局面不复存在,但世界并不太平。动荡多变是当前世界形势的突出特点。过去遗留下来的一些老问题还没有完全解决,而不少新的冲突又接连发生,国际关系中霸权主义、强权政治仍然存在,使用武力的趋向在发展。国际经济竞争日趋激烈,区域化和集团化的趋势愈加明显,南北差距更加扩大。

江泽民指出,在这种形势下,世界人民的共同愿望是建立和平、稳定、公正、合理的国际新秩序。

在谈及民主和人权的问题时,江泽民说,民主和人权都是具体的、相对的,而不是抽象的、绝对的,都是与各国国情密切相关的。改革开放以来,中国在推进经济体制改革的同时,适时地进行了政治体制改革,加强了民主法制建设,以保障人民能够充分地享有公民权和更好地行使管理国家的政治权利。

江泽民指出,人权问题从本质上说是各国主权范围内的事。各国在人权问题上存在不同观点是正常的。而不应该以人权为借口,干涉别国的内政。在这样一个多样化的世界上,要全世界都接受一种人权观是不可能的。

江泽民说,对于发展中国家来说,人权首先是生存权和发展权。最关心中国人民人权的是我们自己。1949 年以前,中国 80%的人处于饥饿和半饥饿状态。现在中国的人口翻了一番多,温饱问题基本上解决了,人民在各方面享受的民主权利在中国更是前所未有。随着中国经济、文化的发展和人民受教育程度的提高,中国人民的生活将越来越好,享受的权利将越来越多。

在回答“社会主义和市场经济的关系”问题时,江泽民说,社会主义市场经济,是一个完整的概念。简要地说,就是要把公有制的优越性与市场经济对资源的优化配置有效地结合起来,二者不能割裂,也不能偏废。

江泽民在谈到中国现在出现的贫富差距扩大的问题时说:“共同富裕是我们追求的目标,实现这个目标要有个过程,必然有先有后。我们制定政策,都是要把效率和公平结合起来考虑。一方面,鼓励条件好的地区尽量发展快一点，同时也鼓励落后地区充分发挥自己的资源优势，创造条件加快发展；另一方面，我们提倡发展快的地区带动和帮助发展慢的地区，国家在经济政策上，也将适时予以调整和引导。至于个人收入的差别，将通过税收政策予以适当调节，同时通过建立社会保障体系来保证低收入者的生活。"

当记者问及中国进一步发展农业的问题时，江泽民说，邓小平同志曾提醒过我们，九十年代如果中国出问题，很可能出在农业上。这是他多年领导经济建设和治国安邦的经验之谈，对于我们正确驾驭经济形势，是非常有益的。

江泽民说，针对前一时期，一些地方出现了收购农副产品款不能及时兑现和农民负担过重的问题，"我们已采取了一系列强有力的措施，效果很好。今年夏粮收购就没有再打'白条'，农民是满意的。"

当回答中国在准备"复关"的过程中如何进一步完善投资环境的问题时，江泽民说，经过十几年的改革开放和现代化建设，中国外贸出口体制已基本符合国际贸易惯例，现在正加快进口体制的改革。今后，中国将进一步改善投资环境，为外商投资提供更方便的条件和更充分的法律保障。

中共中央政治局常委胡锦涛在人民大会堂会见由越南共产党中央政治局委员书记处书记阮德平率领的越共中央思想文化工作领导干部代表团

全国首届地图展在北京展览馆开幕

国家测绘局、中国科学院、水利部、地质矿产部、中国煤田地质总局共同举办的这届地图展，荟萃中国古今地图精品，是建国以来我国测绘成果的一次大检阅。

李锡铭、方毅、周光召等领导和 10 多个国家驻华使馆的参赞出席开幕式。

目前，1∶5 万和 1∶10 万以及 1∶25 万和1∶50万基本比例尺地形图，已经覆盖整个大陆。公开出版的各类地图达 2000 余种，18 亿册幅，其中许多国家级大型专题图填补国内地图生产的空白，达到国际先进水平。10 余年间，测绘部门为全国 1200 余项重大工程建设提供了重要的技术保障和科学依据，产生了巨大的社会和经济效益。

在本届展览会的 142 个展台中，展出了全国各地各部门、港澳台以及国外一些厂商的地图制品，体现了当前地图发展的新趋势。展览会的学术报告、计算机演示系统、中国测绘基准模型、珠峰和南极长城站的测绘模型等项目，引起了观众的极大兴趣。主办单位还为丰富广大中小学生的暑期生活，专门增设了"古代地图文化"和"地图知识"两个展厅。中国邮票总公司为配合本届地图展发行了 51 万枚第一次采用雕版的纪念封。

中国上海南汇至日本九州宫崎海底光缆贯通

国务院副总理邹家华等抵达深圳考察安贸危险品仓库火灾灾情慰问公安武警解放军等

公安部致电广东省公安厅和深圳市公安局慰问深圳抢险灭火公安干警

8月7日

《人民日报》发表评论员文章《顾全大局 严守纪律》

当前，全党和全国人民正在认真贯彻落实中央关于加强和改善国家宏观调控的政策措施，加快深化改革步伐，促进经济持续、快速、健康发展，已经收到初步效果。形势发展是好的。

在充分肯定工作主流的同时也要看到，由于所处的位置不同，掌握的情况不同，或考虑问题的角度不同，一些地方和单位对贯彻执行中央的政策在思想和行动上还不尽完全一致。有的自我感觉"问题没有那么严重"，贯彻中央精神说得多，下真功夫少；有的过分强调"我这里情况特殊"，要求"例外照顾"；有的担心"错过末班车"，仍在盲目铺摊子，上新项目；有的依然搞"上有政策、下有对策"那一套，企图"绕出一条新路子"；有的抱怨"你害病，我吃药"，心理不平衡，执行政策水过地皮湿。一句话，就是"怕吃亏"，怕损失局部的和眼前的利益。对此，尽管可以理解，但不能听之任之，放任自流。不然，就有可能影响改革开放和现代化建设的顺利进行，影响社会的团结和稳定，最终将难免大家都吃亏。

顾全大局，说到底就是要正确处理局部与全局、当前与长远的利益关系。我国是一个社会主义国家，经济发展是一个有机的整体，各族人民的根本利益是完全一致的。这种根本利益的一致性，决定了在不同时期、不同方面、局部与全局、当前与长远利益关系的可协调性。中央最近实行的主要运用经济手段、法律手段并辅以必要行政手段的一系列政策措施，其目的就是为了确保根本利益不受损害，虽然可能影响到一些局部的和眼前的利益，但换来的将是整个经济的持续、快速、健康发展。除此而外，任何地方、部门、单位和个人，没有比这更大的特殊利益，而且从根本上讲，各个局部最终也将受益。因此，我们必须从政治上、思想上和行动上同中央的精神保持高度一致，更加自觉地认识大局，维护大局，顾全大局。这就是我们所要强调的顾全大局，严守纪律。

居高才能识全局。全党同志特别是党的各级领导干部,要善于站在全国改革和发展的整体高度,充分认识贯彻落实中央精神的必要性和重要性。要善于把本地区、本部门、本单位摆到全国的大局之中,来考虑问题、安排工作。要善于结合全国的改革和建设实际,加强思想政治工作,引导干部群众克服狭隘思想,树立全局观念,不断增强贯彻中央精神的自觉性、坚定性。

能不能做到顾全大局,是对每个党员和领导干部的严峻考验。各级领导干部尤其是党的高级领导干部,一定要按照江泽民同志在党的十四大报告中的要求,"带头做坚持原则、严守纪律、维护大局、加强团结的模范",令行禁止,坚决维护中央政策的统一性、权威性、有效性,保证把中央的政策措施一一落到实处。

我们正在向社会主义市场经济体制过渡,改革和建设每前进一步,都会遇到关系全局的新问题、新矛盾。全党上下,各地区、各部门,必须在中央的统一领导下,时时处处以大局为重,以根本利益为重,团结一致,齐心协力,风雨同舟,和衷共济,进一步发展改革开放和现代化建设的大好局面。

全国转换企业经营机制工作会议在北京举行

由国家经贸委、国家体改委、国务院法制局联合召开的全国转换企业经营机制工作会议,旨在总结《条例》颁布实施一年来的工作,部署进一步加大贯彻《条例》力度,推动国有企业尽快进入市场。

国务院副总理朱镕基在会议上指出,贯彻落实《全民所有制工业企业转换经营机制条例》的工作要继续抓紧,要使这项工作真正热起来。

朱镕基说,贯彻《条例》,当前要抓好三方面工作:首先是政府部门转变职能的步伐一定要加快,搞好机构改革,精减人员,把属于企业的权力坚决放下去,把该管的管起来。其次是引导企业眼睛向内,苦练内功,积极主动地走向市场,以实施《企业会计准则》、《企业财务通则》为契机,规范国家和企业的分配关系,加强和改善企业内部经营管理。第三要加强对企业的监督和国有资产的监管。

国务委员李铁映出席会议。会上,国家经贸委副主任陈清泰、国家体改委副主任洪虎、国务院法制局副局长李培传作报告。

全国各省、自治区、直辖市、计划单列市经委(计经委)、体改委、法制局的有关负责人和国务院有关部门负责人参加会议。

国家经贸委副主任陈清泰在全国转换企业经营机制工作会议上提出贯彻《条例》必须抓好十个方面工作

陈清泰说,下一步要加大贯彻《条例》的力度,加快贯彻《条例》的进度,争取在三五年内使绝大部分国有企业走上市场,实现经营机制转换。

陈清泰说,目前贯彻《条例》已经到了攻坚阶段,不进则退。如果不在有限时间内将大部分国有企业搞活并推向市场,那么,不是由于这些企业拖累了经济改革的步伐,就是在竞争中众多国有企业被挤垮,使国有资产蒙受损失。为此,深入全面地贯彻《条例》必须抓好十个方面的工作:

一、进一步提高对《条例》重要地位的认识。社会主义市场经济体制能否建立起来,在一定程度上要看《条例》贯彻得怎么样,各级领导要突出重点,把贯彻《条例》作为中心任务来抓。

二、转变政府职能主要是抓好五项工作:(1)依法逐项落实企业的14项经营权;(2)国务院有关综合部门制订的《条例》配套规章力争9月底前全部送审、协调;(3)尽快出台养老、医疗、工伤保险制度,特别要解决多头管理、收钱而不服务的问题;(4)认真解决政府机构改革中出现的"翻牌公司"和"拉郎配"集团问题,特别要注意保持厂长经理队伍的相对稳定,不应轻率地撤换厂长经理、取消企业法人资格;(5)抓紧进行金融体制、财税体制、投资体制等项配套改革。

三、引导企业眼睛向内,苦练内功。克服对政府的依赖心理,树立竞争、风险意识,改革企业管理体制。

四、继续推进企业三项制度改革,其中劳动人事制度改革的重点,加快社会保障制度的建设,逐步放开劳务市场,建立新型的企业自主用人机制;在落实企业工资分配权的同时,目前仍须加强对工资总额的宏观调控。

五、增选一批大中型企业进行清产核资试点,解决部分亏损挂账、潜亏。清理国有企业贷款,解决客观因素造成的呆账、坏账损失。统一不同所有制企业的税赋。

六、调整企业组织结构。对规模经济效益显著,市场容量大的产业,发展以大型企业为龙头的企业集团;对规模较大,而又布局分散、产品独立、长期经济效益低下的企业,划小核算单位,分而治之;对整体优势递减、局部还有优势的大企业,可分成几个部分,分块搞活;对长期亏损、扭亏无望、资不抵债的企业,采取"关、停、并、转、包、租、卖、破"的方式,优胜劣汰;对债务负担特别严重的,可先破产,后兼并。

七、完善国有企业的资产经营形式。当前推行税利分流已具备一定的基础条件,承包到期的企业一般应改为税利分流,未到期的也可以自愿提前转为税利分流,抓紧研究有关衔接的问题。积极稳妥地推进规范化的股份制试点,租赁制也要积极试行。

八、加强对国有资产的监督管理,逐步理顺产权关系。理顺产权关系的主要思路是，应实行国家终极所有权和企业法人所有权分离，确认企业拥有独立的法人财产，实行国家所有、分级管理、分工监管、委托运营，并逐步使国有资产进入产权市场，在流动中实现资产的优化配置和最快的增值。

九、研究建立产权关系明晰、有利进入市场的现代企业制度。企业改革要从扩权减税让利等政策的调整转变为制度的创新，逐步将大部分国有企业依法改造成"公司制"企业，即国家独资的有限责任公司。

十、加强领导，分类指导，"一厂一策"。各地各部门要根据实际情况，制订"三加二计划"，即用1995年前的三年时间，把2/3的国有大中型企业搞活并推向市场；再用两年时间将其余盈利型企业分期分批逐个推向市场。

最高人民法院作出关于审理名誉权案件若干问题的解答

各地人民法院在审理名誉权案件中，提出一些如何适用法律的问题，现解答如下：

一、问：人民法院对当事人关于名誉权纠纷的起诉应如何进行审查？

答：人民法院收到有关名誉权纠纷的起诉时，应按照《中华人民共和国民事诉讼法》(以下简称民事诉讼法)第一百零八条的规定进行审查，符合条件的，应予受理。对不符合起诉条件的，应裁定不予受理；对缺乏侵权事实坚持起诉的，应裁定驳回起诉。

二、问：当事人在公共场所受到侮辱、诽谤，经公安机关依照《中华人民共和国治安管理处罚条例》(以下简称治安管理处罚条例)处理后，又向人民法院提起民事诉讼的，人民法院是否受理？

答：当事人在公共场所受到侮辱、诽谤，以名誉权受侵害为由提起民事诉讼的，无论是否经公安机关依照治安管理处罚条例处理，人民法院均应依法审查，符合受理条件的，应予受理。

三、问：当事人提起名誉权诉讼后，以同一事实和理由又要求追究被告人的刑事责任的，应如何处理？

答：当事人提起名誉权诉讼后，以同一事实和理由又要求追究被告刑事责任的，应中止民事诉讼，待刑事案件审结后，根据不同情况分别处理：对于犯罪情节轻微，没有给予被告人刑事处罚的，或者刑事自诉已由原告撤回或者被驳回的，应恢复民事诉讼；对于民事诉讼请求已在刑事附带民事诉讼中解决的，应终结民事案件的审理。

四、问：名誉权案件如何确定管辖？

答：名誉权案件，适用民事诉讼法第二十九条的规定，由侵权行为地或者被告住所地人民法院管辖。侵权行为地包括侵权行为实施地和侵权结果发生地。

五、问：死者名誉受到损害，哪些人可以作为原告提起民事诉讼？

答：死者名誉受到损害的，其近亲属有权向人民法院起诉。近亲属包括：配偶、父母、子女、兄弟姐妹、祖父母、外祖父母、孙子女、外孙子女。

六、问：因新闻报道或者其他作品引起的名誉权纠纷，如何确定被告？

答：因新闻报道或其他作品发生的名誉权纠纷，应根据原告的起诉确定被告。只诉作者的，列作者为被告；只诉新闻出版单位的，列新闻出版单位为被告；对作者和新闻出版单位都提起诉讼的，将作者和新闻出版单位均列为被告，但作者与新闻出版单位为隶属关系，作品系作者履行职务所形成的，只列单位为被告。

七、问：侵害名誉权责任应如何认定？

答：是否构成侵害名誉权的责任，应当根据受害人确有名誉被损害的事实、行为人行为违法、违法行为与损害后果之间有因果关系、行为人主观上有过错来认定。

以书面或者口头形式侮辱或者诽谤他人，损害他人名誉的，应认定为侵害他人名誉权。

对未经他人同意，擅自公布他人的隐私材料或者以书面、口头形式宣扬他人隐私，致他人名誉受到损害的，按照侵害他人名誉权处理。

因新闻报道严重失实，致他人名誉受到损害的，应按照侵害他人名誉权处理。

八、问：因撰写、发表批评文章引起的名誉权纠纷，应如何认定是否构成侵权？

答：因撰写、发表批评文章引起的名誉权纠纷，人民法院应根据不同情况处理：

文章反映的问题基本真实，没有侮辱他人人格的内容的，不应认定为侵害他人名誉权。

文章反映的问题虽基本属实，但有侮辱他人人格的内容，使他人名誉受到侵害的，应认定为侵害他人名誉权。

文章的基本内容失实，使他人名誉受到损害的，应认定为侵害他人名誉权。

九、问：因文学作品引起的名誉权纠纷，应如何认定是否构成侵权？

答：撰写、发表文学作品，不是以生活中特定的人为描写对象，仅是作品的情节与生活中某人的情况相似，不应认定为侵害他人名誉权。

描写真人真事的文学作品，对特定人进行侮辱、诽谤或者披露隐私损害其名誉的；或者虽未写明真实姓名和住址，但事实是以特定人或者特定人的特定事实为描写对象，文中有侮辱、诽谤或者披露隐私的内容，致其名誉受到损害的，应认定为侵害他人名誉权。

编辑出版单位在作品已被认定为侵害他人名誉权或者被告知明显属于侵害他人名誉权后，应刊登声明消除影响或者采取其他补救措施；拒不刊登声明，不采取其他补救措施，或者继续刊登、出版侵权作品的，应认定为侵权。

十、问：侵害名誉权的责任承担形式如何掌握？

答：人民法院依照《中华人民共和国民法通则》第一百二十条和第一百三十四条的规定，可以责令侵权人停止侵害、恢复名誉、消除影响、赔礼道歉、赔偿损失。

恢复名誉、消除影响、赔礼道歉可以书面或者口头的方式进行，内容须事先经人民法院审查。

恢复名誉、消除影响的范围，一般应与侵权所造成不良影响的范围相当。

公民、法人因名誉权受到侵害要求赔偿的，侵权人应赔偿侵权行为造成的经济损失；公民并提出精神损害赔偿要求的，人民法院可根据侵权人的过错程度、侵权行为的具体情节、给受害人造成精神损害的后果等情况酌定。

十一、问：侵权人不执行生效判决，不为对方恢复名誉、消除影响、赔礼道歉的，应如何处理？

答：侵权人拒不执行生效判决，不为对方恢复名誉、消除影响的，人民法院可以采取公告、登报等方式，将判决的主要内容和有关情况公布于众，费用由被执行人负担，并可依照民事诉讼法第一百零二条第六项的规定处理。

国家主席江泽民到北京展览馆参观全国首届地图展

江泽民说，测绘工作是一项很重要的基础工作，它同我们的工业、农业、交通运输等各个方面，乃至国防建设都有着十分密切的关系。测绘工作者，特别是搞野外工作的同志非常辛苦，他们要到雪山草地、戈壁沙漠去，不少同志献出了青春甚至宝贵的生命。江泽民向测绘战线广大职工表示亲切慰问，并祝他们取得新的更大成绩。

江泽民参观各个展厅，询问测绘工作为国民经济和生产建设服务的情况，以及测绘事业高新技术的发展现状。他认为可以通过这次地图展览会进行很好的爱国主义教育。

国务院副总理钱其琛在贵州考察

钱其琛于7日至11日由国家旅游局局长刘毅等陪同到贵阳、安顺、毕节等地，考察贵州的经济社会发展情况和旅游、外事工作，对贵州近年来取得的成绩给予充分肯定。

钱其琛指出，在搞活经济中，特别要明确什么是社会主义市场经济。改革开放，解放思想，胆子要大，步子要快，但决不能搞违法违纪的事。社会主义的市场经济体制要在实践中逐步完善，市场经济秩序要规范化；对违反市场经济要求的做法，要制定纠正措施。现在老百姓对不正之风和腐败现象反映强烈，我们的各级干部在经济活动中，要严守纪律，做反腐倡廉的表率。

钱其琛在中共贵州省委书记刘方仁、省长陈士能等陪同下，还参加'93中国山水风光游黄果树汇合点的首游式。钱其琛还考察了黄果树天星桥景区和以典型喀斯特地貌为特征的织金溶洞。

国务院副总理邹家华在福建考察

邹家华于8月7日至14日在福建考察。考察期间邹家华为国家重点建设项目福建水口水电站首台机组并网发电庆典剪彩，考察福州马尾经济技术开发区、福建炼油厂、厦门嵩屿电厂、海沧工业区和招商局中银漳州经济开发区等重点基础设施建设项目，并听取福建省委、省政府的汇报。

邹家华还考察了一些外资、合资企业，与福州市部分国有企业厂长、经理进行座谈。他还考察了福州的房地产市场，并听取了省、市有关部门关于土地开发利用和福州旧城改造的汇报。邹家华说，一定要掌握好土地资源，把土地登记制度和法律保护结合起来，使土地资源真正成为国家的资源。

国务院副总理李岚清出席在北京闭幕的'93中国质量意识高层论坛并讲话

中共中央政治局委员、国务院副总理李岚清出席闭幕式并讲话。

李岚清说，质量问题是全民族质量意识、科学技术、文化教育、人的素质以及各方面竞争力的综合反映。就国际市场看，质量好的商品，尽管其成本、价格可能高一些，但它有销路、有市场，而质量不好的商品，它的价格可能较低，但它的市场会越走越窄。近年来，由于各方面对质量的重视，对我国对外贸易的发展起了重要作用。但是也有一些企业由于不重视质量，不但在价格和经济上吃了大亏，也影响了我国声誉。

他说，我国是一个人均资源并不丰富的国家，要让有限的资源发挥更大作用，关键是提高质量、提高产品附加值。如果大家都认识到产品质量、服务质量、工程质量对于国家兴衰的重要性，对质量采取"一丝不苟、精益求精"的态度，那我们以现有资源就会创造出比现在多得多的价值，因此树立全民质量意识至关重要。他举例说，日本四五十年代产品质量问题严重，“东洋货”名声很不好。为摘掉这顶帽子，日本政府提出“质量救国”的口号，狠抓质量，现在日本产品的质量世界一流。我在接受’93质量万里行电视采访时提出“质量兴国”，就是要提醒人们质量好坏与国家兴衰关系重大，必须引起高度重视。

李岚清强调，我们抓质量，要从设计、工艺、包装、运输等每一个环节、每一道工序抓起，一丝不苟、精益求精。有些很精美的商品，如包装粗糙，怎么让人相信里边的商品是高价值的商品呢？例如，工艺复杂的景泰蓝却用一个破纸盒包装；非常精致、名贵的屏风却用破铜皮包着屏风脚，这就好似一个人穿了漂亮的时装，却拖着一双草鞋，把自身的价值降低了。他说，要提高全民质量意识，必须加强宣传教育，从孩子教育起，使他们从小养成做事认真、重视质量的好习惯。新闻媒介要在坚持正面宣传的同时，对不重视质量的行为以及由此造成的损失和后果坚决给以曝光。有人担心这样做会影响我国国际信誉，我看不会，这正说明我们重视质量问题，反对不重视质量的行为。此外我们还要逐步建立严格的质量许可制度，不经认证许可的产品不能进入市场。

李岚清最后说，我们要大声疾呼、齐抓共管，把质量工作搞上去，争取做到让人看到“中国制造”四个字就放心。

中国科技博览会在北京开幕

博览会参展单位有200多家，参展项目1000余项。是建国44年来科技界的首次博览盛会。

全国政协副主席吴学谦在中南海会见美国首联国际投资公司董事长陈守廉

外交部部长助理秦华孙就美国无端指责干扰威胁中国“银河号”货轮向美国提出强烈抗议

外交部部长助理秦华孙紧急召见美国驻中国大使芮效俭，就美无端指责中国“银河号”货轮载有危险化学品并干扰该船正常商业运输活动事，对美提出强烈抗议。

秦华孙说，自七月二十三日以来，美方以获得情报为由，多次向中方交涉称：中国“银河号”货轮载有化学武器前体硫二甘醇和亚硫酰氯，于七月十五日左右在大连港启航，运往中东地区。中方严正声明，中国遵守化武公约的规定，不会出口此类化学品。但美方不予置理，一意孤行，致使中国“银河号”货轮不能按计划停靠有关港口。“银河号”货轮被迫在公海漂泊，美方还在公海采取军舰跟踪和军用飞机拍照等非常行动，对该货轮进行干扰和威胁。

中国再次强烈要求美方立即采取措施，确保“银河号”顺利按原计划进入各有关港口卸货。中方要求美方对其无理做法所造成的一切损失和后果进行赔偿和承担责任，并保证今后不再干扰中国商船的正常航运和商业活动。

中央军委副主席张震国务委员兼国防部长迟浩田在北戴河会见全军部分知名专家学者

应邀到北戴河疗养的专家学者共41位，都是经党中央、国务院、中央军委批准享受政府特殊津贴的知名专家学者。他们都有突出的贡献和很高的学术技术地位，是全国全军闻名的科学家、教育家、医学家、工程技术专家和文学家、艺术家。

8月8日

中央军委主席江泽民为西藏军区官兵题词“发扬老西藏精神，戍边卫国建新功”

国办发出关于在京举办新闻发布会问题的补充通知

广西壮族自治区凭祥市新建的中越边境国际商业城向国内外客商开放

中越边境国际商业城建在友谊关西侧离市区十四公里、距越南谅山市二十二公里的中越边界浦寨边民互市贸易点上，已开发面积八十九公顷，计划总投资七点三亿元，第一期工程已完工，建有商场门店四十幢共三百三十八间，开放特售商品、专营限售免税商品。一九九二年九月，国务院批准凭祥市设立边境经济合作区，也是中越边境最大的免税区。去年，凭祥边境贸易成交额近七亿元。

西北工业大学教授冶金物理学家傅恒志当选为国际高校科学院院士

8月9日

菲律宾总统拉莫斯在马尼拉的总统府会见中国全国人大常委会委员长乔石

中共中央政治局常委胡锦涛在全国组织工作座谈会上发表题为《加强思想作风建设，把各级领导班子建设成为领导有中国特色社会主义事业的坚强集体》的讲话

同志们：

我们这次全国组织工作座谈会的中心议题，是积极、正确、全面地贯彻邓小平同志视察南方的重要谈话和党的十四大精神，根据中央的部署，研究新形势下加强领导班子思想作风建设的任务和措施，进一步推动党的建设，保证中央重大决策的贯彻落实。下面，我讲几点意见。

一、充分认识加强领导班子思想作风建设的重要性和紧迫性

我国革命和建设的经验反复证明，加强党的领导，搞好党的建设，核心问题是抓好各级领导班子建设。领导班子建设状况，直接关系到党的建设的水平，关系到党的形象和威信，关系到党领导的各项事业的发展。在新的历史条件下，要按照党的十四大的要求建设好我们的党，必须坚持把领导班子建设作为加强党的建设的重点，认真抓好，特别要抓好思想作风建设这个长远起作用的根本性建设。

加强领导班子思想作风建设，是贯彻执行党的基本路线的重要保证。在不同历史时期，我们党提出新的政治任务的时候，总是同时对领导班子建设、对领导干部的思想作风提出新的要求。党的十一届三中全会后，邓小平同志就明确指出，政治路线确立了，要由人来具体地贯彻执行。是由赞成党的政治路线的人，还是由不赞成的人，或者是由持中间态度的人来执行，结果不一样。中国的稳定，四个现代化的实现，要有正确的组织路线来保证，要有真正坚持马克思列宁主义、毛泽东思想和党性强的人来接班才能保证。他要求各级领导干部，首先是高级干部带头发扬艰苦朴素、密切联系群众的作风。八十年代初，在阐述我们党面临的三大任务的时候，邓小平同志及时提出了实现四个现代化必须具备的四个前提，强调要建立一支坚持社会主义道路、具有专业知识和能力的干部队伍，强调各级领导班子要带头发扬艰苦奋斗的创业精神。一九八五年，在党的全国代表会议上，根据我国经济体制改革已经全面展开、干部队伍新老交替和合作迈出较大步伐的新情况，邓小平同志提出，建设有中国特色的社会主义，必须努力针对新的实际，掌握马克思主义基本理论，不断加强我们工作中的原则性、系统性、预见性和创造性。中青年干部接班，最重要的是接老同志坚持革命斗争方向的英勇精神的班。不只是年轻，有业务知识，就能解决问题，还要有好的作风。一九八九年春夏之交的政治风波以后，邓小平同志在几次重要谈话中都反复强调，要坚持党的“一个中心、两个基本点”的基本路线，领导班子必须树立改革开放、清正廉洁、使人民满意的形象，要聚精会神地抓党的建设。一九九二年年初，邓小平同志视察南方的重要谈话，在突出强调抓住机遇、加快发展，集中精力把经济建设搞上去的同时，深刻指出，中国的事情能不能办好，社会主义和改革开放能不能坚持，经济能不能快一点发展起来，国家能不能长治久安，从一定意义上说，关键在人。中国要出问题，还是出在共产党内部，关键是我们共产党内部要搞好。在整个改革开放过程中都要反对腐败，廉政建设要当成大事来抓。要克服官僚主义、形式主义。

从以上简略的回顾中，我们可以清楚地看到，加强领导班子建设，加强领导班子的思想作风建设，是邓小平同志指导新时期党的建设的一贯思想，是建设有中国特色社会主义理论的重要内容。党的十一届三中全会以来，我国的改革开放和现代化建设之所以取得举世瞩目的成就，取决于党的理论和路线的正确，取决于党同人民的团结奋斗。而所有这些，都离不开领导班子建设，离不开领导班子的思想作风建设。这是一条重要的历史经验。

加强领导班子思想作风建设，是实现党的十四大提出的各项任务的必然要求。党的十四大确定我国经济体制改革的目标是建立社会主义市场经济体制。这是我们党坚持马克思主义基本原理同中国社会主义现代化建设实践相结合的一个伟大创造。建立社会主义市场经济体制的根本目的，是进一步解放和发展生产力，促进我国经济建设又好又快地向前发展。社会主义市场经济体制，是同社会主义基本制度结合在一起的。我们既要把一切合乎市场经济规律和社会化大生产规律的成功经验努力学过来，又要坚持公有制和按劳分配为主体，继续提倡和鼓励一部分地区一部分人先富起来，最终达到共同富裕，以更好地发挥社会主义的优越性，这就对各级领导班子和领导干部提出了更高的要求。随着社会主义市场经济体制的建立，我们对经济工作的管理，要实现由行政手段为主向以经济手段、法律手段为主的转变，使市场在国家宏观调控下对资源配置起基础性作用。适应这种转变，不断提高党驾驭经济发展全局的能力和水平，加强和改善党对经济建设的领导，这是摆在各级领导班子和领导干部面前的崭新课题。社会主义市场经济体制建立的过程，涉及权力和利益的调整，必然会遇到局部和全局、当前和长远、个人和集体利益的矛盾。正确对待和处理这些矛盾和问题，坚持调动一切积极因素的方针，既把干部群众的积极性引导好、保护好、发挥好，增强地方和基层的活力，又防止和克服分散主义和无政府主义倾向，保持全党思想上政治上的高度一致和组织上行动上的高度统一，这也是对各级领导班子和领导干部的严峻考验。

党的十四大确定要进一步扩大对外开放，形成多层次、多渠道、全方位的对外开放格局。这对于更多更

好地利用国外资金、资源、技术和管理经验，加快经济发展，对于借鉴和吸收世界各国包括资本主义发达国家创造的一切先进文明成果，培养各类建设人才，提高中华民族的素质，都具有非常重要的意义。但是必须清醒地看到，随着对外开放的扩大，国际交往的日益增多，资本主义一些腐朽的东西也会随之而来。国际敌对势力对我国的渗透和颠覆也将长期存在。客观环境的深刻变化，既给党的自身建设丰富了新的内容，也使党的肌体受侵蚀的危险性大大增加了。只有不断加强各级领导班子的思想作风建设，增强拒腐防变能力，我们才能迎接这些挑战。

我们党领导的有中国特色社会主义事业，是社会主义市场经济、社会主义民主政治、社会主义精神文明的有机统一。我们要牢牢把握经济建设这个中心，集中精力把经济搞上去，增强我国的经济实力和综合国力。我们也要坚定不移地推进社会主义民主政治建设和社会主义精神文明建设，实现社会的全面进步。物质文明和精神文明都搞好，才是有中国特色的社会主义。因此，在整个社会主义现代化建设过程中，都必须毫不动摇地坚持两手抓的战略方针。党的思想作风建设是全社会精神文明建设的支柱。抓好社会主义精神文明建设，树立良好的社会风尚，培养和造就社会主义“四有”新人，关键在于抓好党的思想作风建设，特别是各级领导班子的思想作风建设。一些地方和单位，一手硬、一手软问题长期得不到解决，有工作不力等方面的原因，但主要是领导干部的政治思想水平问题。所以，要解决好这方面的问题，加强领导班子的思想作风建设是一个根本性措施。

建设有中国特色的社会主义，是前无古人的事业，是在复杂多变的国际环境下进行的。随着改革的深化和开放的扩大，一些深层次的矛盾将会越来越突出，新情况、新问题越来越多，对工作的要求越来越高。各种经济问题、社会问题往往交织在一起。如果处理不好，不但经济建设搞不上去，而且影响社会政治稳定。我们要正确地判断形势，把握时机，总揽全局，全面、正确地贯彻建设有中国特色社会主义理论和党的基本路线，妥善处理各种复杂的社会矛盾，避免出现大的失误和损失，这都要求各级领导班子和领导干部提高理论水平、政策水平、领导艺术，锻炼出过硬的思想作风，尤其要学会运用马克思主义唯物辩证法，克服和避免思想认识上和实际工作中的片面性、绝对化。这样，才能更好地承担起历史赋予我们的伟大使命。

加强领导班子思想作风建设，也是提高领导班子素质，解决自身存在问题的迫切需要。领导班子解决自身问题的能力，是衡量其政治上成熟程度的重要标志。我们党在领导改革开放和现代化建设的过程中，注重加强党的自身建设，注重加强领导班子建设，改革开放的实践也为党的建设特别是领导班子建设提供了丰富的内容和良好的条件。各级领导班子的状况，从总体上说是好的。去年以来，各级领导班子认真学习邓小平同志视察南方重要谈话和党的十四大精神，思想进一步解放，实事求是的精神进一步发扬，贯彻执行党的基本路线的坚定性、抓住机遇促进发展的自觉性不断增强，以经济建设为中心的指导思想更加牢固，带领广大干部群众为改变本地区、本部门的面貌，推动经济上新台阶，做出了很大努力。在换届选举中，由于认真贯彻干部队伍“四化”方针和德才兼备原则，使领导班子结构进一步改善，整体素质有了提高。在肯定成绩、肯定主流的同时，我们也必须看到，一些领导班子和领导干部在思想作风上也确实存在不容忽视的问题。有的思想不够解放，精神不够振作，缺乏进取精神和开拓意识；有的不从实际出发，搞主观主义、形而上学，缺乏求实精神和科学态度；有的软弱涣散、纪律松弛，对中央和上级的决定敷衍应付，贯彻不力，甚至有令不行、有禁不止；有的搞团团伙伙、亲亲疏疏，闹不团结，内耗严重；有的存在官僚主义、形式主义；有的以权谋私，搞权钱交易，贪污受贿，腐化变质。还有的对错误思想行为不批评、不斗争，甚至庇护纵容。这些问题不解决，就会使党严重脱离群众，直接影响党的战斗力的提高，严重损害党的形象和威信。

从去年下半年到今年上半年，全国各级领导班子换届基本完成，一大批中青年干部走上新的领导岗位。在省部级党政领导干部中，建国前参加工作的已经不到百分之十，五十年代末，六十年代初参加工作的占主体。县(市)级领导干部，大多数是建国后出生的。他们年富力强，精力充沛，思想比较解放，知识面比较宽，接受新事物快，经受了改革开放实践的锻炼，许多同志做出了比较明显的实绩。这些同志进入领导班子，带来了新的生机和活力。但是中青年同志既有自身的优势，也有相对不足的一面。和老同志相比，在马克思主义基本理论素养上，在全面领导经验和驾驭全局的能力上，在严格的党内政治生活锻炼和党性修养上，在联系群众的作风和艰苦创业的精神上，都还有一定差距，有待于进一步提高。加强领导班子思想作风建设，既有利于发挥领导班子的整体功能，又有利于干部的成长进步。抓领导班子建设，必须坚持组织建设和思想作风建设并重，把思想作风建设放在突出位置，切实抓好。

加强领导班子的思想作风建设，总的指导思想和目标要求是，深入贯彻党的十四大精神，以邓小平同志建设有中国特色社会主义理论为指导，紧紧围绕经济建设这个中心，着重解决当前存在的突出问题，努力做到与党中央在思想上政治上的高度一致，组织上行动上的高度统一，把各级领导班子建设成为政治坚定，勇于改革，务实创新，团结协调，廉洁勤政，同人民群众保持密切联系，全面贯彻党的基本路线的坚强集体，以进一步增强党的凝聚力、吸引力和战斗力，提高党的执政水平和领导水平，在社会主义现代化建设中更好地发挥党的领导核心作用。

二、认真学习和全面正确地掌握邓小平同志建设有中国特色社会主义理论

党的十四大确立了邓小平同志建设有中国特色社会主义理论在全党的指导地位，具有重大而深远的意义。用这个理论武装全党，使广大党员和干部大大提高对中国国情的认识和对社会主义现代化建设规律的认识，增强贯彻执行党的基本路线的自觉性和坚定性，全党将会更加团结、坚强和富有战斗力。我们党从新民主主义革命时期以来，坚持用毛泽东思想武装全党，对于夺取新民主主义革命的胜利，对于成功地进行社会主义改造，建立和巩固社会主义制度，起了决定性的作用。今天，我们认真地学习和掌握马列主义、毛泽东思想特别是邓小平同志建设有中国特色社会主义理论，对于凝聚全党的力量，实现振兴中华的雄心壮志，达到三步走的战略目标，把我国建设成为富强、民主、文明的社会主义现代化强国，同样具有根本性的意义。党的十四大以来，全党学习建设有中国特色社会主义理论，有了一个良好的开端，但是必须如实地看到，一些领导班子和不少同志对学习还没有引起足够重视，有的甚至存在忽视学习、轻视理论的倾向。在实际工作中出现的盲目性、片面性、绝对化等问题，固然有多方面的原因，但是仔细分析起来，都与我们的理论素质不够高有直接关系。党的思想理论建设是党的建设的基础，是最基本的建设。我们党是领导有十一亿多人口大国的执政党，现在又面临着繁重艰巨的历史任务，普遍地深入地学习和运用马克思主义理论，更是一个亟待解决的重大问题。以其昏昏，不可能使人昭昭。领导干部如果不重视理论学习，不在提高理论素质、理论水平上下功夫，就不可能承担起领导社会主义现代化建设的历史重任，就不可能成为清醒的、有作为的、合格的领导者。

建设有中国特色社会主义理论，博大精深，包含着极为丰富的内容，是一个科学体系。贯穿其中的活的灵魂是解放思想、实事求是。解放思想和实事求是是统一的。解放思想，就是使思想和实际相符合，使主观和客观相符合，就是实事求是。只有紧紧抓住解放思想、实事求是这个精髓，才能真正学懂这个理论、掌握这个理论、用好这个理论，才能真正从理论和实践的结合上掌握邓小平同志的战略思想和理论观点，提高运用马克思主义立场、观点和方法研究新情况、解决新问题的能力。学习理论要有老老实实的态度，要原原本本地学，真正钻进去，下苦功融会贯通，掌握精神实质。不能满足于字面上的肤浅理解，浅尝辄止；更不能采取实用主义态度，断章取义，各取所需。要坚持和发扬我们党一贯倡导的优良学风。学习理论要紧密联系思想和工作实际，自觉运用，指导实践，努力改造世界观，增强党性锻炼。从一定意义上说，理论水平决定领导水平。学习好建设有中国特色社会主义理论，才能领导好建设有中国特色社会主义的实践。领导干部特别是高级干部，应该也必须学得更多一点，更好一点。

学习建设有中国特色社会主义理论，是一项长期的战略任务，要贯穿整个社会主义现代化建设的全过程，持久地下苦功夫。要把学习这个理论同学习马列主义、毛泽东思想结合起来，更好地、更深刻地理解和掌握这个理论。

学习要有周密的计划和安排，根据各级领导班子的状况，分层次提出要求。要坚持和完善领导干部培训制度，党政领导干部在任期内都要按培训计划分期分批到党校轮训。对一九八六年以来没有到中央党校学习过的省部级在职干部，要排出计划，落实到人，按期抽调到中央党校干部进修班学习。中央组织部已同中央宣传部、中央党校商定，开设专题研讨班，作为党校的常规班次，主要抽调已经到中央党校学习过的省部级干部，就改革和建设中的一些重大问题，进行专题研讨。中央考虑，从今年下半年起，分批抽调省部级主要领导同志到中央党校，学习邓小平同志建设有中国特色社会主义理论，并以此为指导，总结十五年来改革和建设的新鲜经验，专题研讨建立社会主义市场经济体制的若干重大问题。地方各级党委在这方面也要采取相应措施。各级党校对学员要严格要求，加强管理，真正使党校成为学习马克思主义的重要阵地和干部增强党性锻炼的熔炉。要认真坚持县以上领导班子的中心组学习制度，提高学习效果。县以上各级领导班子每隔一段时间，都要结合总结工作，就改革和建设中的重大理论和实践问题，认真务一务虚，分析现实情况，对实践经验进行理论概括，努力获得规律性认识。一些地方和部门积累了一些领导干部学理论的经验，要总结推广。要在各级领导干部中造成认真读书学习的良好风气。主要领导同志要处理好工作和学习的关系，从繁忙的日常事务中解脱出来，挤出时间，有计划地多读点书，养成勤奋学习和深入思考问题的习惯，把整个领导班子的学习带动起来。今后，要把学习理论的状况和思想理论水平的高低作为考察干部的重要内容，作为提拔任用干部的重要条件。

在努力学习和掌握邓小平同志建设有中国特色社会主义理论过程中，要组织和引导各级领导干部学习和掌握发展社会主义市场经济的基本知识和现代科学技术的基本知识，全面提高素质，以适应领导改革开放和现代化建设的需要。

三、严格执行民主集中制，保证党在组织上行动上的高度统一

邓小平同志多次强调，民主集中制是我们党和国家的根本制度，也是最便利的制度，最合理的制度，永远不能丢掉。我们党之所以有力量，之所以能够保持思想统一，步调一致，之所以能够克服前进中的各种困难、完成各个时期的历史任务，在组织上坚持实行民主集中制是一条基本的经验。现在，我们正处在建立社会主义市场经济体制和实现第二步战略目标的关键时期。在异常繁重艰巨的历史任务面前，我们要把全党全国人民的力量更紧密地凝聚起来、团结起来，把各方面的智慧集中起来、积极性调动起来，保证决策的正确，保证党的路线、方针、政策的贯彻执行，必须更严格地执行民主集中制这个根本制度。不能把民主集中制同过去高度集中的计划经济体制等同起来，也不能把民主集中制同社会主义市场经济体制对立起来。要在从高度集中的计划经济体制转向社会主义市场经济体制的改革中，实现科学的正确的领导，保证全党上下步调一致，必须坚决执行民主集中制。

当前，贯彻执行党的民主集中制，要突出解决好两个问题：

第一，领导班子内部要坚持和健全民主集中制的各项具体制度。有的领导干部不按制度办事，在重大决策和干部使用上个人说了算；有的对集体的决议不认真执行，自行其是；有的会上不说，会后乱说，搞自由主义，等等。这些问题的存在，一个重要原因就是党内生活不健全，民主集中制没有很好地贯彻执行。各级领导干部一定要用党性来保证民主集中制的贯彻执行。要把是否坚持和健全民主集中制，作为衡量和检验领导班子思想作风建设的一个重要标志。

各级党委常委会向全委会、全委会向代表大会报告工作时，要如实报告领导班子思想作风建设的情况，提出加强和改进的措施。要坚持集体领导和个人分工负责相结合的制度。一切重大问题由集体讨论决定，在讨论中，主要领导同志作风要民主，要认真听取不同意见，善于实行正确的集中。一经集体讨论作出决议，领导班子的每个成员都必须贯彻执行。要坚持民主生活会制度，提高生活会的质量。民主生活会质量的高低，关键在于能否拿起批评和自我批评的武器。要切实改变一些领导班子民主生活会只谈业务工作，不交流思想；只颂扬成绩，不开展批评和自我批评的现象。上级党组织要加强对下级党组织民主生活会的监督和指导。今后，省、区、市党委常委的民主生活会，中央有关部门要派局以上干部参加。要坚持和完善民主评议党员领导干部的制度。这项制度在县(处)、厅(局)级干部中已普遍实行，在省、部一级进行试点效果也不错，要总结经验，不断改进。要坚持上级党组织同领导干部谈话制度，了解思想和工作情况，指出长处和不足，对干部的缺点错误要及时提出批评，帮助改正，不能等到问题发展严重了才来“算总账”。

各级领导班子都要严格执行党章和党内政治生活准则的各项规定，严肃党的纪律，维护党的团结。现在，不少领导班子程度不同地存在不团结问题，有的相当突出，严重影响工作，必须下决心、下大力气解决好。党的团结是党的生命，自觉维护团结，是对领导干部的基本要求，也是每个领导干部必须具备的政治品格。一个领导班子，只有搞好团结，才能真正形成领导核心，出凝聚力，出战斗力，出新的生产力。对违反纪律，长期闹不团结，经教育仍不改正的，要下决心果断调整，有的要降职、免职。

第二，坚持全党服从中央，保证中央各项决策的贯彻落实。党员个人服从党的组织，少数服从多数，下级组织服从上级组织，全党各级组织和全体党员服从党的全国代表大会和中央委员会，是民主集中制最重要的原则，也是最重要的组织纪律。现在，一些领导干部组织纪律观念淡薄，存在着严重的分散主义、自由主义倾向。对待中央和上级的决策，合意的就执行，不合意的就不执行，搞上有政策、下有对策，有些事情中央三令五申，一些地方和部门仍然我行我素；有的为了局部的、小团体的利益不惜损害国家的全局利益，个别地方和单位的领导干部为了局部利益，甚至发展到庇护犯罪的程度。这些违反纪律的行为，使解决改革和建设中出现的新问题、新矛盾难以形成合力，已经严重地干扰了改革开放和现代化建设的进行。我们党是一个整体，建设有中国特色的社会主义事业也是一个整体。正确处理局部和全局、当前和长远的利益关系，始终是领导班子思想作风建设面临的重大课题。在新旧体制转换过程中，这个问题尤其突出。各级领导班子和领导干部坚持和贯彻执行民主集中制，就要不断增强全局观念，自觉维护党和国家的整体利益，维护党中央、国务院的权威。无论是在政治生活中，还是在经济生活中，都要坚定不移地贯彻执行中央和上级的各项决策，维护党的纪律和政策的严肃性，坚决克服地方和部门保护主义、本位主义、分散主义等错误倾向，做到令行禁止。对于无视组织纪律，严重损害全局利益的，要严肃批评，该处分的要处分，以保证党和国家的政令畅通。

四、进一步密切党同人民群众的联系，坚决克服消极腐败现象

保持党同人民群众的密切联系，是我们党的优良传统，是实现新的历史任务的重要保证，也是加强领导班子思想作风建设必须解决好的根本问题。邓小平同志在党的八大就尖锐指出，执政党最容易犯的，也是最危险的错误就是脱离群众。应该看到，我们党同人民群众的关系、各级干部同人民群众的关系，总的来说是好的。但是对存在的问题决不能低估，决不能麻木不仁。

当前影响党群关系的最大问题，是腐败现象严重侵蚀一些党和国家机关的肌体，有些还在蔓延和发展。以权谋私、权钱交易、贪污受贿等现象已经成为公害，大案要案呈上升趋势；用公款吃喝、送礼，用公费旅游屡禁不止；讲排场、比阔气、奢侈浪费之风愈演愈烈；乱摊派、乱收费、乱罚款问题相当严重；有的领导干部道德败坏、腐化堕落。在用人问题上，有的领导干部不坚持党的原则，任人唯亲，以我划线，凭个人好恶用干部，甚至培植个人势力；还有的同志不择手段，拉关系，走门子，跑官要官，等等。对这些问题，广大干部和群众深恶痛绝，意见很大。邓小平同志早在一九八二年就提醒全党："我们自从实行对外开放和对内搞活经济两个方面的政策以来，不过一两年时间，就有相当多的干部被腐蚀了。""要足够估计到这样的形势。这股风来得很猛。如果我们党不严重注意，不坚决刹住这股风，那么，我们的党和国家确实要发生会不会'改变面貌'的问题。这不是危言耸听。""如果不搞这个斗争，四个现代化建设，对外开放和对内搞活经济的政策，就要失败。"今天重温邓小平同志的告诫，我们更加深切感到这些话语的分量和重大指导意义。反对腐败，确实已经到了非下大决心不可的时候了。

各级领导班子和领导干部要头脑清醒，居安思危，充分认识腐败现象蔓延发展的严重危害性，认识开展反腐败斗争的极端重要性。全党一定要统一思想，形成共识。既不要失去信心，更不能掉以轻心；既要看到斗争的长期性，又要有现实的紧迫感。对于领导班子和领导干部来说，反对腐败，当前应着重强调两点：一要廉洁自律，以身作则。正人先正己，要求干部和群众做到的，各级领导必须首先做到。不仅要管好自己，还要严格管好家属、子女和身边工作人员。领导干部要坚决反对拜金主义、享乐主义和极端个人主义，不断增强党性锻炼，自觉树立正确的世界观、人生观、价值观，当好端正党风、加强廉政建设的表率。二要敢抓敢管。反腐败斗争是加强党的建设和政权建设的重要工作，必须在党委统一领导下，党政一齐抓，各方面协调一致，形成整体合力。各级党委、政府领导班子都要把坚持两手抓、两手都要硬的方针落到实处，切实加强领导，一把手要亲自抓。要实行抓党风廉政建设的责任制，领导班子的每个成员都负起责任，切实抓好分管部门和系统的廉政建设。这方面的工作做不好，也是一种失职行为。要紧紧依靠广大群众，从群众反映最强烈的问题入手，采取有力措施，集中解决一批突出问题。要坚决纠正查处不力，失之于宽，失之于软的偏向，以实际行动取信于民，使党心民心为之一振。

这次会议以后，各级领导班子要对党风特别是廉政建设状况进行一次认真的自查。对违反中央有关规定的，要自觉纠正；对违法违纪问题，要坚决处理，不能迁就姑息。对于包庇说情、设置障碍，阻挠查办案件的，也要严肃批评制止，甚至执行纪律。各级纪检监察机关，要切实负起监督检查的责任，理直气壮地开展工作。对问题严重、群众反映强烈的单位和部门，要集中力量，重点解决。各级领导班子和领导干部都要严格遵守党和国家的各项法律、法规、政策、规定。同时，要认真研究新的历史条件下腐败现象滋生、蔓延的规律和特点，制定和完善各种防范、惩治的制度和措施。在选拔任用干部问题上，一定要严格按党的原则和规定的程序办事。"安危在出令，存亡在所任"。用人上的不正之风，影响坏，危害大。反对腐败必须坚决把住选人用人关，发挥正确的导向作用。今后，选拔任用干部既要重视工作实绩，也要重视廉洁自律的情况，要把纪律检查和对干部的考察使用结合起来。对确有问题但不够纪律处分的干部，要进行必要的组织调整，不能重用。

五、树立和发扬务实创新、真抓实干的作风，反对官僚主义、形式主义

党的十四大已经确定了我国社会主义现代化建设的长远目标和九十年代改革与建设的主要任务，大政方针也很明确，关键是抓好贯彻落实。为此，必须逐步形成一整套有利于调动各方面积极性的工作机制，同时必须在干部队伍中努力培养和发扬求实务实、勇于创新的良好工作作风。当前在工作作风方面存在的主要问题是，一些领导机关和领导干部官僚主义、形式主义严重。有些领导干部不深入实际，不注重调查研究，不倾听群众呼声，不关心群众疾苦，不愿意做艰苦细致的工作；有的好做表面文章，搞花架子，不去扎扎实实解决问题；有的说空话、大话，甚至弄虚作假，欺上瞒下。各级领导班子和领导干部一定要充分认识到，克服官僚主义、形式主义是加强领导班子思想作风建设的经常性的重要任务。全心全意为人民谋利益是我们党一切工作的根本出发点和落脚点，做各项工作都要想群众之所想，急群众之所急，办群众之所需，把对上负责与对下负责统一起来。

各级领导班子都要切实转变工作作风，在狠抓落实上下功夫。最近，江泽民同志多次要求全党大兴调查研究之风。各级领导干部一定要带头认真去做，真正沉下去，深入基层，到农村要入村入户，进工厂要下到车间班组，去学校要接触教师和学生。调查研究要注重质量，力求认识事物的本质，既要听喜，又要听忧，要善于解剖麻雀，全面了解真实情况，要把调查研究同解决问题结合起来，一步一个脚印地做工作，不能停留在开会、讲话、发文件上。要注意深入到条件差的地方、问题多的地方、工作薄弱的地方，进行具体指导。要在全党提倡说老实话、办老实事、做老实人的作风，不能让老实人吃亏，也不能让弄虚作假、搞形式主义的人占便宜。要通过深入细致的工作，把党的路线、方针、政策变为广大群众的自觉行动。

六、加强领导班子思想作风建设，主要领导要切实负起责任，一级抓一级

加强领导班子思想作风建设，各级党委一直在抓。为什么有的成效比较明显，有的一般化，有的甚至问题成堆？其原因，主要不是任务要求不明确，也不是没有相应的制度和措施，差距就在于领导是否真正重视，并切实负起责任，认真解决问题。

各级领导班子要进一步提高对加强思想作风建设重要性的认识。要从全面贯彻党的基本路线，加强和改善党的领导，巩固党的执政地位的高度，认识这项工作的深远意义。紧密围绕经济建设抓思想作风建设，抓思想作风建设促进和保证经济建设。主要领导同志要有战略眼光和政治头脑，要想全局、议大事。切实克服和纠正那种认为抓思想作风建设会影响改革开放和经济建设，把两者割裂开来、对立起来的错误认识；克服和纠正认为思想作风建设是软任务，经济上去了，思想作风问题就会自然解决，抓不抓无关紧要的糊涂观念；克服和纠正在思想作风建设方面看问题多、信心不足的畏难情绪。要看到，抓领导班子思想作风建设，中央的态度是坚决的，指导思想是明确的，广大党员、干部、群众是支持的。这些年来，各地在这方面也积累了一些经验。只要各级党委重视起来，摆上重要日程，坚持抓下去，就一定能够收到实效。

各地各部门要从实际出发，确定领导班子思想作风建设的重点。什么问题突出就扭住不放，一抓到底。在一段时间内，要重点解决一两个问题。要坚持我们党长期形成的、今天仍然适用的一些好的经验和做法。同时要注意研究新情况，解决新问题，积极探索，大胆实践，不断改进方式方法，积累新的经验，要把集中解决突出问题和经常性的工作结合起来，建立健全党内和党外、自上而下和自下而上相结合的监督制度，用制度规范领导班子和领导干部的行为，逐步走出一条在新形势下靠教育同时靠法制加强领导班子思想作风建设的新路子。要针对不同类型领导班子的情况和特点，加强分类指导。要宣传表彰一批思想作风好的领导班子、领导干部的先进典型，发挥榜样的作用，弘扬正气。也要抓一些反面典型，公开揭露，严肃处理，做到奖惩分明，教育干部，鼓舞群众。

加强领导班子思想作风建设要常抓不懈，不能紧一阵、松一阵，抓抓停停，也不能只部署不检查。各级党政一把手要亲自抓，坚持首先抓本级、一级抓一级、一级带一级。各级党委组织部要当好参谋助手，充分发挥职能作用，经常了解领导班子思想作风建设情况，加强分析研究，总结推广经验，及时提出建议。今天下半年，中央将采取适当方式，对部分省部级领导班子思想作风建设状况进行一次检查。省以下也要采取措施加强检查督促，上下一齐努力，共同抓好这件大事。

在新的形势和任务面前，各级领导班子和领导干部肩上的担子重、责任大。党期望着我们，人民期望着我们。我们一定要以高度的使命感和责任感，把自身建设搞好，把党建设好。以崭新的精神风貌，团结和带领全国人民，同心同德，艰苦创业，把建设有中国特色社会主义的伟大事业不断推向前进。

最高人民检察院公安部中国人民银行海关总署联合发出《关于查处携款潜逃的经济犯罪分子的通知》

各省、自治区、直辖市人民检察院，军事检察院；公安厅（局）；中国人民银行各省、自治区、直辖市、计划单列市分行，中国工商银行，中国农业银行，中国银行，中国人民建设银行，交通银行；海关总署广东分署，各直属海关：

近年来，贪污、贿赂、诈骗等经济犯罪分子作案后携款潜逃的案件日益增多，涉及金额巨大，给国家、集体和公民财产造成重大损失。为了及时查处携款潜逃的经济犯罪分子，保护国家、集体财产不受侵犯，特通知如下：

一、对携款潜逃的经济犯罪分子，检察机关、公安机关应当根据分工迅速立案，及时通报有关部门，并由公安机关发布通缉令。对重大案犯，要向上一级检察机关、公安机关报告，上级检察机关、公安机关要做好组织缉捕工作。对于已经逃往境外的犯罪分子，应通过国际刑警组织和其他途径予以缉捕；对于通缉在案的犯罪分子，检察机关、公安机关要及时组织力量进行缉捕，可能逃往境外需要边防检查站阻止出境的，应填写《边控对象通知书》。

二、海关在监管工作中发现国内人员非法携带大量现金出境，并有携款潜逃嫌疑的，应采取监控措施，并及时将有关情况通报海关所在地的检察机关和公安机关。

三、对于确有可能携款潜逃的重大经济犯罪分子，县级以上(含县级)检察机关、公安机关应当及时向有关银行制作《协助冻结存款通知书》。银行接到通知书后要立即冻结其存款。对于不需要继续冻结的存款，检察机关、公安机关要及时通知银行解冻。

四、各级检察机关、公安机关、海关、银行部门要加强协作，密切配合，切实做好查处工作，使经济犯罪分子得到应有的法律制裁。

此通知请及时传达到各基层检察、公安、海关、银行单位。

中国泰国老挝缅甸合作发展黄金四角旅游会议于9日至10日在泰国北部的清莱府举行

国务院副总理李岚清在中南海紫光阁会见来访的马来西亚原产部部长林敬益

全国人大常委会副委员长王光英在人民大会堂会见哥伦比亚总统夫人安娜·米莱纳·德加维里亚

“中国与中亚发展与合作”国际研讨会在北京举行

机械工业部和韩国商工资源部主办的中韩成套设备合作研讨会在北京举行

研讨会主要是探讨中韩两国在汽车、工作母机、大型工厂等成套设备项目上的互补性，使中韩两国的经济协作向多样化、高层次发展。

党和国家领导人江泽民李鹏乔石分别为第七届全国运动会题词

国家教委财政部联合发出《对高校生活特困生进行资助》的通知

国家教委、财政部近日联合发出的《通知》要求各高校要把解决“特困生”问题作为一项重要的日常工作抓细抓好，使他们能集中精力完成学习任务，不因经济问题而影响学业。

各高校的困难补助经费，必须首先集中用于补助生活特别困难的学生。对“特困生”的困难补助的标准可参照学校所在地所需的最基本的学习、生活费用标准，由学校研究决定。

为了解决民族院校来自边远少数民族地区学生的生活困难问题，从1993年9月1日起，将现行专业奖学金中的民族专业奖学金标准提高，其他专业的专业奖学金标准不变。

在现有贷款总数内，各高校应首先考虑“特困生”的贷款需要，并可适当提高贷款额度，集中使用，切实保证“特困生”能够获得贷款。

要组织好学生特别是“特困生”参加勤工助学活动，使他们在参加劳动的同时取得一些收入，以补充学习和生活上的费用。对生活特别困难的学生，各高校可根据困难的程度减免其学杂费。

第七届全国运动会组织委员会在北京成立

七运会组委会主任由国家体委主任伍绍祖担任，北京市市长李其炎和四川省省长肖秧任执行主任，北京市常务副市长张百发和四川省常务副省长蒲海清任常务副主任，副主任有何振梁、袁伟民、徐寅生、刘吉、李志坚、李润五、万嗣铨、李蒙、陈来立。

公安部追授在深圳火灾大爆炸事故中英勇牺牲的王九明杨水桐曾志德为全国公安战线一级英雄模范称号

8月10日

建设部国家土地管理局国家工商行政管理局和国家税务总局联合发出《关于加强房地产市场宏观管理、促进房地产业健康持续发展的意见》

建设部等4个部门近日发出的意见其中包括7项具体内容：

一、加强对国有土地出让的计划、规划管理，严格控制土地供应总量。各地要加强土地使用权出让的计划性，所有出让的土地，包括地块数、用地面积等都要纳入规划和计划，做到有计划出让。出让土地必须按建设用地计划对房地产开发用地进行数量控制、必须依据城市规划、必须与建设项目相结合、必须有明确的开发期限和进展要求、必须有基础设施配套建设的条件、必须严格按法律规定的程序和权限审批。

二、调整房地产开发投资结构，确保重点。房地产开发的重点是为重点建设配套的房地产开发项目和城镇职工住宅，对市场需求量有限的花园别墅、度假村、高级公寓、高档宾馆、写字楼等要严格控制，该停的下决心停下来，对已出现滞销的项目和赛马场、高尔夫球场等高消费项目原则上不得立项、不核发规划许可证、不供给土地、不予以贷款。对已立项的项目，各地要进行一次审查，项目类型不合适的，可在符合城市规划前提下，改为生产用房、普通标准住宅和相应的商业服务业用房等适销对路的项目。

三、对房地产开发经营机构进行一次全面检查，加强对房地产开发企业的管理。对取得房地产开发经营权的企业在一年内无开发任务或未进行实际开发投资建设的,应及时取消其房地产开发经营权。对注册资金虚假、没有开发能力及偷税漏税的经营单位,要予以查处,并公开处理结果。对从事房地产开发的各类企业(包括"三资"房地产开发企业和开发区、保税区等设立的房地产开发企业)进行资质审批,凡未按规定经过建设行政主管部门进行资质审批而成立的各类房地产开发经营企业和单位,必须补办资质审批手续。

各类银行和土地管理部门一律不得开办开发经营房地产的公司,已经开办的,要限期在人事、财务和资金方面完全脱钩,对具备开发经营资格的,可予以保留,对不具备开发经营资格的应予撤销,并由原主管部门妥善处理债权债务等善后工作;由各类银行以合资方式参与房地产开发经营的,应收回注入资金实行脱钩。对非银行金融机构兼营开发经营房地产的,首先要和银行彻底脱钩,并不得参与资金拆借,不得搞计划外贷款和投资;非银行金融机构开办的开发经营房地产的公司,应实行独立核算。

四、采取有力措施规范房地产市场行为,坚决制止炒卖房地产牟取暴利。一是进一步扩大国有土地使用权出让范围。除国务院规定的国家投资的党政军机关、行政事业单位办公用房、住宅建设、公共设施、公用事业和国营工业等项目外,对其他新增建设用地,首先是商业、金融、旅游、服务业、商品房屋和涉外工程项目建设用地的供应,不再搞行政划拨,原则上都要实行有偿出让。二是对出让土地的地块,由政府组织评估机构确定基准价格,避免低价出让。三是积极清理以划拨方式取得的土地使用权的自发交易。四是受让的土地必须按出让合同的规定抓紧开发利用,购地后一年内投入的开发资金不足购地费的25%的,应由政府收回土地;未完成开发投资总额(不包括购地款)20%以上的,不得转让。五是各地应根据实际情况规定未达到一定投资比例或施工进度的商品房不得预售。六是加强房地产交易管理,每一次土地使用权的转让和房屋所有权的转移(包括房地产开发期间的转让、预售等)都必须依照规定到当地房地产市场管理部门办理房地产交易手续,缴纳有关税费。

五、合理调节收益分配,防止国家收益流失。国有土地出让金和土地收益金必须按现行财政体制,纳入各级财政预算管理。各级政府不得委托财政部门以外的任何单位和部门,另设金库,管理土地收入;财政部门也不能把应由预算内管理的土地收入转为预算外管理。在增值税等新的税种未出台前,要严格执行财政部《关于国有土地使用权有偿使用收入征收管理的暂行办法》,把土地出让金和土地收益金按规定收缴入库。

六、推进城镇住宅建设,加快解决困难户住房的步伐。今后所有开发公司都要承担相当于所开发的商品房面积20%以上的微利居民住宅建设任务。政府实行鼓励建设普通居民住宅的政策,对微利房、解困房(包括集资建房、合作建房)的建设计划、土地供应、规划设计、资金安排和信贷等方面给以支持,以降低成本。

七、加强对外商投资房地产的管理。外商开发经营房地产应结合建设项目进行,以国家规定的鼓励类项目相配套的房地产开发项目为主。对外商投资的房地产开发经营企业,应根据项目规模核定其注册资本、分期投入资金量、合资双方股金份额等。中方不得为外商出资本提供贷款和境内外贷款担保,以保证外资的真正投入。要严格制止脱离项目以大面积低价批地作为条件来吸引外资的做法,各地不准超越权限制定优惠政策。

第8届国际中国哲学会在北京举行

会议的主题是"中国传统哲学的现代意义及未来展望",来自中国、日本、韩国、新加坡、澳大利亚、美国、加拿大、英国、德国、俄罗斯以及台湾、香港等10多个国家和地区的100多位学者出席会议。

会议主席、北京大学学者张岱年在开幕词中说,中国传统哲学对人类的精神文明作出巨大贡献。在20世纪的最后10年,中国传统哲学将会有怎样的命运?它与马克思主义的关系如何?对于社会主义现代化能否有所贡献?中国哲学智慧与人类未来文明有何关系?都是值得深入研究的问题。

国际中国哲学会是研究中国哲学的国际学术团体,中外学者深入研究中国哲学,对人类文化的进一步完善将有重要作用。

中华见义勇为基金会在北京举行首次颁奖会

中华见义勇为基金会近日决定颁发1.5万元奖金,对张建昆等4位市民及参战干警进行奖励。

7月3日下午,一歹徒身藏"五四"式手枪一支和60余发子弹,窜到云南昆明市吴井路顺兴商场五金机电门市部,以买摩托车为名持枪抢劫。正在现场的张建昆、吴立新、张涛、杨元洲4人奋不顾身与歹徒搏斗,在迅速赶来的公安干警的配合下将歹徒擒获。

这次颁奖,是中华见义勇为基金会自6月29日成立后的第一次。

台湾国民党内的政治派别——"新国民党连线"宣布组成新党

中国银行中国人民保险公司涉外机构总经理会议在北京举行

会议于10日至16日举行。

国务院副总理朱镕基在会上指出，中央关于加强宏观调控的一系列政策措施是正确的，只要继续贯彻这些措施，形势会越来越好。他再次强调，解决经济中存在的问题主要靠改革，用改革的办法进行整顿，在整顿的基础上加快改革，不失时机地推进改革。会议期间朱镕基、李岚清、钱其琛听取了汇报，代表党中央和国务院对在这两个单位海外机构辛勤工作并取得成绩的全体员工表示亲切慰问和衷心感谢。勉励这两个单位在海外机构工作的全体员工立足海外，积极开拓，稳健经营，更好地为四化建设和改革开放做好服务工作。

会上，代表们听取中国银行行长王德衍、中国人民保险公司总经理李裕民的报告，并结合国内国外的新形势，讨论和研究今后的工作方针和任务。

内贸部在北京召开粮食系统扭亏增盈电话会

随着粮价改革的深入，国家财政补贴大幅度减少。去年平价粮油价格补贴比上年减少109亿元。企业经营也明显改善，粮油工业、议价经营等盈利企业实现利润19亿元，比上年增长1.6倍。

国内贸易部要求粮食部门下半年要进一步搞活粮食经营，加强财务管理，刹住新的挂账，制止效益滑坡。同时，抓好粮食收购，坚决不打“白条”。价款结算中废止“户交村结”的办法，实行“户交户结”，把好处留给农民。粮食部门要严肃财经纪律，严禁挤占挪用粮食收购资金。对已经借出或投入房地产及股票经营的资金，要立即组织清理和回收。

会上，对扭亏增盈取得好成绩的吉林省粮食厅等60家省、县级先进单位进行表彰。

中国和利比里亚政府在蒙罗维亚签署复交联合公报

一、中华人民共和国政府和利比里亚共和国全国团结临时政府根据互相尊重主权和领土完整、互不侵犯、互不干涉内政、平等互利、和平共处的原则，决定自1993年8月10日起恢复两国外交关系。

二、中华人民共和国政府和利比里亚共和国全国团结临时政府同意互派大使，并为对方大使馆的重新工作提供方便。

三、中华人民共和国政府支持利比里亚为实现民族和解、维护国家和平和恢复国民经济所作的努力。利比里亚全国团结临时政府承认，中华人民共和国政府是代表全中国的唯一合法政府，台湾是中华人民共和国领土不可分割的一部分。中华人民共和国政府对利比里亚共和国全国团结临时政府的上述立场表示赞赏。

中国代表叶大波在曼谷国际禁毒研讨会上发言

叶大波在会上发言时指出“中国对国际禁毒合作给予高度重视，与友邻国家在缉毒方面通力合作，共同打击跨国贩毒活动”。

叶大波说，由于中国毗邻“金三角”地区，成了过境贩毒活动的直接受害者。面对国际贩毒的猖獗活动及中国遭受毒品侵害的严峻形势，中国政府确定了国家禁毒方针并成立了国家禁毒委员会，加入了国际禁毒公约，通过了国内禁毒立法，加强了中国警方及海关的缉毒执法，严厉打击贩毒及各种犯罪活动。

叶大波说，中国与联合国禁毒署、国际刑警组织一直保持良好的合作关系，并同有关国家警方进行情报交流。他强调，禁毒斗争是毒品生产国、过境和消费国的共同责任。因此，他呼吁更多的国家加入国际禁毒公约，联合国应在资金、技术等方面为发展中国家提供更多的援助。他重申，国际禁毒和肃毒合作应遵循和尊重国家主权和平等互利的原则。

本次研讨会是联合国亚太经社会和联合国禁毒署共同主持召开的。来自“金三角”地区的缅甸、老挝和泰国以及马来西亚、中国、越南、菲律宾等国的代表出席研讨会。

解放军驻北京部队各大单位举行理论学习汇报会

经中央军委同意召开的驻京各大单位理论汇报会，历时两天。驻京各大单位和武警总部政治部负责人汇报部队学习理论的情况。

中央军委委员、解放军总政治部主任于永波在汇报会上强调，要紧紧围绕坚持党的基本路线一百年不动摇这个核心问题，不断把学习邓小平建设有中国特色社会主义理论引向深入，落实好用这一理论武装全军的战略任务。

遭歹徒劫持的中国国际航空公司2554号客机从台北桃园机场安全返回厦门

民用航空总局新闻发言人就劫机行为发表谈话

发言人说，今年4月6日、6月24日、8月10日，大陆连续发生三起歹徒将民航班机劫往台湾地区的恐怖事件，严重危及旅客、机组生命财产的安全，影响了旅客的正常旅行，由于在相当长一段时间里，台湾当局将大陆劫机罪犯封为“反共义士”公开支持、纵容，导致80年代以来大陆发生多起以台湾为目的地的劫机恐怖事件，引起中外旅客的强烈不满。

发言人指出，上述劫机事件的受害者不仅是大陆旅客及大陆民航企业，来自台湾地区的旅客也深受其害。在1990年的“10·2”空难中，就有台湾来大陆旅游观光、返乡探亲的30名台胞不幸身亡,8名台胞受伤。

发言人说,中国民航总局对民航运输的安全保卫工作历来十分重视,各民用机场、航空公司均设有保安机构,通过不断完善防范措施和采用先进的技术手段,力争最大限度地减少包括劫持飞机在内的非法干扰民用航空事件的发生。为从根本上减少海峡两岸间劫机事件的发生,我们希望台湾有关当局改变现行政策,两岸携起手来,共同为制止对民用航空的非法干扰做出积极努力。

中纪委就福建省南平地区水电局原局长邱阿旺等人的受贿案发出通报

通报说,最近,在南平地委、行署的领导和福建省纪委、省检察院的指导下,南平地、市纪检监察机关和检察机关通力合作,突破了一起借兴建地区水电工程索贿受贿的案件。

南平地区水电局原局长邱阿旺等人,利用掌握工程承发包、审批国家水电工程项目下拨资金的职权,大肆索贿受贿。其中邱阿旺收受贿赂2.5万元,非法收入2.5万元。南平市建设银行建经股15人中有7人以故意泄露、兜售基建工程招标标底的办法索贿受贿58万余元。这些不法分子有的还与包工头串通一气,结算时故意提高工程造价,使国家蒙受重大损失,从中受贿。就在检察机关依法审查包工头行贿问题时,一些不法分子继续顶风作案,9次索贿受贿。该案共涉及省内外60多个单位110人,其中政府机关、企事业单位干部、职工25人,建筑包工头85人。违法违纪金额合计93.4万元。目前,已追缴赃款赃物折合人民币74万余元。经纪检监察机关审理,给予党纪处分的11人,其中开除党籍6人,留党察看3人,党内撤职1人,警告1人;受政纪处分13人,其中开除公职5人,撤职4人,降职2人,行政记大过2人。移交司法机关17人,邱阿旺已被开除党籍,依法逮捕。

8月11日

国家审计署发出《关于加强对地方财税管理审计监督的通知》

国家审计署日前发出的《通知》指出,对地方越权自定的减免税收政策的清理情况和以各种方式承包流转税的纠正情况,进行审计调查。查出财税部门清理不实、纠正不力的问题,要向本级政府和审计机关报告。继续擅自减免税收和"两金"的,要依照有关法规严肃处理。对海关减免进口关税和工商税的清理情况,由审计署组织力量进行审计和调查。

对财政信用资金和地方预算外专项基金的来源、规模、投向和管理情况,进行审计调查。对未经国家批准将应纳入国家预算管理的资金转到预算外以基金形式搞"体外循环"的,要依照有关法规清理纠正;对财政信用资金来源不当、投向不合理、管理不严格的问题,要向上级机关报告;对财政信用资金管理部门未经批准办理商业性金融业务的,要依照国家有关规定处理。

《通知》要求,开展预算执行情况审计。通过审计和调查,从财税管理方面,对财政收入增长同经济增长不同步的问题,分析原因,反映问题,提出建议,促进地方政府和财税部门采取措施,加强和改进预算管理。

中共中央政治局委员李铁映在四川考察

李铁映于11日至15日在四川考察。李铁映强调说,贯彻落实《全民所有制工业企业转换经营机制条例》是企业改革一个不可逾越的历史阶段。这个《条例》是对改革开放以来实践经验的科学总结,当前要把主要精力放在贯彻落实《条例》上来。

李铁映说,首先,政府要搞好机构改革,转变职能。企业在转换经营机制中有些问题是社会问题,要靠政府来解决。在这方面,政府有大量工作要做。第二,企业要眼睛向内,苦练内功,主动积极地转换机制。《条例》规定的14项自主权是否能完全落实到企业,关键在于是否能通过改革来大胆正确地使用这些权利,把这些权利变为一种运行机制。如果企业不深化内部改革,14项自主权不会自动生效。现在有些同志对《条例》的重要作用估计不足,觉得贯彻《条例》不解渴,这是一个认识上的错误。第三,要加快社会保障制度改革,逐步把社会职能从企业剥离出来。当前应主要抓好住房、医疗、养老、待业制度的改革。

中共中央政治局候补委员温家宝与农村调查队部分人员座谈

值中国农村社会经济调查队成立十周年之际,温家宝到农调总队看望全体工作人员,并同部分人员进行座谈。在听取国家统计局局长张塞、农调总队队长何焕炎的汇报后,温家宝说,农调队在农村改革中诞生、发展,为党和政府的正确决策提供了大量数据、信息和咨询建议,为推动农村改革和发展发挥重要作用。

温家宝强调,现在,农业和农村工作有许多问题需要研究,许多事情需要落实。各级领导干部要深入实际,掌握第一手材料,有针对性地提出解决问题的具体办法。只有深入地而不是表面地调查研究,切实地而不是形式地解决问题,才能推动农业和农村工作稳定发展。他说,当前和今后一个时期农村工作和农村调查研究的重点是:第一,贯彻落实中央关于加强农业和农村工作的政策措施，保护和调动农民生产积极性；第二，采取综合措施增强农业发展后劲，稳定农业基础地位；第三，深化农村改革，发展与社会主义市场经济相适应的现代农业。

温家宝指出，密切同广大农民的联系，就要倾听农民的意见和呼声，为农民办实事，解决农民关心的一些问题：一是保证农副产品收购资金到位，组织好夏粮收购，坚决停止"户交村结"的错误做法，让农民卖粮得到现金。二是切实减轻农民负担，保护农民利益。三是搞好信息服务、技术服务和流通服务，认真解决农副产品购销、贮运中存在的问题，使农民避免损失。四是加强农村社会治安综合治理，维护农村社会稳定，让农民安居乐业。

铁道部部长韩杼滨与由部长格·马·法捷耶夫率领的俄罗斯交通部代表团在北京举行会谈

中国和俄罗斯铁路部门的负责人近日在北京举行会谈后达成共识。由部长格·马·法捷耶夫率领的俄罗斯交通代表团与铁道部部长韩杼滨举行会谈后，双方签署会谈纪要。

中国常驻联合国代表李肇星致函联合国秘书长加利指出台湾没有资格参加联合国

解放军总参谋长张万年同俄罗斯武装力量总参谋长科列斯尼科夫就两军关系问题在莫斯科举行会谈

国际发展地球科学家协会国际工程地质协会国际第四纪研究联合会发起的城市发展中的地球科学国际讨论会在北京召开

第四届国际汉语教学讨论会在北京开幕

来自24个国家和地区从事汉语和中国文化研究的300多名专家学者今天聚会北京，探讨如何使汉语教学在国际上进一步发展，让世界人民了解中国文化。

国家教委主任朱开轩到会祝贺。

由世界汉语教学学会、中国对外汉语教学学会、北京语言学院联合主办的第四届讨论会举行5天。学者们将就汉语和中国文化教学与研究的多方面经验，进行广泛的学术交流。

8月12日

中共中央总书记江泽民等在北京同出席全国组织工作座谈会的代表进行座谈

中共中央政治局常委胡锦涛主持会议。中共中央书记处书记尉健行出席会议。会议开始时，中组部部长吕枫简要汇报了这次座谈会的有关情况。接着，上海市委副书记陈良宇、广西壮族自治区党委副书记刘明祖、湖南省委副书记孙文盛、甘肃省委副书记孙英、中央国家机关工委副书记贾军、陕西省渭南地委书记李天文，先后发言，他们对在新形势下如何加强领导班子的思想和作风建设等问题发表意见。

江泽民在听取大家的发言后发表讲话。江泽民指出，十一届三中全会以来邓小平反复强调必须坚持和改善党的领导，加强党的建设，去年视察南方的重要谈话中又语重心长指出我们事业成功的关键在于把党建设好，其道理就在这里。学习建设有中国特色社会主义的理论，一定要懂得这个道理。任何放松或削弱党的建设的思想和做法，都是不对的。他还指出，根据邓小平同志建设有中国特色社会主义理论和党的基本路线，我国社会主义现代化事业的总体布局和目标是，牢牢把握经济建设这个中心，通过改革，坚定不移地发展社会主义市场经济，坚定不移地发展社会主义民主政治，坚定不移地发展社会主义精神文明，把我国建设成为富强、民主、文明的社会主义现代化国家。这是振兴中华的希望所在，也是时代赋予中国共产党人的光荣使命。15年来，我们国家所以能够在国际风云变幻的形势下，克服困难，排除干扰，保持社会政治稳定，经济迅速发展，所以能够坚定不移地进行改革，实行对外开放政策，就是因为有一个久经考验的马克思主义的党的领导，政权掌握在人民手中，能够坚持社会主义的基本政治制度和经济制度。

江泽民强调，加强党的建设，首先必须把各级领导班子建设好。他说，领导班子建设，组织建设是基础，思想作风建设是根本。抓领导班子思想作风建设，当前和今后一个时期要着重解决好三个问题：一是要认真学习和掌握邓小平同志建设有中国特色社会主义的理论，努力做到解放思想和实事求是的统一，主观和客观的统一，革命热情和求实精神、科学态度的统一。领导班子和领导干部，不论工作多忙，一定要挤出必要的时间学习建设有中国特色社会主义的理论，而且应该学得更深透更系统一些，领会得更准确更全面一些，用以指导自己的行动更自觉一些，运用这一理论研究新情况、解决新问题的水平更高一些。这是一个坚强的领导集体和一个合格的、有作为的领导干部必备的条件。二是要严格执行民主集中制，增强全局观念，严肃纪律，保持全党组织上、行动上的高度统一，保证党和国家政令畅通。我们必须始终注意发挥好中央和地方两个积极性。如果整体利益受到损害，那么局部利益也保不住。各地区、各部门都有责任维护和服从国家的整体利益。在当前加强国民经济宏观调控过程中，尤其要注意这一点。三是加强廉政建设,自觉抵制和反对消极腐败现象,为党员和干部作出榜样。这几年,我们在加强党风和廉政建设、开展反腐败斗争方面,采取了许多措施,做了大量工作,是有成效的。但是,对存在问题的严重性和危害性决不能低估,切不可掉以轻心。根据各地经验,搞好纠正不正之风和反腐败工作,一是要统一思想认识,做到上下一致,同心同德反腐败;二是要真抓实干,决不能停留在一般号召上,要有具体部署,狠抓落实;三是从群众最不满意的事情抓起,紧紧抓住本地区本部门本单位最突出的问题,切切实实加以解决;四是要充分认识到这场斗争的艰巨性和长期性,常抓不懈,务求必胜。

江泽民说,党的基层组织是党的全部战斗力的基础,也是我们党执政的基础。基础坚实牢靠,党的整体才会有强大的战斗力,党的执政地位才会固若磐石,我们才能经得起任何风浪的考验,把有中国特色的社会主义事业不断推向前进。在基层单位建立党的组织,努力把基层党组织建设成为团结和带领群众执行党的政治路线、完成党的中心任务、实现党的奋斗目标的战斗堡垒,这是我们党一条重要的历史经验和特有的政治优势,任何时候都必须坚持。

江泽民最后对组织部门的工作给以充分肯定并提出殷切期望。他希望组织部门的同志认真学习邓小平同志建设有中国特色社会主义的理论,提高做好新时期组织工作的本领;继承和发扬党的优良传统,坚持党的原则,坚持用人标准和干部政策,公道正派,坚决抵制和纠正干部人事工作中的不正之风;深入开展调查研究,及时了解组织建设中的新情况,研究新问题,总结新经验,把工作提高到一个新的水平,努力把组织部门建设成为党性最强、作风最正、工作出色的一个部门,在党的建设特别是组织建设方面当好党委的参谋和助手。

会议于13日结束。

国家主席江泽民在人民大会堂会见诺贝尔物理奖获得者、国际商用机器公司苏黎世实验室的葛·宾尼博士和海·罗雷尔博士等

外交部发言人就所谓台湾"重返联合国"问题发表谈话

发言人说,近来,台湾当局一再叫嚷要"重返联合国",并鼓动少数几个国家向联合国提出所谓"分裂国家平行代表权"问题,企图混淆国际视听,达到浑水摸鱼的目的。

发言人说,联合国是由主权国家组成的政府间国际组织。台湾作为中国的一个省没有资格参加。1971年联合国大会通过2758号决议,承认中华人民共和国政府的代表为中国在联合国的唯一合法代表,决定恢复中华人民共和国在联合国的一切权利,并立即把台湾当局的代表从联合国及其所属一切机构中驱逐出去。因此,中国在联合国的代表权问题早已在政治、法律和程序上得到完全解决,根本不存在台湾"重返联合国"的问题。但少数几个国家在台湾当局的利诱之下,竟无视历史,公然向联大提出有关台湾在联合国的"代表权"问题。这是对中国内政的粗暴干涉,我们坚决予以反对。

发言人说,台湾当局制造"两个中国"、"一中一台"或"一国两席"的图谋是违背中华民族根本利益的倒行逆施,不但遭到包括台湾人民在内的全中国人民的坚决反对,也不可能得到国际社会的支持,是注定要失败的。

中国出席在所罗门群岛上召开的第24届南太平洋论坛对话会议代表华君铎强调中国继续发展与南太平洋国家友好关系

国家教委发出加强1993年普通高校招生规模的宏观调控的通知

国家教委近日发出的通知说,目前大多数普通高校的经费、基建投入相当困难,各地、各部门要加强宏观调控力度,采取切实的措施,妥善调整招生计划;保证国家宏观管理目标的实现。对国家教委已经亮了"黄"牌的学校,对招生计划安排偏多、办学条件很差、教育质量和正常教学秩序难以保证的学校,应实事求是地减少其招生计划。对国家教委亮了"红"牌的学校,要坚持停招。

国家教委规定,凡是未经省级教育主管部门统筹规划,并报经国家教委批准,自行决定举办的校外班,今年均不能招生。未经国家教委批准建立的高校均不得安排招生计划,已经安排的应当撤销。中央部属高校接受地方委托招生,按规定应报经主管部门同意,并列入中央部属高校的招生计划。今年部分地区给当地中央部门所属高校增加的招生计划,凡未商得主管部门同意的,不能安排招生。

国家教委强调,普通高校招生录取工作要严格执行国家规定的政策、程序和标准,不得自行决定大幅度降分。

国家防汛抗旱总指挥部总指挥陈俊生受中共中央总书记江泽民国务院总理李鹏副总理朱镕基的委托到山东灾区慰问

陈俊生12日至15日到山东省,慰问遭受严重洪涝灾害地区的干部群众，实地察看灾情，检查救灾工作。他说，只要灾区干部群众继续振奋精神，自力更生，千方百计战胜困难，尽快恢复生产，重建家园，就会把损失减少到最低程度，全省农业丰收和国民经济全面发展的目标就一定能实现。

陈俊生和中共山东省委书记姜春云，省长赵志浩一起，从临沂地区、济宁市到菏泽地区，深入临沂、郓城、菏泽、东明、巨野等市县的十多个乡镇，慰问受灾群众。

陪同陈俊生到灾区的还有国务院副秘书长、国家防总副总指挥刘济民，水利部副部长周文智，农业部副部长万宝瑞，劳动部副部长令狐安，还有山东省委省政府负责人韩喜凯、张瑞凤、王建功等。

北京隆福大厦发生特大火灾

8月13日

国家主席江泽民在中南海会见美国众议院亚太小组委员会主席加里·艾克曼

国家主席江泽民在中南海会见美国电话电报公司董事长罗伯特·艾伦

中国代表团团长金永健在联合国日内瓦人权专家小组委员会上发言驳斥“西藏人权问题”的谎言

金永健在会议上发言，介绍西藏人口、宗教、文化等方面的一些基本情况，驳斥了关于“西藏人权问题”的谎言。

金永健说，西藏和平解放后，特别是实行民主改革以后，广大农奴翻身解放，成为社会的主人。随着经济和其他各项事业的发展，人民生活水平有了很大改善，严重危害西藏人民健康的各种疾病得到有效控制，西藏人人均寿命从50年代的35岁提高到现在的64岁。虽然控制人口增长是中国的一项基本国策，但考虑到中国少数民族的人口和经济状况，中国政府对包括藏族在内的各少数民族历来采取特殊的政策。自70年代起，全国普遍实行计划生育，但对西藏人民没有实行这一政策。1970年以来，西藏的人口出生率、自然增长率均高于全国平均水平。

谈及宗教问题，金永健说，藏传佛教在西藏有着长期广泛的影响，为西藏大多数人所信奉。西藏人民在国家宪法和法律的保护下，享有开展宗教活动的充分自由。目前，西藏有寺庙和其他宗教活动场所1400多处，僧尼3.4万多人，基本满足了信教群众正常的宗教活动需要。

金永健指出，中央和西藏自治区政府也十分重视对西藏传统文化的保护、继承和发展。在西藏出版的图书中，藏文图书占70%。在就业、招生工作中，对不同语言文字使用者平等相待。西藏各级、各类学校中，藏语是学生的主要语言。国家十分重视西藏的教育事业，在西藏建立了包括大、中专学校在内的各类学校1400多所，儿童入学率从旧西藏的不足2%上升到54%。

金永健说，为了促进西藏的发展，中国政府采取了十分优惠的政策。40多年来，对西藏的财政拨款和基本建设投资达180多亿元，却从未向西藏征收过一分钱税。

关于所谓“移民问题”，金永健强调，中国政府从未制定过向西藏移民的政策。藏族人口始终占西藏总人口的绝大多数，汉族人口所占比例从未超过5%。

金永健最后说，一些西藏民族分裂分子在某些外国反华势力的支持下制造和散布种种离奇的谎言，制造所谓“西藏人权问题”，是企图以人权为借口，欺骗国际社会，诋毁中国政府，以达到破坏中国民族团结、国家统一和领土完整，把西藏从中国分裂出去的目的。他们的图谋是徒劳的。

《中国科技翻译》在英国布赖顿市举行的国际翻译家联盟(FIT)第13届世界大会上获得“1990—1993年度FIT最佳国家级翻译期刊奖”

8月14日

国务院总理李鹏签署国务院第125号令发布《国家公务员暂行条例》

《国家公务员暂行条例》已经1993年4月24日国务院第二次常务会议通过，现予发布，自1993年10月1日起施行。

总理 李 鹏

1993年8月14日

国家公务员暂行条例

第一章 总 则

第一条 为了实现对国家公务员的科学管理，保障国家公务员的优化、廉洁，提高行政效能，根据宪法，制定本条例。

第二条 国家公务员制度贯彻以经济建设为中心，坚持四项基本原则，坚持改革开放的基本路线；坚持为人民服务的宗旨和德才兼备的用人标准；贯彻公开、平等、竞争、择优的原则。

第三条 本条例适用于各级国家行政机关中除工勤人员以外的工作人员。

第四条 国家公务员依法执行职务，受法律保护。

第五条 国家公务员中的各级人民政府组成人员的产生和任免，依照国家有关法律规定办理。

第二章 义务与权利

第六条 国家公务员必须履行下列义务：

（一）遵守宪法、法律和法规；

（二）依照国家法律、法规和政策执行公务；

（三）密切联系群众，倾听群众意见，接受群众监督，努力为人民服务；

（四）维护国家的安全、荣誉和利益；

（五）忠于职守，勤奋工作，尽职尽责，服从命令；

（六）保守国家秘密和工作秘密；

（七）公正廉洁，克己奉公；

（八）宪法和法律规定的其他义务。

第七条 国家公务员享有下列权利：

（一）非因法定事由和非经法定程序不被免职、降职、辞退或者行政处分；

（二）获得履行职责所应有的权力；

（三）获得劳动报酬和享受保险、福利待遇；

（四）参加政治理论和业务知识的培训；

（五）对国家行政机关及其领导人员的工作提出批评和建议；

（六）提出申诉和控告；

（七）依照本条例的规定辞职；

（八）宪法和法律规定的其他权利。

第三章 职位分类

第八条 国家行政机关实行职位分类制度。

各级国家行政机关依照国家有关规定，在确定职能、机构、编制的基础上，进行职位设置；制定职位说明书，确定每个职位的职责和任职资格条件，作为国家公务员的录用、考核、培训、晋升等的依据。

国家行政机关根据职位分类，设置国家公务员的职务和等级序列。

第九条 国家公务员的职务分为领导职务和非领导职务。

非领导职务是指办事员、科员、副主任科员、主任科员、助理调研员、调研员、助理巡视员、巡视员。

第十条 国家公务员的级别分为十五级。

职务与级别的对应关系是：

（一）国务院总理：一级；

（二）国务院副总理，国务委员：二至三级；

（三）部级正职，省级正职：三至四级；

（四）部级副职，省级副职：四至五级；

（五）司级正职，厅级正职，巡视员：五至七级；

（六）司级副职，厅级副职，助理巡视员：六至八级；

（七）处级正职，县级正职，调研员：七至十级；

（八）处级副职，县级副职，助理调研员：八至十一级；

（九）科级正职，乡级正职，主任科员：九至十二级；

（十）科级副职，乡级副职，副主任科员：九至十三级；

（十一）科员：九至十四级；

（十二）办事员：十至十五级。

第十一条 国家公务员的级别，按照所任职务及所在职位的责任大小、工作难易程度以及国家公务员的德才表现、工作实绩和工作经历确定。

第十二条 各级人民政府工作部门因工作需要，增设、减少或者变更职位时，应当按照规定程序重新确定。

第四章 录 用

第十三条 国家行政机关录用担任主任科员以下非领导职务的国家公务员，采用公开考试、严格考核的办法，按照德才兼备的标准择优录用。

民族自治地方人民政府和各级人民政府民族事务部门录用国家公务员时，对少数民族报考者应当予以照顾。

第十四条 录用国家公务员，必须在编制限额内按照所需职位的要求进行。

第十五条 报考国家公务员，应当具备国家规定的资格条件。

第十六条 录用国家公务员按照下列程序进行：

（一）发布招考公告；

（二）对报考人员进行资格审查；

（三）对审查合格的进行公开考试；

（四）对考试合格的进行政治思想、道德品质、工作能力等方面的考核；

（五）根据考试、考核结果提出拟录用人员名单，报设区的市以上人民政府人事部门审批。

录用特殊职位的国家公务员，经国务院人事部门或者省级人民政府人事部门批准，可以简化程序或者采用其他测评办法。

第十七条 中央国家行政机关国家公务员的录用考试，由国务院人事部门负责组织。

地方各级国家行政机关国家公务员的录用考试，由省级人民政府人事部门负责组织。

第十八条 省级以上人民政府工作部门录用的国家公务员，应当具有两年以上基层工作经历。按照规定录用的没有基层工作经历的国家公务员，应当安排到基层工作一至二年。

第十九条 新录用的国家公务员，试用期为一年。试用期满合格的，正式任职；不合格的，取消录用资格。

新录用的国家公务员在试用期内，应当接受培训。

第五章 考　核

第二十条 国家行政机关按照管理权限，对国家公务员的德、能、勤、绩进行全面考核，重点考核工作实绩。

第二十一条 对国家公务员的考核，应当坚持客观公正的原则，实行领导与群众相结合，平时与定期相结合。

第二十二条 国家公务员的考核分为平时考核和年度考核。平时考核作为年度考核的基础。

第二十三条 国家行政机关在年度考核时设立非常设性的考核委员会或者考核小组，在部门负责人的领导下负责国家公务员年度考核工作。

第二十四条 年度考核先由个人总结，再由主管领导人员在听取群众意见的基础上写出评语、提出考核等次的意见，经考核委员会或者考核小组审核后，由部门负责人确定考核等次。

对担任国务院工作部门司局级以上领导职务和县级以上地方各级人民政府工作部门领导职务的国家公务员的考核，必要时可以进行民意测验或者民主评议。

第二十五条 年度考核结果分为优秀、称职、不称职三个等次。

对国家公务员的考核结果应当以书面形式通知本人。本人如果对考核结果有异议，可以按照有关规定申请复核。

第二十六条 年度考核结果作为对国家公务员的奖惩、培训、辞退以及调整职务、级别和工资的依据。

第六章 奖　励

第二十七条 国家行政机关对在工作中表现突出，有显著成绩和贡献的以及有其他突出事迹的国家公务员给予奖励。对国家公务员的奖励，坚持精神鼓励与物质鼓励相结合的原则。

第二十八条 国家公务员有下列表现之一的，应当予以奖励：

（一）忠于职守，积极工作，成绩显著的；

（二）遵守纪律，廉洁奉公，作风正派，办事公道，起模范作用的；

（三）在工作中有发明、创造或者提出合理化建议，为国家取得显著经济效益和社会效益的；

（四）爱护公共财产，节约国家资财有突出成绩的；

（五）防止或者挽救事故有功，使国家和人民群众利益免受或者减少损失的；

（六）在抢险、救灾等特定环境中奋不顾身，做出贡献的；

（七）同违法违纪行为做斗争，有功绩的；

（八）在对外交往中，为国家争得荣誉和利益的；

（九）有其他功绩的。

第二十九条 对国家公务员的奖励分为：嘉奖，记三等功、二等功、一等功，授予荣誉称号。

国家行政机关对受前款所列奖励的国家公务员，按照规定给予一定的物质奖励。

第三十条 国家公务员奖励的权限和程序，按照国家有关规定办理。

第七章 纪　律

第三十一条 国家公务员必须严格遵守纪律，不得有下列行为：

（一）散布有损政府声誉的言论，组织或者参加非法组织，组织或者参加旨在反对政府的集会、游行、示威等活动，组织或者参加罢工；

（二）玩忽职守，贻误工作；

（三）对抗上级决议和命令；

（四）压制批评，打击报复；

（五）弄虚作假，欺骗领导和群众；

（六）贪污、盗窃、行贿、受贿或者利用职权为自己和他人谋取私利；

（七）挥霍公款，浪费国家资财；

（八）滥用职权，侵犯群众利益，损害政府和人民群众的关系；

（九）泄露国家秘密和工作秘密；

（十）在外事活动中有损国家荣誉和利益；

（十一）参与或者支持色情、吸毒、迷信、赌博等活动；

（十二）违反社会公德，造成不良影响；

（十三）经商、办企业以及参与其他营利性的经营活动；

（十四）其他违反纪律的行为。

第三十二条 国家公务员有本条例第三十一条所列违纪行为，尚未构成犯罪的，或者虽然构成犯罪但是依法不追究刑事责任的，应当给予行政处分；违纪行为情节轻微，经过批评教育后改正的，也可以免予行政处分。

第三十三条 行政处分分为：警告、记过、记大过、降级、撤职、开除。

受撤职处分的，同时降低级别和职务工资。

受行政处分期间，不得晋升职务和级别；其中除受警告以外的行政处分的，并不得晋升工资档次。

第三十四条 处分国家公务员，必须依照法定程序，在规定的时限内做出处理决定。

对国家公务员的行政处分，应当事实清楚、证据确凿、定性准确、处理恰当、手续完备。

第三十五条 给予国家公务员行政处分，依法分别由任免机关或者行政监察机关决定；其中给予开除处分的，应当报上级机关备案。

县级以下国家行政机关开除国家公务员，必须报县级人民政府批准。

第三十六条　国家公务员受本条例第三十三条所列除开除以外的行政处分，分别在半年至两年内由原处理机关解除行政处分。但是，解除降级、撤职处分不视为恢复原级别、原职务。

国家公务员在受行政处分期间，有特殊贡献的，可以提前解除行政处分。

解除行政处分后，晋升职务、级别和工资档次不再受原行政处分的影响。

第三十七条　行政处分决定和解除行政处分的决定应当以书面形式通知本人。

第八章　职务升降

第三十八条　国家公务员的职务晋升，必须坚持德才兼备、任人唯贤的原则，注重工作实绩。

第三十九条　晋升国家公务员的职务，必须在国家核定的职数限额内进行。

第四十条　国家公务员晋升职务，应当具备拟任职务所要求的资格条件；其中拟晋升上一级领导职务的，一般应当具有在下一级两个以上职位任职的经历。

第四十一条　国家公务员的职务晋升，按照以下程序进行：

(一)采取领导与群众相结合的办法产生预选对象；

(二)按照拟任职务所要求的条件进行资格审查；

(三)在年度考核的基础上进行晋升考核；

(四)由任免机关领导集体讨论决定人选。

对晋升领导职务的国家公务员，应当进行任职培训。

第四十二条　晋升国家公务员的职务，应当按照规定的职务序列逐级晋升。个别德才表现和工作实绩特别突出的，可以越一级晋升，但是必须按照规定报有关部门同意。

第四十三条　国家公务员在年度考核中被确定为不称职的，或者不胜任现职又不宜转任同级其他职务的，应当按照规定程序予以降职。

第四十四条　任免机关根据国家公务员职务的升降和年度考核结果，按照规定调整其级别和工资档次。

第九章　职务任免

第四十五条　国家公务员职务实行委任制，部分职务实行聘任制。

第四十六条　国务院和县级以上地方各级人民政府及其工作部门按照规定的任免权限和程序任免国家公务员。

第四十七条　国家公务员有下列情形之一的，应当予以任职：

(一)新录用人员试用期满合格的；

(二)从其他机关及企业、事业单位调入国家行政机关任职的；

(三)转换职位任职的；

(四)晋升或者降低职务的；

(五)因其他原因职务发生变化的。

第四十八条　国家公务员有下列情形之一的，应当予以免职：

(一)转换职位任职的；

(二)晋升或者降低职务的；

(三)离职学习期限超过一年的；

(四)因健康原因不能坚持正常工作一年以上的；

(五)退休的；

(六)因其他原因职务发生变化的。

第四十九条　国家公务员原则上一人一职，确因工作需要，经任免机关批准，可以在国家行政机关内兼任一个实职。

国家公务员不得在企业和营利性事业单位兼任职务。

第五十条　国家公务员担任不同层次领导职务的最高任职年龄，由国家另行规定。

第十章　培　训

第五十一条　国家行政机关根据经济、社会发展的需要，按照职位的要求，有计划地对国家公务员进行培训。

国家公务员的培训，贯彻理论联系实际、学用一致、按需施教、讲求实效的原则。

第五十二条　国家公务员的培训分为：对新录用人员的培训；晋升领导职务的任职培训；根据专项工作需要进行的专门业务培训和在职国家公务员更新知识的培训。

第五十三条　国家行政学院、地方行政学院以及其他培训机构按照有关规定承担国家公务员的培训任务。

第五十四条　国家公务员在培训期间的学习成绩和鉴定作为其任职和晋升职务的依据之一。

第十一章　交　流

第五十五条　国家公务员实行交流制度。

国家公务员可以在国家行政机关内部交流，也可以与其他机关以及企业、事业单位的工作人员进行交流。

交流包括调任、转任、轮换和挂职锻炼。

国家行政机关每年应当有一定比例的国家公务员进行交流。

第五十六条　各级国家行政机关接受调任、转任和轮换的国家公务员，应当有相应的职位空缺。

第五十七条　调任，是指国家行政机关以外的工作人员调入国家行政机关担任领导职务或者助理调研员以上非领导职务，以及国家公务员调出国家行政机关任职。

调入国家行政机关任职的，必须经过严格考核，具备拟任职务所要求的政治思想水平、工作能力以及相应的资格条件。考核合格的，应当到行政学院或者其他指定的培训机构接受培训，然后正式任职。

国家公务员调出国家行政机关后，不再保留国家公务员的身份。

第五十八条 转任，是指国家公务员因工作需要或者其他正当理由在国家行政机关内部的平级调动(包括跨地区、跨部门调动)。

国家公务员转任，必须符合拟任职务规定的条件要求，经考核合格后，按照规定的程序办理。

第五十九条 轮换，是指国家行政机关对担任领导职务和某些工作性质特殊的非领导职务的国家公务员，有计划地实行职位轮换。

国家公务员的职位轮换，按照国家公务员管理权限，由任免机关负责组织。

第六十条 挂职锻炼，是指国家行政机关有计划地选派在职国家公务员在一定时间内到基层机关或者企业、事业单位担任一定职务。

国家公务员在挂职锻炼期间，不改变与原机关的人事行政关系。

第十二章 回　避

第六十一条 国家公务员之间有夫妻关系、直系血亲关系、三代以内旁系血亲以及近姻亲关系的，不得在同一机关担任双方直接隶属于同一行政首长的职务或者有直接上下级领导关系的职务，也不得在其中一方担任领导职务的机关从事监察、审计、人事、财务工作。

第六十二条 国家公务员执行公务时，涉及本人或者涉及与本人有本条例第六十一条所列亲属关系人员的利害关系的，必须回避。

第六十三条 国家公务员担任县级以下地方人民政府领导职务的，一般不得在原籍任职。但是，民族区域自治地方人民政府的国家公务员除外。

第十三章 工资保险福利

第六十四条 国家公务员的工资制度贯彻按劳分配的原则。

国家公务员实行职级工资制。

国家公务员的工资主要由职务工资、级别工资、基础工资和工龄工资构成。

国家公务员按照国家规定享受地区津贴和其他津贴。

第六十五条 国家公务员实行定期增资制度。

凡在年度考核中被确定为优秀、称职的，可以按照规定晋升工资和发给奖金。

第六十六条 国家公务员工资水平与国有企业相当人员的平均工资水平大体持平。

第六十七条 国家根据国民经济的发展和生活费用价格指数的变动，有计划地提高国家公务员的工资标准，使国家公务员的实际工资水平不断提高。

第六十八条 新录用人员在试用期间，发给试用期工资；试用期满正式任职后，根据确定的职务和级别确定其工资。

第六十九条 国家公务员按照国家规定享受保险和福利待遇。

第七十条 除国家法律、法规和政策规定外，国家行政机关不得以任何形式增加或者扣减国家公务员的工资，也不得提高或者降低国家公务员的保险和福利待遇。

第十四章 辞职辞退

第七十一条 国家公务员辞职，应当向任免机关提出书面申请；任免机关应当在三个月内予以审批。审批期间，申请人不得擅自离职。

国家行政机关可以根据实际情况，规定国家公务员三至五年的最低服务年限；未满最低服务年限的，不得辞职。

在涉及国家安全、重要机密等特殊职位上任职的国家公务员，不得辞职。

第七十二条 国家行政机关对违反本条例第七十一条规定擅自离职的国家公务员，给予开除处分。

第七十三条 国家公务员辞职后，二年内到与原机关有隶属关系的企业或者营利性的事业单位任职，须经原任免机关批准。

第七十四条 国家公务员有下列情形之一的，予以辞退：

(一)在年度考核中，连续两年被确定为不称职的；

(二)不胜任现职工作，又不接受其他安排的；

(三)因单位调整、撤销、合并或者缩减编制员额需要调整工作，本人拒绝合理安排的；

(四)旷工或者无正当理由逾期不归连续超过十五天，或者一年内累计超过三十天的；

(五)不履行国家公务员义务，不遵守国家公务员纪律，经多次教育仍无转变，又不宜给予开除处分的。

第七十五条 辞退国家公务员，由所在机关提出建议，按管理权限报任免机关审批，并以书面形式通知本人。

第七十六条 被辞退的国家公务员，可以根据国家有关规定享受待业保险。

第七十七条 国家公务员辞职或者被辞退，离职前应当办理公务交接手续，必要时接受财务审计。

辞职离开国家行政机关和被辞退的国家公务员，不再保留国家公务员的身份。

第十五章　退　休

第七十八条　除国家另有规定外，国家公务员符合下列条件之一的，应当退休：

(一)男年满六十周岁，女年满五十五周岁；

(二)丧失工作能力的。

第七十九条　国家公务员符合下列条件之一的，本人提出要求，经任免机关批准，可以提前退休：

(一)男年满五十五周岁，女年满五十周岁，且工作年限满二十年的；

(二)工作年限满三十年的。

第八十条　国家公务员退休后，享受国家规定的养老保险金和其他各项待遇。

第十六章　申诉控告

第八十一条　国家公务员对涉及本人的人事处理决定不服的，可以在接到处理决定之日起三十日内向原处理机关申请复核，或者向同级人民政府人事部门申诉，其中对行政处分决定不服的，可以向行政监察机关申诉。

受理国家公务员申诉的机关必须按照有关规定作出处理。

复核和申诉期间，不停止对国家公务员处理决定的执行。

第八十二条　国家公务员对于行政机关及其领导人员侵犯其合法权益的行为，可向上级行政机关或者行政监察机关提出控告。

受理国家公务员控告的机关必须按照有关规定作出处理。

第八十三条　国家公务员提出申诉和控告，必须忠于事实。

第八十四条　国家行政机关对国家公务员处理错误的，应当及时予以纠正；造成名誉损害的，应当负责恢复名誉、消除影响、赔礼道歉；造成经济损失的，应当负赔偿责任。

第十七章　管理与监督

第八十五条　国务院人事部门负责国家公务员的综合管理工作。

县级以上地方人民政府人事部门，负责本行政辖区内国家公务员的综合管理工作。

第八十六条　对有下列违反本条例规定情形的，根据不同情况，由县级以上人民政府或者人事部门按照下列规定处理：

(一)对不按编制限额、所需职位要求及规定资格条件进行国家公务员的录用、晋升、调入和转任的，宣布无效；

(二)对违反国家规定，变更国家公务员的工资、养老保险金及其他保险、福利待遇标准的，撤销其决定；

(三)对不按规定程序录用、任免、考核、奖惩及辞退国家公务员的，责令其按照规定程序重新办理或者补办有关手续。

国家行政机关按照国家公务员的管理权限，对前款所列违反本条例规定的情形负有主要或者直接责任的国家公务员，根据情节轻重，给予批评教育或者行政处分。

第十八章　附　则

第八十七条　本条例由国务院人事部门负责解释。

第八十八条　本条例自一九九三年十月一日起施行。施行的具体部署和步骤由国务院规定。

海协会负责人就全面落实汪辜会谈有关协议问题发表谈话

负责人说，海峡两岸关系协会会长汪道涵与台湾海峡交流基金会董事长辜振甫，在 4 月 29 日签署了《汪辜会谈共同协议》、《两会联系与会谈制度协议》、《两岸公证书使用查证协议》、《两岸挂号函件查询、赔偿事宜协议》，就两岸经济交流、文教科技交流、事务性商谈、建立海协与海基会联系与会谈制度等方面，达成许多共识，深受两岸同胞欢迎。5 月 29 日，四项协议正式生效。两岸挂号函件查询业务，两岸公证书使用查证业务已经开展。海协已就有关《汪辜会谈共同协议》、《两会联系与会谈制度协议》规定的各项商谈议题和交流项目进行积极的筹划和推动。鉴于协议规定的各项商谈涉及面广，需要有一个统筹的安排，海协于 7 月 19 日函邀海基会副董事长邱进益早日访问大陆，协商全面落实汪辜会谈协议，并具体安排各项商谈事宜。这样做，有利于全面履行汪辜会谈协议，继续保持两会负责人士通过接触协商解决问题的良好气氛，切实维护两岸同胞正当权益，推动两岸关系发展。

《人民日报》发表社论《严厉打击走私犯罪活动》

近年来，我国改革开放和经济建设取得了举世瞩目的成就，总的形势是好的。但是，在经济与社会发展过程中也出现了一些新的矛盾和问题。去年以来，部分沿海和边境地区出现的严重走私犯罪活动，就是存在问题的一个突出表现，不能不引起我们的高度警觉和重视。

走私是一种逃避国家对国际贸易的管理，非法牟取暴利的严重经济犯罪活动。80 年代我国一些地区先后出现过几次走私风潮，经过严厉打击，综合治理，很快就被制止住，反走私工作取得显著成绩。但去年以来，沿海和边境一些地区的走私又趋猖獗，大案要案明显增多。情况发生很大的变化。这些地区走私已经不仅仅是个人和小团伙，而且还有企事业单位。走私物品已从一般的洋杂货发展到成批的汽车、洋烟、电视机、录像机、空调机等高档消费品。海上接运走私货物的，已经不只是小型船艇，而且雇用外籍轮船直接驶入非设关港口卸货。一些走私严重地区，走私团伙同境外不法分子和当地政府机关、执法部门中的少数腐败分子相勾结，手段极其恶劣。走私犯罪活动不仅严重冲击国内市场，扰乱经济秩序，打击我国的工业，而且败坏社会风气，滋生腐败现象，诱发刑事犯罪，影响社会安定，对我国改革开放和经济建设危害十分严重。因此，对走私的危害性和严重性决不能低估，对反走私斗争的艰巨性和复杂性决不能低估，必须在党中央、国务院的领导下，迅速动员各方力量，齐抓共管，尽快把走私猖獗的势头打下去。

打击走私必须统一认识，加强领导。各级党委、政府和执法部门，要坚决纠正和清除在打击走私问题上的错误思想，积极、全面、正确地理解邓小平同志重要谈话和党的十四大精神，坚定不移地贯彻"一手抓改革开放，一手抓打击经济犯罪"的方针，从保障改革开放和经济建设顺利进行，巩固人民政权的高度，充分认识反走私斗争的重要性和紧迫性，增强抓好反走私斗争的政治责任感。必须以党和国家的大局为重，正确处理局部利益与全局利益的关系，严格遵守国家的法律、法规和各项方针、政策，确保中央政令畅通。各级党委和政府，特别是沿海和边境地区的党政领导机关，要把打击走私工作列入重要议事日程，逐级建立反走私斗争领导责任制，明确责任，突出重点，统一部署，精心组织，把集中打击与综合治理结合起来，坚定不移地把本地区反走私斗争搞好。

打击走私必须严格依法办事。《中华人民共和国海关法》和《全国人大常委会关于惩治走私罪的补充规定》对走私行为、走私罪、打击走私的处罚尺度作出了明确规定，是打击走私犯罪活动的法律依据。近几年，走私活动屡禁不止，甚至愈演愈烈的一个重要原因，就是有法不依，执法不严，打击不力的现象没有得到有效的纠正。因此，必须严格依法查处走私案件，对走私物品必须依法没收，并视情节处以罚款；对情节严重触犯刑律的人，特别是对企事业单位、机关、团体走私构成犯罪的主管人员和责任人员，必须依法追究刑事责任。决不允许以罚代税、以罚代刑。决不允许以言代法、以权压法、干扰执法部门秉公执法和司法机关依法审判。对置党纪国法于不顾，纵容、庇护走私者，坚决按照党纪政纪予以处理；对执法犯法、徇私枉法者，坚决依法从严惩处，追究刑事责任。

打击走私必须加强基层组织建设和执法队伍建设。当前反走私的严峻形势表明，反走私不仅是一场经济斗争，而且是一场严肃的政治斗争，是反腐败斗争的一个重要方面，是新时期加强党的建设和政权建设的重要组成部分。要下决心整顿那些走私严重地区的基层组织，彻底改变在反走私斗争中组织涣散、打击不力的局面。要严肃纪律，坚决清除腐败分子和消极腐败现象，纯洁队伍。要全面加强执法队伍建设，强化教育培训，提高政治业务素质，增强反走私战斗力。

我们坚信，在党中央、国务院的正确领导和广大人民群众的支持下，各级党政机关和执法部门共同努力，一定能够把猖獗的走私势头打下去，夺取反走私斗争的胜利，为改革开放和经济建设进一步创造良好的社会环境。

薄一波在北京会见前苏联部长会议第一副主席俄中友协名誉主席阿尔希波夫

全国人大常委会副委员长田纪云在人民大会堂会见欧洲议会发展与合作委员会主席萨比

美国休斯空间通信公司和中国长城工业总公司及中国运载火箭技术研究院就澳普图斯 B2/长征二号 E 卫星发射任务的故障调查发布联合声明

1. 澳普图斯 B2 卫星于 1992 年 12 月 21 日在中国西昌卫星发射中心由长征二号 E 进行发射，当火箭起飞后约 48 秒澳普图斯 B2 卫星爆炸。

2. 根据对火箭遥测数据的分析，对整流罩残骸的检验和专门试验，中国长城工业总公司和中国运载火箭技术研究院确定，火箭或整流罩在设计、制造和装配上没有导致此次故障的缺陷。休斯空间通信公司接受这一结论。

3. 根据对火箭遥测数据的分析，对卫星残骸的检验和专门试验，休斯空间通信公司确定，没有找到卫星在设计和制造上有导致此次故障的缺陷。中国长城工业总公司及中国运载火箭技术研究院接受这一结论。

4. 中国长城工业总公司及中国运载火箭技术研究院与休斯空间通信公司同意结束澳普图斯 B2 卫星故障调查工作，并尽最大努力在 1994 年上半年发射另一颗澳普图斯卫星。

5. 在澳普图斯 B2 卫星故障调查期间，中国长城工业总公司、中国运载火箭技术研究院和休斯空间通信公司严格遵守了中美两国政府的技术安全协议的规定。

为了加快进行用长征二号 E 发射澳普图斯 B3 卫星的进程和避免故障重演，目前双方正在就改善的细节和澳普图斯 B3 卫星发射的合同安排进行磋商。

国家技术监督局官员强调中国质量认证工作开始走向国际

《人民日报》发表全国人大常委会副委员长吴阶平的文章《提高教学质量重视教育效果》

中国作协和国家民委共同举办的第四届(1988—1991 年)全国少数民族文学创作评奖揭晓

第四届(1988－1991)"全国少数民族文学创作评奖"日前揭晓。来自 19 个省、市、自治区和中直机关、解放军的 34 个民族 100 位作者的 99 篇(部)作品获奖。

8 月 15 日

中宣部邮电部和《人民日报》社联合召开《人民日报》全国发行工作会议

中国社科院民族所主办的"海峡两岸中国民族史学术研讨会"在北京举行

在日前召开的为期三天的海峡两岸关于中国民族史的第一次学术研讨会上,20 多位学者在会上发言,他们从总体上对中华民族的概念及其形成和发展作了论述。并就中华民族的凝聚力进行了探讨。中央民族学院藏学系副教授丹珠昂奔认为,研究中华民族史应以民族凝聚力为主题,中华民族凝聚力的根本旗帜是爱国主义。社科院民研所副教授祝启源也说,今天我们 56 个兄弟民族聚居在中国这样一个大家庭里,友好相处,互相帮助,共同发展,共同繁荣,正是由于各个民族高举伟大的爱国主义旗帜,凝聚成一股不可战胜的力量。

中国癌症研究获重大突破

北京工业大学教授戴乾圜创立和阐明的致癌机理"双区理论"和"转录基因"致癌学说,以及致癌物的结构和效应关系的研究结论受到国际科技界赞誉,被推崇为"来自中国的理论"。

第二届远东地区生物医学工程学术会议在北京召开

28 个国家和地区的 400 多名代表中,国外专家近 200 人。全国人大常委会副委员长卢嘉锡和国际生物医学工程联合会主席、副主席、秘书长等国际医学生物工程界重要人士参加大会。这届会议就人工器官、人工智能、医学系统自动化等医学生物工程技术方面的课题展开学术研讨。

中国运动员黄志宏在斯图加特举行的世界田径锦标赛女子铅球决赛中夺得冠军

8 月 16 日

国务院批转国家计委关于加强固定资产投资宏观调控具体措施的通知

各省、自治区、直辖市人民政府

国务院各部委、各直属机构:

国务院同意国家计委《关于加强固定资产投资宏观调控的具体措施》,现转发给你们,请认真贯彻执行。

国务院

1993 年 8 月 16 日

国家计委关于加强固定资产投资宏观调控的具体措施(摘要)

一、解决投资领域中存在的问题,根本出路是加快投资体制改革,建立投资约束机制和风险机制,建立有效的投资宏观调控体系。当前要从规范投资行为入手,运用经济办法和必要的行政手段,实行中央和地方分级负责,立足调整投资结构,分清轻重缓急,量力而行,尽力而为,把那些该压缩的投资压下来,保证国家重点建设。

二、各地区、各部门要对所有在建固定资产投资项目进行一次审核排队,予以清理。对产品有市场、宏观经济效益显著、有利于缓解"瓶颈"制约的在建项目,要尽力保证建设。对不符合国家产业政策、资金来源不落实、建设条件不具备、市场前景不明的在建项目,特别是高档宾馆、写字楼、度假村等,要下决心停缓建。各地区、各部门要重点对下列项目进行认真清理,并区别情况停缓建设:

(一)不符合国家产业政策的项目。

《中华人民共和国固定资产投资方向调节税暂行条例》规定禁止发展的项目,以及违反《国务院批转国家计委、国务院生产办关于控制若干长线产品和热点产品建设项目审批请示的通知》的有关规定擅自批准建设的项目。

(二)资金来源不落实或不正当的项目。

1. 使用银行拆借资金、流动资金贷款进行固定资产投资,以及银行使用信贷资金以参股、控股等方式直接进行投资的项目;

2. 未按国家有关组建股份制企业和股票发行的规定,擅自发行股票进行固定资产投资的项目,以及违反国家有关证券管理规定,在国家证券发行计划之外发行债券进行投资的项目;

3. 违反国家规定,硬性摊派或强迫下属单位集资,特别是挪用国家重点项目资金进行建设的项目;

4. 主要使用地方和企业自筹资金，但不能按原筹资方案落实资金，或年内到位资金达不到当年计划要求百分之五十的项目；

5. 擅自用国外商业贷款倒换人民币进行投资的项目和使用国外短期（一年以内）商业贷款进行投资的项目。

（三）建设条件不具备的项目。

1. 严重违反建设程序，未经批准可行性研究报告和未经有权单位批准新开工的项目；

2. 建设项目外部主要配套工程严重脱节，不能同步进行建设的项目，及建成后燃料动力、水源、原材料供应没有保障的项目。

（四）市场前景不明的项目。

1. 产品的市场供应能力已过剩或接近饱和，产品又无竞争能力，近期内不会出现重大变化的项目；

2. 原批准的可行性研究报告中，产品销路等市场情况发生重大变化，尚无应对措施的项目。

（五）存在上述问题的高档宾馆、写字楼、高档别墅、度假村和跑马场、高尔夫球场等项目。

以上工作，按项目隶属关系，分别由各省、自治区、直辖市及计划单列市人民政府和国务院各部门、国家专业投资公司负责，组织专门力量，认真进行清理、审核排队。同时，将清理结果特别是确定停缓建的项目通知有关开户银行，由银行停止拨付资金。

三、集中资金，保证国家重点建设。

（一）各级人民政府以及财政、银行等单位，都要将现有建设资金（包括国外贷款）和停缓建项目腾出的资金集中用于国家重点建设，一保列入国家计划的铁路建设项目及水利、水电项目安全度汛；二保列入国家计划的当年投产大中型和限额以上项目；三保列入国家计划的农业、交通通信、能源、重要原材料、水利等国家重点建设项目和重点技术改造项目；四保列入国家计划的、合同已生效的利用外资项目。

（二）各级人民政府以及财政、银行和有关单位要加强资金调度，确保预算内建设资金和银行贷款资金到位。今年九月底，国家重点建设项目和重点技术改造项目资金到位占年度计划的总比例，要力争不低于百分之七十。

（三）地方人民政府、有关部门和企业的自筹建设资金，也要优先保证计划内国家重点建设项目和重点技术改造项目。建设项目中的自筹资金，必须按计划建设进度和资金比例到位。

四、严格控制新开工项目。

（一）各地区、各部门和有关单位要从全局出发，严格控制在建项目总投资规模，主要控制新开工项目。鉴于当前全社会固定资产投资规模过大，各地上半年又开工了大量新项目，为了保证在建国家重点项目的资金需要，今年下半年原则上不再批准新开工项目。对个别非安排不可的新开工项目，基本建设项目须经国家计委审定，技术改造项目须经国家经贸委审定，重大项目须报国务院批准。

（二）审批新开工项目要严格执行开工前的审计制度，各级银行对于未履行开工手续和越权审批的新开工项目，一律不得拨款和贷款。

（三）建立项目申报备案制度。为加强信息反馈，各地区应从今年新开工项目做起，建立项目申报备案制度。申报备案实行分级管理，报送国家计委、国家经贸委和有关部门备案的项目，具体限额另行确定。

五、加强房地产开发投资和开发区建设的管理。

（一）房地产开发投资必须纳入国家固定资产投资计划，未纳入计划的，银行一律不得发放房地产开发贷款。

（二）房地产开发贷款必须纳入国家信贷计划和固定资产投资计划，人民银行和国家计委将重新核定房地产信贷规模计划，由人民银行下达有关专业银行；根据房地产投资计划，由国家计委会同各专业银行将投资贷款切块下达给地方，实行限额管理。

（三）高档宾馆、写字楼、高档别墅、度假村等目前已趋饱和，兴建这类项目，包括用房地产开发名义建设这类项目，除总投资二亿元及其以上的项目必须由国务院审批外，各省、自治区、直辖市和计划单列市人民政府要加强管理，严格按国务院有关规定审批。跑马场、高尔夫球场等项目不宜再新建。

（四）各类开发区的建设，要严格按照《国务院关于严格审批和认真清理各类开发区的通知》的规定执行。

六、加强对外商直接投资项目的引导和规范管理。

（一）已签订合同或已开工，但外商注册资本和投资不能按期足额到位，或中方投资不落实的项目，资金要限期到位，严格按合同和国家有关规定办理。

（二）凡使用银行拆借资金、流动资金贷款以及擅自发行债券进行的固定资产投资，或中资银行使用信贷资金参股的外商投资项目，都要限期清退。清退不了的，要进行妥善处理。中方或境内中资金融机构违反规定，对外方贷款进行担保的，要限期纠正。

（三）外商投资进行房地产开发，必须严格执行《外商投资开发经营成片土地暂行管理办法》和《国务院关于发展房地产业若干问题的通知》的有关规定，房地产开发必须结合建设项目，并符合当地的发展规划。

七、完善固定资产投资方向调节税的征管办法，结合财政税收体制改革，简化征收手续、强化征收管理、明确使用方向。当前要加强投资方向调节税的征管工作，各地不得越权减免，税务部门要严格把关。

请各省、自治区、直辖市及计划单列市人民政府和国务院各部门、国家专业投资公司迅速按上述措施部署工作，并将贯彻落实情况于九月三十日前报国务院，同时抄报国家计委和国家经贸委。

以上措施如无不妥，请批转各地区、各部门按此执行。

国务院贫困地区开发领导小组副组长杨钟呼吁要防止扶贫工作滑坡

中国英国双方就香港 1994/1995 年选举安排问题在北京举行第 9 轮会谈

国家主席江泽民在中南海与李远哲等 3 位国际化学家就如何发展中国科技事业等问题交换意见

江泽民说，我们重视科学技术在经济建设中的作用。化学是自然科学和现代工业最重要的基础之一。我们希望各国科学家与中国的科技界同行开展更多的国际学术交流与合作。

做客中南海的是诺贝尔奖获得者、美国加州大学伯克利分校化学家李远哲教授，诺贝尔奖获得者、苏黎世瑞士联邦理工学院教授里查德·恩斯特，国际纯粹与应用化学联合会当选主席、德国海德堡医学研究所有机化学和物理化学家汉斯·斯达伯教授。李远哲和恩斯特的夫人也在座。他们在北京出席有 1000 多名中外化学家参加的国际纯粹与应用化学联合会第 34 届学术大会。

全国人大常委会副委员长卢嘉锡、中国科学院院长周光召、国家科委副主任朱丽兰等参加会见。

全国科技攻关成果招商洽谈会在广州举行

日前召开的这次科技攻关成果招商洽谈会，由国家科委主办，科技中介机构“中国科技信息”杂志社承办。

这是首次尝试以大规模的招标方式将科技成果推向市场。

中国运动员曲云霞张林丽张丽荣在斯图加特举行的世界田径锦标赛上分别夺得女子 3000 米决赛金银铜牌曲云霞还以 28 秒 71 创造新的世界锦标赛纪录

8 月 17 日

国务院发出关于积极稳妥地推进物价改革抑制物价总水平过快上涨的通知

各省、自治区、直辖市人民政府，国务院各部委、各直属机构：

为了贯彻落实中共中央、国务院关于加强宏观调控的意见，积极稳妥地推进物价改革，加快建立和完善新的价格形成机制和价格调控体系，把物价上涨幅度控制在国家、企业和个人可承受的范围内，现就有关问题通知如下：

一、严格控制国家管理的商品和服务项目提价。今年除按计划提高铁路货物运价和整顿电价，并严格按照国务院批准的方案执行外，各级人民政府不许搭车涨价和超出标准自行加价。

二、地方人民政府管理的价格，年内不再提高。对已经决定在下半年出台的调价项目(包括服务收费项目)，如民用燃料、自来水水费、地方铁路运价和地方办电电价、市内公共交通票价等，也要从大局出发，今年内暂不出台。

三、有关部门准备出台的经济改革措施，凡可能对价格产生较大影响的，今年内暂不出台；非出台不可的，要会同物价管理部门共同研究，采取必要的配套措施，最大限度地减少对市场物价的冲击。

四、各级人民政府为平抑市场物价已经安排的财政补贴，不得减少。已经建立了主要副食品价格调节基金的地区，要充分发挥基金的作用；尚未建立基金的地区要尽快建立起来。要进一步发挥国营商业部门在商品流通中的主渠道作用，以稳定市场、稳定物价。

五、各地区、各部门要采取切实措施，控制居民生活必需品价格的上涨。各地人民政府特别是大、中城市人民政府，要坚持不懈地抓好“菜篮子”工程，落实各种扶持政策，保证菜田面积，保证城市居民副食品的供应。对一些放开价格的副食品，价格上涨过猛时，要实行最高限价。

六、对部分城市出现的商界或企业联手提价、压价和拒销等行为要加以制止，引导他们走上行业价格管理的正常轨道，防止价格垄断的出现和不正当竞争行为的发生。

七、要进一步落实粮食收购保护价政策，各地制定的保护价水平不得低于国务院制定的基准价。当粮食市价低于保护价时，必须保证按国家规定的保护价收购范围，收购农民手中的粮食。要切实落实粮棉“三挂钩”兑现办法，中央和地方都要按已出台的政策，把好处不折不扣地兑现给农民。要认真实行农业生产资料最高限价。要加强对农村用电的管理，完善农村电价管理办法。要坚决落实《中共中央办公厅、国务院办公厅关于涉及农民负担项目审核处理意见的通知》，切实减轻农民负担。

八、要加强对服务收费的管理，认真实施行政事业性收费年审制度，通过规范化管理，促进收费秩序好转。对教育、医疗等行业收费过滥、标准过高的现象，要采取措施进行整顿。

九、要加强对房地产价格的管理。对实行国家定价的基准地价、居民商品住宅价格和建筑取费，要严格按国家物价主管部门会同有关部门制定的价格和收费标准执行，禁止低价批租土地，高价炒卖商品房。

十、各地人民政府要进一步完善适应社会主义市场经济的价格管理制度。对价格管理权限已下放给企业的重要商品，要建立提价备案制度，产品提价时企业须向当地人民政府和物价管理部门备案，并说明提价理由、提价幅度和出台时间。对已经放开的重要商品价格和收费，要建立定期审价制度。

十一、要坚持已经形成的价格监测报告制度，加强对市场物价走势的分析预测工作；充分利用和发挥价格信息系统的作用，加强信息发布制度，正确引导企业的经营方向和消费者的消费方向。

十二、各级人民政府要加强对物价工作的领导，支持物价部门开展工作。对物价工作中出现的新问题，要及时研究解决，要注意保持物价工作的连续性，物价检查监督工作要依法照常进行，物价工作必要的经费应予保证。

国务院
1993年8月17日

国家主席江泽民在人民大会堂接受科威特等3个国家新任驻中国大使递交的国书

这三位大使是：科威特大使加齐·穆罕默德·阿明·雷耶斯、卡塔尔大使阿卜杜拉赫曼·穆罕默德·苏莱曼·哈利菲和苏丹大使阿里·尤素夫·艾哈迈德。

中共中央政治局常委胡锦涛在人民大会堂会见南非共产党全国主席乔·斯洛沃

国家副主席荣毅仁在人民大会堂先后会见以会长土井定包为团长的日本大和证券株式会社代表团和美国菲奇投资家服务公司副董事长巴伦

全国人大常委会副委员长田纪云在人民大会堂会见由主席萨姆·吉本斯率领的美国众议院筹款委员会贸易小组委员会代表团

国务院副总理朱镕基在钓鱼台国宾馆会见丹麦财政大臣摩根·里克托夫特

俄罗斯国防部部长格拉乔夫在莫斯科会见解放军总参谋长张万年

外交部部长钱其琛在中南海会见由主席格里克曼率领的美国众议院情报委员会代表团

国家教委发布《民办高等学校设置暂行规定》

《规定》分七章（总则、设置标准、设置申请、评议审批、管理、变更与调整、其他），共35条。《规定》在“总则”中指出：民办高等学校是我国高等教育事业的组成部分。制定《规定》，是为了积极鼓励、正确引导兴办民办高等学校，维护民办高等学校的合法权益，完善对民办高等学校的管理。这一文件规定：设置民办高等学校要适应经济建设和社会发展的需求，与现有各类高等教育统筹规划，有利于高等教育布局、层次、科类结构的改善。民办高等学校应遵守国家的法律、法规，接受政府的管理、监督、检查、评估和审计；应坚持党的基本路线，全面贯彻教育方针，保证教育质量，培养合格的人才。民办高等学校及其教师和学生享有与国家举办的高等学校及其教师和学生平等的法律地位。招收接受学历教育的学生，纳入高等教育招生计划，参加全国高等学校统一考试，学生毕业后自主择业，国家承认学历。民办高等学校不得以营利为办学宗旨。民办高等学校由所在地方省级教育行政部门负责管理。《规定》所称民办高等学校，系指除国家机关和国有企事业组织以外的各种社会组织以及公民个人，自筹资金，依照本规定设立的实施高等学历教育的教育机构。

《续修四库全书总目提要》经部上下册由中华书局出版

中纪委向全国发出要求立即制止坑农伤农行为的通报

安徽省阜阳地区中级人民法院最近对利辛县发生的一起由农民负担问题引发的毒打农民致死案进行了结案判决。打人凶手王进军、赵金喜分别被判处死刑和无期徒刑，剥夺政治权利终身；打人凶手祝传济、纪洪礼分别被判处有期徒刑12年和7年；执法犯法的原派出所副所长彭志忠被判处有期徒刑15年。其他3名涉案人员也将受到处罚。

就此事中纪委已向全国发出通报，要求各级领导高度重视，从中吸取教训、引以为戒，采取坚决措施，立即制止乱收费、乱摊派、乱罚款等坑农、伤农行为，保护农民的合法权益，切实把过重的农民负担减下来。

8 月 18 日

中共中央在中南海怀仁堂召开向党外人士情况通报座谈会

座谈会由中共中央总书记江泽民主持。江泽民指出，加强廉政建设，同各种腐败现象作斗争，以保证改革开放和经济建设的顺利进行，是邓小平和我们党的一贯思想，也是密切党同人民群众联系的重要问题。他希望党外人士发扬肝胆相照、荣辱与共的优良传统，积极献计献策，共商反腐倡廉的大计，和我们党一起共同把反腐败斗争坚决有效地开展起来，为深化改革和加快发展，创造良好的社会环境。

中共中央政治局常委李瑞环、胡锦涛，中共中央政治局委员丁关根、尉健行，中共中央书记处书记、中央政法委书记任建新，全国政协副主席、中央统战部部长王兆国等，出席座谈会。

江泽民在会议开始时说，经常就我们党的重要决策和重大国事听取民主党派和无党派人士的意见，是坚持和完善我们党领导的多党合作和政治协商制度的需要，是推进社会主义民主政治建设的需要，也是我们党的优良传统。各民主党派中央领导人和无党派代表人士，每每利用这种机会，出以公心，坦诚进言，反映情况，畅谈建议，包括对一些现象进行批评。这对我们改进工作，提高决策的民主化和科学化水平，减少和避免工作中的失误，有着重要的积极的意义。

江泽民指出，我们党对反腐败问题，一直是重视的。一手抓改革开放，一手抓反腐败斗争，是我们的重要方针。改革开放以来，我们党始终强调把端正党风和加强廉政建设作为一件大事，下决心抓出成效，取信于民；强调党员领导干部首先是高级干部，要严于律己，以身作则，带头同腐败现象作斗争。从总体上讲，我们的各级领导班子的状况是好的，党员队伍的状况是好的。但确有少数领导干部和党员存在严重问题，致使消极腐败现象变换形式在某些方面蔓延，具有很大的破坏性和腐蚀性。目前，拜金主义、享乐主义、极端个人主义在一部分党员干部中有所滋长，有些人甚至不择手段地以权谋私，甚至贪污受贿、敲诈勒索。广大群众对此反映强烈，深恶痛绝。消极腐败现象的滋长和蔓延，不仅会直接影响改革开放和现代化建设的顺利进行，而且严重损害党的形象和威信。最近，中共中央对深入开展反腐败斗争作了认真研究，准备采取更坚决的措施，进行新的部署。

江泽民指出，切实加强各级党组织和纪律检查机关对党员干部的监督，加强人民群众、各民主党派和无党派人士对我们党的监督，建立健全党内和党外、自上而下和自下而上相结合的监督制度，是开展反腐败斗争的重要保证。长期以来，各民主党派、全国工商联和无党派人士，作为同我们中国共产党亲密合作的朋友，出于对我们党的关心、爱护和支持，对加强廉政建设、开展反腐败斗争，一直比较关注，曾多次就这个问题提出自己的意见、建议和主张，其中不乏利党利国利民的真知灼见，给了我们党真诚有力的帮助。我们对此深表感谢。

中共中央政治局委员、书记处书记、中央纪律检查委员会书记尉健行在会上通报中共中央决定在全国开展反腐败斗争的部署和意见。

民盟中央主席费孝通、民革中央主席李沛瑶、民建中央主席孙起孟、农工民主党中央主席卢嘉锡、民进中央主席雷洁琼、九三学社中央主席吴阶平、全国工商联副主席孙孚凌、民盟中央副主席钱伟长、台盟中央主席团主席蔡子民、无党派人士程思远、致公党中央主席董寅初，先后在会上发言。

在发言中，大家对加强廉政建设、开展反腐败斗争还提出一些积极的意见和建议。

出席座谈会的还有：各民主党派、全国工商联负责人荣毅仁、彭清源、丁石孙、万国权、赵朴初、方荣欣、杨纪珂、赵伟之、张克辉；中共中央办公厅主任曾庆红；中央统战部副部长蒋民宽、刘延东、郑万通等。

国务院发出关于开展 1993 年税收财务物价大检查的通知

各省、自治区、直辖市人民政府，国务院各部委、各直属机构：

根据中共中央、国务院关于加强宏观调控的要求，从八月份起，在全国范围内开展一九九三年税收财务物价大检查。现将有关事项通知如下：

一、总体要求

开展全国税收财务物价大检查，是加强宏观调控、促进经济健康发展的一项重要措施。目前，财经领域中的各种违法违纪行为比较普遍，有的还相当严重。各地区、各部门必须以中共中央、国务院关于加强宏观调控的要求为指导，以国家财经法规为准绳，整顿财税秩序，严肃财经纪律，依法检查处理各种违反财经法纪的行为，确保财政收支任务的完成。在检查中，要注意保护企业的合法权益，促进企业转换经营机制，帮助企业加强内部管理，为改革开放和经济建设的健康发展作出贡献。

二、组织领导

一九九三年的大检查，要在各级政府直接领导下进行。各地区、各部门都要指定一名领导同志负责大检查工作，切实抓紧抓好。国务院将继续派出工作组到部分省（区、市）帮助和推动工作。地方各级人民政府也要派出工作组进行督促检查。各级大检查办公室是组织实施大检查的办事机构，负责具体组织、协调这次大检查工作。

在大检查期间，各级人民政府要把财政、审计、税务、物价、工商行政管理等部门和会计师事务所、审计事务所等社会公证机构的力量统一组织起来，投入大检查工作。各有关监督检查部门和社会公证机构要互相支持，密切配合，共同做好今年的大检查工作。

各地区、各部门要重视发挥会计师事务所、审计事务所等社会公证机构的作用，组织一批政治业务素质较强、政策水平较高的从业人员重点检查一批企业和单位，并对他们提出严格的工作要求和工作纪律，为今后检查工作向正规化、经常化过渡打下基础。

在大检查期间，可邀请人大代表、政协委员和民主党派成员参加工作，充分发挥他们监督指导和参政议政的作用。

三、检查时限

一九九三年的大检查，从八月份开始，到年底前基本结束。主要检查一九九三年发生的各种违反财经法纪问题，以及一九九二年发生的未检查、未纠正的违法违纪问题。如有必要也可追溯到以前年度。

四、检查范围

所有企业、事业、行政单位和社会团体都要认真开展自查，主动检查纠正自身存在的违反财经法纪问题，自查面必须达到100%。在普遍自查的基础上，各地区、各部门要抽调一批业务骨干组成检查组，选择部分企业和单位进行重点检查，重点检查面不能低于40%。检查的重点是：(一)金融、保险企业，以及各种非银行金融机构；(二)石油天然气、石化、烟草、电力、有色金属、冶金行业中的大中型企业以及物资供销企业；(三)规模较大的进出口企业、联营企业和股份制企业；(四)房地产开发企业以及各级政府部门办的各类公司；(五)问题较多、群众反映较大的经济执法部门；(六)各地区、各部门认为需要检查的其他重点单位。

对私营企业和个体工商户的纳税情况，也要有重点地进行抽查。

继续委托地方重点检查一部分设在当地的中央企业和单位，并按实际上交中央财政的违纪金额给地方财政分成，所得分成收入，在解决大检查经费后，用于发展生产。

五、检查内容

在普遍检查企业和单位执行国家财政、税收、财务和物价法规情况的基础上，着重检查以下几个方面的问题：(一)是否依法征收了各种税收和能源交通重点建设基金、预算调节基金，有无越权减免、停征税种和调低税率问题；(二)有无偷漏国税和骗取出口退税的行为，是否按规定及时足额地向国家缴纳了应交的利润，有无隐瞒、截留、占压应交国家利润的情况；(三)是否依法缴纳了能源交通重点建设基金和预算调节基金，有无偷漏的问题；(四)是否严格执行国家规定的费用开支标准和用途，有无随意支用各项财政资金，或采取非法手段将预算内资金转为预算外资金，将国有资产转为集体或个人所有的情况；(五)是否遵守控购规定和有关金融制度，有无未经批准随意购买控购商品，以及擅自印制、发售和使用各种代币购物券等问题；(六)是否执行国家价格法规，有无对国家定价的商品越权定价和提价的问题；(七)各地区、各部门认为需要检查的其他问题。

六、处理原则

对查出的各种违反财经法纪问题，要严格按照国家有关财经法规的规定处理。自查出来的问题，可从宽处理；被查出来的问题，特别是屡查屡犯、明知故犯的问题，要从严处理。对有严重违法违纪行为的单位负责人和直接责任者，除按规定给予经济处罚外，还要给予必要的纪律处分；触犯刑律的，须移交司法机关依法惩处。请各级法院、检察院和纪检部门积极予以支持和配合。

各级领导部门要严于律己，以身作则，带头检查纠正违法违纪问题。各地区、各部门都应选择几个重大典型案件公开"曝光"，以震慑违法乱纪者，教育广大干部群众。

无论是自查还是被查出来的违法违纪款项，该上交国库的一律上交国库。对于拒不交库的，由银行协助划拨扣缴。

各级大检查办公室是组织实施大检查的办事机构，有权依法检查、处理各种违反财经法纪的问题。开展一九九三年大检查的具体实施办法和政策规定，由财政部负责制定。

七、总结整改

各地区、各部门要针对大检查中发现的问题，提出改进和完善财经制度的意见和建议，积极推进财税改革，完善财税法规，并帮助企业建章建制，加强管理，把检查与服务、治标与治本结合起来，以提高大检查的整体效果。

大检查工作结束后，各地区、各部门都要向国务院写出总结报告，同时抄送财政部。

国务院

1993年8月18日

全国税收财务物价大检查工作会议在北京开幕

财政部副部长兼大检查办公室主任金人庆在会上讲，今年的税收财务物价大检查从8月开始，到年底前基本结束。他要求，要把好政策关，依法处理各种违反财经法纪的问题。

国务院副秘书长何椿霖主持会议。

“中国经济效益纵深行”组委会召开的提高企业投入产出水平研讨会在北京举行

国家主席江泽民在中南海会见由主席萨姆·吉本斯率领的美国众议院筹款委员会贸易小组委员会代表团

江泽民说,中美关系必须建立在互相信任的基础之上。中美互给最惠国待遇是双方根据两国贸易协定所作的一种对等、互惠的安排,多年来对两国经贸关系的发展起到了巨大的推动作用。事实表明,保持这一互惠待遇有利于促进两国经贸关系的发展。

全国人大常委会委员佟志广、副秘书长王书明、外交部副部长田曾佩等会见时在座。

全国人大常委会委员长乔石在人民大会堂会见由主席丹·格里克曼率领的美国国会众议院情报委员会代表团

中国光大集团有限公司在香港君悦酒店举行酒会庆祝成立10周年

8月19日

国务院总理李鹏签署第126号令发布《长江三峡工程建设移民条例》

《长江三峡工程建设移民条例》已经1993年6月29日国务院第六次常务会议通过,现予发布,自发布之日起施行。

总理 李 鹏

1993年8月19日

长江三峡工程建设移民条例

第一章 总 则

第一条 为了做好长江三峡工程建设的移民安置工作,保证三峡工程的顺利进行,促进三峡库区的经济发展,制定本条例。

第二条 三峡工程建设移民安置,适用本条例。

第三条 国家在三峡工程建设中实行开发性移民方针,由有关人民政府组织领导移民安置工作,统筹使用移民经费,合理开发资源,以农业为基础、农工商相结合,通过多渠道、多产业、多形式、多方法妥善安置移民,使移民的生活水平达到或者超过原有水平,并为三峡库区长远的经济发展和移民生活水平的提高创造条件。

第四条 三峡工程移民安置坚持国家扶持、政策优惠、各方支援、自力更生的原则,正确处理国家、集体、个人之间的关系。三峡工程淹没区和安置区应当顾全大局,服从国家统筹安排。

三峡工程移民安置应当与三峡库区建设、沿江地区对外开放、水土保持和环境保护相结合,以促进三峡库区经济发展和生态环境改善,并为三峡库区创造良好的投资环境。

第五条 实施开发性移民方针,发展三峡库区经济,应当依靠科学技术,重视教育和智力开发,培养和引进专业人才,鼓励科学技术研究,推广先进技术。

第六条 三峡工程移民安置工作实行中央统一领导、分省负责、县为基础的管理体制。

国务院三峡工程移民开发管理机构主管三峡工程的移民安置工作。

湖北省、四川省人民政府负责本省的三峡工程移民安置工作,并根据需要设立三峡工程移民开发管理机构。

三峡工程淹没区、安置区所在的市、县人民政府负责本市、县的三峡工程移民安置工作,并根据需要设立三峡工程移民开发管理机构。

第二章 移民安置

第七条 建设三峡工程,必须编制移民安置规划。水利部长江水利委员会应当会同湖北省、四川省人民政府,商三峡库区所在的市、县人民政府,按照国家有关规定制定移民安置规划大纲,并按照规划大纲分别编制县(市)移民安置规划。移民安置规划大纲,由国务院三峡工程建设委员会办公室组织审批。各县(市)移民安置规划,由国务院三峡工程移民开发管理机构审批。

经批准的移民安置规划,由湖北省、四川省人民政府以及三峡库区各级人民政府负责组织实施,国务院三峡工程移民开发管理机构对该规划的实施实行监督。

第八条 三峡工程建设用地应当分别情况,按照经批准的规划一次审批,分期划拨,并依法办理土地权属登记手续。

国务院批准的移民安置总体规划中确定的三峡工程建设用地补偿和移民安置的经费(以下简称移民经费),由湖北省、四川省人民政府以及三峡库区所在的市、县人民政府按照规划统一安排,用于土地开发和安排移民的生产和生活。

第九条 农村移民应当以发展大农业为基础,通过开发可以利用的土地,改造中低产田地,建设稳产高产粮田和经济园林,发展林业、牧业、渔业、副业等渠道,妥善安置。有条件的地方,应当积极发展乡镇企业,发展第二产业、第三产业，安置移民。

第十条 三峡工程移民，应当在本村、本乡、本市、本县内安置；本村、本乡、本市、本县安置不了的，应当在本省内安置；本省安置不了的，按照经济合理的原则外迁安置。

第十一条 安置农村移民到其他农村集体经济组织的，有关市、县人民政府移民开发管理机构应当事先与该集体经济组织协商，签订协议，由该集体经济组织按照协议安排移民的生产和生活。

依照前款规定，安置移民的农村集体经济组织使用有关市、县人民政府拨付的移民经费，改造、开发集体所有的低产田和荒地的，按照协议，可以吸收移民作为新的成员，与原有成员同等对待；有关市、县人民政府也可以将改造、开发后的土地按照一定比例返还该集体经济组织作为补偿，其余土地用来安置移民，建立新的集体经济组织，并依法办理变更土地所有权的手续。

安置移民的农村集体经济组织，对承包给个人的耕地和其他土地，可以有领导、有计划地适当调整土地承包经营权，并合理调整发包方和承包方的权利和义务关系。

第十二条 本市、县安置不了，需要外迁安置移民的，由迁出地和安置地的市、县人民政府与移民协商签订协议，办理有关手续；迁出地的市、县人民政府应当将相应的移民经费交付安置地的市、县人民政府，统一安排移民的生产和生活。

第十三条 被征地单位的土地被全部征用，依照本条例第九条、第十一条规定确实安置不了的移民，在国家下达的三峡工程专项农转非控制指标内，经有关市、县人民政府审查，报省人民政府批准，其农业户口可以转为非农业户口，相应的移民经费交安置地的市、县人民政府，由其统一安排移民的生产和生活。

第十四条 农村居民点需要搬迁的，应当按照有利生产，方便生活的原则，依法编制新居民点的建设规划，并按照规划有组织、有领导地分期分批进行。住宅拆迁补偿费用，按照农村房屋补偿标准包干到户，由农民自建；有条件的地方，国家鼓励统一建设。

第十五条 农村移民新建居民点的道路、供水、供电等基础设施，应当统一规划，纳入三峡工程移民安置规划，由乡、村统一组织施工。

第十六条 三峡工程建设需要迁移城镇的，应当做好新城选址工作，依法编制城市规划。新城选址，必须对水源、地震、滑坡、防洪、环境影响等进行科学论证，并进行必要的水文地质和工程地质勘查工作。新城的城市规划，应当对需要迁建的主要企业事业单位和主要公共建筑、港口、码头等确定具体位置。

按照移民安置规划对迁移城镇给予的迁建补偿经费，列入移民经费；因扩大规模和提高标准超过迁建补偿经费的，超出的部分由有关地方人民政府自行解决。

第十七条 三峡工程建设需要拆迁城市房屋的，其补偿标准按照国务院《城市房屋拆迁管理条例》的有关规定执行。

第十八条 三峡工程建设需要迁移的企业事业单位，可以结合技术改造和产业结构调整进行统筹规划和迁建。按原规模和原标准建设所需要的投资，按照重置价格，经核定后列入移民经费；扩大规模和提高标准需要增加的投资，由有关单位自行解决。

迁建工业企业的，必须事先进行必要的水文地质和工程地质勘查工作。

第十九条 因三峡工程蓄水被淹没的公路、桥梁、港口、码头、水利工程、电力设施、电信线路、广播线路等专业设施和文物古迹，需要复建的，应当根据安置区的建设规划，按照经济合理的原则，提前在淹没线以上复建。按原规模和原标准或者为恢复原功能（含按照公路、电信线路、广播线路等新线实际里程）复建所需要的投资，经核定后列入移民经费；扩大规模和提高标准需要增加的投资，由有关单位自行解决。

第二十条 因三峡工程蓄水被淹没的林木，已经达到采伐利用标准的，该林木的所有者可以经依法批准后采伐和销售；不能采伐利用的中、幼龄林和经济林，按照国家有关规定给予补偿，经核定后列入移民经费。

第二十一条 三峡工程移民经费从三峡工程总概算中划出，直接纳入国家计划，专款专用，不得挪作他用，具体办法另行规定。

国家对有关地方人民政府及其主管部门负责人实行任期审计制度。

第三章 淹没区、安置区的管理

第二十二条 国家鼓励和支持需要迁移的城镇提前进行基础设施建设，优先供应资金和物资等。

有关市、县人民政府对于自筹资金或者使用其他非移民经费提前搬迁的移民和企业事业单位等，不得减少其应得的移民经费。

第二十三条 国家加强对三峡工程淹没区基本建设的管理。在淹没线以下区域，任何单位和个人均不得擅自新建、扩建和改建项目。在一九九二年四月四日《国务院办公厅关于严格控制三峡工程坝区和库区淹没线以下区域人口增长和基本建设的通知》发布后违反规定建设的项目，一律按违章建筑处理。

已经批准的新城迁建区，必须按照城市规划进行建设，不得乱挖乱建。

第二十四条 三峡库区有关公安机关应当加强对城镇和淹没区的户籍管理，严格控制非淹没区人口迁入淹没区。除按照国家有关规定，因出生、婚嫁、军人复员转业退伍以及高等院校、中等专业技术学校毕业分配等允许入户，经市、县公安机关批准入户的以外，对在一九九二年四月四日《国务院办公厅关于严格控制三峡工程坝区和库区淹没线以下区域人口增长和基本建设的通知》发布后擅自流入的人口，一律不按移民对待，国家不负责搬迁安置。

三峡库区各级人民政府和有关单位应当加强计划生育工作，严格控制人口增长，保证库区各市、县的人口自然增长率不超过本省的人口自然增长率。

第二十五条 按照移民安置规划必须搬迁的移民，不得借故拒迁或者拖延搬迁；经安置的移民和单位，不得擅自返迁。

第二十六条 三峡库区的搬迁单位和个人，已经得到补偿和安置的，其搬迁前的土地和遗留建筑物一律由当地市、县人民政府移民开发管理机构处理，任何单位和个人不得要求再次补偿。

第四章 优惠措施

第二十七条 国家从三峡电站的发电收入中提取一定的资金设立三峡库区建设基金，按照淹没土地(含坝区用地)比例分配给湖北省、四川省人民政府，用于三峡库区建设，具体办法另行规定。

第二十八条 自三峡电站发电之日起，国家有关部门对三峡库区用电应当优先安排。

第二十九条 安置农村移民的企业所得到的相应的移民经费，按照有关市、县人民政府与该企业订立的协议，可以由该企业用于安排移民的生产和生活；企业经济效益好的，也可以按照协议由该企业在安置好移民后，按期归还，由有关市、县人民政府移民开发管理机构回收，继续用于移民安置，国家不核减该市、县的移民经费；本市、县移民任务完成后，所回收的移民经费可以继续用于本市、县的建设事业，不上缴国库。

第三十条 三峡工程建设占用耕地，在坝区和淹没区的，按应纳税额 40%征收耕地占用税。城镇、企业事业单位搬迁和专业设施复建占用耕地和其他土地，应当按照国家有关规定纳税。该项税款全部用于三峡库区农村移民的安置。

第三十一条 三峡电站投产后缴纳的税款，留给地方的部分，按照淹没土地(含坝区用地)比例分配给湖北省、四川省人民政府，用于三峡库区建设。

第三十二条 国家将三峡库区受淹并有水电资源条件的市、县列为农村水电初级电气化县，对该市、县的农村电气化建设予以扶持。

第三十三条 国务院有关部门和湖北省、四川省人民政府及其有关部门在安排建设项目，分配支农、扶贫、水土保持等资金和交通、文化、教育、卫生、公共安全、环境保护等经费时，应当对三峡库区优先照顾，增加投入，促进该地区的经济和社会发展，支持移民安置。

国家鼓励和支持国务院有关部门和各省、自治区、直辖市采取多种形式，从教育、科技、人才、管理、信息、资金、物资等方面，对口支援三峡库区移民安置。

第三十四条 国家在三峡库区和三峡工程附近受益地区安排的建设项目，在能够适应工作要求的条件下，应当优先在三峡工程淹没区招收职工。

第三十五条 国家对移民安置区发展种植业、林业、畜牧业、渔业和乡镇企业以及旅游业，在专项贷款、技术改造、科技开发等方面给予照顾和扶持。

第三十六条 为安置农村移民开发的土地和新办的企业，在征收农业税、农林特产税、企业所得税等方面，按照国家有关规定给予免税或者减税优惠，具体办法由国务院有关主管部门另行规定。

第三十七条 三峡库区所在的县、市可以参照沿海经济开放区和沿江开放城市的优惠政策，实行对外经济开放，具体办法另行规定。

第五章 奖励与处罚

第三十八条 对在三峡工程移民安置工作中做出显著成绩的单位和个人，给予奖励。

第三十九条 任何单位非法占用移民经费的，由有关的县级以上人民政府责令退赔，可以处以罚款；对主管人员和直接责任人员，由其所在单位或者上级机关给予行政处分。

个人非法占用移民经费的，以贪污论处。

第四十条 国家工作人员滥用职权、徇私舞弊的，由其所在单位或者上级机关给予行政处分；构成犯罪的，依法追究刑事责任。

第四十一条 在移民搬迁和安置过程中，违反法律、法规的规定，扰乱公共秩序，致使工作、生产不能正常进行，尚不够刑事处罚的，依照《中华人民共和国治安管理处罚条例》的规定处罚；构成犯罪的，依法追究刑事责任。

第六章 附 则

第四十二条 本条例由国务院三峡工程移民开发管理机构负责解释。

第四十三条 本条例自发布之日起施行。

国家税务总局负责人就发布《税收征管法实施细则》答《人民日报》记者问

问：税收征管法实施细则的立法精神是什么？

答：《中华人民共和国税收征收管理法》经七届全国人大常委会第二十七次会议审议通过，于今年 1 月 1 日起开始实施，征管法实施细则与征管法的立法精神一致，也是按照七届全国人民代表大会第四次会议通过的《中华人民共和国国民经济和社会发展十年规划第八个五年计划纲要》提出的“按照统一税收，集中税权，公平税负的原则，逐步理顺税制结构，强化税收管理，严格以法治税，充分发挥税收在增加财政收入和对经济实施宏观调控的重要作用”这一指导思想起草的。

问：在严格控制减税、免税方面，税收征管法实施细则中有哪些措施？

答：减税、免税是国家根据经济发展的需要，对某些纳税人或征税对象的鼓励或照顾措施。近几年来，一些地方不顾国家三令五申，违反统一税法，超越权限擅自减税免税，自行制定、宣布税收优惠政策，承包或变相承包流转税，直接影响了国家税收法律的统一性和严肃性，损害了国家利益。为此，税收征管法规定，税收的开征、停征以及减税、免税、退税、补税要依照法律、行政法规的规定执行。任何机关、单位和个人不得违反法律、行政法规的规定，擅自作出税收开征、停征以及减税、免税、退税、补税的决定。为了贯彻落实这一规定，严格控制减免税，税收征管法实施细则进一步规定，税务机关有权拒绝执行与税收法律、行政法规相抵触的决定，并向上级税务机关报告，以利于杜绝随意制定税收优惠政策的做法，维护税法的严肃性和统一性。

问：对非法为纳税人提供方便偷税骗税的现象，税收征管法实施细则中采取了哪些有效的措施？

答：目前经济领域里为纳税人非法提供银行账户和有关税收管理证件，或者以转借、转让、代开、出售等方式为他人提供发票的现象屡见不鲜。这些行为严重扰乱了税收管理秩序和正常商品流通秩序。由于这类行为隐蔽性较强，加上现行税收法律、行政法规和有关法律、法规中只规定了禁止这类行为，但没有规定相应的处罚措施，不利于执行。为此细则规定，为纳税人、扣缴义务人非法提供银行账号、发票、证明或者其他方便，导致未缴、少缴税款或者骗取国家出口退税款的，税务机关除没收其非法所得外，并可处以未缴、少缴或者骗取的税款一倍以下的罚款。

问：对外商投资企业和外国企业的避税问题，税收征管法实施细则有哪些对策？

答：随着我国改革开放方针的深入贯彻执行，外商投资企业和外国企业不断发展，涉外税收逐年增长。但是，一些外商利用种种不正当手段转移利润，逃避税收，损害我国经济权益的情况时有发生，已引起社会各界的广泛关注。为了维护国家利益，加强税收管理，税收征管法规定，对关联企业不合理的业务往来，税务机关有权调整其应纳税收入或者所得额。为了进一步落实这一规定，税收征管法实施细则对关联企业的定义，以及对关联企业不合理的业务往来调整的具体方法作了进一步的明确规定。这就为进一步加强反避税工作提供了法律保证。

问：税收征管法实施细则中对保护纳税人的合法权益采取了哪些具体的措施？

答：保护纳税人的合法权益是税收征管法的一项重要立法原则，这一原则在细则中得到进一步落实。主要体现在两方面：

一是通过加强对税务机关在执法过程中的约束，尽量避免执法中出现随意性，从而达到维护纳税人合法权益不受侵害的目的。如规定税务机关必须在30日内对纳税人提供的申请税务登记的有关文件审核完毕；又如规定税务机关执行扣押、查封时必须有两名以上税务人员执行，并通知当事人到场；再如规定税务机关查处违章案件时应当制作税务处理决定书，通知有关当事人，并注明有关行政复议和诉讼的事项，等等。

二是在细则中直接赋予了纳税人采取措施保护自己的合法权益。如规定税务人员如不出示检查证件，纳税人可拒绝接受检查；又如规定税务机关在处罚或没收时如不付收据，纳税人有权拒绝给付等。

全国人大常委会委员长乔石在人民大会堂会见韩国民自党议员国会保健社会委员会委员长金汉圭和他率领的代表团

外交部部长钱其琛在钓鱼台国宾馆会见美国参议院环境和公共工程委员会主席马克斯·鲍克斯

全国总工会主席倪志福在北京会见外国工会代表

倪志福会见前来参加全总组织的“市场经济和工会工作”交流活动的俄罗斯、蒙古、吉尔吉斯斯坦、土库曼斯坦、乌兹别克斯坦、哈萨克斯坦、塔吉克斯坦各国及独联体的总工会代表。

西藏自治区政府主席江村罗布在拉萨会见美国参议员理查德·谢尔比

中国火炬计划成果暨高新技术产品展览交易会在中国国际展览中心开幕

国家科委表彰实施火炬计划先进集体和先进工作者

国家科委近日决定表彰一批实施火炬计划的先进集体和先进工作者。

国家科委关于表彰的决定指出：火炬计划是1988年8月的经党中央、国务院批准，由国家科委组织实施的一项发展高新技术产业的指导性计划。其宗旨是促进高新技术成果的商品化、产业化和国际化。

决定说：五年来，全国实施火炬计划取得了可喜成绩，为世人瞩目。现在，火炬计划已经度过了艰难的初创阶段，进入了全面发展新时期，成为发展我国高新技术产业的一面旗帜。

决定指出：在火炬计划实施的过程中，涌现出一大批艰苦创业、锐意进取并取得显著成绩的先进集体和个人，他们是发展我国高新技术产业的有功之臣。

为了充分肯定他们的贡献，激励更多的科技人员参与火炬计划，加速我国高新技术产业的发展，国家科委决定表彰一批实施火炬计划的先进管理单位、先进高新技术产业开发区、先进高新技术创业服务中心、先进高新技术企业、火炬计划优秀项目和先进工作者。希望受表彰的单位和个人再接再厉，继续努力，为发展我国高新技术产业作出新的、更大的贡献。

据了解，截至1992年底，全国52个国家高新技术开发区已认定高新技术企业5569家，全国各省市正在实施火炬计划项目3848项，这些企业和项目1992年共实现工业总产值359.6亿元人民币，技工贸总收入340.2亿元，利税54.4亿元，出口创汇53.6亿元人民币。

这次国家科委表彰的实施火炬计划先进管理单位有14家，先进高新技术产业开发区有10个，先进高新技术创业服务中心5家，实施火炬计划先进高新技术企业99家，火炬计划优秀项目98个，火炬计划先进工作者242名。

首届中华人口奖在北京揭晓

首届中华人口奖遴选揭晓：山东省省长赵志浩等11人荣膺这一我国人口事业的最高奖。

由中宣部、国家计生委、国家科委、中国计划生育协会、中国人口福利基金会发起设立的中华人口奖设有工作奖、科学奖和荣誉奖三项。获得工作奖的是：山东省省长赵志浩、上海市计生委科研处研究员张德玮、山东荣成市石岛镇南车村党总支副书记崔培华、浙江省计生委主任徐爱光、四川广汉市市委书记叶文志、辽宁省计划生育协会会长张知远、江苏省计生委主任周海珍。获得科学奖的是：北京医科大学妇儿保健中心主任严仁英、中国医学科学院名誉院长吴阶平、中国人民大学人口研究所名誉所长刘铮。原北京大学名誉校长马寅初获特别荣誉奖。

国务委员兼国家计生委主任彭珮云宣读遴选结果。首届中华人口奖协办单位有中组部、国家教委、人事部、卫生部、人民日报、中央电视台等。

解放军男队在丹麦斯基佛市军营举行的第41届军事五项锦标赛上夺团体冠军并获2枚金牌女队获第三届团体亚军

8月20日

国务院在北京召开第七次常务会议

受国务院总理李鹏委托，副总理朱镕基主持召开国务院第七次常务会议。会议审议并原则通过《九十年代农业发展纲要(草案)》和《卫星地面接收设施管理规定(草案)》。会议决定，将其补充修改后由国务院发布。

在审议《卫星地面接收设施管理规定(草案)》时，会议认为，随着科学技术的发展，80年代以来通过卫星地面接收设施直接接收卫星传送的电视节目发展很快，加强对这一方面的管理是必要的。会议决定对《规定(草案)》进一步修改后由国务院发布施行。

中共中央政治局委员李岚清在中南海邀请各民主党派和工商联人士座谈教育工作

座谈会上，全国工商联副主席王光英、九三学社中央副主席郝诒纯、民建中央主席孙起孟、致公党中央常务副主席杨纪珂、台盟中央副主席陈仲颐、民盟中央副主席钱伟长、民进中央主席雷洁琼、全国人大常委会副委员长程思远、民革中央副主席李赣骝、农工民主党中央副主席杨烈宇、民进中央副主席许嘉璐先后发言，就教育在整个社会发展中的战略地位、教育体制改革、教育立法、教育如何适应与服务于建设社会主义市场经济需要、教育投入、教学质量、教师待遇、教师队伍建设和加强对青少年德育教育等问题，提出许多意见和建议。

李岚清最后在讲话中首先感谢与会者提出的宝贵意见。他说："大家讲的全是肺腑之言，我们就需要多听这样的心里话，集中起来可以归到一点，就是非常关心我国的教育事业，希望各级政府和全社会都能从思想上、行动上真正落实教育的战略地位，积极推行教育体制的改革，把我国的教育办得更好。"

李岚清说，新中国成立40多年来，教育取得了很大成绩，但存在的问题也不少，要很好地研究解决。他强调，中华民族有重视教育的传统，我们应该继承发扬这个传统。经济和社会的发展离不开教育这个基础的基础，这要形成全社会的共识特别是各级领导的共识。他说："我很同意大家的意见，要真正把教育放在优先发展的战略地位。"

李岚清重申，教育的基础是义务教育。农村的基础教育是个亟待解决的"重大课题"。他指出，农村的基础教育,在大多数地方,特别是不发达发区,要跟培养农业科技人才、乡镇企业带头人结合起来,从小学就增加实用农业技术知识的传授。

李岚清说,我国现在有11亿多人,每年还要增加一千多万,都接受高等教育是不可能的,大多数人受过基础教育后就要就业。这是摆在我们面前的现实国情。因此,要继续大力发展职业教育,包括"岗前培训"和在职培训。

关于与会者提出的加快教育立法的建议,李岚清说,《教师法》正加紧制订,争取年内提交全国人大常委会审议,《教育法》等也在着手制订。

谈到教育体制改革,李岚清说,我国的经济体制正在改革,教育体制也必须相适应地加以变革。教育与经济如何更好地相辅相成是篇大文章,需要各方面齐心协力研究做好。

李岚清要求教育界在搞好科技文化知识教学的同时,加强对青少年的德育教育。在加强思想政治教育、爱国主义教育和近代史、现代史、国情教育的同时,要进行文明礼貌、道德教育。中国是礼仪之邦,历代都特别重视人的道德修养,积累了很多优良传统。我们要很好地学习发扬,"继承传统美德也是社会主义精神文明建设的重要内容。"

参加座谈会的还有王兆国、卢嘉锡、朱开轩、徐志坚、丁石孙、罗豪才、张绪武、朱培康、任华巽、唐有祺等。

会议于8月21日结束。

中共中央纪委第二次全体会议在北京开幕

全会的主要议题是:以邓小平建设有中国特色社会主义理论和党的基本路线为指导,贯彻党的十四大精神,研究在新形势下加强反腐败斗争、推进党风廉政建设的思路和对策,动员各级党组织和纪检监察机关落实党中央关于近期内反腐败的工作部署,保证和促进改革开放和经济建设的顺利发展,为全面贯彻党的基本路线服务。

中共中央书记处书记、中共中央纪委书记尉健行代表中共中央纪委常务委员会作题为《适应新形势,深入反腐败,为全面贯彻党的基本路线服务》的报告。

尉健行说,我们党从来都是坚决同腐败现象作斗争的。十一届三中全会以来,党中央在坚持以经济建设为中心的同时,一直非常重视党风廉政建设。在改革开放初期,邓小平等老一辈无产阶级革命家就告诫全党,工作中心转移之后,仍然要十分重视执政党的党风问题,要求全党坚持两手抓,一手抓改革开放,一手抓惩治腐败。以江泽民同志为核心的中央领导集体,坚持"两手抓,两手都要硬"的方针,先后作出了若干重要决定,采取了一系列重要措施,推动惩腐倡廉工作的开展。各级党政领导机关贯彻落实中央有关加强党风廉政建设的部署,做了大量工作,取得了一定成效。中央纪委、监察部以及各级纪检监察机关紧紧围绕经济建设这个中心,努力发挥职能作用,积极推动党风廉政建设和反腐败斗争的深入开展。各地各部门结合实际,在不同范围内开展专项治理,刹风整纪,使一些不正之风有所遏制,廉政建设有所加强。同时也要看到,一些地区和部门执行"两手抓,两手都要硬"的方针很不自觉,贯彻中央的反腐败决定和措施说得多做得少,有的把反腐败同发展经济对立起来。同时,我国正处于加快改革开放步伐,建立社会主义市场经济体制的新形势,旧体制的弊端尚未完全革除,新体制还未形成,法制很不完备,一些问题的政策和是非界限不清,监督、管理上的薄弱环节和漏洞多,不少单位思想政治工作薄弱,这些都给违法违纪者以很多可乘之机。我们既要清醒地看到,消极腐败现象有些方面呈蔓延发展趋势,反腐败斗争的形势是严峻的。同时也要看到,随着改革的全面深入,社会主义市场经济体制的建立和完善,民主和法制建设和社会主义精神文明建设的进一步加强,必将为从根本上遏制消极腐败现象创造十分有利的条件。在党中央的领导下,依靠广大人民群众,坚持不懈地抓下去,我们一定能够在反腐败斗争中不断取得新的胜利。

尉健行说,我们要紧紧围绕经济建设这个中心,本着保障改革开放,促进社会主义市场经济体制建立的原则,研究和制定新形势下反腐败斗争的新思路和新方法。一是反腐败要紧密结合重大改革措施和行政、经济决策的实施来进行。腐朽的东西往往千方百计地依附于新事物而滋生蔓延。经济领域中供需矛盾突出的环节往往就是违法违纪者钻营舞弊的场所。各级党政领导机关在重大改革措施、决策出台的同时,要研究党风廉政建设方面可能出现的问题和治理对策,把反腐败同经济建设统一起来抓。纪检监察机关必须适应新形势要求,深入到改革开放和经济建设的第一线,了解和分辨出现的新情况、新问题,把握反腐败斗争的形势和动向,并把反腐败同党中央、国务院的重大改革措施和行政经济决策的实施相结合,同履行监督检查党的路线、方针、政策及国家法律法规执行情况的职能相结合,使反腐败斗争更好地服务于经济建设这个中心。二是反腐败要抓好两方面的任务,一方面坚决惩处腐败分子,另一方面坚决克服各种消极腐败现象。查处违法违纪案件,是严肃党纪、政纪的中心环节。重点是查处党政领导干部严重以权谋私的案件。必须纠正执纪不严的问题,排除说情袒护等干扰。克服消极腐败现象,包括纠正不正之风,要立足于教育,着眼于防范,把监督关口前移,防微杜渐。要从群众意见大、阻碍改革开放和经济建设顺利进行的问题入手,一个个问题进行专项治理。三是反腐败必须加强法规和政策研究,及时规范行为。当前经济行为多样化和法规、政策相对滞后的矛盾更加突出,这既给以权谋私的人以可乘之机,也给反腐败和党风廉政建设带来了许多困难。要抓紧各种法律法规的制定和完善,加强政策研究,分清是非,明确界限,以利于规范行为和正确执纪。四是反腐败必须加强综合治理,既治标又治本。要综观全局,从宏观着眼,研究消极腐败现象的来龙去脉,从源头抓起。要抓法规、政策,抓体制、制度,抓管理、监督机制这些关系全局的问题,有针对性地提出具体对策,取得反腐败斗争的主动权。五是对广大党员、干部进行党的纲领、宗旨、理想、纪律和优良传统作风的教育,进行正确的人生观、价值观和道德观的教育,增强党员、干部抵御拜金主义、享乐主义和极端个人主义等腐朽思想侵蚀的能力。要加强言论工作,把握舆论导向。尉健行说,我们既要充分认识反腐败斗争的长期性、艰巨性,坚决、持久地开展工作,又必须具有紧迫感,不断取得阶段性成果。根据中央的部署和要求,要重点抓几个严重影响经济建设和改革开放,干扰、阻碍国家宏观调控措施贯彻落实,群众反映强烈的问题,扎扎实实抓出效果,把反腐败寓于经济建设和改革开放之中来进行,起到维护政治稳定,保证和促进经济建设和改革开放顺利进行的作用。

尉健行强调,当前各级党委和政府要着重抓好以下三个方面的工作:

一、加强对各级党政机关领导干部廉洁自律情况的监督检查。中央重申和提出以下要求:不准经商办企业;不准在各类经济实体中兼职;不准买卖股票;不准在公务活动中接受礼金和各种有价证券;不准用公款参与高消费的娱乐活动等。要从省(部)级以上领导干部抓起,一级抓一级。对违反规定者要给予党纪或政纪处分。

二、集中力量查办一批大案要案。重点查办领导机关、领导干部和司法部门、行政执法部门、经济管理部门及其工作人员的违法违纪案件,如贪污贿赂,贪赃枉法,走私贩私等。对严重干扰、阻碍查案工作的,不管是谁,必须坚决处理。

三、狠刹几股群众反映强烈的不正之风。近期要集中刹住国家机关及其所属部门利用职权巧立名目乱收费,以及用公款出国出境旅游的不正之风。为了坚决刹住乱收费的歪风,中央重申:各级党政机关一律不许经商;各个监督执法部门的罚没财物一律上交,实行收支"两条线"。一些中央国家机关要在本系统通过专项治理,切实解决几个重点问题。其他部门和行业都要从各自的实际出发,什么问题突出就解决什么问题,使刹风整纪工作收到明显效果。

尉健行指出,反腐败斗争任务复杂、艰巨,必须在各级党委的坚强领导下,坚持全党动手,党政一起抓,一级抓一级,层层负责,党政一把手要负起全面的领导责任。各级党委和政府要加强对纪检监察工作的领导,指导和支持纪检监察机关开展工作。要加强人大、政协、民主党派、新闻舆论、广大群众对党和国家机关工作人员,尤其是对领导干部的监督,紧紧依靠人民群众开展反腐败斗争。

尉健行还指出,为适应新形势,纪检监察机关要以改革精神加强自身建设,加强领导班子建设,努力建设一支党性强、作风好、素质高的纪检监察干部队伍。各级纪检监察机关要全面、正确、积极地领会和贯彻邓小平同志视察南方重要谈话和党的十四大精神,解放思想,实事求是,在各级党委和政府的领导下,以新的姿态和卓有成效的工作,为加强党风和廉政建设,深入开展反腐败斗争,保证党的基本路线的全面贯彻执行作出新的贡献。

中央纪委副书记侯宗宾主持会议。出席会议的中共中央纪委委员106人。各省、自治区、直辖市,中央各部门,解放军、武警部队纪检监察机关的负责人和有关方面负责人列席会议。

提高企业投入产出水平座谈会在北京结束

国务院副总理朱镕基到会并讲话。

座谈会通过与会的36家企业关于提高经济效益致全国企业界的倡议书。座谈会由"中国经济效益纵深行"指导委员会主任王维澄主持。有关方面负责人王忠禹、贺光辉、吕东、袁宝华、王梦奎、刘淇、洪虎、查克明、范敬宜等出席会议。

中国经济效益纵深行座谈会倡议书

全国企业界同仁:

从现在起到本世纪末,是我国建立社会主义市场经济体制和现代化建设的关键时期。我们面临着稍纵即逝的历史机遇,肩负着振兴中华的历史责任。我国的社会生产力和综合国力能否得到极大的提高;中国坚持社会主义道路、发展经济的努力能否成功;中华民族的物质与精神文明能否超越世界先进国家,从而实现一百多年来民族复兴的梦想,从根本上说,取决于我国的经济效益能否得到极大的提高。

在中央领导同志和老一辈无产阶级革命家的高度重视和支持下,"中国经济效益纵深行"大型系列调研活动正在全国范围内深入展开,并且已经取得了一定的成果。在当前形势下,这个活动已成为贯彻党中央、国务院关于把经济工作的注意力切实转移到深化改革、转换机制、优化结构、提高效益上来的总体部署的重要举措；成为落实江泽民同志关于大兴调查研究之风号召的重大实践；成为贯彻党中央关于学习社会主义市场经济知识，转变思想观念与工作作风方针的重要努力。支持这个活动在全国范围内深入开展，促进我国经济持续、快速、健康地发展，是我们义不容辞的责任，为此，我们谨向全国企业界同仁发出如下倡议：

一、认真落实党中央、国务院关于切实把经济工作注意力转移到深化改革、转换机制、优化结构、提高效益上来的总体部署，响应中央领导同志和老一辈无产阶级革命家关于提高经济效益的号召，树立效益目标，实施效益标准，以经济效益提高与否作为衡量检查我们在改革和发展中是否取得成绩的根本标准，作为衡量检查我们在经济建设中是鼓实劲、还是鼓虚劲的根本标准。朱镕基同志在《转换机制优化结构提高效益加快发展——为“中国经济效益纵深行”而作》的文章中，开宗明义地提出：“提高经济效益是加快我国社会主义现代化建设步伐的根本途径。”我们必须深刻认识朱镕基同志这一论断的高度重要性，以“中国经济效益纵深行”活动的开展为契机，以提高经济效益为中心，推动经济工作的全面开展，促进社会主义现代化建设的顺利发展和良性循环。

二、提高经济效益的核心目标是提高投入产出水平，提高资金利润率。从根本上说，企业投入产出水平的提高是增加我国财税收入的根本源泉，也是缓解我国当前资金短缺问题的根本出路。我们必须行动起来，积极倡导效益型发展模式，走效益型发展道路，具体说来，就是要注意走内涵的扩大再生产之路，坚持速度和效益的统一，认真研究与学习市场经济的运行规律，减少投资失误，使有限的资金产生更大的效益，为国家经济实力的增强和人民生活水平的提高多做自己的贡献，为党和政府分忧解难，促进我国经济形势的健康发展。

三、深化改革、转换机制、优化结构、提高管理水平是提高企业效益的必由之路，眼睛向内，真抓实干，力争用2—3年的时间，使社会的管理素质与管理水平有一个根本性的提高。从经济生活的规律看，企业经济效益的提高有赖于社会主义市场经济体制的建立和完善，有赖于市场环境和市场规范的全面形成和发展。为此，我们必须以改革促进效益的提高，以效益的提高巩固改革的成果。同时，我们又必须清醒地看到，在传统的计划经济体制向社会主义市场经济体制转换的过程中，会出现许多新矛盾和新问题。我们不能坐待市场体制的建立和完善，更不能在这个大转变的过程中玩忽职守，以权谋私，坐视人民的财产流失和浪费，而应自觉约束自己，建立管理责任制，立下提高经济效益的军令状。在现有条件下，一面努力促进市场经济体制的完善，一面苦练内功，在提高企业自身的投入产出水平上，在提高企业自身的资金利润率上，多下功夫，下真功夫，扎扎实实地把企业经济效益的提高推进到一个新的阶段。

四、唤起全民的经济效益意识，反对奢侈腐化，纠正不正之风，树立勤俭创业的良好社会风气。中国是一个发展中国家，各种资源按人均计量并不充裕，走效益型发展道路是使12亿中国人民富裕起来的唯一选择，而成功地走效益型发展的道路，就必须树立勤俭创业的良好社会风气，发扬艰苦奋斗的光荣传统。我们要身体力行，率先垂范，教育本单位的干部职工认识到中国走效益型发展道路的重要性，认识到提高经济效益同提高个人生活水平的密切关系，树立全民的经济效益意识，齐心协力，从点滴做起，使经济效益的提高有广泛扎实的社会基础。我们要把提高经济效益的实践同反对奢侈腐化，纠正不正之风紧密结合起来。发动广大群众以效益标准来监督各级领导和我们自己，形成提高经济效益的社会舆论环境。共同奋斗，使中国经济通过效益的提高得到高速发展。

“中国经济效益纵深行”活动以提高经济效益为根本标准，针对经济生活中深层次矛盾和问题开展剖析，把调查研究、决策咨询、宣传报道实行操作的过程更紧密地结合在一起，为企业提高经济效益、走效益型发展道路贡献力量。因此，“纵深行”活动的成果就是我们的成果，“纵深行”活动的困难就是我们的困难。我们呼吁全国企业界的同仁行动起来，扎扎实实地支持“中国经济效益纵深行”活动，主动为“纵深行”活动提供真实、准确的信息和有质量有内容的调研文章，共同参与“纵深行”活动的研究与宣传，总结与分析企业提高效益过程中碰到的问题与形成的经验。把“纵深行”活动扎扎实实地在全国开展起来，真正为解决我国经济生活中深层次的矛盾和问题做出贡献。

倡议发起单位(略)

《人民日报》就近两个月特大事故连连发生发表评论员文章《抓紧抓好安全生产工作》

国家主席江泽民在中南海会见美国参议院环境和公共工程委员会主席马克斯·鲍克斯

江泽民指出，中美是世界上两个有影响的大国。两国保持和发展稳定的合作关系，不仅符合两国人民的根本利益和共同愿望，而且对世界和平和稳定也具有重大影响。“因此，在处理两国关系问题时，我们应当站得高，看得远”。

江泽民说，经过共同努力，双方最终是可以消除分歧、找到更多的共同点的。中美关系有着良好的发展前景。

全国政协主席李瑞环在人民大会堂会见韩国民自党议员国会保健社会委员会委员长金汉圭和他率领的代表团

外交部部长钱其琛在钓鱼台国宾馆会见韩国外交部副部长洪淳瑛

外交部部长钱其琛在北京会见伊斯兰会议组织部长级代表团

外交部部长钱其琛在北京会见文莱外交部常务秘书林玉成

国办发出关于调整国务院退伍军人和军队离休退休干部安置领导小组成员的通知

各省、自治区、直辖市人民政府，国务院各部委、各直属机构：

根据工作需要和机构、人事变动情况，国务院决定调整国务院退伍军人和军队离休退休干部安置领导小组的组成人员。现将调整后的领导小组成员名单通知如下：

组　长：多吉才让（民政部部长）
副组长：曹刚川（副总参谋长）
李树文（国务院副秘书长）
唐天标（总政治部主任助理）
郝建秀（国家计委副主任）
杨衍银（民政部副部长）
成　员：王太岚（总后勤部副部长）
牟新生（公安部副部长）
刘积斌（财政部副部长）
张汉夫（人事部副部长）
朱家甄（劳动部副部长）
叶如棠（建设部副部长）
蔡庆华（铁道部政治部主任）
李居昌（交通部副部长）
白美清（国内贸易部副部长）
孙隆椿（卫生部副部长）
邹玉川（国家土地局副局长）
刘淑兰（中国人民建设银行副行长）
办公室主任：杨衍银（兼）

国务院退伍军人和军队离休退休干部安置领导小组办公室设在民政部。今后领导小组成员单位如调整成员，由所在单位与领导小组办公室商量后，报领导小组组长批准。

国务院办公厅
1993 年 8 月 20 日

国家防汛抗旱总指挥部召开第二次全体会议

国务委员、国家防汛抗旱总指挥部总指挥陈俊生强调，目前全国仍处于主汛期，大汛尚未结束，防汛抗旱任务依然十分艰巨，各地各部门都必须高度警惕，再接再厉，千方百计夺取今年防汛抗旱工作的全面胜利。

国家防总副总指挥、水利部部长钮茂生汇报今年入汛以来的汛情、旱情、灾情和防汛抗旱工作。他说，到目前，全国大江大河大湖没有出现全流域性的大洪水。但是，由于一些中小河流暴雨集中，防洪除涝能力低，加之一些防范措施不够落实等，造成了比较严重的局部洪涝灾害。据初步统计，截至 8 月 10 日，全国洪涝受灾面积 1.73 亿亩，成灾 7900 万亩，受灾人口 1.2 亿人，造成一些人员伤亡，倒房 100 万间，直接经济损失 345 亿元。今年春旱面积 3 亿亩、夏旱面积 1.3 亿亩，旱灾比常年大为减轻。目前，全国受旱面积 2500 万亩，有 468 万人、182 万头大牲畜饮水困难。

中共中央总书记江泽民等在北京参观中国火炬计划成果暨高新技术产品展览

陈云题写书名的《张闻天传》由当代中国出版社出版

1993 年喜力世界杯乒乓球锦标赛在广州开幕

民革中央主席李沛瑶致电祝贺李登辉当选中国国民党主席

8 月 21 日

中共中央纪委第二次全体会议举行第二次大会

中共中央总书记江泽民在会上发表讲话。

中共中央政治局常委乔石、李瑞环、朱镕基、刘华清、胡锦涛，在北京的中共中央政治局委员、候补委员，中央书记处书记和国务院、中央军委、全国人大常委会、全国政协的领导人，最高人民法院、最高人民检察院负责人，出席大会。

大会由中共中央政治局委员、书记处书记、中央纪委书记尉健行主持。

中共中央纪委委员 106 人出席大会。各省、自治区、直辖市，中央各部门，人民解放军、武警部队纪检、监察机关的负责人列席大会。

参加大会的还有中央直属机关各部门、中央国家机关各部门、解放军驻京各大单位、武警总部的主要负责人，以及北京市委、纪委、政府、人大、政协和法院、检察院的领导。

中共中央总书记江泽民在中纪委第二次全体会议上发表题为《加强反腐败斗争，推进党风建设和廉政建设》的讲话

中纪委这次全会，是个很重要的会议。会议根据中央的意见，将对近期加强反腐败斗争，推进党风建设和廉政建设作出具体部署。党中央、国务院对这次会议很重视。各级党委和政府必须认真贯彻落实会议精神，把反腐败斗争作为一项重大政治任务进一步抓紧抓好，务必在近期内取得明显的阶段性成果。

关于这项工作的具体任务和部署，尉健行同志都讲过了，讲得很好。下面，我讲几点意见。

（一）巩固和发展当前好的形势

在邓小平同志重要谈话和党的十四大精神指导下，我国国民经济保持蓬勃发展的势头，围绕建立社会主义市场经济体制的各项改革和对外开放取得新的进展，其他各项事业也取得了新的成绩。总的形势是好的。形势越好，越要头脑清醒，及时发现和解决前进中出现的矛盾和问题。这样才能把广大干部和群众的积极性引导好、保护好、发挥好，更好地抓住有利时机，以经济建设为中心，深化改革，加快发展，力争国民经济隔几年再上一个新台阶，促进社会的全面进步。为此，中央在认真分析当前形势的基础上，针对前进中出现的一些突出矛盾和问题，作出了深化改革、加强和改善国民经济宏观调控的决策，同时对加强社会治安综合治理、加强党的自身建设等工作作出了部署。这次中纪委又召开全会，专门讨论和部署反腐败工作。所有这些，都是为了积极、正确、全面地贯彻落实邓小平同志重要谈话和党的十四大精神，巩固和发展好的形势。各级领导干部特别是高级干部，要把中央的总体部署同本地区、本部门的实际结合起来，努力做好工作，保证中央决策的贯彻落实。

（二）实事求是地估计反腐败斗争的现状

在这个问题上，要讲两句话。一句是，我们党的路线是正确的，党的主流是好的，大多数党员和干部是廉洁奉公的。十多年来，我国经济的巨大发展和社会的全面进步是广大党员、干部同群众团结奋斗的结果，反腐败斗争也是有成效的，这些都是基本的事实。另一句是，在党内、在国家机关中确实存在着腐败现象，有些方面还在滋长和蔓延，广大党员、干部和群众深感忧虑，迫切希望采取坚决措施加以解决。我们不能否定党的主流是好的，也不能低估腐败现象的严重性和危害性。腐败现象是侵入党和国家机关健康肌体的病毒。如果我们掉以轻心，任其泛滥，就会葬送我们的党，葬送我们的人民政权，葬送我们的社会主义现代化大业。我们的党、我们的干部、我们的人民，是绝不允许出现这种后果的。我们既要坚持不懈地开展反腐败斗争，又要警惕和防止敌对势力利用这个问题来诋毁党和社会主义。中国共产党是久经考验的有战斗力的伟大的党。中国人民是具有光荣革命传统的伟大的人民。党能够领导人民建立新中国，确立社会主义制度，开创改革开放和现代化建设的新局面，也一定能够依靠自身的力量、依靠人民的支持克服腐败现象。

（三）反对腐败是贯彻执行党的基本路线的必然要求，是集中力量把经济建设搞上去的重要保证

我们要始终遵循邓小平同志建设有中国特色社会主义理论和党的基本路线，牢牢掌握经济建设这个中心，通过改革，坚定不移地发展社会主义市场经济，坚定不移地发展社会主义民主政治，坚定不移地发展社会主义精神文明，把我国建设成为富强、民主、文明的社会主义现代化国家。各项工作都要围绕经济建设这个中心来开展，为这个中心服务，不能干扰这个中心。开展反腐败斗争，就是保证改革开放和经济建设顺利进行的一项必不可少的重要工作，是社会主义精神文明建设的一个重要方面。如果不坚决克服腐败现象，我们建设有中国特色社会主义的事业就不可能取得成功。把反腐败同经济建设对立起来、同改革开放对立起来，认为反腐败会影响经济建设和改革开放，是不对的；在反腐败过程中，不牢牢把握经济建设这个中心，不注意更好地为经济建设和改革开放服务，也是不对的。

（四）全党要重新学习邓小平同志关于端正党风、加强廉政建设、反对腐败的论述

党的十一届三中全会以来，我们党在领导改革开放和现代化建设的过程中，始终重视端正党风、加强廉政建设、反对腐败的工作。在这方面，邓小平同志有一系列重要指示。主要有：

——实现现代化，要有一条正确的贯彻始终的政治路线，要有一个安定团结的政治局面，要有一支坚持社会主义道路的、具有专业知识和能力的干部队伍，同时要有一股艰苦创业的精神，要老老实实地艰苦创业。在经济得到发展，人民生活改善后，要告诫人民，包括共产党员在内，应保持艰苦奋斗的传统。经济好了，更要提倡艰苦奋斗。艰苦朴素的教育今后要抓紧。我们的国家越发展，越要抓艰苦创业。提倡艰苦奋斗精神，也有助于克服腐败现象。

——我们自从实行对外开放和对内搞活经济两个方面的政策以来，不过一两年时间，就有相当多的干部

被腐蚀了。要足够估计到这样的形势。这股风来得很猛。如果我们党不严重注意，不坚决刹住这股风，那么，我们的党和国家确实要发生会不会"改变面貌"的问题。这不是危言耸听。

——经济建设这一手我们搞得相当有成绩，形势喜人，这是我们国家的成功。但风气如果坏下去，经济搞成功又有什么意义？会在另一方面变质，反过来影响整个经济变质，发展下去会形成贪污、盗窃、贿赂横行的世界。

——我们一手抓改革开放，一手抓惩治腐败，这两件事对比起来，就可以使我们的政策更加鲜明，更加明朗，更能获得人心。要坚持两手抓，一手抓改革开放，一手抓打击犯罪活动。这两只手都要硬。打击各种犯罪活动，扫除各种丑恶现象，手软不得。两个文明都搞好，这才是有中国特色的社会主义。

——开放、搞活政策延续多久，端正党风的工作就得干多久，纠正不正之风、打击犯罪就得干多久，这样才能保证我们开放、搞活政策的正确执行。整个改革开放过程中都要反对腐败。

——为了促进社会风气的进步，首先必须搞好党风。端正党风是端正社会风气的关键。惩治腐败讲过多少次，为什么成效不大，原因可能在党内。我们的一些同志埋头于搞具体事务，对政治动态不关心，对思想工作不重视，对腐败现象警惕不足，纠正的措施也不得力。中国要出问题，还是出在共产党内。关键是共产党内部要搞好。

——高级干部要带头发扬党的优良传统。为了整顿党风，搞好民风，先要从我们高级干部整起。

——国要有国法，党要有党规党法。党章是最根本的党规党法。没有党规党法，国法就很难保障。各级纪律检查委员会和组织部门的任务不只是处理案件，更重要的是维护党规党法，切实把我们的党风搞好。对于违反党纪的，不管是什么人，都要执行纪律，做到功过分明，赏罚分明，伸张正气，打击邪气。廉政建设，要靠教育，要靠法制。

——我们要善于总结经验，反对腐败，搞廉洁政治。这样，我们前进的步伐会更稳定，更扎实，发展得更快。

邓小平同志上述关于端正党风、加强廉政建设、反对腐败的指示，是建设有中国特色社会主义理论的重要组成部分。全党同志特别是各级领导干部，在学习建设有中国特色社会主义理论的时候，要重新学习邓小平同志的这些指示，深刻领会精神实质，用以武装我们的头脑，指导反腐败工作。

（五）正确认识腐败现象产生的社会历史原因

腐败是一种历史现象。它的主要表现是贪赃枉法、行贿受贿、敲诈勒索、权钱交易、挥霍人民财富、腐化堕落等现象。这种现象，从本质上说是剥削制度、剥削阶级的产物。在中国历史上虽然也有励精图治的皇帝、清正廉洁的官吏，但历代统治阶级根本不可能解决腐败问题。剥削阶级从本质上是同人民根本对立的，历代王朝的覆灭都是同政权腐败分不开的。

中国共产党是中国工人阶级的先锋队，全心全意为人民服务是我们党的根本宗旨。社会主义的本质是解放和发展生产力，消灭剥削，消除两极分化，逐步达到共同富裕。共产党和社会主义制度，是同任何腐败现象根本不相容的。我们党成立以来，在领导中国革命和建设的过程中，始终注意加强自身建设，不断地同剥削阶级影响和消极腐败现象作斗争，努力保持党的纯洁性，重视加强廉政建设。在延安时期，我们党就领导制订了《陕甘宁边区惩治贪污条例（草案）》。1944年，毛主席号召全党学习郭沫若总结李自成农民起义失败教训的著名史论《甲申三百年祭》，告诫全党"引为鉴戒，不要重犯胜利时骄傲的错误"。1945年7月，毛主席在同黄炎培谈到共产党如何跳出由盛而衰的历史周期律时，提出了依靠民主、依靠人民监督政府，防止消极腐败现象发生的重要思想。在建国前夕召开的党的七届二中全会上，毛主席再一次提醒全党，务必继续保持谦虚谨慎、不骄不躁的作风，务必继续保持艰苦奋斗的作风，要警惕资产阶级糖衣炮弹的袭击。建国以后，我们党在扫除旧社会的污泥浊水、保持党和国家机关清正廉洁方面，取得了举世公认的成就。邓小平同志在视察南方的谈话中，也讲到这一点。他说："新中国成立以后，只花了三年时间，这些东西就一扫而光。吸鸦片烟、吃白面，世界上谁消灭得了？国民党办不到，资本主义办不到。事实证明，共产党能够消灭丑恶的东西。"这些年，不少地方的经验也证明，只要认真去抓，反腐败斗争就能取得成效。我们党鲜明地提出和坚持进行反腐败斗争，这正是我们党有力量的表现。

我国在社会主义条件下，仍然存在腐败现象，有种种复杂的原因。我国是一个封建社会历史很长的国家，封建主义和其他剥削阶级影响将长期存在，总要通过各种形式表现出来。我们实行对外开放，借鉴和利用世界各国包括发达资本主义国家的一切现代文明成果，资本主义腐朽的东西也会趁机钻进来。我们建立社会主义市场经济体制，要经历一个艰难的新旧体制转换过程。在这个过程中，由于制度和机制的不健全、不完善，工作中存在一些漏洞和薄弱环节，也会给腐败现象滋生以可乘之机。这些年来，我们有些地方、有些单位对党员和干部的思想政治教育抓得不紧，拜金主义、享乐主义和极端个人主义在一部分党员和干部中滋长，也是腐败现象得以蔓延的一个重要原因。

我们既要看到反腐败斗争是一项长期的艰巨任务，又要有现实的紧迫感，采取有力措施，坚决制止腐败现象蔓延的势头，把突出的问题解决好。

（六）近期内反对腐败要着重做好的工作

1. 各级党政领导干部要带头廉洁自律。针对当前出现的新情况新问题，这次会议对党政机关县级以上的领导干部提出了廉洁自律的新要求，要严格遵照执行。特别是省、部级以上领导干部要起表率作用。各级党委和纪检监察机关要加强督促检查。

2. 集中力量查办一批大案要案。重点查办发生在党政领导机关和司法部门、行政执法部门、经济管理部门工作人员中的案件。

3. 紧紧抓住本地区、本部门、本单位的突出问题，刹住群众最不满意的几股不正之风，年内要见到明显成效。要在全国范围内集中治理乱收费，特别是国家机关利用职权乱收费。国务院将就此专门作出决定。各级党政机关一律不准经商，已经经商的，必须按规定同原机关彻底脱钩。实行收支"两条线"，执法部门各种罚没款一律上缴，所需各项经费由各级财政拨款。中央国家机关要通过专项治理解决好几个重点问题。比如，铁路系统要着重治理以车以票谋私，金融、财政系统要围绕"约法三章"刹住歪风，农业部门要继续抓好减轻农民负担的工作。其他部门也要从各自的实际出发，什么问题突出就解决什么问题。特别需要强调的是：公检法机关，海关、边检部门，担负着保卫国家利益和人民安全的重大责任，模范遵纪守法，严格依法办事，极为重要，必须认真搞好自身建设。

以上三条，各级党委和政府必须坚决贯彻执行，做到令行禁止。对不听招呼、顶着不办的，要果断处理，绝不能姑息迁就。

（七）反腐败斗争必须把握好以下原则

1. 坚持党的基本路线，紧紧围绕经济建设这个中心，为推进改革、建设和发展服务。

2. 突出重点。这次反腐败，在党政机关进行。重点放在党政领导机关和司法部门、行政执法部门、经济管理部门。

3. 从领导干部做起，首先从高级干部做起，包括领导干部身边工作人员。

4. 严格依法办案。对违法违纪案件，要一查到底，以事实为根据，以法纪为准绳，该撤职的要撤职，该判刑的要判刑，该重判的要重判。照此去做，也有利于挽救一批人，有利于教育广大干部。对于严重干扰、阻碍查案工作的，要坚决处理。

5. 不搞群众运动，不搞人人过关。要鼓励和支持群众举报。群众举报的问题，要由专门机关负责，依法查处。

6. 惩治腐败与扶持正气相结合。在坚决克服腐败现象、惩处腐败分子的同时，要大力宣传和表彰廉洁奉公、勇于同腐败现象作斗争的先进典型，弘扬勤政爱民、艰苦奋斗、乐于奉献的新风尚。对反腐败工作的宣传，请中央宣传部做出专门安排。

总之，要坚持实事求是的原则，正确区分和处理两类不同性质的矛盾，严格掌握政策。态度要坚决，工作要扎实，按照中央的要求认认真真地解决问题，保证这场斗争健康有序地进行。

（八）要把反腐败斗争长期坚持下去

惩治腐败，要作为一个系统工程来抓，标本兼治，综合治理，持之以恒。最基本的，要靠教育，靠法制。要通过学习和教育，提高广大党员和干部的思想政治素质，提高全心全意为人民服务的自觉性，提高抵制剥削阶级思想侵蚀的自觉性，提高模范遵纪守法的自觉性。要抓住最容易产生腐败问题的部位和环节，总结实践经验，严格纪律，建立和完善内部管理制度，建立和完善监督制约机制，建立和完善各项政策法规。对已经制订的法律法规，要严格执行；对需要修改的，要抓紧修改、完善。要根据新的情况，尽快研究制定新的法律法规。

（九）各级党委要加强领导

1. 反腐败斗争是加强党的建设和政权建设的重要工作，必须在党委统一领导下，党政一齐抓，持续不断地抓，主要领导同志亲自负责。党政同心同德，各方面协调一致，形成整体合力。

2. 建立责任制。明确分工，专人负责，一级抓一级，一级带一级。上级对下级要切实加强指导、检查和监督。对问题严重的地方和部门，上级要派人下去帮助处理。

3. 党委要加强对纪检监察工作的领导，充分发挥他们的作用，切实支持他们的工作。

同志们，反腐败斗争是全党的一项重要工作。这里我要强调一下，中纪委和各级纪检监察机关，要切实负起责任，包括某些协调责任，把工作做好。我们的纪检监察队伍是一支好的队伍。在端正党风、加强廉政建设和反腐败斗争中，纪检监察机关作为主要职能机构，过去做了大量的工作，现在和今后都肩负着重大的责任。这次中纪委第二次全会对纪检监察机关明确提出了以改革精神加强自身建设的任务，这是很好的，也是很必要的。只有照这样去做，纪检监察机关才能真正提高素质和战斗力，更好地发挥自己的作用。希望同志们在这方面做出更大贡献。

中共中央总书记江泽民题写书名的《毛泽东手书选集》由北京出版社出版

为纪念毛泽东诞辰100周年，由中央档案馆编辑的《毛泽东手书选集》出版发行。

这套选集是从浩繁的中央档案馆馆藏毛泽东手迹中，精选两千多幅书法珍品，大部分属首次公开发表，全面系统地展现毛泽东书法艺术的发展历程。

全书共十卷，分别为：自作诗词、题词、题字、书信、文稿、电稿、批注、札记、古诗词，预计1993年11月底出齐。全部手迹都附印释文，有的还作出必要的考证和校订。

中共中央总书记江泽民在中南海会见台湾东吴大学校长章孝慈

全国学联21届二次全会在北京开幕

会议的主要议程是，深入贯彻党的十四大和团的十三大精神，总结全国学联三年来的各项工作，提出新时期学联工作的目标和举措；讨论制定中国大学生科技文化服务行动计划。

全国学联主席杨岳代表全国学联第21届委员会作题为《抓住机遇，迎接挑战，努力成为建设有中国特色社会主义的跨世纪人才》的工作报告。

“中国人民抗日胜利受降城”在湖南省芷江侗族自治县奠基

48年前，日本降使今井武夫受侵华日军最高司令长官冈村宁次派遣，飞抵芷江洽降，交出日军在中国兵力部署图，接受中国各战区日军投降详细规定备忘录，呈上了杀人战刀等。

外交部发言人就联合国人权委员会防止歧视和保护少数小组委员会否决《西藏局势》决议草案一事发表谈话

发言人谈话指出，西方少数人利用所谓人权问题破坏中国的统一和领土完整的行径是不得人心的。

1993年8月20日，联合国人权委员会防止歧视和保护少数小组委员会以17票赞成，6票反对，2票弃权通过了对所谓“西藏局势”的决议草案“不采取行动”的动议。

外交部发言人指出，这一动议的通过，挫败了西方少数人企图利用联合国人权机构干涉中国内政和支持西藏少数分裂主义分子活动的图谋。他说，本届人权小组会对所谓“西藏局势”决议草案的表决结果再次证明，“西方少数人利用所谓人权问题破坏中国的统一和领土完整的行径是不得人心的”。

从公元13世纪起，西藏就是中国领土不可分割的一部分，这是世界各国公认的事实。中国政府一贯重视和保护包括藏族同胞在内的全国各族人民的合法权益。他说，西藏和平解放40多年来，藏族同胞一直享受着中华人民共和国宪法和法律规定的各项公民权利和少数民族的自治权利。少数分裂主义分子企图借助国际反华势力分裂祖国的阴谋绝不会得逞。

中国和世界卫生组织1994至1995年度合作规划在北京签署

合作规划是世界卫生组织根据1994—1995年度拨款方案，与我国政府充分讨论后确定的。它除向我无偿提供总额918万多美元的正规预算援助外，还有预算外资金援助389万多美元。合作形式有提供顾问服务和地方费用、购置必要的仪器设备、派遣进修生、举办培训班、提供研究培训奖金和科研奖金等。

国际晶体学联合会第16届学术大会于21日至30日在北京举行

中国运动员王军霞钟焕娣在斯图加特的世界田径锦标赛上分获女子1000米金银牌

8月22日

中共中央总书记江泽民在大连考察

8月22日至28日，江泽民考察了大连冷冻机厂、中国华录电子有限公司、大连造船新厂，大连港、大连经济技术开发区以及大连理工大学、大连海运学院。在此期间，召开华北、东北部分国有大中型企业座谈会。16家企业负责人汇报了贯彻落实《条例》的情况，就深化企业改革，增强国有大中型企业活力的问题，提出了意见和建议。中共中央政治局委员、书记处书记丁关根，中共中央政治局委员、国务委员李铁映，中共中央政治局候补委员、书记处书记温家宝随同考察并出席了座谈会。

参加座谈会的企业代表分别来自北人集团公司、北京雪花电器集团公司、天津津京玻壳股份有限公司、华北制药厂、邯郸钢铁总厂、大同矿务局、内蒙古自治区伊克昭盟羊绒衫厂、沈阳飞机制造公司、吉林化学工业公司、鞍山钢铁公司、中国第一汽车集团公司、丰满发电厂、哈尔滨电站设备集团公司、大庆石油管理局、中国华录电子有限公司、大连冷冻机厂。

随同考察并出席座谈会的还有：中央、国务院有关部门的负责人：曾庆红、陈锦华、曾培炎、周正庆、滕文生、陈清泰、张佑才；辽宁省、大连市的负责人：全树仁、岳岐峰、曹伯纯、薄熙来等。

国家工商行政管理局发出关于严肃纪律认真开展纠风专项治理工作的通知

国家工商行政管理局最近发出的通知明确规定,各级工商行政管理机关增设的服务机构,要严格执行咨询自愿的原则和物价管理机关审定的收费标准,坚决纠正强行垄断咨询服务,随意提高收费标准的不正之风。咨询服务机构要公开办事制度,决不允许靠垄断行为搞创收。各级工商行政管理机关要将纠正服务垄断、乱收费问题作为目前的重点专项治理项目,立即检查纠正。

通知要求,严厉查处工商行政管理机关干部以权谋私问题。查处的重点是:利用一线重要"窗口"岗位工作的职权吃拿卡要,不给好处不办事,给了好处乱办事的腐败行为;以及接受礼券、红包和干股,到服务管理对象企业报销个人开支费用等变相贿赂行为。对违纪者要从严查处。凡经查确有违纪事实者,除按规定给予党纪、政纪处分外,均可酌情予以辞退或限期调离。

通知宣布,为了维护工商行政管理机关良好的执法形象,根据中央有关规定,各级工商行政管理机关不准兴办金融、期货以及其他经营业务的经济实体。凡已开办经济实体的,要立即按规定脱钩,不准以兴办经济实体为名,作为创收、搞计划外资金来源的渠道。

新华社香港分社副社长张浚生就"直通车"问题答记者问

张浚生指出,中国政府早就通过基本法和全国人大的决定,对"直通车"问题作出了明确的规定,只要按照这些规定去贯彻执行,"直通车"就有了基本条件和保证;现在,应该真正按"三符合"的原则尽快使中英谈判取得成果,而不要横生枝节,制造新的障碍,阻碍谈判的进程。

张浚生说,什么叫"直通车"?所谓"直通车",就是中国在1997年收回香港,恢复行使主权后建立特区政府时英国管制下的香港政府产生的最后一届立法局符合一定的条件,经过一定的确认手续,可以直接转换为特区政府的第一届立法会。本来,英国管制下的香港政府和将来主权国收回香港后建立的香港特别行政区政府本质上是完全不同的两个政府,但是考虑到香港的历史和现实,为使得将来的政权过渡能够更为平稳、顺利,在起草基本法时中国政府吸收了英国政府提出的一些意见,在基本法中作出了有关规定,同时在通过基本法时又由全国人大就香港特别行政区第一届政府和第一届立法会的产生办法作出了专门的规定,也就是说,中国政府早就通过基本法和全国人大的决定,对"直通车"问题作出了明确的规定。只要按照这些规定去贯彻执行,"直通车"就有了基本条件,就有了基本保证。

第四届世界田径锦标赛在德国斯图加特闭幕中国运动员夺得4枚金牌2枚银牌奖牌数列第二

全国第二届大学生田径锦标赛在浙江大学举行

8月23日

全国人大常委会委员长乔石在人民大会堂会见斐济议会众议院议长库里桑吉拉和参议院议长索卡纳乌托

国务院办公厅转发国家经贸委关于学习邯郸钢铁总厂加强管理的经验进一步抓好扭亏增盈工作的报告的通知

各省、自治区、直辖市人民政府,国务院各部委、各直属机构:

现将国家经贸委《关于学习邯郸钢铁总厂加强管理的经验进一步抓好扭亏增盈工作的报告》转发给你们,请你们结合贯彻落实中共中央、国务院关于加强宏观调控的意见和《全民所有制工业企业转换经营机制条例》,从本地区、本部门的实际情况出发,研究、参考邯郸钢铁总厂的经验,进一步深化改革、转换机制、提高效益,抓好扭亏增盈工作。

国务院办公厅

1993年8月23日

关于学习邯郸钢铁总厂加强管理的经验进一步抓好扭亏增盈工作的报告

国务院:

今年以来,我国经济在继续大步前进中,出现了一些新的矛盾和问题。一些工业企业物质消耗高,费用大,浪费严重,成本不断上升,已成为我国工业发展中的一个突出问题。实施《企业财务通则》、《企业会计准则》后,企业成本费用将有所增加,潜亏将变为明亏,企业亏损的矛盾还会更加突出。

为了进一步贯彻落实《国务院关于深入开展企业扭亏增盈工作的通知》(国发〔1992〕24号)的要求,我委在冶金部召开冶金系统学习邯郸钢铁总厂(以下简称邯钢)经验交流会和进一步深入调查研究的基础上,于今年五月十一日至十四日,在河北省邯郸市召开了由各省(区、市)经委(计经委)负责同志和部分亏损企业厂长参加的"加强管理,降低成本"现场会,总结交流邯钢"模拟市场核算,实行成本否决"的经验。与会代表一致认为,邯钢经验内容翔实,可操作性强,学习邯钢经验对当前我国国有工业企业深化改革、转换机制、加强管理、提高效益以及深入开展扭亏增盈工作具有重要的现实意义。现将邯钢经验和进一步开展扭亏增盈工作的意见报告如下：

一、邯钢经验的主要内容和特点

一九九〇年，由于原材料大幅度涨价，钢材市场严重疲软，邯钢生产的二十八个品种仅有二个盈利，连续五个月亏损，全年盈利仅一百万元，企业生存受到威胁，迫切要求企业深化内部改革，转换经营机制，为此，邯钢开始推行"模拟市场核算、实行成本否决"的优胜劣汰的竞争机制。其主要内容，一是模拟市场核算，以国内先进水平和本单位历史最好水平为依据，以能源、原材料和出厂产品的市场价格为参数，核算出产品的内部成本和内部利润，层层分解落实到分厂、车间、班组和个人，并成为各自的目标成本和目标利润。二是实行成本否决，完不成目标成本，扣发全部奖金和缓升浮动工资。三是联利计酬，重奖重罚，把成本管理的权力和责任交给全体职工，形成"千斤重担众人挑，人人肩上有指标"的局面。邯钢经验具有以下主要特点：

（一）引入市场机制，以降低成本为突破口，提高经济效益。改革企业内部核算办法，原燃材料和产成品等价格一律以市场现行价格作为制定内部核算价格的依据，在不改变总厂集中统一管理体制的前提下，让分厂直接感受到市场的压力。具体做法：一是将传统的厂内统计核算改为模拟市场核算，较好地解决了企业内部价格与市场价格脱节问题，使企业的成本及时反映市场的变化，提高了企业产品的竞争力。二是将班组核算由过去的实物统计改为成本核算，由过去单一的实物量考核，转变为既有实物量又有价值量的"双重"考核，使班组核算更能反映经济效益。三是实行全员参加、全过程的成本管理，从采购、生产到销售的各个环节都有成本指标，并分解到每个职工，实行全过程的成本控制。四是实行成本、质量双否决权，以否决为手段，强化成本管理，保证产品质优价廉。自一九九一年推行以来，先后有二十七个分厂（次）被否决全部奖金，有六个分厂被否决晋升浮动工资。

（二）体现职工当家作主的权利和义务。通过分解目标成本，把生产资料的使用、管理、核算具体落实到每个职工，使职工有家可当、有财可理，又通过联利计酬把职工的利益与企业的经济效益紧密地结合起来，使职工有责可负、有利可得，广大职工与企业结成了责、权、利统一的利益共同体，从而形成了一种自我管理、自我约束的新机制。一九九一年，总厂对二十八个分厂、十八个处室下达承包指标一千零二十二个，分解到班组、岗位和个人的小指标十万多个，成本指标落实到人，人人当家理财。如二炼钢管工班八名职工，当好六千元的家，既干活又算账，修旧利废，全年节约开支上万元。

（三）充分体现按劳分配的原则，较好地解决了职工吃企业"大锅饭"的问题。按成本指标完成情况核算奖金，拉开档次，实现了多节约多获益。去年总厂的二炼钢厂完成成本指标，年终获效益奖六十三万元，而六机厂成本指标没有完成，一分钱奖金也没拿到。奖金高的心安理得，低的也心服口服。

（四）立足内部挖潜，降低消耗，提高效益。按照先进合理的原则，以本企业历史最好水平为起点，国内和国际先进水平为目标，经过反复测算，建立了一套比较完整的目标成本责任网络系统，并将企业的产品、原料、能源、劳动等由实物量管理改为实物量和价值量"双重"管理。这不仅细化了成本管理，更重要的是发动全体职工，挖掘内部潜力、降低物质消耗，收到了节能降耗的明显效果。目前邯钢的劳动生产率、成本及主要消耗指标在同类型钢铁企业中均居先进行列。

四年来，邯钢通过模拟市场核算，深化成本管理，加强了基础工作，企业管理发生明显变化，经济效益大幅度提高。在全国工业企业成本普遍上升的情况下，邯钢的吨钢成本逐年下降。一九九一年下降 6.36%，与上年成本指标相比减少七千二百九十万元，其中：能源、原材料消耗减少五千八百万元，占 79.56%；固定费用减少一千四百万元，占 19.2%。一九九二年下降 4.86%，减少九千五百万元，其中：能源、原材料消耗减少七千一百万元，占 75%；固定费用减少二千四百万元，占 25%。一九九三年一季度下降 3.62%，减少二千零五十六万元，其中：能源、原材料消耗减少一千五百八十二万元，占 77%；固定费用减少四百七十万元，占 23%。扣除钢材涨价和消化能源、原材料涨价因素，一九九一年多创利润近一亿元（其中处理历年潜亏五千多万元），一九九二年多创利润一亿三千八百万元，其中降低成本增利占当年新增利润的 56.7%。

邯钢经验是在外有压力、内有潜力的情况下产生的，它是企业深化内部改革、自觉走向市场、适应社会主义市场经济发展的成功尝试。邯钢经验的实质，就是以市场为导向，建立适应社会主义市场经济需要的经营机制；以降低成本、提高经济效益为核心，依靠全体职工办企业、管理企业，使每个职工都关心企业产品成本，保证企业经济效益的提高。

二、学习邯钢经验，进一步抓好扭亏增盈工作

中共中央、国务院关于加强宏观调控的意见指出，要积极、正确、全面地领会邓小平同志重要谈话和党的十四大精神，把解放思想和实事求是统一起来，切实贯彻"在经济工作中要抓住机遇，加快发展，同时要注意稳妥，避免损失，特别要避免大的损失"的重要指导思

想，把加快发展的注意力集中到深化改革、转换机制、优化结构、提高效益上来。目前，在能源、原材料和运输价格普遍上涨的情况下，正确引导企业加强经营管理，挖掘内部潜力，降低成本，提高效益，已成为我国经济工作中的一项重要任务。邯钢经验为企业扭亏增盈提供了有益的启示，值得全国工业企业学习。为此，要采取如下措施：

（一）从各省（区、市）选择少数领导班子较好的经营性亏损企业，作为扭亏增盈工作的重点，跟踪考核，一抓到底。这些企业的领导和有关人员已分批到邯钢进行了现场培训，在系统学习邯钢经验的基础上，要督促他们制定扭亏增盈措施。今明两年要按季度通报这些企业的扭亏增盈情况，并进行督促检查。我委将会同各省（区、市）经委（计经委）搞好协调、服务，积极帮助亏损企业解决生产经营中遇到的困难，促其率先减亏或扭亏，以推进全国工业企业扭亏增盈工作的深入发展。

（二）继续抓好煤炭、石油、烟草、有色金属和军工等重点行业的扭亏工作，要引导这些行业向邯钢学习，积极挖掘企业内部潜力，从降低成本入手，加强企业内部管理，提高经济效益。

（三）会同财政部等有关部门及各省（区、市）经委（计经委）深入调查研究，解决扭亏增盈工作中出现的新问题，并及时总结、学习先进经验。

（四）召开全国扭亏增盈工作会议，进一步推动扭亏增盈工作。今年力争实现预算内工业企业亏损额比去年下降五个百分点和经营性亏损额下降15%—20%的目标。

各地区、各部门对工业企业物耗高、亏损严重的状况要有一个非常清醒的认识，结合贯彻《全民所有制工业企业转换经营机制条例》，从实际情况出发，研究、参考邯钢经验及本地区、本部门的先进典型，深化改革，加强管理，使扭亏增盈工作登上一个新的台阶，促进我国工业企业经济效益有一个明显的改善。

国家经贸委

1993年7月17日

国务院副总理李岚清在北京同全国学联21届2次全委会会议代表座谈

李岚清在座谈时指出，青年学生在大学时代要以学为主，必须抓紧黄金时间勤奋学习，为将来报效祖国打好基础。

北京大学学生会主席英勇、大连理工大学研究生会主席杨巍等10多位代表在座谈会上分别就教育改革、学风、思想政治教育等问题发言。

共青团中央第一书记李克强主持座谈会。

海峡两岸法学学术研讨会在北京开幕

研讨会由中国政法大学主办、海峡两岸关系协会等单位协办，是两岸迄今规模最大的一次法学学术交流会。台湾东吴大学校长章孝慈教授等六十位台湾人士和中国政法大学校长陈光中教授等一百位大陆人士与会。

全国人大常委会副委员长王汉斌、雷洁琼，司法部部长肖扬等出席开幕式。

研讨会于8月24日结束。

全国政协副主席中央统战部部长王兆国在北京会见香港南洋商业银行名誉董事长庄世平和香港商业银行董事长陈有庆带领的香港金融界人士旅行团成员

国务委员陈俊生在北京举行的第三次全国棉花工作会议上宣布提高棉花收购价格

陈俊生宣布：国务院决定提高棉花收购价格。今年将现行标准级皮辊棉由每担三百元提高到三百三十元（国家加价款数量不变），明年将结合调整等级差价，对棉花收购价格再次提高。棉花供应价格也做相应调整。

最高人民检察院最高人民法院发出《关于严厉打击走私犯罪活动的通知》

各省、自治区、直辖市人民检察院、高级人民法院，军事检察院、军事法院：

党中央、国务院对打击走私犯罪活动极为重视，作出了一系列重要决策，最近召开了全国打击走私工作会议。“两高”党组就严厉打击走私犯罪活动给党中央写了报告，这个报告已经党中央同意，并由中共中央办公厅予以转发。全国各级人民检察院、人民法院要坚决严肃地贯彻好全国打击走私工作会议和中办发〔1993〕11号文件精神，按照中央的统一部署，采取果断措施，依法严惩一批走私犯罪分子，坚决刹住走私犯罪活动发展蔓延的势头。现将有关事项通知如下：

一、统一认识，积极参加打击走私联合行动。各级检察、审判机关要认真组织全体检察、审判人员学习领会党中央关于严厉打击走私活动的一系列重要指示，坚定不移地贯彻“两手抓，两手硬”的方针，充分认识当前走私的严重性和危害性，正确分析反走私斗争的艰巨性和复杂性，深刻领会依法严厉打击走私犯罪活动，对于保障改革开放和经济建设顺利进行，巩固人民政权的重要性和紧迫性，增强抓好反走私斗争的政治责任感，在党委、政府的领导和部署下，积极参加打击走私联合行动。在履行检察、审判职责的过程中，要以党和国家的大局为重，坚决排除地方保护、部门利益和行业腐败行径的干扰，严格执法，秉公办案，切实纠正有法不依，执法不严，打击不力的现象。

二、严格执法，重点查办单位走私犯罪案件。在检察、审判工作中要严格执行《中华人民共和国海关法》和《全国人大常委会关于惩治走私罪的补充规定》，对企事业单位、国家机关、社会团体犯走私罪的，要依法对单位判处罚金，判处没收走私货物、物品、走私运输工具和违法所得；对直接负责的主管人员和其他直接责任人员依法追究刑事责任。决不允许以罚代税、以罚代刑。对已作罚没处理、党政纪处理的单位走私犯罪案件，人民检察院应根据刑事诉讼法第十三条和中办发〔1993〕11号文件的规定立案侦查和提起公诉，交由人民法院审判。在检察、审判工作中遇有以言代法、以权压法等干扰秉公执法和依法审判的，要及时向党委报告。对于国家工作人员，无论是否司法人员，利用职务包庇、窝藏走私犯罪分子，隐瞒、掩饰他们的犯罪事实的；对走私犯罪有追究责任的国家工作人员不依法处理，或者因受阻挠而不履行法律所规定的追究职责的；对犯罪人员和犯罪事实知情的直接主管人员或者仅有的知情的工作人员不依法报案和不如实作证的；以及贪污、受贿的，执法犯法、徇私枉法的，要坚决依法追究其刑事责任，从严惩处。对其中不构成犯罪的，也应建议主管部门给予党纪、政纪处分。

三、狠抓办案，突出查处大案要案。各级人民检察院、人民法院要积极行动起来，加强同公安机关、海关等部门的密切配合，协同动作，抓紧查处一批走私大案要案。检察机关要坚持提前介入公安机关的侦查、预审活动，并及时向人民法院通报审查批捕、审查起诉工作情况；审判机关要提前了解案情，复核证据。各地特别是沿海、沿边地区检察机关、审判机关可从实际出发，抓紧起诉一批、审判一批大案要案，并有计划地集中公开宣判一批大案要案，以震慑犯罪、鼓舞群众。在工作中，要坚持基本犯罪事实清楚、基本证据确凿的原则，不允许互相推诿、贻误工作。

四、坚持从严从重方针，严厉惩处走私犯罪分子。为迅速扭转走私犯罪活动猖獗的局面，刹住其发展蔓延的势头，必须坚持从严从重的方针，否则镇不住，治不了。对走私犯罪分子该逮捕的要及时逮捕，该起诉的要抓紧起诉，该重判的必须重判，对依法应当判处死刑的，要坚决杀掉。对免诉、免刑、缓刑要从严掌握，不得超越法律规定从轻处罚，更不准违法减轻处罚。

五、加强领导，精心组织。反走私不仅是一场经济斗争，而且是一场严肃的政治斗争，是反腐败斗争的一个重要方面，是新时期加强党的建设和政权建设的重要组成部分。各级人民检察院、人民法院的领导同志务必高度重视、身体力行，精心组织、精心指挥。各级领导都要亲自抓大案要案，组织得力干部承办案件。上级检察和审判机关要加强领导和监督，下级检察、审判机关在工作中遇有重大情况和问题要及时请示报告，并切实把集中打击和综合治理结合起来，把猖獗的走私势头打下去，为夺取反走私斗争的胜利尽职尽责。

中共中央政治局常委朱镕基在内蒙古考察

朱镕基于8月23日至29日与国务院有关部门和金融界的领导，在内蒙古自治区党政领导陪同下先后考察位于内蒙古东部地区的伊敏煤电工程和西部地区的准格尔煤电运工程，以及满洲里公路、铁路口岸、中俄互市贸易区和大兴安岭林管局、鄂温克族自治旗、呼和浩特机床附件厂、内蒙古第二毛纺厂等。并与自治区的领导同志和有关部门就财政、金融体制改革以及资金信贷和债券发放等方面的问题进行座谈，认真听取他们的意见和建议。还在现场办公，解决了重点工程、铁路运输、企业生产中出现的一些问题。

朱镕基强调，各地区一定要正确把握经济发展趋向，把加快发展的注意力集中到深化改革、转换机制、优化结构、提高效益上来。解决当前经济运行中的问题，要用新思路、新办法，要加快金融体制、投资体制和财税体制改革的步伐，把改进和加强宏观调控、解决当前经济工作中的矛盾和问题，变成加快改革、建立社会主义市场经济体制的动力。

朱镕基说，搞建设要量力而行，不能不顾条件把摊子铺得过大，要集中财力和资金重点保证农牧业生产，保证重点企业的生产和出口，保证国家重点建设项目的需要。要加快基础设施和基础工业建设步伐，尽快解决制约我国经济发展的"瓶颈"问题。道路畅通了，产品 和资源才能运出去，才能变成经济效益。

朱镕基指出，各级领导干部一定要把注意力和主要精力放在转换企业的经营机制上，不折不扣地把《全民所有制工业企业转换经营机制条例》赋予企业的权力落实下去，使企业真正成为自主经营、自负盈亏、自我约束的法人实体和市场竞争主体。企业的根本出路还是深化改革，眼睛向内、苦练内功，进一步完善内部经营管理，推进技术进步，提高产品质量，增强产品在市场上的竞争能力。一个企业，只要有一个好的领导班子、有一个好的产品系列、有一套严的管理制度，就会有好的经济效益。

在满洲里口岸，朱镕基针对当前边贸中出现的问题强调指出，边境贸易的发展前途和生命力，就在于严格把住出口产品质量关，严防假冒伪劣产品溜出国门，损害国家和民族形象。光靠边检部门把关还不够，公、检、法部门要配合边检，追根寻源，对那些制售假冒伪劣产品的人，坚决打击，给予经济的、法律的制裁，确保边贸事业朝着健康的方向发展。

民政部内地代表团与香港政府代表团在广州达成安置内地越南难民协议

由民政部印支难民办公室负责人率领的内地代表团与香港政府代表团在广州进行会晤。双方就最近从中国南方沿海流入香港的原内地安置过的越南难民问题达成协议。

从 1978 年以来，中国政府共接收安置印支难民及其子女 28.8 万余人，其中越南难民占 99%。他们主要安置在广东、广西、海南和福建等 6 省（区）的 194 个安置点的农场和厂矿。十多年来，中国政府为安置难民，仅中央财政拨专款达 7.3 亿美元，至今每年还拨出 2600 万元人民币帮助难民提高生活水平。大多数难民已建立起自己的家园，生活有了基本保障，安居乐业，情绪稳定。

但是，近几年来，原安置在广东、广西和海南等地的难民中约 7000 人先后流入广西北海市郊区的侨港镇周围，自行搭棚居住，自谋职业，给当地的社会治安和卫生环境带来严重问题。广西壮族自治区人民政府多次劝说他们返回原安置点。经说服教育工作，70% 的难民自动拆除窝棚，并分流到各地，但也有少部分难民趁机偷渡流入香港。

据港方介绍，到今年 6 月 25 日止，从内地流入香港的越南难民有 2000 余人。但中国政府从不赞成经安置过的难民盲目流入其他国家和地区，更不存在迫害和驱赶难民问题。对盲目流入香港的难民经过甄别，属内地安置过的难民，将予以分批接回安置。

参加会议的内地代表团有公安部、广东、广西、海南等有关部门和新华社香港分社的代表；香港政府代表团有港府保安科和人民入境事务处代表。

联合国粮农组织第 18 届亚太植保委员会会议在北京举行

新闻出版署对四川美术出版社出版《脑筋急转弯》一书作出处理决定

《脑筋急转弯》为台湾版连环画册，该书内容违背国家宗教政策，严重伤害了穆斯林的感情，造成恶劣的社会影响，四川美术出版社因此受到严厉处罚。

8 月 24 日

中共中央总书记江泽民在大连召开的华北东北地区部分大中型企业座谈会上发表讲话

建立和发展国有企业特别是国有大中型企业，是由我国社会主义的基本政治、经济制度决定的，也是我国社会主义经济的重要标志。新中国成立初期，国有企业曾经做出过重大的历史性贡献，使我国经济在较短时期内形成了工业化的初步基础，有力地促进了社会的稳定，同时也提高了我国在世界上的地位。在经济建设中，国有企业支撑了全国经济的发展，保证了能源、原材料的供给，培养和输送了大批人才，为国家发展经济提供了资金。这些年来，国有企业承担着国家计划所确定的重大任务，支持了改革开放和经济建设的顺利进行，在保障供给、繁荣市场、调节分配、稳定社会方面发挥了重要作用。我国发展经济的经验告诉我们，任何时候都必须抓好两件事，一是要不断加强农业的基础地位，一是要搞好国有大中型企业。我国是一个人口众多的大国，吃饭问题始终是件大事，坚持不懈地抓好农业，是确保国民经济和社会发展的基础。国有大中型企业是国民经济的支柱，是经济更快更好发展的骨干力量。搞好国有大中型企业，对增强我国经济实力，提高人民生活水平，保证社会稳定，深化改革开放，具有十分重要的作用。全党必须把搞好国有大中型企业的问题摆上重要的议事日程。

国有大中型企业是国家财政收入的重要来源和基本保证。我国现有独立核算的国有大中型工业企业一万三千多家，占全国工业企业总数的百分之二点六，创造的工业产值占全国乡及乡以上企业工业总产值的百分之四十六，上缴国家利税占同口径的百分之六十七左右。这说明，在多种经济成分迅速发展的情况下，公有制经济特别是国有企业在国民经济和国家财政收入中仍然具有绝对优势，而且国有大中型企业占据着关系国民经济命脉的重要产业，是稳定和发展国民经济的骨干力量。

国有大中型企业是我国经济参与国际竞争、合作、分工的基本力量。随着我国对外开放的扩大，我国在国际经济中的交往将进一步增加。在这方面，国有大中型企业不仅具有雄厚的竞争实力，而且起着主导作用。因此，只有搞好国有大中型企业，才能壮大我国的对外经济实力，进一步提高我国的国际地位。

搞好国有企业特别是大中型企业在加强和改善国家宏观调控中具有至关重要的作用。最近，中央正在采取的各项宏观调控措施，是为了深化改革、转换机制、优化结构、提高效益。宏观调控的成效，在很大程度上要通过国有企业来体现。可以说，政府和国有企业从不同的侧面承担着共同的任务。国家为企业的发展和生产经营创造必要的环境和条件。同时，国有企业必须执行国家的各项调控措施，按照国家的产业政策，优化企业的组织结构、产品结构。在转换经营机制的基础上，发展生产，厉行节约，推进技术进步，严格内部管理，提高劳动生产率，创造更高的经济效益。这样，才能落实宏观调控的各项措施，达到宏观调控的目标，保证国民经济持续、快速、健康地发展。

搞好国有大中型企业，是建立社会主义市场经济体制的主要内容和重要保证。国有大中型企业是发展社会主义市场经济的主力军。只有国有大中型企业进入市场，参与市场竞争，成为市场的主体，我国的市场体系才能完备、健全和发展，才能确保市场的统一开放、有序竞争。

进一步搞好国有大中型企业才能进一步体现和发挥社会主义制度在发展社会生产力方面的优越性。国有大中型企业适应社会化大生产的需要，具有市场竞争的实力。搞好国有大中型企业，对巩固社会主义制度，不断满足人民群众的物质和文化生活的需要，实现社会公平分配和共同富裕，建设有中国特色的社会主义，具有不可估量的重大作用。

由于长期受传统体制的影响和束缚，以及多年来企业沉积的各种矛盾和问题，使国有大中型企业难以发挥应有的作用，难以适应市场经济的要求。东北地区是大中型企业比较集中的地区，有的企业早已建立，大部分企业于五六十年代建成。建国初期的一百五十六项工程中，在东北地区就有六十项。这些国有大中型企业有过光荣的历史，做过重大的贡献，不仅保证了解放战争、抗美援朝战争的物资需要，在经济建设中，作为国家的重工业基地，还为全国经济的发展提供了重要的保障，为新企业的建设输送了大批人才，为国家财政提供了几千亿的利税。改革开放以来，这些企业又支持了沿海地区的改革开放与经济发展，在稳定社会大局方面发挥了重要作用。然而，近年来，这些国有大中型企业在发展中出现了历史包袱大，潜亏和亏损挂账严重，债务负担、人员负担、企业办社会负担过重等问题。加之企业产品结构和组织结构不合理，技术装备落后，产品老化，使一批国有大中型企业缺乏竞争能力。造成这种状况的原因是多方面的，必须针对不同问题和情况认真抓紧解决。但必须认识到，最主要的是体制方面的原因。东北地区实行计划经济最早，受传统经济体制影响较深，人们的观念、企业的管理、经营的方式未能很好地适应形势的变化及时作出调整，加之地区的产业结构不合理，所有制结构单一，市场条件和竞争环境不足，使企业的进一步发展受到障碍和制约。改革开放以来，企业活力虽有增强，但国有大中型企业的各种深层次矛盾也日益显露，越来越不适应发展社会主义市场经济的要求。华北地区国有大中型企业也比较集中，同样存在这些问题。改革和发展的实践表明，搞好国有大中型企业，已成为建立社会主义市场经济体制的重点和难点问题，必须下功夫把这个问题解决好。

搞好国有企业特别是国有大中型企业，是建立和完善社会主义市场经济的重要环节，其根本出路在于进一步深化改革。转换企业经营机制，把企业推向市场，在市场竞争中增强活力，提高素质，建立适应社会主义市场经济发展要求的现代企业制度，是深化企业改革的重要内容。

我国的企业改革经历了一个较长的探索和实践过程。1978 年开始的企业改革，其思路是，在不改变国家所有权的前提下，从调整国家与企业的利益关系入手，将一部分生产经营权和利益下放给企业，让企业在一定程度上自主经营。1983 年 4 月进行了利改税的改革，设想通过两步利改税，把国家与企业的分配关系以税收的形式固定下来。1987 年 5 月，在全国范围内推行承包经营责任制，通过“包死基数、确保上缴、超收多留、欠收自补”的方式，进一步扩大企业的经营自主权。这些改革措施，在当时的条件下，都曾起过一定的积极作用。但从总体看，改革的内容，基本上是按照“放权让利”的思路确定和实施的，国有企业并没有真正成为独立的商品生产者和经营者。

近年来，随着市场取向的改革逐步深入，国有企业转换经营机制的问题迫在眉睫，列入了中央的重要议事日程。1991 年 9 月，中央工作会议研究了转换国有大中型企业经营机制的问题；1992 年 7 月，国务院发布了《全民所有制工业企业转换经营机制条例》；党的十四大把转换国有企业特别是国有大中型企业经营机制的问题，作为建立 社会主义市场经济体制的重要环节。转换企业经营机制，是企业改革的进一步深化，是搞好国有大中型企业的关键。

（一）转换企业经营机制，必须坚定不移地全面贯彻落实《条例》

去年 7 月 23 日，国务院颁布了《全民所有制工业企业转换经营机制条例》。当时我就指出：“通过多年来的实践说明，搞好国有大中型企业并非易事。但必须坚决把这件事办好。在当前全党学习、贯彻邓小平同志南方重要谈话精神的大好形势下，国务院制定了这份《条例》，务望各级党政部门继续解放思想，转变政府职能，真正把企业的自主权落实好。”一年多来，全国掀起了学习、宣传《条例》的热潮，贯彻落实《条例》工作取得了明显进展，有了良好的开端。有些地区和行业已经取得了显著成效。最近，中央在加强宏观调控的措施中也明确指出，要继续抓好《条例》的贯彻落实。不久前，国务院有关部门联合召开了“全国转换企业经营机制工作会议”，进一步部署了贯彻落实《条例》的工作。这些都很重要，我就不再重复。下面我想就贯彻落实《条例》的工作强调几个问题。

一是要进一步转变观念。一定要改变过去计划体制下国有企业只是生产单位,生产靠计划,产品靠国家的办企业模式。企业必须进入市场,参与竞争,成为自主经营、自负盈亏的法人实体。要克服那种在长期计划经济体制下形成的对政府的依赖心理,树立竞争意识、风险意识和效益观念。

二是要加快转变政府职能。根本途径是政企职责分开。凡是国家法律和政策规定属于企业行使的职能,各级政府都不要干预。下放给企业的权力,中央政府部门和地方政府都不得截留。各级政府都要调动企业的积极性,尊重企业的法人地位和经营自主决策权。政府和企业要调动广大劳动者的积极性。政府的职能,主要是统筹规划、掌握政策、信息引导、组织协调、提供服务和检查监督。政府机构不能搞"翻牌公司"和"集团",不能运用行政手段搞"拉郎配",强迫企业参加"公司"、进入"集团",硬行取消企业法人资格,挫伤企业和职工的积极性。

三是企业要眼睛向内,自立自强。政府把经营权交给了企业,并不等于企业就能自动转换经营机制。企业真正实现机制的转换必须靠自身的努力,眼睛向内、苦练内功。这对老工业基地的国有大中型企业来说更为重要。要通过企业内部深化改革,实现企业内部管理体制的转变,建立与社会主义市场经济相适应的企业内部决策、执行和监督体系,建立具有自我发展、自我约束的机制。要调整和完善与市场机制相适应的各项管理制度和运行规则。要正确处理好企业内部党政关系,既要发挥企业党组织的政治核心作用,又要保证厂长(经理)负责制的有效实行。党政领导人员,可以适当交叉任职,条件具备的企业,可以实行党政主要职务一人兼任。要加强思想政治工作,发挥基层党组织的作用,要在广大党员和职工中开展职业道德教育,提倡奉献精神,增强工人阶级主人翁的责任感,坚决反对拜金主义、享乐主义和极端个人主义,努力建设一支能在市场竞争中团结战斗的职工队伍。同时,要进一步加强企业文化建设,培育企业精神。

四是积极推进企业三项制度改革。企业人事劳动制度改革的重点是,加快社会保障制度的建设,逐步放开劳务市场,建立新型的企业自主用人机制。企业内部要继续搞好劳动组合,提高劳动生产率。企业内部分配制度的改革,要认真贯彻按劳分配原则,在国家政策规定的范围内,企业有权决定内部分配形式,真正做到劳动报酬与劳动贡献挂钩,使工资报酬在物价上涨与劳动生产率增长之间调节。努力增加企业积累,增强企业发展后劲,不能吃光用光。奖金和效益工资必须与企业效益挂钩。

五是大力推进企业组织结构的调整。有的可以以大型企业为龙头组建企业集团,实现优势互补;有的可以根据企业布局、产品性质划小核算单位,实行分立,各自作为独立的法人走向市场,分而活之;有的也可以按照法律和政策的规定,通过合资、兼并、破产、租赁、拍卖等形式实行优胜劣汰,但是必须防止国有资产的流失。

(二)加快配套改革,为企业创造良好的外部环境

中央对这方面的工作十分重视。1991 年 9 月的中央工作会议,就提出了改善国有大中型企业外部环境的十二条措施,《条例》又作出了一系列具体规定。当前的主要问题是,这些措施和规定尚未完全落实。

改革实践表明,搞好国有大中型企业必须加强企业自身的工作,同时,还需要有相应的宏观条件和环境。在这次座谈中,大家也提出了尽快建立社会主义市场体系的要求,反映了加快金融、投资、财税、产权管理、社会保障等方面配套改革的意见。为了加快建立社会主义市场经济体制,中央已经组织若干专题的调研工作,正在拟订改革方案。例如,金融体制改革方面的设想是,立足实际,既解决当前存在的问题,又解决体制上的深层次问题。其目标是:建立在国务院领导下的独立执行货币政策的中央银行调控体系;建立政策性金融与商业性金融分离、以国有商业银行为主体、多种公有制金融机构并存的金融组织体系;建立统一开放、有序竞争、严格管理的金融市场体系。投资体制改革方面的考虑是,把政策性投资和商业性投资分开,同时建立有效的责任制度,形成风险和责任机制。财税体制改革的基本思路是,改革税制,公平税负,全面实行分税制,进一步调动中央与地方两个积极性。中央财政多集中的部分,将以税收返还方式实现转移支付,以增强中央调控能力。其他方面的配套改革也正在抓紧进行。要继续大力发展商品市场和生产要素市场,积极培育和规范包括债券、股票等有价证券的金融市场,发展技术、信息、劳务市场等,尽快形成全国统一开放的市场体系。必须加快市场制度和法规的建设,打破条块的分割、封锁和垄断,促进和保护公平竞争。由于政府和企业职能的错位,企业承担了相当一部分应由社会承担的义务,使国有大中型企业同其他企业不能平等竞争,负担很重。要解决这个问题,必须加快建立和完善社会保障体系。同时,国家要采取有力措施,坚决制止对企业的各种社会摊派。要在深化企业改革的进程中,寻求妥善办法,逐步解决企业的各种历史包袱问题。

(三)加强国有资产管理,逐步建立现代企业制度

国有资产管理体制的改革,一定要解决防止国有资产流失和资产保值、增值的问题。国有资产流失是我国经济生活中的一个严重问题。流失的渠道是多方

面的，主要有：企业经营管理不善造成的国有资产流失；产权界定不清，化大公为小公，化公为私；产权变化过程中，国有资产评估过低；资源管理不善造成的国有资源资产流失；境外国有资产和外贸收汇的流失；盲目投资、重复建设形成的无效投资和闲置浪费等。这些情况说明，必须抓紧工作，理顺产权关系。国有资产管理体制改革的思路是，国有企业的财产属于全民，即国家所有，国务院代表国家行使所有权。为了更好地加强对国有资产的管理，防止国有资产的流失，应加强资产的监管工作。要研究国有资产管理的具体组织形式和方法，并要充分利用现有机构。由国务院授权有关机构，按照分工，对企业国有资产进行监督。企业应对其资产行使自主经营的权力，做到资产所有权与经营权分离。企业的经营权与国家的所有权都不得侵犯。为了保障所有权，落实经营权，理顺产权关系和国家与企业的关系，要加快国有资产管理的立法工作。

现代企业制度是社会化大生产和市场经济发展的产物。按照社会化大生产和市场经济一般规律的要求，同时按照社会主义制度的要求，在我国建立现代企业制度应具有这样几个基本特征：企业是产权关系明晰，资产保值、增值责任明确，独立核算、自主经营、自负盈亏、照章纳税的法人实体；企业以营利为目的，面向市场，按照市场的需求组织生产，从事经营，追求经济效益；企业具有自我发展、自我约束机制。按照国家的规定，在内部实行按劳动者的贡献分配报酬的制度；企业内部责任明确，运营规范，管理制度和经营机制健全；政企职责分开，政府对企业实行间接调控。可见，现代企业制度的核心是企业法人制度。只有这样，才能实现企业依法自主经营，并独立承担盈亏的后果。

建立现代企业制度是一项复杂的任务，不同类型企业可以有不同的组织形式（如有限责任公司，股份有限公司等），必须积累经验，逐步推进。当前仍要继续贯彻落实《条例》，要积极创造条件，有序地推进这方面的工作。股份制目前正在试点阶段，需要有一个规范和发展的过程。当前，国有大中型企业要把主要的精力用在提高企业素质、提高劳动生产率上。

如何搞好国有企业，在世界上没有完整、成熟的经验，也是个带有普遍性的难题。我们要通过深化改革，走出一条搞好国有企业特别是国有大中型企业的新路子。我相信，我们有邓小平同志建设有中国特色社会主义理论的指导，有党的坚强领导，有社会主义制度的优越性，又有相当一批经营有方、管理有素的国有大中型企业的成功经验，完全有可能、也有能力把国有企业搞好。

党中央、国务院对国有大中型企业寄予厚望，希望大家不辜负党和人民的重托，扎扎实实，兢兢业业，坚韧不拔，再接再厉，把国有大中型企业办成社会主义市场经济坚强有力的主力军。

全国政协主席李瑞环在人民大会堂会见斐济议会众议院议长库里桑吉拉和参议院议长索卡纳乌托

《人民日报》发表评论员文章《发展两岸关系 推进祖国统一 ——评国民党第十四次代表大会》

中国国民党第十四次代表大会于 8 月 22 日闭幕。大会重申国民党的一切努力“仍以促进祖国统一为最终目标”，明确指出“反对分裂国土”，“开展两岸关系，促进国家统一”。大会的“政务报告”把“追求国家统一”列为当前“行政”工作的第一重点。相当多的代表联署提案，要求国民党立即与中国共产党展开两党谈判。有识之士还提出，国民党的大陆政策有必要在这次大会加以检讨，以便开展未来的两岸关系等。对此，我们表示赞赏。

我们注意到，在中国共产党的对台政策的推动和两岸人民的共同努力下，自国民党十三大以来，国民党当局在处理两岸关系方面采取了一些较为务实的松动的措施，如终止了所谓“动员戡乱时期”，废除了“临时条款”，逐步放宽了对两岸经贸和其他交流交往的某些限制，同意举行“汪辜会谈”等。这些措施虽然远不能满足海峡两岸同胞的愿望，但有助于消除敌意，促进两岸关系的发展。

近年来，中国共产党的改革开放政策卓有成效，经济建设迅速发展，社会稳定，在岛内外引起了强烈反响，也为两岸关系发展创造了良好的环境。当前，两岸经济合作与各项交流交往在不断扩大，以台商赴大陆投资和间接贸易为主要内容的两岸经贸交往与合作出现了前所未有的好势头，两岸经济互利、互惠、互补的优势已为越来越多的两岸人民所认识。经贸关系的蓬勃发展，带动了两岸人员往来和各项交流活动的开展，促成了两岸授权民间团体的接触和事务性商谈，并取得成功。事实证明，发展两岸关系，扩大两岸经贸和其他各项交流交往，无论对大陆的发展还是对台湾的发展，都有极其重要的意义和作用。我们期望，国民党领导人能采取实际步骤，加快放宽限制，让两岸经济合作得到进一步发展，科技、文化、学术、体育交流进一步扩大。

当今世界，和平与发展成为不可抗拒的历史潮流。我们一国之内的两岸同胞，更应顺应历史潮流，摒除敌意，互谅互信。多年来，中国共产党一再表示我们主张“和平统一，一国两制”，建议就正式结束两岸敌对状态，逐步实现和平统一进行接触和谈判。我们希望台湾方面能对此认真考虑，给予积极的回应。

台湾岛内台独势力的膨胀是对包括两千万台湾同胞在内的全体中国人民根本利益的危害，是实现祖国和平统一的重大障碍，我们双方和两岸同胞都应为反对分裂国土、反对台独进行不懈的斗争。

考虑到台湾同胞对发展经济联系和其他对外交往的实际需要，我们对台湾对外的民间经济文化联系，是不持异议的。应当说，在发展对外民间经济文化交往的范围内，台湾有着广阔的活动空间。但近一个时期，台湾当局到处活动，声称要“参与联合国”，这是极端错误的。联合国是主权国家间的国际组织，中华人民共和国政府是在联合国代表全中国的唯一合法政府。这一点在1971年第26届联合国大会通过的第2758号决议中写得明明白白，已经作了结论，台湾当局也是知道的。台湾当局既然坚持一个中国的原则，就不应该去搞“两个中国”的事情。只要祖国统一了，两岸完全可以共享国际尊严与荣誉。

一部中国近代史是中华民族饱经忧患、受尽列强侵略凌辱的历史。在中国人民抵御外敌、振兴中华的英勇斗争中，中国国民党在北伐战争和抗日战争时期，与中国共产党有过共同的奋斗和成功的合作。今天，两岸关系正处在一个重要的发展阶段，国家统一、民族振兴的神圣使命已经历史地摆在我们面前。发展两岸关系，推进祖国统一，是民心所向。我们希望国民党领导人采取明智、积极的态度，与岛内其他党派、团体和各界人士一道，为进一步发展两岸关系和促进祖国和平统一迈出实际的步伐。

国务院副总理李岚清在全国棉花工作会议上发表讲话

李岚清强调，棉花产销最终要走市场经济的路子，但目前条件还不成熟，必须增强宏观调控能力，稳步推进棉花流通体制的改革。

李岚清在讲话中分析棉花与国计民生的关系，以大量事实告诉大家：无论过去、现在还是将来，我们党和国家都不会降低对棉花工作的重视程度，对棉花政策的调整也十分慎重。

面对棉花生产现状，他鼓励大家增强信心，不要把问题看得很严重。国务院已决定动用部分储备棉重点支持效益好的大中型企业。他希望纺织企业利用已形成的竞争环境，增强市场竞争力。

李岚清明确提出，要尊重价值规律，稳定发展棉花生产。他说，当前对棉花的计划管理不能削弱，这不等于不要尊重价值规律。当供求之间发生矛盾时，首先应考虑运用价格杠杆来调节。根据目前状况，如果不提高棉花收购价格，价值规律的作用势必使棉花生产受到更大冲击。尊重价值规律，不仅仅表现在提价上，依靠科技进步，提高棉花单产和抗灾能力，也是重要的措施。论及棉花流通体制改革时，他认为当前可着手进行三项工作：建立完善的棉花储备体系和棉花风险基金，掌握平抑市场波动的主动权；进行棉产区和销区企业间的产、销定货试点工作，以建立稳定的原料基地和畅通的购销渠道；建立健全棉花的质量保证体系。

铁道部在北京召开全国铁路坚决制止以车以票谋私深入整顿路风工作会议

会议传达江泽民同志在中纪委第二次全会上的重要讲话，按照中央关于开展反腐败斗争的部署和要求，采取坚决措施加大整顿路风工作的力度。铁道部部长、党组书记韩杼滨说：全路各级领导一定要认清全国反腐败斗争的形势，一定要看到铁路消极腐败问题的严重性和危害性，一定要有强烈的责任感和紧迫感，把铁路反腐败、整顿路风作为重大政治任务抓紧抓好。

中共中央纪委副书记、国务院纠正行业不正之风办公室主任徐青出席会议并讲话，充分肯定铁路系统在全国纠正行业不正之风中带了个好头。

国务院副总理邹家华在国家经贸委财政部联合于北京召开全国扭亏增盈工作会议上讲话

国务院副总理邹家华在会议上指出，发展经济不能仅仅注意扩大新增生产能力，充分发挥已形成的生产能力也至关重要，要下大气力把解决国有企业亏损这一艰苦的基础性工作做好。

邹家华提出，扭亏增盈的根本途径是深化改革，进一步转换企业经营机制。要坚定不移地全面贯彻落实《条例》，抓好建立社会主义市场经济体制的基础工作。解决亏损问题，需要外部条件的改善，使企业有一个比较宽松的经营环境。对于企业来说，更重要的是把着眼点放在自身力量的基点上。企业要有强烈的市场观念，狠抓销售工作；要努力适应市场需求，加快产品更新换代步伐，推广“人无我有，人有我优，人优我新”的好经验；要重视产品的质量，质量是企业的生命；要加强企业内部管理，自主权越多，管理越要严格。

中共中央政治局委员李岚清在山东考察

李岚清于24日至28日在中共中央政治局委员、山东省委书记姜春云和山东省省长赵志浩的陪同下，到胶东半岛的青岛、烟台和威海等市调查研究，检查落实全国打击走私工作会议精神及查处大案要案情况。李岚清认为，山东省改革开放以来，认真贯彻落实邓小平同志建设有中国特色社会主义理论和党的路线、方针、政策，经济有很大发展，各方面工作做得很好，已成为外商投资的热点地区之一。这是山东广大干部和群众在省委、省政府正确领导下，团结奋战的结果。去年年底以来，走私活动明显增多，某些地区出现了爆发性走私浪潮。发现这一问题的严重性后，省委、省政府立即认真抓，对打击走私犯罪态度是鲜明的，行动是坚决的，采取的措施是得力的，形成了各部门密切配合、齐抓共管的局面，取得了明显成效，遏制住了走私蔓延的势头。各地都要高度重视这场反走私斗争，进一步加强打击力度，要在较短的时间内取得反走私斗争的阶段性胜利。

李岚清在山东考察工作时强调，走私犯罪活动是消极腐败的表现，要进一步提高对反走私斗争的认识。把反走私作为开展反腐败斗争的突破口，旗帜鲜明，立场坚定，坚决打击，集中力量查处一批大案要案，在较短时间内迅速把走私犯罪活动打下去。李岚清指出，能不能坚决有效地打击走私犯罪活动，关键在于进一步提高各级领导的思想认识。我们一定要深入贯彻邓小平同志提出的"两手抓、两手硬"的方针，认真学习、深刻领会江泽民总书记历次关于反走私斗争的重要讲话精神，按照全国打击走私工作会议的要求，从反腐倡廉、巩固党的领导地位和人民政权的高度来抓好反走私斗争。坚持走邓小平同志指出的有中国特色的社会主义道路，一条是改革开放、把经济搞上去，一条是坚持四项基本原则、政治上要过得硬，不能有腐败。把经济搞上去，要靠邓小平同志关于建设有中国特色的社会主义的理论，靠党的方针政策，靠各级干部、群众真抓实干，靠艰苦奋斗，绝不能走歪门邪道。而走私犯罪不仅是一种逃避国家对国际贸易的管理、非法牟取暴利的经济犯罪活动，是丧权辱国的行为，也是一种严重的消极腐败现象。不少走私的人打的是为集体旗号，实际上是为了谋取私利，从已经查核的许多走私案件中都说明这个问题。走私不仅冲击和扰乱经济秩序，破坏宏观调控，而且腐蚀干部队伍，污染社会风气，损坏改革开放与经济建设的环境，从根本上说是动摇党的执政地位与人民政权，是偏离了邓小平指出的有中国特色社会主义的航向。

如果不是从建设有中国特色社会主义的成败高度来认识，而是从地方、部门以及小团体利益出发，甚至纵容"走私致富"这类极端错误的思想滋生蔓延，在行动上就必然会采取"睁一只眼闭一只眼"的态度，造成领导软弱、打击不力、姑息养奸的局面。我赞成这样的态度，对打击走私活动领导要有"铁面无私，铁石心肠和铁的纪律"。只要各级领导认识上高度一致，工作坚决起来，上下一心，严格执法，就一定能遏制走私犯罪泛滥的局面。

李岚清认为，在一些走私现象严重的地方应把反走私作为反腐倡廉的突破口，一方面把走私恶浪遏制住，一方面以此为反面教材，对广大干部群众进行拒腐防变的教育。我们强调的是要真抓实干，抓住一些大案要案，迅速依法惩处，对走私活动形成强大的威慑。对已发现的案子一定要一查到底，查明一个就处理一个，从速从快，依法处置，尽快结案，不得以任何理由拖延案件的处理。还要谨防假自首、假缉私和以罚代刑等现象发生，不能使任何搞走私的人在经济上得到好处。

李岚清强调，反走私是一项长期的、艰巨的任务，对目前所取得的成效还不能估计过高。海关、公安、工商、检察、法院等执法部门要紧密配合，协同作战，实行齐抓共管。把各个环节都抓紧，海上抓，岸边堵，陆上查，市场管，还要再加一个惩处严。走私犯罪分子无孔不入，我们必须提高警惕，严格防范。要搞联合行动，把猖狂的势头坚决打下去。这一点要真正落实，发现哪个地方出了问题，就要追究那里领导的责任。总之，各级党政领导对反走私斗争一定要紧紧抓在手上，常抓不懈，务求必胜，为改革开放和经济建设顺利进行创造良好的条件。

考察期间，李岚清到青岛海关看望了海关的干部职工，并代表党中央、国务院向战斗在缉私第一线的海关、公安边防、工商、检察、法院等执法部门的同志表示慰问。李岚清说，海关站在反走私斗争的第一线，为促进改革开放和现代化建设做了很多工作。海关和各执法部门在反走私斗争中，要进一步加强思想作风建设，提高素质，改进装备，严格执法，形成一支素质好、纪律严、作风正、效率高、战斗力强、忠于党和人民的队伍。他肯定了山东省一些地方在反走私斗争中采取综合治理、联合行动的做法，要求各级执法部门要在党组织和政府的领导下，更有成效地工作，为严厉打击走私犯罪活动作出应有的贡献。

随同考察的有海关总署署长钱冠林和有关方面的负责同志。

国家主席江泽民根据全国人大常委会的决定任免驻外大使

一、免去刘立德的中国驻马里共和国特命全权大使职务。

任命武东和为中国驻马里共和国特命全权大使。

二、免去安惠侯的中国驻突尼斯共和国特命全权大使兼驻巴勒斯坦国特命全权大使职务。

任命吴传福为中国驻突尼斯共和国特命全权大使兼驻巴勒斯坦国特命全权大使。

三、免去李凤林兼任的中国驻摩尔多瓦共和国特命全权大使职务。

任命邓朝从为中国驻摩尔多瓦共和国特命全权

大使。

四、任命张世华为中国驻厄立特里亚特命全权大使。

中国和越南两国政府关于边界领土问题的第一轮谈判在北京举行

中国政府谈判代表团由外交部副部长唐家璇率领，越南政府谈判代表团由越南外交部副部长武宽率领。在为期一周的谈判中，两国政府谈判代表就解决两国陆地边界和划分北部湾问题的原则进行磋商。

日本政府向中国提供日元贷款的政府换文在北京签署

日本驻中国大使国广道彦和中国外交部副部长唐家璇分别代表本国政府在换文上签字。由日本海外经济协力基金向中国政府提供的这笔1993年度日元贷款将用于中国18个新建和续建项目的建设。

日本政府从1979年开始通过日本海外经济协力基金向中国提供政府贷款。迄今为止，日本共承诺给中国三批日元贷款，共计约150多亿美元。

第二届系统科学与系统工程国际会议在北京开幕

国务院副总理朱镕基给会议发来贺信。

国际会议是由中国系统工程学会、中国国家自然科学基金委员会、国际应用系统分析研究所发起和组织的。美、日、德、瑞典等14个国家和地区的200名有关研究机构和高等学校专家参加这次盛会。国务委员、国家科委主任宋健参加会议并致开幕词。

国务院办公厅转发国家教委关于做好庆祝教师节活动的若干意见的通知

国家教委在北京召开解决基础教育的突出问题电视会议

国家教委召开电视会议，要求尽快解决当前基础教育面临的教育经费短缺、拖欠教师工资、乱收费、初中生辍学较多等突出问题。国家教委主任朱开轩、副主任柳斌分别在会上讲话。

中国出版工作者协会第三次会员代表大会在北京举行

中共中央政治局委员、国务委员李铁映为大会发来贺词。中共中央宣传部常务副部长徐惟诚、新闻出版署党组书记宋木文、新闻出版署署长于友先、中国记协常务副主席李彦、国务院新闻办公室副主任杨正泉等领导同志，出席大会开幕式。会议于25日结束。

李铁映说，党和政府对出版工作历来十分重视，建国以来，特别是党的十一届三中全会以来，通过广大出版工作者的共同努力，我国出版事业取得了空前发展。现在，我国每年出版的图书已逾九万种，成为一个世界出版大国；为了满足人民群众对精神产品不断增长的需求，这些年来，出版界不断推出各种优秀出版物，呈现出一派繁荣的景象。这其中，凝聚着广大出版工作者的辛勤劳动。在这里，我向他们表示衷心的感谢。出版事业是社会主义的重要阵地，既要积极传播文明与科学，吸收全人类文明进步成果，也要防止腐朽思想的污染和精神鸦片的侵蚀。他说，中国出版工作者协会是党和政府团结、联系广大出版工作者的桥梁和纽带。在建立适应社会主义市场经济的出版体制中，充分发挥出版工作者协会的作用，对于繁荣出版事业具有重要意义。希望中国出版工作者协会组织广大出版工作者认真学习邓小平同志建设有中国特色社会主义理论；向党和政府提出深化改革、发展事业的建议；健全行规行约，增强出版界的自律，为发展和繁荣社会主义出版事业做出更大的贡献。

徐惟诚在讲话中说，我们国家的形势很好，出版工作的形势也很好。出版工作者名声不大，却在整个经济建设、国家繁荣和培养造就社会主义新人方面发挥着重要作用。在国家振兴时期，出版工作的任务更加繁重，迫切需要用邓小平同志关于建设有中国特色社会主义的理论武装头脑，以提供更多更好的精神产品，更多更好的有关政治、经济、文化、科技、国情、历史等方面的知识，提高全民族的文化素质，培育和发展社会主义的市场经济。同时，要十分警惕，十分有力地抵制资本主义腐朽思想的侵蚀。无论是繁荣出版事业，还是保证出版事业的健康发展，都需要出版工作者协会发挥作用。这就需要我们有共同的正确认识，为我们协会的共同愿望、共同利益而团结起来，努力工作。徐惟诚指出，当前出版工作中还存在一些问题，要求予以重视。

新闻出版署署长于友先在讲话中说，中国版协成立十几年来，广泛团结出版界同仁，认真贯彻执行党的基本路线和出版方针，深入研究和探讨出版工作中的新情况新问题，积极组织出版交流，在促进出版、发行改革，发展海内外出版界友好关系等方面做了大量工作，取得了可喜的成绩。他希望，各级新闻出版管理部门与各级版协的关系能够得到进一步加强，相互支持，密切合作，把新闻出版工作做得更好。

中国版协主席王子野在会上致开幕词；副主席王仿子代表中国版协第二届理事会主席团作工作报告。

新闻出版署党组书记宋木文主持大会。中国记协常务副主席李彦、中国民主促进会中央委员会副主席楚庄也在会上讲了话。新闻出版署副署长刘杲、卢玉亿、桂晓风以及全国各地出版界人士200余人出席了大会。

全国第五届中学生运动会在青岛开幕

第五届全国中学生运动会8月24日至28日在青岛举行。来自全国30个省、市、自治区的2000名中学生运动员参加比赛。

8月25日

八届全国人大常委会第三次会议开幕

全国人大常委会委员长乔石主持会议。

法律委员会副主任委员王叔文、蔡诚分别代表法律委员会作关于《中华人民共和国经济合同法修正案(草案)》和《中华人民共和国反不正当竞争法(草案)》审议结果的报告。

国务院总理李鹏将《消费者权益保护法草案》、《个人所得税法修正案(草案)》、《注册会计师法(草案)》和《红十字会法(草案)》提请本次人大常委会审议。会议还听取了全国人大财经委员会主任委员柳随年关于《中华人民共和国证券法(草案)》的说明、国家工商行政管理局局长刘敏学关于《中华人民共和国消费者权益保护法(草案)》的说明、财政部部长刘仲藜关于《中华人民共和国个人所得税法修正案(草案)》和《中华人民共和国注册会计师法(草案)》的说明、卫生部副部长顾英奇关于《中华人民共和国红十字会法(草案)》的说明。本次常委会将对上述5个法律草案进行初步审议。

全国人大常委会秘书长曹志、外交部副部长刘华秋还分别作关于《全国人大常委会关于加强对法律实施情况检查监督的若干规定(草案)》、关于《中华人民共和国和古巴共和国关于民事和刑事司法协助的协定》和《中华人民共和国和乌克兰领事条约》的说明。

全国人大常委会副委员长田纪云、王汉斌、倪志福、陈慕华、费孝通、孙起孟、雷洁琼、秦基伟、李锡铭、王丙乾、王光英、程思远、卢嘉锡、布赫、铁木尔·达瓦买提、李沛瑶、吴阶平出席全体会议,国务委员迟浩田、最高人民法院院长任建新、最高人民检察院检察长张思卿列席会议。

中共中央纪委第二次全体会议公报

中国共产党中央纪律检查委员会第二次全体会议,于1993年8月20日至25日在北京举行。这次全会是在国民经济保持蓬勃发展势头,围绕建立社会主义市场经济体制的各项改革和对外开放取得新的进展的形势下召开的。全会以邓小平同志建设有中国特色社会主义理论和党的十四大精神为指导,提出了新形势下反腐败斗争的思路与对策,确定了近期反腐败斗争的任务。

中央纪律检查委员会委员106人出席会议,各省、自治区、直辖市,中央和国家机关各部门,解放军、武警部队纪检监察机关的负责人列席会议。中共中央政治局委员、书记处书记、中央纪律检查委员会书记尉健行主持会议。全会审议通过了尉健行同志代表中央纪律检查委员会常务委员会作的《适应新形势,深入反腐败,为全面贯彻党的基本路线服务》的报告。

中国共产党中央委员会总书记江泽民在全会上发表重要讲话。在京的中共中央政治局常委、中共中央政治局委员、候补委员,书记处书记,以及有关方面的领导同志参加了会议。全会认真学习讨论了江泽民同志的重要讲话,一致认为江泽民同志的讲话深刻论述了邓小平同志关于端正党风、加强廉政建设、反对腐败的一系列重要思想,阐明了当前开展反腐败斗争的重要性、紧迫性,反腐败斗争的指导思想和应当遵循的原则,对推进新形势下的反腐败斗争,加强党的建设和政权建设,保障改革开放和经济建设的顺利进行,都具有十分重要的指导意义。

全会实事求是地分析了当前反腐败斗争的形势。指出,我们党历来重视反腐败。自从党的十一届三中全会决定把党和国家的工作中心转移到经济建设上来,邓小平等老一辈无产阶级革命家一再告诫全党,工作中心转移之后,仍然要十分重视执政党的党风问题。全党在坚持以经济建设为中心的同时,始终把反腐败和党风廉政建设列入重要日程。党的十三届四中全会以来,以江泽民同志为核心的中央领导集体,坚持"两手抓、两手都要硬"的战略方针,采取了一系列重要措施,狠抓党风廉政建设,取得了成效,党的队伍的主流是好的。对反腐败斗争取得的成绩必须充分肯定。但是,消极腐败现象有些方面还在滋长和蔓延,反腐败斗争的形势是严峻的。如不坚决克服消极腐败现象,就会葬送我们的党,葬送我们的人民政权,葬送我们的社会主义现代化大业。对此,我们一定要有清醒的认识。

全会根据新形势的要求,提出了当前反腐败斗争的思路和对策。反腐败要紧密结合重大改革措施和行政、经济决策的实施来进行;反腐败要抓好两方面的任务,一要坚决惩处腐败分子,二要坚决克服各种消极腐败现象,包括纠正不正之风;反腐败要加强法规和政策的研究,及时规范行为,把惩治腐败纳入法制轨道;反腐败要加强综合治理,既治标又治本;在反腐败斗争中,对广大党员主要是加强思想政治教育。

全会指出,反腐败斗争是长期的,艰巨的,又是紧迫的。要坚决持久开展斗争，又必须不断取得阶段性成果。按照党中央的部署和要求，当前，全党要着重抓好三项工作，务必在近期取得阶段性成果。

第一，党政机关领导干部要带头廉洁自律。要自觉地执行中央在加强党风廉政建设方面已经作出的各项规定，做好表率。针对当前的情况，对党政机关县(处)级以上领导干部重申和提出以下要求：(1)不准经商办企业；不准从事有偿的中介活动，不准利用职权为配偶、子女和亲友经商办企业提供任何优惠条件。(2)不准在各类经济实体中兼职(包括名誉职务)，个别经批准兼职的，不得领取任何报酬；不准到下属单位和其他企业事业单位报销应由个人支付的各种费用。(3)不准买卖股票。(4)不准在公务活动中接受礼金和各种有价证券；不准接受下属单位和其他企业事业单位赠送的信用卡，也不准把本单位用公款办理的信用卡归个人使用。(5)不准用公款获取各种形式的俱乐部会员资格，也不准用公款参与高消费的娱乐活动。

第二，查办一批大案要案。重点查办党政领导机关、领导干部和司法部门、行政执法部门、经济管理部门及其工作人员的违法违纪案件。对严重干扰、阻碍查处案件的必须坚决处理。

第三，狠刹几股群众反映强烈的不正之风。要在全国范围集中刹住乱收费的不正之风，重点治理国家机关及其所属部门利用职权乱收费。还要刹住用公款出国出境旅游的不正之风。各地、各部门、各行业都要从实际出发，在近期通过专项治理解决几个重点问题。必须重申各级党政机关一律不准经商，已经经商的要按规定与原单位彻底脱钩。实行“收支两条线”，执法部门的罚没收入一律按规定上缴，所需经费由各级财政拨款。

全会要求，要继续抓好对党中央、国务院关于加强和改善宏观调控措施的执行情况的监督检查。坚决查处严重违反民主集中制原则，有令不行，有禁不止的无组织无纪律行为，保证政令畅通，维护党中央、国务院的权威。

全会强调，反腐败斗争必须把握好以下原则：坚持党的基本路线，紧紧围绕经济建设这个中心，为推进改革、建设和发展服务；当前反腐败的重点放在党政领导机关和司法部门、行政执法部门、经济管理部门；从领导干部做起，首先从高级干部做起，包括领导干部身边工作人员；严格依法办案，对违法违纪案件，要一查到底，坚持以事实为根据，以法纪为准绳，严肃处理；紧紧依靠人民群众开展反腐败斗争，不搞群众运动；惩治腐败和扶持正气相结合，大力宣传和表彰廉洁奉公、勇于同腐败现象作斗争的先进典型，弘扬勤政爱民、艰苦奋斗、乐于奉献的良好风尚。

全会指出，要把反腐败斗争作为一项重大政治任务抓紧抓好，必须在各级党委的领导下，全党动手，党政一起抓，党政主要领导要负起全面责任。各级党委和政府任何时候都要坚持“两手抓、两手都要硬”的战略方针，牢牢把握经济建设这个中心，认真抓好反腐败和党风廉政建设，做到改革开放、发展经济坚定不移，反对腐败、端正党风、加强廉政建设坚定不移。纪检监察机关在端正党风、加强廉政建设和反腐败斗争中肩负着重大的责任。各级党委和政府要加强对纪检监察工作的领导，支持纪检监察机关履行职责。纪检监察机关要适应新形势，解放思想，实事求是，以改革的精神加强自身建设，更好地发挥纪检监察两种职能，把工作提高到一个新的水平。

全会坚信，我们党一定能够依靠自身的力量，依靠人民的支持，有效地遏制和消除腐败现象，把中国建设成为富强、民主、文明的社会主义现代化国家。

全会号召，全党同志要重新学习邓小平同志关于端正党风、加强廉政建设、反对腐败的重要论述，认真贯彻江泽民同志在中国共产党中央纪律检查委员会第二次全体会议上的重要讲话精神，更加紧密地团结在以江泽民同志为核心的党中央周围，以实际行动落实近期反腐败斗争的几项工作，推动反腐败斗争的深入进行，为保证党的基本路线的全面贯彻执行而奋斗！

中共中央总书记江泽民在大连主持召开华北东北八省(区市)经济工作座谈会

江泽民25日至27日在大连主持召开华北、东北八省(区、市)经济工作座谈会。座谈会上，华北、东北八省(区、市)的负责人就贯彻落实最近中央关于加强宏观调控的政策措施的情况作汇报。中共中央书记处书记丁关根，国务委员李铁映，北京市委书记陈希同，中共中央书记处书记温家宝出席座谈会。江泽民听取汇报后发表讲话。

参加座谈会的北京、天津、河北、山西、内蒙古、辽宁、吉林、黑龙江八省、自治区、直辖市的主要负责人有：李其炎、高德占、张立昌、叶连松、王茂林、胡富国、乌力吉、全树仁、岳岐峰、何竹康、高严、孙维本等。江泽民听取汇报后发表讲话。

江泽民指出，中央加强宏观调控的政策措施实行两个月来，经过各地、各部门的共同努力，已经发挥作用，取得初步成效。主要表现是：违章拆借现象基本刹住，乱集资得到初步控制，农业夏粮收购基本没有发生打“白条”现象，银行储蓄上升，汇率趋于稳定，生产资料价格有所下降，经济形势继续向好的方向发展。

江泽民强调，在肯定成绩的同时，我们应该清醒地看到，真正落实中央加强宏观调控的政策措施，还要做大量深入、扎实、艰苦的工作。第一，要进一步统一全党、全社会的认识。这次中央采取的宏观调控措施，主要是运用符合市场经济规律的经济手段、法律手段和必要的行政手段，解决经济生活中的一些突出矛盾和问题，目的是深化改革，转换机制，优化结构，提高效益。为了实现这一目标，必须统一思想，统一行动，做到令行禁止，确保中央的各项政策措施落到实处。在经济工作中，既要抓住机遇，加快发展，又要注意稳妥，避免损失，特别要避免大的损失，把发展经济的着眼点和着力点真正放在通过改善经营管理，推进技术进步，提高劳动生产率和经济效益上来。第二，要注意研究经济运行中出现的新情况、新问题。要继续整顿金融秩序，严肃金融纪律。在整顿金融秩序工作中，必须堵邪门、开正门。一方面要坚决制止违章拆借和非法集资，另一方面要确保必需的资金及时到位，保证经济建设的顺利进行。要下决心压缩过大的基本建设投资规模。各地必须按照中央要求，对固定资产投资项目进行清理，决不能把资金缺口留在国家必保的重点上。要切实落实"三保"措施，保农业生产、保效益好的国有大中型企业和外贸出口创汇企业、保重点建设。

江泽民要求，各级党委和政府，在实施中央加强宏观调控政策措施的过程中，特别要做好两项工作。一是必须加强农业的基础地位。要切实贯彻党中央、国务院关于稳定和发展农业生产的各项政策措施，保证农副产品收购资金到位，切实减轻农民负担，保护农民积极性，抓紧解决农副产品购销、储运问题，搞好大秋作物的田间管理，争取今年有个好收成。二是要搞好国有大中型企业。要继续抓好《全民所有制工业企业转换经营机制条例》的落实，进一步强化企业内部经营管理，推进企业的技术进步和扭亏增盈工作，大力开展增产节约，增收节支活动，反对铺张浪费，提高经济效益。

江泽民指出，解决经济生活中的矛盾和问题，根本出路在于深化改革。要不失时机地推进改革，加快建立社会主义市场经济体制。当前，特别要抓紧进行金融体制、投资体制和财税体制改革，逐步形成完善的国家宏观调控体系。要加强国有资产的管理，通过国有资产管理体制的改革和国有资产的立法工作，解决国有资产的流失问题，确保国有资产保值、增值。企业改革是经济体制改革的中心环节，必须把搞好国有大中型企业摆到重要的议事日程。要通过改革，转换经营机制，建立现代企业制度，使国有大中型企业真正成为自主经营、自负盈亏、自我约束、自我发展的法人实体和市场竞争的主体。

江泽民强调，在发展社会主义市场经济的过程中，一定要坚持"两手抓"，大力加强社会主义精神文明建设。反腐败，是坚持"两手抓"的重要内容。要认真贯彻落实中央关于开展反腐败斗争的部署，坚决克服消极腐败现象。广大党员、干部要认真学习邓小平同志建设有中国特色社会主义的理论，增强贯彻执行党的基本路线的自觉性和坚定性。只要全党同志统一思想，统一行动，团结广大群众，振奋精神，努力奋斗，坚持以邓小平同志建设有中国特色社会主义的理论为指导，坚持党的基本路线，就一定能够保持国民经济的持续、快速、健康发展，把建设有中国特色社会主义的伟大事业不断推向前进。

国家旅游局发出严禁借自费旅游渠道组织公费出国的通知

中共中央政治局常委李瑞环在宁夏考察

李瑞环于25日至30日在自治区党委书记黄璜、政协主席刘国范等的陪同下，先后到银川、石嘴山、青铜峡、中卫、同心等市、县，深入工厂、农村、科研院所进行考察。在回族聚居的同心县，李瑞环参观有六百多年历史的同心清真大寺，并就如何进一步贯彻落实党的宗教信仰自由政策同宗教界人士进行交谈。李瑞环还实地考察了宁夏境内黄河引黄灌溉水利工程，听取了有关专家关于治理和利用黄河的汇报。李瑞环还听取自治区党委的工作汇报并作了重要讲话。

在银川，李瑞环还会见自治区政协的领导，同他们就人民政协如何在"民主协商、政治监督"中更好地发挥作用以及如何进一步加强政协自身建设交换意见。

国务院副总理邹家华在钓鱼台国宾馆会见美国优利公司董事长兼首席执行总裁安儒

外交部部长钱其琛钓鱼台国宾馆会见美国众议院军事委员会设施和设备小组委员会主席戴夫·麦克迪

全国人大常委会副委员长秦基伟在人民大会堂会见美国众议院军事委员会设施和设备小组委员会主席戴夫·麦克迪

中国驻美国大使馆发言人就美国宣布对中国巴基斯坦实行经济制裁一事发表谈话

发言人严正指出，中国方面曾向美国方面多次说明中国没有做过违反对"导弹及其技术控制制度"承诺的事，但美方对中方的澄清置若罔闻，竟然根据自己不准确的情报作出错误判断，依据其国内法律对中国和巴基斯坦实行为期两年的经济制裁，这是完全没有道理的,中国对此表示坚决反对。

国际纯粹与应用化学联合会第 34 届学术大会在北京召开

诺贝尔化学奖获得者李远哲、恩斯特和国际纯粹与应用化学联合会当选主席斯达伯等许多世界上著名化学家出席由国际纯粹与应用化学联合会举办的这次世界性学术会议。

中共中央政治局候补委员、书记处书记温家宝代表中国政府在大会的开幕式上向出席会议的各国科学家表示祝贺。

温家宝说,纯粹与应用化学是自然科学和现代工业重要的基础之一。纯粹与应用化学不仅担负着认识自然规律的任务,而且在资源、人口、环境、能源、粮食、人类健康、工农业技术进步等方面肩负着艰巨的责任。当前的科学技术,在学科进一步分化、深化的同时,学科间的交叉、渗透、综合的趋势越来越强烈。化学与其他学科融合,产生许多新的理论和一系列边缘学科。处于转折时期的化学和化学工业正孕育着新的突破。我们期待着纯粹与应用化学取得更大的进展。

温家宝说,中国有着几千年文明历史,中华民族曾对包括化学在内的科学技术进步做出重大的贡献。新中国成立后,中国的科技事业获得突飞猛进的发展。在中国,改革开放以来,邓小平一再强调发展科学技术是实现现代化的关键。他鲜明地提出“科学技术是生产力,而且是第一生产力”的著名论断。在邓小平关于科学技术是第一生产力思想的指导下,中国政府、各行各业积极依靠科技进步,努力加快经济和社会发展。在中国,化学和化学工业,无论是在基础研究领域还是在新兴产业领域,都受到了广泛的关注,并不断取得重大的进展。在这次会议上,朋友们将有机会进一步了解中国同行的工作情况。

温家宝说,各国科学技术的发展,从来是相互交流、相互促进的。中国实行对外开放的一个重要内容,就是积极学习和引进国外先进的科学技术成果,加快中国科学技术现代化的进程。中国政府一如既往地致力于加强国际科技合作,为促进世界科技进步做出自己的新的贡献。

大会开幕式结束后,李远哲教授发表题为《激光激发的化学反应》的演讲。

全国人大常委会副委员长卢嘉锡、中国科学院院长周光召、化工部部长顾秀莲等出席大会。

中共中央总书记江泽民等在辽宁大连接见从斯图加特世界田径锦标赛归来的中国田径代表团

受接见的有中国田径代表团团长朱章苓、教练员马俊仁和 3 名中长跑摘金女将曲云霞、王军霞、刘冬等。

陪同接见的有丁关根、李铁映、温家宝等。

中国出版工作者协会第三次会员代表大会在北京闭幕

大会推举产生新的一届中国版协领导成员。讨论、修改并通过《中国出版工作者协会章程》和上一届理事会工作报告。

大会从全国各地推举 178 人组成中国版协第三届理事会,理事会为中国版协的最高领导机构。

新一届中国版协主席宋木文在大会上致闭幕词。

中国出版工作者协会名誉主席、主席、副主席名单

名誉主席:王子野

主　　席:宋木文

副 主 席(按姓氏笔划为序):

于友先 卢玉忆(女) 伍杰 李祖泽 杨正泉 徐福生 谈德颜 薛凡 薛德震

中国出版工作者协会理事会常务理事名单(略)

中国出版工作者协会顾问名单

许力以 陈原 赵家璧 王仿子 叶致善 宋原放

8 月 26 日

大型画册《毛泽东》由中共中央党校出版与深圳现代彩印有限公司出版

全国人大常委会委员长乔石在人民大会堂会见泰国总理川·立派

国务院总理李鹏在钓鱼台国宾馆与泰国总理川·立派举行会谈并签署三项文件

中方出席会谈的有国务院副总理兼外交部长钱其琛,陪同团团长、交通部长黄镇东,铁道部长韩杼滨和农业部长刘江等。

会谈结束后,两位总理出席两国政府间三项文件的签字仪式。这三个文件是:两国政府关于旅游合作的协定、中国政府和泰国政府关于在宋卡和昆明设立总领事馆的协议和中国和泰国引渡条约。其中,中泰引渡条约是中国与外国签订的第一个引渡条约。根据该条约,中泰两国政府有义务相互引渡在一方境内发现、在另一方境内被追诉的人,以便就可引渡的犯罪对其提起诉讼、进行审判或执行刑罚。

国务院副总理钱其琛在钓鱼台会见台湾东吴大学

校长章孝慈

国务院副总理兼外交部长钱其琛在钓鱼台国宾馆同来访的泰国外交部长巴颂举行会谈

《人民日报》发表社论《坚定不移地开展反腐败斗争》

共青团中央在北京召开见义勇为先进青年座谈会

参加座谈会的33位青年都是“第三次全国人民群众见义勇为与犯罪分子作斗争先进分子表彰大会”上获得表彰的模范青年。共青团中央书记处第一书记李克强，书记刘鹏、袁纯清、巴音朝鲁出席座谈会。

第一届全球华人智能控制与智能自动化大会在北京清华大学开幕

来自大陆、台港澳和美国、日本、德国等十几个国家和地区的400余位专家学者参加。

国务委员兼国家科委主任宋健在开幕式上讲话。

大会期间举办高科技研究成果与商品及科技出版物展览。台湾东怡科技股份有限公司总经理曾宪章博士为本届大会特设“东怡最佳应用论文奖”。

第6届国际出版学研讨会在北京开幕

来自日本、韩国、菲律宾、马来西亚、新加坡以及中国香港、台湾和大陆的80余名学者出席会议。

国际出版学研讨会每两年举行一次。

这次研讨会共收到论文30多篇。研讨会旨在通过探讨出版业的现状与发展前景，研究90年代的出版开拓及发展趋势，以加强国际间的学术交流，提高出版科研水平，促进出版繁荣。会议由新闻出版署和中国编辑学会联合主办。全国人大常委会副委员长雷洁琼发来贺信。

公安部有关负责人就非法移民问题接受《人民日报》社记者采访

公安部有关负责人强调，中国政府历来反对非法移民，并一直采取坚决措施制止偷渡活动。他说，我们愿意同有关国家的有关部门合作，共同解决一些人偷渡国外和非法移民的问题。

这位负责人说，今年以来，中国各地公安机关查获海上乘船偷渡案件30多起共千余人，同时接收一批外国遣返的中国偷渡人员。

中国政府对非法移民的处理工作一向持认真、严肃的态度，只要经核实确认是中国公民，中国政府愿意同有关国家合作，及时接收遣返。希望有关国家积极与中方配合，以利于共同制止非法移民活动。

四川云南安徽分别处决三名制售假化肥假烟假药罪犯

因销售假化肥、假红塔山香烟和制售假药，上午分别在四川、云南和安徽被押赴刑场，执行枪决。这是中国开展大规模的严厉惩治假冒伪劣商品犯罪分子以来，被依法处决的第二批死刑犯。

8月27日

宋平在甘肃考察

宋平于8月27日至9月11日在甘肃省进行考察访问。宋平在考察中说，甘肃粮食连年丰收，像定西这样有名的干旱贫困地区也基本解决了群众的温饱问题，很不容易。今后扶贫工作要把重点放在稳定方面，不能今年脱贫，来年又返贫。应该根据不同地区的情况制定不同的发展规划和脱贫方法，要广辟渠道，集中必要的财力兴修水利，长期坚持平田整地，坚持农牧林多种经营综合发展。甘肃今后扶贫工作还应注意陇南等高寒阴湿山区和民族地区。

在谈到大中型企业问题时，宋平说，西北地区和甘肃的大部分大中型企业是50年代上马的，目前普遍面临着设备陈旧、产品老化的问题，很多企业负担很重，没有力量搞技术改造。宋平建议地方政府要像农村“扶贫”工作那样，帮扶这些给国家做出突出贡献的大中型企业。甘肃省可选择一批帮扶重点，分期分批逐个改造。对技改资金的投放也可采用投标的方式，谁效益好，就投给谁。

宋平对甘肃省将大通河水调至秦王川地区的引大入秦自流灌溉工程，给予了赞扬。宋平说，像甘肃这样一个穷省，建设这么大的工程，是做了一件造福子孙后代的大事。他建议新灌区的开发要创出一条新路，不仅要发展粮食生产，还要走农工商综合发展的路子，切实提高农业经济效益。

在谈到农村文化教育和计划生育工作时，宋平指出，越是后进地区，越要重视文化教育，越要重视计划生育工作。各级计划生育协会要在基层发展会员，协助党和政府做好宣传教育工作，严格执行政策，帮助群众解决生活生产中的实际困难，让群众自己教育自己，自觉做好计划生育工作。

全国妇联第六届第六次执委会在北京召开

会议由全国人大常委会副委员长、全国妇联主席陈慕华主持。执委们听取全国妇联副主席、书记处第一书记黄启璪关于中国妇女第七次全国代表大会筹备情况的汇报。

会上，审议和通过六届执委会向中国妇女第七次全国代表大会的报告，讨论修改并通过全国妇联章程（修正案）。

中办发出关于确保《人民日报》发行量上升的通知

新华社发表特约评论员文章《缓解银行信贷资金紧张的重要举措》

我们高兴地看到，自7月初在全国范围内开展的整顿和规范金融领域同业资金拆借秩序的工作，已经取得初步成效。整个拆借市场秩序开始恢复正常；银行信贷资金来源增加，在一定程度上缓解了银行资金紧张的矛盾，这对于加强金融宏观调控是十分有利的。事实证明，整顿拆借秩序是完全正确的。

评论指出：如何看待当前清理收回违章拆借资金工作？它是否造成了资金更加紧张？对这个问题必须要有统一的认识。应该看到，在整顿资金拆借以前，资金紧张的矛盾就早已存在。从去年到今年上半年这段时间里，一些地方和企业采取多种形式，非法集资，盲目上项目，铺摊子，大搞“开发区热”，炒房地产，炒股票，使社会资金的需要大大超过社会资金的供给，正常生产经营所需的流动资金和国家重点建设资金得不到保证，收购农副产品给农民打“白条”，加剧了资金紧张的状况。可见，资金紧张绝不是伴随整顿违章拆借而来的，而是前一个时期固定资产投资规模上得过猛、金融秩序混乱的一个必然结果。

由于固定资产投资中有相当一部分资金是来源于违章拆借，所以，目前整顿和收回违章拆借资金，使一些地方大搞房地产、开发区、股票和固定资产投资过猛受到一定的抑制，这些正是我们所期望的，是整顿同业资金拆借秩序的目的之一。如果那些用拆借资金去炒房地产、炒股票、上固定资产投资项目的都不感到资金紧张，那么这次整顿拆借秩序就失去了意义。

需要指出的是，收回来的违章拆借资金，绝大多数已用于保银行存款支付，保农副产品收购，保国家重点建设，保效益好的企业生产经营流动资金需要。通过整顿和清收违章拆借资金，在增加银行信贷资金的同时，还调节了资金流向和投向，使有限的资金用到了最需要、最合理的地方。因此，从全国来讲，清收违章拆借资金在一定程度上缓解了银行信贷资金供给与国家重点资金需要的矛盾，调整了信贷资金结构，而不是加剧了这种矛盾。

其他方面有的资金紧张也不是因收回违章拆借所造成的，而是历史遗留和其他方面的因素造成的。清理违章资金拆借，是一项具有重要意义的举措。试想，如果不收回违章拆借资金，让违章拆借活动继续发展下去，使银行的信贷资金大量流向炒房地产、炒股票、搞计划外固定资产项目，那么银行的正常贷款就无法进行，不但国家重点资金需求不能保证，就连银行的日常支付都会发生危机，就会造成银行资金的全面紧张，迫使中央银行大量超经济投放货币，助长通货膨胀，影响整个国民经济健康发展，其后果将不堪设想。

当然，在清理违章拆借资金的过程中，要有正确的政策和措施，保证这项工作健康发展。清理违章拆借工作，一方面要与深化金融体制改革，建立约束机制，规范同业资金拆借行为紧密结合起来，按照发展社会主义市场经济的要求，尽快完善同业资金拆借的法规和制度、办法，建立全国统一、规范的同业资金拆借市场体系，使同业拆借真正走上法制化、规范化和科学化的轨道；另一方面，在堵邪门的同时，要开正道。对于积极认真清收和退还违章拆借资金的银行，在其正常需要的信贷规模和资金发生困难时，上级行和人民银行将给予必要支持；对于确属用于符合国家产业政策和信贷政策的拆借资金，允许按正常的贷款程序转为贷款；对于其他合理的资金需要，应通过正常的资金渠道解决，不能再搞违章拆借。总之，对违章拆借资金，要坚决清收；同时，决不允许再发生新的违章拆借，以保证银行信贷资金的合理流动和正常投向。

必须指出，要从根本上缓解目前存在的资金紧缺状况，仅靠增加银行有限的信贷资金是不行的，必须从根本上采取多方面的措施，尤其是要加快经济体制改革步伐，实行政企分开，建立投资风险管理和自我约束机制，以保证国民经济又快又好地发展。

中国人民银行发言人就香港一家报纸报道所谓“银行家携数十亿巨款潜逃”发表谈话

最近，香港一家报纸刊登一篇捏造的题为《银行家携数十亿巨款潜逃》的报道。中国人民银行新闻发言人就此发表谈话，予以严正驳斥。

发言人说，1993年8月22日香港《南华早报》（英文）头版刊登报道，说大陆银行官员携百亿美元逃离国境，上月有80名官员，这个月有10名携巨款潜逃，还说这些官员许多是来自中国银行的；该报还说中国农业银行某高级官员被判处死刑；消息来源是中国人民银行的一份内部报告等等。中国人民银行新闻发言人严正指出，所有这些都是《南华早报》记者毫无事实根据、别有用心的捏造。

发言人说，今年7月开始的整顿金融秩序工作，主要是对国内金融机构间拆借资金中的违章行为进行清理，目的在于提高银行的管理水平，并为社会主义市场经济需要的金融体制改革创造必要的条件，这只能更好地推动和发展国内各家银行的国际金融业务。目前，国内各银行在他们负责人的带领下，整顿工作已初步收到成效，各项金融业务运转正常。

发言人指出，我国银行界一向致力国际金融业务的发展，在国际金融界赢得了较好的声誉。中国银行是国家外汇、外贸专业银行，其严格的内部管理、稳健的经营作风和从业人员的良好素质在国际金融界是人所共知的。包括中国农业银行在内的中国其他银行的国际业务也在稳步发展。今后，我们将继续本着改革开放的精神，不断开拓国际金融业务领域，加强与世界各国银行业的联系与合作，逐步提高我国金融业的管理水平。

国务院副总理邹家华在全国铁路坚决制止以车以票谋私深入整顿路风工作会议上发表讲话

邹家华指出，铁路部门一定要认真贯彻中央关于反腐败、纠正行业不正之风的重大部署，把制止乱加价乱收费作为突破口，坚决刹住以车以票谋私，在反腐败斗争中带个好头。

邹家华说，整顿路风，要突出重点，把制止乱加价乱收费作为突破口。客货服务收费项目、收费标准应严格审批，明文公布，不允许把本来应该提供的服务也作为收费项目；不允许巧立名目，乱收费用；不允许搞强制性服务，更不允许倒卖车皮车票。要下决心查处一批严重以车以票谋私和违法乱纪的大案要案。查处案件要严格掌握政策，注意划清以权谋私同改革过程中因缺乏经验而导致工作失误的界限。在刹风的同时，要用改革的精神，抓好政策规范工作，加强制度、法规建设，规范企业行为。邹家华说，在反腐败、纠正行业不正之风过程中，必须牢牢把握经济建设这个中心，做到两个文明一起抓，两个台阶一起上。

全国人大常委会委员长乔石在人民大会堂会见由议长威廉·杰克·斯科特率领的巴布亚新几内亚议会代表团

国家副主席荣毅仁在人民大会堂会见即将离任的摩洛哥驻中国大使阿卜杜·拉赫曼·布夏拉和塞浦路斯驻中国大使索蒂里奥斯·扎克谢奥斯

外交部副部长刘华秋就美方无理决定对中国实行制裁紧急召见美国驻中国大使芮效俭

刘华秋说，美方不顾中国、巴基斯坦政府的多次澄清，以美国国内立法为由，任意对主权国家进行制裁，粗暴践踏了国际关系的起码准则，是地地道道的霸权主义行径。对美国政府这种损害中国主权、尊严和利益，严重破坏中美关系的行为，中国政府和人民表示十分愤慨。我奉命向美国政府提出强烈抗议。

刘华秋强调，中国政府在防止大规模杀伤性武器及其运载工具的扩散问题上一贯持积极和严肃的立场。在出口常规武器方面，中国也严格遵守就此承诺的国际义务和中国政府有关常规武器转让的一贯原则立场。这是众所周知的，无可指责的。

刘华秋指出，中方多次明确告诉美方，中国信守按《导弹及其技术控制制度》的准则和参数行事的诺言，没有做过任何与此承诺不符的事。但美方仍一意孤行，又恢复对华实施制裁。这是毫无道理的，也是中方坚决不能接受的。

刘华秋强调指出，1992 年 9 月，美国政府公然违反中美之间达成的“8·17”公报，决定向台湾出售 150 架 F—16 战斗机，粗暴干涉中国内政。美方一方面向中国关切的敏感地区大肆出售先进武器，危及中国的安全，另一方面又无中生有对中国横加指责和干涉。这是一种强权政治的表现。

刘华秋最后说，根据中美达成的协议，1992 年 2 月中国政府宣布按《导弹及其技术控制制度》的准则和参数行事是以美方取消 1991 年 6 月对中国的制裁为前提的。现在美方恢复了对中国的制裁，迫使中国政府不得不重新考虑对《导弹及其技术控制制度》的承诺问题。美国政府必须对由此产生的一切后果负完全责任。

中国正式加入海关合作理事会《伊斯坦布尔公约》成为正式批准加入该项公约的第五个理事会成员

国家教委发出《关于坚决纠正中小学乱收费的通知》

解放军全军纪律检查工作会议在北京召开

会议于 27 日至 30 日在北京召开。中央军委委员、解放军总政治部主任于永波主持 30 日的会议。军委委员、总参谋长张万年，军委委员、总后勤部长傅全有出席会议。

会议的主要议题是认真传达学习中共中央总书记江泽民的重要讲话和中纪委二次全会精神，总结和部署军队加强廉政建设的工作，研究如何坚持不懈地抓好《中央军委关于发扬优良传统加强廉政建设的决定》的落实。

参加会议的有解放军三总部领导，全军各大单位、武警总部的主要负责同志、纪委书记，在军队中的中纪委委员，军委纪委委员和军委办公厅的领导同志。

天津市中级人民法院一审判处禹作敏有期徒刑 20 年

天津市静海县蔡公庄乡大邱庄企业集团总公司原

董事长、党委书记禹作敏,因犯有窝藏罪、妨害公务罪、行贿罪、非法拘禁罪、非法管制罪,由天津市中级人民法院一审判处有期徒刑20年,剥夺政治权利2年。

青海省海南藏族自治州共和县境内的沟后水库大坝决口造成242人死亡336人受伤

8月28日

国家主席江泽民在大连棒棰岛宾馆会见泰国总理川·立派

江泽民说,中国正专心致志地进行经济建设,需要一个和平的国际环境。无论国际风云如何变化,我们将始终不渝奉行独立自主和平外交政策,为维护本地区和世界和平、促进共同繁荣和发展做出不懈努力。中国实行改革开放十几年来经济确实有了很大的发展。但总的说还属于低收入的发展中国家,不可能对别国构成威胁即使将来强大了,也不会威胁别国,因为中国一直反对霸权主义和强权政治,这是我们坚定不移的基本国策。中国现在和将来都是泰国和东盟国家的可靠朋友,是维护地区和世界和平与稳定的重要力量。

中国陪同团团长、交通部部长黄镇东,辽宁省省长岳岐峰,大连市长薄熙来等参加会见。

《人民日报》发表社论《前车之鉴》

今天,本报公布了天津市静海县大邱庄万全集团公司原经理部经理刘云章等18人殴打危福合致死案和大邱庄企业集团总公司原董事长禹作敏等8人窝藏、妨害公务、行贿、非法拘禁、非法管制案并依法判刑的消息。大邱庄是我国先富起来的农村典型,禹作敏是全国闻名的农民企业家。因此,大邱庄问题出来后,一时成为舆论热点,在国内外反响很大。对于大邱庄和禹作敏的问题,究竟应该怎样认识呢?我们认为应该做到两个分开,接受四点教训。

首先,我们要把禹作敏等少数人的犯罪行为与大邱庄的集体成就分开。大邱庄是党的十一届三中全会以后涌现出来的农村先进典型。大邱庄的迅速发展是改革开放的成果,是天津市、静海县、大邱庄的广大干部群众共同奋斗的结果。禹作敏在他接受和执行党的路线方针政策的条件下,曾经做了一些工作,发挥过积极的作用。但是,同样应该指出,当他违背国家法律政策,做出一些坏事的时候,也对大邱庄的健康发展起了破坏性的作用。同时,禹作敏等人的违法犯罪活动,是背着大邱庄人民干的,是违背大邱庄人民意愿的,大邱庄广大干部和群众不能对此负责。

其次,要把在改革开放道路上个别人的失足与改革开放的伟大决策分开。从改革开放一开始,党和政府就不断指出:实行对外开放,资本主义那一套腐朽的东西就会钻进来。我们要注意很好地抓,坚决取缔和打击各种违法犯罪活动,决不能任其发展。党和政府还一再指出,市场经济是法制经济,整个经济运行和各种经济关系的处理都要纳入法制的轨道。禹作敏等人的违法犯罪行为,不仅不是改革开放所导致,而且正是违背党的改革开放决策的。个别人的走上邪路,丝毫无损于改革开放伟大决策的光辉。我们一定要坚定不移地走改革开放之路。一切遵纪守法、按照正确方向走在时代潮流前边的人,都应得到社会的保护和尊重,绝不允许有排斥打击先进模范的事情发生。

大邱庄发生的两案是不可多得的反面教材。

教训之一:要树立宪法和法律神圣不可侵犯的意识。我国的宪法和法律,是人民群众根本利益、整体利益的集中表达。宪法第2章第33条庄严规定:"中华人民共和国公民在法律面前一律平等。"我们是坚持人民民主专政的社会主义国家,在公民的概念中,没有名气、地位、财富、功绩的划分。不论你名气和功绩多大,都没有超越宪法和法律的权力。相反,名气和功绩越大,越要学法、懂法、守法,越应该成为行为的楷模,执法的榜样。如果谁认为,自己做了一点贡献,就可以头脑膨胀,蔑视法律,胡作非为,那迟早是要垮台的。

教训之二:要牢固树立物质文明和精神文明两手抓、两手都要硬的意识。这是社会主义现代化建设的客观规律和内在要求,任何地方、任何部门都不能例外。我们坚持以经济建设为中心,物质文明建设上去了,可以为精神文明建设提供物质基础;但物质文明建设上去了,并不等于精神文明建设可以自发上去。而如果精神文明建设上不去,社会上贪污、贿赂、盗窃横行,个别人可以私设公堂,侵犯公民权利,煽动蛊惑群众,阻挠执行公务,那就不可能有一个安定的社会环境和公平的竞争条件,一定会转而损害物质文明建设。因此,我们一定要从大邱庄事件中汲取教训,加强精神文明建设和思想政治工作,提高人们的文化道德素养和法律意识。

教训之三:一个人无论取得多大成绩,都要摆正个人与组织、个人与群众、个人与国家的关系。我们绝不否认个人的作用,我们希望任何一个领导者都有充分施展自己才能的机会,并且努力为他们提供良好的社会环境。但是,任何一位事业的成功者都不应忘记:如果没有邓小平同志建设有中国特色社会主义的理论,没有党的"一个中心、两个基本点"的基本路线,没有十一届三中全会以来伟大的思想解放运动，没有人民群众的积极支持和广泛参与，没有良好的社会环境和大气候，只凭个人才能是难以有所作为的。先进模范人物一定要从严要求自己，谦虚谨慎，戒骄戒躁，切莫把组织和群众的伟大作用，一股脑记在个人账上。对先进人物要热情鼓励，同时要严格要求，对缺点和毛病也要及时指出，绝不能一味吹捧。

教训之四：一定要抓好党的建设特别是党的基层建设。大邱庄两案中的犯罪分子，有一些是共产党员，有的还是基层党委的主要负责人。他们不但没有发挥共产党员的先锋模范作用，而且利用执政党的崇高威信、打着共产党员的招牌干坏事，这就增加了欺骗性和危害性。历史经验证明，凡是歪风邪气横行的地方，都是党的民主集中制原则、党内外的民主监督受到破坏的地方。大邱庄两案告诉我们，一定要以极大的努力加强党的建设，严格党的纪律和党内生活，坚持民主集中制和群众路线，使党政干部置于纪检、监察、检察机关和人民群众的监督之下，绝不允许在党内和人民政权内出现谁也管不了的“土围子”、“土皇帝”。

前车之覆，后车之鉴，我们要牢牢记住这条古训。

全国人大常委会委员长乔石在人民大会堂会见白俄罗斯最高苏维埃代表团

乔石说，中国的改革没有现成的经验可以借鉴，“我们是在实践中逐步探索前进的。”代表团团长、白俄罗斯最高苏维埃主席团成员加尔孔·弗拉基米尔·基里亚洛维奇说，中国的经验值得白俄罗斯借鉴。乔石说，改革不可避免地要研究借鉴其他国家的经验，“中国会毫不保留地把自己的情况和经验介绍给你们，供你们参考。”他说，中国对发展同白俄罗斯关系的态度是积极的，中白两国关系的发展势头很好。他表示相信，这种睦邻友好的关系会不断地得到发展。加尔孔说，中国是最早承认白俄罗斯独立并与之建交的国家。他对中国在白俄罗斯困难时所给予的理解和帮助表示感谢。

全国人大外委会主任委员朱良参加会见。

全国人大常委会委员长乔石在人民大会堂会见由韩国前总理郑元植率领的韩国世宗研究所访华团

国家副主席荣毅仁在人民大会堂会见由议长威廉·杰克·斯科特率领的巴布亚新几内亚议会代表团

国家副主席荣毅仁在人民大会堂会见日本笹川和平财团会长田渊节也等出席“笹川优秀青年国际研讨会”的主要代表

国务院总理李鹏在中南海紫光阁会见并接受墨西哥《太阳报》社长墨西哥奥委会主席国际奥委会委员马里奥·巴斯克斯·拉尼亚的采访

国务院总理李鹏在接受采访时，就中墨关系、北京申办奥运、国际和地区问题以及中国国内形势等问题回答了客人的提问。

重申中国政府全力支持北京申办奥运

当客人问及中国对最近美国众议院通过了一项反对中国承办奥运会决议的反应时，李鹏说，在什么地方举行奥运会只能由国际奥委会决定。任何一个国家干涉国际奥委会的内部事务，对其施加压力不仅是不适当的、没有道理的，而且从根本上违背了奥林匹克的宗旨。北京申办 2000 年奥运会是为了推动奥林匹克运动的发展，为人类社会的和平、友谊、进步作出自己的贡献。通过举办奥运会，中国能够更好地了解世界，世界也能更好地了解中国。我愿再次重申，中国政府将全力支持北京市的申办工作。我和全体中国人民一样希望北京申办奥运能取得成功。

中墨关系发展令人满意

关于中墨关系，李鹏说，墨西哥是拉美的一个大国，中国重视发展同墨西哥的关系。中墨建交 21 年来，两国在各个领域的友好合作关系都得到令人满意的发展。我们高兴地看到，中墨两国双边贸易近年来取得较大的进展，去年两国贸易又提高到一个新水平。但是与两国经济实力相比，双方贸易额仍然不大，所以发展前景是广阔的。中墨都是发展中国家，两国在国际问题上也有许多相同或相似的看法。我相信，在双方的共同努力下，两国在经济、贸易、文化、科技等领域的关系和双方在国际问题上的合作一定会不断发展。这也是我们两国人民的共同利益所在。

亚洲形势相对稳定

当客人问及世界上一些地区民族主义抬头对亚洲的影响时，李鹏说：“总的看，亚洲的形势比较稳定，经济富有活力，各国之间的合作正在发展。亚洲存在热点问题有的已经解决，有的尚在解决中。我们对亚洲的前景持乐观态度。希望亚洲所有国家都能按照和平共处五项原则处理彼此的关系，求得共同繁荣与发展。”

李鹏说，世界上一些地区和国家民族主义抬头，导致了民族对立和武装冲突，引起了国际社会的深切忧虑。我们认为，无论在世界上还是在一国内部，各民族都应该平等相待，和睦相处。民族间的分歧应在没有外来干涉的情况下，通过和平协商解决。诉诸武力和武力威胁只能加深民族对立，不利于问题的解决。

中美双方要增加信任，减少麻烦

在谈及中美关系时，李鹏说，最惠国待遇是中美之间的对等互惠的安排。我们认为将贸易问题政治化是极不明智的，这不仅损害中国的利益，同样也损害美国的利益。中国不能接受为对华最惠国待遇附加任何条件。

李鹏指出，中美两国间既有共同利益，也存在着分歧。有分歧可以通过对话来解决，一时解决不了的，也要求同存异。动辄单方面采取行动实行什么制裁，不仅解决不了任何问题，而且会加剧业已存在的分歧，损害双方的利益。中国是一个主权国家，中国人民已经站起来了，不会在任何威胁和压力面前低头。

李鹏说，美国是世界上经济最发达的国家，中国是世界上最大的发展中国家，经济正在上升，具有广阔的市场，潜力巨大。因此中美之间如果能保持一种稳定的建设性关系，这符合两国的共同利益。江泽民主席最近多次重申中国的原则立场，强调中美双方应增加信任，减少麻烦，发展合作，不搞对抗。中国政府愿意在三个公报基础上为两国关系的改善而努力。

中日经贸关系发展势头看好

在谈到中日经贸关系时，李鹏说，日本是我国重要的贸易伙伴。中日两国地理上毗邻，经济上互补性很强。随着中国改革的深入和开放的扩大，中日经贸合作在平等互利的基础上发展很快。去年双边贸易额达到250多亿美元，今年上半年发势头依然看好。我们相信中日经贸合作今后仍将会继续得到发展。

中俄睦邻友好关系继续发展

当客人问及中国同俄罗斯的关系时，李鹏说，1989年中苏高级会晤，两国关系实现了正常化。苏联解体后，在双方的共同努力下，中俄睦邻友好关系继续得到发展。去年12月，叶利钦总统对中国进行了访问，为两国各方面关系的进一步发展奠定了良好的基础。今年以来，两国各方面的交往不断扩大，两国经贸关系，特别是边贸发展迅速，今年上半年两国贸易额达36.8亿美元，已超过前苏联时期的水平。中国政府珍视同俄罗斯的传统友好关系。不管俄国国内发生什么变化，中国同俄罗斯在和平共处五项原则基础上保持和发展睦邻友好、互利合作的关系的政策不会改变。

我们有充分信心和能力如期
对香港恢复行使主权

关于香港问题，李鹏说："一国两制"的方针考虑和照顾到了香港历史和现实的情况，是中国政府的一项基本国策。中国政府在此基础上制定了一系列的方针、政策，包括在1997年对香港恢复行使主权后，香港现行的社会、经济制度不变，法律基本不变，生活方式不变，保持香港自由港的地位和国际贸易、金融中心的地位。不管出现什么干扰和破坏，中国有充分的信心和能力按期对香港恢复行使主权，实现邓小平同志提出的"一国两制"的方针，保持香港的稳定与繁荣。

中葡在澳门问题上的合作良好

关于澳门问题，李鹏说，中葡两国政府通过谈判于1987年4月签署了关于澳门问题的联合声明，圆满解决了历史遗留下来的澳门问题。自联合声明生效以来，中葡双方就澳门的平稳过渡和政权顺利交接有关事宜定期进行磋商，我们对双方在澳门问题上的良好合作表示满意。

坚持"和平统一、一国两制"的
方针实现台湾与大陆的统一

在谈及对台湾政策时，李鹏说，我们坚持用"和平统一、一国两制"的方针来实现台湾与祖国大陆的统一。两岸实现统一后，中国的主体实行社会主义制度，台湾实行资本主义制度，可以长期共存，共同发展。这个方针既充分照顾了台湾人民的利益，也符合海峡两岸全体中国人民的愿望。至于台湾当局鼓吹的"一国两府"、重返联合国，其实质都是制造"两个中国"，我们当然不能接受。

中国的发展是和平与稳定的因素

针对国际上有些人对中国快速发展感到恐慌和担心，李鹏说，中国经济确实进入了一个快速发展的时期，但我国仍然是一个发展中国家，人口多，底子薄，要赶上中等发达国家的水平还需要经过几十年的不懈努力。过去14年是中国经济发展最快的时期。14年的实践证明，中国的发对亚洲和世界来说都是一个和平与稳定的因素。因此，任何担忧都是没有根据的。

李鹏重申："中国在世界上反对任何霸权主义，自己现在不称霸，将来经济发展起来了也不称霸，不谋求自己的势力范围。同世界上一切国家，特别同我们的邻国和平友好相处，这是我们的一贯政策。"

调整经济增长计划指标反映了
经济发展的实际情况

在回答中国已在两年前开始执行年增长率为6%的第八个五年计划和第一个十年规划，这一目标是否已经实现的问题时，李鹏说：是的。按照经济实际运行状况，原定5年的目标可以提前两年在今年就可以实现。以1992年邓小平同志的重要谈话和中国共产党第十四次全国代表大会为标志，我国的改革开放和经济建设进入了一个新的发展阶段。今年八届全国人大一次会议上，调整了十年规划和"八五"计划指标，国民经济年增长速度调到8%至9%，这是实事求是，恰如其分的。经济增长计划指标的调整，反映了经济发展的实际情况。

控制通货膨胀初见成效

在回答当前中国是如何控制通货膨胀的问题时，李鹏说，我国经济形势发展总的趋势是好的，但在前进中也出现了一些问题和困难。这需要通过深化改革来加以解决。中国政府正在采取一些加强宏观调控的措施，主要是通过经济手段来进行的。今年以来中国零售物价指数呈上升趋势。为了维护广大人民群众的利益，我们已在货币、财政、投资等方面采取一系列切实的措施，遏制物价上升势头，已取得初步成效，并将继续做出努力。

外交部部长钱其琛在钓鱼台国宾馆会见参加中越边界领土谈判的越南政府代表团团长外交部副部长武宽以及其他主要成员

解放军总后勤部发出《关于在全军开展 1993 年税收财务物价大检查的通知》

解放军总后勤部近日发出的通知要求各级各部门以国务院关于开展 1993 年税收财务物价大检查的通知和军委关于加强军队财经管理的指示为指导，以国家和军队现行财经法规为准绳，整顿财税秩序，严肃财经纪律，坚持反腐倡廉，依法查处各种违反财经法纪的行为。在检查中要注意保护企业的合法权益，促进企业转换经营机制，帮助企业加强内部管理，提高经济效益。

国家教委发出通知坚决纠正中小学乱收费

国家教委近日发出《关于坚决纠正中小学乱收费的通知》，要求各地教育行政部门在今年新学期开学前后，认真做好清理整顿中小学收费工作。

8 月 29 日

《人民日报》发表社论《用改革的办法解决新问题——论加强农村工作和深化农村改革》

去年以来，农村又成为人们普遍关注的“热点”。农村的情况究竟怎样？可以用这样两句话来概括：总的形势不错，有些问题突出。

形势不错，主要表现在农村产品总量的增长和质量的改善方面。大宗农产品，除棉花以外，已经连续 4 年稳定增长；今年夏粮再创高产新纪录。“高产优质高效”的方针已逐渐深入人心，产品结构加快调整，优质产品在市场需求和价格的引导下以前所未有的势头增长。农民收入在连续数年徘徊之后，去年转而上扬。林牧副渔及乡镇企业继续大步发展。然而对存在的问题也必须给予足够重视。例如，中央反复强调农业是国民经济的基础，三令五申要重视农业和农村工作，但时至今日，农民负担过重、种田效益连连下降、农用生产资料价格不断上涨、乱占滥用耕地等问题仍不同程度地存在，都有碍于农业生产力的进一步解放和发展。

诸如此类的问题，大多不是新近发生的，但在最近一个时期格外强烈地表现出来。要解决这些问题，不能靠传统的老办法，也不能只靠临时性的应急措施，只能靠深化改革。可以说，新形势、新矛盾，呼唤改革的新突破，否则，党的一系列重视农业、加强农业、发展农业的政策，就很难真正落到实处。

今年以来，党中央、国务院领导在多种场合反复强调，要用改革的精神和办法解决经济中的新问题。在“抓住有利时机，加快改革开放”的大背景下，农村的改革在近期已呈加速之势，其中尤以粮棉油猪等大宗产品的流通体制改革引人注目。到目前，全国已有 28 个省市区、280 多个地市、1900 个县放开了粮食购销价格，糖料、油料、猪肉价格已在全国放开。棉花流通体制的改革正在山东等地试点。与此同时，农业和农村经济的计划管理体制及运行机制改革，也迈出了实质性的一步。各级政府进一步把目光转向社会化服务体系的完善和市场的建设。1800 多家大型农副产品批发市场已遍布全国。

但是，从实际需要看，农村改革的力度和广度都还嫌不够。深化改革的任务还相当艰巨而紧迫。首先，要沿着市场经济的轨道，推进农村自身的改革。比如，为了让市场机制在农村更好地发挥配置资源的作用，有必要进一步明晰农村的产权关系。要尽快把家庭联产承包为主的生产责任制法律化，使农户与土地的关系更加明确，以保证农民对农业长远投资的热情；同时，建立和完善土地使用权的流转制度，以促进土地的高效利用，土地产出率不断提高。许多地方实行的股份合作制，是完善乡镇企业经营管理体制、兴办新企业的有效形式，更适应市场竞争的要求，有条件的地方可以积极试点，逐步推广。发展、完善社会化服务体系，建立新型的产供销关系，是衔接亿万农户与大市场的一项系统工程；各地应大胆改革，继续探索，因地制宜地创建多种多样的服务组织，采取各种方式，为农民发展经济服务。此外，基层组织建设、结构调整等方面的工作也都需要再进一步。

与 80 年代初中期所不同的是，近年来，农村改革单项突进的大环境已不复存在。旧格局的打破，城乡经济的开始交融，已使农村、城市改革交织为一体，常常互相牵制，互为因果。越来越多的同志发现，农村中很多问题长期解决不好，新的矛盾不断产生，老的摩擦反复出现，病根并不完全在乡村，而与城里、与全局密切相关。从总的方面看，我国多年形成的城乡分割的经济结构和社会结构还没有根本改变，对城乡市场经济发展的制约作用越来越明显。例如，农产品流通的阻塞，支农资金的外流，农村剩余劳动力的就业困难等等，几乎无一不与城市的改革、与各个领域和部门的改革紧密相连。没有整个农副产品购销体制改革的深化，没有财税、金融、投资体制的创新，没有覆盖城乡的完善劳务市场的建立和户籍制度改革的配套，这些影响农村经济发展的重要问题就很难解决。因此，可以这样说，今天要解决农业问题，解决农村问题，要使农业能够持续稳定地发展，就必须通过城乡改革的双向推进，早日建立市场经济条件下的城乡、工农新型关系。没有全国改革的深化与配套，不可能有农村改革的成功。这是90年代农村改革提出的新课题。

70年代末，农村改革作为启动点，引发了全国的改革大潮；如今，农村又发出了新的呼唤。我们相信，在以江泽民同志为核心的党中央领导下，坚持邓小平同志建设有中国特色的社会主义理论和党的基本路线，按照十四大精神，扎扎实实去做，必将推动全局改革新潮涌起。

中国越南在北京签署边界谈判《会谈纪要》

根据中越两国领导人达成的协议，以中国外交部副部长唐家璇为团长的中国政府代表团和以越南外交部副部长武宽为团长的越南政府代表团于1993年8月24日至29日在北京就两国边界领土问题举行了第一轮谈判。这轮谈判讨论了解决两国陆地边界和划分北部湾问题的原则，也就南沙问题交换了意见。谈判是在诚挚、求实、相互尊重和谅解的气氛中进行的。

中越双方认为，在国际形势发生重大变化，两国关系已实现正常化的新形势下，中越举行政府级边界谈判具有重要意义。双方同意，将继续共同作出努力，坚持通过平等协商，妥善解决两国间存在的边界领土问题，以利于维护中越友好大局和两国人民的利益，并为进一步巩固和发展两国睦邻友好合作关系作出贡献。

中越两国政府代表团在北京举行的第一轮谈判取得了积极成果，双方团长签署了《会谈纪要》，双方对解决两国边界领土问题的基本原则达成共识，意见一致，并商定两国政府代表团团长将尽快签署该原则协议。

全国人大常委会副委员长李锡铭在人民大会堂会见并宴请由第一副议长阿沙·梅沙万率领的泰国上议院代表团

国务院总理李鹏委派国务院副秘书长国家防汛总指挥部副总指挥刘济民等到青海共和县沟后水库决口灾区慰问受灾群众和参加抢险救灾人员

8月30日

八届全国人大常委会第三次会议举行全体会议

全国人大常委会委员长乔石出席会议。

受国务院委托，国务院副总理兼中国人民银行行长朱镕基、财政部部长刘仲藜分别在会上作关于当前金融形势和政策措施的报告和1993年1至7月份国家预算执行情况的报告。

全国人大常委会副委员长王丙乾主持全体会议，全国人大常委会副委员长田纪云、王汉斌、倪志福、陈慕华、费孝通、孙起孟、雷洁琼、秦基伟、李锡铭、王光英、程思远、布赫、铁木尔·达瓦买提、李沛瑶、吴阶平出席会议，最高人民法院院长任建新、最高人民检察院检察长张思卿列席会议。

中国人民银行行长朱镕基在八届全国人大常委会第三次会议上就当前的经济及金融形势作报告

朱镕基说，当前总的经济、金融形势是好的。遵照党中央、国务院的正确决策，整顿金融秩序、加强宏观调控已经取得了初步成效。主要表现在：

一、银行违章拆借得到制止，到8月15日，已经收回违章拆借资金727亿元，占全部拆出资金的1/3。

二、社会上非法集资的现象得到初步控制，与此同时，各级银行抓住两次提高利率的有利时机，改善服务，扭转了储蓄滑坡的局面。六、七两月储蓄存款增加额比去年同期多增加396亿元。随着储蓄增加，从7月份以来，货币增发过猛的情况有所缓和。

三、人民币汇价降到合理水平，并已基本稳定在1美元兑换8.8元人民币左右，增强了外国投资者的信心。

四、集中资金支持了国民经济的重点需要，首先是保证了夏粮收购资金，基本没有发生给农民打白条的现象；同时对国家重点项目投放了大量资金；对国有大中型企业生产和出口创汇的流动资金需要也在逐步予以解决。

五、开发区、房地产热有所降温。通过清理收回违章拆借资金，一些地方曾经炒得很高的房地产价格有所下跌，生产资料价格也有所回落。

朱镕基说，对已经取得的成效，不可估计过高，当前金融形势依然比较严峻，货币投放仍然过多，实现控制全年货币发行目标难度还很大。

朱镕基说，目前各地反映资金比较紧张，这主要是由于去年以来固定资产投资规模增长过猛，摊子铺得过大，而且资金投向不够合理。他说，这种紧张状况今年以来一直存在，目前已相对缓解，但是还将延续一段时间。他要求金融系统继续认真贯彻"约法三章"的要求，整顿金融秩序，严肃金融纪律，按照国家产业政策和信贷方针，"堵邪门、开正路"，发挥银行筹集融通资金的主渠道作用，保证国民经济的重点资金需要，使国民经济能够保持前进势头，持续、健康发展。

朱镕基指出，解决当前国民经济和金融工作中出现的矛盾和问题，根本出路在于深化改革，要不失时机地推进金融体制改革。金融改革，要从我国目前实际情况出发，遵循市场经济发展的一般规律，逐步向国际通行做法靠拢。

下一步金融体制改革的大体目标是：建立一个在国务院领导下的独立执行货币政策的中央银行调控体系；建立一个政策金融与商业金融分离，国有商业银行为主体、多种金融机构并存的金融组织体系；建立一个统一开放、有序竞争、严格管理的金融市场体系。

国务院在北京召开第8次常务会议

国务院总理李鹏主持会议并讲话。会议讨论金融、财政、税收、国有资产管理体制和外贸改革总体方案。

会议讨论认为，这几项改革方案，是经过广泛征求意见、充分讨论修改形成的，总体上符合改革方向，并具有重大的现实意义和长远意义，将有利于加强和改善宏观调控，有利于法制化建设和各项改革措施的配套，更好地适应社会主义市场经济发展的要求，促进改革开放和国民经济持续、健康地发展。

会议经过认真讨论，原则通过这几项总体改革方案，并确定，待进一步修改后，报请中央审议。

国务院常务会议全体组成人员出席会议，国务院有关部门的负责人列席会议。

国办发出关于调整缉私部门罚没收入上交办法的通知

国办发出关于加强进口汽车牌证管理的通知

国家工商行政管理局卫生部发布《食品广告管理办法》

海协会与台湾海基会在北京就全面落实"汪辜会谈"有关协议事宜举行工作性商谈

参加此次商谈的海协副秘书长孙亚夫、海基会副秘书长许惠佑向新闻界表示，将努力保持"汪辜会谈"所创造的两会间良好的工作联系和工作气氛，把工作性商谈谈好，为全面履行"汪辜会谈"有关协议，为两会负责人今后的会谈创造更好的条件。

全国第三产业普查工作会议在北京召开

会议要求各地区、各部门认真贯彻国务院有关指示精神，严格按照国家统一部署，扎扎实实地做好普查每一个环节的工作。

全国第三产业普查协调小组组长、国家计委主任陈锦华说，这次普查意义重大，任务艰巨，各级政府一定要高度重视，全力支持，切实加强对普查工作的领导。各地区、各部门主管这项工作的负责同志，一定要建立岗位责任制，对普查工作的关键环节要亲自抓。

陈锦华说，第三产业普查数据的准确性是第三产业普查的核心问题，能否得到高质量的数据，将是评价这次普查成败的首要标志。普查数据的质量如何，取决于能否高质量地完成各阶段、各环节的工作。各级第三产业普查办公室要切实建立和实行质量控制岗位责任制及质量检查制度，一定要从最基层单位做起，做到报表填报、普查数据的录入、处理和汇总，严格审查、准确无误，坚持质量第一。

《人民日报》发表评论员文章《反腐倡廉的强大思想武器——重新学习邓小平同志关于反对腐败的重要论述》

江泽民同志在中纪委二次全会上的重要讲话，表明了党中央坚决反对腐败，加强党风廉政建设的一贯思想和坚强决心，表达了全党和全国人民的共同心声。把江泽民同志的讲话精神贯彻落实好，把党风廉政建设和反腐败斗争搞好，对于增强党的凝聚力和战斗力，全面贯彻执行党的基本路线，保证改革开放和现代化建设的顺利进行，具有十分重要的意义。江泽民同志在讲话中，强调全党要重新学习邓小平同志关于端正党风、加强廉政建设、反对腐败的一系列重要论述。当前，要全面正确地贯彻江泽民同志讲话和中纪委二次全会的精神，摆在我们面前的首要任务，就是认真学习、深入领会邓小平同志关于反对腐败的一系列重要论述，以此统一全党思想，提高认识，牢牢掌握这个思想武器，以指导深入持久地开展反腐败斗争。

改革开放以来，我们党始终重视端正党风、加强廉政建设、反对腐败的工作。作为我国改革开放和现代化建设总设计师的邓小平同志，早在党的十一届三中全会后不久，就明确提出必须搞好党风，要反对和防止干部腐败，把反腐败斗争提到党和国家会不会"改变面貌"的高度，及时向全党敲响了警钟。十多年来，邓小平同志对这个问题一直极为关注，作了一系列重要指示。在1992年春天视察南方的重要谈话中，邓小平同志在号召全党同志解放思想，抓住机遇，加快改革和建设步伐的同时，又一次强调了反对腐败、加强社会主义精神文明建设的重要意义。

邓小平同志关于端正党风、加强廉政建设、反对腐败的论述内容十分丰富。他尖锐地指出腐败现象的严重危害性，提出要把廉政建设作为大事来抓，“在整个改革开放过程中都要反对腐败”。邓小平同志一以贯之地强调要坚持两手抓，一手抓改革开放，一手抓打击犯罪活动，这两只手都要硬。“两个文明都搞好，这才是有中国特色的社会主义”。在关于党风与社会风气的关系，党内一般党员的作风与领导干部的作风的关系上，邓小平同志反复指出，端正党风是端正社会风气的关键；为了整顿党风，搞好民风，先要从高级干部整起。关于反腐倡廉的手段，邓小平同志指出，从教育入手，应保持艰苦奋斗的传统。提倡艰苦奋斗精神，有助于克服腐败现象。领导干部一定要在艰苦创业方面起模范作用。邓小平同志强调，廉政建设，要靠教育，更要靠法制。要加强党政组织和人民群众对干部的监督，建立有效的监督机制。对于违反党纪的，不管是什么人，都要执行纪律，做到功过分明，赏罚分明，伸张正气，打击邪气。

邓小平同志的一系列重要论述，从社会主义现代化建设全局的战略高度，阐明了加强廉政建设、反对腐败的意义和作用，科学地分析了腐败现象产生的原因，鲜明地提出了反腐败斗争的根本方针。这些重要论述是建设有中国特色社会主义理论的重要组成部分，是我们进行反腐败斗争、加强廉政建设的强大思想武器。只要我们牢记小平同志的指示，积极、正确地开展反腐败斗争，改革开放和现代化建设就能顺利发展；如果忽视或淡忘小平同志的指示，放松反腐败斗争，改革开放和现代化建设就会遭受损失。这个真理要牢牢记取。在当前反腐败的斗争中，我们在学习建设有中国特色社会主义的理论的时候，要集中一段时间着重学习邓小平同志关于反腐败的论述，理论结合实际，认真领会和全面把握其精神实质，努力克服各种不正确的思想。特别要深刻领会邓小平同志关于反腐败斗争与改革开放、经济建设的辩证关系的思想，克服片面性，正确认识并妥善处理改革开放、发展经济与反腐败斗争的关系，在发展社会主义市场经济的过程中，把反腐败斗争卓有成效地坚持下去，更好地为改革开放和现代化建设服务。

十世班禅大师法体正式安放在日喀则扎什伦布寺“释颂南捷”金箔灵塔中

中央决定1993年度对西藏基本建设投资9.77亿元

为进一步改变西藏基础设施落后的状态，促使西藏经济持续、快速、健康地发展，1993年度中央对西藏基本建设巨额投资达9.77亿元，规模之大，在西藏和平解放42年来尚属首次。

西藏和平解放以来，中央调拨了大量财力、物力，支持西藏的地方建设，42年来对西藏的投资总额已超过200亿元。80年代中期，中央在藏成功地进行了43项工程建设，西藏的社会、文化、经济基础设施初具规模。进入90年代以后，中央一如既往支持西藏的经济建设，并注入更大规模的投资，促使西藏在改革开放中经济建设再上新台阶。

目前，在中央有力地支持下，以能源、交通为主的西藏十四项重点项目建设正顺利进行。续建项目的羊湖抽水蓄能电站是西藏正在建设中最大的水电站，装机容量为11.25万千瓦，该电站工程进展顺利，下月可望贯通长达5889米的引水隧洞。此外，正在施工中的青藏、川藏公路整治，以及中尼公路改造项目进度和质量自治区均较满意。贡嘎机场庞大的候机楼主体已完成，内部装修正在紧张进行。新建项目中的邦达机场已开工建设，藏北那曲的查龙电站已完成“四通一平”。对西藏农业起着振兴作用的“一江两河”流域综合农业开发已全面铺开，部分完工项目已发挥出较好效益。

中共中央政治局常委刘华清在全军纪律检查工作会议上发表讲话

刘华清说，军队在党风廉政建设上肩负着重大使命。这几年全军各级党委在这方面做了大量工作，取得了一定的成效，大多数党员干部是廉洁的，整个部队风气是好的，涌现出许多清正廉洁、乐于奉献的先进典型。军队现代化建设所取得的进步，都是与广大党员干部带领部队艰苦奋斗分不开的。刘华清说，我们在看到这些成绩的同时，还应该看到军队的党风廉政建设离党中央、中央军委的要求还有距离，还有很多工作要做。我军是具有高度思想觉悟、良好道德品质、严格组织纪律的先进群体，历来对全社会精神风貌的形成有着重大的影响，在社会主义精神文明建设中应当走在前列，在党风廉政建设上应当有更高的要求。

刘华清指出，军队加强党风廉政建设，就是要依据江泽民同志的重要讲话和中纪委第二次全体会议精神，继续深入抓好《中央军委关于发扬优良传统加强廉政建设的决定》的贯彻落实。军委研究确定，军队的党风廉政建设，近期要着重抓好四个方面的工作：一是抓好学习教育，二是认真解决存在的问题，三是集中力量查办一批案件，四是清理整顿生产经营。

刘华清强调说，加强党风廉政建设，至关重要的是领导干部和领导机关要廉洁自律。领导干部和领导机关要正确看待和运用手中权力，全心全意为人民服务。

刘华清特别对军队的高级干部提出了要求。他说，高级干部要不断加强党性锻炼，加强世界观的改造，真正懂得，任何以权谋私的行为，都是对我党我军宗旨的背叛。要自觉以老一辈革命家为楷模，廉政勤政，克己奉公。高级干部更要遵守纪律，凡是中央军委和总部定了的事情，就要坚决贯彻；凡是明令禁止的，就绝不能再办；凡有制度规定的，就要老老实实照着去做。这次中纪委二次全会对党政机关领导干部廉洁自律重申和提出了五条要求，军队的高级干部要带头执行。

刘华清强调，全军抓党风廉政建设的力度要进一步加大，各级党委要切实负起责任，加强组织领导，正、副书记要亲自抓，并协调各方面力量，共同把这件大事抓好。党委首先自身要有很强的原则性和战斗性，要坚持党内生活制度，认真开展批评和自我批评。要一级抓一级，认真搞好对各级党委廉政建设情况的检查和干部的考察。提拔使用干部，要把是否清正廉洁作为一条重要标准。各级党委要充分发挥纪委和纪检部门的职能作用。

刘华清最后说，我们军队有党中央的正确领导，有在长期革命斗争实践中形成的优良传统，有一支思想政治素质优良的干部和党员队伍，只要我们更加紧密地团结在以江泽民同志为核心的党中央、中央军委周围，同心同德，埋头实干，就一定能不断加强廉政建设，推进我军的革命化、现代化、正规化建设。

国家主席江泽民根据全国人大常委会的决定任免驻外大使

一、免去蔡再杜的中国驻科特迪瓦共和国特命全权大使职务。

任命刘立德为中国驻科特迪瓦共和国特命全权大使。

二、免去杜钟瀛的中国驻瓦努阿图共和国特命全权大使职务。

任命詹道德为中国驻瓦努阿图共和国特命全权大使。

全国人大常委会委员长乔石在人民大会堂会见由第一副议长阿沙·梅沙万率领的泰国上议院代表团

全国人大常委会委员长乔石在人民大会堂会见喀麦隆最高法院院长迪邦达·穆埃尔

外交部部长钱其琛和吉尔吉斯外交部长卡拉巴耶夫在钓鱼台国宾馆举行会谈

中国驻柬埔寨全国最高委员会代表处升格为中国驻柬埔寨大使馆

中国和吉尔吉斯在北京签署《领事条约》

北京市中级人民法院判处吴士深无期徒刑

新华通讯社国内新闻编辑部编辑吴士深，因犯有为境外人员非法提供国家秘密罪，被北京市中级人民法院判处无期徒刑，剥夺政治权利终身。同案犯《中国健康教育通讯》杂志社编辑马涛被判处有期徒刑6年，剥夺政治权利1年。

8月31日

八届全国人大常委会第三次会议举行全体会议

全国人大常委会委员长乔石出席会议。

会议审议国务院副总理兼中国人民银行行长朱镕基所作的关于当前金融形势和政策措施的报告。

国家计委主任陈锦华、司法部部长肖扬受国务院委托，分别向会议作今年以来国民经济和社会发展计划执行情况的报告和“二五”普法规划实施情况的汇报。会议还听取了全国人大常委会代表资格审查委员会主任委员孟连昆关于选举、补选代表的代表资格的审查报告。会议还审议乔石访问东盟5国、陈慕华访问拉美4国、副委员长铁木尔·达瓦买提访问中亚5国的书面报告。

全国人大常委会副委员长秦基伟主持全体会议。全国人大常委会副委员长田纪云、王汉斌、倪志福、陈慕华、费孝通、孙起孟、雷洁琼、王光英、程思远、布赫、铁木尔·达瓦买提、李沛瑶出席会议。国务委员司马义·艾买提、最高人民法院副院长高昌礼、最高人民检察院副检察长梁国庆列席会议。

国务院在北京举行第9次常务会议

受国务院总理李鹏委托国务院副总理朱镕基主持会议。

会议认为，江泽民在中纪委第二次全体会议上的重要讲话，精辟阐述了反腐斗争的重大意义，明确提出了反腐败斗争的任务、指导思想和应当遵循的原则，是党中央在新形势下向全党、全国进行的总动员和总部署。必须充分认识反腐败斗争的长期性、艰巨性和现实的紧迫性，以坚决的态度、扎实的工作，不断抓出阶段性成果。

会议讨论对国家机关开展反腐败斗争的部署和近期工作安排，讨论关于治理乱收费，关于行政性收费、罚没收入纳入预算管理，关于党政机关与所办经济实体脱钩以及严禁党政机关干部变相用公费出国(境)旅游等问题。

会议讨论并原则通过,《国务院关于近期开展反腐败斗争的实施意见》报党中央批准后实施。

国务院台湾事务办公室国务院新闻办公室发布《台湾问题与中国的统一》的白皮书

前　言

维护国家统一和领土完整,是每个主权国家的神圣权利,也是国际法的基本原则。联合国宪章明确规定:联合国和它的成员国不得侵害任何会员国或国家之领土完整或政治独立,不得干涉在本质上属于任何国家国内管辖的事件。联合国《关于各国依联合国宪章建立友好关系及合作之国际法原则之宣言》指出:凡以局部或全部破坏国家统一及领土完整或政治独立为目的之企图,都是不符合联合国宪章精神的。

中国近代史是一部被侵略、被宰割、被凌辱的历史,也是中国人民为争取民族独立,维护国家主权、领土完整和民族尊严而英勇奋斗的历史。台湾问题的产生与发展,都与这段历史有着紧密的联系。由于种种原因,台湾迄今尚处于与大陆分离的状态。这种状态一天不结束,中华民族所蒙受的创伤就一天不能愈合,中国人民为维护国家统一和领土完整的斗争也一天不会结束。

台湾问题的现状如何?症结何在?中国政府解决台湾问题的立场与主张是什么?为了便于国际社会有一个清楚的了解,有必要就下列问题加以阐述。

一、台湾是中国不可分割的一部分

台湾地处中国大陆的东南缘,是中国第一大岛,同大陆是不可分割的整体。

台湾自古即属于中国。台湾古称夷洲、流求。大量的史书和文献记载了中国人民早期开发台湾的情景。距今一千七百多年以前,三国时吴人沈莹的《临海水土志》等对此就有所著述,它们是世界上记述台湾最早的文字。公元三世纪和七世纪,三国孙吴政权和隋朝政府都曾先后派万余人去台。进入十七世纪之后,中国人民在台湾的开拓规模越来越大。十七世纪末,大陆赴台开拓者超过十万人。至公元一八九三年(清光绪十九年)时,总数达到五十点七万余户,二百五十四万余人。二百年间增长二十五倍。他们带去先进的生产方式,由南到北,由西及东,筚路蓝缕,披荆斩棘,大大加速了台湾整体开发的进程。这一史实说明,台湾和中国其他省区一样,同为中国各族人民所开拓所定居。台湾社会的发展始终延续着中华文化的传统,即使在日本侵占的五十年间,这一基本情况也没有改变。台湾的开拓发展史,凝聚了包括当地少数民族在内的中国人民的血汗和智慧。

中国历代政府在台湾先后建立了行政机构,行使管辖权。早在公元十世纪中叶,宋朝政府即已派兵驻守澎湖,将澎湖地区划归福建泉州晋江县管辖。元朝政府在澎湖设置行政管理机构"巡检司"。明朝政府于十六世纪中后期,恢复了一度废止的"巡检司",并为防御外敌侵犯,增兵澎湖。一六六二年(清康熙元年),郑成功在台湾设"承天府"。清朝政府逐步在台湾扩增行政机构,加强了对台湾的治理。一六八四年(清康熙二十三年)设"分巡台厦兵备道"及"台湾府",下设"台湾"(今台南)、"凤山"(今高雄)、"诸罗"(今嘉义)三县,隶属福建省管辖。一七一四年(清康熙五十三年),清政府派员测绘台湾地图,勘丈全境里数。一七二一年(清康熙六十年),增设"巡视台湾监察御史",改"分巡台厦兵备道"为"分巡台厦道"。尔后又增设"彰化县"和"淡水厅"。一七二七年(清雍正五年),复改"分巡台厦道"为"分巡台湾道"(后又改为"分巡台湾兵备道"),增"澎湖厅",定"台湾"为官方统一的名称。一八七五年(清光绪元年),清政府为进一步经营和治理台湾,再增设"台北府"及"淡水"、"新竹"、"宜兰"三县和"基隆厅"。一八八五年(清光绪十一年),清政府正式划台湾为单一行省,任刘铭传为首任巡抚,行政区扩为三府一州,领十一县五厅。刘在任内,铺铁路,开矿山,架电线,造商轮,兴办企业,创设新学堂,把台湾社会经济文化的发展大大向前推进。

一九四五年中国人民抗日战争胜利后,中国政府重新恢复了台湾省的行政管理机构。

海峡两岸中国人为反对外国侵占台湾进行了长期不懈的斗争。十五世纪后期起,西方殖民主义者大肆掠夺殖民地。一六二四年(明天启四年),荷兰殖民者侵占台湾南部。一六二六年(明天启六年),西班牙殖民者入侵台湾北部。一六四二年(明崇祯十五年),荷兰又取代西班牙占领台湾北部。两岸同胞为反对外国殖民者侵占台湾进行了包括武装起义在内的各种方式的斗争。一六六一年(清顺治十八年),郑成功率众进军台湾,于次年驱逐了盘踞台湾的荷兰殖民者。

一八九四年(清光绪二十年)日本发动侵略中国的"甲午战争"。翌年,清政府战败,在日本威迫下签订丧权辱国的《马关条约》,割让台湾。消息传来,举国同愤。在北京会试的包括台湾在内的十八省千余举人"公车上书"反对割台。台湾全省"哭声震天",鸣锣罢市。协理台湾军务的清军将领刘永福等和台湾同胞一起,与占领台湾的日军拼死搏斗。中国大陆东南各地居民为支援这一斗争,或捐输饷银,或结队赴台,反抗日本侵略。在日本侵占台湾期间,台湾同胞一直坚持英勇不屈的斗争。初期,他们组织义军,进行武装游击抵抗,前后达七年之久。继而,在辛亥革命推翻清政府后，他们又汇同大陆同胞一道，先后发起十余次武装起义。及至本世纪二十和三十年代，岛内反抗日本殖民统治的群众运动更加波澜壮阔，席卷台湾南北。

一九三七年，中国人民开始了全民族的抗日战争。中国政府在《中国对日宣战布告》中明确昭告中外：所有一切条约、协定、合同有涉及中日关系者，一律废止。《马关条约》自属废止之列。这一布告并郑重宣布：中国将“收复台湾、澎湖、东北四省土地”。中国人民经过八年艰苦的抗日战争，于一九四五年取得了最后的胜利，收复了失土台湾。台湾同胞鸣放鞭炮，欢欣鼓舞，祭告祖先，庆祝回归祖国怀抱的伟大胜利。

国际社会公认台湾属于中国。中国人民的抗日战争是世界反法西斯斗争的一部分，得到了世界人民的广泛支持。在第二次世界大战中，为了反对德、日、意法西斯轴心国，中国与美国、苏联、英国、法国等结成同盟国。一九四三年十二月一日，中、美、英三国签署的《开罗宣言》指出：“三国之宗旨，在剥夺日本自一九一四年第一次世界大战开始以后在太平洋所夺得或占领之一切岛屿，在使日本所窃取于中国之土地，例如满洲、台湾、澎湖列岛等，归还中国。”一九四五年七月二十六日，中、美、英三国签署（后苏联参加）的《波茨坦公告》又重申：“开罗宣言之条件必将实施。”同年八月十五日，日本宣布投降，《日本投降条款》规定：“兹接受中美英三国共同签署的、后来又有苏联参加的一九四五年七月二十六日的波茨坦公告中的条款。”十月二十五日，同盟国中国战区台湾省受降仪式于台北举行，受降主官代表中国政府宣告：自即日起，台湾及澎湖列岛已正式重入中国版图，所有一切土地、人民、政事皆已置于中国主权之下。至此，台湾、澎湖重归于中国主权管辖之下。

中华人民共和国成立以来，一百五十七个国家先后同中国建立了外交关系，它们都承认只有一个中国，中华人民共和国政府是中国的唯一合法政府，台湾是中国的一部分。

二、台湾问题的由来

台湾在第二次世界大战之后，不仅在法律上而且在事实上已归还中国。之所以又出现台湾问题，与随后中国国民党发动的反人民内战有关，但更重要的是外国势力的介入。

台湾问题与国民党发动的内战。中国抗日战争期间，在中国共产党和其他爱国力量的推动下，中国国民党与中国共产党建立了抗日民族统一战线，抗击日本帝国主义的侵略。抗日战争胜利后，两党本应继续携手，并肩振兴中华大业，惟当时以蒋介石为首的国民党集团依仗美国的支持，置全国人民渴望和平与建设独立、民主、富强的新中国的强烈愿望于不顾，撕毁国共两党签订的《双十协定》，发动了全国规模的反人民内战。中国人民在中国共产党领导下被迫进行了三年多的人民解放战争，由于当时的国民党集团倒行逆施，已为全国各族人民所唾弃，中国人民终于推翻了南京的“中华民国”政府。一九四九年十月一日成立了中华人民共和国，中华人民共和国政府成为中国的唯一合法政府。国民党集团的一部分军政人员退据台湾。他们在当时美国政府的支持下，造成了台湾海峡两岸隔绝的状态。

台湾问题与美国政府的责任。第二次世界大战后，在当时东西方两大阵营对峙的态势下，美国政府基于它的所谓全球战略及维护本国利益的考虑，曾经不遗余力地出钱、出枪、出人，支持国民党集团打内战，阻挠中国人民革命的事业。然而，美国政府最终并未达到它自己所希望达到的目的。美国国务院一九四九年发表的《美国与中国的关系》白皮书和艾奇逊国务卿给杜鲁门总统的信，都不得不承认这一点。艾奇逊在他的信中说：“中国内战不祥的结局超出美国政府控制的能力，这是不幸的事，却也是无可避免的”；“这种结局之所以终于发生，也并不是因为我们少做了某些事情。这是中国内部各种力量的产物，我国曾经设法去左右这些力量，但是没有效果”。

中华人民共和国诞生以后，当时的美国政府本来可以从中国内战的泥潭中拔出来，但是它没有这样做，而是对新中国采取了孤立、遏制的政策，并且在朝鲜战争爆发后武装干涉纯属中国内政的海峡两岸关系。一九五〇年六月二十七日，美国总统杜鲁门发表声明宣布：“我已命令第七舰队阻止对台湾的任何攻击。”美国第七舰队侵入了台湾海峡，美国第十三航空队进驻了台湾。一九五四年十二月，美国又与台湾当局签订了所谓《共同防御条约》，将中国的台湾省置于美国的“保护”之下。美国政府继续干预中国内政的错误政策，造成了台湾海峡地区长期的紧张对峙局势，台湾问题自此亦成为中美两国间的重大争端。

为了缓和台湾海峡地区的紧张局势，探寻解决中美两国之间争端的途径，中国政府自五十年代中期起，即开始与美国对话。一九五五年八月至一九七〇年二月，中美两国共举行了一百三十六次大使级会谈，但在缓和与消除台湾海峡地区紧张局势这个关键问题上，未取得任何进展。及至六十年代末七十年代初，随着国际局势的发展变化和新中国的壮大，美国开始调整其对华政策，两国关系逐步出现解冻的形势。一九七一年十月，第二十六届联合国大会通过两千七百五十八号决议，恢复中华人民共和国在联合国的一切合法权利，并驱逐台湾当局的“代表”。一九七二年二月，美国总统尼克松访问中国，中美双方在上海发表了联合公报。公报称:“美国方面声明:美国认识到,在台湾海峡两边的所有中国人都认为只有一个中国,台湾是中国的一部分。美国政府对这一立场不提出异议。”

一九七八年十二月,美国政府接受了中国政府提出的建交三原则,即:美国与台湾当局“断交”、废除《共同防御条约》以及从台湾撤军。中美两国于一九七九年一月一日正式建立外交关系。中美建交联合公报声明:“美利坚合众国承认中华人民共和国政府是中国的唯一合法政府。在此范围内,美国人民将同台湾人民保持文化、商务和其他非官方联系”;“美利坚合众国政府承认中国的立场,即只有一个中国,台湾是中国的一部分”。自此,中美关系实现正常化。

但遗憾的是,中美建交不过三个月,美国国会竟通过了所谓《与台湾关系法》,并经美国总统签署生效。这个《与台湾关系法》,以美国国内立法的形式,作出了许多违反中美建交公报和国际法原则的规定,严重损害中国人民的权益。美国政府根据这个关系法,继续向台湾出售武器和干涉中国内政,阻挠台湾与中国大陆的统一。

为解决美国售台武器问题,中美两国政府通过谈判,于一九八二年八月十七日达成协议,发表了有关中美关系的第三个联合公报,简称“八·一七公报”。美国政府在公报中声明:“它不寻求执行一项长期向台湾出售武器的政策,它向台湾出售的武器在性能和数量上将不超过中美建交后近几年供应的水平,它准备逐步减少它对台湾的武器出售,并经过一段时间导致最后的解决。”然而,十多年来美国政府不但没有认真执行公报的规定,而且不断发生违反公报的行为。一九九二年九月,美国政府甚至决定向台湾出售一百五十架 F—16 型高性能战斗机。美国政府的这一行动,给中美关系的发展和台湾问题的解决增加了新的障碍和阻力。

由上可见,台湾问题直到现在还未得到解决,美国政府是有责任的。自七十年代以来,美国朝野许多有识之士和友好人士,曾经为促进中美之间在台湾问题上的分歧的解决做了大量有益的工作,上述三个联合公报就包含着他们的努力和贡献。中国政府和人民对此十分赞赏。然而也不能不看到,美国确也有人至今仍不愿看到中国的统一,制造种种借口,施加种种影响,阻挠台湾问题的解决。

中国政府相信,美国人民与中国人民是友好的。两国关系的正常发展,是符合两国人民的长远利益和共同愿望的。中美两国都应珍视来之不易的指导两国关系发展的三个联合公报。只要双方都能恪守三个公报的原则,相互尊重,以大局为重,历史遗留下来的台湾问题就不难得到解决,中美关系就一定能不断获得改善和发展。

三、中国政府解决台湾问题的基本方针

解决台湾问题,实现国家统一,是全体中国人民一项庄严而神圣的使命。中华人民共和国成立后,中国政府为之进行了长期不懈的努力。中国政府解决台湾问题的基本方针是“和平统一、一国两制”。

“和平统一、一国两制”的方针的形成。早在五十年代,中国政府就曾设想以和平方式解决台湾问题。一九五五年五月,周恩来总理在全国人民代表大会常务委员会会议上即提出:中国人民解决台湾问题有两种可能的方式,即战争的方式和和平的方式,中国人民愿意在可能的条件下,争取用和平的方式解决问题。一九五六年四月,毛泽东主席又提出:“和为贵”、“爱国一家”、“爱国不分先后”等政策主张。但由于某些外国势力的干预等原因,这些主张未能付诸实践。

自七十年代末开始,国际国内形势发生了一些重要变化:中美建立外交关系,实现了关系正常化;中国共产党召开十一届三中全会,决定把党和国家的工作中心转移到现代化经济建设上来。与此同时,海峡两岸的中国人、港澳同胞以及海外侨胞、华人,都殷切期望两岸携手合作,共同振兴中华。在这样的历史条件下,中国政府出于对整个国家民族利益与前途的考虑,本着尊重历史、尊重现实、实事求是、照顾各方利益的原则,提出了“和平统一、一国两制”的方针。

一九七九年一月一日,中华人民共和国全国人民代表大会常务委员会发表《告台湾同胞书》,郑重宣告了中国政府和平解决台湾问题的大政方针,呼吁两岸就结束军事对峙状态进行商谈。表示在实现国家统一时,一定“尊重台湾现状和台湾各界人士的意见,采取合情合理的政策和办法”。

一九八一年九月三十日,全国人民代表大会常务委员会委员长叶剑英发表谈话,进一步阐明解决台湾问题的方针政策。表示“国家实现统一后,台湾可作为特别行政区,享有高度的自治权”,并建议由两岸执政的国共两党举行对等谈判。

一九八二年一月十一日,中国领导人邓小平就叶剑英的上述谈话指出:这实际上就是“一个国家、两种制度”,在国家实现统一的大前提下,国家主体实行社会主义制度,台湾实行资本主义制度。

一九八三年六月二十六日,邓小平进一步发挥了关于实现台湾与大陆和平统一的构想,指出,问题的核心是祖国统一。他还就两岸统一和设置台湾特别行政区问题,阐明了中国政府的政策。

一九九二年十月十二日,中共中央总书记江泽民指出:“我们坚定不移地按照‘和平统一、一国两制’的方针,积极促进祖国统一。”“我们再次重申,中国共产党愿意同中国国民党尽早接触,以便创造条件,就正式结束两岸敌对状态、逐步实现和平统一进行谈判。在商谈中,可以吸收两岸其他政党、团体和各界有代表性的人士参加。"

"和平统一、一国两制"的基本点。"和平统一、一国两制"是建设有中国特色的社会主义理论和实践的重要组成部分,是中国政府一项长期不变的基本国策。这一方针,有以下基本点:

(一)一个中国。世界上只有一个中国,台湾是中国不可分割的一部分,中央政府在北京。这是举世公认的事实,也是和平解决台湾问题的前提。

中国政府坚决反对任何旨在分裂中国主权和领土完整的言行,反对"两个中国"、"一中一台"或"一国两府",反对一切可能导致"台湾独立"的企图和行径。海峡两岸的中国人民都主张只有一个中国,都拥护国家的统一,台湾作为中国不可分割的一部分的地位是确定的、不能改变的,不存在什么"自决"的问题。

(二)两制并存。在一个中国的前提下,大陆的社会主义制度和台湾的资本主义制度,实行长期共存,共同发展,谁也不吃掉谁。这种考虑,主要是基于照顾台湾的现状和台湾同胞的实际利益。这将是统一后的中国国家体制的一大特色和重要创造。

两岸实现统一后,台湾的现行社会经济制度不变,生活方式不变,同外国的经济文化关系不变。诸如私人财产、房屋、土地、企业所有权、合法继承权、华侨和外国人投资等,一律受法律保护。

(三)高度自治。统一后,台湾将成为特别行政区。它不同于中国其他一般省区,享有高度的自治权。它拥有在台湾的行政管理权、立法权、独立的司法权和终审权;党、政、军、经、财等事宜都自行管理;可以同外国签订商务、文化等协定,享有一定的外事权;有自己的军队,大陆不派军队也不派行政人员驻台。特别行政区政府和台湾各界的代表人士还可以出任国家政权机构的领导职务,参与全国事务的管理。

(四)和平谈判。通过接触谈判,以和平方式实现国家统一,是全体中国人的共同心愿。两岸都是中国人,如果因为中国的主权和领土完整被分裂,兵戎相见,骨肉相残,对两岸的同胞都是极其不幸的。和平统一,有利于全民族的大团结,有利于台湾社会经济的稳定和发展,有利于全中国的振兴和富强。

为结束敌对状态,实现和平统一,两岸应尽早接触谈判。在一个中国的前提下,什么问题都可以谈,包括谈判的方式,参加的党派、团体和各界代表人士,以及台湾方面关心的其他一切问题。只要两岸坐下来谈,总能找到双方都可以接受的办法。

鉴于两岸的现实状况,中国政府主张在实现统一之前,双方按照相互尊重、互补互利的原则,积极推动两岸经济合作和各项交往,进行直接通邮、通商、通航和双向交流,为国家和平统一创造条件。

和平统一是中国政府既定的方针。然而,每一个主权国家都有权采取自己认为必要的一切手段包括军事手段,来维护本国主权和领土的完整。中国政府在采取何种方式处理本国内部事务的问题上,并无义务对任何外国或图谋分裂中国者作出承诺。

这里还应指出,台湾问题纯属中国的内政,不同于第二次世界大战后经国际协议而形成的德国问题和朝鲜问题。因此,台湾问题不能和德国、朝鲜问题相提并论。中国政府历来反对用处理德国问题、朝鲜问题的方式来处理台湾问题。台湾问题应该也完全可以通过两岸的协商,在一个中国的架构内求得合理的解决。

四、台湾海峡两岸关系的发展及其阻力

台湾海峡两岸目前的分离状态,是中华民族的不幸。所有中国人无不殷切盼望早日结束这种令人痛心的局面。

为了实现两岸人民正常往来和国家统一,中国政府在提出和平统一主张的同时,也采取了一系列推动两岸关系发展的措施:

政治方面,调整有关政策措施,化解敌对情绪。最高人民法院、最高人民检察院决定不再追诉去台人员在中华人民共和国成立前的犯罪行为。

军事方面,主动缓和海峡两岸军事对峙状态,停止对金门等岛屿的炮击,并把福建沿海一些前沿阵地、观察所开辟为经济开发区和旅游点。

经济方面,敞开门户,促进交流,欢迎台商来大陆投资和从事贸易活动,并为之提供优惠条件和法律保障。

其他如人员往来、邮电交通以及科技、文化、体育、学术、新闻等方面,中国政府亦持积极态度,采取了相应措施,鼓励发展两岸在各个领域的交流与合作。还成立了得到政府授权的民间团体"海峡两岸关系协会",同台湾"海峡交流基金会"及有关民间团体建立联系,维护两岸人民的合法权益,推动两岸关系的发展。

中国政府的对台政策和措施,得到了越来越多的台湾同胞、港澳同胞和海外侨胞、华人的理解和支持。广大台湾同胞为发展两岸关系作出了很大的努力。台湾当局近几年也相应调整了对大陆的政策,采取了一些松动措施,诸如开放岛内民众赴大陆探亲,逐步放宽对两岸民间交流交往的限制,扩大间接贸易,开放间接投资,简化两岸同胞通话、通邮、通汇的手续。这些都是有利于相互交往的。近年来,两岸的经济贸易迅速发展,人员往来及各项交流活动不断扩大。一九九三年四月举行的"汪辜会谈"签订了四项协议,迈出了两岸关系上具有历史意义的重要一步。台湾海峡出现了四十余年来前所未有的缓和气氛，这是有利于和平统一的。

必须指出，台湾当局虽对两岸关系作了某些松动，但其现行大陆政策仍严重阻碍着两岸关系的发展和国家的统一。他们口头上虽声称"中国必须统一"，但行动上却总是背离一个中国的原则，继续维持与大陆分离的局面，拒绝就和平统一问题进行商谈，甚至设置障碍，限制两岸交往的进一步发展。

近年来，台湾岛内"台独"活动日益嚣张，给两岸关系的发展和国家和平统一投下了阴影。"台独"的产生有着复杂的社会历史根源和国际背景，而台湾当局拒绝和谈、限制交往、在国际上推行"双重承认"和"两个中国"的政策，又实际上为"台独"活动提供了条件。应当说，台湾同胞要求当家作主管理台湾的愿望是合情合理、正当的，这不同于"台湾独立"，更与极少数坚持要走"台独"道路的人有着根本的区别。极少数"台独"分子鼓吹"独立"，甚至投靠外国，妄图将台湾从中国分裂出去。这是违背包括台湾同胞在内的全中国人民的根本利益的。中国政府严重关注这一事态的发展，对任何制造"台湾独立"的行径绝不会坐视不理。

某些国际势力不希望中国统一，仍千方百计插手中国内政，支持台湾当局的"反共拒和"政策和岛内的分裂势力，为中国的和平统一制造障碍，严重伤害了中国人民的民族感情。

中国政府坚信，广大台湾同胞是要求国家统一的；台湾朝野政治力量的大多数也是主张国家统一的。在两岸人民共同努力下，上述障碍和阻力一定可以排除，两岸关系一定可以获得更好的发展。

五、国际事务中涉及台湾的几个问题

如前所述，世界上只有一个中国，台湾是中国不可分割的一部分。中华人民共和国政府作为代表全中国人民的唯一合法政府，得到了联合国及世界各国的普遍承认。为维护国家主权和实现国家的统一，中国政府在国际事务中处理涉及台湾的问题时，始终坚持一个中国的原则，一贯维护台湾同胞的利益。中国政府相信，这一立场必能赢得各国政府和人民的尊重。

在此，中国政府认为有必要就以下几个问题重申自己的立场和政策。

(一)与中国建交国同台湾的关系问题。目前，世界上凡与中国建交的国家，均遵照国际法和一个中国的原则，与中国政府就台湾问题达成正式协议或谅解，承诺不与台湾建立任何官方性质的关系，按照国际法，一个主权国家只能有一个中央政府代表这个国家。台湾作为中国的一部分，它在国际上无权代表中国，不能与外国建立外交关系和发展具有官方性质的关系。但考虑到台湾经济发展的需要和台湾同胞的实际利益，对台湾同外国的民间经济、文化往来，中国政府不持异议。

近几年，台湾当局在国际上竭力推行所谓"务实外交"，谋求同一些与中国建交的国家发展官方关系，推进"双重承认"，达到制造"两个中国"、"一中一台"的目的。对此，中国政府坚决反对。

应该指出，世界上绝大多数国家都能珍视同中国的友好关系，恪守在台湾问题上和中国达成的协议和谅解，中国政府对此表示赞赏。但也不能不指出，有的国家竟不顾国际信誉，违反与中华人民共和国建交时所作的承诺，同台湾发展官方关系，从而给中国统一事业设置障碍。中国政府衷心希望，有关国家政府能够采取措施，纠正这一做法。

(二)国际组织与台湾的关系问题。每个国家的主权是完整的，既不能分割，也不能分享。中华人民共和国政府作为中国的唯一合法政府，有权利也有义务在国际组织中行使国家主权，代表整个中国。台湾当局企图在某些只有主权国家才能参加的国际组织中搞所谓"一国两席"，就是要制造"两个中国"。中国政府坚决反对这种行径。这一原则立场完全符合包括台湾同胞和海外侨胞在内的全中国人民的根本利益。只有在坚持一个中国原则立场的前提下，中国政府才可以考虑，根据有关国际组织的性质、章程规定和实际情况，以中国政府同意和接受的某种方式，来处理台湾参加某些国际组织活动的问题。

联合国系统的所有机构，是由主权国家代表参加的政府间国际组织。在恢复中华人民共和国在联合国的合法权利后，联合国系统的所有机构都已通过正式决议，恢复中华人民共和国享有的合法席位，驱逐了台湾当局的"代表"。自此，在联合国组织中的中国代表权问题已获得了彻底地解决，根本不存在台湾再加入的问题。需要指出的是，近一个时期来，台湾当局的某些人又为"重返联合国"而大肆鼓噪。十分明显，这是一种妄图割裂国家主权的行径，它无论在法理上或实际上都是行不通的。中国政府相信各国政府和联合国系统的组织会识破这一图谋，不做有损于中国主权的事情。

其他政府间国际组织，原则上台湾也无权参加。至于亚洲开发银行(ADB)、亚太经济合作组织(APFC)等地区性经济组织，台湾的加入系根据中国政府与有关方面达成的协议或谅解，明确规定中华人民共和国作为主权国家参加，台湾只作为中国的一个地区以"中国台北"(英文在亚行为 TAIPEI，CHINA；在亚太经济合作组织为 CHINESETAIPEI)的名称参加活动。这种做法属于特殊安排，不能构成其他政府间国际组织及国际活动效仿的"模式"。

在民间性质的国际组织中，中华人民共和国的相应组织同有关方面达成协议或谅解，在中国的全国性组织以中国的名义参加的情况下，台湾的相应组织可以以“中国台北”（TAIPEI，CHINA）或“中国台湾”（TAIWAN，CHINA）的名称参加。

（三）与中国建交国同台湾通航问题。一个国家的领空是该国领土不可分割的组成部分。一九一九年公布的《巴黎航空公约》和一九四四年签署的《芝加哥公约》均确认，每个国家对其领空具有完全的、排他性的主权的原则。因此，凡是同中国建交国家的任何航空公司，即使是私营航空公司与台湾通航，都是涉及中国主权的政治问题，而不是一般的民间关系。与中国建交国家的官方航空公司当然不可与台湾通航，而其民间航空公司如欲同台湾通航，则须由其政府与中国政府磋商。在征得中国政府同意后，其民间航空公司始可同台湾的私营航空公司互飞。实际上，根据上述原则，中国政府已经同意英、德、加拿大等国的民间航空公司与台湾的私营航空公司通航。

有的国家在与中华人民共和国建交前就同台湾通航的，则可通过与中国政府谈判，改变其同台湾通航的官方性质后继续其民间商业运输安排。

（四）与中国建交国向台湾出售武器问题。中国政府一贯坚决反对任何国家向台湾出售任何种类的武器装备或提供生产武器的技术。凡与中国建交的国家，都应遵循互相尊重主权和领土完整、互不干涉内政的原则，而不以任何形式或借口向台湾提供武器，否则就是违反国际关系准则，干涉中国内政。

世界各国，尤其是对世界和平事业负有重大责任的大国，理应严格遵守联合国安理会五常任理事国关于限制常规武器扩散的指导原则，为维护和促进地区的和平与安全作出贡献。然而，在目前台湾海峡两岸关系日益缓和的形势下，有的国家竟违背自己在国际协议中的承诺，置中国政府的一再严正交涉于不顾，向台湾出售武器，在海峡两岸之间制造紧张局势。这不仅是对中国安全的严重威胁，为中国的和平统一事业设置障碍，也不利于亚洲和世界的和平与稳定。中国人民当然要强烈反对。

在国际事务中，中国政府一贯奉行独立自主的和平外交政策，坚持“互相尊重主权和领土完整、互不侵犯、互不干涉内政、平等互利、和平共处”五项原则，积极发展同世界各国的友好关系，从不损害别国利益，不干涉别国内政。同样，中国政府也要求各国政府，不做损害中国利益、干涉中国内政的事情，正确处理与台湾的关系问题。

结束语

中国的统一是中华民族的根本利益所在。

中国实现统一后，两岸可携手合作，互补互助，发展经济，共同振兴中华。原来一直困扰台湾的各种问题，都将在一个中国的架构下得到合理解决。台湾同胞将与祖国其他地区人民一道共享一个伟大国家的尊严和荣誉。

长期以来，台湾问题一直是亚洲与太平洋地区一个不稳定的因素。中国的统一，不仅有利于中国本身的稳定和发展，也有利于中国同各国进一步加强友好合作关系，有利于亚太地区乃至全世界的和平与发展。

中国政府相信，在维护自己国家主权与领土完整的正义事业中，一定能够得到世界各国政府和人民的理解和支持。

最高人民法院发出《关于纠正执法不严和乱收费等不正之风的通知》

全国地方各级人民法院、各级军事法院、各铁路运输中级法院和基层法院、各海事法院：

在刚刚召开的中央纪律检查委员会第二次全体会议上，江泽民总书记发表了重要讲话，要求各级党委和政府必须把反腐败斗争作为一项重大政治任务进一步抓紧抓好。各级法院要按照中央的战略部署，积极投入这场反腐败斗争。目前在法院系统存有执法不严，裁判不公，乱收费、利用职权搞创收等不正之风，以及极少数干警违法违纪，有的问题还相当严重。这不仅败坏人民法院的声誉，而且损害社会主义法制的权威，必须采取坚决果断措施，认真加以解决。为此，特通知如下：

一、必须严肃执法。各级人民法院必须严格执行宪法和法律，真正做到有法必依，执法必严，违法必究，坚决纠正执法不严、裁判不公问题。

1. 不许违反法律规定受理无权管辖的案件；

2. 不许偏袒一方诉讼当事人；

3. 不许拒不协助外地法院执行已生效的判决或为本地被执行人通风报信；

4. 不许办“人情案”、“关系案”，为涉及自己亲朋好友的案件说情；

5. 不许滥用强制措施，以扣押“人质”作为执行的手段；

6. 不许乱设机构。有些法院在一些行政部门派驻法庭和执行机构，凡是违反规定的，要进行认真清理并予以纠正；

7. 不许泄露审判秘密和国家其他秘密。

二、必须禁止一切乱收费。人民法院在诉讼中收取费用必须依照法律和规定进行，凡是国家法律和最高人民法院没有明文规定的收费，一律取消。

1. 坚决禁止收取下列费用：

(1)超出《人民法院诉讼收费办法》、《关于适用〈中华人民共和国民事诉讼法〉若干问题的意见》、《关于贯彻执行〈中华人民共和国行政诉讼法〉若干问题的意见(试行)》、《关于贯彻执行〈中华人民共和国企业破产法〉(试行)若干问题的意见》规定的范围、标准收取的不合理费用;

(2)在办理缓刑、减刑、假释案件中收取的保证金、考察费、教育费、手续费等;

(3)开庭审理案件收取的旁听费;

(4)对诉讼当事人的代理人、被告人的辩护人阅卷时收取的阅卷费、摘抄费、服务费。

2. 人民法院审理经济、民事、行政案件结案后或者案件执行后,对预收的诉讼费用应按当事人所应负担的数额及时结算,该退还的必须退还。

三、必须禁止利用职权搞创收。人民法院是国家审判机关,其经费应由国家财政予以保证,不允许利用职权搞创收。凡是违反规定搞创收的行为,一律禁止。

1. 人民法院及其干警不得经商,利用手中的审判权谋取经济利益。人民法院所属的事业单位所办的公司及其他经济实体,必须与人民法院彻底脱钩。在职干警不得在这些经济实体中兼任职务。

2. 人民法院干警不得从事第二职业和有偿中介活动。不准利用职权为配偶、子女和亲友经商办企业提供优惠条件。不准买卖股票和购买未经国家批准发行的高利率企业证券。

3. 不许与当事人同吃、同住、同办案;不准到企事业单位报销应由个人支付的各种费用;不准在公务活动中接受礼金和各种有价证券。

四、必须坚决查处违法违纪行为。对极少数人在审判工作和其他工作中以权谋私、徇情枉法、贪赃卖法、贪污受贿等行为,必须坚决查处,轻者进行批评教育,重者给以党纪政纪处分,其中构成犯罪的要依法追究刑事责任。对查处不力,姑息包庇的,要追究有关人员和领导人的责任。近期,各级人民法院要对典型的违法违纪案件,进行严肃查处,予以公布,以儆效尤。

各级人民法院接此通知后,要结合学习江泽民同志重要讲话和中央纪律检查委员会第二次全体会议的文件,提高认识,统一思想;做到令行禁止。这不仅是一个纪律问题,而且也是一个严肃的政治问题。各级人民法院领导干部要率先垂范,廉洁自律。上级人民法院要切实加以检查和监督。请高级人民法院今年十月底前将贯彻执行情况及时报告我院。

中纪委就公布纪检机关控告申诉工作条例在北京举行新闻发布会

经党中央同意,中央纪委召开新闻发布会,公布《中国共产党纪律检查机关控告申诉工作条例》,并再一次公布中央纪委、监察部举报电话。这是贯彻中央纪委二次全会精神,落实党中央近期反腐败斗争几项工作部署的一个重要措施。

中纪委新闻发言人说,党的纪律检查机关历来就有关于处理检举、控告、申诉的办法和规定,这次根据党的十四大修改的党章和新形势下反腐败斗争的要求,中央纪委重新修订了《中国共产党纪律检查机关控告申诉工作条例》。《条例》共分五章四十八条,对控告申诉工作的受理范围、指导思想、工作原则、处理的程序方法、受理机关的职责要求、当事人的权利义务等作了明确的规定。它是纪检机关和各级党组织处理检举、控告和申诉,依靠群众执纪办案,惩治腐败,加强党风廉政建设的一项重要制度,也是加强党内监督和人民群众监督,保障党内外群众行使民主权利的一个重要法规。中央纪委第二次全体会议,尤其是会上江泽民同志的重要讲话,明确了反腐败斗争的方向和步骤,群众反腐败的积极性正在不断增强。《条例》的公布实施,正是适应了当前形势的需要。

在新闻发布会上,中纪委、监察部再次公布了举报电话,号码是:4014567。新闻发言人说,电话举报是检举揭发问题的一种简便易行的形式。今年1至6月底,全国纪检监察系统共受理信访举报65.63万件,其中检举控告47.80万件,对查处违纪案件、维护党纪政纪起了重要的作用。今天再次公布举报电话,目的就是鼓励和支持群众继续揭露各种腐败现象和违纪问题,为反腐败斗争不断作出新的贡献。

广东大亚湾核电站一号机组并网发电成功

广东大亚湾核电站一号机组,继七月二十日反应堆堆芯达到临界状态(即反应堆启动)后,又成功地完成了一系列必要的试验。八月三十一日二十一时二十六分并网发电成功。并网功率为四万五千千瓦。国务院总理李鹏给大亚湾核电站发去贺电:“欣闻大亚湾核电站一号机组并网发电,特向全体建设者表示热烈的祝贺。希望你们再接再厉,做好全部试运行工作。”

大亚湾核电站是中国改革开放以来最大的中外合资项目。它是从国外引进技术和设备,与香港中华电力有限公司合资建造的,具有八十年代后期国际先进水平。

大亚湾核电站装有两台九十万千瓦的压水堆型机组,一号机组于一九八七年八月七日浇注第一罐混凝土,二号机组于一九八八年四月七日浇注第一罐混凝土,全部工程将于一九九四年六月份完成,其中一号机组将于一九九三年年底以前投入商业运行。

大亚湾核电站是目前中国装机容量最大的核电

站，两台机组全部投入商业运行后，年发电量可达一百至一百二十六亿度。

全国公安厅局纪委书记会议在北京举行

公安部部长陶驷驹在会议上说，各级公安机关的领导干部一定要充分认识公安系统开展反腐败斗争的特殊重要意义，一定要认真清理和扫除公安队伍内部存在的腐败现象，一定要廉洁自律，为人表率，认真纠正乱收费的做法，对包庇护短的问题也要发现一起严肃查处一起。

陶驷驹表示，公安队伍在任何情况下都要坚定不移地和党中央保持一致。当前在对待反腐败问题上的态度、行动，就是衡量是否与党中央真正保持一致的重要标准之一。

陶驷驹称，公安机关处在维护社会稳定和治安稳定的第一线，一定要带头反对腐败。公安部党委已制定了廉洁自律的十条规定，各级领导要带头执行。

党和国家领导人江泽民李鹏乔石李瑞环刘华清朱镕基胡锦涛丁关根李铁映等为中央电视台建台 35 周年发来题词和贺电

全国人大常委会委员长乔石在人民大会堂会见由总主席苏坎达尼率领的印尼—中国经济、社会与文化合作协会代表团

国家副主席荣毅仁在人民大会堂分别会见由第一副议长阿沙·梅沙万率领的泰国上议院代表团和吉尔吉斯外交部部长卡拉巴耶夫

解放军后勤指挥学院成立大会暨开学典礼在北京举行

中共中央总书记、国家主席、中央军委主席江泽民为该院题写院名。中央军委副主席刘华清、张震，全国政协副主席洪学智，国务委员兼国防部长迟浩田等分别题词祝贺。

中央军委委员、解放军总参谋长张万年代表中央军委向该院授予了“八一”军旗。中央军委委员、解放军总后勤部部长傅全有讲话。中央军委委员、解放军总政治部主任于永波，解放军总后勤部政委周克玉等出席大会。

世界华侨华人龙舟系列赛在北京结束

9月1日

八届全国人大常委会第三次会议举行全体会议

会议审议陈锦华作的《国民经济和社会发展计划执行情况》及刘仲藜作的《财政预算执行情况》两个报告。

会议听取法律委员会主任委员薛驹关于修改经济合同法的决定(草案)和反不正当竞争法(草案修改稿)修改意见的汇报,并进行大会发言。

全国人大常委会委员长乔石出席会议。

在大会讨论中,王晓光、孙廷芳、厉以宁、杨振怀、夏家骏、杨海波、杨烈宇7位委员分别就加强法制,惩治腐败;为消费者权益保护法贯彻得更好提几点建议;加快经济立法,消除腐败现象;当前经济发展与环境保护对策;立法、监督与廉政建设;关于加快审议教师法的意见;对当前教育工作的几点建议等内容作大会发言。

全国人大常委会副委员长李锡铭主持全体会议。全国人大常委会副委员长田纪云、王汉斌、孙起孟、秦基伟、王光英、程思远、布赫出席会议。国务委员宋健、最高人民法院副院长高昌礼、最高人民检察院副检察长陈明枢列席会议。

全国政协八届常委会举行第五次主席会议

全国政协主席李瑞环主持会议。会议经过协商,决定今年10月上旬在北京举行政协八届全国委员会常务委员会第三次会议,建议这次常委会议的主要议题是:讨论当前国家经济形势、审议通过政协八届全国委员会各专门委员会增补委员名单。全国政协副主席叶选平、吴学谦、王兆国、阿沛·阿旺晋美、赵朴初、胡绳、孙孚凌,秘书长宋德敏出席会议。

中国妇女第七次全国代表大会在北京开幕

党和国家领导人江泽民、李鹏、乔石、李瑞环、朱镕基、刘华清、胡锦涛、丁关根、李岚清、李铁映、杨白冰、邹家华、钱其琛、尉健行、温家宝、任建新等会前接见全体代表并出席大会。

全国妇联主席陈慕华宣布大会开幕。

会议主席团常务主席陈慕华主持大会。会议议程开始前,在陈慕华的提议下,与会者起立默哀,向蔡畅、邓颖超、康克清等我国的妇女运动的先驱表示敬意和哀悼。

中共中央政治局常委、书记处书记胡锦涛代表中共中央向大会致祝词。

共青团中央第一书记李克强、解放军总政治部副主任周子玉,在讲话中分别代表全国总工会、共青团中央、中科协、中国文联、全国侨联、全国台联、中国残联和解放军全体指战员、武警部队全体官兵,向大会表示热烈祝贺,向战斗在各条战线上的广大妇女表示亲切问候。

受全国妇联六届执委会的委托,全国妇联副主席、书记处第一书记黄启璪向大会作题为《全国妇女团结起来,为建设有中国特色社会主义努力奋斗》的工作报告。

出席大会的还有:倪志福、雷洁琼、李贵鲜、司马义·艾买提、彭珮云、叶选平、王兆国、阿沛·阿旺晋美、胡绳等。

中共中央政治局常委胡锦涛在中国妇女第七次全国代表大会上致祝词《高举有中国特色社会主义的伟大旗帜进一步开创妇女运动的新局面》

同志们:

中国妇女第七次全国代表大会今天隆重开幕了。这次大会是在我国改革开放和现代化建设进入新的发展阶段的形势下召开的,对于进一步动员全国各族各界妇女认真贯彻落实党的十四大精神,推动有中国特色社会主义事业继续向前发展,具有重要的意义。我受党中央的委托,向大会表示热烈的祝贺!向各族各界妇女和广大妇女工作者致以亲切的问候和崇高的敬意!向台湾、港澳地区的女同胞和海外女侨胞致以良好的祝愿!

党的十一届三中全会以来,全党和全国各族人民以邓小平同志建设有中国特色社会主义理论为指导,坚定不移地贯彻党的基本路线,我们的国家发生了历史性的伟大变化,中国妇女运动也呈现出蓬勃发展的新局面。广大妇女在中国共产党的领导下,高举建设有中国特色社会主义的伟大旗帜,以前所未有的热情,积极投身改革开放和现代化建设,为推动经济发展和社会全面进步,做出了重大贡献。在新的实践中,广大妇女经受了锻炼和考验,精神面貌发生了可喜的变化,自身素质明显提高,一大批优秀妇女人才脱颖而出,展示了新时期中国妇女的崭新风貌,赢得了全社会的尊重和赞誉。当代中国妇女不愧是改革开放和现代化建设中的"半边天",不愧是推动社会历史发展的一支伟大力量。

中国共产党领导的建设有中国特色的社会主义事业,集中代表了全国各族人民包括广大妇女群众的根本利益。动员和组织广大妇女积极投身改革开放和现代化建设,在实现经济发展和社会进步的过程中实现妇女的进一步解放,是当代中国妇女运动前进和发展的必由之路。建设有中国特色的社会主义事业,离不开占全国人口半数的妇女的广泛参加和自觉奋斗。只有把广大妇女的社会主义积极性最大限度地调动起来，凝聚起来，发挥出来，我们的事业才能取得成功。

当前，我国政治稳定，社会稳定，国民经济保持着强劲的发展势头，围绕建立社会主义市场经济体制的各项改革和对外开放取得新的进展，其他各项事业也取得了新的成就。总的形势是好的。对前进中出现的一些突出矛盾和问题，党中央、国务院已经和正在采取措施加以解决，有的已开始见效。为了巩固和发展好的形势，全党和全国人民在邓小平同志建设有中国特色社会主义的理论和党的基本路线指引下，正积极、全面、正确地贯彻党的十四大精神，抓住机遇，深化改革，扩大开放，努力促进国民经济持续、快速、健康地发展。围绕经济建设这个中心，社会主义民主法制建设和社会主义精神文明建设，也正在逐步加强。我们从事的建设有中国特色社会主义的事业目标宏伟，我们肩负的历史任务光荣而艰巨。中国妇女要认清自己的使命和责任，紧密团结在党的周围，充分施展自己的聪明才智。同全国人民一道，把我们的伟大事业继续推向前进。

广大妇女要发扬创业精神，在解放和发展生产力中发挥"半边天"作用。中国革命和建设的历史进程告诉我们，社会生产力的解放和发展，同妇女的解放和进步是始终密切联系在一起的。新民主主义革命的胜利，社会主义制度的建立，大大解放了生产力，同时也实现了中国妇女历史上未曾有过的大解放。在社会主义条件下进一步解放和发展生产力，是历史发展的客观要求和全国人民的共同意愿，也是我国妇女进一步解放和发展的需要。在过去十五年改革开放中，全国城乡广大妇女为解放和发展生产力发挥出了极大的热情和创造力，今后应当也完全可以做得更好。按照党的十四大的决定，我们要通过改革，在中国逐步建立起前所未有的社会主义市场经济体制。

这个新经济体制的建立和完善，将为我国妇女发挥聪明才智提供良好的机遇和广阔的舞台。广大妇女要进一步解放思想，坚持实事求是，冲破因循守旧等落后的传统观念的束缚，树立与我们生活的时代特别是与社会主义市场经济相适应的思想观念，发扬积极探索、大胆实践、敢走新路、敢创新业的精神。随着改革的深入，要解决一些深层次的矛盾，必然涉及利益的调整，妇女合法权益的保障也会遇到一些新情况、新问题。这些问题只能通过深化改革和加强法制建设来解决。广大妇女要正确对待改革中的矛盾和困难，坚定不移地推进改革，为进一步解放和发展社会生产力不断做出贡献。

广大妇女不仅是社会主义物质文明的创造者，也是推动社会主义精神文明发展的重要力量。我们要建设有中国特色的社会主义，必须把物质文明和精神文明都搞好。广大妇女要在社会主义精神文明建设中发挥特殊作用。要发扬爱国主义、集体主义精神，坚定社会主义信念，增强民族自尊心和自豪感。要从各自的实际出发，积极参加社区文化、村镇文化、企业文化、校园文化和家庭文化建设，大力弘扬社会主义道德风尚，发扬中国妇女勤劳节俭、乐于奉献、尊老爱幼的传统美德，大力倡导健康、科学、文明的生活方式。社会主义的精神文明同一切腐朽、没落的意识形态是不相容的。广大妇女要自觉抵御拜金主义、享乐主义、极端个人主义思想的侵蚀，坚决同各类消极腐败现象作斗争，坚决同各种丑恶现象作斗争，努力促进家风、民风和社会风气的好转。

全面提高妇女素质，是我国妇女运动的一项战略任务。科技进步、经济繁荣和社会发展，从根本上说取决于劳动者素质的提高。妇女素质不仅关系到妇女自身的进步和地位的提高，也关系到中华民族整体素质的提高，关系到改革和建设发展的进程。为了适应社会主义现代化建设的需要，广大妇女要以强烈的历史责任感和紧迫感，努力提高自己的思想道德素质和科学文化素质。要认真学习邓小平同志建设有中国特色社会主义的理论，把握其精神实质，坚持解放思想和实事求是的统一。尤其要从中学习用马克思主义的立场、观点和方法研究新情况、解决新问题的科学态度和创造精神。要树立正确的人生观、价值观和高尚的道德情操，进一步发扬自尊、自信、自立、自强的精神，努力克服自卑和依赖心理。要潜心学习进行社会主义现代化建设和发展社会主义市场经济所需要的知识，刻苦钻研业务，努力成为本职工作的内行和能手，成为社会主义现代化建设的合格人才。

中华全国妇女联合会，是我国各族各界妇女在中国共产党的领导下，为争取进一步解放而联合起来的社会群众团体，担负着团结教育广大妇女群众，为建设富强、民主、文明的社会主义国家而努力奋斗的重要责任。党的十一届三中全会以来，各级妇联在改革开放和现代化建设中发挥了重要作用。广大妇联干部兢兢业业，辛勤工作，做出了很大成绩。在新的形势下，妇联面临的任务更加艰巨，妇联组织的地位和作用更加重要。各级妇联要以建设有中国特色社会主义理论为指导，坚持贯彻党的基本路线，紧紧围绕经济建设这个中心开展工作，全面履行各项职能，发挥自己的优势，通过"双学双比"、"巾帼建功"等富有特色的活动，把各族各界妇女群众更加紧密地团结起来，为推进我国的改革开放和现代化建设事业，再展宏图，再立新功。要加强和改进思想政治教育工作，充分发挥民主参与、民主监督作用，更好地代表和维护妇女的权益。要积极推进妇联自身的改革和建设,把工作重点放在基层,密切同妇女群众的联系,经常研究新情况、新问题,总结新经验,努力使妇联工作群众化、社会化。儿童是祖国的未来,今天的儿童就是二十一世纪的生力军。妇联要配合有关部门认真贯彻落实《九十年代中国儿童发展规划纲要》,加强对儿童工作特别是家庭教育工作的指导,促进儿童健康成长。妇联各项工作的开展都要立足于为妇女儿童服务,进一步增强妇联组织的吸引力。要加强同港澳台妇女的联谊和世界各国妇女的友好交往,为促进祖国统一的完成和世界的和平与发展作出新的贡献。为开好第四次世界妇女大会作出努力。

我们党历来重视妇女的地位和作用,关心妇女的发展与进步。我国宪法和许多法律法规规定了妇女在政治、经济、文化、社会和家庭生活等各个领域享有与男子平等的权利,党和国家还采取一系列措施保证妇女各项权利的实现,这些都有效地促进了妇女地位的全面提高。同时应该看到,由于受经济文化等条件的制约,由于男尊女卑、轻视甚至歧视妇女的旧观念的影响,要实现由法律上的男女平等达到事实上的男女平等,还需要我们做出长期不懈的努力。党的领导干部要成为马克思主义妇女观的倡导者和实践者。各级党委和政府要采取切实措施,进一步发挥社会主义制度在保障妇女合法权益、提高妇女地位等方面的优越性。要把发展妇女儿童事业纳入社会发展规划,尽力为妇女儿童办实事、办好事。各级党委要扩大视野,拓宽渠道,落实措施,大胆地把那些德才兼备的优秀妇女干部选拔到各级领导班子中来。要加强和改进党委对妇联工作的领导,支持妇联组织依照法律和自己的章程独立自主地、创造性地开展工作,充分发挥妇联作为党联系妇女群众的桥梁、纽带作用和人民政权的社会支柱作用。全社会都要关心妇女事业,促进妇女进步,推动妇女运动继续健康发展。

同志们!建设有中国特色社会主义的伟大事业,已经把我国广大妇女群众的前途命运同国家、民族的前途命运紧紧联系在一起了。我们相信,在未来的征途上,具有优良传统的中国妇女,一定能够同全国人民一道创造出更加辉煌的业绩;有着光荣历史的中国妇女运动,一定能够谱写出更加壮丽的新篇章。让我们更加紧密地团结在以江泽民同志为核心的党中央周围,同心同德,发奋图强,脚踏实地,积极进取,去夺取改革开放和现代化建设的更大胜利!

预祝大会圆满成功!

全国妇联副主席黄启璪在中国妇女第七次全国代表大会上作题为《全国妇女团结起来,为建设有中国特色社会主义努力奋斗》的工作报告

各位代表、同志们:

我代表中华全国妇女联合会第六届执行委员会,向大会作报告,请予审议。

一、改革开放以来我国妇女运动的新发展

1978年以来,以中国共产党十一届三中全会为里程碑,我国社会主义事业进入了新的发展时期。在邓小平同志建设有中国特色社会主义理论的指导下,党领导全国各族人民坚持“一个中心、两个基本点”的基本路线,进一步解放和发展了社会生产力,巩固了安定团结的政治局面,使中华大地发生了历史性的伟大变化,也为我国妇女运动创造了前所未有的良好环境和条件。党的十一届三中全会以来的15年,是我国妇女运动在有中国特色社会主义理论和马克思主义妇女观指引下,在改革开放和现代化建设的伟大实践中探索前进的15年;是我国妇女事业充满生机活力,蓬勃发展的15年。

在我国社会主义事业发展的新时期,党和国家高度重视妇女的进步与发展,大力加强了对妇女运动的领导。

党中央充分肯定中国妇女在改革和建设中的伟大作用,多次强调全社会要重视、支持妇女工作;明确指示妇联在新的历史时期要紧紧围绕党的中心任务,独立自主地、创造性地开展工作,代表和维护妇女利益,促进男女平等。

1989年底,中共中央发出了《关于加强和改善党对工会、共青团、妇联工作领导的通知》,这是新时期做好妇联工作的纲领性文件。1990年,在首都纪念三八国际劳动妇女节80周年大会上,中共中央总书记江泽民同志发表了《全党全社会都要树立马克思主义妇女观》的重要讲话,为全党全社会观察、分析、研究、解决妇女问题提供了强有力的理论武器。在《通知》和讲话精神指导下,各级党委更加关心妇女运动,切实加强和改善了对妇联工作的领导。

1990年2月,国务院成立了妇女儿童工作协调委员会,最近又更名为妇女儿童工作委员会,负责推动政府部门维护妇女儿童权益,发展妇女儿童事业。全国人大内务司法委员会,一些省、自治区、直辖市的人大、政府、政协也建立了相应的妇女儿童工作组织。这样,就在我国初步形成了调查研究、协调解决妇女儿童问题的领导体系。各级党政军有关部门和社会团体,也都从不同角度积极支持妇女儿童事业。成立了妇女儿童专门小组,全国政协成立了妇女青年委员会。

1992年,经七届全国人大五次会议审议通过,《中华人民共和国妇女权益保障法》正式颁布实施。这部旨在全面保障妇女权益的基本法,对于妇女在政治、文化教育、劳动、财产、人身、婚姻家庭等方面的权益都作了具体的规定，是新中国各项保护妇女法律法规的继承和发展，是进一步实现男女平等的重要法律武器。它的颁布实施，是我国妇女运动发展进程中的一件大事，也是我国社会主义民主法制建设进程中的一件大事。

15年来，党和国家对妇女进步发展的重视和关怀，是我国妇女运动健康发展的根本保证，显示了我国的社会主义制度在尊重妇女地位、重视人权保障方面具有巨大的优越性。

在我国社会主义事业发展的新时期，中国妇女作为经济建设和社会发展的一支伟大力量，取得了巨大的进步与发展。

第一，中国妇女思想不断解放，观念不断更新。广大妇女从改革开放和社会主义现代化建设的伟大实践中看到了中华民族振兴的光辉前景，对党、对祖国更加热爱，对建设有中国特色社会主义事业的信念更加坚定。在支持改革、投身改革的过程中，越来越多的妇女逐步认识到，解放思想、实事求是，就是要以经济建设为中心，坚持四项基本原则，坚持改革开放，树立起适应社会主义市场经济体制的新观念。她们发扬新时期的创业精神，努力在社会参与中实现女性人生价值。当前，中国妇女正以求进步、求平等、求发展的追求，自尊、自信、自立、自强的精神，塑造着自己的崭新形象。

第二，中国妇女参与经济建设的广度和深度不断拓展。农村实行家庭联产承包责任制，极大地调动了亿万妇女的生产积极性。农业内部产业结构的调整和农村社会化服务体系的逐步建立，使妇女获得了进一步发挥聪明才智的广阔天地。她们在农、林、牧、副、渔、工、商、运、服、建等农村各业和蓬勃发展的乡镇企业中大显身手，成为振兴农村经济的重要生力军。在城镇，随着经济体制改革的深入展开，妇女的就业领域更加广阔。从1978年到1992年底，我国女职工人数从3128万增加到5600万，在职工总数中的比例由32.6%上升到38%。在电子、化工、轻纺等工业企业中，在商业、金融、邮电、保险、旅游、社区服务等第三产业中，女职工成为举足轻重的力量。

第三，中国妇女参与国家和社会事务管理的程度逐步提高。第八届全国人大女代表有626人，第八届全国政协女委员有283人，分别占代表和委员总数的21.03%和13.52%。目前，全国已有24个省（自治区直辖市）、244个地（市、州、盟）、2106个县（市、区、旗）的党政领导班子中有了女性领导人。广大女干部勤政为民，廉洁奉公，以可喜的政绩展示了中国妇女的参政能力。

第四，中国妇女素质普遍提高。改革开放以来各级各类学校女生人数不断增加，女性受教育水平明显提高。各条战线妇女刻苦钻研业务知识和生产技能，认真接受岗位培训和业余教育。5年来，全国有984万厂矿企业女职工参加各类文化技术培训，有41万农村妇女获得农民技术员称号。在做“四有”、“四自”女性的号召鼓舞下，广大女职工、女农民、女干部、女知识分子和人民解放军、武警部队女官兵，在各自的岗位上艰苦奋斗，积极进取，拼搏奉献，奋发图强。15年来，有572名杰出女性获全国劳动模范光荣称号，20152名优秀女性获全国“三八”红旗手光荣称号。

第五，中国妇女中大批优秀专门人才脱颖而出。15年来，我国共选出中科院女学部委员26名，评定出国家级女专家152名。目前，我国具有高级职称的各类女专业人员174000人，中小学女高级教师302843人，女将军12名，女外交官1208名，女法官21012人，女律师4512人。各行各业的女科技工作者、女专家学者，面向经济建设主战场，刻苦攻关，勇攀高峰，取得了丰硕的科技成果。宣传教育、新闻出版、文化艺术、医药卫生、计划生育战线涌现出很多优秀的女性工作者，她们创造性的劳动使社会主义精神文明的百花园更加绚丽多姿，为提高民族素质作出了积极贡献。女运动员在世界体坛上连连取得优异成绩，提高了国家声誉，振奋了民族精神。女企业家群体在竞争中崛起，经济特区和沿海、沿江、沿边开放地区从事经济开发的女能人茁壮成长，显示了女性在经营管理方面的才干和气魄。

第六，中国妇女在婚姻家庭中的平等地位进一步实现。随着妇女自身素质的提高和经济收入增长，她们在婚姻家庭中的各项权利进一步得到尊重。她们积极参加“五好”家庭、文明家庭活动，将中华民族的传统美德与改革开放的时代精神结合起来，正在逐步形成文明健康的婚恋观、家庭观、生育观和教子观。以爱情为基础的自主婚姻和男女平等的家庭生活，已成为当代女性的普遍追求。尊老爱幼，移风易俗，实行计划生育，夫妻分担家务，家庭成员共同进步，正逐步成为我国亿万家庭的文明新风。改革开放以来中国妇女的进步与发展，是我国经济建设和社会发展的重大成果之一。

在我国社会主义事业发展的新时期，妇女运动的方针任务更加明确，妇女工作更加活跃。

党的十一届三中全会前后召开的中国妇女第四次全国代表大会和全国妇联四届二次执委会，明确提出“四个现代化需要妇女，妇女需要四个现代化”，妇联组织要适应党的工作重点的转移，“以生产为中心”开展工作。

根据党中央关于“群众团体是广大群众的重要代

表者，要动员和组织群众积极参加现代化建设，要坚决维护自己所代表的群众的利益”的指示，1983年召开的中国妇女第五次全国代表大会，把“坚决维护妇女儿童合法权益，抚育、培养、教育儿童少年健康成长，充分发挥妇女在建设社会主义物质文明和精神文明中的作用”，确定为妇联工作的方针任务。党的十三大之后召开的中国妇女第六次全国代表大会，强调指出必须围绕经济建设开展妇女运动，从社会发展中求妇女解放；号召广大妇女“自尊、自信、自立、自强”，全面提高自身素质。这是对新时期妇女运动方针的发展。

1992年邓小平同志视察南方重要谈话和党的十四大之后，全国妇联六届五次执委会提出，必须以建设有中国特色社会主义理论为指导，坚持党的“一个中心、两个基本点”的基本路线，解放思想，转变观念，抓住机遇，乘势而上，使妇联组织和妇女工作适应加强社会主义两个文明建设和建立社会主义市场经济体制的需要。这就使新时期妇女运动的指导思想更加明确。

在新时期妇女运动方针的指导下，15年来，特别是六次妇代会后的5年来，各级妇联坚持以经济建设为中心，全面履行自身的社会职能，在工作内容、工作领域、工作格局、工作方式等方面都有了新的发展。

各级妇联注重从自身优势和特点出发，在服从，服务经济建设的大局中找准位置，选好角度，把握着力点。全国妇联联合政府有关部门于1989年发起了全国农村妇女“学文化、学技术，比成绩、比贡献”（简称“双学双比”）竞赛活动；1991年又在全国城镇妇女中开展了做“‘四有’、‘四自’女性，为‘八五’计划建功”（简称“巾帼建功”）活动。这两项活动抓住了妇女工作与经济建设中心的结合点，得到了党政领导的高度重视、社会有关部门的热情支持和广大城乡妇女的积极响应。全国有1.2亿农村妇女参加“双学双比”活动，其中9000万人接受了各种实用技术培训，15132人获省以上女能手称号；全国有3776万城镇妇女参加“巾帼建功”活动，4672人被评为省以上“巾帼建功标兵”。女能手和女标兵的精神和事迹，在全社会产生了广泛的影响。

各级妇联为妇女的进步发展和儿童的健康成长做了大量工作。积极促进维护妇女儿童权益的民主法制建设，参与社会治安综合治理；宣传文明进步妇女观和妇女先进典型；开展家庭文化建设；宣传计划生育国策；推动以“优生、优育、优教”为主要内容的儿童工作；培养、推荐和输送妇女干部；为少数民族地区和贫困地区培训妇女人才等。各级妇联还在党政领导支持下，协调社会力量，推动妇女儿童事业发展。目前，共创办妇女报刊及儿童教育报刊41种，妇女干部院校28所，女子职业学校24所，妇女律师事务所6个，妇女儿童活动阵地4471个，托幼园所12750个，还创办了一批为妇女儿童服务的第三产业实体。妇联与有关方面开展的妇女理论研究，已成为社会科学研究的重要内容。

各级妇联进一步加强了与各界爱国妇女的团结，扩展了与港澳台地区妇女的联谊。各民主党派及工商联妇委会、基督教女青年会等妇女组织，为妇女爱国统一战线的进一步巩固和发展作出了重要的贡献。港澳台女同胞热情关心振兴中华、统一祖国的大业。特别在1991年的抗洪救灾中，她们爱国爱乡慷慨解囊，支援灾区人民重建家园，表现了血浓于水的同胞情谊。

各级妇联充分发挥在对外民间交往方面的优势，广泛开展国际友好联络工作。目前全国妇联已与130多个国家和地区的妇女机构和民间妇女组织建立了联系，配合了党和政府的整体外交，在国际妇女界扩大了影响。我们积极开展了国际项目合作，近5年来共执行多边、双边合作项目200多个，促进了妇女儿童事业的发展。

各级妇联依靠城乡基层组织和各类团体会员组织，广泛团结各条战线妇女。各级工会女职工委员会、各级机关事业单位妇女委员会及各行业妇女联谊组织，在广大女职工、女干部和女知识分子中积极开展工作。目前，以工农妇女和知识妇女为主体，以活跃在政治、经济、科技、教育、文化、新闻、卫生、体育等各条战线上的优秀女性为骨干的妇女工作新格局正在形成。

各级妇联在改革中探索群众化、社会化的工作方式。初步形成了在调查研究的基础上加强指导；通过活动吸引妇女，通过服务凝聚妇女，通过联谊扩大团结，通过协调争取支持；培训干部以建设队伍，创办实体以增强实力的基本工作方式。

同志们，在我们回顾总结改革开放以来妇女运动历史进程的时候，我们深切体会到，妇女运动的每一步发展，都是在党的领导和社会各方面的支持下取得的，也是在老一辈妇女工作领导人的关怀指导和广大妇女工作者的艰苦努力下取得的。许多老大姐为妇女解放事业呕心沥血，奋斗不息，为全国妇女树立了光辉的榜样。各级妇联干部、女职工委员会干部和妇委会、妇代会干部，为我国妇女解放运动勤恳奉献，开拓创新，作出了无愧于时代的贡献。

现在，请允许我以大会的名义，向亲切关怀我国妇女运动的党中央、全国人大、国务院、全国政协和地方各级领导表示崇高的敬意！向大力支持妇女工作的各民主党派、工商联，各有关部门和人民团体表示衷心的感谢！向功高德劭的前辈妇女工作领导人表示诚挚的敬意！向在各条战线上建功立业的各族姐妹，向为妇女进步事业艰苦奋斗的广大妇女工作者表示亲切的慰问！

二、具有中国特色社会主义妇女运动的基本经验

以建设有中国特色社会主义理论和马克思主义妇女观为指导，总结改革开放以来妇女运动的实践，我们认为，具有中国特色社会主义妇女运动的基本经验主要有以下内容。

第一，坚持中国共产党的领导，坚持走有中国特色的社会主义道路，是我国妇女运动沿着正确方向前进的根本保证。妇女运动的全部历史证明，党的领导是妇女运动的生命线。在我国社会主义事业发展的新时期，妇女运动坚持党的领导，就是要毫不动摇地坚持以建设有中国特色社会主义理论为指导的党的基本路线。这是我国社会主义事业能够经受风险考验顺利达到目标的最可靠的保证，也是中国妇女走向进一步解放的唯一正确道路。

第二，全社会树立马克思主义妇女观，是推动妇女进步与发展的重要前提。马克思主义妇女观认为，妇女在创造人类文明、推动社会发展中具有伟大的作用，妇女与男子具有同等的人格和尊严、同等的权利和地位，尊重妇女、保护妇女是社会进步的重要标志。这种文明进步的妇女观，是观察分析、研究解决妇女问题的强大理论武器。只有在全社会大力宣传倡导这种文明进步的妇女观，才能有效抵制落后传统观念和腐朽思想意识的影响，充分发挥妇女的作用，不断提高妇女的地位。

第三，积极参与改革开放和现代化建设，推动社会生产力发展，是社会主义条件下妇女进一步解放的根本途径。社会生产力水平的提高，将从根本上促进妇女对国家和社会事务的全面参与，并使妇女逐步从繁重的家务负担中解放出来。生产力水平提高所带来的文化教育事业的发展，又会推动妇女的进步和发展。因此，只有加快改革开放和经济建设的步伐，大力解放和发展社会生产力，才能为妇女的进一步解放创造具有决定意义的物质和精神条件；也只有在发展生产力的过程中充分展示妇女的社会价值，才能使社会更加认同并尊重妇女的地位和作用。

第四，维护妇女群众的利益，促进男女平等，是妇女运动的基本宗旨。妇女同全国人民的根本利益是一致的，但也存在自身的具体利益。在维护全国人民总体利益的同时维护妇女群众的具体利益，是调动占人口半数的妇女的积极性、加速现代化建设的需要，也是促进男女平等、推动社会文明进步的需要。维护妇女利益，必须坚决依法打击危害妇女的各种违法犯罪行为，必须全面保证妇女在政治、经济、文化教育、社会及家庭生活中享有的各项权利。争取这些目标的实现，是全社会的共同职责，更是妇女运动的基本宗旨。

第五，提高妇女素质，是我国妇女运动长期的战略任务。提高全民族的思想道德和科学文化素质，是实现我国现代化的根本大计。提高妇女素质，是提高全民族素质的重要组成部分。妇女素质影响着经济和社会发展的水平，影响着家庭和民族后代的素质，影响着自身权益的实现和男女平等的进程。因此，必须把提高妇女素质放在妇女运动突出的战略位置上常抓不懈。

第六，建设好统一的有代表性和权威性的妇女组织，是推动妇女运动发展的重要组织保证。中华全国妇女联合会是我国各族各界妇女的群众组织，是党和政府联系妇女群众的桥梁和纽带。把妇联组织建设好，充分发挥其参与、教育、代表、服务、联谊的职能，可以有力地指导全国的妇女运动。各级妇联要在党的领导下，结合妇女实际，独立自主、生动活泼地开展工作，促进妇女的进步发展和儿童的健康成长。

在回顾改革开放以来妇女运动的发展道路、总结妇女运动基本经验的时候，我们也清醒地看到，当前我国妇女运动在前进过程中还存在不少问题和困难。由于历史和现实的原因，受社会经济文化发展水平和妇女自身素质的制约，妇女参与社会发展的程度还不够高，法律上的男女平等还没有完全成为事实上的男女平等，社会上歧视妇女的现象仍然存在。妇女工作的环境和条件，在许多地方尚需进一步改善和加强。妇女工作中还存在一些行政化倾向和形式主义作风；全国妇联在深入调查研究和实行分类指导上还做得不够。我们要克服工作中的不足，争取解决工作中的困难，在我国改革开放和现代化建设的发展过程中将妇女运动进一步推向前进。

三、九十年代中国妇女运动的光荣使命

20 世纪 90 年代，是我们国家发展进程中非常关键的时期。我国要提前实现国民生产总值翻两番的目标，在增强综合国力、提高人民生活水平方面再上新台阶；要初步建立起社会主义市场经济体制，加快经济改革步伐；要加强社会主义民主法制建设和精神文明建设，促进社会全面进步；要实现香港、澳门的顺利回归和平稳过渡，推进祖国和平统一大业。

20 世纪 90 年代也是妇女运动发展进程中非常关键的时期。党和政府正在把妇女的进步和发展纳入国民经济和社会发展的总体规划。根据国家和有关部门关于妇女儿童事业发展的计划及《妇女权益保障法》的规定，根据我国对有关国际公约所作的庄严承诺和妇女的现状，到本世纪末，我国妇女发展的目标主要可以概括为以下 10 点：

——广泛宣传文明进步的妇女观，增进全体公民对妇女权利的认识，推动全社会为保障妇女权益创造良好的环境。

——大力促进各类妇女人才成长。增加妇女参与经济和政治决策及在科技领域的人数。基本实现全国县以上党委、政府领导班子中都有女性。

——提高女性在各级学校的入学比例,发展城乡女子成人教育、职业技能教育、实用技术培训。保障适龄女童入学,遏制女童辍学。基本上扫除青壮年妇女文盲。

——在调整城乡产业结构和发展第三产业的过程中,扩大妇女就业领域。确认人类自身生产的社会价值,逐步建立和完善生育保障制度。在企业,特别是在三资企业、私营企业、乡镇企业和个体工商户中,认真贯彻实施女职工劳动保护的规定。禁止招收未满16岁的童工。

——发展社区服务,推进托幼事业,加速家务劳动社会化进程。男女共同承担家务劳动和抚育子女。

——进一步帮助贫困地区妇女改善生产生活条件,寻求参与发展经济的有效形式。开发扶贫项目,兴办扶贫实体,帮助贫困地区妇女稳定地解决温饱问题。

——普及妇女卫生知识,发展妇幼保健事业。降低孕产妇死亡率,提高农村新法接生率。改善妇女生存与发展的环境。

——实施《九十年代中国儿童发展规划纲要》,促进儿童少年健康成长。加强妇女儿童培训及活动阵地建设。

——保护妇女实行计划生育的权利。严禁溺弃女婴和虐待生育女婴的母亲。

——禁止包办买卖婚姻和重婚纳妾。严禁嫖娼卖淫活动。惩治迫害妇女尤其是对妇女施加暴力的行为。坚决打击拐卖妇女儿童的犯罪活动。

在推动社会进步发展的同时促进妇女的进步发展,既是全社会的共同责任,也是妇女运动的光荣任务。在新的历史时期,我国妇女运动的方针是:以建设有中国特色社会主义理论为指导,坚持党的基本路线,广泛动员妇女投身改革开放和社会主义现代化建设事业,大力提高妇女素质,依法维护妇女权益,全面提高妇女地位,以行动谋求平等和发展。遵循这一方针,今后5年主要的任务是:

第一,发动妇女积极投身改革开放和社会主义现代化建设事业。

当前,党正领导全国人民加快经济改革步伐,促进社会主义市场经济体制的建立,推动经济持续、快速、健康发展。我们要发动各族各界妇女进一步认清形势,解放思想,抓住机遇,知难而进。

大力推进"双学双比"、"巾帼建功"活动,使争创"三八"红旗手、红旗集体的活动不断深化。"双学双比"活动要继续为加强农业的基础地位,发展高产、优质、高效农业,繁荣农村经济做贡献。"巾帼建功"活动要立足于鼓励城镇各条战线妇女岗位建功,岗位成才,争创一流工作成绩。广大女职工特别是国有企业女职工,要在转换企业经营机制、深化企业改革中,增强适应能力,正确对待利益关系的调整,树立适应社会主义市场经济体制的就业观,发扬新时期的创业精神,以国家主人翁的姿态作贡献。各级妇女组织要积极协助有关方面,为女职工开辟新的就业门路,发挥她们的作用。

科学技术是第一生产力。广大女科技工作者要刻苦学习和掌握现代科学技术知识,努力为经济建设服务,多出成果,并促使科技成果向现实生产力转化。女教育工作者要坚持党的教育方针,教书育人,为我国社会主义现代化事业培养合格的建设者和接班人。各条战线妇女都要树立科技意识,学习科学知识,增长建设才干。

第二,大力推动社会主义精神文明建设和民主法制建设。

有中国特色的社会主义,不仅要求建设高度的物质文明,还要求建设高度的精神文明。市场经济有利于人们开阔眼界、活跃思想、增长才干、开拓创新,但同时,市场活动中出现的拜金主义等消极因素,诱发了有的人把妇女当成商品和极少数妇女堕落的现象,致使一些社会丑恶现象和犯罪活动重新蔓延。要在广大妇女中提倡正确的理想、信念、人生观、价值观,弘扬勤劳节俭、乐于奉献、尊老爱幼等传统美德。要增强民族自尊心、自信心和自豪感,使爱国主义、集体主义、社会主义植根于广大妇女群众心中。要自觉抵制拜金主义、享乐主义、极端个人主义思想的侵蚀,坚决反对影视书报刊中对妇女形象的污辱性宣传,坚决抵制有损妇女尊严的不健康活动。宣传文化教育战线上的妇女,要为提高民族的思想道德和科学文化素质,作出积极奉献。每一个母亲都应以高尚的道德情操,对子女进行言传身教。

妇女是社会主义民主和法制建设的重要力量。要增强广大妇女的民主法制观念和参与国家社会事务民主监督的责任感,充分发挥妇女在基层政权建设、社会治安综合治理和反腐败斗争中的积极作用,推进社会的稳定与发展。女干部要勤政廉洁,当好公仆,敢于同各种腐败现象和不正之风作斗争。

在"五好家庭"活动基础上发展起来的家庭文化建设活动,是把精神文明建设深入到亿万家庭的富有特色的活动,要将它纳入文明共建系列活动之中,坚持不懈,常抓常新,以家庭的文明进步促进社会的文明进步。各级妇联办的报刊,必须以建设有中国特色社会主义理论和马克思主义妇女观为指导,坚持党的基本路线，坚持“为人民服务、为社会主义服务”的方向，坚持“团结、稳定、鼓劲”和以正面宣传为主的方针，坚持以妇女的进步、发展与解放为主旋律，正确把握舆论导向。

第三，教育妇女继续发扬“四有”“四自”精神，提高自身素质。

在改革开放和建立社会主义市场经济体制的形势下，妇女若不具备良好的素质，就有落伍的危险。要教育广大妇女有理想、有道德、有文化、有纪律，自尊、自信、自立、自强，努力学文化、学技术、学科学、学管理、学法律，使自己成为符合时代要求的人才。

女领导干部和各条战线的优秀妇女，是妇女解放运动的中坚和骨干力量，更要刻苦自励，奋发进取，成为“四有”“四自”精神的带头人。

女青年肩负承前启后、继往开来的历史重任，是祖国希望所在。要面向二十一世纪，面向未来，用有中国特色社会主义理论和现代科学知识武装头脑，在实践中锻炼成长，成为德、智、体全面发展的建设者。

少数民族妇女是推进经济建设、繁荣民族文化、增进民族团结的重要力量。各级妇联要配合有关方面一如既往地采取各种措施，帮助她们提高素质，培养少数民族妇女人才。

重视培养选拔女干部，提高妇女参政比例，促进各级领导班子结构的优化，是社会主义事业发展的迫切需要。各级妇联及其团体会员，要在培养女性人才方面当好各级党政领导的参谋和助手。大力宣传妇女参政的意义，宣传各条战线女性人才的成就，主动配合组织人事部门，作好女干部的培训和推荐工作，特别要做好基层政权机构女干部的选拔工作，力争有更多的女性走上领导岗位，以带动广大妇女共同进步。

第四，进一步强化维权工作，推动《妇女权益保障法》的全面实施。

继续大力宣传并积极推动《妇女权益保障法》和各种保障妇女权益的法律、法规的全面实施。积极协助和配合各省、自治区、直辖市的人大、政府，制定《妇女权益保障法》实施办法，建立妇女权益保障机构。要调查研究妇女权益保障方面出现的新情况、新问题，提出对策建议，促使改革措施和有关妇女的立法不断完善。各级妇联都要加强维权工作力量，为妇女群众提供法律帮助，为受害妇女伸张正义。要热情关心老年妇女的特殊利益，促进社会各方面为她们办实事。要积极参加社会治安综合治理，同各种虐待、残害妇女儿童的社会丑恶现象和犯罪活动作斗争。

在“二五”普法活动中，要教育妇女学法、懂法、用法、守法，以实际行动维护自己的人格和法律尊严；当合法权益受到侵犯时，敢于同侵权行为作斗争，善于运用法律武器保护自己，维护正义。

第五，做好儿童工作，促进儿童少年健康成长。

儿童是祖国的希望，民族的未来。加强儿童工作，不仅关系到社会主义事业的长远发展，而且关系到千家万户的实际利益。我们要配合有关部门认真贯彻落实《九十年代中国儿童发展规划纲要》，实施《未成年人保护法》，普及优生、优育、优教知识，促进社会育人环境的优化和家庭教育水平的提高；还要通过各种方式加强儿童少年培训及活动阵地建设。

第六，为促进祖国统一，促进世界和平与发展，为第四次世界妇女大会顺利召开多作贡献。

完成祖国统一大业，是中华民族的根本利益所在，也是全中国妇女的共同愿望。我们要根据“一国两制，和平统一”的方针，加强同港澳台地区女同胞、海外女侨胞的联谊，更高地举起爱国主义的旗帜，为香港、澳门的平稳过渡和繁荣稳定，为祖国的和平统一，作出应有的贡献。

对外开放事业的发展，要求进一步扩大我国妇女同各国妇女的交往。我们要同各国妇女广交朋友，增进了解，加深友谊，加强合作。我们还要进一步宣传改革开放的中国和前进中的中国妇女，关心支持各国人民和妇女的正义事业，促进世界和平与发展。

联合国已经决定，将于 1995 年 9 月在北京召开第四次世界妇女大会。这是举世瞩目的盛会，是我国承办的规模最大的一次国际性会议。这次会议的宗旨是：全面监测、审查和评价《到 2000 年提高妇女地位内罗毕前瞻性战略》执行情况，推动国际社会和各国政府重新作出政治承诺，以行动谋求平等、发展与和平。我国已于 1992 年 8 月成立了第四次世界妇女大会中国组织委员会。党中央和国务院已发出通知，要求各级党政领导更加重视推动妇女参与发展，积极帮助妇女提高素质，切实解决妇女面临的问题，进一步提高妇女地位，并帮助各级妇联改善工作条件。我们要尽最大努力，协助政府作好会议各项准备工作，尤其要把宣传工作深入到各族各界妇女中去，动员广大妇女，当好东道主，以实际行动迎接大会的召开。

我们相信，在党和政府的坚强领导下，在全社会的关心、支持下，中国妇女一定能够完成自己的光荣使命，进一步开拓我国妇女运动的新局面。

四、加强妇联自身的改革和建设

为了带领全国妇女完成九十年代光荣而艰巨的任务，妇联必须进一步加强自身的改革和建设。

妇联自身改革和建设的目标是：提高效率，增强实力，更好地代表和维护妇女利益，促进男女平等，推动妇女儿童事业发展，使妇联成为有较强吸引力、凝聚力和影响力的群众团体，成为党和政府联系妇女更畅通的桥梁、更牢固的纽带。

衡量妇联工作的标准，要看是否有利于调动妇女投身改革开放和现代化建设事业的积极性，提高妇女社会参与程度；是否有利于提高妇女素质，促进妇女人才成长；是否有利于维护妇女儿童合法权益，促进男女平等。这是邓小平同志关于最终衡量一切工作是非得失的三条标准在妇联工作中的具体运用。

当前，加强妇联自身的改革和建设要着重解决以下四个问题：

第一，用建设有中国特色的社会主义理论武装头脑，加强妇联干部队伍建设。

坚持按革命化、年轻化、知识化、专业化的方针和德才兼备的原则，建设一支专兼职结合的妇联干部队伍，是新时期妇女运动发展的需要。要认真组织妇女干部学习邓小平同志有中国特色社会主义的理论，坚定社会主义、共产主义信念，不断提高政治素质，积极探索在建立社会主义市场经济体制条件下妇女工作的规律。要鼓励妇联干部继承优良传统，发扬艰苦奋斗、改革创新、团结协作、无私奉献精神。要引导妇联干部加强学习，开阔眼界，增长才干，使她们不仅熟悉妇女工作，而且具备一定科学文化知识，懂经济、知法律、善协调、会管理，成为适应改革开放和现代化建设需要的新型人才。要在实践中不断完善干部培训、管理制度，建立健全各级妇联机关和工作人员的责任制。要争取有关部门支持，通过干部交流、干部培训、挂职锻炼，积极向党政机关和经济、科技部门输送人才，同时吸引各方面人才到妇联工作，形成内部上下交流，内外双向交流机制，有效地提高妇联干部队伍的整体素质。

第二，加强基层建设，把工作落到实处。

妇女工作必须面向全体妇女，面向社会，面向基层。改革开放的新形势，向基层妇联工作提出了更高的要求。因此，在机构改革的过程中，县（市、区、旗）、乡（镇、街）妇联组织只能加强，不能削弱。要继续坚持把工作重点放在基层，加强城乡基层组织建设，增强基层组织的活力，做到组织健全，人员落实，职责明确，制度完善，使妇女工作的任务落实到基层。

要密切联系各族各界妇女，建立起纵横结合的组织体系，把工作做到各个领域、各个层次的妇女中去。要加强经济、科技、法律、文教、医卫等界知识妇女和职业妇女的工作。充分发挥工会女职工委员会，党政机关、科教文卫事业单位妇委会，各党派团体妇委会的作用。继续推进妇委会建设，发展行业性的联谊会、协会和学术性的妇女团体。依靠各条战线的优秀女性和各级妇联执委、妇女代表，组织起一支浩浩荡荡的热心妇女工作的队伍，团结广大妇女共同前进。

第三，实现"小机关大服务"，更好地履行妇联职能。

在当前机构改革中，各级妇联机关人员要精干，但事业要发展。妇联要全面履行参与、教育、代表、服务、联谊的职能，必须具备相应的工作条件和手段。各级妇联要继续发扬艰苦奋斗、勤俭办一切事业的优良传统，发挥联系广泛的优势，建立阵地（宣传舆论、培训教育和活动阵地），发展事业（理论研究、法律顾问、信息咨询、社区服务、家务服务等事业），兴办实业（公益型、服务型、生产型、经营型实业），逐步形成具有宣传、教育、培训、科研、维权、生产等多功能的服务网络。

妇联在全面履行职能、完成各项任务的前提下，积极协助发展第三产业，是组织妇女参与经济建设和社会发展的重要措施，是增强自身实力，锻炼妇女干部，进一步做好妇女工作的客观需要。要坚持为改革开放和现代化建设服务，为妇女儿童服务，为发展妇女事业服务；坚持经济效益和社会效益的统一；坚持从实际出发，因地制宜，量力而行。努力使妇联兴办的第三产业经济实体纳入各级政府的经济建设和社会发展规划，逐步形成规模经济和具有妇联特色的社团产业。要遵循经济规律，遵守经营政策，实行政企分开，加强审计监督，逐步建立起符合社会主义市场经济要求的管理体制和新的经营机制，保证所办经济实体健康、稳定地发展。

第四，加强组织协调和调查研究，实行分类指导。

妇女问题是社会问题，妇女工作需要全社会的关心和支持。各级妇联要运用多年来开展协调工作的有效经验，通过各种协调活动，运用社会化、群众化的工作方式，联络各方面的力量和热心人士，共同推动妇女儿童事业的发展。要善于借助大众传播媒介，运用现代科学新成就，扩大妇女工作的覆盖面。

各级妇联要深入基层，深入妇女群众，认真调查研究，了解妇女群众的愿望和要求，关心她们的疾苦，反映她们的呼声，向党和政府提出政策建议。省、自治区、直辖市以上妇联领导机关要把主要精力放在宏观指导和为基层服务上，切实帮助基层妇女干部解决一些实际困难和问题。对经济特区，沿海、沿江、沿边开放地区，内陆地区，老、少、山、边贫困地区的妇女工作，要分类指导，分级要求，坚持从实际出发，因地制宜，不搞"一刀切"。要充分调动各级妇联的积极性，放手让她们独立自主、创造性地开展工作。妇联的基层组织要善于发动妇女群众"自我教育、自我管理、自我服务"。

各位代表，同志们，姐妹们，

20 世纪 90 年代将是我国历史发展进程中极为重要的时期。海内外的炎黄子孙都寄希望于我们，全世界的朋友都关注着我们。改革开放和社会主义现代化建设的宏伟大业，将给我们的国家和民族带来繁荣、昌盛、富强、文明，也将给各族各界妇女带来发展、进步、幸福、平等。回顾过去，中国妇女曾为革命和建设立下不朽的功绩；展望未来，中国妇女将在新时期谱写更加灿烂的篇章。让我们紧紧团结在以江泽民同志为核心的党中央周围，艰苦奋斗，自强不息，为建设具有中国特色的社会主义，为中华民族的振兴，再创新业、再立新功！

中国妇女第七次全国代表大会通过关于《中华全国妇女联合会章程》(修正案)的决议

中国妇女第七次全国代表大会一致通过六届执行委员会提出的《中华全国妇女联合会章程》(修正案)，决定自通过之日起，经修正后的《中华全国妇女联合会章程》即行生效。

大会要求各级妇联组织、团体会员认真贯彻执行章程的各项规定，进一步加强妇联组织建设，认真履行妇联基本职能，团结教育各族各界妇女，贯彻执行党的基本路线，在建设社会主义物质文明和精神文明中发挥积极作用。

《人民日报》发表社论《男女并驾 如日方东——热烈祝贺中国妇女第七次全国代表大会召开》

全国人大常委会国务院中共四川省委致电祝贺四川阿坝藏族羌族自治州建州 40 周年

国务院决定调整黄金经济政策

今年以来，国家黄金收购数量急剧下降，1—5 月比去年同期下降 57%。为了保证国家黄金储备的稳定增长，并促进今后黄金工业的稳定发展，国务院决定自 9 月 1 日起调整黄金经济政策：

一、黄金价格体系改为市场决定的浮动定价方式，即以低于国际市场金价 10%水平制定国内黄金收购价格。国际金价以当天伦敦金价为准，人民币换算以国家外汇调剂中心当日成交的调剂价为准。近期实行定期浮动。国内黄金配售价格与国际市场金价一致。黄金价格调整后，取消其他现行的政策性补贴、低息贷款和免税等优惠政策。

二、黄金生产单位所生产的黄金必须全部交售给人民银行。在国家黄金交易市场建立前，金饰品生产企业所需黄金向人民银行购买，不得擅自向黄金生产单位收购。

三、黄金价格调整后，国家每年仍安排一定数量的地质勘察资金。今后黄金地质勘探资料要实行有偿使用，由开采单位向地质勘探单位购买，以促进黄金地勘工作的滚动发展。

四、人民银行取消黄金低息贷款后，仍保留黄金专项贷款规模。

全国产业政策工作会议在北京召开

会议于 1 日至 4 日举行。

国家计委主任陈锦华在会议上强调，产业政策是国家的重大政策，是国家实现现代化和治国兴邦的大计，是连接计划和市场的纽带。要抓紧制定和实施适应形势发展的国家产业政策，进一步加快改革、推进开放、调整和优化产业结构，促进我国经济长期持续快速健康地发展。

会议是经国务院批准、由国家计委召开的。国务院副总理邹家华在会议开幕时作了重要讲话，就新形势下如何做好产业政策工作提出四项基本要求：

一、把握全局，突出重点。制定产业政策要遵循工业化和现代化进程的客观规律，努力把握今后一个时期关系经济发展全局的重点产业，首先抓好能源、交通、通信、水利等基础性产业，合理布局，发挥优势，打破部门分割和地区封锁。

二、了解市场，适应市场，引导市场，调控市场。一方面要支持和发挥市场竞争的作用，另一方面要遵循市场规律要求，通过自觉发挥市场机制作用，实现产业政策的目标。市场本身存在一些缺陷，更需要通过制定和实施产业政策加以弥补，以引导市场健康发展。

三、多方配合，统一决策。产业政策不能政出多门，根据国家机关机构改革、职能转换的要求，国家计委将承担全国产业政策的研究和制定工作，其他有关综合经济部门和专业部门也承担相应职责，要一方牵头，统筹目标，群策群力。

四、强化基础，规范制度。要加强学习市场经济知识，加强基础研究和队伍建设。从我国国情出发，参照国际做法，建立一套适合我国实际的法规、制度。

国家主席江泽民国务院副总理朱镕基在中南海分别会见美国国会参议员范因斯坦女士

国家副主席荣毅仁在人民大会堂会见美国穆迪投资家服务公司执行副总裁麦克莱尔

解放军总参谋部总政治部国家体改委国家经贸委财政部人事部劳动部联合发布《关于企业民兵、预备役工作的规定》

日前由解放军总参谋部总政治部等 7 个部门发布的《规定》指出，企业民兵是我国国防后备力量的组成部分，战时，是城市防卫作战的一支重要力量，是补充扩大人民解放军所需军官和专业技术兵的重要来源，是坚持生产、保卫生产、支援战争的骨干力量；平时，是发展生产，担负战备执勤，维护社会治安，完成急难险重任务的骨干。

《规定》说，企业必须根据国家法律法规的规定，完成民兵、预备役和兵役工作任务；企业人民武装部是国防体制的组成部分，是企业民兵、预备役工作的领导机构；企业民兵、预备役工作在地方党委、政府和当地军事领导指挥机关领导下进行，实行条块结合、以块为主、条条支持的领导原则；企业必须坚持党管武装的原则，把民兵、预备役工作作为企业工作的组成部分，纳入管理计划，实行党政共管，分工负责；企业扩大或缩小生产规模，优化组合内部生产结构，应当及时调整健全民兵组织；企业应当把民兵、预备役人员政治教育纳入职工政治教育计划；企业应当把民兵、预备役部队军事训练所需的人员、时间，纳入企业生产管理部门的劳动管理计划和工时利用计划，保证军事训练的落实；配备有民兵武器装备的企业，应当把民兵武器装备管理、维修纳入企业设备保养和安全管理计划；企业人民武装工作经费纳入企业财务管理计划，计入企业管理费用；企业应当围绕生产经营开展民兵、预备役工作，组织发动民兵、预备役人员带头完成生产任务。

首届青年奥林匹克技能竞赛在湖北十堰举行

党和国家领导人江泽民、李鹏、乔石为竞赛题词，国务院副总理邹家华为大会发来贺信，全国人大常委会副委员长李沛瑶出席开幕式。

由劳动部、共青团中央、国家教委等九部门联合举办的这次竞赛，标志着我国青工技能竞赛开始与国际接轨，国际青年奥林匹克技能竞赛委员会主席毕克先生应邀出席开幕式。

9月2日

八届全国人大常委会第三次会议闭幕

会议通过《全国人大常委会关于修改〈中华人民共和国经济合同法〉的决定》和《中华人民共和国反不正当竞争法》等两个法律草案和其他决议。委员长乔石主持会议，并发表重要讲话。

出席大会的人数为126人，《全国人大常委会关于修改〈中华人民共和国经济合同法〉的决定》和新中国历史上第一部《反不正当竞争法》，分别以125票和123票获得通过。会议还表决通过《全国人大常委会关于加强对法律实施情况检查监督的若干规定》；关于批准《中华人民共和国和古巴共和国关于民事和刑事司法协助的协定》的决定、关于批准《中华人民共和国和乌克兰领事条约》的决定；《第八届全国人大常委会代表资格审查委员会关于选举、补选代表的代表资格的审查报告》；《全国人大常委会关于接受杨衍银辞去全国人大常委会委员职务的请求的决定》。会议还根据最高人民法院、最高人民检察院和国务院的来文，分别表决通过各项任免名单。副委员长田纪云、王汉斌、倪志福、陈慕华、孙起孟、雷洁琼、秦基伟、李锡铭、王丙乾、王光英、程思远、布赫和秘书长曹志出席会议。国务院副总理李岚清、最高人民法院院长任建新、最高人民检察院检察长张思卿列席会议。

全国人大常委会委员长乔石在八届全国人大常委会第三次会议上发表讲话

本次常委会会议的议程已经进行完毕。这次会议审议了几个有关社会主义市场经济方面的法律草案。会议通过的关于修改经济合同法的决定，总结了我国10多年来的经验，吸收和借鉴了国外的一些做法，对原来的规定作了必要修改，使经济合同法更加有利于保护当事人的合法权益，维护社会经济秩序，适应社会主义市场经济发展的需要。会议通过的反不正当竞争法，是规范市场主体行为、维护市场公平竞争的一个重要法律，有利于制止官商结合、以权经商和地方保护主义等不正当行为，也有利于反腐倡廉。会议还初步审议了证券法、消费者权益保护法、注册会计师法、个人所得税法修正案等法律草案。这几个草案会后要抓紧修改，争取尽快出台。证券法草案是全国人大财经委员会牵头，组织专家、学者起草的，这种起草方式今后应该更多地采用。我们要广泛依靠社会力量，特别是发挥专家的作用，加快法律草案起草工作的进度。

这次会议还听取和审议了国务院关于当前金融形势和政策措施的报告、今年以来计划执行情况的报告、预算执行情况的报告。大家认为，国务院执行八届全国人大一次会议批准的计划和预算是认真的。特别是在贯彻中央提出的加强和改善宏观调控十六条措施方面，做了大量工作，取得了初步成效。经济形势总的来说是好的。但是，一些问题的解决还需要一个过程，全面落实加强和改善宏观调控的措施，任务依然很艰巨，根本的出路在于深化改革，加快建立社会主义市场经济体制。

这次会议上，大家对反对腐败、加强廉政建设问题非常关注，提出了一些意见和建议。我下面着重讲一下这个问题。

中共中央纪律检查委员会举行第二次全体会议，全面分析了反腐败斗争的形势，提出了新形势下反腐败斗争的思路、对策和当前任务，对近期反腐败斗争进行了具体部署。江泽民同志在会上作的重要讲话，深刻地阐明了反腐败斗争的重大意义和应当遵循的原则，对推进新形势下的反腐败斗争，加强党的建设和政权建设，保证改革开放和经济建设的顺利进行，具有重要的指导意义。中央的这一部署，符合全国各族人民的心愿，表达了广大干部和群众的共同要求。

加强反腐败斗争，是全面贯彻党的基本路线的要求，是保证改革开放和经济建设顺利进行的一项重要工作。早在我国实行改革开放政策的初期，邓小平同志就强调一手抓建设和改革开放，一手抓打击经济犯罪；以后又一再告诫我们，在整个改革开放过程中都要反对腐败，这是一个长期的经常的斗争。我们一定要认真学习和贯彻邓小平同志关于加强廉政建设、反对腐败的一系列重要论述和指示。我们党政机关干部队伍的主流是好的，大多数同志是清正廉洁、勤恳工作的。但是也必须清醒地看到，在党政机关中，确实存在着消极腐败现象，有些方面还在滋长和蔓延。我们必须充分认识腐败问题的严重性和危险性，把反腐败斗争作为一项重大政治任务抓紧抓好。

解决腐败问题，要综合治理，既治标又治本。需要运用教育的、行政的、法律的多种手段，才能取得成效。小平同志指出，还是要靠法制，搞法制靠得住些。这就是说，必须加强立法，严格执法，把惩治腐败纳入法制的轨道。近些年来，全国人大及其常委会先后制定了一系列法律，对制裁贪污、贿赂、走私以及卖淫嫖娼、贩毒吸毒等违法犯罪活动，作出了明确、具体的规定，为打击经济犯罪、惩治腐败分子提供了法律依据。现在的问题是，这些法律执行得不够好。

由于有法不依、执法不严、违法不究，甚至以言代法、以权压法、执法犯法的现象在一些地方和部门相当严重，致使有些犯罪分子逍遥法外，腐败行为得不到有效遏制。当今世界上许多国家，都把严格执法作为解决廉政问题的重要手段。我们国家开展反腐败斗争，也必须严格地遵守和执行已经制定的法律、法规，坚持在法律面前人人平等，不允许任何组织或者个人有超越法律的特权。人大及其常委会要加强对法律实施情况的检查监督，下大力气改变法律实施不力的状况。这次常委会会议通过了《关于加强对法律实施情况检查监督的若干规定》，目的就是使执法检查工作进一步规范化、程序化、制度化，更富有成效。还要在全社会特别是党政机关干部中，加强法制教育，增强广大干部群众的法制观念和依法办事能力，学会运用法律武器同各种犯罪分子进行斗争。当然，我们的法律还不完备。必须加强立法，尤其是经济立法，促进社会主义市场经济体制的建立和完善，从根本上防范腐败现象的产生。还要认真研究社会主义市场经济条件下反腐败斗争的特点和规律，进一步制定和完善有关廉政建设的法律、法规，为更有力地惩治腐败提供法律依据。

加强反腐败斗争，还必须进一步健全党和国家的监督机制。我们搞社会主义市场经济，必然涉及中央和地方之间、各个部门之间经济管理权力的重新调整，需要同时建立起对权力的有效制约和监督机制。缺乏制约的权力很容易产生腐败。特别是在新旧体制转换的情况下，旧体制的弊端尚未完全革除，新体制还未形成，监督、管理上的薄弱环节和漏洞很多，这些都给以权谋私、权钱交易等腐败行为以可乘之机。因此，在建立社会主义市场经济体制的过程中，必须加强对权力的制约和监督。要把党组织的监督、国家机关的监督、政协的监督、人民群众的监督，以及舆论监督等有机地结合起来，形成一个强有力的监督体系。人大及其常委会作为国家权力机关，应当依法对行政、审判、检察机关的工作进行监督。要围绕人民群众反映强烈的消极腐败方面的问题，听取政府、法院、检察院的汇报，督促他们采取切实措施予以纠正。要支持和督促执法机关抓紧查处大案要案，一查到底，不能手软。要认真受理人民群众的申诉、控告和检举。对人大及其常委会选举或任命的工作人员，如发现有贪污、受贿等腐败行为，可以组织调查，该罢免的罢免，触犯刑律的要追究刑事责任。要充分发挥人大代表在反腐败斗争中的作用。人大代表要模范地遵守宪法和法律，还要积极反映人民群众的呼声和要求，推动惩腐倡廉工作的开展。全国人大常委会的组成人员，要自觉地接受人大代表和人民群众的监督，廉洁自律，全心全意为人民服务。我们相信，在党中央的正确领导下，有广大人民群众的支持，反腐败斗争一定会取得成效，两个文明建设一定会越搞越好，具有中国特色的社会主义事业一定会更加兴旺发达。

国家主席江泽民签署第 9 号令公布《全国人民代表大会常务委员会关于修改〈中华人民共和国经济合同法〉的决定》

《全国人民代表大会常务委员会关于修改〈中华人民共和国经济合同法〉的决定》已由中华人民共和国第八届全国人民代表大会常务委员会第三次会议于 1993 年 9 月 2 日通过，现予公布，自公布之日起施行。

中华人民共和国主席　江泽民

1993 年 9 月 2 日

全国人大常委会关于修改《中华人民共和国经济合同法》的决定

第八届全国人民代表大会常务委员会第三次会议审议了国务院关于《中华人民共和国经济合同法修正案（草案）》的议案，决定对《中华人民共和国经济合同法》作如下修改：

一、第一条修改为："为保障社会主义市场经济的健康发展，保护经济合同当事人的合法权益，维护社会经济秩序，促进社会主义现代化建设，制定本法。”

二、第二条修改为：“本法适用于平等民事主体的法人、其他经济组织、个体工商户、农村承包经营户相互之间，为实现一定经济目的，明确相互权利义务关系而订立的合同。”

三、第四条修改为：“订立经济合同，必须遵守法律和行政法规。任何单位和个人不得利用合同进行违法活动，扰乱社会经济秩序，损害国家利益和社会公共利益，牟取非法收入。”

四、第五条修改为：“订立经济合同，应当遵循平等互利、协商一致的原则。任何一方不得把自己的意志强加给对方。任何单位和个人不得非法干预。”

五、第七条第一款第一项修改为：“一、违反法律和行政法规的合同；”

第三款修改为：“经济合同的无效，由人民法院或者仲裁机构确认。”

六、第八条修改为：“购销、建设工程承包、加工承揽、货物运输、供用电、仓储保管、财产租赁、借款、财产保险以及其他经济合同，除法律另有规定的以外，均适用本法的规定。”

七、第十条修改为：“代订经济合同，必须事先取得委托人的委托证明，并根据授权范围以委托人的名义签订，才对委托人直接产生权利和义务。”

八、第十一条修改为：“国家根据需要向企业下达指令性计划的，有关企业之间应当依照有关法律、行政法规规定的企业的权利和义务签订合同。”

九、第十三条修改为：“经济合同用货币履行义务时，除法律或者行政法规另有规定的以外，必须用人民币计算和支付。

“除国家允许使用现金履行义务的以外，必须通过银行转账或者票据结算。”

十、第十五条修改为：“经济合同当事人一方要求保证的，可由保证人担保。被保证的当事人不履行合同的，按照担保约定由保证人履行或者承担连带责任。”

十一、第十七条第一项修改为：“一、产品数量，由供需双方协商签订。产品数量的计量方法，按国家的规定执行；没有国家规定的，按供需双方商定的方法执行。”

第二项第一段修改为：“二、产品质量要求和包装质量要求，有国家强制性标准或者行业强制性标准的，不得低于国家强制性标准或者行业强制性标准签订；没有国家强制性标准，也没有行业强制性标准的，由双方协商签订。”

第三项修改为：“三、产品的价格，除国家规定必须执行国家定价的以外，由当事人协商议定。

“执行国家定价的，在合同规定的交付期限内国家价格调整时，按交付时的价格计价。逾期交货的，遇价格上涨时，按原价格执行；价格下降时，按新价格执行。逾期提货或者逾期付款的，遇价格上涨时，按新价格执行；价格下降时，按原价格执行。”

十二、第十八条第一款、第二款合并为一款，修改为：“建设工程承包合同，包括勘察、设计、建筑、安装，可以由一个总包单位与建设单位签订总包合同，也可以由几个承包单位与建设单位分别签订合同。国家的重大建设工程项目承包合同，根据国家规定的程序和国家批准的投资计划、计划任务书等文件签订。”

十三、第二十条第一款修改为：“货物运输合同，由托运方和承运方协商签订。”

十四、第二十四条修改为：“借款合同，应当遵守国务院有关规定。合同中，应明确规定贷款的数额、用途、期限、利率、结算办法和违约责任等条款。”

十五、第二十五条第一款修改为：“财产保险合同，由投保人提出保险要求，经保险人同意承保，并就合同的条款达成协议后成立。保险人应当及时向投保人签发保险单或者其他保险凭证。”

十六、删去第二十六条。

十七、第二十七条改为第二十六条，第一款第一项修改为：“一、当事人双方经协商同意，并且不因此损害国家利益和社会公共利益；”

删去第一款第二项和第三项。

第一款第四项改为第二项，修改为：“由于不可抗力致使经济合同的全部义务不能履行；”

第一款第五项改为第三项，修改为：“由于另一方在合同约定的期限内没有履行合同。”

第二款修改为：“属于前款第二项或第三项规定的情况的，当事人一方有权通知另一方解除合同。因变更或解除经济合同使一方遭受损失的，除依法可以免除责任的以外，应由责任方负责赔偿。”

十八、第二十八条改为第二十七条，修改为：“变更或解除经济合同的通知或协议，应当采取书面形式（包括文书、电报等）。除由于不可抗力致使经济合同的全部义务不能履行或者由于另一方在合同约定的期限内没有履行合同的情况以外，协议未达成之前，原经济合同仍然有效。”

十九、删去第二十九条。

二十、删去第三十条。

二十一、删去第三十三条。

二十二、第三十四条改为第三十条，修改为：“当事人一方由于不可抗力的原因不能履行经济合同的，应及时向对方通报不能履行或者需要延期履行、部分履行经济合同的理由，在取得有关证明以后，允许延期履行、部分履行或者不履行，并可根据情况部分或全部免予承担违约责任。”

二十三、删去第三十六条。

二十四、第三十七条改为第三十二条，修改为：“违约金、赔偿金应在明确责任后十天内偿付，否则按逾期付款处理。”

二十五、第四十五条改为第四十条，第一项修改为：“一、贷款方的责任：贷款方不按合同规定及时贷款，应偿付违约金。”

第二项修改为：“二、借款方的责任：借款方不按合同规定归还贷款的，应当承担违约责任，并加付利息。

“借款方不按合同规定使用政策性贷款的，应当加付利息；贷款方有权提前收回一部或全部贷款。”

二十六、第四十六条改为第四十一条，第一项修改为：“一、保险方的责任：对于保险事故造成的损失，在保险金额的范围内承担赔偿责任。被保险方为了避免或减少保险责任范围内的损失而进行的施救、保护、整理、诉讼所支出的合理费用，根据合同规定偿付。如果不及时偿付，应承担违约责任。”

二十七、删去第四十七条。

二十八、第四十八条改为第四十二条，修改为：“经济合同发生纠纷时，当事人可以通过协商或者调解解决。当事人不愿通过协商、调解解决或者协商、调解不成的，可以依据合同中的仲裁条款或者事后达成的书面仲裁协议，向仲裁机构申请仲裁。当事人没有在经济合同中订立仲裁条款，事后又没有达成书面仲裁协议的，可以向人民法院起诉。”

增加一款，作为第二款：“仲裁作出裁决，由仲裁机构制作仲裁裁决书。对仲裁机构的仲裁裁决，当事人应当履行。当事人一方在规定的期限内不履行仲裁机构的仲裁裁决的，另一方可以申请人民法院强制执行。”

二十九、删去第四十九条。

三十、第五十条改为第四十三条，修改为：“经济合同争议申请仲裁的期限为二年，自当事人知道或者应当知道其权利被侵害之日起计算。”

三十一、第五十一条改为第四十四条，修改为：“县级以上各级人民政府工商行政管理部门和其他有关主管部门，依据法律、行政法规规定的职责，负责对经济合同的监督。”

三十二、删去第五十二条。

三十三、第五十三条改为第四十五条，修改为：“对利用经济合同危害国家利益、社会公共利益的违法行为，由县级以上各级人民政府工商行政管理部门和其他有关主管部门依据法律、行政法规规定的职责负责处理；构成犯罪的，依法追究刑事责任。”

三十四、删去第五十四条。

三十五、第五十五条改为第四十六条，修改为：“涉外经济合同和技术合同，分别适用《中华人民共和国涉外经济合同法》和《中华人民共和国技术合同法》的规定。”

三十六、删去第五十六条。

本决定自公布之日起施行。本决定施行前，依据《中华人民共和国经济合同法》制定的有关行政法规和地方性法规、规章，其内容与本决定相抵触的，以本决定为准。

《中华人民共和国经济合同法》根据本决定作相应的修正，重新公布。

国家主席江泽民签署第 10 号令公布《中华人民共和国反不正当竞争法》

《中华人民共和国反不正当竞争法》已由中华人民共和国第八届全国人民代表大会常务委员会第三次会议于 1993 年 9 月 2 日通过，现予公布，自 1993 年 12 月 1 日起施行。

中华人民共和国主席 江泽民

1993 年 9 月 2 日

中华人民共和国反不正当竞争法

第一章 总 则

第一条 为保障社会主义市场经济健康发展，鼓励和保护公平竞争，制止不正当竞争行为，保护经营者和消费者的合法权益，制定本法。

第二条 经营者在市场交易中，应当遵循自愿、平等、公平、诚实信用的原则，遵守公认的商业道德。

本法所称的不正当竞争，是指经营者违反本法规定，损害其他经营者的合法权益，扰乱社会经济秩序的行为。

本法所称的经营者，是指从事商品经营或者营利性服务（以下所称商品包括服务）的法人、其他经济组织和个人。

第三条 各级人民政府应当采取措施，制止不正当竞争行为，为公平竞争创造良好的环境和条件。

县级以上人民政府工商行政管理部门对不正当竞争行为进行监督检查；法律、行政法规规定由其他部门监督检查的，依照其规定。

第四条 国家鼓励、支持和保护一切组织和个人对不正当竞争行为进行社会监督。

国家机关工作人员不得支持、包庇不正当竞争行为。

第二章 不正当竞争行为

第五条 经营者不得采用下列不正当手段从事市

场交易，损害竞争对手：

（一）假冒他人的注册商标；

（二）擅自使用知名商品特有的名称、包装、装潢，或者使用与知名商品近似的名称、包装、装潢，造成和他人的知名商品相混淆，使购买者误认为是该知名商品；

（三）擅自使用他人的企业名称或者姓名，引人误认为是他人的商品；

（四）在商品上伪造或者冒用认证标志、名优标志等质量标志，伪造产地，对商品质量作引人误解的虚假表示。

第六条 公用企业或者其他依法具有独占地位的经营者，不得限定他人购买其指定的经营者的商品，以排挤其他经营者的公平竞争。

第七条 政府及其所属部门不得滥用行政权力，限定他人购买其指定的经营者的商品，限制其他经营者正当的经营活动。

政府及其所属部门不得滥用行政权力，限制外地商品进入本地市场，或者本地商品流向外地市场。

第八条 经营者不得采用财物或者其他手段进行贿赂以销售或者购买商品。在账外暗中给予对方单位或者个人回扣的，以行贿论处；对方单位或者个人在账外暗中收受回扣的，以受贿论处。

经营者销售或者购买商品，可以以明示方式给对方折扣，可以给中间人佣金。经营者给对方折扣、给中间人佣金的，必须如实入账。接受折扣、佣金的经营者必须如实入账。

第九条 经营者不得利用广告或者其他方法，对商品的质量、制作成分、性能、用途、生产者、有效期限、产地等作引人误解的虚假宣传。

广告的经营者不得在明知或者应知的情况下，代理、设计、制作、发布虚假广告。

第十条 经营者不得采用下列手段侵犯商业秘密：

（一）以盗窃、利诱、胁迫或者其他不正当手段获取权利人的商业秘密；

（二）披露、使用或者允许他人使用以前项手段获取的权利人的商业秘密；

（三）违反约定或者违反权利人有关保守商业秘密的要求，披露、使用或者允许他人使用其所掌握的商业秘密。

第三人明知或者应知前款所列违法行为，获取、使用或者披露他人的商业秘密，视为侵犯商业秘密。

本条所称的商业秘密，是指不为公众所知悉、能为权利人带来经济利益、具有实用性并经权利人采取保密措施的技术信息和经营信息。

第十一条 经营者不得以排挤竞争对手为目的，以低于成本的价格销售商品。

有下列情形之一的，不属于不正当竞争行为：

（一）销售鲜活商品；

（二）处理有效期限即将到期的商品或者其他积压的商品；

（三）季节性降价；

（四）因清偿债务、转产、歇业降价销售商品。

第十二条 经营者销售商品，不得违背购买者的意愿搭售商品或者附加其他不合理的条件。

第十三条 经营者不得从事下列有奖销售：

（一）采用谎称有奖或者故意让内定人员中奖的欺骗方式进行有奖销售；

（二）利用有奖销售的手段推销质次价高的商品；

（三）抽奖式的有奖销售，最高奖的金额超过五千元。

第十四条 经营者不得捏造、散布虚伪事实，损害竞争对手的商业信誉、商品声誉。

第十五条 投标者不得串通投标，抬高标价或者压低标价。

投标者和招标者不得相互勾结，以排挤竞争对手的公平竞争。

第三章 监督检查

第十六条 县级以上监督检查部门对不正当竞争行为，可以进行监督检查。

第十七条 监督检查部门在监督检查不正当竞争行为时，有权行使下列职权：

（一）按照规定程序询问被检查的经营者、利害关系人、证明人，并要求提供证明材料或者与不正当竞争行为有关的其他资料；

（二）查询、复制与不正当竞争行为有关的协议、账册、单据、文件、记录、业务函电和其他资料；

（三）检查与本法第五条规定的不正当竞争行为有关的财物，必要时可以责令被检查的经营者说明该商品的来源和数量，暂停销售，听候检查，不得转移、隐匿、销毁该财物。

第十八条 监督检查部门工作人员监督检查不正当竞争行为时，应当出示检查证件。

第十九条 监督检查部门在监督检查不正当竞争行为时，被检查的经营者、利害关系人和证明人应当如实提供有关资料或者情况。

第四章 法律责任

第二十条 经营者违反本法规定，给被侵害的经营者造成损害的，应当承担损害赔偿责任，被侵害的经营者的损失难以计算的，赔偿额为侵权人在侵权期间因侵权所获得的利润；并应当承担被侵害的经营者因调查该经营者侵害其合法权益的不正当竞争行为所支付的合理费用。

被侵害的经营者的合法权益受到不正当竞争行为损害的,可以向人民法院提起诉讼。

第二十一条 经营者假冒他人的注册商标,擅自使用他人的企业名称或者姓名,伪造或者冒用认证标志、名优标志等质量标志,伪造产地,对商品质量作引人误解的虚假表示的,依照《中华人民共和国商标法》、《中华人民共和国产品质量法》的规定处罚。

经营者擅自使用知名商品特有的名称、包装、装潢,或者使用与知名商品近似的名称、包装、装潢,造成和他人的知名商品相混淆,使购买者误认为是该知名商品的,监督检查部门应当责令停止违法行为,没收违法所得,可以根据情节处以违法所得一倍以上三倍以下的罚款;情节严重的,可以吊销营业执照;销售伪劣商品,构成犯罪的,依法追究刑事责任。

第二十二条 经营者采用财物或者其他手段进行贿赂以销售或者购买商品,构成犯罪的,依法追究刑事责任;不构成犯罪的,监督检查部门可以根据情节处以一万元以上二十万元以下的罚款,有违法所得的,予以没收。

第二十三条 公用企业或者其他依法具有独占地位的经营者,限定他人购买其指定的经营者的商品,以排挤其他经营者的公平竞争的,省级或者设区的市的监督检查部门应当责令停止违法行为,可以根据情节处以五万元以上二十万元以下的罚款。被指定的经营者借此销售质次价高商品或者滥收费用的,监督检查部门应当没收违法所得,可以根据情节处以违法所得一倍以上三倍以下的罚款。

第二十四条 经营者利用广告或者其他方法,对商品作引人误解的虚假宣传的,监督检查部门应当责令停止违法行为,消除影响,可以根据情节处以一万元以上二十万元以下的罚款。

广告的经营者,在明知或者应知的情况下,代理、设计、制作、发布虚假广告的,监督检查部门应当责令停止违法行为,没收违法所得,并依法处以罚款。

第二十五条 违反本法第十条规定侵犯商业秘密的,监督检查部门应当责令停止违法行为,可以根据情节处以一万元以上二十万元以下的罚款。

第二十六条 经营者违反本法第十三条规定进行有奖销售的,监督检查部门应当责令停止违法行为,可以根据情节处以一万元以上十万元以下的罚款。

第二十七条 投标者串通投标,抬高标价或者压低标价;投标者和招标者相互勾结,以排挤竞争对手的公平竞争的,其中标无效。监督检查部门可以根据情节处以一万元以上二十万元以下的罚款。

第二十八条 经营者有违反被责令暂停销售,不得转移、隐匿、销毁与不正当竞争行为有关的财物的行为的,监督检查部门可以根据情节处以被销售、转移、隐匿、销毁财物的价款的一倍以上三倍以下的罚款。

第二十九条 当事人对监督检查部门作出的处罚决定不服的,可以自收到处罚决定之日起十五日内向上一级主管机关申请复议;对复议决定不服的,可以自收到复议决定书之日起十五日内向人民法院提起诉讼;也可以直接向人民法院提起诉讼。

第三十条 政府及其所属部门违反本法第七条规定,限定他人购买其指定的经营者的商品、限制其他经营者正当的经营活动,或者限制商品在地区之间正常流通的,由上级机关责令其改正;情节严重的,由同级或者上级机关对直接责任人员给予行政处分。被指定的经营者借此销售质次价高商品或者滥收费用的,监督检查部门应当没收违法所得,可以根据情节处以违法所得一倍以上三倍以下的罚款。

第三十一条 监督检查不正当竞争行为的国家机关工作人员滥用职权、玩忽职守,构成犯罪的,依法追究刑事责任;不构成犯罪的,给予行政处分。

第三十二条 监督检查不正当竞争行为的国家机关工作人员徇私舞弊,对明知有违反本法规定构成犯罪的经营者故意包庇不使他受追诉的,依法追究刑事责任。

第五章 附 则

第三十三条 本法自1993年12月1日起施行。

全国人民代表大会常务委员会就选举和补选代表的代表资格发布公告

自第八届全国人民代表大会第一次会议以来,有4名全国人大代表逝世:吉林王湘浩,山东陆俊仪(女),湖南陈叔君,广西甘苦(壮族)。

天津市人大常委会补选高德占,宁夏回族自治区人民代表大会选举王沧海、何琮、徐鸣凤(女)、董家林为第八届全国人民代表大会代表。全国人民代表大会常务委员会同意代表资格审查委员会关于选举、补选代表的代表资格的审查报告,确认第八届全国人民代表大会代表高德占、王沧海、何琮、徐鸣凤(女)、董家林等5人的代表资格有效。特此公告。

现在,第八届全国人民代表大会共有代表2979名。

全国人民代表大会常务委员会

1993年9月2日

八届全国人大常委会三次会议通过《关于接受杨衍银辞去全国人大常委会委员职务的请求的决定》

根据《中华人民共和国全国人民代表大会组织法》关于"常务委员会的组成人员不得担任国家行政机关、

审判机关和检察机关的职务；如果担任上述职务，必须向常务委员会辞去常务委员会的职务”的规定，第八届全国人民代表大会常务委员会第三次会议决定：接受杨衍银辞去第八届全国人民代表大会常务委员会委员职务的请求，报请全国人民代表大会下次会议确认；同时，免去她的第八届全国人民代表大会内务司法委员会委员和第八届全国人民代表大会常务委员会代表资格审查委员会委员职务。

八届全国人大常委会第三次会议通过《关于加强对法律实施情况检查监督的若干规定》

为了维护法律的尊严，促进法律的贯彻执行，使全国人大常委会对法律实施情况的检查监督更富有实效，依照宪法第六十七条和有关法律的规定，并总结近几年的实践经验，对法律实施情况的检查监督（简称执法检查）作如下规定：

一、全国人大常委会和全国人大专门委员会对全国人大及其常委会制定的法律和有关法律问题的决议、决定贯彻实施的情况，进行检查监督。应围绕改革开放和社会主义现代化建设的重大问题，以及人民群众反映强烈的问题，确定一个时期执法检查的重点。特别要加强对有关社会主义市场经济方面法律实施情况的检查监督，保障和促进社会主义市场经济的发展。

二、全国人大常委会和全国人大专门委员会的执法检查，主要是检查监督法律实施主管机关的执法工作，督促国务院及其部门、最高人民法院和最高人民检察院及时解决法律实施中存在的问题。执法检查组不直接处理问题。

三、执法检查要有计划地进行。执法检查的计划应包括检查的内容、检查的组织、检查的时间和地点、检查的方式和要求等。全国人大常委会的执法检查计划，由常委会办公厅在每年代表大会会议后一个月内拟定，报委员长会议批准，印发常委会会议。全国人大各专门委员会的执法检查计划，也应在每年代表大会会议后一个月内制定，经全国人大常委会秘书长协调后，报委员长会议备案。执法检查计划由全国人大常委会办公厅通知国务院及其有关部门、最高人民法院、最高人民检察院及有关的省、自治区、直辖市人大常委会。

四、要本着精干、效能、便于活动的原则，组织执法检查组。全国人大常委会的执法检查组由组长一人、组员若干人组成，由委员长会议从常委会组成人员中确定。检查组可分为若干检查小组，并配备必要的工作人员。专门委员会的执法检查组，由本专门委员会组织。常委会和专门委员会的执法检查组可以吸收全国人大代表和有关专家参加工作，也可邀请法律实施主管机关和地方人大常委会的有关负责人参加工作。

五、执法检查组成员和工作人员应熟悉和掌握有关法律、法规和政策，收集有关法律实施情况的材料，并听取法律实施主管机关的汇报。

六、执法检查组要深入基层、深入实际、深入群众，采用听取汇报、召开座谈会、个别走访、抽样调查、实地考察等多种形式，了解和掌握法律实施的真实情况，研究法律实施中存在的问题。有关部门和地方应支持执法检查组的工作，提供真实情况和其他必要的帮助。

七、检查结束后，由执法检查组组长主持，写出执法检查报告。执法检查报告的内容应包括：对所检查法律实施状况的全面评价；法律实施中存在的问题及原因分析；对改进执法工作的建议；对法律本身需要修改、补充、解释的建议等。报告必须客观真实地反映情况，不回避矛盾。

八、全国人大常委会执法检查组的执法检查报告，由委员长会议提请常委会决定列入会议议程。全国人大专门委员会执法检查组的执法检查报告，由委员长会议决定是否提请常委会决定列入会议议程。列入常委会会议议程的，由执法检查组组长向常委会全体会议汇报，并在分组会议和全体会议上审议。法律实施主管机关的负责人应到会听取意见，回答询问。常委会组成人员可以就法律实施中存在的重要问题提出质询。必要时，常委会可作出有关决议。未列入常委会会议议程的专门委员会的执法检查报告，可由专门委员会审议。

九、全国人大常委会会议审议的执法检查报告和审议意见，由委员长会议以书面形式交法律实施主管机关。有关机关应切实改进执法工作，并在六个月内将改进的措施以及取得的效果向常委会作出书面汇报。必要时，由委员长会议提请常委会决定列入会议议程，进行审议。全国人大专门委员会审议的执法检查报告和审议意见，由专门委员会转法律实施主管机关。有关机关应向专门委员会汇报改进执法的措施和效果。专门委员会如对汇报不满意，可以向常委会提出议案，提请常委会会议审议。

十、对执法检查中发现的重大的典型违法案件，委员长会议可以交由专门委员会或常委会办事机构进行调查。调查结果应向委员长会议报告，委员长会议可根据情况，要求有关机关限期处理，有关机关应及时报告处理结果。必要时，委员长会议可提请常委会会议审议。对特别重大的典型违法案件，常委会可依法组织特定问题的调查委员会。常委会不直接处理具体案件，具体案件应由法律实施主管机关严格依照法律程序办理。

十一、新闻媒介要对全国人大常委会的执法检查活动及时进行宣传和报道。全国人大常委会办公厅可就执法检查举行新闻发布会。对执法检查中发现的重大典型违法事件及其处理结果，可以公之于众。

八届全国人大常委会第三次会议通过《关于批准〈中华人民共和国和古巴共和国关于民事和刑事司法协助的协定〉的决定》

八届全国人大常委会第三次会议通过《关于批准〈中华人民共和国和乌克兰领事条约〉的决定》

劳动部国家计委等部门联合发布《关于劳动就业服务企业进一步发展第三产业安置富余人员若干问题的通知》

劳动部、国家计委会同国家经贸委、国家体改委、人事部、建设部、中国人民银行、国家税务总局、国家工商行政管理局、国有资产管理局近日联合发出的《通知》，根据国家调整产业结构，大力发展第三产业的战略部署，确定了劳服企业在90年代发展的方针、政策和措施，提出了90年代劳服企业发展的行动纲领。十部委局分别从宏观和行业方面给予劳服企业发展以扶持和优惠政策。譬如给予发展三产一定的进出口权；允许发展股份合作制；在减免税、贷款、技术职称评定、建设企业场地、国家固定资产有偿使用等方面给予优惠政策。这些措施将对加快劳服企业的发展，壮大其实力，增加劳服企业安置的容纳能力方面发挥重要的作用。

劳动部常务副部长朱家甄在贯彻落实这一通知的电话会议上说，这是指导和促进劳服企业发展的一个重要文件，是从稳定社会、为深化改革创造良好社会环境的大局出发，做好新形势下就业工作的重大举措。

中国和平统一促进会在全国政协礼堂举行《台湾问题与中国的统一》白皮书座谈会

座谈会上，统促会执行会长、全国政协副主席、民盟中央副主席钱伟长，中国和平统一促进会会长、全国人大常委会副委员长、台湾研究会会长程思远先后发言。

统促会顾问、中国国际公关协会会长柴泽民，统促会常务理事、总干事徐尚元，统促会理事、中国人民大学教授方生，中国社科院台湾问题研究所所长姜殿铭等在座谈会上，从各个不同的侧面就白皮书所阐述的观点发言。

《人民日报》发表社论《统一祖国的纲领性文件》

《台湾问题与中国的统一》白皮书是一个重要文告，它第一次系统地论述了台湾问题的由来及现状，阐明了我国政府关于台湾问题的原则立场和基本方针。它的发表，有助于国际社会全面正确地了解台湾问题的实质和中国政府的立场，有利于推进祖国和平统一的进程。

台湾自古以来就是中国领土的一部分。《台湾问题与中国的统一》白皮书以大量历史事实对此进行了有力的论证。白皮书向全世界表明："中国的统一是中华民族的根本利益所在。""解决台湾问题，实现国家统一，是全体中国人民一项庄严而神圣的使命。"这一宣示，表达了中国人民为维护国家的主权和领土完整、为实现祖国统一的强烈愿望和坚强决心。

中国政府解决台湾问题的基本方针是"和平统一、一国两制"。这是尊重历史、尊重现实，为了整个国家民族利益与前途而提出的实事求是的方针和创造性的构想。坚持"一个中国"的原则，是不可动摇的。在这个大前提下，通过两岸接触谈判，以和平方式实现国家统一，国家主体实行社会主义制度，台湾实行资本主义制度，享有高度的自治权。

近几年来，广大台湾同胞为发展两岸关系作出了很大的努力，台湾当局也相应调整了大陆政策，采取了一些松动措施。中国政府的对台政策和措施，也得到国际社会越来越多的理解和支持。但是，必须看到，发展两岸关系，实现中国和平统一仍然存在着严重的阻力。

台湾当局虽然口头上表示主张"一个中国"，但在行动上却往往反其道而行之。最近，台湾当局鼓噪"重返联合国"，这是有悖"一个中国"原则的，是违背全体中国人民的意愿的。在国际事务中，某些国家在台湾当局的利诱下，竟然置国际法于不顾，公然为其在联合国争取所谓"平行代表权"，这完全是粗暴干涉中国内政、企图分裂中国的行径。对这种严重伤害中国人民感情的做法，中国政府和中国人民表示强烈的愤慨及理所当然的坚决反对。

众所周知，联合国是由主权国家组成的政府间国际组织。世界上，凡是主权国家，不论其土地面积、人口之多寡，国民生产总值之大小，都有权按照联合国宪章规定，申请参加联合国。但作为一个主权国家不可分割一部分的省或地区，无论其土地面积、人口、生产总值大小多寡，都无权加入联合国。换言之，能否加入联合国的前提条件是是否主权国家，它与人口、土地、生产总值等条件根本没有关系。一个主权国家只能有一个中央政府代表。中国在联合国的代表权问题早已在政治、法律和程序上得到完全解决，台湾作为中国不可分割的一部分，根本不存在"重返联合国"的问题。近一个时期来，台湾当局肆意歪曲联合国宪章关于"会籍普遍化"的原则，用台湾的土地、面积、人口、生产总值等作为"重返联合国"的借口，这种蓄意制造混乱、故意把水搅混的手法，无异于掩耳盗铃，稍有国际法常识的人都不难识破其意图何在。

中国政府一再申明，台湾问题纯属中国内政，只能在一个中国的架构内，通过两岸协商求得解决，它与第二次世界大战后经国际协议而形成的朝鲜问题和原来的德国问题完全不同，因此两者不能相提并论。海峡两岸的中国人民都主张只有一个中国，国际社会也承认世界上只有一个中国。台湾作为中国的一部分的地位是确定的，是不能改变的。实际上，我们已经考虑到台湾同胞发展经济联系和其他对外交往的需要，对台湾对外的民间经济文化联系，并未持异议。应当说，台湾在发展对外民间经济文化交往的范围内，已有广阔的活动余地。台湾当局鼓吹"重返联合国"，完全是一种公开的割裂国家主权的行径，与法理不相容，在实际上是行不通的，是注定要失败的。

与此同时，我们密切注视着岛内外日益嚣张的"台独"活动。任何妄图将台湾从中国分裂出去的行径，都是违背包括台湾同胞在内的全体中国人民的根本利益的。中国政府和全中国人民对一切破坏祖国统一的行为绝不会坐视不理。我们希望台湾当局以民族大义为重，积极响应中国共产党关于为尽早结束两岸敌对状态，逐步实现和平统一进行接触谈判的呼吁，积极推动两岸关系朝着和平统一的方向发展。

我们相信，《台湾问题与中国的统一》白皮书所宣示的中国政府维护国家主权、促进国家统一的正义立场，一定能得到各国人民的理解和尊重。任何粗暴干涉中国内政的行径，都是我们所坚决反对的。我们深信，海峡两岸关系的改善和中国的统一，不仅可以使两岸人民携手合作，发展经济，共同振兴中华，共享我们伟大祖国在国际上的尊严与荣誉，而且也是对进一步加强中国同各国的友好合作关系，对亚洲、太平洋地区以至全世界和平、稳定和发展的巨大贡献。

国务院证券委员会颁布禁止证券欺诈行为暂行办法

第一条 为禁止证券欺诈行为，维护证券市场秩序，保护投资者的合法权益和社会公共利益，制定本办法。

第二条 本办法所称证券欺诈行为包括证券发行、交易及相关活动中的内幕交易、操纵市场、欺诈客户、虚假陈述等行为。

第三条 禁止任何单位或者个人以获取利益或者减少损失为目的，利用内幕信息进行证券发行、交易活动。

第四条 本办法所称内幕交易包括下列行为：

(一)内幕人员利用内幕信息买卖证券或者根据内幕信息建议他人买卖证券；

(二)内幕人员向他人泄露内幕信息，使他人利用该信息进行内幕交易；

(三)非内幕人员通过不正当的手段或者其他途径获得内幕信息，并根据该信息买卖证券或者建议他人买卖证券；

(四)其他内幕交易行为。

第五条 本办法所称内幕信息是指为内幕人员所知悉的、尚未公开的和可能影响证券市场价格的重大信息。

前款所称重大信息包括：

(一)证券发行人(以下简称"发行人")订立重要合同，该合同可能对公司的资产、负债、权益和经营成果中的一项或者多项产生显著影响；

(二)发行人的经营政策或者经营范围发生重大变化；

(三)发行人发生重大的投资行为或者购置金额较大的长期资产的行为；

(四)发行人发生重大债务；

(五)发行人未能归还到期重大债务的违约情况；

(六)发行人发生重大经营性或者非经营性亏损；

(七)发行人资产遭受重大损失；

(八)发行人的生产经营环境发生重大变化；

(九)可能对证券市场价格有显著影响的国家政策变化；

(十)发行人的董事长、三分之一以上的董事或者总经理发生变动；

(十一)持有发行人百分之五以上的发行在外的普通股的股东，其持有该种股票的增减变化每达到该种股票发行在外总额的百分之二以上的事实；

(十二)发行人的分红派息、增资扩股计划；

(十三)涉及发行人的重大诉讼事项；

(十四)发行人进入破产、清算状态；

(十五)发行人章程、注册资本和注册地址的变更；

(十六)因发行人无支付能力而发生相当于被退票人流动资金的百分之五以上的大额银行退票；

(十七)发行人更换为其审计的会计师事务所；

(十八)发行人债务担保的重大变更；

(十九)股票的二次发行；

(二十)发行人营业用主要资产的抵押、出售或者报废一次超过该资产的百分之三十；

(二十一)发行人的董事、监事或者高级管理人员的行为可能依法负有重大损害赔偿责任；

(二十二)发行人的股东大会、董事会或者监事会的决定被依法撤销；

（二十三）证券监管部门作出禁止发行人有控股权的大股东转让其股份的决定；

（二十四）发行人的收购或者兼并；

（二十五）发行人的合并或者分立；

（二十六）其他重大信息。

内幕信息不包括运用公开的信息和资料，对证券市场作出的预测和分析。

第六条 本办法所称内幕人员是指由于持有发行人的证券，或者在发行人或者与发行人有密切联系的公司中担任董事、监事、高级管理人员，或者由于其会员地位、管理地位、监督地位和职业地位，或者作为雇员、专业顾问履行职务，能够接触或者获得内幕信息的人员，包括：

（一）发行人的董事、监事、高级管理人员、秘书、打字员，以及其他可以通过履行职务接触或者获得内幕信息的职员；

（二）发行人聘请的律师、会计师、资产评估人员、投资顾问等专业人员，证券经营机构的管理人员、业务人员，以及其他因其业务可能接触或者获得内幕信息的人员；

（三）根据法律、法规的规定对发行人可以行使一定管理权或者监督权的人员，包括证券监管部门和证券交易场所的工作人员，发行人的主管部门和审批机关的工作人员，以及工商、税务等有关经济管理机关的工作人员等；

（四）由于本人的职业地位、与发行人的合同关系或者工作联系，有可能接触或者获得内幕信息的人员，包括新闻记者、报刊编辑、电台主持人以及编排印刷人员等；

（五）其他可能通过合法途径接触到内幕信息的人员。

第七条 禁止任何单位或者个人以获取利益或者减少损失为目的，利用其资金、信息等优势或者滥用职权操纵市场，影响证券市场价格，制造证券市场假象，诱导或者致使投资者在不了解事实真相的情况下作出证券投资决定，扰乱证券市场秩序。

第八条 前条所称操纵市场行为包括：

（一）通过合谋或者集中资金操纵证券市场价格；

（二）以散布谣言等手段影响证券发行、交易；

（三）为制造证券的虚假价格，与他人串通，进行不转移证券所有权的虚买虚卖；

（四）出售或者要约出售其并不持有的证券，扰乱证券市场秩序；

（五）以抬高或者压低证券交易价格为目的，连续交易某种证券；

（六）利用职务便利，人为地压低或者抬高证券价格；

（七）其他操纵市场的行为。

第九条 禁止任何单位或者个人在证券发行、交易及其相关活动中欺诈客户。

第十条 前条所称欺诈客户行为包括：

（一）证券经营机构将自营业务和代理业务混合操作；

（二）证券经营机构违背被代理人的指令为其买卖证券；

（三）证券经营机构不按国家有关法规和证券交易场所业务规则的规定处理证券买卖委托；

（四）证券经营机构不在规定时间内向被代理人提供证券买卖书面确认文件；

（五）证券登记、清算机构不按国家有关法规和本机构业务规则的规定办理清算、交割、过户、登记手续；

（六）证券登记、清算机构擅自将顾客委托保管的证券用作抵押；

（七）证券经营机构以多获取佣金为目的，诱导顾客进行不必要的证券买卖，或者在客户的账户上翻炒证券；

（八）发行人或者发行代理人将证券出售给投资者时未向其提供招募说明书；

（九）证券经营机构保证客户的交易收益或者允诺赔偿客户的投资损失；

（十）其他违背客户真实意志，损害客户利益的行为。

第十一条 禁止任何单位或者个人对证券发行、交易及其相关活动的事实、性质、前景、法律等事项作出不实、严重误导或者含有重大遗漏的、任何形式的虚假陈述或者诱导、致使投资者在不了解事实真相的情况下作出证券投资决定。

第十二条 前条所称虚假陈述行为包括：

（一）发行人、证券经营机构在招募说明书、上市公告书、公司报告及其他文件中作出虚假陈述；

（二）律师事务所、会计师事务所、资产评估机构等专业性证券服务机构在其出具的法律意见书、审计报告、资产评估报告及参与制作的其他文件中作出虚假陈述；

（三）证券交易场所、证券业协会或者其他证券业自律性组织作出对证券市场产生影响的虚假陈述；

（四）发行人、证券经营机构、专业性证券服务机构、证券业自律性组织在向证券监管部门提交的各种文件、报告和说明中作出虚假陈述；

（五）在证券发行、交易及其相关活动中的其他虚假陈述。

第十三条 内幕人员和以不正当手段或者其他途径获得内幕信息的其他人员违反本办法，泄露内幕信息、根据内幕信息买卖证券或者建议他人买卖证券的，根据不同情况，没收非法获取的款项和其他非法所得，并处五万元以上五十万元以下的罚款。

内幕人员泄露内幕信息，除按前款的规定予以处罚外，还应当依据国家其他有关规定追究其责任。

第十四条 发行人在发行证券中有内幕交易行为的，根据不同情况，单处或者并处警告、责令退还非法所筹款项、没收非法所得、罚款、停止或者取消其发行证券资格。

第十五条 证券经营机构、证券交易场所以及其他从事证券业的机构有操纵市场行为的，根据不同情况，单处或者并处警告、没收非法所得、罚款、限制或者暂停其（指证券经营机构，下同）证券经营业务、其（指证券交易场所及其他从事证券业的机构，下同）从事证券业务或者撤销其证券经营业务许可、其从事证券业务许可。

第十六条 前条所列以外的机构有操纵市场行为的，根据不同情况，单处或者并处警告、没收非法所得、罚款；已上市的发行人有操纵市场行为，情节严重的，并可以暂停或者取消其上市资格。

第十七条 个人有操纵市场行为的，根据不同情况，没收其非法获取的款项和其他非法所得，并处以五万元以上五十万元以下的罚款。

第十八条 证券经营机构、证券登记或者清算机构以及其他各类从事证券业的机构有本办法第十条所列行为的，根据不同情况，单处或者并处警告、没收非法所得、罚款、限制或者暂停其经营证券业务、其从事证券业务或者撤销其证券经营业务许可、其从事证券业务的许可。

第十九条 证券经营机构、证券登记或者清算机构以及其他各类从事证券业机构有欺诈客户行为的直接责任人，根据不同情况，单处或者并处警告、三万元以上三十万元以下的罚款、撤销其证券经营业务许可、其从事证券业务许可。

第二十条 证券经营机构、专业性证券服务机构有本办法第十二条所列行为的，根据不同情况，单处或者并处警告、没收非法所得、罚款、暂停其证券经营业务、其从事证券业务或者撤销其证券经营业务许可、其从事证券业务许可。

证券交易场所、证券业协会和其他证券业自律性组织有虚假陈述行为的，按照有关规定处罚。

第二十一条 发行人有本办法第十二条所列虚假陈述行为的，根据不同情况，单处或者并处警告、责令退还非法所筹资金、没收非法所得、罚款、暂停或者取消其发行、上市资格。

第二十二条 对与虚假陈述有关的直接责任人员，根据不同情况，单处或者并处警告、没收非法所得、三万元以上三十万元以下的罚款、撤销其从事证券业务的许可或者资格。

第二十三条 实施欺诈客户行为，给投资者造成损失的，应当依法承担赔偿责任。

第二十四条 对违反本办法的单位和个人，中国证券监督管理委员会（以下简称“证监会”）有权进行调查或者会同国家有关部门进行调查；重大案件由国务院证券委员会（以下简称“证券委”）组织调查。

第二十五条 对经调查证明确有违反本办法行为的单位和个人，证监会有权单独实施处罚或者会同国家有关部门实施处罚。证券委指定其他机构处罚的，受指定的机构也可以在职权范围内实施处罚。

多个机构对违反本办法的同一种行为享有处罚权的，实施处罚时应当相互协商，不得以同一事实和理由重复实施处罚。

第二十六条 对违反本办法的证券管理、监督人员，除依照本办法予以处罚外，证监会有权要求或者建议有关部门依法追究其行政、刑事责任。

第二十七条 社会公众举报证券欺诈行为以及其他证券违法行为，经查证属实的，对举报人给予奖励。

第二十八条 本办法由证券委负责解释。

第二十九条 本办法自公布之日起施行。

全国人大常委会委员长乔石外交部部长钱其琛在北京分别会见由主席格拉赛·差纳翁率领的泰国国会下议院外交委员会代表团

国务院副总理朱镕基在中南海会见瑞典SKF公司总裁萨林和瑞典哥德堡市市长斯卡杰

外交部部长钱其琛在北京同爱沙尼亚外交部长特里维米·维里斯特举行会谈

钱其琛说，中国同爱沙尼亚在面积、人口、历史和文化传统等方面有很大差异，但这并未妨碍我们两国和两国人民保持和发展传统友好合作关系。1991年两国建交揭开了两国关系史上新的一页。近两年来，在双方的共同努力下两国关系一直保持着积极的发展势头。

钱其琛指出，中爱之间没有根本的利害冲突，我们在许多方面，包括在重大的国际问题上有着广泛的共同利益。中国愿意在和平共处五项原则基础上加强双方包括国际事务在内的各个领域的友好合作。

中国和爱沙尼亚两国政府签署《关于促进和相互

保护投资的协定》。

外交部发言人吴建民答记者问

吴建民说，首先，德国问题和朝鲜问题是二次世界大战后经国际协议产生的结果，而台湾问题则是中国内战遗留的问题和外国势力介入的结果。其次，国际社会公认：中国只有一个，台湾是中国领土的一部分，不是什么主权国家。世界上绝大多数国家正是在这一基础上，同中华人民共和国建立了外交关系。而前东、西德、朝鲜与韩国在申请加入联合国时都已是得到国际社会普遍承认的主权国家，并与世界上多数国家同时建立有外交关系。

吴建民说，“因此，前东西德、朝鲜和韩国加入联合国的情况不能构成可供台湾当局仿效的所谓‘分裂国家平行代表模式’。”

至于中国现在发表台湾问题白皮书，是否是为了阻止台湾重返联合国，会不会对祖国统一产生不良影响的问题，吴建民说，白皮书是一个重要文告，它第一次系统地论述了台湾问题的由来及现状，阐明了我国政府关于解决台湾问题的原则立场和基本方针。它的发表将有助于国际社会全面正确地了解台湾问题的实质和中国政府的立场，有利于祖国的和平统一。

吴建民就美国助理国务卿洛德表示美国愿意就取消对华经济制裁与中方举行谈判的问题发表评论时说，在解决国与国之间分歧问题上，中国一向主张对话，反对施加压力。美国应该撤销对中国的制裁，以利于中美关系的改善和发展。

第七届全国运动会“中华行”火炬传递终交仪式在天安门广场举行

9月3日

中组部有关部门负责人就机构改革问题接受记者采访

近来，一些县(市)在机构改革试点中实行党政机构合并，搞“党政一体化”，有的已将党委组织、宣传等部门和政府的机构合并了。有的省一些国有企业，在转换经营机制过程中，为了理顺党政关系，也推行了“党政一体化”，对企业党政机构进行了合并。前一段时间，还有少数报刊宣传“寓党于政、党政合一”的观点。对于这一情况，应当如何看待？

中央组织部有关部门负责人的回答是：关于党在国家政治生活中的地位和作用，社会主义建设时期执政党对国家事务领导的方式，我国宪法和党的章程已有明确的规定。搞“党的一元化”领导，以党代政，党委包揽行政事务，是不对的；搞“党政一体化”，以政代党也是不对的。尽管有些主张和做法在主观愿望上可能是好的，但这种探索不符合党的十四大精神，实际效果也不好，不同程度地削弱了党的工作，淡化了党的观念，降低了党在群众中的威望。这个问题需要引起高度重视。

在机构改革中，对党政机构的设置必须坚持“精简、统一、效能”的原则，但不能理解为党政合一，搞所谓“党政一体化”。

他还解释说，某些搞“党政一体化”的地方，表现为人员一体化、职能一体化和机构一体化。而有人把一些企业实行党委书记、厂长一人兼(或叫“一肩挑”)，也叫作搞“一体化”，那就是一种误解了。当然，“一肩挑”也不能作为固定的模式加以推行，应视企业的具体情况，“宜兼则兼，宜分则分”，不能搞“一刀切”。

国务委员罗干抵达日喀则参加十世班禅大师灵塔祀殿“释颂南捷”开光典礼

最高人民检察院最高人民法院公安部国家安全部联合发出《关于严格执行刑事案件办案期限切实纠正超期羁押问题的通知》

国务院发出关于清理有偿集资活动坚决制止乱集资问题的通知

各省、自治区、直辖市人民政府，国务院各部委、各直属机构：

为了贯彻中共中央、国务院关于加强宏观调控、整顿金融秩序的要求，现就清理有偿集资活动、坚决制止乱集资的有关问题通知如下：

一、自本通知下达之日起，各地区、各部门及各单位举办的向出资人还本付息或者支付股息、红利的有偿集资(不包括国家统一筹措国债和出资人依法共同出资组建各类企业、公司)活动，除本通知第二条规定的外，一律暂停。

二、下列集资活动，可以依法照章进行：

(一)股份有限公司依照《股票发行与交易管理暂行条例》(国务院令第 112 号)及有关法规发行股票，依照国家体改委《定向募集股份有限公司内部职工持股管理规定》(体改生〔1993〕114 号)发行内部职工股；

(二)企业依照《企业债券管理条例》(国务院令第 121 号)发行企业债券，依照中国人民银行有关规定发行短期融资券；

(三)金融机构依照《国务院关于加强股票债券管理的通知》(国发 22 号)和中国人民银行有关规定发行

金融债券；

（四）各有关单位依照《国务院关于进一步加强证券市场宏观管理的通知》（国发〔1992〕68号）和中国人民银行有关规定发行投资基金证券、信托受益债券。

任何部门和单位不得以国家财政拨给的资金、有专项用途的预算外资金、银行贷款和拆借资金参与本条所列各类有偿集资活动。

三、禁止国家机关、事业单位向内部职工或者向社会公众进行有偿集资活动。禁止社会团体举办还本付息或者支付股息、红利的有偿集资活动。

四、请中国人民银行、国家计委会同有关部门，对国务院在本通知发布前制定的有关有偿集资的文件进行清理，区别不同情况，对暂停的各类有偿集资活动提出处理意见，报国务院审批。在清理期间，任何地区、部门及单位都不得违反本通知进行新的有偿集资活动。

五、凡违反本通知规定的要严肃查处，并追究主要负责人和直接责任人的责任。

国务院

1993年9月3日

全球华语电视台交流会在北京举行

除中国大陆的614座电视台外，包括台、港、澳在内世界各地还有华语电视台50家左右，节目遍及五大洲，成为传播中华文化的渠道、联系炎黄子孙的纽带、沟通东西方文化的桥梁。

交流会上，中央电视台台长杨伟光发言说，加强华语台之间的团结和合作，互相支持，交换节目，可以把各台的节目安排得丰富多彩，以更好地为居住在世界各地的炎黄子孙服务。旧金山彩虹电视台总裁陈立鸥、上海电视台副台长宋明玖、香港九仓有线电视节目采购部主任温志刚等也先后发言，就开创华语电视新局面各抒己见。

国务院台办新闻发言人李庆洲就《台湾问题与中国的统一》白皮书发表谈话

国务院台湾事务办公室新闻发言人李庆洲发表谈话指出，《台湾问题与中国的统一》白皮书阐明了台湾问题的由来、现状和解决的办法，是中国政府关于解决台湾问题的重要文件，实现国家统一的纲领，并有助于国际社会对这一问题的了解。它的发表，有重大的现实意义和深远的历史意义。

李庆洲说，白皮书以较大的篇幅，翔实的史实，论证了台湾自古以来就是中国领土不可分割的一部分，这对形形色色的"台独"谬论是一个有力的批驳。白皮书再次阐明了中国政府解决台湾问题的"和平统一、一国两制"的大政方针，这充分体现了中国政府立足于整个国家民族利益与前途，尊重历史、尊重现实、实事求是的精神。

李庆洲说，白皮书充分肯定了近几年来两岸关系有了较大的改善，两岸经济合作与各项交流交往在不断扩大，这一方面是中国政府正确的对台方针政策大力推动的结果；另一方面，也是与两岸同胞共同努力分不开的。

李庆洲说，台湾当局近几年也相应调整了对大陆的政策，采取了一些松动措施，这是值得欢迎的。希望台湾当局早日取消设置的各种障碍，以利两岸经济合作和各项交往的进一步发展，并接受大陆方面的一再呼吁，双方就正式结束敌对状态、逐步实现和平统一，早日进行商谈。

李庆洲还说，白皮书特别指出，台湾同胞要求当家做主管理台湾的愿望是合情合理的、正当的。为了维护国家的主权并考虑到台湾经济发展的需要和台湾同胞的实际利益，对台湾同外国的民间经济、文化往来，中国政府不持异议。在中国实现统一后台湾同胞将与全国其他地区人民一道，共享我们伟大祖国的尊严和荣誉。我们相信，中国政府的上述立场必将受到广大台湾同胞的理解和拥护。

国家主席江泽民根据全国人大常委会的决定任免驻外大使

一、免去乔宗淮的中国驻芬兰共和国特命全权大使职务。

二、免去郑义的中国驻朝鲜民主主义人民共和国特命全权大使职务。

任命乔宗淮为中国驻朝鲜民主主义人民共和国特命全权大使。

三、免去宓世衡的中国驻佛得角共和国特命全权大使职务。

任命陈德和为中国驻佛得角共和国特命全权大使。

四、免去肖思晋的中国驻莫桑比克共和国特命全权大使职务。

任命宓世衡为中国驻莫桑比克共和国特命全权大使。

中共中央政治局常委胡锦涛在人民大会堂会见以众议员佐藤惠为团长众议员爱知和男为顾问的日本第五次"长城计划"友好使节团主要成员

国家副主席荣毅仁在人民大会堂会见爱沙尼亚外长特里维米·维里斯特

中国驻美国大使馆参赞王其良在华盛顿约见美国务院主管官员就美国向台湾当局出售 4 架 E—2 型“鹰眼”预警飞机和出租 3 艘“诺克斯”级护卫舰事向美国政府提出交涉

全国政协庆祝 1993 年教师节招待会在北京举行

9 月 4 日

第七届全国运动会在北京开幕

中央党校举行秋季开学典礼

中共中央政治局常委、中央党校校长乔石出席并讲话。乔石首先代表党中央和中央党校对学员们表示欢迎，预祝学员们在学习中取得较大的收获。他希望大家珍惜这个学习机会，集中精力努力学习马克思主义基本原理，学习邓小平同志建设有中国特色社会主义的理论，用这个理论来武装自己，增强贯彻党的基本路线的自觉性和坚定性，深入研究当前的一些重大现实问题，不断提高自己的理论水平和领导水平，从而正确地把握形势，更好地完成各项工作任务。

乔石在讲话中着重讲了加强理论学习的问题。他说，我们这一代人正处在社会主义发展史上的一个新的历史时期。经过十四年多的奋斗、探索和发展之后，真正走出了一条有中国特色的社会主义道路，并且终于确立了有步骤地去建立社会主义市场经济体制。目前全党范围内已越来越明确地认识到中国特色的社会主义道路是唯一正确的选择。这条道路并不是现成的摆在那里，而是需要我们依靠马克思主义基本原理，密切结合中国实际，在实践中不断地探索前进。

乔石指出，我们制定了中国特色社会主义道路的理论，要把这个理论变为现实，变为十一亿人民的伟大实践，需要我们在实际工作中不断地试验、探索，做对了就坚持，不对的就改，就总结经验。要做到这一点，没有马克思主义基本原理的武装，没有中国特色社会主义理论的指导不行，就可能迷失方向，就会犯了错误不知道纠正，也可能对于走这条道路发生摇摆。

乔石强调，真正走好有中国特色社会主义道路，是我们中国共产党人的历史责任。对于理论学习的重要性，我们就是要放到这样的高度，把它同国家的前途、党的前途、社会主义的前途联系起来去认识。决不能因为形势发展很快，日常工作紧张繁忙，深化改革的任务艰巨繁重，而放松理论学习。理论学习是帮助我们认清形势、分析问题、指导实践的，是解决方向路线问题的。

乔石说，当前，我们在经济建设和改革开放的实践中遇到的问题很多，我们在学习中可以有针对性地研讨一些现实生活中重大的思想理论问题和实际问题。这并不是说要通过学习找出具体的答案和办法，而是对一些事关全局的重大问题，通过学习、研究，能够有比较清醒的认识，能够以中国特色社会主义理论为依据，达到思想上比较一致。

中共中央政治局委员、中纪委书记尉健行等领导出席开学典礼。

中央党校今年秋季招收十三个学员班次，全校在校学员总数达九百零四人。

开学典礼由中央党校副校长苏星主持。

十世班禅大师灵塔祀殿落成开光典礼在西藏日喀则扎什伦布寺举行

代表全国人大、政协、国务院专程前来参加庆典的国务委员、国务院秘书长罗干与全国人大常委会副委员长帕巴拉·格列朗杰，全国政协副主席杨汝岱，以及西藏自治区党政领导陈奎元、热地、江村罗布等出席开光典礼。

开光大典由扎什伦布寺民管会主任恰扎·强巴赤列活佛主持。

宗教仪式结束后，罗干发表讲话。他说，十世班禅大师继承和发扬历世班禅光荣的爱国主义传统，在新的历史条件下，建立了不可磨灭的功绩。班禅灵塔祀殿的落成，体现了党和国家对十世班禅大师爱国业绩的尊重和推崇，体现了党和国家对扎什伦布寺和藏传佛教界爱国人士的关怀和鼓励。

庆典收到全国政协副主席阿沛·阿旺晋美及国务院宗教局等部门的贺信。

罗干等还代表全国人大、国务院、全国政协向扎什伦布寺僧众赠送礼金、礼物；西藏自治区党委和政府向扎什伦布寺发放了布施、斋茶和斋饭。

国务院总理李鹏签署第 127 号令发布《卖淫嫖娼人员收容教育办法》

现发布《卖淫嫖娼人员收容教育办法》，自发布之日起施行。

总理 李　鹏

1993 年 9 月 4 日

卖淫嫖娼人员收容教育办法

第一条　为了教育、挽救卖淫、嫖娼人员，制止性病蔓延，根据《全国人民代表大会常务委员会关于严禁卖淫嫖娼的决定》，制定本办法。

第二条　本办法所称收容教育，是指对卖淫、嫖娼人员集中进行法律教育和道德教育、组织参加生产劳动以及进行性病检查、治疗的行政强制教育措施。

收容教育工作实行教育、感化、挽救的方针。

第三条 收容教育工作由公安部主管。

第四条 收容教育所的设立，由省、自治区、直辖市或者自治州、设区的市的公安机关根据收容教育工作的需要提出方案，报同级人民政府批准。

地方计委、财政部门应当将收容教育所的基本建设投资和所需经费列入基建计划和财政预算。

第五条 收容教育所根据工作需要，配备辅导、医务、财会等工作人员。

第六条 收容教育所应当设置收容室以及教育、劳动、医疗、文体活动等场所。

第七条 对卖淫、嫖娼人员，除依照《中华人民共和国治安管理处罚条例》第三十条的规定处罚外，对尚不够实行劳动教养的，可以由公安机关决定收容教育。

对有下列情形之一的卖淫、嫖娼人员，可以不予收容教育：

(一)年龄不满十四周岁的；

(二)患有性病以外其他急性传染病的；

(三)怀孕或者哺乳本人所生一周岁以内婴儿的；

(四)被拐骗、强迫卖淫的。

第八条 对卖淫、嫖娼人员实行收容教育，由县级公安机关决定。决定实行收容教育的，有关县级公安机关应当填写收容教育决定书。收容教育决定书副本应当交给被收容教育人员本人，并自决定之日起十五日内通知其家属、所在单位和户口所在地的公安派出所。

第九条 收容教育期限为六个月至二年。

收容教育日期自执行之日起计算。

第十条 收容教育所对入所的被收容教育人员，应当进行性病检查和治疗。检查和治疗性病的费用一般由本人或者家属负担。

第十一条 收容教育所对被收容教育人员，应当按照性别和有无性病实行分别管理。

被收容教育的女性人员，应当由女性工作人员进行管理。

第十二条 收容教育所应当依法管理，建立、健全各项管理制度，严禁打骂、体罚或者以其他方式侮辱被收容教育人员。

被收容教育人员应当遵守收容教育所的各项管理制度，服从管理。

第十三条 对被收容教育人员应当进行法律教育和道德教育，并组织他们参加生产劳动，学习生产技能，增强劳动观念。

被收容教育人员参加生产劳动所获得的劳动收入，用于改善被收容教育人员的生活和收容教育所的建设。对参加生产劳动的被收容教育人员，可以按照规定支付一定的劳动报酬。收容教育所对劳动收入和支出应当单独建账，严格管理。

收容教育所应当实行文明管理，组织被收容教育人员开展有益的文化体育活动。

第十四条 被收容教育人员在收容教育期间的生活费用一般由本人或者家属负担。

第十五条 被收容教育人员入所时携带的物品需要由收容教育所保管的，收容教育所应当造册登记，妥善保管，在被收容教育人员离所时将原物交还本人。

第十六条 收容教育所应当允许被收容教育人员的家属探访。

被收容教育人员在收容教育期间，遇有子女出生、家属患严重疾病、死亡以及其他正当理由需要离所的，由其家属或者其所在单位担保并交纳保证金后，经所长批准，可以离所。离所期限一般不超过七日。

保证金收取办法由公安部规定。

第十七条 被收容教育人员在收容教育期间确有悔改表现或者有立功表现以及其他特殊情况的，可以给予表扬或者提前解除收容教育。需要提前解除收容教育的，由收容教育所提出意见，报原决定对其实行收容教育的公安机关批准。但是，提前解除收容教育的，实际执行的收容教育期限不得少于原决定收容教育期限的二分之一。

第十八条 对拒绝接受教育或者不服从管理的被收容教育人员，可以给予警告或者延长收容教育期限。需要延长收容教育期限的，由收容教育所提出意见，报原决定对其实行收容教育的公安机关批准。但是，延长收容教育期限的，实际执行的收容教育期限最长不得超过二年。

收容教育期间发现被收容教育人员有其他违法犯罪行为尚未处理的，依照有关法律、法规处理。

第十九条 对收容教育期满的人员，应当按期解除收容教育，发给解除收容教育证明书，并通知其家属或者所在单位领回。

第二十条 被收容教育人员对收容教育决定不服的，可以依照《行政复议条例》的规定向上一级公安机关申请复议；对上一级公安机关的复议决定不服的，可以依照《中华人民共和国行政诉讼法》的规定向人民法院提起诉讼。

第二十一条 被收容教育人员在收容教育期间死亡的，应当由公安机关组织法医或者指定医生作出死亡鉴定，经同级人民检察院检验，报上一级公安机关和人民检察院备案，并填写死亡通知书，通知被收容教育人员家属、所在单位和户口所在地公安派出所；家属不予认领的，由公安机关拍照后处理。

第二十二条 本办法由公安部负责解释。

第二十三条　本办法自发布之日起施行。

全国产业政策工作会议在北京结束

国家计委主任陈锦华在会议上强调，产业政策是国家的重大政策，是国家实现现代化和治国兴邦的大计，是连接计划和市场的纽带。要抓紧制定和实施适应形势发展的国家产业政策，进一步加快改革、推进开放、调整和优化产业结构，促进我国经济长期持续快速健康地发展。

陈锦华还强调，当前调整和优化结构的重要任务是严格控制固定资产投资规模，缩短建设战线，确保重点建设。

近期产业政策工作的主要任务是按照党的十四大关于调整和优化产业结构的要求，抓紧制定出我国 90 年代产业政策纲要和交通运输、汽车工业等专项产业政策；认真研究制定若干重要产品的经济规模标准并制定相应的政策措施；研究提出实施产业政策的保障政策和制度，于年内上报国务院审定。

最高人民法院发出关于各级法院开展执法执纪大检查的通知

国务院副总理钱其琛在钓鱼台国宾馆会见以胡法光为团长的香港自由民主联会访京团

外交部部长钱其琛在钓鱼台国宾馆会见苏丹主席特使、内阁事务部长奥德·贾兹

外交部部长钱其琛在钓鱼台国宾馆同南斯拉夫外交部长弗·约万诺维奇举行会谈

钱其琛说，中国对前南地区局势十分关切。该地区的危机是冷战后国际上各种因素相互作用的结果。中国对该地区人民遭受的苦难深表同情，希望危机早日结束，这不仅有利于该地区各国，而且对欧洲的稳定与和平也很重要。今后，中国将一如既往地同国际社会一道，为早日恢复该地区的和平做出自己应有的贡献。

外交部部长钱其琛在北京同厄瓜多尔外交部长迭戈·帕雷德斯·培尼亚会谈

国务院副总理李岚清在中南海会见韩国现代集团名誉会长郑周永

外交部发表关于"银河号"事件的声明

1993 年 8 月 26 日至 9 月 4 日，沙特阿拉伯王国政府代表在中华人民共和国政府代表在场的情况下，在沙特的达曼港对中国货轮"银河号"所载货物进行了核查，美国政府派出技术专家作为沙特方面的顾问参与了核查的全过程。这次详细核查的结果表明：中国货轮"银河号"完全没有装载美方所指控的硫二甘醇和亚硫酰氯两类化学品。三方代表签署了核查报告，确认了上述核查结果。中国政府对沙特政府为解决"银河号"货轮事件提供的合作表示赞赏和感谢。

"银河号"货轮事件完全是由于美国根据错误的情报采取的错误行动所造成的。自 7 月 23 日以来，美国以获得情报为由，多次向中方交涉，无端指责中国"银河号"货轮载有运往伊朗的化学武器前体硫二甘醇和亚硫酰氯，并在公海上对"银河号"货轮采取军舰跟踪和军用飞机拍照等非常行动，干扰该货轮的正常航行。美方还向"银河号"货轮预计停靠的港口所在国散布其错误情报，要求这些国家不允许"银河号"货轮进港卸货。

中方对美方提出的质疑经过了认真、全面的调查后，早在 8 月 4 日就明确告诉美方："银河号"货轮根本没有装载美方所说的两项化学品，并提出了由第三国核查的积极建议。但美方对中方的澄清置之不理，仍坚持其错误立场，致使问题迟迟得不到解决。"银河号"货轮被迫在公海上漂泊长达 20 余天，船员用水、饮水和食品均受严重影响，并被迫改变航线，延误卸货，使中方蒙受重大经济损失。为了向国际社会表明我解决问题的诚意，弄清事实真相，尽快解决"银河号"事件，避免更大的损失，也为尽快使"银河号"船员少受折磨，中方提出由第三方对美国所怀疑的船上货物进行检查。但在所检查的集装箱中没有发现上述两种化学品，美方出尔反尔，撕毁已经达成的协议，不断提出扩大检查范围的无理要求，直至检查了"银河号"货轮所载 782 个集装箱，包括从其他国家发运的全部货物，致使检查过程不得不一再拖延。然而，事实终归是事实。在达曼港进行的详细核查结果表明，中方的结论完全符合事实，真相大白于天下。美国一手制造的"银河号"事件，终于以它自己的失败而告终。

在这一事件中，美国连"银河号"的基本情况都没有搞清，就以极不严肃和极不负责的态度，向各方提供了它的所谓"情报"。在中方经过认真调查、向美方澄清"银河号"根本没有装载美方所说的两项化学品后，美方仍然一意孤行，制造舆论，施加压力。近来，美国动辄凭借其无中生有或捕风捉影的所谓"情报"，肆意向别国施加压力，这是地地道道的霸权主义和强权政治的表现，"银河号"事件只不过是其中一例。

根据公认的国际法和国际惯例，进行正常的海上航运和对外贸易，是一国的主权行为，任何其他国家无权阻挠和侵犯。然而，美国竟然派出军舰和军用飞机对“银河号”实施跟踪、监视和骚扰，还提出了包括让“银河号”货轮返回原地等种种无理要求，致使“银河号”货轮正常的航运业务受阻。这种行为严重侵害了中国的主权和海上航行自由，是对国际关系准则的公然践踏。

《禁止化学武器公约》至少要到1995年才生效，该公约的有关核查机制尚未建立。美国到现在也还未批准《禁止化学武器公约》，也没有任何国际组织授权美国对其他国家进行单方面的核查。人们不禁要问，美国的行动有何法律根据？如果让这种以“世界警察”自居的行为得逞，国际上哪还有什么公理可言！哪谈得上什么主权平等！还有什么正常的国家关系！

中国作为《禁止化学武器公约》的签署国，对自己所承担的国际义务是非常严肃的。尽管这一公约尚未生效，中国公开承诺不生产、不拥有化学武器，不出口以制造化学武器为目的的化学品。为确保中国出口的化学品不被用于制造化学武器，中国政府对化学品出口制定了极为严格的管理措施。美方所说的两类化学品，中国政府是明令禁止向有关地区出口的。中国政府将一如既往，继续严格遵守其承担的国际义务，为维护国际和平与安全、促进国家之间正常的经济和贸易往来作出自己的贡献。

“银河号”事件给中国在政治上和经济上都造成了重大损失。中国强烈要求美国立即消除其错误情报所造成的恶劣影响，按照其承诺确保“银河号”货轮按预定航线进入有关港口卸货，要求美方向中方公开道歉，赔偿中国所蒙受的一切经济损失。美国应明确承诺今后在国际交往中，严格遵守国际法和国际关系准则，保证不再发生类似事件。

中英就香港1994/1995年选举安排问题举行第10轮会谈。

外经贸部有关负责人就中美纺织品谈判未达成协议事发表谈话

中国外经贸部官员发表谈话，对为期两天的中美纺织品新协议谈判未能达成协议表示遗憾，并希望在下一轮谈判中双方再作努力，公平友好地为解决双方所关心的问题而继续合作。

外经贸部部长石广生指出，中国政府非常重视中美纺织品贸易，已采取了各种措施整顿输美纺织品贸易秩序。中国政府反对非法转口的态度及措施一贯明确和坚定。中方为此还专门制定了禁止纺织品非法转口的规定，成立了由外经贸部、海关、商检部门参加的专门工作调查组，检查并处理了参与非法转口的工厂、贸易公司和个人。对美方要求调查的案例，中方予以积极配合，对有确实证据卷入非法转口的也已处理。

此外，为更好地与美方合作，中方在1992年7月提供了一份加强双方合作、共同防止非法转口的谅解备忘录(草案)。

石广生认为，中美在打击纺织品非法转口问题上有着共同的观点和利益，双方应在平等、公平和友好合作的基础上进行协商并加强合作。非法转口是一个涉及进出口商及中间商的复杂问题，许多活动是在中国境外策划和进行的，中美双方还要寻求与第三方政府和当局的合作，共同打击纺织品非法转口活动。

石广生表示，中国政府坚决反对美方在没有与中方协商的情况下以及在没有明确证据情况下单方面采取行动扣减中国的配额，因为这不利于打击真正的违法分子，而只能损害合法进出口商的正常利益，挫伤中方打击非法转口的积极性，严重影响中美贸易的正常发展。

国务院关于赋予科研院所科技产品进出口权暂行办法的批复

对外贸易经济合作部、国家科学技术委员会：

国务院同意《赋予科研院所科技产品进出口权暂行办法》，由你们联合发布执行。

国务院

1993年9月4日

赋予科研院所科技产品进出口权暂行办法(略)

中国人民银行财政部下发《中国人民银行、财政部关于各级人民银行与所办经济实体脱钩的办法》的通知

第16届国际地球化学勘查学术讨论会在北京召开

国务院副总理邹家华出席开幕式。

国际化勘大会是国际上最权威的勘查地球化学学术会议。本届大会是第一次在亚洲召开，它标志着我国勘查地球化学进入世界先进行列。来自30多个国家和地区的250多位科学家参加了大会，他们将围绕“固体矿产与油气地球化学勘查”、“农业和环境地球化学”等内容展开广泛交流。

国家主席江泽民在人民大会堂会见国际奥委会执委库玛尔等11名国际奥委会委员

《人民日报》发表社论《向更高的目标前进——祝贺第七届全国运动会开幕》

9月5日

全国妇联第七届第一次执委会议在北京召开

会议选举产生第七届妇联领导机构，陈慕华继续担任全国妇联主席。

当选的13位副主席是：黄启璪、张帼英、林丽韫、赵地、聂力、阿沛·才旦卓嘎、玛依努尔·哈斯木、郝诒纯、何鲁丽、孔令仁、韦钰、王淑贤、刘海荣。

国务院副总理朱镕基在中国妇女“七大”第三次全体大会上作经济形势报告

朱镕基说，党和国家历来重视广大妇女在社会主义革命和建设事业中的重要作用。改革开放十多年来，我国妇女团结奋斗，顽强拼搏，为社会主义现代化建设做出了巨大贡献。事实证明，社会主义现代化的建设，离不开各族各界妇女的积极参与和努力奉献。充分发挥“半边天”的作用，我国改革开放和经济建设就能更上一层楼。

朱镕基强调，小平同志指出，在现代化建设和改革开放的整个过程中，要坚持两手抓，一手抓改革开放，一手抓打击各种犯罪活动。这两手都要硬，希望广大妇女积极投身到当前的反腐败斗争中去。

全国政协主席李瑞环在北京会见出席第七届全国运动会开幕式的40多位港澳地区全国人大代表政协委员港事顾问和社会知名人士

全国政协主席李瑞环在人民大会堂会见海外华人深圳观澜湖高尔夫球会董事长朱树豪

西藏日喀则扎什伦布寺筹委会主任恰扎活佛在日喀则举行新闻发布会介绍十世班禅大师转世灵童寻访工作情况

西藏自治区政协副主席、日喀则扎什伦布寺民主管理委员会主任恰扎·强巴赤列活佛在日喀则举行的中外记者新闻发布会上说，十世班禅额尔德尼·确吉坚赞大师转世灵童寻访工作第一阶段已基本完成，第二阶段的工作将于明年正式开始，估计灵童寻访工作还需两至三年时间。

恰扎·强巴赤列活佛说，十世班禅大师于1989年1月28日在日喀则他的驻地德庆格桑颇章圆寂。党中央、国务院对大师的后事工作十分重视，大师圆寂三天后，国务院作出修建灵塔祀殿、保护法体和寻访认定班禅大师转世灵童三项重大决定，并且拨巨款作为经费。

恰扎活佛说，根据国务院的委托，四年来，扎什伦布寺按照藏传佛教仪轨完好地保存了大师的法体，并已入塔，灵塔祀殿已落成，于4日举行了隆重的开光典礼，寻访转世灵童工作也在有条有序地进行之中。

恰扎活佛说，根据藏传佛教仪轨和历史惯例，历世班禅转世灵童必须经过念经祈祷、发放布施、观看神湖；根据神湖所显示的方向进行寻访；再根据寻访情况最后正式认定灵童等三个重要阶段。

恰扎活佛说，第一阶段，扎什伦布寺民管会，已向西藏各大寺庙及区外主要佛教寺庙发放了布施，多次举行诵经祈祷活动，同时派出了德高望重的堪布，即寺庙主持和活佛，前往日喀则仁布县境内的雍普则列湖和山南地区加查县境内的拉莫拉错湖进行了三次朝湖仪式，两个神湖已显示了灵童转世方向。恰扎活佛说，第二阶段的寻访准备工作正在进行，将于明年正式进行寻访。

9月6日

国务院总理李鹏在钓鱼台会见印度总理纳拉辛哈·拉奥

中国妇女第七次全国代表大会在北京闭幕

中国妇女“七大”认真总结改革开放15年来我国妇女运动和妇女工作的经验，明确了90年代我国妇女运动的光荣任务，修改了《中华全国妇女联合会章程》，选举产生全国妇联新一届领导机构。

闭幕式上，国务委员、国务院妇女儿童工作委员会主任彭珮云代表国务院和国务院妇女儿童工作委员会对大会的圆满成功表示祝贺。

全国人大常委会副委员长、全国妇联主席陈慕华致闭幕词。

全国政协副主席钱正英出席大会。大会由全国妇联副主席、书记处第一书记黄启璪主持。

中共中央政治局常委胡锦涛在北京与中国妇女“七大”部分代表座谈

中国妇女第七次全国代表大会对《全国妇联章程》作部分修改

全国妇联章程是1988年9月中国妇女第六次全国代表大会通过的。全国妇联书记处认为，五年来的实践表明，六届章程确定的妇联组织的性质、职能仍然适用。章程有关组织建设和工作任务的规定也是可行的。但随着形势的发展，有一些条款在提法上需作相应修改，有些规定也需要以改革的精神重新考虑。

新通过的全国妇联章程共八章三十二条，比原章程增加“团体会员”一章。

根据党的十四大精神和邓小平同志关于建设有中国特色社会主义理论，章程总则中对中国妇女作用的表述改为“中国妇女是建设有中国特色社会主义的重要力量”。

考虑到“和平统一、一国两制”方针对港澳台地区和华侨妇女工作的新要求，新章程在任务部分增加了“加强同港澳台地区和华侨妇女的联谊”的内容。

关于组织制度部分，针对当前妇联组织纵横结合的实际情况，为简明概括新形势下的妇联组织制度，修改后的章程为“妇女联合会实行地方组织和团体会员相结合的组织制度”。

关于全国领导机构，由于六届二次执委会已通过“全国妇联执委工作规则”，这届章程参照规则有关规定，将执委在执委会闭会期间的职权明确为“密切联系妇女群众，努力开展妇女工作”。

鉴于妇联干部希望妇联负责人上下称谓一致，并与工会、青联、学联等其他群众团体负责人的称谓一致，这次修改后的章程将各级妇联“主任”改为“主席”。

此外，七届妇联章程还对总则、干部、经费及财产等章节作了局部修改。

全国妇联七届一次常委会推选产生全国妇联第七届书记处

黄启璪当选为书记处第一书记，赵地、王淑贤、刘海荣、康泠、田淑兰、华福周、张连珍为书记处书记。

全国妇联主席陈慕华在中国妇女第七次全国代表大会闭幕式上致闭幕词

各位代表，同志们、姐妹们：

中国妇女第七次全国代表大会今天就要闭幕了。在这短短的6天里，全体代表以高度的政治责任感，认真行使自己的民主权利，圆满地完成了各项预定的任务。这次大会，是团结的大会，胜利的大会，是开创妇女运动新局面的大会。

这次大会从筹备到召开，得到了党中央、国务院的亲切关怀和有关方面的大力支持。江泽民等党和国家领导人出席了开幕式，接见了全体代表。胡锦涛同志代表党中央作了重要讲话，表达了党中央对妇女工作的重视与厚望。中央政治局常委、国务院副总理朱镕基同志向大会作了形势报告。刚才，国务委员、国务院妇女儿童工作委员会主任彭珮云同志又作了重要讲话。此外，李克强同志代表各人民团体，周子玉同志代表中国人民解放军，致了热情洋溢的祝词。这些都给了我们全体代表以极大的鼓舞。现在，我代表大会主席团，向关心并支持大会的各位领导，向出席大会的全体代表，向应邀参加会议的各位来宾、各新闻单位的同志，以及为大会热情服务的全体工作人员，表示诚挚的感谢！

中国妇女第七次全国代表大会，高举建设有中国特色社会主义的伟大旗帜，以党的十四大精神为指针，认真总结了改革开放15年来我国妇女运动和妇女工作的经验，明确了90年代我国妇女运动的光荣任务，修改了《中华全国妇女联合会章程》，选举产生了全国妇联新一届领导机构。我们相信，这次大会必将极大地激发全国亿万妇女振兴中华的热情，呼唤她们继续努力争取自身的进步与发展，为改革开放和现代化建设再建功勋。我们也相信，全国妇联新一届领导班子，一定能够担当起时代赋予的使命，不辜负广大妇女姐妹的重托，继承和发扬我国妇女运动的光荣传统，勤奋学习，开拓进取，廉洁奉公，团结奋斗，在党的领导和马克思主义妇女观的指导下，在建设有中国特色社会主义的伟大实践中，团结各族各界妇女，推动中国妇女运动踏上更加广阔的新里程。

今后的5年，是实现我国社会主义现代化建设总体战略目标的关键时期，是决定党的前途、国家的命运、民族的发展的重要年代。我国妇女要认清形势，明确任务，进一步解放思想，转变观念，发扬新时期的创业精神，与全国人民一起艰苦奋斗。

15年来我国改革开放和现代化建设所取得的巨大成就，不仅给我国人民带来了前所未有的鼓舞和激励，而且引起了国际社会的关注和称颂。但是在经济高速发展的同时，也出现了一些新的矛盾和问题。我想，我们对形势要有一种清醒的认识。从总体上说，建立和完善社会主义市场经济体制，是一个长期发展的过程，是一项艰巨复杂的社会系统工程。在我们这样一个11亿多人口、尚处于社会主义初级阶段的不发达国家，建立和发展市场经济，是世界发展史上前所未有的伟大创举，必然会遇到许多意想不到的艰难险阻，出现这样那样的问题是不足为怪的。改革中出现的问题只有深化改革才能解决，前进中的问题只有继续前进才能解决。最近几个月，党中央、国务院采取了一系列重要措施加强和改善宏观调控，经济生活中发生了一些积极的变化。从另一方面看，建立和完善社会主义市场经济，又是一个新旧思想观念碰撞消长的过程，是一个社会利益关系逐步调整的过程。没有广大人民群众高瞻远瞩、顾全大局、无私奉献的精神，要完成这一伟大变革是十分困难的。古语说得好，“国家兴亡，匹夫有责。”在社会主义现代化建设和市场经济体制建立的重要历史时刻，广大妇女特别要牢记个人利益只有在国家和社会利益的发展中才能得到实现的道理，真正树立起个人利益服从集体利益、局部利益服从整体利益、暂时利益服从长远利益的思想。无论在什么情况下，中国妇女都要从大局出发，与党和国家心连心，与改革和建设事业共命运。“积力之所举，则无不胜也，众智之所为，则无不成也”；只要全国人民心往一处想，劲往一处使，我们就能战胜前进途中的一切困难，推动改革和现代化建设以更快的步伐发展。

自尊、自信、自立、自强，是中国妇女第六次全国代表大会提出的口号。几年来，它像一面旗帜，鼓舞和激励着全国亿万妇女在参与社会发展的实践中奋发进取、顽强拼搏。今天，在全国人民贯彻落实十四大精神，为加快改革开放和现代化建设努力奋斗的时候，更需要广大妇女继续发扬“四自”精神，增强历史使命感和社会责任感，为国建功，并在推动社会进步发展的过程中求得自身的进步发展。应该承认，随着社会主义市场经济的发展，人们的竞争观念，效益观念、法制观念等符合时代要求的观念都在大大增强，经济领域和社会生活中充满生机与活力。但是也要看到，一些资本主义的腐朽思想可能会借开放之机乘虚而入，封建主义的陈腐观念也可能在市场活动中重新泛起，使拜金主义、享乐主义和极端个人主义迅速膨胀，成为滋生社会丑恶现象的土壤。对此，我们一定要保持清醒的头脑和必要的警惕，不能漠然视之，更不能随波逐流。我们要树立和宣传正确的理想、信念、人生观和价值观，尊重自己的人格，维护自己的尊严，用我们良好的修养、优秀的品质、高尚的情操，塑造中国妇女的美好形象。还要学法、懂法，善于拿起法律武器，维护社会正义，维护自身合法权益，同各种违法犯罪行为和社会丑恶现象进行斗争。我相信，只要广大妇女群众都能这样行动起来，改革开放的伟大成果，社会主义的优越条件，就能得以维护和发扬，社会主义市场经济体制就能在良好的社会环境中健康发展。

同志们，这次大会就要结束了。中国妇女运动新的一页已经翻开。大家将带着大会赋予的光荣使命奔赴各自的工作岗位。现在，方针任务已定，贵在真抓实干。希望你们回去以后，把这次大会的精神，特别是党中央祝词中对妇女的期望和要求，迅速地传达到各级妇女干部和广大妇女群众中去。各级妇联要组织学好大会文件，全面贯彻落实大会提出的各项任务，结合本地区、本单位的实际，研究新情况，解决新问题，探索新经验，创造新成绩。

展望 90 年代和 21 世纪，我们充满信心。全国妇女要更加紧密地团结起来，高举建设有中国特色社会主义的伟大旗帜，为加快改革开放和现代化建设再建功勋，谱写中国妇女运动的光辉篇章！

现在我宣布，中国妇女第七次全国代表大会胜利闭幕！

国务委员彭珮云在中国妇女第七次全国代表大会闭幕式上发表讲话

中国妇女第七次代表大会通过《关于中国妇女七大报告的决议》

中国妇女第七次全国代表大会，经过认真审议，一致通过黄启璪同志代表中华全国妇女联合会第六届执行委员会所作的《全国妇女团结起来，为建设有中国特色社会主义努力奋斗》的报告。

大会认为，报告以邓小平同志建设有中国特色社会主义理论和马克思主义妇女观为指导，实事求是地总结了改革开放十五年来我国妇女运动的新发展，正确地概括了有中国特色社会主义妇女运动的基本经验，明确提出了九十年代中国妇女发展的十项目标、妇女运动的方针任务以及妇联改革和建设的主要内容。报告体现了党的十四大的精神，符合加快改革开放和现代化建设步伐的需要。报告对于开创中国妇女运动新局面，激励各族各界妇女为振兴中华建功立业具有十分重要的意义。

大会号召，全国各族各界妇女，紧紧团结在以江泽民同志为核心的党中央周围，积极投身改革开放和现代化建设事业，在解放和发展生产力中发挥“半边天”作用，在社会主义精神文明建设中发挥特殊作用。大会号召，全国各族各界妇女、自尊、自信、自立、自强，旗帜鲜明地反对各种消极腐败现象，坚决同有损妇女人格和尊严的社会丑恶现象作斗争！大会号召，全国各族各界妇女，以强烈的历史责任感和紧迫感，努力提高思想道德素质和科学文化素质，艰苦奋斗，奋发进取，为完成九十年代我国妇女运动的光荣使命而努力奋斗，为建设具有中国特色的社会主义、再创新业，再立新功！

中共中央政治局委员田纪云在山东考察

田纪云于 6 日至 16 日在山东考察。先后到青岛、威海、烟台、淄博等市地，听取有关方面的工作汇报，召开座谈会，实地考察三个经济技术开发区、青岛保税区以及部分企业和农业科研单位。

田纪云特别关注国有大中型企业如何深化改革的问题。在青岛，田纪云约请部分大中型企业负责人就贯彻《企业法》和《全民所有制工业企业转换经营机制条例》的情况进行座谈。田纪云说，我们要积极探索建立社会主义市场经济的新路子。在改革的进程中，最大的难点和焦点是国有大中型企业的改革，这个改革搞好了，整个经济体制改革就会有大的突破。他强调，今后人大主要的任务，就是从立法和执法方面保障改革开放顺利进行，从法律上保证改革不可逆转。

田纪云在烟台期间，专门召开乡镇企业家座谈会，详细了解乡镇企业的发展情况。田纪云说，没有乡镇企业的大发展，就没有农村的小康和农业的现代化。改革开放十几年来，乡镇企业正如小平同志指出的，是异军突起，在山东已成为国民经济的半壁江山，带动了一大批小城镇建设，使农民就地城镇化。今后我们还要研究进一步保护、引导、鼓励、支持乡镇企业的措施，为乡镇企业的更大更快发展创造一个好的外部环境。

田纪云在考察期间，看望部分全国人大代表，并就如何更好地发挥人大代表的作用进行了座谈。田纪云强调，作为人大代表，要时时刻刻记住自己是人民选出来的，是人民的代表、人民的公仆，要严于律己，做好本职工作，还要深入实际，深入群众，了解反映群众的呼声，使人民的意愿在权力机关制定法律法规和进行法律监督时得到进一步体现。要积极参加人大组织的各项活动，充分发挥人大代表的民主监督、执法监督作用。

全国人大常委会副委员长王汉斌在人民大会堂会见厄瓜多尔外交部长迭戈·帕雷德斯·培尼亚

国务院副总理朱镕基在中南海会见厄瓜多尔外交部长迭戈·帕雷德斯·培尼亚

全国人大常委会委员长乔石在人民大会堂会见泰国国王枢密院大臣正大集团顾问委员会主席前副总理兼外交部长西提·沙卫西拉

乌克兰总统克拉夫丘克在基辅总统府会见中国国务院副总理兼外交部部长钱其琛

中国政府与厄瓜多尔政府在北京签署两项文件

这两项文件是关于中国政府向厄瓜多尔政府赠送一般物资的换文和中厄两国一九九三年至一九九五年文化交流计划。

中国驻韩国釜山总领事馆在釜山举行开馆仪式

国家教委人事部联合发出《关于表彰全国教育系统劳动模范全国优秀教师和教育工作者的决定》

北京国际殡葬科学研讨会和国际殡葬协会执委会在北京举行

9月7日

中共中央总书记江泽民在中南海会见来访的印度总理国大党(英)主席纳拉辛哈·拉奥

国务院总理李鹏在钓鱼台国宾馆同印度总理拉辛哈·拉奥举行会谈

李鹏说：“自一九九一年十二月我访问贵国以来，中印双方在政治、经贸、科技、文化等各个领域的互利合作取得了积极的进展，两国在国际事务中的合作继续加强，我们对此感到高兴和满意。阁下此次来访，对推动中印关系继续发展具有重要意义。双方即将签署的边境信任措施协定、广播电视合作协定、环境合作协定和双方增开边贸点议定书，标志中印关系的新进展，必将为中印关系的发展注入新的活力。”

李鹏指出，中印两国的贸易额仍然较低，同两国经贸合作的潜力不相称，要促进两国经贸、科技关系的发展，重要的是增加往来，增进了解，互通有无。拉奥总理也表示了同样的愿望。两国总理同意，支持鼓励两国官方、企业和民间的经贸和科技合作，以促使两国的友好合作取得新的成果。

李鹏说，同他前年访问贵国的时候相比，国际形势更加动荡不定。欧洲和其邻近的地区武装冲突不断，战争仍在持续。在国际政治生活中，霸权主义和强权政治依然十分严重，主要表现是，赤裸裸地干涉别国内政。同时，国际上的经济摩擦和竞争加剧，南北差距在扩大，人类渴望的和平与发展仍然面临着严峻的挑战。令人欣慰的是，中印所在的亚洲地区形势继续朝着好的方向发展，地区热点在走向解决，多数国家的政局相对稳定，经济保持了发展的势头，亚洲国家之间的关系改善，互利合作加强。拉奥总理表示赞同李鹏总理对国际形势的看法。双方同意，就双方共同关心的国际问题和地区问题加强磋商。

中国政府陪同团团长、冶金工业部部长刘淇，国务院外事办公室主任齐怀远，中国驻印度大使程瑞声等参加会谈。印度方面出席会谈的有，外交国务部长帕蒂亚，总理办公室国务部长查图维迪，总理首席秘书瓦尔马，外秘迪克希特，印度驻中国大使达斯古普塔等。

全国人大常委会委员长乔石全国政协主席李瑞环中共中央政治局常委胡锦涛在北京分别会见印度总理纳拉辛哈·拉奥

全国政协主席李瑞环在人民大会堂会见厄瓜多尔基督教社会党领袖海梅·内博特

全国人大常委会国务院致电青海省海北藏族自治州庆祝建州 40 周年

全国乡镇企业工会工作会议于 7 日至 11 日在无锡召开

中国和印度两国政府在钓鱼台国宾馆签署关于在中印边境实际控制线地区保持和平与安宁的协定等 4 项文件

国务院总理李鹏和印度总理拉奥出席签字仪式。

关于在中印边境实际控制线地区保持和平与安宁的协定中规定:中印边界问题应通过和平友好方式协商解决。双方互不使用武力或以武力相威胁。在两国边界问题最终解决之前,双方严格尊重和遵守双方之间的实际控制线。双方将把实际控制线地区各自的军事力量保持在与两国睦邻友好关系相适应的最低水平。

其他 3 项文件是,中国广播电影电视部与印度新闻广播部广播电视合作协议、中印两国政府环境合作协定、中印两国政府关于在什布奇拉山口两侧扩大边境贸易的议定书。

国务院副总理朱镕基向环太平洋论坛大会发表题为《太平洋世纪的中国》的讲话

在印度尼西亚巴厘岛国际会议中心举行的环太平洋论坛第三届大会播放中国副总理朱镕基向大会发表讲话的录像,受到与会各国知名人士的欢迎。

朱镕基用英语发表讲话。朱镕基指出:“环太平洋地区被普遍认为是 21 世纪世界上最具活力、最有希望的地区。进入 90 年代以来,占世界经济 2/3 以上的发达国家经济回升乏力,一些国家经济大幅度下滑,处于茫然混乱的状况,大多数发展中国家经济陷入困境之中,只有亚太地区特别是东南亚的一些国家和地区继续保持领先增长的地位。这一现象引起了国际社会政界、商界和学术界的广泛注意。”

“环太平洋论坛”成立于 1991 年。该论坛的主要目的是为亚太地区领导人提供一个经济、政治论坛,为这一区域的政界、商界和学术界交流创造机会。

外交部部长钱其琛在基辅同乌克兰外交部部长兹连科举行会谈

中国政府和蒙古国政府在乌兰巴托签署《关于海关互助与合作的协定》

中央军委颁发通令分别为兰州军区某部工兵团海军东海舰队某海测船大队和空军航空兵某师记集体一等功

日前由中央军委主席江泽民签发的这三个通令指出,兰州军区某部工兵团,自 1988 年 10 月至 1993 年 1 月,担负援建国家重点工程——金川公司二期扩建工程任务。全团官兵自觉服从国家经济建设大局的需要,发扬我军艰苦奋斗的优良传统,顽强拼搏,勇挑重担,吃苦耐劳,无私奉献,在 600 多米深的矿井下,奋战 1570 个昼夜,战胜 600 多次塌方,在地质结构复杂、石质条件差的岩层中开凿出一条长 2628.5 米,可供大型载重卡车运行的巷道,工程合格率达 100%,为国家创产值 4300 多万元,为我国“镍都”建设做出了突出贡献。该团官兵不畏艰难险阻,不计个人得失,先后有 18 名同志负伤致残,4 名同志英勇献身。海军东海舰队某海测船大队组建以来,多次出色地完成重要海洋测绘任务。特别是近年来,根据国防和国家经济建设的需要,该大队奉命对东海大陆架海域进行水深测量、水文调查和底质采样。在航程远、任务重、海况恶劣、海情复杂的情况下,参测官兵勇于吃苦,不怕牺牲,顽强拼搏,与兄弟单位一道团结奋战,出色地完成了上级赋予的东海大陆架全部实测任务,填补了我国东海大陆架测量的空白,为维护我国领海主权,开发利用海洋资源,加强国防建设和支援国家经济建设做出了重要贡献。空军航空兵某师自 1983 年 3 月以来,连续 10 年杜绝等级飞行事故,创造了空军歼击航空兵师保证飞行安全的最好成绩。多年来,他们坚决贯彻执行党的路线方针政策和上级的命令指示,坚持严格训练、严格要求,在先后改装 5 种新机型的情况下,积极克服困难,年年超额完成飞行训练任务,不断提高部队战斗力。他们多次执行作战、实兵演练、科研试飞等重要飞行任务,都取得突出成绩。

全国妇联和宋庆龄基金会在北京联合举行《康克清回忆录》出版座谈会

9 月 8 日

《人民日报》发表评论员文章《正人先正己》

江泽民同志在中纪委二次全会上发表的重要讲话中提出,反腐败斗争要着重抓好三项工作。其中第一项就是党政机关领导干部要带头廉洁自律,特别是省、部级以上的领导干部要起表率作用。各级领导干部应当深刻领会,坚决贯彻。

常言道:“己不正焉能正人?”在当前开展的反腐败斗争中,尤其如此。领导干部一举一动,影响和带动着方方面面。因此,他们本身“正”不“正”,就不只是个人的事，而是同党和政府的威信紧密相关，和一个系统、一个地区的风气紧密相关。领导干部只有自身廉洁了，才能在反腐败斗争中取得发言权和主动权，才能动真的来实的，做好“正人”的工作。从一定意义上说，领导干部能否首先“正己”，对于完成好查办大案要案和狠刹不正之风这两项工作，具有决定性的意义。

改革开放以来的实践证明，党政机关领导干部大多数是“正”的。他们奉公守法、廉洁自律，这是主流。十多年来我国经济巨大发展和社会全面进步，就是各级领导干部带领广大群众艰苦奋斗取得的成果。对此必须有一个正确的估计。但是，在少数领导干部中也确实存在着各种腐败现象，有的还相当严重，应当引起重视并痛下决心予以解决。

就目前情况来看，在领导干部当中，有极少数人的行为已经触犯刑律，构成犯罪。“上梁不正下梁歪，中梁不正倒下来。”他们的所作所为，在相当大的范围内助长了腐败行为和不正之风的蔓延，给党的事业造成了重大损失。对于这样的败类，必须坚决清除，并且要依法制裁。就整个领导干部队伍来说，这样做，是“正人先正己”的必要措施。

还有些领导干部利用手中的权力损公肥私，捞取好处，搞不正之风。群众对此意见很大。希望这些同志在反腐败斗争中勇敢地进行自我批评，并用实际行动改正错误。群众的眼睛是雪亮的。领导干部敢于向自己的错误开刀，就能变被动为主动，增强广大干部和群众的信心。当前一个值得注意的倾向是，有的领导干部当面一套，背后一套；对人马列主义、对己拜金主义。他们口头上也大谈反对腐败，暗地里却挖空心思搞权钱交易。反腐败一来，暂时收敛一阵，或者避实就虚、遮遮掩掩。一俟风头过去，还打算重操“旧业”，再捞一把。奉劝这些同志，这样发展下去是十分危险的。自己不主动“正己”，等到党组织和群众甚至执法部门来“正”时，那就悔之晚矣。

为了促进领导干部“正己”，最近，中纪委对党政机关县(处)级以上领导干部重申和提出了不准经商办企业等5条要求。这5条很有现实针对性，领导干部必须严格遵守。我们在这里想提醒和督促此前已经参与或从事这些活动的同志，要不折不扣地照办，该停止的停止，该辞去的辞去，该退回的退回，不能观望犹豫，以各种借口拖延不办。中央要求反腐败斗争在近期内取得明显的阶段性成果，从领导干部自身来说，首先要做到这5条。

我们相信，各级党政领导干部在深入开展反腐败斗争中，一定能够不辜负党中央和广大群众的期望，带头廉洁自律，发挥表率作用，为纯洁党的肌体，为党政机关廉政建设做出新的贡献。

《人民日报》发表国家副主席荣毅仁的文章《毛主席指引社会主义道路》

国务院发出关于做好棉花工作及有关政策问题的通知

今年全国棉花种植面积减少，又遭受了较严重的自然灾害，预计棉花产量和收购量将有较大幅度减少。为确保纺织工业及市场供应的基本需要，支持纺织品出口创汇，必须增加棉花生产。国务院决定，适当调整棉花政策，以推动棉花生产和加强棉花收购、供应工作。现就有关政策事项通知如下：

一、提高棉花收购价格。从一九九三年棉花年度(今年九月一日)起，现行标准级皮辊棉的收购价格，由每担三百元提高到三百三十元(国家加价款数量不变)，棉花供应价格作相应调整。由国家计委会同有关部门抓紧测算，尽快下达具体调价方案。棉花收购价格提高后，各地自定的价外加价政策一律取消。从一九九四年开始，停止发放扶持棉花生产贴息贷款。

二、保证良好的收购秩序。重申，国家合同定购计划内的棉花，实行统一的收购价格和优惠政策，仍由供销社统一收购、统一经营(良繁区的棉花委托良种棉加工厂收购)。在全国完成定购任务前，不得开放棉花市场。非棉花经营单位和个人，一律不得经营棉花。棉花流通体制改革试点省的试点工作按国务院的批复执行；非改革试点省不得自行决定搞放开试点。经省、自治区、直辖市人民政府批准，优质棉基地县良繁区良种棉加工厂加工的皮棉，可按分配计划与纺织企业进行产销直挂试点。棉产区各级人民政府要切实加强领导，实行行政首长负责制，组织有关部门采取有力措施，维护好收购秩序，防止出现“棉花大战”；工商行政管理部门要切实负起责任，加强管理，严格禁止棉贩的倒买倒卖活动；供销社要严格执行国家收购政策，把工作抓细抓实，为农民售棉提供优质服务；各级政府和有关部门要积极支持帮助供销社收回贴息贷款，及时解决收购工作中的实际困难。

重申，供销社在收购棉花时，除贴息贷款、预购定金和农业税外，不得代任何部门向农民扣款；要坚持实行“户交户结”，不得以乡、村集体为单位搞“户交村结”，不准借机向农民扣各种提留款。

今年收购旺季，国务院继续派出棉花收购工作综合巡视组，国家经贸委、国家技术监督局继续向棉花主产地区派驻联络员，及时查处和纠正收购中出现的问题。

三、认真落实收购资金，保证不打“白条”。要把落实收购资金作为政治任务来完成。各地各有关部门要按照所承担的资金筹措任务，保证资金及时足额到位。各级政府要继续加强对收购资金工作的协调。要认真执行中国人民银行等部门制定的《主要农副产品购销资金专户管理实施办法》。收购企业只能在一家银行开户，不准多头开户；不准调销回笼款体外循环。国务院已决定，由国家经贸委和中国人民银行共同组织清理棉款拖欠工作，请各地政府和有关部门做好配合工作。清欠收回的资金要全部用于收购棉花。国家经贸委要会同有关部门制定办法，防止发生新的拖欠。对一九九一年度增加国家储备棉后一部分资金不落实的问题，由中国人民银行在安排今年棉花收购资金时解决，各地农业银行由此而收回的资金要全部用于棉花收购。对企业因先支后收而收购资金短期内不能到位的，专业银行要按照"先贷后报，先垫后补，事后算账，分清责任，限期归位，照章处理"的原则，及时垫款。如专业银行资金困难，经审查同意，由人民银行给专业银行借款。中国人民银行要按各地预计收购量安排好资金，中央财政加价款、价外加价款、贴息贷款利息，均按实拨付。

四、严格执行国家棉花标准，保证棉花质量。各级供销社(包括农业部门的良种棉加工厂)要有高度的责任感，严格管理，对棉花质量负责到底。棉花收购工作中，既要防止压级压价，又要防止抬级抬价，今年要特别注意防止用抬级抬价的办法争购棉花。国家技术监督局要根据《产品质量法》的要求，会同有关部门尽快制定棉花质量监督处罚实施办法。各级技术监督部门要加强对棉花质量的监督检查，发现问题及时处理。对拒不纠正的，要从重处罚。除因采用新设备、新工艺提高加工质量并经专业纤维检验机构检验认可外，不得在籽棉加工环节提高棉花等级。各级政府要保证棉花检验人员正常行使检验职责。

五、继续征收棉花技术改进费并提高征收标准。现行四级以上纺棉由每担征收三角增加到五角，供销社在供应棉花时收取，按规定交有关部门用于改进棉花生产技术。

六、从一九九三年棉花年度起，恢复征收棉花批发环节营业税，顺加在调整后的棉花供应价格中。在一九九三年九月一日前各地已经征收的棉花批发营业税，从新的棉花年度应纳税款中抵扣或办理退税。

七、加强宏观调控，保证完成棉花调拨任务。为保证省间调拨计划落到实处，今年采取四项措施。一是省间调出棉花奖励款，由每担二十五元提高到三十元，由调出地区的棉花供应企业向用棉企业随调拨随收取，交当地政府按规定使用。调入地区政府扶持纺织企业的各项措施，应继续实行。二是对于因调出省的责任而没有完成调出任务的，在财政决算时相应扣减加价款和价外加价款。因灾减产，需减少调出的，由省、自治区人民政府报国家计委和内贸部审核调整。出口计划也相应调整。以省、自治区、直辖市为单位完成合同定购任务前，调拨供应中不得搞层层分成。三是调入地区在规定的期限内不完成调入计划的，指标不予保留，由国家另行安排。四是国家要采取措施，促使棉纺企业限产压库促销，按国家计划组织生产。

八、建立健全国家棉花储备制度，加强储备棉管理。储备棉是国家对棉花产需进行宏观调控的重要手段，中央已有棉花储备，地方要尽快建立棉花储备。国家计委、财政部、内贸部等部门要抓紧研究，尽快提出完善国家棉花储备制度的具体方案报国务院。储备棉的正常轮换和重要储备库的管理工作，由内贸部负责。国家储备棉所需贷款，按规定的优惠利率执行，各地银行不得加息、罚息。

为了弥补棉花供需缺口，缓解供需矛盾，一九九三年度动用一部分国家储备棉，由国家计委会同内贸部尽快研究分配方案下达执行。

九、为了把棉花生产搞上去，一九九四年将采取以下措施：

(一)继续实行棉花合同定购政策。一九九四年度合同定购计划仍为九千万担，定购计划内的棉花，仍由供销社统一收购和经营。

(二)继续实行棉花指导性种植计划。全国棉花播种面积不少于九千万亩，由国家计委尽快下达各省、自治区、直辖市种植计划，各地务必保证完成。

(三)结合棉花标准改革和等级差率调整，再次提高棉花收购价格。由国家计委、国家经贸委会同有关部门尽快提出方案报国务院批准后，在一九九四年春播前向农民宣布。

(四)实行科教兴棉，努力提高单产。要大力推广普及良种棉和先进适用的生产技术，如先进栽培技术、棉花病虫害综合防治技术等。各级政府要注意稳定农业技术推广机构和队伍，帮助他们解决工作中的实际困难。要不断完善农业社会化服务体系。

各级政府要加强对棉花工作的领导。要及早研究部署一九九四年的棉花生产，按国家计委下达的棉花种植计划，在今年秋播前动员棉农留足棉田，为明年的棉花丰收打好基础。

国务院副总理李岚清在中南海会见越南贸易部长黎文哲

国务院副总理李岚清在中南海会见澳大利亚贸易部长彼得·库克

国家科委主任宋健在人民大会堂会见德国戴姆

勒·奔驰集团董事德国航空航天公司董事长施伦普

中国与澳大利亚在北京签署多项开发利用卫星通信技术的合同

在北京结束的"澳中论坛"经济研讨会上，中澳两国工商企业签署多项卫星、通信合作的合同。中国空间技术研究院与澳大利亚最大的通信技术公司 Telstra 签署了合资协议。根据此项协议，双方将在中国及亚洲地区开发和利用卫星技术。另有三家澳大利亚公司同中国签署了合作合同，它们将为中国浙江省和黑龙江省提供价值数百万澳元的通讯设备。来访的澳大利亚贸易部长彼得·库克在"澳中论坛"上发表讲话时说，他率大型贸易代表团访华的目的，就是要同中国建立起长期稳固的互利伙伴关系。

国务院副总理兼外交部部长钱其琛与罗马尼亚国务部长兼外长梅莱什卡努在布加勒斯特举行会谈就进一步推进双边关系交换意见

外交部副部长姜恩柱和英国驻中国大使麦若彬分别代表本国政府就香港1994/1995年选举安排问题举行第11轮会谈

全国毛泽东军事后勤理论研讨会在北京结束

中央军委主席江泽民签署命令颁布《军事规章、军事行政规章备案规定》

中央军委主席江泽民日前签署命令颁布《军事规章、军事行政规章备案规定》。

这一军事规章的颁布实施，对加强军事立法监督，提高军事立法质量，维护社会主义法制的统一和尊严具有重要意义。

十年来，各总部和全军各大单位颁布的军事规章、军事行政规章达一千多件，约占整个立法总数的百分之七十左右。建立和完善军事规章的备案审查制度，就是要通过对已经生效的军事规章的合法与否等方面的审查监督，发现和解决其存在的问题，维护军事法律、法规和规章的统一性和权威性。这是加强军事立法监督的重要方式之一，是贯彻落实中央军委依法治军方针的有效手段。

《备案规定》对军事规章和军事行政规章的备案期限、备案机关、备案审查的内容、有关问题的处理等作了详细规定，备案工作由中央军委法制局负责。

加强对军事立法的监督，是军队各级机关和广大官兵的权利和义务。为此，《备案规定》明确要求军队有关部门和人员，如发现已发布的军事规章、军事行政规章与宪法、法律、法规相抵触，有超越本级职责权限的条款，法规之间有矛盾以及法规的制定程序、立法技术不符合立法程序和规范化要求等问题时，有权向法制部门反映。

中共中央总书记江泽民晚上打电话给国家体委主任伍绍祖向打破女子万米世界纪录的王军霞和其他取得好成绩的运动员表示祝贺

王军霞钟焕娣在第七届全国运动会上打破女子万米世界纪录

辽宁省选手王军霞与云南省选手钟焕娣在七运会田径比赛的女子1万米比赛中双双打破30分13秒74的原世界纪录，她俩的成绩分别为29分31秒78、30分13秒37。

9月9日

全国优秀教师代表和首都各界出席在人民大会堂召开的表彰大会

国务院副总理李岚清，全国人大常委会副委员长孙起孟、雷洁琼，全国政协副主席阿沛·阿旺晋美出席表彰大会，并向获奖者颁奖。

教师节前夕，21位在基础教育事业中做出突出成绩的中小学校长受到国家教委的表彰，并被授予"全国优秀校长"称号。

单独对中小学校长进行全国性命名表彰，在全国尚属首次。全国现有中小学校长近百万人。

受到表彰的优秀校长中有中学校长14人，小学校长7人。

国务院副总理李岚清在全国优秀教师和教育工作者表彰大会上发表讲话

老师们、同志们：

今天，我们在这里隆重集会，热烈庆祝我国第九个教师节，并对全国的优秀教师、教育工作者和普通高校国家级优秀教学成果奖获得者进行表彰。我代表党中央、国务院向辛勤工作在教育战线上的广大教师和教育工作者致以节日的祝贺和亲切的慰问！向这次受到表彰的同志们致以崇高的敬意！向所有关心、支持我国教育事业的同志们、朋友们表示衷心的感谢！

建国四十多年来，我国的教育事业得到了很大的发展，取得了显著的成就。特别是党的十一届三中全会以来，党中央和国务院十分重视教育，在各级政府和教育战线全体同志的共同努力下，我国的教育事业已进入了一个深入改革和全面发展的新时期。伴随着教育事业的发展，教师队伍在质量上有了较大的提高，在数量上不断壮大，工作和生活条件逐步改善，教师的社会地位也在逐步提高。人民教师正在成为社会上光荣而又崇高的职业。几十年来，全国的一千多万教师，为培养新中国的建设者和社会主义事业的接班人，呕心沥血，无私奉献，不计较清苦的生活条件和艰苦的工作条件，忠诚于人民的教育事业，做出了巨大的贡献。对此，党和政府不会忘记，人民不会忘记，历史也会永远记载下人民教师的光辉业绩。

党的十四大明确提出：必须把教育摆在优先发展的战略地位，努力提高全民族的思想道德和科学文化水平，这是实现我国现代化建设的根本大计。教育关系到国家和民族的兴衰。古人说，一年之计，莫如树谷；十年之计，莫如树木；百年之计，莫如树人。如果没有大批合格的各类人才，一切都是空话。而人才的基础又是教育。因此，各级政府一定要进一步重视教育，采取各种措施，不断改革和发展教育。教育战线当前和今后一个时期的首要任务，就是把《中国教育改革和发展纲要》学习好、宣传好、落实好，使教育事业再迈新台阶，更好地适应社会主义四化建设和建立社会主义市场经济的需要。

建设好一支政治、业务素质优良的教师队伍是教育事业的根本大计。尊师重教是党和政府的一贯方针。也是中华民族的优良传统。这些年来，党中央、国务院和各级人民政府，为提高教师的社会地位和工资待遇，采取了一系列的措施，做了大量的工作，也收到了一定的成效。但从总体上讲教师的待遇仍然偏低，教师在生活和工作方面仍旧存在许多实际困难。最近一个时期，一些地区又出现了拖欠教师工资的现象。对此必须引起各级政府的高度重视。当前，国家正在加紧制定《中华人民共和国教师法》和适合教育工作特点的教师工资制度，以进一步改善教师的工资待遇，并运用法律手段来维护广大教师的权益；希望各级政府要从思想上、行动上进一步落实教育的战略地位；各级政府的主要负责同志要亲自过问教师工作，确保增加教育投入，努力为教育和教师多办实事，认真改善教师的生活和工作条件，特别是要千方百计防止和解决拖欠教师工资的问题，解除他们的后顾之忧。同时，也希望社会各界继续关心教育、关心教师，发扬光大尊师重教的优良传统。我们相信，经过不断的努力，教师一定会真正成为全社会受人尊敬、受人羡慕的最光荣的职业。

当前，我国的社会主义现代化建设正进入一个关键的发展时期。历史赋予了人民教师和教育战线的全体同志光荣而又艰巨的任务。希望教育战线上的广大教师和教育工作者，继续发扬无私奉献，锐意改革，开拓进取的精神，自觉提高自己的思想觉悟和业务素质，永远忠诚于人民的教育事业，努力钻研、改进教学工作，更好地教书育人，为人师表，在党中央和国务院的领导下，在党的十四大精神指引下，为我国的社会主义四化建设和教育事业做出新的贡献。

最后，祝来京参加这次大会的老师们、同志们，身体健康，精神愉快！

谢谢大家。

全国政协祖国统一联谊委员会在北京座谈《台湾问题与中国的统一》白皮书

海南省洋浦经济开发区的隔离设施经海关总署验收通过

“中国的世纪：中国的投资机会”国际研讨会在北京举行

研讨会由中国人民建设银行和美国 2000 年养老基金会共同主办。国务院副总理李岚清出席会议并致辞。

“中国的世纪：中国的投资机会”国际研讨会是中国金融界、产业界与美国养老基金会、投资公司等金融机构首次举办的大型国际投资研讨会。参加研讨会的有美国养老基金组织、证券公司、投资公司的主管、金融、投资专家和政界知名人士，以及中国有关政府部门、产业界、金融界等方面负责人，共 200 多人。

北京'93 跨国公司与中国国际研讨会在北京开幕

国务院副总理李岚清代表国务院对“北京'93 跨国公司与中国”国际研讨会的召开表示祝贺。

专程前来出席研讨会的联合国副秘书长、联合国贸易和发展会议秘书长达奇先生说，中国已成为寻求经济现代化和参与全球经济一体化的楷模。他表示，联合国贸发会议将全力支持中国，促使其与世界经济全面接轨。

开幕式上，对外贸易经济合作部部长吴仪简要介绍中国吸引外资的形势和政策。她说，中国在继续发展中小型外商投资企业的同时，尤其欢迎大跨国公司来华投资举办规模较大、技术水平高的项目。

罗马尼亚政府总理沃克罗尤在布加勒斯特政府大厦会见外交部部长钱其琛

外交部发言人吴建民在记者招待会上就“银河号”

事件答记者问

记者问：美国政府内有人认为“银河号”曾装有化学武器前体，但在途中卸掉了。中方对此有何评论？

吴建民说，美国在“银河号”事件的真相已经大白于天下的情况下，还在制造谣言，为自己的错误辩解，这样做只能是欲盖弥彰。顺便说一下，上述谣言十分拙劣，缺乏起码的常识，听起来像“超人”的故事，中国没有“超人”。

北京申办城市代表团离开北京前往摩纳哥参加决定2000年奥运会主办城市会议

9月10日

纪念邓小平“三个面向”题词10周年大会在北京召开

中共中央政治局委员李岚清在首都纪念邓小平“三个面向”题词10周年大会上发表题为《认真学习邓小平教育思想把教育改革和发展推向新阶段》的讲话

同志们：

在全国人民欢庆我国第九届教师节的日子里，今天我们在这里隆重集会，纪念邓小平同志“教育要面向现代化，面向世界，面向未来”题词十周年，具有重大的意义。首先我代表党中央、国务院，向全国广大教师和教育工作者致以节日的问候和崇高的敬意！

邓小平同志“三个面向”的题词，是在我国社会主义现代化建设的新的历史时期，对教育工作作出的精辟论断和纲领性指示。十年来，在邓小平同志题词和关于教育问题一系列论述的指引下，我国教育事业深化改革，加快发展，取得了重大的成就。随着时间的推移，我们越来越体会到题词的重大而深远的意义。现在摆在我们面前的一个重要任务，就是要进一步学习邓小平同志题词和关于教育问题的一系列论述的精神实质和深刻内涵，加快教育事业的改革和发展，为建设有中国特色的社会主义教育体系做出更大的贡献。

邓小平同志是我国改革开放事业的总设计师。他在绘制我国社会主义现代化建设的宏伟蓝图和领导我国现代化建设的伟大实践中，始终把教育和科技作为我国现代化建设总战略的重要组成部分。邓小平同志关于教育要“三个面向”的题词，既是他关于教育问题一系列重要论述的集中概括，又是在新形势下对教育工作提出的指导方针，具有强烈的时代特色和战略指导意义。我们一定要在教育改革和发展的实践中认真学习，深刻领会，坚决贯彻执行。

一、邓小平教育思想是建设有中国特色的社会主义理论的重要组成部分

以邓小平同志为核心的第二代中央领导集体，在领导人民进行社会主义现代化建设的伟大实践中，形成和发展了建设有中国特色社会主义的理论。按照这个理论，社会主义的本质是解放生产力，发展生产力，最终达到共同富裕。坚持社会主义，必须把发展生产力摆在首要位置，坚持以经济建设为中心，推动社会全面进步。经济建设必须依靠科技和教育。要以培养“有理想、有道德、有文化、有纪律”的一代新人为教育的目标，建设社会主义精神文明，社会主义现代化建设必须依靠广大工人、农民和知识分子。这些都同教育有直接关系，要求教育在社会主义现代化建设中发挥更大的作用。在这个理论的指导下，形成了我们党在社会主义初级阶段的“一个中心、两个基本点”的基本路线。同这条路线相适应，我们党还形成了包括经济、政治、科技、教育、文化、军事、外交等各方面的一整套方针政策。这些都在党的十四大报告中得到了深刻阐述。邓小平同志特别重视教育和科技，把科技作为现代化建设的关键，把教育作为现代化建设的基础。他总结了我国建国以来社会主义建设中正反两方面的经验教训，纠正了长期以来“左”的指导思想，同时对教育问题发表了一系列独到和精辟的见解，形成了立足于社会主义现代化伟大实践的富有时代特色的邓小平教育思想。毫无疑问，邓小平教育思想是邓小平同志建设有中国特色社会主义理论的重要组成部分；在邓小平教育思想指导下形成的有关教育的方针政策，是党的基本路线和总的方针政策的重要组成部分。我们要把邓小平同志的教育思想同建设有中国特色社会主义理论紧紧联系起来，把这些年形成的教育的方针政策同党的基本路线和总的方针政策紧紧联系起来，加深理解，提高认识，认真改革和发展我国的教育事业。

二、“三个面向”是邓小平教育思想的精髓

邓小平同志对教育工作发表过许多极其重要和精辟的见解，内容非常丰富。他指出，社会主义的根本任务是发展生产力，科学技术是第一生产力。实现现代化，关键是科学技术要能上去。科学技术人才的培养，基础在教育。发展科学技术，不抓教育不行。他强调，必须尊重知识和人才，一定要在党内造成一种尊重知识、尊重人才的风气。知识分子是工人阶级的一部分，要发挥知识分子的专长。我们的科学家、教师发现人才、培养人，本身就是一种成就，就是对国家的贡献。他认为，整个教育事业必须同国民经济发展的要求相适应。不但要看到近期的需要，而且必须预见到长远的需要；不但要依据生产建设发展的要求，而且必须充分估计到现代科学技术的发展趋势。要认真研究在新

的历史条件下,如何更好地贯彻教育与生产劳动相结合的方针。他强调必须贯彻德、智、体全面发展的教育方针,把坚定正确的政治方向放在第一位,坚持四项基本原则,维护安定团结。他指出,全党全国工作重点转移本来就应该包括教育在内。一个地方,一个部门,如果只抓经济不抓教育,那里的工作重点就是没有转移好,或者说转移得不完全。小平同志明确指出"忽视教育的领导者,是缺乏远见的、不成熟的领导者,就领导不了现代化建设。各级领导要像抓好经济工作那样抓好教育工作"。他十分重视教育的投入问题,明确指出,科研、教育经费应该增加。教科文卫的费用太少,不成比例。我们非要大力增加教科文卫的费用不可。他对人民教师充满了感情,多次强调为人民服务的教育工作者是崇高的革命的劳动者。人民教师是崇高的职业,人民教师的创造性劳动应该受到党和人民的尊重。要提高教师的政治地位、经济地位和社会地位,不但学生应该尊重教师,整个社会都应该尊重教师。在加快教育改革,加强学校管理,提高教育质量,改进工作作风等许多方面,邓小平同志都有很多精辟的论述。1992年春,邓小平同志在视察南方的重要谈话中又一次强调,"必须重视科技和教育","希望大家通力合作,为加快发展我国科技和教育事业多做实事",同时强调指出了不仅经济要上去,两个文明建设都要搞上去,这才是有中国特色的社会主义。

学习和研究邓小平教育思想,我们深深感到,邓小平同志总是从我国社会主义现代化建设全局的高度,从改革开放的战略决策和国家民族未来命运的高度,从社会主义的历史命运和发展道路的高度来阐述教育问题的。在现代社会中,人们受教育程度及其经过教育获得的知识、才能,已经成为促进生产力发展的一个决定性因素。特别是在世界新技术革命蓬勃兴起的新形势下,国际间的经济竞争、科技竞争和军事竞争,实质上是智力和人才的竞争,归根到底是教育的竞争。古语道"十年树木,百年树人",因此搞社会主义现代化,发展经济,必须依靠教育;教育自身的改革和发展,也不能脱离现代化建设。教育的任务是培养社会主义事业的接班人,人才的培养关系到今后的发展,因此不仅要着眼于今天,而且要着眼于未来。邓小平同志正是以一个无产阶级革命家和改革开放事业总设计师的远见卓识,挥笔题写了"三个面向"的题词。这个题词高瞻远瞩,赋予我们党一贯的正确的教育方针以新的时代内容,是邓小平教育思想的精髓所在。

三、"三个面向"是教育改革和发展的战略指导方针

"三个面向"题词既是社会主义教育的战略方向,也是当前教育改革和发展的指导方针。

教育要面向现代化,强调了教育与经济建设和社会发展的关系。我们要以经济建设为中心,实现现代化,把我国建设成社会主义现代化的强国,一切工作都要围绕于和服务于这个中心。人才是社会主义现代化建设中最重要的生产力要素。教育面向现代化,就是要大力改革和发展教育事业,努力提高全民族的思想道德和科学文化水平,进一步提高劳动者素质,培养大批人才,建立适应社会主义现代化建设需要的教育体系,更好地为社会主义现代化建设服务。

教育要面向世界,强调了教育的改革、发展不仅要着眼于中国,而且要放眼世界。当今世界是一个开放的世界。随着科学技术和生产力迅速发展,国际间的经济、科技和教育文化的交往愈来愈密切,任何一个国家都不能再自我封闭,孤立存在,否则就要落后,甚至失去生存和发展的机会。这就必须坚持教育的改革开放,不断解放思想,改革一切不适应现代化建设需要的观念和体制,结合我国国情,大胆吸收和借鉴人类社会的一切先进文明成果,推进我国的教育现代化。

教育要面向未来,强调了教育不仅要考虑当前,而且要着眼于未来。教育自身的特点决定了它是面向未来的前瞻性事业。从农村、乡镇到城市的青少年一代是国家和民族的未来。现在在校的学生,是跨世纪或下个世纪的建设者。他们的素质如何,直接关系到我国现代化建设的成败和国家民族的前途命运。因此,必须从长远打算,以长远的战略眼光办好当前的教育。无论教育事业的发展还是各项改革,都要有超前性和预见性,要为我国本世纪末第二步战略目标和下世纪中叶第三步战略目标的实现做准备,同时要使教育事业本身具有长远的发展后劲。

"三个面向"是一个有机统一的整体,其基础和前提是教育要面向现代化,坚定不移地为建设社会主义物质文明和精神文明服务。面向现代化就必然要求面向世界和未来。教育事业的改革和发展必须认真贯彻这个战略性的指导方针。

同志们,当前我国的社会主义现代化建设和教育的改革、发展正处在一个关键时期。社会主义市场经济体制的逐步建立,既为教育的改革和发展提供了良好机遇,同时也对教育工作提出了更高、更迫切的要求。今年2月党中央、国务院颁发《中国教育改革和发展纲要》以来,教育战线正在遵循党的十四大精神,以建设有中国特色的社会主义理论为指导,坚持党的基本路线,扎扎实实地实施《纲要》。《纲要》作为90年代教育改革和发展的纲领,体现了邓小平同志"三个面向"的精神,体现了邓小平教育思想,我们必须扎扎实实抓好《纲要》的学习、宣传和实施,按照《纲要》规定的目标、方针和要求,加快教育的改革和发展,努力建设

有中国特色的社会主义教育体系。

1. 必须把教育真正摆在优先发展的战略地位

把教育摆在优先发展的战略地位，这是邓小平同志建设有中国特色社会主义理论和他的教育思想的重要内容，又是党中央从我国国情出发，总结我国现代化建设经验反复强调的一条实现我国现代化的根本大计。近年来，各级党委、政府的领导同志对教育的重视程度确实大大提高了，全社会尊师重教的风尚越来越浓厚。但是也毋庸讳言，也还有一些领导同志，至今仍未把教育放到应有战略地位上，不重视教育的状况仍不同程度地存在。特别是在加快改革开放和现代化建设的新形势下，一些同志在处理经济与教育的关系上，仍有顾此失彼的现象，忽视教育的某些议论也时有所闻。比如，认为“经济要大上，教育顾不上”，“财力有限，教育要给经济让路”等等。很显然，这种认识是片面而短视的，是造成目前教育发展滞后的原因之一。教育发展滞后的现状，更决定了它必须优先发展。必须指出，教育事业的投入所取得的社会效益、经济效益、环保效益和政治效益，是其他投入难以取得的。一个有远见和成熟的领导者必须认识到这一点。应当像小平同志提出的，要千方百计，在别的方面忍耐一些，甚至于牺牲一点速度，把教育问题解决好。所谓教育“顾不上”，甚至要“让路”的说法，是与邓小平同志的思想相违背的。当前我国正在加快改革和现代化建设的步伐，面临当今世界新技术革命的挑战，社会主义市场经济体制的建立和社会的全面进步，从根本上说取决于整个国民素质的提高，需要大批具有良好素质，具有现代科学文化知识，善于按市场经济规律进行决策、管理和运作的专门人才和四个现代化所需要的各方面人才。我们是在开放的，即面向世界、面向国际市场的条件下发展社会主义市场经济的。我们要在国际竞争中占有优势，就必须在广大劳动者素质和各类中高级专门人才方面拥有优势。而正是在这些方面，我们还存在很大的差距。因此，教育优先发展的战略地位问题，绝不是已经解决得差不多了，而是还差得多。经济较发达地区教育基础较好，但人才需求的压力也更大；经济较落后地区，“穷”的根子之一就是教育的落后。因此全国所有地区都要认真领会邓小平同志的教育思想，把重视教育、确保教育优先发展的战略地位，作为一件大事认真解决好。要按照《纲要》要求，随着经济的发展逐步增加对教育的投入。你要真心搞现代化，真心搞社会主义市场经济，你就要真心重视教育，真心把教育放在优先发展的战略地位上，认认真真地把教育的改革和发展事业搞好。这是有远见的、成熟的现代化领导者的一个重要标志。

2. 努力培养适应现代化建设需要的“四有”新人

“三个面向”题词的核心问题，是要培养适应社会主义现代化建设需要的一代新人。这是教育改革和发展的根本目的所在。各级各类学校都要十分重视并切实解决培养什么人的问题。邓小平同志指出，我们的学校是为社会主义建设培养人才的地方，培养人才有没有质量标准呢？有的。这就是毛泽东同志说的，应该使受教育者在德育、智育、体育几方面都得到发展，成为有社会主义觉悟的有文化的劳动者。邓小平同志还一再强调要造就有理想、有道德、有文化、有纪律的一代新人。我们必须遵循“三个面向”的指导思想，围绕经济建设这个中心，从适应社会主义现代化建设需要出发，全面贯彻党的教育方针，加快教育和教学改革，在教育思想上有所创新，课程改革上有所突破，使教育和教学制度改革加快步伐，积极探索符合中国国情的社会主义教育模式，努力使青少年一代得到全面发展，成为合格的有中国特色社会主义现代化的建设者和接班人。

小平同志曾一再强调指出，这些年来“最大的失误是在教育方面，对青年的政治思想教育抓得不够”，当前特别值得重视的是，当前拜金主义、享乐主义、极端个人主义的价值和人生观，社会上某些腐败丑恶现象已经侵蚀和影响教育战线。各级教育部门和各级各类学校必须在建设有中国特色社会主义理论指引下，认真研究并切实端正办学方向，保证教育改革和教育事业健康发展。首先必须改进德育工作，进一步加强党的基本路线教育，爱国主义、集体主义和社会主义思想教育，近代史、现代史和国情教育，各级领导干部要抽些时间到学校中走一走，同师生们座谈座谈，做做形势报告，帮助他们了解国情。要教育青少年增强民族自尊、自信和自强精神，抵御资本主义和封建主义腐朽思想的侵蚀，树立正确的理想、信念和价值观。改革开放和现代化建设的实践证明，在继承和发扬党的优良传统的同时，我们也要看到中华民族的优秀文化与道德传统也是极为丰富的思想宝库，其精华能够延绵数千年而不衰，成为中华民族的凝聚力所在，今天仍然显示出旺盛的生命力和积极的现实作用，我们在继承和发扬党的优良传统，学习借鉴各国文明成果的同时，也要重视继承和发扬我国优秀文化和伦理道德遗产，用以教育青少年一代。各级各类学校的德育要切实抓紧，要渗透在学校的各个教学环节中和各项活动中，坚持不懈，不断改进，避免形式主义，认真抓出成效，使我们的学校真正成为社会主义精神文明建设的坚强阵地。

3. 大力发展教育事业，努力实现90年代我国教育发展的目标

根据我国社会主义现代化建设三步走的战略部署，《纲要》提出了我国教育事业发展的总目标，这就

是，到本世纪末，全民受教育水平有明显提高；城乡劳动者的职前、职后教育有较大发展；各类专门人才的拥有量基本满足现代化建设的需要；形成具有中国特色的、面向 21 世纪的社会主义教育体系的基本框架。再经过几十年的努力建立起比较成熟和完善的社会主义教育体系，实现教育的现代化。在实现今后教育发展的各项目标中，要以“两全”、“两基”、“两重”为重点，带动各级各类教育事业的全面发展。“两全”，即各级各类学校要全面贯彻党的教育方针，全面提高教育质量；“两基”，即在本世纪末基本普及九年义务教育，基本扫除青壮年文盲；“两重”，是指高等教育应在规模上有进一步发展、结构更加合理、质量和效益明显提高的前提下，集中中央和地方各方面的力量，重点建设好 100 所左右的大学和一批重点学科，即“211 工程”。我国是一个有 11 亿多人口的大国，能接受高等教育的毕竟是很少数人，绝大多数人在接受义务教育后，部分地方甚至在初中阶段，就要接受职业教育和准备就业。因此职业教育和成人教育与基础教育一样应当成为我国规模最大的教育，我们必须充分重视，认真把职业教育办好。无论先培训后就业或先就业再培训上岗，都要对他们进行很好的职业培训，不仅要培养他们的职业技能，而且要培养他们对待工作、服务和生产劳动的“一丝不苟、精益求精”的敬业精神和职业道德。如果我们能够通过大力发展职业教育培养一大批优秀的实用人才，必将在我们社会主义建设事业中发挥不可估量的重大作用。与此同时，我们对在职人员的培训提高和知识更新也决不能忽视，这是花钱较少、效益较高的教育，应当大力发展，继续把它办好。

当前教育事业特别是基础教育中，实现“两基”目标存在的困难和问题，引起了社会的关注。实现“两基”是党的十四大所作出的重大决策。这“两基”作为提高全民素质的奠基工程，对于我国实现现代化，建立和完善社会主义市场经济体制，促进经济发展和社会全面进步，具有重大意义。建国 40 多年来，我们已经在普及义务教育和扫除青壮年文盲方面作出了巨大的努力，为实现“两基”的目标奠定了良好的基础。目前存在的困难应当给以足够的重视，但也应当看到，这些困难经过努力是可以逐步克服的。我们必须锲而不舍，知难而进，决不能放松努力或停滞不前。各级党委和政府必须把基础教育当作“根本大计”中的头等大事，十分重视，切实抓好。当前要千方百计解决基础教育投入不足、教师工资待遇低以及中小学生辍学等现实问题，要按照已经制订的规划，把“两基”目标落到实处。

在确保基础教育各项必要条件的同时，要努力改变基础教育中相当普遍地存在的“应试教育”模式的问题，要向“素质教育”转变。特别是在经济还不发达的地区的基础教育，不能同城市完全一样。农村的基础教育要注意农科教相结合，学以致用。在农村中的教育要加大农业科学技术和兴办乡镇企业知识的分量，使学生毕业后能成为发展现代化高效农牧副林渔和兴办乡镇企业的带头人和骨干。我们还要进一步改革和完善升学和考试制度，采取有效措施，减轻中小学生过重的课业负担，注重素质培养，发展学生个性，使儿童和青少年身心健康成长。要加强和完善督导制度，大力提高基础教育的办学水平。对其他各级各类教育，也要统筹规划，积极发展，提高办学水平和效益。

4. 适应建设社会主义现代化建设和社会主义市场经济体制的需要，加速教育体制改革的步伐

教育事业发展的根本出路在改革。只有通过改革，才能建立与社会主义市场经济体制和现代化建设相适应的教育体制，才能走出教育事业健康发展的路子。《纲要》已经明确地提出了教育体制、教育结构、教育思想、教学内容和方法等方面改革的思路。各地各类学校要认真实施《纲要》，努力改革过去在计划经济体制下形成的教育体制，建立有中国特色的社会主义教育体制。

要加快办学体制的改革，建立以政府办学为主、社会各界共同办学的体制。在计划经济体制下形成的单一的政府办学体制，在历史上曾经起过积极的作用。但是随着现代化事业的发展和经济体制改革的深入，原有的办学体制已不能满足社会日益增长的多样化的教育需求，也不利于调动社会各方面的力量兴办各具特色的教育事业。今后一个时期，要在坚持政府办学为主的前提下，积极鼓励、正确引导民办教育系统的发展，建立以国家财政拨款为主，多渠道筹措教育经费的教育投资体制。同时，要逐步建立起在政府宏观管理下的学校自主办学的教育管理体制，使教育适应社会主义市场经济体制和现代化建设的需要。

我国现有的教育结构、教育教学模式还不能适应社会主义现代化建设和建立社会主义市场经济体制的需要；教育思想、教学内容和方法仍程度不同地脱离实际；学校德育工作不能适应改革开放新形势的要求，人才培养不仅在数量和结构上，特别在素质和层次上都不能满足经济和社会发展的需要。在这些方面，我们都要坚持解放思想、实事求是，加快改革步伐。特别是面对我国是一个穷国办大教育的现实，在各级政府逐步增加对教育投入的同时，还必须使有限的资源能够办出更有实际社会效益的教育。从这个意义上说，对教育改革就更要有紧迫感。

教育改革是一项复杂的社会系统工程，教育改革既要适应和促进社会主义市场经济体制的建立和发

展，又要严格遵循教育自身的规律和特点；既要围绕经济建设这个中心进行，为经济建设提供合格人才和科技成果，又要注意发挥教育的政治功能、文化功能和促进人的全面发展的功能，培养德智体全面发展的社会主义建设者和接班人，推动社会的全面进步；既要大力发展应用学科，也不能忽视基础学科的建设；既要同经济、政治、科技体制改革配套进行，相互促进，又不能只是采取一种模式、划一要求。要在确定长远目标的同时，从现实出发，分步实施，逐步到位，并根据不同地区和不同类别教育的实际状况，因地制宜，分类指导。

5. 大力提高教师的社会地位，改善教师的工作、学习和生活条件

振兴民族的希望在教育，振兴教育的希望在教师。建设一支具有高尚的师德修养、良好业务素质、结构合理、相对稳定的教师队伍，是教育改革和发展的根本措施。教育的改革和发展能不能达到预期的目标，各级各类学校能不能完成培养社会主义事业建设者和接班人的任务，关键在教师。

邓小平同志早在1977年、1978年就多次提出："要调动科学和教育工作者的积极性，空讲不行，还要给他们创造条件，切切实实地帮助他们解决一些具体问题。""要研究教师首先是中小学教师的工资制度。要采取适当措施，鼓励人们终身从事教育事业。"他还特别指出，"现在小学教员工资太低。一个好的小学教员，他付出的劳动是相当繁重的，要提高他们的工资。"1988年他又讲，"我们不论怎么困难，也要提高教师待遇，这个事情在国际上都有影响。"十多年来党和国家采取了很多措施提高教师待遇，收到的效果也是明显的。但是随着国民收入分配格局的变化，教师队伍的工资收入总体上仍然偏低。各级政府要逐步提高教师待遇，改善他们工作、学习和生活等条件。有些省、市、区还专门拨出大量资金和制定优惠政策逐年解决教师的住房问题。但是近两年来，也有些地方出现了拖欠教师工资的现象，有的地方拖欠问题十分严重。甚至有少数地方把法定的教育费附加也作为减轻农民负担的"乱摊派"而取消了，使农村办学经费"断了炊"等等。这不仅有损于各级政府威信，有损于教师职业的尊严，而且直接影响到教师队伍的稳定，导致教学质量的下降，甚至使基础教育无以为继。各地党政领导同志必须采取切实有力措施，首先解决拖欠教师工资问题，并努力把《纲要》提出的关于教师队伍建设的目标和有关教育的政策落到实处。解决教师问题必须有法律保障，《教师法》作为一部重要的教育法律已经修改成稿，即将由国务院审议后提交全国人大审批。这部法律出台后，将使教师队伍建设走向法制化、规范化。其他有关教育的法律也正在积极起草中。在这里我要特别强调，要对师范教育采取保护政策，大力办好，实行有效的政策导向，鼓励优秀学生报考师范院校，吸引优秀人才充实教师队伍。

同志们！十多年来，在邓小平同志教育思想指引下，我国教育事业已经取得很大的成就，为今后的改革和发展奠定了良好的基础。当前我国教育战线总的形势是好的，但存在的困难和问题也不少，当然，这些是属于前进中的问题。只要各级政府总结和汲取经验教训，认真重视面临的问题，采取得力的措施，积极而稳妥地加速改革的步伐，问题是可以克服的。1985年邓小平同志曾经讲过："对我国教育的发展我是乐观的，困难是有，但要看到有利条件。不管怎么说，这几年经济发展是快的。经济是基础。经济的发展必定会带动教育的发展。……在这样的条件下，只要各级领导认真抓，我们教育的事情好办，悲观是没有根据的。扎扎实实抓它几年，中华民族教育事业空前繁荣的新局面，一定会到来。"我们要有这样乐观而坚定的态度。只要我们以邓小平同志建设有中国特色社会主义理论为指导，认真学习、贯彻小平同志的教育思想，少说空话，多做实事，坚定不移地抓好《纲要》的实施，我们就一定能把我国教育改革和发展的伟大事业推向一个新的阶段！

中共中央总书记江泽民在北京接见教师节表彰大会代表

全国推行国家公务员制度和工资制度改革工作会议在北京召开

宋德福在会上说，推行国家公务员制度和进行机关、事业单位工资制度改革，是涉及面广、政策性强的工作，一定要按党中央、国务院的规定去办，严明改革纪律，严格掌握政策，保证推行国家公务员制度和机关、事业单位工资制度改革工作的顺利进行。

宋德福指出，《国家公务员制度实施方案》已经党中央、国务院批准，近期要做的主要任务是：结合机构改革和工资制度改革，积极稳妥地有计划有步骤地做好推行工作，争取用三年或更多一点时间，在全国范围内基本建立起国家公务员制度。总的考虑是：1993年重点是搞好国务院各部门、各直属机构的实施工作；各省、自治区、直辖市政府及地、市、县、乡政府机关的实施时间和步骤，由各省、自治区、直辖市根据机构改革的进程作出具体安排。

谈到实施公务员制度中要注意的几个问题时，宋德福说，合理地确定公务员制度实施的范围，是做好实施工作的前提。有关方面已对国家公务员制度的实施范围作出以下规定：一是在机构改革中列入政府机构

序列的行政部门；二是行使国家行政职能、从事行政管理活动，使用事业编制的单位，但不包括受国家行政机关委托仅承担部分行政职能的事业单位；另外，有些经批准的单位可参照执行国家公务员制度。

关于政府机关工作人员如何向国家公务员过渡问题，宋德福认为，总的要求是，既要坚持标准，严把人员素质关，又要实事求是，不能脱离实际。他说，过渡工作一要同机构改革中人员分流相结合，要采取切实可行的措施，鼓励机关人员分流到生产、服务和基层第一线，同时，又要做好思想政治工作，稳定机关的骨干；二要与调整机关人员结构相结合，要按照核定的编制和职位要求，根据国家公务员的基本条件和拟任职位的任职条件选配人员，保持各层次人员的合理比例；三要注意保持机关的稳定和工作的连续性。

宋德福认为，确定非领导职务和人员级别，关系公务员的切身利益，也是推行国家公务员制度的重点环节之一，要高度重视，细致实施。他说，任命非领导职务，要严格掌握任职条件，并按规定的管理权限和审批程序办理，要坚决防止借工资改革之机，突击提职、提干；确定国家公务员的级别要严格执行统一规定，在注重德才表现的前提下，以现任职务、任现职务时间、工作实绩和工作年限为主要依据。

关于同时实施的工资制度改革，宋德福说，主要任务是要建立不同特点的工资制度。机关实行职级工资制；事业单位的工资构成分为固定部分和活的部分两块，以发挥工资的保障和激励作用。与此同时，要建立工资正常增长机制，建立地区津贴制度，加强国家对工资总额的宏观调控。

国务院副秘书长李世忠主持会议。

国务院总理李鹏在中南海紫光阁会见出席全国推行国家公务员制度和工资制度改革工作会议的全体代表

李鹏在会见代表时说，我国的公务员制度的建立和工资制度改革，是我国政治生活中的一件大事，是政治体制改革的一项重要内容。党中央、国务院对这两项改革十分重视，多次开会研究，广泛征求意见，并公布了《国家公务员暂行条例》。我们这次会议就是要按照这个条例的精神，部署和研究具体实施问题，做好这项工作。

李鹏说，我国的公务员制度是继承和发扬了我国多年来形成的干部制度的优良传统，同时也吸收了一些发达国家的公务员制度的某些合理的部分，其主要目的就是为了建立一支廉洁奉公、忠于职守的公务员队伍，以适应我国建立有中国特色的社会主义和社会主义市场经济体制的需要。

李鹏指出，在国家公务员制度建立的同时，还要进行工资制度的改革。他说，广大国家公职人员多年来很辛苦，为社会主义建设事业作出了很大的贡献，党中央、国务院对此充分肯定。今后，随着我国经济的发展和公务员制度的建立，将逐步地提高公职人员的工资水平。

李鹏说，实行公务员制度以及相应的工资制度改革，是一次政策性很强的工作。他希望各级党委和政府充分重视这项工作，把这项工作做好。

国务院 5 部门联合进行农民负担执法大检查

按照中共中央、国务院的要求，农业部、监察部、财政部、国家计委、国务院法制局共同组成国务院检查组，9 月中旬至 11 月在全国范围内开展农民负担执法大检查。

大检查的依据是《农业法》、国务院《农民承担费用和劳务管理条例》、中办、国办《紧急通知》和中办、国办《关于涉及农民负担项目审核处理意见的通知》。主要检查中央的有关政策的落实情况；并通过检查发现新情况，研究新问题，为宏观决策提供建设性意见；进一步保护农民的合法权益，调动广大农民的生产积极性，促进农村经济持续稳定健康发展。

国务院检查组按华北、东北、华东、中南、西南、西北六个大区进行分组，重点检查粮棉主产省和贫困地区。

中国国际交流协会在北京举行第 6 次理事会

全国人大常委会委员长乔石代表中共中央和全国人大向大会表示祝贺。

全国人大常委会副委员长、国际交协名誉会长雷洁琼致开幕词。

新当选的协会会长、全国政协副主席吴学谦讲话。

国际交协作为中国对外开展国际交流的重要民间团体之一，成立 12 年来，坚持其“促进国际间的相互了解、友好和维护世界和平”的宗旨，努力发挥对外民间团体的特点和优势，做了许多有益的工作，取得了积极的成果。协会已同五大洲 80 多个国家的 200 多个各种类型的团体、政党和研究机构建立了联系，共接待了 600 多批约 3700 多位外国友人，应邀派出的团组和人员也在 50 多个国家留下足迹。

会议产生新的一届理事会，协会新选出的副会长是：朱良、张香山、万国权、厉以宁、郁文。

国家主席江泽民在人民大会堂会见美国 2000 年养老基金主席菲利普·谢佛

国家主席江泽民在人民大会堂会见联合国贸发会

议秘书长达奇及参加“跨国公司与中国”国际研讨会的部分跨国公司代表

国家主席江泽民根据全国人大常委会的决定任免驻外大使

一、免去郭靖安的中国驻加纳共和国特命全权大使职务。

任命张德政为中国驻加纳共和国特命全权大使。

二、免去吴嘉森的中国驻布基纳法索特命全权大使职务。

任命李永谦为中国驻布基纳法索特命全权大使。

三、免去徐贻聪的中国驻厄瓜多尔共和国特命全权大使职务。

任命杨斌伟为中国驻厄瓜多尔共和国特命全权大使。

四、免去陈久长的中国驻古巴共和国特命全权大使职务。

任命徐贻聪为中国驻古巴共和国特命全权大使。

五、免去戴诗琪的中国驻秘鲁共和国特命全权大使职务。

任命陈久长为中国驻秘鲁共和国特命全权大使。

六、免去陈棣的中国驻立陶宛共和国特命全权大使职务。

任命王钊贤为中国驻立陶宛共和国特命全权大使。

七、免去张德广的中国驻哈萨克斯坦共和国特命全权大使职务。

任命陈棣为中国驻哈萨克斯坦共和国特命全权大使。

国务院秘书长罗干在中南海会见利比亚全国人民委员会秘书长阿里·马哈茂德·格尔亚尼和外交部副部长艾哈迈德·海亚利

全国人大常委会和北京市人大常委会联合在北京举行庆祝教师节茶话会

中国远洋运输(集团)总公司就“银河号”事件在北京举行中外记者招待会谴责美国的霸权主义行径要求美国公开道歉并赔偿经济损失

中国政府和摩尔多瓦共和国政府在基希纳乌签署《1993至1994年文化合作计划》

国务院副总理兼外交部部长钱其琛复信国际奥委会主席萨马兰奇表示中国支持“奥运休战”和确定1994年为“体育和奥林匹克精神年”

参加海峡两岸“为中国人健康而跑”活动的大陆体育代表团到达台北

9月11日

国务院在北京召开第二次政府法制工作会议

国务委员兼国务院秘书长罗干在讲话中说，建立社会主义市场经济体制，必然要求有相应的社会主义法制作保障。政府法制建设作为国家法制建设的重要组成部分，对推动和保障社会主义市场经济体制的建立和逐步完善，有着重要作用。各级政府和政府各部门，都要采取切实有力措施，进一步加强政府法制工作，使政府的立法工作、执法工作都有一个迅速的发展和改善。

在谈到政府立法工作时，罗干指出，根据全国人大常委会的统一规划和国务院的部署，当前急需抓紧起草、力争尽早出台的，一是规范市场主体的立法项目；二是调整市场主体关系、维护市场公平竞争的立法项目；三是改善和加强宏观调控、促进经济协调发展的立法项目；四是建立和健全社会保障制度的立法项目。同时，还要抓紧促进教育、科学技术、文化发展方面的立法工作，促进民主政治建设和保障公民权利方面的立法工作，维护社会治安和反对腐败、加强廉政建设方面的立法工作，为社会主义市场经济体制的建立、完善和健康运行创造良好的社会环境。

在谈到行政执法工作时，罗干说，当前有些地方、部门，特别是有些行政执法部门、经济管理部门和垄断性行业，不正之风严重，对严肃执法的冲击和破坏很大。他强调，当前存在的不少突出问题并非无法可依、无章可循，而是有法不依、有章不循、有令不行、有禁不止、法纪松弛、政令不通的结果。要把反对腐败、加强廉政建设作为政府法制工作的一项重要内容。

国务院法制局局长杨景宇在会上讲话。

全国人大常委会副委员长王汉斌，最高人民法院副院长唐德华，最高人民检察院副检察长陈明枢，以及各省、自治区、直辖市人民政府和国务院有关部门的负责人出席会议。

国务院总理李鹏中央军委主席江泽民共同签署第128号令发布《中华人民共和国无线电管理条例》

现发布《中华人民共和国无线电管理条例》，自发布之日起施行。

国务院总理　李　鹏

中央军委主席　江泽民

1993年9月11日

中华人民共和国无线电管理条例

第一章 总 则

第一条 为了加强无线电管理，维护空中电波秩序，有效利用无线电频谱资源，保证各种无线电业务的正常进行，制定本条例。

第二条 在中华人民共和国境内设置、使用无线电台（站）和研制、生产、进口无线电发射设备以及使用辐射无线电波的非无线电设备，必须遵守本条例。

第三条 无线电管理实行统一领导、统一规划、分工管理、分级负责的原则，贯彻科学管理、促进发展的方针。

第四条 无线电频谱资源属国家所有。国家对无线电频谱实行统一规划、合理开发、科学管理、有偿使用的原则。

第五条 国家鼓励对无线电频谱资源的开发、利用和科学研究，努力推广先进技术，提高管理水平。

对在无线电管理工作和科学研究中作出重大贡献的单位和个人，应当给予奖励。

第二章 管理机构及其职责

第六条 国家无线电管理机构在国务院、中央军事委员会的领导下负责全国无线电管理工作，其主要职责是：

（一）拟订无线电管理的方针、政策和行政法规；

（二）制订无线电管理规章；

（三）负责无线电台（站）、频率的统一管理；

（四）协调处理无线电管理方面的事宜；

（五）制定无线电管理方面的行业标准；

（六）组织无线电管理方面的科学研究工作；

（七）负责全国的无线电监测工作；

（八）统一办理涉外无线电管理方面的事宜。

第七条 中国人民解放军无线电管理机构负责军事系统的无线电管理工作，其主要职责是：

（一）参与拟订并贯彻执行国家无线电管理的方针、政策、法规和规章，拟订军事系统的无线电管理办法；

（二）审批军事系统无线电台（站）的设置，核发电台执照；

（三）负责军事系统无线电频率的规划、分配和管理；

（四）核准研制、生产、销售军用无线电设备和军事系统购置、进口无线电设备的有关无线电管理的技术指标；

（五）组织军事无线电管理方面的科研工作，拟制军用无线电管理技术标准；

（六）实施军事系统无线电监督和检查；

（七）参与组织协调处理军地无线电管理方面的事宜。

第八条 省、自治区、直辖市和设区的市无线电管理机构在上级无线电管理机构和同级人民政府领导下负责辖区内除军事系统外的无线电管理工作，其主要职责是：

（一）贯彻执行国家无线电管理的方针、政策、法规和规章；

（二）拟订地方无线电管理的具体规定；

（三）协调处理本行政区域内无线电管理方面的事宜；

（四）根据审批权限审查无线电台（站）的建设布局和台址，指配无线电台（站）的频率和呼号，核发电台执照；

（五）负责本行政区域内无线电监测。

第九条 国务院有关部门的无线电管理机构负责本系统的无线电管理工作，其主要职责是：

（一）贯彻执行国家无线电管理的方针、政策、法规和规章；

（二）拟订本系统无线电管理的具体规定；

（三）根据国务院规定的部门职权和国家无线电管理机构的委托，审批本系统无线电台（站）的建设布局和台址，指配本系统无线电台（站）的频率、呼号，核发电台执照；

（四）国家无线电管理机构委托行使的其他职责。

第十条 国家无线电监测中心和各级无线电监测站、国家无线电频谱管理中心、国家无线电频谱管理研究所，分别承担电波监测、技术审查、新技术开发和科学研究等工作。

第三章 无线电台（站）的设置和使用

第十一条 设置、使用无线电台（站）的单位和个人，必须提出书面申请，办理设台（站）审批手续，领取电台执照。

第十二条 设置、使用无线电台（站），应当具备下列条件：

（一）无线电设备符合国家技术标准；

（二）操作人员熟悉无线电管理的有关规定，并具有相应的业务技能和操作资格；

（三）必要的无线电网络设计符合经济合理的原则，工作环境安全可靠；

（四）设台（站）单位或者个人有相应的管理措施。

第十三条 设置、使用下列无线电台（站），应当按照本条规定报请相应的无线电管理机构审批：

（一）通信范围或者服务区域涉及两个以上的省或者涉及境外的无线电台（站），中央国家机关（含其在京直属单位）设置、使用的无线电台（站），其他因特殊需要设置、使用的无线电台（站），由国家无线电管理机构审批。

(二)在省、自治区范围内跨地区通信或者服务的无线电台(站),省、自治区机关(含其在省、自治区人民政府所在地直属单位)设置使用的无线电台(站),由省、自治区无线电管理机构审批。

在直辖市范围内通信或者服务的无线电台(站),由直辖市无线电管理机构审批。

(三)在设区的市范围内通信或者服务的无线电台(站),由设区的市无线电管理机构审批。

依照前款规定申请设置固定无线电台(站)的,事先还应当经其上级业务主管部门同意。

设置、使用特别业务的无线电台(站),由国家无线电管理机构委托国务院有关部门审批。

第十四条 船舶、机车、航空器上的制式无线电台(站),必须按照有关规定领取电台执照并报国家无线电管理机构或者地方无线电管理机构备案。

第十五条 设置业余无线电台(站),应当按照国家有关业余无线电台(站)管理的规定办理设台(站)审批手续。

第十六条 位于城市规划区内的固定无线电台(站)的建设布局和选址,必须符合城市规划,服从规划管理。城市规划行政主管部门应当统一安排,保证无线电台(站)必要的工作环境。

第十七条 电台呼号由国家无线电管理机构编制和分配,并由国家无线电管理机构、地方无线电管理机构或者国家无线电管理机构委托的国务院有关部门指配。

经国务院有关部门指配的电台呼号,应当抄送无线电台(站)所在省、自治区、直辖市无线电管理机构备案。

经无线电管理机构指配的船舶电台呼号,应当抄送国务院交通主管部门备案。

第十八条 电台执照由国家统一印制,由国家无线电管理机构、地方无线电管理机构或者国家无线电管理机构委托的国务院有关部门核发。

第十九条 遇有危及人民生命财产安全的紧急情况,可以临时动用未经批准设置使用的无线电设备,但是应当及时向无线电管理机构报告。

第二十条 无线电台(站)经批准使用后,应当按照核定的项目进行工作,不得发送和接收与工作无关的信号;确需变更项目的,必须向原批准机构办理变更手续。

无线电台(站)停用或者撤销时,应当及时向原批准机构办理有关手续。

第二十一条 使用无线电台(站)的单位或者个人,必须严格遵守国家有关保密规定。

第四章 频率管理

第二十二条 国家无线电管理机构对无线电频率实行统一划分和分配。

国家无线电管理机构、地方无线电管理机构根据设台(站)审批权限对无线电频率进行指配。

国务院有关部门对分配给本系统使用的频段和频率进行指配,并同时抄送国家无线电管理机构或者有关的地方无线电管理机构备案。

第二十三条 指配和使用频率,必须遵守国家有关频率管理的规定。

业经指配的频率,原指配单位可以在与使用单位协商后调整或者收回。

频率使用期满,需要继续使用的,必须办理续用手续。

任何单位和个人未经国家无线电管理机构或者地方无线电管理机构批准,不得转让频率。禁止出租或者变相出租频率。

第二十四条 因国家安全和重大任务需要实行无线电管制时,管制区域内设有无线电发射设备和其他辐射无线电波设备的单位和个人,必须遵守有关管制的规定。

第二十五条 对依法设置的无线电台(站),无线电管理机构应当保护其使用的频率免受有害干扰。

处理无线电频率相互有害干扰,应当遵循带外让带内、次要业务让主要业务、后用让先用、无规划让有规划的原则;遇特殊情况时,由国家无线电管理机构根据具体情况协调、处理。

第五章 无线电发射设备的研制、生产、销售、进口

第二十六条 研制无线电发射设备所需要的工作频率和频段应当符合国家有关无线电管理的规定,并报国家无线电管理机构核准。

第二十七条 生产的无线电发射设备,其工作频率、频段和有关技术指标应当符合国家有关无线电管理的规定,并报国家无线电管理机构或者地方无线电管理机构备案。

第二十八条 研制、生产无线电发射设备时,必须采取措施有效抑制电波发射。进行实效发射试验时,须经国家无线电管理机构或者地方无线电管理机构批准。

第二十九条 进口的无线电发射设备,其工作频率、频段和有关技术指标应当符合国家有关无线电管理的规定,并报国家无线电管理机构或者省、自治区、直辖市无线电管理机构核准。

第三十条 企业生产、销售的无线电发射设备,必须符合国家技术标准和有关产品质量管理的法律、法规的规定。县级以上各级人民政府负责产品质量监督管理工作的部门应当依法实施监督、检查。

第六章 非无线电设备的无线电波辐射

第三十一条 工业、科学、医疗设备、电气化运输系统、高压电力线及其他电器装置产生的无线电波辐射，必须符合国家规定，不得对无线电业务产生有害干扰。

第三十二条 产生无线电波辐射的工程设施，可能对无线电台（站）造成有害干扰的，其选址定点应当由城市规划行政主管部门和无线电管理机构协商确定。

第三十三条 非无线电设备对无线电台（站）产生有害干扰时，设备所有者或者使用者必须采取措施予以消除；对航空器、船舶的安全运行造成危害时，必须停止使用。

第七章 涉外无线电管理

第三十四条 无线电频率划分、分配、协调的涉外事宜，以及我国电台和境外电台的相互有害干扰，由国家无线电管理机构统一与有关的国际组织或者国家、地区交涉。

第三十五条 外国驻中国使领馆、联合国及其专门机构和其他享有外交特权的国际组织驻中国代表机构设置、使用无线电台（站），携带或者运载无线电设备入境，必须事先通过外交途径向国家无线电管理机构申请批准。

其他驻华代表机构、来华团体、客商等外籍用户设置、使用无线电台（站），携带或者运载无线电设备入境，事先由业务主管部门或者接待单位根据本条例第十三条的规定报请国家无线电管理机构或者地方无线电管理机构批准。

第三十六条 外国船舶（含海上平台）电台、航空器电台、车载电台等在我国领域内使用时，应当遵守中华人民共和国缔结或者参加的国际条约以及中华人民共和国的法律、法规和规章。

第三十七条 国际电信联盟要求提送的无线电台（站）资料，由有关部门报国家无线电管理机构统一办理。

第三十八条 未经国家无线电管理机构批准，外国组织或者人员不得运用电子监测设备在我国境内进行电波参数测试。

第八章 无线电监测和监督检查

第三十九条 国家无线电监测中心，国家无线电监测站，省、自治区、直辖市无线电监测站，以及设区的市无线电监测站，负责对无线电信号实施监测。

第四十条 各级无线电监测站的主要职责是：

（一）监测无线电台（站）是否按照规定程序和核定的项目工作；

（二）查找无线电干扰源和未经批准使用的无线电台（站）；

（三）测定无线电设备的主要技术指标；

（四）检测工业、科学、医疗等非无线电设备的无线电波辐射；

（五）国家无线电管理机构、地方无线电管理机构规定的其他职责。

第四十一条 国务院有关部门的监测台（站）负责本系统的无线电监测和监督检查。

第四十二条 国家无线电管理机构、地方无线电管理机构应当设立无线电管理检查员，对无线电管理的各项工作进行监督检查。

国务院有关部门可以设立无线电管理检查员，对本系统的无线电管理工作进行监督检查。

无线电管理检查员在其职权范围内进行监督检查时，有关单位和个人应当积极配合。

第九章 罚　则

第四十三条 对有下列行为之一的单位和个人，国家无线电管理机构或者地方无线电管理机构可以根据具体情况给予警告、查封或者没收设备、没收非法所得的处罚；情节严重的，可以并处一千元以上、五千元以下的罚款或者吊销其电台执照：

（一）擅自设置、使用无线电台（站）的；

（二）违反本条例规定研制、生产、进口无线电发射设备的；

（三）干扰无线电业务的；

（四）随意变更核定项目，发送和接收与工作无关的信号的；

（五）不遵守频率管理的有关规定，擅自出租、转让频率的。

第四十四条 违反本条例规定，给国家、集体或者个人造成重大损失的，应当依法承担赔偿责任；国家无线电管理机构或者地方无线电管理机构并应当追究或者建议有关部门追究直接责任者和单位领导人的行政责任。

第四十五条 当事人对国家无线电管理机构或者地方无线电管理机构的处罚不服的，可以依法申请复议或者提起行政诉讼。

第四十六条 无线电管理人员滥用职权、玩忽职守的，由其所在单位或者上级机关给予行政处分；构成犯罪的，依法追究刑事责任。

第十章 附　则

第四十七条 中国人民解放军（含民兵）的无线电管理办法，另行制定。

人防系统的无线电管理办法，另行制定。

第四十八条 公安机关、中国人民武装警察部队和国家安全机关无线电管理的特殊规定，分别由公安部、国家安全部会同国家无线电管理机构根据本条例另行制定。

第四十九条 本条例自发布之日起施行。

全国总工会主席倪志福在全国乡镇企业工会工作会议上发表讲话

在工会十二大召开的前夕，我们在这里专题研究全国乡镇企业工会工作问题，其目的在于适应深化改革和发展社会主义市场经济的要求，加快乡镇企业工会组建步伐，促进乡镇企业的不断发展。这是一次非常重要的会议。几天来，会议上介绍了许多好经验，参观了无锡县、江阴市和华西村的不少乡镇企业，使我们很受教育和启发。

乡镇企业异军突起，是亿万农民在改革大潮中的伟大创举。经过十多年的发展，乡镇企业已经成为我国国民经济的重要组成部分。去年，江苏、山东、浙江、广东、河南、四川、河北七个省的乡镇企业年产值都超过千亿元。全国两千多万个乡镇企业，去年实现工业总产值13193亿元，占全国37066亿元工业总产值的35.6%，已突破“三分天下有其一”的局面。现在，乡镇企业从业人员已超过一亿，其中几千万人已成为以工资收入为基本生活来源的工人阶级新成员，加速着我国工人阶级队伍的发展壮大。乡镇企业的崛起和发展，是我国农村经济和中国社会发展的伟大历史性进步，开辟了一条缩小三大差别、实现我国社会主义工业化的康庄大道，其现实意义之重大和历史意义之深远是无法估量的。发展乡镇企业的重大意义，我们可以从多个方面和多个角度去进行分析和认识，我想至少有以下四个方面是尤为重要的。

其一，乡镇企业的发展是邓小平同志倡导的有中国特色社会主义的重要组成部分和显著特征之一，是社会主义中国实现工业化的必由之路。资本主义国家在实现工业化的过程中，一般采取破产农业来搞工业，破产农村来发展城市。我们不走这个路。毛泽东同志很早就提醒全党，“认清中国的国情，乃是认清一切革命问题的依据。”发达资本主义国家80%的人口在城市，我们是80%在农村。这就是中国的国情。邓小平同志正是从这样一个基本国情出发，鲜明地指出，“生产关系究竟以什么形式为最好，恐怕要采取这样一种态度，就是哪种形式在哪个地方能够比较容易比较快地恢复和发展农业生产，就采取哪种形式，群众愿意采取哪种形式，就应该采取哪种形式，不合法的使它合法起来。”正是邓小平同志和党中央对农村出现的新生事物和农民的伟大创造给予敏锐、果敢、热情地支持，制定了一系列正确的政策，才使亿万农民大胆地从工务商，有力地推动了乡镇企业依托城镇蓬勃发展。

其二，乡镇企业的发展是马克思主义解放和发展社会生产力与缩小三大差别学说的伟大实践与重大发展。社会主义的根本任务是解放和发展社会生产力。在中国这样一个人口多、底子薄的发展中的社会主义国家，如何按照马克思预见的那样，逐步缩小工农之间、城乡之间、脑力劳动和休力劳之间的差别，实现共同富裕，是一个十分重大的理论和实践问题。乡镇企业的发展，不仅使我们找到了从根本上缩小三大差别，实现农村城镇化、城乡互促互融、共同发展，在一个经济落后的农业之国解决这个问题的道路，而且不少地方正在逐步成为现实。

其三，乡镇企业的发展有效地加强着农业、工农联盟和基层政权这三个相互关联的最重要的基础建设，从根本上巩固着我们的社会主义制度。农业这个国民经济的基础，工农联盟这个国家政权的基础以及基层政权建设，都由于乡镇企业的迅速发展使之得到有效的加强。立足乡镇和农村的乡镇企业的蓬勃发展，正在改变和优化着农村的产业结构，逐步合理地配置着农村的人力、物力、财力资源，日趋密切着城乡物资、产品、技术、信息的交流，不断加大着对农业技术改造和现代化的投入，日益提高着农村的科技意识、文化技术素质和市场竞争能力，明显增加着农民的收入和改善着物质文化生活。所有这些，都在有效地加强农业这个基础，巩固着新时期的工农联盟和加强着农村的基层政权建设。

其四，乡镇企业的发展和农村改革的成功，不仅坚定了城市经济体制改革的信心，而且为其提供了具有重要借鉴意义的历史经验。过去我曾经多次讲过，农村改革的成功经验很多，但重要的经验至少有三条。其中最重要的一条是党用政策特别是分配政策保护和调动了广大农民的积极性，因而才有亿万农民的伟大创造。不仅使亿万农民不断完善和发展家庭联产承包责任制，而且因地制宜，以市场为取向和灵活有效的经营机制，使乡镇企业崛起并迅猛发展。农村改革的这条成功经验对城市改革的重要借鉴意义就在于，必须同样用党的政策特别是分配政策去保护和调动广大职工的积极性，不能损害职工的切身利益，不能挫伤职工的生产积极性，要深入企业和职工，和职工群众共商企业改革和发展的各种问题，尊重广大职工的首创精神，全心全意依靠职工群众办好企业，这是城市经济体制改革成败的关键。因此，一切都无从谈起。当然，农村改革的成功经验还有依靠科技、教育的进步和发展多种经营两条。这两条同样对城市经济体制改革和发展城市经济有重要借鉴意义。

我们研究加快乡镇企业工会组建步伐和加强工会工作，就是要也必须要站在这样一个全局的高度，自觉地把我们的工作放到这样一个具有重大而深远意义的全局工作中去认识和把握，自觉地为全局的发展作出我们应有的努力。

中央统战部发出关于做好台胞投资企业加入工商联工作的通知

工商联是中国共产党领导下的具有统一战线性质的人民团体和民间商会，有为“三胞”投资企业进行工作与服务的优势和有利条件，可以发挥政府联系“三胞”投资企业的助手和桥梁作用。为做好台胞投资企业、台湾投资者、台胞投资企业协会加入工商联的工作，现将有关问题通知如下：

一、台胞投资企业、台湾投资者、台胞投资企业协会加入工商联，对沟通企业与政府的联系，交流会员间的经济信息，促进台胞投资企业的健康发展，具有重要的作用。

二、台胞投资企业、台湾投资者、台胞投资企业协会加入工商联，要入会自愿、方式简便。总的原则是以我为主，于我有利，有利于海峡两岸经贸交流与合作，有利于和平统一祖国，既要积极推进，又要稳妥谨慎。要防止坚持“台独”立场和被认为有犯罪行为者进入工商联，并要避免台胞会员因加入工商联而在台造成损失和危害。同时，还要警惕他们在工商联的参政议政中照搬台湾政治模式的情况发生。

三、工商联对其台胞会员要坚持团结、帮助、引导、教育的方针，利用民间组织的形式开展工作。主要任务是：介绍党和政府的方针政策，反映他们的正确意见，维护他们的合法权益，在此基础上进行爱国、敬业、守法的教育，开展各项服务活动，对他们中的代表人士进行适当的政治安排。

四、加入工商联的具体条件：

1. 台胞投资企业：开业一年以上、守法经营的企业，均可申请入会。

2. 台湾投资者：在大陆投资举办企业，遵守国家法律法规，常住大陆一年以上者，均可申请入会。

3. 台胞投资企业协会：凡正式批准成立的台胞投资企业协会，经协会理事会讨论决定，均可申请入会。

五、台胞投资企业、台湾投资者，原则上参加当地工商联作为企业会员或个人会员。因工作需要，上级工商联或全国工商联也可直接吸收其为直属会员。台胞投资企业协会作为团体会员参加工商联，其负责人可经协商、选举担任同级或上级工商联的负责人。

六、台胞会员享有工商联章程规定的权利和应履行的义务。

七、各级统战部要进一步加强与台办的联系，互通情况，密切配合，共同做好这项工作。

八、台胞投资企业、台湾投资者、台胞投资企业协会加入工商联，是一项政策性很强的工作。各地在这项工作中遇到的重大问题，应及时请示报告。

国家主席江泽民在中南海会见香港东方海外实业有限公司董事长北京东方广场有限公司董事长董建华

全国政协副主席王兆国在北京会见以黄士心为团长的香港东华三院访问团

中国治沙暨沙业学会在北京成立

科学家、沙产业倡导者钱学森和国务委员陈俊生分别致信祝贺。钱学森认为，这个学会的成立，表明中国治沙事业又走上了一个新的台阶。

陈俊生指出，搞好中国沙漠治理，防止土地沙漠化，对于保护国土，增加耕地面积，促进农业以及整个经济建设的发展，都具有重要的意义。这是一项功在当代，利及子孙的伟大事业。

林业部部长徐有芳到会祝贺并讲话。他指出，全国沙漠治理工作面临严峻形势，希望学会充分发挥自身的优势，紧紧抓住防沙治沙中的关键性问题，组织多学科、各方面力量开展科学研究，促进和推动治沙工程顺利发展。

中国治沙暨沙业学会理事长董智勇介绍了学会的筹建经过。中国治沙暨沙业学会是根据中国治沙工作需要成立的一个高层次的学术性组织。徐有芳、祝光耀、刘恕被聘为学会名誉理事长。

阿尔巴尼亚外交部长塞雷奇与外交部部长钱其琛在地拉那举行会谈

波兰总理苏霍茨卡在华沙部长会议大厦会见国务院副总理邹家华

国务院副总理李岚清在北京接受法国《费加罗报》驻北京记者迪·沙博龙的采访

参加联合国驻柬埔寨维持和平行动的工程兵大队完成任务后乘联合国专机离开柬埔寨回国

国务院副总理李岚清在中南海会见参加首届“希望工程园丁奖”颁奖大会的代表

辽宁田径运动员曲云霞王军霞在第七届全国运动会上破女子 1500 米世界纪录

辽宁选手曲云霞和王军霞双双打破前苏联选手卡

赞金娜保持13年之久的女子1500米跑世界纪录，成绩分别为3分50秒46、3分51秒92，原纪录为3分52秒47。

首届“中华人口奖”颁奖大会在人民大会堂举行

9月12日

外交部部长钱其琛在卢布尔雅那同斯洛文尼亚外交部长佩特尔莱举行会谈

辽宁5位女运动员在七届全运会上打破3000米世界纪录

一项保持多年、看似难以动摇的女子中长跑世界纪录，在七运会田径赛场上被辽宁队小将连连刷新。5名辽宁姑娘在女子3000米预赛中王军霞以8分12秒19、曲云霞以8分12秒27、马丽艳以8分19秒78、张林丽以8分22秒06、张丽荣以8分22秒44，均打破前苏联名将卡赞金娜保持9年的8分22秒62的世界纪录，创出世界田径史上奇迹。这5位选手都是马俊仁的学生。

9月13日

中共中央政治局常委李瑞环在江西考察

李瑞环于13日至19日，在中共江西省委书记毛致用、省长吴官正等同志的陪同下，先后到九江、共青城、井冈山、南昌、永修等市县进行考察。在井冈山，李瑞环参观毛泽东同志旧居等革命遗址，向革命烈士陵园敬献花圈。

李瑞环指出，当前我国经济形势总的看是好的，中央加强宏观调控的措施已初见成效。但是，实现向社会主义市场经济体制的转变，还需要一个较长的过程。各级领导只有充分发挥人民群众的首创精神，解放思想，实事求是，大胆创新，才能解决好新旧体制转换过程中出现的各种矛盾和问题。他说，当年毛泽东同志把马克思主义同中国革命的具体实际相结合，提出农村包围城市，武装夺取政权，找到了中国革命的正确道路。党的十一届三中全会以来，邓小平同志把马列主义、毛泽东思想同当今中国实际相结合，提出了建设有中国特色社会主义的理论，找到了中国现代化建设的正确道路。在新的历史时期，我们一定要很好地继承和发扬理论与实际相结合的优良传统，不断总结新鲜经验。他说，各地区和广大群众在改革开放和发展经济的实践中创造了很多新办法、新路子，各级领导在制定和实施政策中，要善于从中吸取营养，把学习建设有中国特色社会主义的理论与本地实际紧密结合，研究自身特点，发挥特有优势，创造性地开展工作。

在南昌，李瑞环还会见了江西省政协领导同志，同他们就政协如何在经济建设和社会主义民主政治建设中更好地发挥作用，以及政协如何加强自身建设交换了意见。

中共中央政治局常委胡锦涛在黑龙江考察

胡锦涛于13日至18日在孙维本等省委领导陪同下，在齐齐哈尔、黑河、哈尔滨等市深入企业车间，走访农户，看望老同志，并考察经济合作区、高新技术开发园区和民贸市场。胡锦涛说，黑龙江省过去为中国革命和建设做出过重大贡献，只要坚持以邓小平同志建设有中国特色社会主义理论和党的基本路线为指导，全省干部和群众继续团结奋斗，充分发挥自己的优势，就一定能够为改革开放和现代化建设做出新的更大的贡献。

胡锦涛说，为了巩固和发展好的形势，中央针对前进中出现的一些突出矛盾和问题，采取了加强宏观调控等一系列重大措施，目前已收到初步成效；继续认真加以贯彻落实，就可以为深化改革、扩大开放创造更好的环境和条件，保证国民经济持续、快速、健康发展。

胡锦涛在同一些大中型企业负责人座谈时指出，国有大中型企业是国民经济的支柱，是国家财政收入的重要来源，是我国经济参与国际竞争、合作的基本力量。搞好国有大中型企业，是建立社会主义市场经济体制的中心环节。要通过改革使其进入市场经济的轨道，并发挥主导作用。胡锦涛肯定了一些国有大中型企业在贯彻落实《条例》、转换经营机制上的好做法。他强调，企业的同志要解放思想、转变观念、眼睛向内、苦练内功，强化企业科学管理，搞好组织结构的调整，面向国内国际大市场，加速企业的科技进步，按照“三句话”的精神完善企业内部领导体制。政府要转变职能，实行政企分开，加快配套改革，为企业创造良好的外部环境。

胡锦涛强调，加快经济发展，要切实把精力集中到深化改革，转换机制，优化产业结构，提高效益上来。他针对黑龙江省的情况，提出在调整产业结构时，要十分重视加强农业的基础地位，要有计划、有步骤地开发一些高附加值的加工业，逐步转变重工业比重很大的状况，在保证公有制经济为主体的前提下，要大力发展乡镇企业，发展个体、私营、三资企业，积极培育新的经济生长点。胡锦涛在考察沿边开放情况时指出，黑龙江省要充分发挥地缘优势，立足本省，依托全国，放手外引内联，以开放促开发，以开发促发展，继续做好对外开放这篇大文章。

胡锦涛在考察中详细了解了党的建设和反腐败工作的情况。胡锦涛要求各级党委要认真落实用邓小平同志建设有中国特色社会主义理论武装全党的任务，把学习这一理论同总结经验、增强党性锻炼结合起来，在解放思想和实事求是的统一、认识和实践的统一、主观和客观的统一、革命热情和科学态度的统一等方面取得明显的进步，提高执行党的基本路线的自觉性和坚定性。领导干部要学习、运用得更好一些。在谈到领导班子建设时，胡锦涛指出，要加强思想作风建设，坚持和健全民主集中制，增进团结，增强全局观念，保证党和国家政令畅通；坚决克服官僚主义、形式主义、密切同人民群众的联系。各级领导要努力学习经济，提高驾驭社会主义市场经济的本领。

胡锦涛特别强调，坚定不移地反对腐败，是贯彻党的基本路线的必然要求，是加强党的建设和政权建设的一件大事，是改革开放和现代化建设顺利进行的重要保证。各级党委要按照中央的部署和要求，加强领导，把推进改革开放，发展经济同反对腐败结合起来，保证这场斗争健康有序地进行，务必在近期内取得明显的阶段性成果，取信于民。领导干部要带头廉洁自律，旗帜鲜明，敢抓敢管，切实负起责任。

国家副主席荣毅仁在里斯本同葡萄牙总理卡瓦科·席尔瓦举行会谈

中共中央转发《中共中央组织部关于中国共产党机关参照试行〈国家公务员暂行条例〉的实施意见》

通知说，中央决定，在国家行政机关有计划、有步骤地推行国家公务员制度的同时，党的机关参照试行《国家公务员暂行条例》。中央组织部负责研究制定党的机关参照试行《国家公务员暂行条例》的实施方案。各级党的机关要按照中央组织部提出的实施意见和制定的实施方案，结合实际情况，制定具体方案并组织实施。

《实施意见》共分五部分内容：(一)试行范围。(二)职级设置与人员分级。(三)招考与选调。(四)纪律处分。(五)管理与监督。《实施意见》规定，在中央、地方各级党委工作部门、办事机构和派出机构以及街道、乡、镇党委机关中除工勤人员以外的工作人员(简称"党的机关工作者")，参照试行《国家公务员暂行条例》。党的机关设置领导职务序列和非领导职务序列，党的机关工作者和级别划分，参照《国家公务员暂行条例》执行，划分为 15 级，职务与级别相对应。党的机关录用工作人员，采用招考与选调两种方式。对党的工作者中党员的违纪行为的惩处，按照党章规定执行，必要时可给以行政处分；对党的机关非党员的违纪行为的惩处，参照《国家公务员暂行条例》有关规定执行。党的机关工作者的义务与权力、职位分类、考核、奖励、纪律、职务升降、职务任免、培训、交流、回避、工资保险福利、辞职辞退、退休和申诉控告等，参照《国家公务员暂行条例》有关规定执行。中央组织部和县以上地方党委组织部，分别负责全国党的机关和本地区党的机关参照执行《国家公务员暂行条例》工作的综合指导、监督和管理。

《人民日报》发表社论《苦练内功 自立自强》

贯彻落实《全民所有制工业企业转换经营机制条例》目前到了攻坚阶段。国有企业特别是大中型企业以什么样的姿态投入这场攻坚战，一批先进企业以自己的实践作出了明确回答：要眼睛向内，苦练内功。

苦练内功，首先必须转变观念。在贯彻落实《条例》中，国有企业一定要转变过去那种企业只是政府的生产单位，产供销靠国家的办企业模式，摆脱长期计划经济体制的影响和束缚，克服对政府的依赖心理和眼睛向上，当伸手派，一切由国家包揽的思想，树立竞争意识、风险意识和效益观念，使自己真正成为自主经营、自负盈亏的法人实体，在市场竞争中自主自立。为了切实促进观念转变，国有企业的领导者要用邓小平同志建设有中国特色社会主义的理论武装头脑，加强社会主义市场经济理论的学习，消除在向市场经济转轨过程中产生的失落感，振奋精神，重新认识自己在全国经济中的地位，主动换脑筋，敢用并用好《条例》赋予企业的各项权利，创造性地运用新观念、新方法走向市场。

苦练内功，必须下大力气加强企业内部管理。根据社会主义市场经济体制的要求，重新构造政企分离后的企业领导制度、决策体系和监督体系，建立起企业自我发展、自我约束的机制，适时地改造和完善与市场机制相适应的计划、财务等内部管理制度和运行规则；同时还要积极推进企业劳动、人事、分配等管理制度改革。在加强企业内部管理工作中，当前要注意防止和克服两种倾向：一是"以转代管"，认为只要《条例》赋予企业的权利到手，经营机制就自然转换了，对加强企业内部管理缺乏紧迫感，以致出现管理"滑坡"和组织纪律松弛的倾向；二是把转换企业经营机制与建立约束监督机制对立起来，片面地不适当地强调"搞活"，一讲建立约束机制和监督机制，就认为是要把企业搞死。这都妨碍着企业充分利用《条例》创造的条件和时机，把企业内部经营管理落到实处，势必影响企业经营机制的转换。必须看到，贯彻《条例》是要从根本上改变企业的行为方式，而不同于以往的放权让利。落实 14

项经营权固然重要,但这仅仅是手段,更重要的是确立企业的行为主体地位。现实生活中处于同样环境和条件的企业,但由于行为方式不同,机制转换和效益大不一样,这就充分说明了加强企业内部管理,激发自身活力,对转换企业经营机制的极端重要性。

苦练内功,必须进一步加强企业思想政治工作。要充分发挥企业党组织的作用,发挥企业工会、共青团和妇女组织的作用,在职工中经常广泛地开展生动活泼的思想政治工作,提倡奉献精神,发扬工人阶级主人翁的责任感,坚决反对拜金主义、享乐主义和极端个人主义,努力建设一支能在市场竞争中团结、战斗的职工队伍。

当前,企业苦练内功有许多有利条件。一是邓小平同志关于建设有中国特色社会主义的理论和党的十四大确定的在我国建立社会主义市场经济体制的目标日益深入人心,焕发了广大人民群众包括企业职工建立社会主义市场经济体制的自觉性和主动性;二是国家正在进一步加强和改善宏观经济调控,《条例》赋予企业的权利也在逐步到位,政府职能转变和政企分开的步伐不断加快,这都为企业转换机制创造了良好的外部环境;三是一大批经营有方、管理有素的国有大中型企业提供了可资借鉴的成功经验。可以相信,国有企业通过自身努力,一定能够练好内功,并根据市场经济的需要,逐步建立起产权明晰、责任明确、充满活力的现代企业制度,在市场竞争中自立自强。

国办转发国家经贸委关于学习邯钢加强管理的经验进一步抓好扭亏增盈工作的报告

财政部部长刘仲藜就财政系统贯彻落实党中央和国务院关于加强宏观调控政策措施等问题答记者问

财政部部长刘仲藜日前就财政系统贯彻落实党中央和国务院关于加强宏观调控政策措施等问题回答新华社记者的提问。

记者:今年上半年,党中央和国务院针对经济运行中存在的矛盾和问题,研究制定了一系列措施,加强财税工作是其中的一个重要内容。请您谈谈财政部门是如何贯彻落实这些精神的?

答:为了将党中央和国务院提出的"整顿财税秩序、严肃财经纪律、强化税收征管、加快财税改革"等要求尽快落到实处,财政部进行了比较周密的安排和部署,并制定了一系列实施措施:

一是责成今年安排赤字预算的地区,按照《国家预算管理条例》的有关条文和八届人大常委会第二次会议的有关决议,限期调整预算,确保收支平衡。二是对临时性、困难性减免税一律暂停审批,同时,组织有关部门对各地越权自定减免税政策进行清理检查。三是要求各地区、各部门的会议经费支出在年初预算的基础上压缩20%;购置办公设备不得突破国家下达的控购指标,不得追加预算。从7月份起,对行政事业单位,亏损、拖欠税款和自有专项资金不足的企业购买小汽车等专控商品,一律暂停审批。四是确保财政承担的农副产品收购资金及时到位,不允许出现因财政补贴不到位而增加新的粮食企业财务挂账。对各地上半年新增的粮食挂账,财政部将扣其中央财政补贴专款,通过人民银行直接划拨给当地负责粮食企业贷款的专业银行。五是要求国库券款限期入库,以确保国家重点建设的资金需要。六是对全国注册会计师事务所的执业情况进行全面检查。检查分为注册会计师事务所自查,各省、市、区事务所互查,以及全国注册会计师协会抽查等三个阶段。七是对财政部门及所属单位举办的经济实体进行清理检查,并研究制定具体的脱钩办法。八是召开了专门会议,对今年的税收、财务、物价大检查工作进行了部署,确定了检查的重点、步骤和期限。

记者:采取上述措施后,效果如何?

答:目前,国库券已超额完成了发行认购任务,截至8月底,已入库305.7亿元;今年安排赤字预算的9个地区,有的按要求对预算作了调整,有的作了部分调整,有的还正在调整,并表示尽力做到年终收支平衡;擅自越权减免税的违纪风气已得到控制,各地过去作出的不合理的减免税规定正在清理和纠正当中,临时性、困难性的减免税已经停止审批;社会集团购买力过快增长的势头也有所控制,7月份全国社会集团消费额的增幅比上月下降了2.7个百分点;在粮棉收购资金中,由中央财政承担的部分已及时足额下拨,对上半年发生新增粮食财务挂账的地区,财政部已相应扣拨其专款14亿多元,这在一定程度上保证了农副产品收购的资金需要;财税系统清理各种资金、整顿所属公司的工作也已全面铺开。

党中央和国务院采取的宏观调控措施所产生的积极效果,也体现在国家预算的执行当中。截至8月底,全国财政收入2548.49亿元,完成年度预算的59.9%。比去年同期增加202.39亿元,增长8.6%。从近几个月的趋势看,收入呈逐月上升的势头,与去年同期比较,到5月底收入累计下降2.2%,到6月底上升1.4%,到7月底上升5.3%,到8月底上升8.6%。全国财政支出2450.97亿元,完成年度预算55%,比去年同期增加196亿元,增长8.7%。近几个月的支出呈逐月下降的趋势。与去年同期比较,到5月底支出累计增长15.9%,6月底增长率为12.5%,7月底下降为9.2%,8月底进一步降至8.7%。

记者：下一步整顿财税秩序的工作将如何进行？

答：目前整顿财税秩序所取得的成果还只是初步的、阶段性的。从预算执行情况看，虽然趋势在回升，但并不稳定，财政收入的增长幅度与经济增长相比还有较大的差距。我国的财政问题积累日久，矛盾复杂，要从根本上缓解财政困难，必须加快财税改革步伐，按照社会主义市场经济的客观要求，建立起新型的财税体制。日前，国务院常务会议原则通过了财税改革的总体方案。今后几个月，各级财税部门要在抓好整顿财税秩序工作的同时，做好改革方案的测算和拟订工作，以保财税改革如期、顺利地推行。

世界经济预测会议在北京举行

会议由国家计委和国家信息中心承办，来自近 60 个国家和地区以及联合国、国际货币基金组织、世界银行和亚洲开发银行等国际组织的 130 多名代表出席会议。

国务院副总理李岚清出席开幕式并致欢迎词。开幕式前，李岚清会见了诺贝尔经济学奖获得者、世界著名经济预测专家克莱茵教授，美国社会科学基金会主席、世界著名经济预测专家黑克曼教授和联合国世界经济预测项目的负责人。

专利合作条约与中国国际研讨会在北京举行

外交部副外部长刘华秋在会上向世界知识产权组织总干事鲍格胥递交了中国参加专利合作条约的加入书。

国家主席江泽民在北京分别接受以色列大使摩西·本·亚可夫、埃塞俄比亚大使阿卜杜·梅南·谢卡、新西兰大使克里斯托弗·艾尔德和斐济大使罗宾·雅若递交的国书

外交部副部长唐家璇同东盟秘书长阿吉特·辛格在钓鱼台国宾馆就中国同东盟的经贸和科技合作举行首次磋商

国务委员宋健在人民大会堂会见东盟秘书长阿吉特·辛格

波兰总统瓦文萨在华沙总统府会见国务院副总理邹家华

中国政府和波兰政府在华沙签署《关于两国经济贸易关系的协定》

斯洛文尼亚总统库昌总理德尔诺夫舍克在卢布尔雅那分别会见外交部部长钱其琛

中国政府和斯洛文尼亚政府在卢布尔雅那签署《科学技术合作协定》和《关于鼓励和相互保护投资协定》《教育、文化、科学合作协定》、外交部《磋商议定书》

国务院发展研究中心主办的"面向 21 世纪的中日金融财政国际讨论会"在北京举行

中国驻布隆迪大使江康代表中国红十字总会向布隆迪卫生部部长米纳尼转交一张 1 万美元的支票用于援助布隆迪防治细菌性痢疾

世界知识产权组织和文化部国家版权局 13 日至 15 日在北京联合主办民间文学艺术法律保护研讨会

国际职业技术教育研讨会在北京开幕

研讨会由国家教委和中国联合国教科文组织全国委员会联合主办。

国务院副总理李岚清出席开幕式并讲话。

国家教委主任朱开轩主持开幕式。国家教委副主任王明达，联合国教科文组织总干事代表、教科文组织亚太地区总办事处主任阿赫迈德先生也讲了话。这次会议的主题是"现代化与职业技术教育"。应邀参加研讨会的有来自世界五大洲 20 个国家和地区的职教专家、官员以及有关国际组织的代表。

中宣部国家教委广播电影电视部文化部联合发出关于运用优秀影视片在全国中小学开展爱国主义教育的通知

最近由中宣部等单位发出的通知说，爱国主义教育是中小学德育工作的核心内容。近几年来，各级党委、政府和教育部门在加强对中小学生的爱国主义教育方面做了大量工作，创造和积累了许多好的经验。其中运用影视形式对中小学生进行爱国主义教育，是行之有效的方法。为了充分发挥爱国主义影视片的这一独特的教育功能，进一步加强新形势下对中小学生的爱国主义教育，经研究，决定运用优秀影视片在全国中小学开展爱国主义教育。通知要求：

一、针对中小学生的年龄特点，确定爱国主义教育的必（选）看影视片目。

二、必须做到与学校教育教学工作有机结合。开展爱国主义影视教育活动要自成系列，同时又要渗透在各科教学之中。

三、从实际出发，因地制宜，讲究实效。

四、利用优秀影视片对中小学生进行爱国主义教育,是一项综合性的社会教育工作。

运用优秀影视片在全国中小学开展爱国主义教育活动,是一项长期、经常性的工作。国家教委和有关部委将适时对此项工作进行检查、评比和表彰,以调动社会各方面的积极性,使这项教育活动广泛、深入、持久地开展下去。

首届东亚地区国家公园与保护区会议在北京开幕

国务委员兼国家科委主任、国家环保委员会主任宋健出席会议,并致开幕词。

宋健说,自1956年中国政府正式批准建立首批40余处有科学概念的保护区以来,中国迄今已拥有1189处国家公园和保护区,总面积达61万多平方公里,占全国土地面积的6.4%。近几年,中国又建立了海岸和海洋保护区20多处。

辽宁选手王军霞在第七届全国运动会上再破女子3000米世界纪录

第七届全运会女子3000米决赛,大连选手王军霞,再创8分06秒11的好成绩,比在预赛时超世界纪录的成绩,还要快6秒08。

9月14日

国务院总理李鹏副总理李岚清等会见出席由国务院召开的第二次全国政府法制工作会议的全体代表

全国推行国家公务员制度和工资制度改革工作会议在北京结束

人事部副部长程连昌在会上就贯彻落实两项制度改革提出了要求。他说,各地要以人事部门为主,组成专门的工作班子,具体负责两项制度改革的日常工作,同时,要主动争取组织、计划、财政等部门的支持,共同完成两项制度改革的实施任务。

程连昌提出,国家公务员制度的推行,要严格执行《国家公务员暂行条例》的各项规定,防止变形、走样,真正做到高标准、严要求。现有机关工作人员过渡为国家公务员,一定要在核定的编制内,按照规定的职数和职位要求,选择合格人员,防止突破编制限额、突击提职、滥设非领导职数、擅自增加领导职数等现象的发生。

国家经贸委国家工商局和国家技术监督局联合在北京召开第二次全国"打假"工作电话会议

国务院副总理李岚清到会并发表讲话,要求把深入打击假冒伪劣商品的违法行为作为反腐败斗争的一个重要方面,进一步抓紧抓好。

全国人大常委会委员长乔石在人民大会堂会见由原日本经济企划厅长官高原须美子和野村综合研究所顾问德田博美等人组成的日本金融财政界高级代表团

国务院副总理邹家华在布达佩斯同匈牙利经济内阁主席财政部部长萨博·伊万就两国经贸合作等问题交换意见

葡萄牙总统苏亚雷斯在里斯本会见国家副主席荣毅仁

国务院副总理兼外交部部长钱其琛在萨格勒布同克罗地亚副总理兼外交部长格拉尼奇举行正式会谈

中国—布基纳法索经济贸易合作混合委员会第一次会议在瓦加杜古开幕

布基纳法索负责计划的部长级代表萨瓦多戈和中国政府经济贸易代表团团长、对外贸易经济合作部部长助理田润之共同主持会议。

中国政府和罗马尼亚政府在布加勒斯特签署《1994至1996年文化合作计划》

中国和葡萄牙在里斯本签署《中葡经济、工业和技术混合委员会第3次会议会谈纪要》

中英联合联络小组第27次会议在北京举行

中国—东盟经贸、科技合作委员会发表联合新闻公报

中国与东盟首次经贸、科技合作磋商结束,双方就此发表联合新闻公报。公报透露,双方将建立两个联合委员会以进一步发展中国与东盟在经济、贸易与科学技术领域里的合作与交流。

这两个委员会是中国—东盟经济、贸易合作联合委员会和中国—东盟科学技术合作联合委员会。两个联合委员会行使以下职能:(一)审议中国与东盟之间的经贸与科技合作执行情况;(二)研究进一步扩大经贸和科技合作的措施并提出建议;(三)讨论中国与东盟共同关心的区域和国际经济问题。上述两个委员会将轮流在中国和东盟定期举行会议。公报说,中国—东盟之间的探讨取得了广泛的一致。双方认为,当前亚太地区局势比较稳定,经济发展充满活力,这种形势为中国与东盟的发展与合作提供了良好的机遇,双方的合作有着巨大的潜力和广阔的前景。双方表示将继续为加强中国与东盟的友好合作关系作出积极的努力。

公报指出，中国与东盟的协商关系建立在平等互利、共同发展的基础上，不会损害中国与东盟各成员国之间的双边关系。公报说，在经贸对口磋商中，双方就经贸联委会拟讨论的议题交换了意见，并就联委会代表的级别、磋商的形式以及中国和东盟参加联委会的执行机构等问题达成了共识。在科技对口磋商中，双方同意成立一个筹备小组以拟定科技联委会的指导原则、构成和工作机制，双方并就科技合作项目进行了探讨。公报说，双方对达图·阿吉特·辛格秘书长访华所取得的成果表示满意。

中央军委主席江泽民签署命令授予姜泗长模范医学教授荣誉称号

最近由军委主席江泽民签署的命令说，姜泗长是解放军总医院耳鼻咽喉研究所所长、总后卫生部专家组组长、一级教授。几十年来，他刻苦钻研医疗技术，奋力攀登医学高峰，在他从事的耳鼻咽喉学领域，从临床到科研，从应用研究到基础研究，从个人的医疗技术到学科的全面发展，都取得了显著成就，在国内外享有崇高声望。

"国门第一路"首都机场高速公路举行通车典礼

北京'93 国际骨髓移植会议召开

21 个国家和地区的 200 多位专家带来最新的研究成果和技术。

骨髓移植是可以根治 20 多种"不治之症"的有效方法。造血因子在骨髓移植后的应用，可以明显加速骨髓重建。应用粒细胞刺激因子后使白细胞降到每立方毫米低于 2000 的日期，由平均 32 天提前到 16 天。到今年 5 月底为止，美国骨髓移植非血缘供者已查过 A、B 位点的人，已超过 100 万人次；香港也有 1.6 万人次。HLA 相合的异基因骨髓移植的长期成活率已达 66%；非血缘关系的骨髓移植 3 年成活率也达 45%；慢性髓性白血病成活率可达 52%。随着免疫治疗和预处理方案的改进，骨髓移植后的复发率已从 20% 降至 10%。这是充满希望的信息。

全世界每年可完成 4000 余例骨髓移植手术。中国自 1981 年开展 HLA 相合的异基因骨髓移植以来，已完成 130 多例。绝大部分由北京医科大学血液病研究所完成，成功率 75%。这次会议，还有来自台湾、香港和美洲的 20 余位华人学者出席。

上海同济医院创母体活脾全脾移植存活世界纪录

河北邯郸 13 岁的血友病甲患儿薛连生，由同济医院施母体活脾全脾移植术，迄今已三年，创移植存活世界纪录。

9 月 15 日

国家民委发布民族乡行政工作条例

第一条　为了促进民族乡经济、文化等项事业的发展，保障少数民族的合法权益，增强民族团结，根据宪法和法律的有关规定，制定本条例。

第二条　民族乡是在少数民族聚居的地方建立的乡级行政区域。

少数民族人口占全乡总人口 30% 以上的乡，可以按照规定申请设立民族乡；特殊情况的，可以略低于这个比例。

第三条　民族乡的建立，由省、自治区、直辖市人民政府决定。

民族乡的名称，除特殊情况外，按照以地方名称加民族名称确定。

第四条　民族乡人民政府配备工作人员，应当尽量配备建乡的民族和其他少数民族人员。

第五条　民族乡人民政府在执行职务的时候，使用当地通用的语言文字。

第六条　民族乡人民政府依照法律、法规和国家有关规定，结合本乡的具体情况和民族特点，因地制宜地发展经济、教育、科技、文化、卫生等项事业。

第七条　民族乡人民政府在本行政区域各族人民中进行爱国主义、社会主义和民族政策、民族团结的教育，不断巩固和发展平等、团结、互助的社会主义民族关系。

第八条　民族乡财政由各省、自治区、直辖市人民政府按照优待民族乡的原则确定。

民族乡的上一级人民政府在编制财政预算时，应当给民族乡安排一定的机动财力，乡财政收入的超收部分和财政支出的节余部分，应当全部留给民族乡周转使用。

第九条　信贷部门应当根据法律、法规和国家其他有关规定，对经济发展水平较低的民族乡用于生产建设、资源开发和少数民族用品生产方面的贷款给予照顾。

第十条　县级以上地方各级人民政府依照税收法律、法规的规定及税收管理权限，可以采取减税、免税措施，扶持民族乡经济的发展。

第十一条　县级以上地方各级人民政府在分配支援经济不发达地区专项资金及其他固定或者临时专项

资金时，对经济发展水平较低的民族乡给予照顾。

县级以上地方各级人民政府在分配扶贫专项物资时，应当照顾贫困民族乡的需要。

第十二条 民族乡依照法律、法规和国家其他有关规定，管理和保护本乡的自然资源，并对可以由本乡开发的自然资源优先合理开发利用。

在民族乡依法开发资源、兴办企业，应当照顾民族乡的利益和当地人民群众的生产、生活，在配套加工产品的生产和招收当地少数民族人员方面做出合理安排。

第十三条 县级以上地方各级人民政府应当帮助民族乡加强农业、林业、牧业、副业、渔业和水利、电力等基础设施的建设，扶持民族乡发展交通事业。

第十四条 县级以上地方各级人民政府应当在师资、经费、教学设施等方面采取优惠政策，帮助民族乡发展教育事业，提高教育质量。

民族乡根据实际情况，可以兴办小学、中学和初级职业学校；牧区、山区以及经济困难的民族乡，在上级人民政府的帮助和指导下，可以设立以寄宿制和助学金为主的学校。

民族乡的中小学可以使用当地少数民族通用的语言文字教学，同时推广全国通用的普通话。使用民族语言文字教学的中小学，其教育行政经费、教职工编制可以高于普通学校。

民族乡在上级人民政府的帮助和指导下，积极开展扫盲工作。

县级以上地方各级人民政府可以根据当地实际情况，在有关大中专院校和中学中设立民族班，尽可能使民族乡有一定数量的学生入学。

第十五条 县级以上地方各级人民政府应当帮助民族乡开展科学技术知识的普及工作，组织和促进科学技术的交流和协作。

第十六条 县级以上地方各级人民政府应当积极帮助民族乡创办广播站、文化馆（站）等文化设施，丰富各族人民的文化生活，保护和继承具有民族特点的优秀文化遗产。

第十七条 县级以上地方各级人民政府应当积极帮助民族乡发展医药卫生事业，扶持民族乡办好卫生院（所），培养和使用少数民族医疗保健人员，加强对地方病、多发病、常见病的防治，积极开展妇幼保健工作。

第十八条 民族乡应当积极做好计划生育工作，搞好优生优育优教，提高人口素质。

第十九条 民族乡应当在上级人民政府的帮助和指导下，采取各种措施，加强对少数民族干部的培养和使用。

第二十条 民族乡应当采取多种形式和提供优惠待遇，引进人才参加本乡的社会主义建设事业。

县级以上地方各级人民政府应当采取调派、聘任、轮换等办法，组织教师、医生、科技人员等到民族乡工作。

县级以上地方各级人民政府对长期在边远地区的民族乡工作的教师、医生和科技人员，应当给予优惠待遇。

第二十一条 少数民族聚居镇的行政工作，可以参照本条例执行。

第二十二条 辖有民族乡的省、自治区、直辖市人民政府可以根据本条例制定实施办法。

第二十三条 本条例由国家民族事务委员会负责解释。

第二十四条 本条例自发布之日起施行。

国家民委发布城市民族工作条例

第一条 为了加强城市民族工作，保障城市少数民族的合法权益，促进适应城市少数民族需要的经济、文化事业的发展，制定本条例。

第二条 本条例所称的城市，是指国家按照行政建制设立的直辖市、市。

第三条 城市民族工作坚持民族平等、团结、互助和促进各民族共同繁荣的原则。

第四条 省、自治区、直辖市人民政府应当将城市民族工作作为一项重要职责，加强领导，统筹安排。

第五条 城市人民政府应当将适应当地少数民族需要的经济、文化事业列入国民经济和社会发展计划。

城市人民政府对于发展适应当地少数民族需要的经济、文化事业的资金，可以根据财力给予适当照顾。

第六条 城市人民政府根据实际情况，可以确定负责民族事务工作的部门或者配备专职干部，管理民族事务。

第七条 少数民族人口较多的城市的人民政府、少数民族聚居的街道的办事处，以及直接为少数民族生产、生活服务的部门或者单位，应当配备适当数量的少数民族干部。

第八条 城市人民政府应当重视少数民族干部的培训和选拔。

城市人民政府有关部门应当重视少数民族专业技术人员的培养和使用。

城市人民政府鼓励企业招收少数民族职工。

第九条 城市人民政府应当重视发展少数民族教育事业，加强对少数民族教育事业的领导和支持。

城市人民政府应当采取适当措施，提高少数民族教师队伍的素质，办好各级各类民族学校（班），在经费、教师配备方面对民族学校（班）给予适当照顾，并根据当地少数民族的特点发展各种职业技术教育和成人教育。

地方招生部门可以按照国家有关规定，结合当地实际情况，对义务教育后阶段的少数民族考生，招生时给予适当照顾。

第十条 信贷部门对以少数民族为主要服务对象的从事食品生产、加工、经营和饮食服务的国有企业和集体企业，在贷款额度、还款期限、自有资金比例方面给予优惠。

第十一条 城市人民政府对本条例第十条所列企业以及生产经营少数民族用品企业的贷款，可以根据当地的实际需要和条件，予以贴息。

第十二条 本条例第十条所列企业纳税确有困难的，税务机关依照有关税收法律、法规的规定，给予减税或者免税。

第十三条 城市人民政府应当根据实际需要，合理设置清真饭店和清真食品生产加工、供应网点，并在投资、贷款、税收等方面给予扶持。

第十四条 对城市民族贸易企业和民族用品定点生产企业的优惠，按照国家有关规定办理。

第十五条 城市人民政府应当支持并组织有关经济、技术部门，加强同少数民族地区和农村散杂居少数民族开展横向经济技术协作。

第十六条 城市人民政府有关部门对进入本市兴办企业和从事其他合法经营活动的外地少数民族人员，应当根据情况提供便利条件，予以支持。

城市人民政府应当加强对少数民族流动人员的教育和管理，保护其合法权益。

少数民族流动人员应当自觉遵守国家的法律、法规，服从当地人民政府有关部门的管理。

第十七条 城市人民政府应当教育各民族干部、群众相互尊重民族风俗习惯。宣传、报道、文艺创作、电影电视摄制，应当尊重少数民族风俗习惯、宗教信仰和民族感情。

第十八条 清真饮食服务企业和食品生产、加工企业必须配备一定比例的食用清真食品的少数民族职工和管理干部。清真食品的运输车辆、计量器具、储藏容器和加工、出售场地应当保证专用。

清真饮食服务企业和食品生产、加工企业实行承包、租赁时，一般应当由有关少数民族人员承包或者租赁。清真饮食服务企业和食品生产、加工企业兼并或者被兼并时，不得随意改变其服务方向，确实需要改变服务方向的，必须征得当地城市人民政府民族事务工作部门同意。

第十九条 少数民族人口较多的城市的人民政府，应当根据需要和条件，设立具有民族特点的文化馆（站）、图书馆。

第二十条 城市人民政府应当保障少数民族使用本民族语言文字的权利，并根据需要和条件，按照国家有关规定加强少数民族文字的翻译、出版和教学研究。

第二十一条 少数民族人口较多的城市的人民政府，应当根据实际需要和条件，建立民族医院、民族医药学研究机构，发展少数民族传统医药科学。

第二十二条 城市人民政府应当在少数民族中加强计划生育地宣传、教育和指导工作。

第二十三条 城市人民政府在少数民族聚居的街道，应当按照城市规划，保护和建设具有民族风格的建筑物。

第二十四条 城市人民政府应当保障少数民族保持或者改革民族风俗习惯的自由。

第二十五条 城市人民政府应当按照国家有关规定，对具有特殊丧葬习俗的少数民族妥善安排墓地，并采取措施加强少数民族的殡葬服务。

城市人民政府对少数民族人员自愿实行丧葬改革的，应当给予支持。

第二十六条 少数民族职工参加本民族重大节日活动，可以按照国家有关规定放假，并照发工资。

第二十七条 城市人民政府对于在城市民族工作中做出显著成绩和贡献的单位和个人，给予表彰、奖励。

第二十八条 省、自治区、直辖市人民政府可以根据本条例，结合当地实际情况，制定实施办法。

第二十九条 本条例由国家民族事务委员会负责解释。

第三十条 本条例自发布之日起施行。

《人民日报》发表评论员文章《继续深入“打假”》

改革开放以来，国内市场商品琳琅满目，出口创汇大幅度增长，许多产品质量、档次、品种都有了较大的提高和发展。

但是，某些产品质量问题仍令人担忧。特别是当前法制建设亟待完善，市场竞争机制尚不健全，制假、售假的违法分子乘虚而人，生产、销售假冒伪劣商品，坑害广大消费者，已构成一种社会“公害”。

假冒伪劣商品严重损害我国一大批名优产品的信誉，危及工业企业和农业生产的健康发展，祸及广大消费者，败坏我国出口商品的声誉，并严重损害国家利益，致使大量税利流失，资源浪费，干扰破坏社会主义市场经济正常秩序。

去年，国务院决定在全国范围内开展集中“打假”的决策是非常及时和必要的。一年来，在各部门、各地方的联手“打假”，协同配合下，查处了一大批假冒伪劣的案件;这一重大举措顺乎民意,深得人心,利国利民。但是,“打假”不可能毕其功于一役,必须持之以恒,常抓不懈。

“打假”,当务之急是要严惩一批制假售假的罪犯。《全国人大常委会关于惩治生产、销售伪劣商品的犯罪的决定》和《产品质量法》,以及《全国人大常委会关于惩治假冒注册商标犯罪的补充规定》,这些都是惩治制假售假罪犯的锐利武器。要纠正执法不严,失之于宽,以罚代刑,惩处偏轻的现象。

“打假”,一定要大力破除地方保护主义,并与反腐败斗争结合起来。地方保护主义既有认识问题、利益机制问题,也有少数干部的腐败问题。有些制假售假的“窝点”、“集散地”的案犯,罗织关系网,查处的困难和阻力很大。有些干部“受人钱财,帮人消灾”。因此,一些地区制假售假问题严重而长期得不到解决,大多与某些腐败分子的姑息、包庇、纵容有关,必须追究那些公开支持、包庇制造、销售假冒伪劣商品的行为。

“打假”,必须继续运用舆论的、行政的、经济的、法律的多种手段进行综合治理。对那些制售假冒伪劣商品的企业和个人,要公开曝光,要点厂名、厂长名。要加大行政制裁的力度,坚决取缔制售假冒伪劣商品的窝点和集散地。要依据法律,给予经济处罚,不使制假售假分子在经济上得到任何好处;对触犯刑律的,必须追究其刑事责任。

“打假”,要充分依靠社会力量,广泛发动群众,教育群众提高自我保护意识。“打假”中许多重大的案件都是群众举报揭发的。要切实保护举报人,形成“制假售假,人人喊打”的广泛的社会监督。

通过“打假”,要研究生产管理、流通环节、运行机制等方面存在的漏洞,分析深层次的原因,堵源截流,找出一些从根本上堵塞假冒伪劣商品滋生蔓延的对策,加强法制建设,规范市场竞争,保障社会主义商品经济健康发展。

各级政府还必须把“打假”与扶优结合起来,大力发展和弘扬名、特、优、新产品,充分满足我国人民日益增长的物质生活和出口创汇的需要,为我国经济持续、快速、健康发展作出积极的贡献。

国家主席江泽民在人民大会堂会见世界知识产权组织总干事鲍格胥博士

国务院召开专门会议研究进一步加强中国濒危野生动物的保护管理问题

会议经过讨论决定,各有关部门要各负其责,进一步采取措施,抓紧贯彻落实国务院《关于禁止犀牛角和虎骨贸易的通知》,限期做好清理、登记、封存工作,坚决停止生产含犀牛角和虎骨的中成药,已成药必须在11月30日前完全做到停止出售。对于违法进出口犀牛角和虎骨的,要没收销毁,并严肃处理有关违法人员。

会议认为,保护野生动植物等自然资源是中国的一项基本国策,中国政府历来对保护野生动物、履行有关国际公约的态度是明确而坚定的,已经为此采取了一系列措施,付出了重大代价,做出了自己的贡献。当前在保护工作上还存在一些问题,我们仍应抓紧研究逐步解决。

会议提出,各级政府应严格贯彻落实有关法律法规,切实保护野生动物资源,为保持生物多样性,促进人类自然保护事业的发展继续做出自己的贡献。

国务委员宋健主持会议。

克罗地亚总理瓦伦蒂奇在萨格勒布市政府大楼会见外交部部长钱其琛

中国和匈牙利两国航空运输协定在布达佩斯签字

第二届中意经济技术合作混合委员会会议在罗马举行

由对外贸易经济合作部部长吴仪率领的中国政府经贸代表团和由外贸部长巴拉塔率领的意大利政府代表团出席会议。

国务院副总理李岚清在中南海就中法关系中欧关系中国经济形势发展教育等问题接受美国公共电视台专题节目《亚当·斯密货币世界》总编乔治·古德曼的采访

第七届全国运动会在北京闭幕

国务院总理李鹏出席闭幕式并接见参赛运动员和教练员代表。中共中央政治局委员李岚清、李铁映、陈希同以及宋任穷、陈慕华、王光英、罗干、洪学智、霍英东等领导出席闭幕式。

本届全运会在运动成绩上取得大丰收。共有4人4次创4项世界纪录,18人4队43次超21项世界纪录,4人4次平3项世界纪录,54人1队93次创34项亚洲纪录,61人3队143次超66项亚洲纪录,130人14队273次创117项全国纪录。尤其令人可喜的是,中国田径运动实现历史性的突破,使国际体坛震惊。辽宁代表团夺得金牌和团体总分第一名,广东和上海分居第二、三位。

七运会组委会副主任李志坚主持闭幕式。

国家体委副主任袁伟民代表国家体委宣布:授予

王军霞、曲云霞、吴逢波、赵晓莲、周建明等30名运动员体育运动荣誉奖章。

组委会主任伍绍祖致闭幕词。

国家体委作出关于表彰在第七届全国运动会上创、超世界纪录运动员的决定

《决定》说，为了鼓励运动员刻苦训练、勇攀世界体育高峰，对于在第七届全国运动会上创、超世界纪录的王军霞等30名运动员，授予体育运动荣誉奖章。获得这一奖励的运动员是：田径：王军霞（女，辽宁）、曲云霞（女，辽宁）、张丽荣（女，辽宁）、张林丽（女，辽宁）、马丽艳（女，辽宁）、钟焕娣（女、云南）。射箭：吴逢波（四川）、曹灵（四川）、杨卫东（四川）、巴永善（新疆）、汝光（新疆）、何军（新疆）。蹼泳：赵晓莲（女、河北）、王辉（辽宁）、李泽（辽宁）、谢芳（女，上海）、王静（女，上海）、麦静（女，上海）、金凡（女，上海）、程超（女，湖北）、刘秋荣（广东）、符晓云（女，广东）、李少珍（女，广东）、陈连娇（女，广东）、吴笑慧（女，广东）。航海模型：周建明（上海）、浦海清（上海）、胡胜高（浙江）、黄兆林（广东）、杨伟明（广东）。

卫生部在北京召开医德医风座谈会

卫生部日前召开医德医风座谈会。

国务委员彭珮云在座谈会上指出：卫生工作与人民群众生命健康和切身利益密切相关，对群众反映比较大的医德医风问题，卫生部门不仅仅要进行经常性的职业道德教育，还要采取有效措施，下决心认真抓好。同时，要深化医院内部人事、工资及分配制度的改革，调整不合理的医疗收费价格，在改革中找出路，从根本上杜绝“红包”、“回扣”等不正之风。

为贯彻落实中央关于反腐促廉的决议精神，卫生部召集10多位医学专家，围绕当前社会上反应较多的“红包”、“回扣”现象，从表现形式、发生原因、根治措施等几个方面进行了广泛深入的探讨研究。

卫生部部长陈敏章主持座谈会。他说，卫生系统在反腐败斗争中，要针对“红包”、“回扣”这两个问题，下决心认真抓，力争在年底取得阶段性成效。

中国产品在第三十二届世界精品评选中获13个最高金奖56个金奖101个银奖21个铜奖

9月16日

西北五省区党政主要领导联席会议在乌鲁木齐召开

会议于9月16日至18日举行，与会领导围绕着共建国际大通道，联合起来走西口，努力推进西北地区经济的大协作大发展这一中心议题，在一些重大问题取得共识，并对一些有关事项达成一致意见。

国务院在北京举行表彰计划生育先进单位大会

国务院在北京召开大会，总结交流计划生育工作“三为主”（以宣传教育为主、避孕为主、经常工作为主）方针贯彻10年的成就，并表彰了49个计划生育工作先进县（市、区）。国家计生委也同时表彰了76个计划生育先进县（市、区）。

国务委员司马义·艾买提宣读国务院的表彰决定，并转达了总理李鹏对被表彰单位的祝贺和希望。宋平、陈慕华、吴阶平、钱正英、彭珮云、王首道等向先进单位颁奖。这是1986年以来，第一次以国务院名义表彰计划生育先进集体。

中共中央政治局候补委员温家宝到农业部考察工作并与农业部的部分干部座谈如何进一步深化农村改革推动农业和农村经济发展问题

全国妇联决定表彰在第七届全国运动会上创造和超过世界纪录者

王军霞、曲云霞、张丽荣、张林丽等15名女运动员授予全国“三八”红旗手荣誉称号同时授予辽宁省田径队女子中长跑组全国“三八”红旗集体荣誉称号。

国家主席江泽民根据全国人大常委会决定任命谢月娥为中国驻柬埔寨特命全权大使

国务院副总理朱镕基与瑞典副首相兼卫生与社会事务大臣本特·韦斯特贝里在北京举行会谈

国务院副总理邹家华在比利时布鲁塞尔举办的经济和企业界人士集会上发表题为《中国建立社会主义市场经济体制的构想》的演讲

邹家华说，经过14年的改革，中国原有的计划经济模式已经在所有制结构、收入分配、经济运行、经济决策等方面发生重大变化，他指出这些改革为整个经济注入了强大的活力，有力地推动了经济发展，增强了国家的经济实力，提高了人民生活，并在很大程度上推动了中国和世界各友好国家的交往和经济合作。

邹家华指出，中国在自己的现代化建设事业中十分重视同包括欧共体国家在内的西欧国家发展长期稳定的友好合作关系。这种合作关系有着良好的政治经济基础。

邹家华说，多年来，中国与西欧国家建立了多种形式的政治磋商和合作制度，对促进世界的和平与稳定起了积极的作用。

邹家华指出，中国与西欧国家在经济上有很强的互补性。在中国实行改革开放以来的十几年中，中国与西欧各国的商品贸易额持续增长，开展了卓有成效的技术合作，范围不断扩大。

全国人大常委会委员长乔石在北京会见瑞典副首相兼卫生与社会事务大臣本特·韦斯特贝里

外交部部长钱其琛结束对克罗地亚的访问离开萨格勒布回国

中英联合联络小组第27次会议在北京发表公告

中英联合联络小组第27次会议于1993年9月14日至16日在北京举行。

联合联络小组进一步讨论了目前在香港用于防务目的的土地的前途问题、有关国际权利与义务问题、香港民航协定问题、跨越1997年的专营权合约及有关问题、香港同有关国家之间的投资保护协定、香港同有关国家之间的移交逃犯协定、香港同某些国家的刑事司法协助问题、法律本地化、法律适应化、联合声明有关1997年后在香港居留权的条款的实施问题、互免签证协定、香港与外国对等承认及执行民商事判决问题和公务员问题。下次联合联络小组会议将于1993年12月于伦敦举行。

中国政府和吉布提政府在吉布提签署《关于中国派遣医疗队赴吉布提工作的议定书》

外交部发言人范慧娟关于禁止劳改产品进出口贸易事答记者问

有记者问：美国助理国务卿洛德最近称，中国愚弄了双方签署的关于禁止劳改产品进出口贸易的备忘录，中方应允许美方参观其提出的涉嫌场所。你对此有何评论？

发言人说，中方是严格按照《中美关于禁止监狱劳动产品进出口贸易备忘录》办事的。备忘录签署后，没有发现任何中国劳改产品输美，这一点美国务院发言人也已承认。应该说，中美贸易中的这一具体问题已解决。

她说，中方对美方提出的涉嫌劳改产品出口的具体问题，都根据备忘录的规定，在认真调查的基础上给予了答复。应美方的要求，中方还安排美驻华使馆人员访问了涉嫌单位。比如今年3月中方安排美方参观了北京第一监狱和北京清河农场，调查表明这两个单位不存在出口劳改产品问题。而美国的一些议员仍诬这两个单位出口劳改产品，指责中方未履行备忘录条款。中方曾要求美方公开确认该两单位无出口劳改产品问题，以正视听，但美方拖延近半年不作答复。

发言人说，“美方对上述已调查证明无问题的涉嫌单位不予公开澄清，这是目前妨碍两国执行备忘录的主要障碍。”

北京申办城市代表团名誉团长国务院副总理李岚清在摩纳哥拜会国际奥委会主席萨马兰奇

9月17日

国家主席江泽民与毛里塔尼亚总统马维亚·乌尔德·西德·艾哈迈德·塔亚在人民大会堂举行会谈

国务院召开第三次全体会议

国务院总理李鹏主持这次会议并在会上发表讲话。

国务委员兼国务院秘书长罗干在会上宣读《国务院关于近期开展反腐败斗争的实施意见》；财政部部长刘仲藜分别宣读了《关于治理乱收费的规定》和《关于对行政性收费、罚没收入实行预算管理(收支两条线)的规定》的两个征求意见稿；国家经贸委副主任陈清泰宣读《关于党政机关与所办经济实体脱钩的规定》征求意见稿；监察部部长曹庆泽宣读《关于严禁用公款变相出国(境)旅游的规定》征求意见稿。会议原则通过上述几个规定。

国务院副总理朱镕基、钱其琛，国务委员李铁映、迟浩田、李贵鲜、陈俊生、司马义·艾买提、彭珮云，以及国务院其他组成人员，出席会议。

党中央、国务院、中央军委有关部门负责人，全国人大、全国政协有关部门和各人民团体的负责人，最高人民法院和最高人民检察院的负责人，各民主党派、全国工商联负责人和无党派人士列席会议。

国务院总理李鹏在国务院第三次全体会议上发表题为《坚决开展反腐败斗争》的讲话

近几个月来，党中央、国务院着重抓了三件大事：一是作出深化改革、加强和改善国民经济宏观调控的决策，主要运用经济手段解决经济发展中出现的一些突出矛盾和问题，现在已经取得初步成效；二是从总体上系统而全面地研究加快建立社会主义市场经济体制的问题，着重研究了金融、财政、税收、国有资产管理、投资体制和外贸体制等方面的配套改革措施，准备近期在这些方面迈出重大的改革步伐；三是部署反腐败斗争,推进廉政建设。这三件事都非常重要。抓好这三件大事,对于建立社会主义市场经济体制,保证国民经济持续健康、又快又好地发展,促进社会主义精神文明建设,有重要的现实意义和深远的历史意义。

江泽民同志在中央纪委第二次全体会议上发表的重要讲话,以邓小平同志建设有中国特色社会主义的理论为指针,精辟阐述了反腐败斗争的重大意义,明确提出了反腐败斗争的任务、指导思想和应当遵循的原则,再一次表明了党中央关于反对腐败、加强廉政建设的一贯思想和决心,是对全党全国进行的总动员。国务院常务会议已经讨论确定了关于近期开展反腐败斗争的具体部署。下面我就政府机关开展反腐败斗争问题讲几点意见:

一、国务院各部门要坚决贯彻执行党中央关于反腐败斗争的决定。

江泽民同志重要讲话和中纪委二次全会以后,国务院各部门都在认真学习和贯彻,开始行动起来了。许多部门结合自己的实际情况研究或公布了关于反腐败的具体规定,群众反映是好的。这是一个良好的开端。但是,必须看到,要真正贯彻执行好党中央的决定,在近期抓出成效,还要作坚持不懈的努力。各级领导特别是高中级干部,要重新学习邓小平同志关于端正党风、加强廉政建设、反对腐败的论述,领会江泽民同志重要讲话精神,深刻认识开展反腐败斗争是关系党和国家命运的大事,是贯彻执行党的基本路线,使改革开放和经济建设顺利进行的重要保证。我们必须统一思想认识,坚决贯彻执行党中央关于反腐败斗争的决定。

这里我要强调的是,国务院各部门在反腐败斗争中责任重大,所处的地位非常重要。当前腐败现象最突出的表现,是权钱交易,以权谋私。国务院是国家最高行政机关,各部门都掌握着一定权力,在监督和制约机制不健全的情况下,腐败现象容易产生和蔓延。在反腐败问题上,国务院和国务院各部门几年来做了大量工作,例如通过监察系统查处了一批重大案件,纠正行业不正之风和治理"三乱"等,都取得一定效果。但是,对反腐败斗争的成绩绝不能估计过高。必须看到,在一些政府机关及其工作人员中,在一些领导干部中,存在着腐败现象,有的还相当严重。一些人失职渎职、贪赃枉法、行贿受贿、敲诈勒索、腐化堕落,已经走上了犯罪道路。这种情况,不仅经济部门有,执法机关也有。行业不正之风屡禁不止,有的甚至愈演愈烈。对于这些问题,我们必须给予高度重视,采取坚决措施加以解决。可以说,这场反腐败斗争能否取得预期效果,关键是政府机关的反腐败斗争能否取得明显成效。广大人民群众在看着我们,地方政府和下级部门也在看着我们,他们对国务院各部门的反腐败斗争寄予殷切的希望。国务院和各部委、各直属单位的领导同志,一定要做遵纪守法、廉洁奉公的模范,并且结合本部门的实际情况,以坚决的态度,有力的措施,迅速的行动,贯彻执行党中央的决定,使反腐败斗争取得明显成效。

二、突出重点,扎实工作,务求在近期取得明显的阶段性成果。

反腐败斗争是艰巨而复杂的,既要有坚决态度,准备持久地开展工作,又必须有紧迫感,把工作抓得很紧,不断取得阶段性成果。近期反腐败斗争的目标是:紧紧抓住领导干部廉洁自律、查办大案要案、狠刹不正之风这三项工作,在今年后几个月内遏制腐败现象蔓延的势头。具体的要求是:

对领导干部廉洁自律情况进行监督和检查。中央作出的领导干部廉洁自律的五条规定,包括国务院常务会议全体成员在内的各级领导干部,都要严格遵照执行。各部门从部长、副部长起,一直到司局长和处长,都要逐条对照,自查自纠,切实做到令行禁止。对违纪的问题,要按中纪委、监察部制定的实施细则处理。对领导干部在各类经济实体中兼职的问题,各部门要逐个认真审核,确定其必须辞去一头的职务,尽快办完辞职手续,并将清理情况和处理结果报国务院。

集中力量查办一批大案要案。要鼓励群众举报。认真受理群众举报,注意从中发现案件线索。查办大案要案,不管涉及什么人,都要一查到底,依法处理,决不姑息迁就。重点查办发生在领导机关、行政执法部门和经济管理部门的重要案件。对严重干扰和阻碍办案工作的,要坚决从速处理,并依法惩治。

抓住重点问题和重点部门,狠刹群众反映强烈的几股不正之风。这次会议提出的关于治理乱收费、关于行政性收费和罚没收入实行收支两条线管理、关于严禁用公款变相出国(境)旅游、关于党政机关与所办经济实体脱钩问题的规定草案,已经本次国务院全体会议原则通过,要迅速下发执行。各单位要按照国务院关于近期开展反腐败斗争的部署,该清理的清理,该纠正的纠正,该公布的公布,该上报的上报。部门和行业不正之风,也要按照国务院的要求,抓紧治理。

各部门要根据国务院的决定,限期完成本部门反腐败斗争的动员和组织工作,严肃认真而不是敷衍塞责地开展反腐败斗争。国务院要配合中央调查组,到重点部门进行调查研究,督促检查。经过几个月的工作之后,再根据新的形势,提出明年上半年反腐败斗争的任务和措施,推动反腐败斗争向纵深发展。

三、切实加强领导,深入调查研究,以改革促进反腐败斗争。

贯彻执行中央关于近期反腐败斗争的决定,需要做大量艰苦细致的工作。为了加强领导,国务院决定采取有关部委联席会议的方式,组织和推进这项工作。各部门要由主要领导同志亲自负责,层层建立责任制,一级抓一级,一级带一级,切实加强对本部门反腐败斗争的领导、检查和监督。要重视和支持监察部和各级行政监察机关的工作,充分发挥其在反对腐败和加强廉政建设中的作用。

在反腐败斗争中,领导机关和领导干部要作表率。凡是要求地方做到的,国务院各部门必须首先做到;凡是要求下级单位做到的,上级机关必须首先做到;凡是要求下级工作人员做到的,国务院组成人员和各部部长、副部长必须首先做到。

要改进领导作风,深入调查研究。反腐败斗争要取得实际成效,仅靠开会发文件是不行的,必须深入调查研究,掌握真实情况,采取得力措施,并且进行督促检查。每个部门的领导都要深入基层,解剖一两个麻雀,总结经验,指导本部门反腐败斗争全局。对问题严重、群众反映强烈的单位和环节,领导要亲自或派人下去帮助处理。要坚持实事求是的原则,正确区分和处理两类不同性质的矛盾,严格掌握政策,不搞群众运动,不搞人人过关。对政策界限一时难以划清、不好定性的问题,要先查清事实,不必过急处理。重大问题要及时上报。

要把反腐败斗争与深化改革结合起来。解决反腐败斗争中的深层次问题,关键在于深化改革。要进一步转变政府职能,同时建立健全监督和制约机制,规范政府行为。要加强有关的立法工作,使政府机关的各项行政执法行为真正做到有法可依,有法必依,执法必严,违法必究,以堵塞制度上的漏洞,杜绝使用行政权力的随意性。

要把惩治腐败同扶持正气结合起来。我们的干部队伍,主流是好的,大多数是廉洁奉公的。在反腐败斗争中,要注意宣传各地区、各部门勤政廉政、艰苦奋斗、无私奉献和勇于同腐败现象作斗争的先进单位和个人,同时报道一些有重大影响的大案要案的查处情况,以增强全国人民反腐败斗争的信心。

今天我着重是讲国务院和国务院各部门在反腐败斗争中近期应当抓紧抓好的一些工作。地方各级政府也要按照上述精神和要求,积极行动起来,在同级党委的领导下,认真贯彻执行党中央的决定和国务院的部署,把本地区的反腐败斗争抓紧抓好。

当前,我国经济形势总的来说是好的,改革正在深入,开放不断扩大,反腐败斗争已经在全国展开。国务院各部门、各级政府和各级领导,一定要统揽全局,按照邓小平同志坚持两手抓的要求,围绕经济建设这个中心,把反腐败斗争与加快经济建设结合起来,与深化改革结合起来,使反腐败斗争真正在年内取得明显的阶段性成果。这是党中央和国务院的要求,也是人民群众的迫切希望。我相信,只要我们按照党中央的要求,积极努力,认真工作,同心同德,协调一致,就一定能够使反腐败斗争健康有序地进行,促进改革开放和经济建设既快又好地向前发展。

全国地方党刊工作座谈会在长沙召开

这次来自全国近 40 家省、市党刊的负责人,对在改革开放和社会主义市场经济的新形势下,如何进一步充分发挥地方党刊的优势,在加强领导班子思想作风建设,加强反腐倡廉等方面的宣传,抓出好典型、好经验,为建设好我们的党作出更大的努力等问题进行研讨。

万里就当前农村中存在的问题同中央分管农业的负责人谈话

如何解决农村存在的一些重大问题,已经引起全国上下普遍的重视。我也看到不少材料,时常考虑这些问题。你来正好谈谈,我说的只是个人想法,不一定妥当,只供参考。

(一)对农业、农村和农民问题有必要进行再认识。

农业、农村和农民问题是关系全局的根本问题,在社会主义市场经济条件下,确实有进一步再认识的必要。农业是国民经济的基础,这是句老话。我国十一亿多人口,有近九亿是农民,农村经济发展得快,整个国民经济的发展就顺利,反之,就会遇到困难以至大困难。道理简单,人人明白。但是,如果仅仅从这方面去理解农业的基础地位就很不够了。十多年来,农村已经发生了历史性的根本变化,城乡分割局面已经打破,乡镇企业已经三分天下有其一。因此,决不能就农业谈农业,而必须考虑整个农村的产业结构、就业结构、城乡关系、城乡一体化的问题。当然,农业问题、农村问题归根到底是农民问题。温饱问题解决以后,农民最关心的是收入问题。不提高收入,农民不能进一步改善生活,向小康迈进。农民收入多了,意味着农村购买力的提高,国内市场的扩大。没有具备购买力并不断提高购买力的农民,工业和许多行业,势必失去广大的市场,国民经济的发展也将失去最重要的动力。所谓关系全局的根本问题,是否需要更多地从这方面来考虑。

对我们这样人口众多的大国,粮、棉、油等主要农产品不能依赖进口,否则会带来一系列的经济问题和政治问题。农村这一大块稳定不了,整个社会也无法稳定,中国就没有希望。因此,任何时候不能放松粮食生产,必须保证农业特别是粮食持续、稳定地增产,稳定农村和农民。

当前的问题在于粮食生产比较利益低，农民种粮吃亏，增产不能增收，积极性受挫折，尽管近来采取不少措施对此加以补救，还不能说问题已经解决了。我觉得这里也有个再认识的问题。过去在计划经济体制下，城市搞工业、农村搞农业，两方面利益发生矛盾的时候，往往关注城市，忽略农村。农民散居农村，尽管人数众多，但意见很难集中起来，反映上来，引起重视。改革以来，这种观念已有所改变，但其影响并未完全消除。比如，对待乡镇企业的问题，农村剩余劳动力就业问题，农用生产资料的生产销售问题，民工潮问题等等，有时仍然就事论事，未能从城乡关系、工农关系的全局通盘考虑。从指导思想上说，应树立和加强城乡一体、工业农业协调发展的观念，时刻注意保护农业和农民的利益，从政策上、宏观调控上，来保证发展农村经济，增加农民收入。

总之，要从建立社会主义市场经济体制的角度，重新认识农业、农村和农民问题。这是一个新课题，一篇大文章，需要做些专门的研究和探讨。

（二）运用市场经济规律指导农业发展。

十四大确定改革的目标是建立社会主义市场经济体制，我们就得用市场经济的规律来指导农业的发展。《农民日报》关于山东高唐县“大豆风波”的报道说明，根据市场供需情况，遵循价值规律，做好服务工作，就能促使农业生产得到很快的发展；如果按计划经济体制那一套，单凭行政命令办事，必然要碰钉子。多年的经验证明，什么东西，诸如畜产品、水产品、蔬菜、水果、芝麻、大豆，等等，一放开就多了；什么东西不放开，就少了。也就是说，是否注重运用市场经济的规律来指导生产和经营，会产生完全不同的两种结果。

放开不等于不管，搞市场经济，就得加强宏观调控。许多国家都通过宏观调控，保护农民利益。有些发达国家制订了对农业生产给予高额补贴和优惠的政策。我们国家也要采取强有力的调控措施，如建立粮食储备金制度，提高粮食等主要农产品的保护价，缩小“剪刀差”，增加对农业的投入，减轻农民负担，等等，以提高农业生产的效益，保护农民的利益。不这样做，中国农业就没有希望。

（三）健全法制，保障农村的改革和发展。

市场经济是法制经济。按照建立社会主义市场经济体制的要求，深化农村改革，全面发展农村经济，保护农民利益，必须有法律的保障。

家庭联产承包责任制，在普遍实行以后的十多年时间里，一直没有在法律上作出规定。八届全国人大一次会议已把家庭联产承包责任制列入宪法，农村改革的这一主要成果有了法律保障。这对于稳定农民思想，发展农村经济，有重大意义。

应当抓紧制定农业基本法和有关法规，对一些重要问题，如农业地位、完善联产承包制、减轻农民负担、保护农民利益、农业投入比例、民主管理等，作出明确规定，做到有法可依。当然，有了法还得坚决执行。

（四）完善并发展农村改革成功的制度和办法。

要稳定和完善家庭联产承包责任制。在承包时，国家曾宣布耕地使用权十到十五年不变，现在应当明确规定，延长使用权。延长的时间越长越好，至少再延长三十年不变。要允许自愿、有偿转让，开发性的承包地还允许继承。

对各类专业户要给予鼓励、支持和保护，特别是对种粮专业大户要重点扶持。种粮专业户必须适度规模经营，规模经营与完善家庭联产承包责任制并不矛盾，两者都有利于提高农业劳动生产率。

继续支持乡镇企业发展，特别是要大力扶持中西部乡镇企业的发展。不光是从资金上给予扶持，更重要的是从人才、交通、信息方面加以帮助。小城镇是农村经济、文化、教育、信息的中心，是农民进入第二、第三产业的主要阵地。发展乡镇企业要同建设小城镇相结合，这一点我早讲过，最近陈俊生同志讲的意见也很好。对小城镇建设再不抓紧，要犯历史性错误。应当赶快把它列为发展社会主义市场经济的重要议程，从规划、设计、集资和改革户口制度等方面，定出办法，解决问题。

前段的农村改革，多方面进行了反“左”，取得了成功。今后要坚持小平同志提出的“三个有利于”的标准，主要是继续防“左”，同时也要警惕右。

深化农村改革，需要自上而下的总体规划，也需要自下而上的创造，尊重群众的实践和首创精神，要善于把这两方面结合起来。

（五）充分发挥县的作用，改善对农村工作的领导。

县是城市和农村的结合部，也是宏观与微观的结合部。充分发挥县级机构的作用，历来就是做好农村工作的重要环节。在发展社会主义市场经济、组织亿万农民奔小康的新形势下，更成为做好农村工作的关键。我们要继续调整农村产业结构，在搞好第一产业的同时，组织农村大批剩余劳力转向第二、第三产业；要发展高产、优质、高效农业，搞好区域化布局、专业化生产和社会化服务；要实行贸工农一体化、农科教一体化和城乡一体化，等等，所有这些极为重要的工作，依靠一个村一个乡的努力是远远不够的，必须由县级机构通盘考虑，全面规划，加强领导，组织各方面的力量付诸实施。

现在县与县之间的发展极不平衡，“百强”县搞得很好，已经富裕起来，而有些县穷得连工资都发不出。

其原因虽是多方面的，但县级领导班子的强弱，往往是个关键。必须下决心配好县委、县政府的领导班子，搞好思想作风建设，坚决克服官僚主义、形式主义和“假、大、空”，改善对农村工作的领导。

深化改革，解决农村存在的问题，涉及一些部门和个人的既得利益，没有权威的决定，不抓紧检查，就难以奏效。我赞成坚持前几年一些好的做法，每年开一次全国农村工作会议，在深入调查的基础上，研究新情况，解决新问题，中央作出决定，督促各地各部门坚决执行。

中共中央总书记江泽民在中南海会见台湾远东集团董事长徐旭东

国办发出关于纠正一些地方取消农村教育费附加的通知

国家主席江泽民在中南海会见日本小西国际交流财团理事长小西甚右卫门

中国政府和赤道几内亚政府在马拉博签署《关于中国派遣医疗队赴赤道几内亚工作的议定书》

中央军委为海军东海舰队海测船大队记集体一等功庆功大会在宁波举行

中国艺术研究院等单位邀请在京专家研讨北京大学副教授晁华山在吐鲁番甄别出的一批摩尼教石窟。

9月18日

全国人大常委会委员长乔石在人民大会堂会见毛里塔尼亚总统马维亚·乌尔德·西德·艾哈迈德·塔亚

国务院总理李鹏国务院副总理朱镕基在钓鱼台国宾馆分别会见毛里塔尼亚总统马维亚·乌尔德·西德·艾哈迈德·塔亚

中共中央总书记江泽民国务院总理李鹏等对首都机场现代化新航站楼的筹建问题作指示

近日江泽民李鹏先后审查首都机场新航站楼的设计模型，并作指示。

江泽民指出，首都机场扩建工程非常重要，是“重中之重”，必须抓紧落实，尽早完成。他说，首都机场新建扩建工程是一件迫在眉睫的大事，一定要认真、负责地做好这项工作，而且要集中财力，抓紧去办。国家和北京市都要予以支持。

李鹏详细询问这项工程规划、设计方面的有关问题，并就项目本身和设计方案提出许多具体的修改意见。他要求各有关部门多方征求各方和各界的意见，使之更加完善。

农工民主党中央在北京举行(扩大)主席会议

会议座谈中共中央总书记江泽民在中央纪委第二次全体会议上的讲话。会议由方荣欣常务副主席主持，章师明、田光涛、宋金升副主席出席会议。

与会代表一致认为，反腐倡廉是加强中共党的建设和政权建设的大事。农工党是参政党，是共产党的诤友，有着义不容辞的责任。全党的态度是“支持、配合、参与、监督”。

与会代表还就反腐倡廉提出几条建议：一、加快立法，如制定惩治腐败法、财产申报法。国务院已出台4个法规。法规定下来后要普法，要依法办事；二、建立、健全并强化各种监督机制，包括政协和民主党派的监督机制。反腐败斗争的重点是反权力腐败，权力腐败发生在政府部门以及执法部门等国家权力机关内部，要设置一个权威机构，使有关人员不敢违法乱纪或很难违法乱纪。

市场经济与中国国际研讨会在北京召开

中共中央总书记、国家主席江泽民会见出席研讨会的外国、国际组织和台湾的代表。

研讨会由国家体改委、国家外专局和中国社会科学院联合举办。

《人民日报》发表社论《为增加农民收入而努力——再论当前农村工作和深化农村改革》

14年前，以家庭联产承包责任制为主要内容的农村改革先声夺人，写下了中国经济改革历史篇章中最辉煌的一页。我国长期被贫困、温饱问题困扰的亿万农民摆脱贫困，实现温饱，正起步迈向小康。去年，全国农民人均收入已达784元，比改革前的1978年增长了4倍多。农民衣食住行明显改善，生活水平日益提高。这是我国广大农村发生的巨大变化之一。但是，必须看到，近几年农民收入增长缓慢，个别年份甚至出现停滞或负增长的情况；农民负担加重，超出了承受能力。这些问题已经引起党中央、国务院的高度重视，也正在引起各方面的重视和关注。在今后一段时间，我们应当明确提出：为增加农民收入而努力。

造成农民收入增长不快的原因是多方面的。因此，增加农民收入不仅是农村工作中一件处于中心位置的大事，而且是涉及党和政府各方面工作的一项综合性工程。

为了增加农民收入，首先必须充分认识解决这一问题的重要性和紧迫性。农民收入是和农业生产紧密相连的。农村实行家庭联产承包责任制以后，农业的简单再生产和扩大再生产都要靠农户来实现，农民上一年的收入中相当一部分是下一年再生产的必要资金。收入徘徊不前或增长速度减缓，必将减弱农民再生产的能力。这几年和改革初期相比，已经出现了农民生产性支出减少，农业生产资料零售额下降的情况，今年上半年尤为明显。农业投入不足，不仅影响当前农业生产，而且将影响到农业生产方式的改变和农业现代化的进程。其次，多年的实践已经证明，只有收入的稳步增长，才能保证农民生产积极性持续不衰。近十多年以来，我国农业之所以创造了奇迹，改革开放政策之所以受到农民衷心拥护，正是因为这些政策措施使农民得到了很多实惠。如果农民辛辛苦苦忙一年，粮仓是满了，口袋里的钱却很少，吃、住、穿的质量得不到进一步提高，生产积极性怎么维持？农业生产失去农民积极性支撑一旦出现滑坡，将使国民经济的发展失去最基本的物质保证。再则，农村是广阔的市场，农民是工业品最大的主顾，农村购买力的变化，将影响到工业市场的兴旺，进而影响工业企业的经济效益。据统计，农村商品零售额比重已从1985年的58.5%下降到1992年的44%。这对工业经济的影响是非常明显的。所以，农民收入增长的快慢，不仅对农民生活的改善，农业和农村的发展，而且对工农关系，城乡关系，对国民经济全局，对整个国家现代化的进程，都有举足轻重的影响。党和国家领导人曾多次强调，没有9亿农民的小康就没有全国人民的小康。因而能否保证农民收入在生产增长的基础上年年有所增加，是一件大事，它关系到党和农民的关系以及社会主义政权在农村的巩固。去年下半年以来，党和政府一再强调并采取各种有力措施减轻农民负担，已经取得了明显成效。而要从根本上解决农民负担问题，主要出路也在于增加农民收入。

努力增加农民收入，需要进一步认真贯彻落实党在农村的各项方针政策，同时，需要各级干部转变一些观念。今后，应当把逐步提高农民生活水平，千方百计增加农民收入，作为农村工作的一个出发点和考核干部的一项重要标准。评价一个地方的工作，不光要看多打了多少粮食，增加了多少产值，更要看农民收入增加了多少。为官一任，为政一方，评价政绩，重要的一条应当看其是否真心实意带领农民发展经济，并卓有成效，使农民通过你的工作切切实实感受到党的富民政策的好处。只有形成这样的工作目标和指导思想，各级干部才能更好地一门心思带领农民致富，并寻找出更多的致富门路。各地要正确处理好发展经济和增加农民收入、农民眼前致富和长远经济发展的关系。当前，尤其要从本地实情出发，制定出实实在在的计划和切切实实的措施，争取使农民的收入状况在今后一段时间有所改善。特别是广大中西部地区和农民收入徘徊不前的地区，更要作出努力。目前，各地都有不少脱贫致富的好典型，有些经验相当好，应当积极推广。围绕增加农民收入，各地要进一步努力发展高产优质高效农业；搞好农业综合开发；大力发展乡镇企业；多渠道开辟农民就业门路；完善农村服务体系；加快发育各类农产品市场；帮助农民适应市场、开拓市场；遵循价值规律，适时调整农副产品价格；继续扶持贫困地区发展经济；对农村的科技、医疗、教育及各项文化事业给予积极扶植，促进发展；努力减轻农民负担。总之，要使增加农民收入的努力取得实际成效。

努力发展农村经济，使农民收入水平在今后几年有所提高，这不仅仅是农业部门的事，而且应当引起全社会的重视。各有关部门都应当认真贯彻落实各项保护农业、保护农民利益的政策措施，自觉为农业和农村经济的发展作出应有的贡献，为农村经济发展创造良好环境。要进一步做好扶贫工作。农民富裕了，农业发展了，国家才会繁荣，城乡人民的日子才会过得更好。让我们共同为加快农民收入增长而努力！

国务院办公厅发出关于调整国务院住房制度改革领导小组组成人员的通知

根据工作需要和人事变动情况，国务院决定调整国务院住房制度改革领导小组组成人员。现将调整后的人员名单通知如下：

组　长：李铁映（国务委员）

副组长：侯　捷（建设部部长）

李世忠（国务院副秘书长）

刘志峰（国家体改委副主任，负责日常工作）

项怀诚（财政部副部长）

王岐山（人民银行副行长）

刘明璞（总后勤部副部长）

顾　问：储传亨（建设部总规划师）

成　员：（共十六名　略）

国务院

1993年9月18日

全国乡镇企业工作会议在北京召开

会上宣读国务院总理李鹏对发展乡镇企业的批示："乡镇企业对我国农村经济及整个国民经济的发展起着重要的作用，是农村实现小康的有力保证，是建设有中国特色社会主义的一项创举。乡镇企业发展总的势头是好的，要坚持以市场需要为导向，深化改革，扩大开放；要重视产品质量，提高劳动生产率，不断提高经济效益；要积极推动沿海地区乡镇企业上一个新台阶，大力扶持中西部地区乡镇企业，促进中西部农村经济的发展。”

国务委员陈俊生在会上宣布，为加快乡镇企业发展，国务院出台了一系列新举措：在今年扶持中西部乡镇企业发展的50亿元专项贷款和正常增加的50亿元专项贷款基础上，国务院决定从明年开始，在原来正常增加贷款的基础上，再增加50亿元专项贷款；在过去已经批准56家乡镇企业拥有进出口经营权的基础上，再新批准83家；研究部署《乡镇企业东中西合作工程》。

他说，今后一个时期全国乡镇企业工作的主要任务是：要坚定不移地贯彻党和国家的各项方针、政策，坚持以提高经济效益为中心，以市场为导向，不断深化改革，调整、优化结构，推进科技进步，加强企业管理，增强整体素质。要力争到2000年总产值达到7.6万亿元，其中工业产值5.4万亿元，利税7500亿元，再转移劳动力5000万人，推动乡镇企业再上一个新台阶，成为国民经济的“半壁江山”。

外交部部长钱其琛在北京会见法国国民议会法中友好小组主席阿兰·佩雷菲特

武警部队晋升武警警衔的授衔仪式在北京举行

军委委员、解放军总政治部主任于永波宣读国务院总理李鹏、中央军委主席江泽民签署的命令，授予武警部队司令员巴忠倓晋升中将警衔，副司令员安鲛驹、政治部主任张钰钟、后勤部政委冯延龄晋升少将警衔。

9月19日

中央军委主席江泽民到北京武警特警学校观看武警部队训练成果汇报表演

江泽民代表党中央、国务院、中央军委向参加演练的全体武警官兵致以亲切的慰问。

江泽民说，武警部队是我国武装力量的重要组成部分，担负着维护国家安全和社会稳定的光荣任务。武警部队的全面建设正在不断加强，各项工作不断取得新的进步，中央是满意的。当前，我国总的形势很好，但社会生活中也存在一些不安定的因素。在捍卫国家安全和社会稳定的斗争中，中国人民武装警察部队要牢固树立打头阵、上一线的思想，提高警惕，常备不懈，为了国家的安宁，为了人民的幸福，一旦需要，就能做到一声令下，立即行动，圆满完成党和国家赋予的各项任务。

江泽民号召武警官兵必须始终不渝地坚持党对军队的绝对领导，坚决听从党中央、中央军委的指挥，坚决贯彻党中央、国务院、中央军委的指示，坚决执行党的基本路线必须认真学习毛泽东军事思想，学习邓小平同志关于新时期军队建设的思想，坚持加强军队质量建设的方针，全面提高部队战斗力，切实履行维护国家安全和社会稳定的神圣使命必须把教育训练摆到战略地位，结合武警部队实际，严格训练，严格要求，严格管理改善武器装备，增强军政素质，提高现代条件下执勤和处置突发事件的能力必须继承和发扬我党我军的优良传统，发扬“五种革命精神”，密切官兵关系和军政军民关系，搞好廉政建设，保持人民军队的本色，树立人民卫士的良好形象。

江泽民希望广大武警官兵在党中央、国务院、中央军委的领导下，坚决执行中国人民解放军的条例条令，努力学习，苦练精兵，为把武警部队建设成为“政治合格、军事过硬、作风优良、纪律严明、保障有力”的钢铁之师而努力奋斗。

武警部队司令员巴忠倓中将代表广大武警官兵在讲话中表示，一定要听从以江泽民为核心的党中央、中央军委的指挥，把武警部队建设成为一支有高度政治觉悟、非常有战斗力的部队。

观看武警部队训练成果汇报表演的还有：李铁映、任建新、迟浩田、罗干、曾庆红、于永波、周克玉、曹刚川等。公安部部长、武警部队第一政委陶驷驹，武警部队政委张树田等陪同观看。

海峡两岸人事管理学术研讨会在北京举行

海峡两岸人事管理学术研讨会最近在北京举行。

来自两岸的三十多名专家学者就现代人事管理的发展趋势、人事制度的历史演进和改革，以及如何继承和弘扬中国古代人事管理文化遗产等问题，交流了自己的研究成果和见解。

党和国家领导人江泽民朱镕基等在北京观看由文化部艺术局和中央电视台共同举办的《奥林匹克魂》大型音乐会

第二届世界医学气功学术会议在北京召开

由国家科委和国家中医药管理局主持召开的国际学术会议将研讨气功对调节人体植物神经功能，对心血管系统、呼吸系统、消化系统功能影响等医学气功机理。会议精选出的115篇论文中，涉及气功对高血压、肾病、癌症、慢性乙肝、糖尿病等临床常见疾病的疗效；中国内丹学的理法；中华传统气功的易学原理及中国传统周天功功态层次和判断的探讨等传统气功理论。94 岁高龄的台湾知名人士陈立夫，派专人向这次会议送来贺词。

9 月 20 日

中国十大杰出检察官受嘉奖

首次由《中国检察报》发起，首都 13 家新闻单位联合举行的中国十大杰出检察官评选活动，在北京揭晓。

被评为中国十大杰出检察官的是：山东省淄博市淄川区人民检察院检察长姚文淮、吉林省通化市人民检察院副检察长于旭东、广东省人民检察院反贪局侦查处副处长欧名宇、武汉市江汉区人民检察院检察长王顺来、湖南省邵阳市人民检察院检察长孙孝思、沈阳军区长春军事检察院检察长王信喜、北京市人民检察院反贪污贿赂三处检察员李兆、江苏省常州市人民检察院检察长蒋峰、辽宁省阜新市人民检察院审查起诉科检察员杨文英、新疆喀什市人民检察院批捕科副科长叶拉克·司马义。

这次还同时评选出福建将乐县人民检察院刑检科科长魏爱国等 19 名中国优秀检察官。

最高人民检察院检察长张思卿和有关部门的领导出席颁奖大会。

青海塘格木农场抗震纪念碑在青海省海南藏族自治州共和县落成

青海省塘格木农场，位于海拔三千米的共和县，是关押改造罪犯的场所。一九九〇年四月二十六日这里发生了六点九级地震，农场位于震中，建场三十五年辛勤积累的财富毁于一旦。在突发的自然灾害面前，农场指挥系统没有散，监管工作没有乱，春播生产没有停，革命精神没有垮，创造了特大灾难中无一罪犯逃跑的奇迹。震后，在各级党和政府的全力支持和劳改工作干警辛勤努力下，经过三年重建家园的艰苦奋斗，一个新型农场又屹立在切吉草原上。为了纪念这一历史事件，青海省劳改局决定在农场中央广场修建一座抗震救灾纪念碑。一九九三年七月，江泽民到青海省考察工作。他了解到这个农场在重灾面前，奋起抗灾，重建家园，恢复生产的情况后，欣然命笔，题写了“四·二六抗震救灾纪念碑”的碑名。

国家计委在青岛召开会议部署加强固定资产投资宏观调控

为切实贯彻中央、国务院关于加强对固定资产投资宏观调控的精神，国家计委于近日在青岛召开了各省、自治区、直辖市及计划单列市计委主管投资的负责人参加的会议，检查前一阶段清理固定资产投资项目工作，研究部署下步工作安排。

会议就进一步贯彻落实中央、国务院通知精神提出几点要求：

一、各地要由主管省长(市长、自治区主席)亲自负责，建立有各综合部门参加的办事机构，负责项目的排队和资金的调度。

二、对在建项目进行一次全面的审核排队。要先清理总投资在 1000 万元以上项目，由项目审批单位分别清理，省(区、市)计委统一汇总，并提出排队意见。

三、由主管省长(市长、自治区主席)组织计划、财政、银行等部门联合动作，集中资金、逐月调控、确保重点建设。计委提出必保建设项目名单及资金供应计划，财政、银行要落实资金、及时拨付到位。

四、严格控制新开工项目。首先要清理今年已经新开工的项目，对不符合国家产业政策、建设资金不落实、未按规定审批的项目，要下决心停缓下来。今年后四个月原则上不再批准新开工项目。

五、把开发区和房地产作为这次清理和今后加强管理的重点。当前房地产开发的重点，是配合住房制度改革的城镇居民住宅项目。

六、加快建立建设项目申报登记制度和投资信息系统。

中共中央政治局常委胡锦涛在人民大会堂会见以国民议会副议长社会党全国妇女运动国际关系书记玛塔·西·迪阿洛夫人率领的塞内加尔妇女代表团

国家教委财政部发出《关于进一步做好高等学校勤工助学工作意见的通知》

中国医学基金会智力工程委员会在北京正式成立智力工程在全国开始实施

“智力工程”旨在通过动员各界力量，广泛筹集资金，协助中国政府实现 2000 年消除碘缺乏病的目标。

碘缺乏病(IDD)是目前已知导致人类智力障碍的主要原因，是严重危害人口素质和人的身心健康的主要地方病之一。我国现有 1017 万智力残疾人，其中 80%以上是缺碘造成的，而且每年还新增 100 万智残儿。目前，全球约有 10 亿人生活在碘缺乏地区，我国就占 4.25 亿。

9 月 21 日

国家主席江泽民在人民大会堂与尼泊尔国王比兰德拉·比尔·比克拉姆·沙阿·德瓦会谈

国务院总理李鹏在钓鱼台国宾馆会见尼泊尔国王比兰德拉·比尔·比克拉姆·沙阿·德瓦

全国政协主席李瑞环在钓鱼台国宾馆会见尼泊尔国王比兰德拉·比尔·比克拉姆·沙河·德瓦

全国国有企业党建工作座谈会在北京召开

由中共中央组织部和中央政策研究室共同召开的这次会议，主要议题是在加快建立社会主义市场经济体制的新形势下，如何适应贯彻落实国有工业企业转换经营机制条例，深化企业内部改革，进一步搞好国有大中型企业的要求，切实加强和改进企业党的工作。

来自全国各省、自治区、直辖市党委组织部的负责人，部分省、市委企业工委的负责人，部分国有大中型企业的党委书记、厂长（经理）以及中央国家机关有关部门的负责人近100人参加会议。会议在北京燕山石化公司开幕。

《人民日报》就全国范围内评出中国十大杰出检察官发表评论员文章《清正廉明 秉公执法》

全国乡镇企业工作会议在北京结束

会议认为，只要在新形势下，把握机遇，深化改革，扩大开放，推动乡镇企业高效、持续、健康地发展，"到2000年全国乡镇企业总产值达到76000亿元，税利7500亿元，再转移5000万劳动力"的目标，是可以实现的。国务委员陈俊生主持会议。国务院副总理朱镕基出席会议并讲话。国务院副秘书长刘济民对会议情况作总结汇报。

会议期间，各省、市、自治区、计划单列市政府及有关部门的负责人，国务院有关部委负责同志，围绕深入贯彻党的十四大和中央有关文件精神，总结交流发展乡镇企业的新经验，研究如何解决当前面临的突出问题。

国务委员兼国防部长迟浩田在辽宁考察

迟浩田最近在辽宁考察部队时强调，部队建设要按照江泽民提出的"政治合格、军事过硬、作风优良、纪律严明、保障有力"的总要求，把毛泽东军事思想、邓小平新时期军队建设思想落到实处。

迟浩田说，军队作为人民民主专政的柱石，肩负着特殊的使命。我们必须按照小平同志讲的，把军事训练提高到战略地位，狠抓落实，把部队建设成为攻无不克、百战百胜的钢铁长城，能够完成党和人民所赋予的任务。

迟浩田指出，贯彻邓小平同志新时期军队建设思想，最要紧的一条就是抓落实。政治合格这四个字，做到不容易。江泽民的一系列重要讲话都要求全军要经得起执政党的考验，经得起改革开放和商品经济大潮的考验。我们一定要听从党的指挥，和党中央、中央军委保持高度的一致。军事过硬也是这样，一个部队是不是军事过硬，不是说一说就行了，而要拿出实际行动来，严格训练，严格管理，做到令行禁止，军令畅通，政令畅通。绝不能有令不行，有禁不止。

迟浩田要求部队保持我军优良传统。他说，现在形势发展了，要求更高了，我们一定要把方方面面的工作做好，力争上游，求真务实，勇做标兵，把训练改革再深入一步，把政治工作与军事工作结合得更加紧密，使军委的战略决策变为部队的自觉行动。

国家主席江泽民在人民大会堂会见以日本经济团体联合会会长平岩外四为最高顾问日中经济协会会长河合良一为团长的1993年度日本经济协会访华团

国家主席江泽民在人民大会堂会见澳大利亚前总理罗伯特·霍克

国家主席江泽民在人民大会堂会见世界桥梁专家美国加利福尼亚伯克利大学终身荣誉教授林同炎

西班牙国王胡安·卡洛斯一世在王宫会见国家副主席荣毅仁

国务院副总理兼外交部部长钱其琛在钓鱼台国宾馆会见来访的苏丹外交部次长奥马尔·尤素夫·白利杜

全军老干部工作表彰会在北京举行

表彰会于21日至22日举行，全军先进干休所、先进离退休干部、先进老干部工作者的代表在大会上讲话。

于永波在讲话中说，党中央、国务院、中央军委对老干部工作历来十分重视。新的一届军委对老干部非常关心，在不到一年的时间里，多次开会专门研究老干部工作，就如何加强对老干部工作的领导，做好服务工作，提出了许多要求。军委领导到部队视察工作，都要看望老同志。为解决老干部的实际困难，提高了离退休干部的生活待遇。

于永波说，我军老干部是党和国家的宝贵财富，是人民的功臣，理应受到尊重和爱戴。这些年来，各级党委和机关对老干部工作很重视，建立了一套比较完整的政策制度，妥善安置了一大批离休退休干部。广大老干部老有所为，为国家和军队的建设做出了新的贡献。新形势下老干部工作总的要求是，以邓小平同志建设有中国特色社会主义理论和新时期军队建设的思想为指导，着眼国家和军队建设的大局，不断完善老干部工作的政策制度，大力加强老干部工作队伍建设，进一步提高服务质量，调动和利用军地各方面的积极因素，努力把老干部工作提高到一个新的水平。做老干部工作的同志要牢固树立全心全意为老干部服务的思想，不断加强职业道德建设，培养敬业精神，真正成为老干部的知心人、贴心人。

于永波希望老同志按照中共中央总书记江泽民要求的"继续关心党和军队的事业，特别是在继承和发扬我党我军优良传统方面，发挥积极作用，对年轻的同志搞好传帮带，使老红军传统一代一代传下去"。继续为军队的改革和建设献计献策，为党和人民的事业做出新的贡献。

9 月 22 日

国家主席江泽民在人民大会堂与巴勒斯坦国总统亚西尔·阿拉法特举行会谈

江泽民说，"疾风知劲草，日久见真情。"中巴两国的传统友谊经受了国际风云变幻的考验。中国一贯支持巴勒斯坦人民为恢复合法的民族权利而进行正义斗争，并高兴地看到巴勒斯坦人民在实现自己最终目标的斗争中取得了重要成果。

江泽民指出，中国一贯同情巴勒斯坦人民的处境，并给予了力所能及的援助。中国重视同巴勒斯坦发展友好关系，对发展双边经贸合作持积极态度，愿意积极参加巴勒斯坦的重建。他表示，中国希望在平等互利的基础上与巴勒斯坦共同探索开展多种合作途径，以造福于中巴两国人民。相信总统的此次来访必将进一步推动两国友好合作关系的全面发展。

江泽民说，中东问题久拖不决，使该地区各国人民，特别是巴勒斯坦人民深受战乱之苦。现在巴以双方历经艰难曲折的谈判过程实现了相互承认，并签署了在加沙和杰里科先行自治的协议，这是巴勒斯坦人民坚持长期斗争的结果，也是以阿拉法特总统为首的巴解组织所奉行的灵活、务实的路线取得的成果。对此，"我们再次表示祝贺，对总统阁下表现出的远见卓识表示钦佩。"

会谈结束后，两国政府代表签署中巴经济技术合作协定及中国向巴勒斯坦赠送一般物资和赠送一所学校的换文。两国元首出席签字仪式。

《人民日报》发表社论《积极推行国家公务员制度》

国务院扶贫开发领导小组第一次会议在北京召开

国务委员国务院扶贫开发领导小组组长陈俊生就正确认识扶贫工作形势、进一步强化和推动扶贫工作讲了话，说明国家将制定并实施"八七扶贫攻坚计划"。

国家副主席荣毅仁结束对葡萄牙和西班牙的访问回国

中国常驻联合国代表李肇星在联合国大会总务委员会上就中美洲七国提出的所谓台湾在"国际体系中的特殊情况问题"列入联大议程发表声明

李肇星大使发表三点声明。第一，关于中国在联合国的代表权问题，1971 年联合国第 26 届大会第 2758 号决议早已作出结论。这一以压倒多数通过的决议以明白无误的语言"承认中华人民共和国政府的代表是中国在联合国的唯一合法代表，中华人民共和国是安全理事会五个常任理事国之一"。至此，中国在联合国的代表权即已在政治、法律和程序上得到彻底解决，根本不再存在所谓台湾"重返"、"加入"或"参与"联合国的问题。

第二，联合国是由主权国家组成的政府间国际组织。台湾是中国领土不可分割的一部分，台湾作为中国的一个省份，根本无权加入联合国，因而也就谈不上适用"会籍普遍性原则"。

第三，台湾问题纯属中国内政。中国政府和人民致力于和平解决台湾问题，实现祖国统一。任何国家，以任何理由、任何方式提出台湾"加入联合国"问题，都是严重侵犯中国主权，粗暴干涉中国内政，阻挠中国统一和违反联合国宪章的非法行径，必然遭到中国政府和包括台湾同胞在内的全体中国人民的坚决反对。

中国政府和苏丹政府在北京签署《1994 至 1996 年文化合作执行计划》

中国德国经济合作混合委员会第 8 次会议在波恩举行

中国农业银行行长马永伟在意大利撒丁岛召开的第 23 届国际农业信贷联合会中央委员会会议上当选为中央委员会副主席

中央军委副主席刘华清出席广州军区训练座谈会

刘华清在广州军区训练座谈会上强调，全军部队要立足现有装备，以军事训练为中心，保持正确的建军方向，进一步加强部队现代化建设。

人民解放军总参谋长张万年和解放军总部、广州军区等领导出席座谈会。

宇宙卫星通信服务公司在澳门成立

这是中国、葡萄牙、澳门地区三方企业家联手组建的第一个高科技集团。

澳门总督韦奇立，全国政协副主席马万祺，以及中葡联合联络小组、新华社澳门分社、国防科工委、中国航天工业总公司、葡萄牙马可尼公司等单位的领导人和澳门地区知名人士出席公司成立庆祝酒会。

宇宙卫星通信服务有限公司是由中国邮电器材深圳公司、中国远望(集团)总公司、中国长城工业总公司和葡萄牙马可尼(天讯)有限公司、马可尼天讯(亚洲)有限公司、澳门吴福电讯有限公司合资组建，全国政协委员、澳门著名企业家吴福先生担任公司董事长。该公司主要面向澳门及亚太地区，建设、管理和经营用于通信、卫星电视、广播通信的地面卫星站及其通信系统。

北京至济南至南京光缆通信干线正式开通

跨越2市4省37个县(市)光缆干线北起北京，经天津、沧州、济南、徐州、蚌埠、合肥到南京，全长1444公里。

“中国2000年实现消除碘缺乏病目标动员会”在北京召开

广东省高级人民法院终审判决原惠州市公安局长洪永林死刑剥夺政治权利终身

洪永林在任广东省惠阳地区行署公安处副处长和惠州市公安局长期间，从1988年至1991年1月间，利用职务上的便利，共收受贿赂财物总额达港币91.4万元，人民币34.89万元。

案发后，检察机关缴获洪永林的财物中，扣除洪永林受贿所得及本人的合法财产外，仍有港币1444996元，人民币693799元(含物折款)，明显超过洪永林的合法收入，差额巨大，其本人不能说明这些财产的合法来源。

9月23日

中共中央总书记江泽民在中南海怀仁堂会见出席全军老干部工作表彰会的代表

中共中央总书记江泽民在中南海怀仁堂会见“创业在军营”事迹报告团

国家主席江泽民国务院总理李鹏联合致信祝贺全国防沙治沙工程建设工作会议召开

全国绿化委员会：

值此全国防沙治沙工程建设工作会议召开之际，谨向大会表示热烈的祝贺，并通过你们向奋战在防沙治沙第一线的广大干部群众、科研工作者、工程技术人员致以亲切的问候！

我国是世界上沙漠面积较大、分布较广、危害严重的国家之一。新中国成立以后，沙区广大干部群众和林业、水利等战线的科技工作者，在党和政府的领导下，与沙漠进行了长期不懈的斗争，为有效地遏制土地沙漠化的扩大、改善生态环境做出了巨大的努力。目前，我国防沙治沙工作已进入一个讲规模、求效益、大发展的新时期，任务更为紧迫和繁重。防沙治沙是一项造福当代、荫及子孙的社会公益事业，涉及多部门、多行业、多学科。党中央、国务院希望沙区各级党委和政府要进一步增强工作责任感，建立领导干部任期目标责任制，各有关部门要密切配合，通力合作，扎实工作，为民造福，为国建功。希望沙区广大干部群众，继续发扬艰苦奋斗、坚韧不拔、开拓进取的精神，为开创我国防沙治沙工作的新局面而努力奋斗。

国家主席 江泽民

国务院总理 李鹏

1993年9月23日

中共中央总书记江泽民在广东考察

江泽民于23日至26日在中共中央政治局委员、书记处书记丁关根，中共中央政治局候补委员、书记处书记温家宝，中央军委委员、解放军总参谋长张万年和中共中央政治局委员、中共广东省委书记谢非，广东省省长朱森林，广州军区政委史玉孝的陪同下，先后考察湛江、茂名和广州市。

江泽民在湛江市考察了湛江港、东海岛、湛江经济技术开发区及三星企业集团公司、世联实业集团公司等企业。在南方油城茂名市，江泽民考察了正在扩大建设中的水东港、30万吨乙烯工程工地和茂名石油化工公司。江泽民认为两地的条件优越，发展潜力很大，希望他们抓住机遇，进一步扩大开放，发挥各自优势，加快港口、道路、通讯等基础设施和石油化工等重点项目的建设，努力办好已有的经济技术开发区，重点发展高新技术产业，为振兴粤西经济，促进全省的现代化建设做出新的成绩。

江泽民在广州市重点考察国有大中型企业。9月26日，江泽民到广州有线电厂、广州造纸厂、广州味精食品厂进行考察。江泽民在考察中说，这几个老企业的经验说明，国有大中型企业要走上社会主义市场经济的轨道，增强企业活力，必须全面转换经营机制，苦练内功，努力提高劳动生产率；必须积极采用先进技术，搞好技术改造；必须结合自己实际，善于学习和借鉴外国先进管理经验，加强企业管理。

考察期间，江泽民在湛江视察南海舰队；在广州会见广州军区机关师以上干部和老同志，以及驻广州陆、海、空军部队负责人，看望公安干警和武警官兵。

随同江泽民考察的还有，中央有关部门负责人曾庆红、曾培炎、滕文生等。

国务院总理李鹏全国人大常委会委员长乔石在北京分别会见巴勒斯坦国总统亚西尔·阿拉法特

宁夏回族自治区在银川举行庆祝自治区成立35周年大会

中共中央政治局常委胡锦涛在北京与参加全国国有企业党建工作座谈会代表座谈并发表讲话

中共中央书记处书记尉健行以及吕枫、王维澄、陈清泰、刘志峰等出席座谈会。座谈会由中共中央组织部副部长赵宗鼐主持。

中共中央政治局常委胡锦涛说，转换国有企业特别是大中型企业的经营机制，增强活力，提高素质，是建立社会主义市场经济体制的中心环节。我们要建立的社会主义市场经济体制，其本质特征就在于把反映现代社会化生产规律的市场机制同社会主义公有制结合在一起，把市场在资源合理配置上的长处同社会主义制度的优越性结合在一起，形成一种比资本主义条件下的市场经济体制运转得更好更有效的崭新的经济体制。这就必须通过改革探索建立现代企业制度，使企业真正成为法人实体和市场主体，以巨大的实力、旺盛的活力进入市场，发挥主导作用。这需要有一个过程，要作出艰苦的努力，但是我们必须解决好。

胡锦涛指出，搞好国有大中型企业要从两个方面努力。一方面，必须加快政府职能转变，实行政企分开，把应该下放给企业的权力坚决放给企业，同时搞好配套改革，抓紧建立健全有效的宏观调控体系，强化政府服务职能，把该管的事管住管好，为企业创造良好的外部环境。另一方面，必须加快企业内部改革，解决好企业本身的活力问题。胡锦涛希望企业党政工团尤其是党组织和行政负责同志，增强责任感和使命感，充分认识各方面改革向深层次推进的大趋势，主动抓住由此带来的有利时机，进一步解放思想，更新观念，苦练内功，自立自强，同心同德，共同奋斗，用新思路、新办法解决企业改革和发展面临的新问题，克服前进道路上的困难，不断提高企业的整体素质。

在谈到要建立有中国特色的现代企业领导体制的问题时，胡锦涛说，党的十四大重申了国有企业要充分发挥党组织的政治核心作用，坚持和完善厂长负责制，全心全意依靠工人阶级。这三句话互为依存，不可分割，都是社会主义市场经济条件下搞好国有大中型企业所必需的。“三句话”的方针，是对多年来探索建立有中国特色国有企业内部领导体制实践经验的科学总结。各级党政领导和各类国有企业，要继续积极探索，总结和推广好的经验，更加自觉地全面落实“三句话”。他强调，在企业转换经营机制、走向市场的过程中，更要重视加强和改进企业党的建设，增强党组织的凝聚力、吸引力和战斗力，充分发挥政治核心作用。

胡锦涛在讲话中还阐述了企业党建工作的指导思想以及加强和改进企业党的建设的关系。他指出，企业党组织要紧密结合企业改革和生产经营开展工作，为企业改革和发展服务，在这个过程中体现政治核心作用。这是新形势下改进和加强企业党建工作的一个突出要求，必须坚定不移。企业党组织要积极主动地参与企业改革和发展中重大问题的决策，探索新的工作方式，真正把党的活动渗透到企业改革和生产经营的各个环节中去。

胡锦涛说，建设有中国特色的社会主义，从一定意义上说关键在人；搞好有中国特色的国有大中型企业，从一定意义上说，关键也在人。他要求各级党政领导同志高度重视企业人才队伍的开发和建设，尤其要抓住企业转换经营机制的有利时机，把企业领导班子建设提高到一个新的水平。

在讲话中，胡锦涛充分肯定了国有企业党的工作者队伍和整个企业工作者队伍几十年的贡献，希望大家进一步振奋精神，积极工作，再创新业，再立新功。

中央政策研究室副主任郑科扬在会议结束时作了总结。会议期间，与会代表就在加快建立社会主义市场经济体制的新形势下，如何适应贯彻落实国有工业企业转换经营机制条例，深化企业内部改革，进一步搞好国有大中型企业的要求，切实加强和改进企业党的工作等问题进行座谈讨论，交流近几年探索中取得的成功经验。

中共中央政治局常委乔石在上海考察

乔石于23日至29日在上海考察工作。乔石在考察工作时强调，当前各项工作要坚持以经济建设为中心，在进行宏观调控、深化改革的同时，加快经济立法的进程，推动建立和完善社会主义市场经济体制。

乔石在上海期间，听取市委、市政府的工作汇报，并由中共中央政治局委员、市委书记吴邦国，市长黄菊和市人大常委会主任叶公琦等分别陪同，考察浦东新区，实地察看重点建设工程杨浦大桥、地铁一号线、合流污水泵站、内环线高架工程，以及宝山钢铁总厂、上海证券交易所、东方商厦等。乔石充分肯定上海这几年在经济建设、社会发展和改善人民生活条件等方面所取得的成绩。乔石说，上海市委、市政府和全市人民认真贯彻执行党中央、国务院的方针政策，遵照邓小平同志的指示，紧紧抓住机遇，加快了改革开放步伐，经济健康发展，城市面貌有较大改观，社会秩序稳定。应该说上海的工作是比较扎实的。乔石希望上海的同志抓住当前有利时机，珍惜难得的机遇，加快浦东开发，带动浦西老市区的改造，建设社会主义现代化的新上海。

9月25日，乔石考察浦东新区的外高桥新港区和外高桥保税区，专门听取浦东新区负责同志的工作汇报。乔石说，开发、开放浦东是党中央、国务院的一项重要决策。三年来，浦东开发的速度比较快，起点比较高，这符合中央、老一辈革命家和全国人民对你们的期望。上海要在90年代把浦东新区的基本轮廓勾画出来，为迎接21世纪更大的发展，创造良好的条件，把“一个龙头，三个中心”的功能辐射到长江三角洲，以至整个长江流域。浦东在发展中即使遇到一些暂时的局部的困难，但中央关于开发、开放浦东的决心和政策不会变。上海的同志要有“任凭风吹浪打，胜似闲庭信步”的气魄，坚定不移地干下去，振兴上海。

9月28日，乔石就加快立法、加强民主与法制建设等工作，与上海市人大常委会负责同志座谈，听取上海市制定地方法规情况的介绍和对人大工作的建议。乔石说，党的十四大和八届全国人大一次会议确定我国建立社会主义市场经济体制，全国人大和各省、市、自治区人大面临着加快立法特别是经济立法的新任务。我们要在几年内建立起社会主义市场经济法规的框架，保障经济建设有序地进行。制定法律和法规不可能一开始就十全十美，需要在实践中逐步健全和完善。各省市自治区人大要根据各地特点和自身需要，抓紧制定相应的地方法规。但要遵循一个共同的原则，就是要有全局观点，以全国人民的根本利益和长远利益为出发点，要在国家根本大法宪法和刑法、民法等基本法的范围内进行，不能光从地方利益出发。在加强立法、健全法制的同时，进一步发扬社会主义民主，充实和完善人民代表大会制度和中国共产党领导的多党合作政治协商制度，通过不断探索和总结，走出一条符合中国国情的民主与法制建设道路来。这是一个较长的路程。各级人大在这方面任重而道远，要进一步密切与人民群众的联系，倾听群众的意见和呼声，认真履行监督职能，支持和帮助“一府两院”改进工作。

国务院发出关于整顿边地贸易经营秩序制止假冒伪劣商品出境的通知

各省、自治区、直辖市人民政府，国务院各部委、各直属机构：

近年来，我国同周边国家边境贸易、地方易货贸易（以下简称边地贸易）迅猛发展，对加快边境地区经济发展，促进我国同周边国家的经贸往来，增进我与周边国家的友好关系，起了积极作用。但与此同时，假冒伪劣商品通过边地贸易及“旅游贸易”等各种渠道不断流入独联体等周边国家市场，损害了当地消费者的利益，严重败坏了我国商品的信誉，对外造成很坏影响。为制止假冒伪劣商品出境，维护我对外贸易信誉，促进边地贸易健康发展，现就有关问题通知如下：

一、整顿边地贸易经营秩序、制止假冒伪劣商品出境，既是关系边地贸易发展前途和生命力的一件大事，也是关系国家和民族声誉的一个政治问题，各级人民政府、各有关部门对此要有充分认识，并采取切实有效措施，抓紧抓好这项工作。

二、要鼓励、支持中央各部门和各省、自治区、直辖市所属外经贸公司、有进出口经营权的生产企业发挥主渠道作用，采取积极措施，拓展同独联体等周边国家的经贸关系，努力推销出口国产优质合格商品。外贸公司和经批准有易货贸易经营权的其他各类企业必须依法经营，遵守国家的有关政策、规定，认真贯彻“以质取胜”战略，不收购、不代理经营假冒伪劣商品。

对实行卫生注册登记的出口商品（如饮料、酒类、小食品、罐头、肉类等），外贸公司和其他有易货贸易经营权的企业必须从获得卫生注册登记证书的生产厂家收购出口。

三、各边境省、自治区对挂靠在有边地贸易经营权企业下面并开展对外经营活动的各类企业（即“挂靠公司”），要认真进行清理，今年十月底以前要将清理结果报外经贸部。

四、要加强对生产企业的质量监督管理工作，禁止生产假冒伪劣产品。对制造和收购出口（或向外国人出售）假冒伪劣产品的企业和个人，要按国务院和有关部门制定的规定进行处罚，对情节严重、触犯刑律的，要按照全国人大常委会《关于惩治生产、销售伪劣商品犯罪的决定》，移交司法机关，依法追究刑事责任。

对举报生产、销售假冒伪劣商品案的有功人员要给予奖励，保护举报人的合法权益。

五、公安、检察机关对相互勾结、以各种方式贩运假冒伪劣商品出境的违法犯罪行为要依法及时立案侦查，依法严厉打击破坏边地贸易经营秩序的违法犯罪分子。公安机关要配合工商行政管理机关和技术监督管理机构，坚决清理和取缔加工、生产、储存、销售假冒伪劣商品的窝点，对违法犯罪分子要依法从重惩处。

六、工商行政管理机关要加强对边民互市和中外民贸市场的管理。在边民互市或中外民贸市场开展经营活动的工商企业和个体工商户，应严格按照工商行政管理机关核准的经营范围和经营方式进行经营活动。经营者在批发商品时必须开具合法票据，禁止无照经营，禁止销售假冒伪劣商品。

七、各地技术监督管理机构要对边民互市和中外民贸市场经营的商品进行质量监督检查，加强监督抽查和"打假"的力度，并会同有关执法机关对生产和销售假冒伪劣商品的企业和个人依法从严查处。

八、出境旅客个人随身携带自用物品，必须遵守国际旅客运输的有关协定和规定；无双边或多边协定的，前往独联体各国等国家，应严格按国家和交通运输管理部门有关行李运输的规定办理。

九、各级商检机构对边地贸易和边民互市贸易出境的商品，一律实行检验。当前商检的重点是服装、鞋类、电器、食品等商品。合同有规定的按合同检验；合同规定不明确的按我国有关标准检验；没有合同的凭销售发票按我国有关标准检验。对涉及安全、卫生的商品一律按进口国官方的标准要求检验。经检验不合格的商品，即使外方确认，也不准放行。无合同、无销售发票、无产地、无生产厂名称的商品不予检验、不得放行。

十、海关对进出境旅客携带的行李物品要按有关规定办理进出境手续。对中外旅客携运的商业性货物要依照客货分流的原则加强监管。法定商检货物和本通知规定需要检验的物品，一律凭商检机构出具的检验证书、放行单或在报关单上加盖的印章验放。

中外旅客携运的商业性货物应办理商检、报关和托运手续。有报关权的单位均可接受旅客委托，代办报关手续。商检机构对报关出口的货物应严格按规定进行商检。

十一、凡经国务院批准开放的边境口岸都必须设立海关和商检机构，并应具备相应的检查检验场所；凡未经国务院批准开放、恢复的一类口岸和未经省、自治区、直辖市人民政府批准开放的二类口岸，应于一九九三年底前关闭。季节性的边境口岸也要加强海关监管和商品检验。

已列入我国政府与周边国家政府开放口岸协定的边境口岸，应由外交部统一协调，尽早通过外交途径予以确认，同时抓紧海关、边防、商检和口岸单位的筹建工作。地方人民政府要支持边境口岸机构和设施的建设。

十二、各边境省、自治区人民政府近期要组织专门力量，在海关、商检、边检、工商、技术监督及公检法等有关部门共同配合下，认真查处典型案例，依法从严从重惩处。各口岸的联检机构及各有关部门要在地方政府的领导下，忠于职守、廉洁奉公、密切配合、齐抓共管，将制止假冒伪劣商品出境工作抓出成效。

国务院

1993 年 9 月 23 日

国务院副总理兼外交部部长钱其琛在人民大会堂接受美国有线电视公司(CNN)驻北京分社社长齐迈可的采访

国务院学位委员会学科评议组在北京召开第 5 次会议

据国务院学位委员会提供的材料，中国现已有 248 个博士学位授予单位和 586 个硕士学位授予单位，博士、硕士学位授权学科、专业点分别达到 2129 个和 7391 个，博士生指导教师 5400 人。现在国家 70％的学科、专业能够自己培养博士生，95％的学科、专业能自己培养硕士生。截至去年年底，中国已自己培养出 1.2 万名博士和 23 万多名硕士。这表明，中国现已初步形成了适应经济和社会发展需要的学位授权体系和研究生教育体系。

有关人士透露，这次对新增博士点、硕士点的审核将贯彻适当发展的方针，增加幅度约 10％左右。在地区、行业布局方面将着重考虑边远和经济发展起步较慢的地区以及艰苦行业的需求。学科结构方面则在稳定基础学科的同时，努力增加应用和新兴学科。这位人士强调，这次增列的博士生导师以 55 岁以下的中青年为主，年龄在 45 岁以下，并有博士学位者，在其他条件相同的情况下将优先考虑。

国务院副总理朱镕基在中南海会见参加中国 2000 年实现消除碘缺乏病目标动员会的代表

9 月 24 日

《人民日报》发表邓小平 1982 年 9 月 24 日会见英国首相撒切尔夫人时的谈话《我们对香港问题的基本立场》

国务院批准外交部发布《对外使用国徽图案的办法》

《人民日报》发表新华社评论员文章《用新思路抓紧抓实抓好"三秋"》

最高人民法院发出关于严厉打击偷渡犯罪活动的通知

各省、自治区、直辖市高级人民法院：

近几年来，我国部分地区偷渡犯罪活动十分突出，严重扰乱国（边）境的正常管理秩序，破坏社会稳定和经济建设的顺利进行，损害我国的国际声誉和对外形象。因此，对偷渡犯罪分子，必须依法严厉打击。现通知如下：

一、各级人民法院要认清当前偷渡犯罪活动的严峻形势，进一步提高同偷渡犯罪作斗争重要意义的认识，坚决、迅速地开展严厉打击偷渡犯罪分子的斗争。偷渡案件多发地区的人民法院，要把审判这类案件作为当前打击严重刑事犯罪的重点工作之一，切实加强领导，集中力量，坚持依法从重从快惩处的方针，严惩偷渡犯罪分子。同时，人民法院要与有关部门密切配合，积极开展专项斗争，参与社会治安综合治理，有效遏制这类违法犯罪活动的蔓延。

二、以牟利为目的，组织、运送他人偷越国（边）境的犯罪分子，是打击的重点，应当依照刑法第一百七十七条的规定，从严惩处。对以牟利为目的，为他人提供伪造、变造的护照、签证等出入境证件，或者以劳务出口、经贸往来以及进行其他公务活动等骗取护照、签证等出入境证件提供给他人的，应以组织他人偷越国（边）境罪论处。对以走私，组织、强迫他人卖淫，诈骗，拐卖妇女、儿童等犯罪活动为目的，组织、运送他人偷越国（边）境的，应以其所犯罪行中的重罪论处；对为牟取暴利而不顾他人的人身安全，对偷渡者使用简陋、破旧、报废、通气状况很差的危险船只运送出海，已造成人身伤亡等严重后果的，以危害公共安全罪中的相应罪名定罪处罚；对在组织、运送他人偷越国（边）境的犯罪过程中，又犯杀人、强奸、抢劫、敲诈勒索等罪的，依法实行数罪并罚；犯有上述罪行特别严重，情节特别恶劣，依法应当判处死刑的，要坚决判处死刑。

三、对负责办理护照、签证和其他出入境证件的国家工作人员，以牟利为目的，内外勾结，明知对方非法偷越国（边）境而为其提供出入境证件；或者公安边防、海关人员以牟利为目的，内外勾结，对明知是非法出境的人员予以放行的，以组织他人偷越国（边）境罪从重处罚。对国家工作人员因受贿实施上述犯罪的，依法实行数罪并罚，并从重处罚。

四、对一般偷越国（边）境者要注意严格区分罪与非罪的界限。听信他人教唆或者为了探亲、访友、赶集等，违反出入国（边）境管理法律、法规的，属一般违法行为。对于偷越国（边）境，具有下列情形之一的，应当依照刑法第一百七十六条的规定追究刑事责任：（一）在境外实施损害国家利益行为的；（二）为逃避法律制裁偷越国（边）境的；（三）偷渡时对边防、公安人员等使用暴力或以暴力相威胁的；（四）介绍、引诱多人一起偷渡的；（五）在偷越国（边）境过程中有其他违法行为造成严重后果的；（六）有其他严重情节的。

五、对组织、运送他人偷越国（边）境的犯罪分子，在依法判处主刑的同时，应当根据其犯罪中获利的数额和其他具体情节，依法判处罚金。犯罪分子的非法所得和供犯罪使用的个人财产，如交通、通讯工具等，要依法予以没收。

六、各级人民法院要结合办案，加强宣传教育工作，特别是偷渡案件多发地区的人民法院，要根据当地的具体情况，选择一些典型案件，通过公开宣判和新闻媒介等多种形式，广泛宣传党的改革开放政策，揭露偷渡行为给国家、个人造成的严重危害，以震慑犯罪，教育群众。

国务院副总理兼外交部部长钱其琛率团抵达纽约出席联合国大会第48届会议

外交部发言人就邓小平1982年9月关于香港问题谈话答记者问

外交部发言人说，邓小平同志1982年9月关于香港问题谈话“有着十分重要的现实指导意义”。

有记者问：中国此时发表邓小平1982年关于香港问题的谈话是出于什么考虑？

发言人说，邓小平同志1982年9月同当时的英国首相撒切尔夫人就香港问题作了重要谈话，迄今已11年。他在谈话中全面阐述了中国政府在香港问题上的基本立场。后来的实践表明，这一谈话具有高度的预见性，是完全正确的，对1997年香港的平稳过渡和政权的顺利交接有着十分重要的现实指导意义。

发言人说，香港的过渡期只剩下不到4年的时间了，全面贯彻落实中英联合声明的任务十分艰巨。无论出现什么情况，我们都有决心和能力对香港恢复行使主权，落实“一国两制”、“港人治港”的方针，保持香港的长期繁荣和稳定。同时，我们真诚地希望在过渡期最后几年里，中英两国政府能进行合作，共同完成好中英联合声明赋予两国的历史使命。

国务委员李铁映打电话慰问北京申办城市代表团

全国防沙治沙工程建设工作会议在内蒙古赤峰市召开

国务委员陈俊生指出，防沙治沙是一项长期艰巨的战略任务，是一项功在当代、惠及子孙的千秋大业。一定要坚韧不拔，真抓实干，常抓不懈，向沙漠进军，变沙进人退为人进沙退，在沙区建立更多的绿洲。

会议开始时，国务院副秘书长刘济民宣读总书记江泽民、总理李鹏给这次会议发来的信。

林业部部长徐有芳向与会者介绍了中国近年防沙治沙工作取得的成绩、存在的问题和今后的部署。他说，据统计，近两年来，全国治理沙漠化土地和风沙化土地面积共计 2500 万亩，超额 30％完成计划任务，创历史最高水平。其中飞播造林种草 260 万亩，超过前 40 年飞播治沙面积的总和。封沙育林育草 680 万亩。同时，还积极开发利用沙区资源，兴办沙产业，以综合开发促进治沙工作，已铺开 400 多个开发项目。

9 月 25 日

中共中央总书记江泽民国务院总理李鹏题词祝贺《中国老年》创刊 10 周年

国家主席江泽民致电祝贺西哈努克就任柬埔寨国王

全国公安机关反腐败电话会议在北京召开

会议宣布《公安机关和公安干警十不准的规定》和《关于取消 16 项乱收费项目的决定》。

“十不准”包括：不准乱没收、乱罚款，禁止内定和下达罚没款指标；不准乱收费，不准用警察职权代其他部门收费、征税、罚款；不准参与舞厅、歌厅、饭馆、发廊、录像放映点、按摩浴室的经营或者充当保护人，不准占有干股、暗股、明股；不准为企事业单位和个人讨债、逼债，插手经济纠纷；不准经商办企业，公安干警不准从事第二职业，不准以警察职权为亲友经商提供任何方便条件；不准强买强要、白吃白拿等十项内容。

取消的有 16 项乱收费项目：特种行业、文化娱乐场所审查费、开业费；刑事案件、治安案件办案费；户口登记项目变更、更正费；弃婴收养入户费；治安拘留人员教育费、会见费；寻人查询费；交通事故风险抵押金；强制推销国家法规以外的车辆附加装置、宣传品费；办理出入境证照的外文翻译费、盖章确认费；办理出境证件咨询费、加急费；对消防工程设计施工中、各类消防产品生产厂家和消防产品销售中各种名目的咨询费、中介费、信息费、管理费等 16 项内容。

公安部部长陶驷驹要求各地公安机关统筹安排各项工作，真抓实干，圆满完成各项任务。

财政部国家科委农业部首次表彰奖励科技成果转化显著的农业科研机构

财政部、国家科委和农业部日前在京举行表彰会，对在农业科技成果转化工作中取得突出成绩的中国农科院蔬菜花卉所等 8 家科研单位予以奖励。

国务院总理李鹏在北京会见出席国务院学位委员会学科评议组第 5 次会议的部分代表

李鹏说，自从 1981 年颁布学位条例和建立学位制度以来，经过 10 多年的努力，我们逐步形成了适应我国经济和社会发展需要的学位体系和研究生教育体系，培养出了博士 1 万多名，硕士 23 万多名。他们已成为我国科技战线上的骨干力量。

国务委员、国家科委主任宋健和国家教委主任朱开轩、国务院学位委员会主任委员何东昌等参加会见。

国务院总理李鹏在钓鱼台国宾馆会见印度已故总理拉·甘地的夫人索尼亚·甘地

中国远洋运输(集团)总公司在天津新港举行欢迎“银河号”货轮仪式

京津塘高速公路全线通车

中国队在第一届国际体育五项比赛中获女子团体冠军

9 月 26 日

国务院副总理邹家华视察渤海海上油田并参加目前最大的海上油田绥中 36－1 投产仪式

民建中央在北京召开 1993 年主席会议

民建中央日前召开主席会议。

会议认为，反腐败是当前一项重大政治任务，对于加强中共的领导，保证改革开放和经济建设的顺利进行，促进社会主义精神文明建设，都具有十分重要的意义。民建要积极发挥民主监督作用，积极参与做好加强廉政建设、反对腐败的工作，同时还要注意自身廉洁自律。民建中央采纳了民建无锡市委提出的“改革招待”的建议，同时重申了民建中央对中央机关干部的规定：一、到地方开展工作，食宿均须按国家和民建中央办公厅有关规定执行，不得由地方组织补贴，不得接受宴请或便餐招待；二、不得利用出差开会之便，用公款旅游。如旅游，一切费用本人自理；三、不得接受馈赠。

由台湾《工商时报》、“时报文教基金会”和大陆《中华工商时报》共同主办的以“迎向 21 世纪的大中华经济体制发展宏图”为主题的两岸经贸学术研讨会在台

北闭幕

外交部副部长姜恩柱和香港驻中国大使麦若彬就香港 1994/1995 选举安排问题举行第 12 轮会谈

9 月 27 日

中共中央总书记江泽民在广州主持召开中南西南十省区经济工作座谈会

江泽民于 27 日至 29 日在广州主持召开中南、西南十省区经济工作座谈会。中共中央政治局委员、书记处书记丁关根，中共中央政治局委员、国务委员李铁映，中共中央政治局委员、广东省委书记谢非，中共中央政治局候补委员、书记处书记温家宝，中央军委委员、解放军总参谋长张万年出席了座谈会。

在座谈会上，河南、湖北、湖南、广西、海南、四川、贵州、云南、西藏、广东的负责人先后汇报贯彻中央关于深化改革、加强宏观调控重大决策的进展情况，分析了当前经济形势。

江泽民听取大家发言后讲话。江泽民指出，中央关于深化改革、加强宏观调控的措施下达以后，各地迅速传达，认真贯彻执行，并很快初见成效。这一事实再一次说明只要中央一声令下，各地都自觉地做到坚决服从大局，说明我们党在邓小平同志建设有中国特色社会主义理论的指导下，是高度一致和坚强有力的。可以坚信，在党中央的统一领导下，任何前进中的矛盾和问题都可以解决，我们的改革开放和经济发展的形势会越来越好。

江泽民说，抓住机遇，加快发展，集中力量把经济建设搞上去，是我们坚定不移的方针。小平同志多次讲过："发展才是硬道理。"这是千真万确的。90 年代是我国社会主义现代化建设的关键时期，我们必须以极大的历史责任感，努力使国民经济保持一个较高的增长速度。发展速度低了不行，那样经济就上不去，我们就会处于被动地位，就会受制于人。凡是有条件能快的就快一些发展，暂时不能快的，也应积极创造条件逐步加快发展。各地都要从实际出发，既要有紧迫感，不丧失发展的时机；又要尊重客观规律，量力而行，注意稳妥，避免损失，特别是大的损失。国内外的经验表明，发展经济不能单纯靠增加投入，扩大规模，铺新摊子，上新项目，而应充分发挥现有生产能力，挖掘潜力，关键是依靠科技进步，优化经济结构，改善经营管理，努力提高劳动生产率。

江泽民强调，解决当前和今后经济发展中的矛盾和问题，根本出路在于深化改革，加快建立社会主义市场经济体制。建立新的经济体制是一项宏大的社会系统工程，要抓紧制定总体框架，从解决当前发展中的突出矛盾和问题入手，重点突破，配套协调，分步实施，循序渐进。要敢于实践，看准了的就大胆地干；一时看不准的，可以试验，注意总结经验。搞好国有企业特别是大中型企业是深化改革的中心环节。要加快转换国有企业的经营机制，全面贯彻落实《企业法》和《条例》。国有企业要积极探索公有制与市场经济相结合的有效途径，逐步建立适应社会主义市场经济要求的现代企业制度。各级政府都要切实转变职能，尊重企业的法人地位和自主经营权。要继续深化农村改革，巩固和加强农业的基础地位。积极培育和发展各种市场，逐步建立开放、统一、竞争、有序的市场体系，努力推进社会保障制度等方面的改革。为了加强和改善宏观调控，应当适时地进行金融体制、财税体制、计划体制、投资体制的改革。这几项重大改革涉及面大，必须在中央的领导下有计划有步骤地进行。要坚持扩大对外开放，进一步发挥经济特区和沿海、沿边、沿江地区以及中心城市在对外开放中的辐射带动作用，形成多层次的各具特点的对外开放格局。

江泽民指出，实现我国的经济发展目标，必须最大限度地调动一切积极因素，发挥各方面的积极性。这是加快发展的需要，也是历史经验的总结。没有各方面的积极性，没有广大干部和群众的积极支持和参与，任何事情都办不好。改革就是要充分调动和发挥中央和地方的积极性，沿海和内地的积极性，国家、企业和个人的积极性，进一步解放和发展生产力。在发展社会主义市场经济的过程中，一定要处理好各方面的利益关系，各方面都要相互支持。在处理中央与地方的关系上，局部要服从全局，全局要照顾局部。在各项改革中，都要始终注意保护和调动广大工人、农民、知识分子和基层干部的积极性。

江泽民说，各地区的经济发展不可能没有差距。对于地区间存在的发展上的差别，要有一个全面认识和科学态度。既要看到这种差别是历史形成的客观存在，要消除它也需要一个历史过程，不是一朝一夕可以办到的；又要看到从长远趋势来说，这种差别总是要逐步缩小的，办法就是通过一部分人、一部分地区先富起来的带动和促进作用，通过国家的宏观调节和地区自身的努力，在共同发展生产力的基础上，使这种差别逐步得到缩小，最终达到共同富裕。社会主义应当创造出比资本主义更高的社会生产力，也应当而且能够实现资本主义不可能实现的社会公正。我们的国民经济是一个统一的整体，各地区的发展是相互支持、相互促进、共同提高的，谁也离不开谁。在发展社会主义市场经济的条件下，各地区在市场中也会有相互竞争，但竞争的目的仍然是促进共同提高、共同繁荣。总之，各地的发展都有广阔而光明的前景。

江泽民最后强调指出，改革和建设的任务十分繁重，必须切实加强党的领导。各级领导干部特别是省部级领导干部，一定要认真学习邓小平同志建设有中国特色社会主义理论，坚持党的基本路线，把握全局，科学决策。要充分认识改革的艰巨性和复杂性，把更大的精力放在深化改革上来，周密规划，精心组织，认真总结。要深入实际，调查研究，及时发现问题、解决问题。要坚持两手抓，两手都要硬，不断加强思想政治工作，加强社会主义精神文明建设和民主法制建设，维护社会稳定，促进社会全面进步。要带头执行廉洁自律的各项规定，密切联系群众。

参加座谈会的有，十省区主要负责人李长春、马忠臣、关广富、贾志杰、王茂林、陈邦柱、朱森林、赵富林、成克杰、阮崇武、谢世杰、肖秧、刘方仁、陈士能、普朝柱、和志强、陈奎元、热地；中共中央、国务院有关部门负责人曾庆红、陈锦华、曾培炎、滕文生、杨昌基、项怀诚等。

国家科委主任宋健就《中华人民共和国科学技术进步法》的实施向《人民日报》记者发表谈话

国务院总理李鹏在钓鱼台国宾馆会见葡萄牙等17个国家的离任和新任驻中国大使

17 位驻中国使节是即将离任的葡萄牙大使博斯、布隆迪大使塔尔希斯、约旦大使法尔基和新任的哥伦比亚大使埃斯卡利翁、捷克大使法斯、吉尔吉斯大使伊马纳利耶夫、韩国大使黄秉泰、厄立特里亚大使厄米亚斯、墨西哥大使罗德里格斯、肯尼亚大使希玛尼、坦桑尼亚大使伊迪、科威特大使雷耶斯、卡塔尔大使哈利菲、苏丹大使艾哈迈德、以色列大使亚可夫、埃塞俄比亚大使谢卡和新西兰大使艾尔德。

国务院副总理李岚清率领中国政府代表团前往韩国出席并主持大田世界博览会中国馆馆日活动

国家副主席荣毅仁在北京出席中国国际信托投资公司与英国《经济学家》集团共同举办的“外国投资者与中国政府高级官员圆桌讨论会”

中国代表团团长中国核工业总公司总经理蒋心雄在维也纳出席国际原子能机构第 37 届大会

中国奥地利在维也纳签署 4 项经贸合作合同

4 项合同分别是：中国冶金进出口总公司和奥地利钢铁联合公司签订的连铸机设备设计和供货合同、中国仪器进出口总公司和埃林能源供应公司签订的灯泡贯流式涡轮发电机组供货合同以及中国重型汽车公司和施泰尔卡车公司签订的中型卡车发动机合资企业协议和重型卡车部件订货合同。

新闻出版署信息中心、中国报业经营管理协会、中国期刊协会于 9 月 27 日至 10 月 4 日在北京联合举办“1978—1993 中国报刊业发展成就博览会”

最高人民法院向新闻界公布 4 起特大贪污案件的审理情况及处理结果

4 起重大经济犯罪案件分别是：海南薛根和、陈贻全、熊道先、赵东方、杨绍琼等人贪污、挪用公款、偷越国境案，浙江冯阳贪污境、偷越国、边境案；北京罗玉海贪污、挪用公款案和广东徐晓春贪污案。

最高人民法院副院长刘家琛在新闻发布会上说，这 4 起案件的 8 名罪犯分别被海南、浙江、北京、广东等地人民法院判处死刑，剥夺政治权利终身，并已经最高人民法院裁定核准。

中国共产党的创始人之一陈潭秋纪念馆在烈士就义 50 周年纪念日于湖北黄州开馆

9月28日

《人民日报》就最高人民法院公布银行工作人员贪污挪用公款偷越国境案发表社论《金融界必须警钟长鸣》

中央统战部国务院办公厅在北京举行国务院参事室参事中央文史馆馆员中秋节招待会

国务院批转财政部等部门《粮食风险基金管理暂行办法》

国务院同意财政部、国家计委、国家经贸委、内贸部、农业部、国家粮食储备局联合制定的《粮食风险基金管理暂行办法》，现转发给你们，请认真贯彻执行。

建立粮食风险基金制度，是保持粮食生产稳定发展，深化粮食流通体制改革，加强宏观调控的重要措施。各省、自治区、直辖市人民政府要高度重视，加强领导，抓好《粮食风险基金管理暂行办法》的组织落实，尽快将省级粮食风险基金拨付到位。财政部、国家计委、经贸委、内贸部、农业部、国家粮食储备局等部门要密切配合，加强指导、协调和督促，财政部要尽快将中央粮食风险基金拨付到位。各地政府和有关部门在贯彻实施《粮食风险基金管理暂行办法》的过程中，要注意研究总结经验，使我国的粮食风险基金制度在实践中逐步得到完善。

中国民航总局明确要求各管理局航空公司机场等企事业单位坚决刹住向旅客货主乱收费现象并公布第一批治理的7个乱收费项目

中国长江三峡工程开发总公司在湖北宜昌成立

国务院副总理邹家华参加中国长江三峡工程开发总公司成立大会。该公司是经国务院批准成立的自主经营、自负盈亏的经济实体、是三峡工程项目的业主，全面负责工程的建设和投产后的经营，随着经济实力的增强，还将从事和参与长江水力资源开发。葛洲坝发电厂成为该公司的组成部分。

国务院副总理兼外交部部长钱其琛在纽约出席美国亚洲协会会议并发表演讲

钱其琛在演讲中指出，亚洲保持相对稳定和繁荣，对全世界的和平与发展都具有重大的战略意义；中国愿同美国增加信任，发展合作。

全国国防科工办主任会议在北京闭幕

中共中央政治局常委、中央军委副主席刘华清在闭幕会上讲话，希望国防科技工业战线在积极投入国家经济建设的同时，要抓住机遇，积极推进国防现代化和军队现代化建设。

刘华清说，当前国际形势给我们提供了很好的发展机遇。我们要紧抓不放，加快我国经济建设的步伐，同时也要加强国防科技和国防工业的发展。在和平环境里，我们要居安思危，要加强国防意识，走有中国特色的精兵之路，增强综合国力，保障国家长治久安。在发展武器装备中，要坚持自力更生为主，同时也要关于吸收世界的先进技术，发展高新技术装备。

刘华清说，我们要坚定不移地坚持小平同志倡导的"军民结合，平战结合，军品优先，以民养军"的16字方针，积极开发民品生产，狠抓科研，加强基础，突出重点，注重效益，搞好配套。在建立社会主义市场经济体制的进程中，特别要加强党的领导，做好思想政治工作，发扬国防战线的优良传统，依靠广大工人阶级，改革创新，不断在克服困难中前进。

在23日的开幕式上，国务院副总理邹家华就国防工业的发展和国防科工办的任务讲话。参加全国国防科工办主任会议的有各省、市、自治区的国防科工办的领导和国家有关部门、总公司的负责人。

会议就新形势下军工战线的主要任务、实行军民结合与深化改革遇到的新问题，以及如何保障国防科技工业健康发展等，进行研讨。

第四届全国报纸工作会议在北京召开

报纸已从过去单一的党委机关报结构转变为兼有政治、经济、教育、生活服务等内容的多层次结构。截至1993年9月，全国报纸的结构比例是：以经济内容为主的行业、企业报占46.1%；全国综合性大报和各级党政机关报占31.3%；生活类报占9.4%；群众团体报占7.6%；晚报占3.6%；文摘和军队报分别占1.3%和0.7%。这个结构体现以经济建设为中心的工作方针，报刊的繁荣也为改革开放中的人们提供充分的信息。

办报办刊热也带来了一些负面效应。其一，有一些报刊为追求经济效益，一味地对市场屈就和依赖，导致虚假报道增多，有些文章格调不高；个别地区发生了出卖报号的现象，安徽《轻工导报》就以每年1万元的价钱，将报纸登记证、发票和广告许可证卖给了书商。其二，1985年以来，我国平均每3.7天创办一张新报，新闻从业队伍急剧扩大，以致良莠不齐；截至1993年9月，在新闻出版署领取记者证的采编人员，全国共有12.3万人。

9月29日

国务院副总理兼外交部部长钱其琛在第48届联合国大会上发言阐述中国政府对重大国际问题的立场和主张

主席先生：

对你当选为本届联大主席，谨表示热烈的祝贺。我相信，由于你的卓越才能和丰富经验，本届大会在你的主持下，在各国代表的通力合作下，一定会取得成功，同时我也对斯托扬·加内夫先生在担任上届大会主席期间所做的卓有成效的工作表示衷心的感谢。

借此机会，我向上届联合国大会以来新接纳的会员国表示热烈欢迎和祝贺。

主席先生，随着两极格局的终结，世界进入了向多极化方向发展的过渡时期。人们曾经期望，冷战的结束将给世界带来和平与繁荣。诚然，避免新的世界大战、争取一个较长时期的国际和平的可能性是增加了。但是原来在两极格局下被掩盖的许多矛盾突出起来，国际关系中的霸权主义和强权政治有增无减，人类所渴望的和平与发展依然面临着严峻的挑战。

欧洲相对稳定的局面已被打破。不少国家经济严重滑坡，政局剧烈动荡；有的地区民族矛盾、宗教纷争和领土争端加剧，冲突不断，战火连绵。一场局部战争正在欧亚大陆结合部的南端展开。这一切不仅对欧洲而且对世界产生了消极影响。

与此同时，相当一部分发达国家染上了“冷战后综合征”，一些国家出现了第二次世界大战以来持续时间最长的经济衰退。在新形势下，内部矛盾激化，贸易保护主义倾向上升，政治丑闻迭起，种族主义抬头，排外仇外暴力事件接踵出现，公众对现状普遍不满，传统政治力量的地位削弱。这一趋势不仅影响这些国家本身的稳定，而且使国际关系更加复杂化。

在新的国际条件下，许多发展中国家处境更为艰难。外来干预的增多，使这些国家的各种不稳定因素上升，困难加剧。它们的独立权、生存权和发展权没有得到应有的尊重和保障。减少外来干预，促进这些国家实现政治稳定，帮助它们摆脱经济困难，是国际社会的一项刻不容缓的任务。如果发展中国家政局长期不稳，南北差距继续拉大，实现世界的持久和平和稳定是不可能的。

客观事实表明，和平与发展仍然是当今世界的两大主题。维护和平与促进发展已成为各国人民特别是发展中国家人民的迫切要求。

当今世界依然是多样化的。现在世界上有180多个独立主权国家，它们不但社会制度不同，所处的发展阶段各异，而且意识形态、文化传统、民族特点、宗教信仰也有很大差别。我们应当承认和尊重这些不同和差异，尊重各国都是国际社会中的平等一员，提倡相互交流、求同存异，反对把某种特定的模式强加给众多各不相同的国家。只有把国与国的关系完全建立在联合国宪章的宗旨和原则、和平共处五项原则和其他公认的国际关系准则的基础之上，才能有真正的和平，才能使各国和睦相处、共同发展。由于世界经济、文化不断交流，各国之间的相互依存关系正在加深，国与国之间相互开放、扩大交流、增进了解、发展合作、取长补短也是完全必要的，然而这只能在相互尊重，平等互利的基础之上进行才能取得效果。

为了实现和平与发这一总目标，中国政府曾多次倡议，建立以和平共处五项原则为基础的、以承认世界多样性和各国之间种种差异为前提的和平、稳定、公正、合理的国际政治经济新秩序。在这个新秩序中，国家间的相互尊重、平等合作将代替霸权主义和强权政治；和平谈判、对话协商将代替诉诸武力和武力威胁；平等互利、互通有无将代替贸易保护主义和不等价交换。中国政府愿同国际社会广泛合作，为建立世界政治经济新秩序、为世界的和平与发作出长期不懈的努力。

主席先生，

秘书长的“和平纲领”报告提出了不少富有启发和值得深思的重要建议和主张。我们赞赏秘书长就此作出的努力。中国作为安理会常任理事国，一贯支持联合国在维护世界和平与稳定、促进全球发展，解决国际争端方面所作的积极努力，支持在联合国宪章宗旨和原则的基础上，进一步发挥和加强联合国在预防外交、建立和维持和平方面的建设性作用。我们认为，在联合国维和行动的数量和任务范围不断扩大的形势下，强调尊重国家主权和不干涉成员国内政这一联合国宪章基本原则具有十分重大的现实意义。在任何时候、任何情况下，无论是进行预防外交，还是派遣维持和平部队，或是致力于冲突后缔造和平，都必须严格遵循这一原则，都必须得到当事有关各方的同意与合作，都必须在执行维和任务的过程中采取不偏袒任何一方的公正态度。唯有如此，联合国的预防外交和维和行动才能体现联合国宪章的基本宗旨，才能取得预期的积极效果。

以和平方法解决国际争端是联合国宪章规定的一项重要原则。我们认为，这项原则应该成为“预防外交”的核心。要争取在冲突发生之前使争端的有关各方走到谈判桌旁，和平协商解决问题。对于国与国之间的争端、地区冲突或一国内部的战乱，不管情况多么错综复杂，都应力求通过政治途径寻求解决办法，避免使局势复杂化。不久之前巴勒斯坦解放组织与以色列政府就相互承认和巴勒斯坦自治问题签署了协议，虽然这仅是解决中东问题的一个开端，但它实现了历时近半个世纪的中东问题的重大突破。这正是国际社会和巴以双方努力用和平方法解决国际争端的结果。我们对此表示衷心的欢迎和祝贺。由此我们可以看到，只要存在和平解决的希望，哪怕是微弱的希望，就不应放弃这方面的努力。

对于国际生活中以大欺小、以强凌弱等践踏别国主权的侵略行径，要坚决反对，并采取十分严肃和认真的态度。但我们不赞成滥用联合国的名义动辄搞制裁和使用武力。我们还认为，不能把人道主义的援助变成军事行动，不能用扩大战争的手段去制止战争。

应当指出，当前世界上地区冲突频频发生，各种矛盾错综复杂。联合国包揽解决所有国际争端是不可能的。在解决国际争端，维护国际和平与安全方面不仅要发挥联合国的作用，而且应当注意并鼓励地区组织根据联合国宪章第八章的规定，承担更多的责任，发挥更积极的作用。考虑到联合国维和行动日益广泛，以及联合国及其会员国在人力、财力、物力诸方面的承受能力，我们认为，量力而行和提高维和行动的效益是非常必要的。

和平与发展密不可分。没有和平与稳定，经济的发展就失去了前提。同样，没有经济的发展，和平与稳定也难以巩固和持久。我们主张，联合国应当充分重视和努力满足广大发展中国家的经济与社会发展要求，并把它列为联合国优先努力的事项。只有这样，联合国才能真正成为得到世界各国普遍支持和依赖的国际组织。也只有这样，才能加强联合国的作用和进一步提高队的威望。正是根据这一主张我国正在加紧筹备一九九五年将在北京召开的第四次世界妇女大会，并且积极支持将于同年在哥本哈根召开的社发首脑会议。

应当指出，如果国际社会不能帮助发展中国家尽快摆脱贫困和落后，世界也就不能有持久的繁荣和发展。我们呼吁发达国家努力消除贸易保护主义、开放市场、提供发展和环境保护资金、放宽技术转让条件、减轻债务负担和增加官方发展援助，为发展中国家经济的恢复和发展创造有利的外部条件。这样做对发达国家本身也是有益的。在各国经济联系日益密切的今天，发展中国家的经济振兴必将促进世界的繁荣，包括发达国家的复苏和繁荣。

主席先生，

自联合国成立以来，世界形势发生了巨大变化，联合国本身也发生了很大变化。就联合国会员数目而言，已从刚成立时的 51 个增加到现在的 184 个，其中绝大多数是发展中国家。中国政府认为，应该根据情况的发展，对联合国机构进行改革、安理会组成适当扩大，使其更加适应国际形势的变化，更充分地反映成员国的意见和愿望，在国际事务中发挥更为积极的作用。安理会的改革应当有助于使这一机构更好地根据联合国宪章的宗旨和原则行动，完成宪章赋予的任务。为了体现会员国的集体意志和共同愿望，使联合国在新的形势下，更加积极、均衡、公正、有效地处埋重大国际事务，安理会和联合国其他机构的改革应顾及公平地域分配原则，充分照顾占联合国成员绝大多数的广大发展中国家的利益。改革涉及各会员国的利益，还涉及修改联合国宪章，必须广泛听取各方面意见。联合国的改革方案应当经过广大会员国全面和充分的讨论和协商，并为它们普遍接受。

主席先生，

中国政府多次声明，中国赞成不扩散各类规模杀伤性武器。同时我们认为，全面禁止和彻底销毁这类武器才是人类追求的根本目标。现在已经有了全面禁止生物、化学武器的公约，全面禁止和彻底销毁核武器也应当提上议事日程。

国际社会对禁止核试验问题表示关注。中国政府一贯主张在全面禁止和彻底销毁核武器的范畴内，实现全面禁止核试验。我们支持早日谈判缔结全面核禁试条约，并将与其他国家共同努力，推动尽早实现全面禁止核试验。

中国对核试验历来十分克制，进行试验的次数是所有核国家中最少的。禁核试固然需要，但承诺不使用核武器更为重要，因为这不仅将使试验、发展、生产和部署核武器失去意义，有利于推动核裁军进程，而且将会增进国际和平与安全。如果一时还难以达到全面禁止使用和彻底销毁核武器的目标，那么有核国家达成一项不首先使用核武器和不向无核国家和无核区使用武器的协议则是完全可以并且应该尽早做到的。对于有核国家来说，这是它们有无诚意把无核国家置于平等地位的一个考验。中国早已单方面承诺在任何时候、任何情况下都不首先使用核武器，不对无核区和无核国家使用或威胁使用核武器。我们呼吁所有核国家都作出这样承诺，并尽早为此缔结国际公约。

国际上还有一些控制武器转让的安排和禁止某些大规模毁灭性武器的公约。这些公约的目的是维护国际和地区的和平、安全与稳定。关于控制转让导弹及其技术的安排也应当考虑包括制止任意使用导弹对别国进行袭击的做法。否则，有关安排就会成为某些国家保持军事优势和推行强权政治的手段，在道义上是站不住脚的。我们反对打着控制武器转让的旗号，动辄对别国实行制裁，施加压力，自己却大量出售武器，危及有关国家的主权和安全。我们也反对那种以禁止化学武器为借口，不按照有关国际公约的规定办事，而自充国际警察，危害别国航行安全和正常贸易往来，违反国际法和国际关系准则的霸权行径。

主席先生，

中国实行改革开放 15 年来，经济获得了很大的发展。中国的经济已经进入高速增长的时期，去年国民生产总值增长 12.8%，今年的增长估计仍将是两位数。外贸和对外经济合作发展也很快。1992 年进出口贸易额同改革开放前的 1978 年相比增长了 5.2 倍，年均递增 13.9%。外商在中国的投资迅速增加。1992 年就批准了外商投资项目近 5 万个，协议外资金额约 580 亿美元，今年以来外商投资继续保持了蓬勃发展的势头。中国经济的高速发展不仅基本解决了 11 亿多人口的温饱问题，使中国开始向小康迈进，而且也促进了中国与世界各国的经济交流和合作。这无论对中国还是对世界来说都是一件好事。

中国经济在高速发的过程中，也出现了一些问题。这些问题将通过加快和深化改革来解决。我们采取了一些加强宏观调控的措施，进行结构调整使经济继续健康、高速、稳定地向前发展。我们完全有能力做到这一点。我们对中国经济发展的未来充满信心。

中国的经济建设取得了丰硕的成果，这是客观事实。但是过高地估计中国的经济水平是不符合实际的。由于中国幅员辽阔，人口众多，各地区之间经济发展水平也不平衡，人均国民生产总值还很低。中国仍然是一个发展中国家，要赶上中等发达国家的经济水平还需要经过几代人几十年的艰苦奋斗。

我想利用这个机会特别指出，最近国际上出现了一种论调，说中国的经济发展了，军事力量也会跟着膨胀，中国将要“填补真空”，将构成威胁等等。这种论调是毫无根据的。一个经济迅速发展的中国是促进亚洲乃至世界经济繁荣的重要因素。中国人民曾经深受外国帝国主义侵略之害。中国的独立是中国人民经过一百多年无数次艰苦卓绝的斗争，作出了重大民族牺牲才赢得的。我们不会忘记我国被侵略、瓜分和奴役的历史。中国古代的伟大思想家和政治家孔子曾经说过，“己所不欲，勿施于人。”即使以后中国发展起来了，我们也绝不会搞侵略扩张，绝不会去谋求霸权。这一点已写入我国宪法，成为我国坚定不移的基本国策。事实证明，中国是维护世界和平与稳定的坚定力量。中国有限的国防力量完全是为了防御和自卫，许多军工企业已转入民用生产，军费在各大国中也是最低的。中国在国外没有派驻一兵一卒，也没有任何军事基地。中国正在专心致志地进行经济建设，需要一个持久的和平国际环境，需要同邻国长期和睦相处。中国愿意在和平共处五项原则的基础上不断发展和加深同世界各国的友好合作关系。无论国际风云如何变化，中国将始终不渝地为维护世界和平、促进共同繁荣和发展作出自己的贡献。

谢谢主席先生。

国务院侨办港澳办台办在北京举行国庆招待会

甘肃省第八届人大常委会第五次会议接受阎海旺辞去省长职务的请求并决定由副省长张吾乐代理省长

《人民日报》就即将实施科技进步法发表评论员文章《为科技进步创造法制环境》

国办发出国务院残疾人工作协调委员会主要职责和组成人员的通知

各省、自治区、直辖市人民政府，国务院各部委、各直属机构：

为了加强对残疾人工作的领导，国务院《关于国务院议事协调机构和临时机构设置的通知》(国发 27 号)已决定设立国务院残疾人工作协调委员会。经国务院批准，该委员会的主要职责是：综合协调有关残疾人事业方针、政策、法规、规划、计划的制订与实施工作，协调解决残疾人工作中的重大问题，组织协调联合国有关残疾人事务在中国的重要活动。具体工作由中国残联承担，委员会秘书处设在中国残联。

国务院残疾人工作协调委员会组成人员名单如下：

主　任：彭珮云(国务委员)

副主任：徐志坚(国务院副秘书长)

　　　　柳　斌(国家教委副主任)

　　　　阎明复(民政部副部长)

　　　　朱家甄(劳动部副部长)

　　　　殷大奎(卫生部副部长)

　　　　邓朴方(中国残联主席)

委　员：(27 人略)

秘书长：刘小成(兼)

国务院办公厅

1993 年 9 月 29 日

国家外国专家局在北京举行颁奖大会向在中国工作的 40 多位外国和海外华人专家颁发友谊奖章和荣誉证书

全国少数民族优秀厂长(经理)表彰大会在北京举行

国家民委授予来自 30 个省、自治区、直辖市的 153 名企业家“全国少数民族优秀厂长(经理)”荣誉称号。

这次受表彰的 153 位少数民族优秀厂长(经理)，年龄 45 岁以下的中青年干部占一半以上，包括蒙古、回、藏、维吾尔等 21 个少数民族成分，来自冶金、机电、煤炭、轻纺、商贸等 23 个行业。他们领导的企业，既有大中型企业，也有近年来异军突起的乡镇企业及中外合资、合作企业。这些优秀厂长(经理)无论民族成分，还是所在企业覆盖的行业及生产规模等都具有广泛的代表性。

王光英、司马义·艾买提、阿沛·阿旺晋美、廖汉生等出席表彰会，司马义·艾买提讲话。

中国政府和委内瑞拉政府在加拉加斯签署《农牧渔业合作协定》

9 月 30 日

国家主席江泽民全国人大常委会委员长乔石在北京分别会见科威特议长艾哈迈德·萨敦率领的科威特议会代表团

国务院总理李鹏在北京举行国庆 44 周年招待会

党和国家领导人江泽民、李鹏、乔石、李瑞环、朱镕基、刘华清、胡锦涛、荣毅仁等与出席招待会的主要外宾一同步入宴会大厅。

李鹏发表讲话。

出席国庆招待会的还有丁关根、田纪云、李铁映、杨白冰、邹家华、陈希同、尉健行、温家宝、姬鹏飞、孙起孟、雷洁琼、秦基伟、王丙乾、王光英、程思远、卢嘉锡、李沛瑶、吴阶平、迟浩田、宋健、李贵鲜、陈俊生、司马义·艾买提、罗干、王兆国、阿沛·阿旺晋美、洪学智、邓兆祥、孙孚凌等。

国务院总理李鹏在国庆44周年招待会上发表讲话

各位来宾，各位朋友，各位同志：

今晚我们欢聚一堂，热烈庆祝中华人民共和国成立44周年。今天适逢传统的中秋佳节。在这举国同庆的节日，我代表中共中央和国务院，向在各条战线辛勤工作的全国各族工人、农民、知识分子、干部、人民解放军和武警部队指战员、公安干警以及各界爱国人士，向台湾同胞、港澳同胞和海外侨胞，致以节日的祝贺和亲切的问候！我代表中国政府和中国人民，向出席招待会的各国驻华使节和来宾表示热烈的欢迎！向所有关心和支持我国现代化建设事业的国际友人表示衷心的感谢！

过去的44年，中华人民共和国走过不平凡的发展道路，国家面貌发生了历史性的巨大变化。特别是近15年来，改革开放和现代化建设取得举世瞩目的伟大成就。以1992年邓小平同志重要谈话和党的十四大为标志，我国改革开放和现代化建设事业进入新的发展阶段。十一亿中国人民正满怀信心地沿着建设有中国特色的社会主义道路阔步前进。

现在我国政治稳定，经济发展，民族团结，社会进步，形势是好的。围绕建立社会主义市场经济体制的各项改革正在深入进行。工业生产继续保持强劲发展势头，农业生产获得丰收，国内市场繁荣，进出口贸易持续增长，对外开放取得新进展，城乡居民生活水平进一步提高，教育、科技、文化、卫生等各项事业继续发展。在第七届全运会上，体育健儿取得优异成绩。中国人民解放军革命化、现代化、正规化建设取得新的进步。我们的国家，生机勃勃，蒸蒸日上，一派兴旺景象。

来宾们，朋友们，同志们！

我们清醒地看到，在我国经济迅速发展的进程中，也伴随着一些矛盾和困难。这需要通过深化改革来解决。几个月来党中央、国务院所采取的加强和改善宏观调控措施，立足于深化改革，主要采取经济手段，已经取得初步成效。今年的银行信贷规模和固定资产投资都有较大幅度的增长，加强和改善宏观调控，关键在于调整结构，提高效益。要把握好调控的力度，对于农业生产和农产品收购，以及效益好的国有大中型企业生产和重点建设所需要的资金，努力给予保证。近期我们将在财政、税收、金融、外贸和投资体制等方面，迈出重大的改革步伐。我们坚信，只要上下一致，思想统一，同心同德，充分发挥中央和地方两个积极性，就一定能够顺利推进这几项重大改革，加快建立社会主义市场经济体制的步伐，推动国民经济持续健康、又快又好地向前发展。

在整个改革开放和现代化建设过程中，我们要毫不动摇地坚持"两手抓、两手都要硬"的方针，以经济建设为中心，大力加强社会主义精神文明建设，加强社会主义民主和法制建设，促进社会全面进步。要积极倡导在社会主义市场经济条件下树立正确的人生观、价值观和健康文明的生活方式。要切实加强勤政廉政建设，坚持不懈地开展反腐败斗争，努力扫除各种社会丑恶现象。要进一步发展教育、科技、文化卫生和体育事业，一如既往地积极支持和参与国际奥林匹克运动。要发扬爱国主义、集体主义和社会主义精神，把亿万群众的积极性和创造力凝聚到现代化建设的伟大事业上来。

回顾既往，展望未来，我们对中国的发展前景充满信心。可以断言，坚定不移地坚持党的基本路线，走建设有中国特色的社会主义道路，紧密团结在以江泽民同志为核心的党中央周围，解放思想，实事求是，自力更生，艰苦创业，我们就一定能够克服前进道路上的艰难险阻，把我国建设成为富强、民主、文明的社会主义现代化国家。

来宾们，朋友们，同志们！

台湾是中国的神圣领土。实现祖国和平统一是海峡两岸全体同胞的共同愿望。一年来，海峡两岸经贸合作和双向交流又有新的发展。我们希望台湾当局信守它所申明的"一个中国"的立场，尽早实现两岸正式接触商谈，促进祖国和平统一，共创中华民族的辉煌未来。

来宾们，朋友们，同志们！

现在距我国对香港恢复行使主权时间越来越近，大量准备工作必须着手进行。目前中英两国政府代表正在进行会谈，我们希望会谈能在中英联合声明、与基本法衔接的原则以及中英已达成的有关协议和谅解的基础上，取得积极成果。不论出现什么波折，中国政府和中国人民都有能力收回香港主权，并且保持香港的长期繁荣和稳定。最近公开发表的邓小平同志关于香港问题的重要谈话，充分表达了我们的决心。

中葡两国政府为贯彻《关于澳门问题的联合声明》进行了卓有成效的合作。我们相信，澳门的平稳过渡和政权的顺利交接必定能够如期实现。

来宾们，朋友们，同志们！

当前，世界正加速向多极化方向发展。国际形势有所缓和，某些热点问题得到解决，但不稳定因素也在增长，世界并不安宁。维护世界和平、促进经济发展仍然是世界各国人民当前面临的首要任务。

在和平共处五项原则基础上发展同世界各国的关系，是我国外交工作的基本方针。中国政府一贯奉行独立自主的和平外交政策，反对霸权主义和强权政治，倡导建立和平、稳定、公正、合理的国际政治经济新秩序。一年来，我国同周边国家和广大发展中国家在政治、经济、文化领域的合作得到进一步的发展。我国同经济发达国家的政府往来和经济合作在不同程度上有所扩大。随着中国经济发展、改革深入和对外开放的扩大，来华投资呈现出前所未有的广阔前景。中美之间保持稳定的关系符合两国人民根本利益，也有利于维护亚太地区和世界的和平与稳定。中国希望与美国增进信任，减少麻烦，发展合作，不搞对抗。只要美国政府严格遵循中美之间三个联合公报的原则，同中方共同努力，就能使两国关系得到正常发展。中国人民已经站起来了，任何干涉中国内政、侵犯中国主权的行为都是我们坚决反对和不能接受的。

正在专心致志地进行现代化建设的中国，需要一个长期稳定的和平国际环境。中国政府和中国人民愿同世界各国政府和人民一起，为维护世界和平、促进共同发展而努力奋斗。

现在我提议：

为中华人民共和国成立 44 周年，

为全国各族人民的大团结，

为祖国的繁荣和人民的幸福，

为中国人民和世界人民的友谊与合作，

为世界和平与发展，

为各位来宾、驻华使节和夫人们的健康，

为在座的朋友们和同志们的健康，

干杯！

国务院总理李鹏在人民大会堂会见在中国工作的外国专家

全国政协副主席王兆国在北京统战部礼堂会见来京参加国庆活动的香港知名人士观光团

国庆 44 周年文艺晚会在北京举行

党和国家领导人江泽民、乔石、李瑞环、朱镕基、胡锦涛等和在京党政军群各部门负责人，台湾同胞，港澳同胞，华侨、少数民族代表，各界知名人士及群众代表一起观看文艺演出。

中国政府和摩洛哥王国政府在拉巴特签署《关于医疗合作的议定书》

冷春惠在加拿大汉密介顿世界柔道锦标赛上夺得 72 公斤以下级金牌

四川航空公司一架图—154 客机在执行济南至广州 3U592 航班任务时被劫持到台湾桃园机场

10月1日

《人民日报》发表社论《走向更光辉的未来——国庆献词》

“中秋又见月如盘”,国庆佳节喜相连。

在一派繁荣祥和的气氛中,我国各族人民迎来自己的共和国诞生44周年的光辉节日。

从去年10月到今年10月,在邓小平同志视察南方重要谈话和党的十四大精神指引下,以江泽民同志为核心的党中央领导全国人民沿着建设有中国特色社会主义的道路继续胜利前进,国民经济保持蓬勃发展的好势头,围绕建立社会主义市场经济体制的各项改革和对外开放取得新的进展,其他各项事业也取得了新的成就,社会主义祖国生机勃勃。在好的形势下,我们党和政府保持清醒的头脑,注意及时发现和解决前进中新的矛盾和问题。近几个月来,党中央、国务院着重抓了三件大事:一是对国民经济加强和改善宏观调控;二是加紧研究建立社会主义市场经济体制的问题;三是部署反腐败斗争,推进廉政建设。这三件大事切合实际,符合改革开放和经济建设健康发展的要求,大得人心,在实施中有的取得明显进展,有的已初见成效。中国改革开放的步履更加扎实、更加稳健,建设有中国特色社会主义的伟大事业正在更快更好地向前发展。

在人类历史上,有过几百年的资本主义市场经济,有过几十年的社会主义计划经济。我们正在进行的经济体制改革,是要建立社会主义市场经济,或者说是要把市场经济的枝芽嫁接到社会主义的砧木上,培育出一种全新的大树,结出更丰硕更甜美的经济之果、社会之果。这是前无古人的伟大创造。实现这一具有深远意义的历史壮举,绝不是轻而易举的,必然要经过长期的艰苦奋斗。

伟大的创业实践,需要伟大的创业精神。干革命,需要创业精神;搞改革开放和现代化建设,同样需要创业精神。我们中国共产党的第一代和第二代领导人都十分重视发挥创业精神的巨大作用,第三代领导人继承和发扬了这一优良传统。今年春天在八届全国人大一次会议上,江泽民同志号召发扬新时期的创业精神,即:“解放思想、实事求是,积极探索、勇于创新,艰苦奋斗、知难而进,学习外国、自强不息,谦虚谨慎、不骄不躁,同心同德、顾全大局,勤俭节约、清正廉洁,励精图治、无私奉献。”这64个字所展现的创业精神,既包容了我们民族的传统美德,又体现了我们党的优良作风;既总结了几十年来的宝贵经验,又反映了新时期的时代要求,受到广大干部和群众的欢迎和支持,正在变成鼓舞和激励各族人民奋发前进的巨大力量。

长江后浪推前浪。把我们的祖国建设成为富强、民主、文明的社会主义现代化国家,是代代相继的伟大事业。这样的事业,需要有先驱者、奠基者,也需要有一批又一批后继者、发展者。先驱者开拓的基业,后继者要发展和创新;先驱者的创业精神,后继者要继承和发扬,我们的事业才能生生不息、青春常在。在各个岗位上辛勤劳动的工人、农民、知识分子和各级干部,重任在肩,要大力弘扬伟大的创业精神。每个共产党员,尤其是各级领导干部,要做艰苦奋斗、清正廉洁、励精图治、无私奉献的模范,更好地团结和带领群众前进。

“每逢佳节倍思亲。”值此两节并蒂之际,我们更加怀念台港澳同胞和海外侨胞,向他们致以最美好的祝愿;更加关切祖国统一大业,盼望江山一统的一天早日来临。近日发表的邓小平同志《我们对香港问题的基本立场》的谈话,表达了全中国人民的意志和心声,是体现“和平统一、一国两制”伟大构想的重要文献。十几年来,实施这一构想,境内境外的中国心、海峡两岸的中国心日益贴近;今后,继续坚定不移地贯彻这一构想,必将进一步推动祖国和平统一的进程。

全国各族人民更紧密地团结起来,海内外的炎黄子孙更亲密地携起手来,奋发进取,自强不息,共同描绘我们五千年文明古国更兴旺、更成功、更光辉的未来!

全国人大常委会委员长乔石在人民大会堂会见新加坡华联银行集团主席连瀛洲博士和夫人陈文贤

中国运动员姜翠华在珀斯举行的1993年世界青年自行车锦标赛中以37秒72的成绩创室内女子500米计时赛世界青年纪录

10月2日

中共中央总书记江泽民中央政治局常委乔石李瑞环朱镕基刘华清胡锦涛等在北京会见宣传文化系统和科技教育界的知名人士代表

外交部部长钱其琛在联合国总部就香港问题联合国作用与前途等答中国记者问

问:你在联大的发言受到许多国家的欢迎,你认为发言中有哪几点得到他们的赞同?

答:中国的发言得到不少国家的赞同或祝贺。这是因为中国说出了许多国家心里想说而又不便说的话。比如,我们主张国家不分大小一律平等,反对以大欺小、以强凌弱的霸权主义和强权政治。又如世界上固然应该注意维持和平，但更多的国家面临的是发展问题，希望联合国更多地关注发展。这些都是许多国家赞同的。

问：你会见了许多国家领导人。你是如何评价中国与这些国家的双边关系的？

答：这次在联大期间，我会见了 60 多个国家的领导人。这种广泛接触反映了许多国家都愿意直接听取中国对各自关心的问题的意见。这说明在这几年国际形势发生巨大变化后，中国的国际地位日益提高。过去是两极世界，我们能为第三世界发展中国家说说话。现在只有一个超级大国。但我们认为世界由一个超级大国来控制是不可能的。必然是一种多极化的趋势。这种多极化趋势已经开始。在这种情况下大家很愿意听听中国对一些问题的意见。

问：有报道说，你和英国外交大臣赫德的会谈没有取得进展。双方分歧在什么地方？今后三年中英应怎样合作？

答：中英双方如果能在过渡时期最后几年进行合作，对香港的平稳过渡、政权的顺利交接会有好处。但英方如不能按基本法所规定的相衔接，一定要在最后几年推行自己的一套，那就不可能实行中英合作，实现平稳过渡。这也没有什么了不起。香港 1994—1995 年的选举，它的政体改革，中国不能认可。到 1997 年 6 月 30 日为止，不再有效。当然平稳过渡仍有可能，但不是 1994—1995 年选出的这些人员、这些机构能平稳过渡。

中办国办发出严禁用公费变相出国（境）旅游的通知

近几年，党中央、国务院针对过多过滥的出国（境）活动，特别是假借各种名义用公费出国（境）旅游的问题，多次作过规定，严加制止。但是近一年来，一些党政机关、企业事业单位和社会团体以考察、学习、研讨、培训、招商、促销为名出国（境），实为用公费旅游的现象愈演愈烈，并有蔓延之势，不仅挥霍浪费了国家的大量外汇，而且严重损害了党和政府的形象，在群众中造成很坏的影响。为贯彻落实党中央关于反腐败斗争的工作部署，坚决刹住用公费变相出国（境）旅游的不正之风，经党中央、国务院批准，特作如下通知：

一、严格控制用公费出国（境）活动。凡属一般性考察、学习和没有明确公务目的及实质内容的出国（境）活动，要坚决停下来；出访团组必须严格执行有关规定，不得以任何理由绕道旅行或擅自延长在境外停留的时间。要坚决贯彻执行《国务院办公厅关于派遣团组和人员赴国（境）外培训的规定》，严格控制党政机关出国（境）培训的团组和人员。这项工作统一由国家外国专家局归口管理，从严掌握，并尽快制定管理办法。

二、审批公务出国（境）经费要严格把关。上报出国（境）报告时要说明经费来源和用汇数额。凡用汇未列入预算或超预算的团组和人员，不得批准。违者要追究组团单位和审批机关领导的责任。

三、严禁党政机关干部索要、挤占企业事业单位的名额搭车出国（境）；因引进技术、设备等项目确需随企业团组出国（境）的，要严格审核并由所在机关开支出国经费。

四、中央和国家机关部委、直属机构中享有派遣临时出国审批权的单位，可以直接向党中央、国务院行文的公司和团体，可按照规定的程序组织少量跨地区、跨部门出国（境）的团组。其他任何单位包括各类学会、协会、基金会、中心、公司、院校、办事处等，均不得组织跨地区、跨部门的团组和人员出国（境）进行考察、培训、研讨、交流等活动，有特殊需要的须报省级以上主管部门批准。违反的要追缴组团所得收入，并追究单位领导的责任。

五、凡因公出国（境），必须严格按照规定的渠道和程序报批，不准弄虚作假，不准异地办理护照，不准假借自费名义、改变身份，不准通过旅行社渠道出国（境）。各旅游部门不得办理公费出国（境）的有关事宜。

六、公务组团出访，组团单位不准超过国家规定的标准收费，不准从中牟利，也不准采取赠送“免费出国名额”、发给奖金或回扣等办法招揽参团人员。

七、各地区、各部门、各单位要对 1992 年 7 月 1 日以来公费出国（境）情况进行一次清理，对检查发现的问题认真作出处理。凡属用公费变相出国（境）旅游的，以本通知发布的时间为界，在这以前的，可以适当从宽处理，但要把已由单位支付的制装费、伙食费和零用钱，改由个人自理。在这以后的，要从严处理：所有出国（境）旅游费用要全部自理，并视情节轻重给予适当的纪律处分；组团单位的违纪收入要全部没收，上缴国库；对违反规定滥用审批权和颁发护照权的单位，除追究当事人和主管领导的责任外，还要根据情节轻重暂停直至取消该单位的审批权和颁发护照权。各地区、各部门清理整顿的情况，于今年底以前报中纪委、监察部、外交部、国务院外事办公室。

八、纠正用公费出国（境）旅游的不正之风，由各级党委、政府统一领导，各部门、各单位负责进行清理整顿。首先从领导机关和领导干部抓起，中央国家机关要带头清理和制止。各地区外事办和各部门主管外事工作的司（局）要加强对出国（境）工作的监督和管理。财政部门和审计机关要加强财务管理和审计，严格执行财经纪律。各级纪检、监察机关要加强监督检查，严肃查处用公费出国(境)旅游的案件,特别是发生在各级领导干部中的案件;对继续弄虚作假、顶风违纪的,要从严惩处,并有选择地予以公开处理。

1993 年 10 月 2 日

外交部部长钱其琛在纽约联合国总部中国代表团驻地会见柬埔寨总理和外交部部长、东盟六国的外交部部长和其他部长以及毛里塔尼亚外长

首届全国人才技术交流大会在北京召开

中共中央政治局常委胡锦涛,全国人大常委会副委员长雷洁琼、李沛瑶,全国政协副主席孙孚凌等出席开幕式,中央组织部副部长、人事部部长宋德福在开幕式上致辞。

这次在会共设 942 个摊位,其中省、自治区、直辖市和计划单列市 635 个,国务院部、委、局 307 个。

中科院上海生理所梅镇彤等首次发现可增强人脑记忆能力的"M 物质"

新疆若羌县发生 6.6 级地震

10 月 3 日

全国人大常委会委员长乔石在人民大会堂会见欧洲议会议长埃贡·克莱普什

10 月 4 日

国务院在北京举行第 10 次常务会议

国务院总理李鹏主持会议,会议审议并原则通过《中华人民共和国预算法(草案)》和《中华人民共和国教师法(草案)》,作进一步修改后,将提请全国人大常委会审议。

国家主席江泽民在中南海会见欧洲议会议长埃贡·克莱普什

省部级主要领导干部学习邓小平建设有中国特色社会主义理论研讨班在中央党校开学

中共中央政治局常委、书记处书记、中央党校校长胡锦涛在研讨班上强调,坚持用邓小平建设有中国特色社会主义理论武装全党,是新时期加强和改进党的建设的一项根本性工作,关系到我们党、我们国家和中华民族的前途命运。在整个社会主义现代化建设过程中,我们都要把组织全党认真学习和掌握建设有中国特色社会主义理论作为一项根本任务,坚持不懈地切实抓好。

出席开学的有中共中央政治局委员、书记处书记丁关根、尉健行,中央政治局候补委员、书记处书记温家宝,中央书记处书记任建新。会议由丁关根主持。

胡锦涛在讲话中主要谈了中央举办这次研讨班的意义、目的、指导思想和基本要求。他指出,党的十一届三中全会以来的 15 年,是我们党在新的历史条件下把马克思主义基本原理同当代中国实际和时代特征相结合,开辟建设有中国特色社会主义道路并坚定地沿着这条道路大步前进的时期,也是邓小平同志坚持和发展马列主义毛泽东思想,在改革开放的伟大实践中不断丰富、完善、发展建设有中国特色社会主义理论的时期。这 15 年中,我国的改革开放经历了从农村改革到城市改革、从经济体制改革到各方面体制的改革、从沿海开放到全方位对外开放的波澜壮阔的历史进程,建设有中国特色社会主义的事业在世界风云变幻的情况下经受住严峻考验,取得了举世瞩目的伟大成就。中国人民如此丰富、生动的伟大实践,是在建设有中国特色社会主义理论指导下进行的,同时又为这一理论的不断发展提供了取之不尽的源泉。邓小平同志尊重群众实践和首创精神,时刻关注最广大人民的利益和愿望。他以非凡的马克思主义的求实态度、探索勇气、创新精神和革命胆略,敏锐地把握时代发展的脉搏和契机,把握代表生产力发展方向的新生事物,及时概括群众经济和创造,并把它升华到理论的高度,从而使建设有中国特色社会主义的理论不断得到丰富、完善和发展,显示出巨大的活力。

胡锦涛说,用建设有中国特色社会主义理论武装全党,首先就要武装党的各级领导干部,特别是高级干部。我们的高级干部带头认真学习和运用这一理论,不仅可以大大提高自己的领导水平,加强工作中的原则性、系统性、预见性和创造性,避免和减少大的失误,还可以把各级领导干部和广大党员学习建设有中国特色社会主义理论带动起来,促进全党马克思主义理论水平的不断提高,使伟大的精神力量变为团结凝聚全党全国人民推动改革开放和现代化建设的巨大物质力量。中央举办省部级主要领导干部理论研讨班,就是要给大家创造一个集中精力深入学习理论和研究思考问题的条件;同时进一步引起各级党组织和领导干部对学习理论的高度重视,在全党形成认真学习、研究理论的浓厚空气,把用建设有中国特色社会主义理论武装全党进一步落到实处。

胡锦涛希望研讨班的同志认真学习和掌握建设有中国特色社会主义理论的基本观点和精神实质,结合本地区本部门和个人实际,总结 15 年来改革开放和现代化建设的经验，力求得到较大收获。他说，15年来我们党领导全国各族人民开始了一场新的伟大革命，开创了中国历史的新篇章。各地各部门的事业都有了很大发展，在实践中创造和积累了丰富的新鲜经验，这是一笔十分宝贵的财富。以建设有中国特色社会主义理论为指导，运用理论思维认真进行总结、概括和提炼，进一步加深对科学理论的认识和理解，对于我们今后在领导工作中正确决策，改进工作，完善政策，推动事业更快更好地前进，都大有好处。

胡锦涛在讲话中指出，通过改革从根本上改变束缚我国生产力发展的原有经济体制，建立充满生机与活力的社会主义市场经济体制，是邓小平同志建设有中国特色社会主义理论的重要组成部分。15年的实践充分证明，这条路子我们走对了，必须坚定不移地走下去。当前全国总的形势是好的，同时，经济发展中也出现了一些突出矛盾和问题。解决这些矛盾和问题，不能沿用过去计划经济体制下形成、现在已不适用的老思路老办法，而必须用新思路新办法，通过深化改革，加快建立社会主义市场经济体制来解决。他希望研讨班围绕如何加快社会主义市场经济体制的建立这个重大课题，深入研究，提出真知灼见。

胡锦涛最后希望研讨班的同志坚持理论联系实际的原则，把学习理论同思考问题结合起来，解放思想，实事求是，畅所欲言，互相切磋，集思广益，共同提高，取得丰硕的成果，把研讨班办好。

出席当天会议的还有中央有关部门负责同志吕枫、王维澄、郑必坚、汪家镠等。

参加这期省部级主要领导理论研讨班的学员共45人。其中大多数是省、自治区、直辖市党委和政府、中央部委、解放军各大单位和武警总部的主要负责同志，还有宣传理论战线的领导干部和党的理论工作者。

全国总工会十一届六次执委会在北京召开

会议的主要议题有三项：审议提交中国工会十二大的主要文件，包括工会十二大工作报告、《中国工会章程》修正案、财务工作报告和经费审查工作报告；讨论通过有关人事问题的决议；酝酿、通过工会十二大代表资格审查委员会成员的建议名单。

全国总工会书记处书记张国祥、全总副主席杨兴富、书记处书记方嘉德、全总经费审查委员会主任王珣分别作起草中国工会十二大工作报告、工会章程(修正案)、财务工作报告和经费审查工作报告的说明。全国总工会主席倪志福和207名执委会委员出席会议。全国总工会副主席张丁华在会上讲话。

海峡两岸妇女事业与发展交流会在北京召开

国家主席江泽民在钓鱼台国宾馆会见坦桑尼亚前总统南方中心主席尼雷尔

国家主席江泽民在中南海会见美国所罗门兄弟公司董事长兼总经理德雷克·莫汉

全国政协主席李瑞环在人民大会堂会见日本大发汽车工业公司总裁丰住鉴

全国政协主席李瑞环在人民大会堂会见美国盖洛普公司董事长唐纳德·克利夫顿

中国和扎伊尔在金沙萨签署关于中国向扎伊尔派遣医疗队的议定书

中日友协成立30周年招待会在北京举行

全国节能宣传周新技术新产品贸易展示洽谈会在北京展览馆开幕

10月5日

中共中央国务院作出关于反腐败斗争近期抓好几项工作的决定

反腐败斗争是加强党的建设和政权建设，密切党和政府与人民群众的联系，保持社会稳定，保证改革开放和经济建设顺利进行的一项重要工作。各级党委和政府必须遵循邓小平同志建设有中国特色社会主义的理论和党的十四大精神，在牢牢把握经济建设这个中心的同时，采取坚决有力的措施惩治腐败，加强党风廉政建设。反腐败斗争既是长期的、艰巨的任务，又具有现实的紧迫性；既要坚决地、持久地进行下去，又要重视抓阶段性成果，一步一步地把斗争引向深入。针对当前的情况，决定在近期内着重抓好以下三项工作，并取得明显成效。

一、党政机关领导干部要带头廉洁自律。领导干部要严于律己，以身作则，自觉执行中央在加强党风廉政建设方面已经作出的各项规定，带头同腐败现象作斗争。为此，对党政机关县(处)级以上领导干部重申和提出以下要求：

(1)不准经商办企业；不准从事有偿的中介活动；不准利用职权为配偶、子女和其他亲友经商办企业提供任何优惠条件。

(2)不准在各类经济实体中兼职(包括名誉职务)；个别经批准兼职的，不得领取任何报酬；不准到下属单位和其他企业事业单位报销应由个人支付的各种费用。

(3)不准买卖股票。

(4)不准在公务活动中接受礼金和各种有价证券;不准接受下属单位和其他企业事业单位赠送的信用卡,也不准把本单位用公款办理的信用卡归个人使用。

(5)不准用公款获取各种形式的俱乐部会员资格,也不准用公款参与高消费的娱乐活动。

二、查办一批大案要案。重点查办党政领导机关领导干部和司法部门、行政执法部门、经济管理部门及其工作人员的违法违纪案件。各有关部门要密切配合,采取发动和依靠群众检举、揭发与专门机关依法处理相结合的方法,集中力量在近期内查办一批大案要案。对腐败分子,必须依照党纪、政纪、国法坚决惩处。对严重干扰、阻碍查办案件工作的,不管是谁,都必须坚决处理。

三、狠刹几股群众反映强烈的不正之风。要在全国范围内集中力量基本刹住乱收费的不正之风,重点治理国家机关及其所属部门擅自把职责范围内的业务变成收费项目;擅自立项和扩大收费范围、提高收费标准;将一部分职能转移到下属的经济实体,搞有偿服务;利用职权和行业垄断强行"服务",收取高额费用;只收费不服务,明目张胆地敲诈勒索等利用职权巧立名目乱收费的不正之风。这项工作由各级政府及其所属各部门负责,自上而下地进行清理和纠正,凡1992年1月1日以后出台的行政事业性收费项目,除经中央和省、自治区、直辖市财政部门会同计划(物价)部门批准的外,一律先停后清;确需保留的收费项目,其收费标准按隶属关系分别报中央和省、自治区、直辖市计划(物价)部门会同财政部门批准;重要项目及标准分别报国务院和省、自治区、直辖市人民政府批准。要一级抓一级,使这股风在年内基本刹住。同时还要刹住用公款变相出国(境)旅游的不正之风。各地、各部门、各行业都要从实际出发,近期内通过专项治理,解决几个群众反映强烈的重点问题。必须重申:(1)各级党政机关一律不准经商办企业。已经兴办的经济实体要按规定与原机关彻底脱钩。(2)实行"收支两条线"。任何地方和部门不准擅自下达收费、罚款的指标,不准把法定的应上缴的收费、罚没收入与本地区、本部门的经费划拨、职工奖金福利挂钩,坚决禁止上缴提成。各级法院、检察院和公安、海关、工商、税务、审计等执法部门所需经费,由各级财政拨款。

各级党委和政府要切实加强对近期反腐败斗争几项工作的领导,并认真把握好以下原则:坚持党的基本路线,紧紧围绕经济建设这个中心,为推进改革、建设和发展服务;把当前反腐败的重点放在党政领导机关,以及司法部门、行政执法部门和经济管理部门;从领导干部做起,首先从高级干部做起,包括领导干部身边工作人员;严格依法办案,对违法违纪案件要一查到底,坚持以事实为根据,以法纪为准绳,严肃处理;紧紧依靠人民群众开展反腐败斗争,但不搞群众运动;惩治腐败和扶持正气相结合,大力宣传和表彰廉洁奉公、勇于同腐败现象作斗争的先进典型,弘扬勤政爱民、艰苦奋斗、乐于奉献的良好风尚。

为切实保证本决定的贯彻执行,县以上各级党委和政府必须立即按照决定的要求,结合本地区、本部门的实际,研究和制定具体实施方案,建立明确的责任制,精心组织,狠抓落实,务必在近期内取得反腐败斗争的明显成效,以鼓舞和振奋党员、干部、群众的信心和斗志。各级纪检监察机关要加强监督检查,做好协调工作。各级党委和政府要及时将执行决定中的重要情况报告上级党委和政府。

中国政府发表关于核试验问题的声明

1993年10月5日,中国进行了一次地下核试验。

中国发展和拥有少量的核武器,完全是为了自卫。自1964年中国拥有核武器之日起,就郑重宣布,在任何时候、任何情况下都不首先使用核武器。中国还承诺不对无核武器国家和无核武器区使用或威胁使用核武器,并据此签署和批准了《拉丁美洲禁止核武器条约》和《南太平洋无核区条约》的有关附加议定书。

中国历来主张全面禁止和彻底销毁核武器,并主张在这个范畴内实现全面禁止核武器试验。从这一根本立场出发,中国历来对核试验采取十分克制的态度,进行核试验的次数极为有限。

中国完全理解广大无核国家关于早日谈判缔结《全面禁止核试验条约》的真诚愿望,认为缔结这样的条约有其积极意义。为此,中国支持早日谈判缔结这一条约,并将积极参加谈判进程,与其他国家共同努力,争取在不晚于1996年缔结《全面禁止核试验条约》。中国同时认为,所有核武器国家承诺不使用核武器具有更为重要的意义,是实现《不扩散核武器条约》关于核不扩散目标的更为有效的步骤。为此,中国强烈要求所有核武器国家同时谈判并缔结一项无条件不首先使用核武器及不对无核国家和无核区使用或威胁使用核武器的国际公约。

在《全面禁止核试验条约》达成并生效之后,中国将信守条约,不再进行核试验。历史已经表明,出于维持核优势地位的目的,在既不放弃核威慑政策,又不承诺全面禁止和彻底销毁核武器的情况下,提出有条件的"暂停试",其意义是极为有限的。拥有最大核武库的国家,研制核武器最早、试验次数最多、核武器技术最先进,它们理应承担特殊责任,率先限制自己发展核武器的活动，放弃以首先使用核武器和对无核国家和无核区使用或威胁使用核武器为基础的核威慑政策，并明确承诺全面禁止和彻底销毁核武器，继续大幅度削减核武器，从而为其他核国家参加核裁军进程，实现最终全面禁止和彻底销毁核武器创造条件。

中国是爱好和平的国家，是维护世界和平、安全与稳定的重要力量，一贯致力于全人类和平与发展的崇高目标。中国愿同国际社会一道，为尽早实现在全球范围内禁止并彻底消除核武器这一最终目标继续作出不懈的努力。

国务院总理李鹏在钓鱼台国宾馆会见香港和记黄埔有限公司董事局主席李嘉诚

李嘉诚是专程来北京出席深圳盐田国际集装箱码头合资合同签字仪式的。

会见后，李鹏等出席合同的签字仪式。根据合同，深圳东鹏实业有限公司与和记黄埔盐田港投资有限公司将在深圳组建盐田国际集装箱码头有限公司，合资建设、经营盐田国际集装箱码头，合营年限为50年，注册资本12亿元港币，预计工程总投资将超过50亿元人民币。

国务院副总理朱镕基在中南海紫光阁会见香港和记黄埔有限公司董事局主席李嘉诚

中国残疾人事业五年工作纲要总结大会在北京举行

总结大会由国务院残疾人工作协调委员会主持召开。近5年来，中国“三项康复”工程已使90余万白内障患者重见光明，3.8万聋儿开口说话，32万小儿麻痹后遗症患者得到矫治，共126万残疾人康复，超额52%完成5年任务；残疾儿童、少年义务教育入学率大幅度提高，普通中小学普遍接收肢体残疾学生入学，特殊教育学校增加一倍多，达1108所，普通学校附设特教班增加5倍，达3568个，盲、聋、弱智儿童随班就读的人数大幅度增长，接受特殊教育的在校学生增加6倍多，达到37万人，5年的发展，超过了我国自有特殊教育以来百余年的总和；分散按比例安排残疾人就业迈出了开拓性的一步，已有140多万残疾人分散在各单位就业，占全国职工总数1%，上海、福建、广州等省市和其他一批市县已根据残疾人保障法规定，要求各单位按1.5%至2%的比例安排残疾人就业。目前，全国已有80余万残疾人在4.9万个各类福利企业就业，去年实现产值618亿元，创利税65亿元。

国务委员兼国务院残疾人工作协调委员会主任彭珮云在会上作《关于中国残疾人事业五年工作总结与今后工作意见的报告》。

会议由国务院副秘书长、国务院残疾人工作协调委员会副主任徐志坚主持。国务院副总理李岚清、国务委员罗干等出席会议。

香港和记黄埔有限公司董事局主席李嘉诚向中国残疾人福利基金会捐赠1亿元港币仪式在人民大会堂举行

党和国家领导人李瑞环、李岚清、宋平、孙起孟、王光英、罗干、阿沛·阿旺晋美、余秋里等出席捐赠仪式，并对李嘉诚慷慨捐巨款支持发展残疾人事业表示感谢！

国务委员兼国务院残疾人工作协调委员会主任彭珮云在讲话中对李嘉诚爱国爱乡、助残济困、一向热心公益事业的高尚品德倍加赞赏。

第四届中国十大杰出青年评选结果在北京揭晓

他们是何玉铭、张山、郑天一、姜战林、郭雷、庹震、梁卫、董明玉、傅志高、蔡育民。

国务院总理李鹏签署第129号令发布《卫星电视广播地面接收设施管理规定》

农业部发布经国务院批准的《中华人民共和国水生野生动物保护实施条例》

中华人民共和国水生野生动物保护实施条例

第一章　总　则

第一条　根据《中华人民共和国野生动物保护法》（以下简称《野生动物保护法》）的规定，制定本条例。

第二条　本条例所称水生野生动物，是指珍贵、濒危的水生野生动物；所称水生野生动物产品，是指珍贵、濒危的水生野生动物的任何部分及其衍生物。

第三条　国务院渔业行政主管部门主管全国水生野生动物管理工作。

县级以上地方人民政府渔业行政主管部门主管本行政区域内水生野生动物管理工作。

《野生动物保护法》和本条例规定的渔业行政主管部门的行政处罚权，可以由其所属的渔政监督管理机构行使。

第四条　县级以上各级人民政府及其有关主管部门应当鼓励、支持有关科研单位、教学单位开展水生野生动物科学研究工作。

第五条　渔业行政主管部门及其所属的渔政监督管理机构，有权对《野生动物保护法》和本条例的实施情况进行监督检查，被检查的单位和个人应当给予配合。

第二章 水生野生动物保护

第六条 国务院渔业行政主管部门和省、自治区、直辖市人民政府渔业行政主管部门，应当定期组织水生野生动物资源调查，建立资源档案，为制定水生野生动物资源保护发展规划、制定和调整国家和地方重点保护水生野生动物名录提供依据。

第七条 渔业行政主管部门应当组织社会各方面力量，采取有效措施，维护和改善水生野生动物的生存环境，保护和增殖水生野生动物资源。

禁止任何单位和个人破坏国家重点保护的和地方重点保护的水生野生动物生息繁衍的水域、场所和生存条件。

第八条 任何单位和个人对侵占或者破坏水生野生动物资源的行为，有权向当地渔业行政主管部门或者其所属的渔政监督管理机构检举和控告。

第九条 任何单位和个人发现受伤、搁浅和因误入港湾、河汊而被困的水生野生动物时，应当及时报告当地渔业行政主管部门或者其所属的渔政监督管理机构，由其采取紧急救护措施；也可以要求附近具备救护条件的单位采取紧急救护措施，并报告渔业行政主管部门。已经死亡的水生野生动物，由渔业行政主管部门妥善处理。

捕捞作业时误捕水生野生动物的，应当立即无条件放生。

第十条 因保护国家重点保护的和地方重点保护的水生野生动物受到损失的，可以向当地人民政府渔业行政主管部门提出补偿要求。经调查属实并确实需要补偿的，由当地人民政府按照省、自治区、直辖市人民政府有关规定给予补偿。

第十一条 国务院渔业行政主管部门和省、自治区、直辖市人民政府，应当在国家重点保护的和地方重点保护的水生野生动物的主要生息繁衍的地区和水域，划定水生野生动物自然保护区，加强对国家和地方重点保护水生野生动物及其生存环境的保护管理，具体办法由国务院另行规定。

第三章 水生野生动物管理

第十二条 禁止捕捉、杀害国家重点保护的水生野生动物。

有下列情形之一，确需捕捉国家重点保护的水生野生动物的，必须申请特许捕捉证：

(一)为进行水生野生动物科学考察、资源调查，必须捕捉的；

(二)为驯养繁殖国家重点保护的水生野生动物，必须从自然水域或者场所获取种源的；

(三)为承担省级以上科学研究项目或者国家医药生产任务，必须从自然水域或者场所获取国家重点保护的水生野生动物的；

(四)为宣传、普及水生野生动物知识或者教学、展览的需要，必须从自然水域或者场所获取国家重点保护的水生野生动物的；

(五)因其他特殊情况，必须捕捉的。

第十三条 申请特许捕捉证的程序：

(一)需要捕捉国家一级保护水生野生动物的，必须附具申请人所在地和捕捉地的省、自治区、直辖市人民政府渔业行政主管部门签署的意见，向国务院渔业行政主管部门申请特许捕捉证；

(二)需要在本省、自治区、直辖市捕捉国家二级保护水生野生动物的，必须附具申请人所在地的县级人民政府渔业行政主管部门签署的意见，向省、自治区、直辖市人民政府渔业行政主管部门申请特许捕捉证；

(三)需要跨省、自治区、直辖市捕捉国家二级保护水生野生动物的，必须附具申请人所在地的省、自治区、直辖市人民政府渔业行政主管部门签署的意见，向捕捉地的省、自治区、直辖市人民政府渔业行政主管部门申请特许捕捉证。

动物园申请捕捉国家一级保护水生野生动物的，在向国务院渔业行政主管部门申请特许捕捉证前，须经国务院建设行政主管部门审核同意；申请捕捉国家二级保护水生野生动物的，在向申请人所在地的省、自治区、直辖市人民政府渔业行政主管部门申请特许捕捉证前，须经同级人民政府建设行政主管部门审核同意。

负责核发特许捕捉证的部门接到申请后，应当自接到申请之日起三个月内作出批准或者不批准的决定。

第十四条 有下列情形之一的，不予发放特许捕捉证：

(一)申请人有条件以合法的非捕捉方式获得国家重点保护的水生野生动物的种源、产品或者达到其目的的；

(二)捕捉申请不符合国家有关规定，或者申请使用的捕捉工具、方法以及捕捉时间、地点不当的；

(三)根据水生野生动物资源现状不宜捕捉的。

第十五条 取得特许捕捉证的单位和个人，必须按照特许捕捉证规定的种类、数量、地点、期限、工具和方法进行捕捉，防止误伤水生野生动物或者破坏其生存环境。捕捉作业完成后，应当及时向捕捉地的县级人民政府渔业行政主管部门或者其所属的渔政监督管理机构申请查验。

县级人民政府渔业行政主管部门或者其所属的渔政监督管理机构对在本行政区域内捕捉国家重点保护的水生野生动物的活动，应当进行监督检查，并及时向批准捕捉的部门报告监督检查结果。

第十六条 外国人在中国境内进行有关水生野生动物科学考察、标本采集、拍摄电影、录像等活动的，必须向国家重点保护的水生野生动物所在地的省、自治区、直辖市人民政府渔业行政主管部门提出申请，经其审核后，报国务院渔业行政主管部门或者其授权的单位批准。

第十七条 驯养繁殖国家一级保护水生野生动物的，应当持有国务院渔业行政主管部门核发的驯养繁殖许可证；驯养繁殖国家二级保护水生野生动物的，应当持有省、自治区、直辖市人民政府渔业行政主管部门核发的驯养繁殖许可证。

动物园驯养繁殖国家重点保护的水生野生动物的，渔业行政主管部门可以委托同级建设行政主管部门核发驯养繁殖许可证。

第十八条 禁止出售、收购国家重点保护的水生野生动物或者其产品。因科学研究、驯养繁殖、展览等特殊情况，需要出售、收购、利用国家一级保护水生野生动物或者其产品的，必须向省、自治区、直辖市人民政府渔业行政主管部门提出申请，经其签署意见后，报国务院渔业行政主管部门批准；需要出售、收购、利用国家二级保护水生野生动物或者其产品的，必须向省、自治区、直辖市人民政府渔业行政主管部门提出申请，并经其批准。

第十九条 县级以上各级人民政府渔业行政主管部门和工商行政管理部门，应当对水生野生动物或者其产品的经营利用建立监督检查制度，加强对经营利用水生野生动物或者其产品的监督管理。

对进入集贸市场的水生野生动物或者其产品，由工商行政管理部门进行监督管理，渔业行政主管部门给予协助；在集贸市场以外经营水生野生动物或者其产品，由渔业行政主管部门、工商行政管理部门或者其授权的单位进行监督管理。

第二十条 运输、携带国家重点保护的水生野生动物或者其产品出县境的，应当凭特许捕捉证或者驯养繁殖许可证，向县级人民政府渔业行政主管部门提出申请，报省、自治区、直辖市人民政府渔业行政主管部门或者其授权的单位批准。动物园之间因繁殖动物，需要运输国家重点保护的水生野生动物的，可以由省、自治区、直辖市人民政府渔业行政主管部门授权同级建设行政主管部门审批。

第二十一条 交通、铁路、民航和邮政企业对没有合法运输证明的水生野生动物或者其产品，应当及时通知有关主管部门处理，不得承运、收寄。

第二十二条 从国外引进水生野生动物的，应当向省、自治区、直辖市人民政府渔业行政主管部门提出申请，经省级以上人民政府渔业行政主管部门指定的科研机构进行科学论证后，报国务院渔业行政主管部门批准。

第二十三条 出口国家重点保护的水生野生动物或者其产品的，进出口中国参加的国际公约所限制进出口的水生野生动物或者其产品的，必须经进出口单位或者个人所在地的省、自治区、直辖市人民政府渔业行政主管部门审核，报国务院渔业行政主管部门批准；属于贸易性进出口活动的，必须由具有有关商品进出口权的单位承担。

动物园因交换动物需要进出口前款所称水生野生动物的，在国务院渔业行政主管部门批准前，应当经国务院建设行政主管部门审核同意。

第二十四条 利用水生野生动物或者其产品举办展览等活动的经济收益，主要用于水生野生动物保护事业。

第四章 奖励和惩罚

第二十五条 有下列事迹之一的单位和个人，由县级以上人民政府或者其渔业行政主管部门给予奖励：

（一）在水生野生动物资源调查、保护管理、宣传教育、开发利用方面有突出贡献的；

（二）严格执行野生动物保护法规，成绩显著的；

（三）拯救、保护和驯养繁殖水生野生动物取得显著成效的；

（四）发现违反水生野生动物保护法律、法规的行为，及时制止或者检举有功的；

（五）在查处破坏水生野生动物资源案件中作出重要贡献的；

（六）在水生野生动物科学研究中取得重大成果或者在应用推广有关的科研成果中取得显著效益的；

（七）在基层从事水生野生动物保护管理工作五年以上并取得显著成绩的；

（八）在水生野生动物保护管理工作中有其他特殊贡献的。

第二十六条 非法捕杀国家重点保护的水生野生动物的，依照全国人民代表大会常务委员会关于惩治捕杀国家重点保护的珍贵、濒危野生动物犯罪的补充规定追究刑事责任；情节显著轻微危害不大的，或者犯罪情节轻微不需要判处刑罚的，由渔业行政主管部门没收捕获物、捕捉工具和违法所得，吊销特许捕捉证，并处以相当于捕获物价值十倍以下的罚款，没有捕获物的处以一万元以下的罚款。

第二十七条 违反野生动物保护法律、法规，在水生野生动物自然保护区破坏国家重点保护的或者地方重点保护的水生野生动物主要生息繁衍场所，依照《野生动物保护法》第三十四条的规定处以罚款的，罚款幅度为恢复原状所需费用的三倍以下。

第二十八条 违反野生动物保护法律、法规，出售、收购、运输、携带国家重点保护的或者地方重点保护的水生野生动物或者其产品的，由工商行政管理部门或者其授权的渔业行政主管部门没收实物和违法所得，可以并处相当于实物价值十倍以下的罚款。

第二十九条 伪造、倒卖、转让驯养繁殖许可证，依照《野生动物保护法》第三十七条的规定处以罚款的，罚款幅度为五千元以下。伪造、倒卖、转让特许捕捉证或者允许进出口证明书，依照《野生动物保护法》第三十七条的规定处以罚款的，罚款幅度为五万元以下。

第三十条 违反野生动物保护法规，未取得驯养繁殖许可证或者超越驯养繁殖许可证规定范围，驯养繁殖国家重点保护的水生野生动物的，由渔业行政主管部门没收违法所得，处三千元以下的罚款，可以并处没收水生野生动物、吊销驯养繁殖许可证。

第三十一条 外国人未经批准在中国境内对国家重点保护的水生野生动物进行科学考察、标本采集、拍摄电影、录像的，由渔业行政主管部门没收考察、拍摄的资料以及所获标本，可以并处五万元以下的罚款。

第三十二条 有下列行为之一，尚不构成犯罪的，由公安机关依照《中华人民共和国治安管理处罚条例》的规定处罚：

(一)拒绝、阻碍渔政检查人员依法执行职务的；

(二)偷窃、哄抢或者故意损坏野生动物保护仪器设备或者设施的。

第三十三条 依照野生动物保护法规的规定没收的实物，按照国务院渔业行政主管部门的有关规定处理。

第五章 附 则

第三十四条 本条例由国务院渔业行政主管部门负责解释。

第三十五条 本条例自发布之日起施行。

国务院总理李鹏签署第130号令发布《草原防火条例》

国务院副总理朱镕基在钓鱼台国宾馆会见加拿大前总理布赖恩·马尔罗尼和加拿大保威公司董事长保尔·德马雷

解放军全军卫生营院工程建设经验交流会在南京开幕

会议于5日至8日举行。

中央军委委员、解放军总后勤部部长傅全有指出，军队后勤工作的目标，就是军委主席江泽民提出的“保障有力”。努力实现保障有力，是新时期我军后勤工作的根本任务，是加强军队现代化建设、全面提高战斗力有机组成部分。目前，军队后勤工作面临着两个新课题：一是要适应现代战争的要求，做好后勤保障工作；二是要适应发展社会主义市场经济的需要，搞好军事经济工作。在卫生工作和工程建设中坚持高起点高质量，用尽可能少的投入获取尽可能多的效益。他还要求后勤战线广大官兵牢固树立过紧日子的思想，精打细算，尽心尽力做好后勤服务保障工作。

中华环保世纪行在全国各地全面展开

国务院总理李鹏为这次活动题词：“保护环境，功在当代，利在千秋。”全国人大常委会副委员长田纪云为活动徽标题名。

全国人大环保委主任委员、中华环保世纪行组委会主任曲格平在新闻发布会上，介绍了开展这次宣传活动的背景、意义和部署。他说，事实表明，经济的高增长必然给环境带来巨大压力。开展“中华环保世纪行”活动的目的，就是要敲响环境污染的警钟，唤起全民族的环境危机意识；就是要充分运用法律武器和舆论工具，大力宣传环境保护的法律法规，表扬那些严格遵守环保法规的典型事例，批评那些造成严重污染、破坏生态环境的违法行为，在全社会形成守法光荣、违法必究的强大舆论力量。

这项活动由全国人大环保委、中宣部、广电部和国家环保局联合举办，今年的主题是“向环境污染宣战”。

10月6日

全国政协八届常委会第三次会议开幕

中共中央政治局常委、国务院副总理朱镕基向与会常委作关于《当前国家经济形势和对策》的重要报告。报告全面分析当前的经济形势，并就中共中央、国务院已经和正在采取的一系列重要对策作阐述。

全国政协主席李瑞环主持会议。

会议还审议通过中国人民政治协商会议第八届全国委员会部分专门委员会副主任、委员增补名单；审议通过人事任命；审议通过关于撤销禹作敏政协全国委员会委员资格的决定；审议全国政协委员赴湖北、青海、山西、河北、黑龙江省和新疆维吾尔自治区视察团视察的情况报告(书面)，审议全国政协代表团访问越南、老挝、俄罗斯联邦情况的报告(书面)、全国政协外委会代表团访问日本情况的报告(书面)。

全国政协副主席叶选平、吴学谦、杨汝岱、王兆国、阿沛·阿旺晋美、洪学智、邓兆祥、钱伟长、胡绳、钱正英、苏步青、丁光训、董寅初、孙孚凌、安子介、马万祺出席会议。

国家主席江泽民在中南海会见多米尼加联邦总统克拉伦斯·塞缪雷特

中国残疾人联合会第二次全国代表大会在北京人民大会堂开幕

江泽民、李鹏、乔石、李瑞环、朱镕基、刘华清、胡锦涛、荣毅仁、李岚清、温家宝、宋平、薄一波、秦基伟、王光英、彭珮云、罗干、王兆国、阿沛·阿旺晋美等中央党政领导人出席大会开幕式。

大会由中国残联一届主席团副主席谢晋主持。

国务院副总理李岚清代表中共中央、国务院向大会致祝词。

全国妇联副主席、书记处第一书记黄启璪代表全国总工会、共青团中央、全国妇联、全国侨联、全国台联、中国红十字会向大会表示祝贺。

受中国残联第一届主席团委托，中国残联主席邓朴方向大会作题为《为祖国的繁荣昌盛和残疾人事业的发展而奋斗》的报告。

出席大会的还有国务院残疾人工作协调委员会成员，各民主党派和全国工商联、人民团体负责人，宗教界知名人士。此外，港澳残疾人组织观察团、古巴残疾人组织代表团也出席会议。

中共中央政治局委员李岚清在中国残疾人联合会第二次全国代表大会上祝词

同志们：

中国残疾人联合会第二次全国代表大会今天隆重开幕了。我代表党中央、国务院向大会表示热烈的祝贺！向全国残疾人及其亲属和广大残疾人工作者致以亲切的问候！

党和政府历来十分关心残疾人事业。五年来，国家在残疾人事业方面，采取了一系列切实有效的措施：全国人大常委会颁布了残疾人保障法；制定实施了残疾人事业的国家计划；规定了扶持保护政策；建立了残疾人工作协调机构；组建了各级残疾人组织；在残疾人中广泛开展自强活动；在全社会进行多种形式的助残活动；表彰了“自强模范”和助残先进集体与个人；响应《关于残疾人的世界行动纲领》，积极参与“联合国残疾人十年”行动。

五年来，随着改革开放和现代化建设的发展，我国残疾人事业取得了举世瞩目的历史性成就。残疾人康复、教育、劳动就业成绩显著，文化体育日趋活跃，生活福利和环境条件改善。这既给残疾人带来实实在在的利益，为残疾人事业的长远发展奠定了良好的基础，又对经济发展、社会稳定和精神文明产生了积极作用。

但是，我们应该看到，由于历史的原因，我国残疾人事业起点低，基础薄弱，残疾人又受自身残疾影响和外界环境障碍，生活状况与社会平均水平相比还存在不小的差距，他们是社会中最困难的群体。我们还应该看到，建立社会主义市场经济体制，必将极大地增强我国的综合国力，为残疾人状况的改善提供日趋有利的条件，这是残疾人根本利益所在；同时，竞争机制、效率原则又使比较脆弱、处于不利地位的残疾人面临一些新情况、新问题。这些都对残疾人工作提出了更高的要求。各级党和政府以及全社会都需要对残疾人事业给予更多的支持、关怀和帮助。

在我们的国家里，生活着五千多万残疾人，涉及全国 1/5 的家庭。残疾人是我们祖国大家庭困难的一员，是我们的兄弟姐妹。残疾人作为公民，在政治、经济、文化和社会生活的各方面，享有同其他公民平等的权利。保障残疾人的权利，尊重残疾人的价值，发挥残疾人的潜能，使他们以平等的权利、同等的机会，充分参与社会生活，共享社会物质文化成果，是社会文明与进步的一个重要标志，是社会主义制度的本质要求，是政府和全社会义不容辞的责任。

各级党委、政府要高度重视残疾人事业，加强领导，综合协调。各地区、各部门要认真贯彻残疾人保障法，全面完成《中国残疾人事业“八五”计划纲要》及其配套实施方案规定的各项任务，逐步建立多层次的社会保障制度，使残疾人参与机会增多，参与范围扩大，自身素质提高，生活状况改善。

中华民族自古以来就有扶弱济困的传统美德。向遭遇不幸、处境不利、渴望平等的残疾人伸出友爱之手，同情并扶助他们跟上社会发展步伐，与全国人民一道前进，是应有的社会公德。全社会要弘扬社会主义人道主义，理解、尊重、关心、帮助残疾人，支持残疾人事业。

各级残疾人组织和广大残疾人工作者，献身高尚而艰苦的事业，为国分忧，为残疾人解难，以卓有成效的工作，赢得了社会的尊重。希望你们继续发扬“人道、廉洁”的职业道德和“团结、实干、开拓、高效”的工作作风，履行好“代表、服务、管理”职能，在维护残疾人合法权益、协助政府发展残疾人事业、全心全意为残疾人服务的工作中，做出更大的成绩。

广大残疾人历来具有自强不息、顽强拼搏的精神，涌现出许多先进人物和感人肺腑的事迹。事实表明，他们同样是社会财富的创造者。党中央和国务院殷切期望广大残疾人，继续发扬爱国主义、集体主义、社会主义和乐观进取精神，自尊、自信、自强、自立，努力提高自身素质，积极投身改革开放和现代化建设的伟大实践,创造更加美好的未来。

同志们:当前,我国政治稳定,经济发展,社会进步,一派兴旺景象。在改革开放和现代化建设事业进入新的历史发展时期,让我们认真学习并贯彻小平同志建设有中国特色的社会主义理论,紧密地团结在以江泽民同志为核心的党中央周围,为祖国的繁荣,民族的振兴,人民的幸福,为实现残疾人"平等·参与·共享"的崇高目标而奋斗!

祝大会圆满成功!

《人民日报》发表社论《扶助共进 平等参与——热烈祝贺中国残疾人联合会第二次全国代表大会召开》

全国党校系统党建研究会在长沙举行纪念毛泽东诞辰100周年学术研讨会

国家安全工作会议在北京召开

会议于6日至10日召开。会议期间中共中央书记处书记、中央政法委员会书记任建新到会讲话,国家安全部部长贾春旺作了工作报告。

会议指出,保卫国家安全是全党全民的大事。实现国家的长治久安,最重要的是要把经济建设搞上去。搞建设关起门不行,我国的对外开放政策是一项长期持久的政策,必须始终不渝地坚持下去。但改革开放和经济建设都必须有一个安定的环境,如果国家的安全和稳定得不到保证,那就什么都搞不成。当前,国际形势有所缓和,但世界并不太平。境外间谍情报机关和某些敌对势力仍然在继续从事危害我国国家安全的各种破坏活动。我国人民在专心致志地进行现代化建设的过程中,必须坚决维护国家安全和社会稳定。

会议要求,在全国范围内继续认真贯彻实施《中华人民共和国国家安全法》,增强广大人民群众的爱国主义思想和国家安全意识,依法履行应尽的义务和权利。各级国家机关、社会团体和企事业单位要按照《国家安全法》的规定,对所属人员进行经常性的国家安全意识教育,积极支持、协助国家安全机关开展工作,运用法律武器同各种危害国家安全的犯罪行为作坚决的斗争。

国家主席江泽民在中南海会见香港和记黄埔有限公司董事局主席李嘉诚

海峡两岸妇女事业与发展交流会在北京闭幕

全国妇联副主席、书记处书记刘海荣在闭幕词中指出,海峡两岸姐妹之间有许多共同话题、共同语言,也有许多共识。不论在大陆还是在台湾,当代妇女的社会参与程度较之历史上的任何时期都高,但还不尽如人意。要提高妇女的社会地位和社会参与程度,全社会应提供良好的环境,妇女自身尤应作出积极的努力,台湾姐妹主张增强女性自觉意识,大陆妇女倡导自尊、自信、自立、自强精神,都是以此作为出发点的。

台湾妇女代表秦慧珠、潘维刚等也发言。

全国水利工作会议在广州召开

国务院总理李鹏给会议发去贺信,他向长年辛勤工作在水利战线的广大干部职工、工程技术人员、科研工作者表示亲切慰问,并希望大家通过深化水利改革,加快水利发展,为社会主义现代化建设再立新功。

国务委员陈俊生为会议作书面讲话。陈俊生指出,水利不仅是农业的命脉,也是国民经济和社会发展的基础产业和基础设施,但当前水利建设存在设施数量不足,标准偏低,效益下降,水源紧缺,抗灾能力不强,建设滞后等问题,这与水利建设长期以来只讲投入、讲服务,实行无偿投资,无偿供水,无偿服务有关,必须在改革中加以改变,建立完整、合理的价格体系和收费制度,尽快建立水利良性运行的新机制。

水利部部长钮茂生、广东省副省长张高丽等到会。会议表彰了广东省水利电力厅、北京市水利局等八个1993年度全国水利先进单位。

全国人才流动工作会议在北京召开

人事部部长宋德福强调说,人事制度,特别是人才的合理流动和使用,更好地为建立社会主义市场经济体制服务,是各级人事部门面临的新课题。人事部门要解放思想,实事求是,转变观念,扎实工作,按照党管干部的原则和政府的有关政策,逐步实现人才闲置与人才奇缺向市场交流、调剂余缺、合理使用转变;逐步实现人才的单位、部门所有向互通有无、合理流动、社会所有转变;逐步实现人才流动由单向选择向双向选择转变;逐步实现由"统包统配"的人才资源配置模式向人才市场起基础性配置作用的模式转变。要使人事工作更好地为经济建设服务,为用人单位服务,为人才的培养和使用服务。人才流动要注意向经济发展最需要的单位引导、倾斜,要注意向艰苦边远地区引导、倾斜。

国务院作出关于北京城市总体规划的批复

北京市人民政府:

你市《关于报送〈北京城市总体规划〉(草案)的请示》(京政文字〔1992〕83号)收悉。国务院同意修订后的《北京城市总体规划(1991年—2010年)》(以下简称

《总体规划》)。这个《总体规划》贯彻了1983年《中共中央、国务院关于对〈北京城市建设总体规划方案〉的批复》(〔1983〕29号)的基本思路,符合党的十四大精神和北京市的具体情况,对首都今后的建设和发展具有指导作用,望认真组织实施。现就有关问题批复如下:

一、北京是我们伟大社会主义祖国的首都,是全国的政治中心和文化中心。城市的规划、建设和发展,要保证党中央、国务院在新形势下领导全国工作和开展国际交往的需要;要不断改善居民工作和生活条件,促进经济、社会协调发展,成为全国文化教育和科学技术最发达、道德风尚和民主法制建设最好的城市。在城市总体规划的指导下,通过不懈的努力,将北京建成经济繁荣、社会安定和各项公共服务设施、基础设施及生态环境达到世界第一流水平的历史文化名城和现代化国际城市。

二、突出首都的特点,发挥首都的优势,积极调整产业结构和用地布局,促进高新技术和第三产业的发展,努力实现经济效益、社会效益和环境效益的统一。根据北京市水源、能源、用地和环境状况,国务院重申:北京不要再发展重工业,特别是不能再发展那些耗能多、用水多、占地多、运输量大、污染扰民的工业。市区内现有的此类企业不得就地扩建,要加速环境整治和用地调整。

国家计委要会同建设部组织有关部门和地区,对首都区域的发展进行研究,促进京、津、冀地区产业结构的调整和资源的合理配置,统筹安排区域城镇体系及区域性基础设施,实现优势互补、协调发展。

三、严格控制人口和用地发展规模。到2010年,北京市常住户籍人口控制在1250万人左右(其中市区控制在650万人左右)。市区控制人口的重点是控制人口的迁移增长,北京市人民政府要制定控制市区人口增长的具体措施,报经国务院批准后,严格执行。

城市建设要合理用地、节约用地,到2010年规划市区城市建设用地控制在610平方公里以内。

四、同意《总体规划》确定的城市规划区为全部行政辖区的范围(16800平方公里)。要进一步完善和优化城镇体系的布局,实行城乡统一的规划管理。

市区要坚持"分散集团式"的布局原则,防止城市中心地区与外围组团连成一片。要疏解市区,开拓外围,集中紧凑发展。城市建设的重点要从市区向远郊区转移,市区建设要从外延扩展向调整改造转移。要尽快形成市区与远郊城镇间的快速交通系统,加快远郊城镇的建设,积极开发山区,实现人口与产业的合理分布,推动城乡经济和社会协调发展。近期要抓好亦庄新城等重点卫星城镇的开发建设。

五、切实保护和改善首都地区的生态环境。要建设完善的城市绿化系统,严格保护并尽快实施规划市区组团间的绿化隔离地区,保证城市地区足够的绿色空间,形成合理的城市框架和发展格局。要继续抓紧治理大气、水体、噪声以及生产、生活废弃物的污染,严格控制在市区特别是水源上游、城市上风向发展有污染的工业,对市区内现有的污染扰民项目,要进行产业调整或逐步外迁。要坚决执行规划确定的布局结构、密度和高度控制等要求,不得突破。要充分开发利用城市地下空间,改善地面交通和建筑拥挤的状况。要进一步加强首都地区的水源保护和水土保持,特别是官厅、密云水库上游及其他重要地区环境的综合治理。

六、《总体规划》确定的保护古都风貌的原则、措施和内容是可行的,必须认真贯彻执行。北京是著名的古都,是国家历史文化名城,城市的规划、建设和发展,必须保护古都的历史文化传统和整体格局,体现民族传统、地方特色、时代精神的有机结合,努力提高规划和设计水平,塑造伟大祖国首都的美好形象。要在现有基础上继续明确划定历史文化保护区的范围,划定文物保护单位的保护范围和建设控制地带范围,制定保护管理办法。

七、加快城市基础设施现代化建设步伐。必须采取措施从根本上解决首都水源不足、能源紧缺、交通紧张等重大问题。由国家计委牵头,尽快会同有关部门和地区共同研究,具体落实有关南水北调、陕甘宁天然气进京、京津运河等重大工程的规划建设方案及实施步骤。要坚决采取节水、节能和调整产业结构等措施,以缓解水源、能源紧缺的矛盾。要加紧实施首都的交通发展战略,落实有关政策,大力发展地铁、轻轨交通及其他大运量公共交通,进一步完善快速道路系统,建设现代化的交通设施,尽快形成现代化的综合交通网络。要研究、预测小轿车的发展前景及对城市交通的影响,及早采取必要的对策。要进一步搞好首都国际机场的规划和建设,为充分发挥机场的潜力,北京市人民政府要协同有关主管部门尽快研究解决北京地区空中交通管制问题。要抓紧研究论证,尽快确定首都第二民用机场的选址。

北京是一个重点设防城市,必须逐步建立城市总体防灾体系,确保首都安全。

八、认真组织《总体规划》的实施。《总体规划》是建设和管理城市的依据,要抓紧编制详细规划和各项专业规划,进一步健全城市规划、建设和管理的各项法规。要按照建立社会主义市场经济体制的要求,充分发挥城市规划的龙头作用,强化对土地使用与开发建设的宏观调控。城市规划行政主管部门要加强统一管理,依法行政,严格执法,保障城市规划的实施。

首都规划建设委员会要进一步加强对首都规划建设的领导，发挥强有力的组织协调作用，使首都的各项建设按照城市规划有秩序地进行。中央党、政、军、群各部门和驻京各单位，要模范遵守城市规划和有关法规，尊重和支持首都规划建设委员会的工作，与北京市人民政府通力合作，把北京建设成为高度文明、高度现代化的城市。

国务院

1993年10月6日

国务院副总理邹家华在上海考察

邹家华于6日至9日在上海考察。

邹家华考察闵行经济技术开发区的一批工业企业和杨浦大桥，听取中共上海市委书记吴邦国、副市长徐匡迪关于上海经济工作的汇报。邹家华认为，上海经济建设正按照邓小平同志提出的“一年一个样”、“更上一层楼”的要求，在扎扎实实地进行，经济效益不断提高，财政收入增长较快，整个经济工作的路子是对的，发展势头是好的，符合中央关于加强宏观调控、深化改革的指示精神。

邹家华说，在当前经济工作中，我们要不断研究、分析经济生活中出现的新情况、新问题，正确掌握经济建设的规律，用以指导实际工作。加快经济发展，增强综合国力，提高人民生活水平，再上一个新台阶，是我国各族人民的共同心愿。加强宏观调控的目的，也是为了使国民经济持续、快速、健康地发展。我们要抓住机遇，加快深化改革和经济发展，讲究经济效益。发展是硬道理。同时又要及时解决发展中遇到的问题，避免大起大落，造成大的损失。在发展中要不断调整和优化产业结构及产品结构，并大力发展外贸，扩大与友好国家的技术经济合作，积极引进国外的技术、资金和管理，使一部分符合我国经济发展需要的国外产品，通过合作进入中国市场，从而推动我国经济更好更快地发展。

随同邹家华副总理考察的有国家计委副主任叶青、国务院副秘书长张克智等。

国家副主席荣毅仁在北京会见加拿大前总理布赖恩·马尔罗尼和加拿大鲍尔公司董事长保尔·德马雷

中共中央政治局常委胡锦涛在人民大会堂会见委内瑞拉基督教社会党前总书记爱德华多·费尔南德斯

外交部部长钱其琛在钓鱼台国宾馆先后会见多米尼加联邦总统克拉伦斯·塞缪雷特和黎巴嫩前总理拉希德·索勒赫

航天工业总公司在北京举行“航天创业者荣誉证章、证书颁发大会”

会议授予2.5万名第一代航天工作者“航天创业者”称号。中央军委副主席刘华清到会祝贺并讲话。

中国东方航空集团在上海成立

全国历史文化名城工作会议在湖北襄樊召开

国务委员彭珮云代表国务院在国家卫生监督执法检查团离京座谈会上发表讲话

彭珮云强调：各级政府和卫生部门要把卫生监督执法工作作为自己的基本职能，摆到重要的日程上来，强化行政执法意识，严格按照法律、法规行使卫生监督执法权。

彭珮云说，国务院委托卫生部、国务院法制局联合组织这次检查，并邀请人大代表参加，这是建国以来规模最大、规格最高、范围最广的一次公共卫生领域内的卫生监督执法大检查。这次检查，也是一次重要的宣传教育活动，向社会说明卫生监督执法的重要性，提高大家遵守卫生法律、法规的自觉性。几个月来，各地进行了自查和抽查，已在社会上引起了很大反响。在这次检查中，既要认真总结先进经验，又要发现问题，充分揭露矛盾，提出建设性意见，以便改进工作，推进改革。

10月7日

中共中央总书记江泽民在北京会见前来参加海峡两岸妇女事业与发展交流会的代表

全国总工会十一届六次执委会结束

全总主席倪志福要求做好中国工会十二大的各项准备工作，把大会的筹备过程，变成动员和组织广大工会干部和职工群众统一思想、认清形势、明确使命，为改革开放和现代化建设再立新功的过程。

这次执委会，讨论拟提交工会十二大审议的工作报告、工会章程修正案、财务工作报告和经费审查工作报告。大家认为，这些文件总结了十五年来中国工人运动和工会工作的基本经验，分析了从计划经济向社会主义市场经济过渡过程中中国工会工作面临的新形势，提出今后一个时期工会工作的方针、任务，体现了党对工会工作的要求，反映了广大职工和工会工作的意愿和要求，符合工会工作实际。大会原则通过了这些文件，决定提交中国工会十二大审议。大会还通过了有关人事任免的决议和关于中国工会第十二次全国代表大会代表资格审查委员会成员建议名单的决议。

国务院总理李鹏签署第131号令发布《中华人民共和国对外合作开采陆上石油资源条例》

现发布《中华人民共和国对外合作开采陆上石油资源条例》，自发布之日起施行。

总理　李　鹏

1993年10月7日

中华人民共和国对外合作开采陆上石油资源条例

第一章　总　则

第一条　为保障石油工业的发展，促进国际经济合作和技术交流，制定本条例。

第二条　在中华人民共和国境内从事中外合作开采陆上石油资源活动，必须遵守本条例。

第三条　中华人民共和国境内的石油资源属于中华人民共和国国家所有。

第四条　中国政府依法保护参加合作开采陆上石油资源的外国企业的合作开采活动及其投资、利润和其他合法权益。

在中华人民共和国境内从事中外合作开采陆上石油资源活动，必须遵守中华人民共和国的有关法律、法规和规章，并接受中国政府有关机关的监督管理。

第五条　国家对参加合作开采陆上石油资源的外国企业的投资和收益不实行征收。在特殊情况下，根据社会公共利益的需要，可以对外国企业在合作开采中应得石油的一部分或者全部，依照法律程序实行征收，并给予相应的补偿。

第六条　国务院授权的部门或者单位，负责在国务院批准的合作区域内，划分合作区块，确定合作方式，组织制订有关规划和政策，审批对外合作油（气）田总体开发方案。

第七条　中国石油天然气总公司负责对外合作开采陆上石油资源的经营业务；负责与外国企业谈判、签订、执行合作开采陆上石油资源的合同；在国务院批准的对外合作开采陆上石油资源的区域内享有与外国企业合作进行石油勘探、开发、生产的专营权。

第八条　中国石油天然气总公司在国务院批准的对外合作开采陆上石油资源的区域内，按划分的合作区块，通过招标或者谈判，与外国企业签订合作开采陆上石油资源合同。该合同经中华人民共和国对外贸易经济合作部批准后，方为成立。

中国石油天然气总公司也可以在国务院批准的合作开采陆上石油资源的区域内，与外国企业签订除前款规定以外的其他合作合同。该合同必须向中华人民共和国对外贸易经济合作部备案。

第九条　对外合作区块公布后，除中国石油天然气总公司与外国企业进行合作开采陆上石油资源活动外，其他企业不得进入该区块内进行石油勘查活动；也不得与外国企业签订在该区块内进行石油开采的经济技术合作协议。

对外合作区块公布前，已进入该区块进行石油勘查（尚处于区域评价勘查阶段）的企业，在中国石油天然气总公司与外国企业签订合同后，应当撤出。该企业所取得的勘查资料，由中国石油天然气总公司负责销售，以适当补偿其投资。该区块发现有商业开采价值的油（气）田后，从该区块撤出的企业可以通过投资方式参与开发。

国务院授权的部门或者单位应当根据合同的签订和执行情况，定期对所确定的对外合作区块进行调整。

第十条　对外合作开采陆上石油资源，应当遵循兼顾中央与地方利益的原则，通过吸收油（气）田所在地的资金对有商业开采价值的油（气）田的开发进行投资等方式，适当照顾地方利益。

有关地方人民政府应当依法保护合作区域内正常的生产经营活动，并在土地使用、道路通行、生活服务等方面给予有效地协助。

第十一条　合作开采陆上石油资源，应当依法纳税，并缴纳矿区使用费。

合作开采陆上石油资源的企业的雇员，应当就其所得依法纳税。

第十二条　为执行合同所进口的设备和材料，按照国家有关规定给予减税、免税或者给予税收方面的其他优惠。具体办法由财政部会同海关总署制定。

第二章　外国合同者的权利和义务

第十三条　中国石油天然气总公司与外国企业合作开采陆上石油资源必须订立合同，除法律、法规另有规定或者合同另有约定外，应当由签订合同的外国企业（以下简称外国合同者）单独投资进行勘探，负责勘探作业，并承担勘探风险；发现有商业开采价值的油（气）田后，由外国合同者与中国石油天然气总公司共同投资合作开发；外国合同者并应承担开发作业和生产作业，直至中国石油天然气总公司按照合同约定接替生产作业为止。

第十四条　外国合同者可以按照合同约定，从生产的石油中回收其投资和费用，并取得报酬。

第十五条　外国合同者根据国家有关规定和合同约定，可以将其应得的石油和购买的石油运往国外，也可以依法将其回收的投资、利润和其他合法收益汇往国外。

外国合同者在中国境内销售其应得的石油，由中国石油天然气总公司统一收购。

第十六条　外国合同者应当在中国境内经批准经

营外汇业务的银行开设账户,并遵守国家有关外汇管理的规定。

第十七条 外国合同者应当依法在中国境内设立分支机构或者代表机构。

第十八条 外国合同者在执行合同的过程中,应当采用先进技术和管理经验,并应当向中方人员转让技术,传授经验,负责对其进行培训。

外国合同者在石油作业中应当逐步扩大使用中方人员的比例。

第十九条 外国合同者在执行合同的过程中,应当及时地、准确地向中国石油天然气总公司报告石油作业情况,完整地、准确地取得各项石油作业的数据、记录、样品、凭证和其他原始资料,并按规定向中国石油天然气总公司提交资料和样品以及技术、经济、财会、行政方面的各种报告。

第二十条 外国合同者执行合同,除租用第三方的设备外,按照计划和预算所购置和建造的全部资产,在其投资按照合同约定得到补偿或者该油(气)田生产期期满后,所有权属于中国石油天然气总公司。在合同期内,外国合同者可以按照合同约定使用这些资产。

第三章 石油作业

第二十一条 作业者必须根据国家有关开采石油资源的规定,制订油(气)田总体开发方案,并经国务院授权的部门或者单位批准后,实施开发作业和生产作业。

第二十二条 石油作业所需的机器设备、原材料、配套件、运输工具和办公用品,在国内与国外同等条件下,作业者应当尽先在中国购买。

石油作业所需的人员和承包者,作业者应当按照合同约定,优先录用中国公民和中国承包者。

第二十三条 作业者和承包者在实施石油作业中,应当遵守国家有关环境保护和安全作业方面的法律、法规和标准,并按照国际惯例进行作业,保护农田、水产、森林资源和其他自然资源,防止对大气、海洋、河流、湖泊、地下水和陆地其他环境的污染和损害。

第二十四条 在实施石油作业中使用土地的,应当依照《中华人民共和国土地管理法》和国家其他有关规定办理。

第二十五条 本条例第十九条规定的各项石油作业的数据、记录、样品、凭证和其他原始资料,所有权属于中国石油天然气总公司。

前款所列数据、记录、样品、凭证和其他原始资料的使用、转让、赠与、交换、出售、发表以及运出、传送到中华人民共和国境外,必须按照国家有关规定执行。

第四章 争议的解决

第二十六条 合作开采陆上石油资源合同的当事人因执行合同发生争议时,应当通过协商或者调解解决;不愿协商、调解,或者协商、调解不成的,可以根据合同中的仲裁条款或者事后达成的书面仲裁协议,提交中国仲裁机构或者其他仲裁机构仲裁。

当事人未在合同中订立仲裁条款,事后又没有达成书面仲裁协议的,可以向中国人民法院起诉。

第五章 法律责任

第二十七条 违反本条例规定,有下列行为之一的,国务院授权的部门或者单位可以给予警告、责令限期改正;在限期内不改正的,可以责令其停止实施石油作业;构成犯罪的,依法追究刑事责任。

(一)违反本条例第九条第一款规定,擅自进入对外合作区块进行石油勘查活动或者与外国企业签订在对外合作区块内进行石油开采合作协议的;

(二)违反本条例第十九条规定,在执行合同的过程中,未向中国石油天然气总公司及时、准确地报告石油作业情况的,未按规定向中国石油天然气总公司提交资料和样品以及技术、经济、财会、行政方面的各种报告的;

(三)违反本条例第二十一条规定,油(气)田总体开发方案未经批准,擅自实施开发作业和生产作业的;

(四)违反本条例第二十五条第二款规定,擅自使用石油作业的数据、记录、样品、凭证和其他原始资料或者将其转让、赠与、交换、出售、发表以及运出、传送到中华人民共和国境外的。

第二十八条 违反本条例第十一条、第十六条、第二十三条、第二十四条规定的,由国家有关主管部门依照有关法律、法规的规定予以处罚;构成犯罪的,依法追究刑事责任。

第六章 附 则

第二十九条 本条例下列用语的含义:

(一)"石油",是指蕴藏在地下的、正在采出的和已经采出的原油和天然气。

(二)"陆上石油资源",是指蕴藏在陆地全境(包括海滩、岛屿及向外延伸至五米水深处的海域)的范围内的地下石油资源。

(三)"开采",是指石油的勘探、开发、生产和销售及其有关的活动。

(四)"石油作业",是指为执行合同而进行的勘探、开发和生产作业及其有关的活动。

(五)"勘探作业",是指用地质、地球物理、地球化学和包括钻探井等各种方法寻找储藏石油圈闭所做的全部工作,以及在已发现石油的圈闭上为确定它有无商业价值所做的钻评价井、可行性研究和编制油(气)田的总体开发方案等全部工作。

(六)"开发作业",是指自油(气)田总体开发方案被批准之日起，为实现石油生产所进行的设计、建造、安装、钻井工程等及其相应的研究工作，包括商业性生产开始之前的生产活动。

（七）“生产作业”，是指一个油（气）田从开始商业性生产之日起，为生产石油所进行的全部作业以及与其有关的活动。

第三十条 本条例第四条、第十一条、第十二条、第十五条、第十六条、第十七条、第二十二条的规定，适用于外国承包者。

第三十一条 本条例自发布之日起施行。

《人民日报》发表全国人大常委会副委员长田纪云的文章《认真贯彻实施〈中华人民共和国农业法〉》

中纪委中宣部联合发出关于各地各部门认真学习《邓小平论新时期党风廉政建设》一书的通知

中纪委、中宣部近日联合发出通知，要求各地各部门组织党员干部，特别是领导干部认真学习《邓小平论新时期党风廉政建设》一书。

通知指出，邓小平同志关于端正党风、加强廉政建设、反对腐败的论述，是建设有中国特色社会主义理论的重要组成部分，是全党同志特别是各级领导干部统一思想，提高认识，深入开展反腐败斗争的强大思想武器。当前，在深入学习建设有中国特色社会主义理论的时候，要集中一段时间，重新学习邓小平关于反腐败的论述，深化对反腐败斗争的认识，特别要深刻领会邓小平关于反腐败斗争与改革开放、经济建设的辩证关系的思想，坚持两手抓，做到两手硬，保证改革开放和社会主义市场经济的健康发展。

《邓小平论新时期党风廉政建设》一书，由中纪委研究室编辑，中国方正出版社出版。

国家环保局国家计委财政部中国人民银行联合发出《加强国际金融组织贷款项目环境影响评价管理工作的通知》

国务院副总理李岚清在北京会见由荷兰外贸大臣范罗伊率领的荷兰政府经贸代表团

外交部部长钱其琛在人民大会堂会见美国密苏里州州长梅尔·卡纳汉

外交部发言人吴建民就彭定康施政报告发表谈话

吴建民说，从香港总督这份报告的有关政治体制问题的内容可以看出，英方在有关香港1994/1995年选举安排问题上的立场与双方商定的三项原则还有很大的距离。“我们对会谈进行了十二轮之后英方仍然坚持这样的立场感到遗憾。”

吴建民说，我们多次说过，中英目前这场争论的实质不是要不要民主的问题，而是守不守信义的问题；会谈要取得进展并最终达成协议，关键是要严格按照三项原则办事。

吴建民指出，中方认为，目前所进行的会谈，正是为了实现香港政制上的平稳过渡，双方就1994/1995年有关选举安排达成协议，是实现“直通车”的必要条件。

吴建民重申：“中方对会谈始终抱有诚意，并为推动会谈的前进作出了并将继续作出认真的努力，希望英方能真正以建设性的态度进行会谈，以尽快缩小双方的分歧，使会谈取得结果。”

吴建民强调，要使会谈早日取得成果，需要双方共同作出努力，真正按照事先商定的“三项原则”办事。任何不利于谈判顺利进行的言论，中方都是不能接受的。

吴建民还说，邓小平同志1982年9月关于香港问题的谈话“具有高度的预见性，对今天的现实情况仍然有指导意义”。

新华社香港分社副社长张浚生在香港就港督彭定康发表的第二份施政报告发表谈话

张浚生在香港出席一个画展时回答记者问题说，回忆港督去年10月7日发表第一份施政报告一年来的香港形势，由于这份报告提出的所谓政改方案违反中英联合声明、违反与《基本法》衔接的原则、违反中英之间已经达成的谅解和协议，对中英合作关系进行挑战，因此挑起了一场已持续一年的争论，给香港社会造成了波动，对经济也造成了一定的影响。

张浚生指出，今年10月6日，彭定康宣布的这份施政报告，仍然没有表示要抛弃其“三违反”的错误立场，不愿回到作为正在进行的中英谈判基础的“三符合”的原则上来，而这个原则基础是中英双方宣布就1994—1995年选举安排问题进行谈判的新闻公报中早已确定的。

关于彭定康在他的第二份施政报告中为中英谈判设下一个时限的问题，张浚生说，如果这是表明彭定康在这个期限之内，愿意放弃他原来的错误立场，回到“三符合”的基础上来，与中方达成协议，那么中方是欢迎的，那就很快可以达成协议。但是，如果彭定康此举并不是想放弃他的错误立场，而是仍然顽固地坚持其“三违反”的立场，只是想用谈判设时限的手法向中方施加压力，那将是徒劳的，不会得逞的。

对于彭定康在施政报告中提到新机场建设问题以及九号货柜码头等问题，张浚生指出，这些问题都是由于英方没有严格遵守中英联合声明、没有严格执行中英之间已经达成的机场谅解备忘录而造成的。这些问题若能尽快解决，英方就应尽快地按照中英联合声明和机场备忘录有关规定，提出一个合理的方案来跟中方磋商。

对于彭定康在施政报告中声称会尽力安排港府司级官员顺利过渡一九九七，张浚生说："这个问题，彭定康没有资格谈。"将来司级官员如何过渡，要按《基本法》的规定，由特区行政长官提名，报请中央人民政府任命。

国防大学在北京召开毛泽东军事思想在中国的胜利与发展理论研讨会

会议于10月7日至9日举行。

会议旨在通过对毛泽东军事思想指引我军从胜利走向胜利的历史回顾，深刻领会毛泽东军事思想在中国产生、胜利、发展的根本原因、历史条件和科学体系及邓小平对毛泽东军事思想作出的巨大历史性贡献，并重点探讨如何运用毛泽东军事思想和邓小平关于新时期军队建设思想指导我军的现代化建设，回答我军面临高技术条件下现代战争的新问题。

李德生、王平、廖汉生、余秋里、伍修权、陈锡联等老红军同130多位高级将领、专家学者参加研讨会。

第一届上海国际电影节在上海影城开幕

香港《明报》记者席扬因从事窃取、刺探国家金融秘密活动经北京市人民检察院分院批准依法逮捕

10月8日

中纪委中组部监察部发出关于党政机关县(处)以上领导干部廉洁自律"五条规定"的实施意见

各省、自治区、直辖市党委、政府、纪委、党委组织部、监察厅(局)，中央各部委，中央国家机关各部委党组(党委)、纪检组(纪委)，中央纪委各派驻纪检组，监察部各派驻监察局、监察专员办公室，中直机关和中央国家机关工委、纪工委，军委纪委：

《关于党政机关县(处)级以上领导干部廉洁自律"五条规定"的实施意见》已经中央同意，现印发给你们，请遵照执行。

《中共中央、国务院关于反腐败斗争近期抓好几项工作的决定》(以下简称《决定》)重申和提出的党政机关县(处)级以上领导干部廉洁自律的"五条规定"，是推动当前反腐败斗争深入进行，促进党风廉政建设的重要举措。为促使各级领导干部严格遵守"五条规定"，使执行纪律有所依据，保证"五条规定"的正确实施，提出如下实施意见。

一、"五条规定"适用于党政机关县(处)级以上领导干部，即党的机关、人大机关、行政机关、政协机关、审判机关、检察机关副县(处)级以上(含副县、处级)领导干部，包括已到退(离)休年龄，尚未办理退(离)休手续的上述干部。

按国家规定批准设立的具有行政管理职能的公司和具有行政管理职能的事业单位(总会)以及工会、共青团、妇联、文联、科协等群众团体机关中副县(处)级以上(含副县、处级)领导干部，也适用"五条规定"。

上述机关中任非领导职务的副县(处)级以上(含副县、处级)干部，也适用"五条规定"。

二、对违反"五条规定"的行为，凡是党和国家已有规定的，按照有关规定进行处理。过去没有规定的，按照本《实施意见》处理。

对经商办企业，利用职权为配偶、子女和亲友经商办企业提供优惠条件，在各类经济实体中兼职(包括名誉职务)领取报酬，到下属单位和其他企业事业单位报销应由个人支付的各种费用，在公务活动中接受礼金和各种有价证券等问题，按党中央、国务院及中央纪委已发布的有关规定处理。本人自查自纠的，可以从轻处理。

对违反"五条规定"的行为，过去没有规定的，按以下规定处理：

(一)《决定》公布实施前从事有偿中介活动的，按经商办企业处理。

《决定》公布实施后，继续从事有偿中介活动的，责令其停止活动，收缴经营所得并视情节轻重给予党纪、政纪处分。

(二)《决定》公布实施前合法持有的股票，必须向所在单位登记并依照股票交易规则售出。已持有的企业内部职工股，必须按发行时的价格立即退还企业；在《国务院办公厅转发国家体改委等部门〈关于立即制止发行内部职工股不规范做法意见〉的紧急通知》发布后，购买、无偿获取企业内部职工股的，除必须立即退还企业外，并视情节轻重给予党纪、政纪处分。

《决定》公布实施后买卖股票的，应视情节轻重给予党纪、政纪处分，并依照《股票发行与交易管理暂行条例》的规定处理。

无偿或非法获取的股票及其非法所得，予以没收，并给予党纪、政纪处分。

(三)《决定》公布实施前以各种名义接受下属单位或其他企业事业单位赠送的信用卡、归个人使用的本单位的信用卡，应立即退还。因私事使用上述信用卡所开支的费用如数退还，并视情节轻重予以处理；拒不交出信用卡和拒不退还用于私事费用的，从重处理。

《决定》公布实施后以各种名义接受下属单位或其他企业事业单位赠送信用卡以及将本单位用公款办理的信用卡归个人使用的，必须立即交出所持有的信用卡，退还因私事开支的费用，并视情节轻重，给予党纪、政纪处分。

（四）《决定》公布实施前用公款取得各种形式的俱乐部会员资格的，必须立即退出。如不退出，由本人支付全部费用。

《决定》公布实施后，仍用公款取得各种形式的俱乐部会员资格的，必须退还公款，并给予党纪、政纪处分。

（五）《决定》公布实施后，用公款参与高消费娱乐活动的，由个人承担费用，并视情节给予党纪、政纪处分。

违反"五条规定"触犯刑律的，由司法机关依法处理。

三、本《实施意见》由各级党委、政府组织实施，同级纪检监察机关、组织部门负责监督检查。

中共中央纪委
中共中央组织部
监　察　部
一九九三年十月八日

《人民日报》发表评论员文章《论反腐败与改革开放》

国办转发劳动部《关于加强企业工资总额宏观调控意见》

各省、自治区、直辖市人民政府，国务院各部委、各直属机构：

劳动部《关于加强企业工资总额宏观调控的意见》，已经国务院同意，现转发给你们，请认真贯彻执行。

国务院办公厅
一九九三年十月八日

关于加强企业工资总额宏观调控的意见

国务院：

为尽快建立适应社会主义市场经济要求的劳动工资宏观调控体系，确保企业工资总额增长与国民经济发展保持合理、协调的比例关系，我们根据党中央、国务院有关文件和指示的精神，经与有关部门研究并征求部分省市的意见，对加强企业工资总额宏观调控问题提出如下意见：

一、各地区、部门应充分重视并认真抓好建立劳动工资宏观调控体系的工作，根据"国家宏观调控、分级分类管理、企业自主分配"的原则和要求，切实加强对企业工资总额的宏观调控。企业工资总额的内涵，应按照《全民所有制工业企业转换经营机制条例》和财政部发布的《企业财务通则》、《企业会计准则》的规定执行。

二、从一九九三年起，国家对地区和部门实行动态调控的弹性工资总额计划（以下简称弹性计划）管理，原则上按照劳动部已组织试行的弹性计划实施办法执行。全国性公司、计划单列企业集团等单位原则上实行工资总额同经济效益挂钩（以下简称工效挂钩）办法，其工资总额也纳入弹性计划管理。

三、各地区、部门根据国民经济与社会发展总体规划，结合实际情况，按照弹性计划实施办法和"两个低于"的原则，测算和编制本地区、部门企业工资总额增长的中长期规划和年度计划；要严格履行加强宏观调控的职责，认真落实国家下达的弹性计划；对下属地（州）、市、县和所属单位，按照弹性计划所依据的投入产出、效益效率原则下达指导性计划。

四、各地区、部门的全部企业，包括各种所有制和各种经营方式的企业，均应按要求认真编制本企业的工资总额计划，报送主管部门和同级劳动部门（无主管部门的企业报劳动部门）。

五、各地区、部门要在国家下达的弹性计划范围内，对不同类型的企业实行分级管理和分类指导，对企业工资总额的调控方式逐一认定。

应在进一步改进完善工效挂钩办法的基础上扩大挂钩面。经财政部门认定的亏损企业，可实行工资总额与减亏指标挂钩的办法。企业只能在按规定提取的工资总额内自主分配。

对暂不具备工效挂钩条件的企业，实行工资总额包干办法，其工资总额包干数经劳动部门商同级财政部门核定。企业要严格按核定的工资总额提取和发放工资，增人不增工资总额，在完成任务的前提下减人不减工资总额。

经批准试行自主确定工资总额办法的企业，其工资总额基数和经济效益基数由劳动、财政部门核定，如企业经济效益下降，其工资总额相应下浮。在国家对这种确定企业工资总额的办法作出具体规定之前，只能先试点，取得经验后再依据国家有关规定逐步推开。

六、各地区、部门要认真负责地抓好工资总额管理。所有企业都要使用《工资总额使用手册》。实行工效挂钩和自主确定工资总额的企业，根据自行编制的工资总额计划如实填写《工资总额使用手册》，于年初报主管部门或劳动部门一次性备案签章；实行工资总额包干办法的企业，按照劳动部门下达的工资总额包干数填写《工资总额使用手册》，于年初报主管部门或劳动部门一次性审核签章。对未备案签章、审核签章或超额支取工资的企业，银行一律拒付。

七、各地区、部门应建立健全企业工资总额宏观监测、信息反馈及预警体系，对各地区、部门和企业的工资总额变动情况，按“两个低于”的原则进行监测；执行季报、半年报和年度考核制度，对经济运行动态、企业工资总额发放情况及两者的比例关系认真分析，对可能出现的问题及时预警。同时，应定期公布不同行业的国内、国际人工成本及经济效益横向比较指标，以指导企业搞好内部分配。

八、国家对各地区、部门的弹性计划执行情况认真考核，发现问题及时研究处理。各地区、部门要在每年六月底前，将上年度弹性计划执行情况报送劳动部、财政部、国家计委(必须按照统一制定的表格填报)。在一个五年弹性计划期末，对无特殊原因超过国家按弹性计划核定的工资总额的地区、部门，按超过的工资总额等额增加其上缴中央财政的数额(由中央财政补贴的地区、部门等额减少补贴)，并且等额核减其下一个五年弹性计划期的工资总额基数。对此，劳动部、财政部应将有关情况和意见报告国务院，经批准后执行。

九、各地区、部门要引导企业自觉做好工资总额管理工作，及时掌握企业工资总额增长情况，年末认真进行检查。对于企业违反规定多提工资的，当年应如数扣回；当年扣不回的，用工资储备金抵补；无工资储备金的，相应扣减下年度工资总额基数或包干数。对这类企业的经营者和直接责任者，还要视情节轻重分别给予通报批评或建议当地政府严肃处理。

十、各地区、部门和企业必须严格按照国家的税收规定执行，对企业和职工个人一律不得自行减征、缓征或免征应缴纳的税金，擅自减征、缓征或免征的，应予纠正。

十一、各级劳动、计划、财政、税务、审计、银行等有关部门应密切配合，协调行动，共同做好企业工资总额的宏观调控工作，以利于国民经济持续、稳定、协调地发展。

十二、各省、自治区、直辖市人民政府和国务院各有关部门，应结合本地区、部门的实际情况制定实施细则。

以上意见如无不妥，请批转各地区和部门执行。

劳动部

1993年8月18日

全国藏学研究工作座谈会在北京结束

全国藏学研究工作座谈会日前在北京结束。出席这次会议的有来自全国各藏学研究机构的负责人和部分专家，还有中央有关部门的领导。座谈会主要交流了各地的科研情况和工作经验，研究当前藏学研究事业面临的形势，明确今后一段时间内的主要任务。与会代表在座谈中，非常扎实地进行了交流，互通信息，进一步认清了藏学研究的形势，明确了指导思想、方针、任务、重点方向及科研课题，对全国藏学研究上一个新台阶，创造有利的条件。

国务院总理李鹏在人民大会堂会见黎巴嫩前总理拉希德·索勒赫

国务院副总理李岚清在中南海会见韩国商工资源部副部长李东勋和大宇集团董事长金宇中等

中国发射一颗返回式科学探测与技术实验卫星

新闻出版署在北京召开大会庆祝《中国大百科全书》完成

首都各界人士集会，庆祝学术界巨著——《中国大百科全书》完成。会前，中共中央总书记、国家主席江泽民和国务院总理李鹏会见全体与会人员，祝贺《中国大百科全书》的问世，并向参加编撰的两万多名专家学者和工作人员表示感谢。

江泽民发表即席讲话说，中国第一部大型现代综合性百科全书《中国大百科全书》的编撰，历时15年，它几乎和中国的改革开放是同步进行的。当代科技文化和各项事业正在飞速地发展，我们需要不断接受新事物，学习新知识。这部巨著的问世，可以给人们提供各种基本知识，服务于现代化建设。它同时也标志着我国文化出版事业达到了新的水平。参加这 科学文化事业重点工程的有来自各方面的专家学者，他们付出了辛勤劳动，向祖国、向人民献上了一份珍贵的厚礼。有的同志已经不在人世了，我们对他们表示深深的怀念。江泽民希望各方面的专家学者们在今后的工作中取得更加丰硕的成果。

丁关根、李岚清、温家宝、薄一波等领导也参加会见。

雷洁琼、卢嘉锡、吴阶平、宋健、胡绳、钱伟长、严济慈等，作为参加《中国大百科全书》编撰工作的专家学者出席大会，并一同参加会见。

《中国大百科全书》是一部卷帙宏大、内容浩繁，涵盖人类的知识和历史，记述现代科学文化发展和成就的巨著，1978年由党中央、国务院批准开始编撰。以已故胡乔木为主任的110名全国著名专家学者组成总编辑委员会。全书共74卷，按学科分卷陆续出版，共收入条目77859个，1.25亿字。内容覆盖了哲学、社会科学、文学艺术、文化教育、自然科学和工程技术等66个学科或知识领域。这一巨著的编辑出版，是对我国学术界的一次空前的大检阅。前不久，江泽民、李鹏等党和国家领导人分别为《中国大百科全书》题词。江泽民的题词是："融古今中外知识，扬中华民族风采。"李鹏的题词是："百科全书，知识海洋。"

国家先后为此拨款8000万元。邓小平为中国大百科全书出版社题写了社名。党中央、国务院一些主要负责人有的审阅重要条目，有的撰写条目。

出席大会的有《中国大百科全书》总编委在京的部分委员和部分其他省市工作的委员，有各学科卷编委会的著名专家学者，以及中央、国务院有关部门和解放军三总部的有关领导。卢嘉锡、于友先、梅益、武衡、金炳华和龚心瀚等在大会上讲话。

海南省海口市中级人民法院判处海南省原计划厅厅长姜巍无期徒刑并剥夺政治权利终身

10月9日

全国政协八届常委会三次会议闭幕

会议讨论国务院副总理朱镕基所作的《关于当前国家经济形势和对策》的报告，一致拥护中共中央和国务院加强宏观调控的决策和措施，认为朱镕基的报告对经济问题的分析是实事求是、坦诚相见、推心置腹的，大家对此表示满意。

全国政协主席李瑞环在闭幕会上就人民政协参政议政问题发表讲话。

会议通过政协第八届全国委员会部分专门委员会副主任、委员增补名单；会议任命周干峙为全国政协副秘书长；通过关于撤销禹作敏八届全国政协委员资格的决定。

全国政协副主席叶选平主持大会。吴学谦、杨汝岱、王兆国、阿沛·阿旺晋美、洪学智、邓兆祥、钱伟长、胡绳、钱正英、苏步青、丁光训、董寅初、孙孚凌、安子介、霍英东、马万祺副主席等出席会议。

全国政协主席李瑞环在全国政协第八届常委会第三次会议上发表讲话

各位副主席、各位常委、各位同志：

这次常委会开了四天，按照预定议程集中讨论了经济问题。朱镕基副总理通报了当前我国的经济形势和有关方针对策，大家一致拥护中共中央、国务院加强宏观调控的措施，并敞开思想，直抒己见，发表了许多好的意见和建议。这些意见和建议，反映了实际情况和群众意愿，有些还是长期进行科学研究形成的成果，会后将分别送有关部门参考，相信对当前一些重要问题的决策及其实施会起到积极的作用。这次会议是一次很好的参政议政的会议。

（一）

经济问题是我们国家的中心问题。经济形势的发展变化，决定和影响着社会生活的各个方面，决定和影响着国家的稳定和发展。经济工作是全国人民关心的热点问题，也是人民政协参政议政的中心议题。经济问题非常广泛，我们要抓主要问题。经济工作十分复杂，我们要面对实际，跟踪实践，采取分析的态度，进行深入的研究，不但要研究问题的总体，而且要研究问题的各个方面。只有这样，我们的认识才能客观全面，参政议政才能切实有效。比如，我们讲当前我国的经济形势总的是好的，这是完全正确的，因为不这样看，我们就没有抓住本质和主流，就会失去前进的信心。形势好，不仅表现为改革开放和经济发展的步伐明显加快，更重要的是，邓小平同志建设有中国特色社会主义的理论深入人心，举国上下关心改革开放，注重实际问题，集中精力发展经济的劲头很足，这种伟大的历史潮流已经不可逆转，这在过去曾经长期受到"以阶级斗争为纲"普遍影响的中国，更是一件了不起的大事。与此同时，我们也不能忽视，当前经济生活中确实面临一些突出的矛盾和问题，像搞活国有大中型企业、调动农民种粮积极性、安置富余劳动力等，都是直接关系改革和经济发展全局的重大问题，我们必须高度重视，大胆实践，妥善解决。比如，我们讲面临的许多问题是前进中、发展中的问题，这是完全正确的，因为破除长期形成的高度集中的计划经济体制，建立社会主义市场经济新体制，触及到经济基础和上层建筑的各个方面，是一项前无古人的开创性事业，是一个庞大的社会系统工程，没有困难和曲折是不可想象的，对此，我们必须有充分的准备，团结一致，百折不挠，迎难而进。与此同时，我们也必须看到，目前社会上存在的问题，并不都是在新旧体制转换过程中必然出现的，不能借口发展市场经济、转换体制而放松管理。在任何时候，我们都必须切实加强廉政建设，严厉惩处腐败行为，坚持维护正常社会秩序，大力扫除社会丑恶现象。

比如，我们讲解决当前和今后经济生活中的矛盾和问题的根本出路在于深化改革，加快建立社会主义市场经济体制，这是完全正确的，因为实践证明，不坚持改革，走回头路，只能陷入过去那种"一管就死"的境地，没有什么希望。与此同时，我们也必须明确，我们所讲的改革是指建立社会主义市场经济新体制，不能把改革庸俗化，不能把任何对现状的改变都说成是改革。那些假改革之名胡作非为、干扰破坏正常经济秩序的行径，必须坚决防止和制止。比如，我们讲改革要彻底破除计划经济体制的弊端，这是完全正确的，因为旧的计划经济体制严重束缚生产力的发展，不改革，国家就不能振兴，人民就不能富裕。与此同时，我们也必须懂得，计划和市场都是经济手段，不能笼统地否定计划的作用，在发挥市场对资源配置的基础性作用的同时，还要善于运用适应市场经济发展新情况的计划手段，做好宏观调控工作。比如，我们讲要“两手抓”，两手都要硬，这是完全正确的，因为社会主义精神文明，是建设有中国特色社会主义的应有之义，是改革开放和经济建设的精神动力和智力支持，是我们长期形成的一大政治优势。与此同时，我们也必须明确，精神文明建设必须与时代的发展相协调，随着社会现实生活的变化、发展充实新的内容，采用新的方式。比如，我们讲建立社会主义市场经济体制要注意学习和借鉴外国经验，这是完全正确的，因为资本主义国家有了上百年、几百年发展市场经济的历史，形成了一整套相对完备的法规和机制，汇集了人类社会的许多文明成果。以前闭关锁国，拒绝借鉴外国经验，吃了大亏，我们不能重蹈覆辙。与此同时，我们也必须明确，学习外国经验，绝不能照抄照搬，要坚持立足国情，博采众长，在学习中创新，在借鉴中发展，创立有中国特色社会主义的经济模式，等等。总之，我们在改革开放的过程中，必须坚持运用辩证唯物主义和历史唯物主义的观点和方法，观察、分析、研究社会经济生活中的各种矛盾和问题，切实做到解放思想与实事求是的统一。

（二）

参政议政，是人民政协的优良传统，也是衡量人民政协工作成绩的重要标准。人民政协作为实现共产党领导的多党合作和政治协商这一基本政治制度的重要组织形式，作为发扬社会主义民主的重要渠道，必须关心和讨论国家的大政方针，参与重大问题决策之前的协商和执行决策过程中的各种问题的协商；必须及时了解实际工作中的重要情况，有效地实行民主监督。人民政协不是国家权力机关，也不是行政管理机构，但它通过提出各种意见和建议来参政议政，这是实现我国基本政治制度的一种体现，是推进我国社会主义民主政治建设的一大创造、一大特色、一大优势。人民政协应该从这样的高度来认识，不断提高参政议政的责任感和自觉性；党政领导机关也要从这样的高度来认识，更加重视和认真对待人民政协提出的各种意见和建议。

决策的民主化、科学化是领导现代化建设的客观需要，也是人民群众的强烈愿望。人民群众之所以有这样的愿望，一方面是因为他们希望切实行使管理国家和社会事务的权利，另一方面是因为几十年的酸甜苦辣，使他们深刻体会到，决策正确与否直接关系着他们的切身利益。决策正确，可以给人民带来安宁和幸福；而决策失误，就会给人民带来痛苦和灾难。一般来讲，没有决策的民主化，就很难有决策的科学化。就决策的民主化而言，最基本的要求有两条，一是严格地履行民主程序，二是广泛地听取各种意见。人民政协参政议政恰恰符合这两方面的要求。按照中共中央的规定，有关的重要问题和重大举措在决策之前必须经过政治协商的民主程序。同时，人民政协在为领导决策提供意见和建议方面具有不可替代的优势。它联系面广，包括着海内外各界代表人士，可以集中各个方面群众的意见、要求和愿望；它位置超脱，不受部门和地区利益的局限，可以较客观地反映真实情况；它人才济济，汇集了各个领域的专家学者和领导骨干，可以从多方面提出高层次的建设性意见。因此，人民政协做好参政议政工作，对促进领导决策的民主化、科学化具有重要的作用。

（三）

多年来，各级人民政协在参政议政方面创造了许多有效的形式，积累了丰富的经验，并形成了一系列制度。我们要进一步总结已有的经验，抓好现行规章制度的贯彻落实，同时，要不断拓展参政议政的渠道，改进参政议政的工作，提高参政议政的质量。在新形势下，人民政协中各党派、团体和各族、各界人士要更加注意与各自代表的群众保持密切的联系，经常了解他们的愿望、意见和要求，包括易被忽视的少数人的特殊要求，在参政议政中更广泛地体现民情民意。要健全各级政协委员的视察制度，采取各种形式，尽可能地多了解基层情况，掌握第一手材料，使提出的意见和建议符合实际工作的要求，适应形势的发展。要加强专题调研，围绕现实生活中的重大问题，选定一批课题，由有关专委会牵头，组织专家和熟悉情况的人士，进行科学论证，提出有创见的思路和可操作的对策。要从大局出发，敢于坚持真理，认真负责地提出各种意见和建议，不为非议所动摇，不为困难所吓倒，同时，也要虚心听取不同意见，及时修正被实践证明不妥当或有错误的主张。要认真学习邓小平同志建设有中国特色社会主义的理论，努力掌握其精神实质，使之成为政协一切活动的根本指针，从而不断提高参政议政的能力和水平。

中共各级领导机关要模范地执行多党合作和政治协商制度，把重大决策前的协商，以及重要情况通报、听取政协委员意见等活动，搞得更加经常与切实，从各个方面为政协参政议政创造良好条件。要充分尊重政协委员参政议政的权利，认真研究并及时处理他们提出的各种意见和建议。各级党政领导干部要做到虚怀若谷，从善如流，自觉地支持和鼓励政协委员开展参政议政工作。

建立社会主义市场经济体制，实现社会主义现代化，是我国人民在中国共产党领导下创造历史的伟大实践，是社会主义制度在我们这个东方大国焕发蓬勃生机的伟大创举。它的成功不仅会实现多少志士先驱梦寐以求的中华民族的伟大复兴，使我们国家以崭新的面貌自立于世界强国之林，而且也是对马列主义、毛泽东思想的继承和发展，对人类进步事业的巨大贡献。我们人民政协在这样重要的历史关头，面对如此光荣伟大的任务，必须以高度的使命感和责任感，认真做好参政议政工作，更好地履行政治协商和民主监督的职能，为改革开放和现代化建设作出更大贡献。

全国政协八届常委会三次会议通过部分专门委员会副主任委员增补名单

增补：

吴庆彤为法制委员会副主任；

严克强（壮族）为民族委员会副主任；

巴音朝鲁（蒙古族）为妇女青年委员会副主任。

国家主席江泽民在人民大会堂同赞比亚总统弗雷德里克·奇卢巴举行会谈

江泽民说，中国是一个发展中国家，向友好国家提供的援助是有限的。但中国的援助是真诚的，不附加任何条件，主要是帮助受援国利用自己的资源和人力，使援建项目取得更好的社会和经济效益。江泽民对奇卢巴总统所说的赞比亚政府将继续坚持一个中国的立场表示赞赏。江泽民还向客人介绍了中国对国际形势的看法和中国经济发展情况。

会谈结束后，中赞两国政府的代表签署两国贸易和经济技术合作协定和中国向赞比亚提供一般物资的换文。江泽民和奇卢巴出席签字仪式。

国务院总理李鹏在钓鱼台国宾馆会见赞比亚总统弗雷德里克·奇卢巴和夫人维拉·奇卢巴

中国残联第二次全国代表大会在北京闭幕

会议审议并通过第一届主席团的报告和中国残联章程（修正案），选举产生中国残联第二届领导成员，聘请李瑞环为名誉主席、彭珮云为名誉副主席。

刚刚被聘任为中国残联名誉主席的李瑞环向大会发来贺信，对大会的圆满成功表示祝贺，向与会代表及5000多万残疾人和广大残疾人工作者致以诚挚、亲切的问候。

新当选的中国残联主席邓朴方致闭幕词。

中国残联新一届领导产生

中国残联第二次全国代表大会选举产生158人组成的第二届主席团，其中残疾人占56%。

主席团主　席：邓朴方

副　主　席：吴庆彤、黄　乃、戴　目、李明豫、谢　晋、杜润生、刘小成

党和国家领导人江泽民李鹏乔石刘华清等在北京会见参加国家安全工作会议的代表

中国农业银行公布加强农副产品收购贷款管理的10项规定

中国农业银行最近公布农副产品收购贷款管理的10项规定。

其主要内容有：

——农副产品收购资金实行专户管理，坚持贯彻由政府牵头，多方筹集，落实任务，各负其责的原则，农业银行保证应承担的任务资金及时到位。

——按农副产品购销渠道办理贷款，对国家计划定购的粮、棉、油及议购的粮、油要保证收购资金供应；对计划收购的糖料、茶叶、蚕茧、生猪、羊毛积极给予资金支持；对其他大宗农副产品收购根据资金情况，酌情支持；对其他经济组织从事农副产品购销所需流动资金，实行以销定贷，逐笔审查。

——严格按照收购企业商品库存量掌握贷款额度。各地农行要对收购企业核定农副产品库存限额，并据此发放贷款，不经批准，不得发放贷款，不经批准，不得发放“民代国储”农副产品贷款，收购企业需要的加价补贴，各地财政部门和收购企业自行解决。

——凡由农业银行提供收购贷款的企业，必须只在农业银行一家开存款结算户和贷款户，不得以任何理由在其他金融机构多头开户。

——对截留、挪用财政拨补收购资金、收购贷款的，农业银行一律不予提供贷款。

农业银行总行还重申，农副产品收购贷款是专项贷款，必须专款专用，各级农业银行无权自行调剂，一律由总行调度。

《人民日报》就中宣部等部委关于运用优秀影视片在全国中小学开展爱国主义教育的通知发表评论员文章《爱国主义教育的好形式》

国务院作出关于加强政府法制工作的决定

各省、自治区、直辖市人民政府，国务院各部委、各直属机构：

党的十四大提出，我国经济体制改革的目标是建立社会主义市场经济体制。八届全国人大一次会议通过的宪法修正案已经将党的这一主张变成国家意志，

载入了国家的根本法。建立社会主义市场经济体制是经济体制的根本性变革，涉及经济基础和上层建筑的许多领域，越来越多的、错综复杂的经济活动和利益关系，比在计划经济体制下更加迫切要求有健全的社会主义法制来引导、规范、保障和约束。这样的新形势，对政府法制工作提出了新的更高要求。为了进一步加强政府法制工作，推动和保障社会主义市场经济体制的建立和逐步完善，特作如下决定：

一、各级政府和政府各部门都要充分认识做好政府法制工作的重要性。政府法制工作是社会主义法制建设的重要组成部分，是建立和逐步完善社会主义市场经济体制的重要保障。在社会主义现代化建设中，管理国家事务、经济和文化事业、社会事务，经常的、普遍的、大量的管理工作要通过行政行为来实现。只有把行政行为纳入法制化的轨道，才有可能从根本上提高行政效能，并保证政策的连续性和稳定性。特别是在当前改革金融体制、财税体制、投资体制，转换国有企业经营机制，加强宏观经济调控，转变政府职能等方面，迫切需要通过立法加以规范并进一步完善相应的法律实施机制。各级政府和政府各部门要采取切实有力的措施，使政府的立法工作、执法工作都有明显的发展和改善，努力开创政府法制工作的新局面。

二、今后一个时期，政府法制工作的指导思想和目标是：从国家总的形势和任务出发，坚持以邓小平同志建设有中国特色社会主义的理论和党的基本路线为指导，根据发展社会主义市场经济的客观要求，认真履行宪法和法律赋予政府的职责，加强政府法制建设，保证党的十四大和八届全国人大一次会议提出的各项任务的完成，保证政府工作在法制轨道上高效率地运行。

三、要把做好经济立法工作作为政府立法工作的重点，加快有关社会主义市场经济的立法工作。政府立法工作要在党中央领导下，根据全国人大常委会的统一规划和国务院的部署，按照党的十四大确定的在九十年代初步建立起社会主义市场经济体制的要求，相应地大体形成社会主义市场经济法律体系框架。当前，要着重抓紧、抓好直接关系发展社会主义市场经济的以下几个方面的立法工作：一是规范市场主体的立法工作；二是调整市场主体关系、维护市场秩序的立法工作；三是改善和加强宏观经济调控、促进经济协调发展的立法工作；四是建立和健全社会保障的立法工作。同时，也要抓紧促进教育、科技、文化、卫生事业发展方面的立法工作，推进民主政治建设和保障公民权利方面的立法工作，维护社会治安和反对腐败、加强廉政建设等方面的立法工作，为社会主义市场经济的建立、完善和健康运行创造良好的社会环境、提供必要的保证条件。国务院有关部门要围绕上述立法工作重点，抓紧有关法律草案、行政法规草案的起草工作，并抓紧制定有关规章。依照宪法和法律的规定，有提出地方性法规草案、制定规章职权的地方人民政府也要围绕上述重点，结合本地区的实际，统筹安排好本地区的政府立法工作。

四、要正确处理政府立法工作与改革的关系。政府立法工作不仅要肯定改革的成功经验，推动改革深化，而且要根据党和国家的有关方针政策，尽可能地做到先立法后行动或者在进行试点、取得经验的基础上先立法后铺开，通过立法指导改革。政府立法工作一定要从大局出发，从国家和人民的根本利益着眼，坚持社会主义法制的统一，维护社会主义市场经济法律规范的统一、一致，体现转变政府职能的精神，坚决破除立法工作中的部门保护主义和地方保护主义。

五、要加强行政法规和规章的解释和清理工作。凡属于行政法规条文本身需要进一步明确界限的，以及有关行政主管部门对具体应用行政法规的问题作出解释有困难或者其他有关部门对其解释有不同意见的，由国务院法制局提出解释意见，报国务院批准。国务院各部门和依法有权制定规章的地方人民政府制定的规章的解释，也要规范化、制度化。行政法规、规章的清理工作要经常化、制度化。凡不符合改革开放和社会主义市场经济需要的，应当按照法定程序，该修改的及时修改，该废止的及时废止，使"立、改、废"成为政府立法工作的统一整体。

六、要切实加强行政执法工作。当前，行政执法的问题很突出。有法不依、执法不严、违法不究的现象比较普遍，有些地方和部门甚至以言代法、以权压法、执法犯法、徇私枉法，问题相当严重。尤其值得注意的是，在发展社会主义市场经济的新形势下，有些地方和部门，特别是有些行政执法部门、经济管理部门和垄断性行业，在利益驱使下，利用职权或者行业垄断地位，搞权力进入市场、权力商品化、权钱交易。这些不正之风和腐败现象，严重地损害了法律的尊严和政府的权威，已经引起广大人民群众的强烈不满。各级政府和政府各部门、特别是领导干部对此要予以高度重视，根据最近党中央和国务院的部署，把反对腐败、加强廉政建设作为政府法制建设的一项重要内容，切实抓紧、抓好，务必抓出成效。各级政府和政府各部门，尤其是领导干部，要增强法制观念，依法行政，严格依法办事，做勤政廉政、奉公守法的模范，向有法不依、执法不严、违法不究的行为，特别是向执法犯法、徇私枉法、权钱交易等腐败现象，进行不懈的斗争。

七、各级政府都要自觉地接受党的领导，接受同级人大及其常委会的监督，依法接受司法监督，接受政协及民主党派的民主监督，接受舆论监督和人民群众的监督。同时，要切实加强行政机关内部的监督，强化上级政府对下级政府、政府对其所属各部门的监督，及时发现和纠正行政机关违法的或者不当的行政行为。要严格执行法规规章备案规定，通过备案工作，审查法规、规章的合法性，发现规章同法律、法规相抵触或者规章之间相矛盾等问题，要依法予以纠正和解决。各级复议机关要认真执行行政复议条例，积极履行法定职责，认真审理复议案件，及时纠正违法的或者不当的具体行政行为。

当前，各级人民政府和政府有关部门要把那些涉及国家全局和群众切身利益的法律、法规，如减轻农民负担、转换企业经营机制、维护金融秩序、严肃财税纪律、加强廉政建设等有关法律、法规的执行情况，作为重点，进行检查。对检查中发现的问题，要采取切实有力的措施，坚决予以纠正，不管涉及什么机关、什么人，凡是违法乱纪的，都要严肃处理，直至依法予以制裁。

八、要加强政府法制工作机构和队伍的建设。政府法制工作的政治性、政策性很强，专业性、知识性也很强。没有一支政治素质和业务素质较高的政府法制工作专业队伍，政府法制工作就难以落实、搞好。因此，各级政府、尤其是县级以上各级政府和政府各部门，要进一步加强政府法制工作机构的建设，选拔、关心、培养政府法制工作专业人才，使政府法制工作机构的设置和人员配备同本地方、本部门的政府法制工作任务相适应。各级政府和政府各部门要为政府法制工作机构开展工作创造必要的条件，充分发挥他们在政府法制工作中的参谋和助手作用。

政府法制工作机构的任务是在政府或者政府部门的领导下，对本地区、本部门的政府法制工作进行规划、协调、监督、服务，主要是做好以下几个方面的工作：根据政府和政府有关部门的法定职责，组织起草或者修改法律草案、法规草案、规章草案；负责法规、规章备案工作；组织行政法规、规章的清理工作；协调行政执法中有关部门或者单位由于对有关法律、法规的理解不同而产生的矛盾；指导或者受有关政府或者政府有关部门委托参与行政案件的复议、应诉；根据政府或者政府有关部门的统一部署，参与或者组织行政执法检查。各级政府和政府各部门可以根据各自的职责和情况，对所属法制工作机构的具体任务、职责作出规定。

九、各级政府和政府各部门都要重视并加强对政府法制工作的领导。各级政府和政府各部门的工作千头万绪，任务十分繁重。越是如此，越要转变职能，议大事、抓大事，政府法制工作就是涉及全局的一件大事。随着社会的发展，社会主义市场经济体制的建立和完善，各级行政机关的领导都要学习法律、熟悉法律，善于运用法律手段管理经济、管理社会。各级政府和政府各部门、特别是领导干部，都要切实加强对政府法制工作的领导，把加强政府法制建设真正摆到政府工作的重要位置上，列入重要议程，确定一位领导同志分管这项工作；对政府立法工作、执法工作和执法监督中的重大问题，领导要亲自出面解决。今后，各级政府在向上级政府和同级人大及其常委会报告工作时，要把报告政府法制工作作为一项重要内容；在向所属部门和下级政府布置、检查工作时，要把布置、检查政府法制工作作为一项重要内容。

十、加强政府法制建设是一项长期的、根本性的任务。各省、自治区、直辖市人民政府和国务院各部门要根据本决定的要求，结合本地区、本部门的实际，认真贯彻落实本决定的精神，努力使政府法制工作在建立和逐步完善社会主义市场经济体制，深化改革，扩大对外开放，保障社会主义现代化建设中发挥更大的作用。

国务院

1993 年 10 月 9 日

中办国办批转国家经贸委《关于党政机关与所办经济实体脱钩的规定》

各省、自治区、直辖市党委和人民政府，中央和国家机关各部委，军委总政治部，各人民团体：

国家经贸委《关于党政机关与所办经济实体脱钩的规定》已经党中央、国务院同意，现转发给你们，请遵照执行。

这项工作，由国家经贸委负责，国家体改委、国家工商局配合。各级党委、政府要切实加强领导，财政、审计、工商行政和纪检监察等部门要按照规定严格要求，加强监督检查，把这项工作做好。

国家经贸委关于党政机关与所办经济实体脱钩的规定

随着机构改革的进一步推进，各级党政机关陆续组建了一批公司和企业集团等经济实体，这对于转变政府职能、妥善安置机关分流人员、发展第三产业起到了一定的积极作用。但是，在兴办经济实体中也出现了一些值得注意的问题，如组建政企不分的“翻牌公司(集团)”，以权经商，强买强卖，垄断经营等。这些问题的出现引起了广大企业和群众的不满，对于深化企业改革，加强党的建设和政权建设，建立社会主义市场经济体制极为不利。为及时纠正这些问题，切实落实党中央关于开展反腐败斗争的工作部署，经党中央、国务院同意，现就党政机关与所办经济实体脱钩的若干问题规定如下：

一、县及县以上各级党政机关要坚决贯彻执行《中共中央办公厅、国务院办公厅关于党政机关兴办经济实体和党政机关干部从事经营活动问题的通知》(中办发〔1992〕5号)、《中共中央办公厅、国务院办公厅关于机构改革人员分流中几个问题的通知》(中办发〔1993〕8号)以及党中央、国务院其他有关规定,不准经商、办企业。

二、县及县以上各级党的机关、人大机关、审判机关、检察机关和政府机关中的公安、安全、监察、司法、审计、税务、工商行政管理、土地管理、海关、技术监督、商检等部门以及办事机构,均不准:

(一)组建任何类型的经济实体;

(二)以部门名义向经济实体投资、入股;

(三)接受各类经济实体的挂靠。

对现有隶属于上述单位的经济实体,各地、各部门要统筹规划,调查研究,提出划转方案,一律限期在明年6月底前转出(司法部门劳改、劳教企业和各机关后勤服务系统按国家规定开展对社会经营服务的,不在此限)。个别因特殊需要,保留或组建经济实体的,须报经国务院或省级人民政府批准。

应划转的经济实体,尽可能划转到大型企业集团或大型综合性公司。在划转时必须清查资产,按规定办理手续,防止国有资产流失。

三、除上述部门外的国家机关,为适应机构改革、转变职能和分流人员等需要,经批准可以组建经济实体(包括企业集团,下同),但必须同时在职能、财务、人员、名称四个方面与机关彻底脱钩。已经设立但尚未脱钩的,也必须在今年年底前脱钩。

(一)各类经济实体不得兼有行政管理和行业管理的职能。

(二)各类经济实体在财务上与机关脱钩,不向机关上交利润和管理费,不为机关报销各种费用。经济实体单独在财政立户,按照国家规定缴纳税费,接受本级财政部门以及监察、审计、税务等部门的监督。

经济实体与机关财务脱钩和脱钩后对机关经费补贴的具体办法,由财政部制定。

(三)党政机关在职干部一律不得兼有机关干部和企业职工双重身份,不得在经济实体中兼职。凡有兼职的,要如实报告,各部门要负责认真清理,逐个审核,确定其辞去一头的职务。要求在10月底以前清理完毕。

(四)各类经济实体一律不得冠以党政机关的名称。凡已使用机关名称的,必须到工商行政管理部门办理更名手续,否则按注销处理。

四、组建企业集团必须坚持企业自愿和政策引导相结合的原则,认真征求企业和各方面意见。不得按行业"装口袋",强行"捏合",不得任意上收企业经营权,取消或变相取消企业法人地位。

五、经济实体与行政机关脱钩后,应当自主经营、独立核算、自负盈亏。国家对各类经济实体只实行行业管理、任免主要干部以及必要的监督、服务等事项,不干预其经营管理活动。

六、除法律、法规另有规定外,各级党政机关均不得利用职权,指定任何一家经济实体垄断经营某项业务,也不得限制、排斥本部门以外的经济实体从事与本部门职能有一定联系的经营业务。对某些确需由少数经济实体经营的特殊业务,应依照法律、法规的规定,采取公开、竞争方式,确定有关经济实体经营,防止部门垄断和地区封锁。

七、对于机关分流人员新组建经济实体的开办资金,财政部门应有明确规定,不得挤占正常开支经费。在成立初期确有困难的,可按中办发〔1993〕8号文件规定,区别情况,给予一定的扶持。但要制订具体扶持办法,限期过渡(不超过两年)。对扶持资金,要单独列账,并接受有关部门的监督。

八、政府部门在机构改革中组建新的经济实体,不得干扰其他企业正常的生产经营活动,影响企业贯彻《全民所有制工业企业转换经营机制条例》,不得强行向其他企业平调人、财、物,摊派铺底资金。国家用于扶持行业发展的有关优惠政策、资金等,应在行业内所有企业间公平合理地落实和分配,不得由新组建的经济实体截留。不得赋予新组建的经济实体特殊经营手段,避免形成不合理的竞争条件。

九、各地区、各部门要指定专门机构,制定贯彻落实中办发〔1992〕5号、中办发〔1993〕8号文件和本规定的具体措施,对党政机关所办的经济实体进行一次认真的检查、清理,凡不符合本规定的,要坚决予以纠正,切实做好经济实体与机关的脱钩、转出工作,并将检查与纠正情况于今年11月底前报国务院,同时报国家经贸委。

中办国办转发财政部《关于治理乱收费的规定》

1990年全国开展治理"三乱"工作后,乱收费问题曾一度得到抑制,但是近来又有所抬头,尤其是一些国家机关和垄断行业,利用行政职权和垄断地位,巧立各种名目乱收费。主要表现在:超越权限,擅自审批或自立收费项目、扩大收费范围、提高收费标准;转移行政职能,变无偿服务为有偿服务,从中分利;利用职权,强行服务,强买强卖,把权力商品化;凭借垄断地位,在经营业务中乱收费、乱提价,从中谋利;部门职能交叉,重复收费。乱收费取得的资金大都进了"小金库",用于买汽车、搞福利、发奖金,挥霍浪费。这不仅加重了企业和群众的负担,扰乱了经济秩序,而且损害了党和国家的利益,败坏了党风和社会风气。根据党中央关于开展反腐败斗争的工作部署，为在全国范围内集中力量狠刹乱收费不正之风，着重治理国家机关及其所属单位利用职权乱收费，在年内取得明显成效，经党中央、国务院同意，现作如下规定：

一、提高认识，加强领导。

乱收费问题日趋严重，原因是多方面的。一是我国目前正处在建立社会主义市场经济体制和加快经济发展的新时期，在从计划经济体制向市场经济体制的转换过程中，体制不完善，法制不健全，一些问题的政策和是非界限不清；二是有些地区和部门的领导，对加快经济建设不是实事求是、量力而行，而是滥用行政手段通过乱收费筹集资金；三是有的单位凭借行政职权、垄断地位搞“创收”，以解决本部门、本单位职工福利；四是有的工作人员以收费为名，以权谋私，巧取豪夺，侵吞国家和人民的财富。各地区、各部门一定要充分认识乱收费造成的严重危害，把刹住乱收费的不正之风，提高到惩治腐败，端正党风和社会风气，加强廉政建设，密切党群关系的高度来认识，作为反腐败斗争和落实中央加强宏观调控措施的一项重要工作来抓，克服消极畏难情绪，采取果断措施，坚决加以治理。为此，各级党政机关主要领导要亲自负责，抓好本地区、本部门治理乱收费的工作，要一级抓一级，一级带一级，切实加强对本部门、本系统治理乱收费工作的指导和监督检查，务必在年内取得明显成效。对那些不认真治理、走过场，边清边犯、顶着不办的地方、部门和单位，要追究领导的责任，决不姑息迁就。

二、明确职责，组织落实。

根据国务院决定，全国的治理乱收费工作由财政部、国家计委和国家经贸委负责，以财政部为主。建立财政部、国家计委、国家经贸委、农业部、监察部等有关部门参加的联席会议制度，并组织专门工作班子，具体负责治理工作的部署、督促和检查。地方各级人民政府也要明确负责部门，进行安排部署，层层落实。中央国家机关各部门要负起责任，率先组织好本部门、本系统的治理工作。

三、确定范围，掌握政策。

为了抓住重点，取得阶段性成果，这次治理的范围首先确定为：各级政府、司法机关、行政执法部门和经济管理部门及其所属单位的行政性收费、凭借行政职权的事业性收费及垄断行业的经营服务性收费。以下几种乱收费行为必须立即停止，坚决纠正：

（一）未按国家规定的收费审批权限批准，擅自出台收费项目，扩大收费范围，提高收费标准；

（二）将国家机关职责范围内的公务活动变无偿为有偿；

（三）利用办实体、搞创收，把一部分国家机关的职能转移、分解到下属从事第三产业的经济实体，进行有偿服务，从中收费提成；

（四）利用职权和行业垄断地位强行服务，强买强卖，搭车收费，从中谋利；

（五）利用职权和行业垄断地位，以保证金、抵押金、储蓄金、集资、赞助等形式变相收费；

（六）只收费不服务，公开敲诈勒索。

对按国家规定审批权限批准的收费项目（包括收费标准和范围），群众反映强烈的、不合理的，也要进行清理和调整。今年内不再出台新的行政事业性收费项目。

对群众反映强烈的学校、医院、社会团体等单位的收费，主管部门也要认真组织清理。

四、抓住重点，全面展开。

治理乱收费工作，从中央国家机关和重点部门、行业抓起，重点治理公安、司法、民政、工商、城建、土地、人事、铁路、交通、电力、邮电、金融、保险等部门和行业，同时在全国范围内全面展开。各级政府、各主管部门要采取从上到下、层层清理，条块结合、自查自纠，重点检查、社会监督等方式，对本地区、本部门的收费，从收费项目、收费范围、收费标准、收费的作用和管理等方面进行清理。各地区、各部门要将重点部门、行业治理乱收费的情况在10月底以前按隶属关系分别报国务院和省、自治区、直辖市人民政府的财政、计划（物价）、监察部门审核备案；由国务院和省、自治区、直辖市人民政府分别将清理审核结果分期分批以公报形式或通过报纸予以公布。各级财政、计划（物价）、监察部门要对群众反映强烈、不认真自查自纠、问题比较多的单位组织力量进行重点检查。要建立举报制度和收费稽查队伍，认真对待群众的举报和反映，加强社会监督。

五、规范管理，整章建制。

各级财政、计划（物价）部门要加强行政事业性收费、垄断行业经营服务性收费的监督管理。

行政事业性收费项目和标准实行中央和省两级审批，收费项目按隶属关系分别报国务院和省、自治区、直辖市人民政府的财政部门会同计划（物价）部门批准；制定和调整收费标准，按隶属关系分别报国务院和省、自治区、直辖市人民政府的计划（物价）部门会同财政部门批准；重要项目及标准分别报国务院和省、自治区、直辖市人民政府批准。省、自治区、直辖市人民政府批准的行政事业性收费项目和收费标准报财政部、国家计委备案。省、自治区、直辖市以下各级人民政府（包括计划单列市）及其各部门无权审批设立行政事业性收费项目或调整收费标准。面向农民的行政事业性收费，还应当经主管农业的部门审核。

要逐步将行政事业性收费管理纳入法制轨道。今后，设立行政事业性收费项目要以法律、法规为依据，并按照审批权限和规定程序报批。制定有关法律、法规，凡涉及行政事业性收费的，要事先征求主管行政事业性收费的财政、计划(物价)部门的意见。

按国家规定程序批准的行政事业性收费，要公开收费项目、范围、标准，建立健全收费许可证、收费票据和年度审验、票据稽查制度。收费单位必须到计划(物价)部门办理收费许可证，坚持持证收费，接受社会和群众监督；必须使用由省、自治区、直辖市以上财政部门统一制发的收费票据或监制的专用票据，否则视为非法收费予以查处。没有收费许可证、没有持证收费、没有使用规定票据的，任何单位或个人可以拒绝交费。任何组织和个人都有权向财政、计划(物价)部门检举违反国家规定的收费行为。各级财政、计划(物价)部门每年要对行政事业性收费集中审验，对越权出台收费项目、擅自扩大收费范围、提高收费标准以及不经审批随意乱收费等行为，要及时查处并追究有关领导和直接责任人员的责任。乱收费的非法收入除按规定退还被收单位和个人外，其余全部没收上缴财政。

各级财政部门要加强行政事业性收费的财务管理，收费资金原则上要实行收支两条线。行政性收费要逐步纳入各级财政预算内管理；尚未纳入预算内管理的行政性收费、专项收费及事业性收费，要执行预算外资金管理办法，实行财政专户储存，收入上交财政部门在银行开设的预算外资金专户，支出由用款单位编制计划，经财政部门审核后按计划拨给。

要加强对垄断行业经营服务性收费的管理，其收费标准，按照规定的价格管理权限报计划(物价)部门核批，重要的报国务院批准。垄断行业不得将正常的业务转由所属经济实体经营，巧立名目，强行加收费用，也不得代地方人民政府收取未按规定权限批准的收费；经省、自治区、直辖市人民政府批准的配套服务收费项目，要报国家计委备案。

中办国办转发财政部《关于对行政性收费、罚没收入实行预算管理的规定》的通知

国家机关依法对公民、法人和其他组织收费、罚款和没收财物，是国家管理社会经济生活的重要手段。但是近几年来，有些地方的行政机关和司法机关超越职权乱设收费、罚没项目，有的将收费和罚没收入与部门的经费划拨和职工奖金、福利挂钩，有的坐支、留成甚至挥霍滥用收费和罚没收入。这不仅增加了企业和个人负担，而且助长了不正之风，腐蚀了干部，影响了国家机关的形象。为了贯彻落实中央关于开展反腐败斗争的工作部署，经党中央、国务院同意，现就对行政性收费、罚没收入实行预算管理(即“收支两条线”)的问题规定如下：

一、行政性收费、罚没收入范围

行政性收费包括：国家行政机关、司法机关和法律、法规授权的机构依据国家法律、法规行使其管理职能，向公民、法人和其他组织收取的费用。

罚没收入包括：国家行政机关、司法机关和法律、法规授权的机构依据法律、法规，对公民、法人和其他组织实施处罚所取得的罚没款以及没收赃物的折价收入。

在法律、法规之外，任何地方、部门和个人均无权擅自设置收费、罚没项目。各级政府和财政部门要对本级各部门、各单位的收费和罚没情况进行清理，凡越权自行设立的收费、罚没项目，要一律取消。

二、各级执收、执罚部门和单位要严格执行国家有关收费和罚没项目的规定。收费、罚没收入必须全部上缴财政，绝不允许将收费、罚没收入与本部门的经费划拨和职工的奖金、福利挂钩，严禁搞任何形式的提留、分成和收支挂钩。各级财政部门和主管部门不得给执收、执罚单位和个人下达收费、罚没收入指标。

三、各种行政性收费收入，应作为国家财政性收入，逐步纳入预算管理。所收款项，除国家另有规定的外，应根据执收部门的行政隶属关系，分别作为本级财政的预算收入，上缴同级国库。

有关罚没收入的归属，按财政部的有关规定执行。

四、各级执收部门，应在每年11月15日以前，将下一年度各项收费收入和相关的行政管理补助支出编入本部门的预算草案，报本级财政部门审核，财政部门要在预算中做出安排。执行中，如果收入和支出情况发生变化，有关部门应及时提出调整预算的方案，报本级财政部门审批。

行政管理补助支出预算应明确列出具体项目和数额。支出项目和范围，应按国家有关规定执行，不得擅自突破或变动。

执罚部门的预算和财务管理办法，按财政部的有关规定执行。

五、为了统一反映各地区、各部门行政性收费的收支情况，在国家预算收入科目“其他收入类”中增设“行政性收费收入”“款”级科目，反映行政收费的收入情况，下面可按部门设置“项”级科目；在国家预算支出科目“其他支出类”中增设“行政管理补助支出”“款”级科目，反映执行行政性收费所需的开支，下面可按部门设置“项”级科目。

罚没收入适用的预算科目，按财政部的有关规定执行。

六、各级执收、执罚部门和单位所取得的收费收入、罚没收入，应在 3 日内上缴国库。对零星收入，账面余额不足 1000 元的，经本级财政部门同意，可每 15 日上缴一次；达到 1000 元的，应即时上缴国库。任何单位和个人不得拖欠、截留、坐支、挪用、私分。

在将行政性收费收入、罚没收入上缴国库时，应使用“一般缴款书”。有关单位应按《国家金库条例实施细则》的规定，认真办理缴库手续。

七、为保证行政、司法机关依法行使职权，各级政府和财政部门对行政、司法机关办公、办案等所需的正常经费要给予保证。绝不允许行政、司法机关搞创收。在预算安排上对这些部门不得实行“差额管理”或“自收自支管理”。各级政府和财政部门应根据有关部门人员的报酬以及行政管理、办理公务等所需的正常经费和办案等所需的特殊经费（含对办案人员的奖励），合理安排预算拨款，保证其正常工作的开展。

八、各级执收、执罚部门，应在每年 2 月底以前，根据上一年度的各项收费收入、罚没收入和经费补助支出编制本部门的决算草案，报本级财政部门审批。

九、各级执收、执罚部门和单位应使用财政部门统一制发的收费、罚没票据。

中央执收、执罚部门和单位使用的收费、罚没票据，由财政部商有关部门共同制定；地方执收、执罚部门和单位使用的收费、罚没票据，由各省、自治区、直辖市财政部门统一制定和印制。

各级财政部门要建立、健全票据的领发、使用、缴销、保管制度，并严格管理，堵塞漏洞。

十、各级执收、执罚部门和单位应加强对行政性收费收入和罚没收入的管理，建立、健全内部管理和核算制度。

各级财政部门应加强对行政性收费收入和罚没收入的监督和检查。对拖欠、截留、坐支、挪用、私分行政性收费收入和罚没收入，实行提留、分成和收支挂钩办法或者下达罚没收入指标的，要按违反财经纪律论处，情节严重的，要追究直接责任人员和有关领导人的法律责任。

十一、过去有关文件规定与本规定不一致的，一律依照本规定执行。

国办发出关于调整中国国际减灾十年委员会组成人员的通知

根据工作需要和机构、人事变动情况，国务院决定调整中国国际减灾十年委员会的组成人员。现将调整后的组成人员名单通知如下：

主　任：李贵鲜（国务委员）

副主任：多吉才让（民政部部长）

刘济民（国务院副秘书长）

刘华秋（外交部副部长）

叶　青（国家计委副主任）

石万鹏（国家经贸委副主任）

邓　楠（国家科委副主任）

谷永江（外经贸部副部长）

范宝俊（民政部副部长）

秘书长：范宝俊（兼）

委　员：（略）

办公室主任：姜　力（民政部救灾救济司司长）

国务院办公厅

1993 年 10 月 9 日

国务院副总理李岚清在广东广西考察

李岚清于 9 日至 12 日考察广东、广西两省区打击走私活动的进展情况，听取两省区政府、海关、打私办、外贸、利用外资、教育等部门的情况汇报。中共中央政治局委员、中共广东省委书记谢非、广西壮族自治区主席成克杰等分别陪同李岚清进行考察。

中央军委副主席刘华清国防部部长迟浩田解放军总参谋长张万年在北京会见第二批赴柬埔寨参加联合国维持和平行动归来的工程兵大队部分官兵

《国防法》起草委员会在北京成立并举行第一次全体会议

经国务院、中央军委批准，中国国防法起草委员会正式成立。国务委员兼国防部长迟浩田任主任。

会议讨论《国防法》起草工作的指导思想和工作计划，决定用一年的时间拿出《国防法(草案)》，提交国务院、中央军委审议。会议研究了起草委员会的任务和职责，明确了起草国防法的指导思想，要求以邓小平同志建设有中国特色社会主义的理论和关于新时期军队建设的思想为指针，以宪法为依据，提出一部具有中国特色的、能够指导和规范国防和军队建设的《国防法(草案)》。

国防法起草委员会副主任甘子玉、徐惠滋等参加会议。

国家主席江泽民在人民大会堂会见加拿大北方电讯公司总裁蒙蒂、董事长白毕乐

全国政协八届常委会三次会议通过撤销禹作敏第八届全国政协委员资格决定

10月10日

《人民日报》发表评论员文章《减轻农民负担要常

抓不懈——三论加强农村工作和深化农村改革》

宋平和国务委员国家科委主任宋健在人民大会堂会见第四届中国十大杰出青年第三届全国十佳少先队员和10名全国中学生实践技能标兵

全国人大常委会副委员长王丙乾等在江苏检查环保执法工作

以王丙乾为团长，全国人大环保委员会主任委员曲格平、国家环保局局长解振华为副团长的国家环保执法检查团，对江苏省的南京、无锡、苏州、徐州、盐城、淮阴等20多个市、县，30多个企业和乡镇以及太湖、大运河、秦淮河进行为期10天的检查。

最高人民检察院检察长张思卿在北京同葡萄牙总检察长若泽·罗德里格斯举行会谈

国家教委直属高校工作咨委会在广州召开

中共中央政治局委员、国务院副总理李岚清在广州举行的国家教委直属高校工作咨询委员会第四次全体会议上指出，国家经济建设和社会发展在有了好的路线和政策之后，关键的问题是人才，而解决人才问题归根到底要靠教育，要继续确保教育的优先战略地位，这是关系到国家繁荣昌盛和民族前途命运的大事。当前教育工作首先是宣传学习和贯彻落实《中国教育改革和发展纲要》，这是我国教育事业一段时期内改革和发展的纲领性文件。

李岚清首先向由国家教委直属高校党委书记和校长组成的咨询委员会介绍了当前的经济形势和当前进行的金融体制、财政税收体制、外贸体制和投资体制改革以及反腐败斗争的情况。

接着，李岚清就我国的教育问题作了重要讲话。他说，当前教育面临着三大实际问题：一是教育投入；二是教师待遇；三是教师住房。他说，落实教育的战略地位，首先要解决教育投入的问题，要组织专家研究论证，提出一个规范的、符合我国国情的、能有效解决增加教育经费投入问题的方案。要加快有关教育的立法，通过立法来确保教育投入和教师待遇等问题的解决。李岚清强调，对一些地方拖欠教师工资的问题要紧抓不放。现在有的地方在解决这一问题方面已经取得较大的进展，但尚未完全解决，要加紧解决。

李岚清指出，我国目前的教育结构还不尽合理。我们是穷国办大教育，要根据我国的实际办出特色，产生更好的社会效益，首先是要大力加强义务教育，这是关系到提高整个国民素质的大事。就目前情况而言，在同龄人中，能够进入大学的毕竟是很少的，这是无法回避的现实，因此要大力发展职业技术教育，以提高劳动者和各类从业人员的素质。受过较好职业技术教育的人在工作过程中通过各种途径的学习，有一些人也能成长为高级专门人才。

李岚清指出，要增加职业技术教育在我国教育结构中的比重，使之成为具有相当规模，独具特色的重要组成部分。关于高等教育，现在主要是提高教学质量，提高办学效率，而不是继续扩大规模。为此，要改变封闭式的办学方法，逐步实行开放式的办学，改变包得过多的情况，充分发挥教师的作用，可聘请外校高水平的教师兼课，这样不仅能提高效率和教育质量，而且还可以防止学术上的近亲繁殖，也可节省学校的开支和增加教师的收入。关于教师的第二职业问题，应提倡兼课、著书和科研，同时要制订必要的管理措施。

李岚清指出，要加强学校的德育教育。他说，德育的一个重要内容是对学生进行爱国主义教育、国情教育和近代史教育。他强调，国情教育不仅仅是介绍国家的经济地理状况，更重要的是进行形势和时事政策教育，这是活生生的国情。他希望各级领导能向师生介绍形势和有关政策，事实证明，这是很起作用的。

国家中药品种保护审评委员会在北京成立

中国体育用品博览会在西安开幕

10月11日

国务院总理李鹏在钓鱼台同以色列总理伊扎克·拉宾举行会谈

拉宾总理是第一位访华的以色列总理。

会谈前，李鹏和拉宾签署中以两国政府民用航空运输协定。根据这项协定，北京和特拉维夫之间自1992年9月开始的包机飞行将改为定期国际航班。

《人民日报》发表评论员文章《维护国家安全是全国人民共同责任》

在邓小平同志视察南方重要谈话和党的十四大精神鼓舞下，全国各族人民正在满怀信心地集中力量进行社会主义现代化建设，国家政治稳定，经济繁荣，一派生机勃勃、欣欣向荣的喜人景象。

越是形势好，越不能放松必要的警惕性。当前，国际形势从总体上讲虽然有所缓和，但不稳定因素在增加，天下并不太平，树欲静而风不止。境外某些敌对势力从未停止危害我国国家安全的活动，他们乘我国改革开放之机，通过各种途径搜集、窃取、刺探我国政治、经济、科技以及军事等机密，并利用各种渠道进行渗透、分裂、破坏活动。如果我们放松警惕，让他们的图谋得逞，国家安全得不到保障，社会动荡不安，已经取得的成果就会付之东流，改革开放和经济建设就都无从谈起，人民就不可能安居乐业。因此，我们在集中精力进行经济建设的同时，必须进一步做好维护国家安全的各项工作。

“国家兴亡，匹夫有责。”我国今天的大好局面来之不易。任何危害国家安全的行为都是损害人民根本利益的，理所当然地受到人民群众的坚决反对。这些年来，很多地区和部门坚定不移地贯彻执行党的基本路线，坚持两手抓，一手抓改革开放，一手抓打击各种危害国家安全的犯罪活动，人民群众的爱国主义思想、国家安全意识不断增强，涌现出许多自觉地同危害国家安全的犯罪行为作斗争的先进集体和先进个人。

但也应当看到，由于我国长期处于和平环境，特别是随着改革开放，对外交往日益增多，有些人对危害国家安全的破坏活动缺乏足够的警惕，甚至对境外某些间谍情报机关和敌对势力的破坏活动视而不见，是非不分。还有极少数人置国家安全于不顾，被境外敌对分子所收买，从事危害国家安全的犯罪活动。面对这种情况，很有必要在全国范围内深入宣传、贯彻、实施今年二月颁布的《中华人民共和国国家安全法》。

各级党政部门、社会团体、企事业组织，都应当教育、引导广大干部和群众认真学习国家安全法，认清哪些是危害国家安全的犯罪行为，哪些是公民维护国家安全的义务和权利，牢固地树立起“国家安全人人有责”的正确观念。提高警惕，擦亮眼睛，自觉地维护祖国的安全、荣誉和利益，学会运用法律武器同危害国家安全的犯罪行为作斗争。对支持、协助国家安全工作的公民和组织应当给予保护，对做出重大贡献的应当给予表彰、奖励，对拒绝履行义务、妨碍维护国家安全工作的，必须依法追究责任。

专门工作与依靠群众相结合，是我国国家安全工作的一条成功的、重要的经验。在加快改革开放和经济发展的新形势下，依靠全党、全国人民的共同努力，筑成一条坚强的人民防线，我国的安全与稳定必将得到更加可靠的保障，从而有效地保证建设有中国特色社会主义事业的顺利进行。

国务院副总理钱其琛在北京会见由主席李鹏飞率领的香港自由党访京团

中国大中型企业对外经济技术合作洽谈会在深圳华侨城举行

这是中国首次举行的以内陆省、自治区国有大中型企业为主角的对外洽谈会。

国务院副总理邹家华出席开幕式并讲话。

全国政协副主席王兆国、钱伟长、霍英东以及有关部门负责人廖晖、汪道涵、何光远、王启人等参加了开幕式。中国贸促会会长郑鸿业在会上致开幕词。国家计委副主任甘子玉、国家经贸委副主任俞晓松、外经贸部部长助理刘向东在开幕式上作有关中国投资政策等问题的报告。

九三学社九届三次中常会(扩大)在北京举行

会议于 11 日至 14 日举行。

会议学习中共中央总书记江泽民在中纪委二次全会上的重要讲话和中纪委二次全会精神，集中讨论了当前经济问题和反腐倡廉问题，一致拥护中共中央关于开展反腐败斗争的决定和中共中央、国务院关于加强宏观调控的决策和措施，并在讨论中提出一些意见和建议。

九三学社中央主席吴阶平出席会议并讲话。

会议决定今年底或明年初召开九三学社九届二中全会。

九三学社中央常务副主席徐采栋，副主席郝诒纯、安振东、王文元、杨樾、陈明绍、陈学俊、赵伟之、洪绂曾、金开诚等出席会议。

全国政府信息网络系统第八届年会在北京召开

会议期间，出席会议的各省、自治区、直辖市政府办公厅及国务院有关部门办公厅的领导，就在新的形势下如何进一步做好信息工作，为政府、为中央和国务院提供更好的信息服务等问题进行研究和探讨。会议为期 4 天。

国务院副总理朱镕基、国务委员兼国务院秘书长罗干，代表总理李鹏会见出席会议的全体代表。朱镕基在讲话中肯定几年来全国政府系统信息工作所取得的成绩，对广大信息工作者所做的工作表示感谢，并强调了加强信息工作的重要性。他指出，信息工作一要真实，二要准确，三要及时。

1986 年由河北、湖北、辽宁 3 省政府办公厅发起，成立了由 12 个省、自治区参加的政府信息网络，并召开了第一届年会。此后，成员逐年增加，到 1989 年全国各省、自治区、直辖市都加入了这个网络。国务院办公厅在全国还有 160 多个市、地级信息直报点，并和全国 30 个省、自治区、直辖市及几十个部门实现了计算机联网。

会议于 14 日结束。

国家主席江泽民副主席荣毅仁在人民大会堂分别会见美国对外关系委员会名誉主席大通银利国际咨询

委员会主席戴维·洛克菲勒和对外关系委员会主席布莱克斯通集团公司董事长彼得·彼得森率领的代表团

中共中央总书记江泽民在中南海会见日本自由民主党干事长森喜朗等

国家主席江泽民在中南海会见葡萄牙总检察长若泽·罗德里格斯

国务院总理李鹏外交部部长钱其琛在钓鱼台国宾馆分别会见日本通产大臣熊谷弘

中国政府代表外交部副部长姜恩柱和英国政府代表、驻中国大使麦若彬就香港1994—1995年选举安排问题举行第13轮会谈

外交部部长钱其琛在北京会见由布拉斯·奥普雷率领的菲律宾国会外交委员会代表团

外交部部长钱其琛在钓鱼台国宾馆会见美国前国务卿黑格将军及美国联合技术公司总裁乔治·戴维

北京大学和中国区域科学协会在北京大学举办发展中国家区域科学国际会议

10月12日

国家主席江泽民在中南海会见以色列总理伊扎克·拉宾

江泽民说，中东和平进程取得进展再一次表明，国与国之间的争端通过政治谈判才能得以妥善解决，诉诸武力和以武力威胁只能加深民族对立，不利于问题的根本解决。目前中东和谈势头很好，但要全面解决中东问题，还需要时间和加倍努力。

农工民主党十一届二次中常会(扩大)在北京举行

会议的议程是：学习中共中央、国务院关于加强经济宏观调控的意见和中共中央关于反对腐败斗争的决定；研究农工民主党贯彻、执行中共中央和国务院的措施；讨论通过农工民主党第十一届中央常务委员会第二次全体会议(扩大)纪要；审议通过关于召开农工民主党第十一届中央委员会第二次全体会议的决定。

农工民主党中央主席卢嘉锡在开幕会上讲话。他说，这次会议以讨论国家经济形势为中心内容，研究农工民主党如何进一步发挥自己的优势，积极参政议政，加强民主监督，在国家的各项工作中尽职尽责，作出自己新的建树。

农工民主党中央副主席方荣欣、姚峻、章师明、田光涛、杨烈宇、蒯天聪、阎洪臣、宋金升、蒋正华等出席会议。

海关总署颁布《对台湾地区小额贸易的管理办法》

该《办法》对海峡两岸小额贸易的经营对象、贸易限额、运载工具、交易口岸、货物包装、经营范围、贸易形式及监督管理等作了全面的规范。

对外贸易经济合作部有关方面负责人告诉记者，两岸在经济上本来就是一个整体，两岸同胞自古以来就有互通有无、互相支援的正常交往和交易活动的传统。只是到了近代，由于历史的原因，这种正常的交往才被人为地隔断。随着两岸关系的缓和，现在这种正常的货品交易又逐渐恢复，对此我们采取顺乎民情、积极疏导的态度，在两岸无法直接通商的状态下，为两岸渔民提供一个小小的正当交易场所。他强调，对外贸易经济合作部和海关总署制定和颁布《对台湾地区小额贸易的管理办法》，是为了使对台小额贸易的管理办法便于操作和监督，规范这种两岸正常的交易行为，严格区别于那种脱离海关、边防监管的所谓“民间贸易”与东南沿海走私行为，打击走私活动。

国务院港澳事务办公室主任鲁平在北京会见香港自由党访京团

武汉钢铁集团成立

全国人大常委会委员长乔石在人民大会堂会见由主席布拉斯·奥普雷率领的菲律宾国会外交委员会代表团

全国人大常委会委员长乔石在人民大会堂会见坦桑尼亚总统办公室国防国务部长阿·基纳纳

全国政协主席李瑞环在人民大会堂会见美国前国务卿黑格将军和美国联合技术公司总裁乔治·戴维

国家副主席荣毅仁在人民大会堂会见美国前国务卿黑格

外交部部长钱其琛在北京会见古巴国家旅游局局长佩雷斯

外交部部长钱其琛在北京会见由主席谢赫萨利姆·萨巴赫率领的科威特全国战俘失踪人员委员会代

表团

全国政协副主席叶选平在北京会见并宴请由中央委员会副主席兼秘书长范文秸率领的越南祖国阵线代表团

中国政府代表常驻联合国特命全权大使李肇星和马其顿政府代表常驻联合国特命全权大使登科·马莱斯基在纽约签署《中华人民共和国和马其顿共和国建交联合公报》

中华人民共和国政府和马其顿共和国政府根据两国人民的利益和愿望,决定两国自 1993 年 10 月 12 日起建立大使级外交关系。

两国政府同意,在互相尊重主权和领土完整、互不侵犯、互不干涉内政、平等互利、和平共处的原则基础上,发展两国之间的友好合作关系。

马其顿共和国政府承认中华人民共和国政府是中国的唯一合法政府,台湾是中国领土不可分割的一部分。马其顿共和国政府确认不和台湾建立任何形式的官方关系。

中华人民共和国政府支持马其顿共和国政府维护民族独立、发展经济所做的努力。

两国政府同意,在互惠的基础上,根据国际惯例,互相为对方在其外交代表履行职务方面提供一切必要的协助。

纪念毛泽东诞辰 100 周年暨第十届新四军印刷印钞史料征集研讨会 10 月 12 日至 17 日在北京举行

第三届世界工程与环境大会在北京清华大学召开

由中国科学技术协会、中国环境科学学会和清华大学环境工程系共同承办的这次大会是世界工程组织联合会的一次重要活动,其目的是要在世界范围内交流环境科学与工程方面的经验,以促进国际间的合作,共同解决全球环境污染问题。本次大会的主题是为 21 世纪准备环境保护新兴技术,其中包括清洁生产、臭氧层保护、控制污染的先进技术等四大议题。

国务委员、国家科委主任、国务院环委会主任宋健担任大会名誉主席,全国人大环境保护委员会主任委员曲格平担任大会主席。

北京市十届人大常委会第六次会议审议通过《北京市关于禁止燃放烟花爆竹的规定》

从 1993 年 12 月 1 日起北京市东城等八个地区为禁止燃放烟花爆竹地区。

弥勒大佛开光庆典在北京雍和宫举行

弥勒大佛由一根高 26 米、直径达 8 米的白檀木雕刻而成,是世界上绝无仅有的佛教文化瑰宝。具有 240 多年历史。

10 月 13 日

全国人大常委会委员长乔石在人民大会堂会见以色列总理伊扎克·拉宾

国务委员兼国防部部长迟浩田在北京钓鱼台国宾馆会见以色列总理兼国防部部长拉宾

国务院公布部委及直属局安排党外人士实职的情况

第八届全国人大后,国务院组成部委 41 个(含国务院办公厅)。除公安、安全、国防、外交不予安排外,在国务院部委任职的党外干部 8 人,平均年龄 62 岁,其中 55 岁以下的有两位;国务院 13 个直属局中已安排党外干部 3 人,平均年龄 55 岁。国务院部委及直属局累计安排党外领导干部 11 名,约占可以安排单位总数的 22%。具体任职名单如下:

一、国务院部委、司法机关 8 人

冯梯云	监察部副部长 民建中央副主席	男	民建	1988
洪绂曾	农业部副部长 九三学社中央副主席	男	九三	1990
刘鹤章	国家审计署副审计长 全国工商联执委	男	民建	1990
严克强	水利部副部长	男	无	1990
惠永正	国家科委副主任	男	无	1990
蒋正华	国家计生委副主任 农工党中央副主席	男	农工	1991
端木正	最高人民法院副院长 民盟中央常委	男	民盟	1990
王文元	最高人民检察院副检察长 九三学社中央副主席	男	九三	1992

二、国务院直属局副局长 3 人

白大华	国家工商管理局副局长 民建中央副主席	男	民建	1991
刘文甲	国家土地管理局副局长	男	民盟	1991
叶汝求	国家环境保护局副局长	男	无	1991

全国工商联七届会员代表大会在北京开幕

李瑞环、荣毅仁、田纪云、李岚清、孙起孟、王光英、李沛瑶、叶选平、王兆国、孙孚凌等领导，在开幕前接见全体代表并合影留念。

大会的主要任务是：学习贯彻邓小平建设有中国特色社会主义理论和中共十四大精神；进一步贯彻落实中共中央关于新时期工商联做非公有制经济代表人士工作的指示，探讨工商联在建立社会主义市场经济体制中的作用；听取审议通过第六届执行委员会工作报告；修改《中国工商业联合会章程》、选举第七届执行委员会。

全国工商联有县级以上地方组织2299个，会员67万个，其中最近几年新吸收的会员达38.3万个，他们之中非公有制经济成分的会员占53.7%。在这次会员代表大会的702名代表中，非公有制经济会员代表占25%。此外，还有34名为台港澳地区和海外侨胞的代表。

国务院副总理李岚清代表中共中央、国务院对全国工商联第七届会员代表大会的胜利召开表示祝贺。

全国政协副主席、中共中央统战部部长王兆国代表全国政协致贺词。

全国人大常委会副委员长、民建中央主席孙起孟代表各个民主党派祝贺本次大会的召开。全国总工会副主席杨兴富代表各个群众团体，向大会宣读贺词。

全国工商联第六届执委会副主席、本次会员代表大会主席团执行主席张绪武作题为《努力发挥工商联的积极作用，为建设有中国特色社会主义的伟大事业作出新贡献》的工作报告。

国务院副总理李岚清在全国工商联第七届会员代表大会上致辞

同志们、朋友们：

在中华全国工商业联合会第七届会员代表大会隆重召开之际，我谨代表中共中央、国务院，向到会的同志，向工商联的全体成员表示热烈的祝贺，并预祝大会取得圆满成功！

中华全国工商业联合会是中国共产党领导的具有统一战线性质的人民团体和民间商会，是我国爱国统一战线的重要组成部分，同我党有着长期合作、风雨同舟的历史。建国初期，工商联成立以后，在中国共产党的领导下，为巩固人民民主专政，恢复和发展国民经济，团结、教育广大民族工商业者，实现对资本主义工商业改造，发挥了重要的作用。特别是全国工商联成立之时，正是我们党提出过渡时期总路线之际。这一时期，工商联在引导私营工商业者贯彻国家的方针、政策和法规方面；在协助政府调整工商业、调整公私关系和劳资关系方面；在帮助私营工商业者纳入国家资本主义轨道方面；在反映私营工商业者的意见，维护会员合法权益方面；在促进私营工商业者参加社会主义劳动竞赛，为社会主义建设服务等方面，进行了大量艰苦的工作，做出了不可磨灭的历史贡献。

中共十一届三中全会以来，我国进入了一个改革开放的新的历史时期，工商联坚决贯彻执行“一个中心、两个基本点”的基本路线，发挥自身优势和特点，服务于经济建设，各项工作出现了新的局面。1991年7月，党中央对工商联作出了重要指示，明确工商联是党和政府联系非公有制经济的一个桥梁，要求工商联配合党和政府对非公有制经济人士开展思想政治工作，逐步培养起一支积极分子队伍。工商联积极贯彻落实党中央的指示精神，为团结、帮助、引导、教育非公有制经济人士，促进非公有制经济的健康发展；为扩大开放、协助引进资金、技术和人才，增进经贸往来；为巩固、发展爱国统一战线，加快改革开放和现代化建设步伐，做出了新的贡献。在此，我们向工商联的同志表示诚挚的敬意和衷心的感谢。

同志们、朋友们：

邓小平同志视察南方发表重要谈话、中共十四大和八届全国人大一次会议确立社会主义市场经济体制的改革目标以后，我国的经济建设和改革开放事业进一步加快，为非公有制经济的发展开辟了更为广阔的前景。党中央一再明确指出，在所有制结构上，坚持以公有制包括全民所有制和集体所有制为主体，个体经济、私营经济、外资经济为补充，多种经济成分长期共同发展。因此，作为党和政府联系非公有制经济桥梁的工商联，任务更重了，领域更宽了，对象更多了。中共中央、国务院已经批准，中华全国工商业联合会，同时又叫中国民间商会。这就是说，工商联既是爱国统一战线组织，又是民间商会组织。希望工商联的同志在新的形势下，进一步增强使命感，紧紧围绕经济建设这个中心，以重点做好非公有制经济人士工作为己任，以促进社会主义市场经济体制的建立和完善为目标，多形式、多渠道地开展工作，争取更大的成绩。为此提出以下几点希望：

首先，要教育非公有制经济人士进一步发扬“爱国、敬业、守法”的精神，爱国爱民，树立良好的职业道德，自觉遵守政府的各项法规。要贯彻“团结、帮助、引导、教育”的方针，不断提高思想文化素质，团结一切可以团结的力量，进一步塑造中国非公有制企业人士的良好形象。要用党和政府的有关方针、政策、法规教育会员，不但要做依法纳税的纳税人，还要重视建立职工的劳动保障制度。要探索更加丰富、灵活、有效的思想政治工作方式方法，引导非公有制经济人士积极进取，兴利除弊，促进我国非公有制经济的健康发展，为国家、为社会、为群众做更多有益的事情。

其次，要做好组织建设工作。我国的非公有制经济成分，分布在全国各个地区、各类行业之中。目前"三胞"投资者数以万计，私营企业主数以十万计，个体工商户数以千万计。工商联及其有关协会、同业公会应该把他们进一步凝聚起来、团结起来。工商联在接受共产党的领导、政府的监督指导的同时，也要办成自我管理、自我服务、自我教育、自我发展的组织。同业公会组织要办成自筹经费、自选领导、自聘人员、自我约束的自治组织。党的统战部门和工商联组织要从中发现人才，发现代表人士，并把他们推荐给各级人大、政协和有关部门。这样做可以使非公有制经济代表人士在共产党的领导下更好地参政议政，参加政治协商、民主监督，这对培养起一支积极分子队伍，以保障共产党对非公有制经济政策的贯彻都具有积极的意义。

第三，要做好服务工作。工商联的会员，主要是非公有制经济代表人士。会员在经济领域中的活动，决定了工商联的工作必须与经济工作紧密结合，体现其商会职能，为会员的业务活动服务。要帮助会员发展经济实体，上规模，上档次，上管理，上水平。要从政治、业务、生活等方面关心会员，为他们提供服务，排忧解难。各级党政有关部门要进一步贯彻落实中共中央关于工商联工作的有关指示，继续加强与工商联的联系，对其工作给予关心、支持、指导和监督，为他们创造有利条件，使之成为名副其实的民间商会，充分发挥党和政府联系非公有制经济的桥梁和助手作用。

同志们、朋友们，我再次祝这次大会的圆满成功。我深信这次代表大会后，工商联的工作必将出现崭新的局面，为建设有中国特色社会主义和建设社会主义市场经济体制的宏伟大业，作出新的贡献。

谢谢大家！

电力部国家体改委国家经贸委联合发布《全民所有制电力企业转换经营机制实施办法(试行)》

日前电力部、国家体改委等颁布的实施办法首次明确规定了"电力企业"的定义，确定集团公司、省公司等是落实自主权的主体；对电力部提出了切实转变职能的要求并界定其职责，规定"部不直接干预企业的生产和经营活动"；结合电力企业的特点和实际，细化了《条例》规定的自主权，特别在建设项目初步设计审查审批权限、进出口权和固定资产处置权等方面有较大突破。同时，强调了企业对国有资产保值增值的责任，强化企业自我约束的要求。

实施办法规定，对大中型电力建设项目初步设计的审查和审批，电力部只管：核电厂，单机容量 60 万千瓦及以上火电机组发电厂和进口机组；跨网、跨省的 500 千伏及以上的交直流送变电工程；"以大代小"技改项目中单机容量 30 万千瓦以上的项目；装机 50 万千瓦及以上水电站，国际、省际交界河流、跨流域引水的水电站，以及利用外资建设的水电站。此外都由集团公司、省公司审查和审批。

根据实施办法，电力企业可根据国家规定进口自用设备和物资，有进口经营权的可直接与外商进行技术和商务谈判，签订和履行合同；无进口经营权的可参与同外商的技术和商务谈判，并根据合同参与出国监造、验收、接运设备等项事务。项目业主有权自行选择并委托有关外贸代理企业从事进口业务。

这一办法还规定，在保证实现国有资产保值、增值的前提下，电力企业的留用资金可统筹安排，自主支配。可以出租本企业的一般固定资产、关键设备和重要建筑物；经部批准，可以抵押或有偿转让关键设备、成套设备和重要建筑物；可对 2.5 万千瓦及以下机组有计划地安排退役和报废。

全国人大常委会委员长乔石在北京会见科威特全国战俘失踪人员委员会主席谢赫萨利姆·萨巴赫

全国政协主席李瑞环在人民大会堂会见以副主席兼秘书长范文秸为团长的越南祖国阵线代表团

国务院中央军委发布 1993 年冬季征兵命令

中国预防医学科学院等在北京举办魏曦教授诞辰 90 周年暨第二届全国老年微生态学术讨论会

10 月 14 日

中共中央在中南海举行党外人士座谈会

座谈会就准备提交中共十四届三中全会讨论的《中共中央关于建立社会主义市场经济体制若干问题的决定(征求意见稿)》征求意见。

中共中央总书记江泽民主持座谈会，李鹏、李瑞环、温家宝、王兆国等出席会议。

座谈会上，江泽民就这个决定的起草情况向党外人士作了说明。他说，党的十四大提出建立社会主义市场经济体制，涉及我国经济基础和上层建筑的许多领域，需要有一系列相应的体制改革和政策调整，必须抓紧制定总体规划，有计划、有步骤地实施。根据这个精神，今年 5 月，中央政治局会议决定，十四届三中全会要讨论社会主义市场经济体制问题，并作出相应的决定。江泽民介绍说，在着手起草决定的同时，还组织了有中央和国务院有关部委以及地方同志参加的专题调研组，文件起草工作是和调研工作结合在一起进行的。

江泽民说，建立社会主义市场经济体制是一项前无古人的开创性事业，需要解决许多极其复杂的问题，我们的经验还不足，在座的各位同志都十分关心国家的改革开放和经济建设，有很多好的见解，希望提出宝贵意见，以便把这个决定搞得更好一些。

座谈会上，孙起孟、雷洁琼、钱伟长、吴阶平、杨纪珂、王光英、李沛瑶、蔡子民、卢嘉锡、孙孚凌、程思远等党外人士先后发言，提出许多很好的意见和建议。

应邀出席座谈会的党外人士还有：荣毅仁、沈求我、丁石孙、万国权、陈舜礼、方荣欣、王宋大、徐采栋、经叔平、张绪武、阿沛·阿旺晋美、帕巴拉·格列朗杰。

在14日召开的座谈会上，中共中央政治局常委、国务院副总理朱镕基受党中央、国务院委托，听取了13位专家对《决定》(征求意见稿)的意见和建议。座谈会开始时，温家宝向专家们介绍了有关《决定》的起草情况。

全国人大常委会委员长乔石在江西考察

乔石于14日至20日，在江西考察“昌九”工业走廊及附近的农业开发项目。在考察中乔石非常关心农业和农村工作。他强调，一定要进一步加强对农业在整个国民经济中的基础地位的认识，农业必须有一个长期的稳定的发展。十一届三中全会以来，党在农业方面实行的一系列基本政策，必须长期稳定不变，并在实践中加以发展和完善。要按照《农业法》和最近召开的中央农村工作会议的精神，认真改进和对农村工作的领导。乔石十分赞成江西积极开发丘陵、大力发展种植业和养殖业的做法。他说，就是要在抓好粮食生产的同时，发展多种经营，把山山水水都充分利用起来，创造更多的财富。乔石指出，对农村的剩余劳动力，要作为一种极重要的资源来对待，从各方面想办法充分加以开发和运用，包括发展乡镇企业和第三产业，组织修建公路，进行农田水利基本建设等。乔石说，要在不断改善人民生活的同时，把群众的积极性更多地引导到发展生产和扩大经营上去。乔石强调，要随着乡镇企业的发展，有步骤地建设小城镇，使小城镇成为周围地区经济、文化和各项事业的中心，起到带动发展的作用。

关于社会主义民主和法制建设，乔石说，我们的目标是，经过长期不懈的努力，建设现代化的、民主和法制健全的国家。要建立适应社会主义经济发展的法律体系，立法的任务很重，全国人大和地方人大都要抓紧。地方立法，胆子要大一点儿，有些方面可以先行一步，开始也许难免粗一点儿，可以通过实践逐步加以完善。地方立法，结合本地的实际情况和特点来制定，要在宪法和全国性法律的基础上，基本的出发点应当是全国人民的根本利益和长远利益。各级人大要充分发扬民主，切实保障人民代表积极行使宪法赋予的权利。人大也要探讨如何更好地依法开展监督工作。我们要探索发展适合中国情况的社会主义民主。

国务院副总理钱其琛在钓鱼台国宾馆会见以香港市政局主席梁定邦为团长的香港市政局访京团

国家防汛抗旱总指挥部在中南海举行第三次全体会议

国家防总副总指挥、水利部部长钮茂生总结汇报今年全国防汛抗旱工作。

中国气象局副局长马鹤年汇报今年汛期天气气候概况及预报服务情况。会议讨论并原则通过了《国家防汛抗旱总指挥部成员单位职责》。

国务委员、国家防汛抗旱总指挥部总指挥陈俊生作了题为《总结经验，吸取教训，认真做好明年的防汛工作》的讲话。

全国工商联经济贸易洽谈展交会在北京召开

全国人大常委会副委员长王光英和全国政协副主席孙孚凌到会剪彩。来自全国的私营企业、三资企业、乡镇企业、外贸公司、国营企业和工商联自办企业的260多家单位参展。东南亚、日本、韩国、独联体、西欧、美国和台港澳等30多个国家和地区的商会应邀参加。

全国村镇建设工作会议在江苏苏州召开

全国已有11985个建制镇(不含县城关镇)，比1990年增加1859个。建设部部长侯捷说，我国城市化滞后于工业化，面临大量农村富余劳动力转移的压力，因此，搞好小城镇建设具有十分重要的战略意义，必须进一步明确以小城镇为重点的村镇建设指导思想。

《半月谈》思想政治工作创新奖(1992年度)颁奖大会在北京举行

外交部部长钱其琛在钓鱼台国宾馆会见英国下议院外事委员会主席戴维·豪厄尔

外交部部长钱其琛在钓鱼台国宾馆会见欧洲共同体文化视听委员皮内罗

外交部发言人吴建民在记者招待会上发表谈话

在回答美国助理国务卿沙托克访华是否使中美在

人权问题上的分歧得到一些弥合的问题时，吴建民说，中国政府重视中美人权平等对话。沙托克先生来访期间，同中国有关部门进行了一些会谈。双方都表示，愿在相互尊重和平等的基础上，就人权问题交流观点和看法。他说，“我们希望沙托克先生能通过此次访问，对中国的情况包括人权状况作出客观、公正的评价，以利于双方消除误解，加深了解，促进中美关系的改善和发展。”

至于中国与马其顿共和国建交是否会影响中国与希腊的关系的问题，吴建民重申：中国十分重视发展中希友好合作关系。我们一直希望并努力促进希马两国建立睦邻友好合作关系和巴尔干地区的和平与稳定。我们相信，中方的立场能得到希方的充分理解。中希两国间业已存在的友好合作关系会得到进一步发展。

全国足球工作会议在辽宁大连召开

国家体委主任伍绍祖出席会议并讲话。

会议讨论修改中国足球十年发展规划、中国足球协会章程、关于人才流动的若干规定等有关文件；讨论关于继续深入足球界整顿的决定；年底前地方足协实体和俱乐部体制的形成等问题。

会议于18日结束。

中期天气预报系统投入运行

首台“银河－Ⅱ”巨型计算机在中国气象局国家气象中心安装调试完毕，正式投入中期数值天气预报新业务系统中运行。这是继去年“银河－Ⅱ”十亿次巨型计算机研制成功后，国防科技大学与国家气象中心经过十个多月的通力合作，将国内高科技产品应用于气象业务的又一重大科研成果。从此，中国将成为世界上少数几个能发布五至七天中期数值天气预报的国家之一。

中央军委副主席刘华清发贺信，祝贺中期数值天气预报业务系统投入运行，并向参加安装调试的全体人员表示慰问。

国务院副总理邹家华在庆典仪式前会见参加“银河－Ⅱ”巨型计算机中期数值天气预报业务系统工程建设的科学家、工程技术人员的代表。

中期数值天气预报业务系统是一个庞大的系统工程。没有巨型计算机及其配套系统，是长期制约中国气象部门业务发展的主要关键因素之一。“银河－Ⅱ”巨型计算机中期数值天气预报新业务系统的正式运行，表明中国气象事业大大缩小了在计算能力方面与世界发达国家的差距，使业务运行的数值预报模式的分辨率由三百公里提高到二百公里，预报准确率和时效也将有相应的提高和延长。

国务委员宋健在庆典仪式上说，通过中期数值天气预报模式测试表明，“银河－Ⅱ”巨型计算机的运算速度比国家气象中心已引进的大型计算机赛伯992快十倍以上。这是中国气象现代化建设的又一重大进展。

10月15日

国家主席江泽民在北京接受斯洛文尼亚首任驻中国大使伊万·塞尼查尔和比利时新任驻中国大使克莱尔·吉尔尚递交的国书

国办转发国家教委等部门关于进一步加强教育援藏工作请示的通知

北京、天津、上海、河北、山西、辽宁、吉林、黑龙江、江苏、浙江、安徽、福建、江西、山东、河南、湖北、湖南、广东、四川、陕西省（直辖市）人民政府，国务院有关部门：

国家教委、国家计委、财政部《关于进一步加强教育援藏工作的请示》，已经国务院同意，现转发给你们，请贯彻执行。

国务院办公厅

1993年10月15日

关于进一步加强教育援藏工作的请示

国务院：

为了进一步推动西藏教育事业的发展，搞好教育援藏工作，受国务院委托，国家教委于1993年3月9日至11日在北京召开了教育支援西藏工作会议，中共中央政治局委员、国务委员李铁映出席开幕式并作了重要讲话。会议期间，承担有办学任务的27个省、市政府的秘书长和部委教育司的负责人与西藏自治区人民政府的代表共同签署了《教育支援西藏协议书》，落实了内地为西藏办班的任务。为把今后的教育援藏工作落到实处，需要明确以下几个问题：

一、认真贯彻“长期坚持，努力搞好，不断完善”的方针，实行“对口、定点、包干责任制”

教育援藏工作是党中央、国务院发展西藏教育事业的一项重要决策，是加快西藏社会主义建设步伐的重要措施。有关省、市和部门要把教育援藏工作作为一项重要的政治任务来完成，尽职尽责，把教育援藏工作落到实处。

（一）国家教委的主要任务是，研究和制定教育援藏工作的政策；与西藏自治区党委和政府商定内地西藏班的中、长期发展规划；根据西藏提出的内地西藏班每年招生和毕业生分流意见，协调各地、各部门办学中出现的重大问题；对内地西藏班工作进行检查指导、调研和评估，总结交流经验，表彰先进等。

(二)西藏自治区人民政府的主要任务是,组织学生到内地入学,分拨生活经费,选派藏文师资,确定每年内地西藏班招生和分流计划,安置返藏毕业生,配合内地办学单位处理好相关的问题,督促西藏各业务厅局协助内地共同做好西藏班的管理工作。

(三)承担办西藏班的有关省、直辖市政府和国务院有关部门,要确定专人负责;这些省、直辖市教育主管部门要有一位副主任分管此项工作,负责本地区和本部门内地西藏班的管理和协调工作,落实办学所需经费,帮助学校解决办学中的问题。

(四)为办好内地西藏班,各方面要密切配合,通力协作,特别是要加强西藏与内地支援省、市的直接对口联系和协作。今后,西藏各地、市教委直接与办内地西藏初中、高中班的有关省、市教委联系,西藏各业务厅局直接与办大、中专班(校)的省、直辖市及中央有关部委和学校联系,共同解决办学中的问题。

(五)在这次会议上,确定的一九九四年以后,有关省、市和部委承担培养西藏各类学生和培训教师、管理干部的任务,各省、市和部委要认真研究,除遇特殊情况,经西藏和有关省、市、部委协商,报国家教委同意,予以调整外,要把应承担的任务和所需经费尽快落到实处,坚持下去。

二、明确经费开支渠道,不断改善内地西藏班的办学条件

内地西藏中学班和中专班所需的正常经费,由西藏地方财政统筹解决,不足部分可由承担任务的省、市人民政府和部委根据自身财力和实际情况适当补贴。补贴经费要在省、市财政和部委预算中单独列支、专款专用。适量的开办费和基建投资由承担任务的省、市和部委负责解决。鉴于物价变动等因素,由西藏负责提供给学生的各项学习和生活费用(包括装备费、医疗费、服装费、伙食费、取暖降温费、假期活动费、公杂费等),由原来的初、高中每生每年706元,中师、中专每生每年778元分别提高到1050元和1026元。

要培养学生艰苦朴素、勤俭节约的生活习惯。在进入专业教育之后,有条件的学校应逐步改进现行的生活费发放办法,试行奖学金、贷学金制度。

内地西藏班(校)的教职工长年在学校工作,没有寒暑假,工作很辛苦,为了鼓励他们长期安心教育援藏工作,应给予适当补贴。具体办法和标准由各地政府根据所办西藏班、校的实际情况研究确定。

三、加强对内地西藏班(校)的管理

对内地西藏班学生既要热情关心,又要严格要求,使他们真正成为德、智、体全面发展的人才。

各级教育行政部门要加强对内地西藏班(校)的领导,选派政治思想好、业务素质高、能够正确执行党的民族政策和全面贯彻党的教育方针的同志到学校任教,努力提高教学质量和学校的办学水平。

西藏要选派符合条件的教育行政管理干部和教学骨干到内地西藏班(校)挂职,边学习,边工作,参与对内地西藏班的管理;西藏各业务厅局也要根据内地西藏中专班的情况,选派得力的藏族干部到内地集中办班的学校挂职,帮助工作,一年后轮换。

四、用好教育援藏补助经费

当前西藏教育事业的发展仍面临着较大的困难。今后,教育支援西藏的重点要放在大力加强基础教育、积极发展职业技术教育、成人教育以及电化教育和尽快培训提高广大教师、教育行政管理干部的思想政治水平和业务素质等。为此,这次教育支援西藏工作会议安排5100万元(中央承担4100万元,西藏自筹1000万元),进一步支持加快发展西藏教育事业。依据西藏自治区人民政府(藏政发〔1992〕88号)关于确定教育援藏项目的报告,这笔经费分块使用,一块安排在西藏区内4670万元(项目由西藏提出);另一块安排在内地430万元,用于编译九年义务教育教材、培训西藏教育行政管理干部、内地办学评估、表彰、开展教育教学研究等。用于西藏区内的资金,将按计划分年度拨给西藏自治区,由自治区教委、计经委和财政厅按计划要求安排使用,专款专用。

西藏自治区教委要加强援藏项目计划的监督管理,严格按基建程序办事,确保项目的工程质量,充分发挥投资效益,使教育援藏工作取得较大成绩。

国家科委发出关于加强县(市)科技工作的几点意见的通知

当前,县(市)科技工作在国民经济和社会发展中占有十分重要的地位。为落实党的十四大关于建立社会主义市场经济体制的总体要求,充分发挥科技第一生产力的作用,使县(市)的经济发展真正转移到依靠科技进步和提高劳动者素质的轨道上来,把科技兴县(市)工作提高到一个新水平,现将《关于加强县(市)科技工作的几点意见》印发给你们,请转发地(市)科委及县(市)人民政府参照执行。

关于加强县(市)科技工作的几点意见

发展县(市)经济,必须依靠科技,加强对科技工作的领导和管理,充分发挥科技第一生产力的作用,使县(市)的经济发展真正转到依靠科技进步和提高劳动者素质的轨道上来,这关系到我国社会主义建设的全局,是全国实现国民经济和社会发展第二步战略目标的基础和关键所在。为了把科技兴县(市)、科技兴农工作提高到一个新水平,特对县(市)科技工作提出以下几点意见。

一、充分认识县(市)科技工作的战略地位

我国现有2171个县(市),覆盖90%以上的国土和80%以上的人口,是发展农业、中小企业、乡镇企业和第三产业的广阔天地。县(市)科技工作在我国经济中占有重要的位置。

九十年代,县(市)经济的发展,要以市场为导向,充分利用农村人力、土地和各种资源,促进农、林、牧、副、渔全面发展,加速一、二、三产业综合开发,实行科、贸、工、农相结合;要以星罗棋布的新型集镇为依托,形成以种植业、养殖业为基础,以乡镇企业、区域性支柱产业和社会化服务体系为支撑的大农业、大流通、大市场的新格局,逐步实现农村工业化、城镇化和现代化,为在本世纪末实现农村小康走出一条新路子。要实现县(市)经济发展的新目标,充分发挥科技第一生产力的作用是决定性因素。目前,我国农村人口素质低,教育水平差,不能适应社会主义市场经济发展的要求。农林牧副渔及相关产业要全面发展,乡镇企业要提高市场竞争能力,加快发展高产优质高效的现代化农业,都离不开科技水平的提高和科技成果的推广应用,离不开县(市)科技工作这一强大支撑条件。只有紧紧依靠科技进步,迅速加强科技工作的综合管理职能,整个农村经济才能实现经济结构、产业结构、技术结构的深刻变革,从而走上良性循环、内涵式发展道路。因此,必须转变观念,提高科技意识,充分认识县(市)科技工作的重要性,使县(市)经济的发展上一个新台阶。

二、加快发展高产优质高效型现代化农业

优化农村产业结构,是逐步向农业现代化过渡的战略举措,是适应社会需求由单一型向多样型、数量型向质量型、温饱型向营养型的转化,发展农村社会主义市场经济的重要任务。随着农村产业结构的调整,农村经济将形成新的合理格局,县(市)科技工作要适应这一转变,加快科技成果推广步伐,推动区域性高产、优质、高效农业的发展。

良种是优质、高产的基础。县(市)要加强农业、畜牧业、水产业新品种引进、筛选、培育、提纯复壮、试验示范、推广应用,大力提高优良品种的覆盖面。培育新品种的单位可以经营自培良种,或利用良种联营实行利润分成及从销售额中提成。

在选用良种基础上,发挥农业研究开发机构和示范推广机构在加速农业科技进步中的主导作用。积极研究开发和推广应用高产优质高效农业综合配套技术,通过试验、示范、培训、指导以及咨询服务等,把农业技术普及和应用于农业产前、产中、产后全过程。这些科技机构有权取得试验基地和生产资料,有权自主管理和使用试验基地和生产资料,不受平调和摊派。

要大力发展农村信息服务中心,指导农民种什么,如何种,干什么,怎样干。要在有效实施星火、丰收、燎原计划和提高技术水平的同时,县(市)要加强星火密集区的建设和区域性综合开发治理,把先进适用技术特别是高新技术引入农村,有条件的县(市)可以试建技术密集型的两高一优农业开发基地。

鼓励和支持以农民为主体的科技经济合作组织,建立和发展农村产前、产中、产后全程社会化服务体系。这是在农村建立和健全综合配套的社会化科技服务体系,实现农业由自然经济走向市场经济,由传统产业步入现代化产业的重要途径。要建立健全国家农业科学研究机构、技术示范推广机构和以农民为主体的群众性科普组织、专业技术组织相结合的农业科技推广服务网络,为两高一优农业提供科学技术支撑条件。

三、大力促进乡镇企业的科技进步

乡镇企业是县(市)经济发展的支柱。目前,乡镇企业面临我国"复关"后来自国际市场的严峻挑战和大中型企业转换经营机制后国内市场的激烈竞争,依靠科技进步求生存、求发展,逐渐成为乡镇企业的内在需求。县(市)科技工作要适应这一形势的要求,促进乡镇企业从投资引导型向科技先导型转轨,从劳动密集型向技术密集型发展。

加强行业指导。要根据重点发展的产业和行业的具体情况,组织专家顾问组制定行业发展规划和技术改造计划,引导乡镇企业调整产品结构,提高技术档次和管理水平,大力提高新产品和优质产品产值在总产值中的比例。

发展以科技为支柱的企业或企业集团。县(市)要鼓励部分有条件的乡镇企业打破地域眼界,在国内和国际大背景中确定自己的发展优势,瞄准国际、国内大市场,通过联合、协作等多种形式提高技术档次,逐步发展成为具有一定规模和高技术附加值的外向型企业和企业集团,使产品打入国际市场;欠发达地区特别是中西部地区的县(市)要立足于当地资源的开发和当地技术人才和乡土人才的培养,利用国家的税收优惠政策,加速乡镇企业发展。

建立技术依托。要在有条件的县(市)建立为乡镇群体提供技术依托、企业诊断、专业培训和信息服务的生产力促进中心。有条件的乡镇企业要建立技术开发机构,或者到城市"攀高亲",在技术上依托科研机构、高等院校、大中型企业。要创造条件吸引科研机构、高等院校特别是大中型企业为乡镇企业提供人才、技术、信息、设备等多样化服务。

提高职工队伍素质。乡镇企业要逐渐实行全员培训制度,采取各种措施提高现有领导、管理人员、技术人员、生产工人的水平。要制定优惠政策,广泛吸引大学生、研究生以多种方式进入乡镇企业。

四、发展科技第三产业，完善以科技为先导的农村社会化服务体系

要建立多行业、多层次、多功能的适应市场经济发展的农村社会化服务体系，要大力发展以科技为先导，与农业及其他自然资源开发、加工相关的农村区域性支柱产业。县(市)负责科技工作的职能机构，要积极当好政府的参谋、助手，把农村区域性支柱产业的发展作为振兴地方经济的一项战略性任务来抓，促进区域性支柱产业发展，实现产供销和科技服务一体化，大幅度提高劳动生产率。

探索建立适应社会主义市场经济要求的农村社会化服务体系的组织形式和运行机制。农村社会化服务体系要逐步建立起以市场为导向，以科技为支柱，以农民为主体，以公司或企业为龙头，以系列化服务为纽带，实现产供销一条龙，技工(农)贸一体化的新的体制和机制，逐步实现功能综合化、服务社会化、组织网络化、经营实体化。

现有县(市)级科技机构应转变为以推广、示范、培训为主的区域性技术服务中心，逐步实现自主经营、自我发展的技工(贸)一体化的技术经济实体。要打破部门分割，广泛开展横向联合，发挥群体优势，形成共同为农村服务的科技第三产业。

五、促进社会发展，加速农村城镇化步伐

农村城镇化是提高农民生产、生活水平，达到小康目标和最终实现农村现代化的必由之路。实现农村城镇化，要以促进农村小城镇建设为起点，以发展支柱产业为核心，集中连片发展二、三产业，形成稳定的产业群，改变村村布点、处处冒烟的分散状况，建成工业、商贸、文化、科技综合配套的工业小区。

要做好小城镇基础设施建设的周密规划和科学布局，并提供包括交通、通讯、广播电视、水电、卫生设施、旅游设施、文化娱乐体育设施、住宅等技术服务。通过这些建设，使小城镇逐步具有集中发展二、三产业，扩大人口居住规模和提供齐全服务等功能。

在小城镇及其周围兴建常设技术市场、民营科技企业和社会化全程服务机构，特别要引导农村科技人员和乡土能人利用自己的知识和技能独办或合作开展技术咨询、技术服务、技术培训。为农村一、二、三产业的协调发展提供经常性服务。

在促进经济发展中，要加强环境保护工作，确保良好的生态环境。保护环境就是保护人类自身。在小城镇的起步建设中，要特别注意防止水资源的污染和浪费。乡镇企业不在沿湖沿河布点，新上企业要连同污染治理方案报批，现在已成为污染点的企业必须采取有力治理措施，限期改善排水排污系统。确实不能治理污染的企业，要坚决关门停业。逐步增加城镇人均绿化面积，美化农民的居住环境。

六、建立健全农村技术市场体系

为发展农业和乡镇企业，必须建立和发育农村技术市场体系，把人才、技术、信息和资金等生产要素的有效配置提高到新的水平。

按照"放开、搞活、扶植、引导"的方针，大力开拓和发展农村技术市场。要吸引科研院所、大专院校、各类企业、技术经济合作组织、农村专业户和乡土能人进入农村技术市场，开展技术开发、技术转让、技术咨询、技术服务、技术培训、技术中介、技术入股等促进技术成果商品化的多种活动。

建立健全农村各种技术中介机构和技术交易所，拓宽其功能，提供市场中介、经纪、信托、咨询、科技信息等多种中介服务；培养熟悉技术贸易业务的职业经纪人队伍；完善农村技术市场的法律实施和监督系统，加强农村技术市场管理，维护技术市场秩序，建立仲裁机构，为各类主体提供平等竞争机会。

七、吸引和造就农村科技人才

农村的科技进步、经济繁荣和社会发展，从根本上说取决于劳动者素质的提高。要大力培养包括技术人才和管理人才，生产人才和经营人才，有学历与职称的人才和乡土能人等各类人才，以满足农村工业化和现代化对人才多层次的需求。

要注意发现和培养土生土长的技术人才。充分发挥乡土能人和土专家的作用，鼓励他们以个体、私营、联户、承包、租赁、股份制形式领办、创办乡镇企业和群众性技术服务组织。对其中有突出业绩者，县(市)政府可授予荣誉称号或聘为技术顾问。要通过成人技术教育，结合"星火"、"燎原"、"丰收"等计划的实施，从农村知识青年、复员转业军人和农村基层干部中造就一批新的科技人才，特别是有科技知识、懂市场经济、会管理善经营的科技企业家。对其中成绩突出和符合标准的，要评定相应的技术职称，聘为技术员和技师等。要充分利用农村夜校，在农民中广泛开展"一人一技"的实用技能培训，从中培养一批农民技术员，逐步推广农民绿色证书制度，作为承包土地和到非农产业就业的资格证明。

要吸引城市科技人才到农村建功立业。允许他们保留国家干部身份，行政关系可保存在县主管部门或人才交流中心。有能力的大中专毕业生可委以重任，并提高他们的生活待遇。允许科研人员到农村业余兼职并保护其合法收入。离退休人员受聘后，离退休待遇不变。要制订相应的办法，解决引进人才的工资、奖励、住房、医疗、劳保、离退休待遇及子女升学、就业等问题，解除他们的后顾之忧。

对本县(市)已有的科技人才,要充分发挥他们的技术专长,做到政治上信任、业务上放手、生活上关心。要在待遇上与引进人才一视同仁,给他们创造国内外考察学习、进修的机会,帮助他们更新知识。对做出突出贡献的,要及时表彰奖励,直至给予重奖。

为了充分发挥科技的作用,在创造尊重知识、尊重人才的社会环境的同时,还要努力创造有吸引力的就业机会。可以创建乡镇企业和企业集团;划出部分尚未开发的国有土地、山林、草场、水面、滩涂出租或公开招标;兴办不同所有制的农场、牧场、林场和养殖场;发展科技承包服务产业;创建为农、林、牧、副、渔业服务的龙头企业或集团;兴办农村群众性专业技术协会、研究会;为亏损企业招聘人才,进行承包或以项目技术入股等,为科技人员提供施展才能的广阔空间。

八、广辟资金来源,增加对科技的投入

要调动国家、集体、农民和社会各方面的积极性,建立包括财政拨款、银行贷款、社会集资、国外捐赠、农民投资等多层次、多渠道的农村科技投入体系。财政拨款应逐年有所增长。各类银行的贷款应向农业科技倾斜,贷款额度要逐年有所增加。各专业银行和有关金融机构在支持农业稳定发展的基础上,应积极增加乡镇企业科技信贷投放量。要鼓励企业对农村科技投资,鼓励国外友人及华侨为科技捐赠,对他们除给予荣誉奖励外,还可以参加成果收益的分成。农村应逐步成为农业科技投入的主体,按照谁投资、谁受益的原则,参加投资的农民可享受科技成果应用的优先权,分享科技成果应用的利益。农业发展基金和科技发展基金要重点用于农业科技投入。

要引导县办工业企业和骨干乡镇企业不断提高技术开发基金占销售收入的比重,企业对科技的投入应占销售额的1%以上,企业对科技投入按实际发生数全额计入成本。

农业技术推广所需配套的化肥、农药、农膜、农用柴油等生产资料,农资批发单位应优先供给。

九、切实加强对县(市)科技工作的领导

县(市)科技工作对振兴县(市)经济具有十分重要的战略意义,能否在新形势下做好开拓、解放科技第一生产力这篇大文章,是对我们是否善于领导社会主义现代化建设的严峻考验,各县(市)政府领导要牢固树立科学技术是第一生产力的战略思想,不断强化自己的科技意识,增强依靠科技进步振兴经济的紧迫感、责任感。要把科技工作列入重要议事日程,定期听取有关科技工作的汇报,及时研究、解决科技工作中遇到的问题。要有依靠科技进步发展经济的得力措施,贯彻落实党和国家的科技方针、政策、法规,把科技工作列入县、乡、村各级领导班子任期目标责任制的业绩考核范围。

前些年,县(市)党委、政府和县(市)科委在推进本地区科技进步中做了大量的工作,取得了显著的成效。随着社会主义市场经济体制的建立,县(市)科技工作的任务将更加繁重,县(市)政府和有关部门在科技兴县(市)、科技兴农工作中应进一步转变职能,切实加强科技管理,充分发挥科技第一生产力的作用。

要做好科技兴农和科技兴县(市)的组织协调工作,动员各行各业及社会各界共同推动科技进步。做好本地区科技、经济现状的调查研究,组织制定切实可行的中长期科技规划和年度计划,组织制定、实施依靠科技促进县(市)经济发展战略,制定本县(市)贯彻执行国家科技、经济方面的法律、法规和重大政策的具体措施。

要加强县(市)科技工作的调控、协调、指导和服务,组织有关专家对本县(市)重大科技、经济、社会项目进行咨询、论证、评估,保证领导决策的科学性。

要认真组织贯彻落实党和国家的科技方针、政策,抓好《科技进步法》、《农业技术推广法》、《专利法》、《技术合同法》等法律及其配套法规的学习、宣传和贯彻实施,并监督各部门、各单位的执行。

要积极创造条件,健全本县(市)的科技管理体系,并加强其自身建设,主动与相关部门协调配合,加强业务指导和服务,取得各方面的理解与支持,在推动工农业生产和全社会的科技进步中充分发挥综合管理职能。

要做好科技人才、成果、情报、专利、科技档案和技术市场等业务的管理工作,在不断深化科技体制改革中,创造有利于充分发挥科技人员作用的政策环境和社会环境,做好对科技成果和科技人员的奖励工作,协助司法部门做好知识产权侵权和技术合同纠纷等仲裁工作,保护科技人员的合法权益。

县(市)应由主要领导分管科技工作,切实加强对科技兴县(市)、科技兴农工作的领导,使全县(市)科技工作做到组织落实、队伍落实、计划落实。县(市)有关部门要在党委、政府领导下,分工协作,形成合力,务使科技工作从部门行为转为政府行为,进而转为人人参与的社会行为。要带领全县(市)人民真抓实干,使科学技术扎根基层,为加速社会主义现代化建设作出更大贡献。

司法部部长肖扬就中国律师制度改革向中外记者发表谈话

肖扬宣布,"八五"期间,中国律师制度将进行一系列重大改革,以发展律师队伍。从业律师将从目前的5万人发展到7.5万人,本世纪末将达到15万人。

全国政协学习委员会在北京举行“精神文明如何建设研讨会”

首届全国藏文优秀图书颁奖大会在北京举行

中国佛教协会第六届全国代表会议暨中国佛协成立40周年纪念大会在北京召开

来自全国30个省、自治区、直辖市的350多名代表参加本届大会。帕巴拉·格列朗杰、王兆国、赵朴初等出席会议开幕式。

全国人大常委会副委员长、中国佛教协会副会长帕巴拉·格列朗杰致开幕词，全国政协副主席、中国佛教协会会长赵朴初在开幕式上作题为《中国佛教协会四十年》的报告。

国务院宗教事务局局长张声作在会上讲话。各全国性宗教团体负责人到会祝贺。

会前，参加本届大会的汉传佛教、藏传佛教、南传佛教等全国佛教三大语系的代表及在京四众弟子1000多人，在广济寺举行庆祝法会。

国务院中央军委批准航空管制实行重大改革从15日零时开始实行

改革后实行的飞行高度层，可使我国空中的飞行流量比以往增加百分之五十。

中技国际招标公司负责采购的世界银行贷款项目——天荒坪抽水蓄能电站主机设备引进合同在北京签字

国务院总理李鹏等出席签字仪式并会见参与合作的中外厂商代表。

位于浙江安吉县境内的天荒坪抽水蓄能电站是继广蓄、十三陵蓄能电站之后，中国第三座大型抽水蓄能电站，此番引进的总容量为180万千瓦可逆混流式抽水蓄能机组，是目前国内规模最大、水头最高的抽水蓄能电站。

京汉广光缆通信干线开通

世界上最长的光缆干线京汉广暨广邕、广琼光缆通信干线正式开通。该光缆通信干线北起北京，经河北、河南、湖北、湖南到广州，并向南向西延伸至海口、南宁，途经8个省市、22个地市，总长4700公里。

国务院副总理邹家华，国务委员、国家科委主任宋健在北京会场出席光缆开通仪式。

第74届中国出口商品交易会在广州开幕

中央军委为兰州军区某工兵团记一等功庆功大会在部队驻地举行

海军郑和号训练舰赴孟加拉巴基斯坦印度泰国访问

国家环保局评出全国重点城市环境十佳

1992年全国37个重点城市环境综合整治定量考核结果揭晓，国家环保局决定对前10名的城市予以公布，它们是：海口、大连、深圳、天津、苏州、广州、南京、北京、杭州、武汉。

陕西靖边农民牛玉琴治理沙漠成绩显著获联合国粮农组织亚太区办事处颁发的拉奥博士奖

10月16日

国务院总理李鹏在中南海会见中国旅游协会名誉顾问美籍华人陈香梅

国务院副总理李岚清在北京会见关贸总协定中国工作组主席吉拉德

外交部部长钱其琛在北京接受阿拉伯国家联盟驻中国代表处首任主任易卜拉欣·穆罕默德·哈萨宁递交的委任书

中国民航总局发布《安全通告》

中国民航总局近日发出的《安全通告》规定，严禁旅客将枪支(含各种仿真玩具枪、打火机手枪及其他各种类型的带有攻击性的武器)、弹药、军械、警械、管制刀具、爆炸物品、易燃易爆物品、剧毒物品、放射性物品、腐蚀性物品、危险溶液及国家规定的其他禁运物品带上飞机或夹在行李、货物中托运。凡携带或夹带上述危险品的，安检人员一经查出，即交由公安机关按违法或犯罪行为依法处理。

旅客乘坐飞机时，管制刀具以外的利器、钝器(如菜刀、大剪刀、大水果刀、大餐刀、工艺品刀具、斧子、短棍、锤子等)不得随身携带，但可作为行李托运。

除国家规定的免检者外，所有乘坐民航飞机的旅客必须接受安全检查。民航工作人员、驻机场检查检验单位工作人员进入旅客隔离区，必须持有民航总局或机场公安机关统一制发的隔离区通行证。上述工作人员作为旅客旅行时，必须走安检通道接受安全检查。

旅客乘坐国内航班随身携带手提行李严格限制在两件以内，每件体积不得超过20×40×55厘米，总重量不得超过5公斤。超过上述件数、体积、重量的，按规定作为行李或货物办理托运；拒绝托运的，民航运输、安全检查、飞机监护人员和机组人员有权拒绝其登机。

严禁伪造证件或冒用他人身份证件购票、登机。

严禁以任何理由干扰机组工作，破坏机舱内正常秩序，危害飞行安全。

中国自行设计建造安装管理的南海北部湾涠11—4油田正式投产

国务院发出关于成立国家行政学院的通知

各省、自治区、直辖市人民政府，国务院各部委、各直属机构：

为了适应推行国家公务员制度和实施《国家公务员暂行条例》的需要，加强对高、中级国家公务员的培训，决定成立国家行政学院，为国务院直属事业单位。

国务院

1993年10月16日

第11届大众电视金鹰奖在天津揭晓

由《大众电视》杂志社从全国观众回收的5万余张选票中按票数多少选出：优秀长篇电视连续剧《唐明皇》、《风雨丽人》和《女人不是月亮》；优秀中篇电视连续剧《一村之长》和《野姑娘茉莉花》；优秀电视单剧《板桥轶事》；优秀儿童电视剧《少年特工》；优秀电视戏曲片《半把剪刀》；优秀合拍电视剧《戏说乾隆》。最佳男主角：刘威，最佳女主角：林芳兵；最佳男配角：王志文，最佳女配角：金梦。

全国各地推荐参加第11届"金鹰奖"评选的电视剧共有51部320集。这届"金鹰奖"设13个奖项。

10月17日

国家主席江泽民国务院总理李鹏到中国历史博物馆参观国际中国书画博览会

全国工商联第七届会员代表大会在北京闭幕

会议一致推选王光英为全国工商联名誉主席；选举经叔平为全国工商联主席。

现年75岁的经叔平是中国国际信托投资公司常务董事和中国国际经济咨询公司董事长，全国政协常委兼副秘书长。

全国工商联第七届常委会由92人组成，平均年龄59.2岁，大专以上文化程度占60%，在实现新老合作交替、体现各种经济成分共同发展方面，迈出重大的一步。

会议还推选刘靖基、孙孚凌、古耕虞为全国工商联名誉副主席；选举蒋民宽、张绪武、姜培禄、郭秀珍、黄长溪、梁尚立、曾宪梓、郑裕彤、何厚铧、桓玉珊、刘敏学、李宏昌、朱文粲、胡德平、陈景新、齐景发、王治国、刘一民、何凤祖、刘永好为全国工商联副主席；选举桓玉珊为秘书长（兼）。

会议审议通过中华全国工商业联合会第六届执行委员会的工作报告和中国工商业联合会章程，宣读向长期为工商联做出贡献的老同志的致敬信。

《人民日报》发表评论员文章《学会指导农业的新方法——四论加强农村工作和深化农村改革》

首届全军企业科技成果交易会在北京举行

第13届北京国际马拉松赛举行

共有21个国家和地区的近300名运动员参加，中国选手胡刚军、黎叶梅分获男女冠军。

10月18日

中共中央在北京召开农村工作会议

中共中央总书记江泽民在开幕会上讲话。中共中央政治局常委李鹏、李瑞环、刘华清、胡锦涛出席会议。会议由中共中央政治局常委朱镕基主持。

丁关根、李岚清、李铁映、邹家华、温家宝、任建新、迟浩田、宋健、陈俊生、司马义·艾买提、罗干，各省、自治区、直辖市党政主要负责人，中央和国务院各有关部门的负责人，出席会议。

会议是在全党全国人民深入学习贯彻邓小平建设有中国特色社会主义的理论和党的十四大精神，加快改革开放和经济发展的新形势下召开的一次重要会议，中心议题是研究在建立社会主义市场经济体制的进程中，如何全面加强农业的基础地位，促进我国农业和农村经济上一个新台阶的战略思想和具体措施。

中共中央总书记江泽民在中共中央农村工作会议上发表题为《全党要始终高度重视农业、农村和农民问题》的讲话

同志们：

这次中央农村工作会议，是在深入学习贯彻邓小平同志建设有中国特色社会主义的理论和党的十四大精神，加快改革开放和经济发展的新形势下召开的一次重要会议。党中央、国务院对农村工作一直非常重视。党的十三届八中全会对九十年代农村改革和发展的指导思想、基本任务和方针政策，作出了重要决定。去年年底以来，党中央、国务院又针对农村工作的一些紧迫问题，提出了若干政策措施。这次会议，主要是研究在建立社会主义市场经济体制的进程中，如何全面加强农业的基础地位，保障农业的稳步发展和农村小康目标的实现，促进我国农业和农村经济上一个新台阶。现在，我讲几点意见。

一、全党要始终高度重视农业、农村和农民问题

关于农业、农村工作的重要地位和作用，已经讲过多次。但是，从实际情况看，在相当一些领导干部中认识问题还没有完全解决，从指导思想到实际工作还没有真正把农业放在经济工作的首要地位，有的地方甚至出现忽视和放松农业的倾向。因此，中央认为有必要再次强调这个问题，以进一步统一全党同志特别是各级领导干部的认识。

农业、农村和农民问题，始终是一个关系我们党和国家全局的根本性问题。新民主主义革命时期是这样，社会主义现代化建设时期也是这样。党的十一届三中全会以后，我国的改革就是从农村开始的。农村改革取得的重大成功，有力地促进了农村经济和整个国民经济的发展，为城市改革和其他方面改革的顺利进行积累了重要经验。可以肯定地说，没有农村改革的成功和农村经济的繁荣，整个经济体制改革就不可能全面展开，国民生产总值就不可能提前实现翻一番，我们的国家就不可能出现今天这样生机勃勃的局面。改革和发展的实践，充分说明了农业和农村工作在我们国家发展中所处的极端重要的地位。

在实行社会主义市场经济的新形势下，农业和农村经济面临着许多新矛盾新问题，这些矛盾和问题解决得怎样，不仅直接关系到农村，也关系到整个国家的稳定和昌盛。毫无疑问，建立社会主义市场经济体制，为农村经济的发展带来了前所未有的机遇。同时也应看到，农业不同于工业，既受市场风险制约，又受自然风险制约，是国民经济中社会效益高而自身效益低的产业，无论在商品市场的竞争中，还是在经济资源的竞争中，常常处于比较软弱和不利的地位。因此，农业在国家的宏观调控中是需要加以保护的产业。世界上所有经济发达的国家，都有保护和补贴本国农业的法规与政策。我国农业还处在从传统农业向现代农业转化的过程中，处在由计划经济体制向社会主义市场经济体制转变的过渡期，更应受到国家的保护。对于这个问题，我们要有深刻的认识，作出正确的决策。客观事实也充分说明了这个问题。近几年来我国工业高速增长，农业却明显滞后，工农业发展不协调的情况比较突出。工业的高速增长不仅占用大量的经济资源，而且导致中间产品价格不断上涨，拉动农用生产资料大幅度涨价，工农业产品价格的剪刀差迅速扩大。用于农业的补贴减少，不少地方在粮食购销放开后，原来的粮价补贴，有的并未用于补贴农业，而用于搞工业，搞开发区、房地产。农业信贷资金也大量地流向工业、流向城市。所有这些，给农业和农村经济的发展带来明显的不利后果：农业比较利益下降，农民种粮种棉的积极性受到挫伤，有的地方甚至发生撂荒现象；农民收入增长缓慢，农民人均纯收入与城镇居民人均生活费收入之比，已基本上回复到农村改革前的状况；农业投入减少，农业已成为国民经济中最薄弱的环节。这些情况说明，在发展社会主义市场经济的过程中，如果没有强有力的宏观调控，单纯靠市场调节，工业和农业发展速度的差距、城乡居民收入的差距、发达地区与欠发达地区经济发展的差距将会日益拉大。如果这样发展下去，不但工业和整个经济的发展会失去支撑，而且经济和社会生活中的矛盾会更加突出，还可能引发出一些新的矛盾和问题，那就会严重影响政权的巩固和社会的安定。对此，我们切不可掉以轻心。

从长远来看，实现我国经济和社会发展的战略目标，农业和农村始终处于举足轻重的地位。我国人口多，耕地少，而且绝大多数人口在农村。这是我们的基本国情。改革开放以来，我国农村发生了历史性的变化，广大农民基本解决了温饱问题，开始走上致富的道路，这是一个了不起的成就。但是必须看到，我国农业的物质技术基础毕竟还很薄弱，农村的教育、文化还比较落后，要实现农业的专业化、商品化、现代化，任务十分艰巨。农业基础是否巩固，农村经济是否繁荣，农民生活是否富裕，不仅关系农产品的有效供应，而且关系工业品的销售市场，关系国民经济发展的全局。如果农业没有更大的发展，农村经济不能登上新的台阶，我国现代化建设的第二步和第三步发展目标就不可能顺利实现。实现现代化建设的宏伟目标，是关系我们党和国家前途命运的根本战略问题。全党同志应该站在这样的高度来看待加强农业的深远意义。

当前，国际社会围绕粮食和农业展开的竞争是非常激烈的。西方发达国家不仅把农业作为对内稳定政局的基础产业，而且有的还把它作为对外推行强权政治的战略武器。他们一直把农业放在重要地位，实行强有力的扶持和保护政策。他们用于农业的投资和补贴是相当可观的。在我们这样一个人口众多的大国，如果农业和粮食生产出了问题，任何国家也帮不了我们。靠吃进口粮过日子，必然受制于人。中央所以反复强调加强农业的基础地位，保证农业和农村经济的持续发展，正是从国际国内的经济和政治方面考虑的，是有很强针对性的。各级党委和政府任何时候都不要忘记这件关系国家和民族自立自强的大事。

全党同志要认真学习邓小平同志关于农业问题的重要论述，总结我国农业发展的历史经验，更加牢固地确立农业是基础的指导思想。改革开放以来，邓小平同志和其他老一辈革命家，根据他们丰富的实践经验，无论观察形势、研究问题，还是制定规划、作出决策，总是首先考虑农业、农村和农民问题，总是把农业、农村和农民问题放在党的工作和国家的发展战略的首位。这是很值得全党同志学习的。邓小平同志曾多次指出："中国有百分之八十的人口住在农村，中国稳定不稳定首先要看这百分之八十稳定不稳定。城市搞得再漂亮，没有农村这一稳定的基础是不行的。""中国经济能不能发展，首先要看农村能不能发展，农民生活是不是好起来。""农村不稳定，整个政治局势就不稳定，农民没有摆脱贫困，就是我国没有摆脱贫困。""农民没有积极性，国家就发展不起来。"又说："农业是根本，不要忘掉。""九十年代经济如果出问题，很可能出在农业上。""农业上如果有一个曲折，三五年转不过来。"邓小平同志的这些指示是千真万确和深谋远虑的。我们必须牢记建国以来几次由于农业大起大落而导致国民经济大上大下的教训。在建立社会主义市场经济体制的过程中，要继续坚定不移地贯彻以农业为基础的方针，坚定不移地把农业放在经济工作的首位。越是加快改革开放，越要重视农业、保护农业、加强农业。要真正地而不是表面地，实际地而不是口头地，全心全意地而不是半心半意地加强农业这个基础。建国初期实行依靠农业积累发展工业的战略是必要的。现在条件不同了，应该调整结构，包括调整基本建设投资、财政预算内资金、信贷资金结构。宁肯暂时少上几个工业项目，也要保证农业发展的紧迫需要。特别要保证主要农产品的生产和供给，保证农业基础设施建设不断增强，保证贫困地区的开发和建设有较快的进展。在确保农业持续稳定发展的前提下，安排整个国民经济的发展规模和速度，安排工农业两大门类资金投放的比例。不仅中央要坚持这样做，各个地方也要坚持这样做。上下共同努力，力争明年农业有一个新的发展，并且长期坚持下去，力求每年都有新的进步。

二、当前深化农村改革的主要任务

为了抓住时机，加快发展，集中力量把经济建设搞上去，全国正在加快建立社会主义市场经济体制。当前深化农村改革，也应以培育市场主体、健全市场体系、加强宏观指导和对农业的保护为主要内容，加快建立适应社会主义市场经济要求的农村经济运行机制和管理体制。

进一步完善农村经营体制，使农村市场主体更加充满生机和活力。这是发展农村社会主义市场经济的一项基础性工作。以家庭联产承包为主的责任制、统分结合的双层经营体制，是我国农村经济的一项基本制度，必须长期保持稳定，并在实践中不断完善。家庭承包是双层经营的基础，要充分尊重农户的经营自主权。适当延长土地承包期，承包期内经发包方同意，在农民自愿、互利的原则下，土地使用权可以依法有偿转让。完善集体统一经营，主要是增强生产服务、协调管理、资产积累等功能，其中最重要的是增强对农户服务的功能。因此，这就需要逐步壮大集体经济实力，不断扩大服务领域，提高服务水平，从某些生产环节的服务发展到生产全过程的服务，并向产前产后的服务延伸。与此同时，以专业化分工和协作为纽带，发展各种形式的专业性服务组织。这样，以家庭承包经营为基础，乡村集体经济组织的综合性服务与国家和社会的专业性服务密切结合，构成农村社会化服务体系。通过服务体系联结千家万户，使农户分散的小规模经营与日益发育的市场紧密联系起来，促进我国农业向商品化、专业化、现代化发展。随着农村商品经济的发展，少数第二、第三产业比较发达，大部分劳力转向非农产业并有稳定收入的村，可以实行适度的土地规模经营，但一定要从实际出发，尊重农民的意愿。对各种类型的股份合作制，要积极引导，使其不断完善。

围绕农村专业性的商品生产，继续推行和完善贸工农一体化、产供销一条龙的经营形式。以加工或经营企业为龙头，带动农村基层和农户，形成经济协作组织；以供销社或其他经济技术部门为依托，组织专业合作社；由农民联合举办专业协会等等。这些经营形式，顺应社会化生产的要求，把生产、加工、流通有机地结合起来，根据市场需求搞加工，根据加工需要搞生产，有利于解决分散生产与统一市场的矛盾，小规模经营与农业现代化的矛盾，有利于实现生产要素的合理配置，实现城乡的优势互补，具有广阔的发展前景。各地要根据国内外市场的需求，发展当地的主导产业，形成一批拳头产品，实行区域化布局、专业化生产、一体化经营、社会化服务，加快农业的现代化进程。与此同时，要加快供销合作社的改革步伐，使之真正同农民结成利益共同体，成为农村综合性的服务组织，在农村发展社会主义市场经济中发挥更大的作用。

建立公平竞争、开放有序和城乡统一的市场体系，形成大流通的新体制。农产品市场建设，要以批发市场为重点，使中央批发市场、区域批发市场、城乡农贸市场逐步配套。生产要素市场的发展，要有重点地分步实施。要积极推进农村金融体制改革，逐步形成政策性银行、商业性银行、合作金融组织密切结合的金融体系。农村集体经济组织兴办的合作基金会，要办成社区性的资金互助组织，不搞存贷业务，在社区范围内为农民为生产服务。通过发展城乡劳动就业市场，正确引导农村富余劳动力有秩序地合理转移和流动。加强道路、仓储、电力、通讯等基础设施建设，为促进商品流通创造必要的条件。

建立科学有效的宏观调控体系，提高对农村经济的宏观指导和管理水平。各级政府要充分行使统筹规划、掌握政策、信息引导、组织协调、提供服务和检查监督的职能。发展农村社会主义市场经济，既要发挥市场在农业资源配置中的基础性作用，又要发挥政府对主要农产品的生产、销售、储备、出口等方面的指导作用。从中央到地方都要建立健全重要农产品储备调节体系、农业生产的保护支持体系和农村社会保障体系。要加强对农业的保护，包括农产品价格保护、耕地保护、农村生态环境保护、灾害援助等。要搞好县级综合改革，增强其综合协调能力。对县直部门设在乡镇的基层单位，要继续分别不同情况，理顺条块关系，增强乡镇政权职能，促进区域经济发展。

三、千方百计加快农村经济发展和社会进步

深化农村改革的目的，是为加快发展农业和农村经济开辟更为广阔的道路，创造更好的条件。解决好农业、农村和农民问题，归根到底要靠大力发展农村的社会生产力。各级党委、政府必须把加快农村经济的发展，不断增加农民收入，作为农村工作的根本出发点和落脚点。

坚持以市场为导向，调整农村产业结构，优化资源配置，走高产、优质、高效的道路。这是我国农业发展势在必行的深刻变革，也是农村经济工作指导方针的一个战略性转变。在调整农村产业结构中，要正确处理增产粮食与增加农民收入的关系。粮食生产必须稳定发展，这个基本思想绝不能动摇。在发展生产的基础上必须保证农民收入不断增加，这个基本思想也绝不能动摇。要把保证粮食供给与增加农民收入的目标统一起来，实行“稳一块、活一块”的方针，既保持粮食稳定增长，又搞活多种经营。通过采取提高粮食收购保护价、建立粮食储备调节体系、建设商品粮基地、扶持粮食主产区发展经济等多种措施，提高粮食生产的比较效益，增加农民的收入，调动农民种粮的积极性。在稳定粮食供给的前提下，放手发展高附加值、高商品率、高创汇率的产业和产品，努力提高农业的经济效益。在稳步发展农业的同时，积极发展农村的第二、第三产业，搞好小城镇建设。国外经验和我国发达地区的实践都证明，根本解决我国农业和农村经济问题，实现农业现代化，必须大力推进农业集约化经营和农业综合开发，大力发展非农产业，加速农业富余劳动力的就地转移。要继续把发展乡镇企业作为振兴农村经济的一个战略重点，进一步搞活经营机制，优化结构，提高效益，增强产品的竞争能力。尤其要加快发展中西部地区的乡镇企业，国家在资金投入、技术改造、东西部合作等方面给予必要的扶持。引导乡镇企业向小城镇适当集中，使小城镇成为区域性的经济中心。小城镇建设要搞好规划，有步骤地进行。

坚定不移地实施科技、教育兴农的发展战略。振兴我国农村经济，最终取决于我国农业科学技术的重大突破和广泛应用。我们必须牢固树立科学技术是第一生产力的观点，充分运用现代科学技术改造传统农业，尽快缩短我国农业科技同国际先进水平的差距。当务之急是抓好现有农业科技成果的推广应用，使之尽快转化为现实生产力。同时，加强基础研究，充实科技贮备，组织农业科技重大项目的攻关，尽快推出一批重大成果。应该看到，每一次农业科技的重大突破，都会引起农业生产的一次革命。二十一世纪将是生物技术大发展的世纪。加强生物技术和其他高新技术的研究，是发展农业生产力的一个长远的战略问题，中央和地方的有关部门要预作筹谋。要重视农村教育工作，重点是扎扎实实地普及九年制义务教育，扫除青壮年文盲，同时大力发展农村职业技术教育和农村成人教育。农村中小学要在学生学好文化基础知识的同时，紧密联系农村生产、生活实际，在适当阶段引进职业教育内容，把学文化和学技术结合起来。努力提高广大农民的文化科学知识水平，充分调动广大农业科技人员的积极性，促进我国农业科技事业的持续发展。

加强农业基础设施建设，改善农业生产条件。这是关系农业稳定增长，增强农业后劲的一个重要问题。目前不少地区原有的水利工程老化失修，效益衰减，水土流失日趋严重，抗灾能力明显减弱，水旱灾害越来越频繁。这实际上是给我们的农业基础设施建设状况敲响了警钟。因此，必须把水利等农业基础设施放在与能源、交通、重要原材料等基础产业同等重要的地位。各级政府在制订经济社会发展规划时，应优先考虑水利建设，加快大江大河大湖的治理，加快兴修一批大型水利骨干工程。要坚持不懈地开展以改土、治水、植树造林为重点的农田基本建设，加快水土流失严重地区治理的步伐，改善农业生态环境。在加强农业基础设施建设中，要引导农民增加劳动积累和资金积累，中央和地方也要保证必要的投入。邓小平同志说过，农业要增加投入，要使农民感到有利可图，有积极性。这应成为我们组织经济工作的一个重要指导方针。随着整个经济的发展和国家财力的增强，要坚持逐步增加对农业的投入，中央、地方、农村集体和农民个人都应这样做。这要十分明确，不能动摇。有了好的农村政策，加上科技进步，再加上增加投入，农业的基础地位才有可靠保证。现在有些地方，不仅不注意增加农业的投入，反而把本来已经投给农业的资金、物资挪作他用，甚至去搞非生产性项目。这种错误做法应坚决制止。

加强农村的社会主义精神文明建设和民主法制建设，搞好农村社会治安综合治理。这是农村现代化建设和社会进步的重要内容，也是促进农业和农村经济发展的重要保证。要结合农村的改革开放和经济发展，广泛开展邓小平同志建设有中国特色社会主义的理论和党的基本路线教育，开展爱国主义、集体主义、社会主义思想教育，大力发扬艰苦奋斗、勤俭持家、尊老爱幼、扶贫济困等优良传统，坚持开展创建文明村、文明户活动，教育和引导农民自己起来移风易俗，抵制封建迷信，改变陈规陋习，搞好计划生育，树立良好的村风。同时，要采取坚决有效的措施，力争短期内迅速使农村社会治安状况有一个明显的好转，使农民群众的生产和生活有确确实实的安全感。要坚持专门工作与群众路线相结合的方针，一面组织公、检、法、司等部门统一行动，依法从重从快严厉打击严重危害农村社会治安的犯罪活动，一面开展群防群治，警民联防，筑起维护农村社会治安的坚强防线。要正确处理两类不同性质的矛盾，加强对农民特别是青少年的法制教育，消除不安定的因素，促进和维护农村的社会稳定。

四、大力抓好农村基层组织建设

在发展社会主义市场经济的新形势下，加强农村基层组织建设，是党在农村工作的一项重要而紧迫的任务，也是农村改革、经济发展和社会进步的重要政治组织保证。各级党委和政府要高度重视，采取有效措施，抓出明显成效。

充分认识搞好农村基层组织建设的意义，要把它作为落实党在农村的各项方针政策，促进农村改革和发展的关键环节来抓。改革开放以来，农村取得的巨大成就，同广大基层组织的努力是分不开的，大多数基层干部是好的。但是也要看到，当前农村基层组织中存在着不容忽视的问题。有些党组织处于软弱涣散以至瘫痪半瘫痪状态，不能发挥核心领导作用；有些地方对农民索取多、服务少，干群关系紧张；有些农村基层组织和干部的素质，同担负的改革和建设任务不相适应。为什么农村有些地方秩序混乱，消极现象丛生，甚至封建帮会也出现了，而且有些问题又长时间得不到解决呢？一个重要的原因就是那里的基层组织已涣散到不起作用了，丧失了战斗力，这是很危险的。这种状况如不尽快扭转，不仅农村的经济搞不上去，而且会危及农村的稳定，削弱和动摇我们党和政府在农村的基础。因此，各级党委和政府必须迅速警醒起来，下决心用三五年时间，把全国八十多万个农村基层组织分期分批地建设好，使它们都能发挥应有的作用。这一条抓好了，农村的经济社会面貌就会有更大改观。

继续加强以党支部为核心的村级组织配套建设。通过思想、作风、组织的全面建设，使各种村级组织达到这样的要求：党支部能够真正发挥核心领导和战斗堡垒作用；村民委员会能够切实履行自治职能，管好本村事务；集体经济组织能够具备一定的经济实力，发挥好为农户服务的功能；其他村级组织能够各负其责，富有成效地开展工作。发挥村级组织的作用，要充分调动乡村干部的积极性。乡村干部处在农村工作第一线，任务繁重，条件艰苦。各级党委、政府要满腔热情地支持他们的工作，加强对他们的考核、奖励、培训，提高他们的工作能力。村干部应普遍实行任期目标责任制，报酬同工作实绩挂钩，有条件的地方可实行村干部退休保险制度。乡镇领导干部要注重从优秀的村干部和乡镇企业干部中选拔。县级领导干部要注重从实绩突出的乡镇领导干部中选拔。

上级领导要加强对村级组织建设的指导，组织得力干部深入到村进行扎实细致的工作。县级领导班子成员，县直党政部门领导干部，都要亲自帮助一二个后进乡村改变面貌。同时，从县里的党政机关挑选一批年富力强的干部，到后进乡村帮助搞好班子建设，开辟致富门路，整饬不良风气。对作出显著成绩的干部，要及时选拔到领导岗位上来。

五、切实加强和改进党对农村工作的领导

实现九十年代我国农村改革和发展的宏伟目标，建设有中国特色的社会主义新农村，是一项开创性的全新事业，面临一系列新的问题，需要在党的基本理论和基本路线指引下，结合农村发展变化的实际，创造性地加以解决。为此，必须全面加强和改进党对农村工作的领导。

各级党委要集中更多的精力抓好农村工作。中央多次强调，省、区、市党委要用很大的精力抓农村工作，地（市）、县委要把工作重心和主要精力放在农村工作上。现在看，这些要求在不少地方并未完全落实。今天在这里再次重申，从省、区、市委书记，到地（市）、县委书记，都要经常关注和亲自指导农村工作，凡属农村改革和发展的重大问题，都要亲自调查研究，作出决策和部署，并检查落实情况。省、地（市）、县党委要有一名副书记分管农村工作。此事请中央和地方各级党委迅速落实。地（市）、县委领导班子成员，不论分管什么工作，都要关心和研究农村问题，使自己分管的工作更好地为农村发展服务。实行市管县的地方，市委要用足够的精力抓好农村工作。要加强农业和农村工作综合部门的力量，充分发挥协调、管理、服务、指导作用。农业行政管理部门也要相应加强力量，不能削弱。

经常深入农村，加强调查研究。中央要求，省、区、市党政领导同志每年至少抽出一个月时间，地（市）、县党政领导同志每年至少抽出三个月时间，深入农村调查研究。所谓深入农村，就是要深入到村到户，特别要到贫困村，直接倾听农民群众的呼声，了解他们在想什么、盼什么、要求什么、反对什么，在农民中交一些知心朋友。所有领导干部下农村都要轻车简从，以人民公仆的形象，出现在群众之中，虚心向他们学习，认真总结他们的经验。广大农民群众热切盼望我们的领导干部恢复和发扬这样的优良作风，我们不要辜负群众的期望。这次会后，希望省、地（市）、县的领导同志和有关部门负责同志，都能到农村去，进行一次深入的而不是走马观花的、系统的而不是零碎的调查，以求得对农村改革和发展的新认识，以利于把农村工作向前推进一步。这样的调查，每年都应进行一二次，每次有重点地研究和解决一批问题。

组织各部门努力为农村和农民服务。领导为群众服务，这是我们党的优良传统。可是，现在有些同志把这个关系弄颠倒了。有的部门不但未能积极为农村服务，反而给农村基层和农民增加额外负担。这种现象必须改变。中央各部门在这方面首先要起带头作用，作出好的榜样。各级各部门都应根据自己的业务范围，确定为农村服务的任务、规划和措施。各级党委和政府对各部门的服务情况，要定期进行检查。县委和县政府在检查和总结县里各部门为农村服务的工作时，应吸收一些乡村干部参加，听取他们的意见、批评和建议。

狠抓党在农村的各项政策的落实。改革开放以来，党中央和国务院对农业和农村工作制定了一系列新的重要政策，实践证明是完全正确的，必须长期保持稳定。当前，关键的问题是抓好各项政策的贯彻落实。如果不落实，或者落实一阵子又放松了，再好的政策也发挥不了应有的作用。对中央部署的任务、出台的政策，各地既要有布置，又要有检查。检查的办法，不能只是听汇报，而应主要是深入到村到户，同农民群众一块讨论，从下往上看，看看任务是否部署得当，政策贯彻是否得力，效果是否好。要通过检查，促进广大干部发扬真抓实干的作风。各级干部要讲真话，办实事，有喜报喜，有忧报忧，力戒浮夸虚报和形式主义，团结广大群众把中央的方针政策措施一一落到实处。

同志们！当前和今后几年，农业和农村工作处在重要的历史时期。全党同志一定要在邓小平同志建设有中国特色社会主义理论和党的基本路线的指引下，进一步统一认识，团结奋斗，以极大的努力做好农村各项工作，不断解决前进中的新矛盾新问题，继续深化农村改革，推动农业的持续发展，保证农民的安居乐业，促进农村的繁荣兴旺。这样，我们就一定能够实现建设有中国特色社会主义新农村的宏伟目标，并为胜利实现我国经济社会发展的第二步和第三步战略目标打下坚实的基础。

国家主席江泽民与哈萨克斯坦总统努尔苏丹·阿比舍维奇·纳扎尔巴耶夫在北京举行会谈

江泽民强调指出：第一，中哈两国要相互尊重，相互信任，相互合作，共同繁荣。发展民族经济是两国所面临的共同任务，发展中哈间长期稳定的睦邻友好关系是两国人民的共同愿望，也有利于该地区乃至世界的和平与稳定。即将签署的两国联合声明就是一个指导我们两国关系进一步发展的重要文件，也是我们今后应当遵循的法律基础。第二，中国完全尊重哈萨克斯坦人民根据本国具体情况选择自己的社会经济发展道路。在国与国的关系中，中国始终坚持反对沙文主义、霸权主义和强权政治。中国在任何时候、任何情况下都不会干涉贵国内政，不会做损害贵国独立与主权的事情，我们对贵国和贵国人民始终怀着善意和友好之情。江泽民说，中哈经贸关系是两国关系的一个重要方面，中哈两国在经济、科技领域有很大的互补性。我们十分重视并鼓励我国经贸部门、公司和企业，扩大同贵国各种形式的经贸合作，不断提高合作的质量和水平。

会谈开始前，江泽民在人民大会堂东门外广场主持仪式欢迎纳扎尔巴耶夫及其一行。国务院副总理兼外长钱其琛，全国人大常委会副委员长陈慕华，中国政府陪同团团长、广播电影电视部部长艾知生，民建中央副主席黄大能等参加欢迎仪式。

会谈之后举行签字仪式，江泽民和纳扎尔巴耶夫首先签署《关于中华人民共和国和哈萨克斯坦共和国友好关系基础的联合声明》。随后，中哈两国政府的代表分别签署两国政府关于公民公务旅行的协定、航空运输协定和两国文化部1993—1994年文化合作计划。

关于中华人民共和国和哈萨克斯坦共和国友好关系基础的联合声明

中华人民共和国和哈萨克斯坦共和国（以下简称双方）基于传统友谊和发展密切的睦邻和全面的互利合作关系的愿望，根据中哈高级会晤的结果，声明如下：

一、中国与哈萨克斯坦是友好的邻邦，以睦邻友好的精神进一步发展两国关系符合两国人民的根本利益，有助于亚洲和世界的和平与稳定。

二、双方将根据联合国宪章，并在互相尊重主权和领土完整、互不侵犯、互不干涉内政、平等互利、和平共处等原则及其他公认的国际法准则基础上发展睦邻友好、互利合作关系。双方确认，应以和平方式解决两国间的一切争端，相互不以任何形式使用武力或以武力相威胁，不采取可能对对方安全构成威胁的行动。

三、任何一方不参加针对另一方的任何军事政治同盟；不同第三国缔结损害另一方国家主权和安全利益的任何条约或协定；不得允许第三国利用其领土损害另一方国家主权和安全利益。

四、为发展双边关系、加强相互信任和理解，双方将保持各个级别的经常性对话。双方外交部将就双边和多边关系问题以及两国共同感兴趣的国际和区域性问题进行磋商。两国在国际组织中的代表机构将保持接触，相互协作。

五、双方都特别重视发展符合共同利益的经贸合作。双方认为，中哈经济在结构上具有互补性，两国的互利合作具有广阔的前景。双方将在本国相应的法律范围内创造良好条件，特别是为投资和财产提供保护，全力促进并发展两国各部门、各地区(包括沿边地区)、各企业间的互助与合作，鼓励各种经济合作形式。

双方同意双边经济合作集中在下列重要领域：工业；农业；轻工业；生物技术；交通；能源；宇宙研究等。

六、双方将加强科技合作，包括基础和应用科研及其成果推广，扩大科技信息交流，增加双方优先发展领域的合作项目，促进实施有第三国参加的共同计划。双方应促进中国和哈萨克斯坦部门、科研所、高等院校、科研生产联合体和公司间建立直接的科技联系。

七、双方愿在文化、教育、体育、旅游等方面加强合作。为此，双方将鼓励两国文化组织间的直接联系和文学艺术活动家间的交流。双方认为，两国高等院校应在学习语言、互派教师、学生等方面建立联系并进行合作。

八、双方将加强在环境保护领域的合作。

九、双方将促进两国军事部门建立接触和发展联系，按照通常的国际实践进行军事交往，以加强军事领域的相互信任和合作。

十、中华人民共和国和哈萨克斯坦共和国将发展议会间的联系，交流立法工作经验。

十一、双方将在反对国际恐怖活动、有组织的犯罪、贩毒、走私和其他犯罪活动的斗争中进行合作。

十二、双方将在民事和刑事案件的司法协助领域进行合作，保证一方公民在另一方境内根据该领域的现行的双边协议和各自的国际义务应享有的权利。

十三、双方确认中苏边界谈判中已达成的协议，并将以有关目前两国边界的条约为基础，根据公认的国际法准则，按照平等协商、互谅互让的精神继续讨论尚未解决的问题，以找到双方都能接受的公平合理的解决办法。

双方对边境裁军谈判取得的进展表示满意，双方愿意作出新的努力，以便早日达成有关这一问题的协议。

十四、哈萨克斯坦共和国政府承认中华人民共和国政府是中国唯一合法的政府，台湾是中国领土不可分割的一部分。哈萨克斯坦共和国政府确认不和台湾建立任何形式的官方关系。

十五、双方指出，两国在和平与发展，裁军和防止军备竞赛等问题上立场相同或相近。两国将全力促进亚太地区及全世界的和平、稳定与安全，积极参加有关亚洲安全问题的双边或多边磋商。

十六、哈萨克斯坦重申愿以无核国家地位加入《不扩散核武器条约》。中国对此表示赞赏。

中国重申在任何时候、任何情况下都不首先使用核武器，并且不对无核武器国家和无核武器区使用或威胁使用核武器。中国主张全面禁止和彻底销毁核武器，并主张在这个范畴内实现全面禁止核武器试验。中国支持早日谈判缔结《全面禁止核试验条约》，并将积极参加谈判进程。哈萨克斯坦对此表示赞赏。

十七、中华人民共和国和哈萨克斯坦共和国重申，中哈两国双边关系的发展绝不妨碍双方根据同第三国签署的条约及双边或多边协定各自所承担的义务。

十八、本联合声明自签字之日起长期有效。如任何一方通过外交途径书面通知另一方要求终止本联合声明，则本联合声明自上述通知之日起六个月后失效。

本联合声明于一九九三年十月十八日于北京签订，一式两份，每份都用中文、哈萨克文写成，两种文本同等作准。双方同时各保留一份正式俄文译文。

中华人民共和国代表　江泽民

哈萨克斯坦共和国代表

努·纳扎尔巴耶夫

国务院批准化学工业部的职能配置内设机构和人员编制方案

国务院近日批准化学工业部的职能配置。内设机构和人员编制方案。改革后的化学工业部编制从 800 多人精减到 320 人，设置 11 个职能司(厅)和机关党委，撤销了化肥、化工、橡胶 3 个专业司。今后化工部实行大行业管理，除管理化工外，还包括石油化工、煤化工、盐化工、精细化工等，主要是从战略、方针、政策、法规、规划、国有资产监督等方面，对国有企业、乡镇企业、外商投资企业实行宏观管理。据悉，我国现有县以上化工企业、石油化工企业、外商投资企业等近 7 万家，1992 年总产值 2500 亿元，占全国工业总产值的 10％。

国务院总理李鹏在钓鱼台国宾馆会见丹麦外交大臣尼尔斯·海韦尔·彼得森

外交部部长钱其琛在北京同丹麦外交大臣尼尔斯·海韦尔·彼得森举行会谈

钱其琛说，中丹两国的经济有很强的互补性，发展经贸关系有很大潜力，丹麦经济企业界在中国有很多机会。我们希望双方共同努力，使两国关系在现有的基础上得到进一步发展。

国务院副总理兼外交部长钱其琛在钓鱼台国宾馆会见世界旅游组织秘书长安东尼奥·恩里克斯·萨维尼亚克

国务院副总理邹家华在北京会见美国埃克森公司代表埃克森公司高级副总裁麦尔林·哈里森等

新华社香港分社社长周南在香港会见以侯大为为首的英国下议院外交委员会代表团

农业部前部长何康在美国衣阿华州得梅因市被授予1993年世界粮食奖

中美工程技术研讨会在北京召开

大会组委会名誉主席、全国人大常委会副委员长卢嘉锡向来自大洋彼岸的各位专家表示欢迎。国务委员李贵鲜、美国驻华大使芮效俭及我国24个部委的负责人出席大会。大会由中国国际人才交流协会和美洲中国工程师学会(CIE)共同发起。美洲中国工程师学会成立于1927年，是美国历史上最悠久的华人学者社团组织之一，拥有会员2000多人。

李贵鲜代表中国政府致辞。

10月19日

国务院在沈阳召开第11次常务会议

国务院总理李鹏主持会议。会议审议国务院《关于加快城镇住房制度改革的决定(草案)》。

会议认为，1980年以来，国务院先后印发了若干推进城镇住房制度改革的文件并进行了试点。现在全国城镇住房制度改革已经从少数城市试点或单项改革，进入了全面推进、综合配套改革的阶段，总的情况是好的，但是改革的方案和措施还需要进一步配套和完善。

会议强调，住房制度改革直接关系广大群众的切身利益，它的根本目的，是加快解决人民群众的住房问题，并建立起与社会主义市场经济体制相适应的新的住房制度。

会议原则同意这一草案，决定进一步研究修改后发布施行。

国务院总理李鹏在钓鱼台会见哈萨克斯坦总统纳扎尔巴耶夫

全国政协主席李瑞环在人民大会堂会见前来参加全国工商联40周年会庆活动的160多位港澳台和海外工商界人士

《人民日报》就中央农村工作会议在北京胜利召开发表社论《全党都要始终重视农业和农村工作》

《中国劳动报》刊登劳动部全国总工会《关于切实保障企业职工合法权益的通知》

《通知》说，随着用人自主权的扩大，部分企业尤其是私营企业和外商投资企业的劳动管理存在不少问题。一些企业不按规定签订劳动合同，任意辞退职工；工资水平偏低，克扣职工工资；忽视职工安全健康，劳动条件恶劣；随意延长工作时间，强迫职工加班加点；职工不经培训上岗；没有保险福利待遇等，严重损害了职工的合法权益。为保障企业职工的合法权益，《通知》提出：

(一)企业招用职工必须与被录用职工平等协商，签订劳动合同。

(二)私营企业和外商投资企业职工的工资，要严格按照国家规定执行。

(三)企业要承担对职工的培训义务。

(四)企业必须参加各项社会保险，为职工缴纳养老、待业、医疗、工伤、生育等项社会保险基金，支付职工各项社会保险、福利待遇以及在基本生活设施、文化、卫生保健等方面的补贴。

(五)企业必须加强对职工的劳动保护。

(六)严格控制加班加点。

(七)企业处罚违纪职工，必须严格按照国家劳动政策法规的有关规定执行。

国家计委财政部农业部发出修改九项涉及农民负担收费规定的通知

为切实减轻农民负担，国家计委、财政部、农业部日前发出的通知对有关部门原订的9项涉及农民负担的收费规定作了修改，修改意见如下：

一、婚姻登记费。原规定婚姻证书(结婚、夫妻关系证明书)收费标准每对9元，现决定增设一种简装本，每对2元，公民可自愿选择。

二、公路养路费。对农用拖拉机减征20%—50%。

三、土地管理费(或称征地管理费)，取消收费层层上解的规定。

四、公路运输管理费。对乡村从事营业性运输的农用拖拉机和农用汽车,征收公路运输管理费以现行营运收入1%的标准核减30%,即最多不得超过营运收入的0.7%,并取消层层上解部分。

五、集市贸易市场管理费。农民进市场经营自产自销农副产品,免交市场管理费;在乡镇及乡镇以下集市上从事农副产品经营的个体工商户缴纳市场管理费,最高不超过成交额的1%。

六、个体工商户管理费。作如下补充规定:"一是对边远贫困地区从事个体经营的,免收个体工商户管理费;二是对在乡镇及乡镇以下从事购销、劳务活动的个体工商户,分别按营业额的0.5%和劳务收入的1%收取个体工商户管理费;三是取消国家工商行政管理局从地方集中1%的个体工商户管理费。"

七、个体工商户登记费。作如下补充规定:"一是乡以下的农村居民申请从事个体经营的,开业登记及以后每四年重新登记均收费18元;二是对于边远贫困地区从事个体经营的,暂不发照,不收个体工商户注册登记费。"

八、无线电管理费。作如下补充规定:"一是农民集资办电视差转台免缴频率占用费;二是渔民用于渔业生产的电台的频率占用费,经省、自治区、直辖市物价、财政和农民负担监督管理部门会同同级无线电管理委员会审核后报省级人民政府批准,可减交或免交;三是取消地方征收的无线频率占用费上缴给国家无线电管理委员会办公室的规定。"

九、计划外生育费。取消收费上解的规定。

三部委的通知还指出,上述收费项目涉及的文件,除修改部分按新规定执行外,其他部分仍按原规定执行。自通知发布之日起,可以解除清理农民负担初期宣布暂停上述9项收费的规定。

国务院副总理李岚清在大连考察工作

李岚清于19日晚和20日听取省委、省政府,市委、市政府领导和大连海关负责人关于打击走私工作情况的汇报,听取关于大连市工作情况的汇报。在辽宁省委书记顾金池,辽宁省委副书记、大连市委书记曹伯纯等陪同下,到大连海运学院、大连第79中学、大连海关考察工作。考察了正在建设中的大连教师公寓和科学家、博士后人士公寓。

中国美国第9次农业科技合作联合工作组会议在北京举行

农业部部长刘江与美国农业部部长迈克·埃斯彼共同担任会议的名誉主席并出席开幕式。埃斯彼是克林顿政府第一位访问中国的两阁部长。

中办国办信访局在北京举行缅怀毛泽东主席重视信访工作座谈会

公安部铁道部分别授予姜战林全国公安一级英雄模范和"人民铁道好战士"光荣称号

国务院总理李鹏在人民大会堂会见日本东京电力株式会社社长那须翔和日本昭和壳牌石油株式会社负责人高桥清等

中共中央政治局常委朱镕基在中南海会见日本自由民主党第一副干事长日本政府前防卫厅长官山崎拓

中国政府代表团团长外交部副部长唐家璇和越南政府代表团团长外交部副部长武宽在河内正式签署《关于解决中华人民共和国和越南社会主义共和国边界领土问题的基本原则协议》

国内第三套大型己内酰胺工程合同签字仪式在北京举行

中宣部中央统战部新闻出版署国家民委国务院宗教局联合发出关于对涉及伊斯兰教的出版物加强管理的通知

一个时期以来,一些出版单位陆续发表和出版了一批有关伊斯兰教的文章和图书。其中不少是有价值的,对宣传马克思主义宗教观和党的宗教政策,对引导读者正确认识宗教问题、了解宗教知识起到了积极作用。但是在这类出版物的出版过程中也存在着一些问题。有些单位或个人违反国家的有关规定,未经同意擅自翻印并向社会公开发行宣传有关伊斯兰教教义的各类经书、典籍;极少数出版单位甚至违反党和国家的民族宗教政策,出版、发表歪曲、辱骂、诬蔑伊斯兰教的图书和文章,无视少数民族风俗习惯,严重伤害了信教群众的宗教感情,引起了他们的不满,损害了社会的安定团结。

正确对待和处理民族、宗教问题,是我国社会主义建设事业中的一个重要课题,是建设有中国特色社会主义的一个重要内容。认真贯彻党和国家的民族、宗教政策,维护宪法确定的公民宗教信仰自由的权利,尊重少数民族的风俗习惯,加强对信教群众和宗教界人士的爱国主义教育,对于维护社会稳定、增进民族团结、促进祖国统一、加快社会主义现代化建设,都有着不容忽视的重要意义。为了加强对涉及伊斯兰教的出版物的管理，根据《中共中央、国务院关于进一步做好宗教工作若干问题的通知》精神，现就有关事项通知如下：

一、所有的出版单位都必须切实贯彻执行党的民族宗教政策，维护宪法确定的公民宗教信仰自由的权利，维护民族团结和社会安定，不得在出版物中有违背党和国家的政策、法律，损害公民宗教信仰自由的权利，伤害信教群众的宗教感情和少数民族的风俗习惯的内容。

二、供伊斯兰教内部使用的经书、典籍和阐释伊斯兰教经典、教义、教规等印制品，由伊斯兰教团体根据需要提出申请，须经省、自治区、直辖市以上人民政府宗教事务部门审批，并报同级政府新闻出版局备案、办理内部准印手续；同时，这类出版物只能在经政府批准开放的清真寺内发放、流通。若数量较大，须报经国务院宗教事务局审批，并报新闻出版署备案。非宗教团体、个人一律不得印制、出版、发行。违反上述规定，按非法出版活动处理。

为研究我国古代文化和开展对外文化交流的特殊需要而正式出版有关伊斯兰教的经书或典籍，需经新闻出版署会商国务院宗教事务局审批，并指定有关专业出版社安排出版。

三、凡涉及研究和评价伊斯兰教的出版物（包括消息和文章），要坚持马克思主义的宗教观，以党和国家的有关宗教政策和法律为准绳。对伊斯兰教的历史、人物、事件、教义、教规以及对经书、典籍等进行专业学术研究、考证的图书、工具书，属于学术著作，由各地人民出版社及中央有关的社会科学专业出版社安排出版；对于这一类的学术文章，中央有关社会科学专业期刊可以发表。但这类图书和文章中凡涉及敏感问题（如论及现行宗教政策、外交政策和涉及少数民族宗教信仰、禁忌、风俗习惯等问题），出版单位须报请上级主管部门审核批准。必要时应征询省级以上伊斯兰教协会或省以上人民政府宗教事务部门的意见。

四、对以伊斯兰教的经书、典籍或教义、教规等为基础进行加工、编写的通俗读物，或以所谓传闻、轶事为根据而编撰的有关宗教和少数民族风俗习惯的通俗读物，特别是海外的此类出版物（包括音像制品），原则上不得安排出版。如确有需要安排公开出版的，要着重考虑书稿内容是否有利于贯彻党和国家的宗教政策、民族政策，并经省级政府宗教事务部门和新闻出版局审核同意（中央单位的出版社须经主管单位审核同意）后，报新闻出版署审批。有关伊斯兰教的连环画、画册（像）不得安排出版。

五、非国家定点的书刊印刷企业一律不得承接印制任何有关伊斯兰教的出版物。

六、任何发行单位不得发行非正式出版单位出版的有关伊斯兰教的书、报、刊及音像制品。凡正式出版单位出版的有关伊斯兰教的出版物，应严格按照规定的发行方式、发行对象办理。

七、上述有关伊斯兰教的图书、音像制品一律不得协作出版或代印（复录）、代发。

八、凡违反上述有关规定的出版单位，由省级新闻出版局或新闻出版署分别给予行政处罚；对违反上述规定，造成出版物内容违背党的民族宗教政策并在社会上产生严重不良影响的出版单位，新闻出版署可给予停业整顿直至撤销登记的处罚；触犯法律的，交由司法部门追究法律责任。

10月20日

薄一波答中共中央党校《党校论坛》记者问

记者：在毛泽东诞辰100周年之际，请您谈谈我们应该怎样纪念这位伟大人物。

薄：毛泽东是中国人民的伟大儿子，1921年出席党的一大，成为我们党的创始人之一。大革命失败后，他率领秋收起义的部队上了井冈山，创建了党领导下的第一个农村革命根据地。从1935年遵义会议开始，成为我们党第一代领导集体的核心，是我们党和全国各族人民公认的伟大领袖。他一生的功过，在《关于建国以来党的若干历史问题的决议》中已作过全面、精辟的论述。《决议》指出的他为我国人民所建树的不朽功勋，我体会，最主要的可以概括为两个方面。

第一，以他为首的中国共产党人，以巨大的理论勇气和英勇奋斗的精神，开辟了一条由农村包围城市、最后夺取全国胜利的道路，带领全党和全国人民，经过22年的人民革命战争，终于推翻了帝国主义、封建主义和官僚资本主义三座大山，创建了新中国，开辟了我国历史的新纪元。小平曾高度评价："如果没有毛泽东的卓越领导，中国革命有极大的可能到现在还没有胜利，那样，……我们党就还在黑暗中苦斗。所以说没有毛主席就没有新中国，这丝毫不是什么夸张。"

第二，他和他的战友们，依据新民主主义革命胜利所创造的向社会主义过渡的经济政治条件，采取社会主义工业化和社会主义改造同时并举的方针，实行逐步改造生产资料私有制的具体政策，从理论和实践上解决了在中国这样一个人口众多、经济文化落后的东方大国中建立社会主义制度的艰难任务，为我国的进步和发展奠定了坚实的基础。正如小平指出的："我们的社会主义改造是搞得成功的，很了不起。这是毛泽东对马克思列宁主义的一个重大贡献。"

我想，一个人的一生，如果能为人民办成一件大事就已经很了不起了，而毛主席却起码办成了足以影响中国或世界历史进程的两件大事，他的伟大就可想而知了。是的，毛泽东的晚年，的确犯了严重的错误，但终究是一个伟大的无产阶级革命家所犯的错误。他不是完人，却是一代伟人，他的功绩远远大于他的过失。他的历史功勋、他的科学著作、他的正确思想已深深扎根亿万人民的心中。今年，全党、全军、全国各族人民隆重纪念他诞辰 100 周年，正是党心、军心、民心的反映。纪念除了表达对他的崇敬之情外，我觉得更重要的是要联系现实的情况，抓住机遇，深化改革，扩大开放，搞好宏观调控，促进经济持续、快速、健康地发展，这才有助于我们的事业。

记者：您谈的这一点对我们很有启迪，请再专门谈谈对毛泽东思想的理解好吗？

薄：《关于建国以来党的若干历史问题的决议》指出："以毛泽东同志为主要代表的中国共产党人，根据马克思列宁主义的基本原理，把中国长期革命实践中的一系列独创性经验作了理论概括，形成了适合中国情况的科学的指导思想，这就是马克思列宁主义普遍原理和中国革命具体实践相结合的产物——毛泽东思想。"这里需要强调的，一是，毛泽东思想是马克思列宁主义在中国的运用和发展，离开马克思列宁主义就谈不上什么毛泽东思想。二是，毛泽东思想是被实践证明了的关于中国革命的正确的理论原则和经验总结，它是党的宝贵的精神财富，将长期指导我们的行动。三是，在党和人民集体奋斗中形成的毛泽东思想，是中国共产党集体智慧的结晶。我党许多卓越领导人对它的形成和发展都作出了重要的贡献，毛泽东同志的科学著作是它的集中概括。

小平多次讲：实事求是是毛泽东思想的精髓。毛主席在延安整顿三风的报告中，讲的话很多，最重要的就是实事求是。他说："'实事'就是客观存在着的一切事物，'是'就是客观事物的内部联系，即规律性，'求'就是我们去研究。"我的理解，这就是告诉我们，要从实际出发，尊重客观规律，按客观规律办事，力求做到主观和客观的统一，避免主观与客观相脱离。几千年来对实事求是没有人解释得有他那样好，那样透彻。他的这个解释是精辟的，代表他的思想。党的十一届三中全会恢复了党的实事求是的思想路线。小平指出："只有解放思想，坚持实事求是，一切从实际出发，理论联系实际，我们的社会主义现代化建设才能顺利进行，我们党的马列主义、毛泽东思想的理论也才能顺利发展。"这讲得非常好，今天我们就应该抱这种态度来纪念毛泽东同志。

记者：1956 年初，您曾组织过工交战线向毛主席汇报，您能谈谈毛泽东探索适合我国情况的社会主义建设道路的情况吗？

薄：小平在十二大的开幕词中，讲了一段很深刻的话，他说："我们的现代化建设，必须从中国的实际出发。无论是革命还是建设，都要注意学习和借鉴外国经验。但是，照抄照搬别国经验、别国模式，从来不能得到成功。这方面我们有过不少教训。把马克思主义的普遍真理同我国的具体实际结合起来，走自己的道路，建设有中国特色的社会主义，这就是我们总结长期历史经验得出的基本结论。"

如同探索新民主主义革命道路经历过许多曲折一样，探索建设有中国特色社会主义道路也不是一帆风顺的。

建国以来，特别是社会主义改造取得决定性胜利后，随着大规模经济建设的展开和经验的积累，随着苏联在经济建设中暴露出来的一些缺点错误和走过的弯路，毛主席根据中国的情况和我们党一贯独立自主地解决中国革命问题的经验，勇敢地提出以苏联的经验为鉴戒，探索适合我国情况的社会主义建设道路的任务。1956 年初，他从调查研究入手，认真地听取了 34 个部委的汇报，集全党智慧之大成，作了《论十大关系》的著名讲话，提出了正确处理十种关系，调动一切积极因素，把我国建设成为一个强大的社会主义国家的任务。1957 年春，他在《关于正确处理人民内部矛盾的问题》的重要讲话中，提出必须正确区分和处理社会主义社会两类不同性质的社会矛盾，把正确处理人民内部矛盾作为国家政治生活的主题。1958 年，他又提出了要把工作重心转到技术革命和文化革命上来，这里讲的文化革命是指提高全国人民的文化水平而言。毛泽东指出："自力更生为主，争取外援为辅，破除迷信，独立自主地干工业、干农业、干技术革命和文化革命，打倒奴隶思想，埋葬教条主义，认真学习外国的好经验，也一定研究外国的坏经验——引以为戒，这就是我们的路线。"他认为，对苏联的经验，只能择其善者而从之，其不善者不从之。把苏联的经验孤立起来，不看中国实际，就不是择其善者而从之。应该说，探索的起步是正确的，提出这些思想是宝贵的，具有长远的指导意义。但可惜从 1957 年下半年以后，由于对国际、国内阶级斗争的影响估计过分，也由于在连续的巨大胜利面前滋长了骄傲情绪和急于求成，在"左"的错误思想指导下，这次探索的实践并不成功，甚至走偏了方向，因而是失败了。党和人民为此付出了沉痛的代价。但错误和挫折又教训了我们，使我们变得聪明起来了，因而又孕育着新的更大的成功，从这个意义上，又可以说，"失败是成功之母。"

记者：最后，请再谈谈毛主席的探索与建设有中国特色社会主义理论的关系。

薄：我认为，邓小平建设有中国特色社会主义的理论，是党的十一届三中全会以来，党的中央领导集体，完成了党的指导思想拨乱反正的产物，是改革开放伟大实践的产物，具有鲜明的时代特色。其中，当然有继承的关系，但更主要的是创新、发展。

粉碎“四人帮”后，如何正确地评价毛主席和确立毛泽东思想的历史地位，这是个非常重大而又复杂、敏感的问题。有的过于褒，把毛主席说得完美无缺，搞“两个凡是”；有的过于贬，把毛主席正确的东西也说成是“左”。小平既充分肯定毛主席的伟大历史功绩，又实事求是地指出和改正毛主席晚年所犯的错误。以此来统一全党思想，意义非常深远。正如他所说的，“从许多方面来说，现在我们还是把毛泽东同志已经提出、但是没有做的事情做起来，把他反对错了的改正过来，把他没有做好的事情做好。今后相当长的时期，还是做这件事。当然，我们也有发展，而且还要继续发展。”这里，既谈到了“继承”，又说到了“扬弃”，还讲到了“发展”，恰当地说清了两者的关系。这是一。

二是，我认为，尤其需要强调的是小平的新贡献。他在实事求是地总结建国以来正反两方面经验教训的基础上，根据新的实践经验，以巨大的理论勇气，明确了我国的社会主义制度还处于“初级阶段”，提出了改革开放等一系列的新方针，大政策，并概括为建设有中国特色社会主义的理论和“一个中心、两个基本点”的基本路线，终于找到了毛泽东当年要找而没有找到的建设有中国特色的社会主义道路。这是一条发展社会主义中国的必由之路，是中国走向繁荣富强、自立于世界民族之林之路。党的十四大把我国改革开放总设计师14年来的构想，命名为“邓小平建设有中国特色社会主义理论”，他是当之无愧的。我们今天的任务，就是坚定不移地沿着这条道路走下去，按照“基本路线要管一百年，动摇不得”的战略部署，实现三步走的战略目标，使我国逐步地步入发达国家之列。

三是，毛主席曾经讲过，“代表先进阶级的正确思想，一旦被群众掌握，就会变成改造社会、改造世界的物质力量。”许多老同志都还记得，党的七大确立了毛泽东思想，并为全党所掌握，曾经产生了何等巨大的“物质力量”，推翻了三座大山，建立了新中国。江泽民同志在党的十四大报告中指出：“建设有中国特色社会主义的理论，是马克思主义同中国实际相结合的最新成果，是当代中国的马克思主义，是指引我们实现新的历史任务的强大思想武器。”因此，用这一理论武装全党，首先是武装各级领导干部，就成为关系到我们党、我们国家和中华民族的前途命运的大事。我相信全党同志一定会自觉地学习这一理论，掌握这一理论，并使之变成巨大的“物质力量”，去夺取建设有中国特色的社会主义事业的新胜利。我想，这也是对毛主席诞辰100周年的最好的纪念。

《人民日报》发表评论员文章《分类指导促进乡镇企业健康发展——五论加强农村工作和深化农村改革》

交通部停止有关单位和部门的12项不合理收费

交通部日前宣布停止有关单位和部门的12项不合理收费。

这些项目是：水路客货运输附加费与财政部、国家物价局、国家计委、交通部文件相抵触的重复征收部分；客轮旅客卧铺加价费；客轮旅客洗澡费；客轮甲板观光费；港口收取的机场建设费；发售船票窗口收取的订票费、送票费；售票服务费；趸船旅客候船费；码头、趸船补票费；向旅客收取的港口治安费；车购费征收的咨询费。此外，还有未经省级政府批准的交通部门收取的公路车辆通行费和除交通、公安以外的其他部门对公路车辆通行中收取的费用。

国家副主席荣毅仁在北京会见出席第13次企业管理国际讨论会的中外代表

外交部部长钱其琛在北京会见贝宁外交和合作部秘书长居伊·奥洛古杜

中国政府代表外交部副部长姜恩柱和英国政府代表、驻中国大使麦若彬就香港1994—1995年选举安排问题举行第14轮会谈

L3物理实验国际讨论会在北京召开

由诺贝尔物理学奖获得者丁肇中教授领导的、有中国许多科学家参加的L3实验科研讨论会最近在北京举行。

来自美国、德国、瑞士、意大利、法国等国家和地区的合作组负责人来京参加这次会议。中科院高能物理所、上海硅酸盐所、中国科技大学、清华大学等单位的高能实验组的代表也参加这次讨论会。

国家科委、国家自然科学基金委员会和中科院的有关负责人出席会议的开幕式。

L3物理实验是在目前世界上能量最高的欧洲核子研究中心的莱泼（LEP）对撞机上进行的高能物理实验之一，是目前在高能物理领域中最大的国际合作项目，L3物理实验的主要目标是系统地研究Z的0次幕粒子的特性以及寻找新粒子、新现象。现在已经取得许多重要的物理结果。中科院高能物理所、上海硅酸盐所和中国科技大学的科技工作者做出重要贡献。

这次在北京召开的各成员国的实验组领导人和主要人员参加的 L3 物理国际科研讨论会上讨论了 L3 合作组最新的物理结果和 L3 物理研究方向，研究和确定了 L3 探测器的改进计划和实验方案。

这次科研讨论会促进和扩大了 L3 物理实验参加单位的国际合作。

中国首次从国外购买并被命名为“中星五号”的在轨通信卫星正式投入运营

第五次中日经济讨论会在大连举行

国务院副总理李岚清出席开幕式并致贺词；日本首相细川护熙向大会发来贺电。

开幕式上，《人民日报》社社长邵华泽和日本经济新闻社社长鹤田卓彦先后致辞。

两国专家、学者和企业界、新闻界的 100 多人参加讨论会。与会代表围绕中国社会主义市场经济与中日经济合作这一主题展开讨论。会议于次日结束。

大连市市长薄熙来在会上作专题发言。

由《人民日报》和日本经济新闻共同主办的中日经济讨论会，已在北京和东京各举行过两次。

《中国青年》杂志在人民大会堂庆祝创刊 70 周年

中国公安机关破获国际列车抢劫案

中国公安机关破获四个在北京—莫斯科 3/4 次国际列车和莫斯科地区抢劫旅客财物轮奸妇女的犯罪团伙。71 名案犯已被抓获，另有数名案犯投案自首。

10 月 21 日

中共中央农村工作会议在北京闭幕

各省、自治区、直辖市党政主要负责人，中央和国务院各有关部门的负责人，讨论中共中央总书记江泽民在开幕会上的讲话，深入讨论《关于当前农业和农村经济发展的若干政策措施》。在闭幕会上，中共中央政治局常委、国务院总理李鹏作总结讲话。朱镕基、丁关根、李岚清、李铁映、邹家华、钱其琛、任建新、迟浩田、宋健、陈俊生、司马义·艾买提、彭珮云、罗干等出席会议。会议由中共中央政治局候补委员、中央书记处书记温家宝主持。

中共中央政治局常委李鹏在中央农村工作会议闭幕会上发表题为《在建立社会主义市场经济条件下继续加强农村工作》的总结讲话

这次中央农村工作会议是一次重要的会议，必将对我国农村的改革开放和生产力的发展起到强大的推动作用。江泽民同志在会议开始时发表了重要讲话，他的讲话是这次会议的指导思想。几天来，大家对江泽民同志的讲话和《中共中央、国务院关于当前农业和农村经济发展的若干政策措施(讨论稿)》进行了深入的讨论，对《若干政策措施(讨论稿)》提出了许多很好的意见。我们要认真研究并吸收大家的意见，把《若干政策措施(讨论稿)》修改后，由中央正式下达。这里，我想从建立社会主义市场经济体制的角度，对大家讨论中提出的比较集中的问题讲几点意见。

一、充分认识社会主义市场经济条件下农业的基础地位

党的十一届三中全会以来，农村改革起步早，进展快、效果好，走在全国改革的前面。改革促进了农业和农村经济的全面发展。农业生产大幅度增长，农产品由长期短缺转为相对充裕，农业由过去侧重于追求产量增长开始进入高产优质高效的发展阶段；乡镇企业迅猛发展，正在由东部地区向中西部地区和少数民族地区推进；农村经济结构发生了明显的改善，单一从事农业的状况有了改变，农村第一、二、三产业全面发展的格局已经初步形成。

农村改革和农村经济的蓬勃发展，对整个国民经济的发展和改革开放的全面推进起到了重大作用。可以这么说，如果没有农村改革和农村经济发展所取得的巨大成就，就没有今天国民经济的繁荣兴旺，就没有全国人民温饱问题的基本解决，就没有这样安定团结的政治局面，我们的国家也就不可能在国际风云急剧变幻中立于不败之地。改革从农村开始，以农村改革的成果支持全面改革的推进，是我国改革成功的一条重要经验。

在充分肯定农村改革与发展所取得成就的同时，也必须高度重视目前农业面临的新问题。粮棉等大宗农产品价格偏低，农业生产资料价格上涨过快，农民收入增长缓慢、购买力下降、生产积极性受到挫折，一度缩小的工农产品价格剪刀差和城乡人民收入差距重新拉大；在办开发区、搞房地产、购买股票债券的热潮中，一些地方的农田被大量圈占，农业资金被挤占挪用，不少农业科技人员改行，已经到了危及农业正常发展的程度。出现这些问题，既有体制改革不配套的原因，也有思想认识上的原因，主要是领导干部思想认识上的片面性。在市场经济大发展的过程中，不少地方领导干部的精力转移了，不同程度地忽视和放松了农业。这就给我们提出了这样一个尖锐的问题：在市场经济条件下，农业还是不是国民经济的基础？快速发展的国民经济还要不要依靠农业来支撑？回答当然是肯定的。在全面建立社会主义市场经济新体制的今天，农

业的基础地位丝毫不能动摇，农业只能加强，不能削弱。否则，一旦基础动摇，必将危及国民经济的全局，继而影响安定的政治局面，后果是不堪设想的。这绝不是危言耸听。我们可以就此问题作如下的具体分析：

全国绝大多数人口在农村是我国的基本国情，在相当长时期内不可能有根本的改变。即使乡镇企业有较大发展，全国广大地区的农村劳动力还是以从事农业生产为主。稳定农业就是稳定农村、稳定全局，这一条不会改变。

以社会主义市场经济体制逐步替代计划经济体制，并没有改变整个国民经济对农业的依存关系。强调向社会主义市场过渡与强调农业是国民经济的基础并不矛盾。虽然，在现代化进程中，第二、三产业在国民生产总值中的比重要增加，农业比重会下降，但这并不能改变民以食为天、人总要吃饭穿衣这一基本需求，以及第二、三产业也都要依赖农业的客观事实。十多亿人口的吃饭问题是我们任何时候都不能忽视的头等大事。

农业稳定发展，农产品供应充裕，人心才能稳定。当前，不少地方在市场物价上涨指数达到两位数的情况下，城乡市场还比较稳定，人心也比较稳定。这固然同人们近几年的实际收入增加和对物价波动的心理承受能力提高有一定关系，但更重要的还是由于全国的农业状况比较好，农产品能够比较充分地满足市场的需求。

发展农业是进一步扩大对外开放的重要保证。考虑到我国农业将面临的国际竞争，只有农业基础稳固了，在国际市场有较强的竞争力，才有可能更好更快地发展创汇农业，促进整个对外贸易工作的开展。

党中央、国务院历来就十分重视农业。加强宏观调控的目的之一，就是要加强农业。各级党委和政府一定要牢固树立以农业为基础的思想，任何时候、任何情况下都要把农业放在经济工作的首位，经济越发展，越要加强农业。发展农业，说到底还是三句话、一个关键，即：一靠政策，二靠科技，三靠投入，农产品价格是关键。从中央到地方都要在优先保证农业资金的前提下再安排其他建设项目，增加对农业投资的份额，对农业所需资金、物资要作出妥善安排。要通过认真贯彻执行中央6号文件，把压下来的搞开发区、房地产的投资和其他不符合国家产业政策的投资，增加到农业的投入上来。

发展农业，要以农业生产是否发展、农产品是否适应市场的需要、农民收入是否增加为三大目标。农民收入的不断增长，是关系到保护农民利益、调动农民积极性的大问题，也是检验农业经济效益的重要标志，必须引起我们的高度重视。在社会主义市场经济条件下，政府领导农业的主要职能，可概括为“引导、支持、保护、调控”八个字。这几个方面是相互依存、相互促进的，应当作为一个整体来对待。

二、加强对农村经济发展的引导，帮助农民进入社会主义市场经济轨道

在社会主义市场经济的条件下，政府要更多地通过经济信息、经济政策、经济杠杆逐步引导农民适应市场的需求。把农产品推向市场相对容易些，而要引导农民按市场需求组织生产经营则难度较大。这方面的主要难点是面临经常变化的广阔的市场，农户如何选择生产经营项目？农户的小生产与市场大需求如何衔接？如何加快农村富余劳动力向非农产业转移？根据改革开放以来十多年的实践经验，引导农民进入市场，需要从多方面努力。

引导农民面向市场，必须调整农业结构和农产品结构，发展高产优质高效农业。

随着改革开放的推进，我国农产品市场正在发生重大变化。消费者对农产品质量、品种不断提出新的要求。出口农产品更需要把质量、品种放在首位。随着我国人民食物结构的改善，国内国际市场需求的变化，各地应按照国务院颁布的《九十年代中国农业发展纲要》和《九十年代中国食物结构改革与发展纲要》，大力进行农业和农产品结构调整，发展高产优质高效农业。农业生产上新台阶，既要有产量目标，也要有优化结构的要求。

从我国人多地少的实际情况出发，必须以不断提高单产的办法来增加粮食总产。粮棉油肉等大宗农产品，要在保持产量稳定增长的基础上提高质量，优化品种。当前要适当增加优质小麦、棉花、大豆的种植面积。要在确保粮食生产的前提下，从市场需求出发，调整农作物布局，发展经济作物和饲料作物，发展林业和养殖业，开发荒地、荒水、滩涂、草原和庭院等非耕地资源，实行农、林、牧、渔相结合。通过农业综合开发，提高资源利用率和土地收益，增加农民和牧民的收入。

要进一步打破传统的单一农业结构，大力发展以农副产品为原料的加工业和运销业，使农村第一、二、三、产业协调发展，实现农产品的多次增值，这是充分挖掘资源潜力、满足市场需求、增加农民收入的必然选择。这不仅能使农业效益大幅度提高，而且为转移农村富余劳动力开辟了新的途径。发展生态农业，实行秸秆过腹还田，是一条成功的路子，在有条件的地区值得大力提倡。要大力发展创汇农业，把出口初级农产品转变为出口高附加值的加工产品。

引导分散经营的农户与市场需求相结合，使农产品及其加工品适销对路。

引导农民进入流通领域，必须建立健全农业社会化服务体系，为农民提供产前、产中、产后的配套服务。要积极推行贸工农一体化服务形式，根据市场需求组织加工，按照加工需要安排原料生产。以贸易打头，按贸工农的顺序组织生产和经营。各种服务组织与农民进行经济交往活动时，要广泛运用经济合同形式。现在许多农民不知道生产什么才能卖得出去，什么产品能卖上好价钱。要为农民提供这方面的信息，引导农民与加工、流通企业签订产销合同，建立相对稳定的供求关系。

在稳定和完善以家庭联产承包为主的责任制的前提下，有条件的地方也要支持农村集体经济组织和农民发展种植业、养殖业的适度规模经营，但一定要从实际出发，尊重农民的意愿，不要搞强迫命令。

引导乡镇企业合理布局，并与农村小城镇建设相结合。

现在不少地方的乡镇企业分布过于分散，产销不便，效益不高，弊端不少。今后对乡镇企业要注意合理布局，科学规划，做到相对集中，与农村小城镇建设相结合。这样做，有利于节约土地和基础设施投资；有利于治理和防止环境污染；有利于带动农村第三产业的发展，加快农村富余劳动力向非农产业转移，防止过多的劳动力盲目涌向大城市；有利于发展农村的科学技术、文化教育、卫生保健等各项公益事业；还有利于缩小城乡差别、工农差别、加快新农村建设的步伐。

农村小城镇建设要依托现有的集镇逐步发展。乡镇企业应该相对集中。这是从实践中总结出来的一条重要方针。有的地区乡镇企业已经遍地开花地发展起来了，应当按照有利于提高效益的原则，逐步加以调整。中西部地区乡镇企业起步较晚，从一开始就要注意这个问题。当然，小城镇建设也要避免盲目性，切不可不顾客观条件一哄而起，形成新的办“小城镇热”。

三、加强对农业和农村经济的支持，改善其外部环境

在社会主义市场经济的条件下，各种生产要素往往容易自发地流向效益高的产业。对社会效益高、自身效益低的农业来讲，政府的支持是必不可少的。在目前农村经济发展水平较低的情况下是这样，就是在农村经济发展水平有了新的提高的情况下也是这样。世界上经济发达的国家，都是经过多种形式对农业给以大力支持的。

必须下决心调整投资结构。中央和地方都要增加对农业的投入，增加农业基本建设投资。在对工业投入中，也要增加农用工业的投资。鼓励集体经济组织和农民增加对农业的投入。

国家对农业和农村经济的投入，主要用于农田水利建设、农业机械、造林绿化、农业科研、农业教育、农业技术推广，以及农产品贮藏、加工、流通方面的基础设施建设等。

小平同志指出，科学技术是第一生产力，解决我国农业问题的根本出路要靠科技、靠教育、靠实现农业的现代化。各级政府要采取有效措施。支持农业科研、教育和技术推广事业的发展。农业科技人员是科技、教育兴农的主要力量。在机构改革中，要充实和加强县乡农业科技服务组织。各级财政用于科技服务组织的事业费不但不能减少，还应逐步增加。允许农业科技服务队伍开发推广新技术，实行有偿服务，所得收入用于装备服务设施和改善科技人员的工作、生活条件。县乡科技服务机构不能撤，经费不能断，队伍不能散，这要作为推动农业科技进步的一项基本政策，长期稳定不变。要十分重视农村教育事业。农村教育的重点是普及义务教育，扫除青壮年文盲，大力发展职业技术教育和成人教育，把学文化与学农村所需的各种实用技术和经营管理技能结合起来，提高农村劳动者的科学文化素质，为发展农村经济培养更多的人才。农业教育附加应列入 5%的负担之内，予以保证。拖欠教师工资现象是不能允许的。各级政府在年前必须保证解决，让教师过一个好年。有条件的地方，要鼓励富裕起来的农民投资兴办教育。

就产业和区域来讲，国家对农业和农村的投入主要支持以下重点：

支持粮棉主产区发展经济。粮棉主产区对国家贡献很大，但经济发展水平不高，人口又相当密集，农民收入低。帮助粮棉主产区尽快改变“粮棉大县、工业小县、财政穷县”的状况，将对全局产生重大影响。从明年开始，国家将选择一批商品粮大县和产棉大县，增加财政、信贷资金投入，进一步提高粮棉生产能力，发展农副产品加工业和其他乡镇企业，增加农民收入和地方财政收入，增强自我发展的实力。

发展高产优质高效农业。从明年开始，国家将建设一批高产优质高效农业示范区，实行科技、资金、物资等生产要素综合投入，发挥示范带头作用，带动全国高产优质高效农业的更快发展。

加快中西部地区和少数民族地区乡镇企业的发展。乡镇企业是我国农民的伟大创举，是改革的一项巨大成就。对乡镇企业在农村经济和整个国民经济中的重要地位要充分肯定，一定要坚定不移地扶持乡镇企业的发展，特别是加快中西部地区和少数民族地区乡镇企业的发展，国务院已经决定增加中西部地区乡镇企业专项贷款，关键在于选准效益好、有还贷能力的项目。东部地区要在国家产业政策引导下，加速发展高新技术产业、外向型经济，以及第三产业。一些劳动

密集型产品要逐步向中西部地区转移,带动中西部地区的发展。农村股份合作制的试行,对乡镇企业的发展起到了积极作用,要认真研究,兴利除弊,不断加以完善。

扶持贫困地区。各级政府要高度重视扶贫工作,坚持开发式扶贫的方针。目前,全国农村还有8000多万人没有完全稳定地解决温饱问题,这些人大部分集中在少数民族地区,革命老区、沿边地区,工作难度很大。国家用于扶贫开发的各项资金,要重点用于这些地区,增加投人,扩大以工代赈资金规模。国务院已提出"八七扶贫攻坚计划",即用七年时间,力争解决8000万贫困人口的温饱问题,这是个重大的战略计划,要认真地组织实施,确保实现。

以上讲的国家投入的重点,是相对而言的,并不是说不支持其他地区。比如牧区、垦区,同样需要给予支持和帮助,以促进共同发展。

在增加对农业投入的同时,一定要注意克服过去一些地方存在的投入不讲效益、不讲回收的弊病。在资金的使用上,要相对集中,保重点,重效益,按项目管理,真正见到实效。

四、加强对农业的保护,促进农业生产持续稳定发展

农业生产风险大,比较利益低,既有自然风险,又有市场风险,难以和其他产业进行平等竞争,政府必须给予保护。已经建立的粮食保护价和粮食风险基金制度,对农业生产资料实行最高限价,其方向是正确的。但是,在执行中的实际情况是,生产资料最高限价限不住,粮食保护价偏低,保护政策还需改进和完善。

要加强农村市场建设。现在绝大多数农产品的价格已经放开,棉花还没有放开。蚕茧等农产品价格也要积极创造条件,在适当的时候放开。要做到货畅其流、产销两旺,必须健全以批发市场为中心的市场体系,加强市场设施建设,完善农产品质量标准和监测体系,规范市场交易行为,建立市场运行的正常秩序。

制定和实施农业保护政策。最重要的是价格保护,这是世界各国普遍采取的办法。目前国家财力有限,对农产品全部实行价格保护是不可能的,只能选择几种关系国计民生的重要农产品实行保护。在现有基础上尽快完善粮食保护价制度,逐步扩大对农产品的保护范围。明年要提高粮食保护价和棉花定购价,国务院准备尽快定下来,及早公布,以不误农时。

农业的保护政策,除实行价格保护外,当前需要特别强调几点:一是减轻农民负担。党中央、国务院已经出台了不少措施,效果明显,是大得人心的好事,有关部门和各级政府必须坚决贯彻落实,不能动摇。二是收购农产品不得"打白条"。银行、财政、企业在收购资金保证方面还要继续努力。三是国家合同定购粮的"三挂钩"(化肥、柴油平议差价和预购定金的财政贴息)全部实行价外加价,要确保兑现。四是保护耕地。严格控制非农业占地,建立基本农田保护制度,采取行之有效的复垦和补偿办法。五是实行农业保险,健全农业风险补偿机制。要依靠法律手段保护农业。农业方面已经制定了一些法律法规,最近颁布的《中华人民共和国农业法》和《中华人民共和国农业技术推广法》,对发展农业和以法治农将发挥重要作用。

保护农业的实质是保护农民利益。为农民谋福利,农民才会拥护党,政权才能巩固,社会才能安定,这是我们党积几十年的经验。现在,有些同志的群众观念淡漠了,各种挤农、挖农、坑农的事情时有发生。这种现象绝不允许继续存在。保护农民利益与保护消费者利益是一致的。农民的利益得到了保护,农民就会保持和提高从事农业生产的积极性;农业生产发展了,农产品供给充裕,市场价格相对稳定,也就保护了消费者的利益。保护农民利益,促进农业和农村经济发展,是具有全局意义的重大问题,我们大家在这个问题上要站得高一点,看得远一些。

五、加强和改善宏观调控,确保农村市场经济的正常运行。

发展社会主义市场经济,是在国家的宏观调控下发挥市场对资源配置的基础性作用。现在没有哪一个发达国家对经济不进行宏观调控而放任自流的。目前我国对农业宏观调控的主要措施是:完善粮食储备制度,建立粮食风险基金,建立政策性农业银行。

现在,中央粮食储备制度已经初步建立起来,下一步是不断完善和充分发挥其储备、调节功能的问题。只有中央一级储备是不够的,地方也要建立储备制度,还要鼓励农民储粮,形成多级储备体系。中央和地方粮食储备系统要合理分工,密切配合,共同担负起储备粮食、调节市场供求、稳定价格的责任。要把国内的市场吞吐调节和国际市场的进出口结合起来,以保持国内粮食市场的稳定供应。

为了使粮食保护价政策落到实处,无论是中央财政,还是地方财政,凡是由于放开粮食价格而减少的补贴都不能挪作他用,一律用作粮食风险基金。

明年要成立政策性农业银行,承担政府赋予的农村政策性金融业务。商业性农村合作银行的经营方向不能脱离农村,要坚持取之于农村、用之于农村,确保用于农村的信贷资金能够回收,不再外流。

今年,由于党中央、国务院进一步加强了对农村工作的领导,采取了一系列重大政策措施,各级党委、政府和各部门做了大量工作,农村形势很好,农业生产比年初预计的要好。当前,要做好农产品收购工作,组织

好冬季农田水利基本建设，安排好农业生产资料的生产和供应，为争取明年的农业丰收奠定一个好的基础。

同志们，中央农村工作会议今天就要结束了。泽民同志在这次会议上的讲话和会议讨论的《关于当前农业和农村经济发展的若干政策措施》，是党中央、国务院促进农业和农村经济持续发展的重大决策。各级党委、政府和中央有关部门要从实际出发，制定具体措施，认真贯彻落实，并将贯彻落实情况向党中央、国务院作出报告。各级党委、政府都要切实加强对农村工作的领导，全社会各行各业都要关心农业，支援农业。我相信，在全党全国深入学习邓小平同志建设有中国特色社会主义的理论、加快改革开放和经济建设的新形势下，只要我们坚持党的基本路线，落实党的十四大精神，认真执行这次会议所确定和重申的各项方针政策，我国农业和农村经济的发展一定能够出现一个新局面，并将继续对我国改革开放事业和国民经济的持续发展产生巨大的推动作用。

民政部国家计委等 14 个部委联合发出《关于加快发展社区服务业的通知》

民政部、国家计委、国家体改委、国家教委、财政部、人事部、劳动部、建设部、卫生部、国家体委、国家计生委、中国人民银行、国家税务总局、中国老龄委日前联合发出通知，要求各地建立健全社会保障体系和社会化服务体系，推动社区服务业全面、快速地发展。

通知指出，社区服务具有福利性、群众性、服务性、区域性的特点，是社会保障体系和社会化服务体系中的一个重要行业，是新时期探索社会福利社会办和职工福利向社会开放的一条新路子。

通知说，社区服务的基本任务是：充分发挥国家、集体、个人三者的积极性，依靠社会各方面力量兴办社区服务业。开展各种便民服务，大力创办社区服务实体，立足民政，面向社会，为老年人、残疾人、优抚对象提供社会福利服务，为社区居民提供便民利民服务，采取联营共建等形式，与社区内企事业单位和机关团体开展双方服务。

中国佛教协会第六届全国代表会议在北京闭幕

帕巴拉·格列朗杰、赵朴初等出席闭幕式。全国政协副主席、中国佛教协会会长赵朴初居士主持会议。

与会代表听取和审议了《中国佛教协会第五届理事会工作报告》和《关于中国佛教协会章程修改草案的报告》，通过了新修改的《中国佛教协会章程》和《全国汉传佛教寺院管理办法》、《全国佛教寺院共住规约通则》、《关于汉族地区佛教寺院向全国和地方佛教协会提供佛教事业发展经费的办法》。

会议选举了中国佛协的新一届领导成员。

会议号召全国各民族佛教徒团结在中国共产党和人民政府的周围，从国家大局和佛教事业的根本利益出发，发扬佛教优良传统，同心同德，合和无争，为建设有中国特色的社会主义，为达致庄严国土、利乐有情的美好境界作出更大贡献。

中共中央统战部、国务院宗教事务局的有关负责人也出席闭幕式。

全国政协主席李瑞环在人民大会堂会见中国佛教协会第六届全国代表会议的全体代表时发表讲话

今天主要来看看大家，对中国佛教协会第六届全国代表会议的圆满成功表示热烈的祝贺！

我国的佛教在过去 40 年中，应该说像我们国家一样，经过了风风雨雨。但是，不管出现任何情况，我国的佛教徒始终是跟着共产党走的，一起走过了四十年的曲折道路，做出了贡献。我看过赵朴老写的一些书，佛教传到中国已有两千多年的历史，在中国的影响是比较深远、广泛的。讲中国的传统文化，其中的一部分就是佛教文化，中国的传统文化与佛教文化是分不开的。在过去若干年的时间里，由于“左”的思想影响，我们的国家遭受了“文化大革命”这一灾难性的破坏，佛教也遭受了破坏。我们高兴的是，党的十一届三中全会以后的 15 年，我们党按照小平同志指引的方向，实行了拨乱反正和改革开放这样的政策，过去遗留下来的许多错误和问题都得到了纠正和解决。这 15 年，佛教事业同我们国家的各项事业一样，是兴盛的 15 年。

当前，我们大家共同遵照邓小平同志建设有中国特色的社会主义理论，进行社会主义现代化建设。这一伟大的历史性任务，反映了全国各族人民的共同愿望。那么，如何完成这个伟大的历史性任务呢？我想，最根本的一条，就是动员所有的中国人齐心协力地投入到这个战场中来。我曾经讲过这样的话，建设有中国特色的社会主义，按照党的十四大精神建设社会主义市场经济，实际上是中国人民创造历史的过程。完成这个伟大任务，不是少数人的行为，也不单单是一个政党的行为，而是全中国人民一个创造历史的过程。因此，这个任务能不能完成，关键就在于我们能不能把所有方面的积极性都调动起来，也就是能不能最大限度地动员各个方面的人们，积极投身于建设当中去。这是决定我们的事业成败、加速或延缓的一个根本性的、关键性的问题。在这个方面，我想佛教工作也不例外。党和政府应该重视做好佛教工作，进一步调动佛教界的积极性，更好地发挥佛教界的作用，为现代化建设做贡献。作为佛教协会和所有寺院的人，同样也应该研究在中国人民创造历史的过程中，如何找到自己的位置，发挥自己特有的优势，为建设伟大祖国做出贡献。我觉得这是一个比较大的题目。对这个题目，我们要研究，要做，中国佛教协会以及佛教界也要研究，也要做，共同来把这个题目、这个文章做好。可以这样断言，中国的建设事业成功的程度，要看我们团结群众，调动群众积极性的程度。这似乎是一句很平常的话，却具有根本的道理。

讲到这里，我想向朋友们说明一点，由于"左"的影响，佛教工作受到了很大的冲击，历史上遗留下来的问题也相当多。这些年来，应该说是在陆续地解决，已经解决了相当多的问题，当然仍然有些问题还是悬而未决。我知道赵朴老经常为各地对待佛教发生的一些过失操心。我们党处理同宗教界朋友的关系坚持"政治上团结合作，信仰上相互尊重"的原则，但在我们各级政府干部中，仍有一些人不太自觉，因而很可能在实际工作中给大家带来很多不便和问题。关于这个问题，一方面希望各级党和政府，特别是各级党和政府的主要领导同志，要重视和关心宗教工作，过问或者亲自动手帮助解决。对目前宗教工作中存在的一些问题和实际困难，我认为只要党和政府的主要领导人真正重视、过问，是不太难解决的。另一方面也希望各地宗教界的朋友们，要协助党和政府，共同努力，解决好过去遗留的问题。当然，解决问题得有一个过程，但必须积极的努力。对那些违反国家的宗教政策，侵犯宗教界合法权益的做法，希望各地及时反映，我们一定认真负责地加以解决。

除了解决遗留问题外，我想还有一个新形势下佛教工作究竟怎样进一步开展的问题。我们到各地去可以看到一个普遍现象，各地庙宇翻修的不少，香火都很盛，年轻的教徒不少。我到五台山，还有其他一些地方，找一些年轻的小和尚谈过，问他们为什么出家，有什么想法，他们都有一套理论。应该说，年轻人的文化程度相对来说比年老出家人有所提高。但也应该看到，现在宗教界队伍面临青黄不接的局面。也就是说，如何能像我们其他的事业一样，不断地提高队伍本身的素质和不断地选拔优秀的接班人，这是宗教界里面的一件大事，也是宗教工作的当务之急。再提一个问题，就是如何使宗教的各项工作和认识与现代科学技术的发展相适应，我觉得这方面也需要提高，打一个比方讲，按照传统习惯，庙里烧香都在大殿里面，这样就很危险，起码是把屋子熏黑，搞不好还可能造成火灾。最近我去了一些寺庙，他们把烧香移到大殿外边来，我觉得这是一个很大的进步。人们也没有别的感觉，只感到这样做更加科学，大殿里面也更加干净。我举这个例子的意思是说，佛教也有一个提高素质、适应新的形势的问题。当然，佛教还有一些需要研究和改进的地方。我去过西双版纳，那个地方有几个民族都信仰佛教，有一个习惯是男孩要到庙里当一段时间和尚。我找他们谈过这个问题，十二三岁恰恰是上学的时候。我希望至少寺庙里要合理安排一些课程，不使那些小男孩当几年小和尚就中断读书了。过去没有从寺庙出来再上大学、再上研究生的，或者说有这样想法的人少，现在有这种想法的人就多，教学课程的安排要照顾这个特殊情况。总之，老问题、遗留的问题也还没有完全得到解决，我们将继续要求各级党和政府帮助你们解决。新形势下又有一些新问题，需要我们去研究，去正视，很好地加以解决。一方面需要我们的党和政府来帮助，另一方面需要我们佛教界的朋友们不断提高自身的素质，不断改进自己的工作，以适应形势的发展。

就总体上讲，我们党对宗教问题的基本理论、方针和政策是正确的，也是清楚的。但就具体宗教工作讲，在我们党和政府中还有相当多的人缺乏这方面的知识和常识。希望各级党和政府特别是主管这方面工作的领导同志要研究和学习宗教和宗教工作方面的知识。由于许许多多的历史原因形成的对宗教、对宗教界的偏见，在我们党内一些人中还严重地存在。宗教消极的那一面究竟有多大、究竟是哪些，都要认真地研究，不能一提到宗教就笼统说不好。我们有很多这样的例子，有的村子里头，佛教徒多，这个村子人与人的关系就好，这是一个现象，这种现象可以找很多很多。所以人们对宗教的认识，应该说在我们党和政府的领导干部里，还有一个需要提高，需要加强学习的问题。关于这方面，也需要我们宗教界的朋友们向主管你们的那些领导，讲讲宗教知识、常识。我们有些人不大懂这些知识、常识。有的是因为有一点"左"的思想，有的是不懂。不管是党的干部、政府干部，还是宗教界的一些人士，我们大家的共同目标是把中国搞富强，所以我们希望今后能有一个和谐融洽的关系，大家能够团结一致地、精神振奋地为把我们国家富强起来而努力奋斗。我想在这方面要做的工作还很多。

我很高兴地看到，你们这个会开得非常好，班子选得也很好。对过去四十年的工作做了实事求是的总结，对面临的形势和问题，也进行了分析和研究。我相信，通过这次全国代表会议，通过对四十年的纪念活动，中国佛教协会在今后的工作中将会取得新的成绩，总结新的经验，出现新的局面。

祝大家健康长寿。

全国人大常委会委员长乔石在人民大会堂会见英国前首相爱德华·希思

全国政协主席李瑞环在人民大会堂会见瑞士信贷银行副董事长德瑞克

外交部发言人吴建民在记者招待会上就德国总理科尔即将访问中国等问题答记者问

吴建民说，这次访问将推动中德两国友好合作关系，特别是经贸关系的发展。

在谈及目前中德经贸关系的现状时，吴建民说，德国是中国在欧洲的最大贸易合作伙伴。近年来中德经贸关系迅速发展。据中国海关统计，1991 年两国贸易总额为 54 亿美元。1992 年贸易总额达 64.71 亿美元，比 1991 年增长 19.8%。今年上半年，两国贸易进一步增长，1～6 月，贸易总额达 39 亿美元，比去年同期增长了 57.1%。他说，"中德经贸合作的前景十分广阔。"

吴建民宣布，应全国人大常委会的邀请，匈牙利共和国国民议会主席绍博德·捷尔基将于 10 月 25 日至 29 日对中国进行正式友好访问。应国务院副总理兼外交部长钱其琛的邀请，牙买加外交和外贸部长保罗·罗伯逊将于 10 月 31 日至 11 月 6 日对中国进行正式访问。

有记者问：美国农业部长访华取得什么成果？美国农业部长说，克林顿总统重视中美关系，决定扩大中美双边交往，中方对此有何反应？

吴建民说，应我国农业部邀请，美国农业部长埃斯彼于 10 月 16 日至 22 日对中国进行正式访问，就中美农业交流与合作、农产品贸易的发展等问题与中方进行了磋商，同中国有关部门领导人进行了广泛的接触。埃斯彼部长还出席了中美农业科技合作联合工作组第九次会议，"访问取得了一定的成果"。

他说，埃斯彼部长是克林顿政府第一位访华的内阁官员，他的访问有助于增进中美之间的相互了解和两国关系的改善。

吴建民说，"中美关系中既有分歧和困难，也有共同利益和巨大的合作潜力。我们欢迎克林顿总统关于扩大中美双边交往的主张，并愿意同美方共同作出努力，推动两国关系在中美三个联合公报的原则基础上改善和发展。"

吴建民在记者招待会上回答提问时对蒙古宣布为无核区表示赞赏。他说，中国支持和赞赏蒙古成为无核区，并将尊重其无核区地位。中国早已承诺不对无核区和无核国家使用或威胁使用核武器。这一承诺同样适用于蒙古。

10 月 22 日

八届全国人大常委会第四次会议开幕

119 名常委会组成人员出席会议，全国人大常委会委员长乔石主持全体会议。

会议听取法律委员会关于《中华人民共和国消费者权益保护法(草案)》、《中华人民共和国个人所得税法修正案(草案)》、《中华人民共和国注册会计师法(草案)》和《中华人民共和国红十字会法(草案)》审议结果的报告。会议还分别听取总理李鹏提请的关于《中华人民共和国教师法(草案)》、《中华人民共和国会计法修正案(草案)》和《中华人民共和国预算法(草案)》以及《中华人民共和国国家赔偿法(草案)》、《中华人民共和国国家勋章和国家荣誉称号法(草案)》的说明。外交部副部长刘华秋、杨福昌分别受国务院委托，向会议作《中华人民共和国和西班牙王国关于民事、商事司法协助的条约》和《中华人民共和国和哈萨克斯坦共和国领事条约》、《中华人民共和国和巴基斯坦伊斯兰共和国领事条约》、《中华人民共和国和白俄罗斯共和国领事条约》、《中华人民共和国和土库曼斯坦领事条约》的说明。

全国人大常委会副委员长田纪云、王汉斌、倪志福、陈慕华、费孝通、孙起孟、秦基伟、李锡铭、王丙乾、帕巴拉·格列朗杰、王光英、程思远、卢嘉锡、布赫、铁木尔·达瓦买提、李沛瑶、吴阶平，秘书长曹志出席了全体会议。国务委员司马义·艾买提、最高人民法院院长任建新、最高人民检察院检察长张思卿列席会议。

全国人大法律委员会向八届全国人大常委会第四次会议作消费者权益法等草案审议结果报告

《中华人民共和国消费者权益保护法(草案)》、《中华人民共和国个人所得税法修正案(草案)》、《中华人民共和国注册会计师法(草案)》和《中华人民共和国红十字会法(草案)》，再次提交八届全国人大常委会第四次会议审议。项淳一、薛驹、蔡诚、王叔文分别代表全国人大法律委员会向会议作审议结果报告。

项淳一说，法律委员会认为，为保护消费者的合法权益，维护社会主义市场经济秩序，制定消费者权益保护法很有必要，草案基本上是可行的。同时根据全国人大常委会委员的审议意见和地方、部门、企业、消费者的意见，提出了消费者应增强自我保护意识、消费者组织、经营者的赔偿责任等 11 处主要修改意见，建议全国人大常委会审议通过。

薛驹说，法律委员会认为，个人所得税法施行以来，我国的经济形势发生了很大的变化，个人所得税法的一些规定与形势发展的需要已经不相适应，为了深化税制改革，简化税制，公平税负，对个人所得税法进行修订很有必要，修正案(草案)基本上是可行的，同时提出了 8 处修改意见，建议全国人大常委会审议通过。

蔡诚说，法律委员会认为，为了发挥注册会计师在社会经济活动中的作用，加强对注册会计师的管理，适应发展社会主义市场经济的需要，制定注册会计师法是必要的，草案基本上是可行的。同时提出10处修改意见，建议全国人大常委会审议通过。

王叔文说，法律委员会认为，为了保护人的生命和健康，发扬人道主义精神，促进和平进步事业，保障红十字会依法履行职责，制定红十字会法是十分必要的，草案基本上是可行的。同时提出7处修改意见，建议全国人大常委会审议通过。

中共中央总书记江泽民等在中南海怀仁堂听取首期省部级理论研讨班汇报并发表讲话

中共中央总书记江泽民听取第一期省部级主要领导干部理论研讨班六位学员的学习汇报，并发表讲话。江泽民强调，一定要把组织各级领导干部，特别是高级干部学习《邓小平文选》第三卷的工作做好。通过抓好各级领导干部的学习，把全党的学习带动起来，把广大干部和党员从理论上武装起来，使建设有中国特色社会主义理论在实践中进一步显示其威力，推动我国改革开放和社会主义现代化建设不断地向前发展。

省部级主要领导干部理论研讨班，是中共中央决定举办的。主要是集中学习《邓小平文选》第三卷。参加第一期学习研讨的，有省、区、市主要负责人，中央和国家机关部委主要负责人，解放军各大单位主要负责人，以及宣传理论战线负责人和专家、学者，共45人。从10月4日开始，于11月2日结束。

江泽民说，把省部级主要领导分批请来办研讨班，集中学习邓小平同志建设有中国特色社会主义的理论，很有必要。他指出，邓小平同志建设有中国特色社会主义的理论，是当代中国的马克思主义。能不能切实按照党的十四大要求坚持用这一理论武装全党，直接关系到社会主义现代化事业的兴衰成败，关系到我们党和国家的前途命运。各级领导干部，特别是高级干部肩负重任，必须下决心坚持不懈地学习和掌握建设有中国特色社会主义的理论，提高思想理论水平和领导水平，尽心尽力地把各项工作做好。

江泽民指出，小平同志的著作，同马克思、列宁和毛主席的著作一样，其中的理论观点，都是既来自实践又指导实践的。现在，全党全国正在全面贯彻党的基本路线和十四大精神，推动改革和建设事业的发展。当前正在酝酿进一步深化改革，加快建立社会主义市场经济体制的基本框架。这是一项没有先例的创造性事业，前进中面临的新情况、新问题很多，迫切要求我们在探索中学好建设有中国特色社会主义的理论，并用这一理论为指导去正确加以解决。谁运用这个理论解决现实问题越多、越有成效，就说明谁学习得越好。我们应该按照这个精神来组织学习，检验学习。

江泽民强调，邓小平同志建设有中国特色社会主义理论内容非常丰富，是一个博大精深的科学体系。党的十四大报告从9个方面概括了这一理论的主要内容和基本观点，我们都要学习和掌握。江泽民着重指出，解放思想，实事求是，是建设有中国特色社会主义理论的精髓，要真正掌握这个精髓，必须用心把邓小平同志著作中贯穿和体现的辩证唯物主义、历史唯物主义学到手。像他那样热爱人民，尊重群众的实践和创造，时刻关注最广大人民的利益和愿望，自觉地把“人民拥护不拥护”、“人民高兴不高兴”、“人民答应不答应”作为我们想问题、办事情、作决策的根本出发点和归宿，关于用群众的经验引导群众前进。像他那样唯物而辩证地把握“一个中心，两个基本点”之间的本质联系，正确认识和处理改革与发展、速度与效益、计划与市场、物质文明与精神文明、改革开放与反对腐败等方面的相互关系。总之，真正掌握了马克思主义的世界观、方法论，掌握了解放思想、实事求是这个精髓，我们就可以一通百通，做工作就可以由必然王国逐步进入自由王国。这一点，对于各级领导干部特别是高级干部尤为重要。他要求各地各部门和军队的同志高度重视用建设有中国特色社会主义理论武装全党这件大事，无论工作多么忙，都要逐级负责，一级抓一级，把学习组织好，务求取得实效，力戒形式主义，做到学习和工作两结合、两促进。

座谈会由胡锦涛主持。参加会议的中央领导还有：李瑞环、刘华清、丁关根、尉健行、温家宝、任建新。

台盟五届四次中常会在北京召开

会议于22日至23日举行。台盟中央主席蔡子民主持会议。

会议认为，今年下半年以来，中共中央和国务院为建立社会主义市场经济体系，制定加强和改善国家经济宏观调控，深化改革，坚决反腐倡廉等一系列决策，国务院还发表《台湾问题与中国的统一》白皮书，全面系统地阐明“和平统一，一国两制”的方针、政策，积极推动两岸关系的发展。对此，会议表示完全赞成，坚决拥护。

会议着重讨论了台盟参政议政问题。与会者表示，今后要进一步提高全体盟员对参政议政的认识，增强紧迫感和使命感，切实抓紧参政议政工作，不断提高参政议政的水平。

会议认为，台盟参政议政的优势在对台工作方面。多年来，台盟重视对台湾问题的研究，并就相关问题向中共中央提出了意见和建议。今后，台盟还要进一步就“以经济建设为中心”和祖国和平统一大业积极献计献策。

国务院副总理李岚清中共中央台湾工作办公室主任王兆国在人民大会堂分别会见以许胜发为团长的台湾工业总会大陆考察团

最高人民检察院发出关于认真查办巨额财产来源不明犯罪案件的通知

各省、自治区、直辖市人民检察院,军事检察院:

全国人大常委会《关于惩治贪污罪贿赂罪的补充规定》(以下简称《补充规定》)第十一条第一款规定:"国家工作人员的财产或者支出明显超过合法收入,差额巨大的,可以责令说明来源。本人不能说明其来源是合法的,差额部分以非法所得论,处五年以下有期徒刑或者拘役,并处或者单处没收其财产的差额部分。"为全面贯彻执行《补充规定》,深入开展反腐败斗争,现就查办巨额财产来源不明犯罪案件的有关问题通知如下:

一、认真查办巨额财产来源不明犯罪案件,是反腐败斗争的需要,是检察机关的重要任务。发现国家工作人员的财产或者支出明显超过合法收入,差额在五万元以上,本人不能说明其来源是合法的,检察机关应当依法立案侦查,追究刑事责任。

二、对巨额财产来源不明犯罪案件的立案侦查,一律层报省级人民检察院批准,其中对差额在十万元以上的巨额财产来源不明犯罪案件,报最高人民检察院备案。

三、各地在查办巨额财产来源不明犯罪案件中,注意总结经验,执行本通知遇到的问题及时层报最高人民检察院。

最高人民检察院发出关于认真查办单位行贿受贿犯罪案件的通知

国家主席江泽民在中南海会见英国前首相爱德华·希思

国务院总理李鹏在中南海会见参加第 5 次中日经济讨论会的日方代表团团长日本经济新闻社社长鹤田卓彦

国务院副总理李岚清在北京会见加拿大皇家银行董事长兼首席执行官阿伦.泰勒

国务院总理李鹏和日本首相细川护熙就中日和平友好条约缔结 15 周年互致贺电

中国出席第 48 届联大的代表侯志通在联大第一委员会会议上发言

侯志通指出,去年以来,在国际社会的共同努力下,裁军与军控领域继续取得进展。然而,美俄两国拥有世界上最庞大、最精良的核武库和常规武库的现实并未改变。国际社会在实现全面禁止和彻底销毁所有大规模杀伤性武器这一根本目标方面依然任重道远。

侯志通重申中国对核裁军和禁核试问题的原则立场,即中国历来主张全面禁止和彻底销毁核武器,并在此范畴内实现全面禁止核试验。他表示,中国支持早日谈判缔结《全面禁止核试验条约》,将积极参加谈判,争取在不晚于 1996 年缔结该条约。他说,中国强烈要求所有核武器国家同时谈判并缔结一项无条件不首先使用核武器及不对无核国家和无核区使用或威胁使用核武器的国际公约。

侯志通强调指出,按照联大的有关文件和决议,在实现全面禁止和彻底销毁核武器方面,拥有最大核武库的国家应承担特殊责任,放弃其核威慑政策,并继续大幅度削减核武器,从而为其他核国家参加核裁军进程,最终实现全面禁止和彻底销毁核武器创造条件。

侯志通说,中国政府在防扩散问题上一贯采取严肃、认真的态度,坚决反对扩散各类大规模杀伤性武器;同时认为,全面禁止和彻底销毁这些武器才是人类追求的根本目标。去年 3 月,中国正式加入了《不扩散核武器条约》。中国支持该条约的顺利延期。

在谈到控制武器转让的安排等问题时,侯志通指出,控制转让导弹技术的安排应是非歧视性的,并应考虑制止任意使用导弹对别国进行袭击的做法。否则,有关安排就会成为某些国家保持军事优势和推行强权政治的手段。他说,我们反对打着控制武器转让的旗号,动辄对别国实行制裁,施加压力,自己却大量出售武器,危及有关国家的主权和安全。我们也反对那种以禁止化学武器为借口,不按照有关国际公约的规定办事,而自充国际警察,危害别国航行安全和正常贸易往来,违反国际法和国际关系准则的霸权行径。

侯志通大使还详细阐述了中国政府对禁止化学武器、军备透明措施、和平利用外空、朝鲜半岛无核化和亚太地区安全机制等问题的态度和立场。他表示,中国积极参加裁军等议题的审议,为裁军和国际安全取得新进展作出贡献。

第七届全国发明展览会在石家庄举行

来自全国各省、自治区、直辖市和国务院有关部委、军队系统组织的 50 多个代表团,3000 多名发明人或展销厂家代表,数万名参观和进行交易洽谈活动者同中国发明协会以及河北省领导出席开幕式。

湖南农学院副教授万文举等人担负的遗传工程水稻(GER—1)研究成果在湖南长沙通过鉴定

商务印书馆国际有限公司在北京成立

第二次全国工业污染防治工作会议在上海开幕

国务院总理李鹏在致大会的贺信中指出:"工业生产是环境污染的主要来源。防治工业污染对于改善生产环境和生活环境,保持经济持续、健康发展具有重要意义。"

会议重点解决建立健全新形势下工业污染防治的管理体制,明确工业企业防治污染的责任,推出工业污染防治的一些经济政策和措施,加强工业污染防治法制建设等有关问题。

国务委员、国务院环保委主任宋健在会议上作重要讲话。

国家环保委主任宋健在第二次全国工业污染防治工作会议上发表讲话

在我国加快改革开放和国民经济进入调整发展阶段的时候,国家经贸委和国家环保局召开第二次全国工业污染防治工作会议,是非常重要和及时的。国务院一直非常重视工业污染防治工作,1982年曾经在北京开过第一次全国工业污染防治会议,对防治工业污染、保护生态环境,起到了推动作用。从那以后十多年来,我们在环境保护,特别是工业污染防治工作上取得举世瞩目的成绩,有许多事实和数据都证明了这一点。从八十年代到现在,国民生产总值翻了一番多,工业总产值也翻了一番多,污染不仅没有相应地成倍增加,有很多污染排放物还呈下降的趋势,这是了不起的成绩。我们要充分看到过去十年经过环保战线、工业部门和全国人民、全体职工的努力所取得的成绩。比如说,工业废水一直稳定在每年240亿吨水平,并没有大幅度增加。当然,240亿吨相当半条黄河,黄河是每年500亿吨,也不算少,但起码没再显著增加。再如,万元产值工业废水排放量下降了四分之三,就全国来说,也是很大成绩。全国烟尘排放一直保持在1400万吨左右,没有呈大的上升趋势,相反工业粉尘排放量下降一半多。冶金工业钢产量过去10年增加了一倍,今年预计达到8500万吨。在座的很多人还记得,五十年代,毛主席下决心几年超英,几年赶德,目标不过是3000万吨。这是前代人梦寐以求的目标。今年8400万、8500万吨钢是能够达到的,本世纪末还要向一亿一千万吨钢前进。全国人民为冶金工业取得进步而高兴,感到振奋和鼓舞。同时,冶金系统的排污合格率从35%上升到76%,废水处理率从原来40%左右提高到90%,废气处理率从46%提高到90%。钢产量增加一倍,正在高速前进,而排污却大幅度降低,是由于冶金部门的领导和冶金战线上职工们高度重视,经过各企业努力取得的成绩。前几年我去过宝钢,那里看不见黑烟,车间里非常干净,宝钢确实是我们现代化冶金企业的范例,它向我们展示了什么是现代工业文明。宝钢真正成了花园式清洁工厂,在世界上也是首屈一指的。还有,我两次去过太钢。过去,整个太原北郊笼罩在黑烟之中,现在基本消灭了大的烟尘,太原市人民很满意。太钢的全国劳动模范李双良,他是我们的光荣,是我们学习的榜样。我们应该向冶金战线、向冶金部的领导表示衷心感谢和敬意。还有电力部门,发电机的容量1992年达到16500万千瓦,发展也是非常快的。每年增加1000多万千瓦装机容量,今年增加接近1500万千瓦。现在的装机容量比1982年增加了1.3倍,但是单位发电量的排尘量下降了一半多,排烟量没有增加,很不容易。单位发电量的污水排放量下降一半,这是很了不起的成绩。化工部门的在污染防治方面也取得了不小成绩,增加了环保投资强度,严格执行了"三同时"制度,新建企业"三同时"达到百分之百。废水、废气、固体废物处理率都有大幅度的增长。还应该表彰石化总公司。石化总公司1983年成立,一开始就十分注意依靠科技进步,严格科学管理,加速清除历史欠账。前一个月我去新疆,看到乌鲁木齐石总厂,很干净,厂区也很漂亮,是新疆人民的骄傲。在乌鲁木齐市一说到这件事,自治区政府和人民都伸大拇指。燕山、金山石化公司也都非常好。我国的原油加工能力大幅度增加,乙烯单体生产能力增加三倍,整个石化公司产值增加三倍多,而排放总量大幅度下降。过去10年来取得的成就极大地增强了我们的信心,完全否定了有些人以为发展工业必然带来污染的错误概念。我们主要的或支柱性的工业部门都取得了成绩,这说明过去10年工业污染防治工作有成就。我们应理直气壮地向全国人民、向国际朋友们、国际舆论界介绍我们的成就。不要一般化说责任,只说坏的典型,应全面地估价,以增强工业战线、全国人民防治污染、治理环境的信念和信心。

这次会议非常重要,要总结过去的经验和教训,筹划九十年代的目标,还要讨论九十年代工业污染防治规划。每个部门都有了具体任务和指标。希望这次会议上大家认真讨论,对文件进行修改,把它改好,作为九十年代全国工业界奋斗的目标。全国人民共同努力,在九十年代末、下一世纪初,要使我国环保工作、工业生产面貌出现大变化。希望下次开会时,我们能看到工业面貌发生更大变化。让我们共同努力,完成这次会议的中心任务。国务院委托我们把规划措施讨论好，修改好，在九十年代得以顺利实施。

一、进一步提高工业污染防治水平

20 年前，斯德哥尔摩人类环境会议把环境问题首次提到人类发展的议事日程上。周恩来总亲自派代表团出席会议。回来之后，又亲自找他们谈话。周总理警告说：中国弄不好也要出现污染。我们在搞工业建设时，就应该抓紧防治工业污染，绝不能做贻害子孙后代的事。当时周总理再三嘱咐我们要把工作做好。

可持续发展已成为全世界的奋斗目标。其实，周总理最早提出的“永续利用”的方针，与“可持续发展”这句话的意思是完全一样的。由于我们解释不够，否则“永续利用”这句话就可写进国际公约了。让我们大家记住周总理的教导，把工作做好。

在周总理的亲自倡导下，我国的环境保护事业发展很快。如前所述，近 10 年来我国工业系统的环境保护工作取得了很大的进步。全国人民，特别是工业系统，对保护环境重要性的认识已经有了较大的提高。关于环境保护的法制体系也已基本建立。过去 10 年来，全国人大颁布了四个直接关于环境保护的法律。即《中华人民共和国环境保护法》、《中华人民共和国海洋环境保护法》、《中华人民共和国水污染防治法》和《中华人民共和国大气污染防治法》。这四部法律是专门为环保制定的。此外，还有八个有关资源保护的法律，也和环保有联系，如《野生动物保护法》、《渔业法》、《水法》和《农业法》等。我国还参加了一系列国际公约。这些公约的法律效力与国内法相同。国务院发布了 20 多项行政法规和有关规定，国务院有关部门也发布了大量的部门规章。可以说我国的环境保护政策法规体系已基本形成。为执行这些法律，制定了保护环境和环境监督管理的制度和措施，制定了全国统一的环境监督和检查技术标准，实现了监督和检查定量化、科学化和规范化。监督技术方法和科学仪器设施也基本普及了。有法律保证，有科学技术支持，有检查监督制度的保证，这样，我国的环保工作，在法律体系、管理结构、科学技术保障上，已经形成体系，这是过去 10 年取得的成就，应高度评价。进入九十年代，党中央、国务院又对环保问题提出了新的要求。党的十四大把加强环境保护列入九十年代改革和建设的重要任务之一。去年联合国环发会议之后，党中央、国务院及时发布了我国环境与发展的十大对策，成为九十年代环境保护事业的工作纲领，为把环境保护工作提高到一个新水平确立了方针政策和目标。

在充分肯定成绩的同时，我们必须看到，在环境保护问题上，我们面临的形势还很严峻，有些方面情况还比较严重。虽然控制了工业污染排放恶化的势化，但是总绝对排放量还在增加。工业部门的排放占整个排放的 60％至 80％。特别是污水、固体排放物还在呈增长趋势。我们要努力奋斗，控制污染发展的趋势。我们反对搞自然主义，搞自然主义我们就不能搞工业了。我们要工业，要现代化，电力要上，化肥要上，乙烯还不够。事实证明，实现工业增长，同时降低污染是有可能的，我们规定的战略目标是能够实现的。宝钢就是一个范例，石洞口发电厂和天原化工厂做得也很好。但是，有的地方没做到这样好。例如前几年，武夷山旅游区，有一个造纸厂，把一条很漂亮的河流搞得一塌糊涂，全是黑水，问题十分严重。还有一个问题是二氧化硫排放在增加。四川盆地以南，现在酸雨频率不断增高，下十场雨有七八场是酸雨，有时 pH 值达到四，简直成了稀硫酸。过去峨眉山上云杉长得很好，现在大量死亡。这些问题应引起我们高度警惕。

九十年代是我国国民经济发展实现第二步战略目标的关键时期。要实现经济持续、快速、健康地发展，必须处理好环境与经济的关系，做到可持续的协调发展。在保护人民健康和生态环境的同时，环境保护又是经济得以持续发展的基础条件。由工业生产带来的环境污染和生态破坏必然直接危及经济发展的基础，最终会制约经济和社会的发展速度。当前经济高速发展的形势对保护环境提出了更高的要求。就全国来讲，当前影响环境质量的主要污染物来自工业生产，城市的烟尘和二氧化硫、工业废水、固体废物和噪声等污染环境的“四害”，目前都有恶化趋势。有些厂矿企业设备陈旧、技术改造缓慢，工业污染排放量长期降不下来。过去，在经济大发展的初期，我们侧重于污染排放的末端控制和治理。今后，我们必须坚决落实“预防为主”的方针，对一切新建的企业和正在进行技术改造企业，必须实行对工业污染的全过程控制。

4 年前，在第三次全国环境保护会议上，我们曾提出“向环境污染宣战”目的是要唤起人们的严重关注，要求各级政府依法严格环境管理，坚决同违法行为作斗争，为建立良好的环境秩序和经济的可持续发展创造条件。全国人大常委会和国务院多次指出，依法加强对环境监督管理是当前各级立法机构、执法机关、各级政府的重要任务。全国人大和国务院已决定从今年起，在全国开展环境保护方面的执法情况检查，依法严格查处违法行为，同时，各宣传部门将配合开展执法检查方面的宣传报道。中央电视台的“中华环保世纪行”已开始播放，表扬好的，揭露和鞭策做得差的，以形成全社会监督的声势。已播送的几期效果很好。现在与 10 年前不同，我们已建立了比较完整的法律体系，规范了全社会的环境行为，为九十年代环保工作提供了法律保障。法律是国家和人民最高利益的体现，任何人都不能摆脱法律的约束，在法律面前人人平等。执法必严，违法必究。要大力开展普法教育，力求避免不教而诛。但是，对应知而不知者违法也要依法查处。我们工业系统应该在模范执法方面为全社会作出榜样。希望各级政府和企业的领导同志，能站在更高的层次上，站在法制的高度来看待环境和经济的关系。要提高对这项工作的认识，从宏观的、长远的目标出发，在规划、组织经济工作的同时，自觉地安排好工业污染防治工作。如果出现了工业污染失控，那就是违反法律，违背基本国策，违背国家、民族和中国人民的最高利益和长远利益，是对人民群众、对子孙万代的不负责任。通过这次会议，大家要认清当前的形势和任务，明确目标。我们的工作方法要从以劝说为主，逐步向贪污管理过渡，把工业污染防治工作提高到依法管理的新水平。法律惩治本身也是教育，尚有法律惩治，这种教育就是不彻底的，有些愚昧、落后和损害社会利益的恶劣行为就不能克服。

二、实行清洁生产，创建现代工业新文明

这次会议的另一项重要任务是大力推行清洁生产。实行清洁生产是实现可持续发展的要求，是中华民族生存和发展的必需，是国内外二十多年来工业污染防治的有益经验。在清洁生产方面，我们自己也曾进行过有益的探索和实践。七十年代末期提出了加强管理，改革工艺，大搞综合利用，通过再生产变废为宝，尽力把“三废”消灭在生产过程中。八十年代初，推行了无废少废清洁工艺。10年前国务院颁布了《关于结合技术改造防治工业污染的几项规定》，明确要求通过采用先进的技术和设备，提高资源、能源利用率，把污染物消除在生产过程中。八十年代末期提出了工业污染全过程控制。这些围绕“预防为主”的方针和措施，都蕴涵着清洁生产的思想。现在，我们可以简略地把“清洁生产”概括为“清洁的原料、清洁的生产过程和清洁的产品”。它体现了现代工业发展的基本模式，既能提高经济效益，又有良好的环境效益。

去年，联合国环境与发展大会将清洁生产纳入了大会主要文件之一的《二十一世纪议程》。联合国环境规划署已经制定了清洁生产计划，将在全球推行。从全球来看，实行清洁生产已势在必行。这个文件符合中国的基本国策和人民群众的最高利益，所以我国庄严签署了这个文件，并得到人大的批准，我们必须坚决贯彻执行。

推行清洁生产应当注意解决三个问题。第一，对清洁生产的指导思想和基本内容要有正确的认识，要对当前防治工业污染的一些政策进行调整和补充，以适应实行清洁生产、预防工业污染的要求。只有认识正确了，政策措施跟上了，行动才会主动，才会有效果。第二，要明确实行清洁生产的关键在于企业生产经营管理的科学化。我国有相当一批工业生产方式同世界先进国家存在较大的差距，一个重要原因是在生产经营管理上没有下决心采用先进的管理思想、管理方法和手段。实现生产经营管理的科学化，有利于促进实现生产过程中的节能、降耗、降低成本、减少污染。第三，实行清洁生产必须依靠科技进步。据统计，目前我国工业企业的技术设备和生产工艺水平达到国际七八十年代水平的仅有10%左右，这是企业经济效益低下和造成严重污染的重要原因。提高资源、能源利用率，提高生产技术、工艺水平，减少污染物排放，要积极采用先进的技术、设备和工艺，要舍得投资，抓紧进行技术改造。要依靠科学技术的进步来促进生产的发展和保护环境，而不是片面追求产值和规模。在需要增加产量的地方，必须同时注意改善环境质量。希望从事工业建设、经济管理和环境保护的专业技术人员充分发挥聪明才智，为创造和完善九十年代的工业生产新模式作出贡献。

为了推行清洁生产，要注意抓好中间试验，建立清洁生产的示范工程，树立一批技术水平高、管理先进、经济效益高和环境效益好的样板。在推行清洁生产过程中，要抓好人员和技术培训，组织一支高水平的队伍。走清洁生产的道路是我国防治工业污染的必由之路，是建设现代工业文明的中心目标。工业系统和环保系统应当携起手来，为在中国建立现代工业新文明而努力。

三、依靠科技进步发展环保产业

经过20年的探索和实践，我国在环境保护的指导思想、战略方针、法规政策等方面形成了自己的体系。但为什么我国工业污染的蔓延趋势没有得到彻底遏制呢？究其原因，除了资金投入不足外，科学技术落后是重要原因之一。我们必须努力提高工业生产的科技水平，争取在较高的污染防治水平上实现工业进步。要从根本上消除那种违反科学规律的蛮干、胡干而侥幸取胜的幻想。傻干蛮干现在还有。前几年出现过土法炼硫、炼砷，这简直是蛮干，是自杀，现已全部禁止。今后绝对不能允许土法炼砷这类害人害己的愚蠢行为在任何地方出现。

环保产业在九十年代要为大中型企业、中小企业、乡镇企业提供好的环保装备。环保产业是一个非常有前途和有实用价值的新兴高技术产业。要鼓励大中型企业、科技部门和高等院校，研究、开发和生产、推广能提高经济和环境效益的技术和装备。凡是有利于环境的技术，大致都是提高效益的技术，是有利于可持续发展的技术。随着我国改革开放和经济建设调整发展，尚处于起步阶段的环保产业要加速发展。各发达国家的环保产业公司已经大踏步进入中国市场。美国的环保公司已在北京开设办事处，向中国推销环保技术，还有许多欧洲公司也蜂拥而至。我们对此表示欢迎。但是，我们自己的企业和研究机构为什么上不去呢？主要是对环保产业的重要性和紧迫性认识不足。参加今天会议的有经委（计经委）部门、环保部门、计划部门和科研部门，大家要好好研究一下这个问题。我们要在九十年代，下决心把环保产业搞上去。国家已经将环保产业列为优先发展领域。积极培育中国自己的环保产业，是当前迫切需要解决的问题。对此，工业系统、环保系统和有关部门要予以重视。中国环保产业现在还没有形成气候，需要大家来积极扶持，投入力量。江苏宜兴率先发展了乡镇环保产业群，这是一个创举，应该给予热情支持。上海技术水平高，各方面力量都是首屈一指的，希望上海在发展环保产业方面带头做好。

环保产业的发展，是为工业污染防治提供先进的技术、装备和发展清洁生产的技术基础。依靠科技进步，用新技术、新工艺、新材料、新装备来改造和装备大中企业和新兴产业，是今后相当长时期的发展趋势。国外正在兴起的"绿色产品"和环境标志已开始为我国采用，各部门要给予有力支持和指导。要逐步建立环保产业市场，实现有效监督，促进环保产业的健康发展，为国民经济可持续发展提供技术和物质保障。

工业，特别是大中企业是我国国民经济的脊梁。工业占国民生产总值的70％。我国环境保护的重点在城市、工业和生态系统三个方面。目前，工业生产，包括乡镇企业，是城乡环境污染和生态破坏的主要来源。我国有70％以上的工业集中在城市及其郊区，所以，城市防治工业污染的任务很重。中国是一个发展中国家，是一个人口大国，也是一个环境大国。中国工业污染防治工作做好了，全球生态保护、环境保护、可持续发展就有希望，对世界也是一个贡献。我们已经签署了国际公约，不仅对中国的社会主义现代化建设，而且对整个地球和全人类负有责任和义务。

保护环境和实现可持续发展是我们长久的主题。国务院要求各工业部门、环保部门和所有工交厂矿企业，都要发挥自己的智慧和热情，为中华民族的长远利益共同努力，推进中国的环境与经济协调发展，为在中国经济腾飞过程中保护好我们的环境，为中国人民和全人类的进步以及经济的可持续发展作出贡献。

环境保护对我们这样人口众多的国家的未来影响很大。我国人口还要增长，今年年底已经接近12亿，下一世纪要达到15亿至16亿才能停止增长。人口的增长给我们增加了压力。我们必须兢兢业业，努力奋斗，给后代在下一世纪的发展创造比较好的条件，这是非常重要和光荣的任务。

党中央、国务院及全国人民对这次会议寄予很大的希望，希望能为我们的民族、我们的可持续发展想办法定措施，为九十年代环境的进一步好转，开创出可持续发展的道路作出贡献。我希望大家在这次会议上很好地讨论修改会议文件，研究文件中所规定的目标。这次会议通过以后，要变成国家的硬任务公布实施，不完成不行。对乡镇企业，农业部乡镇企业局和国家环保局还要单独研究，也要采取切实有力的措施。对严重污染环境的乡镇企业，能转产的要转向清洁生产，无力或不能治理的污染源，要坚决关闭，只有下这样的决心才能使所有人都遵守关于保护环境的法律规范。

10月23日

中共中央总书记国家主席江泽民在人民大会堂会见以许胜发为团长的台湾工业总会大陆考察团

国家主席江泽民在人民大会堂会见出席中美工程技术研讨会的海外华人专家

中共中央总书记江泽民政治局常委刘华清等领导出席欧美同学会80华诞庆祝大会

江泽民代表党中央、国务院向大会表示祝贺，向在各自岗位上辛勤工作、为国奉献的所有归国留学人员致以亲切问候，并向远在异国他乡学习和工作的所有中国留学人员和他们的家属表示慰问。

全国人大常委会副委员长、欧美同学会会长卢嘉锡在讲话中表示，在改革开放的新的历史时期，我们要继续发扬爱国主义的光荣传统，团结每一个海内外同学，为祖国的和平统一和繁荣富强而努力奋斗。

张维学、汪德昭、沈坚白、杨芙清、陈章良等欧美同学会新老学子也在庆祝大会上讲话。

邹家华、费孝通、吴阶平、罗干、王兆国以及孙越崎、严济慈、张劲夫等也出席庆祝大会。

全国人大常委会委员长乔石到中国历史博物馆参观国际中国书画博览会

全国政协主席李瑞环在人民大会堂会见世界卫生组织总干事中岛宏

中共中央政治局常委胡锦涛在人民大会堂会见比利时法语社会党主席菲力普·布斯坎

全国人大常委会副委员长秦基伟在人民大会堂会见瑞士联邦议会外交委员会主席里森

国务院副总理钱其琛在钓鱼台国宾馆会见英国前首相爱德华·希思

国务院副总理钱其琛在中南海会见瑞士联邦议会外交委员会主席里森

中央军委授予姜泗长教授"模范医学教授"荣誉称号命名大会在解放军总后勤部举行

会前，中央军委副主席刘华清、张震，中央军委委员迟浩田、张万年、于永波、傅全有等会见姜泗长和总后专家教授代表。全国政协副主席洪学智出席会议。

解放军总后勤部部长傅全有在会上宣读中央军委主席江泽民签署的授予姜泗长"模范医学教授"荣誉称号的命令，并代表中央军委向姜泗长颁发一级英模奖章。

首次藏语系佛教研讨会在北京中国藏语系高级佛学院召开

全国政协副主席阿沛·阿旺晋美，全国政协副主席、中国佛教协会会长赵朴初出席研讨会并讲话。中国藏语系高级佛学院藏传佛教研究室是班禅大师生前创建的，已聘请50多位在藏传佛学界造诣高深，学识渊博，德高望重的大德、学者为研究员、副研究员。

世界上最大跨径的斜拉桥——上海杨浦大桥通车

杨浦大桥全长7658米，主孔跨径602米，目前居世界同类桥梁之首。

国家科委主办的天然药物发展国际研讨会在北京闭幕

中国社会服务促进会推出中国大陆助孤救孤社会福利计划

10月24日

党和国家领导人江泽民李鹏乔石李瑞环刘华清胡锦涛等在北京会见中国工会第十二次全国代表大会代表

中共中央总书记江泽民发表重要讲话。

江泽民说，建设有中国特色社会主义是人类历史上最辉煌的事业，也是中国工人阶级和广大人民群众自己的事业。当前，我国社会主义现代化建设正处在关键时期。我们要在本世纪末初步建立起社会主义市场经济新体制，实现党的十四大确定的宏伟目标和任务。完成这一伟大任务，必须全心全意依靠工人阶级，充分发挥工人阶级的主力军作用。工人阶级要认清自己的历史使命，紧紧团结在党的周围，艰苦创业，奋发努力，为改革和建设不断作出新贡献。

江泽民说，改革开放15年来，各级工会组织以邓小平同志建设有中国特色社会主义理论和党的基本路线为指导，在推进改革开放和现代化建设中，做了大量工作，取得了很大成绩。当前，深化企业改革、转换国有企业特别是大中型企业的经营机制，是摆在我们面前的一个重大课题。他希望各级工会团结和动员广大职工积极投身改革，推动改革不断深入。要及时反映职工群众的意见和要求，切实维护职工的合法权益。积极探索有中国特色社会主义工会工作的新路子，努力开创工会工作的新局面。

江泽民要求各级党委加强和改善对工会工作的领导，支持工会依照法律和自己的章程独立自主地开展工作，使工会真正成为党和政府密切联系广大职工群众的桥梁和纽带。

参加会见的还有：丁关根、田纪云、李岚清、杨白冰、邹家华、钱其琛、尉健行、温家宝、王汉斌、任建新、倪志福、陈慕华、李沛瑶、吴阶平、迟浩田、陈俊生、罗干、王兆国等。

中国工会第十二次全国代表大会在北京开幕

党和国家领导人江泽民、李鹏、乔石、李瑞环、刘华清、胡锦涛等出席开幕式。

大会主席团常务主席倪志福主持开幕式。

中共中央政治局常委、书记处书记胡锦涛代表党中央、国务院向大会致祝词

全国妇联副主席、书记处第一书记黄启璪代表共青团中央、全国妇联、中国科协、全国文联、全国侨联、全国台联、全国残联，人民解放军总政治部副主任周子玉代表解放军全体官兵、武警部队全体官兵，向大会表示祝贺。

全国总工会副主席、书记处第一书记张丁华代表十一届执委会向大会作题为《团结动员全国职工发挥主力军作用，为夺取有中国特色社会主义事业的更大胜利而奋斗》的工作报告。

出席大会的还有：丁关根、田纪云、李岚清、杨白冰、邹家华、钱其琛、尉健行、温家宝、王汉斌、任建新、陈慕华、李沛瑶、吴阶平、迟浩田、陈俊生、罗干、王兆国等。

中共中央政治局常委胡锦涛在中国工会第十二次全国代表大会上致《我国工人阶级的伟大使命》祝词

同志们：

中国工会第十二次全国代表大会，是在我国改革开放和现代化建设进入蓬勃发展新阶段的形势下召开

的。这是全国亿万职工政治生活中的一件大事。开好这次大会，对于深入贯彻党的十四大精神，充分发挥工人阶级的主力军作用，推动有中国特色社会主义事业的发展，进一步开创工人运动和工会工作的新局面，具有重要的意义。我受党中央、国务院的委托，向大会表示热烈祝贺！向与会全体代表，向各条战线上的劳动模范、先进工作者，向全国广大职工群众和工会干部，表示亲切的慰问和崇高的敬意！

我国工人阶级是一支特别能战斗的队伍，始终是推动社会前进的最基本的动力。我国工人运动有着光荣的传统，始终是革命和建设事业的重要组成部分。新民主主义革命时期，我国工人阶级在中国共产党的领导下，同广大农民结成亲密的联盟，以自己特有的坚决彻底的革命精神和无所畏惧的英雄气概，前赴后继，浴血奋战，为推翻三座大山，建立新中国，立下了不朽的功勋。社会主义革命和建设时期，工人阶级发愤图强，艰苦创业，为建立和巩固社会主义制度，全面开展社会主义建设，创造了辉煌的业绩。党的十一届三中全会以后，我国进入了新的历史时期。党领导全国各族人民沿着邓小平同志指引的有中国特色社会主义道路胜利前进，取得了举世瞩目的伟大成就，整个国家焕发出勃勃生机。在改革开放和现代化建设的伟大历史进程中，工人阶级开拓进取，团结奋斗，为推进社会主义物质文明和精神文明建设，做出了新的重大贡献。历史已经证明并将继续证明，我国工人阶级不愧是同社会化大生产相联系的觉悟最高、纪律性最强的阶级，不愧是国家的领导阶级，不愧是推动社会进步的中坚力量，不愧是革命和建设的主力军。

党的十四大明确确定了九十年代我国改革和建设的主要任务，向全国人民展示了奔向二十一世纪的光辉前景。我国的社会主义现代化建设正处在关键时期，中华民族正面临着难得的历史性机遇。在新的形势和任务面前，不失时机地推进改革开放，加快建立社会主义市场经济体制，促进经济持续、快速、健康发展，对实现我国社会主义现代化建设的宏伟目标，具有决定性的意义。我国工人阶级新时期的伟大使命，就是同全国人民一道，高举建设有中国特色社会主义的旗帜，全面贯彻党的基本路线，牢牢把握经济建设这个中心，坚定不移地发展社会主义市场经济，坚定不移地发展社会主义民主政治，坚定不移地发展社会主义精神文明，为把我国建设成为富强、民主、文明的社会主义现代化国家而努力奋斗。

工人阶级要肩负起伟大使命，就要努力为加快经济发展多做贡献。社会主义的根本任务是解放和发展生产力。经济建设是一切事业和整个社会进步的基础。要巩固社会主义制度，增强我国的综合国力，提高人民生活水平，充分发挥社会主义的优越性，在日益激烈的国际竞争中永远立于不败之地，最根本的是坚持党的基本路线，集中精力把经济建设搞上去。工人阶级作为推动社会历史发展的先进阶级，要以高度的历史使命感和主人翁责任感，以解放和发展生产力为己任，积极投身经济建设的伟大实践。要继续发扬艰苦创业精神，英勇劳动，勤勉敬业，奋力拼搏，竭诚奉献。要立足本职，学赶先进，争创一流，广泛开展劳动竞赛、合理化建议、技术革新、技术协作和发明创造活动，千方百计提高质量，增进效益，发展生产，为我国经济建设再上新台阶建功立业。

工人阶级要肩负起伟大使命，就要更加自觉地站在改革开放前列。改革是一场深刻的革命，是解放和发展生产力的必由之路，是包括工人阶级在内的亿万人民群众自己的事业。按照十四大的要求，建立和完善社会主义市场经济体制，积极推进各方面的改革，直接关系到我国社会主义现代化建设的进程。工人阶级要积极参加改革，热情支持改革，努力为改革贡献才智和力量。企业改革是整个经济体制改革的基础，是建立社会主义市场经济体制的中心环节。转换国有企业特别是大中型企业的经营机制，是当前企业改革的重点。广大职工要积极参与企业的各项改革，为企业走向市场，提高企业素质，增强企业活力做出贡献。在改革过程中不可避免地涉及各种利益的调整。广大职工群众要以主人翁精神，继续发扬识大体、顾大局的优良传统，自觉做到眼前利益服从长远利益，局部利益服从整体利益，以实际行动推进改革的深入发展。

工人阶级要肩负起伟大使命，就要在社会主义精神文明建设中充分发挥带头作用。我们党领导的有中国特色的社会主义，是社会主义市场经济、社会主义民主政治、社会主义精神文明的有机统一。在牢牢把握经济建设这个中心的同时，加强社会主义民主法制和精神文明建设，促进社会全面进步，是建设有中国特色社会主义的必然要求和重要保证。工人阶级不仅是物质文明建设的主力军，而且是推进社会主义精神文明建设的伟大力量。广大职工要增强民族自尊心和自豪感，发扬爱国主义、集体主义精神，坚定社会主义信念。要大力倡导团结友爱、助人为乐、见义勇为的社会风尚，维护社会公德，遵守职业道德，自觉抵御拜金主义、享乐主义和极端个人主义思想的侵蚀，用自己的先进思想和良好的精神风貌影响和带动全社会。要树立法制观念，维护安定团结，积极参与社会治安综合治理，坚决同各种违法犯罪行为作斗争，同消极腐败现象作斗争，同社会丑恶现象作斗争。

工人阶级要肩负起伟大使命，就要在实践中努力提高自身素质。工人阶级所以是最先进的阶级，不仅因为它是先进生产力和生产关系的代表，而且因为它能用先进思想和现代科学文化知识武装自己，在改造客观世界的同时改造主观世界。国内外环境的变化和新的形势任务，对工人阶级提出了更高的要求。工人阶级只有不断提高思想政治素质和科学文化素质，才能适应时代要求，担当起自己的历史责任。要认真学习马列主义、毛泽东思想，特别要努力学习好邓小平同志建设有中国特色社会主义理论。通过学习，掌握基本观点，领会精神实质，解放思想，实事求是，提高贯彻执行党的基本路线的自觉性和坚定性，做到在任何情况下都坚持党的基本路线不动摇。要积极参加学文化、学科学、学技术活动，努力掌握社会主义现代化建设所需要的知识，加快工人队伍知识化的进程。青年工人在职工队伍中占有很大比例。我们殷切期望工人阶级新一代继承发扬优良传统，加强学习和实践，努力把自己锻炼成为合格的社会主义建设者。

全心全意依靠工人阶级是我们党和国家一贯坚持的根本方针。我国是工人阶级领导的、以工农联盟为基础的人民民主专政的社会主义国家。我们党是工人阶级的先锋队，工人阶级是我们党的阶级基础。党和国家的性质，工人阶级的历史地位和作用，决定了我们任何时候、任何情况下都必须全心全意依靠工人阶级。我们党领导的有中国特色社会主义的事业，是前无古人的伟大事业，任务极为繁重艰巨。党和国家比以往任何时期都更加需要发挥工人阶级和广大人民群众的积极性、创造性和历史主动精神。我们建立的社会主义市场经济体制是同社会主义基本制度结合在一起的。发展社会主义市场经济，并不改变国家的性质和工人阶级在国家生活中的领导地位，各级党委和政府仍然必须旗帜鲜明地、毫不动摇地坚持全心全意依靠工人阶级的方针。要研究新情况，解决新问题，使这一方针在国家的政治、经济和社会生活各个方面得到更好的贯彻落实。全心全意依靠工人阶级，是依靠包括产业工人、知识分子和管理者在内的工人阶级整体。在公有制企业内部，工人群众同科技人员、管理者利益是一致的，地位是平等的。要在充分发挥党组织的政治核心作用，坚持和完善厂长负责制的同时，更好地贯彻全心全意依靠工人阶级的方针。要进一步健全和完善职工代表大会制度。企业的重大问题要经过职工代表大会或职工大会讨论，加强职工群众的民主参与和民主监督，全面落实职工民主管理的各项职权。职工应该自觉遵守劳动纪律，维护行政管理的权威。在非公有制企业，职工同样是国家的主人，要依法保护职工的合法权益不受侵害。

中国工会是党领导的工人阶级群众组织，是党联系职工群众的桥梁和纽带，是国家政权的重要社会支柱。改革开放15年来，各级工会组织坚持党的“一个中心、两个基本点”的基本路线，团结和动员广大职工为维护社会稳定，推进改革开放和现代化建设，做了大量的工作，发挥了重要作用。广大工会干部兢兢业业，辛勤工作，做出了很大成绩。在新的历史时期，工会的任务和责任更加重大，地位和作用更加重要，必须进一步加强工会工作。各级工会组织要自觉接受党的领导，坚持在政治上、思想上、行动上与党中央保持高度一致。要以邓小平同志建设有中国特色社会主义理论和党的基本路线为指导，紧紧围绕经济建设这个中心开展工作，充分发挥自己的特点和优势，全面履行各项社会职能。在维护全国人民总体利益的同时，更好地表达和维护职工群众的具体利益；动员和组织职工群众，努力完成经济和社会发展任务；充分发挥在国家和社会事务管理中的民主参与、民主监督作用；加强思想政治教育，建设有理想、有道德、有文化、有纪律的职工队伍。努力提高自身建设的水平，不断增强活力和吸引力。密切联系职工群众是工会履行职能，做好工作的前提和基础。要经常深入基层，深入群众，倾听他们的呼声，反映他们的意见和要求，为他们办实事，做好事。把各级工会组织建设成为深受工人群众信赖的“职工之家”。

各级党委要进一步加强和改善对工会工作的领导，定期讨论工会工作中的重大问题，支持工会依照法律和自己的章程独立自主地、创造性地开展工作。要指导和帮助工会加强干部队伍建设，特别要重视和加强各级工会的领导班子建设，按照干部队伍“四化”的方针和德才兼备的原则，选配好各级工会的负责人。政府要支持工会的工作，为工会工作创造必要的条件。涉及职工切身利益的重大改革措施和有关政策法规的制订，要认真听取工会和广大职工的意见。党委和政府都要关心职工生活，采取多种措施，帮助有困难的职工群众解决实际问题，把广大职工群众的积极性保护好、引导好、发挥好。

同志们，建设有中国特色社会主义的伟大事业前程似锦，我国工人阶级任重道远。让我们更加紧密地团结在以江泽民同志为核心的党中央周围，同心同德，奋勇前进，为实现党的十四大确定的宏伟目标和任务做出新的更大的贡献！

祝大会圆满成功！

全国总工会副主席张丁华在中国工会第十二次全国代表大会上发表题为《团结动员全国职工发挥主力军作用，为夺取有中国特色社会主义事业的更大胜利而奋斗》的工作报告

全国人大常委会副委员长王汉斌在北京会见由李元钟市长率领的韩国汉城市政府代表团

北京国际军事后勤装备技术展在北京举行

中央军委副主席刘华清、国务院副总理邹家华、中央军委副主席张震观看展览。前往北京展览馆参观的还有迟浩田、张万年、于永波、傅全有、周克玉以及解放军驻京各大单位领导。来自美、英、法、德、奥、俄、日等国家和香港的后勤保障技术车辆、野战救护设备、通信自动化设备、海军空军专用后勤装备等新式后勤装备，摆满了上万平方米的展览大厅。展览会上，中国也展出野战炊事车、面包加工车、火炮拆装车等大批新式后勤装备和科技新产品。这次展览会由解放军后勤科技开发交流中心与中国国际贸易促进会联合举办。

10 月 25 日

全国人大常委会委员长乔石在人民大会堂会见匈牙利国民议会主席绍博德·捷尔基

中国经济效益纵深行活动名誉主任薄一波听取活动宣传工作汇报时发表讲话

薄一波在听取“中国经济效益纵深行”活动组织宣传委员会主任人民日报总编辑范敬宜和活动电视宣传委员会主任中央电视台台长杨伟光工作汇报后强调指出：“中国经济效益纵深行”活动开展以来，在调研宣传方面做了大量工作，给人们以比较深刻的印象，成绩是显著的。今后，各地区、各部门应进一步加强对提高经济效益重要意义的理解，重视、支持“纵深行”活动，从而使这一活动开展得更好。

薄一波说，提高经济效益是经济领域的深层次问题，也是经济工作的核心问题。经济工作是一个复杂的科学的系统工程，要时刻注意市场信息，讲求产品质量，讲求适销对路，讲求售后服务；但各方面的工作是否取得实效，最终都要表现和落实到经济效益的提高上来。因此，经济效益与质量的提高是生产力发展的重要标志；也是检验经济工作成效的标准与尺度。

薄一波又说，小平同志在去年视察南方的重要谈话中就指出，能发展就不要阻挡，有条件的地方要尽可能搞快点，只要讲效益，讲质量，搞外向型经济，就没有什么可以担心的。今年年初，他在上海又提醒全党，要注意稳妥，避免损失，特别是避免大的损失。这就告诉我们，既要抓住机遇，加快发展，又要把提高经济效益、质量落到实处。“中国经济效益纵深行”活动正是贯彻党中央、国务院关于深化改革、转换机制、优化结构、提高效益总体部署的一项重要举措，也是大兴调查研究之风的重大实践。在当前经济生活中出现一些突出矛盾和问题的情况下，开展关于提高经济效益的调研宣传更有必要。务必要使各级领导干部，特别是企事业单位的领导人员，切实端正经济工作的指导思想，坚决反对在基本建设上盲目上新项目、在生产和流通方面不讲求效益和质量的弊病，以保证我国经济持续、快速、健康地发展。

薄一波进一步指出，深化改革和提高效益是一个有机联系的整体。改革就是为了解放生产力，发展生产力，提高经济效益；深化改革是提高经济效益和质量的有效途径，只有加快建立社会主义市场经济体制，合理配置资源，优化产业结构，搞好宏观调控，我们才能真正达到提高经济效益的目标。

薄一波最后说，小平同志曾经讲过，产品质量的好坏，在一个重要方面反映了一个民族的素质。这讲得好，很中肯、很深刻。我想，开展“中国经济效益纵深行”活动，也要十分重视这句话，要唤起全民族提高经济效益和质量的意识。

国务院副总理邹家华出席在北京召开的化工系统贯彻《全民所有制工业企业转换经营机制条例》和深入学习吉化经验交流会

全国人大常委会副委员长田纪云在北京接受中华环保世纪行报道组采访

田纪云说，由全国人大环境保护委员会和有关部门联合主办的这项活动，从 10 月初开始以来已经在社会各界引起强烈的反应。

我们国家现在正处在经济高速发展的时期，如何把环境保护搞好，对于保护我国经济的持续、健康发展，具有十分重要的意义。田纪云强调指出，对这样一个问题，我们各级领导、社会各界必须要有一个清醒的认识，我们要对国家、对社会、对人民、对子孙后代高度负责，把环保事业搞好。

中共河南省委中央文献研究室在郑州联合举办纪念刘少奇诞辰 95 周年暨学术讨论会

出席会议的有来自全国 19 个省市的近百名专家学者以及王光英、段君毅、邓力群、李琦、王光美等。中央文献研究室、河南省的领导，一些长期在刘少奇领导下工作过的老同志、刘少奇的其他亲属和曾在刘少奇身边工作过的人员，也应邀出席大会。出席会议的专家学者向大会提供 51 篇论文。

海协会就两会会议内容问题致函台湾海基会

电函建议，两会应全面落实汪辜会谈有关协议，推动两岸关系发展。海协仍然主张这次商谈的议题为：一、违反有关规定进入对方地区人员之遣返及相关问题；二、协商两岸海上渔事纠纷之处理；三、台商在大陆投资权益及相关问题；四、两岸工商界人士互访问题。

国务院副总理李岚清在北京会见美国高盛公司1993年赴华投资考察团

中国第一套全对称多处理系统——曙光一号由中科院计算技术所国家智能计算机研究开发中心研制成功

'1993中国相声节10月25日至31日在合肥举行

国务院副总理李岚清在中南海会见参加全国三好学生优秀学生干部先进班集体表彰报告会的学生代表

在听取团中央第一书记李克强介绍全国创“三好”活动和这次表彰会的情况后，李岚清发表讲话。他说，当代青年学生确实是大有希望的，是值得信赖的。在广大教育工作者的辛勤培育下，成千上万的青年学生正在茁壮成长为社会主义的建设者和接班人。

李岚清说，培养大批人才，是我们搞好改革开放、发展社会主义市场经济的关键所在。不管什么时候，一个国家要繁荣昌盛，要跻身于世界强国之林，就必须致力于提高它的国民的科技文化素质；青年学生要想在建设现代化国家的进程中有所作为，一定要用现代科学文化知识武装自己。因此，要把眼光放远，要有雄心壮志，把学生时代非常宝贵的时间主要用于学习，为今后大显身手打下坚实的基础。学好知识，具备建设有中国特色社会主义所需要的才能，不但可以为国家为人民多作贡献，而且也是个人最宝贵的财富。

李岚清指出，我们党提出的德、智、体全面发展的目标，经过多年的实践证明，它符合教育的基本规律，符合社会对人才的实际需要，与“四有”和“三个面向”是一致的。李岚清要求坚持不懈地开展创“三好”活动。他强调，要使创“三好”活动更具有时代特色，并根据时代的发展不断充实“三好”内容，特别是要根据发展社会主义市场经济的新要求，围绕党的跨世纪战略目标，来全面培养学生。同时，加强对创“三好”活动的领导，建立起一套有效的激励机制，以此推动创“三好”活动进入一个新阶段。

国家教委主任朱开轩、团中央第一书记李克强在会上也发表讲话。

第二次全国工业污染防治工作会议在上海闭幕

国务院副总理朱镕基出席大会并讲话。

会议的代表们认为，当前国际社会对环境保护提出了更高更严的要求，我国部分工业企业由于工艺装备落后，沿用的是传统的、粗放型的生产经营方式，还有很大差距。必须抓住机遇，迎接挑战，做好工业污染防治工作，努力改善生产和生活环境，促进国民经济持续、快速、健康发展。

会议强调，工业污染防治要在指导思想上实现“三个转变”，即工业污染防治基本战略要从侧重于污染的末端治理，转变为工业生产全过程控制；工业污染物排放控制要由重浓度控制转变为浓度控制与总量控制相结合；工业污染治理要由重分散的总源治理，转变为分散治理和集中控制相结合。会议同时提出，清洁生产是我国环境与发展对策的重要组成部分，是防治工业污染的重要措施，有关部门应抓紧制定有利于推行清洁生产的经济技术政策和有关的管理办法。

会议还讨论和修改《2000年工业污染防治规划目标》。

国务委员、国务院环境保护委员会主任宋健出席闭幕式，并为被国家环境保护局、国家经济贸易委员会授予“全国工业污染防治十佳企业”称号的单位授奖。获“全国工业污染防治十佳企业”称号的单位是：宝山钢铁公司、吉林化学工业公司、徐州矿务局庞庄煤矿、大同第二发电厂、哈尔滨锅炉厂、镇海石油化工总厂、江西铜业公司贵溪冶炼厂、吉林造纸厂、潍坊第二印染厂和河北省冀东水泥厂。

国务院副总理朱镕基在第二次全国工业污染防治工作会议闭幕式上发表讲话

国家环保局和国家经贸委共同召开的第二次全国工业污染防治工作会议，开得很好。李鹏同志对环保工作一贯非常重视，专门发来贺信，对同志们是很大的鼓舞。宋健同志让我参加这个会议，我是很想来，但由于这次到上海，主要是与上海、浙江的同志就财政税收改革方案交换意见，时间安排较紧，因此，只能到会看望一下大家。对大家的工作，我想讲三点看法：第一，同志们的工作很重要。你们从事的工作，是保护环境、保护自然、保护人类和造福子孙后代的事业，是很光荣、很艰巨的事业。第二，同志们的工作很辛苦。你们从事的工作，既是技术性很强的工作，又是经济性很强的工作，而且与法制工作关系密切。第三，同志们的工作很有成绩。最近，中央电视台播放的“中华环保世纪行”，拍得很好，可以给全国人民一个很好的教育。从电视片里，大家都看到了铜川市工业污染的情况，我去过铜川市，确实是电视片中那种样子。同志们想想看，生活在那样的环境里，怎么能很好地工作、学习和生活?！全国的环保工作者做了大量的工作，如果没有他们辛辛苦苦的努力，不怕得罪人，工作做得这样好，恐怕现在的环境污染情况还要更加严重。所以，我今天一定要到会上来，向同志们表示崇高的敬意和衷心的感谢！

下面，我再讲几点意见。

第一，要真正搞好环保工作，必须使全民树立环境意识。我们现在搞现代化，发展社会主义市场经济有许多意识还不具备。没有这些意识，我国就不可能实现现代化，也不可能真正建成社会主义市场经济体制。一些同志没有质量意识，没有环境意识，没有纳税意识，甚至连投资风险意识都没有，随便乱集资、乱投资，这怎么能适应我国现代化建设、建立社会主义市场经济体制和深化改革的要求?！所以，强调环境意识非常重要。过去有一种看法，认为工业化初期的国家，没有资金搞环保，要牺牲环境，省一点资金来发展工业。我认为这种看法是不正确的。造成环境污染后，再来治理污染，投资会更多。如果造成了难以挽回的损失，治理也难。不要认为先发展工业、后治理污染的做法能够省钱，能够加快社会主义现代化建设。例如，在开采煤炭问题上，如果搞大规模、现代化的煤矿建设，劳动生产率高，即使建矿时投资多一点，但环境保护做得好，省去了生产中的治理费用，还是可以补偿得过来的。在煤炭的使用过程中，如果搞集中发电、集中供热，就不会造成现在这么大的污染。我国使用煤炭所造成的空气污染，形成酸雨，问题很严重。一些外国专家提醒我们，要重视这个问题。有些治理污染的项目，眼下看起来投资大，但从长远看投资很值得。所以，各级领导都要有环境意识。要搞工业就要有环保投资，就要按现代化的、先进的技术来建设，要按规模效益、社会效益和环境效益同步的原则办，不能怕花钱。现在一些同志有临时观点，只考虑短期效益，往往在处理发展经济与保护环境方面有些瞎指挥，匆匆忙忙上项目，即使破坏环境、造成污染，也在所不惜。这种做法是很错误的，要采取措施加以制止。

第二，开展环保工作，一定要培养一支业务过硬、坚持原则、清正廉洁、刚正不阿的队伍。我上次看"中华环保世纪行"，觉得马鞍山市环境保护工作搞得不错，他们这支环保队伍确实做了很多工作。如果不培养这样一支过硬的队伍，环保工作难以开展。当然，我们要进一步研究环保的政策、法规。目前已有不少环保的政策和法规，还要进一步完善。当前，执行法规更加重要，执行就得靠队伍，没有队伍是不能执行的，队伍不过硬也执行不好。

第三，要把环保工作与综合利用结合起来。一些同志认为环保工作是花钱的，不能创造效益，只有社会效益，没有经济效益。我看这个观点也是不对的。环保工作既有巨大的社会效益，也有一定的经济效益。如果把环保工作和综合利用结合起来，变废为宝，可以创造很大的经济效益。我在原国家经委工作时，曾经为国务院主持起草过一个有关综合利用的文件，有些规定到现在仍然有用。我希望同志们进一步把综合利用的工作开展下去。综合利用既可以保护国家资源，又可以充分利用国家资源，同时也有利于净化环境，可谓一举多得。我希望各有关部门联合起来，共同协作，把环境保工作与综合利用工作搞好。

最后，祝同志们工作顺利，身体健康，并向获奖的同志表示热烈的祝贺！

北京世界公园举行开园典礼

10 月 26 日

刘少奇铜像在开封揭幕

刘少奇 1969 年 11 月 12 日在开封含冤逝世。高 1.02 米的刘少奇半身铜像，安放在将军红玉石基座上。院内北侧是一块由杨尚昆题写的"刘少奇主席逝世处"汉白玉纪念碑。

全国人大常委会副委员长王光英及有关方面负责人段君毅、邓力群、李琦，刘少奇的夫人王光美等出席揭幕仪式。

国家主席江泽民在人民大会堂与喀麦隆总统保罗·比亚举行会谈

江泽民指出，世界多样化是客观存在的，各国都有权选择适合本国实际的社会制度、经济模式和发展道路。"我们衷心祝愿喀麦隆政府和人民在维护国家统一、加强民族团结、建设国家和振兴经济的事业中不断取得新的成就。"

江泽民说，中国和喀麦隆都是发展中国家，两国双边关系属于南南合作领域。中国政府一贯重视南南合作，同发展中国家进行经济技术合作是中国对外开放政策的一个重要组成部分。中国对南南合作采取的原则是：平等互利，讲究实效，形式多样，共同发展。中国支持一切能够有效地推进南南合作的设想和建议，愿为进一步发展南南合作做出贡献。

江泽民说，中国希望非洲大陆和平、稳定、经济发展。中国支持非洲国家为结束战乱、谋求和平与发展所做的努力，相信非洲国家探索适合本国国情发展道路的努力会取得成功。我们希望国际社会更加关注和理解非洲国家的处境，提供更多的帮助，使非洲经济得以恢复和发展。

会谈开始前，江泽民在人民大会堂东门外广场主持仪式，欢迎保罗·比亚及其一行。国务院副总理兼外交部长钱其琛，全国人大常委会副委员长吴阶平，中国政府陪同团团长、民政部长多吉才让，台湾民主自治同盟中央副主席陈仲颐等参加欢迎仪式。

国务院发出关于进一步加强国有土地使用权有偿使用收入征收管理工作的通知

各省、自治区、直辖市人民政府，国务院各部委、各直属机构：

1989年，国务院及财政部分别颁发了《国务院关于加强国有土地使用权有偿出让收入管理的通知》(国发〔1989〕38号)和《国有土地使用权有偿出让收入管理暂行实施办法》(财综字〔1989〕94号)，对有关收入的征管工作作出了详细规定。从执行情况看，全国大部分地区认真贯彻国家的有关规定，促进了土地资源的有偿利用，加快了地方经济建设，但也有不少地方的征收管理工作薄弱，致使国有土地有偿出让、转让中的收益严重流失，有的地方甚至违反规定，擅自将土地使用权有偿使用收入长期委托非财政部门"暂收暂付"，造成大量收入体外循环。为了认真贯彻党中央、国务院关于加强宏观调控的精神，进一步加强土地使用权有偿使用收入的征收管理工作，现就有关问题通知如下：

一、各省、自治区、直辖市人民政府所取得的国有土地使用权有偿使用收入，必须按现行财政体制纳入各级财政预算管理。其收入的管理工作由财政部门负责，收入全部缴入国库。

二、1992年12月31日以前各地通过出让国有土地使用权所获取的收入，要按国务院及财政部1989年颁发的有关规定，在1993年年底以前如实清算补交财政部门。逾期不交者，视同隐瞒收入予以没收；地方财政部门应在1993年年底以前，将所获收入按规定比例上交中央财政，对拒不上交或不按比例足额上交的，除追缴入库外，还要按逾期天数加收2‰的滞纳金。

三、对1993年1月1日以后发生的国有土地使用权有偿使用收入，要严格按财政部《关于国有土地使用权有偿使用收入征收管理的暂行办法》和《关于国有土地使用权有偿使用收入若干财政问题的暂行规定》(〔92〕财综字第172号)执行，对不按规定缴纳收入的，比照本通知第二条办法处理，未按要求制定实施细则的地区，应尽快制定实施细则，并报财政部备案。

四、国家征收的国有土地使用权有偿使用收入，应主要用于城市建设和土地开发，专款专用。

五、各省、自治区、直辖市人民政府要加强对土地使用权有偿使用收入征收管理工作的领导，定期开展专项审计。任何单位和部门，不准越权减免或截留国有土地使用权有偿使用收入，也不准将收入挪作他用。

国务院

1993年10月26日

国家主席江泽民在人民大会堂会见经济学家诺贝尔经济奖获得者美国芝加哥大学教授米尔顿·弗里德曼

全国人大常委会委员长乔石在人民大会堂会见贝宁国防部长德西雷·维耶拉

全国人大常委会委员长乔石在北京会见由议长萨利赫率领的伊拉克国民议会代表团

中共中央政治局常委胡锦涛在人民大会堂会见由全国领导委员会成员亨利·鲁伊斯率领的尼加拉瓜桑地诺民族解放阵线代表团

外交部部长钱其琛在人民大会堂会见由议长萨利赫率领的伊拉克国民议会代表团

中国出席第48届联合国大会代表团特别顾问中国国家禁毒委员会副主任白景富就中国对加强国际禁毒合作主张在联合国大会上发言

白景富在谈到如何进一步加强国际禁毒合作问题时，提出了中国政府的四点主张：

第一，必须针对当前世界范围毒品问题的总体格局的客观现实，来制定国际禁毒合作的对策和安排联合国禁毒机构的业务活动。要充分考虑不同地理区域的不同特点和重点。

第二，应当采取更加积极的措施，促进各国政府及早加入和批准《1988年联合国禁止非法贩运麻醉品和精神药物公约》，并敦促所有加入和批准了公约的国家，平等地承担公约的义务，认真执行公约的条款。

第三，应当大力提倡各国结合本国实际情况认真落实《全球行动纲领》。国家一级的努力是主要的，但同时也需要国际一级的行动。

第四，国际禁毒合作必须在互相尊重主权和平等互利的基础上进行。

白景富还向大会介绍了中国政府在严厉打击过境贩毒犯罪、加强群众性禁毒宣传教育、加强禁吸戒毒工作和加强对制毒化学配剂的管制工作等方面采取的措施和取得的成绩。

中国泰国老挝缅甸和联合国控制毒品计划署在联

合国共同签署关于共同打击非法生产贩运与使用毒品的禁毒国际合作谅解备忘录

中宣部新闻出版署发出关于禁止“买卖书号”的通知

党的十一届三中全会以来，出版工作坚持党的一个中心、两个基本点的基本路线，坚持为人民服务、为社会主义服务的方针，整个事业发展很快，出版了许多好书，为社会主义物质文明和精神文明建设做出了重要贡献。但是，近几年来，在发展中也出现了一些值得注意的问题。“买卖书号”是其中比较突出的问题之一。

一些出版社以管理费、书号费或其他费用的名义收取费用，出让国家出版管理部门赋予的编辑、印刷、发行出版物的权力，给一些非出版单位或个人提供书号，使他们以出版社的名义出书牟利。“买卖书号”的行为，违反了国家关于出版管理的规定，背离了社会主义市场经济的发展要求和出版事业发展的规律，造成许多严重后果。一些出版单位放弃职责，使一批平庸的、粗制滥造的读物得以出版，损害了读者的利益，导致图书出版总量失衡，败坏了社会主义出版事业的形象。尤其是少数不法分子利用买到的书号，出版有严重政治错误、泄露国家机密、损害民族团结、违反外交政策、宣扬封建迷信以及色情淫秽内容的图书，造成了很坏的社会影响，损害了社会主义精神文明的建设。一些单位或个人利用书号，无照经营，偷税、漏税，牟取暴利，损害了国家的利益。“买卖书号”还严重腐蚀了出版队伍，一些出版单位和个人，为捞取经济上的好处，贪污受贿，以权谋私，甚至与不法书商内外勾结，走上犯罪的道路。这是拜金主义和腐败现象在出版工作中的重要表现，是出版行业中突出的不正之风。

为了继续深化出版改革，加快建立适应社会主义市场经济发展要求、符合社会主义物质文明和精神文明建设需要的出版管理体制和运行机制，进一步繁荣出版事业，必须采取坚决有力的措施，禁止各种形式买卖书号的行为。现特作如下通知：

第一，出版单位和出版工作者，要进一步坚持为人民服务、为社会主义服务的方针，严格执行出版纪律，遵守职业道德，维护出版秩序，在出版工作中始终把社会效益放在首位，力求经济效益同社会效益的统一，努力多出好书。

第二，出版社必须对出版物的编辑、校对、印刷、发行等各个环节负全部责任，不得以任何形式直接或间接地出卖书号，不得将经济指标和书号分配给编辑个人掌握。

第三，严禁任何单位、任何个人以任何形式购买书号。购买书号出版的图书，属非法出版物，坚决予以取缔。

第四，对违反上述规定的出版社，将分别情况没收非法所得、罚款、追究领导和主要责任者责任、停业整顿，直至撤销社号。对情节严重构成犯罪的责任者，依法追究法律责任。

其他单位和个人违反上述规定，按非法出版活动处置。触犯刑律的，由司法机关依法惩处。

第五，出版社要严格执行新闻出版署一九九一年《关于缩小协作出版范围的规定》，凡违反规定，超出协作出书范围和协作对象，放弃对协作出版的图书的编辑、校对、印刷、发行等各个环节职责的，按“买卖书号”查处。

第六，各出版社要对“买卖书号”问题进行检查清理，并将检查结果于 1993 年 12 月 31 日前报告新闻出版署和省、自治区、直辖市新闻出版局。对本文件下发之前的问题，认真自查自纠并作出报告的从宽处理，否则从严处理。自本文件发布之日起，再发生的此类问题，一律从严、从重查处。

第七，各出版单位要在出版工作人员中深入开展职业道德和法制纪律教育，制定自我监督、自我约束的规定。各地党委宣传部、新闻出版局和各出版单位的主办、主管部门，要切实加强管理和监督。

青海省祁连县发生 6.0 级地震

10 月 27 日

国务院总理李鹏在钓鱼台国宾馆会见喀麦隆总统保罗·比亚

全国人大常委会委员长乔石在人民大会堂会见喀麦隆总统保罗·比亚

国务院总理李鹏在钓鱼台国宾馆会见匈牙利国民议会主席绍博德·捷尔基

全国人大常委会委员长乔石在人民大会堂会见新加坡国会议长陈树群

中国工会第十二次全国代表大会主席团举行第三次会议

会议讨论通过了十二届执行委员会和经费审查委员会选举有关事项。

会议一致通过十二届执委会和经审委候选人名

单，通过了大会选举办法和监票人、总监票人建议名单。

选举办法规定，十二届执委会采取差额选举办法，进行无记名投票，差额比例为5%左右。经费审查委员会实行等额选举。候选人得票数超过正式代表的半数，始得当选。如得票超过半数的候选人多于应选名额，以得票多少为序，至取足应选名额为止；如最后几名候选人得票数相等，以不同意票少者当选，不同意票相等时，经大会主席团研究，提出增加或减少执行委员名额的意见，提请大会表决；当选的执行委员人数少于应选名额时，由大会主席团提请大会同意，不足名额可暂作空缺。

中央综治委第十次全体会议在北京举行

中共中央书记处书记、中央社会治安综合治理委员会主任任建新在会议上指出，当前要下大力气，深入开展专项斗争，坚决打击对现代化建设危害严重、人民群众反映强烈的各种刑事犯罪活动。必须继续保持强有力的“严打”声势，坚决贯彻“依法从重从快”方针，严厉惩处严重危害治安的犯罪分子。在反腐败斗争中，狠抓大案要案的查处工作，排除干扰，严肃执法，严惩一批贪污贿赂等经济犯罪分子。

中央社会治安综合治理委员会副主任罗干、张思卿、曹志和20多名委员出席会议。

中央社会治安综合治理委员会办公室副主任陈冀平汇报中治委3个月来的工作，并就提交委员们审议的《关于实行社会治安综合治理领导责任制的若干规定》、《关于当前加强社会治安综合治理宣传报道工作的意见》、《围歼“车匪路霸”斗争进展情况和下一步工作意见》3个文件审议稿作说明；公安部副部长牟新生汇报当前社会治安中的突出问题和今后的工作打算。出席会议的委员们就当前的社会治安综合治理工作和3个文件审议稿进行讨论。

任建新在讲话中说，今年7月传达中央政治局常委会关于社会治安综合治理的重要指示以来，各地区和各有关部门党政领导都很重视，认真研究了贯彻意见，采取了一系列措施。最近，全国人大常委会派出两个检查组，对4个省区实施《关于加强社会治安综合治理的决定》的情况进行了检查督促，提出了很好的意见和建议。现在的主要问题是，必须进一步深入贯彻中央政治局常委会的重要指示，并在关键性措施上狠抓落实。这是各级综合治理委员会今后一个时期的首要任务。任建新说，当前，我国政治稳定，社会安定。反腐败斗争发展势头很好，深得党心、民心。但是也必须清醒地看到，社会治安形势还是相当严峻的。主要表现一是不安定因素大量增多，二是有些地区特别是有些农村地区治安状况很不好。

关于社会治安综合治理的几个专项斗争，任建新说，要继续抓好围歼“车匪路霸”的斗争，特别是目前“车匪路霸”仍然猖獗的地区，党政领导要认真检查存在的问题，采取有力措施，扭转打击不力的局面。对查禁卖淫嫖娼的斗争，首要的是要进一步解决党政领导、政法部门和旅游、工商等有关部门领导的认识问题。在卖淫嫖娼活动屡禁不止的重点地区，问题主要出在那里的党政领导同志认识不一致、态度暧昧、措施不坚决。今后，哪个地方卖淫嫖娼活动泛滥，不仅要打击违法犯罪分子，查处藏污纳垢的单位，而且要追究当地党政领导人、有关部门负责人和执法人员的责任。反盗窃斗争已经开展了两年，现在突出的问题是成果不巩固，下一步各地区和有关部门要在加强防范措施，堵塞管理漏洞方面狠下功夫。

任建新强调，要高度重视解决农村社会治安工作。他说，当前，有些农村地区治安状况恶化，一个重要原因，就是那里的基层党政组织软弱涣散，有的村干部甚至包庇纵容犯罪；有些基层公安派出所没有很好地发挥作用；有些地方片面理解减轻农民负担，在一些经济发达、农民富裕、亟须加强防范、保护财物安全的地方，对群众自愿集资组织的群防群治队伍也放任不管甚至解散了。他说，在问题突出的地方，各级党政主要领导同志都把农村治安综合治理工作作为当务之急，指导和督促组织、民政、公安等部门制订工作方案、调集得力干部，级成专门小组，深入基层开展工作，力争在短时间内抓出实效，扭转农村治安不正常的状况。

任建新还就社会治安综合治理的制定建设和队伍建设发表了意见。

中央国家机关行政财务管理经验交流会在北京召开

国务院总理李鹏在钓鱼台国宾馆会见斯洛文尼亚新任驻中国大使塞尼查尔和比利时新任驻中国大使吉尔尚以及阿盟驻中国代表处首任主任哈萨宁

外交部部长钱其琛在钓鱼台国宾馆会见参加中东和会水资源多边工作小组第四次会议的各方代表

中国政府代表外交部副部长姜恩柱和英国政府代表、驻中国大使麦若彬开始就香港1994至1995年选举安排问题在北京举行第15轮会谈

国务院批准《中华人民共和国猎枪弹具管理办法》

10月28日

八届全国人大常委会第四次会议举行全体会议

全国人大常委会委员长乔石出席会议。

最高人民检察院检察长张思卿、国家教委主任朱开轩分别向会议作《关于检察机关在反腐败斗争中集中精力查办大案要案情况的报告》和《关于教育工作的报告》。会议还听取关于检查加强社会治安综合治理的决定执行情况的报告、关于检查全民所有制工业企业法执行情况的报告和关于八届全国人大一次会议主席团交付内务司法委员会、财经委员会、教科文卫委员会审议的代表提出的议案审议结果的报告。会议还审议了王汉斌副委员长访问朝鲜情况和全国人大代表团出席各国议会联盟第九十届大会的书面报告。

全国人大常委会副委员长田纪云、陈慕华分别主持全体会议,王汉斌、孙起孟、秦基伟、李锡铭、王丙乾、帕巴拉·格列朗杰、王光英、程思远、布赫、铁木尔·达瓦买提、吴阶平副委员长和曹志秘书长出席会议。国务院副总理邹家华、国务委员罗干,最高人民法院院长任建新列席会议。

国家教委主任朱开轩向八届全国人大常委会第四次会议作《关于教育工作的报告》

朱开轩报告了改革开放15年来,我国教育事业在改革和发展方面取得的新进展。他说,目前我国已在90%的地区基本普及了初等教育,大城市以及部分经济发达地区基本普及了初级中等教育,九年义务教育正在全国大部分地区分步骤地实施。职业技术教育发展迅速,高中阶段职业技术教育招生和在校生占的比例已同普通高中教育大体持平。成人教育发展较快,成人高校本专科在校学生近150万人,1980年以来本专科毕业生约490万人;各类成人技术培训的人数明显增长;扫盲教育成果显著,每年扫盲约500万人。1993年普通高校本专科在校生250万人,达历史最高水平;15年共为社会输送毕业生580多万人。自1981年颁布学位条例和建立学位制度以来,12年来培养博士1万人、硕士23万人;现已分别有95%和70%的专业可以自己培养硕士和博士,逐步形成了多种层次、多种形式、学科门类比较齐全的高等教育体系。高等学校的科研和科技开发工作有显著进展,取得了一些重大的科研成果。

中国工会第十二次全国代表大会举行全体会议

会议选举产生了中华全国总工会十二届执行委员会和经费审查委员会,听取中共中央政治局常委、国务院副总理朱镕基的经济形势报告。

外交部副部长田曾佩在大会上作国际形势报告。

按照大会主席团通过的选举办法,这届执委会组成人员名额为241人,按委员实行差额选举的办法,候选人253人,差额比例为5%,差额人数12人。经费审查委员会实行等额选举。

中共中央总书记江泽民就宣传工作作出批示

江泽民批示:"宣传工作历来是我们党的工作的一个重要方面,党中央非常重视。新的历史时期对宣传工作提出了更高的要求,同时也要看到思想领域存在着许多复杂的情况。这一个时期以来,宣传部门的工作总的说来是做得好的,是有成绩的。各级党委的主要领导一定要看到宣传思想工作的重要性,加强对它的领导,希望宣传部门的同志,牢牢抓住宣传思想工作的重点,继续努力,切实认真地进一步把它做好。"

国务院总理李鹏在钓鱼台国宾馆会见韩国外务部长官韩升洲

李鹏说,中国的投资环境越来越好,欢迎韩国工商界来华投资办企业,韩国投资者在华的合法权益将得到保护。中方愿同韩方一道,在和平共处五项原则的基础上进一步发展两国的友好合作关系。

外交部部长钱其琛同韩国外务长官韩升洲在钓鱼台国宾馆举行会谈

中国恢复同南非的经贸关系

中日环境问题国际研讨会在北京开幕

研讨会以"环境问题与人类社会"为主题。王丙乾、宋健、黄华等有关方面负责人出席开幕式。日本前内阁总理大臣海部俊树等专程来京出席开幕式。国务委员、国务院环委会主任宋健在会上致辞。

10月29日

中国工会第十二届执行委员会在北京举行第一次全体会议

会议选举产生新的领导机构,尉健行当选为全国总工会主席。

根据《中国工会章程》规定,全国总工会主席团由主席、副主席和主席团委员组成。十二届执委会全体委员对主席、副主席、主席团委员候选人进行了酝酿讨论,最后进行无记名投票。选举结果如下:

中华全国总工会第十二届执行委员会主席：尉健行；副主席：张丁华、杨兴富、李奇生、刘珩、江家福（壮族）、张国祥、方嘉德、薛昭鋈（女）、滕一龙。

中华全国总工会第十二届执行委员会主席团委员（以姓氏笔划为序）：尤仁（蒙古族）、冯祖椿、刘志峰、刘洪仁、关怀、孙连捷、孙祥炎、买买提·努尔（维吾尔族）、李永安、李国忠、杨景宇、肖振邦、佟柏芬（女，满族）、张绍峰、陈冰、罗淑珍（女）、单亦和、赵地（女）、施义（纳西族）、高忠谦、商保坤、蒋文良、潘义清、瞿祖庚。

主席团产生后，接着举行第一次会议，推选书记处书记。第一书记：张丁华；书记处书记：杨兴富、李奇生、张国祥、方嘉德、薛昭鋈（女）、滕一龙、肖振邦、李永安、单亦和。

国务院新闻办公室在北京举行记者招待会回答三峡工程有关问题

国务院三峡工程建设委员会副主任郭树言在会上说，三峡水利枢纽工程今年已开始各项前期准备，目前各项前期准备工作进展顺利。坝区移民进度加快，库区移民规划工作全面展开，所谓准备把库区居民移向新疆、西藏等边远地区的传闻纯属无中生有，中国有条件就近安置好百万移民。

中国三峡工程总公司总经理陆佑楣在回答记者关于三峡工程进展情况的提问时说，今年是施工准备的头一年，将完成投资 20 亿元，征地、路桥建设、主体外围工程和一些工程的公开招标准备工作都在顺利进行，已完成土石方 1200 万立方米，一期围堰工程又于 10 月 24 日正式开始，将于明年完成，这些都将为三峡主体工程的全面开工创造条件。

郭树言和三峡建委移民开发局局长唐章锦在回答记者关于移民问题的提问时，驳斥了关于中国将向新疆、西藏等边远地区移民的传言。郭树言说，最近海外一些新闻媒介传播一些有关中国已经或将向新疆、西藏等地移民的消息，这要么是善意的误听误传，要么是无中生有、无事生非。唐章锦介绍，经过多年的试点和试验，中国已积累了关于三峡地区移民的丰富经验，到工程建成时总需动迁的 113 万人，其中大部分是城镇居民，跟随搬迁后的城镇安排就业，51 万农村人口将通过以大农业为主，同时发展二、三产业来安排就业，对个别地区土地资源确实有限的也不排除少量的较近外迁，但大部分肯定是就近后靠安置。

在回答记者关于三峡工程的国际合作前景的提问时，郭树言说，随着三峡工程的逐步展开，国际合作将进一步加强，今年 11 月份，我们将在武汉邀请国际上一批水轮发电机制造商商谈合作意向，此外还将与国际上施工装备和输变电设备制造公司进行广泛接触，并推动中外合资企业的建立；在引进资金方面，中国正在研究引进国外买方信贷和在适当时机向海内外发行债券和股票的筹资措施。他说，中国欢迎海外企业和投资机构参与三峡工程和三峡库区建设。

在回答记者关于三峡地区环境保护问题的提问时，郭树言说，三峡工程的建设将对长江中、下游的生态环境产生有利作用，特别是防洪标准大大提高，水质变清。中外关注的是三峡工程带来的水库淹没和移民安置问题，和由此引起的生态环境的消极影响，这已引起中国政府的高度重视，并制定了相应的措施。他介绍，在移民新的生产用地上，将组织修造较高水平的水平梯田，发展生产；为减少水土流失，国家正在实施一项长江中上游防护林计划；政府还将建立一系列动植物保护区，以保护这一带的珍稀动植物资源；葛洲坝工程建立以来，已发现有中华鲟在坝下建立了新的产卵地，有关方面将加以保护，并大量人工繁殖、投放。

有记者问，三峡工程的投资是否会造成新的通货膨胀因素，郭树言说，三峡工程今年的投资 20 亿元，工程正式开工后每年平均投资约 50 亿元，这虽是一个大数目，但与全国每年上万亿元的固定资产投资总量比，只占 0.5%左右，构不成大的影响，不会成为新的通货膨胀因素。

国家主席江泽民在中南海会见日本前内阁总理大臣海部俊树

国家主席江泽民在中南海会见韩国外务部长官韩升洲

国务院发出迅速控制重大特大恶性事故的紧急通知

国务院近日发出的通知指出，今年以来各地区、各有关部门为加强安全生产做了大量工作，但安全生产形势仍然十分严峻。8 月份以来，重大、特大恶性事故仍未得到有效控制，各类事故频繁发生，已影响经济建设和社会安定，必须引起重视，切实采取有效措施，迅速扭转重大、特大恶性事故接连发生的局面。

通知要求，各省、自治区、直辖市人民政府和国务院有关部门的主要领导同志立即组织力量，到生产第一线抓好安全生产工作。对不具备基本安全生产条件的企业，要下决心进行整顿。这次安全生产检查的重点是：交通运输系统，煤矿瓦斯、煤尘爆炸隐患，易燃易爆危险场所，各种压力容器、储油罐和起重机械等特种设备。要组织企业针对存在的问题进行自查，要求一切防火防爆等安全设施都随时保持完好状态。

通知还要求各地区、各部门严肃处理事故。企业法定代表人是安全生产的第一责任者，发生事故，首先要追究企业法定代表人的责任。对因严重官僚主义和忽视安全生产工作造成重大事故的，要从重处理，不得姑息迁就。对今年以来发生的重大、特大恶性事故，要抓紧处理结案。

通知提出，目前是完成今年各项任务的关键时期，各地区、各有关部门要注意做好冬季安全生产工作。要充分利用广播、电视、报刊等宣传工具加强宣传教育，向社会各界宣传安全生产的重要性。各级劳动部门要切实履行职责，加强对安全生产的监察、监督工作。

高科技领域百余位专家发起组织的中国高科技产业化研究会在北京宣布成立

科学家王大珩、王淦昌分别担任会长和顾问。全国人大常委会副委员长吴阶平，国务委员、国家科委主任宋健到会祝贺。

中国海洋石油总公司与美国雪佛龙公司在北京签订东海33/08合同区石油合同

国务院副总理邹家华出席合同签字仪式，并会见雪佛龙集团副董事长邦尼及其率领的高级代表团。

中国再次当选国际海事组织A类理事国

这是自1989年以来中国第三次连任A类理事国。

国际海事组织是联合国系统中负责处理海运技术问题的一个专门机构，其理事会共由32个理事国组成，分为A、B、C三类，其中8名A类理事国由航运大国担任，8名B类理事国在海上贸易大国中产生，16名C类理事国按比例从不同地区选出。当选为A类理事国的另外7个国家是：英国、日本、挪威、美国、希腊、意大利、俄罗斯。

中国目前的商船队总吨位已居世界第9位。

最高人民法院公布3起重大受贿案

河南省汝州市原市长徐中和受贿、贪污案，广东省惠州市原公安局局长洪永林受贿、巨额财产来源不明案和广东省深圳市原房产管理局局长陈炳根受贿、贪污案。这三名罪犯均经最高人民法院裁定核准，已分别在河南平顶山和广东惠州、深圳三市执行了死刑。

10月30日

八届全国人大常委会第四次会议举行全体会议

全国人大常委会委员长乔石出席会议。会议由全国人大常委会副委员长布赫主持。

全国人大法律委员会主任委员薛驹向委员们汇报了法律委员会关于消费者权益保护法草案修改稿、注册会计师法草案修改稿、红十字会法草案修改稿和关于修改个人所得税法的决定草案修改稿修改意见的汇报。会议还听取了全国人大法律委员会副主任委员项淳一所作的关于中华人民共和国教师法草案审议结果的报告。

在听取汇报和报告之前，会议对这几个法律草案和决定草案进行分组审议，并提出一些修改意见。法律委员会分别召开会议，逐条研究了委员们的意见，建议常委会审议通过。

全国人大常委会副委员长田纪云、王汉斌、孙起孟、秦基伟、李锡铭、王丙乾、帕巴拉·格列朗杰、吴阶平，秘书长曹志出席会议；国务院副总理钱其琛列席会议。

中国工会第十二次全国代表大会在北京闭幕

中共中央政治局委员，新当选的全总主席尉健行致闭幕词。

全总副主席、书记处第一书记张丁华主持闭幕式。

全国人大常委会副委员长倪志福、李沛瑶出席闭幕式。

全国安全生产紧急电话会在北京召开

国务院副总理邹家华在会上讲话。

邹家华说，要采取有针对性的措施，尽快控制和扭转事故多发的状况。目前，要着重抓好四件事：一是对事故进行严肃处理。连续发生事故影响很坏，但在事故的处理上目前还不够严肃。一些单位在发生事故后不是认真查找原因，分析预防事故的对策，追究事故的责任人，而是淡化事故的性质和责任，致使事故迟迟不能结案，甚至不了了之，这种现象必须尽快纠正。二是进行安全生产大检查。各地区、各部门及大的公司和集团，要利用今年最后两个月时间，组织力量查隐患，查措施落实情况，查生产设备完好状况。劳动部要组织联合检查组进行抽查，并于年底前将抽查情况上报国务院。三是与违章指挥、违章操作、违反劳动纪律的现象开展斗争，提高企业安全生产管理的水平。四是加强舆论监督，大力宣传安全生产的必要性和重要性，表扬在安全生产工作中有贡献的好人好事，批评那些在安全生产中不负责任、给人民生命财产造成严重损失的案件。

在紧急电话会议上，劳动部长李伯勇通报1993年1月至10月的安全生产形势；煤炭部长王森浩提出煤炭行业加强安全生产的具体措施。

全国党风与用人理论研讨会在北戴河举行

为深入贯彻中共中央、国务院关于加强党风廉政建设和反腐败斗争的精神，来自全国的400多位专家、学者和理论工作者日前在北戴河就党风与用人问题举行为期4天的研讨。

香港特别行政区筹委预委会通讯处在香港设立

国务院副总理钱其琛在北京前往医院探望柬埔寨王国诺罗敦·西哈努克国王陛下

西藏自治区人民政府主席江村罗布在拉萨会见尼泊尔首相吉里贾·普拉萨德·柯伊拉腊

中央军委副主席刘华清张震在北京同国防大学进修系的学员座谈

中央军委委员迟浩田、张万年、于永波、傅全有参加座谈。

军委领导听取每位学员的发言，并就部队和院校普遍关切的问题与大家一起交换意见，共同研究和探讨，整个座谈会开得生动活泼，融洽亲切。

刘华清说，毛泽东军事思想和邓小平同志新时期军队建设思想，是新时期军队建设的根本依据和理论指南。邓小平同志的新时期军队建设思想，是在新的历史条件下发展了的毛泽东思想。我们要把学习小平同志新时期军队建设思想和学习毛主席的论著结合起来，学习其中的科学的立场、观点和方法，提高我们解决新形势下军队建设问题和指挥现代战争的能力。他强调，我们军队的各级领导干部，特别是高级领导干部，要做学习的模范，并组织部队认真学习，掌握好理论武器。

在谈到院校教育和部队训练改革问题时，刘华清强调，军队的现代化建设千头万绪，但最主要的更紧迫的是人的教育和训练问题。培养和训练适应现代战争特别是高技术战争要求的高素质的人才，是一个比武器装备更新难度更大、更艰巨的事情，要坚持不懈地做好这项工作。作为院校，要认真贯彻执行教育要"三个面向"的方针，既要研究我军现有装备，又要着眼未来战争特点，使学员有扎实的文化基础和发展潜力。就部队而言，要紧紧抓住训练内容改革这个重点，在继承传统经验的基础上，开拓创新，增强指战员科学技术也是战斗力的意识，特别要注重研究探讨发挥人民战争的整体优势，以劣势装备战胜优势装备之敌的对策和战法。刘华清说，当前我国正在贯彻党的基本路线，全面推行有中国特色社会主义建设，我们军队必须在这个大局下行动，坚定不移地为国家的改革开放和经济建设提供坚强有力的安全保证。军队在服从国家大局的前提下要有所作为，积极主动地做好工作。他指出，我们要立足现有武器装备训练部队。熟练掌握了现有武器装备的技术性能、基本作战原则和方法，新的武器装备一旦装备部队，也就能很快地掌握起来，形成战斗力。

刘华清还要求军队切实加强党风廉政建设。他要求全军领导干部，特别是高级领导干部，一定要自尊、自重，认清自己的地位和历史使命，严格要求自己，严格按照中央、中央军委的精神办事，不要辜负党和人民的厚望，以身作则，为人师表，率先垂范，以实际行动来树立自己清正廉洁的形象，并影响部队，使我党我军的优良传统不断发扬光大。

张震在讲话中强调，军队现代化建设关键在科技，基础在教育。我们要切实把教育训练摆到战略位置，坚持不经院校培训不提干部和不经相应院校培训不晋升的制度。他希望大家回部队后，继续认真学习邓小平建设有中国特色社会主义理论和新时期军队建设思想，深入研究现代战争的特点和规律，加强部队现代化建设，全面提高战斗力。

迟浩田就抓落实、抓基层、抓实践等方面的工作发表意见。

国防大学校长朱敦法和政委李文卿主持座谈会。

全国文化市场工作会议在北京召开

会议于10月30日至11月3日举行。中共中央政治局委员、国务委员李铁映出席开幕式并讲话。中共中央宣传部部长、文化部部长刘忠德在会上讲话。

第7届中国图书奖在南宁颁奖84种优秀读物获奖

10月31日

八届全国人大常委会第四次会议闭幕

《中华人民共和国消费者权益保护法》、《中华人民共和国注册会计师法》、《中华人民共和国红十字会法》、《中华人民共和国教师法》和全国人大常委会关于修改中华人民共和国个人所得税法的决定获得通过。国家主席江泽民分别签署了公布这几个法律的主席令。会议还表决通过关于批准中华人民共和国和西班牙王国关于民事、商事司法协助的条约、中华人民共和国和哈萨克斯坦共和国、巴基斯坦伊斯兰共和国、白俄罗斯共和国、土库曼斯坦4国领事条约的决定。会议还通过全国人大内务司法委员会、财经委员会、教科文卫委员会关于第八届全国人大第一次会议主席团交付审议的代表提出的议案审议结果的报告。通过任免名单和决定驻外大使的任免名单。

在吴阶平副委员长主持的大会讨论中，林宗棠、姚峻、李学智、李森茂、杨海波、古宣辉、楚庄等分别就环境保护、资源保护、重视人大代表的意见和建议、加快交通发展和铁路网建设、关于教育发展、对祖国教育事业和反腐败斗争的几点建议、正确理解以经济建设为中心等内容作大会发言。

全国人大常委会委员长乔石主持会议并讲话。

全国人大常委会副委员长田纪云、王汉斌、倪志福、陈慕华、孙起孟、雷洁琼、秦基伟、李锡铭、王丙乾、帕巴拉·格列朗杰、王光英、程思远、布赫、吴阶平和秘书长曹志出席会议。国务委员李贵鲜、陈俊生，最高人民法院院长任建新、最高人民检察院检察长张思卿列席会议。

全国人大常委会委员长乔石在八届全国人大常委会第四次会议上发表讲话

这次会议已完成了预定的各项任务，开得很好。提请会议审议的有 9 个法律草案，是多年来常委会会议审议法律案最多的一次。经过大家认真负责地审议，反复斟酌，会议通过了 5 个法律。其中消费者权益保护法、注册会计师法和修改个人所得税法的决定等，都是有关社会主义市场经济方面的重要法律。在审议个人所得税法修正案草案时，大家就个人所得税起征点、工薪所得税率、个体工商户和高收入者纳税等问题，进行了热烈讨论，充分发表意见，提出了几种方案加以比较和选择，使这个法律的规定比较周到、可行。会议还通过了教师法、红十字会法，初步审议了预算法、会计法修正案、国家赔偿法、国家勋章和国家荣誉称号法等法律草案。常委会正在按照今明两年立法计划的要求，加快立法步伐，促进社会主义市场经济的发展。

这次会议，听取和审议了最高人民检察院关于在反腐败斗争中集中精力查办大案要案的报告。大家对检察机关依法查处大案要案，表示坚决支持。各部门要密切配合，严格执法，抓紧办案，各级人大加强监督，力争取得明显的成果。会议还听取了国务院关于教育工作的报告，听取了关于加强社会治安综合治理决定和企业法执行情况的检查报告，审议决定了其他一些事项。

当前，人大及其常委会面临的任务相当繁重。适应社会主义市场经济发展的需要，必须大力加强社会主义民主和法制建设，特别是加快经济立法，力争在今后几年内逐步形成社会主义市场经济法律体系的框架。还要加强法律的宣传和执法检查，努力改变有法不知和有法不依、执法不严、违法不究的现象。要继续健全监督机制，进一步做好监督工作。国家总的形势和任务，对人大工作提出了更高的要求。做好人大工作，最根本的是要以邓小平同志建设有中国特色社会主义的理论武装我们的头脑，指导我们的各项工作。这就要求我们适应形势发展的需要，建设一支用邓小平同志建设有中国特色社会主义理论武装的，懂得宪法和法律的，密切联系群众、作风扎实的，廉洁奉公、富有献身精神的人大干部队伍。

可以说，全党和全国人民正面临着认真深入地学习邓小平同志建设有中国特色社会主义理论的紧迫任务。这个理论是马克思主义基本原理与中国实际和时代特征相结合的产物，是毛泽东思想的继承和发展。邓小平同志是我国改革开放和现代化建设的总设计师，他以非凡的马克思主义的求实态度和创新精神，科学地总结了历史的经验，概括了群众的创造，对建设有中国特色社会主义理论的创立，做出了历史性的伟大贡献。八届全国人大一次会议通过的宪法修正案，已经把建设有中国特色社会主义的理论写进了宪法，确立了这一理论的指导地位。我们社会主义现代化建设的各项工作必须以这一理论为指导。同样，人大工作必须始终不渝、坚定不移地坚持建设有中国特色社会主义理论和在这一理论指导下形成的党的基本路线，这是我们做好人大工作的根本保证。我们各级人大常委会组成人员和全体机关干部，都要认真学习、深刻领会邓小平同志建设有中国特色社会主义理论的基本观点和精神实质，并且自觉地运用到人大的实际工作中去，指导我们的立法、监督等各项工作。小平同志关于社会主义民主和法制建设，关于坚持和完善人民代表大会制度，关于立法和监督工作等，有一系列重要的论述，这是建设有中国特色社会主义理论的重要组成部分。学好用好这些重要思想，就能把握正确的方向，不断提高工作水平。小平同志说过，“改革是中国的第二次革命”，要“换脑筋”，我们学习有中国特色社会主义理论，首先要从思想上解决问题，使思想有一个彻底的转变。如果不是这样，那就学不进，学不深，学不好，也不可能真正的贯彻执行。

我们还必须认真学习和熟悉宪法和法律，严格按照宪法和法律的规定行使职权，决定问题。要密切联系人民群众，深入实际，调查研究，倾听和反映人民的意见和要求。要全心全意为人民服务，廉洁奉公，严于律己，当好人民的公仆。人大工作是党和国家工作的一个重要方面，我们一定不辜负人民的重托，兢兢业业，努力工作，为建设富强、民主、文明的社会主义现代化国家，贡献全部精力。各级党委和人大常委会都要重视这支队伍的建设，关心这支队伍的成长。我们相信，有邓小平同志建设有中国特色社会主义的理论作指导，建设起这样一支强有力的队伍，我们的工作一定会越做越好，社会主义民主和法制建设就一定能够取得更大成绩。

国家主席江泽民签署第11号令公布《中华人民共和国消费者权益保护法》

《中华人民共和国消费者权益保护法》已由中华人民共和国第八届全国人民代表大会常务委员会第四次会议于1993年10月31日通过，现予公布，自1994年1月1日起施行。

中华人民共和国主席 江泽民

1993年10月31日

中华人民共和国消费者权益保护法

第一章 总 则

第一条 为保护消费者的合法权益，维护社会经济秩序，促进社会主义市场经济健康发展，制定本法。

第二条 消费者为生活消费需要购买、使用商品或者接受服务，其权益受本法保护；本法未作规定的，受其他有关法律、法规保护。

第三条 经营者为消费者提供其生产、销售的商品或者提供服务，应当遵守本法；本法未作规定的，应当遵守其他有关法律、法规。

第四条 经营者与消费者进行交易，应当遵循自愿、平等、公平、诚实信用的原则。

第五条 国家保护消费者的合法权益不受侵害。

国家采取措施，保障消费者依法行使权利，维护消费者的合法权益。

第六条 保护消费者的合法权益是全社会的共同责任。

国家鼓励、支持一切组织和个人对损害消费者合法权益的行为进行社会监督。

大众传播媒介应当做好维护消费者合法权益的宣传，对损害消费者合法权益的行为进行舆论监督。

第二章 消费者的权利

第七条 消费者在购买、使用商品和接受服务时享有人身、财产安全不受损害的权利。

消费者有权要求经营者提供的商品和服务，符合保障人身、财产安全的要求。

第八条 消费者享有知悉其购买、使用的商品或者接受的服务的真实情况的权利。

消费者有权根据商品或者服务的不同情况，要求经营者提供商品的价格、产地、生产者、用途、性能、规格、等级、主要成分、生产日期、有效期限、检验合格证明、使用方法说明书、售后服务，或者服务的内容、规格、费用等有关情况。

第九条 消费者享有自主选择商品或者服务的权利。

消费者有权自主选择提供商品或者服务的经营者，自主选择商品品种或者服务方式，自主决定购买或者不购买任何一种商品、接受或者不接受任何一项服务。

消费者在自主选择商品或者服务时，有权进行比较、鉴别和挑选。

第十条 消费者享有公平交易的权利。

消费者在购买商品或者接受服务时，有权获得质量保障、价格合理、计量正确等公平交易条件，有权拒绝经营者的强制交易行为。

第十一条 消费者因购买、使用商品或者接受服务受到人身、财产损害的，享有依法获得赔偿的权利。

第十二条 消费者享有依法成立维护自身合法权益的社会团体的权利。

第十三条 消费者享有获得有关消费和消费者权益保护方面的知识的权利。

消费者应当努力掌握所需商品或者服务的知识和使用技能，正确使用商品，提高自我保护意识。

第十四条 消费者在购买、使用商品和接受服务时，享有其人格尊严、民族风俗习惯得到尊重的权利。

第十五条 消费者享有对商品和服务以及保护消费者权益工作进行监督的权利。

消费者有权检举、控告侵害消费者权益的行为和国家机关及其工作人员在保护消费者权益工作中的违法失职行为，有权对保护消费者权益工作提出批评、建议。

第三章 经营者的义务

第十六条 经营者向消费者提供商品或者服务，应当依照《中华人民共和国产品质量法》和其他有关法律、法规的规定履行义务。

经营者和消费者有约定的，应当按照约定履行义务，但双方的约定不得违背法律、法规的规定。

第十七条 经营者应当听取消费者对其提供的商品或者服务的意见，接受消费者的监督。

第十八条 经营者应当保证其提供的商品或者服务符合保障人身、财产安全的要求。对可能危及人身、财产安全的商品和服务，应当向消费者作出真实的说明和明确的警示，并说明和标明正确使用商品或者接受服务的方法以及防止危害发生的方法。

经营者发现其提供的商品或者服务存在严重缺陷，即使正确使用商品或者接受服务仍然可能对人身、财产安全造成危害的，应当立即向有关行政部门报告和告知消费者，并采取防止危害发生的措施。

第十九条 经营者应当向消费者提供有关商品或

者服务的真实信息，不得作引人误解的虚假宣传。

经营者对消费者就其提供的商品或者服务的质量和使用方法等问题提出的询问，应当作出真实、明确的答复。

商店提供商品应当明码标价。

第二十条　经营者应当标明其真实名称和标记。

租赁他人柜台或者场地的经营者，应当标明其真实名称和标记。

第二十一条　经营者提供商品或者服务，应当按照国家有关规定或者商业惯例向消费者出具购货凭证或者服务单据；消费者索要购货凭证或者服务单据的，经营者必须出具。

第二十二条　经营者应当保证在正常使用商品或者接受服务的情况下其提供的商品或者服务应当具有的质量、性能、用途和有效期限；但消费者在购买该商品或者接受该服务前已经知道其存在瑕疵的除外。

经营者以广告、产品说明、实物样品或者其他方式表明商品或者服务的质量状况的，应当保证其提供的商品或者服务的实际质量与表明的质量状况相符。

第二十三条　经营者提供商品或者服务，按照国家规定或者与消费者的约定，承担包修、包换、包退或者其他责任的，应当按照国家规定或者约定履行，不得故意拖延或者无理拒绝。

第二十四条　经营者不得以格式合同、通知、声明、店堂告示等方式作出对消费者不公平、不合理的规定，或者减轻、免除其损害消费者合法权益应当承担的民事责任。

格式合同、通知、声明、店堂告示等含有前款所列内容的，其内容无效。

第二十五条　经营者不得对消费者进行侮辱、诽谤，不得搜查消费者的身体及其携带的物品，不得侵犯消费者的人身自由。

第四章　国家对消费者合法权益的保护

第二十六条　国家制定有关消费者权益的法律、法规和政策时，应当听取消费者的意见和要求。

第二十七条　各级人民政府应当加强领导，组织、协调、督促有关行政部门做好保护消费者合法权益的工作。

各级人民政府应当加强监督，预防危害消费者人身、财产安全行为的发生，及时制止危害消费者人身、财产安全的行为。

第二十八条　各级人民政府工商行政管理部门和其他有关行政部门应当依照法律、法规的规定，在各自的职责范围内，采取措施，保护消费者的合法权益。

有关行政部门应当听取消费者及其社会团体对经营者交易行为、商品和服务质量问题的意见，及时调查处理。

第二十九条　有关国家机关应当依照法律、法规的规定，惩处经营者在提供商品和服务中侵害消费者合法权益的违法犯罪行为。

第三十条　人民法院应当采取措施，方便消费者提起诉讼。对符合《中华人民共和国民事诉讼法》起诉条件的消费者权益争议，必须受理，及时审理。

第五章　消费者组织

第三十一条　消费者协会和其他消费者组织是依法成立的对商品和服务进行社会监督的保护消费者合法权益的社会团体。

第三十二条　消费者协会履行下列职能：

（一）向消费者提供消费信息和咨询服务；

（二）参与有关行政部门对商品和服务的监督、检查；

（三）就有关消费者合法权益的问题，向有关行政部门反映、查询，提出建议；

（四）受理消费者的投诉，并对投诉事项进行调查、调解；

（五）投诉事项涉及商品和服务质量问题的，可以提请鉴定部门鉴定，鉴定部门应当告知鉴定结论；

（六）就损害消费者合法权益的行为，支持受损害的消费者提起诉讼；

（七）对损害消费者合法权益的行为，通过大众传播媒介予以揭露、批评。

各级人民政府对消费者协会履行职能应当予以支持。

第三十三条　消费者组织不得从事商品经营和营利性服务，不得以牟利为目的向社会推荐商品和服务。

第六章　争议的解决

第三十四条　消费者和经营者发生消费者权益争议的，可以通过下列途径解决：

（一）与经营者协商和解；

（二）请求消费者协会调解；

（三）向有关行政部门申诉；

（四）根据与经营者达成的仲裁协议提请仲裁机构仲裁；

（五）向人民法院提起诉讼。

第三十五条　消费者在购买、使用商品时，其合法权益受到损害的，可以向销售者要求赔偿。销售者赔偿后，属于生产者的责任或者属于向销售者提供商品的其他销售者的责任的，销售者有权向生产者或者其他销售者追偿。

消费者或者其他受害人因商品缺陷造成人身、财产损害的，可以向销售者要求赔偿，也可以向生产者要求赔偿。属于生产者责任的，销售者赔偿后，有权向生产者追偿。属于销售者责任的，生产者赔偿后，有权向销售者追偿。

消费者在接受服务时，其合法权益受到损害的，可以向服务者要求赔偿。

第三十六条 消费者在购买、使用商品或者接受服务时，其合法权益受到损害，因原企业分立、合并的，可以向变更后承受其权利义务的企业要求赔偿。

第三十七条 使用他人营业执照的违法经营者提供商品或者服务，损害消费者合法权益的，消费者可以向其要求赔偿，也可以向营业执照的持有人要求赔偿。

第三十八条 消费者在展销会、租赁柜台购买商品或者接受服务，其合法权益受到损害的，可以向销售者或者服务者要求赔偿。展销会结束或者柜台租赁期满后，也可以向展销会的举办者、柜台的出租者要求赔偿。展销会的举办者、柜台的出租者赔偿后，有权向销售者或者服务者追偿。

第三十九条 消费者因经营者利用虚假广告提供商品或者服务，其合法权益受到损害的，可以向经营者要求赔偿。广告的经营者发布虚假广告的，消费者可以请求行政主管部门予以惩处。广告的经营者不能提供经营者的真实名称、地址的，应当承担赔偿责任。

第七章 法律责任

第四十条 经营者提供商品或者服务有下列情形之一的，除本法另有规定外，应当依照《中华人民共和国产品质量法》和其他有关法律、法规的规定，承担民事责任：

（一）商品存在缺陷的；

（二）不具备商品应当具备的使用性能而出售时未作说明的；

（三）不符合在商品或者其包装上注明采用的商品标准的；

（四）不符合商品说明、实物样品等方式表明的质量状况的；

（五）生产国家明令淘汰的商品或者销售失效、变质的商品的；

（六）销售的商品数量不足的；

（七）服务的内容和费用违反约定的；

（八）对消费者提出的修理、重作、更换、退货、补足商品数量、退还货款和服务费用或者赔偿损失的要求，故意拖延或者无理拒绝的；

（九）法律、法规规定的其他损害消费者权益的情形。

第四十一条 经营者提供商品或者服务，造成消费者或者其他受害人人身伤害的，应当支付医疗费、治疗期间的护理费、因误工减少的收入等费用，造成残疾的，还应当支付残疾者生活自助费、生活补助费、残疾赔偿金以及由其扶养的人所必需的生活费等费用；构成犯罪的，依法追究刑事责任。

第四十二条 经营者提供商品或者服务，造成消费者或者其他受害人死亡的，应当支付丧葬费、死亡赔偿金以及由死者生前扶养的人所必需的生活费等费用；构成犯罪的，依法追究刑事责任。

第四十三条 经营者违反本法第二十五条规定，侵害消费者的人格尊严或者侵犯消费者人身自由的，应当停止侵害、恢复名誉、消除影响、赔礼道歉，并赔偿损失。

第四十四条 经营者提供商品或者服务，造成消费者财产损害的，应当按照消费者的要求，以修理、重作、更换、退货、补足商品数量、退还货款和服务费用或者赔偿损失等方式承担民事责任。消费者与经营者另有约定的，按照约定履行。

第四十五条 对国家规定或者经营者与消费者约定包修、包换、包退的商品，经营者应当负责修理、更换或者退货。在保修期内两次修理仍不能正常使用的，经营者应当负责更换或者退货。

对包修、包换、包退的大件商品，消费者要求经营者修理、更换、退货的，经营者应当承担运输等合理费用。

第四十六条 经营者以邮购方式提供商品的，应当按照约定提供。未按照约定提供的，应当按照消费者的要求履行约定或者退回货款；并应当承担消费者必须支付的合理费用。

第四十七条 经营者以预收款方式提供商品或者服务的，应当按照约定提供。未按照约定提供的，应当按照消费者的要求履行约定或者退回预付款；并应当承担预付款的利息、消费者必须支付的合理费用。

第四十八条 依法经有关行政部门认定为不合格的商品，消费者要求退货的，经营者应当负责退货。

第四十九条 经营者提供商品或者服务有欺诈行为的，应当按照消费者的要求增加赔偿其受到的损失，增加赔偿的金额为消费者购买商品的价款或者接受服务的费用的一倍。

第五十条 经营者有下列情形之一，《中华人民共和国产品质量法》和其他有关法律、法规对处罚机关和处罚方式有规定的，依照法律、法规的规定执行；法律、法规未作规定的，由工商行政管理部门责令改正，可以根据情节单处或者并处警告、没收违法所得、处以违法所得一倍以上五倍以下的罚款，没有违法所得的，处以一万元以下的罚款；情节严重的，责令停业整顿、吊销营业执照：

（一）生产、销售的商品不符合保障人身、财产安全要求的；

（二）在商品中掺杂、掺假，以假充真，以次充好，或者以不合格商品冒充合格商品的；

（三）生产国家明令淘汰的商品或者销售失效、变质的商品的；

（四）伪造商品的产地，伪造或者冒用他人的厂名、厂址，伪造或者冒用认证标志、名优标志等质量标志的；

（五）销售的商品应当检验、检疫而未检验、检疫或者伪造检验、检疫结果的；

（六）对商品或者服务作引人误解的虚假宣传的；

（七）对消费者提出的修理、重作、更换、退货、补足商品数量、退还货款和服务费用或者赔偿损失的要求，故意拖延或者无理拒绝的；

（八）侵害消费者人格尊严或者侵犯消费者人身自由的；

（九）法律、法规规定的对损害消费者权益应当予以处罚的其他情形。

第五十一条　经营者对行政处罚决定不服的，可以自收到处罚决定之日起十五日内向上一级机关申请复议，对复议决定不服的，可以自收到复议决定书之日起十五日内向人民法院提起诉讼；也可以直接向人民法院提起诉讼。

第五十二条　以暴力、威胁等方法阻碍有关行政部门工作人员依法执行职务的，依法追究刑事责任；拒绝、阻碍有关行政部门工作人员依法执行职务，未使用暴力、威胁方法的，由公安机关依照《中华人民共和国治安管理处罚条例》的规定处罚。

第五十三条　国家机关工作人员玩忽职守或者包庇经营者侵害消费者合法权益的行为的，由其所在单位或者上级机关给予行政处分；情节严重，构成犯罪的，依法追究刑事责任。

第八章　附　则

第五十四条　农民购买、使用直接用于农业生产的生产资料，参照本法执行。

第五十五条　本法自 1994 年 1 月 1 日起施行。

国家主席江泽民签署第 12 号令公布《全国人民代表大会常务委员会关于修改〈中华人民共和国个人所得税法〉的决定》

《全国人民代表大会常务委员会关于修改〈中华人民共和国个人所得税法〉的决定》已由中华人民共和国第八届全国人民代表大会常务委员会第四次会议于 1993 年 10 月 31 日通过，现予公布，自 1994 年 1 月 1 日起施行。

中华人民共和国主席　江泽民

1993 年 10 月 31 日

全国人大常委会关于修改《中华人民共和国个人所得税法》的决定

第八届全国人民代表大会常务委员会第四次会议审议了国务院关于《中华人民共和国个人所得税法修正案（草案）》的议案，为了深化税制改革，简化税制，公平税负，决定对《中华人民共和国个人所得税法》作如下修改：

一、第一条修改为："在中国境内有住所，或者无住所而在境内居住满一年的个人，从中国境内和境外取得的所得，依照本法规定缴纳个人所得税。

"在中国境内无住所又不居住或者无住所而在境内居住不满一年的个人，从中国境内取得的所得，依照本法规定缴纳个人所得税。"

二、第二条修改为："下列各项个人所得，应纳个人所得税：

"一、工资、薪金所得；

"二、个体工商户的生产、经营所得；

"三、对企事业单位的承包经营、承租经营所得；

"四、劳务报酬所得；

"五、稿酬所得；

"六、特许权使用费所得；

"七、利息、股息、红利所得；

"八、财产租赁所得；

"九、财产转让所得；

"十、偶然所得；

"十一、经国务院财政部门确定征税的其他所得。"

三、第三条修改为："个人所得税的税率：

"一、工资、薪金所得，适用超额累进税率，税率为百分之五至百分之四十五（税率表附后）。

"二、个体工商户的生产、经营所得和对企事业单位的承包经营、承租经营所得，适用百分之五至百分之三十五的超额累进税率（税率表附后）。

"三、稿酬所得，适用比例税率，税率为百分之二十，并按应纳税额减征百分之三十。

"四、劳务报酬所得，适用比例税率，税率为百分之二十。对劳务报酬所得一次收入畸高的，可以实行加成征收，具体办法由国务院规定。

"五、特许权使用费所得，利息、股息、红利所得，财产租赁所得，财产转让所得，偶然所得和其他所得，适用比例税率，税率为百分之二十。"

四、第四条修改为："下列各项个人所得，免纳个人所得税：

"一、省级人民政府、国务院部委和中国人民解放军军以上单位，以及外国组织、国际组织颁发的科学、教育、技术、文化、卫生、体育、环境保护等方面的奖金；

“二、储蓄存款利息，国债和国家发行的金融债券利息；

“三、按照国家统一规定发给的补贴、津贴；

“四、福利费、抚恤金、救济金；

“五、保险赔款；

“六、军人的转业费、复员费；

“七、按照国家统一规定发给干部、职工的安家费、退职费、退休工资、离休工资、离休生活补助费；

“八、依照我国有关法律规定应予免税的各国驻华使馆、领事馆的外交代表、领事官员和其他人员的所得；

“九、中国政府参加的国际公约、签订的协议中规定免税的所得；

“十、经国务院财政部门批准免税的所得。”

五、增加一条，作为第五条：“有下列情形之一的，经批准可以减征个人所得税：

“一、残疾、孤老人员和烈属的所得；

“二、因严重自然灾害造成重大损失的；

“三、其他经国务院财政部门批准减税的。”

六、第五条改为第六条，增加二款，分别作为第二款、第三款，将这一条修改为：“应纳税所得额的计算：

“一、工资、薪金所得，以每月收入额减除费用八百元后的余额，为应纳税所得额。

“二、个体工商户的生产、经营所得，以每一纳税年度的收入总额，减除成本、费用以及损失后的余额，为应纳税所得额。

“三、对企事业单位的承包经营、承租经营所得，以每一纳税年度的收入总额，减除必要费用后的余额，为应纳税所得额。

“四、劳务报酬所得、稿酬所得、特许权使用费所得、财产租赁所得，每次收入不超过四千元的，减除费用八百元；四千元以上的，减除百分之二十的费用，其余额为应纳税所得额。

“五、财产转让所得，以转让财产的收入额减除财产原值和合理费用后的余额，为应纳税所得额。

“六、利息、股息、红利所得，偶然所得和其他所得，以每次收入额为应纳税所得额。

“个人将其所得对教育事业和其他公益事业捐赠的部分，按照国务院有关规定从应纳税所得中扣除。

“对在中国境内无住所而在中国境内取得工资、薪金所得的纳税义务人和在中国境内有住所而在中国境外取得工资、薪金所得的纳税义务人，可以根据其平均收入水平、生活水平以及汇率变化情况确定附加减除费用，附加减除费用适用的范围和标准由国务院规定。”

七、增加一条，作为第七条：“纳税义务人从中国境外取得的所得，准予其在应纳税额中扣除已在境外缴纳的个人所得税税额。但扣除额不得超过该纳税义务人境外所得依照本法规定计算的应纳税额。”

八、第六条改为第八条，修改为：“个人所得税，以所得人为纳税义务人，以支付所得的单位或者个人为扣缴义务人。在两处以上取得工资、薪金所得和没有扣缴义务人的，纳税义务人应当自行申报纳税。”

九、第七条改为第九条，增加三款，分别作为第二款、第三款、第四款，将这一条修改为：

“扣缴义务人每月所扣的税款，自行申报纳税人每月应纳的税款，都应当在次月七日内缴入国库，并向税务机关报送纳税申报表。

“工资、薪金所得应纳的税款，按月计征，由扣缴义务人或者纳税义务人在次月七日内缴入国库，并向税务机关报送纳税申报表。特定行业的工资、薪金所得应纳的税款，可以实行按年计算、分月预缴的方式计征，具体办法由国务院规定。

“个体工商户的生产、经营所得应纳的税款，按年计算，分月预缴，由纳税义务人在次月七日内预缴，年度终了后三个月内汇算清缴，多退少补。

“对企事业单位的承包经营、承租经营所得应纳的税款，按年计算，由纳税义务人在年度终了后三十日内缴入国库，并向税务机关报送纳税申报表。纳税义务人在一年内分次取得承包经营、承租经营所得的，应当在取得每次所得后的七日内预缴，年度终了后三个月内汇算清缴，多退少补。

“从中国境外取得所得的纳税义务人，应当在年度终了后三十日内，将应纳的税款缴入国库，并向税务机关报送纳税申报表。”

十、删去第九条。

十一、第八条改为第十条，修改为：“各项所得的计算，以人民币为单位。所得为外国货币的，按照国家外汇管理机关规定的外汇牌价折合成人民币缴纳税款。”

十二、第十条改为第十一条，修改为：“对扣缴义务人按照所扣缴的税款，付给百分之二的手续费。”

十三、删去第十一条。

十四、删去第十二条。

十五、删去第十三条。

十六、增加一条，作为第十二条：“个人所得税的征收管理，依照《中华人民共和国税收征收管理法》的规定执行。”

十七、第十四条改为第十三条，修改为：“国务院根据本法制定实施条例。”

此外，个人所得税税率表（工资、薪金所得适用）修改为个人所得税税率表一（工资、薪金所得适用）和个人所得税税率表二（个体工商户的生产、经营所得和对企事业单位的承包经营、承租经营所得适用）。

个人所得税税率表一(工资、薪金所得适用)

级数	全月应纳税所得额	税率(%)
1	不超过 500 元的	5
2	超过 500 元至 2000 元的部分	10
3	超过 2000 元至 5000 元的部分	15
4	超过 5000 元至 20000 元的部分	20
5	超过 20000 元至 40000 元的部分	25
6	超过 40000 元至 60000 元的部分	30
7	超过 60000 元至 80000 元的部分	35
8	超过 80000 元至 100000 元的部分	40
9	超过 100000 元的部分	45

(注:本表所称全月应纳税所得额是指依照本决定第六条的规定,以每月收入额减除费用八百元后的余额或者减除附加减除费用后的余额。)

个人所得税税率表二(个体工商户的生产、经营所得和对企事业单位的承包经营、承租经营所得适用)

级数	全年应纳税所得额	税率(%)
1	不超过 5000 元的	5
2	超过 5000 元至 10000 元的部分	10
3	超过 10000 元至 30000 元的部分	20
4	超过 30000 元至 50000 元的部分	30
5	超过 50000 元的部分	35

(注:本表所称全年应纳税所得额是指依照本决定第六条的规定,以每一纳税年度的收入总额,减除成本、费用以及损失后的余额。)

本决定自 1994 年 1 月 1 日起施行。1986 年 1 月 7 日国务院发布的《中华人民共和国城乡个体工商业户所得税暂行条例》和 1986 年 9 月 25 日国务院发布的《中华人民共和国个人收入调节税暂行条例》同时废止。本决定施行前制定的其他有关个人所得税的行政法规的内容与本决定相抵触的,以本决定为准。

《中华人民共和国个人所得税法》根据本决定作相应的修正,重新公布。

国家主席江泽民签署第 13 号令公布《中华人民共和国注册会计师法》

《中华人民共和国注册会计师法》已由中华人民共和国第八届全国人民代表大会常务委员会第四次会议于 1993 年 10 月 31 日通过,现予公布,自 1994 年 1 月 1 日起施行。

中华人民共和国主席　江泽民

1993 年 10 月 31 日

中华人民共和国注册会计师法

第一章　总　则

第一条　为了发挥注册会计师在社会经济活动中的鉴证和服务作用,加强对注册会计师的管理,维护社会公共利益和投资者的合法权益,促进社会主义市场经济的健康发展,制定本法。

第二条　注册会计师是依法取得注册会计师证书并接受委托从事审计和会计咨询、会计服务业务的执业人员。

第三条　会计师事务所是依法设立并承办注册会计师业务的机构。

注册会计师执行业务,应当加入会计师事务所。

第四条　注册会计师协会是由注册会计师组成的社会团体。中国注册会计师协会是注册会计师的全国组织,省、自治区、直辖市注册会计师协会是注册会计师的地方组织。

第五条　国务院财政部门和省、自治区、直辖市人民政府财政部门,依法对注册会计师、会计师事务所和注册会计师协会进行监督、指导。

第六条　注册会计师和会计师事务所执行业务,必须遵守法律、行政法规。

注册会计师和会计师事务所依法独立、公正执行业务,受法律保护。

第二章　考试和注册

第七条　国家实行注册会计师全国统一考试制度。注册会计师全国统一考试办法,由国务院财政部门制定,由中国注册会计师协会组织实施。

第八条　具有高等专科以上学校毕业的学历、或者具有会计或者相关专业中级以上技术职称的中国公民,可以申请参加注册会计师全国统一考试;具有会计或者相关专业高级技术职称的人员,可以免予部分科目的考试。

第九条　参加注册会计师全国统一考试成绩合格,并从事审计业务工作二年以上的,可以向省、自治区、直辖市注册会计师协会申请注册。

除有本法第十条所列情形外,受理申请的注册会计师协会应当准予注册。

第十条　有下列情形之一的,受理申请的注册会计师协会不予注册:

(一)不具有完全民事行为能力的;

(二)因受刑事处罚,自刑罚执行完毕之日起至申请注册之日止不满五年的;

(三)因在财务、会计、审计、企业管理或者其他经济管理工作中犯有严重错误受行政处罚、撤职以上处分,自处罚、处分决定之日起至申请注册之日止不满二年的;

(四)受吊销注册会计师证书的处罚,自处罚决定之日起至申请注册之日止不满五年的;

(五)国务院财政部门规定的其他不予注册的情形的。

第十一条 注册会计师协会应当将准予注册的人员名单报国务院财政部门备案。国务院财政部门发现注册会计师协会的注册不符合本法规定的，应当通知有关的注册会计师协会撤销注册。

注册会计师协会依照本法第十条的规定不予注册的，应当自决定之日起十五日内书面通知申请人。申请人有异议的，可以自收到通知之日起十五日内向国务院财政部门或者省、自治区、直辖市人民政府财政部门申请复议。

第十二条 准予注册的申请人，由注册会计师协会发给国务院财政部门统一制定的注册会计师证书。

第十三条 已取得注册会计师证书的人员，除本法第十一条第一款规定的情形外，注册后有下列情形之一的，由准予注册的注册会计师协会撤销注册，收回注册会计师证书：

(一)完全丧失民事行为能力的；

(二)受刑事处罚的；

(三)因在财务、会计、审计、企业管理或者其他经济管理工作中犯有严重错误受行政处罚、撤职以上处分的；

(四)自行停止执行注册会计师业务满一年的。

被撤销注册的当事人有异议的，可以自接到撤销注册、收回注册会计师证书的通知之日起十五日内向国务院财政部门或者省、自治区、直辖市人民政府财政部门申请复议。

依照第一款规定被撤销注册的人员可以重新申请注册，但必须符合本法第九条、第十条的规定。

第三章 业务范围和规则

第十四条 注册会计师承办下列审计业务：

(一)审查企业会计报表，出具审计报告；

(二)验证企业资本，出具验资报告；

(三)办理企业合并、分立、清算事宜中的审计业务，出具有关的报告；

(四)法律、行政法规规定的其他审计业务。

注册会计师依法执行审计业务出具的报告，具有证明效力。

第十五条 注册会计师可以承办会计咨询、会计服务业务。

第十六条 注册会计师承办业务，由其所在的会计师事务所统一受理并与委托人签订委托合同。

会计师事务所对本所注册会计师依照前款规定承办的业务，承担民事责任。

第十七条 注册会计师执行业务，可以根据需要查阅委托人的有关会计资料和文件，查看委托人的业务现场和设施，要求委托人提供其他必要的协助。

第十八条 注册会计师与委托人有利害关系的，应当回避；委托人有权要求其回避。

第十九条 注册会计师对在执行业务中知悉的商业秘密，负有保密义务。

第二十条 注册会计师执行审计业务，遇有下列情形之一的，应当拒绝出具有关报告：

(一)委托人示意其作不实或者不当证明的；

(二)委托人故意不提供有关会计资料和文件的；

(三)因委托人有其他不合理要求，致使注册会计师出具的报告不能对财务会计的重要事项作出正确表述的。

第二十一条 注册会计师执行审计业务，必须按照执业准则、规则确定的工作程序出具报告。

注册会计师执行审计业务出具报告时，不得有下列行为：

(一)明知委托人对重要事项的财务会计处理与国家有关规定相抵触，而不予指明；

(二)明知委托人的财务会计处理会直接损害报告使用人或者其他利害关系人的利益，而予以隐瞒或者作不实的报告；

(三)明知委托人的财务会计处理会导致报告使用人或者其他利害关系人产生重大误解，而不予指明；

(四)明知委托人的会计报表的重要事项有其他不实的内容，而不予指明。

对委托人有前款所列行为，注册会计师按照执业准则、规则应当知道的，适用前款规定。

第二十二条 注册会计师不得有下列行为：

(一)在执行审计业务期间，在法律、行政法规规定不得买卖被审计单位的股票、债券或者不得购买被审计单位或者个人的其他财产的期限内，买卖被审计单位的股票、债券或者购买被审计单位或者个人所拥有的其他财产；

(二)索取、收受委托合同约定以外的酬金或者其他财物，或者利用执行业务之便，谋取其他不正当的利益；

(三)接受委托催收债款；

(四)允许他人以本人名义执行业务；

(五)同时在两个或者两个以上的会计师事务所执行业务；

(六)对其能力进行广告宣传以招揽业务；

(七)违反法律、行政法规的其他行为。

第四章 会计师事务所

第二十三条 会计师事务所可以由注册会计师合伙设立。

合伙设立的会计师事务所的债务，由合伙人按照出资比例或者协议的约定，以各自的财产承担责任。合伙人对会计师事务所的债务承担连带责任。

第二十四条 会计师事务所符合下列条件的，可以是负有限责任的法人：

(一)不少于三十万元的注册资本；

(二)有一定数量的专职从业人员，其中至少有五名注册会计师；

(三)国务院财政部门规定的业务范围和其他条件。

负有限责任的会计师事务所以其全部资产对其债务承担责任。

第二十五条　设立会计师事务所，由国务院财政部门或者省、自治区、直辖市人民政府财政部门批准。

申请设立会计师事务所，申请者应当向审批机关报送下列文件：

(一)申请书；

(二)会计师事务所的名称、组织机构和业务场所；

(三)会计师事务所章程，有合伙协议的并应报送合伙协议；

(四)注册会计师名单、简历及有关证明文件；

(五)会计师事务所主要负责人、合伙人的姓名、简历及有关证明文件；

(六)负有限责任的会计师事务所的出资证明；

(七)审批机关要求的其他文件。

第二十六条　审批机关应当自收到申请文件之日起三十日内决定批准或者不批准。

省、自治区、直辖市人民政府财政部门批准的会计师事务所，应当报国务院财政部门备案。国务院财政部门发现批准不当的，应当自收到备案报告之日起三十日内通知原审批机关重新审查。

第二十七条　会计师事务所设立分支机构，须经分支机构所在地的省、自治区、直辖市人民政府财政部门批准。

第二十八条　会计师事务所依法纳税。

会计师事务所按照国务院财政部门的规定建立职业风险基金，办理职业保险。

第二十九条　会计师事务所受理业务，不受行政区域、行业的限制；但是，法律、行政法规另有规定的除外。

第三十条　委托人委托会计师事务所办理业务，任何单位和个人不得干预。

第三十一条　本法第十八条至第二十一条的规定，适用于会计师事务所。

第三十二条　会计师事务所不得有本法第二十二条第(一)项至第(四)项、第(六)项、第(七)项所列的行为。

第五章　注册会计师协会

第三十三条　注册会计师应当加入注册会计师协会。

第三十四条　中国注册会计师协会的章程由全国会员代表大会制定，并报国务院财政部门备案；省、自治区、直辖市注册会计师协会的章程由省、自治区、直辖市会员代表大会制定，并报省、自治区、直辖市人民政府财政部门备案。

第三十五条　中国注册会计师协会依法拟订注册会计师执业准则、规则，报国务院财政部门批准后施行。

第三十六条　注册会计师协会应当支持注册会计师依法执行业务，维护其合法权益，向有关方面反映其意见和建议。

第三十七条　注册会计师协会应当对注册会计师的任职资格和执业情况进行年度检查。

第三十八条　注册会计师协会依法取得社会团体法人资格。

第六章　法律责任

第三十九条　会计师事务所违反本法第二十条、第二十一条规定的，由省级以上人民政府财政部门给予警告，没收违法所得，可以并处违法所得一倍以上五倍以下的罚款；情节严重的，并可以由省级以上人民政府财政部门暂停其经营业务或者予以撤销。

注册会计师违反本法第二十条、第二十一条规定的，由省级以上人民政府财政部门给予警告；情节严重的，可以由省级以上人民政府财政部门暂停其执行业务或者吊销注册会计师证书。

会计师事务所、注册会计师违反本法第二十条、第二十一条的规定，故意出具虚假的审计报告、验资报告，构成犯罪的，依法追究刑事责任。

第四十条　对未经批准承办本法第十四条规定的注册会计师业务的单位，由省级以上人民政府财政部门责令其停止违法活动，没收违法所得，可以并处违法所得一倍以上五倍以下的罚款。

第四十一条　当事人对行政处罚决定不服的，可以在接到处罚通知之日起十五日内向作出处罚决定的机关的上一级机关申请复议；当事人也可以在接到处罚决定通知之日起十五日内直接向人民法院起诉。

复议机关应当在接到复议申请之日起六十日内作出复议决定。当事人对复议决定不服的，可以在接到复议决定之日起十五日内向人民法院起诉。复议机关逾期不作出复议决定的，当事人可以在复议期满之日起十五日内向人民法院起诉。

当事人逾期不申请复议，也不向人民法院起诉，又不履行处罚决定的，作出处罚决定的机关可以申请人民法院强制执行。

第四十二条　会计师事务所违反本法规定，给委托人、其他利害关系人造成损失的，应当依法承担赔偿责任。

第七章 附 则

第四十三条 在审计事务所工作的注册审计师，经认定为具有注册会计师资格的，可以执行本法规定的业务，其资格认定和对其监督、指导、管理的办法由国务院另行规定。

第四十四条 外国人申请参加中国注册会计师全国统一考试和注册，按照互惠原则办理。外国会计师事务所在中国境内设立常驻代表机构，须报国务院财政部门批准。外国会计师事务所与中国的会计师事务所共同举办中外合作会计师事务所，须经国务院对外经济贸易主管部门或者国务院授权的部门和省级人民政府审查同意后报国务院财政部门批准。

除前款规定的情形外，外国会计师事务所需要在中国境内临时办理有关业务的，须经有关的省、自治区、直辖市人民政府财政部门批准。

第四十五条 国务院可以根据本法制定实施条例。

第四十六条 本法自 1994 年 1 月 1 日起施行。1986 年 7 月 3 日国务院发布的《中华人民共和国注册会计师条例》同时废止。

国家主席江泽民签署第 14 号令公布《中华人民共和国红十字会法》

《中华人民共和国红十字会法》已由中华人民共和国第八届全国人民代表大会常务委员会第四次会议于 1993 年 10 月 31 日通过，现予公布，自公布之日起施行。

中华人民共和国主席　江泽民

1993 年 10 月 31 日

中华人民共和国红十字会法

第一章 总 则

第一条 为了保护人的生命和健康，发扬人道主义精神，促进和平进步事业，保障红十字会依法履行职责，制定本法。

第二条 中国红十字会是中华人民共和国统一的红十字组织，是从事人道主义工作的社会救助团体。

第三条 中华人民共和国公民，不分民族、种族、性别、职业、宗教信仰、教育程度，承认中国红十字会章程并缴纳会费的，可以自愿参加红十字会。

第四条 中国红十字会遵守宪法和法律，遵循国际红十字和红新月运动确立的基本原则，依照中国参加的日内瓦公约及其附加议定书和中国红十字会章程，独立自主地开展工作。

第五条 人民政府对红十字会给予支持和资助，保障红十字会依法履行职责，并对其活动进行监督；红十字会协助人民政府开展与其职责有关的活动。

第六条 中国红十字会根据独立、平等、互相尊重的原则，发展同各国红十字会和红新月会的友好合作关系。

第七条 中国红十字会使用白底红十字标志。

第二章 组 织

第八条 县级以上按行政区域建立地方各级红十字会，根据实际工作需要配备专职工作人员。

全国性行业根据需要可以建立行业红十字会。

全国建立中国红十字会总会。

第九条 各级红十字会理事会由会员代表大会民主选举产生。理事会民主选举产生会长和副会长。

各级红十字会会员代表大会闭会期间，由理事会执行会员代表大会的决议。

理事会向会员代表大会负责并报告工作，接受其监督。

上级红十字会指导下级红十字会工作。

第十条 中国红十字会总会设名誉会长和名誉副会长。名誉会长和名誉副会长由中国红十字会总会理事会聘请。

第十一条 中国红十字会总会具有社会团体法人资格；地方各级红十字会、行业红十字会依法取得社会团体法人资格。

第三章 职 责

第十二条 红十字会履行下列职责：

（一）开展救灾的准备工作；在自然灾害和突发事件中，对伤病人员和其他受害者进行救助；

（二）普及卫生救护和防病知识，进行初级卫生救护培训，组织群众参加现场救护；参与输血献血工作，推动无偿献血；开展其他人道主义服务活动；

（三）开展红十字青少年活动；

（四）参加国际人道主义救援工作；

（五）宣传国际红十字和红新月运动的基本原则和日内瓦公约及其附加议定书；

（六）依照国际红十字和红新月运动的基本原则，完成人民政府委托事宜；

（七）依照日内瓦公约及其附加议定书的有关规定开展工作。

第十三条 红十字会有权处分其接受的救助物资；在处分捐赠款物时，应当尊重捐赠者的意愿。

第十四条 在自然灾害和突发事件中，执行救助任务并标有红十字标志的人员、物资和交通工具有优先通行的权利。

第十五条 任何组织和个人不得拒绝、阻碍红十字会工作人员依法履行职责。

在自然灾害和突发事件中，以暴力、威胁方法阻碍红十字会工作人员依法履行职责的，比照刑法第一百五十七条的规定追究刑事责任；阻碍红十字会工作人员依法履行职责未使用暴力、威胁方法的，比照治安管理处罚条例第十九条的规定处罚。

第四章 标 志

第十六条 红十字标志具有保护作用和标明作用。

红十字标志的保护使用，是标示在武装冲突中必须受到尊重和保护的人员和设备。其使用办法，依照日内瓦公约及其附加议定书的有关规定执行。

红十字标志的标明使用，是标示与红十字活动有关的人或者物。其使用办法，由国务院规定。

第十七条 印宗教信仰使用红新月标志的，其使用办法适用红十字标志的使用规定。

第十八条 军队使用红十字标志，依照日内瓦公约及其附加议定书的有关规定执行。

第十九条 禁止滥用红十字标志。

对于滥用红十字标志的，红十字会有权要求其停止使用；拒绝停止使用的，红十字会可以提请人民政府按照有关法律、法规的规定予以处理。

第五章 经费与财产

第二十条 红十字会经费的主要来源：

(一)红十字会会员缴纳的会费；

(二)接受国内外组织和个人捐赠的款物；

(三)动产和不动产的收入；

(四)人民政府的拨款。

第二十一条 国家对红十字会兴办的与其宗旨相符的社会福利事业给予扶持。

第二十二条 红十字会为开展救助工作，可以进行募捐活动。

第二十三条 红十字会接受用于救助和公益事业的捐赠物资，按照国家有关规定享受减税、免税的优惠待遇。

第二十四条 红十字会建立经费审查监督制度。

红十字会的经费使用应当与其宗旨相一致。

红十字会对接受的境外捐赠款物，应当建立专项审查监督制度。

红十字会经费的来源和使用情况每年向红十字会理事会报告。

第二十五条 红十字会的经费使用情况依照国家有关法律、法规的规定，接受人民政府的检查监督。

第二十六条 任何组织和个人不得侵占和挪用红十字会的经费和财产。

第六章 附 则

第二十七条 本法所称“国际红十字和红新月运动确立的基本原则”，是指一九八六年十月日内瓦国际红十字大会第二十五次会议通过的“国际红十字和红新月运动章程”中确立的人道性、公正性、中立性、独立性、志愿服务、统一性和普遍性七项基本原则。

本法所称“日内瓦公约”，是指中国加入的于一九四九年八月十二日缔结的日内瓦四公约，即：《改善战地武装部队伤者病者境遇之日内瓦公约》、《改善海上武装部队伤者病者及遇船难者境遇之日内瓦公约》、《关于战俘待遇之日内瓦公约》和《关于战时保护平民之日内瓦公约》。

本法所称日内瓦公约“附加议定书”，是指中国加入的于一九七七年六月八日缔结的《一九四九年八月十二日日内瓦四公约关于保护国际性武装冲突受难者的附加议定书》和《一九四九年八月十二日日内瓦四公约关于保护非国际性武装冲突受难者的附加议定书》。

第二十八条 本法自公布之日起施行。

国家主席江泽民签署第15号令公布《中华人民共和国教师法》

《中华人民共和国教师法》已由中华人民共和国第八届全国人民代表大会常务委员会第四次会议于1993年10月31日通过，现予公布，自1994年1月1日起施行。

中华人民共和国主席 江泽民

1993年10月31日

中华人民共和国教师法

第一章 总 则

第一条 为了保障教师的合法权益，建设具有良好思想品德修养和业务素质的教师队伍，促进社会主义教育事业的发展，制定本法。

第二条 本法适用于在各级各类学校和其他教育机构中专门从事教育教学工作的教师。

第三条 教师是履行教育教学职责的专业人员，承担教书育人，培养社会主义事业建设者和接班人、提高民族素质的使命。教师应当忠诚于人民的教育事业。

第四条 各级人民政府应当采取措施，加强教师的思想政治教育和业务培训，改善教师的工作条件和生活条件，保障教师的合法权益，提高教师的社会地位。

全社会都应当尊重教师。

第五条 国务院教育行政部门主管全国的教师工作。

国务院有关部门在各自职权范围内负责有关的教师工作。

学校和其他教育机构根据国家规定，自主进行教师管理工作。

第六条 每年九月十日为教师节。

第二章 权利和义务

第七条 教师享有下列权利：

(一)进行教育教学活动，开展教育教学改革和实验；

（二）从事科学研究、学术交流，参加专业的学术团体，在学术活动中充分发表意见；

（三）指导学生的学习和发展，评定学生的品行和学业成绩；

（四）按时获取工资报酬，享受国家规定的福利待遇以及寒暑假期的带薪休假；

（五）对学校教育教学、管理工作和教育行政部门的工作提出意见和建议，通过教职工代表大会或者其他形式，参与学校的民主管理；

（六）参加进修或者其他方式的培训。

第八条 教师应当履行下列义务：

（一）遵守宪法、法律和职业道德，为人师表；

（二）贯彻国家的教育方针，遵守规章制度，执行学校的教学计划，履行教师聘约，完成教育教学工作任务；

（三）对学生进行宪法所确定的基本原则的教育和爱国主义、民族团结的教育，法制教育以及思想品德、文化、科学技术教育，组织、带领学生开展有益的社会活动；

（四）关心、爱护全体学生，尊重学生人格，促进学生在品德、智力、体质等方面全面发展；

（五）制止有害于学生的行为或者其他侵犯学生合法权益的行为，批评和抵制有害于学生健康成长的现象；

（六）不断提高思想政治觉悟和教育教学业务水平。

第九条 为保障教师完成教育教学任务，各级人民政府、教育行政部门、有关部门、学校和其他教育机构应当履行下列职责：

（一）提供符合国家安全标准的教育教学设施和设备；

（二）提供必需的图书、资料及其他教育教学用品；

（三）对教师在教育教学、科学研究中的创造性工作给以鼓励和帮助；

（四）支持教师制止有害于学生的行为或者其他侵犯学生合法权益的行为。

第三章 资格和任用

第十条 国家实行教师资格制度。

中国公民凡遵守宪法和法律，热爱教育事业，具有良好的思想品德，具备本法规定的学历或者经国家教师资格考试合格，有教育教学能力，经认定合格的，可以取得教师资格。

第十一条 取得教师资格应当具备的相应学历是：

（一）取得幼儿园教师资格，应当具备幼儿师范学校毕业及其以上学历；

（二）取得小学教师资格，应当具备中等师范学校毕业及其以上学历；

（三）取得初级中学教师、初级职业学校文化、专业课教师资格，应当具备高等师范专科学校或者其他大学专科毕业及其以上学历；

（四）取得高级中学教师资格和中等专业学校、技工学校、职业高中文化课、专业课教师资格，应当具备高等师范院校本科或者其他大学本科毕业及其以上学历；取得中等专业学校、技工学校和职业高中学生实习指导教师资格应当具备的学历，由国务院教育行政部门规定；

（五）取得高等学校教师资格，应当具备研究生或者大学本科毕业学历；

（六）取得成人教育教师资格，应当按照成人教育的层次、类别，分别具备高等、中等学校毕业及其以上学历。

不具备本法规定的教师资格学历的公民，申请获取教师资格，必须通过国家教师资格考试。国家教师资格考试制度由国务院规定。

第十二条 本法实施前已经在学校或者其他教育机构中任教的教师，未具备本法规定学历的，由国务院教育行政部门规定教师资格过渡办法。

第十三条 中小学教师资格由县级以上地方人民政府教育行政部门认定。中等专业学校、技工学校的教师资格由县级以上地方人民政府教育行政部门组织有关主管部门认定。普通高等学校的教师资格由国务院或者省、自治区、直辖市教育行政部门或者由其委托的学校认定。

具备本法规定的学历或者经国家教师资格考试合格的公民，要求有关部门认定其教师资格的，有关部门应当依照本法规定的条件予以认定。

取得教师资格的人员首次任教时，应当有试用期。

第十四条 受到剥夺政治权利或者故意犯罪受到有期徒刑以上刑事处罚的，不能取得教师资格；已经取得教师资格的，丧失教师资格。

第十五条 各级师范学校毕业生，应当按照国家有关规定从事教育教学工作。

国家鼓励非师范高等学校毕业生到中小学或者职业学校任教。

第十六条 国家实行教师职务制度，具体办法由国务院规定。

第十七条 学校和其他教育机构应当逐步实行教师聘任制。教师的聘任应当遵循双方地位平等的原则，由学校和教师签订聘任合同，明确规定双方的权利、义务和责任。

实施教师聘任制的步骤、办法由国务院教育行政部门规定。

第四章 培养和培训

第十八条 各级人民政府和有关部门应当办好师范教育，并采取措施，鼓励优秀青年进入各级师范学校学习。各级教师进修学校承担培训中小学教师的任务。

非师范学校应当承担培养和培训中小学教师的任务。

各级师范学校学生享受专业奖学金。

第十九条 各级人民政府教育行政部门、学校主管部门和学校应当制定教师培训规划，对教师进行多种形式的思想政治、业务培训。

第二十条 国家机关、企业事业单位和其他社会组织应当为教师的社会调查和社会实践提供方便，给予协助。

第二十一条 各级人民政府应当采取措施，为少数民族地区和边远贫困地区培养、培训教师。

第五章 考　核

第二十二条 学校或者其他教育机构应当对教师的政治思想、业务水平、工作态度和工作成绩进行考核。

教育行政部门对教师的考核工作进行指导、监督。

第二十三条 考核应当客观、公正、准确，充分听取教师本人、其他教师以及学生的意见。

第二十四条 教师考核结果是受聘任教、晋升工资、实施奖惩的依据。

第六章 待　遇

第二十五条 教师的平均工资水平应当不低于或者高于国家公务员的平均工资水平，并逐步提高。建立正常晋级增薪制度，具体办法由国务院规定。

第二十六条 中小学教师和职业学校教师享受教龄津贴和其他津贴，具体办法由国务院教育行政部门会同有关部门制定。

第二十七条 地方各级人民政府对教师以及具有中专以上学历的毕业生到少数民族地区和边远贫困地区从事教育教学工作的，应当予以补贴。

第二十八条 地方各级人民政府和国务院有关部门，对城市教师住房的建设、租赁、出售实行优先、优惠。

县、乡两级人民政府应当为农村中小学教师解决住房提供方便。

第二十九条 教师的医疗同当地国家公务员享受同等的待遇；定期对教师进行身体健康检查，并因地制宜安排教师进行休养。

医疗机构应当对当地教师的医疗提供方便。

第三十条 教师退休或者退职后，享受国家规定的退休或者退职待遇。

县级以上地方人民政府可以适当提高长期从事教育教学工作的中小学退休教师的退休金比例。

第三十一条 各级人民政府应当采取措施，改善国家补助、集体支付工资的中小学教师的待遇，逐步做到在工资收入上与国家支付工资的教师同工同酬，具体办法由地方各级人民政府根据本地区的实际情况规定。

第三十二条 社会力量所办学校的教师的待遇，由举办者自行确定并予以保障。

第七章 奖　励

第三十三条 教师在教育教学、培养人才、科学研究、教学改革、学校建设、社会服务、勤工俭学等方面成绩优异的，由所在学校予以表彰、奖励。

国务院和地方各级人民政府及其有关部门对有突出贡献的教师，应当予以表彰、奖励。

对有重大贡献的教师，依照国家有关规定授予荣誉称号。

第三十四条 国家支持和鼓励社会组织或者个人向依法成立的奖励教师的基金组织捐助资金，对教师进行奖励。

第八章 法律责任

第三十五条 侮辱、殴打教师的，根据不同情况，分别给予行政处分或者行政处罚；造成损害的，责令赔偿损失；情节严重，构成犯罪的，依法追究刑事责任。

第三十六条 对依法提出申诉、控告、检举的教师进行打击报复的，由其所在单位或者上级机关责令改正；情节严重的，可以根据具体情况给予行政处分。

国家工作人员对教师打击报复构成犯罪的，依照刑法第一百四十六条的规定追究刑事责任。

第三十七条 教师有下列情形之一的，由所在学校、其他教育机构或者教育行政部门给予行政处分或者解聘：

（一）故意不完成教育教学任务给教育教学工作造成损失的；

（二）体罚学生，经教育不改的；

（三）品行不良、侮辱学生，影响恶劣的。

教师有前款第（二）项、第（三）项所列情形之一，情节严重，构成犯罪的，依法追究刑事责任。

第三十八条 地方人民政府对违反本法规定，拖欠教师工资或者侵犯教师其他合法权益的，应当责令其限期改正。

违反国家财政制度、财务制度，挪用国家财政用于教育的经费，严重妨碍教育教学工作，拖欠教师工资，损害教师合法权益的，由上级机关责令限期归还被挪用的经费，并对直接责任人员给予行政处分；情节严重，构成犯罪的，依法追究刑事责任。

第三十九条 教师对学校或者其他教育机构侵犯

其合法权益的，或者对学校或者其他教育机构作出的处理不服的，可以向教育行政部门提出申诉，教育行政部门应当在接到申诉的三十日内，作出处理。

教师认为当地人民政府有关行政部门侵犯其根据本法规定享有的权利的，可以向同级人民政府或者上一级人民政府有关部门提出申诉，同级人民政府或者上一级人民政府有关部门应当作出处理。

第九章 附 则

第四十条 本法下列用语的含义是：

（一）各级各类学校，是指实施学前教育、普通初等教育、普通中等教育、职业教育、普通高等教育以及特殊教育、成人教育的学校。

（二）其他教育机构，是指少年宫以及地方教研室、电化教育机构等。

（三）中小学教师，是指幼儿园、特殊教育机构、普通中小学、成人初等中等教育机构、职业中学以及其他教育机构的教师。

第四十一条 学校和其他教育机构中的教育教学辅助人员，其他类型的学校的教师和教育教学辅助人员，可以根据实际情况参照本法的有关规定执行。

军队所属院校的教师和教育教学辅助人员，由中央军事委员会依照本法制定有关规定。

第四十二条 外籍教师的聘任办法由国务院教育行政部门规定。

第四十三条 本法自1994年1月1日起施行。

《人民日报》发表社论《把安全生产当作突出大事来抓》

国务院总理李鹏在天津考察

李鹏于10月31日和11月1日由中共天津市委书记高德占、天津市市长张立昌和冶金部部长刘淇陪同在天津考察。10月31日上午9时许，李鹏乘坐高速电梯，登临415.2米高的天津广播电视塔。11月1日上午，李鹏来到位于东郊的天津钢管公司考察。李鹏对现场的干部职工说，天津钢管工程以较快速度建成，顺利投产，而且生产出合格产品，我非常高兴。江泽民同志非常重视发挥大中型企业的作用。你们是新企业，设备先进，产品质量高，又有市场，也不存在老企业的各种包袱，应该从一开始就按照社会主义市场经济新体制来运行，用科学、先进的管理方式把企业管好，再加上加强党的领导与精神文明建设，发扬好的传统，完全有条件办成国际上第一流的现代化企业。社会主义公有制的企业同样可以办成效益好的企业。

在考察期间，李鹏还听取天津市委、市政府关于天津工作的汇报。李鹏说，在邓小平同志建设有中国特色社会主义理论的指导下，天津发展是快的，经济效益也得到同步增长，总的形势是好的。在谈到基本建设项目时，项目必须有效益，起点要高。居民住宅仍然是今后一个时期人民的突出需求，因此我们要重视居民住宅建设。乡镇企业现在面临激烈的竞争，只有面向市场需求，提高产品档次，进行技术改造，才真正有竞争力。天津是一个港口城市，交通枢纽，有老城市的依托，科技力量比较强，有不少待开发利用的土地，因此，天津要发挥自己的优势，使经济持续、快速、健康地发展。

国务委员兼国防部部长迟浩田在人民大会堂会见斯洛伐克国防国务秘书伊戈尔·乌尔班

第七届全国发明展览会在石家庄结束

中国选手王军霞张林丽张丽荣马丽艳在西班牙举行的1993年世界杯马拉松赛上获女子组冠军中国选手并包揽此项比赛前4名

11月1日

中央军委在人民大会堂举行《贺龙传》出版发行暨纪念贺龙元帅诞辰97周年座谈会

中共中央总书记、国家主席、中央军委主席江泽民在会上讲话。

中共中央政治局常委、中央军委副主席刘华清主持会议并讲话。

中央军委副主席张震在讲话中回顾和介绍贺龙的生平业绩。

余秋里、廖汉生、李梦华、戴学江、王光美等也在会上发言。

中共中央政治局常委胡锦涛出席座谈会。

出席会议的还有：丁关根、陈希同、宋平、薄一波、宋任穷、陈慕华、秦基伟、程思远、迟浩田、阿沛·阿旺晋美、赛福鼎·艾则孜、赵朴初、胡绳、张万年、于永波、傅全有、王平、陈锡联、王恩茂、马文瑞、吕正操等。

贺龙元帅的夫人薛明和亲属以及与贺龙一起工作、战斗过的老同志代表，党中央、国家机关，解放军三总部，驻京部队各大单位的领导和各界群众代表出席会议。

中央军委主席江泽民在《贺龙传》出版发行暨纪念贺龙诞辰97周年座谈会上发表讲话

同志们：

听了华清同志的讲话，张震同志和其他几位同志对贺龙同志光辉一生的回顾，我和大家一样，深为感动。

贺龙同志是我党的优秀党员，久经考验的无产阶级革命家、军事家，党和国家的卓越领导人，我军的创始人之一。在大革命时期，他就是功勋卓著的北伐名将；在土地革命战争、抗日战争和解放战争中，他在党中央、毛主席领导下，坚决执行正确的政治路线和军事路线，为中国各族人民的解放事业和新中国的诞生，建立了丰功伟绩；建国后，在社会主义革命和建设中，他对我军革命化、现代化、正规化建设，对新中国体育事业的创建和发展，对我国的国防工业和国民经济建设，都作出了重大贡献。他以其坚强的党性和高尚的品德赢得了全党、全军和全国人民的爱戴和崇敬。

贺龙同志对党和人民无限忠诚，社会主义、共产主义信念坚定不移。他早年投身民主革命，在讨袁、护法和反对北洋军阀的斗争中，执著地探索革命真理。中国共产党成立后不久，他接触了共产主义思想，认识到只有马克思列宁主义才是救国救民的真理，便把共产主义作为自己终生的奋斗目标。大革命失败后，他抛弃荣华富贵，毅然率领国民革命军第二十军参加南昌起义，把自己的身家性命和部队都交给了中国共产党。贺龙同志在组织红军开展武装斗争和建立革命根据地的长期斗争中，始终保持着旺盛的斗志和革命的乐观主义精神，即使在极端困难、濒临绝境的时候，仍然坚信党和人民的事业一定会胜利。毛泽东同志在抗日战争期间曾说过，贺龙同志有三条：对党忠诚，对敌斗争坚决，联系群众。对于这个评价，贺龙同志是当之无愧的。

贺龙同志长期担任一个战略区的主要领导职务和参与中央军委的领导工作，为我军的发展壮大作出了杰出的贡献。他指挥作战多谋善断、英勇顽强、坚定沉着、机智灵活，运用战略战术富有创造性，率领部队打了许多恶仗、硬仗、巧仗，歼灭了大量敌人，立下了赫赫战功。在和平时期，他强调必须继续坚持党对军队的绝对领导，搞好各级党组织建设，加强军事训练，努力完善人民战争的武装力量体制，大力推进我军的革命化、现代化、正规化建设。在我军建设的许多方面，贺龙同志都有着重要的建树。他的丰富的军事实践经验和高超的指挥艺术，丰富了毛泽东军事思想，是我军的宝贵财富。他不仅在建立武装、治理军队、指挥作战方面得心应手，而且在参与领导经济建设、城市管理、统一战线、体育、外交工作中，也表现出多方面的杰出的领导才能。

贺龙同志具有坚强的党性和优良的工作作风。他时时处处以党和人民的利益为重，竭诚维护党的团结统一。他坚决服从党的领导，听从党的指挥，从不争个人的兵权。他善于把马克思主义理论与客观实际结合起来，坚持实事求是的思想路线，注重调查研究，解决实际问题。他作风朴实，讲求实效，不尚空谈。他克己奉公，廉洁自律，对亲属子女严格要求。他平易近人，广泛联系群众，善于团结各种可以团结的力量。他熟悉部属，爱护干部、战士，关心群众生活。他以自己的行动实践了全心全意为人民服务的宗旨，始终保持了我党我军的优良传统和作风。

贺龙同志具有刚直不阿、光明磊落、坦荡豁达的品格。他不怕一切艰难困苦、勇挑重担、开拓进取，不论是在残酷的战争环境，还是和平建设时期，他都自觉地站在斗争的第一线，努力工作、任劳任怨。他为人正直，大公无私，办事公道，坚持原则。他疾恶如仇，敢于和各种错误倾向作坚决斗争。“文化大革命”中，他被诬陷、监禁，受尽折磨，但仍然一如既往坚持真理，坚决与林彪、“四人帮”反革命集团进行斗争，并为受迫害的同志仗义执言，表现了共产党人威武不屈的铮铮铁骨。

贺龙同志德高望重，他半个多世纪的革命生涯，为我们树立了一个真正共产党人的榜样。我们现在缅怀他的不朽业绩，学习他的高风亮节，具有重要的现实意义。现在，全党、全军和全国人民在邓小平同志建设有中国特色社会主义理论和党的十四大精神指引下，正在深入贯彻党的基本路线，加快改革开放和现代化建设步伐，建立社会主义市场经济体制，进一步解放和发展生产力，推动经济建设和社会全面进步。在这种新的形势下，我们要研究新情况、解决新问题，就更加需要向贺龙同志等老一辈无产阶级革命家学习，继承和发扬他们留下的宝贵精神财富，保持老红军本色，进一步搞好精神文明建设，端正党风，反腐倡廉，艰苦奋斗，振奋革命精神，扎实工作，紧密地团结在党中央周围，把我国的社会主义现代化建设事业不断推向前进。

全国农村宣传思想工作座谈会在杭州召开

中宣部组织召开的这次会议，主要是研究社会主义市场经济条件下加强和改进农村宣传思想工作的思路、途径和方式方法，保证中央农村工作会议所确定和重申的各项方针政策的贯彻落实，进一步推动党的十四大精神全面贯彻，促进农村两个文明建设发展。

各省、自治区、直辖市党委宣传部分管农村宣传工作的负责人和部分地市、县委书记参加会议。

国务院副总理邹家华在北京会见前来参加'93海峡两岸化工经贸洽谈与科技研讨会的主要台湾嘉宾

公安部就加强对刻字业的治安管理发出通告

第19届国际丝绸协会代表大会在南京召开

国务院副总理李岚清、国际丝绸协会主席阿道夫·费斯出席开幕式并致辞。

国务院副总理钱其琛在钓鱼台国宾馆会见并宴请柬埔寨国会主席谢辛

第6次中日经济协作扩大会议在北京举行

国务院副总理邹家华在北京会见阿根廷经济部部长多明戈·卡瓦略

中共中央总书记江泽民在北京中国科技信息所展览厅参观银行信用卡系统暨设备展示会

国际原子能机构和中国核工业总公司1日至3日联合在上海召开亚太地区核能研讨会

中国第一家下午报——《杭州日报》下午版创刊

全国田径工作会议在北京召开

会议于1日至5日举行。国务委员、中国田径协会名誉主席李铁映出席会议，并为刚刚荣获"全国最佳田径教练员"称号的辽宁队教练马俊仁颁奖。国家体委副主任、中国田径协会主席何振梁宣读中国田径协会关于授予马俊仁"全国最佳田径教练员"称号及授予辽宁省女子中长跑队"全国田径优秀运动队"称号的决定。

11月2日

中共中央作出《关于学习〈邓小平文选〉第三卷的决定》

《邓小平文选》第三卷已经出版发行。这是党和国家政治生活中的一件大事。

这本文选，汇集了邓小平同志从1982年9月党的十二大到1992年春视察南方这一时期的主要著作。它同十年前出版的第二卷（1975—1982年）相衔接，是邓小平同志领导我们推进改革开放和社会主义现代化建设丰富经验的理论总结，也是引导我们继续胜利前进的科学指南。党的十四大提出，要用邓小平同志建设有中国特色社会主义的理论武装全党。《邓小平文选》第三卷的出版，为落实这一战略任务，统一全党思想，教育干部和人民，提供了最好的教材和最有力的武器。在当前国际国内形势下，认真学习《邓小平文选》第三卷，对于我们认清大局，坚定信念，坚持党的基本理论和基本路线不动摇，团结全党和全国各族人民做好各项工作，具有极其重要的意义。

邓小平同志是我国社会主义改革开放和现代化建设的总设计师，是建设有中国特色社会主义理论这一当代中国马克思主义的创立者。我们学习邓小平同志的著作，要联系当前的形势和任务，紧紧抓住和深入领会解放思想、实事求是的思想路线；紧紧抓住和深入领会关于社会主义本质的科学论断和"一个中心、两个基本点"的基本路线；紧紧抓住和深入领会把握时机发展自己、"分三步走"基本实现现代化的战略任务；紧紧抓住和深入领会一手抓物质文明、一手抓精神文明，一手抓建设、一手抓法制，一手抓改革开放、一手抓惩治腐败等一系列"两手抓，两手都要硬"的基本方针；紧紧抓住和深入领会维护国家的独立和主权、发扬民族自尊心自信心、致力振兴中华的爱国主义精神。学习邓小平同志的战略思想、理论观点要同学习他的科学态度、创造精神结合起来，尊重实践，尊重群众，胸襟开阔，通观全局，勇于创新，开拓前进。

学习《邓小平文选》第三卷，必须发扬我们党历来倡导的理论联系实际的马克思主义学风。要花大力气认真研读原著,掌握精神实质,努力提高理论素养和政治水平。要联系改革开放以来的实践,总结经验教训,澄清模糊认识,提高贯彻党的基本理论和基本路线的自觉性坚定性。要结合经济建设、精神文明建设、党的建设,结合当前正在进行的深化改革、建立社会主义市场经济新体制、加强国民经济宏观调控、反对腐败等各项工作,努力提高研究新情况、解决新问题的能力。全党同志都要高度重视,认真学习。领导干部要带头学好用好,力求融会贯通,增强工作中的原则性、系统性、预见性和创造性。

从现在起,要把学习《邓小平文选》第三卷摆在党的思想建设和干部理论教育的主要地位。各级党委要切实加强对学习的领导。中央决定分期举办省部级主要领导干部学习《邓小平文选》第三卷的理论研讨班。各省、自治区、直辖市,中央党、政、军各部门,都要做出安排,特别要认真抓好各级党委中心组的学习,并有计划地对县(团)级以上党员干部进行轮训,带动全党的理论学习,提高全党的马克思主义水平。党校系统和高等学校的马克思主义理论教育,应根据中央决定的精神,加强和改进工作。各级党委的宣传、组织部门要加强指导,督促检查,交流经验,推动学习不断深入。

全党全军全国各族人民要在以江泽民同志为核心的党中央领导下,坚持以建设有中国特色社会主义理论为根本指针,坚持党的基本路线一百年不动摇,团结一心,扎实工作,为实现现代化建设的战略目标,把我国建成富强、民主、文明的社会主义现代化国家而奋斗!

中共中央在人民大会堂举行学习《邓小平文选》第三卷报告会

中共中央总书记江泽民在会上发表讲话。

中共中央政治局常委李鹏、乔石、李瑞环、朱镕基、刘华清、胡锦涛,国家副主席荣毅仁等出席报告会。

报告会由李鹏主持。

会上,胡锦涛宣读《中共中央关于学习〈邓小平文选〉第三卷的决定》。

出席报告会的领导还有,丁关根、田纪云、李岚清、李铁映、杨白冰、邹家华、陈希同、钱其琛、尉健行、温家宝、王汉斌、杨尚昆、宋平、薄一波、宋任穷、张震、任建新、倪志福、陈慕华、孙起孟、雷洁琼、秦基伟、李锡铭、王丙乾、王光英、程思远、布赫、李沛瑶、吴阶平、迟浩田、宋健、李贵鲜、陈俊生、罗干、张思卿、吴学谦、杨汝岱、王兆国、阿沛·阿旺晋美、赛福鼎·艾则孜、赵朴初、钱伟长、钱正英。

中共中央总书记江泽民在学习《邓小平文选》第三卷报告会上发表讲话

同志们:

全党全军全国各族人民盼望已久的《邓小平文选》第三卷,已经出版并且开始在全国发行。这是我们党和国家政治生活中的一件大事。中央专门作出了《关于学习〈邓小平文选〉第三卷的决定》,举办了省部级主要领导干部理论研讨班,今天又组织这场报告会。各级党组织要按照中央的要求,组织广大党员和干部特别是县以上领导干部,认真落实决定,把这件大事抓好。

党的十四大提出了用邓小平同志建设有中国特色社会主义理论武装全党的战略任务。这是推进改革开放和社会主义现代化建设伟大实践的迫切需要,是新时期加强和改进党的建设的重大措施,也是坚持党的基本路线一百年不动摇的根本保证。全党认真落实十四大精神,学习和实践建设有中国特色社会主义理论的热潮正在全国兴起,围绕建立社会主义市场经济体制的各项改革正在逐步深化,现代化建设正在又快又好地健康发展,全国形势总的是好的。在前进中,新问题、新矛盾也不断出现。在这样的情况下,全党同志比以往任何时候都更加深切地感受到了学习和掌握建设有中国特色社会主义理论的极端重要性和紧迫性。《邓小平文选》第三卷的出版,为我们进一步用建设有中国特色社会主义理论武装全党,教育干部和人民,统一思想,坚定信念,积极、全面、正确地执行党的基本路线,提供了最好的教材和最有力的武器。

邓小平同志的文选,前些年已经出版两卷。第一卷即 1938—1965 年卷,是邓小平同志在我们党的第一代领导集体时期的著作。第二卷即 1975—1982 年卷,主要是邓小平同志在十一届三中全会前后到十二大以前的著作,是在党的指导思想上完成拨乱反正和改革开放起步阶段的著作。现在出版的第三卷,是 1982—1992 年邓小平同志的主要著作,其中很大一部分是第一次公开发表,以前发表过的也有许多根据当时的记录增补了新的内容。1982 年以来这十年,是我们党领导全国各族人民全面开创改革开放和社会主义现代化建设新局面的十年,是在建设有中国特色社会主义道路上不断探索前进、不断积累经验的十年,也是经历了国内风波和国际局势巨大变动的十年。新一卷《邓小平文选》,就是这十年邓小平同志领导我们推进改革开放和社会主义现代化建设丰富经验的理论总结,也是引导我们继续胜利前进的科学指南。三卷《邓小平文选》是一个整体。这次出版的第三卷同十年前出版的第二卷,汇集了邓小平同志在形成和发展建设有中国特色社会主义理论过程中的最重要最富有独创性的著作。它立足的基础是党和人民的崭新实践,它的光辉价值已经并将继续在我们的实践中得到证实。它内容丰富，博大精深，洋溢着鲜明的时代精神与民族精神，闪耀着马克思主义真理的灿烂光辉。

理论思维的成熟是党成熟的一个重要标志。改革开放十五年来，我们党在理论上取得的最大收获，就是在马克思主义基本原理与中国实际相结合的第二次历史性飞跃中，创立了建设有中国特色社会主义的理论。这一理论，第一次比较系统地初步回答了中国这样的经济文化比较落后的国家如何建设社会主义、如何巩固和发展社会主义的一系列基本问题，用新的思想、观点，继承、丰富和发展了毛泽东思想，是马克思主义同中国实际相结合的最新成果，是当代中国的马克思主义。毛泽东同志曾经指出："主义譬如一面旗子。"中国共产党成立之初，就郑重地把马克思列宁主义写在自己的旗帜上。经过延安整风和党的七大，又郑重地把马克思列宁主义与中国革命的实践之统一的思想——毛泽东思想写到自己的旗帜上。从十一届三中全会开始，经过十二大、十三大到十四大，我们党又郑重地把邓小平建设有中国特色社会主义的理论写到了自己的旗帜上。这是我们党付出了巨大代价获得的极为珍贵的精神财富，是我们党和人民进行新的历史创造的科学总结，是我们发展社会主义事业的伟大旗帜，是我们民族振兴和发展的强大精神支柱。在当代中国，有了这面旗帜，有了这个精神支柱，一个有五千万党员的大党才会有更加坚强的战斗力，一个有十一亿人口的大国才会有更加强大的凝聚力。十五年来，正是由于我们举起这面旗帜，依靠这个精神支柱，我们的党、我们的国家才得以克服困难、排除干扰，稳步走上了社会主义现代化建设的正确轨道，取得了举世瞩目的伟大成就。历史和现实的经验一再表明，坚持邓小平同志建设有中国特色社会主义的理论，就是真正坚持和发展马克思列宁主义、毛泽东思想。只要我们按照这个理论指引的方向、道路和"三步走"的发展战略干下去，一直干到下世纪中叶，达到世界中等发达国家水平，一个富强、民主、文明的社会主义现代化中国就一定能够巍然屹立于世界的东方。

同志们！邓小平同志反复强调的"解放思想，实事求是"，是贯穿于建设有中国特色社会主义理论全部观点的精髓。十一届三中全会以来，我们的改革开放和社会主义现代化建设是全新的事业，我们的前人没有做过，其他国家也没有干过。在开创全新事业的过程中，我们只能以马克思主义的基本原理为指导，一切从国情出发，在实践中学习，在实践中探索，在实践中提高。实践是检验真理的唯一标准，是检验我们的理论、路线、方针、政策是否正确的唯一标准。我们要在实践中检验真理和发展真理，抛弃那些对马克思主义的某些原则、某些本本的教条式理解，抛弃那些对社会主义不科学的甚至扭曲的认识，抛弃那些超越社会主义初级阶段的不正确思想，坚决反对那些根本否定马克思主义的错误观点，坚持用辩证唯物主义和历史唯物主义的世界观、方法论去分析和解决问题。解放思想、实事求是是统一的。只有解放思想，才能达到实事求是；只有实事求是，才是真正的解放思想。我们的认识要随着历史的前进、时代的发展、实践的深化不断提高。全党同志在任何时候都要坚持解放思想、实事求是的思想路线。邓小平同志的著作，为坚持这条思想路线提供了光辉典范。我们学习新一卷《邓小平文选》，就要牢牢把握这个精髓，紧紧抓住这个实质。

在《邓小平文选》第三卷中，反复强调的一个主题，就是只有社会主义才能救中国，只有社会主义才能发展中国，我们坚持的社会主义是有中国特色的社会主义。总结历史经验，我们可以看到，坚实社会主义，首先要搞清楚什么是社会主义、怎样建设社会主义这个基本的理论问题。我国社会主义在改革开放前所经历的曲折和失误，归根到底就在于对这个问题没有完全搞清楚；改革开放以来在前进中遇到的一些犹疑和困惑，归根到底也在于对这个问题没有完全搞清楚。新一卷《邓小平文选》，紧紧抓住这个首要的基本的理论问题，总结了正反两个方面的经验和教训，排除了一系列错误观点，指出贫穷不是社会主义，发展太慢也不是社会主义；平均主义不是社会主义，两极分化也不是社会主义；僵化封闭不能发展社会主义，照搬外国也不能发展社会主义；没有民主就没有社会主义，没有法制也没有社会主义；不重视物质文明搞不好社会主义，不重视精神文明也搞不好社会主义。邓小平同志从时代特征和我国社会主义的发展阶段，从中国共产党立党的宗旨和治国的目标，从我国面临的国际挑战和机遇，全面、系统、深刻地分析了我国社会主义初级阶段的根本任务、战略目标、战略步骤、战略布局、战略重点，并进而科学地揭示出"社会主义的本质，是解放生产力，发展生产力，消灭剥削，消除两极分化，最终达到共同富裕"。我们强调始终扭住经济建设这个中心不放，抓住时机发展自己，发展才是硬道理；我们强调改革是又一次革命，主张在公有制和按劳分配为主体、其他经济成分和分配方式为补充的基础上，建立社会主义市场经济体制，解放和发展生产力；我们强调坚持四项基本原则、反对资产阶级自由化；我们强调两手抓、两手都要硬，社会主义物质文明和精神文明建设都要搞好，要加强思想政治工作，培养有理想、有道德、有文化、有纪律的新人，在改革开放的整个过程中都要打击各种犯罪活动和反对腐败，所有这些，都是为了充分体现社会主义的本质和优越性，都是为了创造充满活力的社会主义。我们学习新一卷《邓小平文选》,必须紧紧抓住这个首要的基本的理论问题,提高对于“一个中心、两个基本点”的基本路线的认识,坚定不移地走自己的路。

建设有中国特色社会主义的理论是社会主义同爱国主义相统一的科学理论。在《邓小平文选》第三卷中,邓小平同志多次指出,中国是个穷国,为什么能够在世界的多极格局中占有一极的地位?就是因为中国是独立自主的大国。为什么说我们是独立自主的?就是因为我们坚持从自己的实际出发,建设有中国特色的社会主义。邓小平同志强调一定要实行对外开放,不要把自己孤立起来,搞成封闭的国家,同时又强调一定要坚持独立自主,自力更生,把国家的主权和安全始终放在第一位。面对风云变幻的国际局势,邓小平同志作了科学分析,要求我们冷静沉着,把握住一个根本的立足点,就是集中力量把自己的事情办好,把经济发展起来,使人民生活不断提高。这是我们对自己民族的责任,也是对全世界全人类的责任。我们坚持社会主义,坚持维护世界和平,中国永远不称霸,永远不搞扩张,反对任何形式的强权政治和霸权主义。邓小平同志指出:“任何外国不要指望中国做他们的附庸,不要指望中国会吞下损害我国利益的苦果。”学习新一卷《邓小平文选》,必须紧紧抓住邓小平同志反复强调的爱国主义精神,深刻领会关于民族自尊心、民族自信心和民族自豪感的重要论述,关于维护国权、国格的重要论述,关于用中国的历史教育青年、教育人民的重要论述,关于中华民族要在社会主义基础上发展起来,为人类做出较大贡献的重要论述。爱国主义、社会主义是凝聚中华民族,推动中国发展的伟大精神动力。我们要把这种精神一代一代传下去,任何时候都要维护我国的独立自主,不信邪,不怕压,不怕威胁,百折不挠地把我们的伟大民族振兴起来。只要中国的旗帜不倒,世界上就有五分之一的人口在坚持社会主义。我们对社会主义的前途充满信心。

同志们!从《邓小平文选》第三卷中,我们更加深切地体会到,邓小平同志是我国社会主义改革开放和现代化建设的总设计师,是建设有中国特色社会主义理论这一当代中国马克思主义的创立者。在改革开放和社会主义现代化建设的历史新时期,作为我们党的第二代领导集体的核心,他的最突出的贡献就在于,不仅领导我们的党和国家从“文化大革命”造成的深重灾难中走了出来,而且还以对当代中国和世界的深刻了解,为党和国家重新走在时代潮流前面,为中华民族以更强大的力量自立于世界民族之林,规划了崭新的和切合实际的宏伟蓝图。他立足中国大地而又面向世界,正视国情现实而又放眼未来,在研究新情况、解决新问题的过程中,高瞻远瞩地构思和设计了有中国特色社会主义的一整套发展战略。他在领导我国人民进行改革开放和社会主义现代化建设的伟大实践中,进行艰辛的锲而不舍的理论探索,使马克思主义理论在当代中国进入了新境界,达到了新高度。

从《邓小平文选》第三卷中,我们更加深切地体会到,邓小平同志在长期革命实践中锤炼出的鲜明的革命风格。他尊重实践,思想敏锐,善于把握时代发展的脉搏和契机,既继承前人又突破陈规,既借鉴世界经验又不照搬别国模式,总是从中国的现实和当代世界发展的特点出发,去总结新经验,创造新办法,寻找新路子。他尊重群众,热爱人民,总是时刻关注最广大人民的利益和愿望,把“人民拥护不拥护”、“人民赞成不赞成”、“人民高兴不高兴”、“人民答应不答应”作为制定各项方针政策的出发点和归宿。他意志坚强,行动果断,总是要求全党“看准了的,就大胆地试,大胆地闯”,“对的就坚持,不对的赶快改,新问题出来抓紧解决”,他在关键时刻作出重大决策,更是表现出非凡的胆略和勇气。他文风朴实,不讲空话,在简明扼要的论述中,总是蕴含着深刻的思想内容。他目光远大,胸襟开阔,善于从全局着眼来观察和处理问题,并且总是要求党的高级干部都要着眼大局,顾全大局,一切从大局出发。全党同志特别是领导干部要认真学习、大力发扬这样的革命风格,使我们党永远保持旺盛的战斗力和创造力。

同志们!学习《邓小平文选》第三卷,深刻理解和把握以邓小平同志为核心的第二代中央领导集体在开创全新事业中积累的基本经验、创造的基本理论、形成的基本路线,一定会使我们全党同志更加充满信心,更好地完成九十年代的任务,胜利地迈向二十一世纪。《邓小平文选》第三卷结尾的两句话是:“从现在起到下世纪中叶,将是很要紧的时期,我们要埋头苦干。我们肩膀上的担子重,责任大啊!”邓小平同志这两句话,语重心长,催人奋进,凝结了老一辈无产阶级革命家对后辈的殷切期望和谆谆嘱托。要担负起这样的历史重任,就要提高各级领导干部的理论素养,提高我们党的执政本领、建设本领和治国本领。今天,日新月异的现代化建设与改革开放形势,要求我们勤奋学习科技知识、经济知识和管理知识,更要求我们潜心钻研邓小平同志建设有中国特色社会主义的理论,孜孜不倦,学习致用,融会贯通。对于我们这样一个大党大国来说,党和国家高级干部的知识结构、思想理论政治水平、治党治国的能力,直接关系到党的命运和国家的前途。我们党历来极为重视对马克思列宁主义毛泽东思想的学习和运用。这次中央决定分期举办省部级主要领导干部理论研讨班,组织各省自治区直辖市、中央和国家机关各部委、军队各大单位的主要负责同志,坐下来认真地系统地研读新一卷《邓小平文选》，就是为了更好地用建设有中国特色社会主义理论武装高级干部，进而带动全党深入学习。学习一定要认真组织，领导带头，决不能因为日常工作繁忙而有所放松。学习中要总结经验，紧密联系本地区、本部门、本单位的实际，紧密联系自己的工作实际和思想实际。我们要通过学习，进一步统一思想，大大增强坚持党的基本理论和基本路线的自觉性、坚定性和创造性。如果我们党有一大批同志，系统地而不是零碎地、实际地而不是空洞地掌握了建设有中国特色社会主义的理论，并且能够运用这一理论去研究和解决重大问题，我们党领导改革开放和社会主义现代化建设的能力和水平就会大大提高。

当前，全党正在贯彻落实中央一系列重要决策，深化各方面的改革，加快建设社会主义市场经济体制，加强宏观调控，推动国民经济持续、快速、健康发展；正在开展反腐败斗争，加强党风与廉政建设，狠抓社会治安的综合治理，打击各种犯罪活动，保证改革和建设顺利进行。在这样繁重的任务面前，全党一定要认真学好《邓小平文选》第三卷，用党的基本理论和基本路线统揽全局，更好地处理党的具体政策、具体工作与党的总路线、总政策之间的关系。在我们的思想和工作中，必须牢牢记住党的基本路线。决不能因为在前进中遇到一些问题，或者受到"左"的、右的干扰而对党的"一个中心、两个基本点"的基本路线有所动摇。要警惕右，但主要是防止"左"。借改革开放为名鼓吹资产阶级自由化，企图使中国全盘西化，是决不允许的；把改革开放说成是引进和发展资本主义，拿大帽子吓唬人、迷惑人，也是决不允许的。大力加强在党的基本理论和基本路线基础上的团结，我们的党、我们的事业就一定能兴旺发达。

同志们！党中央号召全党，在改革开放和社会主义现代化建设的新形势下，努力学习新一卷《邓小平文选》，把十四大提出的用建设有中国特色社会主义理论武装全党的任务认真落到实处，进一步加强党的建设，充分发挥党对社会主义现代化建设事业的核心领导作用。让我们在邓小平同志建设有中国特色社会主义理论的伟大旗帜下，坚持党的基本路线，团结一致，扎实工作，艰苦创业，奋勇前进！

《人民日报》发表评论员文章《切实加强宣传思想工作推动农村社会全面进步》

《人民日报》发表评论员文章《根本出路在于深化改革》

—

以邓小平同志视察南方重要谈话和党的十四大为标志，我国改革开放进入了一个新阶段。新阶段改革的主要任务和目标，就是实现经济体制的转型，建立社会主义市场经济的新体制。

一年多来，各地区各部门解放思想，振奋精神，抓住机遇，加快发展，推动改革开放和经济建设上新台阶。国民经济保持快速增长势头。在去年增长12.8%的基础上，今年前三季度国内生产总值比去年同期又增长了13.3%。全方位、多层次对外开放格局初步形成。利用外资大幅度上升，进出口持续增长。城乡市场繁荣，人民生活水平进一步提高。总的形势很好，鼓舞人心。

在经济快速发展的同时，也产生了一些新的矛盾和问题。比如金融秩序紊乱，固定资产投资过猛，结构没有改善，交通、能源等"瓶颈"制约加剧，市场物价涨幅较高等等。为了调节经济生活中的波动，党中央、国务院在调查研究和听取各方意见的基础上，自今年6月起，采取了一系列措施加强宏观调控。从四个月的实施情况来看，取得初步成效。首先是固定资产投资增长势头有所抑制，增幅由上半年的70.7%回落到三季度的61.7%。其次是金融、财税秩序好转。乱拆借、乱集资、乱设金融机构等混乱现象得到制止，居民储蓄额逐月回升。第三是生产资料市场、外汇市场、房地产市场及开发区秩序好转。这些成效，为下一步的改革与发展创造了良好的条件。

宏观调控措施虽然缓解了经济生活中的矛盾，但是问题还没有从根本上得到解决。因为前一阶段产生这些问题的深层原因，是旧经济体制还在经济生活中起着作用，在某些领域和部门甚至还起着相当程度的作用，这就造成了许多摩擦、缝隙和矛盾，使传统体制下常见的投资过热、粗放经营等老毛病一再复发，并且继续造成新的隐患。要想从根本上解决这些问题，使经济持续、快速、健康地发展，必须从体制入手，深化改革，舍此别无他途。

江泽民同志最近在中南、西南十省区经济工作座谈会上的重要讲话指出：解决当前和今后经济发展中的矛盾和问题，根本出路在于深化改革，加快建立社会主义市场经济体制。建立新的经济体制是一项宏大的社会系统工程，要抓紧制定总体框架，从解决当前发展中的突出矛盾和问题入手，重点突破，配套协调，分步实施，循序渐进。要敢于实践，看准了就大胆地干。

这就是我们下一步工作的指导方针。党和政府各级领导干部应当把注意力放到深化改革上来。抓住机遇，不仅要抓住发展的机遇，更要抓住改革的机遇。改革搞得好，才能真正抓住发展的机遇。如果忽视了改革，还是靠老思路老办法，在旧的框架内铺摊子、上项目、图发展，问题就会越积越多，最后甚至导致丧失大的发展机遇。

二

15年的改革,已经使我国经济体制发生了具有深远意义的重大变化。以公有制为主体的多种经济成分共同繁荣发展,国有企业的经营机制正在转换,反映市场取向的新体制成分不断扩大。市场机制在商品生产领域开始发挥重要调节作用,在其他经济领域也不同程度地发挥着一定作用。我国经济积极参与国际交换,对外经济技术交流与合作广泛展开,开放型经济体系初步形成。科技体制、教育体制、分配体制的改革也在不断探索和前进之中。所有这些,为进一步深化改革打下了良好基础。

当前正在酝酿的进一步深化改革的措施,目标是为了建立我国社会主义市场经济体制的新框架。既要有整体配套设计,又要紧紧抓住当前改革和发展中的突出矛盾和问题重点突破。既要大胆解放思想,体现市场经济一般规律,吸收和借鉴国外成功经验,又要实事求是,从我国基本国情出发,总结我们自己的实践,体现有中国特色的社会主义本质特征。当前,以建立社会主义市场经济体制为目标的深化改革,重点有以下三方面的内容:

首先是要培育和完善市场体系,特别是促进生产要素市场的形成和完善。这是发挥市场机制在资源配置中基础性作用的重要环节。要继续推进价格改革,建立主要由市场形成价格的机制,引导市场发展。要继续改革现有商品流通体系,健全和发展商品市场网络。当前,生产要素市场发展的滞后,制约着市场体系的形成,因此,培育和发展市场体系的重点,是加快金融、房地产、劳动就业、技术、信息等生产要素的市场化。要坚决打破地区和部门之间的分割状态,反对垄断,反对不公平竞争,实现城乡市场紧密结合,国内市场与国际市场相互衔接,逐步形成全国统一开放的大市场。要加快经济立法步伐,学会运用法制手段规范和保障市场秩序,解决市场发展中的矛盾和问题。对已经公布的法律法规,要严格执行,努力改变有法不依、执法不严的状况。这也是培育和完善市场的一个十分重要的问题。

其次,是要加快宏观调控领域的改革,建立起适应社会主义市场经济发展需要的、以经济手段为主的宏观间接调控体系。这是目前经济改革中的一个大热点。由国家直接微观控制体制转向宏观间接调控体制,虽然离不开必要的行政手段,但主要应当充分运用经济手段,避免使用计划经济的方法来调控市场经济。这方面改革的突破口,是进行金融、财税、投资体制等方面的改革,以解决发展市场的过程中一些迫切需要解决的深层次的问题。

建立一个强有力的中央银行是宏观调控改革的一个十分重要的问题。要使中央银行既具有调控货币的权力和责任,又具有正确分析和判断宏观经济进行货币调控的能力,以保持货币的稳定,做好金融的监管工作。要把银行系统的政策性金融与商业性金融分离,建立政策性银行,以国家确定的重点项目为主要投资和服务对象。现有的专业银行要向商业银行转变,办成企业性金融机构,成为自主经营、自负盈亏、自担风险的企业法人。

深化财税体制改革,重点是要规范中央财政与地方财政、政府与企业的分配关系,调动各方面的积极性。

诞生于改革初期的中央与地方的财政包干制曾发挥过积极作用。但随着改革的深入,它的弊病也凸现出来,主要是弱化了中央宏观调控能力,不利于全国统一市场的形成和产业结构优化,加剧了地区之间不平衡。应该按照发展社会主义市场经济的要求,加快从包干制到分税制的转换,逐步实行分税分级财政管理。

投资体制改革应解决的主要问题,是按照不同投资领域划分投资主体和责任范围,逐步建立法人投资和银行信贷的风险责任,逐渐明确政府和企业各自投资范围。竞争性行业以及那些盈利水平高的基础工业,应该由企业充当投资主体,通过市场办法筹集资金。那些社会效益好但回收期长、风险大的基础设施、公益事业投资,则应由政府通过政策性投资体系承担。这方面的改革,与金融体制的改革密切相关。

第三,是搞好社会主义市场经济微观基础的改革,加快转换国有大中型企业经营机制,建立现代企业制度。这是实现公有制与市场经济有机结合的重要途径。企业是国民经济的细胞。搞好企业改革,是深化改革的重头戏和攻坚战。国有企业改革的关键是要明确产权关系,企业中的国有资产所有权属于国家,企业是拥有财产支配权的独立法人实体。具备条件的国有大中型企业可以依法组建为有限责任公司,少数可组建为股份有限公司。有些小型企业、服务业实行租赁经营或出售产权,也是一种有益的探索,应当在实践中不断总结经验。总之要通过企业改革,解放国有大中型企业的生产力,使企业在市场竞争中提高效益,实现国有资产的保值与增值。

三

深化经济体制的改革,建立社会主义市场经济体制,是一项极其复杂的宏伟的系统工程,不会像"便下襄阳向洛阳"那样便捷。历史告诉我们,改革每前进一步都要克服来自不同方面的困难和阻力。今后的深化改革同样也会遇到阻力。

首先是陈旧观念的阻力。就拿企业产权改革来看，有的同志担心这样做会损害公有制的主体地位。其实，这种顾虑是不必要的。公有制的主体地位是就全国而言，是就公有资产在社会总资产中占优势而言，不同地区、不同产业、不同企业，可以有所差别。况且，公有制有多种实现形式。国家控股参股，聘用各类人才搞好企业经营，实现国有资产保值增值，同样是公有制的一种方式。这也符合马克思、恩格斯提出的“社会所有制”和由社会来管理生产的思想。实践表明，这种管理方式更富有活力。实践是检验真理的唯一标准。我们要敢于从实践出发探索有利于生产力发展的新途径，这样做才是马克思主义的风格。

第二，深化改革，还会遇到由于利益调整而带来的一些问题。实行分税制，中央和地方以及地方之间的利益格局会发生新的变动，会产生一些矛盾。如何对待这个变化呢？一方面，改革措施出台时要尽可能妥善周全；另一方面，各地领导干部要带头顾全改革大局，正确对待前进中的问题。为了中华民族的腾飞，要勇于承担改革的责任，即使眼前的暂时的利益受到一些影响，也应当维护改革大局。

第三，改革是一场革命，是前无古人的艰难探索。改革会碰到难题，会有迂回曲折，也要冒一些风险。这些困难和阻力是回避不了的。改革没有回头路。我们要遵照邓小平同志的教诲，发扬敢闯敢冒的精神，大胆实践，在实践中不断总结经验，开拓前进。

根本出路在于深化改革。在邓小平建设有中国特色社会主义理论指引下，在以江泽民同志为核心的党中央领导下，全党和全国各族人民团结一致，一定能够夺取深化改革的新胜利，在推进社会主义市场经济体制建设的道路上跨出关键性的一步。

海协会与台湾海基会就落实“汪辜会谈”有关协议在厦门举行第二次工作商谈

海协会与海基会就“违反有关规定进入对方地区人员之遣返及相关问题”进行讨论。下午，双方分别提供了自己准备的协议草案，讨论了联系方式、遣送对象、遣送原则、交接地点、共同惩治“蛇头”等问题。

国家副主席荣毅仁在人民大会堂会见以会长稻叶兴作为团长的日本商工会议所访华团

全国政协主席李瑞环在北京会见广州深圳两市外商投资者赴北京汇报团全体成员

全国政协主席李瑞环在北京会见美国哈盖依学会会长哈盖依博士和美国综合管理服务公司、麦卡米什集团公司董事长麦卡米什

中央军委副主席刘华清在人民大会堂会见美国助理国防部长查斯·傅利民

国务院副总理朱镕基在钓鱼台国宾馆会见并宴请芬兰副总理兼外贸部长萨洛莱宁

中国政府和捷克政府在北京签署《经济贸易协定》

国家计生委主任彭珮云在意大利国家人口研究所组织的报告会上作关于中国人口问题与对策的报告

彭珮云指出，在过去20年里，中国的计划生育政策已取得显著成绩，中国为控制人口增长并最终稳定人口的努力得到了国际社会越来越多的理解与支持。

彭珮云说，中国是世界上人口最多的国家，占世界总人口的22%。人口过快增长，不仅使耕地面积减少，也使资源过度开发，环境恶化，给社会经济的发展造成了很大的压力，人民生活也因此难以得到预期的改善。

彭珮云说，从七十年代开始，中国采取了控制人口增长、提高人口素质的政策。在过去20年中，中国人口自然增长率从2.6%降到了1.16%，人口过快增长的势头已基本得到控制。

11月3日

《人民日报》发表社论《光辉的旗帜科学的指南——热烈祝贺〈邓小平文选〉第三卷出版发行》

全国统战工作会议在北京人民大会堂举行

中共中央政治局常委、全国政协主席李瑞环主持会议。中共中央统战部部长王兆国作题为《以邓小平同志建设有中国特色社会主义理论为指导，进一步加强新形势下的统一战线工作》的工作报告。

国务委员、国务院秘书长罗干出席会议。出席会议的还有各省、自治区、直辖市，中央直属机关、中央国家机关、各人民团体、计划单列市、经济特区、部分省会城市有关负责人共200多人。

中央统战部部长王兆国在全国统战工作会议上作题为《以邓小平同志建设有中国特色社会主义理论为指导，进一步加强新形势下的统一战线工作》的工作报告

这次会议的中心议题是：以邓小平同志建设有中国特色社会主义理论为指导，解放思想，实事求是，认真研究和明确当前统一战线工作面临的形势和任务，统一认识，坚定信心，开拓前进。

一、当前统一战线工作的形势

以江泽民同志为核心的党中央，坚持党的十一届三中全会以来的路线、方针、政策，继承、发扬毛泽东、周恩来和邓小平等老一辈无产阶级革命家倡导的优良传统，把统一战线工作放在十分重要的战略位置，先后就加强统一战线工作、坚持和完善中国共产党领导的多党合作和政治协商制度、明确工商联若干问题、加强和改进知识分子工作、加强对台工作、进一步做好民族工作和宗教工作等，制定了一系列文件。经中央同意，中办批转了中央统战部《九十年代统一战线部门工作纲要》。这些重要文件，坚持和发展了新时期统一战线的理论和政策。

去年初，江泽民同志指出，统战工作"大计方针都已很明确，关键是落实。统战工作是方针政策性很强的工作，也是一个长期的任务。要一步一个脚印地、扎扎实实地抓下去"。这既是对前几年统战工作的肯定，也为今后统战工作指明了方向。丁关根同志主持中央统战部工作的几年，坚持贯彻党的基本路线和各项统一战线方针政策，方向正确，成效显著。各级统战部门在党委的领导下，勤奋工作，积极开拓，为巩固和发展最广泛的爱国统一战线作出了新的贡献。当前统一战线是团结、稳定的，形势是好的。这主要表现在以下几个方面：(一)牢固树立为经济建设服务的指导思想，发挥优势，争作贡献。(二)为维护安定团结的政治局面服务，成为国家和社会稳定的积极力量。(三)中国共产党领导的多党合作和政治协商制度不断完善与发展，促进了社会主义民主政治建设。(四)统一战线两支队伍建设进一步加强，取得可喜成绩。

二、新形势下统一战线工作的新特点

十一届三中全会以后，我国进入了改革开放的新的历史时期，我们党领导的统一战线也进入了具有重大开创意义的新的发展阶段。邓小平同志创造性地继承和发展了毛泽东关于统一战线的思想，提出了一套适应中国社会主义现代化建设的客观需要、符合历史规律和时代特点的新时期统一战线理论。在这个理论的指导下，统一战线摆脱了"以阶级斗争为纲"的影响，开创出生机勃勃的新局面，而这个理论本身又是建设有中国特色社会主义理论的重要组成部分。

十一届三中全会以来，我们党关于统一战线的主要的、重大的理论观点和方针政策，都是小平同志亲自提出或在小平同志指导下提出来的。小平同志关于新时期统一战线的理论内容丰富、系统、深刻，是马列主义、毛泽东思想关于统一战线的基本原理与当代中国实际相结合的一个创造，是推动爱国统一战线不断发展、不断前进的强大思想武器。在这个理论指导下，新时期统一战线在许多方面都表现出不同于以往任何时期的特点。

以邓小平同志视察南方重要谈话和党的十四大为标志，我国改革开放和现代化建设进入了一个新的阶段。十四大阐述了建设有中国特色社会主义的理论，更加明确了爱国统一战线的指导思想；提出要实行以建立社会主义市场经济体制为目标的经济体制改革，已经并将继续给统一战线工作带来巨大、深远的影响；提出要推进以完善人民代表大会制度、中国共产党领导的多党合作和政治协商制度为主要内容的政治体制改革，要求统一战线在社会主义民主政治建设中发挥更大的作用。贯彻十四大精神，必将使统一战线工作面临新的历史条件和社会环境，发生新的变化，进一步表现出一些新的特点：

(一)统一战线具有空前的广泛性。

在建设四化、统一祖国、振兴中华的总目标下，统一战线工作无论在广度上还是深度上都得到了前所未有的发展，从政治领域扩展到经济、文化等许多社会领域，从大中城市延伸到小城市以至部分乡镇，从上层扩展到基层。特别是邓小平同志"一国两制"的构想提出和实施以后，统一战线从大陆扩展到海外，形成了在大陆内以爱国主义和社会主义为政治基础，团结全体劳动者和爱国者，在大陆外以爱国和拥护祖国统一为政治基础，团结台湾同胞、港澳同胞和国外侨胞的两个范围的联盟。随着改革开放和社会主义市场经济的发展，我国社会经济结构发生新的变动，个体工商户、私营企业和三资企业的数量迅速增长，知识分子队伍出现分流，形成了许多新的社会群体和代表人物，统一战线工作进一步从全民所有制单位扩展到集体所有制单位和各种非公有制经济成分。除国家举办的各种事业外，目前又出现了民办的科研、教育、文化、卫生和社会福利事业等。可以预料，随着各个领域新的统战工作对象的大量产生，统一战线将面临更为广阔的工作领域。以"三个有利于"为标准，统一战线工作的范围更广，领域更宽，团结面更大了。统一战线内部在爱国主义、社会主义基础上的一致性进一步增强，同时又具有空前丰富多样的内容。

(二)统一战线在社会主义民主政治建设中的作用日益重要。

民主是我们党和各民主党派、广大人民群众的共同愿望与奋斗目标。在社会主义市场经济条件下，人们的民主意识和参与意识日益增强。同经济体制改革和经济发展相适应，必须按照民主化和法制化紧密结合的要求，积极推进政治体制改革，进一步加强社会主义民主政治建设。统一战线能够在社会主义民主政治建设中发挥特殊重要的作用。中国共产党领导的多党合作和政治协商制度，是我国民主政治建设的一大创造，是我国社会主义民主制度的一大特色，也是十四大提出的政治体制改革的一项主要内容。实行这项制度，既能够充分吸纳各方面的意见，又能够集中全国人民的意志和力量，实现广泛民主和集中领导的统一、充满活力和富有效率的统一。完善和发展这项制度，对于巩固和发展社会主义制度，坚持党的领导，保持国家的长治久安，挫败西方敌对势力利用人权、民主等对我们进行的挑战，具有重要的战略意义。

（三）统一战线在调节社会关系、处理人民内部矛盾方面的任务更为艰巨。

在建立和完善社会主义市场经济体制的过程中，以公有制为主体的多种经济成分将长期共同发展，以按劳分配为主体其他分配方式为补充的分配制度将长期存在；国有企业中的经营承包制、股份制，兼并、联合和组建企业集团及小型企业的出租和出售等多种经营方式正在发展。这些必然导致社会上出现多种多样的利益群体。由于经济和社会结构处在不断变化中，由于人们之间、地区之间分配差距的拉大，造成不同地区、不同经济成分、不同民族、不同社会群体及人们之间的关系更为复杂，矛盾大量增加。这些矛盾主要是人民内部矛盾，其中有思想政治范围的是非矛盾，大量的是利益矛盾。对思想政治上的是非矛盾，可以采取“团结—批评—团结”的方法来解决；对利益矛盾，则主要靠政策调节，靠深化改革和发展经济来解决。统战工作协调关系、化解矛盾的任务将日益繁重和突出起来。统战工作是一种重要的政治工作，能够发挥自己的优势，成为党和政府保持社会政治稳定，调动一切力量为改革和发展服务的一种有效手段。

（四）统一战线工作成为党的群众工作特殊的组成部分。

由于大陆范围内剥削阶级已不复存在，统一战线内部结构发生根本变化，社会主义劳动者和拥护社会主义的爱国者成为统一战线的主体，统战工作愈来愈成为群众工作的一部分。原来的一些统战工作对象正在发生变化，如原工商业者、民族上层人士、国民党起义投诚人员等逐年减少，而党外知识分子、非公有制经济代表人士、海外“三胞”中的二、三代代表人物和新华侨等新的统战工作对象则大量增加。同时社会上出现众多诸如海外联谊会、知识分子联谊会、三资企业家联谊会、私营企业协会、个体劳动者协会等民间组织，统战工作几乎涉及社会各个领域，出现了社会化的趋势。这样，新时期的统战工作虽然仍要以有一定影响和代表性的人士为主要工作对象，但愈来愈具有群众性。统战工作的群众基础扩大了，这就要求我们采取与之相适应的、能较好地贯彻群众路线的新的工作方法，比如通过各种传播媒介宣传统一战线理论方针政策、发动社会力量和民间组织开展统战工作的社会化方法等。另一方面，统战工作又是有别于一般群众工作的特殊的群众工作，主要是做党外代表性人物的工作，这就决定了统战工作不是一般群众工作所能代替的。

（五）某些国际因素给统战工作带来错综复杂的影响。

近些年来，伴随国际上两极格局的终结，世界各种力量重新分化组合，各种矛盾深入发展，在不少国家和地区，民族、宗教矛盾突出起来。国外敌对势力和民族分裂主义分子相互呼应，制造事端，企图破坏我国的民族团结和民族地区的稳定与发展。国外敌对势力还加紧利用宗教对我进行渗透。在一些地区利用宗教进行的违法犯罪活动也有所发展。因此，要正确认识和妥善处理我国的民族、宗教问题，必须研究国际上的民族、宗教矛盾及其发展趋势，注意某些国际问题的发展动向和影响。还应该看到，西方总有些人想在我国统一问题上制造障碍，总有些人想把与我国国情根本不相容的西方多党制、议会制强加于中国。正如江泽民同志所指出的，西方对我们就是四个字：“西化”、“分化”。要我们“西化”，是他们的既定方针。他们希望我们变，变得和西方一样。“分化”，就是要把我们分成多少块，企图分而治之。西方某些国家和某些政治势力是不愿看到中国的统一和强大的。对西方的“西化”、“分化”，我们要充分警惕。我们要坚定不移地走改革开放的路，把我国经济建设搞好，这是最根本的大事，是抑制“西化”、“分化”的基础。当前，随着我国对外开放的扩大和社会主义市场经济体制的建立，国内市场与国际市场逐步接轨，境内外的联系往来更加频繁，两个范围联盟的统战工作出现渐趋交融的局面。研究国际政治经济形势的变化及其对我们统战工作的影响，并制定相应的对策，是新时期统战工作又一个必须加以注意的特点。

三、各个领域统战工作的政策思想和原则

政策和策略是党的生命。十一届三中全会以来，我们党制定的各个领域统战工作的方针和政策，都是正确的，必须继续认真贯彻执行。同时，也应适应形势发展的要求，进一步解放思想，大胆探索，实事求是，适时提出一些指导和推动实际工作的新的政策和原则。

（一）关于民主党派工作。

中国共产党领导的多党合作和政治协商制度，是具有中国特色的新型社会主义政党制度。不断发展各民主党派同我们党之间业已形成的真诚、有效的合作，是加强和改善党的领导的需要，是建设社会主义民主政治的需要，是实现国家长治久安的需要。

当前民主党派工作总的指导思想，就是认真落实《中共中央关于坚持和完善中国共产党领导的多党合作和政治协商制度的意见》，保持党对民主党派工作方针、政策的连续性和稳定性，并根据新情况对一些具体政策进行必要的补充，使之更加完善。在工作中要遵循以下原则：一是牢牢把握加强党的领导和发扬社会主义民主这两条主线，努力创造团结、民主、和谐的局面；二是认真贯彻“长期共存、互相监督、肝胆相照、荣辱与共”的方针，进一步活跃民主党派工作，充分发挥民主党派的参政议政和民主监督作用，并对民主党派给予必要的支持和帮助；三是正确引导民主党派围绕党和国家的中心任务开展工作，充分调动广大成员的积极性；四是依据民主党派的政治联盟特点，坚持进步性和广泛性相统一，推动民主党派加强自身建设，顺利实现新老交替与合作；五是充分尊重民主党派在宪法范围内的政治自由、组织独立和法律地位平等，支持民主党派独立自主地开展工作。

在发挥民主党派参政议政、民主监督作用方面，要着重做好以下工作：完善政治协商，做到协商于决策之前和执行决策过程之中，并不断充实协商内容，丰富协商形式，提高协商质量，达到制度化、规范化；扩大民主党派的参与范围，加强民主党派与政府有关部门的对口联系，继续做好特约“四员”（监察员、检察员、审计员、教育督导员）的工作，为民主党派“知情出力”创造更多的条件；推动、引导民主党派立足参政党的基本职能，发挥自身优势，围绕改革开放和现代化建设中的重大问题，开展调查研究、咨询服务等工作；对民主党派提出的重要意见、建议，给予足够的重视，做到有回音、有落实，让人们看得见实际效果。针对目前民主党派的民主监督作用发挥不够的问题，还必须从理论、政策、工作上对建立民主监督机制进行积极探索。民主党派的监督不同于一般人民群众的监督，它主要来自智力密集、思想活跃、政治敏锐的高中级知识分子，具有相当的代表性。这种监督对于加强和改善党的领导大有益处。

支持民主党派加强自身建设，全面提高参政党的素质。根据民主党派自身建设的实际情况和他们的要求，帮助各民主党派解决一些亟待解决的问题：第一，帮助民主党派抓紧培养领导骨干。对看准的、适合进入领导班子或工作班子的人选，应有计划、有步骤地为他们铺台阶，做好培养、选拔工作。协助民主党派着手进行下次换届的人事准备工作。第二，要下决心采取切实措施，有意识地把一批德才兼备、年富力强、有代表性的无党派知识分子留在党外，主动向民主党派推荐，帮助各民主党派建设好后备干部队伍。对于担任政府部门、司法机关领导职务的党外干部，要劝说他们继续留在党外发挥作用。第三，支持民主党派有计划地稳步发展成员，在发展中要注重质量，继续坚持“三个为主”。对于组织发展比较困难的党派，各地统战部应给予具体帮助。要在党委和政府的支持下，继续帮助民主党派不断改善工作条件，进一步解决好编制、经费等问题。

（二）关于民族工作。

民族问题历来是中国革命和建设总问题的一部分。加强民族团结，发展各民族平等、团结、互助的关系，加快民族地区的经济文化发展，对我们这个统一的多民族国家具有极为重要的意义。当前国际上一些国家和地区民族矛盾加剧，有的甚至演化为武装冲突，而我国却能保持长期稳定，各民族和睦相处，各项事业不断发展，根本原因是我们党把马克思主义关于民族问题的基本原理同中国的实际相结合，制定了一整套正确的民族政策，走出了一条具有中国特色的解决民族问题的正确道路。我们要认真总结经验，进一步做好民族工作。

现阶段我国的民族问题，比较集中地表现在少数民族和民族地区迫切要求加快经济文化发展的问题上。这是当前民族地区的中心任务，是保证国家和少数民族地区社会稳定的基础，也是加强民族平等、团结，发展我国社会主义新型民族关系的必要条件。目前民族地区与沿海和内地经济发展差距有扩大的趋势，更需要我们通过政策调节，加快民族地区的经济文化发展。民族地区的发展，要抓好两个大的环节，一是加快民族地区改革开放和经济文化发展的步伐，使之逐步与全国发展相适应；二是尽快解决少数民族地区贫困群众的温饱问题，以体现社会主义制度的优越性。统战部门特别是民族地区的统战部门，要配合有关部门，深入进行调查研究，向党委提出帮助民族地区加快经济文化发展的意见和政策性建议。

由于历史的原因，少数民族地区经济文化发展相对落后。在新旧体制转换过程中，随着经济关系、利益关系的调整，民族之间出现了一些新的情况或矛盾，一些地区还发生了不利于社会安定、不利于民族团结的现象。对此，应当引起足够的重视。在处理民族地区的社会矛盾和突发性事件时，既要充分信任和依靠各民族干部和群众，又要注意思想教育；既要坚持原则，又要注意策略，严格区分和正确处理两类不同性质的矛盾。同时应当看到，国外敌对势力企图利用民族问题作为突破口，对我国进行颠覆、渗透和分裂活动。我们要保持高度警惕，坚决维护祖国统一和各民族的大团结，反对民族分裂主义，挫败国外敌对势力的图谋。

实践证明，我国的民族区域自治制度是正确的、成功的，适合我国国情，得到了各民族人民的拥护。坚持和完善民族区域自治制度，需要处理好两个关系，即维护国家统一与完善民族区域自治的关系，保证国家整体利益与兼顾民族区域利益的关系。当前，在建立社会主义市场经济体制的新的条件下，中央和民族自治地方利益关系的调整，也会出现一些新的情况和问题，需要我们认真研究和解决，以保障民族自治地方的自治权利和经济利益。要建立和健全同实施《民族区域自治法》相配套的法规体系和监督机制，使自治法在建设有中国特色的社会主义事业中更好地发挥作用。与此相适应，要继续配合有关部门推动自治区自治条例的出台。

努力造就一支宏大的德才兼备的少数民族干部队伍，特别是注意培养少数民族的高级干部，是做好民族工作和解决民族问题的关键。要继续从民族地区选送优秀的少数民族中青年干部，到中央国家机关有关部委和北京市挂职锻炼。要认真贯彻落实中央组织部、中央统战部和国家民委今年6月召开的全国培养选拔少数民族干部工作座谈会精神，制定明确具体的工作计划和培养措施。要配合有关部门，在各民族干部中深入进行马克思主义民族观的宣传教育，增强他们正确认识和处理民族问题的能力。

（三）关于宗教工作。

我国宗教具有群众性、民族性、国际性、复杂性、长期性。正确对待和处理宗教问题，是建设有中国特色社会主义的一个重要课题。当前宗教工作的主要任务是，全面正确地贯彻执行党的宗教信仰自由政策，依法加强对宗教事务的管理，积极引导宗教和社会主义社会相适应，引导广大信教群众为维护社会稳定、促进经济发展作贡献。

贯彻宗教信仰自由政策和依法管理宗教事务，这两者不是对立的，而是相辅相成的。尊重和保护宗教信仰自由，是党和国家的一项长期的基本政策。保障公民有信仰宗教的自由，也保障公民有不信仰宗教的自由。信教和不信教的群众之间、信仰不同宗教和不同教派的群众之间，都要彼此尊重，相互团结。国家保护正常的宗教信仰和宗教活动，但不允许利用宗教干预国家行政、司法、学校教育和社会公共教育。依法对宗教事务进行管理，是为了保护信教群众正常的宗教活动和宗教团体、寺观教堂的合法权益，防止和制止不法分子利用宗教进行违法犯罪活动，抵制境外敌对势力利用宗教进行渗透。在搞好政府部门对宗教事务行政管理的同时，要推动宗教团体、寺观教堂加强自我管理。

巩固和发展党同爱国宗教界的统一战线，必须坚持我们同宗教界在政治上团结合作、信仰上互相尊重的原则，重视发挥爱国宗教团体和宗教界代表人士的作用。信任和支持爱国宗教界人士按照各宗教的特点，在爱国、守法的前提下，独立自主地开展宗教活动。同时，要积极培养一批维护祖国统一和民族团结、接受党的领导、有宗教学识并能密切联系群众的新一代宗教爱国人士。

要认真调查研究，摸清宗教现状，预测其发展趋势，抓住重点、难点，加强分类指导。不同地区、不同宗教中各有自己的特殊问题，要有针对性地做好工作。当前要特别注意加强宗教问题与民族问题交织在一起、多数群众信教地区的宗教工作。对宗教中复萌、滋长的有碍于民族团结和社会安定、有碍于民族的发展和进步的消极因素，要启发、引导信教群众自己加以革除。要巩固宗教制度民主改革的积极成果，禁止已被废除的宗教封建特权和压迫剥削制度死灰复燃。同时，鼓励宗教界发扬宗教教义、宗教教规和宗教道德中的某些积极因素，努力与社会主义社会相适应。

在加快经济建设和改革开放的新形势下，要严格区分和正确处理两类不同性质的矛盾。现阶段我国民族、宗教问题基本上是人民内部矛盾问题。但由于敌对势力总是千方百计利用民族、宗教问题制造混乱，挑起事端，使民族、宗教工作面临错综复杂的新情况。我们要认真总结经验教训，增强政策观念，见微知著，未雨绸缪，具体问题具体分析，把问题解决在萌芽状态，解决在基层，解决在当地。做好民族、宗教工作的关键在党内，党内的关键在领导干部。只要我们高度重视，方针正确，方法得当，民族、宗教工作中出现的矛盾和问题是能够妥善解决的。

（四）关于海外统战工作。

海外统战工作是巩固和发展第二个范围联盟的工作，是新时期统战工作的重大发展。它主要包括两个方面：一是以“一国两制”、和平统一祖国为目标，致力于港澳的平稳过渡和长期稳定繁荣，促进海峡两岸关系的健康发展；二是以中华民族的振兴为目标，最广泛地团结台湾同胞、港澳同胞和国外侨胞，促进改革开放，支持现代化建设。当前海外统战工作的指导思想，就是高举爱国主义旗帜，广交朋友、联络友谊、宣传政策、争取人心，团结和调动广大“三胞”，为统一祖国、振兴中华服务。

海外统战工作涉及各个部门、各个领域，要切实加强党对海外统战工作的统一领导，充分发挥各民主党派、人民团体和各有关部门的作用，统一部署，明确分工，相互协调，通力合作。各级统战部门要注意发挥各自的优势，有计划、有重点、多渠道、多形式地开展工作。中央已批准成立全国海外联谊会。各地要进一步发挥海外联谊会在广交朋友，促进交往，引进资金、技术和人才，推动祖国和平统一中的独特作用。要加大海外统战工作为经济建设服务的力度，多做实事，注重实效。随着时间的推移，“三胞”中的二、三代正在崛起，基层群众的工作也越来越重要。因此，不忘老朋友，结交新朋友，扩大联谊面，着眼二三代，应成为我们今后的工作方针。

对台工作是统一战线的一项重要工作。几年来，台湾局势发生了重大变化。国民党内部矛盾加剧，各种政治势力重新分化组合，形成了复杂的政治局面。我们要在中央对台工作方针指引下，坚持"寄希望于台湾当局，更寄希望于台湾人民"，推动以"三通"为主要内容的两岸交往，着力做好台湾各阶层民众的工作。要加强与台湾各党派、政治团体和各阶层代表人士的联系与沟通，切实支持岛内爱国统一力量，反对"两个中国"、"一中一台"或"一国两府"，反对一切可能导致"台湾独立"的企图和行径。应当指出，台湾同胞要求当家作主管理台湾的愿望是可以理解的，本土意识不同于台独意识，民进党也并非铁板一块。要多做工作，逐渐造成岛内各个阶层要求统一的形势，积极推进祖国和平统一的进程。

对香港和澳门，统战工作具有重要作用。随着我国对港澳恢复行使主权日益临近，向我们靠拢的人越来越多。但也要看到，英国不甘心顺利地把香港交给我们，必然会增加工作的复杂性。在过渡期内，要通过各种渠道开展对港澳社团及各界代表人士的工作，广交朋友，宣传基本法，维护港澳同胞的长远利益，保证港澳主权的顺利交接、平稳过渡。在我恢复对港澳行使主权后，要广泛团结能够与我们长期合作、具有治港治澳能力的朋友，为港澳的长期稳定繁荣服务。

海外的几千万华侨、华人是促进我国现代化建设，实现祖国统一，争取国际朋友的一支重要力量。近几年来，随着海峡两岸关系的发展变化，国外许多华侨、华人对中国大陆的发展日益关注，与我们的交往大量增加。我们要重点做好主要华侨社团及其负责人，特别是影响较大的、与台湾联系较多的社团和重要人物的工作，通过他们影响和团结中下层，不断壮大赞成祖国统一的队伍。要加强同新华侨的联系，使之成为我们开展华侨、华人工作的一支积极力量。

(五)关于经济领域统战工作。

十多年来，统一战线坚持以经济建设为中心，在调动各方面人士为经济建设和改革开放服务方面做了大量的工作，在实践中积累了许多经验，创造了一些有效形式，主要有：对党和政府及其有关部门制定的重大方针政策参加讨论；就区域性、专业性的经济发展战略进行考察、论证，提出建议；协助引进资金、技术和人才，帮助开展对外经济交往；智力支边、扶贫；适应社会需要，兴办各类学校和培训班。开发智力，培养人才；建立业务机构，开展咨询服务等。对这些工作要继续给予鼓励和支持，总结经验，开拓创新。

随着社会主义市场经济体制的建立和发展，经济领域统战工作的范围、对象、内容将发生很大的变化。出现许多新情况、新问题，这对整个统一战线都将产生重大的影响。加强对这些问题的研究，及时提出有关的政策性意见和建议，是做好新形势下经济领域统战工作的基础。

近两年，非公有制经济的迅速发展，这是贯彻党和国家的经济政策，特别是小平同志重要谈话和十四大精神的结果。伴随非公有制经济的发展，涌现出一大批新的代表人士。中央决定把做好非公有制经济代表人士思想政治工作的任务交给工商联，这是一个带有战略意义的重要措施，为统一战线工作开辟了一个新的重要领域。对非公有制经济代表人士，要实行团结、帮助、引导、教育的方针，注意从中选拔、培养一支拥护党的领导、能够与党长期团结合作的积极分子队伍，并通过他们带动同行爱国、敬业、守法，为建设有中国特色的社会主义贡献力量。

工商联是党领导下的具有统一战线性质的人民团体和民间商会，是党联系非公有制经济代表人士的桥梁和政府管理非公有制经济的助手。《中共中央批转中央统战部〈关于工商联若干问题的请示〉的通知》对新时期工商联的性质、任务、方针和工作重点作了明确的规定，现在的问题在于落实。当前重点要解决两个问题：一是协调工商联同有关部门的关系，赋予工商联必要的工作手段和职权；二是推动工商联全面加强自身建设，转变工作职能，增强自身活力和凝聚力。最近，经中央批准，全国工商联也称"中国民间商会"。国务院领导同志已同意，个体劳动者协会、私营企业协会、乡镇企业协会和外商投资企业协会，按照政群分开的原则，逐步与有关政府部门分离，可作为团体会员自愿参加工商联；工商联可为会员和涉及会员的经济纠纷进行调解；工商联中的私营企业、个体工商户、乡镇企业会员出国、出境进行商务活动，公安部门可凭工商联出具的批准件发放护照。这些政策性意见，为工商联开展非公有制经济代表人士的工作创造了有利条件，各级统战部门要帮助工商联认真履行自己的职责，开拓进取，做好工作。

积极开展与港澳台和海外工商界人士的联谊工作，是经济领域统战工作的一项重要内容，要继续抓紧抓好。要通过多种渠道和形式，请进来，走出去，有计划、有重点地为国家经济建设引进资金、技术、设备、人才穿针引线，铺路搭桥。组织、协调、推动各民主党派、工商联做好智力支边、扶贫工作，也是一项具有深远意义的工作。要发挥优势，因地制宜，突出重点，注重实效，量力而行，持之以恒，继续把这项工作做好。

(六)关于党外知识分子工作。

尊重知识，尊重人才，是党的知识分子政策的核心。知识分子作为工人阶级中掌握科学技术和文化知识较多的一部分人，是先进生产力的开拓者，在改革开放和现代化建设中有着特殊重要的作用。随着我国经济建设转移到依靠科技进步和提高劳动者素质的轨道上来，对科学技术的需求必然越来越多，知识分子的地位将更加重要。统战部在知识分子工作中肩负重任，大有可为。最近，中央已经明确分工，统战部门是党委在知识分子工作方面的职能部门，要与政府部门的人事部、科委协作，共同做好知识分子工作。

统战部门主要是做有影响、有代表性的党外知识分子工作。统一战线各个方面的工作对象，几乎都是知识分子，他们分布在政治、经济、文化、科技、教育等各个领域。因此，党外知识分子工作是统一战线的基础性工作。做好党外知识分子工作，可以为统战工作各个领域源源不断地输送党外代表人士和干部，对于巩固和扩大爱国统一战线具有重要的意义。各级统战部门一定要把党外知识分子工作摆到重要位置。

当前统战部门在党外知识分子工作方面的主要职责是：联系各界党外知识分子代表人士，了解他们的思想情况，反映他们的意见和要求；调查研究党外知识分子思想上、工作上和生活上存在的普遍性问题，提出政策性建议，协调党和党外知识分子的关系；参与制定知识分子政策，检查知识分子政策在党外知识分子中贯彻落实的情况；发现、培养、选拔党外知识分子中的代表性人物，做好对他们的举荐工作，等等。各级统战部门要不断总结经验，逐步完善党外知识分子工作的运行机制，努力使工作规范化、制度化。

高等院校、科研单位、国有大中型企业是党外知识分子比较集中的地方，统战部门要加强对这些单位统战工作的指导，团结和调动广大党外知识分子，做好本职工作，为物质文明和社会主义精神文明建设作出积极的贡献。

（七）关于党外人士的培养、选拔、安排、使用工作。

培养、选拔、安排、使用党外代表人士，是统战部门义不容辞的光荣职责，是坚持和完善中国共产党领导的多党合作和政治协商制度的重要内容，也是保证党与党外人士合作共事不断巩固和发展的战略性任务。对党外人士的培养、选拔、安排、使用，是四个紧密相连的环节，贯穿于统战工作的各个领域、各个方面，一定要认真抓好。要逐步建立一套比较完善的制度，使这项工作规范化、科学化、经常化。

培养、选拔一大批能够同我们党真诚合作的新一代各界党外代表人士，建立一支适应形势发展需要的党外干部队伍，是搞好党外人士安排、使用的基础。鉴于现在老一代党外代表人物年事已高，将逐渐离开工作岗位，这项任务显得尤为紧迫。我们要更新观念，开阔视野，注意发现新人，建立起党外后备干部和新的党外代表人士名单。要有计划、有步骤地加强对党外干部的培养，为他们提供学习、锻炼的机会，提高他们的知名度。要加强社会主义学院的工作，充分发挥社会主义学院在培训党外干部方面的重要作用。

党外人士的政治安排工作要进一步总结经验，继续坚持“统筹兼顾、全面安排”的基本方针。要正确理解党外人士的进步性和代表性的关系，既要注重政治上的进步性，又要坚持广泛的代表性，安排的面宜宽不宜窄。要坚持新老结合，在安排好老的代表人士的同时，更多地举荐各方面的新人，逐步实现老一代向新一代的过渡。各地统战部门要加强对政府参事室和文史研究馆的工作指导，帮助做好参事、馆员的聘任工作。

举荐党外干部担任各级政府及司法机关的领导职务，仍然是当前统战工作的一项重要任务。各级统战部门一定要同党委组织部门、政府人事部门密切配合，争取有新的发展。要坚持干部“四化”方针和德才兼备的原则。要历史地、全面地分析和评价党外干部。既要坚持标准，又要实事求是。考虑到目前党外干部的实际情况，对他们的年龄要求和任职资历可适当放宽。

必须注意搞好与党外干部的合作共事，发挥他们在工作岗位上的积极作用。在与党外干部的合作共事中，要坚持政治上充分信任，工作上放手使用，生活上关心照顾。要根据党外干部的专长和实际水平合理分工，避免用非所长，强人所难，力求做到人尽其才，才尽其用。要保证他们有职有权有责，支持他们独立负责地开展工作。

（八）关于统一战线政策理论研究、宣传和信息工作。

在计划经济向社会主义市场经济体制转换过程中，统一战线出现了许多新情况、新问题，迫切需要我们从理论上进行研究、探索，给予科学的有说服力的概括和解答。各级统战部门一定要把政策理论研究工作摆在重要位置，有针对性地解答实际工作中的问题，为党制定有关方针、政策和进行重大决策提供切合实际的意见和建议。

用邓小平同志建设有中国特色的社会主义理论指导统一战线工作，要研究两方面的问题：一方面是如何更好地按照新形势的要求，贯彻落实这一理论有关统战工作的各项内容；另一方面是统战工作如何更好地为这一理论所确定的总任务服务，为加快改革开放和现代化建设步伐作出更大贡献。当前统一战线政策理论研究工作的指导原则是：(1)继续发扬解放思想、实事求是、大胆探索、勇于创新的精神，努力形成团结、民主、生动活泼的理论研究气氛和环境。(2)坚持理论与实际相结合，着重研究新情况、解决新问题、总结新经验。(3)结合国内外政治、经济形势的发展变化所带来的影响，加强对统一战线重大问题发展趋势的研究，增强工作的预见性，避免盲目性。(4)坚持走社会化的路子，加强与有关部门、社会科学研究单位和学术组织、党校和高等院校、各民主党派和有关人民团体的合作，充分发挥统战理论研究会的作用，同心协力把统战政策理论研究推向前进。

统一战线的宣传工作和信息工作，也是统战部门的重要工作。随着建设有中国特色社会主义实践的发展，统战工作社会化、群众化的特点日益突出，这就要求统战部门不仅要做好内部的宣传工作，还要做好社会宣传工作，以提高党内和社会上对统战工作的认识。信息工作要适应形势发展的需要，注重真实、全面、连续、时效等原则，力求使经验型信息具有普遍性，动态型信息具有预测性，政策型信息具有针对性，民意型信息具有代表性，反馈型信息具有准确性。特别要重视对党外人士思想情况的反映，要敢于反映党外人士的尖锐意见，同时又注意经过正常的反映渠道和程序。

为了提高统战工作的政策理论水平，加强统一战线的宣传和信息工作，中央统战部在机构改革中，正在着手建立信息、调查研究、文稿起草三位一体，政策理论研究和宣传紧密结合的工作机制。

四、进一步加强统战部门的自身建设

随着统战工作范围拓宽、对象增多、任务加重、难度加大，迫切需要进一步加强统战部门的自身建设。

(一)议大事、抓大事，全面履行统战部门的基本职能。

统一战线是党的总路线总政策的重要组成部分。统战部门作为党委主管统战工作的职能部门，必须注重议大事、抓大事。要坚决贯彻党的基本路线，明确统战工作在整个党的工作中所处的位置，始终保持正确的政治方向。要全面履行“了解情况、掌握政策、协调关系、安排人事”的基本职能，根据党的总体部署创造性地开展工作，善于发挥统战部门独特的优势和作用。要处理好政治性工作与事务性工作的关系，不要把政治性工作当作事务性工作去做。要善于摆脱一些事务，着力抓全局性问题，抓大政方针，抓政策研究，真正给党委当好统战工作的参谋。

(二)加强统一战线干部队伍的建设。

第一，要抓好干部学习和培训工作。各地要把《邓小平文选》第三卷作为干部培训的主要教材，认真组织学习，深刻领会其精神实质，用以指导实际工作。同时，组织各级统战干部学习江泽民同志和李瑞环同志关于做好统一战线工作的重要讲话。要学习统一战线的历史、理论、方针、政策，也要适应当前建立社会主义市场经济体制的新形势，学习一些经济知识、法律知识等。要使每一个进入统战部门的干部，都热爱统战工作，钻研统战业务。

第二，统战干部要清正廉洁。党外人士是通过统战干部的言行来理解党的方针、政策的，因而统战干部的言行直接影响着党在党外人士心目中的形象。统战干部必须清正廉洁，只有这样，党的统战工作才有感召力、凝聚力。

第三，领导班子要团结。在领导班子建设中，固然要强调提高个体素质，更要强调优化组合，注重整体素质，健全民主集中制。统战部的领导班子应该成为团结协作的模范。领导班子成员中，应提倡互相信任，互相支持，互相谅解，同心协力抓好工作。

(三)广交、深交党外朋友。

广交、深交党外朋友，是我们党联系党外人士的基本方式，也是统一战线工作走群众路线的具体体现。统战工作，从一定意义上讲就是交朋友的工作。要使我们党领导的统一战线更加具有凝聚力，从根本上说，有赖于我们党的路线、方针的正确，同时也有赖于我们结交到一大批真正与我们党同心同德的党外朋友。

交朋友要平等待人，要有良好的民主作风。统一战线的事业要求我们以人民公仆的身份。以朋友的身份与党外人士交往；要求我们发扬民主，有事多与党外人士商量；要求我们经常深入到党外人士中间去，到民主党派、有关团体机关去，到他们的家里去，登门拜访，促膝谈心；要求我们在可能的条件下，帮助党外朋友解决工作和生活中遇到的困难。各地统战部要建立联系党外朋友的名单，建立定期联系制度，并且展开形式多样的联谊活动。

(四)加强调查研究，注意总结经验。

加强调查研究，既是“谋事之基”，也是“成事之道”。当前加强调查研究的特殊重要性在于，一方面，随着社会主义市场经济体制的建立，新情况、新问题层出不穷，老问题也会随着形势的发展而出现新变化；另一方面，现在停留在表面上的东西很多，许多问题处于若明若暗的状态。比如，随着经济实力的增长，非公有制经济代表人士的政治参与意识在增强，他们的政治要求是什么，希望通过什么渠道、采取什么方式实现自己的政治要求？又比如知识分子问题，在计划经济体制下，知识分子几乎全是“公家人”，典型人物的代表性、示范性比较强，而目前知识分子队伍已经发生很大变化，不同利益的群体已经初步形成，今后还会进一步发展，如何有针对性地做好他们的工作？要认清这些问题，科学的办法就是进行调查研究。

要把调查研究同总结经验结合起来。要深入基层、深入群众，尽可能详尽地占有第一手材料，善于把零散的材料经过分析、归纳，上升为较系统的有分析有见解有针对性的经验；要善于从若干经验的比较研究中揭示出事物的客观规律，提出有价值的对策性建议。

中共中央举办的省部级主要领导干部学习《邓小平文选》第三卷理论研讨班第二期学员在北京中央党校举行全体会议

中共中央政治局常委、书记处书记、中央党校校长胡锦涛到会讲话。

吕枫、王维澄、郑必坚、汪家镠、曾培炎、苏星、郑科扬等出席会议。

参加第二期省部级主要领导干部理论研讨班的学员共四十五人。其中大多数是省、自治区、直辖市党委和政府、中央部委、解放军各大单位和共青团中央的主要负责人，还有宣传理论战线的领导干部和党的理论工作者。

全国企业法制工作座谈会在北京举行

会议于3日至5日在北京召开。

国家经贸委主任王忠禹在全国企业法制工作座谈会上说，企业法制在整个经济法制建设中具有举足轻重的地位，各地经贸委要紧紧围绕深化企业改革这个中心，从立法、普法、执法与督促检查等方面抓好企业法制工作，使企业从诞生到运营、从变更到破产的全部过程都依法进行。

王忠禹指出，实现企业深层次的改革，最终是要通过一系列法律法规来界定政府投资者与企业的法律地位及其相互之间的经济关系，并确立规范的产权制度、企业组织制度和管理制度。从这个意义上讲，企业改革的进一步深化，不只是一个经济的概念，更是一个法的概念。因此，企业法制工作既是政府的责任，又是企业的责任。我们必须进一步解放思想，转变观念，把企业法制工作摆到应有的重要位置上，加快有关企业方面的立法工作，抓紧研究、制定关于国有企业向公司制度改革的法规。

国家副主席荣毅仁在天津考察

荣毅仁于3日和4日在天津考察工作。

中共天津市委书记高德占、副市长李盛霖等3日向荣毅仁汇报天津国有大中型企业的概况。

荣毅仁在听取汇报时指出，四十多年来，国有企业对国家贡献卓著，功不可没。有的企业已经给国家上交了相当于几个同等规模企业固定资产的利润，为共和国的繁荣昌盛提供了物质基础。今天，如果没有国有大中型企业的支撑，那么，乡镇企业也好，“三资”企业也好，非公有制经济企业也好，其兴旺都不会长久。国有大中型企业原来是、现在是、今后仍将是我国国民经济的“顶梁柱”。但是，四十多年的计划经济体制把国有企业在竞争中求生存、求发展的能力削弱了，市场意识淡化了。因为在计划经济年代，国有企业的生产任务、生产指标、生产资金、原材料供应和产品销售都由国家包下来了，企业习惯于“等、靠、要”，无须关注国内外市场的变化和消费者需求的变化。这样的企业面对市场经济的冲击，感到手足无措是很自然的。这些企业的领导者只有认真学习邓小平同志建设有中国特色社会主义的理论，转变思想观和经营方式，学会按照经济规律办事，才能在市场经济规律办事，才能在市场经济条件下求得生存和发展。当然企业在苦炼内功的同时，也需要政府有关部门为他们创造一个良好的外部生存环境。

荣毅仁4日来到天津自行车厂考察并听取企业负责人的汇报。

荣毅仁说，目前，有一些国有企业面临严峻的困难，这正是计划经济向市场经济转轨过程中暴露出的企业在计划经济体制下形成的弱点。只有经过这一考验，企业才能走出困境，步入坦途。当前，国有大中型企业就是要深化改革，转换经营机制，增强在市场经济条件下求生存、求发展的本领，尽快进入良性循环。

外交部部长钱其琛在钓鱼台国宾馆分别会见东盟秘书长达图·阿吉德·辛格和由贝蒂扎率领的欧洲议会对华关系代表团

国务院副总理邹家华在北京会见美国哈盖依学会会长哈盖依博士和美国综合管理服务公司、麦卡米什集团公司董事长麦卡米什

解放军全军生产经营工作会议在北京召开

中央军委副主席张震出席会议并讲话。刘华清提出了军队生产经营工作的指导思想，任务和原则。

全国文化市场工作会议在北京结束

在会议期间，中共中央书记处书记、中央宣传部部长丁关根与部分代表进行座谈。

会上，文化部授予北京市海淀区文化文物局等30个单位为“全国文化市场管理先进集体”，雷世平等100人为“全国文化市场管理先进工作者”，北京市西城区田园音乐厅等100个舞厅、卡拉OK厅为“全国文明娱乐厅”。文化部常务副部长高占祥对文化部提出的会议以后要办的五件实事作了安排。

中国运动员姜翠华打破自行车世界青年纪录

在马来西亚怡保举行的第 16 届亚洲自行车锦标赛暨第 3 届亚洲青年锦标赛上中国选手姜翠华在青年女子 500 米计时赛中，以 37 秒 417 的成绩打破了自己保持的 37 秒 773 的世界青年纪录，并获得该项目冠军。

11 月 4 日

国务院发出关于印发《九十年代中国农业发展纲要》的通知

现将《九十年代中国农业发展纲要》印发给你们，请认真研究，并贯彻执行。

党的十一届三中全会以来，农业和农村经济发展取得了巨大成就，基本解决了全国人民的温饱问题，有效地促进了国民经济的发展和社会安定。九十年代，农业进入了一个新的发展阶段，农业发展面临十分艰巨的任务。党的十三届八中全会通过了《关于进一步加强农业和农村工作的决定》，提出了九十年代农业和农村工作的主要任务，明确了我国农村改革和农业发展的一系列方针、政策。党的十四大又进一步确定了加快农业和农村经济发展的基本方针。制定和实施《九十年代中国农业发展纲要》，对于全国贯彻落实党的十三届八中全会通过的《关于进一步加强农业和农村工作的决定》和党的十四大精神，巩固农业的基础地位，增强农业综合生产能力，促进九十年代农业迈上新台阶，建立和完善社会主义市场经济体制，具有极其重要的指导意义。各级人民政府要切实加强对农业和农村工作的领导，要根据《九十年代中国农业发展纲要》，结合本地实际情况，制定农业发展规划，并组织实施。国务院各有关部门要按照《九十年代中国农业发展纲要》提出的各项基本目标和政策措施，积极配合，大力协同，促进和保障我国九十年代农业发展目标的实现。

国务院

1993 年 11 月 4 日

九十年代中国农业发展纲要

农业是经济发展、社会安定、国家自立的基础，坚持把加强农业放在首位，全面振兴农村经济，是事关全局的头等大事。80 年代我国农业成就显著，在以下六个方面取得了重大突破，为加快改革开放、加速国民经济发展创造了条件。

——农业经营突破了长期以来“一大二公”统一经营的体制。改革开放以来形成的以家庭联产承包经营为主的统分结合的双层经营体制，极大地调动了农民发展生产的积极性，解放了农业生产力。

——农业生产突破了长期缓慢增长的局面。从 1980 年到 1990 年，全国农业总产值平均每年递增 6.4%，粮食、棉花、油料、糖料、蔬菜、水果等经济作物和猪、牛、羊肉及水产品产量大幅度增加，农民收入按可比口径年均增长 6.4%，基本上解决了广大农民的温饱问题，丰富了城市居民的“菜篮子”。

——农村经济结构突破了长期以来比较单一的状况。林牧渔业比重增加，乡镇企业异军突起，逐步改变了过去 30 多年农村经济就是农业经济，农业生产基本是种植业，种植业基本是粮食生产的状况。

——农业综合生产能力突破了长期缓慢提高的状况。中央、地方、集体和农民累计投资 1519 亿元，用于加强农业基础设施建设。提高了大江大河大湖的防洪能力；改造中低产田 2670 万公顷左右，开荒 250 万公顷；建设了一大批农产品生产基地和农林牧渔业良种繁育基地；森林覆盖率由 12%上升到 12.9%；农业气象灾害的监测和预报能力提高，减轻了农业的损失；各种适用的农林、畜牧、水产种养技术得到普遍推广应用；全国粮、棉综合生产能力由 80 年代初的 3000 亿公斤和 250 万吨左右，提高到 90 年代初的 4250 亿公斤和 450 万吨左右，肉类、水产品等综合生产能力也都有明显提高。

——农业经济突破了自然经济的格局，商品化、专业化水平有了较大的提高。80 年代，中央和地方联合投资近 50 亿元，建设了一批粮、棉、肉、菜等农副产品商品生产基地。农产品的商品率由 54%提高到 63%；农副产品及其加工品的出口创汇额增长了 1.5 倍。

——农业开发突破了单项开发的模式，开创了农业综合开发的新局面。从 1988 年开始，国家筹集大量资金，进行农业综合开发，以增产粮、棉、油、肉、糖等主要农产品为重点，按照山水田林路综合治理、农业自然资源综合利用的原则，先后在全国设立了 41 个农业综合开发区，对增加农产品有效供给、增强农业发展后劲起到了重要作用。

90 年代，必须持续稳定地发展农业，更好地满足经济高速增长和人民奔小康的需要。当前，稳定和加快我国农业的发展还面临一些难题：第一，农业是既有自然风险又有市场风险的弱质产业，又是本身效益小、社会效益大的基础产业，在我国经济体制向社会主义市场经济转变的过程中，由于调控机制还不健全，受比较利益的驱使，资金、物资投放重点将会向非农产业倾斜，对农业发展不利。第二，耕地等农业资源不断减少，人口不断增加，农业生产的负荷日益加重。第三，农业物质基础薄弱，抗御自然灾害的能力差。第四，农业生产效益低，影响了农民的生产积极性。第五，农业生产上新台阶，缺少品质兼优的良种和低成本、高效益的种养新技术，不能适应生产发展的需要。因此，从长远和整体的角度看，90年代农业发展的任务将是十分艰巨的。

我国农业发展仍有相当大的潜力。现有9500多万公顷耕地中，中低产耕地占60%，加以改良，每亩可增产粮食几百斤；现有草场中，二三等草地占80%，改良后载畜量可以成倍提高；现在已经利用的养殖水面平均亩产只有95公斤，养殖业的饲料报酬率还比较低，改进饲养方法后，可以大幅度增加肉类产量；全国尚有3300多万公顷宜农荒地、7670多万公顷荒山荒坡、130多万公顷沿海滩涂、1200万公顷淡水水面有待开发利用。采取有效措施，增加农业投入，加快对农业资源的综合开发和利用，就可以大幅度提高农业的综合生产能力。

90年代，是我国农业发展的关键性历史阶段，我们必须全面贯彻党的十三届八中全会决定和党的十四大精神，争取农业和农村经济在80年代的基础上取得新的突破。发展农业要按照社会主义市场经济的要求，坚持靠政策、靠科技、靠投入的指导方针，采取有效的措施，促进农业持续、稳定、协调发展，把农业的综合生产能力和经济效益提高到一个新的水平，农林牧副渔各业和乡镇企业持续发展，促进农业再上新台阶。为此，特制定我国90年代农业发展纲要。

一、90年代农业发展的目标和指导思想

（一）90年代我国农业发展的主要目标是：全面发展农村经济，主要农产品稳定增产，在数量、品种和质量上，适应全国人民小康生活和国民经济加快发展的需要。到2000年，粮食产量要达到5000亿公斤，棉花产量达到525万吨，油料、糖料等经济作物和肉类、水产品要持续发展。农村经济要保持适当的发展速度，2000年农业总产值（按1990年不变价格）达到12100亿元，年均增长4%左右。全国乡镇企业总产值达到52900亿元（按1990年不变价），年均增长18.5%。农民生活要达到小康水平，农民人均纯收入达到1200元，年均增长5.8%。贫困地区经济发展步子要加快，到本世纪末，确保解决群众的温饱问题。

（二）90年代农业发展的指导思想是：继续稳定以家庭联产承包为主的责任制，不断完善统分结合的双层经营体制，积极发展农业社会化服务体系，从各地实际出发逐步壮大集体经济实力。不断加强农业基础，加大农业投入，改善农业基础设施，确保农业再上新台阶，满足国民经济持续、快速、健康发展的需要。按照建立完善社会主义市场经济体制的要求，深化农村改革，加强农村市场、交通、运输、仓储、信息、咨询等基础设施和各种社会化服务体系的建设。加强农业科学研究和技术推广，带动农业向“高产、优质、高效”方向发展。继续组织农业综合开发，利用荒山、荒坡、荒水、荒滩、荒沙等农业后备资源，提高农业综合生产能力。优化农村产业和经济结构，大力发展创汇农业，使农业逐步走上“面向市场，利用资源，优化结构，提高效益”的道路。实行“种养加”、“贸工农”结合，开拓农村新兴产业，促进农林牧渔业与二三产业协调发展，扩大农村就业领域，增加农民收入，实现小康目标。

二、90年代农业发展的总体布局

（三）农业生产必须遵循因地制宜、发挥各地自然资源和经济技术优势的原则，宜农则农、宜林则林、宜牧则牧、宜渔则渔，促进农林牧副渔全面发展，推进农业生产的区域化、专业化、商品化。

（四）国家鼓励和扶持发展粮食生产。全国的粮食产销要按照以省（区）为单位自给有余或基本自给、就近调运的原则，合理布局。到本世纪末，大多数省（区）要以本省（区）为单位做到粮食总量基本自给；少数调入粮食的省（市、区）要按照互利的原则，与邻近的粮食调出省（区）建立长期稳定的粮食产销关系；粮食调出省（区）仍要从全局利益出发，发挥当地产粮的优势，根据本省（区）、国家和调入省（区）的需求，组织商品粮的产销；有条件做到粮食自给的省（区），要积极发展粮食生产，力争做到粮食消费自给。各地都要因地制宜，建立自己的商品粮生产基地。要根据市场需求调整粮食的品种结构，大力发展优质粮品种，增加饲料用粮。长江中下游和东南沿海地区要多生产优质稻谷；黄淮海地区、东北地区要积极发展小麦、玉米和大豆生产。

（五）经济作物和其他作物要按照因地制宜、扬长避短、适当集中的原则，继续调整布局。棉花生产，主要在黄淮海平原、长江中下游平原和新疆地区发展。油料生产，以长江流域及长江以南地区的油菜籽，长江以北的花生为重点，兼顾其他各类油料产区的开发与生产。糖料生产，要稳定发展东南沿海地区的甘蔗和东北、西北地区的甜菜，同时，要加快发展云南、广西的甘蔗生产。

（六）林业生产要以培育森林资源、提高森林覆盖率，增加木材和林产品供给能力为出发点，合理调整生产布局。在长江、沿海以及风沙危害大、水土流失严重的西北、华北北部、东北西部地区、太行山以及平原地区建设一批重点防护林、水土保持林和农田防护林工程。以集约经营的方式，在华东、中南、西南为主的地区建设速生丰产用材林基地。在长江以南和有条件的地区建设木本油料、香料、药材、干果等基地；在严重缺柴的浅山丘陵区、北方干旱、半干旱地区和沿海地区积极发展薪炭林，缓解农村能源困难，促进综合利用农作物秸秆“过腹还田”和发展沼气。

（七）畜牧业生产要在稳定发展肉猪的同时，大力发展食草型、节粮型畜禽生产。大中城市郊区应重点发展畜、禽、蛋、奶生产，以满足城市居民对鲜活畜禽产品的消费需求。农区要继续着重抓好肉猪生产，努力提高出栏率，积极发展瘦肉型猪的生产。同时，要积极推广秸秆氨化技术，大力发展农区养牛业。半农半牧区要充分发挥饲料饲草资源丰富的优势，加快发展牛、羊等草食性动物的生产。牧区要重视草原和“草库伦”建设，搞好草场的改良和开发利用，防止草原退化、沙化，提高肉类生产能力；积极发展羊毛生产，满足纺织工业发展的需要。

（八）水产业要大力发展海、淡水养殖，积极开发外海和远洋捕捞，重视水产品的加工和综合利用。淡水养殖重点是抓好珠江三角洲等十一大片地区的开发，并搞好水库养殖。海水养殖的重点是沿海滩涂的开发。在捕捞方面，要严格控制近海捕捞强度，积极开发东海、黄海外海的中上层鱼类和南海鱼类资源。同时要加快发展远洋渔业。

三、依靠农业科技进步，提高土地和各种农业资源的单位产出率

（九）实现 90 年代农业的增产目标，必须抓住提高单位面积产量这个关键。要依靠科技进步，改善农业生产条件，不断提高单产水平。十年内粮棉亩产要分别增加 50 公斤和 12 公斤，接近 80 年代亩产增长水平。

（十）积极组织实施节水灌溉新技术，提高灌溉水的利用率。要根据各地的不同情况，大力推广节水灌溉技术，发展节水型农业。推广管道输水、渠道衬砌、防渗和喷灌、滴灌等技术。加强水利工程设施的管理和维护，提高工程的使用效益。使我国灌溉水的利用率由 40％提高到 50％左右。

（十一）提高科学施肥和使用农药的水平。要采取深施化肥、测土配方施肥、有机肥与无机肥相结合等科学施肥措施，使化肥利用率由现在的 30％左右提高到 40％左右。对农民要进行培训，使其能及时、合理、科学地使用各类农药，提高病虫害综合防治水平。积极推广生物农药和生物防治技术，减少病虫害给农业造成的损失。

（十二）采取综合治理措施，提高现有耕地的质量。要通过坡地改梯田、平整土地、改良土壤、完善灌排系统、培肥地力和实行科学种田，使现有的 1/3 的中低产田得到改造，较大幅度地提高单位面积产量。

（十三）要充分利用光热水土资源，改进耕作技术，提高复种指数，扩大播种面积。采取提高南方冬闲田种植率、扩大间、套作面积，在南方光热资源两季不足、一季有余的地区发展再生稻等措施，到本世纪末，使全国耕地复种指数由 80 年代末期的 150％左右提高到 160％左右，平均每年约增加播种面积 73 万多公顷。

（十四）选育、推广、普及农业优良品种。加强农业基础研究和应用研究，储备和培育一批高产、优质、抗病虫害的农作物及林木优良品种和畜禽水产良种。同时，要有计划、有选择地从国外引进一批优良品种。在大力推广和普及各种常规优良品种的同时，重点选育优质高产的杂交水稻、杂交玉米、杂交油菜，加快推广瘦肉型猪和牛、绵羊、家禽等杂交优良品种。全国粮棉油生产用种在 90 年代要更换一至二次，畜禽、水产、糖料、林果等良种普及率要进一步提高。

（十五）大力推广适用的农业技术。要实行良种良法配套，选择一批效果显著的适用技术，重点组织推广。到 2000 年，要使农业科技成果的转化率由现在 40％左右提高到 50％左右。要继续大力开展“丰收计划”、“星火计划”、“燎原计划”等科技推广活动，推广模式化栽培、旱作农业、农地膜覆盖、保护地栽培、优化耕作制度、病虫鼠草害测报及综合防治等农业技术；推广家畜、家禽优化饲养技术及配合饲料、秸秆氨化技术、海淡水高效养殖和资源增殖、疫病防治等技术；推广普及农产品保鲜、加工、贮运等技术。要广泛开展对农民的技术培训和教育，提高农民的科学文化素质和科学种田的水平。

四、加强农产品商品生产基地建设

（十六）加强粮棉油糖商品基地建设。要在巩固完善现有商品粮生产基地县的基础上，新建 226 个，使全国商品粮基地县达到 500 个，商品粮的综合生产能力达到全国商品粮产量的一半，并使其建设成为以生产商品粮为主的高产、优质、高效农业基地，同时，把黑龙江、新疆、内蒙古三大垦区建设成为以生产商品粮为主的农业商品基地；还要新建优质棉基地县 150 个，新建一批糖料生产基地。把一批以生产棉花、糖料、橡胶为主的国有农场建设成为专业化、商品化的示范基地。

（十七）加快速生丰产名特优用材林和经济林基地建设。国家要在广东、广西、湖南、湖北、江西、福建、浙江、四川、贵州、云南等省（区）和东北、内蒙古的大型国有林区建设一批速生丰产用材林基地，新造林 500 万公顷，以增加 21 世纪初期木材的供给能力。同时，在全国建设 500 个名特优经济林生产基地。

（十八）加强“菜篮子工程”建设。

1. 肉蛋奶菜基地建设。新建 200 个瘦肉型猪商品生产基地，增加年出栏 5000 万头；积极推广秸秆氨化养牛技术，建设一批商品肉牛生产基地，达到年出栏肉牛 90 万头；在东北、内蒙古、东南等地建设奶牛和水奶牛生产基地，发展奶牛 20 万头，年提供 60 万吨商品奶；在西北、内蒙古等地建设山绵羊基地；在一些大中城市和工矿区建设一批集约化、现代化的蛋、肉鸡场，

并建设一批蔬菜生产基地。在南方一些地区利用水草资源丰富的优势,建设一批禽类养殖基地。

2. 水产养殖基地建设。淡水养殖要抓好增产潜力较大的中低产鱼塘的改造和配套工程建设,提高单产水平。要利用江河湖泊等大中型水面、水库和一些沿江河洼地,积极发展水产养殖,建成一批新的水产品商品基地。海水养殖基地在搞好"两岛一湾"(辽东、山东半岛、渤海湾)养殖基地建设的同时,加快南方沿海滩涂的开发利用,积极发展海珍品养殖,逐步建成一批新的海珍品生产基地。继续搞好西非、北美、南美、南亚基地和南太平洋等远洋渔业基地建设。

(十九)加强农副产品出口基地建设。发展创汇农业,加强国际合作交流,把我国农业推向国际市场,推进农业现代化的步伐。在巩固完善现有农副产品出口基地的基础上,继续建设一批新的农副产品出口基地。充分利用我国农村劳动力资源和农副产品资源丰富的优势,采用先进适用技术,发展名、特、优、新产品和精加工、深加工制成品的出口,积极开拓国际市场。

五、加强农业综合开发

(二十)90 年代农业综合开发的主要任务是:

1. 保持全国耕地总面积的基本稳定,新开荒面积不少于被占用的耕地。采取严格的管理措施,控制占用耕地,坚持占用一亩垦复一亩的原则,全国开荒要达到 210 万公顷以上。

2. 改造中低产田 1800 万公顷,造林 660 万公顷,建设人工草场和改良草场 2000 万公顷,改良中低产水面 167 万公顷。

3. 通过农业综合开发,要扩大粮食综合生产能力 380 亿公斤、棉花综合生产能力 40 万吨。

(二十一)农业综合开发的重点是:

1. 黄淮海平原、三江平原、松辽平原、黄河三角洲、长江中下游平原等十大片国家级重点开发区,共开荒 190 万公顷,改造中低产田 1467 万公顷。

2. 燕山山前平原、渭北陇东地区、南阳盆地与鄂北冈地等 12 片省级重点开发区,开荒 28 万公顷,改造中低产田 330 多万公顷。

3. 内蒙古北部草原、新疆伊犁和阿勒泰草原、川西北、甘南、青海湖草原、东北农牧混合带等 6 片重点牧区和半牧区,共建设人工草场与改良草场 1330 万公顷,其中高标准人工草场 330 多万公顷。

4. 西南岩溶地区、黄土高原丘陵沟壑区,这些贫困县要有 2/3 以上的地区实现人均占有基本农田一亩左右。

5. 河西走廊、新疆绿洲等地区开展治沙 233 万公顷,开发利用沙区资源 100 万公顷。

(二十二)农业综合开发要增强市场和质量、效益观念,根据市场需求在努力增加农产品产量的同时,把提高农产品质量和生产效益放在重要位置。切实做到以效益为中心,优化资源配置和生产结构、布局。立足于整个土地资源的综合开发和利用,实行山水田林路综合治理,深度开发和广度开发相结合。要促进农产品流通,搞好仓储设施和农村市场基础设施的建设。

(二十三)稳定和完善农业综合开发政策。"七五"期间对农业综合开发区实行的政策,如:治理改造中低产田后增产的粮食和新开垦耕地生产的粮食,5 年内不安排国家定购任务;新开垦的耕地 5 年内免征农业税;国家安排一部分贴息贷款,既给指标,也给资金,由地方贴息;江河治理等大型水利工程,国家继续增加投资;在分配柴油、化肥、农药、农膜等农用生产资料方面给予优先安排等,90 年代要继续执行,稳定不变。

(二十四)加强农业综合开发资金的管理,提高使用效率。现有渠道用于农业综合开发的资金要确保落实,同时要从国有土地使用转让费和各种经济开发区的土地收入中拿出一定比例用于农业综合开发。农业综合开发要运用市场机制,采用项目公开招标等竞争手段,借鉴和采用世界银行等国际金融组织的项目管理办法,提高资金的使用效率。农业综合开发要与本地区农田水利基本建设、扶贫开发、山区小流域综合治理、植树造林、以工代赈等紧密结合,相互配套,从宏观上构成大规模的整体开发工程。

六、大力发展乡镇企业

(二十五)发展乡镇企业是繁荣农村经济、增加农民收入、转移农村剩余劳动力、促进农业现代化和国民经济发展的必由之路。90 年代,在巩固农业基础的同时,要把乡镇企业放在重要的战略地位。要继续贯彻"积极扶持,合理规划,正确引导,加强管理"的方针,大力开拓与农业相关联的新兴产业,坚定不移地支持乡镇企业的发展。

(二十六)乡镇企业要按照国民经济发展规划和产业政策,统筹规划,合理布局,调整结构,提高效益。要按照靠近原料产地、经济合理的原则,统筹安排城乡农产品加工布局。新增的农产品加工业,尽量放到农村去办。有条件的城市,要逐步把适宜放在农村的农副产品加工业转移到农村。乡镇企业要在不断提高产品质量和经济效益的前提下,保持一定的发展速度。对不同地区的乡镇企业要区别对待、分类指导。西部地区和少数民族地区要充分发挥其特有资源和劳动力优势,积极引进人才和技术,发展横向联合,建立一批资源加工型企业,带动全面发展。中部地区要努力发挥本地粮食等农产品资源优势,实行经济综合开发,提高加工水平,对粮食等农产品生产进行综合补偿。沿海地区要立足现有基础,加快技术改造,发展高新技术产品和出口创汇产品。要加强企业管理，促进乡镇企业上水平、上质量，提高企业素质。

（二十七）制定政策措施，积极引导扶持乡镇企业健康发展。特别要大力扶持中西部乡镇企业的发展。人民银行安排用于中西部地区和少数民族地区的专项贷款每年应适当增加，重点支持中西部粮食主产区发展乡镇企业。国际金融组织的乡镇企业贷款也要重点向中西部地区倾斜。鼓励东部地区与中西部地区、少数民族地区发展横向经济联合与协作。经济比较发达的地区要帮助贫困地区发展经济，实行区域间优势互补、相互促进、共同发展。

（二十八）要继续实行乡镇企业"以工建农"。通过乡镇企业的发展，增加对农业的投入，加强农业基础设施建设。到2000年，在满足农业生产要求的前提下，乡镇企业力争再吸收5000万农村剩余劳动力。

（二十九）加强对农村小城镇建设的引导。农村小城镇建设，要依托现有集镇，科学规划，合理布局，分步实施，以带动农村第三产业的发展和剩余劳动力的转移。要引导乡镇企业在地域上相对集中，与小城镇建设相结合。要制定优惠政策，吸引农民进入小城镇，从事工业、商业、建筑、运输、服务等行业的工作。

七、加强农业发展支撑体系建设

（三十）水利工程是农业生产持续稳定发展的重要保障。中央和地方都要集中力量，建设一批重点水利工程。90年代的主要建设项目有：

1. 防洪工程。长江建设三峡工程，澧水江垭水利枢纽，继续加高加固中下游堤防、治理洞庭湖和鄱阳湖，建设洪湖等蓄洪工程。太湖建设太浦河、望虞河和杭嘉湖南排等十项工程。黄河建设小浪底水利枢纽，加高加固下游堤防。淮河拓宽中游行洪通道，扩大下游入江入海出路，建设怀洪新河、沂沭泗洪水东调南下工程、石漫滩水利枢纽。珠江建设北江飞来峡、西江大藤峡水利枢纽。同时，继续建设海滦河和松辽河等水系的防洪工程，提高防洪能力。

2. 水资源工程。重点建设为京津华北供水的南水北调工程、黄河万家寨水利枢纽及引黄入晋工程、河北桃林口水库、新疆乌鲁瓦提水利枢纽。开工建设黄河大柳树工程。加快东北地区北水南调和安徽引江济淮等工程的前期工作，争取早日开工建设。

3. 灌排工程。建设和改造一批大型灌排工程，主要有四川武都、升钟灌溉工程和都江堰改造工程，宁夏、内蒙古河套灌排工程，陕西东雷抽黄工程，河南、山东大型引黄灌溉工程，安徽淠、史、杭灌区，内蒙古、吉林察尔森水库灌区，甘肃引大入秦和景泰提灌工程，海南松涛灌溉工程等，力争十年内净增有效灌溉面积533万公顷，2000年全国灌溉面积达到5330多万公顷。

4. 水电工程。全国水利系统新增水电装机1500万千瓦，其中大型水电装机280万千瓦，中型620万千瓦，小型600万千瓦。建成农村初级电气化县500个。

5. 水土保持。90年代治理水土流失面积40万平方公里，主要是加快黄河中游和长江上游重点水土流失区的治理步伐，同时抓好珠江、海河、淮河、辽河等流域的水土保持工作，在西北地区要采取工程措施和生物措施相结合开展小流域治理，改善生态环境。

（三十一）加快支农工业的发展是保证农业上新台阶的重要条件。这方面的重点工作是：

1. 加强化肥工业建设。90年代要建设年产重钙80万吨的贵州瓮福化肥厂、56万吨重钙的湖北大峪口工程，年产氯化钾80万吨的青海钾肥厂二期工程和云南高浓度磷复肥工程，以及海南、内蒙古、陕西渭河、江西九江、湖南洞庭化肥厂等一批大中型化肥生产厂和配套化学矿山项目。加快小化肥厂的改造，促进产品更新换代。2000年化肥生产能力达到1.5亿吨（标肥）。

2. 加快农药、农膜、农机等农用工业建设。农药工业要加快调整品种结构，建设和改造一批大中型企业，大力发展高效低残留的农药新品种，并建立我国的农药研制中心。2000年农药产量达到24至25万吨。要新建和重点改造一批农用地膜原料生产企业，生产更多规格品种的农用薄膜。2000年农膜产量达到80万吨。要加快农机工业的发展，2000年生产能力达到年产大中型拖拉机20万台，小型拖拉机50万台，联合收割机1万台，内燃机8000万马力。农用柴油、农村用电都要逐步增加，努力为实现农业现代化创造条件。

（三十二）林业是农业高产稳产的生态屏障。90年代要抓好以下重点林业建设项目：

1."三北"防护林工程，到本世纪末完成造林总面积718万公顷。

2. 长江中上游9省145个县的防护林体系一期工程，造林667万公顷。

3. 沿海11个省、区、市的防护林体系一期工程，造林244万公顷。

4. 继续抓好三江平原、松辽平原、华北平原和长江中下游平原等我国主要粮食产区的平原绿化工程和太行山绿化工程。

（三十三）加强气象预测预报体系建设。90年代要加快气象现代化建设步伐，重点建设中期数值预报实时业务、静止气象卫星地面资料接收处理、气象卫星综合应用业务、大气监测自动化、气象综合信息网络、气象卫星监测应用等系统工程，强化灾害性天气监测和短期气候预测，提高预报的时效和精度，减少自然灾害给农业造成的损失。

（三十四）加强饲料工业建设。90年代油料产区新建一批菜籽粕开发利用企业。建设5000吨级赖氨酸企业2个；10万吨级磷酸氢钙生产基地一至二个，建设大型饲料级维生素A、E装置一套。到2000年，全国配、混合饲料加工能力要达到7000万吨以上，配、混合饲料产量力争突破5500万吨。

（三十五）加强畜禽用疫苗和药品厂的建设。90年代畜禽疫病防治要继续坚持"预防为主"的方针，集中人力、财力抓好对畜禽和人类健康危害大的疫病防治。要重点建设和改造一批为全国服务的生物药品厂。"八五"期间，在山东济南和上海分别安排动物保健品建设项目，新增畜禽疫苗60亿羽（头）份的生产能力。要对重点生物药品厂进行技术改造。

（三十六）加强农业科研建设。要加强国际科学技术的交流合作，组织好国内重大农业科技项目的研究工作。加强国家重点开放实验室和专业研究室的建设，充实和改善农业科研条件。要努力增加农业科研攻关、中间试验和新技术开发经费，力争研究出一批农业科技新成果用于农业生产。国家重点建设中国农科院、林科院、水科院等为全国服务的农林水科研院所。加强生物工程（包括基因工程、细胞工程、酶工程、发酵工程）的基础科学研究和良种繁育、栽培技术、灌溉技术、水土保持技术、病虫害防治和农产品加工、保鲜、储运等应用科学研究。各级政府要采取积极有效的措施，扶持和促进农业科研和技术推广工作紧密结合。既要集中力量扶持农业基础科学研究，又要十分重视科研成果的应用推广，加快农业科研成果的转化。

（三十七）抓好农村基础教育和农业高等教育。积极推进农村基础教育、职业教育和成人教育，促进教育同经济建设密切结合。县、乡两级要把教育纳入当地经济、社会发展规划，分级管理基础教育、职业技术教育、成人教育，在农村小学高年级和初中开展农业技术的普及教育。统筹规划经济、科技、教育的发展，基本普及9年义务教育。进一步搞好一批农林水利重点大学、院校、重点学科的建设，集中力量建设一批水平较高的重点中等农林水利学校。加快高、中等农林水利院校实践教学的基地建设，建立农林水利院校师资培训中心。各级政府要真正树立全面振兴农村经济必须依靠教育和"百年大计、教育为本"的思想，采取切实有力的措施，加快教育的改革与发展。

八、广辟农业投资渠道，增加农业建设资金

（三十八）完成90年代的农业建设任务，需要大量投资。必须努力拓宽农业投资渠道，大幅度增加农业投资。国家预算内农业基本建设投资、国家财政支农资金、银行的农业信贷资金、以工代赈资金等现有渠道的农业投资要长期稳定，并逐步增加。为了保证农业发展的需要，从中央到地方，计划、财政、信贷盘子都要优先保证农业资金，一定要下决心改变农业投资份额小的状况。根据国家财税、金融、投资、外贸体制改革方向，积极开辟资金渠道，更多地吸收和利用外资。在利用外资主管部门的支持下，积极扩大农业利用外资的数量、范围，不断提高水平，并给予优惠的政策。

（三十九）增加农村集体、个人用于农业的投入。通过发展乡镇企业等措施，壮大农村集体经济实力。要制定相应的法规、政策，保证农村集体将一定比例的积累资金用于农业，引导农民增加用于农业建设的资金。各级政府要根据本地情况，进一步完善劳动积累制度，充分利用我国广大农村劳动力资源充裕的优势，加强农业基础设施建设。

（四十）动员社会各方面的力量，增加农业投入。通过多种方式集中一部分社会资金用于大中型农业基础设施建设。积极发展农工商一体化，创造条件推动农产品加工、运销企业投资于农业。

（四十一）管好用好农业投资，提高农业投资使用效率。中央和地方预算内基本建设投资要严格按照国家的基本建设投资管理办法进行管理，主要用于大江大河大湖治理、国家级重要农业商品生产基地、大型重点防护林工程、气象预测预报系统和农业社会化服务体系等重要农业基础设施建设。中央和地方财政支农资金、以工代赈资金、银行农业建设贷款都要保证用于加强农业生产建设。农村集体用于农业的建设资金，由农村集体掌握，不能平调和挪用。鼓励农民将资金用于生产性建设。不允许违反国家规定，以任何方式向农民搞集资和摊派，增加农民负担，不允许挤占农民用于农业生产的资金投入。在农业建设资金使用的管理上，既要发挥各级各部门增加农业投资的积极性，又要从宏观上建立有效的调控机制，对多渠道的农业投资进行总体规划和协调，在农业建设上形成合力。要加强农业建设项目前期论证，逐步推行项目业主责任制和招标制，提高农业投资的使用效率。

九、加强农业社会化服务体系建设

（四十二）加强农业社会化服务体系建设，对坚持实行以家庭联产承包为主的责任制，完善统分结合的双层经营体制，推动农村社会主义市场经济的发展，促进农业上新台阶具有重要作用。到本世纪末，要在全国逐步建立起以乡村集体和合作经济组织为基础，以专业经济技术部门为依托，以农民自办服务为补充的多经济成分、多形式、多层次的服务体系。

（四十三）农业社会化服务工作的重点是：1. 搞好村级集体经济组织开展的以统一机耕、排灌、植保、收割、运输等为主要内容的服务；2. 完善乡级农技、农机、水利（水保）、林业、畜牧兽医、水产、经营管理和气象服务等组织，搞好服务工作；3. 办好供销合作社和信用社。国家和集体的有关技术经济组织要大力帮助农民开展农产品和农用生产资料购销、仓储、加工、运输、出口，以及筹资、保险等为重点的服务；4. 搞好科研教育、信息、咨询等部门开展的技术信息、人员培训、技术承包等服务；5. 鼓励发展农民专业技术协会、研究会等组织，开展专业互助服务；6. 建立乡镇企业的支柱产业“龙头型”服务组织，面向国内外提供产供销的全程服务。通过各种服务组织为农业提供产前、产中、产后的全方位服务。

（四十四）各行业部门都要树立为农民、为农业生产服务的观念，不断改进工作作风，提高服务质量。要实行农科教结合，农工商结合。实行多部门服务功能配套，发展贸工农一体化，产供销一条龙的系列化综合服务，推动农业社会化服务向产业化、专业化和企业化发展。

（四十五）积极支持农民自办、联办服务组织。各级政府对农户自办、联办的社会化服务组织要给予支持，保护他们的合法权益。金融、科技、内外贸等部门要从资金、技术和物资供应上给予扶持。

（四十六）要进一步制定和落实农业社会化服务工作的扶持政策。要在资金上扶持农业社会化服务体系建设，落实有关科技部门兴办服务实体在工商管理、税收等方面的优惠政策。

十、加强领导，为农业发展创造良好的社会环境

（四十七）各级政府要加强对农业和农村工作的领导，牢固树立以农业为基础的思想，坚持把农业放在经济工作的首位。要多做调查研究，解决农业发展中的实际问题。要因地制宜，分类指导，特别注意扶持贫困地区发展经济。加强宏观管理和调控，保证农业所必需的资金，安排好农产品和农用生产资料的生产、收购和供应工作，努力创造有利于农业发展的社会环境。

（四十八）保护农业生产，维护农民利益。国家对农业生产，特别是粮、棉等关系国计民生的农产品生产实行切实的保护政策。各行各业要真心实意地为农业生产服务，为农民服务，维护农民的利益，大力支援农业的发展。

（四十九）加强法制建设，逐步实现以法治农，以法促农。要把宣传和普及《中华人民共和国土地管理法》、《中华人民共和国森林法》、《中华人民共和国水法》、《中华人民共和国草原法》、《中华人民共和国渔业法》、《中华人民共和国水土保持法》、《中华人民共和国农业法》和《中华人民共和国农业技术推广法》等作为重点，增强全民的法制观念。要健全农村法律机构，搞好农村法律的实施，积极开展农村法律咨询服务。加快制订保护农业资源，促进农业生产和农产品流通，以及减轻农民负担等配套法规。运用法律手段，严厉打击制造、销售假冒、伪劣化肥、农药、种子等农业生产资料和各种破坏农业生产的行为，促进农产品生产和市场的稳定。

（五十）各级领导和行政管理部门要在国家农业发展纲要指导下，因地制宜地制订本地的农业发展规划，并认真组织实施。

最高人民检察院发出关于进一步加强大案要案查处工作的通知

各省、自治区、直辖市人民检察院，军事检察院：

八月以来，在反腐败斗争中，各级检察机关迅速行动，认真贯彻中央和高检院的部署，集中力量查办了一批大案要案，惩治贪污贿赂等经济犯罪正向深度和广度发展。据统计，八、九两月，全国立案侦查万元以上贪污贿赂案件3542件，比去年同期增加1.5倍，占1—9月查办这类案件的37.2%。立案侦查县以上干部犯罪案犯239人，比去年同期增加2.3倍，是前七个月的1.34倍。当前要抓紧要案线索的管理和初查，及时立案，现将有关事项通知如下。

一、各级检察机关对涉及县处级以上干部要案线索的初查要放开，按照分工经院党组决定即可进行初查。初查结果向同级党委和上级检察机关备案，不能扩大备案的范围。

立案侦查和采取强制措施要向党委报告。对于犯罪事实清楚，证据确凿，且有可能发生串供、毁证、转移赃款赃物、潜逃等紧急情况的案件，经检察委员会决定，可即行立案并采取强制措施，然后书面报告同级党委。

二、分、州、市检察院负责初查涉及县处级干部的案件线索；省、自治区、直辖市检察院负责初查涉及厅局级干部的案件线索，最高人民检察院负责初查涉及省部级和中央国家机关司局级干部的案件线索。根据具体情况，也可交由下级检察院查办，上一级检察院要直接指挥、派员参与或督办。

三、初查的重点是：发生在党政机关、司法部门、行政执法部门和经济管理部门的县处级以上干部贪污受贿等经济犯罪案件线索；司法机关、行政执法机关工作人员构成犯罪，情节恶劣，群众反映强烈的案件线索；贪污受贿50万元以上、挪用公款100万元以上的案件线索。要选派得力干部进行初查。同时，要抓好大案要案线索集中的地区和犯罪多发行业系统的线索初查工作。

四、加快查办大案要案的进度。在部署上，切实做到集中领导精力，集中优势兵力查办大案要案。对大案要案的受理、初查、立案、侦结、起诉等各个环节都要做到底数清、情况明，心中有数，并且制定办案进度表，加强排查和督办工作，加快办案速度。各个环节要衔接好，保证不断档，以确保年底前至少再立案一批，侦结一批，起诉一批。

五、严格执行高检院最近下发的《关于报送贪污贿赂要案情况的通知》和《关于报送大案要案及线索工作的补充通知》，对向高检院报告备案的大案要案，从受理到起诉均应报送材料，以前未报的要补报，重大情况随时请示报告。各地对查办大案要案工作中的重大部署、行动、侦破的重大案件及作法也要及时报告。上级对下级请示的重大问题应及时答复，因拖延误事的，要追究有关人员的责任。对上级决定的事项，下级必须严格执行，不得拖着不办。

六、高检院和各省级检察院要加强对查办大案要案工作的领导。要抓好重点案件和重点地区。对下级院在办案中遇到的困难和阻力，上级院要给予支持，派员下去帮助排除阻力，进行协调，必要时直接办理，要加强跨地区的大案要案侦查工作的统一指挥和协调。

海协会与台湾海基会在厦门就落实“汪辜会谈”有关协议举行第3天工作性商谈

双方就“违反有关规定进入对方地区人员之遣返及相关问题”、“协商海上渔事纠纷处理问题”两项议题进行了充分讨论，商谈在很好的气氛中取得一定进展。

在“海上渔事纠纷之处理问题”上，商谈双方在大部分问题上取得了相当的共识，并表示还要就若干遗留问题进一步交换意见，争取取得阶段性成果。海协已向台湾海基会提供了一份有关这一问题的共识文稿。

香港特别行政区筹委会预委会政务专题小组第二次会议在北京结束

委员们认为，政务小组的任务是就涉及1997年政权顺利交接和平稳过渡的关于政务方面的内容提出意见和建议。根据这一任务，政务小组的工作重点主要是研究香港现行政治体制与基本法的衔接等问题。

国务院批转国家经贸委外经贸部内贸部关于赋予商业、物资企业进出口经营权试点意见

各省、自治区、直辖市人民政府，国务院各部委、各直属机构：

国务院同意国家经贸委、外经贸部、内贸部《关于赋予商业、物资企业进出口经营权试点意见》，现转发给你们，请遵照执行。

赋予大中型商业、物资企业进出口经营权，是深化流通体制改革，扩大对外开放，增强国有大中型商业、物资企业活力，加快发展第三产业的重要措施之一。各地区、各有关部门可根据三部门提出的试点意见，分期分批、积极稳妥地选择符合试点条件的大中型商业、物资企业报批。

国家经贸委、外经贸部、内贸部要及时总结赋予商业、物资企业进出口经营权试点工作的经验，认真解决企业在开展进出口工作中出现的问题，推动此项试点工作的顺利开展。

关于赋予商业、物资企业进出口经营权试点意见

根据《中共中央、国务院关于加快发展第三产业的决定》精神和国务院关于选择有条件的大中型商业、物资企业进行赋予进出口经营权试点的要求，现对赋予商业、物资企业进出口经营权试点工作提出如下意见：

一、赋予商业、物资企业进出口经营权的原则

（一）赋予商业、物资企业进出口经营权的主要目的是为了深化流通体制改革，扩大对外开放，增强国有大中型商业、物资企业活力，加快发展第三产业。

（二）首先在商业（包括商业、粮食、供销）、物资企业中选择少数规模较大、效益较好、在进出口工作方面有一定基础的企业，进行赋予进出口经营权的试点。

（三）为使这项工作能够积极稳妥地进行，确定试点企业时，既要符合我国商业、物资企业的实际情况，又要考虑我国对外经济贸易体制现状，严格按规定的条件审批。

（四）在主要审查企业本身条件的同时，试点企业的选择要适当考虑行业、地区分布。

（五）经批准赋予进出口经营权的商业、物资企业（以下简称试点商业、物资企业）应做到进出基本平衡，其进出口业务的经营范围原则上与其经批准的国内经营范围相一致。试点商业、物资企业原则上不经营使用中央外汇进口的国家规定统一联合经营的商品。其中商业零售企业不经营进口商品的批发业务和代理进口业务，企业年进口额不得大于企业的年出口创汇额。

（六）试点商业、物资企业应承担国家下达的出口创汇任务和上缴中央外汇任务，并按规定向经贸主管部门报送统计材料，接受进出口业务主管部门的指导和监督，业务上服从有关进出口商会的协调。试点商

业、物资企业在国家有关进出口的政策方面享有与外贸企业同等的待遇。

(七)原则上将进出口权直接赋予申请试点的商业、物资企业,一般不另批准设立外贸公司。

二、试点商业、物资企业应具备的条件

(一)必须是政企分开、自主经营、自负盈亏的经济实体。企业集团的核心企业对其紧密层企业、总公司(含联合公司)对直属企业,均实行统一管理。

(二)有固定的营业场所和开展进出口业务所需要的设施和资金,有健全的内部组织机构和与经营进出口业务相应的外贸、技术等专业人员。

(三)部门直属及沿海地区物资企业、商业批发企业年进出口商品额在十亿元人民币以上,内地物资企业、商业批发企业年进出口商品额在三亿元人民币以上。

(四)以经营机电产品为主的物资企业、商业批发企业,部门直属及沿海地区年进出口商品额在六亿元人民币以上,内地年进出口商品额在二亿元人民币以上。

(五)商业零售企业年进出口商品额在三亿元人民币以上。

(六)出口额一般不低于上述进出口额的三分之一。

(七)考虑到我国商业、物资企业当前的实际情况,对进出口额达不到上述规定标准的,在试点阶段初期可暂以其销售额作为参照数字。

(八)对已在原苏联、东欧及其他周边国家开办中国商品商店的商业零售企业,可赋予其对相应设点国家的易货贸易经营权。

三、申报及审批程序

(一)地方企业由各省、自治区、直辖市及计划单列市经委、外经贸委(外贸局)向国家经贸委、外经贸部、内贸部申报。

(二)部门直属企业由各主管部门向国家经贸委、外经贸部、内贸部申报。

(三)申报材料包括:企业经营进出口业务的可行性报告;企业行政主管部门意见;企业前两年经营情况(国家统计局或地方统计局的原始统计表)和进出口实绩;企业法人营业执照;企业实有资金状况;企业申请经营的进出口商品目录等。

(四)内贸部收到各地方、部门申报文件后,提出初审意见告国家经贸委和外经贸部。国家经贸委对部门及地方申报的企业进行审查,将符合条件的企业的审查意见送外经贸部,由外经贸部予以审核批复。

国务院总理李鹏在中南海会见芬兰副总理兼外贸部部长萨洛莱宁

全国政协主席李瑞环在人民大会堂会见加拿大前总理克拉克率领的加中儿童健康基金会代表团

国家外国专家局发布关于派遣团组和人员赴国境外培训的暂行管理办法

中国老年人体育协会第三次全国代表大会在北京召开

11 月 5 日

中共中央、国务院发布关于当前农业和农村经济发展的若干政策措施

在党的十四大精神指引下,我国农业和农村经济进入了一个新的发展时期,农村总的形势是好的。在经济体制转换和国民经济高速增长中,农村出现了一些亟待解决的新问题,主要是农业特别是粮棉生产的比较效益降低,工农业产品价格剪刀差扩大,农民收入增长缓慢;大量耕地被占,农村资金外流,一些地方财政用于农业的资金减少,加剧了农业发展后劲不足的矛盾。中央认为,在发展社会主义市场经济的新形势下,要特别重视和加强农业和农村工作,切实强化农业的基础地位,保障农业稳步发展,不断增加农民收入。这对于促进国民经济的持续快速健康发展,推动社会主义市场经济体制的建立,完成九十年代经济社会发展战略任务,实现农村小康目标,具有十分重要的意义。

解决当前农业和农村经济发展中的各种矛盾和问题,从根本上讲,就是要在邓小平同志建设有中国特色社会主义理论的指导下,按照党的十四大确定的建立社会主义市场经济体制的总体目标,稳定和完善党在农村的各项基本政策,深化农村经济体制改革,把农业和农村经济的发展全面转入社会主义市场经济的轨道;坚持把农业放在一切经济工作的首位,逐步调整社会资金和国民收入的分配格局,增加农业投入,加强农业基础地位;抓住当前加强宏观调控的有利时机,进一步采取措施,解决影响农业生产和农民积极性的一些紧迫问题。

一、稳定、完善以家庭联产承包为主的责任制和统分结合的双层经营体制

以家庭联产承包为主的责任制和统分结合的双层经营体制,是我国农村经济的一项基本制度,要长期稳定,并不断完善。

为了稳定土地承包关系,鼓励农民增加投入,提高

土地的生产率，在原定的耕地承包期到期之后，再延长三十年不变。开垦荒地、营造林地、治沙改土等从事开发性生产的，承包期可以更长。为避免承包耕地的频繁变动，防止耕地经营规模不断被细分，提倡在承包期内实行“增人不增地、减人不减地”的办法。在坚持土地集体所有和不改变土地用途的前提下，经发包方同意，允许土地的使用权依法有偿转让。少数第二、第三产业比较发达，大部分劳动力转向非农产业并有稳定收入的地方，可以从实际出发，尊重农民的意愿，对承包土地作必要的调整，实行适度的规模经营。

乡村集体经济组织要积极做好为农户提供生产、经营、技术等方面的统一服务。运用股份合作制等形式，兴办各类经济实体，在为农民提供服务的过程中，逐步增强集体经济的实力。

二、深化粮食购销体制改革

经过十多年来的改革，粮食统购统销体制已经结束，适应市场经济要求的购销体制正在形成。当前和今后一个时期，要继续深化改革，使新体制尽快完善。这对于保障我国粮食生产稳步增长和产销平衡关系极大。

从明年起，国家定购的粮食全部实行“保量放价”，即保留定购数量，收购价格随行就市。明年要继续执行价外加价办法，将“三挂钩”的好处切实兑现给农民。粮食价格和购销放开以后，国家对粮食实行保护价制度，并相应建立粮食风险基金和储备体系。

粮食保护价由国家根据农业生产成本和粮食供求状况每年确定一次，在粮食秋播前公布。鉴于今年农业生产资料涨价，农业生产成本上升较多，明年要提高主要粮食品种收购的保护价，改变目前粮价普遍偏低的状况，调动农民发展粮食生产的积极性。为了支持保护价收购，从今年起建立粮食风险基金。粮食价格放开后，中央和地方财政减下来的粮食加价、补贴款要全部用于建立粮食风险基金。

建立健全中央和地方的多级粮食储备体系。粮食储备除救灾应急外，主要用于粮食市场的吞吐调节。当市场粮价过低时，按国家规定的保护价格收购；市场粮价过高时，按合理价格抛售。通过吞吐调节，把市场粮价稳定在合理的范围内，保护农民和消费者的利益。粮食储备所需收购资金，由政策性银行负责保障；中央储备发生的亏损由中央财政建立的风险基金解决，地方储备发生的亏损由地方财政建立的风险基金解决，对于粮食主产区，中央财政可给予适当补助。有关部门对粮食储备及其吞吐调节，要制定具体的实施办法。

要尽快妥善解决粮食企业财务挂账问题。以一九九一年粮食年度为界，实行新老账划断。新的挂账由上一级财政扣回；老账按“限期清理，分清责任，区别情况，逐年解决”的原则处理。各地必须在明年六月底以前清理完毕，在分清责任的基础上制定还款付息计划，最长期限为五年。对粮食主产区和贫困地区的政策性挂账，可在清理完毕后给予停息照顾。财政、银行、审计、粮食等部门要抓紧共同组成调查组，解剖典型，提出具体处理方案。

粮、棉、油等主要农产品的收购资金必须切实保证，绝不允许再出现“打白条”现象。收购农产品要坚持户交户结，在收购中除了农业税以外，其他各种款项一律不准代扣。

三、支持粮棉主产区发展经济

粮棉主产区在我国粮棉生产中占有极其重要的地位。主产区的生产状况如何，对保证国家粮食安全和棉花供求平衡关系重大。目前，这些地区大多数经济发展不快，矛盾比较集中。各级政府要把扶持主产区发展经济，确保粮棉生产稳定增长作为一项重要任务。

粮棉主产区要坚持“稳定粮棉、调整结构、综合开发、提高效益”的方针，在确保粮棉生产稳定增长的基础上，合理调整农村产业结构，充分发挥资源和经济优势，大力发展多种经营，搞好养殖业和农副产品加工业，走增加生产与增值转化相结合的发展道路。从明年起，在主产区选择五百个商品粮大县、一百五十个优质棉大县，由国家安排专项贷款，并适当增加基地建设投资，集中力量进行扶持。

提倡粮食销区与主产区签订长期购销合同，使粮食主产区能够按需要安排生产。产区要按时调出，销区要按时调入，逾期不调，违约方要承担经济责任。铁道部门对购销合同粮、专储调拨粮、进出口粮、以工代赈粮以及救灾粮等的调运要优先安排。

粮食调出省的粮食出口由现行的平价供货制改为议价代理制。在国家统筹安排出口任务的前提下，赋予调出粮食较多的省、区一定的粮食进出口权。

四、积极发展高产优质高效农业

我国农业正处在调整结构，发展高产优质高效农业的新阶段，这是我国农业发展史上的一个重大转变。

发展高产优质高效农业，必须面向市场，发展适销对路产品；大力培育市场体系，抓好信息服务；加快农业良种和先进技术的研究、开发和引进、推广，建立健全农业标准体系和监测体系。农业结构调整要和我国人民食物结构的改善相适应。要大力发展优质品种，特别是增加优质小麦、大豆、棉花和其他农产品生产。要积极鼓励优质农产品生产、加工企业和企业集团面向国际市场，扩大出口创汇。

为了引导和推动高产优质高效农业的发展，要有计划地在不同地区建立一批各具特色的高产优质高效农业示范区，实行科技、资金、物资等生产要素的综合投入，在品种和质量方面进行深度开发。国家要安排专项贷款予以支持。示范区应尽量采取组建公司或企业集团等经济实体的办法，承贷承还，自主经营，自负盈亏，带动千家万户发展生产，出效益、出经验，发挥示范带头作用。

五、建立健全农业社会化服务体系

建立比较完备的农业社会化服务体系，是保障我国农业生产稳步增长的必备条件。要逐步形成社区集体经济组织、国家经济技术部门、各种民办专业技术协会（研究会）等组织相结合的服务网络。

各级农业（林业、水利）技术推广机构是农业社会化服务体系的重要组成部分。要充分发挥技术优势，实行技物结合，不断扩大服务范围，向产前、产中、产后服务领域延伸。要继续建设和完善县级农业技术推广中心，抓紧落实乡镇农业推广机构的定编定员，稳定农村科技队伍。各级财政用于农业事业单位的经费要逐年增加。

各级供销社都要继续深化改革，真正成为农民的合作经济组织。成立全国供销合作总社，加强供销合作社系统改革的指导，探索向综合性农业服务组织发展的新路子。鉴于供销社是农民的合作组织，今后有关供销社的体制改革要同时接受农口的指导和协调。

农村各类民办的专业技术协会（研究会），是农业社会化服务体系的一支新生力量。各级政府要加强指导和扶持，使其在服务过程中，逐步形成技术经济实体，走自我发展、自我服务的道路。

以市场为导向，积极发展贸工农一体化经营。通过公司或龙头企业的系列化服务，把农户生产与国内外市场连接起来，实现农产品生产、加工、销售的紧密结合，形成各种专业性商品基地和区域性支柱产业。这是我国农业在家庭经营基础上向专业化、商品化、社会化生产转变的有效途径。为了加快贸工农一体化进程，银行要安排贷款，重点支持有一定基础、初具规模的，特别是外向型的一体化经营组织。

六、积极发展乡镇企业

乡镇企业是农村经济的重要支柱和国民经济的重要力量，对于今后转移农村剩余劳动力、保障农业稳定发展、增加农民收入、繁荣农村经济和加速农村现代化，将发挥越来越大的作用。要通过发展股份制、股份合作制和企业集团，进一步搞活乡镇企业的经营机制，优化结构，提高效益。要围绕乡镇企业的技术进步，继续组织实施“星火计划”，大力开发应用先进实用技术和高新技术成果，不断提高企业素质。积极支持外向型企业发展，比照对国有企业的有关规定，让更多的乡镇企业享有自营进出口权，直接参与国际市场竞争。

目前多数地区的乡镇企业布局过于分散，不利于节约土地和基本建设投资，不利于污染治理和环境保护。要引导乡镇企业向小城镇适当集中，发挥企业群体优势，带动农村第三产业的发展，为促进农村剩余劳动力的转移创造条件。

加快中西部地区乡镇企业的发展，是农村经济发展的一个战略重点。中西部地区要面向市场需求，因地制宜，充分发挥资源优势，积极兴办农副产品加工、储运和商业、服务等企业；在统一规划的基础上，发展矿业、建材、小水电和旅游等资源型产业。同时，要积极鼓励东部地区与中西部地区之间开展各种形式的联合，促进协调发展。国家新增加的扶持中西部地区发展乡镇企业的贷款要抓紧落实，确保资金全部到位。

七、推广先进实用的农业科学技术

农产品的市场竞争，归根到底是产品科技含量的竞争。要加速发展农业和农村经济，必须紧紧依靠科技进步和提高劳动者的素质，继续推进农科教“三结合”，全面实施科技、教育兴农的发展战略。

要结合实施“丰收计划”，集中力量组织推广一批重大农业实用技术项目，如农业高产、优质、抗病新品种，农作物模式化栽培技术，节水灌溉和旱作农业技术，优良畜禽和水产品养殖技术，秸秆氨化饲养技术，农业主要病虫害综合防治技术等。有关部门要通力协作，力争在短期内见到成效。

要进一步加强农业科技研究。围绕农业生产面临的一些重大问题，组织联合攻关，重点解决一批影响面大、效益高的关键技术，为农业和农村经济的发展提供强有力的技术支持。目前各级农业（林业、水利）科研单位的事业费普遍偏低，明年要适当增加。要提高国家基础研究、攻关项目经费和自然科学基金中农业项目所占的比重，各省（区、市）的科技三项经费用于农业的部分也要增加。

农村在普及基础教育的同时，要依靠社会力量，采取多种形式，加强农民职业教育和技术培训，不断提高农业劳动者的素质。

八、切实加强农业基础设施建设

增强农业的发展后劲，提高综合生产能力，必须强化农业基础设施建设。要下决心增加农业基础设施建设投资，落实《九十年代农业发展纲要》。

水利是农业持续稳定发展的命脉。当前和今后一个时期内，要在抓好现有水利工程维修改造、提高效益的同时，集中力量建设一批新的重要水利工程。南水北调工程要抓紧立项，力争早日开工建设。继续坚持劳动积累制度，组织群众投工投劳，加强农田水利建设。加快水土流失严重地区的治理步伐，做好水土保持工作。

林业既是农村经济的重要组成部分,也是农业高产稳产的生态屏障。要加快培育、加强保护森林资源,提高森林覆盖率,合理调整生产布局和林种结构,增加木材和林产品供给能力。继续在三北、长江、沿海、平原以及风沙危害大、水土流失严重的地区建设一批重点防护林和农田防护林工程。

对于一些与农业生产关系重大的基础性体系建设,如农业技术推广体系,良种繁育供应体系、主要病虫害测报防治体系、农业气象服务体系、农业机械服务体系、农产品批发市场和信息网络以及重要渔港、远洋渔业建设等,有关部门要制定具体规划,在原有的基础上完善和强化。

加强农业综合开发是实现九十年代农业发展目标的一项重要措施。要继续组织实施"八五"农业综合开发计划。对农业综合开发区的现行各项优惠政策要稳定不变,国家安排的农业综合开发资金要逐年增加。

化肥、农药等农用工业与农业发展关系极为密切,应予以重点扶持。要提高技改投资中用于农用工业的比重,促进化肥、农药、农膜、农机等行业的更新改造,提高产业素质。抓紧建设农药创制中心,加快高效低残留农药的研制和开发。农用工业企业可以本业为主,多种经营,开发一定的非农用工业品,可与主产品统一核算盈亏。

九、多渠道增加农业投入

为了切实加强农业的基础地位,要下决心调整国民收入分配格局,提高国家基本建设投资、财政预算内资金、信贷资金用于农业的比重。为此,中央和地方都要调整财政投资和银行信贷的结构,不仅要调整增量结构,还必须调整存量结构,真正向农业倾斜。这是当前加强宏观调控的一项主要内容。

《中华人民共和国农业法》关于"国家财政每年对农业总投入的增长幅度应当高于国家财政经常性收入的增长幅度"的规定,各级政府和有关部门要坚决贯彻落实。国家在安排信贷计划时,要确保农业贷款增长率高于各项贷款平均增长率二个百分点以上,明年银行新增贷款规模中农业贷款的比重要达到百分之十以上,同时要完成收回农业贷款的任务。增加的农业投资主要用于水利骨干工程,重大农业基础设施建设,支持粮棉主产区发展经济,扶持高产优质高效农业,发展贸工农一体化服务组织建设等。要加强各种农业资金的管理,提高使用效益,防止资金外流和挪用。

要多渠道增加农业投入。国家即将开征的土地增值税,应主要用于农业综合开发;积极引导农村集体经济组织和农民增加农业资金投入和劳务积累。逐步扩大农业利用外资的数量和范围。

积极推进农村金融体制改革,建立起能适应发展市场经济需要的农村金融新体制。抓紧组建农业政策性银行,把农村政策性金融和商业性金融业务分开,保证国家用于农业的各项资金能落实到位并有效运转。农村合作基金会要办成社区性的资金互助组织,不搞存贷业务,在社区范围内为农业、为农民服务。

十、集中力量打好扶贫开发的"攻坚战"

我国农村地区之间经济发展很不平衡,要实现共同富裕的目标,必须切实解决贫困地区的问题。目前,我国仍有八千多万人没有完全稳定解决温饱问题,主要集中在高山地区、边远地区和多灾地区,又多为革命老区和少数民族地区,自然条件恶劣,扶贫难度很大。各级党委和政府要继续坚持扶贫开发工作"分级负责、关键在省"的原则,进一步加强领导,稳定和加强扶贫开发工作机构,集中力量打好扶贫开发的"攻坚战"。

中央和地方都要增加扶贫投入。中央的各项扶贫资金要相对集中,重点用于最贫困的省、区。东部经济比较发达省、市的扶贫资金由地方政府负责,这些省、市贫困地区的温饱问题要限期解决。明年起国家再扩大以工代赈规模,重点扶持最贫困地区修建公路、基本农田和解决人畜饮水。要严格扶贫开发资金的项目管理和审计制度,禁止挤占和挪用,保证扶贫效益。

十一、切实保护耕地

耕地是我国最稀缺的资源。要坚决贯彻"十分珍惜和合理利用每寸土地,切实保护耕地"的基本国策,严格依照《中华人民共和国土地管理法》管理土地,保护耕地。

建立基本农田保护区制度。基本农田保护区包括商品粮、棉、油基地,名、优、特、新产品基地和城郊蔬菜生产基地等。基本农田保护区划定之后,任何单位、个人不得擅自改变和占用。因国家重点建设项目必须占用的,须经国务院或省、自治区、直辖市人民政府审批,并且要有区别于一般占地的高补偿办法。要尽快制定基本农田保护条例,作出具体规范。

严格按照国家有关规定征收耕地占用税、新菜地开发建设基金和土地复垦费用,不得随意减免。所有征收到的资金,按国家规定专款专用,不得侵占和挪用。

十二、坚持不懈地做好农民负担监督管理工作

农民负担问题,既是经济问题,又是政治问题。各级党委和人民政府的主要负责同志要对本地区农民负担监督管理工作全面负责。

各级农民负担监督管理部门必须以《中华人民共和国农业法》和《农民承担费用和劳务管理条例》为依据,按照法定程序,严格审核涉及农民负担的收费、罚款、集资、基金等文件和项目;对村提留、乡统筹费实行预决算制度和民主管理制度;县、乡农村经营管理部门

应尽快健全农民负担费用和劳务的专项审计制度，进一步加强农民负担规范化、法制化管理。

要坚决贯彻党中央、国务院一系列保护农民利益，减轻农民负担的政策措施。对中央和省（区、市）已经明令废止和取消的涉农集资、基金、收费项目，在农村的达标升级活动，需要纠正的错误收费与管理方法，以及暂缓执行的项目等，各地区、各部门必须不折不扣地贯彻执行。

以上十二项政策措施，是根据党的十四大精神，结合农业和农村经济发展的新情况制定的。各地、各部门要按照上述规定的原则，拟出具体实施方案，认真组织落实。

建设有中国特色的社会主义农业，必须始终坚持两手抓、两手都要硬的指导方针。在加快农村改革开放和经济建设的同时，切实加强以党支部为核心的基层组织建设、精神文明建设、民主法制建设。应当充分肯定，农村改革以来取得的各项成就，与广大基层组织的努力是分不开的，农村大多数党员、干部是好的，他们的工作是有成效的。同时也要看到，不少地方确实存在着基层组织软弱涣散，治安不好等问题，有的还相当严重。这些问题不解决，不仅农业和农村经济上不去，而且会危及农村的稳定，削弱甚至动摇我们党在农村的基础。各级党委和政府一定要狠下功夫，把农村基层组织建设好。要充分依靠广大农民群众，加强以农村治保会为主体的群防群治组织建设，搞好农村的社会治安，使农村经济社会面貌有个较大的改观。

当前，我国农业和农村工作面临着新的形势和任务，需要解放思想，实事求是，创造性地进行工作。各级党委和政府要比过去任何时候都更加重视农业、农村和农民问题，进一步加强对农业和农村工作的领导。中央、国务院重申：省、自治区、直辖市党委和政府要用很大的精力抓农业和农村工作，地、县党委和政府要把工作重心和主要精力放在农业和农村工作上。各级领导要切实转变作风，深入实际，调查研究，讲真话，办实事，狠抓各项政策措施的落实，团结和带领广大农民，在推进农村改革开放和经济社会发展中，不断取得新的胜利。

中共中央政治局常委李瑞环在全国统战工作会议上讲话

同志们：

这次全国统战工作会议是一次非常重要的会议。它对于进一步统一思想，落实中央有关统一战线工作的方针、政策，开创统一战线工作的新局面，将产生积极的影响。这里，我想就新形势下的统一战线工作谈几点意见。

（一）

全面科学地分析和认识我们所处时代的社会历史条件，准确地把握对社会发展趋势起主导作用的重大问题，是我们党制定路线、方针、政策的依据，也是做好包括统一战线工作在内的一切工作的前提。党的十一届三中全会以后，我国进入了社会主义现代化建设的新的历史时期。在这样一个新的历史时期，哪些是主导着中国社会发展的带根本性的问题？至少有以下几个方面：

第一，经济建设成为党和国家的中心任务。十一届三中全会以后，我们党提出社会主义的根本任务是发展社会生产力，提出了社会主义初级阶段的理论，作出了以经济建设为中心的战略决策。这是我们党的历史上的一个重大转折，给中国社会带来了翻天覆地的变化。这个转折的重大意义在于，它结束了在社会主义改造基本完成以后长达二十多年的“以阶级斗争为纲”的历史。过去那种热衷于无谓争论、无限上纲、无穷折腾的做法，耗费了民族的宝贵精力，耽误了国家的发展良机，被人们所厌恶和反对。搞建设，求发展，重实际，已经成为当今人们的追求目标和社会风气。这个转折的重大意义还在于，它明确了各项工作同经济工作的关系。在党和国家的全部工作中，只有经济建设这一个中心，不能偏离这个中心，不能搞多中心。在正常情况下，我们要坚持这个中心，在非常情况下，除非发生大规模外敌入侵，也要紧紧扭住这个中心不放，当前的国际形势对中国的发展既是机遇，又是挑战，任何对坚持经济建设这个中心的游离和动摇，都会使我们再次丧失不可多得的时机。因此，任何部门、任何个人，只有在坚持、围绕、服从和服务于经济建设这个中心的过程中，才能找到合适的位置，发挥应有的作用，体现自己存在的价值。

第二，改革开放成为不可逆转的时代潮流。改革开放是决定中国命运的一招，是振兴中国的唯一出路，也是新时期最鲜明的时代特征。十五年的改革开放，确实给人民带来了实惠，得到了人民的拥护，也改变了中国在国际上的形象，受到了国际社会的赞扬。没有改革开放，就没有中国的今天，就没有社会主义的活力。可以断言，时至今日，改革开放的潮流席卷祖国大地，已势不可挡。任何部门、任何个人都不能观望、彷徨，更不能逆流而行，都必须主动投入改革开放的大潮，与之相顺应、相合拍、相协调。

第三，建立社会主义市场经济体制成为经济改革的总体目标。现在，我们把社会主义基本制度同市场经济有机结合起来，把建立和完善社会主义市场经济体制作为经济体制改革的总体目标，这确实是一个很大的转变，反映了我国社会经济发展的必然趋势，体现了我们党对社会主义建设规律认识的一个飞跃，它已经并将继续对解放和发展生产力产生巨大作用。建立和完善社会主义市场经济体制，是一项崭新的事业，是一场深刻的革命，是一个较长的过程，一定会对过去许多习以为常的东西产生强烈的冲击，一定会出现新旧碰撞、好坏交织、利弊伴生的复杂局面，一定会对我国的经济、政治和社会生活产生广泛而深刻的影响。对此，我们必须有足够的思想准备。任何部门、任何个人，都要了解和研究这个社会发展的大趋势，努力使自己的思想和工作与市场经济发展相适应。

第四，社会主义精神文明成为我国现代化建设的重要特征。我们党的工作重心转移以后，就明确提出了坚持四项基本原则，实行“两手抓”、“两手硬”的战略方针。十多年来，我们在这一方针指导下取得了很大的成绩，同时，在这个问题上也有过深刻教训。必须明确，没有社会主义精神文明，有中国特色的社会主义事业就无从谈起。所有部门特别是各级领导干部必须保持清醒的头脑，始终坚持党的“一个中心、两个基本点”的基本路线，始终重视社会主义精神文明建设，始终抓紧反对腐败，加强党风建设和廉政建设，始终注意思想教育工作，并紧密结合实际，切切实实地做出成效。

第五，“一国两制”成为解决祖国和平统一问题的基本政策。“一个国家，两种制度”的构想，是把和平共处原则运用于解决国家统一问题的一大创造，也为国际上解决类似问题提供了一个范例，是对马列主义国家学说的重大发展。这一基本政策使中英、中葡政府间达成了港澳地区回归祖国的协议，为解决台湾问题指明了正确的道路。我们每个部门都应该认清这一有利形势，认真研究和解决大陆与台港澳在各种交流、联系中出现的问题，为进一步密切大陆与台港澳的关系多做工作，为实现祖国统一多做贡献。

第六，邓小平同志建设有中国特色社会主义的理论成为一切工作的指导思想。我们的改革开放和现代化建设之所以取得如此辉煌的成就，我国人民的生活之所以有如此明显的改善，我们的国家之所以在风云变幻的国际环境中站稳脚跟，一句话，我们的党、国家和人民之所以有今天，都是这一理论指引的结果。邓小平同志建设有中国特色社会主义的理论是当代中国的马克思主义，是指引我们建设社会主义事业的伟大旗帜，是实现民族振兴的强大精神支柱，是我国新的历史时期的主要标志。党的十四大确立了邓小平同志建设有中国特色社会主义的理论在全党的指导地位，并提出用这一理论武装全党。这是十四大最重要的历史功绩之一。最近，《邓小平文选》第三卷已经出版，这是全党和全国人民政治生活中的一件大事。中共中央作出了关于学习《邓小平文选》第三卷的决定，江泽民总书记发表了重要讲话。我们一定要按照中央的要求，认真学习，深刻领会，紧密结合统战工作的实际，切实贯彻。

以上几个问题大体构成了当今中国的时代画卷，是决定和影响我们国家总体面貌和发展趋势的本质要素，也是了解和研究当代中国问题的基本线索。任何一个党派、团体或个人，任何一个方面的工作，在新时期的地位和作用如何，都必然同这些问题密切相关。统一战线工作作为事关全局的一项重要工作，必须从研究、把握这几个问题入手，找准位置，发挥优势，在推动当代中国的全面进步中发挥积极作用。

（二）

新时期新形势向统一战线提出了新要求，而统一战线又以其独特的优势和作用，推动新时期各项工作向前发展，显示出其存在和发展的客观必然性。

第一，爱国统一战线是实现广泛团结，凝聚人心，完成新时期总任务的基本保证。统一战线的本质就在于大团结、大联合。新时期统一战线是由全体社会主义劳动者、拥护社会主义的爱国者和拥护祖国统一的爱国者组成的最广泛的联盟。这一联盟从总体上看包含了三个方面的内容：以建设有中国特色社会主义为基础，实现大陆范围人民的团结；以拥护祖国和平统一为基础，实现大陆同胞与台港澳同胞的团结；以促进中华民族伟大复兴为基础，实现海内外全体中华儿女的团结。有了这种空前广泛的联盟，我们就能够把一切共产党员和非共产党员，马克思主义者和非马克思主义者，无神论者和宗教信仰者，汉族群众和少数民族群众，国内同胞和海外侨胞，总之，把一切可以团结的力量都团结起来，把全民族的意志和智慧凝聚到实现四化、统一祖国、振兴中华的总目标上来。

第二，爱国统一战线是多党合作，参政议政，发扬社会主义民主的有效形式。中国共产党领导的多党合作和政治协商制度，是马克思主义政党理论和统一战线学说与我国实际相结合的一大创造，是我国政治制度的一大特色。坚持和完善这一制度，是我国社会主义民主政治建设的一大任务。各民主党派和各界党外人士，积极参与改革开放和现代化建设中各项决策的协商讨论和民主监督，可以促进决策的民主化和科学化，使我们党少走弯路，少犯错误。

第三，爱国统一战线是协调关系，化解矛盾，维护社会稳定的积极力量。统一战线汇集了各方面党外代表人士，他们在各自所联系的群众中往往具有我们党不可替代的影响。通过统一战线，协调关系，沟通思想，理顺情绪，化解矛盾，可以有效地消除各种不稳定因素，对实现我国社会长治久安具有重要的作用。

第四，爱国统一战线是体察民情，反映民意，密切党同群众联系的重要渠道。统一战线中各党派、各团体、各界党外人士，联系各自的群众，代表各自群众的利益，反映各自群众的要求。从这里，我们能够了解到通过其他渠道不易掌握的社会信息和情况，听到不易反映出来的呼声和意愿，获取难以得到的建议和批评。这就有助于我们党在研究形势时，更全面地掌握实际情况，做到胸中有数；在制定政策时，更准确地体察群众的心理，做到符合民意；在解决问题时，更切实地想群众之所想，急群众之所急，办群众之所需。

第五，爱国统一战线是安排人事，合作共事，加强国家政权建设的必要途径。搞好党外人事安排，加强共产党员与党外人士的合作共事，有利于巩固和完善人民民主专政的国家制度，有利于保证各方面人民群众广泛行使当家做主的民主权利，有利于调动各种社会力量一起贯彻中国共产党的方针政策。

第六，爱国统一战线是联络友谊，沟通感情，促进实现“和平统一，一国两制”的桥梁纽带。和平统一祖国，必须发挥统一战线联系面广的优势，依靠统一战线大团结、大联合的力量。统一前，必须通过不断发展壮大爱国主义基础上的广泛团结，增进交流，联络友谊，沟通感情，寻求共识，化解隔膜与障碍；统一后，在两种社会制度并存的条件下，更需要依靠统一战线来广泛团结意识形态不同、生活方式不同的人们，同心同德，携手奋进，一起谱写振兴中华的新篇章。

以上几条，是新时期统一战线的基本社会职能，也是有中国特色社会主义事业赋予统一战线的光荣使命。在新形势下，统一战线仍然是我们党的一大法宝，其范围不是缩小了，而是扩大了；对象不是减少了，而是增多了；任务不是减轻了，而是加重了。一句话，统一战线不是可有可无，而是比过去任何时候都更加重要。

（三）

在长期的统一战线工作实践中，我们党形成了优良的传统，积累了丰富的经验。党的十一届三中全会以来，统一战线工作在邓小平同志建设有中国特色社会主义的理论指导下，继承传统，积极探索，又创造了一些适应新时期要求的重要原则和方式方法。

第一，坚持平等相待，充分尊重统一战线中各党派、各民族、各团体及其广大成员。统一战线中各方面成员，尽管人数有多寡，历史有长短，但都代表和联系着各自的群众，各有自己的社会历史作用，都享有在宪法范围内的组织独立、政治自由和地位平等，都应该受到尊重。只有坚持平等的原则，才能真正互相尊重，实现真诚团结，共同前进。

第二，坚持民主协商，在协商过程中加强党的领导。民主协商是实现党对统一战线领导的主要方式，是处理统一战线内部关系的重要原则，也是统一战线开展工作和活动的主要方法。民主协商的要旨在于决策前的充分协商和讨论。民主协商的特点是，尊重各方，照顾少数。

第三，坚持求同存异，正确对待统一战线中的各种差异和分歧。统一战线是同和异的矛盾统一体。我们既要善于求同，又要正确对待异。有的异无关宏旨，无碍大局，可以存而不论。有的异对改进工作、减少失误大有好处，与其说允许存在，毋宁说应当欢迎。有的异涉及重大是非、重大原则问题，要旗帜鲜明地坚持正确的立场，做好思想引导工作。对严重危害国家利益和社会稳定的错误行为，决不能迁就、妥协和退让，要进行必要的斗争。

第四，坚持自我教育，不断提高统一战线成员的思想素质。坚持“自己提出问题，自己分析问题，自己解决问题”，“不打棍子，不扣帽子，不抓辫子”的方针，是搞好统一战线思想教育的关键所在。在新形势下，要继续提倡“三自”、“三不”，通过学习与讨论、交流与恳谈、批评与自我批评，不断深化自我教育。

第五，坚持真诚服务，切实帮助党外人士解决实际问题。统一战线工作的一个重要内容，就是为党外人士搞好服务。办实事是统战工作的方法，办实事就是工作。我们要进一步树立服务观念，尽心竭力地为党外人士解决实际问题，努力为他们排忧解难，为他们施展才华、发表意见创造条件，一句话，要使统一战线工作部门成为党外人士之家。

第六，坚持广交朋友，注重做好党外代表人物工作。善于交党外朋友，通过社会各界代表人士扩大影响，开展工作，这是统战工作行之有效的一条基本经验。广交深交党外朋友，心要热，腿要勤，言必信，行必果，以自己的道德风范赢得党外朋友的信任。要确定范围，建立名单，分工负责，形成制度。

第七，坚持群众路线，依靠社会各方面力量做好统战工作。必须改变统战系统的封闭状况，进一步克服行政化倾向。必须依靠党的各级组织和广大党员，依靠行政、经济等有关部门，依靠各人民团体和社会组织，依靠机关、企业、学校、乡镇、街道等单位，共同开展工作。

第八，坚持抓紧抓细，把各项统战工作落到实处。统战工作的大政方针是由中央统一制定的，各地的任务主要是结合本地实际情况，狠抓方针政策的落实。统战工作有许多事务性工作，政策性、时间性很强，必须抓紧、抓细、抓具体。统战部门工作涉及面宽，任务繁重，必须实行分工负责制。

（四）

加强党对统一战线工作的领导，是我们党的优良传统，是充分发挥统一战线作用的根本保证。要在各级党委的领导下，通过多方面的工作，努力形成全党重视统战工作的局面。

第一，要把统战工作列入重要议事日程。各级党委要从战略高度充分认识新形势下统一战线工作的重要地位和作用。要把有没有统战观念，懂不懂统战政策，会不会做统战工作，作为衡量主要领导干部政治素养、工作水平的一个重要标准。党委每年要认真讨论几次统战工作，及时研究解决一些重大问题。党政主要领导要亲自做统战工作，深交一些党外朋友。

第二，要切实注意统一战线有关部门的分工协作。开展统战工作，必须加强党委的统一领导，加强各部门之间的分工协作。对重大问题，党委和政府领导要出面协调。对交叉性任务，各有关部门要注意及时互通情况，交流看法，协同动作。要保持政策口径的一致性，避免政出多门、各行其是或扯皮推诿的现象。各级党委统战部要主动同各有关部门密切合作。

第三，要认真研究统一战线工作面临的新情况和新问题。我们要重视继承和发扬统战工作的优良传统，更要注重探索新形势下统战工作面临的新问题。要重视已有方针政策的贯彻执行，更要根据实践的发展，对这些方针政策进行调整和完善。要着力研究总结用邓小平同志统一战线理论指导实际工作形成的新经验、新成果。要着力研究统一战线工作如何适应建立社会主义市场经济体制的新形势新要求。

第四，要努力搞好统一战线工作部门和队伍的建设。统一战线工作部门的机构改革，要服从党和国家机构改革的总体部署和要求，又要有利于加强统一战线工作。要挑选一批德才兼备、年富力强的同志担任统战部门的领导干部，并保持相对稳定。广大统一战线工作干部要认真学习邓小平同志有关统一战线的理论，学习社会主义市场经济知识，不断提高思想素质和业务水平，以适应新时期统战工作的需要。

同志们，邓小平同志视察南方发表重要谈话和十四大召开之后，广大统战干部在以江泽民同志为核心的党中央领导下，解放思想，积极开拓，埋头苦干，努力工作，取得了很大成绩。在此，我代表党中央向在统一战线部门工作的同志们表示敬意和问候！希望同志们坚定信心，再接再厉，团结一致，继续奋斗，不断取得统战工作的新成就，为建设有中国特色社会主义做出更大贡献。

国务院总理李鹏在钓鱼台国宾馆会见文莱苏丹哈桑纳尔·博尔基亚陛下

共青团全国组织工作会议在苏州召开

共青团中央书记处第一书记李克强讲话指出，发展社会主义市场经济，既给团的工作带来机遇，也使其面临挑战，要以改革的精神来推动团的组织工作，为新时期团的工作再上一个新台阶提供强有力的组织保障。

会议在研究改革开放和发展社会主义市场经济条件下团的自身建设面临新情况新问题的基础上，提出今后一个时期团的组织工作的重点。会议强调，要从培养跨世纪社会主义事业接班人的战略高度出发，切实加强发展团员工作。目前，全国团员队伍 5680 万人，占青年的比例为 16%。从全国来看，发展团员工作的重点在农村，要大量吸收农业生产第一线的优秀青年农民入团。同时，加强在乡镇企业，三资企业等新型经济组织中发展团员，不断壮大团员队伍。要以推荐优秀团员作党的发展对象和推荐优秀青年作生产与工作骨干为主要途径，全面提高团员素质。对各级团干部要加大培训力度，加快团干部成长步伐。不仅要立足于团的工作现实需要，同时要着眼于团干部在未来世纪的长远发展，努力把共青团干部培养成政治坚定、素质全面，既能从事青少年教育工作，又能适应社会主义现代化建设需要的复合型人才。

第三次全国人民调解工作会议在北京召开

国办发出关于做好国有企业职工和离退休人员基本生活保障工作的通知

各省、自治区、直辖市人民政府，国务院有关部门：

目前，部分国有企业(以下简称企业)由于亏损出现了不能按期支付职工工资和不能按时足额发放离退休人员离退休金的情况，使职工和离退休人员的基本生活受到了影响。保障职工和离退休人员基本生活是关系到经济发展和社会稳定的大事，应予足够的重视。现就有关问题通知如下：

一、各地区、各有关部门要认真贯彻《全民所有制工业企业转换经营机制条例》，结合产品结构、企业组织结构和产业结构的调整，通过技术改造、开发适销对路产品、提高产品质量、挖掘潜力、降低成本等措施，帮助企业扭亏增盈，逐步解决企业的亏损问题。对一时难以破产、撤销和解散的亏损企业，要通过多种渠道，采取多种形式积极筹措资金，保障职工和离退休人员的基本生活。

二、企业发放工资确有困难时，应发给职工基本生活费，具体标准由各地区、各有关部门根据实际情况确定。所需资金原则上由企业自筹解决。企业自筹资金确有困难的，主管部门和财政部门应给予适当帮助。

三、应确保离退休人员离退休金的发放。所需费用，凡参加退休费用社会统筹的企业，从养老保险基金中支付；少数未参加社会统筹的，按本通知第二条规定的办法解决。

四、发放工资确有困难的企业，经当地劳动部门、企业主管部门和开户银行批准后，可以开立工资预留户。对销货回笼款，银行可根据企业的委托将资金转入该户，以保证基本生活费的发放。

五、企业应积极组织职工开展生产自救。对生产自救项目缺乏启动资金的，经劳动部门批准，可从待业保险基金中暂借部分生产扶持金，待生产恢复后归还；也可在银行同意贷给生产启动资金的情况下，经劳动部门批准，用部分待业保险基金予以贴息。

六、对破产、撤销、解散企业的职工和停产整顿被精简的职工，按规定发给待业救济金。对基本生活确实无保障的停产整顿企业职工，凡参加了待业保险的，经劳动部门批准，可从待业保险基金中适当发给救济金，帮助解决生活困难；没有参加待业保险的，所需基本生活费用从企业清理维护费中列支。

七、对破产、撤销和解散企业离退休金的发放，要予以保证。凡参加退休费用社会统筹的，用养老保险基金按时、按标准支付；对少数没有参加退休费用社会统筹的，用企业清理维护费支付。

八、各地区、各部门在进行企业组织结构调整时，必须同时考虑企业职工和离退休人员的基本生活保障与安置工作。对破产企业，应按照《中华人民共和国企业破产法(试行)》和《国营企业职工待业保险规定》做好人员安置工作；对被兼并或合并(含合资、合作)企业，由兼并或合并(含合资、合作)的企业负责人员安置；停产整顿企业，应在制定停产整顿方案时对人员的基本生活保障作出安排。

九、集体所有制企业职工和离退休人员的基本生活保障，由各省、自治区、直辖市人民政府和国务院有关部门参照本通知作出规定。

国务院办公厅

1993年11月5日

海峡两岸在厦门首次共同商谈遣返劫机犯问题

“劫机犯是刑事犯”，“一方航空器被劫持到另外一方时，另一方应将案犯移送给民航客机所属方来处理。”这是海协与海基会进行工作商谈，讨论遣返劫机犯问题达成的一致意见。

国务院副总理李岚清在北京会见瑞典外贸大臣乌尔夫·丁克斯皮尔

全国人大常委会委员长乔石在人民大会堂会见由议长奥山则男率领的日本东京都议会友好代表团

中共中央政治局常委乔石在人民大会堂会见由总书记恩夸库拉率领的南非共产党代表团

国家副主席荣毅仁在北京会见意大利伊利集团董事长罗曼诺·普罗迪

全国政协主席李瑞环在人民大会堂会见意大利伊利集团董事长罗曼诺·普罗迪

民航总局在北京召开各大单位主要领导参加的紧急工作会议

为贯彻全国安全生产紧急电话会议精神，部署民航系统安全生产措施，民航总局日前召开各大单位主要领导参加的紧急工作会议。国务院副总理邹家华到会并作了重要讲话。

邹家华强调说，民航各级领导要十分重视安全问题，正确估计安全形势，坚持“安全第一，正常飞行，优质服务”的工作方针，严格管理和各项规章制度，把安全工作作为一项系统工程，抓好落实。

邹家华指出，对已发生的事故要查明原因，严肃处理；对安全形势的分析，不能仅停留在已发生的事故上，还要看到存在的问题，从这个角度增强民航干部职工在安全问题上的危机感、紧迫感。邹家华进而指出，抓安全生产，要变被动为主动，要敢于管理，善于管理，在原则、规章制度面前决不让步；重点抓飞行、机务、安全检查和航空管制；注意总结教训、推广经验，加强人员的政治、业务培训，把民航队伍建设成为有组织、有力量的整体，把确保安全作为一项长期的、经常性任务抓紧抓好。

邹家华充分肯定了民航总局提出的“正职领导以主要精力抓安全，分管领导以全部精力抓安全，领导班子集体抓安全”的做法，勉励民航在确保安全的前提下，更快更好地发展，为社会主义建设事业和改革开放做出贡献。

民航总局副局长阎志祥就安全工作进行部署。阎志祥要求各级领导明确安全责任，把“安全第一”作为泰山压顶的大事，做扎扎实实，深入细致的工作，解决好安全与生产，安全与效益的关系，不能用效益压安全，其他工作不能与安全发生矛盾；要切实加强管理，严格制度和标准，把好技术关。民航将派出由专家组成的技术检查组，并赋予权力，对不合格的飞行人员，该降标准的降标准，该停飞的停飞，绝不姑息迁就；进一步加强机务、航行队伍建设，整顿专业技术队伍。

中国参展的 26 个项目在第 42 届尤里卡发明博览会上全部获奖

第 42 届布鲁塞尔尤里卡发明博览会 11 月 5 日至 11 日在布鲁塞尔举行。中国参展的 26 个项目全部获奖，其中金奖 14 个，银奖 12 个。

布鲁塞尔"尤里卡"发明博览会由比利时发明者协会主办，每年举行一次，参展项目多为家用小发明成果。中国所参展的 26 个项目，均经国家有关部门的推荐和鉴定，因此技术含量较高。

经过评委的投票表决，中国林科院的 ABT 生根粉，中国原子能工业公司的 JLS 高效金属过滤器、MFC—Ⅲ型智能流量控制仪、卷烟厂卷接工艺风力供给方法及装置、新型生物敷料辐照消毒猪皮治疗烧伤病人、沈阳市广厦热力设备开发制造公司的 BH 型波纹管式换热器、鞍山钢铁公司第二炼钢厂的烧结炉底新材料、镁烙砂耐火材料、北京章光 101 集团和浙江乐清华星制药公司的熏蒸消皱美容器、101E 青春美之霜、北京内澈洛克化妆品有限公司的天然植物提取洲 NTL—188、天然植物提取液 RSL、天然植物提取液 MHL、NTL—188 生发育发液等 14 个发明成果获博览会金奖。

获银奖的有中国材料院的植物扦插生根培养装置、中国原子能工业公司的折叠式过滤器、VA—400 型低温处理机、跨线 X 射线吸收在线金属分析仪、山东教育出版社的三向汉字编码输入方法、中国原子能工业公司的 BN—3 汽车自动变光器、吉林省延吉市汽车节能设备厂的 JJZ—Ⅰ型汽车高效节能净化增力球、中国原子能工业公司的 GDC—B 型光电磁综合治疗仪、四川崇庆县建新防水粉末厂的神珠神柔性装饰膏、神珠牌多功能彩色琉璃瓦、北京内澈洛克化妆品有限公司的 MHL—墨旱莲香波和多莉亚丝花露防脱发香波等。

此外，中国技科院的王涛、山东教育出版的刘连庚、沈阳广厦热力设备开发制造公司的顾广瑞、鞍山钢铁公司第二炼钢厂的李春民和北京内澈洛克化妆品公司的刘子平等 5 位中国发明家分获军官和骑士勋章。

11 月 6 日

中办国办发出认真做好今年秋季农副产品收购工作的通知

中共中央办公厅、国务院办公厅近日发出的通知指出，今年夏季农副产品收购，在各级党委和政府的领导下，各部门、各单位齐心协力，比较好地完成了任务。现在，秋季农副产品收购工作已进入高潮，要确保收购工作顺利进行，切实保护农民利益，坚决做到不打"白条"。

通知说，做好今年的农副产品收购工作，保证完成收购任务，维护好农副产品收购秩序，保护农民利益，坚决做到不打"白条"，是党中央、国务院一再强调的大事，是贯彻中央精神的一项重要任务。各级党委和政府必须高度重视，明确一位主要领导同志分工负责，把这项工作抓紧抓好。各级商业、财政、银行等有关部门，要在同级党委和政府的统一领导下，在上级业务主管部门的具体指导下，各司其职，各尽其责，密切配合共同做好收购工作。各地要根据工作需要，组成和充实专门工作班子，及时解决收购过程中出现的各类问题，做好协调工作。在农副产品收购中，首先要把粮食、棉花等主要产品抓住，确保完成国家收购计划。秋粮收购占全年粮食收购的 60%以上，是完成全年粮食收购任务的关键。

通知说，今年是放开粮价、放开粮食经营的第一年，做好今年的秋粮收购工作，对进一步深化粮食流通体制改革，增强国家宏观调控能力，保证国民经济健康发展，起着重要的作用。各级党委和政府决不能因放开粮价、放开粮食经营而对粮食收购工作撒手不管。要组织粮食部门及其他有关部门，安排落实秋粮定购任务，保证完成全年收购计划，确保国家掌握足够的粮源。对定购以外的议价粮，也要积极组织收购，力争多购一些，以切实稳定市场粮食价格。要组织好多渠道收购，发挥多种经济成分在市场流通中的积极作用，减少消极影响。要有领导地管好粮食市场，坚持有照经营、照章纳税。

通知指出，在今年秋季农副产品收购中，要认真执行国家价格政策，坚持按等级、质量标准验质收购，既不准压级压价，也不准抬级抬价，防止发生新的农副产品价格大战。"三挂钩"价外加价，一定要在收购时随收购价款一并兑现给农民，不得克扣和挪用。地方负担的价外加价补贴，不得以任何借口拒拨、少拨和缓拨。国务院有关部门和地方各级政府要切实加强对价外加价补贴拨付情况的监督和检查。

通知指出，要继续坚持在各级政府统一领导下多渠道筹集资金的责任制。继续实行农副产品购销资金专户管理制度，任何单位和个人均不得以任何理由挤占挪用专户资金，对企业收购资金因先支后收、短期内不能到位的，专业银行要按照"先贷后报，先垫后补，事后算账，分清责任，限期归位，照章处理"的原则，及时予以垫款。要加强收购资金的调度和现金供应工作。

通知说，秋季农副产品收购工作，牵涉面广，时间紧，头绪多，任务重。各地区、各部门必须按照通知的要求，认真组织落实。凡因领导不力完不成收购任务或出现打"白条"的，要追究这些地区党政主要领导人的责任；凡因工作不力，应筹集的资金不到位、影响收购的，属于哪个部门的问题，就追究哪个部门主要领导人的责任，并视情节轻重，给予经济处罚、行政处分、直至追究法律责任；凡无视党纪国法，破坏正常的收购秩序的，要坚决查处。各地区、各部门都要建立一套完整的秋季农副产品收购的统计、监测、考核和检查制度。一旦发现问题，要迅速组织力量，查明原因，分清责任，采取措施及时解决，并立即向上级部门报告。

国务院对水利部关于呈送海河流域综合规划审查意见的报告作出批复

水利部：

你部报来《关于呈送海河流域综合规划审查意见的报告》(水资〔1993〕358 号)收悉。国务院原则同意你部会同有关部门对海河流域综合规划的审查意见。现就有关问题批复如下：

一、海河流域的防洪问题关系着北京和天津等城市、海河平原八千万人口，七百七十三万公顷耕地的安危。根据流域的特点和治理经验，采取“上蓄、中疏、下排，适当滞洪”的治理方针是合理的。同意规划中确定的防洪标准和防洪对策。要抓紧黄壁庄、王快、西大洋等大型水库的除险加固，并在适当时机修建陈家庄(永定河)，石匣里(桑干河)，张坊(拒马河)，盘石(淇河)等综合利用水库。要把河道治理特别是入海尾闾的治理放在重要地位，尽快达到规划的泄洪能力。要妥善解决好滞洪洼淀范围内群众的安全问题。

同意规划中确定的排涝标准和工程措施。要有计划地对排涝标准偏低地区和严重淤积河道进行整治，加强排水渠系的配套建设，使各级排水工程相互适应。

二、水资源短缺已成为海河流域社会、经济发展的重要制约因素。规划提出的“全面节流，适当开源，加强保护，强化管理”的综合对策是必要的。应大力提倡在工农业生产和人民生活中开展节约用水活动。要合理开发利用地表水和地下水，加强污水处理回用和海水利用。坪上、乌拉哈达、黄庄洼等水库可根据需要安排建设。引长江、黄河流域的水是解决海河流域水源不足的根本性措施，已开工建设的引黄入卫、万家寨水利枢纽和引黄入晋工程应按期完成；其他引黄北调以及南水北调等工程，要统筹安排，组织实施。

三、海河流域土地资源丰富，光热条件良好，发展农业的潜力很大。在海河治理开发中，要坚持把农业和水利基础设施建设放在重要位置。近期的重点是，对现有灌溉工程进行配套挖潜和改造，大力推行节水措施，推广应用科研成果，提高水的有效利用率，发展高产优质高效农业。同时，要积极开辟新的水源，扩大灌溉面积。沿黄地区地下水较丰，可适当增加开采量。引长江、黄河水后，应给农田灌溉调整和补充水源。

四、海河流域城镇供水严重紧缺，农村的饮用水也很困难，应采取切实可行的措施加以解决。原则同意城市供水规划。北京、天津及华北地区缺水严重，只有实现南水北调才能满足其需求。当前要积极采取引黄河水和适当调整当地水源相结合的措施，以缓和城市供水紧张的局面。考虑到黄河水量有限，应加快引江工程的前期工作，争取早日实施。山西能源基地的缺水问题，可由万家寨水利枢纽及引黄入晋等工程解决。平原高氟饮水区由引黄河、长江水解决。山区饮用水困难的地区要积极寻找地下水或其他水源。

五、海河流域水体污染十分严重，河道纳污和污水灌溉又造成地下水污染，使水环境恶化。要认真贯彻国家的有关环保法律、法规，积极进行污染源的治理和水资源保护。规划贯彻了“以防为主，防治结合”的方针，明确了近期保护的重点为城市水源地、重要引水工程及流经城市的主要河段。同意规划中提出的水源保护目标和防止水体污染的主要措施。要按照“谁造成污染，谁承担治理责任”、“谁受益、谁付费”的原则，重点抓好大中城市的污染源治理、排水系统的改造和完善与污水集中处理设施的兴建。

六、原则同意水土保持规划。应按照“预防为主，全面规划，综合防治，因地制宜，加强管理，注重效益”的方针，制订防治目标和措施，继续组织好水土保持小流域综合治理，改善生态环境。已列入国家水土保持重点治理区的永定河上游、潮白河密云水库上游和滦河潘家口水库上游，应继续抓紧治理。同意新增漳卫河上游、滹沱河上游为国家水土保持重点治理区，以加快水土流失的综合治理。同时，要继续加快水源涵养林体系的建设。

七、抓紧编制河口综合治理规划。请水利部会同国家计委等有关部门和天津市、河北省尽快开展工作。河口的治理开发必须有利泄洪、便利航运、保护水产、发展经济、改善生态环境。

八、原则同意规划选定的近期工程项目。这些项目中，防洪工程包括大型水库除险加固工程，重点城市及主要河道的防洪堤防，入海尾闾的疏浚和挡潮工程，滞洪洼淀的安全建设和工程建设，兴建陈家庄、盘石、张坊等水库；供水、输水工程包括桃林口水库、万家寨水利枢纽及引黄入晋、引黄入卫工程，以及其他引黄北调、引拒济京、南水北调工程及坪上水库；除涝工程包括徒骇、马颊河清淤、黑龙港运东地区的老盐河下段、南排河治理工作。以上待建的工程项目应根据国家和地方的需要和可能，统筹安排，分期实施。对关系全局，具有综合效益的重点工程，已列入“八五”计划和十年规划的，宜优先安排。

九、同意水能规划。应根据海河流域水能资源贫乏和华北电力系统缺少调峰容量的特点，通过经济论证择优建设。

海河流域由于水资源紧缺，造成了航运中断。同意结合外流域调水考虑航运的用水要求，逐步恢复通航，近期对有通航条件和通航价值的河道复航工程应安排实施。

在流域治理中，应注意利用水域发展渔业和旅游业。

十、这次批准的海河流域综合规划，是今后海河流域综合开发利用、资源保护和水害防治的基本依据。实施中，要根据流域治理开发的进展和社会经济的发展情况，适时补充修订规划。国务院各有关部门，流域内各级人民政府要各负其责，团结治水，认真组织实施规划。水利部及其海河水利委员会，要切实加强全流域水资源的统一管理和保护，强化流域的宏观管理和监督职能。流域内各省、自治区、直辖市要予以积极支持和配合。

国务院

1993 年 11 月 6 日

国办转发国家旅游局关于积极发展国内旅游业的意见并发出通知

各省、自治区、直辖市人民政府，国务院各部委、各直属机构：

国家旅游局《关于积极发展国内旅游业的意见》已经国务院同意，现转发给你们，请贯彻执行。

国务院办公厅

1993 年 11 月 6 日

关于积极发展国内旅游业的意见

改革开放以来，随着我国国民经济的持续发展和人民生活水平的不断提高，国内旅游业蓬勃发展起来。据统计，一九八五年国内旅游人数约二点四亿人次，总收入八十亿元；到一九九二年，国内旅游人数达三点三亿人次，总收入已达二百五十亿元，年均增长分别达 4.7%和 17.7%。这些年来，各地开发建设了大批景点、景区和基本的接待设施，已具备年接待四亿人次以上的能力。国内旅游业的兴起和发展，满足了人民群众日益增长的物质文化需求，增强了人民群众热爱祖国的凝聚力，拓宽了消费渠道，带动了交通、轻工、商业、建筑、园林、饮食等相关行业和文化事业的发展，扩大了就业门路，促进了各地区之间的经济文化交流，繁荣和振兴了地方经济，对社会经济的发展产生了积极作用。当前国内旅游业发展也存在一些问题，主要是一些地方、部门对发展国内旅游业的宏观管理和引导不够，出现某些盲目性；旅游基础设施不配套，服务质量较低，旅游消费者利益得不到保证。

为抓住时机，进一步搞好国内旅游业的发展，根据党的十四大建立社会主义市场经济体制的要求和《中共中央、国务院关于加快发展第三产业的决定》精神，本着搞活市场、正确引导、加强管理、提高质量的方针，现提出以下意见：

一、国内旅游业要纳入国民经济和社会发展计划。在制定国民经济中长期发展规划和产业政策及配套政策措施时，对国内旅游业的发展要有相应的安排。同时把国内旅游业纳入国民经济核算体系，设立系列统计指标，建立定点统计和抽样统计制度，以把握宏观，指导全局。

各地在制定本地区国民经济和社会发展计划时，应统筹规划本地区旅游业的发展，充分合理地利用本地旅游资源，讲求实效，循序渐进，防止一哄而上，脱离实际。

二、要逐步建立统一开放、有序竞争的国内旅游市场。各地区、各有关部门要进一步打破地区、部门界限，在旅游交通、景区建设、产品开发和客源输出与接待等方面联合协作，共同发展。贯彻社会主义市场经济原则，调动各方面积极性，在统一规划和管理下，投资兴办和经营国内旅游服务设施。

三、要努力发展大众旅游产品。根据我国经济发展水平和人民群众需要，目前要积极扶持和发展为公众喜爱的旅游游乐设施、中低档接待服务设施、方便安全的交通运输工具等。积极扶持以旅行社为龙头的国内旅游接待服务体系，给予经营便利和支持，以扩大有组织的旅游方式在国内旅游中的比重，提高国内旅游业的水平。

各有关部门和地区要加强协调和配合，采取积极措施缓解铁路、航空客运紧张的矛盾。同时，努力发展汽车旅游、水上旅游和中短距离旅游。在客源比较集中的大中城市的城乡结合部开辟旅游基地，吸纳客源，延长逗留时间，取得更好效益。

四、努力提高质量，维护旅游者利益。旅游行政管理部门要会同有关部门逐步建立国内旅游业的行、游、住、吃、购、娱各个方面的服务质量标准，建立定点服务、管理监督和投诉制度。要积极宣传和推荐服务质量信得过的旅游餐馆和旅店。各级政府部门要加强旅游市场的工商、治安、税务、审计、价格、标准、计量等方面的监督管理工作，坚决制止和查处欺诈、强卖等损害旅游者利益的行为。加强旅游职业道德教育，提高旅游从业人员素质。

旅游安全是旅游业发展的重要保证。公安、旅游、工商、铁路、交通等有关部门要相互配合，切实采取措施，整顿旅游交通、旅游景点的社会治安和经营秩序。按照谁主管、谁负责和谁经营、谁负责的原则，认真做好旅游安全工作。旅行社组团要推行保险制度。

五、旅游行政管理部门负责管理、协调国内旅游业有关工作。国家旅游局要加强对旅游业的宏观管理，会同有关部门制定和完善有关规章、政策，并积极探索适应市场要求的指导和管理方式，规范引导市场。地方旅游行政管理部门要做好本地区国内旅游业的指导、协调和管理工作。在项目建设、资源开发方面，要加强统筹规划，防止不合理的重复布点、重复建设，并注意保护旅游资源；在市场宣传促销和引导上，要建立旅游景点和景区的客流量、接待能力、质量、价格、气象、商品等信息服务体系，在客源集中的城市开展“旅游预报”服务，调剂客流量，指导旅游消费。

严禁用公费或变相用公费旅游。各旅游企业要严格执行国家有关规定，不得办理公费旅游业务。各级旅游行政管理部门要配合有关部门，加强管理，进一步明确有关规定，认真查处公费旅游问题。对违反规定的，要追究有关人员责任。

外交部部长钱其琛在北京会见巴基斯坦伊斯兰堡世界事务理事会主席前外长阿迦·夏希

外交部部长钱其琛会见南非前国务部部长格里·维尔让

纪念柴可夫斯基逝世100周年交响音乐会在北京音乐厅举行

文化部建设部颁发《城市雕塑建设管理办法》

新闻出版署发出《各部门各新闻出版单位均不得自行决定建立新闻出版(图书、期刊、报纸、音像的出版、印刷、复录、发行)三资企业的通知》

11 月 7 日

中共中央总书记江泽民与全国统战工作会议代表座谈

中共中央总书记江泽民发表讲话。

党和国家其他领导人李鹏、乔石、李瑞环、朱镕基、刘华清、胡锦涛、丁关根、田纪云、罗干、吴学谦、杨汝岱、王兆国等出席座谈会。座谈会由李瑞环主持。

王兆国在会上介绍全国统战工作会议情况。上海市委副书记陈良宇、广东省委副书记张帼英、青海省委副书记蔡竹林、江苏省委副书记曹克明先后发言。

中共中央总书记江泽民在与全国统战工作会议代表座谈时发表讲话

民族问题是关系我们的国家统一、社会稳定、边防巩固、建设成功的大问题。东欧剧变、苏联解体的教训再一次说明，在社会主义条件下，正确处理民族问题是一个带根本性的问题，加强民族团结是一个需要长期努力的重要任务。

现在，世界上不少国家和地区的民族矛盾和宗教纷争十分突出，频频引发流血冲突和局部战争，动乱不断。国际敌对势力把民族问题和宗教问题，作为对社会主义国家实行“西化”和“分化”的突破口。这很值得我们注意和警惕。我国民族、宗教方面总的情况是好的。民族关系是和睦的，民族团结是巩固的，宗教界也是稳定的。这充分说明，我们中华民族是有强大凝聚力的，我们党的民族政策和宗教政策是正确的，我们的民族工作和宗教工作是卓有成效的。

当然也要看到，我们的民族工作、宗教工作中还存在一些问题，有的还相当严峻。在民族工作方面，在一些地区，民族分裂主义势力有所抬头，境外国外敌对势力挑拨我们各民族的关系，煽动民族情绪，加紧进行政治渗透和分裂活动，威胁着这些民族地区的团结稳定和经济建设。在宗教工作方面，一些地方滥建、扩建寺观教堂，频繁进行大型宗教活动，信教群众的宗教负担加重，有的地区竟达到年纯收入的百分之二十。利用宗教干涉行政、司法、教育、婚姻和群众生产、生活的现象时有发生，有的地方甚至恢复了早已被废除的宗教封建特权和压迫剥削制度。有的地方教派纷争，发生流血事件。特别值得注意的是，国外敌对势力加紧利用宗教进行渗透活动，扶植地下势力，建立非法组织，同爱国宗教团体争夺寺观教堂的领导权。此外，有的地方也还存在侵犯公民宗教信仰自由权利和宗教团体合法权益的现象。

发生以上问题的原因是多方面的。解决这些问题的关键是，我们的认识必须统一，态度必须明确，工作必须加强。我们有些领导干部对民族工作、宗教工作中出现的问题麻木不仁，官僚主义严重，有的甚至参与闹民族纠纷，助长宗教活动。这种现象是不能允许的，必须坚决纠正。

民族、宗教无小事。全党都要充分认识民族问题的长期性、复杂性和重要性，高度重视民族工作和宗教工作，对当前存在问题的潜在危险性，要十分警觉，切不可掉以轻心。当然，也不要把问题看得过分严重，以致草木皆兵，惊慌失措。邓小平同志指出：“改革，现代科学技术，加上我们讲政治，威力就大多了。到什么时候都得讲政治。”这一点很重要。居安思危，有政治观念，才能头脑清醒，才能站得高看得远，才能在千头万绪的日常事务中不迷失方向。

在民族问题上我想强调三句话：一是继续巩固和发展社会主义的民族关系，二是坚持和完善民族区域自治制度，三是加快民族地区的经济发展和社会进步。

我们是一个统一的多民族的社会主义国家，在民族平等的基础上加强民族团结和祖国统一，是各族人民根本利益之所在。如果国家不统一，民族不团结，就没有社会的稳定，就无法集中力量进行经济建设，各民族也就不可能实现共同发展。中华民族经历了几千年交融的过程，各族人民在彼此交往特别是近百年反对共同敌人的斗争中，发展了休戚与共、相互依存的亲密关系，各民族同呼吸，共命运，心连心，谁也离不开谁。在新的历史时期，我们要不断加强各民族人民的平等、互助、团结、合作，促进共同繁荣。唯有这样，国家的统一才能稳固，中华民族才能振兴，建设有中国特色社会主义的宏伟目标才能顺利实现。对于破坏民族关系、民族团结和社会稳定的突发性事件，必须及时采取措施，坚决消弭在萌芽状态，绝不能姑息迁就，犹豫不决。同时，必须掌握好政策，严格区分和正确处理两类不同性质的矛盾。应该看到，民族和宗教问题中的矛盾，大量是属于人民内部矛盾。一定要做好人民内部矛盾的疏导工作，即使出了点乱子，也要始终立足于信任、争取、团结最大多数群众，以利于坚决、准确地孤立和打击极少数敌对分子。对于各民族中的违法犯罪分子，都应当依法惩处。我们要在实践中不断总结经验教训，增长处理民族问题和宗教问题的才干，见微知著，未雨绸缪，从容应对。

民族区域自治，是我们党正确处理民族问题的一项基本政策和国家的一项基本政治制度。它既能保证少数民族在自己的聚居区内实现当家作主的权利，又能保证国家的统一和中华民族的团结，以共同建设社会主义。经过几十年的考验，证明了这项制度是适合我国国情的，具有强大的生命力。要坚持和完善民族区域自治制度，当前的关键，是要全面贯彻《民族区域自治法》，建立和健全同实施《民族区域自治法》配套的法规体系和监督机制，使民族区域自治在建设有中国特色的社会主义事业中更好地发挥作用。明年是《民族区域自治法》颁布十周年，要对自治法的贯彻执行情况进行一次检查和总结。必须继续大力培养民族干部，并在各族干部中加强马克思主义民族观的教育。

加快少数民族地区经济发展和社会进步，对于增强民族团结，促进全国的现代化建设，具有极为重要的意义。民族地区存在的矛盾和问题，归根到底要靠发展经济来解决。所以，我们处理民族地区的各种问题，都必须牢牢掌握经济建设这个中心。要千方百计地加快民族地区经济的发展，逐步缩小民族之间的发展差距，逐步实现各民族共同繁荣。我国民族之间在经济和社会发展上存在的差距，是历史遗留下来的。在发展社会主义市场经济过程中，少数民族地区由于原有基础薄弱，在一段时期内，同发达地区的发展差距还可能有拉大的趋势。这个问题应引起我们的注意，要加强研究，提出对策。邓小平同志多次指出：走社会主义道路就是要通过一部分地区和一部分人先富起来，使全国各族人民逐步实现共同富裕，如果只是一部分地区一部分人富，而大部分地区大部分人仍然贫穷落后，那就不是社会主义。缩小发展差距要有一个过程，要经过长期的努力，不可能一蹴而就。为了加快少数民族地区的经济和社会发展，党中央、国务院已经采取了一些措施。我们要通过政策调节，加强国家对民族地区的扶持和帮助。国家在少数民族地区建设的各种项目，都必须与当地少数民族的发展、繁荣结合起来。同时，经济发达地区要加强对口支援，积极有效地帮助少数民族地区发展经济和文化。少数民族地区要自力更生，发挥自己的优势。要通过共同努力使发展差距逐步缩小，最终达到共同富裕。

在宗教问题上我也想强调三句话：一是全面、正确地贯彻执行党的宗教政策，二是依法加强对宗教事务的管理，三是积极引导宗教与社会主义社会相适应。

尊重和保护宗教信仰自由，是我们党和国家的一项基本政策。它包括保护人们信仰宗教的自由和不信仰宗教的自由两个方面。信教与不信教都是公民的权利，要坚决反对和纠正任何歧视信教群众和歧视不信教群众的行为。我们不能用行政力量去消灭宗教，也不能用行政力量去发展宗教。我们实行宗教信仰自由政策，就是要把信教和不信教的人，信这种教或信那种教的人都团结起来，大家和睦相处，彼此尊重，把意志和力量集中到建设有中国特色的社会主义事业上来。决不允许在信教和不信教、信这种教和信那种教、信这一教派和信那一教派的人民之间制造纠纷，甚至挑动斗争，损害人民的团结。如果发现这样的事情，要进行教育、批评，坚决加以制止。共产党员在工作中要执行宗教信仰自由政策，但党员信仰宗教是党的纪律所不允许的。共产党员应该牢固树立马克思主义宗教观，不但自己不信教，还有义务宣传无神论，帮助群众提高觉悟。对那些参与信教活动的党员，要耐心进行教育，使他们逐步摆脱宗教束缚。对那些利用宗教谋取私利，甚至支持、策划违法活动的党员，一定要按照党纪国法严肃处理。

政府有关部门依法对宗教事务进行管理，这项工作必须加强，而绝不能削弱，更不能放弃管理。宗教活动必须在宪法、法律范围内进行。政府依照法律、法规和政策对宗教事务进行管理和监督，这同宗教信仰自由政策不但不矛盾，而且正是为了更好地贯彻这一政策，保护正常的宗教活动和宗教界的合法权益。对正常的宗教活动加以保护，对利用宗教进行的违法犯罪活动加以制止和打击，这是同一个问题的两个方面，不能把它们对立起来。不要一讲贯彻宗教信仰自由政策，就对宗教活动采取不负责任、放任自流的态度，甚至对利用宗教进行的违法活动也视而不见；也不要一讲加强对宗教事务的管理，就又不分是正常宗教活动还是非法活动，一概加以限制。

贯彻党的宗教信仰自由政策也好，依法加强对宗教事务的管理也好，目的都是要引导宗教与社会主义社会相适应。宗教是一种历史现象，在社会主义社会中将长期存在，如果宗教与社会主义社会不相适应，就会发生冲突。这种适应，并不要求宗教信徒放弃有神论的思想和宗教信仰，而是要求他们在政治上热爱祖国，拥护社会主义制度，拥护共产党的领导；同时，改革不适应社会主义的宗教制度和宗教教条，利用宗教教义、宗教教规和宗教道德中的某些积极因素为社会主义服务。我国过去进行的宗教制度改革，在天主教、基督教方面革掉帝国主义的操纵和控制，实行独立自主、自办教会，在佛教和伊斯兰教方面革掉封建剥削和压迫制度，是完全必要的和正确的，使我国宗教界迈出了与社会主义社会相适应的重要一步。宗教界应当在这个基础上，适应社会主义现代化建设的新形势新任务，继续前进，而不能倒退。只有社会主义才能救中国和发展中国，这是全国人民的共识。广大宗教信徒是拥护社会主义制度的，同全国人民在根本利益上是一致的，这是宗教能够与社会主义社会相适应的政治基础。应该相信，我们共产党人有办法、有能力，引导爱国宗教团体和广大宗教信徒把爱教与爱国结合起来，把宗教活动纳入宪法和法律的范围，做到同社会主义社会相适应。

中国“国际科学与和平周”在北京开幕

国家主席江泽民、联合国秘书长布特罗斯·加利为本届和平周发来贺信贺电。

国务委员宋健在开幕式上宣读江泽民的贺信。

全国人大常委会副委员长李沛瑶受中国人民争取和平与裁军协会名誉会长周培源的委托在开幕式上致辞。

温家宝、陈慕华、吴阶平、王光英、赵朴初等出席开幕式。

首届韬奋新闻奖在北京揭晓

首届韬奋新闻奖近日在北京揭晓。10名在新闻岗位上辛勤耕耘、做出了突出贡献的编辑和通联工作者获此殊荣，还有30名编辑和通联工作者获提名奖。

11月8日

国家主席江泽民与立陶宛总统阿尔吉尔达斯·布拉藻斯卡斯在人民大会堂举行会谈并签署两国联合声明等文件

会谈结束后，江泽民和布拉藻斯卡斯总统签署《中华人民共和国和立陶宛共和国联合声明》。随后，双方代表分别签署两国政府文化合作协定及两国关于鼓励和相互保护投资协定。

中国和立陶宛发表联合声明

应中华人民共和国主席江泽民的邀请，立陶宛共和国总统阿尔吉尔达斯·布拉藻斯卡斯于一九九三年十一月八日至十三日对中华人民共和国进行了正式访问。中华人民共和国主席江泽民、国务院总理李鹏分别和立陶宛共和国总统阿尔吉尔达斯·布拉藻斯卡斯在友好、坦率和求实的气氛中进行了会谈和会见，讨论了双边关系的现状和前景以及其他共同关心的问题。双方同意声明如下：

一、中华人民共和国和立陶宛共和国之间的互利合作关系正在顺利发展。作为友好国家，双方重申愿在互相尊重主权和领土完整、互不侵犯、互不干涉内政、平等互利、和平共处原则基础上发展两国关系。双方主张只用和平手段解决有争议的问题。

二、中华人民共和国和立陶宛共和国将定期举行旨在发展和巩固双边合作的政治磋商，并就共同感兴趣的问题交换意见。两国领导人、议会、政府、各部门、社会团体及其他组织的代表将保持经常的接触。

三、双方将为进一步扩大和加深在政治、经济、文化及其他领域的长期互利合作关系作出必要的努力。

四、经济合作和贸易是两国相互关系的重要组成部分。双方将签订相应的协定并采取适当的措施，确保互利的经贸关系得到发展。为此，双方将：——在经贸合作方面相互提供最惠国待遇；——在对方领土上开设公司、银行和其他对外经济活动参加者的代表机构，并促进其活动；——开展投资合作，在两国建立合资企业，并促进双方对外经济活动参加者在第三国市场上进行合作；——促进两国各地区和各企业间建立直接联系，包括在平衡基础上开展商品交换。

五、双方将在文化、科学、教育、体育和旅游方面促进合作与交往；促进有关组织、团体及个人之间进行直接接触。为此，双方将：——鼓励学校、科研机构之间的合作，包括互派教师、科研人员、大学生和研究生，并联合从事科研规划；——在广播、电视和新闻通讯社领域进行合作，相互促进报刊和音像资料的传播；——开展在医疗、保健、卫生及疾病防治等方面的合作。

六、双方认为环境保护具有全球意义。根据双方的相互利益并考虑到各自的具体情况，双方将在保护和改善环境状况方面共同采取行动并实施计划。

七、双方将在防止有组织犯罪、贩毒、恐怖活动、危害民航和航海安全活动方面进行合作。

八、双方支持其人民统一的愿望。立陶宛承认中华人民共和国政府是中国的唯一合法政府，台湾是中国领土不可分割的一部分，并确认立陶宛不同台湾建立官方关系。中华人民共和国承认立陶宛的独立、主权和领土完整。

九、双方指出，两国在和平与发展、裁军、防止军备竞赛方面的立场是相近的。两国将继续维护各地区及全世界的和平与稳定，并主张根据公认的国际法原则和准则建立公正的国际政治、经济秩序。

十、双方将扩大和加深在联合国范围内的合作。两国主张保证联合国宪章宗旨和原则以及国际法准则的有效实施，主张加强联合国在维护世界和平与安全，包括防止武装冲突方面的作用。

十一、双方指出，各国都有权根据自己的特点和利益选择社会制度、经济体制和发展道路，这些方面的差异不应妨碍各国之间的正常关系与合作。

十二、双方确认，本声明不涉及双方根据同其他国家签订的双边和多边条约所规定的权利和义务。

立陶宛共和国代表 阿·布拉藻斯卡斯

中华人民共和国代表 江 泽 民

一九九三年十一月八日于北京

国务院总理李鹏在中南海会见台湾力霸企业集团董事长台湾商业总会理事长王又曾和夫人

《人民日报》就中共中央召开的全国统战工作会议发表社论《加强党对新形势下统战工作的领导》

'93 北京国际警学研讨会在北京开幕

由中国警察学会主办，旨在加强国际警察交流与合作。来自世界五大洲 29 个国家和地区以及中国国内的警界及警学研究界的官员、专家、学者共 260 多人参加了会议。会议的主题是"21 世纪世界警务工作面临的挑战"。

国家经贸委等单位发出关于广泛深入开展"中国经济效益纵深行"大型系列调研宣传活动的通知

国家经贸委等最近联合发出的《通知》要求根据副总理朱镕基关于"提高经济效益，是加快我国社会主义现代化建设步伐的根本途径"的指示，以"纵深行"活动为契机，倡导"效益型"发展模式，走"效益型"发展道路，并把这种努力与党中央、国务院当前加强宏观调控、整顿经济秩序的总体部署有机地结合起来，促进改革开放和现代化建设的顺利发展。

《通知》由国家经贸委、国家计委、国家体改委、财政部、广播电影电视部、中国人民银行、国家统计局、国家税务总局、国家工商行政管理局、国务院发展研究中心联合发出。

《通知》要求各地区、各部门在开展"纵深行"活动中，对本地区、本部门深化改革、转换机制、优化结构、提高管理水平、加速科技进步等工作做一次检查，找出薄弱环节，有针对性地提出和落实改革发展的有关措施，促进本地区、本部门工作，并从提高经济效益入手，对经济生活中的深层次矛盾和问题开展调查研究。各地区、各部门除积极配合、支持"纵深行"活动在全国范围内开展调研外，应主动对本地区、本部门经济效益正反两方面的经验教训分层开展调研，向"纵深行"活动指导委员会提供调研报告。

《通知》希望加强"纵深行"活动的宣传力度。要在人民群众中广泛普及效益意识。各地区、各部门要重视"纵深行"活动的宣传工作，并每月向"纵深行"活动组织指导委员会选送一至两个电视选题，经审定后，由有关部门协同中央电视台拍摄播出，为整个社会提高经济效益的实践作出正确的舆论引导。

国务院副总理李岚清在人民大会堂会见以会长池浦喜三郎为首的日本日中投资促进机构代表团

国家副主席荣毅仁在北京会见意大利外贸部部长保罗·巴拉塔

首届台湾史学术研讨会于 8 日至 10 日在北京召开

国防部部长迟浩田在北京同俄罗斯国防部部长格拉乔夫举行会谈

迟浩田说，中国政府、军队和人民十分重视同俄罗斯发展关系，十分珍惜两国人民的传统友谊。不管国际风云如何变幻，我们都将始终不渝地为巩固和发展睦邻友好、互利合作、长期稳定的中俄关系做出不懈的努力。迟浩田说，我们也十分重视发展中国军队和俄罗斯武装力量的友好合作关系，并愿意在新的形势下为继续发展两军之间的友好合作关系做出自己的努力。

迟浩田说，中国奉行防御性的国防政策，实行积极防御的军事战略方针。巩固国防、抵抗侵略、保卫祖国、保卫人民的和平劳动是中国人民解放军所履行的神圣职责。迟浩田说,中国不会对世界任何国家和地区构成威胁,愿在和平共处五项原则基础上与包括俄罗斯在内的世界上一切国家发展友好关系。

解放军全军生产经营工作会议在北京结束

会议强调,军队在一定范围内开展适度的生产经营,必须坚持为提高部队战斗力服务,必须有利于建设强大的现代化、正规化革命军队。

中共中央总书记、国家主席、中央军委主席江泽民会见与会代表并讲话。

中央军委副主席张震针对当前部队建设情况,提出了军队生产经营工作的指导思想、任务和原则。

中央军委副主席刘华清作总结讲话。

迟浩田、张万年、于永波、傅全有等出席会议并讲话。

全军生产经营工作会议以邓小平新时期军队建设思想作指导,从我军根本职能和军队的长远建设出发,研究部署党中央、中央军委关于军队生产工作的决策。会议认为,军队的生产活动是战争年代在毛泽东大力号召和领导下发展起来的。

在新的形势下,部队生产经营有了新的发展,同时也存在一些需要解决的问题。会议提出,必须站在国家建设、军队建设的全局,兴利除弊,使生产经营健康地发展。要进一步明确军队生产经营的指导思想。我军是执行革命政治任务的武装集团,军队的生产工作必须坚持为提高部队战斗力服务,必须有利于加强我军革命化、现代化、正规化建设。全军部队要很好学习毛泽东、邓小平等老一辈革命家关于军队生产工作的论述,学习军委主席江泽民对军队生产工作的一系列指示,要严格执行中央军委关于军队生产工作的规定。军队的生产必须规模适度、范围适当,集中归口管理,保证健康发展。必须无条件地遵守国家的各项法律、法规和政策规定。要严厉打击社会上冒充军人和军队单位经商诈骗的不法分子,维护军队的良好形象。要进一步搞好农副业生产,以改善部队生活,锻炼部队作风。

会议强调,在新的形势下,我军仍然要大力发扬艰苦奋斗、勤俭建军的光荣传统,要坚持勤俭办一切事业。各级领导干部要站在军队建设整体利益的高度,树立全局观念,正确处理局部利益与全局利益、个人利益与整体利益、当前利益与长远利益的关系。要集中精力抓部队建设,抓好以教育训练为中心的各项工作,加快军队建设的步伐,提高我军履行根本职能的能力,完成党中央、中央军委赋予的任务。

解放军三总部、全军各大单位及部分军级单位、武警总部有关负责人出席会议。

中国政府和朝鲜政府在平壤签署《航空运输协定》

浙江航空公司一架飞机从杭州飞往福州途中被歹徒劫持到台湾

当晚机上旅客和机组人员均随机安全返回,劫机歹徒王志华被台湾警察扣留。当天海协会致函台湾海基会,要求台湾有关方面立刻遣返劫机犯。公安部发言人指出,劫机犯王志华有重大盗窃犯罪嫌疑,哈尔滨市检察机关已批准将其逮捕。

11 月 9 日

国家主席江泽民与越南国家主席黎德英在人民大会堂举行会谈

江泽民说,自 1991 年 11 月中越关系正常化以来,两国关系总体上说是好的。两国在各个领域的关系得以恢复,两国政府及其他部门签署的 14 个协定已经或正在落实,双方在政治、经济、科技和文化等领域的友好合作不断扩大。与此同时,两国之间的遗留问题也在逐步解决。我们对近两年多来两国在各个领域的友好合作关系的恢复和发展感到高兴。这不仅符合两国人民的共同愿望和根本利益,同时也有利于本地区的和平、稳定与发展。

江泽民说,中越关系正常化以来,两国经贸关系得到迅速恢复和发展,同时应当看到两国经贸关系中仍存在潜力,还有一些需要解决的问题。为此,双方可以采取以下几项改进措施:相互开放市场,注意发挥大公司、大企业的主渠道作用,努力发展大宗贸易;共同加强边境管理,整顿边贸秩序,打击走私活动;广开渠道,开展灵活多样的贸易活动;增辟通商口岸;鼓励和支持双方企业开展多种形式的经济技术合作。

江泽民指出,中越双方于今年 10 月在河内正式签署的关于解决边界领土问题的基本原则协议是一个良好的开端,为今后的边界谈判奠定了基础,对进一步巩固和发展两国睦邻友好与互利合作关系具有重要意义。

江泽民说,当前我国改革开放总的形势很好,以邓小平同志去年初的重要谈话与党的十四大为标志,我国改革开放的现代化建设事业进入了一个新的发展阶段。以公有制为主体的多种经济成分共同发展的格局已经形成,国有企业经营机制正在转换,市场在资源配置中的作用正在扩大,对外经济技术交流与合作广泛展开。传统计划经济体制正在逐步向社会主义市场经济体制中过渡。在经济加速发展的过程中,出现了一些问题,主要是结构性矛盾没有很好解决,国民经济宏观调控体系不够完善。解决的根本办法是深化改革,加快新的体制的转换,尽快建立起社会主义市场经济的新体制。我们不久之后将就建立社会主义市场经济体制的若干重大问题作出决定,在财税、金融、投资、外贸体制方面采取一系列新的改革措施。

江泽民强调,当前国际形势有缓和的一面,但不稳定的因素在增加,和平与发展是当今世界面临的两大课题。亚太经济合作引起国际社会的重视,中国愿意积极参加双边及多边经济合作。我们积极参加亚太经济合作组织的合作,对东盟准备发起的"东亚经济核心论坛"也持积极态度。关于亚太地区的多边经济合作,中国主张应建立在平等互利、共同发展的原则基础上,多边经济合作应该是开放的、非排他性的。

会谈前,江泽民在人民大会堂中央大厅主持仪式,欢迎黎德英。中共中央政治局委员、书记处书记丁关根,国务院副总理兼外交部长钱其琛,全国人大常委会副委员长倪志福,九三学社中央副主席郝诒纯,中国政府陪同团团长、冶金部部长刘淇等参加欢迎仪式。

国务院总理李鹏在钓鱼台国宾馆会见立陶宛总统阿尔吉尔达斯·布拉藻斯卡斯

国务院总理李鹏在北京会见俄罗斯国防部部长帕维尔·格拉乔夫

《人民日报》发表评论员文章《加强和改善宏观调控积极促进改革与发展》

国务院总理李鹏就科尔总理访华以及如何进一步发展中德关系等问题接受德国电视一台驻北京记者卢茨·马勒威的采访

李鹏说,应中国政府和他本人的邀请,科尔总理将于本月15日开始对中国进行为期六天的正式访问。中国政府非常重视这次访问,江泽民主席将同科尔总理进行会晤,他本人也将同科尔总理举行会谈。他说,"今天我很高兴接受德国电视一台的采访,并愿意借此机会代表中国政府和人民向德国人民致以亲切的问候和良好的祝愿。"

当记者问及对科尔总理这次访问的期望时,李鹏说,中国和德国都是世界上有影响的重要国家。两国之间没有根本的利害冲突,在国际问题上有许多相同或相近的看法,两国经济互补性很强,发展中德友好合作有着良好的基础。中国希望加强两国在政治和经济等各个领域的合作。在这次访问期间,双方将就进一步发展双边关系问题交换意见。"我相信,科尔总理的这次访问必将使中德关系进入一个新的发展阶段。他的访问将取得圆满成功。"

李鹏还说,苏联解体后,国际形势发生了很大变化,现在世界上仍然存在许多不稳定因素,天下并不安宁。访问期间,中德领导人也将就重大国际问题交换看法。中国愿意同包括德国在内的欧洲国家共同致力于和平与发展的事业。

当谈到中德经贸关系时,李鹏说,在国际贸易中,顺差和逆差都是经常发生的。中德之间由于统计口径和方法不同,对贸易平衡问题有一些不同的看法。"但我认为,重要的是要看到两国的贸易有了很大的发展并且有巨大潜力这一事实。"

他说,"我愿意告诉德国朋友,中国经济将继续以较快速度发展,市场潜力是巨大的。很多国家对这个市场都有很大的兴趣。从这一点来说,德国企业界在中国市场上也面临着竞争。我们知道,德国的技术和设备水平比较先进、企业效率比较高、产品质量比较好。这些都是你们的优势,但据中国客户反映,德国产品价格往往是偏高的。我们希望德国企业界在这方面作出相应的努力。"

在被问及科尔总理这次访华在经济合作方面可望取得哪些具体成果时,李鹏说,毫无疑问,科尔总理来访必将推动两国经贸关系的进一步发展,访问将是富有成果的。他说,"根据我所得到的情况,双方有关部门就合作项目进行了广泛深入的讨论,取得了可喜的成果。我想,对你所提到的广州地铁项目,双方也进行了认真的探讨。如果德方提出的条件合理,价格具有竞争力,广州市对达成这一协议的态度是积极的。"

在回答亚太地区将对其他国家提供什么样的机遇这一问题时,李鹏说,亚太地区,特别是东亚地区政治上比较稳定,经济发展较快,这为包括德国在内的世界各国企业界提供了十分有利的合作机会。最近,德国政府提出了发展与亚太国家关系的新政策,"这是很有眼光的,我们对此表示赞赏"。

他说,"正如我在前面所讲到的,中国和德国的经济合作在技术和设备方面已经有了很好的基础。如果德国在对华投资方面迈出更大的步伐,两国经济合作必将达到一个新的水平。"

在回答有关人权问题时,李鹏说,由于历史背景、文化传统和社会经济发展水平各不相同,各国在人权问题上有不同看法,这是十分自然的事情。但不同的人权观不应成为国家之间发展关系的障碍。对于包括中国在内的广大发展中国家来说,最重要的是生存权和发展权。虽然中国经济有了很大的发展,但由于人口多、底子薄，经济尚不够发达，仍然是一个发展中国家。大约到下个世纪中叶才能达到中等发达国家的水平。邓小平同志经常强调，我们最根本的任务就是坚持发展生产力，把四个现代化建设作为重点，放在一切工作的首位。因此，发展问题对我国尤为重要。这是我们对待人权问题的基本出发点。

他指出，东方文化传统更加强调和重视国家和集体的利益。中国就有这么一句古语，"大道之行也，天下为公。"当然，这并不是说中国不尊重个人的权利。恰恰相反，在中国，个人的正当权益都受到宪法和法律的充分保护。

他还说，中国不反对就人权问题同西方国家进行平等善意的对话。这种对话的目的是为了增进了解，求同存异。"我们反对的是借人权问题干涉别国内政。"

当记者告诉李鹏总理德国电视一台正在制作一部介绍毛泽东主席的电视片并请他对毛主席作出评价时，李鹏说，中国人民对毛泽东主席一直怀有崇高的敬意。他是中国各族人民的伟大领袖。他的伟大历史功绩，从理论上讲，是把马克思主义的基本原理同中国革命的具体实践相结合，形成了毛泽东思想；从实践上说，他领导中国人民经过长期斗争，推翻了三座大山，建立了新中国，并进行了各方面的建设。但同历史上的许多伟人一样，他也有不足和局限的地方，特别是在晚年也犯过错误，但总的说是探索中的错误。

李鹏说，"邓小平同志继承、丰富和发展了毛泽东思想，提出了一整套建设有中国特色社会主义的理论。这是我国进行社会主义现代化建设的理论依据和指导方针。"

中共中央政治局常委胡锦涛在人民大会堂会见由主席谢赫·哈西娜·瓦吉德夫人率领的孟加拉国人民联盟代表团

中共贵州省委第七届第一次会议选举刘方仁为省委书记

国务委员李铁映在北京会见赞比亚社区发展和福利部部长纳卡廷迪·威纳公主

外交部部长钱其琛赴美国前在人民大会堂就中美首脑会晤最惠国待遇等问题接受美国驻北京记者采访

中美首脑会晤对两国关系的改善和发展意义重大

在回答中国方面为国家主席江泽民与美国总统克林顿在西雅图会晤做了什么准备的问题以及会晤的意义时，钱其琛说，中国方面非常重视江泽民主席同克林顿总统之间的这次会晤。我们正以建设性的态度积极地进行准备。中美关系现在处于一个关键的时刻。两国最高领导人能有机会当面交换意见，这无疑对于中美关系今后的改善和发展具有重要的意义。

钱其琛指出，这次首脑会晤不是一次谈判，也不是为了照照相，追求什么宣传效果，而是要就在更广泛的范围里，用更长远的观点看待中美关系，达成共识。

钱其琛说，为了准备这次会晤，美国的许多官员先后来华访问，中美两国的副外长也刚刚在华盛顿进行了磋商。所有这些都是准备工作的一部分。双方在这些互访中对所有关心的问题都广泛地交换了意见。我相信，相互之间对对方的观点已经有了比较明确的了解。

在被问及中国对这次会晤的成果有何期待时，钱其琛说，首先，这种会晤本身就是很重要的；其次，会晤可以增进相互了解，加强相互信任，使中美关系进入一个新阶段，走上正常发展的轨道。这样，我们就可以超越目前的一些具体分歧和矛盾，在更大范围里对中美关系未来的发展作更长远的考虑。

为最惠国待遇附加条件是冷战遗留下来的做法

在谈及最惠国待遇时，钱其琛说，贸易就是贸易。要保持正常的贸易关系，必须相互给予最惠国待遇，这是进行正常贸易的基础。如果这个基础被破坏了，就不可能保持良好的经济贸易关系。所以，我们不能接受把和贸易无关的一些问题作为条件附加在最惠国待遇问题上。因为这样做是冷战遗留下来的一种做法，即施加压力的做法。中国不会接受这样的做法。

钱其琛说，中美双方都认为中美之间保持良好的、积极的、具有活力的经济贸易关系符合两国和两国人民的根本利益。当然，在经贸问题上难免会存在一些分歧。对涉及贸易本身的分歧，中美双方已经进行了多次会谈。在市场准入、禁止劳改产品进入美国、保护知识产权等问题上，都已经达成了一些协议。现在的问题是如何执行协议。如果在执行过程中还出现分歧或问题，完全可以进行磋商加以解决。

关于"劳改产品"问题，钱其琛指出，美国只要求中国"劳改产品"不得进入美国，而美国自己出口劳改产品非常积极，而且在广泛地推广。美国的政策是自相矛盾的。

发达国家和发展中国家对人权有不同认识

当记者问及人权问题的国际标准时，钱其琛指出，从今年在维也纳召开的世界人权大会上可以明显地看出，发达国家和发展中国家对这个问题的认识是有分歧的。例如，对人权问题的着眼点，我们更重视整个人民的权利，其中包括生存权、发展权和民主、参政的权利。

中国是一个有着十一亿七千万人口的国家，不可能不从这个角度来看待这个问题。美国或其他一些西方国家更注重个人的自由和民主权利。在这一点上，双方是有差别的。他说，亚洲国家同欧美国家在文化传统上也有所不同。我们更重视个人对社会所负的责任和所承担的义务，而西方国家则比较强调个人的绝对民主和自由。有人将此称为不同文明之间的冲突。不同的文明是客观存在，应当相互尊重，而不应该发生冲突。

钱其琛还说，每个国家的发展过程有所不同，历史背景也各不相同。应该尊重客观存在的世界的多样性。他强调指出，"我们赞成相互交流和借鉴，但反对强加于人。"

关于移民自由问题，钱其琛说，在涉及最惠国待遇问题上的"杰克逊·瓦尼克修正案"同人权有一点关系。但是，中国不存在这个问题，向外移民没有什么障碍。现在的障碍是美国方面经常以"移民倾向"为理由，对要去美国的中国人拒发签证。所以，应该是美国方面放松限制。

核威胁仍存在，应尽早达成不首先使用和不使用核武器的公约

在被问及中国对暂停核试验的立场时，钱其琛指出，在所有核国家中，只有中国公开承诺在任何情况下不首先使用核武器、不对无核国家和地区使用核武器。在其他4个核国家中，美国、英国和法国执行核威慑政策，没有承诺不首先使用和不使用核武器的义务。前苏联曾在十年前宣布过这样的承诺，但最近俄罗斯已放弃了这个承诺。不能说现在世界上没有核威胁，很多国家都认为核威胁还是存在的。

钱其琛指出，中国进行核试验的次数最少，也是最克制的。我们希望加快进行全面禁止核试验的谈判并尽早达成这样的协议。同时我们也希望，所有核国家能尽早达成不首先使用和不使用核武器的公约。

大量向台售武国家没有资格在军售问题上批评中国

在谈到中国武器出口时，钱其琛说，中国军售的数量是非常小的。美国每年向其他国家转让武器的价值为100多亿美元，中国仅为1个亿，不到美国的1%。中国不会转让大规模杀伤性武器。

钱其琛说，中国在武器转让问题上奉行如下原则：第一，有助于有关国家的自卫能力；第二，有助于而不是损害有关地区的稳定；第三，不利用军售干涉别国内政。

在谈到有的国家在武器转让问题上对中国的批评时，钱其琛强调指出，有的国家向中国的台湾地区大量地转让性能先进的武器，在这种情况下，它们有什么资格来批评中国？

中葡联合联络小组第18次全体会议在澳门举行

会议研究了澳门过渡时期三大问题，包括中文官方地位、法律本地化和公务员本地化实施的进展情况，葡方向中方代表团提交了刑法典草案中文本。

双方承认所有公务员均有权享受公退金和赡养费，并继续进行磋商，以便进一步深入研究此问题。双方还继续就中国银行和大西洋银行参与澳门发钞问题进行了磋商。

葡方向中方提交了澳门——奥地利航协文本，供中方研究。由于这是涉及澳门国际机场的第一个此类协定，双方表示重视。

会议于11月12日结束。

中国政府和土耳其政府在安卡拉签署《文化协定》

中央军委副主席张震在人民大会堂会见俄罗斯国防部长帕维尔·格拉乔夫

中国和巴西地球资源卫星发射服务合同在北京签订

根据协议，中国长城公司将于1996年10月用长征4号火箭发射中巴两国共同研制的第一颗地球资源卫星。

国家教委发出《关于进一步加强中学时事教育的意见》

《意见》指出，时事教育是中学思想政治教育的重要内容，是中学生的必修课。各级教育行政部门和学校要提高对中学生进行时事教育的重要性的认识，落实时间和内容，加强组织领导。时事教育的考查与思想政治课考查结合进行，着重考查学生关心国内外大事的态度和对党的方针、政策的理解程度，一般不进行考试和测验。

11月10日

全国人大常委会委员长乔石在人民大会堂会见越南国家主席黎德英

国务院总理李鹏在北京会见越南国家主席黎德英

《毛泽东与西藏》学术研讨会在北京举行

全国政协副主席阿沛·阿旺晋美在会上发言说，毛泽东为西藏的解放和社会主义建设事业做出了巨大

的贡献，他对西藏的工作事必躬亲，亲自制定了一系列方针和特殊政策。签订十七条协议，和平解放西藏；消除历史上形成的汉藏民族隔阂，解决西藏内部的不团结，对西藏上层反动分子进行有理有利有节的斗争，以及平息西藏叛乱，进行民主改革，解放百万农奴，推翻黑暗、落后的封建农奴制度，团结帮助爱国进步的西藏上层人士，稳定个体所有制和个体经济，慎重地引导西藏走上社会主义道路，进行社会主义革命和建设，等等。在这些伟大的革命实践中，无不凝聚着毛泽东的心血，无不闪耀着毛泽东解决国内民族问题思想的光辉。

全国各省自治区直辖市人大农村工作座谈会在江苏昆山召开

会议提出，要加强人大农村工作，加快农业法制建设步伐，用法律和法规来规范市场经济下农业在国民经济中的基础地位，促进和保证农业的稳定发展，使农业与整个经济发展相适应。

座谈会期间，与会者总结交流各地人大农村工作的经验，着重讨论和研究社会主义市场经济条件下进一步加快农业立法的问题。部分代表还对座谈会提交的《乡镇企业法》(讨论稿)进行讨论，提出修改意见。

出席座谈会的代表认为，近几年来，全国和地方人大在加强农村经济工作，健全农业法制方面已做了大量工作，并取得显著成绩。目前，全国已有 2/3 的省、区、直辖市人大专门设立了农村经济委员会，强化了人大农村经济方面的工作。今年八届全国人大换届以来，全面加强了立法工作，在第二次常委会会议上，一次就通过了《农业法》和《农业技术推广法》两部有关农业方面的法律。但农业的法制建设仍跟不上市场经济发展形势的需要，应当加快立法的进程。

信息化与经济发展国际研讨会在北京举行

来自美国、日本、英国、法国、新西兰等国的专家、学者，世界 28 家著名跨国公司的代表及有关人士 80 多人出席。国务院副总理李岚清到会并讲话。李岚清指出，中国政府在产业政策上已明确把电讯和信息业放到了优先发展的位置；中国发展电讯和信息业，不仅需要本身的努力，而且也需要加强同国外合作。

国务院总理李鹏在钓鱼台国宾馆会见美国西屋电气公司董事长米切尔·乔丹

全军宣传理论干部轮训班开学典礼在北京举行

中央军委副主席张震在国防大学举办的全军宣传理论干部学习《邓小平文选》第三卷轮训班开学典礼上发表讲话，张震强调，学习《邓小平文选》第三卷是军队政治建设的头等大事，全军同志特别是各级领导干部要以极大的热情投入到学习中来，进一步落实用建设有中国特色社会主义理论武装全军的战略任务，在以江泽民同志为核心的党中央、中央军委领导下，把我军的革命化、现代化、正规化建设提高到一个新水平。

张震说，在新的历史条件下，要保证党对军队的绝对领导，保证军队坚持党的基本路线一百年不动摇，保证人民军队的性质不变，保证军队各项建设和改革的顺利进行，更好地履行我军根本职能，最根本的是坚持不懈地用邓小平同志建设有中国特色社会主义理论武装全军。军委、总政决定明年全军干部的理论学习要以《邓小平文选》第三卷为主要内容，将在国防大学分期轮训正军职以上领导干部。各大单位要抓好团级以上干部的轮训。院校要把三卷的内容贯穿到各门政治理论课教学中去，推进政治理论教育改革。基层官兵要结合党的基本路线教育，选学三卷的有关篇目，掌握建设有中国特色社会主义理论的基本观点。

张震指出，学习《邓小平文选》第三卷，要认真研读原著，在掌握精神实质上下功夫。要继续加深理解邓小平同志有关社会主义市场经济的论述，坚决拥护党中央关于加快建立社会主义市场经济体制的一系列重大决策。对我们军队的同志来说，要很好地学习领会邓小平同志新时期军队建设思想。在《邓小平文选》第三卷中，有不少篇章是专门论述军队建设的。这些重要文献，都是新形势下对毛泽东军事思想创造性的运用和发展，是加强我军革命化、现代化、正规化建设的根本指针。我们要反复学习领会，联系新时期军队建设的实际，进一步端正各项工作的指导思想，一切着眼于提高部队战斗力。在军事工作中，要反复领会邓小平同志关于把教育训练提高到战略地位的论述，坚持把军事训练摆在部队工作的中心位置，积极推进训练改革，提高训练质量。要反复领会邓小平同志关于立足劣势装备战胜优势装备敌人的论述，加强高新科技知识和现代战争知识的学习，加强对现代技术，特别是高技术条件下局部战争的特点和规律的研究。要加强新形势下军队的管理教育，干部要增强爱兵观念，密切官兵团结。后勤保障工作，要积极为军事训练创造良好条件，不断提高保障能力。政治工作要继续研究社会主义市场经济条件下部队建设面临的新情况、新问题，加强人生观、价值观教育，大力弘扬邓小平同志倡导的“五种革命精神”和江泽民同志提出的 64 字创业精神，旗帜鲜明地抵制拜金主义、享乐主义和极端个人主义。学习《邓小平文选》第三卷，要同改造世界观结合起来，发扬我党我军优良传统，促进党风廉政建设。

中央军委委员、总政治部主任于永波出席会议并讲话。于永波说，我们要认真贯彻落实中央和军委领导的指示精神，切实把学习《邓小平文选》第三卷摆在军队政治建设的首要位置，切实加强组织领导，引导全军更加自觉地学习建设有中国特色社会主义理论，并自觉地运用到实践中去。

三总部、驻京各大单位、军委办公厅的领导同志以及全军技术院校院校长轮训班的学员参加开学典礼。

司法部民政部发布《外国人在中华人民共和国收养子女实施办法》

中国纺织品贸易谈判代表团团长周仁在华盛顿举行记者招待会

由于中美双方在"反舞弊条款"的内容上存在着严重分歧，有关延长今年底到期的中美纺织品协议的谈判没有达成协议。

周可仁在当天下午举行的一次中外记者招待会上介绍说，中美双方于11月9日和10日两天主要围绕美方提出的"反舞弊条款"的内容进行了磋商。原协议中没有"反舞弊条款"，为了表示中方的合作诚意及推动协议在年底前能够达成，中方同意在磋商新的双边纺织品协议中讨论这一条款。

《邓小平文选》第三卷由香港三联书店在港澳发行

11月11日

国家主席江泽民在中南海会见美国摩托罗拉有限公司前董事长、执行委员会主席罗伯特·高尔文等

全国政协主席李瑞环在北京会见德国联邦参议院主席、不来梅州州长克劳斯·韦德迈尔

国家副主席荣毅仁在北京会见日本住友商事公司总裁秋山富一及其一行

外交部发言人吴建民在记者招待会上答记者问

中方对香港问题基本立场不变

有记者问及英方称中方在香港问题上的立场有所松动的问题，并请发言人证实。吴建民说：我们对香港问题的基本立场没有改变。我们在谈判中已经作出很大努力，并将继续作出努力。希望英方同我们一道，采取积极和建设性的态度，使谈判早日在"三符合"的基础上达成协议。

在应记者提问对港英《宪报》公布1994年区议会选区划分方案发表评论时，吴建民说，中英关于香港1994年/1995年选举安排问题的会谈正在进行，在双方尚未达成协议的情况下，港英单方面公布区议会选区划分方案，这是偷步行为，是在为会谈设置障碍。

赞赏德国政府拒绝向台湾出售武器、坚持"一个中国"的立场

在回答有关科尔总理访华以及德国在台湾问题上的立场对两国经贸关系有何影响的问题时，吴建民首先指出，在德国统一的问题上，中国从一开始就持支持态度。他说：我们对于德国政府拒绝向台湾出售武器、坚持"一个中国"的立场表示赞赏。毫无疑问，这有利于中德两国在包括经贸在内的各个领域合作的发展。事实上也正是如此。今年以来，中德经贸关系发展得非常快。在两国经贸官员互访时，双方签署了大量合作文件。

吴建民说，中德双方的有关部门为科尔总理访华正在积极地进行准备。"从目前的情况来看，双方可望在科尔总理访华期间签署一系列涉及钢铁、交通运输、能源、化工、机械、电子、电信和环保等领域合作的合同和意向书。"

俄国防部长访华有助于增进两军互相了解

吴建民在评价俄罗斯国防部长格拉乔夫访华时说，俄罗斯国防部长格拉乔夫大将一行于11月8日至11日对中国进行了友好访问。这是俄罗斯国防部长第一次访华，也是对中国国防部长去年访俄的回访。访华期间，双方就两军交往及共同感兴趣的问题交换了意见，双方表示，将继续作出努力，不断发展中俄两国两军的友好关系。至于访问期间签署了哪些军事合作协议的问题，吴建民说，双方签署了两国国防部长会谈纪要及中俄两国国防部合作协议，其内容主要涉及人员交往和业务方面的经验交流，不涉及军工合作和武器销售问题。

吴建民说，"此次访问有助于增进两国互相了解，促进双方的正常以。"

国防部部长迟浩田与俄罗斯联邦国防部长帕维尔·格拉乔夫在北京签署两国国防部合作协议

11月12日

中央综治委中宣部在北京联合召开座谈会

中央社会治安综合治理委员会、中共中央宣传部联合召开会议，邀请中央新闻、宣传、文化等有关单位和部门的负责人，研究和部署社会治安综合治理的宣传工作。与会者就贯彻《关于当前加强社会治安综合治理宣传报道工作的意见》进行座谈，一致认为，对社

会治安实行综合治理，是党和国家维护社会稳定、保障改革开放和现代化建设顺利进行的一项十分重要的措施，是解决我国社会治安问题的根本途径，要充分认识加强社会治安综合治理的重大意义，进一步做好这方面的宣传报道工作。

会上传达《中央社会治安综合治理委员会、中共中央宣传部关于当前加强社会治安综合治理宣传报道工作的意见》。《意见》说，今年 7 月，中共中央政治局常委会对加强社会治安综合治理工作作了重要指示，强调在建立社会主义市场经济的新形势下，社会治安综合治理工作只能加强，不能削弱。要把做好这项工作上升到积极、全面、正确贯彻执行党的"一个中心、两个基本点"的基本路线的高度来认识。《意见》要求各级综治委、各级党委宣传部门和新闻单位要坚决贯彻落实中共中央政治局常委会的指示精神，充分认识加强社会治安综合治理的重大意义，进一步做好这方面的宣传报道工作。

中共中央宣传部副部长龚心瀚在会上讲话。他要求各级党委宣传部门和新闻单位要自觉把综合治理的宣传报道作为当前和今后一个时期的工作重点，作好计划，组织调配好力量，加强检查监督，认真落实好文件中提出的各项要求。

中央社会治安综合治理委员会副主任、全国人大常委会秘书长曹志在座谈会结束时讲了话。他希望各级党委、政府把贯彻好这个文件作为落实中共中央政治局常委会关于社会治安综合治理重要指示的必要措施，认真督促各有关部门迅速行动起来，做好各自承担的工作。各级社会治安综合治理委员会要充分发挥参谋助手作用，积极协助党委、政府做好组织、协调和指导工作，迅速会同党委宣传部门制定宣传计划，明确分工，落实责任，加强检查，及时研究解决工作中的问题。

全国又有 134 个市县对外国人开放

公安部新闻发言人宣布，经国务院批准，全国又有 134 个市、县列入对外国人开放地区。至此，全国已有 1053 个市、县对外国人开放。

根据《中华人民共和国外国人入境出境管理法》第四章第二十条规定，外国人持有效签证或居留证件，即可前往这些地区旅行，无须申办旅行证件。

此次对外国人开放的市、县是：

广西壮族自治区：凭祥市、龙州县、宁明县、大新县、那坡县、靖西县、防城各族自治县、鹿寨县、荔浦县、平乐县、钟山县、贺县、平果县、田东县、田阳县、田林县、百色市、永福县、灵川县、全州县、来宾县、崇左县、扶绥县、宜山县、河池市、南丹县、融安县、平南县、博白县、岑溪县、蒙山县、昭平县、藤县、横县、天等县、德保县、上思县、浦北县、上林县、恭城瑶族自治县、象州县、东兰县、巴马瑶族自治县、凤山县、凌云县、环江毛南族自治县、天峨县、乐业县、罗城仫佬族自治县、灌阳县、资源县、富川瑶族自治县、合山市、大化瑶族自治县、马山县、都安瑶族自治县、隆林各族自治县。

陕西省：神木县、府谷县、佳县、吴堡县、清涧县、子洲县、吴旗县、延川县、富县、洛川县、佛坪县、镇巴县、洛南县、商南县、山阳县、镇安县、大荔县、合阳县、澄城县、白水县。

吉林省：汪清县。

青海省：兴海县、同德县、泽库县、河南蒙古族自治县、玉树县、玛沁县、久治县、平安县。

甘肃省：陇西县、渭源县、通渭县、漳县、泾川县、庄浪县、华池县、宁县、镇原县、合水县、正宁县、玛曲县、高台县、民乐县。

新疆维吾尔自治区：米泉县、呼图壁县、木垒县、奇台县、玛纳斯县、博湖县、焉耆县、轮台县、且末县、温宿县、拜城县、新和县、民丰县、于田县、策勒县、墨玉县、疏勒县、英吉沙县、泽普县、伊吾县、巴里坤县、若羌县、青河县、富蕴县、福海县、沙湾县、和硕县、疏附县、和田县、洛浦县、沙雅县、皮山县、乌什县、巴楚县。

最高人民法院最高人民检察院发出关于依法严惩破坏计划生育犯罪活动的通知

实行计划生育是我国的一项基本国策。它关系到民族的昌盛、子孙后代的幸福。对少数人以各种手段破坏计划生育工作的行为，除进行必要的教育外，对那些伪造计划生育证明出售牟利，多次为他人做假节育手术，或者非法出具计划生育证明，并索取大量钱财，甚至趁机进行强奸、流氓、诈骗等犯罪活动的，要坚决依法惩处。

11 月 13 日

中宣部林业部国家工商行政管理局联合发出大力开展保护野生动物的宣传的通知

中宣部、林业部、国家工商行政管理局近日联合发出通知，要求大力开展保护野生动物的宣传。

通知说，党中央、国务院对保护野生动物十分重视，采取了一系列措施，加强野生动物保护工作。1993 年 5 月 29 日，国务院又专门发出《关于禁止犀牛角和虎骨贸易的通知》，重申禁止犀牛角和虎骨及其产品的一切贸易活动，对保护野生动物，特别是濒危物种，打击违法犯罪活动，起到了有力的推动作用。

通知指出，要充分认识保护野生动物的重要性，大力加强保护野生动物的宣传工作。各新闻宣传单位要大力开展保护野生动物的宣传，广泛宣传保护野生动物的重大意义，宣传国家保护野生动物的法律法规及政策规定，宣传中国在保护野生动物方面所取得的成就。教育人们更加自觉地保护野生动物。

通知要求，各新闻单位要切实加强领导，采取有力措施，坚决杜绝不利于濒危动物保护的宣传。各级工商行政管理部门要对广告进行检查。今后不得制作、刊登濒危动物及其产品的广告。违者将根据国家有关法律、法规，追究其责任。

国务院台湾事务办公室发言人李庆洲就最近连续发生劫机去台事件发表谈话

李庆洲说，自今年4月以来，连续发生多起歹徒劫持大陆民航班机去台事件。这严重危害了航空安全，直接威胁到包括台湾同胞在内的海内外旅客的人身财产安全，已经引起两岸同胞和各界人士的极大关注。他说，劫机去台事件频频发生的根本原因在于，台湾当局至今仍以种种借口，将劫机罪犯留置台湾不予遣返，纵容了这些人铤而走险劫机去台的行为，从而使大陆某些犯罪分子逃避法律制裁的企图得逞。

李庆洲说，我们认为，海峡两岸均应从发展两岸关系、维护两岸人民生命财产安全的大局出发，相互配合，以遏制两岸劫机事件的发生。我们强烈要求台湾当局认真遵守“金门协议”，将大陆劫机案犯全部遣返，使之受到应有的惩罚，从根本上杜绝劫机事件的发生，维护包括台湾同胞在内的所有旅客的生命财产安全。台湾当局如不改弦易辙，对劫机案犯仍坚持拒不遣返的错误做法，那么，由此而产生的一切严重后果，应由台湾当局负责。

全国气象为农业服务经验交流会在北京举行

全国人大常委会委员长乔石在人民大会堂会见哥伦比亚前总统自由党前主席洛佩斯·米切尔森和夫人

11月14日

中国共产党第十四届中央委员会第三次全体会议公报

中国共产党第十四届中央委员会第三次全体会议，于1993年11月11日至14日在北京举行。

出席这次会议的中央委员182人，候补中央委员128人。有关负责同志54人列席了会议。全会由中央政治局主持，中央委员会总书记江泽民同志作了重要讲话。

全会审议并通过了《中共中央关于建立社会主义市场经济体制若干问题的决定》。《决定》共五十条，分十个部分：一、我国经济体制改革面临的新形势和新任务；二、转换国有企业经营机制，建立现代企业制度；三、培育和发展市场体系；四、转变政府职能，建立健全宏观经济调控体系；五、建立合理的个人收入分配和社会保障制度；六、深化农村经济体制改革；七、深化对外经济体制改革，进一步扩大对外开放；八、进一步改革科技体制和教育体制；九、加强法律制度建设；十、加强和改善党的领导，为本世纪末初步建立社会主义市场经济体制而奋斗。全会认为，《决定》把党的十四大确定的经济体制改革的目标和基本原则加以系统化、具体化，是我国建立社会主义市场经济体制的总体规划，是九十年代进行经济体制改革的行动纲领，必将对我国的改革开放和社会主义现代化建设产生重大而深远的影响。

全会认为，在邓小平同志建设有中国特色社会主义的理论指导下，经过十五年改革，我国经济体制发生了巨大变化。以公有制为主体的多种经济成分共同发展的格局初步形成，农村经济体制改革不断深入，国有企业经营机制正在转换，市场在资源配置中的作用迅速扩大，对外经济技术交流与合作广泛展开，计划经济体制逐步向社会主义市场经济体制过渡。改革解放和发展了社会生产力，推动我国经济建设、人民生活和综合国力上了一个大台阶。以邓小平同志1992年年初重要谈话和党的十四大为标志，我国改革开放和现代化建设事业进入了一个新的发展阶段。改革开放迈出新的步伐，宏观调控取得积极成效，经济蓬勃发展，社会政治稳定。我们要紧紧抓住国内国际的有利时机，加快建立社会市场经济体制的进程，实现国民经济持续、快速、健康的发展。

全会指出，社会主义市场经济体制是同社会主义基本制度结合在一起的。建立社会主义市场经济体制，就是要使市场在国家宏观调控下对资源配置起基础性作用。为实现这个目标，必须坚持以公有制为主体、多种经济成分共同发展的方针，进一步转换国有企业经营机制，建立适应市场经济要求，产权清晰、权责明确、政企分开、管理科学的现代企业制度；建立全国统一开放的市场体系，实现城乡市场紧密结合，国内市场与国际市场相互衔接，促进资源的优化配置；转变政府管理经济的职能，建立以间接手段为主的完善的宏观调控体系，保证国民经济的健康运行；建立以按劳分配为主体，效率优先、兼顾公平的收入分配制度，鼓励一部分地区一部分人先富起来，走共同富裕的道路；建立多层次的社会保障制度，为城乡居民提供同我国国情相适应的社会保障，促进经济发展和社会稳定。这些主要环节相互联系又相互制约，构成社会主义市场经济体制的基本框架。

全会强调，建立社会主义市场经济体制是一项开创性的伟大事业。要毫不动摇地坚持邓小平同志建设有中国特色社会主义的理论和党在社会主义初级阶段的基本路线，以是否有利于发展社会主义社会的生产力，是否有利于增强社会主义国家的综合国力，是否有利于提高人民的生活水平，作为决定各项改革措施取舍和检验其得失的根本标准。在推进改革的过程中，必须解放思想，实事求是；以经济建设为中心，改革开放、经济发展和社会稳定相互促进，相互统一；尊重群众首创精神，重视群众切身利益；实行整体推进和重点突破相结合。各级党委和政府要用党的基本理论和基本路线统揽全局，把更大的精力集中到加快改革上来。当前要紧紧抓住建立现代企业制度、市场体系和金融、财税、计划、投资、外贸等重点领域的改革，制订具体方案，采取实际步骤，取得新的突破。

全会指出，建立社会主义市场经济体制，加快现代化建设步伐，必须坚持和改善党的领导，加强党的自身建设。要用邓小平同志建设有中国特色社会主义的理论武装全党，提高贯彻执行党的基本路线和发展社会主义市场经济的方针政策的坚定性和自觉性。适应建立社会主义市场经济体制和经济发展的要求，积极推进政治体制改革，加强社会主义民主政治和法制建设。坚持两手抓、两手都要硬的方针，加强社会主义精神文明建设。深入开展反腐败斗争，切实抓好廉政建设。加强社会治安综合治理。巩固和发展安定团结的政治局面。

全会号召，全党同志和全国各族人民更加紧密地团结在以江泽民同志为核心的党中央周围，在邓小平同志建设有中国特色社会主义的理论和党的十四大精神指引下，同心同德，锐意改革，自力更生，艰苦创业，为在本世纪末初步建立起社会主义市场经济体制，实现国民经济和社会发展第二步战略目标而努力奋斗！

中共中央总书记江泽民在中共十四届三中全会闭幕会上发表讲话

同志们：

十四届三中全会今天就要结束了。这次全会是开得成功的，也是有历史意义的。会议通过的《中共中央关于建立社会主义市场经济体制若干问题的决定》，根据邓小平同志建设有中国特色社会主义的理论和党的十四大精神，把十四大提出的经济体制改革的目标和基本原则加以具体化，在某些方面有进一步发展，制定了社会主义市场经济体制的总体规划。这是我们在九十年代进行经济体制改革的行动纲领。可以预计，这次全会将对我国的改革开放和社会主义现代化建设产生深远影响。

现在我就当前形势、贯彻执行全会《决定》以及加强党的建设和党的领导问题，讲几点意见。

一、关于当前形势

在邓小平同志去年初的重要谈话和党的十四大精神指引下，一年多来，各方面的工作都打开了新的局面。国民经济蓬勃发展，围绕建立社会主义市场经济体制的各项改革和对外开放取得新的进展，其他各项事业也有新的成就。现在我国经济发展，政治稳定，民族团结，社会进步，总的形势确实是好的。

今年，国民经济在去年快速增长的基础上，仍然保持快速增长的势头。前三个季度国民生产总值比去年同期增长 13.3%，全年预计大体上也将保持这样高的增长速度。乡及乡以上工业生产将增长 21%左右。农业获得较好收成。在经济快速增长中出现的一些突出矛盾和问题，党中央和国务院已经采取一系列措施加以解决。特别是从 6 月份起，加强和改善宏观调控，大力整顿金融秩序和经济秩序，经过几个月来各方面的共同努力，已经取得积极成效。金融形势趋于稳定。房地产热、开发区热和投资增长过旺的势头受到抑制。国家重点建设项目进度加快。物价上涨得到一定程度的遏制，外汇调剂市场价格回落并趋向基本正常。夏收农副产品收购打“白条”现象基本消除，秋收资金已经提前到位。钢材等主要生产资料价格回落。国家财政收支情况有所改善。城乡人民收入继续增加。整个国民经济运行向着健康方向发展。事实证明，党中央和国务院采取的加强和改善宏观调控的措施，是完全必要和正确的。根据目前的态势，明年仍有可能保持较快的增长速度，实现国民经济持续、快速、健康发展。

今年以来，改革开放的步伐明显加快。许多重大改革举措，有的已经出台，有的即将出台。今年抓住时机，继续大步推进价格改革，放开了不少工业生产资料价格，90%以上的县(市)放开了粮食购销价格。整个经济的市场化程度继续提高。对外开放继续向广度和深度推进，外商来华投资形成新的高潮。今年加强和改善宏观调控的一个重要特点，是通过深化改革来解决前进中出现的矛盾和问题，主要采取经济手段和法律手段，当然也辅之以必要的行政手段，实践证明是成功的。这给我们提供了宝贵的经验，说明解决国民经济和社会发展中的深层次矛盾，根本出路在于深化改革。

当前国内社会政治方面的情况也是好的。今年中央和地方都顺利进行了人大、政府和政协的换届，共青团、妇联和工会等群众组织先后举行全国代表大会，实现了领导班子的新老交替。社会主义民主和法制建设有新的进展，制定了一些重要的法律法规。宣传思想工作得到加强。中央抓了廉政建设和反腐败斗争，中纪委和国务院作了具体部署，各地区、各部门正在抓紧贯彻落实。查办了一些大案要案，刹了一些不正之风，进一步密切了党和群众的关系。社会治安综合治理工作进一步加强，国内外敌对势力制造事端的图谋被及时挫败，一些突发性事件得到妥善处置，维护了社会秩序和经济秩序。

国际形势的发展变化总的来说也对我们有利。东西方对抗结束，世界有可能出现比较长的和平时期，特别是我国同邻国的关系进一步得到改善，有利于为经济建设创造和平的周边环境和国际环境。世界范围的经济结构调整，有利于我吸引外来投资和技术。亚太地区对世界的影响越来越大，对我也是有利的。

总之，当前国内外形势都比较有利，我们确实面临着改革和发展的大好时机。这样的历史机遇并不是很多。我们一定要抓紧有利时机，加快改革开放和现代化建设步伐，进一步增强我国的综合国力。正是基于这种考虑，中央政治局提出，十四届三中全会就建立社会主义市场经济体制的问题作出决定，统一全党的认识和步伐，积极深化改革，促进经济发展。我们相信，在这次全会以后，我国的改革开放和现代化建设将会出现一个新的局面。

二、关于贯彻《决定》的几个问题

十四大确定建立社会主义市场经济体制的目标以来，各方面的同志都希望能够再前进一步，对于社会主义市场经济体制有一个比较完整和系统的说法，以便更好地组织和推进经济体制改革。大家都看到，市场机制在我国经济生活中发挥着愈益重要的作用，但某些领域改革的滞后又影响着新体制的建立和国民经济的健康发展。有了十多年来改革在各个方面所取得的突破和积累的经验，也具备了实现改革整体推进的条件。这就需要进行总体设计，需要强调体制和政策的规范化。这次全会决定所勾画的社会主义市场经济体制基本框架，虽然还需要在实践中接受检验和继续完善，但有了这个基本框架，可以增强我们对改革工作指导的预见性，使改革更加富有成效。

《决定》的内容是丰富而全面的，五十条都很重要。这里，我想就贯彻《决定》精神的问题，讲几点意见：

（一）正确处理改革和发展的关系。现在国内外形势都比较有利，我国经济发展潜力很大，有可能在一个比较长的时间内保持比较高的增长速度。我们要坚持以经济建设为中心，抓住当前有利时机，集中力量把经济搞上去。小平同志说，“发展才是硬道理”，“问题的最终解决还是靠经济的发展”。这是千真万确的。我们要按照这次全会的精神，不失时机地推出已经准备好的各项改革措施，为经济发展创造良好的体制条件。经济工作的安排，要注意为改革创造比较宽松的环境。发展也要有新思路，真正转到以提高经济效益为中心的轨道上来，不能继续走盲目追求产值和扩大投资规模的粗放经营的老路。只有生产搞好了，创造的财富多了，国家才能富强，人民生活才能改善。多少年来的经验告诉我们，任何时候都必须抓好两件大事，一是要加强农业的基础地位，一是要搞好国有大中型企业。农业问题，中央刚开过会，方针政策定了，要认真组织落实，保证农业和整个农村经济稳定发展。从现在起，要在搞好国有大中型企业上花更大的力量。国有大中型企业是我国经济振兴的主要依托，现在面临的许多困难，要靠深化改革来解决。国有企业改革是我国经济体制改革的重点和难点所在。《决定》鲜明地提出了建立现代企业制度的问题，在企业改革的思路上向前迈进了一大步。《决定》概括了现代企业制度的基本特征，指明了企业改革的方向。要根据《决定》的要求，扎扎实实地深化企业改革，真正把国有企业搞好，使其在经济发展中发挥主导和骨干作用。这既是关系整个国民经济发展的重大经济问题，也是关系社会主义制度命运的重大政治问题，我们一定要下功夫把这个问题解决好。

（二）正确处理加强宏观调控和发挥市场作用的关系。社会主义市场经济体制是同社会主义基本制度结合在一起的。建立社会主义市场经济体制，就是要使市场在国家宏观调控下对资源配置起基础性作用。国家宏观调控和市场机制的作用，都是社会主义市场经济体制的本质要求，二者是统一的，是相辅相成、相互促进的。要改革传统的计划经济体制，必须强调充分发挥市场在资源配置方面的基础性作用，不如此便没有社会主义市场经济。但是，同时也要看到市场存在自发性、盲目性、滞后性的消极一面，这种弱点和不足必须靠国家对市场活动的宏观指导和调控，来加以弥补和克服。在当今世界，没有哪一个国家的市场经济是不受政府调控的。我国是社会主义国家，应该而且也更有条件搞好宏观调控。现在的问题是，市场的作用在很多方面还没有得到充分发挥，同时又存在着市场盲目发展和经济秩序混乱的现象。我们要积极培育和发展市场体系，继续推进价格改革和商品流通体系改革，发展生产要素市场，改善和加强对市场的调控、管理和监督。今年的实践也说明，建立社会主义市场经济体制，必须从充分发挥市场机制作用和加强宏观调控这两个方面共同努力。每个时期工作的着重点可以有所不同，根据不同的实际情况，有的时候强调市场作用多一些，有的时候强调国家宏观调控多一些，但切不可在强调一个方面的时候，忽视以至放松了另外一个方面。

（三）坚持两手抓、两手都要硬的方针。在改革开放和现代化建设的进程中，要始终如一地坚持两手抓、两手都要硬的方针。在这个问题上，我们是有过深刻教训的，决不能重复一手硬、一手软的错误。

在大家忙于集中精力搞改革开放和经济建设的时候，千万不可忽视精神文明建设。《决定》强调了社会主义精神文明建设的方针和任务，提出了要求，特别指出，要积极倡导在社会主义市场经济条件下坚持正确的人生观和文明健康的生活方式，加强社会公德和职业道德的建设。这都是有针对性的。现实生活中确实在滋长着拜金主义、极端个人主义和腐朽的生活方式，以及其他社会丑恶现象，有些已经到了相当严重的地步，必须采取有效措施同它作坚决的斗争。我们必须旗帜鲜明地扶持正气，克服邪气，在全社会造成浓厚的健康向上、积极进取的良好风尚。我们要继承优秀的民族文化传统，学习外国一切先进的文明成果，但决不能把糟粕当作精华。

毛泽东同志有一句至理名言："国家的统一，人民的团结，国内各民族的团结，这是我们的事业必定要胜利的基本保证。"没有团结稳定的政治局面，什么事情也搞不成。当前总的情况是好的，但我们必须居安思危，绝不能麻痹大意。必须加强政法工作和社会治安的综合治理，加强法制建设和执法工作，依法惩治各种犯罪活动。要正确处理人民内部矛盾，及时消除各种不安定的因素，巩固安定团结的政治局面。要认真执行党的民族政策和宗教政策，广泛进行马克思主义民族观、宗教观的教育。

要继续深入开展反腐败斗争。加强廉政建设、反对腐败是建立社会主义市场经济体制的必要条件，也是关系改革事业成败，关系党和国家命运的大事。中央关于反腐败斗争的方针、原则、政策是明确的，广大干部群众是衷心拥护的。反腐败斗争的重点，是党政领导机关、执法部门和经济管理部门，以及查处大案要案。共产党员尤其是高、中级领导干部，必须提高自觉性，廉洁自律，当好表率。对于腐败分子，不管什么人，都必须依照党纪国法惩办，绝不能姑息养奸。反腐败斗争是一项长期的任务，要坚持不懈地抓。中央确定的这次反腐败斗争的阶段性目标，一定要保证实现。

（四）充分调动一切积极因素，发挥各个方面的积极性。不论是过去的革命战争，还是现在的改革开放和现代化建设，只有紧紧依靠广大干部和群众，充分调动各个方面的积极性，群策群力，才能取得成功。我们一向强调发挥中央和地方两个积极性。《决定》对财税体制和金融体制的改革，规定了方向和原则，是充分考虑到我国的现实情况和地方工作的。实行分税制，合理划分中央和地方的事权，合理确定中央和地方的收支比例，目的是理顺经济关系，使经济活动规范化。强化中央银行的货币调控和监督职能，实行政策性金融与商业性金融分开，实现汇率并轨，是金融体制的重大改革，也涉及中央和地方利益关系的调整。财税体制和金融体制改革，是发展社会主义市场经济的要求，既符合国际上的通常做法，也考虑了中国的特点和具体情况。这样做，有利于发挥中央和地方两个积极性，把经济建设搞得更好，实现国民经济和社会的协调发展。在处理中央和地方的关系时，中央要考虑地方的困难，地方则要树立全局观念，全局照顾局部，局部服从全局。财税体制和金融体制改革方案，通过讨论协调获得共识，说明大家是顾全大局，有全局观念的。我们要充分理解这项改革的深远意义，同心同德，共同努力，完成改革任务。

我国是幅员辽阔的大国，各地经济发展很不平衡。地区之间的差距是历史形成的，缩小差距也需要有一个过程。党和国家的方针政策，是立足于发挥两个积极性：既发挥经济发达地区的积极性，也发挥经济不发达地区的积极性。我们在这方面的基本方针是明确的。经济发达地区要充分利用本身的有利条件和现有基础，能快的还是要搞得快一些，使经济更快地再上一个新台阶，带动和促进经济不发达地区发展，为国家的现代化事业做出更大贡献。为了逐步实现共同富裕的目标，国家对中西部经济不发达地区采取积极扶持的政策。随着改革的深入和开放的扩大，中西部地区发展经济的条件也在逐步改善，只要充分发挥自身在资源和其他方面的优势，在自己努力和国家支持下，也是完全能够逐步加快发展步伐的。

处理国家、企业和职工个人的关系，也要发挥三个方面的积极性。在企业内部，要发挥党的组织、经营管理人员和全体职工的积极性。在全体人民中，要发挥工人、农民、知识分子和各界人士的积极性。要加强民族团结，发挥全国各族人民的积极性。要充分发挥工会、共青团、妇联等群众团体和各民主党派的积极性。调动广大干部和群众的积极性，要靠深化改革和完善制度，也要靠思想政治工作，发挥我们的政治优势。

总之，我们的方针，是充分发挥各个方面的积极性，调动一切积极因素，化消极因素为积极因素，把力量凝聚到社会主义现代化建设的伟大事业上来。这样，我们的改革开放和经济建设就会具有最广泛最深厚的群众基础，生气勃勃地向前发展。

三、关于加强党的建设和党的领导

建立社会主义市场经济体制，加快现代化建设步伐，是新时期的伟大历史任务。我们党要领导这样的前无古人的开创性事业取得胜利，必须切实加强自身的思想建设、组织建设和作风建设。

（一）加强党的思想建设，用邓小平同志建设有中国特色社会主义的理论武装全党。一个党，一个民族，一个国家，特别是像我们这样的大党，这样十多亿人口、由五十六个民族组成的多民族大国，必须有正确的理论指导和强大的精神支柱。现在我们处在改革开放和现代化建设这样深刻的社会变革之中，社会关系和社会经济面貌正在发生巨大的变化。我们党要担负起领导这场伟大变革的历史责任，必须有正确的理论指导和强大的精神支柱。否则整个党和国家就不可能有强大的凝聚力，就会成为像旧中国那样的一盘散沙，我们也就不可能有强大的力量。思想建设是组织建设和作风建设的基础。邓小平同志建设有中国特色社会主义的理论，是毛泽东思想的继承和发展，是当代中国的马克思主义，我们必须用这个理论武装全党全军和全国各族人民。中央已经作出学习《邓小平文选》第三卷的决定，全党同志特别是县以上领导干部一定要结合实际，认真学习。要发扬理论联系实际的马克思主义学风，认真研读原著，掌握精神实质，结合本部门、本地区的实际情况加以贯彻。在座的各位，都是党中央委员会的委员、候补委员和党政军群各方面的负责同志，更要带头学好，以提高自己的政治水平、思想水平和领导水平，提高执行党的基本路线的自觉性和坚定性。这是我们胜利推进改革开放和现代化建设事业的根本大计。

（二）加强党的组织建设。党的力量在于党的团结，在于党有严密的组织和严格的纪律。加强党的组织建设需要做很多工作，我这里强调三点。一是必须坚决执行党的民主集中制原则。只有坚持民主集中制原则，才能统一认识，统一步调。各级党组织要自觉把党和国家的利益摆在第一位，做到局部利益服从整体利益，眼前利益服从长远利益，顾全大局，保证中央各项方针政策的贯彻实施，保持全党在政治上组织上和行动上的高度统一。那种有令不行、有禁不止的行为，对于我们的事业极为不利，是党的纪律所不允许的。二是加强党的基层组织建设。党的基层组织是党的基础，基础稳固才能保证党的整体有强大的战斗力，才能经得起任何风浪的考验。贯彻落实《决定》，需要各级党的组织共同努力，基层党组织也要做艰苦细致的工作，把党的决定化为广大群众的行动。要下大决心把党的基层组织建设成为团结带领群众实现党的奋斗目标的战斗堡垒。三是加强各级领导班子建设。关键是按照干部队伍革命化、年轻化、知识化、专业化的方针和德才兼备的要求，选好人用好人。要把那些忠于党的事业、积极推进改革开放和现代化建设的干部特别是中青年干部，选拔到各级领导岗位，使我们党的组织保持生机和活力。

（三）加强调查研究，改进工作作风和思想方法。时代在前进，形势在发展，新情况新问题层出不穷，各级领导机关和领导干部要努力改进领导方法和领导作风，使自己跟上时代的步伐。要把这件事放到提高领导水平和执政水平的高度来对待。现在各方面的工作千头万绪，党的各级领导干部特别是高级干部，要全面地贯彻党的十四大精神和这次全会的决定，提高驾驭全局的本领，统筹安排各方面的工作。明年是推进改革的很重要的一年，任务十分繁重，一定要妥善处理好改革、发展和稳定的关系，努力保持稳定的政治环境和良好的经济环境。各级领导既要看到有利条件，把握发展时机，又要充分估计到前进过程中的矛盾和困难，兢兢业业地把工作做好。要正确把握和处理好重大的理论和实践问题，坚持唯物辩证法，避免片面性和形而上学，排除干扰，始终坚持党的基本路线不动摇。要深入改革和建设第一线，认真进行调查研究，及时发现问题，从实际出发，创造性地开展工作。要不断总结经验，善于运用群众创造的经验来引导群众前进。中央多次提出，各级领导干部要加强调查研究。不注重调查研究，心中无数，处于盲目状态，是不可能履行好领导职责的。多挤点时间学习，少搞一点应酬；多做些调查研究，少一些主观主义；多干些实事，少说些空话，我们的领导水平就会提高一大步。

同志们！

现在我们的国家正处在一个非常重要的历史时期。我们肩膀上的担子重，责任大。我们要以对党、对国家、对民族高度负责的精神，始终不渝地遵循邓小平同志建设有中国特色社会主义的理论和党的基本路线，牢牢把握经济建设这个中心，坚定不移地发展社会主义市场经济、社会主义民主政治和社会主义精神文明，解放思想，实事求是，同心同德，开拓进取，自力更生，艰苦创业，为把我国建设成为富强、民主、文明的社会主义现代化国家而努力奋斗！

中共十四届三中全会通过《中共中央关于建立社会主义市场经济体制若干问题的决定》

为贯彻落实党的第十四次全国代表大会提出的经济体制改革的任务，加快改革开放和社会主义现代化建设步伐，十四届中央委员会第三次全体会议讨论了关于建立社会主义市场经济体制的若干重大问题，并作出如下决定。

一、我国经济体制改革面临的新形势和新任务

(一)在邓小平同志建设有中国特色社会主义的理论指导下,经过十多年改革,我国经济体制发生了巨大变化。以公有制为主体的多种经济成分共同发展的格局初步形成,农村经济体制改革不断深入,国有企业经营机制正在转换,市场在资源配置中的作用迅速扩大,对外经济技术交流与合作广泛展开,计划经济体制逐步向社会主义市场经济体制过渡。改革解放和发展了社会生产力,推动我国经济建设、人民生活和综合国力上了一个大台阶。在国际风云急剧变幻的情况下,中国的社会主义制度显示了强大的生命力。改革开放是党和人民在认真总结历史经验的基础上,作出的符合社会经济发展规律的战略决策,是我国实现现代化的必由之路。

以邓小平同志 1992 年年初重要谈话和党的十四大为标志,我国改革开放和现代化建设事业进入了一个新的发展阶段。十四大明确提出的建立社会主义市场经济体制,这是建设有中国特色社会主义理论的重要组成部分,对于我国现代化建设事业具有重大而深远的意义。在本世纪末初步建立起新的经济体制,是全党和全国各族人民在新时期的伟大历史任务。

(二)社会主义市场经济体制是同社会主义基本制度结合在一起的。建立社会主义市场经济体制,就是要使市场在国家宏观调控下对资源配置起基础性作用。为实现这个目标,必须坚持以公有制为主体、多种经济成分共同发展的方针,进一步转换国有企业经营机制,建立适应市场经济要求,产权清晰、权责明确、政企分开、管理科学的现代企业制度;建立全国统一开放的市场体系,实现城乡市场紧密结合,国内市场与国际市场相互衔接,促进资源的优化配置;转变政府管理经济的职能,建立以间接手段为主的完善的宏观调控体系,保证国民经济的健康运行;建立以按劳分配为主体,效率优先、兼顾公平的收入分配制度,鼓励一部分地区一部分人先富起来,走共同富裕的道路;建立多层次的社会保障制度,为城乡居民提供同我国国情相适应的社会保障,促进经济发展和社会稳定。这些主要环节是相互联系和相互制约的有机整体,构成社会主义市场经济体制的基本框架。必须围绕这些主要环节,建立相应的法律体系,采取切实措施,积极而有步骤地全面推进改革,促进社会生产力的发展。

(三)建立社会主义市场经济体制是一项前无古人的开创性事业,需要解决许多极其复杂的问题。十五年来,我们已经走出一条卓有成效的改革之路,积累了丰富经验。实践证明,毫不动摇地坚持邓小平同志建设有中国特色社会主义的理论,坚持党在社会主义初级阶段的基本路线,我们就能够经受各种考验,顺利实现改革开放和现代化建设的宏伟目标。

在建立社会主义市场经济体制的进程中,我们应当在党的基本理论和基本路线指引下,始终坚持以是否有利于发展社会主义社会的生产力,是否有利于增强社会主义国家的综合国力,是否有利于提高人民的生活水平,作为决定各项改革措施取舍和检验其得失的根本标准,注意把握好以下几点:

——解放思想,实事求是。要转变计划经济的传统观念,提倡积极探索,敢于试验。既继承优良传统,又勇于突破陈规,从中国国情出发,借鉴世界各国包括资本主义发达国家一切反映社会化生产和市场经济一般规律的经验。要警惕右,主要是防止"左"。

——以经济建设为中心,改革开放、经济发展和社会稳定相互促进,相互统一。发展是硬道理。只有抓住有利时机,深化改革,扩大开放,加快发展,才能巩固安定团结的政治局面。只有坚持四项基本原则,坚持两手抓,保持社会政治稳定,才能有力地保证改革开放和经济发展的顺利推进。在积极发展经济和改革开放的过程中,注意稳妥,避免大的损失和社会震动。

——尊重群众首创精神,重视群众切身利益。及时总结群众创造出来的实践经验,尊重群众意愿,把群众的积极性引导好、保护好、发挥好。在深化改革和发展经济的过程中,妥善处理积累和消费、全局和局部、长期利益和近期利益的关系,不断提高群众生活水平,使改革赢得广泛而深厚的群众基础。

——整体推进和重点突破相结合。改革从农村起步逐渐向城市拓展,实现城乡改革结合,微观改革与宏观改革相配套,对内搞活和对外开放紧密联系、相互促进,是符合中国国情的正确决策。重大的改革举措,根据不同情况,有的先制订方案,在经济体制的相关方面配套展开;有的先在局部试验,取得经验后再推广。既注意改革的循序渐进,又不失时机地在重要环节取得突破,带动改革全局。

二、转换国有企业经营机制,建立现代企业制度

(四)以公有制为主体的现代企业制度是社会主义市场经济体制的基础。十几年来,采取扩大国有企业经营自主权、改革经营方式等措施,增强了企业活力,为企业进入市场奠定了初步基础。继续深化企业改革,必须解决深层次矛盾,着力进行企业制度的创新,进一步解放和发展生产力,充分发挥社会主义制度的优越性。

建立现代企业制度,是发展社会化大生产和市场经济的必然要求,是我国国有企业改革的方向。其基本特征,一是产权关系明晰,企业中的国有资产所有权属于国家,企业拥有包括国家在内的出资者投资形成的全部法人财产权,成为享有民事权利、承担民事责任

的法人实体。二是企业以其全部法人财产,依法自主经营,自负盈亏,照章纳税,对出资者承担资产保值增值的责任。三是出资者按投入企业的资本额享有所有者的权益,即资产受益、重大决策和选择管理者等权利。企业破产时,出资者只以投入企业的资本额对企业债务负有限责任。四是企业按照市场需求组织生产经营,以提高劳动生产率和经济效益为目的,政府不直接干预企业的生产经营活动。企业在市场竞争中优胜劣汰,长期亏损、资不抵债的应依法破产。五是建立科学的企业领导体制和组织管理制度,调节所有者、经营者和职工之间的关系,形成激励和约束相结合的经营机制。所有企业都要向这个方向努力。

(五)建立现代企业制度是一项艰巨复杂的任务,必须积累经验,创造条件,逐步推进。当前,要继续贯彻《全民所有制工业企业法》和《全民所有制工业企业转换经营机制条例》,把企业的各项权利和责任不折不扣地落到实处。加强国有企业财产的监督管理,实现企业国有资产保值增值。加快转换国有企业经营机制和企业组织结构调整的步伐。坚决制止向企业乱集资、乱摊派、乱收费。减轻企业办社会的负担。有步骤地清产核资,界定产权,清理债权债务,评估资产,核实企业法人财产占用量。从各方面为国有企业稳步地向现代企业制度转变创造条件。

(六)国有大中型企业是国民经济的支柱,推行现代企业制度,对于提高经营管理水平和竞争能力,更好地发挥主导作用,具有重要意义。现代企业按照财产构成可以有多种组织形式。国有企业实行公司制,是建立现代企业制度的有益探索。规范的公司,能够有效地实现出资者所有权与企业法人财产权的分离,有利于政企分开、转换经营机制,企业摆脱对行政机关的依赖,国家解除对企业承担的无限责任;也有利于筹集资金、分散风险。公司可以有不同的类型。具备条件的国有大中型企业,单一投资主体的可依法改组为独资公司,多个投资主体的可依法改组为有限责任公司或股份有限公司。上市的股份有限公司,只能是少数,必须经过严格审定。国有股权在公司中占有多少份额比较合适,可按不同产业和股权分散程度区别处理。生产某些特殊产品的公司和军工企业应由国家独资经营,支柱产业和基础产业中的骨干企业,国家要控股并吸收非国有资金入股,以扩大国有经济的主导作用和影响范围。实行公司制不是简单更换名称,也不是单纯为了筹集资金,而要着重于转换机制。要通过试点,逐步推行,绝不能搞形式主义,一哄而起。要防止把不具备条件的企业硬行改为公司。现有公司要按规范的要求加以整顿。

按照现代企业制度的要求,现有全国性行业总公司要逐步改组为控股公司。发展一批以公有制为主体,以产权联结为主要纽带的跨地区、跨行业的大型企业集团,发挥其在促进结构调整,提高规模效益,加快新技术、新产品开发,增强国际竞争能力等方面的重要作用。

一般小型国有企业,有的可以实行承包经营、租赁经营,有的可以改组为股份合作制,也可以出售给集体或个人。出售企业和股权的收入,由国家转投于急需发展的产业。

(七)改革和完善企业领导体制和组织管理制度。坚持和完善厂长(经理)负责制,保证厂长(经理)依法行使职权。实行公司制的企业,要按照有关法规建立内部组织机构。企业中的党组织要发挥政治核心作用,保证监督党和国家方针政策的贯彻执行。全心全意依靠工人阶级。工会与职工代表大会要组织职工参加企业的民主管理,维护职工的合法权益。要加强职工队伍建设,造就企业家队伍。形成企业内部权责分明、团结合作、相互制约的机制,调动各方面的积极性。企业要按照市场经济的要求,完善和严格内部经营管理,严肃劳动纪律,加强技术开发、质量管理以及营销、财务和信息工作,提高决策水平、企业素质和经济效益。加强企业文化建设,培育优良的职业道德,树立敬业爱厂、遵法守信、开拓创新的精神。

(八)加强企业中的国有资产管理。对国有资产实行国家统一所有、政府分级监管、企业自主经营的体制。按照政府的社会经济管理职能和国有资产所有者职能分开的原则,积极探索国有资产管理和经营的合理形式和途径。加强中央和省、自治区、直辖市两级政府专司国有资产管理的机构。当前国有资产管理不善和严重流失的情况,必须引起高度重视。有关部门对其分工监管的企业国有资产要负起监督职责,根据需要可派出监事会,对企业的国有资产保值增值实行监督。严禁将国有资产低价折股,低价出售,甚至无偿分给个人。要健全制度,从各方面堵塞漏洞,确保国有资产及其权益不受侵犯。

(九)坚持以公有制为主体、多种经济成分共同发展的方针。在积极促进国有经济和集体经济发展的同时,鼓励个体、私营、外资经济发展,并依法加强管理。随着产权的流动和重组,财产混合所有的经济单位越来越多,将会形成新的财产所有结构。就全国来说,公有制在国民经济中应占主体地位,有的地方、有的产业可以有所差别。公有制的主体地位主要体现在国家和集体所有的资产在社会总资产中占优势,国有经济控制国民经济命脉及其对经济发展的主导作用等方面。公有制经济特别是国有经济,要积极参与市场竞争,在市场竞争中壮大和发展。国家要为各种所有制经济平等参与市场竞争创造条件，对各类企业一视同仁。现有城镇集体企业，也要理顺产权关系，区别不同情况可改组为股份合作制企业或合伙企业。有条件的也可以组建为有限责任公司。少数规模大、效益好的，也可以组建为股份有限公司或企业集团。

三、培育和发展市场体系

（十）发挥市场机制在资源配置中的基础性作用，必须培育和发展市场体系。当前要着重发展生产要素市场，规范市场行为，打破地区、部门的分割和封锁，反对不正当竞争，创造平等竞争的环境，形成统一、开放、竞争、有序的大市场。

（十一）推进价格改革，建立主要由市场形成价格的机制。现在大部分商品价格已经放开，但少数生产资料价格双轨制仍然存在，生产要素价格的市场化程度还比较低，价格形成和调节机制还不健全。深化价格改革的主要任务是：在保持价格总水平相对稳定的前提下，放开竞争性商品和服务的价格，调顺少数由政府定价的商品和服务的价格；尽快取消生产资料价格双轨制；加速生产要素价格市场化进程；建立和完善少数关系国计民生的重要商品的储备制度，平抑市场价格。

（十二）改革现有商品流通体系，进一步发展商品市场。在重要商品的产地、销地或集散地，建立大宗农产品、工业消费品和生产资料的批发市场。严格规范少数商品期货市场试点。国有流通企业要转换经营机制，积极参与市场竞争，提高经济效益，并在完善和发展批发市场中发挥主导作用。根据商品流通的需要，构造大中小相结合、各种经济形式和经营方式并存、功能完备的商品市场网络，推动流通现代化。

（十三）当前培育市场体系的重点是，发展金融市场、劳动力市场、房地产市场、技术市场和信息市场等。

发展和完善以银行融资为主的金融市场。资本市场要积极稳妥地发展债券、股票融资。建立发债机构和债券信用评级制度，促进债券市场健康发展。规范股票的发行和上市，并逐步扩大规模。货币市场要发展规范的银行同业拆借和票据贴现，中央银行开展国债买卖。坚决制止和纠正违法违章的集资、拆借等融资活动。

改革劳动制度，逐步形成劳动力市场。我国劳动力充裕是经济发展的优势，同时也存在着就业的压力，要把开发利用和合理配置人力资源作为发展劳动力市场的出发点。广开就业门路，更多地吸纳城镇劳动力就业。鼓励和引导农村剩余劳动力逐步向非农产业转移和地区间的有序流动。发展多种就业形式，运用经济手段调节就业结构，形成用人单位和劳动者双向选择、合理流动的就业机制。

规范和发展房地产市场。我国地少人多，必须十分珍惜和合理使用土地资源，加强土地管理。切实保护耕地，严格控制农业用地转为非农业用地。国家垄断城镇土地一级市场。实行土地使用权有偿有限期出让制度，对商业性用地使用权的出让，要改变协议批租方式，实行招标、拍卖。同时加强土地二级市场的管理，建立正常的土地使用权价格的市场形成机制。通过开征和调整房地产税费等措施，防止在房地产交易中获取暴利和国家收益的流失。控制高档房屋和高消费游乐设施的过快增长。加快城镇住房制度改革，控制住房用地价格，促进住房商品化和住房建设的发展。

进一步发展技术、信息市场。引入竞争机制，保护知识产权，实行技术成果有偿转让，实现技术产品和信息商品化、产业化。

（十四）发展市场中介组织，发挥其服务、沟通、公证、监督作用。当前要着重发展会计师、审计师和律师事务所，公证和仲裁机构，计量和质量检验认证机构，信息咨询机构，资产和资信评估机构等。发挥行业协会、商会等组织的作用。中介组织要依法通过资格认定，依据市场规则，建立自律性运行机制，承担相应的法律和经济责任，并接受政府有关部门的管理和监督。

（十五）改善和加强对市场的管理和监督。建立正常的市场进入、市场竞争和市场交易秩序，保证公平交易，平等竞争，保护经营者和消费者的合法权益。坚决依法惩处生产和销售假冒伪劣产品、欺行霸市等违法行为。提高市场交易的公开化程度，建立有权威的市场执法和监督机构，加强对市场的管理，发挥社会舆论对市场的监督作用。

四、转变政府职能，建立健全宏观经济调控体系

（十六）转变政府职能，改革政府机构，是建立社会主义市场经济体制的迫切要求。政府管理经济的职能，主要是制定和执行宏观调控政策，搞好基础设施建设，创造良好的经济发展环境。同时，要培育市场体系、监督市场运行和维护平等竞争，调节社会分配和组织社会保障，控制人口增长，保护自然资源和生态环境，管理国有资产和监督国有资产经营，实现国家的经济和社会发展目标。政府运用经济手段、法律手段和必要的行政手段管理国民经济，不直接干预企业的生产经营活动。

目前各级政府普遍存在机构臃肿，人浮于事，职能交叉，效率低下的问题，严重障碍企业经营机制的转换和新体制的建立进程，要按照政企分开，精简、统一、效能的原则，继续并尽早完成政府机构改革。政府经济管理部门要转变职能，专业经济部门要逐步减少，综合经济部门要做好综合协调工作，同时加强政府的社会管理职能，保证国民经济正常运行和良好的社会秩序。

（十七）社会主义市场经济必须有健全的宏观调控

体系。宏观调控的主要任务是：保持经济总量的基本平衡，促进经济结构的优化，引导国民经济持续、快速、健康发展，推动社会全面进步。宏观调控主要采取经济办法，近期要在财税、金融、投资和计划体制的改革方面迈出重大步伐，建立计划、金融、财政之间相互配合和制约的机制，加强对经济运行的综合协调。计划提出国民经济和社会发展的目标、任务，以及需要配套实施的经济政策；中央银行以稳定币值为首要目标，调节货币供应总量，并保持国际收支平衡；财政运用预算和税收手段，着重调节经济结构和社会分配。运用货币政策与财政政策，调节社会总需求与总供给的基本平衡，并与产业政策相配合，促进国民经济和社会的协调发展。

（十八）积极推进财税体制改革。近期改革的重点，一是把现行地方财政包干制改为在合理划分中央与地方事权基础上的分税制，建立中央税收和地方税收体系。维护国家权益和实施宏观调控所必需的税种列为中央税；同经济发展直接相关的主要税种列为共享税；充实地方税税种，增加地方税收入。通过发展经济，提高效益，扩大财源，逐步提高财政收入在国民生产总值中的比重，合理确定中央财政收入和地方财政收入的比例。实行中央财政对地方的返还和转移支付的制度，以调节分配结构和地区结构，特别是扶持经济不发达地区的发展和老工业基地的改造。二是按照统一税法、公平税负、简化税制和合理分权的原则，改革和完善税收制度。推行以增值税为主体的流转税制度，对少数商品征收消费税，对大部分非商品经营继续征收营业税。在降低国有企业所得税税率，取消能源交通重点建设基金和预算调节基金的基础上，企业依法纳税，理顺国家和国有企业的利润分配关系。统一企业所得税和个人所得税，规范税率，扩大税基。开征和调整某些税种，清理税收减免，严格税收征管，堵塞税收流失。三是改进和规范复式预算制度。建立政府公共预算和国有资产经营预算，并可以根据需要建立社会保障预算和其他预算。要严格控制财政赤字。中央财政赤字不再向银行透支，而靠发行长短期国债解决。统一管理政府的国内外债务。

（十九）加快金融体制改革。中国人民银行作为中央银行，在国务院领导下独立执行货币政策，从主要依靠信贷规模管理，转变为运用存款准备金率、中央银行贷款利率和公开市场业务等手段，调控货币供应量，保持币值稳定；监管各类金融机构，维护金融秩序，不再对非金融机构办理业务。银行业与证券业实行分业管理。组建货币政策委员会，及时调整货币和信贷政策。按照货币在全国范围流通和需要集中统一调节的要求，中国人民银行的分支机构为总行的派出机构，应积极创造条件跨行政区设置。

建立政策性银行，实行政策性业务与商业性业务分离。组建国家开发银行和进出口信贷银行，改组中国农业银行，承担严格界定的政策性业务。

发展商业性银行。现有的专业银行要逐步转变为商业银行，并根据需要有步骤地组建农村合作银行和城市合作银行。商业银行要实行资产负债比例管理和风险管理。规范与发展非银行金融机构。

中央银行按照资金供求状况及时调整基准利率，并允许商业银行存贷款利率在规定幅度内自由浮动。改革外汇管理体制，建立以市场为基础的有管理的浮动汇率制度和统一规范的外汇市场。逐步使人民币成为可兑换的货币。

实现银行系统计算机网络化，扩大商业汇票和支票等结算工具的使用面，严格结算纪律，提高结算效率，积极推行信用卡，减少现金流通量。

（二十）深化投资体制改革。逐步建立法人投资和银行信贷的风险责任。竞争性项目投资由企业自主决策，自担风险，所需贷款由商业银行自主决定，自负盈亏。用项目登记备案制代替现行的行政审批制，把这方面的投融资活动推向市场，国家用产业政策予以引导。基础性项目建设要鼓励和吸引各方投资参与。地方政府负责地区性的基础设施建设。国家重大建设项目，按照统一规划，由国家开发银行等政策性银行，通过财政投融资和金融债券等渠道筹资，采取控股、参股和政策性优惠贷款等多种形式进行；企业法人对筹划、筹资、建设直至生产经营、归还贷款本息以及资产保值增值全过程负责。社会公益性项目建设，要广泛吸收社会各界资金，根据中央和地方事权划分，由政府通过财政统筹安排。

（二十一）加快计划体制改革，进一步转变计划管理职能。国家计划要以市场为基础，总体上应当是指导性的计划。计划工作的任务，是合理确定国民经济和社会发展的战略、宏观调控目标和产业政策，搞好经济预测，规划重大经济结构、生产力布局、国土整治和重点建设。计划工作要突出宏观性、战略性、政策性，把重点放到中长期计划上，综合协调宏观经济政策和经济杠杆的运用。建立新的国民经济核算体系，完善宏观经济监测预警系统。

（二十二）合理划分中央与地方经济管理权限，发挥中央和地方两个积极性。宏观经济调控权，包括货币的发行、基准利率的确定、汇率的调节和重要税种税率的调整等，必须集中在中央。这是保证经济总量平衡、经济结构优化和全国市场统一的需要。我国国家大，人口多，必须赋予省、自治区和直辖市必要的权力，使其能够按照国家法律、法规和宏观政策，制定地区性的法规、政策和规划；通过地方税收和预算，调节本地区的经济活动；充分运用地方资源，促进本地区的经济和社会发展。

五、建立合理的个人收入分配和社会保障制度

（二十三）个人收入分配要坚持以按劳分配为主体、多种分配方式并存的制度，体现效率优先、兼顾公平的原则。劳动者的个人劳动报酬要引入竞争机制，打破平均主义，实行多劳多得，合理拉开差距。坚持鼓励一部分地区一部分人通过诚实劳动和合法经营先富起来的政策，提倡先富带动和帮助后富，逐步实现共同富裕。

（二十四）建立适应企业、事业单位和行政机关各自特点的工资制度与正常的工资增长机制。国有企业在职工工资总额增长率低于企业经济效益增长率，职工平均工资增长率低于本企业劳动生产率增长的前提下，根据劳动就业供求变化和国家有关政策规定，自主决定工资水平和内部分配方式。行政机关实行国家公务员制度，公务员的工资由国家根据经济发展状况并参照企业平均工资水平确定和调整，形成正常的晋级和工资增长机制。事业单位实行不同的工资制度和分配方式，有条件的可以实行企业工资制度。国家制订最低工资标准，各类企事业单位必须严格执行。积极推进个人收入的货币化和规范化。

（二十五）国家依法保护法人和居民的一切合法收入和财产，鼓励城乡居民储蓄和投资，允许属于个人的资本等生产要素参与收益分配。逐步建立个人收入应税申报制度，依法强化征管个人所得税，适时开征遗产税和赠与税。要通过分配政策和税收调节，避免由于少数人收入畸高形成两极分化。对侵吞公有财产和采取偷税抗税、行贿受贿、贪赃枉法等非法手段牟取收入的，要依法惩处。

（二十六）建立多层次的社会保障体系，对于深化企业和事业单位改革，保持社会稳定，顺利建立社会主义市场经济体制具有重大意义。社会保障体系包括社会保险、社会救济、社会福利、优抚安置和社会互助、个人储蓄积累保障。社会保障政策要统一，管理要法制化。社会保障水平要与我国社会生产力发展水平以及各方面的承受能力相适应。城乡居民的社会保障办法应有区别。提倡社会互助。发展商业性保险业，作为社会保险的补充。

（二十七）按照社会保障的不同类型确定其资金来源和保障方式。重点完善企业养老和失业保险制度，强化社会服务功能以减轻企业负担，促进企业组织结构调整，提高企业经济效益和竞争能力。城镇职工养老和医疗保险金由单位和个人共同负担，实行社会统筹和个人账户相结合。进一步健全失业保险制度，保险费由企业按职工工资总额一定比例统一筹交。普遍建立企业工伤保险制度。农民养老以家庭保障为主，与社区扶持相结合。有条件的地方，根据农民自愿，也可以实行个人储蓄积累养老保险。发展和完善农村合作医疗制度。

（二十八）建立统一的社会保障管理机构。提高社会保障事业的管理水平，形成社会保险基金筹集、运营的良性循环机制。社会保障行政管理和社会保险基金经营要分开。社会保障管理机构主要是行使行政管理职能。建立由政府有关部门和社会公众代表参加的社会保险基金监督组织，监督社会保险基金的收支和管理。社会保险基金经办机构，在保证基金正常支付和安全性流动性的前提下，可依法把社会保险基金主要用于购买国家债券，确保社会保险基金的保值增值。

六、深化农村经济体制改革

（二十九）农业、农村和农民问题，是我国经济发展和现代化建设的根本问题。我国农村十多年来的改革，使农村社会经济面貌发生了历史性的变化，也为整个国民经济的改革和发展奠定了基础。近年来，农村面临着一些亟待解决的新问题，主要是农业特别是粮棉生产的比较效益下降，工农业产品价格剪刀差扩大，农民收入增长缓慢。必须稳定党在农村的基本政策，深化农村改革，加快农村经济发展，增加农民收入，进一步增强农业的基础地位，保证到本世纪末农业再上一个新台阶，广大农民的生活由温饱达到小康水平。

（三十）我国农村经济的发展，开始进入以调整结构、提高效益为主要特征的新阶段。要适应市场对农产品消费需求的变化，优化品种结构，使农业朝着高产、优质、高效的方向发展。在保持粮棉等基本农产品稳定增长的前提下，调整农村的产业结构，加快乡镇企业和其他非农产业的发展，为农村剩余劳动力提供更多的就业机会。实现农业产品结构和农村产业结构调整，必须积极培育农村市场，打破地区封锁、城乡分割的状况，进一步搞活流通，增强农村经济发展的开放性，使各种经济资源在更大的范围内流动和组合。这是加快农村经济发展，提高农民收入的根本途径。

（三十一）以家庭联产承包为主的责任制和统分结合的双层经营体制，是农村的一项基本经济制度，必须长期稳定，并不断完善。在坚持土地集体所有的前提下，延长耕地承包期，允许继承开发性生产项目的承包经营权，允许土地使用权依法有偿转让。少数经济比较发达的地方，本着群众自愿原则，可以采取转包、入股等多种形式发展适度规模经营，提高农业劳动生产率和土地生产率。乡村集体经济组织，要积极兴办服务性的经济实体，为家庭经营提供服务，逐步积累集体资产，壮大集体经济实力。

（三十二）发展农村社会化服务体系，促进农业专业化、商品化、社会化。从农民实际需要出发，发展多样化的服务组织，形成乡村集体经济组织、国家经济技术部门和各种专业技术协会等农民联合组织相结合的服务网络。各级供销社要继续深化改革，真正办成农民的合作经济组织，积极探索向综合性服务组织发展的新路子。逐步全面放开农产品经营，改变部门分割、产销脱节的状况，发展各种形式的贸工农一体化经营，把生产、加工、销售环节紧密结合起来。加快农村教育的改革和发展。积极推进农科教结合，加强农业科学技术的研究和先进适用技术的推广，用现代科学技术改造传统农业。要积极面向国际市场，大力发展高附加值产品和出口创汇农业。

（三十三）乡镇企业是农村经济的重要支柱。要完善承包经营责任制，发展股份合作制，进行产权制度和经营方式的创新，进一步增强乡镇企业的活力。在明晰产权的基础上，促进生产要素跨社区流动和组合，形成更合理的企业布局。加强规划，引导乡镇企业适当集中，充分利用和改造现有小城镇，建设新的小城镇。逐步改革小城镇的户籍管理制度，允许农民进入小城镇务工经商，发展农村第三产业，促进农村剩余劳动力的转移。

（三十四）加强政府对农业生产的支持和对农民利益的保护。各级政府要逐步增加对农业的投入，积极鼓励农民和集体增加劳动和资金投入，不断改善农业生产条件，增强农业的物质技术基础。要抓紧建立和健全粮食等基本农产品的储备调节体系和市场风险基金，实行保护价收购制度，防止市场价格过大波动。扶持农用工业发展。对农民负担的费用和劳务实行规范化、法制化管理，切实保护农民的经济利益。

（三十五）扶持贫困地区特别是革命老区、少数民族地区、边远地区发展经济。中央和地方都要关心和支持这些地区的社会经济发展，进一步加强扶贫开发工作，重点搞好农业基本建设，改善交通通信状况。扩大发达地区与贫困地区的干部交流和经济技术协作。增强群众的市场经济意识，充分利用当地的资源优势，逐步形成主要靠自己力量脱贫致富的机制。

七、深化对外经济体制改革，进一步扩大对外开放

（三十六）坚定不移地实行对外开放政策，加快对外开放步伐，充分利用国际国内两个市场、两种资源，优化资源配置。积极参与国际竞争与国际经济合作，发挥我国经济的比较优势，发展开放型经济，使国内经济与国际经济实现互接互补。依照我国国情和国际经济活动的一般准则，规范对外经济活动，正确处理对外经济关系，不断提高国际竞争能力。

（三十七）实行全方位开放。继续推进经济特区、沿海开放城市、沿海开放地带，以及沿边、沿江和内陆中心城市的对外开放，充分发挥开放地区的辐射和带动作用；加快主要交通干线沿线地带的开发开放；鼓励中、西部地区吸收外资开发和利用自然资源，促进经济振兴；统筹规划，认真办好经济技术开发区、保税区，形成既有层次又各具特点的全方位开放格局。拓宽对外开放的领域，扩大生产要素的流动和交换，在注重工业和贸易领域国际联系的基础上，加快其他产业的对外开放，促进服务贸易的发展。改进海关、商检、运输等各项口岸工作。加强对境外中资企业的管理。认真总结经验，不断提高对外开放程度，引导对外开放向高层次、宽领域、纵深化方向发展。

（三十八）进一步改革对外经济贸易体制，建立适应国际经济通行规则的运行机制。坚持统一政策、放开经营、平等竞争、自负盈亏、工贸结合、推行代理制的改革方向。加速转换各类企业的对外经营机制，按照现代企业制度改组国有对外经贸企业，赋予具备条件的生产和科技企业对外经营权，发展一批国际化、实业化、集团化的综合贸易公司。国家主要运用汇率、税收和信贷等经济手段调节对外经济活动。改革进出口管理制度，取消指令性计划，减少行政干预；对少数实行数量限制的进出口商品的管理，按照效益、公正和公开的原则，实行配额招标、拍卖或规则化分配。发挥进出口商会协调指导、咨询服务的作用。积极推进以质取胜和市场多元化战略。进一步搞好边境贸易。完善出口退税制度。降低关税总水平，合理调整关税结构，严格征管，打击走私。深化对外经济技术合作体制改革，提高综合经营能力和整体效益。统一和健全对外经济法规，维护国家利益。

（三十九）积极引进外来资金、技术、人才和管理经验。改善投资环境和管理办法，扩大引进规模，拓宽投资领域，进一步开放国内市场。创造条件对外商投资企业实行国民待遇，依法完善对外商投资企业的管理。引导外资重点投向基础设施、基础产业、高新技术产业和老企业的技术改造，鼓励兴办出口型企业。发挥我国资源和市场的比较优势，吸引外来资金和技术，促进经济发展。

八、进一步改革科技体制和教育体制

（四十）科学技术是第一生产力，经济建设必须依靠科学技术，科学技术工作必须面向经济建设。科技体制改革的目标，是建立适应社会主义市场经济发展，符合科技自身发展规律，科技与经济密切结合的新型体制，促进科技进步，攀登科技高峰，以实现经济、科技和社会的综合协调发展。中央、地方和企业都要加大科技投入，逐步形成结构优化、布局合理、精干高效的研究开发体系，推动开发研究、高新技术及其产业和基

础性研究的发展，促进科技成果向现实生产力的转化。要改变部门分割的状况，推进科技系统的结构调整和人才的合理分流。实行“稳住一头，放开一片”的方针，加强基础性研究，发展高新技术研究，放开技术开发和科技服务机构的研究开发经营活动。积极发展各种所有制形式和经营方式的科技企业。应用研究和开发研究机构以及科技咨询和信息服务机构要面向市场，逐步实行企业化经营，增强自我发展和市场竞争能力。

(四十一)积极促进科技经济一体化。一是选择国民经济中重大和关键技术领域，统一协调组织科研力量进行科技攻关。二是建立自主开发与技术引进相互促进的新机制，搞好技术引进和技术创新。办好高新技术产业开发区，促进高新技术成果商品化和产业化。三是鼓励科研机构、高等院校和企业合作进行技术开发，支持技术开发研究机构与大型企业或企业集团联合创办新产品、新工艺的研究开发机构，加快用高新技术改造传统产业的步伐。在企业内部建立起市场、科研、生产一体化的技术进步机制，使企业成为技术开发的主体。四是发展促进技术转让的中介机构、中间试验和工业试验，建立地区和行业的技术创新组织和技术推广网络。五是国防军工科研单位要继续贯彻军民结合的方针，进一步深化改革，转换机制，在保障国防建设的前提下，加强军民两用技术研究开发，积极推进军工技术向民用领域转移。

(四十二)社会主义市场经济体制的建立和现代化的实现，最终取决于国民素质的提高和人才的培养。各级党委和政府要把优先发展教育事业作为战略任务来抓，加强对教育工作的领导。切实落实《中国教育改革和发展纲要》，加快教育体制改革的步伐。确保教育投入，提高教学质量和办学效益。改变政府包揽办学的状况，形成政府办学为主与社会各界参与办学相结合的新体制。强化义务教育，大力发展职业教育和成人教育，优化教育结构。义务教育主要由政府投资办学，同时鼓励多渠道、多形式社会集资办学和民间办学；职业教育、成人教育以及各种社会教育要更多地面向市场需求，发挥社会各方面的作用。高等教育要改革办学体制，改变条块分割的状况，除特殊行业外，区别不同情况分步过渡到中央和地方两级管理的体制，扩大地方和院校的办学自主权。高等院校要在招生、专业设置、教材内容、教学方法以及毕业生就业等环节进一步改革。各类学校都要加强教师队伍建设，改善德育教育。

(四十三)尊重知识，尊重人才，进一步创造人尽其才、人才辈出的环境和条件。要采取多种形式和途径，培养大量的熟练劳动者和各种专业人才，同时要造就一批进入世界科技前沿的跨世纪的学术和技术带头人。要把人才培养和合理使用结合起来，配套改革劳动人事与干部选拔制度。要制订各种职业的资格标准和录用标准，实行学历文凭和职业资格两种证书制度，逐步实行公开招聘，平等竞争，促进人才合理流动。实行“支持留学、鼓励回国、来去自由”的方针，采取多种形式，鼓励海外人才为祖国服务。

九、加强法律制度建设

(四十四)社会主义市场经济体制的建立和完善，必须有完备的法制来规范和保障。要高度重视法制建设，做到改革开放与法制建设的统一，学会运用法律手段管理经济。法制建设的目标是：遵循宪法规定的原则，加快经济立法，进一步完善民商法律、刑事法律、有关国家机构和行政管理方面的法律，本世纪末初步建立适应社会主义市场经济的法律体系；改革、完善司法制度和行政执法机制，提高司法和行政执法水平；建立健全执法监督机制和法律服务机构，深入开展法制教育，提高全社会的法律意识和法制观念。

(四十五)坚持社会主义法制的统一。改革决策要与立法决策紧密结合，立法要体现改革精神，用法律引导、推进和保障改革顺利进行。要搞好立法规划，抓紧制订关于规范市场主体、维护市场秩序、加强宏观调控、完善社会保障、促进对外开放等方面的法律。要适时修改和废止与建立社会主义市场经济体制不相适应的法律和法规。加强党对立法工作领导，完善立法体制，改进立法程序，加快立法步伐，为社会主义市场经济提供法律规范。

加强和改善司、行政执法和执法监督，维护社会稳定，保障经济发展和公民的合法权益。依法惩处刑事犯罪和经济犯罪，及时处理经济和民事纠纷。各级政府都要依法行政，依法办事。坚决纠正经济活动以及其他活动中有法不依，执法不严，违法不究，滥用职权，以及为谋求部门和地区利益而违反法律等现象。加强执法队伍建设，提高人员素质和执法水平。建立对执法违法的追究制度和赔偿制度。

(四十六)加强廉政建设、反对腐败是建立社会主义市场经济体制的必要条件和重要保证，也是关系改革事业成败，关系党和国家命运的大事，必须切实抓紧抓好。反腐败斗争是长期的、艰巨的任务，要坚持不懈地进行。要加强廉政法制建设，完善党和国家机关及其工作人员特别是领导干部的廉洁自律和监督机制。执法、司法、经济管理等部门，要建立有效的约束机制，防范以权谋私，纠正部门和行业不正之风。绝不允许将商品交换原则引入党的政治生活和国家机关的政务活动，搞权钱交易。要依法严肃查处包括法人违法犯罪在内的大案要案，坚决惩处腐败分子。加强党的纪律检查机关和司法、监察、审计部门的工作，发挥法律监督、组织监督、群众监督和舆论监督的作用。

十、加强和改善党的领导，为本世纪末初步建立社会主义市场经济体制而奋斗

（四十七）建立社会主义市场经济体制，加快现代化建设步伐，必须加强和改善党的领导。党要肩负起新时期的伟大历史任务，必须加强自身建设。当前，党的建设要着重抓好以下工作：一是坚持用邓小平同志建设有中国特色社会主义的理论武装全党。要学习马克思列宁主义毛泽东思想，中心内容是学习建设有中国特色社会主义的理论，提高贯彻执行党的基本路线和发展社会主义市场经济方针政策的坚定性和自觉性，保持思想上政治上的高度一致。二是坚持全心全意为人民服务的宗旨，继承和发扬党的优良传统和作风，进一步密切党同人民群众的联系。三是严格执行党的民主集中制，健全党内政治生活，维护党的团结，严肃党的纪律，增强全局观念，使全党在行动上做到步调一致，令行禁止。四是加强各级领导班子的建设，深入实际，调查研究，坚决克服官僚主义和形式主义，认真学习社会主义市场经济基本知识和现代科技知识，努力提高领导现代化建设的水平。五是切实加强党的基层组织建设，努力改变一部分党组织软弱涣散的状况，充分发挥基层党组织战斗堡垒和广大党员的先锋模范作用。

（四十八）同建立社会主义市场经济体制和经济发展相适应，积极推进政治体制改革，加强社会主义民主政治建设。坚持和完善人民代表大会制度和共产党领导的多种合作与政治协商制度。发挥工会、共青团、妇联等群众组织作为党联系群众的桥梁和纽带的作用。加快建立健全民主的科学的决策制度，提高决策水平。全面贯彻党的民族政策，完善民族区域自治制度，促进民族地区经济文化发展，巩固和发展平等、互助、团结、合作的社会主义民族关系，实现各民族的共同繁荣和团结进步。认真贯彻党的宗教政策、侨务政策，为社会主义现代化建设服务。加强基层民主建设，完善各种监督制度，切实保障人民群众依法管理国家事务、经济事务和社会事务的民主权利。

（四十九）坚持两手抓、两手都要硬的方针，加强以培养有理想、有道德、有文化、有纪律的新人为目标的社会主义精神文明建设。各级党委和政府要发挥思想政治工作优势，加强对宣传思想和文化工作的领导。要加强对邓小平同志建设有中国特色社会主义理论的研究工作，加强以马克思主义为指导的哲学社会科学研究工作。要广泛深入生动地开展爱国主义、集体主义、社会主义教育，开展中国历史特别是近代史现代史和中华民族优良传统的教育，提高民族自尊心、自信心和自豪感，发扬艰苦奋斗精神，把亿万群众的巨大创造力凝聚到建设有中国特色社会主义的伟大事业上来。积极倡导在社会主义市场经济条件下坚持正确的人生观和文明健康的生活方式，加强社会公德和职业道德的建设，反对拜金主义、极端个人主义和腐朽的生活方式。坚持不懈地进行“扫黄”和扫除各种丑恶现象的斗争，加强社会治安综合治理。坚持为人民服务、为社会主义服务和百花齐放、百家争鸣的方针，鼓励创作积极向上、人民群众喜闻乐见的文化艺术作品，丰富人民的精神生活。深化文化体制改革，完善文化经济政策，依法加强文化市场管理。要把社会效益放在首位，正确处理精神产品社会效益与经济效益的关系。对需要扶持的文化艺术精粹，国家要有重点地给予必要的资助。

（五十）经济体制改革是一场涉及经济基础和上层建筑许多领域的深刻革命，必然要改变旧体制固有的和体制转变过程中形成的各种不合理的利益格局，不可避免地会遇到这样或那样的困难和阻力。必须从总体上处理好改革、发展和稳定的关系，处理好各方面的利益关系，调动一切积极因素，为国民经济健康发展创造有利条件。当前我国经济在高速增长过程中遇到的一些矛盾和问题，从根本上讲，是由于旧体制的弊病没有完全克服，新体制还没有完全形成，因此，各级党委和政府必须把更大的精力集中到加快改革上来。要紧紧抓住重点领域的改革，制订具体方案，大胆探索，勇于实践，认真总结经验，不断开拓前进。

十四届三中全会号召全党同志和全国各族人民，更加紧密地团结在以江泽民同志为核心的党中央周围，在邓小平同志建设有中国特色社会主义的理论和党的十四大精神指引下，同心同德，锐意改革，自力更生，艰苦创业，为在本世纪末初步建立起社会主义市场经济体制，实现国民经济和社会发展第二步战略目标而努力奋斗！

中央综治委中纪委等联合发布《关于实行社会治安综合治理领导责任制的若干规定》

为了更好地坚持两手抓、两手都要硬的战略思想，深入贯彻落实《中共中央、国务院关于加强社会治安综合治理的决定》和《全国人大常委会关于加强社会治安综合治理的决定》，使各级党委、政府和各部门的有关领导干部切实承担起保一方平安的政治责任，推动综合治理各项措施的全面落实，特作如下规定：

一、各级党委、政府都要建立社会治安综合治理的领导责任制。要把抓好社会治安综合治理工作，确保一方平安，作为各级党委、政府和各部门党政领导干部的任期目标之一，并同党政领导干部的政绩考核、晋职晋级和奖惩直接挂钩。党政领导干部要把开展社会治安综合治理工作作为年度工作计划和述职报告的一项重要内容。

二、各级党委、政府在研究决定各地区、各部门党政领导干部的任免、奖惩等问题时，要把干部本人抓社会治安综合治理工作的能力和实绩作为一个重要条件。干部本人或其所负责的地区、单位受到社会治安综合治理领导机构一票否决的，在这些地区、单位的治安面貌改变之前，取消干部本人评先受奖、晋职晋级的资格。

三、各级组织、人事部门在考察党政主要领导干部和分管治安工作的领导干部政绩，办理他们晋职晋级工作时，须征求所在地区、部门社会治安综合治理领导机构的意见，认真考察上述领导干部抓治安综合治理工作的能力和实绩。

四、各级纪检、监察机关对严重失职，导致治安秩序长期混乱或发生影响当地社会稳定的重大治安事件的地区、部门的党政领导干部，要根据其应承担的责任，按照中共中央纪委《党员领导干部犯严重官僚主义失职错误党纪处分的暂行规定》及其他有关规定，给予相应的党纪、政纪处分。各级社会治安综合治理领导机构有权对上述地区、部门的党政领导干部给予党纪、政纪处分提出建议。

五、县级以上(含县级)各级社会治安综合治理领导机构要认真行使社会治安综合治理一票否决权，定期检查下一级党政主要领导干部和分管治安工作的领导干部抓治安综合治理的情况，及时向党委、政府报告，并向纪检、监察、组织、人事部门通报，不得弄虚作假，更不得隐瞒不报。

六、各省、自治区、直辖市社会治安综合治理委员会和对干部实行垂直领导的部门，可根据此规定，并参照《中央社会治安综合治理委员会关于实行社会治安综合治理一票否决权制的规定(试行)》，会同有关部门，制定实施细则。

中央社会治安综合治理委员会
中共中央纪律检查委员会
中共中央组织部
中华人民共和国人事部
中华人民共和国监察部
1993 年 11 月 14 日

11 月 15 日

《人民日报》发表社论《架设通向新世纪的宏伟大桥——热烈祝贺党的十四届三中全会胜利闭幕》

国务院总理李鹏在人民大会堂与德国总理赫尔穆特·科尔举行会谈

李鹏说，冷战结束后，东西方对峙虽然消失，但国际局势依然动荡多变，世界很不太平。各种力量重新分化组合，世界多极化趋势明显增强，经济在国际关系中的地位增强。南北差距还在不断扩大，和平与发展仍然是当今世界面临的两大主题。中国愿意为建立一个公正、稳定的国际政治、经济新秩序做出自己的努力。

李鹏强调指出，中华民族和德意志民族都是伟大的民族，两国都是在各自所在的地区和世界上有重要影响的国家。中德之间没有根本的利害冲突，在维护世界和平、促进经济发展等方面有着许多共同点。两国在经济上有很强的互补性，双边关系的发展潜力很大。我们不仅应着眼于二十世纪九十年代，更应着眼于二十一世纪，从战略高度看待和处理相互关系。中国一贯把对德关系放在重要位置，愿意本着求同存异、相互尊重、互不干涉内政和平等互利的原则同德国发展长期稳定的友好合作关系。我深信，一个改革开放的中国与一个统一的德国进行友好合作，不仅符合中德两国人民的利益，也有利于世界的和平与发展。

李鹏说，近年来由于双方的共同努力，我们两国关系又重新进入了正常发展的轨道，出现了良好的发展势头。科尔总理此次访华期间我们双方将在政治、经济、科技和文化等领域签订十几个协定、合同和意向书，这标志着中德关系进入了一个全面发展的新阶段，是值得两国人民共同庆幸的事情。

李鹏说，中国政治稳定，经济持续、快速和健康的发展为中德经济合作提供了极为有利的条件。中国市场潜力巨大，投资环境越来越好，希望德国经济界扩大与中国在各个领域、多种形式的合作，特别是在对华投资领域迈出更大的步伐。

科尔重申，德国坚持自阿登纳总理以来所奉行的“一个中国”的政策，不与台湾发展官方关系，不向台湾出售武器。

会谈之前，李鹏总理在人民大会堂中央大厅主持仪式欢迎德国总理科尔及其一行。国务院副总理李岚清，中国政府陪同团团长、电力工业部部长史大桢，中国民主同盟中央副主席丁石孙，邮电部部长吴基传和国务院外办主任齐怀远等参加欢迎仪式。

国务院印发《国家公务员制度实施方案》并发出通知

各省、自治区、直辖市人民政府，国务院各部委、各直属机构：

现将《国家公务员制度实施方案》印发给你们，请结合本地区、本部门的实际情况，认真贯彻执行。

建立和推行国家公务员制度，是我国政治生活中的一件大事。它既是政治体制改革的一项重要内容，也是建立社会主义市场经济体制的需要，对于加强勤政廉政建设、提高工作人员素质和政府行政效率具有重要意义。各地区、各部门要给予高度重视，切实加强领导，精心组织实施。人事部门要充分发挥职能作用，与组织、机构编制、财政等部门密切配合，当好党委和政府的参谋和助手。

国家公务员制度的实施，要结合机构改革有计划、有步骤地进行。职位设置、人员选配、非领导职务的确定等，须在"三定"方案批准后进行。尚未进行机构改革的单位，要积极组织实施录用、考核、奖励、纪律、培训、交流、回避、退休等项制度。在推行国家公务员制度过程中，严禁扩大实施范围，滥设职位，突击提职、转干；对违反规定的要及时、坚决地纠正并追究有关领导人员的责任；要注意研究新情况、解决新问题，切实加强和改进思想政治工作，保证实施工作的顺利进行。

国务院

1993年11月15日

国家公务员制度实施方案

一、实施范围

根据《国家公务员暂行条例》规定及目前国家行政机关机构编制的实际情况，实施国家公务员制度的范围包括：

（一）各级国家行政机关中除工勤人员以外的工作人员；

（二）其他行使国家行政职能、从事行政管理活动的单位中除工勤人员以外的工作人员。

上述工作人员包括在国家行政机关中从事党群工作的人员。

凡实行国家公务员制度的单位，不得实行企业、事业单位的职称、工资及奖金等人事管理制度。

二、实施步骤

国家公务员制度的实施，要结合机构改革和工资制度改革，有计划、有步骤地进行。争取用三年或更多一点时间，在全国范围内基本建立起国家公务员制度，然后再逐步加以完善。

一九九三年重点做好国务院所属部门、单位实施国家公务员制度的工作；各省、自治区、直辖市人民政府及市（地）、县、乡人民政府机关的实施工作，由各省、自治区、直辖市根据各地机构改革的进程具体安排。

已开始机构改革的单位，实施国家公务员制度工作分三个阶段进行：

准备阶段。组织工作班子；进行《国家公务员暂行条例》的宣传教育；培训骨干；拟定本单位的具体实施意见。

实施阶段。具体实施工作分三个步骤进行：第一，在确定"三定"（定职能、定机构、定编制）方案的基础上，合理设置职位，将机关的职能分解落实到各个职位，明确各职位的职责任务和任职条件，制定职位说明书。第二，在对现有机关工作人员进行严格考核的基础上，根据职位的任职条件，选择配备人员；按照规定的标准和程序，确定国家公务员的职务和级别，完成向国家公务员的过渡。同时采取妥善措施，安置分流出机关的人员。第三，结合单位实际，实施国家公务员录用、职务升降、培训、奖励、纪律、交流、回避、退休等项制度。

检查验收阶段。主要是检查验收职位设置、职务（包括非领导职务）任命、级别确定以及其他制度的实施情况并加以总结完善。

尚未进行机构改革的单位，要结合本单位的人事管理实际，积极组织实施录用、考核、奖励、纪律、培训、交流、回避、退休等项制度；职位设置、确定非领导职务和人员过渡等工作，要待机构改革开始后进行。

三、实施方法

国家公务员制度的实施，要统筹规划，分步进行。在实施的初始阶段，重点是进行职位设置、选配人员、确定职务与级别、完成人员过渡和建立国家公务员录用、考核、奖励、纪律、职务升降、培训、交流、退休等项制度的工作，使新制度尽快入轨运行；对于聘任制、任职最高年龄的限制、辞退和地区回避等项制度，可根据各地区、各部门的实际情况，经过探索和试验，积累经验，逐步实行。

（一）关于现有机关工作人员向国家公务员的过渡。

现有机关工作人员过渡为国家公务员，必须结合机构改革，在核定的编制内和考核的基础上，按照一定的标准和条件，履行法定的程序。过渡工作中要注意保持机关的稳定，保证机关工作的正常运行。过渡为国家公务员的人员，必须符合国家公务员的基本条件和所任职位的任职条件，确保国家公务员的素质和合理的结构。具体过渡办法，由各地区、各部门根据实际情况确定。

（二）关于国家公务员级别的确定。

国家公务员的级别，按照所任职务及所在职位的责任大小、工作难易程度以及工作人员的德才表现、工作实绩和工作经历确定。要严格执行国家的统一规定。在机构改革中，确因职数限制和工作需要而作低职安排的，可按原任职务确定级别。确定国家公务员的级别，应按管理权限办理审批手续。

对于在确定级别中遇到的政策性问题，由省级人民政府的人事部门或国务院所属部门、单位的人事机构提出解决意见，报人事部商中央组织部审定。

（三）关于非领导职务。

非领导职务要结合机构改革，以工作需要为主要依据合理设置。设置非领导职务必须与机构规格相符合,严格执行国家规定的标准。担任非领导职务要有严格的任职条件。非领导职务的任命,要在国家规定的职数限额内,按照管理权限和审批程序办理。对各地区、各部门、各单位原来任命的巡视员、调研员等,要在规定的职数限额内,按国家公务员非领导职务的任职条件重新确定。

四、组织领导

国家公务员制度的实施工作,要在各级党委和政府的统一领导下进行。县以上地方各级人民政府和国务院各部门、各单位,要组成由党政领导同志负责的工作班子,负责本地区、本部门、本单位实施国家公务员制度的统筹规划和组织协调工作。具体实施工作由政府人事部门负责,党委组织部门积极支持、参与指导。要注意研究实施工作中出现的新情况、解决新问题,切实加强思想政治工作,保证实施工作的顺利进行。

附件 1:国务院所属部门、单位实施国家公务员制度的范围

根据《国家公务员暂行条例》和《国家公务员制度实施方案》,本着从严掌握的原则和与机构改革、工资制度改革相协调配套的精神,现对国务院所属部门、单位实施国家公务员制度的范围规定如下:

一、国务院各部委、直属机构、办事机构、部委管理的国家局及其派出机构,实行国家公务员制度。

二、国务院直属事业单位,根据职能的不同,分别加以确定。

(一)行使政府行政职能的事业单位,列入实施国家公务员制度范围。

(二)具有部分行政职能或受行政机关委托承担某些行政职能的事业单位以及不具有行政职能的事业单位,不实行国家公务员制度。

三、国务院议事协调机构和临时机构所设的办事机构,列入实施国家公务员制度范围。

四、国务院各部委、直属机构、办事机构、部委管理的国家局所属的行使行政职能的单位,列入实施国家公务员制度范围。具体单位由各部委、直属机构、办事机构提出意见,报人事部审定。

五、上述实行国家公务员制度的部门和单位的离退休干部管理机构,列入实施国家公务员制度的范围。

六、国务院各部委、直属机构、办事机构、部委管理的国家局等所属的学会、协会、研究会等社团组织,管理干部院校及其他培训机构,不实行国家公务员制度。

地方国家行政机关实施国家公务员制度的范围,由各省、自治区、直辖市人民政府人事部门参照上述规定的原则精神提出意见,在征得人事部同意后,由省、自治区、直辖市人民政府审定。

附件 2:国家公务员非领导职务设置办法

一、非领导职务设置原则

(一)国家行政机关非领导职务的设置,要在机构改革的基础上,按照国家公务员制度的实施计划逐步进行;要有利于精兵简政、提高效率、理顺关系。

(二)各级非领导职务的设置,要依据领导职务的设置情况确定适当比例限额。各级政府部门的领导职务设置,分别按国务院和各级地方人民政府组织法的规定执行;各级政府部门内设的司、局或处(科)机构的领导职务按"三定"方案的规定执行;"三定"方案中没有规定的处(科)级领导职务的设置原则为:三人以下的处(科)设一职;四至七人的处(科)设一正一副;八人以上的处(科)设一正二副。人数特别多、下设科(股、队)室的处(科)级机构,副职可适当增加,但最多不得超过四人。

(三)非领导职务根据工作需要设置,是实职,但不具有行政领导职责。

(四)各级非领导职务的设置,不得突破规定的比例限额。各工作部门之间、各部门内设机构之间非领导职务设置的具体职数,应根据工作需要确定,不搞平均设置。

(五)非领导职务的设置职数,上级机关应多于下级机关,综合部门应多于专业部门。

二、非领导职务的设置规格

各级非领导职务的设置规格,不得高于所在部门的领导职务。

(一)巡视员、助理巡视员在中央、省级国家行政机关设置。省级国家行政机关需设置巡视员、助理巡视员职务的部门,由省级人民政府人事部门提出意见,报省级人民政府确定。

(二)调研员、助理调研员在市(地)级以上国家行政机关设置。市(地)级国家行政机关需设置调研员、助理调研员职务的部门,由市(地)人事部门提出意见,报市(地)级人民政府确定。

(三)主任科员、副主任科员在县级以上国家行政机关设置。县级国家行政机关需设置主任科员、副主任科员职务的部门,由县级人民政府人事部门提出意见,报县级人民政府确定。

设置非领导职务,必须严格执行国家有关规定。担任非领导职务的具体人选,按管理权限报批。

为便于非领导职务人员更好地开展工作,有关部门根据其职业特点设置的有别于上述统一名称的其他非领导职务名称,经人事部批准可以保留,但必须与上述名称的职务规格相一致。

三、非领导职务的任职条件

各级国家行政机关非领导职务的任职条件,必须坚持德才兼备的标准，其政治素质、业务水平、工作能力应达到相应的任职标准，身体健康，能坚持正常工作，并且具备下列资格条件：

（一）巡视员应具备大学专科以上文化程度，任副局级职务五年以上；

（二）助理巡视员应具备大学专科以上文化程度，任正处级职务五年以上；

（三）调研员应具备大学专科以上文化程度，任副处级职务四年以上；

（四）助理调研员应具备大学专科以上文化程度，任正科级职务四年以上；

（五）主任科员应具备中专、高中以上文化程度，任副科级职务三年以上；

（六）副主任科员应具备中专、高中以上文化程度，任科员级职务三年以上；

（七）科员应具备中专、高中以上文化程度，任办事员三年以上；

（八）办事员应具备高中以上文化程度。

国家机关新录用人员初定职务按有关规定办理。

对德才表现突出及少数民族地区和边远地区的国家公务员担任非领导职务，经批准可以适当放宽上述资格条件要求。

其他具体任职条件，各地区、各部门可以根据各自的实际情况作出规定。

由领导职务改任同级非领导职务的，可不受上述资格条件的限制。

四、非领导职务职数的比例限额

（一）中央国家行政机关。

国务院各部门的巡视员和助理巡视员职数，不得超过该部门司局级领导职务职数的三分之一，其中巡视员不得超过40％（副部级行政机构中所设的巡视员和助理巡视员相当于本单位的正司级和副司级）。任务特别繁重、工作特别需要增加巡视员、助理巡视员职数的，应报人事部核准。调研员和助理调研员职数，不得超过处级领导职务职数的75％。

（二）省级国家行政机关。

省、自治区、直辖市人民政府设置的巡视员、助理巡视员职数，不得超过厅（局）级领导职务职数的三分之一，其中巡视员不得超过30％；调研员和助理调研员职数，不得超过处级领导职务职数的50％。

（三）市（地）级国家行政机关。

省辖市（行署、州、盟、直辖市的区）人民政府机关设置的调研员和助理调研员职数，不得超过处级领导职务职数的三分之一，其中调研员不得超过30％；主任科员和副主任科员职数，不得超过科级领导职务职数的50％。

（四）县级国家行政机关。

县级（地辖市、旗、省辖市的区）人民政府机关各部门，设置主任科员和副主任科员职数，不得超过科级领导职务职数的50％。

五、实施步骤和要求

（一）中央国家行政机关的非领导职务设置工作，由各部门在制定机构改革实施办法时，按以上原则提出具体意见，经人事部核准后组织实施，具体人选按管理权限报批。

（二）地方国家行政机关的非领导职务设置工作，由各级人事部门提出实施意见，在征得上级人民政府人事部门同意、经同级人民政府批准后，在核定的职数限额内，由各部门组织实施。具体人选按管理权限报批。

（三）对各地区、各部门、各单位原来任命的巡视员、调研员，要在规定的非领导职务职数比例限额内，根据任职条件重新确定非领导职务。

（四）为保证设置非领导职务的质量，各地区、各部门要从严控制首次任命非领导职务的数量，综合考核拟任对象的政治表现、思想品德、工作经历、工作能力、行政管理水平、工作实绩等情况，认真征求有关领导和群众的意见，逐个审批。

（五）对在建立非领导职务序列工作中违反规定、放宽条件搞“突击晋升”的部门和单位，要追究有关领导者的责任。上级组织、人事部门有权纠正违反规定所设置的非领导职务。

国务院发出关于机关和事业单位工作人员工资制度改革问题的通知

各省、自治区、直辖市人民政府，国务院各部委、各直属机构：

党中央、国务院决定，从1993年10月1日起，对机关和事业单位工作人员现行工资制度进行改革。现将《机关工作人员工资制度改革方案》和《事业单位工作人员工资制度改革方案》发给你们，望认真贯彻执行。

当前，我国改革开放和现代化建设事业进入了一个新的阶段，党的十四大明确提出，经济体制改革的目标是建立社会主义市场经济体制。机关、事业单位工资制度改革，就是要根据改革开放和建立社会主义市场经济体制的要求，进一步贯彻按劳分配原则，克服平均主义，建立起符合机关和事业单位各自特点的工资制度与正常的工资增长机制。

机关、事业单位工资制度改革，是深化人事制度改革和推行国家公务员制度的重要组成部分，对调动工作人员积极性、理顺工资关系、加快建立社会主义市场经济体制、促进社会主义现代化建设具有重要意义。

各地区、各部门必须高度重视，加强领导，认真做好组织实施工作。要严格按照党中央、国务院批准的工资制度改革方案和即将下发的实施办法执行，严格执行政策，严格组织纪律，防止高定级别、高套职务工资等现象发生。同时，必须把增资额控制在国家下达的增资指标限额内，不得突破。

工资制度改革，政策性强，需要解决的矛盾很多，涉及每个工作人员的切身利益。各地区、各部门要深入细致地做好思想政治工作，引导大家充分认识这次工资制度改革的目的和意义。这次工资增长的幅度，同历次工资制度改革相比是比较大的，国家在财力比较紧张的情况下尽了最大努力。由于工资问题十分复杂，历史上遗留问题较多，不可能通过这次工资制度改革都得到解决。但是，新工资制度的建立和实行将有利于这些矛盾的解决和各种工资关系的逐步理顺，使机关、事业单位的工资制度进入新的轨道并随着国民经济的发展逐步完善。各地区、各部门、各单位都要实行领导负责制，按照党中央、国务院的统一部署，层层负责。要抓好落实，切实解决好本地区、本部门和本单位在这次工资制度改革中遇到的问题，保证这项工作顺利、稳妥地进行。

国务院

1993 年 11 月 15 日

机关工作人员工资制度改革方案

建国以来，我国机关工作人员的工资制度先后经历了 1956 年和 1985 年两次大的改革。这两次工资制度改革，在当时都起到了积极的作用。但是，由于未能建立起正常的晋级增资制度，加之工资制度本身也存在一些不足，使工资的职能难以充分发挥。经党中央、国务院批准，在总结和吸收前两次工资制度改革经验的基础上，结合机构改革和公务员制度的推行，对机关现行工资制度相应进行改革，建立符合其自身特点的职务级别工资制度(以下简称职级工资制)，以利于进一步调动机关工作人员的积极性，提高工作效率，更好地为改革开放和经济建设服务。

一、改革的原则

(一)贯彻按劳分配原则，克服平均主义，建立符合机关特点的工资制度。

(二)机关工作人员的工资应根据国民经济的发展，有计划地增长，并在此基础上建立正常增资制度。

(三)机关与企业、事业单位实行不同的工资制度。机关工作人员的平均工资水平要与企业相当人员的平均工资水平大体持平，保持合理的比例关系。

(四)机关工作人员的工资，应根据职工生活费用价格指数的变动情况定期进行调整，保障工作人员的实际生活水平不因物价上涨而降低。同时，将现行发放的工资外补贴纳入工资。

(五)改革地区工资类别制度和津贴制度。根据不同地区的自然环境、经济发展水平和物价等因素，实行不同的地区津贴；对在特殊岗位上工作的人员实行岗位津贴。发挥工资的导向和激励作用，鼓励人们到边疆、艰苦地区和艰苦岗位工作。

二、改革的基本内容

(一)实行职级工资制。

机关工作人员(除工勤人员外)实行职级工资制。其工资按不同职能，分为职务工资、级别工资、基础工资和工龄工资四个部分。其中，职务工资和级别工资是职级工资构成的主体。

1. 职务工资。

职务工资按工作人员的职务高低、责任轻重和工作难易程度确定，是职级工资制中体现按劳分配的主要内容。在职务工资标准中，每一职务层次设若干工资档次，最少为三档，最多为八档(见附表一)。工作人员按担任的职务确定相应的职务工资，并随职务及任职年限的变化而变动。

2. 级别工资。

级别工资按工作人员的资历和能力确定，也是体现按劳分配的主要内容。机关工作人员的级别共分为十五级，一个级别设置一个工资标准(级别工资标准见附表一，级别与职务的对应关系见附表二)。

3. 基础工资。

基础工资按大体维持工作人员本人基本生活费用确定，数额为每人每月 90 元。各职务人员均执行相同的基础工资。

4. 工龄工资。

工龄工资按工作人员的工作年限确定。工作年限每增加一年，工龄工资增加一元，一直到离退休当年止。

(二)建立正常增资制度。

为了使机关工作人员的工资有计划地增长，保证新工资制度正常运转，建立相应的增资制度。具体办法是：

1. 晋升职务工资档次。

工作人员正常晋升职务工资档次要在严格考核的基础上进行。考核优秀和称职的，每两年可在本职务工资标准内晋升一个工资档次；考核不称职的，不得晋升工资档次。

2. 晋升职务工资、级别工资和增加工龄工资。

工作人员随职务、级别的晋升和工作年限的增长相应增加工资。

工作人员职务提升后，按新任职务工资标准执行。

晋升级别的工作人员，均可相应增加级别工资。

工作人员在原级别任职期间连续五年考核称职或连续三年考核优秀的，在本职务对应的级别内晋升一个级别。副部长及以上人员，任职超过五年的，晋升一个级别。工作人员的级别达到本职务最高级别后，不再晋升。

工作人员随工作年限的增长，相应增加工龄工资。

3. 定期调整工资标准。

在正常晋升职务工资和级别工资的情况下，国家定期调整机关工作人员的工资标准。根据城镇居民生活费用的增长情况，适当提高基础工资；根据国民经济发展和企业相当人员工资水平的增长，定期调整职务工资、级别工资和工龄工资标准。

在建立正常晋级增资制度后，如遇特殊情况，国家可决定暂时冻结工资。

（三）实行地区津贴制度。

根据不同地区的自然环境、物价水平及经济发展等因素，结合对现行地区工资补贴的调整，建立地区津贴制度。地区津贴分为艰苦边远地区津贴和地区附加津贴。

1. 艰苦边远地区津贴。

艰苦边远地区津贴，根据不同地区的地域、海拔高度、气候以及当地物价等因素确定。艰苦边远地区津贴标准，是将现行工资区类别补贴、地区生活费补贴、高原地区临时补贴和地区性津贴等归并，然后划分为四类，各类标准在归并的津贴、补贴基础上再适当予以提高。建立艰苦边远地区津贴，体现了不同地区在自然地理环境等方面的差异，是对艰苦边远地区现行特殊工资政策的改进和完善，更利于发挥工资的补偿和导向作用。

2. 地区附加津贴。

地区附加津贴，根据各地区经济发展水平和生活费用支出等因素，同时考虑机关工作人员工资水平与企业职工工资水平的差距确定。实行地区附加津贴，使不同地区的机关工作人员工资的提高与经济发展联系起来，允许省、自治区、直辖市运用地方财力安排一些工资性支出，用于缩小机关工作人员工资水平与当地企业职工工资水平的差距，鼓励机关工作人员为国家和本地区的经济发展多做贡献。地区附加津贴在一九九四年适当时候出台。

（四）整顿津贴。

现行的津贴种类繁多，因此，在建立新工资制度的同时，对现行津贴进行整顿，合理的项目除按国家规定纳入职级工资标准外，其余部分保留，不合理的项目予以取消。需要新建或提高标准的，按规定履行审批手续。

在特殊岗位上工作的人员，仍实行岗位津贴。工作人员调离该岗位后，津贴即行取消。

（五）改革奖金制度。

实行职级工资制后，改革现行的奖金制度，在严格考核的基础上，待具备条件时，对优秀和称职的工作人员，年终发放一次性奖金。

（六）改革机关工人工资制度。

在实行职级工资制的同时，对机关工人的工资制度相应进行改革。根据机关工人的劳动特点，技术工人实行岗位技术等级工资制，其工资由岗位工资、技术等级工资和奖金三部分构成。普通工人实行岗位工资制，其工资由岗位工资和奖金两部分构成（见附表三）。

三、改革的有关政策

（一）机关工资制度改革，从 1993 年 10 月 1 日起实施。

（二）职级工资制的实施，要与机构改革和推行公务员制度相结合。这次机构改革中分流出机关的人员，参加机关工资制度改革。

（三）新录用人员试用期工资另行规定。试用期满合格的，及时确定其职务工资和级别工资。

（四）1993 年 9 月 30 日前已办理离退休手续和已到达离退休年龄的人员（除组织批准留任的外），不实行职级工资制，参照同职务在职人员的增资水平，适当增加离退休费。离休人员原则按照同职务在职人员的平均增资水平增加离休费；退休人员按照同职务在职人员平均增资额扣除一定比例增加退休费（增加离休、退休费的具体办法另行规定）。

实行职级工资制后离退休的人员，在新的养老保险制度建立前，暂作如下规定：

1. 离休人员，按离休前本人职务工资、级别工资、基础工资、工龄工资之和计发离休费。

2. 工作人员退休时，基础工资和工龄工资按百分之百、职务工资和级别工资按适当比例打折扣后计发退休费。

3. 在职人员提高基础工资时，离退休人员按照在职人员提高基础工资的数额增加离退休费。

4. 在职人员根据国民经济发展和企业相当人员的工资水平调整工资标准时，离退休人员可按调整工资标准的幅度相应提高离退休费。

（五）机关临时人员工资待遇的提高，由各省、自治区、直辖市根据实际情况确定。

（六）特区工资制度改革，由特区人民政府提出具体方案，经所在省人民政府报国务院审批。

（七）结合公务员制度的实施，驻外使领馆工作人员的工资制度改革方案，由人事部会同外交部、财政部另行研究制定。

（八）这次工资制度改革的资金来源，按现行财政管理体制，由中央财政和地方财政分别负担。

四、组织领导

机关工作人员实行新的工资制度，是对现行工资制度的重大改革。各地区、各部门要加强领导，统一认识，严格执行政策，实行总量调控，不得在国家政策规定之外，自行动用财力额外增加工资。各级人事、财政、银行、监察、审计等部门要加强监督。凡违反政策规定的，要严肃处理并追究领导者责任。同时，要切实做好机关工作人员的思想政治工作，以保证机关工资制度改革的顺利进行。

附表(一至三)(略)

事业单位工作人员工资制度改革方案

一九八五年工资制度改革以来，事业单位工作人员除运动员外，均实行了以职务工资为主的结构工资制。这一制度在当时起到了积极的作用，但由于是比照国家机关制定的，没有体现事业单位自身的特点，因此，不能适应国民经济发展和经济体制改革的需要，亟须进行改革。根据党的十三届七中全会和十四大关于事业单位要逐步建立符合自身特点的工资制度的要求，在调查研究和总结以往工资制度改革经验的基础上，特制定事业单位工作人员工资制度改革方案。

一、改革的原则

(一)在科学分类的基础上，依据按劳分配原则建立体现事业单位不同类型、不同行业特点的工资制度，与机关的工资制度脱钩。

(二)引入竞争、激励机制，加大工资中活的部分，通过建立符合事业单位不同类型、不同行业特点的津贴、奖励制度，使工作人员的报酬与其实际贡献紧密结合起来，克服平均主义。同时将一部分物价、福利性补贴纳入工资。

(三)建立正常增加工资的机制，使工作人员的工资水平随着国民经济的发展有计划地增长，并与企业相当人员的工资水平大体持平。

(四)在国家宏观调控的前提下，对不同类型的事业单位实行分类管理，使工资管理体制逐步适应事业单位发展的需要。

(五)发挥工资的导向作用，对到艰苦边远地区及在苦、脏、累、险岗位工作的人员，在工资政策上给予倾斜。同时，通过建立地区津贴制度，理顺地区工资关系。

二、分类管理

根据事业单位特点和经费来源的不同，对全额拨款、差额拨款、自收自支三种不同类型的事业单位，实行不同的管理办法。

(一)全额拨款单位，执行国家统一的工资制度和工资标准。在工资构成中，固定部分为70%，活的部分为30%。这些单位在核定编制的基础上，可实行工资总额包干，增人不增工资总额，减人不减工资总额，节余的工资，单位可自主安排使用。

(二)差额拨款单位，按照国家制定的工资制度和工资标准执行。在工资构成中，固定部分为60%，活的部分为40%。差额拨款单位，根据经费自立程度，按照国家有关规定，实行工资总额包干或其他符合自身特点的管理办法，促使其逐步减少国家财政拨款，向经费自收自支过渡。

(三)自收自支单位，有条件的可实行企业化管理或企业工资制度，做到自主经营，自负盈亏。

三、专业技术人员的工资制度

根据事业单位工作特点的不同，其专业技术人员分别实行五种不同类型的工资制度。

(一)专业技术职务等级工资制。

教育、科研、卫生、农业、林业、水利、气象、地震、设计、新闻、出版、广播电影电视、技术监督、商品检验、环境保护以及图书馆、博物馆、档案馆等事业单位的专业技术人员，根据工作性质接近，其水平、能力、责任和贡献主要通过专业技术职务来体现的特点，实行专业技术职务等级工资制。专业技术职务等级工资制在工资构成上，主要分为专业技术职务工资和津贴两部分。

1. 专业技术职务工资。

专业技术职务工资，是工资构成中的固定部分和体现按劳分配的主要内容。专业技术职务工资标准，是按照专业技术职务序列设置的，每一职务分别设立若干工资档次(详见附表一至十一)。

2. 津贴。

津贴是工资构成中活的部分，与专业技术人员的实际工作数量和质量挂钩，多劳多得，少劳少得，不劳不得。

国家对津贴按规定比例进行总额控制，并制定指导性意见。各单位根据本单位的实际情况，在国家规定的津贴总额内，享有分配自主权，具体确定津贴项目、津贴档次及如何进行内部分配，合理拉开差距等。

单位的津贴设置，要体现不同部门的工作特点，鼓励专业技术人员把主要精力用在完成本职工作任务上。如在学校可设立课时津贴，在科研单位可设立科研课题津贴，在卫生单位可设立卫生临床津贴和防检津贴。有研究生导师的单位，可设立研究生导师津贴。对专业技术人员担任领导职务的，可设立领导职务津贴。

津贴标准的确定，要严格控制在国家规定的津贴总额内。对在苦、脏、累、险岗位上工作的人员，津贴标准可比其他岗位同类人员适当高一些。

对从事基础研究、尖端技术和高技术研究的专业技术人员，在国家规定的津贴比例之外，经国家人事部、财政部批准后，可另设特殊岗位津贴。

津贴的发放，要以对工作人员工作数量和质量的考核为依据，克服平均主义。

事业单位的现行津贴，除中小学教师的教龄津贴、特级教师津贴、护士的护龄津贴以及为特殊行业设立的津贴继续保留外，其他均与新建津贴合并，不再单独发放。

(二)专业技术职务岗位工资制。

地质、测绘和交通、海洋、水产等事业单位，根据其在野外或水上作业，具有条件艰苦、流动性大和岗位责任明确的特点，实行专业技术职务岗位工资制。专业技术职务岗位工资制在工资构成上，主要分为专业技术职务工资和岗位津贴两部分。

1. 专业技术职务工资。

专业技术职务工资，是工资构成中的固定部分，主要体现这些部门专业技术人员的水平高低、责任大小和贡献多少。

专业技术职务工资标准，是依据专业技术职务序列确定的。地质、测绘专业技术人员，按照高级工程师、工程师、助理工程师、技术员四个职务，分别设立若干工资档次(详见附表十二)。交通、海洋、水产事业单位的船员，按照船长、轮机长、大副(大管轮等)、二副(二管轮等)、三副(三管轮等)职务序列，分别设立若干工资档次(详见附表十三)。

2. 岗位津贴。

为在工作数量和质量上综合体现地质、测绘、交通、海洋、水产等事业单位工作人员野外和水上作业的工作特点，并强化岗位责任，设立岗位津贴。岗位津贴，是工资构成中活的部分，根据不同岗位的工作条件、劳动强度和操作难易程度确定。

地质、测绘事业单位的岗位津贴，按岗位类别设置。其中地质野外勘探人员按其作业项目和所负责任的大小，划分为九个岗位类别。测绘专业技术人员按其作业项目和所负责任的大小，划分为八个岗位类别。每一个岗位类别，设立一个岗位津贴标准。工作人员在什么岗位，发给什么岗位津贴；岗位变动时，岗位津贴要随之相应变动；不在岗时，不发给岗位津贴。

交通、海洋、水产事业单位船员的岗位津贴，按船舶等级和实际操作岗位划分。船舶等级按国家有关规定，根据船舶的吨位、马力、作业范围等分为特级、一级、二级、三级船组。船员操作岗位，分为船长、轮机长、大副(大管轮)、二副(二管轮)、三副(三管轮)等。操作岗位不同，领取的岗位津贴不同；操作岗位相同，但船舶等级不同，领取的岗位津贴也不同；不在岗时，不发给岗位津贴。

此外，交通、海洋、水产事业单位的船员按内河(港内)、沿海、近海、远洋等作业水域的不同，继续实行水上作业津贴，标准分别为本人工资的10%、20%、30%、40%。船员从事水上作业则有，不从事水上作业则没有。地质、测绘事业单位野外工作人员继续实行野外津贴。

(三)艺术结构工资制。

文化艺术表演团体，根据艺术表演人员成才早、舞台青春期短、新陈代谢快的特点，实行艺术结构工资制。艺术结构工资制在工资构成上，主要分为艺术专业职务工资、表演档次津贴、演出场次津贴三部分。

1. 艺术专业职务工资。

艺术专业职务工资，主要体现艺术表演人员的综合艺术水平高低，是工资构成中的固定部分。

艺术专业职务工资标准，是按照艺术专业职务序列设置的。艺术一、二、三、四、五级职务，分别设立若干工资档次(详见附表十四)。

2. 表演档次津贴。

表演档次津贴根据演员、演奏员、指挥等人员的表演水平确定，是工资构成中活的部分。设立表演档次津贴，可使艺术专业职务不高、但已成名并担任主要角色的年轻演员，在其艺术专业职务工资一时难以晋升的情况下，工资中活的部分能得到及时增长。表演档次分为领衔主演、主演、次主演、演员、演出辅助人员五个档次；表演档次不同，其津贴标准也不同。

3. 演出场次津贴。

演出场次津贴，也是工资构成中活的部分，根据艺术表演人员演出场次的多少计发。演出场次，由单位按照国家有关规定确定。

艺术表演团体中的其他专业技术人员，也要根据其工作特点，设立相应的津贴。

执行艺术专业职务序列在其他行业工作的人员，其职务工资按艺术专业职务工资标准执行，但其津贴要根据本行业的工作特点设立。

艺术表演团体中的舞蹈、杂技、戏曲武功等表演人员现行的工种补贴，仍继续执行。

(四)体育津贴、奖金制。

各级优秀体育运动队的运动员，根据竞争性强、淘汰快、在队时间短、退役后要重新分配工作的特点，实行体育津贴、奖金制。体育津贴、奖金制在构成上，主要分为体育基础津贴、运动员成绩津贴和奖金三部分(详见附表十五)。

1. 体育基础津贴。

体育基础津贴是按照运动员的不同水平设置的，是运动员基础水平的综合体现。

2. 运动员成绩津贴。

体育运动员根据其在国内外重大体育比赛中获得的比赛成绩，发给运动员成绩津贴。津贴标准按比赛层次和获奖名次确定（全国比赛和各种国际比赛前八名的津贴标准详见附表十五，省、自治区、直辖市比赛前八名的津贴标准由各省、自治区、直辖市根据实际情况确定，但不得高于全国比赛的津贴标准）。

运动员退役离队后，改按新调入单位的工资制度执行。原则上按调入单位新定职务或岗位，同时参考本人原来的津贴标准确定其工资。

3. 奖金。

为鼓励运动员刻苦训练、为国争光，对在各类国内外重大体育比赛中获得优秀运动成绩的运动员，给予不同程度的重奖。对在平时训练中成绩优秀、表现突出的运动员，可给予适当奖励。

另外，在重大国际比赛中取得突出成绩的极少数运动员，为国家争得了荣誉，把自己的青春献给了体育事业，为鼓励和表彰他们所作出的贡献，对这部分运动员建立突出贡献津贴，每人每月 50 至 100 元，在退役后终身发给。

（五）行员等级工资制。

金融单位，根据其职能和金融工作特点，实行行员等级工资制。

实行行员等级工资制的，主要是中国工商银行、中国农业银行、中国人民建设银行、中国银行、中国人民保险公司及其分支机构等。中国人民银行，除实行公务员制度的单位外，也实行行员等级工资制。行员等级工资制在工资构成上，主要分为行员等级工资和责任目标津贴两部分。

1. 行员等级工资。

行员等级工资是按照行员职务序列确定的，是工资构成中的固定部分。一、二、三、四、五、六、七级行员职务，分别设立若干工资档次（详见附表十六）。

2. 责任目标津贴。

行员责任目标津贴，是在实行行员目标责任制的基础上，按照行员所负责任大小和完成目标任务情况确定的，是工资构成中活的部分。

四、管理人员的工资制度

事业单位的管理人员，根据自身特点，在建立职员职务序列的基础上，实行职员职务等级工资制。职员职务等级工资制在工资构成上，主要分为职员职务工资和岗位目标管理津贴两部分。

1. 职员职务工资。

职员职务工资主要体现管理人员的工作能力高低和所负责任大小，是工资构成中的固定部分。

职员职务工资标准，是按照职员职务序列设置的。一、二、三、四、五、六级职员职务，分别设立若干工资档次（详见附表十七）。

2. 岗位目标管理津贴。

岗位目标管理津贴，主要体现管理人员的工作责任大小和岗位目标任务完成情况，是工资构成中活的部分。

五、工人的工资制度

事业单位的工人，分为技术工人和普通工人两大类。

（一）技术工人的工资制度。

技术工人实行技术等级工资制，在工资构成上，主要分为技术等级工资和岗位津贴两部分。

1. 技术等级工资。

技术等级工资是工资构成中的固定部分，主要体现技术工人的技术水平高低和工作能力的大小。

技术等级工资标准，是按照高级工、中级工、初级工三个技术等级设置的，每个技术等级分别设立若干工资档次。高级技师、技师，按照现行技术职务分别设立若干工资档次（详见附表十八）。

事业单位工人的技术等级与技术职务考核工作，由人事部会同有关部门结合这次工资制度改革具体组织实施。

2. 岗位津贴。

岗位津贴主要体现技术工人实际工作量的大小和岗位的差别，是工资构成中活的部分。

（二）普通工人的工资制度。

普通工人实行等级工资制。等级工资制在工资构成上，主要分为等级工资和津贴两部分。

1. 等级工资。

等级工资是工资构成中的固定部分（详见附表十八）。

2. 津贴。

津贴是工资构成中活的部分，主要体现普通工人实际工作量的大小和工作表现的差异。

六、奖励制度

改革现行奖励制度。根据事业单位的实际情况，对作出突出贡献和取得成绩的人员，分别给予不同的奖励。

一是对有突出贡献的专家、学者和科技人员，继续实行政府特殊津贴。

二是对作出重大贡献的专业技术人员，给予不同程度的一次性重奖。凡其成果用于生产活动带来重大经济效益的，奖励金额从所获利润中提取。其他人员，如从事教学、基础研究、尖端技术和高技术研究的人员等，奖励金额从国家专项基金中提取。

三是结合年度考核，待具备条件时，对优秀、合格的工作人员,年终发给一次性奖金。

七、建立正常增资机制

事业单位正常增加工资,主要采取以下四种途径:

(一)正常升级。

全额拨款和差额拨款的单位,在严格考核的基础上,实行正常升级。凡考核合格的,每两年晋升一个工资档次。考核不合格的,不得晋升。对少数考核优秀并作出突出贡献的专业技术人员,可提前晋升或越级晋升。

自收自支单位,参照企业的办法,在国家政策规定的范围内,根据其经济效益增长情况,自主安排升级。

为使正常升级机制能够顺利运转,国家进行宏观控制,升级的权力下放给单位,各单位按照国家规定,在严格考核的基础上,自主组织实施。

(二)晋升职务、技术等级增加工资。

专业技术人员和管理人员晋升职务时,按晋升的职务相应增加工资。工人晋升技术等级或技术职务时,按晋升的技术等级或技术职务相应增加工资。

(三)定期调整工资标准。

为保证事业单位工作人员的实际工资水平不下降并逐步增长,根据经济发展情况、企业相当人员工资水平状况和物价指数变动情况,定期调整事业单位工作人员的工资标准。

(四)提高津贴水平。

随着工资标准的调整,相应提高津贴水平,使工资构成保持合理的关系。

八、建立地区津贴制度

根据不同地区的自然环境、物价水平及经济发展等因素,结合对现行地区工资补贴的调整,建立地区津贴制度。地区津贴分为艰苦边远地区津贴和地区附加津贴。

(一)艰苦边远地区津贴。

艰苦边远地区津贴,根据不同地区的地域、海拔高度、气候以及当地物价等因素确定。现行工资区类别补贴、地区生活费补贴、高原地区临时补贴和地区性津贴等,统一归并为艰苦边远地区津贴。艰苦边远地区津贴分为四类,各类标准分别在归并的津贴、补贴基础上适当予以提高。

(二)地区附加津贴。

地区附加津贴,根据各地区经济发展水平和生活费用支出等因素,同时考虑事业单位工作人员工资水平与企业职工工资水平的差距确定。实行地区附加津贴,使不同地区事业单位工作人员工资的提高与经济发展联系起来,允许省、自治区、直辖市运用地方财力安排一些工资性支出,用于缩小事业单位工作人员工资水平与当地企业职工工资水平的差距,鼓励事业单位工作人员为国家和本地区的经济发展多作贡献。地区附加津贴这次暂不出台,待 1994 年适当时候出台。

九、新参加工作人员的工资待遇

事业单位新参加工作的大学本科(含取得第二学士学位的本科生和未取得硕士学位的研究生)及以下毕业生仍实行一年的见习期,并发给见习期工资。博士毕业生和硕士毕业生参加工作后不实行见习期,按有关规定可直接评聘相应的专业技术职务,但在尚未聘任之前,发给相应的初期工资。

医科等长学制院校的毕业生,其见习期工资或初期工资可适当高一些。

各类毕业生见习期工资或初期工资执行期满后,按其聘任的专业技术职务或确定的行政职务领取相应的职务工资。分配到艰苦边远地区工作的毕业生,可提前定级,其定级工资标准可适当高于同类人员。

十、离退休人员的待遇

1993 年 9 月 30 日前已办理离退休手续和已到达离退休年龄的人员(经组织批准留任的除外),不实行新工资制度,参照同职务在职人员的增资水平,适当增加离退休费。离休人员原则上按同职务在职人员的平均增资水平增加离休费,退休人员按同职务在职人员平均增资水平扣除一定比例后的数额增加退休费(增加离退休费的具体办法另行规定)。

实行新工资制度后离退休的人员,在新的养老保险制度建立前,其离退休待遇暂作如下规定:

(一)离休人员,按离休前本人职务工资和津贴的全额发给。

(二)工作人员退休时,职务工资和津贴按国家有关规定打折扣后计发退休费。

享受政府特殊津贴的离退休人员,其政府特殊津贴按百分之百发给。

(三)在职人员根据经济发展情况、企业相当人员工资水平状况和物价指数变动情况调整工资标准时,离退休人员按照调整工资标准的幅度相应增加离退休费。

十一、工资制度改革的实施

事业单位工资制度改革,从 1993 年 10 月 1 日起实施。

从现行结构工资制向新工资制度过渡的办法是:将本人现行基础工资、职务(岗位)工资、工龄津贴合并,加上按国家规定纳入工资的物价补贴和福利性补贴 64 元,就近就高套入本职务(技术等级)新工资标准。为避免把现行工资中存在的不合理问题带入新的工资制度,在套入时根据工作人员的工作业绩、任职年限、工作年限和学历的不同,制定具体政策,合理拉开差距。

事业单位工资制度改革的资金来源，按现行财政管理体制，由中央财政和地方财政分别负担。

特区事业单位的工资制度改革，由特区人民政府提出具体方案，经所在省人民政府报国务院审批。

十二、组织领导

这次事业单位工资制度改革，地方事业单位和中央、国务院各部门所属在京外的事业单位(少数部门除外)，由各省、自治区、直辖市人民政府统一领导。中央、国务院各部门所属在京事业单位，由各部门组织实施。

事业单位实行新工资制度，是对现行工资制度的重大改革，各地区、各部门、各单位要统一认识，加强领导，严格执行政策，不得自行其是。凡是违反政策规定的，要严肃处理并追究领导者的责任。各级人事、财政、银行、监察、审计等部门要密切配合，做好监督工作。同时，要切实做好职工的思想政治工作，以保证事业单位工资制度改革的顺利进行。

附表(一至十八)(略)

纪念毛泽东经典油画展在中国革命博物馆开幕

国家关税税则委员会再次调低进口关税税率

这次调整关税税率涉及 2898 个税号的商品，包括国内短缺的某些原材料和不能满足需要的机器设备等。调税后，中国关税的算术水平将由 39.9%降到 36.4%，降税幅度为 8.8%。

海关总署强调，按照《进出口关税条例》的规定，年底前报关进口的货物一律按照申报进口之日实施的税率征税。各地海关将继续按照国务院和海关总署的有关规定，加强税收征管，使关税的宏观调控作用得以发挥。

在调整进口关税的同时，税则委员会还决定调整一些适用于进境旅客携带及邮递物品的行邮税率。

国务院关税税则委员会办公室负责人就中国调整进口关税税率一事发表谈话

负责人说，关税是国家实施宏观调控的重要经济手段，是联系国内外生产和市场的重要桥梁，对于发展经济，促进对外开放，扩大国际交往，都有重大影响。

负责人说，国务院关税税则委员会是国家制定关税政策的专门机构，调整进出口关税税率是其基本职责。国务院副总理李岚清现任税则委员会主任，成员有国家经贸委、海关总署、财政部、对外贸易经济合作部等 17 个单位，办事机构现设在国家经贸委。自 1991 年以来，我国已多次调低进口税率。1991 年，调低了 43 个税号的商品的进口税率；1992 年采用新的商品目录《协调制度》编制海关税则时，降低了 225 个税号的商品的进口税率；1992 年 4 月，取消了对一批重要的机电产品、化学纤维等加征的进口调节税；1992 年年底，降低了 3371 个税号的商品的进口税率；这一次又大面积地调整进口税率。所有这些，是我国在关税方面为适应建立社会主义市场经济的需要而采取的重要的改革步骤，是我国外贸体制改革的一个重要组成部分，对于发展生产力，增强国内生产企业的竞争能力，促进企业技术进步，提高人民生活水平，推动我国对外贸易持续高速发展将产生积极影响。

中共中央政治局常委胡锦涛在人民大会堂会见古巴国务委员古共中央委员古巴妇联主席比尔马·埃斯平率领的古巴妇女代表团

国家主席江泽民在北京接受葡萄牙驻中国大使德热苏斯、约旦驻中国大使纳欧里和塞浦路斯驻中国大使克利奥帕斯递交的国书

外交部部长钱其琛应洛杉矶世界事务委员会邀请发表演讲

钱其琛指出，“中美关系的历史表明，两国关系从来不是建立在共同的社会制度、价值观念和意识形态之上，而是建立在共同的利益之上的。”

来自洛杉矶地区的 400 多位各界人士出席演讲会。钱其琛用英语发表的演讲受到听众的欢迎。

国内第一个木材交易市场——北京国家木材和林产品交易市场开业

’93 中美能源会议在北京召开

会议由中国国家科委和美国美洲华侨工程科技学会主办。

会议期间中美双方将围绕“市场经济与中美能源领域合作”问题，就能源政策及发展战略、能源与环境保护、能源价格及国际贸易等内容进行讨论，同时，探讨两国在技术转让、资金投入、市场贸易等领域合作的可能性。

国办转发卫生部关于开展强化免疫活动消灭脊髓灰质炎的报告并发出通知

各省、自治区、直辖市人民政府，国务院各部委、各直属机构：

卫生部《关于开展强化免疫活动消灭脊髓灰质炎的报告》已经国务院同意，现转发给你们，请遵照执行。

国务院办公厅

1993 年 11 月 15 日

关于开展强化免疫活动消灭脊髓灰质炎的报告（略）

11 月 16 日

国家主席江泽民在钓鱼台国宾馆会见德国总理赫尔穆特·科尔

江泽民强调指出，中国和德国都是世界上具有重要影响的国家。中德两国领导人在处理相互关系时，不应凭一时一事来衡量利弊，而要有高瞻远瞩的政治家胆识和勇气，要有长远的眼光。

江泽民说："记得邓小平同志曾在你 1987 年 7 月访华时说过：'观察、考虑中德两国关系问题，眼光要放长远，不但看到本世纪，而且要看到下个世纪。'"历史在发展，时代在前进。近些年来我们两国都发生了巨大的变化：德国重新获得统一；中国正深化改革，扩大开放，加快经济建设。两国均处在历史的关键时期。中德双方应当抓住这一历史机遇，在坦诚对话中增进了解，在相互信任中加强合作，在平等互利中发展关系。我们愿意同德国发展长期稳定的友好合作关系，共同维护世界和平与稳定，促进经济合作与繁荣，为迎接 21 世纪做出贡献。

科尔强调指出，"我们没有忘记中国一贯对德国统一的支持，德国将坚持'一个中国'的政策。我们制定的这一政策是不会改变的。"

全国人大常委会委员长乔石在北京会见由国民议会议长费尔南多·范迪嫩率领的安哥拉议会代表团

全国政协民族委员会在全国政协礼堂举行毛泽东与民族工作座谈会

全国政协副主席阿沛·阿旺晋美回忆毛泽东民族工作思想对西藏和平解放、民主改革和社会主义建设所做的卓越贡献。

全国政协副主席赛福鼎·艾则孜回忆了从 1949 年到 1976 年的 27 年里向毛泽东汇报、请示工作和在毛泽东家做客中的情景。

安士伟、多杰才旦、黄光学、李学智等也在座谈会上发言。他们以自己的亲身经历和切身体会，畅谈毛泽东同志把马列主义关于民族问题的理论和中国民族问题的实际相结合，制定了一整套解决中国民族问题的政策，使中国走出了一条具有中国特色的解决民族问题的正确道路。

全国政协副主席吴学谦在座谈会上说，我们纪念毛泽东诞辰 100 周年，就是要认真学习毛泽东关于民族问题的理论，学习党关于民族问题的方针政策，不断加强各民族的平等、互助、团结、合作，促进共同繁荣。

全国政协民族委员会主任金鉴主持座谈会。

国务院总理李鹏在人民大会堂会见出席中国德国企业界经济界人士座谈会的企业家

李鹏说，在邓小平同志建设有中国特色社会主义理论的指导下，中国经过 10 多年的改革开放，政治稳定，经济获得了很大发展。刚刚闭幕的中共十四届三中全会通过了关于建立社会主义市场经济体制若干问题的决定。他解释说，这种经济体制是同社会主义基本制度结合在一起的，目的是要使市场在国家宏观调控下对资源配置乃至经济运作发挥基础性作用。它一方面考虑到中国的特点，另一方面努力同国际经济接轨。

李鹏说，今后中国将继续坚持以经济建设为中心，经济仍将保持较快的发展势头，但要更加重视质量、效益和产品的结构调整，使经济"持续、快速、健康地发展"。

李鹏说，国民经济的持续发展带动了中国对外经济贸易的发展。他在 1992 年初达沃斯经济论坛会议上的演讲中，曾预计在 90 年代的头 5 年（"八五"期间）中国进口总额将达到 3000 亿美元，现在前 3 年实际上可望达到 2400 至 2500 亿美元，预计整个"八五"期间可能达到 4000 亿美元。他说，迅速发展中的中国是一个巨大的市场，为各国企业界提供了良好的合作机会。他希望德国企业家珍惜这一大好机会。他认为，中德合作的着眼点不能仅限于 20 世纪 90 年代，而应该放眼于 21 世纪。

李鹏说，中德双方应进一步加强在交通运输、能源、电信等基础设施和基础产业领域的合作。因为中国的这些领域还比较薄弱，制约着经济的发展，是我们今后建设的重点，合作潜力很大；德国企业界应利用技术设备先进的优势，积极参与中国老企业的技术改造，这方面的合作可以取得事半功倍的效果；在保持质量好、效率高等优势的基础上，增强产品价格的竞争力；合作方式要更加多样化，商品贸易如此，投资形式也如此，合资、独资都欢迎。

李鹏说，中国的投资环境已经有了很大的改善，并必将越来越好，其中包括硬环境和软环境两个方面，投资领域的经济立法也将更加完善。他希望德国企业家放远眼光，更加积极地开展对华经济技术合作。

中国德国在北京签署 20 余项文件

国务院总理李鹏与德国总理科尔共同参加两国 20 余项文件的签字和换文仪式。中德双方的合同金额达

16.5 亿美元，意向金额 11.5 亿美元。

20 余项文件包括：两国政府在环境与发展领域合作的联合声明，关于加强两国政府间科技合作的会谈纪要，建设广州地铁合作和贷款协议书，6 架空中客车 A－340 飞机合同，两国政府 1994－1995 年文化交流换文，两国邮电部邮电通讯领域合作备忘录，中国航天公司与德国宇航公司建立航天领域和平利用项目合作的备忘录，两国政府关于在华设立德意志学术交流中心办事处的换文等。

中德双方签署的文件还涉及交通运输、发电、化工、汽车、机械设备、钢铁等经贸合作项目，包括奥迪汽车公司同长春一汽关于扩大生产的意向书，中国机床总公司二手设备进口合同意向书，西马克公司与鞍钢关于成立合资工程公司的谅解备忘录，3 条多用途货船合同，铁路客车车辆合同等等。

中国航空基金会在北京设立

中日友好 21 世纪委员会第 9 次会议在东京开幕

国务院总理李鹏为会议发来贺电。会议的主题是“世界中的中日关系和为世界做出贡献的中日关系”。

中国驻日本大使徐敦信和日本外务省官员池田维分别宣读两国总理的祝词后，中方首席委员张香山和日方代理首席委员香山健一先后作基调报告。

东亚发展与合作国际研讨会在北京开幕

会议主题是“面向 21 世纪，探讨东亚发展新道路”，除了从经济方面探讨东亚地区的发展与合作，还涉及东亚的持续协调发展，全球化和地区化、新文化建设，生态环境等方面的新课题。中国、日本、韩国的专家、学者和有关人士 100 多人参加会议。

解放军总参谋部在北京进行军事理论讲座

讲座由军兵种、军事科学院、国防大学的专家和领导授课。

中央军委副主席刘华清、张震，军委委员迟浩田、张万年、于永波、傅全有与解放军总部、驻京各大单位的领导和机关干部一起参加听课。讲座围绕高技术在军事领域的运用、发展及其影响这一主题，多侧面地介绍了现代武器装备的发展、高技术兵器的运用以及战争样式的变化等。

首届中国艺术博览会在广州开幕

1993 年中华全国集邮展览在北京开幕

国办发出关于采取有力措施迅速解决拖欠教师工资问题的通知

近几年，特别是去年以来，不少地区民办教师工资拖欠有增无减，公办教师工资拖欠也大面积出现，问题相当严重。拖欠教师工资，严重影响教师生计，挫伤广大教师的工作积极性，影响教师队伍稳定，广大教师反映十分强烈，社会各界对此也极为关注。如果问题得不到及时解决，不仅严重影响普及九年制义务教育的实施，而且势必影响社会的稳定，引发一系列严重后果。各级人民政府务必高度重视，采取果断有力措施，迅速解决当前拖欠教师工资问题并从根本上杜绝此类问题再度发生。经国务院同意，现通知如下：

一、按时足额领取劳动报酬，是教师最基本的合法权益。无论是公办教师工资、民办教师国家补助费还是民办教师统筹工资，都必须按时兑现，足额发放，不得拖欠。各级人民政府特别是主要领导同志要从教育的重要战略地位和社会主义法制的高度认识这一问题。各地要对教师工资待遇落实情况再进行一次严肃认真的检查、清理，采取坚决的清欠措施。

二、理顺教育经费管理体制，完善保障机制，确保教师工资按期足额到位。在经济落后、财政困难、不能保证教师工资按期足额发放的地方，地方政府根据当地的实际情况，可以在一定时期内将预算内教育经费改由县管。农村教育费附加也可以实行乡征县管的体制，专款专用，杜绝挪用或平调现象，以保证民办教师统筹工资的兑现。

三、认真落实中共中央、国务院《中国教育改革和发展纲要》精神，努力增加教育投入。各级人民政府要进一步提高财政支出中教育经费所占的比例，要扎扎实实落到实处。乡（镇）财政收入主要用于发展教育。教师工资所需经费以县为主筹措，省、自治区、直辖市、市（地区）人民政府也要尽最大努力给予支持。国家分配给各地的支援不发达地区发展资金，可安排一部分用于贫困地区的教育事业。

四、解决拖欠教师工资问题，事关我国基础教育发展和社会稳定的大局，各级人民政府主要负责同志要亲自过问，狠抓落实，有关部门要积极配合。要强化法制观念，严肃财经纪律。拖欠教师工资严重的地方，不准兴建楼堂馆所，不得购买小汽车。违者要严肃追究有关领导的责任。对挤占、挪用、卡扣教育经费的行为，要坚决查处。

五、各级人民政府要把解决拖欠教师工资问题作为当前宣传贯彻《中华人民共和国教师法》的一项重要工作内容，抓紧落实。务必在今年年底前将积欠工资如数发到教师手中并把解决结果报告国务院。同时要研究和采取措施，保证今后不再发生新的拖欠。

国务院办公厅
1993年11月16日

谢军在国际象棋女子世界冠军赛第11盘比赛中战胜挑战者娜娜·约谢利阿尼卫冕成功

11月17日

全国煤炭工业多种经营工作会议在北京举行

国务院副总理邹家华到会讲话指出,发展煤炭业多种经营的方针要坚持"一业为主,以煤为本,多种经营,发展第三产业"。

全国旅游局长工作会议在广东中山召开

全国旅游局长工作会议暨第七届旅游局长研讨班近日在广东中山召开。国务院副总理钱其琛在研讨班上强调旅游业对我国国民经济发展的重要促进作用,并要求各地、各部门对旅游业给予充分重视。

国务院副总理钱其琛在书面讲话中指出,中国旅游业经过十几年的发展,取得了较好的社会和经济效益,在目前国际贸易竞争越来越激烈、关税、非关税壁垒越来越严重、贸易创汇难度越来越大的情况下,旅游业更有其特殊优势。同时,旅游业在促进带动相关产业发展、回笼货币、减轻市场压力、提供就业机会、促进国际交流、促进改革开放等方面都发挥了非常重要的作用。党中央、国务院重视旅游业的发展,同时希望各地、各部门对旅游业给予特别重视,为旅游业的发展创造必要的条件。旅游业作为新兴朝阳产业,要坚持适度超前发展的战略,保持更快一些的增长速度。

国家旅游局局长刘毅在会上说,旅游业今年1月至9月已创外汇33.14亿美元,比去年同期上升20.3%。今年1月至9月全国已批准利用外资新建、改建旅游饭店项目88个,利用外资协议投资额超过前6年的总和。11个国家旅游度假区利用外资52.2亿美元,年内预计竣工项目68个。旅游业的国际合作也在各层次积极推进。

刘毅指出,当前旅游工作也存在着不容忽视的问题,主要是某些环节上服务质量下降;少数地方和企业不重视抓促销、抓管理、抓创汇,出现主业与副业错位;出境旅游经营中有违章违纪和无秩序现象等等。他强调旅游业要以"海外抓促销,国内抓建设"为长期方针,努力提高服务质量,以有效措施将旅游业和旅行社的发展纳入轨道,规范秩序,使之上升到一个新水平。

中共中央政治局候补委员温家宝在江西考察

温家宝于17日至24日到江西的宜春、吉安地区和南昌市农村考察。考察期间,温家宝对江西省调整农业结构、实施农业综合开发的一些成功做法给予了肯定,并就当前贯彻党的十四届三中全会精神,搞好农村工作发表意见。

温家宝指出,贯彻落实党的十四届三中全会和中央农村工作会议精神,推进农村改革和发展,要着重抓好以下几个方面的工作:第一,坚持和完善党在农村的基本政策。要稳定和完善以家庭联产承包为主的责任制和统分结合的双层经营体制;坚持以公有制为主体的多种经济成分共同发展的方针;实行农林牧副渔并举,发展大农业。第二,深化农村经济体制改革。要搞活农村商品流通,形成适应市场经济要求的农产品购销新体制;逐步建立健全国家对农业有效的支持、保障、调控和服务体系。第三,注意解决当前影响农民积极性和农业发展的突出矛盾,特别是粮棉生产比较效益下降,工农产品价格剪刀差扩大,农民收入增长缓慢的问题。第四,集中力量发展农业生产力。要加强农业基础设施建设,推广农业实用技术,增强农业的物质技术基础;要面向市场调整农业产品结构和农村产业结构,大力发展高产优质高效农业,发展乡镇企业和其他非农产业。第五,切实加强农业基础地位。在发展社会主义市场经济中,要坚持把农业放在一切经济工作的首位,调整国民收入分配格局,提高国家基本建设投资和财政、信贷资金用于农业的比重,增强农业发展后劲。

温家宝说,贯彻落实三中全会精神,要紧密联系实际,创造性地开展工作。当前,要抓好秋季农产品收购,特别是粮食和棉花的收购工作;要搞好冬季农田基本建设;要不失时机地搞好冬种和过冬作物的田间管理,争取明年有个好收成。

温家宝强调,在向社会主义市场经济体制转换过程中,农业和农村工作有许多情况需要研究,许多问题需要解决,必须加强党对农村工作的领导,妥善处理好农村改革、发展和稳定的关系。要加强以党支部为核心的农村基层组织建设、社会主义精神文明建设和民主法制建设,搞好农村社会治安综合治理。他要求广大农村干部要认真学习邓小平同志建设有中国特色的社会主义理论,特别是要学好《邓小平文选》第三卷,提高思想政策水平和工作能力,要转变作风,深入实际,调查研究,狠抓落实,团结和带领广大农民群众,推动农业和农村经济再上新台阶。

在井冈山,温家宝要求地方各级党委和政府继续关心老区人民的生活,支持他们发展经济,把革命老区建设得更好。

国家主席江泽民在中国驻旧金山总领事馆举行晚

宴招待美国企业界人士并发表讲话

近百家美国企业的主要负责人出席晚宴。美国前国务卿舒尔茨、黑格和旧金山市市长乔丹等也出席宴会。

江泽民在讲话中说，十多年来，美国工商企业界一直是推动中美关系向前发展的一支重要力量。在座诸位中，许多是同中国合作多年的老朋友，也有不少是正在积极致力于友好合作的新朋友。你们以企业家的敏感、明智和求实精神，努力扩大同中国的经济技术贸易交流，取得了丰硕的成果。我十分赞赏你们为增进两国人民交往和促进两国经济合作所作出的努力和贡献，并祝愿你们在扩大两国互利合作中获得更大的成功。

江泽民说，中国改革开放 15 年来，国民生产总值年均增长 8.9%，这样的发展速度，人民高兴，举世瞩目。中国改革开放的总设计师邓小平先生去年初视察我国南方发表了重要谈话，希望全国人民进一步解放思想，加快改革开放的步伐，为我国现代化建设注入了新的活力。去年我国国民生产总值增长 12.8%，今年预计仍将增长 13%左右。进出口总额在世界贸易排位中，已由 1978 年的第 32 位上升到第 11 位。今年 7 月以来，我们针对发展中出现的一些问题，采取了十六项加强宏观调控的措施，已经取得良好效果。刚刚结束的我们党的十四届三中全会，作出了关于建立社会主义市场经济体制若干问题的决定，提出了新经济体制的基本框架，必将为中国经济的持续、快速、健康发展提供强大动力和重要保证。中国当前形势，可以用十六字概括，这就是：国泰民安，政通人和，百业兴旺，前景广阔。他说，中美建交是在我国改革开放初期实现的。这些年来，尽管中美关系经历了种种曲折，两国经贸合作却发展迅速。美国已是中国的第三大贸易伙伴，中国在美国对外贸易中也上升到第九位。相互投资从无到有，不断扩大。这充分表明中美两国在经济上是互补互惠、互相需要的，具有巨大的发展潜力。可以肯定，如能排除政治因素的影响，摆脱一些人为的羁绊，中美两国的经济合作潜力一定会得到更大发挥，成果更加丰硕。

江泽民说，中国拥有广阔的市场，同时拥有许多丰富的美国市场需要的产品，这些对美国和其他发达国家的工商企业界都有着广泛的吸引力。农业、交通、能源、原材料、基础设施和技术改造，是中国当前经济发展的重点，美国在这些方面都具有同中国加强互惠合作的优势。经过十几年的共同努力，美国工商企业界与中国的合作已有了相当的基础。当然，朋友们可能已经看到，中国市场上的竞争也是非常激烈的。有识之士和各国的企业界，都在从新的战略角度和以新的长远眼光看待中国。中国对外开放是全方位的，面向世界所有国家。在这挑战与机遇并存、经济竞争日趋激烈的今天，我相信，美国企业界以自己雄厚的实力和丰富的经验，是不会让眼前的机遇失之交臂的。

江泽民说：最近以来，各国企业家都纷纷到中国，探索投资的机会和合作的领域，他热烈欢迎在座的美国企业界人士多去中国，常去中国，促进中美经济合作和贸易交流取得更大的发展。

江泽民最后说，中国是一个有近 12 亿人口的大国，一个政治稳定的中国将对世界和平作出积极贡献，一个经济繁荣的中国将给世界经济的发展注入活力，中国的稳定与繁荣符合世界人民要求和平与发展的根本愿望。江泽民主席的讲话结束时，美国企业家纷纷起立并报以热烈的掌声。

外交部部长钱其琛在西雅图会见美国国务卿克里斯托弗

钱其琛说，中美两国是太平洋两岸的大国，有着共同的利益，需要进行合作。中美关系从来不是建立在共同的社会制度、意识形态和价值观念的基础上，而是建立在共同利益的基础上。希望双方能遵循平等互利、互相尊重的原则，共同继续努力，超越目前两国关系中存在的一些障碍，促进中美关系稳定地发展，尽早走上正常轨道。

钱其琛说，亚太经济合作组织是针对亚太地区的特点建立起来的，同其他地区的贸易集团和组织有所不同。因此有必要广泛听取该组织各个成员的意见，以使本届会议取得成功。

亚太经济合作组织第 5 届部长级会议在西雅图召开

国务院副总理兼外交部长钱其琛率代表团出席亚太经济合作组织会议。

参加本届会议的 15 个成员是澳大利亚、文莱、加拿大、中国、香港、印度尼西亚、日本、马来西亚、新西兰、菲律宾、新加坡、韩国、中国台北、泰国和美国。

国务委员李铁映致电中国国际象棋代表团祝贺谢军卫冕冠军

全国血吸虫病防治工作会议在南京开幕

会议于 17 日至 19 日举行。

国务委员彭珮云在会议上指出，做好血防工作要动真感情，加强领导，拿硬措施，搞大动作，切实帮助农民送瘟神迎财神。

11月18日

《人民日报》就中国共产党十四届三中全会通过的《中共中央关于建立社会主义市场经济体制若干问题的决定》发表评论员文章《社会主义市场经济体制的纲领》

全国团校校长工作研讨会在杭州举行

全国团校校长工作研讨会日前在杭州举行。研讨会以“如何培养跨世纪人才”为主题。来自共青团中央、中央团校和其他省市团校、青年干部学院的60多名代表，研究探讨了在社会主义市场经济条件下，团校如何加快教育改革，提高教学质量，培养合格的跨世纪青年干部，更好地发挥服务于全团工作的作用等问题。

财政部中国人民银行等联合发出要求各地逐步推行设置乡镇国库的工作的通知

财政部、中国人民银行、中国农业银行、中国工商银行日前联合发出通知，要求各地逐步推行设置乡镇国库的工作。同时，制定了《乡(镇)国库管理办法(暂行)》，要求各地结合本地实际情况贯彻实施。

《通知》指出，截至1992年底，全国已建立乡(镇)国库9738个，占乡(镇)财政所总数的21%。从几年的试点情况看，设置乡(镇)国库，有效地调动了乡(镇)政府当家理财的积极性，提高了乡(镇)财政资金利用率，促进了乡(镇)经济和各项事业的发展。

《通知》要求，各地设置乡(镇)国库要因地制宜，实事求是。

国务院总理李鹏在北京会见美国高盛公司总裁斯蒂芬·弗雷德曼

国家副主席荣毅仁在人民大会堂会见安哥拉议会议长弗·范迪嫩

挪威首相布伦特兰在奥斯陆会见全国人大常委会副委员长王汉斌

中国代表团团长钱其琛在亚太经济合作组织第5届部长级会议上发言

钱其琛说，亚太经济合作组织既有经济高度发达的北方国家，也有处于不同发展阶段的南方国家；既有主权国家，也有地区经济；既有东方文明，又有西方文化，历史背景等情况也有很大差别。我们在研究和进行区域合作时应充分顾及这些独特的地方。

钱其琛指出，亚太经济合作组织应当继续致力于促进区域经济合作这一宗旨。事实证明，亚太经济合作的基础，不是共同的价值观念，不是共同的文化传统或发展模式，而是各国和地区共同的经济利益。只有相互尊重，求同存异，致力于经济合作，区域经济合作才有前途。偏离经济合作这一宗旨势将损害亚太经济合作组织存在的基础。

钱其琛说，亚太经济合作组织的合作方式应当是多样化的。亚太经济合作的灵活性和开放性的特点，正是适应亚太地区经济上的多样性这个客观现实。在亚太经济合作组织框架内建立东亚经济论坛的倡议正是适应这一客观需要而提出的。我们认为，经济合作不必人为地谋求统一的模式，可以采取多层次、多渠道、多双边结合的方式进行。区域经济合作的活力正在于把这些多样性变为互补性，以取长补短、互通有无。

钱其琛指出，亚太经济合作组织应当继续坚持开放性的原则。世界经济的一体化使各国和地区之间的经济贸易关系日益密切，相互依赖不断加深。经验告诉我们，一个国家或区域合作组织如实行保护主义，走上排他性道路，是不会有出路的，到头来只会阻碍自身的发展。亚太经济合作组织不仅要在内部相互开放，而且要对其他区域合作组织开放，做到相辅相成、互相促进。只有这样，才能彼此受益，共同发展。

钱其琛最后表示，中国愿同本地区各成员一起，为促进亚太的稳定、发展和繁荣，迎接21世纪的挑战而共同努力。

国家主席江泽民根据全国人大常委会的决定任免驻外大使

一、免去吉佩定的中国驻纳米比亚共和国特命全权大使职务。

任命安永玉为中国驻纳米比亚共和国特命全权大使。

二、免去管子怀的中国驻科威特国特命全权大使职务。

任命王景祺为中国驻科威特国特命全权大使。

三、任命郑锦炯为中国驻芬兰共和国特命全权大使。

四、任命徐次农兼任中国驻利比里亚共和国特命全权大使。

中国外交和军事专家代表团同哈萨克斯坦吉尔吉斯斯坦俄罗斯塔吉克斯坦外交和军事专家联合代表团在北京进行工作会晤

会晤于11月18日至12月4日进行，双方就中国与上述四国边境地区裁减军事力量和加强军事领域信任的问题交换意见。并商定下一轮谈判于明年 2 月在莫斯科举行。

贯彻《教师法》座谈会在北京举行

国务院副总理李岚清在座谈会上指出,《教师法》的实施,必将推动全社会形成尊师重教的良好风尚。全社会都要认真宣传、贯彻《教师法》,大力促进教育改革和发展。

李岚清说,八届全国人大常委会第四次会议通过了《中华人民共和国教师法》,并确定从明年 1 月 1 日起施行。这是新中国,也是我国教育史上第一部专门为教师制定的法律。《教师法》是在总结建国 40 多年特别是改革开放 15 年来教师队伍建设的成功经验和广泛听取各方面意见的基础上制定的。它的实施,对维护教师合法权益,提高教师社会地位和待遇,加强教师队伍建设,使教育工作和教师队伍建设走上法制化轨道,都具有重大意义。这必将推动全社会形成尊师重教的良好风尚,促进我国教育改革和发展,加快改革开放和现代化建设的步伐。

座谈会由全国人大教科文卫委员会、全国人大常委会法制工作委员会、国家教委、司法部、国务院法制局、全国政协教育文化委员会、北京市人大常委会、北京市人民政府和全国教育工会联合举行。全国人大常委会副委员长孙起孟、雷洁琼,全国政协副主席钱伟长出席座谈会。

各民主党派、全国工商联、国务院有关部委、全国妇联、共青团中央和座谈会举办单位的负责人出席座谈会。

11 月 19 日

国家主席江泽民和美国总统克林顿在西雅图市的雷尼尔俱乐部举行正式会晤

全国政协八届八次主席会议召开

全国政协主席李瑞环主持会议。

会议就学习《邓小平文选》第三卷进行了讨论。

会议决定,12 月下旬在北京召开八届全国政协常委会第四次会议,并研究政协八届四次常委会的主要议题。

全国政协副主席吴学谦、杨汝岱、王兆国、赛福鼎·艾则孜、洪学智、赵朴初、钱伟长、胡绳、钱正英、苏步青、安子介出席会议。

全国粮棉收购工作电话会议在北京召开

国家经贸委、国内贸易部和国家工商局召开全国粮棉收购工作电话会议。国务委员陈俊生在会上指出,各级政府要把秋季粮油收购作为一件大事来抓,切实抓紧抓好,决不能有丝毫放松,要保证完成全年任务。对定购任务以外的议价粮,也要积极组织收购,力争多购一些。各级政府和各有关部门要广泛动员农民积极交售棉花,使国家能掌握尽可能多的棉花资源,因此,一定要采取有力措施,把收购进度促上去。

陈俊生说,各有关部门在秋季粮油收购工作中,要确保有关政策及时兑现给农民,让农民真正得到实惠。今年的秋粮收购价格仍按照有关规定,根据粮食生产形势、市场价格情况和不低于国家公布的保护价的原则确定。粮食企业收购的议价粮,在市场粮价低于保护价时,也要按保护价收购,市场粮价高于保护价时,随行就市收购。要落实价外加价政策。要坚决实行“户交户结”钱粮两清,严禁户交村结。

谈到棉花收购问题时,陈俊生说,当前,要特别强调各级政府支持供销社按国家政策和标准收购,并如实上报收购进度。要切实加强棉花市场管理,维护好收购秩序。收购棉花必须坚持按国家标准办事,按正规程序检验,确保棉花收购质量。严禁在棉花中掺杂使假,一经发现,要严肃处理。

外交部部长钱其琛在西雅图举行记者招待会

钱其琛在招待会上宣布中国国家主席江泽民与美国总统克林顿下午在这里的雷尼尔俱乐部举行正式会晤,整个会晤持续 90 分钟,会谈的气氛是积极的、建设性的。

钱其琛说,克林顿总统表示欢迎江主席来到美国。克林顿总统说,中国是一个十分重要的国家,并且有着光明的未来,他对中国经济上取得的成就感到十分钦佩。克林顿总统强调指出,他承诺奉行一个中国的政策,恪守美中之间三个联合公报中所体现的各项原则。江泽民主席对此表示赞赏。

在会晤中,双方都认为,中美关系是非常重要的,它不仅仅是双边关系的问题,而且应该把它放在世界范围内来看,应该着眼于未来,着眼于 21 世纪。

钱其琛说,江泽民主席指出,地球上有上千个民族,约 200 个国家,多种多样的文化传统和生活方式,世界的丰富多彩是一件好事,并不是一件坏事。各国之间、各种文化之间应当相互交流,共同享受人类文明的成果。这种交流只能在人民自愿自主的基础上进行。江泽民主席还说,冷战结束了,现在的关键是发展经济。国际经济现在这种不景气的状况持续下去,对世界和平与发展都不利。他特别强调,中美两个大国是在世界上有影响的国家,在许多重大的问题上有共同的利益。中美之间增加信任,可以在国际上发挥积极的作用。中美之间存在着分歧，这是客观的存在。双方各自关心的一些问题，经过开诚布公的对话是可以找到解决的办法的。

钱其琛说，江泽民主席建议双方的高层接触继续进行，并邀请克林顿总统在他方便的时候访问中国。克林顿总统表示，他期待着将来有机会实现这次访问，这是他从小就有的愿望。双方还同意两国外长进行互访、磋商，各个有关部门之间也增加往来。双方对这次会晤都很满意，认为这是一个良好的开端。

钱其琛还回答了记者的提问。在回答有关最惠国待遇问题时，钱其琛说："中国的立场是不赞成把与贸易无关的问题和贸易联系在一起，因为最惠国待遇对美国、中国都是有利的。如果取消，对美国、对中国都是不利的，而不是对任何一方特别有利或特别不利。"

关于在哪些具体问题上中美继续接触，钱其琛回答说，这次中美领导人会晤以后，双方领导人的交流和接触会增加，而且会有许多具体问题要进行后续讨论。比如贸易、人权、武器扩散等问题，凡是中美关切的问题都可以讨论。美国方面关切的是贸易逆差太大，中国方面关切的是买美国的产品能否得到批准。他说："我们不是买一般的产品，而是要买高科技产品。美国总统告诉我们，他们将要大大放宽这方面的销售。"

关于朝鲜半岛的核问题，钱其琛表示，我们阐明了自己的立场，即第一条是要保持朝鲜半岛的和平与稳定；第二条是实现朝鲜半岛的无核化，具体的方法是通过有关各方的谈判。

中英联合联络小组就香港选举安排问题在北京举行第16轮会谈

深圳市葵涌镇由港商兴办的致丽工艺玩具厂发生大火

11月20日

亚太经济合作组织领导人非正式会议在美国西雅图的布莱克岛举行

亚太经济合作组织领导人非正式会议11月20日上午9时(北京时间21日凌晨1时)在西雅图的布莱克岛举行。这是自1989年11月亚太经合组织成立以来该组织举行的最高级别的会议。

应美国总统克林顿邀请，中华人民共和国主席江泽民出席会议。出席会议的有亚太经济合作组织成员澳大利亚、文莱、加拿大、印度尼西亚、日本、韩国、新西兰、菲律宾、新加坡、美国和泰国的国家元首或政府首脑。该组织的地区经济成员中国台北和香港的代表也出席会议。

这次会议共分三个议题。江泽民在讨论第一个议题时作主旨讲话。

会议已于当天下午结束。

美国总统克林顿在会议结束后对记者说，应印度尼西亚总统苏哈托的邀请，亚太经合组织领导人明年将在雅加达再次聚会。

国家主席江泽民在亚太经济合作组织领导人非正式会议上发表讲话

克林顿总统先生，
同事们，朋友们：

亚太经济合作组织领导人非正式会议的召开给了我们大家得以一道见面的机会。我希望这次会议有利于亚太地区的经济合作，加强相互间的了解和信任，为促进本地区乃至世界的和平与发展作出贡献。

世界正在走向二十一世纪。回顾以往，展望未来，人们能得到有益的启迪。二十世纪是人类文明大有进步、科技和生产力大放异彩的世纪，也是战乱频仍、很不安宁的世纪。本世纪打了两次世界大战，其他冲突和局部战争不计其数。现在，世界正处在大变动的历史时期。冷战和两极格局结束以来，国际关系发生了一些积极变化，同时也爆发了许多地区冲突和错综复杂的矛盾。国际形势动荡多变，不测因素增多，天下还很不太平。世界的和平与发展面临新的严峻的挑战。

逝者已矣，来者可追。把一个什么样的世界带到二十一世纪，这是我们这一代领导人必须认真探索和解决的重大问题。到本世纪结束还有好几年时间，我们还来得及做些事情，应该有所作为。如果经过我们的共同努力，克服困难，排除障碍，为人类迎来真正的和平与繁荣，那么世界人民将会感到我们做了一件有意义的大好事。如果在进入二十一世纪的时候世界还是一个乱糟糟的、没有安全感、经济艰难的世界，我们就向世界人民交不了账。作为新旧世纪之交的领导人，历史注定我们要承担这样的责任。

亚太地区曾经对人类文明作出过杰出贡献，现在又是国际社会十分重视的地区，在世界政治和经济中的地位不断上升。我们高兴地看到，由于各国的共同努力，亚太地区政治形势相对稳定，经济持续高速发展，贸易前景广阔，投资势头强劲，合作潜力巨大，充满着发展的活力与希望。

亚太经济合作组织所在的亚太地区地域辽阔，多样性的特点突出，是世界上经济规模和市场容量最大、投资环境最优越的地区，各国经济互容性强、互补性大，开展经济合作有着巨大的后劲。一个国家或地区的发展归根到底是经济的振兴。没有各国的发展，就不会有地区的繁荣。各国要实行适合本国国情的发展战略,首先要把本国的事情办好。同时,要顺应世界经济联系日趋密切的历史潮流,加强国际经济交流和合作,特别是加强所在地区的合作。亚太国家要有长远的战略考虑,着眼于二十一世纪,共同努力,确保各国和本地区经济的持续稳定增长。区域经济合作要遵循相互尊重、平等互利、彼此开放、共同繁荣的原则。在具体做法上,要从本地区的实际和特点出发,循序渐进,多边与双边相结合,开展多种形式、多层次和多渠道的合作,不断开拓本地区经济发展的新局面。

一个地区的经济发展离不开世界经济的发展。亚太国家既要面向亚太,也要面向世界;既要对地区内开放,也要对地区外开放;既要致力于建立公正合理的地区经济关系,也要致力于建立公正合理的世界经济关系。当前,许多发展中国家经济困难加剧,南北差距仍在扩大。这严重影响世界经济发展。如果大家都站在全人类发展的高度来观察问题,对于改革不合理的国际经济秩序,帮助广大发展中国家摆脱贫困的必要性和重要性,就不难形成共识,就会明了这不仅是发展中国家的迫切要求,也是发达国家发展的实际需要。各个国家应该携起手来,努力解决这个共同面临的任务,以促进本地区和世界经济的健康发展。

发展经济和开展合作离不开和平稳定的国际环境。乱世无发展,古今概莫能外。世界的治与乱,在很大程度上取决于建立什么样的国际关系。只有各国互相尊重主权和领土完整、互不侵犯、互不干涉内政、平等互利、和平共处,才能建立和发展新型的国际关系,世界的和平与发展才有可靠的保障。

亚太地区的发展并没有靠集团,无论是经济集团还是政治集团,更不用说是军事集团。靠的是开放和合作,靠的是取长补短、互通有无,靠的是相互尊重、平等互利。基于这个看法,我们主张亚太经济合作组织应当是这样一种开放的、灵活的、讲求实际的经济合作论坛和磋商机构,而不是一个封闭的机制化的经济集团。

中国实行改革开放 15 年来,取得了举世瞩目的成就,全国政治稳定、社会安宁、经济高速增长。我们实行改革开放和建立社会主义市场经济体制,完全符合自己的国情,得到全国各族人民的拥护和支持。集中力量搞经济建设是我们一切工作的中心,改革开放是中国毫不动摇的基本国策。中国的改革开放只会更加深化,更加扩大,这是不可逆转的。中国的经济会更加发展,社会将更加进步,民主和法制的建设将进一步加强,这也是不可逆转的。我们对中国的未来充满信心!

中国实行全方位开放,面向全世界,首先是面向亚太地区。中国重视并积极参与和推动本地区的经济合作。加强同亚太国家的经济合作和贸易往来,是我们坚定不移的方针。

中国始终不渝地奉行独立自主的和平外交政策,为维护地区和世界的和平与稳定作出了坚持不懈的努力。中国永远不称霸,不搞军备竞赛,不参加军事集团,不谋求势力范围。中国坚持在和平共处五项原则的基础上同邻国、同世界各国发展友好合作关系。中国的发展离不开世界,世界的发展也需要中国。一个稳定、发展和强盛的中国,不会对任何国家造成威胁,只会对亚太地区和世界的和平与发展作出更大的贡献。

友谊与合作是通向持久和平与共同繁荣的桥梁。让我们真诚友好,求同存异,通力合作,为缔造更加美好的亚太新世纪而共同努力!

谢谢各位。

国家主席江泽民在亚太经济合作组织领导人非正式会议上作第二次发言

在讨论促进经济合作的国内和区域间的优先领域这一议题时,江泽民作第二次发言的。

江泽民说,中国十分重视农业在国民经济中的基础地位,重视解决能源、交通和原材料不足等制约国民经济发展的"瓶颈"问题。中国现在最优先的中心任务就是尽快建立社会主义市场经济体制,同世界经济接轨。从计划经济向市场经济转变是一个艰巨的进程,既没有任何模式可循,也无法一蹴而就。但这是功在当代、利在千秋的伟大变革,我们对此充满信心。

江泽民说,我们的目标是保持经济持续、快速、健康的发展。我们要加快宏观经济管理体制的改革。在今后几年,除继续深化国有企业改革外,将着重加快金融、财政、投资和计划体制的改革。为实现上述目标,我们要学习和借鉴所有国家成熟的宏观调控经验与先进的市场管理方式。我们由衷地希望能得到所有朋友的支持与帮助。真诚地希望本地区稳定与发展的势头能持久。

江泽民还说,近十几年来,亚太经济的发展一直处在世界前列。这是一件好事。但是,经济高速度发展的同时也使许多成员原本十分严重的基础设施不足、环境污染等问题更加突出。消除贫困的任务仍然十分艰巨。希望这些问题能得到亚太经济合作组织的重视并在该组织的活动中能予以优先考虑。

国家主席江泽民在亚太经济合作组织领导人非正式会议就该组织如何在促进区域经济合作中发挥作用提出 5 点建议

这是江泽民在会议讨论促进区域经济合作的手段

和机制这一议题时所作的发言，也是他在这次会议上的第三次发言。

第一，亚太经合组织各成员之间有许多差别，但共同的经济利益把我们联系在一起，我们应该继续坚持促进区域经济合作这一宗旨。只有相互尊重，平等互利，求同存异，亚太经济合作才会有前途。

第二，亚太经合组织的最显著特点是它经济上的多样性。它的合作方式应充分体现这一特点。区域经济合作的活力正在于把这些多样性变为互补性。多层次、多渠道、多形式的合作方式符合本地区的客观现实，也有利于最大限度地挖掘区域经济合作的潜力。

第三，亚太经合组织推进机制化的进程应循序渐进，应同各成员的意愿相一致，并应适当照顾发展中成员的需求和利益。

第四，亚太经合组织应继续坚持开放性的原则。不仅要在内部相互开放，而且要对其他区域合作组织开放。相互开放才能彼此受益、共同发展。

第五，亚太经合组织不应该也不可能代替区域内其他经济合作组织或机构，它们之间应是一种相辅相成、相互促进的关系。

江泽民最后说，基于上述看法，我认为亚太经合组织应当是一个开放的、灵活的、生动活泼的、较为宽松的经济合作论坛和磋商机构，而不应成为一个封闭的、机制化的经济集团。

国家主席江泽民在西雅图举行记者招待会

在亚太经济合作组织领导人非正式会议结束后，江泽民下午在会议的新闻中心举行中外记者招待会，向记者介绍中美首脑会晤和亚太经济合作组织领导人非正式会议的情况，并回答记者提问。

关于他和克林顿总统的会晤，江泽民说，“我们谈得很好。气氛是友好的，态度是坦诚的，会晤是建设性的。”我们双方都认为，中美关系十分重要，其意义不限于双边。处理中美关系应放在世界范围内来考虑，着眼于未来，着眼于二十一世纪。我们双方都认为，“在发展经贸合作，维护国际和平与安全等广泛的领域里，中美间存在许多共同利益。双方要保持高层接触，两国的各个部门间要增加往来，增进了解，发展我们的共同利益。双方重申中美间三个联合公报是中美关系的基础。克林顿总统强调，他承诺奉行一个中国的政策，恪守中美间三个联合公报所体现的各项原则。”

关于中美间存在的分歧，江泽民说，双方都认为应在平等和相互尊重的基础上通过对话来解决，而不应该采取强加于人的做法。

他告诉记者，“我对克林顿总统说，我们这个地球上有上千个民族，两百多个国家和多种多样的文化传统、价值观念。各国人民选择符合本国国情的社会制度和发展模式应该受到尊重。世界丰富多彩的多样性是件好事，不是坏事。各国之间，各种文化之间可以相互交流，取长补短，共享人类文明的成果。克林顿总统表示，我关于世界多样性的观点是有说服力的。”

江泽民指出，中美首脑会晤本身就具有重要意义。会晤增进了相互了解，有助于中美关系的改善和发展，标志着中美关系有了一个新的良好开端。

江泽民说，我刚刚参加了在布莱克岛举行的亚太经济合作组织领导人非正式会议。我认为，把一个什么样的世界带到二十一世纪，这是我们这一代领导人必须认真探索和解决的重大问题。到本世纪结束还有好几年时间，我们还来得及做些事情，还可以有所作为。

江泽民指出，亚太地区地域辽阔，多样性的特点突出。亚太地区经济合作要遵循相互尊重、平等互利、彼此开放、共同繁荣的原则。我们主张亚太经济合作组织应当是一个开放的、灵活的、较为宽松的经济合作论坛和磋商机构。我认为这次会议是成功的，对推动亚太经济合作将产生积极影响。

江泽民还回答了记者提出的问题。有记者问，中国与东盟的经济关系如何？江泽民回答说，中国与东盟有着良好的经贸关系，双方正在开展多种形式的合作。中国与东盟的合作潜力巨大，前景广阔。

在回答中国将对亚太经济合作组织的发展目标作何贡献时，江泽民说：“和平与发展是中国人民所追求的目标。把中国的事情办好，使 11.7 亿人口吃饱穿暖，生活不断改善，这不仅有利于中国人民，而且是对亚太地区，乃至世界的和平、稳定与发展的贡献。”

对记者有关中国发展军事力量的意图的问题，江泽民说，中国的军费很少，今年约为 73 亿美元，只相当于美国的三十七分之一。中国的国防建设完全是为了自卫，即使中国将来发展起来了，也决不会称霸。这是我们的既定国策。

在记者问及台湾和香港问题时，江泽民指出，台湾问题不能和香港问题相提并论。香港问题是历史遗留下来的，是中国遭受列强欺凌的结果。中国将在 1997 年恢复对香港行使主权。台湾是中国的一个省。我们正在不断努力，争取实现祖国的和平统一。海峡两岸应在一个中国的前提下进行谈判。不管采取哪种形式谈判都可以。中国台北是作为地区经济参加亚太经济合作组织会议的。

在举行记者招待会之前，江泽民还接受了美国四家大电视台的联合采访。他借此机会向美国人民致以亲切的问候和良好的祝愿。

中共中央政治局常委胡锦涛在浙江考察

胡锦涛于20日至26日在中共浙江省委书记李泽民、副书记万学远等省委领导陪同下，先后到宁波、绍兴、杭州等地调查研究，胡锦涛参观北仑港，实地考察宁波、绍兴经济技术开发区、保税区和柯桥大型轻纺批发市场。

胡锦涛强调，贯彻落实好十四届三中全会《决定》精神，首先要学习好邓小平同志建设有中国特色社会主义理论。建立社会主义市场经济体制，是一项全新的开创性事业。我们不熟悉、不懂得的东西很多，在前进的道路上，也必然会遇到许多不曾遇到过的复杂情况和问题。只有学好建设有中国特色社会主义理论，掌握这个强大思想武器，我们在工作中才能排除“左”的和右的干扰，防止片面性，避免发生大的失误，不失时机地把改革引向深入。

胡锦涛指出，经济体制改革正处在攻坚阶段。明年将是我国深化改革的非常重要、非常关键的一年。我们一定要对改革充满信心，同时对改革的难度要有充分的思想准备，增强改革的坚定性和韧性，敢闯敢试，锲而不舍。改革的目的是为了加快发展。发展是硬道理。从浙江的情况看，加快发展有更多的有利条件。要按照确定的目标真抓实干，抓好落实。同时注意解决好改革和发展中出现的突出矛盾和问题。

胡锦涛说，改革也好，发展也好，都需要有一个稳定的社会政治环境。各级领导干部要有高度的责任感，在坚持以经济建设为中心，集中精力抓好改革和发展的过程中，始终把维护社会稳定当作一件大事认真对待。

胡锦涛强调，在社会大变革时期，出现这样那样的矛盾和问题并不可怕，关键是各级领导者要有清醒的头脑。要认真研究新形势下人民内部矛盾的新情况、新特点，增强解决复杂问题的本领，做到未雨绸缪，防患于未然，把问题解决在萌芽状态。加强思想政治工作，把各方面的积极性调动起来、发挥出来。思想政治工作是我们党的优良传统和一大优势。这个优势任何时候都不能丢。解放和发展生产力，根本靠改革，但也离不开强有力的思想政治工作。思想政治工作要紧密结合经济工作和各项工作一道去做，渗透和贯穿到工作的各个环节中去，防止和克服“两张皮”的倾向。要加强针对性，回答和解决人们普遍关心的难点和热点问题。思想政治工作要落实在发展生产力上，落实在提高人的素质上，落实在调动各方面的积极性上。

胡锦涛强调，建立社会主义市场经济体制，加快现代化建设步伐，必须加强和改善党的领导，加强党的自身建设。提高各级领导干部驾驭社会主义市场经济的能力，是新形势下加强领导班子建设必须解决好的一个关键问题。要把政治素质好、熟悉经济工作、勇于开拓的干部不断充实到各级领导班子中来。要加强干部培训，努力掌握社会主义市场经济知识和现代科技知识。要重视思想作风建设，认真贯彻民主集中制，进一步提高政治思想水平和科学决策水平。胡锦涛说，加强廉政建设、反对腐败是建立社会主义市场经济体制的必要条件和重要保证。一定要按照中央的部署，认真抓好落实。各级领导干部要廉洁自律，敢抓敢管，切实负起责任，加强督促检查，务必在近期内取得阶段性成果。他还要求继续加强基层党组织建设，认真抓好国有企业党的建设，努力改变一部分农村基层党组织软弱涣散的状况。加强乡镇企业党的建设，已经成为基层党组织建设的一项重要而紧迫的任务，要加强调查研究，注意总结经验，进行具体指导。

中央军委副主席张震在北京会见来访的乌干达国防国务部部长阿玛玛·蒙巴巴齐

《中共中央在香山》一书由中共党史出版社出版

由中共中央总书记江泽民题写书名、杨尚昆作序的《中共中央在香山》一书，由中共党史出版社出版。全书39万字，以大量的史料、照片、文献再现了中共中央和毛泽东、朱德、刘少奇、周恩来、任弼时等在北京香山的重要活动，是全国解放前夜中共中央在香山的历史实录，具有较高的史料价值和学术价值。

文化部第三届“文华奖”颁奖大会在人民大会堂举行

共评出33个剧目综合奖，87个各项单项奖。

外国遥感飞机经允许首次在中国领空飞行

北京时间20点至24点零5分，一架载有遥感雷达的加拿大CV—580型飞机对肇庆近万平方公里区域进行了雷达成像飞行。这是新中国成立以来，中国首次允许外国飞机和机组在领空进行科学飞行。

中科院遥感所副所长郭华东在接受记者采访时说，这次中加雷达遥感技术合作研究是加拿大国家遥感中心主持发起的“全球雷达遥感与应用”高技术研究计划的组成部分，中国是十二个参与国之一，也是试飞的第七个国家。

中加商定，在肇庆地区进行雷达成像飞行的同时，开展地矿、农业、林业、水资源的测试研究。昨晚获得的第一批成像图案清晰，森林、河流、矿藏、石灰岩山脉、地震大断裂带以及航行中的小船一览无余，历历在目。这批成像正在做进一步的技术处理，通过国内多学科专家的合作，将为领导决策提供大量的科学数据。

1993 世界举重锦标赛在墨尔本闭幕

中国女队在比赛中夺得总共 27 枚金牌中的 19 枚，获团体总分第一。中国男队获得 1 枚金牌。

11 月 21 日

《人民日报》就中国共产党十四届三中全会通过的《中共中央关于建立社会主义市场经济体制若干问题的决定》发表评论员文章《实践的总结改革的深化》

中共中央政治局常委乔石在福建考察

乔石于 21 日至 27 日在中共福建省委书记兼人大常委会主任陈光毅、省长贾庆林等陪同下，先后到福州、厦门和南平地区，考察了工业开发区、高科技园区、外商投资区、国家级旅游度假区，以及一些“三资”企业和基础设施建设，听取省委、省人大、省政府以及福州、厦门、南平的工作汇报。

在听取省委关于组织全省党员、干部认真学习《邓小平文选》情况汇报时，乔石说，学习《邓小平文选》第三卷，用有中国特色社会主义理论武装党员干部，最关键的是县级以上领导干部思想上要来个根本转变。思想不根本转变，就谈不上深化改革。如囿于已过时的经济模式，深化改革就没有思想基础，没有内在动力。小平同志文选通篇讲的都是改革。他精辟地论述了改革是第二次革命，是解放生产力。对这个问题，我们思想上要有深刻的认识。当然，思想认识的提高和深化有个过程，但如果思想没有一个根本的转变，改革开放的事业就难以顺利推进。因此，我们对《邓小平文选》，要学得深一些，理解得透一些，要认真阅读原著，理论联系实际，真正在行动上切实按照小平的思想路线办事，决不是口头上说说，也不搞形式主义。马克思主义理论从来是创造性的，密切结合实际的。它的创始人也是一贯这样提倡的。毛泽东思想和小平同志关于建设有中国特色社会主义的理论，都是对马克思主义基本原理的继承和创造性的发展。15 年来我们改革与发展取得巨大成功，靠的就是以邓小平同志建设有中国特色社会主义理论为指导，坚决遵循“一个中心、两个基本点”的党的基本路线。我们要善于把改革开放、加快经济建设同坚持四项基本原则在实际工作上完全一致起来。我们所坚持的社会主义，是完全从中国的实际情况出发而且适合于我们面临的时代特征的社会主义。我们坚持和加强党的领导，就必须不断改善党的领导。只有这样，我们的现代化建设、党的建设、精神文明建设和各项事业就会越来越好，越来越兴旺发达。

在听取福建同志的汇报后，乔石说，福建这几年经济发展速度是快的，改革开放抓得是紧的，近几年抓住时机，引进侨资、台资、外资，势头是强劲的，今年加强宏观调控也是有成效的，总的来讲，形势很好。福建处于改革开放的前沿。过去由于种种原因，经济底子比较薄，更需要抓紧当前有利时机，加速发展。现在的国际环境，总的说来对我们加快经济建设是有利的。国内经过加强宏观调控，经济发展的形势也是好的，有利于今后健康、持续、快速发展。当然，我们面临的深化改革和经济建设的任务还很繁重，我们要充分估计到前进过程中可能会遇到的困难。但是，只要我们解放思想，实事求是，一切从实际出发，审时度势，对已经决定的事情，坚定不移地搞下去，同时每一个步子都扎扎实实地积极而又谨慎地去进行，我们的现代化建设就是很有希望的。乔石说沿海地区乡镇企业发展很快，我们要有意识地在发展乡镇企业的同时，积极引导搞好小城镇建设。这有利于合理有效地利用公共设施，充分运用农村剩余劳动力，逐步使小城镇成为农村政治、经济、文化、服务等各方面发展的中心，努力建设有中国特色的社会主义新农村。

乔石说，社会主义市场经济，从某种意义上讲，就是法制经济。因此，要建立适应社会主义市场经济发展的法律体系。全国人大和地方人大的立法任务更重了。经济特区也要加紧立法。地方立法，可以在宪法和全国性法律的基础上，根据本地的情况和特点来制定，经过实践逐步加以完善。我们一定要经过坚持不断的努力，把我们的国家建设成为现代化的、民主和法制健全的国家。

乔石在考察期间，还就特区建设、扶贫工作等，同福建负责人交换意见。

国家税务总局文化部国家体委联合发出来中国大陆演出收入应依法纳税的通知

国家税务总局等最近联合发出通知说，凡外国或港、澳、台演员、运动员来华、来大陆从事文艺、体育活动，符合中国对外签署的避免双重征税协定（以下简称“税收协定”）免税条件的，经当地税务机关审核同意后，可按税收协定有关规定免予征收个人所得税、企业所得税和工商统一税。

国务院发出关于贯彻实施中华人民共和国教师法若干问题的通知

各省、自治区、直辖市人民政府，国务院各部委、各直属机构：

《中华人民共和国教师法》（以下简称《教师法》）已由第八届全国人民代表大会常务委员会第四次会议于 1993 年 10 月 31 日通过，将自 1994 年 1 月 1 日起施行。《教师法》的公布与实施，对于落实教育优先发展的战略地位，维护教师的合法权益，加强教师队伍建设，促进教育事业乃至整个社会经济发展，有着十分重要的意义。实施《教师法》的主要责任在各级人民政府。为做好《教师法》的贯彻实施工作，现通知如下：

一、突出重点，全面贯彻。《教师法》第一次以法律形式明确了教师在我国社会主义现代化建设中的重要地位，对教师的权利、义务、任用、考核、培训和待遇等方面作了全面的规定，是我国教师队伍建设走向规范化、法制化的根本保障。各省、自治区、直辖市人民政府和国务院有关部门要高度重视，以提高教师的素质、改善教师的工作条件和生活待遇为重点，全面贯彻落实《教师法》。国家教委要会同有关部门尽快制定有关配套法规和规章，各地要结合本地的实际情况，制定有关的配套措施。各地和有关部门要采取有力措施，有计划、有步骤地为改善教师的工作条件和生活待遇办几件实事，切实帮助教师解决一些实际困难。

二、精心组织，加强宣传。《教师法》的通过和公布，是教育系统的一件大事，也是全党全社会的一件大事。各级地方人民政府和教育、宣传、司法等部门及新闻单位，要充分利用各种新闻传播媒体，面向广大教师和社会各界，广泛开展《教师法》的学习、宣传和普及活动，使《教师法》的基本精神家喻户晓，深入人心，在全社会倡导尊师重教的良好风尚。各地区、各部门的领导干部要带头学习、宣传和贯彻执行《教师法》。

三、注重实效，狠抓落实。各地和有关部门要以实际行动贯彻落实好《教师法》。当务之急，要确保在1993年年底前彻底解决拖欠教师工资的问题，让教师过个好年。同时，要研究制定得力措施，保证今后不再产生新的拖欠。对1994年1月1日以后拖欠教师工资的，要依法追究有关领导的责任。要将《教师法》的贯彻实施与目前进行的工资制度改革结合起来，确保教师的平均工资水平不低于或高于国家公务员的平均工资水平。要增加对教职工住房建设的投资，使城市教职工家庭人均居住面积尽快达到当地居民的平均水平。教职工住房建设项目不属于压缩基本建设投资的范围，各地不得压缩。在住房制度改革中要制定具体办法，对教职工住房的建设、租赁、出售实行优先和优惠。要下大力解决中小学教师就医难、报销难的问题，建立定期对教师检查身体的制度，对教师看病、住院、转诊等提供方便。要切实保障教师合法权益，对侮辱、殴打教师和对教师进行打击报复的，要依法从快处理。

四、加强教师队伍建设。各级地方人民政府、教育等有关部门、学校和其他教育机构要认真履行《教师法》规定的职责。要通过教育改革，努力提高办学效益，改善办学条件。要采取有效措施加强教师队伍建设，提高教师队伍素质。要通过多种方式不断加强对教师的思想政治和职业道德方面的教育。广大教师必须严格履行《教师法》规定的义务，发扬无私奉献的精神，忠诚教育事业，努力钻研业务，关心、爱护学生，教书育人，为人师表。

五、严格监督检查。各级教育部门和其他有关部门要配合同级人大常委会，对《教师法》的贯彻执行情况进行监督检查。各地区、各有关部门要将贯彻落实的情况及时报告国务院和教育主管部门。为系统检验贯彻落实《教师法》的成果，国务院将于一九九四年上半年组织检查。

国务院

1993年11月21日

11月22日

国家主席江泽民和古巴国务委员会主席卡斯特罗在哈瓦那革命宫举行会谈

江泽民说，古巴是第一个和中国建立外交关系的拉美国家。中古两国虽然相距遥远，但两国人民有着悠久的传统友谊。中国珍视中古之间的友好关系。近年来，在双方的共同努力下，两国在各个领域的友好合作不断发展。双方高层往来增多，相互了解加深。我们对此表示满意，并愿在和平共处五项原则的基础上进一步发展两国在各个领域的友好合作关系。

会谈中，江泽民着重向古巴方面介绍中共十四届三中全会作出的关于建立社会主义市场经济体制若干问题的决定，指出中国的改革开放正在深化。

国务院副总理兼外交部长钱其琛，特别助理曾庆红、杨德中，外交部副部长刘华秋，对外贸易经济合作部副部长谷永江和中国驻古巴大使徐贻聪等参加会谈。古巴方面参加会谈的有国务委员会第一副主席兼部长会议第一副主席劳尔·卡斯特罗，国务委员会副主席兼部长会议执行秘书拉赫，外交部长罗瓦伊纳，全国人民政权代表大会主席阿拉尔孔，外贸部长卡夫里萨斯，国家财政委员会主席罗德里格斯和古巴驻中国大使格拉等。

国务院总理李鹏就三峡工程在中南海召开党外人士座谈会

国务院总理李鹏说，组织各民主党派、全国工商联负责人和无党派人士参观考察重大工程项目，是参政议政的一种好形式。

李瑞环、邹家华、陈俊生、王兆国、钱正英等领导，出席座谈会。

经党中央、国务院批准，中共中央统战部邀请各民主党派中央、全国工商联领导人和无党派人士组成考察团，于11月7日至15日对三峡工程进行工作考察。在8天的考察中，考察团先后到重庆、丰都、万县、巫山、宜昌、武汉，考察了规划中的三峡工程淹没区和移民新区、三峡电站的坝址，参观了葛洲坝工程、发电厂、中华鲟研究所以及三峡工程枢纽模型、泥沙实体模型、升船机模型等。在考察中，有关部门负责人和各地领导同志向大家详细介绍了三峡工程的酝酿、论证、决策、筹备过程和前期施工准备工作情况。

全国政协副主席、中央统战部部长王兆国在会上介绍考察三峡工程的情况。民革中央副主席李赣骝、民盟中央参议委员会副主任叶笃义，民进中央主席雷洁琼，民建中央主席孙起孟、农工民主党中央副主席方荣欣、致公党中央副主席陆榕树、九三学社中央副主席徐采栋、台盟中央主席蔡子民、全国工商联顾问叶宝珊、民盟中央副主席钱伟长等，先后在座谈会上发言。

全国政协主席李瑞环也在会上讲话。

出席座谈会的还有：各民主党派、全国工商联负责人和无党派人士程思远、朱培康、周同善、楚庄、陈绍明、吴克泰、桓玉珊、林毅夫、聂桂生；有关方面负责人郭树言、李伯宁、汪恕诚、何璟、刘延东、郑万通等。

《毛泽东军事生涯》画册出版发行座谈会在北京举行

中宣部中直工委中央国家机关工委解放军总政治部中共北京市委联合在北京举行学习《邓小平文选》第三卷报告会

首都1000多名党政军司局级以上领导干部听取中央宣传部常务副部长郑必坚作的“《邓小平文选》第三卷的政治意义和理论意义”的报告。

郑必坚从五个方面论述了《邓小平文选》第三卷的政治意义和理论意义。

郑必坚说，《邓小平文选》第三卷，连同第二卷，是建设有中国特色社会主义理论这一当代中国的马克思主义的奠基之作，是马克思主义理论在当代中国进入新境界、达到新高度的代表作，是教育人民、统一思想、坚定信念的最好教材和最有力的武器。

郑必坚指出，《邓小平文选》第三卷所涵盖的10年，是我们党在以邓小平同志为核心的第二代中央领导集体领导下，艰难地但是成功地认识中国社会主义现代化建设的规律的10年。他在回顾了10年历程后强调说，在10年中的若干重大关头面前，建设有中国特色社会主义理论经受了不同寻常的严峻考验，有力地证明这个理论是正确的，受到最广大人民的拥护。

郑必坚，这10年中艰难地但是成功地认识中国社会主义现代化建设规律的理论成果，突出地表现在《邓小平文选》第三卷中形成的一系列新的思想、新的观点、新的概念，特别是在关于社会主义的若干基本理论问题上有了重大发展。把握大局、认识规律、继承前人、突破陈规，结果就是邓小平建设有中国特色社会主义理论这个当代马克思主义的创立。

郑必坚指出，我们必须继续坚持解放思想，实事求是，以马克思主义基本原理为指导，以实践作为检验真理的唯一标准，不断创造新局面。这是贯串《邓小平文选》第三卷的思想路线。

郑必坚最后强调，通过学习《邓小平文选》第三卷，通过认识《邓小平文选》第三卷的政治意义和理论意义，我们全党应该进一步确立对于我们伟大的全新事业的科学的信心。这就是：党的基本路线一定要坚持，也一定能够坚持，建设有中国特色的社会主义的事业一定要胜利，也一定能够胜利。

中直机关党委副书记顾云飞主持报告会。

《人民日报》就亚太经济合作组织领导人非正式会议已在美国西雅图结束发表社论《增进了解促进合作走向21世纪》

第二届世界华商大会在香港举行

近千名来自22个国家和地区的华商出席大会。

11月23日

国家主席江泽民和巴西总统伊塔马尔·佛朗哥在巴西利亚的总统府举行会谈

江泽民说，中巴自1974年建交以来，双方在各个领域的友好合作关系发展顺利，两国政府间签订的合作协议就有30多个。两国高层来往频繁，增进了相互了解，对两国关系的全面发展起了重要推动作用。在中巴建交即将20年之时，中巴关系进入了稳步发展的新阶段。

江泽民说，中国政府十分重视发展和巴西的关系。中巴两国虽然地理上相距遥远，社会制度不同，但感情上非常亲近。中巴两国分别是亚洲和拉美最大的发展中国家，双方对进一步发展两国关系都有强烈的愿望。在当今世界经济不景气的情况下，东亚和拉美都呈现较好的发展势头，这为我们两国加强合作提供了良好的机遇。我们两国经济技术发展均达到了一定的水平，且各有优势，我们可以取长补短，相互借鉴。因此，我们应当着眼未来，从战略的高度来对待两国的友好合作，建立跨世纪的长期、稳定的互利关系。中巴合作的发展不仅符合两国人民的根本利益，而且有利于世界的和平与发展。

国务院副总理兼外交部长钱其琛，特别助理曾庆红、杨德中，外交部副部长刘华秋，对外贸易经济合作部副部长谷永江，中国驻巴西大使沈允熬，正在巴西访问的国家航天局局长刘纪源等参加会谈。

巴西方面参加会谈的有外交部长阿莫林、科技部长瓦加斯、总统府秘书长杜朗特、外交部秘书长阿布德努尔和最近任命的驻中国大使阿乌古斯特等。

国务院总理李鹏在中南海会见由常务干事国际委员会委员长石井宏基率领的日本新党代表团

外交部部长钱其琛与巴西外交部长阿莫林在巴西利亚举行工作会谈

中国和巴西两国政府在巴西利亚巴西总统府签署文件

国家主席江泽民和巴西总统佛朗哥出席签字仪式。

《中华人民共和国国家航天局和巴西联邦共和国科学技术部关于和平利用外空合作议定书》和《中华人民共和国政府和巴西联邦共和国政府关于发展铁矿石贸易和促进合作开采铁矿的意向协议》

第 13 届电影“金鸡奖”与第 16 届“百花奖”在广州颁奖

第 13 届中国电影“金鸡奖”各奖项得主：银都机构和青年电影厂摄制的《秋菊打官司》获最佳故事片奖，上影厂摄制的《三毛从军记》获最佳儿童片奖，王兴东因《蒋筑英》夺得最佳编剧奖，最佳导演奖授予执导《大撒把》的夏钢，最佳男主角奖由出演《大撒把》的葛优捧走，出演《秋菊打官司》的巩俐摘取最佳女主角奖。魏宗万、张力维分获男女最佳配角奖。

一批知名的中国电影艺术家、评论家和来自广州工农兵学生代表，为第 13 届“金鸡奖”获奖者和获得第 16 届“百花奖”最佳故事片奖的《大红灯笼高高挂》、《秋菊打官司》、《杨贵妃》的主创人员，分获最佳男女主角奖的古月、巩俐，和最佳男女配角奖的冯巩、陈小艺等颁发奖杯、奖状。

中国针灸学会副会长中日友好医院院长陈昭武当选世界针灸联合会主席

11 月 24 日

国家经贸委主任王忠禹就现代企业制度问题答新华社《人民日报》记者问

新华社记者和《人民日报》记者日前就建立现代企业制度问题采访了国家经贸委主任王忠禹。

记者：党的十四届三中全会通过的《关于建立社会主义市场经济体制若干问题的决定》，明确提出要建立现代企业制度，请您谈一谈对建立现代企业制度的认识。

王忠禹：党的十四届三中全会通过的《决定》把党的十四大提出的建立社会主义市场经济体制的改革目标和基本原则系统化、具体化，明确了我国国有企业改革的方向就是建立现代企业制度。建立现代企业制度是建立社会主义市场经济体制的基础。我们要建立的是社会主义市场经济体制，而企业是市场的基本经济单元和最基本、最主要的竞争主体，企业的主体地位不确立，社会主义市场经济体制就无法建立。所以，我们在构造市场经济体制基本框架时，必须构造市场经济体制的基础，建立与社会主义市场经济体制相适应的现代企业制度。

进一步深化企业改革，必须解决深层次的矛盾，由放权让利为主要内容的政策调整转为以明晰产权关系为主要内容的企业制度创新。建立现代企业制度是发展社会大生产的必然要求。在传统计划经济体制下，国家是唯一的经济主体，可以说全国是一个大企业，计划由国家订，材料由国家供，资金由国家拨，工资由国家给，产品由国家销，各个企业实际上是全国这个大企业的分厂或车间。通俗地讲，实行的是“工厂制”的企业制度。建立市场经济体制，要有千万个独立的市场竞争主体，一个主体就无所谓市场竞争了。因此，要对原有的“工厂制”进行改组和改造，形成千万个独立的法人实体，活跃在社会主义市场经济之中。我们现在所要建立的是“适应市场经济要求，产权清晰、权责明确、政企分开、管理科学的现代企业制度”。

记者：现代企业制度的主要内容是什么呢?

王忠禹：具体讲，现代企业制度的主要内容有三个方面：一是企业法人制度。企业要进入市场，成为市场竞争主体，就必须能够独立地享有民事权利，承担民事责任。为此，包括国家在内的出资者构造了一种经营组织，并使其人格化，具有独立的法律地位，还有自己的名称、住址等，这就是企业法人。在传统计划经济体制下，国有企业作为国家行政机构的附属物，没有独立的法人地位。在实行有计划的商品经济过程中，国家虽然通过立法形式建立了企业法人制度，但那是一种不完整的法人制度。国有企业名义上虽有法人地位，却没有法人所必须具备的独立的法人财产权。建立完整的企业法人制度，其关键是确立企业法人财产权，使企业不仅做到有人负责，而且有能力负责。国有企业是国家出资构造的企业法人，企业中的国有资产所有权属于国家，企业拥有法人财产权；国家仅以出资者身份拥有企业财产，享有所有者的权益，即资产受益、重大决策和选择管理者等权利，但不直接干预企业的生产经营活动。企业则以其全部法人财产，依法自主经营，自负盈亏，照章纳税，对国家承担资产保值增值的责任。

二是有限责任制度。这里有两层意思：一是企业以全部法人财产为限，对其债务承担有限责任；二是企业破产清盘时，出资者只以其投入企业的出资额为限，对企业债务承担有限责任。市场经济本质特征之一是竞争，竞争就有优胜劣汰，有限责任制度是在激烈的市场竞争环境中，出资者实行自我保护，减少风险的一种有效办法。

三是科学的企业组织制度。通过规范的企业组织制度，使企业的权力机构、监督机构、决策和执行机构之间相互独立、权责明确，形成制约关系。这种组织制度使出资者、经营者、生产者的积极性得以调动，行为受到约束，利益得到保障。做到出资者放心，经营者精心，生产者用心。

记者：推行现代企业制度要达到什么目的？是不是把企业改为公司就达到目的了？

王忠禹：建立现代企业制度，会有相当一批企业由工厂制改组为公司制，但是建立现代企业制度绝不是为了把企业简单地改组为公司，更不是把全部企业都改组为公司。对此，《决定》中有三段话讲明了这个问题：第一段是“国有企业实行公司制，是建立现代企业制度的有益探索”。第二段是“实行公司制不是简单更换名称，也不是单纯为了筹集资金，而要着重于转换机制”。第三段是“要防止把不具备条件的企业硬行改为公司”。根据具体情况，将来仍然会有股份合作制企业、独资企业、合伙企业和国有国营企业。所以，可以肯定地讲，把企业改为公司不是建立现代企业制度的目的。

建立现代企业制度的目的：一是实现政企职责真正分开，使企业摆脱政府机构附属物的地位，不再隶属于某个行政主管部门。二是实现企业民事权利能力和行为能力的统一，使企业成为能够自负盈亏的法人实体。三是实现企业全面进入市场，按照市场供求关系和价值规律进行经营，成为市场竞争主体。四是实现企业组织制度和管理制度的科学化、规范化，形成激励和约束相结合的经营机制。五是实现政府职能转变，使政府对经济活动的直接管理转变为间接调控。当然，根本的目的是进一步解放和发展生产力，充分发挥社会主义制度的优越性。

记者：经贸委对推行现代企业制度有什么具体设想和打算？

王忠禹：今年6月，根据中央有关部门的部署和委托，由国家经贸委牵头，会同国务院十几个有关部门，组成现代企业制度调研组，分赴上海、广东、福建、山东和黑龙江等地，进行座谈讨论，提出了《建立与社会主义市场经济体制相适应的现代企业制度》研究报告。这个报告广泛吸收了各方面的意见，经八易其稿，历时四个多月完成。报告的主要内容有六个部分，一是现代企业制度是社会主义市场经济体制的基础；二是理顺产权关系，完善企业法人制度；三是现代企业组织制度；四是现代企业管理制度；五是建立现代企业制度的实施步骤；六是加快配套改革，改善企业外部环境。我们研究报告的基本思想和观点与《决定》的基本内容是一致的。

我们的总体设想就是要按《决定》中提出的“建立现代企业制度是一项艰巨复杂的任务，必须积累经验，创造条件，逐步推进”，“要通过试点，逐步推行，绝不能搞形式主义，一哄而起”，“从各方面为国有企业稳步地向现代企业制度转变创造条件”。我们认为，推行现代企业制度有一个用《决定》统一思想，提高认识的过程，在没有认真学习《决定》，吃透文件精神，还没有了解现代企业制度基本内容，并为其建立创造了相应条件的情况下就仓促上马，急于推行，就达不到预期的目的，完全有可能把好事办坏。现在已有这样一些苗头，应引起各部门、各地区的注意。

目前，我们认为应强调两句话，也就是《决定》中第二部分的题目，即“转换国有企业经营机制，建立现代企业制度”，简单讲是四个字“转机、建制”。搞试点要积极去做，但当前对于广大企业而言要把《决定》第五条的要求落到实处。首先，要继续贯彻落实好《全民所有制工业企业转换经营机制条例》，把企业的各项权利和责任不折不扣地落到实处。《转机条例》是建立社会主义市场经济体制的一块基石，只有落实得好，才能为建立现代企业制度打好基础。同时，要做好贯彻即将出台的《国有企业财产监督管理条例》准备工作。《监管条例》是《转机条例》的发展和完善。在落实企业各项经营自主权的同时，一定要通过贯彻《监管条例》，尽快建立产权清晰、责任明确的国有资产监管体制，实现国有资产的保值、增值，使企业既有权利，又有义务；必须明确，当前企业改革工作的重点，就是贯彻以上两个《条例》。其次，要把财税、金融、投资、计划体制的改革与深化企业改革衔接起来，让企业尽快适应改革后的新体制；第三，引导企业在转换内部机制，在调整结构，强化内部管理，深化劳动、人事、工资三项制度改革上下功夫。对那些放松内部管理的企业领导，要督促，造成严重后果的要给予查处；第四，要有步骤地清产核资，界定产权，清理债权债务，解决企业由于外部原因造成的不合理负担，核实企业法人财产占用量；还有要坚决制止向企业乱集资、乱摊派、乱收费；减轻企业办社会的负担等等。总之，要从各方面为国有企业稳步向现代企业制度转变创造条件。

建立现代企业制度标志着我国国有企业将最终摆脱传统计划经济体制的束缚，真正成为在市场竞争中求生存、求发展的独立的市场竞争主体。这不仅是微观经济基础的根本性变革，而且是涉及宏观经济体制的一次全面、深刻的改革。因此，其任务是艰巨、复杂的。一定要经过试点，分门别类，分期，分批，有组织、有步骤地进行。近期，国家经贸委正在作两件事，一是举办现代企业制度培训研讨班，请有关部门和各省市负责企业工作的同志学习《邓小平文选》，学习三中全会文件，在建立现代企业制度上统一思想、提高认识、掌握重点、明确规范，研究和部署工作。二是拿出了一个《关于选择百家国有大中型企业进行现代企业制度试点的意见》，正在征求有关部门和省市同志意见。

国务院三峡工程建设委员会移民开发局局长唐章锦答《人民日报》记者问

人民日报记者近日就国务院发布《长江三峡工程建设移民条例》的有关问题访问了国务院三峡工程建设委员会移民开发局局长唐章锦。

问：《条例》的主导思想主要是什么？

答：贯穿《条例》的主题是要坚持开发性移民方针。这个方针，早在1984年中央在研究三峡工程可行性报告时，就根据建国40多年来水利水电建设移民安置的经验教训提出来了。从以后三峡库区8年多的移民试点，各地解决水库移民遗留问题及各省新建水利水电工程的移民实践看，开发性移民合国情、顺民意，既能保证工程建设的大局，又能保障移民的利益，并能实现库区经济社会的不断发展，确保库区长治久安。

问：如何正确理解开发性移民方针？

答：开发性移民方针应包含以下四层意思：

第一，明确组织领导。《条例》指出，开发性移民是在有关人民政府的组织领导下，统筹使用工程概算中的移民经费，合理开发资源，拓展安置容量，妥善安置移民。从根本上改单纯算账补偿为开发资源、发展经济、安置移民，避免重走过去生产安置不落实而后遗症多的老路。

第二，移民安置的途径，要“以大农业为基础、农工商相结合，通过多渠道、多产业、多形式、多方法妥善安置移民”。首先强调农村移民要以农业安置为基础。经验证明，农村移民土地是根本，只要有份土地，就有稳定的生活来源；同时也指出了农工商结合的多种渠道，其范围是很广泛的，其中也包含要充分运用经营机制，开发与开放相结合，广开经营安置的门路。

第三，安置移民的目标，《条例》提出要“使移民的生活水平达到或者超过原有水平，并为三峡库区长远的经济发展和移民生活水平的提高创造条件”。这一规定包含了移民的初期目标和长远目标。初期目标是考虑到搬迁初期有一定影响的现实，提出首先是要及时搬迁并安置好，使其生活水平不要降低并力争有所提高；长远目标，则是在初期目标的基础上，依靠库区人民充分运用国家扶持、政策优惠、各方支持的积极性和发扬自力更生的精神，着眼于库区移民综合素质的提高和长远的经济发展，经过一个相当时期的发展，把三峡库区建设成经济繁荣、环境优美、政治安定的富裕地区。

第四，开发性移民的关键是合理开发资源。只有科学的，才是合理的。因此，“合理”二字首先包含了要运用现代科学技术指导资源开发的内涵。

问：三峡工程地跨湖北、四川两省，如何组织实施移民工作？

答：《条例》规定，三峡工程移民安置工作实行中央统一领导、分省负责、县为基础的管理体制。国务院三峡工程建设委员会移民开发局主管三峡工程的移民安置工作。川、鄂两省人民政府分别负责本省的三峡移民安置工作，淹没区、安置区所在的市、县（区）人民政府负责本辖区的移民安置工作，并相应设立省、市、县（区）的移民开发管理机构。由于三峡工程是跨世纪的工程，整个移民时间要经历三至四届政府的任期，为防止短期行为，保证顺利移民，《条例》除有奖励与处罚条款外，还明确规定“国家对有关地方人民政府及其主管部门负责人实行任期审计制度”。

问：国家支持搞好三峡工程移民安置有哪些优惠措施？

答：《条例》涉及三峡移民安置优惠政策内容的条款一共有11条，主要内容有，从三峡电站发电收入中提取一定的资金设立三峡库区建设基金，对库区用电优先安排，移民生产开发资金可以回收滚动使用，收取的耕地占用税全部用于三峡工程农村移民的安置，三峡电站投产后缴纳的税款留给地方的部分按照淹没土地比例分配给两省用于库区建设，库区有水电资源条件的市、县列为农村初级电气化市、县给予扶持，各部门要在安排项目、分配资金和贷款等方面给予库区支持，国家在三峡库区和三峡工程附近受益地区安排的建设项目应优先在三峡工程淹没区招收职工安置移民，对安置农村移民开发的土地和新办的企业在税收上给予减免的优惠，以及对库区市、县参照沿海经济开放区和沿海开放城市的优惠政策实行对外经济开放等。

全国人大常委会副委员长田纪云在海南考察

田纪云于11月24日至12月3日在海南考察。

田纪云说，党的十一届三中全会到今年已15年了，在改革开放路线指引下，我们国家发生了巨大的变化，全国人民生活水平得到很大的改善，这是主导的一方面。但我们仍要看到在全国经济高速发展的情况下，还有一些未解决温饱的贫困角落。到本世纪末实现小康水平，还有七年时间，下一步如何使一些贫困的角落也有希望脱贫致富，是一个十分现实的问题。因此，扶贫工作一点也不能放松。我们既要注意地区间的发展不平衡问题，又要关注农民收入平均数掩盖着的不平衡现象，要防止用平均数来掩盖矛盾，忽视那些贫困角落和贫困农户。领导干部要经常到这些地方走一走，研究脱贫致富的路子。不要光把注意力集中在经济发展的地区。海南农村的生产条件比西北边远地区要好得多，这里有大量的可开垦土地，又有充沛的雨量。只要给一点资金扶持，加强引导和服务，带领他们连着干几年，脱贫致富奔小康就有希望。

田纪云在海南考察期间还参观了澄迈美亭农业科技开发试验区和洋浦经济开发区。美亭农业科技开发试验区以“公司加农户，公司加土地，吸引城市资金投入农业高科技开发”的思路探索新的农业开发模式。在洋浦，田纪云说，洋浦开发是海南建设的一着棋，方向不能变。从现在到2000年，能不能搞起来也是个关键。机遇难得，稍纵即逝。因此一定要坚定不移地把洋浦开发搞上去，以带动整个海南经济的腾飞。

在海口，田纪云听取了海南省人大常委会主任杜青林的汇报，看望了正在出席海南省一届人大常委会第五次会议的代表。

中国和韩国经济发展模式比较研讨会在北京举行

会议于24日至25日举行。

研讨会由中国国务院发展研究中心和韩国开发研究院共同倡导举办。中韩经济界的专家和学者参加研讨会。

国务院发展研究中心主任孙尚清致开幕词。

全国人大常委会副委员长陈慕华，国家体改委副主任乌杰，韩国驻华大使黄秉泰等也出席开幕式。

外交部部长钱其琛在巴西利亚外交部新闻发布厅举行记者招待会

钱其琛说：“巴西、古巴都是拉美的重要国家，江泽民主席这次对两国的访问达到了增进相互了解，推动互利合作的目的。”

钱其琛说，中国政府十分重视发展同拉美国家的友好合作并把这种合作视为南南合作的重要内容。在当前国际形势下，中国同拉美国家之间增加对话、加强合作具有重要意义。特别需要指出的是，巴西是拉美最大的国家，具有经济发展的巨大潜力。中国是最大的发展中国家，经济正在持续高速发展。中巴合作意义重大。我相信，随着中国改革的深化，开放的扩大和拉美各国经济的日益发展，中国同拉美国家的合作前景是广阔的。

当记者问及中国对古巴的政策以及中国如何看待对古巴的封锁时，钱其琛说，中国同古巴有着较长的交往历史，古巴是拉美第一个同中国建立外交关系的国家。在双方的长期交往中，中古有着良好的关系，但也发生过一些曲折，这些已经过去了。现在，中古两国在和平共处五项原则的基础上建立了一种正常的关系。钱其琛说，中国不赞成对古巴进行封锁，最近联合国大会曾经就这个问题进行了讨论，大多数国家都主张取消对古巴的封锁。

当记者问及中国大陆和台湾的关系时，钱其琛说，中国只有一个，台湾是中国的一部分。我们欢迎台湾同胞来大陆投资。近几年来，有500万台湾同胞到过大陆，几乎每个台湾家庭都有人来过。今年来大陆的台湾同胞大概能达到150万人。这样的交流有利于中国的统一。现在存在的问题是，台湾当局对中国大陆同胞前往台湾的限制比较多。

当记者问及台湾企图重返联合国的问题时，钱其琛说，自从1971年中国恢复在联合国的合法席位、台湾当局被清除出联合国以后，承认中华人民共和国的国家越来越多，承认台湾的国家越来越少。整个亚洲没有一个国家是承认台湾的，在欧洲，承认台湾的只有一个梵蒂冈，在非洲有三四个国家，在中美洲有一些国家。中美洲的几个国家不久前提出台湾重返联合国的问题，在联合国中受到绝大多数国家的反对。最近联合国秘书长也表示，这个问题在1971年的联合国大会上已经最终从法律上和事实上解决了。

国家体委在人民大会堂欢迎国际象棋选手谢军并颁发体育运动荣誉奖章

周培源逝世

中国人民政治协商会议第八届全国委员会副主

席、九三学社中央委员会名誉主席、中国科协名誉主席、著名科学家、教育家和政治活动家、坚定的爱国主义者，忠诚的共产主义战士周培源，因病在北京逝世，终年 91 岁。

周培源，江苏宜兴人。1924 年毕业于清华学校(今清华大学)，后出国留学。1926 年获美国芝加哥大学学士和硕士学位，1928 年获美国加利福尼亚理工学院博士学位和最高荣誉奖。1928 年至 1929 年先后在德国莱比锡大学和瑞士苏黎世高等工业学校从事研究工作。1929 年回国后，历任清华大学、西南联合大学教授。1936 年至 1937 年在美国普林斯顿高等学术研究院，在爱因斯坦指导下，从事广义相对论引力论和宇宙论的研究。1943 年至 1946 年，在美国先后从事流体力学湍流理论的研究及战时科学研究。其间，被选为国际理论与应用力学协会理事。1947 年 4 月回国。1949 年 5 月后，相继担任清华大学教务长、校务委员会副主任，北京大学教授、教务长、副校长、校长，中国科学院副院长、主席团成员、学部委员，中国科协书记处书记、副主席、代主席、主席，世界科学技术工作者协会副主席，中国物理学会理事长、名誉理事长，中国力学学会名誉理事长，中国国际科技促进会会长。并历任中国人民外交学会副会长、中波友好协会会长，中国人民争取和平与裁军协会会长，九三学社中央副主席、主席，第一、二、三、四届全国人大代表，第五届全国人大常委会委员，第三、四届全国政协常务委员会委员，第五、六、七届全国政协副主席。1959 年加入中国共产党。1982 年获国家自然科学奖，1980 年获美国普林斯顿大学名誉法学博士学位，1980 年和 1985 年两次获美国加利福尼亚理工学院“具有卓越贡献的校友”奖。

11 月 25 日

国务院在北京召开反腐败工作座谈会

国务院总理李鹏在会上讲话。

会议的目的是以邓小平同志建设有中国特色社会主义理论为指导，贯彻党的十四届三中全会精神，交流前一阶段反腐败斗争的成功做法，检查和督促各部门反腐败斗争的工作，研究反腐败斗争中出现的新情况、新问题，使党中央、国务院关于反腐败斗争的决定真正落到实处，把反腐败斗争和廉政建设引向深入，保证在近期取得明显的阶段性成效。

出席座谈会的有国务院副总理邹家华，国务委员李铁映、宋健、陈俊生、罗干。中共中央政治局委员、中纪委书记尉健行也参加会议。国务委员李贵鲜主持座谈会。

座谈会上，铁道部、农业部、电力部三个部的负责同志韩杼滨、刘江、史大桢先后发言，介绍这三个部门在党中央、国务院的统一部署下，开展反腐败斗争的认识、采取的措施、初步取得的效果和下一步应该注意的问题。

在听取三个部门汇报发言后李鹏指出，党中央、国务院作出近期反腐败斗争的重要部署以来，各部门开展反腐败斗争的态度是坚决的，行动是积极的，做了大量工作。领导干部对照廉洁自律五条规定进行了自查自纠，抓了大案要案的查处工作，结合本部门实际陆续公布取消了一批乱收费项目，制止用公费变相出国(境)旅游的工作正在组织实施。总的来说，国务院各部门的大多数工作人员是廉洁的，当前反腐败斗争的发展势头是好的，在一些抓得比较好的部门已开始见到成效。

李鹏说，在肯定成绩的同时，我们必须清醒地看到，反腐败斗争是长期的、艰巨的任务，要坚持不懈地进行。前一段反腐败工作仅仅是开了一个头，同人民群众的要求，同党中央、国务院确定的反腐败斗争的阶段性目标相比，差距还很大。各部门工作发展还不平衡，有的部门和单位抓得还不够得力。

为了使中央反腐败斗争的决定真正落到实处，确保取得明显的阶段性成效，李鹏提出了几点要求。

进一步统一思想，提高认识，
增强抓好近期反腐败斗争的决心和信心

李鹏指出，加强廉政建设，反对腐败，是建立社会主义市场经济体制的必要条件和重要保证，也是关系改革事业成败、关系党和国家命运的大事，必须切实抓紧抓好。现在相当一部分群众对反腐败斗争能否取得成效，信心不足。群众有没有信心，关键是看领导决心大不大，是不是真抓实干，能不能抓出实效来。因此，首先必须解决各级领导特别是主要领导的思想认识问题。用邓小平同志建设有中国特色社会主义的理论武装头脑，坚持“两手抓、两手都要硬”的方针，把反腐败工作纳入推进改革开放和社会主义现代化建设的全局中去。不能把反腐败同改革开放和经济建设对立起来，克服等待观望和畏难情绪，统一思想，提高认识，以坚决的态度、具体的行动来贯彻党中央、国务院关于近期反腐败斗争的决定。

精心组织指导，集中力量
抓落实，抓出成效

李鹏说，这次座谈会后，各部门要对前一段本单位反腐败情况进行一次检查，看看领导的思想和工作是否到位，任务和措施是否落实，已取得的成果与所要达到的阶段性目标还有多大差距。在这个基础上，进一步明确下一阶段的工作重点，制定相应措施，建立严格的责任制，抓紧时间，务必使这次反腐败斗争近期取得阶段性的明显成效，绝不允许任何一个部门或单位走过场。领导干部按廉洁自律五条规定进行的自查自纠，要向本部门的干部通报，接受群众的评议和监督。自查自纠不力的，以及群众对自查自纠结果不满意的部门和单位，年底前要认真补课。对检查出来的问题，要按照中央的要求，抓紧纠正和处理，不允许边纠边犯。各级领导干部必须做到清正廉洁。集中力量查办一批大案要案，是惩治腐败的重要内容，也是广大群众衡量反腐败斗争是否取得成果的重要标志。各部门要加强组织领导，对违犯党纪、政纪的，要认真查处；对触犯刑律的，必须依法严惩。

在制止乱收费、切实减轻企业和人民群众特别是农民负担的问题上，只能进不能退，态度必须坚决。要继续抓紧清理，该取消的要及时公布，已经公布取消的乱收费项目要不打折扣地落实到基层。对顶着不办、边整边犯的要通报批评，严肃处理。对于用公费变相出国(境)旅游的问题，要按规定认真进行清理，坚决把这股风刹住。有关重点部门要继续搞好专项治理，切实纠正行业不正之风，解决带有部门和行业特点的突出问题。同时，要加强反腐倡廉的宣传报道，表扬好的事例，揭露坏的典型案件，发挥舆论监督作用。

把反腐败斗争与廉政建设紧密结合起来

李鹏指出，在一定时期内集中开展反腐败斗争是必要的，但要从根本上抑制腐败现象的滋生和蔓延，还需要加强法制建设，完善政府机关及工作人员特别是领导干部的廉洁自律和监督机制，力求从制度和机制上解决问题。前一阶段，各部门在办理本单位所办经济实体与机关脱钩、实行收支两条线、制止乱收费等工作时，遇到一些具体问题，国务院有关部门要对这些问题及时提出解决办法，制定出相应的政策和规定。各部门要针对检查中发现和暴露出来的问题，进一步健全有关规章制度。要抓好职业道德教育，反对个人主义、享乐主义和拜金主义，提倡集体主义、爱国主义和奉献精神，以提高干部、职工队伍的整体素质。在进一步转变政府职能的过程中，在出台新的改革措施时，要同时考虑反对腐败和加强廉政建设的要求，建立健全相应的监督制约机制，制定相应的对策和措施，防止诱发产生新的腐败现象和行业不正之风。在抓紧当前反腐败工作的同时，要考虑明年上半年反腐败斗争的任务和措施，以巩固和扩大今年取得的成果，推动反腐败斗争深入发展。

元旦、春节期间各级领导干部
要特别注意廉洁自律，做好表率

李鹏说，1994年元旦、春节快要到了。能否开创廉洁新风，过一个清正廉洁、喜庆欢乐的元旦和春节，是对我们这一阶段反腐败工作成果的一次检验。国务院各部门要带一个好头，务必做到大力精简会议和庆祝表彰等活动，能不召开的坚决不召开，实在必要的也要注意俭朴；禁止用公款大吃大喝、铺张浪费；不准赠送和接受各种礼金、礼券等；不得接受下级对上级机关、地方对中央国家机关赠送的土特产品；不准用公款搞高消费的娱乐活动。各部门要给全体机关干部宣布这五条，要及早给本系统的下属单位，包括各省、自治区、直辖市的有关单位打招呼，必须严格执行。中共中央办公厅和国务院办公厅将要发出专门的通知。对边纠边犯的人要严加惩处，还要追究有关领导的责任。

《人民日报》就中国共产党十四届三中全会通过的《中共中央关于建立社会主义市场经济体制若干问题的决定》发表评论员文章《坚强的核心胜利的保证》

国务院副总理李岚清在福建考察

11月25日至28日，李岚清听取贾庆林省长、张家坤副省长和福州、厦门海关和厦门、泉州、石狮三市领导关于经济工作和打击走私工作汇报并看望战斗在第一线的缉私队员。

国务院总理李鹏在中南海会见柬埔寨等6个国家的驻中国大使

6位大使是：即将离任的柬埔寨大使江裕朗、伊朗大使塔鲁米拉德、印度尼西亚大使古纳迪尔查，新任葡萄牙大使若泽·曼努埃尔·杜阿尔特·德·热苏斯、约旦大使萨米尔·伊萨·纳欧里和塞浦路斯大使米尔娜·克里奥帕斯。

国务院总理李鹏在中南海会见以会长樱内义雄为团长的日本国际贸易促进协会代表团

国家副主席荣毅仁会见英中贸易理事会前主席、英国大东电报局前董事长夏普勋爵和英国前驻中国大使柯立达爵士等

国家经贸委25日至27日在湖南长沙召开十省(区)综合协调抗灾救灾会议

外交部发言人范慧娟就台"官员"提出"阶段性两个中国政策"说法发表声明

外交部发言人范慧娟应记者提问对台湾"官员"首次提出的"阶段性两个中国政策"发表评论，重申中国政府关于台湾问题的立场。

范慧娟说，世界上只有一个中国，这就是中华人民共和国，台湾是中国不可分割的一部分。这一事实早已为联合国和国际社会所公认。

范慧娟指出，任何人鼓吹"两个中国"或"一中一台"，必将受到包括台湾同胞在内的全体中国人民的坚决反对和唾弃，成为中华民族的罪人。

11 月 26 日

全国政协主席李瑞环在加德满都会见尼泊尔下院议长东加纳

全国政协主席李瑞环在加德满都国务委员会大厦会见尼泊尔国务委员会常委会主席米斯拉

全国政协主席李瑞环在加德满都的政府大厦会见尼泊尔首相柯伊拉腊

中共山东省委六届一次全会选举姜春云为省委书记

中科院第三届青年科学家奖揭晓

中国科学院院长周光召向袁亚湘等 40 位青年科技工作者颁发了青年科学家奖，以表彰他们植根国土、艰苦奋斗、锐意创新，在科研方面取得了令人瞩目的成就。

中国科学院从 1989 年开始，每两年颁发一次青年科学家奖，第三届青年科学家奖从 140 多名候选人中评出一等奖 10 名，二等奖 30 名。获奖者年龄最小的 26 岁，平均年龄 32 岁。

一等奖获得者 10 人，他们是袁亚湘（计算数学）、李晓光（固体物理）、李静海（化学工程）、高琼（数量生态学）、王志新（生物化学）、朱日祥（古地磁学）、张毅刚（岩石矿物、地球化学）、邬敏鸣（光电技术）、陈肇雄（计算机科学、计算机应用）、张志东（材料科学）。

中共中央政治局候补委员温家宝在中国科学院第三届青年科学家奖颁奖座谈会上发表讲话

温家宝强调指出，我国的科学技术 40 年来已取得长足的进步，特别是在基础研究方面形成了一定优势，某些方面已达到国际先进水平。要保持和扩大这种优势，必须高度重视和加强基础研究，必须统筹规划，科学组织，大力协同，集中力量，发扬优势，勇于攻坚，努力办成几件大事。

温家宝在座谈会上指出，党的十四届三中全会通过的《决定》，强调了科技事业的重要地位，明确提出要实行"稳住一头，放活一片"的方针，加强基础研究，发展高新技术研究，放开技术开发和科技服务机构的研究开发经营活动。根据《决定》的要求，必须正确处理基础研究与应用开发的关系，全面部署这三个层次的科技工作。

谈到基础研究的重要地位时，温家宝指出，基础研究是应用开发的先导和源泉。基础研究不仅要探索自然界的基本规律，而且要解决应用开发中的基础科学问题。这种科学、技术与经济发展结合的趋势，使基础研究已经成为社会经济进步的一个重要因素。中国要发展，离开科学不行。我们必须抓住时机，奋力在世界基础研究和高科技领域占有一席之地。

温家宝在座谈时指出，要做好基础研究的规划工作。我们的人力物力财力非常有限，不可能平均使用，一定要确定战略重点，集中力量，在有限目标上造成局部优势。根据国际、国内的经验，基础研究的规划一定要提前，最好提前 20 年乃至更长的时间。既要有总体规划，又要有重点领域、重点课题。随着经济的发展，要逐步增加对基础研究的投入，这是百年大计，关系我们民族和国家的未来。要改革和完善科研机构的管理体制，充分调动科研人员的积极性，在科研人员中也要提倡竞争、鼓励竞争，形成有利于出成果、出人才的竞争机制。

温家宝勉励青年科学家要有为祖国、为人民、为科学献身的精神，有甘于寂寞的人生追求。他说，古往今来的大科学家，不仅以他们的聪明才智发现真理，同样以他们淡泊名利的道德风范为后人所敬仰。从事基础研究的同志要有荣誉感、使命感。党和政府要把尊重知识、尊重人才落到实处，尽最大努力改善基础研究人员的工作条件和生活条件。在基础研究和高科技领域，要创造一种环境，使拔尖人才能够脱颖而出。

国务委员宋健出席座谈会并讲话。中国科学院院长周光召，副院长王佛松、许智宏，人事部副部长蒋冠庄，获中科院第三届青年科学家奖的 40 名青年科学家，出席座谈会。获奖青年科学家代表袁亚湘、朱日祥、陈肇雄、罗吉江、冯军在会上发言。

中国英国在北京举行香港 1994/1995 年选举安排问题第 17 轮会谈未达成协议

国务院总理李鹏在中南海会见首届中国青年奥林匹克技能竞赛百名获奖选手和 15 名杰出青年企业家

由全国人大常委会副委员长王汉斌率领的全国人大代表团结束对丹麦的访问离开哥本哈根回国

国家教委作出关于取消中小学乱收费项目的决定

11 月 27 日

国务院召开第四次全体会议

国务院总理李鹏主持会议。会议讨论贯彻落实党的十四届三中全会《决定》，实施财税、金融、投资、外贸等各项改革方案，以及为保持国民经济持续、快速、健康发展的各项任务和措施。

会议认为，去年以来，在邓小平同志重要谈话和党的十四大精神指引下，我国改革开放、经济建设和各方面的工作都出现了新的局面，总的形势是好的。对于经济快速增长中出现的突出矛盾和问题，党中央和国务院及时采取了宏观调控措施，经过各级政府和各个部门的共同努力，已经取得积极成效。会议指出，明年的经济工作中要全面贯彻党的十四大精神和十四届三中全会《决定》，要抓住机遇，深化改革，优化结构，提高效益，促进发展。

武汉测绘大学绘制出南极大陆区域地图

武汉测绘科技大学绘出南极大陆两块区域影像图和地形图，它所显示的丰富的影像数字信息，对南极的科学考察工作具有重大意义。“南极 1∶20 万大剖面卫星影像数字制图研究”，提交对东经 76 度 30 分两侧各 40 公里区域的大剖面卫星影像数字图。这个区域呈长条状，始于中山站，终于南极点，全长约 2300 公里，纵贯东南极大陆，是中国将要开展的大剖面多学科综合考察地域。另一张是南极拉斯曼丘陵 1∶10000 比例尺的地形图。拉斯曼丘陵地区由几个半岛和一些零散岛屿组成，整个丘陵地区面积约 20 平方公里，是中国中山站所在地。此图对中国南极中山站附近约 200 平方公里的地形进行了精确测定，是该地区首张地形图。

11 月 28 日

《人民日报》就中宣部等部委关于运用优秀影视片在全国中小学开展爱国主义教育的通知后一批优秀影视片再次走上银屏发表评论员文章《高扬爱国主义旗帜》

全国人大常委会委员长乔石在人民大会堂会见以日本众议院前议长和贸促会会长樱内义雄为团长的日本国际贸易促进协会代表团

第二届中国外商投资企业出口商品交易会在厦门开幕

来自全国各省、自治区、直辖市和计划单列市的 40 个交易团共 1000 多家企业参加交易会。其中西藏是首次组团并带一家外资企业参加。交易会采取外贸与内贸并举，贸易与投资洽谈相结合的方式。

中国老龄问题对策研讨会在北京召开

在日前召开的研讨会上，国务委员李贵鲜代表国务院对会议表示祝贺，并在开幕式上发表讲话。李贵鲜说，到 2000 年，中国就要成为老年型国家，发展之快，世界罕见。政府应当重视发展老龄事业，把这一问题解决好，对于中国经济的发展、社会的稳定，都是至关重要的。因此，老龄工作只能加强，不能削弱。他要求各级政府重视老龄工作，并从实际出发，进一步理顺老龄工作机构，使老龄工作再上一个新台阶。

广东大亚湾核电站一号核电机组首次满负荷运行

第 2 届中国青年科技成果博览会在北京举行

11 月 29 日

国家主席江泽民在里斯本会见葡萄牙总理卡瓦科·席尔瓦

全国人大常委会委员长乔石在北京会见由国民议会主席亚·约尔丹诺夫率领的保加利亚议会代表团

《人民日报》发表评论员文章《联系实际深入思考——再谈学习〈邓小平文选〉第三卷》

全国 1993 年冬春水利建设电话会议在北京召开

国务委员李铁映在人民大会堂会见香港电影界访京团

国务院总理李鹏致电祝贺声援巴勒斯坦人民国际日大会召开

全国政协主席李瑞环在孟买的洲际饭店会见柯棣华大夫的亲属

中宣部全国人大教科文卫委员会国家教委司法部国务院法制局全国教育工会联合发出认真学习宣传《中华人民共和国教师法》的通知

中宣部、国家教委等联合发出的通知指出，《教师法》是贯彻《中国教育改革和发展纲要》，落实教育优先发展的战略地位，体现党的以尊重知识、尊重人才为核心的知识分子政策的重大措施。认真学习、宣传《教师法》,对于深化教育改革,加快教育事业的发展,提高教师的社会地位,保障教师的合法权益,提高教师队伍的政治和业务素质,加强教师队伍建设,推动全社会进一步形成尊师重教的良好风尚,具有十分重大的意义。各地要按照国务院通知的精神,认真做好《教师法》的学习、宣传、贯彻、落实工作。

通知要求各省、市、自治区、计划单列市和各有关部门把学习、宣传和普及《教师法》列入重要议事日程,作为当前的一项重要任务认真抓紧抓好。各地区、各部门的领导干部要充分重视,切实加强对《教师法》学习、宣传工作的组织领导。各级领导干部要带头学习、宣传《教师法》,做学法、知法、执法的模范。在宣传、普及《教师法》的过程中,各部门应相互配合,并注意发挥各级教育工会的作用。

通知说,要采取多种形式开展《教师法》的宣传、普及工作。教育、宣传、司法等部门要把学习宣传《教师法》纳入"二五"普法规划,广泛动员社会各界认真系统地学习、掌握。各地区、各部门应通过报刊、电视、电台等多种新闻媒介,广泛开展《教师法》的学习、宣传和普及活动,使《教师法》的基本精神和法律规范家喻户晓,为《教师法》的全面实施做好舆论宣传工作。

通知要求各级教育行政部门、各学校积极组织教育系统的广大干部、教师广泛、深入地开展《教师法》的学习、宣传活动,并认真对照《教师法》的各项规定,提高教师对自己肩负的特殊使命的认识,使现行教师管理工作逐步转移到贯彻执行《教师法》的轨道上来。通知还要求把学习、宣传和普及《教师法》活动同维护教师合法权益,提高教师待遇和社会地位,加强教师队伍建设工作紧密联系起来。当前,要根据《教师法》的规定对照检查本地区、本部门是否有损害教师合法权益的情况,特别是检查当地是否依然存在着拖欠教师工资问题,保证在《教师法》施行前,予以彻底解决。

11 月 30 日

第二期省部级主要领导干部理论研讨班结业会议在北京举行

中共中央书记处书记、中央党校校长胡锦涛出席结业会议并讲话。

中共中央书记处书记温家宝出席会议。

结业会议上,黑龙江省委书记孙维本、新疆维吾尔自治区党委书记宋汉良、国家科委副主任朱丽兰、解放军副总参谋长李景、文化部部长刘忠德、广电部部长艾知生等谈了自己学习《邓小平文选》第三卷的体会和收获。

结业会议由中宣部常务副部长郑必坚主持。出席会议的还有吕枫、王维澄、赵宗鼐、曾培炎、汪家镠、苏星、郑科扬等。

中共中央政治局常委胡锦涛在第二期省部级主要领导干部理论研讨班结业会议上发表题为《认真学好〈邓小平文选〉第三卷努力开创改革和建设的新局面》的讲话

第二期省部级主要领导干部理论研讨班,于 11 月 2 日开学,已经进行了 28 天,今天就要结束了。在同志们即将返回工作岗位的时候,我和温家宝同志来参加今天的大会,既是听取大家的发言,向同志们学习,也是代表中央政治局常委和书记处为同志们送行,祝大家在邓小平同志建设有中国特色社会主义理论指导下更加富有成效地工作,为党领导的全新事业不断做出新贡献。

下面我谈几点意见,算是对研讨班的一个小结。

第一,这期研讨班办得是好的,达到了预期目的。

分期举办省部级主要领导干部学习《邓小平文选》第三卷的理论研讨班,是以江泽民同志为核心的党中央进一步落实用建设有中国特色社会主义理论武装全党这个战略任务的重大措施。新一卷《邓小平文选》,生动地记录和展示了 1982 年以来的 10 年中,我们党对社会主义发展规律、对我国改革开放和现代化建设规律的认识不断深化的历史;集中体现了以邓小平同志为核心的党的第二代领导集体,在领导开创有中国特色社会主义的全新事业中形成的基本路线、积累的基本经验、创造的基本理论,是中国共产党和中国人民极为珍贵的精神财富,是教育干部和人民的最好教材,是指导我们事业发展最有力的武器。各级领导干部首先是高级干部认真学好这部著作,进而带动全党学好这部著作,对于坚持党的基本路线一百年不动摇,把老一辈无产阶级革命家开创的伟大事业不断推向前进,具有非常重要的意义。

在近一个月的时间里,同志们都很珍惜难得的学习机会,按照中央关于学习《邓小平文选》第三卷的决定的要求和江泽民同志在报告会上的讲话精神,聚精会神地刻苦攻读原著,了解和掌握基本观点,注意全面准确地领会精神实质,并且结合 15 年来改革开放和社会主义现代化建设的实际,结合自己的工作实际和思想实际,边读书边思考,围绕一些重要的理论问题和实际问题进行热烈的讨论。大家都感到很受教益。我听了你们的大会发言,也感到这期研讨班确实收获不少。同志们经过个人自学和相互切磋,在对《邓小平文选》第三卷的政治意义和理论意义、现实意义和长远意义的理解方面，对贯穿全书的精髓（解放思想，实事求是）、主题（坚定不移地走自己的路，建设有中国特色的社会主义）、基本路线（一个中心、两个基本点）和基本方针（两手抓，两手都要硬）、社会主义和爱国主义相统一等重点的把握和领会方面，对邓小平同志运用马克思主义立场观点方法研究新情况、解决新问题的科学态度、创造精神和革命风格的体会和掌握方面，对邓小平同志为我们党为我国各族人民作出的历史性伟大贡献的认识方面，都有很多收获。

这期研讨班期间，正好召开十四届三中全会，审议通过《中共中央关于建立社会主义市场经济体制若干问题的决定》。研讨班坚持把学习新一卷《邓小平文选》同研究建立社会主义市场经济体制的基本框架、加快改革和现代化建设步伐紧密结合起来，使我们对邓小平同志建设有中国特色社会主义的理论，对中央关于在我国创建崭新的市场经济体制的决策和部署，都加深了理解和认识。这对于我们在新形势下做好领导工作，肯定是大有好处的。

中央举办省部级主要领导干部理论研讨班，集中学习《邓小平文选》第三卷，各方面都很赞成，反映非常热烈。认为用建设有中国特色社会主义理论武装全党，首先抓好武装领导干部、特别是高级干部，是完全正确的。分批集中领导干部办研讨班，是一个有效办法。已办的两期省部级主要领导干部研讨班的成功，无疑将对全党认真学习建设有中国特色社会主义理论起到带动和示范作用。

当然，回过来看，这两期研讨班也有不足之处。有的同志反映，如果在自学的基础上，围绕重大问题组织必要的专题研讨，学习活动的安排再机动灵活一些，可能收获会更大。我们将认真总结经验，在明年举办理论研讨班时加以改进。

第二，两期研讨班积累的一些经验，对组织各级干部集中学习《邓小平文选》第三卷具有借鉴意义。

中央作出关于学习《邓小平文选》第三卷的决定以来，各地各部门正在采取多种措施，积极贯彻落实。有些地方和部门已经或准备把领导干部和学习骨干分批集中起来，用适当时间进行学习或培训。可以预见，明年将出现全党上下以十四大和十四届三中全会精神为指导，抓住机遇，深化改革，扩大开放，促进发展，同深入学习建设有中国特色社会主义理论紧密结合，相互促进的新形势。如何因势利导，使领导干部学习《邓小平文选》第三卷收到较好的效果，避免形式主义，是一个应当高度重视的问题。总结这两期研讨班的经验，我觉得需要在以下几个方面做出努力。

（1）提高掌握建设有中国特色社会主义理论必要性和紧迫性的认识，增强学习的自觉性。一个真正富有战斗力的党，首先应该是一个用先进思想武装起来的党。邓小平同志建设有中国特色社会主义的理论，是当代中国的马克思主义。15年来，建设有中国特色社会主义的理论经受了我国改革开放和现代化建设实践的检验，经受了国内政治风波和国际风云变幻的考验，证明它是颠扑不破的真理，是指导我们事业蓬勃发展的最有力的武器。建设有中国特色社会主义理论的形成，标志着我们党的马克思主义理论水平达到了一个前所未有的新高度。但是，这并不等于我们的干部和党员对理论的掌握也自然达到了相应的高度。所以，需要认真组织学习。广大党员、干部学习和掌握这个伟大理论的自觉性越高，学习效果越好，我们党就越坚强有力，党领导的事业也就会发展得更快更好。那么，学习的自觉性从哪里来呢？现在，很多同志，包括参加两期研讨班的省部级领导干部，如饥似渴地学习《邓小平文选》第三卷，这种学习自觉性，一方面来自充分认识这个理论的科学性和它对社会主义现代化事业的伟大指导作用；另一方面来自对建设有中国特色社会主义事业的高度历史使命感和工作责任心。《邓小平文选》第三卷结尾那一段话，很需要反复琢磨，深刻领会。小平同志说："我们要在建设有中国特色的社会主义道路上继续前进。……如果从建国起，用一百年时间把我国建设成中等水平的发达国家，那就很了不起！从现在起到下世纪中叶，将是很要紧的时期，我们要埋头苦干。我们肩膀上的担子重，责任大啊！"在组织干部学习新一卷《邓小平文选》时，引导大家好好领悟这段话，将有助于增强大家的学习自觉性。

（2）认真研读原著，在系统学习中把握精神实质。这也是两期研讨班的一条重要经验。《邓小平文选》第三卷里讲到的事，是全党和全国人民一直在做的事，同改革开放和现代化建设的实践紧密联系，与我们国家、民族以至个人的命运密切相关，因此大家读这部书感到分外亲切，而且书中的文章要言不烦，用语凝练，朴实通俗，都觉得一读就懂。但同时也感到，这部书内容丰富，博大精深，是一个科学的思想体系，精辟地回答了关于什么是社会主义和如何建设、巩固、发展社会主义的一系列基本问题，因此，必须对原著逐篇逐段刻苦研读。浅尝辄止，不求甚解，是不可能真正学好学懂的。尤其要紧紧抓住解放思想、实事求是这个精髓，抓住"什么是社会主义、怎样建设社会主义"这个首要的基本理论问题，深入领会和掌握书中提出的关于建设有中国特色社会主义的一系列新思想、新观点、新论断，正确理解和把握书中关于解放和发展生产力与巩固和发展社会主义的关系，改革、发展、稳定的关系，计划与市场、速度与效益、局部与全局的关系，以及物质文明与精神文明、社会主义与爱国主义等方面的关系。

《邓小平文选》第三卷中的新思想、新观点、新论断，是小平同志运用辩证唯物主义和历史唯物主义的世界观、方法论解决当代中国实际问题的创造性成果。要真正理解这些成果，我们也必须以小平同志为榜样，尊重唯物论和辩证法，用贯穿在小平同志著作中的世界观和方法论去学习小平同志的科学结论。这两期研讨班上，有些同志运用这个方法，系统研读原著，围绕基本理论问题理解小平同志的一贯思想及其在实践中的丰富、发展和创新，感到收获很大。他们的经验值得重视。

(3)在认真阅读原著的基础上，围绕一些重大问题组织好研讨。这一条，对集中学习取得较大成效很重要，日常学习中也适用。学习理论一定要独立思考，同时也需要集思广益，把两者结合好，学习才能深入。选择集体研讨的题目不宜太多，但要有一定的普遍性和现实意义，不回避热点、难点问题。研讨中，要贯彻解放思想、实事求是的思想路线，提倡深入思考，大胆探索，敞开思想，各抒己见，平等切磋，取长补短。要允许和鼓励同志间不同意见的讨论。这样，才能既提高学习和研讨的整体水平，又提高个人的思想理论水平。

(4)发扬理论联系实际的马克思主义学风，注意总结经验教训。可以说，10多年改革开放的历史，实际上也是以建设有中国特色社会主义理论为指导，发展社会主义市场经济，探索从旧经济体制向新经济体制过渡，全面开创社会主义现代化建设新局面的历史。我们都是从这一段历史中走过来的，都有一些实践经验。在学习《邓小平文选》第三卷时，要联系本地区、本部门、本单位的实际，联系自己的工作实际和思想实际，运用建设有中国特色社会主义理论这个武器，实事求是地回顾和总结过去，必将有助于我们开辟未来。小平同志反复强调要及时总结经验，提出"每年领导层都要总结经验，对的就坚持，不对的赶快改，新问题出来抓紧解决"。我们的领导干部要按照小平同志这个要求，结合学习认真地反思一下这些年贯彻执行党的基本路线的实践，想想自己哪些认识和做法是对的，应当坚持下去，现在头脑里还有没有模糊认识需要澄清，工作上有些什么经验教训需要汲取，继续前进中还有没有需要警惕的问题和需要改进的地方。这样做，理论联系实际，学以致用，对提高自己的思想水平和领导水平有好处。

第三，以这次集中学习为新起点，长期不懈地坚持学习，不断开拓新的工作局面。

同志们经过一个月的集中学习，思想得到了进一步武装，将回到各自的岗位继续紧张地工作，并在工作中运用、检验和扩大这一段的学习成果。我想提醒的是，这次集中学习虽然结束了，但学习马列主义、毛泽东思想，特别是学习邓小平同志建设有中国特色社会主义理论的任务远远没有结束。对于我们共产党人尤其是党的领导干部来说，学习理论，武装思想，是一项伴随终生的政治任务，必须活到老，学到老，始终把"学习、学习、再学习"作为我们的座右铭。我国的改革开放和现代化建设正处在关键阶段，在前进中面临着大量的新情况、新问题，要求我们更加努力地学好马列主义、毛泽东思想，学好建设有中国特色社会主义的理论，并运用这一理论去深入研究、正确解决前进中的矛盾和问题。同志们都处在重要的领导岗位，在新的形势下，一定要处理好工作与学习的关系，无论工作多忙，都要安排适当时间坚持学习，不断提高思想理论水平和领导能力，善于用党的基本理论和基本路线统揽全局，做好工作。无论干事业还是学本领，往往难在坚持，贵也在坚持。一些同志学习小平同志的著作，注意学以致用，学用结合，持之以恒，就感到常学常新，常用常新，受益无穷。这个体会，对我们都有帮助。希望大家把参加这次研讨班的学习作为新起点，坚持不懈地学习建设有中国特色社会主义的理论，以这一理论为指导不断开创工作的新局面。

党的十四届三中全会通过的《中共中央关于建立社会主义市场经济体制若干问题的决定》，是一个意义重大、影响深远的战略决策。这个《决定》，以邓小平同志建设有中国特色社会主义理论为指导，深刻总结中国人民的实践经验，大胆借鉴国外的有益经验，在科学社会主义发展史上第一次构筑了社会主义市场经济体制的基本框架，表明我国的经济体制改革进入了整体推进和重点突破相结合的新阶段。现在，各地区各部门正在宣传和贯彻十四届三中全会精神，在改革开放的社会主义中国，必将出现一个全党全国上下一心，以贯彻落实《决定》为主要内容，以在本世纪末初步建立起社会主义市场经济体制和实现人民生活达到小康为基本目标，全面深化改革，进一步扩大开放，维护政治稳定，更好更快地推动经济发展和社会进步的新局面。这是承前启后、面向21世纪的新局面，是对实现第三步战略目标具有关键作用的新局面。我们的各项工作都要适应和促进这个新局面的发展。

在中国建立起崭新的社会主义市场经济体制，是一项史无前例的伟大创举，是一场涉及经济基础和上层建筑许多领域的深刻革命，对我国社会生活的各个方面将产生巨大而深远的影响，我们的党、党的每个组织、每个干部和党员都将经受一场很好的锻炼和严峻的考验。这就要求我们把学习和贯彻十四届三中全会精神，同学习和运用《邓小平文选》结合起来，进一步摆脱那些不合乎当代中国实际、不合乎时代进步潮流的陈旧观念的束缚，面向世界，面向未来，面向现代化，大胆实践，勇于创新。同时，在工作中，要引导干部和党员带头正确对待随着改革深化必然要加以调整的各种利益关系，充分调动各方面的积极性，推动经济发展，保持社会政治稳定。这场新的社会变革，本身就在检验干部，就在造就人才，我们要有意识地从改革开放第一线去发现、培养、选拔、任用政治上强、熟悉经济工作、勇于开拓前进、得到群众拥护的干部。要在建立社会主义市场经济体制的改革过程中，坚决持久地开展反腐败斗争，清除腐败分子，教育党员和干部，不断推进党的思想、组织和作风建设。

全国人大常委会委员长乔石在人民大会堂会见古巴全国人民政权代表大会主席里卡多·阿拉尔孔·德克萨达

第三次全国住房制度改革工作会议在北京召开

会议主要讨论《国务院关于加快城镇住房制度改革的决定(草案)》。国务院房改领导小组组长李铁映说，当前房改的基本思路是：以出售公有住房为侧重点，售、租、建并举，政策配套，形成市场，加速住宅业的发展，加快住房商品化、社会化，早日建立适应社会主义市场经济要求的城镇住房新制度。

李铁映说，房改取得了重大进展，同时也面临着一些突出问题，主要是住房商品化、社会化步子不够快。从近些年的实践看，提租面临很多困难。目前已实行房改的城市或地区，住房平均租金仅调整到每平方米0.30元左右，还不足1992年住房租金构成中维修费一项因素(每平方米0.75元)。特别是近几年，住房的维修、管理及新建住房成本上升很快，提租幅度赶不上物价上涨，小步提租难以摆脱低租金状态，很难打破房改僵局。大幅度提租又面临着财政、企业困难及居民承受能力问题。因此，以出售公房为侧重点，是加快房改的现实选择。其好处是：

一、有利于加快租金改革步伐。不售房，难以大步提租。出售公房可以逐步缩小提租范围，赢得群众对提租的支持和理解，提高对提租的心理承受能力。深圳市82%的公房出售之后，提租就非常顺利。

二、租、售相比，售房回收资金快、效益好，有利于搞活住房存量，减轻国家、企业负担。据统计，到1992年全国城镇共有公有住房27亿平方米，如果出售10%，将可回收资金千亿元左右，大大增加建房资金。

三、有利于引导居民消费，更多地筹集建房资金。据统计，世界各国房租支出占家庭收入的比重平均为18%，1992年全国农民的住房支出占家庭收入的比重为10.34%，而同期城镇居民的则不到1%。

四、有利于住宅业的兴起。从产业结构发展的国际经验看，住宅业是继耐用消费品之后的又一主导产业，可带动建筑、冶金、化工、机械等50多个生产部门的发展，成为带动整个国民经济持续增长的新的产业支柱。

李铁映说，党中央、国务院非常重视房改工作，多次指示并组织有关部门进行研究。国务院房改领导小组同有关部门起草的《国务院关于加快城镇住房制度改革的决定(草案)》及有关配套文件，已经国务院常务会议原则通过，经大会讨论修改后，由国务院正式发布实施。《决定(草案)》中提出了下一步房改的主要政策措施。一、合理确定售房价格；二、合理界定出售公房的产权，积极发展房产交易市场；三、继续推进租金改革；四、全面推行住房公积金制度；五、发展住房金融，建立政策性抵押贷款制度；六、发展住房管理、维修、装饰市场，加强售后服务和管理；七、大力发展经济适用房，努力完善社会保障性质的住房供应体系；八、加快企业房改步伐，促进企业经营机制转换；九、继续做好离退休职工、低收入职工的减免补工作。

中共中央政治局委员书记处书记丁关根率中国共产党代表团抵达河内对越南进行访问

国家教委人事部联合发出《关于公布具有教授、副教授任职资格评审权高等学校的通知》

为了加强对高等学校教师职务评聘工作的宏观调控，严肃高等学校教授、副教授任职资格评审权审批授予工作，现将1986年职称改革以来，经国家教委批准具有教授或副教授任职资格评审权高等学校名单向全国公布。请各地区、各部门高教行政部门、人事(职改)部门认真掌握，并加强对所属高等学校教师职务评聘工作及行使权力情况的检查监督。上述公布高等学校中，未经批准授权的学科，仍应送学校所在地高教行政部门组织的高等学校教师职务任职资格评审组织进行评审。

各地区、各部门高教行政部门、人事(职改)部门要加强对高等学校教师职务评聘工作的领导，严格按照国家教委和人事部有关文件规定的审批程序，坚持标准，保证质量，积极稳妥地做好授予所属高等学校教授或副教授任职资格评审权的审核或审批工作，不得自行下放高等学校教授或副教授任职资格评审权或自行扩大可以自评的学科范围。前一个时期，个别地方和部门未经国家教委同意自行下放的副教授任职资格评审权，接到本通知后，要按国家教委和人事部的有关文件规定，重新向国家教委报批，对其中不符合条件的高等学校，要暂缓授予副教授任职资格评审权。今后凡不按规定条件和审批程序授予下放的副教授任职资格评审权,国家教委和人事部均不予承认。国家教委、人事部还将对具有教授或副教授任职资格评审权高等学校行使权力情况进行检查,对不能正确行使权力,保证评审质量的高等学校,暂停其评审工作直至收回其评审权。(下略)

中国性病艾滋病防治协会在北京成立

经国务院批准,由卫生部和公安部牵头组织的中国性病艾滋病防治协会,在北京成立。

协会的任务是,在宪法和有关法律法规的规范内,协助政府组织社会各方面人士,积极参与性病艾滋病的防治、健康教育、信息交流、调研以及进行国内外学术交流。卫生部部长陈敏章教授担任名誉会长、中国环球性病艾滋病基金会会长钱信忠教授任会长。

钱信忠说,性病艾滋病是一类社会性传染病,除目前尚无特效治疗控制手段外,另一重要特点是这类疾病的传播与诸多社会因素相关,因而防治难度大。必须动员全社会都来重视和支持,并且还要加强国际合作。

12月1日

中共中央国务院在北京召开全国经济工作会议

国务院总理李鹏在会上发表讲话。

国务院副总理朱镕基主持会议，出席会议的有邹家华、钱其琛、李岚清、李铁映、李贵鲜、陈俊生、司马义·艾买提、彭珮云、罗干。

出席会议的还有各省、自治区、直辖市和计划单列市及国务院各部、委、局的领导。

国务院总理李鹏在全国经济工作会议上发表题为《加快建立社会主义市场经济体制的改革步伐，保持国民经济持续、快速、健康发展》的讲话

同志们：

这次全国经济工作会议，把计划、经贸、体改、财政、银行等综合部门的同志集中到一起开，这样便于国务院全面安排经济工作，也便于中央和各省、自治区、直辖市经济部门的同志在一起交换意见，协调工作部署。会后，国务院有关部门还可以召开本系统的专业工作会议，但国务院和各省、自治区、直辖市的领导同志就不再一一出席了。精减会议，提高工作效率，这也是改革。

下面，我就贯彻党的十四届三中全会精神，做好明年经济工作的问题，讲十点意见。

一、关于当前经济形势

去年以来，在邓小平同志重要谈话和党的十四大精神指引下，我国改革开放、经济建设和其他各方面的工作都出现了新的局面。国民经济在去年快速发展的基础上，今年继续保持快速发展的势头，总的形势是好的。预计国民生产总值增长13%。农业获得了好的收成，农村经济得到全面发展。工业总产值增长22%，企业效益有所提高。基础设施和基础产业的建设继续受到重视并有较大发展。城乡居民收入增加，生活继续改善。改革步伐明显加快，价格进一步放开，整个经济的市场化程度继续提高。对外开放进一步扩大，利用外资数量大幅度增加。

对于经济快速发展中出现的突出矛盾和问题，党中央和国务院及时采取了加强和改善宏观调控的措施，经过各级政府和各个部门的共同努力，已经取得了积极成效。金融秩序好转，居民储蓄存款增加，外汇调剂市场稳定。固定资产投资增长幅度有所回落，重点建设项目进度加快。农产品收购资金得到保证。这次加强宏观调控，通过深化改革，主要运用经济手段、法律手段，并辅之以必要的行政手段，着重进行结构调整，引导国民经济向着健康方向发展。事实证明，党中央、国务院关于加强和改善宏观调控的措施是必要和正确的。

综观经济形势全局，我国正处在经济快速发展时期。国内市场潜力很大，为工业发展提供了广阔天地，对外资也有很大吸引力。经过几十年的发展，特别是最近十几年的快速发展，我国现在进行现代化建设的物质基础比过去雄厚得多了。改革开放给经济发展注入了强大的活力。全世界对中国发展趋势看好。国际形势总的来说对我国是有利的。当然，我们也清醒地看到，在我国经济发展中也存在不少矛盾和困难，基础设施和基础产业的"瓶颈"制约，经济结构性矛盾比较突出，国有大中型企业面临很多困难，劳动就业的压力将长期存在，有些经济关系还没有理顺，等等。这些问题都是前进过程中的问题，通过不断总结经验，通过深化改革和发展经济是可以逐步得到解决的。从国内外形势来看，在相当长一个时期内，我国面临着一个不可多得的改革和发展的好机遇。

二、明年经济工作的方针和任务

明年是我国经济继续保持好的发展势头的重要一年，也是推进建立社会主义市场经济体制改革的关键一年。明年经济工作的方针是：全面贯彻党的十四大和十四届三中全会精神，加快建立社会主义市场经济体制的改革步伐，进一步扩大对外开放，加强和改善宏观调控，大力调整经济结构，提高经济效益，保持国民经济持续、快速、健康发展。

根据这个指导思想，国务院经过反复研究确定：明年国民生产总值增长率按9%左右安排，工业总产值增长15%左右，农业总产值增长3.5%左右，全社会固定资产投资13000亿元，其中国有单位8750亿元，货币发行1800亿元，贷款规模4700亿元，进出口贸易总额2000亿美元，社会零售物价指数力争控制在10%以内。这个经济盘子是综合各种因素确定的，是积极的，经过努力也是可以达到的。

确定明年经济工作的方针和总的盘子，主要有以下几点考虑：

保持经济持续、快速、健康发展。邓小平同志强调"发展才是硬道理"，"问题的最终解决还是靠经济的发展"。我们有必要也有可能争取在一个比较长的时期内保持较快的经济增长速度。在连续两年13%快速增长的基础上，明年安排9%左右的增长速度是比较高的。之所以没有提出更高的指标，是因为在连续两年快速增长之后，一些方面经济增长的条件已经绷得很紧，"瓶颈"制约作用和通货膨胀的压力加大，而且还要为后几年继续保持快速增长准备条件。如果我们能够连续若干年保持党的十四大提出的8%至9%的增长速度，将是了不起的成绩。

加快建立社会主义市场经济体制的改革步伐。我们要通过深化改革,解决国民经济和社会发展中的深层次矛盾,用改革促发展。明年要在财税、金融、计划、投资、外贸和国有企业改革方面采取重大举措,改革的任务很重,经济工作的安排要为改革创造比较宽松的环境,以保证改革能比较顺利地进行。

要把调整结构、加强管理和提高效益放在经济工作的重要位置。经济结构不合理是当前我国经济发展中的突出矛盾,管理不善是相当普遍的问题,这都是经济效益差的重要原因。现在我国投资规模已经不小,投资占国民生产总值的比重(投资率)也相当高。江泽民同志说:"发展也要有新思路,真正转到以提高经济效益为中心的轨道上来,不能继续走盲目追求产值和扩大投资规模的粗放经营的老路。"我们要认真贯彻这个精神。在调整结构、加强管理和提高效益方面狠下功夫,这样,不仅能够节约大量原材料、能源和运输力,缓解经济发展中的许多矛盾,而且可以为国民经济长期保持快速发展创造必要的条件。

妥善处理改革、发展和社会稳定的关系。发展是社会稳定的基础,改革为发展注入了强大的活力。只有在保持社会稳定的条件下才能顺利推进改革开放和经济发展。现在我国经济发展,政治稳定,民族团结,社会进步,总的形势是好的。当然也存在一些不可忽视的问题。明年改革的步子很大,要把物价上涨幅度控制在社会各方面能够承受的限度内,难度不小。经济工作的安排,要兼顾改革、发展和社会稳定三个方面,不能绷得太紧。

关于明年经济工作的方针和总的盘子,希望大家认真讨论,提出意见,以便使我们的安排更符合实际。经过这次会议讨论确定后,还要提请明年八届全国人大二次会议审定。

三、大力发展农村经济,增加农民收入

明年的农业和农村经济工作,要认真贯彻党的十四届三中全会和中央农村工作会议确定的方针,稳定党在农村的基本政策,深化农村改革,促进农村经济全面发展。明年农村经济发展的主要目标是:力争农业有一个好收成,实现乡镇企业的持续健康发展,繁荣农村市场,力争农民人均收入有较多的增加。为了实现这个目标,要采取以下措施:

较大幅度增加对农业和农村经济的投入。国家预算内基本建设投资、财政支农资金、银行支农信贷资金都要有所增加。在计划、财政和金融方面都要有具体的部署。各地区、各部门要认真落实。

提高粮棉收购价格。从明年新粮上市起,要较大幅度提高粮食保护价。国家定购的棉花,也要适时出台提价措施。

健全粮食专项储备制度。通过吞吐调节以及国内外市场的调剂来平抑国内市场粮价,促进粮食生产的稳定增长。建立粮食风险基金,保护农民利益,调动农民积极性,保证粮食专项储备制度的正常运行。

建立政策性农业发展银行。这是保证农副产品收购资金及时到位的重要措施,其具体筹建工作要抓紧进行。

除以上措施外,农村其他方面的改革,例如发展农村社会化服务体系,建立合作制和股份制经济组织,改革供销社体制,为促进小城镇的发展而改革某些管理制度等,都要积极提出方案,逐步付诸实施。

我国人口绝大部分在农村,农业问题是关系全局的大问题。农林牧副渔能否全面发展,农业收成的好坏,直接关系物价的稳定和城乡人民生活。经济快速增长有赖于农村市场的开拓,而只有发展农村经济和提高农民收入才能开拓农村市场。近几年来,农业连年丰收,农村经济持续发展,但粮食生产比较效益下降,工农业产品价格剪刀差扩大,农民收入增长比较缓慢,这些问题必须积极采取措施加以解决。要加强农村基础教育和职业教育,提高农民文化技术素质,把农、科、教很好结合起来,发展高产、优质、高效农业,保证农村经济健康发展。要在保证粮食稳定增产的前提下调整农村产业结构,在发展乡镇工业和第三产业的同时,千万不能放松农业,特别是不能放松粮棉生产。

四、积极推进企业改革,切实抓好工交生产

国有大中型企业是国民经济的支柱,也是我们进行现代化建设的主要依托。目前企业面临困难,既有机制方面的原因,也有社会负担重、产品结构不合理、内部管理差等方面的原因,有不少是长期积累下来的,必须采取切实措施,从多方面努力,把国有大中型企业搞好。

国有大中型企业的改革是我国经济体制改革的重点和难点所在。要按照十四届三中全会《决定》关于转换国有企业经营机制、建立现代企业制度的要求,积极推进企业改革。明年要认真组织一百家国有大中型企业建立现代企业制度的试点,以便积累经验。当前,要继续认真贯彻《企业法》和《全民所有制工业企业转换经营机制条例》,把企业的各项自主权真正落到实处。要加快企业组织结构调整步伐,减轻企业不合理的负担。《国有企业财产监督管理条例》即将出台,届时要认真贯彻执行,以加强国有资产的管理,防止国有资产的流失。要积极推进企业劳动、工资、社会保险制度改革,为经济体制改革的顺利进行和市场经济的健康发展,提供社会保障。

明年各项改革措施的出台,将使企业的外部环境发生很大变化，总的看，对搞好大中型企业会产生积极影响，同时也会给企业带来一些新的问题。有关部门要搞好经济运行的综合协调工作，加强对经济走势的监测和预报，对经济运行中出现的矛盾要及时加以解决。必须十分重视市场问题，把企业的注意力引导到积极开拓国内和国际市场方面来。企业要调整产品结构，做好积压产品的限产压库促销工作，根据市场需求组织生产。进一步开拓农村市场，组织工业品下乡。在明年汇率并轨的条件下，要积极扩大出口。

要大力推进企业的技术改造。提高技术改造投资在固定资产投资中的比重，选择一批条件好的企业，抓一批技改项目，促进技术进步。解决基础产业和基础设施的"瓶颈"制约，当然要建设新的项目，同时要注意现有企业的技术改造。一般加工工业更不能多铺新的摊子，要靠技术改造求发展。要把引进外资和对外经济技术合作，同现有企业的改造结合起来。

现在企业管理问题不少。一些企业经济效益不好，管理工作差是重要原因。要切实加强企业的经营管理，加强基础工作，严格规章制度，加强劳动纪律，引导企业苦练内功，全面提高素质，增强市场适应能力和竞争能力。这里，我想特别强调，近来企业生产事故和交通事故时有发生，不少是重大事故，暴露了管理工作中存在的问题，各级政府和企业一定要高度重视，贯彻预防为主的方针，采取切实措施，迅速扭转这种局面。

五、保持合理投资规模，优化投资结构

安排适当的固定资产投资规模，是保持经济发展后劲的重要条件。这两年经济快速增长的一个重要原因，是投资增长的拉动。明年13000亿元的投资规模是不小的。投资增长过快会引发通货膨胀，对此不能掉以轻心。目前，一方面在建项目总规模已经不小，另一方面不少新的项目还在等着上马，明年投资扩张的压力仍然很大。各地区、各部门对在建项目和准备上马的项目，包括基础工业和基础设施项目，都要认真排排队，分别轻重缓急，把财力、物力用到最有效益的项目上。首先保证在建基础设施和基础工业重点项目的需要，特别是保证那些有利于缩小东西部差距、开发中西部资源等方面国家迫切需要的项目，保证教育和科技的项目，确有余力再适当上一些其他项目。要加大投资结构的调整力度，做好投资计划与财政、信贷计划的协调，多集中一些资金用于重点建设。今后上项目必须坚持三条原则：一是不能搞无本投资，新建项目必须具有一定比例资本金后，才能申请银行贷款；二是不能挪用流动资金贷款搞投资，银行对此要加强监管；三是新建项目必须打足铺底流动资金。地方也要把更多的资金用于基础性建设。在投资结构调整中，要结合住房制度改革，加大城镇住房建设的投资比重。

深化投资体制改革是保持合理投资规模和优化投资结构的根本保证。组建国家开发银行是一项重要改革措施，要通过改革，建立法人投资和银行信贷的风险责任，规范投资资金来源和筹资方式，健全对投资规模和投资结构的宏观调控，规范投资主体、投资决策和投资行为。投资体制改革的主要目标，是努力使建设项目有足够的资金保证，资金不留缺口，建立银行用经济手段对投资的约束机制。这项改革搞好了，将有利于国家对固定资产投资规模进行比较有成效的宏观调控，使投资膨胀问题得到缓解。

六、认真落实财税改革方案，做好明年财税工作

明年在财税体制改革方面要迈出重大步伐。这是建立社会主义市场经济体制，理顺经济关系的迫切需要。十四届三中全会的《决定》规定了改革的目标和原则，具体方案经中央同若干省、自治区、直辖市深入地协商讨论，也定下来了。今后的任务，是要认真组织落实。

明年财税方面的重大改革有三项：一是进行税制改革，二是实行分税制，三是改革国有企业利润分配制度。几个有关的文件，已经酝酿了很久，待这次会议讨论后国务院再正式下发。

这三项改革，都是建立社会主义市场经济体制的重要内容，是关系整个经济体制改革的重大措施。改革方案的设计，既参照了发达市场经济国家的普遍做法，也考虑了我国的国情；既注意到逐步增加中央财力的需要，也充分照顾了地方的需要和企业的经营状况。各级党政领导要充分认识改革的重要意义，认真做好各方面的思想工作，把财税改革作为一件大事来抓，确保各项改革措施顺利出台并取得预期效果。

这次财税改革主要是转换机制，同时也涉及利益分配格局的调整。为了顺利推进改革，在方案设计中，听取了各方面的意见，力求积极稳妥、切合实际。尽管如此，现在确实的方案也可能还有不够完善的地方。因此，在改革方案出台以后，要密切注意新情况，及时解决运行中的新问题，使改革措施不断完善。

目前国家财政还比较困难。现在离年底只有一个月时间，完成全年预算有很大难度。今年的财政赤字不能突破预算，这是个硬任务。各地要严格预算管理，挖掘增收节支的潜力，严格防止年终突击花钱。

明年财政状况的好坏，对于新体制的建立至关重要。由于经济发展，明年中央和地方财政收入都会有所增长，但支出也会增长，甚至增长更多。明年是国家还内外债高峰年；同时国家将全部免除国有企业"两金"，以及进行价格改革和增加工资，增支减收因素增多，国家财政收支矛盾仍将比较突出。预算安排要坚持从紧的原则，地方财政要自求平衡，一律不打赤字，

中央财政收支差额也不再向银行透支，准备全部通过发行国债来弥补。要改进国债发行办法，以保证完成全部发行任务。通过理顺分配关系，调动各方面积极性，使财政收入的增长与国民经济发展相适应。要抓住财税改革的有利时机，改进管理工作，硬化预算约束。在财政支出的安排上，要坚持保证重点、压缩一般的原则。明年除继续保持基础设施和国防、农业、科技、教育等重点投入以及政法部门所需经费的必要增长外，各地要优先保证工资发放和粮食收购的开支。这可能给有些地方财政带来困难，但它关系到群众的切身利益和社会的安定，宁可把其他可以缓办的事情放一放，也要把这方面的工作做好。

七、关于银行体制改革和汇率并轨

在社会主义市场经济条件下，金融在国民经济中所起的作用日益重要，金融体制的改革已是当务之急。改革的基本原则和方案也已经定了，现在是认真落实的问题。要通过改革，建立强有力的中央银行宏观调控体系，使中国人民银行成为真正的中央银行，能够有效地制定和实施货币政策，具有调控货币供应量和保持币值稳定的能力。要组建若干政策性银行，专业银行转为商业性银行，以实现政策性金融和商业性金融的分离。除成立主要从事国家重点建设投资和贷款的国家开发银行外，还要成立中国进出口信贷银行，以支持机电产品特别是成套设备的进出口，提供买方信贷和卖方信贷；成立政策性的农业发展银行，主要用来满足国家粮油储备、农副产品合同收购和农业开发等方面的资金需要。中央银行要转变职能，专业银行在政策性业务分离出去以后，要转变为国有商业银行。要注意保持金融队伍稳定，以利于金融秩序稳定和改革的顺利实施。各级政府要支持银行工作，使银行能够履行自己的职责。银行也要自觉地接受国家的宏观调控，在改革和发展中更好地发挥作用。

在我国现代化建设进程中，资金短缺将是长期存在的矛盾。今年货币供应量增长很多，明年计划增长也不少，但由于建设规模过大，资金仍很紧张。现在货币供应总量已经很大，关键是优化信贷资金结构，提高资金使用效率，保证信贷资金用于支持国家重点建设，重点支持农业、能源、交通、原材料工业、信息基础设施建设以及外贸出口，支持国有大中型企业的生产和经营。要在严格规范市场管理的前提下，发展和搞活金融市场，促进资金融通。要强化金融监督管理，健全和完善金融法规制度，加强金融稽核检查、风险管理，保证资金的安全性和流动性。

明年金融体制改革的一个重大步骤，是实现人民币外汇牌价与外汇调剂市场价并轨。并轨后，外汇价格允许在一定范围内浮动，收汇实行全额结汇制，经常项目下外汇可以实行有管理的兑换，保证外贸资金供应及时到位。中央银行要干预外汇市场，通过吞吐，保持汇率大体稳定，银行之间组成外汇交易市场。逐步建立起以市场供求为基础的有管理的单一的浮动汇率制度，这对鼓励出口创汇，扩大利用外资，增加国家外汇储备，都具有重要意义。实现汇率并轨也有一定风险，除采取一些过渡性措施外，关键是要抓好外贸出口，增加国家外汇储备，增强国家对外汇市场的宏观调控能力。要切实加强对外债和资本流出的监督和管理。汇价并轨是件大事，必须谨慎对待，周密筹划，稳步出台。

八、积极稳妥地推进价格改革，安排好人民生活

今年以来物价上涨幅度比较大，对明年物价形势绝不能掉以轻心。明年物价上涨的压力主要来自以下几个方面：成本推动，交通、能源、原材料等连续几年调价，投资膨胀引发的价格上涨，工农业产品成本上升；今年物价上涨的滞后影响，明年物价指数起点高；明年汇率并轨，为进一步理顺价格关系，还要出台一些必要的调价项目；今年四季度为缓解企业资金紧张，投放了大量货币。这些都增加了控制明年物价的难度，搞得不好，会影响人民生活，影响社会稳定，甚至妨碍改革措施的顺利出台。因此，明年要把控制物价上涨幅度、抑制通货膨胀，放在经济工作的重要位置。价格改革要推进，但步骤要稳妥，要充分考虑各方面的承受能力。价格改革措施明年安排三项：全部放开统配煤炭和化肥价格，提高原油、成品油和适当提高电力价格，提高粮食和棉花的收购价格。这三项改革措施步子相当大，影响面很宽，要选择适当的出台时机。各级政府和物价主管部门要加强对物价工作的领导，精心安排、周密组织价格改革措施的实施，不要层层加码，趁机搭车。要尽最大努力，把明年物价上涨幅度控制在 10% 以内。

在明年改革大步推进、物价上涨幅度比较大的情况下，我们必须十分重视广大群众的生活问题。从今年第四季度起，提高国家公务人员和事业单位人员的工资，国家公职人员收入过低的状况会有所改善，当然也只能有所改善。随着生产的增长，企业职工收入也将不断有所增加。明年要特别注意的，是以下几部分群众的生活问题：没有完全解决温饱问题的群众，中央和地方政府都要进一步采取切实的扶贫办法，增加投入，加快这些地区的经济发展；效益不好和停产、半停产企业的职工，以及部分离退休人员；一些地方公职人员，特别是中小学教师，由于地方财政紧张欠发了工资，各级政府要采取有力措施，加以解决。《教师法》已经人大审议通过，明年 1 月 1 日起生效，各级政府要认真贯彻执行，扎扎实实地为教师做些实事。总之，我们

要关心群众生活，使群众切实感受到党和政府的关怀和温暖，感受到改革开放和经济发展给他们带来的福利，从而激发他们更大的积极性和主动性，同心协力，把改革和发展搞得更好。

九、进一步扩大对外开放

实行对外开放是我们奉行的一项基本国策。十多年来我国经济迅速发展，得益于改革和对外开放。近两年对外开放步子明显加快，外商来华投资大量增加，对经济快速增长起了积极的促进作用。要继续办好现有经济特区、经济技术开发区，上海要办好浦东新区。“三资”企业也要认真总结经验，提高水平。当前国际环境总的说对我有利，要抓住这个有利时机，积极引导对外开放逐步向高层次、宽领域、纵深化方向发展。

对外贸易要做到当年外汇收支基本平衡。这是保持明年经济持续增长的重要条件。今年国家收汇的出口贸易下降，导致贸易外汇出现较大逆差。这一方面是由于国内需求增长过快，国际上贸易保护主义加剧，一些西方国家限制我国传统商品进口；另一方面也是由于国有外贸企业经营思想和机制转变较慢，缺乏竞争力。我们要在激烈竞争的国际市场增加出口，就必须认真贯彻以质取胜和市场多元化战略，在改进产品质量、提高加工深度、加强售后服务、巩固和发展现有市场的同时，积极扩展新的国际市场。要采取切实措施提高结汇率，保证出口和收汇较快增长。

近几年，我国利用外资形势很好。进入我国的外资，从中小企业发展到大型公司和跨国集团，从产业资本发展到金融资本。我们要进一步完善投资环境，引进更多的外资。用国家产业政策引导外资投向，引进一些资金投入基础性和高科技项目。注意提高外资的到位率。要提高利用外资工作的质量与效益。国务院准备召开一次利用外资工作座谈会，总结对外开放以来利用外资的经验，推动利用外资工作健康发展。

为了适应进一步扩大对外开放的要求，要继续深化对外经济体制改革。要加快转换对外经贸企业的经营机制，改革进出口管理体制，从以行政控制和审批为主转变为以关税、汇率等经济杠杆调节为主。外贸体制改革要与财税和金融体制改革、汇率并轨同步进行。

十、改进工作作风，提高领导水平

1994 年经济建设和改革开放的任务是繁重的，我们前进中面临着许多新情况、新问题。为了顺利完成各项任务，各级领导干部特别是高级领导干部，必须加强调查研究，改进工作方法，提高领导水平。要顾全大局，严肃纪律，保证中央各项方针政策的贯彻落实。要紧密结合改革开放和现代化建设的实际，认真学习邓小平同志建设有中国特色社会主义的理论，当前要特别学习好《邓小平文选》第三卷，领会其精神实质，把我们的思想和行动统一到坚持党的基本路线和基本的方针政策上来，创造性地开展本部门、本地区的工作。

政府工作头绪很多，我们要始终坚持两手抓、两手都要硬的方针，统筹安排好各方面的工作。在大家忙于集中精力抓经济建设和改革的时候，同样要重视教育、科技、文化、卫生、体育、环境保护、计划生育和其他各方面的工作。绝不能放松社会主义精神文明建设，绝不能放松社会主义民主和法制建设。要坚持不懈地进行扫除各种社会丑恶现象的斗争，加强社会治安的综合治理。要认真纠正行业不正之风，继续抓好反腐倡廉。这是加强政权建设，密切政府与人民群众的联系，促进改革开放和经济建设顺利进行的保证。

同志们！当前改革和发展的时机都很好，做好明年的经济工作，不论对当年还是对长远发展都具有重要意义。我们肩上的担子重，责任大。我们要坚定不移地沿着邓小平同志建设有中国特色社会主义的道路，在以江泽民同志为核心的党中央领导下，团结一致，同心同德，兢兢业业地做好各方面的工作，推进改革开放，实现国民经济持续、快速、健康发展。

印度总统夏尔马在新德里总统府会见全国政协主席李瑞环

全国台办主任座谈会在厦门举行

会议于 1 日至 5 日举行。中共中央政治局委员、国务院副总理钱其琛到会就国际形势和对台工作发表讲话，全国政协副主席、中共中央台湾工作办公室、国务院台湾事务办公室主任王兆国主持会议并作报告。

与会同志认为，邓小平同志关于台湾问题和国家统一的论述，是我们做好对台工作的指南。会议号召全国对台工作部门的广大干部认真学习《邓小平文选》第三卷，深刻领会精神，坚决贯彻执行。

会议认为，近年来，在“和平统一、一国两制”方针的指引下，经过全国各地、各部门和包括台湾同胞在内的全国人民的共同努力，海峡两岸关系有了重大发展。在过去一年里，中国共产党本着推动两岸关系发展和实现国家和平统一的诚意，采取了一系列重要措施，促进两岸各项交往、交流和事务性接触商谈，推动直接“三通”，得到了两岸民众广泛的认同。与此同时，台湾当局也进一步放宽了对两岸交往交流的某些限制，采取了一些有利于增进相互沟通与了解的措施，这是符合包括台湾同胞在内的全国人民的愿望和利益的，有利于两岸关系的发展。

会议着重指出，必须坚决反对台湾某些势力推行“两个中国”、“一中一台”的主张，坚决反对台湾独立，维护国家主权和领土完整，希望台湾当局秉持“一个中国"的原则,从中华民族的根本利益出发,进一步消除各种人为障碍,推动两岸经贸合作,尽早实现直接"三通",在发展两岸关系、促进国家统一方面迈出更大的步子。

会议要求,全国各地对台工作部门,在以江泽民同志为核心的党中央领导下,要更加坚定不移地坚持"和平统一、一国两制"的基本方针,认真贯彻执行中央各项对台方针政策,积极扩大两岸人员往来和各项交流,加强经济合作,"寄希望于台湾当局,更寄希望于台湾人民"。

国家主席江泽民根据全国人大常委会决定任免驻外大使

一、免去周贤觉的中国驻多哥共和国特命全权大使职务。

任命孙昆山为中国驻多哥共和国特命全权大使。

二、免去李培宜的中国驻扎伊尔共和国特命全权大使职务。

任命周贤觉为中国驻扎伊尔共和国特命全权大使。

三、免去韩琍(女)的中国驻爱尔兰特命全权大使职务。

任命范慧娟(女)为中国驻爱尔兰特命全权大使。

四、免去华君铎的中国驻斐济共和国特命全权大使职务。

任命侯清儒为中国驻斐济共和国特命全权大使。

五、免去石春来的中国驻澳大利亚联邦特命全权大使职务。

任命华君铎为中国驻澳大利亚联邦特命全权大使。

全国人大常委会委员长乔石在北京会见以格林伯格主席为团长的美国美中贸易全国委员会董事会代表团

新疆疏附县境内发生 6 级地震

12 月 2 日

国家主席江泽民在中南海会见古巴全国人民政权代表大会主席里卡多·阿拉尔孔·德克萨达

国家主席江泽民在人民大会堂同乌拉圭总统路易斯·阿尔韦托·拉卡列·埃雷拉举行会谈

江泽民说,中乌两国同属发展中国家,都致力于本国的国家建设和经济发展,在国际事务中也进行着很好的合作。中乌友好合作关系有着坚实的政治基础和广阔的发展前景。经贸关系是两国关系的重要组成部分,是两国政治关系的物质基础。中乌建交为两国经贸合作开辟了新的天地。两国经济有较大互补性,发展双边经贸合作的潜力很大。中国已成为乌拉圭羊毛的最大买主。希望乌方鼓励企业界更多地从中国进口产品,使两国贸易在平等互利的基础上持续稳定地发展。

江泽民说,当前世界形势复杂多变,面临许多机遇,建立和加强一个开放的、有普遍性的多边贸易体制是使世界经济持续稳定发展的需要。恢复中国关贸总协定缔约国地位,不仅对中国有利,也符合与中国有贸易往来的各国的利益。中国对乌拉圭支持恢复我国在关贸总协定缔约国地位的立场表示感谢。

会谈结束后,两国政府代表签署中乌经济合作议定书和中乌关于鼓励和相互保护投资协定等五个文件。两国元首出席签字仪式。

国务院副总理李岚清在钓鱼台会见以香港工业总会主席钱果丰为团长的香港工业总会北京考察团

国务院港澳事务办公室主任鲁平在北京会见香港民主建港联盟访京团就中英会谈有关情况交换意见

鲁平说,对中英会谈没有达成协议,我们很失望,但并不感到奇怪,因为从一开始,英方对谈判就没有诚意。中国政府为了保持香港的繁荣稳定,争取 1997 年香港的平稳过渡,从 600 万港人的长远利益考虑,在谈判中尽了最大的努力,争取达成一个对香港前途有利的协议,但英方在第十七轮会谈时却为一个技术问题而提出不再谈了,从而中止了谈判。这也在我们的意料之中,因为英方一直没有诚意。

鲁平说,我心情很沉重,英方的做法完全不顾香港 600 万人民的利益。中英会谈已进行了十七轮,在区议会、两个市政局的选举安排方面,对投票年龄、投票方法以及委任制问题,双方几乎达成协议。但英方又节外生枝,提出单议席、单票制也要运用于 1995 年的立法局选举。我们认为,这是个具体问题,先讨论区议会和两市政局的选举,立法局的选举方式可以放在讨论 1995 年选举安排时解决。但今天彭定康在香港立法局讲话,却强调这样做是从政治上、从实际上考虑。这其实是站不住脚的。这是个技术问题,完全没有必要为一个具体问题,使整个谈判破裂,可见英方是蓄意破坏会谈。

鲁平说,早在今年 4 月 7 日中英双方商谈安排关于 1994/1995 年选举问题的谈判时,中国政府就明确告诉英方,如果中英双方没有达成协议,英方将"政改方案"提交立法局，就意味着英方单方面终止谈判。现在，我们仍然坚持这个原则。今天彭定康还提出要进行第十八轮谈判，这实质是故作姿态，玩弄手腕，采取边谈边在立法局讨论的策略，用立法局来压我们，我们绝不会上这个当。

鲁平最后说，中国政府将会尽一切可能保持香港经济发展，社会稳定，平稳过渡。我们不仅要看到几十年，还要看到一百年，这是我们责无旁贷的责任，要使1997年后的香港仍是一个繁荣稳定的香港。

国家副主席荣毅仁在人民大会堂会见以主席格林伯格为团长的美国美中贸易全国委员会董事会代表团

国务委员李铁映在人民大会堂会见前来参加"发展中国证券市场国际研讨会"的海内外证券专家和经济界人士

外交部部长钱其琛和乌拉圭外交部部长塞尔西奥·阿夫雷乌·博尼利亚在北京签署《中乌互免两国持外交护照的公民的签证协议》

中国政府和美国政府在华盛顿签署《关于有效合作和执行1991年12月20日联合国大会46/215决议的谅解备忘录》

国务院港澳事务办公室发言人就彭定康的选举安排声明发表谈话

港英不顾中方的一再劝告，在中英双方未就此达成协议的情况下，即决定向立法局提交部分立法草案，对这种做法，中方绝对不能接受。

中国政府对中英有关1994/1995年选举安排的谈判始终抱有诚意，并为最终达成总体协议作出了极大的努力。但在谈判过程中，由于英方缺乏诚意，置600万香港市民的长远利益于不顾，一直坚持对香港的稳定繁荣将造成极大损害的所谓"彭定康方案"，因而使谈判进展缓慢。为了打破僵局，使谈判取得突破，早在第4轮会谈中，中方就提出了先讨论解决选举时间比较紧迫的区议会和两个市政局选举安排问题的建议，被英方要"一揽子"解决为由所拒绝。为了推动会谈前进，钱其琛副总理兼外长于10月1日在纽约同英国外交大臣赫德会晤时，再次提出将区议会、两个市政局与立法局选举安排分开讨论解决的建议，这就是中方提出用"分拆"的办法，以"先易后难"的原则解决选举问题的本意，但又被英方拒绝。后来英方虽然同意将1994/1995年的区议会和两个市政局同1995年的立法局选举安排问题"分拆"处理，但又提出了"分拆"处理的三项先决条件，即在选民年龄、投票办法及委任议席三个问题上，中方必须同意英方的建议，企图在"分拆"问题上设置重重障碍。尽管如此，中方考虑到香港市民要求双方早日达成协议的普遍愿望，为解决"分拆"问题作出了最大的努力，并在第15轮会谈中首先提出"分拆"的具体谅解建议。

在最初讨论"分拆"问题时，中英双方分歧的焦点在是否保留区议会和两个市政局的委任议席上。英方坚持取消，而香港绝大多数区议会和两个市政局议员都强烈反对取消。中方考虑到港人的这一要求，并从区议会和两个市政局的实际运作看，认为保留委任议席有利于它们更好地履行其职责，可以补直接选举的不足，符合香港的实际，有利于社会的稳定。因此，中方主张保留区议会和两个市政局的现有的委任议席数目。由于英方坚持不让，中方作了一定的妥协，主张根据循序渐进的原则，在保留委任议席的比例上，可从现在约占全部议员的1/3多，减至约1/4。但英方仍然不同意。

在这种情况下，中方在第15轮会谈中进一步提出照顾双方立场、寻求妥协的双方都能接受的求同存异、各说各的解决办法：英方主张在1994/1995年选举中取消区议会和两个市政局的委任议席，中方主张在1994/1995年的区议会和两个市政局选举中，保留适当比例的委任议席，1997年6月30日后由香港特别行政区政府按基本法第98条的规定自行决定区议会和两个市政局委任议席的数目。也就是说，英方在1997年前将不设立委任议席；而在1997年7月1日由特区政府增设委任议席，以实现大多数港人要求保留委任制的愿望。这样，在区议会和两个市政局选举涉及的选民年龄、投票办法以及取消委任制这三个问题上，中方实际上已满足了英方的要求，就区议会和两个市政局的选举达成协议根本就应该不存在什么问题了。

可是，英方后来又节外生枝，提出了新的要求，强调必须将区议会和两个市政局采取的"单议席单票制"的投票办法同时也用于1995年的立法局选举，并要求中方接受。中方认为，英方提出的这一要求是无理的。区议会和两个市政局的投票办法与立法局的投票办法没有规定必须采取同一个投票办法，在1991年选举时就是采用的两种不同的投票办法。立法局的选举于1995年9月进行，还有时间进行讨论，没有必要现在就一定把立法局的投票办法硬塞到在讨论区议会和两个市政局的选举中一并解决。中方主张，立法局选举采取什么样的投票办法，完全可以而且应该在稍后中英双方集中讨论立法局的选举时再解决。否则，就会使问题复杂化。

彭定康先生强调立法局已通过了 1995 年立法局选举采用“单议席单票制”的动议，由于这个政治方面的原因，现阶段中英达成的谅解必须将此点包括进去。英方这个理由是荒谬的。香港立法局是你彭定康先生的立法咨询机构，难道中英两国政府之间的谈判，必须跟着它的指挥棒转吗?！对中国政府来说，这确确实实是个政治原则问题。至于彭定康先生提到的所谓“实际上的理由”，说什么“如果我们要就投票制度立法两次的话，就要花更多的时间”，更是不值一驳。我们不能理解，为什么你们对于这么一件有关平稳过渡的大事，就不愿意稍微多花一点时间来讨论？请问英方是怎么对待香港各界的普遍愿望的？

这就是中英双方讨论“分拆”处理区议会和两个市政局选举问题的主要经过。从中可以看出，“分拆”的问题在几经周折之后，在近于达成一致谅解的情况下，终被英方以三级选举必须要用一个投票办法的无理要求而断送。这是英方对香港的平稳过渡所采取的极不负责任的态度。彭定康还别有用心地强调，政制问题是英方提出要谈判的，英方绝不会离开谈判桌。乍听起来，这是多么动听而漂亮的言辞，但却掩盖不住英方蓄谋已久、伺机而行的单方面终止谈判的用心！但是彭定康先生打错了算盘，破坏谈判的帽子无论如何扣不到中方的头上，还是彭定康先生自己戴上最合适不过了。

早在今年 2 月份，中英双方就举行政制谈判通过外交渠道进行磋商时，英方就多次以将彭定康的方案刊登宪报的期限进行威胁，引起中方的警觉。

2 月 10 日，国务院港澳事务办公室主任鲁平针对这一情况告诉英方：希望英方拿出诚意，为谈判营造良好气氛，放弃边谈判边由立法局讨论的想法。

2 月 11 日，钱其琛外长在给英国外交大臣赫德的一封复信中明确指出：如在中英双方达成协议之前，就把港督提出的所谓“政制方案”以法案形式提交立法局讨论，对中英谈判显然无益。

2 月 12 日，鲁平主任在约见英国驻华大使麦若彬时也指出：中方不希望在双方谈判过程中香港立法局又讨论有关方案，那样只会给谈判造成困难和障碍。

4 月 7 日，外交部副部长姜恩柱约见英国驻华大使麦若彬，在奉命答复中方关于政制谈判的第五点意见为：“在中英会谈达成协议之前，如英方将所谓的政制法案提交香港立法局讨论，那将再次表明英方对谈判毫无诚意，意味着谈判的中断，其责任不在中方。”第 16 轮谈判刚一结束英方就向中方下了最后通牒：告知第 17 轮谈判是双方达成所谓“第一阶段”谅解的最后机会。果然，在第 17 轮谈判中，不顾中方一再表示双方应继续进行谈判的愿望，英方单方面宣布终止了关于 1994/1995 年区议会和两个市政局选举问题的谈判。事实说明，正是英方拂袖而去，离开了谈判桌。现在港英又宣布，在中英未达成协议之前，将部分立法草案刊登宪报并提交立法局。中方早已有言在先，在这种情况下，这就意味着英方单方面彻底终止了中英会谈。道理十分清楚，中英两国政府的谈判不能由港英的立法局来左右！今天你们可以用“单议席单票制”在立法局已通过来压我们，明天你们又可用同样的手法在其他问题上来压我们。请问：在这种情况下，谈判如何再继续下去？彭定康先生口口声声说希望还能继续谈判，谁都能看出，这完全是一个骗局。在一方造成了不可更改的既成事实的基础上来谈，难道这是你彭定康先生一再标榜的“公平”的谈判吗？中方重申：在中英双方未就香港 1994/1995 年选举问题达成协议的情况下，香港立法局通过的任何有关选举的法案，中方都不会接受，1997 年后将根据基本法的有关规定，另起炉灶。

中国政府一直以香港 600 万市民的长远利益为重，我们将一如既往地愿意与香港同胞一起，为保持香港的稳定繁荣，为 1997 年的平稳过渡，为基本法的贯彻和落实，共同努力。

外交部发言人吴建民就英方将所谓政制法案提交立法局发表谈话

有记者问：港督彭定康于今日表示将于月中向立法局提交其部分选举改革方案。在此情况下，中英第十八轮谈判是否还要举行？

吴建民说，英方在第十七轮会谈中已主动采取中断关于区域组织选举安排问题会谈的行动，并表示要在 12 月上半月向立法局提交部分立法草案。在这样的情况下，英方还提出要举行第十八轮会谈，其用心是很明显的。

吴建民说，“早在今年 4 月初中英开始会谈时，中方已向英方声明，在中英会谈达成协议前，如英方将所谓的政制法案提交立法局讨论，将意味着谈判的中断，其责任不在中方。这是中方的一贯立场。”

至于如果中英香港问题谈判破裂是否会影响中英关系和香港的繁荣与稳定的问题，吴建民说，香港问题是中英关系的一个重要方面。中方一贯对谈判抱有诚意，并作了极大努力。如果谈判中断，责任完全在英方。如出现这种情况，中英关系难免不受影响，当然这是我们所不愿看到的，应由英方负责。

吴建民重申：中国政府和人民坚信，不管出现什么情况，我们都有决心、有能力按期对香港恢复行使主权，落实“一国两制”、“港人治港”的方针政策，维护香港的长期稳定和繁荣。

外交部发言人吴建民就美国官员表示将把中国列入特别301条款的主要观察对象名单一事发表评论

有记者问：美国贸易代表坎特称，美将把中国列入特别301条款的主要观察对象名单，因为中国违反了保护知识产权的协议。中方对此有何反应？

吴建民说，自中美两国于1992年1月17日签订保护知识产权谅解备忘录以来，中国始终严格履行备忘录项下的各项义务，加入了世界版权公约、保护文学和艺术作品的伯尔尼公约、保护录音制品的日内瓦公约以及专利合作条约；还根据有关国际公约的规定，重新修订了中华人民共和国商标法、专利法及其施行细则。此外，还就药品、农业化学物质的知识产权问题分别制定了专门的行政保护条例。为加强对知识产权的保护，中国法院成立了专门的知识产权法庭。中国司法机关及有关主管部门，根据中国参加的上述有关公约及中国制定的有关法律法规，严肃查处了一些侵犯商标、假冒专利、剽窃著作权的案件。

吴建民指出，"我们对美方不顾中国在保护知识产权方面取得的重大进展，采取这种单方面的做法表示强烈不满。在知识产权保护问题上的分歧，应在已签备忘录的基础上通过协商解决，任何单方面的做法或威胁均无助于双边经贸关系的发展，结果对双方都没有好处。"

记者问：法国外长表示希望与中国"重建信任关系"。中方对此将作何反应？

吴建民回答说："法国新政府多次做过类似的表示，我们对这些表示是欢迎的。法国新政府应该采取实际步骤，纠正前政府售台武器的错误做法，使中法两国关系在相互尊重、互不干涉内政和平等互利的基础上得到恢复和发展。"

12月3日

国务院总理李鹏在人民大会堂同老挝总理坎代·西潘敦进行会谈并签署《中老边界制度条约》

李鹏总理说，此次坎代·西潘敦以老挝党的主席和政府总理的双重身份对我国访问，这是中老关系中的一件大事。李鹏代表中国政府和人民表示热烈欢迎。

在谈到双边关系时，李鹏总理指出，中老关系正常化以来两国关系发展顺利。两国领导人往来密切，增进了相互间的了解和信任。双方在经贸和其他方面的合作也有了可喜的发展。尤其是两国政府通过友好协商，在较短的时间内圆满解决了历史遗留的边界问题。这次两国正式签署《中老边界制度条约》，从制度和法律上确保中老边界永远是一条和平、安宁、友好的边界，为两国的睦邻友好关系奠定更加坚实的基础。边界问题的圆满解决体现了两国之间的相互信任和富有成效的合作。李鹏总理说，中国对发展同老挝的全面合作关系持积极态度，希望两国有关部门利用此次访问的机会进行对口磋商，根据需要和可能讨论合作的领域和方式。在这方面，我们也鼓励中国企业在平等互利的基础上同老挝的相应企业进行合作。

会谈结束后，国务院总理李鹏和坎代·西潘敦总理签署《中老边界制度条约》，中老两国政府代表还签署《中老汽车运输协定》。

国务院总理李鹏在钓鱼台国宾馆会见乌拉圭总统路易斯·阿尔韦托·拉卡列·埃雷拉

国务院对全国水土保持规划纲要作出批复

国家计委水利部：

国务院原则同意你们组织编制的《全国水土保持规划纲要》，现就有关问题批复如下：

一、开展水土保持工作，意义重大。我国水土流失面广量大，危害严重。搞好水土保持不仅关系到经济和社会的发展、人民脱贫致富和生态环境的改善，而且也关系到江河湖泊的开发治理和国家能源、铁路、交通、工矿等方面的建设，功在当代，利在千秋，是必须长期坚持的一项基本国策。各级人民政府应根据《中华人民共和国水土保持法》的规定，按照《全国水土保持规划纲要》的要求，加强领导，坚持不懈地组织实施。

二、水土保持工作是一项系统工程。必须坚持"预防为主，全面规划，综合防治，因地制宜，加强管理，注重效益"的方针。切实抓好预防保护和监督执法工作。要贯彻落实谁治理、谁管护、谁受益的政策，以调动群众的积极性。水土保持要突出重点，以点带面。在全国以黄河、长江为治理重点，同时要抓好其他江河的水土流失治理，以及各级重点防护区、重点监督区和重点治理区的水土保持工作。

三、原则同意按《全国水土保持规划纲要》提出的第二方案安排水土保持治理工作。各省、自治区、直辖市要根据这个方案制定和修订本地区的规划、计划，在预防人为造成新的水土流失和巩固现有治理成果的基础上，加快治理速度，以适应国民经济发展的需要。

四、各级政府和各有关部门都要十分重视水土保持工作，依法防治水土流失。要把水土保持工作纳入国民经济和社会发展的总体规划。资金的筹集，要本着自力更生的精神，以地方投入、群众投劳为主，国家适当扶持。实施规划纲要的经费，需中央投资部分，由有关部门统筹安排；需地方匹配的资金，由各省、自治区、直辖市及计划单列市人民政府安排。中央和地方要有计划、有步骤地开展水土流失综合防治工作。

国务院

1993 年 12 月 3 日

90 年代中国农村改革与发展国际学术研讨会在北京开幕

中共中央书记处书记温家宝、国务委员陈俊生出席开幕式。

研讨会由农业部主办。农业部部长刘江、副部长万宝瑞担任会议组委会主席;农村经济专家杜润生、何康担任学术委员会主任。前来参加这次会议的有国内外著名专家学者 120 人,其中包括来自 13 个国家和地区的知名学者和政府官员以及世界银行、联合国粮农组织、国际农业发展基金、福特基金会等国际组织的 40 余名专家。

会议回顾与总结 15 年农村改革的基本历程,探讨并廓清 90 年代农业和农村经济发展面临的诸多复杂而又亟待解决的问题,借鉴和吸引有益的国际经验,从理论和实践的结合上为在中国农村建立社会主义市场经济体制的基本框架寻求实施途径。会议的研讨涉及政府对农业的保护和调控、农产品国内与国际贸易、农村金融财税体制、农村土地制度、农民组织的发育、农村劳动力就业与人口迁移以及农村社会发展等问题。

中宣部在北京召开征求各民主党派全国工商联对精神文明建设意见座谈会

中央宣传部副部长龚心瀚主持会议。中央宣传部常务副部长徐惟诚在会上通报今年以来中宣部在精神文明建设方面所做的工作,并提出今后要进一步加强社会主义精神文明建设工作,加大力度,增强深度,形成合力。

民革中央副主席沈求我、民盟中央副主席吴修平、民建中央副主席万国权、民进中央副主席楚庄、农工民主党中央副主席章师明、致公党中央副主席陆榕树、九三学社中央副主席金开诚、台盟中央副主席陈仲颐、全国工商联副主席桓玉珊等出席座谈会。

中央统战部副部长刘延东出席座谈会并讲话。

公安部发出认真搞好爱民月活动的通知

国家副主席荣毅仁在北京会见约旦阿卜杜拉·本·侯赛因亲王

中央军委副主席刘华清在北京会见巴基斯坦国防部部长阿夫塔布·米拉尼

国务院副总理李岚清在北京会见联合国开发计划署儿童基金会教科文组织人口基金会和世界银行的 5 位驻中国代表

印度总理纳拉辛哈·拉奥在新德里总理府会见全国政协主席李瑞环

邹秉文诞辰 100 周年纪念会在北京举行

农业部、九三学社中央以及中国农学会等各界人士集会,纪念我国近代农业先驱、农学家、植物病理学家、农业教育家、九三学社成员邹秉文诞辰 100 周年。全国人大常委会副委员长费孝通、孙起孟、雷洁琼以及九三学社、统战部、农业部等有关负责人及邹秉文家属参加了纪念活动。

邹秉文祖籍苏州,辛亥革命前留学美国立志学农,1916 年归国。从 20 年代起,他就提出农业教育必须与试验、推广相结合,引进应用先进的科学技术成果等建议。几十年来,他提出了许多改进农业教育与农业科研的宝贵建议,直到 1985 年病逝,为新中国的农业科研、教育、生产贡献毕生精力。

中国女选手乐靖宜和戴国红在首届世界短池游泳锦标赛比赛中接连打破世界纪录并获金牌

乐靖宜在女子 50 米自由泳预赛中以 24 秒 62 的成绩打破 24 秒 75 的世界纪录,决赛时她又以 24 秒 23 再次打破上午创造的纪录。戴国红在女子 200 米蛙泳预赛中,以 22 分 22 秒 89 的成绩打破 2 分 22 秒 92 的世界纪录,下午决赛时又以 2 分 21 秒 99 的成绩打破上午创造的纪录。

12 月 4 日

中共中央总书记江泽民在北京会见老挝人民革命党中央委员会主席老挝总理坎代·西潘敦

全国经济工作会议在北京闭幕

会议由中共中央政治局常委、国务院总理李鹏主持。党和国家领导人乔石、朱镕基、刘华清、胡锦涛出席会议。

中共中央总书记、国家主席江泽民在会上发表讲话说,明年工作总的要求是:在邓小平同志建设有中国特色社会主义的理论和党和基本路线指引下,全面贯彻党的十四大和十四届三中全会精神,继续推进改革开放和现代化建设。他强调,当前国际形势为我们提供了不可多得的有利时机,我们要抓住机遇,加快改革开放和现代化建设步伐,努力在本世纪末初步建立起社会主义市场经济体制，实现达到小康水平的第二步发展目标，使我国综合国力登上一个新的台阶。

江泽民说：这次全国经济工作会议开得很好。李鹏同志的报告，分析了当前的经济形势，提出了明年经济工作的方针和总的盘子，以及关于改革和发展的一些重大举措，都是中央讨论过的，我完全赞成。

江泽民指出：当前世界正处在大变动的历史时期，国际形势的发展变化，从总体看对我有利。国内形势总的看是好的。可以概括为“经济发展，政治稳定，民族团结，社会进步”十六个字。国民经济连续两年保持13%左右的高速增长，农业收成较好，工业发展迅速，国内市场繁荣，居民收入增加，人民生活继续改善。中央采取的宏观调控措施取得积极成效，金融秩序好转，固定资产投资规模过快增长的势头有所减缓，生产资料价格趋于平稳，整个国民经济运行继续向健康方向发展。国际上对中国经济前景普遍看好，外商来华投资十分踊跃。这一切都为我们加快发展准备了有利条件。改革开放向更深层次、更广范围推进，整个经济的市场化程度继续提高，向社会主义市场经济体制过渡的步伐加快。社会政治方面的情况也是好的。在政权建设、加强法制、反腐倡廉、社会治安和加强社会主义精神文明建设等方面，也有新的进展，为改革和发展创造了稳定的社会政治条件。当然，我们也要清醒地看到，我国经济发展中还存在一些矛盾和问题，需要我们时刻注意。

江泽民强调指出，现在，我们的国家正处在一个非常重要的历史时期。我们要始终不渝地遵循邓小平同志建设有中国特色社会主义的理论和党的基本路线，牢牢把握经济建设这个中心，把社会主义市场经济、社会主义民主政治和社会主义精神文明不断地推向前进。明年是加快改革开放和保持国民经济持续、快速、健康发展的非常重要的一年。做好明年的经济工作，意义重大。要全面正确地分析和把握形势，形势越好，越要保持清醒，善于及时发现和解决前进中出现的新问题，特别是带有倾向性的问题。越要注意把干部和群众的积极性引导好、保护好、发挥好，注意协调好各方面的关系，调动一切积极因素，为国民经济健康发展创造有利的条件。

江泽民说，我们要始终坚持以经济建设为中心，集中力量把经济搞上去。这一点绝不能动摇。明年经济发展的大盘子，是在广泛征求各方面的意见，反复测算的基础上提出的，是建立在前两年高速增长的基础上的，是相当快的。明年的改革任务很繁重，在增长速度的计划安排上，要适当留些余地，给改革创造更为有利的条件。经济发展要有新思路，要真正转到以提高经济效益为中心的轨道上来，不能继续走盲目追求产值和扩大投资规模的粗放经营的老路。要抓好结构调整，抓好技术改造和产品开发，抓好科技工作，抓好管理，总之，经济的发展既要讲数量，更要讲质量。要算投入产出的大账，以较少的投入，获得更多的产出。经济发展快一些，各方面总要出现一些参差不齐的现象。这就需要搞好宏观调控，及时加以调整。正确的宏观调控是快速发展的必不可少的条件，只有搞好宏观调控才能保持国民经济持续、快速、健康发展。今年加强和改善宏观调控的实践也说明，依靠深化改革，更好地运用经济手段、法律手段和必要的行政手段，就能够保证经济的健康发展，维护社会的稳定。

江泽民说，党的十四届三中全会通过的《决定》，根据邓小平同志建设有中国特色社会主义的理论和党的十四大精神，设计了建立社会主义市场经济体制的蓝图，是我们90年代经济体制改革的行动纲领。明年改革的步伐很大，是十几年来改革措施出台最多的一年，涉及国家、企业和个人，涉及方方面面、各行各业。这么多改革方案出台，说明党和政府是有力量的。这次改革关系重大，务求必胜。在改革中要谨慎从事，妥善处理各种关系，并加强舆论宣传，帮助广大干部、群众增强理解和支持，保证各项改革措施顺利实施。

江泽民强调，要坚持两手抓的方针，维护社会政治稳定，这是我们顺利进行改革开放和现代化建设，集中力量把经济建设搞上去的政治保证，也是建设有中国特色社会主义的一个重要内容。没有稳定的社会政治环境，改革和建设都搞不成。改革和发展是社会政治稳定的基础。在稳定中推进改革和建设，以改革和建设来实现社会的长期稳定，是我们必须遵循的重要原则。

江泽民说：当前，在经济、社会、政治以及处理国际关系中，有许多涉及全局的大问题，情况复杂，各级党政领导要以对党、对国家、对民族高度负责的精神，始终不渝地遵循党的“一个中心、两个基本点”的基本路线，改进工作作风，提高领导水平。现在我国正处在改革开放和现代化建设这样深刻的社会变革之中，我们党要成功地担负起领导这场伟大变革的历史责任，必须有正确的理论指导和统一的思想基础。在改革开放和社会主义现代化建设的伟大实践中，邓小平同志创立的建设有中国特色社会主义的理论，继承、丰富和发展了毛泽东思想，是当代中国的马克思主义，是我们行动的指南。我们必须用这个科学的理论武装全党，统一全党的思想。这是做好工作，推进改革开放和现代化建设事业的根本保证。我们必须联系当前改革和发展的实际，认真学习《邓小平文选》第三卷，把大家的思想切实统一到邓小平同志建设有中国特色社会主义的理论和党的十四大精神上来，统一到十四届三中全会的决定上来，并具体落实到党中央、国务院关于明年经济工作的各项部署上来，开创本部门、本地区工作的新局面。

江泽民要求，必须树立全局观念。他说，建立社会主义市场经济体制是一项艰巨复杂的社会系统工程，必然涉及经济基础和上层建筑的许多领域，需要有一系列的体制改革和政策调整。必须从总体上协调好各方面的利益格局和利益关系，调动一切积极因素，发挥各方面的积极性。在处理中央与地方的关系时，我们一向强调发挥中央和地方两个积极性。中央要充分考虑地方的利益，在制定政策时，要充分考虑各地的不同特点和情况。党中央、国务院在制定明年改革方案时，充分听取了地方和部门的意见，尽量做到了妥善周全；但某些地区和某些方面仍不可避免地要多对国家做些贡献。我们必须从国家整体利益和长远利益这一大局出发，做到眼前利益服从长远利益，局部利益服从全局利益，保证改革的顺利进行。每个担负领导工作的同志，都要有全局观点，自觉地把本地区、本部门的工作摆到全国改革与发展的大局之中，在局部利益与整体利益发生矛盾时，自觉主动地服从大局，并做好干部和群众的思想工作，确保党中央国务院的政令畅通，维护政令的统一性和严肃性，维护和服从党和国家的整体利益。

江泽民说，为了顺利完成明年的各项工作，把改革开放和社会主义现代化建设事业推向前进，各级领导机关和领导干部的领导方式必须有一个明显的进步。要切实改进工作作风和工作方法，采取得力措施纠正领导工作中存在的官僚主义、形式主义，按照党中央、国务院的部署，创造性地开展本地区、本部门的工作。要深入开展反腐败斗争，加强廉政建设，取得明显成效。要深入实际，调查研究，注意研究新情况，解决新问题，妥善处理可能出现的各种复杂的社会矛盾，避免出现大的失误和损失。没有调查研究就不会有正确的决策。不注重调查研究，心中无数，是做不好工作的。希望大家都能多挤点时间学习，少搞一点应酬；多做些调查研究，少一些主观主义；多干些实事，少说些空话。这样我们的领导水平就会提高一大步。

江泽民在讲话结束时强调，明年改革和发展的任务是相当艰巨繁重的。只要全党在邓小平同志建设有中国特色的社会主义理论指导下，统一思想，统一行动，同舟共济，扎实工作，就能克服任何困难，胜利完成明年的各项任务。

李鹏接着说，江泽民的讲话，给这次会议作了很好的总结。经过这次全国经济工作会议的讨论，明年经济发展总的盘子、改革和发展的方针和政策，都已基本确定下来了。下一步的任务，是认真组织贯彻落实。为了贯彻好这次会议的精神，各省、自治区、直辖市和各部委的同志，回去后要立即在省部级领导班子中传达，统一思想认识。对于已经出台和即将出台的重大改革措施，一定要认真贯彻执行好。要及时研究贯彻执行中的新情况，解决新问题，保证明年改革和发展任务的顺利完成。

出席会议的党中央和国务院领导还有：邹家华、李岚清、李铁映、温家宝、迟浩田、李贵鲜、陈俊生、司马义·艾买提、彭珮云、罗干。

国家主席江泽民在北京会见美国众议院科学、空间和技术委员会主席乔治·布朗

全国人大常委会委员长乔石在北京会见由主席乔治·布朗率领的美国众议院科学空间和技术委员会代表团

国家副主席荣毅仁在北京会见以议会主席亚·约尔丹诺夫为首的保加利亚国民议会代表团

中国人民银行新闻发言人就美国财政部指责中国操纵汇率一事答新华社记者问

问：美国财政部 11 月 23 日在向国会提交的报告中指责中国操纵人民币汇率以获取不公平竞争优势，你对此有何评论？

答：美国财政部的指责是不符合事实的。按照中国的统计数字，中国并不存在对美国的巨额贸易顺差，中国政府也从来没有操纵人民币汇率来谋求不公平的贸易竞争优势。相反，中国政府采取了稳定汇率的措施。

去年下半年以来，由于国内需求的扩大，中国的进口增长速度大大超过出口增长，预计今年中国贸易逆差将比去年有进一步扩大。为了稳定货币，保持国民经济能健康持续地增长，我们自 7 月份以来采取了一系列整顿金融秩序、加强宏观调控的措施，因此几个月来人民币汇率水平一直保持稳定。

美方报告中称中国现行汇率体制不符合关贸总协定第 15 条及国际货币基金组织的有关规定的指责也是没有道理的。事实上，中国自 1980 年以来一直按照国际货币基金组织章程第 14 条过渡安排的规定确定外汇管理体制，并一直在不断进行外汇体制改革，努力改进外汇市场的运作机制，以便更有效地通过市场来分配外汇。最近，我国政府已正式宣布，明年将对现行外汇体制进行重大改革，包括建立以市场为基础的有管理的浮动汇率体制和统一规范的外汇市场。

中国运动员戴国红及女子 4×100 米在首届世界短池游泳锦标赛中获得冠军并打破世界纪录

戴国红在女子 100 米蛙泳决赛中以 1 分 6 秒 58 的成绩打破 1 分 7 秒 05 的世界纪录并获得冠军。

吕彬、单莺、贾媛媛和乐靖宜在女子 4×100 米自由泳接力决赛中，以 3 分 35 秒 97 的成绩打破 3 分 38 秒 77 的世界纪录，也获得第一名。

亚洲田径锦标赛落幕中国队夺 23 枚金牌高居榜首

12 月 5 日

国务院总理李鹏签署第 133 号令发布《国务院关于在对外公务活动中赠送和接受礼品的规定》

全国政协主席李瑞环到伊斯兰堡巴基斯坦总统府拜会巴基斯坦总统法鲁克·莱加利

国务院副总理李岚清在首都剧场为北京高校和正在教育行政学院学习的全国各重点高校的党政领导干部共 1000 余人作形势报告

国家计委主任陈锦华在北京召开的全国计划工作会议上讲话

陈锦华提出，拟订 1994 年国民经济和社会发展计划，必须充分体现全面加快建立社会主义市场经济体制的改革要求，在优化经济结构、促进科技进步、提高经济效益的基础上，实现国民经济持续、快速、健康发展。同时，要加快和深化计划体制、投资体制改革，积极稳妥地推进价格体制改革，加强和改善宏观调控。

陈锦华对 1993 年经济运行情况概括出四个特点：

一、国民经济在去年高速增长的基础上持续快速增长，综合国力进一步增强，经济社会协调发展。预计全年国民生产总值将突破 30000 亿元，按可比价格计算，比上年增长 13%。其中，第一产业增长 3.1%，第二产业增长 21%，第三产业增长 9.7%。

二、围绕建立社会主义市场经济体制的各项改革迈出新步伐。许多重大改革举措相继出台。首先是金融体制改革，促进了金融秩序和经济秩序的稳定。整个经济的市场化程度继续提高。运用经济手段实行宏观调控取得了重要经验。

三、对外开放继续向深层次、多领域、全方位扩展。预计全年利用国外贷款比上年增长 20 亿美元。实际吸收外商直接投资比上年增长约 60%。

四、实施加强和改善宏观调控措施取得了积极成效，为进一步加快改革开放和经济发展创造了较好条件。

陈锦华说，综合分析各方面因素，1994 年国民经济仍可保持好的增长势头，明年全面加快建立社会主义市场经济体制步伐，将推出一系列重大改革措施，市场机制作用进一步发挥，会给经济注入新的活力。

陈锦华指出，实现 1994 年宏观经济调控目标，需要注意把握好几个问题：第一，要积极促进国民经济持续、快速、健康发展。充分发挥资源潜力，积极开拓国内外市场，保护和引导好各方面的积极性。坚持做到速度与效益的统一，以促使国民经济在较长时间内做到协调稳步和快速发展。第二，集中精力推进各项重点领域的改革。明确树立依靠改革加快发展的思想，把深化改革作为推动经济发展的动力。按照中央部署，把建立现代企业制度、市场体系和金融、财税、投资、外贸外汇、国有资产监管等重点领域的改革大步推向前进，并取得应有成效。实现各项宏观经济目标，要把计划作为配置资源的一个重要手段，并在推进各项改革中进一步改革计划体制。第三，坚持改革开放、经济发展和社会稳定相互促进、相互统一。各部门、各地方在安排经济计划时，不能绷得太紧，要注意做好各项改革之间以及改革与发展之间相互关系的衔接。第四，加快发展要有新思路，发展经济不能继续走盲目追求产值和扩大投资规模的粗放经营老路，必须把重点放在优化结构，改善经营管理，提高经济效益上。第五，努力促进经济与社会的协调发展。

财政部部长刘仲藜在北京召开的全国财政工作会议上讲话

刘仲藜强调，保证各项改革的如期出台并取得预期效果，是明年财税工作的中心任务。各地要顾全大局，以保证改革措施的到位。

刘仲藜说，按照中央的统一部署，税制改革、分税制改革以及国有企业利润分配制度的改革，要在明年初同时出台，这是党的十四届三中全会后我国经济体制改革中一项关键性的改革。这次财税改革重在转换机制，同时也牵涉到方方面面的利益，动作之大、影响面之广，是新中国成立以来不多见的。

刘仲藜指出，明年的财税改革是建立社会主义市场经济体制的重要内容，是关系国家长治久安和今后经济发展、关系整个经济体制改革的重大措施，也是明年国家将要实施的五大改革的中心环节。各级财政部门一定要从全局和战略的高度，充分认识此次财税改革的重要意义，认真做好各方面的工作，把财税改革作为一件大事来抓。

刘仲藜强调，统一认识、统一行动、统一步调是明年财税改革取得成功的关键所在。他指出，即将实施的财税改革方案在设计中既遵循了社会主义市场经济体制对财税管理的基本要求，参考了市场经济国家成功的做法和经验，也充分考虑了中国的现实情况和新老体制的衔接过渡问题；既有规范化的目标模式，也制定了分步实施的具体方法。刘仲藜说，现在财税改革的三个方案都已确定，各地必须不折不扣地执行。他强调，首先各地在基数问题上不能搞小动作；其次在改革措施落实中，不能扭曲各项改革的基本框架，要确保财税运行机制的形成；再次在税收返还问题上要服从大局；第四要积极促进转移支付制度的建立；第五要尽快解决好税务机构的分设问题，以保证分设后的机构能投入正常工作。

在谈到1994年国家预算安排时，刘仲藜强调，明年的经济环境并不宽松，预算安排仍然要坚持从紧的原则。预算安排的指导思想是，全面贯彻党的十四大和十四届三中全会精神，保证财税改革和其他重大经济改革的顺利推进，继续加强和改善宏观调控；积极培植财源，使财政收入增长与经济发展相适应；调整支出结构，保持基础设施、国防、农业、科技、教育等重点投入和政法部门经费的必要增长，压缩一般性消费支出和价格补贴，促进经济持续、快速、健康发展。

国家经贸委主任王忠禹在北京召开的全国经贸工作会议上讲话

王忠禹指出，明年经贸工作的任务是：以企业工作为中心，突出企业改革、市场建设、技术改造和企业管理四个重点，加强对经济运行的综合协调，保证国民经济的正常运行。

王忠禹说，明年是全国经济继续保持好的发展势头的重要一年，也是推进社会主义市场经济体制建立的关键一年。随着财税、金融、投资和计划等体制改革措施的相继出台，全国国民经济发展的宏观环境将会进一步改善，面临新的改革和发展的大好机遇。经济运行方面，固定资产投资仍将保持一定的增长，国民经济将会继续保持较快的发展速度，市场仍将活跃、保持平稳发展，进出口和利用外资将有大幅度增加。但是，由于新旧体制摩擦、碰撞，固有的各种矛盾和问题会进一步暴露出来。

在加快国有企业改革步伐，进一步搞好国有大中型企业方面，王忠禹说，要制定并组织实施“万千百十、转机建制”规划。即在1万户国有大中型企业中不折不扣地落实14项经营自主权和责任，贯彻实施好“两则”，完成清产核资工作；通过委派监事会的形式，分期分批地对1000户关系国计民生的重点骨干企业的国有资产进行监管；选择100户不同类型的国有大中型企业结合贯彻两个《条例》，进行建立现代企业制度试点；在10个城市或地区进行减轻企业不合理负担和提高企业自有流动资金比重试点，摸清情况，提出分期分类解决的具体办法。国家经贸委将会同有关部门、有关地区认真研究，制订方案，共同组织实施。

在加强对经济运行的综合协调方面，王忠禹说，要综合运用各种手段，做好经济运行的综合协调工作。要综合协调国民经济各环节、各部门之间的关系，重点协调好生产与流通、内贸与外贸、市场与企业等方面的关系。经济运行协调要以预防为主，以及时的小调、微调为主，避免矛盾积累，形成被动局面。要编制好经济运行调控方案，并组织好调控方案的实施，及时地协调解决好经济运行中的一些重要问题。要重视市场，研究市场，抓好市场建设，加快市场培育步伐，促进市场体系的建立和完善。

王忠禹强调要抓好新形势下的企业管理工作。他说，目前相当多的企业放松内部管理，出现管理“滑坡”现象，必须引起高度重视。要提高对加强企业经营管理必要性和紧迫性的认识。加强企业的思想政治工作和职业道德建设，调动职工积极性。明年要开展“转机制，抓管理，练内功，增效益”活动；要依据《破产法》，对长期亏损、扭亏无望、资不抵债的企业，坚决实施破产，实行优胜劣汰。

王忠禹还指出，明年企业技术开发和技术改造要加大力度，高起点，突出结构优化和节能降耗两个重点，向着技术装备合理化、工艺技术先进化、新产品高档化的目标迈进。要选择一批重点项目加快技术改造，促进重点企业、重点行业上水平。要继续加大交通运输、通信、能源工业、原材料工业和老工业基地的技改资金投入。

全国经济体制改革工作会议在北京召开

会议将研究讨论《1994年经济体制改革实施要点》和《关于选择百家企业进行建立现代企业制度试点的意见》。参加会议的有各省、自治区、直辖市和计划单列城市体改委(办)主任，有关城市体改委(办)主任，中央、国务院有关部门的代表，部分综合改革试点县(市)和企业的代表200多人。中共中央政治局委员、国务委员、国家体改委主任李铁映出席会议。

国家经济体制改革委员会副主任贺光辉在论述社会主义市场经济体制目标确立后我国改革开放事业进入一个新的历史阶段的特点时强调，明年的经济体制改革，无论广度深度都是前所未有的，攻坚碰硬用新体制取代旧体制已成为这一阶段的重要特征，改革将从过去侧重于突破旧体制转向侧重于建立新体制；从过去注重单项推进转向突出综合配套；从过去主要依靠政策推动转向主要依靠法律推动，要下决心打一些攻坚战。

贺光辉从六个方面阐述明年经济体制改革的主要任务：

以转换企业经营机制为重点，探索建立现代企业制度的有效途径。在努力探索国有企业财产构成的组织形式方面：从经营状况好的企业开始，逐步进行公司制改组。对少数盈利状况好、管理效率高、符合产业政策方向的大型企业可直接改组为国家控股或参股的股份有限公司；大部分符合产业政策的竞争性行业的企业可改组成国家与其他多个法人出资的有限责任公司；特殊行业的企业可改组为国家独资有限责任公司。具备条件的企业，可以与外商合资组建有限责任公司，或股份有限公司。进一步扩大企业之间的兼并、联合。具备土地资源优势又不宜设在城市中心的国有企业，可通过搬迁改造或转产改造，建立具有新机制的新企业。对国有小企业，可采取租赁经营、承包经营、出售、租售结合等办法进行改革，也可实行股份合作制。对长期经营不善，产品无销路，资不抵债，无法通过其他途径改组改造的国有企业，应依法宣布破产。对新开工建设项目，一律实行公司法人负责制。积极进行非国有企业的制度创新方面，城镇集体企业、乡镇企业以及民营高科技企业都要通过多种形式探索，实现产权明晰，逐步改组为股份制或股份合作制企业。对私营企业，也要鼓励它们改组为规范化的公司。以财税、金融、投资体制改革为重点，加快宏观调控体系的建设，转变政府管理经济的职能。建立分税财政体制，是明年宏观管理体制改革的重点任务之一；金融体制改革要把中国人民银行办成真正的中央银行，建立在国务院领导下的独立执行货币政策的中央银行宏观调控体系，建立政策性银行，把现有的国家专业银行改组为真正的商业银行；投资体制改革的重点是逐步建立法人投资和银行信贷的风险责任，拓宽基础性项目和重点建设项目的投融资渠道，鼓励各方投资参与，积极推行公司法人责任制，政策性融资与商业性融资分开，建立中央政策性投融资体系。以培育生产要素市场为重点，继续推进价格改革和培育统一、开放的市场体系。大力发展商品市场，继续深化流通体制改革；进一步深化价格改革，尽快实现生产资料双轨价格的并轨，适当提高粮食保护价和棉花价格；积极发展金融市场等。加快社会保障制度和住房制度改革的步伐。重点是要进一步改革和完善城镇职工的养老和医疗保险制度，改革的方向是养老和医疗保险基金由单位和个人共同负担。切实抓好其他领域的各项改革。继续深化农村改革；深化外贸体制改革，进一步扩大对外开放；加快科教体制改革步伐；加强改革立法工作。扎实开展建立新体制的各项先行试点工作。

会议于 12 月 7 日闭幕。

国务院副总理李岚清在北京会见由韩国商工资源部副部长朴三圭率领的韩国企业界人士

中国和乌拉圭在北京发表联合新闻公报

新华社香港分社副社长张浚生郑国雄分别在不同场合就港督彭定康宣布将部分政改方案提交香港立法局发表谈话

张浚生对记者说，彭定康破坏了中英谈判，但他却反诬中方“不够坦诚”，“改变立场”，否定“立法局的宪制地位”，声称“九七前后，行政工作要向立法机关负责”。张浚生指出，港督将 1997 年前的立法局及 1997 年后的立法机关“混为一谈”，是有意欺骗港人或因为港督没有基本常识。他强调 1997 年前立法局是殖民地港督的咨询机构，1997 年后则是中国主权下，人民政府直辖、高度自治的特别行政区政府的立法机关。港督要将政改方案提交立法局，有意地抬高立法局地位，使中英两国谈判不得不中断。

张浚生说，如果需要的话，可以公布所有谈判经过。公布的材料，绝不会给彭定康增加任何光彩，只能证明他这个人从来是不为香港平民的利益，甚至也不以英国的利益来考虑问题的。所以现在谈判不能进行下去，这个责任完全在英方，特别是彭定康先生要负责。

张浚生说，中国外交部副部长姜恩柱今年 4 月 7 日向英国驻华大使麦若彬提出五项会谈的声明，其中一项就是英方不得单方面向立法局提交政改方案。港督先生不要说根本上不遵守中英之间历史上已经达成的协议，连今年刚刚达成的协议，他都不遵守。

郑国雄发表谈话时重申，中方在谈判中一直做了很大的努力与让步，问题出自于英方的节外生枝，得寸进尺，在中方提出的“分拆”谈判的基础上，硬要把 1995 年立法局选举办法也一并解决，中方当然没法接受。

郑国雄再次强调，终止谈判的责任完全在英方。港督宣布要把政改方案提交立法局，即已主动提出了中止谈判。观乎他的言论和行动，都已说明了英方实是完全没有诚意，且不愿再谈。现在，他们又提出第十八轮会谈，也只是“故作姿态”而已。

郑国雄特别表示，中方已不会对彭定康有任何幻想。而不管任何情况出现，中方一定贯彻其方针，为了确保香港的平稳过渡，积极加快预委会的工作进程。

全国开展消灭脊髓灰质炎强化免疫活动国家主席江泽民为儿童喂服疫苗

12 月 6 日

国务院在北京举行第十三次常务会议

国务院总理李鹏主持会议。会议讨论并原则通过《中华人民共和国对外贸易法(草案)》。

会议讨论认为,建国四十多年来,对外贸易事业取得令人瞩目的成绩。为了深化对外贸易体制改革,有必要制定对外贸易法,以确立中国社会主义市场经济下的对外贸易体制,保障正常的对外贸易秩序,促进对外贸易和国民经济的发展。

为保护台胞投资者的合法权益,会议还原则通过《中华人民共和国台湾同胞投资保护法(草案)》。

会议确定,这两个法律草案经修改后提请全国人民代表大会常务委员会审议。

第六次全国地方外办主任会议在北京举行

会议于 12 月 6 日至 11 日在北京举行。出席会议的有各省、自治区、直辖市外办的负责人,国务院外办、外交部和中央有关部委外事部门的负责人。会议的主要目的是进一步认清当前有利的国际形势,加强地方外办的职能和地方外事的宏观管理,更好地为改革开放和社会主义现代化建设服务。

国务院总理李鹏在会见代表时强调,从事外交工作的同志都要有一种使命感。在新的一年里,要抓住机遇,迎接挑战,为给我国的改革开放和建设事业创造一个更加有利的外部环境,作出新的更大的贡献。

李鹏在讲到当前形势时说,两极格局解体,国际关系处在复杂而深刻的变动之中,多级化趋势更加明显。局部的不稳定因素增加,和平与发展两大主题都没有解决,天下并不太平。

在讲到我国面临的机遇和挑战时,李鹏说,总的来说,当前的周边环境和国际环境对我有利,为我国提供了难得的发展机遇。在看到有利因素的同时,我们也要清醒地看到存在的不利因素和面临的复杂问题和挑战。总之,要"抓住时机,发展自己"。

李鹏强调要进一步扩大对外开放。他说,对外开放是我们的一项基本国策。去年和今年,改革开放迈出了新的步伐,明年将有更多的改革措施出台。我们应继续做出努力,进一步发展和完善多层次、全方位的对外开放新的格局。

李鹏指出,在涉外领域要加强反腐败斗争。党中央和国务院关于开展反腐败斗争的态度是十分坚决的。涉外领域的腐败问题,同其他领域一样,必须在近期内抓出成果。他强调外事工作中要加强精神文明建设。对外交往中要提倡不亢不卑,要体现高尚的精神风貌和民族气节。各地外办应大力加强自身思想和业务建设,勤政廉洁,秉公办事,提高管理水平,为本地区的改革开放和经济建设做出更大成绩。

钱其琛在讲话中也就做好对外工作提出了要求。他强调,我们应在新的形势下,统一思想,明确任务,进一步加强和改进外事工作,包括地方外事工作,更好地为我国的改革开放和经济建设服务,为祖国的统一大业服务。

李岚清、迟浩田、罗干和党中央、国务院有关部门的负责人也出席会议。

全国人大常委会副委员长田纪云在接见九十年代中国农村改革与发展国际学术研讨会部分中外代表时发表讲话

中国农村改革已经 15 年了。15 年来,中国农村的变革是深刻的,取得的成效也是显著的。在我看来,中国农村的变革最主要的有以下这么几个方面:

第一个变革是改变了农村对土地这个基本生产资料的经营形式和分配形式,也就是说调整了生产关系。它的实质就是改变了过去那种一大二公的、吃大锅饭的、平均主义的所谓人民公社的体制,实行了以家庭承包为主的多种形式的联产承包责任制,把土地这一生产资料、这一基本生产要素的经营使用权交给了农民,实现了耕者有其田。这是中国农村在社会主义建设时期的一场最伟大、最深刻的变革,也是其他一切变革的基础,这样就使农民得到了土地的经营自主权和大部分农产品的自由处置权,从而使农民在经济上得到了实惠,大大调动了农民的生产积极性。一个土地经营自主权,一个自己产品的自由处置权,一个经济上的实惠,这是农村变革的实质。

第二个变革就是我们逐步地取消了国家长期实行的对农产品的统购统销的政策。现在除了个别的农产品品种,譬如棉花、烤烟、蚕茧等少数几个农产品还实行专营之外,其他农产品价格基本上放开,由市场进行调节。其中粮食、油料、肉类这些主要农产品的价格已经在全国放开了。

第三个变革是用大农业的观点来指导农业。在发展种植业的同时,积极地发展林业、牧业、渔业以及其他各种副业。在 80 年代以至 90 年代初期,中国农村不仅种植业大发展了,而且林业有了很大发展,畜牧业有了很大发展,养殖业有了很大发展,各种副业有了很大发展。纠正了过去长期以来以粮为纲这样一种片面的做法,用大农业的观点,农林牧副渔全面发展的观点来指导农业,这是我们农村经济发展比较快的一个重要原因之一。

第四个重要的变革就是在发展农业的同时，积极发展乡办工业、村办工业，鼓励农民进入流通领域，向非农产业转移。我国乡镇企业提供的总收入，到今年年底我估计在25000亿元以上，在乡镇企业里就业的农民，将在1亿1千万人左右。乡镇企业发展如此迅速，国家并没有拿什么投资，无非是给了一点银行贷款的扶持和税收的优惠，基本上靠集体经济的积累，靠农民的积累。现在我们可以这么说，乡镇企业发展到今天已经成为农村经济的强大的支柱，而且已经成为我们整个国民经济的重要组成部分，我看要不了多长时间，就可能在我们整个国民经济当中占半壁江山。

中国11亿多人中，8亿是农民，中国实现现代化走什么路子？乡镇企业的发展使我们看到了农村现代化的希望。乡镇企业从它一诞生，就不享受计划经济的优惠，就受市场经济的引导，因此，它具有强大的生命力。乡镇企业的发展不仅为我国农村经济注入了新的活力，而且也为我们国有企业的改革创造了丰富的经验。我认为，我们的国有企业如果能把乡镇企业的经营机制真正学到手，移植到国有企业来，那么我们国有企业的改革进程将大大加快，效益也会大大提高。

在农村经济发展中，我们还鼓励种植业、养殖业与农产品加工业相结合，农业、工业和商业的结合，农业、科学技术、教育和提高劳动者素质相结合。当然，这方面的工作我们还做得不够，还有待于进一步深化，但是已经有了一个良好的开端。

这次研讨会上，各位专家、学者，对我国农村改革与发展提出的一些需要进一步解决和注意的问题，我认为非常的重要，也是我们今后深化改革当中要研究解决的一些重大问题。譬如，延长农民对土地的经营使用权问题，这是农民最关心的问题。在承包初期，一般规定15年，那么现在15年已经过去了，下一步是再规定一个年限好呢，还是明确长期归农民经营使用好呢，我觉得这个问题很值得我们来加以研究。我想如果明确土地长期归农民使用，那么农民不仅会更加精耕细作，而且会更加重视对土地的投入。这也会对解决我们政府的一些部门乱占、滥用土地的问题，是一个有效的遏制措施。

又比如，农产品实行市场调节之后，如何保持主要农产品稳定增长的问题，这个问题也非常重要。解决这个问题，除了及时向农民提供比较准确的市场供求信息之外，采取对生产者与消费者的保护措施可能是必要的。比如，在农业丰收时，对农产品要有最低保护价格这样的措施；在农产品减少、市场价格暴涨的时候，对消费者要有一定的相应的补贴。我认为，在实行市场调节之后，需要研究采取类似这样的措施。

还有，城乡居民收入差距扩大的问题，这也是影响农民生产积极性的一个重要方面。60年代的初期和中期，我国农民收入增长是快的，是迅速的。城乡收入的差距大大缩小，但是80年代后期和90年代初期，可以说农民收入处于一种缓慢增长的状态。城乡居民的收入差别在一度缩小之后又扩大了。如果这种情况是短暂的，那不可怕；如果这种情况长此以往，那就是可怕的，就会成为社会不稳定的因素。

适当地提高农产品价格是重要的，也是必需的，但不是唯一的。重要的是调整农业生产的结构，优化农产品。按我们的说法，叫做发展高产、优质、高效农业。第三条措施是提高农业劳动生产率，在积极发展第二产业、第三产业的同时，在具备条件的地方，积极地推进土地的适度规模经营，这里面包括家庭农场，包括集体农场，也包括国营农场。再有，我很赞成各位专家提出的这么一个观点，要解决农村的问题，最根本的是要提高农村劳动者的素质，要提高农民受教育的水平。我过去长期分管农业方面的事情，到的地方也不少。我得出这样的一种结论，凡是一个村子是由一个文化水平较低、一个没受过什么教育的人在领导，那么这个地方就相对落后，经济发展缓慢，甚至连吃饭的问题都没有完全解决；凡是由一个有文化的人，哪怕是一个中等文化的人，是一个中学毕业生或是退伍军人，在外面闯荡过几天，有点见识的人来领导，这个地方发展得就快，这可以说是个一般规律。不积极地提高农民的文化素质，那么，许多现有的、实用的科学技术也很难变成现实的生产力。除了我讲的这些问题之外，大家还提出了其他许多很好的建议。比如，环境保护问题，人口问题等等，都需要我们认真加以研究。

我认为这次国际学术研讨会开得非常成功，对于我们推动和深化农村改革将起积极的作用。

国务院副总理李岚清在云南考察

李岚清于6日至10日在云南省省长和志强、副省长刘京的陪同下，先后到路南彝族自治县、西双版纳傣族自治州和昆明市进行考察，直接到彝族、傣族村寨小学、民族职业中学了解民族教育的实际情况和存在问题，还到云南师大会见了省内各高校的领导同志，看望广大师生，并与大家座谈教育改革问题。他还到中老边境磨憨口岸亲切看望、慰问一线的边防、海关、商检、武警官兵，到昆明、勐腊海关听取了工作汇报。

李岚清听取中共云南省委书记普朝柱、省长和志强等领导关于全省经济工作、教育工作和打击走私的情况汇报后，对云南省各民族和睦相处、互相学习、共同发展表示满意。

随同考察的还有海关总署、国家教委、外经贸部的有关负责人。

国务院总理李鹏在北京会见巴基斯坦国防部长阿夫塔布·米拉尼

中共中央政治局常委胡锦涛在北京会见由第一书记翁吉克·穆萨耶夫率领的土库曼斯坦民主党代表团

12 月 7 日

毛泽东外交思想研讨会在北京开幕

中共中央总书记、国家主席江泽民为研讨会发来贺词，国务院总理李鹏同 500 多位各界人士一起出席开幕式并发表讲话。

国务院副总理兼外交部长钱其琛主持开幕式并宣读江泽民的贺词。贺词全文如下：

其琛同志并转外交部毛泽东外交思想研讨会：

欣悉外交部在毛泽东诞辰 100 周年之际，举办毛泽东外交思想研讨会、旨在学习、继承和发扬毛泽东外交思想，进一步做好新时期的外交工作，为加快我国的四化建设争取一个有利的国际环境。我认为这是有深远和现实意义的事情，衷心祝愿研讨会圆满成功。

中联部部长李淑铮、文化部副部长陈昌本、社会科学院副院长滕藤和对外贸易经济合作部部长助理刘向东等也分别发言。出席开幕式的还有吴学谦、贾春旺、曾建徽、齐怀远、田曾佩、郑必坚等领导以及各界代表 500 余人。

国务院总理李鹏在外交部毛泽东外交思想研讨会开幕式上发表讲话

今年是毛泽东同志诞辰 100 周年，党中央将举行隆重的纪念大会，届时江泽民同志将发表重要讲话。作为纪念活动的一个组成部分，外交部举行毛泽东外交思想研讨会，是一件很有意义的事情。毛泽东同志是我国各族人民敬爱的伟大领袖，无论在当代中国的历史上，还是在马克思主义、社会主义的发展史上，他都占有不可磨灭的地位。他的伟大历史功绩是多方面的。从理论上讲，他把马克思主义的基本原理同中国革命的具体实践相结合，形成了毛泽东思想；从实践上讲，他领导中国人民经过长期艰苦卓绝的斗争，推翻了三座大山，建立了新中国，此后进行了各方面的建设。外交工作是毛泽东历史功绩的一个非常重要的方面。

毛泽东同志作为伟大的外交战略家，为我国外交战略的确立和外交方针政策的制定，进行了大量的开创性工作，作出了巨大的贡献。毛泽东外交思想是极为丰富的。比如，在建国初期提出站在和平、民主和社会主义阵营一边的方针；关于中国的事情应该由中国人民自己作主的主张；关于自力更生为主、争取外援为辅的主张；关于国际关系应遵循和平共处五项原则的主张；关于把国际主义和爱国主义正确结合起来的主张；关于中国反对霸权主义，自己也永远不称霸的方针；关于国家不分大小一律平等的思想，等等。回顾和研究毛泽东外交思想，目的是为了做好新时期的外交工作，从而为我国的现代化建设争取一个长期的和平国际环境。

邓小平同志继承和发展了毛泽东思想，提出了一整套包括外交工作在内的建设有中国特色社会主义的理论。这是我们进行社会主义现代化建设和开展外交工作的理论依据和指导方针。邓小平同志深刻而全面地分析国际形势的变化，提出了一系列重要的外交战略、方针和政策。比如：关于反对霸权主义、维护世界和平、坚持独立自主的对外政策；关于和平与发展是当代两大主题；关于按照和平共处五项原则建立国际新秩序；关于实行对外开放；关于“一国两制”；关于对国际形势的变化要冷静观察，稳住阵脚，沉着应付，等等。这一系列具有鲜明的时代特征和极强的针对性的思想和论断，是我们在新的历史时期从事外交工作必须认真学习并加以切实贯彻的。

现在我国的改革开放和现代化建设进入了一个新的重要的历史时期，世界形势也正处在深刻的大变动之中，外交上面临的局面更加复杂，任务更加艰巨。希望外交战线的同志们，认真学好毛泽东和邓小平同志的外交思想，研究新情况，解决新问题，大胆开拓，有所作为。毛泽东同志和邓小平同志的外交思想，是一个完整的科学体系。现在我国的改革开放、经济建设和外交工作，都在蓬勃发展，形势喜人。我们有充分的信心，在以江泽民同志为核心的党中央领导下，把握当前国际国内形势为我们提供的不可多得的有利时机，不断夺取国内战线和外交战线的更大胜利。

《人民日报》发表评论员文章《领导干部要带头学好用好——三谈学习〈邓小平文选〉第三卷》

共青团十三届二中全会在北京闭幕

全会提出今后一个时期的战略规划：实施“跨世纪青年文明工程”和“跨世纪青年人才工程”，加快青年工作的改革和发展。

全会提出，“跨世纪青年文明工程”侧重于为建立社会主义市场经济体制创造良好的社会环境。这项工程将推出青年志愿者、青年文明号、青年文化园等项目。青年志愿者将招募优秀青年组成，面向社会开展社区服务、社会治安等志愿服务活动。青年文明号主要是在各行各业青年开展创业、敬业意识和质量、效益、服务意识教育和文明生产、优质服务达标竞赛。青年文化园则主要是通过评选、展示青年思想文化精品来倡导正确的文化导向。“跨世纪青年人才工程”将通过培养青年岗位能手和农村青年星火带头人、优秀青年科技和经营管理人才，在青少年中推广普及新知识和新技能等途径，造就一代适应发展社会主义市场经济需要、过硬实用技能的熟练劳动者和面向21世纪具有较高科学文化素质的青年人才。在实施跨世纪青年重点工程的同时，还将采取措施调整青年工作的运行机制，加强共青团的基础建设。

团中央第一书记李克强在会上发表讲话。

全会通过《在建立社会主义市场经济体制进程中我国青年工作战略发展规划》。

会议于12月5日开幕。

中共中央政治局常委胡锦涛在共青团第十三届二中全会上发表讲话

胡锦涛指出，当前我国经济体制改革已经进入整体推进和重点突破相结合的新阶段，共青团要紧紧围绕党的中心任务开展工作，把亿万青年的积极性和创造力凝聚到抓住机遇、深化改革、加快发展、推动社会全面进步上来。要着眼长远，面向未来，努力培养和造就跨世纪一代新人。

胡锦涛说，在本世纪末初步建立起社会主义市场经济体制，是全党和全国各族人民面临的伟大的历史任务。共青团是党的助手和后备军，青年是改革开放和现代化建设的生力军和突击队，党和人民比以往任务时候更加需要发挥青年一代的积极性和创造力，比以往任何时候更加需要共青团担当起历史责任，发挥积极作用。各级团组织要教育广大青年，既对改革充满信心，同时又对改革的艰巨性和复杂性有充分的思想准备，以知难而进、锲而不舍的精神把改革推向前进。要引导广大青年正确对待改革进程中的利益调整，自觉服从全局利益和长远利益。要带领广大青年锐意改革，艰苦创业，勇于创造，大胆实践，为建立新的经济体制建功立业。要紧密结合改革开放的实际和青年的思想实际，有针对性地开展思想政治工作，大力加强社会主义精神文明建设，为改革的深入发展和顺利进行，提供强大的精神动力、思想保证和良好的社会政治环境。

胡锦涛说，邓小平在观察和处理国际国内的重大问题时，总是高瞻远瞩、高屋建瓴地从战略上把握全局、预测未来，适时作出重大决策。邓小平善于从战略全局上思考和处理问题的马克思主义立场、观点和方法，不仅对全党有着重大的指导意义，而且为共青团做好新时期青年工作提供了科学的世界观和方法论。青年工作只有从国际国内大局出发，善于从长远和宏观上考虑问题，才能站得高，看得远，放开视野，理清思路，找准位置，牢牢把握工作的主动权，使各项工作一环扣一环地朝着总的目标前进。

胡锦涛说，世界正在走向21世纪，每个国家每个民族都面临一个以什么姿态进入21世纪的问题。对青年一代负有引导教育使命的共青团组织，应当很好地思考：中国作为拥有近12亿人口的东方大国，以什么样的面貌迎接21世纪；作为国家和民族的未来和希望的我国青年一代以什么样的风采跨向21世纪？中国共青团作为团结带领五亿青少年的先进青年群众组织，以什么样的姿态迈向21世纪？小平同志已经为我们国家开辟了胜利跨进21世纪的道路。而建设有中国特色社会主义是跨世纪的伟大事业，需要培养和造就跨世纪的一代新人。我们国家能不能在本世纪末初步建立起社会主义市场经济体制，实现第二步发展目标，到下世纪中叶达到第三步发展目标，基本实现社会主义现代化，与当代青少年的觉悟、素质、面貌密切相关。我们国家发展面临的挑战，从一定意义上说，是对青少年一代素质的挑战。如果我们中华民族特别是青少年一代的素质有一个大的提高，那么我们的国家和民族就能够经受住走向21世纪的严峻考验。我们必须从国家和民族前途命运的高度来认识培养跨世纪一代新人的极端重要性。

胡锦涛指出，培养跨世纪一代新人，最根本的是用建设有中国特色社会主义的理论教育青年。党的基本路线能不能坚持一百年不动摇，战世界人口1/5的中国能不能坚持社会主义，中华民族在21世纪能不能以崭新面貌自立于世界民族之林，首先在于我们能不能用邓小平建设有中国特色社会主义的理论教育培养好青年一代。党的十四大提出了用建设有中国特色社会主义的理论武装全党的战略任务。共青团要按照党中央的要求，自觉地担负起用这一理论武装全团、教育青年的光荣职责。《邓小平文选》第三卷为我们用建设有中国特色社会主义理论培养教育青年提供了最好的教材。共青团要把组织团员青年特别是团干部学习《邓小平文选》第三卷摆在思想教育的主要地位抓紧抓好。

他指出，培养跨世纪一代新人，要突出爱国主义、集体主义和社会主义教育这个主题，引导教育青年树立正确的世界观、人生观和价值观。要解决青年普遍关心的重点和热点问题。特别要重视和发挥先进典型的示范引导作用，发现、培养和宣传既能体现优良传统又具有时代精神的典型，以此来吸引青年，教育青年，感召青年。培养跨世纪一代新人，还要帮助青年学习和掌握现代科学文化知识、社会主义市场经济知识。

引导青年深入实际，在实践中增长才干，锻炼成长。

胡锦涛希望各级团组织和团干部要面对变化发展的客观现实，不断解决前进中出现的矛盾和问题，及时总结基层和群众的创造，努力探索社会主义市场经济条件下青年工作的新路子。要重视团的基础工作和基层建设。要突出重在，分步实施，注重实效。团的干部要树立求实务实、真抓实干的作风。

致公党十届二中全会在北京举行

会议认真学习了中共十四届三中全会和全国统战工作会议精神，以邓小平同志关于建设有中国特色社会主义的理论为指导，总结致公党一年来的工作，研究和安排一九九四年的工作任务。会议审议并通过了全国政协副主席、致公党中央主席董寅初代表十届中常会向全会作的工作报告。董寅初在报告中说，《中共中央关于建立社会主义市场经济体制若干问题的决定》，是我国建立社会主义市场经济体制的总体规划，是九十年代进行经济体制改革的行动纲领，我们致公党完全拥护。各级组织和成员要积极行动起来，锐意改革，艰苦创业，进一步为建立社会主义市场经济体制献计出力。他在报告中还要求致公党各级组织制订计划，组织成员认真学习《邓小平文选》第三卷，并同贯彻中共十四届三中全会精神紧密结合起来，作为加强致公党思想理论建设的主要内容。

致公党中央常务副主席杨纪珂、副主席陆榕树、郑守仪、王宋大、罗豪才及七十一位中央委员、候补中央委员出席会议。会议于12月10日结束。

国家体改委主任李铁映在全国经济体制改革工作会议闭幕会上发表题为《加快建立社会主义市场经济新体制》的讲话

党的十四届三中全会作出的《关于建立社会主义市场经济体制若干问题的决定》，在社会主义市场经济的理论方面取得了重大突破，是加快改革、加快发展的宏伟蓝图和行动纲领。认真学习领会、坚决贯彻落实好《决定》，是我们完成当前各项任务的关键。邓小平同志是改革开放和现代化建设的总设计师，对建设有中国特色社会主义理论的创立做出了历史性的贡献。《邓小平文选》第三卷精辟地总结了我国改革开放事业的基本实践和基本经验，全面提出了建设有中国特色社会主义的一系列方针、政策，是当代马克思主义的最新发展。只有认真学习《邓小平文选》第三卷，才能全面、准确地理解和掌握《决定》的精神实质，完成加快建立新体制的时代任务。1994年将推出的改革措施在广度、深度、难度、力度方面都是空前的，是关键性的一年。必须进一步解放思想，转变观念，从实际出发，深入研究和慎重稳妥地处理好改革与发展双加快形势下出现的新问题。

第一，加快改革与加快发展问题

国民经济持续、快速、健康的发展应是社会主义经济发展的特征和要求。社会主义的本质就是最大限度地解放和发展生产力，消灭剥削，防止两极分化，最终实现共同富裕。邓小平同志一再强调的，“发展是硬道理”，“总要在某一个阶段，抓住时机，加速搞几年”，指出了社会主义经济具有快速发展的本质特征。快速发展不是一时的、短期的，而应是持续的，隔几年上一个新台阶。以公有制为基础的社会主义经济制度适应生产社会化的要求，能够为经济持续快速发展提供制度基础。政府通过符合客观规律的宏观调控和健全的法制，可以保持经济的持续、健康发展；而健康发展又是快速、持续发展的条件。

今天的发展问题，实质上是改革问题。快速发展是改革带来的；解决制约经济持续、快速、健康发展的深层次矛盾和问题，也只有通过改革才能实现。只有抓住改革的机遇，才能抓住发展的机遇。不加快改革，生产力也就不能加快发展。改革的目的是为了发展，绝不能离开发展搞改革。改革的成败，也是由社会和经济发展的实践来检验的。这两年国民经济发展很快，就是加快改革、扩大开放的结果。

加快改革、加快发展是形势的要求，也是新时期的两个基本特点。当前，经济方面需要加快发展的是农业、能源、交通运输等基础产业和能带动整体经济发展的新兴产业；改革方面需要加快进行的是建立宏观调控体系和现代企业制度，这是深化改革，建立新体制的关键。发展的加快要求改革的加快，同时也为改革的加快创造条件。我们要研究并学会在经济发展比较快、经济关系变化比较复杂的情况下加快改革的本领，掌握驾驭经济快速运行的“高技术”。新体制就是“高技术”，是保持经济持续、快速、健康发展的根本保证。

第二，转变政府职能与企业改革问题

政府与企业的关系一直是体制改革中的重点问题。转变政府职能与转换企业机制互相联系、互为条件。

要解决深层的问题，企业改革的思路必须由放权让利，转为着力进行制度创新，建立现代企业制度。这是所有企业改革的方向。要探索市场经济条件下公有制，特别是国有企业有效的微观实现形式，实现社会主义公有制与社会主义市场经济的有机结合。这方面要注意研究和处理好以下几个问题。

一是政资分开，建立国有资产的监管、运营新体制。《决定》提出的“对国有资产实行国家统一所有、政府分级监管、企业自主经营的原则”，是理论上的一个前进。政府的社会经济管理职能和国有资产的所有者职能要分开。在国有企业改革过程中,要在继续贯彻《全民所有制工业企业法》和《全民所有制工业企业转换经营机制条例》,落实企业各项自主权的同时,明确政府作为企业资产的所有者和企业作为资产的经营者之间的责、权、利关系,积极探索国有资产在市场经济条件下有效监管和营运的合理途径与具体形式。

二是确立企业法人财产权,建立健全企业法人制度。要把企业的法人财产权与包括国家在内的各类出资者的所有者权益分开。代表国家进行投资的机构及其他出资者依法对企业享有出资者权益,并以出资额为限对企业承担有限责任;企业拥有法人财产权,以全部法人财产自主经营、自负盈亏,独立享有民事权利、承担民事责任,并对出资者承担资产保值增值的责任。

三是政企分开,正确区分政府与企业在市场经济活动中的职能和作用。要把政府的行政管理职能与企业的经营职能分开。政府通过法规和经济手段等,调控市场,引导企业,而不直接参与企业的生产经营活动。企业以提高劳动生产率和经济效益为目的,按市场需求组织生产经营,不再承担政府行政职能。政府对企业的管理,要逐步通过市场中介组织来实现,由部门管理过渡到行业管理。

四是要解决企业与社会的关系。企业不应再办社会。企业对社会的责任,主要是照章纳税,履行对国家建立多层次社会保障制度所应尽的义务。要把现在企业的后勤服务性单位和社区政府职能分离出去,把企业承担的社会职能移交回社会,真正解决长期以来“市长管生产,厂长管社会”的问题。

五是要研究建立现代企业制度与改革企业的内部组织制度、领导体制问题。现代企业按财产构成可以有多种组织形式,公司制是一种主要的形式。现有企业可根据不同特点和具体情况,经过试点,有计划、有领导地逐步改组为股份有限公司、有限责任公司和国家独资有限责任公司等。企业不再定行政级别,企业领导不再列入国家干部序列进行管理。

第三,宏观经济调控与市场配置资源问题

由传统的计划经济过渡到社会主义市场经济,一个重要标志是从以计划配置资源为主,转变为充分发挥市场机制配置资源的基础性作用。

市场经济的本质是通过优胜劣汰的竞争机制,达到生产要素优化配置。市场经济配置资源的效率已由历史证明。社会主义市场经济强调市场机制配置资源的基础性作用,同时也重视宏观调控,综合运用财政政策、货币政策和计划这只“看得见的手”,解决市场本身并不能解决的国民经济宏观平衡、收入分配合理化、实现公平、发展公共事业、环境保护等。这些问题仅靠“看不见的手”自发调节是难以奏效的。

宏观调控是市场经济运行机制中不可缺少的组成部分。当今世界,没有哪一个国家的市场经济是不受政府调控的。因此,不是要不要宏观调控,而是如何改革计划等经济管理体制,建立计划、金融、财政之间相互配合和制约机制,形成有效的宏观调控体系,保持总量基本平衡,促进经济结构优化,改善收入分配,推动社会全面进步。这样的宏观调控将进一步增强微观经济的活力。

在现实生活中,有些同志把加强宏观调控简单地理解为“收”,把宏观调控同计划经济联系在一起。这同长期实行的计划经济管理体制有关,是一种误解。在经济体制转轨时期,更应重视宏观调控,并在实际运用中逐步建立和完善宏观调控体系。

1993年年中,中央采取的各项宏观调控措施,主要采用经济和法律手段,是一次重大的改革,取得了比较好的效果。1994年将要推出多项宏观领域中的改革,这是建立社会主义市场经济体制的战略步骤,必须抓住时机,尽快实施。这样重大的改革,要密切注视通货膨胀和企业承受能力问题,运用好各项宏观调控措施,保持经济发展的好势头。

西方国家宏观调控的对象是私有制经济,而我国宏观调控的对象是公有制为主体的经济。我们必须从中国国情出发,自觉地探索建立积极有效的宏观调控体系和政策体系,以及一整套国民经济统计指标体系、法律法规体系,统筹国际国内两个市场、两个资源,使国民经济特别是国有经济实力不断壮大,活力不断增强。这也是建立宏观调控体系的目的和检验的标准。

第四,中央积极性与地方积极性问题

充分发挥中央与地方两个积极性,是我们长期坚持的方针,也是历史经验的总结。15年的改革之所以取得了令世界瞩目的成就,一个重要的经验就是充分发挥了地方的积极性,发挥了全社会,特别是农民和工人的积极性。社会主义社会是充分调动和发挥各个方面积极性的社会。有积极性就能推动生产力的发展,扼杀积极性就会阻碍生产力的发展。在处理中央与地方的关系上,局部要服从全局,全局要照顾局部。只有一个积极性不是全局,两个积极性都发挥了,才是全局。

实行规范的分税制,正确地确立各级政府的事权、财权,不是重走过度集中的老路,而是要构筑社会主义市场经济体制在宏观方面的基础框架,更充分地发挥各方面积极性。明确各级政府的职责、权力,进一步调动其积极性,是国家经济管理的重要内容。

市场经济条件下,中央政府的责任和任务是对总供给与总需求进行调控,实现总量基本平衡、经济结构优化和提高整体效益。因此，宏观经济调控权必须集中在中央。这包括货币的发行、基准利率的确定、汇率的调节和重要税种税率的调整等。没有这样的宏观调控体制，各个地区的发展也会受到制约。支持和维护中央的宏观调控，也就是维护大局、全局。

考虑到我国的国情，必须赋予地方必要的权力。随着计划体制改革，中央指令性计划减少；财税体制改革后，事权财权明确、统一；金融体制改革后，信贷规模“切块”管理改为风险负债管理；投资体制改革后，由行政审批制改为项目登记备案制，等等，中央的宏观调控更加透明、规范，地方将会获得更大的发展经济的自主权，而且自主支配的财力也会增加。地方可按国家的法律、法规和宏观政策，制定地方性的法规、政策计划和规划；通过地方税收和预算，积极调节本地区的经济活动，促进发展。在 12 亿人口的大国，发挥地方的积极性至关重要，任何时候都不能忽视。

合理划分各级政府事权和财权，进一步调动各方面的积极性，中央可以增强宏观调控能力。市场机制建立早、经济效率高的沿海地区，可以在消除了分割和封锁、统一有序的大市场中，通过公平竞争获取更多的利益。中央可以在财力不断增长中，通过返还和转移支付，以及正确的开发政策，给欠发达的中西部地区更多的支持。当然，从根本上说，中西部地区的发展要在发挥宏观调控和市场作用中，靠自身的努力和效益的提高实现。各地区要在统一的大市场中互相竞争、相互支持，共同提高，共同繁荣。

第五，效率优先与兼顾公平问题

《决定》在个人收入分配方面提出了效率优先、兼顾公平的原则。这对“大锅饭”、“铁饭碗”、平均主义的分配制度来说，在理论上是一个飞跃，比“兼顾效率与公平”的提法也是一大进步。

公平与效率是经济学理论中一个古老的命题。认为马克思主义经济学仅考虑社会公平问题是一种误解。社会主义制度比资本主义制度优越，主要表现在能够创造出比资本主义更高的生产力。从根本上说，只有经济的持续快速发展，物质的极大丰富，才能达到效率和公平的高水平统一。在高效率基础上实现社会公正和共同富裕，才是社会主义制度的本质特征。

要坚持效率优先的原则。讲发展、讲竞争、讲物质利益原则、讲市场配置资源、讲科技是第一生产力、讲教育必须优先发展等，都是讲效率优先的原则。《决定》提出建立劳动力市场，劳动者的报酬要引入竞争机制，允许属于个人的资本等生产要素参与收益分配，社会保险实行社会统筹与个人账户相结合，等等，也都是考虑到了效率优先的原则。

对于什么是公平，长期以来人们有不同的理解。实际上，坚持按劳分配原则，打破平均主义，实行多劳多得，既是坚持效率优先的原则，也体现了真正的公平。共同富裕不是同时富裕。我们鼓励一部分地区一部分人，通过诚实劳动和合法经营先富起来。同时，一直坚持扶贫，提倡先富带动后富，逐步实现共同富裕。两极分化最终会破坏社会稳定，损害效率。政府应通过税收、社会保障制度和其他社会再分配手段，调节国民收入初次分配造成的过大差距，在保证效率的基础上防止两极分化，实现共同富裕。《决定》在这些方面已作了具体决定。

公平不仅体现在分配、消费领域，也体现在生产、流通领域。公平不仅是分配数量上坚持按劳分配为主体，同时也表现在劳动者择业、学习、创造发明以及对国家和社会作贡献等机会的公平和社会的公正上。社会要通过市场逐步给全体成员平等竞争创造条件和机会。

要坚持效率优先、兼顾公平的原则，必须着力建立规范的市场秩序和规则，健全法制，反对不正当竞争和垄断行为，使效率与公平在市场竞争中得到统一。

第六，扩大对外开放与深化国内改革问题

开放与改革，目的都是为了尽快建立起新体制。开放不仅仅是一项方针政策，也是一项改革，是与改革密不可分的。

市场经济是开放经济。国际间的经济、科技、人才等合作交流是大趋势。经济要发展，必须利用国际资源和市场，新体制必须与国际惯例接轨。开放要促进国内、国际资源和生产要素双向流动。不开放，信息不灵，改革也搞不好，经济发展也上不去，只能自甘落后，被动挨打。开放要全方位，进一步扩大，速度要进一步加快。通过扩大开放吸收人类一切文明成果，吸收先进的科学技术、管理经验，充分利用国际资金、信息和资源，提高国民经济的整体素质。

全方位开放要求加快国内改革。如果国内经济体制与国际通行惯例相距太远，开放就不能加快和扩大，还会产生许多矛盾和摩擦，不仅效率低，肥水外流，而且会导致盲目竞争，盲目引进。这又将阻碍国内企业积极参与国际市场竞争。扩大开放不仅要在涉外经济体制改革中，注意研究国际惯例、国民待遇、投资环境等问题，而且要对整个经济体制进行根本性改革。新体制和灵活高效的经济运行机制可以大大促进开放。无序低效、不规范、不透明的体制，政策的随意性，是没有吸引力的。

恢复我国作为关贸总协定缔约国的地位，有利于扩大开放，引进外资，对我们既是机遇，又是挑战。“复关”会对国内一些经济部门和产业部门，特别是效益差、竞争力弱的企业形成很大压力。我们要特别注意保护幼稚工业的发展，给国有大中型企业更多的参与国际竞争、国际合作的机会和权利，通过改革把压力转化为动力。对外开放要有利于我国经济的发展，而不是相反。在进一步扩大开放时，要始终坚持自力更生。随着开放的深度、广度的增强，还会有许多我们不熟悉的问题产生，必须不断地总结经验，适应新形势要求。

开放包括对内和对外两个方面。对内开放绝不能忽视。搞地区保护主义，地区封锁，只能是保护落后，限制发展。这样的教训太多了。各级政府一定要深刻地认识到，市场的统一性既是促进国民经济整体发展的重要条件，也是促进本地区经济发展的必要条件。

第七，城市改革与农村改革问题

农业现代化、农村经济发展、农民收入增加，这“三农”始终是我国经济发展的头等大事。改革从农村起步，逐渐向城市拓展，现在越来越走向城乡改革相融合、一体化的趋势。事实证明，凡是城乡改革结合得好的地区，改革的整体效果就好，经济发展势头就强。

城乡改革要统筹规划，党中央制定的以家庭联产承包为主的责任制和统分结合的双层经营体制等一系列农村基本政策必须坚持长期不变。在此基础上，要以城带乡，发挥城市工业、科技、文教、人才等方面的优势，采取多种形式促进农村经济发展，保证农业的稳步增长，增加农民的收入。当前特别要抓好几个重要环节：一是继续搞活流通，统一城乡市场，增强农村经济的开放性。二是大力发展乡镇企业，把农村的劳动力优势与城市的资金、管理优势结合起来。三是加快培育农村的社会化服务体系，通过这条纽带把城乡的有关产业联系在一起。四是深化县级综合改革，搞好城乡结合部的体制转轨。五是充分发挥中心城市的辐射作用，加快小城镇建设。

在城乡经济改革一体化过程中，注意处理好加强农业与发展非农产业的关系。我国农业现代化程度不高，具有很大的发展潜力。增加农民收入的一个重要途径，是加快农业结构调整，发展高产、优质、高效的大农业。解决农民收入问题和就业问题，还必须加快发展非农产业，使之与农业发展相互促进。

正确处理好推进农村工业化、城市化过程中出现的各种问题。现有的乡镇企业过于分散，有其不利之处。所以《决定》指出，要加强规划，引导乡镇企业适当集中，充分利用和改造现有小城镇，建设新的小城镇，逐步改革小城镇的户籍管理制度等。这是转化农业剩余劳动力，加快我国工业化、城市化发展的重要路子。但是，全国各地农村情况差别很大，一定要强调因地制宜，从实际出发。不具备条件，不能硬性集中。千万不要盲目占地搞“工业区”、“开发区”。

总之，一定要把农业、农村、农民问题作为现代化建设的根本问题抓好。

第八，经济体制改革与科技教育体制改革问题

《决定》在科技教育改革部分有两句话。一句是：“科学技术是第一生产力，经济建设必须依靠科学技术，科学技术工作必须面向经济建设”；另一句是：“社会主义市场经济体制的建立和现代化的实现，最终取决于国民素质的提高和人才的培养。”这两句话讲清了经济发展同科技教育的依存关系。

目前，我国的科技教育水平总体上还是落后的，落后于经济发展的要求。现行体制和运行机制不适应市场经济发展的要求。加快科技教育发展和体制改革，使之适应和服务于经济建设这个中心，已成为当务之急。

邓小平同志早已指出过，实现现代化，关键是科学技术要能上去。科学技术人才的培养，基础在教育。从这个意义上说，科技教育问题就是经济问题。必须把科技教育的发展纳入国民经济和社会发展的整体中安排；把科技教育体制的改革纳入经济体制改革的总体中进行。而且必须按邓小平同志多次强调的“各行各业都要抓”去做。

一方面，科技和教育同农业、能源、交通一样，都是国民经济的基础，必须摆在优先发展的战略地位，要作为基础产业加大投入。各级政府都要按新的财政体制中事权、财权的划分，保证义务教育的投入，保持高新技术和基础科研的发展水平。这一战略思想不能动摇。另一方面，也是更重要的一方面，是加快改革。体制理顺了，真正实现了“三个面向”，科技教育直接为经济建设服务，特别是为当地的经济建设服务，科技教育成果转化为现实的生产力，促进了经济发展，各方面获得更多的财力，就会主动地增加投入，科技教育才能走上快速发展的新路子。

第九，经济改革与法律规范问题

建立完善的法规体系，规范政府、企业和个人的行为，实现经济关系、经济运行与经济管理的规范化、法制化，是政府的重要职能。

市场经济是法制经济。市场的正常秩序靠法制保证。法律规范体制关系，市场中的各个行为主体，都应在法律规范中运行。这就像足球运动员依据规则踢球一样，经济要实现持续、快速、健康发展，必须确立法制的权威。改革进入建立新体制阶段，也即是进入了建立健全法制的阶段。新体制成熟的重要标志之一，就是法制的健全和完善。

正确处理好经济改革与法律规范的关系，至少要把握如下几点：一是比较成熟的改革措施，要尽快形成法律、法规，以巩固改革成果。二是立法决策要与改革决策相结合，搞好立法规划。各项新的改革措施，尽可

能地以法令、法规的形式推出,以保证改革措施的权威性。反映市场经济一般规律的法规,可以大胆借鉴;改革中,各种经济关系都在不断变化,对一时难以固定的经济关系,可以制订暂行条例和规定来规范。三是不断根据改革实践的发展,修改、充实和完善已经形成的法规,及时调整已经过时或负效应较大的政策。四是严肃法纪。改变有法不依、执法不严的状况,有法必依,违法必究。学会运用法律手段规范和保障市场秩序,切实加强经济执法和监督部门。社会主义社会是法制的社会,法制不健全,不仅会损害经济的发展,也会腐蚀社会,败坏风气。

第十,改革的整体推进与重点突破问题

80年代的改革主要是冲破旧体制,是“拆旧房子”;下一步改革则主要是建立新体制,是“建新大厦”。改革正开始转入更深层次,进入综合配套、全面建立新体制的历史阶段。改革的任务发生变化,改革的方式方法也随之发生变化,对实际操作提出了更高的要求。

在改革进入经济体制全面转轨阶段,必须坚持整体配套推进战略。不仅要从配套的角度制定各项改革的综合实施方案,而且要从综合的角度考虑每一项改革在整体改革中的位置。在实施整体协调、配套推进战略的同时,还要善于抓住时机,及时推出体制转换的重大改革,力争走大步,取得重点突破。暂时不具备条件的,也要创造条件积极推进。发展慢了不行,改革慢了也不行,要敢于大胆探索。否则就可能贻误战机,延长过渡时期,最终增加改革的风险和成本。

改革进入整体推进、重点突破的阶段,协调的任务更加突出。这是新阶段的一个特点。改革越深入,越要涉及深层次的矛盾和问题,对各方面权力和利益的触动就越大,协调的难度也越大。因此,要高度重视当前改革的复杂性和艰巨性。对方案实施过程中可能出现的不可预见因素,要加强对策研究,决不能掉以轻心。发现问题要及时纠正,防止大的失误。把握改革的力度、方式、范围、时机,掌握好改革的“度”,是极为重要的领导艺术。目前,改革的总方向、基本框架已经明确,关键就是操作得法,妙在运用了。

要加强对改革的领导和协调,有计划、有步骤地组织实施。各级领导要亲自研究改革方案,抓试点,抓协调,把握改革进程。方案再好,操作不当也会失误。既要大胆探索,又要慎重从事,发现错了及时改正,防止大的失误。必须坚持两手抓,两手硬,保持社会稳定,长治久安。有长期的社会稳定,经济才能持续快速发展。一切不稳定的因素,要解决在萌芽状态,绝不能姑息迁就。

上述这些问题,仅仅是改革和发展中遇到的部分问题。在改革实践中还会遇到更多的新问题。对新问题、新矛盾、新事物要有新认识,用新方法去解决,要在实践中大胆探索、研究。比如,社会主义市场经济的发展规律是什么?发展的波动性、阶段性呈什么状态?通货膨胀的产生和表现形式是怎样的?经济发展隔几年上一个新台阶的标准是什么?等等,都需要加强研究。发展要有新路子,必须努力探索社会主义市场经济发展的规律,预见并指导经济的发展。

我们正处在一个新的历史时期,建立社会主义市场经济体制是人类历史上从未有过的伟大事业,没有任何现成的经验和模式可照抄照搬。我们必须解放思想,振奋精神,大胆探索,勇于实践。我相信,有邓小平同志建设有中国特色社会主义理论作指导,在以江泽民同志为核心的党中央领导下,我们的改革事业一定能够成功,现代化建设的目标一定能够实现。

新疆维吾尔自治区八届人大五次常委会同意全国人大常委会副委员长铁木尔·达瓦买提辞去自治区主席职务决定由阿不来提·阿不都热西提代主席

外交部部长钱其琛在北京会见罗马尼亚众议员讷斯塔塞

国务院副总理钱其琛在北京会见美国国会电信代表团

中英联合联络小组第28次会议在伦敦举行

从12月7日开始举行的中英联合联络小组第28次会议12月9日在伦敦结束,双方没有宣布下一次会议的时间和地点。

会议结束后发表的新闻公报说,此次会议进一步讨论了在香港过渡时期内需要解决的一系列技术性问题,诸如目前在香港用于防务目的的土地的前途问题、有关国际权利和义务问题、香港民航协定问题、香港同有关国家之间的投资保护协定、中英联合声明有关1997年后在香港居留的条款的实施问题等。

公报说,关于下次会议的时间和地点,双方将另行商定。

中方首席代表郭丰民在会后举行的记者招待会上说,此次会议是在中英在香港问题上合作的基础遭到破坏的背景下举行的,这就不能不使联络小组的工作受到影响。他说,联络小组讨论的问题虽然与中英之间在其他场合讨论的不同,但讨论的基础是共同的,那就是必须符合联合声明的精神,与香港基本法相衔接。他指出,这次会议未能在一些具体问题上达成协议,责任完全不在中方。

郭丰民还表示,即使英方不合作,中国方面有充分的信心和能力使香港继续保持稳定和繁荣。

1993年全国田径十佳运动员评选揭晓

10名选手是王军霞、曲云霞、张林丽、马丽艳、马玉芹、钟焕娣、黄志红、王妍、闵春风。

12月8日

国务院总理李鹏在北京会见罗马尼亚众议院议长阿德里安·讷斯塔塞

全国计划会议在北京闭幕

国务院副总理邹家华出席会议，并与各省、自治区、直辖市和计划单列市政府主要负责人进行座谈。

邹家华指出，按照全国经济工作会议的部署，明年经济计划工作要着力抓好几件事。把更大的精力放在加快改革上，保证中央确定的几项重大改革方案顺利实施，促进国民经济持续、快速、健康发展；切实加强农业基础地位，增加农民收入，积极配合搞好国有大中型企业；严格控制固定资产投资总规模，大力调整投资结构，提高投资效益；坚持以市场需求为导向，积极开拓城乡市场；高度重视物价问题，把物价上涨幅度控制在宏观调控目标以内；适应全面加快建立社会主义市场经济体制的新形势，开拓性地做好计划工作，充分发挥计划在宏观调控中的重要作用。

国家计委根据党的十四大和十四届三中全会精神，在经过半年来广泛调查研究的基础上，提出了《深化计划体制改革的若干意见》、《关于投融资体制改革的意见》，认真听取会议代表的意见，进行了修改，提出计划体制、投资体制改革的具体方案。

近期深化计划体制改革的主要举措是：进一步转变计划管理职能，积极发挥计划手段在宏观调控中的重要作用，制定相应的目标任务、手段、制度和方法；按照发展市场经济的要求，建立以中长期计划为主体的计划体系；以研究制定国家产业政策为中心，搞好经济政策的协调；除保留少数必要的指令性计划外，进一步缩减生产、流通的指令性计划，建立和完善国家订货、储备和投放制度。1994年，国家计委管理的工业指令性计划产品，继续减少，其产值占全国工业总产值的比重由现在的6.8%降为4%左右；大力培育市场体系，引导和调控市场运行，把促进市场体系发展作为新体制建立过程中计划工作的一项重要职能；改变传统的国民收入核算制度，推行新的国民经济核算体系；健全国民经济信息收集、分析、发布制度和宏观经济监测、预警制度，充分发挥信息在计划工作中的重要作用；建立计划工作的纵向、横向协调制度。

关于投融资体制改革的总目标是：改革投融资方式，充分发挥市场对投融资活动的调节作用；建立投资的风险约束机制，确立企业是基本的投资主体，企业的投资由企业决策，同时承担投资风险；完善与社会主义市场经济体制相适应的投资总量和结构的间接调控体系，进行及时有效灵活的调控；建立与投资活动有关的服务体系和要素市场，形成在法制规范下的公平竞争机制。

中共中央政治局候补委员温家宝在北京调查粮食工作

温家宝到北京立水桥粮库、东郊粮库和基层粮店调查了粮食储备和购销情况。在考察和座谈中，温家宝说，粮食十分重要，关系国计民生和社会稳定。在发展社会主义市场经济的新形势下更要高度重视粮食生产和粮食工作。粮食价格和经营放开以后，粮食工作只能加强，不能削弱。要认真研究和解决当前粮食生产和流通的新问题，保证粮食生产持续增长，粮食市场稳定繁荣。

温家宝强调，深化粮食购销体制改革，一方面要放开粮食价格和经营；一方面要加强国家对粮食的宏观调控。当前最紧迫的是建立健全粮食储备调节体系，建立粮食风险基金，实行保护价收购制度。这是新形势下做好粮食工作的重要任务。要积极稳妥地推进粮食购销体制改革，使之有利于粮食生产的发展；有利于粮食市场的活跃和稳定；有利于增加农民收入和保护农民利益。

温家宝说，改革粮食购销体制，实行多渠道流通，要重视发挥国有粮食企业的主渠道作用。国有粮食企业要深化改革，转换机制，改善服务，在市场竞争中发挥优势，增强活力，真正起到储备、吞吐、安排市场、平抑价格的作用。

国际战略研究基金会在人民大会堂举行《环球同此凉热——一代领袖们的国际战略思想》出版座谈会

国家副主席荣毅仁在北京会见前来出席中国洁净煤技术高级研讨会的联合国教科文组织代表柏科夫斯基以及来自法国德国日本意大利和加拿大的7大电力公司集团的代表

中央军委副主席刘华清在北京会见罗马尼亚国防部部长尼古拉·斯皮洛尤

12月9日

全国人大常委会在北京召开立法工作座谈会

八届全国人大五年间，将审议法律草案一百五十二件，其中在保证本届内审议的一百二十五件中，属于社会主义市场经济方面的五十四件，属于国家机构组织制度方面的二十五件，属于教育、科学、文化、卫生和环境保护方面的十八件，属于刑事和司法制度方面的十三件，属于保障公民权利和其他方面的十五件。

全国人大常委会副委员长田纪云在这次专门讨论《八届全国人大常委会立法规划(草稿)》的座谈会上发表讲话。他说，要以改革精神，加快立法步伐，用法律引导、推进、保障改革开放和现代化建设的顺利进行。今后五年是我国从旧经济体制向新经济体制转换的关键时期。实现这个转变，涉及经济基础和上层建筑的许多领域，它对社会主义法制提出了很高的要求。改革新阶段的一个显著特点是注重体制和政策的规范化，也就是转向主要依靠法律来引导、推进、保障改革。这就迫切要求加快立法特别是经济立法。实现这个规划，就可以大体上形成社会主义市场经济法律体系的框架，基本健全其他方面的法律制度，使我国改革开放和现代化建设纳入法制轨道。无论是制定法律，还是修改法律，都要从改革开放和现代化建设的大格局出发，统盘考虑，及时反映改革的要求，立意要新，起点要高，分量要重。

田纪云指出，发展市场经济，建立全国统一的市场，必然要打破计划经济体制下行政权力划分的传统格局，重新调整各种利益关系，要求法制的统一。因此，起草法律一定要维护国家和人民的根本利益，从大局出发，统筹兼顾，调整好上下左右的关系，自觉地把本部门的权力和利益摆到全国改革与发展的大局之中，在局部利益与整体利益发生矛盾时，一定要主动地服从大局。坚决避免过去曾经出现过的不适当强调本部门的权力和利益，对全局考虑得不够的弊端，使我们的法律制度更好地适应建立社会主义市场经济新体制的需要。

田纪云要求在立法工作中，对有关的外国法律特别是市场经济方面的法律，应当加以研究、分析，取其精华，剔其糟粕。对于其中反映社会化大生产规律性的东西和有利于社会生产力发展、有利于市场经济体制建立和完善的管理经验，应当大胆借鉴、吸收。对在国际交往中逐渐形成的国际上公认的法律规范和一些不成文的国际惯例，在立法中要注意与之相衔接。当然，大胆吸收和借鉴国外经验，一定要从实际出发，立足于我国的国情。

田纪云在谈到对落实立法规划的具体要求时指出，(一)加强对法律起草工作的统一领导、协调和督促工作。(二)拓宽法律起草渠道，组织各方面的力量参加法律的起草工作。(三)凡是立法规划安排承担法律起草工作的部门或单位，都应当确定一位负责同志分工主管，建立严格的责任制。对列入规划的法律起草工作，要做到任务、班子、时间三落实，保证按时完成起草任务。(四)起草法律要注意提高质量，做到既快又好。要以高度的责任感，认真负责的态度，做好法律起草工作。要深入调查研究，认真总结经验，妥善处理各种矛盾。要注意走群众路线，广泛听取意见，力求使法律的规定明确、具体，便于操作。

全国人大常委会秘书长曹志在会上作《八届全国人大常委会立法规划(草稿)》的说明，王汉斌副委员长出席会议并讲话。全国人大各专门委员会、国务院有关部委、法制局、最高人民法院、最高人民检察院、军委法制局、全国总工会、共青团中央等单位的负责人出席会议并在讨论中发言。

香港特别行政区筹委会预备工作委员会第二次全体会议在北京举行

预备工作委员会主任钱其琛指出，香港的前途是同祖国的前途紧密联系在一起的。有强大的祖国作后盾，有广大香港同胞的支持，只要我们继续发扬精诚团结、密切合作的精神，预委会的工作一定能够做好。

钱其琛说，预委会就是要把全国人大常委会交给我们的为一九九七年我国对香港恢复行使主权，实现平稳过渡进行准备工作的各项任务进一步明确和具体化，并确定今后的工作目标。现在各专题小组拟订工作规划的工作已如期完成，表明预委会的工作起步是好的。香港各界人士对预委会的工作给予了热心关注和支持，提出了许多意见和建议，各专题小组也都作了认真考虑并适当吸收。这表明我们的工作是开放的、民主的。

钱其琛说，在制定工作规划的过程中，我们把握了这样两个原则：一是紧紧抓住与一九九七年平稳过渡和政权顺利交接有关的问题作为工作规划的主题和基本内容；二是把香港社会普遍关心的问题和关系到香港同胞切身利益的问题同本小组的工作规划联系起来考虑。这就使我们的工作同恢复行使主权，保持香港的繁荣稳定，维护香港同胞的利益一致起来，可以肯定地说，这个路子是对头的，方向是对头的。

钱其琛说，在港督彭定康发表了本年度的施政报告之后，政务专题小组在 11 月初召开的第二次小组会议上，着重研究了关于预委会讨论第一届立法会的具体产生办法的时机问题。当时政务小组的委员们指出，预委会必须做好两手准备，一方面，希望中英谈判达成协议，这样有利于香港的平稳过渡；另一方面，也要做好谈判达不成协议的准备。如果在中英关于 1994/1995 年选举安排的谈判达成协议之前，港英政府将“政改方案”

提交立法局讨论，政务小组须立即研究香港特别行政区第一届立法会的具体产生办法的建议，并提交大会讨论。我们认为，政务小组提出的这个意见，既是我们的责任所在，也表明我们的工作是务实而灵活的。

钱其琛说，遗憾的是，在最近一轮谈判中，由于英方缺乏诚意，节外生枝，使谈判陷入了僵局，不久前港英当局又公开宣布将把所谓部分“政改方案”提交立法局讨论。在这种情况下，预委会的工作需要加紧，各位委员肩负的任务也就更重了，这次预委会第二次全体会议将认真讨论这个问题。

钱其琛最后说，工作规划一经确定，各专题小组即进入实质性工作阶段。各专题小组要按规划确定的进度紧锣密鼓地加紧工作。我们欣喜地看到，随着 1997 年 7 月 1 日的日益临近，越来越多的香港同胞和各方人士正自觉地站到维护香港的繁荣稳定和平稳过渡的这一边，形成了遏制一切破坏繁荣稳定、妨碍平稳过渡的企图的强大社会力量。

钱其琛还特别提到许多委员在会外做了大量工作，包括组织各有关部门或社会力量开始对一些重大问题进行初步的调查研究工作。安子介副主任主持的“香港‘一国两制’经济研究中心”还主动提出为在港的委员开展工作无偿提供各项服务。他对积极开展或协助预委会工作的委员和有关人士表示感谢。

预备工作委员会副主任安子介、霍英东、鲁平、周南、姜恩柱、郑义、李福善等出席大会。

香港特别行政区筹委会预备工作委员会法律专题小组组长邵天任在香港特别行政区筹委会预备工作委员会第二次会议上作小组工作报告

关于法律专题小组的任务，邵天任说，首先，根据基本法第一百六十条规定，香港特别行政区成立时，香港原有法律除由全国人民代表大会常务委员会宣布为同基本法抵触者外，采用为香港特别行政区法律。委员们认为，为贯彻执行这一条规定，法律专题小组应对香港原有法律进行全面研究，找出哪些内容与基本法相抵触，并提出处理意见。讨论中委员们还指出，在过渡时期内，港英政府在未同中方磋商的情况下，对法律擅自作出许多重大变动，这些变动是否与基本法相抵触，法律专题小组在研究香港原有法律过程中应注重这个问题并提出意见。

关于基本法及适用于香港的全国性法律在香港的具体实施问题，邵天任说，委员们认为，基本法中一些原则性的规定，在一九九七年七月一日实施时，需要有具体的法律规定；根据基本法规定而适用于香港的全国性法律，作为特别行政区法律的一个组成部分，也有一个制定具体实施办法和与香港整体法律制度协调的问题。这些问题法律专题小组也应加以研究，并提出意见或建议。

邵天任说，委员们认为法律专题小组的任务主要是：一、研究香港原有法律，就其与基本法相抵触者提出处理意见；二、研究如何使基本法，以及根据基本法的规定适用于香港特别行政区的全国性法律在香港特别行政区实施的问题，并提出建议。

谈到法律专题小组的工作范围时，邵天任说，根据上述工作任务，委员们对法律专题小组的工作范围进行了讨论。最后一致同意初步列入工作规划的有五项专题：

一、香港原有法律条文中的词句与基本法相抵触需作修改的问题。本专题主要解决原有法律中用语的问题，有些如“英女王”、“殖民地”等字样，应该删除；有的如“港督”、“布政司”等用语可以“行政长官”、“政务司长”替换。当然，有些用语不可能简单划一地用另一词语替换，要根据实际情况进行研究，提出处理意见。

二、整部法律或某项条款的实质内容与基本法相抵触而需废除、修改或另立法例代替的问题。本专题主要处理成文法例的实质内容与基本法相抵触的问题，这方面有些法律应当废除，但有些法律只是部分条文与基本法抵触，这就需对有关条文进行修改，使之符合基本法。

三、适用于香港的某些英国法律采用为香港本地法律的问题。本专题主要是解决适用于香港的英国法律的问题，这方面有两种情况：一种是香港现行法律以参照方式将英国法律引用至香港；另一种是英国法律整部直接适用于香港。在这些英国法律中，有些法律规定在一九九七年后仍为香港社会所必需，但不能以现在的方式延续下去，这就要求将其设法采用为香港本地法律。

四、关于驻军遵守香港特别行政区法律问题。由于香港原有法律中，有关英国驻军享有特殊权利和豁免的规定很多，如对军事营地设施给予特殊保护、军事用地免征土地税、军人薪俸免予纳税、军用车辆船舰享有一系列优遇等等，委员们认为，法律专题小组需对这些法律的保留和继续适用问题进行研究，同时也要研究驻军如何遵守香港特别行政区的法律，以及司法管辖权等问题，使驻军履行防务职责有切实的保障和明确的义务。

五、香港特别行政区基本法附件三的实施问题。基本法附件三规定了在香港特别行政区实施的全国性法律，以及全国性法律的增减程序。因此，这一专题也包括两个方面：一是研究附件三根据实际情况是否需要作出增减；二是研究附件三中适用于香港特别行政区的全国性法律如国籍法、国旗法、国徽法等的具体适用问题，以保证有关的全国性法律在香港特别行政区顺利实施。邵天任说，根据需要，以后还可以增加其他专题。

香港特别行政区筹委会预备工作委员会政务专题小组组长梁振英在香港特别行政区筹委会预备工作委员会第二次全体会议上作小组工作报告

一、关于政务专题小组的任务。委员们指出，确定政务专题小组的任务的法律依据应当是香港特别行政区基本法、全国人大《关于香港特别行政区第一届政府和立法会产生办法的决定》和全国人大及其常委会关于设立预委会的决定。根据这些法律和决定，政务专题小组的任务是，就涉及 1997 年政权顺利交接和平稳过渡两方面的关于政务的内容提出意见和建议。委员们还指出，本小组的任务决定了其工作重点是研究现行政治体制与基本法的衔接，香港特别行政区行政、立法、司法机关的产生以及如何体现以行政为主导的原则等问题。

二、关于设立特别行政区筹委会的有关事宜。委员们认为，根据全国人大及其常委会的有关决定，预委会应就与设立特别行政区筹委会有关的事宜，研究出具体方案，供全国人大作出决定时参考。

三、关于第一届政府的具体产生办法。1990 年 4 月全国人大通过的《关于香港特别行政区第一届政府和立法会产生办法的决定》，已就第一届政府的产生办法作了专门规定，委员们认为本小组的任务就是要研究这一决定和基本法的有关规定，使之具体化。内容包括：

1. 第一届政府推选委员会的产生办法。全国人大的有关决定已规定推选委员会由四部分人士共 400 人组成，每部分各占 25%。现在需要研究的问题是，推选委员会的四个部分各个界别的名额如何分配和落实、推选委员会成员通过何种方式产生。

2. 第一任行政长官的推选办法和产生时间。委员们认为，需要研究如何通过协商方式或协商后提名选举的办法推选出第一任行政长官。考虑到第一届政府的主要官员、行政会议成员都要由行政长官任命或提名，有必要研究行政长官的产生时间，以便其在 1997 年 7 月 1 日前有足够时间筹组特别行政区第一届政府。

3. 第一任行政长官和政府主要官员报中央人民政府任命的时间与程序。

4. 关于第一届行政会议的问题。委员们认为，基本法第 54 条规定行政会议是协助行政长官决策的机构。应研究如何发挥行政会议这一职能以体现行政主导的原则，还要研究行政会议的人数和组成比例。

5. 第一届政府机构、法定组织及咨询组织的设置与职能。委员们认为，1997 年前有关政府部门公司化、私营化涉及政治体制的变化与行政机关的作用问题，也需要加以研究。

四、关于第一届立法会的具体产生办法。委员们表示，希望中英关于 1994、1995 年选举安排的会谈能够达成协议，这样对香港的平稳过渡有利。考虑到目前中英会谈正在进行，第一届立法会的具体产生办法可暂不讨论。但如在中英会谈达成协议之前，港英政府将“政改”方案提交立法局讨论，小组须立即研究关于第一届立法会具体产生办法的建议，提交大会讨论。这个具体产生办法，应以基本法有关规定为依据，符合全国人大有关决定规定的体现国家主权和平稳过渡的原则。

五、关于公务员队伍的稳定及其有关制度的衔接问题。委员们希望 1997 年后不仅能保持公务员队伍的稳定，而且能保持其素质。讨论中提到的具体问题有：

1. 稳定公务员队伍的具体措施。委员们认为应多研究公务员关注的问题，例如建立公务员长俸基金等。

2. 公务员如何保持政治中立的问题。委员们指出，任何破坏公务员政治中立、使公务员队伍分化的做法，是对香港原有公务员制度的重大改变，它不利于公务员队伍的稳定和行政机关的有效运作。因此，公务员能否参政问题也要研究。

3. 原有关于公务员招聘、雇用等制度的保留问题。委员们指出，在原有公务员招聘、雇用等制度方面，基本法第 103 条已有明确规定。港英政府最近提出的海外合约公务员转制、统一公务员聘用条件等措施是对香港原有公务员制度的重大改变，已引起了公务员的不安和关注。此外，公务员本地化问题亦受到普遍关注。我们需要根据基本法第 103 条的规定，对任何改变原有公务员制度的做法加以研究。

4. 主要官员任职资格的限制问题，即如何落实基本法第 101 条对主要官员的国籍或在外国有居留权的限制，包括对“居英权计划”应采取的相应措施。

六、关于行政与立法的关系问题。委员们指出，香港长期以来一直实行的是行政主导，基本法正是按照行政主导的原则设计了特别行政区政治体制。委员们认为，应严格按基本法规定，从确保行政主导的原则得以实现的角度研究此问题。

七、关于司法机关的过渡及终审法院问题。委员们认为，司法机关的过渡是 1997 年平稳过渡和政权顺利交接的一个重要方面，需要进行研究。

八、关于现行政治制度中与基本法抵触的问题及其处理意见。为保证 1997 年政权的顺利交接，委员们认为，需要研究现行政治制度中有无与基本法抵触之处，如有抵触，需提出处理意见。

香港特别行政区筹委会预备工作委员会经济专题小组组长方黄吉雯在香港特别行政区筹委会预备工作委员会第二次全体会议上作经济专题小组工作报告

方黄吉雯说，大家认为，经济专题小组的任务应是，根据基本法的有关规定，就有关香港的平稳过渡和1997年政权顺利交接的重大经济问题提出意见和建议。委员们并一致同意，确定本小组的具体工作范围时，应遵循四个原则：1. 有关1997年政权交接的重大经济事务；2. 需与基本法有关经济事务的规定相衔接的事项；3. 对日后特区经济有重大影响的事项；4. 1997年前必须解决的问题。

方黄吉雯介绍工作规划八个方面的内容：

1. 跨越1997年或对1997年后经济产生重大影响的大型基建工程。我们关注的重点将是对特别行政区经济产生的影响和特区政府须承担的责任和义务，包括这些大型基建工程的必要性、时间性、成本效益以及政府和承建商、经营管理者各自承担的责任、权利和义务是否合理。

2. 跨越1997年、涉及香港特别行政区重大经济利益的重要专营权和合约。对于一般性的政府合约，我们将会提出一个尽量简便的办法，以使它们在1997年后继续有效。我们对重要专营权和合约的研究重点，也将是特区政府须承担的责任和义务，包括批出这些专营权和合约的必要性、政府与经营者各自承担的责任、权利和义务是否合理。

3. 在财政方面，我们将关注今后几年港英政府的财政收支状况和发展趋势，关注财政政策的变化并作出评估。我们将对1997年前的财政政策如何与基本法的有关规定衔接提出意见和建议。香港的财政储备是全体香港人勤劳工作带来的积蓄，是全体香港人的共同财富，它对维持香港的稳定繁荣具有十分重要的作用。我们将密切注视其使用情况，并对其交接安排提出建议。土地基金是香港的另一笔重要财富。中英土地委员会中方代表处和基金秘书处对这笔财富的管理是卓有成效的。但是由于基金在1997年后的管理方式和组织尚待确定，因此，基金面临着人才和投资决策方面的问题。委员们认为，我们有责任对土地基金的交接和在1997年前后的管理如何衔接向筹委会提出建议。

4. 金融的稳定，包括港币币值的稳定对香港整体的稳定繁荣十分重要，对这一问题的关注和研究将是本小组的一项重要工作。外汇基金是港币币值乃至整个金融稳定的基础，外汇基金的管理状况受到香港人的密切关注，我们自然也不例外。我们还将就外汇基金的顺利交接提出建议。

5. 香港的经济运作是在法制的基础上进行的。现行法律中与基本法有抵触的部分需作修改，经济专题小组将积极配合法律专题小组的工作，从经济、金融专业的角度提出修订的政策性意见，供法律专题小组参考。

6. 关于香港与内地经济关系。随着香港回归祖国日近，两地经济关系越来越密切，相互影响的程度越来越大。小组对于香港与内地的经济发展相互配合问题表示关注，并会展开研究，提出意见。香港回归祖国之后，两地经济关系还将进一步密切。为了适应90年代乃至21世纪经济发展的需要，两地的大型基本建设都将有一个大的发展。出于对两地经济发展的长远考虑，适当协调两地将要进行的大型基建，对于避免重复建设，降低成本，提高经济效益，促进两地的进一步取长补短，共同发展有积极的作用。因此，本小组决定对这一问题开展研究。1997年后，在内地与香港的经济往来中如何落实“一国两制”的方针和基本法的规定，我们亦将会进行研究并提出意见。

7. 政府资产交接是政权交接的重要内容，因此，本小组将对后过渡期政府重要资产的出售、所有权转移等问题予以关注。

8. 其他需要关注的事项。在制定工作规划过程中，委员中还提出过其他的建议。经过讨论，大家认为，那些建议的内容不属预委会的工作范围，所以未被列入规划。比如，1997年后特别行政区的工业与科技政策、劳工政策等，这些都属于1997年后特别行政区自治范围的事，应由特区政府自行决定。

在谈到制定工作安排及确定工作方式问题时，方黄吉雯说，工作规划制定之后，我们根据工作的轻重缓急，对规划的实施作了进一步的具体安排。

作为本小组实质性工作的第一步，我们决定先成立四个课题研究小组，立即开展工作。这四个课题研究小组是：新机场问题研究小组，两地大型基建协调研究小组，金融、财政问题研究小组，退休保障问题研究小组。

方黄吉雯表示，我们在工作过程中，将会与预委会其他有关的专题小组积极配合。同时，我们还将争取国务院有关部委和有关省市以及香港当地的积极支持和配合，以充分发挥两地的优势，同心协力，做好工作。她还说，我们决定，除委员分别参加各课题研究小组，分工负责外，各课题研究小组将视需要邀请或聘请香港和内地的有关专业人士或机构参加具体的研究工作，以提高实效，加快进度。

香港特别行政区筹委会预备工作委员会文化专题小组组长邬维庸在香港特别行政区筹备委员会预备工作委员会第二次全体会议上作小组工作报告

邬维庸说，根据预委会第一次全体会议的决定，近五个月来，文化专题小组围绕制定工作规划开展了工作，并完成了制定小组工作规划的任务。他说，文化专题小组的任务是本着“一国两制”的精神，根据基本法的有关规定，在保持香港原有制度基本不变的原则下，就香港文化领域内与 1997 年政权交接和平稳过渡有关的事项进行调查研究，提出意见和建议。根据基本法第六章的规定，文化领域，包括教育、科学、文化、体育、宗教、劳工、社会服务等等，属于香港特别行政区高度自治的范围。这方面的问题，凡是与 1997 年政权交接和平稳过渡没有直接关系的，都应留待特别行政区政府自行处理。

邬维庸说，文化领域内的问题大多是历史形成的，受各种社会条件的制约。文化小组的工作，应本着实事求是的精神，慎重行事，在提出意见和建议时，要根据基本法的规定，从香港的历史和实际情况出发，注意保留香港原有文化体系的基本格局和特点。他说，文化领域内的问题，大多同香港社会息息相关，为香港广大市民所关注。凡是香港文化领域内为香港广大市民普遍关注的问题，文化小组都应当认真听取他们的意见，对问题作必要的调查研究，并提出适当建议或意见。

邬维庸说，随着基本法正式付诸实施的日期日益临近，宣传和推广基本法的任务比过去更重了。通过宣传和推广，使基本法的内容和精神家喻户晓，深入人心，可以消除社会上许多曲解和误解，这对 1997 年香港的平稳过渡将有极大的好处。宣传和推广基本法虽然与各个专题小组都有关系，但这项工作放在文化专题小组更为合适，委员们建议把这项工作列为文化专题小组要研究的一项任务。

邬维庸说，根据以上共识，委员们同意将小组工作规划的主要内容概括为以下三个方面：一是加强基本法的宣传和推广；二是就香港现行教育、科技、文化、传媒、卫生、医药、体育、宗教等方面的制度和政策听取香港各界的意见，并进行调查研究；三是就香港居民普遍关注的有关文化领域的问题，广泛收集资料，并在此基础上提出意见和建议，为 1997 年后香港特别行政区政府自行制定政策提供参考。

邬维庸最后说，在讨论中，委员们还就文化专题小组涉及的问题，如教育问题，教科书的修改问题，1997 年后特区语言文字的使用问题，学历、专业资格和执业资格问题，包括体育组织在内的香港民间组织参加国际组织和国际比赛与活动的问题，1997 年后香港公营机构的名称、徽号、旗帜、印章的处理方式问题，以及 1997 年后香港的节假日、荣誉名衔、邮票的设计等问题交换了意见。委员们认为上述问题应列入规划之中，作为本组调查研究的内容。至于对这些问题今后如何处理，则须待研究以后根据情况再作建议。专题小组还讨论了小组的工作方式及委员的分工问题。

香港特别行政区筹委会预备工作委员会社会及保安专题小组组长范徐丽泰在香港特别行政区筹委会预备工作委员会第二次全体会议上作小组工作报告

范徐丽泰说，社会及保安专题小组的任务应该是：就与 1997 年香港政权顺利交接和平稳过渡，以及跨越 1997 年的可能对香港特别行政区的利益产生重大影响有关的社会及保安方面的问题进行研究，提出意见和建议，为香港特别行政区筹备委员会处理这方面的事宜做好准备工作。经讨论，小组确定今后的工作将侧重于研究出入境、治安、纪律部队和社会服务等四个方面的问题。

在谈到出入境问题时，范徐丽泰说，关于特区护照和旅行证件的签发，委员们一致认为，特区护照和旅行证件的制作、管理、签发以及永久居住地等问题是香港居民普遍关心的问题，也是一项较为复杂的、有相当难度的工作。现在离 1997 年 7 月 1 日只有不到四年的时间，这一问题显得更加紧迫，需要立即着手研究；关于香港永久性居民在内地所生子女去香港定居问题，委员们认为，根据基本法第 24 条规定，在内地出生的香港永久性居民的子女从 1997 年 7 月 1 日起即具有在香港定居的合法权利。为避免今后在同一时间出现大量居民涌入香港的情况，有必要研究一套可行的办法，有计划、分步骤地妥善解决这一问题。

谈到治安问题时，范徐丽泰说，在内地与香港执法部门在打击犯罪方面的合作问题上，委员们认为，1997 年前香港的社会治安由港英政府负责，1997 年后由香港特别行政区政府负责，内地与香港执法部门在打击犯罪方面的合作对维护香港社会治安秩序和社会稳定十分重要，因此需要研究这一问题。有关香港特别行政区政府在必要时，可向中央人民政府请求驻军协助维持社会治安和救助灾害的问题，委员们认为，驻军首先负责执行对香港特别行政区的防务任务，这是国家主权的体现，属于中央人民政府的权力；而驻军守法问题按分工应由法律专题小组研究，本小组只负责研究与治安有关的驻军问题，即研究如何落实基本法第 14 条第 3 款的有关规定。

在谈到关于纪律部队问题时，范徐丽泰说，委员们一致认为，要实现平稳过渡，纪律部队（包括警务、海关、消防、惩教、入境处和廉政公署）的信心问题不可忽视，如何使他们安心工作，这是本小组要研究的问题；同时，委员们认为，纪律部队存在着士气问题和流失现象，如果这样发展下去，将会影响平稳过渡，本小组应研究这一问题。

1. 社会福利制度。委员们认为，社会福利包括医疗卫生等问题，关系到每一个港人的切身利益。基本法已对此作了明确规定，本小组将研究如何具体落实这些规定。

2. 退休保障。委员们认为，退休保障问题十分重要，这里面涉及一个设立中央公积金问题。由于去年港府宣布要实施私人退休保障计划，中央公积金问题目前成为香港社会尤其是劳工界普遍关心的问题。中央公积金能否推行，在推行前港府是否需要同中方磋商，这一计划1997年后可否延续，会不会给特区政府带来财政负担，这些问题都值得本小组去研究。

3. 劳工政策。委员们认为，劳工政策应作为一个独立的问题来研究，因为目前香港的经济结构正处于由制造业转向服务业的转型时期，随着经济的发展，第三次工业转型将可能出现高科技、技术密集型的工业，因此，在未来的几年中，有人估计有60万人因这种经济结构变化而面临重新就业和再培训问题，这是关系到平稳过渡的问题。

全国青联第七届第四次常委会在北京闭幕

共青团中央常务书记刘鹏当选为全国青联主席。

会议还增补了全国青联常务副主席巴音朝鲁及副主席袁纯清、赵实(女)、俞贵麟。全国青联副主席洛桑在会上作工作报告。

新当选的全国青联主席刘鹏也在会上发言。团中央第一书记李克强、原全国青联主席张宝顺、原全国青联副主席李源潮等参加大会。

海协会就同意在台北举行两会工作性商谈复函台湾海基会

海峡两岸关系协会复函台湾海峡交流基金会，同意海基会关于在台北就“劫机犯遣返问题”、“协商两岸海上渔事纠纷之处理”、“违反有关规定进入对方地区人员之遣返及相关问题”进行商谈，也可就其他议题交换意见的建议。

函中说，将由孙亚夫副秘书长率商谈小组赴台北与贵会进行工作性商谈，时间以12月18日至23日为宜。海协在函中表示，希望两会商谈应回避政治、法律问题，以务实的态度，寻求双方都能接受的解决事务性问题的办法，以利于两会商谈顺利进行，达成协议。希望我会人员在台期间得到应有的各项保障条件。

海协在复函中还指出，贵我两会已就事务性商谈中“海峡两岸均坚持一个中国原则”，采用各自口头表述的方式取得共识，来函中使用所谓“比照国际惯例”的措词，有违两会上述共识，我们不希望再发生类似情况。

外交部发言人吴建民就日本政府允许通产省局长访台事发表谈话

有记者问：日本通产省政策局长坂本访问台湾会见了萧万长和江丙坤，并称日通产省将在日台经济交流上给予全面合作。你对此有何评论？

吴建民说，“日本政府允许通产省局长访台，严重背离了中日联合声明和中日和平友好条约的原则和精神。我们对此感到非常遗憾。”他说，“中国政府历来反对与中国有外交关系的国家同台湾进行任何官方往来。我们希望日本政府严格履行中日联合声明和中日和平友好条约的原则和精神，避免此类事情再度发生。”

国务院发出关于加强民用航空安全工作的通知

12月10日

中央军委在人民大会堂举行《朱德传》出版发行暨纪念朱德诞辰107周年座谈会

党和国家领导人江泽民、李鹏、朱镕基、刘华清、荣毅仁及各界人士300多人出席座谈会。中央军委副主席刘华清主持会议并讲话。刘华清说，在朱德诞辰107周年的时候，《朱德传》出版发行，借此机会我们召开这次座谈会，缅怀受到全党全军全国人民衷心爱戴的朱德。

中共中央总书记、国家主席、中央军委主席江泽民发表讲话。中央军委副主席张震在座谈会上介绍朱德的生平。在座谈会上，薄一波、陈锡联、萧克等先后发言，深切缅怀朱德为中国人民解放事业作出的不可磨灭的巨大功勋。李铁映、姚依林、宋任穷、雷洁琼、迟浩田、罗干、阿沛·阿旺晋美、赛福鼎·艾则孜、洪学智、赵朴初、胡绳、钱正英等领导和有关部门负责人，以及同朱德一起工作过的老同志、朱德的亲属等出席座谈会。

中共中央总书记江泽民在《朱德传》出版发行暨纪念朱德诞辰107周年座谈会上发表讲话

同志们：

今天，中央军委举行《朱德传》出版发行暨纪念朱德同志诞辰一百零七周年座谈会。我和大家一样，心情十分激动。

朱德同志是德高望重的老一辈无产阶级革命家、政治家、军事家，是我们人民共和国、人民军队的主要缔造者之一，是我们党和国家、军队的卓越领导人。在二十世纪中国人民可歌可泣的奋斗史中，朱德同志的名字是不朽的。他给我们留下了光辉的业绩和宝贵的精神财富。

朱德同志是从一个爱国者、民主主义者成为伟大的共产主义者的。他出生在中华民族和中国人民遭受帝国主义、封建主义的双重压迫而备受欺凌的黑暗年代。为了救国救民，复兴中华，青年时代的朱德同志就投笔从戎，参加过辛亥革命时期在昆明举行的起义，随后又参加了反对北洋军阀的护国战争、护法战争，成为滇军的著名将领。就在这个时候，他发现自己为之奋斗的目标并不能实现，国家、民族、人民仍处于水深火热之中，思想上感到极大的苦闷。在十月革命和五四运动的影响和推动下，他决心寻找新的救国救民的道路。从此，他抛弃高官厚禄，踏上了一条充满惊涛骇浪、艰苦求索的旅程，终于找到了中国共产党，找到了能够实现中国人民的民族解放和社会解放的正确道路和力量。如果没有对国家、民族、人民命运的那种高度责任感，没有对马克思主义的真正了解和对中国人民解放事业的执著追求，没有惊人的毅力和勇气，要实现这样的转变是不可能的。

在熟悉朱德同志的老一代革命战士心目中，朱德同志是一个慈祥、淳朴、敦厚的长者，同时又有着钢铁般的坚强意志。中国革命的胜利是得来不易的。它经历过许多难以想象的艰险曲折。但是，愈是在革命遭到严重挫折的危急关头，愈是在极端艰难的时刻，朱德同志就愈是充分显示出他那无所畏惧、沉着果断的大智大勇。他从不因困难而气馁，更不因挫折而灰心。第一次国内革命失败后，朱德同志参加了在南昌举行的武装起义，这是我们党打响的武装反对国民党反动派的第一枪。当南昌起义失败时，朱德同志又毅然挺身而出，受命于危难之际，和陈毅同志一起率领一支只剩下七百余人的孤军，在周围一片白色恐怖的险恶环境中转战千里，发动了著名的湘南暴动，最后率领一万多人奔向井冈山，同毛泽东同志率领的队伍胜利会师，开创工农武装割据的新局面。在长征途中，张国焘进行反党分裂活动，朱德同志身陷逆境，仍旧像中流砥柱那样，坚持原则，坚持耐心说服教育，团结四方面军广大指战员，同张国焘的分裂活动进行坚决斗争，最终实现了红军三大主力在西北的大会师。毛泽东同志曾高度评价朱德同志在这场斗争中是“临大节而不辱”，“度量大如海，意志坚如钢”。这是对朱德同志思想品德的最准确的概括。朱德同志在一生的革命实践中特别是在党的重要历史关头，充分表现出来的革命坚定性和矢志不移的马克思主义信念，是共产党人极可宝贵的品格。它将鼓舞我们在未来的岁月里，在进行改革开放和社会主义现代化建设的新的实践中，任凭风浪起，稳坐钓鱼船，坚定不移地把我们所从事的伟大事业不断推向前进。

朱德同志具有坚强的党性。他为中华民族战胜外敌入侵和中国人民的翻身解放立下了丰功伟绩，受到全党全军全国人民的衷心爱戴。但是，他从不居功，永远那样谦虚谨慎，把一切功劳归于群众，归于党。朱德同志是举世闻名的中国工农红军总司令、八路军总司令、中国人民解放军总司令，但他一直把自己看作一个普通的战士，把军队置于党的绝对领导下。他一再强调：军队是在党的领导之下建设和发展起来的，是在党的领导之下战胜了敌人的。党是军队的领导者，军队是党发展革命和巩固革命胜利的工具。他一生光明磊落、襟怀坦荡、顾全大局、严守纪律，这种高尚的人格和革命作风将永远留在人们的心中。

朱德同志在长期的革命和建设中，始终同人民群众保持着血肉联系。他是劳动人民的儿子。在革命战争年代，他既是叱咤风云、指挥千军万马的三军统帅，又是和战士们一起风餐露宿、同甘共苦的普通一兵。井冈山时，他和战士们一起挑粮上山，有名的“朱德扁担”的故事，至今家喻户晓；长征路上，他和战士们一起采集野菜充饥；解放战争攻打石家庄战役前后，他深入前线，和基层指战员一起讨论作战方案，总结战斗经验，创造了在作战中实行军事民主的新经验。新中国成立后，朱德同志年事已高而又身居高位，但他几乎每年都抽出几个月的时间到全国各地视察走访，调查研究，了解社会生活、群众情绪和各项建设的情况。他平易近人，和蔼可亲，认真听取群众的呼声，及时总结、推广他们的实践经验，并向党中央和毛泽东同志写出调查报告，参与党和国家一系列重大问题的决策。由于他经常深入基层，接触实际，保持着同人民群众的密切联系，因此他能够始终坚持实事求是，从实际出发，提出了许多切合实际、在今天看来仍然很正确的意见。这再一次告诉我们，正确的思想是从人民群众的实践中来的，只有同人民群众保持最密切的联系，才能不断地获得、坚持和发展真理性的认识，才能保持决策的科学性、正确性。现在，我们正在抓住时机，加快改革开放和现代化建设步伐，努力发展社会主义市场经济，应该更加自觉地以朱德同志和所有老一辈革命家为榜样，保持和发扬实事求是、密切联系群众的优良传统和作风。

朱德同志一生严于律己，廉洁奉公，堪称典范。建国初，他曾兼任党的中央纪律检查委员会书记，为在新的历史条件下保持党的优良传统做了大量卓有成效的工作。一九五五年他被授予元帅军衔，是十大元帅的第一位。美国著名女作家史沫特莱撰写了描述朱德同志革命事迹的《伟大的道路》，她在遗嘱中指定将该书的稿费近一万马克留给朱德，朱德同志却分文不取，指示用这笔钱给国家购进一大批急需的科技图书。朱德同志在逝世前还嘱咐康克清同志，把他建国后省吃俭用积下的近二万元人民币全部作为党费交给党组织。我们应该以朱德同志这种无私奉献、清正廉明的作风为榜样，坚决反对拜金主义、极端个人主义和腐朽的生活方式，切实端正党风，搞好社会主义精神文明建设，保证我们建设有中国特色社会主义的事业顺利地健康地向前发展。

同志们，二十世纪是中国社会发生翻天覆地的历史巨变的世纪，是中华民族求得解放和走向全面振兴的世纪。这个世纪还剩下最后七年。让我们全党全军和全国人民在邓小平同志建设有中国特色社会主义理论的指引下，始终不渝地坚持党的"一个中心、两个基本点"的基本路线，学习、发扬朱德同志和所有老一辈无产阶级革命家的光辉业绩和思想风范，扎实工作，艰苦创业，为实现党的十四大和十四届三中全会确定的任务而努力奋斗，满怀信心地迎接二十一世纪的到来。

劳动部部长李伯勇在北京举行的全国劳动工作会议上发表讲话

李伯勇在全国劳动工作会议上说，改革开放以来，党中央第一次以决定的形式提出要大力发展劳动力市场，并且把它作为培育市场体系的重点之一，这意味着企业和劳动者在劳动关系中是平等主体，国家将成为市场运行的监管者、协调者和服务者。

按照这一思路，劳动体制改革将有一些新的动作：一是加快劳动力市场的发展，促进劳动者的充分就业和合理流动。二是加强劳动监察和劳动仲裁，形成劳动关系协调机制。三是探索新的分配制度。四是建立覆盖城镇所有职工、基金统一调剂使用、社会化管理程度较高的社会保险体系。另据了解，我国就业形势仍较严峻。今年前三季度，全国失业救济人员达 85 万人，超过前 6 年的总和，而再就业率由往年的 70%下降到 20%，有些地方的失业保险已入不敷出。目前，在全国跨省流动的农村劳动力达 2000 万以上。

全国粮油收购和市场安排电话会议在北京召开

会议传达国务院领导指示，部署粮食收购和稳定粮食市场工作。国务委员陈俊生在会上强调各级领导要切实加强粮食工作领导，不能撒手不管。

中国国际航空集团在北京成立

中国最大的水电建设工程位于四川省攀枝花市境内的二滩水电站截流成功

中共中央政治局常委胡锦涛在北京会见由总裁克拉伦斯·马奎图率领的南非泛非主义者大会代表团

老挝人民革命党中央政治局委员国家主席诺哈·冯沙万在万象会见丁关根率领的中国共产党代表团

国务院副总理邹家华在北京会见韩国经济企划院次官金英泰

北京海峡两岸民间交流促进会成立

12 月 11 日

香港特别行政区筹委会预备工作委员会第二次全体会议在北京闭幕

国务院总理李鹏到会讲话。

预备工作委员会主任钱其琛致闭幕词说，在预委会本次全体会议召开之前，内地有一件大事，那就是《邓小平文选》第三卷的发表。在预委会第一次全体会议上，我曾宣读了邓小平在 1982 年 9 月 24 日同撒切尔夫人的谈话，这篇谈话已经编入了《邓小平文选》第三卷，题为《我们对香港的基本立场》。与这篇谈话同时编进《邓小平文选》发表的邓小平关于香港问题的谈话还有另外八篇。这些谈话是有关中国政府对香港问题的基本立场和方针、政策的经典性论述。有些谈话是对英国人说的，有些谈话是对香港同胞，包括基本法起草委员会说的。完整、准确地理解邓小平代表中国政府所阐明的对香港问题的立场和方针政策，对于了解中英之间就香港问题进行谈判的情况，对预委会完成全国人大赋予的使命，做好对香港恢复行使主权的准备工作，都是十分重要的。

钱其琛指出，香港问题是个历史遗留问题。通过三个不平等条约，英国占领这块本属中国的领土已达一百多年。考虑香港的前途问题，必须从这个基本事实出发，前提是中国必须对香港恢复行使主权。对这个毋庸置疑的问题，英方却在香港前途问题谈判一开始就做文章，先是提出"三个条约有效论"，继而又提出以主权换治权的主张，实际上"三个条约有效论"是为主权换治权铺路的。邓小平对撒切尔夫人的谈话就是针对这个问题而来。他明确地告诉撒切尔夫人，我们要解决的是三个问题，一是就中国对香港恢复行使主权达成协议；二是中国在恢复行使主权后对香港采取的政策，也就是怎样管理香港；三是过渡时期的安排，也就是为我们对香港恢复行使主权创造条件。这三个方面构成香港主权回归的完整意义。然而直至 1983 年的第四轮会谈，英方仍然坚持要在 1997 年后继续管治香港，致使谈判毫无进展。

钱其琛说，针对这一情况，1983 年 9 月邓小平在会见英国前首相希思时明确指出，英国想用主权来换治权是行不通的。他正告英方改变态度，以免到 1984 年 9 月中国不得不单方面宣布解决香港问题的方针政策。这样英方才在第五、第六轮谈判中确认不再坚持英国管治，也不谋求任何形式的共管，并表示理解中国的计划是建立在 1997 年后整个香港的主权和管治权应该归还中国这一前提的基础上。中英谈判的主要障碍自此开始排除。

钱其琛说，后来邓小平在谈到这段历史时说，“她(撒切尔夫人)坚持历史上的条约按国际法仍然有效，1997 年后英国要继续管理香港。我跟她说，主权问题是不能谈判的，中国 1997 年要收回整个香港。”邓小平所说的“整个香港”绝不仅仅是个地理概念，而是一个主权概念，就是说，三分之一或二分之一的主权不行，必须是完整的主权。进入过渡时期后半段以来，特别是近年来在香港发生的风波曲折足以说明，英国谋求 1997 年后对香港的“治权”的企图实际上仍然存在。从“两局共识”到“居英权计划”，直至那个“三违反”的“政改方案”，诸如此类，有哪一个不是企图把英国的影响长久地保持下去？作为预委会委员，我们对此应有清醒的认识和足够的思想准备。

钱其琛指出，我们对香港的政策是以“一国两制”为基础，它主要包括以下四个方面，一是中国对香港恢复行使主权并同时设立特别行政区，直辖于中央人民政府，这是解决香港的法律地位问题；二是中央授权香港特别行政区实行高度自治，由香港当地人自己管理，这是解决管理权和由谁来掌权的问题；三是香港的原有社会、经济制度不变，生活方式不变，法律基本不变，这是解决香港的基本制度和政策问题；四是保持香港国际金融中心、自由港的地位，这也是从香港的实际需要出发，为保持香港的稳定繁荣所必须的。我们所以要对香港实行一系列特殊政策，就是为了实现既要对香港恢复行使主权，又要保持香港繁荣稳定这一总体目标。正如邓小平所说，“保持香港的繁荣，我们希望取得英国的合作。但这不是说，香港继续保持繁荣必须在英国的管辖之下才能实现。香港继续保持繁荣，根本上取决于中国收回主权后，在中国的管辖之下实行适合于香港的制度。”我们的政策通过联合声明和基本法，不仅为香港同胞所接受，而且受到了国际社会的赞赏。

钱其琛说，基本法颁布后，英国政府曾公开表示，这是一部值得推荐的法律。这些说明，我们对香港的政策为中英在香港问题上长期合作提供了基础。然而，合作的基础有了，是不是合作的问题统统解决了呢？并没有。因为总有人不甘心退出历史舞台，总想制造一些混乱。在这里我只举一个例子。1984 年 7 月 31 日，邓小平曾当面对英国的外交大臣指出了我们不希望在过渡时期出现的五种具体情况，其中他谈到，希望港英政府不要在过渡时期自搞一套班子，将来强加于香港特别行政区政府。事实让邓小平不幸而言中：在联合声明明确规定在过渡时期的后半段，中英双方“有必要进行更密切的合作”，“审议为 1997 年顺利过渡所要采取的措施”之后，在基本法和全国人大的有关决定对香港的政治体制和民主发展作出了明确规定之后，在中英两国外长就有关的政制安排达成谅解和协议之后，还是有人提出“三违反”的“政改方案”，这不就是“人为制造的混乱”吗？所以，邓小平又讲，“我担心的是今后十五年过渡时期如何过渡好，担心在这个时期中会出现很大的混乱，而且这些混乱是人为的。这当中不光有外国人，也有中国人，而主要的是英国人。”这确实是我们需要高度警惕的。当然，我们还是希望通过合作来制止混乱，把可能发生的波动减少到最小的程度。但是如果合作不下去，我们也不会坐视香港发生混乱。我们要按照基本法的规定，做好各项必要的准备工作，坚持“一国两制”的方针，不折不扣地贯彻基本法。这就是我们预委会要负起的责任。

钱其琛说，我们肩负的责任重大，尤其是香港同胞更是责无旁贷。再有三年多一点的时间，我们便要把香港接过来，交给香港人自己去管理，而且还要让它继续繁荣发展下去。邓小平早在 1984 年就讲过，“要相信香港的中国人能治理好香港。不相信中国人有能力管好香港，这是老殖民主义遗留下来的思想状态。”邓小平又说，“香港过去的繁荣，主要是以中国人为主体的香港人干出来的”，“香港人是能治理好香港的，要有这个自信心。”我们今天所从事的事业，是一项可告慰先人，可造福子孙的事业。正在振兴的中华民族，日益兴旺发达的中华人民共和国，给了我们义无反顾地去进行这项事业的力量和勇气。此志不可攀，其势不可挡。我们坚信，“一国两制”的政策一定能在香港开花结果；基本法规定的各项方针政策必将得到贯彻，基本法所规定的各项目标必将实现；我们的神圣使命将得到一切爱好和平与进步事业的国家和人民的支持；1997 年后的香港一定更加繁荣发达！

钱其琛最后说，我深信通过我们的工作，并随着 1997 年的临近，将有越来越多的人自觉地站在维护香港的繁荣稳定和平稳过渡一边，或直接或间接地参与到筹备成立香港特别行政区的各项准备工作中来。

有了这些有利的条件，我们就能够扎实、紧凑、有效地完成各项准备工作。

预备工作委员会副主任兼秘书长鲁平在会上作关于明年上半年预委会工作部署的报告。鲁平说，本次全体会议后预委会将进入具体研究各项准备工作的实质性工作阶段。经主任会议研究决定，明年上半年预委会需要首先作研究的问题应该是香港社会比较关注的、比较紧迫而又比较容易获得共识的问题。政务专题小组首先需要研究第一届立法会的具体产生办法，也要同时研究行政与立法的关系问题，建立以行政为主导，行政与立法既制约又配合而重在配合的运作机制。经济专题小组研究四个问题：一、关于机场管理条例草案；二、土地基金 1997 年后的管理问题；三、深圳与香港之间的交通管理问题；四、中央公积金问题。法律专题小组主要研究香港原有法律中有关司法制度部分的法律审查问题。文化专题小组研究历史、地理等科目的教科书编写问题，推广基本法的问题。社会保安专题小组研究香港居民出入境自由问题以及永久居住地的界定问题等。鲁平希望各专题小组明年上半年加紧工作，多听取各方面意见，团结更多港人参与后过渡时期的各项准备工作。

会议通过了《香港特别行政区筹委会预备工作委员会第二次全体会议新闻公报》，有七位委员在会上先后发言。国务院副总理李岚清，预委会副主任安子介、霍英东、周南、姜恩柱、郑义、李福善等出席会议。

国务院总理李鹏在香港特别行政区筹委会预备工作委员会第二次全体会议上发表讲话

李鹏首先对预委会卓有成效的工作给予充分肯定和高度评价，并代表中国政府对各位委员热心为国为港所作的努力表示衷心的感谢。

李鹏在讲话中强调指出，中英两国政府代表就香港 1994、1995 年选举安排问题进行谈判的目的是很明确的，就是要在中英联合声明、与基本法衔接的原则以及过去已达成的协议和谅解的基础上，讨论香港 1994 年和 1995 年选举产生的香港立法局和区议会、两个市政局和如何实现与基本法的衔接，使它们在 1997 年 7 月 1 日以后，过渡成为香港特别行政区第一届立法会和区域组织，以利于实现香港在政制方面的平稳过渡。

李鹏说，在长达七个多月的 17 轮会谈中，中方始终不懈地作出努力，希望早日达成协议。就是到了谈判陷入僵局，甚至面临破裂的关头，我们仍抱着积极的态度，寻求继续谈判的可能性。中国政府的上述立场和做法充分说明，我们是真诚希望与英国政府合作，实现香港的平稳过渡的。但英方却节外生枝，单方面中止了谈判，并悍然决定在双方还没有达成协议的情况下，将部分立法草案提交立法局。由此而产生的一切后果，理所当然地应由英国政府承担。

李鹏说，从中英 17 轮谈判的过程我们不难看出，中英之间的分歧，不是要不要民主的问题，而是守不守信义、要不要保证香港平稳过渡、政权顺利交接，保持香港长期稳定繁荣，从而维护香港 600 万居民长远利益的问题。

李鹏说，英国政府不友好、不合作的态度，坦率地讲，很难说不会影响到中英两国之间在其他领域的关系。李鹏又指出，无论发生什么情况，都不会影响中国政府恢复行使香港主权，维护香港稳定繁荣的决心和信心。维护香港的繁荣稳定，实现政权的顺利交接，是关乎香港 600 万居民切身利益的大事，各位委员肩负重任，责无旁贷。在英方已单方面终止会谈的情况下，希望预委会抓紧进行各方面的工作。现在看来，预委会应该按照全国人大的决定和基本法的有关规定，抓紧对香港特别行政区第一届立法会产生的具体办法和其他迫切需要解决的问题进行研究，并提出切实可行的方案。

李鹏说，当前中国的形势是好的，可以概括为"经济发展、政治稳定、民族团结、社会进步"16 个字。中国经济发展的积极趋势为世人所瞩目。他强调，香港之所以有今天的繁荣，得益于中国内地的稳定和繁荣，香港经济与内地经济已成为一个不可分割的整体，内地改革开放和经济繁荣，对于香港的稳定和繁荣已经并将继续起着决定性的作用。

香港特别行政区筹委会预备工作委员会第二次全体会议发表新闻公报

香港特别行政区筹委会预备工作委员会第二次全体会议于 1993 年 12 月 9 日至 11 日在北京召开。预委会 57 名委员全部出席会议。国务院副总理、预委会主任钱其琛主持大会，国务院总理李鹏、副总理李岚清出席了闭幕大会，李鹏总理作了重要讲话。

会议讨论了香港当前的形势，对英方在中英两国政府未达成协议的情况下，将部分"政改"方案提交港英立法局的严重步骤表示强烈不满。会议认为，这是英方蓄意破坏中英两国关于 1994、1995 年香港选举安排的会谈。委员们指出，英方的这一行径是对香港 600 万居民极不负责的表现，是在香港人为地制造混乱，对香港的平稳过渡设置障碍。在此情况下，预委会必须加紧开展各项准备工作。只要我们坚定不移地贯彻执行基本法，广泛团结香港各阶层人士共同参与筹备香港特别行政区的各项准备工作，就一定能够实现香港的平稳过渡和长期稳定繁荣。

会议认为，《邓小平文选》第三卷中关于香港问题的论述，全面、系统地阐明了中国政府以"一国两制"的总方针解决香港前途问题的各项方针政策，其中有关香港在过渡时期可能发生问题的论断，具有高度的预见性，对预委会做好各项准备工作具有重要的指导意义。

会议审议了预委会政务、经济、法律、文化、社会及保安五个专题小组提交的工作报告，讨论并原则同意了各专题小组的工作规划。会议认为，各专题小组的工作规划把一九九七年平稳过渡和政权顺利交接的问题同与香港同胞切身利益有关的问题联系起来考虑，为下一步开展具体的准备工作奠定了良好的基础。

会议还就各专题小组在 1994 年上半年的工作作出了部署。会议决定，预委会第三次全体会议于 1994 年 7 月在北京举行。

香港特区筹委会预委会第二次会议通过香港特别行政区筹委会预委会五个专题小组的工作规划

香港特区筹委会预委会第二次全体会议讨论并原则同意预委会政务、经济、法律、文化、社会及保安五个专题小组的工作规划。

五个工作规划如下：

政务专题小组工作规划

政务专题小组的任务是，根据基本法和全国人大及其常委会的有关决定，就 1997 年香港政权顺利交接和平稳过渡的有关事务，重点是现行政治体制与基本法的衔接，特别行政区行政、立法、司法机关的产生等问题进行研究，并提出意见和建议。

一、研究项目

(一)根据全国人大决定对设立特别行政区筹委会的有关事宜提出意见

(二)特别行政区第一届政府的具体产生办法

1. 第一届政府推选委员会的产生办法；

2. 第一任行政长官的推选办法和产生时间；

3. 第一任行政长官和政府主要官员报中央人民政府任命的时间与程序；

4. 第一届行政会议如何组成以体现协助行政长官进行决策的作用；

5. 第一届政府机构、法定组织及咨询组织的设置与职能。

(三)特别行政区第一届立法会的具体产生办法

(四)公务员队伍的稳定与有关制度的衔接问题

1. 稳定公务员队伍的具体措施，包括长俸基金等问题；

2. 如何保持公务员政治中立，公务员能否参政问题；

3. 原有关于公务员招聘、雇用等制度的保留问题；

4. 主要官员任职资格的限制问题。

(五)行政与立法的关系，重点是如何建立以行政为主导、行政与立法既互相配合又互相制约的运作机制问题

(六)司法机关的过渡及终审法院问题

(七)设立特别行政区基本法委员会的有关问题

(八)中央各部门、各地方在特别行政区设立机构的有关问题

(九)各类人员宣誓效忠的誓词内容及程序

(十)现行政治制度中与基本法抵触的问题及其处理意见

(十一)其他有关问题

二、工作进度

1993 年下半年：举行两次小组会议，主要是制订和完善小组工作规划。在第二次小组会议上同时讨论通过向预委会第二次全体会议提交的工作报告。如果在中英关于 1994、1995 年的选举安排的谈判达成协议之前，港英政府将其方案提交立法局讨论，小组须立即研究香港特别行政区第一届立法会的具体产生办法，并提出建议，交大会讨论。

1994 年：举行四至六次小组会议。着重研究和解决带有紧迫性的问题。

1995 年：全面完成规划中的各项工作任务。

经济专题小组工作规划

经济专题小组的任务是，根据基本法的有关规定，就有关香港的平稳过渡和 1997 年顺利交接的重大经济问题提出意见和建议。

一、跨越 1997 年或对 1997 年后经济产生重大影响的大型基建工程

二、专营权与合约

1. 跨越 1997 年、涉及香港特别行政区重大经济利益的重要专营权和合约；

2. 如何使一般性政府合约在 1997 年后继续有效。

三、财政

1. 后过渡时期港英财政政策的重大转变和与基本法的衔接问题；

2. 土地基金的交接及管理问题；

3. 财政储备的动用与交接。

四、金融

1. 金融体系如何实现平稳过渡；

2. 如何保持港币币值的稳定；

3. 外汇基金的管理及交接安排。

五、修订现行经济、金融法律中与基本法相抵触的部分

六、香港与内地经济关系

1. 促进与香港直接有关的两地大型基本建设的协调发展问题；

2. 1997年后在内地与香港的经济往来中如何落实“一国两制”的方针和基本法的规定。

七、过渡期政府重要资产的出售、所有权转移等问题

八、其他需研究的事项

法律专题小组工作规划

法律专题小组的任务主要是：一、研究香港原有法律，就其与基本法相抵触者提出处理意见；二、研究如何使基本法，以及根据基本法的规定适用于香港特别行政区的全国性法律在香港特别行政区实施的问题，并提出建议。主要有以下几项专题：

1. 香港原有法律条文中的词句与基本法相抵触需作修改的问题；

2. 整部法律或某些条款的实质内容与基本法相抵触而需废除、修改或另立法例代替的问题；

3. 适用于香港的某些英国法律采用为香港本地法律的问题；

4. 关于驻军遵守香港特别行政区法律问题；

5. 香港特别行政区基本法附件三的实施问题。

法律专题小组对列入小组讨论的各项议题组织人力进行准备工作。这种准备工作可由委员承担，也可邀请社会上的专家、学者参加。今后根据需要，还可以增加其他专题。

文化专题小组工作规划

文化专题小组的任务是本着“一国两制”的精神，根据基本法的有关规定，在保持香港原有制度基本不变的原则下，就香港文化领域中与1997年政权顺利交接和平稳过渡有关的事项进行调查研究，提出意见和建议，供香港特别行政区筹备委员会参考。主要有以下工作：

一、加强基本法的宣传和推广；

二、就香港现行教育、科技、文化、传媒、卫生、医药、体育、宗教等方面的制度和政策听取香港各界的意见，并进行调查研究；

三、就香港居民普遍关注的有关文化领域的问题，广泛收集资料，并在此基础上提出意见和建议，为1997年后香港特别行政区政府自行制定政策提供参考。这些问题包括：

1. 1997年后香港教育领域的问题；

2. 1997年后香港语言文学的使用问题（包括中英语文的关系、汉字简繁体应用和普通话推广等）；

3. 学历、专业资格和执业资格的评审问题；

4. 1997年后香港体育组织及其他民间组织参加国际组织和国际比赛与活动的问题；

5. 香港公营机构（包括半官方机构和政府资助机构、政府特许机构在内）反映外国统治香港事实的名称、徽号、旗帜、印章等的处理方式，香港特别行政区的节假日、荣誉名衔以及首批邮票图案的设计和发行等问题；

6. 文化领域中其他必须关注的问题。

社会及保安专题小组工作规划

社会及保安专题小组的任务是：就与1997年香港政权顺利交接和平稳过渡，以及跨越1997年的可能对香港特别行政区的利益产生重大影响有关的社会及保安方面的问题进行研究，提出意见和建议，为香港特别行政区筹备委员会处理这些方面的事宜做好准备工作。主要研究以下几个方面的问题：

一、出入境

1. 香港特别行政区护照和旅行证件的签发问题；

2. 香港永久性居民在内地所生子女去港定居问题。

二、治　安

1. 内地与香港执法部门在打击犯罪方面的合作问题；

2. 香港特别行政区政府在必要时，可向中央人民政府请求驻军协助维持社会治安和救助灾害的问题。

三、纪律部队

1. 纪律部队关注的问题；

2. 纪律部队人员流失问题。

四、社会福利

1. 社会福利制度问题；

2. 退休保障问题；

3. 劳工政策问题。

中共中央政治局常委李瑞环在成都同四川省领导座谈

全国政协主席李瑞环在成都同四川省领导座谈时指出，在贯彻《中共中央关于建立社会主义市场经济体制若干问题的决定》中，要始终注意处理好改革、发展与稳定的关系。

李瑞环说，十四届三中全会的《决定》具有极为重要的意义。贯彻这个《决定》需要一个较长的过程，将遇到许多复杂的问题和困难。《决定》勾画了社会主义市场经济体制的框架，还需要我们去充实各个细节；《决定》是纲领性文件，还需要我们去同各地具体实际相结合；《决定》总结的是以往十五年改革开放的经验，还需要我们在社会主义市场经济体制建设全面推开的新的历史条件下继续探索、发展。

李瑞环说，保持稳定的社会局面，是完成《决定》所规定任务的前提条件。没有稳定的社会局面，一切都无从谈起。李瑞环指出，必须看到，当前社会中存在着许多突出的矛盾和问题。比如，改革从总体上无疑将

促进人民生活的改善，但并非所有人的生活都会相应提高；对当前党内和社会上存在的种种不正之风以及社会治安中存在的问题，许多群众有意见，以及一些干部对社会稳定的意义认识不足等等，我们的干部特别是各级领导干部对此必须有清醒的认识。李瑞环强调，处理改革、发展与稳定的关系，必须坚持实事求是，在确定改革与发展措施时，一切要从实际出发；必须坚持联系群众，时时处处倾听群众的呼声、尊重群众的首创精神、维护群众的利益；必须坚持尊重实践，用实践检验现有的经验，在实践中探索新鲜经验必须坚持艰苦奋斗，以干部队伍的廉洁自律、克己奉公带动社会风气的好转。

李瑞环说，只要我们在建设社会主义市场经济体制的过程中始终保持清醒头脑，注意随时积累情况，认真总结经验，及时纠正错误，我们就能够避免大的波折，领导人民完成这一创造历史的伟大任务。

国务院副总理李岚清在北京召开的打击走私领导小组第二次工作会议上发表讲话

李岚清指出：全国打击走私工作会议以来，由于各部门、各地区领导督促和支持有关执法部门加强了防范和打击走私的联合行动，反走私斗争取得了初步成效。但与全国打击走私工作会议提出阶段性成果的要求还有差距。今后一段时期内还要继续加大力度，坚持不懈地把反走私斗争抓紧抓好，强化打击措施，依法从快从严处理走私大案要案，夺取反走私斗争的阶段性胜利。

李岚清强调，反走私斗争一定要综合治理，真正做到"海上抓，岸边堵，口岸查，市场管，处罚严"，就可以遏制走私的猖獗势头。

中办国办发出1994年元旦春节期间严禁用公款吃喝送礼铺张浪费的通知

国家主席江泽民根据全国人大常委会的决定任免驻外大使

一、免去金桂华的中国驻马来西亚特命全权大使职务。

任命钱锦昌为中国驻马来西亚特命全权大使。

二、免去金桂华兼任的中国驻文莱达鲁萨兰国特命全权大使职务。

任命刘新生为中国驻文莱达鲁萨兰国特命全权大使。

三、免去李世淳的中国驻泰王国特命全权大使职务。

任命金桂华为中国驻泰王国特命全权大使。

四、免去张联（女）的中国驻斯里兰卡民主社会主义共和国特命全权大使兼驻马尔代夫共和国特命全权大使职务。

任命张成礼为中国驻斯里兰卡民主社会主义共和国特命全权大使兼驻马尔代夫共和国特命全权大使。

五、免去柳白的中国驻毛里塔尼亚伊斯兰共和国特命全权大使职务。

任命张俊岐为中国驻毛里塔尼亚伊斯兰共和国特命全权大使。

国务院总理李鹏在北京会见全国地方外办主任会议代表

李鹏强调，从事外交工作的同志都要有一种使命感。在新的一年里，要抓住机遇，迎接挑战，为给我国的改革开放和建设事业创造一个更加有利的外部环境，作出新的更大的贡献。

李鹏说，两极格局解体，国际关系处在复杂而深刻的变动之中。多极化趋势更加明显。局部的不稳定因素增加，和平与发展两大主题都没有解决，天下并不太平。

在讲到国家面临的机遇和挑战时，李鹏说，总的来说，当前的周边环境和国际环境对我有利，为中国提供了难得的发展机遇。在看到有利因素的同时，我们也要清醒地看到存在的不利因素和面临的复杂问题和挑战。总之，要"抓住时机，发展自己"。

李鹏强调要进一步扩大对外开放。他说，对外开放是我们的一项基本国策。去年和今年，改革开放迈出了新的步伐，明年将有更多的改革措施出台。我们应继续做出努力，进一步发展和完善多层次、全方位的对外开放新格局。

李鹏指出，在涉外领域要加强反腐败斗争。党中央和国务院关于开展反腐败斗争的态度是十分坚决的。涉外领域的腐败问题，同其他领域一样，必须在近期内抓出成果。他强调外事工作中要加强精神文明建设。对外交往中要提倡不亢不卑，要体现高尚的精神风貌和民族气节。各地外办应大力加强自身思想和业务建设，勤政廉洁，秉公办事，提高管理水平，为本地区的改革开放和经济建设做出更大成绩。

钱其琛、李岚清、迟浩田、罗干等参加会见。

全国政协主席李瑞环在成都会见泰国泰华报人公益基金会主席中华民族文化促进会副会长四川省人民政府顾问陈世贤

全国政协副主席吴学谦为团长的中国政协代表团应泰国上议院议长米猜·立初潘的邀请抵达曼谷访问

国家体改委国家科委和国家教委在北京联合召开全国高校科技产业工作会

国务院副总理李岚清提出，高校科技产业既是成果转化的一种形式，也是高校综合改革的一个方面。应当看到它对社会的示范作用，对国家产业结构不可取代的补充作用，对相关行业技术进步的带动作用，以及在教学、科研中所起的实践基地作用和对学科、专业调整的导向作用。

国务委员兼国家体改委主任李铁映、国务委员兼国家科委主任宋健出席开幕式并讲话。

会议由国家教委主任朱开轩主持。国家教委副主任韦钰在会上作关于我国高校科技产业发展的报告。

国务院学位委员会在北京召开第12次会议

会议总结近年来的学位工作，研究今后的改革和发展。国务院副总理李岚清与委员们座谈。他要求进一步深化学位工作改革，制定和完善必要的法规，使之成为提高教育质量的激励机制，从而同更多的适应市场经济和社会进步需要的高级人才。

李岚清指出，中国的学位制度对培养高级专门人才起了重大作用。他要求我国的学位工作要进一步深化改革，制定和完善必要的法规，建立进一步提高教育质量的激励机制，从而培养出更多的适应我国市场经济和社会进步发展需要的高级人才。

会议审核批准增加一批博士、硕士学位授权学科专业和博士生指导教师，使全国博士学位授予单位达272个，博士学位授权点2400余个，博士生指导教师8000余人；硕士学位授予单位近6000个，硕士学位授权点8400多个。

会议决定，要加快学位授权审核办法全面改革的步伐；新增博士、硕士学位授予单位和博士点，仍由国务院学位委员会统一组织评审。已是硕士学位授予单位新增硕士点，在继续实行部分单位自行审批的同时，在一定的学科范围内，逐步把审批权下放给地方和部门的学位委员会。改革现行博士生指导教师审核办法，尽快使博士生导师成为一种工作岗位不是一个固定的层次。会议决定加强学位和研究生教育质量评估工作，评估结果要向社会公布。

全国双拥工作领导小组颁发《双拥模范城(县)命名管理办法》

全国双拥工作领导小组最近颁发《双拥模范城(县)命名管理办法》，明确规定，命名双拥模范城(县)要坚持标准，注重实效，保证质量。对双拥模范城(县)实行动态管理，以推进这一活动广泛、深入、持久地开展，进一步发展军政军民团结的大好局面。

《管理办法》规定，双拥模范城(县)分全国和省(自治区、直辖市)两级。全国双拥模范城(县)由全国双拥工作领导小组批准，以民政部、总政治部名义命名。省级双拥模范城(县)由省、自治区、直辖市党委、政府和省军区(卫戍区、警备区)命名。

《管理办法》就命名双拥模范城(县)提出了6条具体标准：(一)组织领导坚强有力；(二)国防教育广泛深入；(三)双拥活动坚持经常；(四)军民共建富有成效；(五)政策法规落到实处；(六)军政军民关系融洽。

《管理办法》规定，省级双拥模范城(县)每二年命名一次，除特殊情况外，应举行命名大会，命名的时间自行确定。全国双拥模范城(县)一般二至三年命名一次。

中国国际减灾十年委员会在北京举行全体会议

国务委员、中国国际减灾十年委员会新任主任李贵鲜在会议上指出，我国减灾工作任务还十分艰巨。在当前经济建设持续、快速、健康发展的形势下，减灾工作对保护生产力、保护和发展经济建设成果越来越重要。各级政府和有关部门一定要增强减灾意识，真正树立减灾是经济和社会发展的一部分的指导思想。

根据工作需要和机构人事变动情况，中国国际减灾十年委员会做了调整，形成了新的委员会：李贵鲜任主任，民政部部长多吉才让、国务院副秘书长刘济民、外交部副部长刘华秋、国家计委副主任叶青、国家经贸委副主任石万鹏、国家科委副主任邓楠、外经贸部副部长谷永江、民政部副部长范宝俊任副主任。成员单位由28个部、委、局及有关部门组成。

中国向美国移交3名飞行员遗骨

在西藏发现的3名美国“驼峰”飞行员遗骨移交仪式在北京首都机场举行，外交部美大司司长马振岗和美国驻华大使芮效俭出席仪式并讲话。

9月，在西藏林芝地区若果冰川海拔4100米处，发现一架失事飞机残骸及三具尸骨。经鉴定与分析，确定是美军运输机，失事时间大约在1943年4月间。

12月12日

民政部解放军总政治部发出新年春节期间开展双拥活动的通知

日前由民政部、解放军总政治部发出的通知要求各地要做好以下几方面工作：

一、采取多种形式，搞好拥军优属和拥政爱民教育。

二、抓好基层双拥工作的落实。

三、积极开展共建精神文明和创建双拥模范城(县)活动,提高双拥工作的整体水平。

四、围绕促进经济建设和国防建设互办实事。

五、组织联谊和慰问活动。

国家重点建设项目——上海 30 万吨乙烯工程正式通过国家验收

纠正行业不正之风职业道德建设试点工作交流汇报会在西安举行

这次会议于 12 月 15 日结束,这是继今年 4 月太原会议之后,国务院纠正行业不正之风办公室主持的又一次重要会议。来自山西、河北、上海、湖南、广东、陕西 6 个试点省市和中国工商银行、卫生部、中国民航总局 3 个试点部门及铁道部、建设部、邮电部、电力部的 42 名代表参加了会议。中央纪委副书记、国务院纠风办主任徐青,中纪委党风廉政建设室主任、国务院纠风办副主任王宝良以及陕西省委、省政府的领导等出席会议并讲话。

与会代表一致认为,在深入开展纠正部门和行业不正之风的基础上,国务院批准今年在全国小范围内开展职业道德建设试点是完全正确的。开展职业道德建设的关键,必须主要领导亲自抓,有关部门密切配合,通力合作,才能为职业道德建设提供保证。同时,必须发动和依靠群众,干部职工积极参与。坚持以教育为基础,并把教育贯穿于职业道德建设的始终。改变过去单纯靠上大课、搞灌输式教育的方法,采取灵活多样、干部职工乐于接受的形式,把教育寓于业务工作和文化娱乐之中,提高群众参与的积极性,达到自我教育的目的。

代表们指出,加强职业道德建设,必须紧紧抓住建立行为规范这个核心,搞好配套建设,不能满足于思想教育,而是重在建设,把建立行为规范和监督制约机制作为核心内容,培育起既能防范腐败现象和行业不正之风滋生,又有保证高效、优质服务的机制。

徐青在会上指出,今年确定的试点单位要继续进行下去,明年将还要选择一些地区和部门适当扩大职业道德建设的试点,使试点工作形成一定的规模,产生更大的效应。同时,要加强对职业道德建设工作和理论的研究,探索在新形势下开展职业道德建设的路子,指导职业道德建设健康深入地开展。

12 月 13 日

国家主席江泽民同圭亚那总统契迪·贾根在北京举行会谈

江泽民说,近年来国际形势发生了巨大变化。世界正朝着多极化发展,但是各种不稳定因素增加,霸权主义和强权政治仍然存在,赤裸裸干涉别国内政的行径屡见不鲜。世界范围内的经济竞争日益激烈。经济因素在国际关系中的地位不断上升。经济区域化、集团化倾向愈加明显。世界人民所渴望的和平与发展仍然面临着严峻挑战。然而,如果各国都能在本世纪所余不多的时间里致力于和平和发展的目标,我们就能够在二十一世纪建立一个崭新的世界。

江泽民指出,当前南北差距日益扩大,南北关系问题十分严峻。我们主张推进南北对话、改善南北关系,因为这有利于改善国际经济环境、振兴世界经济、维护世界和平。我们认为各国应根据本国国情选择自己的社会制度、意识形态、经济模式和发展道路。只有承认、尊重和遵守上述原则,南北之间才能进行建设性的对话。

江泽民说,加强南南合作有利于发展中国家实现集体自力更生、共同发展,也有利于促进南北对话与合作。中国是一个发展中国家,一贯重视南南合作,愿意为进一步发展同第三世界国家经济合作做出努力。中国也支持一切能有效地推进南南合作的设想和建议。

全国人大常委会委员长乔石在北京会见由众议院议长阿德里安·讷斯塔塞率领的罗马尼亚议会代表团

国务院总理李鹏在北京会见圭亚那总统契迪·贾根

中直机关工委在北京召开反腐败工作情况汇报会

中共中央纪委书记尉健行,中央纪委副书记侯宗宾以及中直各单位行政主要负责人、机关党委书记、专职副书记、机关纪委书记、中央纪委派驻中直机关各部委纪检组组长出席会议。

中共中央办公厅主任、中央直属机关工作委员会书记曾庆红在会上作题为《认真贯彻落实中央部署,把反腐败斗争不断引向深入》的讲话。他说,中央作出反腐败斗争的部署以后,中直机关绝大多数单位传达、部署行动快,贯彻落实态度坚决。到 10 月底,各单位自查自律工作已基本结束。根据中央关于党政机关不准经商办经济实体和乱收费的规定,各单位对办经济实体和有无乱收费的问题进行了清理,新闻单位把禁止"有偿新闻"作为纠正行业不正之风的突出问题来抓,取得了一定的成效。与此同时,多数单位重视查办案件工作,严肃查处了违法违纪案件。

曾庆红指出,要进一步抓好学习教育,增强广大党员干部反腐倡廉的自觉性和坚定性;要善始善终地抓好领导干部自查自纠工作，严肃认真查处违法违纪案件，切实纠正违反中央规定的问题；要标本兼治，加强廉政建设，强化内部监督制约机制，从根本上抑制腐败现象的滋生和蔓延。他要求，各部委一定要坚持“两手抓、两手都要硬”的方针，在抓好业务工作的同时，把反腐败工作和党风廉政建设摆到重要议事日程。要加强对纪检、监察组织的领导，支持他们履行职责，帮助他们解决查办案件等工作中的困难和问题。

中共中央宣传部、新华社、中共中央党校分别在会上汇报他们贯彻落实中央部署，开展反腐败斗争的情况和做法。中直机关工委常务副书记顾云飞主持会议。

国务院总理李鹏签署第 134 号令发布《中华人民共和国增值税暂行条例》

《中华人民共和国增值税暂行条例》已经 1993 年 11 月 26 日国务院第十二次常务会议通过，现予发布，自 1994 年 1 月 1 日起施行。

总理 李 鹏

1993 年 12 月 13 日

中华人民共和国增值税暂行条例

第一条 在中华人民共和国境内销售货物或者提供加工、修理修配劳务以及进口货物的单位和个人，为增值税的纳税义务人（以下简称纳税人），应当依照本条例缴纳增值税。

第二条 增值税税率：

（一）纳税人销售或者进口货物，除本条第（二）项、第（三）项规定外，税率为百分之十七。

（二）纳税人销售或者进口下列货物，税率为百分之十三：

1. 粮食、食用植物油；

2. 自来水、暖气、冷气、热水、煤气、石油液化气、天然气、沼气、居民用煤炭制品；

3. 图书、报纸、杂志；

4. 饲料、化肥、农药、农机、农膜；

5. 国务院规定的其他货物。

（三）纳税人出口货物，税率为零；但是，国务院另有规定的除外。

（四）纳税人提供加工、修理修配劳务（以下简称应税劳务），税率为百分之十七。

税率的调整，由国务院决定。

第三条 纳税人兼营不同税率的货物或者应税劳务，应当分别核算不同税率货物或者应税劳务的销售额。未分别核算销售额的，从高适用税率。

第四条 除本条例第十三条规定外，纳税人销售货物或者提供应税劳务（以下简称销售货物或者应税劳务），应纳税额为当期销项税额抵扣当期进项税额后的余额。应纳税额计算公式：

应纳税额＝当期销项税额－当期进项税额

因当期销项税额小于当期进项税额不足抵扣时，其不足部分可以结转下期继续抵扣。

第五条 纳税人销售货物或者应税劳务，按照销售额和本条例第二条规定的税率计算并向购买方收取的增值税额，为销项税额。销项税额计算公式：

销项税额＝销售额×税率

第六条 销售额为纳税人销售货物或者应税劳务向购买方收取的全部价款和价外费用，但是不包括收取的销项税额。

销售额以人民币计算。纳税人以外汇结算销售额的，应当按外汇市场价格折合成人民币计算。

第七条 纳税人销售货物或者应税劳务的价格明显偏低并无正当理由的，由主管税务机关核定其销售额。

第八条 纳税人购进货物或者接受应税劳务（以下简称购进货物或者应税劳务），所支付或者负担的增值税额为进项税额。

准予从销项税额中抵扣的进项税额，除本条第三款规定情形外，限于下列增值税扣税凭证上注明的增值税额：

（一）从销售方取得的增值税专用发票上注明的增值税额；

（二）从海关取得的完税凭证上注明的增值税额。

购进免税农业产品准予抵扣的进项税额，按照买价和百分之十的扣除率计算。进项税额计算公式：

进项税额＝买价×扣除率

第九条 纳税人购进货物或者应税劳务，未按照规定取得并保存增值税扣税凭证，或者增值税扣税凭证上未按照规定注明增值税额及其他有关事项的，其进项税额不得从销项税额中抵扣。

第十条 下列项目的进项税额不得从销项税额中抵扣：

（一）购进固定资产；

（二）用于非应税项目的购进货物或者应税劳务；

（三）用于免税项目的购进货物或者应税劳务；

（四）用于集体福利或者个人消费的购进货物或者应税劳务；

（五）非正常损失的购进货物；

（六）非正常损失的在产品、产成品所耗用的购进货物或者应税劳务。

第十一条 小规模纳税人销售货物或者应税劳务，实行简易办法计算应纳税额。

小规模纳税人的标准由财政部规定。

第十二条　小规模纳税人销售货物或者应税劳务的征收率为百分之六。

征收率的调整，由国务院决定。

第十三条　小规模纳税人销售货物或者应税劳务，按照销售额和本条例第十二条规定的征收率计算应纳税额，不得抵扣进项税额。应纳税额计算公式：

应纳税额＝销售额×征收率

销售额比照本条例第六条、第七条的规定确定。

第十四条　小规模纳税人会计核算健全，能够提供准确税务资料的，经主管税务机关批准，可以不视为小规模纳税人，依照本条例有关规定计算应纳税额。

第十五条　纳税人进口货物，按照组成计税价格和本条例第二条规定的税率计算应纳税额，不得抵扣任何税额。组成计税价格和应纳税额计算公式：

组成计税价格＝关税完税价格＋关税＋消费税

应纳税额＝组成计税价格×税率

第十六条　下列项目免征增值税：

（一）农业生产者销售的自产农业产品；

（二）避孕药品和用具；

（三）古旧图书；

（四）直接用于科学研究、科学试验和教学的进口仪器、设备；

（五）外国政府、国际组织无偿援助的进口物资和设备；

（六）来料加工、来件装配和补偿贸易所需进口的设备；

（七）由残疾人组织直接进口供残疾人专用的物品；

（八）销售的自己使用过的物品。

除前款规定外，增值税的免税、减税项目由国务院规定。任何地区、部门均不得规定免税、减税项目。

第十七条　纳税人兼营免税、减税项目的，应当单独核算免税、减税项目的销售额；未单独核算销售额的，不得免税、减税。

第十八条　纳税人销售额未达到财政部规定的增值税起征点的，免征增值税。

第十九条　增值税纳税义务发生时间：

（一）销售货物或者应税劳务，为收讫销售款或者取得索取销售款凭据的当天。

（二）进口货物，为报关进口的当天。

第二十条　增值税由税务机关征收，进口货物的增值税由海关代征。

个人携带或者邮寄进境自用物品的增值税，连同关税一并计征。具体办法由国务院关税税则委员会会同有关部门制定。

第二十一条　纳税人销售货物或者应税劳务，应当向购买方开具增值税专用发票，并在增值税专用发票上分别注明销售额和销项税额。

属于下列情形之一，需要开具发票的，应当开具普通发票，不得开具增值税专用发票：

（一）向消费者销售货物或者应税劳务的；

（二）销售免税货物的；

（三）小规模纳税人销售货物或者应税劳务的。

第二十二条　增值税纳税地点：

（一）固定业户应当向其机构所在地主管税务机关申报纳税。总机构和分支机构不在同一县（市）的，应当分别向各自所在地主管税务机关申报纳税；经国家税务总局或其授权的税务机关批准，可以由总机构汇总向总机构所在地主管税务机关申报纳税。

（二）固定业户到外县（市）销售货物的，应当向其机构所在地主管税务机关申请开具外出经营活动税收管理证明，向其机构所在地主管税务机关申报纳税。未持有其机构所在地主管税务机关核发的外出经营活动税收管理证明，到外县（市）销售货物或者应税劳务的，应当向销售地主管税务机关申报纳税；未向销售地主管税务机关申报纳税的，由其机构所在地主管税务机关补征税款。

（三）非固定业户销售货物或者应税劳务，应当向销售地主管税务机关申报纳税。

（四）进口货物，应当由进口人或其代理人向报关地海关申报纳税。

第二十三条　增值税的纳税期限分别为一日、三日、五日、十日、十五日或者一个月。纳税人的具体纳税期限，由主管税务机关根据纳税人应纳税额的大小分别核定；不能按照固定期限纳税的，可以按次纳税。

纳税人以一个月为一期纳税的，自期满之日起十日内申报纳税；以一日、三日、五日、十日或者十五日为一期纳税的，自期满之日起五日内预缴税款，于次月一日起十日内申报纳税并结清上月应纳税款。

第二十四条　纳税人进口货物，应当自海关填发税款缴纳证的次日起七日内缴纳税款。

第二十五条　纳税人出口适用税率为零的货物，向海关办理出口手续后，凭出口报关单等有关凭证，可以按月向税务机关申报办理该项出口货物的退税。具体办法由国家税务总局规定。

出口货物办理退税后发生退货或者退关的，纳税人应当依法补交已退的税款。

第二十六条　增值税的征收管理，依照《中华人民共和国税收征收管理法》及本条例有关规定执行。

第二十七条　对外商投资企业和外国企业征收增值税，按照全国人民代表大会常务委员会的有关决定执行。

第二十八条 本条例由财政部负责解释，实施细则由财政部制定。

第二十九条 本条例自 1994 年 1 月 1 日起施行。1984 年 9 月 18 日国务院发布的《中华人民共和国增值税条例》、《中华人民共和国产品税条例》同时废止。

国务院总理李鹏签署第 135 号令发布《中华人民共和国消费税暂行条例》

《中华人民共和国消费税暂行条例》已经 1993 年 11 月 26 日国务院第十二次常务会议通过，现予发布，自 1994 年 1 月 1 日起施行。

总理 李 鹏

1993 年 12 月 13 日

中华人民共和国消费税暂行条例

第一条 在中华人民共和国境内生产、委托加工和进口本条例规定的消费品(以下简称应税消费品)的单位和个人，为消费税的纳税义务人(以下简称纳税人)，应当依照本条例缴纳消费税。

第二条 消费税的税目、税率(税额)，依照本条例所附的《消费税税目税率(税额)表》执行。

消费税税目、税率(税额)的调整，由国务院决定。

第三条 纳税人兼营不同税率的应税消费品，应当分别核算不同税率应税消费品的销售额、销售数量。未分别核算销售额、销售数量，或者将不同税率的应税消费品组成成套消费品销售的，从高适用税率。

第四条 纳税人生产的应税消费品，于销售时纳税。纳税人自产自用的应税消费品，用于连续生产应税消费品的，不纳税；用于其他方面的，于移送使用时纳税。

委托加工的应税消费品，由受托方在向委托方交货时代收代缴税款。委托加工的应税消费品，委托方用于连续生产应税消费品的，所纳税款准予按规定抵扣。

进口的应税消费品，于报关进口时纳税。

第五条 消费税实行从价定率或者从量定额的办法计算应纳税额。应纳税额计算公式：

实行从价定率办法计算的应纳税额＝销售额×税率

实行从量定额办法计算的应纳税额＝销售数量×单位税额

纳税人销售的应税消费品，以外汇计算销售额的，应当按外汇市场价格折合成人民币计算应纳税额。

第六条 本条例第五条规定的销售额，为纳税人销售应税消费品向购买方收取的全部价款和价外费用。

第七条 纳税人自产自用的应税消费品，依照本条例第四条第一款规定应当纳税的，按照纳税人生产的同类消费品的销售价格计算纳税；没有同类消费品销售价格的，按照组成计税价格计算纳税。组成计税价格计算公式：

组成计税价格＝(成本＋利润)÷(1－消费税税率)

第八条 委托加工的应税消费品，按照受托方的同类消费品的销售价格计算纳税；没有同类消费品销售价格的，按照组成计税价格计算纳税。组成计税价格计算公式：

组成计税价格＝(材料成本＋加工费)÷(1－消费税税率)

第九条 进口的应税消费品，实行从价定率办法计算应纳税额的，按照组成计税价格计算纳税。组成计税价格计算公式：

组成计税价格＝(关税完税价格＋关税)÷(1－消费税税率)

第十条 纳税人应税消费品的计税价格明显偏低又无正当理由的，由主管税务机关核定其计税价格。

第十一条 对纳税人出口应税消费品，免征消费税；国务院另有规定的除外。出口应税消费品的免税办法，由国家税务总局规定。

第十二条 消费税由税务机关征收，进口的应税消费品的消费税由海关代征。

个人携带或者邮寄进境的应税消费品的消费税，连同关税一并计征。具体办法由国务院关税税则委员会会同有关部门制定。

第十三条 纳税人销售的应税消费品，以及自产自用的应税消费品，除国家另有规定的外，应当向纳税人核算地主管税务机关申报纳税。

委托加工的应税消费品，由受托方向所在地主管税务机关解缴消费税税款。

进口的应税消费品，由进口人或者其代理人向报关地海关申报纳税。

第十四条 消费税的纳税期限分别为一日、三日、五日、十日、十五日或者一个月。纳税人的具体纳税期限，由主管税务机关根据纳税人应纳税额的大小分别核定；不能按照固定期限纳税的，可以按次纳税。

纳税人以一个月为一期纳税的，自期满之日起十日内申报纳税；以一日、三日、五日、十日或者十五日为一期纳税的，自期满之日起五日内预缴税款，于次月一日起十日内申报纳税并结清上月应纳税款。

第十五条 纳税人进口应税消费品，应当自海关填发税款缴纳证的次日起七日内缴纳税款。

第十六条 消费税的征收管理，依照《中华人民共和国税收征收管理法》及本条例有关规定执行。

第十七条 对外商投资企业和外国企业征收消费税，按照全国人民代表大会常务委员会的有关决定执行。

第十八条 本条例由财政部负责解释，实施细则由财政部制定。

第十九条 本条例自 1994 年 1 月 1 日起施行。本条例施行前国务院关于征收消费税的有关规定同时废止。

消费税税目税率(税额)表

税目征收范围计税单位税率(税额)

一、烟

1. 甲类卷烟包括各种进口卷烟 45%

2. 乙类卷烟 40%

3. 雪茄烟 40%

4. 烟丝 30%

二、酒及酒精

1. 粮食白酒 25%

2. 薯类白酒 15%

3. 黄酒吨 240 元

4. 啤酒吨 220 元

5. 其他酒 10%

6. 酒精 5%

三、化妆品包括成套化妆品 30%

四、护肤护发品 17%

五、贵重首饰包括各种及珠宝玉石金、银、珠宝首饰及珠宝玉石 10%

六、鞭炮、焰火 15%

七、汽油升 0.2 元

八、柴油升 0.1 元

九、汽车轮胎 10%

十、摩托车 10%

十一、小汽车

1. 小轿车气缸容量(排气量，下同)在 2200 毫升以上的(含 2200 毫升)8%

气缸容量在 1000 毫升—

2200 毫升的(含 1000 毫升)5%

气缸容量在 1000 毫升以下的 3%

2. 越野车(四轮驱动)

气缸容量在 2400 毫升以上的(含 2400 毫升)5%

气缸容量在 2400 毫升以下的 3%

3. 小客车(面包车)22 座以下气缸容量在 2000 毫升以上的(含 2000 毫升)5%

气缸容量在 2000 毫升以下的 3%

国务院总理李鹏签署第 136 号令发布《中华人民共和国营业税暂行条例》

《中华人民共和国营业税暂行条例》已经 1993 年 11 月 26 日国务院第十二次常务会议通过，现予发布，自 1994 年 1 月 1 日起施行。

总理 李 鹏

1993 年 12 月 13 日

中华人民共和国营业税暂行条例

第一条 在中华人民共和国境内提供本条例规定的劳务(以下简称应税劳务)、转让无形资产或者销售不动产的单位和个人，为营业税的纳税义务人(以下简称纳税人)，应当依照本条例缴纳营业税。

第二条 营业税的税目、税率，依照本条例所附的《营业税税目税率表》执行。

税目、税率的调整，由国务院决定。

纳税人经营娱乐业具体适用的税率，由省、自治区、直辖市人民政府在本条例规定的幅度内决定。

第三条 纳税人兼有不同税目应税行为的，应当分别核算不同税目的营业额、转让额、销售额(以下简称营业额)；未分别核算营业额的，从高适用税率。

第四条 纳税人提供应税劳务、转让无形资产或者销售不动产，按照营业额和规定的税率计算应纳税额。应纳税额计算公式：

应纳税额＝营业额×税率

应纳税额以人民币计算。纳税人以外汇结算营业额的，应当按外汇市场价格折合成人民币计算。

第五条 纳税人的营业额为纳税人提供应税劳务、转让无形资产或者销售不动产向对方收取的全部价款和价外费用；但是，下列情形除外：

(一)运输企业自中华人民共和国境内运输旅客或者货物出境，在境外改由其他运输企业承运乘客或者货物的，以全程运费减去付给该承运企业的运费后的余额为营业额。

(二)旅游企业组织旅游团到中华人民共和国境外旅游，在境外改由其他旅游企业接团的，以全程旅游费减去付给该接团企业的旅游费后的余额为营业额。

(三)建筑业的总承包人将工程分包或者转包给他人的，以工程的全部承包额减去付给分包人或者转包人的价款后的余额为营业额。

(四)转贷业务，以贷款利息减去借款利息后的余额为营业额。

(五)外汇、有价证券、期货买卖业务，以卖出价减去买入价后的余额为营业额。

(六)财政部规定的其他情形。

第六条 下列项目免征营业税：

(一)托儿所、幼儿园、养老院、残疾人福利机构提供的育养服务，婚姻介绍，殡葬服务；

(二)残疾人员个人提供的劳务；

(三)医院、诊所和其他医疗机构提供的医疗服务；

(四)学校和其他教育机构提供的教育劳务，学生勤工俭学提供的劳务；

（五）农业机耕、排灌、病虫害防治、植保、农牧保险以及相关技术培训业务，家禽、牲畜、水生动物的配种和疾病防治；

（六）纪念馆、博物馆、文化馆、美术馆、展览馆、书画院、图书馆、文物保护单位举办文化活动的门票收入，宗教场所举办文化、宗教活动的门票收入。

除前款规定外，营业税的免税、减税项目由国务院规定。任何地区、部门均不得规定免税、减税项目。

第七条 纳税人兼营免税、减税项目的，应当单独核算免税、减税项目的营业额；未单独核算营业额的，不得免税、减税。

第八条 纳税人营业额未达到财政部规定的营业税起征点的，免征营业税。

第九条 营业税的纳税义务发生时间，为纳税人收讫营业收入款项或者取得索取营业收入款项凭据的当天。

第十条 营业税由税务机关征收。

第十一条 营业税扣缴义务人：

（一）委托金融机构发放贷款，以受托发放贷款的金融机构为扣缴义务人。

（二）建筑安装业务实行分包或者转包的，以总承包人为扣缴义务人。

（三）财政部规定的其他扣缴义务人。

第十二条 营业税纳税地点：

（一）纳税人提供应税劳务，应当向应税劳务发生地主管税务机关申报纳税。纳税人从事运输业务，应当向其机构所在地主管税务机关申报纳税。

（二）纳税人转让土地使用权，应当向土地所在地主管税务机关申报纳税。纳税人转让其他无形资产，应当向其机构所在地主管税务机关申报纳税。

（三）纳税人销售不动产，应当向不动产所在地主管税务机关申报纳税。

第十三条 营业税的纳税期限，分别为五日、十日、十五日或者一个月。纳税人的具体纳税期限，由主管税务机关根据纳税人应纳税额的大小分别核定；不能按照固定期限纳税的，可以按次纳税。

纳税人以一个月为一期纳税的，自期满之日起十日内申报纳税；以五日、十日或者十五日为一期纳税的，自期满之日起五日内预缴税款，于次月一日起十日内申报纳税并结清上月应纳税款。

扣缴义务人的解缴税款期限，比照前两款的规定执行。

第十四条 营业税的征收管理，依照《中华人民共和国税收征收管理法》及本条例有关规定执行。

第十五条 对外商投资企业和外国企业征收营业税，按照全国人民代表大会常务委员会的有关决定执行。

第十六条 本条例由财政部负责解释，实施细则由财政部制定。

第十七条 本条例自 1994 年 1 月 1 日起施行。1984 年 9 月 18 日国务院发布的《中华人民共和国营业税条例》同时废止。

营业税税目税率表

税目征收范围税率

一、交通运输业陆路运输、水路运输、航空运输、管道运输、装卸搬运 3%

二、建筑业建筑、安装、修缮、装饰及其他工程作业 3%

三、金融保险业 5%

四、邮电通信业 3%

五、文化体育业 3%

六、娱乐业歌厅、舞厅、卡拉 OK 歌舞厅、音乐茶座、台球、高尔夫球、保龄球、游艺 5%—20%

七、服务业代理业、旅店业、饮食业、旅游业、仓储业、租赁业、广告业及其他服务业 5%

八、转让无形资产转让土地使用权、专利权、非专利技术、商标权、著作权、商誉 5%

九、销售不动产销售建筑物及其他土地附着物 5%

国务院总理李鹏签署第 137 号令发布《中华人民共和国企业所得税暂行条例》

《中华人民共和国企业所得税暂行条例》已经 1993 年 11 月 26 日国务院第十二次常务会议通过，现予发布，自 1994 年 1 月 1 日起施行。

总理李鹏

1993 年 12 月 13 日

中华人民共和国企业所得税暂行条例

第一条 中华人民共和国境内的企业，除外商投资企业和外国企业外，应当就其生产、经营所得和其他所得，依照本条例缴纳企业所得税。

企业的生产、经营所得和其他所得，包括来源于中国境内、境外的所得。

第二条 下列实行独立经济核算的企业或者组织，为企业所得税的纳税义务人（以下简称纳税人）：

（一）国有企业；

（二）集体企业；

（三）私营企业；

（四）联营企业；

（五）股份制企业；

（六）有生产、经营所得和其他所得的其他组织。

第三条 纳税人应纳税额，按应纳税所得额计算，税率为 33%。

第四条　纳税人每一纳税年度的收入总额减去准予扣除项目后的余额为应纳税所得额。

第五条　纳税人的收入总额包括：

(一)生产、经营收入；

(二)财产转让收入；

(三)利息收入；

(四)租赁收入；

(五)特许权使用费收入；

(六)股息收入；

(七)其他收入；

第六条　计算应纳税所得额时准予扣除的项目，是指与纳税人取得收入有关的成本、费用和损失。

下列项目，按照规定的范围、标准扣除：

(一)纳税人在生产、经营期间，向金融机构借款的利息支出，按照实际发生数扣除；向非金融机构借款的利息支出，不高于按照金融机构同类、同期贷款利率计算的数额以内的部分，准予扣除。

(二)纳税人支付给职工的工资，按照计税工资扣除。计税工资的具体标准，在财政部规定的范围内，由省、自治区、直辖市人民政府规定，报财政部备案。

(三)纳税人的职工工会经费、职工福利费、职工教育经费，分别按照计税工资总额的 2%、14%、1.5%计算扣除。

(四)纳税人用于公益、救济性的捐赠，在年度应纳税所得额 3%以内的部分，准予扣除。

除本条第二款规定外，其他项目，依照法律、行政法规和国家有关税收的规定扣除。

第七条　在计算应纳税所得额时，下列项目不得扣除：

(一)资本性支出；

(二)无形资产受让、开发支出；

(三)违法经营的罚款和被没收财物的损失；

(四)各项税收的滞纳金、罚金和罚款；

(五)自然灾害或者意外事故损失有赔偿的部分；

(六)超过国家规定允许扣除的公益、救济性的捐赠，以及非公益、救济性的捐赠；

(七)各种赞助支出；

(八)与取得收入无关的其他各项支出。

第八条对下列纳税人，实行税收优惠政策：

(一)民族自治地方的企业，需要照顾和鼓励的，经省级人民政府批准，可以实行定期减税或者免税；

(二)法律、行政法规和国务院有关规定给予减税或者免税的企业，依照规定执行。

第九条　纳税人在计算应纳税所得额时，其财务、会计处理办法同国家有关税收的规定有抵触的，应当依照国家有关税收的规定计算纳税。

第十条　纳税人与其关联企业之间的业务往来，应当按照独立企业之间的业务往来收取或者支付价款、费用。不按照独立企业之间的业务往来收取或者支付价款、费用，而减少其应纳税所得额的，税务机关有权进行合理调整。

第十一条　纳税人发生年度亏损的，可以用下一纳税年度的所得弥补；下一纳税年度的所得不足弥补的，可以逐年延续弥补，但是延续弥补期最长不得超过五年。

第十二条　纳税人来源于中国境外的所得，已在境外缴纳的所得税税款，准予在汇总纳税时，从其应纳税额中扣除，但是扣除额不得超过其境外所得依照本条例规定计算的应纳税额。

第十三条　纳税人依法进行清算时，其清算终了后的清算所得，应当依照本条例规定缴纳企业所得税。

第十四条　除国家另有规定外，企业所得税由纳税人向其所在地主管税务机关缴纳。

第十五条　缴纳企业所得税，按年计算，分月或者分季预缴。月份或者季度终了后 15 日内预缴，年度终了后四个月内汇算清缴，多退少补。

第十六条　纳税人应当在月份或者季度终了后 15 日内，向其所在地主管税务机关报送会计报表和预缴所得税申报表；年度终了后 45 日内，向其所在地主管税务机关报送会计决算报表和所得税申报表。

第十七条　企业所得税的征收管理，依照《中华人民共和国税收征收管理法》及本条例有关规定执行。

第十八条　金融、保险企业缴纳企业所得税，依照有关规定执行。

第十九条　本条例由财政部负责解释，实施细则由财政部制定。

第二十条　本条例自 1994 年 1 月 1 日起施行。国务院 1984 年 9 月 18 日发布的《中华人民共和国国营企业所得税条例》和《国营企业调节税征收办法》，1985 年 4 月 11 日发布的《中华人民共和国集体企业所得税暂行条例》、1988 年 6 月 25 日发布的《中华人民共和国私营企业所得税暂行条例》同时废止；国务院有关国有企业承包企业所得税的办法同时停止执行。

国务院总理李鹏签署第 138 号令发布《中华人民共和国土地增值税暂行条例》

《中华人民共和国土地增值税暂行条例》已经 1993 年 11 月 26 日国务院第十二次常务会议通过，现予发布，自 1994 年 1 月 1 日起施行。

总理李鹏

1993 年 12 月 13 日

中华人民共和国土地增值税暂行条例

第一条 为了规范土地、房地产市场交易秩序，合理调节土地增值收益，维护国家权益，制定本条例。

第二条 转让国有土地使用权、地上的建筑物及其附着物(以下简称转让房地产)并取得收入的单位和个人，为土地增值税的纳税义务人(以下简称纳税人)，应当依照本条例缴纳土地增值税。

第三条 土地增值税按照纳税人转让房地产所取得的增值额和本条例第七条规定的税率计算征收。

第四条 纳税人转让房地产所取得的收入减除本条例第六条规定扣除项目金额后的余额，为增值额。

第五条 纳税人转让房地产所取得的收入，包括货币收入、实物收入和其他收入。

第六条 计算增值额的扣除项目：

(一)取得土地使用权所支付的金额；

(二)开发土地的成本、费用；

(三)新建房及配套设施的成本、费用，或者旧房及建筑物的评估价格；

(四)与转让房地产有关的税金；

(五)财政部规定的其他扣除项目。

第七条 土地增值税实行四级超率累进税率：

增值额未超过扣除项目金额50%的部分，税率为30%。

增值额超过扣除项目金额50%、未超过扣除项目金额100%的部分，税率为40%。

增值额超过扣除项目金额100%、未超过扣除项目金额200%的部分，税率为50%。

增值额超过扣除项目金额200%的部分，税率为60%。

第八条 有下列情形之一的，免征土地增值税：

(一)纳税人建造普通标准住宅出售，增值额未超过扣除项目金额20%的；

(二)因国家建设需要依法征用、收回的房地产。

第九条 纳税人有下列情形之一的，按照房地产评估价格计算征收：

(一)隐瞒、虚报房地产成交价格的；

(二)提供扣除项目金额不实的；

(三)转让房地产的成交价格低于房地产评估价格，又无正当理由的。

第十条 纳税人应当自转让房地产合同签订之日起七日内向房地产所在地主管税务机关办理纳税申报，并在税务机关核定的期限内缴纳土地增值税。

第十一条 土地增值税由税务机关征收。土地管理部门、房产管理部门应当向税务机关提供有关资料，并协助税务机关依法征收土地增值税。

第十二条 纳税人未按照本条例缴纳土地增值税的，土地管理部门、房产管理部门不得办理有关的权属变更手续。

第十三条 土地增值税的征收管理，依据《中华人民共和国税收征收管理法》及本条例有关规定执行。

第十四条 本条例由财政部负责解释，实施细则由财政部制定。

第十五条 本条例自1994年1月1日起施行。各地区的土地增值费征收办法，与本条例相抵触的，同时停止执行。

中共中央政治局委员丁关根在云南调查研究

丁关根于13日至17日在云南深入工厂、农村、口岸、村寨调查研究，到省委宣传部、省报社、电台、电视台看望了干部职工，并同省和有关市、州宣传、新闻、文化、出版部门的领导进行座谈。

丁关根在云南省对宣传思想工作进行调查研究时指出，坚持两手抓，两手都要硬，这是在建立社会主义市场经济体制整个过程中，在改革开放和社会主义现代化建设整个进程中，都必须始终坚持的一条基本方针。越是深化改革，扩大开放，加快发展，越要注意加强思想政治工作，加强精神文明建设。

同丁关根一道进行调查研究的有中宣部副部长刘云山、中共云南省委副书记梁金泉等。

中国伊斯兰教第六次全国代表会议在北京举行

会议于13日至17日举行。全国各省、市、自治区的10个少数民族的伊斯兰教界人士和穆斯林代表300余人出席会议，王兆国、赛福鼎·艾则孜到会致贺。第五届中国伊斯兰教协会会长沈遐熙主持会议。

第五届中国伊斯兰教协会副会长安士伟作《中国伊斯兰教协会四十年》的报告。安士伟说，四十年来，中国伊斯兰教事业有了巨大发展。党的十一届三中全会以来，中国伊斯兰教事业更是日新月异，广大穆斯林的宗教生活、民族风俗习惯受到全社会广泛尊重，各民族之间、教派之间的相互关系得到了显著改善，对外友好工作也相应得到了开展。信仰伊斯兰教的少数民族地区的经济建设和文化教育事业都有很大的发展，穆斯林的生活水平不断地提高，广大穆斯林正和全国各族人民一起，为建设有中国特色的社会主义努力工作。

中共中央统战部、国务院宗教局的有关领导出席会议，各全国性宗教团体的负责人到会祝贺。

中共中央政治局候补委员温家宝在苏北农村考察

温家宝13日至18日在淮阴市的宿迁、沭阳、洪泽、金湖等市县，考察了农业生产和农村工作情况，走访了农户，并就当前农村改革和发展的一些问题与当地干部进行了座谈。

温家宝在江苏淮阴地区调查研究时强调，深化农村改革，发展农村经济，是国民经济持续快速健康发展和整个改革开放顺利进行的基础。在建立社会主义市场经济体制的过程中，要把扶持粮棉主产区发展经济，确保粮棉稳定增产作为一项重要任务抓紧抓好。

温家宝充分肯定了淮阴地区发展农业和农村经济的经验，并就深化农村改革发表了意见。他说，农村改革是建立社会主义市场经济体制的重要内容。我国农村改革一开始就是以市场为取向的。它有两个重要特征，一是充分给予农民生产经营自主权，发挥广大农民的积极性；二是使农业和农村经济进入市场，发挥市场机制的作用。这实际上是建立社会主义市场经济新体制在农村的成功实践。继续深化农村改革，当前要做好三方面工作：第一，在稳定和完善家庭联产承包责任制的基础上，促进农村经济资源的优化配置和生产要素的合理流动；第二，发展农村市场，搞活农村流通，采取多种方式，把千家万户的分散生产同统一的市场联系起来；第三，加强政府对农业的引导、支持、保护和调控，建立比较完善的社会化服务体系。他说，明年是改革的关键一年，各项重大改革措施相继出台。必须重视农村工作，加强农业的基础地位，保持粮棉生产的稳定增长，保证农副产品的供应和市场的稳定，为改革创造宽松的经济环境和稳定的社会环境。

随同考察的有中共江苏省委副书记曹鸿鸣、农业部副部长万宝瑞等。

全国政协副主席吴学谦在曼谷泰国会大厦分别拜会泰国国会主席玛鲁·汶纳和国会副主席上议院议长米猜·立初潘

中国政府和乌兹别克斯坦政府在塔什干签署《汽车运输协定》

中国和美国纺织品代表团在日内瓦就签订中美纺织品新协议问题举行第3轮谈判

由于美方坚持要求中方全盘接受其“反舞弊条款”，此轮谈判未能取得进展。

纺织品是中国向美国出口的传统大宗商品。现在正在执行的纺织品协议是中美两国政府于六年前签订的，该协议于今年底到期。双方在今年9月和11月已经就签订新协议问题举行了两轮谈判，但因在反舞弊条款上的分歧未能达成协议。

此轮谈判中，美方仍坚持要求中方接受反舞弊条款，并声称，双方如不能在这个问题上达成一致，美方将不签新的协议。如果无新协议，美方将采取单边限制，在现有基础上减少中国25%到35%的配额。

对此，中国纺织品谈判代表团团长周可仁指出，中国始终本着真诚合作的态度，努力推动谈判的进展，在反舞弊条款问题上已经作了许多让步，给予了充分的合作。但中国不能接受反舞弊条款中违背国际贸易原则的惩罚性条款以及只强调美国单方面权力的条款。

周可仁强调，中国历来主张中美双边协议应建立在平等互利的基础上，应符合国际多边协议原则和发展两国关系的准则。

中方在此轮谈判中提出一揽子解决问题的建设性建议，以打破僵局，但美方仍坚持其立场。

外交部部长钱其琛在北京会见圭亚那外交部长克莱门特·詹姆斯·罗西

国家教委在广东江门市召开全国城市教育综合改革研讨会

国家教委副主任王明达作《认真贯彻〈纲要〉，加快城市教育综合改革步伐》的报告。

会议指出，党的十四大确定的建立社会主义市场经济体制的目标，为加快城市教育结合改革提供了极为重要的机遇。市场经济的竞争原则对人才的数量、质量，对教育、对人才的知识结构提出了更高要求，为此教育要更主动适应市场经济需要。当前必须突出抓好的问题是：

一、认真落实教育的战略地位，增加投入，改善教师待遇；建立规范化的教育投入渠道。

二、高度重视教育结构的协调和发展。规划好各级各类教育层次结构、种类结构和学校的地域布局。

三、认真探索适应社会主义市场经济体制的办学体制。

会议强调，要努力解决各类教育中的难点：基础教育中的学生课业负担过重，加强薄弱初中建设，高中办学模式多样化；职业教育中的企业参与和充分发挥行会作用；成人教育中的加强高等学历教育管理，大力开展岗位培训。

福州市马尾经济技术开发区内的台商独资企业高福纺织有限公司发生特大火灾

12月14日

中共中央政治局常委朱镕基在安徽考察

朱镕基于14日至20日在中共安徽省委书记卢荣景、省长傅锡寿的陪同下，对安徽省进行考察。先后考察芜湖大米批发市场、繁昌县三山蔬菜市场、峨桥茶叶市场，走访黟县西递村、屯溪郊区竹林村和合肥郊区王大郢村的农户、粮站，并在合肥、芜湖、安庆、滁州与省、市、县以及村镇干部座谈了粮食生产和建立粮食风险基金的问题，在安庆市与基层各级税务干部座谈税制改革和加强税收征管问题。

针对最近某些地区粮食涨价和少数城市居民抢购家电等消费品的情况，朱镕基指出，今年粮食获得了丰收，全国总产量高于去年；全国粮食收购进度不慢于往年，供求平衡没有问题；国家粮食库存充足，库存粮食超过历史最高水平。因此，11月下旬以来粮价大幅上涨的情况是不正常的，是暂时的、心理的因素推动起来的。原因主要有三条：一是中央农村工作会议决定明年将提高粮食收购价格以后，一些农民产生了过高的心理预期和惜售的思想；二是一些领导干部特别是粮食部门的同志，对放开粮食市场和价格以后如何调控粮食的生产和购销，缺乏应变措施和必要的思想准备；三是少数群众对明年将要出台的改革方案存在某些误解，以为税制改革会加重企业的税负，因此可能会推动物价的上涨。

朱镕基强调，要迅速平抑粮价，就要通过各种宣传媒介消除群众的误解和疑虑。首先要统一各级领导干部的思想，必须纠正三种错误认识：一是认为在放开粮价以后，可以放任不管，国家再采取任何平抑粮价的措施，都不符合市场经济的原则，都是走回头路。事实上，世界上没有一个市场经济国家会对市场物价特别是关系国计民生和社会安定的粮食价格完全放任不管。按照市场供求规律调控物价走向，是国家宏观调控的重要方面。二是认为粮食价格涨得越高对农民好处越大。这种认识十分片面。我们分析粮价时，既要考虑农民的利益，又要考虑城市居民的承受能力。应当指出，当前粮价不正常地上涨，主要是流通环节的中间商哄抬转卖，投机渔利，农民得到的实惠并不很多。相反，由于价格信号的扭曲，引起农业生产结构的失调，最终对国家对农民都是不利的。三是国营粮食部门在保障供应方面做了大量工作，但是也有少数国营粮食部门对粮价暴涨反应迟缓，甚至想靠粮食涨价来扭亏为盈。国家每年给粮食部门大量财政补贴，就是要发挥它们确保市场供应、平抑粮食价格的主渠道作用。各级粮食部门必须把改善经营管理和所承担的政策性任务结合起来而不是对立起来。

朱镕基说，党中央、国务院已经作出全面部署，采取有效措施，以迅速平抑粮食价格，确保市场稳定。国务院决定动用国家库存粮食，向市场抛售，国营粮店挂牌降价，尽快将粮食价格降到合理水平；从现在开始到春节以前，铁路、交通运输部门要迅速调运粮食，把粮、油、副食品的运输放在优先地位；同时要大力宣传今年粮食生产和收购的大好形势，消除群众的顾虑。中央相信各地党委和政府在统一认识的基础上，协同配合行动，市场粮食价格会很快得到平抑和稳定。

朱镕基十分重视建立粮食风险基金。他说，建立粮食风险基金，是为了稳定粮食的合理收购价格，起到促进粮食生产、平抑市场粮价的作用。各级政府要在财政预算中按国务院规定安排足量资金，不留缺口，不准挪用。要认真研究粮食购销流通体制的改革，粮食部门首先必须抓住收购、加工和批发环节，保证国家掌握粮源，发挥稳定市场的作用。

朱镕基说，根据十四届三中全会决定精神，明年我国将要在财政、税收、金融、投资体制等方面配套推出重要改革步骤。这一系列改革方案，是在邓小平同志建设有中国特色社会主义理论指导下，在以江泽民同志为核心的党中央领导下，经过慎重周密的研究，充分听取各方面的意见后制定的。这些方案既遵循了市场经济的一般规律，借鉴了发达国家的成熟经验，又充分考虑了中国国情和当前的实际情况，尽可能地照顾了各方面的利益。这是一套既积极又稳妥的方案。但是，也应当看到，这些改革不可避免地会触及一些既得利益，因此要充分估计这些改革的艰巨性和复杂性。

朱镕基指出，当前国内国际形势对加快改革十分有利，我们务必抓住这一不可多得的历史机遇，在改革方面取得新的重大突破，保证在本世纪末初步建立起社会主义市场经济体制，实现国民经济和社会发展第二步战略目标。各级党委和政府应把更多的精力集中到加快改革上来，加强对改革的领导，及时掌握新情况，解决新问题，务必打好这场改革攻坚战。

朱镕基亲自检查安庆市第四税务分局的工作，当面考问税务专管员。当看到税务人员比较好地掌握了新税制知识，为明年1月1日新税制实施做好了各准备时，十分高兴。他说，税务机关要充实高素质的人员。明年税制改革涉及税法征收管理和机构设置等许多方面的问题，难度不小，税务机关要严阵以待，千万不可掉以轻心。税务干部要认真学习和研究税制改革方案，迅速熟悉和适应新的业务。在中央和地方税务机构分设问题上，要本着顾全大局、统筹安排、相互谅解的原则，搞好平稳过渡。

朱镕基在分析当前全国经济形势后强调，党中央、国务院的宏观调控措施已经取得令人鼓舞的积极成效，但是国民经济中的一些突出的矛盾和问题并没有得到根本解决，主要是固定资产投资规模居高不下，货币投放过多的状况没有根本改变，通货膨胀的压力依然存在。这次粮食价格波动是个信号，应当引起高度重视。有些同志热衷于上项目、铺摊子，既不那么重视改革，也不那么关心群众生活。这种倾向必须加以纠正。

朱镕基充分肯定安徽省委和省政府的工作。他说，在邓小平同志去年视察南方重要谈话和党的十四大精神鼓舞下，安徽省委和省政府带领全省人民克服了灾后的重重困难，经济建设和体制改革都取得了显著的成绩。今年下半年以来，安徽省认真贯彻执行党中央、国务院一系列加强和改善宏观调控的措施，经济始终保持了持续、快速、健康发展的好势头。特别是在最近稳定粮食价格的工作中，省委、省政府见事较早，行动较快，采取断然措施平抑市场粮价，粮食部门的广大职工坚决执行省委、省政府的指示精神，迅速行动起来，充分发挥国营粮食企业的主渠道作用，已经收到了初步成效。朱镕基希望安徽省的同志把这项工作继续抓紧抓好，给全国带个头。

陪同考察的还有国务院副秘书长刘济民以及国务院有关部门的负责人。

台盟五届二中全会在北京召开

台盟五届中央副主席张克辉主持开幕式。

会议于 18 日结束，审议并通过台盟中央主席蔡子民代表五届中央常委会作的题为《开拓参政议政对台工作新局同》的工作报告。报告中说，一年来，全盟盟员根据台盟五大制定的各项任务，积极展开工作，在参政议政、对台工作和自身建设等方面取得了进展。报告提出，在新的一年里，台盟应围绕改革开放和现代化建设中的重大问题参政议政，并开展调查研究和咨询工作要密切注意研究台湾和海峡两岸间出现的新情况、新问题，及时向有关部门提出意见和建议同时，要运用台盟成员与岛内外台胞有广泛联系的优势，加强与岛内各界的接触，与全国人民一道促进两岸双向交流和直接“三通”还要加强各级盟组织的自身建设，以更好地发挥参政党的职能。

会议认为，今年台盟参政议政工作比去年活跃，对台工作有了新的进展。

民建六届二次全会在北京召开

全国人大常委会副委员长、民建中央主席孙起孟代表中央常务委员会所作的工作报告，肯定了全会各级组织及广大会员认真贯彻中共十四大精神，以邓小平同志建设有中国特色的社会主义理论为指导，努力实践本会六大提出的基本任务所作出的努力和取得的进步。

全会通过《中国民主建国会第六届中央委员会第二次全体会议关于中央常务委员会工作报告的决议》。决议号召各级组织和全体会员要认真学习贯彻中共十四届三中全会和全国统战工作会议精神，遵循邓小平同志建设有中国特色社会主义理论，进一步解放思想，实事求是，积极探索在社会主义市场经济条件下发挥参政党职能以及加强自身建设的新路子，努力开拓工作新局面，为坚持和发展共产党领导的多党合作和政治协商制度，巩固和扩大爱国统一战线，为在本世纪末初步建立起社会主义市场经济体制、实现国民经济和社会发展的第二步战略目标作出新的贡献。

这次会议还增补 7 名中央委员和 1 名中央常委。民建中央副主席陈邃衡、陈铭珊、万国权、冯梯云、黄大能、李崇淮、白大华、朱元成、冯克煦、路明、刘珩等出席会议。中央咨议委员会主任浦洁修列席会议。中共中央统战部副部长刘延东到会讲话。

第四次全国采用国际标准工作会议在北京召开

国务院副总理邹家华出席会议并讲话。邹家华说，采用国际标准和国外先进标准是我国的一项重大技术经济政策。企业的产品要提高产品质量、开拓市场、走向世界就必须采用国际标准和国外先进标准。他指出，“采标”工作要与我国经济发展的条件和基础密切结合，有计划有步骤地进行。

邹家华对“采标”工作提出 5 点具体要求：各部门应制定出推广“采标”的计划并认真实施；企业在技术改造过程中应尽可能向国际标准和国外先进标准靠拢；引进国外技术和设备的企业，应尽量保持或达到国外先进标准；企业新开发的产品，应采用国外先进标准；企业在产品标准方面应实行高于出厂标准的内控标准，以保证产品质量与性能的稳定。

国家经贸委副主任、国家技术监督局局长徐鹏航在会上介绍说，到 1992 年底，国家制定的 169 万个国家标准中，有 40％采用国际标准和国外先进标准。

国家税务总局局长金鑫就 1994 年税制改革有关问题答《人民日报》记者问

金鑫说，这次税制改革是侧重于税制结构的调整，按照国务院的部署，税收负担总体上不增不减，这是税率设计的基本原则。这样做，既保证了国家财政不因改革而减收，又不增加企业的总体负担，是合理可行的。但是，由于税制结构的变化、纳税环节的改变，产品之间，企业之间的税收负担发生一些变化也是不可避免的。对此，在方案设计上尽可能地采取了税种之间协调的措施，以减少震动。此外国家还将制定必要的过渡性政策，进一步化解少数产品和行业税负上升带来的不利影响。

当记者问到对少数商品征收增值税后再征消费税

是否会引起物价上涨时，金鑫回答，征收消费税不会引起物价上涨。现在少数人有一种误解，认为消费税是额外增加商品税负，可能引起物价上涨。其实，征收消费税的烟、酒、化妆品、贵重首饰、汽油、柴油、小汽车、摩托车等11种商品的价格中过去就一直含有份额不等的流转税，并且这类商品中的价内税比例一直是相对比较高的。这次税制改革以统一的税率对这些商品征收的增值税低于原有的流转税份额。按照国际上一般的做法和国家的消费政策，我们只是把上述消费品中原税负高于增值税的部分转化为消费税单独征收，所以总体上这些商品税负并没有增加，不会推动物价上涨。并且消费税仍然是价内税，是在出厂环节征收，概念上与前些年对彩电价外征收的特别消费税是完全不同的。

明年税制改革主要有哪些内容？金鑫说，这次税制改革本着统一税法、公平税负、简化税制、合理分权、理顺分配关系、规范分配方式的原则，涉及的范围包括流转税制、企业所得税制、个人所得税制和大部分地方税种。

流转税改革贯彻了普遍征收和适应竞争机制要求简并税率的原则，总体税收负担基本保持现有水平。主要内容是，在生产环节和批发零售商业全面实行增值税；在征收增值税的基础上选择少数消费品再征收一道消费税；对提供劳务、转让无形资产和销售不动产征收营业税。

企业所得税改革是合并国营企业所得税、集体企业所得税、私营企业所得税为统一的内资企业所得税，改变目前按不同所有制的企业实行不同的税种和税率的状况。统一后的内资企业所得税实行33%的比例税率，与外商投资和外国企业所得税税率一致。所得税的税前列支都要按税法规定办理，为了提高企业投资性贷款还款能力，除了可以适当加速折旧和贷款利息进成本外，从明年起，免除国有企业在税后利润中上缴的能源交通重点建设基金和预算调节基金。统一内资企业所得税的同时要规范企业基建和技改贷款还款机制；实行新的所得税办法后停止执行目前承包企业所得税的做法。

个人所得税改革的宗旨是调节个人收入分配，缓解社会分配不公的矛盾。具体做法是修改个人所得税法，废止个人收入调节税和城乡个体工商业户所得税，形成统一的个人所得税制。个人所得税采用超额累进的征收办法，主要是对收入较高者征收，对中低收入者少征或不征。

其他税种的改革，主要服从于优化税制结构和为“分税制”创造条件，一些税种要合并，一些税种要撤销，还有的要调整税负。此外还要开征个别新税种，例如专门调节房地产交易的土地增值税。

完成上述改革后，我国工商税制（不包括关税和农业税）的税种将由32个减少到18个，税制结构趋于合理，并初步实现高效和简化。

当记者问到为什么要对工商企业全面征收增值税时，金鑫回答说，增值税是以商品生产和流通中各环节的新增价值或商品附加值为征税对象的一种流转税。它克服了传统的流转税制对已纳税销售额重复征税、税上加税的弊端，使同一产品不受生产流通环节多少的影响，始终保持同等的税收含量，不致出现应税产品因生产环节的变化，税负时轻时重的问题，同时又保持了流转税征收范围广泛和收入及时、稳定的特点，从而体现了主体税税制与市场机制相适应的原则。增值税是国际公认的一种透明度比较高的“中性”税收，它不仅有利于组织财政收入，而且有利于鼓励企业按照经济效益原则选择最佳的生产经营组织形式，也有利于按国际惯例对出口产品实行彻底退税，增强本国产品在国际市场上的竞争力。一般而言规范化的增值税在操作上不是凭借计算增值因素征收，而是以商品销售额为计税依据，同时允许从税额中扣除上一道环节已经交纳的税款，从而实现对增值额征税的目的。但是我国过去试行的增值税由于观念和实践上都不具备公平税负的条件，征收范围上只是局限于部分工业产品，并且税率档次设置过多，导致计税复杂、扣税失真等问题，其作用没有充分发挥。市场经济体制的确立对增值税的规范化提出了迫切要求，也创造了必要的条件。在这次工商税制改革中，增值税的改革被列为核心的内容，除扩大征税范围外，一是彻底简并税率，采取17%的基本税率加一档13%的低税率的模式；二是严格实行凭发票所注明的税金进行税款抵扣的制度，确保其收入的稳定和税负的连贯，为此增值税要以不含税价为计税依据，要采用专用发票，除零售环节外，增值税发票上要分别注明税金和价款。当然，由于增值税要求比较严格的核算制度，不具备这方面条件的小规模经营者，按规定另外采用简便的征收办法，即与传统的流转税相同，按销售额和6%的征收率直接计算出应纳税款。

中国最大的人工半岛——天津港东突堤全部竣工比设计预定的合理工期提前两年建成

解放军总政治部发布关于加强军队基层群众工作的意见

总政治部最近下发的《意见》适应建立社会主义市场经济体制和部队现代化建设的新形势，依据邓小平同志建设有中国特色社会主义理论和新时期军队建设的思想，从指导思想、基本内容、工作制度、组织领导等方面，对基层群众工作作了明确规定。

《意见》强调，军队基层群众工作，是政治工作的重要内容，是加强军政军民团结的基础性工作。做好这项工作，对于继承和发扬我党我军的优良传统，保持人民军队的性质，促进社会稳定和部队建设，具有十分重要的意义。《意见》指出，新形势下的基层群众工作，要以邓小平同志建设有中国特色社会主义的理论和党的十四大精神为指导，认真贯彻党中央、国务院、中央军委关于加强军政军民团结的指示，真正做到组织健全、制度落实、活动经常、关系融洽，不断巩固和发展军政军民"同呼吸、共命运、心连心"的大好局面。要在部队中深入进行拥政爱民教育，更加扎实地开展军民共建社会主义精神文明活动，积极参加和支援驻地的经济建设，模范遵守政策法规和群众纪律，认真抓好基层各项群众工作的落实。要坚持定点挂钩、定期走访、检查群众纪律、分析形势、表彰奖励等行之有效的制度。各级领导要深入实际，调查研究，加强指导，使基层群众工作不断创新和发展。

中国航天工业总公司第三研究院和哈尔滨工业大学联合研制成功实时三维图像生成系统

由航天工业总公司第三研究院和哈尔滨工业大学联合研制的这种系统，利用计算机、仿真等高技术，用大量的多边形拼接，生成各种复杂的三维景物世界。它运算最快速度每秒达 3 亿次，可处理 8000 万个像素，生成 20 万个三角形，可实时地生成随人的视点和命令而变化的逼真的动态三维彩色图像，颜色种类 1600 万种，可以应用于宇航员训练、复杂气象条件下的飞行训练、飞行故障处理、导弹研制等领域。目前，世界上只有美国掌握这一高技术。据有关专家介绍，国内研制的这种系统与国外同类产品相比，费用较低，开发方便，运行可靠。

国务院环保委在榆林召开现场检查办公会

会议主要研究解决晋陕蒙接壤地区资源开发建设中出现的环境问题。

国务委员、国务院环委会主任宋健，国务院副秘书长徐志坚和二十几个部委、晋陕蒙三省区的有关领导到生态环境破坏严重的乌兰木伦河和大柳塔镇等地，考察植被破坏、弃土弃渣堆积河道和资源破坏的状况。这一地区年平均向黄河输沙近 4 亿吨、占黄河总输沙量的 1/4。

国家环保局局长解振华说，国务院总理李鹏、副总理朱镕基对晋陕蒙接壤地区资源开发中的环境问题十分重视，对此有过多次指示。这次会议就是要研究解决这些问题，改善当地的生产和生活环境，以促进经济的持续发展。他提出，近期内应立即开始清除河道障碍，保证行洪安全，确保在明年洪水季节来临之前，完成清障任务。采取有力措施，整顿煤炭开采秩序，对晋陕蒙接壤地区的一切从事煤炭开采、经营的单位和个人，进行一次全面的清理整顿，重新审核发放采矿许可证和营业执照。禁止一切单位和个人新建土法炼焦，对现有的土法炼焦限期改造。同时，运用经济和法律手段，强化生态环境的监督管理。

12 月 15 日

中央统战部国家民委召开各民主党派工商联智力支边扶贫经验交流暨表彰会在北京开幕

费孝通、孙起孟、雷洁琼、李沛瑶、陈俊生、司马义·艾买提等领导出席大会。全国政协副主席、中央统战部部长王兆国主持开幕式并致辞。国务委员、国务院扶贫开发领导小组组长陈俊生代表国务院，向受表彰的先进集体和个人以及长期从事支边扶贫工作的工作者表示祝贺和感谢。

全国人大常委会副委员长、民革中央主席李沛瑶代表各民主党派、全国工商联表示，各民主党派和工商联将一如既往，继续为智力支边扶贫工作积极出主意、想办法，认真调查研究，探索新形势下智力支边扶贫的新路子、新方法，为打好下一步的扶贫攻坚战作出新的贡献。

15 日至 16 日会议期间，来自全国各地的各民主党派、工商联的部分先进集体代表和先进个人交流了多年来在支边扶贫工作中的经验和体会，并就如何进一步做好智力支边扶贫工作统一认识。大家表示，要牢固树立统一战线为经济建设服务的指导思想，继续坚持智力支边扶贫工作的指导方针。

全国人大常委会副委员长卢嘉锡到会并讲话，中共中央统战部、国家民委，以及有关部门的领导出席会议。

国务院发布关于实行分税制财政管理体制的决定

各省、自治区、直辖市人民政府，国务院各部委、各直属机构：

根据党的十四届三中全会的决定，为了进一步理顺中央与地方的财政分配关系，更好地发挥国家财政的职能作用，增强中央的宏观调控能力，促进社会主义市场经济体制的建立和国民经济持续、快速、健康的发展，国务院决定，从 1994 年 1 月 1 日起改革现行地方财政包干体制，对各省、自治区、直辖市以及计划单列市实行分税制财政管理体制。

一、分税制改革是发展社会主义市场经济的客观要求

改革财政管理体制是经济体制改革的重要内容。现行财政包干体制，在过去的经济发展中起过积极的作用，但随着市场在资源配置中的作用不断扩大，其弊端日益明显，主要表现在：税收调节功能弱化，影响统一市场的形成和产业结构优化；国家财力偏于分散，制约财政收入合理增长，特别是中央财政收入比重不断下降，弱化了中央政府的宏观调控能力；财政分配体制类型过多，不够规范。从总体上看，现行财政体制已经不适应社会主义市场经济发展的要求，必须尽快改革。

根据建立社会主义市场经济体制的基本要求，并借鉴国外的成功做法，要理顺中央与地方的分配关系，必须进行分税制改革。分税制改革的原则和主要内容是：按照中央与地方政府的事权划分，合理确定各级财政的支出范围；根据事权与财权相结合原则，将税种统一划分为中央税、地方税和中央地方共享税，并建立中央税收和地方税收体系，分设中央与地方两套税务机构分别征管；科学核定地方收支数额，逐步实行比较规范的中央财政对地方的税收返还和转移支付制度；建立和健全分级预算制度，硬化各级预算约束。

二、分税制财政体制改革的指导思想

（一）正确处理中央与地方的分配关系，调动两个积极性，促进国家财政收入合理增长。既要考虑地方利益，调动地方发展经济、增收节支的积极性，又要逐步提高中央财政收入的比重，适当增加中央财力，增强中央政府的宏观调控能力。为此，中央要从今后财政收入的增量中适当多得一些，以保证中央财政收入的稳定增长。

（二）合理调节地区之间财力分配。既要有利于经济发达地区继续保持较快的发展势头，又要通过中央财政对地方的税收返还和转移支付，扶持经济不发达地区的发展和老工业基地的改造。同时，促使地方加强对财政支出的约束。

（三）坚持统一政策与分级管理相结合的原则。划分税种不仅要考虑中央与地方的收入分配，还必须考虑税收对经济发展和社会分配的调节作用。中央税、共享税以及地方税的立法权都要集中在中央，以保证中央政令统一，维护全国统一市场和企业平等竞争。税收实行分级征管，中央税和共享税由中央税务机构负责征收，共享税中地方分享的部分，由中央税务机构直接划入地方金库，地方税由地方税务机构负责征收。

（四）坚持整体设计与逐步推进相结合的原则。分税制改革既要借鉴国外经验，又要从我国的实际出发。在明确改革目标的基础上，办法力求规范化，但必须抓住重点，分步实施，逐步完善。当前，要针对收入流失比较严重的状况，通过划分税种和分别征管堵塞漏洞，保证财政收入的合理增长；要先把主要税种划分好，其他收入的划分逐步规范；作为过渡办法，现行的补助、上解和有些结算事项继续按原体制运转；中央财政收入占全部财政收入的比例要逐步提高，对地方利益格局的调整也宜逐步进行。总之，通过渐进式改革先把分税制的基本框架建立起来，在实施中逐步完善。

三、分税制财政管理体制的具体内容

（一）中央与地方事权和支出的划分。

根据现在中央政府与地方政府事权的划分，中央财政主要承担国家安全、外交和中央国家机关运转所需经费，调整国民经济结构、协调地区发展、实施宏观调控所必需的支出以及由中央直接管理的事业发展支出。具体包括：国防费，武警经费，外交和援外支出，中央级行政管理费，中央统管的基本建设投资，中央直属企业的技术改造和新产品试制费，地质勘探费，由中央财政安排的支农支出，由中央负担的国内外债务的还本付息支出，以及中央本级负担的公检法支出和文化、教育、卫生、科学等各项事业费支出。

地方财政主要承担本地区政权机关运转所需支出以及本地区经济、事业发展所需支出。具体包括：地方行政管理费，公检法支出，部分武警经费，民兵事业费，地方统筹的基本建设投资，地方企业的技术改造和新产品试制经费，支农支出，城市维护和建设经费，地方文化、教育、卫生等各项事业费，价格补贴支出以及其他支出。

（二）中央与地方收入的划分。

根据事权与财权相结合的原则，按税种划分中央与地方的收入。将维护国家权益、实施宏观调控所必需的税种划为中央税；将同经济发展直接相关的主要税种划为中央与地方共享税；将适合地方征管的税种划为地方税，并充实地方税税种，增加地方税收入。具体划分如下：

中央固定收入包括：关税，海关代征消费税和增值税，消费税，中央企业所得税，地方银行和外资银行及非银行金融企业所得税，铁道部门、各银行总行、各保险总公司等集中交纳的收入（包括营业税、所得税、利润和城市维护建设税），中央企业上交利润等。外贸企业出口退税，除1993年地方已经负担的20%部分列入地方上交中央基数外，以后发生的出口退税全部由中央财政负担。

地方固定收入包括：营业税（不含铁道部门、各银行总行、各保险总公司集中交纳的营业税），地方企业所得税（不含上述地方银行和外资银行及非银行金融

企业所得税),地方企业上交利润,个人所得税,城镇土地使用税,固定资产投资方向调节税,城市维护建设税(不含铁道部门、各银行总行、各保险总公司集中交纳的部分),房产税,车船使用税,印花税,屠宰税,农牧业税,对农业特产收入征收的农业税(简称农业特产税),耕地占用税,契税,遗产和赠予税,土地增值税,国有土地有偿使用收入等。

中央与地方共享收入包括:增值税、资源税、证券交易税。增值税中央分享75%,地方分享25%。资源税按不同的资源品种划分,大部分资源税作为地方收入,海洋石油资源税作为中央收入。证券交易税,中央与地方各分享50%。

(三)中央财政对地方税收返还数额的确定。

为了保持现有地方既得利益格局,逐步达到改革的目标,中央财政对地方税收返还数额以1993年为基期年核定。按照1993年地方实际收入以及税制改革和中央与地方收入划分情况,核定1993年中央从地方净上划的收入数额(即消费税加75%的增值税减中央下划收入)。1993年中央净上划收入,全额返还地方,保证现有地方既得财力,并以此作为以后中央对地方税收返还基数。1994年以后,税收返还额在1993年基数上逐年递增,递增率按全国增值税和消费税的平均增长率的1∶0.3系数确定,即上述两税全国平均每增长1%,中央财政对地方的税收返还增长0.3%。如若1994年以后中央净上划收入达不到1993年基数,则相应扣减税收返还数额。

(四)原体制中央补助、地方上解以及有关结算事项的处理。

为顺利推行分税制改革,1994年实行分税制以后,原体制的分配格局暂时不变,过渡一段时间再逐步规范化。原体制中央对地方的补助继续按规定补助。原体制地方上解仍按不同体制类型执行:实行递增上解的地区,按原规定继续递增上解;实行定额上解的地区,按原确定的上解额,继续定额上解;实行总额分成的地区和原分税制试点地区,暂按递增上解办法,即按1993年实际上解数,并核定一个递增率,每年递增上解。

原来中央拨给地方的各项专款,该下拨的继续下拨。地方1993年承担的20%部分出口退税以及其他年度结算的上解和补助项目相抵后,确定一个数额,作为一般上解或一般补助处理,以后年度按此定额结算。

四、配套改革和其他政策措施

(一)改革国有企业利润分配制度。根据建立现代企业制度的基本要求,结合税制改革和实施《企业财务通则》、《企业会计准则》,合理调整和规范国家与企业的利润分配关系。从1994年1月1日起,国有企业统一按国家规定的33%税率交纳所得税,取消各种包税的做法。考虑到部分企业利润上交水平较低的现状,作为过渡办法,增设27%和18%两档照顾税率。企业固定资产贷款的利息列入成本,本金一律用企业留用资金归还。取消对国有企业征收的能源交通重点建设基金和预算调节基金。逐步建立国有资产投资收益按股分红、按资分利或税后利润上交的分配制度。作为过渡措施,近期可根据具体情况,对1993年以前注册的多数国有全资老企业实行税后利润不上交的办法,同时,微利企业交纳的所得税也不退库。

(二)同步进行税收管理体制改革。建立以增值税为主体的流转税体系,统一企业所得税制。从1994年1月1日起,在现有税务机构基础上,分设中央税务机构和地方税务机构。在机构分设过程中,要稳定现有税务队伍,保持税收工作的连续性,保证及时足额收税。

(三)改进预算编制办法,硬化预算约束。实行分税制之后,中央财政对地方的税收返还列中央预算支出,地方相应列收入;地方财政对中央的上解列地方预算支出,中央相应列收入。中央与地方财政之间都不得互相挤占收入。改变目前中央代编地方预算的做法,每年由国务院提前向地方提出编制预算的要求。地方编制预算后,报财政部汇总成国家预算。

(四)建立适应分税制需要的国库体系和税收返还制度。根据分税制财政体制的要求,原则上一级政府一级财政,同时,相应要有一级金库。在执行国家统一政策的前提下,中央金库与地方金库分别向中央财政和地方财政负责。实行分税制以后,地方财政支出有一部分要靠中央财政税收返还来安排。为此,要建立中央财政对地方税收返还和转移支付制度,并且逐步规范化,以保证地方财政支出的资金需要。

(五)建立并规范国债市场。为了保证财税改革方案的顺利出台,1994年国债发行规模要适当增加。为此,中央银行要开展国债市场业务,允许国有商业银行进入国债市场,允许银行和非银行金融机构以国债向中央银行贴现融资。国债发行经常化,国债利率市场化,国债二级市场由有关部门协调管理。

(六)妥善处理原由省级政府批准的减免税政策问题。考虑到有的省、自治区、直辖市政府已经对一些项目和企业作了减免税的决定,为了使这些企业有一个过渡,在制止和取缔越权减免税的同时,对于1993年6月30日前,经省级政府批准实施的未到期地方减免税项目或减免税企业,重新报财政部和国家税务总局审查、确认后,从1994年起,对这些没有到期的减免税项目和企业实行先征税后退还的办法。这部分税收中属中央收入部分,由中央财政统一返还给省、自治区、直辖市政府，连同地方收入部分，由省、自治区、直辖市政府按政策规定统筹返还给企业，用于发展生产。这项政策执行到1995年。

（七）各地区要进行分税制配套改革。各省、自治区、直辖市以及计划单列市人民政府要根据本决定制定对所属市、县的财政管理体制。凡属中央的收入，不得以任何方式纳入地方收入范围。在分税制财政体制改革的过程中，各地区要注意调查研究，及时总结经验，解决出现的问题，为进一步改进和完善分税制财政管理体制创造条件。

国务院

1993年12月15日

国务院副总理李岚清在北京召开的全国商品流通工作会议上发表书面讲话

李岚清在讲话强调，要进一步提高对流通工作重要性的认识，加快市场体系建设，深化流通企业改革，千方百计搞好城乡市场供应。

李岚清说，发展市场经济必须搞活流通，没有发达的流通体系和现代化流通产业，资源就不能有效、优化配置，生产规模就不能扩大，商品也不能货畅其流。要发展社会主义市场经济，使我国经济能持续、快速、健康地发展，必须对流通的地位、作用给予足够的重视。市场经济越发展，流通的作用就越重要。要进一步克服在计划经济体制下产生的重生产、轻流通的思想。近年来我国不少地方交替出现买难、卖难现象，实质上就是流通不发达，渠道不畅，市场发育滞后的表现。为此，一定要把流通的发展，特别是要把市场发育放在重要位置。国内贸易部作为国务院主管全国商品市场和全社会商品流通的职能部门，要切实负起责任，会同有关部门抓好全国各类商品市场的统一规划，推动建设一批高层次、多功能、现代化的全国性商品批发市场，指导各类区域市场和地方市场的发展；要抓紧建立一批市场法规，发挥商会、行业协会等各种市场中介组织的作用；要打破地区、部门的分割封锁，创造平等的竞争环境，逐步形成统一、开放、竞争、有序的商品市场体系。

在谈到流通企业改革时，李岚清说，要充分利用明年国家在财税、金融、投资、计划、外贸等方面加快改革的外部环境，把注意力重点放在流通企业内部改革上。李岚清说，内贸系统近几年在企业改革方面进行了许多探索，有很多成功的经验，如商业零售企业的“四放开”，批发企业的“母体裂变、新老划断、组建经营单体”，物资企业的三项制度改革等等，各地要在认真总结经验、不断完善的基础上，继续探索新的企业改革途径。同时，要加快流通企业组织结构调整，大力发展批零结合的流通企业集团和连锁商业、物资配送等新的流通形式，提高商品流通的经营管理水平、技术装备水平和经济效益。

李岚清说，搞好市场供应，是各级政府的职责，是公有制流通企业发挥主渠道作用的具体体现。各级内贸部门一定要密切关注市场动态，加强分析预测，及时做好各项准备工作。当前，对关系人民生活的粮、棉、油、糖、肉、菜等重要商品的市场供需形势更应引起高度重视，要确保这些商品的供应，并保持物价的相对稳定。李岚清强调，任何部门未经国务院同意，不得擅自动用国家储备，以切实保证国家调拨的需要。如有违反，要追究有关领导者的责任。

国内贸易部部长张皓若在会上介绍内贸部门到2000年的奋斗目标和1994年流通工作及改革的重点。

中央国家机关评出“百优十杰”青年

国家体委训练局蔡振华等10人荣获“中央国家机关杰出青年”称号，煤炭部煤炭科学研究总院张玉卓等100人荣获“中央国家机关优秀青年”称号。国务院总理李鹏等，在中南海紫光阁前接见“百优十杰”青年。“百优十杰”青年评选活动由中共中央国家机关工委组织部和中央国家机关团委共同组织。

中国社会科学研究成绩卓著

中国社科院首次举办的全院性优秀科研成果评奖活动12月15日揭晓，共有74部专著和109种其他形式的成果榜上有名，奖金总额达130万元。这些获奖成果是从全院1977年至1991间完成的2774种专著和4万多篇论文中评选出来的，几乎涵盖了所有的学科和所有的科研品种，是中国社科界最高科研机构14年学术成果的一次大检阅。

这次获奖成果的一个突出特点，就是比较重视研究我国改革开放和现代化建设中的重大理论问题和实际问题，从理论的高层次上为党和国家的决策提供了参考和依据，为一些重要实际问题的解决提出了积极的对策和建议。如刘国光主编的《中国经济体制改革的模式研究》，被认为是规模最大、体系最完整的一部阐述经济体制改革问题的著作。陆学艺、李培林主编的《中国社会发展报告》提出了我国社会正处于转型期的重要论断，并详细论证了转型期的主要特点和可能引发的各种社会问题，提出了相应的对策，具有前瞻性。青年学者樊纲主笔的《公有制宏观经济理论大纲》被学术界认为“作出了重大的理论创新”。

社会科学和人文科学中的某些学科由于离现实有一定距离而不容易为社会瞩目，但我们的学者不甘于寂寞，辛勤笔耕，不断有精品问世。如王戎生等人的

《清代全史》是新中国成立以来第一部完整、系统的清代通史。这次还评选出一大批优秀社科资料书和工具书，如《甲骨文合集》、《中国历史地图集》等。

民航总局公安部就民航安全问题发布通告

通告内容共九条：

一、严禁旅客将枪支(含各种仿真玩具枪、枪型打火机及其他各种类型的带有攻击性的武器)、弹药、军械、警械、管制刀具、爆炸物品、易燃易爆物品、剧毒物品、放射性物品、腐蚀性物品、危险溶液及国家规定的其他禁运物品带上飞机或夹在行李、货物中托运。凡携带或夹带上述危险品的，一经查出，即交公安机关依法处理。

二、旅客乘坐飞机时，管制刀具以外的利器、钝器(如菜刀、水果刀、餐刀、工艺品刀、手术刀、剪刀等各类刀具，以及钢锉、铁锥、斧子、短棍、锤子等)一律放入行李中托运，不得随身携带。对故意隐匿的，一经查出，即交公安机关处理，误机损失由旅客自行负责。

三、除国家规定的免检人员外，所有乘坐民航飞机的旅客必须接受安全检查。民航工作人员，驻机场检查、检验单位工作人员进入旅客隔离区，必须持有民航总局或机场公安机关统一制发的隔离区通行证。上述工作人员乘坐飞机时，必须按普通旅客接受安全检查。

四、旅客乘坐国内航班时，必须经过指定的安检通道接受安全检查。

五、旅客乘坐国内航班必须按规定时间提前到达机场，凭客票及本人身份证件办理乘机手续。头等舱旅客可随身携带两件手提行李，普通舱旅客只准随身携带一件手提行李。体积不超过20×40×55厘米，重量不得超过5公斤，超过上述件数、体积、重量的，按规定作为行李或货物办理托运。拒绝托运的，机场、航空公司有关工作人员有权拒绝其登机。

六、严禁伪造身份证件或冒用他人身份证件购票、登机。

七、严禁乘机旅客利用机票为他人交运行李物品，严禁为素不相识的人捎带物品。

八、严禁以任何理由干扰机组工作，破坏机舱内正常秩序，危害飞行安全。飞行中全体旅客必须服从机组管理。

九、任何人不得以任何借口妨碍民航安检、公安和其他工作人员执行公务。

对于违反通告规定的，由公安机关根据《中华人民共和国治安管理处罚条例》和中国民用航空总局发布的有关民用航空安全的规章查处；构成犯罪的，依法追究刑事责任。

国家主席江泽民在人民大会堂分别接受布隆迪大使普奥赛·比吉利马纳、斯里兰卡大使沃特茨、柬埔寨大使凯·西索达递交的国书

国务院副总理李岚清在中国驻印度使馆分别会见联合国人口基金执行主任萨迪克女士联合国教科文组织总干事马约尔和联合国儿童基金会执行主任格兰特

中俄联合勘界委员会第4次会议于15日至27日在北京举行

新华社香港分社发言人发表谈话港立法局通过任何选举方案中方均不会接受

在中英双方没有协议的情况下，港英当局悍然将其部分“政改”方案正式提交立法局，这是它朝着与中国相对抗的方向迈出的另一个严重步骤，在此情况下，香港立法局通过的任何有关选举的方案，都是违反中英协议的，因此中方都不会接受。

英方这样做，表明英方单方面终止了中英会谈，在香港后过渡期人为地制造混乱，为平稳过渡和一九九七政权交接设置障碍。英国政府必须承担由此而产生的一切后果。

现在中英合作的基础已经为英方所破坏，目前预委会已进入实质性工作阶段，我们欢迎香港各阶层拥护基本法和平稳过渡的人士，更加积极地支持和参与预委会的工作，为促进平稳过渡、保持香港繁荣而共同努力。我们确信，一九九七年后，“一国两制”的目标一定能实现，基本法所规定的各项方针政策必将得到贯彻。

中国日本海底光缆通信系统正式开通

由中国邮电部电信总局、日本国际电报电话公司和美国电报电话公司共同投资建设的这条光缆，全长1252公里，总投资7700多万美元。系统采用当今世界海底光缆建设最先进的技术，传输速度为560Mb/s(五次群)，可提供7560条电路，相当于原有的中日海底同轴电缆的15倍以上。

国务委员宋健在榆林召开的晋陕内蒙接壤地区能源开发环保检查现场会上发表讲话

国务院环委会决定在陕西榆林召开环保检查现场会，研究晋陕内蒙接壤地区能源开发过程中依法保护生态环境的措施。国务院高度重视这个地区的环境问题，要求一定要把问题解决好。全国政协及全国人大和有关部委的领导，都先后到现场检查过，大家都关注着这个地区生态环境问题的解决。会议期间，我们察看了现场，听取了陕西、内蒙古和山西省（区）人民政府的汇报，二十几个部门、单位的领导发了言。参加会议的代表都看到了这个地区的生态破坏和环境污染是相当严重的，已经到了非解决不可的地步。正确处理本地区的资源开发和生态环境保护的关系，当前利益与长远利益的关系，局部利益与全局利益的关系，研究解决本地区环境问题的措施，对西部几省（区）的资源开发、环境保护、水土保持等工作都具有指导意义。

一、能源开发要与生态环境保护并重

近几年来，我国加快了改革开放和经济建设的步伐。最近，中央又提出了建立社会主义市场经济的改革目标，标志着我国经济将进入一个新的发展阶段。开发能源，满足工农业和人民生活对能源的需求是当前的重点任务，是国民经济保持持续、快速、健康发展的基本条件。

晋陕内蒙接壤地区是我国能源和矿产资源基地，开发这一地区的煤炭对国民经济的发展具有重大的战略意义。这里蕴藏着煤、天然气、石油等八类四十八种矿产资源，以煤炭资源为最丰富，而且属低硫、低磷、低灰和高热量的优质动力煤。境内有神府、东胜、准格尔、河东四大煤田，分布面积达33000平方公里，煤炭探明储量达2800亿吨以上，相当于全国探明储量的1/3。仅神府煤田的探明储量就达876亿吨，其远景储量为2236亿吨，为世界七大煤田之一。通过以华能精煤公司为主的国有中央企业及地方企业、乡镇集体企业和个体经营者近十年的共同开发建设，目前已形成年产1000万吨煤炭的生产能力，为这一战略基地的建设拉开了序幕。通过能源的开发建设，也带动了地方经济的发展，有利于当地人民脱贫致富。

这个地区生态脆弱，自然环境条件较差，水资源贫乏，水土流失、土地沙化严重。沙化土地面积占全区的64%，水土流失面积占全区的86.5%，年均向黄河输沙约四亿吨，占向黄河总输沙量的1/4，是黄河粗泥沙的主要来源地。新中国成立以来，国家一直把这个地区作为水土保持重点区进行治理，水土流失和土地沙化的趋势得到一定程度的控制。如果在能源开发建设中不注意生态环境的保护和治理，这里的自然环境将进一步恶化，不仅危及当地人民群众的生存条件，而且增加的入黄泥沙量，将直接影响黄河中下游的工农业生产、人民生活和社会经济发展。基于上述情况，在这一基地开发初期，国务院就明确要求在开发建设的同时要搞好水土保持、环境保护、资源保护，要求各级政府严格依法管理，建立科学的开发秩序。1985年，经国务院批准，国家计委、水利部联合发布了《开发建设晋陕蒙接壤地区水土保持规定》，成立了晋陕蒙接壤地区水土保持工作协调小组，建立了水保监督机构，制定了法规，开展调查，加强执法，解决了一些实际问题。1993年7月底，国家计委与水利部又提出了进一步搞好这一地区水土保持工作的意见。三省（区）人民政府也采取了一些措施，取得了初步成效。但存在的问题还相当严重，隐患很大。所以，在这次会议上，大家一致认为，在这个地区进行大规模能源开发建设，事关国家和人民的当前利益和长远利益，必须依法做好以水土保持为重点的生态环境保护工作，坚持开发与保护并重的方针，协调好、解决好这个跨区域、跨流域的生态环境保护问题。

二、当前存在的问题

目前，这里存在的问题主要表现在下列几个方面。

一是随意弃渣淤塞河道和严重破坏植被，加剧了水土流失。迄今为止，人为破坏地表植被面积已达26万亩，弃土弃渣总量达3亿3千万吨，大量堆弃在河道中，致使河道变窄，每年汛期新增入黄泥沙3000多万吨。一些单位和个人在开发中随意弃土弃渣，使一些本来宽五六百米的河道，现在只剩下一二百米。有的桥墩已被淤沙掩埋。在这种情况下，如果再来一次较大的洪水，损失将会十分惨重，后果不堪设想。

二是大气污染严重。装运过程中煤炭的散落飞扬、土法炼焦、煤和煤矸石自燃等产生的煤粉尘、烟尘和有害气体等，对大气环境造成了严重的污染。仅神府矿区煤炭日装卸量已达112000吨，外运煤炭的十吨装载车日均在1000辆以上。由于这个工地风多，加之装卸、运输过程中没有喷淋、覆盖措施，致使大气中煤粉尘浓度极高，总悬浮微粒严重超标。土法炼焦平均约2.5吨原煤才能炼出一吨焦炭成品，既浪费了资源，又对大气、水体以及附近的植被、土壤造成严重污染。

三是地下水位下降和水体污染严重。由于煤炭开采过程中未对地表开采区进行复垦和对地下采空区加固回填，造成地表下陷，地下水位下降，生态系统受到破坏。随意堆放的矸石堆，有害物质渗入地下、流入河道，对地下水体造成污染，多数河流已受到不同程度的污染。当地工农业生产和群众的生活用水本来就不足，现在又受到严重污染，神木、府谷等县城居民的饮用水水质都已严重超标。

造成这一地区生态破坏和环境污染问题的原因有以下几个方面。

（一）忽视开发与保护并重的方针。

在开发初期，由于片面强调“有水快流”而忽视了开发与保护并重的方针，对开发工作缺乏严格的指导和有效的管理，形成了有证无证一起上的混乱局面。有证无证一起上，不少采煤单位或个人根本不具备采矿必须的技术条件。有些企业和个人只顾追求短期经济利益，采取掠夺性开采，破坏了生态环境和浪费了资源。

(二)有法不依，执法不严。

《环境保护法》、《水土保持法》、《矿产资源法》、《开发建设晋陕内蒙接壤地区水土保持规定》和三省区的有关配套法规，对开发资源、保护环境、水土保持等都有明确的规定，并三令五申禁止在河道采煤弃渣，但有些企业和个体采煤者至今仍置若罔闻。地方政府的环境保护、水利及矿管等部门未能很好地执行有关法律的规定，理直气壮地进行行政执法，也在一定程度上纵容了这些违法行为。

(三)水保、环保观念淡薄。

由于有些煤炭开采单位和个别地方政府领导的水保、环保观念淡薄，管理不得力，一些水保、环保措施未能落实。目前，绝大多数乡镇煤矿和个体煤矿在采矿前未进行环境影响评价，没有环境保护和水土保持的规划和措施。华能精煤公司虽然在煤田开发前作了环境影响评价，但后续工作未及时跟上，一些必须配套的污染防治和管理设施，如喷淋防尘设备、环境监测站等尚未建成。

(四)地处三省(区)接壤地带，管理难度大。

这一地区位于三省(区)交界边区，客观上给管理工作增加了难度。另外，在开采体制上，开采区分为国家开采区和地方开采区，有效管理存在不少困难。在国家开采区中，开采权归华能精煤公司，又有其他单位参与开采。由于这些单位的技术设备和管理水平低，也没有进行环境影响评价和建立水土保持方案审批制度，更没有做到“三同时”，水保、环保措施没有落实。另一方面，地方政府及有关部门很难对国家开采区实施监监督管理，在管理上存在着漏洞。

在地方开采区，一些地方政府放松对乡镇和个体采煤的管理，措施不力，导致对煤炭资源的掠夺性开采和生态环境的严重破坏。

三、依法采取果断行动，保护生态环境

这一边界地区是我国跨世纪的重要能源与化工基地，在我国现代化建设中具有重要的战略意义，依法严格保护生态环境，保护和合理利用资源，是国家和人民的当前利益和长远利益所在。我们的政府是人民的政府，必须对人民负责，对后代负责，必须负起保护这一重要能源基地生态环境的责任，实现可持续的开发，造福子孙后代。尽管在解决环境问题中存在着这样或那样的困难，只要大家统一认识，加强管理，问题是可以逐步得到解决的。国务院有关部门、各有关省(区)政府要各尽其责，齐心协力，共同领导好、管理好本地区的生态环境保护工作，使能源基地的建设沿着健康的方向发展。

关于治理本地区环境问题，大家都认为可以采取分两步走的办法。

第一步，立即采取果断措施，制止滥采乱挖，清理河道，确保行洪安全。

(一)严禁在河道中采煤，抓紧进行河道清障，限期恢复河道畅通。

今后，任何单位和个人严禁在协调小组划定的河道禁采区内挖采煤炭、堆放煤炭和弃土弃渣。对已在河道中采煤的单位和个人，在春节以前停止一切开采活动，对已经造成行洪障碍的，限期在 1994 年 6 月底以前全部清除，确保行洪安全，搞好防洪工作。对由于障碍河道造成洪水灾害的，要追究当地有关领导的责任。今后，对在河道禁采区内采煤的单位和个人，以及在河道行洪区弃渣、堆土、堆煤的单位和个人，一律吊销采矿证和营业执照，并依法追究有关地区、部门和单位的责任。清障工作按照国家规定的“谁开发谁保护、谁破坏谁恢复、谁利用谁补偿”的原则，谁设障谁清除，由开采单位和个人负责清障。对于以前堆积的废渣，由当地人民政府负责组织统一清障。清障的责任在三省(区)各级人民政府，必要时可请武警部队协助。这次清障的费用由三省(区)政府负责筹集。对按时、按要求完成清障任务的省(区)和单位，国家给予适当的奖励性补助。清障工作由水利部负责组织验收。国家的奖励性补助经费，根据有关地区和单位的清障进度，组织验收后由财政部核准分期拨付到位。对经济困难地区，可预拨部分奖励性补助经费，以启动清障工作。

(二)全面整顿采煤秩序，禁止无证开采。

为合理利用资源，促进煤炭资源开发工作健康的发展，做到有序开采，三省(区)政府应尽快组成有地方矿管、乡镇企业管理、工商、环保、水保及煤炭等部门参加的联合工作组，严格按照国家计委和水利部联合发布的有关规定，依据法律和国务院有关文件的精神，制订清理整顿方案，对现有采矿单位进行清理整顿。依法全面重新核发采矿证和营业执照，对无证采煤和无照运销煤炭的单位和个人，坚决予以取缔。对不符合要求的持证单位，限期整顿，整改后仍不符合要求的，该停就停，该吊销采矿证和营业执照的就吊销。要坚决关闭那些非法的及证照不齐备的采煤点。对现有的一些小型、落后的采煤点，通过整顿，加以调整。要提倡、引导个体经营者联合发展有规模效益、有技术和安全保障的股份合作制企业，推动规模经营，提高采煤和炼焦的技术水平，合理利用和珍惜资源。清理中涉及部队开采单位的，请全军环保办主持解决。这次清理整顿，国有企业开采区也要服从联合工作组的检查和监督管理，华能精煤公司要积极配合。整个清理整顿工作，要求在 1994 年 6 月底以前完成。清理整顿由三

省(区)人民政府负责。

今后,对新上项目一律要依照有关规定严格审批,没有进行环境影响评价和没有制定水土保持方案的,计委不予立项,银行不予贷款,矿管部门不发采矿证,工商行政管理部门不发营业执照,土地管理部门不批用土地。煤炭部门和华能精煤公司不得收购无证采煤点开采的煤炭,违者视为非法收购和交易,要依法追究买卖双方当事人及其领导的责任。

所有开采单位必须严格按照经批准的开发规划就位。国家开采区由华能精煤公司负责开发。华能精煤公司不得随意批准其他单位在国家开采区采煤。地方及个体采煤者一律限制在地方开采区指定范围内开采。

(三)改进炼焦方法,限期禁止敞开式土法炼焦。

土法炼焦既浪费资源,又严重污染环境,国家对此已有明确规定。考虑到这里是贫困地区,如立即禁止会影响到当地经济的发展和群众的生活。但是,主管部门要严格把关把土法炼焦的产量控制在现在规模,严禁再扩大生产规模。同时,要根据国家农业部门的规定,对现有敞开式的土法炼焦限期进行技术改造。地方政府有关部门应在研制、引进和推广先进炼焦方法的基础上,集中成片改造,原则上在1995年底全面淘汰土法炼焦。所需资金请国家经贸委、人民银行给予支持。乡镇企业所需技术改造资金可从国家每年用于发展中西部地区乡镇企业的专项货款中优先考虑解决。具体办法请三省(区)政府与农业部、农业银行商定。

此外,三省(区)应当尽快加强这一地区内有关县、市的水土保持和环境保护机构的建设,把人员配备起来。没有机构,没有人员,严格执法只能是一句空话。过去,三省(区)特别是陕西和内蒙古的一些县(旗)、乡、镇、由于争抢采煤而挤占河道,为了各自利益互不相让,有法不依,加剧了河道的淤塞。根据“谁污染谁治理”,“谁开发谁补偿”的原则,三省(区)对这一问题的解决,负有主要的责任。由于历史形成的问题原因比较复杂,为促使这一问题尽快得到解决,国家将在政策上和资金上给予一定的帮助。但三省(区)应主要依靠自己的力量解决问题,不能依赖国家。按照《国务院关于加强水土保持工作的通知》的要求,三省(区)各级人民政府要把进一步加强水土保持、环境保护工作列入各级领导的议事日程,指定政府的一名负责人分管,实行目标责任制,层层落实责任。各工矿企业、建设单位也要对水土保持、环境保护实行生产责任制。主管部门要严格执法。对置国家法律于不顾,违法情节恶劣的,要依法严肃处理,决不姑息迁就。

(四)加强领导,充实协调机构。

鉴于这一地区位于三省(区)交界边区,资源开发工作的时间跨度大、管理难度大,需要进一步加强对这一地区的统筹规划、协调工作,将现在的晋陕内蒙接壤地区水土保持工作协调小组升格为较高层次的领导小组,请国家计委牵头,由国家经贸委、财政部、水利部、煤炭部、电力部、地矿部、铁道部、农业部、林业部、环保局、中科院等部门、单位,以及三省(区)政府的有关负责人组成,定期召开会议,统筹研究这一地区有关资源开发、环境保护、水土保持、农牧业生产、扶贫、以工代赈、典型示范、科学研究等问题。重大问题报国务院批准后执行。可以考虑,将黄河水利委员会水土保持监督局作为领导小组的办事机构,吸收有关部门和三个地区(盟)行署的负责人参加办公室工作,不增加编制,但赋予相应的监督职能。

在上述工作完成后,针对本地区的自然环境和社会经济特点,再研究设立国家能源基地生态环境保护综合示范区。这既是解决本地区环境问题的需要,也可以为全国能源、原材料基地在处理资源开发与环境保护等关系方面提供经验。

示范区的内容可包括如下几方面。

首先要制订资源开发与环境保护综合规划。为了使资源开发与环境保护协调发展,有必要制订这一地区的资源开发与环境保护的综合规划,包括能源开发、水土保持、农牧业生产、生态保护、扶贫、以工代赈、典型示范、科学研究等内容。国家计委曾制订过这个地区的资源开发和土地利用规划,水利部也制订过水土保持和河道整治规划,可以在这些规划的基础上加以修改补充。这项工作由国家计委牵头,会同三省(区)政府和国务院有关部门,力争在一九九四年内完成。

第二,开展示范工程建设。加强恢复治理废矿区和环境破坏严重的老矿区的工作,选两三个点开展示范工程的建设,由有关省(区)负责示范工程的建设工作。

为了促进当地经济的发展,转移和减轻对能源基地的压力,可以考虑在能源基地周围开展生态农业试点的建设。

国家科委和各有关部委应当加强对矿区生态破坏恢复治理工程与技术的研究,列为攻关项目,加强科技进步对生态环境保护的支持。“八五”期间已经安排了部分课题,“九五”应当继续安排。

第三,加强普法教育。现在有关法律和法规应该说比较齐全。要通过加强普法教育,使资源开发者和广大干部群众知法、守法,做到依法办事。要提高环境保护意识,使人们充分认识到生态环境破坏的严重性及其危害,认识到加强水土保持、环境保护的重要性,树立资源开发与水土保持、环境保护协调发展的观念,减少经济损失，依法维护全局的利益。应把有关水保、环保、矿管、工商行政管理、乡镇企业管理等法律、规章印成小册子，发到三省(区)的地(盟)、市、县、乡、村，做到家喻户晓，人人皆知。尤其需要加强对开采者的法制教育。三省(区)政府和宣传教育、新闻等有关部门应当给予大力支持和配合，各有关部委应当加强对当地水土保持、环境保护和资源保护监督管理人员的培训工作，提高他们的业务水平和执法能力。

建立水土保持监测网络和环境监测中心站的问题，请水利部、国家环保局分别与三省(区)政府协商解决。

第四，积极做好水土保持、防沙治沙等工作。各级政府要加强水土保持的预防监督，努力使水土流失减少到最低程度，千方百计减少人黄泥沙。开发建设单位必须按照《水土保持法》的要求，及时治理水土流失。各级水土保持部门要加强对预防水土流失的监理的技术指导，切实做好水土保持和防沙治沙工作。

第五，加强能源储运的管理。要加强对能源开发中的储存、装卸、运输等环节的管理，这是搞好环境保护工作的重要内容。这一地区煤炭储存、装卸、运输量大，大风多，煤粉尘、烟尘污染严重，必须实行储煤场的喷淋和运输过程的覆盖措施。运煤车要覆盖篷布。有关企业、单位要加强管理，由各级环保部门会用有关部门负责监督。

要彻底解决这一边区的环境问题，是一件长期的任务。这次现场会的召开，只能解决部分问题。自从这一能源基地开发建设以来，国家计委、国家科委、水利部、林业部、国家环保局等部门和三省(区)政府、华能精煤公司为保护生态环境做了大量工作，并取得了一些成绩。希望大家继续努力，根据本次现场会的精神，狠抓各项措施的贯彻落实。我相信有国务院和各部门的高度重视，有大家的不懈努力，这一边界地区的环境问题一定能够得到有效的解决。在能源开发的同时，只有认真做好生态环境保护工作，才符合人民的切身利益，才能造福子孙后代。

12 月 16 日

中共中央政治局常委胡锦涛在云南考察

胡锦涛于 16 日至 24 日在中共云南省委书记普朝柱、云南省长和志强等陪同下，先后在德宏、玉溪、昆明等地考察企业，参观瑞丽、畹町的开发区和开放口岸，到少数民族村寨和街村走访农户，看望老党员、老干部，在潞西还看望民族小学的教师。在昆明期间，听取省委、省政府领导的工作汇报，还到省委党校会见云南省首期县以上领导干部学习《邓小平文选》第三卷读书班的学员，并讲话。

最高人民法院最高人民检察院公安部联合发出《关于严厉打击盗窃、破坏铁路、油田、电力、通讯等器材设备的犯罪活动的通知》

最高人民法院等最近联合发出的通知说，近一时期，盗窃、破坏铁路、油田、电力、通讯等器材设备的犯罪活动十分猖獗，严重危害公共安全，影响国家经济建设。通知要求严厉打击这类犯罪活动，对发生的此类案件，公安机关要及时立案，迅速侦破，对查获的犯罪分子，只要基本事实清楚，基本证据确凿，要及时移送检察机关；检察机关要及时批捕、起诉；人民法院要依法从重从快判处。

通知指出，凡盗窃、破坏正在使用中的电力设备的，以破坏电力设备罪追究刑事责任；盗窃、破坏铁路线路上的器材或者行车设施的零件、部件，危及行车安全的，以破坏交通设施罪追究刑事责任；盗窃、破坏正在使用中的油田机器设备的，以破坏易燃易爆设备罪追究刑事责任；盗窃通讯设备价值数额不大，但危害公共安全已构成破坏通讯设备罪的，或者盗窃通讯设备造成严重后果的，以破坏通讯设备罪追究刑事责任。

通知还要求各地公安机关会同有关部门对废旧金属收购业进行一次集中清理整顿，坚决堵塞犯罪分子的销赃渠道。

外交部发言人就港英当局在中英两国政府还未达成协议的情况下悍然将有关香港 1994/1995 年选举安排的部分立法草案提交立法局讨论发表谈话

外交部发言人指出，12 月 15 日，港英当局在中英两国政府还未达成协议的情况下，悍然将有关香港 1994/1995 年选举安排的部分立法草案提交香港立法局讨论。在此之前，英方已在中英第十七轮会谈中单方面宣布中断谈判。现在英方无视中方的强烈反对和一再警告，单方面采取立法行动。英方采取这一行动，就意味着谈判的终止。英方必须承担由此产生的一切严重后果。中国政府重申，在中英双方未达成协议的情况下，对香港立法局讨论通过的有关 1994/1995 年选举的任何立法，中方都不予接受，据此产生的任何机构都不能过渡到 1997 年 6 月 30 日之后。

中方从会谈一开始就清楚地认识到，会谈存在着达成协议和达不成协议的两种前景。中方一直希望能达成协议并为此尽了自己最大的努力。现在出现了我们不愿看到的另一种情况。我们要加紧进行对香港恢复行使主权的各项准备工作。我们有坚定的信心和足够的能力对香港恢复行使主权，并在香港全面贯彻“一国两制”的方针，落实基本法，保持香港的长期繁荣和稳定。

国务院副总理李岚清在新德里举行的九个发展中人口大国全民教育首脑会议上发言

我怀着十分喜悦的心情代表中华人民共和国国务院李鹏总理应邀出席这次九个发展中人口大国全民教育首脑会议，并首先转达李鹏总理对这次会议的诚挚的祝贺，我们期望着通过我们九个发展中人口大国共同携手，在不久的将来使更多的孩子能够受到初等教育，使占世界72%的文盲得以扫除，并为最终实现1990年宗滴恩大会的世界全民教育目标做出贡献。

发展教育事业是关系国家富强、人类文明和社会进步的根本大计。中国政府历来十分重视发展教育事业并把基础教育作为整个教育的奠基工程。今年3月，我国召开了全民教育国家级大会，总结了发展基础教育的经验．提出了发展的目标和措施。同月，中国政府颁布了《中国教育改革和发展纲要》，提出了90年代乃至下世纪初我国教育发展的目标、战略、指导方针和许多重大政策措施，是指导我国教育改革与发展的纲领性文件。《纲要》重申要大力加强基础教育，明确提出在本世纪末全国基本普及九年义务教育，基本扫除青壮年文盲，大中城市基本满足幼儿接受教育的要求，广大农村积极发展学前一年教育。

建国40多年来，特别是改革、开放的十多年来，在各级政府和全社会的共同努力下，我国各级各类教育都获得了不同程度的发展和提高，普及初等教育和扫除文盲取得重大进展。目前，我国总人口中的文盲率已由建国初期的80%降到15.9%左右，在占全国人口91%的地区普及了小学教育，师资和校舍等办学条件得到明显改善。应当说，我们为中华民族的振兴乃至人类社会的进步做出了巨大的努力。但是，随着普及义务教育和扫盲工作的深入，我们面临的困难越来越大。因为中国人口的80%在农村，而农村的地域辽阔，发展极不平衡。特别是经济不发达的偏远地区、少数民族地区，由于地理环境恶劣、交通不便等原因，普及初等教育和扫除文盲的任务还极其繁重。例如，农村的文盲率高达26.27%，农村女性文盲率为37.37%。因此，我们还要花大力气，采取切实有效的措施，落实教育的战略地位，加快教育的改革和发展，开创基础教育和扫盲工作的新局面。

总结近十多年来的经验，我们今后加强基础教育和扫盲工作的主要措施是；

——继续坚持并不断完善基础教育实行地方负责，分级管理的体制。由国家颁布基本学制，制定课程设置标准，制定学校人员编制标准，地方政府有权确定本地区的学制，选用适于当地的教材，为地方发展培养人才；

——继续坚持并不断完善以国家财政拨款为主、多渠道筹措教育经费的体制，逐步提高国家财政性教育经费支出占国民生产总值的比例，在本世纪末达到4%，不断提高各级财政支出中教育经费所占的比例，同时进一步完善城乡教育费附加征收办法，鼓励社会各方面和个人捐资助学、集资办学；

——继续坚持并不断完善各级教育督导制度，加强对中小学学校工作和教育质量的检查和指导；

——继续坚持以振兴农业为中心，促进农村经济和社会发展为目的，把基础教育同职业教育与成人教育结合起来，把提高农民文化素质与推广先进的科学技术结合起来，统筹安排，形成科教兴农的强大合力，获得最佳的整体效益，从而建立与地方经济和社会发展相适应的农村教育体系；

——继续坚持对贫困和偏远的农村采取扶持政策和特殊措施。

总之，我们要千方百计地争取到本世纪末实现基本普及九年义务教育和扫除青壮年文盲的既定目标。

中国还是一个发展中国家，人口众多但整体素质还有待提高；国土辽阔但人均资源相对贫乏；国民生产总值较高，但人均产值很低。我们能为基础教育提供的经费尚很有限。普及义务教育和扫除文盲的工作还任重而道远，我们决不会松懈自己的努力。

同时，我们也认识到，发展教育事业必须继续坚持改革开放的方针，必须借鉴和学习世界各国一切有益经验，争取一切可能的支持。十多年来，我国与联合国教科文组织、儿童基金会、人口基金、开发计划署、世界银行等国际组织和许多友好国家进行了成功的合作。这些合作有效地促进了我国教育事业的发展。在这里，我代表中国政府对上述国际组织、友好国家表示衷心的感谢！并真诚地希望这种交流与合作日益扩大和加强。

实现全民教育的宏伟目标，是一项功在当代、利在千秋的伟大事业。只有彻底实现这一目标，才能力终使中国摆脱贫穷和落后。为此，中国政府和人民将把握当前有利时机，加快改革开放和现代化建设步伐，积极发展教育事业，承担与我国发展水平相适应的国际责任和义务，并愿与国际组织和世界各国尤其是发展中国家一道，为实现世界全民教育的目标作出积极的贡献。

林业部发出抓紧冬春植树造林的紧急通知

林业部日前发出的紧急通知要求各地，必须对此予以高度重视，并立即行动起来，各级政府的主要领导对今冬明春植树造林工作必须亲自部署安排，实行领导干部包干责任制，把植树造林的任务落实到人头、落实山头地块；各地要做好造林与种苗的衔接工作，以市场为导向，重视发展优质高产高效林业，提高优良品种苗木比例，造林困难地段，增加容器育苗上山数量；严格技术规程操作，把好种苗、整地和栽植质量关，组织工程造林，凡能采用现有科技成果和实用技术的，都要扩大推广范围，增加科技含量。

林业部强调，各级林业主管部门要切实转变作风，全力搞好今冬明春造林绿化的技术指导、技术服务和信息服务工作。

12月17日

《中国出了个毛泽东丛书》《毛泽东在延安》大型画册出版发行座谈会在北京举行

中共中央总书记江泽民为丛书题词“毛泽东同志永远活在人民心中”，并为《毛泽东在延安》画册题写书名。

国家主席江泽民在人民大会堂同墨西哥总统卡洛斯·萨利纳斯·德戈塔里举行会谈

江泽民说，“经贸关系是两国关系的重要组成部分，中墨建交后，两国经贸一直保持着发展的势头。两国在双边贸易、劳务、投资等领域，进行着富有成效的合作。但目前两国经贸合作的水平还有待提高，双方经贸合作的潜力还没有充分发掘出来。”“中墨双方经济发展各有优势，互补性强。中国政府鼓励中国的公司和企业赴墨西哥开展经贸合作，欢迎更多的墨西哥经济界人士来华洽谈生意，投资办企业。中国政府支持两国开展多层次、多渠道的经贸合作。中墨之间长期稳定的友好关系不仅符合两国人民的根本利益，也有助于世界的和平与发展。我们希望中墨关系成为南南合作的典范。”

江泽民说，“中国政府对于墨西哥政府在这一关系我国主权问题上的明确立场和友好态度表示高度赞赏，相信墨西哥政府一如既往，继续理解中国政府在台湾问题上的立场，支持我们和平统一祖国的大业。”

国务院总理李鹏在钓鱼台国宾馆会见墨西哥总统卡洛斯·萨利纳斯·德戈塔里

中国伊斯兰教第六次全国代表会议在北京结束

李瑞环会见出席会议全体代表并同中国伊斯兰教协会新当选的领导班子成员进行座谈。

中国伊斯兰教第六次全国代表会议在北京结束。会议选举产生以安士伟为会长的第六届委员会及领导成员。司马义·艾买提、王兆国、赵朴初等参加会见和座谈。

全国政协主席李瑞环在会见中国伊斯兰教协会新当选的领导成员时发表讲话

今天，我同司马义·艾买提同志、赵朴老、兆国同志一起来看望大家，祝贺中国伊斯兰教协会第六次大会取得圆满成功，祝贺各位新当选为协会领导人。中国伊斯兰教协会成立以来的四十年，是我们国家历史上风风雨雨的四十年，也是中国伊协与党和政府风雨同舟、共同振兴中华的四十年。四十年来，中国伊协始终同党和政府站在一起，为协助党和政府贯彻宗教信仰自由政策，团结广大穆斯林群众维护社会稳定、发展经济，以及在开展对外交往等方面，做了很多工作，发挥了积极作用。我们希望新一届伊协能在原有的基础上继续努力，在新形势下把工作搞得更好。

关于伊协的工作，你们的报告都讲到了。我想再补充几点意见。

第一，要继续协助党和政府更好地贯彻落实宗教政策，这是伊协首要的、第一位的任务。我们党和政府对民族宗教问题处理得是好的，不管碰到什么样的问题和困难，不管国际上出现什么样的变化，我们国家都始终保持了各民族的大团结，党和政府同宗教界的关系以及宗教界内部的关系一直比较和谐。究其原因，最根本的是我们有一整套适合中国国情的正确的民族和宗教政策。不能否认，过去也出过一些毛病。而凡是出毛病，都是因为我们脱离了或者是没有正确执行民族宗教政策；凡是我们的工作取得成功，都是因为我们很好地坚持和执行了民族宗教政策。党的十一届三中全会以来，我们党在落实宗教政策方面做了大量的工作，许多历史上特别是“文化大革命”中遗留的问题得到了妥善处理。这是各级党组织和政府在中央路线方针指引下努力的结果，也是包括广大穆斯林群众、各级伊斯兰教协会在内的宗教界积极协助工作的结果。但是还应指出的是，某些地方、某些单位和个别负责同志，对执行党的民族宗教政策还不够自觉，不够主动，有的事是群众多次要求，上级多次批示，没有其他选择了，才给落实解决的，这是不够自觉的表现。所以我们希望各级党组织和政府及其有关部门提高自觉性，积极解决那些该了而未了的事。今后要始终注意按党和国家的民族宗教政策办事，这是维护我们国家各民族各宗教之间良好关系的一个最根本性的问题。伊协新的领导机构应该帮助党和政府抓好这件事。

第二，要继续在党和政府与穆斯林群众之间发挥纽带作用，广泛地联系信教群众，共同维护社会稳定。在改革开放、建立社会主义市场经济体制的长过程中，我们始终面临一个如何维护社会稳定的大题目。毫无疑问，改革开放从总体上可以给广大人民带来利益，但改革开放无法使所有的人同时和同等程度地受益。有时为了全国人民长远利益而进行的某项改革，可能会暂时影响一些群众的眼前利益，这就可能引起一些群众有意见。这种情绪积累到一定程度，容易成为一种不稳定的因素。我们工作中存在的一些问题，比如部分地区物价上涨过快、社会治安状况比较差、某些领导干部中的腐败现象，在群众中引起不满，这种不满集中起来，处理不当，也会出现问题。所以，正确处理各种矛盾，认真做好群众工作，努力维护社会稳定已成为保证改革开放顺利进行的一项重要工作。社会稳定是加快改革开放的前提，维护稳定的任务将贯穿于改革开放的全过程。因此，不管哪个行业、哪个组织、哪种宗教，都要认真研究如何在维护社会稳定中发挥自己应有的作用。当然，各种宗教都有各自的教义教规，但所有宗教的活动，都应该服从国家的法律，都应在法律的范围内进行，都应有利于维护社会稳定。在这方面，各级伊协可以做的事情很多，可以在团结和教育各族穆斯林群众共同维护社会稳定方面，发挥更大的作用。

第三，要广泛团结穆斯林群众，为发展社会主义市场经济做贡献。各族穆斯林一般说来有从事商贸活动的传统，有较强的商品经济观念。社会主义市场经济的发展为他们施展才干提供了良好的机遇。各级伊协一方面要代表他们的利益，及时向政府反映他们的愿望和要求，帮助他们切实地解决一些问题，办一些实事；另一方面，要在党和政府的领导下，发挥他们善于经商的长处，对他们进行必要的组织和引导，使他们把积极性充分发挥到发展生产、繁荣经济、改善生活上来。

伊斯兰教协会可做的事情还很多。有很多工作，你们做起来更方便：信教群众有些什么意见，你们可以向有关方面反映，帮助他们解决问题；党和政府的工作设想、安排，也可以通过你们向信教群众做工作，从而得以实施。这种桥梁和纽带的作用发挥得越好，伊协的地位就越高，就会越来越受到各方面的重视。

新年快到了，我谨代表党中央、全国政协，向伊协的领导，并通过你们向全国各族穆斯林群众致以亲切的问候！

共青团全国宣传工作会议在成都召开

会议提出当前和今后一个时期团的宣传思想工作的主要任务是：从培养跨世纪一代新人的战略高度出发，学习《邓小平文选》第三卷，用建设有中国特色社会主义理论引导教育青年；弘扬艰苦创业的时代精神，强化爱国主义、集体主义、社会主义的“主旋律”；贯彻党的十四届三中全会《决定》精神，学习社会主义市场经济知识和现代科技知识，树立与市场经济相适应的新观念；抓住跨世纪的历史机遇，推进“跨世纪青年文明工程”。

民革八届二中全会在北京召开

会议于17日至20日举行。会议通过决议，要求各级组织把推动全体党员认真学习《邓小平文选》第三卷作为民革参政党建设的基本任务和头等大事来抓。

全会的主题是以邓小平关于建设有中国特色的社会主义理论为指导，贯彻中共十四届三中全会和全国统战工作会议精神，在总结民革过去一年工作的基础上，部署1994年的工作。

全会审议并通过全国人大常委会副委员长、中国国民党革命委员会中央主席李沛瑶代表中央常务委员会所作的报告。报告强调指出，民革当前的主要任务是组织好《邓小平文选》第三卷的学习，这是关系到民革参政党建设的头等大事；进一步加强参政议政、民主监督，开展为改革开放和两个文明建设服务的工作；从爱国统一战线大局出发，开拓海外联谊工作；搞好自身建设，健全参政党机制。

民革中央副主席李赣骝、何鲁丽、沈求我、周铁农、童傅、程志青、胡敏，民革中央名誉主席孙越崎，名誉副主席贾亦斌出席会议。

会议期间，刘国光、刘延东、李淑铮等作报告。

中国证监会发布关于上市公司送配股的暂行规定

按照规定，上市公司向股东配股应符合这样几个条件：一是距前一次发行股票的时间间隔不少于12个月；二是前一次发行股票所募集的资金用途与当时该公司的《招股说明书》、《配股说明书》或股东大会的有关决议相符；三是公司连续两年盈利；四是近三年无重大违法行为；五是本次配股募集资金的用途符合国家产业政策规定；六是配售的股票限于普通股，配售的对象为根据股东大会决议而规定的日期持有该公司股票的全体普通股股东；七是本次配售的股份总数不超过原有总股本的30%，发行B股和H股的上市公司，还要遵守其他有关法规；八是配售发行价格不低于本次配股前最新公布的公司财务报告中每股净资产值。

《暂行规定》中同时规定了上市公司向股东送股的条件，其中包括已按规定弥补亏损、提取法定盈余公积金和公益金；动用公积金送股后留存的法定盈余公积金和资本公积金不少于股本的50%；发送的股票限于普通股，发送的对象为根据股东大会决议而规定的日期持有公司股票的全体普通股股东；因送股增加的股本额与同一财务年度内配股增加的股本额两者之和不超过上一个财务年度截止日期时的股本额。

《暂行规定》同时还要求上市公司向股东送、配股时必须按有关程序和规定披露有关信息，并规定交易所可根据此要求对上市公司的送、配股方案进行复核，凡不符合规定的，有权拒绝办理有关的业务活动。

中国证监会发言人在谈到为什么要规定向股东配股不能超过原有普通股的30%时说，这是因为我国目前证券市场的规模和发展速度应当与国家的宏观经济环境相适应、与国有企业转换经营机制和国有资产管理体制改革的进程相适应，而且证券市场的不同扩容方式也应保持一定的比例。因此，这是经慎重考虑而决定采取的一项过渡性措施。这位发言人说，适当控制市场扩容速度对现有的中小股东来说也有一定的保护作用，而且30%的比例对上市公司来说并不低。

此外，中国证监会还通报了一些上市公司在送配股中的违规问题，上海证交所已根据证监会的决定，暂时停止办理厦门汽车股份有限公司、上海延中实业股份有限公司的本次送配股缴款、股份划拨业务。对北京天桥股份有限公司、天龙股份有限公司及上海陆家嘴金融贸易区开发股份有限公司的违规行为也给予了处理。

第三届中国新闻奖首届韬奋新闻奖颁奖大会在北京举行

中国记者协会主席吴冷西、中共中央宣传部副部长龚心瀚在颁奖会上讲话，希望通过“中国新闻奖”、“范长江新闻奖”和“韬奋新闻奖”的评选，调动全体新闻工作者的积极性，全面提高大家的政治思想素质和业务素质，建设一支强大的新闻工作队伍。

会上宣读邹韬奋的夫人、93岁高龄的沈粹缜从上海写来的贺信。韬奋新闻奖获得者、中央人民广播电台高级编辑杨青代表获奖者发言。

出席颁奖会的还有程思远、郑必坚、邵华泽、郭超人、艾知生、李庄等。

海协会副秘书长孙亚夫率领的海协商谈小组抵达台北开始与台湾海基会进行工作性商谈

这是海峡两岸有关方面分别授权的两个民间团体首次在台北进行工作性商谈。根据今年4月“汪辜会谈”达成的协议，两会分别在北京和厦门进行了工作性商谈。孙亚夫在回答300多名台湾和海外传媒记者的一再提问时强调，这次台北工作性商谈是落实“汪辜会谈”有关协议的具体表现，也表明了两会联系与合作的一个进步。

孙亚夫对能到台北与台湾海基会进行工作性商谈表示高兴。他说，海协将按照两会“相互尊重、平等、协商、实事求是、求同存异”的精神，在这次商谈中与海基会努力解决两岸同胞交往中迫切需要解决的一些具体问题。

据介绍，这次商谈将继续讨论劫机犯遣返、海上渔事纠纷的协商处理、违反有关规定进入对方地区人员的遣返和相关问题，并商定两会会务人员入出境往来的便利办法。同时，开始就下列问题交换意见，这些问题是：共同打击海上走私、抢劫等犯罪活动，两岸知识产权保护、两岸有关法院之间的联系与协助，以及台商在大陆投资权益及相关问题等。

在回答记者有关海协常务副会长唐树备和海协副会长兼秘书长邹哲开是否将应邀来台商谈时，孙亚夫表示，这是落实“汪辜会谈”协议的具体行动，目前两会正在协商有关事宜。

以海协副秘书长孙亚夫为首的商谈小组12月17日下午到达台北后，前往台湾海基会总部拜会了台湾海基会副董事长兼秘书长焦仁和。

孙亚夫在会见时表示，自焦仁和先生12月初出任海基会副董事长兼秘书长以来，海基会与海协的联系和交往出现了一些新气象。他希望这个势头继续发展。孙亚夫说，目前确有许多问题，包括“汪辜会谈”共同协议中规定的议题，需要两会共同来解决。他表示，海协商谈小组此次赴台，就是希望为发展两岸及两会的关系做一些有益的工作。

焦仁和说，海峡两岸虽有些差异，但还有共同的利益。两岸关系现在到了应有所突破的时候。他认为，这次两会“台北会谈”的议题，在厦门第二次两会商谈中已有一定的基础。如若这次商谈能切实解决实际问题，那么对改善两岸关系是有帮助的。台湾海基会副秘书长许惠祐当晚设宴招待海协商谈小组一行。

劳动部推出的“城乡就业协调计划”首期工程开始实施

劳动部最近推出的这项工程的目标是要在全国形成与市场经济相适应的劳动力跨地区流动的基本制度、市场信息系统和服务网络，使农村劳动力流动规模较大的主要输入、输出地区实现农村劳动力流动的有序化。

此项工程的具体内容包括五项：

一、输出有组织，引导农村劳动力外出就业通过一定的组织形式和合法渠道；

二、输入有管理，劳动力流入地对外来劳动力就业建立起必要的市场规则和管理制度；

三、流动有服务，建立健全对农村劳动力跨地区流动全过程的服务；

四、调控有手段，推进立法，加强管理，搞好监测，对全国主要区域性劳动力市场形成监测体系；

五、对每年春节前后高峰期间劳动力的流动，建立一套有效的疏导管理办法。

各省区市人大民委主任座谈会在贵阳闭幕

全国人大常委会副委员长布赫在会上讲话说，要用建设有中国特色社会主义的理论指导民族法制建设，坚持和完善民族区域自治制度，进一步促进民族地区的稳定和发展。

布赫说，国家颁布民族区域自治法近十年来，贯彻落实工作取得了很大成就。当前，建立与社会主义市场经济体制相适应的民族法律体系，是一项全新的事业。需要以邓小平同志建设有中国特色的社会主义理论为指导，解放思想、更新观念，以改革的精神解决问题。

布赫说，目前许多尚未脱贫的人口中，很大一部分是少数民族。因此，国家通过经济的、行政的、法律的宏观调控手段，使民族地区的经济发展逐步与全国的发展相适应。而建立适应社会主义市场经济体制的法律体系，是培育和发展社会主义市场经济的必备条件。这就要求我们从国家的总体利益和各族人民的根本利益出发，进一步完善民族区域自治法律体系，抓紧制定自治地方自治条例、单行条例，特别是抓紧5个自治区的自治条例的制定工作和国务院贯彻自治法实施细则的制定工作；同时还要抓紧散居少数民族平等权利保障法的制定工作，并着手民族教育、民族语言文字问题的立法工作，加强对这些法律法规实施的监督，建立和完善民族法律法规实施的监督机制。

布赫强调，坚持实事求是，一切从实际出发，是民族法制建设必须遵循的原则。在民族法制建设上要有利于调整民族关系，有利于发展社会主义生产力，有利于增强综合国力，提高人民的生活水平，有利于民族团结和各民族的共同繁荣。

全国人大民族委员会副主任委员李学智也在会上讲话。

国家主席江泽民国务院总理李鹏国务院副总理兼外交部长钱其琛以及姬鹏飞分别致电日本前首相田中角荣家属对田中病逝表示沉痛悼念

中国墨西哥两国在北京签署经济文化农业科技和外交等一系列合作协议

国家主席江泽民和墨西哥总统萨利纳斯出席签字仪式。

双方签署的协议有：中华人民共和国化学工业部和墨西哥合众国能源、矿业及国营工业部《石化、化工经济科技合作协议》；中国银行和墨西哥国民外贸银行《互惠信贷协议》；中华人民共和国文化部和墨西哥合众国全国文化艺术委员会《关于考古、博物馆、文物保护和修复合作议定书》；中华人民共和国农业部和墨西哥合众国农业部《农村发展合作协定》；中华人民共和国农业部和墨西哥合众国渔业部《渔业合作谅解备忘录》；中华人民共和国外交部和墨西哥合众国外交部《关于建立政治磋商制度的协议》。

12月18日

中共中央军委主席江泽民在中央军委扩大会议上发表讲话

加强社会主义精神文明建设，在我国社会主义现代化建设的整个事业中，占有极其重要的地位。邓小平同志建设有中国特色社会主义理论的一个重要特征，就是强调物质文明建设和精神文明建设紧密结合，互相促进。社会主义的优越性不仅表现在经济政治方面，表现在能够创造出高度的物质文明上；而且表现在思想文化方面，表现在能够创造出高度的精神文明上。贫穷不是社会主义；精神生活空虚，社会风气败坏，也不是社会主义。现代化建设的实践告诉我们，越是集中力量发展经济，越是加快改革开放的步伐，就越是需要社会主义精神文明提供强大的精神动力和智力支持，以保证物质文明建设的顺利进行。必须充分认识到，两个文明建设缺少任何一个方面的发展，都不成其为有中国特色的社会主义。有了这种认识，才会自觉地坚持贯彻执行邓小平同志提出的两手抓、两手都要硬的战略方针，坚持加强社会主义精神文明建设。随着改革开放的深入，我国的经济迅速发展，为搞好社会主义精神文明建设提供了物质基础；但是也要看到，西方社会的一些腐朽的思想和生活方式也乘隙而入，解放以后已经绝迹的社会丑恶现象又沉渣泛起，严重败坏着社会风气，对这些东西的危害性不可低估。全党同志都要把加强社会主义精神文明建设，作为一项长期的重大的战略任务，认真抓好，绝不能重复“一手硬一手软”的失误。

我军是党领导下的人民军队，有责任带头搞好社会主义精神文明建设。军队的风气，既受社会风气的影响，反过来又影响着社会。我军是一支具有高度政治觉悟、良好道德品质和严格组织纪律的队伍，历来是出英雄、出模范的地方。军队的精神文明建设搞好了，对全社会的精神文明建设有着重要的示范和推动作用。应该看到，在新的历史条件下，加强我军的现代化建设,对广大官兵的思想觉悟、道德品质、行为方式和科学文化素质,提出了更高的要求。只有高度重视人的因素,发挥我们的政治优势,加强思想政治工作,搞好精神文明建设,我军才能更好地担负起新时期的历史使命。还应该看到,我们军队每年都有几十万官兵要转到地方上去。解放军是个大学校,经过这个大学校培养的大批合格的有理想、有道德、有文化、有纪律的军人,将会成为社会主义新道德、新风尚的传播者,有利于国民整体素质的提高。因此,我军的精神文明建设,应该走在全社会的前列。

加强军队的精神文明建设,最根本的是要用建设有中国特色社会主义的理论和党的基本路线武装全军指战员的头脑。邓小平同志建设有中国特色社会主义的理论,是毛泽东思想的继承和发展,是当代中国的马克思主义,是我国社会主义事业的伟大旗帜和中华民族振兴的强大精神支柱。各部队进行马克思主义的理论教育,进行革命理想和信念教育,进行伟大创业精神教育,进行爱国主义、集体主义和社会主义思想教育,都要以邓小平同志的这一理论为中心内容,以邓小平同志的论著为基本教材。当然,在教育方法上要区别不同层次、不同对象,讲求效果。我们的军队,是从战争年代走过来的,那个时候物质条件很差,我们战胜敌人的主要优势在哪里?就是崇高的理想、坚定的信念所产生的精神力量。强有力的精神支柱,不论对一支军队还是一个国家,都是极为重要的。我们在意识形态领域,必须切实巩固和加强马克思主义的思想阵地,坚决排除各种"左"的和右的错误思想的干扰,当前主要是防止"左",但也要警惕右。国际上的敌对势力妄图使我们放弃社会主义道路,放弃社会主义的基本经济政治制度,对我们搞"和平演变";在国内,阶级斗争在一定范围内还将长期存在,有时还可能激化。军队是人民民主专政的柱石,一定要保持高度的政治警觉性和坚定性,确保全军在任何情况下,都能同党中央保持高度一致,坚持党的基本路线不动摇,圆满完成党和人民交给的任务,为维护国家安全、保持社会稳定不断做出贡献。

树立良好的道德风尚,是加强军队精神文明建设的一个重要方面。经济的迅速发展,要求不断提高全民族的道德水平。如果人们的道德低下,精神颓废,必然危及社会主义现代化建设的前途。因此,各行各业都要重视道德建设。在继承中华民族传统美德的基础上,要建立和发展适合我军性质和特点的军人道德规范。中国古代军队就很强调"武德"。著名军事家孙膑说过:"德行者,兵之厚积也。"他把军人的品德,视为军队巩固的基础。无产阶级军队的道德,是和历史上一切剥削阶级军队的道德有本质区别的最先进的道德。我们在道德建设上,一定要坚持共产主义的世界观、人生观、价值观,大力弘扬邓小平同志倡导的"五种革命精神",坚持全心全意为人民服务的根本宗旨,以自我牺牲、大公无私、先人后己等高尚的思想道德来规范全军官兵的言行。革命军人要高举爱国主义、社会主义的旗帜,献身祖国的国防事业,形成爱军习武的浓厚风气,这是人民战士最基本的道德要求。高格调的精神生活,应该是全军指战员追求的美德。有了高尚的情操,就会以艰苦奋斗为荣,就能过好权力关、金钱关、美女关。现在确实有那么一些人,玩物丧志,自己解除了思想道德武装,追求骄奢淫逸的生活,成了拜金主义、极端个人主义和腐朽生活方式的俘虏。腐败之风不除,必定蠹国殃民,这样的教训历史上还少吗?毛泽东同志为什么要全党同志学习郭沫若的《甲申三百年祭》,就是为了使大家吸取这种教训。我们必须惩治腐败,必须坚持不懈地把这场斗争进行到底。每一个有志于中华民族振兴的创业者,都应该具有"先天下之忧而忧,后天下之乐而乐"的思想境界。我们是共产党人,共产党人的价值观就是不求升官发财,不怕流血牺牲,自觉自愿地为人民的利益而忘我奋斗。

加强军队的精神文明建设,必须大力提倡健康向上、催人奋进、丰富多彩的军营文化生活。随着社会主义市场经济的发展和改革开放步伐的加快,社会文化市场和大众传播媒介迅速扩展,为丰富军营文化生活提供了有利条件。但也难免出现一些消极的影响,例如一些格调低下甚至腐朽、颓废的精神产品,流入到军营里来,对官兵产生腐蚀作用。这务必引起我们的高度警惕。军营不可能与社会隔绝,但对社会上的精神产品,要根据军队肩负的任务和军队建设的要求,加以选择,并对官兵进行正确引导,着眼于增强部队凝聚力和提高战斗力。要利用各种形式,包括文化艺术形式,大力宣扬先进集体和英雄模范人物。军营里的文化生活,应该是格调清新,充满着健康向上、生动活泼的气氛,坚决抵制各种精神污染,不能容忍任何文化垃圾存在。要加强基层文化建设,丰富基层文化生活,多给官兵提供健康优秀的书籍和影视作品,帮助他们不断提高鉴赏水平和审美情趣。文化生活既要发挥娱乐功能,更要着力于培养一代"四有"军人。军人绝不能唱靡靡之音,军营绝不能引进乌七八糟的东西,这要作为纪律来执行。如果让这些东西在军营中蔓延,部队还有什么战斗力?要多唱能鼓舞斗志,抒发豪情,反映时代精神,富有军队特色的歌曲。战争年代,《义勇军进行曲》、《松花江上》、《黄河大合唱》、《解放军进行曲》等革命歌曲,鼓舞、教育了多少人啊!改革开放以来,也有一些好的歌曲,如《十五的月亮》等,就产生过很好的社会影响。不要把唱歌、看书仅仅看作是个人的爱好问题。一首歌、一本书好还是不好，往往会对人的思想产生潜移默化的影响，两种影响全然不同。在我们的部队中，对干部、战士们唱歌、看书，一定要进行积极的引导，这是我们的思想教育和精神文明建设的一项重要工作。现在，好的文艺作品不很多，同广大官兵的要求还有较大差距。军队的文艺工作者，是一支有光荣传统的队伍，希望他们深入部队，熟悉生活，努力讴歌部队中的新人新事新风尚，为部队多提供既有教育意义、又为广大官兵喜闻乐见的精神食粮，为加强社会主义精神文明建设，提高部队战斗力作出更多的贡献。

全国企业思想政治工作经验交流会在上海召开

会议于18日至20日举行。

中共中央宣传部常务副部长徐惟诚出席会议。

会议由中共中央宣传部召开，目的是为了适应新形势的要求，以邓小平建设有中国特色社会主义的理论为指导，在认真总结经验的基础上，研究进一步加强和改进企业思想政治工作的思路、途径、方法，以更好地宣传贯彻十四届三中全会精神。

会议的主要议题有：交流用邓小平建设有中国特色社会主义的理论武装企业干部、党员和职工队伍的好做法、好经验，以及今后深化学习的设想和安排；研究在贯彻《条例》、转换企业经营机制、建立社会主义市场经济体制和现代企业制度过程中，如何针对干部、职工的思想实际及热点问题，加强和改进思想政治工作，推动企业改革顺利进行；企业开展爱国主义、集体主义、社会主义教育的做法和体会。

全国各省市、自治区、直辖市、计划单列市和部分省会城市党委宣传部、企业工委的负责人，国务院有关部委、总公司和解放军总后勤部等部门主管企业思想政治工作的负责人，以及30多家国有大中型企业党委负责人，共150余人出席会议。

《人民日报》发表本报评论员文章《把学习〈邓小平文选〉和学习〈决定〉结合起来——四谈学习〈邓小平文选〉第三卷》

海协会商谈小组在台北与台湾海基会就落实汪辜会谈有关协议进行工作商谈

双方对涉及两岸的劫机犯问题和违反有关规定进入对方地区人员遣返及相关问题进行了商谈，形成了许多共识。

海峡两岸关系协会副秘书长孙亚夫用“气氛很好”来形容当天的工作性商谈。他说，在遣返劫机犯问题上，双方保持了11月份厦门商谈达成的共识，并认为劫机犯必须遣返，遣返事宜由海协与台湾海基会负责联系商定。双方还对证据的移送、遣返方式、交接等问题基本形成了一致的意见。

在谈到下午的商谈时，孙亚夫介绍说，11月份两会在厦门工作性商谈后，我们对违反有关规定进入对方地区人员的遣返及相关问题的情况很好地进行了调查研究，并研究了海基会的意见。在今天的商谈中，我们本着双方共同努力、积极争取成果的态度与海基会商谈人员进一步交换了意见。总的来说，下午的商谈是有进展的。

海基会副秘书长许惠祐在回答记者提问时也表示，当天的工作性商谈取得了进展。

国务院总理李鹏考察长江三峡工程施工准备情况

李鹏对三峡进行为期6天的考察。在考察时强调，搞好三峡工程建设，最关键的是得到人民的理解和支持。三峡工程建设要运用社会主义市场经济的办法，引入竞争机制，采用招标办法进行；要加强施工的现代化管理，组织精兵强将到施工现场，把这个举世瞩目的工程建设好。

国家计委主任陈锦华，国务院三峡工程建设委员会副主任郭树言、李伯宁和湖北省委书记关广富、省长贾志杰等陪同李鹏考察。

全国妇联在北京举办执行“内罗毕战略”研讨班

全国妇联在北京举办为期3天的“执行《到2000年提高妇女地位内罗毕前瞻性战略》研讨班”。

全国人大常委会副委员长、全国妇联主席陈慕华在研讨班上指出，邀请联合国在中国召开第四次世界妇女大会是中国政府的决定，是一次重大的国际外交活动。做好国内妇女工作是筹备世界妇女大会的基础。

《中国统一战线全书》出版座谈会在北京举行

全国人大常委会副委员长程思远、卢嘉锡、李沛瑶，全国政协副主席赵朴初，各民主党派、无党派人士，少数民族和学术界人士代表出席座谈会。全国政协副主席、中央统战部部长王兆国发表主旨讲话。

《中国统一战线全书》以宣传中国共产党的统一战线改革为宗旨，全面、系统、完整地反映以毛泽东为代表的第一代、以邓小平为核心的第二代和以江泽民为核心的第三代中共中央领导集体创立、巩固和发展中国统一战线所立下的丰功伟绩，包容量大，覆盖面广，资料翔实，观点明确，实事求是。共收条目近3000个，由中央统战部编纂，国际文化出版公司出版。

中共中央总书记江泽民题写书名，国务院总理李鹏题词“巩固和发展最广泛的爱国统一战线”，国家副主席荣毅仁及各民主党派中央领导人和无党派代表人士费孝通、孙起孟、雷洁琼、程思远、卢嘉锡、李沛瑶、吴阶平、阿沛·阿旺晋美、赵朴初、董寅初、蔡子民等也题词。

济南青岛高速公路全线通车

中共中央总书记江泽民、国务院总理李鹏，分别为济青高速公路题词。

全长 318 公里的济青高速公路，西起济南市东北郊的大桥路，东至青岛市北郊的西袁庄，横贯山东半岛 17 个市、县(区)，连接济南、淄博、潍坊、青岛等重要工业城市，穿越 5 条国道、15 条省道。总投资 31 亿元人民币的济青高速公路，是中国公路建设史上一次性投资最大的项目，于 1990 年初破土开工。济青高速公路，是中国基础设施建设与国际惯例接轨的成功范例。这一宏大工程，由世界银行贷款 1.1 亿美元，进行国际招标，并采用《国际通用土木工程施工合同条件》(简称菲迪克条款)作为施工规范，实行工程监理制。

薄一波在人民日报社举行的《中国质量万里行》杂志创刊一周年座谈会上讲话

名誉社长薄一波应邀出席并即席讲话，他指出，现在我国正在逐步建立社会主义市场经济的新体制，深化质量管理、提高经济效益的工作要探索新路，以适应社会主义市场经济的要求。

薄一波高度评价“中国质量万里行”活动以及《中国质量万里行》杂志所取得的成绩。薄一波指出，产品质量问题，虽然中央多次强调，各级都在抓，但问题仍然不少，特别是市场上出现了不少假冒伪劣产品。在这种情况下，去年开始的“中国质量万里行”活动，在党中央、国务院领导的重视下，在各新闻单位和政府部门的积极参与下，扎扎实实地做了一些工作，在群众中产生了很大反响。

薄一波说，现在我国已经明确提出了建立社会主义市场经济新体制的任务。在这个过程中，如何做好提高产品质量、提高经济效益的工作，是我们面临的一个重要的课题。质量和效益的问题，必须与我们整个经济工作的发展阶段，即上一个新台阶联系起来抓。当前，在工业生产中，要特别注意质量和效益问题，不能把这个问题看小了。如果有百分之五的产品质量不合格而卖不出去，就会造成几千亿元的产品压库，影响国民经济的正常运行，这本身就是一个大的问题。目前，我们有一大批国有大中型企业处于亏损的状态，它们如何按照经济规律的要求发挥出自己的优势，如何练好“内功”、提高管理水平、提高产品质量、提高经济效益，如何通过社会主义市场经济体制走出困境，也需要我们很好研究。

薄一波强调，小平同志南方谈话后，我国改革、开放和现代化建设的步伐加快了。最近，党的十四届三中全会又适时地作出了《关于建立社会主义市场经济体制若干问题的决定》。我们的各项工作必须跟上去。抓产品质量，也应随着形势的发展提高一步，拓宽一步，坚实地把它促上去。不能只满足于打击假冒伪劣，而应深入到企业的生产领域，掌握国内外市场信息，生产适销对路的优质产品，做到产出、销售大体平衡，加强宏观调控，力争取得最好的经济效益。

人民日报报道国民党元老陈立夫向“希望工程”捐款

前不久在台湾的九十三岁的陈立夫委托陈秀惠，将他的稿费三千元人民币捐赠给中国青少年发展基金会(“希望工程”)。

陈立夫的著作《四书道贯》1991 年 11 月由中国友谊出版公司出版。陈立夫表示将稿费全部捐助大陆教育事业。

12 月 19 日

中央统战部邀请各民主党派中央全国无党派人士在北京举行纪念毛泽东诞辰 100 周年座谈会

《毛泽东光辉军事业绩》展在北京中国人民军事博物馆开幕

农工民主党十一届二中全会在北京举行

全国人大常委会副委员长、农工党中央主席卢嘉锡作题为《同心同德、真抓实干、在建立社会主义市场经济体制中发挥参政党的作用》的工作报告。

报告认为，一年来，农工党把社会主义初级阶段理论与本党的具体实际相结合，在发挥参政党的作用和自身建设方面都取得明显成绩。

全会提出，在新的一年里，农工党要认真学习《邓小平文选》第三卷和《中共中央关于建立社会主义市场经济体制若干问题的决定》，积极贯彻全国统战工作会议确定的有关方针和任务，在大趋势、大背景下审视新形势提出的新要求，进行宏观咨询，积极开展智力支边扶贫等社会服务工作，协调关系，化解矛盾，协助执政党和政府为经济建设和改革开放创造稳定的社会环境。会议通过决议，号召全体党员在工作中重点突破、全面推进、干实事、讲实效，努力开创新局面。会议递补二名中央委员，推举产生一名新的咨监委员会副主席。

会议期间还举行了纪念毛泽东诞辰100周年座谈会。

海协会与台湾海基会就两岸劫机犯遣返和海上渔事纠纷的协商处理继续进行工作性商谈

海协副秘书长孙亚夫介绍，在上午有关两岸劫机犯遣返问题的商谈中，双方在昨天商谈的基础上作了进一步的深入讨论。海协重申，劫机犯原则上必须遣返；同时，海协商谈小组针对海基会提出的一些特殊问题，进一步提出了更具体的意见。双方对协议的文字表述进行了研究商讨，大体商定了协议的框架。

谈到下午进行的协商两岸海上渔事纠纷的处理问题时，孙亚夫说，这个议题在两会11月份厦门商谈时已取得了相当的共识。此后，海协又根据实际情况进行了进一步研究，再次准备了一个协议草案。孙亚夫介绍说，海协提出，关于协议的适用范围，为了及早达成协议解决两岸渔民间的渔事纠纷，在整体范围上单纯化一些，主要指两岸渔民、渔船在海上航行、停泊和作业中发生的财产损失和人身伤害所引起的民事纠纷；在联系方式上，海协表示双方各自组成适当名义的渔事纠纷调处机构，相互联系，协商处理渔民间的渔事纠纷。

孙亚夫表示，双方在协商处理海上渔事纠纷的原则、情况通报、自行和解、证据保存、急难救助等问题上取得了共识。在有关处理结果的落实问题上，海协提出，可以在调处有结果后，双方各自采取有效措施加以落实。台湾海基会副秘书长许惠镠认为，海协的这一提议已经获得双方的肯定。

12月20日

八届全国人大常委会举行第五次会议

128位常委会组成人员出席会议，全国人大常委会委员长乔石主持会议。

会议分别听取法律委员会主任委员薛驹关于公司法草案审议结果的报告，法律委员会副主任委员蔡诚关于会计法修正案草案审议结果的报告和法律委员会副主任委员项淳一关于预算法草案修改意见的汇报，还分别听取财政部副部长项怀诚关于外商投资企业和外国企业适用增值税、消费税、营业税等税收暂行条例的议案的说明，法制工作委员会主任顾昂然关于严惩组织、运送他人偷越国（边）境犯罪的补充规定草案的说明，法律委员会副主任委员厉以宁关于证券法草案的意见的汇报，对外贸易经济合作部部长吴仪关于对外贸易法和台湾同胞投资保护法草案的说明，卫生部部长陈敏章关于优生保健法草案的说明，交通部副部长郑光迪关于提请审议决定中国加入1989年国际救助公约的说明和中央军委委员、总政治部主任于永波关于军队保卫部门行使刑事侦查权有关问题的决定草案的说明。会议还审议关于召开第八届全国人大第二次会议的决定草案。

副委员长田纪云、王汉斌、倪志福、陈慕华、费孝通、孙起孟、雷洁琼、秦基伟、李锡铭、王丙乾、程思远、卢嘉锡、布赫、铁木尔·达瓦买提、李沛瑶和秘书长曹志出席会议。国务委员迟浩田、最高人民法院院长任建新、最高人民检察院检察长张思卿列席会议。

毛泽东铜像揭幕仪式在湖南韶山举行

中共中央总书记、国家主席、中央军委主席江泽民专程来到韶山出席揭幕仪式，为毛泽东铜像揭幕。

铜像高6米，底座高4.1米，通高10.1米，重3.7吨。

毛泽东国防科技思想座谈会在北京举行

中央军委副主席刘华清及国务院有关部门、解放军三总部、各军兵种的负责人和国防科技战线的老同志、专家100多人出席座谈会。

刘华清说，毛泽东是新中国的缔造者和领导者，也是新中国国防科技事业的奠基人。毛泽东国防科技思想是毛泽东思想体系的组成部分，包含着极其丰富的内容。毛泽东关于发展国防科技事业的战略思想、决策和指示是指引我们胜利前进的强大思想武器。

刘华清说，30多年来，在毛泽东思想指导下，我们在发展国防科技事业中，以发展尖端技术为重点，坚持自力更生，搞好大力协同，在很短时间内，使我国国防科技工业从无到有，从小到大，逐步建立起门类齐全、布局合理的科研、试验、生产体系，发展了包括常规和尖端在内的各类武器。

刘华清强调说，十一届三中全会以来，邓小平坚持和发展了毛泽东思想，创立了建设有中国特色社会主义的理论，对国防科技工业改革与发展作出了许多新的决策。整个国防科技工业系统在建立新体制、研制重点装备、突破高新技术、推进军民结合、扩大对外开放等方面，都取得了举世瞩目的成就。他提出的"军民结合，平战结合，军品优先，以民养军"的十六字方针，使我国国防科技工业在国民经济建设中发挥重大作用。他关于加强集中统一领导和高层决策的论述，深刻地体现国防科技工业的战略地位和发展规律。

国防科工委主任丁衡高，国家计委副主任甘子玉，国防科工委科技委主任、中国科协主席朱光亚以及张珍、王大珩、顾诵芬、何祚庥、杨千里、闵桂荣、陈次兮等专家也发言。

全国妇联在北京举行毛泽东妇女解放思想研讨会

与会专家、学者就毛泽东妇女解放思想的特征和方法，毛泽东的婚恋观和参政观、妇女权利观、妇女人才观，毛泽东妇女解放道路的思想、毛泽东关于开发妇女人力资源的思想及就业观、毛泽东妇女解放思想面临的挑战等专题进行研讨。

毛泽东历来关心妇女和妇女工作，曾多次对妇女工作提出过具体可行的建议。毛泽东生前曾谈到妇女彻底解放必须全面参与社会活动，特别是政治活动，毛泽东还曾高瞻远瞩地谈到，提高妇女素质和减轻家务负担，是妇女解放的必备条件。

全国总工会十二届二次主席团会议在北京召开

全国总工会主席尉健行在谈到明年全国总工会的工作安排时，强调要切实做好五项工作：第一，坚持以经济建设为中心，把推动经济发展放到工会工作的中心地位；第二，积极参与改革、推动改革，重点是推动国有企业转换经营机制和建立现代企业制度；第三，在建立稳定的劳动关系，维护职工合法权益，保持社会政治稳定中发挥积极作用；第四，加强立法参与和政策参与，充分发挥工会民主渠道和社会调节作用；第五，加强职工队伍建设。

这次主席团会议主要是联系工会工作实际，学习讨论贯彻中共中央十四届三中全会的《决定》，研究确定全总1994年的工作要点。会议还听取关于深圳“11·19”特大火灾事故的调查报告，讨论加强外商投资企业工会工作问题。

全国检察长工作会议在北京举行

最高人民检察院检察长张思卿强调，集中力量查办贪污贿赂大案要案，查办发生在党政领导机关和司法部门、行政执法部门、经济管理部门工作人员中的犯罪案件，仍然是反腐败的重点，也是检验检察机关是否敢动真格的标志。

全国检察机关在反腐败斗争中有这样三个特点，一是重点查办了发生在党政领导机关、司法部门、行政执法部门和经济管理部门工作人员的贪污贿赂等犯罪案件，1至11月共立案侦查构成贪污贿赂等经济犯罪的党政机关工作人员5426人，如平顶山市副市长王乃斌贪污、受贿、巨额财产来源不明案，图们市委书记梁凤植索贿、受贿案等；共立案侦查贪赃枉法、索贿受贿、非法拘禁人质而构成犯罪的司法人员1631人。

检察机关打击经济犯罪的另一个显著特点是直接查办了一批机关单位走私犯罪案件，这其中有的是地方党政主要领导人直接组织、指挥走私，有的是边防、海关等缉私部门走私。通过办案，引起了社会各界的关注，有效地遏制了走私犯罪的嚣张气焰。各地检察机关还查办了一批在改革开放和建立新的经济体制过程中发现的严重危害经济秩序的重大犯罪案件，如查办了一批在整顿金融秩序和加强证券市场、房地产市场管理过程中发现和揭露出来的贪污、贿赂、挪用公款等犯罪案件，还查办了54件骗取国家出口退税犯罪案件，查处了3284件假冒商标罪案。

全国林业厅局长会议在长沙召开

林业部部长徐有芳在会上讲话说，一年来，林业改革和建设取得新进展，预计全年完成造林8382万亩、义务植树24.3亿株，造林质量进一步提高，重点工程建设进展显著，林业总产值预计可超过1400亿元以上，产业结构也得到进一步调整。

按照建立社会主义市场经济体制的要求，林业部在这次会议上提出，在建立新的林业管理体制和运行机制的进程中，要本着有利于做到“一个推进，二个坚持，三个加强”的原则来研究工作，深化改革，即积极推进林业产业进入市场，坚持经济、生态、社会三大效益的统一，坚持全社会办林业、全民搞绿化，加强对林业的经济支持，加强对林业的行政保护，加强对林业的宏观调控。

林业部要求各地在当前注意抓好三个方面的改革：一是林业生产经营单位逐步建立现代企业制度，大力增强企业活力，在创造比较宽松的外部环境和有效的约束机制同时，下力气深化内部改革；二是充分发挥市场对资源配置的基础性作用，着力把林业产业推向调整结构、依靠科技、提高效益的新阶段，朝高产优质高效发展；三是积极培育和发展适应林业特点的市场体系，实行贸工林一体化发展，做到林业资源的充分合理开发利用和林业产品的多层次增值。

全军后勤工作会议在北京召开

中央军委委员解放军总后勤部部长傅全有强调，军队后勤工作要适应社会主义市场经济新形势，深化改革，搞好服务，提高效益，努力实现“保障有力”的总要求。

傅全有指出，1993年的全军后勤工作在中央军委和部队各级党委的正确领导下，深入贯彻党的十四大精神，圆满完成了各项任务，取得可喜成绩。

傅全有强调，明年全军后勤要认真贯彻党的十四届三中全会精神，以邓小平建设有中国特色社会主义理论和新时期军队建设思想为指导，按照江泽民提出的“政治合格、军事过硬、作风优良、纪律严明、保障有力”的总要求，注重质量建设，牢固树立战斗队思想、服务思想和过紧日子思想，坚持艰苦奋斗、勤俭建军，努力取得新成绩。总后勤部政委周克玉主持会议。

国务院决定将中国民用航空总局和国家税务总局定为正部级机构

海协会海基会就两岸劫机犯遣返等事宜在台北继续进行工作性商谈

12月20日晚至21日凌晨，海峡两岸关系协会与台湾海基会商谈人员约定商谈。在劫机犯遣返的商谈中，双方对已达成的大部分共识在文字上寻求比较一致的和更精确的表达，对尚待解决的问题进一步交换意见，并确定这项协议体例的基本框架。

在工作性商谈中，两会商谈人员对违反有关规定进入对方地区人员的遣返及相关事宜进行讨论。海协副秘书长孙亚夫介绍说，双方在商谈中已基本确定了这项协议体例的框架，主要包括联系方式、遣返原则、遣送对象、被遣送人员的身份查核、遣返事宜的答复期限、运送方式、交接地点、因虐待致伤致残的责任赔偿，以及如何共同打击以营利为目的唆使、组织、运送他人进入对方地区的犯罪分子等内容。

两会商谈人员还就两会商定会务人员出境便利办法基本达成一致意见，待两会认可后即可生效执行。这个办法是依据“汪辜会谈”签署的《两会联系与会谈制度》第五条制订的。

外交部部长钱其琛在钓鱼台国宾馆同乌兹别克斯坦外交部长赛·赛义德卡西莫夫举行会谈

国务院副总理钱其琛在钓鱼台国宾馆会见柬埔寨王国第一首相诺罗敦·拉那烈亲王和夫人

12月21日

学习研究毛泽东思想的重要文献集《毛泽东文集》等在全国发行

为纪念毛泽东诞辰100周年，经中共中央批准编辑的《毛泽东文集》、《毛泽东军事文集》、《毛泽东读文史古籍批语集》和编撰的《毛泽东年谱(1893—1949)》已经出版，从即日起陆续在全国各地发行。

《毛泽东文集》是继《毛泽东选集》一至四卷之后又一部综合性的多卷本毛泽东著作集。它编入《毛泽东选集》一至四卷以外的重要文稿，是从保存下来的毛泽东大量文稿中精选出来的。

《毛泽东文集》由中共中央文献研究室编辑，人民出版社陆续出版。其选稿起自1921年，迄至1976年。1993年出版的是第一卷和第二卷。

经中共中央和中央军委批准编辑的《毛泽东军事文集》，是迄今编辑出版的毛泽东军事著作集中最系统最全面的一部。这部文集由中共中央文献研究室和中国人民解放军军事科学院编辑，军事科学出版社和中央文献出版社出版。

《毛泽东读文史古籍批语集》由中共中央文献研究室编辑，中央文献出版社出版。

《毛泽东年谱(1893—1949)》，由中共中央文献研究室编撰，人民出版社和中央文献出版社出版，分上、中、下三卷，约140万字。这是国内外第一部详细记述毛泽东的思想和生平业绩的编年体著作。

中央调查组汇报各地各部门反腐败情况

记者从中央纪委、监察部获悉，为推动反腐败斗争的深入开展，中央于1月下旬至12月中旬，从中央和国务院直属单位、人大、政协、中央纪委、最高法院、最高检察院，抽调负责干部和工作人员，并有民主党派负责人和非党民主人士参加，组成20个调查组，先后分赴20个部、委和20个省、市，对当前反腐败工作的进展情况进行督促检查。从总的情况看，自党中央8月下旬作出近期反腐败斗争三项任务的部署以来，各地区、各部门积极行动，结合实际迅速贯彻，采取措施狠抓落实，发展的势头是好的，反腐败斗争已取得了一定成绩。最近，分批召开了调查组检查情况的汇报会，尉健行、任建新、罗干、李贵鲜、张思卿和有关方面的负责同志听取了汇报。

从调查组汇报的情况看，四个月来，在党中央的领导下，全党一起抓，人民群众积极支持，反腐败斗争有了一个良好的开端，腐败现象滋生蔓延的势头初步得到遏制，反腐败的三项任务在不同地区、不同部门取得了不同程度的效果。各级领导干部通过自查自纠，进一步规范了自己的行为，普遍受到了一次党风和廉政建设教育。案件查处的力度增强，查结了一批大案要案。清理并公布了一批乱收费的项目，公款出国出境旅游的不正之风初步刹住。一些部门和行业结合各自的实际对群众反映强烈的不正之风进行了重点整治。经过这几个月的反腐败斗争，广大群众和干部对反腐败的信心有所增加，认为只要认真按照中央的要求扎扎实实地抓下去，腐败现象定能得到逐步遏制，党风廉政建设定会取得越来越明显的成效，从而更好地保证改革开放和经济建设的顺利进行。

从调查的情况看，近期反腐败斗争的目标还有很多工作要做。有的地方和部门对反腐败斗争领导不够得力，工作进展比较迟缓，效果不够明显；地区之间、部门之间工作进展不平衡，有的地区和部门领导干部廉洁自律不够认真，自查出的问题有些还未纠正；查处大案要案的任务还很重;群众反映强烈的不正之风,有的行业还未见好转。总之,认识上、工作上、政策上还存在着不少需要花力气解决的问题。

经过调查,大家认为,要取得近期反腐败的明显阶段性成果,在春节前这一个多月的时间里,还需要做扎实的工作,还应坚持不懈地作进一步的努力。同时要和抓清正廉洁地过好元旦、春节两个节日的工作结合起来,以进一步巩固和发展前一阶段的成果。

大家还认为,中央派调查组到各地区各部门对反腐败的情况进行督促检查和调查研究,是促进反腐败深入开展的一个重要措施。调查组有各方面的人士参加,这也是一条成功的经验。

中纪委监察部在北京召开中央和国家机关纪检组长监察局长会议

中共中央纪委书记尉健行在会上讲话时强调,我们既要实事求是地充分肯定这一阶段全党抓反腐败取得的成效,又要看到要全面实现中央提出的目标,任务还很繁重,必须继续抓紧工作,绝不可有丝毫松懈。

会议以邓小平建设有中国特色社会主义的理论为指导,贯彻落实党的十四届三中全会精神,按照中央关于近期反腐败斗争的部署,回顾这一阶段工作的情况,重点研究春节前这段时间加大力度,继续深入地抓好反腐败斗争的问题。

尉健行在分析这阶段反腐败斗争的形势时指出,从全国来看,反腐败已取得一定成绩,中央提出的三项工作已在不同程度上取得成效,各种消极腐败现象有所收敛。绝大多数县处级以上领导干部在民主生活会上对照廉洁自律五条规定进行自查,查出并纠正了一些问题,受到一次生动的党风廉政教育,明确了行为规范,群众的参与意识大大增强,信访举报大幅度上升,查处和公布了一些重要案件,严惩了一批腐败分子。各地、各部门基本摸清了行政性乱收费和用公款出国(境)旅游的底数,废除了一大批乱收费的项目,制止了一些用公款出国(境)旅游的团组,一些带有行业特点的不正之风有所收敛,其他消极腐败现象也受到不同程度的遏制。总的势头是好的,发展是健康的。

会议由中央纪委副书记侯宗宾主持,中央纪委副书记陈作霖、曹庆泽、王德瑛、徐青等出席会议。

全国政法工作会议在北京举行

中共中央书记处书记、中央政法委员会书记任建新提出,1994 年政法战线的主要任务是:贯彻落实党的十四届三中全会精神、坚持"两手抓、两手都要硬"的战略方针,适应建立社会主义市场经济体制的要求,加强和改革政法工作,强化人民民主专政职能,坚决打击敌对势力和各种犯罪活动,在反腐败斗争中抓紧查处大案要案,大力推进社会治安综合治理,加强对社会主义市场经济的法律保障和服务,进一步维护政治稳定和社会的安定。

中央政法委员会副书记罗干在会上传达中央政治局常委会关于加强政法工作的指示。中央政法委员会委员张思卿、贾春旺、陶驷驹、肖扬、束怀德、周子玉以及各省、自治区、直辖市,人民解放军和中央国家机关有关部委的领导出席会议。

今年以来严重影响治安秩序和群众生命财产安全的大案和恶性案件增长幅度较大,危害严重。全国重大刑事案件比去年同期上升 17.5%,车匪路霸活动仍很严重,盗窃案件居高不下,特大诈骗案增多。团伙犯罪猖獗,有些带有明显的黑社会性质。

任建新认为,随着改革的不断深化和利益关系的调整,还会出现一些新的矛盾和问题。我们务必保持清醒头脑,正确分析和判断形势,居安思危,未雨绸缪,把维护社会稳定的工作做实做细。他要求政法机关采取有力措施,坚决纠正打击不力问题,强化"严打"斗争,依法从重从快惩处严重危害社会治安的刑事犯罪分子,为人民群众提供安居乐业的环境。1994 年的"严打"斗争要以"破大案、打团伙、追逃犯"为重点。各地要针对当地的突出问题,组织集中打击或专项斗争,从而有效地遏制大案和恶性案件急剧上升的势头。

全国各级政法部门明年将广泛推行工作和办案责任制,特别是错案追究制。这是全国政法工作改革的具体措施之一。

任建新说,改革决策要与立法决策紧密结合,要抓紧制定《警察法》、《法官条例》、《检察官条例》、《律师法》、《监狱法》、《公证条例》、《赔偿法》,加快刑法、刑事诉讼法的修改工作。

全国人事厅局长会议在北京举行

国务委员李贵鲜出席会议,并着重就建立和推行公务员制度问题讲话。

人事部长宋德福在会上作题为《加大改革力度,加快改革步伐,建立与社会主义市场经济体制相配套的人事管理体制》的报告,提出人事制度改革的新思路:建立健全分类管理的人事制度、科学合理的工资分配制度、多层次的社会保险制度和宏观人事管理体系、人才市场体系、人事法规体系。

国务院副总理李岚清在北京与出席全国经济管理干部教育研究会第七届年会暨第十期院长研究班的代表座谈

李岚清指出,成人教育是整个教育工作的重要组成部分，这是由具有中国特色的宏观教育结构所决定的。我们要使成人教育成为青年成才的一条“阳关大道”和干部继续教育的重要手段。

在谈到如何办好成人教育时，李岚清说，要注重理论联系实际，改变封闭式教育方法，特别是为适应建立社会主义市场经济需要，要培养大批实用型专业人才，培养懂技术懂经济又懂管理的复合型人才。

民进九届二中全会在北京举行

全国人大常委会副委员长、民进中央主席雷洁琼代表中央常委会向大会作工作报告。雷洁琼说，一年来，民进就中国的经济建设和精神文明建设等问题提出意见和建议，受到党中央和国务院的重视。民进还在各项立法、执法工作中发挥协商、监督作用，一年来，先后对《教师法》、《教育法》、《社会力量办学条例》、《国家赔偿法》等法律、法规提出修改意见。

全会通过的“中国民主促进会第九届中央委员会第二次全体会议决议”认为，《邓小平文选》第三卷出版，具有重大的现实意义和深远的历史意义；中共十四届三中全会作出的中共中央关于建立社会主义市场经济体制若干问题的决定，是指导中国加快社会主义现代化建设和改革开放的跨世纪的纲领性文件；全会要求民进全体同志把学习《邓小平文选》和学习《决定》结合起来，并积极贯彻落实。决议指出，民进作为参政党要履行参政、监督的政党功能，团结一切可以团结的力量，调动一切积极因素，发挥民进在教育、文化、出版等方面的优势，为加强社会主义物质文明和精神文明建设，为维护安定团结的政治局面作出新的更大的贡献。

全国政协副主席、民进中央名誉主席赵朴初出席民进中央参议委员会常委座谈会，并讲话。

民进中央副主席陈舜礼、葛志成、楚庄、叶至善、梅向明、陈难先、冯骥才、邓伟志、许嘉璐等出席会议。

中共中央统战部副部长刘延东、国家体改委副主任王仕元到会讲话。

国务委员陈俊生在湖南考察

陈俊生于21日至24日在湖南就当前粮食市场、农业和农村经济发展问题进行考察。陈俊生说，原来粮收购价过低，粮价适当上浮，使农民生产的粮食能卖个好价钱，这本来有合理的一面，但有些地方的粮价在短时期内连续暴涨，这就不正常了。

陈俊生指出，今年全国粮食总产量预计超过4500亿公斤，目前国家收购粮食的数量大体与去年同期持平，合同定购已完成计划的80%，国库存粮充裕，有足够的粮食确保供应。

陈俊生说，为什么有些地方粮价会大幅度上涨呢？据各地反映，一是部分粮食主要销区粮价上涨的拉动；二是一些农民听说明年要提价而产生的惜售心理，当然也有局部受灾的影响；三是国营粮食部门虽然在购销方面做了大量的工作，但没有更好地发挥主渠道作用。

陈俊生强调，为迅速平抑某些地区不合理的粮价暴涨，保护生产者和消费者两方面的利益，必须加强宏观调控，确保市场稳定。

陈俊生提出，在安排明年生产时，一定要在确保粮食稳定增长前提下来调整农村产业结构，发展高产优质高效农业。他还指出，现在是严冬季节，各地在大好形势下一定要安排好灾区群众生活，特别要解决好灾民的口粮供应问题。

随同陈俊生考察的有国务院研究室副主任杨雍哲、农业部副部长张延喜等。

12月22日

中央统战部在北京举行首都知识界纪念毛泽东诞辰100周年座谈会

知识界代表张光斗、马大猷、郝诒纯、李林、胡启恒、新凤霞、于是之等在座谈会上发言。

与会者谈到，毛泽东早在五十年代就发出向科学进军的号召，使我国建立起门类齐全，有相当水平的科技队伍，并在“两弹一星”等高科技领域取得巨大的成果。

中共中央统战部常务副部长蒋民宽也在座谈会上讲话。参加座谈会的有知识界老前辈、中科院学部委员、研究员等二百人。

全国总工会在北京召开纪念毛泽东诞辰100周年座谈会

五十多位工会干部和聆听过毛泽东教诲的劳动模范、老工人和老工会工作者深情缅怀毛泽东的丰功伟绩，重温毛泽东的工运理论，决心以邓小平建设有中国特色社会主义理论为指导，全面贯彻党的基本路线，牢牢把握经济建设这个中心，在建立社会主义市场经济体制过程中，进一步发挥工人阶级的主力军作用，在以江泽民为核心的党中央领导下，为推进改革开放、经济建设、社会稳定做出更大贡献。

中共中央政治局委员、全总主席尉健行，全国人大常委会副委员长倪志福，全总副主席张丁华等出席座谈会。原全国总工会副主席顾大椿、陈宇，原全总书记处书记陈用文，中央党校一部主任、原中共中央职工运动委员会干部杨长春，北京红都时装公司特级技师田阿桐，北京西安饭庄工人刘广通，北京市房管局房修一公司工人万其祥，先后在座谈会上发言。

共青团中央在北京中央团校召开毛泽东与青年座谈会

曾在共青团岗位上工作过的老同志、毛泽东同志接见过的中央团校老学员代表、从事毛泽东思想和青年运动研究的专家学者及团中央书记李克强等约40人参加座谈会。

与会者缅怀毛泽东对青年的关心和爱护，重温毛泽东关于青年和青年工作的教诲。大家认为，毛泽东关于青年的特点、青年在革命和建设中的地位和作用、青年成长的方向、青年成才的途径以及共青团工作原则的论述，至今仍有重要的现实指导意义。

毛泽东诗词艺术碑廊在长沙落成

碑廊全长198米、宽1.8米，设廊亭四座，廊中嵌毛泽东诗词对联书法艺术碑刻100块，镌刻已正式发表的毛泽东诗词、对联和书法作品104件。计有诗词57首，其中手迹38首；对联24副，其中手迹一幅；毛泽东手书的古诗词23首。

中共甘肃省委八届一次会议选举阎海旺为省委书记

国家土地局国家体改委联合发出加强境外上市企业土地资产管理的通知

国家土地管理局与国家体改委日前发出的通知的内容涉及四个方面，即这些境外上市公司中国有土地资产的评估权限和程序；国有土地资产的处理方式；土地使用权折股的方法和比例；土地使用权的变更登记。

按照规定，所有在境内成立并经批准到境外上市的股份制试点企业，其土地资产的评估工作，由国家土地管理局统一组织进行。程序为首先由企业或指定的国有土地资产持股单位提出评估申请，并提交有关土地使用权的登记证明，再由企业从国家土地管理局推荐的评估机构中选择一家进行土地资产评估，评估结果报国家土地管理局确认。

通知规定，境外上市股份制试点企业中国有资产的处置方式，一是以土地使用权作价入股。企业以出让方式取得的土地使用权作价入股，土地资产折为法人股。二是租赁。国家以租赁方式将土地使用权租赁给股份制企业有偿使用时，每年收取相应租金。企业通过出让方式获得土地使用权后，可以将该使用权出租给股份公司。

通知对作价入股的国有土地使用权折算的股本金数量和比例也有明确规定。数量不得低于审核确认的土地资产总额除以股票的溢价倍数；比例不应低于土地资产总额占进入股份制企业的国有资产总额的比例。

通知还规定，改组后的境外上市股份制企业必须在取得国家土地管理局关于土地资产确认和折股的批复后，才能向县以上人民政府土地管理部门申请变更登记。

党和国家领导人江泽民等参加北京市基层人代会换届选举

党和国家领导人江泽民、邓小平、陈云、李瑞环、胡锦涛、荣毅仁等和群众一起在中南海怀仁堂投票站参加投票选举。

在怀仁堂参加投票选举的还有丁关根、杨白冰、温家宝、万里、宋平、薄一波、宋任穷、任建新等。

正在外地考察的国务院总理李鹏委托国务院秘书长罗干代为投票。

在紫光阁投票的还有：朱镕基、田纪云、邹家华、钱其琛、李岚清、李铁映、姚依林、陈慕华、宋健、李贵鲜、陈俊生、罗干、吴学谦等中央领导。

参加大会堂投票站投票的还有乔石、王汉斌、费孝通、孙起孟、雷洁琼、李锡铭、程思远、卢嘉锡、布赫、李沛瑶等。彭真委托工作人员投票。

刘华清、张震、秦基伟、迟浩田、洪学智、廖汉生等来到中央军委选区投票站参加选举投票。

杨尚昆等在军委办公厅流动票箱投票。

中国和加拿大纺织品贸易谈判在温哥华举行

双方就中加纺织品协议1993年到期后的安排达成一致意见，签署中加纺织品协议延长一年的纪要。

外经贸部新闻发言人苗复春就关贸总协定乌拉圭回合谈判结果发表谈话

苗复春指出，乌拉圭回合谈判的顺利结束，是中国政府一直所希望的，并给中国的复关进程带来更大的紧迫性。

苗复春说，乌拉圭回合是关贸总协定于1986年发起的多边贸易谈判。其主要目的是制止保护主义，减少和取消关税、数量限制和其他贸易壁垒，改善进入国际市场的条件，进一步放宽和扩大世界贸易。

苗复春指出，乌拉圭回合谈判的结束，将有利于制止贸易保护主义的蔓延，促进国际贸易发展和世界经济的增长，也为正在进一步改革开放和快速发展的中国经济创造了一个相对稳定的国际贸易环境。因此，中国政府一直希望乌拉圭回合多边贸易谈判顺利结束。

苗复春说，中国一贯主张加强多边贸易体制，反对单边贸易报复，反对贸易保护主义。这个主张和乌拉圭回合的宗旨是一致的。中国作为乌拉圭回合的全面参加方之一，按谈判程序提交了服务贸易初步承诺开价单、农产品和非农产品减汇的开价单，履行了应尽的义务，与其他参加方一道，共同为乌拉圭回合谈判的结束作出了贡献。

苗复春说，乌拉圭回合的结束给中国的复关进程带来了更大的紧迫性。由于中国是乌拉圭回合的全面参加方，只有尽快恢复中国在关贸总协定中的缔约国地位，中国才能顺利地签署乌拉圭回合的最后协议，并履行协议规定的各项义务，从而有利于扩大乌拉圭回合谈判的成果，加强以新的世界贸易组织为代表的多边贸易体制的全面性。

“李四光地质科学奖”第三次颁奖大会在北京科学会堂举行

中共中央书记处书记温家宝、中国科协主席朱光亚、地矿部部长朱训等向18位获奖者颁奖。他们是：张宗祜、肖序常、刘光鼎、袁秉衡、康玉柱、王光宇、杨明桂、何伯墀、祝延修、钱佐国、许惠龙、殷鸿福、刘国栋、夏林圻、张文堂、江天寿、何继善、王维襄。

该奖项是中国地质行业最高层次的荣誉奖励，每两年评选一次。这次评出的18位获奖者是从地质行业12个部门申报的53名申请者中产生的，分别来自地矿、石油、煤炭、有色金属、黄金、化工、地震、中国科学院等部门的18个单位。

中国武协在北京举行中华武林百杰评选座谈会

12月23日

中央国家机关工委在北京召开纪念毛泽东诞辰100周年座谈会

曾当过毛泽民主席秘书的林克、罗光禄、李智盛等老同志，谈了毛主席对中央国家机关的关怀和具体领导以及自己接受毛泽东思想教育的体会。

中央国家机关工委常务副书记刘正威在会上讲话。他说，毛泽东诞辰100周年，最好的纪念就是坚持和发展毛泽东思想，全面贯彻党的十四大精神，坚持党的基本路线一百年不动摇。

拉萨举行重温毛泽东民族宗教政策报告会

民盟七届二中全会在北京举行

全会以邓小平建设有中国特色社会主义理论为指导，认真学习《中共中央关于建立社会主义市场经济体制若干问题的决定》和全国统战工作会议精神，审议并通过中国民主同盟中央委员会副主席丁石孙同志代表中央常务委员会所作的工作报告，并讨论了明年的工作。

全会肯定了民盟一年来在参政议政、民主监督、面向社会为两个文明建设服务和加强自身建设方面所取得的成绩，号召全盟在新的一年里继续坚持和完善中国共产党领导的多党合作和政治协商制度，以经济建设为中心，加强调查研究，在宏观决策、国是咨询、人才举荐、民主监督、反腐倡廉、文化教育、精神文明建设等方面，努力开拓参政议政的新思路，各级盟组织要通过有效的工作，协助中共组织和政府做好协调关系，沟通思想，理顺情绪，化解矛盾的工作，巩固发展团结、稳定、和谐的政治局面。

海协会副秘书长孙亚夫就海协会与台湾海基会在台北进行的工作性商谈事接受新华社记者专访

孙亚夫指出，经过双方的共同努力，海协与台湾海基会这次在台北进行的工作性商谈取得了积极进展。海协本着“相互尊重、平等协商、实事求是、求同存异”的精神，为商谈取得成果作出了很大的努力，表现了极大的诚意。

孙亚夫是在结束了与海基会的工作性商谈、即将返回北京之前说这番话的。

在这次工作性商谈中，两会就两岸劫机犯的遣返，违反有关规定进入对方地区人员的遣返及相关问题，两岸海上渔事纠纷的协商处理，两会商定会务人员入出境便利办法等四项议题进行了商谈，并就《汪辜会谈共同协议》规定的共同打击台湾海峡海上走私、抢劫等犯罪活动，两岸知识产权保护，两岸有关法院之间的联系与协助，台商在大陆投资权益及相关问题等方面的议题交换了意见。

孙亚夫认为，这次在台北进行工作性商谈是落实汪辜会谈有关协议的一个步骤，也是两会联系与往来的一个进步。

孙亚夫说，经过双方共同努力，这次商谈巩固了两会11月份厦门商谈达成的重要共识，例如劫机犯原则上必须遣返；同时，通过商谈，双方的共识进一步增加，有关两岸劫机犯遣返、违反有关规定进入对方地区人员的遣返及相关问题都已经拟定了协议体例的基本框架，有关两岸劫机犯遣返问题协议的绝大部分共识的文字已经过了斟酌和推敲。

孙亚夫指出，这次商谈与11月份厦门商谈相比，一个很大的特点是双方都努力寻求能使双方接受的解决问题的办法；虽然这次商谈还存在着分歧，还有一些问题没能解决，但双方为解决这些问题也作了很大的努力，为下次商谈打下了良好的基础。同时，海协还提出了与海基会协商下次商谈的时间和地点的建议。

孙亚夫强调，这次商谈虽然没有达成协议，但成果仍然是丰硕的，我们认为商谈取得了阶段性的积极成果。这次商谈在台北举行，得到了绝大多数台湾同胞的理解和支持，说明发展两岸关系是两岸同胞的共同心愿。

孙亚夫最后表示，海协商谈小组在台北期间，台湾同胞和社会各界给予了热情的欢迎，也提供了很多帮助。他说："我们在此通过新闻媒体向台湾同胞和关心两岸关系发展的人士表示衷心的感谢。新年将临，我们商谈小组预祝台湾同胞和各界人士新年愉快、诸事如意。"

外交部部长钱其琛在北京会见印度前外交部长蒂瓦里

外交部发言人吴建民就英国广播公司播放电视片恶毒攻击毛泽东等事答记者问

吴建民在记者招待会上表示，中国台北作为中国的一个单独关税区加入关贸总协定问题，只能在中国复关后得到解决。吴建民在应记者要求就台湾当局正努力争取先于大陆加入关贸总协定一事发表评论时作此表示的。

吴建民说，关于中华人民共和国恢复关贸总协定缔约国地位和其单独关税区"中国台北"加入总协定问题，经总协定缔约方与中国方面磋商，已达成协议，体现在 1992 年 9 月的总协定理事会主席声明中。吴建民说，该声明确认了一个中国的原则，并规定总协定理事会应首先通过中华人民共和国的议定书，确保在中华人民共和国复关后再审议"中国台北"入关。

有记者问：英国广播公司为其播放恶毒攻击毛主席的电视片进行辩解。你对此有何评论？中方是否已向英国政府和英国广播公司提出抗议？

吴建民说，毛主席是中国人民的伟大领袖，是深受中国各族人民爱戴的民族英雄和世界人民尊敬的伟人，没有毛主席就没有新中国。他说，英国广播公司选择在中国人民隆重纪念毛主席诞辰 100 周年之际播放这部对毛主席进行恶毒诽谤和中伤的片子，反映了电视片作者对中国人民的仇视和反对中国的政治用心。

吴建民说，电视片制作的手法也很卑劣，画面与文字解说毫不相干，搞移花接木，这是电视片作者和英国广播公司缺乏新闻道德的表现。

国务院中央军委发布晋授少将警衔命令

公安部在北京举行仪式，宣布国务院、中央军委命令，晋升和授予孙中国等 12 人为武警少将警衔。

这次由武警大校警衔晋升为武警少将警衔的有：武警学院院长孙中国，武警部队副参谋长兼北京市总队总队长孟振德，武警部队政治部副主任呼延振邦，武警部队后勤部副部长张志华，武警部队纪律检查委员会专职副书记朱新加，公安部边防局副局长刘殿玉，武警学院副院长刘良顺，武警黄金指挥部副主任蒋志，武警黄金指挥部副主任严焰南，武警水电指挥部政治部主任李克忠，武警西藏自治区总队政治委员章珠；被授予武警少将警衔的还有公安部消防局局长刘式浦。

授衔仪式由公安部党委委员、武警部队司令员巴忠倓中将主持；公安部副部长田期玉宣读国务院、中央军委的命令。

中央军委颁发修订的《军队基层建设纲要》

经中央军委主席江泽民批准，人民解放军总参谋部、总政治部、总后勤部共同修订的《军队基层建设纲要》日前颁发全军试行。

对《纲要》进行修订，是军委加强基层建设的一项重大举措。原《纲要》试行、正式颁发五年来，对规范、指导和促进基层全面建设、提高部队战斗力发挥了积极作用。随着形势的发展，特别是党的十四大以后，军委对军队建设作出了一系列重大决策，迫切需要对《纲要》进行修订，以指导基层建设更好地发展。修订后的《纲要》，着眼国家建立社会主义市场经济体制和军队确立新时期军事战略方针对基层建设的客观要求，紧紧围绕提高部队战斗力这个主题，充分体现了邓小平关于新时期军队建设的思想，在继承我军优良传统的同时，总结、吸收了近几年基层建设的新鲜经验，正确处理了与条令条例及其他法规性文件的关系，反映了基层建设的客观规律，是当前和今后一个时期基层建设的基本准则和依据。

修订后的《纲要》共分四个部分：一、基层建设的标准；二、必须做好的经常性主要工作；三、基层建设的检查、评比方法；四、领导机关指导和帮助基层的具体要求。

12 月 24 日

中共中央总书记江泽民国务院总理李鹏等在北京与出席全国政法工作会议的部分代表座谈

各省、自治区、直辖市党委主管政法工作的负责人和政法委的领导，中央政法委员会委员，中央、国家机关有关部门和解放军各大单位的负责人，中政委机关有关领导等出席座谈会。

座谈会由中共中央书记处书记、中央政法委书记任建新主持。中央政法委副书记束怀德作汇报发言。北京市委常委、政法委书记汪统，广东省委常委、政法委书记陈绍基，上海市委常委、公安局长朱达人，贵州省委常委、政法委书记胡克惠也结合本地政法工作先后发言。

江泽民、李鹏在听取大家的发言后，分别讲话。

中共中央总书记江泽民指出，政法工作历来同国际国内形势变化联系很紧密。现在，经济因素在国际关系中的地位明显上升，大变动中对我有利的因素明显上升，中国在世界多极格局中的战略地位明显上升，这些都是我们加快改革和发展的有利的外部条件。关于国内形势的特点，我说过四句话，就是经济发展，政治稳定，民族团结，社会进步。党的十四届三中全会，提出了建立社会主义市场经济体制的宏伟蓝图，预示着改革开放将要向更深层次、更广范围推进。只要我们工作做得好，可以肯定国内的形势会一年比一年好。

江泽民说，随着明年改革步伐的加快，维护政治稳定和社会安定的任务更加繁重。各级领导要善于及时地、正确地分析形势，保持清醒头脑，不断总结经验，及早发现问题，预谋良策，始终掌握斗争的主动权。

大家一定要以对党、对国家、对民族高度负责的态度，来认识社会政治稳定的重要性，坚持“两手抓、两手都要硬”，及时消除不安定因素，继续保持稳定的社会环境，保证改革开放和现代化建设的顺利进行。在讲到政法战线面临的紧迫任务时，江泽民说，第一，必须高度重视维护政治稳定和国家安全的工作；第二，坚持“严打”方针，严厉打击各种刑事犯罪；第三，正确处理新时期的人民内部矛盾，消除各种不安定因素；第四，深入开展反腐败斗争，切实抓出阶段性成果；第五，进一步加强法制建设。

江泽民说，政法部门是人民民主专政的一个重要机构。要维护社会政治安定的大局，没有政法机关这个强有力的“拳头”是绝对不行的。但是，只靠政法机关的工作也是不够的。紧紧依靠群众维护社会政治稳定，历来是我们政法工作的一大优势和优良传统。在新的历史条件下，我们要继续保持这一优势，发扬这一传统。在政法工作中坚持走群众路线，不能满足于一般号召，而要在新形势下逐步摸索出一套行之有效的办法来。

江泽民指出，要切实抓好政法队伍自身建设。政法部门和政法队伍不仅处在改革开放与商品经济的大环境中，而且直接处在同违法犯罪和种种腐败现象进行斗争的第一线，加强自身建设十分重要。我们的政法队伍，是一支得到党和人民信任的好队伍。绝大多数干警忠于党忠于人民，是廉洁奉公的，为党为人民作出了无私奉献。但极少数人的腐败问题也不容忽视。如果政法工作人员知法犯法，执法犯法，危害尤烈。所以，政法部门的各级领导同志，一定要用很大的精力抓好政法队伍建设。各级政法部门的领导班子要通过抓好自身建设，真正做到政治过硬、作风过硬、工作过硬。

江泽民强调，要加强和改善党对政法工作的领导。这是我们始终不渝地坚持的一个原则。在整个改革开放和现代化建设过程中，政法工作只能加强，不能削弱。各级党委要大力加强对政法工作的领导和支持，最重要的是领导和支持政法部门坚持“一个中心、两个基本点”的基本路线，领导和支持政法部门排除阻力和干扰，严格执行法律。要用邓小平建设有中国特色社会主义理论武装起来，根据建立社会主义市场经济体制的新形势，加强对政法工作的调查研究，特别要注意研究当前社会矛盾的新发展和新变化，研究在改革开放进一步深入的情况下，由于利益格局调整引发的新的不稳定因素，进行有力的方针政策指导。要在中央和各级党委的领导下，有计划、有步骤地推动政法工作的改革，适应现代化建设的需要。各级党委和政府要关心和帮助政法部门解决工作中的困难和问题。

江泽民指出，各级党委政法委员会是加强党对政法工作领导的一种好的组织形式。在党的统一领导下，协调政法各部门的力量，发挥人民民主专政的整体功能，是我们党的一条历史经验，在新形势下，仍然需要发扬光大。

国务院总理李鹏强调，各级党政领导特别是政府主要负责人都要十分重视政法工作，加强对政法工作的领导，并给予有力的支持，解决工作中的困难。各级政法部门要进一步加强自身建设，真心实意地为群众服务，赢得群众的拥护，在工作中紧密依靠群众，同时要保护敢于同犯罪分子作斗争的群众。要坚决打击犯罪团伙，特别是决不能允许“黑社会”在我们社会里存在，一旦发现就要坚决把它消灭在萌芽状态。

李鹏说，我们吸引外资，主要靠改善投资环境，靠广阔的市场，决不能靠牺牲精神文明来吸引外资。

李鹏强调，要从各方面加强工作，维护稳定，保障社会主义市场经济的顺利发展。他说，维护政治稳定，首先要统一各级领导干部的认识，用《邓小平文选》第三卷中关于坚持“两手抓”的论述武装全党同志特别是各级领导干部的思想。第二，要依靠群众，依靠广大人民群众是我们克敌制胜的重要法宝。第三，要十分重视加强基层党政组织建设。第四，要充分发挥政法部门的职能作用。

李鹏说，建立社会主义市场经济体制，是一项崭新的事业和庞大的系统工程，需要各方面的协调和配合，尤其需要政法工作提供良好的社会环境和有效的法律保障与法律服务。

国务委员罗干、最高人民检察院检察长张思卿等领导也出席座谈会。

中共浙江省委九届一次会议选举李泽民为省委书记

最高人民法院发出关于深入贯彻执行《中华人民共和国著作权法》几个问题的通知

各省、自治区、直辖市高级人民法院：

自《中华人民共和国著作权法》颁布实施以来，各地人民法院按照最高人民法院"关于认真学习、宣传和贯彻执行著作权法的通知"要求，积极开展工作，正确、及时地审理了一批著作权案件，保护了当事人的合法权益，取得了较好的效果，并积累了一些经验。当前我国已相继加入《伯尔尼保护文学和艺术作品公约》、《世界版权公约》、《保护录音制作者防止未经许可复制其录音制品公约》等国际著作权条约，并与美国签订《中美关于保护知识产权的谅解备忘录》。形势的发展要求各级人民法院的民事审判人员，进一步提高著作权理论水平，增强审理著作权案件的业务能力，以适应审判工作的需要。

由于计算机软件著作权保护的技术性和专业性强，人民法院审理此类案件时，应注意征询有关部门和专家的意见，对需要鉴定的，应请由有关专家组成的软件技术鉴定组织就技术方面的问题作出鉴定。

加强调查研究，不断总结审理著作权案件的经验。对案情复杂、社会影响大、法律规定不明确的疑难案件，各级人民法院应在切实查清事实的基础上，就适用法律问题上的难点需要请示的，要加强研究，提出意见，逐级请示，以确保案件的审理质量。

中纪委监察部联合发出《关于坚持不懈地抓紧抓好中央近期反腐败斗争三项工作的通知》

党中央、国务院作出近期反腐败斗争的部署以来，各地区、各部门结合实际迅速贯彻，采取措施狠抓落实，总的势头是好的，发展是健康的。反腐败斗争已经取得一定成绩，中央提出的三项工作已经不同程度地取得成效，消极腐败现象有所收敛。但是应当看到，地区间、部门间工作进展还不平衡；领导干部廉洁自律有的不够认真，自查出的问题有些还未纠正；查处大案要案的工作有待进一步增强力度；纠正不正之风的成果还不巩固，有的不正之风还没有刹住。当前反腐败斗争的任务仍然十分繁重，绝不可有丝毫的松懈。

为了进一步抓紧抓好中央近期反腐败斗争的三项工作，取得阶段性明显成果，各级党政领导班子和纪检监察机关要对前一段反腐败斗争工作情况进行一次回顾和检查，看看工作中还存在哪些问题和薄弱环节，已取得的成果与中央和群众的要求还有哪些差距。在此基础上，明确责任，采取措施，有针对性地把三项工作一项一项地落实。从现在起到明年春节是这一阶段取得反腐败斗争阶段性明显成果的关键时期，各地区、各部门都要抓紧抓好工作。在春节前，要进一步巩固和扩大领导干部廉洁自律的成果。县处以上各级领导班子民主生活会的情况，要在适当范围内通报，接受群众的评议和监督；对自查出来的问题要按有关规定处理好；自查自纠不力的以及群众对自查自纠结果不满意的部门和单位，要认真补课；对极少数群众意见较大、自己又不自查自纠的干部，要进行核查，查实后从严处理。要加大查办大案要案的力度。对事实清楚、证据确凿的案件，特别是涉及领导干部的案件，要抓紧结案，有选择地再向社会公布一批有重大影响的案件；对于干扰案件查处的人或事，要果断处理。要狠刹不正之风。对乱收费和用公款出国(境)旅游的问题要继续深入清理，乱收费的项目该取消的要及时公布；对已宣布取消的项目，要组织力量督促检查，务必落实；负有行业管理职责的领导机关要继续抓好本行业的纠风工作。

这一阶段，适逢元旦、春节两个节日，中共中央办公厅、国务院办公厅发出了《关于1994年元旦春节期间严禁用公款吃喝送礼铺张浪费的通知》，重申了五条规定，这是对落实中央近期反腐败斗争三项工作的有力促进。各级党委、政府和纪检监察机关要结合本地区、本部门的实际，认真贯彻执行。要把能否过一个清正廉洁、喜庆欢乐的元旦和春节，作为对这一段党风廉政建设和反腐败斗争成果的一次实际检验。纪检监察机关要做好对《通知》的宣传工作并对执行情况加强监督检查，对顶风违纪的要严格执行纪律，从严查处，绝不姑息宽容，对其中情节严重、影响很坏的要公开报道。要把落实《通知》的五条规定，同落实中央近期反腐败斗争三项工作紧密结合起来，务使这一阶段的反腐败斗争取得明显的成果。

各级党委、政府和纪检监察机关在抓好以上工作的同时，组织一定力量进行调查研究，拟出明年春节后下一阶段反腐败斗争的设想和方案。中央纪委、监察部计划于明年春节后对下阶段反腐败斗争作出部署。

九三学社九届二中全会在北京举行

会议于24日至28日举行。

会议号召全体成员以邓小平建设有中国特色社会主义的理论为指导，认真学习贯彻《中共中央关于建立社会主义市场经济体制若干问题的决定》，为坚持和完善中国共产党领导的多党合作和政治协商制度，为建立社会主义市场经济体制做出新的贡献。

九三学社中央主席吴阶平讲话。会议审议并通过徐采栋常务副主席代表中常会所作的工作报告；通过《九三学社第九届中央委员会第二次全体会议决议》；表彰社务工作先进集体、先进个人。

九三学社中央名誉主席严济慈、金善宝，副主席郝诒纯、安振东、王文元、杨櫆、陈明绍、陈学俊、赵伟之、洪绂曾、金开诚，秘书长刘荣汉，社中央参议委员会主任委员王淦昌等出席会议。

国务院总理李鹏在人民大会堂就中巴双边关系接受巴基斯坦联合通讯社驻北京记者采访

采访开始时，国务院总理李鹏愉快地回忆了他同布托总理的几次会晤。他说，布托总理一贯致力于发展中巴友好合作关系，我们对此表示赞赏，并热切地期待着她对中国的正式友好访问。

当记者问及贝·布托总理在巴基斯坦新政府成立后不久即将访华的意义时，李鹏说："我们热烈祝贺巴基斯坦新政府顺利组成。发展与巴基斯坦的友好合作关系，是中国外交政策的重要组成部分。中国政府愿同巴基斯坦政府一道共同探索扩大双边互利合作的途径，把两国友好合作关系推向新的高度。我相信，贝·布托总理此次访华必将为推动两国友好关系的进一步发展作出重要贡献。"

在谈及中巴双边关系的发展前景时，李鹏说，中巴友谊经受了时间考验。两国在各个领域的友好合作和交流不断加强和扩大，并取得了可喜的成果。最近，全国政协主席李瑞环对巴基斯坦的访问取得了圆满成功。中巴关系已成为世界上不同社会制度国家关系的典范，我们对此十分满意。在当前不断变化的国际形势下，进一步发展和加强两国的友好合作关系不仅符合两国人民的根本利益，也有利于南亚地区的和平与稳定。我们相信，在两国政府和人民的共同努力下，中巴友谊将继续发展，前景是很好的。

在谈及中巴经贸关系时，李鹏说，中巴在经济合作和双边贸易方面一贯遵循平等互利、共同发展的原则，取得了显著的成果。巴基斯坦已成为中国在南亚的最大经贸合作伙伴，经济技术合作进展顺利。中巴经济互补性强，合作潜力大，前景十分广阔。

李鹏表示，希望通过巴基斯坦联合通讯社转达对巴基斯坦人民的诚挚问候和良好祝愿。

中央军委主席江泽民副主席刘华清张震及军委委员迟浩田张万年于永波傅全有等领导在北京会见出席中共空军第八次党代表大会代表

全国绿化委员会第十三次全体(扩大)会议在长沙召开

会上宣读中共中央、国务院授予湖南省"全国荒山造林绿化先进省"光荣称号的决定。国务院副秘书长刘济民在会上宣读国务院副总理朱镕基和中央书记处书记温家宝分别写给会议的批示和来信。朱镕基、温家宝对近几年我国造林绿化所取得的成绩给予充分肯定，并希望广大干部群众再接再厉，为国家经济建设和人民生活创造更加美好的环境而努力奋斗。

国务委员、全国绿化委员会主任陈俊生主持会议并讲话。

会议提出到2000年全国造林绿化的奋斗目标：到1995年，有13个省(区、市)基本消灭宜林荒山，到2000年累计有21个省(区、市)基本消灭宜林荒山，全国森林覆盖率提高到15.3%；城市绿化覆盖率1995年提高到25%左右，2000年达到30%。

全国绿化委员会决定授予黑龙江、吉林、安徽、湖北、河南、云南、山西省为"部门绿化先进省"称号；授予中国人民解放军、冶金部、铁道部、中国石油化工总公司为"全国造林绿化先进部门"称号；授予河北省为"京津周围绿化工程先进省"称号，授予各部门300个单位为全国造林绿化先进单位；授予广东、湖南、湖北省为"平原绿化先进省"称号；授予522名同志1993年度"全国绿化奖章"。全国绿化委同时表彰1990年至1992年连续3年无森林火灾的单位和个人。

国防大学校史馆落成

中央军委主席江泽民题写馆名，中央军委副主席刘华清、张震等参加落成仪式。校史馆分4个展馆，以珍贵的文物和图片，展现了国防大学从1985年建校以来所走过的历程，还展现了从1927年井冈山红军教导队起到今天的国防大学的发展史以及毛泽东、邓小平、江泽民为代表的三代党中央领导集体创办我军院校的辉煌业绩。

国务院副总理李岚清在北京主持会议研究中国知识产权的有关问题

新闻出版署署长于友先在会上汇报中国著作权保护情况。会议重点讨论研究著作权保护问题，认为：要加快完善著作权立法工作，组织有关部门对现行法中不够完善的部分进行修订、补充；要加强著作权行政管理机构；要加强著作权宣传教育，提高全社会的著作权法律意识。

《山高水长》大型文艺晚会在北京举行

党和国家领导人江泽民、李鹏、乔石、李瑞环、朱镕基、刘华清、胡锦涛、荣毅仁等同首都万余名群众观看演出。晚会由文化部、广播电影电视部、解放军总政治部、北京市人民政府和中国文联联合主办。

中纪委监察部作出给予原海南省政府副秘书长李善有开除党籍撤销其行政职务的处分的决定

中纪委、监察部最近作出决定,开除李善有党籍撤销其行政职务。

李善有先后任海南省政府办公厅副主任、副秘书长,兼任省证券委副主任等职。他出于不可告人的目的,收买和串通一些人,采取卑劣手段,捏造事实,诬告原海南省某领导人。在纪检、监察机关进行调查期间,李善有继续编造谎言,组织他人作伪证,与有关人员订立攻守同盟,人证物证俱已查获。司法机关已依法将其逮捕。

李善有道德败坏,生活糜烂,长期与其情妇姘居,并嫖娼宿妓,影响极其恶劣。同时,他利用职权收受贿赂,犯有严重经济罪行,仅据本人初步交代,收受和索取贿赂就达数十万元。

12月25日

全国政协八届常委会第四次会议开幕

中共中央政治局常委、全国政协主席李瑞环和副主席叶选平分别主持上午和下午的会议。

中共中央政治局候补委员、书记处书记温家宝在会上作学习中共中央十四届三中全会决定的报告。温家宝说,《中共中央关于建立社会主义市场经济体制若干问题的决定》,充分体现了邓小平同志建设有中国特色社会主义的理论和党的十四大精神,科学、系统地总结了我国改革开放15年来的实践经验,反映了我党为建立社会主义市场经济新体制所作出的创造性努力,在理论上有重大突破,在改革思路上有新的飞跃,必将对我国的改革开放和社会主义现代化建设产生重大而深远的影响。

温家宝指出,现在我国正处于改革和发展的重要历史时期,面临十分繁重的任务。我们一定要在以江泽民同志为核心的党中央领导下,毫不动摇地坚持邓小平同志建设有中国特色社会主义的理论和党在社会主义初级阶段的基本路线,从总体上处理好改革、发展和稳定的关系,处理好各方面的利益关系,调动一切积极因素,为建立社会主义市场经济体制,实现国民经济持续、快速、健康发展而努力奋斗。他希望政协委员继续发扬对国家、对人民高度负责的精神,对改革和建设中的重大问题进行调查研究,提出意见和建议,多为深化改革、发展经济献计献策。

国务院副总理兼外交部长钱其琛在会上作国际形势报告。他的报告全面、深刻地分析了近几年来国际形势发生的一系列重大变化,指出国际形势的发展变化总的来说对我们有利,必须抓紧有利时机,加快我国改革开放和现代化建设步伐,进一步增强综合国力。

钱其琛的报告共分三个部分:一、近几年国际形势的回顾;二、当前的国际形势;三、我国对外关系的几个问题。

会议开始前,与会者全体起立,向在第三次常委会议之后,相继去世的周培源副主席,陶开裕、金泰甲、蔡文浩常委表示深切的悼念。

全国政协副主席吴学谦、杨汝岱、王兆国、赛福鼎·艾则孜、洪学智、邓兆祥、赵朴初、钱伟长、胡绳、钱正英、苏步青、董寅初、孙孚凌、霍英东、马万祺出席会议。

全国政法工作会议在北京闭幕

中央书记处书记、中央政法委员会书记任建新主持会议,罗干作总结讲话。会议提出,各级党委应围绕维护稳定和建立社会主义市场经济法律秩序的要求,经常研究解决政法工作中的重大问题,指导、监督和支持政法部门排除障碍,严格执法,保障政法机关依法行使职权。绝不能指令政法部门去做违反法律,超越职权的事。

会议认为,党对政法工作加强领导,也包括重视解决政法部门的实际困难。目前,办案经费严重不足,技术装备十分落后。前一时期有的地方竟然靠罚没和创收维持办案。这些问题严重影响了政法部门的执法活动,也在一定程度上助长了不正之风。

中共中央政治局常委胡锦涛到中国革命博物馆参观《历史巨人毛泽东》大型展览

国务院颁布关于金融体制改革的决定

为了贯彻党的十四届三中全会决定,适应建立社会主义市场经济体制的需要,更好地发挥金融在国民经济中宏观调控和优化资源配置的作用,促进国民经济持续、快速、健康发展,国务院决定改革现行金融体制。

金融体制改革的目标是:建立在国务院领导下,独立执行货币政策的中央银行宏观调控体系;建立政策性金融与商业性金融分离,以国有商业银行为主体、多种金融机构并存的金融组织体系;建立统一开放、有序竞争、严格管理的金融市场体系。

一、确立强有力的中央银行宏观调控体系

深化金融体制改革,首要的任务是把中国人民银行办成真正的中央银行。中国人民银行的主要职能是：制定和实施货币政策，保持货币的稳定；对金融机构实行严格的监管，保证金融体系安全、有效地运行。

（一）明确人民银行各级机构的职责，转换人民银行职能。

1. 中国人民银行是国家领导、管理金融业的职能部门。总行掌握货币发行权、基础货币管理权、信用总量调控权和基准利率调节权，保证全国统一货币政策的贯彻执行。人民银行总行一般只对全国性商业银行总行（目前主要指专业银行总行）融通资金。

2. 按照货币在全国范围流通的要求，需要对人民银行各级机构的业务实行集中统一管理。人民银行的分支机构作为总行的派出机构，应积极创造条件跨行政区设置，其基本职责是：金融监督管理、调查统计分析、横向头寸调剂、经理国库、发行基金调拨、外汇管理和联行清算。

（二）改革和完善货币政策体系。

1. 人民银行货币政策的最终目标是保持货币的稳定，并以此促进经济增长；货币政策的中介目标和操作目标是货币供应量、信用总量、同业拆借利率和银行备付金率。

2. 实施货币政策的工具是：法定存款准备金率、中央银行贷款、再贴现利率、公开市场操作、中央银行外汇操作、贷款限额、中央银行存贷款利率。中国人民银行根据宏观经济形势，灵活地、有选择地运用上述政策工具，调控货币供应量。

3. 从1994年开始对商业性银行实施资产负债比例管理和资产风险管理。

4. 人民银行要建立完善的调查统计体系和货币政策预警系统，通过加强对宏观经济的分析和预测，为制定货币政策提供科学依据。

5. 建立货币政策委员会，增强货币政策制定的科学性。

（三）健全金融法规，强化金融监督管理。

1. 抓紧拟订《中华人民共和国银行法》、《中国人民银行法》、《票据法》、《保险法》等法律草案，提交全国人大审议。

2. 抓紧制定和完善对各类金融机构的管理条例和监管标准，并依法规范监管方式。监管的主要内容是：注册登记管理、法定代表人资格审查、业务范围界定、资本充足率、资产流动性和资产风险度等。

3. 对未经中国人民银行批准擅自设立金融机构和经营金融业务的，要依法查处。

4. 要进一步加强稽核监督。中国人民银行要对全国性金融机构进行严格稽核，必要时可对其分支机构实行稽核；人民银行分支机构要加强对辖区内金融机构的稽核。发现违规行为，要认真查处。

（四）改革人民银行财务制度。

取消人民银行各级分支机构的利润留成制度和缴税制度，人民银行总行和各级分支机构实行独立的财务预算管理制度。人民银行各级分支机构每年编制的财务收支计划，由总行批准后执行。各项收支相抵后，实现利润全部上缴中央财政，亏损由中央财政拨补。人民银行系统的财务决算报告要经财政部审核，并接受国家审计。人民银行分支机构工作人员（除工勤人员外）实行行员等级工资制。

二、建立政策性银行

建立政策性银行的目的是，实现政策性金融和商业性金融分离，以解决国有专业银行身兼二任的问题；割断政策性贷款与基础货币的直接联系，确保人民银行调控基础货币的主动权。

政策性银行要加强经营管理，坚持自担风险、保本经营、不与商业性金融机构竞争的原则，其业务受中国人民银行监督。

（一）组建国家开发银行，管辖中国人民建设银行和国家投资机构。

1. 国家开发银行办理政策性国家重点建设（包括基本建设和技术改造）贷款及贴息业务。国家开发银行只设总行，不设分支机构，信贷业务由中国人民建设银行代理。中国人民建设银行的政策性业务分离出去以后，转变为以从事中长期信贷业务为主的国有商业银行。国家开发银行投资机构，用国家核拨的资本金向国家重点建设项目进行股本投资。

2. 国家开发银行的财务统一对财政部，经财政部批准，可以调剂各法人之间的资本金与利润。其管辖机构的负责人，由国家开发银行行长提名，报国务院任命。

3. 国家开发银行根据筹资能力和项目风险情况，与国家计委和国家经贸委反复协商后，共同确定重点建设投资和贷款计划，并组织实施。

4. 国家开发银行的资金来源主要是：(1)财政部拨付的资本金和重点建设基金；(2)国家开发银行对社会发行的国家担保债券和对金融机构发行的金融债券，其发债额度由国家计委和人民银行确定；(3)中国人民建设银行吸收存款的一部分。

5. 调整中国人民建设银行的组织结构，将现在的中国投资银行并入中国人民建设银行国际业务部。

6. 制订《国家开发银行条例》和《国家开发银行章程》。国家开发银行从1994年开始运作。

（二）组建中国农业发展银行，承担国家粮棉油储备和农副产品合同收购、农业开发等业务中的政策性贷款，代理财政支农资金的拨付及监督使用。

1. 中国农业发展银行为独立法人，其资本金从现在的中国农业银行资本金中拨出一部分解决。中国农业发展银行接管现中国农业银行和中国工商银行的农业政策性贷款(债权)，并接受相应的人民银行贷款(债务)。

2. 中国农业发展银行可在若干农业比重大的省、自治区设派出机构(分行或办事处)和县级营业机构。

3. 中国农业发展银行的资金来源主要是：(1)对金融机构发行的金融债券；(2)财政支农资金；(3)使用农业政策性贷款企业的存款。

4. 制订《中国农业发展银行条例》和《中国农业发展银行章程》，1994 年夏收前完成组建工作。

中国农业发展银行成立后，中国农业银行转变为国有商业银行。

(三)组建中国进出口信贷银行。

1. 中国进出口信贷银行为独立法人，其资本金由财政部核拨。

2. 中国进出口信贷银行的业务是为大型机电成套设备进出口提供买方信贷和卖方信贷，为中国银行的成套机电产品出口信贷办理贴息及出口信用担保，不办理商业银行业务。中国进出口信贷银行的资金来源主要是财政专项资金和对金融机构发行的金融债券等。

3. 中国进出口信贷银行只设总行，不设营业性分支机构，信贷业务由中国银行或其他商业银行代理。中国进出口信贷银行可在个别大城市设派出机构(办事处或代表处)，负责调查统计，监督代理业务等事宜。

4. 制订《中国进出口信贷银行条例》和《中国进出口信贷银行章程》。中国进出口信贷银行从 1994 年开始运作。

(四)政策性银行要设立监事会，监事会由财政部、中国人民银行、政府有关部门代表和其他人员组成。监事会受国务院委托，对政策性银行的经营方针及国有资本的保值增值情况进行监督检查；对政策性银行行长的经营业绩进行监督、评价和记录，提出任免、奖惩的建议。

三、把国家专业银行办成真正的国有商业银行

(一)在政策性业务分离出去之后，现国家各专业银行(中国工商银行、中国农业银行、中国银行和中国人民建设银行)要尽快转变为国有商业银行，按现代商业银行经营机制运行。第一，贯彻执行自主经营、自担风险、自负盈亏、自我约束的经营原则；第二，国有商业银行总行要强化集中管理，提高统一调度资金的能力，全行统一核算，分行之间不允许有市场交易行为；第三，一般只允许总行从中央银行融资，总行对本行资产的流动性及支付能力负全部责任；第四，国有商业银行中的国有资产产权按国家国有资产管理的有关法规管理。

允许国有商业银行之间有业务交叉，开展竞争。国有商业银行的一切经营活动必须严格遵守国家有关金融的法律法规，并接受中央银行的监管。

国有商业银行总行设立监事会，监事会由中国人民银行、政府有关部门代表和其他人员组成。监事会受国务院委托，对国有商业银行的经营方针、重大决策及国有资产保值增值的情况进行监督检查，对国有商业银行行长的经营业绩进行考核，提出任免、奖惩的建议。

国有商业银行不得对非金融企业投资。国有商业银行对保险业、信托业和证券业的投资额，不得超过其资本金的一定比例，并要在计算资本充足率时从其资本额中扣除；在人、财、物等方面要与保险业、信托业和证券业脱钩，实行分业经营。国有商业银行的分行、支行没有投资权。

(二)我国商业银行体系包括：国有商业银行、交通银行以及中信实业银行、光大银行、华夏银行、招商银行、福建兴业银行、广东发展银行、深圳发展银行、上海浦东发展银行和农村合作银行、城市合作银行等。所有商业银行都要按国家有关金融的法律法规完善和发展。

(三)积极稳妥地发展合作银行体系。合作银行体系主要包括两部分：城市合作银行和农村合作银行，其主要任务是为中小企业、农业和发展地区经济服务。

1. 在城市信用社的基础上，试办城市合作银行。城市合作银行只设市行和基层行两级，均为独立法人。要制订《城市合作银行条例》，并按此组建和改建城市合作银行。试办城市合作银行，要分期分批进行，防止一哄而起。

2. 有步骤地组建农村合作银行。根据农村商品经济发展的需要，在农村信用合作社联社的基础上，有步骤地组建农村合作银行。要制订《农村合作银行条例》，并先将农村信用社联社从中国农业银行中独立出来，办成基层信用社的联合组织。农村合作银行目前只在县(含县)以下地区组建。国有商业银行可以按《农村合作银行条例》向农村合作银行参股，但不能改变农村合作银行的集体合作金融性质。

3. 农村合作基金会不属于金融机构，不得办理存、贷款业务，要真正办成社区内的资金互助组织。对目前已办理存、放款业务的农村合作基金会，经整顿验收合格后，可转变为农村信用合作社。

(四)根据对等互惠的原则，经中国人民银行批准，可有计划、有步骤地引进外资金融机构。外资金融机构要按照中国人民银行批准的业务范围开展经营

活动。

(五)逐步统一中资金融机构之间以及中资金融机构与外资、合资金融机构的所得税税率。金融机构的所得税为中央财政固定收入。

(六)金融机构经营不善,允许破产,但债权债务要尽可能实现平稳转移。要建立存款保险基金,保障社会公众利益。

四、建立统一开放、有序竞争、严格管理的金融市场

(一)完善货币市场。

1. 严格管理货币市场,明确界定和规范进入市场的主体的资格及其行为,防止资金从货币市场流向证券市场、房地产市场。

2. 所有金融机构均可在票据交换时相互拆借清算头寸资金。凡向人民银行借款的银行(包括所属分支机构),拆出资金的期限一般不得超过七天;商业银行、合作银行向证券公司、信托投资公司、财务公司、租赁公司拆出资金的期限一般不得超过七天。凡不向人民银行借款的银行拆出资金、非银行金融机构之间的资金拆借,不受上述限制,但要逐渐过渡到通过票据进行。

3. 中国人民银行要制定存、贷款利率的上下限,进一步理顺存款利率、贷款利率和有价证券利率之间的关系;各类利率要反映期限、成本、风险的区别,保持合理利差;逐步形成以中央银行利率为基础的市场利率体系。

4. 人民银行要严格监管金融机构之间的融资活动,对违反有关规定者要依法查处。

(二)完善证券市场。

1. 完善国债市场,为人民银行开展公开市场业务创造条件。财政部停止向中国人民银行借款,财政预算先支后收的头寸短缺靠短期国债解决,财政赤字通过发行国债弥补。政策性银行可按照核定的数额,面向社会发行国家担保债券,用于经济结构的调整。邮政储蓄、社会保障基金节余和各金融机构的资金中,要保有一定比例的国债,全国性商业银行可以以此作为抵押向人民银行融通资金。

2. 调整金融债券发行对象,金融债券停止向个人发行。人民银行只对全国性商业银行持有的金融债券办理抵押贷款业务。

3. 完善股票市场。在企业股份制改造的基础上规范股票的发行和上市;完善对证券交易所和交易系统的管理;创造条件逐步统一法人股与个人股市场、A股与B股市场。

五、改革外汇管理体制,协调外汇政策与货币政策

外汇管理是中央银行实施货币政策的重要组成部分。我国外汇管理体制改革的长期目标是实现人民币可兑换。根据我国目前的实际情况,并参照国际上的成功经验,近期实施的改革措施是:

(一)1994年实现汇率并轨,建立以市场汇率为基础的、单一的、有管理的人民币浮动汇率制度。

(二)取消外汇留成,实行结汇和售汇制。

(三)实现经常项目下人民币有条件可兑换。

(四)严格管理和审批资本项下的外汇流出和流入。

(五)建立全国统一的外汇交易市场,外汇指定银行为市场的交易主体。中国人民银行根据宏观经济调控的要求,适时吞吐外汇,平抑汇价。

(六)停止发行并逐步收回外汇兑换券。严格禁止外币标价、结算和流通。

(七)中国人民银行集中管理国家外汇储备,根据外汇储备的安全性、流动性和盈利性的原则,完善外汇储备的经营机制。

外汇管理体制改革的具体实施,按国务院有关规定执行。

六、正确引导非银行金融机构稳健发展

要明确规定各类非银行金融机构的资本金数额、管理人员素质标准及业务范围,并严格审批,加强管理。要适当发展各类专业保险公司、信托投资公司、证券公司、金融租赁公司、企业集团财务公司等非银行金融机构,对保险业、证券业、信托业和银行业实行分业经营。

(一)保险体制改革要坚持社会保险与商业保险分开经营的原则,坚持政企分开。政策性保险和商业性保险要分别核算,把保险公司办成真正的保险企业,实现平等有序的竞争。保险业要逐步实行人身险和非人身险分别经营;发展一些全国性、区域性、专业性的保险公司;成立再保险公司;采取多种形式逐步发展农村保险事业。要适当扩大保险企业资金运用的范围和自主权,适当提高保险总准备金率,以增强保险企业的经济实力。要建立保险同业公会,加强行业自律管理。

(二)信托投资公司的资金来源,主要是接受长期的、大额的企业信托和委托存款,其业务是办理信托贷款和委托贷款、证券买卖、融资租赁、代理和咨询业务。

(三)企业集团财务公司主要通过发行商业票据为企业融通短期资金。

(四)证券公司不得从事证券投资之外的投资,进入一级市场和二级市场的证券公司要加以区分,证券公司的自营业务与代理业务在内部要严格分离。

七、加强金融业的基础建设,建立现代化的金融管理体系

(一)加快会计、结算制度改革。金融机构要按照

国际通用的会计准则，改革记账基础、科目设置和会计核算体系，改革统计监测体系。要建设现代化支付系统，实现结算工具票据化，扩大信用卡、商业汇票、支票、银行本票等支付工具的使用对象和范围，增强票据使用的灵活性、流动性和安全性，减少现金使用。

（二）加快金融电子化建设。要加快人民银行卫星通讯网络的建设，推广计算机的运用和开发，实现联行清算、信贷储蓄、信息统计、业务处理和办公的自动化。金融电子化要统一规划，统一标准，分别实施。

（三）加强金融队伍建设。要更新从业人员的知识结构，加速培养现代化金融人才；要实行适合金融系统特点的干部人事制度和劳动工资制度，建立约束机制和激励机制。

国务院

1993 年 12 月 25 日

国务院批转国家税务总局工商税制改革实施方案并发出通知

各省、自治区、直辖市人民政府，国务院各部委、各直属机构：

国务院同意国家税务总局《工商税制改革实施方案》，现转发给你们，请认真贯彻执行。

这次工商税制改革是建国以来规模最大、范围最广泛、内容最深刻的一次税制改革，其目的是为了适应建立社会主义市场经济体制的需要。这次改革必将有力地促进我国社会主义经济的持续、快速、健康发展。为此，各省、自治区、直辖市人民政府要高度重视，加强领导，切实抓好《工商税制改革实施方案》的组织实施。

国务院

1993 年 12 月 25 日

工商税制改革实施方案

一、现行工商税制的基本情况

我国现行工商税制（不包括关税和农业税收）的基本框架，是在 1984 年利改税和工商税制全面改革后形成的。现行工商税制以流转税和所得税为主体税种，其他辅助税种相配合，共有 32 个税种，是一个多税种、多环节、多层次课征的复合税制。现行工商税制突破了原计划经济体制下统收统支的分配格局，强化了税收组织财政收入和宏观调控的功能，基本上适应了十年来经济发展和经济体制改革的需要。但是，现行工商税制仍存在一些不完善之处，特别是与发展社会主义市场经济的要求不相适应，在处理国家、企业、个人的分配关系和中央与地方的分配关系方面，难以发挥应有的调节作用，其不完善之处主要表现在：

（一）税负不平，不利于企业平等竞争。企业所得税按不同所有制分别设置税种，税率不一，优惠各异，地区之间政策也有差别，造成企业所得税税负不平；而流转税税率是在计划价格为主的条件下，为缓解价格不合理的矛盾设计的，税率档次过多，高低差距很大。目前产品价格已大部分放开，如不简并、调整税率，将不利于企业公平竞争。

（二）国家和企业的分配关系犬牙交错，很不规范。一些过高的税率使企业难以承受，名目繁多的优惠政策又导致财政难以承受。地方政府和主管部门也用多种名义从企业征收数量可观的管理费、各种基金和提留等等。企业总体负担偏重。

（三）中央与地方在税收收入与税收管理权限的划分上，不能适应彻底实行分税制的需要。

（四）税收调控的范围和程度，不能适应生产要素全面进入市场的要求。税收对土地市场和资金市场等领域的调节，远远没有到位。

（五）内外资企业分别实行两套税制，矛盾日益突出。

（六）税收征管制度不严，征管手段落后，流失较为严重。

（七）税收法制体系尚不健全，没有形成税收立法、司法和执法相互独立、相互制约的机制。

二、工商税制改革的指导思想和基本原则

工商税制改革的指导思想是：统一税法、公平税负、简化税制、合理分权，理顺分配关系，保障财政收入，建立符合社会主义市场经济要求的税制体系。

深化工商税制改革必须遵循以下几个基本原则：

（一）税制改革要有利于调动中央、地方两个积极性和加强中央的宏观调控能力。要调整税制结构，合理划分税种和确定税率，为实行分税制、理顺中央与地方的分配关系奠定基础；通过税制改革，逐步提高税收收入占国民生产总值的比重，合理确定中央财政收入和地方财政收入的分配比例。

（二）税制改革要有利于发挥税收调节个人收入和地区间经济发展的作用，促进经济和社会的协调发展，实现共同富裕。

（三）税制改革要有利于实现公平税负，促进平等竞争。公平税负是市场经济对税收制度的一个基本要求，要逐步解决目前按不同所有制、不同地区设置税种税率的问题，通过统一企业所得税和完善流转税，使各类企业之间税负大致公平，为企业在市场中进行平等竞争创造条件。

（四）税制改革要有利于体现国家产业政策，促进经济结构的调整，促进国民经济持续、快速、健康的发展和整体效益的提高。

（五）税制改革要有利于税种的简化、规范。要取消与经济发展不相适应的税种，合并那些重复设置的税种，开征一些确有必要开征的税种，实现税制的简化和高效；在处理分配关系的问题上，要重视参照国际惯例，尽量采用较为规范的税收方式，保护税制的完整，以利于维护税法的统一性和严肃性。

三、关于所得税制的改革

(一)企业所得税。

企业所得税改革的目标是：调整、规范国家与企业的分配关系，促进企业经营机制的转换，实现公平竞争。企业所得税改革的主要内容是：

1. 1994年1月1日起统一内资企业所得税，下一步再统一内外资企业所得税。

2. 内资企业所得税实行33%的比例税率，这个税率水平与国际上基本接近。考虑到部分企业盈利水平低的实际情况，可以采取某些过渡性的照顾措施。

对金融和保险业的所得税征税办法仍按原规定办理。

3. 用税法规范企业所得税前的列支项目和标准，改变目前应纳税所得额的确定从属于企业财务制度的状况，稳定和拓宽税基，硬化企业所得税。

4. 取消“国营企业调节税”和向国有企业征收国家能源交通重点建设基金和国家预算调节基金。

5.《企业财务通则》和《企业会计准则》施行以后，企业贷款利息进入成本，折旧加速，为企业还贷提供了相当一部分资金来源，再加上其他一些政策，使企业税后还贷能力大为增强。为此，要在统一企业所得税的同时，建立新的规范化的企业还贷制度。

6. 统一企业所得税后，应改变现行承包企业所得税的做法。

(二)个人所得税。

《中华人民共和国个人所得税法》的修改方案已于1993年10月31日经八届全国人大常委会第四次会议通过，自1994年1月1日起施行。个人所得税改革的基本原则是调节个人收入差距，缓解社会分配不公的矛盾。为此，个人所得税主要对收入较高者征收，对中低收入者少征或不征。

个人所得税改革的主要内容是：

1. 把原来征收的个人所得税、个人收入调节税、城乡个体工商业户所得税统一起来。

2. 个人所得税的费用扣除标准。按照对基本生活费用不征税的国际惯例，将“工资、薪金所得”的月扣除额定为人民币800元。中外籍人员实行统一的个人所得税法后，对外籍人员要规定附加减除标准，具体数额和适用范围由国务院确定。

3. 对应税项目进行了适当调整，主要是增加了个体工商业户的生产经营所得、财产转让所得和偶然所得。

4. 根据我国实际，参照发展中国家和周边国家的情况，确定个人所得税的税率。其中，工资、薪金所得实行5%至45%的超额累进税率；个体工商业户的生产经营所得和对企事业单位的承包经营、承租经营所得实行5%到35%的超额累进税率，税负水平与企业所得税大体相同；稿酬所得适用20%的比例税率，并按应纳税额减征30%；劳务报酬所得，特许权使用费所得，利息、股息、红利所得，财产租赁所得，财产转让所得，偶然所得和其他所得，适用比例税率，税率为20%。

四、关于流转税制的改革

流转税制改革是整个税制改革的关键。现行流转税制包括增值税、产品税和营业税三个税种，大部分工业生产领域征收增值税，少数工业产品(烟、酒、电力、石化、化工等)征收产品税，营业税主要在商业和其他第三产业征收。

改革后的流转税制由增值税、消费税和营业税组成。在工业生产领域和批发零售商业普遍征收增值税，对少量消费品征收消费税，对不实行增值税的劳务和销售不动产征收营业税。

新的流转税制统一适用于内资企业、外商投资企业和外国企业(以下简称外资企业)，取消对外资企业征收的工商统一税。原来征收产品税的农、林、牧、水产品，改为征收农业特产税和屠宰税。

流转税的改革要体现公平、中性、透明、普遍的原则，总体税收负担将基本保持现有水平。

(一)增值税。

1. 对商品的生产、批发、零售和进口全面实行增值税，对绝大部分劳务和销售不动产暂不实行增值税。

2. 增值税税率采取基本税率再加一档低税率和零税率的模式。按照基本保持原税负的原则，并考虑到实行价外税后税基缩小的因素，增值税的基本税率拟定为17%(相当于价内税率14.5%)；低税率拟定为13%(相当于价内税率11%)，低税率的适用范围包括基本食品和农业生产资料等；出口商品一般适用零税率。

3. 增值税实行价外计征的办法，即按不包含增值税税金的商品价格和规定的税率计算征收增值税。

4. 实行根据发票注明税金进行税款抵扣的制度。零售以前各环节销售商品时，必须按规定在发货票上分别注明增值税税金和不含增值税的价格。为了适应我国消费者的习惯，商品零售环节实行价内税，发票不单独注明税金。

5. 对年销售额较少、会计核算不健全的小型纳税人，实行按销售收入全额及规定的征收率计征增值税的简便办法。

6. 改革增值税纳税制度。对增值税的纳税人进行专门的税务登记，使用增值税专用发票，建立对纳税人购销双方进行交叉审计的稽查体系和防止偷漏税、减免税的内在机制。

7. 外资企业废除工商统一税，统一实行增值税、消费税、营业税以后，税收负担将发生一些变化。有些企业税负与改革前持平，有些企业税负稍有下降，有些企业税负有所提高。为了保证我国对外开放政策和涉外税收政策的连续性、稳定性，对部分企业税收负担提高的问题，要采取妥善办法加以解决。具体办法是，凡按改革后税制计算缴纳的税款比改革前增加的部分，经主管税务机关审核后，采取年终一次或全年分次返还的办法。照顾时间以合同期为限，但最长不得超过1998年。1994年1月1日后新批准的外资企业，一律按新税法规定的税负纳税。

（二）消费税。

原来征收产品税的产品全部改为征收增值税后，将有不少产品的税负大幅度降低。为了保证国家财政收入，体现基本保持原税负的原则，同时考虑对一些消费品进行特殊调节，将选择少数消费品在征收增值税的基础上再征收消费税。消费税的征收品目有11个，主要包括烟、酒、化妆品、贵重首饰、摩托车、小汽车、汽油、柴油等。消费税采用从量定额和从价定率两种征收办法，采用从价征收办法的，按不含增值税税金但含有消费税税金在内的价格和规定税率计算征收消费税。

（三）营业税。

改革后营业税的征税范围包括提供劳务、转让无形资产和销售不动产。交通运输业、建筑业、邮电通讯业、文化体育业等，税率为3%；金融保险业、服务业、转让无形资产、销售不动产等，税率为5%；娱乐业的税率为5%至20%。

从事上述营业、转让、销售活动的单位和个人按其营业额和规定税率计算缴纳营业税。

五、关于其他税种的改革

（一）资源税。

目前资源税只对部分资源产品和部分资源开采企业征收，征税范围窄，税负偏低。为了完善我国对资源产品征税的制度，改革后资源税的征税范围将包括所有矿产资源，征税品目有煤炭、原油、天然气、铁矿石和其他黑色金属矿原矿、铝土矿和其他有色金属矿原矿、非金属矿原矿和盐。配合增值税的改革，适当调整税负。

资源税实行分产品类别从量定额计算征税的办法，设置有上下限的幅度税额。同类资源产品开采条件不同的，税额也不相同。

（二）土地增值税。

通过开征土地增值税，对房地产交易中的过高利润进行适当调节。土地增值税在房地产的交易环节，对交易收入的增值部分征收。房地产增值额为纳税人转让房地产所取得的收入减去扣除项目金额后的余额。扣除项目主要包括：取得土地使用权时支付的价款、对土地进行开发的成本和费用、建造商品房及配套设施的成本和费用、销售税金等。

土地增值税实行四档累进税率，房地产增值额未超过扣除项目金额50%的部分，税率为30%；超过50%未超过100%的部分，税率为40%；超过100%未超过200%的部分，税率为50%；超过200%的部分，税率为60%。

（三）证券交易税。

把现在对股票交易征收印花税的办法，改为征收证券交易税。由于全国人大常委会正在审议《中华人民共和国证券法》，为了便于衔接，开征证券交易税拟缓一步出台。

（四）城乡维护建设税。

为了体现享用市政设施与纳税义务相对应的原则，城乡维护建设税由现行按流转税额附加征收改为以销售收入为计税依据；改变现行不太合理的税率结构，税率为市区0.6%，县、镇0.4%，市区、县、镇以外0.2%，使其成为地方税体系中的骨干税种之一。现在不缴纳城建税的外资企业，也应成为城建税的纳税人。

（五）土地使用税。

适当提高土地使用税的税额，扩大征收范围，适当下放管理权限。

（六）其他进行调整的税种。

一是取消集市交易税、牲畜交易税、烧油特别税、奖金税和工资调节税；二是将特别消费税并入起特殊调节作用的消费税，盐税并入资源税；三是取消对外资企业、外籍人员征收的城市房地产税和车船使用牌照税，统一实行房产税和车船使用税，并将现在偏低的税率和税额适当调高；四是将屠宰税、筵席税下放给地方；五是开征遗产税。

改革后我国工商税制中的税种将由32个减少到18个，税制结构趋于合理，并初步实现高效和简化。

六、税收征管制度的改革

上述改革实施后，适应社会主义市场经济体制要求的税制体系将初步形成。与此同时，必须推进税收征管制度的改革，彻底改变目前征管制度不严密、征管手段落后的局面，从根本上提高税收征管水平，建立科学、严密的税收征管体系，以保证税法的贯彻实施，建立正常的税收秩序。

（一）普遍建立纳税申报制度。纳税人进行纳税申报是履行纳税义务的首要环节，建立纳税申报制度有利于形成纳税人自我约束的机制，增强公民纳税意识，是税务机关实施有效征管的一项基础工程。纳税申报制度建立以后，对不按期申报的，不据实申报的，均视为偷税行为，要依法严惩。

（二）积极推行税务代理制度。应按照国际通行做法，实行会计师事务所、律师事务所等社会中介机构代理办税的制度，使其逐步成为税收征管体系中一个不可缺少的环节。

（三）加速推进税收征管计算机化的进程。国际经验证明，在税收征管中采用电子计算机等先进技术手段，是建立严密、有效的税收监控网络的必由之路，也有利于降低税收成本。鉴于我国零星分散的纳税人较多，计算机管理基础较差，可以考虑先从城市、从重点税种征管的计算机化做起，逐步形成全国性的、纵横贯通的税收征管计算机网络。

（四）建立严格的税务稽查制度。普遍推行纳税申报和税务代理制度以后，税务机关的主要力量将转向日常的、重点的税务稽查，建立申报、代理、稽查三位一体的税收征管格局，同时辅之以对偷逃税行为进行重罚的办法。

（五）适应实行分税制的需要，组建中央和地方两套税务机构。

（六）确立适应社会主义市场经济需要的税收基本规范。当前特别需要强调：纳税人必须依法纳税，税务机关必须依法征税；税收必须按税法规定依率计征，不得“包税”和任意改变税率；一切销售收入都必须征税，以保证税基不被侵蚀；应从价计征的税收必须从价计征，取消目前对某些行业提价收入不征税的政策；除税法规定的减免税项目外，各级政府及各部门都不能开减免税的口子。

（七）中央税和全国统一实行的地方税立法权集中在中央。

（八）加强税收法制建设，加快完成税收法律、法规的立法程序；逐步建立税收立法、司法和执法相互独立、相互制约的机制。

上述措施实施后，我国税务行政管理将形成法规、征收、稽查和复议诉讼四条线并重，相互协调制约的新格局。

工商税制改革实施方案将从 1994 年 1 月 1 日起在全国施行。

国务院三峡工程建设委员会在北京举行第三次会议

国务院总理李鹏主持会议。

中国长江三峡工程开发总公司总经理陆佑楣汇报三峡工程施工准备的进展情况。

经国务院同意，国务院三峡工程建设委员会将于近日在京召开三峡工程移民工作会议，以研究解决三峡工程移民工作中的重大问题，动员三峡库区各级人民政府和广大干部群众发扬自力更生、艰苦奋斗的精神，动员全国各地和国务院各部门对口支援三峡库区移民，推动三峡地区的经济发展，做好移民安置工作。国务院三峡工程建委移民开发局局长唐章锦就这个会议的准备情况作专门汇报。

湖北省和四川省以及国务院有关部门的领导在会上发言时表示，要努力做好移民安置工作，全力支持三峡工程建设。

李鹏说，一年来，在长江三峡工程开发总公司的组织下，经过全体建设者的共同努力，三峡工程的前期准备工作有了很大进展。他再次强调指出，三峡工程是一个跨世纪的工程。它的建成对中国经济具有十分重要的意义，功在当代，利及千秋。有关地方和部门一定要齐心协力，互相支持，以对人民高度负责的精神，把这项造福子孙后代的大事办好。

国务院副总理邹家华，全国政协副主席、国务院三峡工程建设委员会顾问钱正英也在会上对三峡工程建设的有关问题发表意见。

国务院在北京召开全国平抑粮油价格工作会议

国务院副总理朱镕基在会上强调指出，粮油价格是市场基础价格，必须迅速抑制目前的涨价势头，使之恢复到合理水平，防止可能发生的连锁反应。为此，全国各地必须统一行动，协调一致，立即采取有力措施，坚决把过高的粮油价格降下来，确保市场稳定，为明年各项改革方案顺利出台和国民经济的持续、快速、健康发展创造宽松的环境。

朱镕基说，从今年 11 月份以来，粮食价格大幅度上涨，从沿海到内地、从南方到北方，迅速波及全国许多地方。就局部地区来看，可能存在粮源不足、库存下降、调运不及时等因素，但从全局来看，主要是由心理因素、投机因素和暂时因素推动起来的。今年我国的粮食生产丰收，粮食库存充裕，粮食运输有保证。只要我们加强引导，统一认识，消除一些地区和部门的同志存在的“涨价无害”的错误认识，通过各种宣传媒介消除群众的误解和疑虑，我们完全可以迅速平抑粮价，使之回落到合理水平。

朱镕基指出，有人认为粮价放开以后就可以撒手不管了。这种观点是对市场经济的错误理解。放开粮食市场和价格，不是不要管理，更不是放任自流。按照市场供求规律，对关系国计民生和社会安定的粮食价格进行调控，既是国际上市场经济国家的普遍做法，也是我们宏观调控的主要内容。

朱镕基说，这次平抑粮油价格、稳定市场的举措，是党中央、国务院作出的重大决策，必须坚决执行。全国要统一行动，迅速落实到位。第一步，在今年底以前，国有粮店把粮食销价降到相当于国家计划规定的1994 年度粮食价格水平，没有达到这个水平的地区不要趁机涨价；第二步，在春节以前再适当降低，为明年预定的粮食调价留有余地。国有粮店要充分发挥调控市场的主渠道作用，挂牌降价，敞开供应。国有粮食系统在粮食收购价格居高不下的情况下，不要去高价争购，收购粮食只能坚持原定的收购价格。要看到粮源是充足的，粮食销价降下来并稳定以后，收购价就会降下来。现在抛售的粮、油，都是用过去价格收购进来的，降价抛售并不会增加粮食部门亏损。

会议要求国务院各有关部门要精心做好组织、协调工作；粮食系统要分期分批组织干部、职工学习在社会主义市场经济体制下进行粮食流通的宏观管理，提高经营管理水平，把粮食流通工作搞好；铁道、交通运输系统要把抢运粮、油、副食品放在优先地位，充分予以保证；地方各级人民政府及其粮食、物价、工商、税务等部门要加强监督、检查，依法管好粮食市场；坚决取缔无照经营，严厉打击哄抬投机、欺行霸市的违法行为，确保粮食市场的稳定，确保降价目标的限期实现。

会议并强调，在稳定粮食价格和粮食市场的同时，要切实加强对农业生产的领导，采取有力措施努力搞好今冬明春的生产，力争在今年丰收的基础上明年农业继续获得好收成。

国内贸易部副部长白美清在会议上介绍了国家计委、国家经贸委、国内贸易部和国家粮食储备局《关于平抑粮油价格、稳定市场的安排意见》，对如何平抑粮油价格、稳定市场等有关工作作了具体部署，并要求各级粮食部门全力以赴带头平抑粮油价格，努力搞好粮油加工和调运工作，及时降价抛售，挂牌敞开供应，不得惜售，不得出现脱销断档现象。要重点抓好大中城市和贫困地区的粮油供应工作，大中专院校的食堂要按批发价及时保证供应。

会议协调、确定了食油降价的步骤和食油价格的基准水平，并根据各地区产供销的平衡情况和比价关系，分别商定了粮油的不同地区、不同品种的差价。

李岚清、李铁映、迟浩田、司马义·艾买提等国务院领导出席会议并讲话。各有关部门负责人以及全国各省、自治区、直辖市人民政府有关部门的负责人参加会议。

国务委员、国务院秘书长罗干主持会议。

国务院副总理李岚清与北京中医药大学师生座谈

李岚清到北京中医药大学征求对高等教育改革与发展的意见。他在座谈会上说，要在全社会继续大力倡导尊师重教的良好社会风气。

李岚清说，我们应该吸收人类文明的一切优秀成果，但首先要继承和发扬我国传统文化中的精华。我国几千年来形成的艺术、德育、医学等方面的优良传统要充分地挖掘并发扬光大。

李岚清说，要在全社会继续大力倡导尊师重教的良好社会风气。不管多大的官，对老师都不应当摆架子，都应当有几分敬意，应当尊重他们。我国绝大多数教师有着“两袖清风、默默耕耘”的传统美德，当然我们也要尽力帮助他们解决一些实际问题。

座谈会前，北京中医药大学党委书记张世栋介绍了学校近期教育改革的状况。座谈会后，李岚清参观了校医史博物馆和中药博物馆。

1995 年社会发展问题世界首脑会议中国筹备委员会在北京成立

由中国等 120 多个国家提出、1992 年第 47 届联大通过决议，决定于 1995 年 3 月在丹麦哥本哈根召开“社会发展问题世界首脑会议”。为此，联合国要求各国成立国家级筹备委员会，开展各项筹备工作。经国务院批准，中国筹备委员会由国家计委主任陈锦华任主任委员，外交部副部长刘华秋、国家计委副主任郝建秀任副主任委员，中央 20 多个部门的领导担任委员。据悉，我国将开展一系列筹备活动，如制定《中国社会发展国家纲要》、召开全国社会发展大会和举办建国以来社会发展成就展览等。

国家语委国家教委发出关于职业中学普及普通话的通知

12 月 26 日

毛泽东诞辰 100 周年纪念大会在北京举行

大会由中共中央、全国人大常委会、国务院、中央军委、全国政协联合举行。党和国家领导人江泽民、李鹏、乔石、李瑞环、朱镕基、刘华清、胡锦涛、荣毅仁等和首都各界 1 万多人出席大会。

大会由中共中央政治局常委、国务院总理李鹏主持。中共中央总书记、国家主席、中央军委主席江泽民发表讲话。

参加纪念大会的领导还有：丁关根、田纪云、李岚清、李铁映、杨白冰、邹家华、陈希同、钱其琛、尉健行、温家宝、王汉斌、杨尚昆、宋平、薄一波、宋任穷、张震、任建新、倪志福、陈慕华、费孝通、孙起孟、雷洁琼、秦基伟、李锡铭、王丙乾、王光英、程思远、卢嘉锡、布赫、铁木尔·达瓦买提、李沛瑶、吴阶平、迟浩田、宋健、司马义·艾买提、罗干、张思卿、吴学谦、杨汝岱、王兆国、赛福鼎·艾则孜、洪学智、邓兆祥、赵朴初、钱伟长、胡绳、钱正英、苏步青、董寅初、孙孚凌、霍英东、马万祺等。

王平、王首道、伍修权、刘澜涛、江华、李德生、杨得志、肖克、张劲夫、陈锡联、段君毅、耿飚、黄华、黄火青、彭冲、廖汉生、严济慈、杨成武、马文瑞、王恩茂、杨易辰、郑天翔、刘复之等,党政军机关主要领导、北京市及其他省、市、区主要领导、各民主党派和工商联主要负责人、第一次国内革命战争时期参加革命的老同志代表以及毛泽东的亲属代表也参加纪念大会。

中共中央总书记江泽民在北京举行的毛泽东诞辰100周年纪念大会上发表讲话

同志们,朋友们:

今天,我们在这里隆重集会,纪念中国共产党、中国人民解放军、中华人民共和国的主要缔造者,中国各族人民的伟大领袖毛泽东同志诞辰一百周年。

在邓小平同志建设有中国特色社会主义理论和党的十四大精神指引下,全党、全军和全国各族人民,正在坚持不懈地贯彻执行党的基本路线,为把我国建设成为一个富强、民主、文明的社会主义现代化国家而努力奋斗。社会主义中国政治稳定,经济发展,民族团结,社会进步,一派生机蓬勃。在这样的形势下,纪念毛泽东同志,回顾我们党和国家的历史,我们更加深切地感到,正是以毛泽东同志为核心的党的第一代中央领导集体,为建设一个社会主义现代化的新中国,建立了开创性的、不可磨灭的功勋。

当毛泽东同志等中国共产党的缔造者们登上政治舞台的时候,中华民族正处在帝国主义、封建主义的黑暗统治之下,国家四分五裂,民族备受凌辱,军阀混战不已,人民在苦难中挣扎。鸦片战争以来,救中国,救人民,实现国家的独立、统一、民主、富强,成为中国各族人民不懈追求的共同理想。先进的中国人奋斗牺牲,前仆后继,写下了可歌可泣的篇章。但是在中国共产党成立以前,人们所做的种种探索和努力都失败了。帝国主义的侵略打破了中国人照搬西方的迷梦。中华民族仍然苦难深重,找不到解放的出路。

毛泽东同志最伟大的历史功绩,是把马克思列宁主义基本原理同中国具体实际结合起来,领导我们党和人民,找到了一条新民主主义革命的正确道路,完成反帝反封建的任务,结束了中国半殖民地半封建社会的历史,建立了中华人民共和国,确立了社会主义制度。接着,他又从中国实际出发,开始探索社会主义建设的道路。

在旧中国这样的半殖民地半封建的东方大国中,工人阶级人数很少,农民占人口的绝大多数,怎样在共产党领导下,依靠工人阶级和巩固的工农联盟,团结全国各族人民,首先争取民族的解放和国家的独立,确立人民的主人翁地位,然后开辟向社会主义前进的道路,是无产阶级革命史上极其复杂的新课题。毛泽东同志运用马克思列宁主义,深刻分析中国社会形态和各阶级的经济地位及其政治态度,明确了中国革命的性质、对象、任务、动力,提出了通过新民主主义革命走向社会主义的两步走的战略,制定了无产阶级领导的,人民大众的,反对帝国主义、封建主义和官僚资本主义的新民主主义革命总路线,开辟了建立农村根据地、农村包围城市、武装夺取政权的革命道路。毛泽东同志和他的战友们,缔造了一个用马克思列宁主义革命理论和革命风格武装起来的无产阶级政党,一个在党的绝对领导下为人民的解放事业英勇奋战的人民军队,一个团结全民族绝大多数人共同奋斗的统一战线。经过二十八年艰苦卓绝的斗争,终于推翻了压在中国人民头上的"三座大山",在1949年建立了新中国。中国人民从此站起来了。

新中国成立以后,以毛泽东同志为核心的党中央领导全国人民,在迅速医治战争创伤、恢复国民经济的基础上,继续推动中国历史向前发展。党中央按照毛泽东同志的提议,不失时机地提出了逐步实现国家的社会主义工业化,并逐步实现国家对农业、对手工业和对资本主义工商业的社会主义改造的过渡时期总路线。在这条总路线指引下,我国奠定了工业化的初步基础,开辟了一条适合中国国情的社会主义改造道路。根据中国特点,用国家资本主义的形式与和平赎买政策改造资本主义工商业,用逐步过渡的形式改造个体农业和个体手工业,在社会主义改造的过程中,使社会生产力继续得到发展,广大人民生活水平得到提高,这是中国共产党的独特创造。社会主义改造的基本完成,社会主义制度的全面确立,是我国历史上最深刻、最伟大的社会变革,成为新中国一切进步和发展的基础。

社会主义改造基本完成以后,毛泽东同志以苏联的经验为鉴戒,积极探索中国自己的建设社会主义的道路。1956年,毛泽东同志发表《论十大关系》,强调我们的基本方针,就是要把国内外一切积极因素调动起来,为社会主义事业服务。1957年,毛泽东同志又发表《关于正确处理人民内部矛盾的问题》,指出社会主义社会的基本矛盾仍然是生产关系和生产力之间的矛盾、上层建筑和经济基础之间的矛盾;认为我们的根本任务已经由解放生产力变为在新的生产关系下面保护和发展生产力;提出了严格区分和正确处理两类不同性质的矛盾,团结全国各族人民发展我们的经济、发展我们的文化,建设社会主义强大国家的战略思想。在我们党探索社会主义建设道路的初期，这是两篇具有重要意义的著作。在这两篇著作和其他著作中，毛泽东同志提出了许多关于中国社会主义建设的重要观点，涉及政治、经济、文化、国防、外交等各个方面。

尽管在探索中有曲折甚至有严重失误，但是在党和毛泽东同志领导下，我们在建立适合中国国情的社会主义基本制度的基础上，努力寻找适合中国国情的社会主义建设道路，开始全面进行大规模建设，建立起独立的比较完整的工业体系和国民经济体系。从近几年来国际风云的变幻中可以更加清楚、更加深刻地看到，中国共产党在社会主义建设事业中坚持独立自主，不倦地探索适合自己情况的道路，以及由此培养起来的自强自立、不依附于人、不怕鬼、不信邪的精神，对于维护国家的主权和民族的尊严，巩固和发展社会主义制度，发挥着多么重大的作用！

在党和毛泽东同志的领导下，中国社会发生了天翻地覆的变化。中国从一个半殖民地半封建社会，进入到社会主义新时代。一个受帝国主义掠夺和奴役的国家，变成一个享有主权的独立的国家。一个四分五裂的国家，变成一个除台湾等岛屿外实现统一的国家。一个人民备受欺凌压迫的国家，变成一个人民当家作主、享有民主权利的国家。一个经济文化落后的国家，变成一个走向经济繁荣、全面进步的国家。一个在世界上被人们看不起的国家，变成一个受到国际社会普遍尊重的国家。所有这些，都是建立富强、民主、文明的社会主义现代化国家的基本的经济、政治和文化条件，为我国迈向光明的未来奠定了坚实基础。

以毛泽东同志为主要代表的中国共产党人，根据马克思列宁主义的基本原理，对中国长期革命和建设实践中的一系列经验进行理论概括，形成了适合中国情况的科学指导思想，这就是毛泽东思想。毛泽东同志把马克思列宁主义基本原理同中国具体实际结合起来，使马克思列宁主义在中国深深地扎下了根。毛泽东思想是完整的科学思想体系。它在新民主主义革命，社会主义革命和社会主义建设，革命军队建设、军事战略和国防建设，政策和策略，思想政治工作和文化工作，党的建设等广泛的方面，以独创性的理论，丰富和发展了马克思列宁主义。毛泽东思想的活的灵魂，是贯穿所有这些方面的立场、观点和方法。它们有三个基本方面，这就是实事求是、群众路线、独立自主。实事求是，就是不断地深化对中国国情的认识，研究和把握社会发展的客观规律，找出适合中国情况的革命和建设道路，确定我们党领导人民改造中国、建设中国的战略策略，实现推动历史前进的目标。群众路线，是把马克思列宁主义关于人民群众是历史创造者的原理，系统地运用在党的全部活动中形成的党的根本工作路线。我们党正是一切为了群众，相信群众，依靠群众，集中群众的智慧，把群众的力量组织起来，才战胜种种困难，创造出种种奇迹。独立自主，就是坚定不移地维护民族独立、捍卫国家主权，把立足点放在依靠自己力量的基础上，同时积极争取外援，开展国际经济文化交流，学习外国一切对我们有益的先进事物。毛泽东思想是马克思列宁主义在中国的运用和发展，是中国共产党集体智慧的结晶。毛泽东思想永远是中国共产党人的理论宝库和中华民族的精神支柱，永远是我们建设社会主义现代化国家的行动指南。

中国共产党人从长期奋斗的历史中深切地认识到，我们党所以能够承担起历史的重任，所以能够得到人民的拥护和成为领导中国革命和建设事业的核心力量，就是因为我们党经过艰苦斗争的反复锤炼和理论的创造，形成并不断地丰富和发展了毛泽东思想，坚定地把毛泽东思想作为党的指导思想。在中国这样的东方大国里，有了这样一个把马克思列宁主义运用于本国实际、形成自己特点和传统的无产阶级先锋队，革命和建设事业的胜利就有了根本的保证。用毛泽东思想武装起来的中国共产党，是以全心全意为人民服务作为根本宗旨的党，忠心耿耿地为民族、为人民谋利益，决不图任何私利。我们党是善于把远大理想和当前实际任务结合起来的党，坚持辩证唯物主义和历史唯物主义，懂得事物生存和发展的规律，从成立以后就把当时为新民主主义革命而奋斗的目标和未来为社会主义、共产主义而奋斗的目标结合起来，既有革命的远见卓识，又有严格求实的科学态度。我们党是富有自我牺牲精神、艰苦奋斗精神和不屈不挠精神的党，为民族的解放和社会的进步，付出最大牺牲，取得辉煌胜利，由此赢得全民族人民的信赖和拥护。我们党是有自己优良作风的党，坚持理论和实践相结合、密切联系群众和自我批评，具有坚定的信念、旺盛的生命力和坚强的战斗力。我们党是按照民主集中制原则组织起来的党，充分发扬民主，集中全党的智慧和人民的智慧，统一纪律，统一步调，团结和依靠广大人民群众为实现党的路线和任务而奋斗。

毛泽东同志是伟大的马克思主义者，无产阶级革命家、战略家和理论家，是近代以来中国伟大的爱国者和民族英雄。毛泽东同志在艰苦漫长的革命岁月中，表现出一个革命领袖高瞻远瞩的政治远见，坚定不移的革命信念，得心应手的斗争艺术和驾驭全局的领导才能。他是从人民群众中成长起来的伟大领袖，永远属于人民。毛泽东同志的革命精神具有强大的凝聚力，他的伟大品格具有动人的感染力，他的科学思想具有非凡的号召力。他和他的战友们所创造的彪炳史册的丰功伟业，为世界一切正直的人们所尊重。他的革命实践和光辉业绩已经载入史册。他的名字、他的思想和精神永远鼓舞着中国共产党人和各族人民，继续推动着中国历史的前进。毛泽东同志作为一个伟大的历史人物，属于中国，也属于世界。毛泽东同志永远生活在我们中间，我们要认真学习他的科学著作，从中汲取智慧和力量。中国出了个毛泽东，是我们党的骄傲，是我们国家的骄傲，是中华民族的骄傲。我们对毛泽东同志永远怀着深深的尊敬和爱戴之情！

同志们，朋友们！

毛泽东同志和他的亲密战友周恩来、刘少奇、朱德等老一辈无产阶级革命家的相继逝世，曾经使全党同志和全国各族人民陷入深深的悲痛。当时，我们的党和国家还没有从“文化大革命”所造成的深重灾难中摆脱出来。中国社会的发展处在一个历史的重要关头。我们党和我国人民孜孜以求的建设富强、民主、文明的社会主义现代化国家的事业如何继往开来，成为全党、全军、全国各族人民关注的焦点。历史把两个相互联系的重大课题摆在中国共产党人的面前。这就是：如何评价毛泽东同志和毛泽东思想的历史地位，如何根据国际国内条件的变化和正反两方面的历史经验确立中国社会主义现代化建设的正确道路。在邓小平同志为核心的党的第二代中央领导集体的领导下，我们党对这两个历史课题作出了科学的回答。

1978年12月，我们党胜利地召开十一届三中全会，实现在党的历史上具有深远意义的伟大转折。这次全会确定了解放思想、开动脑筋、实事求是、团结一致向前看的指导方针，开始了拨乱反正的工作，果断地停止使用“以阶级斗争为纲”这个同我国社会主义制度全面确立后的社会主要矛盾不相符合的口号，作出了把全党工作重点转移到社会主义现代化建设上来的战略决策，重新确立了马克思主义的思想路线、政治路线和组织路线。

正确地评价毛泽东同志的历史功过、确立毛泽东思想的历史地位，关系到怎样看待党和国家过去几十年奋斗的成就，关系到党的团结、国家的安定，也关系到党和国家未来的发展道路。这是毛泽东同志逝世以后我们党遇到的一个全局性的、紧迫的、至关重要的问题。邓小平同志在领导我们党和国家摆脱“文化大革命”造成的深重灾难、进行指导思想上的拨乱反正中，用极大的精力来解决如何正确评价毛泽东同志和毛泽东思想的问题。他指出，没有毛主席，至少我们中国人民还要在黑暗中摸索更长的时间。毛泽东思想是一个科学体系，必须完整地准确地理解和运用毛泽东思想，来指导我们全党、全军和全国人民，把我们党的事业、社会主义的事业推向前进。他率先抵制和批评了“两个凡是”的错误方针，支持在全党和全国范围开展实践是检验真理唯一标准的讨论，领导全党冲破“左”的思想束缚。邓小平同志指出，毛泽东同志的功绩是第一位的，他晚年的错误是第二位的，他的错误是由于违反了他自己正确的东西，他的错误是一个伟大的革命家、一个伟大的马克思主义者所犯的错误。邓小平同志坚决地批评了借口毛泽东同志晚年的错误从根本上否定毛泽东同志、否定毛泽东思想的错误倾向。他说，正是因为我们遵循毛泽东思想，才取得了中国革命的伟大胜利；毛泽东思想这个旗帜丢不得，不坚持毛泽东思想，我们要犯历史性的大错误；确立毛泽东同志的历史地位，坚持和发展毛泽东思想，这是最核心的一条，不仅今天，而且今后，我们都要高举毛泽东思想的旗帜。邓小平同志的这些重要观点，成为由他亲自主持起草并在党的十一届六中全会通过的《关于建国以来党的若干历史问题的决议》的基本思想。这个决议坚持马克思主义，实事求是地、客观公正地总结党的历史经验和评价党的领袖人物，再一次证明，我们党是在政治上、理论上成熟的坚强的马克思主义政党。决议排除了“左”的和右的干扰，统一了全党的思想，加强了全党的团结，激励着全党同志和全国人民满怀信心地去开辟未来。

以邓小平同志为核心的党中央，在正确解决评价毛泽东同志和维护毛泽东思想历史地位这一重大课题的同时，着手解决另一个关系党和国家前途命运的重大课题，这就是继续探索中国实现社会主义现代化的道路。自五十年代以来，我们党就开始进行这一艰巨探索，其间历经磨难，有成功的经验，有失误的教训，曲曲折折，反反复复。在中国历史发展的这个重要阶段，邓小平同志把马克思主义基本原理同中国实际和时代特征结合起来，继承和发展毛泽东思想，以开辟社会主义建设新道路的巨大政治勇气和开拓马克思主义新境界的巨大理论勇气，集中全党和全国人民的智慧，创造性地提出了建设有中国特色社会主义的理论。这个理论，科学地回答了什么是社会主义这个首要的基本的理论问题，深刻地揭示出社会主义的本质是解放生产力，发展生产力，消灭剥削，消除两极分化，最终达到共同富裕，第一次比较系统地初步地解决了中国这样的经济文化比较落后的国家如何建设社会主义、如何巩固和发展社会主义的一系列基本问题。在这个理论指导下，形成了以经济建设为中心、坚持四项基本原则、坚持改革开放的党在社会主义初级阶段的基本路线，确立了中国实现社会主义现代化的正确道路。这标志着我们党把马克思主义同中国实践结合起来，在成功地找到新民主主义革命道路和确立社会主义制度、实现中国发展的历史性飞跃之后，又一次实现了新的历史性飞跃，在全党全国人民面前展现出走向富强、民主、文明的社会主义现代化国家的广阔道路和光辉前景。

我们党在七十多年的奋斗历程中，在自己的旗帜上写着马克思列宁主义，写着马克思列宁主义与中国革命的实践之统一的思想——毛泽东思想，现在又写上了当代中国的马克思主义——邓小平建设有中国特色社会主义的理论。党在理论上的成熟和发展，有力地保证着我们的事业不断地从胜利走向新的胜利。

邓小平同志建设有中国特色社会主义的理论，是我们进行改革开放和社会主义现代化建设丰富经验的理论总结，是引导我们继续胜利前进的精神支柱和科学指南。这个理论内容丰富，博大精深，涵盖党和国家工作的各个方面。最近，《邓小平文选》第三卷出版，中央就学习问题专门作出了决定。广大干部特别是领导干部，要系统地学习这一理论，掌握它的精神实质，结合本地区本部门的实际和自己的思想实际，坚持贯彻到各方面的工作中去。

解放思想，实事求是，是建设有中国特色社会主义理论的精髓。邓小平同志指出，实事求是，是无产阶级世界观的基础，是马克思主义的思想基础，是毛泽东思想的根本点。解放思想，就是使思想和实际相符合，使主观和客观相符合，就是实事求是。邓小平同志和毛泽东同志一样，从来反对离开中国社会、中国革命和建设的实际去研究马克思主义。他说，马列主义、毛泽东思想的基本原则，我们任何时候都不能违背，这是毫无疑义的。但是，一定要和实际相结合，要分析研究实际情况，解决实际问题。按照实际情况决定工作方针，这是一切共产党员必须牢牢记住的最基本的思想方法、工作方法。在党的十二大开幕词中，邓小平同志明确指出：中国的事情要按照中国的情况来办，要依靠中国人自己的力量来办。也就是在这篇重要讲话中，邓小平同志第一次向全党和全国人民提出了“走自己的道路，建设有中国特色的社会主义”的光辉思想。中国这样一个发展中的大国，有许多不同于其他国家的国情和发展特点，在实现社会主义现代化的过程中，不能禁锢于教条，也不能照搬别人的模式，必须坚持从本国实际出发，走出一条有中国特色的社会主义建设道路。有了这条道路，谁也动摇不了我们实现自己伟大理想的坚强信念。有了这条道路，我们在社会主义建设问题上就同一切“左”的和右的错误倾向从理论上和实践上彻底划清了界限。邓小平同志始终坚持实事求是，尊重实践，尊重群众的首创精神，热情地支持群众在实践中进行探索和创新，不断地概括群众创造的新经验，据以丰富和发展我们党的理论和政策，为我们树立了光辉的榜样。

进一步解放和发展社会生产力，是建设有中国特色社会主义的根本出发点。毛泽东同志认为革命是为了解放生产力，并把这一思想正确地贯彻于中国新民主主义革命和社会主义革命的全过程。后来的“以阶级斗争为纲”所以是错误的，归根到底是因为社会主义改造基本完成以后，我国社会的主要矛盾已经不是阶级矛盾，而是人民日益增长的物质文化需要同落后的社会生产之间的矛盾。要解决这个矛盾，最根本的是必须集中力量发展社会生产力。邓小平同志总结历史的经验教训，强调地指出，社会主义阶段的最根本任务就是发展生产力，为实现共产主义创造物质基础。这样，就围绕不断地解放和发展生产力，把中国共产党从领导人民进行民主革命、社会主义革命到建设社会主义，直到最终实现共产主义的全部社会变革、社会实践活动，历史地贯穿和统一起来了。深刻认识和自觉坚持这个根本观点，我们就能从理论上和实践上牢固地树立建设社会主义必须以经济建设为中心的指导思想，就能真正把是否有利于发展社会主义社会的生产力、是否有利于增强社会主义国家的综合国力、是否有利于提高人民的生活水平，作为判断各方面工作是非得失的标准。十五年来，我们始终以经济建设为中心，建设社会主义物质文明和精神文明，已经取得了举世瞩目的巨大成就。只要我们毫不动摇地继续坚持这样做下去，我们的国家就一定能胜利地实现社会主义现代化。

实行改革开放，是建设有中国特色社会主义最鲜明的特点。毛泽东同志曾经分析我国社会主义制度确立以后，生产关系和生产力、上层建筑和经济基础又相适应又相矛盾的情况，指出社会主义社会的矛盾可以经过社会主义制度本身不断地得到解决。邓小平同志领导我们党找到了解决这种矛盾的正确途径，这就是进行改革开放。他说：“改革是社会主义制度的自我完善，在一定的范围内也发生了某种程度的革命性变革。这是一件大事，表明我们已经开始找到了一条建设有中国特色的社会主义的路子。”“二十年的经验尤其是‘文化大革命’的教训告诉我们，不改革不行，不制定新的政治的、经济的、社会的政策不行。十一届三中全会制定了这样的一系列方针政策，走上了新的道路。这些政策概括起来，就是改革和开放。”坚持改革开放同坚持四项基本原则，构成了党的基本路线的两个基本点，它们相互贯通、相互依存。在整个改革开放的过程中，必须始终注意坚持四项基本原则。改革作为中国的又一次革命，作为发展社会生产力和实现社会主义现代化的必由之路，作为社会主义制度自我完善和发展的正确途径，是社会主义发展史上从未有过的崭新创造。有了改革开放的基本思想和基本实践，我国社会主义事业就进入了蓬勃发展的新时期。邓小平同志是我国社会主义改革开放和现代化建设的总设计师。改革开放，是他创造性地发展毛泽东思想，发展马克思列宁主义关于建设社会主义理论的最突出贡献。坚持改革开放是决定当代中国发展命运的大政策，是一个伟大的试验，实践已经并将继续证明它是成功的和正确的。只要坚定不移地推进改革开放，就会不断地解放和发展社会生产力，就会使中国社会主义事业永远充满生机与活力。

坚持独立自主地发展中国，是建设有中国特色社会主义的立足点。邓小平同志说："归根到底，我们的建设方针还是毛主席过去制定的自力更生为主、争取外援为辅的方针。"他强调，独立自主，自力更生，无论过去、现在和将来，都是我们的立足点。中国人民珍惜同其他国家和人民的友谊和合作，更加珍惜自己经过长期奋斗而得来的独立自主权利。任何外国不要指望中国做他们的附庸，不要指望中国会吞下损害我国利益的苦果。我们坚定不移地实行对外开放政策，在平等互利的基础上积极扩大对外交流与合作，吸取一切有利于我国社会主义事业发展的好的东西。同时，我们保持清醒的头脑，决不允许资本主义那些腐朽的思想和生活方式在我国泛滥。中国人民有自己的民族自尊心和自豪感，以热爱祖国、贡献全部力量建设社会主义祖国为最大光荣，以损害社会主义祖国利益、尊严和荣誉为最大耻辱。邓小平同志强调要把国家的主权和安全始终放在第一位，坚决反对霸权主义、强权政治。全党同志一定要努力发扬这种高尚的民族气节，坚定地维护国家的主权和民族的尊严，把社会主义和爱国主义统一起来，集中力量把自己的事情办好。

邓小平同志指出，十一届三中全会以后，我们就是恢复毛泽东同志的那些正确的东西，就是准确地、完整地学习和运用毛泽东思想。基本点还是那些。从许多方面来说，现在我们还是把毛泽东同志已经提出、但是没有做的事情做起来，把他反对错了的改正过来，把他没有做好的事情做好。今后相当长的时期，还是做这件事。当然，我们也有发展，而且还要继续发展。事实说明，在对毛泽东思想的运用和发展上，充分表现出邓小平同志的实事求是的科学态度、卓越的政治智慧和马克思主义的创新精神。他不愧为毛泽东同志的忠诚战友，不愧为毛泽东思想的最杰出的继承者和发展者。

邓小平同志建设有中国特色社会主义理论的形成，表明我们党对中国社会主义建设客观规律的认识达到一个新的境界，也表明我们党领导的建设富强、民主、文明的社会主义现代化国家的实践进入一个新的历史阶段。十多年来，在邓小平同志这个理论和党的基本路线指引下，我们伟大的祖国大踏步地前进了。在国际风云急剧变幻的情况下，中国社会主义事业蓬勃发展和取得巨大成就，使我们越来越认识到，邓小平同志领导全党科学地评价毛泽东同志和维护毛泽东思想的历史地位，全面开创建设有中国特色社会主义的道路，具有极其深远的意义。

同志们，朋友们！

毛泽东思想是随着时代的发展而发展的科学。邓小平同志建设有中国特色社会主义的理论，继承、丰富和发展了毛泽东思想，把毛泽东思想推进到新的高度。坚持沿着这个理论指引的方向阔步前进，经过一代一代人的奋斗，我们就一定能够把中国建设成为富强、民主、文明的社会主义现代化国家。今后无论发生什么情况，我们都要坚定不移地贯彻执行党的基本路线，一百年不动摇。我们要结合改革和建设的发展任务，结合变化着的客观实际，努力学好马列主义、毛泽东思想，中心内容是学好邓小平同志建设有中国特色社会主义的理论，用以武装全党同志和全国人民的思想，用以指导党和国家的各项工作。当前国际国内形势为我们的发展提供了不可多得的有利时机。我们要抓住机遇，加快改革步伐，扩大对外开放，加强和改善宏观调控，保持国民经济持续、快速、健康发展。在实现社会主义现代化的整个过程中，我们都要始终遵循党的基本理论和基本路线，牢牢把握经济建设这个中心，努力发展社会主义市场经济，发展社会主义民主政治，发展社会主义精神文明，不断地把全面建设有中国特色社会主义的伟大事业推向前进。

我们必须坚定不移地发展社会主义市场经济，推动我国社会生产力的迅速发展。党的十四大确定，在九十年代，我们要初步建立起社会主义市场经济体制，实现达到小康水平的第二步发展目标。这就是说，我们在改革和发展两个方面，都要上个新台阶。发展是硬道理。改革和发展是统一的，改革的目的就是促进发展。党的十四届三中全会通过的《关于建立社会主义市场经济体制若干问题的决定》，根据邓小平同志建设有中国特色社会主义理论和党的十四大精神，总结了十五年来改革开放的探索成果和实践经验，设计了建立社会主义市场经济体制的蓝图，是我们深化经济体制改革的行动纲领。社会主义市场经济体制是同社会主义基本制度结合在一起的。建立社会主义市场经济体制，就是要使市场在国家宏观调控下对资源配置起基础性作用。它在所有制结构上、分配制度上、宏观调控上具有鲜明的社会主义特征，因而也具有资本主义不可能有的优势。我们既要坚持和发扬自己的优势，重视自己创造的经验，又要结合中国的实际，积极吸收和借鉴西方发达国家利用市场促进社会生产力发展的有益经验，使社会主义制度的优越性和市场在资源配置中的长处都得到充分的发挥。我们发展社会主义市场经济的基本目标和任务，就是要使国民经济保持旺盛的生机、活力和后劲，保持经济结构、产业结构的合理和协调，保持积极的发展速度和良好的经济效益的统一，保持生产效率和分配公平的正确结合，同时要保证农业基础地位不断得到巩固，保证国有大中型企业在市场中的竞争能力和在经济发展中的主导作用不断得到加强，保证公有制经济的主体地位和其他经济成分积极发挥其补充作用，保证在生产发展的基础上人民生活日益改善和最终实现共同富裕。我们相信，有人民的全力支持，有党的正确领导，只要我们善于在实践中不断总结经验，就一定能够成功地建立和完善社会主义市场经济体制，一定能够通过这种新的经济体制促进我国社会生产力的不断提高，胜利地到达现代化的彼岸。

我们必须坚持发展社会主义民主，努力建设和完善有中国特色的民主政治。社会主义是人民的事业，是人民群众自觉参加的和实现自己利益的事业。人民是我国社会的主人，也是社会主义事业的主人。人民民主是社会主义的本质要求。这种民主，是实现全体人民利益的民主，是和社会主义法制必然结合在一起，保障有领导有秩序地进行社会主义建设的民主。没有人民民主和统一的法制就没有社会主义，就没有社会主义现代化。我们在实行经济体制改革的同时，必须实行政治体制改革。我国政治体制改革的总的任务和目标是：在坚持和完善人民代表大会制度、共产党领导的多党合作和政治协商制度等社会主义基本政治制度的基础上，通过党和国家领导制度、干部制度的改革和机构改革，通过克服官僚主义、形式主义和提高工作效率，通过建立健全各种形式的责任制和民主决策、民主监督制度，大力发扬社会主义民主，充分调动广大工人、农民、知识分子和各方面的积极性创造性，以利于维护国家的稳定和加强各民族人民的大团结，以利于巩固党的领导和社会主义制度，以利于发展社会主义社会的生产力。社会主义民主是最广大的人民民主，它同少数人享有的资本主义民主有着本质的不同。我们在建设社会主义民主政治的过程中，必须始终坚定不移地走自己的路。不能搬用西方的那一套政治模式，如果搬用那一套，非乱不可。十几年来，我们在进行政治体制改革、发展社会主义民主方面，已经积累了不少经验。可以坚信，依靠全党和全国人民的智慧，我们不仅能够建立和完善充满活力的中国社会主义市场经济体制，而且也完全能够逐步建立和完善具有中国特色的社会主义民主政治体制。

我们必须大力加强社会主义精神文明建设，促进全体人民的思想道德和科学文化素质的不断提高。社会主义的优越性，不仅表现在它能够极大地解放和发展社会生产力，创造出高度的物质文明，而且表现在它能够消除资本主义和其他剥削制度所必然产生的种种贪婪和腐败现象，创造出高度的精神文明，保证社会的全面进步。坚持两个文明全面发展，坚持两手抓和两手都要硬，这是邓小平同志总结改革和建设的经验得出的一个具有长远指导意义的重要结论。两个文明建设缺少任何一个方面，都不成其为有中国特色的社会主义。发展社会主义精神文明，包括加强思想道德建设和科学文化建设，核心是培养有理想、有道德、有纪律、有文化的一代又一代社会主义建设人才。为了推动全社会精神文明的不断进步，保证改革开放和现代化建设的顺利进行，在全党和全国人民中，必须坚持开展爱国主义、集体主义和社会主义思想的教育，开展马克思主义理论、中国历史和党的优良传统的教育，开展社会公德和职业道德的教育，提倡顾大局、讲风格、助人为乐、无私奉献，培养人民的坚定信念、高尚情操和科学健康文明的生活方式，而绝不允许拜金主义、享乐主义、极端个人主义等腐朽思想腐蚀人们的精神，污染社会风气，败坏社会秩序。在思想文化教育部门和所有从事精神产品的生产或传播的企事业单位，都必须把社会效益摆在首位，在这个前提下讲求经济效益，实现社会效益和经济效益的正确结合，多出好的精神产品，而绝不允许“一切向钱看”的错误倾向冲击和危害社会主义精神文明建设，更不允许这种错误倾向泛滥而不受到批评和制止。同时，我们要继承和发扬优秀的民族文化传统，大力繁荣社会主义的教育、科学、文化事业，这是建设社会主义精神文明的迫切要求，也是保证中华民族振兴和发展，保证整个社会主义现代化事业取得成功的根本大计。加强社会主义精神文明建设，是对全党同志的重要考验。一切忠于有中国特色社会主义事业的共产党员和领导干部，都必须高度重视和认真致力于发展社会主义精神文明，不断地把精神文明建设推向前进。

要全面实现社会主义现代化建设的宏伟任务，关键是用邓小平同志建设有中国特色社会主义理论武装全党，把我们党建设得更好。在和平与发展成为世界两大主题、各种挑战和机遇同时存在的新的国际环境中，在经济建设成为各项工作的中心、全面实行改革开放的新的国内环境中，我们必须更加自觉地坚持党的工人阶级先锋队性质、全心全意为人民服务的宗旨和马克思主义的指导地位，更加自觉地坚持民主集中制原则，继承和发扬我们党在几十年奋斗中形成的优良传统和优良作风，把党建设成为领导社会主义现代化建设的坚强核心。坚持和改善党的领导，提高党的执政水平和领导水平，一个重大问题是不断巩固和加强党同人民群众的血肉联系。有了这种联系，我们的改革和建设就有了胜利之本，就有了吸取智慧和力量的最深厚源泉，就有了正确决策，减少和防止失误的可靠保证。必须全面提高各级干部特别是领导干部的素质，按照干部队伍革命化、年轻化、知识化、专业化的方针和德才兼备的原则，把各级领导班子建设成为忠诚于马克思主义、坚持走有中国特色社会主义道路的坚强领导集体，保证党的路线的连续性和国家的长治久安。同时要通过思想政治教育使广大党员和干部懂得，在社会主义市场经济条件下，坚持正确的理想、信念和价值观，坚持廉洁自律极为重要。经济越是发展，物质生活条件越是改善，共产党员尤其是领导干部就越要发扬艰苦奋斗精神，越要诚心诚意为人民服务。现在，我们正在坚定地开展反腐倡廉的工作，得到了广大人民的拥护和支持。共产党员要廉洁奉公，这是党的性质和宗旨所决定的。腐败现象从本质上说是剥削制度、剥削阶级的产物，但如果我们不高度警惕，不坚决清除，就会严重腐蚀党的干部队伍，削弱党的战斗力，危害党群关系，就会祸国害民。反腐倡廉工作是直接影响改革和建设事业成败的大事，一定要抓出成效，长期坚持下去。中国共产党党员要牢牢记住，我们应该而且必须永远成为中国各族人民利益的忠诚的代表者和维护者。

同志们，朋友们！

党和人民奋斗的历史告诉我们，只有社会主义才能救中国和发展中国；只有改革开放才能建设有中国特色的社会主义；只有走有中国特色社会主义的道路才能独立自主地建设富强、民主、文明的社会主义现代化国家。这是当代中国最重要的历史真理。以毛泽东同志为核心的党的第一代中央领导集体和以邓小平同志为核心的党的第二代中央领导集体，领导党和人民为探索和实践这个真理，贡献了全部智慧和精力，建立了伟大的功勋。这个真理，历史地体现在毛泽东思想之中，体现在邓小平同志建设有中国特色社会主义理论之中。我们是清醒的马克思主义者，深知在前进的道路上，还会遇到这样那样的困难、风险和风波。但是，只要我们沿着马克思主义真理开辟的广阔道路奋斗不息，任何困难都可以克服，任何风险和风波都可以渡过，我们就会无往而不胜！

建设富强、民主、文明的社会主义现代化国家，是毛泽东同志、他的战友们和千百万革命先烈的伟大理想，是一百多年来中国社会发展的必然结论和中华民族的共同愿望。对于毛泽东同志的最好的纪念，就是在建设有中国特色社会主义理论和党的基本路线指引下，把他和老一辈无产阶级革命家所开创的事业继续推向前进。我们这个时代的共产党员、共青团员和一切热爱社会主义、热爱祖国的人们，肩负着神圣的使命和光荣的职责。我们要把邓小平同志设计的宏伟蓝图变为现实，首先在九十年代实现第二步战略目标，为在下个世纪前五十年实现第三步战略目标，基本实现中国的现代化打下坚实的基础。这个关系中华民族和中国社会主义的前途命运的伟大任务一定要实现，也一定能够胜利实现。让我们全党同志和全国各族人民更加紧密地团结起来，抓住机遇，加快发展，改革创新，艰苦奋斗，朝着我们既定的伟大目标奋勇前进！

党和国家领导人江泽民李鹏乔石李瑞环朱镕基刘华清胡锦涛荣毅仁等和首都各界群众代表在纪念大会结束后一起来到毛主席纪念堂瞻仰伟大领袖毛泽东遗容

毛泽东诞生100周年纪念邮票首发式在北京及韶山举行

邮票共两枚，第一枚以陕北为背景，展现了战争时期的毛泽东形象；第二枚以北京中南海为背景，展现毛泽东晚年的领袖风范。

毛泽东生平和思想研讨会在北京开幕

胡锦涛、丁关根、李岚清、钱其琛、温家宝、薄一波、张震、雷洁琼、王光英、布赫、胡绳和有关方面负责人、从事理论研究的专家学者等500多人，出席开幕式。

中共中央书记处书记、中央宣传部部长丁关根主持研讨会开幕式。

薄一波、钱其琛、胡绳在会上分别就怎样纪念毛泽东、毛泽东的外交思想和实践、毛泽东一生所做的两件大事等问题作了阐述。

钱其琛在讲话中从新中国外交的奠基人、敢于斗争敢于胜利的英雄气概、调动外交全局的雄才大略三方面论述了毛泽东在开创新中国外交和国际战略思想上的伟大贡献。

胡绳在讲话中集中论述了毛泽东把马克思主义同中国国情相结合，不迷信，不盲从，顶住各种压力，独立自主地探索中国革命和建设的道路，特别是那种追求真理的巨大理论勇气。胡绳高度评价了毛泽东一生所做的两件大事，认为毛泽东是创造性地找到中国民主革命的正确道路，并且领导这个革命取得胜利的伟大领导人，又是首先倡议在社会主义建设上寻求具有中国特色的、自己的道路的伟大领导人。他说，虽然毛泽东在后半生探索中国社会主义道路的过程中，经历了许多曲折，并且造成了“文化大革命”这样严重的错误，但是历史不能忘记他首创进行这种探索的伟大功绩。

毛泽东生平和思想研讨会共收到论文112篇，主要内容有：马克思主义的中国化，毛泽东的哲学思想、军事思想、党的建设的理论、对建设社会主义的探索、统一战线和民族理论、文化思想、科学技术政策思想、国家战略思想，邓小平对毛泽东思想的继承和发展等。

薄一波在毛泽东生平和思想研讨会上发表讲话

在全党、全军、全国各族人民隆重纪念毛泽东同志诞辰100周年的时候，由中央宣传部等五个单位联合召开“毛泽东生平和思想研讨会”，这是思想理论战线的一件大事，也是全国性纪念活动的重要组成部分。作为一个老党员和长期在毛主席领导下工作的老战士，我衷心祝愿研讨会开得生动活泼，严谨求实，开出高水平，推出一批有分量的研究成果，以便把对毛泽东思想和小平同志建设有中国特色社会主义理论的研究推进一步。

主持研讨会的同志希望我结合《若干重大决策与事件的回顾》一书的写作，讲讲怎样纪念毛主席的问题。我觉得，在改革开放和现代化建设进入新阶段的今天，在《邓小平文选》第三卷刚刚问世的时候，我们思想理论战线纪念毛主席诞辰100周年，最重要的是要学习毛主席把马克思列宁主义基本原理和中国实际结合起来，坚持从中国实际出发的实事求是精神，从而全面推动小平同志建设有中国特色社会主义理论的学习和宣传工作，加快改革开放的步伐，促进国民经济持续、快速、健康地发展。

伟大领袖毛主席是真理的坚定探索者。在20年代后期和30年代前期，在国际共产主义运动和中国党内盛行把马克思主义教条化、把共产国际决议和苏联经验神圣化的时候，以毛主席为代表的一代中国共产党人，在艰苦、复杂、曲折的环境中，以实事求是的科学态度，独立自主地思考中国革命问题。经过长期的探索，逐步把马克思主义同中国实际结合起来，成功地找到了一条以农村包围城市，最后夺取全国胜利的道路，形成了一整套符合中国国情的新民主主义革命的理论、路线、方针、政策和人民战争的战略战术。我们党就是用这套理论、路线和战略策略思想武装了自己，才领导全国人民夺取了新民主主义革命的伟大胜利。

建国后，在恢复国民经济，在从新民主主义向社会主义转变的过程中，由于我们没有经验，也由于苏联经验当时是唯一的社会主义建设的经验，并且在世界上享有很高的声誉，更由于我国经济建设的第一个五年计划是在苏联大力帮助下展开的，因此，我们的体制模式和经济发展战略不能不在许多方面照抄苏联。但是，即使这样，我们党也有自己的独创。关于建国初期在社会主义改造和其他方面的独创，我想了一下，是否有这样一些：

一、实行社会主义改造和社会主义工业化同时并举的方针，这同苏联先搞国家工业化，后搞农业集体化的方针是不同的。

二、对农业、手工业、资本主义工商业的社会主义改造，我们选择的是一条从低级到高级、社会震动比较小的改造道路，这跟苏联没收资本家的工厂和全盘集体化都是一次完成的道路是不同的。

三、对民族资本家的生产资料，我们采取和平赎买政策，对资本家本人，不是把他们赶走，而是把他们看成财富，使之接受教育、改造成为自食其力的劳动者。这跟苏联的做法完全不同。

四、在经济建设上，我们一开始，就把毛主席提出的公私兼顾、劳资两利、城乡互助、内外交流的“四面八方”政策，作为根本方针，在处理同农民的经济关系方面(包括初期的统购统销政策)，基本上是建立在价值规律的基础之上的，这同苏联长期采用“农产品义务交售制”，向农民索取高额积累的办法是迥然不同的。

五、建国初期，我们虽然也采取了以重工业为中心的经济发展战略(这在当时是必要的)，但并没有忽视轻工业和农业，那时毛主席经常提醒我们：不要重重轻轻。因此，在重工业高速增长的同时，轻工业和农业也有一定的发展。这同苏联和东欧某些国家长期“一条腿走路”也是不同的。

六、在政治体制方面，我们实行共产党领导下的多党合作、政治协商制度，跟苏联实行的只有一个共产党的体制是不同的。

七、“解决民族问题，中国采取的不是民族共和国联邦的制度，而是民族区域自治的制度。我们认为这个制度比较好，适合中国的情况。”建国40多年来，我国的民族团结不断加强，同这个制度很有关系。

八、我国政府与印度政府首倡互相尊重主权和领土完整、互不侵犯、互不干涉内政、平等互利、和平共处五项原则，作为处理国与国之间相互关系的准则，已在世界上得到普遍的认同。

以上几条说明：以毛主席为首的党中央创造性地开辟了一条适合中国特点的社会主义改造道路，成功地解决了在我国建立社会主义制度的问题。其中有些独创虽是作为新民主主义阶段的政策原则提出来的，但在社会主义阶段也同样适用。

同志们都知道，50年代初期，在国际共运内部，实际上也存在着两个“凡是”：凡是斯大林讲的，就不容怀疑；凡是苏联经验，就得全盘照搬。而我们党当时并没有一切都听，全盘照搬。后来我们党还明确向苏共领导人说明：“我们不同意你们的一些事情，不赞成你们的一些做法。”(转引自毛主席在八届二中全会上的讲话)这鲜明地显示了以毛主席为首的党中央的独立自主精神和独创精神。如果从建国开始，就全盘照搬苏联的那一套，那么，我国的社会主义改造，就可能不会那么顺利。

这里，我还想讲讲毛主席对工作着重点问题的思考。早在建国前夕的七届二中全会上，毛主席就提出："从我们接管城市的第一天起，我们的眼睛就要向着这个城市的生产事业的恢复和发展。务须避免盲目地乱抓乱碰，把中心任务忘记了。"城市中的各项工作，"都是围绕着生产建设这一个中心工作并为这个中心工作服务的。"1949年6月1日，他明确指出："今后工作重点在建设，亟盼各方友好共同致力。"1954年9月，周总理的政府工作报告，明确提出了建设强大的现代化工业、现代化农业、现代化交通运输和现代化国防的目标，这是四个现代化的最初表述。1955年3月31日，毛主席在全国党代会的结论中提出：我们进入了一个"钻社会主义工业化，钻社会主义改造，钻现代化的国防，并且开始要钻原子能这样的历史的新时期"。1956年1月25日，毛主席在最高国务会议讲话，明确指出："社会主义革命的目的是为了解放生产力。"这说明：即使毛主席把自己的主要精力放在抓社会主义改造方面的时候，也没有忘记经济建设这个中心，也是为着能早日转向这个中心。

对于苏联体制模式和经济发展战略方面的弊病，在我们党内，毛主席是察觉得最早的。在斯大林逝世后，苏联一系列深层次的问题陆续暴露出来，这使毛主席敏锐地察觉到：苏联经验并非十全十美，因此，在1955年底，即在苏共20大召开之前，他就在中央领导集体的小范围内，提出了"以苏为鉴"的思想。就在这个思想指导下，前后花了两个多月的时间，听取了34个部委的汇报，着手总结自己的经验，探索适合我国情况的社会主义建设道路。他所作的《论十大关系》的讲话，集全党智慧之大成，提出了要把国内外一切积极因素调动起来，为社会主义事业服务的基本方针，具有长远的指导意义。毛主席这段时间不畏艰辛的探索精神，我是亲眼所见，受益匪浅，感慨良深的。《回顾》上卷已有专篇叙述，就不多说了。这里，只想把从这次听取汇报开始，到1957年夏季为止的一年多时间里，毛主席提出或同意的一些重要观点，简要地归纳一下，并简要地说说这些观点的意义。

这个期间提出的重要观点，就我所知，可归纳为十四条：

一、两类矛盾学说。提出这个学说，对于确定社会主义改造后党和国家政治生活的主题，对于创造安定、团结的政治环境，集中精力进行社会主义建设，具有重要的意义。

二、社会主要矛盾转化理论和工作着重点转移的决策。由于党的八大《关于政治报告的决议》确认社会主要矛盾已不再是无产阶级和资产阶级的矛盾，而是人民对经济文化迅速发展的需要同不能满足这种需要之间的矛盾，这就使把工作着重点转移到社会主义建设上来的决策顺理成章了。

三、社会主义社会基本矛盾理论。确认社会主义社会的基本矛盾仍然是生产关系和生产力之间的矛盾、上层建筑和经济基础之间的矛盾，只是这两组矛盾不具有在旧社会那样的对抗性质。这说明：社会主义社会的矛盾，可以通过自身的调整求得解决，两组矛盾的不断发展，不断解决，是社会主义社会发展的动力。小平同志指出："从二十多年的实践看来，这个提法比其他的一些提法妥当。"这个理论对于我们今天的改革，仍然起着指导作用。

以上三条，构成社会主义社会矛盾问题的理论系列。这是毛主席运用对立统一规律观察社会主义社会所取得的科学成果，是对那种认为社会主义社会只有道义上的一致而没有矛盾的传统观念的重大突破，也是对马克思主义的重要发展。

四、发挥两个积极性的思想。既发挥中央的积极性，也发挥地方的积极性，意味着中央管理国家事务的权限，有一部分要下放给地方管理。这是毛主席根据我国建设的实践经验并参考西方资本主义国家发展经济的经验提出来的。

五、在肯定全民所有制企业由国家经营的条件下，承认企业拥有一定程度的独立性和自主权；在肯定国家市场是主体的前提下，允许一定范围内的自由市场作补充。

六、在所有制结构方面，允许一定范围内的个体经济作为国营经济和集体经济的补充，并提出"可以在消灭资本主义后又搞资本主义"，地下工厂可以合法化，变为地上的，合法雇工；华侨投资的，20年、100年不没收。这对把公有制看成是社会主义社会唯一所有制的传统观念是一个突破。

七、在分配方面，提出了国家、集体、个人三兼顾的原则。这是鉴于苏联的教训而提出的。

八、在经济发展战略方面，提出了走工业和农业同时并举、轻工业和重工业同时并举的中国工业化道路问题。

九、发出了"向科学进军"和"赶上世界科学先进水平"的号召，提出工人阶级必须有自己宏大的技术干部队伍。

十、百花齐放、百家争鸣的方针。它反映了科学和艺术发展的客观规律。这个方针的提出，对苏联长期实行的只扶持一家之言、一种流派的艺术，别的都看成异端的禁锢政策，是一个突破。

十一、长期共存、互相监督的方针。这是我国历史条件的产物。我国历史所形成的共产党领导下的多党合作体制，由于这个方针的提出，又增添了新的内容。

十二、民主和法制建设的目标，“是想造成一个又有集中又有民主，又有纪律又有自由，又有统一意志、又有个人心情舒畅、生动活泼，那样一种政治局面”，以利于社会主义建设，国家也较能经受风险。

十三、“爱国一家”、“爱国不分先后”的思想与和平解放台湾的倡议。这是周总理在 1956 年 6 月向首届全国人大三次会议的报告中宣布的。

十四、“在国际上，一切可以团结的力量都要团结，不中立的可以争取为中立，反动的也可以分化和利用”的策略思想。

上述观点虽然大部分没有照做，有的还只是在酝酿中的思想观点，但从这些观点可以看出，在当时毛主席的思想里，确实想摆脱苏联僵化模式和斯大林“左”的指导思想的束缚，寻找一条在体制方面比较灵活、指导思想方面比较符合我国实际的发展道路。

可惜，1957 年下半年以后，由于对国际、国内阶级斗争的形势和影响作了过分严重的估计，加以在一系列的巨大胜利面前滋长了骄傲自满情绪，急于求成，毛主席在经济社会发展、党和国家的政治生活等方面的指导思想，都发生了“左”的转向，以致发生了将近 20 年“左”的失误。小平同志说过：“毛泽东同志的错误在于违反了他自己正确的东西。”这里所指的“正确的东西”，我理解，既包括毛主席长期坚持的实事求是的思想路线，也包括他在探索中提出的正确观点。

但是，毛主席毕竟是一位伟大的探索者。就在 1957 年以后，特别是 60 年代前期纠正“大跃进”和人民公社化失误期间，他在一些场合的讲话，仍然提出了不少有价值的意见，或者闪烁出探索前进的思想火花。这些意见，我记得的，有这么 6 条：

一、价值规律“是一个伟大的学校”的观点。经过了“破除资产阶级法权”、“吃饭不要钱”和刮“一平、二调、三收款”的“共产风”等严重挫折之后，他认识到中国是一个商品经济很不发达的国家，在社会主义制度建立之后，还要大力发展商品生产和商品交换，不能剥夺农民。

二、中国要赶上和超过资本主义先进国家，没有 100 多年的时间是不行的；中国的社会主义社会可能分为不发达的社会主义和发达的社会主义两个阶段，并推断后一阶段可能比前一阶段更长。

三、以农业为基础、以工业为主导的经济发展战略和按农、轻、重次序安排计划的意见。早在 1956 年听取 34 个部委汇报时，他就说过：你们再不重视农业、轻工业，我就要把重轻农的次序倒过来。以后，他又多次提及。后来在提法上果然倒过来了。

四、两步走的战略步骤：第一步，建立独立的、比较完整的工业体系和国民经济体系；第二步，实现农业、工业、国防和科学技术四个现代化。这是 1964 年底 1965 年初通过周总理向三届全国人大一次会议的政府工作报告提出的。现在使用的四个现代化的标准提法，就源出于此。

五、支持中央领导同志关于试办托拉斯的倡议。这说明毛主席在 60 年代前期已察觉到单纯按行政方法管理经济的弊端。

六、在总结实践经验的基础上，提出了“两参一改三结合（干部参加劳动，工人参加管理，干部、工人、技术人员三结合）”的思想。这是党的群众路线在企业管理方面的运用，是苏联和资本主义国家企业管理制度中所没有的。

在 1957 年 9 月的八届三中全会上，毛主席虽然错误地改变了八大关于主要矛盾问题的科学论断，但在 1962 年八届十中全会前，他还是想把社会主义建设摆到中心位置上来的。1958 年 1 月，他提出：从今年起，“把党的工作的着重点放到技术革命上去。”1958 年底，他在会见外宾时说，我们现在进行的新的革命，是对地球和自然界的革命。1959 年国庆期间会见外宾时又说：今后 10 到 20 年内，主要精力将放在建设上面。只是后来实际上没有这样做就是了。

发动“文化大革命”是毛主席晚年全局性的严重失误。运动本身是没有什么可以肯定的，这早已有历史结论。但即使在“文化大革命”期间，毛主席在改善我国社会主义建设的国际环境方面仍然作出了重要贡献。他不仅提出了划分三个世界的正确战略和我国永远不称霸的重要思想，而且还在外交上成功地打破了美国对我国的封锁。年龄大一点的同志可能记得，70 年代初，引起全世界注目的大事之一，是毛主席、周总理审时度势，抓住尼克松入主白宫后表示要改善中美关系的愿望，为中美关系正常化迈出了重要的一步。接着一鼓作气，同日本、加拿大、意大利、联邦德国、澳大利亚等国建立了外交关系。这样，由美国带头对我国实行了 20 多年的封锁，就被大面积地打破了。外交局面打开后，经济关系也拓展了。那时候，“四人帮”阻挠我国同西方接触，吵得很凶，而且是不择手段的。所谓“蜗牛事件”，是许多同志记忆犹新的。但是，在毛主席支持下，周总理力排阻力，打开了向西方引进技术设备的大门。70 年代，我国从日本、西德、美国等 10 多个国家引进 22 套大型设备。那批引进项目现在在我国国民经济发展中的作用，大家不是看得很清楚的吗？

讲到这里，我想起了伟大爱国诗人屈原的两句名言：“路漫漫其修远兮，吾将上下而求索。”在中国革命和建设的漫漫征途上，为开拓前进的道路，毛主席就是不知疲倦地探索着。对于寻找适合我国情况的社会主义建设道路，他在建国初期就有所思考。集中的探索则在1956年全年和1957年上半年。以后，他发生了“左”的失误，但仍没有放弃这一探索工作，直到临终。可不可以这样说，探索的起步是正确的，提出了许多具有长远指导意义的重要思想，后来，探索向着正确和错误两个趋向发展，最终陷入了“文化大革命”的十年动乱。因而，应该承认这次探索没有取得成功。在我们这样一个贫穷落后的东方大国建设社会主义，是没有先例的。在探索中出现失误，是可以理解的，也是令人十分惋惜的。《决议》在谈到这一点时，指出：“毛泽东同志的错误终究是一个伟大的无产阶级革命家所犯的错误。”“他在犯严重错误的时候，还多次要求全党认真学习马克思、恩格斯、列宁的著作，还始终认为自己的理论和实践是马克思主义的，是为巩固无产阶级专政所必需的，这是他的悲剧所在。”

值得庆幸的是，随着“文化大革命”的结束和党在指导思想上拨乱反正的完成，我们党终于找到了一条符合我国国情的社会主义建设的道路，这就是十一届三中全会以后逐步形成的，党的十四大确认的邓小平同志建设有中国特色社会主义理论所指引的道路。这是一条发展中国社会主义的必由之路，是中国走向繁荣富强、自立于世界民族之林的自强之路，也是保障中国社会主义事业较能经受风险、立于不败之地的胜利之路。同志们可以想想，如果我们不走这条道路，而是沿着“两个凡是”的道路一直走下来，最近十几年来发生的历史性飞跃能够出现吗？前几年的政治风波“关”、苏联东欧剧变“关”，我们能够闯得过来吗？

建设有中国特色社会主义的理论，是改革开放伟大实践的产物，具有鲜明的时代特色，小平同志对此做出了人人看得见的历史性的重大贡献。小平同志以大无畏的理论勇气和政治勇气，实际上早在1975年就开始了拨乱反正。那时候他提出：“军队要整顿”、“工业要整顿”、“各方面都要整顿”，实质就是对“文化大革命”的否定，所以为毛主席所不容而再次被打倒。1977年以后，他以纠正“两个凡是”的错误为先导，承担了指导全党拨乱反正的艰巨任务。《邓小平文选》1975—1982年那一卷所收入的文献有力地说明：他重新工作后，事实上是拨乱反正的主要决策者。十二大后，在开创社会主义建设新局面的伟大实践中，党中央有关改革、开放和现代化建设的一系列重要的决策，大多是根据他的建议做出的。《邓小平文选》第3卷所收集的文献，如实地记载了他在近十年间作为改革开放和现代化建设总设计师所做出的历史性贡献和远见卓识。同志们在读这两卷书时，不难发现：十四大概括的关于建设有中国特色社会主义理论9个方面的内容，绝大部分在这两卷书里，可以找到它的出处或精辟的阐发。因此，我这样想，正如在中国革命和建设的过程中，凝聚了党的集体智慧的毛泽东思想冠以毛泽东同志的名字是当之无愧的一样，在新的历史条件下，凝聚了党的集体智慧的建设有中国特色社会主义的理论冠以邓小平同志的名字，同样也是当之无愧的。

小平同志在探索建设有中国特色社会主义理论的过程中，吸取了毛主席在探索过程中取得的对现阶段仍有指导意义的全部积极成果，包括当时没有照做或实际上后来又被毛主席否定了的正确观点。但是，更重要的，还是从毛主席的失误中，特别是从“文化大革命”那样全局性的失误中吸取教训，把坏事变成了好事。所以，小平同志说：“那件事（指‘文化大革命’），看起来是坏事，但归根到底也是好事，促使人们思考，促使人们认识我们的弊端在哪里。”“现在的方针政策，就是对‘文化大革命’进行总结的结果。”

“文化大革命”的失误怎样促进新思想、新理论的形成？小平同志说：“最根本的一条经验教训，就是要弄清什么叫社会主义和共产主义，怎样搞社会主义。”“四人帮”在“文化大革命”中荒谬地提出宁要贫穷的社会主义和共产主义，不要富裕的资本主义。小平同志说：“不要富裕的资本主义还有道理，难道能够讲什么贫穷的社会主义和共产主义吗？结果中国停滞了。这才迫使我们重新考虑问题。考虑的第一条就是要坚持社会主义，而坚持社会主义，首先要摆脱贫穷落后状态，大大发展生产力，体现社会主义优于资本主义的特点。要做到这一点，就必须把我们整个工作的重点转到建设四个现代化上来，把建设四个现代化作为几十年的奋斗目标。同时，鉴于过去的教训，必须改变闭关自守的状态，必须调动人民的积极性，这样才制定了开放和改革的政策。”这段回顾把建设有中国特色社会主义理论的形成和正反两方面历史经验的关系交代得清清楚楚。四个现代化的目标，全党集中力量发展生产力，社会主义优于资本主义主要表现在有利于生产力的发展等观点，都是以毛主席为首的党的第一代领导集体提出来的，后来实际上都放弃了。“文化大革命”的失误从反面证明这些观点是正确的。但是，经历“文化大革命”的灾难之后，在和平和发展成为时代主题、社会主义在世界许多地方遭遇到严重挫折的历史条件下，在改革、开放新的实践基础上，我们反思历史上的经验教训，就不是简单地恢复正确的观点，改正错误的观点，而是大大地发展了正确的观点，提出了新的观点，例如：社会主义经济是公有制基础上的有计划商品经济；我国社会主义还处于初级阶段；社会主义与市场经济并不是对立的；中国的发展离不开世界，等等，从而逐步形成改革、开放的一系列方针政策和“一个中心、两个基本点”的基本路线，形成建设有中国特色社会主义的理论。

学习和宣传建设有中国特色社会主义的理论，是我们思想理论战线长期的重要任务。弄清这个理论同毛主席当年探索的关系，有助于我们了解这个理论的来龙去脉和取得这个认识成果所付出的巨大代价，从而理解探索之艰辛，加深对这个理论的理解。这对做好我们的工作是有益的。

当前国际国内形势为我国经济发展提供了难得的有利时机。根据小平同志建设有中国特色社会主义的理论和党的十四大精神，经过认真的调查研究、总结经验，党的十四届三中全会适时地作出了《关于建立社会主义市场经济体制若干问题的决定》，设计了建立社会主义市场经济体制的蓝图，这是我们90年代经济体制改革的行动纲领。江泽民同志最近指出：“我们要抓住机遇，加快改革开放和现代化建设步伐，努力在本世纪末初步建立起社会主义市场经济体制，实现达到小康水平的第二步发展目标，使我国综合国力登上一个新的台阶。”任重而道远。小平同志在南方谈话中，就语重心长地指出：“我们搞社会主义才几十年，还处在初级阶段。巩固和发展社会主义制度，还需要一个很长的历史阶段，需要我们几代人、十几代人，甚至几十代人坚持不懈地努力奋斗，决不能掉以轻心。”我希望同志们在小平同志建设有中国特色社会主义理论的指引下，坚定不移地坚持党的基本路线一百年不动摇，扎扎实实地干，在实践中注意总结经验，研究新问题，探索解决新问题的办法，并在探索和解决新问题中，为建设有中国特色社会主义理论的不断丰富和发展，做出自己应有的贡献。

《人民日报》发表社论《坚持和发展毛泽东思想——纪念毛泽东同志100周年诞辰》

国家主席江泽民等在北京观看朝鲜艺术团演出

国务院总理李鹏在人民大会堂会见联合国秘书长加利

全国人大常委会副委员长陈慕华在人民大会堂与联合国秘书长加利进行会晤

国务院环境委员会在北京举行会议

会议总结今年全国环境保护执法检查情况。

国务委员环委会主任宋健强调，要抓住执法检查工作不放，连续搞两三年。他建议明年要加强野生动物保护检查。

这次执法检查取得很大成效。通过检查，提高了各级领导和广大群众的环境意识和环境法观念，查处了一批违反环境法的案件及破坏野生动物资源案件，检查了环境保护法律制度的执行情况，促进了地方环境法制建设。

在检查中也发现一些突出问题，主要表现在：一些地方的新建项目，没有严格执行环境影响评价和“三同时”制度，盲目上马了一些违章建设，致使老污染源尚未根除，新污染源又不断滋生；一些开发区在建设过程中，由于片面强调简化手续，加快速度，未能很好地执行“先评价、后建设”的规定，出现了许多新的不合理布局；一些被明令禁止的小土焦、小水泥、小造纸、小化工、小冶炼又在一些地区死灰复燃；一些排污企业和交通、城市公用设施，没有执行国家或地方规定的排放标准，超标排污；一些地方在防治污染投资上留缺口或挪用其资金；一些企业的环保设施停用或不正常运转。

会上，宋健特别强调要加强濒危野生动物保护工作，风景旅游区也要加强生物资源的保护。对于违反《环境保护法》、《野生动物保护法》的案件，都要一查到底，坚决查处。

西安飞机工业公司研制的运七200A型客机在阎良机场首飞成功

12月27日

八届全国人大常委会第五次会议举行全体会议

全国人大常委会委员长乔石和132名常委会组成人员出席会议。

对外贸易经济合作部部长吴仪、民用航空总局副局长蒋祝平分别作关于对外经济贸易工作和关于民航加强安全改进工作情况的报告。会议还分别听取法律委员会副主任委员王叔文作的全国人大常委会执法检查组关于检查惩治生产、销售伪劣商品犯罪的决定执行情况的报告，民族委员会主任委员王朝文、法律委员会副主任委员蔡诚、华侨委员会副主任委员林丽韫分别作的关于第八届全国人大第一次会议主席团交付审议的代表提出的议案审议结果的报告。会议还审议了副委员长王汉斌访问瑞典、挪威和丹麦的书面报告，以及副委员长王丙乾访问叙利亚、埃及和塞浦路斯情况的书面报告。

全国人大常委会副委员长倪志福主持会议，副委员长王汉斌、陈慕华、费孝通、孙起孟、雷洁琼、秦基伟、李锡铭、王丙乾、王光英、程思远、卢嘉锡、布赫、铁木尔·达瓦买提、李沛瑶、吴阶平和秘书长曹志出席会议。国务院副总理邹家华、最高人民法院副院长马原、最高人民检察院检察长张思卿列席会议。

国务院总理李鹏在人民大会堂会见巴基斯坦总理贝·布托

全国政协主席李瑞环走访各民主党派

1993年岁末，中共中央常委、全国政协主席李瑞环和全国政协副主席、中共中央统战部部长王兆国等走访民革、民盟、民建、民进、农工党、致公党、九三学社、台盟中央机关。走进一个个办公室，了解情况，征询意见。

在回顾统一战线历史时，李瑞环说，今年是毛泽东诞辰100周年，在毛泽东留给我们宝贵遗产中，统一战线思想理论具有突出重要地位。毛泽东把统一战线与武装斗争、党的建设相提并论，称为三大法宝。毛泽东的统一战线思想，在新时期仍具有重要指导意义。

全国政协主席李瑞环视察民主党派新办公楼

李瑞环在全国政协副主席、中央统战部部长王兆国等陪同下，视察农工民主党、九三学社和致公党中央机关新的办公大楼，并邀集国务院和北京市的有关部门领导就落实大楼各项扫尾工程、帮助三党派中央机关尽快搬进新楼等事项进行座谈。

全国政协经济委员会主任房维中，中共北京市委常委、常务副市长张百发出席座谈会。

李瑞环在三党派有关人员的陪同下，视察大楼的会议厅、办公室、立体停车库等设施，还察看楼外的院子和围墙。

全国高级人民法院院长会议在北京召开

最高人民法院院长任建新提出，1994年全国各级人民法院的基本任务是：以邓小平建设有中国特色社会主义理论和党的十四届三中全会精神为指导，继续严厉打击刑事犯罪活动，进一步抓好大案要案特别是经济犯罪大案要案的审判，大力调节经济关系，切实维护公民、法人和其他组织的合法权益，严肃执法，提高司法水平，为维护社会稳定，促进廉政建设和加快建立社会主义市场经济体制服务。概括起来说，就是严打要打出声威，大案要案要抓出成效，调整经济关系要有大的进展，司法水平要全面提高。

任建新提出，为适应国家经济体制格局的变化和调整，明年法院的经济审判工作必须有新的突破，民事、行政等审判工作也应有新的进展。要更好地运用法律手段，及时依法调节经济关系，规范市场经济行为，保护正当竞争，保护公平交易，促进市场发育，正确妥善地处理好人民内部矛盾，依法保护公民、法人和其他组织的合法权益，直接为建立社会主义市场经济体制提供有效的法律服务，为市场经济的有序运作创造良好的法制环境。

全国民族地区宣传工作座谈会在广西合浦结束

日前，由中共中央宣传部、国家民委联合召开的全国民族地区宣传工作座谈会结束。这次会议是为贯彻江泽民在全国统战工作会议上关于民族和宗教工作的指示精神，研究探讨在发展社会主义市场经济条件下如何加强和改进民族地区宣传工作。

中宣部、国家民委及民族地区主管宣传工作的领导出席会议。与会者指出，加强民族地区宣传思想工作，用马克思主义民族观和党的民族政策教育广大干部群众，努力为发展民族地区经济创造思想条件和舆论环境，增强中华民族的向心力和凝聚力，这是党和国家在意识形态战线带有全局性的战略任务。我们必须从维护祖国统一、振兴中华民族的高度，从巩固、建设和发展社会主义事业的高度，充分认识搞好民族地区宣传工作的特殊重要性。

与会者认为，当前民族地区宣传工作的首要任务，是用邓小平建设有中国特色社会主义理论武装民族地区党员干部、教育农牧民。各级宣传部门要把《邓小平文选》第三卷的学习、宣传摆在党的思想政治工作、党员教育和干部理论教育的重要地位，精心部署，认真落实，并且要突出抓好社会主义市场经济理论的学习，推动社会主义市场经济体制在民族地区的建立和完善。

会议希望各级党委和政府加强对民族地区宣传工作的领导，加强民族地区宣传文化阵地的建设，发挥各种传播手段的作用，建立一支宏大的、素质较高的民族地区宣传干部队伍。

国务院三峡工程建设委员会在北京召开首次三峡工程移民工作会议

国务院副总理、国务院三峡工程建设委员会副主任邹家华在会上强调，要坚定不移地执行开发性移民方针，搞好移民工作，各地各部门要进一步抓紧对口支援库区移民工作。当前则要安排好明年的移民安置计划，并宣传贯彻好《长江三峡工程建设移民条例》，使移民工作在法制轨道上健康发展。国务委员、国务院三峡工程建设委员会副主任陈俊生主持了会议。

中国人权研究会会长朱穆之就人权问题答新华社记者问

问：请介绍一下中国人权研究会的情况和它的工作。

答：中国人权研究会是今年初由我国高等院校、研究机构、学术团体和工会、妇联等群众团体中研究和关心人权问题的学者专家共同倡议而成立的民间组织。

人权研究会的主要工作是：研究中国的人权理论和实践；研究外国的人权理论和实践；发展与外国人权组织的联系，并参加有关人权的国际活动。

中国长时期内根据自己的国情，形成了自己的人权理论和实践。现在中国在建设有中国特色的社会主义过程中，政治、经济、文化、社会各方面都突飞猛进，有迅速巨大的变化，人权理论和实践也必然随之有新的发展，这些都有待我们去认真加以研究。

从国际上说，各国的国情不同，关于人权的理论和实践也各有不同。在人权问题成为国际上普遍关注的问题的时候，我们必须认真研究各国的人权理论和实践，以利于增进了解，并从中吸取对我国有益的东西。

研究会今年 3 月曾派代表团去曼谷参加世界人权大会亚洲区域筹备会，今年 6 月，又派代表团去维也纳参加了世界人权大会。通过这两次会议，我们看到中国的人权理论和实践受到世界的重视，产生了重大影响；同时也看到，西方一些人对中国也有许多误解，甚至偏见。因此，研究会今后将加强和各国人权组织的联系，继续参加有关人权的国际会议，以促进相互的了解和合作。

问：请扼要地谈谈您在人权问题上的基本观点。

答：《中国的人权状况》白皮书阐述的观点，我完全赞同，这里就不重述了。现在国际上对人权问题的争论涉及一些带根本性的问题，我愿就其中几个问题谈谈我的看法。

首先，对于人权，可以有不同的认识和实施，还是只能有一种认识和实施？中国和许多国家是赞成前一种主张的，这是完全正确的。因为各国的历史背景、社会制度、经济状况、文化传统、宗教信仰等等不同，对于人权的认识和实施当然也不会相同。比如发展中国家和发达国家能一样吗？信仰伊斯兰教、佛教的国家和信仰基督教的国家能一样吗？江泽民主席最近和克林顿总统会晤时说："地球上有上千个民族，约 200 个国家，多种多样的文化传统和生活方式。世界的丰富多彩是一件好事，并不是一件坏事。各国之间、各种文化之间应当相互交流，共同享受人类文明的成果。这种交流只能在人民自愿自主的基础上进行。"这些看法不是完全适用于人权问题吗？

其次，人权是否高于主权。现在世界上分为许多国家，国家还没有消亡，更没有一个一统天下的世界政府。因此在人权问题上必须尊重各国主权，如何维护和促进人权，基本上只能由各国自己来处理，否则将天下大乱。所谓"基本上"，是因为人权也有其国际性的一面。对于危及世界和平与安全的诸如殖民主义、种族灭绝、武装侵略、国际恐怖活动等严重侵犯人权的行为，世界各国一致反对，对于这类问题，国际社会应该加以干预和制止。除此之外，即使是经联合国通过的有关人权问题的一些公约，也不能强迫各国都必须参加。比如联合国 1965 年通过的《消除一切形式种族歧视国际公约》，1966 年通过的《经济、社会、文化权利的公约》，1973 年的《禁止并惩治种族隔离罪行国际公约》，1980 年的《消除对妇女一切形式歧视公约》等公约，美国国会至今未批准加入。

世界的现实是，国家还有强弱，还有恃强凌弱的强权政治、霸权主义，因此对于弱小的国家，发展中国家，人权还要靠主权来保障。没有了主权，根本谈不上人权。旧中国就是最有力的证据，那时受到帝国主义侵略的中国人民，有什么人权？邓小平同志说："人们支持人权，但不要忘记还有一个国权"，"真正说起来，国权比人权重要得多"（《邓小平文选》第三卷 331、345 页）。这是至理名言。

第三，有一种主张，认为政治权利是最重要的甚至是唯一的人权。我们主张，人权包括生存权、政治权、经济权、发展权、社会文化权等等，这些权利是密切不可分的。许多发展中国家以至西方一些人士也持相似的主张。前一种主张是说不通的。例如，有一些人认为中国把生存权列为首要人权，就是忽视或否认政治权利。这种说法是经不得深究的。且不说没有生存权就谈不上其他一切人权，以生存权本身来说，为什么发生生存权问题呢？就在于许多人没有了生存的权利。是什么侵犯和剥夺了他们的生存权呢？以过去的中国来说，就是帝国主义的侵略，封建主义和官僚资本主义的压迫和剥削。因此，争生存权，首先就要推翻这三座大山，要取得独立、民主，然后才能发展生产，解决人民温饱问题。这不道道地地是政治权利问题吗？怎么能说争生存权就忽视或否认政治权利呢？怎么能把生存权和政治权利截然分开呢？

又如，西方流传一种说法，中国经济在发展，政治上不民主。这也是说中国不讲政治权利。但是这种说法却使那些把政治权利说成是最重要的人权甚至是唯一的人权的人陷于无法解脱的矛盾之中。美国《新闻周刊》就说："大多数美国人认为个人自由和民主的政治制度是经济成功的先决条件。"（1993 年 11 月 22 日的一期）那么，中国既然政治不民主，怎么经济又那么发展呢？法国佩雷菲特在他的文章中反映了持这种主张的人的尴尬："我们难以承认一个国家在缺乏民主的状况下仍能在市场经济的道路上发展，我们西方人也难以想象，一个国家在经济上是自由的，而在政治上却不是这样。"（《费加罗》杂志 1993 年 11 月 6 日一期）其实，这个问题并不复杂，问题是西方的一些人不仅把政治权利看作是唯一的人权,而且把西方的政治民主看作是唯一的模式,否认除此之外还有别种政治民主。在中国这就是社会主义民主。我们一贯认为,不仅是争取生存权需要政治民主,而且发展经济、实现四个现代化,都必须同时发展政治民主。没有社会主义民主,就没有社会主义的现代化。中国在抓经济体制改革的同时,始终抓政治体制改革。正因为这样,才调动了广大人民群众的无比积极性,使经济得到了巨大的发展。

政治民主的实质,就是人民享有谋求自己的利益和幸福的权利。因此,政府是否遵照大多数人民的愿望和要求行事,是检验人民是否真正享有政治民主的根本标准。不论口头上说得多么民主,或者表面上做得多么民主,实际却是按照少数人的利益而不是遵照大多数人民的愿望和要求行事,那不是什么真正的民主。当前中国绝大多数人民的迫切愿望和要求是什么呢?就是继续保持安定团结的政治局面,尽快达到生活小康,国家富强。中国正在贯彻执行的以经济建设为中心的基本路线,完全遵从了广大人民的愿望和要求。不论什么政治模式,只有能保障切实遵照大多数人民的愿望和要求行事,才是最适合这个国家的。中国的社会主义民主做到了这一点。

问:一年来,国际上围绕人权问题的斗争有哪些特点?

答:国际上有关人权问题的斗争在今年召开的世界人权大会上得到了集中反映。简要地说,它显示了以下主要特点:

1. 世界各国由于国情不同,对人权的认识和主张也不同,特别是发展中国家和发达国家之间有着显然的差别。世界人权大会召开前,一些地区曾召开了筹备会,各自发表了宣言。亚洲地区的筹备会发表了《曼谷宣言》,它代表了亚洲大多数国家的意见,这些意见与西方国家就有很大分歧。

2. 有些发达国家总标榜他们的人权观点和模式是唯一正确的,而且总想用各种办法把它们的一套套到别国头上,特别想套到一些发展中国家头上。这些强加于人的做法当然要遭到许多国家的抵制和反对。这场施压与反压的斗争还将继续下去。

3. 在人权问题上中国是西方国家攻击的主要对象之一。在一些会议上,有的国家总试图根据一些歪曲和捏造的材料来谴责中国。他们不顾事实,攻击中国侵略西藏,剥夺西藏人民的人权,并且企图通过干预中国内政、鼓励分裂中国的决议。但是中国得到主持正义的许多国家特别是发展中国家的支持,使这些图谋完全破产。

问:新的一年将到,请谈谈您对人权问题的展望。

答:当前世界并不太平,最重要的和平与发展两大主题仍未得到解决,但是人权问题仍将成为国际上斗争的焦点之一。这是因为一些国家总想利用人权问题作为对别国施压的手段,以实现它们所追求的目的。这显然不利于和平与发展两大主题的解决。

各国对人权的认识和实施各有不同,这是正常的。为了达到相互了解和互相促进的目的,我们赞成对话。现在许多人同意这样做,这是可喜的。但是要实行对话,我认为对话各方都应该有正确的态度,共同遵守一些基本准则。

首先,一定要尊重事实。事实不真实准确,仅凭道听途说,捕风捉影,甚至歪曲捏造,那就缺乏对话的基础。比如关于西藏问题,现在正被炒得很热。从古至今的事实,充分证明西藏是中国的固有领土。1951年,西藏像中国其他省份一样得到了解放,却被说成“侵略了西藏”;明明西藏过去在农奴制度下广大人民毫无人身自由,根本谈不上人权,解放后西藏人民获得了政治上的平等、经济上的发展、生活上的改善,成为国家的主人,有人却硬说西藏人民丧失了人权。如果这样不顾事实,那么对话就只能成为向对方泼脏水而已。

第二,要平等公正。平等才谈得上“对”话,恃强凌弱,强加于人,自认为老子天下第一,唯我正确,一切都得照我的意见办,这怎么谈得上对话呢?公正就是要是就是是,非就是非,不能强词夺理,是也是非,非也是是,明明做错了,就承认错,不能明明错了,却一句道歉的话也没有,反而硬咬着说,即使错了,做得也是对的。这样的对话有什么意思呢?

第三,应有科学的态度,实事求是。人权是社会发展的产物,是17、18世纪才明确提出来的。各国的人权状况各有不同的发展过程。就是最先提出人权这一概念的美、法等国,它们的人权状况也不是一开始就是现在这样。比如美国在1776年发表的《独立宣言》提出了人人生而平等,有上帝赋予的不可转让的生命权、自由权和追求幸福的权利,但是并没有废除对黑人的奴隶制,直到1865年才在法律上规定取消奴隶制,黑人在二次大战后才有选举权。即使到现在,对黑人的种族歧视也还没有完全消除。因此对于一个国家的人权问题,必须以历史的观点、发展的观点来看待,不能纯凭理想,更不能以自己的模式来照套。只有抱这种科学的实事求是的态度,对话才能有成果。

当然,关于对话还可以提出其他一些应该注意之点,但以上几点,我认为应该是最起码的要求。

对于人权问题,我是乐观的,全世界的人权状况,终究会越来越改善,借人权问题来推行强权政治、霸权主义,终究要失败。

国务院总理李鹏在北京会见挪威等八国驻中国大使

八位大使是：即将离任的挪威大使霍尔维克、泰国大使差利占、科特迪瓦大使阿内、孟加拉大使沙菲·萨米、西班牙大使马丁内斯，新到任的布隆迪大使比吉利马纳、斯里兰卡大使沃特茨和柬埔寨大使凯·西索达。

中国和塔吉克斯坦两国政府在杜尚别签订《文化合作协定》

外交部部长钱其琛在北京与联合国秘书长加利会谈

钱其琛说，我们认为，朝鲜半岛核问题应该通过和平谈判的方式求得妥善的解决，中国不赞成施加压力。他说，朝鲜和美国之间的会谈对解决这一问题是重要的。朝鲜北南双方的对话也是一项重要步骤。目前，朝、美第三轮会谈已有了方案，并在不断接近；朝鲜北南双方也一直保持着接触，这都是积极的动向。我们相信，只要美国、朝鲜、韩国和国际原子能机构四方都保持耐心，继续表现出灵活和建设性的态度，这一问题是会有新的进展的。

在谈到1995年将在北京召开的第四次世界妇女大会时，钱其琛说，中国政府对这一次大会十分重视。我们将借鉴前三次世界妇女大会的成功经验，争取各方的配合，充分准备，保证这次大会开得成功。

国务院港澳办公室发言人就港英立法局等三级架构问题接受新华社记者采访

最近本报记者就1994/1995年选举产生的港类最后一届立法局、区议会和两个市政局议员的任期间问题走访了国务院港澳事务办公室。

港澳办发言人发表谈话如下：

根据中英联合声明和基本法的规定，中国政府将于1997年7月1日对香港恢复行使主权，英国政府于1997年7月1日将香港交还给中华人民共和国，它对香港的行政管理权在1997年6月30日终止，港英的政制架构也随之终结。这是中国对香港恢复行使主权，英国结束其在香港的管治的必然结果。

港英立法局、区议会和两个市政局的任期分别由英国《皇室训令》和有关的条例规定为四年，如上所述，由于立法局、区议会和两个市政局都属于港英当局政制架构的组成部分，因而有关三级架构任期的所有有关法律规定，到1997年7月1日，随着英国管治的结束，势将与基本法抵触而全部废止，这三级架构都应于1997年6月30日解散，按照基本法的规定和全国人大的决定重组。

本来，中国政府希望通过谈判与英国政府合作，在与基本法衔接的基础上为三级议员的过渡作出安排，并为此作出了积极的努力。然而，由于英方的蓄意破坏，致使这一愿望最终落空。对此，我们感到十分失望。

曾宪梓教育基金会1993年高等师范院校教师奖颁奖仪式在北京举行

中央歌剧院在中国国际贸易中心举行'94北京新年音乐会

12月28日

全国政协八届常委会第四次会议闭幕

全国政协主席李瑞环出席会议并讲话。

全国政协副主席吴学谦主持大会。会议通过全国政协八届常委会第四次会议关于学习贯彻《中共中央关于建立社会主义市场经济体制若干问题的决定》的决议；通过了关于明年3月上旬在北京召开全国政协八届二次会议的决定，建议会议的重要议程是：听取并审议中国人民政治协商会议第八届全国委员会常务委员会工作报告，修改《中国人民政治协商会议章程》，列席第八届全国人民代表大会第二次会议。

出席会议的全国政协副主席还有：杨汝岱、王兆国、赛福鼎·艾则孜、洪学智、邓兆祥、钱伟长、胡绳、钱正英、苏步青、董寅初、孙孚凌、马万祺。

全国政协主席李瑞环在全国政协八届常委会第四次会议闭幕会上发表讲话

各位副主席、各位常委、各位同志：

这次会议的中心议题，是学习贯彻中共十四届三中全会通过的《关于建立社会主义市场经济体制若干问题的决定》。本次常委会适逢毛泽东同志诞辰100周年，常委们参加了中央召开的纪念大会，瞻仰了毛主席遗容。会上，钱其琛、温家宝同志分别就当前的国际形势和三中全会精神作了重要报告。常委们发表了许多很好的意见和建议。刚才会议通过了全国政协八届常委会《关于学习贯彻〈中共中央关于建立社会主义市场经济体制若干问题的决定〉的决议》，我们要认真落实。下面我再谈点意见。

中共十四届三中全会是我国改革开放和社会主义现代化建设进程中又一次极其重要的会议。1978年12月召开的中共十一届三中全会，实现了全党工作重点的战略转移，成为我国改革开放的伟大开端，那时改革的重点在农村。1984年10月召开的中共十二届三中全会，通过了《关于经济体制改革的决定》，标志着以城市为重点的经济体制改革的全面展开。今年11月召开的中共十四届三中全会，作出了《关于建立社会主义市场经济体制若干问题的决定》，表明我国的经济体制改革进入了整体推进和重点突破相结合的新阶段。这个《决定》，是对建国以来历史经验特别是15年改革开放经验的深刻总结，是我国建立社会主义市场经济体制的总体规划，是90年代经济体制改革的行动纲领。努力完成《决定》提出的各项任务，实现从旧经济体制向新经济体制的过渡，对于进一步解放和发展生产力，加快改革开放和现代化建设的步伐，推进建设有中国特色社会主义的伟大事业，具有重大的现实意义和深远的历史意义。

建立和完善社会主义市场经济体制，是一项宏大的系统工程，是中国人民创造历史的伟大实践。在这个过程中，必然会遇到许多难以预料的困难和异常复杂的局面，对此我们务必保持清醒的头脑，有充分的估计和足够的准备。我们必须看到，建立社会主义市场经济体制是全新的事业。迄今为止，人类社会只有在资本主义制度下发展市场经济的经验，而把社会主义制度同市场经济有机地结合起来，无疑是没有先例可循的崭新探索。建国以后的相当长时间内，我们把计划与市场看成划分社会主义和资本主义的标准，对市场经济采取批判、排斥的态度，使得人们包括各级领导干部对市场经济的一般规律和基本要素了解甚少以至完全陌生。通过十几年的改革开放，市场调节的比重逐步扩大，但我们对现代市场经济通行的法则、机制和国际惯例，还不很熟悉。如何在社会主义市场经济条件下，坚持和发挥我们的政治优势，也是新的课题。我们必须看到，建立社会主义市场经济体制是深刻的革命。长期以来，从管理体制、规章制度到人们的思维方式、工作方式乃至生活习惯，都形成了一套与计划经济相适应的东西。社会主义市场经济的发展及其所要求的价值观念和行为准则，必将对它们产生强烈的冲击。

这种冲击涉及经济、政治、文化、社会生活的广阔领域，触及各地区、各部门、各单位工作的各个环节。它要求我们从经济基础到上层建筑实行一系列相应的转变，在改造客观世界的同时改造主观世界，切实有效地加强社会主义民主法制建设和社会主义精神文明建设，以同社会主义市场经济体制相协调、相融合，并为它的健康发展提供多方面的有力保证。我们必须看到，建立社会主义市场经济体制是难度很大的工作。实行了几十年的计划经济体制，遗留了不少老大难问题，有的甚至积重难返。向市场经济体制转变的过程中，又难免引发一些新的经济和社会问题。各种新旧矛盾交织在一起，呈现出好坏并存、利弊伴生的复杂局面，使得我们常常面临两难的选择，许多问题处理起来非常棘手。尤其是一些涉及群众切身利益调整的改革措施，如果处理不慎，就可能引发社会波动。我们还必须看到，建立社会主义市场经济体制是一个较长的过程。西方发达国家搞市场经济，经历了几百年的时间才达到今天这样的程度，在我们这样一个经济文化基础薄弱、计划经济影响很深的东方大国，实行这样深刻的社会变革，尽管有许多有利条件，也不可能一蹴而就。而且，由于种种原因，新旧体制的转换在某些情况下甚至会出现僵持或反复。这就要求我们必须树立长期奋斗的思想，在工作中注意坚持统筹兼顾，区别轻重缓急，讲求先行后续，实行配套推进。在社会主义市场经济体制诞生、发展和完善的全过程中，始终存在处理好改革、发展与稳定三者关系的问题。改革是动力，发展是目标，稳定是前提。我们必须把维护人民群众的切身利益作为根本出发点，虚心听取群众的意见，悉心体察群众的情绪，把握好总体受益原则和总体承受能力原则，努力使我们的各项决策和措施符合广大人民群众的意愿，赢得广大人民群众的拥护和支持。我们必须慎重地把握改革的时机和力度，统揽全局，审时度势，见微知著，力争改革在比较稳定和谐的社会环境中顺利进行。

要顺利完成建立社会主义市场经济体制的历史性任务，避免前进过程中发生大的波折和损失，我们必须始终坚持用邓小平同志建设有中国特色社会主义的理论武装头脑。最近出版的《邓小平文选》第三卷是我们建立社会主义市场经济体制的理论基础，我们要认真刻苦地学习。要学习邓小平同志的立场、观点、方法和风格，提高我们认识世界、改造世界的能力和水平。要理论联系实际，不断总结经验，增强坚持党的基本路线一百年不动摇的自觉性。要通过学习，牢固确立解放思想、实事求是的思想路线，善于把握“三个有利于”的根本标准，创造性地解决社会主义市场经济发展中的各种问题。我们必须始终注重实践。《决定》总结了我国以往改革开放的经验，需要通过实践在新的历史条件下继续发展；《决定》勾画了社会主义市场经济体制的基本框架，需要通过实践去充实各个细节；《决定》是指导全国经济体制改革的纲领性文件，需要通过实践去同各地的具体情况相结合；《决定》提出了基本方针政策，需要通过实践化为全国人民的统一认识和统一行动。建立社会主义市场经济体制，说到底是个实践问题。贯彻落实《决定》，既要踏下心来刻苦学习，更要扑下身子大胆实践。在理论指导下进行实践，在实践过程中学习理论、发展理论。实践、总结，再实践、再总结，这既是我国改革发展的过程，也是我们认识深化的过程。我们必须始终尊重群众的首创精神。人民群众是认识和实践的主体，是改革和建设的力量源泉。《决定》既借鉴了发达国家搞市场经济的成熟经验，更总结了我国人民群众在改革开放中创造的新鲜经验。随着《决定》的贯彻落实，人民群众中被高度集中的计划经济体制所束缚的主动性、创造性，必定会焕发出来，必定会有许许多多新的创举。要满腔热情地对待人民群众在实践中的发明创造，善于运用群众创造的经验引导群众前进。我们必须始终坚持艰苦奋斗。现在，改革的大政方针已经确定，最重要的是狠抓落实，埋头苦干。改革开放是一项造福全民的事业，但不可能改革的每项措施都使所有的人同步受益，有些人还可能吃点亏，这就需要我们有吃苦的准备，乃至为了顾全大局，甘愿承担暂时的牺牲。建立社会主义市场经济体制，必将使国家繁荣，人民富裕，但没有全国各族人民的齐心合力，艰苦奋斗，宏伟蓝图不可能变为现实。能不能做到艰苦奋斗，关键在于领导干部率先垂范。各级领导干部思想要艰苦，工作要艰苦，生活要艰苦。要深入实际，深入群众，主动到工作最困难的地方去解决问题，开创局面。总之，当前加快改革和发展的时机很好，有利条件很多，只要认真学习理论，尊重实践经验，密切联系群众，坚持艰苦奋斗，我们就一定能够战胜各种艰难险阻，完成建立社会主义市场经济体制的历史性任务。

上述这些问题，既是贯彻落实《决定》需要重视和研究的问题，也是人民政协参政议政的重要课题。我们应当积极投身于建立社会主义市场经济体制的伟大实践，充分发挥自身的优势，做出应有的贡献。

各位常委，1993 年即将过去。记得我在一次常委会上说过，我们大家从五湖四海走到一起，这是个缘分。一年来我们亲密合作，增进了了解，加深了友谊，使本届政协的工作有了一个良好的开端。在新的一年里，我们要更加紧密地团结在以江泽民同志为核心的中共中央周围，同心同德，再接再厉，努力开创人民政协工作的新局面！

最后，我借今天这个机会给诸位拜个早年！祝大家新年愉快、身体健康、阖家幸福！

国家主席江泽民在中南海会见巴基斯坦总理贝·布托

国务院总理李鹏在人民大会堂与巴基斯坦总理贝·布托举行会谈

李鹏说，中国政府和人民十分珍视同巴基斯坦的友谊。在当前不断变化的国际形势下，加强中巴合作具有重要意义。不管国际风云如何变化，中国都将是巴基斯坦可以信赖的朋友。我们愿意在和平共处五项原则的基础上进一步发展中巴睦邻友好关系。这不仅符合中巴两国人民的愿望和根本利益，而且有利于本地区的和平、稳定与发展。李鹏总理强调指出，贝·布托总理是中国人民的好朋友，中巴今天有这样好的关系是中巴领导人长期努力和培育的结果。"我国已故的毛泽东主席、刘少奇主席和周恩来总理与阁下的父亲布托先生有着深厚的友谊和难忘的交往。他们对中巴友谊的贡献将永载史册。最近，在中国人民隆重纪念毛泽东主席诞辰一百周年之际，阁下给我来电，表达了巴基斯坦政府和人民对毛泽东主席的深切怀念之情，我代表中国政府和人民向阁下及巴基斯坦政府和人民表示衷心感谢。"李鹏总理说，中巴经贸合作是两国关系的重要方面，双方经过共同努力使这一领域的合作顺利取得进展，给彼此带来了好处。今后双方可以采取多种形式拓宽这一合作领域，发展两国企业之间的来往，开办合营、合资企业。中国政府鼓励中国公司赴巴基斯坦投资和承包工程，也欢迎巴基斯坦企业来华投资。

李鹏说，亚洲地区的形势继续朝着和平与稳定的方向发展，多数亚洲国家政治上相对稳定、经济上保持了强劲的发展势头，这些都为各国经济的持续发展和开展地区互利合作提供了有利条件。

国务院总理李鹏与巴基斯坦总理贝·布托在北京出席两国文件签字仪式

双方代表分别签署中巴两国政府经济技术合作协定、中巴两国政府关于边境贸易协定延期的换文、中巴两国政府汽车运输协定、国际泥沙研究培训中心与巴基斯坦水资源研究委员会科技合作谅解备忘录、中国江苏省与巴基斯坦旁遮普省建立友好省关系协议书。

全国政协主席李瑞环在钓鱼台国宾馆会见巴基斯坦总理贝·布托

中共湖北省委六届一次全会选举关广富为省委书记

中国人权研究会常务理事会在北京举行

会长朱穆之主持常务理事会，担任常务理事的郑杭生、黄楠森、王正萍等 30 多位专家学者出席会议并发言。

中国人权研究会是年初由高等院校、研究机构、学术团体和工会、妇联等群众团体中研究和关心人权问题的学者专家共同倡议而成立的民间学术团体。研究会成立以来，组织国内学者围绕人权的重大理论和现实问题进行广泛的探讨。3 月，研究会派团出席在曼谷举行的世界人权大会亚洲区域筹备会。6月，中国人权研究会代表团出席在维也纳召开的世界人权大会，为促进人权领域国际间的相互了解与合作做出贡献。

中国人民银行发布关于进一步改革外汇管理体制的公告

中国人民银行的公告说，为促进社会主义市场经济体制的建立和进一步对外开放，推动我国国民经济的持续、快速、健康发展，根据国务院决定，从1994年1月1日起，进一步改革我国的外汇管理体。

这次外汇体制改革的主要内容有：一、从1994年1月1日起，实现汇率并轨，实行以市场供求为基础、单一的、有管理的浮动汇率制。二、实行银行结汇、集汇制，取消外汇留成和上缴。三、建立银行间外汇交易市场，改进汇率形成机制。四、禁止外币在境内计价、结算和流通。五、取消外汇收支的指令性计划，国家主要运用经济、法律手段实现对外汇和国际收支的宏观调控。

外交部部长钱其琛在北京会见巴基斯坦外交部长萨达尔·阿希夫·艾哈迈德·阿里

国务委员国家体改委主任李铁映于27日至28日在天津考察粮食工作

东明黄河公路大桥建成通车

被称为“齐鲁第一桥”的东明黄河公路大桥，在当年刘邓大军强渡黄河的地方正式通车。中共中央总书记江泽民为大桥题写桥名。该桥是山东省在黄河上建设的第五座特大型桥。大桥长4142.14米，宽18.5米，总投资2.35亿元。

全国首家建筑博物馆在江苏南通开馆

全国政协副主席吴学谦题写馆名。南通是全国著名的“建筑之乡”，有30万建筑大军活跃在国内外建筑工地，曾两获全国建筑业全面质量管理最高奖——金屋奖，三获全国建筑工程质量最高奖——鲁班奖，在全国工程质量评比中，多次独占鳌头。

12月29日

八届全国人大常委会第五次会议闭幕

我国第一部《公司法》，以124票赞成获得通过，并将于1994年7月1日起施行。会议还决定1994年3月10日召开八届全国人大二次会议。全国人大常委会委员长乔石发表讲话，135名常委会组成人员出席会议。

全体会议还表决通过了全国人大常委会《关于修改〈会计法〉的决定》和《预算法（草案）》提请八届全国人大二次会议审议。《全国人大常委会关于外商投资企业和外国企业适用增值税、消费税、营业税等税收暂行条例的决定》、《全国人大常委会关于我国加入〈1989年国际救助公约〉的决定》、《全国人大常委会关于中国人民解放军保卫部门对军队内部发生的刑事案件行使公安机关的侦查、拘留、预审和执行逮捕的职权的决定》、《全国人大常委会关于召开第八届全国人民代表大会第二次会议的决定》也分别获得通过。会议通过全国人大民族委员会、法律委员会、华侨委员会关于八届全国人大一次会议主席团交付审议的代表提出的议案审议结果的报告。会议还通过任免名单。

全体会议还听取法律委员会副主任委员项淳一作的《关于公司法（草案修改稿）》和《修改〈会计法〉的决定（草案修改稿）》修改意见的汇报。

在全体会议上，杨振怀委员等9人还分别作大会发言。全国人大常委会副委员长程思远主持上午的会议。全国人大常委会委员长乔石主持下午的会议。副委员长王汉斌、倪志福、陈慕华、费孝通、孙起孟、雷洁琼、秦基伟、李锡铭、王丙乾、王光英、卢嘉锡、布赫、铁木尔·达瓦买提、李沛瑶、吴阶平，秘书长曹志出席会议。国务委员李铁映、宋健，最高人民法院院长任建新、副院长刘家琛，最高人民检察院检察长张思卿、副检察长梁国庆列席会议。

全国人大常委会委员长乔石在八届全国人大常委会第五次会议闭幕会上发表讲话

各位副委员长、各位委员：

经过大家10天的紧张工作，这次会议预定的各项任务已经完成。会议共听取了11个法律草案和法律性决定草案的说明或意见，经过认真审议，通过了四个法律和有关法律问题的决定。会议期间，大家还参加了毛泽东同志诞辰一百周年纪念大会。这次通过的公司法，是社会主义市场经济法律体系中非常重要的法律。这部法律的制定和实施，是我国法制建设的一件大事。它对确定公司这一市场主体的法律地位，规范公司的组织和行为，建立现代企业制度，促进社会主义市场经济的健康发展，有着重要意义。会议通过的会计法修正案和有关税收暂行条例适用于外商投资企业和外国企业的决定，对完善会计法律制度和税收制度，维护市场经济秩序，改善我国投资环境，将起重要作用。会议通过了将预算法草案提请八届全国人大二次会议审议的决定，初步审议了对外贸易法、台胞投资保护法、优生保健法及关于严惩组织、运送他人偷越国

(边)境犯罪的规定等法律草案，听取了关于证券法意见的汇报。还听取和审议了国务院关于对外经济贸易工作和民航加强安全改进工作情况的报告，关于检查惩治生产、销售伪劣商品犯罪的决定执行情况的汇报等。

会议通过了关于召开八届全国人大第二次会议的决定。从现在起到明年3月10日人代会召开，还有两个多月的时间，要认真扎实地做好大会的各项准备工作。我们一定要以邓小平同志建设有中国特色社会主义的理论和党的基本路线为指导，努力把这次大会开成一个民主团结、求真务实、开拓奋进的大会，进一步动员全国各族人民齐心协力，抓住机遇，加快改革开放步伐，促进国民经济持续、快速、健康发展。

1993年已临岁尾。今年3月八届全国人大一次会议以来，经过大家的共同努力，人大常委会在经济立法方面取得了明显进展，共制定、修改法律和通过有关法律问题的决定16个，其中有12个是有关社会主义市场经济问题的。对法律实施情况的检查监督正在加强，人大常委会和各专门委员会先后派出33个执法检查组，对18个法律和决定的执行情况作了检查，取得了一定效果。其他方面的工作也取得了成绩。

即将到来的1994年是深化改革的任务比较集中的一年，要全面贯彻党的十四届三中全会《关于建立社会主义市场经济体制若干问题的决定》。我们所要采取的每一项改革措施都事关重大。要求我们必须精心细致，谨慎从事，只能搞好，不能搞坏。我们的根本办法就是要把我们的工作建立在群众利益的基础上，得到人民群众的充分理解和支持。要使群众真正了解贯彻好这些改革措施，归根到底是有利于人民群众、有利于加速经济发展和人民生活水平的提高的。为此，全国人大和各级人大要在党的领导下把促进各项改革措施的实施，看作自己的任务。要深入实际，深入群众，调查研究，倾听群众的意见，多关心那部分暂时有困难的群众的情况，随时注意了解有可能影响社会稳定和改革顺利进行的各种因素，积极帮助提出解决各方面问题的建设性意见。同时要监督已经依法出台的各项改革措施的实施情况，及时主动地提出改进工作的建议，团结带动人民群众胜利完成全年的改革任务。

1994年，人大常委会要继续把加快立法特别是经济立法放在首位。要按照党的十四届三中全会《决定》的要求，努力使立法工作与改革的步骤紧密配合，用法律引导、推动和保障改革。对已经出台的改革措施，要及时总结经验，尽可能用法律形式固定下来，使之规范化。对明年的立法项目要分清轻重缓急，妥善加以安排，急需的法律先立。比如财政、金融、票据、证券等方面的法律，就比较紧迫，应当抓紧制定。

为了使立法工作有计划、有重点地进行，争取在本届人大任期内大体形成社会主义市场经济法律体系的框架，常委会正在制定5年的立法规划，并为此采取了积极的步骤。这5年，是我国加快建立社会主义市场经济体制的重要时期，各方面要求制定的法律很多。立法规划要以宪法为依据，既考虑改革开放和现代化建设的客观需要，也考虑现实可能；既突出重点，也兼顾其他。本届常委会要把抓紧制定规范市场主体、维护市场秩序、加强宏观调控、完善社会保障体系等方面的法律，作为首要任务。同时，也要安排关于加强社会主义民主政治建设、健全国家机构组织制度、惩治各种犯罪活动、维护社会治安、促进教育科学文化发展、保护环境和加强国防建设等方面的法律。还要适时修改或废止与建立社会主义市场经济体制不相适应的法律。实现立法规划，需要各部门齐心协力、密切配合。人大常委会要在党中央统一领导下，加强对立法工作的指导，搞好法律起草的协调和督促工作。我们一定要树立适应社会主义市场经济的新观念，深入研究现实生活中的新情况、新问题，大胆探索和实践，以改革的精神解决立法中遇到的难点和问题，使立法跟上改革开放的步伐。

法律制定后，还必须坚决贯彻执行。如果我们制定的法律得不到实施，实际上等于没有法。有法可依，有法必依，执法必严，违法必究，是我国社会主义法制建设的基本方针。这四个环节，缺少哪一个，都不可能有健全的法制。我国有几千年封建社会的历史，法制观念比较淡薄。一些同志习惯于依靠行政手段管理经济和处理社会事务，对法律的作用重视不够。有的甚至滥用职权，为了本地区、本部门、本单位的利益而公然违反法律。这与建立市场经济体制的要求是不相容的。因此，我们不仅要重视立法，还必须高度重视法律实施，切实做到严格依法办事。要下大气力改变一些地方和部门、一些干部和群众中存在的"有法不知道、知道不执行，执行不严格"的状况。小平同志指出，加强法制重要的是进行教育，要在全体人民中树立法制观念。我们要大力做好法律宣传工作，使法律为尽可能多的人所了解。电视、广播、报刊等新闻媒体，要把宣传法律知识作为一项经常性的重要工作。各部门、各地区都要坚持不懈地开展法制宣传教育，提高广大干部和群众的法制观念和依法办事的能力。要在全社会树立宪法和法律的权威。凡是宪法和法律规定的，都要不折不扣地执行。越是领导机关、领导干部，越要带头学法、懂法、守法，学会依法管理经济和社会事务。还要不断改进、完善司法制度和行政执法机制，提高司法和行政执法水平。各级人大常委会要把加强对法律实施的检查监督放在重要位置。要围绕改革开放和社会主义现代化建设的重大问题，以及人民群众反映强烈的问题，确定一个时期执法检查的重点，加强对有关社会主义市场经济方面法律实施情况的检查监督，努力提高执法检查的效果。对发现的问题，要督促有关部门严肃认真的处理，以取信于民。总之，我们要认真履行宪法和法律赋予的职责，扎扎实实地工作，推动社会主义民主和法制建设取得更大的进展。希望我们的同志在全党和全国人民为夺取明年改革和建设事业新胜利的奋斗中，作出自己应有的贡献！

最后，在元旦来临之际，借这个机会给各位拜个早年，谢谢大家！

国家主席江泽民签署第16号令公布《中华人民共和国公司法》

《中华人民共和国公司法》已由中华人民共和国第八届全国人民代表大会常务委员会第五次会议于1993年12月29日通过，现予公布，自1994年7月1日起施行。

中华人民共和国主席 江泽民

1993年12月29日

中华人民共和国公司法

第一章 总 则

第一条 为了适应建立现代企业制度的需要，规范公司的组织和行为，保护公司、股东和债权人的合法权益，维护社会经济秩序，促进社会主义市场经济的发展，根据宪法，制定本法。

第二条 本法所称公司是指依照本法在中国境内设立的有限责任公司和股份有限公司。

第三条 有限责任公司和股份有限公司是企业法人。

有限责任公司，股东以其出资额为限对公司承担责任，公司以其全部资产对公司的债务承担责任。

股份有限公司，其全部资本分为等额股份，股东以其所持股份为限对公司承担责任，公司以其全部资产对公司的债务承担责任。

第四条 公司股东作为出资者按投入公司的资本额享有所有者的资产受益、重大决策和选择管理者等权利。

公司享有由股东投资形成的全部法人财产权，依法享有民事权利，承担民事责任。

公司中的国有资产所有权属于国家。

第五条 公司以其全部法人财产，依法自主经营，自负盈亏。

公司在国家宏观调控下，按照市场需求自主组织生产经营，以提高经济效益、劳动生产率和实现资产保值增值为目的。

第六条 公司实行权责分明、管理科学、激励和约束相结合的内部管理体制。

第七条 国有企业改建为公司，必须依照法律、行政法规规定的条件和要求，转换经营机制，有步骤地清产核资、界定产权，清理债权债务，评估资产，建立规范的内部管理机构。

第八条 设立有限责任公司、股份有限公司，必须符合本法规定的条件。符合本法规定的条件的，登记为有限责任公司或者股份有限公司；不符合本法规定的条件的，不得登记为有限责任公司或者股份有限公司。

法律、行政法规对设立公司规定必须报经审批的，在公司登记前依法办理审批手续。

第九条 依照本法设立的有限责任公司，必须在公司名称中标明有限责任公司字样。

依照本法设立的股份有限公司，必须在公司名称中标明股份有限公司字样。

第十条 公司以其主要办事机构所在地为住所。

第十一条 设立公司必须依照本法制定公司章程。公司章程对公司、股东、董事、监事、经理具有约束力。

公司的经营范围由公司章程规定，并依法登记。公司的经营范围中属于法律、行政法规限制的项目，应当依法经过批准。

公司应当在登记的经营范围内从事经营活动。公司依照法定程序修改公司章程并经公司登记机关变更登记，可以变更其经营范围。

第十二条 公司可以向其他有限责任公司、股份有限公司投资，并以该出资额为限对所投资公司承担责任。

公司向其他有限责任公司、股份有限公司投资的，除国务院规定的投资公司和控股公司外，所累计投资额不得超过本公司净资产的百分之五十，在投资后，接受被投资公司以利润转增的资本，其增加额不包括在内。

第十三条 公司可以设立分公司，分公司不具有企业法人资格，其民事责任由公司。

公司可以设立子公司，子公司具有企业法人资格，依法独立承担民事责任。

第十四条 公司从事经营活动，必须遵守法律，遵守职业道德，加强社会主义精神文明建设，接受政府和社会公众的监督。

公司的合法权益受法律保护，不受侵犯。

第十五条 公司必须保护职工的合法权益，加强劳动保护，实现安全生产。

公司采用多种形式，加强公司职工的职业教育和岗位培训，提高职工素质。

第十六条　公司职工依法组织工会，开展工会活动，维护职工的合法权益。公司应当为本公司工会提供必要的活动条件。

国有独资公司和两个以上的国有企业或者其他两个以上的国有企业或者其他两个以上的国有投资主体投资设立的有限责任公司，依照宪法和有关法律的规定，通过职工代表大会和其他形式，实行民主管理。

第十七条　公司中中国共产党基层组织的活动，依照中国共产党章程办理。

第十八条　外商投资的有限责任公司适用本法，有关中外合资经营企业、中外合作经营企业、外资企业的法律另有规定的，适用其规定。

第二章　有限责任公司的设立和组织机构

第一节　设　立

第十九条　设立有限责任公司，应当具备下列条件：

（一）股东符合法定人数；

（二）股东出资达到法定资本最低限额；

（三）股东共同制定公司章程；

（四）有公司名称，建立符合有限责任公司要求的组织机构；

（五）有固定的生产经营场所和必要的生产经营条件。

第二十条　有限责任公司由两个以上五十个以下股东共同出资设立。

国家授权投资的机构或者国家授权的部门可以单独投资设立国有独资的有限责任公司。

第二十一条　本法施行前已设立的国有企业，符合本法规定设立有限责任公司条件的，单一投资主体的，可以依照本法改建为国有独资的有限责任公司；多个投资主体的，可以改建为前条第一款规定的有限责任公司。

国有企业改建为公司的实施步骤和具体办法，由国务院另行规定。

第二十二条　有限责任公司章程应当载明下列事项：

（一）公司名称和住所；

（二）公司经营范围；

（三）公司注册资本；

（四）股东的姓名或者名称；

（五）股东的权利和义务；

（六）股东的出资方式和出资额；

（七）股东转发出资的条件；

（八）公司的机构及其产生办法、职权、议事规则；

（九）公司的法定代表人；

（十）公司的解散事由与清算办法；

（十一）股东认为需要规定的其他事项。

股东应当在公司章程上签名、盖章。

第二十三条　有限责任公司的注册资本为在公司登记机关登记的全体股东实缴的出资额。

有限责任公司的注册资本不得少于下列最低限额：

（一）以生产经营为主的公司人民币五十万元；

（二）以商品批发为主的公司人民币五十万元；

（三）以商业零售为主的公司人民币三十万元；

（四）科技开发、咨询、服务性公司人民币十万元。

特定行业的有限责任公司注册资本最低限额需高于前款所定限额的，由法律、行政法规另行规定。

第二十四条　股东可以用货币出资，也可以用实物、工业产权、非专利技术、土地使用权作价出资。对作为出资的实物、工业产权、非专利技术或者土地使用权，必须进行评估作价，核实财产，不得高估或者低估作价。土地使用权的评估作价，依照法律、行政法规的规定办理。

以工业产权、非专利技术作价出资的金额不得超过有限责任公司注册资本的百分之二十，国家对采用高新技术成果有特别规定的除外。

第二十五条　股东应当足额缴纳公司章程中规定的各自所认缴的出资额。股东以货币出资的，应当将货币出资足额存入准备设立的有限责任公司在银行开设的临时账户；以实物、工业产权、非专利技术或者土地使用权出资的，应当依法办理其财产权的转移手续。

股东不按照前款规定缴纳所认缴的出资，应当向已足额缴纳出资的股东承担违约责任。

第二十六条　股东全部缴纳出资后，必须经法定的验资机构验资并出具证明。

第二十七条　股东的全部出资经法定的验资机构验资后，由全体股东指定的代表或者共同委托的代理人向公司登记机关申请设立登记，提交公司登记申请书、公司章程、验资证明等文件。

法律、行政法规规定需要经有关部门审批的，应当在申请设立登记时提交批准文件。

公司登记机关对符合本法规定条件的，予以登记，发给公司营业执照；对不符合本法规定条件的，不予登记。

公司营业执照签发日期，为有限责任公司成立日期。

第二十八条　有限责任公司成立后，发现作为出资的实物、工业产权、非专利技术、土地使用权的实际价额显著低于公司章程所定价额的，应当由交付该出资的股东补交其差额，公司设立时的其他股东对其承担连带责任。

第二十九条 设立有限责任公司的同时设立分公司的，应当就所设分公司向公司登记机关申请登记，领取营业执照。

有限责任公司成立后设立分公司，应当由公司法定代表人向公司登记机关申请登记，领取营业执照。

第三十条 有限责任公司成立后，应当向股东签发出资证明书。

出资证明书应当载明下列事项：

（一）公司名称；

（二）公司登记日期；

（三）公司注册资本；

（四）股东的姓名或者名称、缴纳的出资额和出资日期；

（五）出资证明书的编号和核发日期。

出资证明书由公司盖章。

第三十一条 有限责任公司应当置备股东名册，记载下列事项：

（一）股东的姓名或者名称及住所；

（二）股东的出资额；

（三）出资证明书编号。

第三十二条 股东有权查阅股东会会议记录和公司财务会计报告。

第三十三条 股东按照出资比例分取红利。公司新增资本时，股东可以优先认缴出资。

第三十四条 股东在公司登记后，不得抽回出资。

第三十五条 股东之间可以相互转让其全部出资或者部分出资。

股东向股东以外的人转让其出资时，必须经全体股东过半数同意；不同意转让的股东应当购买该转让的出资，如果不购买该转让的出资，视为同意转让。

经股东同意转让的出资，在同等条件下，其他股东对该出资有优先购买权。

第三十六条 股东依法转让其出资后，由公司将受让人的姓名或者名称、住所以及受让的出资额记载于股东名册。

第二节 组织机构

第三十七条 有限责任公司股东会由全体股东组成，股东会是公司的权力机构，依照本法行使职权。

第三十八条 股东会行使下列职权：

（一）决定公司的经营方针和投资计划；

（二）选举和更换董事，决定有关董事的报酬事项；

（三）选举和更换由股东代表出任的监事，决定有关监事的报酬事项；

（四）审议批准董事会的报告；

（五）审议批准监事会或者监事的报告；

（六）审议批准公司的年度财务预算方案、决算方案；

（七）审议批准公司的利润分配方案和弥补亏损方案；

（八）对公司增加或者减少注册资本作出决议；

（九）对发行公司债券作出决议；

（十）对股东向股东以外的人转让出资作出决议；

（十一）对公司合并、分立、变更公司形式、解散和清算等事项作出决议；

（十二）修改公司章程。

第三十九条 股东会的议事方式和表决程序，除本法有规定的以外，由公司章程规定。

股东会对公司增加或者减少注册资本、分立、合并、解散或者变更公司形式作出决议，必须经代表 2/3 以上表决议的股东通过。

第四十条 公司可以修改章程。修改公司章程的决议，必须经代表三分之二以上表决权的股东通过。

第四十一条 股东会会议由股东按照出资比例行使表决权。

第四十二条 股东会的首次会议由出资最多的股东召集和主持，依照本法规定行使职权。

第四十三条 股东会会议分为定期会议和临时会议。

定期会议应当按照公司章程的规定按时召开。代表四分之一以上表决权的股东，三分之一以上董事，或者监事，可以提议召开临时会议。

有限责任公司设立董事会的，股东会会议由董事会召集，董事长主持，董事长因特殊原因不能履行职务时，由董事长指定的副董事长或者其他董事主持。

第四十四条 召开股东会会议，应当于会议召开十五日以前通知全体股东。

股东会应当对所议事项的决定作成会议记录，出席会议的股东应当在会议记录上签名。

第四十五条 有限责任公司设董事会，其成员为三人至十三人。

两个以上的国有企业或者其他两个以上的国有投资主体投资设立的有限责任公司，其董事会成员中应当有公司职工代表。董事会中的职工代表由职工民主选举产生。

董事会设董事长一人，可以设副董事长一至两人。董事长、副董事长的产生办法由公司章程规定。

董事长为公司的法定代表人。

第四十六条 董事会对股东会负责，行使下列职权：

（一）负责召集股东会，并向股东会报告工作；

（二）执行股东会的决议；

（三）决定公司的经营计划和投资方案；

（四）制订公司的年度财务预算方案、决算方案；

（五）制订公司的利润分配方案和弥补亏损方案；

（六）制订公司增加或者减少注册资本的方案；

（七）拟订公司合并、分立、变更公司形式、解散的方案；

（八）决定公司内部管理机构的设置；

（九）聘任或者解聘公司经理（总经理）（以下简称经理），根据经理的提名，聘任或者解聘公司副经理、财务负责人，决定其报酬事项；

（十）制定公司的基本管理制度。

第四十七条 董事任期由公司章程规定，但每届任期不得超过三年。董事任期届满，连选可以连任。

董事在任期届满前，股东会不得无故解除其职务。

第四十八条 董事会会议由董事长召集和主持；董事长因特殊原因不能履行职务时，由董事长指定副董事长或者其他董事召集和主持。三分之一以上董事可以提议召开董事会会议。

第四十九条 董事会的议事方式和表决程序，除本法有规定的以外，由公司章程规定。

召开董事会会议，应当于会议召开十日以前通知全体董事。

董事会应当对所议事项的决定作成会议记录，出席会议的董事应当在会议记录上签名。

第五十条 有限责任公司设经理，由董事会聘任或者解聘。经理对董事会负责，行使下列职权：

（一）主持公司的生产经营管理工作，组织实施董事会决议；

（二）组织实施公司年度经营计划和投资方案；

（三）拟订公司内部管理机构设置方案；

（四）拟订公司的基本管理制度；

（五）制定公司的具体规章；

（六）提请聘任或者解聘公司副经理、财务负责人；

（七）聘任或者解聘除应由董事会聘任或者解聘以外的负责管理人员；

（八）公司章程和董事会授予的其他职权。

经理列席董事会会议。

第五十一条 有限责任公司，股东人数较少和规模较小的，可以设一名执行董事，不设立董事会。执行董事可以兼任公司经理。

执行董事的职权，应当参照本法第四十六条规定，由公司章程规定。

有限责任公司不设董事会的，执行董事为公司的法定代表人。

第五十二条 有限责任公司，经营规模较大的，设立监事会，其成员不得少于三人。监事会应在其组成人员中推选一名召集人。

监事会由股东代表和适当比例的公司职工代表组成，具体比例由公司章程规定。监事会中的职工代表由公司职工民主选举产生。

有限责任公司，股东人数较少和规模较小的，可以设一至二名监事。

董事、经理及财务负责人不得兼任监事。

第五十三条 监事的任期每届为三年。监事任期届满，连选可以连任。

第五十四条 监事会或者监事行使下列职权：

（一）检查公司财务；

（二）对董事、经理执行公司职务时违反法律、法规或者公司章程的行为进行监督；

（三）当董事和经理的行为损害公司的利益时，要求董事和经理予以纠正；

（四）提议召开临时股东会；

（五）公司章程规定的其他职权。

监事列席董事会会议。

第五十五条 公司研究决定有关职工工资、福利、安全生产以及劳动保护、劳动保险等涉及职工切身利益的问题，应当事先听取公司工会和职工的意见，并邀请工会或者职工代表列席有关会议。

第五十六条 公司研究决定生产经营的重大问题、制定重要的规章制度时，应当听取公司工会和职工的意见和建议。

第五十七条 有下列情形之一的，不得担任公司的董事、监事、经理：

（一）无民事行为能力或者限制民事行为能力；

（二）因犯有贪污、贿赂、侵占财产、挪用财产罪或者破坏社会经济秩序罪，被判处刑罚，执行期满未逾五年，或者因犯罪被剥夺政治权利，执行期满未逾五年；

（三）担任因经营不善破产清算的公司、企业的董事或者厂长、经理，并对该公司、企业的破产负有个人责任的，自该公司、企业破产清算完结之日起未逾三年；

（四）担任因违法被吊销营业执照的公司、企业的法定代表人，并负有个人责任的，自该公司、企业被吊销营业执照之日起未逾三年；

（五）个人所负数额较大的债务到期未清偿。

公司违反前款规定选举、委派董事、监事或者聘任经理的，该选举、委派或者聘任无效。

第五十八条 国家公务员不得兼任公司的董事、监事、经理。

第五十九条 董事、监事、经理应当遵守公司章程，忠实履行职务，维护公司利益，不得利用在公司的地位和职权为自己谋取私利。

董事、监事、经理不得利用职权收受贿赂或者其他非法收入，不得侵占公司的财产。

第六十条 董事、经理不得挪用公司资金或者将公司资金借贷给他人。

董事、经理不得将公司资产以其个人名义或者以其他个人名义开立账户存储。

董事、经理不得以公司资产为本公司的股东或者其他个人债务提供担保。

第六十一条 董事、经理不得自营或者为他人经营与其所任职公司同类的营业或者从事损害本公司利益的活动。从事上述营业或者活动的，所得收入应当归公司所有。

董事、经理除公司章程规定或者股东会同意外，不得同本公司订立合同或者进行交易。

第六十二条 董事、监事、经理除依照法律规定或者经股东会同意外，不得泄露公司秘密。

第六十三条 董事、监事、经理执行公司职务时违反法律、行政法规或者公司章程的规定，给公司造成损害的，应当承担赔偿责任。

第三节 国有独资公司

第六十四条 本法所称国有独资公司是指国家授权投资的机构或者国家授权的部门单独投资设立的有限责任公司。

国务院确定的生产特殊产品的公司或者属于特定行业的公司，应当采取国有独资公司形式。

第六十五条 国有独资公司的公司章程由国家授权投资的机构或者国家授权的部门依照本法制定，或者由董事会制订，报国家授权投资的机构或者国家授权的部门批准。

第六十六条 国有独资公司不设股东会，由国家授权投资的机构或者国家授权的部门，授权公司董事会行使股东会的部分职权，决定公司的重大事项，但公司的合并、分立、解散、增减资本和发行公司债券，必须由国家授权投资的机构或者国家授权的部门决定。

第六十七条 国家授权投资的机构或者国家授权的部门依照法律、行政法规的规定，对国有独资公司的国有资产实施监督管理。

第六十八条 国有独资公司设立董事会，依照本法第四十六条、第六十六条规定行使职权。董事会每届任期为三年。

公司董事会成员为三人至九人，由国家授权投资的机构或者国家授权的部门按照董事会的任期委派或者更换。董事会成员中应当有公司职工代表。董事会中的职工代表由公司职工民主选举产生。

董事会设董事长一人，可以视需要设副董事长。董事长、副董事长，由国家授权投资的机构或者国家授权的部门从董事会成员中指定。董事长为公司的法定代表人。

第六十九条 国有独资公司设经理，由董事会聘任或者解聘。经理依照本法第五十条规定行使职权。

经国家授权投资的机构或者国家授权的部门同意，董事会成员可以兼任经理。

第七十条 国有独资公司的董事长、副董事长、董事、经理，未经国家授权投资的机构或者国家授权的部门同意，不得兼任其他有限责任公司、股份有限公司或者其他经营组织的负责人。

第七十一条 国有独资公司的资产转让，依照法律、行政法规的规定，由国家授权投资的机构或者国家授权的部门办理审批和财产权转移手续。

第七十二条 经营管理制度健全、经营状况较好的大型的国有独资公司，可以由国务院授权行使资产所有者的权利。

第三章 股份有限公司的设立和组织机构

第一节 设 立

第七十三条 设立股份有限公司，应当具备下列条件：

（一）发起人符合法定人数；

（二）发起人认缴和社会公开募集的股本达到法定资本最低限额；

（三）股份发行、筹办事项符合法律规定；

（四）发起人制订公司章程，并经创立大会通过；

（五）有公司名称，建立符合股份有限公司要求的组织机构；

（六）有固定的生产经营场所和必要的生产经营条件。

第七十四条 股份有限公司的设立，可以采取发起设立或者募集设立的方式。

发起设立，是指由发起人认购公司应发行的全部股份而设立公司。

募集设立，是指由发起人认购公司应发行股份的一部分，其余部分向社会公开募集而设立公司。

第七十五条 设立股份有限公司，应当有五人以上为发起人，其中须有过半数的发起人在中国境内有住所。

国有企业改建为股份有限公司的，发起人可以少于5人，但应当采取募集设立方式。

第七十六条 股份有限公司发起人，必须按照本法规定认购其应认购的股份，并承担公司筹办事务。

第七十七条 股份有限公司的设立，必须经过国务院授权的部门或者省级人民政府批准。

第七十八条 股份有限公司的注册资本为在公司登记机关登记的实收股本总额。

股份有限公司注册资本的最低限额为人民币一千

万元。股份有限公司注册资本最低限额需高于上述所定限额的，由法律、行政法规另行规定。

第七十九条 股份有限公司章程应当载明下列事项：

(一)公司名称和住所；

(二)公司经营范围；

(三)公司设立方式；

(四)公司股份总数、每股金额和注册资本；

(五)发起人的姓名或者名称、认购的股份数；

(六)股东的权利和义务；

(七)董事会的组成、职权、任期和议事规则；

(八)公司法定代表人；

(九)监事会的组成、职权、任期和议事规则；

(十)公司利润分配办法；

(十一)公司的解散事由与清算办法；

(十二)公司的通知和公告办法；

(十三)股东大会认为需要规定的其他事项。

第八十条 发起人可以用货币出资，也可以用实物、工业产权、非专利技术、土地使用权作价出资。对作为出资的实物、工业产权、非专利技术或者土地使用权，必须进行评估作价，核实财产，并折合为股份。不得高估或者低估作价。土地使用权的评估作价，依照法律、行政法规的规定办理。

发起人以工业产权、非专利技术作价出资的金额不得超过股份有限公司注册资本的百分之二十。

第八十一条 国有企业改建为股份有限公司时，严禁将国有资产低价折股、低价出售或者无偿分给个人。

第八十二条 以发起设立方式设立股份有限公司的，发起人以书面认足公司章程规定发行的股份后，应即缴纳全部股款；以实物、工业产权、非专利技术或者土地使用权抵作股款的，应当依法办理其财产权的转移手续。

发起人交付全部出资后，应当选举董事会和监事会，由董事会向公司登记机关报送设立公司的批准文件、公司章程、验资证明等文件，申请设立登记。

第八十三条 以募集设立方式设立股份有限公司的，发起人认购的股份不得少于公司股份总数的35%，其余股份应当向社会公开募集。

第八十四条 发起人向社会公开募集股份时，必须向国务院证券管理部门递交募股申请，并报送下列主要文件：

(一)批准设立公司的文件；

(二)公司章程；

(三)经营估算书；

(四)发起人姓名或者名称，发起人认购的股份数、出资种类及验资证明；

(五)招股说明书；

(六)代收股款银行的名称及地址；

(七)承销机构名称及有关的协议。

未经国务院证券管理部门批准，发起人不得向社会公开募集股份。

第八十五条 经国务院证券管理部门批准，股份有限公司可以向境外公开募集股份，具体办法由国务院作出特别规定。

第八十六条 国务院证券管理部门对符合本法规定条件的募股申请，予以批准；对不符合本法规定的募股申请，不予批准。

对已作出的批准如发现不符合本法规定的，应予撤销。尚未募集股份的，停止募集；已经募集的，认股人可以按照所缴股款并加算银行同期存款利息，要求发起人返还。

第八十七条 招股说明书应当附有发起人制订的公司章程，并载明下列事项：

(一)发起人认购的股份数；

(二)每股的票面金额和发行价格；

(三)无记名股票的发行总数；

(四)认股人的权利、义务；

(五)本次募股的起止期限及逾期未募足时认股人可撤回所认股份的说明。

第八十八条 发起人向社会公开募集股份，必须公告招股说明书，并制作认股书。认股书应当载明前条所列事项，由认股人填写所认股数、金额、住所，并签名、盖章。认股人按照所认股数缴纳股款。

第八十九条 发起人向社会公开募集股份，应当由依法设立的证券经营机构承销，签订承销协议。

第九十条 发起人向社会公开募集股份，应当同银行签订代收股款协议。

代收股款的银行应当按照协议代收和保存股款，向缴纳股款的认股人出具收款单据，并负有向有关部门出具收款证明的义务。

第九十一条 发行股份的股款缴足后，必须经法定的验资机构验资并出具证明。发起人应当在三十日内主持召开公司创立大会。创立大会由认股人组成。

发行的股份超过招股说明书规定的截止期限尚未募足的，或者发行股份的股款缴足后，发起人在三十日内未召开创立大会的，认股人可以按照所缴股款并加算银行同期存款利息，要求发起人返还。

第九十二条 发起人应当在创立大会召开十五日前将会议日期通知各认股人或者予以公告。创立大会应有代表股份总数二分之一以上的认股人出席，方可举行。

创立大会行使下列职权：

（一）审议发起人关于公司筹办情况的报告；

（二）通过公司章程；

（三）选举董事会成员；

（四）选举监事会成员；

（五）对公司的设立费用进行审核；

（六）对发起人用于抵作股款的财产的作价进行审核；

（七）发生不可抗力或者经营条件发生重大变化直接影响公司设立的，可以作出不设立公司的决议。

创立大会对前款所列事项作出决议，必须经出席会议的认股人所持表决权的半数以上通过。

第九十三条 发起人、认股人缴纳股款或者交付抵作股款的出资后，除未按期募足股份、发起人未按期召开创立大会或者创立大会决议不设立公司的情形外，不得抽回其股本。

第九十四条 董事会应于创立大会结束后三十日内，向公司登记机关报送下列文件，申请设立登记：

（一）有关主管部门的批准文件；

（二）创立大会的会议记录；

（三）公司章程；

（四）筹办公司的财务审计报告；

（五）验资证明；

（六）董事会、监事会成员姓名及住所；

（七）法定代表人的姓名、住所。

第九十五条 公司登记机关自接到股份有限公司设立登记申请之日起三十日内作出是否予以登记的决定。对符合本法规定条件的，予以登记，发给公司营业执照；对不符合本法规定条件的，不予登记。

公司营业执照签发日期，为公司成立日期。公司成立后，应当进行公告。

股份有限公司经登记成立后，采取募集设立方式的，应当将募集股份情况报国务院证券管理部门备案。

第九十六条 设立股份有限公司的同时设立分公司的，应当就所设分公司向公司登记机关申请登记，领取营业执照。

股份有限公司成立后设立分公司，应当由公司法定代表人向公司登记机关申请登记，领取营业执照。

第九十七条 股份有限公司的发起人应当承担下列责任：

（一）公司不能成立时，对设立行为所产生的债务和费用负连带责任；

（二）公司不能成立时，对认股人已缴纳的股款，负返还股款并加算银行同期存款利息的连带责任；

（三）在公司设立过程中，由于发起人的过失致使公司利益受到损害的，应当对公司承担赔偿责任。

第九十八条 有限责任公司变更为股份有限公司，应当符合本法规定的股份有限公司的条件，并依照本法有关设立股份有限公司的程序办理。

第九十九条 有限责任公司依法经批准变更为股份有限公司时，折合的股份总额应当相等于公司净资产额。有限责任公司依法经批准变更为股份有限公司，为增加资本向社会公开募集股份时，应当依照本法有关向社会公开募集股份的规定办理。

第一百条 有限责任公司依法变更为股份有限公司的，原有限责任公司的债权、债务由变更后的股份有限公司承继。

第一百零一条 股份有限公司应当将公司章程、股东名册、股东大会会议记录、财务会计报告置备于本公司。

第二节 股东大会

第一百零二条 股份有限公司由股东组成股东大会。股东大会是公司的权力机构，依照本法行使职权。

第一百零三条 股东大会行使下列职权：

（一）决定公司的经营方针和投资计划；

（二）选举和更换董事，决定有关董事的报酬事项；

（三）选举和更换由股东代表出任的监事，决定有关监事的报酬事项；

（四）审议批准董事会的报告；

（五）审议批准监事会的报告；

（六）审议批准公司的年度财务预算方案、决算方案；

（七）审议批准公司的利润分配方案和弥补亏损方案；

（八）对公司增加或者减少注册资本作出决议；

（九）对发行公司债券作出决议；

（十）对公司合并、分立、解散和清算等事项作出决议；

（十一）修改公司章程。

第一百零四条 股东大会应当每年召开一次年会。有下列情形之一的，应当在二个月内召开临时股东大会：

（一）董事人数不足本法规定的人数或者公司章程所定人数的三分之二时；

（二）公司未弥补的亏损达股本总额三分之一时；

（三）持有公司股份百分之十以上的股东请求时；

（四）董事会认为必要时；

（五）监事会提议召开时。

第一百零五条 股东大会会议由董事会依照本法规定负责召集，由董事长主持。董事长因特殊原因不能履行职务时，由董事长指定的副董事长或者其他董事主持。召开股东大会，应当将会议审议的事项于会议召开30日以前通知各股东。临时股东大会不得对通知中未列明的事项作出决议。

发行无记名股票的，应当于会议召开四十五日以前就前款事项作出公告。

无记名股票持有人出席股东大会的，应当于会议召开五日以前至股东大会闭会时止将股票交存于公司。

第一百零六条 股东出席股东大会，所持每一股份有一表决权。

股东大会作出决议，必须经出席会议的股东所持表决权的半数以上通过。股东大会对公司合并、分立或者解散公司作出决议，必须经出席会议的股东所持表决权的三分之二以上通过。

第一百零七条 修改公司章程必须经出席股东大会的股东所持表决权的三分之二以上通过。

第一百零八条 股东可以委托代理人出席股东大会，代理人应当向公司提交股东授权委托书，并在授权范围内行使表决权。

第一百零九条 股东大会应当对所议事项的决定作成会议记录，由出席会议的董事签名。会议记录应当与出席股东的签名册及代理出席的委托书一并保存。

第一百一十条 股东有权查阅公司章程、股东大会会议记录和财务会计报告，对公司的经营提出建议或者质询。

第一百一十一条 股东大会、董事会的决议违反法律、行政法规，侵犯股东合法权益的，股东有权向人民法院提起要求停止该违法行为和侵害行为的诉讼。

第三节 董事会、经理

第一百一十二条 股份有限公司设董事会，其成员为五人至十九人。

董事会对股东大会负责，行使下列职权：

(一)负责召集股东大会，并向股东大会报告工作；

(二)执行股东大会的决议；

(三)决定公司的经营计划和投资方案；

(四)制订公司的年度财务预算方案、决算方案；

(五)制订公司的利润分配方案和弥补亏损方案；

(六)制订公司增加或者减少注册资本的方案以及发行公司债券的方案；

(七)拟订公司合并、分立、解散的方案；

(八)决定公司内部管理机构的设置；

(九)聘任或者解聘公司经理，根据经理的提名，聘任或者解聘公司副经理、财务负责人，决定其报酬事项；

(十)制定公司的基本管理制度。

第一百一十三条 董事会设董事长一人，可以设副董事长一至二人。董事长和副董事长由董事会以全体董事的过半数选举产生。

董事长为公司的法定代表人。

第一百一十四条 董事长行使下列职权：

(一)主持股东大会和召集、主持董事会会议；

(二)检查董事会决议的实施情况；

(三)签署公司股票、公司债券。

副董事长协助董事长工作，董事长不能履行职权时，由董事长指定的副董事长代行其职权。

第一百一十五条 董事任期由公司章程规定，但每届任期不得超过三年。董事任期届满，连选可以连任。

董事在任期届满前，股东大会不得无故解除其职务。

第一百一十六条 董事会每年度至少召开二次会议，每次会议应当于会议召开十日以前通知全体董事。

董事会召开临时会议，可以另定召集董事会的通知方式和通知时限。

第一百一十七条 董事会会议应由二分之一以上的董事出席方可举行。董事会作出决议，必须经全体董事的过半数通过。

第一百一十八条 董事会会议，应由董事本人出席。董事因故不能出席，可以书面委托其他董事代为出席董事会，委托书中应载明授权范围。

董事会应当对会议所议事项的决定作成会议记录，出席会议的董事和记录员在会议记录上签名。

董事应当对董事会的决议承担责任。董事会的决议违反法律、行政法规或者公司章程，致使公司遭受严重损失的，参与决议的董事对公司负赔偿责任。但经证明在表决时曾表明异议并记载于会议记录的，该董事可以免除责任。

第一百一十九条 股份有限公司设经理，由董事会聘任或者解聘。经理对董事会负责，行使下列职权：

(一)主持公司的生产经营管理工作，组织实施董事会决议；

(二)组织实施公司年度经营计划和投资方案；

(三)拟订公司内部管理机构设置方案；

(四)拟订公司的基本管理制度；

(五)制定公司的具体规章；

(六)提请聘任或者解聘公司副经理、财务负责人；

(七)聘任或者解聘除应由董事会聘任或者解聘以外的负责管理人员；

(八)公司章程和董事会授予的其他职权。

经理列席董事会会议。

第一百二十条 公司根据需要，可以由董事会授权董事长在董事会闭会期间，行使董事会的部分职权。

公司董事会可以决定，由董事会成员兼任经理。

第一百二十一条 公司研究决定有关职工工资、福利、安全生产以及劳动保护、劳动保险等涉及职工切身利益的问题,应当事先听取公司工会和职工的意见,并邀请工会或者职工代表列席有关会议。

第一百二十二条 公司研究决定生产经营的重大问题、制定重要的规章制度时,应当听取公司工会和职工的意见和建议。

第一百二十三条 董事、经理应当遵守公司章程,忠实履行职务,维护公司利益,不得利用在公司的地位和职权为自己谋取私利。

本法第五十七条至第六十三条有关不得担任董事、经理的规定以及董事、经理义务、责任的规定,适用于股份有限公司的董事、经理。

第四节 监事会

第一百二十四条 股份有限公司设监事会,其成员不得少于三人。监事会应在其组成人员中推选一名召集人。

监事会由股东代表和适当比例的公司职工代表组成,具体比例由公司章程规定。监事会中的职工代表由公司职工民主选举产生。

董事、经理及财务负责人不得兼任监事。

第一百二十五条 监事的任期每届为三年。监事任期届满,连选可以连任。

第一百二十六条 监事会行使下列职权:

(一)检查公司的财务;

(二)对董事、经理执行公司职务时违反法律、法规或者公司章程的行为进行监督;

(三)当董事和经理的行为损害公司的利益时,要求董事和经理予以纠正;

(四)提议召开临时股东大会;

(五)公司章程规定的其他职权。

监事列席董事会会议。

第一百二十七条 监事会的议事方式和表决程序由公司章程规定。

第一百二十八条 监事应当依照法律、行政法规、公司章程,忠实履行监督职责。

本法第五十七条至第五十九条、第六十二条至第六十三条有关不得担任监事的规定以及监事义务、责任的规定,适用于股份有限公司的监事。

第四章 股份有限公司的股份发行和转让

第一节 股份发行

第一百二十九条 股份有限公司的资本划分为股份,每一股的金额相等。

公司的股份采取股票的形式。股票是公司签发的证明股东所持股份的凭证。

第一百三十条 股份的发行,实行公开、公平、公正的原则,必须同股同权,同股同利。

同次发行的股票,每股的发行条件和价格应当相同。任何单位或者个人所认购的股份,每股应当支付相同价额。

第一百三十一条 股票发行价格可以按票面金额,也可以超过票面金额,但不得低于票面金额。

以超过票面金额为股票发行价格的,须经国务院证券管理部门批准。

以超过票面金额发行股票所得溢价款列入公司资本公积金。

股票溢价发行的具体管理办法由国务院另行规定。

第一百三十二条 股票采用纸面形式或者国务院证券管理部门规定的其他形式。

股票应当载明下列主要事项:

(一)公司名称;

(二)公司登记成立的日期;

(三)股票种类、票面金额及代表的股份数;

(四)股票的编号。

股票由董事长签名,公司盖章。

发起人的股票,应当标明发起人股票字样。

第一百三十三条 公司向发起人、国家授权投资的机构、法人发行的股票,应当为记名股票,并应当记载该发起人、机构或者法人的名称,不得另立户名或者以代表人姓名记名。

对社会公众发行的股票,可以为记名股票,也可以为无记名股票。

第一百三十四条 公司发行记名股票的,应当置备股东名册,记载下列事项:

(一)股东的姓名或者名称及住所;

(二)各股东所持股份数;

(三)各股东所持股票的编号;

(四)各股东取得其股份的日期。

发行无记名股票的,公司应当记载其股票数量、编号及发行日期。

第一百三十五条 国务院可以对公司发行本法规定的股票以外的其他种类的股票,另行作出规定。

第一百三十六条 股份有限公司登记成立后,即向股东正式交付股票。公司登记成立前不得向股东交付股票。

第一百三十七条 公司发行新股,必须具备下列条件:

(一)前一次发行的股份已募足,并间隔一年以上;

(二)公司在最近三年内连续盈利,并可向股东支付股利;

(三)公司在最近三年内财务会计文件无虚假记载;

(四)公司预期利润率可达同期银行存款利率。

公司以当年利润分派新股,不受前款第(二)项限制。

第一百三十八条　公司发行新股,股东大会应当对下列事项作出决议:

(一)新股种类及数额;

(二)新股发行价格;

(三)新股发行的起止日期;

(四)向原有股东发行新股的种类及数额。

第一百三十九条　股东大会作出发行新股的决议后,董事会必须向国务院授权的部门或者省级人民政府申请批准。属于向社会公开募集的,须经国务院证券管理部门批准。

第一百四十条　公司经批准向社会公开发行新股时,必须公告新股招股说明书和财务会计报表及附属明细表,并制作认股书。

公司向社会公开发行新股,应当由依法设立的证券经营机构承销,签订承销协议。

第一百四十一条　公司发行新股,可根据公司连续盈利情况和财产增值情况,确定其作价方案。

第一百四十二条　公司发行新股募足股款后,必须向公司登记机关办理变更登记,并公告。

第二节　股份转让

第一百四十三条　股东持有的股份可以依法转让。

第一百四十四条　股东转让其股份,必须在依法设立的证券交易场所进行。

第一百四十五条　记名股票,由股东以背书方式或者法律、行政法规规定的其他方式转让。

记名股票的转让,由公司将受让人的姓名或者名称及住所记载于股东名册。

股东大会召开前三十日内或者公司决定分配股利的基准日前五日内,不得进行前款规定的股东名册的变更登记。

第一百四十六条　无记名股票的转让,由股东在依法设立的证券交易场所将该股票交付给受让人后即发生转让的效力。

第一百四十七条　发起人持有的本公司股份,自公司成立之日起三年内不得转让。

公司董事、监事、经理应当向公司申报所持有的本公司的股份,并在任职期间内不得转让。

第一百四十八条　国家授权投资的机构可以依法转让其持有的股份,也可以购买其他股东持有的股份。转让或者购买股份的审批权限、管理办法,由法律、行政法规另行规定。

第一百四十九条　公司不得收购本公司的股票,但为减少公司资本而注销股份或者与持有本公司股票的其他公司合并时除外。

公司依照前款规定收购本公司的股票后,必须在十日内注销该部分股份,依照法律、行政法规办理变更登记,并公告。

公司不得接受本公司的股票作为抵押权的标的。

第一百五十条　记名股票被盗、遗失或者灭失,股东可以依照民事诉讼法规定的公示催告程序,请求人民法院宣告该股票失效。

依照公示催告程序,人民法院宣告该股票失效后,股东可以向公司申请补发股票。

第三节　上市公司

第一百五十一条　本法所称上市公司是指所发行的股票经国务院或者国务院授权证券管理部门批准在证券交易所上市交易的股份有限公司。

第一百五十二条　股份有限公司申请其股票上市必须符合下列条件:

(一)股票经国务院证券管理部门批准已向社会公开发行;

(二)公司股本总额不少于人民币五千万元;

(三)开业时间在三年以上,最近三年连续盈利;原国有企业依法改建而设立的,或者本法实施后新组建成立,其主要发起人为国有大中型企业的,可连续计算;

(四)持有股票面值达人民币一千元以上的股东人数不少于一千人,向社会公开发行的股份达公司股份总数的百分之二十五以上;公司股本总额超过人民币四亿元的,其向社会公开发行股份的比例为百分之十五以上;

(五)公司在最近三年内无重大违法行为,财务会计报告无虚假记载;

(六)国务院规定的其他条件。

第一百五十三条　股份有限公司申请其股票上市交易,应当报经国务院或者国务院授权证券管理部门批准,依照有关法律、行政法规的规定报送有关文件。

国务院或者国务院授权证券管理部门对符合本法规定条件的股票上市交易申请,予以批准;对不符合本法规定条件的,不予批准。

股票上市交易申请经批准后,被批准的上市公司必须公告其股票上市报告,并将其申请文件存放在指定的地点供公众查阅。

第一百五十四条　经批准的上市公司的股份,依照有关法律、行政法规上市交易。

第一百五十五条　经国务院证券管理部门批准,公司股票可以到境外上市,具体办法由国务院作出特别规定。

第一百五十六条　上市公司必须按照法律、行政法规的规定，定期公开其财务状况和经营情况，在每会计年度内半年公布一次财务会计报告。

第一百五十七条 上市公司有下列情形之一的，由国务院证券管理部门决定暂停其股票上市：

(一)公司股本总额、股权分布等发生变化不再具备上市条件；

(二)公司不按规定公开其财务状况，或者对财务会计报告作虚假记载；

(三)公司有重大违法行为；

(四)公司最近三年连续亏损。

第一百五十八条 上市公司有前条第(二)项、第(三)项所列情形之一经查实后果严重的，或者有前条第(一)项、第(四)项所列情形之一，在限期内未能消除，不具备上市条件的，由国务院证券管理部门决定终止其股票上市。

公司决议解散、被行政主管部门依法责令关闭或者被宣告破产的，由国务院证券管理部门决定终止其股票上市。

第五章 公司债券

第一百五十九条 股份有限公司、国有独资公司和两个以上的国有企业或者其他两个以上的国有投资主体投资设立的有限责任公司，为筹集生产经营资金，可以依照本法发行公司债券。

第一百六十条 本法所称公司债券是指公司依照法定程序发行的、约定在一定期限还本付息的有价证券。

第一百六十一条 发行公司债券，必须符合下列条件：

(一)股份有限公司的净资产额不低于人民币三千万元，有限责任公司的净资产额不低于人民币六千万元；

(二)累计债券总额不超过公司净资产额的百分之四十；

(三)最近三年平均可分配利润足以支付公司债券一年的利息；

(四)筹集的资金投向符合国家产业政策；

(五)债券的利率不得超过国务院限定的利率水平；

(六)国务院规定的其他条件。

发行公司债券筹集的资金，必须用于审批机关批准的用途，不得用于弥补亏损和非生产性支出。

第一百六十二条 凡有下列情形之一的，不得再次发行公司债券：

(一)前一次发行的公司债券尚未募足的；

(二)对已发行的公司债券或者其债务有违约或者延迟支付本息的事实，且仍处于继续状态的。

第一百六十三条 股份有限公司、有限责任公司发行公司债券，由董事会制订方案，股东会作出决议。

国有独资公司发行公司债券，应由国家授权投资的机构或者国家授权的部门作出决定。

依照前二款规定作出决议或者决定后，公司应当向国务院证券管理部门报请批准。

第一百六十四条 公司债券的发行规模由国务院确定。国务院证券管理部门审批公司债券的发行，不得超过国务院确定的规模。

国务院证券管理部门对符合本法规定的发行公司债券的申请，予以批准；对不符合本法规定的申请，不予批准。

对已作出的批准如发现不符合本法规定的，应予撤销。尚未发行公司债券的，停止发行；已经发行公司债券的，发行的公司应当向认购人退还所缴款项并加算银行同期存款利息。

第一百六十五条 公司向国务院证券管理部门申请批准发行公司债券，应当提交下列文件：

(一)公司登记证明；

(二)公司章程；

(三)公司债券募集办法；

(四)资产评估报告和验资报告。

第一百六十六条 发行公司债券的申请经批准后，应当公告公司债券募集办法。

公司债券募集办法中应当载明下列主要事项：

(一)公司名称；

(二)债券总额和债券的票面金额；

(三)债券的利率；

(四)还本付息的期限和方式；

(五)债券发行的起止日期；

(六)公司净资产额；

(七)已发行的尚未到期的公司债券总额；

(八)公司债券的承销机构。

第一百六十七条 公司发行公司债券，必须在债券上载明公司名称、债券票面金额、利率、偿还期限等事项，并由董事长签名，公司盖章。

第一百六十八条 公司债券可分为记名债券和无记名债券。

第一百六十九条 公司发行公司债券应当置备公司债券存根簿。

发行记名公司债券的，应当在公司债券存根簿上载明下列事项：

(一)债券持有人的姓名或者名称及住所；

(二)债券持有人取得债券的日期及债券的编号；

(三)债券总额，债券的票面金额，债券的利率，债券的还本付息的期限和方式；

(四)债券的发行日期。

发行无记名公司债券的,应当在公司债券存根簿上载明债券总额、利率、偿还期限和方式、发行日期及债券的编号。

第一百七十条　公司债券可以转让。转让公司债券应当在依法设立的证券交易场所进行。

公司债券的转让价格由转让人与受让人约定。

第一百七十一条　记名债券,由债券持有人以背书方式或者法律、行政法规规定的其他方式转让。

记名债券的转让,由公司将受让人的姓名或者名称及住所记载于公司债券存根簿。

无记名债券,由债券持有人在依法设立的证券交易场所将该债券交付给受让人后即发生转让的效力。

第一百七十二条　上市公司经股东大会决议可以发行可转换为股票的公司债券,并在公司债券募集办法中规定具体的转换办法。

发行可转换为股票的公司债券,应当报请国务院证券管理部门批准。公司债券可转换为股票的,除具备发行公司债券的条件外,还应当符合股票发行的条件。

发行可转换为股票的公司债券,应当在债券上标明可转换公司债券字样,并在公司债券存根簿上载明可转换公司债券的数额。

第一百七十三条　发行可转换为股票的公司债券的,公司应当按照其转换办法向债券持有人换发股票,但债券持有人对转换股票或者不转换股票有选择权。

第六章　公司财务、会计

第一百七十四条　公司应当依照法律、行政法规和国务院财政主管部门的规定建立本公司的财务、会计制度。

第一百七十五条　公司应当在每一会计年度终了时制作财务会计报告,并依法经审查验证。

财务会计报告应当包括下列财务会计报表及附属明细表:

(一)资产负债表;

(二)损益表;

(三)财务状况变动表;

(四)财务情况说明书;

(五)利润分配表。

第一百七十六条　有限责任公司应当按照公司章程规定的期限将财务会计报告送交各股东。

股份有限公司的财务会计报告应当在召开股东大会年会的二十日以前置备于本公司,供股东查阅。

以募集设立方式成立的股份有限公司必须公告其财务会计报告。

第一百七十七条　公司分配当年税后利润时,应当提取利润的百分之十列入公司法定公积金,并提取利润的百分之五至百分之十列入公司法定公益金。公司法定公积金累计额为公司注册资本的百分之五十以上的,可不再提取。

公司的法定公积金不足以弥补上一年度公司亏损的,在依照前款规定提取法定公积金和法定公益金之前,应当先用当年利润弥补亏损。

公司在从税后利润中提取法定公积金后,经股东会决议,可以提取任意公积金。

公司弥补亏损和提取公积金、法定公益金后所余利润,有限责任公司按照股东的出资比例分配,股份有限公司按照股东持有的股份比例分配。

股东会或者董事会违反前款规定,在公司弥补亏损和提取法定公积金、法定公益金之前向股东分配利润的,必须将违反规定分配的利润退还公司。

第一百七十八条　股份有限公司依照本法规定,以超过股票票面金额的发行价格发行股份所得的溢价款以及国务院财政主管部门规定列入资本公积金的其他收入,应当列为公司资本公积金。

第一百七十九条　公司的公积金用于弥补公司的亏损,扩大公司生产经营或者转为增加公司资本。

股份有限公司经股东大会决议将公积金转为资本时,按股东原有股份比例派送新股或者增加每股面值。但法定公积金转为资本时,所留存的该项公积金不得少于注册资本的百分之二十五。

第一百八十条　公司提取的法定公益金用于本公司职工的集体福利。

第一百八十一条　公司除法定的会计账册外,不得另立会计账册。

对公司资产,不得以任何个人名义开立账户存储。

第七章　公司合并、分立

第一百八十二条　公司合并或者分立,应当由公司的股东会作出决议。

第一百八十三条　股份有限公司合并或者分立,必须经国务院授权的部门或者省级人民政府批准。

第一百八十四条　公司合并可以采取吸收合并和新设合并两种形式。

一个公司吸收其他公司为吸收合并,被吸收的公司解散。二个以上公司合并设立一个新的公司为新设合并,合并各方解散。

公司合并,应当由合并各方签订合并协议,并编制资产负债表及财产清单。公司应当自作出合并决议之日起十日内通知债权人,并于三十日内在报纸上至少公告三次。债权人自接到通知书之日起三十日内,未接到通知书的自第一次公告之日起九十日内,有权要求公司清偿债务或者提供相应的担保。不清偿债务或者不提供相应的担保的，公司不得合并。

公司合并时，合并各方的债权、债务，应当由合并后存续的公司或者新设的公司承继。

第一百八十五条 公司分立，其财产作相应的分割。

公司分立时，应当编制资产负债表及财产清单。公司应当自作出分立决议之日起十日内通知债权人，并于三十日内在报纸上至少公告三次。债权人自接到通知书之日起三十日内，未接到通知书的自第一次公告之日起九十日内，有权要求公司清偿债务或者提供相应的担保。不清偿债务或者不提供相应的担保的，公司不得分立。

公司分立前的债务按所达成的协议由分立后的公司承担。

第一百八十六条 公司需要减少注册资本时，必须编制资产负债表及财产清单。

公司应当自作出减少注册资本决议之日起十日内通知债权人，并于三十日内在报纸上至少公告三次。债权人自接到通知书之日起三十日内，未接到通知书的自第一次公告之日起九十日内，有权要求公司清偿债务或者提供相应的担保。

公司减少资本后的注册资本不得低于法定的最低限额。

第一百八十七条 有限责任公司增加注册资本时，股东认缴新增资本的出资，按照本法设立有限责任公司缴纳出资的有关规定执行。

股份有限公司为增加注册资本发行新股时，股东认购新股应当按照本法设立股份有限公司缴纳股款的有关规定执行。

第一百八十八条 公司合并或者分立，登记事项发生变更的，应当依法向公司登记机关办理变更登记；公司解散的，应当依法办理公司注销登记；设立新公司的，应当依法办理公司设立登记。

公司增加或者减少注册资本，应当依法向公司登记机关办理变更登记。

第八章 公司破产、解散和清算

第一百八十九条 公司因不能清偿到期债务，被依法宣告破产的，由人民法院依照有关法律的规定，组织股东、有关机关及有关专业人员成立清算组，对公司进行破产清算。

第一百九十条 公司有下列情形之一的，可以解散：

(一)公司章程规定的营业期限届满或者公司章程规定的其他解散事由出现时；

(二)股东会决议解散；

(三)因公司合并或者分立需要解散的。

第一百九十一条 公司依照前条第(一)项、第(二)项规定解散的，应当在十五日内成立清算组，有限责任公司的清算组由股东组成，股份有限公司的清算组由股东大会确定其人选；逾期不成立清算组进行清算的，债权人可以申请人民法院指定有关人员组成清算组，进行清算。人民法院应当受理该申请，并及时指定清算组成员，进行清算。

第一百九十二条 公司违反法律、行政法规被依法责令关闭的，应当解散，由有关主管机关组织股东、有关机关及有关专业人员成立清算组，进行清算。

第一百九十三条 清算组在清算期间行使下列职权：

(一)清理公司财产，分别编制资产负债表和财产清单；

(二)通知或者公告债权人；

(三)处理与清算有关的公司未了结的业务；

(四)清缴所欠税款；

(五)清理债权、债务；

(六)处理公司清偿债务后的剩余财产；

(七)代表公司参与民事诉讼活动。

第一百九十四条 清算组应当自成立之日起十日内通知债权人，并于六十日内在报纸上至少公告三次。债权人应当自接到通知书之日起三十日内，未接到通知书的自第一次公告之日起九十日内，向清算组申报其债权。

债权人申报其债权，应当说明债权的有关事项，并提供证明材料。清算组应当对债权进行登记。

第一百九十五条 清算组在清理公司财产、编制资产负债表和财产清单后，应当制订清算方案，并报股东会或者有关主管机关确认。

公司财产能够清偿公司债务的，分别支付清算费用、职工工资和劳动保险费用，缴纳所欠税款，清偿公司债务。

公司财产按前款规定清偿后的剩余财产，有限责任公司按照股东的出资比例分配，股份有限公司按照股东持有的股份比例分配。

清算期间，公司不得开展新的经营活动。公司财产在未按第二款的规定清偿前，不得分配给股东。

第一百九十六条 因公司解散而清算，清算组在清理公司财产、编制资产负债表和财产清单后，发现公司财产不足清偿债务的，应当立即向人民法院申请宣告破产。

公司经人民法院裁定宣告破产后，清算组应当将清算事务移交给人民法院。

第一百九十七条 公司清算结束后，清算组应当制作清算报告，报股东会或者有关主管机关确认，并报送公司登记机关，申请注销公司登记，公告公司终止。不申请注销公司登记的，由公司登记机关吊销其公司营业执照，并予以公告。

第一百九十八条　清算组成员应当忠于职守，依法履行清算义务。

清算组成员不得利用职权收受贿赂或者其他非法收入，不得侵占公司财产。

清算组成员因故意或者重大过失给公司或者债权人造成损失的，应当承担赔偿责任。

第九章　外国公司的分支机构

第一百九十九条　外国公司依照本法规定可以在中国境内设立分支机构，从事生产经营活动。

本法所称外国公司是指依照外国法律在中国境外登记成立的公司。

第二百条　外国公司在中国境内设立分支机构，必须向中国主管机关提出申请，并提交其公司章程、所属国的公司登记证书等有关文件，经批准后，向公司登记机关依法办理登记，领取营业执照。

外国公司分支机构的审批办法由国务院另行规定。

第二百零一条　外国公司在中国境内设立分支机构，必须在中国境内指定负责该分支机构的代表人或者代理人，并向该分支机构拨付与其所从事的经营活动相适应的资金。

对外国公司分支机构的经营资金需要规定最低限额的，由国务院另行规定。

第二百零二条　外国公司的分支机构应当在其名称中标明该外国公司的国籍及责任形式。

外国公司的分支机构应当在本机构中置备该外国公司章程。

第二百零三条　外国公司属于外国法人，其在中国境内设立的分支机构不具有中国法人资格。

外国公司对其分支机构在中国境内进行经营活动承担民事责任。

第二百零四条　经批准设立的外国公司分支机构，在中国境内从事业务活动，必须遵守中国的法律，不得损害中国的社会公共利益，其合法权益受中国法律保护。

第二百零五条　外国公司撤销其在中国境内的分支机构时，必须依法清偿债务，按照本法有关公司清算程序的规定进行清算。未清偿债务之前，不得将其分支机构的财产移至中国境外。

第十章　法律责任

第二百零六条　违反本法规定，办理公司登记时虚报注册资本、提交虚假证明文件或者采取其他欺诈手段隐瞒重要事实取得公司登记的，责令改正，对虚报注册资本的公司，处以虚报注册资本金额百分之五以上百分之十以下的罚款；对提交虚假证明文件或者采取其他欺诈手段隐瞒重要事实的公司，处以一万元以上十万元以下的罚款；情节严重的，撤销公司登记。构成犯罪的，依法追究刑事责任。

第二百零七条　制作虚假的招股说明书、认股书、公司债券募集办法发行股票或者公司债券的，责令停止发行，退还所募资金及其利息，处以非法募集资金金额百分之一以上百分之五以下的罚款。构成犯罪的，依法追究刑事责任。

第二百零八条　公司的发起人、股东未交付货币、实物或者未转移财产权，虚假出资，欺骗债权人和社会公众的，责令改正，处以虚假出资金额百分之五以上百分之十以下的罚款。构成犯罪的，依法追究刑事责任。

第二百零九条　公司的发起人、股东在公司成立后，抽逃其出资的，责令改正，处以所抽逃出资金额百分之五以上百分之十以下的罚款。构成犯罪的，依法追究刑事责任。

第二百一十条　未经本法规定的有关主管部门的批准，擅自发行股票或者公司债券的，责令停止发行，退还所募资金及其利息，处以非法所募资金金额百分之一以上百分之五以下的罚款。构成犯罪的，依法追究刑事责任。

第二百一十一条　公司违反本法规定，在法定的会计账册以外另立会计账册的，责令改正，处以一万元以上十万元以下的罚款。构成犯罪的，依法追究刑事责任。

将公司资产以任何个人名义开立账户存储的，没收违法所得，并处以违法所得一倍以上五倍以下的罚款。构成犯罪的，依法追究刑事责任。

第二百一十二条　公司向股东和社会公众提供虚假的或者隐瞒重要事实的财务会计报告的，对直接负责的主管人员和其他直接责任人员处以一万元以上十万元以下的罚款。构成犯罪的，依法追究刑事责任。

第二百一十三条　违反本法规定，将国有资产低价折股、低价出售或者无偿分给个人的，对直接负责的主管人员和其他直接责任人员依法给予行政处分。构成犯罪的，依法追究刑事责任。

第二百一十四条　董事、监事、经理利用职权收受贿赂、其他非法收入或者侵占公司财产的，没收违法所得，责令退还公司财产，由公司给予处分。构成犯罪的，依法追究刑事责任。

董事、经理挪用公司资金或者将公司资金借贷给他人的，责令退还公司的资金，由公司给予处分，将其所得收入归公司所有。构成犯罪的，依法追究刑事责任。

董事、经理违反本法规定，以公司资产为本公司的股东或者其他个人债务提供担保的，责令取消担保，并依法承担赔偿责任，将违法提供担保取得的收入归公司所有。情节严重的，由公司给予处分。

第二百一十五条 董事、经理违反本法规定自营或者为他人经营与其所任职公司同类的营业的，除将其所得收入归公司所有外，并可由公司给予处分。

第二百一十六条 公司不按照本法规定提取法定公积金、法定公益金的，责令如数补足应当提取的金额，并可对公司处以一万元以上十万元以下的罚款。

第二百一十七条 公司在合并、分立、减少注册资本或者进行清算时，不按照本法规定通知或者公告债权人的，责令改正，对公司处以一万元以上十万元以下的罚款。

公司在进行清算时，隐匿财产，对资产负债表或者财产清单作虚伪记载或者未清偿债务前分配公司财产的，责令改正，对公司处以隐匿财产或者未清偿债务前分配公司财产金额百分之一以上百分之五以下的罚款。对直接负责的主管人员和其他直接责任人员处以一万元以上十万元以下的罚款。构成犯罪的，依法追究刑事责任。

第二百一十八条 清算组不按照本法规定向公司登记机关报送清算报告，或者报送清算报告隐瞒重要事实或者有重大遗漏的，责令改正。

清算组成员利用职权徇私舞弊、谋取非法收入或者侵占公司财产的，责令退还公司财产，没收违法所得，并可处以违法所得一倍以上五倍以下的罚款。构成犯罪的，依法追究刑事责任。

第二百一十九条 承担资产评估、验资或者验证的机构提供虚假证明文件的，没收违法所得，处以违法所得一倍以上五倍以下的罚款，并可由有关主管部门依法责令该机构停业，吊销直接责任人员的资格证书。构成犯罪的，依法追究刑事责任。

承担资产评估、验资或者验证的机构因过失提供有重大遗漏的报告的，责令改正，情节较重的，处以所得收入一倍以上三倍以下的罚款，并可由有关主管部门依法责令该机构停业，吊销直接责任人员的资格证书。

第二百二十条 国务院授权的有关主管部门，对不符合本法规定条件的设立公司的申请予以批准，或者对不符合本法规定条件的股份发行的申请予以批准，情节严重的，对直接负责的主管人员和其他直接责任人员，依法给予行政处分。构成犯罪的，依法追究刑事责任。

第二百二十一条 国务院证券管理部门对不符合本法规定条件的募集股份、股票上市和债券发行的申请予以批准，情节严重的，对直接负责的主管人员和其他直接责任人员，依法给予行政处分。构成犯罪的，依法追究刑事责任。

第二百二十二条 公司登记机关对不符合本法规定条件的登记申请予以登记，情节严重的，对直接负责的主管人员和其他直接责任人员，依法给予行政处分。构成犯罪的，依法追究刑事责任。

第二百二十三条 公司登记机关的上级部门强令公司登记机关对不符合本法规定条件的登记申请予以登记的，或者对违法登记进行包庇的，对直接负责的主管人员和其他直接责任人员依法给予行政处分。构成犯罪的，依法追究刑事责任。

第二百二十四条 未依法登记为有限责任公司或者股份有限公司，而冒用有限责任公司或者股份有限公司名义的，责令改正或者予以取缔，并可处以一万元以上十万元以下的罚款。构成犯罪的，依法追究刑事责任。

第二百二十五条 公司成立后无正当理由超过六个月未开业的，或者开业后自行停业连续六个月以上的，由公司登记机关吊销其公司营业执照。

公司登记事项发生变更时，未按照本法规定办理有关变更登记的，责令限期登记，逾期不登记的，处以一万元以上十万元以下的罚款。

第二百二十六条 外国公司违反本法规定，擅自在中国境内设立分支机构的，责令改正或者关闭，并可处以一万元以上十万元以下的罚款。

第二百二十七条 依照本法履行审批职责的有关主管部门，对符合法定条件的申请，不予批准的，或者公司登记机关对符合法定条件的申请，不予登记的，当事人可以依法申请复议或者提起行政诉讼。

第二百二十八条 公司违反本法规定，应当承担民事赔偿责任和缴纳罚款、罚金的，其财产不足以支付时，先承担民事赔偿责任。

第十一章 附 则

第二百二十九条 本法施行前依照法律、行政法规、地方性法规和国务院有关主管部门制定的《有限责任公司规范意见》、《股份有限公司规范意见》登记成立的公司，继续保留，其中不完全具备本法规定的条件的，应当在规定的限期内达到本法规定的条件。具体实施办法，由国务院另行规定。

第二百三十条 本法自 1994 年 7 月 1 日起施行。

国家主席江泽民签署第 17 号令公布《全国人民代表大会常务委员会关于修改〈中华人民共和国会计法〉的决定》

《全国人民代表大会常务委员会关于修改〈中华人民共和国会计法〉的决定》已由中华人民共和国第八届全国人民代表大会常务委员会第五次会议于 1993 年 12 月 29 日通过，现予公布，自公布之日起施行。

中华人民共和国主席 江泽民

1993 年 12 月 29 日

全国人大常委会关于修改《中华人民共和国会计法》的决定

第八届全国人民代表大会常务委员会第五次会议审议了国务院关于《中华人民共和国会计法修正案(草案)》的议案,决定对《中华人民共和国会计法》作如下修改:

一、第一条修改为:"为了规范和加强会计工作,保障会计人员依法行使职权,发挥会计工作在维护社会主义市场经济秩序、加强经济管理、提高经济效益中的作用,制定本法。"

二、第二条修改为:"国家机关、社会团体、企业、事业单位、个体工商户和其他组织办理会计事务,必须遵守本法。"

三、第四条第一款修改为:"单位领导人领导会计机构、会计人员和其他人员执行本法,保证会计资料合法、真实、准确、完整,保障会计人员的职权不受侵犯。任何人不得对会计人员打击报复。"

四、第六条第二款修改为:"各省、自治区、直辖市人民政府的财政部门,国务院业务主管部门,中国人民解放军总后勤部,在同本法和国家统一的会计制度不相抵触的前提下,可以制定实施国家统一的会计制度的具体办法或者补充规定,报国务院财政部门审核批准或者备案。"

五、第七条第四项修改为:"资本、基金的增减和经费的收支"。

六、第九条第一款修改为:"会计核算以人民币为记账本位币。"

第二款修改为:"业务收支以外国货币为主的单位,也可以选定某种外国货币作为记账本位币,但是编报的会计报表应当折算为人民币反映。"

七、第十条第一款修改为:"会计凭证、会计账簿、会计报表和其他会计资料必须符合国家统一的会计制度的规定,不得伪造、变造会计凭证、会计账簿,报送虚假的会计报表。"

增加一款,作为第二款:"用电子计算机进行会计核算的,对使用的软件及其生成的会计凭证、会计账簿、会计报表和其他会计资料的要求,应当符合国务院财政部门的规定。"

八、第十四条第一款修改为:"各单位按照国家统一的会计制度的规定,根据账簿记录编制会计报表,报送财政部门和有关部门。"

九、第十九条第一款修改为:"会计机构、会计人员对违法的收支,不予办理。"

第二款修改为:"会计机构、会计人员认为是违法的收支,应当制止和纠正;制止和纠正无效的,应当向单位领导人提出书面意见,要求处理。单位领导人应当自接到书面意见之日起十日内作出书面决定,并对决定承担责任。"

增加二款,作为第三款、第四款:"会计机构、会计人员对违法的收支,不予制止和纠正,又不向单位领导人提出书面意见的,也应当承担责任。

"对严重违法损害国家和社会公众利益的收支,会计机构、会计人员应当向主管单位或者财政、审计、税务机关报告,接到报告的机关应当负责处理。"

十、第二十条第一款修改为"各单位必须依照法律和国家有关规定接受财政、审计、税务机关的监督,如实提供会计凭证、会计账簿、会计报表和其他会计资料以及有关情况,不得拒绝、隐匿、谎报。"

删去第二十条第二款。

十一、第二十一条第一款修改为:"各单位根据会计业务的需要设置会计机构,或者在有关机构中设置会计人员并指定会计主管人员。不具备条件的,可以委托经批准设立的会计咨询、服务机构进行代理记账。大、中型企业、事业单位和业务主管部门可以设置总会计师。总会计师由具有会计师以上专业技术任职资格的人员担任。"

十二、第二十三条修改为:"会计人员应当具备必要的专业知识。国有企业、事业单位的会计机构负责人、会计主管人员的任免应当经过主管单位同意,不得任意调动或者撤换;会计人员忠于职守,坚持原则,受到错误处理的,主管单位应当责成所在单位予以纠正;玩忽职守,丧失原则,不宜担任会计工作的,主管单位应当责成所在单位予以撤职或者免职。"

十三、第二十六条修改为:"单位领导人、会计人员和其他人员伪造、变造、故意毁灭会计凭证、会计账簿、会计报表和其他会计资料的,或者利用虚假的会计凭证、会计账簿、会计报表和其他会计资料偷税或者损害国家利益、社会公众利益的,由财政、审计、税务机关或者其他有关主管部门依据法律、行政法规规定的职责负责处理,追究责任;构成犯罪的,依法追究刑事责任。"

十四、第二十七条修改为:"会计人员对不真实、不合法的原始凭证予以受理,或者对违法的收支不向单位领导人提出书面意见,或者对严重违法损害国家和社会公众利益的收支不向主管单位或者财政、审计、税务机关报告,情节严重的,给予行政处分;给公私财产造成重大损失,构成犯罪的,依法追究刑事责任。"

十五、第二十八条修改为:"单位领导人接到会计人员按照本法第十九条第二款规定提出的书面意见,对违法的收支决定予以办理或者无正当理由逾期不作出处理决定,造成严重后果的,给予行政处分;给公私财产造成重大损失,构成犯罪的,依法追究刑事责任。"

十六、删去第三十条。

此外，根据本决定对部分条文的文字作相应的调整和修改。

本决定自公布之日起施行。

《中华人民共和国会计法》根据本决定作相应的修正，重新公布。

国家主席江泽民签署第18号令公布《全国人民代表大会常务委员会关于外商投资企业和外国企业适用增值税、消费税、营业税等税收暂行条例的决定》

《全国人民代表大会常务委员会关于外商投资企业和外国企业适用增值税、消费税、营业税等税收暂行条例的决定》已由中华人民共和国第八届全国人民代表大会常务委员会第五次会议于1993年12月29日通过，现予公布，自公布之日起施行。

中华人民共和国主席 江泽民

1993年12月29日

全国人大常委会关于外商投资企业和外国企业适用增值税消费税营业税等税收暂行条例的决定

第八届全国人民代表大会常务委员会第五次会议审议了国务院关于提请审议外商投资企业和外国企业适用增值税、消费税、营业税等税收暂行条例的议案，为了统一税制，公平税负，改善我国的投资环境，适应建立和发展社会主义市场经济的需要，特作如下决定：

一、在有关税收法律制定以前，外商投资企业和外国企业自1994年1月1日起适用国务院发布的增值税暂行条例、消费税暂行条例和营业税暂行条例。1958年9月11日全国人民代表大会常务委员会第一百零一次会议原则通过、1958年9月13日国务院公布试行的《中华人民共和国工商统一税条例(草案)》同时废止。

中外合作开采海洋石油、天然气，按实物征收增值税，其税率和征收办法由国务院另行规定。

二、1993年12月31日前已批准设立的外商投资企业，由于依照本决定第一条的规定改征增值税、消费税、营业税而增加税负的，经企业申请，税务机关批准，在已批准的经营期限内，最长不超过五年，退还其因税负增加而多缴纳的税款；没有经营期限的，经企业申请，税务机关批准，在最长不超过五年的期限内，退还其因税负增加而多缴纳的税款。具体办法由国务院规定。

三、除增值税、消费税、营业税外，其他税种对外商投资企业和外国企业的适用，法律有规定的，依照法律的规定执行；法律未作规定的，依照国务院的规定执行。

本决定所称外商投资企业，是指在中国境内设立的中外合资经营企业、中外合作经营企业和外资企业。

本决定所称外国企业，是指在中国境内设立机构、场所，从事生产、经营和虽未设立机构、场所，而有来源于中国境内所得的外国公司、企业和其他经济组织。

本决定自公布之日起施行。

第八届全国人大常委会第五次会议通过《全国人民代表大会常务委员会关于中国人民解放军保卫部门对军队内部发生的刑事案件行使公安机关的侦查拘留预审和执行逮捕的职权的决定》

中国人民解放军保卫部门承担军队内部发生的刑事案件的侦查工作，同公安机关对刑事案件的侦查工作性质是相同的，因此，军队保卫部门对军队内部发生的刑事案件，可以行使宪法和法律规定的公安机关的侦查、拘留、预审和执行逮捕的职权。

第八届全国人大常委会第五次会议通过批准免职名单

批准免去赵虹的江苏省人民检察院检察长职务。

中共中央政治局常委李鹏在北京同出席中央国家机关第八次党的工作会议的代表座谈

为期三天的中央国家机关第八次党的工作会议结束。

座谈会由国务委员、国务院秘书长兼中央国家机关工委书记罗干主持。座谈会上，中央国家机关工委常务副书记刘正威汇报中央国家机关第八次党的工作会议的情况。安全部、水利部和石油天然气总公司机关党委负责人分别就加强指导机关党组织的工作、围绕本部门改革和业务工作、发挥机关党组织的作用等问题发言。

李鹏在讲话中说，中央国家机关各级党组织和广大党务工作者，一年来，兢兢业业，协助部门党组和行政领导，做了大量工作，无论在推进改革，完成部门工作任务，还是在反腐败斗争等方面，都发挥了重要作用，取得了较好的成绩。

李鹏阐述了当前形势和面临的任务，指出中央国家机关在深化改革、发展经济、维护社会稳定等方面，都肩负着重要责任。他说，我们必须以邓小平同志建设有中国特色社会主义理论为指导，用党的十四届三中全会和全国经济工作会议的精神，统一思想，与党中央保持高度一致，确保政令畅通。

李鹏强调，在建立社会主义市场经济体制的过程中，要正确处理好改革、发展和稳定的关系，确保明年各项改革的顺利进行和国民经济的持续、快速、健康发展。他说，各级党组织要充分发挥战斗堡垒作用和党员的先锋模范作用，带领广大干部和职工，协助部门党组和行政领导完成各项任务，为实现党的十四届三中全会提出的任务而努力工作。

李鹏说，在整个改革开放和现代化建设的进程中，我们始终都要一手抓改革和经济发展，一手抓反腐败和加强社会主义精神文明建设，始终坚持"两手抓、两手都要硬"的方针。他要求各部门党组要加强对机关党的工作的指导，切实加强机关思想作风建设，做到务实、高效、廉洁，全心全意为人民服务。要加强对中青年干部的培养，加强基层党组织的建设，把各项工作落实到基层。

罗干在讲话中指出，中央国家机关党组织的新的一年里要认清形势，明确任务，动员和组织广大共产党员站在深化改革、发展经济、维护社会稳定的前列，发挥先锋模范作用；要坚持两手抓、两手硬的方针，继续深入开展反腐败斗争，加强机关思想作风建设，要在建立社会主义市场经济体制中，进一步加强和改进机关党的建设。

中央国家机关各部门党组和机关党委负责人以及有关部门负责人出席座谈会。

国家计委对外贸易经济合作部联合发布《一般商品进口配额管理暂行办地》

《办法》共 20 条，自 1994 年 1 月 1 日起执行。《办法》规定：国家对尚需适量进口以调节市场供应，但过量进口会严重损害国内相关工业发展的商品和直接影响进口结构、产业结构调整的商品，以及危及国家外汇收支地位的进口商品，实行配额管理。

中国政府和俄罗斯联邦政府在莫斯科签署《关于互免持外交、公务护照者签证的协定》和《关于公民往来签证协定》

全国又有 15 个市县对外国人开放

公安部新闻发言人宣布，经国务院批准，我国又有 15 个市、县列入对外国人开放地区。至此，我国已有 1068 个市、县对外国人开放。

此次对外国人开放的市、县是：

浙江省：松阳县、庆元县、景宁畲族自治县。

福建省：福安市、古田县。

安徽省：怀宁县、望江县、太湖县、颍上县、太和县、界首市、庐江县、无为县、绩溪县、郎溪县。

中国科学院学部委员增选工作全部结束

两年一度的中国科学院学部委员增选工作于日前全部结束，59 位科技专家光荣当选为中国科学院学部委员。

中国科学院学部委员是国家在科学技术方面的最高学术称号，增选学部委员是我国科技界的一件大事。这次增选是第六次学部委员大会通过并经国务院同意颁布《中国科学院学部委员章程（试行）》之后，增选工作制度化的第一次。增选工作在全国各有关方面推荐、初选的基础上，经过学部委员认真评审、民主讨论和充分协商，并于 11 月下旬进行差额无记名投票，产生了选举结果。据统计，59 位新当选的学部委员中，数学物理学部 10 人，化学部 10 人，生物学部 11 人，地学部 10 人，技术科学部 18 人。他们分布在国家 17 个部委、直属机构和 15 个省、自治区、直辖市的 28 个研究机构、22 所高等学校和 2 个军队科研机构。

这次新当选的学部委员平均年龄为 62.9 岁，其中 60 岁以下的 23 人，最年轻的 50 岁（2 人）。这次增选以后，学部委员总人数上升到 545 人。

全国总工会就深圳致丽工艺玩具厂"11·19"特大火灾在北京召开新闻发布会

全总在北京召开新闻发布会，披露对深圳致丽工艺玩具厂"11·19"特大火灾事故的调查情况。调查结果表明，这是一起目无法纪，不顾工人生命安全，强制工人冒险作业的重大责任事故。全总要求依法严惩事故责任者，切实保障外商投资企业工人的生命安全和合法权益。

12 月 30 日

毛泽东生平和思想研讨会在北京结束

会议由研讨会组委会顾问、中共中央文献研究室顾问李琦主持。组委会主任、中共中央文献研究室主任逄先知作闭幕发言，他提出今后要把毛泽东和毛泽东思想的研究提到一个新的水平。他着重地阐述了邓小平建设有中国特色社会主义理论是对毛泽东思想的继承和发展。他指出，建设有中国特色的社会主义，既不能从本本和抽象的原则出发，也不能搬用别国经验，只能根据中国的实际情况，在实践中大胆摸索，勇于开拓，善于总结经验，形成新的理论。邓小平建设有中国特色社会主义理论，继承和汲取了毛泽东思想的全部精华，又在新的时代和新的国际历史条件下，把毛泽东思想发展到一个新阶段。

与会者认真学习江泽民总书记在毛泽东诞辰 100 周年纪念大会上的讲话，一致认为：这个讲话继党的十一届六中全会《关于建国以来党的若干历史问题的决议》之后，进一步全面系统地高度评价了毛泽东同志和毛泽东思想的历史地位，科学地阐述了邓小平建设有中国特色社会主义理论对毛泽东思想的继承、丰富和发展。这对统一全党、全军和全国人民的思想，坚持党的"一个中心、两个基本点"的基本路线一百年不动摇，全面推进社会主义现代化建设，具有十分重要的现实指导意义。讲话充分显示出以江泽民同志为核心的党的第三代中央领导集体，坚持和发展毛泽东思想，沿着邓小平建设有中国特色社会主义理论指引的正确道路，全面实现社会主义现代化建设的宏伟任务的理论勇气和坚定信念。

中组部中央统战部国家民委联合发出《关于进一步做好培养选拔少数民族干部工作的意见》

建国后，特别是党的十一届三中全会以来，各级党委和政府认真贯彻中央关于大量培养和放手使用少数民族干部的方针，取得了可喜的成绩。大批少数民族干部已经成长起来，为维护祖国统一和各民族的大团结，推进民族地区的经济和社会发展，发挥了极为重要的作用。随着社会主义现代化建设事业的日益发展，少数民族干部队伍建设还存在一些不相适应的问题。为了贯彻落实党的十四大和中央民族工作会议精神，努力培养造就一支适应新形势新任务需要的少数民族干部队伍，现就进一步做好培养选拔少数民族干部工作提出如下意见：

一、进一步提高认识，明确做好培养选拔少数民族干部工作的指导思想和主要任务。我国是一个统一的多民族的社会主义国家。民族问题始终是革命和建设中的一个重要问题。九十年代是我国社会主义现代化建设的关键时期。当前和今后一个时期，深入贯彻党的十四大和十四届三中全会精神，实现在本世纪末初步建立起社会主义市场经济新体制的目标，民族地区面临着更加艰巨而繁重的任务。因此，进一步做好培养选拔少数民族干部工作，是一件事关全局的大事，对于正确贯彻民族政策，发展民族团结进步事业，维护国家的统一和社会稳定，加快民族地区改革开放和经济发展，促进各民族共同繁荣，具有重要的战略意义。各地各部门务必从这一战略高度，充分认识培养选拔少数民族干部工作的重要性和长期性，统一思想，增强自觉性和责任感，进一步做好这项工作。

做好培养选拔少数民族干部工作，要以邓小平同志建设有中国特色社会主义的理论和党的基本路线为指导，贯彻执行党的民族政策和民族区域自治法，紧密围绕经济建设这个中心，按照干部"四化"方针，加强领导班子建设，培养造就一支德才兼备，廉洁勤政，密切联系各民族群众，门类齐全、专业配套、结构合理，能够适应改革开放和发展社会主义市场经济需要的少数民族干部队伍。为此，要从民族地区的实际出发，采取切实措施，加强培养教育，进一步提高少数民族干部的政治、业务素质；有计划地扩大数量，拓宽来源，重点培养和充实各类科技管理人才队伍，努力改善少数民族干部队伍结构；大胆选拔使用少数民族优秀中青年干部，着力提高民族地区各级领导班子驾驭社会主义市场经济的能力，把领导班子建设成为坚持党的基本路线，坚持两手抓，能够领导建设有中国特色社会主义事业的坚强集体，为少数民族和民族地区进一步深化改革和经济、社会的发展提供组织保证。

二、加强培养教育，全面提高少数民族干部队伍的素质。要加强政治理论教育。对少数民族干部，普遍进行马克思主义特别是邓小平同志建设有中国特色社会主义理论的教育，进行党的民族、宗教政策的教育，使他们进一步提高理论水平和政治素养，树立马克思主义的民族观、宗教观，自觉维护祖国统一和民族团结，坚决抵制和反对国内外敌对势力的分裂、渗透活动。当前，要贯彻好中央关于学习《邓小平文选》第三卷的决定，有计划、有步骤地组织广大少数民族干部，尤其是中、高级干部认真学习邓小平同志的著作，在研读原著上下功夫，深入领会、掌握建设有中国特色社会主义的战略思想和理论观点，增强贯彻执行党的基本路线的自觉性、坚定性和创造性。

大力开展文化、业务培训。要组织初中（含初中）文化程度以下的少数民族干部补习文化，鼓励和支持具有高中文化程度的少数民族干部，通过多种途径学习大专文化。采取不同形式，通过多种渠道，对少数民族干部进行岗位业务培训，帮助他们提高现代科学文化水平，学习掌握履行岗位职责所必需的专业知识与技能。重视组织少数民族干部学习社会主义市场经济知识，学习科学技术知识、管理知识，掌握科学的工作方法，不断提高领导经济工作的能力，以适应改革开放和经济建设的需要。

加强实践培养锻炼。中央有关部门和有关省区市，尤其是少数民族自治地方，要有领导、有计划地组织少数民族干部到基层或上级领导机关、综合部门挂职锻炼，或到经济较发达地区考察学习、挂职锻炼，开阔视野，增长才干，增强改革开放意识和全局观念，提高宏观决策水平和解决实际问题的能力。

各级党校要切实承担起培训少数民族干部的任务。中央党校将继续办好西藏班、新疆班，其他班次适当增加少数民族干部学员的数量。省级和民族地区州（地）级党校，要根据需要开设少数民族干部培训班或进修班。中央有关部门要继续办好州、县级少数民族领导干部培训班。中央国家机关和各人民团体的管理干部学院，要注意培养本系统的少数民族干部。对边远贫困地区的少数民族干部学员，可视情况减、免培训费用。

三、加强民族地区基层干部队伍建设。乡镇和乡镇企业的干部，是发展民族地区农牧业经济的骨干力量。建设好这支队伍，是加强民族地区党的基层组织建设和基层政权建设的需要，也是选拔较高层次干部的基础。为此，要根据民族地区经济、社会发展的需要，有计划地扩大基层少数民族干部的数量，拓宽少数民族干部的来源。少数民族人口较多的省和有条件的自治州，可建立民族干部学校，学制二至三年，在计划内面向农村、牧区招生，毕业后分配到原地区担任乡镇基层干部。要进一步做好在编制定员和增干计划内，从少数民族优秀农、牧民中聘用乡镇干部的工作。对少数民族聚居的贫困县和边远地区，可根据实际情况，适当放宽少数民族干部录用条件。要重视培养和选拔一批政治、业务素质好，有一定基层党的工作经验的乡镇党务干部，以加强和改进农、牧区基层和乡镇企业的党建工作。有计划地在少数民族优秀工人中选聘企业管理人员。要积极发展民族教育事业，抓好基础教育，重视成人教育，开展多种形式的职业教育，提高广大基层干部的政治素质、政策水平和业务能力。

四、加强少数民族专业技术干部队伍建设。为了改变少数民族干部队伍缺乏经济、科技、管理人才的状况，各地各部门要结合机构改革，有计划地挑选一批有能力、适合于从事经济工作的少数民族干部，进行必要的培训后输送到经济部门或企业工作。适应转换企业经营机制、建立现代企业制度的要求，广泛发现和积极培养各类企业的少数民族管理人才，提高他们的经营管理水平。各普通高等院校和中等专业技术学校的农林、工程技术、财贸、金融、企业管理、医疗、卫生、政法等专业，要有计划地增加少数民族学生的名额，实行定向招生和培养。继续在有关院校开设少数民族师资和经济管理干部培训班。做好在西北少数民族师资培训中心招收少数民族优秀青年进高校培养的试点工作，逐步扩大试点高校，增加招生名额。民族学院和民族干部学校要在统筹规划的基础上，继续办好具有民族特色的学科，有计划地调整、增设民族地区急需的专业，培养更多的人才。要重视少数民族专业技术人员的继续教育，尽量为他们多提供学习、进修的机会，帮助他们不断更新知识。

中央有关部门和内地省、市要继续为少数民族和民族地区培养各种专业人才作出贡献。每年安排一部分少数民族经济管理和专业技术干部，到相关专业的院校、科研部门和企业进修学习。

五、做好少数民族领导干部的选配工作。民族自治地方各级领导班子，要按照民族区域自治法和有关文件的规定，选配好少数民族干部。少数民族人口较多的省、地、县的领导班子，民族乡镇和少数民族人口较多的乡镇的领导班子，与少数民族生产、生活密切相关的部门和少数民族职工较多的企事业单位的领导班子，均应配备少数民族干部。中央国家机关各部门也要注意选配少数民族领导干部。

要贯彻执行干部“四化”方针和德才兼备的原则，按照完善和优化民族地区领导班子整体结构的需要，大胆地把那些在改革开放和经济建设中政绩突出、群众拥护的优秀少数民族干部选拔到各级领导岗位，尤其要注意挑选政治素质好、熟悉经济工作、勇于开拓的少数民族干部进党政领导班子；特别优秀的可以破格提拔。要重视培养选拔少数民族中、高级干部。对已进领导班子的少数民族干部，要放手使用，严格要求，继续培养。要切实加强民族地区领导班子思想作风建设，全面提高素质，以适应民族地区改革开放和现代化建设的需要。民族地区的干部人事制度改革，应从实际出发，要有利于贯彻党的民族政策，有利于优秀的少数民族干部脱颖而出，有利于促进各民族干部间的团结。要有计划地推行公务员制度，做好党的机关参照试行《国家公务员暂行条例》的工作。要按照分类管理的原则，逐步建立符合民族地区特点、适应社会主义市场经济新体制的各项干部人事管理制度。

要切实加强和改进培养选拔少数民族后备干部工作。培养造就一大批德才兼备的少数民族青年干部，是关系到民族地区建设和发展的战略性任务。各地要在做好对少数民族青年干部普遍进行培养的基础上，把少数民族后备干部的培养选拔，纳入后备干部队伍建设的总体规划，有针对性地采取具体措施。各自治区、自治州、自治县要建立少数民族后备干部队伍，其数量要能基本满足各级领导班子调整的需要，近期能进班子的应保持一定数量。少数民族人口较多的省和少数民族散、杂居地区，也要建立少数民族后备干部名单。后备干部中，要有少数民族妇女干部和非中共党员干部。后备干部队伍的知识、专业结构，要适应领导班子建设的需要，年龄结构形成梯次。要在认真总结经验的基础上，进一步完善少数民族后备干部的选拔、考核、管理等制度。

少数民族后备干部工作的重点，要放在培养上。要根据班子建设和干部本人的实际情况，按照缺什么补什么的原则，制定培养措施，有计划有步骤地实施。对经过锻炼和考验，比较成熟的后备人选，要大胆提拔到领导岗位上来。

六、加强领导，抓好落实。各地各部门要把培养选拔少数民族干部工作列入议事日程，经常研究。党委要有专人负责。要把这项工作列入干部队伍和领导班子建设的总体规划。各省、自治区、直辖市要根据本《意见》的精神，从实际出发，制定出培养选拔少数民族干部工作规划或意见，并于 1994 年 6 月底前报中央组织部备案。

各级党委组织部、统战部和政府人事、民委、教委、财政等部门要分工负责，当好党委、政府的参谋和助手。各级党委组织部门，要负起牵头、抓总的职责，做好综合、协调工作。统战和民委部门，要发挥密切联系党内外少数民族干部的优势，积极主动地反映情况，提出建议，推荐人选。人事部门要密切协同组织部门制定和完善有关政策，建立健全少数民族干部队伍的管理机制。教育部门要有针对性地制定出少数民族干部教育规划。财政部门在经费安排上，要尽可能给少数民族地区教育事业以适当照顾。在工作中，各部门要加强联系，密切配合，搞好调查研究，认真解决工作中存在的问题，并加强指导与监督，把培养选拔少数民族干部工作真正落到实处。

全国高级法院院长会议在北京结束

会议提出，人民法院坚持严肃执法，直接关系到社会主义市场经济的正常运转和市场经济秩序的稳定，关系到社会主义法制的尊严和统一，关系到党和国家的形象。因此，严肃执法是人民法官的神圣职责。各级法院必须把严肃执法，提高司法水平作为一项十分重要的任务，坚持不懈地抓紧抓好。

中央书记处书记、最高人民法院院长任建新在会上指出，要真正做到严肃执法，各级法院就一定要解放思想，实事求是，积极探索，勇于实践，在思想上、组织上、作风上、制度上进一步加强自身的改革和建设，不断完善有中国特色的社会主义的审判制度。

会议提出，要坚持公开审判原则，切实保障诉讼参与人的诉讼权利。要通过公开调查、公开质证、公开辩论、公开宣判，将整个审判活动置于人民群众的监督之下。

会议认为，加强审判监督，严肃审判纪律，是保证严肃执法的重要手段。各级法院要进一步研讨和试行建立错案追究制。对违法办案的责任人员，要追究其行政和法律责任。上级法院要加强对下级法院审判工作的监督。对裁判不公正的案件和执法中的错误行为要坚决依法予以纠正。

国务院三峡工程移民工作会议在北京闭幕

国务院副总理邹家华、全国政协副主席钱正英出席会议。国务委员、国务院三峡工程建设委员会副主任陈俊生作总结性讲话。他强调说，为了确保三峡移民得到妥善安置，各地、各部门要充分认识三峡移民工作的重要性，正确理解和贯彻开发性移民方针，妥善处理好以下几个关系：

第一，要处理好三峡工程建设与经济发展的关系。随着国家采取的优惠政策的实施，三峡工程必将引入国内外大量的资金，有利于三峡地区经济的开发和对外开放。但我们千万不能“想三峡、盼三峡，三峡来了扯三峡、吃三峡”。第二，要处理好三峡工程建设与全国生产力布局的关系。三峡工程建设不仅是四川、湖北两省的事情，也是全国人民的共同事业，全国各行各业都有不可推卸的责任和义务来支持三峡工程建设和移民安置。第三，要处理好移民搬迁与地方经济发展的关系。要明确移民搬迁的近期目标与移民安置区长远经济发展目标，使二者很好地结合起来。第四，要处理好农业与二、三产业的关系。第五，要正确处理好就地解决与外迁的关系。第六，要处理好对口支援和互惠互利的关系。第七，要处理好中央政府与地方政府之间的关系。三峡移民要实行“中央统一领导，分省负责，县为基础”的移民管理体制，中央统一领导主要是方针、政策的领导，执行宏观调控的职责。实行分省负责，县为基础，意味着今后要把由省里负责的事，全权交给省里，充分调动地方政府的积极性。从中央到地方，都要层层建立责任制。

国家“八五”重点工程项目——江西萍乡发电厂扩建机组工程建成并网发电提前6个月完成工期目标

外交部部长钱其琛在钓鱼台国宾馆举行新年招待会

中国与莱索托两国在内罗毕签署恢复外交关系联合公报

一、中华人民共和国政府和莱索托王国政府根据相互尊重主权和领土完整、互不侵犯、互不干涉内政、平等互利、和平共处的原则，决定自1994年1月12日起两国大使级外交关系。

二、中华人民共和国政府和莱索托王国政府同意互派大使，并为对方大使馆的重新工作提供方便。

三、中华人民共和国政府支持莱索托为维护国家主权和发展经济所作的努力。莱索托王国政府承认中华人民共和国政府为中国的唯一合法政府，台湾是中国领土不可分割的一部分。中华人民共和国政府对莱索托王国政府的上述立场表示赞赏。

莱索托王国政府代表 米 泽（签字）

中华人民共和国政府代表 陈平初（签字）

1993年12月30日于内罗毕

三门峡黄河公路大桥通车

由河南、山西两省联手共建，全长1130米的三门峡黄河公路大桥正式通车。大桥位于山西省平陆县和河南省三门峡市之间，三门峡黄河公路大桥的建成通车，结束了两千多年来古渡口摆渡过河的历史。

12 月 31 日

国家主席江泽民对中国国际广播电台海外听众及港澳台胞发表新年讲话

女士们，先生们，朋友们：

在 1994 年到来之际，我很高兴在北京通过中国国际广播电台，向各国人民和朋友，向台湾同胞、港澳同胞和海外华侨、华人朋友，致以诚挚的新年贺意！祝贺大家在过去一年里所取得的成功，祝愿大家在新的一年里万事顺遂、家庭幸福！

朋友们，过去的一年，是中国人民在邓小平同志建设有中国特色社会主义理论和党的基本路线指引下，按照抓住机遇，深化改革，又快又好地发展的战略决策继续胜利前进的一年，也是我们党的十四大确定的建立社会主义市场经济体制取得重大进展的一年。全国经济发展、政治稳定、民族团结、社会进步。客观事实说明，我们党和政府制定的经济社会发展的路线方针政策是正确的，而且也说明我们党和政府驾驭发展全局、加强宏观指导的经验也日益丰富和成熟。我们肩负的任务十分艰巨，前进中还会遇到困难和问题，但都有办法有力量解决。我们以更充足的信心和更雄健的步伐迈进新的一年，走向光明的未来。

我们建设有中国特色社会主义，就是遵循改革开放这一当代中国发展的必由之路，经过若干代人的持续奋斗，把我国建设成为富强、民主、文明的社会主义现代化国家。摆脱贫穷落后，使祖国早日实现繁荣昌盛，是全中国人民和整个中华民族梦寐以求的共同愿望。中国是一个有着五千年文明史和十一亿多人口的东方大国。中国的振兴和富强，不仅是中国人民、中华民族的幸福，也是为人类文明作出的更大贡献。中国的稳定与发展离不开世界的和平与发展，世界的和平与发展也离不开中国的稳定与发展。这已经为越来越多的人们所共识。

朋友们，当前世界正处在新旧格局转换的过渡时期。一方面，国际关系出现了一些积极的趋势，世界多极化进程正在加速发展，缓和与合作是各国人民的普遍要求。另一方面，天下仍然很不太平。一些地区矛盾激化、局势动荡、战乱不已。霸权主义、强权政治仍很突出，世界和平与发展面临严重挑战。中国政府和人民坚定不移地奉行独立自主的和平外交政策，在动荡复杂的国际局势中发挥了重要作用，为促进世界的和平与发展作出了积极贡献。中国的国际地位显著提高，国际环境进一步改善，我们的朋友遍天下。世界是丰富多彩的，每一个国家都应尊重别国人民独立自主的权利。以强凌弱、以大欺小、以富压贫，历来是行不通的，而且终将害己。中国永远不称霸，中国的发展绝不会对任何国家构成威胁。我们将一如既往地在和平共处五项原则基础上坚持发展同世界各国的友好合作关系，为建立和平、稳定、公正、合理的国际新秩序进行不懈的努力。

完成祖国的和平统一大业，是包括台湾人民在内的全体中国人民的神圣使命，也是中国历史发展的大潮流大趋势。海峡两岸人民心向统一。制造“两个中国”、“一中一台”、“一国两府”是违背两岸人民的愿望和根本利益的。希望台湾当局顺应潮流和民心，以民族大义为重，为祖国统一大业多做些实事，共创中华民族的昌盛。香港、澳门回归祖国之日日益临近。最近由于英方坚持错误立场，致使中英谈判破裂。这本是我们不愿意看到的。无论发生什么情况，我们都将同香港各界爱国同胞同心同德，坚持“一国两制”的方针不会改变，坚持基本法的原则不会改变，坚持对香港恢复行使主权的决心不会改变。香港一定能保持长期繁荣和稳定，我们对此有足够的能力和充分的信心。

朋友们，共同致力于和平与发展，是各国人民加强团结合作的坚实基础。团结合作需要相互了解。在过去的一年里，千千万万海外客人到中国访问。在我见过的外国来宾中，不少人同我谈起，他们亲眼见到的中国，同他们想象中和原先了解的中国是如此不同。这正像中国一句老话所说的：“百闻不如一见。”1994 年是中华人民共和国成立 45 周年。在这新的一年里，我们热忱欢迎更多的外国朋友到中国来走一走，看一看。通过交往促进相互了解，促进信任和友谊的增强。中国国际广播电台，几十年来一直在向海外听众介绍中国的发展情况，它已经成为一座中外沟通的重要桥梁。希望它在增进中国人民和世界各国人民的友谊与合作方面发挥更大的作用。

最后，再一次祝大家新年快乐！谢谢！

《人民日报》就新中国的第一部公司法发表评论员文章《建立现代企业制度的重要举措》

国办发出制止低价出售公有住房的通知

通知要求各地方、各部门制止以过低价格出售公有住房，并加强对城镇住房制度改革工作的领导，在近期要对出售公有住房情况进行一次全面检查，同时对因以过低价格出售公有住房造成国有资产流失的作出妥善处理。

为制止以过低价格突击出售公房，坚决贯彻执行国务院关于城镇住房制度改革的统一政策，确保房改工作健康发展，国务院办公厅作出三条规定：

一、在《国务院关于加快城镇住房制度改革的决定》发布实施以前，各地区、各部门要一律暂停出售公房。凡违反国务院有关规定突击出售公房的，要认真进行查处。

二、对已出售的公房要进行清理。凡出售公房价格低于国务院有关政策规定，尚未办理产权交易和所有权转移登记手续的，一律暂停办理手续；对因以过低价格出售公房造成国有资产流失的，要提出与国务院有关政策衔接的办法，妥善处理。

三、切实加强出售公房款的管理。现已出售公房的收入，要在原单位立即冻结，听候处理，不得动用。如有违反，要追究当事人和有关领导的责任。

大亚湾核电站1号机组完成全部调试工作

中国13个油田原油实行国际价

按照中国石油天然气总公司的安排，从1993年起除大庆、胜利和辽河三大油田外，全国陆上的重要油田完全比照国际油价收购。这些油田是：华北、大港、冀东、中原、河南、江汉、江苏、新疆、长庆、玉门、青海、滇黔桂和四川油田。

国务院副总理李岚清在北京会见美国福茂航运公司董事长兼总经理赵锡成和夫人朱小兰美国联邦参议员麦康奈尔和夫人、美国联合基金会会长赵小兰

国务院副总理吴学谦在北京会见孟加拉国能源和矿产资源部部长莫沙拉夫·侯赛因

中国政府和哈萨克斯坦政府在阿拉木图签署《关于公民相互往来签证协定》

国家主席江泽民在中南海会见侨居法国的著名画家吕霞光教授

全国人大常委会委员长乔石到北京的宾馆看望侨居法国的著名画家吕霞光教授

外交部发言人在伦敦就中英谈判问题发表谈话

英国外交部发言人30日在伦敦说，英方没有收到中方正式发出中断谈判的外交知会。有记者要求外交部予以证实。

发言人答，中方于本月29日通过外交渠道正式向英方表明：如英方真诚愿意恢复谈判，只有在英方撤回已提交立法局审议的“部分政改方案”才有可能。从今年4月中英双方就举行谈判达成协议时开始，中方已多次明确告诉英方，在中英会谈达成协议前，如英方将所谓的政制法案提交香港立法局讨论，将意味着谈判的终止。英方对此是十分清楚的。因此目前终止谈判的责任完全在英方。中方关于谈判解决问题的立场并无改变。谈判的大门是敞开的，关键在于英方的态度。